알뜰꼼꼼 뜻풀이

한국어 동사사전

Vega's All-In-One Dictionary of Korean Verbs

김현권·송철의·박만규·권재일 지음

알뜰꼼꼼 뜻풀이 한국어 동사 사전

Vega's All-In-One Dictionary of Korean Verbs

머리말

문장이란 인간이 자신의 생각을 담아 표현하는 가장 기본적인 단위이다. 그런데 그 문장은 동사가 꾸미는 틀로 이루어져 있다. 예컨대 '그는 그녀에게 선물을 주었다.'라는 문장은 '그', '그녀', '선물'보다는 '주었다'라는 동사에 의해 구성된 것이다. 왜냐하면 '주다'가 주어지는 순간 '누가', '누구에게', '무엇을'이 필요해지기 때문이다. 그러니까 동사는 우리 생각의 틀이다.

이렇게 동사가 다른 품사들에 비해 특권적인 지위를 가지고 있으므로 거기에 대해 더 많은 지식을 얻기 위한 노력을 기울이는 것은 당연하다. 동사만을 수록하는 이 사전을 펴내는 것은 바로 이러한 필요에 부응하기 위함이다.

이 사전은 5472개 한국어 동사의 언어 정보를 다목적으로 활용할 수 있도록 문법과 의미 정보를 체계적으로 분석하고 기술하여 편찬한 사전이다. 한국어 연구자는 물론, 국내외의 한국어 학습자, 한국어 교육자가 활용할 수 있도록 편찬하는 것을 목적으로 하였다. 그리고 이 사전은 어휘문법과 의미텍스트 대응이론을 비롯한 어휘부 이론에 바탕을 두고 편찬하여서 세계 어느 언어의 동사문법사전과 비교해도 손색이 없고, 오히려 표제어 수나 언어 정보의 제시에 있어서는 최고 수준이라 자부한다.

이 사전의 특징은 무엇보다 수록한 언어 정보가 매우 풍부하다는 데 있다. 표기, 어원, 문법범주, 형태, 통사, 의미, 연어, 숙어, 용례 등 표제어에 대한 중요한 언어 정보를 빠짐없이 다 담았다. 주요 특징을 들면 다음과 같다.

표제어는 사용 빈도가 높은 표준어 동사를 우선적으로 선정했으며, 보조동사, 기능동사와 같이 주로 문법 기능을 수행하는 동사는 사용 빈도와 무관하게 자연스러운 것이라면 모두 표제어로 삼았다. 비표준어라고 하더라도 매우 빈번하게 사용되는 동사는 외국인 한국어 학습자를 고려하여 표제어로 올리되, 반드시 표준어를 참조하도록 하였다.

어휘 정보에는 어원, 활용, 대응구문, 화계, 변이형, 하위 문법범주와 같은 다양한 정보를 기술하였다. 특히 하위문법범주 유형은 일반동사, 기능동사, 보조동사로 구분한 다음, 일반동사와 기능동사는 다시 자동사, 타동사, 자타양용동사로 구분하였다. 그리고 대응구문을 일일이 밝혀 제시한 것도 주요 특징이다.

뜻풀이는 해당 동사의 논항 구조를 최대한 반영하여 제시하는 것을 원칙으로 하였다. 엄밀한 이론적 관점에서는 필수 논항으로 볼 수 없는 경우라 하더라도, 해당 표제어를 특징짓는 의미 요소라면 이를 논항으로 간주하여 뜻풀이에 반영하였다. 그리고 뜻풀이에 대한 영어 번역문을 제시함으로써 이 사전이 전 세계 어디서나 활용되도록 하였다.

구문 정보는 이 사전이 다른 사전과 차별되는 핵심 정보이다. 따라서 동사에 가능한 모든 구문 정보를 빠짐없이 제시하였다. 서술명사의 분포와 이를 통한 기능동사의 문법 정보에 대한 기술도 이 사전의 큰 특징이다. 구문을 형성하는 논항에 대한 의미 정보인 선택제약 정보도 충실하게 제시하였다. 용례는 말뭉치에서 찾되 이해하기 쉬운 문장을 골랐으며 반드시 구문 정보의 모든 논항이 나타나는 문장을 우선 제시하였다. 이 사전은 학습자사전의 기능을 지향하기 때문에 유의어, 반의어, 상위어, 하위어와 같은 의미관계와 주동-사동, 능동-피동 관계의 어휘들도 제시하였다.

이 사전이 갖는 이상과 같은 특징들은 한국어 연구와 한국어학습에 직접 활용될 수 있으며, 나아가 의미검색 등 자연언어처리를 비롯한 다양한 인공지능 개발에도 핵심적인 자료체로 이용될 수 있다는 점에서 그 의의를 더한다고 할 수 있다.

이 사전은 2012년부터 2015년까지 한국학중앙연구원의 한국학 분야 토대연구 지원사업인 "현대 한국어 동사 구문 사전" 연구 과제에서 구축한 5,000여 개 동사 자료에 기반을 두고 편찬한 것이다. 이 연구 과제의 결과물은 전자사전 형태로 되어 있는데, 일반인들은 이 전자사전에 접근하기가 쉽지 않으리라는 안타까움이 있어, 전자사전을 종이사전 체제로 전환하여 수정하고 보완한 것이 바로 이 사전이다. 단순히 체제를 전환하는 일도 꽤 까다로웠지만, 사소한 것들을 포함하여 오류를 잡고 내용을 보완하고 특히 예문을 간략하고 자연스럽게 다듬는 등의 작업을 하느라 꼬박 3년여의 기간이 걸렸다.

위의 연구 과제에 참여한 연구자는 다음과 같다. 이 사전의 지은이들인 송철의(연구책임자), 김현권, 박만규, 권재일 네 사람을 포함하여 김창섭, 송근영, 김윤신, 김건희, 최정진 선생님이 공동연구원으로 참여하였으며, 김건영, 김보경, 김효진, 박신영, 백채원, 옥정미, 이상규, 이의종, 조미희, 허세문 선생님이 연구보조원으로 참여하였다. 연구 과제에 참여한 공동연구원과 연구보조원 여러분의 헌신적인 노고에 고마움을 표한다.

이 사전의 기반이 된 위의 연구 과제를 수행할 수 있도록 재정을 지원한 한국학중앙연구원과 행정업무를 지원한 서울대학교 인문학연구원에 감사한다. 그리고 여러 어려움을 감내하고 기꺼이 출판을 맡아 주신 주식회사 베가북스의 권기대 대표님께 마음 깊이 감사한다. 아울러 출판 단계의 원고 정리 작업에 노고를 아끼지 않은 아주대의 배공주 선생님께도 감사의 뜻을 표한다.

모쪼록 이 사전이 한국어를 연구하는 언어학자와 한국어를 교육하는 한국어 교육자, 그리고 한국어를 학습하는 전 세계의 여러 한국어 학습자들께 훌륭한 길잡이가 되어 한국어 연구와 교육의 수준을 높이 끌어올리는 데 크게 공헌하기를 기대한다.

2021년 10월 25일

지은이 일동

일러두기

1. 항목 구조

본 사전의 항목구조는 다음과 같다.

항목구조	**예시**
주표제어	통일하다
어원	어원 統一~
활용	활용 통일하여(통일해), 통일하니, 통일하고
대응구문	대응 통일을 하다
화계	문어, 구어, 속어, 비어, 아어 등
문법범주	타 타동사
변이형	준말, 본딧말, 센말, 여린말, 존대어, 겸양어 등
뜻풀이	❶(나누어지거나 갈라진 것들을) 하나로 합치다.
영어 대역	Combine things divided or separated into one.
연어	연어 완전히
의미관계	유의, 반의, 상위, 하위 (㊌합치다, 통합하다 ㉤분리하다, 나누다)
구문(격틀)	N0-가 N1-를 V
선택제약	(N0=[인간|단체] N1=[집단], [장소])
문법관계	능동, 피동, 주동, 사동 (피 통일되다)
참고정보	※(예 : 주로 ...한 환경에서 쓰인다)
용례	¶신라는 분열된 삼국을 통일하여 통일 신라를 이룩하였다.
부표제어	**◆ 정신을 통일하다**
뜻풀이	(혼란스러운 정신이나 마음을 버리고) 하나로 집중하다.
영어 대역	Have a distracted mind or spirit concentrate.
의미관계	유의, 반의, 상위, 하위 (㊌집중하다)
구문(격틀)	N0-가 Idm
선택제약	(N0=[인간])
용례	¶훈련 시에는 부상을 당하지 않기 위해서 정신을 통일해야 한다.

2. 표제어

2.1 선정 기준

이 사전의 표제어는 오늘날 한국어 화자들이 자연스럽게 사용하는 동사 가운데 빈도가 높은 것을 선정하되, 외국인 학습자를 비롯하여 이 사전 이용자의 실용성을 고려하여 5,394개를 선정하였다. 선정 기준은 다음과 같다.

▶ 사용 빈도가 높은 표준어 동사를 모두 표제어로 삼았다.

▶ 보조동사, 기능동사와 같이 주로 문법 기능을 수행하는 동사는 사용 빈도와 무관하게 자연스러운 것이라면

모두 표제어로 삼았다.

▶ 비표준형이라고 하더라도 매우 빈번하게 사용되는 동사는 외국인 학습자를 고려하여 표제어로 올리되, 반드시 표준형을 참조하도록 하였다. 예를 들어, '날을 새다'는 '날을 새우다'의 오용 사례이지만, '새다'를 표제어로 삼되, 다음과 같이 기술하였다.

보 기　새다III 타 ☞ '새우다'의 오용

▶ 위의 기준에 따라 선정한 동사 가운데 어근 명사가 '하다, 되다, 받다, 당하다' 등이 교체하여 문법 및 의미 기능이 달라지는 경우는 모두 표제어로 삼았다.

보 기　승화하다 : 자동사, 타동사

승화되다 : '승화하다 자'의 변이형

▶ 동사가 피동과 능동의 관계를 가질 때는 [문법관계] 정보란에 그 형태를 제시하고 별도로 표제어화 하였다.

보 기　강요하다 자타 피 강요되다, 강요받다, 강요당하다

강요되다 자 능 강요하다

강요받다 자타 능 강요하다

강요당하다 ☞ 강요받다

▶ '시키다'형 사동은 [문법관계] 정보란에 그 형태를 제시하되, 원칙적으로 모든 동사에 대해 이 형태가 가능하므로 이를 따로 표제어화 하지는 않았다.

보 기　입원하다 자 사 입원시키다

그러나 잘못 사용되는 '시키다' 형 동사는 표제어로 등재하되 표준형을 참조하게 하였다.

보 기　교육시키다 ☞ '교육하다'의 오용

입금시키다 ☞ '입금하다'의 오용

2.2 표제어의 계층화

(1) 동형어 : 형태가 동일한 둘 이상의 동사 사이에 의미적으로 공통 성분이 전혀 없을 때는 이들을 모두 표제어로 싣고 각각에 로마숫자를 부여하여 구분했다.

보 기　감다 I : 눈을 감다

감다II : 머리를 감다

감다III : 실을 감다

(2) 범주동형어 : 형태가 동일한 둘 이상의 동사가 일반동사, 기능동사, 보조동사의 용법으로 구분될 때는, 이들을 아라비아 숫자 어깨번호로 구분하였다. 여기서 기능동사(support verb)란 의미를 나타내는 술어명사(Npr)와 결합하여 문장이 필수적으로 요구하는 문법적 기능만을 수행하는 동사를 말한다. 이 기능동사의 선택은 술어명사에 의해 결정되며, '여행'일 때는 '하다'가, '도움'일 때는 '주다'가, '야단'일 때는 '치다'가 쓰인다.

보 기 주다[1] [일반동사] : 내가 친구에게 책을 주었다. (N0-가 N2-에게 N1-를 V)

주다[2] [기능동사] : 선생님은 그에게 주의를 주었다. (N0-가 N1-에게 Npr-를 V)

주다[3] [보조동사] : 엄마는 아이의 입을 닦아 주었다. (V-어 Vaux)

(3) 부표제어 : 표제어가 들어가는 숙어이다. 숙어는 둘 이상의 단어가 결합해서 구문으로 굳어진 표현으로 표제어와 결합한 단어 전체가 표제어와는 별개의 의미를 가지는 단어군이다. 표제어는 해당 표제어 기술 말미에 ◆ 와 함께 제시하였다.

보 기 가다[1]

◆ **손이 가다** 노력이 들다.

N0-가 Idm (N0=[일], [음식], [행위]) ¶농사는 손이 많이 간다.

3. 언어 정보 기술

3.1. 어원 정보

어원 정보는 표제어가 유래한 언어명과 원어를 괄호 속에 제시하되, 원어를 제외한 부분은 '~'로 표시하였다. 한자어 어근의 경우에는 한자를 사용하여 어원을 제시하되, 음차한 중국어를 제외하고는 유래 언어를 표시하지 않았다.

보 기 업로드하다 : 어원 영어, upload~

진단하다 : 어원 診斷~

단, 'X당하다' 형식의 한자어인 경우 X에 해당하는 한자만 제시하고 '當'은 제시하지 않았다.

보 기 침략당하다I : 어원 侵掠~

3.2. 활용 정보

원칙적으로 어간에 어미 '-아/어', '-니/으니', '-고'가 결합한 세 가지 활용형을 제시하였다. '-아/어'가 결합하고 나서 축약되는 경우에는 축약형도 괄호 속에 제시하였다. 축약이 필수적인 경우에는 물론 축약형만 제시하였다.

보 기 잡다 : 활용 잡다, 잡으니, 잡고

주다 : 활용 주어(줘), 주니, 주고

배우다 : 활용 배워, 배우니, 배우고

불규칙 활용을 보이는 동사는 기본 활용형 세 가지 외에 한두 가지를 추가로 제시하여 불규칙 활용의 성격이 분명하게 드러나도록 하였다.

보 기 알다 : 활용 알아, 아니, 알고, 아는

듣다I : 활용 들어, 들으니, 듣고, 듣는

쓰다I : 활용 써, 쓰니, 쓰고, 썼다

오르다 : 활용 올라, 오르니, 오르고, 올랐다

제한된 어미와만 결합하는 이른바 불완전활용을 하는 동사는 '-아/어', '-니/으니', '-고' 외의 제한된 어미와 결합한 활용형을 제시하고, 활용형이 한두 가지밖에 없는 경우에는 그것만 제시한다.

보 기　데리다 : 활용 데리고, 데리러, 데려(주로 '데리고', '데리러', '데려다'의 형태로 쓰인다.)

가로다 : 활용 가로되

연달다 : 활용 연달아

활용형의 발음 정보는 따로 제시하지 않았다.

3.3. 대응구문 정보

표제어가 '술어명사-동사화접미사'로 구성되어 있는 경우에는 '술어명사'와 '기능동사'로 분리되어 쓰일 수 있는 경우가 많다. 이처럼 후자의 구문이 대응될 수 있을 경우 이를 제시하였다.

보 기　근절되다 : 대응 근절이 되다

근절하다 : 대응 근절을 하다

3.4. 화계 정보

표제어의 화계와 관련된 특징은 다음과 같은 범주로 구별하여 제시하되, 명백하게 적용할 수 있을 때만 표시하였다.

보 기　【문어】, 【구어】, 【속어】, 【비어】, 【아어】

여기서 '속어'는 일반 대중이 서로 잘 아는 사이에서 쓰는 속된 말이며, '비어'는 사용이 금기시 되는 비천한 말을 이른다. 그리고 '아어'는 어린아이들이 쓰는 말을 말한다.

보 기　갈기다1 【속어】 : (손, 주먹으로) 힘껏 때리거나 치다.

때려치우다 【속어】 : 하던 일을 그만두다.

가로다 【문어】 : (옛 말투로) 말하다.

3.5. 문법범주 정보

동사의 하위 문법범주는 자동사, 타동사, 자타동사 세 가지로 구분하였다. 자동사와 타동사 두 가지 기능을 가지더라도 자동사로 기능할 때와 타동사로 기능할 때, 논항의 증감이 있는 경우에는 자동사 용법과 타동사 용법을 구분하여 기술하고, 논항의 증감이 없이 조사만 교체되는 경우에는 자타(양용)동사 하나로 묶어 기술했다.

보 기　개막하다 자 N0-가 V

¶사물인터넷 시대가 본격적으로 개막한다.

개막하다 타 N0-가 N1-를 V

¶인류는 디지털 시대를 개막했다.

보 기 간섭하다 자타 N0-가 N1-(를 | 에게) V

¶선생님들이 학생들을 간섭하지 않으면 좋겠어요./ ¶선생님들이 학생들에게 간섭하지 않으면 좋겠어요.

3.6. 변이형 정보

표제어와 관련된 '준말, 본딧말, 센말, 여린말, 존대어, 겸양어' 등이 있는 경우에 이를 제시하였다.

보 기 놓아주다 : ㊟뇌주다

보 기 뇌주다 : (본디)놓아주다

보 기 조이다 : (센)쪼이다III

보 기 쪼이다III : (여린)조이다자

3.7. 뜻풀이

표제어와 부표제어가 둘 이상의 구분되는 뜻을 가지고 있을 때는 이들을 구분하고, 각각의 의미에 ❶, ❷, ❸과 같은 원 번호를 부여한다.

보 기 부르다 타

❶다른 사람의 주의를 끌거나 오라고 하기 위해 소리를 치거나 손짓을 하다. ¶나는 앞서 가는 친구를 큰 소리로 불렀다.

❷다른 사람을 어떤 장소에 오도록 청하다. ¶나는 친한 친구들을 집으로 불렀다.

❸노래 따위를 곡에 맞추어 소리로 내다. ¶아버지는 딸이 잠들 때까지 옆에서 자장가를 불러 주었다.

❹...

표제어에 대한 뜻풀이는 다음과 같이 제시한다.

첫째, 기본의미부터 확장된 주변의미 순서로 기술한다.

둘째, 물리적 의미부터 추상적 의미의 순서로 기술한다.

셋째, 현대 한국어에서 잘 쓰이지 않는 의미는 맨 나중 순위로 기술한다.

한편 이 사전에서는 표제어의 의미가 전문 영역에서 사용되는 의미일 때 이를 전문용어로 명시하였다. 전문영역 표지의 목록은 4. 약어표에 제시한다.

3.8. 연어 정보

연어(collocation)란 둘이나 그 이상의 단어들이 동일한 문맥에서 다른 단어들에 비해 보다 가깝게 나타나는 단어들의 결합을 말한다. 본 사전에서는 표제어 동사와 결합하는 전형적인 연어가 있을 경우에 이를 풍부하게 제시한다.

[보기] 개입하다 [연어] 사사건건

[보기] 전파하다 [연어] 널리

[보기] 흩어지다 [연어] 뿔뿔이, 제각기

3.9. 의미 정보: 의미관계, 대역어

이 사전에서는 표제어의 각 용법과 관련된 의미관계 정보를 풍부하게 제시하여 다른 사전들과 차별화하였다. 제시한 의미관계로는 '유의어([유]), 반의어([반]), 상위어([반]), 하위어([하])'이다. 유의어란 표제어와 뜻이 비슷한 말, 반의어란 표제어와 뜻이 정반대가 되는 말, 상위어란 표제어의 뜻을 포함하는 상위의 뜻을 가지는 말, 하위어란 표제어의 뜻에 포함되는 하위의 뜻을 가지는 말을 가리킨다.

[보기] 사다 [유]구매하다, 매입하다

[보기] 매입하다 [반]팔다

[보기] 매도하다 [상]매매하다

[보기] 매매하다 [하]사다, 팔다, 구매하다, 판매하다

표제어가 다의어인 경우 의미관계 정보는 의미별(❶, ❷, ❸...)로 따로 제시하였다.

[보기] 가다1 ❶(사람, 교통 수단 따위가) 화자가 있는 곳이 아닌 다른 곳으로 움직이거나 운행하다.

[반]오다1[자], [상]이동하다[자]

❷(모임이나 행사에) 참석하려고 이동하다.

[반]오다1[자], [상]이동하다[자]

❸특정 단체의 구성원이 되다.

[유]들어가다

❹(특정한 직책을 수행하는 부서나 장소로) 자리를 이동하다.

[유]옮기다, 이동하다

그리고 엄밀한 의미의 단어가 아니라도 경우에 따라 두 단어 이상의 결합도 제시하여 정보를 더욱 풍부하게 제공하였다.

[보기] 광고하다 [유]홍보하다, 널리 알리다

3.10. 구문 정보

구문 정보는 동사가 어떤 논항들과 어울려 쓰일 수 있는지를 알려 주기 위한 정보이다. 논항이란 술어인 동사가 필수적으로 요구하는 문장 요소이며, 주로 명사구나 절(보문)이 된다. 통사 논항이 명사구인 경우

N0, N1, N2 ... 로 표기하고 뒤따르는 조사를 명기하며, 보문인 경우에는 S로 표기하고 뒤따르는 조사와 보문을 연결하는 보문소를 명기하였다.

보 기 피다 I N0-가 V (꽃이 피었다.)

보 기 먹다 I 먹다[1] N0-가 N1-를 V (아이가 밥을 먹는다.)

보 기 주다[1] N0-가 N2-에게 N1-를 V (누나가 내 친구에게 사과를 주었다.)

보 기 말하다 N0-가 N1-(에|에게) S고 V (과장은 우리에게 내일은 모두 쉬라고 말했다.)

구문 정보는 가능한 구문을 모두 제시하였다. 그리고 이때 서로 대응되는 구문들은 '↔'로 연결하여 그 관계를 표시하였다.

보 기 N0-가 N1-와 V ↔ N1-가 N0-와 V ↔ N0-와 N1-가 V

¶나는 남편과 닮았다. ↔ 남편은 나와 닮았다. ↔ 나와 남편은 닮았다.

보 기 N2-에 N1-의 N0-가 V ↔ N2-에 N1-는 N0-가 V

¶큰 응원에 선수들의 투지가 살아났다. ↔ 큰 응원에 선수들은 투지가 살아났다.

보 기 N1-에 N0-가 V ↔ N1-가 N0-가 V ↔ N1-가 V

¶신발에 물이 샌다. ↔ 신발이 물이 샌다 ↔ 신발이 샌다.

하나의 동사에 관련된 구문 유형이 여럿이면 다음의 순서를 적용하여 배열하였다.

(1) 자동사 구문, 타동사 구문, 자타동사 구문의 순서로 기술한다.

(2) 명사 논항 구문, 보문 논항 구문의 순서로 기술한다.

(3) 자타동사의 경우에는 '자동사 명사 논항 구문 → 자동사 보문 논항 구문 → 타동사 명사 논항 구문 → 타동사 보문 논항 구문' 순으로 구문을 제시한다.

보 기 '개탄하다'의 구문 정보 제시 순서

N0-가 N1-에 V (국민들은 경찰의 늦장 대응에 개탄했다.)

N0-가 S고 V (진보 세력은 우리 사회가 지나치게 보수적이라고 개탄했다.)

N0-가 N1-(를|에 대해) V (가출 청소년들은 사회의 무관심(을|에 대해) 개탄했다.)

N0-가 S것-(을|에 대해) V (국민들은 일이 이렇게 된 것(을|에 대해) 개탄했다.)

동사가 부사어를 필수적으로 요구할 때에는 이를 구문 정보에 ADV로 표시하여 제시하였다.

보 기 N0-가 ADV V (그 아이는 늘 귀엽게 굴었다.)

기능동사 구문의 경우, 함께 쓰이는 술어명사는 Npr (predicative noun)로 표시하였다.

보 기 가다[2] 기능: N0-에게 Npr-가 V (국민들에게 피해가 갔다.)

보조동사의 구문 정보를 기술할 때에는 보조동사 앞에 놓이는 본동사 부분을 'V-어, V-고' 등으로 표시하고 보조동사 부분은 Vaux로 표시하였다

보 기 V-어 Vaux, V-고 Vaux

숙어동사는 Idm으로 범주 정보를 표시하고, 구문 정보를 나타낼 때에도 해당 숙어동사 전체를 V가 아닌 Idm으로 표시하였다.

보 기 '건너가다'

부표제어 : ◆ **물 건너가다**

뜻풀이 : (어떤 일을) 할 수 있는 기회나 시기를 놓치다.

구문 : N0-가 Idm (N0=[행위], 성공)

용례 : 납품 기일을 못 지켰으니 재계약은 물 건너갔다.

한편, 동사에 따라, 내포절 내의 주어가 주절의 다른 성분으로 바뀌는 현상이 존재하는데, 인상(Raising) 혹은 재구조화(Restructuration)로 불리는 이 현상을 두 경우로 구분하여 R1 혹은 R2로 표시하여 제시하였다. 우선 내포절의 주어(-가/-이)가 주절의 목적어(-를/-을)로 재구조화될 때는 R1으로, 내포절의 주어가 주절의 부사어(-에, -에게)로 재구조화될 때는 R2로 표시했다.

보 기 '추산하다'

N0-가 S라고 V (R1) (N0=[인간|단체])

¶경찰측은 이번 집회의 참가자(가|를) 15만 명이라고 추산하였다.(R1)

보 기 '성공하다'

N0-가 S(것|줄)-로 V (R1) (N0=[인간|단체])

¶우리는 그 계획(이|을) 성공할 것으로 알았다.(R1)

보 기 '금하다'

N0-가 S것-을 V (R2) (N0=[인간|단체])

¶부모님은 내(가|에게) 밤에 외출하는 것을 금하셨다.((R2)

보 기 '만들다'

N0-가 S(게|도록) V (R2) (N0=[상황], [사건], [행위], [예술])

¶그의 일관성 없는 해명은 사람들(이 | 에게) 더욱 의문만 갖게 만들었다.(R2)

3.11. 선택제약 정보

술어가 문장에서 논항을 취할 때 모든 명사를 취하는 것이 아니라 특정한 의미를 갖는 명사만을 취하는데, 이를 선택제약이라 한다. 그러므로 선택제약은 구문을 형성하는 논항에 대한 의미 정보라 할 수 있다. 선택제약

정보는 다음 지침에 따라 기술하였다.

(1) 선택제약 정보는 "세종전자사전"(문화체육관광부)의 의미부류를 참조함을 원칙으로 한다. 다만 이 사전에서는 "세종전자사전"의 의미부류 체계에서 사용한 [구체적 대상], [추상적 대상] 등의 명칭을 [구체물], [추상물] 등으로 짧게 표시한다.

(2) 특정 의미부류에 속하는 명사 전체가 아니라 그 가운데 제한된 명사만이 논항 위치에 실현될 경우에는 의미부류 다음에 괄호 속에 그 예를 나열한다.

보 기 N1=[신체부위](손가락, 발 따위)

(3) 선택제약을 의미부류로 제시하기 어렵고 개별 명사 어휘를 제시하는 것이 더 정확하다고 판단되는 경우는 의미부류 표기 없이 해당 명사를 구별하여 나열한다.

보 기 N0=[인간|단체] N1=[인간|단체] N2=우승, 진출, 일등 따위

(4) 모든 의미부류가 논항 자격을 가질 수 있는 경우에는 선택제약 정보를 '[모두]'로 기술한다.

보 기 발하다Ⅰ: N0-가 N1-를 V (N0=[모두] N1=[감정], [냄새], [빛], [소리])

(5) 특정 논항의 의미가 복수의 개체 명사를 뜻할 때는 괄호 속에 '의미상 복수'라고 표시한다.

보 기 결속되다 : N0-가 V (N0=[인간](의미상 복수))

¶사회 구성원들이 서로 결속되어 연대감을 가지는 것이 중요하다.

3.12. 문법관계 정보

문법관계 정보는, 다음에서 보는 바와 같이, 표제어에 대해 능동, 피동, 주동, 사동의 문법관계를 알리는 정보이다.

<주동> 식다 - <사동> 식히다

<주동> 대비하다 - <사동> 대비시키다

<능동> 몰수하다 - <피동> 몰수되다, 몰수당하다

<능동> 대접하다 - <피동> 대접받다

이 관계들을 본 사전에서 각각 다음과 같이 제시하였다.

보 기

식다 사 식히다

식히다 주 식다

대비하다 사 대비시키다

몰수하다 피 몰수당하다, 몰수되다

몰수당하다 능 몰수하다

몰수되다 능 몰수하다

3.13 참고 정보

형태, 구문, 화계, 사용영역 등 표제어의 사용과 관련한 참고 정보를 '※' 뒤에 제시하였다.

보 기

날뛰다

¶우리 팀의 첫 골이 터지자 관중들은 기뻐 날뛰었다.

※ '-아(서)/-어(서)' 다음에만 쓰인다.

주체하다

¶할머니는 쏟아져 나오는 눈물을 주체하지 못하셨다.

※ 주로 부정을 나타내는 표현과 함께 쓰인다.

풀다

¶나는 잡은 물고기를 다 풀어 주었다.

※ '풀어 주다'의 형태로 주로 사용된다.

3.14. 용례

본 사전에 수록된 용례는 말뭉치 자료에서 뽑되, 문장의 길이, 문법 적합성 등을 고려하여 조정한 것이다. 용례 구성하는 데 적용한 원칙은 다음과 같다.

(1) 적격하고 자연스러운 사용을 알 수 있도록 하기 위해 용례는 모두 완전한 문장으로 구성한다.

(2) 제시된 구문 유형이 최대한 잘 드러날 수 있는 예문을 제시하기 위해 첫 번째 예문은 가능한 한 논항이 모두 실현된 구조를 용례로 제시한다.

(3) 둘째 예문 이하에는 일부 논항이 생략된 자연스러운 예문들을 제시할 수 있다.

(4) 용례는 성차별, 지역차별, 이데올로기 편향성을 드러내는 용례는 최대한 배제하여 구성한다. 다만 표제어의 용법 자체가 이미 그러한 차별 혹은 편향을 보이는 경우에는 그 같은 특성을 함께 지적하면서(예: '매우 속되게 쓰인다' 등) 최소한의 용례를 제시하도록 한다.

3.15. 부표제어

두 개 이상의 단어가 모여서 그 구성 단어들의 의미만으로는 전체의 의미를 알 수 없는, 새로운 의미를 나타내는 어구(語句)를 숙어라 한다. 표제어 동사와 다른 단어의 결합체로 이루어진 숙어들이 있을 경우, 본 사전에서는 부표제어의 지위로 이를 최대한 제시하였다. 부표제어는 '◆'를 앞세워 기술하되, 표제어의 기술 방식을 그대로 따라 기술하였다.

보 기 일으키다2

◆ **바람을 일으키다** 새로운 흐름을 만들다. Create a new trend.

N0-가 Idm (N0=[인간|단체], [행위], [사건], [구체물])

¶두 야당의 합당은 새로운 바람을 일으키고 있다.

4. 약어표

(1) 문법범주(품사)

자 : 자동사

타 : 타동사

자타 : 자타동사

기능: 기능동사

보조 : 보조동사

(2) 기호

【 】 : 화계, 전문영역

¶ : 용례

※ : 참고 정보

☞ : (표제어를) 볼 것

◆ : 부표제어

(3) 약어

Npr : 술어명사(predicative noun)

N : 명사구

S : 절

V : 동사

ADV : 필수적인 부사적 성분

R1 : 1형 재구조화(내포문의 주어가 주절의 목적어로 인상)

R2 : 2형 재구조화(내포문의 주어가 주절의 부사어로 인상)

Idm : 숙어 동사

㊎겸양 : 겸양어	㊎반 : 반의어
㊎본디 : 본딧말	㊎상 : 상위어
㊎센 : 센말	㊎여린 : 여린말
㊎유 : 유의어	㊎존대 : 존대어
㊎준 : 준말	㊎하 : 하위어
능 : 능동형	대응 : 대응 구문
사 : 사동형	어원 : 어원
연어 : 연어	주 : 주동형
피 : 피동형	활용 : 활용 정보

(4) 전문영역

【가톨릭】	【건축】	【경제】
【공업】	【구어】	【군사】
【기독교】	【논리】	【농업】
【동물】	【문어】	【물리】
【바둑】	【법률】	【불교】
【생물】	【수학】	【심리】
【언어】	【연극】	【영화】
【예술】	【운동】	【음악】
【의학】	【전산】	【정치】
【종교】	【천문】	【철학】
【출판】	【컴퓨터】	【항공】
【행정】	【화학】	

가결되다

어원 可決~ 활용 가결되어(가결돼), 가결되니, 가결되고 대응 가결이 되다

자 (제출된 의안 등이) 회의에서 어떤 의결 방법을 거쳐 통과되다. (of a raised bill) Be passed through a decision-making process in the meeting.

㊥통과되다 ㊥부결되다

N0-가 N1-에서 N2-로 V (N0=의안, 안건 따위 N1=[회의] N2=다수결, 만장일치 따위)

능 가결하다

¶국회에서 예산안이 다수결로 가결되었다. ¶교무회의에서 학부와 학과 개편안이 만장일치로 가결되었다.

가결시키다

어원 可決~ 활용 가결시키어(가결시켜), 가결시키니, 가결시키고 대응 가결을 시키다

☞'가결하다'의 오용

가결하다

어원 可決~ 활용 가결하여(가결해), 가결하니, 가결하고 대응 가결을 하다

타 (제출된 의안 등을) 어떤 의결 방법을 거쳐 통과시키다. Pass a raised bill through a decision-making process in the meeting.

㊥통과시키다 ㊥부결하다

N0-가 N1-를 N2-로 V (N0=[단체], [회의] N1=안건, 의안 따위 N2=다수결, 만장일치 따위)

피 가결되다

¶국회는 예산안을 다수결로 가결하였다. ¶교무회의는 학부와 학과 개편안을 만장일치로 가결하였다.

가공되다

어원 加工~ 활용 가공되어(가공돼), 가공되니, 가공되고 대응 가공이 되다

자 고치고 변형하여 이용하거나 처리할 수 있게 만들어지다. Be fixed and modified for use or processing.

N0-가 V (N0=[구체물])

능 가공하다

¶우유가 치즈와 버터로 가공되었다. ¶이 농장에서 딸기가 잼으로 가공되었다.

가공시키다

어원 加工~ 활용 가공시키어(가공시켜), 가공시키니, 가공시키고 대응 가공을 시키다

☞'가공하다'의 오용

가공하다

어원 加工~ 활용 가공하여(가공해), 가공하니, 가공하고 대응 가공을 하다

타 ❶(사물을) 고치고 변형시켜 더 좋게 만들다. Process and change an object to improve it.

N0-가 N1-를 V (N0=[인간|단체] N1=[구체물])

피 가공되다,

¶이 농장에서는 과일을 잼으로 가공한다. ¶농원유통회사는 수입한 원료를 가공한 뒤 다시 수출한다.

❷(재료나 인공물을) 변형시켜 새로운 것을 만들다. Change a material or artifact to create something new.

N0-가 N1-를 N2-로 V (N0=[인간|단체] N1=[구체물] N2=[구체물])

¶우리 회사는 축산물을 여러 가지 유제품으로 가공하는 사업을 한다. ¶우리 회사는 금과 은 같은 금속을 여러 형태의 제품으로 가공한다.

가까이하다

활용 가까이하여(가까이해), 가까이하니, 가까이하고

자 서로 사귀거나 친밀하게 지내다. Form relationship or stay intimate.

㊥사귀다 자, 교제하다, ㊥멀리하다, 꺼리다

N0-가 N1-와 V (N0=[인간] N1=[인간])
¶나는 옆집에 새로 이사 온 이웃과 가까이하고 싶었다. ¶책을 좋아하는 친구와 가까이하면 배울 것이 많단다. ¶그들은 서로 가까이하면서 깊은 우정을 쌓았다.

[타]❶(무엇을) 어디에 근접하게 가져다 대다. Bring something close to somewhere.
[유]대다[1][타] [반]멀리하다, 떨어뜨리다
N0-가 N1-를 N2-에 V (N0=[인간] N1=[신체부위], [구체물] N2=[구체물])
¶손이 시려 손을 난로에 가까이하였다. ¶잘 안 들려요. 마이크에 입을 더 가까이해 주세요.

❷(다른 사람을) 사귀거나 친밀하게 지내다. Form relationship or be intimate with someone.
[유]사귀다[타], 교제하다 [반]멀리하다, 꺼리다
N0-가 N1-를 V (N0=[인간] N1=[인간])
¶나는 그녀를 가까이하려고 그녀가 좋아하는 것은 뭐든지 다 하였다. ¶거친 성격 때문에 친구들이 나를 가까이하지 않는다.

❸(무엇을) 좋아하거나 늘 가까이 두고 즐기다. Like something or always have something close by to enjoy.
[반]멀리하다, 꺼리다
N0-가 N1-를 V (N0=[인간] N1=[구체물], [추상물])
¶선비들은 책을 가까이하며 생활했다. ¶그녀는 일찍부터 문학을 가까이하였다.

가꾸다

[활용]가꾸어(가꿔), 가꾸니, 가꾸고

[타]❶(식물을) 기르면서 돌보고 손질하다. Raise, care for, and prune plants.
[유]기르다, 키우다
N0-가 N1-를 V (N0=[인간|단체] N1=[식물])
[연어]정성스레, 정성들여, 공들여
¶나는 요즘 꽃을 가꾸고 있다. ¶농민들이 곡식과 채소를 정성스레 가꾸었다.
N0-가 N1-를 N2-에 V ↔ N0-가 N1-로 N2-를 V (N0=[인간|단체] N1=[식물] N2=[장소])
[연어]정성스레, 정성들여
¶동생은 화단에 다양한 화초를 가꾸었다. ↔ 동생은 다양한 화초로 화단을 가꾸었다. ¶아버지는 화단에 관상목을 정성들여 가꾸셨다.

❷(몸을) 아름답게 보이도록 관리하다. Manage one's body to make it attractive and healthy.
[유]관리하다
N0-가 N1-를 V (N0=[인간|단체] N1=[신체부위], 자기, 자신 따위)
¶그는 자신을 가꾸는 데에는 돈을 아끼지 않는다. ¶몸을 가꾸는 데에는 운동하는 것이 제일 좋다.

❸(사물이나 장소를) 치장하여 아름답게 만들고 관리하다. Embellish and manage an object or place to make it look beautiful.
[유]꾸미다, 관리하다
N0-가 N1-를 N2-로 V (N0=[인간|단체] N1=[사물], [장소] N2=[사물])
[연어]곱게, 예쁘게, 정성스레, 정성들여, 공들여
¶나는 정원을 나무로 가꾸어 왔다. ¶아버지께서는 할아버지의 산소를 정성들여 가꾸셨다.

❹(문화나 관습 따위를) 돌보고 발전시키다. Preserve or protect a culture or custom and nurture it.
[유]발달시키다
N0-가 N1-를 V (N0=[인간|단체] N1=문화, 관습, 제도 따위)
¶우리 민족은 찬란한 문화를 가꾸어 왔다. ¶그들은 자신만의 독특한 예술 세계를 가꾸었다.

❺(마음가짐이나 구상을) 간직하고 발전시키다. Acquire and develop one's attitudes or ideas.
N0-가 N1-를 V (N0=[인간|단체] N1=[감정], [마음])
[연어]소중히, 오랫동안
¶내게는 오랫동안 가꿔 온 사업 구상이 있다. ¶그는 운동선수의 꿈을 가꾸다가 부상으로 그 꿈을 접었다.

❻(정성을 들여서) 못 쓰는 땅을 쓸모 있는 땅으로 만들다. (with great care) Transform waste land into useful land.
[유]개간하다
N0-가 N1-를 N2-로V (N0=[인간|단체] N1=[땅] N2=[땅])
¶그들은 황무지를 비옥한 땅으로 가꾸었다.

가누다

[활용]가누어(가눠), 가누니, 가누고

[타]❶(사람이나 동물 따위가) 몸이나 몸의 일부를 바르게 유지하다. (of a person or an animal) Keep the body or part of the body right.
[유]추스르다
N0-가 N1-를 V (N0=[인간], [동물] N1=[신체부위])
¶철수는 간신히 정신을 차려 몸을 가누었다. ¶아기가 목을 가눌 수 있게 되었다.

❷(정신이나 숨 따위를) 가다듬어 바로 하다. Hold or calm down one's breath or mind.
N0-가 N1-를 V (N0=[인간] N1=정신, 의식, 숨 따위)
¶나는 너무 아파 정신을 가누지 못할 정도였다. ¶아이는 의자에 앉아 가빠진 숨을 가누었다.

❸(어떤 감정을) 가라앉혀 바로잡다.
[유]조절하다 Calm down a feeling.
N0-가 N1-를 V (N0=[인간] N1=[감정])
¶영수는 흥분을 가누지 못하고 소리를 질렀다. ¶그는 슬픔을 가누지 못한 채 서럽게 울고 있었다.

가늠하다

활용 가늠하여(가늠해), 가늠하니, 가늠하고

타 ❶(어떤 대상을) 목표나 기준에 맞는지 안 맞는지 헤아려 보다. (of a person) Judge an object in accordance with a goal or a criterion.

N0-가 N1-를 V (N0=[인간] N1=크기, 수량, 능력 등)

¶그는 눈대중으로 그 돌의 크기를 가늠했다. ¶그는 한 눈을 감고 표적과의 거리를 가늠했다.

❷(형편이나 상황을) 어떻게 되어 가는지 어림잡아 짐작하다. (of a person) Make a guess about a situation or a circumstance.

N0-가 N1-를 V (N0=[인간|단체] N1=상황, 방향, 가능성 따위)

¶국어학회는 학술대회를 열고 21세기의 국어학이 나아갈 방향을 가늠했다. ¶많은 투자자들이 보고서를 읽고 성장의 가능성을 가늠했다.

가다[1]

활용 가, 가니, 가고, 가거라/가라

자 ❶(사람, 교통수단 따위가) 화자가 있는 곳이 아닌 다른 곳으로 움직이거나 운행하다. (of a person or means of transportation) Move or operate to a place that's different from original location.

반 오다[1] 자, 상 이동하다 자

N0-가 N1-(에|로) V (N0=[인간], [교통기관] N1=[장소])

¶아이들은 친구 집에 갔다. ¶어머니는 시장에 가셨다. ¶이 버스는 서울로 가는 버스입니다.

N0-가 N1-에게 V (N0=[인간] N1=[인간], [동물])

¶동생은 아침 일찍 친구에게 갔다. ¶동생은 강아지에게 가서 밥을 주었다.

N0-가 N1-로 N2-에 V (N0=[인간], [교통기관], [동물] N1=[경로](지름길 따위) N2=[장소], [건물], [지역])

¶동생은 늘 지름길로 학교에 갔다. ¶멧돼지들이 이 비탈로 마을에 간 것 같다.

❷ (모임이나 행사에) 참석하려고 이동하다. Move in order to participate in a meeting or event.

반 오다[1] 자, 상 이동하다 자

N0-가 N1-에 V (N0=[인간] N1=[행사], [모임] 등)

¶나는 내일 졸업식에 간다. ¶사장님은 이사회에 가셨습니다.

❸ 특정 단체의 구성원이 되다. Become a member of a certain group.

유 들어가다

N0-가 N1-에 V (N0=[인간] N1=[단체](학교, 군대, 기업 따위))

¶형은 내년에 군대에 간다. ¶둘째는 올해 대학에 갔다. ¶친구들은 대기업에 갔는데 나는 아직 취직을 못 했다.

❹(특정한 직책을 수행하는 부서나 장소로) 자리를 이동하다. Move to a department or a place where one performs a duty.

유 옮기다, 이동하다

N0-가 N1-(에|로) V (N0=[인간] N1=[단체], [부서])

¶그 친구는 총무부에 가게 되었다. ¶과장님은 외국 지사로 갈 예정이다.

N0-가 N1-에 N2-로 V (N0=[인간] N1=[단체], [부서] N2=[직책], [역할])

¶그 친구는 총무부에 과장으로 갔다. ¶부장님은 외국 지사에 지사장으로 가게 되었다.

❺(신체 부위가) 원하는 물건이나 장소 쪽으로 이끌리다. (of a body part) Be led towards a desired item or location.

N1-에 N0-가 V (N0=[신체부위], 손길, 발길 따위 N1=[구체물], [장소])

연어 자꾸

¶자꾸 과자에 손이 간다. ¶나는 발길이 가는 대로 이리저리 걸었다.

❻(물건이) 다른 곳에 있는 사람이나 장소에 전해지다. (of an item) Be delivered to a person or to a location in different place.

유 도착하다, 전달되다

N1-에게 N0-가 V (N0=[구체물] N1=[인간])

¶상품은 단 하루 만에 주문자에게 갔다. ¶며칠이면 여러분에게 계약서가 갈 겁니다.

N0-가 N1-(에|로) V (N0=[구체물] N1=[장소])

¶주문하신 상품은 며칠 내로 댁에 갈 겁니다. ¶이 화물들은 중국에 갈 예정입니다.

❼(전화를 걸 때) 상대방에 연결되는 소리가 들리다. (of phone) Be heard when calling someone.

N0-가 V (N0=신호, 발신음 따위)

¶신호는 가는데 전화를 안 받네.

❽(길이나 통로 따위가) 다른 곳으로 향하여 이어지다. (of a road or passageway) Face another place and be connected.

유 향하다 자, 통하다 자, 연결되다

N0-가 N1-로 V (N0=[장소] N1=[장소])

¶이 계단은 옥상으로 가는 계단이다. ¶이 길은 학교로 가는 지름길이다.

※ 주로 '~로 가는' 형태로 쓰인다.

❾(사람이) 어떤 상태나 단계에 도달하다. (of a person) Reach a certain state or level.

유 진출하다

N0-가 N1-에 V (N0=[인간|단체] N1=[단계], [상황], [사건])

¶대표팀이 결승전에 갔다. ¶나는 최종 면접에까지 갔지만 결국 떨어졌다.

[ㄱ]

⑩(시간적으로) 특정한 시점에 이르다. Reach a particular temporal point.
[유]이르다I
N0-가 N1-에 V (N0=[인간], [상황], [사태] N1=[시기](끝, 마지막 따위))
¶그 이야기는 결론에 가서야 재미가 있었다.
¶그 사람은 말년에 가서 부자가 되었다.
⑪(가격, 능력, 수준 따위가) 일정한 정도에 이르거나 해당하다. (of price, ability, or standard) Reach or be corresponded to a certain level.
N0-가 ADV V (N0=[값], [등급], ADV=N 정도, 첫째, 둘째 따위)
¶이 보석은 가격이 100만 원 정도 갑니다. ¶동생의 성적은 반에서 중간 정도 갑니다.
⑫(어떤 상태나 상황이) 다른 상태나 상황으로 변화하거나 발전하다. (of a certain state or situation) Change or develop into a different state or situation.
[유]이어지다, 향하다[자]
N0-가 N1-로 V (N0=[행위], [상황], [상태] N1=[행위], [상황], [상태])
¶자기 관리는 성공으로 가는 지름길이다. ¶이번 파업이 직장 폐쇄로 가지는 않을 거야.
⑬(어떤 대상에) 시선이 쏠리다. (of people's eyes) Be concentrated on a target.
N0-가 N1-에 N2-가 V (N0=[인간] N1=[모두] N2=눈길, 시선 따위)
¶나는 멋있는 풍경에 나도 보르게 눈길이 갔다.
N0-가 N1-에게 V (N0=[인간] N1=[인간] N2=눈길, 시선 따위)
¶사춘기 학생들은 이성에게 시선이 갈 수밖에 없다.
⑭죽다 Die.
[유]죽다I
N0-가 V (N0=[인간])
¶부모님도 이제 가실 날이 다 되었다.
¶그 사람 착한 사람인데 너무 일찍 갔네.
⑮(시간, 계절 등) 특정한 시기가 지나다. (of time or certain period such as season) Progress.
[유]끝나다, 지나다[자] [반]오다1[자]
N0-가 V (N0=[시간], [시기](청춘, 사춘기 따위, 유행 따위)
¶나의 젊음이 빨리도 가는구나. ¶나는 시간이 가는 줄 모르고 잤다.
⑯(음식의 맛이나 신선도 따위가) 없어지거나 원래보다 안 좋은 상태로 변하다. (of taste or freshness of food) Disappear or become worse than before.
[유]변질되다, 부패하다 N1-의 N0-가 V ↔ N1-가 N0-가 V (N0=맛, 물, 향 따위 N1=[구체물], [음식](생선, 우유 따위))
¶우유(의) 맛이 갔다. ↔ 우유가 맛이 갔다.
¶이 생선들은 물이 갔다.
⑰(술 따위에) 완전히 취하거나 정신을 제대로 못 차리다. Be completely drunk and lose consciousness due to alcohol.
N0-가 V (N0=[인간])
[연어]완전히
¶그 친구 술 한 잔에 완전히 갔다.
⑱(어떤 사람에게) 정신을 못 차릴 정도로 완전히 반하다. Completely fall in love with someone so that one cannot think clearly.
[유]홀딱 빠지다
N0-가 N1-에게 V (N0=[인간] N1=[인간])
[연어]뿅, 한 눈에, 첫눈에
¶내 동생은 자기 여자 친구에게 완전히 갔어.
¶나는 경민이를 처음 보고 한 눈에 갔다.
⑲(물건의 소유권이) 다른 사람에게 넘어가다. (of an item's ownership) Be passed on to another person.
[유]돌아가다[자], 이전되다, 양도되다
N0-가 N1-(에게|로) V (N0=[구체물], [돈], [권리] N1=[인간|단체])
¶보상금이 일부에게만 간 것 같다. ¶전 재산이 형에게 갔다.
⑳(어떤 상태나 증세, 기운 따위가) 계속 그대로 유지되다. (of a state, symptom, or energy) Be maintained as is.
[유]지속되다
N0-가 ADV V (N0=[구체물], [추상물], [상황], [상태], [현상], [감정], [기운], [질병], ADV=[시간])
¶새 신발이 한 달을 못 가고 다 떨어졌네. ¶분위기가 이대로 간다면 우승도 문제없겠군.
㉑ (기계나 장치 따위가) 작동하다. (of a machine or device) Operate.
[유]작동하다[자]
N0-가 V (N0=[기계], [기구])
[연어]잘
¶이 시계는 잘 갑니다. ¶고물이기는 해도 이 차는 아직 잘 간다.
N0-가 N1-로 V (N0=[기계], [기구] N1=[에너지])
¶이 시계는 건전지로 간다. ¶이것은 전기로 가는 차이다.
㉒ (물체의 표면에) 금이나 주름 따위가 생기다. (of a crack or fold) Be generated on an object's surface.
N1-에 N0-가 V (N0=금, 주름 따위 N1=[구체물](표면, 벽 따위), [옷], [신체부위])
¶벽에 금이 갔다. ¶옷에 주름이 갔다. ¶눈가에 주름이 갔다.

◆ **손이 가다** 노력이 들다. Need effort.
N0-가 Idm (N0=[일], [음식], [행위])
¶농사는 손이 많이 간다. ¶궁중 요리는 손이 많이 간다.
◆ **맛이 가다** (사람의 신체 부위나 정신 따위가) 제 기능을 발휘하지 못하는 상태가 되다. (of the body or spirit of a person) Enter a state of being in which one is unable to function properly.
N0-가 Idm (N0=[신체부위], [인간])
연어 조금씩, 완전히
¶나이가 드니까 다리가 맛이 간다. ¶과음하더니 그 사람은 완전히 맛이 갔다.
◆ **어디로 가다** 없어지다 Disappear.
㊌없어지다I, 사라지다I
N0-가 Idm (N0=[구체물], [추상물])
¶내 안경이 어디로 갔지? ¶그 동안 보여준 열정은 어디로 가고 무기력만 남아 있는가?
타 ❶(사람, 교통수단 따위가) 어떤 경로를 따라서 이동하여 움직이다. (of a person or means of transportation) Move by following a path.
N0-가 N1-를 V (N0=[인간], [교통기관] N1=[경로](밤길, 해안가 따위))
¶우리는 산책로를 가면서 대화를 나누었다. ¶병사들은 육로를 가면서 주변을 수색했다.
❷(노름 따위에서) 판돈으로 일정한 금액을 걸다. Bet a certain amount in a gamble.
㊌걸다[1]
N0-가 N1-를 N2-에 V (N0=[인간] N1=[값], [돈] N2=판)
¶저 사람은 이번 판에 전 재산을 갔다.
❸일정한 기능이나 목적을 향하여 이동하다. Move towards a certain function or purpose.
N0-가 N2-(에|로) N1-를 V (N0=[인간] N1=[활동] N2=장소)
¶우리는 청평으로 수련회를 갔다. ¶우리는 저녁을 먹고 나서 2차를 갔다.
◆ **시집을 가다** (여자가) 남자와 결혼을 하다. (of a woman) Marry (a man).
㊌결혼하다, 혼인하다, 백년가약을 맺다
N0-가 N1-에게 Idm (N0=[인간(여성)] N1=[인간(남성)])
¶동생은 외국인에게 시집을 갔다.
N0-가 N1-에 Idm (N0=[인간] N1=[인간|집단](부잣집, 재벌가 따위)
¶그녀는 재벌가에 시집을 갔다.
◆ **장가를 가다** (남자가) 여자와 결혼을 하다. (of a man) Marry (a woman).
㊌결혼하다, 혼인하다, 백년가약을 맺다
N0-가 N1-에게 Idm (N0=[인간(남성)] N1=[인간(여성)])
¶병수가 정희에게 장가를 간다.
N0-가 N1-에 Idm (N0=[인간] N1=[인간|집단](부잣집, 재벌가 따위)
¶그는 부잣집에 장가를 간다.

가다[2]
활용 가, 가니, 가고
기능자 '행위'를 나타내는 기능동사 Support verb that indicates "action".
N0-에게 Npr-가 V (N0=[인간], Npr=손해, 피해, 손상 따위)
¶잘못된 정책으로 국민들에게 피해가 갔다. ¶접촉 사고로 내 차에 조금 손상이 갔다.
N0-에 Npr-가 V (N0=[집단], Npr=손해, 피해, 손상 따위)
¶테러로 인해 주변국들에 경제적 피해가 갈 것입니다. ¶이 사건으로 그 회사에 손해가 갔습니다.
N0-에게 S고 Npr V (N0=[인간], Npr=공지, 연락, 통지, 전화, 소식, 지시 따위)
¶합격자들에게 기한 내에 입학 절차를 밟으라고 공지가 갈 것입니다. ¶주민들에게 통제에 따라 대피하라고 지시가 갔습니다.
N0-에 S고 Npr V (N0=[집단], Npr=공지, 연락, 통지, 전화, 소식, 지시)
¶심사단에 심사 일정을 조금 단축해 달라고 연락이 갔습니다.
N0-가 N1-(에|에게) Npr-가 V (N0=[인간] N1=[구체물], [현상], [사건], Npr=관심, 정, 호감, 마음, 공감 따위)
¶나는 그 아이에게 호감이 갑니다. ¶저는 오래된 물건에 정이 갑니다.
N0-는 N1-가 Npr-가 V (N0=[인간] N1=[모두], Npr=이해, 납득, 수긍, 의심, 믿음 따위)
¶아버지는 아들의 심정이 이해가 갔다. ¶한참을 따진 후에야 나는 계산 결과가 납득이 갔다.
타 '행위'를 나타내는 기능동사 Support verb that indicates "action".
N0-가 N1-(에|로) Npr-를 V (N0=[인간] N1=[장소], Npr=유학, 파병, 지원, 탐사, 여행 따위)
¶동생은 유럽으로 유학을 갔다. ¶나는 친구에게 문병을 갔다.

가다[3]
활용 가, 가니, 가고
보조 (주로 동사 뒤에서 '-어 가다'의 형태로 쓰여) 앞의 본동사가 나타내는 행위나 사건이 말하는 이가 정한 어떤 기준점에 이르러 가고 있거나 또는 상태나 행위가 계속 진행되고 있음을 나타내는 보조동사 (usually used behind a verb in the form of "-어 가다(being done)") Auxiliary

verb that designates continuous progress of a situation or action, or that the action or situation designated by the main verb is approaching a certain standard established by the speaker.
V-어 Vaux
¶일이 다 되어 간다. ¶숙제를 다 마쳐 간다. ¶나무들이 다 죽어 가고 있다.

가다듬다

활용 가다듬어, 가다듬으니, 가다듬고
타 ❶ (옷차림이나 자세를) 가지런히 하다. Straighten one's clothing or posture.
유 정리하다, 매만지다
N0-가 N1-를 V (N0=[인간] N1=옷차림, 옷매무새, 자세 따위)
¶옷차림을 가다듬고 자리에 앉아라. ¶외출하기 전에 머리를 좀 가다듬어야겠다.
❷(목소리나 숨을) 부드럽게 되도록 조정하다. Adjust one's voice or breathing to make it softer.
유 고르다II
N0-가 N1-를 V (N0=[인간] N1=목소리, 목청, 호흡)
¶노래하기 전에 목소리를 좀 가다듬겠습니다. ¶나는 시합 전에 긴장을 풀기 위해 호흡을 가다듬었다.
❸(마음이나 정신을) 차분하게 정리하다. Organize one's state of mind so as to become calm.
N0-가 N1-를 V (N0=[인간] N1=[감정])
¶나는 정신을 가다듬고 공부에 집중했다. ¶들뜬 마음을 가다듬는 데에는 시간이 오래 걸렸다.
❹(조직이나 집단을) 가지런하고 잘 정렬되게 하다. Reassemble an organization or group in a neat manner.
유 정비하다
N0-가 N1-를 V (N0=[인간] N1=[집단])
¶소대장은 병사들의 대열을 가다듬고 행군을 계속하였다. ¶회장은 흐트러진 조직을 가다듬으려고 애썼다.

가담하다

어원 加擔~ 활용 가담하여(가담해), 가담하니, 가담하고 대응 가담을 하다
자 (어떤 일에) 한 편이 되어 돕다. (of a task) Participate and give help.
유 동참하다, 협력하다, 가세하다, 참가하다
N0-가 N1-에 V (N0=[인간|단체] N1=[행위], [사건])
¶많은 시민들이 이웃 돕기에 가담했다. ¶사육신은 역모에 가담했다는 혐의를 썼다.

가동되다

어원 稼動~ 활용 가동되어(가동돼), 가동되니, 가동되고
자 ❶기계 따위가 움직이다. (of a machine) Operate.
유 작동되다
N0-가 V (N0=[기계], [시설물])
능 가동하다
¶이 건물은 자가 발전기가 가동되고 있습니다. ¶시스템이 제대로 가동되지 않고 있습니다.
❷(제도, 조직, 부서 따위가) 설치되어 일하게 되다. (of a system, organization, or department) Be installed and put into work in order to do something.
N0-가 V (N0=[기관], [부서], [제도])
능 가동하다
¶피해 복구를 위해 재난 대책반이 가동되었다. ¶깨끗한 환경 조성을 위해 환경미화 전담반이 가동되었다.

가동시키다

어원 稼動~ 활용 가동시키어(가동시켜), 가동시키니, 가동시키고 대응 가동을 시키다
☞'가동하다'의 오용

가동하다

어원 稼動~ 활용 가동하여(가동해), 가동하니, 가동하고 대응 가동을 하다
타 ❶ (기계 따위를) 작동시키다. Operate a machine.
N0-가 N1-를 V (N0=[인간|단체] N1=[기계], [기기], [시설물])
피 가동되다
¶날씨가 더워 오늘부터 우리 사무실은 에어컨을 가동했다. ¶연구원들이 새로 구입한 실험 장비를 가동했다.
❷(제도, 조직, 부서 따위를) 설치하여 일하게 하다. Install a system, organization, or department and put it into work.
N0-가 N1-를 V (N0=[인간|단체], [기관] N1=[기관], [부서], [제도])
피 가동되다
¶정부는 신속히 재난 대책반을 가동했다.

가두다

활용 가두어(가둬), 가두니, 가두고
타 ❶(다른 사람이나 짐승을) 강제로 넣고 자유롭게 드나들지 못하게 하다. (of a person) Forcefully put another person or animal somewhere and forbid coming in and out.
유 감금하다, 수감하다 반 풀어주다, 석방하다
N0-가 N1-를 N2-에 V (N0=[인간|단체] N1=[인간|단체], [동물] N2=장소(감방, 감옥, 우리 따위))
피 갇히다

¶경찰은 범인을 유치장에 가두었다. ¶목동은 양들을 우리 안에 가두었다.
❷(물 따위를) 일정한 공간에 머물러 있도록 저장하다. (of a person) Store water so that it will stay within a specific space.
[유]채우다I
N_0-가 N_1-를 N_2-에 V (N_0=[인간|단체] N_1=물 따위 N_2=[농경지], [제방], [저장시설], [호수])
¶농사를 지으려고 농부들은 논에 물을 가두었다. ¶우리는 가뭄에 대비하여 물탱크에 많은 양의 물을 가두어 놓았다.

가득차다

[활용]가득차, 가득차니, 가득차고
[자]❶(일정한 공간 안에) 넘칠 만큼 많아지게 되다. (within a certain space) Become plenty enough to overflow.
N_0-가 N_1-에 V ↔ N_1-가 N_0-로 V (N_0=[구체물], N_1=[구체물], [장소])
[사]가득채우다
¶물이 물동이에 가득찼다. ↔ 물동이가 물로 가득찼다. ¶사람들이 방안에 가득찼다. ↔ 방안이 사람들로 가득찼다. ¶목욕탕이 수증기로 가득차 있어서 뿌옇게 눈 앞을 가렸다. ¶공초가 가득찬 재떨이를 비우고 왔다.
❷(분위기나 기운이) 강하게 드러나다. (a mood or emotion) Become strongly exposed.
N_0-가 N_1-에 V ↔ N_1-가 N_0-로 V (N_0=[구체물], [추상물], N_1=[추상물], [사태])
[사]가득채우다
¶철수의 눈동자에 불안이 가득찼다. ↔ 철수의 눈동자가 불안으로 가득찼다. ¶우리 집은 오래 전부터 가세가 기울어 집안이 언제나 우울함으로 가득차 있다. ¶으리으리하던 저 저택은 주인들이 모두 죽은 뒤 적막만이 가득찬 폐가가 되었다.

가라사대

[활용]가라사대 【문어】
[자](옛 말투로) 말하다. (old fashioned) Say.
[유]이르다
N_0-가 V (N_0=[인간])
¶공자 가라사대, "배우고 때로 익히면 또한 즐겁지 아니한가."
※ '가로되'보다 높임의 뜻을 나타낸다.
☞가로다

가라앉다

[활용]가라앉아, 가라앉으니, 가라앉고 [준]갈앉다
[자]❶(물에 떠 있거나 섞여 있던 사물이) 밑으로 내려가 잠기다. (of an object that was floating in or mixed with water) Move down and sink.
[유]잠기다II, 침잠하다, 침몰하다 [반]뜨다I, 떠오르다, 부상하다
N_0-가 N_1-(에|로) V (N_0=[구체물], [선박], [인간], [장소] N_1=[장소](강, 바다, 호수 따위), [액체])
[사]가라앉히다
¶배가 폭풍을 만나 바닷속에 가라앉았다. ¶바닥에 불순물이 가라앉았다.
❷(안개나 연기, 먼지 따위가) 아래로 낮게 드리우다. (of fog, smoke, or dirt) Hang down below in the bottom.
[유]내리다[자] [반]뜨다I
N_0-가 N_1-에 V (N_0=먼지, 연기 따위 N_1=[장소])
¶공중에 떠 있던 화산재가 마을 전체에 가라앉았다.
N_0-가 N_1-(에|로) V (N_0=먼지, 연기 따위 N_1=[장소])
¶화재로 인한 그을음이 바닥에 가라앉아 있었다.
¶먼지가 바닥으로 가라앉았다.
❸(사물이) 일정한 높이보다 아래로 꺼져 내려앉다. (of an item) Collapse down in comparison to a certain height.
[유]꺼지다II [반]솟아오르다
N_0-가 V (N_0=[신체부위](콧대 따위), 산, 산맥)
¶안경을 오래 끼면 콧대가 가라앉는다. ¶이 섬은 산맥의 끝줄기가 가라앉으면서 만들어졌다.
❹(통증이나 증상, 흥분 따위가) 수그러들어 정상적인 상태로 되다. (of pain, symptom, or excitement) Calm down and become normal state.
[유]완화되다, 잦아들다 [반]도지다, 악화되다
N_0-가 V (N_0=[신체상태], [생리현상], [마음](마음, 흥분 따위))
[사]가라앉히다
¶수술한 부위의 통증이 가라앉았다. ¶딸꾹질이 가라앉았다.
❺(붓거나 부풀어 오른 것이) 본래대로 되다. (of something that was swollen or puffed up) Return to normal state.
[유]완화되다
N_0-가 V (N_0=[신체부위], [증상](붓기 따위))
[사]가라앉히다
¶붓기가 가라앉을 때까지는 며칠이 더 걸립니다. ¶너무 많이 걸어서 다리의 붓기가 가라앉지 않았다.
❻(떠들썩하거나 활기를 띠던 것이) 조용해지거나 활기를 잃다. (of something that was loud or active) Become quiet or lose energy.
[유]숙연해지다
N_0-가 V (N_0=[상황](분위기 따위))
[사]가라앉히다
¶그가 나타나자 순식간에 장내 분위기가 가라앉았다. ¶늘 떠들썩하던 교실도 활기 없이 가라앉아 있었다.
❼(거세게 일어나던 것이) 그 정도가 약해지다.

ㄱ

(of something that was occurring violently) Become weak in magnitude.
㊇진정되다, 소강상태가 되다, 잡히다
N0-가 V (N0=[불], [사회동요], 공격, 민심 따위)
사가라앉히다
¶다행히도 불길이 가라앉았다. ¶한번 동요하기 시작한 민심은 쉽게 가라앉지 않는다.
❽(목소리 따위가) 잠기거나 차분해지다. (of one's voice) Become throaty or calm.
㊇진정되다
N0-가 V (N0=목소리 따위)
사가라앉히다
¶누나는 감기가 걸려서 목소리가 가라앉았다.

가라앉히다

활용가라앉혀, 가라앉히니, 가라앉히고
타❶(사물을 밑으로) 내려앉게 하다. Make an object move down to the bottom.
㊇침잠시키다, 침몰시키다 ㊥띄우다I
N0-가 N1-를 N2-(에|로) V (N0=[인간|단체] N1=[선박], 불순물, 가루, 흙탕물 따위 N2=[장소])
주가라앉다
¶누나는 녹말가루를 바닥에 가라앉히고 풀을 쑬 준비를 하였다. ¶깨끗한 물이 없어서 우리는 흙탕물을 용기 바닥에 가라앉힌 후에 마셨다.
❷(통증이나 흥분 따위를) 정상적인 상태로 되게 하다. Make pain or excitement return to original state.
㊇완화하다
N0-가 N1-를 V (N0=[인간|단체] N1=[신체상태], [생리현상], [마음](마음, 흥분 따위))
주가라앉다
¶아빠는 아이의 열을 가라앉히려고 해열제를 먹였다. ¶일단 흥분을 좀 가라앉히고 내 말을 천천히 들어 보세요.
❸(붓거나 부풀어 오른 것을) 본래대로 줄어들게 하다. Reduce swelling or puff to its original state.
N0-가 N1-를 V (N0=[인간|단체] N1=[신체부위], [증상](붓기 따위))
주가라앉다
¶동생은 다리의 붓기를 가라앉히려고 냉찜질을 하였다. ¶이 약은 부은 눈두덩을 가라앉히는 데에 매우 좋습니다.
❹(떠들썩하거나 활기를 띠던 것을) 조용하게 하다. Make something that was loud or active quiet.
㊇진정하다, 수습하다
N0-가 N1-를 V (N0=[인간|단체] N1=[상황](분위기 따위))
주가라앉다
¶그는 소란스러운 장내 분위기를 가라앉혔다.
❺(거세게 일어나던 기세를) 약하게 만들다. Weaken the magnitude of something that was occurring violently.
㊇진정시키다, 잡다
N0-가 N1-를 V (N0=[인간|단체] N1=[불], [사회동요], 공격, 민심 따위)
주가라앉다
¶소방관들이 타오르는 불길을 가라앉혔다. ¶지금은 당장 성난 민심을 가라앉히는 것이 시급한 일이다.
❻(목소리 따위를) 차분하게 하다. Make one's voice calm.
N0-가 N1-를 V (N0=[인간] N1=목소리 따위)
주가라앉다
¶나는 목소리를 가라앉히고 그녀에게 조용히 물었다.

가려내다

활용가려내어(가려내), 가려내고, 가려내니
타❶(여러 물체들 사이에서) 어떤 것을 찾아서 골라내다. Find and pick out something among many things.
㊇선별하다, 택하다, 추리다
N0-가 N1-를 N2-에서 V (N0=[인간|단체] N1=[구체물] N2=[구체물])
¶직공들이 생산품 중에서 불량품을 가려내고 있다. ¶심사위원들은 예심을 통과한 원고들에서 가장 훌륭한 작품을 가려내고 있다.
❷진실이나 어떤 내용을 찾아내다. Find out a truth or a content.
N0-가 N1-를 N2-에서 V (N0=[인간|단체] N1=[추상물], [사태] N2=[추상물], [상태])
¶형사는 여러 자료들 속에서 유용한 정보를 가려냈다. ¶영수는 싸움을 중재하며 시비를 가려내고자 했다.

가려듣다

활용가려들어, 가려듣고, 가려들으니 【구어】
타어떤 말 따위를 듣고 그 내용의 시비나 경중 따위를 분간하다. Hear some words and distinguish the right and wrong ones or relative importance.
㊦듣다I타 ㊇분간하다
N0-가 N1-를 V (N0=[인간] N1=[이야기], [소리])
¶떠도는 소문은 적당히 가려들어야 한다. ¶남이 예의상 하는 말을 잘 가려들어라.

가려지다

활용가려져, 가려지니, 가려지고 ㊟가리어지다
자❶(어떤 물체나 장소가) 다른 물체에 감추어지

거나 막혀서 보이지 않게 되다. (of an object or a place) Be concealed or blocked by other objects.
㊀막히다, 가리다I[자], ㊁드러나다
No-가 N1-에 V (No=[구체물], [장소], 시야 따위 N1=[구체물])
[능]가리다[타]
¶자욱한 안개에 시야가 가려져 한걸음도 걸을 수 없었다. ¶설악산의 능선이 구름에 가려져 멋진 풍경이 연출되었다.
❷더 뛰어나거나 유명한 것의 위세에 억눌려 드러나지 않다. Be outshadowed by a superior or more famous thing.
㊀가리다I[자] ㊁드러나다
No-가 N1-에 V (No=[인간], [구체물] N1=인기, 명성 따위)
¶그는 유명 선수들의 인기에 가려져 제 실력을 인정받지 못했다.

가로다

[활용]가로되 【문어】
[자](옛 말투로) 말하다. (old fashioned) Say.
㊀이르다
No-가 V (No=[인간])
¶공자가 가로되, 세 사람이 길을 같이 걸어가다 보면 그 중에는 반드시 내 스승이 한 사람이 있다고 했다.

가로막다

[활용]가로막아, 가로막으니, 가로막고
[타]❶(통하거나 지나지 못하도록) 앞을 가로질러 막다. Position oneself in front of someone to prevent them from moving or passing by.
㊂막다, 차단하다
No-가 N1-를 V (No=[인간|단체], [교통기관], [설치물] N1=[공간])
[피]가로막히다
¶소양강의 물길을 가로막아 소양호를 만들었다. ¶쓰러진 가로등이 인도를 가로막고 있다.
No-가 N2-로 N1-를 V (No=[구체물] N1=[교통기관], [장소] N2=[설치물](방어벽, 바리케이드 따위))
[피]가로막히다
¶경찰이 사고 현장을 바리케이드로 가로막았다. ¶그들은 둑으로 바다 한 쪽 개펄을 가로막아 농지를 만들었다.
❷(말, 행동, 일 따위를) 제대로 기능하지 못하도록 차단시켜 방해하다. Locate and obstruct someone to prevent speech, behavior, or task.
㊀방해하다, 저지하다 ㊂막다
No-가 N1-를 V (No=[인간|단체], [추상물], [상태], [행위] N1=[활동], [소통], [사회동요], [변화])
[피]가로막히다
¶다른 사람의 말을 가로막아서는 안 된다. ¶그는 경찰 수사를 가로막아 진실을 은폐하려고 했다.
No-가 N2-로 N1-를 V (No=[인간|단체] N1=[변화], [신체부위] N2=[제도], [신체부위])
[피]가로막히다
¶영희는 고자질하려는 동생의 입을 손으로 가로막았다. ¶정부는 지나친 규제 정책으로 경제 성장을 가로막고 있다.
❸(사물 따위가) 눈앞을 바라보지 못하게 방해하거나 가리다. (of an object) Hinder with or obstruct the field of vision to prevent viewing.
㊂막다 ㊀은폐하다
No-가 N1-를 V (No=[설치물], [건물], 안개, 먼지 따위 N1=공간, 시야 따위, [공간], [모양](풍경))
[피]가로막히다
¶자욱한 안개가 앞을 가로막아 한 발자국도 움직이기 어려웠다. ¶한강의 멋진 풍경을 가로막는 고가도로가 철거되었다.

가로막히다

[활용]가로막히어(가로막혀), 가로막히니, 가로막히고
[자]❶(통하거나 지나다니지 못하게) 물건이나 장소에 앞이 막혀 나아가지 못하다. Be unable to pass by or through a space due to the presence of a physical obstacle.
㊀차단되다
No-가 N1-에 V (No=[길], [공간], [교통기관] N1=[군중], [시설물], [부분], [교통기관], [재해])
[능]가로막다
¶그의 방은 사방이 벽으로 가로막혀 빛이 전혀 들어오지 않았다. ¶눈으로 산길이 가로막혀 등산객들이 산속에 갇히게 되었다.
❷(말, 행동, 일 따위가) 어떤 수단이나 행위의 개입으로 제대로 기능하지 못하게 방해받다. (of speech, behavior, or task) Be prevented from speaking, doing an action or a job, etc., due to obstruction by some intervening measure or behavior.
No-가 N1-에 V (No=[활동], [소통], [사회동요], [변화] N1=[인간|단체], [소통], [제도], [갈등])
[능]가로막다
¶형규는 자신의 말이 소희의 발언에 가로막히자 분노했다. ¶상법 개정이 재계의 반발에 가로막혀 무산되었다.
❸(사물에 방해를 받아) 눈앞을 바라보지 못하다. Be deprived of one's field of vision by a physical obstacle.
No-가 N1-에 V (No=[범위](시야), [공간], [모양](풍

ㄱ

경) N1=[설치물], [건물])
능 가로막다
¶고층 건물에 시야가 가로막혀 답답하다.

가로젓다

활용 가로저어, 가로젓고, 가로저으니, 가로젓는
타 《거절이나 부정의 뜻으로》 고개를 좌우로 돌리거나 손을 좌우로 흔들다. Turn one's head from side to side or wave one's hand from side to side to express refusal or denial.
N0-가 N1-를 V (N0=[인간] N1=[신체부위](손, 고개, 머리 따위))
¶그녀는 아니라며 고개를 가로저었다. ¶그는 손을 가로저으며 선물을 사양하였다.
N0-가 N2-에 N1-를 V (N0=[인간] N1=[신체부위](손, 고개, 머리 따위) N2=[행위])
¶돈을 빌려달라는 소리에 나는 손을 가로저으며 거절했다. ¶합격했냐는 질문에 동생은 고개만 가로저었다.

가로지르다

활용 가로질러, 가로지르니, 가로지르고, 가로질렀다
타 ❶어떤 두 사물의 사이에 막대나 줄 따위의 긴 물건을 가로로 위치하게 하다. Put something long, such as a stick or a rope, across two things.
N0-가 N2-에 N1-를 V (N0=[인간] N1=막대, 빗장 따위 N2=문 따위)
¶아버지가 대문에 빗장을 가로지르셨다.
❷(어떤 공간을) 끝에서 끝으로 쭉 시나다. (of a space) Move from one end to the other.
N0-가 N1-를 V (N0=[인간], [동물], [산], [강], [길], [다리], [줄] N1=[장소])
¶한 아이가 마당을 가로질러 집으로 들어갔다. ¶소백산맥은 전라도와 경상도 사이를 가로지른다. ¶방파제가 바다를 가로질러 세워졌다.

가로채다

활용 가로채어(가로채), 가로채니, 가로채고
타 ❶(다른 사람의 물건이나 돈 따위를) 물리적인 힘이나 강제적 방법으로 빼앗다. Steal another person's possessions or money by physical force without his or her permission.
유 잡아채다, 낚아채다 상 빼앗다
N0-가 N1-를 V (N0=[인간] N1=[사물])
피 가로채이다
¶강도들이 아주머니의 가방을 가로챘다. ¶날치기들이 현금을 가로채는 사건이 자주 일어나고 있다.
❷(다른 사람의 기회나 소유권을) 부당하게 빼앗다. Seize another person's opportunity or possession wrongfully.
상 빼앗다 유 강탈하다, 갈취하다
N0-가 N1-를 N2-에게서 V (N0=[인간] N1=[돈], [권리], 공(功), (기회 따위 N2=[인간])
피 가로채이다
¶그는 부하 직원에게서 이번 사건 해결의 공을 가로챘다. ¶믿었던 친구가 나에게서 승진 기회를 가로채 버렸다.
❸다른 사람이 말하는 중에 끼어들어 자기의 이야기를 하다. Say what another person was supposed (or about) to say in the middle of the conversation.
유 끼어들다
N0-가 N1-를 V (N0=[인간] N1=말 따위)
¶참다못한 동생이 내 말을 가로챘다. ¶토론자가 발표자의 말을 가로채 버렸다.
※N1은 '~의 말'과 같은 형식으로 사용되는 일이 많다.
❹상대 선수가 가지고 있는 공 따위를 빼앗다. Steal another player's ball, etc.
상 빼앗다
N1-가 N1-를 N2-에게서 V (N0=[인간] N1=[사물](공 따위) N2=[인간], [신체부위])
피 가로채이다
연어 재빨리, 단번에
¶박지성 선수가 상대 공격수에게서 공을 가로채서 역습을 시도했습니다. ¶수비수가 드리블하는 공격수의 손에서 공을 가로챘다.

가로채이다

활용 가로채여, 가로채이니, 가로채이고
자 ❶(물건이나 돈 따위를) 물리적인 힘이나 강제적인 방법으로 빼앗기다. (of possessions or money) Be stolen by physical force.
상 빼앗기다
N0-가 N1-를 N2-에게 V (N0=[인간] N1=[사물] N2=[인간])
능 가로채다
¶아주머니가 날치기에게 가방을 가로채였다. ¶동생은 형에게 사탕을 가로채였다.
❷(다른 사람에게) 기회나 소유권을 부당하게 빼앗기다. Be wrongly stolen what was supposed to (or expected to) come to oneself.
상 빼앗기다 유 강탈당하다, 갈취당하다
N0-가 N1-를 N2-에게 V (N0=[인간] N1=기회, 공(功) 따위 N2=[인간])
능 가로채다
¶나는 부모님께 효도할 기회를 형에게 가로채였다. ¶나는 승진할 기회를 이번에도 후배에게 가로채였다.
❸(상대 선수에게) 가지고 있던 공 따위를 빼앗기다. (of a ball, etc.) Be stolen by an opponent

player.
[상]빼앗기다
N0-가 N1-를 N2-에게 V (N0=[인간] N1=[사물](공 따위) N2=[인간])
[능]가로채다
¶공격수가 슛을 날리기 직전에 수비수에게 공을 가로채였다. ¶그 선수는 수비수에게 공을 가로채이고 말았습니다.

가르다

[활용]갈라, 가르니, 가르고, 갈랐다
[타]❶(사람이나 물체가) 대상을 나누어 서로 구분을 짓다. (of a person or object) Divide and categorize.
[유]구분하다, 구별하다, 나누다
N0-가 N1-를 N2-로 V (N0=[인간|단체], [공간] N1=[인간|단체], [사물], [공간], 편 따위 N2=[인간|단체], [사물], [공간] 따위)
[피]갈라지다
¶우리는 졸업생과 재학생으로 편을 갈라 게임을 하였다. ¶이 산맥은 영동과 영서 지방을 가르는 중요한 경계이다.
❷(사물을) 베거나 쪼개어 둘 이상으로 만들다. Slice or split an object to make it into two or more.
[유]나누다, 쪼개다[타] [반]모으다
N0-가 N1-를 V (N0=[인간|단체] N1=[음식물], [사물])
¶나는 수박을 갈라서 아이들에게 나누어 주었다. ¶나는 찰흙을 갈라서 다시 반으로 붙였다.
❸(움직이는 물체가) 물이나 공기를 양 옆으로 나누며 빠르게 지나가다. (of a moving object) Pass quickly while dividing water or air to both sides.
N0-가 N1-를 V (N0=[교통기관](배, 비행기, 자전거 따위), [무기] N1=물살, 파도, 바람, 허공 따위)
¶배가 물살을 가르며 힘껏 출발하기 시작하였다. ¶비행기가 허공을 가르며 날아오르고 있다.
❹(사람이나 특정한 사태가) 사람 사이의 관계를 멀어지게 하거나 단절되게 하다. (of a person or particular situation) Drift apart or sever the relationship between people.
[유]이간시키다
N0-가 N1-를 V (N0=[인간|단체], [상태] N1=[인간|단체], [관계])
[피]갈라지다
¶그는 나와 영희의 관계를 갈라놓으려고 하였다. ¶죽음도 우리 사이를 가를 수 없다.
❺(사람이) 승부나 우열 따위를 겨루어 결정하다. (of a person) Engage in match and decide superiority.
[유]가리다II
N0-가 N1-를 V (N0=[인간|단체] N1=승부, 승패, 성패 따위)
¶사업의 성패를 가른 결정적 요인은 지도자들의 능력이었다. ¶프랑스와 스페인은 끝끝내 승부를 가르지 못했다.

가르치다 I

[활용]가르치어(가르쳐), 가르치니, 가르치고
[자]❶(다른 사람에게) 어찌하라고 알려주거나 무엇을 익히게 하다. Tell someone how to do something or make that person learn something.
[유]교육하다, [반]배우다
N0-가 N1-에게 S고 V (N0=[인간] N1=[인간])
¶선생님께서는 우리에게 학문을 닦기 전에 먼저 인간이 되라고 가르치셨다. ¶아버지께서는 마음에 여유가 있어야 한다고 내게 가르치시곤 하셨다.
❷(다른 사람에게) 사실 따위를 알도록 일러주다. Let someone know some fact.
[유]알려주다, 일러주다
N0-가 N1-에게 S인지 V (N0=[인간] N1=[인간])
¶나는 그녀에게 내가 사는 곳이 어디인지 가르쳐 주었다. ¶이 근처에 가까운 지하철역이 어딘지 가르쳐 주시겠어요?
※ 주로 '가르쳐 주다'의 형태로 쓰인다.
[타]❶(다른 사람에게) 지식이나 기술 따위를 배우거나 익히게 하다. Make someone learn or master knowledge or skill.
[유]교육하다 [반]배우다
N0-가 N2-에게 N1-를 V (N0=[인간|단체] N1=[학문], [언어], [행위](요리, 운전 따위) N2=[인간|단체])
¶아버지께서는 나에게 영어를 가르치셨다. ¶동현이는 아내에게 운전을 가르쳤다.
❷(다른 사람에게) 사실 따위를 알도록 일러주다. Let someone know a fact.
N0-가 N2-에게 N1-를 V (N0=[인간] N1=[앎], [방법], 특징, 해답 따위 N2=[인간])
¶내가 너에게 아무도 모르는 중요한 사실을 하나 가르쳐 줄게. ¶동생은 아버지께 컴퓨터 파일을 복사하는 방법을 가르쳐 드렸다.
※ 주로 '가르쳐 주다'의 형태로 사용된다.
❸(다른 사람의 버릇이나 잘못 따위를) 고쳐 바르게 하다. Fix and correct someone's habit or wrongdoing.
[유]바로잡다
N0-가 N1-를 V (N0=[인간] N1=버릇, 잘못, 습관 따위)

ㄱ

¶이번 기회에 제가 그 학생의 버릇을 단단히 가르치겠습니다.

❹(다른 사람에게 금전적인 지원을 하여) 교육기관에서 일정기간 교육을 받게 하다. Support financially and make someone receive education for a certain period from an educational institution.

㊙교육하다

No-가 N1-를 V (No=[인간] N1=[인간])

¶김 씨 아저씨는 소를 팔아서 자식을 대학까지 가르쳤다. ¶부모님께서는 민수를 대학까지 가르치기 위해 무척 노력하셨다.

가르치다Ⅱ

활용 가르치어(가르쳐), 가르치니, 가르치고

☞'가리키다'의 오용

가리다Ⅰ

활용 가리어(가려), 가리니, 가리고

자❶(어떤 물체나 장소가) 다른 물체에 의해 감추어지거나 막혀서 보이지 않게 되다. (of an object or place) Become invisible by being hidden or blocked by another object.

㊙막다, 가려지다I ㊥드러내다

No-가 N1-에 V (No=[사물], [장소], 시야 따위 N1=[사물])

¶영화 화면이 앞 사람의 머리에 가려 잘 보이지 않는다. ¶자욱한 안개에 시야가 가려 한걸음도 걸을 수 없었다. ¶설악선의 능선이 구름에 가려 멋진 풍경이 연출되었다.

❷더 뛰어나거나 유명한 것에 영향을 받아 드러나지 않다. Be influenced by something a lot better or more famous, failing to reveal itself.

㊥드러내다

No-가 N1-에 V (No=[인간], [사물] N1=인기, 명성 따위)

¶그는 유명 선수들의 인기에 가려 제 실력을 인정받지 못하였다. ¶이 산은 속리산의 명성에 가려 잘 알려져 있지 않다.

타❶(사람이) 손이나 물체로 신체의 일부나 다른 물체를 감추거나 막아 보이지 않게 하다. (of a person) Hide or block a body part or some object with one's hand or another object to make it invisible.

㊙막다 ㊥드러내다

No-가 N2-로 N1-를 V (No=[인간] N1=[신체부위](입, 얼굴, 눈 따위) N2=[신체부위](손 따위), [사물])

¶목동은 나무 아래에 누워 모자로 얼굴을 가리고 낮잠을 잤다. ¶그녀는 영화를 보면서 잔인한 장면이 나올 때마다 손으로 눈을 가렸다.

❷(어떤 물체가) 다른 물체나 장소를 보이지 않게 막다. (of an item) Block an object or place to make it invisible.

㊙감추다 ㊥드러내다

No-가 N1-를 V (No=[사물], 해, 달, 구름 따위 N1=[장소], [신체부위], 해, 달, 구름 따위)

피 가려지다

¶새로 지은 빌딩이 집 앞을 가리게 되었다. ¶먹구름이 해를 가려 밖이 매우 어둡다.

가리다Ⅱ

활용 가리어(가려), 가리니, 가리고 【구어】

타❶(사람이 다수 중에서) 특정한 것들을 선택하여 고르다. (of a person) Select and choose specific items from many.

㊙구별하다, 분별하다, 골라내다 ㊥가르다

No-가 N1-를 V (No=[인간|단체] N1=[작품], [방법], [말])

¶우리는 수상작을 가리기 위하여 밤을 새며 회의를 하였다. ¶나는 돈을 벌기 위해서 수단과 방법을 가리지 않았다.

❷잘잘못이나 사실을 따져 밝히다. Distinguish and reveal a fact or the right or wrong of something.

㊙판단하다

No-가 N1-(를|에 대해) V (No=[기관], [인간] N1=진상, 시비, 시시비비 따위)

¶경찰은 사건의 진상을 가리기 위하여 용의자를 수색 중이다. ¶나와 친구는 지난 일에 대한 시시비비를 가리다가 대판 싸우고 말았다.

No-가 (S은지|S는지)-를 V (No=[기관], [인간|단체])

¶사안마다 누가 옳은지 그른지를 명확하게 가리는 작업이 쉬운 것은 아니다.

❸사람이 좋고 나쁨을 판가름하다. (of a person) Reveal a fact or distinguish the right or wrong of something.

㊙따지다

No-가 N1-를 V (No=[인간] N1=[장소], [시간], 일 따위)

¶민지는 장소를 가리지 않고 항상 책을 읽는다. ¶너처럼 일을 그렇게 가려서 하다가는 나중에 너에게 일을 시키는 사람이 없을 거야.

❹(아이나 동물이) 똥오줌을 누어도 좋을 장소를 선택하여 누다. (of a child or animal) Select an appropriate space to excrete urine or feces.

㊥갈기다I

No-가 N1-를 V (No=[인간], [동물](강아지, 고양이 따위) N1=똥오줌, 대소변, 대변, 소변 따위)

¶너희 아들은 몇 살 때부터 대소변을 가렸니? ¶우리 집 강아지는 아직 똥오줌을 가리지 못한다.

❺(음식을) 좋아하는 것만 골라 먹고 골고루 먹지 않다. Fail to eat balanced meal by only picking something the person likes.
㊌편식하다
N0-가 N1-를 V (N0=[인간] N1=음식, 반찬 따위)
¶음식 좀 가리지 말고 골고루 많이 먹어라. ¶동생은 늘 반찬을 가려 먹어서 부모님이 속상해 하신다.
◆ **낯을 가리다** (아이가) 수줍어서 다른 사람과의 접촉을 꺼리다. (of a child) Be shy and avoid contact with another person.
N0-가 Idm (N0=[인간])
¶나는 어릴 때 낯을 별로 가리지 않았다. ¶우리 딸은 낯을 많이 가려서 다른 사람이 안으려고 하면 운다.
◆ **앞을 가리다** 자기가 향후 할 일을 스스로 판단하여 잘 하다. Decide one's future plan and execute well.
N0-가 Idm (N0=[인간])
¶그는 자기 앞을 가리지도 못하면서 남의 일에 매우 참견을 많이 한다.

가리키다 I
활용 가리키어(가리켜), 가리키니, 가리키고
타 ❶(사람이) 무엇을 특별히 짚어 보이거나 지시하다. (of a person) Specifically point or instruct something.
N0-가 N2-로 N1-를 V (N0=[인간] N1=[방향], [사물] N2=[신체부위](손가락, 턱 따위))
¶나는 손가락으로 해가 뜨고 있는 동쪽을 가리켰다. ¶영미는 손가락으로 멀리 있는 산을 가리켰다.
❷(시계 바늘 따위가) 어떤 숫자나 방향 따위를 짚어 보이다. (of the hands of a clock) Point to a certain number or direction.
N0-가 N1-를 V (N0=[사물](바늘 따위) N1=[사물], [방향])
¶시계 바늘이 두 시를 가리켰다. ¶나침반의 붉은 침은 항상 북쪽을 가리킨다.
❸(특정 용어가) 무엇을 지칭하여 제시하다. (of a specific term) Designate and represent something.
㊌일컫다, 지칭하다, 칭하다
N0-가 N1-를 V (N0=[모두] N1=[모두])
¶사람들은 그를 가리켜 천재라 한다.

가리키다 II
☞'가르치다'의 오용.

가물거리다
활용 가물거리어(가물거려), 가물거리니, 가물거리고
자 ❶(작고 약한 불빛 따위가) 희미하여 사라질 듯 말 듯 움직이다. (of a small and dim light) Shine unsteadily, feebly.
N0-가 V (N0=불, 빛 따위)
¶저 멀리 마을의 불빛이 가물거리고 있다. ¶밤하늘에 무수한 별이 가물거리고 있었다.
❷(물체가) 보일 듯 말 듯 희미하게 조금씩 움직이다. (of an object) Move slightly and almost imperceptibly.
N0-가 V (N0=[구체물], 눈앞 따위)
¶졸음이 와서 눈앞이 가물거린다. ¶먼 바다에 조각배들이 가물거리며 떠 있다.
❸(의식이나 기억이) 조금 희미해져서 정신이 들었다 말았다 하다. (of consciousness or memory) Be in a muddled state.
N0-가 V (N0=[추상물](정신, 의식, 기억 따위)
¶며칠 동안 잠을 못 잤더니 정신이 가물거린다.

가물대다
활용 가물대어(가물대), 가물대니, 가물대고
☞가물거리다

가물다
활용 가물어, 가무니, 가물고, 가무는
자 오랫동안 비가 오지 않아 건조하게 되다. Become dry due to a prolonged period of low rainfall.
N0-가 V (N0=[장소], 날, 날씨 따위)
¶오랫동안 날이 가물어 농작물이 타들어간다. ¶기후가 삼 년 동안 가물어도 우리 마을은 물 걱정이 없다.

가미되다
어원 加味~, 활용 가미되어(가미돼), 가미되니, 가미되고 대응 가미가 되다
자 ❶(음식에) 양념이나 조미료가 더해지다. (of sauce or condiment) Be added to food.
N0-가 N1-에 V (N0=[식재료], [맛] N1=[음식], [맛])
능 가미하다
¶각종 조미료가 이 음식에 가미되었다. ¶나는 요즘 살짝 쓴맛이 가미된 음식이 맛있게 느껴진다.
❷(무언가에) 새로운 요소가 더해지다. (of a new element) Be added to something.
㊌추가되다, 섞이다
N0-가 N1-에 V (N0=[추상물] N1=[추상물])
능 가미하다
¶이 건물은 유럽의 양식에 동양적 양식이 가미된 것이다. ¶이 영화는 영상이 아름다울 뿐 아니라 좋은 음악이 가미되어 명작이 되었다.

가미시키다
어원 加味~ 활용 가미시키어(가미시켜), 가미시키니, 가미시키고 대응 가미를 시키다
☞'가미하다'의 오용

가미하다

ㄱ

어원 加味~ 활용 가미하여(가미해), 가미하니, 가미하고 대응 가미를 하다

타 ❶(음식에) 조미료나 양념 등을 더 넣어 맛좋게 하다. Add a sauce or condiment to food to enhance its flavor.

N0-가 N1-를 N2-에 V (N0=[인간] N1=[음식], [식재료], [맛] N2=[음식], [식재료], [맛])

피 가미되다

¶요리사는 음식에 몇 가지 향신료를 가미했다. ¶국에서 깊은 맛이 나지 않는데 뭘 가미해야 좋을지 모르겠다.

❷(무엇에) 새로운 요소를 더 넣다. Add or insert a new element to something.

유 추가하다

N0-가 N1-를 N2-에 V (N0=[인간] N1=[추상물] N2=[추상물])

피 가미되다

¶화가의 이번 그림은 지금까지의 화풍에 화려한 색채를 가미한 것입니다. ¶전통적인 외관에 실용성을 가미한 제품이 인기다.

가불하다

어원 假拂~ 활용 가불하여(가불해), 가불하니, 가불하고 대응 가불을 하다

타 (임금, 용돈 따위를) 받기로 정해진 날짜보다 앞당겨 미리 받다. Receive a wage or allowance prior to the scheduled date.

N0-가 N1-를 V (N0=[인간] N1=[소득](봉급, 급료, 월급 따위), [돈](용돈 따위))

¶나는 월급을 가불해 어머니의 수술비를 마련했다. ¶영희는 가불한 용돈을 벌써 다 써버렸다.

가세하다

어원 加勢~ 활용 가세하여(가세해), 가세하니, 가세하고 대응 가세를 하다

자 (모임, 주장, 일 따위에) 함께하여 힘을 더하다. Join and strengthen a group, opinion, or work.

유 가담하다, 합세하다

N0-가 N1-에 V (N0=[인간] N1=[집단], [상황], [사건])

¶학생들도 새마을 운동에 가세했다. ¶마을 청년들도 마을 발전 협의회에 가세했다.

가속시키다

어원 加速~ 활용 가속시키어(가속시켜), 가속시키니, 가속시키고 대응 가속을 시키다

☞'가속하다'의 오용

가속하다

어원 加速~ 활용 가속하여(가속해), 가속하니, 가속하고 대응 가속을 하다

자 속도가 빨라지다. (of speed) Become fast.

유 빨라지다 반 감속하다 자

N0-가 V (N0=[교통기관], [기계](모터 따위)

¶비행기가 가속하면서 이륙을 준비하고 있다.

타 (움직이는 물체를) 더 빨리 움직이게 하다. Cause a moving object to move faster.

반 감속하다 타

N0-가 N1-를 V (N0=[인간|단체] N1=[교통기관], [기계])

¶나는 고속도로로 진입하여 자동차를 가속하기 시작했다. ¶기계는 너무 가속하면 과열될 위험이 있습니다.

가속화되다

어원 加速化~ 활용 가속화되어(가속화돼), 가속화되니, 가속화되고 대응 가속화가 되다

자 (사태가) 더욱 빨리 진행되다. (of a situation) proceed faster and faster.

유 빨라지다

N0-가 V (N0=[자연현상], [사회현상], [상태])

능 가속화하다 타

¶빈익빈 부익부의 악순환이 가속화된다. ¶이 일을 계기로 금융 자율화가 가속화되었다.

S것-이 V

능 가속화하다 타

¶최근 높은 인플레와 임금 상승하는 것이 가속화되고 있다. ¶일반 투자자들이 증시를 이탈하는 것이 가속화되고 있다.

가속화시키다

어원 加速化~ 활용 가속화시키어(가속화시켜), 가속화시키니, 가속화시키고 대응 가속화를 시키다

☞'가속화하다 타'의 오용

가속화하다

어원 加速化~ 활용 가속화하여(가속화해), 가속화하니, 가속화하고 대응 가속화를 하다

자 (사태가) 더욱 빨리 진행되다. Increase the rate of procedure for a situation or event.

N0-가 V (N0=[행위], [자연현상], [사회현상], [상태](감소, 생성 따위))

피 가속화되다

¶아프리카를 겨냥한 우리 기업의 진출도 가속화하고 있다. ¶민주화와 시장 경제화 현상이 가속화할 것이다. ¶글로벌 체제의 출범 이후 무역 시장의 개방이 가속화했다.

S것-이 V

¶정치가 대중화되는 것이 가속화할 것이다.

타 (사태를) 더욱 빨리 진행시키다. Increase the rate of a situation or event.

유 촉진시키다, 가중시키다 반 지연시키다, 저해하다, 억제하다

N0-가 N1-를 V (N0=[인간], [자연현상], [사회현상] N1=[자연현상], [사회현상], [상태](도시화, 발전 따위))

피가속화되다
¶과학 기술의 발달은 도시화를 가속화하고 있다. ¶증시가 최근 며칠간 계속된 오름세를 가속화했다.
No-가 S것-을 V (No=[인간], [자연현상], [사회현상])
피가속화되다
¶육아 제도의 미비는 여성들이 결혼을 기피하는 것을 더 가속화할 것이다. ¶이 국회의원은 지역 노인 문제를 해결하는 것을 가속화하기로 했다.

가시다

활용가시어(가셔), 가시니, 가시고
자❶몸에 나타난 어떤 증상이나 현상이 없어지다. (of a bodily symptom or phenomenon) Disappear.
㊀사라지다, 없어지다, 낫다
No-가 V (No=[질병], [신체상태](피로 따위))
연어싹
¶나 이제 막 멀미가 가셨어요. ¶운동을 시작한 뒤로 허리 통증이 싹 가셨다. ¶며칠 동안 푹 쉬어도 피로가 가시지 않았다.
❷어떤 기상 현상이나 기운이 없어지거나 약해지다. (of a meteorological phenomenon or energy) Disappear or weaken.
㊀사라지다
No-가 V (No=[기상], [신체상태](더위, 추위 따위))
연어싹
¶어둠이 아직 가시지 않았다. ¶찬바람이 가시고 따뜻한 바람이 불어오는 계절이다. ¶한 개만 드셔 보시면 더위가 싹 가실 거예요.
❸스며있는 냄새나 맛 따위가 없어지거나 약해지다. (of a permeating odour or flavor) Disappear or fade away.
㊀사라지다, 없어지다
No-가 V (No=[속성](냄새, 맛 따위))
연어싹
¶생선 냄새가 가시도록 창문을 열어 둡시다. ¶매운 맛이 가시지 않아 자꾸 물은 마셨다.
❹어떤 감정이나 생각이 없어지거나 달라지다. (of a feeling or thought) Disappear or change.
No-가 V (No=[감정](감정, 기대, 슬픔 따위))
¶시간이 흘러도 슬픔이 가시지 않는다. ¶상대방에 대한 앙금이 싹 가셨다.
타❶(그릇을) 물로 깨끗하게 씻다. Wash a bowl cleanly with water.
㊀씻다, 헹구다
No-가 N1-가 V (No=[인간] N1=[용기])
¶아내가 부엌에서 접시를 가시고 있다. ¶이 냄비 좀 가셔서 선반 위에 놓아두렴.
❷(입이나 목을) 소금물이나 물 따위로 깨끗이 씻다. Wash one's mouth or throat cleanly with water or salt water.
㊀씻다, 헹구다
No-가 N1-가 V (No=[인간] N1=입, 입안, 목)
¶나는 입을 소금물로 가셨다. ¶나는 찬물을 한 컵 들이켜 타는 목을 가셨다.

가열되다

어원加熱~ 활용가열되어(가열돼), 가열되니, 가열되고 대응가열이 되다
자❶(물체에) 열이 더해지다. (of heat) Be added to an object.
㊀뜨거워지다, 데워지다 ㊥식다, 차가워지다
No-가 N1-에 V (No=[사물] N1=[사물], [불], 열)
능가열하다
¶자동차 차체가 여름의 햇볕에 가열되었다. ¶금속은 가열되면 정해진 온도에서 액체로 변한다.
❷(사태의) 열기가 오르다. (of heat) Be raised in a situation.
No-가 N1-에 V (No=[상태] N1=[사물], [추상물], [상태])
능가열시키다
¶역전골로 인해 경기장 분위기가 더욱 뜨겁게 가열되었다. ¶두 토론자의 대립이 가열되자 사회자가 중재에 나섰다.

가열시키다

어원加熱~ 활용가열시키어(가열시켜), 가열시키니, 가열시키고 대응가열을 시키다
타❶(어떤 대상을) 뜨겁게 열을 가하다. Apply a naked flame or other source to make something hot.
No-가 N1-를 V (No=[인간|단체] N1=[사물])
피가열되다
¶유리공은 유리를 가열시켜 녹였다.
❷(어떤 사태를) 열기가 더하게 하다. Apply heat to a situation.
No-가 N1-를 V (No=[인간|단체], [추상물] N1=[상태])
피가열되다
¶중재위원회는 두 협회의 대립을 가열시키기만 했다. ¶우리나라는 갈수록 경쟁을 가열시키고 있다.

가열하다

어원加熱~ 활용가열하여(가열해), 가열하니, 가열하고 대응가열을 하다
타뜨겁게 열을 가하다. Apply a naked flame or other source to make something hot.
No-가 N1-를 V (No=[인간|단체] N1=[사물])
피가열되다
¶나는 학교에서 물질을 가열하면 팽창한다고 배웠다. ¶실험에 사용한 도구들을 모두 가열해서

ㄱ

소독하도록 해라.

가입되다

[어원]加入~ [활용]가입되어(가입돼), 가입되니, 가입되고 [대응]가입이 되다

[자]어떤 단체에 들어가 그 일원이 되다. Enter and become a member of an organization.

N0-가 N1-에 V (N0=[인간|단체] N1=[인간])

¶나는 드디어 그 기구에 가입되었다. ¶나도 모르는 사이에 처음 들어본 단체에 가입되어 있었다.

※"가입하다"는 본인의 의지가 있을 때만 쓰이고, '가입되다'는 이외에도 타인의 의지에 의한 것일 때도 쓰인다.

가입하다

[어원]加入~ [활용]가입하여(가입해), 가입하니, 가입하고 [대응]가입을 하다

[자]어떤 단체에 들어가 그 일원이 되다. Enter and become a member of an organization.

[유]들어가다I[자타] 입단하다 [반]탈퇴하다

N0-가 N1-에 V (N0=[인간|단체] N1=[단체], 보험)

[사]가입시키다

¶1991년에 남한과 북한은 동시에 UN에 가입했다. ¶철수는 음악 동아리에 가입하여 열심히 활동을 하였다.

가장하다

[어원]假裝~ [활용]가장하여(가장해), 가장하고, 가장하니 [대응]가장을 하다

[자타](옷차림이나 외관을) 다른 사람인 것처럼 거짓되게 꾸미다. Deceitfully alter one's clothing or appearance so as to resemble someone else.

[유]위장하다

N0-가 N1-(를|로) V (N0=[인간] N1=[인간])

¶형사는 행인으로 가장하고 범행 현장에 잠복해 있었다. ¶할로윈 데이는 사람들이 괴물로 가장하는 풍습이 있는 서양 명절이다.

[타](상황이나 태도를) 거짓되게 꾸미다. Deceitfully adopt a situation or attitude so as to conceal one's real self.

N0-가 N1-를 V (N0=[인간] N1=[상황], [상태])

¶그는 친절을 가장하며 사람들을 대했다. ¶효범이는 침착함을 가장하고 있었지만 불안을 숨길 수는 없었다.

가점되다

[어원]加點~ [활용]가점되어(가점돼), 가점되니, 가점되고 [대응]가점이 되다

[자](원래의 점수 따위에) 점수가 더 보태지다. A score is added to an original one.

[유]점수가 오르다 [반]감점되다, 점수가 내리다

N0-가 ADV V (N0=[인간](학생, 지원자 따위), 점수 따위, ADV=N 점, N 점으로, 조금, 과도하게 따위)

[능]가점하다

¶내 점수가 3점 가점되었다. ¶상대 팀의 점수가 80점으로 가점되었다.

가점하다

[어원]加點~ [활용]가점하여(가점해), 가점하니, 가점하고

[타](원래의 점수 따위에) 점수를 더 보태다. Add points to original score.

[유]올리다 [반]감점하다, 점수를 내리다, 점수를 낮추다

N0-가 N1-를 ADV V (N0=[인간], [기관] N1=[인간](학생, 지원자 따위), 점수 따위, ADV=N 점, N 점으로, 조금, 과도하게 따위)

[피]가점되다

¶선생님께서는 내 점수를 3점 가점하셨다. ¶심사위원들은 그 팀을 80점으로 가점했다.

가정하다

[어원]假定~ [활용]가정하여(가정해), 가정하니, 가정하고 [대응]가정을 하다

[자타](사실이 아니거나 사실인지 아닌지 밝혀지지 않은 것을) 사실인 것처럼 간주하다. Regard something that is untrue or undisclosed to be true or fact.

N0-가 N1-를 V (N0=[인간|단체] N1=[앎], [상태])

¶최악의 사태를 가정하고 안전 정책을 수립해야 합니다. ¶이 이야기는 일이 순조롭게 풀린 경우를 가정한 것입니다.

N0-가 N1-를 N2-로 V (N0=[인간|단체] N1=[사물], [추상물], [상태] N2=[사물], [추상물], [상태])

¶네 말을 전부 사실로 가정하면 적지 않은 모순이 생긴다. ¶아직 점수는 모르지만 수학 점수를 80점으로 가정하고 평균을 내 보자.

N0-가 S다고 V (R1) (N0=[인간|단체])

¶이 정보가 사실이라고 가정하자. ¶이 정보를 사실이라고 가정하자. (R1). ¶지금까지 공부한 내용은 전부 이해했다고 가정하고 다음 설명을 하겠습니다.

N0-가 S것-을 V (N0=[인간|단체])

¶핵전쟁이 일어날 것을 가정하고 안보 정책을 수립해야 할 것이다. ¶모든 사람이 출석할 것을 가정하고 다과를 준비했습니다.

가져가다

[활용]가져가, 가져가니, 가져가고

[타]❶(무엇을) 어디에 옮겨 가다. Move something to some place.

[반]가져오다

N0-가 N1-를 N2-(에|로) V (N0=[인간|단체] N1=[사물] N2=[장소])

¶나는 노트북을 학교에 가져갔다. ¶아이들은 학교에서 받은 꽃씨를 집으로 가져가 심었다.

❷(다른 사람의 물건을) 몰래 훔치다. Secretly steal someone's item.
[유]훔치다
N0-가 N1-를 V (N0=[인간|단체] N1=[사물])
¶의자 위에 놓아둔 지갑을 누군가가 가져갔다. ¶민호는 남의 물건을 몰래 가져갈 사람이 아니다.

가져오다
[활용]가져와, 가져오니, 가져오고
[타]❶(무엇을) 어디로 운반하여 옮겨오다. Move and bring something to some place.
[반]가져가다
N0-가 N2-로 N1-를 V (N0=[인간], [동물] N1=[사물] N2=[장소])
¶민수는 학교에서 받은 책을 모두 집으로 가져왔다. ¶저 의자를 이쪽으로 좀 가져오너라.
N0-가 N2-(에|에게) N1-를 V (N0=[인간], [동물] N1=[사물] N2=[인간], [장소]
¶나는 떡을 학교에 가져와서 친구들과 함께 먹었다.
❷(어떤 소식을) 알려 주다. Inform someone of a piece of news.
N0-가 N2-(에|에게) N1-를 V (N0=[인간] N1=[앎](소식 따위) N2=[인간], [장소])
¶언니는 시험에 합격했다는 기쁜 소식을 우리에게 가져왔다.
❸어떤 결과나 상태를 생기게 하다. Generate a result or situation.
N0-가 N1-에 V (N0=발전, 주장, 사건 따위 N1=[인간|단체](인류 따위), [분야](학계 따위), 인생 따위)
¶과학 발전은 인류 문화에 엄청난 변화를 가져왔다. ¶그 새로운 주장은 학계에 큰 충격을 가져왔다.

가중되다
[어원]加重~ [활용]가중되어(가중돼), 가중되니, 가중되고 [대응]가중이 되다
[자](책임, 벌 따위의) 정도나 양이 더욱 심하게 되거나 증가되다. (of fault, punishment, etc.) Become more severe or increase.
[유]늘다 [반]줄다, 경감되다
N0-가 V (N0=[의무], [벌], [상황](혼란 따위))
[능]가중시키다
¶지식인들의 사회적 책임이 가중되고 있다. ¶그 가수는 음반 발매와 동시에 논란이 가중되었다.
N0-가 N1-로 V (N0=[의무], [벌], [상황](어려움, 혼란 따위), 스트레스 따위 N1=[행위], [사건])
[능]가중시키다
¶경기 침체로 서민들의 고충이 가중되고 있다.

가중시키다
[어원]加重~ [활용]가중시키어(가중시켜), 가중시키니, 가중시키고 [대응]가중을 시키다
[자](책임, 벌 따위의) 정도나 양을 더욱 심하게 만들다. Make (fault or punishment etc.) more severe or increase.
[유]늘다 [반]줄다, 경감되다
N0-가 N1-를 V (N0=[구체물], [추상물] N1=[의무], [벌], [상황](혼란 따위))
[피]가중되다
¶이번 사건은 공인의 사회적 책임을 더욱 가중시켰다. ¶경기 침체가 서민들의 고충을 더 가중시키고 있다.

가중하다
[어원]加重~ [활용]가중하여(가중해), 가중하니, 가중하고
☞가중시키다

가지다[1]
[활용]가지어(가져), 가지니, 가지고 [준] 갖다
[타]❶(어떤 사물을) 손이나 몸에 지니다. Possess a certain object in one's hand or body.
[유]지니다
N0-가 N1-를 V (N0=[인간] N1=[사물])
¶선생님께서는 책을 가지고 교실에 들어가셨다. ¶아이는 장난감을 가지러 집에 돌아갔다.
❷(사물을) 자기 소유로 삼다. Make a certain object one's possession.
[유]소유하다
N0-가 N1-를 V (N0=[인간] N1=[사물])
¶요즘은 누구나 휴대전화를 가지고 있다. ¶철이는 좋은 자전거를 가지고도 탈 줄 모른다.
❸ (신체적 특징을) 몸체에 지니다. Possess physical characteristics in one's body.
N0-가 N1-를 V (N0=[인간], [동물], [식물] N1=[신체부위], 잎, 가지 따위)
¶문어는 여덟 개의 다리를 가지고 있다. ¶소나무는 뾰족한 잎을 가졌다.
❹(모임이나 행사를) 열거나 치르다. Host or hold a meeting or an event.
[유]열다
N0-가 N1-를 V (N0=[인간|단체] N1=[행사])
¶할아버지께서는 인사동에서 전시회를 가지셨다. ¶학생회에서는 매주 월요일에 정기 회의를 가진다.
❺(아기나 새끼를) 몸속에 배다. Conceive a baby or young inside one's body.
[유]임신하다[타]
N0-가 N1-를 V (N0=[인간], [동물] N1=아기, 아이, 새끼)
¶아내가 아이를 가졌다. ¶강아지가 새끼를 가지더니 힘들어 한다.
❻ (사람을) 혈연관계로 거느리거나 모시다. Take or serve someone through blood

relationship.
N0-가 N1-를 V (N0=[인간] N1=[친족])
¶명식이는 딸만 셋을 가졌다.
❼ 병이나 증세를 보이다. Show illness or symptom.
N0-가 N1-를 V (N0=[인간] N1=[질병])
¶민호는 결벽증을 가지고 있다.
❽(사물을) 수단이나 방법으로 삼다. Take a certain object as means or method.
N0-가 N1-를 V (N0=[인간|단체] N1=[사물])
¶미미는 계산기를 가지고 문제를 풀었다. ¶팥을 가지고 메주를 쑤겠다니 말이 되느냐?
❾권리나 의무를 지니다. Possess a right or a duty.
N0-가 N1-를 V (N0=[인간] N1=[권리], [의무])
¶그녀는 미국에서 태어나서 미국 시민권을 가지고 있다. ¶기득권을 가진 자들은 그것을 쉽게 포기하려 하지 않는다.
❿ (직업, 자격 따위를) 적절하게 갖추다. Adequately possess a job, a qualification, etc.
N0-가 N1-를 V (N0=[인간] N1=직업, 면허)
¶그는 다니던 직장을 그만두고 새로운 직업을 가졌다. ¶나는 운전면허를 가졌지만 아직 운전해 본 적이 없다.
⓫(능력이나 가능성 따위를) 보이거나 지니다. Show or possess ability, potential, etc.
N0-가 N1-를 V (N0=[인간] N1=[능력], 가능성)
¶빈수는 대단한 자제력을 가졌다. ¶무한한 가능성을 가진 아이들은 나라의 보배다.
⓬(시간, 여유를) 얻거나 활용하다. Obtain or utilize time or leisure.
N0-가 N1-를 V (N0=[인간] N1=시간, 여유)
¶어머니는 막내를 시집보내고서야 비로소 여유를 가질 수 있었다. ¶좀 더 시간을 가지고 생각해 보자.
⓭(어떤 것을) 대상이나 다른 일의 근거로 삼다. Take something as target or basis for another task.
N0-가 N1-를 V (N0=[인간|단체] N1=[모두])
¶왜 나만 가지고 못살게 굴어? ¶그는 외국의 관습을 가지고 한 시간이 넘게 얘기했다.
⓮(생각, 태도, 느낌 따위를) 마음에 품다. Take thought, attitude, feeling, etc., in one's mind.
N0-가 N2-에 N1-를 V (N0=[인간] N1=[감정] N2=[모두])
¶나는 이 일에 흥미를 가지고 있다. ¶이 작업에 성실한 태도를 가지고 임합시다.
N0-가 N2-에게 N1-를 V (N0=[인간] N1=[감정] N2=[인간])
¶민희는 이미 그에게 호감을 가지고 있다.
⓯(관계를) 맺거나 유지하다. Form or maintain a relationship.
N0-가 N2-와 N1-를 V ↔ N2-가 N0-와 N1-를 V ↔ N0-와 N2-가 N1-를 V (N0=[인간|집단] N1=[관계], 교류, 왕래 N2=[인간|집단])
¶한국은 일본과 밀접한 관계를 가진다. ↔ 일본은 한국과 밀접한 관계를 가진다. ↔ 한국과 일본은 밀접한 관계를 가진다. ¶우리 학교는 이번 행사에서 옆 학교와 교류를 가진다.
⓰(글, 주장, 행사 따위가) 핵심적인 내용을 품거나 내재하다. (of writing, argument, event, etc.) Possess or embed core contents.
N0-가 N1-를 V (N0=[책], [사상], [행사] N1=[요점])
¶박 교수의 책은 명백한 요점을 가지고 있어서 설득력이 높다. ¶그의 주장은 모든 것은 통한다는 요지를 가지고 있다.

가지다²

[활용]가지고 [준]갖다
[보조]❶앞말과 뒷말의 동작이 시간적 선후 관계에 있음을 나타내는 보조동사. Auxiliary verb meaning that the activities meant by the preceding word and the following word are in that order.
V-어 Vaux
¶새댁은 새참을 해 가지고 논으로 갔다. ¶동생은 운동회에서 상품을 받아 가지고 집에 왔다.
※ '-어 가지고' 형태로만 쓰인다.
❷앞말의 동작이나 상태가 뒷말의 근거가 됨을 나타내는 보조동사. Auxiliary verb meaning that the activity meant by the preceding word serves as the basis for the following word.
V-어 Vaux
¶전에 온 손님들이 다 먹어 가지고 남은 게 없어요.
※ '-어 가지고' 형식으로만 쓰인다.

가출하다

[어원]家出~ [활용]가출하여(가출해), 가출하니, 가출하고 [대응]가출을 하다
[자](돌아오지 않을 의도로) 가족들과 살던 집을 떠나다. Run away from one's family and home with no intention of returning.
[유]집을 나가다
N0-가 V (N0=[인간])
¶동생은 홧김에 가출해 버렸다. ¶병호는 어린 마음에 가출했지만 갈 곳이 없었다.

가하다¹

[어원]加~ [활용]가하여(가해), 가하니, 가하고
[타]❶(사물에 추가적인 재료나 성분을) 더하여 늘리다. Inject an additional ingredient or component into an object so as to increase it.

㊌더하다[타], 보태다, 추가하다, 가미하다 ㊋제하다II

N0-가 N1-를 N2-에 V (N0=[인간|단체] N1=[사물], [추상물] N2=[사물], [추상물])

¶요리사는 자신의 요리에 여러 가지 양념을 가하여 다채로운 맛을 냈다. ¶원금에 이자를 가해서 갚으려니 부담이 너무 크다.

❷ 어떤 속성을 늘리다. Increase a certain property.

N0-가 N1-를 N2-에 V (N0=[인간|단체] N1=속력 따위 N2=[사물], [추상물])

¶나는 고속도로에 진입하여 자동차에 속력을 가했다. ¶그들은 도시를 조금이라도 빨리 벗어나고 싶은 듯 더더욱 속력을 가하고 있었다.

◆ **박차를 가하다** (어떤 행위에 대하여) 더 빨리 하도록 몰아가다. Urge a person to act more quickly.

N0-가 N1-에 Idm (N0=[인간|단체] N1=[행위])

¶오늘부터 공부에 박차를 가하기로 했다. ¶마감에 맞출 수 있도록 작업에 박차를 가해 주시기 바랍니다.

가하다[2]

[어원]加~ [활용]가하여(가해), 가하니, 가하고

[기능][타]'행위'를 나타내는 기능동사 Support verb that indicates "action".

㊌주다I, 끼치다[2]

N0-가 Npr-를 N1-(에|에게) V (N0=[인간|단체], Npr=압력, 제재, 힘 따위 N1=[사물], [추상물])

¶공무원 비리 문제에 대하여 시민 사회가 당국에 압력을 가해야 합니다. ¶환경오염에 경각심이 없는 단체에 대해서는 국제 사회가 제재를 가해야 한다. ¶그 조각품은 아직 최종 손질을 가하지 않아 표면이 거칠다.

가해하다

[어원]加害~ [활용]가해하여(가해해), 가해하니, 가해하고 [대응]가해를 하다

[타](남에게) 해를 끼치다. Cause hurt or damage to someone.

㊌공격하다[타], 해치다

N0-가 N1-를 V (N0=[인간|단체] N1=[인간|단체])

¶가끔 경찰이 시민을 용의자로 오인하여 가해하는 일이 있다. ¶죄 없는 사람을 가해하는 행위는 죄로 규정되고 있다.

각광받다

[어원]脚光~ [활용]각광받아, 각광받으니, 각광받고 [대응]각광을 받다

[자]관심의 대상이 되어 인기를 끌다. Become the target of attention and gain popularity.

N0-가 V (N0=[행위], [인간], [동물], [상태])

¶그 춤이 전 세계적으로 각광받는 이유가 있습니다. ¶한 연예인의 성공담 때문에 한방 다이어트가 각광받고 있습니다.

각색되다

[어원]脚色~ [활용]각색되어(각색돼), 각색되니, 각색되고 [대응]각색이 되다

[자](어떤 형식의 작품이) 다른 장르의 작품으로 바뀌다. (of certain type of work) Be changed to a different genre of work.

N0-가 N1-로 V (N0=[예술], [텍스트], [작품] N1=[예술], [텍스트], [작품])

[능]각색하다

¶셰익스피어의 희곡이 소설로 각색되었다. ¶그 작품은 청소년용으로 각색된 것이다.

각색하다

[어원]脚色~ [활용]각색하여(각색해), 각색하니, 각색하고 [대응]각색을 하다

[타]❶(어떤 작품을) 다른 장르의 작품으로 옮겨 짓다. Transfer one work of art into a work of another genre.

N0-가 N1-를 N2-로 V (N0=[인간|단체] N1=[예술], [텍스트], [작품] N2=[예술], [텍스트], [작품])

[피]각색되다

¶찰스 램은 셰익스피어의 희곡을 소설로 각색했다. ¶베스트셀러 소설을 영화로 각색하는 것이 유행이다.

❷ (어떤 이야기를) 의도적으로 변형시키다. Intentionally exaggerate or embellish a story.

N0-가 N1-를 V (N0=[인간|단체] N1=[텍스트], [사실], [상황], [상태])

¶그는 재미없는 이야기를 흥미롭게 각색해서 말하곤 한다. ¶내용을 각색하지 말고 있는 그대로 말해라.

각성하다

[어원]覺醒~ [활용]각성하여(각성해), 각성하니, 각성하고 [대응]각성을 하다

[자]깨어나 정신을 차리다. Recover consciousness.

N0-가 V (N0=[인간|단체])

¶어려운 시기에는 지도자들이 먼저 각성해야 한다.

[타](어떤 잘못이나 사실을) 깨달아 알다. Learn by realizing some error or truth.

N0-가 N1-를 V (N0=[인간|단체] N1=[장애](문제 따위), [앎])

¶그는 지난날의 과오를 각성하고 반성했다. ¶청년들이 조국의 문제를 각성하고 독립 운동에 나섰다.

각오하다

[어원]覺悟~ [활용]각오하여(각오해), 각오하니, 각오하고 [대응]각오를 하다

ㄱ

자타(일어날 일이나 계획한 일 따위를 대비하여) 마음의 준비를 단단히 하다. Prepare oneself thoroughly for a future event or a planned event.
㊌마음먹다
N0-가 S고 V (N0=[인간])
¶나는 이번에 안 되면 그만 두겠다고 각오했다. ¶사람들이 욕을 하면 욕을 먹겠다고 각오하고 있었다.
N0-가 N1-를 V (N0=[인간] N1=[계획], [상황](위험, 혼란, 손해 따위)
¶아버지는 얼마간의 불편한 생활을 각오하고 귀농을 결심하셨다.
N0-가 S것-을 V (N0=[인간])
¶나는 손해가 날 것을 각오했다. ¶우리는 내년까지 수입 없이 버틸 것을 각오하고 사업을 시작했다.
N0-가 S기-를 V ↔ N0-가 S기-로 V (N0=[인간])
¶나는 죽기를 각오하고 일을 할 생각이다. ↔ 나는 죽기로 각오하고 일을 할 생각이다. ¶부모님은 허리띠를 졸라매기로 각오하시고 나의 유학생활을 지원해 주셨다.

각인되다

어원 刻印~ 활용 각인되어(각인돼), 각인되니, 각인되고 대응 각인이 되다
자(기억에) 뚜렷이 새겨져 남다. Be stamped or engraved in memory.
N0-가 N1-에 V (N0=[모두] N1=[마음])
능 각인하다
연어 뚜렷이
¶현아는 어제 본 영화가 머릿속에 각인되었다. ¶나는 마음속에 각인된 그의 첫 인상이 잊히지 않았다.

각인하다

어원 刻印~ 활용 각인하여(각인해), 각인하니, 각인하고 대응 각인을 하다
자(무엇을) 기억에 뚜렷이 새기거나 남기다. (of something) Stamp or engrave something in memory.
N0-가 N2-에 N1-을 V (N0=[인간] N1=[모두] N2=[마음])
피 각인되다 사 각인시키다
연어 뚜렷이
¶우리 모두는 가슴 속에 그 일에 대한 나쁜 기억을 각인하고 있었다.

간과되다

어원 看過~ 활용 간과되어(간과돼), 간과되니, 간과되고
자(어떤 문제나 현상 따위가) 중요하게 생각되지 않고 대강 넘겨지다. (of a certain problem or phenomenon) Be riffled and not considered important.
N0-가 N1-에게 V (N0=[앎], [행위], [사건], [상황] N1=[인간|집단])
능 간과하다
¶이 사건의 진실이 간과되고 있다. ¶그의 비겁한 행동이 간과되어서는 안 된다.

간과하다

어원 看過~ 활용 간과하여(간과해), 간과하니, 간과하고
타(어떤 문제나 현상을) 중요하게 생각하지 않고 가벼이 보아 대강 넘기다. Go over a certain problem or phenomenon lightly and not consider it important.
N0-가 N1-를 V (N0=[인간|집단] N1=[앎], [행위], [사건], [상황])
피 간과되다
¶너는 이 사건의 진실을 간과하고 있다. ¶우리는 그동안 결핵의 위험성을 간과하였다.

간구하다

어원 懇求~ 활용 간구하여(간구해), 간구하니, 간구하고
타(무엇을) 간절히 원하고 바라다. (of a person) Desperately want and desire something.
㊌바라다, 희구하다, 갈구하다
N0-가 S것-을 V (N0=[인간])
¶나는 국가 대표에 선발될 것을 간구하였다.
N0-가 N1-에게 S고 V (N0=[인간] N1=[인간], 하느님, 천지신명 따위)
¶그 어머니는 아들을 낳게 해달라고 천지신명께 간구하였다.

간섭받다

어원 干涉~ 활용 간섭받아, 간섭받으니, 간섭받고 대응 간섭을 받다
자(다른 사람이나 조직 따위가 부당하게 끼어들어) 하는 일이 방해를 받다. (of a work that one's doing) Be interfered by unjust intervention from another person or group.
㊊간섭하다
N0-가 N1-(에|에 대해) N2-(에서|에게서|로부터) V (N0=[인간|집단] N1=[일], [행사], 내정 따위 N2=[인간|집단])
연어 일일이, 사사건건
¶공무원들은 시의원들에게서 자기 업무에 간섭받는 일이 가끔 있다. ¶근로자들은 회사로부터 휴가 계획에 간섭받는 일이 없어야 한다. ¶하는 일마다 일일이 엄마에게 간섭받기 싫다구요.

간섭하다

어원 干涉~ 활용 간섭하여(간섭해), 간섭하니, 간섭하고 대응 간섭을 하다
자타(다른 사람이나 조직의 일 따위에) 부당하게 끼어들어서 마음대로 하다. (of a work that one's

doing) Be interfered by unjust intervention from another person or group.
[반]간섭받다
N0-가 N1-(를|에게) V (N0=[인간|집단] N1=[인간|집단])
[연어]사사건건, 일일이
¶선생님들이 학생들을 간섭하지 않으면 좋겠어요. ¶선생님들이 학생들에게 간섭하지 않으면 좋겠어요. ¶친구들이 나에게 간섭하면 기분이 안 좋지요.
N0-가 N1-(를|에) V (N0=[인간|집단], [국가] N1=[일], [행사])
[피]간섭받다
[연어]사사건건, 일일이
¶국가기관이 국민의 사생활을 간섭하는 것은 옳지 않다. ¶지배국은 피지배국의 내정에 간섭하기 마련이다.

간수하다

[활용]간수하여(간수해), 간수하니, 간수하고 [대응]간수를 하다
[타](물건을) 안전하게 잘 보관하다. Keep an object safely.
[유]보관하다, 간직하다, 저장하다, 건사하다
[반]굴리다
N0-가 N1-를 N2-에 V (N0=[인간|단체] N1=[사물] N2=[장소])
[연어]잘, 철저히, 단단히
¶나는 선물로 받은 책을 서재에 잘 간수해 두었다. ¶봄이 왔으니 겨울옷은 손질하여 장롱에 간수해야겠다.

간주되다

[어원]看做~ [활용]간주되어(간주돼), 간주되니, 간주되고 [대응]간주가 되다
[자](어떤 대상이) 다른 대상과 같다고 여겨지거나 생각되다. (of some object) Be regarded or considered as same as different object.
N0-가 N1-로 V (N0=[사물], [장소], [추상물], [상태] N1=[사물], [장소], [추상물], [상태])
[능]간주하다
¶현대 사회에서는 과학이 진리로 간주된다. ¶그들은 최초의 시민운동가로 간주된다.
N0-가 S고 V (N0=[사물], [장소], [추상물], [상태])
[능]간주하다
¶시행 후 효과가 없으면 이 정책은 무익하다고 간주된다. ¶우리 사회에서 모성은 늘 숭고하다고 간주된다.
N0-가 ADV V (N0=[사물], [장소], [추상물], [상태], ADV=N-처럼, S-듯이, S것처럼)
[능]간주하다
¶옛날에는 국내 휴양지가 신혼 여행지로 최고인 것처럼 간주되었다. ¶현대에는 운동이 최고의 건강법인 듯이 간주된다.

간주하다

[어원]看做~ [활용]간주하여(간주해), 간주하니, 간주하고 [대응]간주를 하다
[자타](어떤 행위나 행동이 어떠하다고) 여기거나 생각하다. Regard or consider a certain action or behavior as such and such.
N0-가 S고 V (R1) (N0=[인간|단체])
¶그는 변호사의 반론이 정당하다고 간주했다. ¶나는 그의 행동(이|을) 정당방위였다고 간주한다.(R1)
N0-가 ADV V (R1) (N0=[사물], [장소], [추상물], [상태], ADV=N-처럼, S-듯이, S것처럼)
¶현대에는 운동이 최고의 건강법인 듯이 간주한다. ¶현대에는 운동을 최고의 건강법인 듯이 간주한다.(R1)
N0-가 N1-를 N2-로 V (N0=[인간|단체] N1=[사물], [장소], [추상물], [상태] N2=[사물], [장소], [추상물], [상태])
[피]간주되다
¶고대인들은 화산 폭발을 신의 분노로 간주하였다. ¶정부는 그 동영상을 도발로 간주했다.

간지럽히다

[활용]간지럽히어(간지럽혀), 간지럽히니, 간지럽히고
[타]❶(가만히 있지 못하게 하거나 웃음이 나게 하려고) 살갗을 반복적으로 부드럽게 긁거나 문지르다. Repeatedly scratch or rub someone's skin softly in order to make that person laugh or unable to stay still.
[유]간질이다
N0-가 N1-를 V (N0=[인간], [동물], [사물](깃털, 바람 따위), [냄새] N1=[인간], [동물], [신체부위])
¶막내 동생이 아버지의 발을 간지럽혔다. ¶강아지들이 내 얼굴을 간지럽혔다.
❷(냄새 따위가) 후각 기관을 부드럽게 자극하다. (of a smell) Softly stimulate the olfactory organ.
N0-가 N1-를 V (N0=[냄새] N1=[신체부위](코))
¶달콤한 향수 냄새가 코끝을 간지럽혔다. ¶꽃향기가 코를 간지럽히니 봄기운이 물씬 느껴졌다.

간직되다

[활용]간직되어(간직돼), 간직되니, 간직되고 [대응]간직이 되다
[자]❶(물건이) 누군가의 소유가 되어 잘 보관되다. (of an object) Be stored well after becoming someone's possession.
[유]보관되다, 소장되다, 간수되다
N0-가 N1-에 V (N0=[사물] N1=[장소])

능간직하다
연어소중하게, 소중히, 잘, 고이
¶할아버지의 유품은 옛 집에 잘 간직되어 있다. ¶이번에 발굴된 유물들은 박물관에 소중히 간직될 것이다.
❷(어떤 생각이나 말이) 깊이 새겨지고 기억되다. (of thoughts or words) Be deeply engraved in one's mind and remembered.
N0-가 N1-에 V (N0=[추상물], [사건], [현상] N1=[마음])
능간직하다
연어소중하게, 소중히, 잘, 깊이
¶할머니의 유언은 내 마음 속에 깊이 간직되어 있다.

간직하다

활용간직하여(간직해), 간직하고, 간직하니 대응간직을 하다
타❶(자기 소유의 물건을) 잘 보관하다. Store one's possessions well.
유소장하다, 간수하다
N0-가 N1-를 N2-에 V (N0=[인간|단체] N1=[사물] N2=[장소])
피간직되다
연어소중하게, 소중히, 잘, 고이
¶나는 친구의 편지를 서랍 속에 간직했다. ¶철수는 소중하게 간직하던 책을 후배들에게 나누어 주었다.
❷(어떤 생각이나 말을) 마음속에 깊이 새기고 기억해 두다. Deeply engrave thoughts or words in one's mind and remember them.
유품다
N0-가 N1-를 N2-에 V (N0=[인간] N1=[추상물], [사건], [현상] N2=[마음])
피간직되다
연어소중하게, 소중히, 잘, 깊이
¶나는 언제나 정직하라던 아버지의 말씀을 마음속에 간직하고 있다. ¶오늘의 경험을 머리에 간직해 두면 언젠가 큰 도움이 될 것이다.

간질이다

활용간질여, 간질이니, 간질이고
☞간지럽히다

간척하다

어원干拓~ 활용간척하여(간척해), 간척하니, 간척하고 대응간척을 하다
타육지에 맞닿은 바다나 호수의 일부를 둑으로 막고 그 안의 물을 빼내어 육지로 만들다. Embank parts of a sea or a lake adjacent to land and drain water therefrom, thereby transforming them into land.
상개간하다, 일구다
N0-가 N1-를 V (N0=[인간] N1=[장소])
¶우리나라는 서해 바다를 간척하여 새로운 땅을 확보하였다.

간청하다

어원懇請~ 활용간청하여(간청해), 간청하니, 간청하고 대응간청을 하다
타(다른 사람에게) 자기가 원하는 일을 해주기를 간절히 요청하다. Earnestly request someone to do something that you want him or she to do for you.
유부탁하다, 애원하다
N0-가 N2-(에게|에) N1-를 V (N0=[인간|단체] N1=[행위], [사물] N2=[인간|단체])
¶죄인은 눈물을 흘리며 재판관에게 용서를 간청했다. ¶과학자는 재단에 후원을 간청했다.
N0-가 S라고 N1-(에게|에) V ↔ N0-가 S것-을 N1-에게 V (N0=[인간|단체] N1=[인간|단체])
¶망명자들은 정부에게 본국으로 송환하지 말라고 간청했다. ↔ 망명자들은 정부에게 본국으로 송환하지 말 것을 간청했다. ¶그때는 너무 황당하여 제의 자체를 없었던 일로 해달라고 간청했다.

간추리다

활용간추리어(간추려), 간추리니, 간추리고
타❶(어지럽게 널려 있는 물건들을) 가지런히 정리하다. Neatly organize littered or scattered objects.
유정돈하다, 정리하다 반흩뜨리다
N0-가 N1-를 V (N0=[인간] N1=[사물]《의미상 복수》)
¶그는 다 읽은 신문들을 간추려서 폐지 수거함에 넣었다. ¶아버지께서는 옛날 사진들을 간추려서 따로 보관해 두셨다.
❷(중요한 사항을) 골라서 요약하다. Shorten by selecting the main information.
유요약하다, 개괄하다
N0-가 N1-를 N2-에서 N3-로 V (N0=[인간] N1=[요점] N2=[책], [말] N3=[말](문장), [수량])
¶선생님께서 독해 지문에서 논점을 한 문장으로 간추려 주셨다. ¶사회자는 토론자들의 질문 내용을 세 가지로 간추렸다.
N0-가 N1-를 N2-로 V (N0=[인간] N1=[책] N2=[말](한 마디, 문장, 단락, 페이지 따위))
¶선생님께서 교과서 내용을 한 페이지로 간추려 주셨다.
❸(말, 생각, 내용 따위에서) 특정 부분을 고르거나 뽑아내다. Select or extract a particular portion from a speech, thought, or contents.
유선별하다, 골라내다, 요약하다, 정리하다

N_0-가 N_2-에서 N_1-를 V (N_0=[인간] N_2=책 따위, [집단], [집합단위] N_1=[말], [생각], [인간], 내용, 종목 따위)
¶대학생들이 자신의 생각을 간추리는 능력이 예전만 못한 것 같다. ¶감독은 국가 대표팀에서 11명의 선발 선수를 간추렸다.

간파되다

[어원]看破~ [활용]간파되어(간파돼), 간파되니, 간파되고
[자] 꿰뚫어 알게 되다. Become seen through completely and known thoroughly.
[상]파악되다
N_0-가 V (N_0=[의도], [계획], [습성], [정체])
¶구미호는 그 정체가 간파되어 죽음을 맞이했다.
N_0-가 N_1-(에|에게) V (N_0=[의도], [계획], [습성], [정체] N_1=[인간|단체])
[능]간파하다
¶우리의 작전이 상대편에 간파되어 낭패를 보았다.

간파하다

[어원]看破~ [활용]간파하여(간파해), 간파하니, 간파하고
[타] 꿰뚫어 알다. See through and know thoroughly.
[유]알아채다, [상]파악하다
N_0-가 N_1-를 V (N_0=[인간|단체] N_1=[의도], [계획], [습성])
[피]간파되다
¶상대팀의 약점을 간파하는 것이 중요하다.
¶나는 그의 숨은 의도를 간파했다.

간하다

[활용]간하여(간해), 간하니, 간하고 [대응]간을 하다
[타]소금, 간장 등 짠 양념을 음식에 넣어 맛이 나게 하다. Improve the flavor of food by adding seasoning such as salt and soybean sauce.
N_0-가 N_1-를 N_2-에 V ↔ N_0-가 N_1-로 N_2-를 V (N_0=[인간] N_1=[양념] N_2=[음식물])
¶나는 소금을 국에 간했다. ↔ 나는 소금으로 국을 간했다. ¶그는 식재료에 간장을 간하고 재워 두었다.

간행되다

[어원]刊行~ [활용]간행되어(간행돼), 간행되니, 간행되고
[자](책 따위가) 인쇄되어 만들어지다. (of books or any publication) Printed, published and distributed.
[유]발행되다, 출간되다
N_0-가 V (N_0=[책])
[능]간행하다
¶최초의 한국어동사사전이 지난주에 간행됐다.
¶그 사건의 진상 조사 보고서만 모두 3차례 간행됐다.
N_0-가 N_1-로 V (N_0=[자료], [기록] N_1=[책])
¶조선의 수많은 기록물이 목판으로 간행됐다.
¶그의 작품이 영어판으로 간행되었다.

간행하다

[어원]刊行~ [활용]간행하여(간행해), 간행하니, 간행하고 [대응]간행을 하다
[타](책 따위의 출판물을) 인쇄하여 펴내다. Prepare and issue by printing a book, journal or other form of publication.
[유]발행하다, 출간하다
N_0-가 N_1-를 V (N_0=[기관], [기업](출판사, 신문사 따위) N_1=책 따위)
[피]간행되다
¶출판사가 김 작가의 시집을 간행할 예정이다.
¶국어학회에서는 최근 논문집을 간행했다.

간호하다

[어원]看護~ [활용]간호하여(간호해), 간호하니, 간호하고 [대응]간호를 하다
[타]❶다쳤거나 아픈 사람을 보살피고 돌보다. Look after and provide care to an injured or ill person.
N_0-가 N_1-를 V (N_0=[인간])
¶남편은 아내를 정성껏 간호했다. ¶엄마는 아이를 간호하느라 밤새 한숨도 자지 못했다.
❷(환자가 낫게) 상처나 병을 보살피고 돌보다. Tend to a patient's injury or illness to facilitate recovery.
N_0-가 N_1-를 V (N_0=[인간] N_1=[병], [상처])
¶그녀는 간염을 정성껏 간호했다. ¶영희는 아들의 상처를 성심껏 간호했다.

갇히다

[활용]갇히어(갇혀), 갇히니, 갇히고
[자](사람이나 동물이) 어디에 넣어져 밖으로 자유롭게 나오지 못하게 되다. (of a person or animal) Be put in some place and be unable to come out freely.
[유]감금되다, 유폐되다
N_0-가 N_1-에 V (N_0=[인간], [동물] N_1=[장소])
[능]가두다
¶우리는 지하에 갇힌 채로 아무것도 먹지 못했다.
¶고라니가 사람들이 설치한 우리에 갇히고 말았다.

갈겨쓰다

[활용]갈겨써, 갈겨쓰니, 갈겨쓰고
[타](글씨나 메모 따위를) 알아보기 어려울 정도로 아무렇게나 막 적다. Write a writing or memo so clumsily that it is difficult to read.
[유]갈기다II, 날려 쓰다, 흘려 쓰다 [상]쓰다I, 적다
N_0-가 N_1-를 N_2-에 V (N_0=[인간] N_1=[기호](글씨, 메모 따위) N_2=[종이], [책] 따위)
¶동생은 노트에 글씨를 갈겨썼다. ¶누나는 이면

ㄱ

지에 메모를 갈겨써 두었다. ¶그는 메모지에 무언가를 갈겨써 놓았다.

갈구되다

어원 渴求~ 활용 갈구되어(갈구돼), 갈구되니, 갈구되고 대응 갈구가 되다

자 (누군가에게) 몹시 간절히 바라지다. Be wanted desperately by someone.

N0-가 N1-에게 V (N0=[사물], [추상물] N1=[인간|단체])

능 갈구하다

¶전쟁이 계속되는 곳에서는 언제나 평화가 사람들에게 갈구되곤 했다.

갈구하다

어원 渴求~ 활용 갈구하여(갈구해), 갈구하니, 갈구하고 대응 갈구를 하다

타 (무언가를) 몹시 간절히 바라다. Want something desperately.

㊤갈망하다, 간구하다

N0-가 N1-를 V (N0=[인간|단체] N1=[사물], [추상물])

피 갈구되다

¶독재에 신음하던 시민들은 자유를 갈구하였다. ¶평화를 갈구하는 아우성이 분쟁지역 곳곳에서 들려오고 있습니다.

갈기다 I

활용 갈기어(갈겨), 갈기니, 갈기고 【속어】

타 ❶(손, 주먹으로) 힘껏 때리거나 치다. Powerfully hit or slap (with one's hand or fist).

㊦후려갈기다

N0-가 N1-를 V (N0=[인간] N1=[신체부위](얼굴, 뺨, 턱 따위))

¶그 사람이 내 얼굴을 갈겼다. ¶화가 난 손님이 점원의 뺨을 갈겼다.

❷ (채찍 따위를) 힘껏 휘둘러 때리다. Hit forcefully (with a whip, etc).

N0-가 N1-를 N2-(에|에게) V (N0=[인간] N1=채찍 따위 N2=[인간], [동물])

¶마부는 말 엉덩이에 채찍을 갈겼다. ¶조련사가 호랑이에게 채찍을 갈겼다.

❸(신체의 분비물 따위를) 조심성 없이 아무렇게나 배설하거나 배출하다. Excrete or eliminate without care.

㊤싸다I ㊥가리다II

N0-가 N1-를 V (N0=[인간], [동물] N1=[배설물], [분비물](침))

¶취객들은 오줌을 아무데나 갈겨댄다. ¶강아지들이 방바닥에 변을 갈겨 놓았다.

❹(총 따위를) 조심성 없이 아무렇게나 쏘다. Shoot (a gun) without care.

N0-가 N1-를 N2-(에|에게) V (N0=[인간] N1=[총포] N2=[사물])

¶적군이 민간인들에게 자동 소총을 갈겼다. ¶조교가 시범으로 표적에다 총을 갈겼다.

❺ 【속어】 (말 따위를) 가리지 않고 아무렇게나 내뱉다. Utter rough words without care.

㊤지껄이다, 내뱉다

N0-가 N1-를 N2-에게 V (N0=[인간] N1=[말](반말, 욕 따위) N2=[인간])

연어 찍찍

¶외국인이 노인에게 반말을 찍찍 갈겼다. ¶그 친구는 나에게 욕을 찍찍 갈겼다.

갈기다 II

활용 갈기어(갈겨), 갈기니, 갈기고 【속어】

타 (글씨 따위를) 아무렇게나 마구 날려 쓰다. Write (letters) carelessly.

㊤갈겨쓰다 ㊤쓰다I, 적다 ㊦휘갈기다

N0-가 N1-를 V (N0=[인간] N1=[문자](글씨, 낙서 따위))

연어 아무렇게나

¶동생이 글씨를 아무렇게나 갈겼다. ¶우리는 길거리 벽면에 낙서를 갈겼다.

갈다 I

활용 갈아, 가니, 갈고, 가는

타 ❶(어떤 사물을) 다른 것으로 바꾸다. Change or substitute an object with another one.

㊤바꾸다, 교체하다 타

N0-가 N1-를 N2-로 V (N0=[인간] N1=[사물] N2=[사물])

피 갈리다I 사 갈리다V

¶희영이는 고장 난 전등을 빼고 새 전등으로 갈아 끼웠다. ¶나는 붕대를 새것으로 갈기 위해 다시 병원을 찾았다.

❷(사람을) 다른 사람으로 바꾸다. Substitute or switch a person with another person.

㊤바꾸다, 교체하다

N0-가 N1-를 N2-로 V (N0=[인간|단체] N1=[인간|단체] N2=[인간|단체])

피 갈리다I

¶회장은 사업의 책임자를 전문가로 갈고 새로 사업을 시작하였다. ¶정부는 부정부패 사건에 관련된 공무원들을 모두 갈았다.

갈다 II

활용 갈아, 가니, 갈고, 가는

타 ❶(어떤 물체를) 일정한 도구에 대고 문질러 날카롭게 만들다. Sharpen an object by rubbing it against a certain tool.

㊤문지르다

N0-가 N2-에 N1-를 V ↔ N0-가 N1-를 N2-로

V (N0=[인간|단체] N1=[도구], [광물], 손톱 따위 N2=[도구](숫돌, 가죽, 줄 따위))
피 갈리다II
¶대장장이가 숫돌에 칼을 갈고 있다. ↔ 대장장이가 칼을 숫돌로 갈고 있다. ¶이발사는 가죽에 면도칼을 갈고 있다.
❷일정한 도구로 잘게 부수어 가루나 액체 상태로 만들다. Break something finely with a certain tool to make it/that a powder or liquid.
N0-가 N2-에 N1-를 V ↔ N0-가 N1-를 N2-로 V (N0=[인간] N1=[음식물] N2=판, 맷돌, 믹서기 따위)
피 갈리다II
¶아버지께서는 강판에 무를 갈아 식사 때마다 드신다. ↔ 아버지께서 강판으로 무를 갈아 식사 때마다 드신다. ¶할머니께서는 맷돌에 녹두를 갈아서 전을 부치셨다. ¶나는 바나나와 사과를 믹서기로 갈아서 아침마다 마신다.
❸벼루에 먹을 여러 번 문질러 먹물을 만들다. Rub an dried ink stick on an ink stone several times with a sip of water in order to have ink.
N0-가 N1-에 N2-를 V (N0=[인간] N1=벼루 N2=먹)
피 갈리다II
¶나는 벼루에 먹을 갈고 마음을 가라앉힌 후 글씨를 썼다.
❹윗니와 아랫니를 서로 문질러 소리를 내다. Grind the upper teeth against the lower teeth making a noise.
N0-가 N1-를 V (N0=[인간] N1=이(齒))
피 갈리다II
¶남편은 이를 갈며 자는 습관이 있다.
◆ **이를 갈다** 몹시 화가 나서 분개하다. Gnashing one's teeth expressing one's anger or infuriation.
N0-가 Idm (N0=[인간|단체])
피 이가 갈리다
¶피해를 본 주민들은 이 제도에 대해 이를 갈고 원망을 하였다. ¶상민들은 양반들의 횡포에 이를 갈았다.
◆ **칼을 갈다** 복수를 하기 위해 단단히 준비하며 벼르다. Prepare thoroughly, but covertly, for revenge as if he or she were sharpening a sword of revenge.
N0-가 Idm (N0=[인간|단체])
¶그는 그 날만을 기다리며 복수의 칼을 갈았다.
◆ **갈고 닦다** (학문이나 재주 따위를) 일정한 경지에 이르거나 높은 수준에 도달하기 위해 열심히 노력하며 익히다. (of scholarship or skills) Work and learn diligently to achieve an advanced level.
유 연마하다, 도야하다, 수련하다
N0-가 N1-를 Idm (N0=[인간|단체] N1=[학문], [성품], [능력](기술, 재능 따위))
¶스님은 자신의 인격을 갈고 닦기 위해 꾸준히 노력하였다. ¶그는 그동안 갈고 닦은 실력으로 마음껏 기량을 펼쳤다.

갈다III

활용 갈아, 가니, 갈고, 가는
타 ❶(기계나 가축의 힘을 이용해서) 땅을 파서 흙을 뒤집다. Turn soil over (using a machine or an animal).
N0-가 N1-를 V (N0=[짐승](소나 염소 따위) N1=[장소](논, 밭 따위))
피 갈리다III
¶소가 열심히 동네 사람들의 밭을 갈고 있다.
N0-가 N2-로 N1-를 V (N0=[인간] N1=[농기구] [짐승](소, 염소 따위) N2=[장소](논, 밭 따위))
피 갈리다III
¶한 농부가 쟁기로 밭을 갈고 있었다. ¶내일 이웃에서 빌려온 소로 논을 갈기로 했다.
❷(어떤 장소에) 작물이나 씨앗을 심어 기르다. Plant crops or seeds in a field in order to grow plants or cereals.
유 재배하다
N0-가 N2-에 N1-를 V (N0=[인간] N1=[장소](논, 밭 따위) N2=[음식물](곡물, 채소 따위))
¶내년에는 이 밭에 보리를 갈 계획이다. ¶나는 마당에 몇 가지 채소를 갈았다.

갈등하다

어원 葛藤~ 활용 갈등하여(갈등해), 갈등하니, 갈등하고 대응 갈등을 하다
자 ❶(어떤 사람이나 단체가 다른 사람이나 단체와) 서로 생각이나 이해관계가 달라 대립하거나 부딪치다. (of a person or an organization) Oppose or clash with another person or organization due to different thought or interest.
N0-가 N1-와 N2-로 V ↔ N1-가 N0-와 N2-로 V ↔ N0-와 N1-가 N2-로 V (N0=[인간|단체] N1=[인간|단체] N2=문제 따위)
¶나는 어머니와 진학 문제로 갈등했다. ↔ 어머니가 나와 진학 문제로 갈등했다. ↔ 나와 어머니가 진학 문제로 갈등했다. ¶그 부부는 육아 문제로 갈등하다 결국 헤어졌다.
❷(상반되는 두 가지 이상의 욕구 따위가 동시에 일어나) 마음속에서 어떻게 할지 결정하지 못한 채 괴로워하다. Suffer inwardly due to inability to decide among two or more simultaneously occurring desires that conflict one another, etc.
N0-가 V (N0=[인간|단체])

¶그녀는 그의 제안을 받아들일지 말지 잠시 갈등했다. ¶그는 딸이 큰 병에 걸리자 어느 병원으로 갈지 갈등했다.
N1-과 N2-사이에서 V (N0=[인간|단체] N1=[인간|단체], [사물], [추상물] N2=[인간|단체], [사물], [추상물])
¶그녀는 결혼과 동거 사이에서 갈등하다 결혼을 결심했다.
[자타](어떤 문제에 대해) 어떻게 할지 결정을 못한 채 괴로워하다. Suffer due to inability to decide on some problem.
N0-가 N1-(를|에 대해) V (N0=[인간|단체] N1=[방법], [생각], [행위])
¶의사는 수술 방법에 대해 갈등했다. ¶그는 1년 동안 진로에 대해 갈등했다.
N0-가 S것-(을|에 대해) V (N0=[인간|단체])
¶그는 홀어머니를 두고 유학 가는 것에 대해 갈등하고 있었다. ¶그녀는 시부모님을 모시고 사는 것에 대해 수없이 갈등했다.
※ 'S것-을'은 잘 안 쓰인다.
N0-가 Q-(를|에 대해) V (N0=[인간|단체])
¶그 여사원은 아이를 가질지에 대해 갈등했다. ¶그는 언제 유학을 떠날까를 갈등하고 있었다.
※Q 뒤의 조사는 생략할 수 있다.

갈라놓다

[활용]갈라놓아, 갈라놓으니, 갈라놓고
[타]❶(하나의 대상을) 베거나 쪼개어 둘 이상으로 나누다. Divide one object into two or more parts by slicing or splitting it.
[유]가르다 [반]합치다[타]
N0-가 N1-를 N2-로 V (N0=[인간] N1=[열매], [과일], [생선] N2=쪽, 반, 조각, 둘 따위)
¶나는 반으로 갈라놓은 배추에 소금을 뿌렸다. ¶나는 여러 조각으로 갈라놓은 수박을 하나 집어 들었다.
❷(대상을) 둘 이상으로 구분하거나 나누다. Categorize or divide an object into two or more parts.
[유]구분하다 [반]합치다[타]
N0-가 N1-를 N2-로 V (N0=[인간|단체], [추상물], [사물] N1=[인간|단체], [사물] N2=[방향], [추상물], [사물], [인간])
¶전쟁이 한반도를 남북으로 갈라놓았다. ¶동서로 난 도로가 마을을 남북으로 갈라놓고 있다.
❸(서로 맺은 관계나 사이를) 멀어지게 떼어놓다. Pull apart a relationship.
[유]떼어놓다 [반]붙이다
N0-가 N1-를 V (N0=[인간], [추상물](가난, 문제, 상황 따위), 돈 따위 N1=[추상물](사이, 관계 우정, 우애 따위))
¶그 무엇도 우리 사이를 갈라놓을 순 없다. ¶그가 너희들을 갈라놓으려고 싸움을 붙인 거야.

갈라서다

[활용]갈라서, 갈라서니, 갈라서고
[자]❶(둘 이상의 사람이나 단체가) 서로 다른 쪽으로 나뉘어서 따로 서다. (of two or more people or groups) Stand apart from one another by taking different positions.
[유]헤어지다, 절교하다
N0-가 N1-와 N2-로 V ↔ N1-가 N0-와 N2-로 V ↔ N0-와 N1-가 N2-로 V (N0=[인간|단체] N1=[인간|단체] N2=[위치](옆, 쪽 따위))
¶나는 친구와 따로 갈라섰다. ↔ 친구는 나와 따로 갈라섰다. ↔ 나와 친구는 따로 갈라섰다. ¶여러분, 두 줄로 갈라서서 기다리세요.
❷(둘 이상의 사람이나 단체가) 맺고 있던 관계를 끊고 각각 따로 나누어지다. (of two or more people or groups) Divide into isolated positions after severing an existing relationship.
N0-가 N1-와 V ↔ N1-가 N0-와 V ↔ N0-와 N1-가 V (N0=[인간|단체] N1=[인간|단체])
¶나는 친구와 갈라섰다. ↔ 친구는 나와 갈라섰다. ↔ 나와 친구는 갈라섰다. ¶그들은 노론과 소론으로 갈라서서 계속 싸웠다. ¶합병했던 두 회사가 다시 갈라섰다.
N0-가 N1-와 N2-로 V ↔ N1-가 N0-와 N2-로 V ↔ N0-와 N1-가 N2-로 V (N0=[인간|단체] N1=[인간|단체] N2=[추상물], [행위], [사건])
¶우리는 그 회사와 입장 차이로 갈라섰다. ↔ 그 회사는 우리와 입장 차이로 갈라섰다. ↔ 우리와 그 회사는 입장 차이로 갈라섰다. ¶그는 동업자와 의견 대립으로 갈라서기로 했다.
❸(배우자와 또는 부부가) 혼인 관계를 끊고 헤어지다. (of a married couple) Sever a marital relationship and part with one's spouse.
[유]이혼하다, 헤어지다 [반]결혼하다
N0-가 N1-와 V ↔ N1-가 N0-와 V ↔ N0-와 N1-가 V (N0=[비대칭적친족], [대칭적관계인간] N1=[비대칭적친족], [대칭적관계인간])
¶나는 남편과 작년에 갈라섰어.↔ 남편은 나와 작년에 갈라섰어. ↔ 나와 남편은 작년에 갈라섰어. ¶부부 싸움 끝에 그는 아내와 갈라섰다.
❹(둘 이상의 사람이) 서로 다른 방향으로 나뉘어 헤어지다. (of two people or more) Split into different directions and part from one another.
[유]갈라지다, 헤어지다
N0-가 N1-와 V ↔ N1-가 N0-와 V ↔ N0-와 N1-가 V (N0=[인간] N1=[인간])
¶나는 친구와 네거리에서 갈라섰다. ↔ 친구는

나와 네거리에서 갈라섰다. ↔ 나와 친구는 네거리에서 갈라섰다.

갈라지다

[활용]갈라지어(갈라져), 갈라지니, 갈라지고

[자]❶(신체 부위가) 틈이 생겨 벌어지다. (of a body part) Open and form a gap.

[유]트다I, 벌어지다

N0-가 V (N0=[신체부위](피부, 입술, 손등, 발뒤꿈치, 발등 따위))

¶손등이 갈라지지 않게 크림을 바르세요. ¶건조해서 그런지 입술이 말라서 갈라졌다.

❷(하나로 되어 있던 것이) 틈이 생겨 벌어지거나 쪼개지다. (of an object that was previously one) Open or fracture upon the generation of a gap.

[유]벌어지다

N0-가 V (N0=[사물](땅, 얼음, 논바닥, 벽 따위))

¶비가 오지 않아 논바닥이 갈라졌습니다. ¶갈라진 틈에서 물이 떨어졌다.

❸(하나였던 것이) 둘 이상으로 나뉘다. (of something that was previously one) Divide into two or more parts.

[유]분리되다 [반]합쳐지다

N0-가 N1-로 V (N0=철도, 길 따위 N1=[방향], [장소])

[능]가르다

¶이곳에서 철도가 사방으로 갈라진다. ¶이곳에서 강줄기가 동서로 갈라진다.

❹(한 무리가) 둘 이상의 작은 무리로 나뉘거나 흩어지다. (of one group) Divide or scatter into two or more smaller groups.

N0-가 N1-로 V (N0=[인간|단체] N1=[집단])

¶우리는 몇 개의 조로 갈라졌다.

N0-가 N1-(로 인해) V (N0=[생각] N1=[사조], 연설 따위)

¶지역주의로 인해 찬반이 갈라지고 있어요.

❺(둘 이상 사람 사이의) 관계가 멀어지거나 끊어지다. (of a relationship between two or more people) Become distant or severed.

[유]분열되다

N0-가 N1-(로 인해) V (N0=사이, 관계 따위 N1=오해, 반대, 일 따위)

¶작은 오해로 친구 사이가 갈라졌다. ¶두 사람은 부모님의 반대로 갈라지게 되었다.

❻(목소리가) 탁해지고 거칠어지다. (of voice) Become coarse and unclear.

N0-가 V (N0=목소리)

¶며칠 전부터 그의 목소리가 갈라지고 상태가 좋지 않았다.

갈리다 I

[활용]갈리어(갈려), 갈리니, 갈리고

[자]❶(어떤 것이) 다른 것으로 바뀌다. (of an object) Be switched to another object.

[유]바뀌다, 교체되다

N0-가 N1-로 V (N0=[사물] N1=[사물])

[능]갈다I

¶하루 두 번 수건이 깨끗한 것으로 갈린다.

❷(사람이) 다른 사람으로 바뀌다. (of a person) Be replaced by another person.

[유]바뀌다, 교체되다

N0-가 N1-로 V (N0=[인간|단체] N1=[인간|단체])

[능]갈다I

¶임원들이 신임 사장의 측근 인사로 모두 갈렸다.

갈리다 II

[활용]갈리어(갈려), 갈리니, 갈리고

[자]❶(어떤 물체가) 일정한 도구에 대고 문질러져 날카롭게 되다. (of a object) Be sharpened by having been rubbed against a tool.

N0-가 V (N0=[무기], [광물], 손톱 따위)

[능]갈다II

¶어제보다 칼이 덜 갈렸다. ¶굉장히 반듯하게 돌이 갈려서 매끈매끈하다.

❷(일정한 도구로) 잘게 부서져 가루나 액체 상태로 되다. Be broken down finely into powder or liquid (using a tool).

N0-가 V (N0=[음식물](고기, 녹두 따위))

[능]갈다II

¶잘 갈린 녹두로 녹두전을 부쳐 먹으니 참 맛있다.

❸(먹이) 벼루에 문질러져 먹물이 만들어지다. (of an ink stick) Be rubbed against an ink stone to turn into powder.

N0-가 V (N0=먹)

[능]갈다II

¶벼루가 좋아서인지 먹이 잘 갈린다.

❹윗니와 아랫니가 서로 마찰되어 소리가 나다. Grind the upper teeth against the lower teeth to make a noise.

N0-가 V (N0=이(齒))

[능]갈다II

¶나는 이갈이가 심해서 이가 갈리다 못해 깨질 지경까지 이르렀다.

◆ **이가 갈리다** 몹시 화가 나서 분한 감정이 생기다. Become very angry and infuriated.

N0-가 Idm (N0=[인간|단체])

¶그 생각만 하면 아직도 이가 갈린다. ¶그는 분통이 터지고 이가 갈렸다.

갈리다 III

[활용]갈리어(갈려), 갈리니, 갈리고

[자](기계나 가축의 힘을 이용하여) 땅이 파여서

흙이 뒤집어지다. Turn soil over using a machine or animal.
N0-가 V (N0=[장소](논, 밭, 흙 따위))
능 갈다III
¶논이 깊이 갈렸다. ¶날이 가물어서 밭이 잘 갈리지 않는다.
N0-가 N1-로 V (N0=[장소](논, 밭, 흙 따위) N1=[농기구], [짐승](소나 염소 따위))
능 갈다III
¶이 밭은 호미로도 잘 갈린다. ¶쟁기로 이 척박한 땅이 갈리는 걸 보니 신기할 따름이다.

갈망하다

어원 渴望~ 활용 갈망하여(갈망해), 갈망하니, 갈망하고
타 (어떤 일이 이루어지기를) 몹시 간절하게 바라다. Desperately want something to be achieved.
유 갈구하다, 동경하다, 희망하다 상 바라다, 원하다
N0-가 N1-를 V (N0=[인간|집단] N1=[추상물], [사물], [공훈], [상], [성공])
¶모든 사람들이 인류의 평화를 갈망한다. ¶그 친구는 그녀와의 교제를 갈망하고 있다. ¶이 아이들은 우리 사회의 따뜻한 관심을 갈망하고 있습니다.
N0-가 S기-를 V (N0=[인간|집단])
¶가난한 그는 언젠가는 부자가 되기를 갈망하고 있다. ¶온 국민이 실종자들이 빨리 구출되기를 갈망하고 있다.

갈아엎다

활용 갈아엎어, 갈아엎으니, 갈아엎고
타 ❶(땅을) 농기구 따위로 파 뒤집어 두다. Dig and plow land using farming tool, etc.
N0-가 N1-를 V (N0=[인간] N1=[농경지])
¶그는 쟁기로 땅을 갈아엎었다. ¶지역 주민들은 감귤 밭을 갈아엎고 닭을 키우기로 하였다. ¶배추 가격이 폭락해 농민들은 배추밭을 갈아엎어야만 했다.
❷(어떤 대상이나 상태를) 예전과 같지 않게 새롭게 바꾸다. Newly change a certain target or status so that it is different from before.
유 바꾸다
N0-가 N1-를 V (N0=[인간] N1=[사물], [추상적 대상], [상태])
¶그는 새 나라를 건국하며 나라의 종교까지 갈아엎었다. ¶나는 기존의 홈페이지를 갈아엎고 새로 만들었다.

갈아입다

활용 갈아입어, 갈아입으니, 갈아입고
타 (입고 있던 옷을, 혹은 어떤 옷을 다른 옷으로) 바꾸어 입다. (of a person) Put on different clothes, or take off clothes and put on different clothes.
상 입다
N0-가 N1-를 N2-로 V (N0=[인간|단체] N1=[옷] N2=[옷])
사 갈아입히다
¶나는 급히 입고 있던 옷을 다른 옷으로 갈아입었다. ¶그는 다시 일을 하기 위해 한복을 평상복으로 갈아입었다. ¶사람들이 탈의실에서 옷을 작업복으로 갈아입고 있다.

갈아입히다

활용 갈아입히어(갈아입혀), 갈아입히니, 갈아입히고
타 다른 사람이 입은 옷을 다른 옷으로 바꾸어서 입게 하다. Make someone change his or her clothes.
상 입다
N0-가 N1-를 N2-로 V (N0=[인간|단체] N1=[옷] N2=[옷])
주 갈아입다
¶아버지는 더러워진 아이의 옷을 새 옷으로 갈아입혔다. ¶나는 딸아이의 평상복을 한복으로 갈아입혔다.

갈아타다

활용 갈아타, 갈아타니, 갈아타고
자타 (타고 있던 교통수단에서 내려) 다른 교통수단으로 바꾸어 타다. (of a person) Get off the means of transportation that one was riding and get on a different means of transportation.
상 타다III 유 환승하다
N0-가 N1-(에서|를) N2-로 V (N0=[인간|집단] N1=[교통기관] N2=[교통기관])
¶나는 친구 집에 가기 위해 지하철을 마을버스로 갈아탔다. ¶그는 지선 버스에서 간선 버스로 갈아탔다. ¶외국인은 서울에서 버스를 지하철로 갈아타는 법을 모른다.

갈취당하다

어원 喝取~ 활용 갈취당하여(갈취당해), 갈취당하니, 갈취당하고 대응 갈취를 당하다
타 (재산이나 소유물 따위를) 타인에게 강제로 빼앗기다. (of one's possession) Be forcefully transferred to someone.
상 빼앗기다 유 강탈당하다 반 갈취하다
N0-가 N2-(에서|에게|에게서|로부터) N1-를 V (N0=[인간|단체] N1=[구체물](소유물, 재산 따위) N2=[인간|단체])
¶어린 학생들이 불량배들에게 돈을 갈취당했다.

갈취하다

어원 喝取~ 활용 갈취하여(갈취해), 갈취하니, 갈취하고 대응 갈취를 하다
타 (재산이나 소유물 따위를) 강제로 자신의 것으로 만들다. Take a property or possession from

somebody else by force.
㊀뺏다, 가로채다, 강탈하다 ㊁갈취당하다
N0-가 N2-(에서|에게|에게서|로부터) N1-를 V (N0=[인간|단체] N1=[구체물] N2=[인간|단체])
¶강도가 행인의 금품을 갈취했다. ¶남의 약점을 빌미로 금품을 갈취해 왔다.

갉다
활용 갉아, 갉으니, 갉고
타 ❶(이빨이나 뾰족한 도구 따위로) 어떤 물체를 조금씩 긁어내거나 갈아내다. Scratch or grate certain object little by little using one's teeth or sharp tool.
N0-가 N1-를 V (N0=[인간], [동물](쥐 따위), [벌레] N1=[사물])
¶메뚜기 떼가 벼이삭을 다 갉아 버렸다. ¶누에가 뽕잎을 갉는 속도가 생각보다 빠르다.
❷(다른 사람의 재물 따위를) 야비한 방법으로 빼앗다. Steal someone's asset through dirty method.
N0-가 N1-를 V (N0=[인간|집단] N1=[인간|집단]
¶선배들이 힘없는 후배들을 갉아서 유흥비를 모으기도 했습니다.
❸(다른 사람을) 뒤에서 야비하게 헐뜯다. Slander someone ignobly behind that person's back.
N0-가 N1-를 V (N0=[인간] N1=[인간])
¶후배들이 그 선배를 심하게 갉았다. ¶그 사람이 나를 갉고 다니는 사실을 알았다.

갉아먹다
활용 갉아먹어, 갉아먹으니, 갉아먹고
타 ❶(다른 사람의 재산, 시간 따위를) 정당하지 못하게 축내서 없애다. Remove someone's asset or time by unjustly spending it.
N0-가 N1-를 V (N0=[인간|단체] N1=[인간|단체], [세금], [돈], [시간])
¶무능력한 담당자가 소중한 내 시간만 갉아먹고 있다. ¶부패한 정치인들이 나라를 갉아먹는다.
❷(신체나 정신 따위를) 괴롭혀서 약하게 만들다. Weaken one's body or mind by harassing it.
N0-가 N1-를 V (N0=[사건], [상황], [감정], [상황](혼란, 불균형 따위) N1=[인간], [품격속성], [마음])
¶지나친 걱정은 마음의 평화를 갉아먹는다. ¶지나친 운동은 건강을 갉아먹을 수도 있다.

감격하다
어원 感激~ 활용 감격하여(감격해), 감격하니, 감격하고
자 (어떤 일이나 사태에 대해) 기쁨이나 고마움 따위의 감정이 북받치다. Be overwhelmed with feelings of joy or gratitude (regarding a situation or event).
㊀감동하다
N0-가 V (N0=[인간|단체])
¶선생님이 학생들의 깜짝 선물을 받고 감격했다. ¶신인가수가 1등을 하고 감격해서 눈물을 흘렸다.
N0-가 N1-에 V (N0=[인간|단체] N1=[행위], [사물], [상태])
¶우리는 그의 배려에 감격해서 감사의 말을 건넸다. ¶재외동포들은 한국 팀의 승전보에 감격하고 환희를 표했다.
N0-가 S(것 |데)-(에|에 대해) V (N0=[인간|단체])
¶그 분이 우리를 도와준 데에 대해 감격했다.

감금당하다
어원 監禁~ 활용 감금당하여(감금당해), 감금당하니, 감금당하고
☞감금되다

감금되다
어원 監禁~ 활용 감금되어(감금돼), 감금되니, 감금되고 대응 감금이 되다
자 (사람이 어디에) 강제로 갇혀 자유롭게 다니지 못하게 되다. (of a person) Be forcefully put in some place and become unable to pass freely.
㊀갇히다, 감금당하다
N0-가 N2-(에게|에 의해) N1-에 V (N0=[인간] N2=[인간|단체] N1=[장소])
능 감금하다
¶잡혀온 포로들은 적군에 의해 모두 수용소에 감금되었다. ¶그는 햇볕이 들지 않는 감방에 15년 동안 감금되었다. ¶그는 감옥에 감금되어서도 꾸준히 책을 읽고 글을 썼다.

감금시키다
어원 監禁~ 활용 감금시키어(감금시켜), 감금시키니, 감금시키고 대응 감금을 시키다
☞'감금하다'의 오용

감금하다
어원 監禁~ 활용 감금하여(감금해), 감금하니, 감금하고 대응 감금을 하다
타 (어떤 사람이) 다른 사람을 어디에 강제로 가두어 자유롭게 다니지 못하게 하다. (of a person) Forcefully put someone to some place and take away the freedom to pass freely.
㊀가두다, 수감하다, 감금시키다
N0-가 N1-를 N2-에 V (N0=[인간] N1=[장소] N2=[장소])
피 감금되다
¶그는 술 취한 집주인을 지하실에 감금하였다. ¶가벼운 죄를 저지른 사람을 독방에 감금하는 것은 온당치 못하다. ¶경찰은 피의자를 유치장에 감금하였다.

감기다 I

ㄱ

활용감기어(감겨), 감기니, 감기고
자 (눈꺼풀이 내려와) 눈동자가 덮이다. (of eyelids) Come down and cover pupils.
반뜨이다I
N0-가 V (N0=눈)
능감다I
연어저절로, 지그시, 꼭
¶졸음이 와서인지 눈이 계속 감겼다. ¶아무리 참아보려 해도 눈이 저절로 감겼다.
타 (다른 사람의 눈을) 감게 하다. Make someone's eyelids come down.
N0-가 N1-를 V (N0=[인간] N1=눈, 눈꺼풀 따위)
주감다I
연어억지로, 직접
¶어머니께서는 잔인한 장면이 텔레비전에 나오자 아들의 눈을 억지로 감기셨다. ¶의사는 숨을 거둔 환자의 눈을 감기고 천으로 덮어 주었다. ¶그는 여자 친구의 눈을 감기고 몰래 준비한 선물을 꺼내었다.

감기다II
활용감기어(감겨), 감기니, 감기고
타(다른 사람의 머리를) 물로 씻어 주다. Wash someone's hair with water.
N0-가 N1-를 V (N0=[인간] N1=머리, 머리카락)
주감다II
연어깨끗하게, 직접
¶철수는 팔을 다친 누나의 머리를 직접 감기고 빗어 주었다. ¶자원 봉사자는 환자의 머리를 감겨 주고 말려 주었다.

감기다III
활용감기어(감겨), 감기니, 감기고
자❶(태엽이) 작동하도록 돌려지다. (of spring) Be turned to operate.
반풀리다
N0-가 V (N0=태엽)
능감다III
¶다행히도 태엽이 감겨 있었다. ¶장난감의 태엽이 많이 감겨 있었는지 잘 작동했다.
※'-어 있다'와 같이 자주 쓰인다.
❷(앞이나 뒤가 다시 재생될 수 있게) 테이프나 필름이 돌려지다. (of a tape or film) Be turned in order to play forward or backward.
N0-가 N1-로 V (N0=테이프, 필름 N1=[방향](앞, 뒤 따위))
능감다III
¶테이프가 앞으로 다 감기지 않았는지 영화가 중간부터 시작되었다. ¶녹음테이프가 앞으로 감겨 있는지 모르고 녹음해서 이전 내용이 지워지고 말았다.
❸(신체의 일부분이) 다른 물체에 둘러지다. (of a body part) Be wrapped with an object.
N0-가 N1-에 V ↔ N1-가 N0-로 V (N0=[신체](팔, 다리, 몸 따위) N1=[사물], [신체], [신체부위])
능감다III
¶그녀의 팔이 그의 허리에 감겨 있었다. ↔ 그의 허리가 그녀의 팔로 감겨 있었다. ¶그의 다리가 의자에 감겨 있어서 떼어낼 수 없었다.
※'-어 있다'와 같이 자주 쓰인다.
❹(길고 가는 물건이) 어떤 물체에 여러 번 한 방향으로 둘러지다. (of a long and thin object) Be wrapped around an item many times in one direction.
N0-가 N1-에 V ↔ N1-가 N0-(로|에) V (N0=실, 코드, 끈, 붕대 따위 N1=[사물], [신체부위])
능감다III
¶붕대가 팔에 감겨 있었다.↔ 팔이 붕대로 감겨 있었다. ¶노끈이 상자에 어지럽게 감겨 있어서 풀기가 어려웠다.
※'-어 있다'와 같이 자주 쓰인다.
❺(길고 가는 물건이) 도구에 의해 헝클어지지 않게 모이다. (of a long and thin object) Be collected without tangle by a tool.
N0-가 N1-에 V ↔ N1-가 N0-로 V (N0=실, 코드, 끈, 붕대 따위 N1=[도구](실패, 얼레 따위))
능감다III
¶실이 실패에 감겼다 ↔ 실패가 실로 감겼다. ¶연줄이 얼레에 감겨 있었다.
❻(가늘고 긴 물체가) 얽히고설키듯 뭉쳐지다. (of a long and thin object) Clump together into a tangled web.
N0-가 V (N0=실, 해초, 미역, 코드 따위)
¶해초가 잔뜩 감겨 있어서 지나갈 수가 없다. ¶실뭉치가 얼기설기 감겨 있어서 풀 수가 없었다.
❼(얇은 천이나 옷이) 신체에 찰싹 달라붙다. (of thin cloth or clothing) Adhere closely to one's body.
N0-가 N1-에 V ↔ N1-가 N0-로 V (N0=옷, 이불, 천 따위 N1=[신체], [신체일부])
¶치마가 다리에 감겨서 넘어질 뻔했다. ↔ 다리가 치마로 감겨서 넘어질 뻔했다. ¶물에 젖은 셔츠가 몸에 감겨서 움직이기 불편했다.
❽【운동】 (공이 강하게 회전해서) 휘어 움직이다. (of a ball) Move in curved direction due to powerful rotation.
N0-가 V (N0=공)
능감다III
¶공이 똑바로 가지 못하고 마지막에 감겨서 표적을 벗어났다. ¶감겨서 들어오는 그의 커브볼을 타자들은 쉽게 치지 못했다.

❾(사람이나 동물이 옆에 붙어) 곁을 떠나지 않고 매우 잘 따르다. (of a person or animal) Follow closely by one's side without leaving.
N0-가 N1-에 V (N0=[인간], [동물] N1=[인간], [신체], 옆)
¶아이가 할머니 품에 꼭 감겨서 집에 가려고 하지 않았다. ¶두 연인이 서로에게 감겨서 떨어질 줄을 몰랐다.
❿(음식이) 아주 맛이 있다. Be satisfied with food.
N0-가 N1-에 V (N0=[음식] N1=[신체부위](입, 혀 따위))
[연어]착
¶오늘 따라 술이 혀에 착 감긴다. ¶요즘 고기가 입에 감기는 것을 보니 살이 찔 것 같다.

감내하다
[어원]堪耐~ [활용]감내하여(감내해), 감내하니, 감내하고 [대응]감내를 하다
[타](어려움, 고통 따위를) 참고 견디다. Suffer and bear difficulty or pain patiently.
[유]인내하다, 참다
N0-가 N1-를 V (N0=[인간|단체] N1=[추상물], [사건], [상태], 어려움, 가난, 고통, 시련, 아픔, 부작용 따위)
¶많은 사람이 같이 살다 보니 여러 가지 불편을 감내해야 했다. ¶그것은 많은 고통과 시련을 감내하며 이루어낸 성과였다.
※N1에 부정적인 의미의 단어가 사용된다.
N0-가 S것-을 V (N0=[인간|단체])
¶나는 그 사람이 부인을 아프게 하는 것은 감내할 수 있었지만 자녀들에게 하는 행동은 참을 수 없었다.

감다 I
[활용]감아, 감으니, 감고
[타](눈꺼풀을 내려) 눈동자를 덮다. Cover one's pupils by bringing down eyelids.
[반]뜨다IV
N0-가 N1-를 V (N0=[인간], [동물] N1=눈)
[피]감기다I[자]
[연어]반쯤, 꽉, 지그시, 꼭
¶나는 겨냥을 잘 하기 위해 한 쪽 눈을 감았다. ¶그는 두 눈을 감고 생각에 잠겼다. ¶그는 애써 눈을 감고 잠을 청하고 있었지만 영 잠이 오지 않았다.
◆ **눈을 감다**
❶죽다 Die.
N0-가 Idm (N0=[인간])
¶그 노인은 병실에서 쓸쓸히 눈을 감았다. ¶그는 결국 조국의 독립을 보지 못하고 눈을 감았다.
❷(어떤 사실에 대해서) 모르는 체 하고 넘어가다. Overlook a certain fact.
[유]모르는 체하다
N0-가 N1-에 대해서 Idm (N0=[인간|단체] N1=[행위], [사건], [사실])
¶그는 자기 아들의 부정 행위에 대해서 눈을 감아 주고 말았다. ¶불의를 보고도 일신의 안녕을 위해 눈을 감을 수는 없다.
※'-어 주다'의 형태로 많이 사용된다. N1에는 부정적인 뜻의 어휘가 사용된다.
N0-가 S(것|데)-(에|에 대해서) Idm (N0=[인간|단체])
¶역사적 사실을 왜곡하는 것에까지 눈을 감을 수는 없다. ¶부장은 여직원이 언제나 일찍 퇴근하는 것에 대해서 눈을 감아 주었다.
※'-어 주다'의 형태로 많이 사용된다.

감다 II
[활용]감아, 감으니, 감고
[타](머리를) 물로 씻다. Wash hair with water.
[상]씻다
N0-가 N1-를 V (N0=[인간] N1=머리)
[사]감기다II
¶누나는 따뜻한 물로 머리를 감았다. ¶날이 추워서인지 머리를 감자마자 감기에 걸렸다.
◆ **미역을 감다** [준] 멱을 감다
머리나 몸을 개울이나 강 따위에 담그고 씻다. Wash one's body or hair in a stream or river.
N0-가 Idm (N0=[인간])
¶아이들이 모두 강가에 나와서 멱을 감고 있었다.

감다 III
[활용]감아, 감으니, 감고
[타]❶(태엽을) 작동하도록 돌리다. Turn spring to operate.
[반]풀다
N0-가 N1-를 V (N0=[인간], [동물] N1=태엽)
[피]감기다III
¶장난감의 태엽을 끝까지 감아야 더 빠르게 움직인다. ¶아이들이 신나게 자동차의 태엽을 감았다.
❷(앞이나 뒷부분이 재생될 수 있도록) 테이프나 필름을 돌리다. Turn a tape or film to play forward or backward.
N0-가 N1-를 V (N0=[인간], [전자제품] N1=테이프, 필름)
[피]감기다III
¶종규는 영화의 시작 부분이 마음에 안 드는지 필름을 뒤로 감아서 중간부터 보았다. ¶새로 나온 이 비디오는 영화가 끝나면 테이프를 자동으로 감아 준다.
❸(뱀 따위처럼 긴 몸을 가진 생물체가) 자기

ㄱ

스스로를 굽혀서 둥글게 하다. (of an organism with long body such as snakes) Bend its own body to make it round.
[유]말다I [반]펴다I
N_0-가 N_1-를 V (N_0=[생물](뱀, 인간 따위) N_1=몸)
[연어]돌돌, 친친, 칭칭
¶방울뱀이 제 몸을 감고 있었다. ¶그는 몸을 앞으로 구부리고 완전히 감아서 웅크린 채로 숨어 있었다.
❹(긴 신체나 신체상의 일부분으로) 다른 물체를 빙 두르다. Surround an object with a long body or body part.
[반]풀다
N_0-가 N_2-에 N_1-를 V ↔ N_0-가 N_1-로 N_2-를 V (N_0=[인간], [동물] N_1=[신체](팔, 다리 , 몸 따위) N_2=[사물], [신체], [신체부위])
[피]감기다III
¶그 선수는 상대방의 허리에 팔을 감았다. ↔ 그 선수는 팔로 상대방의 허리를 감았다. ¶권투에서 팔로 목을 감는 것은 반칙이다.
❺(길고 가는 물건을) 어떤 물체에 말거나 빙 두르다. Coil or surround a long and thin item on another object.
[반]풀다
N_0-가 N_2-에 N_1-를 V ↔ N_0-가 N_1-로 N_2-를 V (N_0=[인간], [동물] N_1=실, 코드, 끈, 붕대 따위 N_2=[사물], [신체부위])
[피]감기다III
¶그는 환자의 다리에 붕대를 감았다 ↔ 그는 붕대로 환자의 다리를 감았다. ¶우체국 직원은 소포를 노끈으로 단단하게 감았다.
❻(길고 가는 물건을) 도구를 이용하여 헝클어지지 않게 돌려서 모으다. Coil and collect long and thin item without making tangle.
N_0-가 N_2-(로|에) N_1-를 V ↔ N_0-가 N_2-를 V (N_0=[인간], [동물] N_1=실, 코드, 끈, 붕대 따위 N_1=[도구](실패, 얼레, 릴 따위))
[피]감기다III
[연어]둘둘
¶누나가 실을 실패로 감고 있었다.↔ 누나가 실패를 감고 있었다. ¶아이들이 얼레로 연줄을 감았다 풀었다 하며 연을 날리고 있었다.
❼옷을 입다. Put on clothes.
[반]벗다
N_0-가 N_2-에 N_1-를 V ↔ N_0-가 N_1-로 N_2-를 V (N_0=[인간] N_1=[의복] N_2=[신체])
[연어]칭칭, 친친
¶부유층 여자들은 명품 옷을 몸에 감고 다닌다. ↔ 부유층 여자들은 명품 옷으로 몸을 감고 다닌다. ¶그녀들은 모두 새로 산 밍크로 몸을 감고 나타났다.
※ 다소 속되게 쓰인다.
❽ 【운동】 공을 강하게 회전하게 하다. Make a ball rotate powerfully.
N_0-가 N_1-를 V (N_0=[인간] N_1=공)
[피]감기다III
¶탁구에서는 공을 많이 감아 칠수록 상대방이 받기 어려워진다. ¶내가 공을 너무 감아서 쳐서 공이 원하는 방향보다 더 휘어서 갔다.
❾(겨룰 때 상대방을 넘어뜨리려고) 자신의 다리를 상대편의 다리에 걸다. Place one's foot on the opponent's leg in a fight to trip the opponent.
N_0-가 N_1-를 V (N_0=[인간] N_1=다리)
¶그는 상대편의 다리를 감는 데는 성공했지만 넘기지는 못했다. ¶강 선수는 자신의 오른다리로 상대의 왼다리를 감아 가볍게 당겨 메쳤다.

감당하다

[어원]堪當~ [활용]감당하여(감당해), 감당하니, 감당하고
[타]❶(어떤 의무나 일 따위를) 자신의 힘으로 맡아 해내다. Undertake and perform a certain duty or work with one's own power.
[유]해결하다, 처리하다
N_0-가 N_1-를 V (N_0=[인간|집단] N_1=[일], [사건], [장애])
¶어머니는 아버지의 병원비를 감당할 수 없었다. ¶내가 동생들의 학비를 감당했다.
❷(고통이나 어려움 따위를) 오롯이 참아 내다. Soundly endure pain or difficulty.
[유]인내하다, 견디다[타], 참다
N_0-가 N_1-를 V (N_0=[인간|집단] N_1=[장애], [감정], [질병])
¶사람들은 경제적 고통을 감당하기 어려워한다. ¶환자들은 수술에 대한 공포를 감당하기가 힘들었다.

감독하다

[어원]監督~ [활용]감독하여(감독해), 감독하니, 감독하고 [대응]감독을 하다
[타]❶(일을) 잘못되지 않도록 보살펴 단속하다. Manage and control a work so that it does not go wrong.
[유]단속하다
N_0-가 N_1-를 V (N_0=[인간] N_1=[상태])
¶공사 현장을 제대로 감독하지 않으면 사고가 날 수 있다. ¶몇몇의 사람들이 제품의 공정 과정을 감독하고 있다.
❷ 【영화】 영화나 극 따위를 제작을 책임지고 전 과정을 관리하다. Take charge of the production of a film or a drama and to manage the entire process.

㊞지휘하다, 관장하다I, 연출하다
N0-가 N1-를 V (N0=[인간] N1=[예술](영화, 연극 따위), [방송물], [집단])
¶그는 이 영화를 감독한 사람이다. ¶그는 베트남 축구팀을 감독하여 우승을 이끌어 내었다.

감돌다

활용 감돌아, 감도니, 감돌고, 감도는
자타 ❶(어떤 물체나 장소 따위의) 주위를 빙 둘러 움직이다. Move by circling around an object or place.
N0-가 N1-(에|를) V (N0=[자연물](구름, 안개 따위) N1=[자연물](산허리, 봉우리 따위))
¶구름이 산허리에 감돌고 있다. ¶낙엽이 내 주변을 감돌면서 날리고 있다.
N0-가 N1-를 V (N0=[인간], [동물] N1=[인간], [장소], [지역])
¶독수리가 산봉우리를 감돌면서 먹이를 찾고 있다. ¶형사가 학교 뒤를 감돌다가 사라졌다.
❷(분위기나 낌새 따위가) 알아차릴 수 있을 만큼 느껴지다. (of an atmosphere or vibe) Be felt and recognized.
N1-에 N0-가 V (N0=[기운], 징조, 징후, 웃음, 미소 따위 N1=[장소], [지역], [신체부위], [사물])
¶이 방에는 온정이 감돌고 있다. ¶실내에는 정적이 감돌았다. ¶전방에는 적들의 공격 징후가 감돌고 있어서 선뜻 돌격할 수 없었다.
❸(표정이나 색깔 따위가) 알아차릴 수 있을 정도로 나타나다. (of facial expression or color) Appear and be recognizable.
N1-에 N0-가 V (N0=[색], 웃음, 미소, 표정 따위 N1=[장소], [지역], [신체부위], [사물])
¶합격자들의 얼굴에는 미소가 감돌았다. ¶들판에는 황금빛이 감돌고 하늘은 맑고 투명해 보였다.
❹(한 번 들은 소리나 말의 내용, 또는 감정 따위가) 잊혀지지 않고 계속 남아 아른거리다. (of contents or emotion of sound or speech that one heard only once) Remain and linger without being forgotten.
N0-가 N1-(를|에) V (N0=[감정], 생각, 말, 기억 따위 N1=[마음], 귓가)
¶어린 시절의 상처가 머릿속을 감돌고 있다. ¶할머니의 노래 자락이 귓가에 감돌고 있다.

감동되다

어원 感動~ 활용 감동되어(감동돼), 감동되니, 감동되고 대응 감동이 되다
자 (어떤 행동이나 말에) 크게 공감하거나 느끼어서 마음이 움직여지다. (of one's mind) Be moved by certain behavior or speech due to powerful empathy or emotion.
N0-가 N1-에 V (N0=[인간] N1=[행위], [소통], [인성](선행), [책])
¶많은 사람들이 그의 계속된 선행에 감동되어서 동참하기 시작했다. ¶학생들은 선생님의 이야기에 감동되어서 눈물을 흘렸다.

감동받다

어원 感動~ 활용 감동받아, 감동받으니, 감동받고
대응 감동을 받다
☞감동하다

감동하다

어원 感動~ 활용 감동하여(감동해), 감동하니, 감동하고 대응 감동을 하다
자 강하게 공감하거나 느껴서 마음이 크게 움직이다. (of one's mind) Be moved due to powerful empathy or emotion.
㊞감격하다, 공감하다 자타
N0-가 N1-(에|에게) V (N0=[인간]) (N0=[사물], [추상물])
사 감동시키다
¶그들은 목사님의 설교에 크게 감동했다. ¶동생은 멀리까지 직접 찾아온 형에게 감동하여 눈물을 흘렸다. ¶부모님의 따뜻한 격려에 감동하여 그는 다시 시작하기로 마음먹었다.
N0-가 S것-(에|에 대해) V (N0=[인간])
사 감동시키다
¶아이들은 유명 선수가 직접 찾아온 것에 대해 크게 감동했다. ¶나는 어머니께서 나를 계속 믿어 주는 것에 감동했다.

감리하다

어원 監理~ 활용 감리하여(감리해), 감리하니, 감리하고 대응 감리를 하다
타 【건축】 공사나 설계 및 관련 업무의 진행을 감독하고 관리하다. Direct and manage the progress of a project or other task.
N0-가 N1-를 V (N0=[인간|단체] N1=[상태](공사, 설계 따위), [책](보고서 따위))
¶그가 속한 부서는 이번에 인공위성 설계도를 감리했다. ¶김 사무관은 재개발 공사를 감리하도록 지시했다.

감면시키다

어원 減免~ 활용 감면시키어(감면시켜), 감면시키니, 감면시키고 대응 감면을 시키다
☞'감면하다'의 오용

감면하다

어원 減免~ 활용 감면하여(감면해), 감면하니, 감면하고 대응 감면을 하다
타 (국가나 국가 기관에서) 세금이나 형벌 따위의 부담을 적게 하거나 없애다. (of a country or state institution) Reduce or exempt from a tax

or penalty.
[유]줄여주다, 깎아주다
N0-가 N1-를 V (N0=[국가], [기관] N1=[세금], [벌], [비용])
¶나라에서는 자격을 갖춘 중소기업 근로자에게 소득세를 감면해 준다. ¶국가 유공자에게는 교통비와 진료비 등을 감면한다.

감명받다

[어원]感銘~ [활용]감명받아, 감명받으니, 감명받고 [대응]감명을 받다
[자]감격하여 마음에 큰 울림을 받다. Be touched and moved greatly.
[유]감동하다, 감동받다, 공감하다[자타] [상]느끼다
N0-가 N1-(에 | 에게 | 에게서) V (N0=[인간|단체] N1=[인간|단체])
¶학생들이 선생님께 감명받으면 수업에 집중하기가 더 쉬워진다. ¶사람들은 용기를 보여 준 그에게서 감명받았다.
N0-가 N1-에 V (N0=[인간|단체] N1=[행위], [상황], [사건], [소통](이야기, 연설 따위), [예술])
[연어]크게, 깊이
¶나는 그 사람의 친절한 행동에 감명받았다. ¶우리는 마을 사람들의 배려에 감명받았다.
N0-가 S것-(에 | 에서) V (N0=[인간|단체])
¶심사위원들은 그 도전자가 장애를 딛고 도전한 것에서 감명받았다. ¶사람들은 그가 자신의 과오를 겸허하게 인정한 것에 감명받아 용서를 베풀었다.

감사하다 I

[어원]感謝~ [활용]감사하여(감사해), 감사하니, 감사하고 [존대]감사드리다
[자타]고마움을 느끼거나 표현하다. Feel or express gratitude.
N0-가 N1-에게 N2-에 대해 V (N0=[인간|단체] N1=[인간|단체] N2=[사물](선물 따위), 도움, 조언, 칭찬 따위)
¶나는 우리 회사의 복지 제도에 대해 사장님께 늘 감사하고 있다. ¶저희 회사는 지속적인 관심과 격려에 대해 소비자들께 감사하지 않을 수 없습니다.
N0-가 N1-를 N2-에게 V (N0=[인간|단체] N1=[사물](선물 따위), 도움, 조언, 칭찬 따위 N2=[인간|단체])
¶당선인은 국민들의 지지 여론을 감사했다.
N0-가 N1-에 V (N0=[인간|단체] N1=[사물](선물 따위), 도움, 조언, 칭찬 따위)
¶우리는 직원들의 친절에 감사했다. ¶이재민들은 재난 구호를 위한 사람들의 노력에 감사했다. ¶나는 너의 따뜻한 마음에 감사하고 있다.
N0-가 N1-에게 S것-에 대해 V (N0=[인간|단체] N2=[사물](선물 따위), 도움, 조언, 칭찬 따위)
¶나는 국가가 복지 제도를 확충해 준 것에 대해 늘 감사하고 있다. ¶정부는 변함없는 지지를 나타내 주신 것에 대해 국민 여러분께 감사하고 있습니다.
N0-가 S데-(에 | 에 대해) N1-에게 V
N0-가 S것-(에 대해 | 을) N1-에게 V (N0=[인간|단체] N1=[인간|단체])
¶당선인은 국민들에게 자기가 대통령이 되게 해 준 것을 감사했다. ¶그는 후원 단체에 끝까지 성원해 준 데 대해 감사했다.

감사하다 II

[어원]監査~ [활용]감사하여(감사해), 감사하니, 감사하고
[타](부정이나 비효율적인 요인을 파악하기 위하여) 조직이나 단체의 업무나 회계 따위를 감독하여 조사하다. Supervise and investigate the business or accounts of an organization or group in order to find unjust or inefficient factors.
[상]살피다, 검사하다, 조사하다I [반]감사받다
N0-가 N1-를 V (N0=[인간|단체], [부서] N1=[인간|단체], [부서], [일](국정, 회계 따위), 비리)
¶지금 내사과 직원들이 작년 회계 내역에 대해 우리 부서를 감사하고 있습니다. ¶국회의원들은 국정을 감사할 권한을 가지고 있다.

감상하다

[어원]鑑賞~ [활용]감상하여(감상해), 감상하니, 감상하고 [대응]감상을 하다
[타](음악, 그림이나 경치 따위를) 듣거나 보면서 그 가치를 느끼고 이해하거나 평가하다. Listen or see music, drawing, or scenery and feel, understand or evaluate its value.
N0-가 N1-를 V (N0=[인간] N1=[예술], [미술작품], 경치, 경관 따위)
¶동생은 음악을 감상하고 있다. ¶나는 외국의 자연을 감상해 보고 싶다. ¶우리 누나는 현대 미술을 감상하는 것이 취미이다.

감소되다

[어원]減少~ [활용]감소되어(감소돼), 감소되니, 감소되고
☞감소하다

감소하다

[어원]減少~ [활용]감소하여(감소해), 감소하니, 감소하고
[자]양이나 정도가 줄다. Decrease the amount or quantity of something.
[유]줄다, 줄어들다, 적어지다 [하]감량되다, 감액되다 [반]증가하다, 늘어나다
N0-가 V (N0=[수치], [양], [성질], [비율], [현상])
[사]감소시키다
¶출산율이 급격히 감소하고 노인 인구는 급증하고 있다. ¶영국 명문대들의 학생 수가 감소하고

있다. ¶우리나라 근로자의 직업 안정성이 전반적으로 감소하고 있다.

감속하다

[어원]減速~ [활용]감속하여(감속해), 감속하니, 감속하고

[자]속도가 느려지다. (of speed) Become slow.

[유]느려지다 [반]가속하다[자]

No-가 V (No=[교통기관], [기계](모터 따위))

¶비행기가 감속하면서 착륙을 준비하고 있다. ¶모터가 감속하다가 멈춰 버렸다.

[타](속도를) 느려지게 하다. Make speed become slow.

[유]줄이다 [반]가속하다[타]

No-가 N1-를 V (No=[인간] N1=[교통기관], [기계](모터 따위))

¶기장이 비행기를 감속하면서 착륙을 시도했다. ¶정비사가 모터를 감속하면서 문제점을 살폈다.

감수받다

[어원]監修~ [활용]감수받아, 감수받으니, 감수받고 [대응]감수를 받다

[타](저술이나 사전 편찬 등의 과정에서) 내용이나 문제점 따위를 그 분야를 잘 아는 사람에게 전반적으로 검토받다. Receive general examination from an expert for contents or problems in the process of writing or dictionary compilation.

No-가 N1-를 N2-(에게|에게서|에서) V (No=[인간|단체] N1=[책], [장애](문제, 오류 따위), [일], 내용 따위 N2=[인간|단체])

[능]감수하다I

¶우리는 전문가에게 전반적인 작업 내용과 문제점을 감수받았다. ¶우리 팀은 감수위원회에서 계속 감수받고 있습니다 .

No-가 N1-를 N2-에게 V (No=[책] N1=[장애](문제, 오류 따위), 내용 따위 N2=[인간|단체])

[능]감수하다I

¶새 시집은 편집장에게 어문규정을 감수받고 있습니다. ¶백과사전은 내용상의 정확성을 전문가들에게 감수받아야 합니다.

감수하다 I

[어원]監修~ [활용]감수하여(감수해), 감수하니, 감수하고

[타](저술이나 사전 편찬 등의 과정에서) 내용이나 문제점 따위를 전반적으로 검토하다. Generally examine the contents or problem in the process or writing or dictionary compilation.

[유]검수하다

No-가 N1-를 V (No=[인간] N1=[책](책, 원고, 교정본 따위))

[피]감수받다

¶편집장이 내 책 원고를 감수하고 있다. ¶교수님께서 이 사전을 감수하셨다. ¶각 분야 전문가들이 백과사전 내용을 감수했습니다.

감수하다 II

[어원]甘受~ [활용]감수하여(감수해), 감수하니, 감수하고 [대응]감수를 하다

[타](시련이나 고통 따위를) 불평하지 않고 받아들이다. Accept suffering or pain without complaint.

[유]감내하다, 참다, 인내하다, 견디다

No-가 N1-를 V (No=[인간|단체] N1=[장애])

¶나는 병의 완치를 위해서 모든 치료 과정을 감수할 것이다. ¶아버지는 가족의 생계를 위해서 모든 고난을 감수하셨다.

감시당하다

[어원]監視~ [활용]감시당하여(감시당해), 감시당하니, 감시당하고 [대응]감시를 당하다

☞감시받다

감시받다

[어원]監視~ [활용]감시받아, 감시받으니, 감시받고 [대응]감시를 받다

[자타](자신을 의심하거나 통제하는 사람에게) 매사에 주의 깊게 관찰당하다. Be carefully observed in every affair by someone who suspects or controls the person.

[유]사찰받다, 사찰당하다 [반]감시하다

No-가 N1-에게 V (No=[인간|단체] N1=[인간|단체])

¶용의자들이 경찰에게 감시받고 있다. ¶그 사람은 자기 가족들에게 감시받고 있다. ¶한편으로 기업들은 정부에게 감시받고 있는 것도 사실이다.

No-가 N1-에게 S(는지|는가)-를 V (No=[인간|단체] N1=[인간|단체])

¶나는 비밀 요원들에게 내가 무엇을 하고 어디에 가는지를 감시받고 있다. ¶적들은 일거수일투족이 어떤지를 우리에게 감시받고 있다.

감시하다

[어원]監視~ [활용]감시하여(감시해), 감시하니, 감시하고

[타](의심이 가거나 통제해야 할 사람을) 매사에 주의 깊게 관찰하다. Carefully observe someone suspicious or under control in every affair.

[유]사찰하다 [반]감시받다

No-가 N1-를 V (No=[인간|단체], [도구](카메라 따위), [제도] N1=[인간|단체], [행위], [사건])

¶비밀 요원들이 나를 감시하고 있다.

No-가 S(는지|는가)-를 V (No=[인간|단체], [도구](카메라 따위), [제도])

¶우리는 적들이 어디로 이동하는지를 감시해야 한다. ¶교도관들은 재소자들이 무엇을 하는지를 항시 감시하고 있다. ¶그 제도는 성범죄자들이 어디에 있는지를 감시하기 위하여 도입되었습니다.

ㄱ

감싸다

활용 감싸, 감싸니, 감싸고

타 ❶(어떤 물체의 겉면을) 두르거나 덮어서 보이지 않게 하다. Enclose or wrap the surface of an object to make it invisible.

㊤싸다I ㊞감다III

N0-가 N1-를 N2-로 V ↔ N0-가 N1-에 N2-를 V (N0=[인간] N1=[사물], [신체부위] N2=[도구](띠, 끈, 천, 붕대 따위))

피 감싸이다

¶의사는 상처를 붕대로 감쌌다. ↔ 의사는 상처에 붕대를 감쌌다. ¶상대 선수가 내 허리를 자기의 팔로 감쌌다.

❷(어떤 대상의) 주변을 둘러싸다. Surround the circumference of a target.

㊞에워싸다

N0-가 N1-를 V (N0=[인간], [동물], [벌레], [사물] N1=[사물], [인간], 주위, 주변)

¶강아지들이 주인을 감싸고 먹이를 달라고 짖어댄다. ¶날벌레들이 내 몸 주위를 온통 감싸고 있었다.

❸(빛, 소리, 분위기 따위가) 어떤 대상의 주변을 가득 채우다. (of light, sound, or atmosphere) Completely fill the surrounding of a target.

N0-가 N1-를 V (N0=[빛], [소리], [기운](분위기 따위) N1=[사물], [인간], 주위, 주변)

피 감싸이다

¶은은한 소리가 절 주변을 감싸고 있었다. ¶어떤 광채가 그 사람을 감싸고 있는 것 같았다. ¶온화한 기운이 그의 얼굴을 감싸고 있었다.

❹(다른 사람의 실수나 잘못 따위를) 탓하거나 드러내지 않다. Not blame or reveal someone's mistake or fault.

㊞덮다, 덮어 주다

N0-가 N1-를 V (N0=[인간|단체] N1=[비행](실수, 잘못 따위))

¶선생님께서는 나의 실수를 감싸시려고 모른 척 하셨다. ¶사람들은 쉽게 자신의 잘못을 감싸는 경향이 있다.

❺(다른 사람을) 편들어 주고 두둔하다. Take side and stand by someone.

㊞옹호하다, 변호하다, 두둔하다

N0-가 N1-를 V (N0=[인간|단체] N1=[인간|단체])

¶자식을 그렇게 감싸기만 하면 교육 잘못 시키시는 겁니다. ¶그 사람은 자기 딸만 너무 감싸고 든다.

❻(어떤 수단을 이용하여) 감정의 고통 따위를 돌보아 치유하다. Provide care and cure an emotional pain by using certain measure.

N0-가 N2-로 N1-를 V (N0=[인간], [예술] N1=[인간], 마음, 감정 따위 N2=[예술], [작품], [언어])

¶작가들은 문학으로 소외된 사람들을 감싸는 사람들이다. ¶시는 언어로 상처 입은 마음을 감싼다.

감싸이다

활용 감싸여, 감싸이니, 감싸이고

자 ❶(어떤 물체의 겉면이) 감기거나 덮여서 보이지 않게 되다. (of the surface of some object) Become invisible by being enclosed or wrapped.

N0-가 N1-(에|로) V (N0=[사물] N1=[사물](붕대, 끈, 띠, 천 따위), 덩굴식물 따위)

능 감싸다

¶그의 허리는 단단한 복대로 감싸여 있었다. ¶건물 벽이 담쟁이덩굴로 완전히 감싸였다.

❷(어떤 대상의 주변이) 특정한 빛, 소리, 분위기 따위로 가득 차다. (of a target's surrounding) Be filled with specific light, sound or atmosphere.

㊞뒤덮이다

N0-가 N1-(에|에게|로) V (N0=[인간], [사물], 주변 주위 따위 N1=[빛], [소리], [기운](분위기 따위))

능 감싸다

¶거리가 온통 소음에 감싸여 있었다. ¶도시 전체가 몽환적인 분위기로 감싸여 있었다.

감아쥐다

활용 감아쥐어, 감아쥐니, 감아쥐고

타 (어떤 물체를) 손이나 팔로 감아서 꽉 잡다. Wrap an object with one's hand or arm to hold tight.

㊞거머쥐다 ㊤쥐다

N0-가 N1-를 N2-로 V (N0=[인간] N1=[사물](옷, 모자, 실, 끈 따위), [신체부위](머리, 목덜미, 허리춤 따위) N2=[신체부위](손, 팔))

¶아이는 어머니의 치마를 두 손으로 꽉 감아쥐고 절대 놓지 않았다. ¶그는 달리는 말의 고삐를 감아쥐고 떨어지지 않게 최선을 다했다. ¶그는 큰 손으로 그녀의 어깨를 꽉 감아쥐었다.

감안되다

어원 勘案~ 활용 감안되어(감안돼), 감안되니, 감안되고 대응 감안이 되다

자 (여러 사정이나 상황이) 어떤 일을 결정하기 전에 조심스럽고 신중하게 따져 생각되다. (of many situations and circumstances) Be thought of and weighed carefully and deeply prior to decision making about a work.

㊞고려되다, 참고되다, 계산되다, 참작되다

N0-가 V (N0=[상황](현실, 사정, 정황, 형편), [등급])

능 감안하다

¶당시의 정황이 충분히 감안되었는지 따져보아야 한다. ¶나의 가정 형편이 감안되어 이번 학기 등록금을 면제받았다. ¶그는 고령인 점이 감안되어 구치소에 수감되지 않았다.

감안하다

어원 勘案~ 활용 감안하여(감안해), 감안하니, 감안하고 대응 감안을 하다

타 (여러 사정이나 상황을) 어떤 일을 결정하기 전에 조심스럽고 신중하게 따져 생각하다. Think of and weigh many situations and circumstances carefully and deeply before making a decision about a work.

유 고려하다, 참고하다, 참작하다, 계산하다

N0-가 N1-를 V (N0=[인간] N1=[상황](현실, 사정, 정황, 형편), [등급])

피 감안되다

¶우리는 주머니 사정을 감안하여 여행 일정을 수정하였다. ¶학교는 몇몇 학생들의 어려운 가정 형편을 감안하여 등록금을 면제해 주었다. ¶이 제품의 가격을 감안하면 질이 아주 나쁜 것은 아니다.

감염되다

어원 感染~ 활용 감염되어(감염돼), 감염되니, 감염되고 대응 감염이 되다

자 ❶ 【의학】 (병이나 세균 따위가) 사람이나 동물 따위에 옮겨가다. (of disease or germ) Move to a person or animal.

유 걸리다I, 전염되다, 옮다 자타

N0-가 N1-에게 V (N0=[인간] N1=[질병])

사 감염시키다

¶동생은 감기 바이러스에 감염되었다. ¶어린이들은 전염병에 감염되기 쉽다.

❷ 【전산】 바이러스 프로그램 따위가 컴퓨터에 옮겨지다. (of virus program) Move to a computer.

N0-가 N1-에 V (N0=[기계](컴퓨터, 서버 따위) N1=컴퓨터바이러스, 악성코드 따위)

사 감염시키다

¶내 컴퓨터는 웜 바이러스에 감염되었다. ¶그 기관의 서버들도 바이러스에 감염된 것으로 밝혀졌습니다.

❸(부정적인 심리, 사상, 풍조 따위에) 영향을 받아 빠져들다. Receive influence and be immersed in negative psychology, idea, or trend.

유 젖다, 도취되다, 오염되다

N0-가 N1-에 V (N0=[인간|단체] N1=[사조])

사 감염시키다

¶그 사람은 이상한 사상에 감염되어서 생각이 이상해졌다.

감염시키다

어원 感染~ 활용 감염시키어(감염시켜), 감염시키니, 감염시키고

타 ❶ 【의학】 병이나 세균 따위를 사람이나 동물 따위에 옮기다. Move disease or germ to a person or animal.

유 옮기다, 전염시키다

N0-가 N1-를 N2-에게 V ↔ N0-가 N1-에 N2-를 V (N0=[인간], [동물], [기관](병원, 의료원 따위) N1=[질병] N2=[인간], [동물])

주 감염되다

¶동생이 감기를 누나에게 감염시켰다. ↔ 동생이 누나를 감기에 감염시켰다. ¶조류들이 조류 독감 바이러스를 사람에게 감염시키기도 한다.

N0-가 N1-를 V (N0=[질병] N1=[인간], [동물])

주 감염되다

¶조류 바이러스가 인근 지역의 닭들을 감염시켰다. ¶감기 바이러스가 여러 사람을 감염시켰다.

❷ 【전산】 (바이러스 프로그램 따위를) 컴퓨터에 옮기다. Move virus program to a computer.

N0-가 N2-에 N1-를 V ↔ N0-가 N1-에 N2-를 V (N0=[인간|단체], 이메일, 스팸메일 따위 N1=컴퓨터바이러스, 악성코드 따위 N2=[기계](컴퓨터, 서버 따위))

주 감염되다

¶해커들이 게임방 컴퓨터에 백도어 프로그램을 감염시켰다. ↔ 해커들이 게임방 컴퓨터를 백도어 프로그램에 감염시켰다. ¶친구의 이메일이 내 컴퓨터를 바이러스에 감염시켰다.

N0-가 N1-를 V (N0=컴퓨터바이러스, 악성코드 따위 N1=[기계](컴퓨터, 서버 따위))

주 감염되다

¶악성 바이러스가 내 컴퓨터를 감염시켰다. ¶웜 바이러스가 서버를 감염시켰다.

❸(사람들에게) 부정적인 심리, 사상, 풍조 따위를 심어주다. Inculcate negative psychology, idea, or trend to people.

유 오염시키다, 물들이다

N0-가 N1-를 N2-에게 V ↔ N0-가 N2-를 N1-에 V (N0=[사건], [상태], [사조], [감정] N1=[사조], [감정] N2=[인간|단체])

주 감염되다

¶극심한 불경기는 영세 상인들을 우울증에 감염시킨다. ¶사이비 종교가 사람들을 이상한 사상에 감염시켰다.

감점되다

어원 減點~ 활용 감점되어(감정돼), 감정되니, 감점되고 대응 감점이 되다

자 원래의 점수 따위가 더 낮게 깎이거나 낮춰지

다. (of an original score) Get deducted or lowered.
[유]점수가 내리다 [반]가점되다, 점수가 오르다
N_0-가 ADV V (N_0=[인간](학생, 지원자 따위), 점수 따위, ADV=N 점, N 점으로, 조금, 과도하게 따위)
[능]감점하다
¶내 점수가 3점 감점되었다. ¶상대 팀의 점수가 80점으로 감점되었다. ¶그 사건으로 인해 우리나라는 신용 평가 점수가 조금 감점되었다.

감점하다
[어원]減點~ [활용]감점하여(감정해), 감정하니, 감점하고
[타](원래의 점수 따위를) 깎거나 낮추다. Subtract or reduce original score.
[유]깎다, 내리다¹[타], 낮추다 [반]가점하다, 점수를 올리다, 점수를 높이다
N_0-가 N_1-를 ADV V (N_0=[인간], [기관] N_1=[인간](학생, 지원자 따위), 점수 따위, ADV=N 점, N 점으로, 조금, 과도하게 따위)
[피]감점되다
¶선생님께서는 내 점수를 3점 감점하셨다. ¶심사위원들은 그 팀을 80점으로 감점했다.

감정받다
[어원]鑑定~ [활용]감정받아, 감정받으니, 감정받고
[대응]감정을 받다
[타](사물을) 전문적인 안목으로 판정되게 하다. Subject an item to judgment or evaluation by an expert.
[반]감정하다
N_0-가 N_1-를 N_2-(에|에게) V (N_0=[인간|단체] N_1=[사물], [추상물] N_2=[인간|단체])
¶집에 있던 반지의 가치를 보석상에게 감정받아 보았다. ¶고서의 가치는 전문 기관에 감정받기 전까지는 알 수 없다. ¶골동품 전문가가 주변에 없어 유품을 감정받기까지 오랜 시간이 걸렸다.

감정하다
[어원]鑑定~ [활용]감정하여(감정해), 감정하고, 감정하니 [대응]감정을 하다
[타](사물을) 전문가적 안목으로 보고 판정하다. Examine and evaluate an item through expert eyes.
[반]감정받다
N_0-가 N_1-를 V (N_0=[인간|단체] N_1=[사물], [추상물])
¶큰아버지는 보석을 감정하는 일을 한다. ¶전문가들이 피의자들의 필적을 감정하고 있다. ¶고고학자들이 발굴된 유물을 감정한 결과 모두 진품으로 판명되었다.

감지덕지하다
[어원]感之德之~ [활용]감지덕지하여(감지덕지해), 감지덕지하니, 감지덕지하고
[자타]매우 고맙게 생각하다. Feel very thankful.
N_0-가 N_1-(에|를) V (N_0=[인간] N_1=[인성](자비, 이해 따위), [행위](희생 따위), [소득](월급 따위))
¶그는 직장을 다니며 적은 월급에도 감지덕지했다. ¶직원들은 부장의 세심한 배려를 감지덕지했다.

감지되다
[어원]感知~ [활용]감지되어(감지돼), 감지되니, 감지되고 [대응]감지가 되다
[자](사람이나 기계의 행동, 변화 따위가) 포착되어 인식되거나 알게 되다. (of behavior or change in a person or machine) Be discovered, recognized or identified.
[유]인지되다
N_0-가 N_1-에 V (N_0=[상태](분위기, 움직임, 변화, 위기 따위) N_1=[인간|단체], [동물], [기계](카메라, 컴퓨터, 인공위성 따위))
[능]감지하다
¶진도 3 이하의 미진이 위성에 감지되었다.
¶올해 초부터 금융기관의 위기가 감지되었다.

감지하다
[어원]感知~ [활용]감지하여(감지해), 감지하니, 감지하고 [대응]감지를 하다
[타](사람이나 기계의 행동, 변화 따위를) 포착하여 인식하거나 알게 되다. Discover or recognize the movements or changes of a person or a machine.
[유]느끼다, 알다[자타] 인지하다 [반]모르다[자타]
N_0-가 N_1-를 V (N_0=[인간|단체], [동물], [기계](센서, 카메라 따위) N_1=[상태](분위기, 움직임, 변화, 위기 따위))
[피]감지되다
¶나는 위험을 감지하고 밖으로 나왔다. ¶경찰은 위험을 감지하자마자 사람들에게 알렸다.
N_0-가 S것-을 V (N_0=[인간|단체], [동물], [기계](센서, 카메라 따위))
[피]감지되다
¶취객은 지갑이 없어진 것을 감지하지 못했다.
¶나는 무언가 잘못되었다는 것을 감지하자마자 밖으로 도망쳤다.
N_0-가 S음-을 V (N_0=[인간|단체], [동물], [기계](센서, 카메라 따위))
[피]감지되다
¶나는 그가 어려운 상황에 처해 있음을 감지했다.
¶나는 그들이 위험에 빠져 있음을 감지하고 바로 신고하였다.

감질나다
[어원]疳疾~ [활용]감질나, 감질나니, 감질나고 [대응]감질이 나다

자(주어진 상황이) 원하는 마음에 비해 불만족스럽거나 불충분하여 아쉽게 느껴지다. Feel unfortunate because a given situation is unsatisfactory or insufficient compared to one's expectation.
N0-가 V (N0=[인간], [사물], [추상물])
¶저녁 먹은 양이 감질나게 적어서 라면이라도 끓여먹어야겠다. ¶얘기를 해줄 듯 말듯 하니까 너무 감질난다.
※ '감질나게' 형태로 많이 쓰인다.

감추다
활용 감추어(감춰), 감추니, 감추고
타❶(물건을) 보이지 않게 가리거나 숨기다. Hide or cover an object to make it invisible.
유 숨기다, 가리다I타, 은닉하다 반 내놓다
N0-가 N1-를 N2-(에|로) V (N0=[인간|단체], [동물] N1=[사물] N2=[장소])
¶누나는 새로 생긴 비상금을 바로 비밀상자에 감추었다. ¶해적들은 훔친 보물을 동굴 속에 감추었다.
❷자신의 모습이나 흔적을 숨기다. Hide one's appearance or trace.
유 숨기다, 가리다I타 반 드러내다
N0-가 N1-를 V (N0=[인간|단체], [동물] N1=모습, 종적, 흔적, 자취 따위)
¶바다 오염으로 인해 몇몇 물고기들이 자취를 감추었다. ¶그는 자신의 모습을 완전히 감추었다.
❸(생각이나 감정, 사실을) 비밀로 하여 남에게 알리지 않다. Make one's thought, emotion, or fact a secret and not announce it to others.
유 숨기다, 은폐하다 반 드러내다, 밝히다, 폭로하다
N0-가 N1-를 N2-에게 V (N0=[인간|단체] N1=[인지], [감정], [상황] N2=[인간|단체])
¶그녀는 오랫동안 자신의 고민을 감추고 아무에게도 이야기하지 않았다. ¶그는 해고되었다는 사실을 가족들에게 감췄다.
N0-가 N1-에게 S것-을 V (N0=[인간] N1=[인간|단체])
¶그녀는 자신이 사기 당했다는 것을 직원들에게 계속 감추었다. ¶그는 병든 노모에게 동생이 실종되었다는 것을 감출 수밖에 없었다.

감축되다
어원 減縮~ 활용 감축되어(감축돼), 감축되니, 감축되고 대응 감축이 되다
자(수량, 크기 따위가) 줄어들어 감소되다. (of an amount or size) Be diminished.
유 감소되다, 줄어들다, 적어지다, 축소되다 반 확대되다, 확장되다, 늘어나다, 커지다
N0-가 N1-로 V (N0=수량, 크기, 가능성 따위, [단체](군대 따위), [사물](핵무기 따위), [상태](서비스, 예산 따위) N1=[수량])
능 감축하다
¶30명이던 학교 모집 정원이 20명으로 감축되었다. ¶건설 관련 예산이 10년 연속 감축되었다.

감축시키다
어원 減縮~ 활용 감축시키어(감축시켜), 감축시키니, 감축시키고 대응 감축을 시키다
☞ '감축하다'의 오용

감축하다
어원 減縮~ 활용 감축하여(감축해), 감축하니, 감축하고 대응 감축을 하다
타 (수나 양을) 덜어서 줄이다. Diminish an amount or size.
유 줄이다, 축소하다 반 확대하다, 확장하다, 늘리다
N0-가 N1-를 N2-로 V (N0=[인간|단체] N1=수량, 크기, 가능성 따위, [단체](군대 따위), [사물](핵무기 따위), [상태](서비스, 예산 따위) N2=[수량])
피 감축되다
¶법이 바뀌면서 정부는 5년이었던 정보 등록 기간을 3년으로 감축했다. ¶미국과 러시아는 함께 핵을 감축하고 있다. ¶선진국은 환경 보호를 위해 온실가스를 절반으로 감축하기로 했다.

감탄하다
어원 感歎~ 활용 감탄하여(감탄해), 감탄하니, 감탄하고 대응 감탄을 하다
자 마음속 깊이 느끼거나 놀라 탄성을 내다. Emit exclamation by surprising or deeply feeling inside.
N0-가 N1-(에|에게|에 대해) V (N0=[인간] N1=[사물], [집단], [장소], [추상물], [상태])
¶학자들은 한글의 과학적인 원리에 감탄한다. ¶사람들은 전문가들도 몰랐던 실수를 잡아낸 그에게 감탄했다. ¶관객들은 주연 배우의 늙지 않는 외모에 대해 감탄했다.

감퇴되다
어원 減退~ 활용 감퇴되어(돼), 감퇴되니, 감퇴되고
☞ 감퇴하다

감퇴하다
어원 減退~ 활용 감퇴하여(감퇴해), 감퇴하니, 감퇴하고
자❶(사람이나 단체의) 욕구나 능력이 줄어들다. (of a person or an organization) Decrease in desire or ability.
유 줄어들다, 약화되다 반 증진되다
N0-의 N1-가 V ↔ N0-는 N1-가 V (N0=[인간] N1=[능력], 욕구 따위)
사 감퇴시키다
¶병으로 환자들의 식욕이 감퇴하였다. ↔ 병으로

환자들은 식욕이 감퇴하였다. ¶그는 우울증에 걸려 체중 변화가 심해지고 식욕이 감퇴하였다. ¶할머니는 퇴행성 관절염으로 연골의 기능이 감퇴됐다.

❷기능이나 상태가 더욱 약화되거나 나빠지다. (of function or condition) Weaken or grow worse.

N0-의 N1-가 V ↔ N0-는 N1-가 V (N0=[인간] N1=[능력], 기능 따위)

¶퇴행성 관절염으로 할머니의 연골 기능이 감퇴했다. ↔ 퇴행성 관절염으로 할머니는 연골의 기능이 감퇴했다. ¶나는 사고로 청력이 감퇴하였다.

감행되다

어원 敢行~ 활용 감행되어(감행돼), 감행되니, 감행되고

자 (하기 어려운 일이) 과감하게 실행되다. (of a difficult duty) Be doughtily executed.

N0-가 V (N0=[행위])

능 감행하다

¶적군에 의해 수도 침탈이 감행되었다. ¶추운 날씨에도 불구하고 군인들의 훈련은 감행되었다.

감행하다

어원 敢行~ 활용 감행하여(감행해), 감행하니, 감행하고

타 (하기 어려운 일을) 과감하게 실행하다. Doughtily execute a difficult duty.

N0-가 N1-를 V (N0=[인간|단체] N1=[행위])

피 감행되다 사 감행시키다

¶장군은 적이 급습하자 무모한 작전을 감행했다. ¶그는 인기를 얻기 위해 노출을 감행했다.

강구되다

어원 講究~ 활용 강구되어(강구돼), 강구되니, 강구되고 대응 강구가 되다

자 (문제의 해결을 위하여) 방법이나 수단 따위가 찾아지거나 생각되다. A method of solving a problem is found out or conceived.

유 모색되다, 연구되다

N0-가 V (N0=[방법])

능 강구하다

¶출산율 저하를 해결하기 위한 대책이 강구되었다. ¶각종 수단이 강구되었지만 부도를 막지 못했다.

강구하다

어원 講究~ 활용 강구하여(강구해), 강구하니, 강구하고 대응 강구를 하다

타 (문제의 해결을 위하여) 방법이나 수단 따위를 찾거나 생각해 내다. Seek or find out a method or a way to solve a problem.

유 모색하다, 연구하다 자타 탐구하다, 찾다

N0-가 N1-를 V (N0=[인간|단체] N1=[방법])

피 강구되다

¶우리 회사의 위기를 타개할 만한 방법을 강구해 보아라. ¶어떤 수단을 강구해서든 문제를 해결해야 한다.

강등당하다

어원 降等~ 활용 강등당하여(강등당해), 강등당하니, 강등당하고 대응 강등을 당하다

☞ 강등되다

강등되다

어원 降等~ 활용 강등되어(강등돼), 강등되니, 강등되고 대응 강등이 되다

자 계급, 등급 따위가 낮아지다. (of a class or a rank) Be brought down.

반 승진하다, 승급하다

N0-가 N1-에서 N2-로 V (N0=[인간|단체], [사물], [등급](계급, 신분 따위) N1=[등급](계급, 신분 따위) N2=[등급](계급, 신분 따위))

능 강등하다

¶그 선수는 성적 부진 때문에 1군에서 2군으로 강등되었다. ¶나라가 바뀌자 망국의 왕족들은 모두 평민으로 강등되고 말았다. ¶경찰청장은 불명예스럽게 강등되는 것을 참지 못하고 사의를 표명했다.

강등시키다

어원 降等~ 활용 강등시키어(강등시켜), 강등시키니, 강등시키고 대응 강등을 시키다

☞ '강등하다'의 오용

강등하다

어원 降等~ 활용 강등하여(강등해), 강등하니, 강등하고 대응 강등을 하다

타 계급, 등급 따위를 낮추다. Lower (class, grade, etc.).

반 승진시키다, 승급하다

N0-가 N1-를 N2-에서 N3-로 V (N0=[인간|단체] N1=[인간|단체], [사물], [등급](계급, 신분 따위) N2=[등급](계급, 신분 따위) N3=[등급](계급, 신분 따위))

피 강등되다

¶이사회는 그를 임원에서 평사원으로 강등하였다. ¶감독은 철수를 1군에서 2군으로 강등하였다. ¶군 당국은 김 대령의 계급을 대령에서 소위로 강등하여 전역시켰다.

강론하다

어원 講論~ 활용 강론하여(강론해), 강론하고, 강론하니 대응 강론을 하다

타 (어떤 내용을) 학문적으로 설명하다. Explain an idea or theory in a scholarly fashion.

유 강의하다, 강연하다

N0-가 N1-를 V (N0=[인간] N1=[앎], [학문], [사조], [개념], [텍스트])

¶훈장은 학동들에게 사서오경을 강론했다. ¶옛날부터 뛰어난 학자들은 임금 앞에서 학문을 강론하

는 기회를 얻었다.

강연되다

어원 講演~ 활용 강연되어(강연돼), 강연되니, 강연되고 대응 강연이 되다

자 (어떤 주제가) 여러 청중 앞에서 강의 형식으로 설명되다. (specific subject) Be explained in front of various audiences in lecture format.

N0-가 N1-에게 N2-에 의해 V (N0=[앎], [학문], [사조], [개념], [텍스트] N1=[인간] N2=[인간])

능 강연하다

¶그 주제는 이미 여러 사람에게 강연되었다. ¶이 문제는 현장 전문가에 의해 사원들에게 강연될 예정이다.

강연하다

어원 講演~ 활용 강연하여(강연해), 강연하니, 강연하고 대응 강연을 하다

자타 (어떤 주제에 대해) 여러 청중 앞에서 강의 형식으로 말하다. Speak about specific subject in front of various audiences in lecture format.

㊌강의하다, 강론하다

N0-가 N1-(를|에 대해) V (N0=[인간] N1=[앎], [학문], [사조], [개념], [텍스트])

피 강연되다 사 강연시키다

¶선생님께서는 벌써 10년 동안 대중을 대상으로 현대 미술사를 강연해 오셨다. ¶안 교수가 강연하는 곳에는 언제나 사람들이 구름처럼 모여들었다.

강요당하다

어원 强要~ 활용 강요당하여(강요당해), 강요당하니, 강요당하고 대응 강요를 당하다

☞강요받다

강요되다

어원 强要~ 활용 강요되어(강요돼), 강요되니, 강요되고 대응 강요가 되다

자 (다른 사람이나 집단에게) 무언가가 강제로 요구되다. Be obliged or forced to do something forcibly.

㊌강제되다

N1-(에|에게) N0-가 V (N0=[사물], [추상물] N1=[인간|단체])

능 강요하다

¶식민지 시대의 국민들에게는 침묵이 강요되었다. ¶요즘도 술이 강요된다는 것에 그는 놀라는 눈치였다.

N0-가 S라고 V (N0=[인간|단체])

능 강요하다

¶누구도 이곳에 오라고 강요된 적이 없다. ¶사실 그 개들은 싸우라고 강요된 것이다.

N0-가 S-도록 V (N0=[인간|집단])

능 강요하다

¶열차 고장으로 승객들은 객차 안에만 있도록 강요되었다. ¶현대의 젊은이들은 앞만 보고 달리도록 강요되었다.

강요받다

어원 强要~ 활용 강요받아, 강요받으니, 강요받고 대응 강요를 받다

자타 (다른 사람이나 집단에게) 어떤 사물이나 사건, 상태 및 그 이행을 강제로 요구받다. Be obliged or forced to do something forcibly.

㊎강요하다, 강제하다

N0-가 N1-를 N2-(에게|에게서) V (N0=[인간|단체] N1=[모두] N2=[인간|단체])

¶소작농들은 지주들에게 불리한 조건을 강요받았다. ¶보수적인 그 회사의 여직원들은 단정한 용모를 강요받았다.

N0-가 N1-(에게|에게서) S라고 V (N0=[인간|단체] N1=[인간|단체])

¶그는 집주인에게 월세를 올려 달라고 강요받았다. ¶우리는 어렸을 때부터 서로 경쟁하라고 강요받았다.

N0-가 N1-(에게|에게서) (S것|S기)-를 V (N0=[인간|단체]) (N0=[인간|단체])

¶그는 주민들에게서 마을을 떠날 것을 강요받았다. ¶그는 주말에도 근무할 것을 강요받았다.

N0-가 N1-(에게|에게서) S-도록 V (N0=[인간|단체] N1=[인간|단체])

¶진섭은 선배들에게 인사를 하도록 강요받았다. ¶그녀는 생각지도 못한 곳에서 음식을 만들도록 강요받았다.

강요하다

어원 强要~ 활용 강요하여(강요해), 강요하니, 강요하고 대응 강요를 하다

자타 (다른 사람이나 집단에게) 무언가를 강제로 요구하다. Force or oblige someone to do something.

㊌강제하다 ㊎강요받다, 강요당하다

N0-가 N2-에게 N1-를 V (N0=[인간|단체] N1=[사물], [추상물] N2=[인간|단체])

피 강요되다

¶상인들은 여행객들에게 바가지요금을 강요했다. ¶군부는 국민들에게 충성을 강요했다.

N0-가 N1-에게 S라고 V (N0=[인간|단체] N1=[인간|단체])

피 강요되다

¶불량배들은 병호에게 돈을 가져오라고 강요했다. ¶김 하사는 병사들에게 작업을 하라고 강요한 적이 있다.

N0-가 N1-에게 (S것|S기)-를 V (N0=[인간|단체] N1=[인간|단체])

ㄱ

피강요되다
¶혜성은 진수에게 이곳을 떠날 것을 강요했다. ¶사회는 우리에게 모두가 똑같을 것을 강요한다.
N0-가 N1-에게 S-도록 V (N0=[인간|단체] N1=[인간|단체])
피강요되다, 강요받다, 강요당하다
¶회사에서는 각 부서에 기획안을 올리도록 강요했다. ¶때로 학교는 학생들에게 서로를 이기도록 강요한다.

강의하다

어원講義~ 활용강의하여(강의해), 강의하니, 강의하고 대응강의를 하다
자타(여러 학생들에게) 전문적인 지식을 말로 풀어 가르치다. Teach professional knowledge to a number of students via the medium of speech.
㊞강론하다, 강연하다
N0-가 N1-(를|에 대해) N2-에게 V (N0=[인간] N1=[사물], [추상물] N2=[인간|단체])
¶박 교수는 평생 동안 학생들에게 고대 철학을 강의했다. ¶그는 시간강사 신분으로 여러 학교에서 강의하고 있다. ¶역사 선생님께서는 신분제의 변천에 대해 자세히 강의하셨다.

강제하다

어원强制~ 활용강제하여(강제해), 강제하니, 강제하고
타(남에게) 원하지 않는 일을 억지로 시키다. Force someone to do something against their will.
㊞강요하다
N0-가 N1-를 V (N0=[인간|단체] N1=[행위])
¶정부는 공용인증서 사용을 강제하지 말고 사용자에게 선택권을 부여해야 할 것이다. ¶그 대리점은 소비자에게 주문하지 않은 비품 구매를 강제해서 제제를 당했다.

강조되다

어원强調~ 활용강조되어(강조돼), 강조되니, 강조되고 대응강조가 되다
자(어떤 내용이) 특별히 중요한 사항으로 내세워져 언급되거나 다루어지다. (of certain content) Be mentioned or discussed as a specially important matter.
㊞부각되다 ㊤나타나다, 드러나다, 표현되다
N0-가 V (N0=[모두])
능강조하다
¶지도자의 인격이 강조될 필요가 있다. ¶최근 우리 사회에는 통섭이 강조되고 있다.

강조하다

어원强調~ 활용강조하여(강조해), 강조하니, 강조하고 대응강조를 하다
자타(어떤 내용을) 특별히 중요한 사항으로 내세워 언급하거나 다루다. Mention or discuss certain content as a special or important matter.
㊞부각하다타, 힘주어 말하다 ㊤나타내다, 드러내다, 표현하다
N0-가 N1-에게 S고 V (N0=[인간|단체], [책] N1=[인간|단체])
¶교수님은 수강생들에게 논문은 독창성이 가장 중요하다고 강조하셨다. ¶정부는 국민들에게 금융 위기 상황을 슬기롭게 극복해 나가자고 강조한다. ¶이 소설은 우리에게 우리가 보다 즐거운 인생을 설계하는 것이 중요하다고 강조한다.
N0-가 N2-에게 N1-를 V (N0=[인간|단체], [책] N1=[의견], [사조], [영역], [부분], [모두] N2=[인간|단체])
피강조되다
¶토론자는 발표자에게 논리적 오류를 강조하면서 강하게 비판했다. ¶강연자들은 퇴직 예정자들에게 하나같이 노후 대책을 강조했다.

강타하다

어원强打~ 활용강타하여(강타해), 강타하니, 강타하고
타 ❶(사람이나 물건 따위를) 세차게 때리다. Smash a person or item hard.
㊤치다II, 때리다
N0-가 N1-를 V (N0=[인간], [탄환] N1=[인간], [사물])
¶챔피언은 도전자의 복부를 강타했다. ¶미사일이 적진을 강타했다.
N0-가 N1-를 N2-로 V ↔ N0-가 N1-에 N2-를 V (N0=[인간], [탄환] N1=[인간], [신체부위], [부분], [사물] N2=[신체부위], [도구])
¶가해자는 방망이로 피해자의 머리를 강타했습니다. ↔ 가해자가 방망이를 피해자의 머리에 강타했습니다. ¶나는 새로 바꾼 방망이로 공을 강타하여 홈런을 날렸다.
❷(태풍, 홍수 등의 자연 현상이) 어떤 장소를 피해를 줄 정도로 세게 몰아치다. (of natural phenomenon such as typhoon or flood) Come powerfully and inflict damage on a place.
N0-가 N1-를 V (N0=[자연재해], [자연현상](가뭄, 추위 따위) N1=[장소], [지역], [사물](건물, 아파트, 시설 따위))
¶초대형 태풍이 한반도를 강타하고 있습니다. ¶홍수가 이 지역을 강타하여 많은 사상자가 발생했습니다.
❸(사회 현상 따위가) 관련 영역에 큰 영향이나 피해를 끼치다. (of a social phenomenon) Inflict significant influence or damage on the relevant area.
N0-가 N1-를 V (N0=[경제현상](금융 위기, 경기 침체 따위), [앎](소문, 소식, 정보 따위) N1=[분야], [영역], [집단])

¶금융 위기가 증권가를 강타하고 있습니다. ¶주식 폭락에 대한 소문이 금융가를 강타했습니다.

강탈당하다

어원强奪~ 활용강탈당하여(강탈당해), 강탈당하니, 강탈당하고 대응강탈을 당하다

타(자기가 가진 것을) 남에게 강제로 빼앗기다. (of one's possession) Be stolen by force to someone.

유수탈당하다 반강탈하다

N0-가 N2-에게 N1-를 V (N0=[인간|단체] N1=[추상물](권리, 소유권 따위), [사물] N2=[인간|단체])

¶원주민들은 침략군들에게 자신의 권리를 강탈당했다. ¶한 은행이 무장 강도들에게 거액의 돈을 강탈당했다.

강탈하다

어원强奪~ 활용강탈하여(강탈해), 강탈하니, 강탈하고 대응강탈을 하다

타(다른 사람이 가진 것을) 강제로 빼앗다. Steal someone's possession by force.

상빼앗다 유수탈하다 반강탈당하다

N0-가 N2-(에게서|로부터) N1-를 V (N0=[인간|단체] N1=[추상물](권리, 소유권 따위), [사물] N2=[인간|단체])

¶회사가 할아버지에게서 그 건물의 소유권을 강탈했다. ¶정복자들은 정복당한 사람들로부터 모든 권리를 강탈했다.

N0-가 N2-에서 N1-를 V (N0=[인간|단체] N1=[추상물](권리, 소유권 따위), [사물] N2=[장소])

¶과거 제국주의 시대에 강대국들은 식민지에서 식량을 강탈했다. ¶침략자들은 평화로운 땅에서 행복과 웃음을 강탈해 갔다.

강행되다

어원强行~ 활용강행되어(강행돼), 강행되니, 강행되고 대응강행이 되다

기능자❶어려움 속에서도 행해진다는 뜻의 기능동사 Support verb meaning something is carried out despite some difficulties.

Npr-가 V (Npr=[행위], [일])

능강행하다

¶열악한 환경 속에서 수술이 강행되었다. ¶비가 오는 가운데에도 훈련이 강행될 것입니다.

❷강제로 시행된다는 뜻의 기능동사 Support verb meaning something is forced into practice.

Npr-가 V (Npr=[행위], [일], [제도], [법률])

능강행하다

¶수많은 문제 제기가 있었음에도 공사는 강행되었다. ¶올해에도 파업이 강행되면 막대한 타격이 불가피하다.

강행하다

어원强行~ 활용강행하여(강행해), 강행하니, 강행하고 대응강행을 하다

기능타❶어려움이 있어도 '참고 행한다'는 뜻의 기능동사 Support verb meaning "one carries out something" despite some difficulties.

N0-가 Npr-를 V (N0=[인간|단체], Npr=[행위], [일])

피강행되다

¶선장은 폭우 속에서도 항해를 강행했다. ¶그는 혼자서 네 명 몫을 일하는 과중한 업무를 강행하고 있다.

❷'강제로 시행한다'는 뜻의 기능동사 Support verb meaning "one forces something into practice".

N0-가 Npr-를 V (N0=[인간|단체], Npr=[행위], [일], [제도], [법률])

피강행되다

¶여당은 단독으로 내년도 예산안 심사를 강행했다. ¶만약 계약 해지를 강행하면 계약금을 돌려받지 못할 수도 있다.

강화되다

어원强化~ 활용강화되어(강화돼), 강화되니, 강화되고 대응강화가 되다

자❶(힘이나 권력 따위가) 더 강해지다. (of power or authority) Become stronger.

반약화되다

N0-가 V (N0=[추상물](권력, 세력, 국력 따위))

능강화하다

¶신기술의 개발로 인해서 국군의 전력이 크게 강화되었다.

❷(행동의 수준이나 속성의 정도가) 더 높아지다. (of the level of behavior or property) Increase.

반약화되다

N0-가 V (N0=[추상물], [행위])

능강화하다

¶음주 운전에 대한 검문검색이 한층 강화되었다. ¶학교 폭력에 대한 처벌이 강화되어야 한다. ¶한국 팀은 그동안 조직력이 한층 강화되었다는 평을 들었다.

강화시키다

어원强化~ 활용강화시키어(강화시켜), 강화시키니, 강화시키고 대응강화를 시키다

☞ '강화하다'의 오용

강화하다

어원强化~ 활용강화하여(강화해), 강화하니, 강화하고 대응강화를 하다

타❶(힘이나 권력 따위를) 더 강하게 하다. Make power or authority stronger.

유다지다I타 반약화시키다

N0-가 N1-를 V (N0=[인간|단체] N1=[추상물](권력,

세력, 국력 따위))
피 강화되다
¶최근 많은 나라는 동맹을 통해서 자신의 군사력을 강화하고 있다. ¶요즘은 경제력을 키우는 것이 바로 국력을 강화하는 가장 좋은 방법이다.
❷행동의 수준이나 속성의 정도를 더 높이다. Increase the level of behavior or property.
반 약화시키다
N0-가 N1-를 V (N0=[인간|단체] N1=[추상물], [행위])
피 강화되다
¶국제 대회에서 좋은 경기를 펼치기 위해서는 수비 조직력을 더 강화해야 한다. ¶학교는 가정 형편이 어려운 학생들에 대한 재정 지원을 강화했다.

갖다
활용 갖고, 갖지, 갖는 본디 가지다
☞ 가지다[1], 가지다[2]

갖추다
활용 갖추어(갖춰), 갖추니, 갖추고
타 ❶(사람이나 집단이) 필요한 문서, 장비, 시설, 제도 따위를 일정하게 가지거나 차리다. (of a person or an organization) Possess or prepare the necessary document, equipment, facility, system, etc.
유 지니다, 구비하다
N0-가 N1-를 V (N0=[인간|단체] N1=[문서], [사물], [건물], [제도])
피 갖춰지다
¶나는 지원 요강에 따라 몇몇 서류를 갖추어 회사에 제출하였다. ¶겨울에 산을 오를 때에는 꼭 필요한 장비를 갖추어야 한다.
❷(무엇에 필요한 자격이나 조건, 실력 따위를) 충분히 지니다. Possess all the required qualification, condition, skill, etc.
유 지니다, 구비하다
N0-가 N1-를 V (N0=[인간|단체] N1=[능력], [품격속성], 자격, 조건 따위)
피 갖춰지다
¶나는 드디어 외국 대학원에 지원할 수 있는 자격을 갖추었다. ¶그는 아직 공채에 도전할 실력을 갖추지 못했다.
❸(필요한 자세나 예절, 절차 따위를) 일정하게 지키다. Follow certain necessary attitude, manner, procedure, etc.
유 지니다, 구비하다
N0-가 N1-를 V (N0=[인간|단체] N1=[규범](예절, 절차 따위))
¶나는 할머니께 예를 갖추어 세배를 드렸다. ¶모든 절차를 갖출 순 없으니 최대한 간소하게 하도록 하자.
❹(자세나 태도, 몸가짐 따위를) 바르게 하여 지니다. (of a person) Possess proper attitude, posture, conduct, etc.
유 지니다, 구비하다
N0-가 N1-를 V (N0=[인간|단체] N1=자세, 태도, 몸가짐 따위)
¶나는 학생들을 존중하는 태도를 갖추고자 노력하였다. ¶한복을 입을 때는 몸가짐을 제대로 갖추어라.

같이하다
활용 같이하여(같이해), 같이하니, 같이하고
타 ❶(어떤 행위나 상태, 경험을) 다른 사람과 함께 동시에 겪다. Undergo an act, a situation, or an experience together with another person at the same time.
유 함께하다
N0-가 N1-를 N2-와 V (N0=[인간|단체] N1=[상황], [상태] N2=[인간|단체])
¶그는 내가 힘들 때 나와 고생을 같이한 친구다. ¶직장 상사가 내일 나와 점심을 같이하자는 약속을 했다.
❷(어떤 생각, 사상, 의견을) 다른 사람과 동일하게 갖다. Share an idea, a thought, or an opinion with another person.
유 함께하다, 공유하다, 공감하다 자타
N0-가 N1-를 N2-와 V (N0=[인간|단체] N1=[추상물] N2=[인간|단체])
¶내 친구들은 거의 항상 나와 생각을 같이한다. ¶부정 선거 문제에 의견을 같이하는 사람들이 모여 거리로 나섰다.

갚다
활용 갚아, 갚으니, 갚고
타 ❶(남에게 빌린 돈이나 물건 따위를) 도로 돌려주다. Return money or item that one borrowed from someone.
유 상환하다 반 빌리다, 차용하다
N0-가 N2-(에|에게) N1-를 V (N0=[인간|단체] N1=[금전] N2=[인간|단체])
¶나는 친구에게 빌린 돈을 갚았다. ¶나는 열심히 일해서 은행 대출금을 모두 갚았다.
❷(남에게 도움을) 받은 만큼 되돌려 주다. Return the same help one received from someone.
N0-가 N2-(에|에게) N1-를 V (N0=[인간|단체] N1=[추상물](은혜, 신세, 고마움 따위) N2=[인간|단체])
¶그는 자신을 도와준 은인에게 신세를 갚았다. ¶부모님께 은혜를 어떻게 갚아야 할지 모르겠어요. ¶이 은혜를 꼭 갚겠습니다.
❸(남에게 해를) 당한 만큼 되돌려 주다. Pay

someone back as much as one suffers from that person.
㊎보복하다
N0-가 N2-(에|에게) N1-를 V (N0=[인간|단체] N1=[추상물](원수, 치욕, 모욕 따위) N2=[인간|단체])
¶나는 그 집안에 원수를 갚았다. ¶그는 전에 받은 수모를 그대로 갚았다.

개간하다
어원開墾~ 활용개간하여(개간해), 개간하니, 개간하고 대응개간을 하다
타(황무지나 숲, 염전 따위를) 일구어 쓸모 있는 땅으로 바꾸다. To cultivate a wilderness, a forest, or a salt pond, changing it to a useful land.
㊎개척하다, 일구다
N0-가 N1-를 V (N0=[인간] N1=[장소])
¶할아버지는 오랫동안 황무지를 개간하였다. ¶우리는 산을 개간하여 목장을 만들었다. ¶나는 버려진 땅을 개간하여 논밭을 만들었다.

개강하다
어원開講~ 활용개강하여(개강해), 개강하니, 개강하고 대응개강을 하다
자(대학이나 학원의 강의 혹은 강좌가) 개설되어 새로 시작하다. (of lecture or course in a university or a private educational institute) Be opened and started newly.
㊥종강하다
N0-가 V (N0=[교육기관], 수업, 강좌 따위)
¶우리 학교는 3월에 개강한다. ¶외국인을 위한 한국어 강좌가 개강하였다.
타(대학이나 학원이 강의 혹은 강좌를) 개설하여 새로 시작하다. Open and newly start a lecture or a course in a university or a private educational institute.
㊥종강하다
N0-가 N1-를 V (N0=[교육기관], [단체] N1=수업, 강좌 따위)
¶학원가는 11월에 논술 특강 강좌를 개강하였다. ¶구민회관은 젊은이들을 위해 탁구 교실을 개강하였다.

개관하다 I
어원概觀~ 활용개관하여(개관해), 개관하니, 개관하고 대응개관을 하다
타(어떤 내용을) 전체적으로 대강 살펴보다. (of a person) Roughly examine certain contents in general.
㊎훑다, 개괄하다
N0-가 N1-를 V (N0=[인간], [책], [학술모임] N1=[역사], [학문])
¶이 책은 고대부터 현대까지의 문학사를 개관하고 있다. ¶본 논문은 인류학을 개관하기 위해 작성되었다.

개관하다 II
어원開館~ 활용개관하여(개관해), 개관하니, 개관하고 대응개관을 하다
타❶(박물관, 도서관, 회관 따위의 기관이) 시설을 갖추어 놓고 처음으로 문을 열다. (of a museum, library, or hall) Be furnished and opened to the public.
㊎문을 열다, 창설되다, 창립되다, ㊥폐관하다, 문을 닫다
N0-가 N1-를 V (N0=[인간|단체] N1=[기관](박물관, 도서관, 회관 따위))
¶시립 박물관이 오는 10일 개관한다. ¶동네에 영화관이 개관한다고 한다.
❷(박물관, 도서관, 회관 따위의 기관이) 하루 일과를 시작하기 위하여 문을 열다. (of a museum, library, or hall) Open a public building and start its daily operation.
㊎문을 열다, ㊥문을 닫다, 끝나다
N0-가 N1-를 V (N0=[인간|단체] N1=[기관](박물관, 도서관, 회관 따위))
¶박물관이 공휴일에도 개관하나요? ¶도서관이 오늘은 8시에 개관한다.

개괄하다
어원概括~ 활용개괄하여(개괄해), 개괄하니, 개괄하고 대응개괄을 하다
타(무엇의 줄거리나 중요한 내용 따위를) 간략히 요약하다. Briefly summarize certain plot, important contents, etc.
㊎훑다, 개관하다I, 간추리다
N0-가 N1-를 V (N0=[인간] N1=[추상물](역사, 문제, 개념 따위))
¶그는 현대 한국 사회의 문제를 여러 각도에서 개괄하는 글을 썼다. ¶이 책의 필자는 미국의 역사를 개괄하고 있다.

개교되다
어원開校~ 활용개교되어(돼), 개교되니, 개교되고 대응개교가 되다
자(학교가) 새로 세워져 교육이 시작되다. Be commenced in education by newly building school.
㊥폐교되다
N0-가 N1-(에|에서|로) V (N0=[교육기관] N1=[지역])
능개교하다타
¶중국에 처음으로 한인 학교가 개교되었다. ¶이 학교는 교사 3명과 34명의 학생으로 처음

개교되었다.

개교하다

어원 開校~ 활용 개교하여(해), 개교하니, 개교하고 대응 개교를 하다

자 학교가 새로 세워져 교육이 시작되다. Start providing education after establishing a new school.

반 폐교하다 자

N0-가 N1-(에|에서) V (N0=[교육기관] N1=[지역])

사 개교시키다

¶다문화 자녀를 위한 대안학교가 올해 개교한다. ¶지방 학교의 분교가 서울에 개교했다.

타 학교를 새로 세워 교육을 시작하다. Commence in education by newly building school.

반 폐교하다 타

N0-가 N1-를 N2-에 V (N0=[인간|단체] N1=[교육기관] N2=[지역])

피 개교되다 사 개교시키다

¶교육청이 이곳에 새 초등학교를 개교할 예정이다. ¶설립자가 우리 학교를 개교한 지가 어언 반백년이 흘렀다.

개다 I

활용 개어(개), 개니, 개고

자 (하늘이나 궂은 날씨가) 맑아져 좋은 날씨가 되다. (of sky or bad weather) Become good weather after clearing up.

유 맑아지다 반 흐려지다, 궂어지다

N0-가 V (N0=[비], [눈], 안개, 구름, 하늘, 날 따위)

¶어제는 흐렸던 하늘이 오늘은 활짝 개었다. ¶안개가 개니 먼 곳이 더 잘 보인다. ¶비가 개고 하늘이 드러났다.

개다 II

활용 개어(개), 개니, 개고

타 ❶(옷이나 천 따위를) 단정하게 접어서 두다. Neatly fold and place clothes, fabric, etc.

유 접다

N0-가 N1-를 V (N0=[인간]) (N0=[옷], [천](이불, 빨래 따위))

¶아침에 일어나 선희는 이불을 개었다. ¶동생은 빨래를 개려고 일어났다.

❷(손이나 발을) 접어 포개다. Fold and stack the hands or feet.

N0-가 N1-를 V (N0=[인간] N1=손, 발)

¶그는 내가 말하는 내내 발을 개고 있었다.

개다 III

활용 개어(개), 개니, 개고

타 (가루, 덩이, 곡식 따위를) 액체에 넣고 잘 섞이도록 으깨거나 이기다. Put powder, lump, sticky liquid, etc., into liquid and mash or crush to mix them well.

N0-가 N1-를 N2-에 V (N0=[인간] N1=[사물] N2=[액체](물, 기름, 간장 따위))

¶지원이는 반죽을 찬물에 개었다. ¶각종 잡곡을 간장에 개어 말린 것이 이 집의 별미이다.

개량하다

어원 改良~ 활용 개량하여(개량해), 개량하니, 개량하고 대응 개량을 하다

타 (어떤 물건의 미흡한 부분을) 개선하여 더 좋게 만들다. Make better by enhancing a part of an object, etc. that is inadequate or insufficient.

유 개선하다

N0-가 N1-를 N2-로 V (N0=[인간|단체] N1=[사물] N2=[사물])

¶연구팀은 소나무를 병충해에 강한 품종으로 개량했다. ¶민재는 로봇의 몸체를 티타늄으로 개량했다.

N0-가 N1-를 S-게 V (N0=[인간|단체] N1=[사물])

¶그 선수는 스케이트 날을 더욱 날카롭게 개량했다. ¶자현이는 그 자동차를 더 많은 사람들이 탈 수 있게 개량했다. ¶예전에 개발한 약을 새로운 질병에 맞게 개량해야 한다.

개막되다

어원 開幕~ 활용 개막되어(개막돼), 개막되니, 개막되고 대응 개막이 되다

자 ❶ 【연극】 (공연 따위가) 예정된 시간에 막을 올리고 시작되다. (of a performance, etc.) Roll up the curtain and begin on the scheduled time.

반 폐막되다

N0-가 V (N0=[공연](연극, 음악회 따위))

능 개막하다 타

¶지금 막 연극이 개막되었다. ¶연극이 개막되자마자 갑자기 정전이 됐다.

❷(어떤 행사나 회의 따위가) 예정된 시간에 예정된 장소에서 시작되다. (of some event, meeting, etc.) Begin on the scheduled time and place.

반 폐막되다

N0-가 N1-에 N2-에서 V (N0=[전시회], [운동대회], [행사], [공연], [회의] N1=[시간] N2=[장소])

¶하계 올림픽이 드디어 오늘 오후 6시에 이곳에서 개막된다. ¶다음달 29일 부산에서 개막되는 아시아경기대회에 북한이 참가한다.

❸(어떠한 시대나 상황 따위가) 새로이 시작되다. (of a certain period, situation, etc.) Begin newly.

유 열리다, 시작되다

N0-가 V (N0=시대)

능 개막하다

¶우리나라에도 본격적인 인터넷 시대가 개막됐

다. ¶콜롬비아호가 우주 비행에 나섬으로써 새로운 우주여행 시대가 개막되었다. ¶드디어 본격적인 슈퍼컴퓨터의 시대가 개막되었다.

개막하다

어원 開幕~ 활용 개막하여(개막해), 개막하니, 개막하고 대응 개막을 하다

자 ❶ 【연극】 (연극이나 음악회 따위가) 예정된 시간에 막을 올리고 시작하다. (of a play, a musical performance, etc.) Roll up the curtain and begin on the scheduled time.

반 폐막하다

N0-가 N1-에 V (N0=연극 따위 N1=[시간])

¶공연이 3시에 개막하니까 조금만 기다려 주십시오. ¶연극이 개막하자마자 관객들이 손뼉을 쳤다.

❷(어떤 행사나 회의 따위가) 예정된 시간에 예정된 장소에서 시작하다. (of some event, meeting, etc.) Begin on the scheduled time and place.

유 시작되다 반 폐막하다

N0-가 N1-에 N2-에서 V (N0=[전시회], [운동대회], [행사], [공연], [회의] N1=[시간] N2=[장소])

¶프로 농구는 가을에 개막해서 봄까지 경기를 한다. ¶봄을 주제로 한 전시회들이 10일 동시에 개막한다. ¶소치에서 제22회 동계올림픽이 개막했다.

❸(어떤 시대나 상황이) 새로이 열리다. (of a certain period, situation, etc.) Begin newly.

유 열리다, 시작되다

N0-가 V (N0=시대)

¶사물인터넷 시대가 본격적으로 개막한다. ¶선명한 초고화질(UHD) 방송시대가 개막했다.

타 ❶(어떤 공연이나 행사 따위를) 예정된 시간에 예정된 장소에서 시작하다. Begin a performance or an event at the scheduled time and place.

반 폐막하다

N0-가 N2-에 N3-에서 N1-를 V (N0=[인간|단체] N1=[전시회], [운동대회], [행사], [공연], [회의] N2=[시간] N3=[장소])

피 개막되다

¶한국미술협회는 오늘 오후 1시에 코엑스에서 특별 전시회를 개막했다. ¶음악당에서 어린이들을 위한 뮤지컬을 다음 달에 개막한다.

❷(사람이나 단체가) 어떤 시대를 새로이 시작하다. (of a person or an organization) Newly begin a certain period.

유 열다

N0-가 N1-를 V (N0=[인간|단체] N1=시대)

피 개막되다

¶인류는 디지털 시대를 개막했다. ¶통신회사가 연예기획사와 손잡고 디지털 한류시대를 개막한다.

개발되다

어원 開發~ 활용 개발되어(개발돼), 개발되니, 개발되고 대응 개발이 되다

자 ❶(토지나 자원이) 개척되어 더 쓸모 있게 되다. (of land or resources) Be exploited and to become more useful.

N0-가 N1-로 V (N0=[장소](토지, 산, 강, 바다, 호수 따위), 자원 N1=[유원지], 산업 단지 따위)

능 개발하다

¶세월이 지나니 허허벌판이 주거지로 개발되었다. ¶갯벌이 공단으로 개발되다니 정말 놀랍구나. ¶자원이 개발되면 투자자들이 몰릴 것이다.

❷(산업이나 지역의 경제가) 흥할 수 있도록 발전되다. (of an industry or local economy) Develop and flourish.

N0-가 V (N0=[산업], [행정구역], [국가], 경제 따위)

능 개발하다

¶우리 시가 개발된 것은 외국 자본이 유입되었기 때문이다. ¶경제가 개발되는 것이 모든 국민의 꿈이었다.

❸(사물이나 생각이) 새로 창조되어 세상에 나오다. (of a thing or an idea) Be created and presented to the world.

유 발명되다

N0-가 V (N0=[사물], [의견])

능 개발하다

¶연료 소비량을 획기적으로 줄인 자동차가 개발되었다. ¶이번에 개발된 신제품이 시장을 점유하고 있다.

❹(능력이) 향상되어 더욱 나아지다. (of ability) Be improved.

유 계발되다

N0-가 V (N0=[능력])

능 개발하다

¶그는 영어 공부를 꾸준히 해서 실력이 개발되었다. ¶기술력이 개발되어야 선진국을 따라잡을 수 있다.

개발하다

어원 開發~ 활용 개발하여(개발해), 개발하니, 개발하고 대응 개발을 하다

타 ❶(토지나 자원을) 개척하여 더 쓸모 있게 하다. Reclaim land or resource to make it more useful.

N0-가 N1-를 N2-로 V (N0=[인간|집단] N1=[장소](토지, 산, 강, 바다, 호수 따위), 자원 N2=[유원지], 산업 단지 따위)

피 개발되다

¶김 씨 일가는 버려진 땅을 공원으로 개발하였다. ¶시에서는 바다와 해안을 관광지로 개발하기로

결정하였습니다.
❷(산업이나 지역의 경제를) 흥하게 할 목적으로 발전시키다. Advance an industry or a regional economy for the purpose of making it prosperous.
N0-가 N1-를 V (N0=[집단] N1=[산업], [행정구역], [국가], 경제 따위)
[피]개발되다
¶국가에서 강남을 개발한 덕에 지금의 명성이 있을 수 있었다. ¶경제를 개발하는 동안 많은 착오가 있었던 것도 사실이다.
❸(사물이나 생각을) 창조하여 내어놓다. Create and present an object or an idea.
N0-가 N1-를 V (N0=[인간|집단] N1=[사물], [의견])
[피]개발되다
¶우리 대학에서는 춤추는 로봇을 개발하였다. ¶그는 모두가 공평하게 이익을 나누는 안을 개발한 바 있다.
❹ (능력을) 향상시켜 더욱 나아지게 하다. Improve an ability and make it better.
[유]계발하다
N0-가 N1-를 V (N0=[인간|집단] N1=[능력])
[피]개발되다
¶학교에서는 학생들의 창의력을 개발하기 원한다. ¶회사의 기술력을 개발하는 것이 우리 부서의 목표다.

개방되다

[어원]開放~ [활용]개방되어(개방돼), 개방되니, 개방되고 [대응]개방이 되다
❶(어떤 장소가) 사람이나 단체 따위에 열려 자유롭게 드나들거나 이용할 수 있게 되다. (of a place) Become freely accessible for people or groups to enter or use.
[유]공개되다 [반]폐쇄되다, 봉쇄되다
N0-가 N1-(에게|에) V (N0=[장소] N1=[인간|단체])
[능]개방하다
¶추석을 맞아 고궁들이 무료로 개방된다. ¶우리 학교 식당은 학생이 아닌 사람들에게도 개방된다.
❷(금지하거나 제한했던 것이) 사람이나 단체 따위에 풀려 자유롭게 드나들거나 교류할 수 있게 되다. (of a previously forbidden or restricted place or object, etc.) Become freely accessible.
[반]폐쇄되다, 봉쇄되다
N0-가 V (N0=문호, 시장 따위)
[능]개방하다
¶금융시장이 개방되었다. ¶대학은 개방되고 자유로운 곳이어야 한다. ¶투자자들은 인도 시장이 개방되기를 기대하고 있다. ¶농산물의 가격은 시장이 개방되면서 떨어졌다.
❸(비밀이나 기밀 따위가) 사람이나 단체 따위에 감추지 않고 드러내어 자유롭게 알 수 있게 되다. (of a secret or classified information) Disclose and make available to people or groups for their perusal.
[유]공개되다
N0-가 N1-(에게|에) V (N0=[책], 정보, 데이터 따위 N1=[인간|단체] N2=[인간|단체])
[능]개방하다
¶과학자들의 연구들도 시민들에게 개방되어야 한다. ¶이 사이트의 정보도 곧 일반 사람들에게 개방될 것이다. ¶말뭉치가 학문적인 목적을 위해 사용될 수 있도록 개방되었다.
❹(생각이나 태도 따위가) 꺼리는 것이 없이 열려 있다. (of a thought or attitude) Be unbiased and acceptable.
[유]열리다 [반]닫히다
N0-가 V (N0=생각, 사상, 태도 따위)
¶요즘은 성에 대한 인식이 많이 개방되어 있다. ¶그는 개방된 사고방식을 가지고 있다.

개방하다

[어원]開放~ [활용]개방하여(개방해), 개방하니, 개방하고 [대응]개방을 하다
[타]❶(어떤 장소를) 열어 자유롭게 드나들거나 이용할 수 있게 하다. Make a place accessible for people to enter or use.
[반]폐쇄하다, 봉쇄하다
N0-가 N2-(에게|에) N1-를 V (N0=[인간|단체] N1=[인간|단체] N1=[장소])
[피]개방되다
¶관공서 주차장을 일반인에게 개방하면 주차난을 해소할 수 있다. ¶문화재청은 경복궁을 하루 무료로 개방하기로 했다.
❷(금지하거나 제한했던 것을) 사람이나 단체 따위에 풀어 자유롭게 드나들거나 교류하게 하다. Repeal or revoke a ban or restriction to allow free access or exchange by people or groups.
[반]폐쇄하다, 봉쇄하다
N0-가 N2-(에게|에) N1-를 V (N0=[인간|단체] N1=문호, 시장 따위 N2=[인간|단체])
[피]개방되다
¶그 나라는 국제 사회에 문호를 개방했다. ¶우리는 시장을 개방하고 문호를 열 준비가 돼 있다.
❸(비밀이나 기밀 따위를) 사람이나 단체 따위에 감추지 않고 드러내어 자유롭게 알 수 있도록 하다. Disclose secrets or classified information to people or groups.
[유]공개하다

N0-가 N2-에게 N1-를 V (N0=[인간|단체] N1=[책], 정보, 데이터 따위 N2=[인간|단체])
피 개방되다
¶의사회는 의료 데이터를 연구자들에게 개방하기로 했다. ¶국가기밀문서는 일반 시민들에게 개방할 수 없다.

개봉되다
어원 開封~ 활용 개봉되어(개봉돼), 개봉되니, 개봉되고 대응 개봉이 되다
자 ❶(봉한 것이) 뜯기어 열리다. (of a sealed item) Be torn and accessed.
유 뜯기다I자 반 밀봉되다
N0-가 V (N0=[상자], [책], [화물])
능 개봉하다
¶봉투가 개봉되고 안에서 할아버지의 유서가 나왔다. ¶수학능력 시험지 봉투는 시험 당일 현장에서 개봉되게 되어 있다.
❷(영화가) 처음으로 상영되다. (of a movie) Be shown for the first time.
N0-가 V (N0=[영화])
능 개봉하다
¶기대를 모았던 원로 감독의 신작 영화가 개봉되었다. ¶그 영화는 개봉된 뒤 지금까지 수백만 명의 관객이 관람하였다.

개봉하다
어원 開封~ 활용 개봉하여(개봉해), 개봉하니, 개봉하고 대응 개봉을 하다
타 ❶(봉한 것을) 뜯어 열다. Tear a sealed item to gain access to the content.
유 뜯다I, 따다 반 봉하다, 밀봉하다
N0-가 N1-를 V (N0=[인간|단체] N1=[상자], [책], [화물])
피 개봉되다
¶나는 봉투를 개봉하여 안에 있는 편지를 꺼냈다. ¶아이들은 선물 상자를 개봉할 생각에 신나서 뛰어다녔다.
❷(영화를) 처음으로 상영하다. Screen a movie for the first time.
N0-가 N1-를 V (N0=[단체] N1=[영화])
피 개봉되다
¶우리는 오늘 개봉하는 신작 영화를 보러 갔다. ¶그 작품을 여러 대형 영화관들이 동시에 개봉했다.

개선되다
어원 改善~ 활용 개선되어(개선돼), 개선되니, 개선되고 대응 개선이 되다
자 (잘못되거나 부족한 점이) 보완되어 더 좋게 되다. Be improved by complementing an error or deficiency.
유 개량되다
N0-가 V (N0=[사물], [추상물])
능 개선하다
¶오랜 논의 끝에 근로자의 처우가 개선되었다. ¶제도가 개선되어 누구나 신청이 가능합니다.

개선시키다
어원 改善~ 활용 개선시키어(개선시켜), 개선시키니, 개선시키고 대응 개선을 시키다
☞ '개선하다'의 오용

개선하다
어원 改善~ 활용 개선하여(개선해), 개선하니, 개선하고 대응 개선을 하다
타 (잘못되거나 부족한 점을) 고치고 보완하여 더 좋게 하다. Improve by repairing and complementing an error or deficiency.
유 개량하다, 고치다
N0-가 N1-를 V (N0=[인간|집단] N1=[사물], [추상물])
피 개선되다
¶아내는 체질을 개선하기 위해 한약을 먹었다. ¶시는 올해 말까지 도로를 정비하고 개선할 계획이다.

개설되다
어원 開設~ 활용 개설되어(개설돼), 개설되니, 개설되고 대응 개설이 되다
자 ❶(제도, 설비 따위가) 새로 만들어져 운영이 시작되다. (of a system or facility) Be newly founded or created to commence operation.
유 설치되다
N0-가 N1-에 V (N0=[시설물], [기관], [제도] N1=[장소], [집단])
능 개설하다
¶시민을 대상으로 한 교양 강좌가 구청에 개설되었다. ¶시청에서 이 동네로 곧바로 오는 버스 노선은 아직 개설되지 않았다.
❷ 【경제】 금융기관에 계좌가 만들어지다. (of an account) Be created in a financial institution.
N0-가 N1-에 V (N0=계좌 N1=[금융기관])
능 개설하다
¶학생증을 만드시면 은행에 계좌가 자동으로 개설됩니다. ¶입사 절차가 모두 끝나고 월급 입금 계좌까지 개설되었다.

개설하다
어원 開設~ 활용 개설하여(개설해), 개설하니, 개설하고 대응 개설을 하다
타 ❶(제도, 설비 따위를) 새로 만들고 운영을 시작하다. Newly create a system or facility and begin operating it.
유 설치하다
N0-가 N1-를 N2-에 V (N0=[인간|단체] N1=[시설

물], [기관], [제도] N2=[장소], [집단])
[피]개설되다
¶저희 재단은 최근 인터넷에 홈페이지를 개설하였습니다. ¶시 당국은 대중교통 수요를 꼼꼼히 검토하여 버스 노선을 개설하고 있다.
❷ 【경제】 금융기관에 계좌를 만들다. Create an account in a financial institution.
[유]만들다[타], 트다II[1][타]
N0-가 N1-를 N2-에 V (N0=[인간|단체] N1=계좌 N2=[금융기관])
[피]개설되다
¶나는 은행에 적금 계좌를 하나 개설했다. ¶은행은 고객이 개설한 계좌의 보안 유지에 신경써야 한다.

개시되다
[어원]開始~ [활용]개시되어(개시돼), 개시되니, 개시되고 [대응]개시가 되다
[기능][자]'시작'을 의미하는 기능동사 Support verb meaning "start".
[유]시작되다 [반]종료되다
Npr-가 V (Npr=[시간](임기, 날 따위), [행위](행동, 공격 따위))
[능]개시하다
¶임기는 정부의 유권해석에 따라 당선된 날부터 개시된다. ¶공격이 개시된 것은 회의 바로 직후였다.

개시하다
[어원]開始~ [활용]개시하여(개시해), 개시하니, 개시하고
[기능][타]'시작'을 의미하는 기능 동사 Support verb meaning "start".
[유]시작하다 [반]종료하다, 끝내다
N0-가 Npr-를 V (N0=[인간|단체], Npr=[행위](활동, 행동, 조사 따위))
[피]개시되다
¶약속한 시간이 되었지만 미국은 행동을 개시하지 않았다. ¶국내 산업의 피해 여부를 조사하기 위해 정부는 조사를 개시하기로 했다. ¶우리가 외부 활동을 개시한 것은 상부의 지시 때문이다.

개업하다
[어원]開業~ [활용]개업하여(개업해), 개업하니, 개업하고 [대응]개업을 하다
[타]❶(상점, 회사 따위가) 처음으로 영업을 시작하다. (of a store or company) Start business for the first time.
[반]폐업하다
N0-가 V (N0=[상업건물](상점, 음식점 따위))
¶저 모퉁이에 한 음식점이 새로 개업했다. ¶병원이 새로 개업하면 신뢰하는 손님을 만드는 데에 어려움이 따른다.
❷(가게, 회사 따위가) 그날의 가게 문을 열어 손님을 맞이해서 서비스하다. (of a store or company) Open a business for the day to welcome customers and provide a service.
[반]폐점하다 [유]개점하다
N0-가 V (N0=[상업건물](상점, 음식점 따위))
¶연휴 기간이라 개업한 식당을 찾기가 어렵다. ¶이 잡화점은 오전 8시에 개업해서 밤 10시까지 영업합니다.

개원하다
[어원]開院~ [활용]개원하여(개원해), 개원하니, 개원하고 [대응]개원을 하다
[자]❶(국회나 지방 의회 따위가) 해당 회기의 회의 일정을 시작하다. (of the national assembly or local council) Begin the meeting schedule of corresponding session.
[유]열리다 [반]폐원하다
N0-가 V (N0=[회의](국회, 의회 따위))
¶국회가 개원한 지 상당한 시간이 흘렀는데 처리된 법안이 없습니다.
❷(병원, 학원, 연구원 따위의 기관이) 새로 생겨서 처음으로 일을 시작하다. (of an institution such as hospital, private educational institution, or research institution) Be created and begin operation for the first time.
[유]개업하다 [반]폐원하다
N0-가 V (N0=[기관](병원, 학원, 연구원 따위))
¶여기에 대학병원이 개원한다는 소문이 있다. ¶우리 암센터가 개원한 지가 1년이 넘었어요.
[타]❶ 【행정】 국회나 지방 의회 따위가 해당 회기 회의 일정을 시작하다. (of the national assembly or local council) Begin the meeting schedule of corresponding session.
[유]열다 [반]폐원하다
N0-가 N1-를 V (N0=[인간|단체] N1=[회의](국회, 의회 따위))
¶국회는 내일부터 임시국회를 개원합니다. ¶내일이면 국회를 개원해야 하는데 지금 정국이 말이 아닙니다.
❷(병원, 학원, 연구원 따위의) 기관을 열어 처음으로 일을 시작하다. Open an institution such as hospital, private educational institution, or research institution and begin operation for the first time.
[유]개업하다 [반]폐원하다
N0-가 N1-를 V (N0=[인간|단체] N1=[기관](병원, 학원, 연구원 따위))
¶할아버지께서는 병원을 개원하실 생각이십니다. ¶정부에서 이 지역에 국립 암센터를 개원한다는 소문이 있어요.

개의하다

어원 介意~ 활용 개의하여(개의해), 개의하니, 개의하고, 개의하지(개의치)

재타 (좋지 않은 일이나 남의 말, 생각 따위에) 마음을 쓰다. Keep one's mind on a negative incident, someone's speech, or thought.

유 신경 쓰다, 아랑곳하다

N0-가 N1-(에|를) V (N0=[인간|단체] N1=[일], [비난], [이야기], [행위])

연어 너무, 지나치게, 별로

¶아버지는 이상한 소문 따위에는 개의치 않으셨다. ¶우리는 그 사람 말을 별로 개의치 않습니다.

개입되다

어원 介入~ 활용 개입되어(개입돼), 개입되니, 개입되고

자 ❶(어떤 사건이나 일 따위에) 얽혀서 관련이 되다. Be entangled and related to an incident or task.

유 끼이다자, 관련되다, 연관되다, 연루되다

N0-가 N1-에 V (N0=[인간|단체] N1=[사건], [일], [비행])

능 개입하다

¶여러 사람들이 이 사건에 개입되어 있다. ¶그 횡령 사건에는 사회 지도층들이 여럿 개입되어 있었다.

❷(어떤 일이나 대상에) 특정한 생각이나 감정 따위가 반영되다. (of a thought or emotion) Be reflected on a task or target.

유 들어가다, 스미다, 반영되다 반 배제되다, 제거되다

N0-가 N1-에 V (N0=[감정](생각, 느낌, 감정 따위) N1=채점, 평가 따위, [텍스트], [이야기])

능 개입하다

¶심사자의 편견이 평가에 개입되면 안 된다. ¶그 이야기에는 너의 편견이 개입된 것 같다.

개입하다

어원 介入~ 활용 개입하여(개입해), 개입하니, 개입하고 대응 개입을 하다

자 다른 사람의 일에 끼어들다. Be involved in someone else's affair.

유 끼어들다, 참견하다, 관여하다, 간섭하다 반 방관하다, 방치하다

N0-가 N1-에 V (N0=[인간|단체] N1=[일], [사건], [계획], [단체], [경제현상])

피 개입되다, 사 개입시키다

연어 사사건건

¶검찰이 모든 사건에 개입하려고 한다. ¶주주들이 경영에 지나치게 개입하고 있다.

개작되다

어원 改作~ 활용 개작되어(개작돼), 개작되니, 개작되고 대응 개작이 되다

자 (이미 있는 원고나 작품 따위가) 누군가에 의해 고쳐져서 새롭게 다시 쓰이다. (of an existing manuscript or work) Be edited by someone and be created as new work.

유 개편되다

N0-가 N1-에 의해 V (N0=[작품], [텍스트](시, 소설, 희곡 따위) N1=[인간])

능 개작하다

¶내 작품은 학생들에 의해 다시 개작되었다. ¶이 작품은 번역가에 의해 개작된 부분이 일부 있다.

개작하다

어원 改作~ 활용 개작하여(개작해), 개작하니, 개작하고 대응 개작을 하다

타 (이미 있는 원고나 작품 따위를) 고쳐서 새롭게 다시 쓰다. Fix an existing manuscript or work and create new work.

상 고치다 유 개편하다

N0-가 N1-를 V (N0=[인간] N1=[작품], [텍스트](시, 소설, 희곡 따위))

피 개작되다

¶학생들이 내 작품을 개성 있게 개작했다. ¶그들은 원작을 개작하여 더 나은 작품을 만들어 냈다.

개장되다 I

어원 開場~ 활용 개장되어(개장돼), 개장되니, 개장되고 대응 개장이 되다

자 ❶(시장, 극장, 해수욕장 따위가) 처음으로 운영이 시작되다. (of a market, a theater, a beach, etc.) Open to the public for the first time.

유 개업하다 반 폐장하다

N0-가 V (N0=[건물|기관](전시장, 박물관, 경기장 따위))

피 개장하다I자

¶이 경마장은 3년 전에 개장됐다. ¶해수욕장이 개장될 때에 맞추어 피서를 가자.

❷문을 열고 손님을 맞이하여 서비스가 시작되다. (of a service) Start to be provided to customers or guests.

유 열리다 반 폐장하다

N0-가 V (N0=[건물|기관](전시장, 박물관, 경기장 따위))

능 개장하다I자

¶10시면 박물관이 개장된다. ¶방만한 운영으로 전시장이 제 시간에 개장되지 않는 일도 많았다.

❸ 【경제】 (증권시장 따위가) 그 해 또는 그 날의 업무가 처음으로 시작되다. (of the business of a stock market) Commence for the day or for the year.

ㄱ

㊥폐장하다
No-가 V (No=[금융기관])
피개장하다I ¶새해 증시가 개장되었다.
❹ 【경제】 (증권시장(증시) 따위가) 그날의 업무를 시작하다. (of a stock market, etc.) Start the business of the day.
㊤개시되다 ㊥폐장하다
No-가 V (No=[금융기관])
능개장되다I
¶오늘 증시가 개장되자마자 또다시 10,000포인트를 넘어섰다.

개장되다II
어원改裝~ 활용개장되어(개장돼), 개장되니, 개장되고 대응개장을 하다
자❶(사물의) 겉모습이 바뀌다. (of object) Be changed in appearance.
No-가 V (No=[사물])
능개장하다II
¶자동차가 꼭 새것처럼 개장되었다.
❷(사물이 고쳐져서) 기능이 개선되다. (fixed object) Improve in function.
No-가 V (No=[사물])
능개장하다II ¶낡은 수송차량이 개장되었다.

개장하다 I
어원開場~ 활용개장하여(개장해), 개장하니, 개장하고 대응개장을 하다
자❶(시장, 극장, 해수욕장 따위가) 처음으로 운영이 시작되다. (of a market, a theater, or a beach, etc.) Open for business for the first time.
㊤개업하다 ㊥폐장하다
No-가 V (No=[건물|기관](전시장, 박물관, 경기장 따위))
¶이 경마장은 3년 전에 개장했다. ¶해수욕장이 개장할 때에 맞추어 피서를 가자.
❷(일정한 행사나 행위가 일어나는 장소가 있는 곳이) 문을 열고 손님을 맞이하여 서비스되다. (of a venue for an event or a performance) Open to the customers.
㊥폐장하다
No-가 V (No=[건물|기관](전시장, 박물관, 경기장 따위))
¶이 볼링장은 생각보다 일찍 개장한다. ¶성탄 전날인 24일은 많은 공원들이 자정까지 개장한다.
❸ 【경제】 (증권시장(증시) 따위가) 그날의 업무를 시작하다. (of the business of a stock market) Commence for the day.
㊥폐장하다
No-가 V (No=[금융기관])
¶오늘 증시가 개장하자마자 또다시 10, 000포인트를 넘어섰다.
타❶(전시장, 박물관, 식물원 따위를) 처음으로 운영하기 시작하다. Start operation for the first time.
㊤열다, 개시하다 ㊥폐장하다
No-가 N1-를 V (No=[인간|단체] N1=[건물|기관](전시장, 박물관, 경기장 따위))
피개장되다I
¶올 봄, 우리 고장에서는 천연의 숲 속에 '가족수목원'을 개장하였습니다. ¶구청은 민원이 쌓이자 마침내 공원을 개장했다.
❷(박물관, 전시장 따위의) 문을 열고 손님을 맞이하기 시작하다. Commence service by opening door and greeting guests.
㊥폐장하다
No-가 N1-를 V (No=[인간|단체] N1=[건물|기관](전시장, 박물관, 경기장 따위))
피개장되다I
¶10시면 직원들이 박물관을 개장한다. ¶방만한 운영으로 전시장을 제 시간에 개장하지 않는 일도 많았다.
❸ 【경제】 (증권시장 따위의) 그날의 업무를 시작하다. Start the day's business.
㊥폐장하다
No-가 N1-를 V (No=[인간|단체] N1=[금융기관])
피개장되다I
¶증권거래소는 오전 9시부터 증시를 개장하기로 했다.

개장하다 II
어원改裝~ 활용개장하여(개장해), 개장하니, 개장하고 대응개장을 하다
타❶(사물의) 겉모습을 바꾸다. Change the appearance (of an object, etc.).
No-가 N1-를 V (No=[인간|단체] N1=[사물])
피개장되다II
¶아버지께서 자동차를 꼭 새것처럼 개장했다.
❷(사물을 고쳐) 기능을 개선시키다. Improve the function of an object (by repairing it).
㊤개선하다
No-가 N1-를 V (No=[인간|단체] N1=[사물])
피개장되다II
¶육군은 올해 낡은 수송차량을 개장하였다.

개정되다 I
어원改正~ 활용개정되어(개정돼), 개정되니, 개정되고 대응개정이 되다
자(문서나 서류 따위가) 고쳐져 올바른 내용이 되다. (of a document or a paper) Be revised and improved.
㊤바로잡히다, 개편되다
No-가 V (No=[텍스트], [책])

능개정하다I
¶출판 전 검수 과정에서 책의 오류가 개정되었다. ¶약관의 잘못된 점이 개정되었다. ¶이번 회의를 통해 회칙이 분명하게 해석되도록 개정되었다.

개정되다 II
어원改定~ 활용개정되어(개정돼), 개정되니, 개정되고 대응개정이 되다
(이미 정하였던 규칙이나 제도 따위가) 고쳐져 새로 정해지다. (of an existing rule or system) Be modified and established anew.
㊐변경되다
N0-가 V (N0=[규범], [제도])
능개정하다II
¶소비자에게 절대적으로 불리한 제도는 개정되어야 한다. ¶그 법안은 다음 회기에 개정될 것이다. ¶구성원들 합의를 통해 규칙이 개정되었다.

개정하다 I
어원改正~ 활용개정하여(개정해), 개정하니, 개정하고 대응개정을 하다
타(문서나 서류 따위를) 고쳐 올바른 내용이 되게 하다. Correct the content of a document by modifying it.
㊐바로잡다, 개편하다 ㊀고치다
N0-가 N1-를 V (N0=[인간|단체] N1=[텍스트], [책])
피개정되다I
¶저자들은 지난해 출간했던 교재를 개정하기로 했다. ¶곧 설명서를 전면적으로 개정할 것이다. ¶합의문 내용을 명확하게 개정해야 한다.

개정하다 II
어원改定~ 활용개정하여(개정해), 개정하니, 개정하고 대응개정을 하다
타(이미 정하였던 규칙이나 제도 따위를) 고쳐 새로 정하다. Modify a previously determined regulation or system.
㊐변경하다
N0-가 N1-를 V (N0=[인간|집단] N1=[규범], [제도])
피개정되다I
¶우리 동아리는 회의를 거쳐 회칙을 전면 개정하였다. ¶국회는 법률의 미비한 점을 급히 개정해야 한다. ¶규칙을 개정하고 공고할 예정이다.

개조되다
어원改造~ 활용개조되어(개조돼), 개조되니, 개조되고 대응개조가 되다
자(어떤 사물의 일부나 사고방식이) 고쳐져서 새롭게 바뀌다. Be restored by repairing an object's ideas.
㊐변경되다 ㊀바뀌다
N0-가 V (N0=[사물], [추상물](사상, 생각 따위))
능개조하다
¶그는 수용소에 있는 동안 생각이 개조되었다. ¶그는 협박과 회유에 사상이 개조되지 않도록 동료들을 떠올렸다. ¶로봇은 새로운 용도에 맞추어 부분적으로 개조되었다.
N0-가 N1-로 V (N0=[사물] N1=[사물])
능개조하다
¶넓은 창고는 축사로 개조되었다. ¶이곳은 낡은 기차가 카페로 개조된 곳이다. ¶이 운동장은 공사를 거쳐 쇼핑몰로 개조될 것이다.

개조하다
어원改造~ 활용개조하여(개조해), 개조하니, 개조하고 대응개조를 하다
타(어떤 사물의 일부나 사고방식을) 고쳐서 새롭게 바꾸다. Restore by repairing an object's ideas.
㊐변경하다 ㊀고치다, 바꾸다
N0-가 N1-를 V (N0=[인간|단체] N1=[사물], [추상물](사상, 생각 따위))
피개조되다
¶젊은 부부는 새로 이사할 집 내부를 완전히 개조했다. ¶손재주가 많은 동생은 자전거를 개조해서 타고 다닌다.
N0-가 N1-를 N2-로 V (N0=[인간|단체] N1=[사물] N2=[사물])
피개조되다
¶현수는 두발자전거를 네발자전거로 개조했다. ¶나는 손재주가 없어서 뭔가를 다른 것으로 개조할 줄 모른다.

개종하다
어원改宗~ 활용개종하여(개종해), 개종하니, 개종하고 대응개종을 하다 【종교】
자이전에 믿던 종교에서 다른 종교로 바꾸어 믿고 받들다. Switch from one religion to another.
N0-가 N1-에서 N2-로 V (N0=[인간|단체] N1=[종교] N2=[종교])
사개종시키다
¶그는 유학 시절에 이슬람교에서 기독교로 개종했다. ¶그 섬의 부족은 신부의 순교를 보고 전통 신앙에서 천주교로 개종했다. ¶어머니가 불교로 개종하신 지 5년이 되었다.

개진하다
어원開陳~ 활용개진하여(개진해), 개진하니, 개진하고 대응개진을 하다
타(주장이나 의견을) 글이나 말로 밝혀 드러내다. Present an opinion or assertion in writing or speech.
㊐펴다[1]타, 전개하다
N0-가 N1-를 V (N0=[인간|집단] N1=[행위], [추상물](의견, 주장, 견해 따위))

¶발표자는 30분 동안 자신의 의견을 개진했다. ¶양당은 서로 자신에게 유리한 주장만을 개진하고 있다. ¶토론에서는 여러분의 견해를 자유롭게 개진해 주십시오.

개척되다

어원 開拓~ 활용 개척되어(개척돼), 개척되니, 개척되고 대응 개척이 되다

타 ❶(아무도 손대지 않거나 쓸모없는 땅이) 일구어져 쓸모 있는 땅으로 만들어지다.(of a barren or unattended land) Be cultivated into a useful land.

㊌개간하다, 간척하다

N0-가 V (N0=[장소](땅, 토지, 불모지, 황무지 따위))

능 개척하다

¶오랫동안 버려져 있던 불모지가 개척되었다. ¶이곳에는 아직 개척되지 않은 땅이 남아있다.

❷상품을 팔 수 있는 시장이나 길이 처음으로 열리다. (of a market for certain goods) Become available for the first time.

N0-가 V (N0=판로, 영업, 시장 따위)

¶새로운 판로가 개척되자 너도나도 그 사업에 몰려들었다. ¶아프리카 시장이 새로이 개척되어 수출이 늘었다. ¶아직 우리 쪽 시장은 개척되지 않은 듯하다.

❸어떤 학문이나 분야가 처음으로 새로이 착수되어 연구되다. (of certain study or field) Be newly set and researched.

N0-가 V (N0=학문, 분야 따위)

¶그의 열정으로 인해 처음으로 법학이 학문으로서 개척되었다. ¶그 나라에는 아직 다양한 예술 분야가 개척되지 않았다.

개척하다

어원 開拓~ 활용 개척하여(개척해), 개척하니, 개척하고 대응 개척을 하다

타 ❶(아무도 손대지 않거나 쓸모없는 땅을) 일구어 쓸모 있는 땅으로 만들다. Cultivate untouched or useless land to make it useful.

㊌개간하다

N0-가 N1-를 V (N0=[인간|단체] N1=[장소](땅, 토지, 불모지, 황무지 따위))

피 개척되다

¶그는 불모지를 개척했다. ¶소년은 혼자서 밀림을 개척해 나갔다. ¶이곳은 우리 할아버지께서 직접 개척한 땅이야.

❷(아무도 손대지 않은 영역이나 길 따위를) 처음으로 찾아서 열어 나가다. Find untouched territory, road, etc., for the first time and open it.

N0-가 N1-를 V (N0=[인간|단체] N1=[추상물](분야, 시장, 운명, 길, 삶, 장르, 진로 따위))

피 개척되다

¶우리 회사는 해외 시장을 개척하여 수출을 늘리려고 한다. ¶그는 자기 갈 길을 개척하고자 집을 나왔다. ¶그는 자신만의 독특한 예술 장르를 개척했다.

개최되다

어원 開催~ 활용 개최되어(개최돼), 개최되니, 개최되고 대응 개최가 되다

자 (모임이나 회의 따위가) 기획되어 열리다. (of an organization or meeting) Be planned and held.

㊌열리다II

N0-가 N1-에서 V (N0=[추상물](대회, 회의, 모임, 시장, 세미나, 전시회 따위) N1=[장소])

능 개최하다

¶국제학술대회가 서울에서 개최된다. ¶남북회담이 판문점에서 개최되었다. ¶작년에 개최된 마라톤대회가 300여 개 정도다.

개최하다

어원 開催~ 활용 개최하여(개최해), 개최하니, 개최하고 대응 개최를 하다

타 (모임이나 회의 따위를) 주도적으로 기획하여 열다. Open an organization or meeting by taking a leading role in planning it.

㊌열다II 타

N0-가 N2-에서 N1-를 V (N0=[인간|단체] N1=[추상물](대회, 회의, 모임, 시장, 세미나, 전시회 따위) N2=[장소])

피 개최되다

¶그는 국내외에서 독주회를 개최하였다. ¶어디에서 회의를 개최할 예정입니까? ¶이번 세미나는 우리 학교에서 개최하니까 많이 참석해 주십시오.

N0-(가|에서) N1-를 V (N0=[단체])

¶한국이 월드컵대회를 개최했다. ¶올림픽을 최초로 개최한 나라는 어디입니까?

개탄하다

어원 慨歎~/慨嘆~ 활용 개탄하여(개탄해), 개탄하니, 개탄하고 대응 개탄을 하다

자타 (사건, 사태 따위가) 맘에 들지 않아 슬퍼하며 탄식하다. Be saddened by and lament an unfavorable incident or situation.

㊌한탄하다, 탄식하다

N0-가 N1-에 V (N0=[인간|집단] N1=[행위], [비행], [상태], [행위](생각))

¶국민들은 경찰의 늦장 대응에 개탄했다. ¶국민들은 대기업의 문어발식 확장에 개탄하고 있다.

N0-가 S고 V (N0=[인간|집단])

¶진보 세력은 우리 사회가 지나치게 보수적이라

고 개탄했다. ¶아버지는 주식을 미리 팔았어야 했다고 개탄하셨다.
No-가 N1-(를|에 대해) V (No=[인간|집단] N1=[행위], [비행], [상태], [행위](생각), [과거])
¶야당은 정부의 늦장 대응을 개탄했다. ¶가출 청소년들은 사회의 무관심을 개탄했다.
No-가 S것-(을|에 대해) V (No=[인간|집단])
¶국민들은 경찰이 사건 현장에 늦게 도착한 것에 대해 개탄하고 있습니다. ¶국민들은 국회가 예산안조차도 제 때에 통과시키지 못하는 것에 대해 개탄했습니다.

개통되다
어원 開通~ 활용 개통되어(개통돼), 개통되니, 개통되고 대응 개통이 되다
☞ 개통하다 자

개통하다
어원 開通~ 활용 개통하여(개통해), 개통하니, 개통하고 대응 개통을 하다
자 (교통 시설이나 통신 시설이) 완성되거나 연결되어 이용할 수 있게 되다. (of a transportation or communication facility) Be completed or connected and available for use.
No-가 V (No=도로, 철도, 다리, 지하철, 전화, 인터넷 따위)
¶검단 터널이 어제 드디어 개통했다. ¶개통한 지 한 달도 안 된 고가도로의 교각이 무너졌다.
타 (교통 시설이나 통신 시설을) 완성하거나 연결하여 이용할 수 있게 하다. Complete or connect a transportation or communication facility to allow its use.
No-가 N1-를 V (No=[인간|단체] N1=도로, 철도, 다리, 지하철, 전화, 인터넷 따위)
피 개통되다
¶도로 일부 구간을 먼저 개통하기로 했다. ¶새로 개통하는 이 노선에는 버스 14대가 투입된다. ¶우리나라는 1899년에 경인선을 개통하여 철도 시대를 열었다.

개편되다
어원 改編~ 활용 개편되어(개편돼), 개편되니, 개편되고 대응 개편이 되다
자 ❶(책 따위가) 수정되거나 보완되어 바뀌다. (of a book) Be changed by editing or supplementation.
㊀ 개작되다, 개정되다
No-가 N1-에 의해 V (No=[책] N1=[인간|집단](출판사 따위))
능 개편하다
¶우리 출판사의 결정에 의해 고전 총서가 개편될 것이다. ¶이번에 현대문학전집이 출판사 요구에 의해 개편되었습니다.
❷(일정이나 프로그램, 시간표 따위가) 일정한 목표나 목적에 맞게 새롭게 짜여지다. (of a process or schedule) Be renewed according to a certain purpose or goal.
㊀ 조정되다, 수정되다
No-가 N1-에 의해 V (No=[도표](일정표, 시간표 따위) N1=[집단])
능 개편하다
¶시청자의 요구에 의해 방송 프로그램 일정이 개편되었다. ¶광고주의 요청에 의해 광고 일정이 개편되었다.
❸(단체나 조직이) 일정한 목표나 목적에 맞게 기능을 발휘하도록 재조직되다. (of a group or organization) Be renewed to function according to a certain purpose or goal.
㊀ 정비되다, 개선되다
N1-에 의해 No-가 V (No=[단체], [제도](조직체계 따위) N1=[인간|집단])
능 개편하다
¶업무 처리 절차가 직원들의 요청에 의해 개편되었다. ¶정부에 의해 예산 집행 감독 체계가 개편될 것이다.

개편하다
어원 改編~ 활용 개편하여(개편해), 개편하니, 개편하고 대응 개편을 하다
타 ❶(책 따위를) 수정하거나 보완하여 바꾸다. Revise or enhance a book, etc.
㊀ 개정하다, 개작하다
No-가 N1-를 V (No=[인간|집단](출판사 따위) N1=[책])
피 개편되다
¶교수님께서 수업 교재를 개편하셨다. ¶우리 출판사에서 고전 총서를 개편하고 있다.
❷ 일정한 목표나 목적에 맞게 새롭게 짜다. Renew something according to a certain purpose or goal.
㊀ 조정하다, 수정하다
No-가 N1-를 V (No=[집단] N1=[도표](일정표, 시간표 따위))
피 개편되다
¶한국방송은 방송 프로그램 일정을 개편했다. ¶우리 학교에서 학기 방과 후 수업 시간표를 개편하고 있다.
❸(단체나 조직을) 일정한 목표나 목적에 맞게 기능을 발휘하도록 재조직하다. Renew a group or organization to function according to a certain purpose or goal.
㊀ 정비하다, 개선하다

ㄱ

No-가 N1-를 V (No=[인간|집단] N1=[단체], [제도](조직체계 따위))
피 개편되다
¶이사회에서 회사 조직을 개편하고 있다. ¶정부는 예산 집행 감독 체계를 개편한다.

개표하다
어원 開票~ 활용 개표하여(개표해), 개표하니, 개표하고 대응 개표를 하다
자 《선거에서》 투표함을 열어 결과를 확인하다 (in an election) Open a ballot box to confirm the result.
No-가 V (No=[인간|단체])
¶투표가 끝나면 개표원들이 개표한다. ¶내일 아침이면 개표한 결과를 알게 될 것이다.

개혁되다
어원 改革~ 활용 개혁되어(개혁돼), 개혁되니, 개혁되고 대응 개혁이 되다
자 (제도 따위가) 새로이 고쳐져 더 나아지다. (of a system, etc.) Be revised and improved.
No-가 V (No=[제도])
능 개혁하다
¶이 폐단은 반드시 개혁되어야 한다. ¶우리 사회가 개혁되기 위해서는 공동체 의식을 가지는 것이 중요하다.

개혁하다
어원 改革~ 활용 개혁하여(개혁해), 개혁하니, 개혁하고 대응 개혁을 하다
타 (제도나 기관을) 뜯어고쳐 더 낫게 하다. Modify or alter a system or institution so as to improve it.
유 혁신하다, 혁파하다
No-가 N1-를 V (No=[인간|단체] N1=[사물], [집단], [추상물])
¶조세 제도를 개혁하는 정책은 모든 국민에게 환영받기 쉽지 않다. ¶오랜 시간에 걸쳐 누적된 폐단을 개혁하는 것이 우리 사회의 큰 과제이다.

갱신되다
어원 更新~ 활용 갱신되어(갱신돼), 갱신되니, 갱신되고 대응 갱신이 되다
자 상황에 맞게 고쳐져 새롭게 되다. Be fixed into something new according to the situation.
상 바뀌다
No-가 V (No=[추상물])
능 갱신하다
¶사업 계획서가 최신 정보를 반영하여 갱신되었습니다. ¶실용서는 역시 최근에 내용이 갱신된 책을 보는 것이 좋다. ¶만료 기한이 다 되어 가는데 아직도 운전면허증이 갱신되지 않았다.

갱신하다
어원 更新~ 활용 갱신하여(갱신해), 갱신하니, 갱신하고 대응 갱신을 하다
타 상황에 맞게 고쳐서 새롭게 하다. Fix into something new according to the situation.
상 바꾸다
No-가 N1-를 V (No=[인간|단체] N1=[추상물])
피 갱신되다
¶업무 변경 사항이 생길 때마다 우리는 기록을 갱신하였다. ¶자격증 만료 기한이 다가오고 있으니까 미리 갱신하는 게 좋겠다. ¶자료집 항목들을 갱신하였으니 확인하시고 이용에 착오 없으시기 바랍니다.

갸우뚱거리다
활용 갸웃거리어(갸웃거려), 갸웃거리니, 갸웃거리고
☞ 갸웃거리다

갸우뚱하다
활용 갸웃하여(갸웃해), 갸웃하니, 갸웃하고
☞ 갸웃하다

갸웃거리다
활용 갸웃거리어(갸웃거려), 갸웃거리니, 갸웃거리고 【구어】
타 (고개나 머리를) 한쪽으로 살짝 기울였다 세웠다 하다. Move the head into an inclined or sloping position.
유 갸웃하다, 갸우뚱하다
No-가 N1-를 V (No=[인간] N1=[신체부위](고개, 머리 따위))
¶학생들은 선생님의 설명이 잘 이해되지 않는지 고개를 갸웃거리고 있었다. ¶그는 수학 문제를 풀 때마다 머리를 갸웃거리는 습관이 있다.
※ 주로 의아함을 표현하거나 골똘히 생각하고 있을 때 나타나는 행동이다.

갸웃하다
활용 갸웃하여(갸웃해), 갸웃하니, 갸웃하고
타 (고개나 머리를) 한쪽으로 살짝 기울이다. Lean or incline the head towards one side to express one's curiosity or unconscious behavior of someone who is immersed in thought.
유 갸웃거리다, 갸우뚱거리다, 갸우뚱하다
No-가 N1-를 V (No=[인간] N1=[신체부위](고개, 머리 따위))
¶학생들은 선생님의 설명이 잘 이해되지 않는지 고개를 갸웃하고 있었다. ¶막내아들은 내가 말을 할 때마다 고개를 갸웃하면서 듣는다.
※ 주로 의아함을 표현하거나 골똘히 생각하고 있을 때 나타나는 행동이다.

거꾸러뜨리다
활용 거꾸러뜨리어(거꾸러뜨려), 거꾸러뜨리니, 거

꾸러뜨리고 ㉦꺼꾸러뜨리다
타❶거꾸로 넘어지거나 엎어지게 하다. Throw or knock somebody to the ground.
㉦쓰러뜨리다, 넘어뜨리다
N0-가 N1-를 V (N0=[인간|단체] N1=[인간|단체])
피거꾸러지다
¶우리 선수가 손기술로 상대 선수를 거꾸러뜨렸다. ¶그는 적장을 떠밀어 바닥에 거꾸러뜨렸다.
❷세력을 꺾어 힘을 잃게 하거나 무너지게 하다. Destroy one's influence, resulting in loss of power or collapse.
㉦무너뜨리다, 꺾다
N0-가 N1-를 V (N0=[인간|단체] N1=[인간|단체])
피거꾸러지다
¶그는 선거에서 상대 후보를 거꾸러뜨리고 당선되었다.
❸사람이나 동물 따위를 죽이다. Kill a person or an animal.
㉮죽이다
N0-가 N1-를 V (N0=[인간|단체] N1=[인간|단체])
¶사냥꾼이 사슴 한 마리를 활로 거꾸러뜨렸다.

거꾸러트리다
활용거꾸러트리어(거꾸러트려), 거꾸러트리니, 거꾸러트리고
☞거꾸러뜨리다

거느리다
활용거느리어(거느려), 거느리니, 거느리고
타❶(명령을 따르는 단체나 부하들을) 휘하에 두고 다스리다. Govern an organization or one's subordinates under one's order.
㉮통솔하다, 부리다[1]
N0-가 N1-를 V (N0=[인간|단체] N1=[인간|단체])
¶그는 수만 병력을 거느린 위세가 대단한 장군이다. ¶사람을 거느리는 자는 부하들의 능력과 성격을 깊이 이해하고 있어야 한다.
❷먹여 살려야 할 가족들을 데리고 생계를 유지하다. Provide care for one's family in need of support and maintain livelihood.
N0-가 N1-를 V (N0=[인간|단체] N1=[인간|단체])
¶나는 네 식구를 거느리고 산다. ¶그 부부는 대가족을 거느리고 사느라 고생이 많다.
❸(사람들을) 이끌며 이동하다. Guide and move people.
N0-가 N1-를 V (N0=[인간|단체] N1=[인간|단체])
¶아버지가 두 아이를 거느리고 길을 걷고 있다. ¶그는 자기 뒤에 큰 행렬을 거느리고 행진을 주도하고 있었다.
※주로 '거느리고'의 형태로 쓰인다.
❹동물이 새끼 등을 데리고 움직이거나 머무르다. (of an animal) Take and move or stay with its young.
N0-가 N1-를 V (N0=[동물] N1=[동물](새끼 따위))
¶동물은 새끼를 거느리면 사나워지기 마련이다. ¶산길에서 새끼들을 거느린 너구리와 마주쳤다. ¶닭이 병아리를 거느리고 마당에서 모이를 쪼고 있다.

거닐다
활용거닐어, 거니니, 거닐고 【구어】
자타(어디를, 또는 어디에서) 특별한 목적 없이 이리저리 한가로이 걸어 다니다. (of a person) Walk around with leisure in some place without specific purpose.
㉮산책하다, 배회하다 ㉦걷다I
N0-가 N1-(에서|를) V (N0=[인간] N1=[장소](공원, 강가, 들길 따위))
¶우리는 한가로이 공원을 거닐며 이야기를 나누었다. ¶동네 많은 사람들이 여유롭게 강가를 거닐고 있었다. ¶학생들은 저녁이면 들길에서 거닐다 기숙사로 들어오곤 했다.

거두다
활용거두어(거둬), 거두니, 거두고 【구어】 ㉨걷다
타❶(곡식이나 열매 따위를) 수확하여 모으다. (of a person) Harvest and collect crops or fruits.
㉮수확하다, 거두어들이다
N0-가 N1-를 V (N0=[인간|단체] N1=[곡식], [열매](벼, 보리, 열매, 고추 따위))
¶논에는 허수아비가 서 있고 농부들은 벼를 거두고 있다. ¶올해는 풍년이라서 보리를 거두는 데에도 오랜 시간이 걸렸다. ¶마을 사람들은 아버지 텃밭의 고추를 거두는 일을 도와주었다.
❷(흩어져 있는 것을) 한곳에 모아들이다. (of a person) Collect scattered items to one place.
㉮거두어들이다
N0-가 N1-를 V (N0=[인간|단체] N1=[사물](답안지, 빨래, 쓰레기 따위))
¶시험이 끝나자 맨 뒷사람이 답안지를 거두어서 선생님께 드렸다. ¶갑자기 비가 내려서 나는 옥상에 널려 있는 빨래를 급히 거두었다.
❸(사람이나 단체가) 다른 사람이나 단체에게서 돈이나 물건 따위를 받아 한데 모으다. (of a person or group) Receive money or objects from another person or group and gather.
㉮거두어들이다, 모으다
N0-가 N2-(에게|에게서|로부터) N1-를 V (N0=[인간|단체] N1=[돈], [금전](비용, 후원금, 세금 따위), [음식](물, 빵, 쌀 따위) N2=[인간|단체])
¶우리는 모임에 늦는 사람들에게 돈을 거두기로 했다. ¶우리는 학생들에게 쌀을 거두어 어려운

주민들을 도와주었다.

❹(어떤 분야에서) 뛰어난 성과나 결과, 효과 따위를 얻거나 이루다. (of a person) Obtain or achieve an excellent accomplishment, result, or effect in some field.
[유]거두어들이다
N0-가 N1-를 V (N0=[인간|단체] N1=[결과](결과, 성과 따위), [성공](성공, 승리 따위), 성적, 효과 따위)
¶우리 팀은 우승 후보 팀에게 7:0으로 승리를 거두면서 언론의 주목을 받았다. ¶정부의 출산 장려 정책은 효과를 거두지 못하고 있다.

❺(다른 사람이나 일을) 맡아 보살피거나 책임지다. (of a person) Undertake someone or a job to provide care and take responsibility.
[유]거두어들이다, 보살피다
N0-가 N1-를 V (N0=[인간] N1=[인간], [활동](일 따위))
¶우리 할머니는 집 앞에 버려진 아이를 거두어 친자식처럼 키우셨다. ¶갑자기 아버지가 돌아가시는 바람에 나는 어머니의 가게 일을 거두어야 했다.

❻(시체나 유해 따위를) 수습하고 정돈하다. (of a person) Collect and organize corpse or remains.
[유]거두어들이다
N0-가 N1-를 V (N0=[인간]) (N0=시체, 시신, 유해 따위)
¶그가 죽고 나서 아무도 그의 시신을 거두어 가지 않았다고 한다. ¶누군가 그의 유해를 거둬 땅에 묻었다.

❼(웃음이나 시선, 말 따위를) 멈추거나 그만두다. (of a person) Stop or cease one's laughter, view, or speech.
[유]거두어들이다
N0-가 N1-를 V (N0=[인간] N1=웃음, 시선, 말, 눈물 따위)
¶그는 갑자기 웃음을 거두고 나에게 정색하며 물었다. ¶제자는 제발 떠나라는 말씀만은 거두어 달라고 스승에게 부탁하였다. ¶나는 어머니에게 이제 눈물을 거두고 행복하게 사시라고 말씀드렸다.

❽(하던 일을) 멈추거나 그만두다. Stop or abandon something that one is doing.
[유]거두어들이다
N0-가 N1-를 V (N0=[인간] N1=살림, 일손, 매, 군사 따위)
¶부모님은 하던 일이 잘 안되어 살림을 거두어 고향으로 내려가셨다. ¶그림 속의 남녀는 하던 일손을 거두고 고개 숙여 기도를 하고 있다.

거두어들이다

[활용]거두어들여, 거두어들이니, 거두어들이고
[준] 거둬들이다

[타]❶(곡식이나 열매 따위를) 수확하여 한곳에 모으다. (of a person) Harvest and collect crops or fruits.
[유]수확하다, 거두다
N0-가 N1-를 V (N0=[인간|단체] N1=[곡식], [열매](벼, 보리, 열매, 고추 따위))
¶농부들은 보리를 거두어들이고 있다. ¶가을은 익은 열매를 거두어들이는 때이다.

❷(흩어져 있는 것을) 한곳에 모아들이다. (of a person) Collect scattered items to one place.
[유]거두다, 모으다
N0-가 N1-를 V (N0=[인간|단체] N1=[사물](빨래, 그물 따위))
¶지숙이는 어제 옥상에 널어놓은 빨래를 거두어들이는 것을 깜빡 잊어버렸다. ¶그는 배에 묶어 두었던 그물을 거두어들였다.

❸(어떤 사람이나 단체가) 다른 사람이나 단체에게서 돈이나 세금 따위를 받아 한데 모으다. (of a person or group) Receive money or tax from another person or group and gather.
[유]거두다, 모금하다
N0-가 N2-(에게|에게서|로부터) N1-를 V (N0=[인간|단체] N1=[돈], [금전](비용, 후원금, 세금 따위) N2=[인간|단체])
¶우리는 모임에 빠지는 사람들에게 돈을 거두어들이기로 했다. ¶부장이 직원들에게서 강제로 후원금을 거두어들였다는 사실이 밝혀져 논란이 되고 있다.

❹(어떤 분야에서) 좋은 성과나 결과를 얻거나 이루다. (of a person) Obtain or achieve an excellent accomplishment or result in some field.
[유]거두다, 달성하다
N0-가 N1-를 V (N0=[인간|단체] N1=메달, 매출 따위)
¶이번 올림픽에서 한국 대표팀은 금메달 7개를 거두어들이며 만족스러운 경기를 펼쳤다. ¶이번 박람회에서 우리 회사는 300만 달러의 매출을 거두어들였다.

❺(다른 사람을) 맡아 보살피거나 책임지다. (of a person) Take someone to provide care and assume responsibility.
[유]거두다, 보살피다
N0-가 N1-를 V (N0=[인간] N1=[인간])
¶할머니는 집 앞에 버려진 아이를 거두어들여 키우기로 하였다. ¶그는 먼 친척뻘 되는 아이 하나를 거두어들이기로 했다.

❻(시체나 유해 따위를) 수습하고 정돈하다. (of a person) Collect and organize corpse or remains.
㊌거두다, 수습하다
N0-가 N1-를 V (N0=[인간]) (N0=시체, 시신, 유해 따위)
¶안 중위는 쓰러져 있는 병사들의 시신을 거두어들였다.
❼(내밀었던 자기 신체의 일부를) 다시 들여놓다. (of a person) Take back one's body part which one held out.
㊌거두다
N0-가 N1-를 V (N0=[인간] N1=[신체부위](손 따위))
¶그가 악수를 받지 않자, 나는 내밀었던 손을 거두어들이며 머쓱하게 웃었다. ¶나는 그의 말을 떠올리곤 주춤하며 손을 거두어들였다.
❽(자기가 내놓은 말이나 제안을) 없던 것으로 하다. (of a person) Scrub round speech or suggestion that one uttered.
㊌거두다, 철회하다
N0-가 N1-를 V (N0=[인간|단체] N1=말, 제안 따위)
¶한번 내뱉은 말은 다시 거두어들일 수 없다. ¶그는 자신이 실수했다는 것을 깨닫고 급히 자기 말을 거두어들였다.
❾(눈길이나 마음 따위를) 남에게 주기를 그만두다. (of a person) Stop giving one's look or interest to someone.
㊌거두다
N0-가 N1-를 V (N0=[인간] N1=눈길, [마음])
¶그는 내가 쳐다보자 나에게 보내던 눈길을 슬그머니 거두어들였다. ¶이제는 그녀를 향한 내 마음을 거두어들이기로 했다.
❿(하던 일을) 멈추거나 그만두다. (of a person) Stop or cease something one was doing.
㊌거두다
N0-가 N1-를 V (N0=[인간] N1=총, 매, 군사 따위)
¶그는 나에게 겨누고 있던 총을 그제야 거두어들였다. ¶장군은 패배를 직감하고 군사를 거두어들였다.

거들다

활용 거들어, 거드니, 거들고 【구어】
타 ❶(어떤 일을 하고 있는 사람을) 힘을 보태어 돕다. Lend power and help someone with a task.
㊌돕다 타
N0-가 N1-를 V (N0=[인간|단체] N1=[일], [인간|단체])
¶형은 아버지를 거들어 가게 일을 함께 하고 있다. ¶재해 복구를 위해서 군인들이 마을 사람들을 거들었다.
❷(다른 사람의 말이나 행동 따위를) 편들고 나서다. Take side with someone's speech or behavior.
N0-가 N1-를 N2-에서 V (N0=[인간] N1=[인간] N2=[싸움], [언쟁])
¶동생은 말싸움에서 형을 거들었다. ¶사람들이 싸움에서 상대방만 거들어서 너무 억울했다.
N0-가 N1-를 V (N0=[인간] N1=[언쟁](말, 거짓말, 말싸움 따위), [싸움])
¶어머니는 며느리의 말을 거들었다. ¶구경꾼들이 나의 말싸움을 거들어서 나도 놀랐다.

거들떠보다

활용 거들떠보아(거들떠봐), 거들떠보니, 거들떠보고 【구어】
타 주의해서 바라보다. Watch (something or someone) carefully.
N0-가 N1-를 V (N0=[인간] N1=[사물])
¶그는 정성스레 쓴 편지를 거들떠보지도 않았다. ¶부인은 자신을 거들떠보지 않는 남편이 야속하였다.
※주로 '거들떠보지 않다' 등 부정문으로 쓰인다.

거들먹거리다

활용 거들먹거리어(거들먹거려), 거들먹거리니, 거들먹거리고
자 분수에 맞지 않게 거만하게 행동하다. Behave in an arrogant manner, getting above oneself.
㊌거들먹대다
N0-가 V (N0=[인간])
¶갑자기 부자가 된 사람들이 남들 앞에서 자랑하고 거들먹거린다. ¶친구는 한 일도 없으면서 성공이 자기 덕인 양 거들먹거렸다.

거들먹대다

활용 거들먹대어(거들먹대), 거들먹대니, 거들먹대고
☞거들먹거리다

거듭나다

활용 거듭나, 거듭나니, 거듭나고
자 ❶(사람이나 단체가) 새로운 모습으로 지금까지의 방식이나 태도를 버리고 변화하다. (of a person or an organization) abandon the existing way or position and change into a new figure.
㊌변하다, 변화하다
N0-가 N1-로 V (N0=[모두] N1=[모두])
¶민호는 디자인 분야에서 전 세계가 주목하는 유망주로 거듭났다. ¶영화관이 젊은 커플들의 데이트 공간을 넘어 가족의 문화 공간으로 거듭나고 있다.
❷ 【기독교】 원죄 때문에 죽었던 영이 예수를 믿음으로 다시 생명을 얻어 새사람이 되다. (of

a soul that died of the original sin) Gain life again and become a new person by believing in Jesus.
N0-가 V (N0=[인간] N1=[인간])
¶사람이 물과 성령으로 거듭나지 아니하면 하나님의 나라에 들어갈 수 없느니라.

ㄱ

거듭되다
활용 거듭되어(거듭돼), 거듭되니, 거듭되고
자 (어떤 일이나 상황이) 되풀이되어 반복해서 일어나다. (of some duty or situation) Repeatedly occur over and over.
㊐반복되다
N0-가 V (N0=[행위], [상황], [사건])
능 거듭하다
¶흉년이 매년 거듭되니 왕은 근심이 태산 같았다. ¶재판장에서 증인이 증언을 번복하는 등 난항이 거듭되었다.

거듭하다
활용 거듭하여(해), 거듭하니, 거듭하고
가능 타 (어떤 일이나 상황을) 되풀이해서 반복하다. Repeat some duty or situation over and over.
㊐반복하다
N0-가 N1-를 V (N0=[인간|단체] N1=[행위])
피 거듭되다
¶우리나라는 선진국 반열에 오르기까지 발전을 거듭했다. ¶그는 익숙해질 때까지 훈련을 거듭했다. ¶적군과 아군은 팽팽하게 맞서며 일진일퇴를 거듭하였다.

거래되다
어원 去來~ 활용 거래되어(거래돼), 거래되니, 거래되고 대응 거래가 되다
자 (물건이나 돈 따위를 주고받으면서) 관계가 지속적으로 유지되다. Maintain a continuous relationship with a person or group by exchanging goods or money with them.
N0-가 V (N0=[사물], [정보])
능 거래하다
¶인터넷에서 개인 정보가 거래되고 있다고 합니다. ¶경찰은 사람들의 장기가 거래되는 정보를 입수하였다.
N0-가 N1-에 V (N0=[주식], [사물] N1=[금액])
능 거래하다
¶우리 회사의 주식은 현재 5만 원에 거래되고 있다. ¶그 상품은 50% 할인된 가격에 거래되었다.

거래하다
어원 去來~ 활용 거래하여(거래해), 거래하니, 거래하고 대응 거래를 하다
자타 ❶(물건이나 돈 따위를 주고받으면서) 관계를 지속적으로 유지하다. Maintain a continuous relationship by exchanging objects or money.
㊐사고팔다
N0-가 N1-와 V ↔ N1-가 N0-와 V ↔ N0-와 N1-가 V (N0=[인간|단체] N1=[인간|단체])
¶우리 회사는 한성은행과 오랫동안 거래했다. ↔ 한성은행이 우리 회사와 오랫동안 거래했다. ↔ 우리 회사와 한성은행이 오랫동안 거래했다. ¶중소기업이 국내 최대 통신사와 거래하고 있다.
N0-가 N1-를 V (N0=[인간|단체] N1=[사물])
피 거래되다
¶밀매업자들이 암시장에서 장기를 거래하다 적발되었다. ¶그들은 주로 중동 지역에서 무기를 거래한다.
N0-가 N1-와 N2-를 V (N0=[인간|단체] N1=[인간|단체] N2=[사물])
피 거래되다
¶그는 친구들과 중고 물품을 거래했다. ¶우리 회사는 유통업체들을 지사나 대리점을 거치지 않고 국외 도매상과 상품을 직접 거래하고 있다.
❷(어떤 목적을 위해) 의도적으로 관계를 맺고 유지하다. Intentionally form and maintain a relationship (for a specific purpose).
N0-가 N1-와 V ↔ N1-가 N0-와 V ↔ N0-와 N1-가 V (N0=[인간|단체] N1=[인간|단체])
¶그는 나와 은밀하게 거래하였다. ↔ 나는 그와 은밀하게 거래하였다. ↔ 그와 나는 은밀하게 거래하였다.)

거론되다
어원 擧論~ 활용 거론되어(거론돼), 거론되니, 거론되고 대응 거론이 되다
❶(어떤 사안이) 논의의 대상으로 언급되다. (of an issue) Be spoken of as subject of discussion.
㊐논의되다
N0-가 N1-에 의해 V (N0=[일], [사건], 문제 따위 N1=[인간|단체])
능 거론하다
연어 또다시
¶세대 갈등 해결 방안이 대통령 후보들에 의해 거론되었다. ¶요즘 방송에서 미세먼지 저감 방안이 또다시 거론되고 있다.
N0-가 N1-에서 V (N0=[일], [사건], 문제 따위 N1=[회의], [소통], [연설])
능 거론하다
연어 또다시
¶두발 자유화 문제가 전체 학생 회의에서 거론되었다. ¶대통령 취임 연설에서 세대 갈등 해결 방안이 거론되었다.
❷(어떤 사람이) 특정한 일을 맡을 사람으로 적합

하다고 언급되어 논의되다. (of a person) Be discussed as the person to take charge of a duty.
N0-가 N1-로 V (N0=[인간], [직책] N1=[직책])
능 거론하다
¶금춘호 의원이 시장 후보로 거론되고 있습니다. ¶개각 때마다 박인덕 교수는 보건복지부 장관으로 거론되어 왔다.

거론하다

어원 擧論~ 활용 거론하여(거론해), 거론하니, 거론하고 대응 거론을 하다
자타 ❶(어떤 사안을) 논의의 대상으로 언급하다. Speak of an issue as the subject of discussion.
유 언급하다 자타 논의하다
N0-가 N1-(를|에 대해) V (R1) (N0=[인간|단체] N1=[행위], [추상물](문제, 일 따위))
피 거론되다
¶정부는 위안부 문제를 여러 차례 거론하였습니다. ¶그 문제를 다시 거론해야 할 필요가 있을까요?
N0-가 S다고 V (R1) (N0=[인간|단체])
¶정부는 미세먼지 문제를 조속히 해결해야 할 문제라고 거론하였습니다.
❷(어떤 사람을) 특정한 일을 맡을 사람으로 적합하다고 언급하며 논의하다. Discuss someone as the person to take charge of a duty.
N0-가 N1-를 N2-로 V (N0=[인간|단체] N1=[인간] N2=[직책])
피 거론되다 ¶이사들은 부사장을 신임 사장으로 거론하고 있다.

거르다 I

활용 걸러, 거르니, 거르고
타 (일정한 도구를 이용하여) 찌꺼기, 불순물 따위를 제거하고 원하는 물질만 모으다. Collect only desired material by removing debris or impurities using a specific tool.
N0-가 N1-를 N2-로 V (N0=[인간] N1=[액체](물, 술 따위), 가루 따위 N2=[도구](여과지, 체, 필터 따위))
¶바리스타가 고운 체로 입자가 큰 커피가루를 걸렀다. ¶학생들이 여과 장치로 물을 걸렀다. ¶어머니는 유산균 종자를 체로 걸러서 따로 모아 두셨다.

거르다 II

활용 걸러, 거르니, 거르고
타 ❶(순서나 절차 따위의 일정 단계를) 생략하고 넘어가다. Omit or skip a step in a procedure.
유 건너뛰다
N0-가 N1-를 V (N0=[인간|집단] N1=[행위], [순서](식순 따위), [단계])
¶요즘 사람들은 국민의례를 거르고 행사를 하는 경우가 많다. ¶경찰은 자세한 수사 과정을 거르고 사건을 검찰로 보냈다.
❷(반복적으로 늘 하던 일 따위를) 빼먹고 건너뛰다. Omit or skip an action that has always been performed in repetition.
N0-가 N1-를 V (N0=[인간] N1=[식사], [식](기념일, 제사, 생일 따위))
¶우리는 올해 제사를 거르고 지난 줄도 모르고 있었다. ¶남자친구가 내 생일을 거르고 지나가 버려 무척 서운했다.

거머쥐다

활용 거머쥐어, 거머쥐니, 거머쥐고 준 검쥐다
타 ❶(물건을) 손 안에 힘껏 휘감아 쥐다. Firmly seize an object in one's hand.
유 감아쥐다
N0-가 N1-를 V (N0=[인간] N1=[사물])
¶아이는 인파 속에서 엄마의 치맛자락을 꼭 거머쥐었다. ¶지혜는 상대방이 내민 손을 감격하며 거머쥐었다.
❷(권리나 권력, 자격 등을) 온전히 자신의 것으로 삼다. Make right, authority, and qualification one's possession.
유 장악하다
N0-가 N1-를 V (N0=[인간|집단] N1=[권리], [권력], [성공], [감정](행복 따위))
¶영호는 재수 끝에 합격의 영광을 거머쥐었다. ¶적극적인 노력과 긍정적인 사고방식 때문에 행복을 거머쥘 수 있었다.

거부되다

어원 拒否~ 활용 거부되어(거부돼), 거부되니, 거부되고 대응 거부가 되다
자 (제안, 요구, 명령 등이) 다른 사람들이나 단체에 의해 받아들여지지 않다. (of a suggestion, a request, an order, etc.) Be not accepted by others or an organization.
반 용납되다
N0-가 N1-에게 V (N0=[사물], [추상물], [상태] N1=[인간], [단체])
능 거부하다
¶동생을 보게 해 달라는 그의 요청이 거부되었다. ¶부정 투표로 인한 선거 결과가 시민들에게 거부되었다.
N0-가 S것-이 V (N0=[추상물], [상태])
능 거부하다
¶망명을 요구해 온 난민들의 본국 송환이 거부되고 있다. ¶납치범들의 요구는 우리 정부에 의해 거부되었다.

거부하다

어원 拒否~ 활용 거부하여(거부해), 거부하니, 거부하

고 대응거부를 하다
타(제안, 요구, 명령 등을) 받아들이지 않고 물리치다. Not accept or reject a suggestion, request or order.
유거절하다, 불응하다, 물리치다 반용인하다, 용납하다, 응하다
N0-가 N1-를 V (N0=[인간|단체] N1=[사물], [추상물], [상태])
피거부되다
연어단호히
¶용의자는 결국 자백을 거부했다. ¶몇몇 유권자들이 선거 결과를 거부하며 재투표를 요구했다.
N0-가 S것-을 V (N0=[인간|단체])
피거부되다
연어단호히
¶망명을 요구해 온 난민들이 본국으로 송환되는 것을 거부하고 있다. ¶납치범들이 타협하는 것을 거부하고 경찰과 대치하고 있다.
N0-가 S기-를 V (N0=[인간|단체])
피거부되다
연어단호히
¶수많은 시민이 해산되기를 단호히 거부하고 경찰과 대치하고 있다. ¶마음을 열기를 거부하는 아이에게는 지속적으로 대화를 시도해야 한다.

거스르다 I

활용거슬러, 거스르니, 거스르고, 거슬렀다
타❶(물길 등의 방향에 대하여) 반대 방향으로 이동하다. Move in a direction that runs counter to the current, etc.
유역행하다
N0-가 N1-를 V (N0=[인간|단체] N1=[강], [길])
¶일방통행로를 거슬러서 운전하다가는 사고가 날 수 있다. ¶나그네는 길을 잃었다가 왔던 길을 거슬러 가며 길을 찾았다.
❷(명령이나 지시를) 받아들이지 않고 어긋나게 행동하다. Not accept and act against a suggestion, request or order.
유거역하다
N0-가 N1-를 V (N0=[인간|단체] N1=[명령], 말, 뜻, 생각)
¶철수는 부모님의 뜻을 거스르는 것이 못내 마음에 걸렸다. ¶사령관은 계속 진격하라는 상부의 명령을 거스르고 후퇴를 결정했다.
❸시대의 흐름이나 대세를 읽지 못하고 어긋나게 행동하다. Fail to grasp the prevailing trend or custom/fashion and act inappropriately.
유역행하다
N0-가 N1-를 V (N0=[인간|단체] N1=[관습], [사조], 역사, 시대, 대세)
¶순리를 거스르는 자는 성공하지 못한다. ¶민주화의 흐름을 거스르던 독재자는 결국 스스로 물러났다.
❹(다른 사람에 대하여) 언짢게 행동하다. Act displeasingly toward someone.
N0-가 N1-를 V (N0=[인간|단체], [행위] N1=비위, 신경, 심기 따위)
¶무엇이 그의 심기를 거슬렀는지 몰라도 그는 하루 종일 꽁해 있었다. ¶사람마다 성격이 다르기 때문에 비위를 거스르지 않는 말을 고르기가 쉽지 않다.

거스르다 II

활용거슬러, 거스르니, 거스르고, 거슬렀다
타《상거래에서》 잔돈을 셈하여 돌려주거나 돌려받다 (In a transaction) Calculate small change and give or take it back.
N0-가 N1-를 V (N0=[인간|단체] N1=[금전])
¶판매원은 나에게 오천 원을 거슬러 주었다. ¶물건을 사면서 천 원을 내고 오백 원을 거슬러 받았다. ¶가게 주인은 거스를 잔돈이 없어서 옆 가게에서 동전을 빌렸다.

거슬리다

활용거슬리어(거슬려), 거슬리니, 거슬리고
자(말이나 행동 따위가) 마음에 들지 않거나 못마땅하여 기분이 상하다. Feel hurt because words or deeds are unsatisfactory or displeasing.
N0-가 N1-가 N2-에 V (N0=[인간|단체] N1=[행위], 말, 말투 따위 N2=눈, 귀, 비위, 신경, 마음 따위)
¶나는 텔레비전 소리가 몹시 귀에 거슬렸다. ¶여자는 사내의 눈빛이 내내 비위에 거슬렸다. ¶나는 내 말투가 마음에 거슬렸다.

거역하다

어원拒逆~ 활용거역하여(거역해), 거역하니, 거역하고 대응거역을 하다
자타(명령이나 지시에) 따르지 않고 거스르다. Refuse to follow and act against an order or instruction.
유거스르다, 반대하다, 불복하다
N0-가 N1-(에|를) V (N0=[인간|단체] N1=[관습], [권력], [명령])
¶네가 지금 부모님의 뜻을 거역할 셈이냐? ¶법학자들은 불합리한 명령에 거역할 권리에 대해 많은 연구를 하였다.

거저먹다

활용거저먹어, 거저먹으니, 거저먹고 【구어】
타❶(어떤 것을) 정당한 노력이나 대가 없이 차지하다. Take possession of something without the appropriate effort or compensation.
N0-가 N1-를 V (N0=[인간] N1=[구체물])
¶그렇게 자꾸 남의 것을 거저먹으려 들다가는

큰코다친다. ¶한 대기업이 중소벤처기업을 거저먹으려 한 사례가 있었다.
❷(어떤 성과를) 정당한 노력을 들이거나 대가를 치름이 없이 이루어내다. Complete a task without the appropriate effort or compensation.
N0-가 N1-를 V (N0=[인간] N1=승리, 우승 따위)
¶우리는 상대팀이 자살골을 넣는 바람에 승리를 거저먹은 셈이다. ¶이번 경기의 우승은 거저먹은 거나 다름없다.

거절당하다

[어원]拒絶~ [활용]거절당하여(거절당해), 거절당하니, 거절당하고 [대응]거절을 당하다
[자](말이나 행동이) 상대에게 받아들여지지 않고 물리쳐지다. (of words or behavior) Be unaccepted and rejected or repulsed.
[유]거부당하다 [반]거절하다
N0-가 N1-에게 V (N0=[추상물], [행위] N1=[인간|단체])
¶나의 제안은 위원장에게 거절당했다. ¶현호는 데이트 신청이 거절당한 뒤로 시무룩해져 있다. ¶관련 업체들에게 보낸 협력 제의가 거절당하여 우리 회사는 지금 초조한 상태이다.

거절하다

[어원]拒絶~ [활용]거절하여(거절해), 거절하니, 거절하고 [대응]거절을 하다
[타](상대의 말이나 행동을) 받아들이지 않고 물리치다. Not accept someone's words or acts and reject them.
[유]거부하다, 사양하다, 물리치다, 뿌리치다 [반]허락하다[타], 거절당하다
N0-가 N1-를 V (N0=[인간|단체] N1=[추상물], [행위])
[연어]단칼에, 매몰차게, 단호하게, 정중히
¶그는 나의 호의를 매몰차게 거절했다. ¶협력을 제의했던 회사로부터 제안을 정중히 거절하는 편지가 왔다.

거주하다

[어원]居住~ [활용]거주하여(거주해), 거주하니, 거주하고 [대응]거주를 하다
[자](일정한 곳에) 머물러 살다. Remain in and inhabit a fixed location.
[유]살다[자]
N0-가 N1-에 V (N0=[인간])
¶철수는 과천에 거주한 지 20여 년이 되었다. ¶그는 한국에 오래 거주하다 귀화를 했다. ¶나는 초등학교 시절에 아버지를 따라 여러 나라에 거주할 기회가 있었다.

거짓말하다

[활용]거짓말하여(거짓말해), 거짓말하니, 거짓말하고 [대응]거짓말을 하다
[자](속이려는 의도로) 사실이 아닌 것을 사실처럼 꾸며 말하다. Speak of something that is false to be true in order to deceive.
N0-가 N1-에 S고 V (N0=[인간] N1=[인간|집단])
¶그는 회사에는 아프다고 거짓말하고 늦잠을 잤다. ¶그가 모르는 얘기라고 언론에 거짓말한 것은 곧 들통이 났다.
N0-가 N1-에게 S고 V (N0=[인간] N1=[인간])
¶민희는 엄마에게 아프다고 거짓말하였다. ¶그는 휴강되었다고 거짓말하고 학교에 가지 않았다. ¶음식이 맛있다고 거짓말한 것은 일종의 배려였다.

거처하다

[어원]居處~ [활용]거처하여(거처해), 거처하니, 거처하고
[자](어느 곳에) 일정하게 자리를 잡고 지내거나 살다. Settle in a certain location to reside there.
[유]머물다, 기거하다, 살다
N0-가 N1-(에|에서) V (N0=[인간] N1=[장소])
¶다섯 식구가 한 방에 거처하고 있었다. ¶가끔 제가 거처했던 방이 문득 생각난답니다. ¶우리는 당분간 여관에서 거처하게 되었다.

거치다[1]

[활용]거치어(거쳐), 거치니, 거치고
[자]❶(어떤 물체에) 걸리거나 막히다. Be hung or stopped by some object.
N0-가 N1-에 V (N0=[인간], [신체부위], [사물] N1=[사물], [신체부위])
¶토끼가 사냥꾼이 설치한 덫에 거쳐서 잡혔다. ¶자동차는 큰 돌에 거쳐서 더 이상 움직이지 못했다.
※이 의미는 현대 한국어에서는 거의 사용되고 있지 않다.
❷마음에 걸려서 거리껴지다. Weigh on one's mind and make one hesitant.
N0-가 V (N0=마음, 일, 생각 따위)
¶대학에 합격한 병규는 거치는 일이 없다고 생각했다. ¶마음이 거치기는 하지만 그래도 실행할 수밖에 없다.
※'거칠 것이 없다'와 같은 형태로 주로 쓰인다.
[타]❶(어떤 곳을) 다른 장소를 오가는 중에 잠시 지나거나 들르다. Stop or briefly pass by some place while going to a different place.
[유]지나다[타], 통과하다[타]
N0-가 N1-를 V (N0=[인간], [교통기관] N1=[장소], [지역])
¶비행기는 뉴욕에 가는 도중에 잠시 일본을 거쳤다. ¶학교에 가는 길에 언제나 영희의 집을 거치게 된다.
❷(순서가 있는 과정이나 단계를) 이행하거나

경험하다. Experience or carry through an ordered process or stage.
[유]밟다, 따르다
N_0-가 N_1-를 V (N_0=[인간] N_1=단계, 과정, 기간, 절차, 순서 따위)
¶이런 고비를 거쳐야 더 발전할 수 있다. ¶여러 공정 단계를 거쳐야 제품이 완성된다.
❸ (어떤 일을) 겪고 경험하다. Experience something.
[유]겪다, 경험하다, 밟다
N_0-가 N_1-를 V (N_0=[인간] N_1= 역경, 경험, 삶 따위)
¶그는 모든 역경을 거치고서야 왕이 될 수 있었다. ¶지금까지 내가 거친 경험들이 나를 만든 것이다.
❹ (다른 사람의) 검사나 조사를 받다. Be inspected or examined about someone.
N_0-가 N_1-를 V (N_0=[모두] N_1=손, 상부, 윗사람, 검색대, 검시소)
¶모든 물건은 그의 손을 거친 후에 사람들에게 분배된다. ¶그의 계획은 윗사람을 거쳐서 상부에 보고되었다.

거치다[2]

[활용]거치어(거쳐), 거치니, 거치고
[기능] [타] '행위'의 의미를 가지는 기능동사 A support verb that indicates "to act"
N_0-가 Npr-를 V (N_0=[모두], Npr=검사, 조사, 검토)
¶그 물건은 언제나 엄격한 조사를 거친 후에야 판매된다. ¶영희는 출국하기 위해서 공항에서 다양한 검사를 거쳤다. ¶새로운 안건은 검토를 거치고 나서 이사회에 보고된다.

거하다

[어원]居~ [활용]거하여(거해), 거하니, 거하고
[자](사람이 일정한 장소에) 머물러 살다. (of a person) Live in or inhabit a certain place.
[유]거주하다
N_0-가 N_1-에 V (N_0=[인간] N_1=[장소])
¶그들은 주로 깊은 산 속에 거하면서 생활을 하였다. ¶제자는 산으로 올라가 굴속에 거하였다.

거행되다

[어원]擧行~ [활용]거행되어(거행돼), 거행되니, 거행되고 [대응]거행이 되다
[자]❶(행사나 의식 따위가) 일정한 장소에서 일정한 형식에 따라 치러지다. (of an event or ritual at a certain venue or place) Be carried out or executed according to a certain format or procedure.
[유]개최되다
N_0-가 N_1-에서 V (N_0=[행사](의식, 행사 따위) N_1=[장소])
[능]거행하다
¶숭례문 앞에서는 국가의 중요한 행사가 거행되곤 했다. ¶전국 각지에서는 다채로운 교육 행사가 거행되었다. ¶운동장에서는 입학식이 거행되고 있었다.
N_0-가 N_1-로 V (N_0=[행사](의식, 행사 따위) N_1=[행위](주최, 주례 따위))
[능]거행하다
¶행사가 신문사와 대학의 공동 주최로 거행되었다. ¶결혼식이 대주교님의 주례로 거행되었다.
❷지시나 명령대로 행해지다. Be carried out according to an instruction or order.
[유]시행되다, 실시되다
N_0-가 V (N_0=명령, 규범 따위)
[능]거행하다 ¶해마다 이 시기가 되면 신성한 신의 명령이 거행된다.

거행하다

[어원]擧行~ [활용]거행하여(거행해), 거행하니, 거행하고 [대응]거행을 하다
[타]❶(의식이나 행사 따위를) 일정한 장소에서 일정한 형식에 따라 치르다. Conduct an event or ritual at a specific venue according to a certain format or procedure.
[유]올리다, 행하다, 개최하다
N_0-가 N_1-를 V (N_0=[인간|단체] N_1=[행사](의식, 행사 따위))
[피]거행되다
¶지금부터 졸업식을 거행하겠습니다. ¶3.1절 기념행사를 오늘 거행한다.
N_0-가 N_1-를 N_2-에서 V (N_0=[인간|단체] N_1=[행사](의식, 행사 따위) N_2=[장소])
[피]거행되다
¶우리는 강당에서 추도식을 거행하기로 했다. ¶독립 선언식을 탑골 공원에서 거행할 예정이었다.
❷지시나 명령대로 어떤 일을 행하다. Carry out something according to an instruction or order.
[유]시행하다, 실행하다, 처리하다
N_0-가 N_1-를 V (N_0=[인간|단체] N_1=명령, 규범 따위)
[피]거행되다
¶어명을 즉시 거행하겠습니다. ¶우리는 전달받은 대로 거행했을 뿐입니다.
※ 'N_1대로'의 형태로 자주 쓰인다.

걱정되다

[활용]걱정되어(걱정돼), 걱정되니, 걱정되고 [대응]걱정이 되다
[자]좋지 않은 일이 있을까 봐 불안해지고 마음이 타다. Become anxious and uneasy due to anticipation of something bad happening.
[유]근심되다, 우려되다 [반]안심되다
N_1-(에게|는) N_0-가 V (N_0=[추상물](형편, 생계,

장래 따위), [결과](실패, 죽음 따위), [사물] N1=[인간|단체])
능 걱정하다
¶그는 집에 있는 아이가 너무 걱정되어서 발걸음을 빨리했다. ¶철수는 곧 치를 면접이 걱정되어 아무 일도 하지 못했다. ¶뜻있는 사람들에게는 이 나라의 미래가 걱정되었을 것이다.
No-(에게|는) S것-이 V (No=[인간|단체])
능 걱정하다
¶선생님에게는 그 학생이 방황하는 것이 무척 걱정되었다. ¶많은 사람들이 집값이 떨어지는 것이 걱정되어 사지도 팔지도 못했다. ¶그 선수는 기량이 떨어지는 것이 걱정되어 수술 대신 재활훈련만 하고 싶어했다.

걱정하다

활용 걱정하여(걱정해), 걱정하니, 걱정하고 대응 걱정을 하다
자타 (어떤 일이) 잘 되지 않을까봐 속을 태우며 불안해하다. Anxiously worry that (something) might go wrong.
㊥ 우려하다, 애태우다, 두려워하다 반 안심하다
No-가 Q V (No=[인간|단체])
사 걱정시키다
¶나는 동생이 밥은 잘 먹고 다니는지 걱정하였다. ¶아버지는 아들이 길을 잃지는 않을까 걱정하셨다.
No-가 S-다고 V (No=[인간|단체])
사 걱정시키다
¶그는 동생이 늘 힘든 일을 한다고 걱정하였다. ¶할머니는 내가 얼굴이 좋지 않아 보인다고 걱정하셨다.
No-가 N1-(를|에 대해) V (No=[인간|단체] N1=[사물], [추상물], [상태])
사 걱정시키다
¶어머니는 항상 내 건강에 대해 걱정하신다. ¶아직 닥치지도 않은 일을 미리 걱정하지 마라.

건국하다

어원 建國~ 활용 건국하여(건국해), 건국하니, 건국하고 대응 건국을 하다
자 (나라가) 처음으로 세워지다. (of a country) Be founded.
No-가 V (No=[국가])
¶조선은 1392년에 건국하였다.
타 (나라를) 처음으로 세우다. (of people) Found a country.
㊥ 개국하다
No-가 N1-를 V (No=[인간] N1=[국가])
¶온조왕은 하남 위례성에 터를 잡고 백제를 건국했다. ¶주몽은 기원전 37년에 고구려를 건국한다.

건너가다

활용 건너가, 건너가니, 건너가고, 건너가거라/건너가라
자 ❶(사람이나 동식물, 물건, 문화 등이) 어떤 공간을 지나 다른 위치로 옮겨 가다. (of people, living things, goods, or culture) Move to another place.
반 건너오다 자
No-가 N1-(으로|에) V (No=[인간], [동물|식물], [사물], [관습|제도|종교|사조] N1=[국가], [장소])
¶밤도 늦었으니 너희 방에 건너가거라. ¶독립운동가들이 만주로 건너가서 임시정부에서 일했다.
❷(사람이나 물건이) 반대 세력에 넘어가다. (of person or things) Go over to an opponent group.
㊥ 넘어가다 자
No-가 N1-(에|에게) V (No=[인간], [사물] N1=[인간|단체])
¶도굴된 보물은 이미 장물아비에게 건너갔다. ¶많은 돈이 투기꾼들에게 건너갔다.
타 (사람이나 동식물, 탈것, 물건, 문화 등이) 다른 위치로 가기 위해 어떤 공간을 가로질러 가다. (of people, living things, vehicles, things, and cultures) Cut across a place in order to go to another location.
반 건너오다 타
No-가 N1-를 V (No=[인간], [교통기관](배, 차 따위), [동물|식물], [사물] N1=[장소|길|다리])
¶영희는 파란 불을 보고 횡단보도를 건너갔다. ¶나룻배는 궂은 날씨에도 용케 바다를 건너갔다.
◆ **물 건너가다** (어떤 일을) 할 수 있는 기회나 시기를 놓치다. Miss a chance or the time to do something.
No-가 Idm (No=[행위], 성공)
¶납품 기일을 못 지켰으니 재계약은 물 건너갔다.

건너다

활용 건너, 건너고, 건너니
타 ❶(사람이 어떤 공간을) 다른 위치로 가기 위해 가로지르다. (of a person) Traverse in order to go to another location.
No-가 N1-를 V (No=[인간] N1=[장소|길|다리])
¶육교를 건너면 바로 박물관이다. ¶카이사르는 루비콘강을 건너 로마로 진격했다. ¶나는 자전거를 타고 섬까지 이어진 다리를 건넜다.
❷(말이나 소문이) 다른 사람의 입을 거치다. (of words or rumor) Pass through other persons.
No-가 N1-을 V (No=[이야기] N1=[신체부위](입 따위))
¶그 소문은 한 입 두 입 건너 경찰에까지 알려졌다. ¶무심코 한 말이 사람들의 입을 건너면서 곡해되

기도 한다.
※주로 '건너', '건너서', '건너면서' 따위의 형태로 쓰인다.
❸(사람이 끼니를) 정해진 시간에 먹지 않고 거르다. (of a person) Skip a meal.
[유]건너뛰다, 거르다II
N0-가 N1-를 V (N0=[인간] N1=[식사])
¶그는 수요일이면 너무 바빠 점심을 건넌다.
¶내 친구는 다이어트를 위해 매일 저녁을 건넌다.
◆ **건너** (순서대로 있는 기간이나 차례 중 일부를) 빼고 거르며. Missing one of the arranged periods or ordered things.
N1 Idm (N1=[시간], [주택](집 따위), [순서])
¶대도시는 한 집 건너 편의점이 있다.

건너뛰다

[활용]건너뛰어, 건너뛰니, 건너뛰고
[자타](일정한 장소나 사물을) 발로 딛지 않고 뛰어넘어 가다. Jump over an object or position without touching it with the feet.
N0-가 N1-를 V (N0=[유정물] N1=[장소], [자연물], [시설물])
¶그는 계단을 두 개씩 건너뛰었다. ¶아이가 징검다리를 건너뛰어 다닌다.
N0-가 N1-에서 N2-로 V (N0=[유정물] N1=[장소], [자연물], [시설물] N2=[장소], [자연물], [시설물])
¶원숭이가 이쪽 나무에서 저쪽 나무로 건너뛰었다. ¶포수에게 쫓기던 호랑이가 이쪽 절벽에서 저쪽 절벽으로 건너뛰어 도망쳤다.
[타](일, 행위, 사건 따위의) 일정한 단계나 순서를 빼먹거나 거르다. Miss or omit a certain step or procedure of an action, situation or work.
[유]빼먹다, 거르다II
N0-가 N1-를 V (N0=[인간|단체], 날씨 N1=[시간], [계절], [행위], [일], [순서])
¶그는 점심 식사를 건너뛰고 일에만 집중했다.
¶그 가게는 하루씩을 건너뛰고 문을 열곤 했다.

건너오다

[활용]건너와, 건너오고, 건너오니, 건너오너라/건너와라
[자]❶(사람이) 어떤 공간을 지나 다른 위치로 옮겨 오다. (of a person) Pass through certain space and move to another location.
[유]넘어오다[자] [반]건너가다[자]
N0-가 S러 N1-에서 N2-(으로|에) V (N0=[인간] N1=[국가], [장소] N2=[국가], [장소])
¶그는 삼 년 전에 돈을 벌러 중국에서 한국으로 건너왔다. ¶그는 일본에서 태어나 스무 살 때 서울로 건너왔다고 한다.
❷(동식물, 물건, 문화 등이) 어떤 공간을 지나 다른 위치로 옮겨 오다. (of animal, plant, item, culture, etc.) Pass through certain space and move to another location.
[유]넘어오다[자] [반]건너가다[자]
N0-가 N1-에서 N2-(으로|에) V (N0=[동물|식물], [사물] N1=[국가], [장소] N2=[국가], [장소])
¶이 가방은 미국에서 건너온 물건이다. ¶황소개구리는 미국에서 배를 타고 한국으로 건너왔다.
[타]❶(사람이) 어떤 공간을 가로질러 오다. (of a person) Pass through certain space and come.
[유]넘어오다[타] [반]건너가다[타]
N0-가 S러 N2-에서 N1-를 V (N0=[인간] N1=[장소](강, 바다, 호수 따위)], [길|다리] N2=[국가], [장소])
¶많은 노동자들이 취업을 하러 이웃 나라에서 바다를 건너왔다. ¶그는 나를 만나러 혼자 강을 건너온 것이다.
❷(탈것, 물건, 문화 등이) 어떤 공간을 가로질러 오다. (of a ride, an item, a culture, etc.) Pass through certain space and come.
[유]넘어오다[타] [반]건너가다[타]
N0-가 N2-에서 N1-를 V (N0=[동물|식물], [사물], [냄새|연기] N1=[장소](바다 따위), [길|다리] N2=[국가], [장소])
¶미세먼지가 이웃 나라에서 서해를 건너왔다.
¶왕벚나무가 제주도에서 바다를 건너왔다.
◆ **물 건너오다** (어떤 물건이) 해외에서 들어오다. (of certain object) Come over from abroad.
N0-가 Idm (N0=[사물])
¶망고는 물 건너온 과일이다. ¶과거에는 같은 물건도 물 건너왔다 하면 가격이 껑충 뛰었다.

건네다

[활용]건네어(건네), 건네니, 건네고
[타]❶(다른 사람에게) 무엇을 손으로 옮겨서 주다. Give another person something by hand.
[유]넘기다, 건네주다
N0-가 N2-에게 N1-를 V (N0=[인간] N1=[사물] N2=[인간])
¶국회의원 후보의 부인이 유권자들에게 금품을 건넸다고 한다. ¶동생은 나에게 커피잔을 건네주었다.
❷(다른 사람에게) 말을 하거나 걸다. Talk to another person.
N0-가 N2-에게 N1-를 V (N0=[인간] N1=말, 인사 따위 N2=[인간])
¶나는 혼자 있는 그에게 다정히 말을 건넸다.
¶그는 나를 보자 반갑게 인사를 건넸다.

건네주다

[활용]건네주어(건네줘), 건네주니, 건네주고
☞건네다

건드리다

활용 건드리어(건드려), 건드리니, 건드리고 준 건들다

타 ❶손이나 신체의 일부를 이용하여 어떤 물건을 살짝 만지거나, 지니고 있는 물체를 다른 물체에 잠시 가져다 대다. Lightly touch an object using one's hand or body part, or to temporarily make item in one's possession touch another object.

유 접촉하다 자타 만지다

N0-가 N1-를 N2-로 V (N0=[인간] N1=[사물] N2=[신체부위], [사물])

¶이 물건은 매우 섬세하니 절대 건드리면 안됩니다. ¶그는 아직 완전히 마르지 않은 그림을 손으로 건드려서 망치고 말았다.

❷(말이나 행동으로) 상대방의 마음을 불편하게 만들다. Make someone feel uncomfortable with speech or behavior.

N0-가 N1-를 V (N0=[인간|단체], [행위] N1=[추상물](비위, 성질, 기분, 감정, 신경 따위))

¶가까운 사람일수록 상대방의 자존심을 건드려서는 안 된다. ¶그의 표정과 행동은 왠지 모르게 선배들의 감정을 건드린다. ¶오늘은 제발 부모님의 심기를 건드리지 말아라.

❸(이성을) 꾀거나 육체적인 관계를 가지다. Seduce or engage in physical relationship with the opposite sex.

N0-가 N1-를 V (N0=[인간] N1=[인간])

¶그는 술김에 잘 모르는 여자를 함부로 건드리고 매우 후회했다. ¶부장이 신입 여사원을 함부로 건드렸다가 큰 문제를 일으켰다.

❹(어떤 일을) 한 번 시도해 보다. Attempt a task.

유 시도하다

N0-가 N1-를 V (N0=[인간|단체] N1=[추상물](주제, 일, 문제 따위))

¶아저씨는 사업 실패 후 이일 저일 건드려 보았지만 제대로 되는 것이 없었다. ¶그는 이 문제를 쉽게 생각하고 건드렸다가 몇 년째 해결을 못하고 있다.

건들다

활용 건들어, 건드니, 건들고 본 건드리다

☞건드리다

건립되다

어원 建立~ 활용 건립되어(건립돼), 건립되니, 건립되고 대응 건립이 되다

자 ❶(시설이나 기념비, 조형물 따위가) 만들어져 세워지거나 들어서다. (of a facility, a monument, or a sculpture) Be erected or set up.

유 건설되다, 세워지다

N0-가 V (N0=[건물], [유원지], [조형물])

능 건립하다

¶공원이 건립되면 많은 시민들이 찾아올 것이다. ¶산 너머에 군립 도서관이 건립될 예정이다.

❷(조직이나 기관 따위가) 새로 만들어지다. (of an organization or an institution) Be built.

유 창설되다, 창립되다

N0-가 V (N0=[단체])

능 건립하다

¶곽 회장님의 출연금으로 장학 재단이 건립된다. ¶올해로 우리 향우회가 건립된 지 30년이 되었습니다.

건립하다

어원 建立~ 활용 건립하여(건립해), 건립하니, 건립하고 대응 건립을 하다

타 ❶(사람이나 집단이) 시설이나 기념비, 조형물, 건물 따위를 일정한 장소에 만들어 세우거나 짓다. Construct or erect at a certain place facilities, monuments, sculptures, buildings, etc.

유 건설하다, 세우다, 짓다[1]

N0-가 N1-를 N2-에 V (N0=[인간], [단체] N1=[건물], [유원지], [조형물] N2=[장소])

피 건립되다

¶서울시는 종로구에 서양음악당을 건립하려고 한다. ¶우리는 그를 기리고자 그의 고향에 기념관을 건립하였다.

❷(조직이나 기관 따위를) 새로이 조직하여 만들다. Newly organize and build (organization, institution etc.).

유 창설하다, 창립하다

N0-가 N1-를 V (N0=[인간], [단체] N1=[단체], [기관])

피 건립되다

¶곽 회장은 대학생들을 위해 장학 재단을 건립하였다. ¶그는 30년 전에 향우회를 건립했다.

건배하다

어원 乾杯~ 활용 건배하여(건배해), 건배하니, 건배하고 대응 건배를 하다

자 (사람이 다른 사람과) 어떤 일을 축하하거나 함께 건강이나 행복을 빌며 술잔을 들어 술을 마시다. (of a person) Hold up a glass with liquor and drink with someone to celebrate something or to wish for health or happiness.

N0-가 V (N0=[인간](의미상 복수))

¶나와 아내는 결혼기념일을 축하하며 건배하였다. ¶우리의 건강을 위하여 건배합시다. ¶우리는 친구의 유학을 기뻐하며 소주잔을 부딪히며 건배하였다.

※ N0는 복수이다

N0-가 N1-과 V (N0=[인간] N1=[인간])
¶내 생일에 나는 친구들과 건배하였다. ¶선생님의 건강을 기원하면서 우리는 채 선생님과 건배하였다.

ㄱ

건설되다
어원 建設~ 활용 건설되어(건설돼), 건설되니, 건설되고 대응 건설이 되다
자 ❶(필요한 건물이나 시설 따위가) 어떤 장소에 새로 만들어 세워지다. (of a necessary building or facility) Be newly erected or founded at a certain location.
유 건립되다, 건축되다, 건조되다I 반 파괴되다, 부서지다
N0-가 N1-에 V (N0=[건물], [장소], [길], 댐 따위 N1=[장소])
능 건설하다
¶해안 주변에 도로가 건설되면 관광객이 늘어날 것이다. ¶여기에는 자동차 전용도로가 건설되고 있다.
❷(조직체가) 어떤 장소나 다른 조직체 내에 새로 만들어 세워지다. (of an organization) Be newly erected and established within a location or another organization.
유 조직되다, 창립되다, 창설되다
N0-가 N1-에 V (N0=[국가], [상황], [단체], [관습], [사조] N1=[장소], [단체])
능 건설하다
¶이곳에 임시 정부가 건설된 지 10년이 지났다. ¶우리 회사에 노동조합이 건설되었습니다.

건설하다
어원 建設~ 활용 건설하여(건설해), 건설하니, 건설하고 대응 건설을 하다
타 ❶(어떤 장소에) 건물이나 시설 따위를 새로 만들어 세우다. Newly erect and establish a building or facility at a certain location.
유 건립하다, 건축하다, 건조하다I, 세우다, 짓다 반 허물다, 파괴하다, 부수다 상 만들다 타
N0-가 N2-에 N1-를 V (N0=[인간|단체] N1=[건물], [장소], [길], 댐 따위 N2=[장소])
피 건설되다
¶우리 회사는 외국에도 공장을 건설했다. ¶한국은 남극에 세종기지를 건설하였다.
❷(조직체를) 어떤 장소나 다른 조직체 내에 새로 만들다. Newly found an organization within a location or another organization.
유 조직하다, 세우다, 만들다 타
N0-가 N2-에 N1-를 V (N0=[인간|단체] N1=[국가], [집단], [단체] N2=[장소], [단체])
피 건설되다
¶김구 선생은 1919년 상해에 임시 정부를 건설했다. ¶우리 모두 복지국가를 건설하기 위해 노력합시다.

건의되다
어원 建議~ 활용 건의되어(건의돼), 건의되니, 건의되고 대응 건의가 되다
자 (어떤 의견이나 바람 따위가) 사람이나 단체에 의해 말이나 문서로 표현되다. (of opinion or wish) Be expressed as words or document by a person or an organization.
유 제의되다, 제안되다
N0-가 V (N0=[상태], [추상물])
능 건의하다
¶서울 지역의 오래된 아파트 재개발이 지역 주민에 의해 건의되었다. ¶도시 환경 개선을 위해 다양한 시책이 건의되었다.

건의하다
어원 建議~ 활용 건의하여(건의해), 건의하니, 건의하고 대응 건의를 하다
자타 (사람이나 단체가) 다른 사람이나 단체에게 의견이나 바람을 말이나 문서 따위로 표현하다. (of a person or an organization) Express opinion or wish in words, document, etc., to another person or organization.
유 제안하다, 제의하다
N0-가 N1-(에|에게) S(고|라고|자고) V (N0=[인간|단체] N1=[인간|단체])
¶학생들은 학교에 도서관을 만들자고 건의하였다. ¶협회는 정부에 심전도 검사를 조무사도 할 수 있도록 하자고 건의하였다.
N0-가 N2-(에|에게) N1-를 V (N0=[인간|단체] N1=[상태], [추상물] N2=[인간|단체])
¶시민들은 구청에 재개발 문제를 건의하였다. ¶학생들은 학교에 도서관 설립을 건의하였다.
N0-가 N1-(에|에게) S것-을 V (N0=[인간|단체] N1=[인간|단체])
피 건의되다
¶시민들은 구청에 아파트를 재개발할 것을 건의하였다. ¶그는 왕에게 불합리한 과거제도를 폐지할 것을 건의하였다. ¶학생들은 학교에 도서관을 설립할 것을 건의하였다.

건조되다 I
어원 建造~ 활용 건조되어(돼), 건조되니, 건조되고 대응 건조가 되다
자 건물이 지어지거나 배가 만들어지다. (of a building or ship) Be built or made.
상 만들어지다, 제작되다
N0-가 V (N0=[건물], [선박])
능 건조하다I

¶그 배는 병력을 운송할 목적으로 건조되었다. ¶이 군사 시설은 엄격한 보안 속에서 건조되었다.

건조되다Ⅱ

[어원]乾燥~ [활용]건조되어(돼), 건조되니, 건조되고

[대응]건조가 되다

[자](음식물 따위의) 물기나 습기가 말라서 없어지다. (Moisture on food etc.) Become completely dried out.

[유]마르다I [반]젖다

N0-가 V (N0=[사물], [음식물])

[능]건조하다II

¶저번 주에 사서 마당에 펼쳐 놓은 고추가 대부분 다 건조되었다. ¶올해 곶감은 너무 무르지도 딱딱하지도 않게 잘 건조됐다.

건조하다Ⅰ

[어원]建造~ [활용]건조하여(해), 건조하니, 건조하고

[대응]건조를 하다

[타]건물을 짓거나 배를 만들다. Build a building or make a boat.

[상]만들다[타], 제작하다

N0-가 N1-를 V (N0=[인간|단체] N1=[건물], [선박])

[피]건조되다I, [사]건조시키다I

¶그들은 삼나무 배를 건조했다. ¶중공업 회사가 외국 공장에 액화천연가스 설비를 건조했다. ¶이 조선소는 창립 이후 1천 척의 선박을 건조했다.

건조하다Ⅱ

[어원]乾燥~ [활용]건조하여(해), 건조하니, 건조하고

[대응]건조를 하다

[타]물이나 습기를 말려 없어지게 하다. Make moisture or water to disappear by drying.

[유]말리다III [반]젖게 하다

N0-가 N2-에게 N1-를 V (N0=[인간] N1=[사물], [음식물] N2=[인간])

[사]건조시키다

¶우리는 고구마를 열풍에 건조했다. ¶요리사들은 재료를 보관하기 위해 나물의 뿌리를 씻은 뒤 건조했다.

건조해지다

[어원]乾燥~ [활용]건조해지어(건조해져), 건조해지니, 건조해지고

[자]물기나 습기가 말라서 없어지다. Become completely dried out.

[유]마르다I [반]축축해지다

N0-가 V (N0=[사물], [음식물], [신체부위], 공기, 날(씨) 따위)

¶겨울철에는 피부가 건조해지기 쉽다. ¶오랫동안 비가 오지 않아 날씨가 많이 건조해졌다.

건지다

[활용]건지어(건져), 건지니, 건지고

[타]❶(물건이나 사람 따위를) 물이나 액체 속에서 집어내거나 끌어내다. Pick up or pull an object or person from water or liquid.

[반]빠뜨리다

N0-가 N1-에서 N2-를 V (N0=[인간] N1=[액체] N2=[사물], [인간], [동물])

¶그는 바다에 빠진 사람을 건졌다. ¶사람들이 강가에서 쓰레기를 건졌다. ¶콩나물이 익으면 건져서 양념을 하세요.

❷(목숨, 사람 따위를) 어려운 상황에서 구하다. Rescue or extricate a person from a difficult situation.

[반]빠뜨리다

N0-가 N1-에서 N2-를 V (N0=[인간|단체], [동물] N1=[사고], [사건] N2=[인간|단체], 목숨)

¶그는 위기 상황에서 가까스로 목숨을 건졌다. ¶그는 화재 속에서 다행히 목숨은 건졌지만 온몸에 화상을 입었다. ¶그는 불안과 공포 속에서 우리를 건져 주셨습니다.

❸(손해 본 것이나 투자한 것을) 되찾거나 얻다. Take back or regain something lost or invested.

[유]되찾다, 벌다

N0-가 N1-를 V (N0=[인간|단체] N1=[금전])

¶그는 사기를 당해서 전세금을 한 푼도 못 건졌다고 한다. ¶나는 이자는커녕 본전도 못 건졌어요.

❹기대했던 것이나 쓸 만한 것을 얻다. Obtain something that is useful.

[유]얻다, 획득하다

N0-가 N1-를 V (N0=[인간|단체] N1=[사물], [추상물])

¶우리나라 선수들이 금메달을 여덟 개 건졌다. ¶회사는 명분과 실리를 모두 건지기 위해 고민했다.

걷다Ⅰ

[활용]걸어, 걸으니, 걷고, 걷는

[자] 발을 번갈아 내딛으며 나아가다. Walk forward by making alternative steps.

[유]걸어가다[자]

N0-가 V (N0=[인간], [동물])

[사]걸리다II

¶아기가 아장아장 걷는다. ¶오리가 어미를 좇아 뒤뚱뒤뚱 걷는다.

[타]❶발을 번갈아 내딛으며 나아가다. Walk forward by making alternative steps.

[유]걸어가다[타]

N0-가 N1-를 V (N0=[인간], [동물] N1=[장소](길, 공원 따위))

¶이번 휴가 때 우리 가족은 제주 올레길을 걷기로 했다. ¶삶의 의미를 찾아 떠나온 사람들이 산티아고 순례길을 걸었다.

ㄱ

ㄱ

❷ 어떠한 방향으로 나아가다. Go forward toward a certain direction.
㊌나아가다
N0-가 N1-를 V (N0=[인간|단체] N1=[길](내리막길, 가시밭길 따위))
¶4강 후보로 점쳐졌던 기아 타이거즈는 내리막길을 걸었다. ¶시위 참가자들은 이제부터 투쟁의 길을 걷겠다고 마음을 모았다.
❸어떤 일에 꾸준히 종사하다. Work in a certain job devotedly.
N0-가 N1-를 V (N0=[인간|단체] N1=[길])
¶김소희는 중학교 1학년 때부터 본격적인 선수의 길을 걸었다. ¶영운 스님은 37년간 수행의 길을 걸었다.

걷다Ⅱ
활용걷어, 걷으니, 걷고
타❶(치마, 바지 따위를) 위쪽으로 말거나 접어 올리다. Roll or fold up (skirt, pants, etc.).
㊌걷어올리다, 접어올리다
N0-가 N1-를 V (N0=[인간|N1=[옷], [착용물])
피걷히다II
¶그는 바지를 걷고 계곡에 발을 담갔다. ¶그녀는 소매를 걷고 요리를 시작했다.
❷(무엇인가를 가로막고 있던 커튼, 발, 장막, 포장 따위를) 젖혀서 공간을 트다. Open up (something blocking such as curtain, tent, package, etc.).
㊌제치다, 치우다
N0-가 N1-를 V (N0=[인간|단체] N1=[사물])
피걷히다II
¶나는 커튼을 걷고 창문을 열었다. ¶창원시는 노후 된 콘크리트 포장을 걷어 내고 친환경 도로를 조성했다.
❸(바닥에 깔려 있거나 널려 있는 것을) 말거나 개다. Roll or fold (something spread or hanging on the floor).
㊥널다, 깔다
N0-가 N1-를 V (N0=[인간] N1=[사물])
피걷히다II
¶나는 다 마른 빨래들을 걷었다. ¶그는 마당의 멍석을 걷었다.
◆ **팔을 걷다** 적극적으로 나서다. Participate enthusiastically as if someone who get down to work tend to roll up their sleeves.
N0-가 N1-에 Idm (N0=[인간|단체] N1=[의지], [행위](돕기, 실천운동 따위))
¶모두가 에너지 절약 운동에 팔을 걷었다. ¶사회단체들은 수재민 돕기에 팔을 걷었다.

걷다Ⅲ
활용걷어, 걷으니, 걷고 ㊇거두다
타❶(돈이나 물품을) 사람들에게서 받아 모으다. Collect (money or goods) from people.
㊌모으다, 수금하다, 모금하다
N0-가 N1-를 V (N0=[인간|단체] N1=[돈](기부금, 회비 따위))
피걷히다III
¶우리들은 수해 입은 친구들을 위해 수재 의연금을 걷었다. ¶우리 반은 일 년에 한 번씩 학급 회비를 걷는다.
❷(곡식, 과일 따위를) 수확하여 모으다. Harvest and collect (grain, fruit, etc.).
㊌추수하다, 수확하다
N0-가 N1-를 V (N0=[인간] N1=[자연물](곡식, 열매 따위))
피걷히다III
¶농부는 잘 익은 곡식을 걷어 창고에 두었다. ¶그는 탐스러운 열매들을 걷기 시작했다.

걷어차다
활용걷어차, 걷어차니, 걷어차고
타❶(어떤 물체나 다른 사람을) 발로 맞추어 세게 차다. Hit an object or person hard with one's foot.
N0-가 N1-를 V (N0=[인간] N1=[신체부위], [인간], [동물])
피걷어차이다
¶성호가 친구의 엉덩이를 걷어찼다. ¶상대편 수비가 내 종아리를 걷어차는 바람에 골을 못 넣었다.
❷(함께 하던 사람을) 내쫓듯이 관계를 끊다. Severe relationship with and eject someone.
N0-가 N1-를 V (N0=[인간] N1=[인간])
피걷어차이다
¶친구 녀석이 여자 친구를 걷어차 버렸다. ¶사장이 부장을 걷어차 버린 이후로 회사가 조금씩 어려워졌다.
❸(기회나 복 따위를) 활용하지 못하고 날려 보내 놓쳐버리다. Miss a chance or fortune without using it.
N0-가 N1-를 V (N0=[인간] N1=[운](복, 기회 따위))
¶너는 굴러온 복을 걷어찼구나. ¶그 사람은 스스로 승진 기회를 걷어차 버린 셈이다.

걷어차이다
활용걷어차여, 걷어차이니, 걷어차이고
자타❶(사람의 신체의 일부나 어떤 물체가) 발로 세게 차이다. (person's body part or object) Be kicked badly.
㊎차이다
N0-가 N1-에 V (N0=[사물] N1=[신체부위](발 따위))
능걷어차다

¶길거리의 우유팩이 이리저리 걷어차이고 있었다. ¶이 동네는 밤이 워낙 많아서 밤송이가 발에 걷어차인다.
N0-가 N2-에게 N1-를 V (N0=[인간], [동물] N1=[신체부위] N2=[인간], [동물])
능 걷어차다I
¶돼지는 말발굽에 엉덩이를 걷어차였다. ¶우리 선수는 상대편 수비에게 종아리를 걷어차였다.
❷(함께 하던 사람에게) 관계가 일방적으로 끊어짐을 당하다. Be dumped (by a person that one was with).
N0-가 N1-에게 V (N0=[인간])
능 걷어차다I
¶나는 그 녀석에게 걷어차였다. ¶그는 오랫동안 믿어 왔던 사람에게 걷어차여 버렸다.

걷히다 I
활용 걷히어(걷혀), 걷히니, 걷히고
자 ❶(구름이나 안개, 습기 따위가) 옅게 되어 흩어져서 사라지다. (cloud or fog, moisture, etc.) Thinly scatter and disappear.
㊙없어지다, 맑아지다
N0-가 V (N0=구름, 안개, 연기 따위)
¶서서히 안개가 걷히고 날이 개였다. ¶검은 구름이 걷히고 강한 햇살이 쏟아졌다.
❷ (어둠 따위가) 사라지고 밝아지다. (of darkness, etc.) Disappear and become bright.
㊙물러가다
N0-가 V (N0=어둠, 밤, 잔월 따위)
¶어느새 짙은 어둠이 차츰 걷히기 시작했다. ¶밤이 걷히고 아침이 뿌옇게 서려 왔다.
❸(비가) 그치고 날씨가 개다. (of rain) Stop and clear up.
N0-가 V (N0=비, 장마 따위)
¶이젠 장마도 걷혔으니 빨래를 해야겠다. ¶장대비가 걷히자마자 무지개가 생겨났다.
❹어떤 신체 조건이나 상태에서 벗어나거나 그 상태가 사라지다. Escape a certain physical condition or state, or (of that state) disappear.
㊙가시다자
N0-가 V (N0=[컨디션](기운, 졸음, 표정, 색깔 따위))
¶술기운이 걷히면서 두통이 시작되었다. ¶새벽 네 시가 되자 졸음이 걷히기 시작했다.
❺(감정, 상황, 의혹 따위가) 해소되어 없어지다. (of an emotion, a situation, a suspicion, etc.) Be resolved and disappear.
N0-가 V (N0=[상황], [감정], 먹구름, 그늘 따위)
¶국내 게임 시장의 먹구름은 걷히지 않을 것이다. ¶금융 시장의 불확실성도 어느 정도 걷히게 되었다.

걷히다 II
활용 걷히어(걷혀), 걷히니, 걷히고
자 ❶(치마, 바지 따위가) 위쪽으로 말리거나 접혀 올려지다. (of skirts, trousers, etc.) Get rolled or folded up.
N0-가 V (N0=[옷], [착용물])
능 걷다II
¶청바지가 두꺼워서 잘 안 걷힌다. ¶걷힌 소맷자락 아래로 흰 피부가 드러났다.
❷(커튼, 발, 장막 등) 늘어져서 공간을 가리던 것이 치워지다. (of a curtain, a blind, or a tent that blocks a space) Be removed.
N0-가 V (N0=[사물](커튼, 발, 장막 따위))
능 걷다II
¶두터운 커튼이 걷히니 햇볕이 방안으로 들어왔다. ¶장막이 걷히니 내부를 모두 확인할 수 있었다.
❸바닥에 깔려 있거나 널려 있는 것이 개어지다. Fold something spread or hanging on the floor.
㊥널리다, 깔리다
N0-가 V (N0=[사물])
능 걷다II
¶다행히 비가 오기 전에 마당의 모든 멍석이 다 걷혔다.

걷히다 III
활용 걷히어(걷혀), 걷히니, 걷히고
자 (돈이나 물품이) 여러 사람들에게서 모아지다. (of money or goods) Get collected from many people.
㊙수금되다, 모금되다
N0-가 V (N0=[돈](기부금, 회비 따위))
능 걷다III
¶수재 의연금이 많이 걷혔다. ¶입원한 친구를 돕기 위한 성금이 꽤 많이 걷혔다.

걸고넘어지다
활용 걸고넘어져, 걸고넘어지니, 걸고넘어지고 【구어】
타 ❶(트집을 잡거나 시비를 걸 목적으로) 다른 사람이나 일의 문제점 따위를 들추어 지적하다. Mention and point out the problem of someone or a task in order to nitpick or provoke.
㊙트집을 잡다
N0-가 N1-를 V (N0=[인간|단체] N1=[추상물])
연어 사사건건
¶형사들이 그 사람의 전과 기록을 걸고넘어졌다. ¶후보자들이 서로의 재산 문제를 사사건건 걸고넘어지면서 토론이 이상해졌다.
❷(자신의 책임을 피하려고) 다른 사람이나 일 따위를 문제의 원인으로 들추어 지적하다. Mention and point out someone or something as the cause of a problem in order to evade one's responsibility.

N0-가 N1-를 V (N0=[인간|단체] N1=[인간|단체])
연어 사사건건
¶용의자들은 서로를 걸고넘어졌다. ¶문제가 생길 때마다 그 사람은 나를 걸고넘어졌다.

ㄱ

걸다[1]
활용 걸어, 거니, 걸고
타 ❶(물체를) 어디에 떨어지지 않게 매달다. Hang an object on something so it would not fall.
㊌매달다
N0-가 N1-를 N2-에 V (N0=[인간] N1=[사물] N2=[공간], [도구], [가구])
피 걸리다I[1]
¶그는 집에 돌아오면 옷걸이에 옷을 가지런히 건다. ¶나는 전시장 벽에 내일 전시될 작품들을 걸었다.
❷(문이 열리지 않도록) 자물쇠나 쇠고리를 문에 꽂거나 잠그다. Put a lock or clasp on the door (to keep the door locked).
㊌잠그다, 채우다 ㉫끌러다, 풀다
N0-가 N1-를 N2-에 V (N0=[인간] N1=자물쇠, 빗장, 문고리 따위 N2=[사물])
피 걸리다I[1]
¶할머니는 물고기 모양의 자물쇠를 뒤주에 걸었다. ¶나는 빗장을 대문에 걸고 외출하였다.
❸(어떤 일에) 이름이나 조건 따위를 내세우다. List a condition or title (in a certain matter).
N0-가 N1-를 N2-에 V (N0=[인간] N1=조건, 이름 따위 N1=[추상물])
피 걸리다I[1]
¶우리는 이번 계약에 특별한 조건을 걸었다. ¶생산자로서의 이름을 걸고 이 제품의 질을 보장하기 바란다.
❹(다른 사람을) 정신적으로 어떤 상태에 빠지게 하다. Cause someone to fall into a mental condition of a certain kind.
N0-가 N2-에게 N1-를 V (N0=[인간] N1=최면, 마법 따위 N2=[인간])
피 걸리다I[1]
¶그는 철수에게 최면을 걸었다. ¶마녀는 공주에게 목소리를 잃게 되는 마법을 걸었다.
❺(사람이) 돈이나 물건 따위를 어떤 일에 대한 계약의 대가로 내놓다. (of a person) Put out money or good as the price for a certain contract.
N0-가 N1-를 N2-에 V (N0=[인간]) N1=[비용] N2=[인간], [행사], [일])
피 걸리다I[1]
¶주최 측은 이번 대회에 상금 1000만원을 걸었다. ¶경찰은 그에게 현상금 500만 달러를 걸었다.
❻(사람이나 단체가) 어떤 일에 목숨이나 운명, 명예 따위를 담보로 삼다. (of a person or organization) Pledge life, fate, honor, etc. for a cause.
㊌담보하다
N0-가 N2-에 N1-를 V (N0=[인간], [단체] N1=목숨, 미래, 명예, 운명 따위 N2=[상태])
피 걸리다I
¶사람들은 고장의 명예를 걸고 대회에 참여하였다. ¶그는 이 일에 자신의 운명을 걸었다.
N0-가 Q-에 N1-를 V (N0=[인간] N1=목숨, 미래, 명예, 운명 따위)
피 걸리다I[1]
¶우리는 이 전쟁을 이기느냐에 우리의 미래를 걸었다. ¶나는 그 남자가 어떻게 대답하느냐에 나의 운명을 걸었다.
❼(사람이나 단체가) 개인이나 단체에 재판이나 소송을 제기하다. (of a person or organization) File a lawsuit against an individual or organization.
㊌제소하다
N0-가 N1-에 N2-를 V (N0=[인간|단체] N1=[인간|단체] N2=소송, 재판 따위)
피 걸리다I[2]
¶우리는 저작권 위반이라는 죄목으로 상대 회사에 소송을 걸었다. ¶나는 그를 상대로 재판을 걸었다.
❽(사람이) 발을 이용하여 다른 사람의 다리나 발을 갖다 대어 상대를 넘어뜨리려 하다. (of a person) Put one's foot near another person's leg of foot to trip the person.
N0-가 N1-를 V (N0=[인간] N1=다리, 발 따위)
¶요원은 발을 살짝 내밀어 그의 발을 걸었다. ¶나는 다리를 걸어서 그를 넘어뜨리려 하였다.

걸다[2]
활용 걸어, 거니, 걸고, 거는
기능타 ❶'작동'의 의미를 나타내는 기능동사. A support verb that indicates "operation."
N0-가 Npr-를 V (N0=[인간], Npr=전화, 시동, 발동 따위)
피 걸리다II
¶나는 동생에게 전화를 걸었다. ¶겨울철에 이것만 있으면 바로 시동을 걸 수 있다.
❷말이나 행동 따위를 먼저 하거나 건넴의 의미를 나타내는 기능동사. Support verb that represents the meaning of 'to speak or act first or hand over.'.
N0-가 N1-에게 Npr-를 V (N0=[인간]) N1=[인간],

Npr=말, 장난, 시비, 싸움 따위)
¶언니는 동생에게 계속 장난을 걸고 있었다. ¶그에게 시비를 걸어 봐야 좋을 것이 없다.

걸려들다

활용 걸려들어, 걸려들고, 걸려드니, 걸려드는

자 ❶(그물이나 덫에) 몸이나 신체 일부가 잡혀 벗어나지 못하다. Become unable to avoid a net or trap because the body or a part of the body is caught in or ensnared by it.
㊤잡히다I, 걸리다I
N0-가 N1-에 V (N0=[동물] N1=[도구](어망, 그물, 덫, 올가미 따위), [자연물](거미줄 따위))
¶거미가 쳐놓은 거미줄에 매미가 걸려들었다. ¶그물에 엄청나게 큰 거북이 한 마리가 걸려들었다.

❷피해를 입힐 의도가 있는 사람들에게 잡히다. Be captured or seized by people who intend to cause harm.
㊤잡히다I, 낚이다
N0-가 N1-에게 V (N0=[인간|단체] N1=[인간], [범죄인])
¶그는 집에 오다가 뻑치기에게 걸려들어 부상을 당했다. ¶못된 남자들에게 걸려들지 않으려면 이 책을 보십시오.

❸(꾸며놓은 계략이나 함정에) 빠지거나 넘어가다. Be entrapped or enmeshed in a scheme or trap.
㊤잡히다I, 넘어가다 자
N0-가 N1-에 V (N0=[인간|단체] N1=[추상물](덫, 유혹, 포위망, 올가미), [행위](심문, 사찰, 단속, 죄목 따위))
¶사기꾼들의 유혹에 걸려들어 계약금을 모두 날렸다. ¶소문의 덫에 걸려들면 아무리 결백한 사람일지라도 백약이 무효인 사회다.

걸리다 I

걸리다[1]

활용 걸리어(걸려), 걸리니, 걸리고

자 ❶(물체가 어디에) 떨어지지 않게 매달리다. (of a thing) Be suspended from a place in order not to fall.
㊤매달리다
N0-가 N1-에 V (N0=[사물] N1=[사물], [도구], [가구])
능 걸다[1]
¶전시장 벽에 걸린 그림들이 우리의 마음을 사로잡았다. ¶창문에는 커튼이 걸려 있었다.

❷(자물쇠나 쇠고리가) 문이 열리지 않도록 문에 꽂히거나 잠기다. (of a lock or a clasp) Be inserted or fastened so that a door does not open.
㊤채워지다, 잠기다
N0-가 N1-에 V (N0=자물쇠, 빗장, 문고리 따위 N1=[사물])
능 걸다[1]
¶물고기 모양의 자물쇠가 뒤주에 걸려 있었다. ¶빗장이 대문에 걸려 있어서 문이 열리지 않았다.

❸(무엇이) 장애물이나 특정 부위에 끼이거나 박히다. (of something) Be put or stuck into an obstacle or a part.
N0-가 N1-에 V (N0=[사물] N1=[부분])
¶그물이 암초에 걸려서 찢어졌다. ¶종이가 복사기에 걸려서 나오질 않는다.

❹(발이나 바퀴 따위가) 어떤 물체나 대상에 부딪히다. (of a foot or a wheel) Bump against a thing or an object.
N0-가 N1-에 V (N0=[인간], [교통기관], 발, 다리, 바퀴 따위 N1=[사물])
¶한 어린이가 뛰어가다가 돌부리에 걸려 넘어졌다. ¶나는 영희에게 가다가 턱에 걸려 넘어지고 말았다.

❺(주로 동물이) 어떤 목적을 위해 설치해 놓은 장치나 도구에 잡히다. (of mainly animals) Be caught in a device or a tool that is installed for a specific purpose.
㊤잡히다I, 포획되다
N0-가 N1-에 V (N0=[동물] N1=[도구](덫, 그물, 올무 따위))
¶토끼가 덫에 걸려 다리를 다쳤다. ¶코요테는 덫에 걸리면 이빨로 덫에 걸린 자기 발을 물어뜯어 낸다.

❻(해나 달, 별 따위가) 어디에 걸쳐 있는 듯 떠 있다. (of sun, moon, or star) Be up in the sky as if hanging somewhere.
㊤뜨다I
N0-가 N1-에 V (N0=해, 달, 별, 구름, 안개 따위 N1=[장소])
¶서쪽 하늘에 무지개가 걸려 있었다. ¶뒷산에 걸려 있는 구름이 운치를 더했다.

❼(이름이나 조건 따위가) 어떤 일에 내세워지다. (of a title or a condition) Be proposed for a work.
N0-가 N1-(에|에게) V (N0=조건, 이름 따위 N1=[사물], [추상물])
¶이번 계약에는 특별한 조건이 걸려 있다. ¶이 계약은 임대인에게 불리한 조건이 걸려 있었다.

❽(사람이나 동식물 따위가) 어떤 병에 들다. (of a person or a living thing) Get sick.
㊤병이 들다
N0-가 N1-에 V (N0=[인간], [동물], [식물] N1=[질병])
¶영희가 감기에 걸렸다. ¶딸이 수두에 걸리는 바람에 동창회에 못 갔다. ¶고혈압이 있는 사람들

ㄱ

ㄱ

은 당뇨병에 걸리기 쉽다.
❾(어떤 일이나 사람 따위가) 마음에 남아 걱정이 되거나 신경이 쓰이다. (of a work or a person) Cause anxiety or disturb, remaining in the mind.
N0-가 N1-가 N2-에 V (N0=[인간] N1=[사물], [추상물], [상태] N2=마음, 가슴, 양심 따위)
¶나는 철수의 이야기가 내내 마음에 걸렸다. ¶어머니의 힘든 모습이 계속 가슴에 걸렸다.
❿(사람이나 단체가) 어떤 규칙이나 법규 위반으로 다른 사람에게나 단속에 잡히거나 들키다. (of a person or an organization) Be caught or discovered violating a rule or a law by another person or crackdown.
N0-가 N2-로 N1-(에|에게) V (N0=[인간|단체] N1=위반 N2=[인간], 단속)
¶영희는 신호 위반으로 경찰에게 걸렸다. ¶학생들이 규칙 위반으로 선생님께 걸려서 혼이 났다.
N0-가 S다가 N1-(에|에게) V (N0=[인간|단체] N1=[인간|단체], 단속)
¶희숙이가 수업 시간에 졸다가 선생님께 걸렸다. ¶학생들이 담배를 피우다가 선생님께 걸려서 혼이 나고 있다.
⓫(사람이나 어떤 일 따위가) 어떤 제약에 관련이 되다. (of a person or a work) Be related to a restriction.
N0-가 N1-에 V (N0=[사물], [추상물] N1=[추상물](문제, 시간, 제약 따위))
능걸다[1]
¶이 영상이 저작권 문제에 걸리더군요. ¶이곳은 여러 가지 제약에 걸려 주택을 개보수하는 것조차 까다롭다.
⓬(어떤 일에 날짜나 시간이) 필요하거나 소요되다. (of date or time) Be needed or taken for a work.
N0-가 N1-에 V (N0=[시간] N1=[활동])
¶아내는 외출 준비에 많은 시간이 걸린다. ¶시간이 다소 걸리더라도 이 일을 대충 하지 마라.
N0-가 S데-에 V (N0=[시간])
¶이 작품을 제작하는 데에 무려 1년 반이 걸렸다. ¶이 코스를 완주하는 데 모두 6시간이 걸린다.
⓭어떤 상태에 빠지다. Fall into a situation.
N0-가 N1-에 V (N0=[인간] N1=최면, 마법, 주문 따위)
능걸다[1]
¶철수가 지금 최면에 걸려 있다. ¶나는 마법에 걸린 것처럼 너만 보면 가슴이 두근거려.
⓮(돈이나 물건 따위가) 어떤 일이나 어떤 사람에게 계약이나 내기의 대가로 내놓아지다. (of money or goods) Be offered to a work or a person as a reward for a contract or a bet.
N0-가 N1-에 V (N0=[비용] N1=[인간], [행사], [일])
능걸다[1]
¶이번 대회에 상금 100만 원이 걸려 있다. ¶이번 임무에 엄청난 포상금이 걸렸다.
⓯(사람에게나 단체에 또는 어떤 일에) 긴급한 명령이 내려지다. (of an emergency order) Be given to a person, an organization, or a work.
N0-가 N1-에 V ↔ N0-가 N1-가 V (N0=비상 N1=[인간|단체], [행위])
능걸다
¶회사에 비상이 걸렸다. ↔ 회사가 비상이 걸렸다. ¶엔화 하락으로 국내 중소 제조업체 수출에 비상이 걸렸다.
⓰(사람이나 단체가) 다른 사람에게 혹은 다른 사람의 계략에 속다. (of a person or an organization) Be deceived by another person or his/her scheme.
N0-가 N1-(에|에게) V (N0=[인간|단체] N1=[인간|단체], 농간)
¶아버지는 도박꾼에게 걸려서 돈을 다 잃으셨다. ¶순진한 동생이 사기꾼들에게 걸린 것 같다.
⓱(어떤 일에) 단체나 국가의 운명 혹은 명예 따위가 절대적인 영향을 받다. (of the destiny or honor of an organization or a country) Be influenced absolutely by a work.
㊌달리다I
N0-가 N1-에 V (N0=명예, 운명, 이름, 미래 따위 N1=[추상물])
능걸다[1]
¶이 사업에 우리 회사의 미래가 걸려 있다. ¶조선의 운명이 걸린 탄금대 전투에서 우리 군대는 패배하고 말았다.
N0-가 Q-에 V (N0=명예, 운명, 이름, 미래 따위)
¶이 전쟁을 이기느냐에 우리의 미래가 걸려 있다. ¶그 남자가 어떻게 대답하느냐에 우리 회사의 운명이 걸려 있다.
⓲(개인이나 단체가) 재판이나 소송에 제기되다. (of a trial or a legal action) Be taken against a person or an organization.
㊌피소되다
N0-가 N1-에 V (N0=[인간|단체] N1=[소송])
능걸다[1]
¶우리 회사는 현재 여러 건의 송사에 걸려 있다.

걸리다[2]

활용 걸리어(걸려), 걸리니, 걸리고
기능 자 '작동'의 의미를 나타내는 기능동사. Support verb meaning "operation".
Npr-가 V (Npr=전화, 시동, 발동 따위)
능걸다[2]

¶이 전화는 받는 것만 되고, 잘 걸리지는 않더라고요. ¶겨울철에 발동이 걸리지 않을 때 이것만 있으면 바로 시동을 걸 수 있다.

걸리다Ⅱ

활용 걸리어(걸려), 걸리니, 걸리고

타 (다른 사람을) 스스로 걷게 하다. Make another person walk by himself or herself.

N0-가 N1-를 V (N0=[인간] N1=[인간])

주 걷다I

¶여자는 아이를 걸리지 않고 내내 업고 다녔다. ¶그렇게 환자를 걸리지 않으면 안 됩니다.

걸식하다

어원 乞食~ 활용 걸식하여(걸식해), 걸식하니, 걸식하고 대응 걸식을 하다

자타 (다른 사람에게) 음식을 구걸하여 얻어먹다. Obtain and eat food by begging someone.

㊀ 빌어먹다, 구걸하다

N0-가 V (N0=[인간])

¶그 사람은 서울역 앞에서 걸식하고 있다. ¶강도를 당한 여행객들이 공항에서 걸식하는 일도 종종 있다.

N0-가 N1-를 N2-(에게|에서) V (N0=[인간] N1=[음식] N2=[인간], [단체](가정집, 급식소 따위))

¶어떤 노숙자 할아버지가 나에게 먹을 것을 걸식하길래 돈을 조금 드렸다. ¶노숙자들이 무료 급식소에서 끼니를 걸식하려고 몰려들었다.

걸어가다

활용 걸어가, 걸어가니, 걸어가고, 걸어가거라/걸어가라

자 (목적지를 향하여) 일상적인 속도로 다리를 움직여서 나아가다. Move forward towards a destination by moving one's feet in ordinary speed.

㊉ 걸어오다1 ㊇ 가다1

N0-가 N1-(에|로) V (N0=[인간] N1=[장소])

¶버스를 놓쳐서 우리는 학교에 걸어갑니다. ¶우리는 음악당으로 걸어가는 중이었다.

N0-가 N1-에게 V (N0=[인간] N1=[인간])

¶아기가 엄마에게 아장아장 걸어가네요. ¶한 학생이 그 여학생에게 성큼성큼 걸어갔다.

N0-가 N1-로 V (N0=[인간] N1=[방향](쪽, 편 따위)

¶경찰이 범인 쪽으로 걸어가고 있었다.)

타 ❶(어떤 장소나 지역 따위를) 일상적인 속도로 다리를 움직여서 지나가다. Pass a certain place or region by foot at ordinary speed.

㊉ 걸어오다1 ㊇ 가다1

N0-가 N1-를 V (N0=[인간] N1=[장소], [지역], [공간](주변, 일대, 속, 안 따위))

¶여학생들이 내 옆을 걸어갈 때마다 향수 냄새가 풍겼다. ¶교생 선생님이 복도를 걸어가면 학생들의 시선이 쏠렸다.

❷(하던 일이나 계획한 일 따위를) 계속해 나가다. Continue a task that one was doing or planned to do.

㊀ 고수하다, 계속하다

N0-가 N1-를 V (N0=[인간|단체] N1=[계획], [역사], [일], [과정])

¶그 분은 구도자의 길을 걸어가신 분이다. ¶우리 회사는 험난한 국외 투자의 길을 걸어가 본 풍부한 경험이 있습니다.

걸어다니다

활용 걸어다니어(걸어다녀), 걸어다니니, 걸어다니고

자타 ❶(일정한 범위의 장소나 지역에서) 일상적인 속도로 다리를 움직여 이러저리 이동하다. Move around within a certain range in a place or region by foot at ordinary speed.

㊀ 돌아다니다 자타 배회하다 ㊇ 걷다, 다니다

N0-가 N1-(에서|를) V (N0=[인간] N1=[지역], [장소], [건물])

¶수많은 사람들이 공원에서 걸어다니고 있다. ¶정찰병들은 비무장지대를 걸어다니며 수색합니다.

❷(직장이나 학교 등 일상적으로 출입하는 곳에) 교통수단을 이용하지 않고 도보로 드나들다. Go in and out of a place (that one ordinarily goes to such as work or school) on foot without using means of transportation.

N0-가 N1-(에|를) V (N0=[인간] N1=[건물], [기관])

¶동생은 학교에 걸어다닙니다. ¶아버지는 회사를 걸어다니세요.

걸어오다1

활용 걸어와, 걸어오니, 걸어오고, 걸어오너라/걸어와라

자타 (말하는 이가 있는 곳으로) 발로 걸어서 가까이 접근하면서 이동하다. Approach a person by lifting and setting down each foot in turn.

㊉ 걸어가다, 뛰어가다, 날아가다I

N0-가 N1-(에|로) V (N0=[인간], [동물] N1=[장소], [공간])

¶대부분의 학생들은 학교에 걸어온다. ¶동생은 집으로 걸어온다.

N0-가 N1-로 V (N0=[인간], [동물] N1=[장소], [공간])

¶대부분의 학생들은 인도로 걸어왔다. ¶동생은 집까지 진창길로 걸어왔다.

N0-가 N1-를 N2-까지 V (N0=[인간], [동물] N1=[시간], [길이] N2=[장소], [공간])

¶대부분의 학생들은 학교까지 2시간 이상을 걸어왔다. ¶군인들은 부대까지 30km를 걸어왔다.

걸어오다2

[활용]걸어와, 걸어오니, 걸어오고

[기능] [타] '자극'의 의미를 나타내는 기능동사. Support verb that represents the meaning of "provocation".

[유]걸다

N0-가 N1-를 N2-(에|에게) V (N0=[인간], [동물], [국가], [집단] N1=[인간], [동물], [국가], [집단] N2=[행위](싸움, 시비, 장난 따위))

¶친구 녀석이 나에게 싸움을 걸어왔다. ¶옆집 아저씨가 우리 집 진돗개에게 장난을 걸어오다가 결국에는 팔을 물렸다. ¶남자가 내게 수작을 걸어왔다. ¶그 사람이 우리에게 말을 걸어왔어요.

걸치다

[활용]걸치어(걸쳐), 걸치니, 걸치고

[자]❶(어떤 물체가) 다른 물체에 얹히거나 기대어 걸리다. (of an object) Be put or draped on another object.

N0-가 N1-에 V (N0=[천], [옷], [사물](사다리, 줄, 선, 띠, 끈 따위) N1=[사물])

[주]걸다1

¶전선들이 전봇대에 아무렇게나 걸쳐 있다. ¶색색의 빨래들이 만국기처럼 빨랫줄에 걸쳤다.

❷(해나 달이) 산 정상이나 지평선 끝에 일부가 가려진 듯 보이는 상태가 되다. (of the sun or moon) Be seen on the top of a mountain or at the end of horizon with a portion of it hidden.

[유]걸리다I

N0-가 N1-에 V (N0=[천체](해, 달 따위) N1=[경계](지평선, 수평선 따위), [장소](산, 고개, 바위 따위), [위치](꼭대기, 중턱 따위))

¶해가 산중턱에 걸쳐서 넘어가기 직전이다. ¶보름달이 해수면에 걸쳐서 달빛이 산란하는 풍경이 너무 아름답다.

❸(어떤 일이) 일정한 기간이나 횟수만큼 계속 이어지다. (of certain event) Be continued for a certain period or number.

N0-가 N1-에 V (N0=[회의], [일], [기술], [제도], [사물](유물, 유적 따위) N1=[시간], [기간], [수])

¶이번 학술회의는 일주일에 걸쳐 진행됩니다. ¶그 선수의 기록은 3회에 걸쳐 향상되고 있다.

※ 주로 '걸쳐' 형태로 쓰인다.

❹(일정한 공간이나 범위에) 전반적으로 영향력이 작용하다. (of influence) Be applied generally within a certain space or range.

N0-가 N1-에 V (N0=[일], [사건], [현상], [능력], [개념](지식 따위) N1=[지역], [영역], [분야])

¶설문 조사가 전국의 남녀 5000 명에 걸쳐 진행되었다. ¶비가 전국에 걸쳐 내리고 있습니다.

[타]❶(어떤 물체를) 다른 물체에 걸어 얹다. Put and drape an object on another object.

[유]널다

N0-가 N1-를 N2-에 V (N0=[인간] N1=[인간], [천], [옷], [사물](사다리, 줄, 선, 띠, 끈 따위) N2=[사물])

¶나는 줄을 양쪽에 있는 나뭇가지에 걸쳐서 빨랫줄을 만들었다. ¶구조대원들은 어깨에 부상자를 걸치고 뛰었다.

❷(신체의 일부나 물건 따위를) 다른 물체에 얹어 지탱하다. Put a body part or item on another object for support.

[반]내리다1[타]

N0-가 N1-를 N2-에 V (N0=[인간], [동물] N1=[신체부위], [사물] N2=[사물])

¶그 사람은 다리를 의자에 걸치고 몸을 뒤로 젖혔다. ¶강아지가 문지방에 턱을 걸치고 자고 있다.

❸(옷, 안경 따위의 신체 착용물을) 대강 입거나 착용하다. Sloppily wear or equip something (clothes or glasses) on one's body.

[반]벗다 [상]입다1

N0-가 N1-를 N2-에 V (N0=[인간] N1=[옷], [착용물] N2=[신체부위], [옷])

¶여동생은 블라우스에 조끼를 걸쳤다. ¶그 사람은 콧등에 안경을 비스듬히 걸치고 나를 쳐다보았다.

❹(술 따위를) 격식 없는 분위기로 마시다. Drink alcohol in a casual atmosphere.

N0-가 N1-를 V (N0=[인간] N1=[음식](술 따위))

¶비틀거리며 걷는 저 신사는 술을 한 잔 걸친 것 같다. ¶비가 온다는 핑계로 우리는 퇴근길에 막걸리를 한 잔 걸쳤다.

걸터앉다

[활용]걸터앉아, 걸터앉으니, 걸터앉고

[자](어떤 사물의 위나 끝부분에) 엉덩이를 걸쳐 놓듯이 앉다. Sit down lightly on the edge or tip of something.

[유]걸치다[자] [상]앉다

N0-가 N1-에 V (N0=[인간] N1=[가구], 바위, 난간 따위)

¶할머니는 바위에 잠시 걸터앉았다. ¶난간에 걸터앉지 마세요.

검거되다

[어원]檢擧~ [활용]검거되어(검거돼), 검거되니, 검거되고 [대응]검거가 되다

[자] 【법률】 용의자가 수사 기관에 붙잡히다. (of a suspect) Be caught or apprehended by an investigative agency.

[유]체포되다

N0-가 N1-(에|에게) V (N0=[인간|단체] N1=[인간](검찰, 경찰), [기관])

능검거하다
¶이번 사건의 용의자가 마침내 경찰에 검거되었다. ¶검거된 피의자들은 지속적으로 자신들의 결백을 주장했다.

검거하다
어원檢擧~ 활용검거하여(검거해), 검거하니, 검거하고 대응검거를 하다
타 【법률】 (수사 기관이) 용의자를 붙잡다. (of an investigative agency) Catch or apprehend a suspect.
㊌체포하다
N0-가 N1-를 V (N0=[인간](경찰, 검찰), [기관] N1=[인간|단체])
피검거되다
¶경찰은 수소문 끝에 도주 중이던 용의자를 검거했다. ¶형사는 범인을 검거하기 위해 잠복하고 있었다.

검문하다
어원檢問~ 활용검문하여(검문해), 검문하고, 검문하니 대응검문을 하다
타(의심스러운 사람을) 강제로 조사하거나 따져 묻다. Forcibly investigate or thoroughly question a suspected person.
㊌검색하다
N0-가 N1-를 V (N0=[인간](경찰, 군인, 공안원 따위) N1=[인간|단체])
¶초병들이 초소로 다가온 수상한 자를 검문하고 있다. ¶테러에 대한 정보가 있자 공항에서 경찰이 승객들을 일일이 검문하였다.

검사하다
어원檢査~ 활용검사하여(검사해), 검사하니, 검사하고 대응검사를 하다
타(일이 되어가는 상태나 결과를) 자세히 알아보고 평가하다. Thoroughly apprehend and evaluate a status or result that is currently in progress.
㊌조사하다, 검열하다, 검토하다, 점검하다, 살펴보다
N0-가 N1-를 V (N0=[인간|단체] N1=[사물], [추상물], [상태])
¶선생님께서는 학생들의 숙제를 매일 검사하신다. ¶출고 전에 품질을 엄격하게 검사할수록 고객의 만족도가 높아진다.

검색되다
어원檢索~ 활용검색되어(검색돼), 검색되니, 검색되고 대응검색이 되다
자(특정 목적에 부합하는 정보 따위가) 일정한 조사나 도구에 검사되어 발견되다. (of specific information that serves a particular purpose) Be detected and discovered through research or by a tool.
N0-가 N1-(에서|로) V (N0=[앎](정보 따위) N1=인터넷, 포털, 데이터베이스 따위)
능검색하다
¶요즘에는 인터넷에서 여러 정보가 쉽게 검색된다. ¶맞춤법 조항은 인터넷으로 검색되니까 잘 활용하여라.

검색하다
어원檢索~ 활용검색하여(검색해), 검색하니, 검색하고 대응검색을 하다
타❶(사람이나 컴퓨터가 특정 목적에 부합하는 정보 따위를) 검사하여 찾아내다. (of a person or computer) Test and find information that corresponds to a certain purpose.
㊌찾다, 뒤지다II, 알아내다
N0-가 N1-를 N2-(에서|로) V (N0=[인간], [기계](컴퓨터, 로봇 따위), [단체] N1=[앎](정보 따위) N2=인터넷, 포털, 데이터베이스 따위)
피검색되다 사검색시키다
¶고성능 컴퓨터는 인터넷으로 필요한 정보를 쉽게 검색하여 저장한다. ¶검찰이 범죄 사건 기록물에서 유사한 범죄를 검색했다.
❷(경찰이나 군인 따위가) 어떤 장소나 문서 따위를 주로 범인이나 증거를 찾기 위하여 살펴서 조사하다. (of a police man or soldier) Examine and investigate a place or document to find a criminal or evidence.
㊌검문하다 ㊤찾다
N0-가 N1-를 N2-에서 V ↔ N0-가 N2-를 V (N0=[인간] N1=[범죄인] N2=[지역], [장소], [마약], [무기])
사검색시키다
¶경찰이 이 지역에서 범인의 흔적을 검색하고 있다. ↔ 경찰이 이 지역을 검색하고 있다. ¶마약 단속반이 공항을 검색하고 있다.

검열받다
어원檢閱~ 활용검열받아, 검열받으니, 검열받고 대응검열을 받다
자타❶(사람 또는 업무나 행위가) 상급자나 검열 기관에 의해 살펴봄의 대상이 되다. (of a person, task or behavior) Become the subject of examination by a superior or censor.
㊌점검받다 ㊙검열하다
N0-가 N1-를 N2-(에|에게) V ↔ N1-가 N2-(에|에게) V (N0=[인간|단체] N1=[사물], [추상물], [상태] N2=[인간|단체])
능검열하다
¶교사들이 행정 서류를 교감에게 샅샅이 검열받았다. ↔ 행정 서류가 교감에게 샅샅이 검열받았

다. ¶업무를 검열받는 절차가 너무 복잡하니 제도를 고쳐 주시기 바랍니다.
❷ [군사] 하급 부대의 방비 상태가 상급 부대에 의해 살펴봄의 대상이 되다. (of defense status of an inferior unit) Become the subject of an examination by a superior unit.
N0-가 N1-를 N2-(에|에게) V ↔ N1-가 N2-(에|에게) V (N0=[군대] N1=[사물], [장소], [텍스트], [상태], [행위] N2=[인간|단체])
¶대대가 보급 상태를 상급 부대에 검열받았다. ↔ 보급 상태가 상급 부대에 검열받았다. ¶행정병들은 검열받을 서류를 준비하느라 늦게까지 일했다.
❸ [법률] 기록물이나 창작물이 정부 기관에 의해 사전에 보아지고 발표가 통제되다. (of a record or creative production) Be examined prior to public release by a government agency and suppressed.
[반]검열하다
N0-가 N1-를 N2-(에|에게) V ↔ N1-가 N2-(에|에게) V (N0=[단체] N1=[텍스트|책], [작품], [방송물], [소통] N2=[정부기관])
¶독재국가에서는 언론사들이 기사를 기관원들에게 검열받는다. ↔ 기사가 기관원들에게 검열받는다. ¶그 시인은 시를 검열 받느니 차라리 목숨을 끊겠다고 했다.

검열하다

[어원]檢閱~ [활용]검열하여(검열해), 검열하니, 검열하고 [대응]검열을 하다
[타]❶(상급자나 상위 기관이) 업무나 행위에 대하여 잘잘못을 가리기 위해 어떤 업소나 기관의 속사정을 살펴보다. (of a superior or censor) Examine details of an activity or behavior to distinguish between right and wrong.
[유]검사하다, 점검하다, 조사하다 [반]검열받다
N0-가 N1-를 V (N0=[인간|단체] N1=[사물], [추상물], [상태])
¶보건 당국은 요식업소의 위생을 철저히 검열하겠다고 발표했다. ¶구청장은 구청의 민원 처리 실태를 검열하고 보고하라고 지시했다.
❷ [군사] 상급 부대가 하급 부대의 방비 상태에 대해 잘 정비되어 있는지 살펴보다. (of a superior unit) Examine an inferior unit's defense status to determine its organizational level.
[반]검열받다
N0-가 N1-를 V (N0=[인간|단체] N1=[사물], [군대], [장소], [텍스트], [상태], [행위])
¶대대장이 중대의 무기와 장비의 정비 상태를 검열했다. ¶부대의 기록 문서들을 검열한 결과 부여된 임무가 제대로 수행되고 있었다.
❸ [법률] 정부 기관이 기록물이나 창작물을 사전에 살펴보고 발표를 통제하다. (of a government agency) Examine a record or creative production and restrict or prevent its release if deemed unacceptable for public consumption.
[반]검열받다
N0-가 N1-를 V (N0=[기관] N1=[단체], [텍스트|책], [작품], [방송물], [소통])
¶영상물등급위원회는 영상물을 검열하여 등급을 매기는 일을 한다. ¶독재국가일수록 언론과 출판을 엄격하게 검열한다.

검증되다

[어원]檢證~ [활용]검증되어(검증돼), 검증되니, 검증되고 [대응]검증이 되다
[자]❶사실 여부가 꼼꼼히 조사되어 규명되다. Be confirmed after a thorough investigation of matter of fact.
[유]증명되다
N0-가 N1-에 의해 V (N0=[사상](이론 따위), [앎](가설 따위), [자격](자질 따위), 타당성, 진위, 안전성 따위 N1=[인간|단체], 연구 따위)
[능]검증하다
¶제품의 안전성이 국가 기관에 의해 검증되었다. ¶약의 치료 효과가 검증되면서 국내 시판이 허용되었다. ¶전자파로 인한 인체 피해는 아직 완전히 검증되지 않은 상태다.
❷(증거가 될 만한 물건이나 장소가) 꼼꼼히 조사받아 확인되다. (of an object or place) Be confirmed as evidence after a thorough investigation.
[유]조사되다
N0-가 V (N0=현장, 증거 따위)
[능]검증하다
¶사건 현장이 철저히 검증되었습니까? ¶재판부는 검증된 증거만을 인정했다.

검증받다

[활용]검증받아, 검증받으니, 검증받고 [대응]검증을 받다
[타](개인이나 기관으로부터) 조사를 받아 사실이나 어떤 속성의 존재 여부를 확인받거나 인정받다. Receive confirmation or accreditation (from an individual or institution) of the existence of certain facts or characteristics after an investigation.
[반]검증하다
N0-가 N2-(에|에게|로부터) N1-를 V (N0=[사상](이론 따위), [앎](가설 따위) N1=[자격](자질 따위), 타당성, 진위, 안전성 따위 N2=[인간|단체])

¶이 제품은 관계 기관으로부터 안전성을 검증받았다. ¶그는 업무 능력을 끊임없이 검증받아 왔다.

검증하다

[어원]檢證~ [활용]검증하여(검증해), 검증하니, 검증하고 [대응]검증을 하다

[타] ❶사실 여부를 꼼꼼히 조사하여 규명하다. Investigate matter of fact thoroughly to confirm.

[유]조사하다 [반]검증받다

N0-가 N1-를 V (N0=[인간|단체], 연구 따위 N1=[사상](이론 따위), [앎](가설 따위), [자격](자질 따위), 타당성, 진위, 안전성 따위)

[피]검증되다

¶이 연구는 이 약의 치료 효과를 검증하는 것이 목적이다. ¶우리는 기술적 타당성을 검증하기 위해 세 차례의 실험을 했다.

N0-가 S것-을 V (N0=[인간|단체], 연구 따위)

[피]검증되다, 검증받다

¶그는 자신이 결백하다는 것을 검증하려고 애썼다. ¶나는 그의 이론이 틀렸다는 것을 검증했다.

N0-가 Q-를 V (N0=[인간|단체], 공식 따위)

[피]검증되다

¶정부는 공공기관들이 예산을 적절하게 사용하고 있는가를 검증해야 한다.

❷(증거가 될 만한 물건이나 장소를) 꼼꼼히 조사하여 확인하다. Investigate an object or location thoroughly to establish evidence of.

[유]조사하다

N0-가 N1-를 V (N0=[인간|단체](경찰, 검찰, 수사관 따위) N1=현장, 증거 따위)

[피]검증되다

¶경찰들이 살해 사건 현장을 검증했다. ¶사건 현장을 검증하던 형사의 눈에 담배꽁초가 발견되었다.

N0-가 Q-를 V (N0=[인간|단체](경찰, 검찰, 수사관 따위))

¶경찰들이 사건 발생 직후 누가 이 집에 왔었는지를 다시 검증했다. ¶나는 그 가설이 얼마나 터무니없는지를 검증하고 싶었다.

❸(개인이나 기관이) 조사를 하여 사실이나 어떤 속성의 존재 여부를 확인하거나 인정하다. (of an individual or institute) Identify or acknowledge certain facts or existence of certain attributes by investigating them.

N0-가 N1-를 V (N0=[인간|단체] N1=[자격](자질 따위), 타당성, 진위, 안전성 따위)

[피]검증되다

¶식약청이 이 제품의 안전성을 검증하였다. ¶평가위원회는 그의 업무 능력을 계속 검증해 왔다.

검진하다

[어원]檢診~ [활용]검진하여(검진해), 검진하니, 검진하고 [대응]검진을 하다

[타] 【의학】 (사람이나 동물 따위를) 병이나 이상 증상이 있는지 살피다. Look for the existence of disease or abnormality in a person or animal.

[유]진찰하다, 진단하다[타] [반]검진받다

N0-가 N1-를 V (N0=[인간](의사) N1=[인간], [질병])

¶의료진들이 마을 사람들을 검진하고 있다. ¶의사가 마약 중독 여부를 검진했다.

N0-가 S지-를 V (N0=[인간](의사), [인간])

¶주치의는 내 암이 재발했는지를 정기적으로 검진하고 있습니다. ¶원희는 몸에 이상이 있는지 검진하려고 조퇴하셨다.

검출되다

[어원]檢出~ [활용]검출되어(검출돼), 검출되니, 검출되고 [대응]검출이 되다

[자](생물의 조직이나 혼합물 따위에서) 특정한 성분 물질이 검사 결과 발견되어 나오다. (of a particular component matter) Be discovered from an organism's tissue or a mixture as a result of a test.

[유]발견되다

N0-가 N1-에서 V (N0=[재료], [화학자재], [미생물](균 따위) N1=[인간], [동물], [음식], [사물], [지역], [장소])

[능]검출하다

¶학교 급식 재료에서 식중독균이 검출되었다. ¶그 회사의 하수에서 중금속이 다량으로 검출되었다.

검출하다

[어원]檢出~ [활용]검출하여(검출해), 검출하니, 검출하고

[타] 【화학】 (생물의 조직이나 혼합물 따위에서) 특정한 성분 물질을 검사하여 찾아내다. Test and discover a particular component matter from an organism's tissue or a mixture.

N0-가 N2-에서 N1-를 V (N0=[인간], [기관], [기기] N1=[재료], [화학자재], [미생물](균 따위))

[피]검출되다

¶연구원들이 수입 생선에서 중금속을 검출했다. ¶가스 검출기가 집안에서 가스를 검출하면 경고음을 냅니다.

검토되다

[어원]檢討~ [활용]검토되어(검토돼), 검토되니, 검토되고 [대응]검토가 되다

[자](의견, 제안 따위의) 사실성, 타당성 따위가 자세히 따져 조사되다. (of factuality or validity of an opinion or suggestion) Be investigated

thoroughly.
[유]분석되다
N_0-가 N_1-에 의해 V (N_0=[행사], [텍스트](서류, 보고서 따위) N_1=[인간|단체])
[능]검토하다
¶사업 계획이 이사들에 의해 검토되었다. ¶그 논문의 가치는 여러 학자들에 의해 검토되고 있다.
S지-가 N_0-에 의해 V (N_0=[인간|단체], [소통](협의 따위))
[능]검토하다
¶사업 계획이 현실적인지가 이사들에 의해 검토되고 있다. ¶경기 부양을 위해서 차관을 도입할 것인지가 검토되고 있다.

검토하다

[어원]檢討~ [활용]검토하여(검토해), 검토하니, 검토하고 [대응]검토를 하다
[타](의견, 제안 따위의) 사실성, 타당성 따위를 자세히 살펴서 따지다. Investigate factuality or validity of an opinion or suggestion thoroughly.
[유]분석하다, 고찰하다, 고려하다
N_0-가 N_1-를 V (N_0=[인간|단체] N_1=[행사], [텍스트](서류, 보고서 따위))
[피]검토되다
¶정부는 경기 회복책을 다양하게 검토하고 있습니다. ¶심사위원들은 이 논문의 표절 여부를 충분히 검토하지 못했다.
N_0-가 S지-를 V (N_0=[인간|단체])
[피]검토되다
¶정부는 주변 국제 정세에 어떻게 대처할 것인지를 다각도로 검토하고 있습니다. ¶선생님은 학생들이 기말 보고서를 베껴 쓴 것인지 검토하면서 채점하셨다.

겁나다

[어원]怯~ [활용]겁나, 겁나니, 겁나고 [대응]겁이 나다
[자](어떤 대상이나 현상에 대한) 두려움이나 무서움이 생기다. Grow fear or terror on some target or phenomenon.
[유]무서워지다, 두려워지다
N_1-는 N_0-가 V (N_0=[인간], [현상], [행위] [귀신] N_1=[인간])
[능]겁내다
¶그 친구는 귀신이 겁나서 불을 못 껐다. ¶나는 네가 겁나서 말도 못 하겠어.
N_0-는 S것-이 V (N_0=[인간])
¶학생들은 선생님께 혼날 것이 겁나서 눈치만 살폈다. ¶그 친구는 밤에 밖에 나가는 것이 겁나서 편의점에도 못 간다.

겁내다

[어원]怯~ [활용]겁내, 겁내니, 겁내고 [대응]겁을 내다
[타](어떤 대상이나 현상을) 두려워하거나 무서워하다. Be scared or terrified of a target or phenomenon.
[유]무서워하다, 두려워하다
N_0-가 N_1-를 V (N_0=[인간], [동물] N_1=[인간], [귀신], [현상], [사건], [재해])
[피]겁나다
¶대개 짐승들은 사람을 겁낸다. ¶원시 사회의 사람들은 자연 현상을 겁냈기 때문에 종종 숭배하기도 했다.

겁먹다

[어원]怯~ [활용]겁먹어, 겁먹으니, 겁먹고 [대응]겁을 먹다
[자](어떤 대상이나 현상에 대하여) 두려움이나 무서움을 갖다. Possess fear or terror on some target or phenomenon.
[반]겁주다
N_0-가 N_1-에게 V (N_0=[인간] N_1=[인간], [귀신], [동물])
[연어]지레
¶방문객들이 우리 개에게 겁먹고 문 밖에 서 있었다. ¶그 녀석은 너한테 완전히 겁먹은 것 같아.
N_0-가 N_1-에 V (N_0=[인간], [동물] N_1=[행위], [사건], [현상])
[연어]지레
¶동생은 천둥소리에 겁먹었다. ¶아이들은 노깨비불에 겁먹어서 달아나기 시작했다.

겁먹이다

[활용]겁먹여, 겁먹이니, 겁먹이고
[자타]☞겁주다

겁박하다

[어원]劫迫~ [활용]겁박하여(겁박해), 겁박하니, 겁박하고 [대응]겁박을 하다
[타](다른 사람을) 겁을 주어 협박하다. Make someone fear or terrified.
[유]겁주다
N_0-가 N_1-를 V (N_0=[인간], [동물] N_1=[인간], [동물])
¶그들은 힘없는 사람을 겁박하여 돈을 뜯어내었다.

겁주다

[어원]怯~ [활용]겁주어(겁줘), 겁주니, 겁주고 [대응]겁을 주다
[자타](다른 사람이나 동물 따위를) 두려워하거나 무서워하게 만들다. Make someone or animal fear or terrified.
[유]겁박하다 [반]겁먹다
N_0-가 N_1-(를|에게) V (N_0=[인간], [동물] N_1=[인간], [동물])
¶불량배들이 학생들에게 겁주면서 몰려다녔다.

¶건달들이 사람들을 겁주면서 물건을 부수었다.

겁탈당하다

어원 劫奪~ 활용 겁탈당하여(겁탈당해), 겁탈당하니, 겁탈당하고 대응 겁탈을 당하다

자 (다른 사람에게) 위협이나 폭행을 당하여 강제로 성관계를 맺게 되다. Be threatened or assaulted (by someone) into having forced sexual intercourse.

유 강간당하다, 폭행당하다 반 겁탈하다

N0-가 N1-에게 V (N0=[인간] N1=[인간])

¶그의 소설에서 주인공은 낯모르는 이에게 겁탈당한다. ¶겁탈당한 피해자를 감싸 안는 사회적 분위기가 형성돼야 한다.

타 (다른 사람에게) 위협이나 폭행을 당하여 가진 것을 강제로 빼앗기다. Be threatened or assaulted (by someone) and robbed.

유 강탈당하다, 수탈당하다 반 겁탈하다

N0-가 N1-를 N2-(에|에게) V (N0=[인간|단체] N1=[모두] N2=[인간|단체])

¶지배 계급에게 곡식을 모두 겁탈당한 농민들은 반기를 들기 시작했다. ¶외세의 침략으로 자유를 겁탈당하는 일도 있었다.

겁탈하다

어원 劫奪~ 활용 겁탈하여(겁탈해), 겁탈하니, 겁탈하고 대응 겁탈을 하다

타 ❶(다른 사람을) 위협하거나 폭행하여 강제로 성관계를 하다. Threaten or assault (someone) into having forced sexual intercourse.

유 강간하다, 폭행하다 반 겁탈당하다

N0-가 N1-를 V (N0=[인간] N1=[인간])

¶흉악범이 지난 수년간 부녀자들을 겁탈했다. ¶김 순경은 범인이 여성을 겁탈하지 못하도록 제압했다.

❷(다른 사람의 소유를) 위협하거나 폭행하여 강제로 빼앗다. Threaten or assault (someone) and rob.

유 강탈하다, 수탈하다 반 겁탈당하다

N0-가 N1-를 V (N0=[인간|단체] N1=[모두])

¶도적들은 온 마을에 불을 지른 뒤 재물을 겁탈했다. ¶그는 현감으로 부임하자마자 백성들의 재산을 겁탈했다.

겉늙다

활용 겉늙어, 겉늙으니, 겉늙고

자 ❶(외모나 겉모습 따위가) 실제보다 더 나이들어 보이다. (of look or appearance) Appear much older than someone is.

N0-가 V (N0=[인간], [신체부위](얼굴 따위))

¶큰형은 겉늙어서 어려서부터 늘 어른 대우를 받고 다녔다. ¶고생을 많이 해서 누나는 겉늙어 보인다.

❷(행동이나 사고방식 따위가) 자신보다 훨씬 나이 많은 사람들처럼 보이다. (of behavior or thinking) Appear much older than someone is.

N1-의 N0-가 V ↔ N1-는 N0-가 V (N0=[인지], [방법](방식 따위) N1=[인간])

¶동생의 생각이 너무 겉늙었다 ↔ 동생은 생각이 너무 겉늙었다. ¶그 사람은 행동이 겉늙어서 동안이지만 어려보이지 않는다.

겉돌다

활용 겉돌아, 겉도니, 겉돌고

자 ❶(둘 이상의 물질이) 서로 섞이지 않고 따로따로 있다. (of two or more materials) Be separate from one another without mixing.

유 따로 놀다 반 섞이다

N0-가 N1-와 V ↔ N1-가 N0-와 V↔ N0-와 N1-가 V (N0=[재료](물, 기름 따위) N1=[재료](기름, 물 따위))

¶물이 기름과 겉돌았다. ↔ 기름이 물과 겉돌았다. ↔ 물과 기름이 겉돌았다. ¶붉은 기체가 푸른 기체와 겉돌다가 층을 이루었다.

※ N0(복수)-가 V' 형식도 자연스럽다.

❷(톱니, 나사, 바퀴 따위가) 중심축에 제대로 힘을 전달하지 못하고 헛돌기만 하다. (of saw tooth, screw, or wheel) Spin with no traction by failing to deliver appropriate force to the central axis.

유 헛돌다 자

N0-가 V (N0=[기계](나사, 톱니, 바퀴 따위))

¶조립 나사가 겉돌아서 잘 조여지지를 않는다. ¶진흙탕에서 바퀴가 겉돌기만 한다.

❸(말, 행동, 연기 따위가) 서툴러서 어색하고 부자연스럽게 느껴지다. (of speech, behavior, or act) Appear unnatural due to poor and awkward performance.

N0-가 V (N0=[말](가사, 대사 따위), [행위](연기 따위))

¶신인 배우의 대사가 겉돌아서 실감이 안 났다. ¶배우들의 연기가 겉돌면 연극이 어색해진다.

자타 ❶(사람이나 동물이) 자기가 속한 무리와 쉽게 함께 어울리지 못하고 혼자 따로 지내다. (of a person or animal) Live alone in separation due to failure to socialize well with affiliated group.

N0-가 N1-(를|에서) V (N0=[인간], [동물] N1=[집단], [무리])

¶나는 사람들 사이를 겉돌기만 하고 쉽게 친구를 만들지 못했다. ¶펭귄 한 마리가 무리에서 겉돌며 외따로 지내고 있었다.

❷(대화나 토론의 내용이) 요점을 벗어나 일관성

ㄱ

이 없이 이어지다. (of contents of conversation or discussion) Be continued inconsistently off the point.
N0-가 N1-(를|에서) V (N0=[소통](대화, 토론 따위), [이야기] N1=[요점](핵심, 주제 따위))
¶토론이 주제에서 겉돌고 있다. ¶논의 내용이 핵심을 겉돌지 않도록 신경을 써 주십시오.

게시하다
[어원]揭示~ [활용]게시하여(게시해), 게시하니, 게시하고 [대응]게시를 하다
[타](소식 따위를 다른 사람에게 알리기 위하여) 특정 공간에 공개하여 붙이거나 걸다. Attach or hang an announcement publicly on a place to let people know.
[유]공지하다, 알리다, 고지하다
N0-가 N1-를 N2-에 V (N0=[인간], [단체] N1=[텍스트], 사진, 그림 따위 N2=[설치물](게시판, 표지판 따위), 인터넷, 사이트, 홈페이지 따위)
[피]게시되다
¶우리는 합격자 명단을 게시판에 게시했다. ¶대기업들은 채용 공고를 인터넷에 일제히 게시했다.

게양하다
[어원]揭揚~ [활용]게양하여(게양해), 게양하니, 게양하고 [대응]게양을 하다
[타](깃발 따위를) 높이 내걸다. Put up a flag high.
[유]올리다, 걸다, 달나11 [반]내리다²[타]
N0-가 N1-를 V (N0=[인간|단체] N1=[기])
¶국경일에는 집집마다 국기를 게양합니다. ¶우리 학교는 항상 국기와 교기를 게양합니다.

게을리하다
[활용]게을리하여(게을리해), 게을리하니, 게을리하고
[타](해야 할 일을 하기 싫어하여) 행동을 몹시 느리게 하거나 제대로 하지 않다. (of a person) Act very slowly or hastily because one is disinclined to perform one's duty properly.
[유]게으름을 피다, 태만하다
N0-가 N1-를 V (N0=[인간] N1=[행위](훈련, 공부, 감찰, 계발, 노력, 연구 따위), 일, 임무 따위)
¶주의를 게을리하면 사고가 일어난다. ¶비리를 감찰하는 노력을 게을리해서는 안 된다.
N0-가 S것-을 V (N0=[인간])
¶배우는 것을 게을리하면 안 된다. ¶이 닦는 것을 게을리하면 누구에게나 충치가 생긴다.
N0-가 S기-를 V (N0=[인간])
¶머리 감기를 게을리하면 탈모로 발전할 수 있다. ¶사공이 노 젓기를 게을리하지 않아 배는 잘 달렸다.

게재되다
[어원]揭載~ [활용]게재되어(게재돼), 게재되니, 게재되고 [대응]게재가 되다
[자](글이나 그림, 사진 따위가) 신문, 잡지 따위의 공개적 텍스트에 실리다. (of a written material) Appear in a public text such as a newspaper or magazine.
[유]실리다
N0-가 N1-에 V (N0=[텍스트], [사물](그림, 사진 따위) N1=[책](신문, 잡지, 책, 게시판 따위), 인터넷 사이트 따위)
[능]게재하다
¶베스트셀러 작가들의 작품들이 국내 유수의 문학지에 게재되었다. ¶그에 관한 기사가 각 신문에 게재되었다.

게재하다
[어원]揭載~ [활용]게재하여(게재해), 게재하니, 게재하고 [대응]게재를 하다
[타](글이나 그림, 사진 따위를) 신문, 잡지 따위의 공개적 텍스트에 싣다. Insert a written material into a public text such as a newspaper or magazine.
[유]싣다
N0-가 N1-를 V (N0=[책](신문, 잡지, 책, 게시판 따위), 인터넷 사이트 따위 N1=[텍스트], [사물](그림, 사진 따위))
[피]게재되다
¶이 서평지는 평판있는 서평을 게재하는 것으로 유명하다. ¶요즘 신문들이 독자들의 흥미를 끄는 기사들을 많이 게재한다.
N0-가 N1-를 N2-에 V (N0=[인간|단체] N1=[텍스트], [사물](그림, 사진 따위) N2=[책](신문, 잡지, 책, 게시판 따위), 인터넷 사이트 따위)
[피]게재되다
¶그는 자신의 의견을 인터넷 홈페이지에 게재하였다. ¶구인 광고를 신문에 게재하고 있으나 아직 사람을 구하지 못했다.

겨냥하다
[활용]겨냥하여(겨냥해), 겨냥하고, 겨냥하니 [대응]겨냥을 하다
[타]❶(목표를) 쏘기 위해 겨누다. Take aim at something prior to shooting or striking it.
[유]노리다, 겨누다, 조준하다
N0-가 N1-를 N2-(에|에게) V ↔ N0-가 N1-로 N2-를 V (N0=[인간] N1=[무기] N2=[사물])
¶사냥꾼이 가만히 총을 사슴에게 겨냥했다. ↔ 사냥꾼이 가만히 총으로 사슴을 겨냥했다. ¶목표물을 겨냥할 때는 호흡을 천천히 해라.
❷(어떤 대상을) 행동의 대상으로 염두에 두다. Keep in mind as the object of one's behavior.
[유]노리다

N0-가 N1-를 V (N0=[인간|단체] N1=[사물], [추상물])

¶그는 분명 나를 겨냥하고서 비난의 말을 쏟아내고 있었다. ¶우리 회사에서는 이번에 세계 시장을 겨냥한 신제품을 내놓았다.

겨누다

활용 겨누어(겨눠), 겨누니, 겨누고

타 ❶(목표를 맞추기 위해) 눈으로 목표를 가늠하다. Evaluate the position or nature of an object with the eyes in order to strike it.

유 겨냥하다, 노리다, 조준하다

N0-가 N1-를 N2-(에|에게) V ↔ N0-가 N1-로 N2-를 V (N0=[인간] N1=[무기] N2=[사물])

¶나는 숨을 죽이고 활을 표적에 겨누었다. ↔ 나는 숨을 죽이고 활로 표적을 겨누었다. ¶포수는 조용히 꿩을 겨누어 쏘았다.

❷(둘 이상의 사물을) 눈으로 자세히 비교하다. Thoroughly compare two or more objects with one's eyes.

유 견주다

N0-가 N1-와 N2-를 V ↔ N0-가 N2-와 N1-를 V ↔ N0-가 N1-를 N2-와 V (N0=[인간] N1=[사물] N2=[사물])

¶나는 철수의 펜과 영희의 펜을 겨누어 보았다. ↔ 나는 영희의 펜과 철수의 펜을 겨누어 보았다. ↔ 나는 철수의 펜을 영희의 펜과 겨누어 보았다. ¶옷을 눈으로 겨누지만 말고 입어보고 사는 것이 좋다.

겨루다

활용 겨루어(겨뤄), 겨루니, 겨루고 【구어】

자 (어떤 사람이 다른 사람과) 우열을 가리기 위해 서로 다투다. (of a person) Fight another person to determine superiority.

유 경쟁하다, 대결하다, 경합하다

N0-가 N1-와 V ↔ N1-가 N0-와 V ↔ N0-와 N1-가 V (N0=[인간|단체] N1=[인간|단체])

¶결승전에서 나는 그와 겨루었다. ↔ 결승전에서 그가 나와 겨루었다. ↔ 결승전에서 나와 그가 겨루었다. ¶그 나라가 강대국과 겨룰 수 있는 이유는 뛰어난 기술 때문이다.

N0-가 N1-와 S지-를 V ↔ N1-가 N0-와 S지-를 V ↔ N0-와 N1-가 S지-를 V (N0=[인간|단체] N1=[인간|단체])

¶나는 동생과 누가 더 빠른지를 겨루게 되었다. ↔ 동생은 나와 누가 더 빠른지를 겨루게 되었다. ↔ 동생과 나는 누가 더 빠른지를 겨루게 되었다. ¶양 팀의 대표들이 누가 더 힘이 센지를 겨루고 있었다.

타 (어떤 사람이 다른 사람과) 우열이나 승부 따위를 가리기 위해 서로 다투다. (of a person) Fight another person to determine superiority or contend for victory.

유 경쟁하다, 대결하다, 경합하다

N0-가 N1-와 N2-를 V ↔ N1-가 N0-와 N2-를 V ↔ N0-와 N1-가 N2-를 V (N0=[인간|단체] N1=[인간|단체] N2=우승, 기량, 승부, 힘 따위)

¶나는 철수와 결승전에서 우승을 겨루게 되었다. ↔ 철수는 나와 결승전에서 우승을 겨루게 되었다. ↔ 철수와 나는 결승전에서 우승을 겨루게 되었다. ¶씨름 장사들이 한바탕 힘을 겨뤘다.

N0-가 N1-와 S지-를 V ↔ N1-가 N0-와 S지-를 V ↔ N0-와 N1-가 S지-를 V (N0=[인간|단체] N1=[인간|단체])

¶나는 철수와 누가 더 빠른지를 겨루게 되었다. ↔ 철수는 나와 누가 더 빠른지를 겨루게 되었다. ↔ 철수와 나는 누가 더 빠른지를 겨루게 되었다. ¶양팀의 대표들이 누가 더 힘이 센지를 겨루고 있었다.

격노하다

어원 激怒~ 활용 격노하여(격노해), 격노하니, 격노하고

자 (어떤 사람에게나 어떤 행위, 사태에 대하여) 엄청나게 화를 내다. (of anger) Become severe and rise sharply in magnitude due to an undesirable incident or situation.

유 분노하다, 대노하다, 노발대발하다, 격분하다, 진노하다 상 화내다

N0-가 N1-에게 V (N0=[인간|집단] N1=[인간|집단])

¶아버지는 버릇없이 행동하는 아들에게 격노하셨다. ¶사람들은 불공정한 판정을 한 심판에게 격노했다.

N0-가 N1-에 V (N0=[인간|집단] N1=[행위], [사건])

¶직원은 상사의 일방적인 일처리에 대해 격노했다. ¶억울한 일을 당하고 격노한 피해자들이 서명운동을 펼쳤다.

N0-가 S것-(에|에 대해) V (N0=[인간|집단])

¶사람들은 심판이 불공정한 판정을 한 것에 격노했다. ¶직원은 상사가 일방적으로 일처리를 한 것에 대해 격노했다.

격돌하다

어원 激突~ 활용 격돌하여(격돌해), 격돌하니, 격돌하고

자 (다른 사람과 또는 둘 이상의 사람이나 단체 따위가) 서로 매우 세차게 맞부딪치다. (of two or more people or groups, or with another person) Collide with one another violently.

유 충돌하다

N0-가 N1-와 N2-에서 V ↔ N1-가 N0-와 N2-에서 V ↔ N0-와 N1-가 N2-에서 V (N0=[인간|단체] N1=[인간|단체] N2=[장소], [단체경기])

사 격돌시키다
¶여야가 주도권을 잡기 위해 격돌할 것으로 예상된다. ¶두 팀이 우승을 놓고 4강에서 격돌하게 되었다.

ㄱ

격려하다
어원 激勵~ 활용 격려하여(격려해), 격려하니, 격려하고 대응 격려를 하다
자 (다른 사람이) 힘이나 용기를 내도록 기운을 돋우어 주다. Cheer someone up to raise energy and courage.
N0-가 S(게|도록) V (R1) (N0=[인간])
¶큰형은 내가 실망하지 않도록 격려했다. ¶가족들은 아버지(께서|를) 병을 이겨내시도록 격려했다.(R1)
N0-가 N1-에게 S고 V (N0=[인간] N1=[인간])
¶복지사들은 노숙자들에게 용기를 내라고 격려했다. ¶친구들이 나에게 다시 힘을 내자고 격려했다.
타 (다른 사람을) 힘이나 용기를 내라고 기운을 돋우어 주다. Cheer someone up to raise energy and courage.
N0-가 N1-를 V (N0=[인간], [언어], [행위] N1=[인간])
¶친구들은 서로를 격려했다. ¶진심어린 위로의 말은 상심한 사람들을 크게 격려한다.

격리되다
어원 隔離~ 활용 격리되어(격리돼), 격리되니, 격리되고 대응 격리가 되다
자 (환자가) 다른 사람과 접촉하지 못하게 다른 곳으로 옮겨 서로 떼어 놓이다. (of a patient) Be separated from other people by moving to another location in order to prevent contact.
유 분리하다, 차단하다
N0-가 N1-와 V ↔ N1-가 N0-와 V ↔ N0-와 N1-가 V (N0=[인간] N1=[인간])
능 격리하다
¶전염병 환자가 일반 환자와 격리되었다. ↔ 일반 환자가 전염병 환자와 격리되었다. ↔ 전염병 환자와 일반 환자가 격리되었다. ¶세균에 감염된 아이들과 감염되지 않은 아이들이 격리되었다.
※ 'N0', 'N1'을 포괄하는 어휘적 표현이 사용되는 경우에는 '(N0+N1)-가 V' 형식도 자연스럽다.

격리시키다
어원 隔離~ 활용 격리시키어(격리시켜), 격리시키니, 격리시키고 대응 격리를 시키다
☞ '격리하다'의 오용

격리하다
어원 隔離~ 활용 격리하여(격리해), 격리하니, 격리하고 대응 격리를 하다
타 (사람이나 단체가) 환자를 다른 사람과 접촉하지 못하게 다른 곳으로 옮겨 서로 떼어 놓다. (of a person or an organization) Separate patients by moving to another location in order to prevent contact.
유 분리하다, 격리시키다
N0-가 N1-와 N2-를 V ↔ N0-가 N2-와 N1-를 V ↔ N0-가 N1-를 N2-와 V (N0=[인간|단체] N1=[인간] N2=[인간])
피 격리되다
¶그는 전염병 환자와 일반 환자를 격리하였다. ↔ 그는 일반 환자와 전염병 환자를 격리하였다. ↔ 그는 일반 환자를 전염병 환자와 격리하였다.
¶병원에서는 세균에 감염된 사람들을 격리하기로 하였다.
※ N0-가 N1(복수)-를 V' 형식도 자연스럽다.

격변하다
어원 激變~ 활용 격변하여(격변해), 격변하니, 격변하고
자 (상황이) 갑자기 크게 변하다. (of a situation) Be changed suddenly and drastically.
유 급변하다, 변화하다
N0-가 V (N0=[상황], [현상], [상태])
사 격변시키다
¶기술의 발달로 순식간에 세상이 격변했다.
¶환경오염으로 전 세계의 기후가 격변했다.

격분하다
어원 激忿~ 활용 격분하여(격분해), 격분하니, 격분하고
자 (다른 사람의 언행에) 몹시 화를 내고 노여워하다. Be greatly angered and offended by another person's word or action.
유 분노하다, 대노하다, 노발대발하다, 격분하다, 진노하다
N0-가 N1-(에|에대해) V (N0=[인간] N1=[행위], [감정])
¶나는 그의 무심한 말에 매우 격분하였다. ¶그는 부장의 차별적인 언행에 매우 격분하며 회의장을 뛰쳐나왔다.
N0-가 S(것 |데)-(에|에 대해) V (N0=[인간])
¶친구가 나를 놀리는 것에 격분했다.

격상되다
어원 格上~ 활용 격상되어(격상돼), 격상되니, 격상되고
자 자격, 등급, 지위, 신분 따위가 높아지다. (of a qualification, class or rank) Be upgraded.
유 상승하다 반 격하되다, 강등되다
N0-가 N1-로 V (N0=자격, 등급, 지위, 신분 따위 N1=자격, 등급, 지위, 신분 따위)
¶올림픽 기간 동안 수도의 보안 등급이 격상됐다.
¶노예들의 신분이 자유민으로 격상됐다.

격상하다
어원 格上~ 활용 격상하여(해), 격상하니, 격상하고
자 자격, 등급, 지위, 신분 따위가 높아지다. (of

a qualification, class or rank) Be upgraded. [유]상승하다, 승진하다 [반]격하하다

N0-가 N1-로 V (N0=자격, 등급, 지위, 신분 따위 N1=자격, 등급, 지위, 신분 따위)

[사]격상시키다

¶그가 홍보 대사로 활약하면서 우리 회사의 이미지가 격상했다. ¶노예였던 사람들이 자유민이 되면서 신분이 격상했다. ¶정화 사업의 결과 수질이 2등급에서 1등급으로 격상했다.

[타]자격, 등급, 지위, 신분 따위를 높아지게 하다. Make a qualification, class or rank to rise.

[유]승진시키다 [반]격하하다, 강등시키다

N0-가 N1-를 N2-로 V (N0=[인간|단체] N1=자격, 등급, 지위, 신분 따위 N2=자격, 등급, 지위, 신분 따위)

¶한국은 내전이 일어난 일부 국가에 대한 여행 경보 수준을 격상했다. ¶관리공단은 종전에는 연구소 소속이던 센터를 공단 직속으로 넘겨 센터 지위를 격상했다.

격앙되다

[어원]激昂~ [활용]격앙되어(격앙돼), 격앙되니, 격앙되고 [대응]격앙이 되다

[자] 감정이나 목소리 따위가 격해지다. (of emotion or voice) Rise.

[유]흥분되다 [반]가라앉다

N1-의 N0-가 V ↔ N1-는 N0-가 V (N0=[감정], [소리](목소리, 말소리 따위) N1=[인간])

¶형사의 목소리가 격앙되었다. ↔ 형사는 목소리가 격앙되었다. ¶그 친구는 감정이 격앙되면서 목소리가 커졌다.

격찬하다

[어원]激讚~ [활용]격찬하여(격찬해), 격찬하니, 격찬하고 [대응]격찬을 하다

[자](사람이나 업적 따위에 대하여) 대단히 높이 칭찬하다. Praise a person or achievement very highly.

[유]칭찬하다[자타], 찬탄하다, 칭송하다

N0-가 S고 V (R1) (N0=[인간|단체])

¶일부 비평가들은 이 소설(이|을) 당대 최고라고 격찬하였다.(R1) ¶사람들은 그녀의 연기가 뛰어나다고 격찬해 주었다.

[타](사람이나 업적 따위를) 대단히 높이 칭찬하다. Praise a person or achievement very highly.

[유]칭찬하다[타]

N0-가 N1-를 N2-로 V (N0=[인간|단체] N1=[인간|단체], [역할], [상태])

¶일부 비평가들은 이 소설을 격찬하였다. ¶체육 관련 단체들은 그 선수를 격찬하였다.

격추되다

[어원]擊墜~ [활용]격추되어(돼), 격추되니, 격추되고 [대응]격추가 되다

[자](날아가는 비행기나 비행선 따위가) 공격을 당해 떨어지다. (of a flying airplane) Fall down due to an attack.

[유]추락하다

N0-가 N1-(에|에게) V (N0=[비행기] N1=[인간|단체], [군대], [비행기])

[사]격추시키다

¶민간기가 전투기에게 미사일을 맞고 격추되었다. ¶무인항공기가 지중해 상공에서 공군의 요격을 받고 격추되었다. ¶정찰기가 몽골에서 미사일에 격추되었다.

격추시키다

[어원]擊墜~ [활용]격추시키어(격추시켜), 격추시키니, 격추시키고 [대응]격추를 시키다

[타](날아가는 비행기나 비행선 따위를) 공격해 떨어지게 하다. Make a flying airplane fall down by attacking.

[유]추락하다

N0-가 N1-를 V (N0=[인간|단체], [군대], [비행기] N1=[비행기])

[주]격추되다

¶반군은 포탄을 전부 쏴서 겨우 헬리콥터 둘을 격추시켰다. ¶해군이 강력한 레이저를 쏘아 무인 비행기를 격추시켰다.

격추하다

[어원]擊墜~ [활용]격추하여(격추해), 격추하니, 격추하고 [대응]격추를 하다

☞격추시키다

격침되다

[어원]擊沈~ [활용]격침되어(격침돼), 격침되니, 격침되고 [대응]격침이 되다

[자](항해하는 선박, 군함 따위가) 공격을 받아 가라앉다. (of a sailing vessel or battleship) Sink due to an attack.

[유]침몰하다

N0-가 N1-에게 V (N0=[선박] N1=[인간|단체], [군대], [선박])

[사]격침시키다

¶우리 측 함선은 적군에게 어뢰를 맞고 격침됐다. ¶그의 배는 집중 사격을 얻어맞고 격침됐다.

격침시키다

[어원]擊沈~ [활용]격침시키어(격침시켜), 격침시키니, 격침시키고 [대응]격침을 시키다

[타](항해하는 선박, 군함 따위를) 공격해 가라앉게 하다. Make a sailing vessel or battleship sink by attacking.

[유]침몰시키다

N0-가 N1-를 V (N0=[인간|단체], [군대], [선박] N1=

[선박])
주 격침되다
¶거북선은 적의 배를 전부 격침시켰다. ¶해군은 미사일로 적의 구축함을 격침시켰다.

격침하다
어원 擊沈~ 활용 격침하여(격침해), 격침하니, 격침하고
☞격침시키다

격퇴되다
어원 擊退~ 활용 격퇴되어(격퇴돼), 격퇴되니, 격퇴되고 대응 격퇴가 되다
자 (공격해 온 군대가) 상대방 군대의 반격을 받아 물러나다. (of a certain army) Receive an attack from another army and run back as a group.
(유) 후퇴하다, 퇴패하다
N_0-가 N_1-(로|에|에게|에 의해) V (N_0=[군대], [행위](침입, 공격 따위) N_1=[군대], [국가], [단체], [소통](반대, 거부, 저항 따위))
능 격퇴하다
¶새로 추대된 왕에 의해 외국의 침입이 격퇴되었다. ¶연안에 침입한 적은 수군에 의해 격퇴됐다. ¶무장 세력이 공격을 시도했으나 정부군에 의해 격퇴됐다.

격퇴시키다
어원 擊退~ 활용 격퇴시키어(격퇴시켜), 격퇴시키니, 격퇴시키고 대응 격퇴를 시키다
☞'격퇴하다'의 오용

격퇴하다
어원 擊退~ 활용 격퇴하여(격퇴해), 격퇴하니, 격퇴하고
타 공격해 온 적을 물러가게 하다. Make an enemy retreat by attacking.
(유) 후퇴시키다, 퇴패시키다
N_0-가 N_1-를 V (N_0=[군대](아군 따위) N_1=[군대](적군 따위))
피 격퇴되다
¶프랑스 군대는 영국과 신성 로마 제국의 연합군을 격퇴했다. ¶우리 군은 진지에서 대기하고 있다가, 공격해 오는 적들을 지구전과 유격전으로 격퇴하였다. ¶연합군은 독일군의 반격에 맞서 치열한 전투 끝에 격퇴했다.

격파당하다
어원 擊破~ 활용 격파당하여(격파당해), 격파당하니, 격파당하고 대응 격파를 당하다
자 ❶(세력이나 단체가) 공격받아 없어지거나 지다. (of a force or an organization) Get eliminated or lose by being attacked.
(유) 대패당하다, 대패하다
N_0-가 N_1-에게 V (N_0=[인간|단체] N_1=[인간|단체])
¶스위스 팀은 프랑스 팀에게 다섯 골을 내주며 완전히 격파당했다.
❷(비행기나 함대가) 공격당해 무찔러지다. (of airplane or fleet) Be defeated by being attacked.
N_0-가 V (N_0=[군대], [교통기관](비행기, 배 따위))
¶항공기 이백여 대가 제대로 이륙도 못한 채 격파당했다. ¶상대편 지원군의 역습으로 세 대의 전차가 모두 격파당했다.

격파되다
어원 擊破~ 활용 격파되어(격파돼), 격파되니, 격파되고 대응 격파가 되다
자 ❶(세력이나 단체가) 공격받아 없어지거나 지다. (of a force or an organization) Get eliminated or lose by being attacked.
(유) 대패당하다 (상) 패배하다
N_0-가 N_1-에게 V (N_0=[인간|단체] N_1=[인간|단체])
능 격파하다
¶한국에 큰 위협이 됐던 미국 선수가 마침내 김 선수에게 격파됐다. ¶놀랍게도 작년 우승 팀이 신생 팀에게 격파되었다.
❷(어떤 문제나 생각이) 반대당하고 공격받아 없어지다. (of some problem or thought) Be eliminated by being opposed or attacked.
N_0-가 V (N_0=[의견], [사조])
능 격파하다
¶영화가 시작된 지 정확히 10초 뒤 우리의 편견은 격파됐다. ¶바로 이 실험에 의해 기존 이론이 모두 격파됐다.
❸(비행기나 함대가) 공격당해 무찔러지다. (of airplane or fleet) Be defeated by being attacked.
(유) 부서지다, 파괴되다
N_0-가 V (N_0=[군대], [교통기관](비행기, 배 따위))
능 격파하다
¶적 어뢰와 잠수함은 순식간에 격파됐다. ¶성벽과 요새를 중시한 방어 병력이 일순간에 격파됐다. ¶섬에 접근하던 해정 한 대가 기뢰에 부딪쳐 격파됐다.
❹(기왓장이나 벽돌, 송판 따위가) 손이나 발에 맞아서 부수어지다. (of a tile, a brick, a pine board, etc.) Be destroyed by getting struck with the hand or foot.
(유) 부서지다, 산산조각 나다
N_0-가 V (N_0=[사물](벽돌, 기와 따위))
능 격파하다
¶태권도 선수가 공중에서 발차기를 하자 벽돌 다섯 장이 차례로 격파됐다. ¶그가 한 번 주먹으로 내리치자 쌓여 있던 기와가 단번에 격파됐다.

격파하다
어원 擊破~ 활용 격파하여(격파해), 격파하니, 격파하고 대응 격파를 하다
타 ❶(사람이나 단체가) 적을 쳐서 없애거나 이기

다. (of a force or an organization) Defeat or conquer the enemy by attacking.
㊎쳐부수다, 대승하다
N0-가 N1-를 V (N0=[인간|단체] N1=[인간|단체])
피 격파되다
¶그는 병사 오만 명으로 진나라 군대 오십만 명을 격파했다. ¶로마의 영웅은 전장을 아프리카로 옮겨 카르타고를 격파했다.
❷(사람이) 어떤 문제나 생각을 반대하고 공격하여 없애다. (of a person) Eliminate some problem or thought by opposing and attacking.
㊎혁파하다
N0-가 N1-를 V (N0=[인간] N1=[의견], [사조])
피 격파되다
¶그는 새로운 이론을 통해 기존의 사회적 통념을 격파했다. ¶그는 철학적 관점에서 다양한 이론을 격파해 나간다.
❸(군대가) 적의 비행기나 함대를 공격해서 무찌르다. (of an army) Defeat by attacking the enemy's airplane or fleet.
㊎쳐부수다
N0-가 N1-를 V (N0=[군대] N1=[군대], [교통기관](비행기, 배 따위), [인간|단체])
피 격파되다
¶그는 이 전투에서 스페인 연합 함대를 격파하였다. ¶우리 군은 폭탄으로 수많은 탱크와 비행기를 격파했다.
❹(사람이) 기왓장이나 벽돌, 송판 따위를 손이나 발로 때려서 부수다. (of a person) Destroy a tile, a brick, a pine board, etc., by striking with the hand or foot.
㊎때려 부수다, 산산조각 내다
N0-가 N1-를 V (N0=[인간] N1=[사물](벽돌, 기와 따위))
피 격파되다
¶태권도 선수들이 벽돌을 차례차례 격파했다. ¶그는 공중 발차기로 기왓장을 격파했다.

격하다
어원 隔~ 활용 격하여(격해), 격하니, 격하고
타(어떤 대상이) 다른 대상을 시간적, 공간적으로 사이에 두고 서로 떨어져 있다. (of a target) Be separated from another target with temporal and spatial gap.
㊎떨어지다
N0-가 N1-를 V (N0=[장소], [시간] N1=[장소], [시간])
¶우리 텃밭은 이웃의 마당을 격하고 있어서 나는 이웃집 부부를 자주 마주친다. ¶봄이 시작되는 것도 단지 하루를 격하고 있을 뿐이다.

격화되다
어원 激化~ 활용 격화되어(격화돼), 격화되니, 격화되고
☞격화하다 자

격화시키다
어원 激化~ 활용 격화시키어(격화시켜), 격화시키니, 격화시키고
☞'격화하다'의 오용

격화하다
어원 激化~ 활용 격화하여(격화해), 격화하니, 격화하고
자(사건, 사태 따위가) 거세지고 강렬해지다. (of a situation or incident) Become greater and more extreme or intense.
㊎심화되다 ㊦약화되다, 순화되다
N0-가 V (N0=[갈등](데모, 대립, 경쟁, 전쟁 등))
¶아버지와 나는 이야기를 하다가 서로 감정이 격화하였다. ¶영토를 둘러싼 두 나라 사이의 분쟁이 최근에 점점 격화하고 있다.
타(사건, 사태 따위를) 거세지고 강렬하게 만들다. Make (a situation or an incident) greater and more extreme or intense.
㊎심화시키다 ㊦약화시키다, 순화시키다
N0-가 N1-를 V (N0=[인간|단체] N1=[갈등](데모, 대립, 경쟁, 전쟁 등))
¶이 미지근한 해결책은 시위의 불길을 더 격화하고 말았다.

겪다
활용 겪어, 겪으니, 겪고
타❶(사람이나 단체가) 어떤 일을 당하여 치르다. (of a person or an organization) Undergo a work.
㊎경험하다, 맛보다
N0-가 N1-를 V (N0=[인간|단체] N1=[행위](성공, 실패 따위), [변화](변화 따위), [감정], [질병](우울증 따위), [사건], [사고], [현상], [활동])
¶우리는 초보기 때문에 여러 가지 시행착오를 겪고 있다. ¶송희는 한동안 우울증에 시달리는 부작용을 겪었다. ¶이 병을 겪지 않은 사람은 이 고통을 모른다.
N0-가 S(데|것)-에 N1-를 V (N0=[인간|단체] N1=어려움, 난항 따위)
¶소방관들이 불길을 잡는 데에 어려움을 겪었다. ¶경찰들이 단서가 부족해 범인을 찾는 데에 난항을 겪고 있다. ¶우리는 노후 생활비를 마련하는 것에 더 어려움을 겪고 있다.
❷(다른 사람을) 사귀어 지내보다. Go out with another person.
N0-가 N1-를 V (N0=[인간] N1=[인간])
¶내가 그 사람을 직접 겪어 보니 좋은 사람이더라. ¶철수는 겪으면 겪을수록 괜찮은 사람인 것 같아.

견디다

활용 견디어(견뎌), 견디니, 견디고
타 (아픔이나 어려움을) 억누르고 버티다. Suppress and bear pain or difficulty.
유 참다, 인내하다
N0-가 N1-를 V (N0=[인간] N1=[감정], [행위], [사고], [시간])
¶주영이는 지루했던 재활 기간을 잘 견뎠다. ¶그는 우울했던 기분을 견디고 다시 활력을 찾았다. ¶사고 후유증을 견뎌 낸 민철이는 요즘 더 활발해 보인다.
재타 ❶(생물이) 어려운 조건에 버티면서 계속해서 살아가다. (of an organism) Bear difficult conditions and continue to live.
유 극복하다, 이기다
N0-가 N1-(에|를) V (N0=[생물] N1=[상황], [상태])
¶새로운 품종은 추위나 가뭄에도 잘 견딘다. ¶이 꽃은 병충해에도 견디도록 개량된 것이다. ¶민수는 가난과 굶주림을 견디면서 글을 썼다.
❷(사물이) 외부의 힘에 일정 기간 동안 변하거나 상하지 않고 본래의 상태를 유지하다. (of an object) Maintain the original condition for a certain period without being changed or damaged by external force.
N0-가 N1-(에|를) ADV V (N0=[사물] N1=[크기], 열 따위, ADV=오래, 오랫동안, 며칠 따위)
¶얼음 조각이 며칠 견딜 줄 알았는데 하루도 못 가 녹아 버렸다. ¶막대기는 망치질에 견디지 못하고 부러져 버렸다.

견인당하다
어원 牽引~ 활용 견인당하여(견인당해), 견인당하니, 견인당하고 대응 견인을 당하다
☞ 견인되다

견인되다
어원 牽引~ 활용 견인되어(견인돼), 견인되니, 견인되고 대응 견인이 되다
자 (주로 교통수단이) 사람에 의해 다른 장소로 끌어당겨져 옮겨지다. (of a vehicle) Be pulled and moved to another location by another vehicle or persons.
유 끌려가다
N0-가 N1-(에게|에 의해) N2-로 V (N0=[교통기관] (비행기, 배, 자동차, 오토바이 따위) N1=[인간] N2=[장소])
능 견인하다 타
¶난파된 배들이 해양 경찰에 의해 해안으로 견인되었다. ¶이곳에 주차한 차량은 모두 다른 장소로 견인된다.

견인하다
어원 牽引~ 활용 견인하여(견인해), 견인하니, 견인하고 대응 견인을 하다
재타 ❶(어떤 기관이나 단체가) 무엇을 할 수 있도록 앞에서 주도적으로 이끌다. (of an institution or organization) Take the initiative and lead so that certain things could be carried out.
유 끌어가다, 이끌어가다, 주도하다
N0-가 S-도록 V (N0=[인간|단체])
¶시민단체는 정부와 기업이 제 역할을 하도록 견인한다. ¶우리 당은 정부가 개혁하도록 견인하겠다.
❷(일이나 현상을) 앞에서 주도적으로 이끌다. Lead a task from the front by taking the initiative.
유 끌어가다, 이끌어가다, 주도하다
N0-가 N1-를 V (N0=[인간|단체], [현상] N1=[결과] (승리, 우승, 성공 따위), [변화], [경제현상])
¶그는 팀의 우승을 견인하면서 최우수선수가 됐다. ¶그는 뛰어난 능력으로 회사의 성장을 견인하는 역할을 했다. ¶대형주가 오르면서 지수 상승을 견인했다.
타 (주로 교통수단을) 끌어당겨 옮기다. Pull a vehicle to move it to another location.
유 끌어가다
N0-(가|에서) N1-를 N2-로 V (N0=[인간|단체] N1=[교통기관] N2=[장소])
피 견인되다
¶구청에서 불법 주차 차량을 끝상 견인해 갔다. ¶견인 업체에서 우리 차를 폐차장으로 견인하러 왔다.

견제당하다
어원 牽制~ 활용 견제당하여(견제당해), 견제당하니, 견제당하고 대응 견제를 당하다
자 ❶(마음대로 세력을 키우거나 행동하지 못하도록) 다른 사람으로부터 제한을 받거나 제어를 당하다. Be limited or controlled by someone so that one cannot increase power or behave as one wishes.
유 통제받다 반 견제하다
N0-가 N1-(에|에게) V (N0=[인간|단체], [행사] N1=[인간|단체])
¶이 업체는 외국의 경쟁 업체들에게 줄곧 견제당해 왔습니다. ¶정부의 핵 개발 계획은 주변국들로부터 견제당할 수밖에 없다.
❷ 【운동】 자유롭게 기술을 구사하지 못하도록 상대방 선수로부터 규칙에 어긋나지 않는 범위에서 일정하게 방해를 받다. Be interfered by opponent player within the range that doesn't violate the rule so that one cannot perform techniques freely.

㊀방해받다, 구속받다 ㊁견제하다
N0-가 N1-에게 V (N0=[인간] N1=[인간])
¶경기 시작부터 계속해서 공격수가 수비 선수에게 견제당하고 있습니다. ¶주자가 투수에게 저렇게 견제당하면 도루하기가 어려워집니다.

견제되다
어원 牽制~ 활용 견제되어(견제돼), 견제되니, 견제되고 대응 견제가 되다
자 ❶(힘이나 압력 따위로) 자유로운 행동이나 활동이 억압받아 통제되다. Be controlled by the suppression of free motion or activity (by force or pressure).
㊀억제되다, 통제받다, 구속받다
N0-가 N1-(로|에 의해) V (N0=[인간|집단], [비행], [충돌](전쟁 따위) N1=[인간|집단], [상태], [힘](군사력, 경제력 따위), [법률])
능 견제하다
¶미사일 개발이 주변국들에 의해 견제되고 있다. ¶기업의 독점은 공정거래법으로 적절히 견제되고 있다.
S것-이 N0-(로|에 의해) V (N0=[인간|집단], [상태], [힘](군사력, 경제력 따위), [법률])
능 견제하다
¶중동 국가가 핵기술을 개발하는 것은 국제연합에 의해 견제되었다. ¶기업들이 과도하게 경쟁하는 것은 정부의 관리로 적절히 견제되고 있다.
❷ 【운동】 투수가 던진 공에 주자가 자유롭지 못하게 방해받다. (of a runner) Have one's freedom to run hindered or impeded (by a ball thrown by a pitcher).
㊀방해받다
N0-가 N1-에게 V (N0=[운동선수](주자), 도루 N1=[운동선수](투수))
능 견제하다
¶1루 주자의 도루가 투수에 의해 견제되고 있다.

견제받다
어원 牽制~ 활용 견제받아, 견제받으니, 견제받고 대응 견제를 받다
☞견제당하다

견제하다
어원 牽制~ 활용 견제하여(견제해), 견제하니, 견제하고 대응 견제를 하다
타 ❶(힘이나 압력을 가하여) 자유로운 행동이나 활동을 억압하여 통제하다. Suppress the free motion or activity of someone or something (by applying force or pressure) to gain control thereof.
㊀억제하다, 압박하다 ㊁견제당하다
N0-가 N1-를 V (N0=[인간|집단], [기관], [힘](경제력, 군사력 따위) N1=[행위], [상태], [상황], [충돌](전쟁 따위))
피 견제되다
¶경기 침체 여파로 민간단체들은 정부의 경제 정책 변화를 견제하고 나섰다. ¶막강한 군사력은 적군의 도발을 견제한다.
N0-가 S것-을 V (N0=[인간|집단], [기관], [힘](경제력, 군사력 따위))
피 견제되다
¶야당이 여당이 정책을 마음대로 수립하는 것을 견제했다. ¶경기 침체 여파로 민간단체들은 정부가 경제 정책을 수정하는 것을 견제하고 나섰다. ¶막강한 군사력은 적군이 도발해 오는 것을 견제한다.
❷ 【운동】 투수가 주자에게 공을 던져 주자가 자유롭게 도루하지 못하도록 방해하다. (When a pitcher throws a ball to a runner in order to) Interrupt a runner to prevent him/her from freely stealing the base.
㊀방해하다, 막다 ㊁견제당하다
N0-가 N1-를 V (N0=[운동선수](투수) N1=[운동선수](주자), 도루)
피 견제되다 사 견제시키다
¶투수가 주자의 도루를 견제하기는 쉽지 않다.

견주다
활용 견주어(견줘), 견주니, 견주고
타 (공통점이나 차이점을 알아보거나 우열을 가리기 위하여) 둘 이상의 대상을 맞대다. Compare two or more targets to find similarities and differences or to determine the superiority of one over the other(s).
㊀비교하다, 비하다타
N0-가 N1-를 N2-와 V ↔ N0-가 N1-를 N2-에 V ↔ N0-가 N1-와 N2-를 V ↔ N0-가 N1-에 N2-를 V (N0=[인간|집단] N1=[모두] N2=[모두])
¶누나는 빨간 옷을 노란 옷과 견주었다. ↔ 누나는 빨간 옷을 노란 옷에 견주었다. ↔ 누나는 빨간 옷과 노란 옷을 견주었다. ↔ 누나는 빨간 옷에 노란 옷을 견주었다. ¶진학할 대학을 정하기 위해 이 대학과 저 대학을 견주어 보았다. ¶혜수의 제안과 채령이의 제안을 견주었지만 일장일단이 있었다.
N0-가 N1-를 V (N0=[인간|집단] N1=[모두])
¶두 식물의 잎을 견주어 보니 생김새가 약간 다르다. ¶그 선수들을 아무리 견주어도 우열을 가리기가 힘들었다.

견지되다
어원 堅持~ 활용 견지되어(견지돼), 견지되니, 견지되고
자 (입장이나 주장 따위가) 일관되게 유지되고

지켜지다. (of an attitude or claim) Be preserved and consistently maintained.
㊀유지되다, 고수하다 ㊥철회되다
N0-가 V (N0=[의견](입장, 관점, 주장 따위), [감정](태도, 자세 따위))
능견지하다
¶체벌 문제에 대해서는 신중한 자세가 견지되고 있다. ¶임금 정책에 대해 반대 입장이 견지되고 있다.

견지하다

어원堅持~ 활용견지하여(견지해), 견지하니, 견지하고
타(입장이나 주장 따위를) 일관되게 유지하면서 지켜나가다. Preserve by maintaining one's consistency (in an attitude or claim).
㊀유지하다, 고수하다 ㊥철회하다
N0-가 N2-에 대해 N1-를 V (N0=[인간|집단] N1=[의견](입장, 관점, 주장 따위), [감정](태도, 자세 따위) N2=[상태], [상황], [행위])
피견지되다
¶교사들은 체벌 문제에 대하여 신중한 자세를 견지하고 있다. ¶노동자들은 정부의 임금 정책에 대해 반대 입장을 견지하고 있다.

견학하다

어원見學~ 활용견학하여(견학해), 견학하니, 견학하고 대응견학을 하다
타(어떤 장소 따위를) 방문하여 둘러보고 관련된 지식을 얻다. Go to a place to look around and obtain relevant knowledge.
㊀참관하다
N0-가 N1-를 V (N0=[인간] N1=[기관], [장소], [방법], [건물](박물관 따위), [사물](유적 따위))
¶학생들이 자동차 제조 공장을 견학하고 있다. ¶우리 지역의 선사 시대 유적을 보다 많은 학생들이 견학하면 좋겠습니다.

결론나다

어원結論~ 활용결론나, 결론나니, 결론나고 대응결론이 나다
자❶(이야기나 사건 따위가) 어떤 방향으로 끝나다. (of a story or case) End in a certain direction.
㊀끝나다, 마무리되다
N0-가 N1-로 V (N0=[이야기], [텍스트], [행위], [사건] N1=[방법](방식, 쪽 따위), [행위], [사건])
능결론내다타
¶한 청년의 모험 이야기는 새로운 모험의 시작으로 결론났다. ¶이번 협상은 노조의 입장이 관철되는 쪽으로 결론났습니다.
❷(어떤 대상이나 사건의 속성에 대해) 마지막 판단이 내려지다. (of the characteristics of certain target or incident) Be given final judgement.
N0-가 N1-로 V (N0=[사건], [행위] N1=[사건], [행위])
능결론내다타
¶이번 범행은 단독 범행으로 결론났다. ¶그 전화는 허위 신고로 결론났습니다.
S(것|기)-로 V
능결론내다타
¶이 주장은 사실이 아닌 것으로 결론났다. ¶논문 표절 사건이 사실인 것으로 결론났다.
S고 V
¶이 주장이 사실이 아니라고 결론났다. ¶문서 위조 사건이 사실이라고 결론날 수도 있다.

결론내다

어원結論~ 활용결론내어(결론내), 결론내니, 결론내고 대응결론을 내다
자(논의나 토론 따위에서) 최종적인 판단을 내리다. Give the final judgment in a discussion or debate.
㊀결론짓다자, 결론내리다, 끝내다, 마무리하다
N0-가 S(것|기)-로 V (N0=[인간|단체])
¶우리는 다음 달에 사업을 마무리하는 것으로 결론내고 회의를 끝냈다. ¶이사회는 유럽 시장 개척을 위해 신제품을 개발하기로 결론냈습니다.
N0-가 S고 V (R1) (N0=[인간|단체])
¶사람들은 그가 범인이라고 결론냈다. ¶시의원들은 공공 체육 시설을 일반 시민에게 개방한다고 결론냈다.
타❶(이야기나 사건 따위를) 어떤 방향으로)끝내다. End a story or case in a certain direction.
㊀끝맺다, 마무리하다, 결론짓다타
N0-가 N1-를 N2-로 V (N0=[인간] N1=[이야기], [텍스트] N2=[이야기], [방식](방식, 쪽 따위))
피결론나다
¶작가는 이번 소설을 해피엔딩으로 결론내기로 했다. ¶교수님은 말씀을 항상 학문의 자세에 대한 이야기로 결론내시곤 했다.
❷(어떤 대상이나 사건의 속성에 대해) 마지막 판단을 내리다. Give the final judgment on the characteristics of certain target or incident.
㊀결론짓다타, 결론내리다
N0-가 N1-를 N2-로 V (N0=[인간]) (N0=[인간], [사건], [행위] N1=[인간](범인, 장본인 따위), [사건], [행위])
피결론나다
¶경찰은 이번 사건을 단순 사고로 결론내고 수사를 종결했다. ¶형사들은 이번 범행을 단독 범행으로 결론냈다.

결론짓다

어원結論~ 활용결론지어, 결론지으니, 결론짓고, 결

론짓는 대응결론을 짓다
자(논의나 토론 따위에서) 최종적인 판단을 내리다. Give the final judgment in a discussion or debate.
유결론내다자, 결론내리다, 끝맺다자
N0-가 S(것|기)-로 V (N0=[인간|단체])
¶우리는 다음 달에 사업을 마무리하는 것으로 결론짓고 회의를 끝냈다. ¶정부는 중앙 행정 기관을 단계적으로 지방으로 이전하는 것으로 결론지었다.
N0-가 S고 V (R1) (N0=[인간|단체])
¶ 사람들은 그(가|를) 범인이라고 결론지었다.(R1) ¶재판부는 그를 무죄라고 결론짓고 판결을 내렸다.
타 ❶글이나 말을 끝맺다. End a writing or speech.
유끝내다, 마무리하다, 결론내다 반시작하다
N0-가 N1-를 V (N0=[인간] N1=[텍스트], [이야기](연설, 이야기 따위))
¶나는 하루라도 빨리 논문을 결론짓고 쉬고 싶다. ¶청중들이 지루해 하는 것 같아서 강연을 얼른 결론지었다.
N0-가 N1-를 N2-로 V (N0=[인간] N1=[이야기], [텍스트] N2=[이야기], [방식](방식, 쪽 따위))
¶작가는 이번 소설을 해피엔딩으로 결론짓기로 했다. ¶교수님은 말씀을 항상 학문의 자세에 대한 이야기로 결론지으시곤 했다.
❷(어떤 대상이나 사건의 속성에 대해) 마지막 판단을 내리다. Give the final judgment on the characteristics of certain target or incident.
유결론내다, 결론내리다
N0-가 N1-를 N2-로 V (N0=[인간], [사건], [행위] N1=[인간](범인, 장본인 따위), [사건], [행위])
¶형사들은 이번 범행을 단독 범행으로 결론지었다.

결리다

활용결리어(결려), 결리니, 결리고
자(신체의 일부가) 당기고 뻐근하여 쑤시듯 아프다. (of a body part) Hurt with pulling, stiff, and sore sensation.
N0-가 V (N0=[신체부위])
¶오늘따라 종아리가 결린다. ¶어깨가 자꾸 결리는 것이 오십견인가 보다. ¶숨만 쉬어도 가슴이 결려요.

결박되다

어원結縛~ 활용결박되어(결박돼), 결박되니, 결박되고
자(사람이나 사람의 몸이나 손 따위가) 움직이지 못하게 묶이다. (of a person or person's body or hands) Be tied and become unable to move.
상묶이다 반풀리다
N0-가 V (N0=[인간], [신체부위])
능결박하다
¶나는 결박되어 장교 앞으로 끌려 나갔다. ¶죄인은 오랏줄로 두 손이 꽁꽁 결박되어 옥에 갇혔다.

결박하다

어원結縛~ 활용결박하여(결박해), 결박하니, 결박하고
타(다른 사람의 몸이나 손 따위를) 움직이지 못하게 묶다. Tie someone's body or hands to make them unable to move.
상묶다 반풀다
N0-가 N1-를 V (N0=[인간] N1=[인간], [신체부위])
피결박되다
¶나는 그를 결박하여 장교 앞으로 끌고 갔다. ¶그는 사슬로 죄인의 두 손을 결박하고 옥에 가두었다.

결부되다

어원結付~ 활용결부되어(결부돼), 결부되니, 결부되고
자(어떤 대상이) 다른 대상과 서로 관련되다. (of a target) Be related to another target.
유연관되다, 관계되다, 관련되다
N0-가 N1-와 V ↔ N1-가 N0-와 V ↔ N0-와 N1-가 V (N0=[추상물], [사물], [상태] N1=[추상물], [사물], [상태])
능결부하다
¶결과는 원인과 항상 결부되어 있다. ↔ 원인은 결과와 항상 결부되어 있다. ↔ 결과와 원인은 항상 결부되어 있다. ¶옛 사람들은 박쥐가 악마와 결부되어 있다고 믿었다.

결부시키다

어원結付~ 활용결부시키어(결부시켜), 결부시키니, 결부시키고
☞'결부하다'의 오용

결부짓다

어원結付~ 활용결부지어, 결부지으니, 결부짓고, 결부짓는 대응결부를 짓다
타(사람이) 어떤 대상과 다른 대상을 서로 관련지어 생각하다. (of a person) Think of a target in relation to another target.
유결부하다, 결부시키다, 연관시키다, 관련시키다
N0-가 N1-와 N2-를 V ↔ N0-가 N1-를 N2-와 V (N0=[인간|단체] N1=[추상물], [사물], [상태] N2=[추상물], [사물], [상태])
¶그는 항상 원인과 결과를 결부지어 생각했다. ↔ 그는 항상 원인을 결과와 결부지어 생각했다. ¶그들은 애국과 효도를 결부지어 아래 세대를 교육해야 한다고 주장하였다.
N0-가 N1-를 N2-에 V ↔ N0-가 N2-를 N1-에 V (N0=[인간|단체] N1=[추상물], [사물], [상태] N2=[추상물], [사물], [상태])

¶나는 그 문제를 내 인생에 결부짓고자 하였다. ↔ 나는 내 인생을 그 문제에 결부짓고자 하였다. ¶그는 방송의 음성을 영상에 결부지으려고 기술을 개발 중이다.

ㄱ

결부하다

어원 結付~ 활용 결부하여(결부해), 결부하니, 결부하고
타 (사람이) 어떤 대상과 다른 대상을 서로 관련짓다. (of a person) Relate a target with another target.
유 결부짓다, 연관시키다, 관련시키다
N0-가 N1-와 N2-를 V ↔ N0-가 N1-를 N2-와 V (N0=[인간|단체] N1=[추상물], [사물], [상태] N2=[추상물], [사물], [상태])
¶그는 항상 원인과 결과를 결부하여 생각했다. ↔ 그는 항상 원인을 결과와 결부하여 생각했다. ¶정부는 방송의 음성과 영상을 결부하여 정보를 찾는 기술을 개발 중이다.
※ N0-가 (N1+N2)-를 V' 형식도 자연스럽다.
N0-가 N1-를 N2-에 V ↔ N0-가 N2-를 N1-에 V (N0=[인간|단체] N1=[추상물], [사물], [상태] N2=[추상물], [사물], [상태])
피 결부되다
¶나는 그 문제를 내 인생에 결부하고자 하였다. ↔ 나는 내 인생을 그 문제에 결부하고자 하였다.

결석하다

어원 缺席~ 활용 결석하여(결석해), 결석하니, 결석하고 대응 결석을 하다
자타 (참석해야 할 학교의 수업이나 강의 자리에) 학생이 나가지 아니하다. (of a student)Absent oneself from a school class or lecture.
유 빼먹다, 빠지다I 반 출석하다
N0-가 N1-(에|를) V (N0=[인간|단체] N1=[교육기관], 수업, 강의 따위)
¶순이는 아파서 오늘 학교에 결석했다. ¶어제는 늦잠을 자는 바람에 강의에 결석했다. ¶영민이가 수업을 결석한 지 사흘이 되었다.

결성되다

어원 結成~ 활용 결성되어(결성돼), 결성되니, 결성되고 대응 결성이 되다
자 (조직이나 모임 따위가) 만들어 이루어지다. (of a group or meeting) Be formed or composed.
유 조직되다, 구성되다
N0-가 V (N0=[단체](결사대, 후원회 따위))
능 결성하다
¶국왕의 명령으로 결사대가 결성되었다. ¶그 밴드는 10년 전에 결성되어 지금까지도 활동 중에 있다. ¶비인기 종목 선수들을 위하여 후원회가 결성되었다.

결성하다

어원 結成~ 활용 결성하여(결성해), 결성하니, 결성하고 대응 결성을 하다
타 (조직이나 모임 따위를) 만들어 이루다. Form a group or meeting.
유 조직하다, 구성하다
N0-가 N1-를 V (N0=[인간|단체] N1=[단체](노조, 환경 단체 따위))
피 결성되다
¶그는 뜻이 맞는 친구들과 극단을 결성했다. ¶뜻 있는 사람들이 환경 문제를 해결하고자 환경 단체를 결성했다.

결속되다

어원 結束~ 활용 결속되어(결속돼), 결속되니, 결속되고
자 (뜻을 같이하는 사람이나 조직이) 뭉쳐 단결되다. (of people or groups that share intention) Be joined and united.
유 단결되다, 뭉치다자 반 흩어지다, 해체되다
N0-가 V (N0=[인간](의미상 복수))
사 결속시키다
¶그 문제를 해결하기 위하여 많은 사람들이 결속되었다. ¶사회 구성원들이 서로 결속되어 연대감을 가지는 것이 중요하다. ¶우리 팀의 결속된 모습을 보여 주면 상대팀도 긴장할 것이다.

결속시키다

어원 結束~ 활용 결속시키어(결속시켜), 결속시키니, 결속시키고
타 (어떤 사건이나 일이) 뜻을 같이하는 사람이나 조직을 단결하여 뭉치게 하다. Join and unite people or groups that share intention on (a situation or task).
유 단결시키다, 단합시키다, 뭉치게 하다
N0-가 N1-를 V (N0=[상태], [제도], [상황], [인간|단체] N1=[인간](의미상 복수))
주 결속하다, 결속되다
¶이 일은 우리 가족을 더욱 결속시키는 계기가 되었다. ¶프랑스의 전쟁 선포는 독일 사람들을 결속시켰다. ¶만델라는 인류의 영혼을 결속시킨 사람으로 평가받는다.

결속하다

어원 結束~ 활용 결속하여(결속해), 결속하니, 결속하고
자 (뜻을 같이하는 사람이나 조직이) 단결하여 뭉치다. (of people or groups that share intention) Join and unite.
유 단결하다, 뭉치다, 단합하다 반 흩어지다, 분산하다, 해체되다
N0-가 V (N0=[인간](의미상 복수))
사 결속시키다
¶그들은 모임의 무한한 발전을 위하여 다시 한번 결속하였다. ¶우리 모두 결속하여 이 모임을 활성

화 시킵시다. ¶상황이 어려울수록 우리는 결속해야 합니다.

결심하다

어원 決心~ 활용 결심하여(결심해), 결심하니, 결심하고 대응 결심을 하다

자 (어떤 일을 하기로) 자신의 마음을 확실히 정하다. Definitely make one's mind do something.

유 마음먹다 자, 결정하다 자

N0-가 S다고 V (N0=[인간])

¶은주는 올해 안에 결혼을 하겠다고 결심한다. ¶은주는 먹는 것을 자제하겠다고 결심했지만 쉽지 않다.

N0-가 S기-로 V (N0=[인간])

¶그는 아내를 더욱 사랑하기로 결심했었다. ¶그가 학교에 더 일찍 가기로 결심한 것도 그때였다.

타 (어떤 일을 행하기로) 자신의 마음을 확실히 정하다. Definitely make one's mind do something.

유 마음먹다 타, 결정하다 타

N0-가 N1-를 V (N0=[인간] N1=[행위])

¶복무 연장을 결심한 이 대위는 나중에 장군이 되었다. ¶휴학을 결심했으면 어서 서류를 내라.

N0-가 S것-을 V (N0=[인간])

¶동호는 회의에 늦지 않을 것을 결심했다. ¶나는 친구의 비밀을 말하지 않을 것을 결심하였다. ¶매주 봉사할 것을 결심했지만 작심삼일이다.

결여되다

어원 缺如~ 활용 결여되다(결여돼), 결여되니, 결여되고 대응 결여가 되다

자 (있어야 할 것이) 빠져서 없거나 기대에 미치지 못하다. Be without or fall short of expectations.

유 결핍되다, 빠지다I, 모자라다

N1-에 N0-가 V (N0=[추상물](긴장감, 노력 따위) N1=[사물], [추상물])

¶아쉽지만 너의 이야기에는 긴장감이 결여되어 있다. ¶다른 이들을 존중하는 정신이 결여되어 있다면 너 자신도 존중받지 못한다.

N1-에게 N0-가 V (N0=[추상물](정신, 마음, 자존심 따위) N1=[인간])

¶그에게는 희생정신이 결여되어 있다. ¶형석이에게는 남을 배려하는 마음이 결여되었다.

결의되다 I

어원 決意~ 활용 결의되어(결의돼), 결의되니, 결의되고 대응 결의가 되다

자 (어떤 일이) 행해지기로 굳은 마음으로 결정되다. (of something) Be firmly decided (to be done).

N0-가 V (N0=N1=[행위])

능 결의하다I

¶많은 학생들에 의해 자판기 상품 불매 운동이 결의되었다.

결의되다 II

어원 決議~ 활용 결의되어(결의돼), 결의되니, 결의되고 대응 결의가 되다

자 (어떤 안건이나 사항 따위가) 회의에서 여러 사람의 의견이 모아져 결정되다. (of a proposal or agenda) Be decided upon after gathering the opinions of many people at a meeting.

유 결정되다, 합의되다

N0-가 N1-에서 V (N0=[법률|의견] N1=[회의])

능 결의하다II 타

¶우리는 회의에서 결의된 내용을 보고 받았다. ¶동문 회장의 유임이 회의에서 만장일치로 결의되었다.

S것-이 N1-에서 V (N1=[회의])

능 결의하다II 타

¶현 회장이 유임하는 것이 이사회에서 결의되었다. ¶국제적 협력기구를 설치할 것이 샌프란시스코회의에서 결의되었다.

S것-으로 N1-에서 V (N1=[회의])

능 결의하다II 타

¶현 회장이 유임하는 것으로 이사회에서 결의되었다. ¶이번 사태의 내용을 모두에게 공개하는 것으로 총회에서 결의되었다.

결의하다 I

어원 決意~ 활용 결의하여(결의해), 결의하니, 결의하고 대응 결의를 하다

자 (어떤 일을 하기로) 뜻을 세워 굳게 마음먹다. Decide and become firmly determined (to do something).

유 결심하다 자

N0-가 S기-로 V (N0=[인간|단체])

¶우리는 동아리 활동에 적극적으로 참여하기로 결의했다. ¶김좌진 장군은 일본군을 공격하기로 결의하였다.

N0-가 S자고 V (N0=[인간|단체])

¶노점상들은 무슨 일이 있어도 생존권을 사수하자고 결의했다. ¶우리는 우정을 끝까지 지켜나가자고 결의했다.

타 (어떤 일을 하기를) 뜻을 세워 굳게 마음먹다. Decide and become firmly determined (to do something).

유 결심하다 타

N0-가 N1-를 V (N0=[인간|단체] N1=[행위])

피 결의되다I

¶우리들은 바르고 고운 말 사용을 결의하였다. ¶학생들이 자판기 상품 불매 운동을 결의하였다.

N0-가 S것-을 V (N0=[인간|단체])

[피]결의되다I
¶신채호는 적과 싸울 것을 결의하고 실행에 옮겼다.
No-가 S기-를 V (No=[인간|단체])
[피]결의되다I
¶나는 오늘부터 환경 보전을 위해 앞장서기를 결의하였다. ¶우리들은 학교에서 바르고 고운 말을 사용하기를 결의하였다.

결의하다II
[어원]決議~ [활용]결의하여(결의해), 결의하니, 결의하고 [대응]결의를 하다
[자](회의에서) 여러 사람이 의논하여 합의하고 결정하다. (at a meeting) Decide or reach agreement on an issue after discussion involving a group of people.
[유]합의하다
No-가 S기-로 V (No=[단체])
¶노조는 기업 정상화를 위해 모든 힘을 쏟아붓기로 결의했다.
No-가 S자고 V (No=[단체])
¶교사들은 저소득층 아이들에게 장학금을 후원하자고 결의했다.
[타](회의에서) 여러 사람이 의논하여 합의하고 결정하다. (at a meeting) Decide or reach agreement on an issue after discussion involving a group of people.
No-가 N1-를 V (No=[단체] N1=[행위])
[피]결의되다II
¶학생회는 바르고 고운 말 사용을 결의하였다. ¶의료계가 집단 휴진을 결의하자 정부는 대책 마련에 고심했다.
No-가 S것-을 V (No=[단체])
¶서울 시내 영화관들이 수요일 하루 휴관할 것을 결의했다. ¶세계 올림픽 위원회가 1988년 올림픽을 대한민국에서 개최할 것을 결의하였다.
No-가 S기-를 V (No=[단체])
¶학생회는 바르고 고운 말 쓰기 활동에 적극 동참하기를 결의하였다. ¶시민 단체는 환경 개선 운동에 참여하기를 결의하였다.

결재받다
[어원]決裁~ [활용]결재받아, 결재받으니, 결재받고 [대응]결재를 받다
[자](아랫사람이 제출한 계획이나 안 따위가) 결정권을 가진 상관에게 실행되도록 승인받다. (of a subordinate) Receive permission from the superior with the right to decide in order for the submitted plan or proposal to be executed.
No-가 N1-에게 V (No=[문서], [행사] N1=[인간])
¶올해 사업 계획안은 사장님께 이미 결재받았다. ¶신제품 개발 계획은 부서장에게 결재받은 후 이제 사장님의 결재를 다리고 있다.
[타](아랫사람이) 결정권을 가진 상관에게 자신이 제출한 계획이나 안 따위를 실행하도록 승인받다. (of a subordinate) Receive permission to execute a submitted plan or proposal from the superior with the right to decide.
[반]결재하다
No-가 N2-에게 N1-를 V (No=[인간] N1=[문서], [행사] N2=[인간])
¶부장님은 신규 사업 계획을 사장님께 어렵게 결재받았다. ¶우리는 신제품 개발 계획을 부서장들에게 먼저 결재받아야 한다.

결재하다
[어원]決裁~ [활용]결재하여(결재해), 결재하니, 결재하고 [대응]결재를 하다
[타](결정권을 가진 상관이) 아랫사람이 제출한 계획이나 안 따위를 실행하도록 승인하다. (of a superior with the right to decide) Approve the plan or proposal submitted by a subordinate for execution.
[유]허락하다[타] [반]결재받다
No-가 N1-를 V (No=[인간] N1=[문서], [행사])
[피]결재되다
¶부서장들이 문서를 결재할 때는 사안을 신중히 검토해야 합니다. ¶교장선생님께서 학생들의 공단 견학을 결재하셨습니다.

결정나다
[어원]決定~ [활용]결정나, 결정나니, 결정나고 [대응]결정이 나다
[자]❶(일이나 사건 따위의 판세가) 더이상 바뀌지 않을 것처럼 분명해지다. (of a duty or an incident's status) Become clear as if nothing will change.
[유]결판나다
No-가 V (No=승패, 결과, 여부 따위)
[사]결정내다
¶자정 즈음에는 선거 결과가 결정날 것으로 보입니다. ¶신도시 건설 여부는 이미 결정난 셈이다.
❷(어떤 일의 방향이) 회의나 사건 따위에 의해 정해지다. (of some duty's direction) Be decided by conference or affairs.
[유]확정되다
No-가 N1-에서 V (No=[행사], [일], [방법] N1=[회의], [사건])
[사]결정내다
¶신도시 개발 사업 여부는 이번 의회에서 결정납니다. ¶그 선수의 계약 연장 문제가 이번 경기에서 결정날 것으로 보입니다.

결정되다

어원 決定~ 활용 결정되어(결정돼), 결정되니, 결정되고 대응 결정이 되다

자 ❶일이나 계획 따위의 방향이 분명해지다. (of a duty or a plan's direction) Become clear.

No-가 V (No=[일], 승패, 결과, 여부 따위, [방법])

능 결정하다 타

¶도서관 확장 공사는 이미 결정되었다. ¶우리 마을 노인회관 건립 안이 결정되었다.

❷(어떤 일의 방향이) 회의나 사건 따위에 의해 정해지다. (of some duty's direction) Be decided by conference or affairs.

유 확정되다 자

No-가 N1-에서 S(것|기)-로 V (No=[일], 승패, 결과, 여부 따위 N1=[회의])

능 결정하다 타

¶자금 조달 문제는 재단 이사회에서 장학금 규모를 축소하여 보조하기로 결정되었다. ¶대학 구조 조정안은 이번 국회에서 1년 동안 실행을 유보하기로 결정되었다.

No-가 N1-로 V (No=[일], 승패, 결과, 여부 따위 N1=[결과], [방법])

¶도서관 증축 업체는 경쟁 입찰로 결정되었다. ¶대학 구조 조정은 내년 시행으로 결정되었다.

결정짓다

어원 決定~ 활용 결정지어, 결정지으니, 결정짓고, 결정짓는 대응 결정을 짓다

자 (어떤 일이나 생각 따위에 대한) 방향이나 태도 따위를 분명하게 정하다. Clearly decide the direction or attitude with regard to some duty or thought.

유 결정하다 자, 확정하다

No-가 S기-로 V (No=[인간|단체])

¶아파트 주민들이 보안 카메라를 설치하기로 결정지었다. ¶우리 회사는 해외 시장을 개척하기로 결정짓고 전담반을 구성했다.

타 (일이나 사건 따위의 판세가) 더이상 바뀌지 않도록 마무리하다. Finish by not letting a duty or an incident's status change.

No-가 N1-를 V (No=[인간|단체], [행위], [방법] N1=[결과행위](승패, 승부, 승리 따위))

¶상대 선수의 결정적 실수가 승부를 결정지었다. ¶감독의 전략이 승패를 결정지을 수 있다.

결정하다

어원 決定~ 활용 결정하여(결정해), 결정하니, 결정하고 대응 결정을 하다

자 (어떤 일이나 생각 따위에 대한) 방향이나 태도 따위를 분명하게 굳히다. Clearly confirm the direction or attitude with regard to some duty or thought.

유 정하다 자, 결정짓다 자

No-가 S기-로 V (No=[인간|단체])

피 결정되다

¶동생은 휴학하고 군대에 가기로 결정했다. ¶우리 가족은 휴가를 강릉으로 가기로 결정했다.

타 (어떤 일이나 생각 따위에 대한) 방향이나 태도 따위를 분명하게 굳히다. Clearly confirm the direction or attitude with regard to some duty or thought.

유 정하다 타, 결정짓다 타, 확정하다

No-가 N1-를 V (No=[인간|단체] N1=[행사], [일], [방법])

피 결정되다

¶동생은 군 휴학을 결정했다. ¶우리 가족은 할머니 팔순 잔치 개최를 결정했다.

결제되다

어원 決濟~ 활용 결제되어(결제돼), 결제되니, 결제되고 대응 결제가 되다

자 (거래에서) 물건이나 서비스 따위의 비용이 지불되다. (of an object or a service's cost) Be used on a deal.

유 사용되다, 쓰이다I

No-가 N1-로 V (No=[돈], [비용] N1=[방법](카드, 현금, 온라인 따위))

능 결제하다

¶100만 원이 신용카드로 결제되었다. ¶주유비가 현금으로 결제되었으면 현금 영수증이라도 있을 겁니다. ¶그 돈은 판공비로 결제되었다.

No-가 N1-로 V (No=[돈] N1=[비용])

능 결제하다

¶24만 원이 의류 구입비로 결제되었습니다. ¶숙박비로 6만원이 결제되었습니다.

결제하다

어원 決濟~ 활용 결제하여(결제해), 결제하니, 결제하고 대응 결제를 하다

타 (거래에서) 물건이나 서비스 따위의 비용을 주다. Give payment for an object or a service's cost in a deal.

유 내다[1], 지불하다

No-가 N1-를 N2-로 V (No=[인간|단체] N1=[비용] N2=[방법](카드, 현금, 온라인 따위))

피 결제되다

¶어머니는 학원비를 신용카드로 결제하셨다. ¶친구가 식사비를 현금으로 결제했다. ¶누나는 포인트로 아이템을 결제했다. ¶어머니께서는 관리비를 온라인으로 결제하셨다.

결집되다

어원 結集~ 활용 결집되어(결집돼), 결집되니, 결집되고

자 (사람이나 단체의 역량이나 힘 따위가) 하나의

목적을 위하여 뭉치다. (of ability or power of people or organizations) Be united for one purpose.
[유]모이다, 결집하다[자] [반]흩어지다, 분산되다
No-가 V (No=[인간|단체], 권력, 세력 따위)
[능]결집하다[타]
¶전투를 위해서 모든 사용 가능한 병력이 결집되었다. ¶시청역에 200만 명의 인파가 월드컵 응원을 위해 결집되었다. ¶이 일을 통해서 오히려 반대 세력이 더 강하게 결집되고 말았다.

결집시키다
[어원]結集~ [활용]결집시키어(결집시켜), 결집시키니, 결집시키고
[타]☞'결집하다'의 오용

결집하다
[어원]結集~ [활용]결집하여(결집해), 결집하니, 결집하고
[자](사람이나 단체의 역량이나 힘 따위가) 하나의 목적을 위하여 뭉치다. (of ability or power of people or organizations) Be united for one purpose.
[유]모이다 [반]흩어지다, 분산되다, 해산하다, 해체되다
No-가 V (No=[인간|단체], 권력, 세력 따위)
¶경제 계획을 실행하기 위해 모든 정부 부처가 결집하였다. ¶그 사건은 아군의 힘이 결집하는 데에 중요한 역할을 하였다.
[타](사람이 집단이나 단체의 역량이나 힘 따위를) 하나의 목적을 위하여 한데 모으다. Gather (ability, power, etc. of organization or group) for one purpose.
[유]뭉치다[타], 결속하다 [반]분산시키다, 해산시키다, 해체시키다
No-가 N1-를 V (No=[인간|단체], 권력, 세력 따위 N1=역량, 힘, 의견, 의사 따위)
[피]결집되다
¶미국은 우주 개발에 모든 정부 부처와 전문가의 역량을 결집하였다. ¶기관장의 역할은 구성원들의 역량을 결집하는 것이다. ¶그는 지역민들의 힘을 결집해야 함을 강조하였다.

결탁되다
[어원]結託~ [활용]결탁되어(결탁돼), 결탁되니, 결탁되고
☞결탁하다

결탁하다
[어원]結託~ [활용]결탁하여(결탁해), 결탁하니, 결탁하고
[자]나쁜 일을 꾸미려고 서로 한 패가 되다. Plan or plot together in secret to commit a wrongful or treacherous act.
[유]짜다I[자], 공모하다
No-가 N1-와 V ↔ N1-와 No-가 V ↔ No-와 N1-가 V (No=[인간|단체] N1=[인간|단체])
¶그가 밀수 조직과 결탁하여 불법으로 제품을 몰래 수입하였다. ↔ 밀수조직과 그가 결탁하여 불법으로 제품을 몰래 수입하였다. ↔ 그와 밀수조직이 결탁하여 불법으로 제품을 몰래 수입하였다. ¶특정 병원과 약국이 결탁하여 환자들을 서로 몰아주며 잇속을 챙긴다.

결핍되다
[어원]缺乏~ [활용]결핍되어(결핍돼), 결핍되니, 결핍되고 [대응]결핍이 되다
[자]❶(있을 것으로 기대되었던 것이) 필요한 만큼의 양에 미치지 못하다. Fall short of an expected amount.
[유]모자라다, 빠지다I, 없다
N1-(에|에게) No-가 V (No=[사물], [추상물] N1=[사물], [추상물])
¶음식을 골고루 먹지 않으면 신체에 영양이 결핍된다. ¶실내에 산소가 결핍되면 불이 꺼질 것이다.
❷ 계속해서 발생하지 않아 아예 없어지다. Totally disappear due to an absence of its consistent occurrence.
N1-(에|에게) No-가 V (No=[사물], [추상물] N1=[사물], [추상물])
¶너는 자신감이 모자라다 못해 이젠 결핍된 것이다. ¶생존에 필요한 최소한의 산소도 결핍되다 보니 산소 공급이 가장 시급하다.

결합되다
[어원]結合~ [활용]결합되어(결합돼), 결합되니, 결합되고 [대응]결합이 되다
[자](둘 이상의 사람 또는 사물이) 서로 관계를 맺어 하나로 합쳐지다. (of two or more people or objects) Be united into one by forming a relationship.
[유]결속되다, 연합되다 [반]해체되다, 분해되다, 나뉘다
No-가 N1-와 V ↔ N1-가 No-와 V↔ No-와 N1-가 V (No=[사물], [추상물], [인간|단체] N1=[사물], [추상물], [인간|단체])
[능]결합하다[타]
¶수소는 산소와 잘 결합된다. ↔ 산소는 수소와 잘 결합된다. ↔ 수소와 산소는 잘 결합된다. ¶두 사람이 인생의 동반자로 결합하면 참 좋을 것 같다.
No-가 N1-에 V (No=[사물], [추상물], [인간|단체] N1=[사물], [추상물], [인간|단체])
[능]결합하다[타]
¶국악기가 클래식 연주에 결합되니 더 풍부한 소리가 나왔다. ¶홍보부는 기획실에 잘 결합될

것이다.

결합하다

어원 結合~ 활용 결합하여(결합해), 결합하니, 결합하고 대응 결합을 하다

자 (둘 이상의 사물이나 사람이) 서로 관계를 맺어서 하나로 합치다. (of two or more people or objects) Unite into one by forming a relationship.

㉮결속하다, 연합하다 자

N0-가 N1-와 V ↔ N1-가 N0-와 V ↔ N0-와 N1-가 V (N0=[사물], [추상물], [인간|단체] N1=[사물], [추상물], [인간|단체])

¶철수가 영희와 이혼했다가 다시 결합했다. ↔ 영희가 철수와 이혼했다가 다시 결합했다. ↔ 철수와 영희가 이혼했다가 다시 결합했다. ¶감성과 이성이 잘 결합해야 좋은 작품이 나온다.

N0-가 N1-를 V (N0=[인간] N1=[사물], [추상물], [단체])

¶그는 이전에 만들었던 두 이론을 결합해서 새로운 결과를 내놓았다.

타 (둘 이상의 사물이나 사람을) 하나로 합치다. Unite two or more objects or people into one.

㉮단합시키다 ㉯분열시키다

N0-가 N1-를 N2-와 V ↔ N0-가 N2-를 N1-와 V ↔ N0-가 N1-와 N2-를 V (N0=[인간|단체] N1=[사물], [추상물], [인간|단체] N2=[사물], [추상물], [인간|단체])

피 결합되다

¶그는 80년대 음악을 90년대 춤과 결합했다. ↔ 그는 90년대 춤을 80년대 음악과 결합했다. ↔ 그는 80년대 음악과 90년대 춤을 서로 결합했다. ¶그는 동양의 철학을 서양의 신화와 결합해서 새로운 스타일의 영화를 만들어냈다.

N0-가 N2-에 N1-를 V (N0=[인간|단체] N1=[사물], [추상물], [인간|단체] N2=[사물], [추상물], [인간|단체])

피 결합되다

¶이 멜로디에 그 시를 결합하면 아주 잘 어울릴 거야. ¶이 차에 다른 회사의 부품을 결합해도 원래 한 쌍이었던 것처럼 보인다.

결혼하다

어원 結婚~ 활용 결혼하여(결혼해), 결혼하니, 결혼하고 대응 결혼을 하다

자 두 사람이 법적으로 부부관계를 맺다. (of two persons) Form a legal marital relationship.

㉮혼인하다 ㉯이혼하다, 헤어지다, 갈라서다

N0-가 N2-와 V ↔ N1-가 N0-와 V ↔ N0-와 N1-가 V (N0=[인간] N1=[인간])

사 결혼시키다

¶순희가 병규와 결혼한다. ↔ 병규가 순희와 결혼한다. ↔ 순희와 병규가 결혼한다. ¶나는 남편과 6개월 연애 끝에 결혼했다. ¶그녀는 회사에서 결혼한 사실을 숨겼다.

겸비하다

어원 兼備~ 활용 겸비하여(겸비해), 겸비하니, 겸비하고

타 이미 갖추고 있는 것에 더하여 또 다른 것을 함께 갖추다. Add something to an existing object or virtue to possess all.

㉮두루 갖추다

N0-가 N1-를 V (N0=[인간|단체] N1=[사물], [추상물], [속성], [성질])

¶그 학원은 독서실, 자습실, 식당, 휴게실, 기숙사 등을 겸비하고 있다. ¶올해 주식 투자 시장은 안정성, 성장성, 배당수익성 3박자를 겸비했다.

N0-가 N1-와 N2-를 V ↔ N0-가 N2-와 N1-를 V (N0=[인간|단체] N1=[사물], [추상물], [속성], [성질] N2=[사물], [추상물], [속성], [성질])

¶그는 실력과 인격을 모두 겸비했다. ↔ 그는 인격과 실력을 모두 겸비했다. ¶신차는 성능과 고급스러움을 겸비했다. ↔ 신차는 고급스러움과 성능을 겸비했다.

N0-가 N2-에 N1-을 V ↔ N0-가 N1-와 N2-를 V (N0=[인간|단체] N1=[사물], [추상물], [속성], [성질] N2=[사물], [추상물], [속성], [성질])

¶그녀는 청순 외모에 실력을 겸비했다. ↔ 그녀는 실력과 청순 외모를 겸비했다. ¶이번 영화는 화려한 액션에 꼼꼼한 스토리를 겸비했다. ↔ 이번 영화는 꼼꼼한 스토리와 화려한 액션을 겸비했다.

겸업하다

어원 兼業~ 활용 겸업하여(겸업해), 겸업하니, 겸업하고 대응 겸업을 하다

타 동시에 두 가지 이상의 직업을 가지거나 사업을 하다. Run businesses or own more than two jobs at the same time.

N0-가 (N1-와) N2-를 V (N0=[인간] N1=[일] N2=[일])

¶연예인들은 종종 다른 사업을 겸업하고 있습니다. ¶형님은 대리 운전을 겸업하십니다. ¶아버지는 식당과 커피 전문점을 겸업하고 계십니다.

겸임하다

어원 兼任~ 활용 겸임하여(겸임해), 겸임하니, 겸임하고 대응 겸임을 하다

타 이미 맡고 있는 직무에 더하여 추가로 다른 업무도 맡다. Additionally assume a different duty by adding to the original one.

㉮겸직하다, 겸무하다

N0-가 (N1-와) N2-를 V (N0=[인간] N1=[직위],

[일] N2=[직위], [일])
¶우리 사장님은 다른 회사의 사외 이사도 겸임하고 계신다. ¶의원님께서 장관직을 겸임하십니다.
※'N1'은 'N과 N' 형식으로 나타나기도 한다.

ㄱ

겸직하다

어원 兼職~ 활용 겸직하여(겸직해), 겸직하니, 겸직하고 대응 겸직을 하다
타 이미 맡고 있는 직무에 더하여 추가로 다른 직무도 맡다. Additionally take on a different duty by adding to the original one.
유 겸임하다, 겸무하다
N0-가 (N1-와) N2-를 V (N0=[인간] N1=[직위] N2=[직위])
¶우리 사장님은 대학 강의교수를 겸직하십니다. ¶그 분이 재단 이사직과 병원장직을 겸직하고 계십니다.
※'N1'은 'N과 N' 형식으로 나타나기도 한다.

겸하다

어원 兼~ 활용 겸하여(겸해), 겸하니, 겸하고
타 ❶이미 맡은 일 외에 다른 일도 함께 맡아서 일하다. Work by assuming a different duty besides the original one.
유 겸무하다
N0-가 N1-를 V (N0=[인간] N1=[직위])
¶교수님은 연구원장을 겸하고 계십니다. ¶그 선수는 고등학교 코치를 겸하고 있습니다. ¶과장님이 입시로 부시장을 겸하고 계십니다.
N0-가 N1-와 N2-를 V ↔ N0-가 N2-와 N1-를 V (N0=[인간] N1=[직위] N2=[직위])
¶나는 연구관과 대학 강사를 겸하고 있다. ↔ 나는 대학 강사와 연구관을 겸하고 있다. ¶저 친구가 연출자와 배우를 겸하고 있어요. ↔ 저 친구가 배우와 연출자를 겸하고 있어요.
❷두 가지 이상의 기능을 하다. Do more than two functions.
N0-가 N1-를 V (N0=[사물], [행위] N1=[역할])
¶제 연구실이 사무실을 겸하고 있습니다. ¶이번 인사는 구조조정을 겸한 것입니다.
N0-가 N1-와 N2-를 V ↔ N0-가 N2-와 N1-를 V (N0=[사물] N1=[역할] N2=[역할])
¶이 제품은 잇몸의 예방과 치료를 겸하여 쓸 수 있습니다. ↔ 이 제품은 잇몸의 치료와 예방을 겸하여 쓸 수 있습니다. ¶연구실이 제 사무실과 침실을 겸하고 있습니다. ↔ 연구실이 제 침실과 사무실을 겸하고 있습니다.

겹치다

활용 겹치어(겹쳐), 겹치니, 겹치고
자 ❶(동일하거나 다른 물체가) 서로 덧놓이거나 포개지다. (of similar or different objects) Be extend over (something) so as to be covered partly or completely.
N0-가 N1-에 V ↔ N0-가 N1-와 V (N0=[사물] N1=[사물])
¶두꺼운 종이에 얇은 종이가 겹쳤다. ↔ 두꺼운 종이와 얇은 종이가 겹쳤다. ¶이 책의 내용은 저 책의 내용과 많이 겹친다. ¶돌아가신 부모님의 얼굴이 눈앞에 어른거리며 겹쳤다.
❷(여러 가지 연관된 현상, 사태가) 함께 동시에 발생하거나 존재하다. (of various related phenomena or incidents) Occur, exist or coincide at the same time.
N0-가 N1-에 V ↔ N0-가 N1-와 V (N0=[추상물] N1=[추상물])
¶올 여름에는 집중 호우에 치수 시설 노후화가 겹쳐 큰 물난리가 났다. ↔ 올 여름에는 집중 호우와 치수 시설 노후화가 겹쳐 큰 물난리가 났다. ¶방학과 휴가철이 겹치는 시기는 관광지의 성수기가 된다. ¶두 콘서트의 공연 일정이 겹치기 때문에 하나밖에 볼 수 없다.
❸(동일하거나 관련 있는 사태가) 반복해서 쌓이다. (of similar or related incidents) Repeat and accumulate.
유 누적되다, 쌓이다
N0-가 V
¶갖가지 일로 스트레스가 겹쳐 결국 병이 났다. ¶하루가 멀다 하고 경사가 겹친다.
N1-에 N0-가 V ↔ N1-와 N0-가 V (N0=[추상물] N1=[추상물])
¶가난에 불행이 겹쳐 그는 비극적인 삶을 살았다. ↔ 가난과 불행이 겹쳐 그는 비극적인 삶을 살았다.
타 ❶(동일하거나 다른 물체를) 서로 덧놓거나 포개다. (of similar or different objects) Extend over one another so as to cover each other partly or completely.
N0-가 N1-를 N1-에 V ↔ N0-가 N2-와 N1-를 V (N0=[인간|단체] N1=[사물] N2=[사물])
¶철수가 얇은 옷에 두터운 옷을 겹쳐 입었다. ↔ 철수가 얇은 옷과 두터운 옷을 겹쳐 입었다. ¶신라의 첨성대는 벽돌을 27단으로 겹쳐 쌓은 구조물이다.

경계하다

어원 警戒~ 활용 경계하여(경계해), 경계하니, 경계하고 대응 경계를 하다
자 (옳지 않은 일, 행동, 생각 따위를 하지 않도록) 긴장하여 주의하다. Be alert and cautious not to engage in a wrongful task, behavior or thought.
유 삼가다

N0-가 S-도록 V (N0=[인간])
¶사람은 욕심이 지나치지 않도록 스스로 경계해야 한다. ¶우리는 생각이 한쪽으로 치우치지 않도록 경계했다.
타❶(사고나 위험한 상황이 일어나지 않도록) 주변이나 어떤 대상을 조심하여 살피다. Observe one's surrounding or a subject carefully in order to prevent an accident or a dangerous situation.
㊥단속하다, 조심하다타
N0-가 N1-를 V (N0=[인간], [동물] N1=[인간], [공간], [사고])
¶새들은 작은 소리에도 불안한 눈초리로 주변을 경계했다. ¶아이는 경계하는 눈빛으로 낯선 사람을 바라봤다. ¶봄철에 산불을 경계하자는 표지판이 곳곳에 붙어 있다.
❷(옳지 않은 일, 행동, 생각 따위를 하지 않도록) 스스로 어떤 태도나 행동을 주의하거나 멀리하다. Be deliberately cautious or avoid adopting an attitude or behavior to prevent an undesirable event, behavior or thought.
㊥지양하다, 주의하다, 삼가다
N0-가 N1-를 V (N0=[인간|단체] N1=[행위], [태도], [비행])
¶사람은 지나친 욕심을 경계해야 한다. ¶김 의원은 각종 비리와 부정부패를 경계하고 청렴한 공직생활을 했다.
N0-가 S것-을 V (N0=[인간|단체])
¶우리는 피상적인 방식으로 과거를 미화하는 것을 경계해야 한다. ¶그는 자신의 말이 언론을 통해 확대 해석되는 것을 경계했다. ¶위장병의 증세가 있는 사람은 담배를 피우는 것을 경계할 필요가 있다.
❸【군사】(적의 공격이나 침입을 막기 위하여) 적의 동태를 살피거나 일정 지역을 지키다. Observe an enemy's movements or secure a particular location to prevent attack or invasion.
N0-가 N1-를 V (N0=[군대] N1=[군대], [공간], [행위](공격 따위))
¶사령관은 부대원들과 함께 적의 공격을 경계하고 있었다. ¶전방에 있는 군인들이 물샐틈없이 주변을 경계하고 있다.

경고하다

어원警告~ 활용경고하여(경고해), 경고하니, 경고하고 대응경고를 하다
자타(어떤 일이 일어날 수 있다고) 강하게 말하여 주의하게 하다. Speak strongly about a potential danger so as to encourage caution.
㊥주의를 주다
N0-가 N2-에게 N1-(를|에 대해) V (N0=[인간|단체] N1=[추상물], [상태] N2=[인간|단체])
¶건물의 안전성을 검사한 사람들은 건물주에게 건물 붕괴의 위험성을 경고하였다. ¶식품 포장지에는 알레르기를 유발하는 식품 첨가물에 대해 경고하는 문구가 있기도 하다.
N0-가 N1-에게 S고 V (N0=[인간|단체] N1=[인간|단체])
¶국제연합은 각국 지도자들에게 핵전쟁이 인류의 공멸을 초래할 것이라고 경고하였다. ¶고대 철학자들은 민주주의가 중우정치로 흘러갈 수 있다고 경고하곤 했다.

경과하다

어원經過~ 활용경과하여(경과해), 경과하니, 경과하고 대응경과를 하다
자시간이 흘러가다. (of time) Pass.
㊥흐르다, 흘러가다, 지나가다자, 지나다자
N0-가 V (N0=[시간])
¶사건이 발생한 지 약 한 달이 경과했다. ¶1주일 정도 경과하니 병세가 서서히 호전되었다.
타❶(사물이나 제도 따위가) 일정한 시간을 지나다. (of an item or system) Go by or through a certain period of time.
㊥지나다타
N0-가 N1-를 V (N0=[사물], [추상물](제도, 나이, 체재 따위) N1=[시간])
¶터널의 35%가 50년을 경과했다. ¶이 제품은 유통기한이 7일을 경과했다. ¶화학무기는 모두 안전 보관 기간을 경과했다.
❷(사물이나 인간 따위가) 일정한 시기나 단계를 거쳐 지나다. (of an item or person) Go by or through a certain time or stage.
㊥거치다¹타
N0-가 N1-를 V (N0=[인간|단체], [동물], [사물], [추상물] N1=[시기], [단계])
¶사춘기를 경과하면서 부모와 자식 간의 갈등은 배가 된다. ¶이것은 조선시대를 경과하며 걸러진 문헌 자료들이다. ¶동물은 조상과는 전혀 다른 발생 단계를 경과한다.
❸(사물이나 인간 따위가) 일정한 장소를 거쳐 지나다. (of an object or a person) Pass by or through a certain location.
㊥거치다¹타
N0-가 N1-를 V (N0=[사물], [자연물], [인간] N1=[장소])
¶송전탑이 4개 시·군을 경과한다. ¶이 도로는 부천동·남부지역을 경과하여 서울시에 진입한다.

경멸받다

어원輕蔑~ 활용경멸받아, 경멸받으니, 경멸받고 대응경멸을 받다

타(사람이 다른 사람에게) 싫어하거나 무시하는 태도를 받거나 당하다. Confront other people's attitude of hating or ignoring.
㊤멸시받다, 무시당하다 ㉤존경받다, 존중받다, 경멸하다
N0-가 N1-에게 V (N0=[인간|단체] N1=[인간|단체])
¶그는 모든 사람에게 경멸받았다. ¶그의 행동은 당시 양반들에게 경멸받았다.

경멸하다

어원輕蔑~ 활용경멸하여(경멸해), 경멸하니, 경멸하고 대응경멸을 하다
타싫어하거나 무시하는 태도로 사람이나 사물을 얕보다. Look down on a person or object with contempt or deep repugnance.
㊤멸시하다, 무시하다 ㉤존경하다, 존중하다, 경멸받다
N0-가 N1-(를|에 대해) V (N0=[인간|단체] N1=[인간|단체], [행위], 문학, 작품 따위)
¶사람들은 노골적으로 사내를 경멸하기 시작했다. ¶그는 허세로 가득 찬 아우를 조롱하며 경멸하고 있었다.
N0-가 S것-을 V (N0=[인간|단체])
¶사람들은 내가 문학하는 것을 경멸하였다.
¶친구들은 그가 그런 식으로 살아가는 것을 경멸하였다.

경시되다

어원輕視~ 활용경시되어(경시돼), 경시되니, 경시되고
자 (무엇이) 하찮게 여겨지며 무시되다. (of something) Be looked down and disregarded.
㊤깔보이다, 멸시되다 ㉤중시되다
N0-가 V (N0=[모두])
능경시하다
¶우리의 문화와 전통이 더 이상 경시되어서는 안 된다. ¶만화를 그리는 사람들이 경시되던 사회 분위기가 많이 바뀌었다. ¶작은 생명이 경시될수록 그 사회는 건강하지 못하다.

경시하다

어원輕視~ 활용경시하여(경시해), 경시하니, 경시하고
타(무엇을) 하찮게 여기며 무시하다. (of a person) Look down and disregard something.
㊤깔보다, 무시하다, 멸시하다 ㉤중시하다
N0-가 N1-를 V (N0=[인간] N1=[모두])
피경시되다
¶요즘 젊은이들은 우리만의 문화와 전통을 경시하는 태도를 가지고 있다. ¶그들은 드라마를 연구하는 사람들을 경시하였다. ¶너는 작은 조언이라도 경시하지 말고 귀기울여 들어야 한다. ¶외모만 보고 사람을 경시해서는 안 된다.

경악하다

어원驚愕~ 활용경악하여(경악해), 경악하니, 경악하고 대응경악을 하다
자(뜻밖에 일어난 일 따위에) 좋지 않은 느낌으로 매우 놀라다. Be extremely surprised with bad feelings due to unexpectedly occurring affairs.
㊤대경실색하다
N0-가 N1-에 V (N0=[인간|단체] N1=[사고], [사고], [방법](술책 따위), [모두])
¶여객기 추락 소식에 탑승객의 가족들이 경악하고 있습니다. ¶운동선수에 대한 코치의 성폭력에 사람들이 경악했습니다.
N0-가 S(것|데)-(에|에 대해) V (N0=[인간|단체])
¶그 장관이 국민을 무시하는 데에 대해 경악했다.

경영되다

어원經營~ 활용경영되어(경영돼), 경영되니, 경영되고
자(상점이나 기업 따위가) 사람이나 기관 따위에 의해 이익을 내도록 관리되다. (of a store or an enterprise) Be under control by someone or an institution to make profit.
㊤운영되다, 관리되다
N0-가 N1-에 의해 V (N0=[기업], [상업건물], [기관] N1=[인간|단체], [방법])
능경영하다
¶우리 회사는 최신 경영 기법에 의해 잘 경영되고 있습니다. ¶이 회사는 임시로 법원에 의해 경영되고 있습니다.

경영하다

어원經營~ 활용경영하여(경영해), 경영하니, 경영하고 대응경영을 하다
타❶(기업이나 상점 따위를) 이익을 내도록 이끌다. Lead a store or an enterprise to make profit.
㊤운영하다, 관리하다
N0-가 N1-를 V (N0=[인간|단체] N1=[기업], [상업건물])
피경영되다
¶아버지께서는 조그마한 양조장을 경영하십니다.
¶법원이 부도난 기업을 임시로 경영하기도 합니다.
❷(뜻이나 포부 따위를 이루기 위하여) 계획하고 실천하다. Plan and practice to follow one's will or ambition.
㊤도모하다, 관리하다
N0-가 N1-를 V (N0=[인간|단체] N1=[행사], 세상, 거사, 인재 따위)
¶청년들은 세상을 경영할 생각을 해야 합니다.
¶사람이 큰일을 경영하려면 때를 기다릴 줄 알아야 한다.

경유하다

어원經由~ 활용경유하여(경유해), 경유하니, 경유하고 대응경유를 하다

타❶(사람이나 교통수단이) 어떤 장소나 길을 거치다. (of a person or means of transportation) Pass through a location or along a road.
유지나가다타, 거치다[1]타
N0-가 N1-를 V (N0=[인간], [교통기관] N1=[장소])
¶나는 터키에 갈 때 두바이를 경유했다. ¶그는 한국을 경유해서 일본으로 가려고 했다. ¶일행은 파리를 경유하여 런던에 도착하였다.
❷절차상 어떤 부서나 기관 따위를 거치다. Pass by a department or institution for a procedural reason.
유거치다[1]타
N0-가 N1-를 V (N0=[문서], [인간] N1=[기관], [부서], [직위])
¶이 문서는 한국 대사관을 경유해야 한다. ¶여러 부서를 경유하여 겨우 담당자와 통화를 할 수 있었다.

경쟁하다

어원競爭~ 활용경쟁하여(경쟁해), 경쟁하니, 경쟁하고
자(어떤 사람이) 다른 사람과 동일한 것을 목표로 하여 이기거나 앞서려고 서로 겨루다. (of a person) Compete with someone with same goal in order to win or advance.
유견주다, 다투다, 경합하다
N0-가 N1-와 V ↔ N1-가 N0-와 V ↔ N0-와 N1-가 V (N0=[인간|단체] N1=[인간|단체])
¶나는 강력한 우승 후보와 경쟁하게 되었다. ↔ 강력한 우승 후보는 나와 경쟁하게 되었다. ↔ 나와 강력한 우승 후보가 경쟁하게 되었다. ¶양 팀의 대표들이 서로 1위를 차지하기 위해 경쟁하고 있었다. ¶국내 기업이 세계의 일류 기업과 경쟁하기 위해서는 내수품부터 제대로 만들어야 한다.

경직되다

어원硬直~ 활용경직되어(경직돼), 경직되니, 경직되고 대응경직이 되다
자❶(몸의 일부분이) 뻣뻣하게 굳다. (of a body part) Harden, become rigid.
유굳어지다, 경화되다 반이완되다
N0-가 V (N0=[신체부위])
연어뻣뻣하게
¶그 노인은 너무 긴장한 탓인지 팔 다리가 경직되어 움직일 수가 없었다. ¶운동을 시작하기 전엔 경직된 관절을 잘 풀어줘야 부상을 예방할 수 있다.
❷(생각이나 태도가) 완고하고 융통성이 없게 굳다. (of a thought or attitude) Become stubborn and inflexible.
N0-가 V (N0=[감정], [마음])
¶우리 회사 사장은 새로운 아이디어라면 모두 거부할 정도로 생각이 경직되어 있다. ¶상담원의 경직된 태도 때문에 우리는 더 묻기를 포기하고 나와 버렸다.
❸(분위기나 정서가) 과도하게 엄격하고 긴장되게 되다. (of an atmosphere or sentiment) Become overly strict and tense.
N0-가 V (N0=[상황], [상황], 분위기)
사경직시키다
¶그는 중요한 시험을 앞두고 있어서인지 시종일관 표정이 경직되어 있었다. ¶이렇게 분위기가 긴장되고 경직되어 있으면 오히려 사고가 날 가능성이 더 높아진다.
❹【의학】《신경 손상 등의 이유로》 근육이 굳어 움직이지 않거나 떨리다 (of a muscle) Become unable to move or tremulous due to nerve damage.
N0-가 V (N0=[신체부위])
¶그 환자는 경추의 운동신경원에 손상을 입어 다리가 경직되었다.

경질되다

어원更迭~, 更佚~ 활용경질되어(경질돼), 경질되니, 경질되고 대응경질이 되다
자어떤 직위에 있던 사람이 해임되고 다른 사람이 임명되다. Be dismissed from a post or position that is then filled by another person.
유갈리다I, 바뀌다, 교체되다
N0-가 N1-로 V (N0=[인간] N1=[인간])
능경질하다
¶군부대의 총기 사건으로 국방부 장관이 경질되었다. ¶계속 패하기만 하는 바람에 그 축구팀의 감독이 전격적으로 경질되었다.

경질하다

어원更迭~, 更佚~ 활용경질하여(경질해), 경질하니, 경질하고 대응경질을 하다
타어떤 직위에 있는 사람을 해임하고 다른 사람을 임명하다. Dismiss someone from a post or position and appoint another person in their place.
유갈다I, 바꾸다, 교체하다타
N0-가 N1-를 N2-로 V (N0=[인간|단체] N1=[인간] [직위] N2=[인간] [직위])
피경질되다
¶대통령은 비리 사태의 책임을 물어 법무부 장관을 경질했다. ¶사장이 갑자기 영업부장을 경질한 이유에 대해 의견이 분분하다.

경청하다

어원傾聽~ 활용경청하여(경청해), 경청하니, 경청하고 대응경청을 하다
타남의 말을 주의를 기울여 열심히 듣다. Listen

closely to someone's speech with diligence. [상]듣다I[타]
N0-가 N1-를 V (N0=[인간|단체] N1=말, 연설, 강연, 강의 따위)
[연어]주의깊게, 열심히
¶학생들은 선생님의 강의를 열심히 경청하고 있었다. ¶사람들은 자신도 모르게 그의 연설을 경청하게 되곤 하였다.

경험되다
[어원]經驗~ [활용]경험되어(경험돼), 경험되니, 경험되고 [대응]경험이 되다
[자]무엇에 대해 사람이 직접 보고 듣게 되거나 겪게 되다. Witness, hear in person, or experience certain things.
N0-가 V (N0=[사건], [사고], [현상], [활동])
[능]경험하다
¶이곳에 온 후 너무 많은 일들이 한꺼번에 경험되었다.

경험하다
[어원]經驗~ [활용]경험하여(경험해), 경험하니, 경험하고 [대응]경험을 하다
[타]자신이 직접 무엇을 겪거나 해 보다. Go through or do something for oneself.
[유]겪다, 맛보다, 체험하다
N0-가 N1-를 V (N0=[인간] N1=[행위](성공, 실패 따위), [변화](변화 따위), [장소](세상 따위), [감정](감동, 기쁨, 고통 따위), [질병](우울증 따위), [사건], [사고], [현상], [활동])
¶당신은 앞으로 엄청난 변화를 경험하게 될 것이다. ¶우리는 넓은 세상을 경험하기 위해서 여행을 떠나기로 했다. ¶나는 이 글에서 이제껏 경험하지 못했던 슬픔과 감동을 느꼈다.
N0-가 S(을지|은가)-를 V (N0=[인간])
¶우리는 전쟁이 얼마나 무서운가를 경험했다. ¶나는 그 일을 통해 삶이 얼마나 고통스러운가를 경험했다.
N0-가 S다는 것-을 V (N0=[인간])
¶나는 가난이 사람을 위축시킬 수 있다는 것을 경험했다. ¶그는 노력해도 안 되는 일이 있다는 것을 경험했다.
N0-가 N2-를 통해 N1-를V (N0=[인간] N1=[감정](기쁨, 슬픔, 분노 따위), 문화, 효과 따위 N2=[행위](실험, 여행 따위), [사건], [사고], [현상], [활동])
¶그는 여행을 통해 한국의 문화를 경험했다. ¶우리는 이번 실험을 통해 이 약의 효과를 경험했다.
N0-가 N1-를 통해 S(은지|은가)-를 V (N0=[인간] N1=[행위](실험, 여행 따위), [사건], [사고], [현상], [활동])
¶그는 여행을 통해 한국 사람들이 얼마나 정이 많은가를 경험했다고 한다. ¶우리는 이번 실험을 통해 그 약이 얼마나 독한지를 경험했다.
N0-가 N1-를 통해 S다는 것-을 V (N0=[인간] N1=[행위](실험, 여행 따위), [사건], [사고], [현상], [활동])
¶나는 전쟁을 통해 사람이 정말 무섭다는 것을 경험했다. ¶그는 이번 사고를 통해 졸음운전이 매우 위험하다는 것을 경험했다고 한다.

경호받다
[어원]警護~ [활용]경호받아, 경호받으니, 경호받고 [대응]경호를 받다
[자](사람이나 시설 따위가) 위험한 일에 대비하여 다른 사람으로부터 지켜지고 보살핌을 받다. (of a person or a facility) Be looked after or protected against another person in case of a danger.
[유]보호받다[자], 호위받다 [반]경호하다
N0-가 N1-(에|에게) V (N0=[인간|단체], [시설], [교통수단] N1=[인간|단체])
¶비상사태를 대비하여 대통령은 경호팀에게 경호받았다. ¶교황이 탄 차가 경찰들에게 경호받고 있다.

경호하다
[어원]警護~ [활용]경호하여(경호해), 경호하니, 경호하고 [대응]경호를 하다
[타](사람이나 시설 따위를) 위험한 일에 대비하여 지키고 보살피다. Protect and care for a person, a facility, etc., in preparation for a dangerous situation.
[유]지키다, 보호하다, 호위하다 [반]경호받다
N0-가 N1-를 V (N0=[인간|단체] N1=[인간|단체], [시설], [물건], [교통수단])
¶경찰 20여 명이 은행 안팎을 경호하고 있다. ¶그 경호원은 대통령을 경호하다가 다리를 다쳤다. ¶그녀가 서울에 오면 우리가 그녀를 직접 경호하면 된다.

곁들이다
[활용]곁들여, 곁들이니, 곁들이고
[타]❶(음식이나 요리 따위에) 더 좋은 맛을 내기 위해서 다른 양념이나 음식 따위를 더하다. Add different seasoning or food to cooking to come up with a better taste.
N0-가 N1-를 N2-에 V (N0=[인간] N1=[재료], [맛속성값] N2=[음식])
¶인부들은 삼겹살에 소주를 곁들였다. ¶어머니는 죽에 간장을 조금 곁들여 드셨다. ¶비 오는 날에는 막걸리에 파전을 곁들여야 제맛인데.
❷(원래의 말이나 이야기 따위에) 다른 말이나 이야기 따위를 더하다. Add a different word or content to the original word or content.

[유]추가하다, 가미하다
N0-가 N1-를 N2-에 V (N0=[인간], [단체] N1=[이야기], [텍스트] N2=[이야기], [앎], [의견], [감정](재미, 웃음, 감동 따위))
¶소설가들은 사실적인 이야기에 꾸며낸 이야기를 곁들인다. ¶일부 언론사는 사건 보도에 주관적인 해석을 곁들여 기사를 낸다. ¶사람들은 누구나 자신의 경험담에 어느 정도의 과장을 곁들이는 법이다.
3(어떤 물건 따위에) 다른 것을 함께 덧붙이다. Add a different thing along with some object.
[유]추가하다
N0-가 N1-를 N2-에 V (N0=[인간|단체] N1=[사물], [행사] N2=[사물], [행위], [추상물])
¶우리는 컴퓨터에 주변 기기를 곁들여 판매했다. ¶올림픽 개최국은 개막식에 자국 문화를 곁들여 알리려고 노력한다.

계도하다
[어원]啓導~ [활용]계도하여(계도해), 계도하니, 계도하고
[타]다른 사람을 깨우쳐 바른길로 이끌다. (of a person) Enlighten someone and lead that person to the righteous path.
[유]계몽하다
N0-가 N1-를 V (N0=[인간|단체] N1=[인간|단체])
¶우리는 마을 사람들을 계도하기 위해 힘썼다. ¶그는 무지한 대중을 계도하려고 노력하였지만 실패하였다.

계몽되다
[어원]啓蒙~ [활용]계몽되어(계몽돼), 계몽되니, 계몽되고
[자](무지하거나 의식이 덜 깨인 사람이) 다른 사람에게 가르침을 받아 깨치다. (of an ignorant or unenlightened person) Receive guidance from someone and perceive the truth.
N0-가 V (N0=[인간|단체])
[능]계몽하다
¶마을 사람들은 오랜 시간에 걸쳐 계몽되었다. ¶출판 시장이 발달함에 따라, 많은 시민들이 출판물을 통해 계몽되었다. ¶대중이 계몽되는 것은 쉬운 일이 아니다.

계몽시키다
[어원]啓蒙~ [활용]계몽시키어(계몽시켜), 계몽시키니, 계몽시키고
☞'계몽하다'의 오용

계몽하다
[어원]啓蒙~ [활용]계몽하여(계몽해), 계몽하니, 계몽하고
[타](무지하거나 의식이 덜 깨인 사람을) 가르쳐 깨우치다. (of a person) Teach an ignorant or unenlightened person to make that person perceive the truth.
[유]일깨우다, 계도하다
N0-가 N1-를 V (N0=[인간|단체] N1=[인간|단체], [집단])
[피]계몽되다
¶선생님은 국민의 지적 수준을 높이기 위해 책을 발행하여 국민을 계몽하였다. ¶그는 서양에서 배운 근대적 지식을 바탕으로 대중을 계몽하려고 애썼다. ¶애국 계몽 운동은 대중을 계몽하고 민족적 자각을 높였다는 점에서 의의를 찾을 수 있다.

계발되다
[어원]啓發~ [활용]계발되어(계발돼), 계발되니, 계발되고
[자](사람의 능력, 지식, 지능 따위가) 일깨워 발전되다. (of a person's ability, knowledge, or intelligence) Be awakened and developed.
[유]길러지다, 발달되다 (N0=[인성](능력, 창의력, 재능 따위), [능력](지능), 소질, [개념](지식))
[능]계발하다
¶나의 언어 능력은 여러 나라에 두루 다니면서 계발되었다. ¶부모는 아이의 소질이 계발되도록 노력하여야 한다. ¶학생들의 지식은 교양 과정 수업을 통해 계발될 수 있다.

계발하다
[어원]啓發~ [활용]계발하여(계발해), 계발하니, 계발하고
[타](자신이나 다른 사람의 능력, 지식, 지능 따위를) 일깨워 발전하게 하다. (of a person) Enlighten and develop one's or someone's ability, knowledge, or intelligence.
[유]발달시키다, 계몽하다, 육성하다
N0-가 N1-를 V (N0=[인간|단체] N1=[인성](능력, 창의력, 재능 따위), [능력](지능), 소질, [개념](지식))
¶나는 나의 영어 능력을 계발하고자 외국으로 떠났다. ¶선생님은 학생들의 재능을 계발해 주기 위해 노력해야 한다. ¶부모는 아이의 소질을 계발하려고 노력하였다. ¶우리 협회는 노동자들의 지식을 계발하기 위해 설립되었다.

계산되다
[어원]計算~ [활용]계산되어(계산돼), 계산되니, 계산되고 [대응]계산이 되다
[자] ❶ (수가) 셈하여지거나 헤아려지다. (of numbers) Be counted or calculated.
[유]산출되다, 산정되다
N0-가 V (N0=[수], [수량], [행위](연산 따위))
[능]계산하다
¶아이들의 고사리 같은 손으로 덧셈과 뺄셈이 계산되었다. ¶인건비와 재료비가 빠짐없이 잘 계산되었다.
N0-가 N1-로 V (N0=[수], [수량], N1=[[수], [수량])
[능]계산하다
¶토끼의 수용량은 한 우리에 두 마리로 계산되었

ㄱ

다. ¶음력의 달은 한 달이 이십팔 일로 계산되었다.
❷(어떤 일이) 예상되거나 이해득실이 고려되다. Be predicted or considered in terms of gain and loss.
N0-가 N1-에 의해 V (N0=[시간](미래), [사고](이익, 피해, 사고 따위), [인간|단체])
[능]계산하다
¶이 지역에 지진이 일어났을 경우의 예상 피해는 대책 본부에 의해 전부 계산되었다.
N0-가 S것-으로 V (N0=[인간], [시간](미래), [사고](이익, 피해, 사고 따위)])
[능]계산하다
¶정부가 대책을 세우지 않으면 주민들이 대부분 이주할 것으로 계산되었다. ¶축제가 활성화되면 부가가치는 약 십사억 달러 증대하는 것으로 계산되었다.
❸(어떤 물건에 대해) 값이 치러져 팔리다. (of an object) Be paid for and sold.
[유]치러지다, 지불되다
N0-가 V (N0=[구체물](상품))
[능]계산하다
¶밥을 다 먹고 돈을 내려고 했더니 식비가 이미 계산되어 있었다. ¶지금 나온 안주까지 다 계산되었으니 추가로 주문한 것만 계산하면 됩니다.

계산하다
[어원]計算~ [활용]계산하여(계산해), 계산하니, 계산하고 [대응]계산을 하다
[타]❶(수를) 셈하거나 헤아리다. Calculate or count a number.
[유]산출하다, 산정하다
N0-가 N1-를 V (N0=[인간] N1=[수], [수량], [행위](연산 따위))
[피]계산되다
¶그는 장사를 마감하면서 오늘의 이익을 계산했다. ¶주어진 조건에 따라 제반 비용을 계산해 보자. ¶아이들은 두 자릿수의 곱셈을 계산했다.
N0-가 S지-를 V (N0=[인간])
¶장수는 팔고 남은 강아지가 몇 마리인지 계산했다. ¶그는 상품 백 개를 팔면 얼마나 이익이 남을지 계산했다. ¶나는 이천 더하기 백구십구가 얼마인지 계산했다.
❷(어떤 일을) 예상하거나 이해득실을 고려하다. Predict or calculate gains and losses.
[유]분석하다
N0-가 N1-를 V (N0=[인간] N1=[시간](미래), [사고](이익, 피해, 사고 따위))
[피]계산되다
¶그는 이번 수교로 인해 변할 양국 시장의 변화를 계산했다. ¶이기적인 사람들은 각자 자신의 이익만을 계산했다. ¶피해를 입지 않으려면 다가올 미래를 계산하고 대비해야 한다.
❸(어떤 물건을) 사고 값을 치르다. Buy and pay for an article.
[유]치르다, 지불하다
N0-가 N1-를 V (N0=[인간] N1=[구체물](상품))
[피]계산되다
¶오늘 저녁 식사는 내가 계산할게. ¶비행기 삯을 그가 내는 대신 기념품 값은 전부 내가 계산했다.

계상되다
[어원]計上~ [활용]계상되어(계상돼), 계상되니, 계상되고 [대응]계상이 되다
[자](금액이 계산되어) 예산에 포함되다. (of an amount of money) Be calculated and included in a budget.
N0-가 N1-에 V (N0=[금전](가격, 경비 따위) N1=[금전], 예산 따위)
[능]계상하다
¶내년 예산에 박물관 건설비가 계상되었다. ¶농어민을 위한 지원액이 계상되지 않아 농어민들의 불만이 높아져 가고 있다. ¶올해에는 도서 구입비가 충분히 계상되어 있다.

계상하다
[어원]計上~ [활용]계상하여(계상해), 계상하니, 계상하고 [대응]계상을 하다
[타](소요되거나 예상되는 금액을 계산하여) 전체 금액에 포함시키다. (of a person) Calculate an anticipated amount of money and include it in the total budget.
N0-가 N1-를 N2-에 V (N0=[인간|단체] N1=[금전](가격, 경비, 부채 따위) N2=[금전], 예산 따위)
[피]계상되다
¶직원은 내년도 예산에 박물관 건설비를 계상하였다. ¶회사는 외화 준비금에 출자금의 25%를 계상하였다. ¶정부는 공약과 달리 농어민을 위한 지원액을 예산에 계상하지 않았다. ¶올해에는 도서 구입비를 충분히 계상하도록 해라.

계속되다
[어원]繼續~ [활용]계속되어(계속돼), 계속되니, 계속되고
[자]❶(무엇이) 끊어지지 않고 꾸준히 이어지다. (of something) Be continued without stopping.
[유]지속되다, 이어지다, 계승되다 [반]중지되다
N0-가 V (N0=[상태])
[능]계속하다
¶물가 인상이 계속되면서 서민들의 생활이 어려워지고 있다. ¶정부가 여러 조치를 취하고 있지만 불황이 계속되었다. ¶비오는 날씨가 계속되는 장마철에는 기분도 우중충해진다.
❷(무엇이) 중단된 상태로부터 다시 이어지다.

(of something) Be continued from the state of halt.
[유]지속되다, 이어지다, 연속되다 [반]중지되다
N0-가 V (N0=[상태], [행위], [사건])
[능]계속하다
¶비가 그친 후 경기는 계속될 것이다. ¶이번 특집 방송은 다음 주에 계속됩니다.

계속하다
[어원]繼續~ [활용]계속하여(계속해), 계속하니, 계속하고
[타]❶(무엇을) 끊이지 않게 꾸준히 이어 하다. Continue something without stopping.
[유]지속하다, 잇다[타], 계승하다 [반]그만하다, 중지하다
N0-가 N1-를 V (N0=[인간] N1=[행위], [사건])
[피]계속되다
¶나는 1년 동안 운동을 계속하였더니 몸이 좋아졌다. ¶나는 팔이 아팠지만 피아노 연습을 계속하였다. ¶이와 같은 상황에서 네가 일을 계속하는 것은 불가능하다.
❷(무엇을) 중단된 상태로부터 다시 이어 하다. Continue something from the state of halt.
[유]지속하다, 잇다[타] [반]그만하다, 중지하다
N0-가 N1-를 V (N0=[인간] N1=[행위], [사건])
[피]계속되다
¶나는 몸이 회복되면 운동을 계속할 것이다. ¶시간이 많이 지났으니 잠시 쉬었다가 수업을 계속합시다. ¶우리는 비가 그치면 경기를 계속하기로 하였다.

계승되다
[어원]繼承~ [활용]계승되어(계승돼), 계승되니, 계승되고 [대응]계승이 되다
[자](이전 시기의 문물, 정신 따위가) 후대의 사람들에게 전해져 이어지다. (of a previous era's culture or mindset) Carry over by being conveyed to the future generation.
[유]전승되다, 이어지다, 전해지다 [반]단절되다, 사라지다
N0-가 N1-에 의해 V (N0=[추상물](문화, 예술, 종교, 제도, 기술, 업적 따위), [사물](문물 따위) N1=[인간|단체], 노력 따위)
[능]계승하다
¶선비 정신은 유학자들에 의해 계승되고 있다. ¶다양한 전통 기술들이 소수의 장인들에 의해서만 계승되고 있다. ¶이전 시대의 문물들은 정부와 민간의 공동 노력에 의해서 계승되어야 한다.

계승하다
[어원]繼承~ [활용]계승하여(계승해), 계승하니, 계승하고 [대응]계승을 하다
[타](이전 시기의 문물, 정신 따위를) 물려받아 이어가다. Maintain by inheriting a previous era's culture or mindset.
[유]이어받다, 물려받다, 전승하다
N0-가 N1-를 N2-로부터 V (N0=[인간|단체] N1=[추상물](문화, 예술, 종교, 제도, 기술, 업적 따위), [사물](문물 따위) N2=[인간](조상, 선조, 선배 따위))
[피]계승되다 [사]계승시키다
¶우리는 조상들로부터 빛나는 문화를 계승했습니다. ¶후배들이 선배들로부터 학문적 전통을 계승하고 있습니다. ¶소수의 사람들이 장인들로부터 전통 도자기 제작 기법을 계승하였습니다.

계시다[1]
[활용]계시어(계셔), 계시니, 계시고
[자]❶(사람, 동물 따위가 어떤 장소나 위치에서) 다른 곳으로 이동하지 않고 그 자리에 머물다. (of a person or animal) Stay at current position by not moving to different place.
N0-가 N1-에 V (N0=[인간] N1=[장소])
¶할아버지는 오늘 계속 방에 계십니다. ¶나머지 가족은 이사를 왔고 아버지는 서울에 계신다.
※ 'N0'는 높임의 대상
❷(어떤 상태로) 계속 유지하다. Continuously maintain at some condition.
N0-가 ADV V (N0=[인간], ADV=adj-(게|히|이))
¶아버지는 과묵하게 계셨다. ¶어른들은 차분하게 계시지만 아이들은 그게 쉽지 않습니다.

계시다[2]
[활용]계시어(계셔), 계시니, 계시고
[보조]❶'-어 있다'의 높임말 Honorific form of '-어 있다 (is staying)'.
V-어 Vaux
¶아버지께서는 부산에 가 계시다.
❷'-고 있다'의 높임말 Honorific form of '-고 있다 (is doing)'.
V-고 Vaux
¶선생님께서 칠판에 글씨를 쓰고 계시다.

계시되다
[어원]啓示~ [활용]계시되어(계시돼), 계시되니, 계시되고 [대응]계시가 되다
[자](진리나 예언이) 꿈이나 환상 따위를 통해 예언자나 점성가에게 미리 알려지다. (of a truth or a prediction) Be revealed to a prophet or astrologer in advance through a dream or illusion.
[유]예언하다[자]
N0-가 N1-(에|에게) V (N0=[일], [사건], [감정](뜻 따위) N1=[인간|단체])
[능]계시하다
¶그의 예언이 이곳에 모인 모든 사람들에게 계시

되었다. ¶만물에 그의 진리가 계시되었다.

계시하다

[어원]啓示~ [활용]계시하여(계시해), 계시하니, 계시하고 [대응]계시를 하다

[타](신이나 하느님이) 예언자 따위에게 꿈이나 환상 따위로 어떤 사실을 미리 알리다. (of a creator or a god) Disclose in advance some truth to a prophet by dream or vision.

[유]예언하다[타]

N0-가 N1-를 N2-에게 N3-로 V (N0=[귀신] N1=[일], [사건], [감정](뜻 따위) N2=[인간](예언자, 선지자 따위) N3=[방법](꿈, 환상 따위))

[피]계시되다

¶하느님께서 예언자에게 꿈으로 그 도시의 멸망을 계시하셨다. ¶신들은 마을 사람들에게 다양한 방법으로 미래의 일을 계시하였다. ¶이 지역 신들은 무당에게 영매로 미래를 계시해 주었다.

계약하다

[어원]契約~ [활용]계약하여(계약해), 계약하니, 계약하고 [대응]계약을 하다

[자타](거래가 이루어지는 경우) 서로의 책임이나 의무 등을 명시하여 약속하다. (in case of a trade) Make a promise by indicating each party's responsibility and duty.

[유]약정하다

N0-가 N1-와 N2-를 V ↔ N1-가 N0-와 N2-를 V ↔ N0-와 N1-가 N2-를 V (N0=[인간|단체] N1=[인간|단체] N2=[사물](건물, 아파트, 집 따위), [추상물])

[피]계약되다

¶삼성은 한화와 새로운 거래를 계약했다. ↔ 한화는 삼성과 새로운 거래를 계약했다. ↔ 삼성과 한화는 새로운 거래를 계약했다. ¶우리 회사는 하루 평균 세 건의 일거리를 계약한다.

※N1의 생략이 가능한 경우 '계약하다' 의미의 초점은 '상호 행위'보다는 '계약 성사' 쪽으로 맞추어지는 듯하다.

N0-가 N1-와 S기로 V ↔ N1-가 N0-와 S기로 V ↔ N0-와 N1-가 S기로 V (N0=[인간|단체] N1=[인간|단체])

¶삼성은 애플과 디스플레이 기술을 공유하기로 계약했다. ↔ 애플은 삼성과 디스플레이 기술을 공유하기로 계약했다. ↔ 삼성과 애플은 디스플레이 기술을 공유하기로 계약했다. ¶그녀는 새로운 집에 한 달 후에 들어가기로 계약했다. ¶우리 회사는 최대한 빠르게 부품을 공급하기로 계약했다.

계획되다

[어원]計劃~ [활용]계획되어(계획돼), 계획되니, 계획되고

[자](앞으로 할 일을)사전에 잘 구상하여 정하다. (of a course of action) Be decided on and arranged in advance.

[유]예정되다, 기획되다

N0-가 V (N0=[사건](시기, 프로그램, 프로젝트, 범행 따위))

[능]계획하다

¶오늘 오후에는 정원 가꾸기 강의가 계획되어 있습니다. ¶어떤 연구가 계획되고 진행되어 그 결과가 나오려면 많은 시간이 걸린다. ¶경찰의 조사 결과 이 사건은 철저히 계획된 범행이라는 것이 드러났다.

계획하다

[어원]計劃~ [활용]계획하여(계획해), 계획하니, 계획하고

[타](앞으로 할 일을) 사전에 잘 구상하여 정하다. (of a course of action) Decide on and arrange in advance.

[유]예정하다, 기획하다

N0-가 N1-를 V (N0=[인간|집단] N1=[사건](시기, 프로그램, 프로젝트, 범행 따위))

[피]계획되다

¶시민 단체는 어린이날 오후에 정원 가꾸기 실습을 계획했다. ¶조현서 교수가 오랫동안 계획한 연구 과제가 드디어 결과물이 나와 매우 기뻐하였다. ¶그는 몇 년 동안 범행을 혼자 계획해 왔다고 실토했다.

고갈되다

[어원]枯渴~ [활용]고갈되어(고갈돼), 고갈되니, 고갈되고 [대응]고갈이 되다

[자]❶(물, 석유 따위의 자원이) 모두 소모되어 없어지다. (of a resource such as water or oil) Be gone due to complete depletion.

[유]마르다, 없어지다 [반]저장되다

N0-가 N1-(에|에서) V (N0=[액체](물 따위), [광물], [석유], [힘](인적자원 따위) N1=[지역])

¶저수지가 마르면서 농업용수가 고갈되고 있다. ¶천연가스가 국내 매장지에서 점차 고갈되고 있습니다. ¶저출산이 지속된다면 조만간 농촌에 인적자원이 고갈될 것입니다.

❷(특정한 목적을 위해 모아 둔 돈, 물품 따위가) 모두 사용되어 없어지다. (of saved money or goods) Be gone by completely using for a specific purpose.

[반]모이다, 마련되다

N0-가 V (N0=[돈], [금전](자금 따위))

[사]고갈시키다

¶최악의 경우에는 장학 지원금이 고갈될지도 모릅니다. ¶국민연금이 고갈된다는 소문도 있습니다.

❸(생각, 감정 따위가) 거의 남아있지 않은 상태가 되다. (of thought or emotion) Be in a situation that does not remain.

N0-가 N1-에게서 V (N0=[의견](생각, 아이디어 따위) N1=[인간|단체])
¶현대인들에게서 마음의 여유가 고갈되고 있다.
¶연구진들에게서 창의적인 생각이 고갈되고 있다.

고뇌하다
어원 苦惱~ 활용 고뇌하여(고뇌해), 고뇌하니, 고뇌하고 대응 고뇌를 하다
자타 ❶ (사람이) 괴로워하며 고민하다. (of a person) Suffer and contemplate.
유 고민하다
N0-가 V (N0=[인간])
¶인간은 고뇌하고 아파하고 방황한다. ¶그들에게서 고뇌하는 모습은 찾을 수 없었다. ¶그는 언론에 오르내릴 때마다 고뇌하고 괴로워했다.
N0-가 N1-로 V (N0=[인간] N1=[추상물](현실, 문제 따위))
¶그녀는 인간관계로 고뇌하고 괴로워했다.
¶남자는 귀화 문제로 오랫동안 고뇌했다.
N0-가 N1-와 N2-사이에서 V (N0=[인간] N1=[추상물], [인간|단체] N2=[추상물], [인간|단체])
¶그는 이상과 현실 사이에서 고뇌했다. ¶남자는 실익과 명분 사이에서 고뇌하고 있다.
❷(무엇을) 괴로워하며 고민하다. Contemplate something while suffering.
유 고민하다, 번민하다
N0-가 N1-(를|에 대해) V (N0=[인간] N1=[추상물](현실, 문제, 미래 따위))
¶그가 부조리한 현실을 고뇌하며 비판했다.
¶나는 진로 문제를 심각하게 고뇌했다. ¶남자는 나라의 미래에 대해 고뇌했다.
N0-가 (S은지|S을지|S을까)-를 V (N0=[인간])
¶그는 지금 하고 있는 일이 정당한지를 고뇌했다.
¶남자는 자신의 결정이 합당할지를 고뇌하였다.

고대되다
어원 苦待~ 활용 고대되어(고대돼), 고대되니, 고대되고
자 (무엇이) 몹시 기다려지거나 기대되다. (of something) Be much wished for or expected.
유 기대되다, 학수고대되다
N0-가 V (N0=[미래], [모양], [시간])
능 고대하다
¶총명한 그의 앞날이 몹시 고대된다. ¶이번 학기를 매우 유익하게 보냈기 때문에, 다음 학기도 무척이나 고대된다.
(S을지 | S을까) V
¶다음에는 어떤 팀과 붙게 될지 매우 고대된다.

고대하다
어원 苦待~ 활용 고대하여(고대해), 고대하니, 고대하고
타 (앞으로 일어날 일을) 기뻐하거나 초조하게 간절히 기다리다. Wait earnestly for something that is due to happen with happiness or impatience.
유 기대하다, 학수고대하다
N0-가 N1-를 V (N0=[인간] N1=날짜, 결과 따위)
피 고대되다
¶언니는 합격자 발표날을 눈빠지게 고대했으나 불합격하고 말았다. ¶우리 담임선생님께서는 제자들의 합격 소식을 고대하셨다.
N0-가 S기-를 V (N0=[인간])
피 고대되다
¶국민 모두는 이번에 좋은 결과가 있기를 고대하고 있다. ¶언니는 내심 그 시험에 붙기를 고대하고 있었는지도 모른다.

고려되다
어원 考慮~ 활용 고려되어(고려돼), 고려되니, 고려되고 대응 고려가 되다
자 (일을 결정하거나 판단할 때) 어떤 사실이 깊이 잘 숙고되다. Be carefully contemplated or thought about when deciding on something or performing.
유 배려되다, 숙고되다, 참작되다
N0-는 N-가 V (N0=[사물](음식, 작품 따위), [추상물](계획, 제도, 승진 따위) N1=[추상물](입장, 사건, 여건, 날짜 따위), [행위](청, 파병, 사퇴, 개발 따위))
능 고려하다
¶한국의 음식에는 다양한 색채와 형태미가 고려되어 있다. ¶아이들을 위해서는 안전 문제가 최우선으로 고려돼야 한다.
S것-이 N0-에서 V (N0=[행위](판결, 심사, 판단 따위))
능 고려하다
¶그가 술에 취했다는 것이 이번 판결에서 고려될 것이다. ¶고의성이 없었다는 것이 심사에서 고려되었다.
N0-가 N1-로 V (N0=[인간|단체], [행위] N1=[자격], [방법])
능 고려하다 ¶방사선 쏘이기가 식품의 위생 품질을 보장하기 위한 방법으로 고려되고 있다.

고려하다
어원 考慮~ 활용 고려하여(고려해), 고려하니, 고려하고 대응 고려를 하다
자타 (어떤 일을 결정하거나 판단할 때) 어떤 사실을 깊이 잘 생각하다. Think carefully about or contemplate something (when making a decision or judgment).
유 배려하다, 숙고하다, 참작하다
N0-가 N1-(를|에 대해) V (N0=[인간|단체] N1=[추상물](입장, 사건, 여건, 날짜 따위), [행위](청, 파병, 사퇴, 개발 따위))

피 고려되다
¶내 이 간곡한 청을 고려해 주십시오. ¶다양한 메뉴 개발을 고려해야 성공할 수 있다.
N0-가 S것-을 V (N0=[인간|단체])
피 고려되다
¶그의 책이 고가인 것을 고려하면 대단한 선전이다. ¶그는 곧 은퇴할 것을 고려하고 있다. ¶항상 장애 요소가 있다는 것을 고려해서 신중히 접근할 계획이다.

고르다 I

활용 골라, 고르니, 고르고, 골랐다
타 (둘 이상의 대상 중) 더 선호하거나 필요로 하는 것을 가려내거나 뽑다. Sort out or choose a preferred or a necessary thing among more than two objects.
㊌ 선택하다, 골라잡다
N0-가 N1-를 N2-로 V (N0=[인간|단체] N1=[모두] N2=[모두])
¶영희는 사고 당했을 때를 가장 잊고 싶은 순간으로 골랐다. ¶아내는 고심하다가 내가 사준 옷을 골라서 입었다.
N0-가 N2-에서 N1-를 V (N0=[인간|단체] N1=[모두] N2=[모두])
¶나는 그 가게에서 가장 비싼 옷을 골랐다.

고르다 II

활용 골라, 고르니, 고르고, 골랐다
타 ❶(울퉁불퉁하거나 들쑥날쑥한 표면을) 평탄하게 만들다. Make an uneven surface flat.
N0-가 N1-를 V (N0=[인간], [기계](포크레인 따위) N1=[장소](밭, 논, 운동장 따위), 흙, 모래)
¶농부들은 본격적으로 농사를 시작하기 전에 논이나 밭을 평평하게 골랐다. ¶심판은 경기 전에 씨름판의 모래를 잘 고르도록 시켰다. ¶정원사는 씨를 뿌리기 전에 화단의 바닥을 잘 골랐다.
❷(악기나 붓, 목소리 따위를) 제 기능이 발휘될 수 있도록 손질하거나 가다듬다. Mend or adjust instrument, brush, voice, etc., to demonstrate its own ability.
㊌ 가다듬다
N0-가 N1-를 V (N0=[인간] N1=[사물](악기, 붓, 도구 따위), [신체부위](목))
¶선생님은 수업 시작 전에 헛기침을 해서 목을 고르신다. ¶영희는 붓끝을 잘 고른 후 글씨를 썼다.
◆ **숨을 고르다** 호흡을 가다듬어 안정을 찾다. Recover one's breath to gain stability.
N0-가 idm (N0=[인간])
¶그는 연설 직전에 숨을 고른다. ¶영희는 급히 뛰어와서 숨을 골랐다.

고립되다

어원 孤立~ 활용 고립되어(고립돼), 고립되니, 고립되고 대응 고립이 되다
자 ❶(주변과 단절되어) 어떤 장소에 홀로 떨어져 있게 되다. Be alone away from others in a certain location.
㊌ 격리되다
N0-가 N1-에 V (N0=[인간|단체], [장소] N1=[장소])
¶그들은 산사태 때문에 산속에 고립되었다.
¶그 마을은 외부와의 유일한 통로인 다리가 무너져서 완전히 고립되었다.
N0-가 N1-로부터 V (N0=[인간|단체], [장소] N1=[장소])
¶인질극으로 인해 공항은 주변으로부터 완전히 고립되어 있다. ¶그 마을은 다리가 무너져서 외부로부터 완전히 고립되었다.
❷(주변 사람들과 원활한 소통이나 왕래를 하지 못하고) 단절된 상태로 혼자 있다. Be alone in a severed state by failing to communicate or exchange effectively with surrounding people.
㊌ 배제되다
N0-가 N1-에서 V (N0=[인간|단체] N1=[장소], [추상물](사상, 경제, 문화 따위), [사물])
¶과거 조선은 쇄국 정책으로 인해서 서양 문화로부터 고립되어 있었다. ¶우리는 새로운 사상과 이론에서 홀로 고립되어서는 안 된다.

고마워하다

활용 고마워하여(고마워해), 고마워하니, 고마워하고
자 (다른 사람의 말이나 행동 따위가 도움이 되어서) 즐겁고 흐뭇하여 도움으로 되갚아 주어야 한다는 마음이 들다. Be affected by someone's advice or action with help and feel so much pleasant that one wants to pay back the help received through that person.
㊌ 감사하다
N0-가 N1-에 대해 N2-에게 V (N0=[인간|단체] N1=[행위](도움 따위), [감정](호의 따위), [이야기](칭찬 따위) N2=[인간|단체])
¶할머니는 양보하는 마음에 대해 그 젊은이에게 고마워하셨다. ¶마을 사람들은 마을 도로 확장 공사에 대해 고마워했다. ¶피해 마을 사람들은 체계적인 지원에 대해 구호대원들에게 고마워했다.
타 (다른 사람의 말이나 행동 따위에 대해서) 즐겁고 흐뭇하여 도움으로 되갚아 주어야 한다는 마음이 드러나는 행동 따위를 하다. Feeling pleasant and pleased, conduct with action that shows one's heart wants to pay back with help through someone's word or action.
N0-가 N1-를 N2-에게 V (N0=[인간|단체] N1=[행

위](도움 따위), [감정](호의 따위), [이야기](칭찬 따위) N2=[인간|단체])
¶친구는 자기 아내에게 성실한 내조를 고마워하고 있다. ¶학생들은 담임선생님께 그들에 대한 작은 관심을 무척이나 고마워하고 있었다. ¶피해자들은 구조대원들에게 헌신적인 구조 작업을 고마워하며 인사를 건넸다.

고무되다

[어원]鼓舞~ [활용]고무되어(고무돼), 고무되니, 고무되고 [대응]고무가 되다
[자](어떤 일이나 현상 또는 다른 사람의 말이나 행동 따위에 영향을 받아) 힘이나 용기 따위가 생기다. Become strong or confident by being influenced by some duty or phenomenon or someone's word or action.
[유]고취되다, 격려되다 [반]좌절하다, 절망하다, 실망하다
N0-가 N1-에 V (N0=[인간|단체] N1=[행위], [일], [사건])
¶선생님의 칭찬에 나는 상당히 고무되어 더 열심히 공부했다. ¶동생은 모의고사 결과에 고무되어 시험에 자신감을 얻었다.
N0-가 N1-에서 V (N0=[인간|단체] N1=[공훈], [이야기](칭찬, 격려 따위))
¶학생들은 선생님의 격려에서 고무되어 자신감을 얻었다. ¶우리 회사는 해외 진출 성공에서 고무되어 적극적인 시장 개척에 나섰다.
N0-가 N1-로 V (N0=[인간|단체] N1=[공훈], [행위](획득, 지원))
¶우리 회사는 특허 획득으로 고무되어 신제품 개발에 박차를 가하고 있습니다. ¶연구팀은 정부의 연구비 지원으로 더욱 고무되었다.
N0-가 S(것|데)-에 V (N0=[인간|단체])
¶그는 그의 작품이 발명대상 후보에 오른 데에 무척 고무되었다.

고무하다

[어원]鼓舞~ [활용]고무하여(고무해), 고무하니, 고무하고 [대응]고무를 하다
[타](어떤 일이나 현상 또는 사람의 말이나 행동 따위가) 다른 사람에게 힘이나 용기 따위를 주다. (of some duty or phenomenon or someone's word or action) Give someone strength or confidence.
[유]고취시키다I, 격려하다[타], 용기를 북돋우다
N0-가 N1-를 N2-로 V (N0=[인간] N1=[인간|단체], [감정] N2=[이야기](칭찬, 격려 따위), [공훈])
[피]고무되다
¶아버지는 칭찬의 말로 동생을 고무했다. ¶강연자들은 자신들의 진실한 이야기로 청중을 고무했다.

고민되다

[어원]苦悶~ [활용]고민되어(고민돼), 고민되니, 고민되고 [대응]고민이 되다
[자](어떻게 해야 할지) 마음속으로 생각하며 괴로워하다. Think inwardly about what to do and suffer.
N0-가 N1-가 V (N0=[인간|단체] N1=[사물], [추상물])
[능]고민하다
¶저는 건조한 피부가 고민돼요. ¶나는 나의 미래가 고민된다.
N0-가 (S은지|S을지|S을까|S느냐)-가 V (N0=[인간|단체])
[능]고민하다
¶나는 농사를 계속 지어야 할지 말아야 할지가 고민된다. ¶학교는 그 문제 학생을 어떻게 처분하느냐가 고민되는 모양이다.

고민하다

[어원]苦悶~ [활용]고민하여(고민해), 고민하니, 고민하고 [대응]고민을 하다
[자타](어떤 문제로) 마음속으로 괴로워하며 답답해하다. Feel frustrated and troubled due to a problem.
[유]고뇌하다, 번민하다
N0-가 V (N0=[인간|단체])
¶그녀는 조그만 일에도 고민한다. ¶그녀는 아들이 게을러서 고민하고 있다. ¶집안에 습기가 많아 고민하는 가정이 늘고 있다.
N0-가 N1-로 V (N0=[인간|단체] N1=[추상물](일, 문제, 현상 따위))
¶대수롭지 않은 일로 고민하지 마라. ¶더 이상 그런 문제로 고민하지 않으셔도 됩니다.
N0-가 N1-(를|에 대해) V (N0=[인간|단체] N1=[추상물](문제, 일, 대안, 방법, 전략 따위))
[피]고민되다
¶우리는 이 문제의 대안을 고민해야 한다. ¶무엇에 대해 고민하고 있는지 나에게 말해 봐.
N0-가 (S은지|S을지|S을까|S느냐)-(를|에 대해) V (N0=[인간|단체])
[피]고민되다
¶나는 어느 직장으로 가느냐에 대해 고민하고 있다. ¶회사는 여유 공간을 어떻게 활용할까를 고민했다. ¶그는 결혼을 해야 할지 말지에 대해 고민하고 있다.

고발당하다

[어원]告發~ [활용]고발당하여(고발당해), 고발당하니, 고발당하고 [대응]고발을 당하다
[자] 【법률】 법인 또는 피해자 이외의 제3자의 제보에 의해 수사 또는 기소의 대상이 되다.

[ㄱ]

Become the subject of an investigation or indictment due to a report from a third party, who is neither the criminal nor the victim.
㊌고소되다 ㊏고발하다
N0-가 N1-로 N2-에 N3-(에게|에 의해) V (N0=[인간|단체] N1=[행위] N2=[기관] N3=[인간|단체])
¶그 후보는 불법 선거운동으로 시민 단체에 의해 선관위에 고발당했다. ¶김 씨는 술을 마시고 길에서 행패를 부리다 행인에게 고발당했다.

고발되다
어원 告發~ 활용 고발되어(고발돼), 고발되니, 고발되고 대응 고발이 되다
자 ❶(감추어진 비리나 부정적인 대상 따위가) 세상에 드러나 알려지게 되다. (of hidden corruption or irregularities) Be revealed to the world.
㊌적발되다
N0-가 N1-(에|에게) V (N0=[행위] N1=[인간|단체])
능 고발하다
¶피카소의 '게르니카'를 통해 전 세계인에게 전쟁의 비인간성이 고발되었다. ¶그의 악행은 끝내 고발되지 못했다.
❷ 【법률】 사람이나 단체가 범죄로 인해 수사기관에 알려져 수사나 기소를 하도록 요구되다. (of a person or an organization) Become exposed to an investigative agency and demanded to be investigated or prosecuted.
㊌고소되다
N0-가 N1-로 N2-에 V (N0=[인간|단체] N1=[행위] N2=[기관])
능 고발하다
¶경영진은 업무상 배임으로 검찰에 고발되었다. ¶용의자에게 비인간적 고문을 자행한 경찰관들이 국가인권위원회에 고발되었다.

고발하다
어원 告發~ 활용 고발하여(고발해), 고발하니, 고발하고 대응 고발을 하다
타 ❶(감추어진 비리나 부정적인 대상을) 세상에 알리다. Disclose hidden corruption or negative subject to the public.
㊌적발하다 ㊏고발당하다
N0-가 N1-를 N2-(에게|에) V (N0=[인간|단체] N1=[행위] N2=[인간|단체])
피 고발되다
¶피카소는 '게르니카'를 통해 전 세계인에게 전쟁의 비인간성을 고발했다. ¶극중에서 햄릿은 결국 클로디어스를 타도하거나 그의 악행을 고발하지 못하고 최후를 맞이한다.
❷ 【법률】 범인 또는 피해자 이외의 제3자가 수사기관에 범죄사실을 제보하면서 수사하기를 요구하거나 범인 기소를 요구하다. (of a third person other than the culprit or victim) Report criminal activities and request for an investigation or indictment.
㊌고소하다 ㊏고발당하다
N0-가 N1-를 N2-로 N3-에 V (N0=[인간|단체] N1=[인간|단체] N2=[행위] N3=[기관])
피 고발되다
¶대주주들은 경영진을 업무상 배임으로 검찰에 고발했다. ¶국가인권위원회는, 용의자에게 비인간적 고문을 자행한 혐의로 경찰관들을 검찰에 고발하였다.

고백받다
어원 告白~ 활용 고백받아, 고백받으니, 고백받고 대응 고백을 받다
자타 (다른 사람에게서) 마음 속 생각이나 숨긴 사실을 정직하고 솔직하게 듣다. Hear (someone's) honest opinion and hidden thoughts.
㊌자백받다 ㊏고백하다
N0-가 N1-(를|에 대해) N2-에게 V (N0=[인간] N1=[추상물] N2=[인간|단체])
연어 깨끗이, 순순히, 낱낱이
¶나는 친구에게 사랑을 고백받았다. ¶신부는 그에게 그동안 지은 죄에 대해 고백받지 못했다.

고백하다
어원 告白~ 활용 고백하여(고백해), 고백하니, 고백하고 대응 고백을 하다
자타 (마음에 품은 생각이나 알고 있는 사실을) 솔직하게 말하다. Speak honestly of one's innermost thoughts or actions.
㊌털어놓다, 자백하다, 불다 ㊏감추다, 고백받다
N0-가 N1-(를|에 대해) N2-에게 V (N0=[인간] N1=[추상물] N2=[인간|단체])
연어 깨끗이, 순순히, 낱낱이
¶나는 혜숙이에게 사랑을 고백했다. ¶이 자서전은 저자가 젊은 시절에 겪은 방황에 대해 고백하고 있다.
N0-가 N1-에게 S다고 V (N0=[인간] N1=[인간|단체])
연어 깨끗이, 순순히, 낱낱이
¶그는 나에게 지금까지 거짓말을 했다고 고백했다. ¶나는 영희에게 사랑한다고 고백했지만 거절당했다.
N0-가 N1-에게 S것-을 V (N0=[인간] N1=[인간|단체])
연어 깨끗이, 순순히, 낱낱이
¶정부는 국고에 외환이 충분히 남아있지 않다는 것을 국민에게 고백했다. ¶그는 시험 준비를 소홀

히 했다는 것을 시험 전날 나에게 고백해 왔다.

고생하다

어원 苦生~ 활용 고생하여(고생해), 고생하니, 고생하고 대응 고생을 하다

자 고되고 수고로운 일을 겪다. Experience something bad or unpleasant.

N0-가 N1-로 V (N0=[인간|집단] N1=[상태])

사 고생시키다

¶우리 어머니께서는 골다공증으로 고생하고 계신다. ¶가뭄으로 농민들이 고생하고 있다. ¶밤늦도록 공부하느라 고생했다.

고소당하다

어원 告訴~ 활용 고소당하여(고소당해), 고소당하니, 고소당하고 대응 고소를 당하다

☞ 고소되다

고소되다

어원 告訴~ 활용 고소되어(고소돼), 고소되니, 고소되고 대응 고소가 되다

자 【법률】 다른 사람이나 단체가 피해자나 고소권자에 의하여 어떤 혐의로 수사 기관에 신고되어 수사와 법적인 처리를 받게 되다. (of another person or group) Be legally investigated and treated for some charge in relation to a victim or a person holding a right to file a complaint.

유 고발당하다, 고발되다

N0-가 N1-에 N2-로 V (N0=[인간|집단] N1=[인간|집단] N2=[비행])

능 고소하다

¶박 대표는 시민 단체에 횡령죄로 고소되었다. ¶그가 불법 오락실 운영으로 고소된 것은 처음이 아니다.

N0-가 N1-에게 N2-로 V (N0=[인간|집단] N1=[인간] N2=[비행])

능 고소하다

¶그는 유산 분할 문제로 형제들에게 고소되었다. ¶예전에 그 회사는 주민들에게 억울하게 고소되었던 적도 있다. ¶법으로 정해지지 않은 죄목으로는 고소되지 않는다.

고소하다

어원 告訴~ 활용 고소하여(고소해), 고소하니, 고소하고 대응 고소를 하다

타 【법률】 피해자나 고소권자가 다른 사람이나 단체를 어떤 혐의로 수사 기관에 신고하여 수사와 법적인 처리를 요구하다. (of a victim or a person holding a right to file a complaint) Report another person or organization to an investigative agency and require investigation and legal processing.

유 고발하다

N0-가 N1-를 N2-로 V (N0=[인간|집단] N1=[인간|집단] N2=[비행])

피 고소되다

¶그 회사는 우리 회사를 검찰에 특허법 위반으로 고소했다. ¶김 사장은 임원들을 배임죄로 고소하려고 한다. ¶아무리 말을 해도 듣지 않으니 고소하는 수밖에 없다.

고수하다

어원 固守~ 활용 고수하여(고수해), 고수하니, 고수하고 대응 고수를 하다

타 (기존의 원칙, 태도, 지위 따위를) 흔들리지 않고 굳게 지켜 나가다. Firmly secure an existing principle, attitude, or position.

유 지키다, 견지하다

N0-가 N1-를 V (N0=[인간|단체] N1=[규범], [방법], [태도], [종교], [사조])

¶그들은 갖은 차별과 박해 속에서도 자신들의 종교를 고수했다. ¶장인은 일부러 옛날 전통 방식을 고수한다. ¶그들은 불법과 타협하지 않는다는 원칙을 고수해 왔다. ¶그 예술가는 낭만주의를 고수해 오고 있다.

고심하다

어원 苦心~ 활용 고심하여(고심해), 고심하니, 고심하고

자타 (해결하기 어려운 문제를) 깊이 고민하면서 생각하다. Think deeply or ponderously (about a difficult problem).

유 고민하다

N0-가 N1-(에|로) V (N0=[인간|단체] N1=[행위])

¶정부는 대응책 마련에 고심하였다. ¶심사위원들이 최우수작품 선정으로 대단히 고심했던 것으로 보인다.

N0-가 N1-(를|에 대해) V (N0=[인간|단체] N1=[상태], [방안], [행위])

¶그는 유학 문제를 고심해 보았지만 결정을 내리지 못했다. ¶정부가 보상 방안에 대해 고심하는 사이에도 피해자들은 속출하고 있었다.

고안되다

어원 考案~ 활용 고안되어(고안돼), 고안되니, 고안되고 대응 고안이 되다

자 (새로운 계획이나 방법 따위가) 깊은 생각 끝에 생겨 나오다. (of a new plan or method) Be generated after deep contemplation.

유 착안되다, 창안되다

N0-가 N1-에 의해 V (N0=[사물], [추상물](방법 따위) N1=[인간|단체])

능 고안하다

¶이 제품은 장애인들을 위해서 일반인에 의해 고안되었다. ¶더 효율이 좋은 배터리를 만들기 위해서 새로운 공법이 고안되었다.

ㄱ

ㄱ

고안하다

어원 考案~ 활용 고안하여(고안해), 고안하니, 고안하고 대응 고안을 하다

타 (새로운 계획이나 방법 따위를) 깊이 생각하여 만들어 내다. Think of something new after deep contemplation.

유 착안하다, 창안하다

N0-가 N1-를 V (N0=[인간|단체] N1=[사물], [추상물](방법 따위))

피 고안되다

¶그는 오랜 연구 끝에 새로운 방식을 고안했다. ¶우리 회사는 신상품을 고안하기 위해서 새로운 부서를 만들었다. ¶그는 버스 노선을 알려주는 프로그램을 고안해서 많은 주목을 받았다.

고용되다

어원 雇用~ 활용 고용되어(고용돼), 고용되니, 고용되고 대응 고용이 되다

자 (다른 사람에게 돈을 받고 그 사람이나 그 사람과 관련된 기관, 단체를 위해) 일을 하게 되다. Begin working for someone with pay in return.

유 고용되다II, 채용되다 반 해고되다, 해고당하다

N0-가 N1-에 N2-로 V (N0=[인간] N1=[단체] N2=[인간], [역할])

능 고용하다

¶이 회사에 많은 외국인들이 통역으로 고용되어 있다. ¶이번 년도에는 경기가 안 좋은지 매우 적은 수의 졸업생들만이 새로 고용되었다. ¶한국 사람이 미국계 회사에 고용되는 것도 이제는 흔한 일이다.

고용하다

어원 雇用~ 활용 고용하여(고용해), 고용하니, 고용하고 대응 고용을 하다

타 (다른 사람에게 돈을 주고) 일을 시키다. Make someone work by paying that person.

유 뽑다, 쓰다II, 채용하다 반 해고하다

N0-가 N1-를 N2-로 V (N0=[인간|단체] N1=[인간] N2=[인간], [역할])

피 고용되다

¶공기업은 이번에 작년보다 100명 정도 적은 인원을 새로 고용했다. ¶새로 통과된 법은 여성과 장애인들을 일정 비율 이상 고용하도록 했다. ¶그는 대학생을 아르바이트생으로 고용했다.

고이다 I

활용 고여, 고이니, 고이고 준 괴다

자 ❶(액체나 기체가) 움푹 패인 곳에 모이다. (of liquid or gas) Gather in a dent.

N0-가 N1-에 V (N0=[액체](물, 비 따위), [기체](가스 따위) N1=[장소](웅덩이, 샘 따위), [용기])

¶밤새 내린 비가 웅덩이에 고였다. ¶찌꺼기를 걸러내자 맑은 술이 항아리 안에 고였다.

❷(몸에서 나온 액체가) 몸의 한 부분에 모이다. (of liquid that emerged from body) Gather in one place of body.

N0-가 N1-에 V (N0=[액체](눈물, 침 따위) N1=[신체부위](눈, 입 따위))

¶맛있는 냄새를 맡자 입에 군침이 고였다. ¶그의 눈에 눈물이 그렁그렁 고였다.

❸어떤 생각, 감정, 분위기가 가득차다. (of some thought, emotion or atmosphere) Be filled with.

N0-가 N1-에 V (N0=[감정](시름, 걱정, 근심 따위) N1=[마음])

¶나는 가족과 떨어져 있는 동안 가슴 밑바닥에 그리움이 고였다. ¶그는 자기도 모르게 마음에 슬픔이 고였다. ¶물가가 오르자 주부들의 마음에는 시름만 고였다.

고이다 II

활용 고여, 고이니, 고이고 준 괴다

타 ❶(어떤 물건을) 기울어지거나 쓰러지지 않도록 아래를 받쳐 안정시키다. Stabilize on the bottom in order not to let some object tilt or fall.

유 받치다II, 떠받치다, 지지하다

N0-가 N2-에 N1-를 V (N0=[인간] N1=[사물] N2=[사물])

¶나는 베개가 없어서 머리에 목침을 고였다. ¶석공은 기둥 밑에 편편한 돌을 고였다.

N0-가 N2-로 N1-를 V (N0=[인간] N1=[사물] N2=[사물])

¶나는 돌로 차바퀴를 고였다. ¶나무꾼은 작대기로 지게를 고였다. ¶스님은 불상을 돌로 고이셨다.

❷(신체 일부를) 기울어지거나 쓰러지지 않도록 아래를 받쳐 안정시키다. Stabilize on the bottom by not letting body parts to tilt or fall.

유 받치다II, 떠받치다

N0-가 N2-(에|로) N1-를 V (N0=[인간] N1=[신체부위](턱, 팔꿈치 따위) N2=[신체부위](팔, 무릎 따위), [사물])

¶나는 자리에 앉아 팔걸이에 팔을 고였다. ¶그는 피곤했는지 가방으로 머리를 고이고 잠들었다. ¶나는 깍지 낀 손으로 턱을 고였다.

고자질하다

어원 告者~ 활용 고자질하여(고자질해), 고자질하니, 고자질하고 대응 고자질을 하다

자타 남의 잘못이나 비밀을 몰래 일러바치다. Tell tales on somebody who has made a mistake, or reveal someone's secret.

유 이르다II 자

N0-가 N1-에게 (S고|S것-을) V (N0=[인간] N1=[인간])
¶그는 내가 몰래 외출한 것을 대대장에게 고자질했다. ¶동생이 내가 사탕을 다 먹었다고 엄마에게 고자질했다.
N0-가 N2-에게 N1-를 V (N0=[인간] N2=[인간] N1=[행위])
¶그 녀석이 어제 있었던 일을 선생님께 고자질했다.

고장나다
어원 故障~ 활용 고장나, 고장나니, 고장나고 대응 고장이 나다
자 (기계나 장치 따위가) 이상이 생겨 제대로 작동되지 않다. (of a machine or equipment) Not function properly due to a defect.
N0-가 V (N0=[기기])
사 고장내다
¶10년 넘게 사용한 라디오가 고장났다. ¶차가 고장이 나서 멈춰버렸다. ¶이 시계는 오래 되어도 잘 고장나지 않는다.

고장내다
어원 故障~ 활용 고장내어(고장내), 고장내니, 고장내고 대응 고장을 내다
타 (기계나 장치 따위를) 제대로 작동되지 않게 하다. Cause a machine or an equipment to not function properly.
N0-가 N1-를 V (N0=[인간] N1=[기기])
주 고장나다
¶동생은 10년 넘게 사용한 라디오를 고장냈다. ¶나는 물건을 잘 고장내지 않는다. ¶아기는 뛰어 놀다가 텔레비전을 고장냈다.

고정되다
어원 固定~ 활용 고정되어(고정돼), 고정되니, 고정되고 대응 고정이 되다
자 ❶(물건 따위가) 일정한 장소에 붙어 움직이지 않다. (of a thing) Be fastened to a place so that it does not move.
N0-가 N1-에 V (N0=[사물] N1=[사물], [신체부위])
능 고정하다
¶의자가 바닥에 고정되어 움직이지 않는다. ¶간판이 건물에 잘 고정되어 있는지 확인해 보십시오.
N0-가 N1-(에|로) V (N0=[사물], [신체부위] N1=[도구], [사물])
능 고정하다
¶부목으로 고정된 다리가 점점 더 부어올랐다. ¶카메라가 거치대에 고정되지 않아 결국 카메라를 손으로 들고 사진을 찍었다.
❷(눈이나 시선 따위가) 한 곳에 머물러 움직이지 않다. (of eyes) Stay at one point without moving.
N0-가 N1-에 V (N0=시설, 눈길, 눈, 눈동자 따위 N1=[사물], [장소], [인간], [신체부위])
능 고정하다
¶무엇 때문인지 내 시선은 민지에게 고정되었다. ¶남자의 눈동자는 여자의 얼굴에 고정되어 있었지만 여자는 다른 곳을 보고 있었다.
❸(정해진 내용이) 바뀌지 않다. (of definite content) Not to alter.
N0-가 V (N0=[추상물])
능 고정하다
¶고정된 직업이나 수입이 없어서 결혼은 생각도 못하고 있어요. ¶고정된 틀을 깨는 것은 쉽지 않다.
N0-가 N1-로 V (N0=[시간], [장소], [값], [수량] N1=[시간], [장소], [값], [수량])
능 고정하다
¶이 식당의 모든 메뉴 가격이 4000원으로 고정되어 있다. ¶응시생은 늘어나도 매년 합격자의 수는 1500명으로 고정되어 있다.

고정시키다
어원 固定~ 활용 고정시키어(고정시켜), 고정시키니, 고정시키고 대응 고정을 시키다
☞ '고정하다'의 오용

고정하다
어원 固定~ 활용 고정하여(고정해), 고정하니, 고정하고 대응 고정을 하다
타 ❶(사람이나 물건 따위를) 일정한 장소나 상태에 있도록 도구로 움직이지 못하게 하다. Fasten a person or a thing using a tool so that they do not change their place or state.
N0-가 N1-를 N2-에 N3-로 V (N0=[인간] N1=[사물] N2=[사물] N3=[도구])
피 고정되다
¶아이는 엄마 사진을 벽에 압정으로 고정해 두었다. ¶나는 넥타이를 넥타이핀으로 셔츠에 고정했다.
N0-가 N1-를 N2-(에|로) V (N0=[인간] N1=[사물], [신체부위] N2=[도구], [사물])
피 고정되다
¶우리는 거치대에 카메라를 고정해 놓고 밤하늘의 모습을 촬영했다. ¶다리를 부목으로 고정하고 얼음찜질을 계속 하십시오.
N0-가 N1-를 N2-로 V (N0=[인간] N1=[사물] N2=[도구])
피 고정되다
¶나는 잘 쓰지 않는 물건들을 고무줄로 고정해 둔다. ¶접은 선을 시침핀으로 고정해 놓으면 편하다.
❷(눈이나 시선 따위를) 한 곳에 두고 바꾸지 않다. Set one's eyes on a place without moving

ㄱ

them.
㊀박다
N0-가 N1-를 N2-에 V (N0=[인간] N1=[사물], [장소], [인간], [신체부위] N2=시선, 눈길, 눈, 눈동자 따위)
피 고정되다
¶지하철 안 승객들은 거의 예외 없이 휴대전화에 두 눈을 고정하고 있었다. ¶아이들이 카메라 앞에 앉아 시선을 화면에 고정했다.
❸(시간, 장소, 금액, 기간 따위를) 일정한 시간, 장소, 금액, 기간으로 정하고 바꾸지 않다. Determine and fix a time, a venue, a price, or a term.
㊀정하다타
N0-가 N1-를 N2-로 V (N0=[인간|단체] N1=[시간], [장소], [값], [수량] N2=[시간], [장소], [값], [수량])
피 고정되다
¶정부는 지난 2006년부터 지금까지 실업급여 상한액을 4만 원으로 고정해 왔다. ¶회사는 계약직 근무 기간을 2년으로 고정해 놓았다. ¶식사 시간을 고정해 놓으면 규칙적으로 식사를 하게 되어 좋을 것 같습니다.

고조되다
어원 高調~ 활용 고조되어(고조돼), 고조되니, 고조되고 대응 고조가 되다
자 ❶어떤 소리의 음 따위가 높아지다. (of a note or a sound) Be toned up.
㊀높아지다
N0-가 V (N0=[소리])
사 고조시키다
¶곡의 절정으로 치달을수록 바이올린의 소리도 고조되었다. ¶저 멀리 들려오는 전장의 폭음이 고조되고 있었다.
❷(감정이나 갈등, 상황 따위가) 극도로 강렬해지다. (of an emotion, conflict or situation) Become extremely intense.
㊀높아지다, 첨예해지다, 치열해지다
N0-가 V (N0=[감정], [갈등], [상황])
사 고조시키다
¶시장 점유율을 놓고 두 회사 간의 긴장감이 고조되고 있다. ¶밤이 될수록 축제의 분위기도 점점 고조되었다.

고지되다
어원 告知~ 활용 고지되어(고지돼), 고지되니, 고지되고 대응 고지가 되다
자 ❶(어떤 사실이나 명령이) 관련된 사람에게 공식적으로 알려지다. (any fact or command) Become officially announced (to related people).
㊀전달되다, 통지되다, 고시되다, 공지되다
N0-가 N1-에게 V (N0=[추상물] N1=[인간|단체])
능 고지하다
¶새로운 표준어 규정이 전국민에게 고지되었다. ¶전 세계로 송출되는 방송을 통해 다음 올림픽 개최국이 고지되었다.
S고 N0-에게 V (N0=[인간|단체])
능 고지하다
¶매장의 할인 판매는 3월 내내 계속될 것이라고 손님들에게 고지되었다. ¶그 가수의 음반에는 20곡 이상이 수록될 것이라고 기자들에게 고지되었다.
S것-이 N0-에게 V (N0=[인간|단체])
능 고지하다
¶공원 입장료가 인상된다는 것이 시민들에게 고지되자 반발 여론이 일고 있다. ¶작년의 인기 소설이 영화화된다는 것이 관계자의 말을 통해 고지되었다.
❷ 【법률】 법적 결정 사항이나 명령이 당사자에게 공식적으로 알려지다. Officially announce (legal decisions or order) to the person directly concerned.
㊉알려지다, 통지되다, 고시되다, 공지되다
N0-가 N1-에게 V (N0=[추상물] N1=[인간|단체])
능 고지하다
¶다음 달부터 새로운 교통 법규가 국민들에게 고지될 것이다. ¶피의자의 권리가 피의자에게 제대로 고지되지 않았다.
S고 N0-에게 V (N0=[인간|단체])
능 고지하다
¶용의자를 체포할 때 반드시 그 사람에게 묵비권을 가지고 있다고 고지되어야 한다. ¶다음 달부터 교통 법규가 바뀐다고 국민들에게 고지되어야 한다.
S것-이 N0-에게 V (N0=[인간|단체])
능 고지하다
¶심문 시작 전에 피의자에게 묵비권이 있다는 것이 반드시 고지되어야 한다. ¶부동산법이 바뀌는 것이 오늘 국민에게 고지되었다.

고지하다
어원 告知~ 활용 고지하여(고지해), 고지하니, 고지하고 대응 고지를 하다
자타 ❶(어떤 사실이나 명령을) 관련된 사람에게 공식적으로 알리다. Officially announce (any fact or command).
㊀전달하다, 통지하다, 고시하다, 공지하다
㊉알리다I
N0-가 N1-(를|에 대해) N2-에게 V (N0=[인간|단체] N1=[추상물] N2=[인간|단체])
피 고지되다
¶학과 사무실에서는 학생들에게 곧 중간고사 시

험 일정을 고지할 예정이다. ¶감사 기관은 낡은 발전 시설의 위험성에 대해 발전소 측에 고지하고 대책을 세우도록 경고하였다.

N_0-가 N_1-에게 S고 V (N_0=[인간|단체] N_1=[인간|단체])

[피]고지되다

¶그 무술 도장은 회원들에게 월회비를 인상하겠다고 고지하였다. ¶인터넷 쇼핑몰이 주문 상품 배송을 연기하겠다고 고지하여 구매자들이 화를 내고 있다.

N_0-가 N_1-에게 S것-을 V (N_0=[인간|단체] N_1=[인간|단체])

[피]고지되다

¶그 식료품 회사는 소비자들에게 제품의 원산지가 변경되었다는 것을 고지하였다. ¶사업 계획이 변경될 수 있다는 것을 사전에 고지했으니 회사 측에는 책임이 없다.

❷ 【법률】 법적 결정 사항이나 명령을 당사자에게 공식적으로 알리다. Officially announce legal decisions or order.

[상]알리다, 통지하다, 고시하다, 공지하다

N_0-가 N_1-(를|에 대해) N_2-에게 V (N_0=[인간|단체] N_1=[추상물] N_2=[인간|단체])

[피]고지되다

¶검사 또는 사법경찰관은 피의자를 신문하기 전에 피의자의 권리를 고지하여야 한다. ¶정부는 다음 달부터 바뀌는 교통 법규를 국민들에게 고지하였다.

N_0-가 N_1-에게 S고 V (N_0=[인간|단체] N_1=[인간|단체])

[피]고지되다

¶경찰은 용의자를 체포할 때 반드시 그 사람에게 묵비권을 가지고 있다고 고지하여야 한다. ¶정부는 다음 달부터 교통 법규가 바뀐다고 국민들에게 고지하여야 한다.

N_0-가 N_1-에게 S것-을 V (N_0=[인간|단체] N_1=[인간|단체])

[피]고지되다

¶검사는 심문을 시작하기 전에 피의자에게 묵비권이 있다는 것을 고지하여야 한다. ¶법원은 오늘 오후 재판을 휴정할 것을 고지하였다.

고집하다

[어원]固執~ [활용]고집하여(고집해), 고집하니, 고집하고

[타](자기 의견을) 바꾸거나 고치지 않고 굳게 지키다. Stick to one's opinion without changing or amending it.

[유]고집을 부리다

N_0-가 N_1-를 V (N_0=[인간] N_1=[사조], [관습], [사물])

¶한 토론자는 아무리 반대 증거가 나와도 끝까지 자기주장만을 고집했다. ¶할머니는 절대 시장에서 사지 않고 꼭 집에서 담근 장을 고집하셨다. ¶우리는 늘 최고의 품질만을 고집한다.

N_0-가 S고 V (N_0=[인간])

¶할아버지는 절대 아파트에서는 살지 않겠다고 고집하셨다. ¶그는 꼭 나와 함께 돌아가겠다고 고집했다. ¶몇몇 사람은 변호인의 참여하에 조사를 받겠다고 고집했다.

고찰하다

[어원]考察~ [활용]고찰하여(고찰해), 고찰하니, 고찰하고 [대응]고찰을 하다

[자타](대상, 현상, 사태를) 깊이 생각하여 자세하게 살피고 분석하다. Examine and analyze a subject, phenomenon or situation deeply.

[유]분석하다, 조사하다, 연구하다[자타]

N_0-가 N_1-(를|에 대해) V (N_0=[인간], [방송물], [텍스트])

¶지금까지 우리는 한 작가의 예술과 삶의 관계를 고찰했다. ¶지구 온난화가 생태계에 미치는 영향에 대해 면밀히 고찰해 보았다. ¶이 책은 행복한 결혼의 전제 조건에 대해 고찰하고 있다.

N_0-가 S(지|가)-(를|에 대해) V (N_0=[인간|단체])

¶그는 올바른 인간상이 시대상에 따라 어떻게 달라졌는지에 대해 고찰했다. ¶그 학자는 아름다움에 대한 서양인들의 생각이 어떻게 변해 왔는가를 고찰했다. ¶이 글은 사람들이 악성 댓글을 다는 이유가 무엇인가에 대해 고찰한 것이다.

N_0-가 S음-을 V (N_0=[인간|단체])

¶저자는 인간의 아름다움에 대한 기준이 역사적으로 달랐음을 고찰했다. ¶지금까지 우리는 모든 사람에게 적용될 수 있는 행복한 결혼의 비결이 없음을 고찰했다.

고취되다

[어원]鼓吹~ [활용]고취되어(고취돼), 고취되니, 고취되고

[자](능력이나 심리, 정신 등이 북돋움을 받아) 긍정적인 방향으로 높아지다. Be upgraded in a positive way by inspiring one's ability, mentality, or mind.

[유]고무되다, 격려받다, 북돋워지다

N_0-가 N_1-에게 V (N_0=[인성](능력, 용기 따위), [감정] N_1=[인간|단체])

[능]고취하다

¶몇 차례의 국제 대회 개최로 국민들에게 시민 의식이 고취되었다. ¶사무실 정비로 사원들에게 근무 의욕이 고취되었다. ¶꾸준한 홍보의 결과, 사람들에게 행사에 대한 관심이 고취된 바 있다.

고취시키다

[어원]鼓吹~ [활용]고취시키어(고취시켜), 고취시키니,

고취시키어
☞'고취하다'의 오용

고취하다

어원 鼓吹~ 활용 고취하여(고취해), 고취하니, 고취하고 대응 고취를 하다

타 (다른 사람에게 능력이나 심리, 정신 등을) 긍정적인 방향으로 높여 주다. Upgrade someone's ability, attitude, or mindset in a positive way.
㊤격려하다타, 북돋우다
N0-가 N2-에게 N1-를 V (N0=[모두] N1=[인성](능력, 용기 따위), [감정] N2=[인간|단체])
피 고취되다
¶장군의 연설은 군 장병들에게 용기와 자긍심을 고취하였다. ¶각종 시민 단체들은 시민 의식을 고취하는 데 큰 역할을 담당하고 있다. ¶뚜렷한 목표가 그의 의지와 인내력을 고취해 주었다.

고치다

활용 고치어(고쳐), 고치니, 고치고

타 ❶(고장이 나서 제 기능을 하지 못하는 물건을) 쓸 수 있도록 손질하여 기능을 회복시키다. Make a broken thing work again by fixing it.
㊤손보다, 수리하다, 보수하다
N0-가 N1-를 V (N0=[인간] N1=[사물], [장소])
¶혜순이는 고장난 컴퓨터를 직접 고쳤다. ¶담장을 고쳐야 하는데 비가 온다.

❷(질병이나 상처 따위를 낫게 하여) 정상적인 상태가 되도록 하다. Have a normal condition recovered by healing a disease or an injury.
㊤치료하다, 치유하다
N0-가 N1-를 V (N0=[인간|단체], [약] N1=[질병], [상처], [종기], [인간])
¶의사 선생님께서 감기 걸린 환자를 고치셨다. ¶여기가 암을 고칠 수 있는 병원이라고 들었다.

❸(어떤 것을) 이전과 다르게 바꾸다. Make something different from before.
㊦개작하다I, 개정하다I, 개조하다I
N0-가 N1-를 N2-로 V (N0=[인간|단체] N1=[모두] N2=[모두])
¶그는 소설을 연극 대본으로 고쳤다. ¶그 회사는 이름을 고치고 더 번창했다.

❹(모양이나 태도, 내용 따위를) 새롭게 하다. Renew shape, attitude, or content.
N0-가 N1-를 V (N0=[인간|단체] N1=[모양], [텍스트])
¶지현이는 급하게 화장을 고쳤다. ¶몇 단어를 고치고 나니 더 좋은 글이 되었다.

❺(틀리거나 잘못된 부분을) 바르고 바람직하게 바꾸다. Replace an incorrect or a wrong part with a correct or a right one.
㊤바로잡다, 개정하다, 정정하다
N0-가 N1-를 V (N0=[인간|단체] N1=[대답], [제도], [행위])
¶그는 시험이 끝나기 직전에 답을 고쳤다. ¶불합리한 규정을 고치지 않으면 계속 불이익을 당할 것이다.

❻(형편이나 운명을) 훨씬 나아지게 하다. Make one's situation or luck much better.
N0-가 N1-를 V (N0=[인간] N1=[운], [상황](형편 따위))
¶그는 땅값이 올라 신세를 고쳤다. ¶그는 피나는 노력으로 형편을 고쳤다고 한다.

고통스러워하다

활용 고통스러워하여(고통스러워해), 고통스러워하니, 고통스러워하고

자 (질병이나 고통으로 인해) 통증을 느끼다. Feel pain due to illness or agony.
㊤아파하다
N0-가 N1-로 V (N0=[인간] N1=[질병])
¶환자가 큰 통증으로 고통스러워한다. ¶이등병은 배를 관통한 총상으로 고통스러워했다.

타 (어떤 행위나 생각에 대해) 아픔을 느끼다. Feel pain due to some concern or agony.
㊤아파하다, 괴로워하다타
N0-가 (S것|S기|S음)-를 V (N0=[인간])
¶그는 편도선이 부어서 침 넘기는 것을 고통스러워한다. ¶그는 집으로 돌아갈 수 없음을 고통스러워했다.

자타 (어떤 행위나 생각에 대해) 고통스러움을 느끼다. Feel pain due to some concern or agony.
㊤고민하다
N0-가 N1-(에 대해|에|로|를) V (N0=[인간] N1=[감각], [감정](고민 따위), [인성](이기심, 욕심 따위), [추상물](실수 따위))
¶그들은 그 사건의 기억에 고통스러워했다.

고하다

어원 告~ 활용 고하여(고해), 고하니, 고하고

자타 어떤 중대한 사실을 다른 사람에게 알리다. Let someone know of an important fact.
㊤알리다
N0-가 N1-(를|에 대해) N2-(에|에게) V (N0=[인간|단체] N1=[사물], [추상물] N2=[인간|단체])
연어 소상히, 바른대로
¶남자는 여자에게 작별을 고했다. ¶오랜 전쟁이 끝나고 전령은 승전 소식을 임금에게 고했다. ¶교사는 학교에서 있었던 여러 사건에 대해 교감에게 고했다.
N0-가 N1-(에|에게) S고 V (N0=[인간|단체] N1=[인간|단체])

연어 소상히, 바른대로
¶경비병은 이상한 점은 아무것도 없다고 사령관에게 고했다. ¶정탐꾼은 임금에게 신하들 사이에 수상한 낌새가 있다고 고하였다.
No-가 N1-(에|에게) (S지|S가) V (No=[인간|단체] N1=[인간|단체])
연어 소상히, 바른대로
¶나는 행사에 방문객이 몇 명이나 왔는지 상부에 고하기 위해 자료를 준비 중이다. ¶누가 역모에 가담했는가 바른대로 고하여라.
No-가 N1-(에|에게) S것-을 V (No=[인간|단체] N1=[인간|단체])
연어 소상히, 바른대로
¶하인은 손님이 찾아온 것을 주인마님께 고하였다. ¶회사 내부 규정이 바뀌었다는 것을 어서 모두에게 고하도록 해라.

고함치다
어원 高喊~ 활용 고함쳐, 고함치니, 고함치고 대응 고함을 치다
자 목청을 높여서 큰 소리를 내다. Shout in a loud voice.
유 소리치다, 소리지르다, 고함지르다 반 속삭이다I
No-가 N1-에게 S고 V (No=[인간|단체] N1=[인간|단체])
¶형이 왜 자기 사탕을 먹었냐고 동생에게 고함쳤다. ¶군중들은 경찰들에게 자기들을 막지 말라고 고함치면서 시위하고 있었다. ¶어떤 아주머니가 소매치기를 잡으라고 고함치셨다. ¶조교들은 훈련병들에게 똑바로 하라고 고함치면서 군기를 잡았다.

곡하다
어원 哭~ 활용 곡하여(곡해), 곡하니, 곡하고 대응 곡을 하다
자 ❶(어떤 일이 잘못되어) 크게 소리내어 슬퍼하며 울다. Sadly cry over something by making a loud sound.
유 통곡하다I, 대성통곡하다 반 웃다I 상 울다I
No-가 V (No=[인간])
¶부모님이 돌아가셨다는 소식에 누나는 곡하며 쓰러졌다.
❷(장례식장에서 주로 상주가) 큰 소리로 일정한 소리를 내며 울다. (of a chief mourner) Cry by making a loud, certain sound at a funeral.
No-가 V (No=[인간](상주 따위))
¶상주가 곡하는 동안 조문 행렬이 이어졌다. ¶조문객과 상주가 곡하면서 절합니다.

곡해되다
어원 曲解~ 활용 곡해되어(곡해돼), 곡해되니, 곡해되고
자 (어떤 말, 행위, 사건 따위가) 원래의 의도나 사실과 다르게 잘못 이해되거나 해석되다. (of some word, action, or incident) Wrongly understood or interpreted differently from the original intention or fact.
유 오해받다, 왜곡되다 상 이해되다, 해석되다
No-가 N1-로 V (No=[이야기](소문, 말 따위), [행위], [사건], [현상] N1=[이야기](말 따위), 의도, [방법](방식 따위))
능 곡해하다
¶어떤 소문들은 종종 진실로 곡해되고 있다. ¶부자들의 기부는 종종 자기 과시로 곡해되기도 한다. ¶지구 온난화 현상은 종종 인류 멸망의 표징으로 곡해되기도 한다.

곡해하다
어원 曲解~ 활용 곡해하여(곡해해), 곡해하니, 곡해하고 대응 곡해를 하다
타 (어떤 일에 대하여) 사실과 다르게 잘못 이해하거나 해석하다. Wrongly understand or interpret something differently from fact.
유 오해하다, 왜곡하다 상 이해하다, 해석하다
No-가 N1-를 N2-로 V (No=[인간|단체] N1=[이야기](말 따위), [텍스트], [행위] N2=[이야기](말 따위), 의도, [방법](방식 따위))
피 곡해되다
¶그 사람은 제 말을 비꼬는 말로 곡해한 것 같네요. ¶그 사람은 다른 사람의 호의를 동정으로 곡해하는 경향이 있어요. ¶제가 이 문장을 실제와는 다른 의미로 곡해했나 봅니다.

곤두박질치다
활용 곤두박질치어(곤두박질쳐), 곤두박질치니, 곤두박질치고 대응 곤두박질을 치다
자 ❶(머리나 몸 따위가) 아래쪽으로 거꾸로 세게 떨어지다. (of head or body) Fall hard upside down toward the bottom.
유 굴러떨어지다, 구르다, 나동그라지다, 나동댕이치다
No-가 N1-(에|로) V (No=[인간], [교통기관](차, 비행기 따위), [사물] N1=[장소](땅, 바닥 따위))
¶술이 많이 취해서 큰형은 논바닥으로 곤두박질쳤다. ¶관광버스가 전복되면서 길가에 곤두박질쳤다.
❷(가격이나 수치 따위가) 갑자기 크게 떨어지다. (of price or value) Drop suddenly and heavily.
유 급락하다, 폭락하다
No-가 V (No=[수량](값, 수치 따위))
¶국내 주식 시세가 곤두박질쳤습니다. ¶전 세계의 경제 지표들이 동시에 곤두박질치고 있습니다.

곤두서다
활용 곤두서, 곤두서니, 곤두서고

ㄱ

[자]❶(털, 머리카락 따위가) 위를 향하여 거꾸로 빳빳하고 곧게 되다. (of hair) Become straight or stiff by facing upward.
[상]서다
N0-가 V (N0=[신체부위](머리카락, 털, 몸 따위))
[사]곤두세우다
¶귀신 이야기에 아이들의 머리털이 곤두섰다. ¶너무 무서워서 온몸의 털이 곤두서는 것 같았다.
❷(신경 세포 따위가) 매우 예민하게 되어 긴장상태가 되다. (of a nerve cell) Become tense by being extremely sensitive.
[유]날카로워지다, 예민해지다
N0-가 V (N0=[신경])
[사]곤두세우다
¶내 차례가 되자 신경이 곤두서는 것 같았다. ¶주사 바늘이 피부를 뚫을 때는 신경이 다 곤두섰다.

곤두세우다
[활용]곤두세워, 곤두세우니, 곤두세우고
[타]❶(털, 꼬리 따위의 신체 부위를) 거꾸로 하여 위로 빳빳하고 곧게 만들다. Make a body part such as hair or tail become straight or stiff by facing upward.
[상]세우다
N0-가 N1-를 V (N0=[인간], [짐승] N1=[신체부위](털, 꼬리 따위))
[주]곤두서다
¶고양이 두 마리가 꼬리를 곤두세우고 서로 노려보고 있다. ¶뱀이 대가리를 곤두세우고 자기를 방어했다. ¶우리집 강아지가 귀를 쫑긋하게 곤두세우고 무슨 소리를 듣고 있다.
❷(신경이나 감각기관 따위를) 긴장시켜 예민한 상태로 만들다. Make a nerve or a sensory organ sensitive by stretching.
[유]긴장시키다
N0-가 N1-를 V (N0=[인간], [짐승] N1=[신체부위](신경 따위), [감각](촉각 따위))
[주]곤두서다
¶보초병들은 모든 감각을 곤두세웠다. ¶그 개는 신경을 곤두세우고 사람들을 경계했다. ¶국민들은 촉각을 곤두세우고 개표 방송을 보았다.

곧추서다
[활용]곧추서, 곧추서니, 곧추서고
[자]자세를 똑바로 하여 꼿꼿이 서다. Stand in an erect or straight posture.
N0-가 V (N0=[신체부위])
[사]곧추세우다
¶돌이 지난 조카는 이제야 곧추서고 걷기 시작하였다. ¶어찌나 놀랐던지 머리카락이 곧추서는 것 같았다.

곧추세우다
[활용]곧추세워, 곧추세우니, 곧추세우고
[타]자세를 똑바로 하여 꼿꼿이 서게 하다. Raise the body or a part of the body to a straight posture.
N0-가 N1-를 V (N0=[인간|동물] N1=[신체부위](허리, 몸 따위), 자존심)
[주]곧추서다
¶어머니는 허리를 곧추세우고 글씨를 쓰기 시작하였다. ¶염소가 뿔을 곧추세우고 덤벼들자 얼른 문을 닫아버렸다. ¶민수가 눈썹을 곧추세우고 무언가 말하려 하는 순간, 불이 꺼졌다. ¶한국의 승리는 아시아 축구의 자존심을 곧추세운 값진 전리품이다.

골다
[활용]골아, 고니, 골고, 고는
[타](숨을 쉴 때) 코에서 드르렁거리는 소리를 내다. Make a snoring sound from the nose when breathing.
N0-가 N1-를 V (N0=[인간], [짐승] N1=코)
[연어]드르렁드르렁, 밤새도록
¶강아지들도 코를 곤다고 한다. ¶술에 취한 사람들이 더 심하게 코를 곱니다. ¶형은 드르렁드르렁 코를 골았다.

골라내다
[활용]골라내어(골라내), 골라내니, 골라내고
[타](여럿 가운데서) 어떤 것을 골라서 집어내다. Arrange and select or pick out certain items from among many.
[유]가리다II, 가려내다, 선택하다, 선발하다
N0-가 N2-에서 N1-를 V (N0=[인간|동물] N1=[인간], [사물] N2=[인간], [사물])
¶장교는 병사들 가운데에서 키 큰 두 사람을 골라냈다. ¶가득 찬 책꽂이에서 영민이는 만화책만 쏙쏙 잘도 골라냈다. ¶원경이는 콩밥에서 콩만 골라내어 옆 그릇에 담았다.

골라잡다
[활용]골라잡아, 골라잡으니, 골라잡고 【구어】
[타](여럿 가운데에서) 어떤 것을 가려내어 가지거나 선택하다. (of a person) Distinguish something from many and obtain or select.
[유]고르다I, 택일하다, 선별하다
N0-가 N1-를 V (N0=[인간] N1=[사물](공, 인형, 책, 방, 악기 따위))
¶나는 제일 가벼워 보이는 볼링 공을 골라잡았다. ¶나는 아버지 서재에서 아무 책이나 골라잡아 읽기 시작하였다. ¶배치도를 보고 네 마음에 드는 방으로 골라잡아라. ¶아이들은 저마다 하나씩 악기를 골라잡고 맹연습에 돌입하였다.

골리다

활용 골리어(골려), 골리니, 골리고

타 (상대방이) 약이 오르거나 화가 나도록 놀리다. Make fun of an opponent to make him/her angry.

유 골탕을 먹이다, 약을 올리다

N0-가 N1-를 V (N0=[인간|단체] N1=[인간|단체])

¶나는 동생을 골려 주었다. ¶이긴 팀이 진 팀을 골리는 일은 스포츠 정신에 어긋난다.

골몰하다

어원 汨沒~ 활용 골몰하여(골몰해), 골몰하니, 골몰하고

자 (다른 일에는 관여하지 않고 어떤 일에만) 온 정신을 집중하다. (of a person) Pay all of one's attention to a work without getting involved in other works.

유 열중하다, 몰두하다, 전념하다, 몰입하다

N0-가 N1-에 V (N0=[인간] N1=[행위])

¶나는 한 달 동안 아무 일도 하지 않고 작곡에만 골몰하였다. ¶그는 여름방학 내내 그림 연습에 골몰하였다. ¶나는 생각에 골몰한 나머지 기차도 놓쳐버렸다.

N0-가 S데-에 V (N0=[인간])

¶나는 한 달 동안 아무 일도 하지 않고 작곡을 하는 데에 골몰하였다. ¶그는 여름방학 내내 그림을 그리는 데에 골몰하였다. ¶학자들은 연구하는 데만 골몰하다 보니 세상 물정에 어둡다.

N0-가 S기-에 V (N0=[인간])

¶나는 한 달 동안 아무 일도 하지 않고 작곡 하기에 골몰하였다. ¶그는 여름방학 내내 그림 그리기에 골몰하였다. ¶나는 생각하기에 골몰한 나머지 기차도 놓쳐버렸다.

골인하다

어원 영어 goal in~ 활용 골인하여(골인해), 골인하니, 골인하고 대응 골인을 하다

자 ❶ 【운동】 축구, 농구 따위에서 점수를 따도록 공이 골대나 골 그물로 들어가다. (of a ball) Pass through a goalpost or a net to garner points in soccer or basketball.

유 들어가다I

N0-가 V (N0=공, 슛 따위)

¶강력한 슈팅이 골인하여 선취점을 얻었습니다. ¶종료 직전 3점 슛이 골인해서 승부가 뒤바뀌었습니다. ¶수비수가 빠트린 공이 아슬아슬하게 골인했네요.

❷(달리기 따위에서) 주자가 결승선에 들어오다. (of a runner) Enter the finish line from a race.

유 도착하다, 지나다 자

N0-가 N1-에 V (N0=[인간](주자, 선수 따위) N1=결승선, 결승점 따위)

¶드디어 선두 주자가 결승선에 골인합니다. ¶두 선수가 거의 동시에 결승선에 골인했습니다.

❸(사람이나 단체 따위가) 목표로 했던 상황에 이르다. (of a person or an organization) Achieve the targeted situation.

유 성공하다, 도달하다

N0-가 N1-에 V (N0=[인간|단체] N1=[결과](승리, 우승, 성공 따위))

¶우리는 드디어 결혼에 골인했다. ¶누나는 6개월 만에 다이어트 성공에 골인했다.

곪다

활용 곪아, 곪으니, 곪고

자 (신체 부위나 상처 따위에) 염증이 생겨서 고름이 모이거나 나다. Gather or have pus as a result of having infection on a body part or a wound.

N0-가 V (N0=[신체부위](상처 따위))

¶더운 날에는 상처가 잘 곪는다. ¶저는 체질상 여드름이 잘 곪습니다.

곯다 I

활용 곯아, 곯으니, 곯고

자 ❶(계란이나 과일 따위의 속 부분이) 상하여 물크러지다. Go bad from the inside part of food.

유 변하다, 상하다 자, 썩다

N0-가 V (N0=[음식](과일, 달걀 따위), [사물](속 따위))

¶계란이 곯았다. ¶제철이 아니라서 그런지 과일들이 쉽게 곯는다. ¶이것들은 다 속이 곯아 보인다.

❷(사람의 몸이나 정신 따위가) 속으로 병이 들거나 문제가 생겨서 원래의 기능보다 떨어지다. (of a person's body or mind) Decline in original function due to illness or problem.

N0-가 V (N0=[인간], [신체부위], [마음](마음, 속 따위))

사 곯리다I

¶허약 체질인데다가 일도 힘이 들어서 그 사람은 뼈마디가 다 곯고 있다. ¶이번 참사로 피해자 가족들은 이미 마음이 곯을 대로 곯은 상태입니다.

곯다 II

활용 곯아, 곯으니, 곯고

타 (충분히 먹지 못하여) 속이 텅 비어 허기가 진 상태로 지내다. Be in a hungry condition by not being able to eat enough.

유 굶다, 주리다 타, 굶주리다

N0-가 N1-를 V (N0=[인간] N1=배)

사 곯리다II

¶병사들은 며칠 동안 배를 곯은 상태다. ¶요즘에는 배를 곯는 사람이 많지 않다. ¶저 사람은 얼마나

곯았는지 뼈만 남았네.
※N_1 논항 '배'는 때때로 생략되기도 한다.

곯리다 I

[활용]곯리어(곯려), 곯리니, 곯리고
[타](사람의 속이나 마음 따위를) 병이 들거나 문제가 생길 정도로 힘들게 하다. Make someone's mind suffer as if such will cause problem or illness.
[유]썩이다 (N_0=[인간], [장애](고난, 노역 따위) N_1=[마음](마음, 속 따위), [인간])
[주]곯다I
¶항상 몇몇 학생들이 선생님의 속을 곯립니다. ¶저는 어릴 때 부모님 속을 많이 곯렸습니다. ¶끊임없는 강제 노역은 포로들을 비인간적으로 곯리는 일입니다.

곯리다 II

[활용]곯리어(곯려), 곯리니, 곯리고
[타](충분히 먹이지 않아서) 속이 텅 비어 허기가 진 상태로 지내게 하다. Place someone in starving condition by not giving enough food.
[유]굶기다
N_0-가 N_1-를 V (N_0=[인간], [짐승] N_1=[인간], 배)
[주]곯다II
¶아버지는 어쩔 수 없이 가족들을 잠시 동안 곯리셨다. ¶나는 아이들의 배를 곯릴 수는 없었다. ¶짐승들도 자기 새끼들의 배를 곯리지는 않는다.

곱씹다

[활용]곱씹어, 곱씹으니, 곱씹고
[타]❶(의미를) 거듭하여 골똘히 생각하다. Think repeatedly and intently about the meaning of something.
[유]되씹다, 곰씹다
N_0-가 N_1-를 V (N_0=[인간] N_1=[추상물](생각, 기억, 추억, 말, 일, 의미 따위))
¶수현은 어제 송이가 한 말을 천천히 곱씹고 있었다. ¶지난날 그가 나에게 해 주었던 일들을 곱씹어 보았다. ¶그때 선생님께서 해 주신 말씀의 의미는 아무리 곱씹어도 알 수가 없었다.
❷(음식을) 반복하여 씹다. Repeatedly chew one's food.
N_0-가 N_1-를 V (N_0=[인간] N_1=[음식], [음식물])
¶고구마는 찌지 않아도 곱씹으면 단맛이 난다. ¶서두르지 말고 천천히 곱씹어 드세요.

곱하다

[활용]곱하여(곱해), 곱하니, 곱하고
[타]일정한 수를 일정한 횟수로 반복해서 더하다. Obtain from (a number) another number which contains the first a specified number of times.
N_0-에 N_1-를 V ↔ N_0-와 N_1-를 V (N_0=[수] N_1=[수])
¶2에 2를 곱하면 4다. ↔ 2와 2를 곱하면 4다. ¶0에는 어떤 수를 곱해도 결과가 0이 된다.

공감되다

[어원]共感~ [활용]공감되어(공감돼), 공감되니, 공감되고 [대응]공감이 되다
[자](느낌이나 뜻, 처지 따위에 대하여) 다른 사람과 같은 감정이 느껴지고 동의되다. Be in agreement and share someone's feelings, meanings, or circumstances.
[유]교감되다
N_0-가 N_1-(에|에 대해) V (N_0=[인간]) (N_0=[감정], [마음], [역할], [문학작품], [방송물], [이유], [요점], [상황])
[능]공감하다[타]
¶나도 네 이야기를 들으니 네 감정에 공감된다. ¶내 이야기를 다룬 것 같아 그 드라마에 공감된다. ¶그들의 아픔에 공감되는 것은 다른 이유 때문이 아닐 것이다.
N_0-가 N_1-에게 V (N_0=[감정], [마음], [역할], [문학작품], [방송물], [이유], [요점], [상황] N_1=[인간])
[능]공감하다[타]
¶이 연극은 나에게 정말 공감된다. ¶학생들의 의견은 선생님께도 공감되었다. ¶아이들에게 공감되는 만화는 따로 있다.
N_0-가 N_1-에게 V (N_0=[인간] N_1=[인간])
[능]공감하다[타]
¶그 점에서는 나도 너에게 공감된다. ¶그를 싫어하면서도 그에게 공감되고 있음을 부인할 수 없었다.

공감하다

[어원]共感~ [활용]공감하여(공감해), 공감하니, 공감하고 [대응]공감을 하다
[자](어떤 사건에 대하여) 다른 사람과 같은 감정을 느끼고 동의하다. Agree and share someone's feelings about a certain incident.
[유]동감하다, 교감하다
N_0-가 N_1-와 V ↔ N_0-와 N_1-가 V (N_0=[인간] N_1=[인간])
¶지금은 시기상조라는 데 선희는 나와 공감했다. ↔ 지금은 시기상조라는 데 선희와 내가 공감했다. ¶아직은 투자할 때라는 점에 사장님은 이사님과 공감하셨다.
N_0-가 N_1-에게 V (N_0=[인간] N_1=[인간])
¶재은이는 어려운 길을 걸어 온 길원이에게 공감했다. ¶그는 내 얘기를 듣더니 나한테 공감하는 눈치였다.
[자타](느낌이나 뜻, 처지 따위에 대하여) 다른 사람과 같은 감정을 느끼고 동의하다. Agree and share someone's feelings, meanings or

circumstances.
㊌동감하다, 교감하다
N0-가 N1-(에|를) V (N0=[인간] N1=[감정], [마음], [역할], [문학작품], [방송물], [이유], [요점], [상황])
피공감되다I
¶선배라면 내 심정을 공감해 줄 거라고 믿는다. ¶우리의 아픔에 공감해 주는 사람은 누구인가?

공개되다

어원公開~ 활용공개되어(공개돼), 공개되니, 공개되고 대응공개가 되다
자❶(어떤 사물이나 사실 따위가) 여러 사람이 알게끔 밝혀지다. (of an item or fact) Be disclosed to many people.
㊌밝혀지다 ㊉은폐되다, 미공개되다
N0-가 N1-(에|에게) V (N0=[사물], [추상물] N1=[인간|단체])
능공개하다
¶연일 충격적인 사실이 국민들에게 공개되었다. ¶유명 영화감독의 신작 제목이 공개되면서 대중의 관심을 끌고 있다. ¶인터넷에는 많은 정보가 공개되어 있지만 능동적으로 검색하지 않으면 좋은 정보를 얻을 수 없다.
❷(어떤 장소가) 누구나 방문할 수 있도록 허락되다. (of a place) Be permitted for anyone to enter.
㊌개방되다, 오픈되다
N0-가 N1-(에|에게) V (N0=[장소] N1=[인간|단체])
능공개하다
¶살인 사건의 범행 현장이 기자들에게 공개되었다. ¶국립공원의 폐쇄 기간이 끝나고 다시 방문객에게 공개되었다.
❸(소프트웨어나 창작물이) 누구나 복제하고 사용할 수 있도록 허락되다. (of a software or creative work) Be permitted for anyone to copy and use.
㊌개방되다
N0-가 N1-(에|에게) V (N0=[소프트웨어], [텍스트], [작품], [방송물] N1=[인간|단체])
능공개하다
¶컴퓨터를 사용할 때 공개된 소프트웨어를 이용하면 비용이 많이 절약된다.

공개하다

어원公開~ 활용공개하여(공개해), 공개하니, 공개하고 대응공개를 하다
타❶(어떤 사물이나 사실 따위를) 여러 사람이 알게끔 드러내다. Disclose an item or fact to many people.
㊌공지하다 ㊉은폐하다
N0-가 N1-를 N2-(에|에게) V (N0=[인간|단체] N1=[사물], [추상물] N2=[인간|단체])
피공개되다
¶서울시장이 새해 시 예산안을 시민들에게 공개했다. ¶뇌물 수수 사건의 진상을 공개하라는 여론이 들끓고 있다. ¶그는 경찰에게 자신이 받은 협박 편지를 공개하며 대책을 물었다.

❷(어떤 장소를) 누구나 방문할 수 있도록 허락하다. Permit everyone to enter a certain place.
㊌개방하다, 오픈하다
N0-가 N1-를 N2-(에|에게) V (N0=[인간|단체] N1=[장소] N2=[인간|단체])
피공개되다
¶방송국에서는 특별 행사로 방송국 내부를 외부인들에게 공개하기로 했다.
❸(소프트웨어나 창작물을) 누구나 복제하고 사용할 수 있도록 허락하다. Permit everyone to copy and use a software or creative work.
N0-가 N1-를 N2-(에|에게) V (N0=[인간|단체] N1=[소프트웨어], [텍스트], [작품], [방송물] N2=[인간|단체])
피공개되다
연어무료로
¶우리 회사는 신판 소프트웨어를 출시하면서 구판을 일반 이용자에게 무료로 공개했다. ¶리눅스는 소스 코드를 일반에 공개한 오픈 소스 운영체제이다.

공격받다

어원攻擊~ 활용공격받다, 공격받으니, 공격받고 대응공격을 받다
자❶(전쟁에서) 적으로부터 무력에 의한 피해를 입다. Be damaged by the enemy's force during war.
㊌침략당하다, 습격받다, 피격되다 ㊉공격하다
N0-가 N1-(에게|에 의해) V (N0=[인간|단체], [장소], [무기], [사물](보급품 따위) N1=[인간|단체], [무기])
¶수도가 적의 기갑사단에 의해서 공격받고 있다. ¶민간기가 적의 대공포에 의해서 공격받아 추락했다. ¶파견군이 적에게 공격받아 전멸했다고 한다.
❷(자신의 의견, 생각 따위에 대해) 타인에게 비난받거나 반박당하다. Be refused or criticized for one's opinion, thought, etc., by others.
㊌비판받다자, 비난받다 ㊉공격하다
N0-가 N1-(에게|에 의해) S고 V (N0=[인간|단체] N1=[인간|단체])
¶회장은 언제나 일을 혼자 결정한다고 공격받는다. ¶이번 정부는 국민들에게 부패 정부라고 공격받았다.
N0-가 N1-(에게|에 의해) V (N0=[인간|단체], [추상물] N1=[인간|단체], [추상물])

¶과거의 이론은 새로운 증거에 의해서 공격받는 경우가 많다. ¶이번 실패로 인해 정부의 능력이 맹렬히 공격받고 있다.

공격하다

[어원]攻擊~ [활용]공격하여(공격해), 공격하니, 공격하고 [대응]공격을 하다

[타]❶(전쟁에서) 적이나 적의 진영에 무력을 사용하여 피해를 입히다. Damage by using force on the enemy or its territory during war.
[유]진격하다, 습격하다, 공습하다 [반]수비하다, 방어하다, 공격받다
N0-가 N1-를 V (N0=[인간|단체], [무기] N1=[인간|단체], [장소], [무기], [사물])
¶전투기가 공중에서 적군을 공격하고 있다. ¶함대가 적의 잠수함을 공격하기 위해서 출발하였다.

❷(운동 경기에서) 이기거나 점수를 얻기 위해 상대를 적극적으로 몰아붙이다. Aggressively corner the opponent to win or get points during a game.
[반]수비하다, 방어하다
N0-가 N1-를 V (N0=[인간|단체] N1=[인간|단체])
¶한국 팀은 전반전부터 독일 팀을 자유자재로 공격하며 쉽게 점수를 뽑았다. ¶감독은 시간이 얼마 남지 않자 수비수들에게도 상대를 공격하라고 지시했다.

[자타](타인이나 타인의 의견, 생각 따위에) 비난하거나 반박하다. Criticize or refuse another or another's opinion, thought, etc.
[유]비판하다, 비난하다 [반]공격받다
N0-가 N1-(에게|를) S고 V (N0=[인간|단체], [책] N1=[인간|단체])
¶그는 언제나 정치가들을 모두 부도덕하다고 공격한다. ¶철수는 늘 동생을 게으르다고 공격한다.
N0-가 N1-(에 대해|를) S고 V (N0=[인간|단체], [책] N1=[추상물], [사물])
¶철수는 상대가 용납할 수 있는 선을 넘었다고 공격했다. ¶유권자들은 그의 도덕성에 대해 집중적으로 공격했다.

공경하다

[어원]恭敬~ [활용]공경하여(공경해), 공경하니, 공경하고 [대응]공경을 하다

[타](어떤 사람을) 웃어른으로 공손히 받들어 모시다. Give service to someone politely as an elder.
[유]섬기다, 받들다, 존경하다 [반]깔보다, 무시하다, 경멸하다
N0-가 N1-를 V (N0=[인간|단체] N1=[인간])
¶한국은 예로부터 웃어른을 공경하는 문화가 발달되어 왔다. ¶그는 오만해져서 선배들을 공경하지 않고 자기 맘대로 행동하려 했다. ¶부모님을 공경하도록 교육을 시켜야 한다.

공급되다

[어원]供給~ [활용]공급되어(공급돼), 공급되니, 공급되고 [대응]공급이 되다

[자](물건이나 돈 따위가) 필요한 곳이나 사람에게 주어지다. (of object, money, etc.) Be given to a place or a person requiring such.
[유]제공되다
N0-가 N1-(에|에게) V (N0=[사물], [금전] N1=[인간|단체], [장소])
[능]공급하다
¶수해 지역 이재민들에게 비상식량이 공급되었다. ¶내년에 신도시에서 공급되는 아파트 물량이 늘어날 전망이다. ¶주민들은 가정에 수돗물이 공급되지 않아 애를 먹었다. ¶생명 유지를 위해서는 산소가 계속 공급되어야 한다.
N0-가 N1-로 V (N0=[사물], [금전] N1=[장소])
[능]공급하다
¶이 지역에서 생산되는 석탄은 다른 나라로 공급된다. ¶전기와 식수는 지역 별로 시간을 정해 공급되고 있다.
N0-가 N1-에서 V (N0=[장소] N1=[사물], [금전])
[능]공급하다
¶이 지역에서 공급되는 원목으로 가구를 만든다. ¶농기구는 대부분 대장간에서 공급되었다.

공급받다

[어원]供給~ [활용]공급받아, 공급받으니, 공급받고 [대응]공급을 받다

[타](필요하거나 요구한 물건이나 재화를) 공급자로부터 얻다. Obtain necessary or requested items or goods from a supplier.
[유]제공받다 [반]제공하다 [반]공급하다
N0-가 N2-(에서|에게서|로부터) N1-를 V (N0=[인간|단체], [동물], [식물] N1=[사물], [돈], [인간], 에너지, 영양분 따위 N2=[천체], [기업], [국가])
¶식물은 태양으로부터 에너지를 공급받는다. ¶우리 회사는 외국에서 원재료를 공급받아 가공한다. ¶우리나라는 지금 원유를 공급받지 못하고 있다.

공급하다

[어원]供給~ [활용]공급하여(공급해), 공급하니, 공급하고 [대응]공급을 하다

[타](물건이나 돈 따위를) 필요한 곳에 대주다. Give object, money, etc., to a place requiring such.
[유]제공하다, 대주다 [반]제공받다, 수급받다, 공급받다

N0-가 N2-(에게|에) N1-를 V (N0=[인간|단체] N1=[사물], [기기], [돈] N2=[인간|단체], [장소](시장 따위))

피 공급되다

¶우리 회사는 소비자들에게 유기농 먹거리를 공급한다. ¶우리는 피해 지역에 필요한 물자와 인력을 공급하기로 했다. ¶충분한 자금을 공급하지 않으면 회사는 곧 망합니다.

공들다

어원 功~ 활용 공들어, 공드니, 공들고

자 (어떤 일이 바라는 대로 이루어지도록) 정성과 노력이 다해지다. Make effort to make something happen as one intended.

N0-가 V (N0=[사물], [추상물], [행위])

사 공들이다

¶이 작품은 매우 공든 그림이다. ¶꽤 공든 사업이었는데 순식간에 물거품이 되고 말았다. ¶공든 탑이 무너지랴.

※ 주로 관형형으로 쓰인다.

공들이다

어원 功~ 활용 공들여, 공들이니, 공들이고 대응 공을 들이다

자 (어떤 일이 바라는 대로 이루어지도록) 정성과 노력을 쏟다. Work hard in the sincere hope of accomplishing a desired result.

N0-가 N1-에 V (N0=[인간|단체] N1=[사물], [추상물], [행위])

주 공들다

¶화가는 그 작품에 무척 공들였지만 대중들에게는 인정받지 못했다. ¶스위스는 평화로운 나라지만 여전히 국방력을 유지에 공들이고 있다. ¶오랫동안 공들인 사업이 물거품이 되었다.

공략되다 I

어원 攻略~ 활용 공략되어(공략돼), 공략되니, 공략되고 대응 공략이 되다

자 (적군이나 다른 지역, 다른 영역 따위가) 공격당하여 강제로 점령되다. Be attacked and taken away by someone.

N0-가 N1-로 V (N0=[추상물](시장 따위), [지역], 적진 따위 N1=[방법], [사물])

능 공략하다I

¶우리 군의 기습 공격으로 적진이 공략되었다. ¶세계 시장은 최첨단의 신기술로 공략되고 있다.

공략되다 II

어원 攻掠~ 활용 공략되어(공략돼), 공략되니, 공략되고 대응 공략이 되다

자 (다른 사람에게) 공격당하여 강제로 빼앗기다. Be attacked and robbed of something by force.

N0-가 N1-에게 V (N0=[사물] N1=[인간|단체])

능 공략하다II

¶마을은 적군에게 공략되었다. ¶상선이 해적들에게 공략되었다.

공략하다 I

어원 攻略~ 활용 공략하여(공략해), 공략하니, 공략하고 대응 공략을 하다

타 (적군이나 다른 지역, 다른 영역 따위를) 공격하여 점령하다. Attack an enemy, region, or territory in order to take it over.

유 침략(侵略)하다I 반 지키다

N0-가 N1-를 N2-로 V (N0=[인간|단체] N1=[추상물](시장 따위), [지역], [범위](영향권 따위) N2=[방법], [사물])

피 공략되다I

¶부대원들은 기습 공격으로 적진을 공략했다. ¶우리 회사는 막걸리로 주류 시장을 공략했다. ¶그 회사는 최첨단의 신기술로 세계 시장을 공략하고 있다.

공략하다 II

어원 攻掠~ 활용 공략하여(공략해), 공략하니, 공략하고 대응 공략을 하다

타 (다른 사람 따위를) 공격하여 강제로 무엇을 빼앗다. Attack and take something away (from someone).

유 노략하다, 침략(侵掠)하다II 반 지키다

N0-가 N1-를 V (N0=[인간|단체] N1=[인간|단체], [사물])

피 공략되다II

¶해적들이 어민들을 공략하는 일이 늘고 있다. ¶적군들은 무자비하게 일반인 마을을 공략했다. ¶해적들이 상선을 공략하지 못하도록 해군을 파견했다.

공론화되다

어원 公論化~ 활용 공론화되어(공론화돼), 공론화되니, 공론화되고

자 (어떤 의견이나 문제 따위가) 여러 사람들에 의하여 논의되다. (of some opinion or problem) Be debated on by many people.

유 여론화가 되다

N0-가 V (N0=[의견], [사건], [상태])

사 공론화하다

¶그 문제는 쉽게 공론화되었다. ¶드디어 방사능 폐기물 처리장 문제가 공론화되었다. ¶이번 투자 계획은 주주 총회에서 공론화될 필요가 있다고 판단됩니다.

공론화시키다

어원 公論化~ 활용 공론화시키어(공론화시켜), 공론화시키니, 공론화시키고 대응 공론화를 시키다

☞ '공론화하다'의 오용

공론화하다

[어원]公論化~ [활용]공론화하여(공론화해), 공론화하니, 공론화하고 [대응]공론화를 하다
[타](어떤 문제나 사안 따위를) 여러 사람이 함께 논의하도록 만들다. Have some problem or issue be debated on with many people.
[유]여론화하다
N0-가 N1-를 V (N0=[인간|단체] N1=[사건], [상태], [의견], 문제 따위)
[피]공론화되다
¶언론은 이번 사태를 공론화했다. ¶시의회는 방사능 폐기물 처리장 설치 문제를 공론화하기로 했다. ¶소비자 단체들은 대기업의 가격 담합을 공론화하여 여론을 모으기로 했다.

공부하다
[어원]工夫~ [활용]공부하여(공부해), 공부하니, 공부하고 [대응]공부를 하다
[자타](학문이나 기술 따위를) 배우고 익히며 학습하다. Learn, practice, and study scholarship or skill.
[유]연구하다I [반]가르치다I, 교육하다
N0-가 V (N0=[인간|단체])
¶철수는 밤늦게까지 교실에 남아 공부하였다. ¶나는 이번 학기에는 매일 조금씩 공부하는 것이 목표이다. ¶아버지는 나에게 한 번도 공부하라고 잔소리를 한 적이 없다.
N0-가 N1-를 V (N0=[인간|단체] N1=[학문], [기술])
[사]공부시키다
¶철수는 밤늦게까지 교실에 남아 영어를 공부하였다. ¶언니는 물리학을 공부하는 남자를 만나 결혼하였다. ¶철수는 오랫동안 제빵 기술을 공부하더니 드디어 빵집을 내었다.

공사하다
[어원]工事~ [활용]공사하여(공서해), 공사하니, 공사하고 [대응]공사를 하다
[자]다리나 건물 따위를 짓기 위한 일을 하다. Do work to build a bridge or building.
N0-가 V (N0=[인간|단체])
¶이 다리는 100여 명의 인부들이 공사하여 완성한 것이다. ¶오랫동안 공사해서 기념관을 완공했다.

공상하다
[어원]空想~ [활용]공상하여(공상해), 공상하니, 공상하고 [대응]공상을 하다
[자타](실재하지 않는 일이나 실현되기 어려운 일을) 막연하게 상상하다. Vaguely imagine something that doesn't exist or is difficult to realize.
[유]상상하다, 몽상하다, 망상하다
N0-가 N1-(를|에 대해) V (N0=[인간] N1=[추상물], [사물])
¶그녀는 미래에 연예인이 된 자신의 모습을 공상하고 있었다. ¶그는 언제나 특이한 것들에 대해서 공상하더니 결국 만화가가 되었다.
N0-가 S것-(을|에 대해) V (N0=[인간])
¶그는 자주 과거로 돌아가는 것에 대해 공상하곤 한다. ¶많은 사람들이 자신의 아이들이 성공할 것을 공상하면서 삶의 의욕을 찾는다.
N0-가 S고 V (N0=[인간])
¶많은 사람들은 자신들에게 기적이 올 것이라고 공상하며 산다. ¶단순히 자신이 나아질 것이라고 공상하고만 있을 것이 아니라 노력을 해야 한다.

공습당하다 I
[어원]攻襲~ [활용]공습당하여(공습당해), 공습당하니, 공습당하고 [대응]공습을 당하다
[자](군대나 무장 병력이) 적으로부터 갑자기 공격을 당하다. (of troops or armed forces) Be attacked by surprise by an enemy.
[유]급습당하다, 습격당하다 [반]공습하다I [상]공격당하다
N0-가 N1-(에게|에|로부터) V (N0=[집단], [장소] N1=[인간|단체])
¶아군의 기지가 적으로부터 공습당했다. ¶우리는 새벽에 적군에게 공습당했다.

공습당하다 II
[어원]空襲~ [활용]공습당하여(공습당해), 공습당하니, 공습당하고 [대응]공습을 당하다
[자](군대나 지역이) 공중으로부터 공격을 받다. (of troops or areas) Be attacked from the air.
[반]공습하다II [상]공격당하다
N0-가 N1-(에게|에|로부터) V (N0=[집단], [장소] N1=[인간|단체], [비행기])
¶아군의 보급로가 적 비행기에 공습당했다. ¶신형 폭탄을 장착한 적군 전투기에 아군 기지가 공습당했다.

공습받다 I
[어원]攻襲~ [활용]공습받아, 공습받으니, 공습받고 [대응]공습을 받다
[자](군대나 무장 병력이) 적으로부터 갑자기 공격을 받다. (of troops or armed forces) Be attacked by surprise by an enemy.
[반]공습하다I [상]공격받다
N0-가 N1-(에게|에|로부터) V (N0=[집단], [장소] N1=[인간|단체])
¶아군의 진지가 적군 소대로부터 공습당했다.

공습받다 II
[어원]空襲~ [활용]공습받아, 공습받으니, 공습받고 [대응]공습을 받다
[자](군대나 지역이) 공중으로부터 공격을 받다. (of troops or areas) Be attacked from the air.
[반]공습하다II [상]공격받다

N0-가 N1-(에게|에|로부터) V (N0=[집단], [장소] N1=[인간|단체], [비행기])
¶아군의 기지가 적군의 비행기에 공습당했다.

공습하다 I
[어원]攻襲~ [활용]공습하여(공습해), 공습하니, 공습하고 [대응]공습을 하다
[타](군대나 무장 병력이) 적이나 적의 주둔지를 갑자기 공격하다. (of a military or armed force) Suddenly attack the enemy or enemy base.
[유]급습하다, 습격하다 [반]공습당하다I, 공습받다I
[상]공격하다[타]
N0-가 N1-를 V (N0=[인간|단체] N1=[집단], [장소])
¶유엔군은 적의 비밀기지로 보이는 지역을 공습했다. ¶그들은 야간에 적들을 공습하기로 작전을 세웠다. ¶미군은 시간을 끌지 않고 도착하자마자 적진을 바로 공습했다.

공습하다 II
[어원]空襲~ [활용]공습하여(공습해), 공습하니, 공습하고 [대응]공습을 하다
[타](비행기를 타고) 공중에서 공격하다. Attack from the air while operating an airplane.
[상]공격하다 [반]공습당하다II, 공습받다II
N0-가 N1-를 V (N0=[인간|단체], [비행기] N1=[집단], [장소])
¶아군은 비행기를 이용해서 적의 보급로를 공습했다. ¶그들은 적진을 공습하기 위해서 비행기에 신형 폭탄을 잔뜩 실었다. ¶새로 보급된 전투기는 레이더에 걸리지 않고 적의 심장부를 공습할 수 있다.

공언하다
[어원]公言~ [활용]공언하여(공언해), 공언하니, 공언하고 [대응]공언을 하다
[자타](약속 따위를) 여러 사람이 알도록 공개적으로 말하다. Publicly speak of a promise.
[유]공표하다
N0-가 N1-를 V (N0=[인간|단체] N1=[추상물], [상태])
¶정계 은퇴를 공언했던 정치인이 다시 국회의원 선거에 나왔다. ¶공산권이 몰락했을 때 프랜시스 후쿠야마는 역사의 종말을 공언했다.
N0-가 S고 V (N0=[인간|단체])
¶물의를 일으킨 업체 사장은 다시는 이런 일이 없게 하겠다고 공언했다. ¶국가대표팀 감독은 다음 경기의 승리를 눈앞에 두고 있다고 공언하고 있다. ¶영농업체에서는 신제품 농약이 효과가 좋으면서도 인체에 해가 적다고 공언하였다.
N0-가 S것-을 V (N0=[인간|단체])
¶종교인들은 평생 동안 정치적 중립을 지킬 것을 공언한다. ¶시장은 재정 적자를 줄일 것을 공언했지만 임기가 끝날 때까지 이루어지지 않았다.

공연되다
[어원]公演~ [활용]공연되어(공연돼), 공연되니, 공연되고 [대응]공연이 되다
[자](연극, 영화, 연주 등이) 여러 사람 앞에서 행해지다. (of play, film, performance) Be given to many people.
[유]시연되다, 연주되다
N0-가 V (N0=[음악], [무용], [영화], [연극])
[능]공연하다
¶이 공연장은 역사적인 작품이 여럿 공연된 유서 깊은 곳이다. ¶그 기자는 유명 음악가의 연주가 공연되는 곳마다 찾아다니며 취재했다.

공연하다
[어원]公演~ [활용]공연하여(공연해), 공연하니, 공연하고 [대응]공연을 하다
[타](연극, 영화, 연주 등을) 여러 사람 앞에서 해 보이다. Give many people a play, a film, or a performance.
[유]시연하다, 연주하다
N0-가 N1-를 V (N0=[인간|단체] N1=[음악], [무용], [영화], [연극])
[피]공연되다
¶우리는 내일 처음으로 연극을 공연한다. ¶그 극단은 한 작품을 10년째 공연하고 있다. ¶우리 악단은 세계를 돌며 교향곡을 공연하고 있다.

공유되다
[어원]共有~ [활용]공유되어(공유돼), 공유되니, 공유되고 [대응]공유가 되다
[자](두 사람 이상의 사람들에게) 무엇이 공동으로 소유되거나 이용되다. (of a portion of something) Be possessed or utilized by two or more people.
[유]분유되다 [반]독점되다
N0-가 N1-에게 V (N0=[사물], [추상물] N1=[집단])
[능]공유하다
¶오늘날에는 상품에 대한 정보가 좀 더 많은 사람들에게 공유되고 있다. ¶지식, 가치관, 습관 등이 어떤 집단에게 공유되는 것을 문화라고 한다.

공유하다
[어원]共有~ [활용]공유하여(공유해), 공유하니, 공유하고 [대응]공유를 하다
[타](두 사람 이상의 사람들이) 무엇을 함께 소유하거나 이용하다. Have or utilize a portion of something with another or other persons.
[반]독점하다, 점유하다, 분유하다
N0-가 N1-를 V (N0=[집단], [인간|단체](의미상 복수) N1=[사물], [추상물])
[피]공유되다
¶우리는 인터넷을 통해 상품에 대한 정보를 공유

[ㄱ]

하고 있다. ¶이 문제에 대해서는 그와 내가 인식을 공유한다. ¶그 작가는 자기 작품을 누구나 공유할 수 있도록 저작권을 포기한다고 말했다.

공인되다

어원 公認~ 활용 공인되어(공인돼), 공인되니, 공인되고 대응 공인이 되다

자 (대상이나 사물이) 국가나 공공기관 따위에 의해 공식적으로 인정되어 받아들여지다. (of an object) Become officially acknowledged and accepted by the state or a public institution.

㊥인정되다, 공인받다

N0-가 N1-(에|에 의해) V (N0=[종교], [증서], [약], [건물] N1=[국가], [단체])

능 공인하다

¶불교는 신라 법흥왕에 의해 554년에 공인되었다. ¶자격증은 지정된 단체에 공인되어야 합니다. ¶이 지역의 카지노 건설은 아직 공인되지 못하였다.

공인받다

어원 公認~ 활용 공인받아, 공인받으니, 공인받고

자 (어떤 대상이나 사물이) 국가나 공공 기관, 사회단체 따위에 의해 정식으로 인정받다. (of a target or object) Be officially recognized by the country, government office, or social organization.

㊥인정되다, 공인되다 ㊦공인하다I

N0-가 N1-(에|에 의해) V (N0=[종교], [문서], [약], [건물] N1=[국가], [단체])

¶기독교는 로마에 의해 313년에 공인받았다. ¶이 자격증은 국가에 공인받은 것이니 유효하다. ¶노벨 평화상은 가장 권위가 있는 상으로 사람들에게 공인받고 있다.

공인하다

어원 公認~ 활용 공인하여(공인해), 공인하니, 공인하고

타 (국가나 공공 기관, 사회단체 따위가) 어떤 대상이나 사물을 정식으로 인정하다. (of a country, government office, or social organization) Officially recognize a certain target or subject.

㊥인정하다 ㊦공인받다

N0-가 N1-를 V (N0=[국가], [단체] N1=[종교], [증서], [약], [건물])

피 공인되다

¶신라 법흥왕은 554년에 불교를 공인하였다. ¶우리 회사에 지원하려면 국가가 공인한 자격증이 필요합니다. ¶정부가 이 지역의 카지노를 공인하자 많은 주민들이 반발하였다.

N0-가 N1-를 N2-로 V (N0=[인간|단체] N1=[문자], [제도] N2=[문자], [제도], 표준 따위)

¶파리 맹아학교는 점자를 맹인의 문자로 공인하였다. ¶국제표준기구는 이 제도를 국제표준으로 공인하였다.

공전되다

어원 空轉~ 활용 공전되어(공전돼), 공전되니, 공전되고

☞공전하다I

공전하다 I

어원 空轉~ 활용 공전하여(공전해), 공전하니, 공전하고

자 ❶(기계나 바퀴 따위가) 서로 맞물려 기능하지 못하여 헛돌다. (of machines or wheels) Run idle due to a lack of function contact.

N0-가 V (N0=[기계], 바퀴 따위)

사 공전시키다

¶바퀴가 계속 공전하고 있어서 나아가질 못한다. ¶공전하는 기계 때문에 작업이 중단되었다.

❷(일이나 회의 따위가) 정상적으로 진전되지 못하고 제자리에서 맴돌다. (of a work, task or meeting) Be stuck motionless without functioning normally.

N0-가 V (N0=[대화](협상, 회의 따위))

사 공전시키다

¶협상이 공전하여 어떤 결정을 내리기가 쉽지 않아 보인다.

공전하다 II

어원 公轉~ 활용 공전하여(공전해), 공전하니, 공전하고

타 한 천체가 다른 천체의 둘레를 주기적으로 돌다. (of a celestial body) Rotate periodically around the circumference of another celestial body.

N0-가 N1-를 V (N0=[천체] N1=[천체])

¶달은 지구의 둘레를 공전한다. ¶달이 자전하는 주기는 달이 지구의 둘레를 공전하는 주기와 같다.

공제되다

어원 控除~ 활용 공제되어(공제돼), 공제되니, 공제되고 대응 공제가 되다

자 (전체 몫에서) 일정 금액이나 수량이 미리 제외되거나 빠지다. (of a certain amount or quantity) Be excluded or left out in advance from the total.

N1-에서 N0-가 V (N0=[비용], [소득], [돈] N1=[비용], [소득], [돈])

능 공제하다

¶나의 숙식비가 월급에서 공제되었다. ¶퇴직 시 대출금은 퇴직금에서 공제된다. ¶손실 금액은 납품 대금에서 공제될 것이다.

공제하다

어원 控除~ 활용 공제하여(공제해), 공제하니, 공제하고 대응 공제를 하다

타 (전체 몫에서) 일정 금액이나 수량을 빼다. Subtract a certain amount or quantity from the total.

[유]빼다I, 제하다
N0-가 N1-를 N2-에서 V (N0=[인간|단체] N1=[비용], [소득], [돈] N2=[비용], [소득], [돈])
[피]공제되다
¶회사는 숙식비를 월급에서 공제했다. ¶손실 금액을 납품 대금에서 공제하겠다. ¶조 씨가 승소금 중 1억여 원을 사례비로 공제했다.

공존하다

[어원]共存~ [활용]공존하여(공존해), 공존하니, 공존하고
[자]❶(둘 이상의 대상이) 특별한 까닭 없이 단순히 함께 있다. (of more than two objects) Simply stay together for no specific reason.
[유]병존하다
N0-가 N1-에 V (N0=[사물] N1=[장소], [지역])
¶지구상에는 수많은 사람들이 공존하고 있다. ¶우리 사회에는 여러 문화들이 공존한다.
※ 'N0'는 의미상 복수이다.
N0-와 N1-가 N2-에 V (N0=[모두] N1=[모두] N2=[장소], [지역])
¶세상에는 착한 사람과 나쁜 사람이 공존한다. ¶이 지역은 과거와 미래가 공존하는 것 같다.
❷(둘 이상의 대상이) 서로 도움을 주고받으면서 함께 있다. (of more than two objects) Stay together by helping each other.
[유]공생하다
N0-와 N1-가 V ↔ N0-가 N1-와 V ↔ N1-가 N0-와 V (N0=[인간|단체], [동물], [상태], [사물] N1=[인간|단체], [동물], [상태], [사물])
¶악어와 악어새가 공존하는 관계입니다. ↔ 악어가 악어새와 공존하는 관계입니다. ↔ 악어새와 악어가 공존하는 관계입니다. ¶어떤 면에서는 나와 학교가 공존하고 있습니다. ↔ 어떤 면에서는 내가 학교와 공존하고 있습니다. ↔ 어떤 면에서는 학교가 나와 공존하고 있습니다.

공지되다

[어원]公知~ [활용]공지되어(공지돼), 공지되니, 공지되고 [대응]공지가 되다
[자](공식적인 전달 사항이) 여러 사람에게 알려지다. (of an official message) Be informed to many people.
[유]고지되다, 공표되다
N0-가 N1-에게 V (N0=[사물], [추상물], [상태] N1=[인간|단체])
[능]공지하다
¶다음 달에 받게 될 성과급의 액수가 사원들에게 공지되었다. ¶사전에 공지된 대로 준비물을 가져오시면 됩니다.
N0-에게 S고 V (N0=[인간|단체])
[능]공지하다
¶이 업체의 서비스 이용은 유료라고 이용자들에게 공지되어 있다. ¶그 빵집이 매장 확장 공사로 영업을 잠시 중단한다고 공지되었다.
N0-에게 S것-이 V (N0=[인간|단체])
[능]공지하다
¶오전 회의를 통해 몇몇 사원의 부서가 옮겨지는 것이 사원들에게 공지되었다. ¶외국에 파견되었던 직원이 오늘 오전 귀국한 것이 모두에게 공지되었다.

공지하다

[어원]公知~ [활용]공지하여(공지해), 공지하니, 공지하고 [대응]공지를 하다
[자타](공식적인 전달 사항을) 여러 사람에게 알리다. Inform many people of an official message.
[유]고지하다, 공표하다
N0-가 N1-(를|에 대해) N2-(에|에게) V (N0=[인간|단체] N1=[추상물], [상태] N2=[인간|단체])
[피]공지되다
¶그 업체는 여러 경로를 통해 손님들에게 폐업을 공지하였다. ¶정부가 주소 제도 변경에 대해 열심히 공지했지만 시민들에게 잘 받아들여지지 않았다.
N0-가 N1-(에|에게) S고 V (N0=[인간|단체] N1=[인간|단체])
[피]공지되다
¶그 전자기기 업체는 생산에 문제가 생겨 신제품의 재고가 남아있지 않다고 예약자들에게 공지했다. ¶구청에서는 구립 체육관이 시설 교체를 이유로 3주간 문을 닫는다고 주민들에게 공지하였다.
N0-가 N1-(에|에게) S것-을 V (N0=[인간|단체] N1=[인간|단체])
[피]공지되다
¶당국은 산사태의 우려가 있는 지역을 입산 통제 구역으로 지정한 것을 시민들에게 공지했다.

공통되다

[어원]共通~ [활용]공통되어(공통돼), 공통되니, 공통되고
[자](성질이나 의견, 현상 따위가) 여러 사람이나 사물, 장소에 두루 해당되거나 존재하다. (of a characteristic, an opinion, or a phenomenon) Exist throughout or belong to many people, things, or places.
N0-가 N1-(에|에게) V (N0=[추상물], [의견], [현상] N1=[모두])
¶폐암의 증가 이유는 청소년과 여성 흡연 인구가 늘었기 때문이라는 것이 학계의 공통된 견해이다. ¶두 사람에게 공통된 관심사는 바로 음악이었다. ¶이것은 세계 어디서나 찾아볼 수 있는 공통된 현상이다.
※ 주로 '공통된' 형식으로 쓰인다.
N0-가 N1-와 N2-(에|에게) V ↔ N0-가 N2-와

ㄱ

N1-(에|에게) V (N0=[추상물], [의견], [현상] N1=[모두] N2=[모두])
¶두루마리의 보관 방식이 동양과 서양에 공통되었다. ↔ 두루마리의 보관 방식이 서양과 동양에 공통되었다. ¶이러한 증상은 그와 나에게 공통된 증상이었다.
※주로 '공통된' 형태로 쓰인다.

공포되다

[어원]公布~ [활용]공포되어(공포돼), 공포되니, 공포되고 [대응]공포가 되다
[자]❶ 【법률】 법률, 조약, 명령 등이 국가 기관에 의해 일반 국민에게 널리 알려지다. (of law, treaty, or command) Be known widely to the public by a national agency.
[유]포고되다
N0-가 N1-에 의해 N2-(에|에게) V (N0=[법률], [명령] N1=[기관] N2=[인간|단체])
[능]공포하다[타]
¶국어기본법이 정부에 의해 국민들에게 공포되었다. ¶새로운 시행령이 공포되었지만 국민들에게 잘 전달되지 않았다.
❷(어떤 내용이 누군가에 의해 대중에게) 널리 전해지다. (of content) Have the public be informed widely of it by someone.
[유]공표되다, 선포되다, 공고되다, 공시되다, 공개되다
N0-가 N1-에 의해 N2-(에|에게) V (N0=[사물], [추상물] N1=[인간|단체] N2=[인간|단체])
[능]공포하다[타]
¶새로운 액션 영화 제작 소식이 영화사에 의해 대중들에게 공포되었다. ¶그 회사의 파산이 주주들에게 공포되었다.
N0-가 S고 N1-(에|에게) N2-에 의해 V (N0=[사물], [추상물] N1=[인간|단체] N2=[인간|단체])
[능]공포하다[자타]
¶이 공터에는 대형 할인점이 입점한다는 사실이 건설사에 의해 주민들에게 공포되었다. ¶도적을 감싸준 이는 도적과 동일하게 취급받을 것이라고 왕에 의해 백성들에게 공포되었다.

공포하다

[어원]公布~ [활용]공포하여(공포해), 공포하니, 공포하고 [대응]공포를 하다
[타] 【법률】 국가 기관이 일반 국민에게 법률, 조약, 명령 등을 널리 알리다. (of a national agency) Let a law, a treaty, or an order be widely known to the public.
[유]포고하다
N0-가 N1-를 N2-(에|에게) V (N0=[기관] N1=[법률], [명령] N2=[인간|단체])
[능]공포되다
¶정부는 국어기본법을 국민에게 공포했다. ¶이 법은 공포한 날로부터 시작한다.
[자타](어떤 내용을 대중에게) 널리 전하다. Inform the public of a content widely.
[유]공표하다, 선포하다, 공고하다, 공시하다, 공개하다
N0-가 N1-(를|에 대해) N2-(에|에게) V (N0=[인간|단체] N1=[사물], [추상물] N2=[인간|단체])
[피]공포되다
¶그 회사에서는 입사 면접 날짜를 응모자들에게 공포했다. ¶우리 학교에서는 어제 지원 자격을 공포했다.
N0-가 N1-(에|에게) S고 V (N0=[인간|단체] N1=[인간|단체])
[피]공포되다
¶검찰은 고위 인사들의 비리를 발견했다고 일반에 공포했다. ¶환경 당국은 한강의 수질 오염이 심각하다고 공포했다. ¶기상청은 미세먼지 농도가 높은 날에는 외출을 삼가라고 공포했다.
N0-가 N1-(에|에게) S것-을 V (N0=[인간|단체] N1=[인간|단체])
[피]공포되다
¶우리 회사는 이번에 새롭게 계약을 체결한 것을 사외에 공포했다. ¶경찰 당국은 강력 범죄의 수사를 강화할 것을 공포했다.

공표되다

[어원]公表~ [활용]공표되어(공표돼), 공표되니, 공표되고 [대응]공표가 되다 【문어】
[자](어떤 사실이) 여러 사람에게 알려지다. (of a fact) Be informed to many people.
[유]공지되다, 공포되다, 공고되다, 공시되다, 공개되다
N0-가 N1-(에|에게) V (N0=[사물], [추상물], [상태] N1=[인간|단체])
[능]공표하다
¶페르뮴의 발견은 1955년에 일반 대중에게 공표되었다. ¶공표된 저작물을 인용할 때는 수록된 매체를 밝혀야 한다.
N0-(에|에게) S고 V (N0=[인간|단체])
[능]공표하다
¶1689년 영국에서는 왕이 의회의 승인 없이 조세나 징병을 하지 못한다고 시민들에게 공표되었다. ¶정보 기기의 속도는 대체로 가능하다고 공표된 최고 속도보다 느리다.
N0-(에|에게) S것-이 V (N0=[인간|단체])
[능]공표하다
¶긴 회담 끝에 양국 외교관이 합의에 도달했다는 것이 국민에게 공표되었다. ¶우리 회사의 매출액

이 지난해부터 대폭 늘어난 것이 공표되었다.

공표하다

어원 公表~ 활용 공표하여(공표해), 공표하니, 공표하고 대응 공표를 하다

자타 (어떤 사실을) 여러 사람에게 알리다. Inform many people of a fact.

㊌공지하다, 공포하다 자타, 공고하다, 공시하다, 공개하다

No-가 N1-(를|에 대해) N2-(에|에게) V (No=[인간|단체] N1=[사물], [추상물], [상태] N2=[인간|단체])

피 공표되다

¶회장은 사원들에게 새로운 경영 방침을 공표했다. ¶신하들은 사흘이 지나서야 왕의 죽음을 사람들에게 공표했다. ¶그 투자사는 자신들의 투자 방침에 대해 공표하지 않고 있었다.

No-가 N1-(에|에게) S고 V (No=[인간|단체] N1=[인간|단체])

피 공표되다

¶경찰은 시민들에게 수사가 종결되었다고 공표하였다. ¶정부는 이웃 나라의 국경 침입이 계속되면 전쟁도 불사하겠다고 공표하였다. ¶포도대장이 범인이 자수하면 죄를 묻지 않겠다고 공표하여도 범인은 나타나지 않았다.

No-가 N1-(에|에게) S것-을 V (No=[인간|단체] N1=[인간|단체])

피 공표되다

¶그 잡지사는 오랫동안 적자가 계속되었다는 것을 독자들에게 공표하고 폐업하였다. ¶경찰은 붙잡힌 범인이 여러 차례의 절도 행각을 벌였다는 것을 일반에 공표했다.

공헌하다

어원 貢獻~ 활용 공헌하여(공헌해), 공헌하니, 공헌하고 대응 공헌을 하다

자 (어떤 목표나 일 따위에) 많은 도움이 되다. Be of great help to some goal or duty.

㊌기여하다, 이바지하다, 한 몫을 하다 ㊉방해하다 ㊏돕다 타

No-가 N1-에 V (No=[인간|단체], [일], [행위](노력 따위) N1=[일], [공훈])

¶그 장군은 이번 전투의 승리에 공헌하였다. ¶어머니의 부업이 가족들의 생계에 공헌한 바가 크다. ¶국민들의 노력이 경제 위기 극복에 가장 공헌했다고 할 수 있다.

과로하다

어원 過勞~ 활용 과로하여(과로해), 과로하니, 과로하고 대응 과로를 하다

자 몸이 힘들고 지칠 정도로 지나치게 일을 하다. Work in excess until one is physically tired and in pain.

㊌무리하다 ㊏일하다, 노동하다

No-가 V (No=[인간])

¶나는 어제 일이 많아 과로했다. ¶과로하지 마십시오. ¶그녀는 과로하면 입술에 물집이 생긴다.

과시하다

어원 誇示~ 활용 과시하여(과시해), 과시하니, 과시하고 대응 과시를 하다

타 ❶(자신의 실력이나 기량을) 당당하게 뽐내며 내보이다. Make a display of one's skill or technique because one is proud of it.

㊌자랑하다, 뽐내다 자타, 으스대다

No-가 N1-를 V (No=[인간] N1=[능력], [성과], 솜씨, 재능 따위)

¶그는 자신의 재력을 과시했다. ¶너의 기량을 과시할 때가 온 것 같구나. ¶이 대회야말로 나의 재능을 과시할 수 있는 무대이다.

❷(어떤 사실을) 실제보다 부풀려 드러내다. Make a fact seem more important or serious than it really is.

㊌허풍을 떨다, 과장하다

No-가 N1-를 V (No=[인간] N1=[능력], [관계], [권력])

¶민영이는 연예인과의 친분을 과시했다. ¶권력을 과시하는 만큼 적도 많아진다는 것을 명심해라. ¶힘을 과시한 자는 곧 힘으로 망할 것이다.

과신하다

어원 過信~ 활용 과신하여(과신해), 과신하니, 과신하고 대응 과신을 하다

타 지나치게 믿다. Be overconfident about something.

㊌맹신하다 ㊏믿다 타

No-가 N1-를 V (No=[인간] N1=[능력], [성과], 힘 따위)

¶그는 자신의 능력을 과신하다 낭패를 보았다. ¶친구의 말을 과신한 내가 잘못이지 누구를 탓하겠소?

과장되다

어원 誇張~ 활용 과장되어(과장돼), 과장되니, 과장되고 대응 과장이 되다

자 (사실이나 실제보다) 더 좋게 또는 크게 부풀려 말해지거나 묘사되다. Be spoken of or described in such a way as to make it seem better or larger than the truth or reality.

㊌부풀려지다

No-가 V (No=[추상물](능력, 표현, 광고 따위), [상황], [상태], [행위])

능 과장하다

¶자기소개서가 과장되거나 사실과 다르면 감점된다. ¶말이란 언제나 과장되고 왜곡되게 마련이다. ¶그녀의 행위는 조금도 과장되어 보이지 않고

ㄱ

자연스러웠다.
No-가 N1-로 V (N0=[추상물](능력, 표현, 광고 따위), [상황], [상태], [행위] N1=[추상물](능력, 표현, 광고 따위), [상황], [상태], [행위])
능 과장하다
¶별것 아닌 문제가 큰 문제로 과장되었다. ¶건강기능식품이 만병통치약으로 과장되어 소개되었다.

과장하다

어원 誇張~ 활용 과장하여(과장해), 과장하니, 과장하고 대응 과장을 하다

타 (사실이나 실제보다) 더 좋게 또는 더 크게 부풀려 말하거나 묘사하다. Describe or speak of something in such a way as to make it seem better or larger than the truth or reality.
㊌과시하다, 부풀리다, 침소봉대하다, 허풍을 떨다
No-가 N1-를 V (N0=[인간|단체] N1=[추상물](능력, 표현, 광고 따위), [상황], [상태], [행위])
피 과장되다
¶그는 자신의 얘기를 과장하는 버릇이 있다. ¶이 책은 현실을 과장하거나 미화하지 않는다. ¶제품을 설명할 때 장점을 과장하지 않을 수 없다.
No-가 N1-를 N2-로 V (N0=[인간|단체] N1=[추상물](능력, 표현, 광고 따위), [상황], [상태], [행위] N2=[추상물](능력, 표현, 광고 따위), [상황], [상태], [행위])
피 과장되다
¶엄마는 가작을 우수상으로 과장해서 말했다. ¶그는 작은 문제를 큰 문제로 과장하여 보고했다.

과하다

어원 課~ 활용 과하여(과해), 과하니, 과하고

타 ❶(국가기관이 어떤 사람에게) 세금이나 벌금 따위를 정해 내게 하다. (of a government office) Determine the amount of a tax or fine and compel someone to pay it.
㊌부과하다, 매기다
No-가 N2-(에|에게) N1-를 V (N0=[인간|단체] N1=[세금](관세, 벌금, 과징금, 과태료 따위) N2=[인간|단체])
¶경찰은 음주 운전자에게 벌금을 과했다. ¶미국은 한국산 자동차에 보복 관세를 과했다. ¶자동차 안전띠를 매지 않는 사람들에게 과태료를 과할 계획이다.

❷(사람이나 기관이 다른 사람이나 기관에) 책임이나 임무 따위를 맡기어 하게 하다. (of a person or institution) Entrust another person or institution with a responsibility or duty.
㊌맡기다, 내주다
No-가 N2-(에|에게) N1-를 V (N0=[인간|단체] N1=임무, 숙제, 업무, 책임 따위 N2=[인간|단체])
¶회사는 그에게 새 임무를 과했다. ¶그들은 이번 사건에 대해 해당 학교에 책임을 과했다. ¶우리는 그에게 새로운 업무를 과하기로 결정했다.

관계되다

어원 關係~ 활용 관계되어(관계돼), 관계되니, 관계되고 대응 관계가 되다

자 (사람이나 일이) 다른 사람이나 일과 가깝게 엮이어 연루되다. (of a person or a work) Be involved closely with another person or in a work.
㊌관여되다, 관련되다, 연관되다, 개입되다
No-가 N1-와 V ↔ N1-가 No-와 V ↔ No-와 N1-가 V (N0=[모두] N1=[모두])
능 관계하다
¶이 사건은 네 친구와 관계되어 있다. ↔ 네 친구가 이 사건과 관계되어 있다. ↔ 이 사건과 네 친구가 관계되어 있다. ¶나는 그가 어떤 사건과 관계되었는지 궁금했다. ¶수많은 사건 사고는 술과 관계되어 있다.
No-가 N1-에 V (N0=[모두] N1=[모두])
능 관계하다
¶네 친구가 부정 사건에 관계되어 있다. ¶나는 그가 어떤 사건에 관계되었는지 궁금했다. ¶의식주에 관계된 단어에는 고유어가 많다.

관계하다

어원 關係~ 활용 관계하여(관계해), 관계하니, 관계하고 대응 관계를 하다

자 ❶(어떤 일에) 끼어들어 참견하다. (of a person) Interrupt and meddle with a work.
㊌관여하다, 개입하다, 상관하다
No-가 N1-에 V (N0=[인간] N1=[상태])
피 관계되다 사 관계시키다
¶나는 다행히 그 일에 관계하지 않았다. ¶남의 인생에 그렇게 관계하지 마라. ¶저 남자가 이번 사건에 깊이 관계하였다는 것이 사실일까?

❷어떤 직업이나 일에 종사하다. (of a person) Engage in a job or a work.
㊌관여하다, 관련하다, 종사하다, 참여하다
No-가 N1-에 V (N0=[인간] N1=[산업])
¶저는 10년 동안 출판사업에 관계해 왔습니다. ¶민 박사는 비서관으로 근무하면서 군사정책의 입안에 관계하였다.

❸(다른 사람과) 육체적 교섭을 가지다. (of a person) Have a physical relationship with another person.
㊌섹스하다, 통정하다, 정을 나누다, 사랑하다
No-가 N1-와 V ↔ N1-가 No-와 V ↔ No-와 N1-가 V (N0=[인간] N1=[인간])
¶그녀는 여러 남자와 관계하였다. ↔ 여러 남자가 그녀와 관계하였다. ↔ 그녀와 여러 남자가 관계

하였다. ¶이 약을 먹을 때에는 배우자와 관계하지 마십시오.

관두다

활용 관두어(관둬), 관두니, 관두고 ㉥그만두다 ☞그만두다

관람하다

어원 觀覽~ 활용 관람하여(관람해), 관람하니, 관람하고 대응 관람을 하다

타 ❶(일정한 자리에서) 연극, 영화, 운동 경기 따위를 보다. Watch drama, movie, or sports game at a certain place.

㊌감상하다, 관상하다, 보다, 구경하다

N0-가 N1-를 V (N0=[인간] N1=[공연](연극, 뮤지컬 따위), [영화], [경기])

¶우리 가족은 오랜만에 뮤지컬을 관람했다. ¶사람들은 월드컵 결승전을 관람하면서 응원전에 몰두하고 있었다. ¶나는 오랜만에 영화를 관람했다.

❷(경치, 주변, 박물관 따위를) 장소를 이동하면서 둘러보다. Look around by moving around the scene, surroundings, or museum.

㊌구경하다, 참관하다

N0-가 N1-를 V (N0=[인간] N1=[모양](풍경, 경치 따위), [건물](박물관 따위), [행사](전시회, 축제 따위))

¶학생들이 국립중앙박물관을 관람하고 있다. ¶연인들이 삼삼오오 모여서 야경을 관람하고 있었다. ¶우리 가족은 자동차 전시회를 관람했다.

관련되다

어원 關聯~ 활용 관련되어(관련돼), 관련되니, 관련되고 대응 관련이 되다

자 (어떤 대상이) 다른 대상과 서로 관계를 맺다. (of a person) Form a relationship with another person.

㊌연관되다, 얽히다, 관계되다, 관계하다, 관계를 맺다, 연루되다

N0-가 N1-와 V (N0=[인간], [사물], [상태] N1=[인간], [사물], [상태])

능 관련짓다, 관련하다, 사 관련시키다

¶수입 고기와 한우의 구별은 원산지 표기 문제와 관련된다. ¶어제 일어난 사건은 오늘 일어난 사건과 매우 밀접히 관련되어 있다. ¶그는 살인과 관련된 범죄에 얽혀 있다.

N0-가 N1-에 V (N0=[인간], [사물], [상태] N1=[인간], [사물], [상태])

능 관련짓다, 관련시키다

¶결국 여러 가지 환경적 요소들이 우울증의 유발에 관련된다. ¶이 주제에 관련되는 자료는 2번 서고에 있다.

관련시키다

어원 關聯~ 활용 관련시키어(관련시켜), 관련시키니, 관련시키고 대응 관련을 시키다

☞관련짓다

관련짓다

어원 關聯~ 활용 관련지어, 관련지으니, 관련짓고, 관련짓는 대응 관련을 짓다

타 (어떤 대상을 다른 대상과) 서로 관계를 맺게 하다. Make certain person and another person to form relationship.

㊌관련하다, 관련시키다, 연관시키다, 관계짓다, 연계시키다

N0-가 N1-를 N2-와 V (N0=[인간] N1=[인간], [사물], [상태] N2=[인간], [사물], [상태])

피 관련되다

¶독재자를 민주주의의 발전과 관련지을 수는 없다. ¶경찰은 나를 그와 관련지어 추궁하였다. ¶그는 현대의 과학 기술을 사회 윤리와 관련지어 이야기하였다.

N0-가 N1-를 N2-(에|에게) V (N0=[인간] N1=[인간], [사물], [상태] N2=[인간], [사물], [상태])

피 관련되다

¶경찰은 나를 그에게 관련지어 추궁하였다. ¶선생님께서는 한국의 현재 상황을 경제 문제에 관련지어 설명하셨다. ¶그는 현대의 과학 기술을 사회 윤리에 관련지어 이야기하였다.

관련하다

어원 關聯~ 활용 관련하여(관련해), 관련하니, 관련하고 대응 관련을 하다

타 (어떤 대상을 다른 대상과) 서로 관계를 맺게 하다. Make a person form a relationship with another person.

㊌관련짓다, 연관시키다, 관계를 짓다, 연계시키다

N0-가 N1-를 N2-와 V (N0=[인간] N1=[인간], [사물], [상태] N2=[인간], [사물], [상태])

¶선생님께서는 한국의 현재 상황을 경제 문제와 관련하여 설명하셨다. ¶그는 현대의 과학 기술과 사회 윤리를 관련하여 이야기하였다.

※주로 '관련하여'의 형태로 쓰인다.

관리되다

어원 管理~ 활용 관리되어(관리돼), 관리되니, 관리되고 대응 관리가 되다

자 ❶(사람이나 집단이) 누군가에게 지속적으로 지휘나 통제 및 감시를 받다. (of a person or group) Be under someone's continuous command, control, or monitoring.

N0-가 N1-(에|에게) V (N0=[인간|단체] N1=[인간|단체])

능 관리하다

연어 체계적으로, 면밀히

¶포로들은 지금 수용소에서 군인들에게 체계적으로 관리되고 있다. ¶어린이는 성장기에 관리되기만 해서는 안 되며 자유 시간도 주어져야 한다. ¶우리 모임은 그동안 회원이 잘 관리되지 않아 유령 회원이 많았다.

ㄱ

❷(어떤 대상이) 좋은 상태로 오래 유지되도록 돌봄을 받다. (of a target) Receive care in order to remain in good condition for a long time.
㊌가꿔지다
N0-가 N1-(에|에게) V (N0=[사물], [장소] N1=[인간|단체])
능관리하다
연어체계적으로, 면밀히
¶이 건물은 관리인에게 관리되고 있으니 이상이 있으면 그분께 물어보세요. ¶수목들이 가지런히 자라고 있어서 정원이 체계적으로 잘 관리되고 있다는 것을 느낄 수 있었다.
❸(어떤 업무가 담당하는 사람 등에게) 책임이 맡겨져 수행되다. (of a task) Be entrusted to and performed by a concerned person.
㊌경영되다, 운영되다, 관장되다
N0-가 N1-(에|에게) V (N0=[추상물], [행위] N1=[인간|단체])
능관리하다
연어체계적으로, 면밀히
¶예산과 비용이 총무에게 올바르게 관리되고 있는지 확인해 보고 싶다.

관리하다

어원管理~ 활용관리하여(관리해), 관리하니, 관리하고 대응관리를 하다
타❶(사람이나 집단을) 맡아서 지속적으로 지휘나 통제 및 감시를 하다. Undertake responsibility for a person or group and subject to continuous commands, control, or monitoring.
㊌경영하다
N0-가 N1-를 V (N0=[인간|단체] N1=[인간|단체])
피관리되다
연어체계적으로, 면밀히
¶이 회사는 중간 관리직 없이 사장이 모든 노동자들을 관리하고 있다. ¶학생들을 관리하는 것은 교사의 책임이다. ¶부장은 부하 직원들을 잘 관리하는 데에 노력을 쏟고 있다.
❷(대상을) 좋은 상태로 오래 유지되도록 돌보다. Take care of a subject to maintain it in good condition for a long time.
㊌가꾸다I
N0-가 N1-를 V (N0=[인간|단체] N1=[사물], [장소])
피관리되다
연어체계적으로, 면밀히, 힘써
¶이곳은 역사가 긴 도시라 지방 정부가 문화재를 힘써 관리하고 있다. ¶저는 고층 건물의 보일러를 관리하는 일을 하고 있습니다.
❸(어떤 업무를) 맡아서 책임을 갖고 수행하다. Undertake a task and perform it with responsibility.
㊌관장하다I, 담당하다, 운영하다
N0-가 N1-를 V (N0=[인간|단체] N1=[추상물], [행위])
피관리되다
연어체계적으로, 면밀히
¶물가 변동을 잘 관리하는 것은 정부의 중요한 임무 중 하나다. ¶선거관리위원회는 모든 공직 선거를 관리한다. ¶임무의 양과 수준을 잘 관리해야 병사들의 사기를 유지할 수 있다.

관망하다

어원觀望~ 활용관망하여(관망해), 관망하니, 관망하고 대응관망을 하다
타❶한발 물러나서 일이 돌아가는 상황을 바라보다. Take a step back to see how things are going.
㊌바라보다, 살피다, 주시하다
N0-가 N1-를 V (N0=[인간] N1=[추상물](일, 형편, 형세, 사태 따위))
¶서두르지 말고 일단 사태의 추이를 관망해 보자. ¶지금은 상황을 조용히 관망할 때이다.
❷경치를 멀리서 바라보다. See a view from a distance.
㊌바라보다, 감상하다
N0-가 N1-를 V (N0=[인간] N1=풍경, 경치 따위)
¶이곳이 도시의 풍광을 관망하기 제일 좋은 곳이다.

관여하다

어원關與~ 활용관여하여(관여해), 관여하니, 관여하고 대응관여를 하다
자(어떤 일에) 직접 나서서 행동이나 말로써 개입하거나 참견하다. Intervene in or interfere with an affair with actions or speech.
㊌참여하다, 관계하다, 개입하다 ㊥방관하다, 수수방관하다, 방임하다
N0-가 N1-에 V (N0=[인간|단체] N1=[일], [분야], [사건])
¶여성 단체들이 환경 운동에 적극 관여했다. ¶그는 이 건물의 설계에서 시공에 이르기까지 모든 공정에 관여했다.
N0-가 S데-에 V (N0=[인간|단체])
¶이 물질은 정상적인 신체 대사 활동을 촉진하는 데 관여한다. ¶그 대학원생이 이번 연구에 적극 관여한 것으로 보도되었다.

관장되다

어원 管掌~ 활용 관장되어(관장돼), 관장되니, 관장되고 대응 관장이 되다
자 (어떤 일이) 누군가에게 맡겨져 관리되다. (of an affair) Be entrusted to and controlled by someone.
㊊운영되다, 경영되다
N0-가 N1-(에게|에서) V (N0=[분야], [행위] N1=[인간|단체])
능 관장하다I
¶조선 중기에는 국정의 주요 문제들이 비변사에서 관장되었다. ¶경영진은 중요 정보가 관장되는 절차를 간소화하기로 했다.

관장하다 I

어원 管掌~ 활용 관장하여(관장해), 관장하니, 관장하고 대응 관장을 하다
타 (어떤 일을) 맡아서 관리하다. Control and take responsibility for a work.
㊊운영하다, 경영하다
N0-가 N1-를 V (N0=[인간|단체] N1=[분야], [행위])
피 관장되다
¶홍보실에서는 회사의 대외 관련 여러 업무를 관장하고 있다. ¶그는 기밀을 관장하는 기관에서 일하므로 신변 보호가 필요하다. ¶그 공장은 방문객 관리를 관장하는 부서와 견학 절차도 잘 마련되지 있다.

관장하다 II

어원 灌腸~ 활용 관장하여(관장해), 관장하니, 관장하고 대응 관장을 하다
자 【의학】 (대변을 보기 위해) 약물을 항문으로 넣어서 직장이나 대장에 들어가게 하다. Insert a drug or a medication into the rectum or large intestine in order to defecate.
N0-가 V (N0=[인간])
¶며칠간 대변을 보지 못해 오늘 아침 관장을 했습니다.
타 【의학】 (대변을 보게 하기 위해) 약물을 환자의 항문으로 넣어서 직장이나 대장에 들어가게 하다. Insert a drug or a medication into the rectum or large intestine in order to help someone defecate.
N0-가 N1-를 V (N0=[인간] N1=[인간])
¶간호사는 환자를 관장했다.

관찰되다

어원 觀察~ 활용 관찰되어(관찰돼), 관찰되니, 관찰되고 대응 관찰이 되다
자 (사람이나 사물, 현상 따위가) 다른 사람에 의해 주의깊게 보아지다. (of a person, an object, or a phenomenon) Be carefully observed.
㊊관측되다, 감시되다
N0-가 N1-(에|에게) V (N0=[사물], [장소], [상태] N1=[인간|단체])
능 관찰하다
¶오늘날 과학 현상들은 실험실의 과학자들에게 정밀하게 관찰되고 있다. ¶그가 무죄로 석방된 뒤에도 기관원들에게 관찰되는 일상이 계속되었다. ¶학문에서는 의외의 현상이 관찰되면 그 현상을 설명하려는 노력이 시작된다.

관찰하다

어원 觀察~ 활용 관찰하여(관찰해), 관찰하니, 관찰하고 대응 관찰을 하다
타 (사람이나 사물, 현상 따위를) 자세히 살펴보고 주의깊게 알아보다. Examine something in detail and learn about it attentively.
㊊주시하다, 관측하다
N0-가 N1-(를|에 대해) V (N0=[인간|단체] N1=[사물], [장소], [상태])
피 관찰되다
연어 자세히, 주의깊게
¶파브르는 곤충의 생태를 관찰하며 평생을 보냈다. ¶골목에서 수상한 사람이 우리 집을 관찰하고 있는 것 같다. ¶야생동물에 대해 관찰하면 동물도 사람과 비슷한 점이 많다는 것을 알게 된다.

관철되다

어원 貫徹~ 활용 관철되어(관철돼), 관철되니, 관철되고 대응 관철이 되다
자 어떤 어려움에도 꺾이지 않고 견디어 목적이 이루어지다. (of a goal) Be reached or achieved after withstanding and overcoming all difficulties without being overwhelmed.
㊊성사되다, 달성되다
N0-가 V (N0=의견, 계획, 입장, 조건, 법안, 따위)
능 관철하다
¶모두 힘을 합하여 노력한 결과 우리의 의견이 관철되었다. ¶정부는 우리의 주장이 관철되도록 외교적인 노력을 다 하겠습니다. ¶유럽에서는 사회 보장의 확대와 실질 임금 상승이 관철되었다.

관철시키다

어원 貫徹~ 활용 관철시키어(관철시켜), 관철시키니, 관철시키고 대응 관철을 시키다
☞ '관철하다'의 오용

관철하다

어원 貫徹~ 활용 관철하여(관철해), 관철하니, 관철하고 대응 관철을 하다
타 (의도, 행위 따위를) 끝까지 밀고 나가 실현시키거나 달성하다. Continue through to the end to realize or achieve a cause or action.
㊊성사시키다, 달성하다 ㊌이루다

ㄱ

N0-가 N1-를 V (N0=[인간|단체] N1=의견, 계획, 입장, 조건, 법안, 따위)
피 관철되다
¶자기주장만 관철하려는 태도는 옳지 못하다. ¶모두 힘을 합하여 노력한 결과 우리의 주장을 관철하였다. ¶정부는 외교적인 노력을 다 하여 관세 조건을 관철하였다.

관측되다

어원 觀測~ 활용 관측되어(관측돼), 관측되니, 관측되고
자 ❶(기상이나 천문 따위의 자연 현상이) 정밀하게 관찰되고 측정되다. (of natural phenomena such as climate or astronomical phenomena) Be thoroughly investigated and measured.
㊤관찰되다
N0-가 V (N0=[천체], [자연현상])
능 관측하다
¶날씨가 맑으면 어떤 혜성은 육안으로 관측되기도 한다. ¶이 별은 지금까지 단 한 번도 관측된 적이 없다. ¶남극에서 관측된 특이한 기상 현상으로 남극의 모든 연구원들이 긴장 상태이다.
❷(사정이나 형편이) 어떠한(할) 것으로 관찰을 통해 장래가 추측되다. (of a situation or circumstance) Be presumed of the future through forecasting.
㊤예측되다, 추측되다
N0-가 S것-(으로|이라고) V (N0=협상, 수출 따위)
능 관측하다
¶이번 협상은 원만하게 타결될 것으로 관측된다. ¶마약 밀수 과정에서 마피아 조직이 개입된 것으로 관측되고 있다.

관측하다

어원 觀測~ 활용 관측하여(관측해), 관측하니, 관측하고
타 ❶(기상이나 천문 따위의 자연 현상을) 정밀하게 관찰하여 측정하다. Thoroughly monitor and measure (natural phenomena including climatic or astronomical phenomena).
N0-가 N1-를 V (N0=[인간|집단] N1=[천체], [자연현상])
피 관측되다
¶천체망원경으로 토성을 관측할 수 있을 정도로 기술이 발전하였다. ¶일본은 레이더로 비구름을 관측하고 강우량을 예상해 자연 재해를 예방하고 있다.
❷(사건이나 사태를) 면밀히 살펴서 그 추이를 예상하다. Investigate (a case or an incident) thoroughly to predict its progress.
㊤예측하다, 추측하다
N0-가 S것-(으로|이라고) V (N0=[인간|집단])
피 관측되다I
¶관계자들은 이번 협상이 평화롭게 타결될 것으로 관측하고 있다. ¶축구 전문가들은 한국이 월드컵 8강 진입에 성공할 것이라고 관측하였다.

관통하다

어원 貫通~ 활용 관통하여(관통해), 관통하니, 관통하고 대응 관통을 하다
타 ❶(총알이나 화살 따위가) 사물이나 사람 따위를 한쪽에서 다른 쪽으로 구멍을 뚫고 지나가다. (of bullet, arrow, etc.) Pass through an object, a person, etc., from one side to another while making a hole.
㊤꿰뚫다, 뚫다, 통과하다 타, 지나가다 타
N0-가 N1-를 V (N0=[무기], 바늘 따위 N1=[신체부위], [사물])
¶총알이 멧돼지 머리를 관통했다. ¶탄환도 이 유리를 관통하지 못할 것이다. ¶선수들이 쏜 화살이 과녁을 관통했다.
❷(번개나 광선 따위가) 사물이나 사람 따위를 통하여 지나가다. (of lightning, ray, etc.) Pass through an object or a person.
㊤통과하다 타, 지나가다 타
N0-가 N1-를 V (N0=번개, 광선, 전율 따위 N1=[신체부위], [사물])
¶번개가 그녀의 몸을 관통했다. ¶차가운 전율이 몸을 관통하는 느낌이었다.
❸(길이) 다른 길이나 지역을 통하여 가로지르다. (of a road) Pass through and cross another road or region.
㊤통과하다, 지나가다 타
N0-가 N1-를 V (N0=길, 철도, 도로, 송유관, 터널 따위 N1=[장소])
¶철도가 도심을 관통하고 있다. ¶강은 마을을 관통하여 흐른다. ¶이 송유관은 캐나다와 미국을 관통한다.
❹(생각이나 현상, 태도 따위가) 어떤 책이나 시간을 처음부터 끝까지 일관되게 흐르다. (of thought, phenomenon, attitude, etc.) Flow on a book or time consistently from beginning to end.
N0-가 N1-를 V (N0=[생각], [사상], [현상], [태도] N1=시대, 사회, 문화, 책 따위)
¶유교적 사상이 여전히 한국 사회를 관통하고 있다. ¶시대를 관통하여 흐르는 잘못된 사상을 뿌리 뽑읍시다. ¶우리 사회를 관통하고 있는 각종 사항들이 매일같이 나타났다.

관하다

어원 關~ 활용 관하여(관해), 관한
자
◆ -에 관한

N1-Idm (N1=[모두])
¶나는 행복한 삶에 관한 연구를 하고 있다. ¶그는 저작권에 관한 여러 사례를 설명하였다. ¶그는 동물의 서식지에 관한 다양한 연구를 하고 있다. ¶나는 유럽 여행에 관한 구체적인 정보를 알고 있다.
Q-Idm
¶그는 동물이 어디서 사는지에 관한 다양한 연구를 하고 있다. ¶그는 어떻게 사는 것이 행복한 삶인지에 관한 것을 잘 알고 있다.
◆ **-에 관하여(관해)**
N0-Idm (N0=[모두])
¶나는 이번 사건으로 삶에 관해 다시 생각해 보게 되었다. ¶박물관 시설과 관람 순서에 관하여 말씀드리겠습니다. ¶그는 저작권에 관해 다양한 지식을 알고 있었다.
S(것|데)-Idm
¶예술과 과학을 함께 가르치는 것에 관해 말씀드리겠습니다. ¶나는 동물들이 어떻게 서로의 의사를 이해하는 데에 관해 연구를 하고 있다.
Q-Idm
¶예술과 과학을 함께 가르치는 것이 어떨지에 관해 말씀드리겠습니다. ¶나는 동물들이 어떻게 서로의 의사를 이해하는 지에 관해 연구를 하고 있다.

관할되다

[어원]管轄~ [활용]관할되어(관할돼), 관할되니, 관할되고 [대응]관할이 되다
[타]❶(일정한 장소가) 조직이나 기관에 할당되어 관리되다. (of a location) Be assigned to and managed by an organization or an institution.
[유]관장되다, 관리되다
N0-가 N1-(에|에 의해) V (N0=[장소] N1=[인간], [기관])
[능]관할하다
¶조선 시대에는 수도 한성의 행정이 한성부에 의해 관할되었다. ¶이곳은 관악구청에 관할되는 지역이다.
❷(일정한 공식적 업무가) 어떤 기관에 의해 책임 있게 운영되다. (of an official task) Be operated responsibly by an institution.
[유]관리되다, 운영되다
N0-가 N1-(에|에 의해) V (N0=행정, 운영, 치안, 방재 따위 N1=[인간], [기관])
¶서울대공원은 서울시에 의해 관할되는 공원이지만 경기도에 있다. ¶이 일은 다른 부서에서 관할되는 업무입니다. ¶규모가 작은 행정구역의 경우 다른 지역의 경찰에 치안이 관할되기도 한다.

관할하다

[어원]管轄~ [활용]관할하여(관할해), 관할하니, 관할하고 [대응]관할을 하다
[타](조직이나 기관이) 어떤 대상을 담당하여 관리하다. (of an organization or institution) Undertake and manage.
[유]관장하다I, 관리하다, 운영하다
N0-가 N1-를 V (N0=[인간], [기관] N1=[사물], [장소], 행정, 운영, 치안, 방재 따위)
[피]관할되다
¶조선 시대에는 수도 한성의 행정을 한성부가 관할했다. ¶서울대공원은 서울시에서 관할하는 시립 공원이지만 경기도에 있다. ¶규모가 작은 행정구역의 경우 다른 지역의 경찰이 치안을 관할하기도 한다.

괄목하다

[어원]刮目~ [활용]괄목하여(괄목해), 괄목하니, 괄목하고 [대응]괄목을 하다
[자](어떤 사람이나 사물의 성장이나 발전이 대단하여) 눈을 비비고 다시 볼 정도로 놀라다. Be surprised at the growth or development of a person or a thing such that one doubts at first what he or she sees.
[유]눈에 띄다
N0-가 V (N0=[인간|단체])
¶이 작가는 요즘 괄목할 업적을 여럿 집필했다. ¶그 기업은 올해 전 업계가 괄목할 만한 성장을 이루었다. ¶우리 회사 제품 품질의 괄목할 발전의 비결을 듣고자 각계에서 사람들이 찾아오고 있습니다.
※주로 '괄목할', '괄목할 만한', '괄목할 만하다'의 형태로 쓰인다.

괄시받다

[어원]恝視~ [활용]괄시받아, 괄시받으니, 괄시받고 [대응]괄시를 받다
[자](다른 사람에게) 업신여김을 당하거나 무시되다. (of a person) Be belittled or disregarded by someone.
[유]멸시받다, 천시당하다, 천대받다 [반]괄시하다
N0-가 N1-에게 V (N0=[인간|단체] N1=[인간|단체])
¶나는 그에게 대놓고 괄시받아서 영 기분이 좋지 않았다. ¶그녀는 경제적으로 무능하다는 이유로 하녀들에게까지 괄시받았다. ¶사람들이 선호하지 않는 직업에 종사하는 사람들이 괄시받는 문화는 없어져야 한다.

괄시하다

[어원]恝視~ [활용]괄시하여(괄시해), 괄시하니, 괄시하고 [대응]괄시를 하다
[타](다른 사람을) 업신여기고 무시하다. (of a person) Belittle or disregard someone.

㊞멸시하다, 천시하다, 천대하다 ㊥괄시받다
N0-가 N1-를 V (N0=[인간|단체] N1=[인간|단체])
¶그들은 나를 대놓고 괄시하였다. ¶그는 자신을 도와 준 사람을 괄시하고 모르는 척 하였다. ¶너는 그렇게 남을 괄시하는 태도를 버려야 한다.

ㄱ

광고되다

어원廣告~ 활용광고되어(광고돼), 광고되니, 광고되고 대응광고가 되다

자❶(어떤 사실이) 여러 사람들에게 널리 알려지다. (of a fact) Become widely known to many people.
㊞고지되다, 홍보되다
N0-가 N1-(에|에게) V (N0=[사물], [추상물] N1=[인간|단체])
능광고하다
¶하반기 일정이 회사 전체에 광고되었다. ¶요즘 많이 광고되고 있는 안내 전화 서비스를 이용해 보았다. ¶좋은 정책이 주민들에게 제대로 광고되지 않아서 실패하는 경우가 있다.
N0-(에|에게) S고 V (N0=[인간|단체])
능광고하다
¶수돗물이 음용수로 안전하다고 국민들에게 광고되었다.
N0-(에|에게) S것-이 V (N0=[인간|단체])
능광고하다
¶참가 자격이 변경되었다는 것이 참가자들에게 광고되었다.

❷(상품 등의 정보가) 많은 사람들에게 판매가 촉진되도록 알려지다. (of information on a product, etc.) Become known to many people for sales promotion.
㊞홍보되다
N0-가 N1-(에|에게) V (N0=[사물], [추상물] N1=[인간|단체])
능광고하다
¶신제품 컴퓨터가 여러 잡지를 통해 독자들에게 광고되고 있다. ¶새로 나온 금융 상품이 은행 고객들에게 광고되었다.
N0-(에|에게) S고 V (N0=[인간|단체])
능광고하다
¶그 회사의 건전지는 가장 오래가는 건전지라고 소비자들에게 광고되고 있다. ¶건강에 이롭다고 광고되는 식품 중에는 간혹 효능이 거짓인 것들이 있다.
N0-(에|에게) S것-이 V (N0=[인간|단체])
능광고하다
¶우리 식당에서 고급 식재료를 사용한다는 것이 적극적으로 광고될 필요가 있다. ¶창밖으로 좋은 풍경이 보인다는 것이 광고되는 아파트가 있었다.

광고하다

어원廣告~ 활용광고하여(광고해), 광고하니, 광고하고 대응광고를 하다

타❶(어떤 사실을) 여러 사람들에게 널리 알리다. Widely disseminate or publicize a specific fact or object to many people.
㊞홍보하다, 고지하다I
N0-가 N1-(를|에 대해) N2-(에|에게) V (N0=[인간|단체] N1=[사물], [추상물] N2=[인간|단체])
피광고되다
¶행사 주최 측은 방문객들에게 앞으로의 일정을 광고하였다. ¶시청에서 광고하고 있는 안내 전화 서비스를 이용해 보았다. ¶시의회가 좋은 정책을 입안해도 주민들에게 제대로 광고하지 않아서 실패하는 경우가 있다.
N0-가 N1-(에|에게) S고 V (R1) (N0=[인간|단체] N1=[인간|단체])
피광고되다
¶정부는 수돗물이 음용수로 안전하다고 국민들에게 광고하였다. ¶선거철이 되어 선거관리위원회에서는 부정 선거에 동참하지 말라고 광고하고 있다.
N0-가 N1-(에|에게) S것-을 V (N0=[인간|단체] N1=[인간|단체])
피광고되다
¶공사 때문에 도로가 폐쇄되었다는 것을 크게 광고할 필요가 있다.

❷(상품 등의 정보를) 사람들에게 판매를 촉진하기 위해 알리다. Disseminate product information to the public to promote sales.
㊞홍보하다, 널리 알리다
N0-가 N1-(를|에 대해) N2-(에|에게) V (N0=[인간|단체] N1=[사물], [추상물] N2=[인간|단체])
피광고되다
¶그 회사는 잡지를 통해 신제품 컴퓨터를 독자들에게 광고하고 있다. ¶은행에 가면 새로 나온 금융 상품에 대해 광고하는 포스터가 벽면에 가득하다. ¶대단치 않은 상품을 과장되게 광고하는 일이 만연하여 제대로 된 정보를 얻기 어려워졌다.
N0-가 N1-(에|에게) S고 V (R1) (N0=[인간|단체] N1=[인간|단체])
피광고되다
¶그 회사는 자사의 건전지가 가장 오래가는 건전지라고 소비자들에게 광고하고 있다. ¶건강에 이롭다고 광고하는 식품 중에는 간혹 효능이 거짓인 것들이 있다.
N0-가 N1-(에|에게) S것-을 V (N0=[인간|단체] N1=[인간|단체])
피광고되다

¶우리 식당이 고급 식재료를 사용한다는 것을 적극적으로 광고할 필요가 있다. ¶창밖으로 좋은 풍경이 보인다는 것을 광고하는 아파트가 있었다.

괴다 I

활용 괴어(괘), 괴니, 괴고 본디 고이다

자 ❶(액체나 기체가) 움푹 패인 곳에 모이다. (of liquid or gas) Gather in a dent.

유 모이다

N0-가 N1-에 V (N0=[액체](물, 비 따위), [기체](가스 따위) N1=[장소](웅덩이, 샘 따위), [용기])

¶빗물이 웅덩이에 괬다. ¶밸브에서 샌 가스가 부엌 바닥에 괬다. ¶지붕에서 떨어진 물이 바닥에 놓은 물통에 괬다.

N0-가 N1-로 V (N0=[액체](물, 비 따위), [기체](가스 따위) N1=[장소], [용기])

¶빗물이 웅덩이로 괬다. ¶밸브에서 샌 가스가 나와서 점점 구석으로 괬다. ¶흘린 물은 경사를 따라 낮은 곳으로 괸다.

❷(몸에서 나온 액체가) 몸의 한 부분에 모이다. (of liquid that emerged from body) Gather in one place of body.

N0-가 N1-에 V (N0=[액체](눈물, 침 따위) N1=[신체부위](눈, 입 따위))

¶눈물이 소녀의 눈에 가득 괬다. ¶음식이 나오자 입에는 침이 괬다.

괴다 II

활용 괴어(괘), 괴니, 괴고 본디 고이다

타 ❶(어떤 물건을) 기울어지거나 쓰러지지 않도록 아래를 받쳐 안정시키다. Stabilize on the bottom by not letting some object to tilt or fall.

유 받치다II, 지지하다

N0-가 N2-에 N1-를 V (N0=[인간] N1=[사물] N2=[사물])

¶아이는 머리에 베개를 괬다. ¶기사들이 기둥 밑에 편편한 돌을 괬다. ¶운전자가 주차를 한 뒤 차바퀴에 돌을 괬다.

N0-가 N2-로 N1-를 VV (N0=[인간] N1=[사물] N2=[사물])

¶나는 돌로 차바퀴를 괬다. ¶나무꾼은 작대기로 지게를 괬다. ¶남편이 내 머리를 베개로 괴어 주었다.

❷(신체 일부를) 기울어지거나 쓰러지지 않도록 아래를 받쳐 안정시키다. Stabilize on the bottom by not letting body parts to tilt or fall.

유 받치다II

N0-가 N2-(에|로) N1-를 V (N0=[인간] N1=[신체부위](턱, 팔꿈치 따위) N2=[신체부위](팔, 무릎 따위), [사물])

¶관객들은 극장 의자 팔걸이에 팔을 괬다. ¶아들은 내 어깨에 머리를 괬다. ¶나는 베개로 머리를 괴고 잠을 청했다.

❸(음식, 장작, 꼴 따위를) 차곡차곡 쌓아 올리다. Neatly pile up food, firewood or green feed.

유 쌓다

N0-가 N2-에 N1-를 V (N0=[인간] N1=[음식|자연음식물](과일, 떡 따위), [고체연료](장작 따위) N2=[그릇], [가구](상 따위), [장소])

¶밤에 불을 피우느라 마당에 솔가지와 장작을 괬다. ¶할머니 환갑 잔칫상에 온갖 과일과 떡을 괴었다.

괴로워하다

활용 괴로워하여(괴로워해), 괴로워하니, 괴로워하고

자 (질병이나 고통으로 인해) 괴로움을 느끼다. Feel pain due to illness or agony.

유 고통스러워하다자, 아파하다

N0-가 N1-로 V (N0=[인간] N1=[질병])

¶환자가 위염으로 괴로워한다. ¶할아버지는 관절염으로 괴로워하신다. ¶언니는 두통으로 괴로워했다.

타 (어떤 고민이나 고통으로 인해) 괴로움을 느끼다. Feel pain due to some concern or agony.

유 고민하다

N0-가 (S것|S기)-를 V (N0=[인간])

¶그는 목이 아파서 밥 넘기는 것을 괴로워한다. ¶나는 밖에 나가 사람 만나기를 괴로워했다. ¶그는 선생님께 고자질한 것을 괴로워하고 있다.

자타 (어떤 고민이나 고통으로 인해) 괴로움을 느끼다. Feel pain due to some concern or agony.

유 고민하다

N0-가 N1-(에 대해|에|로|를) V (N0=[인간] N1=[감각], [감정](고민 따위), [인성](이기심, 욕심 따위), [추상물](실수 따위))

¶환자들은 통증에 괴로워했다. ¶그는 오랫동안 진로에 대한 고민으로 괴로워했다. ¶나는 자신의 소심을 괴로워하고 있다.

괴롭히다

활용 괴롭히어(괴롭혀), 괴롭히니, 괴롭히고

타 ❶(어떤 사람이) 다른 사람이나 동물을 성가시거나 힘들게 하다. (of someone) Make someone or animal strenuous or bothersome.

유 못살게 굴다, 핍박하다

N0-가 N1-를 V (N0=[인간] N1=[인간], [동물])

¶불량배들은 전학생을 따돌리며 괴롭혔다. ¶그가 자꾸 창문을 두드리며 나를 괴롭혔다.

※ '괴롭다'는 형용사이다.

❷(어떤 일이나 상황이) 사람을 마음이 고통스러워 견뎌 내기 힘들게 하다. Make someone strenuous and intolerable due to some duty

or situation.
N0-가 N1-를 V (N0=[추상물], [사건], [행위], [상태] N1=[인간])
¶진로 문제는 줄곧 나를 괴롭혔다. ¶그의 무서운 시선이 학생들을 괴롭혔다. ¶자꾸만 오르는 물가가 월급쟁이들을 괴롭힌다.
※ '괴롭다'는 형용사이다.
❸(병이나 상처가) 사람을 고통으로 참기 어렵게 하다. (of illness or wound) Make someone difficult to tolerate pain.
N0-가 N1-를 V (N0=[질병], [감각](통증 따위) N1=[인간])
¶베인 상처로 인한 통증이 나를 괴롭힌다. ¶암은 현대인을 괴롭히고 있다. ¶심장병이 줄곧 그를 괴롭혔다.
※ 기본형인 '괴롭다'는 형용사임.

괴리되다

어원 乖離~ 활용 괴리되어(괴리돼), 괴리되니, 괴리되고 대응 괴리가 되다
자 (둘 이상의 대상이) 서로 조화를 이루지 못하여 어긋나다. (of more than two objects) Drift apart due to lack of harmony.
㊌분리되다, 불일치하다
N0-가 N1-와 V (N0=[인간|단체], [현상], [행위], [의견](생각, 주장 따위), 목적 따위 N1=[인간|단체], [현상], [행위], [의견](생각, 주장 따위), 목적 따위)
사 괴리시키다
¶나는 현대 사회와 괴리되어 살고 있다. ¶일부 사람들의 사치스러운 생활이 최근 경제 상황과 괴리되어 보인다. ¶그들의 생각은 우리의 생각과 괴리된 것이다.
N0-가 N1-에서 V (N0=[인간|단체], [의견](생각, 주장 따위) N1=사회, 현실 따위)
¶나는 현대 사회에서 괴리되어 살고 있다. ¶그의 주장은 현안에서 괴리된 것이라 귀담아들을 가치가 없다. ¶그 친구의 꿈은 현실에서 괴리되어 보인다.

교감하다

어원 交感~ 활용 교감하여(교감해), 교감하니, 교감하고 대응 교감을 하다
자 ❶(여러 사람이) 일정한 감정을 서로 함께 느끼다. (of many people) Feel the same, uniform feeling with each other.
㊌공감하다자
N0-가 N1-와 서로 V ↔ N1-가 N0-와 서로 V ↔ N0-와 N1-가 서로 V (N0=[인간] N1=[인간])
¶스승이 제자와 오랜 세월 서로 교감했다. ↔ 제자가 스승과 오랜 세월 서로 교감했다. ↔ 스승과 제자가 오랜 세월 서로 교감했다. ¶문학에 대해서 저와 교감할 수 있는 사람을 만나 대화해 보고 싶습니다. ¶실생활에서는 다른 사람과 교감하는 능력이 전문 지식보다 중요할 때가 있다.
❷(어떤 대상과 접촉하여) 그 대상과 어떤 느낌을 함께하다. Contact a certain target and share a certain feeling with such target.
N0-가 N1-와 V (N0=[인간] N1=[추상물])
¶그 시인은 산 속에서 자연과 교감하며 시를 썼다. ¶요즘은 예리하게 시대와 교감하는 평론가가 많지 않다. ¶방학 동안 고전을 읽으며 옛 문호의 사상과 교감하는 시간을 보냈다.

교란되다

어원 攪亂~ 활용 교란되어(교란돼), 교란되니, 교란되고 대응 교란이 되다
자 (사람, 사건, 현상 따위로 인하여) 어떤 사람의 심리 상태나 어떤 상황 따위가 어지럽고 혼란스러워지다. (of someone's thoughts or some situation) Become confused due to a person, an incident, or a phenomenon.
㊌혼란스러워지다, 어지러워지다
N0-가 N1-(에|로) V (N0=[인간|단체], [감정](생각, 정신 따위), [상황] N1=[인간|단체], [앎](정보 따위), [행위], [사건], [현상])
능 교란하다
¶정부의 잘못된 정책으로 교육 현장이 교란되고 있다. ¶아군의 레이더가 적군의 방해 전파로 교란되고 있다. ¶연쇄적인 테러 행각에 우리 사회가 교란되었다.

교란시키다

어원 攪亂~ 활용 교란시키어(교란시켜), 교란시키니, 교란시키고 대응 교란을 시키다
타 ☞'교란하다'의 오용

교란하다

어원 攪亂~ 활용 교란하여(교란해), 교란하니, 교란하고
타 (사람, 사건, 현상 따위가) 다른 사람의 심리 상태나 어떤 상황 따위를 어지럽고 혼란스럽게 하다. (of a person, an incident, or a phenomenon) Cause confusion to someone's thoughts or some situation.
㊌혼란시키다, 어지럽히다
N0-가 N1-를 V (N0=[인간|단체], [앎](정보 따위), [행위], [사건], [현상] N1=[인간|단체], [감정](생각, 정신 따위), [상황])
능 교란되다
¶국가 정보기관이 이번 사건에 대한 여론을 교란했다. ¶일에 집중하기 어려울 정도로 그녀의 저주가 나의 마음을 교란하고 있다. ¶근거 없는 정보들이 증권시장의 안정세를 교란하여 개미 투자자들

만 손해를 보았다.

교류하다

[어원]交流~ [활용]교류하여(교류해), 교류하니, 교류하고 [대응]교류를 하다

[자](둘 이상의 물줄기가) 하나로 합쳐져 흐르다. (of more than two currents of water) Flow by becoming one.

[유]합류하다

N0-가 N1-와 N2-에서 V ↔ N0-와 N1-가 N2-에서 V ↔ N1-가 N0-와 N2-에서 V (N0=[강] N1=[강] N2=[장소])

¶남한강과 북한강이 이 지점에서 교류한다. ↔ 남한강이 북한강과 이 지점에서 교류한다. ↔ 북한강이 남한강과 이 지점에서 교류한다.

N0-가 N1-에서 V (N0=[강] N1=[장소])

¶두 강이 이곳에서 교류한다.

※ 'N0'는 의미상 복수이다.

[타](둘 이상의 단체가) 문화나 사상을 서로 주고받다. (of more than two organizations) Exchange culture or idea.

[유]교환하다

N0-가 N1-와 N2-를 V ↔ N1-가 N0-와 N2-를 V ↔ N0-와 N1-가 N2-를 V (N0=[인간|단체] N1=[인간|단체] N2=[사조], [추상물](문화, 예술, 정보 따위), [사물](무역품 따위))

¶동양은 서양과 문명을 교류하면서 발전해야 한다. ↔ 동양과 서양은 문명을 교류하면서 발전해야 한다. ↔ 서양은 동양과 문명을 교류하면서 발전해야 한다. ¶나는 친구들과 정보를 교류하면서 시험을 대비하고 있다. ¶우리 회사는 협력업체들과 기술을 교류하는 협약을 맺었다.

N0-가 N1-를 V (N0=[인간|단체](의미상복수) N1=[사조], [추상물](문화, 예술, 정보 따위), [사물](무역품 따위))

¶옛날부터 두 나라는 문화를 교류해 왔다. ¶두 학교는 전통적으로 축제를 교류하고 있다.

※ 'N0'는 의미상 복수이다.

교미하다

[어원]交尾~ [활용]교미하여(교미해), 교미하니, 교미하고 [대응]교미를 하다

[자](암수가 구별된 동물이) 번식을 위하여 반대성의 동물과 성적 관계를 맺다. (of animals distinguished into males and females) Copulate with the opposite sex to reproduce.

[유]교접하다, 짝짓기하다

N0-가 N1-와 V ↔ N1-가 N0-와 V ↔ N0-와 N1-가 V (N0=[동물] N1=[동물])

¶암호랑이가 수호랑이와 교미하고 있다. ↔ 수호랑이가 암호랑이와 교미하고 있다. ↔ 암호랑이와 수호랑이가 교미하고 있다. ¶암컷과 수컷이 교미하는 것이 자연의 이치이다.

N0-가 V (N0=[동물])

¶판다곰은 교미해도 수정할 확률이 그리 높지 않다고 한다. ¶어떤 곤충은 교미한 후에 죽음을 맞는다.

※ 'N0'는 의미상 복수이다.

교부되다

[어원]交附~/交付~ [활용]교부되어(교부돼), 교부되니, 교부되고

[자](물건이나 증서 따위가) 다른 사람에게나 단체 따위에 주어져 건네지다. (of an object or a certificate) Be handed over to someone or an organization.

[유]발부되다, 발급되다

N0-가 N1-에게 V (N0=[사물](증명서, 수표 따위) N1=[인간|단체])

[능]교부하다

¶드디어 여권이 우리 가족들 모두에게 교부되었다. ¶오늘 신입사원들에게 사원증이 교부되었습니다. ¶이달 말까지 모든 국민들에게 선거용지가 교부될 예정입니다.

N0-가 N1-에 V (N0=[사물](증명서, 수표 따위) N1=[인간|단체])

[능]교부하다

¶재난 상황 대책 요령이 전국 관공서에 교부되었다. ¶이달 말까지 모든 국민들에게 선거용지가 교부될 예정입니다.

교부받다

[어원]交附~/交付~ [활용]교부받아, 교부받으니, 교부받고 [대응]교부를 받다

[타](물건이나 증서 따위를) 다른 사람에게나 기관 따위에 요청하여 건네어 받다. Receive an object or a certificate by requesting such to someone or an institution.

[유]발부받다, 발급받다 [반]교부하다 [상]받다

N0-가 N1-를 N2-(에서|에게서) V (N0=[인간|단체] N1=[사물](증명서, 수표 따위) N2=[인간|단체])

¶그 선배는 학과장에게서 봉사 활동 증명서를 교부받았다. ¶사장님은 거래 은행의 은행장에게서 수표를 교부받으면서 담보를 설정했다. ¶사회복지사들이 주민들에게서 기증품을 교부받아서 소외 계층을 돕고 있다.

교부하다

[어원]交附~/交付~ [활용]교부하여(교부해), 교부하니, 교부하고 [대응]교부를 하다

[타](물건이나 증서 따위를) 다른 사람에게 내어주다. Hand over an object or a certificate to someone.

[ㄱ]

[유]발부하다, 발급하다 [반]교부받다 [상]주다[1]
N0-가 N1-를 N2-에게 V (N0=[인간|단체] N1=[사물](증명서, 수표 따위) N2=[인간|단체])
[피]교부되다
¶병무청에서 대학생들에게 신체검사 통지서를 교부했다. ¶일부 교회들이 신도들에게 면죄부를 교부하기 시작했다. ¶우리 학교는 신입생들에게 기초 교양 교재를 교부합니다.

교섭하다

[어원]交涉~ [활용]교섭하여(교섭해), 교섭하니, 교섭하고 [대응]교섭을 하다
[자타](어떤 일에 대해) 관련된 사람이나 단체가 협의하고 논의하다. (of a person or an organization involved in some duty) Discuss and debate.
N0-가 N1-(와|에|에게) S고 V (N0=[인간|단체] N1=[인간|단체])
¶우리 회사는 제품 납기일을 조금만 연기해 달라고 거래 업체와 교섭하고 있습니다. ¶나는 용돈을 올려 달라고 어머니와 교섭하셔야만 했다.
N0-가 N1-와 N2-(를|에 대해) V (N0=[인간|단체] N1=[인간|단체] N2=[모두])
¶나는 용돈 인상 문제를 어머니와 교섭해야만 했다. ¶우리 회사는 제품 납기일 연기에 대하여 거래 업체와 교섭하고 있다. ¶정부는 문화재 반환을 프랑스 정부와 교섭하여 성사시켰습니다.

교역되다

[어원]交易~ [활용]교역되어(교역돼), 교역되니, 교역되고 [대응]교역이 되다
[자](어떤 물건이) 주로 둘 이상의 국가나 회사 사이에서 사고 팔리며 거래되다. (of some object) Be exchanged among countries or companies by buying and selling.
N0-가 N1-(에|에서) V (N0=[사물](상품, 특산물 따위) N1=사이)
[능]교역하다
¶인삼은 고려와 중국 사이에 주로 교역된 상품이다. ¶다양한 전자 제품이 여러 나라들 사이에서 교역되고 있다. ¶희귀한 지역 특산품이 두 지역 사이에서 교역되었던 역사가 밝혀졌다.
※N1 논항은 '명사(의미상 복수) 사이' 형식으로 실현된다.

교역하다

[어원]交易~ [활용]교역하여(교역해), 교역하니, 교역하고 [대응]교역을 하다
[타](국가나 회사 따위가) 주로 다른 나라와 서로 물건을 사고 팔다. (of a country or a company) Buy and sell objects from/to different countries.
[유]거래하다, 무역하다, 통상하다
N0-가 N1-와 N2-를 V↔ N0-와 N1-가 N2-를 V ↔ N1-와 N0-가 N2-를 V (N0=[국가], [단체](회사 따위) N1=[국가], [단체](회사 따위) N2=[사물])
[피]교역되다
¶조선은 중국과 다양한 물품을 교역했다. ↔ 조선과 중국은 다양한 물품을 교역했다. ↔ 중국은 조선과 다양한 물품을 교역했다. ¶우리 정부는 남미의 여러 나라들과 교역하고 있다. ¶우리 회사는 첨단의 기술력을 확보한 많은 나라들과 교역해 왔습니다.
※'N0', 'N1'을 포괄하는 어휘적 표현이 사용되는 경우에는 '(N0+N1)-가 N2-를 V' 형식도 자연스럽다.

교육받다

[어원]教育~ [활용]교육받아, 교육받으니, 교육받고 [대응]교육을 받다
[자] 지식, 기술 따위를 배워서 알다. Acquire knowledge or skills by learning.
[유]배우다, 훈육받다 [반]교육하다
N0-가 V (N0=[인간|단체])
¶지금의 아버지들은 잘 교육받은 세대이다. ¶신고가 접수되자마자 출동할 수 있을 정도로 소방관들은 열심히 교육받는다.
N0-가 N1-에서 N2-에게 V (N0=[인간|단체] N1=[장소] N2=[인간|단체])
¶이 학교 졸업생들은 훌륭한 선생님들께 교육받았다. ¶가정에서 부모님께 제대로 교육받은 사람이라면 그렇게 행동할 리가 없다.
[타](지식, 기술 따위를 배우도록) 다른 사람에게 가르침을 받다. Receive lessons from another person to acquire knowledge or skills.
N0-가 N1-를 N2-에서 N3-(에|에게) V (N0=[인간|단체] N1=[추상물](사상, 언어 따위) N2=[인간집단|단체] N3=[인간|단체])
¶그 배우는 매일 복지관에서 새터민에게 북한 방언을 교육받았다.

교육시키다

[어원]教育~ [활용]교육시키어(교육시켜), 교육시키니, 교육시키고 [대응]교육을 시키다
☞'교육하다'의 오용

교육하다

[어원]教育~ [활용]교육하여(교육해), 교육하니, 교육하고 [대응]교육을 하다
[타] ❶ 지식과 기술 따위를 가르치다. Teach knowledge or skills.
[유]가르치다, 훈육하다 [반]교육받다
N0-가 N1-를 V (N0=[인간|단체] N1=[인간|단체])
¶미국에서는 장애 아동을 비장애 아동과 함께 교육한다. ¶정부는 널리 학교를 세우고 인재를 교육하여 나라를 발전시켜야 한다.
❷(지식과 기술 따위를) 사람들이 배워 알도록

가르치다. Teach people to help them acquire knowledge or skills.
㊌가르치다, 지도하다
N0-가 N2-에게 N1-를 V (N0=[인간|단체] N1=[학문], [방법] N2=[인간|단체])
¶학생들에게 고고학을 교육하는 가장 효과적인 방법은 고고학 유적지에 가보는 것입니다. ¶대장장이는 연장 잡는 방법을 아들에게 하나씩 교육하기 시작했다. ¶우리 회사에서는 매일 한 시간씩 직원들에게 컴퓨터를 교육하고 있다.

교접하다
어원 交接~ 활용 교접하여(교접해), 교접하니, 교접하고 대응 교접를 하다
자(암수가 구별된 동물이) 번식을 위하여 반대 성의 동물과 성적 관계를 맺다. (of animals distinguished into males and females) Copulate with the opposite sex to reproduce.
㊌교미하다, 짝짓기하다
N0-가 N1-와 V ↔ N1-가 N0-와 V ↔ N0-와 N1-가 V (N0=[동물] N1=[동물])
¶암사자가 수사자와 교접하고 있다. ↔ 수사자가 암사자와 교접하고 있다. ↔ 암사자와 수사자가 교접하고 있다. ¶우리 집 개 암컷과 수컷이 교접했다.
N0-가 V (N0=[동물])
¶막사 안의 동물들이 교접해야 새끼를 많이 낳을 텐데, 걱정이 많다.
※ 'N0'는 의미상 복수이다.

교정되다 I
어원 校正~ 활용 교정되어(교정돼), 교정되니, 교정되고 대응 교정이 되다
자 【출판】 (원고가) 출판되기 위해 교정쇄와 대조되어 잘못된 부분이 바로잡히다. (of a manuscript) Be checked against the proof and corrected for publication.
N0-가 V (N0=[텍스트](원고 따위))
능 교정하다I
¶논문이 빠르게 교정되었다. ¶어느 시점에 이 현판의 글자가 교정되었다.

교정되다 II
어원 校訂~ 활용 교정되어(교정돼), 교정되니, 교정되고 대응 교정이 되다
자(틀린 글자나 문장이) 바르게 고쳐지다. (of incorrect words or sentences) Be corrected.
㊌수정되다, 정정되다, 고쳐지다
N0-가 V (N0=[텍스트], [말], [문자])
능 교정하다II
¶새로 나올 책이 막 교정되었다. ¶이와 같은 원고는 출판되기 전까지 최소한 세 번 교정된다. ¶이 원고는 전문가 두 명에게 교정되었다.

교정되다 III
어원 矯正~ 활용 교정되어(교정돼), 교정되니, 교정되고 대응 교정이 되다
자❶(잘못되었던 것이) 가르침을 받아 바르게 고쳐지다. (of something that went wrong) Be corrected.
N0-가 V (N0=[모두])
능 교정하다III
¶교정기가 등장한 뒤 전 세계의 많은 아이들의 치아가 교정되었다. ¶그 선수는 몇 년 만에 완벽하게 자세가 교정되었다. ¶많은 학생들의 춤 동작이 교정되었다.
❷ 【법률】 교도소나 소년원 따위에서 재소자의 잘못된 품행이 고쳐져 바르게 되다. (of bad behavior of inmates at youth detention center or prison) Be fixed properly.
㊌바로잡다
능 교정하다III
N0-가 V (N0=행동, 성격 따위, [인간](재소자, 비행 청소년 따위))
¶교도소에서는 재소자들의 정신이 교정된다.

교정하다 I
어원 校正~ 활용 교정하여(교정해), 교정하니, 교정하고 대응 교정을 하다
타 【출판】 원고를 출판하기 위해 교정쇄와 대조하여 잘못된 부분을 바로잡다. Read printer's proofs or other materials and mark any errors.
N0-가 N1-를 V (N0=[인간] N1=[텍스트](원고 따위))
피 교정되다I
¶그는 새로 낼 책의 원고를 교정하였다. ¶저번에 교정한 원고에서 또 오자가 발견되었다. ¶그는 꼼꼼하게 원고를 두세 번 교정한다.

교정하다 II
어원 校訂~ 활용 교정하여(교정해), 교정하니, 교정하고 대응 교정을 하다
타(다른 사람의 글에서) 틀린 글자나 문장을 바르게 고치다. Correct a letter or sentence of someone's writing.
㊌수정하다III, 정정하다, 고치다
피 교정되다II
N0-가 N1-를 V (N0=[인간] N1=[텍스트], [말], [문자])
¶그는 내 논문을 교정해 주었다. ¶김 기자는 후배 기자의 문장을 교정했다.

교정하다 III
어원 矯正~ 활용 교정하여(교정해), 교정하니, 교정하고 대응 교정을 하다
타❶(틀어지거나 잘못된 것을) 바로잡아 고치다. Correct wrong or incorrect thing.
N0-가 N1-를 V (N0=[인간] N1=[모두])

[피]교정되다III
¶그는 요통을 치료하기 위해 자세를 교정했다. ¶그는 치아를 교정한 뒤 인상이 달라졌다. ¶아이들과 어울리려면 성격을 교정할 필요가 있다.
❷ 【법률】 교도소나 소년원 따위에서 재소자의 잘못된 품행을 고쳐 바르게 하다. Properly fix bad behavior of inmates at youth detention center or prison.
[유]바로잡다
N_0-가 N_1-를 V (N_0=[기관](교도소, 소년원 따위) N_1=[인간](재소자, 비행 청소년 따위))
[피]교정되다III
¶소년원에서는 비행 청소년들의 품성과 행동을 교육하여 교정한다. ¶재소자들을 교정하는 것은 의미 있는 일이다. ¶법무부에서는 재소자들을 교정하기 위해 여러 가지 지원을 실시한다.

교제하다
[어원]交際~ [활용]교제하여(교제해), 교제하니, 교제하고 [대응]교제를 하다
[자](어떤 사람이) 다른 사람과 서로 사귀다. (of a person) Be on intimate terms with someone.
[유]사귀다[자], 가까이하다[자], 교류하다[자], 친교하다
N_0-가 N_1-와 V ↔ N_1-가 N_0-와 V ↔ N_0-와 N_1-가 V (N_0=[인간] N_1=[인간])
¶민수가 명순이와 교제한다. ↔ 명순이가 민수와 교제한다. ↔ 민수와 명순이가 교제한다. ¶큰 오빠는 요즘 같은 학교 후배와 교제하고 있다. ¶그녀는 외국 남성과 교제하기를 꺼렸다.
N_0-가 V (N_0=[인간])
¶젊은 남녀가 서로 교제하는 것은 자연스러운 현상이다. ¶청소년들이 교제하는 것을 좋지 않게 보는 어른들이 점점 줄어들고 있다.
※ N_0는 의미상 복수이다.

교차되다
[어원]交叉~ [활용]교차되어(교차돼), 교차되니, 교차되고
☞ 교차하다

교차하다
[어원]交叉~ [활용]교차하여(교차해), 교차하니, 교차하고
[자](둘 이상의 것이) 서로 만나 엇갈리며 지나가다. (of two objects or more) Pass across each other's body or path.
N_0-와 N_1-가 V ↔ N_1-와 N_0-가 V (N_0=[사물], [감정] N_1=[사물], [감정])
[사]교차시키다
¶동해안은 한류와 난류가 교차하는 바다이다. ↔ 동해안은 난류와 한류가 교차하는 바다이다.
N_0-가 V (N_0=[사물], [감정])
¶대전역은 여러 방면으로 가는 많은 철로가 교차한다. ¶그녀는 기쁨과 슬픔이 교차하고 있는 듯했다. ¶소송에서 승소 판결이 나는 순간 그는 만감이 교차하였다.

교체되다
[어원]交替~ [활용]교체되어(교체돼), 교체되니, 교체되고 [대응]교체가 되다
[자](사람이나 사물을) 다른 사람이나 사물이 대신하여 바꾸어지다. (of a person or object) Be switched instead of different person or object.
[유]대체되다
N_0-가 N_1-로 V ↔ N_0-가 N_1-와 서로 V (N_0=[구체물], [추상물], [집단], [인간] N_1=[구체물], [추상물], [집단], [인간])
[능]교체하다[타]
¶낡은 파이프가 새 파이프로 교체되었다. ↔ 낡은 파이프가 새 파이프와 교체되었다. ¶다음 달이면 우리 부서 과장이 다른 사람으로 교체된다. ¶새 학기부터 교과서가 새로운 내용으로 교체된다.

교체하다
[어원]交替~ [활용]교체하여(교체해), 교체하니, 교체하고 [대응]교체를 하다
[자](사람과 사람이) 위치나 역할을 바꾸다. Switch position or role between two people.
[유]대체되다 [상]바뀌다
N_0-가 N_1-와 (서로) V (N_0=[인간|단체] N_1=[인간|단체])
¶경기 도중 투수와 다른 선수가 교체했다. ¶나는 전임 디자이너와 교체해서 이 회사에 들어왔다. ¶선거 결과가 발표되고 신정부가 구정부와 교체했다.
[타](어떤 사람이나 사물을) 다른 사람이나 사물이 대신하도록 바꾸다. (of a person) Switch someone or object to different person or object.
[유]바꾸다, 대체시키다, 대체하다
N_0-가 N_2-로 N_1-를 V ↔ N_0-가 N_2-와 N_1-를 서로 V (N_0=[인간] N_1=[구체물], [추상물], [집단], [인간] N_2=[구체물], [추상물], [집단], [인간])
[피]교체되다
¶나는 방전된 전지를 새 전지로 교체했다. ↔ 나는 방전된 전지와 새 전지를 교체했다. ¶그는 전에 내렸던 명령을 새로 수정된 명령으로 교체했다. ¶감독은 무술 장면을 찍을 때는 배우를 대역으로 교체했다.

교환되다
[어원]交換~ [활용]교환되어(교환돼), 교환되니, 교환되고 [대응]교환이 되다
[자]❶(어떤 대상이) 다른 대상과 서로 바뀌다. (of some object) Be switched with different object.
[상]바뀌다
N_0-가 N_1-로 V (N_0=[사물] N_1=[사물])

능교환하다
¶카메라 렌즈가 새 것으로 교환되었다. ¶가게에 진열된 겨울옷이 봄옷으로 교환되었다.
N0-가 N1-와 (서로) V (N0=[사물] N1=[사물])
능교환하다
¶전쟁이 끝나자 적국의 포로와 아군의 포로가 교환되었다. ¶배송된 상품 중 수치가 맞지 않는 제품은 새 제품과 교환되었다. ¶우리가 보관한 귀중품과 상대가 보관한 유물이 서로 교환되었다.
❷(어떤 대상이) 어떤 사람과 다른 사람 사이에 서로 바뀌어지다. (of some object) Be switched between two people.
N0-가 N1-와 (서로) V (N0=[사물] N1=[사물])
능교환하다
¶이제 두 사람 사이에 반지와 예물이 교환된다. ¶어떤 지방에서는 돈 없이 농작물과 농작물이 교환된다.

교환하다

어원交換~ 활용교환하여(교환해), 교환하니, 교환하고 대응교환을 하다
타❶(다른 사람과) 어떤 대상을 서로 바꾸다. (of a person) Switch someone with some object.
㊅바꾸다, 맞바꾸다
N0-가 N1-를 N2-와 (서로) V (N0=[인간] N1=[추상물], [구체물] N2=[인간])
피교환되다
¶나는 책을 쓰면서 선생님과 의견을 교환했다. ¶졸업을 하면서 친구들끼리 서로 선물을 교환했다. ¶생일을 맞은 친구들끼리 선물을 교환했다.
❷(다른 사람과) 인사나 시선을 주고받다. (of someone) Exchange greetings or attention with someone else.
㊇주고받다
N0-가 N1-를 N2-와 (서로) V (N0=[인간] N1=[행위](눈짓, 눈빛, 목례 따위) N2=[인간])
¶나와 친구들은 서로 눈치를 보느라 눈짓을 교환했다. ¶그들은 서로 눈빛을 교환했다.
❸(어떤 대상과 다른 대상을) 서로 바꾸다. (of a person) Switch some object with different object.
㊇교체하다, 대체하다 ㊅바꾸다
N0-가 N1-를 N2-로 V (N0=[인간] N1=[사물] N2=[사물])
피교환되다
¶나는 그동안 모은 동전을 지폐로 교환했다. ¶아이들은 다 읽은 책을 다른 책으로 교환했다. ¶손님들은 파본을 새 책으로 교환해 갔다.
N0-가 N1-를 N2-와 (서로) V (N0=[인간] N1=[사물] N2=[사물])
피교환되다
¶우리는 장터에 나가 쌀과 땔감을 교환했다. ¶직원들은 폐지를 돈과 교환해 왔다.

교훈하다

어원敎訓~ 활용교훈하여(교훈해), 교훈하니, 교훈하고
타(다른 사람을) 가르쳐 깨닫게 하다. (of a person) Teach and enlighten someone.
㊇가르치다I타, 교육하다, 훈육하다
N0-가 N2-에게 N1-를 V (N0=[인간], [책] N1=[추상물] N2=[인간])
¶부모님은 우리에게 정직이 최우선 가치임을 교훈하셨다. ¶이 책은 사람들에게 돈보다 사람이 중요함을 교훈하고 있다.
N0-가 N1-에게 S것-을 V (N0=[인간], [책] N1=[인간])
¶부모님은 우리에게 정직이 최우선 가치라는 것을 교훈하셨다. ¶이 책은 사람들에게 돈보다 사람이 중요하다는 것을 교훈하고 있다.

구걸하다

어원求乞~ 활용구걸하여(구걸해), 구걸하니, 구걸하고 대응구걸을 하다
타❶(다른 사람에게) 돈이나 주로 음식 따위를 공짜로 달라고 부탁하듯이 요청하다. Request money or food to someone without cost.
㊇빌어먹다, 걸식하다, 동냥하다 ㊅얻다I
N0-가 N1-를 N2-에게 V (N0=[인간] N1=[음식](밥 따위), [돈] N2=[인간])
¶노숙자들이 행인들에게 돈을 구걸했다. ¶옛날에는 집집마다 찾아와서 거지들이 집주인에게 밥을 구걸하였다. ¶어떤 사람이 나에게 버스비를 구걸했다.
❷(어떤 사람에게) 목숨이나 감정 따위의 절실히 필요한 어떤 추상물을 달라고 하면서 빌다. Ask someone for some abstract art that is urgently needed such as one's life or affection, etc.
㊇애걸하다, 애걸복걸하다
N0-가 N1-를 N2-에게 V (N0=[인간|단체] N1=[추상물](목숨, 사랑, 동정심 따위))
¶피의자는 판사에게 동정심을 구걸하면서 눈물을 보였다. ¶우리 회사는 여러 거래처들에 대금 지급일 연기를 구걸하여 겨우 부도를 면했다. ¶내 친구는 어떤 여자에게 사랑을 구걸하다시피 하여 그 여자의 마음을 얻어냈다.

구겨지다

활용구겨지어(구겨져), 구겨지니, 구겨지고
자❶(종이나 천 따위가) 뭉쳐지거나 비벼지거나 접혀서 잔금이 생기다. (of paper or cloth) Have many untidy creases by being crumpled, rubbed, or folded.

[유]접히다 [반]펴지다
N0-가 V (N0=[옷], [천], [책](신문, 잡지 따위))
[능]구기다[타]
¶새로 다린 옷이 하루 만에 구겨졌다. ¶옷감이 너무 낡고 구겨져서 못 쓸 것 같다. ¶구겨진 신문이 길바닥에 나뒹굴고 있다.
❷(얼굴이나 표정이) 좋지 않은 일로 인하여 찌푸려지거나 일그러지다. (of face or feature) Frown or contort because of something bad.
[유]찌푸려지다, 일그러지다
N0-가 V (N0=[신체부위], 표정 따위)
[능]구기다[타]
¶그의 표정이 구겨진 것을 보니 무슨 일이 있었나 보다. ¶그 소식을 접했을 때 내 낯빛은 잠깐 구겨졌던 것 같다.
❸(기분 따위가) 불만족스럽게 되거나 나빠지다. (of feeling) Become dissatisfied or to feel bad.
[유]언짢아지다, 불쾌해지다
N0-가 V (N0=[감정], [인성](자존심 따위))
[능]구기다[타]
¶직원의 불친절한 응대에 현호는 기분이 구겨졌다. ¶자존심이 구겨진 그 선수는 다음 경기를 벼르고 있다. ¶그는 실수한 뒤 체면이 구겨졌는지 다시 나타나지 않았다.

구경나다

[활용]구경나, 구경나니, 구경나고
[자]구경할 일이 벌어지다. (of a spectacle) Take place or occur.
V
¶큰 구경났다고 사람들이 몰려들었다. ¶재미난 구경났다는데 가만히 있을 수 없지. ¶사람들이 구경났다는 듯 쳐다보기만 했다.
※ 주어 없이 주로 '구경났-' 형태로 쓰인다.

구경하다

[활용]구경하여(구경해), 구경하니, 구경하고 [대응]구경을 하다
[타]❶(어떤 대상이나 사태 따위를) 다른 행위를 할 목적은 없이 재미로 관심있게 쳐다보다. Gaze at an object or a situation with interest but with no intention to partake.
[유]보다I
[사]구경시키다
¶사람들이 가을 경치를 구경하면서 즐겼다. ¶아이들이 맹수들끼리 싸우는 광경을 구경하고 있다. ¶마을 사람들은 고래를 해체하는 광경을 구경했다.
❷(주로 과거에 어떤 대상을) 먹어 보거나 가져 보다.(비유적인 표현) (Metaphorically) Have eaten or owned an object before.
[유]보다I
N0-가 N1-를 V (N0=[인간] N1=[사물])
¶전쟁이 끝난 뒤에도 한동안 우리 가족은 쌀밥을 구경한 적이 없었다. ¶아니, 나는 엄마 지갑은 구경하지도 못 했는데.
※주로 과거 사건의 회상 장면에서 자주 사용되며 뒤에 부정어와 함께 사용된다.

구금당하다

[어원]拘禁~ [활용]구금당하여(구금당해), 구금당하니, 구금당하고
☞구금되다

구금되다

[어원]拘禁~ [활용]구금되어(구금돼), 구금되니, 구금되고
[자] 【법률】 피고인이나 피의자가 교도소나 구치소 따위에 가두어져 신체의 자유를 구속당하다. (of a defendant or suspect) Be locked in prison or detention center and be bound of physical freedom.
[유]감금되다, 감금당하다, 갇히다
N0-가 N2-에 의해 N1-에 V (N0=[인간|단체] N2=[인간|단체] N1=장소(교도소, 구치소, 감옥, 경찰서 따위))
[능]구금하다
¶영장도 없이 구치소에 구금되는 일이란 있을 수 없다. ¶독립운동가들이 체포되어 감옥에 구금되었다. ¶그 청년은 절도죄로 경찰에 의해 구금되었다.

구금하다

[어원]拘禁~ [활용]구금하여(구금해), 구금하니, 구금하고
[타] 【법률】 경찰이 피고인이나 피의자를 교도소나 구치소 따위에 가두어 신체의 자유를 구속하다. (of a police) Lock a defendant or suspect in prison or detention center to take away physical freedom.
[유]가두다I, 감금하다, 투옥하다, 집어넣다 [반]구금당하다
N0-가 N1-를 N2-에 V (N0=[인간|단체] N1=[인간|단체] N2=장소(교도소, 구치소, 감옥, 경찰서 따위))
[피]구금되다, 구금당하다
¶경찰은 영장도 없이 나를 구치소에 구금하였다. ¶그들은 구속 영장도 발부받지 않은 상태에서 연행자들을 구금하였다. ¶순사들은 독립운동가들을 체포하여 감옥에 구금하였다.

구기다

[활용]구기어(구겨), 구기니, 구기고 [센]꾸기다
[자]❶(종이, 옷감 따위의 얇은 물건이) 뭉쳐지거나 비벼지거나 접혀서 주름이 생기다. (of a thin object such as paper or cloth) Become wrinkled by crumpling, rubbing, or folding.
[유]접다

N0-가 V (N0=[종이], [옷], [책](신문, 잡지 따위))
¶새로 산 바지가 구길까 봐 동생은 온 종일 서서 다녔다. ¶배달원이 아무렇게나 던져 놓으니까 신문이 다 구길 수밖에 없다. ¶실수로 떨어뜨리는 바람에 화보집이 다 구겼다.
❷(좋지 않은 말, 행동, 사건 따위로 인하여) 사람의 기분이나 감정이 상하다. (of a person's emotion or feeling) Become offended by any unfavorable word, action, or incident.
㊌언짢아지다, 불쾌해지다
N0-가 N1-에 N2-가 V (N0=[인간] N1=[비난] N2=[감정](기분, 감정, 자존심 따위))
¶동생은 어머니의 잔소리에 기분이 많이 구긴 모양이었다. ¶교수님은 학생들의 비방에 마음이 많이 구기셨는지 표정이 안 좋으시다. ¶옆집 새댁은 남편의 핀잔에 자존심이 심하게 구겼나봐!
N0-가 N1-(에|로) N2-가 V (N0=[인간] N1=[행위], [사건] N2=[감정](기분, 감정, 자존심 따위))
¶동생은 옆집 친구와의 비교에 자존심이 꽤나 구긴 모양이었다. ¶형은 대학원 진학 실패에 기분이 많이 구겨서 끝내 눈물을 글썽거렸다.
※'N1' 논항은 주로 부정적인 행위나 사건에 해당한다.
타❶(종이, 옷감 따위의 얇은 물건을) 뭉치거나 비비거나 접거나 하여 주름이 생기게 하다. Make a thin object such as paper or cloth wrinkled by crumpling, rubbing, or folding.
㊌접다
N0-가 N1-를 V (N0=[인간], [짐승] N1=[종이], [옷], [책](신문, 잡지 따위))
피구겨지다
¶아기가 돈을 구기기만 하고 찢지는 않아서 정말 다행이다. ¶강아지들이 옷을 죄다 구겨 놓았다. ¶아버지는 신문지를 몇 번 구기시더니 책장 밑에 고이셨다.
❷(사람의 기분이나 감정을) 상하게 하다. Hurt someone's feeling or emotion.
㊌망치다I, 버리다I
N0-가 N1-를 V (N0=[인간], [행위], [이야기] N1=[감정](마음, 기분, 감정, 자존심 따위))
피구겨지다
¶만취한 친구 녀석이 내 여자 친구의 기분을 완전히 구겨 놓았다. ¶선생님은 비난 섞인 잔소리로 학생들의 자존심을 다 구겨 버렸다. ¶이상한 소문이 내 기분을 다 구긴 상태였기 때문에 쉽게 화가 났다.

구독하다

어원購讀~ 활용구독하여(구독해), 구독하니, 구독하고 대응구독을 하다
타(신문이나 잡지 따위의 간행물을) 사거나 받아서 읽다. Buy or receive and read a publication such as newspaper, magazine, etc.
㊌구매하다 ㊍읽다I
N0-가 N1-를 V (N0=[인간|단체] N1=[책](신문, 잡지, 책 따위))
¶나는 일간 신문을 정기 구독한다. ¶더 이상 이 잡지를 구독하지 않겠습니다. ¶매일 신문을 사서 보는 것보다 정기 구독하는 것이 싸다.

구르다 I

활용굴러, 구르니, 구르고, 굴렀다
자(동그란 물체나 바퀴 따위가) 돌면서 움직이다. (of circular objects or wheels) Move by turning.
㊌돌다, 회전하다 ㊋굴러가다
N0-가 N1-로 V (N0=[사물](돌, 바위, 구슬, 바퀴 따위), [교통기관](자동차 따위) N1=[경로])
¶돌멩이가 언덕 아래로 굴렀다. ¶구슬이 서랍 밑으로 굴렀다. ¶세워 둔 자동차가 갑자기 아래로 굴렀다.
타 (몸을 동그랗게 하여) 돌리면서 움직이다. Move by turning (by making the body round).
㊌돌다 ㊋굴러가다I
N0-가 N1-를 V (N0=[인간], [동물] N1=[장소])
¶아이들이 방바닥을 굴렀다. ¶그 사람이 계단을 굴렀다.

구르다 II

활용굴러, 구르니, 구르고, 굴렀다
타❶(발을 들어서) 바닥을 여러 번 반복해서 차다. Bring down one's feet heavily on the ground repeatedly out of nervous or anxious. Or be nervous and impatient due to concern or worry about work, etc.
㊌차다, 발로 치다
N0-가 N1-를 V (N0=[인간] N1=발, [장소](바닥))
¶아이들이 음악에 맞추어 발을 굴렀다. ¶그 사람이 바닥을 쿵쿵 구르는 소리가 거슬렸다.
❷ 【운동】 더 높이 뛰려고 발판 따위를 발로 힘차게 누르면서 차다. Bring down one's feet heavily on a holding plate in order to jump higher.
N0-가 N1-를 V (N0=[운동선수](체조선수 따위) N1=발판 따위)
¶그 선수가 세차게 발판을 구르고 도약했다.
◆ **발을 동동 구르다** (일 따위가 걱정되어) 마음이 불안하여 조급해하다. Be nervous and impatient due to concern or worry about work, etc..
N0-가 N1-로 Idm (N0=[인간] N1=[사건], [상황])
¶동생은 입학시험 걱정으로 발을 동동 굴렀다. ¶형은 취직 걱정으로 발을 동동 구르고 있다.
N0-가 S고 Idm (N0=[인간])

¶동생은 장난감을 사 달라고 발을 동동 굴렀다. ¶언니는 일자리가 없다고 발을 동동 굴렀다.

구매되다

[어원]購買~ [활용]구매되어(구매돼), 구매되니, 구매되고 [대응]구매가 되다

[자](물건의 소유권이) 값을 지불한 사람에게 일정한 값에 넘겨지다. (of ownership of an item) Be transferred to a person at a price.

[유]구입되다, 매입되다 [반]판매되다, 매도되다, 팔리다 [상]매매되다

N0-가 N1-에 V (N0=[사물], (소유권 등) N1=[값], [등급](고가, 저가 따위))

[능]구매하다

¶신제품이 호사가들에게 고가에 구매되었다. ¶건물이 예전보다 낮은 가격에 구매되었다. ¶일주일 전에 구매된 물품은 반품됩니다.

구매하다

[어원]購買~ [활용]구매하여(구매해), 구매하니, 구매하고 [대응]구매를 하다

[타](물건의 소유권을) 다른 사람으로부터 일정한 값에 넘겨받다. Acquire ownership of an item from another person for a certain price.

[유]사다I, 구입하다, 매입하다 [상]매매하다 [반]판매하다, 팔다I, 매도하다

N0-가 N2-(에게|에게서|에서) N1-를 N3-에 V (N0=[인간|단체] N1=[사물], 소유권 따위 N2=[인간|단체] N3=[값], [등급](고가, 저가 따위))

[피]구매되다

¶나는 이 물건을 잘 아는 지인에게서 헐값에 구매했다. ¶미현이는 항공권을 저렴한 값에 구매했다. ¶요즘은 인터넷에서 상품을 구매하는 사람들이 많다.

구박받다

[어원]驅迫~ [활용]구박받아, 구박받으니, 구박받고 [대응]구박을 받다

[자](다른 사람에게) 견디기 어려울 정도로 몰리거나 괴롭힘을 당하다. Be harassed or cornered to an unbearable situation by someone.

[유]멸시받다 [반]대접받다, 존중받다 [반]구박하다

N0-가 N1-에게 V (N0=[인간] N1=[인간])

¶신데렐라는 매일같이 계모와 계모의 딸들에게 구박받으며 지냈습니다. ¶그는 사소한 일로 형에게 자주 구박받았다. ¶그 어린 소녀는 부모에게 구박받을 일을 많이 했다.

구박하다

[어원]驅迫~ [활용]구박하여(구박해), 구박하니, 구박하고 [대응]구박을 하다

[타](다른 사람을) 견디기 어려울 정도로 몰아붙이거나 다그치다. Harass or push someone into an unbearable situation.

[유]괴롭히다, 멸시하다, 못살게굴다 [반]대접하다, 존중하다, 대우하다, 공경하다, 구박받다 [상]다그치다 [하]학대하다, 박대하다

N0-가 N1-를 V (N0=[인간] N1=[인간])

¶아버지께서는 늘 형은 구박하며 나는 감싸 안으셨다. ¶일부 유치원에서 교사들이 어린이들을 구박하는 사건이 발생했습니다. ¶옛날에는 시어머니가 며느리를 구박하는 것이 당연하게 여겨졌다.

구별되다

[어원]區別~ [활용]구별되어(구별돼), 구별되니, 구별되고 [대응]구별이 되다

[자](둘 이상의 대상이) 그 모양이나 성질 따위의 차이에 의해서 서로 다른 대상으로 가려지다. (of more than two objects) Be distinguished into different objects due to different shape or property.

[유]구분되다, 나뉘다, 분간되다

N0-가 N1-과 N2-로 V ↔ N0-와 N1-가 N2-로 V ↔ N1-와 N0-가 N2-로 V (N0=[모두] N1=[모두] N2=[속성])

[능]구별하다

[연어]분명히, 명확히, 확실히

¶동물은 인간과 언어 능력으로 분명히 구별된다. ↔ 인간은 동물과 언어 능력으로 분명히 구별된다. ↔ 동물과 인간은 언어 능력으로 분명히 구별된다. ¶내 목소리와 너의 목소리는 목소리 톤으로도 구별된다. ¶논문과 감상문은 논거 제시 방식으로 구별될 수도 있다.

N0-가 N1-과 ADV V (N0=[모두] N1=[모두], ADV=S-는 점, S-는 면)

[능]구별하다

[연어]분명히, 명확히, 확실히

¶인간은 고차원적 사고 능력이 있다는 점에서 동물과 분명히 구별된다. ¶이번 사건은 특정한 범행 도구가 발견되지 않은 점에서 이전 사건들과는 구별된다. ¶이 연구는 연구 방법이 독창적이라는 점에서 이전까지의 연구들과는 구별된다.

구별하다

[어원]區別~ [활용]구별하여(구별해), 구별하니, 구별하고 [대응]구별을 하다

[타](사람, 동물 따위가) 둘 이상의 대상을 그 모양이나 성질 따위의 차이에 따라 서로 다른 대상으로 가리다. (of a person or an animal) Distinguish into more than two objects by difference of shape or property.

[유]구분하다, 분간하다, 가르다I, 선별하다

N0-가 N1-를 N2-와 V ↔ N0-가 N1-와 N2-를 V (N0=[인간|단체], [동물] N1=[모두] N2=[모두])

피구별되다
¶우리는 선을 악과 구별할 줄 안다. ↔ 우리는 선과 악을 구별할 줄 안다. ¶강아지는 주인을 다른 사람과 구별한다. ↔ 강아지는 주인과 다른 사람을 구별한다. ¶나는 오늘까지 할 일과 주말까지 해도 될 일을 이미 구별해 두었다.

구부러지다
활용구부러지어(구부러져), 구부러지니, 구부러지고
자❶(주로 길쭉한 신체 부위가) 굽거나 둥그스름하게 휘다. (usually of a long body part) Be curved or arched.
㊌휘어지다 ㊍펴지다
N0-가 N1-가 V (N0=[인간], [동물] N1=[신체부위](관절 따위))
능구부리다
¶할아버지는 등허리가 구부러지셨다. ¶관절염이 심해서 어머니는 손가락이 잘 구부러지지 않는다.
❷(기다란 모양의 물건이나 장소가) 똑바른 직선이 아니라 굽거나 휘다. (of a long object or location such as a road or a tree) Be curved or arched rather than straight.
㊌휘어지다
N0-가 V (N0=[신체부위](다리, 등허리 따위), [사물])
능구부리다
¶나뭇가지가 아래로 구부러졌다. ¶길이 심하게 구부러져 있다. ¶은수저는 쉽게 구부러진다.
❸(원래의 의도나 취지 따위와는 달리) 비정상적으로 되어 있다. Be in an abnormal or warped state in contrast to an original intention or purpose.
N0-가 N1-가 V (N0=[인간] N1=[규범], [사조])
능구부리다
¶그 사람은 생각이 구부러졌다. ¶과장님은 업무 평가 기준이 자주 구부러진다. ¶구부러진 생각으로는 누구도 설득할 수 없다.

구부리다
활용구부리어(구부려), 구부리니, 구부리고
타❶(길다란 모양의 곧은 물체를) 굽거나 휘게 만들다. Bend or warp a long and straight object.
㊍펴다[1]타
N0-가 N1-를 V (N0=[인간], [힘](압력 따위) N1=[사물])
피구부러지다
¶차력사가 관객 앞에서 철근을 구부렸다. ¶강한 압력이 철판을 구부렸다.
❷(주로 길쭉한 신체 부위를) 굽거나 둥그스름하게 휘다. Bend or curve a long body part.
㊌접다, 굽히다 ㊍펴다[1]타
N0-가 N1-를 V (N0=[인간], [동물] N1=[신체부위](관절 따위))
피구부러지다
¶여동생이 요가를 한다며 허리를 뒤로 구부렸다. ¶할아버지는 팔다리를 구부렸다 폈다 하면서 가볍게 운동하신다.
❸(규범이나 기준 따위를) 본래의 취지에서 벗어나게 하다. Cause a standard or criterion to deviate from its original purpose.
N0-가 N1-를 V (N0=[인간|집단] N1=[행사], [법률], [규범])
피구부러지다
¶사법부가 법률 적용 원칙을 구부리면 약자들만 억울해진다. ¶어떤 조직이든 원칙을 구부리면 안 된다.

구분되다
어원區分~ 활용구분되어(구분돼), 구분되니, 구분되고 대응구분이 되다
자❶(어떤 집합적 대상이) 일정한 기준에 따라 하위 범주로 나뉘다. (of some collective object) Be divided into subcategory by a certain standard.
㊌구별되다, 나뉘다, 분할되다
N0-가 N1-와 N2-로 V ↔ N0-가 N2-와 N1-로 V (N0=[사물], [추상물] N1=[범주], [분야] N2=[범주], [분야])
능구분하다
¶개구리는 식용 개구리와 독 개구리로 구분된다. ↔ 개구리는 독 개구리와 식용 개구리로 구분된다. ¶전 세계의 차 문화는 크게 커피 문화와 홍차 문화로 구분되어 있다. ¶언어학은 음운론, 형태론, 통사론, 의미론으로 구분된다.
※셋 이상의 범주로 구분될 때에는 'N1-와 N2-와 ~ Nn-로' 형식이나 'N1, N2, ~, Nn-로' 형식으로 확장될 수 있다.
❷(둘 이상의 대상이) 서로 다른 대상으로 가려지다. (of more than two objects) Be distinguished into different objects.
㊌분리되다, 구별되다, 달라지다, 차이나다
N0-가 N1-(로|에서) N2-와 V (N0=[사물], [추상물] N1=[기준], [속성] N2=[단위], [장소](가운데, 중 따위), [사물], [추상물])
능구분하다
¶수상한 비행체들은 화면상의 'X' 표시로 아군 비행기와 구분된다. ¶황소개구리는 크기와 먹성으로 토종 개구리들과 구분된다. ¶이 책은 독특한 문제의식에서 다른 책들과 구분된다.
N0-가 N1-에서 V (N0=[사물], [추상물] N1=[범주])
능구분하다

¶언어사회학과 사회언어학은 세부 분야에서 구분된다.

구분짓다

[어원]區分~ [활용]구분지어, 구분지으니, 구분짓고, 구분짓는 [대응]구분을 짓다

[타](어떤 집합적 대상을) 일정한 기준에 따라 하위 범주로 나누다. (of a person) Divide some collective object into a subcategory by a certain standard.

[유]구분하다, 구별하다, 나누다, 가리다II, 분할하다 [반]합치다I, 묶다

N0-가 N1-를 N2-로 V (N0=[인간|단체] N1=[모두] N2=[수량], [단위], [속성])

¶우리는 알약들을 색깔에 따라 넷으로 구분지었다. ¶학생들은 긴 예시문을 세 개의 단락으로 구분짓는 과제를 받았다.

N0-가 N1-를 N2-와 N3-로 V ↔ N0-가 N1-를 N3-와 N2-로 V (N0=[인간|단체] N1=[모두] N2=[범주], [분야], [경계] N3=[범주], [분야], [경계])

¶학생들은 선생님을 근엄한 선생님과 다정한 선생님으로 구분지었다. ↔ 학생들은 선생님을 근엄한 선생님과 다정한 선생님으로 구분지었다. ¶편집부장은 기사들을 주요 기사와 일반 기사로 구분지어 편집했다.

구분하다

[어원]區分~ [활용]구분하여(구분해), 구분하니, 구분하고 [대응]구분을 하다

[타]❶(어떤 집합적 대상을) 일정한 기준에 따라 하위 범주로 나누다. (of a person) Divide some collective object into a subcategory by a certain standard.

[유]구분짓다, 구별하다, 나누다, 가르다, 분할하다 [반]합치다, 묶다

N0-가 N1-를 N2-로 V (N0=[인간|단체] N1=[모두] N2=[수량], [단위], [속성])

[피]구분되다

¶우리는 알약들을 색깔에 따라 넷으로 구분했다. ¶학생들은 긴 예시문을 세 개의 단락으로 구분하였다.

N0-가 N1-를 N2-와 N3-로 V ↔ N0-가 N1-를 N3-와 N2-로 V (N0=[인간|단체] N1=[모두] N2=[범주], [분야], [경계] N3=[범주], [분야], [경계])

[피]구분되다

¶학생들은 선생님을 근엄한 선생님과 다정한 선생님으로 구분했다. ↔ 학생들은 선생님을 근엄한 선생님과 다정한 선생님으로 구분했다. ¶편집부장은 기사들을 주요 기사와 일반 기사로 구분하여 편집했다.

❷(사람, 동물 따위가) 둘 이상의 대상을 그 모양이나 성질 따위의 차이에 따라 서로 다른 대상으로 가리다. (of a person or an animal) Distinguish into more than two objects by difference of shape or property.

[유]구별하다, 분리하다

N0-가 N1-를 N2-에서 V (N0=[인간|단체], [동물] N1=[모두] N2=[단위], [장소](중, 가운데 따위))

[피]구분되다

¶세관 마약 단속반이 사람들의 짐꾸러미에서 밀수품을 구분해 냈다. ¶현명한 사람들은 정보의 홍수 속에서 신뢰할 수 있는 정보를 구분할 줄 안다. ¶고참 형사들은 평범해 보이는 사람들 가운데서 수상한 사람을 금방 구분했다.

구비되다

[어원]具備~ [활용]구비되어(구비돼), 구비되니, 구비되고 [대응]구비가 되다

[자](필요한 것이) 미리 갖추어지다. (of something necessary) Be prepared in advance.

[유]갖춰지다

N0-가 N1-에 V (N0=[사물], [조건] N1=[장소])

[능]구비하다

¶새로 세운 병원에 각종 의료 기기가 구비되었다. ¶편의점에는 어떤 물건이든 다 구비되어 있다. ¶올해 지원자들은 모두 좋은 조건이 구비되었다.

구비하다

[어원]具備~ [활용]구비하여(구비해), 구비하니, 구비하고 [대응]구비를 하다

[타](필요한 것을) 미리 전부 갖추어 놓다. Prepare necessary things in advance.

[유]갖추다

N0-가 N1-를 V (N0=[인간|단체] N1=[사물], [조건])

[피]구비되다

¶도서실에서는 세계 문학 전집을 구비하였다. ¶편의점에는 어떤 물건이든 구비해 두었다. ¶우리가 원하는 조건을 구비한 후보자를 찾기가 어렵다.

구사하다

[어원]驅使~ [활용]구사하여(구사해), 구사하니, 구사하고

[타](말, 기법, 기술, 전술 따위를) 자유자재로 자연스럽게 사용하다. Freely and naturally use word, technique, skill, or tactic.

[유]쓰다III, 사용하다

N0-가 N1-를 V (N0=[인간] N1=[언어], [기술], [방법](기법, 전술 따위))

¶내 여자 친구는 3가지 언어를 구사한다. ¶장군님은 다양한 전술을 구사하는 능력이 탁월하시다. ¶송창호 선수는 드리블과 패스를 거의 완벽하게 구사한다.

구상하다

어원 構想~ 활용 구상하여(구상해), 구상하니, 구상하고 대응 구상을 하다

자타 ❶(장차 하려 하는 일의 구체적인 규모, 내용, 방식 등을) 곰곰이 생각하다. Think carefully of detailed size, contents, and method of something one wishes to do in the future.

유 계획하다I, 짜다I 타

No-가 N1-(를|에 대해) V (No=[인간|단체] N1=[사물], [추상물], [행사])

¶우리 회사는 내년 봄을 위한 신제품을 구상했다. ¶그들은 적의 보급로를 끊기 위한 전략을 구상하였다. ¶그는 언제나 새로운 무대와 행사에 대해 구상하고 있다.

No-가 S것-(을|에 대해) V (No=[인간|단체])

¶그들은 예전의 교역로를 모두 교체하는 것을 구상했다. ¶우리 회사는 내년 봄에 신제품을 내놓을 것에 대해 구상했다.

❷(새로운 문학, 음악, 미술 작품을 창작하기 전에 그 기본 내용이나 표현 방식 등을) 미리 생각하다. Think in advance of basic contents or expressive method before creating a new work of culture, music, or art.

No-가 N1-를 V (No=[인간|단체] N1=[예술], [문학작품])

¶그는 10년에 걸쳐서 자신의 신작을 구상하였다. ¶어떤 작가들은 자신의 작품을 구상하기 위해서 실제로 전쟁터를 체험하기도 한다. ¶그의 이번 신곡은 자신이 직접 구상한 멜로디를 가지고 만들었다고 한다.

구성되다

어원 構成~ 활용 구성되어(구성돼), 구성되니, 구성되고 대응 구성이 되다

자 ❶(둘 이상의 요소나 부분이 모여서) 하나의 전체가 이루어지다. (of more than two elements or parts) Become one single unit by collecting.

유 조직되다, 짜여지다

No-가 N1-로 V (No=[사물], [추상물] N1=[사물], [추상물])

능 구성하다

¶이번 여행단은 남자 10명과 여자 5명으로 구성되어 있다. ¶이 음료는 천연 과일과 인공 향신료로 구성되어 있다. ¶우리 부서는 모두 여섯 개의 조직으로 구성되어 있다.

❷(문학이나 예술 작품에서 여러 요소가) 적절히 조합되고 배치되어 전체 내용이 짜여지다. (of whole contents) Be formed by appropriately mixing and arranging various components in literature or work of art.

유 짜여지다

No-가 N1-로 V (No=줄거리, 작품 따위 N1=[사물], [추상물])

능 구성하다

¶그의 이번 작품집은 기존에 발표되었던 시나리오들로만 구성되어 있어서 아쉽다. ¶이번 영화는 재기발랄한 시나리오와 아름다운 화면으로 구성되어 있다. ¶봉필수 화백의 그림은 서로 다른 성질의 물감으로 구성되어 있어서 신비하다.

구성하다

어원 構成~ 활용 구성하여(구성해), 구성하니, 구성하고 대응 구성을 하다

타 ❶(둘 이상의 요소나 부분이 모여서) 하나의 전체를 이루다. (of more than two elements or parts) Form one single unit by collecting.

유 조직하다, 짜다

No-가 N2-와 N1-를 V ↔ N2-가 No-와 N1-를 V ↔ No-와 N2-가 N1-를 V (No=[사물], [추상물] N1=[사물], [추상물] N2=[사물], [추상물])

피 구성되다

¶산소는 수소와 함께 물을 구성한다. ↔ 수소는 산소와 함께 물을 구성한다. ↔ 산소와 수소는 (함께) 물을 구성한다. ¶신년 축하 합창단은 우리 학교 합창단과 이웃 학교 합창단이 구성하고 있다. ¶남자 14명과 여자 12명이 우리 학급을 구성하고 있다.

❷(둘 이상의 요소나 부분을 모아서) 하나의 전체를 완성하다. Complete one single unit by collecting more than two elements or parts.

유 짜다I 타

No-가 N2-로 N1-를 V (No=[인간|단체] N1=[사물], [추상물] N2=[사물], [추상물])

피 구성되다

¶정부는 민간인과 정부 측 인사 5명으로 대책위원회를 구성했다. ¶어머니는 채소와 고기를 적절하게 섞어서 균형 잡힌 식단을 구성했다. ¶순호는 친구와 학교 후배들로 새로운 단체를 구성했다.

❸(문학이나 예술 작품에서 여러 요소를 적절히 조합하고 배치하여) 전체 내용을 짜다. Form whole contents by appropriately mixing and arranging various components in literature or work of art.

유 짜다I

No-가 N2-로 N1-를 V (No=[인간] N1=줄거리, 작품 따위 N2=[추상물], [사물])

피 구성되다

¶그는 치밀한 취재를 통해서 얻은 정보들로 줄거리를 구성한다. ¶요즘 연극은 새로운 기법을 이용해서 줄거리와 무대를 화려하게 구성한다. ¶봉필수 화백은 최대한 적은 색을 사용해서 그림을

단조롭게 구성했다.

구속되다

어원 拘束~ 활용 구속되어(구속돼), 구속되니, 구속되고 대응 구속이 되다

자 ❶(행동이나 사고의 자유가) 다른 사람이나 외부 요인에 의해 얽매여 제한되다. (of freedom of behavior or thought) Be limited by another person or external factor.

유 속박되다, 속박받다

N0-가 N1-(에|에 의해) V (N0=[인간|단체], [추상물], [행위] N1=[인간|단체], [추상물], [행위])

능 구속하다

¶나는 늘 부모님에게 구속되어 사는 것 같아서 답답했다. ¶나의 생각은 과거의 실패에 의해 계속 구속되어 있다. ¶이번 그녀의 실수는 자신의 편견에 너무 구속되어서 생긴 일이다.

❷(법률적인 판단에 의해) 잡혀서 감옥 따위의 장소에 갇히다. Be captured and locked in prison due to legal decision.

반 석방되다

N0-가 N1-에 V (N0=[인간](피의자, 용의자, 범인 따위) N1=[장소](감옥, 구치소 따위))

능 구속하다

¶비리 정치인들은 모두 구치소에 구속되어 있다. ¶저런 부패한 사람이 구속되지 않는다는 것은 슬픈 일이다. ¶불법 복제본을 팔던 일당이 경찰에 구속되었다.

구속받다

어원 拘束~ 활용 구속받아, 구속받으니, 구속받고 대응 구속을 받다

자 (행동이나 사고의 자유를) 다른 사람이나 외부 요인에 의해서 얽매여 제한받다. (of freedom of behavior or thought) Be limited by another person or external factor.

유 속박되다, 속박받다 반 구속하다

N0-가 N1-에 V (N0=[인간|단체], [추상물], [행위] N1=[인간|단체], [추상물], [행위])

¶모든 학생들은 자신이 선생님에게 구속받고 있다고 생각한다. ¶내가 가진 모든 생각은 알고 보면 세상의 규칙에 구속받고 있는 것이다. ¶그녀는 더 이상 과거의 실패에 구속받고 싶지 않았다.

구속하다

어원 拘束~ 활용 구속하여(구속해), 구속하니, 구속하고 대응 구속을 하다

타 ❶(타인의 행동이나 사고의 자유를) 얽매어 제한하다. Limit someone's freedom of behavior or thought.

유 속박하다 반 구속받다

N0-가 N1-를 V (N0=[인간|단체], [추상물], [행위] N1=[인간|단체], [추상물], [행위])

피 구속되다

¶강박 관념이 그의 모든 사고를 구속하고 있어서 그는 언제나 힘들어했다. ¶그가 과거에 저지른 잘못이 그의 미래를 구속하고 있는 것 같아서 매우 안타깝다. ¶그는 인간을 구속하는 여러 관습들을 비판했다.

❷(검찰이나 경찰이) 피의자를 법률적인 판단에 따라 감옥 따위의 장소에 잡아 가두다. (of a prosecutor or police) Capture and lock a suspect in prison under a legal decision.

반 석방하다

N0-가 N1-를 N2-에 V (N0=검찰, 경찰 따위 N1=[인간](피의자, 용의자, 범인 따위) N2=[장소](감옥, 구치소 따위))

피 구속되다

¶경찰은 이번에 현행범으로 잡은 범인들을 모두 감옥에 구속했다. ¶검찰은 불량 재료를 사용한 식품 업자들을 모두 구속했다. ¶검찰은 그 사건의 용의자를 확실한 증거를 확보하여 구속했다.

구술되다

어원 口述~ 활용 구술되어(구술돼), 구술되니, 구술되고 대응 구술이 되다

자 (어떤 사실이나 이야기 따위가) 문자로 기록되지 않고 입을 통해 직접 말해지다. (of some truth or story) Be directly spoken through the mouth without recording in letters.

반 기록되다 유 진술되다, 서술되다

N0-가 N1-에 의해 V (N0=[앎], [이야기] N1=[인간](재담꾼, 이야기꾼 따위))

능 구술하다

¶그 사건의 실상이 목격자들에 의해 구술된 음성 자료가 남아 있다. ¶이 지역의 전래 동화가 마을 어른들에 의해서 구술되었다. ¶이야기꾼들에 의해서 이 이야기는 조금씩 다르게 구술되면서 다양하게 나타났다.

구술하다

어원 口述~ 활용 구술하여(구술해), 구술하니, 구술하고

타 (어떤 사실이나 이야기 따위를) 문자로 기록하지 않고 입을 통해 직접 말하다. Directly speak some truth or story through the mouth without recording in letters.

유 서술하다, 진술하다 반 기술하다, 기록하다

N0-가 N1-를 V (N0=[인간], [인간](재담꾼, 이야기꾼 따위) N1=[앎], [이야기])

피 구술되다

¶몇몇 선각자들은 당시 상황을 구술하여 녹음해 두었다. ¶이장 할아버지는 마을의 전설을 구술하

셨다. ¶구술자들마다 한 가지 이야기를 조금씩 다르게 구술한다.

구워삶다

활용 구워삶아, 구워삶으니, 구워삶고

타 (주로 반대하는 사람이나 단체 따위를) 기분을 맞춰 주면서 자기편으로 만들다. Make an opposition group or a person an ally by pleasing them.

㉮ 달래다, 어르다, 매수하다

N0-가 N1-를 N2-로 V (N0=[인간|단체] N1=[인간|단체] N2=[방법])

¶아버지는 용돈으로 동생을 구워삶으셨다. ¶후보자들이 전시용 공약으로 유권자들을 구워삶으려고 한다. ¶경쟁업체에서 입찰 담당 공무원을 돈으로 구워삶으려 하다가 실패하였다.

구원받다

어원 救援~ 활용 구원받아, 구원받으니, 구원받고

대응 구원을 받다

자 ❶다른 사람의 도움으로 어렵거나 위험한 상황에서 벗어나다. Be saved from difficulty or danger with the help of another person.

㉮ 구조되다 ㉯ 구원하다

N0-가 N1-로 V (N0=[인간], 생명, 삶, 따위 N1=[행위], [추상물](사랑, 수술 따위))

¶애정 결핍이었던 그는 사랑으로 구원받고 싶었다. ¶의사의 수술로 한 환자의 생명이 구원받았다.

❷ 【기독교】 인간이 믿음으로 고통과 죄악에서 벗어나 영생을 얻다. (of a human being) Obtain eternal life by being redeemed through belief.

㉯ 구원하다

N0-가 N1-(에게|에 의해) V (N0=[인간] N1=하나님, 예수님 따위)

¶당신이 하나님에게 구원받은 것은 변함이 없습니다. ¶교회 안에 있다고 반드시 구원받는 것은 아니다.

구원하다

어원 救援~ 활용 구원하여(구원해), 구원하니, 구원하고 대응 구원을 하다

타 ❶어렵거나 위험한 상황에 빠진 사람을 구하다. Save someone from difficulty or danger.

㉮ 구제하다I, 구조하다I, 돕다 ㉯ 구원받다

N0-가 N2-에서 N1-를 V (N0=[인간] N1=[인간] N2=[추상물](삶, 세상 따위))

¶우리는 나락에 빠진 삶에서 누군가를 구원해야 한다. ¶생명재단은 73명의 어린이를 수술하고 구원하였다. ¶그들은 노름판에서 마을 여자들을 구원하지 못했다.

❷ 【종교】 인간을 죄에서 건져 내어 영생을 얻게 하다. Deliver a person from sin so that he/she might gain eternal life.

㉮ 구하다II ㉯ 구원받다

N0-가 N2-에서 N1-를 V (N0=하나님, 예수님 따위 N1=[인간] N2=[추상물])

¶하나님께서는 죽음의 구렁텅이에서 나를 구원하여 주셨다. ¶예수 그리스도는 악에서 인류를 구원하셨다. ¶하나님이 이 힘든 세상에서 그녀를 구원하신 것이다.

구입되다

어원 購入~ 활용 구입되어(구입돼), 구입되니, 구입되고 대응 구입이 되다

자 (물건의 소유권이) 돈을 지불한 사람에게 일정한 값에 넘어가다. (of an item) Be acquired from someone at a certain price.

㉮ 구매되다, 매입되다 ㉯ 판매되다, 팔리다, 매도되다 ㉴ 매매되다

N0-가 N1-에게 N2-에 V (N0=[사물] N1=[인간|단체] N2=[값], [등급](고가, 저가 따위))

능 구입하다

¶그의 그림은 주로 재력있는 예술 애호가들에게 고가에 구입된다. ¶도서관에 신청한 책이 이미 구입되었다. ¶읍내 나간 길에 구입된 물품들이 요긴하게 쓰였다.

구입하다

어원 購入~ 활용 구입하여(구입해), 구입하니, 구입하고 대응 구입을 하다

타 (물건의 소유권을) 다른 사람으로부터 일정한 값에 얻다. Obtain the ownership of an item from another person for a certain price.

㉮ 사다, 구매하다, 매입하다I ㉯ 판매하다, 팔다I, 매도하다 ㉴ 매매하다

N0-가 N2-(에게|에게서|에서) N1-를 N3-에 V (N0=[인간|단체] N1=[사물] N2=[인간|단체] N3=[값], [등급](고가, 저가 따위))

피 구입되다

¶민수는 중고업자에게 괜찮은 기타를 저가에 구입했다. ¶요즘은 외국 상품을 인터넷으로 직접 구입할 수 있다. ¶희연이는 3만 원에 책 세 권을 구입했다.

구제되다

어원 救濟~ 활용 구제되어(구제돼), 구제되니, 구제되고 대응 구제가 되다

자 (재난이나 곤경에 처한 사람이) 다른 사람이나 법 따위의 도움을 받아 어려운 처지에서 빠져나오다. (of a victim of a disaster or a person in difficulty) Escape a difficult situation by receiving help from another person or the law.

㉮ 구조되다

N0-가 N1-에서 V (N0=[인간|단체] N1=[재해], [피

ㄱ

해], 가난 따위)
능 구제하다
¶민수는 법적 절차를 거쳐 사기 피해에서 구제되었다. ¶현호는 종교를 통해 고통에서 구제되었다. ¶불성실한 사람은 가난에서 구제되지 못한다.

구제받다
어원 救濟~ 활용 구제받아, 구제받으니, 구제받고
대응 구제를 받다
타 (피해를 입어 상실한 권리나 이익을) 다른 사람이나 법 따위의 도움을 통해 원래대로 회복하다. Recover a right or profit (previously lost due to damage) to its original state with the help of another person or the law.
N0-가 N1-를 V (N0=[인간|단체] N1=[권리], 권익 따위)
¶아주머니는 법적 싸움 끝에 가게에 대한 권리를 구제받으셨다. ¶연약한 아이들의 인권도 구제받아야 한다. ¶주민들은 그들의 권익을 구제받기 위해 노력했다.
자타 (피해를 입은 사람이) 다른 사람이나 법 따위의 도움을 통해 어려운 처지에서 구해지다. (of a person who has suffered damage) Escape from a difficult situation with the help of another person or the law.
유 구조되다, 구조받다 반 구제하다
N0-가 N1-(를|에서) V (N0=[인간|단체] N1=[피해], 가난 따위)
¶그는 다행히 사기 피해를 구제받았다. ¶용철이는 규칙을 잘 알아 사기 피해를 구제받을 수 있었다. ¶김 씨는 법에 호소하여 억울한 피해에서 구제받았다.

구제하다
어원 救濟~ 활용 구제하여(구제해), 구제하니, 구제하고 대응 구제를 하다
타 (재난이나 곤경에 빠진 사람을) 도와서 어려운 처지에서 벗어나게 하다. Assist a victim of a disaster or a person in difficulty in order to rescue that person from a difficult situation.
유 구하다II, 구출하다, 구조하다 반 구제받다
N0-가 N1-를 N2-에서 V (N0=[인간|단체] N1=[인간|단체] N2=[재해], [피해], 가난 따위)
피 구제되다
¶임금님은 백성들을 가난에서 구제해 주었다. ¶소방관이 고립된 등산객을 산사태에서 구제했다. ¶법원이 서민들을 금융 피해에서 구제했다.

구조되다
어원 救助~ 활용 구조되어(구조돼), 구조되니, 구조되고 대응 구조가 되다
자 (재난이나 위험한 상황에 처한 사람이) 다른 사람에게 도움을 받아 어려움에서 벗어나다. (of a victim of a disaster or a person in difficulty) Escape a difficult situation by receiving assistance from another person or the law.
유 구출되다, 구제되다
N0-가 N1-(에|에게) V (N0=[인간], N1=[인간|단체])
능 구조하다
¶경미는 어두운 산속에서 소방대원에게 구조되었다. ¶생존자들이 사고 현장에서 기적적으로 구조되었다. ¶구조된 사람들은 모두 병원으로 이송되었다.

구조받다
어원 救助~ 활용 구조받아, 구조받으니, 구조받고
대응 구조를 받다
자 (재난이나 위험한 상황에 처한 사람이) 다른 사람에게 도움을 받아 어려움에서 벗어나다. (of a victim of a disaster or a person in difficulty) Escape a difficult situation by receiving assistance from another person or the law.
유 구제받다 자타, 구출되다 반 구조하다
N0-가 N1-(에|에게) V (N0=[인간], N1=[인간|단체])
¶적지에서 탈출한 군인들은 아군에게 구조받았다. ¶조종사는 산속에서 나무뿌리로 연명하다가 공군에 구조받아 극적으로 살아났다. ¶사고자는 위치를 자세히 말해야 구조받을 수 있다.

구조하다
어원 救助~ 활용 구조하여(구조해), 구조하니, 구조하고 대응 구조를 하다
타 (재난이나 위험한 상황에 처한 사람을) 어려움에서 빠져나오도록 도와서 구해 주다. Help a victim of a disaster or a person in difficulty in order to remove that person from a difficult situation.
유 구원하다, 구출하다, 구제하다 반 구조받다
N0-가 N1-를 V (N0=[인간|단체] N1=[인간], 생명, 목숨 따위)
피 구조되다
¶소방관이 홍수로 고립된 야영객을 구조했다. ¶우리의 주된 임무는 현장에서 생존자를 구조하는 것이다. ¶군인 덕분에 눈보라 속에서 한 생명을 구조할 수 있었다.

구체화되다
어원 具體化~ 활용 구체화되어(구체화돼), 구체화되니, 구체화되고 대응 구체화가 되다
자 (어떤 것이) 명료하게 인식 가능한 것으로 되다. (of something) Become clearly recognizable.
반 추상화되다
N0-가 V (N0=[추상물], [상태])
능 구체화하다

¶토의를 거쳐 아이디어가 구체화되었다. ¶너의 생각은 충분히 구체화되지 않아 이해하기 어렵다. ¶나의 계획은 아직 구체화되지 않았다.

구체화하다

[어원]具體化~ [활용]구체화하여(구체화해), 구체화하니, 구체화하고 [대응]구체화를 하다

[타](어떤 것을) 명료하게 인식하다. Clearly recognize something.

[반]추상화하다

N0-가 N1-를 V (N0=[인간] N1=[추상물], [상태])

[피]구체화되다

¶직원들은 오랜 회의 끝에 아이디어를 구체화했다. ¶사람들이 머리를 맞대고 생각을 구체화했다. ¶나는 10년 전의 계획을 이제 겨의 구체화했다.

구축되다

[어원]構築~ [활용]구축되어(구축돼), 구축되니, 구축되고

[자]❶(건물, 댐 따위의 크고 튼튼한 시설물이) 쌓아올려지거나 지어지다. (of a large and sturdy facility, such as a building or dam) Be built.

N0-가 N1-에 V (N0=[체제], [시설물] N1=[장소])

[능]구축하다

¶회사 건물에 출입 통제 시스템이 새로 구축되고 있다. ¶국내에 아시아 최초의 신장 이식 환자 데이터 기지가 구축됐다.

❷(조직, 체계의 관계가 단단히 맺어져) 기초가 닦이거나 세워지다. Build a foundation by forming a firm relationship within an organization or system.

N0-가 V (N0=[단체], [제도])

[능]구축하다

¶새 시대에는 새 조직이 구축될 필요가 있다. ¶올해부터 자동 정산 시스템이 구축되면 한결 편해질 것이다.

구축하다

[어원]構築~ [활용]구축하여(구축해), 구축하니, 구축하고

[타]❶(건물, 댐 따위의 크고 튼튼한 시설물을) 쌓아올리거나 짓다. Build or make a large and sturdy facility, such as a building or dam.

N0-가 N1-를 N2-에 V (N0=[인간|단체] N1=[체제], [시설물] N2=[장소])

[피]구축되다

¶이동 통신사들이 전국에 최첨단 망을 구축했다. ¶우리 회사는 서울에 최고 수준인 연구실을 구축하였다.

❷(조직, 체계의 관계를 단단히 맺게 하여) 기초를 닦거나 세우다. Build a foundation by forming a firm relationship within an organization or system.

N0-가 N1-를 V (N0=[인간|단체] N1=[단체], [제도])

[피]구축되다

¶우리는 선배들이 구축한 제도를 쉽게 뒤엎을 수는 없었다. ¶감독은 위기에 빠진 팀을 다시 구축하기로 했다.

구출되다

[어원]救出~ [활용]구출되어(구출돼), 구출되니, 구출되고 [대응]구출이 되다

[자](남의 도움 덕분에) 위험한 지경에서 빠져나오다. Escape from a dangerous situation with assistance from another person.

[유]구조되다, 구원받다, 구제되다

N0-가 N1-(에서|에게서) N2-(에|에게) V (N0=[인간|단체], [동물] N1=[장소], [사물] N2=[인간|단체])

[능]구출하다

¶몇 주 동안 고립되어 있던 광부들이 갱도에서 구조대에게 구출되었다. ¶이모는 잠긴 건물 안에 갇혔다가 구출된 적이 있다고 했다. ¶유괴범에게서 구출된 뒤에도 아이는 오랫동안 악몽에 시달렸다.

구출받다

[어원]救出~ [활용]구출받아, 구출받으니, 구출받고 [대응]구출을 받다

☞구출되다

구출하다

[어원]救出~ [활용]구출하여(구출해), 구출하니, 구출하고 [대응]구출을 하다

[타](사람이나 동물을) 위험한 지경에서 빼내어 안전하게 해 주다. Extricate a person or animal from a dangerous situation and ensure its safety.

[유]구조하다, 구원하다, 구하다II

N0-가 N1-를 N2-(에서|에게서) V (N0=[인간|단체] N1=[인간|단체], [동물] N2=[장소], [사물])

[피]구출되다

¶소방관이 아이들을 화재 현장에서 구출하고 있다. ¶경찰은 납치당한 사람들을 인질범들에게서 구출할 방도를 고민하고 있다. ¶방재 당국은 헬리콥터를 동원하여 고립된 조난자들을 산속에서 구출했다.

구타당하다

[어원]毆打~ [활용]구타당하여(구타당해), 구타당하니, 구타당하고 [대응]구타를 당하다

[자](사람이나 동물이) 누군가에게 마구 얻어맞다. (of a person or animal) Be beaten mercilessly by someone.

[유]얻어맞다[자], 두들겨맞다 [반]구타하다

N0-가 N1-에게 V (N0=[인간|단체], [동물] N1=[인간|단체])

¶철수는 지난밤에 골목에서 괴한에게 구타당했다. ¶이 개는 전 주인에게 얼마나 구타당했는지 사람을 굉장히 무서워한다. ¶납치 사건의 피해자

는 골방에 감금되어 범인에게 지속적으로 구타당했다고 증언했다.

구타하다

어원 毆打~ 활용 구타하여(구타해), 구타하니, 구타하고 대응 구타를 하다

타 (사람이나 동물을) 마구 때리다. Beat a person or animal mercilessly.

유 폭행하다, 패다V, 두들겨패다, 때리다 반 구타당하다

N0-가 N1-를 V (N0=[인간|단체] N1=[인간|단체], [동물])

¶그는 나를 아무 이유도 없이 주먹으로 구타했다. ¶대학 신입생을 구타한 선배가 경찰의 조사를 받았다. ¶어린이를 구타하는 것을 교육이라고 생각하던 문화는 점점 사라지고 있다.

구하다 I

어원 求~ 활용 구하여(구해), 구하니, 구하고

타 ❶(원하는 것을) 얻기 위해 찾다. Search for something one desires in order to obtain it.

유 바라다, 물색하다, 찾다, 탐색하다

N0-가 N1-를 V (N0=[인간|단체] N1=[사물], [추상물])

¶나는 대학을 졸업하고 이제 첫 일자리를 구했다. ¶그 분은 희귀한 고서를 구하기 위해 여러 곳을 돌아다니고 있다. ¶인적이 없는 곳을 여행하다가 마실 물을 구하지 못해 큰 고생을 했다.

❷다른 사람에게 도움 등을 청하다. Ask someone for help.

유 바라다I, 요구하다

N0-가 N1-를 N2-에게 V (N0=[인간|단체] N1=[권력], [권리], [상], [행위], [마음] N2=[인간|단체])

¶나는 부모님께 용서를 구했다. ¶회의를 시작하기 전에 먼저 여러분의 양해를 구할 일이 있습니다. ¶사장님은 새로운 사업을 시작하면서 관련 기관의 협조를 구하기 위해 힘쓰고 있다.

❸ 【수학】 계산하여 알아내다. Calculate and obtain a result.

N0-가 N1-를 V (N0=[인간|단체] N1=[수], [방법], [앎])

¶아마추어 수학자들도 수학적 난제의 답을 구하기 위해 도전하곤 한다. ¶다음 방정식의 해를 구하라. ¶아무래도 내가 구한 값은 틀린 것 같다.

구하다 II

어원 救~ 활용 구하여(구해), 구하니, 구하고

타 위기에서 벗어나 안전하게 해 주다. Provide safety by extricating someone from a dangerous situation.

유 건지다, 구원하다, 구출하다, 구제하다

N0-가 N1-를 N2-에서 V (N0=[인간|단체] N1=[인간|단체], [생물] N2=[벌], [범위], [감정], [신체상태], [질병], [상황], [사건], [현상])

¶구조대는 화재 현장에서 사람들을 구했다. ¶독립운동가들은 나라를 식민 치하의 현실에서 구하고자 했다. ¶임금님은 백성들을 가난에서 구하기 위해 여러 가지 방법을 궁리했다.

구현되다

어원 具現~ 활용 구현되어(구현돼), 구현되니, 구현되고 대응 구현이 되다

자 ❶(사상, 계획, 상태 따위가) 구체적인 모습이나 현실로 나타나거나 시행되다. (of philosophy, plan, status, etc.) Appear or get executed in a specific manner or reality.

유 실현되다, 현실화되다

N0-가 N1-(에|로) V (N0=[추상물](정의, 평등 따위), [마음], [집단], [제도] N1=[방법], [작품], [제도])

능 구현하다

¶자연에 대한 그의 관심이 미술 작품으로 구현되었다. ¶양성평등 정신이 정부 정책에 잘 구현되어 있다. ¶참된 정의가 구현될 수 있는 사회가 되어야 한다.

❷(어떤 기술, 방법으로 프로그램이나 시스템 따위가) 만들어지거나 작동되다. (of a program, a system, etc.) Be created or operated using certain technology or method.

N0-가 N1-(로|에서) V (N0=[속성](기능 따위), [기호], [영상], [시설망](통신망, 인터넷 따위) N1=[기기], [소프트웨어], [방법], [시설망](통신망, 인터넷 따위))

능 구현하다

¶초고속 정보 통신망은 새로운 인터넷 서비스망으로 구현될 것이다. ¶그래픽과 사운드 기능은 별도의 장치에서 구현된다.

구현시키다

어원 具現~/具顯~ 활용 구현시키어(구현시켜), 구현시키니, 구현시키고 대응 구현을 시키다

☞ '구현하다'의 오용

구현하다

어원 具現~/具顯~ 활용 구현하여(구현해), 구현하니, 구현하고 대응 구현을 하다

타 ❶(사상, 계획, 상태 따위를) 구체적으로 그대로 보여 줄 수 있도록 실제적으로 실현시키다. Realize an ideology, plan or situation practically so as to make it visible in all its detail.

유 나타내다, 실현하다, 현실화하다

N0-가 N2-로 N1-를 V (N0=[인간|단체] N1=[추상물](정의, 평등 따위), [마음], [집단], [제도] N2=[방법], [작품], [제도])

피 구현되다

¶그는 자연에 대한 관심을 미술 작품으로 구현했다. ¶사장은 다양한 정책으로 실질적인 양성평등을 구현해 나가기로 했다. ¶그들은 공직 윤리 제도를 통해 투명한 공직 사회를 구현하고자 했다.

❷(어떤 기술, 방법으로) 프로그램이나 시스템 따위를 만들어 그 기능을 작동하게 하다. Create a program or system and render it operational using a certain technology or method.

N0-가 N2-(에|에서) N3-로 N1-를 V (N0=[기계], [전자제품], [인간] N1=[기호], [영상], [속성](기능, 음질 따위), [추상물] N2=[기계], [소프트웨어], [시설망](통신망, 인터넷 따위) N3=[방법], [창조행위])

[피]구현되다

¶그는 소프트웨어에 한글을 구현할 수 있는 프로그램을 개발했다. ¶이 스피커는 디지털 신호의 출력으로 보다 깨끗한 음질을 구현한다.

구형되다

[어원]求刑~ [활용]구형되어(구형돼), 구형되니, 구형되고 [대응]구형이 되다

[자] **【법률】** 형사 재판에서 검사가 피고나 그 죄에 대해 죄에 상응하는 형벌이 부과되도록 판사에게 요구되거나 주문되다. (of a defendant or a crime in a criminal trial) Be demanded or requested by the judge that the punishment fit the crime.

N0-가 N1-에게 V (N0=[벌], 벌금, 형량 따위 N1=[인간](피고))

[능]구형하다

¶범행을 주도한 이 씨에게 무기 징역이 구형되었다. ¶김 의원에게 징역 일 년에 이천만 원의 벌금이 구형되었다. ¶불법 도박 혐의로 기소된 피고인들에게 집행 유예가 구형되었다.

구형받다

[어원]求刑~ [활용]구형받아, 구형받으니, 구형받고 [대응]구형을 받다

[타] **【법률】** 형사 재판에서 피고가 검사가 판사에게 요구한 죄에 상응하는 일정한 형벌을 부여받다. (of a defendant in a criminal trial) Receive a punishment that fits the crime, as requested of the judge by the prosecutor.

[반]구형하다

N0-가 N2-로부터 N1-를 V (N0=[인간](피고) N1=[벌], 벌금, 형량 따위)

¶피고인은 검찰로부터 징역 3년을 구형받았다. ¶그는 살해 혐의로 무기 징역을 구형받았다.

구형하다

[어원]求刑~ [활용]구형하여(구형해), 구형하니, 구형하고 [대응]구형을 하다

[타] **【법률】** 형사 재판에서 검사가 피고나 그 죄에 대해 죄에 상응하는 일정한 형벌을 줄 것을 판사에게 요구하거나 주문하다. (of a prosecutor in a criminal trial) Demand or request that the judge to impose a sentence that fits the crime on the defendant.

[반]구형받다

N0-가 N2-(에 게|에 대해) N1-를 V (N0=[인간](검사), [기관](검찰) N1=[벌], 벌금, 형량 따위 N2=[인간](피고))

[피]구형받다

¶검사는 범행을 주도한 이 씨에 대해 무기 징역을 구형했다. ¶검찰은 김 의원에게 징역 일 년에 이천만 원의 벌금을 구형했다.

N0-가 N2-에 대해 N1-를 V (N0=[인간](검사), [기관](검찰) N1=[벌], 벌금, 형량 따위 N2=[비행])

[피]구형받다

¶검찰은 아동 대상 범죄에 대해 법정 최고형을 구형했다. ¶형법상 존속살인에 대해서는 높은 형량을 구형한다.

국영화되다

[어원]國營化~ [활용]국영화되어(국영화돼), 국영화되니, 국영화되고 [대응]국영화가 되다

[자](기업이나 사업 따위가) 국가에서 직접 관리하고 운영하는 체제가 되다. (of a company, a business, etc.) Turn into a system that is directly managed and operated by the country.

[반]민영화되다

N0-가 N1-에 의해 V (N0=[산업], [기업], [기관] N1=[국가])

[능]국영화하다

¶정부에 의해 국영화되었던 일부 사업들이 민영화로 바뀌려고 한다. ¶내가 근무하는 회사는 국영화되어 정부의 투자를 받을 수 있게 되었다.

국영화하다

[어원]國營化~ [활용]국영화하여(국영화해), 국영화하니, 국영화하고 [대응]국영화를 하다

[타](기업이나 사업 따위를) 국가가 직접 관리하고 운영하는 체제가 되게 하다. Turn a company, a business, etc., into a system that is directly managed and operated by the country.

[반]민영화하다

N0-가 N1-를 V (N0=[국가] N1=[산업], [기업], [기관])

[피]국영화되다

¶정부가 기간산업을 국영화하려는 정책을 내놓았다. ¶나라에 따라서는 철도 관련 기업을 국영화하기도 한다.

국한되다

[어원]局限~ [활용]국한되어(국한돼), 국한되니, 국한되고 [대응]국한이 되다

자(사람이나 단체의 활동이나 권한 따위가) 일정한 범위에서 벗어나지 못하도록 제한되다. (of a person or an organization's activity or authority) Be limited to a certain range.
㊀한정되다 ㊁확대되다, 확장되다, 허용되다
N0-가 N1-(에|로) V (N0=[행위], [일], [힘](권한 따위) N1=[범위], [분야])
능국한하다
¶우리 팀 발표는 20분으로 국한되어 있다. ¶그나마도 남은 기간이 보름으로 국한되어 있어서 성공 여부를 장담하기 어렵다. ¶인터넷 접수 기간이 일주일로 국한되어 있으니 관련 서류를 미리 준비하시기 바랍니다.

국한시키다

어원 局限~ 활용 국한시키어(국한시켜), 국한시키니, 국한시키고
☞'국한하다'의 오용

국한하다

어원 局限~ 활용 국한하여(국한해), 국한하니, 국한하고
타(권위가 있는 사람이나 단체가) 어떤 일이나 권한 따위를 일정한 정도나 범위에서 벗어나지 못하도록 정하다. (of a person or an organization with authority) Decide to have some duty or authority be in a certain range or degree.
㊀제한하다, 한정하다 ㊁확대하다, 확장하다, 허용하다
N0-가 N1-를 N2-(에|로) V (N0=[인간|단체] N1=[행위], [일], [힘](권한 따위) N2=[범위], [분야])
피국한되다
¶교생 선생님은 학생들의 사적인 질문을 다섯 개에 국한했다. ¶우리는 공모전 참가 자격을 대학생으로 국한했다. ¶정부는 카지노 이용 권한을 외국인 관광객에 국한하여 허용하고 있다.

군림하다

어원 君臨~ 활용 군림하여(군림해), 군림하니, 군림하고 대응 군림을 하다
자❶다른 대상과 비교할 수 없을 정도로 강한 영향력을 미치다. Have a strong effect that is incomparable to that of another object.
N0-가 N1-에서 N2-로 V (N0=[인간|단체] N1=[분야], [지역] N2=[인간], [국가](강대국, 지배국 따위))
¶영국은 전 세계에서 강대국으로 군림했던 역사가 있다. ¶이소룡은 액션 영화계에서 한때나마 최고로 군림했던 배우이다. ¶미국은 군사 면에서 세계 최고의 강대국으로 군림하고 있다.
❷(임금이나 황제처럼) 최고의 권력자가 되어 다스리다. Rule over by becoming the highest man of power such as king or emperor.
㊀통치하다
N0-가 N1-로 V (N0=[인간] N1=[인간](황제, 왕, 군주, 맹주, 통치자 따위))
¶전국 시대에는 많은 권력자들이 왕으로 군림했다. ¶군주로 군림하던 자들은 전쟁이 끝난 뒤 역사 속으로 사라졌다.
❸(다른 사람이나 단체 따위를) 마음대로 할 수 있는 지위를 누리다. Enjoy a position as one likes to control someone or an organization.
㊀지배하다
N0-가 ADV V (N0=[인간], ADV=N 위에)
¶일부 교사들은 학생들 위에 군림하면서 자만에 빠지기도 한다. ¶권력자라고 해서 다른 사람들 위에 군림해서는 안 된다. ¶왕정 시대라고 하더라도 군주가 백성들 위에 군림하는 존재는 아니었다.

굳다

활용 굳어, 굳으니, 굳고
자❶(무르던 것이) 단단한 상태로 변하다. (of a soft object) Transform into a sturdy state.
㊀굳어지다, 경화되다 ㊁풀리다I, 녹다I
N0-가 V (N0=[사물])
사굳히다
연어 딱딱하게
¶석고 조형물이 완전히 굳었다. ¶콘크리트가 다 굳기 전에는 이 길로 지나다니지 마세요. ¶프레스코화는 회칠이 굳기 전에 그 위에 그림을 그린 것을 말한다.
❷(신체 일부가) 유연성을 잃고 뻣뻣해지다. (of a body part) Lose flexibility and stiffen.
㊀굳어지다, 경직되다 ㊁풀리다
N0-가 V (N0=[신체부위])
¶날씨가 추워지니 온 몸의 관절이 다 굳는 느낌이다. ¶지금 와서 춤을 배우기엔 팔다리가 다 굳어 버렸는걸.
❸(표정, 자세 따위가) 언짢거나 어색한 상태가 되다. (of a facial expression or posture) Become fixed in an upset state.
㊀굳어지다, 경직되다, 긴장되다 ㊁풀리다
N0-가 V (N0=표정, 얼굴 따위)
사굳히다
¶그는 나를 보자마자 표정이 굳었다. ¶선생님은 굳은 얼굴로 학생들을 바라보았다.
❹(습관 따위가) 변화의 여지가 없이 확고하게 자리를 잡다. (of a habit) Become secure with no room for change.
㊀굳어지다, 뿌리내리다, 박히다
N0-가 V (N0=[규범], [관습], [제도], [상황])
사굳히다
¶잘못된 습관이 굳으면 고치기가 쉽지 않다.

¶악습이 악습임을 알면서도 굳은 관례 때문에 고치기가 쉽지 않다.

◆ **머리가 굳다** 총명함을 잃다. Lose one's intelligence.
[유]머리가 굳어지다
N0-가 Idm (N0=[인간])
¶나는 머리가 굳어서 이제 책을 못 읽겠다. ¶방학을 했더니 머리가 굳는 것 같다.

◆ **돈이 굳다** 예상했던 지출을 하지 않게 되다. Dispense with an anticipated expense.
Idm
¶담배를 안 피우면 돈이 굳는다. ¶최근에 외출을 안 해서 굳은 돈이 있으니 이것을 좋은 일에 쓰자.

굳어지다

[활용]굳어지어(굳어져), 굳어지니, 굳어지고
[자]❶(무르던 것이) 단단한 상태로 변하다. (of a soft object) Transform into a sturdy state.
[유]굳다, 경화되다 [반]풀리다, 녹다
N0-가 V (N0=[사물])
[연어]딱딱하게
¶찰흙이 다 굳어지면 그 위에 색칠해 보아라. ¶다음 작업을 하기 전에 접착제가 다 말라서 형체가 굳어지기를 기다려라.
❷(신체 일부가) 유연성을 잃고 뻣뻣해지다. (of a body part) Lose flexibility and stiffen.
[유]굳다, 경직되다 [반]풀리다
N0-가 V (N0=[신체부위])
¶누워 있기만 하면 몸이 굳어질 수 있다. ¶굳어진 손마디를 풀려고 손가락을 이리저리 움직여 보았다.
❸(표정, 자세 따위가) 언짢거나 어색한 상태가 되다. (of facial expression or posture) Become fixed in an upset or weird state.
[유]굳다, 긴장하다 [반]풀리다
N0-가 V (N0=표정, 얼굴 따위)
¶그는 나를 보자마자 표정이 굳어졌다. ¶긴장 때문인지 신입사원들은 얼굴이 굳어져 있다.
❹(습관 따위가) 변화의 여지가 없이 확고하게 자리 잡다. (of a custom, etc.) Become established with no room for any change.
[유]굳다
N0-가 V (N0=[규범], [관습], [제도], [상황])
¶굳어진 관점을 유연하게 바꾸지 않으면 성장할 수 없다. ¶악습이 굳어지면 고치기가 쉽지 않다.

◆ **머리가 굳어지다** 총명함을 잃다. Lose one's intelligence.
N0-가 Idm (N0=[인간])
¶머리가 굳어졌다고 포기하지 말고 창조적인 활동을 하는 것이 건강에도 좋다. ¶그는 머리가 굳어진다고 텔레비전을 보지 않는다.

굳히다

[활용]굳히어(굳혀), 굳히니, 굳히고
[타]❶(무르던 것을) 단단하게 만들다. Change a soft object into a sturdy one.
[반]풀다, 녹이다
N0-가 N1-를 V (N0=[인간] N1=[사물])
[주]굳다
¶나는 찰흙 조형물을 그늘에서 말리며 굳혔다. ¶쇳물을 거푸집에 넣고 굳히는 기법은 고대인들에게도 알려져 있었다. ¶설탕을 어느 정도로 녹였다가 굳히는가에 따라 과자의 맛과 질감이 달라진다.
❷(표정 따위를) 온화하지 않고 딱딱하게 하다. Make a facial expression rigid rather than gentle.
[유]경직시키다 [반]풀다
N0-가 N1-를 V (N0=[인간] N1=표정, 얼굴 따위)
[주]굳다
¶그는 나를 보자마자 얼굴을 굳혔다. ¶그렇게 표정 굳히지 마시고 제 얘기 좀 들어 보세요.
❸(처지나 상황을) 확고히 하여 변하지 않게 하다. Secure a circumstance or situation so that it will not change.
N0-가 N1-를 V (N0=[인간|단체] N1=[권력], [권리], [상황])
[주]굳다
¶방금의 골로 우리 팀은 승리를 굳힌 셈이다. ¶최근의 신인 소설가들은 참신한 문장으로 자신들의 독보적인 입지를 굳히고 있다.
❹(생각이나 태도를) 확고히 하여 변하지 않게 하다. Secure a thought or attitude so that it will not change.
N0-가 N1-를 V (N0=[인간|단체] N1=[감정], [인지])
¶결심을 굳힌 일에 더 이상 논의하지 마라. ¶우리는 함께 공부하며 꿈을 이루자는 결의를 굳혔다.

굴다

[활용]굴어, 구니, 굴고, 구는
[자] 어떤 행동을 반복적으로 하다. Perform a certain act or behavior repeatedly.
N0-가 ADV V (N0=[인간|단체])
¶그 아이는 귀엽게 구는 버릇이 몸에 배어 있었다. ¶공공장소에서까지 버릇없이 구는 녀석은 혼을 내 줄 테다. ¶너처럼 그렇게 덤벙대며 성급히 굴다간 잘 되어가던 일도 망친다.

굴러가다

[활용]굴러가, 굴러가니, 굴러가고
[자]❶(물건 스스로가) 다른 힘에 의해 돌면서 이동하다. (of an object) Move by turning in response to another force.

[ㄱ]

[유]돌아가다 [반]굴러오다 [상]구르다[자], 돌다
N0-가 N1-로 V (N0=[사물](공, 반지, 떡시루, 바퀴, 깡통, 동전 따위), 낙엽, 돌멩이 따위 N1=[방향])
[연어]또르르, 떼굴떼굴, 데굴데굴, 대굴대굴
¶돌멩이 하나가 아래쪽으로 굴러간다. ¶반지가 침대 밑으로 또르르 굴러갔다. ¶이팔청춘 아가씨는 낙엽만 굴러가도 웃음이 터진다.
❷(어떤 힘에 의해 물체의 바퀴가 돌면서) 물체가 이동하여 움직이다. (of an object's wheel in response to another force) Rotate and move in response to an object's motion.
[상]움직이다 [반]굴러오다 [유]구르다I[자], 돌다[1][자]
N0-가 V (N0=[교통기관](트럭, 버스, 자전거, 기차 따위), 유모차 따위)
¶내 중고차는 아직도 잘 굴러간다. ¶낡은 자전거지만 그럭저럭 굴러간다.
N0-가 N1-로 V (N0=[교통기관](트럭, 버스, 자전거, 기차 따위), 유모차 따위 N1=[방향])
¶세워 두었던 자동차가 굴러가자 관리인이 급히 뛰어나왔다. ¶세발자전거가 아기 쪽으로 굴러가서 아기와 부딪쳤다.
N0-가 N1-로 V (N0=[교통기관](트럭, 버스, 자전거, 기차 따위), 유모차 따위 N1=전기, 전지 따위)
¶이 유모차는 전기로 굴러갑니다. ¶자동차 업체들은 수소 연료 전지로 굴러가는 차량을 대량 생산할 계획이다.
❸(일이나 모임 따위가) 어려움 없이 제대로 운영되어 나아가거나 진행되다. (of an affair or organization) Successfully proceed without encountering any difficulties.
[유]운영되다, 전개되다, 진해되다
N0-가 V (N0=[행위], [국가], [기업], [제도])
¶경제가 잘 굴러가지 않으면 국민들의 삶이 어려워 질 것이다. ¶왕권이 서야 나라가 바르게 굴러가지 않겠습니까?
N0-가 N1-(로|에 의해) V (N0=[행위], [국가], [기업], [제도] N1=[속성], [제도], [인간])
¶사회가 스스로의 힘으로 굴러가지 못할 때 이미 죽은 것이다. ¶회사가 시스템에 의해 굴러가는 게 아니라 사람에 의해 굴러간다면 잘못된 것이다.
N0-가 N1-로 V (N0=[추상물], [단체], 역사 따위 N1=[방향], 위주 따위)
¶요즘 가요계는 10대 위주로만 굴러가고 있다. ¶모름지기 역사란 힘 가진 쪽으로 굴러가게 돼 있는 법입니다.
N0-가 N1-대로 V (N0=[행위] N1=[생각])
¶우리의 계획이 의도대로 굴러가지 않고 있다. ¶세상 일이 생각대로 굴러가기만 한다면 어려울 것이 없겠지.
[타](물체가 일정한 장소를) 바퀴가 돌아가면서 가다. (of an object) Move by rolling forward on wheels with steady contact with a surface.
[상]움직이다 [유]구르다[타], 돌다[1][타]
N0-가 N1-를 V (N0=[교통기관](버스, 택시, 마차, 기차 따위), 유모차 따위 N1=[장소])
¶마차는 내리막길을 굴러가고 있다. ¶기차가 육중한 몸을 움직여 철길을 굴러간다.

굴러다니다

[활용]굴러다니어(굴러다녀), 굴러다니니, 굴러다니고
[자]❶(물건 따위가) 한 자리에 있지 아니하고 바닥을 돌면서 이리저리 왔다 갔다 하다. (of an object) Move by spinning or turning over and over across a surface without settling in one place.
[유]구르다
N0-가 N1-에 V (N0=[사물] N1=[장소])
¶공이 운동장에 굴러다닌다. ¶바람에 모자가 날려 굴러다녔다. ¶굴러다니는 낙엽을 잡으려고 아이가 뛰어갔다.
N0-가 N1-에서 V (N0=[사물] N1=[장소])
¶버스 안에서 폭탄이 굴러다니다가 터져버렸다. ¶그 물건이 어디에서 굴러다니다 온 걸까?
N0-가 V (N0=[사물])
¶모난 돌멩이가 이리저리 굴러다니다 보니 반들반들한 조약돌이 되었다. ¶몽당연필은 이리저리 굴러다니다 결국 쓰레기통으로 사라진다.
❷(물건 따위가) 한 자리에 있지 아니하고 바닥 여기저기에 흩어져 있다. (of an object) Be scattered all over the floor without settling in one place.
N0-가 N1-에 V (N0=[사물] N1=[장소])
¶아이들이 벗어놓은 양말이 방바닥에 굴러다니고 있다. ¶책상 속에 굴러다니는 동전을 모아 저금통에 넣었다.
❸(사람이) 정한 곳 없이 이리저리 옮기며 왔다 갔다 하다. (of a person) Move around different locations without settling in one place.
[유]떠돌다, 떠돌아다니다, 배회하다
N0-가 V (N0=[인간])
¶어찌어찌 굴러다니다 이곳까지 왔습니다. ¶그가 어디라도 굴러다녔으면 보고 들은 것이 있을 것이다.
N0-가 N-에서 V (N0=[인간] N1=[장소])
¶그는 이 바닥에서 제법 굴러다닌 사람인 듯했다. ¶한때 도시에서 굴러다녔던 그는 다른 사람이 되었다.
[타]❶(사람이) 한 자리에 있지 아니하고 바닥을 돌면서 이리저리 왔다 갔다 하다. (of a person) Move by spinning or turning over and over across a surface without settling in one place.
N0-가 N-를 V (N0=[인간] N1=[장소])

¶나는 할 일 없이 빈둥빈둥 방안을 굴러다니다 서랍에 머리를 부딪쳤다. ¶아이들을 껴안고 온 집을 굴러다니다 보면 금세 땀으로 옷이 젖는다.
❷(사람이) 정한 곳 없이 이리저리 자리나 장소를 옮기며 왔다 갔다 하다. (of a person) Move around different locations without a place to settle.
[유]떠돌다, 떠돌아다니다, 다니다[타], 굴러먹다
N0-가 N-를 V (N0=[인간] N1=[장소])
¶나는 여기저기를 굴러다니며 산전수전을 다 겪었다. ¶그는 평생 뒷골목을 굴러다니며 깡패 노릇을 했다.

굴러떨어지다

[활용]굴러떨어져, 굴러떨어지니, 굴러떨어지고
[자]❶굴러서 아래쪽으로 내려가다. Roll down.
[유]곤두박질치다, 나동그라지다, 나동댕이치다
N0-가 N2-에서 N1-(에|로) V (N0=[인간], [교통기관](차, 비행기 따위), [사물] N1=[장소](땅, 바닥 따위), N2=[장소])
¶그는 뛰어내려오다 이층에서 거실로 굴러떨어졌다. ¶관광버스가 전복되면서 계곡 아래로 굴러떨어졌다.
❷(처지, 지위, 수준 따위가) 갑자기 크게 떨어지다. (of a status, a standard, or circumstances, etc.) Worsen suddenly and extremely.
[상]떨어지다
N0-가 N1-으로 V (N0=[추상물](처지, 지위, 수준 따위) N1=바닥, 나락 따위)
¶ 부도가 난 이후 내 처지가 나락으로 굴러떨어졌다.
❸그다지 노력을 들이지 아니하였는데 좋은 것이 생기다. Have a fortune drop into one's lap without much effort.
[유]굴러 들어오다
N0-가 N1-에게 V (N0=[수량](값, 수치 따위))
¶재물이 내게 굴러떨어졌어요. ¶우리의 권리는 하늘에서 굴러떨어진 것이 아니고 투쟁의 산물이다.

굴러오다

[활용]굴어와, 굴러오니, 굴러오고
[자]❶(사람이나 물체 따위가) 돌면서 가까이 이동하다. (of a person or an object) Move closer by rotating.
[유]구르다[자], 돌다 [반]굴러가다 [상]오다[1], 이동하다[자]
N0-가 N1-로 V (N0=[인간], [동물], [사물] N1=[방향](쪽 따위))
¶얼마나 지저분하면 먼지 뭉치가 다 굴러오니? ¶곰이 우리 쪽으로 굴러오면서 재주를 부렸다.
❷(주로 바퀴가 달린 물체가) 가까이 이동하여 움직이다. (of an object with wheels) Move closer.
[유]구르다[자] [반]굴러가다 [상]오다[1], 이동하다[자]
N0-가 N1-로 V (N0=[교통기관] N1=[방향](쪽 따위))
¶경주용 차들이 관중석 앞쪽으로 굴러오다가 정지선에 멈췄다. ¶수레가 우리 쪽으로 굴러오다가 벽에 부딪쳤다.
❸ (기회, 행운 따위가) 찾아들다. (of an opportunity or a good fortune) Come.
[유]오다[1], 생기다 [반]차다II
N0-가 N1-에게 V (N0=기회, 행운 따위 N1=[인간])
¶조금만 참으면 우리에게도 기회가 굴러올지 모른다. ¶어디서 굴러온 호박이냐!.
❹(어떤 조직이나 제도 따위가) 구실을 하도록 관리되다. (of some group or system) Be operated.
[유]운영되다I, 유지되다, 지속되다 [반]망하다
N0-가 V (N0=[인간|단체](회사, 조직 따위), [제도])
[연어]여지껏, 지금까지
¶우리 회사는 지금까지 잘 굴러왔다. ¶우리가 여지껏 굴러온 것은 다 너희들 덕분이야.
[타]❶(사람이나 물체 따위가) 돌면서 가까이 이동하다. (of a person or an object) Move closer by rotating.
[유]구르다[자], 돌다 [반]굴러가다 [상]오다[1], 이동하다[타]
N0-가 N1-를 V (N0=[인간], [동물], [사물] N1=[경로], [장소](바닥, 책상 따위))
¶동전이 바닥을 굴러왔다. ¶곰이 공연장 바닥을 굴러오면서 재주를 부렸다.
❷(주로 바퀴가 달린 물체가) 가까이 이동하여 움직이다. (of an object with wheels) Move closer.
[유]구르다[타], 이동하다[타] [반]굴러가다
N0-가 N1-로 V (N0=[교통기관] N1=[방향](쪽 따위))
¶수레가 비탈길을 굴러오다가 벽에 부딪쳤다. ¶트럭 한 대가 요란스럽게 자갈밭을 굴러오고 있었다.

굴리다

[활용]굴리어(굴려), 굴리니, 굴리고
[타]❶(둥근 물체를) 돌아 움직여 가게 하다. Spin a circular or cylindrical object to move it.
[유]돌리다, 회전시키다
N0-가 N1-를 V (N0=[인간], [동물] N1=[사물])
[주]구르다
¶나는 공을 굴리며 아이와 놀아 주었다. ¶눈덩이를 눈밭 위에서 굴리면 금세 크기가 커진다.
❷(물건을) 신경쓰지 않고 아무 데나 두다. Place an item anywhere without due care.
[반]간수하다
N0-가 N1-를 V (N0=[인간] N1=[사물])
[주]구르다
¶지갑 같은 것은 방바닥에 굴리지 말고 잘 간수해

[ㄱ]

라. ¶구하기 힘든 책을 이렇게 아무렇게나 굴리면 잃어버릴 것이다.
❸(자동차 따위를) 소유하고 운행하다. Possess and operate a vehicle.
[유]몰다
N0-가 N1-를 V (N0=[인간|단체] N1=[교통기관])
¶요즘 굴리는 차가 연비가 나빠서 기름값이 많이 든다. ¶어느새 승용차 두 대 굴리는 집도 드물지 않게 되었다.
❹(신체 일부를) 이리저리 움직이다. Move a body part around in different directions.
N0-가 N1-를 V (N0=[인간] N1=[신체부위](눈, 혀 따위))
¶일사불란하게 행진하는 병정들은 눈조차 굴리지 않았다. ¶그는 눈을 굴려 시계를 흘끗 보았다.
❺ 《금융 수익을 목적으로》 돈을 투자하여 불리다. Invest capital and increase it for the purpose of financial gain.
[유]운용하다
N0-가 N1-를 V (N0=[인간|단체] N1=[금전])
¶고모는 주식 투자로 돈을 굴려 큰돈을 벌었다. ¶연말 보너스를 그냥 쓰지 않고 한번 잘 굴려 볼까 생각 중이다.
❻(생각을) 여러 방향으로 하여 답을 찾다. Turn one's thoughts in many directions to find an answer.
N0-가 N1-를 V (N0=[인간] N1=[마음](머리 따위), [인지])
¶나는 기억을 굴려 동창들의 얼굴을 생각해 냈다. ¶아무리 머리를 굴려도 이제 어떻게 해야 할지 답이 나오지 않는다.
❼(아랫사람을) 괴롭히고 과중한 업무를 주다. Bully a subordinate and burden with an excessive workload.
N0-가 N1-를 V (N0=[인간|단체] N1=[인간|단체])
¶부장은 목표를 초과 달성하겠다고 사원들을 굴리고 있다. ¶저 사람은 우리를 굴리는 게 즐거운가? ¶훈련을 핑계로 병사들을 불합리하게 굴리는 것은 바람직하지 않지요.
※ 주로 구어에서 쓰인다.
❽ 【음악】 타악기를 짧고 빠르게 여러 번 치다. Play a percussion instrument with many short fast strokes.
N0-가 N1-를 V (N0=[인간] N1=[악기])
¶그는 여러 악기를 잘 다루고 타악기 굴리는 재주도 뛰어나다.
◆ **몸을 굴리다** 행실을 바르지 않게 하고 살다. Live one's life recklessly.
N0-가 Idm (N0=[인간])
¶너는 어디서 그렇게 몸을 굴리다가 오는 거냐? ¶멋대로 몸을 굴렸다가는 후회하게 될 것이다.
◆ **혀를 굴리다** 외국어처럼 발음하거나 외국어 흉내를 내다. Pronounce a word as if it were a foreign language, or imitate the sound of a foreign word.
N0-가 Idm (N0=[인간])
¶경숙이는 방학 동안 외국에 다녀오더니 말할 때마다 혀를 굴린다. ¶미숙이는 영어를 잘하는 것처럼 보이려 혀를 굴렸다.

굴복당하다

[어원]屈伏~ [활용]굴복당하여(굴복당해), 굴복당하니, 굴복당하고 [대응]굴복을 당하다
[자](어떤 사람이) 다른 사람이나 힘에 눌려서 생각이나 주장을 굽히고 복종하다. (of someone) Obey and concede one's point or thought by being overwhelmed by someone or a force.
[유]복종하다, 굴종하다 [반]굴복하다
N0-가 N1-에 V (N0=[인간|단체] N1=[인간|단체], [권력], [비행](폭력 따위))
¶그들은 그만 계속 이어지는 폭력에 굴복당했다. ¶그 사람은 여러 시련을 견뎠지만 마지막 시험에 굴복당했다.

굴복하다

[어원]屈服~ [활용]굴복하여(굴복해), 굴복하니, 굴복하고
[자]❶자신 보다 강한 사람에게 억눌려 그의 뜻에 복종하다. Cease resisting someone more powerful and submit to their authority.
[유]복종하다, 굴종하다 [반]굴복당하다
N0-가 N1-에 V (N0=[인간|단체] N1=[힘|권력], [방침], [행위])
[피]굴복당하다
¶일본은 조선 문화의 힘에 굴복했다. ¶그가 이번 폭로에 결국 한 발짝 물러나며 굴복했다.
❷(위험, 압력, 여론 따위의 거센 힘에 억눌려) 주장이나 뜻을 굽히다. Yield or give up one's opinion or will in response to a stronger force (such as danger, pressure, or public opinion).
[유]지다IV
N0-가 N1-에 V (N0=[인간|단체] N1=[상황](위험, 위기 따위), [집단])
¶회사는 외환 위기에 굴복하고 말았다. ¶정부는 여론에 굴복하여 정책을 철회했다.

굴하다

[어원]屈~ [활용]굴하여(굴해), 굴하니, 굴하고
[자](힘이나 장애물에 맞서지 못하고) 자신의 의지나 생각을 누그러뜨리거나 취소하다. Soften one's will or thought or cancel by not facing a force or an obstacle.
[유]굴복하다, 굴종하다, 복종하다

N0-가 N1-(에|에게) V (N0=[인간] N1=[인간|단체], [권력], [장애])
¶그녀는 여자에 대한 편견에 굴하지 않고 홀로 대서양을 횡단했다. ¶선수들은 어려운 상황에서도 굴하지 않았다.
※주로 부정의 형태로 쓰인다.

굶기다
활용 굶기어(굶겨), 굶기니, 굶기고
타 (사람이나 동물에게 제 때에 먹어야 할 끼니를 주지 않아) 식사를 거르게 하다. Make someone or animal to skip a meal by not giving a meal at the right occasion.
N0-가 N1-를 N2-에게 V (N0=[인간] N1=[음식](밥, 끼니, 아침, 점심, 저녁 따위) N2=[인간], [동물])
주 굶다
¶계모가 아이들에게 밥을 굶겼다. ¶트레이너는 나에게 다이어트를 위해서 저녁을 굶겼다.
N0-가 N1-를 V (N0=[인간] N1=[인간], [동물])
주 굶다
¶계모가 아이들을 굶긴다. ¶가족을 굶기고 살 수는 없는 노릇이다.

굶다
활용 굶어, 굶으니, 굶고
자 식사를 하지 않거나 하지 못하다. Fail to eat or skip a meal.
반 먹다[1] 유 끼니를 거르다
N0-가 V (N0=[인간], [동물])
사 굶기다
¶우리는 삼 일 동안 굶었다. ¶아무도 없는 동안 강아지들은 하루 종일 굶고 있겠구나. ¶굶고 사는 사람이 얼마나 많은데 음식 투정이냐?
타 (제 때에 먹어야 할 끼니를) 먹지 않거나 먹지 못하다. Fail to eat or skip a meal that should have been eaten at the right moment.
유 끼니를 거르다 반 먹다[1]
N0-가 N1-를 V (N0=[인간], [동물] N1=[음식](밥, 끼니, 아침, 점심, 저녁 따위))
사 굶기다
¶강아지들이 밥을 굶지 않도록 휴가 기간 동안 친구에게 맡겼다. ¶아침을 굶고 등교하는 아이들이 많다.

굶주리다
활용 굶주리어(굶주려), 굶주리니, 굶주리고
자 ❶(음식을 오랫동안 먹지 못해서) 배고픈 상태로 있다. Be at a hungry condition by skipping meals for a long time.
유 허기지다
N0-가 V (N0=[인간], [동물])
¶가난할 때는 가족들이 굶주리며 생활했다. ¶전쟁 기간에 많은 사람들이 굶주리다가 죽어갔다. ¶야생 동물들이 겨울 내내 굶주리다가 마을로 내려오는 일이 늘었다.
❷(꼭 필요로 하거나 원하는 것을 아직 얻거나 이루지 못해) 애타게 바라다. Long for something that is highly necessary due to not being able to achieve.
유 주리다, 목마르다
N0-가 N1-에 V (N0=[인간], [귀신], [동물] N1=[사물], [감정], [행위], [성공])
¶그는 따뜻한 사랑과 대화에 굶주려 있다. ¶유기견들은 사람의 손길에 굶주리고 있습니다.

굽다 I
활용 굽어, 굽으니, 굽고
자 (주로 길쭉한 물체나 긴 장소 따위가) 똑바르지 않고 휘다. (of a long object or place) Bend rather than remain straight.
유 구부러지다, 휘다
N0-가 V (N0=[사물])
피 굽히다I
¶은수저는 쉽게 굽는다. ¶팔은 안으로 굽는다. ¶나이가 들수록 등허리가 굽는다.

굽다 II
활용 구워, 구우니, 굽고, 굽는
타 ❶(재료나 고기 따위를) 불이나 불판에 직접 닿게 하여 익히다. Cook (ingredients or meat) using fire or by direct contact with a hot plate.
유 그을리다
N0-가 N1-를 V (N0=[인간] N1=[재료](식재료 따위))
피 굽히다II
¶어머니께서 저녁 반찬으로 고기를 구우셨다. ¶여동생이 생선을 굽다가 다 태웠다. ¶원래 선배가 고기를 구어 후배들에게 주는 것이야.
❷불에 태우거나 불 속에 넣어 만들거나 제작하다. Burn or heat in a fire to produce a desired object.
N0-가 N1-를 V (N0=[인간] N1=[재료](도자기, 숯 따위))
피 굽히다II
¶도공이 정성껏 도자기를 구웠다. ¶숯쟁이가 숯을 굽는다. ¶이것은 장인이 직접 구워 낸 그릇이다.
❸(정보를 저장할 목적으로) 기록하여 저장매체를 만들다.
N0-가 N1-를 N2-(에|로) V (N0=[인간] N1=정보 N2=시디)
피 굽히다II
¶그 친구는 자신의 정보를 시디에 구웠다. ¶반 친구 녀석이 동영상 파일을 시디로 구웠다. ¶그는 영화를 디브이디로 구워 주었다.

ㄱ

굽신거리다

활용 굽신거리어(굽신거려), 굽신거리니, 굽신거리고

자 ❶(어떤 사람이 다른 사람에게) 그 사람의 비위를 맞추면서 행동하다. (of someone) Behave by fawning over the other.

㊌아첨하다, 비위를 맞추다

N0-가 N1-에게 V (N0=[인간] N1=[인간])

¶그는 비위를 맞추느라 늘 사장에게 굽신거렸다. ¶그 사람은 줏대가 없이 늘 남에게 굽신거린다.

❷(어떤 사람이 다른 사람에게) 고개나 허리를 자꾸 앞으로 구부렸다 폈다 하다. (of someone) Continuously bend over and straighten the head or back to the other.

N0-가 N1-에게 V (N0=[인간] N1=[인간])

¶인사를 하기 위해 문에 선 직원들은 손님이 올 때마다 손님들에게 굽신거렸다. ¶인력거꾼은 손님을 모으느라 큰 소리를 외치면서 굽신거렸다.

타 (사람이 고개나 허리를) 자꾸 앞으로 구부렸다 폈다 하다. (of a person) Continuously bend over and straighten the head or back.

N0-가 N1-를 V (N0=[인간] N1=[신체부위](허리, 고개, 머리 따위))

¶그는 사람들에게 잘 봐달라며 자꾸 허리를 굽신거렸다. ¶거지는 돈을 받으면 고맙다고 고개를 굽신거렸다.

굽어살피다

활용 굽어살피어(굽어살펴), 굽어살피니, 굽어살피고

타 ❶(높은 곳에서 아래를) 내려다보며 천천히 자세하게 살펴보다. Look down from a high position to thoroughly examine the details.

㊌내려다보다

N0-가 N1-를 V (N0=[인간|단체] N1=[장소])

¶등산객이 정상에 올라 산 아래를 굽어살피고 있다. ¶산 정상에서 골짜기를 굽어살펴 보니 멀리서 계곡물이 흐른다.

❷(신이나 높은 지위의 사람이) 아랫사람의 처지나 사정을 자세히 살피어 돌보아 주다. (of God or a person in a high position) Look after the situation or circumstances of a person in a lower position in detail.

N0-가 N1-를 V (N0=[귀신] N1=[인간])

¶그는 백성들을 굽어살피는 어진 임금이었다. ¶천지신명께 저희를 굽어살피시어 달라고 기도했다.

N0-가 S지-를 V (N0=[귀신])

¶어리석은 중생들이 어려움에 처하지 않는지를 굽어살피소서. ¶신께서는 너희가 억울한 일을 당하지는 않는지 굽어살피고 계신다.

굽히다 I

활용 굽히어(굽혀), 굽히니, 굽히고

타 ❶(곧은 물체를) 구부려 휘게 하다. Make a straight object be bent by bending.

㊌구부리다, 접다 ㊏펴다[1]타

N0-가 N1-를 V (N0=[인간] N1=[사물](막대, 철사 따위))

주 굽다I

¶나는 철사를 굽혀 원하는 모양을 만들었다. ¶강사는 철사를 이리저리 굽혀서 분재용 뼈대를 만들었다. ¶아버지께서는 나뭇가지를 적당히 굽혀서 고무줄을 달아 새총을 만들어 주셨다.

❷(신체부위를) 구부려 움직이다. Move a body part by bending.

㊌구부리다, 꺾다 ㊏펴다[1]타

N0-가 N1-를 V (N0=[인간] N1=[신체부위](관절, 팔, 다리, 허리 따위))

주 굽다I

¶그는 허리를 굽혀서 땅을 짚었다. ¶그는 다리를 굽혔다 폈다를 반복했다.

❸(다른 사람의 주장이나 생각에 맞추어) 자신의 주장이나 의지 따위를 꺾어 거두어 들이다. Take back one's opinion or will by adjusting to someone's opinion or thought.

㊏고집하다

N0-가 N1-를 V (N0=[인간|단체] N1=[의견](뜻, 주장, 의지, 철학 따위))

¶독립군들은 항전의 뜻을 굽히지 않았다. ¶발표자는 자신의 주장을 끝까지 굽히지 않았다.

궁리하다

어원 窮理~ 활용 궁리하여(궁리해), 궁리하니, 궁리하고 대용 궁리를 하다

자타 (어떤 일을 해결하거나 개선하기 위한 방법을 찾기 위해) 이리저리 깊이 생각하다. Think deeply in order to find a solution to solve or improve something.

㊌연구하다, 고민하다, 머리를 굴리다

N0-가 N1-(를|에 대해) V (N0=[인간|단체] N1=[추상물](방법, 계획, 생각 따위), [상황])

¶그녀는 생계를 위해서 새롭게 돈을 벌 계획을 궁리했다. ¶그들은 수익을 늘릴 수 있는 새로운 생산 방식에 대해 계속 궁리하였다.

N0-가 S(것|지|까)-(를|에 대해) V (N0=[인간|단체])

¶학생들은 어떻게 하면 성적을 올릴 수 있을지를 궁리하였다. ¶선수들은 결승전을 이기기 위해서 어떻게 해야 할까에 대해 밤새 궁리했다.

권고하다

어원 勸告~ 활용 권고하여(권고해), 권고하니, 권고하

고 [대응]권고를 하다
[자타](다른 사람에게) 어떤 일을 하도록 권하거나 충고하다. Advise or suggest that someone do something to their advantage.
[유]권유하다, 권하다
N0-가 N1-(에|에게) N2-를 V (N0=[인간|단체] N1=[인간|단체], [기업], [기관] N2=[행위])
¶의사는 나에게 퇴원을 권고하였다. ¶정부는 시민들에게 대중교통 이용을 권고하고 장려했다.
N0-가 N1-(에|에게) S것-을 V (N0=[인간|단체] N1=[인간|단체], [기업], [기관])
¶선생님은 학생들에게 봉사 활동에 참여할 것을 권고하셨다. ¶나는 그에게 마음을 편하게 먹을 것을 권고하고 싶다.
N0-가 N1-(에|에게) S고 V (N0=[인간|단체] N1=[인간|단체], [기업], [기관])
¶의사는 그에게 저녁 식사를 줄이라고 권고하였다. ¶선생님께서는 만화를 주제로 삼아보는 게 어떠냐고 권고하셨다.
N0-가 N1-(에|에게) S-도록 V (N0=[인간|단체] N1=[인간|단체], [기업], [기관])
¶어머니는 자식들에게 정직한 생활을 하도록 권고하셨다. ¶약사는 유통기한을 넘기면 약을 버리도록 권고하였다. ¶변호사는 해당 업체에 임금을 지급하도록 권고하였다.

권면하다

[어원]勸勉~ [활용]권면하여(권면해), 권면하니, 권면하고 [대응]권면을 하다
[자](다른 사람에게) 어떤 일에 힘쓰도록 격려하며 부드럽게 요청하다. Cheer someone up and gently request that person to make efforts to complete a task.
[유]권유하다, 권하다, 권고하다
N0-가 N1-에게 S고 V (N0=[인간], [텍스트] N1=[인간])
¶명호는 현수에게 낡은 사람을 벗어 버리고 새 사람이 되라고 권면했다. ¶성서는 사람들에게 믿음과 착한 양심을 가지라고 권면하고 있다.
N0-가 S-도록 V (R2) (N0=[인간])
¶선생님께서는 내가 어려움을 지혜롭게 극복할 수 있도록 권면해 주셨다. ¶사장은 직원들에게 불우한 이웃을 돕는 일에 적극적으로 나서도록 권면했다.
[타](다른 사람에게) 어떤 일을 하거나 그 일에 힘쓰도록 격려하며 부드럽게 요청하다. Cheer someone up and gently request that person to perform a task or make efforts to complete a task.
[유]권유하다, 권고하다
N0-가 N2-에게 N1-를 V (N0=[인간|단체] N1=[행위], [추상물](믿음 따위) N2=[인간])
¶선생님은 학생들에게 독서를 권면했다.
N0-가 N1-에게 S것-을 V (N0=[인간] N1=[인간])
¶그는 현대인들에게 그들이 역지사지의 정신을 가질 것을 권면했다.
N0-가 N1-에게 S기-를 V (N0=[인간] N1=[인간])
¶부장은 직원들에게 효과적인 소통 방법에 대해 생각해 보기를 권면했다. ¶아버지는 형제간에 돈독한 우애를 지니기를 권면했다.

권유받다

[어원]勸誘~ [활용]권유받아, 권유받으니, 권유받고
[타](다른 사람에게서) 어떤 일을 하도록 부드럽게 부추김을 받거나 권함을 받다. Receive gentle encouragement or advice from someone to do something.
[유]권장받다, 권고받다 [반]권유하다
N0-가 N2-(에게|로부터) N1-를 V (N0=[인간|집단] N1=[사건] N2=[인간|집단])
¶나는 어머니에게 예술고등학교 진학을 권유받았다. ¶여러 학자들이 학회장으로부터 회의 참여를 권유받은 덕분에 회의장에 많은 학자들이 모였다.
N0-가 N1-(에게|로부터) S것-을 V (N0=[인간|집단] N1=[인간|집단])
¶각 부서장들은 인사부장으로부터 새로운 환경에 적응을 잘하는 사람을 신입 사원으로 뽑을 것을 권유받았다. ¶사람들은 김 교수로부터 친척을 강사로 초빙할 것을 권유받아 일순 장내에 침묵이 돌았다.
N0-가 N1-에게 S기-를 V (N0=[인간|집단] N1=[인간|집단])
¶민희는 선생님에게 논문 주제를 바꾸기를 권유받아 민희가 어제부터 울상이다. ¶나는 친구에게 하루 묵고 가기를 권유받았지만 거절하였다.
N0-가 N1-에게 S(고|도록) V (N0=[인간|집단] N1=[인간|집단])
¶할머니는 의사에게 음식을 조금이라도 먹는 것은 어떻겠냐고 권유받았다. ¶동생은 의사에게 학업을 잠시 중단하고 푹 쉬도록 권유받자 매우 속상해 하였다.

권유하다

[어원]勸誘~ [활용]권유하여(권유해), 권유하니, 권유하고
[타](다른 사람에게) 어떤 일을 하도록 부드럽게 부추기거나 권하다. Gently advise or recommend someone to do something.
[유]권장하다, 권고하다, 권하다 [반]권유받다
N0-가 N2-에게 N1-를 V (N0=[인간|집단] N1=[사건] N2=[인간|집단])
¶어머니는 나에게 예술고등학교 진학을 권유하

셨다. ¶오랜 기간 동안 힘써온 사업이 끝나자 부장은 나에게 휴가를 권유하였다.
No-가 N1-에게 S것-을 V (No=[인간|집단] N1=[인간|집단])
¶인사부장은 각부서장들에게 새로운 환경에 적응을 잘하는 사람을 신입 사원으로 뽑을 것을 권유하였다. ¶김 교수가 자신의 친척을 강사로 초빙할 것을 권유해 일순 장내에 침묵이 돌았다.
No-가 N1-에게 S기-를 V (No=[인간|집단] N1=[인간|집단])
¶선생님이 민희에게 논문 주제를 바꾸기를 권유하여서 민희가 어제부터 울상이다. ¶친구는 나에게 하루 묵고 가기를 권유했지만 거절하였다.
No-가 N1-에게 S-(고|도록) V (No=[인간|집단] N1=[인간|집단])
¶의사는 할머니에게 음식을 조금이라도 먹는 것은 어떻겠냐고 권유하였다. ¶의사는 동생에게 학업을 중단하고 잠시 쉬도록 권유했다.

권장되다

어원 勸獎~ 활용 권장되어(권장돼), 권장되니, 권장되고 대응 권장이 되다
자 (어떤 사람이나 기관에) 좋거나 알맞다고 생각되는 어떤 대상이나 일이 이용되거나 행해지도록 부추겨지다. Be influenced or persuaded by someone to do something because that person thinks the task is beneficial or appropriate.
유 권고받다, 권유받다
No-가 N2-에 의해 N1-(에|에게) V (No=[사물], [동작], [활동], [이동], [공훈], [상황] N1=[인간] N2=[인간|단체])
능 권장하다
¶이 책은 아주 오래 전부터 청소년들에게 권장되어 왔다. ¶내수 활성화를 위해 국내 여행이 권장되고 있다. ¶건강 증진을 위해 노인들에게 걷기 운동이 권장되고 있다.
No-가 N2-에게 N1-로 V (No=[사물] N1=[사물] N2=[인간|단체])
능 권장하다
¶과일은 예로부터 우리에게 젊어지고 건강하게 하는 음식으로 권장되어 왔다. ¶자전거는 현대인들에게 즐거운 운동으로 권장된다.
S것-이 No-에게 V (No=[인간])
능 권장하다
¶적당한 햇빛을 쐬는 것이 알레르기 비염 환자들에게 권장된다. ¶등산을 하는 것은 폐 기능이 약한 환자들에게 권장됩니다.
S-도록 No-에게 V (No=[인간])
능 권장하다
¶흰 쌀밥보다는 현미를 먹도록 사람들에게 권장되고 있다. ¶미세먼지로 인해 외출 시에 마스크를 착용하도록 권장되었다.
S고 No-에게 V (No=[인간])
능 권장하다
¶청소년들에게 든든한 아침 식사를 하라고 권장되고 있다. ¶이 약의 설명서에는 하루에 한 알을 먹으라고 권장되어 있다.

권장받다

어원 勸獎~ 활용 권장받아, 권장받으니, 권장받고 대응 권장을 받다
자 (다른 사람에게서 자신에게 좋거나 알맞다고 생각되는 어떤 대상이나 일이 이용되거나 행해지도록) 요청받거나 부추김을 받다. Be influence or persuaded by someone to do something because that person believes the task to be beneficial or appropriate.
유 권고받다, 권유받다 반 권장하다
No-가 N1-(에게서|로부터) S고 V (No=[인간] N1=[인간|단체])
¶그는 의사로부터 유산소 운동을 하라고 권장받았다. ¶나는 친구에게서 수영을 하라고 권장받았지만 아직 시작하지 않았다.
No-가 N1-(에게서|로부터) S-도록 V (No=[인간] N1=[인간|단체])
¶농민들은 정부로부터 농작물 재해 보험을 가입하도록 권장받았다. ¶현우는 감독님께로부터 축구를 하도록 권장받은 적이 있다.
타 (다른 사람에게서 자신에게 좋거나 알맞다고 생각되는 대상이나 일이 이용되거나 행해지도록) 요청받거나 부추김을 받다. Receive persuasion from someone to do something because that person believes the task to be beneficial or appropriate.
유 권고받다, 권유받다 반 권장하다
No-가 N2-(에게서|로부터) N1-를 V (No=[인간] N1=[방법], [활동] N2=[인간|단체])
¶그는 병원에서 대사증후군으로 식이요법을 권장받았다. ¶그녀는 의사로부터 흉터 제거 수술을 권장받아 다음 달에 수술을 하기로 했다.
No-가 N1-(에게서|로부터) S(것|기)-를 V (No=[인간] N1=[인간|단체])
¶그녀는 병원에서 꾸준한 운동을 할 것을 권장받았다. ¶그는 의사로부터 입원을 하기를 권장받았다.

권장하다

어원 勸獎~ 활용 권장하여(권장해), 권장하니, 권장하고 대응 권장을 하다
자 (다른 사람에게 좋거나 알맞다고 생각되는) 어떤 대상이나 일을 이용하거나 행하도록 부추기다. Advise and encourage someone to do

something because one believes it to be beneficial or appropriate for that person.
㊌권고하다, 권유하다, 장려하다 ㉤권장받다
N0-가 N1-에게 S고 V (N0=[인간|단체] N1=[인간|단체])
피권장되다
¶어른들은 아이들에게 우유를 많이 먹으라고 권장한다. ¶정부는 시민들에게 출퇴근할 때 대중교통을 이용하라고 권장했다. ¶학교에서는 학생들에게 고전을 많이 읽으라고 권장하고 있다.
N0-가 N1-에게 S-도록 V (N0=[인간|단체] N1=[인간|단체])
피권장되다
¶정부는 사람들에게 가금류를 적극적으로 소비하도록 권장했다. ¶선생님은 학생들에게 가급적이면 순화 용어를 쓰도록 권장했다.
타(다른 사람에게 좋거나 알맞다고 생각되는) 어떤 대상이나 일을 이용하거나 행하도록 부추기다. Advise and encourage someone to do something that one thinks is beneficial or appropriate for that person.
㊌권고하다, 권유하다, 장려하다, 권하다
N0-가 N2-에게 N1-를 V (N0=[인간|단체] N1=[동작], [활동], [이동], [공훈] N2=[인간|단체])
피권장되다
¶사장은 직원들에게 정시 퇴근을 권장했다. ¶전문가들은 청소년들에게 꾸준한 운동을 권장하고 있다. ¶의사들은 산모들에게 모유 수유를 적극 권장하고 있다.
N0-가 N1-에게 S(것|기)-를 V (N0=[인간|단체] N1=[인간|단체])
피권장되다
¶식품의약청에서는 과일을 수돗물에 3회 이상 깨끗이 씻을 것을 권장했다. ¶부득이하게 외출할 경우 황사마스크를 착용할 것을 권장하고 있다.

권하다
어원勸~ 활용권하여(권해), 권하니, 권하고
자(다른 사람에게 어떤 일을 하라고) 부드럽게 생각을 제시하며 요청하다. Gently offer an opinion and request someone to do something.
㊌권고하다, 권유하다, 권장하다
N0-가 N1-에게 S고 V (N0=[인간] N1=[인간])
¶부장은 직원들에게 들놀이 모임에 참가하라고 권했다. ¶친구는 나에게 전공을 바꿔 보라고 조심스럽게 권했다.
N0-가 N1-에게 S도록 V (N0=[인간|단체] N1=[인간])
¶의사는 환자에게 건강 일지를 쓰도록 권했다. ¶점원은 나에게 춘추용과 동절기용 신사복을 각 한 벌씩 사도록 권했다.
타❶(다른 사람에게 어떤 일을 하도록) 생각을 제시하며 요청하다. Request someone to do something while suggesting an opinion.
㊌권고하다, 권유하다, 권장하다
N0-가 N2-에게 N1-를 V (N0=[인간|단체] N1=[동작], [활동], [이동] N2=[인간])
¶학교에서는 학생들에게 독서를 권한다. ¶의사는 그녀에게 규칙적인 운동을 권했다.
N0-가 N1-에게 S(것|기)-를 V (N0=[인간] N1=[인간])
¶의사는 그녀에게 매일 간단한 운동을 할 것을 권했다. ¶선생님께서는 소파를 가리키며 나에게 앉기를 권하셨다. ¶친구는 나에게 이 책을 읽어 보기를 권했다.
❷(음식이나 자리 따위를 내놓으며) 먹거나 이용하라고 부추기다. Instigate someone to use or eat a particular space or food respectively.
N0-가 N2-에게 N1-를 V (N0=[인간] N1=[음식], [술], [담배], [자리] N2=[인간])
¶어머니는 손님에게 다과를 권했다. ¶동료가 명수에게 담배를 권했지만 거절했다.
❸(물건을 사거나 팔 때 다른 사람에게 무엇을) 여럿 가운데서 좋다고 생각되는 것을 골라서 추천하다. Choose and recommend something that one thinks is the best of a number of alternatives to someone when buying or selling an item.
㊌권유하다, 권고하다
N0-가 N3-로 N2-에게 N1-를 V (N0=[인간] N1=[사물] N2=[인간] N3=[사물](선물 따위))
¶점원은 여자 친구 선물로 나에게 귀걸이를 권했다. ¶명절 선물로 과일이나 홍삼을 많이 권한다.

궤멸되다
어원潰滅~ 활용궤멸되어(궤멸돼), 궤멸되니, 궤멸되고 대응궤멸이 되다
☞궤멸하다자

궤멸하다
어원潰滅~ 활용궤멸하여(궤멸해), 궤멸하니, 궤멸하고 대응궤멸을 하다
자(어떤 조직이나 기관이) 와해되어 없어져 버리다. (of an organization or institution) Be dissolved and eliminated.
㊌전멸하다
N0-가 V (N0=[단체], [집단])
¶보병 대대 하나가 적의 집중 공격에 궤멸했다. ¶대개 조직이란 것은 지도부가 궤멸하면 바로 해체되는 경우가 많다.
타(어떤 조직이나 기관을) 와해시켜 없어지게 하다. Dissolve and eliminate an organization

or institution.
㊌전멸시키다
N0-가 N1-를 V (N0=[인간|단체] N1=[단체], [집단])
¶정부는 군사력을 동원해서 그 지역의 마약 조직을 완전히 궤멸했다. ¶아군은 이번 전투에서 상대방을 완전히 궤멸하는 성과를 얻었다.

ㄱ

귀가하다
어원 歸家~ 활용 귀가하여(귀가해), 귀가하니, 귀가하고 대응 귀가를 하다
자 집 밖에서 집으로 돌아가거나 집에 돌아오다. Go back into one's house from outside.
N0-가 V (N0=[인간])
사 귀가시키다
¶나는 귀가하자마자 컴퓨터를 켰다. ¶아버지께서 새벽 두 시에 귀가하셨다. ¶동생은 회식이 많아 늦은 밤에 귀가하는 일이 잦았다.

귀결되다
어원 歸結~ 활용 귀결되어(귀결돼), 귀결되니, 귀결되고 대응 귀결이 되다
자 (행동이나 의논, 생각 따위가) 어떤 결론이나 결과로 이르거나 다다르게 되다. (of deed, discussion, or thought) Come to arrive at a result or a conclusion.
㊌귀결하다, 귀착되다
N0-가 N1-로 V (N0=[행위], [상태], [생각] N1=[행위], [상태], [생각])
¶표절 논란은 결국 양심의 문제로 귀결된다. ¶이번 사건은 최 경위의 책임으로 귀결됐다.
N0-가 N1-(에서|로부터) N2-로 V (N0=[행위], [상태], [생각] N1=[행위], [상태], [생각] N2=[행위], [상태], [생각])
¶그의 사랑은 늘 호기심에서 비극으로 귀결된다. ¶우리의 논쟁은 스크린쿼터제에서 문화제국주의로 귀결되었다.
N0-가 S것-으로 V (N0=[행위], [상태], [생각])
¶이번 사태는 그를 해임하는 것으로 귀결되었다. ¶정부의 개혁이 모든 고통과 부담을 국민들에게 전가하는 것으로 귀결됐다.

귀결하다
어원 歸結~ 활용 귀결하여(귀결해), 귀결하니, 귀결하고 대응 귀결을 하다
자 (행동이나 의논, 생각 따위가) 어떤 결론이나 결과에 이르거나 다다르다. (of deed, discussion, or thought) Arrive at a result or a conclusion.
㊌귀결되다, 귀착되다
N0-가 N1-(에|로) V (N0=[행위], [상태], [생각] N1=[행위], [상태], [생각])
사 귀결시키다
¶세계 경제 침체는 한국의 수출 동력 추락으로 귀결한다. ¶모든 교육은 출발이 무엇이었던 간에 인성 교육으로 귀결한다.
N0-가 N1-(에서|로부터) N2-(에|로) V (N0=[행위], [상태], [생각] N1=[행위], [상태], [생각] N2=[행위], [상태], [생각])
사 귀결시키다
¶이 소설의 서사 구조는 일상에서 일상으로의 회귀로 귀결하는 익숙한 구조이다. ¶우리들의 토론은 무상급식 문제에서 선별적 복지와 보편적 복지에 대한 논란으로 귀결했다.
N0-가 S것-(에|로) V (N0=[행위], [상태], [생각])
사 귀결시키다 ¶통행의 불편은 결국 부교를 설치하는 것으로 귀결했다.

귀국하다
어원 歸國~ 활용 귀국하여(귀국해), 귀국하니, 귀국하고 대응 귀국을 하다
자 (외국에 있던 사람이) 자기 나라로 돌아오거나 돌아가다. (of a person who has been abroad) Come or go back to one's country of origin.
㊊ 출국하다
N0-가 V (N0=[인간|집단])
¶올림픽에 참가했던 선수단이 귀국했다. ¶나는 장기 출장을 갔다가 오늘 귀국했다. ¶정호상 박사는 유학 생활을 마치고 5년 만에 귀국했다.

귀띔하다
활용 귀띔하여(귀띔해), 귀띔하니, 귀띔하고 대응 귀띔을 하다
자타 어떤 사실의 요점이나 일부만 살짝 알려주다. Give a hint, summary, or a part of a fact.
㊤알려주다
N0-가 N1-에게 S고 V (N0=[인간] N1=[인간])
연어 슬쩍, 살짝, 몰래
¶의사는 환자 가족에게 마음의 준비를 하라고 슬쩍 귀띔해 주었다. ¶사건의 목격자들은 보도 내용에 왜곡이 있다고 경찰에게 귀띔했다.
N0-가 N1-를 N2-에게 V (N0=[인간] N1=[앎] N2=[인간])
연어 슬쩍, 살짝, 몰래
¶승범이가 그 비밀을 경수에게 슬쩍 귀띔해 주었다. ¶내가 너에게 귀띔해 줄 내용이 하나 있다.
N0-가 N1-에게 S것-을 V (N0=[인간] N1=[인간])
연어 슬쩍, 살짝, 몰래
¶의사는 환자 가족에게 마음의 준비를 할 것을 귀띔해 주었다. ¶사건의 목격자들은 보도 내용에 왜곡이 있다는 것을 경찰에게 슬쩍 귀띔했다.

귀여워하다
활용 귀여워하여(귀여워해), 귀여워하니, 귀여워하고
타 (사람이나 동물을) 예뻐하고 사랑하는 행동을 보이다. Be extremely fond of a person or

animal.
㈜예뻐하다
N0-가 N1-를 V (N0=[인간|단체] N1=[생물])
¶할아버지가 어린 손자를 매우 귀여워하신다. ¶내가 귀여워하는 고양이를 오빠가 이틀이나 굶겼다.

귀의하다

어원 歸依~ 활용 귀의하여(귀의해), 귀의하니, 귀의하고 대응 귀의를 하다
자 ❶자연으로 돌아가서 몸을 의지하고 살다. Return to, rely on, and live amid nature.
N0-가 N1-에 V (N0=[인간] N1=자연 따위)
¶인간은 누구나 죽은 뒤에는 자연에 귀의하게 된다. ¶인간성을 회복하기 위해서는 자연에 귀의하는 길밖에 없다.
※ 주로 '자연에 귀의하다'로 쓰인다.
❷ 【종교】 종교적 절대자나 진리를 깊이 믿고 의지하다. Deeply believe in and rely on a religious Absolute or Truth.
N0-가 N1-에 V (N0=[인간] N1=[종교], [귀신])
¶그는 세상과의 모든 인연을 끊고 불도에 귀의한다. ¶그녀는 기독교에 귀의한 후부터 선교 활동을 펼치고 있다.

귀항하다

어원 歸港~ 활용 귀항하여(귀항해), 귀항하니, 귀항하고 대응 귀항을 하다
자 (배가) 떠났던 항구로 다시 돌아가거나 돌아오다. (of a ship) Go or come back to the port from which the ship originally departed.
㈜입항하다 ㉤출항하다
N0-가 N1-(에|로) V (N0=[선박] N1=[항구])
¶조업에 나섰던 어선들이 비바람이 몰아치자 포구로 귀항했다. ¶고기잡이배들이 만선으로 새벽에 귀항하였다.

귀향하다

어원 歸鄕~ 활용 귀향하여(귀향해), 귀향하니, 귀향하고 대응 귀향을 하다
자 (다른 지방이나 지역에서) 고향으로 돌아가거나 돌아오다. Go or come back to one's homeland from another area or region.
㈜낙향하다
N0-가 V (N0=[인간])
¶그들은 추석을 맞아 귀향하는 길이었다. ¶방학이 되자 지방 학생들이 모두 귀향한 탓인지 학교 주변이 한산했다.

귀화하다

어원 歸化~ 활용 귀화하여(귀화해), 귀화하니, 귀화하고 대응 귀화를 하다
자 합법적으로 다른 나라의 국적을 얻어서 그 나라의 국민이 되다. Legally obtain the nationality of another country to become a citizen thereof.
N0-가 N1-(에|로) V (N0=[인간] N1=[국가])
¶그는 한국 여자와 결혼해 한국에 귀화하였다. ¶우리나라에서 한국인으로 귀화하려면 별도의 시험을 치러야 한다.

귀환하다

어원 歸還~ 활용 귀환하여(귀환해), 귀환하니, 귀환하고 대응 귀환을 하다
자 (다른 곳에서 자기 있던 자리로) 다시 돌아오거나 돌아가다. Come or go back to a starting point from a different place.
㈜돌아오다자, 복귀하다, 귀국하다
N0-가 N1-(에|로) V (N0=[인간|단체] N1=[장소])
¶외국에 파병되었던 군인들이 본국으로 귀환하였다. ¶한국을 방문한 외국 선수단은 내일 항공기로 귀환한다.

규명되다

어원 糾明~ 활용 규명되어(규명돼), 규명되니, 규명되고 대응 규명이 되다
자 (사건의 진상이나 사실 관계가) 자세히 따져져 밝혀지다. (of the truth or fact relevance of an incident) Be revealed after thorough inquiry.
㈜밝혀지다
N0-가 V (N0=[추상물](사실, 전말, 의혹, 문제 따위))
능 규명하다
연어 완전히, 철저히, 낱낱이
¶사건의 원인이 철저한 조사 끝에 완전히 규명되었다. ¶그들의 분쟁은 진실이 규명되어야 끝날 수 있을 것이다.
Q-지 V
능 규명하다
연어 철저히, 낱낱이
¶왜 이런 일이 벌어졌는지 철저히 규명되어야 한다. ¶그 일을 일으킨 범인이 누군지 드디어 규명되었다.

규명하다

어원 糾明~ 활용 규명하여(규명해), 규명하니, 규명하고 대응 규명을 하다
자타 (사건의 진상이나 사실 관계를) 자세히 따져서 밝히다. (of the truth or fact relevance of an incident) Be revealed in detail.
㈜밝히다
N0-가 N1-(를|에 대해) V (N0=[인간|집단] N1=[추상물](사실, 전말, 의혹, 문제 따위))
피 규명되다
연어 철저히, 낱낱이
¶그들은 일 년여의 노력 끝에 사고의 원인을 규명할 수 있었다. ¶그 사건의 진상을 철저히 규명하기 위해서는 성역 없는 수사가 필요하다.

N_0-가 S고 V (N_0=[인간|단체])
피 규명되다
연어 철저히, 낱낱이
¶연구단은 드디어 이 화석은 삼국시대 이전의 것이라고 규명하는 데 성공했다.
N_0-가 Q지 V (N_0=[인간|단체])
¶우리는 현재 왜 이런 문제가 발생하고 있는지 규명하려고 한다.

규정되다

어원 規定~ 활용 규정되어(규정돼), 규정되니, 규정되고 대응 규정이 되다
자 ❶(법이나 규칙 따위를 통해서) 어떤 것의 기준이나 입장이 정해지다. (of criterion or status of something) Be determined by law or rule.
㊡제정되다
N_0-가 N_1-(로|를 통해) V (N_0=[추상물], [사물] N_1=[규범], [관습], [제도])
능 규정하다
연어 정확하게
¶국민의 의무는 법으로 규정되어 있어야 한다. ¶수업 일수는 학칙을 통해서 규정되어 있다.
S지-(가|에 대해) N_0-(로|를 통해) V (N_0=[규범], [관습], [제도])
능 규정하다
연어 정확하게
¶이 건물이 일조권을 침해하는지가 법으로 정확하게 규정되어 있지 않다. ¶이 일이 합법적인지에 대해서는 법으로 규정되어 있을 것이다.
❷(특정한 권위나 자격을 부여받은 사람 또는 제도 따위에 의해) 어떤 것의 사실, 성격, 내용 따위가 무엇이라고 정의되어 단정지어지다. (of fact, characteristic, or content of something) Be defined by a person or an institution having particular authority or qualification.
N_0-가 N_1-로 V (N_0=[사물], [추상물] N_1=[추상물])
능 규정하다
¶이 책이 담고 있는 내용은 일종의 풍자로 규정될 수 있을 것이다. ¶그들의 관계는 연인 관계로 규정될 수 있다.
N_0-가 S고 V (N_0=[사물], [추상물])
능 규정하다
¶법이 개정되어서 이러한 방식의 기부도 뇌물로 보아야 한다고 새롭게 규정되었다. ¶그의 직업은 일종의 연예인이라고 규정될 수 있을 것이다.

규정짓다

어원 規定~ 활용 규정지어, 규정지으니, 규정짓고, 규정짓는 대응 규정을 짓다
☞규정하다

규정하다

어원 規定~ 활용 규정하여(규정해), 규정하니, 규정하고 대응 규정을 하다
자타 ❶(법이나 규칙 따위를 통해서) 어떤 대상에 대한 기준이나 입장을 정하여 두다. Determine the criterion or status of something by law or rule.
㊡정하다
N_0-가 N_1-(를|에 대해) N_2-(로|를 통해) V (N_0=[인간|단체], [규범], [관습], [제도] N_1=[추상물], [사물] N_2=[규범], [관습], [제도])
피 규정되다
연어 정확하게
¶이 조약은 두 나라의 국경을 불분명하게 규정하고 있다. ¶각 부서의 장은 자신들이 해야 할 일에 대해서 스스로 규정할 수 있는 권한이 있다.
N_0-가 S지-(를|에 대해) N_1-(로|를 통해) V (N_0=[인간|단체], [규범], [관습], [제도] N_1=[규범], [관습], [제도])
피 규정되다
연어 정확하게
¶정부는 불법체류자 자녀를 어떻게 할 것인지에 대해 법으로 규정해야 한다. ¶이 법은 세금을 얼마나 내야 하는지를 분명하게 규정하고 있다.
❷(특정한 권위나 자격을 부여받은 사람 또는 제도 따위가) 어떤 것의 사실, 성격, 내용 따위를 무엇이라고 정의하여 단정짓다. (of a person or an institution having particular authority or qualification) Define a fact, a characteristic, or a content of something.
㊡정의하다
N_0-가 N_1-(를|에 대해) N_2-로 V (N_0=[인간|단체], [규범], [관습], [제도] N_1=[사물], [추상물] N_2=[추상물])
피 규정되다
¶법원은 그 사건을 반역 행위로 규정하였다.
N_0-가 N_1-(를|에 대해) S고 V (N_0=[인간|단체], [규범], [관습], [제도] N_1=[사물], [추상물])
피 규정되다
¶법은 이 건물에 대해서 도로교통법을 위반했다고 규정하고 있다. ¶선거관리위원회는 그들의 기부를 불법 선거운동이라고 규정하였다.

규제하다

어원 規制~ 활용 규제하여(규제해), 규제하니, 규제하고 대응 규제를 하다
타 (개인이나 단체의 활동이) 일정한 기준을 넘지 못하도록 국가 기관이나 공공 단체가 제한하거나 억제하다. (of a state institution or public organization) Limit or suppress an individual or group in order that it does not exceed the

limit set by rule or law.
[유]제한하다, 제약하다, 억제하다
N0-가 S-도록 V (N0=[기관])
¶우리나라에서는 개인이 총기를 소지하지 못하도록 법으로 규제하고 있다. ¶학교 당국은 교내에서 오후 5시 전에 확성기를 쓰지 못하도록 규제하였다.
[타](개인이나 단체의 활동을) 국가 기관이나 공공단체가 일정한 기준을 정하여 제한하거나 억제하다. (of a state institution or public organization) Limit or suppress the activity of an individual or group by establishing a rule or law to that end.
[유]제한하다, 제약하다, 억제하다
N0-가 N2-로 N1-를 V (N0=[기관] N1=[행위] N2=[규범](법, 규정, 조례 따위))
¶정부가 무분별한 토지 개발을 법으로 규제하고 있다. ¶국가별로 온실가스의 배출량을 엄격하게 규제할 필요가 있다.

규탄하다

[어원] 糾彈~ [활용]규탄하여(규탄해), 규탄하니, 규탄하고 [대응]규탄을 하다
[자타](사회적으로 문제가 되는 잘못이나 옳지 못한 일을) 들추어내어 공개적으로 따지고 비난하다. Publicly disclose a socially undesirable or unethical affair for the purpose of discussion and criticism.
[유]비난하다
N0-가 N1-(를|에 대해) V (N0=[인간|단체] N1=[인간|단체], [행위], [속성])
¶그들은 독립협회를 만들어 외세를 배격하고 수구 세력을 규탄했다. ¶한국노총은 전국적으로 집회를 갖고 부당 노동 행위를 규탄했다.
N0-가 S것-을 V (N0=[인간|단체])
¶시민 단체는 기업이 파업에 참여한 노조원들에게 중징계하는 것을 규탄하고 나섰다.

그늘지다

[활용]그늘져, 그늘지니, 그늘지고 [대응]그늘이 지다
[자]❶물체에 햇빛이 가려서 약간 어둡고 흐린 부분이 생기다. (of a dark and blurry spot) Be caused by an object blocking out the sunlight.
N0-가 V (N0=[사물], [장소](밑, 아래 따위))
¶나무 밑이 그늘져서 시원하다. ¶그늘진 곳에서 낮잠이나 자고 싶구나.
❷(얼굴이나 표정이) 근심, 걱정, 불안으로 쾌활하거나 밝지 못하고 어둡게 되다. Have a somber, dark or joyless facial expression due to worries, concerns or anxiety.
N0-가 V (N0=[인간], [신체부위](얼굴 따위), [모양])
¶요사이 아버지 얼굴이 그늘졌다. ¶무릎 수술로 인해 어머니의 모습이 그늘져서 보기에 안쓰럽다. ¶그의 그늘진 뒷모습이 쓸쓸해 보였다.

그러다

[활용]그래, 그러니, 그러고, 그랬다 [본디]그리하다 [여린]고러다 【구어】
[자]❶그렇게 하다. Do so.
N0-가 S고 V (N0=[인간 | 집단], [기관], [동물])
¶모두들 뛰어 가는데, 민호는 그러지 않았다. ¶너 그러다 회의에 늦겠다. ¶고양이가 펄쩍펄쩍 뛰니까 강아지도 그러더라.
N0-가 N1-에게 V (N0=[인간 | 단체], [기관],[동물] N1=[인간 | 단체], [기관],[동물])
¶네가 그 친구에게 그러면 안되지. ¶고양이에게 그러면 안되는데.
※ 다른 동사를 대신하여 쓰이는 말이다.
❷그렇게 말하다. (of a person) Say so.
N0-가 S고 V (N0=[인간|집단])
¶영수는 이미 점심을 먹었다고 그랬다. ¶나와서 일 좀 도우라고 그래. ¶어디서 왔냐고 그러면 서울이라고 하렴.
◆ **그러거나 말거나** 무엇을 하든 관계없이. Whether someone does something or not.
N0-가 Idm (N0=[인간])
¶다른 사람들이 그러거나 말거나 너는 네 일이나 열심히 해라.
[타](무언가를) 그렇게 하다. Do so with something.
N0-가 N1-를 V (N0=[인간|집단] N1=[구체물], [추상물])
¶ 칠이 마르지 않았는데 물감을 그러면 색깔이 변한다.
※ 다른 동사를 대신하여 쓰이는 말이다.

그르치다

[활용]그르치어(그르쳐), 그르치니, 그르치고
[타]일을 정상적으로 잘 처리하지 못하여 망치다. Cause irreparable damage to a task due to mishandling.
[유]망치다
N0-가 N1-를 V (N0=[인간|단체], [사건], [행위] N1=[상황], [행위], 평생, 미래 따위)
¶순간의 잘못된 선택이 평생을 그르칠 수 있다. ¶감정 때문에 대세를 그르치는 일이 없도록 해야 할 것이다. ¶우리는 가끔 너무 서둘러서 일을 그르치는 경우가 있습니다.

그릇되다

[활용]그릇되어(그릇돼), 그릇되니, 그릇되고
[자]❶(생각, 태도, 행동 따위가) 올바르지 않거나 사리에 맞지 아니하다. (of thought, attitude, behavior, etc.) Be improper or unreasonable.

ⓤ잘못되다
N0-가 V (N0=[인간], [추상물])
¶영호는 결정적인 순간에 그릇된 판단을 하고 말았다. ¶언론사는 사람들에게 그릇된 정보를 마치 진실인 것처럼 보도해서는 안 된다. ¶선생님께서는 내가 그릇된 길로 빠지지 않도록 이끌어 주셨다.
※주로 '그릇된'으로 쓰인다.
❷(일, 계획 따위가) 예상과 다르게 제대로 진행되지 못하고 망쳐지다. (of a task, a plan, etc.) Be ruined without processing as planned.
ⓤ잘못되다
N0-가 V (N0=[계획], [일], [상황])
¶한순간의 실수로 계획이 그릇되어 버렸다. ¶만에 하나 이번 일이 그릇된다면 그 책임은 모두 내가 져야 할 것이다.

그리다 I

활용그려, 그리니, 그리고
타❶연필이나 붓 따위로 인물이나 사물의 형태를 묘사하여 표현하다. Express by describing the shape of a person or an object with a pencil or a brush.
N0-가 N1-를 V (N0=[인간|단체] N1=[그림], [사물])
¶그는 주로 나무그림을 그렸다. ¶아이가 엄마 얼굴을 그리고 예쁘게 칠했다. ¶현철이는 풍경을 그리는 것을 좋아한다.
N0-가 N1-를 N2-로 V (N0=[인간|단체] N1=[그림], [사물] N2=[도구](필기류 따위))
¶아이는 노란 크레파스로 그림을 그렸다. ¶그는 연필로 밑그림을 그렸다. ¶나는 가는 붓으로 그린 그림을 좋아한다.
N0-가 N1-를 N2-에 V (N0=[인간|단체] N1=[그림], [사물] N2=[처소], [공간])
¶그는 천장에 그림을 그렸다. ¶담벼락에 그린 벽화 덕분에 골목이 아름다워졌다.
❷(인물, 사물, 사진, 사태 따위를) 말, 글, 음악 등으로 묘사하여 표현하다. Describe a person, object, picture or situation, etc. by using words, sentences, music, etc.
N0-가 N1-를 V (N0=[인간], [작품] N1=[행위], [사건])
¶단편영화 '사랑은 가위바위보'는 남녀가 사랑을 시작하는 모습을 그렸다. ¶그의 소설은 청춘의 좌절을 그린 작품이다.
N0-가 N1-를 N2-로 V (N0=[작품](영상물, 인쇄물, 그림 따위) N1=[사물], [행위], [현상] N2=[시선], [시각], [의도])
¶그 영화는 한국인의 눈으로 베트남 전쟁을 그렸다는 평가를 받았다. ¶때로는 작가가 작품 속에서 특정한 의도로 사회를 그리는 경우가 있다.
❸기하학적 형태를 이루며 나타내다. Show the pattern of change by forming geometric shapes.
N0-가 N1-를 V (N0=[인간|단체], [수치](거래량, 주가 따위) N1=[모양], [선])
¶그는 기대가 실망으로, 다시 희망으로 바뀌며 희비의 쌍곡선을 그렸다. ¶사람들은 서로 손에 손을 잡고 둥글게 원을 그리며 춤을 추었다.
❹(사람, 사물, 사건 따위를) 마음속으로 조용히 떠올리다. Form a mental image of a person, object or situation, etc.
ⓤ회상하다, 추억하다
N0-가 N1-를 V (N0=[인간|단체] N1=[추상물])
¶가난했던 그 아이는 자신의 성공한 미래의 모습을 그리며 꿋꿋하게 살아갔다. ¶그는 행복했던 지난날들을 그리며 잠이 들었다.
◆ **꿈에 그리다** 무엇을 오랜 기간 간절히 바라다. Wish earnestly for something over a long period of time.
N0-가 Idm (N0=[인간])
¶꿈에 그리던 파리에 왔으니 기념될 만한 것을 꼭 사 가야겠다. ¶그는 열심히 공부하여 꿈에 그리던 학교에 합격했다.
※주로 명사구 앞에 '꿈에 그리던'의 형태로 쓰인다.

그리다 II

활용그리어(그려), 그리니, 그리고
타사랑하는 마음으로 간절히 바라보며 생각하다. Think of someone or something with love and sincere longing.
ⓤ그리워하다
N0-가 N1-를 V (N0=[인간|단체] N1=[인간|단체], [장소], [시절])
¶할머니는 늘 갈 수 없는 고향을 그리며 눈물지으셨다. ¶그는 헤어진 연인을 그리며 괴로워했다. ¶나는 사진을 보며 행복했던 어린 시절을 그려 보았다.

그리워하다

활용그리워하여(그리워해), 그리워하니, 그리워하고
타(멀리 떨어져서 볼 수 없거나 더 이상 자신에게 없는 대상을) 보고 싶어 하거나 다시 가지고 싶어 하다. Wish to own again or miss an object that is not owned anymore or cannot be seen due to far distance.
ⓤ그리다II, 아쉬워하다, 보고 싶어 하다 ⓑ미워하다
N0-가 N1-를 V (N0=[인간] N1=[인간], [사물], [장소], [감정])
¶우리는 어린 시절의 선생님을 그리워한다. ¶많은 어른들이 동심을 그리워한다.

그만두다

활용그만두어(그만둬), 그만두니, 그만두고 ⓙ관

두다
타❶(하고 있는 행동 따위를) 더 이상 하지 않고 멈추다. Stop and refrain from something that one is doing.
㊌중단하다, 멈추다, 그만하다 ㊥지속하다, 계속하다
N0-가 N1-를 V (N0=[인간], [동물] N1=[행위])
¶동생이 갑자기 연애를 그만뒀다. ¶돌고래들이 갑자기 묘기를 그만두고 물 밖으로 나오지 않았다. ¶나는 너무 급한 나머지 수업을 그만두고 화장실로 뛰었다.
❷(생계를 위한 일이나 본연의 맡은 일 따위를) 더 이상 하지 않고 그치다. Stop and refrain from assigned work or job that is for living.
㊌중단하다, 때려치우다(속어) ㊥계속하다
N0-가 N1-를 V (N0=[인간|집단] N1=[일], [장소](학교, 회사, 가게 따위))
¶아버지는 농사일를 그만두셨다. ¶동생은 직장을 그만두고 대학원에 진학했다.
❸(계획했던 일을) 더 이상 추진하지 못하고 포기하다. Not be able to progress and give up on planned duty.
㊌중단하다, 때려치우다(속어) ㊥계속하다
N0-가 N1-를 V (N0=[인간|단체] N1=[행사], 계획)
¶그 친구는 사법고시를 그만뒀다. ¶형편이 어려워져서 나는 외국 유학의 꿈을 그만둘 수밖에 없었다. ¶경제난이 닥쳤을 때 우리 가족은 전원 생활 계획을 그만둘 수밖에 없었다.
◆ **-는 그만두고** (더 훌륭한 대상이나 행위까지는) 바라지 않고. Without any desire to be better or to behave better.
㊌-는 고사하고
N0-Idm (N0=[모두])
¶대상은 그만두고 입상이라고 하면 좋겠다.
¶50m는 그만두고 10m만이라도 수영해 봐라.

그만하다

활용 그만하여(그만해), 그만하니, 그만하고
타(하고 있는 행동 따위를) 더 이상 하지 않고 멈추다. Stop and refrain from something that one is doing.
㊌그만두다, 중단하다, 그치다 ㊥계속하다, 지속하다
N0-가 N1-를 V (N0=[인간] N1=[행위])
연어 이제, 좀
¶이제 장난 그만해라. ¶얘들아, 이야기 좀 그만하고 이제 공부하자.
※ 명령문에서는 목적격 조사가 자주 생략된다.

그을다

활용 그을어, 그을고, 그으니, 그으는 ㊟글다
자❶(피부가 햇볕을 오래 쬐어) 약간 검게 타다. (of one's skin) Become slightly dark due to prolonged exposure to sunlight.
N0-가 N1-에 V (N0=[신체부위](얼굴, 피부 따위) N1=[빛](햇볕, 햇빛 따위))
사 그을리다II
¶철수의 얼굴이 햇볕에 검게 그을었다. ¶그의 피부는 햇빛을 받아 구릿빛으로 적당히 그을어 있었다.
❷(물건이 불이나 연기에 오래 닿아) 조금 타거나 표면에 그을음이 생겨 빛깔이 검어지다. (of an item) Burn slightly or turn black due to soot on the surface owing to prolonged contact with fire or smoke.
N0-가 N1-에 V (N0=[사물] N1=[불], [연기])
피 그을리다I 사 그을리다II
¶냄비가 불에 그을어 새까맣다. ¶공장 굴뚝이 연기에 그을어 시커멓게 변했다.

그을리다 I

활용 그을리어(그을려), 그을리니, 그을리고 ㊟글리다
자❶(피부가 햇볕을 오래 쬐어) 약간 검게 타다. (of one's skin) Become slightly dark due to prolonged exposure to sunlight.
N0-가 N1-에 V (N0=[신체부위](얼굴, 피부 따위) N1=[빛](햇볕, 햇빛 따위))
능 그을다
¶영수는 피부가 땡볕에 그을려 따가웠다. ¶새까맣게 그을린 얼굴이 우스꽝스러울 지경이었다.
❷(물건이 불이나 연기에 오래 닿아) 조금 타거나 표면에 그을음이 생겨 빛깔이 검게 되다. (of an item) Burn a little or turn black due to soot on the surface owing to prolonged contact with fire or smoke.
N0-가 N1-에 V (N0=[사물] N1=[불], [연기])
¶철수의 책에는 불에 그을린 자국이 남아 있었다.
¶화재로 인해 건물 안의 벽이 검게 그을려 있었다.

그을리다 II

활용 그을리어(그을려), 그을리니, 그을리고 ㊟글리다
타❶(피부를 햇볕에 오래 쬐게 하여) 약간 검게 태우다. Make one's skin slightly dark by exposing it to sunlight for a long time.
㊌태우다
N0-가 N2-에 N1-를 V (N0=[인간] N1=[신체부위](얼굴, 피부 따위) N2=[빛](햇볕, 햇빛 따위))
주 그을다
¶햇볕에 피부를 너무 오래 그을리지 않는 것이 좋다.
¶그는 야외 활동을 하며 볕에 얼굴을 그을렸다.

❷(어떤 물건을 불이나 연기에 쏘이거나 조금 태워) 표면에 그을음을 생기게 하여 빛깔을 검게 만들다. Make a certain item come in contact with fire or smoke or burn a little to make its color black with soot on the surface.
㊌태우다
N0-가 N1-를 N2-(에|로) V (N0=[인간] N1=[사물] N2=[불], [연기], [도구])
주그을다
¶영희는 난로 옆에 옷을 놓았다가 불에 그을리고 말았다. ¶학생들은 유리를 촛불로 그을려 검게 만든 후 태양을 관찰했다.

그치다1

활용그치어(그쳐), 그치니, 그치고
자❶(비, 눈, 바람 따위가) 더 이상 내리거나 불지 않고 잔잔해지다. (of rain, snow, wind, etc.) Become calm, no longer falling or blowing.
㊌멈추다, 멎다
N0-가 V (N0=[비], [눈], [바람])
¶비가 그치고 해가 떴다. ¶눈은 그쳤으나 추운 날씨에 땅이 꽁꽁 얼었다. ¶바람이 그치고 하늘에 구름도 걷혔다.
❷(어떤 집단이나 일, 현상 따위가) 더 이상의 진전이 없이 어떤 정도나 상태에 그대로 머무르다. (of a certain organization, task, phenomenon, etc.) Stay at a certain level or status without further progress.
㊌머무르다, 멈추다, 정지하다자, 중단하다, 중지하다
N0-가 N1-(에|로) V (N0=[집단], [행사], [단독행위], [비율] N1=[등급], [말], 형식, 절반 따위)
¶올해 국내 기업의 매출 증가율이 작년의 절반에 그친 것으로 나타났다. ¶이번 행사는 사람들의 관심을 끌지 못한 채 일시적인 행사로 그치고 말았다. ¶우리 팀은 역전패를 당해 준우승에 그쳤다.
N0-가 (S것|S데)-에 V (N0=[집단], [생물])
¶오늘 증시는 주가가 소폭으로 오르는 데 그쳤다. ¶우리 팀은 이번 대회에서는 겨우 꼴찌를 면하는 데 그쳤다.

그치다2

활용그치어(그쳐), 그치니, 그치고
기능자 '행위의 종결'을 나타내는 기능동사 A support verb indicating "the end of an action."
㊌멈추다, 멎다, 중단되다, 중지되다 ㊉계속하다, 지속하다
N0-가 V (N0=[소리], [감정], [행위](싸움 따위), [생리현상])
¶노랫소리가 갑자기 그치자 동시에 손뼉소리도 멎었다. ¶업체의 늑장 대응으로 소비자들의 불만이 그칠 줄 모른다. ¶누나와 형 사이에는 싸움이 그칠 날이 없다. ¶약을 먹고 나니 설사가 그쳤다.
타'행위의 종결'을 나타내는 기능동사 A support verb that indicates "the end of an action".
㊌멈추다, 정지하다타, 중단하다, 중지하다
㊉계속하다, 지속하다
N0-가 N1-를 V (N0=[인간] N1=[감정], [대화], [행위](싸움 따위), [생리현상])
¶할아버지의 호통 소리에 아이는 웃음을 그쳤다. ¶아내의 잔소리는 그칠 줄 모른다. ¶엄마는 아이의 딸꾹질을 그치게 하려고 물을 먹였다.

극대화되다

어원極大化~ 활용극대화되어(극대화돼), 극대화되니, 극대화되고 대응극대화가 되다
자(규모, 범위, 정도 따위가) 더 이상 커질 수 없을 정도로 대단히 커지다. (of size, scope, degree) Be made as great as possible.
N0-가 V (N0=[추상물](규모, 범위, 정도, 효과, 이윤, 속성 따위))
능극대화하다
¶새로운 유통 방식에 의해서 이윤이 극대화되었다. ¶이 약을 먹으면 치료의 효과가 극대화된다고 한다.

극대화시키다

어원極大化~ 활용극대화시키어(극대화시켜), 극대화시키고, 극대화시키니 대응극대화를 시키다
☞'극대화하다'의 오용

극대화하다

어원極大化~ 활용극대화하여(극대화해), 극대화하니, 극대화하고 대응극대화를 하다
타(규모, 범위, 정도 따위를) 더 이상 커질 수 없을 정도로 대단히 크게 만들다. Make the size, scope, or degree as big as possible.
N0-가 N1-를 V (N0=[사물], [추상물] N1=[추상물](규모, 범위, 정도, 경쟁력, 예산, 효과, 이윤, 속성 따위))
피극대화되다
¶새로운 기술 개발은 기업의 경쟁력을 극대화하였다. ¶그들은 효율을 극대화하기 위해서 많은 노력을 투자했다.

극복되다

어원克服~ 활용극복되어(극복돼), 극복되니, 극복되고 대응극복이 되다
자(좋지 않은 조건이나 어렵고 힘든 상황 따위가) 어떠한 방법이나 노력으로 해결되거나 나아지다. (of a bad condition, a difficult and disadvantageous situation, etc.) Become solved or improved with certain method or effort.
N0-가 N1-에 의해 V (N0=[상황], [경제현상], [장애],

한계 따위 N1=[활동], [행사], [방법])
[능]극복하다
¶일시적인 불경기는 정책적 노력에 의해 극복될 수 있을 것이다. ¶국민들이 힘을 합칠 때 국가의 난제들이 극복될 수 있다.

극복하다

[어원]克服~ [활용]극복하여(극복해), 극복하니, 극복하고 [대응]극복을 하다
[타](좋지 않은 조건이나 어렵고 힘든 상황 따위를) 어떠한 방법이나 노력으로 헤쳐 나가거나 나아지게 하다. Resolve or improve a bad condition, a difficult and disadvantageous situation, etc., using certain method or effort.
㊀이기다, 뛰어넘다, 물리치다, 뚫다
N0-가 N2-로 N1-를 V (N0=[인간|단체] N1=[상황], [경제현상], [장애], [실패], [감정], 한계 따위 N2=[활동], [행사], [방법])
[피]극복되다
¶그 선수는 끊임없는 훈련으로 자신의 신체적 한계를 극복했다. ¶정부는 경제 위기를 극복하기 위해 다양한 정책들을 내놓았다. ¶국민들이 힘을 모아 국가의 난제들을 극복해야 한다. ¶영수가 물에 대한 두려움을 극복하기 위해 수영을 시작했다.

극찬하다

[어원]極讚~ [활용]극찬하여(극찬해), 극찬하니, 극찬하고 [대응]극찬을 하다
[자타](사람이나 사물의 가치나 수준 따위를) 매우 높이 평가하여 열렬히 칭찬하다. Evaluate the value, level, etc. of a person or an item very highly and praise enthusiastically.
㊀격찬하다 ㊂칭찬하다
N0-가 N1-를 V (N0=[인간|단체] N1=[인간], [속성], [능력], [예술], [텍스트], [작품], [방송물], [행위])
¶그녀는 나의 요리 실력을 극찬했다. ¶신문마다 그를 극찬하는 기사가 실렸다. ¶이 영화는 평론가들이 극찬한 작품이다.
N0-가 S고 V(R1) (N0=[인간|단체])
¶감독은 신인 배우의 연기(가|를) 매우 훌륭하다고 극찬했다.(R1) ¶심사위원들은 그의 노래가 심금을 울린다고 극찬했다. ¶그는 자기 아내가 해주는 음식이 정말 맛있다고 극찬했다.

근거하다

[어원]根據~ [활용]근거하여(근거해), 근거하니, 근거하고
[자](어떤 주장이나 믿음, 행동 따위가) 정당하다고 생각하는 일이나 의견, 사실 따위에 기초하다. (of argument, belief, act, etc.) Be based on a work, an opinion, or a fact believed to be just.
㊀의거하다, 기대다II, 기초하다
N0-가 N1-에 V (N0=[의견], [연설], [텍스트], [추상물], [방법], [상태] N1=[의견], [연설], [텍스트], [추상물], [방법], [규범], [관습])
¶김 박사의 주장은 역사적 사실에 근거한 것이다. ¶동의보감은 동양 철학에 근거해 몸의 구조와 장기들을 설명하고 있다. ¶현안 해결 과정이 법령에 근거한 것인지 확인할 필요가 있다.

근무하다

[어원]勤務~ [활용]근무하여(근무해), 근무하니, 근무하고 [대응]근무를 하다
[자]❶(기관이나 회사 따위의) 특정한 단체에 소속되어 어떤 직책(직위)으로 일하다. Work by affiliating with a specific organization such as company.
㊀일하다, 재직하다, 다니다[타] ㊁퇴직하다, 휴직하다
N0-가 N1-에서 N2-로 V (N0=[인간] N1=[단체], [부서] N2=[인간])
¶아버지는 국립 암센터에서 연구원으로 근무하십니다. ¶저는 대학에서 교수로 근무하고 있습니다. ¶아버지는 큰 회사에서 부장으로 근무하시다가 퇴직하셨습니다.
❷(주어진 일이나 업무를) 맡아서 처리하다. Process by managing the given duty or business.
㊀일하다 ㊁쉬다, 놀다[자]
N0-가 N1-에 V (N0=[인간] N1=[시간])
¶저는 내일 오전에 근무합니다. ¶오후에 근무할 사람은 따로 있다.
N0-가 N1-에서 V (N0=[인간] N1=[장소], [상황])
¶저는 주로 현장에서 근무합니다. ¶연구실에서 근무하는 연구원들은 다섯 명이다.

근심하다

[활용]근심하여(근심해), 근심하니, 근심하고 [대응]근심을 하다
[자타](어떤 일로 인하여) 걱정하고 불안해하며 계속 마음을 쓰다. Think about someone or something constantly with a worried and uneasy feeling (due to a certain event).
㊀부심하다, 고민하다, 걱정하다 ㊁안심하다
N0-가 N1-(를|에 대해|로) V (N0=[인간|집단] N1=[상황], [모두])
[사]근심시키다
¶부모님은 나의 진학 문제를 근심하셨다. ¶관계 부처는 수해 대책 마련으로 근심하고 있다. ¶관계 부처 장관들은 가뭄 해결책 마련으로 근심하고 있다.

근절되다

[어원]根絶~ [활용]근절되어(근절돼), 근절되니, 근절되

고 대응근절이 되다
자(옳지 못한 일이나 현상이) 다시 생기지 못하게 그 근원이나 원인이 완전히 없어지다. (of basis or cause of wrong situation or phenomenon) Be completely removed so that the situation or phenomenon will not occur again.
유뿌리뽑히다, 말살되다
N0-가 V (N0=[비행], [사회현상])
능근절하다
¶영수증을 발급하지 않은 거래가 전반적으로 개선되기는 했지만 근절되지는 않았다. ¶탈법적인 증여와 상속은 근절되어야 한다. ¶시험 중 부정행위는 당연히 근절되어야 한다.

근절시키다

어원根絶~ 활용근절시키어(근절시켜), 근절시키니, 근절시키고 대응근절을 시키다
☞'근절하다'의 오용

근절하다

어원根絶~ 활용근절하여(근절해), 근절하니, 근절하고 대응근절을 하다
타(옳지 못한 일이나 현상을) 다시 생기지 못하게 그 근원이나 원인을 완전히 없애다. Completely remove the basis or cause of wrong situation or phenomenon so that it will not happen again.
유뿌리뽑다, 말살하다
N0-가 N1-를 V (N0=[인간|단체] N1=[비행], [사회현상])
피근절되다
¶선생님들은 학교 폭력을 근절하기 위해 간담회를 열었다. ¶경찰청은 부정부패와 비리를 근절할 수 있는 방안을 마련했다. ¶금융 당국이 전화사기를 근절하기 위해 발 벗고 나섰다.

근접하다

어원近接~ 활용근접하여(근접해), 근접하니, 근접하고 대응근접을 하다
자❶(사람이나 사물에) 공간적으로 가까이 다가가거나 접하다. Move towards a person or object.
유접근하다, 가까이하다
N0-가 N1-(에|에게) V (N0=[인간|단체] N1=[장소], [인간|단체])
¶적들이 우리에게 근접해 왔다. ¶우리 고속정이 어선에 근접하자 모두 도망했다. ¶피사체에 너무 근접해서 사진을 찍으면 안 됩니다.
❷(상황이나 기준 따위에) 가까이 다가가거나 거의 일치되다. Move closer to or accord with a situation or standard.
N0-가 N1-에 V (N0=[인간|단체] N1=[추상물] (목표, 수준, 값 따위))
¶목표에 근접하고 있으니 분발하라. ¶그녀는 나의 이상형에 근접해 있다. ¶우리의 기술이 선진국 수준에 근접하는 데 성공했다.

글썽거리다

활용글썽거려, 글썽거리니, 글썽거리고
자(눈물이) 곧 흘러내릴 것처럼 눈에 고이다. (of the eyes) Be filled with tears as if they will drop.
유글썽이다, 글썽대다
N1-는 N0-가 V (N0=눈물)
¶나는 눈물이 글썽거렸다. ¶눈물이 글썽거리는 눈으로 강아지는 나를 쳐다보았다.
타(나오는 눈물을) 참으려고 애쓰면서 울다. Cry by trying to suppress tears and not letting them flow from the eyes.
유글썽이다, 글썽대다
N0-가 N1-를 V (N0=[인간], [짐승] N1=눈물)
¶억울한 나머지 나는 눈물을 글썽거렸다. ¶동생이 눈물을 글썽거리면 마음이 약해진다.

글썽이다

활용글썽여, 글썽이니, 글썽이고
자(눈에 눈물이) 넘쳐 흘러내릴 만큼 가득 고이다. (of tears) Gather so much in the eyes that they are about to run down.
유글썽거리다, 글썽대다
N1-에 N0-가 V ↔ N1-가 N0-로 V (N0=눈물 N1=[신체부위](눈, 눈가 따위))
¶나의 눈가에 눈물이 글썽였다. ↔ 내 눈가가 눈물로 글썽였다. ¶영희의 눈에 눈물이 글썽이고 있었다.
타(눈에 눈물을) 넘쳐 흘러내릴 만큼 가득 머금다. Have so much tears gathered in the eyes that they are about to run down.
N0-가 N2-에 N1-를 V ↔ N0-가 N2-에 N1-가 V (N0=[인간] N1=눈물 N2=[신체부위](눈, 눈가 따위))
¶내가 눈가에 눈물을 글썽였다.↔ 내가 눈가에 눈물이 글썽였다. ¶너무 미안해서 나도 모르게 눈물을 글썽이고 말았다.

긁다

활용긁어, 긁으니, 긁고
타❶(뾰족하거나 날카로운 것으로) 어떤 것의 표면을 문지르다. Rub against the surface of something with any sharp or pointed object.
유할퀴다
N0-가 N1-를 N2-로 V (N0=[인간|단체], [동물] N1=[사물] N2=[사물])
피긁히다
¶고양이가 벽을 발톱으로 긁었다. ¶이 기둥에는 누군가 긁은 흔적이 있다.

❷(손가락이나 적당한 도구로) 살갗 따위를 문질러 자극을 주다. Stimulate one's skin, etc., by rubbing it with one's finger or appropriate tool.
N0-가 N1-를 N2-로 V (N0=[인간|단체], [동물] N1=[신체부위] N2=[사물])
피 긁히다
¶나는 손으로 머리를 긁었다. ¶언니는 강아지를 귀여워하며 목덜미를 긁어 주었다.
❸(손이나 적당한 도구로) 사물을 문질러 껍질이나 겉에 붙은 것을 벗겨 내다. Rub an object using one's hand or appropriate tool to peel off something attached to the skin or surface.
N0-가 N1-를 N2-로 V (N0=[인간|단체] N1=[사물] N2=[사물](칼 따위))
¶형은 감자 껍질을 칼로 긁고 있었다. ¶나는 솥바닥에서 누룽지를 긁어 그릇에 담았다.
❹(갈퀴 등으로) 작은 물체들을 한쪽으로 끌어당겨 모으다. Pull and collect small objects to one side using a rake, etc.
N0-가 N1-를 N2-로 V (N0=[인간|단체], [동물] N1=[사물] N2=[사물])
¶우리는 야영장에서 마른 나뭇잎을 갈퀴로 긁어 불을 피웠다. ¶쓰고 남은 찰흙 조각들은 긁어서 한꺼번에 치워라.
❺(돈 따위의 재물을) 수완 좋게 많이 벌거나 얻다. Earn or obtain wealth such as money using excellent talent.
㊌끌다
N0-가 N1-를 V (N0=[인간|단체] N1=[사물], [금전])
¶눈치 빠른 투자자들은 벌써 주식 시장에서 돈을 잔뜩 긁어 갔다. ¶그는 도박으로 교묘히 돈을 긁어 집에 가지고 갔다.
❻남의 감정을 자극하는 행동을 하여 불쾌하게 하다. Make someone feel unpleasant through behavior that irritates him/her.
㊌자극하다
N0-가 N1-를 V (N0=[인간|단체] N1=[마음], [감정], [마음])
¶그는 무심코 남의 마음을 긁는 말을 자주 한다. ¶큰 생각 없이 하는 행동이 흔히 사람의 자존심을 긁는다.
◆ **바가지를 긁다** (주로 아내가 남편에게) 어떤 좋지 않은 행실을 지적하고 잔소리를 하다. Nag someone (mainly one's husband) about their bad behavior.
N0-가 N1-에게 Idm (N0=[인간] N1=[인간])
¶친구에게 선뜻 돈을 빌려 준 남편에게 아내가 바가지를 긁었다. ¶그는 아내가 언제 바가지를 긁을지 몰라 노심초사하고 있다.
◆ **가려운 데를 긁어 주다** 《주로 말로써》 남의 불편함을 해소해 주거나 남이 하고자 하는 바를 대신 해 주다. 《mainly in words》 Resolve another person's inconvenience or do something for others.
N0-가 Idm (N0=[인간], [사물])
¶이 설명서는 간단명료한 설명으로 고객의 가려운 데를 긁어 준다. ¶사람들의 가려운 데를 긁어 주는 풍자 코미디가 인기가 많다.

긁히다

활용 긁히어(긁혀), 긁히니, 긁히고
자 (뾰족하거나 거친 표면을 가진 것에) 문질려 상처가 생기다. Be injured by rubbing against a sharp or rough surface.
㊌할퀴다
N0-가 N1-(에|에게) V (N0=[인간], [신체부위], [동물], [사물] N1=[인간], [신체부위], [동물], [사물])
능 긁다
¶손등이 고양이에게 긁혔다. ¶아이를 많이 키우는 집이다보니 가구마다 긁힌 자국이 있다. ¶녹슨 못에 긁히면 파상풍 감염의 우려가 있다.

금식하다

어원 禁食~ 활용 금식하여(금식해), 금식하니, 금식하고 대응 금식을 하다
자 (종교나 치료 등의 이유로) 일정 기간 동안 음식을 먹지 않다. Abstain from eating for a certain period of time due for religious or medical reasons.
㊌단식하다
N0-가 V (N0=[인간])
¶신앙심이 깊은 그는 나를 위해 기도하며 금식하였다. ¶어머니는 수술을 위해 어제 저녁부터 금식하셨다. ¶이슬람교 신도들은 라마단 기간 동안 해가 떠 있으면 금식한다.

금연하다

어원 禁煙~ 활용 금연하여(금연해), 금연하니, 금연하고 대응 금연을 하다
자 (원래 담배를 피우던 사람이) 담배를 더 이상 피우지 않다. (of a smoker) Stop smoking.
㊌끽연하다, 흡연하다
N0-가 V (N0=[인간])
¶승재는 새해를 맞아 금연하려고 한다. ¶공공장소에서는 금연해야 한다. ¶건강을 위해서 금연하십시오.

금욕하다

어원 禁慾~ 활용 금욕하여(금욕해), 금욕하니, 금욕하고 대응 금욕을 하다
자 ❶욕구나 욕망을 억누르다. Suppress one's desire or appetite.
N0-가 V (N0=[인간])

¶스님들은 수행을 위하여 철저하게 금욕해야 한다. ¶그는 종교적인 이유로 금욕하는 생활이 몸에 배어 있다. ¶그는 유혹이 될 만한 것을 멀리하며 금욕하고 있다.

❷성관계를 맺지 않고 참다. Restrain oneself from any sexual relationship.

N0-가 V (N0=[인간])

¶그는 사별한 아내를 기억하며 죽을 때까지 금욕했다. ¶완쾌될 때까지 당분간은 금욕하시기 바랍니다.

금주하다

어원 禁酒~ 활용 금주하여(금주해), 금주하니, 금주하고 대응 금주를 하다

자 (술을 마시던 사람이) 더 이상 술을 마시지 않다. (of a drinker) Cease drinking alcohol.

N0-가 V (N0=[인간])

¶저는 건강을 회복할 때까지 당분간 금주합니다. ¶미령이는 금주하겠다고 결심했지만 얼마 못 가 실패했다. ¶요즘 회식이 지나치게 잦아서 오늘은 금주하겠다.

금지되다

어원 禁止~ 활용 금지되어(금지돼), 금지되니, 금지되고 대응 금지가 되다

자 (명령이나 규칙, 규범 따위로 인해 어떤 일이) 이루어지거나 행해지지 못하게 되다. (of a certain activity or type of behavior) Become forbidden due to the imposition of an order, regulation or standard.

N0-가 V (N0=[행위])

능 금지하다 타

¶이곳에서 흡연과 음주는 금지되어 있다. ¶한때 술의 제조와 판매가 금지되었다. ¶절차에 어긋난 문제 제기는 금지된다.

N1-의 N0-가 V ↔ N1-는 N0-가 V (N0=[행위] N1=[인간|단체])

능 금지하다 타

¶그의 출국이 금지되었다. ↔ 그는 출국이 금지되었다. ¶시험 기간 동안 학생은 교무실 출입이 금지된다. ¶허가받지 않은 분은 참석이 금지됩니다.

S것-이 V (N0=[인간|단체])

능 금지하다 타

¶선수가 심판의 권위에 불복하는 것은 금지되어 있다. ¶어린이가 이곳에서 수영하는 것은 금지되었습니다.

금지시키다

어원 禁止~ 활용 금지시키어(금지시켜), 금지시키니, 금지시키고 대응 금지를 시키다

☞'금지하다'의 오용

금지하다

어원 禁止~ 활용 금지하여(금지해), 금지하니, 금지하고 대응 금지를 하다

자 (명령이나 규칙, 규범 따위를 통해) 다른 사람이 어떤 일을 하지 못하도록 막거나 말리다. Stop or prevent a person from engaging in a certain activity by imposing an order or regulation or setting a standard.

유 금하다 자

N0-가 S(게|도록) V (R2) (N0=[인간|단체])

피 금지되다

¶의사는 환자가 초콜릿을 먹지 못하게 금지했다. ¶옛날에는 학생들이 결혼하지 못하도록 교칙으로 금지했다.

타 (명령이나 규칙, 규범 따위를 통해) 다른 사람이 어떤 일을 못하게 막다. Stop a person from engaging in a certain activity by imposing an order or regulation or setting a standard.

유 금하다 타, 막다 상 막다

N0-가 N2-에게 N1-를 V (N0=[인간|단체], [규범] N1=[행위] N2=[인간|단체])

피 금지되다

¶정부는 범죄자의 출국을 금지했다. ¶이곳에서는 낚시를 금지합니다.

N0-가 S것-을 V (R2) (N0=[인간|단체], [규범])

피 금지되다

¶정부는 그(가|에게) 출국하는 것을 금지했다.(R2) ¶우리 부모님은 내가 밤에 외출하는 것을 금지하셨다.

금하다

어원 禁~ 활용 금하여(금해), 금하니, 금하고

자 (명령이나 규칙, 규범 따위를 통해) 다른 사람이 어떤 일을 하지 못하도록 막거나 말리다. Stop or prevent a person from performing a certain activity by imposing an order, regulation, or standard.

유 금지하다 자, 금지시키다, 막다

N0-가 S-(게|도록) V (R1) (N0=[인간|단체])

연어 못하게, 못하도록

¶감독은 선수들(이|을) 외출하지 못하게 금했다.(R1) ¶옛날에는 학생들이 결혼하지 못하도록 교칙으로 금했다. ¶그들은 아이들이 물건에 손대지 못하도록 금했다.

타 ❶(명령이나 규칙, 규범 따위를) 통해 다른 사람이 어떤 일을 못하게 막다. Stop or prevent a person from performing a certain activity by imposing an order or regulation or setting a standard.

유 금지하다 타, 금지시키다, 막다

N0-가 N2-에게 N1-를 V (N0=[인간|단체] N1=[행위]

N2=[인간|단체])
¶의사는 환자에게 음식 섭취를 금했다. ¶그는 딸에게 일주일 동안 외출을 금했다. ¶이곳에서는 낚시를 금합니다.
N0-가 S것-을 V (R2) (N0=[인간|단체])
¶부모님은 내(가|에게) 밤에 외출하는 것을 금하셨다.(R2) ¶옛날에는 밤 12시부터는 통행하는 것을 금하였다.
❷(어떤 일을) 하지 않기로 스스로 억제하다. Stop oneself or others from engaging in a certain behavior or activity.
N0-가 N1-를 V (N0=[인간|단체] N1=[행위])
연어 일절
¶나는 그 사건 이후 바깥출입을 일절 금하고 있다. ¶비극적인 참사가 난 후 우리 방송국은 예능 방송을 일절 금하고 있다.
N0-가 S것-을 V (N0=[인간|단체])
연어 일절
¶그는 외출하는 것을 일절 금한 채 집필에만 몰두했다. ¶대인기피증이 생긴 그는 사람 만나는 일도 일절 금해 버렸다.
❸(감정이나 기분 따위를) 억누르거나 드러내지 않다. Suppress or hide one's emotions or feelings.
N0-가 N1-를 V (N0=[인간] N1=[감정], 마음, 눈물 따위)
¶나는 놀라움을 금할 수 없었다. ¶그는 아쉬운 마음을 금할 길이 없었다.
※주로 '금하지(금치) 못하다', '금할 수 없다', '금할 길이 없다'와 같이 부정적 표현과 함께 쓰인다.

급감하다
어원 急減~ 활용 급감하여(급감해), 급감하니, 급감하고
자 (수량이나 규모 따위가) 갑자기 줄다. (of amount or size) Suddenly diminish.
유 급락하다 반 급증하다자 상 줄다, 줄어들다
N0-가 V (N0=[수량], [크기])
사 급감시키다
¶최근 들어 반도체 수출량이 급감하고 있다. ¶농촌의 인구가 급감하면서 일손이 부족해졌다.
타 (수량이나 규모 따위를) 갑자기 줄이다. Have an amount or a size be diminished.
반 급증하다타 상 줄이다
N0-가 N1-를 V (N0=[인간], [행위], [상태] N1=[수량], [크기])
피 급감되다
¶고급 인력 공급이 불량률을 급감하는 핵심 대책입니다. ¶철저한 감시가 범죄 증가율을 급감하는 데 일조하였다.

급등하다
어원 急騰~ 활용 급등하여(급등해), 급등하니, 급등하고 대응 급등을 하다
자 (가격 따위가) 갑자기 많이 오르다. (of a price) Suddenly rise significantly.
유 폭등하다, 급증하다자 반 급락하다, 급감하다자
N0-가 V (N0=[금전], [수량])
¶화제의 신제품 발표 이후 전자회사의 주식 가격이 급등했다. ¶공기 중 미세먼지에 대한 경각심이 깊어지면서 마스크 판매량이 급등하였다.

급락하다
어원 急落~ 활용 급락하여(급락해), 급락하니, 급락하고 대응 급락을 하다
자 (가격 따위가) 갑자기 많이 내리다. (of a price) Suddenly fall significantly.
유 폭락하다, 급감하다자 반 급등하다, 급증하다자
N0-가 V (N0=[금전], [수량])
¶조류독감이 유행하고 있다는 보도가 방송되자 닭고기 소비가 급락하였다. ¶산업화 시대 이후 출생률이 급락하면서 인구 고령화가 새로운 사회 문제로 떠올랐다.

급변하다
어원 急變~ 활용 급변하여(급변해), 급변하니, 급변하고 대응 급변을 하다
자 (상황이나 사태가) 갑자기 달라져 변하다. (of a situation or condition) Become abruptly or immediately different and changed.
유 표변하다
N0-가 V (N0=[상황], [상태])
¶올해 하반기 대내외 경제 환경이 급변할 수 있어 긴장감을 유지해야 한다. ¶최근 5년 새 수입차의 소비 추세가 급변했다.

급습당하다
어원 急襲~ 활용 급습당하여(급습당해), 급습당하니, 급습당하고 대응 급습을 당하다
자 (대비가 되지 않은 상태에서 상대에게) 갑자기 공격받다. Be suddenly attacked by the enemy while not prepared.
유 공격당하다, 습격당하다 반 급습하다
N0-가 N1-(에게|에 의해) V (N0=[인간|단체], [장소] N1=[인간|단체])
¶일행이 몇몇 폭력배들에게 급습당했지만 다행히 근처에 경찰이 있어서 큰 피해는 없었다. ¶은행이 무장 강도들에게 급습당해서 큰 피해를 입었다.

급습하다
어원 急襲~ 활용 급습하여(급습해), 급습하니, 급습하고 대응 급습을 하다
타 (상대방을) 갑자기 공격하거나 덮치다. Suddenly attack or strike the opponent.
유 공격하다타, 습격하다 반 급습당하다

N0-가 N1-를 V (N0=[인간|단체], [자연현상] N1=[인간|단체], [장소], [사물])
¶한적한 마을을 쓰나미가 급습해서 큰 인명 피해를 냈다. ¶복면을 쓴 2인조 강도가 은행을 급습해서 현금을 탈취해 도주했다.

ㄱ

급식하다

어원 給食~ 활용 급식하여(급식해), 급식하니, 급식하고 대응 급식을 하다
타 (학교 따위의 단체에서 일정한 사람들에게) 식사를 장기간 일정하게 제공하다. (of an organization such as school) Periodically give food to specific people for a long time.
N0-가 N2-에게 N1-를 V (N0=[단체] N1=[음식] N2=[집단])
¶이 자선 단체에서는 노숙자들에게 무료로 점심을 급식하고 있다. ¶그곳에서는 영양소를 골고루 갖춘 식단으로 급식하고 있다.

급증하다

어원 急增~ 활용 급증하여(급증해), 급증하니, 급증하고
자 (수량이나 규모 따위가) 갑자기 늘거나 커지다. (of amount or size) Suddenly increase or grow.
유 오르다, 급등하다, 늘다 반 급감하다 자, 급락하다, 폭락하다
N0-가 V (N0=[수량], [크기])
¶날씨가 더워지면서 냉방기기의 수요가 급증했다. ¶가계 부채가 급증하면서 국가 신용도가 낮아지고 있다.
타 (수량이나 규모 따위를) 갑자기 늘리거나 키우다. Make an amount or a size increase or grow.
유 올리다, 늘리다 반 급감하다 타
N0-가 N1-를 V (N0=[인간|단체], [상태] N1=[수량], [크기])
¶국외 시장 진출이 주식 거래량을 급증하는 주요 요인으로 작용했다. ¶회사는 투자금을 급증해서라도 이번 계약을 체결시키려고 했다.

긋다 I

활용 그어, 그으니, 긋고, 긋는
타 ❶(표면 위에 선, 줄, 금 따위를) 일정한 방향으로 그리다. Draw a line, a file, a boundary, etc., on surface in uniform direction.
유 그리다
N0-가 N2-에 N1-를 N3-로 V (N0=[인간] N1=[도형](선 따위), 줄, 금 따위 N2=[장소], [장소] N3=[사물](펜, 돌 따위))
¶영희는 중요한 단어에 빨간색 펜으로 밑줄을 그으며 책을 읽어 나갔다. ¶아이들은 바닥에 금을 그어 놓고 땅따먹기 놀이를 했다. ¶점선을 따라 선을 그어 그림을 완성해 보자.
❷(성냥개비나 칼 따위를) 표면에 대고 일정한 방향으로 힘을 주어 밀거나 마찰시키다. Push or rub a matchstick, a knife, etc., against the surface in uniform direction by applying force.
N0-가 N2-에 N1-를 V ↔ N0-가 N2-를 N1-로 V (N0=[인간] N1=[칼], 성냥개비 따위 N2=[사물])
¶동생은 나무책상 위에 칼을 그어 자국을 냈다. ↔ 동생은 나무책상 위를 칼로 그어 자국을 냈다. ¶나는 불을 붙이려고 성냥을 그었다.
N0-가 N2-로 N1-를 V (N0=[인간] N1=[사물] N2=[칼], 못 따위)
¶아버지께서는 신문에 난 기사를 칼로 그어서 오려 내셨다. ¶누군가 밤사이에 내 차 문을 못으로 그어 놓았다.
❸(빗금이나 줄을) 치거나 표시하다. Draw or indicate solidus or line.
N0-가 N2-에 N1-를 V (N0=[인간] N1=줄, 금 따위 N2=문제, 답 따위)
¶엄마는 아이의 문제집을 채점하면서 틀린 문제에는 과감하게 금을 그었다. ¶나는 학생의 오답에 줄을 그어 표시했다.
❹(목록이나 글에서 단어나 문장 따위를) 빼기 위해 선으로 표시하다. Indicate a word, a sentence, etc., with a line to remove it from the list or writing.
유 삭제하다
N0-가 N2-에서 N1-를 V (N0=[인간] N1=[이름], [텍스트], [말] N2=[책])
¶기자는 자신의 글에서 군더더기 부분을 모두 그어 버렸다. ¶편집부장은 손 작가의 글에서 여러 문장을 그어 버렸다.
❺(물건값이나 음식값 따위를 현장에서 내지 않고 장부에) 외상으로 처리하다. Put the price of item, food, etc., in the tab without paying for it at the site.
N0-가 N2-에 N1-를 V (N0=[인간] N1=[값] N2=[책](장부 따위))
¶사장은 오늘 지갑을 두고 오는 바람에 술값을 외상으로 그었다. ¶돈이 없어서 단골 가게에서 물건값을 장부에 긋고 나왔다.
❻(일의 경계나 한계 따위를) 분명하게 정하다. Clearly determine the boundary or limit of a task.
유 정하다 타, 짓다
N0-가 N1-를 V (N0=[인간] N1=[추상물](경계, 한계 따위))
¶그녀는 스스로 자신의 한계를 그어 놓고 새로운 일에 도전하는 것을 두려워했다. ¶동업을 할 때는 각자의 영역을 긋고 시작하는 것이 낫다.
❼(모양이나 표시를) 손이나 손가락으로 허공에 일정한 동작으로 표현하다. Express shape or

sign with specific motion in the air using one's hand or finger.
N0-가 N2-에 N1-를 V (N0=[인간] N1=[기호] N2=[신체부위], 허공 따위)
¶영희는 식사를 하기 전에 가슴에 십자가를 그으며 기도를 한다. ¶그는 득점을 하고 성호를 그었다.
◆ **선을 긋다** (사람 간의 관계에서) 어느 정도 이상으로 가까워지지 못하도록 거리를 두다. (in a relationship between people) Keep one's distance from somebody so as not to allow intimacy beyond a certain point.
N0-가 N1-(에|에게) Idm (N0=[인간] N1=[인간], [관계](사이))
¶그는 자꾸 우리 사이에 선을 그으려고 한다. ¶영희는 나에게 친구 사이일 뿐이라고 선을 그어 두었다.
◆ **획을 긋다**
❶(어떤 분야에서) 범위나 시기를 분명하게, 차별되게 구분 짓는 중요한 경계가 되다. (in a certain domain) Mark an important line to clearly distinguish the scope or time.
N0-가 N1-에 Idm (N0=[사건] N1=[역사], [분야])
¶이 사건은 대한민국 역사에 한 획을 그은 사건으로 기억될 것이다. ¶신기술의 도입은 전자 업계에 새로운 획을 긋는 계기가 될 것이다.
❷(어떤 인물이나 작품이) 그 전후를 구분해야 할 정도의 중요한 업적을 남기거나 중요한 영향을 미치다. (of a person or a work) Leave behind important achievements or wield considerable influence so that there shall be a distinction between before and after.
N0-가 N1-에 Idm (N0=[인간], [작품] N1=[역사], [분야])
¶그는 대한민국 음악계에 한 획을 그은 인물로 기억된다. ¶한 젊은 작가의 작품이 한국 소설사에 큰 획을 그었다.

긋다II

활용그어, 그으니, 긋고, 긋는
자(비가) 더 이상 내리지 않다. (of rain) No longer fall.
㊌멈추다, 그치다
N0-가 V (N0=비 따위)
¶비가 잠깐 긋는 것 같더니 다시 쏟아지기 시작했다. ¶처마 밑에서 비가 긋기를 기다리자.
타(비를 잠시 피하여) 그치기를 기다리다. Escape rain temporarily and wait for it to stop.
N0-가 N1-를 V (N0=[인간] N1=비 따위)
¶영희는 찻집에 들어가 비를 긋고 있었다. ¶나는 소나기가 내리자 나무 밑에서 비를 그었다.

긍정하다

어원肯定~ 활용긍정하여(긍정해), 긍정하니, 긍정하고
타(생각이나 사실 따위를) 옳다고 생각하거나 인정하다. Acknowledge or admit an idea and think it can be true.
㊉부정하다
N0-가 N1-를 V (N0=[인간], [집단] N1=[의견], [태도])
¶사장은 부하들의 반발을 긍정하여 요구를 들어주었다. ¶정부는 지난 정권의 정책을 긍정하여 지속적으로 투자할 계획이라고 했다.
자타❶(생각이나 사실 따위를) 옳은 것으로 받아들여 동의하다. Accept an idea or fact to be true and agree with it.
㊉반박하다, 부정하다
N0-가 N1-(를|에 대해) V (N0=[인간] N1=[사건], [의견](논리 따위))
¶구청장이 뇌물 수수 사실에 대하여 긍정했다. ¶토론자들이 그 사람의 논리를 긍정했다. ¶참가자들은 후보자의 정책에 대하여 긍정했다.
❷(일어날 일 따위를) 좋거나 유리한 방식으로 추측하여 받아들이다. Assume and accept a potential problem in a positive or advantageous way.
㊉부정하다
N0-가 N1-(를|에 대해) V (N0=[인간|집단] N1=[상황], [상태])
¶음식점 점원은 자신의 처지를 애써 긍정했다. ¶시의회는 시의 재정 상황에 대하여 긍정하고 있다.

기각되다

어원棄却~ 활용기각되어(기각돼), 기각되니, 기각되고 대응기각이 되다
자 【법률】 소송이나 법적으로 제기된 안건 따위가 합당한 이유가 없다고 판단되어 받아들여지지 않고 배척되거나 무효로 선고되다. (of lawsuit, item that has been legally brought up, etc.) Be excluded or declared invalid, not accepted because it is deemed to lack reasonable cause.
N0-가 V (N0=소송, 공소, 영장, 신청, 청구 따위)
능기각하다
¶증거가 불충분하다는 이유로 김 씨에 대한 구속 영장이 기각됐다. ¶제품 구매자들이 대기업을 상대로 제기한 손해 배상 청구가 기각되었다.

기각하다

어원棄却~ 활용기각하여(기각해), 기각하니, 기각하고 대응기각을 하다
타 【법률】 판사가 소송이나 법적으로 제기된 안건 따위를 합당한 이유가 없다고 판단하여 받아들이지 않고 배척하거나 무효를 선고하다. (of

a judge) Exclude or declare invalid, not accept a lawsuit, an item that has been legally brought up, etc., by judging that it lacks appropriate reason.
[반]승인하다, 인정하다
N0-가 N1-를 V (N0=[기관](법원), [인간](판사) N1=소송, 공소, 영장, 신청, 청구 따위)
[피]기각되다
¶판사는 검찰이 김 씨에 대해 신청한 구속 영장을 기각했다. ¶법원은 소비자들이 대기업을 상대로 낸 손해 배상 청구 소송을 기각했다.

기거하다
[어원]起居~ [활용]기거하여(기거해), 기거하니, 기거하고 [대응]기거를 하다
[자] (일정한 장소에서) 생활하며 거주하다. Remain or reside in a certain location.
[유]거주하다, 살다[자], 머물다 [반]이주하다
N0-가 N1-(에|에서) V (N0=[인간], [단체] N1=[주택], [건물], [자연물])
¶하숙생이 사랑채에 기거하고 있다. ¶그 할아버지는 산속에 기거하신다. ¶여섯 식구가 한 방에서 기거한 적도 있다.

기겁하다
[어원]氣怯~ [활용]기겁하여(기겁해), 기겁하니, 기겁하고 [대응]기겁을 하다
[자](어떤 물체나 현상 때문에) 겁에 질릴 정도로 갑자기 매우 놀라다. Be abruptly and extremely surprised with fear due to some object or phenomenon.
[유]겁먹다, 질겁하다, 놀라다, 대경실색하다
[반]안심하다 [상]놀라다
N0-가 N1-에 V (N0=[인간], [동물] N1=[사물], [상태])
¶개들이 호랑이 소리에 기겁해서 숨어 버렸다.
¶사람들은 산사태에 기겁해서 비명을 질러댔다.
¶어떤 아기가 큰 개를 보더니 기겁해서 엄마를 찾았다.

기고하다
[어원]寄稿~ [활용]기고하여(기고해), 기고하니, 기고하고 [대응]기고를 하다
[타](신문이나 잡지 따위에 싣기 위하여) 글을 신문사나 잡지사에 보내다. Send one's writing to a newspaper or a magazine in order to have it published.
[유]싣다, 개재하다
N0-가 N2-에 N1-를 V (N0=[인간] N1=[텍스트] N2=[책](신문, 잡지 따위), [단체](신문사, 잡지사 따위))
¶작년 김 변호사는 세금을 절약하는 법에 대한 기사를 경제신문에 기고했다. ¶그는 해외여행에 관한 연재 기사를 10년 동안 잡지에 기고했다. ¶회장은 당시 논란이 됐던 기술에 대해 자신의 의견을 신문에 기고했다.

기공되다
[어원]起工~ [활용]기공되어(기공돼), 기공되니, 기공되고 [대응]기공이 되다
[타](다리나 건물 따위가) 짓기 시작되다. (of a bridge or a building) Break ground.
[유]착공되다, 공사가 시작되다 [반]완공되다
N0-가 N1-를 V (N0=[인간|단체] N1=[건물], [다리], [도로], [행위])
[능]기공하다
¶박물관 건립이 기공되었다. ¶길 건너 신축 건물이 오늘 기공되었다.

기공하다
[어원]起工~ [활용]기공하여(기공해), 기공하니, 기공하고 [대응]기공을 하다
[타](다리나 건물 따위를) 짓기 시작하다. (for a bridge or building) Break ground.
[유]착공하다, 공사를 시작하다 [반]완공하다
N0-가 N1-를 V (N0=[인간|단체] N1=[건물], [다리], [도로], [행위])
[피]기공되다
¶어제 두 마을을 잇는 새 다리를 기공했다.
¶3년 전에 기공한 건물이 드디어 완공되었다.

기권하다
[어원]棄權~ [활용]기권하여(기권해), 기권하니, 기권하고 [대응]기권을 하다
[자]❶(선거나 회의 따위에서) 자신의 결정권을 포기하다. Renounce one's decisive power at an election or a conference.
N0-가 N1-에서 V (N0=[인간] N1=[제도](선거 따위))
¶나는 반장 선거에서 기권했다. ¶일부 주주들은 주주 대표 선출 회의에서 기권했다.
❷(운동 경기나 경쟁에서) 끝까지 싸우지 않고 중간에 포기하다. Give up without competing in a sports game or a competition.
[유]항복하다
N0-가 N1-에게 V (N0=[인간|단체] N1=[인간|단체])
¶찬성 쪽 토론자가 반대 쪽 토론자에게 기권했다.
N0-가 N1-에서 V (N0=[인간|단체] N1=[경기], [싸움])
¶토론 대회에서 상대방이 기권해서 우리가 결승에 올랐다. ¶아마추어 기사들이 프로 기사와의 대국에서 대부분 기권했다.
N0-가 N1-에 V (N0=[인간|단체] N1=[기술], [방법])
¶우리 팀은 상대팀의 날카로운 공격에 결국 기권해야 할 상황에 몰렸다.

기념하다
[어원]記念~ [활용]기념하여(기념해), 기념하니, 기념하

고 대응기념을 하다
타❶(훌륭한 인물이나 업적 또는 중요한 사건 따위를) 되새겨 잊지 않고 기리다. Remember and pay tribute to a great person, an achievement, an important incident, etc.
㊌추념하다
N0-가 N1-를 V (N0=[인간|단체] N1=[인간], [공훈], [사건])
¶그들은 유관순 열사를 기념하기 위해 봉화탑을 건립하였다. ¶한국은행은 1988년 서울 올림픽 개최를 기념하여 주화를 발행했다.
❷(특별한 날이나 일을) 다시 되새기며 축하하며 기리다. Remember, celebrate, and praise a special day or situation.
N0-가 N1-를 V (N0=[인간|단체] N1=[기념일], [공훈], 만남 따위)
¶그 부부는 결혼 10주년을 기념하여 여행을 떠났다. ¶정부는 한글날을 기념하여 다양한 문화 행사를 마련했다.
N0-가 S것-을 V (N0=[인간])
¶총장은 개교 100주년이 된 것을 기념하기 위한 행사를 준비했다. ¶미국에서는 영국으로부터 독립한 것을 기념한다.

기능하다
어원機能~ 활용기능하여(기능해), 기능하니, 기능하고 대응기능을 하다
자(어떠한 자격으로) 걸맞는 특정한 구실을 하거나 적절한 작용을 하다. Do specific work or appropriate action that corresponds to a certain qualification.
N0-가 N2-(에|에게) N1-로 V (N0=[사물], [추상물] N1=[추상물](수단, 상징, 활력소 따위), [장소] N2=[인간|단체])
¶소나무는 우리 민족에게 민족의 기상을 담은 상징으로 기능했다. ¶적당한 스트레스는 현대인에게 생활의 활력소로 기능하기도 한다. ¶사회는 언론이 제대로 기능할 수 있는 제반 여건을 조성해야 한다.

기다
활용기어(겨), 기니, 기고
자❶팔다리로 땅을 짚고 움직이다. Move along the ground on one's hands and feet.
N0-가 V (N0=[인간], [동물])
연어엉금엉금
¶거북이가 엉금엉금 기어서 다닌다. ¶길 줄도 모르면서 뛰려고 하면 안 된다.
❷배를 땅에 대고 움직이다. Move along the ground with one's belly pressed against the floor.
㊌기어다니다
N0-가 V (N0=[인간], [동물])
¶뱀은 배의 근육을 이용해서 긴다. ¶지네는 저렇게 기어도 꽤 빠르게 움직인다.
❸ 《비유적으로 쓰여》 느리게 움직이다. (Figuratively) Move slowly.
N0-가 V (N0=[인간], [동물], [교통기관])
¶교통 정체 때문에 자동차들이 길 위에서 기고 있다. ¶길게 이어진 행렬이 기고 있어서 언제 목표 지점에 도달할 수 있을지 모르겠다.
❹비굴하게 굴다. Behave fearfully and obsequiously.
㊌쩔쩔매다, 아부하다
N0-가 N1-에게 V (N0=[인간|단체] N1=[인간|단체])
연어벌벌, 설설
¶우리 과장은 언제나 부장에게 설설 긴다. ¶권력 앞에 기는 인간은 존엄성을 지키며 산다고 할 수 없다.

기다리다
활용기다리어(기다려), 기다리니, 기다리고
타(미래의 어떤 일을) 예상하며 바라는 상태로 있다. Expect and want something in the future.
㊌기대하다, 고대하다, 대기하다
N0-가 N1-를 V (N0=[인간|단체] N1=[사물], [추상물], [사건])
연어간절히, 하염없이
¶나는 합격자 발표를 기다리고 있다. ¶지금 행동에 나서지 말고 시기를 기다려 기회를 노리는 것이 좋겠다.
N0-가 S(것|기)-를 V (N0=[인간|단체])
연어간절히, 하염없이
¶아이는 집에서 혼자 어머니가 돌아오기를 기다리고 있다. ¶비가 그치기를 하염없이 기다리고 있는데 도무지 그칠 기미가 없다.

기대다 I
활용기대어(기대), 기대니, 기대고
자남의 힘을 빌어 살거나 일을 처리하다. Live or do something by using someone else's capacity.
㊌의지하다, 의존하다
N0-가 N1-(에|에게) V (N0=[인간|단체] N1=[인간|단체], [사물])
¶나는 아직 직장을 구하지 못해 부모님께 기대어 살고 있다. ¶너는 여전히 남에게 기대는 버릇을 못 고쳤구나.
N0-가 N1-에 V (N0=[인간|단체] N1=[행위](도움, 호의 따위))
¶우리나라는 이미 오래 전부터 선진국의 원조에 기대지 않게 되었다. ¶여러 분들의 아낌없는 도움

에 기대어 가까스로 살아가고 있습니다.
재타❶(무게를 실어 어디에) 비스듬히 닿게 하다. Stand or sit in a slanted position by applying weight.
㊌의지하다
No-가 N1-를 N2-(에|에게) V ↔ No-가 N2-(에|에게|를) V (No=[인간], [동물] N1=[신체부위] N2=[사물])
¶철수는 등을 벽에 기대고 서 있다. ↔ 철수는 벽을 기대고 서 있다. ¶위험하니 난간에 기대지 마라.
No-가 N1-와 N2-를 서로 V ↔ N1-가 No-와 N2-를 서로 V ↔ No-와 N1-가 N2-를 서로 V (No=[인간], [동물] N1=[인간], [동물] N2=[신체부위])
¶나는 영수와 등을 서로 기댔다. ↔ 영수는 나와 등을 서로 기댔다. ↔ 나와 영수는 등을 서로 기댔다.
❷ (무게를 실어) 비스듬히 세우다. Stand something in a slanted position by applying weight.
㊌의지하다
No-가 N1-를 N2-(에|에게) V (No=[인간|단체] N1=[사물] N2=[사물])
¶이 의자가 쓰러지지 않게 어딘가에 기대 주십시오. ¶구청에서는 가로수를 지지대에 기대는 작업을 하고 있다.

기대다Ⅱ
활용기대어(기대), 기대니, 기대고
자(어떤 이론이나 자료를 가지고) 생각이나 주장의 근거로 삼다. Use a theory or data as the basis of one's idea or argument.
㊌근거하다, 의지하다, 기초하다
No-가 N1-(에|에게) V (No=[인간|단체] N1=[사물], [규범], [관습], [제도], [앎], [학문], [역사])
¶이 자료에 기대어 보면 범인은 공항에 나타날 것이다. ¶나는 그의 주장에 기대어 내 생각을 발전시켰다.

기대되다
어원期待~ 활용기대되어(기대돼), 기대되니, 기대되고 대응기대가 되다
자낙관적으로 기다려지다. Look forward with optimism.
No-가 N1-에게 V (No=[사물], [추상물], [사건] N1=[인간|단체])
능기대하다
¶나에게는 벌써부터 스포츠 행사가 많은 내년이 기대된다. ¶그는 주변 사람들에게 앞날이 기대되는 젊은이라는 평가를 받곤 했다.
No-가 N1-으로 V (No=[사물], [추상물] N1=[인간|단체])
능기대하다
¶그 사람은 김 의원의 정치적 후계자로 기대되고 있다. ¶그 소설가가 10 년 만에 내 놓은 신작은 팬들 사이에서 대작으로 기대되고 있다.
S것-(이|으로) V
능기대하다
¶이번 사태에 대해 정부가 빠른 대응을 보일 것이 기대된다. ¶지긋지긋했던 올해 장마도 다음 주면 물러갈 것으로 기대됩니다.
S고 V
능기대하다
¶앞으로 금융시장이 활성화되면 투자가 점점 늘어나리라고 기대된다. ¶이렇게 공부를 안 해서는 성적이 오를 것이라고 전혀 기대되지가 않는다.

기대서다
활용기대서, 기대서니, 기대서고 본기대어서다
자❶(벽 따위에) 몸을 비스듬히 닿게 하고 서다. Stand in a sloping position against a wall, etc.
㊌기대다 ㊤서다
No-가 N1-에 V (No=[인간] N1=[장소], [사물])
¶술 취한 사람이 어지러운지 벽에 기대서 있다. ¶나는 산 정상에 올라 큰 바위에 기대서서 아래를 내려다보았다. ¶형님은 창가에 기대선 채 비 오는 풍경을 바라보고 있다.
❷(신체의 일부를) 어디에 의지하여 서다. Stand in a sloping position against something using a part of the body for support.
㊌기대다 ㊤서다
No-가 N1-를 N2-에 V (No=[인간] N1=[신체부위] N2=[사물])
¶그는 아들을 기다리며 몸을 창가에 기대섰다. ¶그는 탁자에 기대서서 내 얘기를 들었다.

기대앉다
활용기대앉아, 기대앉으니, 기대앉고 본기대어 앉다
자❶(벽 따위에) 몸을 비스듬히 닿게 하고 앉다. Sit in a sloping position against a wall, etc.
㊌기대다 ㊤앉다
No-가 N1-에 V (No=[인간] N1=[장소], [사물])
¶그는 갑자기 어지러움을 느끼며 기둥에 기대앉았다. ¶의자 등받이에 편하게 기대앉아 책을 읽었다. ¶소파에 기대앉아 잠깐 잠을 청했다.
❷(몸이나 몸의 일부를) 어디에 의지하여 앉다. Sit in a sloping position against something using one's body or part of the body for support.
㊌기대다 ㊤앉다
No-가 N1-를 N2-에 V (No=[인간] N1=[신체부위] N2=[사물])
¶그는 등받이에 몸을 기대앉았다. ¶아무 데나 몸을 기대앉을 곳만 있으면 좋겠다.

기대하다

어원 期待~ 활용 기대하여(기대해), 기대하니, 기대하고 대응 기대를 하다

자타 낙관하며 기다리다. Wait with optimism.

㊐기다리다

N0-가 N1-를 V (N0=[인간|단체] N1=[사물], [추상물])

피 기대되다

¶나는 내가 응원하는 야구팀의 우승을 기대하고 있다. ¶나는 언제나 노력에 비해 높은 성적을 기대하다가 낭패를 본다.

N0-가 N1-를 N2-로 V (N0=[인간|단체] N1=[사물], [추상물] N2=[사물], [추상물])

피 기대되다

¶나는 복권을 살 때마다 당첨권으로 기대하지만 번번이 기대가 빗나가고 만다. ¶이번 가족 여행지를 어디로 기대하고 있니?

N0-가 S것-(을|으로) V (N0=[인간|단체])

피 기대되다

¶좋은 날이 올 것을 기대하며 함께 어려움을 극복하자. ¶나는 친구가 과자를 나누어 줄 것으로 기대했지만 친구는 기대대로 하지 않았다.

N0-가 S기-를 V (N0=[인간|단체])

피 기대되다

¶과학자들은 새로운 입자가 발견되기를 기대하고 있다. ¶화장실이 있기를 기대하며 건물에 들어왔는데 화장실 문은 잠겨 있었다.

N0-가 S고 V (N0=[인간|단체])

피 기대되다

¶아이들은 다섯 밤만 더 자면 소풍날이라고 잔뜩 기대하고 있었다. ¶사람들은 한파가 금방 물러가리라고 기대했지만 날은 더 추워지기만 했다.

※ 안긴문장은 주로 미래 시제이다.

기도하다 I

어원 企圖~ 활용 기도하여(기도해), 기도하니, 기도하고

타 (어떤 일을) 이루어내기 위하여 계획하거나 이를 실행에 옮기다. Plan or put some duty into practice to achieve the desired result.

㊐꾀하다, 시도하다, 획책하다

N0-가 N1-를 V (N0=[인간|단체] N1=[일], [사건])

¶대학생들이 시청 앞 시위를 기도했다가 실패했다. ¶대기업들은 차례로 국외 시장 진출을 기도하고 있다.

기도하다 II

어원 祈禱~ 활용 기도하여(기도해), 기도하니, 기도하고 대응 기도를 하다

자타 (신이나 신적 존재에게) 바라는 어떤 것이 이루어지게 해 달라고 빌다. Wish a god or a godlike existence for something to be achieved.

㊐빌다, 기원하다 ㊍바라다

N0-가 N1-에게 S고 V (N0=[인간] N1=하느님, 신, 조상 따위)

연어 간절히

¶군인들이 적에게 승리하게 도와 달라고 각자 자신의 신에게 기도하고 있다. ¶나는 매일 하느님께 오늘 하루도 최선을 다해 살게 해 달라고 간절히 기도한다.

N0-가 N1-를 N2-에게 V (N0=[인간] N1=[공훈], [사건], [일] N2=하느님, 신, 조상 따위)

연어 간절히

¶우리는 하느님께 우리 식구들의 행복을 간절히 기도했다. ¶나는 매일 천지신명께 소원을 기도한다.

기록되다

어원 記錄~ 활용 기록되어(기록돼), 기록되니, 기록되고 대응 기록이 되다

자 ❶(어떤 사실이나 생각이) 종이 따위의 매체에 글이나 기호로 적히다. (of certain fact or thought) Be written as writing or sign on medium such as paper.

㊐적히다 자, 작성되다

N0-가 N1-에 V (N0=온 N1=[책])

능 기록하다

¶나는 오랜만에 전화번호가 기록된 수첩을 꺼내 보았다. ¶이 문헌에는 외국인의 눈으로 본 조선 시대 서민들의 생활상이 기록되어 있다.

N1-에 S고 V (N1=[책])

능 기록하다

¶그의 생활 기록부에는 책임감이 강한 학생이라고 기록되어 있었다. ¶세종실록에 훈민정음이 1443년 음력 12월에 창제되었다고 기록되어 있다.

❷(어떤 글이나 내용이) 특정한 문자 따위로 적혀 표현되다. (of certain writing or contents) Be expressed by being written using specific letters, etc.

N0-가 N1-로 V (N0=[텍스트] N1=[기호])

능 기록하다

¶'용비어천가'는 훈민정음으로 기록된 문헌 중에 가장 오래된 것이다. ¶신라의 대표적인 시가인 향가는 향찰로 기록되었다.

❸(내용이나 음성 따위가) 일정한 매체에 남겨져 저장되다. (of contents, voice, etc.) Be left and stored in a certain medium.

㊐작성되다, 저장되다, 담기다, 녹음되다, 찍히다II 자

N0-가 N1-에 V (N0=[앎], [소리] N1=[기계])

능 기록하다

¶감독은 경기 전날 컴퓨터에 기록된 선수들의 최근 상태를 보고 출전 선수를 결정했다. ¶그들은

컴퓨터 전원이 꺼져도 기록된 정보를 유지할 수 있는 메모리 반도체를 개발했다.
❹(뛰어난 업적을 남긴 인물이나 특별히 중요한 사건 따위가) 문헌 따위에 남겨져 후대에 전해지거나 오랫동안 기억되다. (of a person of great achievement, a specially important incident, etc.) Be passed to the next generations or remembered for a long time by being written on records, etc.
N0-가 N2-(에|에서) N1-로 V (N0=[인간] N1=[인간] N2=[역사])
능 기록하다
¶그는 지방 선거에 출마한 사람 중에 '최연소 당선자'로 기록됐다. ¶은수는 학교 역사상 처음으로 경시대회 수상자로 기록되었다.
N0-가 N2-에 N1-로 V (N0=[사건], [행위] N1=[사건], [행위] N2=[역사])
¶그것은 우리나라 역사에 새 장을 연 사건으로 기록될 것이다. ¶그 사건은 역사상 가장 많은 인명 피해를 낸 사건으로 기록되었다.
❺(결과나 실적 따위가) 일정한 등급이나 수치로 표시되거나 측정되다. (of a result, etc.) Be indicated or measured through certain level or value.
N0-가 N1-로 V (N0=[수량], [비율] N1=[수량], [비율])
능 기록하다
¶한국 대 이탈리아전의 총 시청률은 단일 스포츠 중계 사상 최고인 98.3%로 기록됐다. ¶사람들이 한꺼번에 컴퓨터를 가동시키면서 사상 최고치의 전력 소비량이 기록됐다.

기록하다

어원 記錄~ 활용 기록하여(기록해), 기록하니, 기록하고 대응 기록을 하다
자타 ❶(어떤 사실이나 생각을) 종이 따위의 매체에 글이나 기호로 적다. Write certain fact or thought on a medium such as paper as writing or sign.
유 메모하다, 기재하다 상 쓰다
N0-가 N2-에 N1-(에 대해|를) V (N0=[인간] N1=[추상물], [상태] N2=[책])
피 기록되다
¶사관은 제왕뿐만 아니라 왕실 주변의 일까지 역사서에 기록했다. ¶이것은 조선 시대 당시 외국인이 한국에 대해 기록한 문헌이다. ¶김 사장은 개점 때부터 그날그날의 매출을 장부에 기록해 왔다. ¶의사는 진료 차트에 환자가 말하는 증상에 대해 꼼꼼히 기록해 두었다.
N0-가 N1-에 S고 V (R1) (N0=[인간] N1=[책])
피 기록되다
¶후세의 사람들은 역사서에 오늘날이 어떤 시대였다고 기록할 것인가? ¶그는 자신의 회고록에 젊은 시절의 경험들이 삶의 밑천이 되었다고 기록했다.
❷(어떤 글이나 현상 따위를) 특정한 문자 따위로 적어 표현하다. Express certain clause, phenomenon, etc., by writing in a specific letter, etc.
N0-가 N1-(에 대해|를) N2-로 V (N0=[인간] N1=[추상물], [상태] N2=[기호])
피 기록되다
¶옛날 중국인들은 갑골 문자로 자연 현상과 길흉화복에 대해 기록해 두었다. ¶한글이 없던 시대에는 한자를 빌려 문서를 기록했다.
❸(내용이나 음성 따위를) 일정한 매체를 이용해 저장하다. Store contents, voice, etc., using a specific medium.
유 작성하다, 저장하다, 담다, 녹음하다, 찍다II
N0-가 N2-(에|로) N1-를 V (N0=[인간] N1=[앎], [이야기], [상황] N2=[기계], [영화])
피 기록되다
¶선생님은 학생들의 신상 정보를 컴퓨터에 빠짐없이 기록했다. ¶감독은 선수들의 상태를 매일 확인하고 컴퓨터로 기록해 두었다. ¶기자는 그 사건에 대한 사람들의 증언을 녹음기로 기록했다.
❹(특정한 인물이나 특별히 중요한 사건 따위를) 문헌 따위에 적어 남겨 후대에 전하거나 오랫동안 기억되게 하다. Have a certain person, specially an important incident, etc., be passed to the next generations or remembered for a long time by writing on records, etc.
N0-가 N2-에 N1-를 N3-로 V (N0=[인간] N1=[인간], [상태] N2=[책] N3=[인간], [상태])
피 기록되다
¶후대 사람들은 역사서에 그를 위대한 영웅으로 기록할 것이다. ¶이 책에서는 그녀를 세계 평화의 수호자로 기록하고 있다.
❺(제시된 등급이나 수치와 같은 정도의 결과나 실적을) 내거나 이룩하다. Indicate or measure the result, achievement, etc., presented as grade or value.
N0-가 N1-를 V (N0=[인간|단체] N1=[수량], [비율], 최고치, 하한가 따위)
피 기록되다
¶오늘 서울의 낮 기온은 기상 관측 사상 최고치를 기록했다. ¶이번에 출시된 신제품이 폭발적인 판매량을 기록했다. ¶오늘 증권 시장에서는 하한가를 기록한 주식 종목 수가 50여 개에 이르렀다.
※주로 아주 높거나 아주 낮은 수치를 나타내는 표현과 함께 쓰인다.

기르다

활용 길러, 기르니, 기르고, 길렀다

타 ❶(사람이 다른 사람이나 동식물을) 보살피거나 가꾸어 자라게 하다. (of a person) Look after or grow another person or living things.

유 양육하다, 양식하다, 사육하다

N0-가 N1-를 V (N0=[인간] N1=[인간], [동물|식물])

¶그는 취미로 진귀한 곤충을 기른다. ¶집에서 개를 기를 때는 반드시 예방접종을 잘 해야 한다.

❷(어떤 사람이 다른 사람을) 가르쳐 어떤 특징을 가진 사람으로 키우다. (of a person) Educate another person so that he or she has a characteristic.

N0-가 N1-를 V (N0=[인간] N1=[인간])

¶그는 은퇴할 때까지 많은 제자를 길렀다. ¶그 명인은 죽기 전까지 단 한 명의 후계자를 길렀다.

❸훈련이나 어떤 활동을 통하여 정신이나 능력을 더 강하게 하거나 키우다. Exercise and strengthen one's body or mind.

유 훈육하다

N0-가 N1-를 V (N0=[인간] N1=[능력], [추상물](정, 안목 따위))

¶음식을 나누어 먹음으로써 아파트 주민들은 이웃 사이의 정을 길렀다. ¶아이들은 캠프를 통해 협동심과 자립심을 기른다.

❹(습관 따위를) 가지거나 몸에 익히다. Learn or have a habit.

N0-가 N1-를 V (N0=[인간] N1=습관, 버릇 따위)

¶시민들은 지하철에서 틈이 나면 책을 읽는 버릇을 길렀다. ¶그는 화가 나면 바다를 보면서 마음을 가라앉히는 습관을 길렀다.

❺(머리카락이나 수염 따위를) 자르지 않고 자라게 하다. (of a person) Grow one's hair or beard without having it cut or shaving it.

N0-가 N1-를 V (N0=[인간] N1=[신체부위](머리, 수염 따위))

¶그가 수염을 기르니 알아볼 수가 없었다. ¶턱수염을 기른 그는 남성미를 과시했다.

❻(환자가 병 따위를) 방치하여 증상이 나빠지게 하다. (of a patient) Leave a disease untreated and make it worse.

N0-가 N1-를 V (N0=[인간] N1=[질병])

¶그는 병원이 무섭다고 가지 않는 바람에 병을 길렀다. ¶그녀는 위암에 걸렸다는 것을 알면서도 자신을 속이고 암을 길러 왔다.

기리다

활용 기리어(기려), 기리니, 기리고

타 (훌륭한 인물이나 업적, 정신 따위를) 존경하는 마음으로 받들어 칭송하고 기억하다. Praise and remember any great person, achievement, spirit, etc., by accepting with respect.

유 기념하다, 높이다, 찬양하다, 칭찬하다

N0-가 N1-를 V (N0=[인간|단체] N1=[인간], [공훈], [추상물](넋, 뜻 따위))

¶우리는 나라를 지키다 희생당한 장병들을 기리는 추모식을 거행했다. ¶그들은 고인의 뜻을 기려 장학회를 설립했다. ¶순국선열들의 숭고한 넋을 기리는 기념행사가 열렸다.

기만당하다

어원 欺瞞~ 활용 기만당하여(기만당해), 기만당하니, 기만당하고 대응 기만을 당하다

자 (다른 사람이나 말 따위의 수단에 의해) 참이 아닌 것을 참으로 믿어 속임을 당하다. Be fooled by another person, speech, or method by believing something that is not true to be true.

유 속다자, 사기당하다 반 기만하다

N0-가 N1-(에|에게) V (N0=[인간|집단] N1=[추상물], [행위])

¶직원들은 기업의 거짓 논리에 기만당했다며 시위를 벌였다. ¶나는 그 녀석의 감언이설에 기만당했다.

N0-가 N1-(에|에게|로부터) V (N0=[인간|집단] N1=[인간|단체])

¶우리는 지금까지 그들에게 기만당한 것이다. ¶그녀는 그 남자에게 온갖 정성을 쏟았지만 그로부터 기만당했다.

기만하다

어원 欺瞞~ 활용 기만하여(기만해), 기만하니, 기만하고 대응 기만을 하다

타 (어떤 수단이나 방법을 이용하여) 참이 아닌 것을 겉으로는 참인 것처럼 꾸며 남을 속이다. Fool someone by using certain means or methods to make something that is not true appear true on the outside.

유 속이다, 사기치다 반 기만당하다

N0-가 N2-로 N1-를 V (N0=[인간|단체] N1=[인간|집단] N2=[추상물], [행위])

¶그 사람은 거짓말로 남을 기만할 사람이 아니다. ¶허위 광고로 소비자들을 기만한 업체들이 시정명령을 받았다. ¶그는 거짓말로 대중을 기만했다.

기부받다

어원 寄附~ 활용 기부받아, 기부받으니, 기부받고 대응 기부를 받다

타 (사람이나 단체 따위의 활동을 지원하기 위하여) 주는 돈이나 재산 따위를 대가 없이 받다. Receive money or property given as a gift to support someone or an organization's activity.

[유]기증받다 [반]기부하다 [상]받다
N0-가 N1-를 N2-(에서|에게서) V (N0=[인간|단체] N1=[돈], [사물](구호물품 따위) N2=[인간|단체])
¶우리 학교는 도서관 건립 기금을 졸업생들에게 기부받았습니다. ¶저희는 국민들로부터 성금을 기부받아서 홀어버이 가정에 전달하고 있습니다.

[ㄱ]

기부하다

[어원]寄附~ [활용]기부하여(기부해), 기부하니, 기부하고 [대응]기부를 하다
[타](사람이나 단체 따위의 활동을 지원하기 위하여) 돈이나 재산 따위를 대가 없이 주다. Give money or property without cost to support someone or an organization's activity.
[유]기증하다, 내놓다 [반]기증받다 [상]주다
N0-가 N1-를 N2-에 V (N0=[인간|단체] N1=[돈], [사물](구호물품 따위) N2=[인간|단체])
¶많은 졸업생들이 우리 학교에 도서관 건립 기금을 기부하고 있습니다. ¶일부 기업들이 그 학교에 장학 지원금을 기부했다. ¶국민들은 재난 대책 본부에 다양한 생필품과 성금을 기부하였다.

기뻐하다

[활용]기뻐하여(기뻐해), 기뻐하니, 기뻐하고
[자타](어떤 일에 대해서) 즐겁고 기쁘게 여기다. Consider something joyful and pleasant.
[유]좋아하다, 즐거워하다 [반]슬퍼하다, 괴로워하다
N0-가 N1-(를|에 대해) V (N0=[인간|단체] N1=[추상물](합격, 성공, 결혼, 승진, 결과 따위))
[연어]크게, 진심으로, 뛸 듯이, 매우
¶부모님은 나의 대학 합격을 매우 기뻐하셨다. ¶아내는 나의 승진을 뛸 듯이 기뻐했다. ¶국민들은 대표팀의 우승을 진심으로 기뻐했다.
N0-가 S것-(을|에|에 대해) V (N0=[인간|단체])
[연어]크게, 진심으로, 뛸 듯이, 매우
¶생존자들은 모두 자신들이 살아 있다는 것에 기뻐했다. ¶그들은 일이 모두 잘 끝난 것에 대해 크게 기뻐했다.
N0-가 S고 V (N0=[인간|단체])
[연어]크게, 진심으로, 뛸 듯이, 매우
¶아이들이 방학이 시작되었다고 기뻐했다. ¶선수들은 작년 우승으로 연봉이 크게 올랐다고 기뻐했다.

기생하다

[어원]寄生~ [활용]기생하여(기생해), 기생하니, 기생하고 [대응]기생을 하다
[자]❶(스스로 독립하여 사는 것이 아니라) 자신보다 힘이 센 대상에 자신을 의지하여 생활하다. Live by relying on someone stronger than oneself instead of living independently.
[유]기숙하다
N0-가 N1-(에|에게) V (N0=[인간] N1=[권력], 독재자 따위)
¶그는 권력에 기생하는 언론과 지식인들을 끊임없이 비판했다. ¶이 소설에는 독재자에게 기생하는 권력층과 이들에 맞서는 반대 세력이 등장한다.
❷ 【생물】 한 생물이 다른 생물에 붙어 영양분을 취하거나 해를 입히며 살아가다. (of an organism) Live by attaching itself to another organism and obtaining nutrition or inflicting damage.
N0-가 N1-에 V (N0=[생물] N1=[생물])
¶사람이나 가축에 기생하면서 피를 빨아먹는 진드기는 육안으로 잘 보이지 않는다. ¶생선을 제대로 익혀 먹지 않으면 그 안에 기생하는 회충에 감염될 수 있다. ¶겨우살이는 참나무 등에 기생하며 양분을 흡수한다.

기소되다

[어원]起訴~ [활용]기소되어(기소돼), 기소되니, 기소되고 [대응]기소가 되다
[자] 【법률】 특정한 혐의로 형사 사건이나 피의자가 검사에 의해 법원에 심판 받기를 요구받다. (of a suspect of a criminal case) Be required to be judged in a court by a prosecutor.
[유]피소되다
N0-가 N1-로 V (N0=[인간|단체], [사건] N1=[비행], [행위])
[능]기소하다
¶그는 살인죄로 기소된 사람치고는 담담해 보였다. ¶기소된 사건에 대한 심리를 시작할 예정이다.

기소하다

[어원]起訴~ [활용]기소하여(기소해), 기소하니, 기소하고 [대응]기소를 하다
[타] 【법률】 검사가 특정한 혐의로 형사 사건이나 피의자를 심판해 주기를 법원에 요구하다. (of a prosecutor) Request a court to judge a suspect of a criminal case.
N0-가 N1-를 N2-로 V (N0=[기관](검찰, 검찰청 따위), 검사 N1=[인간|단체], [사건] N2=[비행], [행위])
[피]기소되다
¶검찰은 그를 저작권법 위반으로 기소했다. ¶입증되지 않은 행위로는 누구도 기소할 수 없다.

기술하다

[어원]記述~ [활용]기술하여(기술해), 기술하니, 기술하고 [대응]기술을 하다
[자타](어떤 생각이나 사실 따위를) 있는 그대로 객관적으로 서술하다. Objectively write certain thought, fact, etc., as is.
[유]기록하다, 서술하다, 진술하다, 묘사하다
N0-가 S고 V (R1) (N0=[인간], [책])
¶그는 스트레스(가|를) 만병의 근원이라고 기술하고 있다.(R1) ¶이 보고서는 앞으로도 한류 열풍이

지속될 것이라고 기술했다.
N0-가 N1-(에 대해|를) V (N0=[인간], [책] N1=[사물], [추상물], [상태])
¶기자는 그 사건에 대해 육하원칙에 따라 상세히 기술했다. ¶어떤 사실을 이해하고 기술한다는 것은 생각보다 쉽지 않은 일이다. ¶이 책은 바다를 중심으로 우리 역사를 기술한 최초의 역사서이다.
N0-가 N1-를 N2-로 V (N0=[인간], [책] N1=[사물], [추상물], [상태] N2=[방식], [법칙], [인간], [순서])
¶그 과학자가 제시한 법칙으로 실제 자연에서 일어나는 일을 기술할 수 있다. ¶그는 조선 시대의 왕들에 대해 연대순으로 기술했다.

기약하다

[어원] 期約-~ [활용] 기약하여(기약해), 기약하니, 기약하고 [대응] 기약을 하다
[타] 일정한 때를 정하여 어떤 일을 하기로 약속하다. Assure someone that one will do something within a certain period of time.
N0-가 N1-를 V (N0=[인간|단체] N1=[사건], [시간])
¶햇빛이 좋아 올해는 풍년을 기약해도 되겠다. ¶나는 내년을 기약하고 대회를 마쳤다.
N0-가 S것-을 V (N0=[인간|단체])
¶우리는 훗날 다시 만날 것을 기약하고 작별 인사를 하였다. ¶앞으로 또 만날 것을 기약하며 오늘의 모임을 마치겠습니다. ¶다음에는 더 나은 모습으로 찾아뵐 것을 기약하며 이만 물러갑니다.

기어가다

[활용] 기어가, 기어가니, 기어가고, 기어가거라/기어가라
[자] (사람이나 자동차가) 속도가 아주 느리게 가다. (of a person or a car) Move very slowly.
[유] 기다
N0-가 V (N0=[인간], [교통기관])
¶차가 굼벵이처럼 기어가지도 못하고 몇 시간째 그냥 서 있다. ¶그 선수는 달리는 것이 아니라 기어간다. ¶학교 다닐 때도 아침마다 기어가더니 회사에 들어가서도 여전하구나.
[타] (사람, 자동차가) 길 따위를 속도가 아주 느리게 가다. (of a person or car) Move very slowly.
[유] 기다
N0-가 N1-를 V (N0=[인간], [교통기관] N1=[길])
¶도로가 얼어서 사람들이 길을 벌벌 기어간다. ¶자동차들은 눈길을 거북이처럼 기어간다. ¶아이들은 낯선 길을 아주 기어가고 있다.
[자타] ❶몸을 엎드려 무릎과 손바닥을 바닥에 대고 앞으로 움직여 이동하다. Move forward on the hands and knees or by dragging the body along the ground.
N0-가 S러 N1-(에|로|를) V (N0=[인간] N1=[인간], [장소])
[연어] 엉금엉금, 느릿느릿
¶그는 들키지 않기 위해서 반대편 방향으로 기어갔다. ¶우물가를 기어가는 아이는 위험해 보였다. ¶철수는 잠자리를 잡으러 논둑을 기어갔다.
❷(뱀이나 벌레 따위가) 배를 바닥에 대고 움직여 이동하다. (of an insect or snake) Move forward with the stomach against the ground.
N0-가 S러 N1-(에|로|를) V (N0=[동물](벌레, 짐승 따위) N1=[동물], [장소])
¶뱀이 땅 위에 기어가고 있다. ¶송충이가 나무 위로 기어가고 있었다. ¶개미들이 먹이를 찾으러 줄지어 기어가고 있다. ¶거북이가 모래 위를 엉금엉금 기어가고 있다.

기어들다

[활용] 기어들어, 기어드니, 기어들고, 기어드는
[자타] ❶(어떤 장소에) 기어서 들어가거나 들어오다. Move stealthily (in or out of a certain location).
N0-가 N1-(에|로|를) V (N0=[인간], [동물] N1=[장소])
¶여름에는 벌레들이 비닐 장판 밑으로 기어들어서 장판 관리가 힘들다. ¶어미 고양이가 침대 밑을 기어드니 새끼도 따라 기어들었다.
❷(어느 곳으로) 다른 사람이 눈치 채지 못하게 슬그머니 들어가거나 들어오다. Move stealthily in or out of a place in order to avoid being noticed by others.
N0-가 N1-(에|로|를) V (N0=[인간], [동물] N1=[장소])
¶그 사람은 기차 직원의 눈을 피해 기차 안쪽으로 계속 기어들었다. ¶거머리가 바지 속을 기어들어 내 다리를 물었다.
❸몸을 웅크리고 가까이 다가가서 파고들다. Curl the body and huddle up close to someone or something.
N0-가 N1-(에|로|를) V (N0=[인간], [동물], 바람 따위 N1=[장소])
¶동생은 누나가 누워 있는 이불 속을 기어들어오더니 잠이 들었다. ¶목덜미에 기어드는 바람이 찬 것을 보면 이제 겨울인가 싶다.
❹위축되어 작아지거나 움츠러들다. Become smaller or recoil when intimidated.
N0-가 V (N0=목소리, 표정 따위)
¶나는 기어드는 목소리로 부모님께 잘못했다고 용서를 빌었다. ¶그는 아버지의 호통에 기어드는 표정을 지었다.
❺자신을 낮추어 다른 사람에게 자신을 의지하려고 가다. Abase oneself and approach someone

to depend on for assistance.
N0-가 N1-에 V (N0=[인간] N1=[인간])
¶한창 일할 사람이 부모님께 기어들면 안 되지요. ¶이제 집으로 기어들 때가 되었는데 아직 버티고 있군요.

기어오다

활용 기어와, 기어오니, 기어오고
자 (사람이나 자동차가) 속도가 아주 느리게 오다. (of a person or car) Come very slowly.
유 기다 반 기어가다
N0-가 N1-(에|에게|로) V (N0=[인간], [동물], [교통기관] N1=[사물], [장소])
¶기어오지 말고 뛰어오란 말이다. ¶버스가 정류장에 기어오는 건지 30분째 나타나지 않는다.
타 (사람이나 자동차가) 속도가 아주 느리게 오다. (of a person or car) Come very slowly.
반 기어가다
N0-가 N1-를 V (N0=[인간], [교통기관] N1=[길])
¶차 한 대가 빙판을 느릿느릿 기어온다. ¶그들은 눈길을 기어오고 있었다. ¶사람들이 어두운 길을 기어오는 것이 보였다.
자타 ❶몸을 엎드려 무릎과 손바닥을 바닥에 대고 앞으로 움직여서 오다. Come on the hands and knees or by dragging the body along the ground.
반 기어가다
N0-가 S러 N1-(에|에게|로) V (N0=[인간], [동물] N1=[사물], [장소])
연어 엉금엉금, 느릿느릿
¶산토끼가 먹이를 찾으러 몸을 낮추고 천천히 마을로 기어온다. ¶친구는 동물처럼 기어오는 시늉을 했다.
❷(뱀이나 벌레 따위가) 배를 바닥에 대고 움직여서 오다. (of an insect or snake) Come with the stomach against the ground.
반 기어가다
N0-가 S러 N1-(에|에게|로) V (N0=[동물](벌레, 짐승 따위) N1=[사물], [장소])
¶구렁이가 까치를 잡아먹으러 마당으로 기어왔다. ¶우리는 기어오는 벌레들을 쫓느라 애를 먹었다. ¶뱀이 거기서 기어올 줄은 몰랐다.

기어오르다

활용 기어올라, 기어오르니, 기어오르고, 기어올랐다
자 ❶(높은 곳으로) 손발을 모두 이용해 기는 자세로 이동하다. Go to a high place, crawling by means of hands and feet.
유 기다 상 오르다
N0-가 N1-(에|로) V (N0=[인간], [동물] N1=[장소](산, 언덕, 따위), [사물])
¶형호는 신기하게도 저런 높은 나무에 잘 기어오른다. ¶어떻게 아이가 저 책상 위에 기어올랐는지 신기할 뿐이다. ¶죄수들은 탈옥을 위해 담장 위로 기어오르기 시작했다.
❷(식물이) 벽이나 나무에 붙어 위로 향해 자라나다. (of a plant) Grow upward along a wall or tree.
N0-가 N1-(로|에) V (N0=[식물](담쟁이, 칡, 넝쿨 따위) N1=[담], [장소])
¶담쟁이가 담장으로 기어오른다. ¶호박넝쿨이 나뭇가지에 기어올라 나무를 칭칭 감는다. ¶장미 넝쿨이 철조망에 기어오른다.
❸(손윗사람에게) 아랫사람을 대하듯 예의도 버릇도 없이 굴다. Behave indecently and rudely toward one's senior as if he or she is a junior.
N0-가 N1-(에|에게) V (N0=[인간] N1=[인간], [신체부위](머리끝, 머리 꼭대기 따위))
¶요즘 철수가 버릇없이 선배들에게 기어오르려든다. ¶잘 대해 주었더니 아이들이 내 머리 꼭대기에 기어오르려고 한다. ¶그 친구 스타가 되었다고 감독한테 자꾸 기어오르려고 한다.
※ 속되게 쓰인다.
타 (가파르거나 험한 오르막길을) 힘들게 올라가다. Go up a steep or rough slope laboriously.
N0-가 N1-를 V (N0=[인간], [동물] N1=[장소](산, 언덕, 길, 계단 따위))
¶철수는 험한 산길을 겨우 기어오르고 있었다. ¶아이가 저렇게 높은 언덕을 기어오르다니 정말 신기하다. ¶나는 가파른 계단을 겨우 기어올랐다.
자타 ❶(높은 곳으로) 몸을 엎드려 손으로 바닥을 짚고 무릎으로 이동하면서 올라가다. Move to a higher place lying face down and dragging the body along with the hands and knees.
유 기다
N0-가 S러 N1-(에|로|를) V (N0=[인간] N1=[장소], [인간])
¶아기는 엄마 품으로 기어오르며 칭얼거렸다. ¶철수는 감을 따러 나무에 기어오르다가 떨어졌다.
❷(벌레나 뱀이 높은 곳으로) 배를 바닥에 대고 발이나 몸을 움직여 올라가다. (of an insect or snake) Move to a higher place by moving the feet or body with the stomach touching the ground.
N0-가 S러 N1-(에|로|를) V (N0=[동물](벌레, 짐승 따위) N1=[장소], [동물])
¶벌은 꿀을 따러 꽃줄기를 기어오르고 있다. ¶고양이가 쥐를 잡으러 목욕탕 지붕에 기어오른다.
N0-가 N1-(로|에) V (N0=[동물](벌레, 짐승 따위) N1=[장소], [동물])
¶식사하기 전 나는 밥그릇에 기어오르는 산개미를 집어냈다. ¶고양이는 순식간에 지붕 위로 기어

올랐다.

기억나다

어원 記憶~ 활용 기억나, 기억나니, 기억나고 대응 기억이 나다

자 (어떤 사실이나 지식, 또는 지나간 일이나 경험 따위가) 머릿속에 떠오르다. (of a fact, information, a past event, or an experience) Cross one's mind.

유 생각나다

N0-가 N1-가 V (N0=[인간] N1=[사물], [추상물])

¶그는 좋아하는 시의 한 구절이 문득 기억났다. ¶당황하는 그녀의 얼굴을 보니 나는 예전에 있었던 일이 기억났다. ¶너무 반가웠지만 그의 이름이 기억나지 않았다.

기억되다

어원 記憶~ 활용 기억되어(기억돼), 기억되니, 기억되고 대응 기억이 되다

자 (어떤 사실이나 지식, 또는 지나간 일이나 경험 따위가) 머릿속에 간직되거나 생각이 나다. (of a fact, information, a past event, or an experience) Be kept in or brought to mind.

유 회상되다, 기억에 남다 반 잊히다

N0-가 N1-에게 V (N0=[사물], [추상물] N1=[인간])

능 기억하다

¶영화 속 그 장면은 지금도 사람들에게 기억된다. ¶오래 기억되는 노래가 좋은 노래이다. ¶그 시절의 추억은 내 머릿속에 아름답게 기억돼 있다.

N0-가 N1-에게 N2-로 V (N0=[사물], [추상물] N1=[인간] N2=[인물], [사물], [추상물])

능 기억하다

¶나에게 할아버지는 매우 엄하셨던 분으로 기억된다. ¶내게 아내는 아직도 젊었을 때의 모습으로 기억된다. ¶그는 학우들에게 늘 도서관에 있었던 학생으로 기억된다.

N1-에게 N0-가 S것-으로 V (N0=[인간])

능 기억하다

¶내게는 지형이가 그 시절 키가 작았던 것으로 기억된다. ¶모두에게 여행지의 음식은 꽤 맛있었던 것으로 기억되었다. ¶그때는 누구나 가난했던 것으로 기억된다.

N0-가 S고 V

¶그때는 윤아가 아니라 찬우가 반장이었다고 기억된다. ¶그 식당은 음식이 아주 맛있고 친절했다고 기억된다.

기억하다

어원 記憶~ 활용 기억하여(기억해), 기억하니, 기억하고 대응 기억을 하다

타 (어떤 사실이나 지식, 또는 지나간 일이나 경험 따위를) 머릿속에 간직해 두거나 생각해 내다. Recall facts, knowledge or past events or experiences in one's mind.

유 추억하다 반 잊다, 잊어버리다

N0-가 N1-를 V (N0=[인간] N1=[사물], [추상물])

피 기억되다

¶나는 지금도 극장에서 처음 봤던 영화를 기억한다. ¶이제는 아무도 카세트테이프를 기억하지 못한다.

N0-가 N1-를 N2-로 V (N0=[인간] N1=[사물], [추상물] N2=[사물], [추상물])

피 기억되다

¶지희는 은혁이를 좋은 사람으로 기억한다. ¶그는 작년의 그 일을 최악의 실수로 기억한다.

N0-가 S것-을 V (N0=[인간])

¶그는 옛 여자친구가 참으로 예뻤던 것을 기억한다. ¶남태평양의 바다가 특히나 아름다웠던 것을 나는 아직도 기억한다.

N0-가 S것-으로 V (R1) (N0=[인간])

¶나는 지형이(가|를) 그 시절 키가 작았던 것으로 기억한다.(R1) ¶나는 그때는 누구나 가난했던 것으로 기억한다. ¶모두들 여행지의 음식이 꽤 맛있었던 것으로 기억하고 있다.

N0-가 S고 V (R1) (N0=[인간])

¶ 현수는 찬우(가 | 를) 반장이었다고 기억한다.(R1) ¶그는 그 식당이 맛있었다고 기억하고 있다. ¶은수는 영태가 자신을 도와 준 사람이라고 기억한다.

기여하다

어원 寄與~ 활용 기여하여(기여해), 기여하니, 기여하고 대응 기여를 하다

자 도움이 되도록 이바지하다. Contribute.

유 돕다, 이바지하다, 공헌하다, 한몫하다 반 해치다, 방해하다

N0-가 N1-에 V (N0=[인간|단체], [행위] N1=[일], [사건])

¶여러분의 응원이 우리 팀의 승리에 크게 기여했습니다. ¶많은 대학원생들이 이 연구에 기여하고 있습니다. ¶국민 한 사람 한 사람의 노력이 국가 발전에 기여합니다.

N0-가 S데-에 V (N0=[인간|단체], [행위])

¶여러분의 응원이 우리 팀이 승리하는 데에 크게 기여했다고 생각합니다. ¶많은 대학원생들이 이 연구가 성공적으로 수행되는 데 기여하고 있습니다. ¶국민 한 사람 한 사람의 노력이 국가가 발전하는 데 기여합니다.

기용되다

어원 起用~ 활용 기용되어(기용돼), 기용되니, 기용되고

자 (사람이) 중요한 자리나 직책에 뽑혀 어떤 역할을 하게 되다. Be assigned to an important job

or role in order to perform a certain task.
㊌채용되다, 뽑히다, 선발되다
N0-가 N1-(에|로) V (N0=[인간|집단] N1=[역할])
능기용하다
¶캐나다 코치가 감독으로 기용되어 선수와 함께 열심히 훈련하고 있다. ¶학자 출신이 경제 부처 장관으로 기용되어 부처의 분위기가 많이 바뀌고 있다. ¶올림픽 금메달리스트들이 광고에 대거 기용되면서 기업이 홍보 효과를 톡톡히 보고 있다.

기용하다

어원起用~ 활용기용하여(기용해), 기용하니, 기용하고
타(사람을) 일정한 자리나 직책에 뽑아서 어떤 역할을 하도록 하다. Assign an important job or role to someone to perform a certain task.
㊌채용하다, 뽑다, 선발하다, 쓰다III
N0-가 N1-를 N2-(에|로) V (N0=[인간|집단] N1=[인간] N2=[역할], [추상물])
피기용되다
¶그녀는 감독으로 캐나다 코치를 기용하여 연습 중이다. ¶여러 기업들이 올림픽 금메달리스트를 광고에 기용하면서 제품 홍보를 하고 있다.

기울다 I

활용기울어, 기우니, 기울고, 기우는
자❶(사물 따위가) 어느 한쪽으로 쏠리거나 낮아지다. (of an object, etc.) Become tilted or lower toward one particular side.
㊌치우치다, 쏠리다, 기울어지다I
N0-가 N1-로 V (N0=[사물] N1=[방향])
사기울이다
¶부실 공사로 건물이 한쪽으로 기울고 있다. ¶벽에 걸린 액자가 오른쪽으로 기울어 있다. ¶거센 파도에 배가 한쪽으로 기울었다.
❷(신체 부위가) 어느 한쪽으로 쏠리거나 낮아지다. (of a body part) Lean toward, become lower on one side.
㊌치우치다, 쏠리다, 기울어지다I
N0-가 N1-로 V (N0=[신체부위](어깨, 골반 따위) N1=[방향])
사기울이다[1]
¶세호는 무거운 가방을 오래 메고 다니다 보니 어깨가 한쪽으로 기울었다. ¶채경이는 잘못된 자세로 오래 앉아 있다 보니 골반이 한쪽으로 기울었다. ¶그는 우측으로 기운 척추를 바로잡고자 재활 치료를 시작했다.
❸(마음이나 의견 따위가) 어느 한쪽으로 편향되게 모이거나 쏠리다. (of one's mind, opinion, etc.) Be gathered, lean toward one side in a biased manner.
㊌쏠리다, 기울어지다I
N0-가 N1-로 V (N0=[의견], 마음, 생각 따위 N1=[방향])
¶여론이 상대국의 요구를 수용하자는 쪽으로 기울었다. ¶회의가 진행될수록 사람들의 의견은 이쯤에서 그만하자는 쪽으로 기울었다.
❹(어떤 형세가) 어느 한쪽으로 유리하게 전개되거나 진행되다. (of a certain situation) Unfold or progress advantageously toward one end.
㊌기울어지다I
N0-가 N1-로 V (N0=[상황](대세, 흐름, 분위기 따위) N1=[방향])
¶현재는 대세가 상대편 쪽으로 기운 듯하다. ¶후반 무렵부터 경기의 흐름이 우리 쪽으로 기울었다. ¶누구든 득점을 한다면 분위기가 한쪽으로 기울지도 모른다.
❺(주로 가정이나 국가의 형편이나 재정이) 악화되어 나빠지다. (usually of circumstances or finances of a household or a country) Become bad through exacerbation.
㊌기울어지다I, 쪼그라들다
N0-가 V (N0=[상황](가세, 국운 따위), 집안, 살림 따위)
¶남편의 사업 실패로 가세가 기울기 시작했다. ¶그녀는 집안이 기울면서 학업을 그만두기로 했다.
❻(학벌이나 집안의 재력 따위가) 상대보다 뒤떨어지거나 못하다. (of educational background, household wealth, etc.) Lag behind, be worse than someone.
N0-가 N1-보다 V (N0=[능력], 집안, 쪽, 측 따위 N1=[능력], 집안, 쪽, 측 따위)
¶그의 학벌이 그녀의 학벌보다 기울지만 그녀는 개의치 않았다. ¶서로 비슷한 집안이면 좋겠는데 신랑 쪽 집안이 신부 쪽 집안보다 너무 기운다.

기울다 II

활용기울어, 기우니, 기울고, 기우는
자❶(해나 달이) 서쪽으로 넘어가서 지려고 하다. (of the sun or moon) Move to the west, about to set.
㊌기울어지다II
N0-가 N1-로 V (N0=[천체](해, 달) N1=서쪽, 서산 따위)
¶해가 서산으로 기울면서 기온이 좀 내려갔다. ¶초승달이 서쪽으로 점점 기울고 있다. ¶어느덧 해가 기울어 어두워지려고 한다.
❷(달이) 보름달에서 그믐달로 변해 가다. (of the moon) Change from full moon into crescent or dark moon.
㊥차다
N0-가 V (N0=[천체](달))

¶달도 차면 기우는 법이라는 말이 있다. ¶달은 차고 기우는 과정을 계속해서 반복한다. ¶보름이 지나자 달이 점점 기울고 있다.

기울어지다 I

활용 기울어지어(기울어져), 기울어지니, 기울어지고

자 ❶(사물 어느 한쪽으로) 쏠리거나 조금 낮아지다. (of one side of an object) Be tilted and slightly lower toward one side.

㊎쏠리다, 치우치다, 기울다

N0-가 N1-로 V (N0=[사물] N1=[방향])

¶벽에 걸린 액자가 오른쪽으로 기울어져 있다. ¶배가 한쪽으로 기울어지면서 배 안으로 물이 들어오기 시작했다. ¶영수는 한쪽으로 기울어져 있는 책장 선반을 바로 놓았다.

❷(신체부위가 어느 한쪽으로) 낮게 향하거나 쏠리게 되다. (of a body part) Become low, lean toward one side.

㊎기울다I

N0-가 N1-로 V (N0=[신체부위](고개, 어깨 따위) N1=[방향])

¶가방의 무게 때문인지 세호의 어깨가 한쪽으로 기울어져 있었다. ¶졸다 보니 형우의 고개가 자꾸 옆 사람 쪽으로 기울어졌다.

❸(마음이나 의견 따위가) 어느 한쪽으로 편향되게 모이거나 쏠리게 되다. (of one's mind, opinion, etc.) Be gathered, lean toward one side in a biased manner.

㊎기울다I, 쏠리다

N0-가 N1-로 V (N0=[의견], 마음, 생각 따위 N1=[방향])

¶나는 유학을 가는 쪽으로 생각이 기울어졌다. ¶여론이 세계화의 흐름을 따라가자는 방향으로 기울어졌다. ¶어느새 나의 마음이 그녀에게로 기울어졌다.

❹(어떤 형세가) 어느 한쪽으로 유리하게 전개되거나 진행되다. (of a certain situation) Unfold or progress advantageously toward one end.

㊎기울다I

N0-가 N1-로 V (N0=[상황](대세, 흐름, 분위기 따위) N1=[방향])

¶대세는 이미 우리 쪽으로 기울어졌다. ¶경기의 승세가 후반 무렵부터 우리 쪽으로 기울어졌다.

❺(주로 가정이나 국가의 형편이나 재정이) 악화되어 나빠지다. (usually of circumstances or finances of a household or a country) Become bad through exacerbation.

㊎기울다I, 쪼그라들다

N0-가 V (N0=[상황](가세, 국운 따위), 집안, 살림 따위)

¶살림이 기울어지자 그녀는 취업 전선에 뛰어들었다. ¶나라는 국운이 기울어져 더 이상 병력을 늘릴 수 없었다.

기울어지다 II

활용 기울어지어(기울어져), 기울어지니, 기울어지고

자 (해나 달이) 서쪽으로 움직여서 지려고 하다. (of the sun or moon) Move to the west, about to set.

㊎기울다II

N0-가 V (N0=[천체](해, 달))

¶어느덧 해가 서쪽으로 많이 기울어져 있었다. ¶어느새 달은 하늘 한가운데에서 오른쪽으로 기울어져 있었다. ¶서산으로 달이 점차 기울어져 가고 있었다.

기울이다[1]

활용 기울이어(기울여), 기울이니, 기울이고

타 ❶(사물을) 어느 한쪽으로 쏠리게 하거나 조금 낮아지게 하다. Make one side of an object tilted or lower toward one end.

N0-가 N1-를 V (N0=[인간] N1=[사물])

주 기울다I

¶언니는 주전자를 기울여 컵에 물을 따랐다. ¶나는 여자친구 쪽으로 우산을 기울여 함께 쓰고 갔다. ¶나는 거울을 비스듬히 기울여 여자가 비치도록 했다.

❷(신체부위를) 어느 한쪽으로 낮게 향하거나 쏠리게 하다. Make a body part lean or lower on one end.

N0-가 N2-로 N1-를 V (N0=[인간], [동물] N1=[신체부위](상체, 고개 따위) N2=[방향])

주 기울다I

¶아이는 피곤했는지 엄마 쪽으로 몸을 기울였다. ¶곰은 몸을 사육사 쪽으로 기울여 먹이를 받아 먹었다.

◆ **귀를 기울이다** (어떤 소리나 다른 사람의 말에) 관심을 가지고 주의 깊게 듣다. Listen carefully to a sound or a person with interest.

N0-가 N1-에 Idm (N0=[인간] N1=[소리], [이야기])

¶아이는 가만히 빗소리에 귀를 기울인다. ¶그녀는 가게에서 흘러나오는 라디오 소리에 귀를 기울였다. ¶그는 사람들의 말에 귀를 기울일 줄 아는 사람이다.

◆ **(술)잔을 기울이다** 술잔에 술을 따라 마시다. Fill a glass and drink.

N0-가 Idm (N0=[인간])

¶그들은 힘들 때면 같이 술잔을 기울였다. ¶우리는 공원에 자리를 잡고 잔을 기울였다. ¶두 형들은 옛이야기를 할 때마다 소주잔을 기울인다.

기울이다[2]

활용 기울이어(기울여), 기울이니, 기울이고
기능 타 '강조', '강세'를 의미하는 기능동사 Support verb depicting "stress", "accent".
㊊쏟다
N0-가 N1-(에|에게) Npr-를 V (N0=[인간] N1=[집단], [활동], Npr=[추상물](관심, 정성, 심혈, 주의, 노력, 힘 따위))
¶그녀는 정성을 기울여 음식을 만들었다. ¶그는 당분간 모든 일을 제쳐 두고 그 일에만 심혈을 기울일 것이다. ¶조금만 주의를 기울이면 사소한 실수를 줄일 수 있다.
N0-가 S(것|데)-에 Npr-를 V (N0=[인간], Npr=[추상물](관심, 정성, 심혈, 주의, 노력, 힘 따위))
¶그들은 다양한 프로그램을 개발하는 데 많은 노력을 기울였다. ¶그는 작품을 만드는 것에 혼신의 힘을 기울이고 있다.

기웃거리다

활용 기웃거리어(기웃거려), 기웃거리니, 기웃거리고
타 (무언가를 보기 위해 고개나 몸을) 이쪽저쪽으로 반복해서 기울이다. Lean one's head or body on one side or the other side repeatedly in order to see something.
㊊기웃기웃하다
N0-가 N1-를 V (N0=[인간] N1=[신체부위](몸, 고개))
¶기영이는 창가에서 고개를 기웃거리고 있었다. ¶그는 이상하게도 가게 앞에서 몸을 기웃거렸다. ¶아이는 어항 속이 궁금한지 딱 붙어 머리를 여기저기로 기웃거린다.
N0-가 N1-를 V (N0=[인간] N1=[장소])
¶어떤 수상한 사람이 건물 안을 기웃거리고 있다. ¶기영이는 친구가 뭘 하나 보려고 창문을 기웃거렸다. ¶그는 마음대로 들어가도 되는지 몰라 사무실 앞을 기웃거린다.
자타 (어떤 대상을) 은근히 관심을 갖고 넘보다. Want to have something with interest.
N0-가 N1-(에|를) V (N0=[인간] N1=[사물], [추상물])
¶친구가 사업을 하려고 여기저기를 기웃거리는 것 같다. ¶대가가 되려면 여러 분야를 기웃거리지 말고 한 분야에 집중해라.

기원하다 I

어원 祈願~ 활용 기원하여(기원해), 기원하니, 기원하고 대응 기원을 하다
자타 (어떤 일에 대하여) 이루어지기를 바라며 빌다. Pray something would be achieved.
㊊기도하다, 빌다
N0-가 N1-를 V (N0=[인간|단체] N1=[추상물], [상태])
¶아버지는 신년을 맞아 가족의 평안을 기원했다. ¶생존해 있는 실향민들은 통일을 간절히 기원하고 있다.
N0-가 S고 V (N0=[인간|단체])
¶농부는 풍년이 들라고 기원했다. ¶독립운동가들은 조국이 자유로운 나라가 되게 해 달라고 기원했다.
N0-가 S기-를 V (N0=[인간|단체])
¶그는 오랜 소원이 이루어지기를 기원했다. ¶가내 두루 평안하시기를 기원합니다. ¶나는 파병된 동생이 무사히 돌아오기를 기원했다.

기원하다 II

어원 起源~ 활용 기원하여(기원해), 기원하니, 기원하고 대응 기원을 하다
자 (어떤 대상이) 어디에서 처음 생기다. (of an object) Come into being somewhere for the first time.
㊊유래하다, 시작하다
N0-가 N1-에서 V (N0=[사물], [추상물] N1=[장소], [추상물])
¶최초의 컴퓨터는 포탄 궤적 계산기에서 기원했다. ¶증류 기술은 고대 메소포타미아에서 기원했다. ¶고대 문명은 주로 큰 강 유역에서 기원했다.

기인되다

어원 起因~ 활용 기인되어(기인돼), 기인되니, 기인되고 대응 기인이 되다
☞ 기인하다

기인하다

어원 起因~ 활용 기인하여(기인해), 기인하니, 기인하고 대응 기인을 하다
자 (어떤 사건이나 현상 따위가) 어떤 것이 원인이 되어 생기거나 일어나다. (of a certain incident, phenomenon, etc.) Be generated, occur with something serving as the cause.
㊊말미암다
N0-가 N1-(에|에서|로부터) V (N0=[상태], [행위], [사건], [현상] N1=[추상물](스트레스, 노력, 부주의, 사고방식, 제도 따위))
¶그의 뇌출혈은 스트레스에 기인한 것으로 진단되었다. ¶이번 화재는 한 등산객의 부주의에서 기인한 것으로 추정된다. ¶문학의 진정한 위기는 우리의 진부한 사고방식으로부터 기인한다.
N0-가 S(것|데)-에서 V (N0=[상태], [현상])
¶정치권에 대한 국민들의 우려는 그동안 정치인들이 국민의 신뢰를 얻지 못한 것에서 주로 기인했다. ¶그들의 불신은 일전에 수뇌부가 거짓말을 한 데서 기인했을 것이다.
S것-이 S(것|데)-에서 V
¶단어를 오용하는 것은 단어의 미묘한 차이를 간과하는 데에서 기인한다. ¶아이의 정서가 불안

정한 것은 가정 환경이 열악한 데서 기인했을 가능성이 크다.

기재되다

어원 記載~ 활용 기재되어(기재돼), 기재되니, 기재되고 대응 기재가 되다

자 (어떤 사실이나 내용이) 서식이 정해져 있는 문서 따위에 적히다. (of certain fact or contents) Be written on document, etc., with a designated format.

유 기입되다, 적히다 자, 기록되다

N0-가 N1-에 V (N0=[속성], [앎] N1=[문서])

능 기재하다

¶현주는 입사 지원서에 자신의 인적 사항이 제대로 기재되어 있는지를 확인했다. ¶계약 당사자들은 계약서에 기재된 합의 사항을 그대로 이행해야 한다. ¶주민등록증에 기재된 주소로 안내문이 발송된다.

N0-에 S고 V (N0=[문서])

능 기재하다

¶현주의 생활 기록부에 학습 태도가 매우 좋은 학생이라고 기재되어 있다. ¶진술서에 위 내용이 사실과 다르지 않다고 기재되어 있다.

N0-에 S것-이 V (N0=[문서])

능 기재하다

¶진술서에 피고인이 말한 것이 빠짐없이 기재되어 있다. ¶추천서에는 그가 학생회장을 했던 것이 기재되었을 터이다.

N0-에 S음-으로 V (N0=[문서])

능 기재하다

¶고객이 보낸 반품 사유서에는 '규격에 안 맞음'으로 기재되어 있었다. ¶나는 그때 '혐의 없음'으로 기재된 조서를 보았다.

기재하다

어원 記載~ 활용 기재하여(기재해), 기재하니, 기재하고 대응 기재를 하다

유 기입하다, 적다, 기록하다

자타 (어떤 사실이나 내용을) 주로 서식이 정해져 있는 문서 따위에 적어 넣다. Write certain fact or contents on a document, etc., that usually has a designated format.

N0-가 N2-에 N1-(를|에 대해) V (N0=[인간] N1=[속성], [앎] N2=[문서])

피 기재되다

¶현주는 자신의 경력 사항을 이력서에 빠짐없이 기재했다. ¶형사는 진술서에 피의자의 진술 내용을 있는 그대로 기재했다. ¶계약 당사자들은 합의 사항에 대해 계약서에 기재해 두어야 한다.

N0-가 N1-에 S고 V (N0=[인간] N1=[문서])

피 기재되다

¶세입자는 계약서에 자신도 이 계약 사항에 합의한다고 기재했다. ¶감독은 수첩에 배현주 선수는 발이 빠르다고 기재해 두었다.

N0-가 N1-에 S것-으로 V (N0=[인간] N1=[문서])

피 기재되다

¶나는 보고서에 경쟁사 제품은 연비가 낮은 것으로 기재했다. ¶김 선생은 추천서에 현주가 성실한 것으로 기재했을 것이다.

N0-가 N1-에 S것-을 V (N0=[인간] N1=[문서])

피 기재되다

¶검찰은 진술서에 피고인이 말한 것을 빠짐없이 기재했다. ¶부장님은 내가 보고드린 것을 서류에 기재하셨다.

N0-가 N1-에 S음-을 V (N0=[인간] N1=[문서])

피 기재되다

¶이력서에 이전 회사에서는 영업을 했음을 기재하였다. ¶자기 소개서에 네가 영어에 능통함을 꼭 기재해라.

N0-가 N2-에 N1-를 N3-로 V (N0=[인간] N1=[속성], [이유] N2=[문서] N3=[추상물](변심, 사기죄 따위)

피 기재되다

¶영희는 반품 신청서에 반품 사유를 '단순 변심'으로 기재했다. ¶경찰 컴퓨터에는 그의 혐의를 '사기죄'로 기재한 조서도 있었다.

기절하다

어원 氣絶~ 활용 기절하여(기절해), 기절하니, 기절하고 대응 기절을 하다

자 (사람이나 동물이) 물리적 충격이나 정신적 충격 따위로 정신을 잃고 쓰러지다. Lose consciousness and fall due to a physical or mental impact.

유 까무러치다

N0-가 V (N0=[인간], [동물])

사 기절시키다

연어 갑자기, 그대로

¶갑작스러운 동생의 사고 소식을 듣고 어머니는 그 자리에서 기절하셨다. ¶내가 던진 돌에 맞아서 옆집 개가 기절했다. ¶너무 피곤했던 나머지 나는 기절하다시피 쓰러져 잠이 들었다.

N0-가 N1-(에|로) V (N0=[인간], [동물] N1=[사건], [결과](죽음, 실패 따위))

사 기절시키다

연어 갑자기, 그대로

¶극심한 머리 통증으로 나는 정신을 잃고 기절할 뻔하였다. ¶할머니께서는 삼촌의 사업 실패 소식에 기절하신 적도 있다.

기죽다

어원 氣~ 활용 기죽어, 기죽으니, 기죽고 대응 기가 죽다

자 (사람이나 동물이) 기가 꺾여 약해지다. (of

a person or an animal) Be discouraged and weakened.
[유]얼다, 위축되다
N0-가 V (N0=[인간], [동물])
¶나는 당시 쟁쟁한 선배들과 같은 무대에 서게 되어 많이 기죽었다. ¶시상식에 가면 화려한 옷을 입은 사람들이 많아 기죽는다. ¶강아지가 동물 병원에 오니 기죽어서 꼼짝도 못한다.

기증되다

[어원]寄贈~ [활용]기증되어(기증돼), 기증되니, 기증되고 [대응]기증이 되다
[자](사람이나 단체에) 물품이 대가 없이 거저 주어지다. Be given to a person or an organization for nothing.
[유]기부되다, 주어지다
N0-가 N1-(에|에게) V (N0=[사물] N1=[인간|집단], [기관])
[능]기증하다
¶어머니께서 모아 오신 할머니의 유품이 지난 달 박물관에 기증되었다. ¶선생님께서 소장한 수백 년 된 고서가 도서관에 기증되었다. ¶얼마 전 세상을 떠난 환자의 장기가 다른 환자에게 기증되어 생명을 살릴 수 있었다.

기증받다

[어원]寄贈~ [활용]기증받아, 기증받으니, 기증받고 [대응]기증을 받다
[타]물품을 대가 없이 거저 받다. Receive goods free of charge.
[유]기부받다 [반]기증하다 [상]받다
N0-가 N1-를 N2-(에|에게) V (N0=[인간|집단], [기관] N1=[사물](도자기, 물품, 장기 따위) N2=[인간|집단])
¶박물관은 예술품 소장가들에게 고려청자 및 조선 백자를 기증받아 다음 달 전시회를 열 계획이다. ¶서울시로부터 중고 물품을 기증받은 사람들이 매우 기뻐하며 집으로 돌아갔다. ¶경찰은 지난 달 일반인에게 장기를 기증받아 대기자들에게 연결시켜 주는 알선 업체를 적발하였다.

기증하다

[어원]寄贈~ [활용]기증하여(기증해), 기증하니, 기증하고 [대응]기증을 하다
[타](물품을) 사람에게나 단체에 아무 대가 없이 거저 주다. Give goods to a person or organization free of charge.
[유]기부하다 [반]기증받다 [상]주다
N0-가 N1-를 N2-(에|에게) V (N0=[인간|집단] N1=[사물] N2=[인간|집단], [기관])
[피]기증되다
¶어머니께서는 그동안 모아 오신 할머니의 유품을 박물관에 기증했다. ¶선생님께서 자신의 책을 도서관에 기증하겠다고 밝히셨다. ¶환자는 죽기 전에 자신의 장기를 다른 환자에게 기증하고 싶다는 의사를 밝혔다.

기진맥진하다

[어원]氣盡脈盡~ [활용]기진맥진하여(기진맥진해), 기진맥진하니, 기진맥진하고
[자](어떤 일로 인해 몸의 기운이 다 빠져서) 몸을 가누지 못할 정도로 힘이 없어지다. Become energyless to the point that one cannot practically move the body anymore due to a certain incident.
N0-가 N1-(에|로) V (N0=[인간] N1=[활동], [이동])
¶영희는 밤샘작업에 기진맥진하여 쓰러질 뻔했다. ¶직원들은 연일 계속되는 격무로 기진맥진해하는 모습을 보였다. ¶산 중턱에 도착할 무렵부터 모두들 기진맥진한 상태였다.

기초하다

[어원]基礎~ [활용]기초하여(기초해), 기초하니, 기초하고
[자](무엇에) 타당한 근거나 바탕을 두다. Put appropriate cause or basis on something.
[유]근거하다, 뿌리를 두다, 기초를 두다
N0-가 N1-에 V (N0=[추상물], [행위], [의견] N1=[앎], [이론], [규범], [사건])
¶논리적 사고에 기초한 분석력과 판단력을 갖춘 인재가 필요하다. ¶그는 과학적 원리에 기초한 엄격한 검증을 시도했다. ¶재판관은 상식과 규범에 기초해 판결을 내려야 한다.

기피하다

[어원]忌避~ [활용]기피하여(기피해), 기피하니, 기피하고 [대응]기피를 하다
[타](어떠한 대상이나 일 따위를) 꺼리거나 싫어하여 피하다. Avoid a certain target, task, etc., due to discomfort or dislike.
[유]멀리하다, 싫어하다, 꺼리다, 피하다, 회피하다
N0-가 N1-를 V (N0=[인간] N1=[활동], [의무], [분야], [행사])
¶요즘 젊은 사람들은 육체노동을 기피한다. ¶직원들은 야근이나 특근을 기피하려고 한다. ¶영상 회의는 편리함에도 불구하고 아직 많은 사람들이 기피한다.
N0-가 S것-을 V (N0=[인간])
¶직원들은 토요일에 근무하는 것을 기피한다. ¶그들은 법정에 증인으로 나서는 것을 기피했다. ¶나는 점점 사람들을 만나는 것을 기피하게 되었다.
N0-가 S기-를 V (N0=[인간])
¶노부모를 모시기를 기피하는 사람들이 많아지고 있다. ¶요즘은 젊은이들이 어려운 일을 하기를 기피하는 추세이다.

기하다

어원 期~ 활용 기하여(기해), 기하니, 기하고

타 ❶(특정한 때를) 어떠한 일이나 행동 따위가 작용하는 시점으로 삼다. Take a certain time as the point wherein a certain task or activity is in effect.

㊚기점으로 하다

N0-가 N1-를 V (N0=[인간|단체] N1=[시간])

¶이 연구 단지는 지난 11월 30일을 기해 조성 40주년을 맞았다. ¶서울시는 정오를 기해 올해 첫 초미세 먼지 주의보를 발령했다. ¶정부는 오늘 자정을 기해 감염 지역에 내린 '일시 이동 중지 명령'을 해제하기로 했다.

※주로 '기하여(서)', '기해(서)'의 형태로 쓰인다.

❷(어떤 일에) 주의, 노력 따위를 크게 기울여 행하다. Perform a certain task with considerable caution, effort, etc.

N0-가 N2-에 N1-를 V (N0=[인간|단체] N1=[추상물](신중, 공정, 완벽, 만전, 내실 따위) N2=[행위], [사건])

¶면접관들은 학생을 선발하는 데에 공정을 기했다. ¶그녀는 이번 경기에 더욱 완벽을 기하려 노력했다. ¶정부는 안전 조치에 만전을 기해 달라고 경찰에 당부했다.

기획되다

어원 企劃~ 활용 기획되어(기획돼), 기획되니, 기획되고

자 (어떤 일이) 이루어지도록 계획되다. (of a task) Be planned to be made.

㊚꾸며지다, 계획되다

N0-가 N1-로 V (N0=[행사](전시회, 공연), [방송물], [책], [음식], [단체] N1=[행사](전시회, 공연), [방송물], [책], [음식], [추상물])

능 기획하다

¶젊은 신인 작가들의 작품전으로 기획된 이번 사진전은 언론의 주목을 받았다. ¶우리 연극은 관객의 극중 참여율을 높이기 위해 기획되었다. ¶이 책은 성인들의 상상력을 발달시키려는 의도로 기획되었다. ¶우리 회사의 다이어트 식품은 20대 남녀를 위한 특별 상품으로 기획되었다.

기획하다

어원 企劃~ 활용 기획하여(기획해), 기획하니, 기획하고

타 (사람이) 어떤 일을 이루도록 계획하다. (of a person) Plan something to make it.

㊚꾸미다, 계획하다, 도모하다

N0-가 N1-를 N2-로 V (N0=[인간|단체] N1=[행사](전시회, 공연, 모임회의 따위), [방송물], [책], [음식], [단체] N2=[행사](전시회, 공연), [방송물], [책], [음식], [추상물])

피 기획되다

¶우리는 이번 행사를 특별전으로 기획했다. ¶나는 이번 전시회를 기획하면서 많은 사람들의 도움을 받았다. ¶우리 극단에서는 관객 참여 연극을 기획하였다. ¶그가 기획한 먹어도 살이 찌지 않는 빵은 큰 인기를 모았다. ¶그녀는 학생들에게 도움이 되고자 쉽게 쓴 참고서를 기획하였다.

긴장되다

어원 緊張~ 활용 긴장되어(긴장돼), 긴장되니, 긴장되고 대응 긴장이 되다

☞긴장하다

긴장하다

어원 緊張~ 활용 긴장하여(긴장해), 긴장하니, 긴장하고 대응 긴장을 하다

자 ❶(사람이나 신체의 일부가) 수축하거나 흥분 상태가 되다. (of a person or body part) Become constricted or excited condition.

㊚굳어지다, 뻣뻣해지다, 경직되다

N0-가 V (N0=[신체부위])

사 긴장시키다

¶스트레스를 받자 온몸의 신경이 긴장했다. ¶계속해서 잠을 자지 못해 온몸이 긴장했다.

❷(마음을) 편안히 풀지 않고 정신을 차리다. Have one's eyes wide open by not relaxing one's mind.

N0-가 V (N0=[인간], [마음])

사 긴장시키다

¶결전의 순간이 오자 내 마음은 긴장했다. ¶우리는 올해 목표 달성률을 점검하며 다시 긴장했다.

긷다

활용 길어, 길으니, 긷고, 긷는

타 ❶(우물 따위에서) 물을 바가지나 두레박 따위로 퍼 올리다. Pull up and contain water with a gourd, a bucket, etc., from a well, etc.

㊚푸다, 퍼올리다

N0-가 N1-를 V (N0=[인간] N1=[물](우물물, 샘물 따위))

¶나그네는 우물가에서 물을 긷고 있던 아낙네에게 길을 물었다. ¶옛날 사람들은 우물물을 길어다 밥을 지어 먹었다.

❷(샘이나 약수터 따위에서) 물을 통 따위에 퍼 담거나 받아 담다. Contain water in a bucket, etc., from a mineral spring, etc.

㊚푸다, 퍼담다

N0-가 N1-를 V (N0=[인간] N1=[물](약수물 따위))

¶아버지는 새벽마다 약수터에서 물을 길어 오셨다. ¶영희는 샘물을 길어다 밥을 지었다.

길다

활용 길어, 기니, 길고, 기는

자 (머리카락, 수염 따위가) 자라서 길게 되다.

(of hair, beard, etc.) Grow and become longer.
㊥길게 자라다
N0-가 V (N0=머리카락, 수염 따위)
¶나는 머리가 빨리 기는 편이다. ¶머리가 기니 여러 가지 불편한 점이 많다. ¶시험 공부를 하느라 면도를 며칠 하지 못했더니 수염이 꽤 길었다.

ㄱ

길들다
활용길들어, 길드니, 길들고, 길드는 대응길이 들다
자❶(동물이) 사람에게 익숙해져 잘 따르게 되다. (of an animal) Become familiar with and obedient to people.
㊥훈련되다, 훈련받다
N0-가 N1-에게 V (N0=[동물] N1=[인간|단체])
사길들이다
¶개는 인류사의 초기부터 사람에게 길들어 가축이 되었다. ¶사냥꾼들은 길든 매를 부려 사냥을 했다. ¶동물원의 동물들은 모두 야성을 잃고 사육사에게 길들어 있다.
❷(어떤 습관이나 생활환경에) 물들어 익숙해지다. Become influenced by and familiar with a certain habit or living environment.
㊥익숙해지다, 적응되다
N0-가 N1-에 V (N0=[인간|단체] N1=[추상물], [상태])
사길들이다
¶자극적인 음식 맛에 길들어 있으면 다양한 음식 맛을 즐기기 어렵다.
❸(도구 따위가) 오래 사용되어 부드러워지고 쓰기 편해지다. (of a tool, etc.) Become soft and easy to use due to a long period of utilization.
N0-가 V (N0=[사물])
사길들이다
¶자주 쓰다보니 만년필이 이제 길들었다. ¶이 공구함에 있는 도구들은 모두 오랫동안 써서 잘 길든 도구들이다.

길들이다
활용길들여, 길들이니, 길들이고 대응길을 들이다
타❶(동물을) 훈련시켜 사람을 잘 따르게 만들다. Train an animal and make it obedient to people.
㊥훈련시키다
N0-가 N1-를 V (N0=[인간|단체] N1=[동물])
주길들다
¶고대 이집트인들은 족제비를 길들여 애완동물로 길렀다. ¶말을 타고 다녔던 옛날에는 말을 길들이는 재주를 귀하게 여겼다. ¶개는 똑똑한 동물이어서 목적에 따라 여러 가지 방식으로 길들일 수 있다.
❷(다른 사람을) 특정한 습관이나 환경에 익숙해지도록 유도하다. Lead someone to become familiar with a certain habit or environment.
㊥적응시키다
N0-가 N1-를 N2-에 V (N0=[인간|단체] N1=[인간|단체] N2=[추상물], [상태])
주길들다
¶나는 친구들을 내 음식 맛에 길들여 놓았다. ¶천방지축인 녀석들이지만 규율에 길들이면 말을 잘 듣게 될 것이다.
❸(새로운 도구 따위를) 일부러 많이 사용하여 부드럽고 쓰기 편하게 만들다. Use a new tool, etc., excessively on purpose to make it soft and easy to use.
N0-가 N1-를 V (N0=[인간|단체] N1=[사물])
주길들다
¶새로 산 공구를 잘 길들이고 기름쳐서 보관하도록 해라. ¶관장은 체육관의 운동 기구들을 오랫동안 사용해 길들여 두었다. ¶나는 내가 길들인 붓으로 글씨를 써야 글씨가 잘 써진다.

길어지다
활용길어지니(길어져), 길어지니, 길어지고
자❶길이가 늘어나다. (of a length) Be extended.
㊥늘어나다 ㊦짧아지다, 줄어들다
N0-가 V (N0=[구체물], [길이])
¶저녁때가 되니 그림자의 길이가 길어졌다. ¶머리칼이 길어지니 사람들이 못 알아본다.
❷어떤 일을 하는 데 걸리는 시간이 늘어나다. (of an amount of time for doing something) Be extended.
㊥단축되다 ㊦길어지다, 늘어나다
N0-가 V (N0=[시간])
¶도로가 일부 파손되어 왕래하는 데 드는 시간이 많이 늘어났다. ¶햇빛을 쬐는 시간이 늘어나니 식물들이 튼튼해졌다.
◆ **해가 길어지다** 낮의 길이가 길어지다. Daytime gets longer.
㊦해가 짧아지다
Idm
¶여름이 되니 해가 길어졌다. ¶요즘은 해가 길어져서 저녁 8시가 넘어야 어두워진다.

김빠지다
활용김빠져, 김빠지니, 김빠지고 대응김이 빠지다 [구어]
자❶(술이나 탄산음료 따위가) 본래의 맛이나 향이 사라지다. (of liquor, carbonated beverage, etc.) Lose the original taste or scent.
N0-가 V (N0=[음료](맥주, 콜라, 사이다 따위))
¶맥주가 김빠져 맛없게 되었다. ¶내 친구는 김빠진 콜라도 좋아한다.
❷(사람이) 무엇에 대한 의욕이나 흥미 따위가

사라져 재미가 없게 되다. (of a person) Lose willpower or interest for something and no longer experience fun.
No-가 V (No=[인간])
¶나는 영화의 결말을 미리 알아버렸더니 김빠져서 보기가 싫다. ¶그는 아침부터 김빠진 나를 보고 무슨 일이 있냐고 물었다. ¶정혜는 콘서트에서 좋아하는 노래가 나오지 않아 김빠진 듯했다.

깁다
[활용]기워, 기우니, 깁고, 깁는
[타](옷이나 천 따위의 해어지거나 찢어진 곳을) 그냥 꿰매거나 천 조각을 대어 꿰매다. Sew up a worn-out or torn part of clothes or fabrics, sometimes with an added piece of cloth.
[유]꿰매다, 누비다
No-가 N1-를 V (No=[인간] N1=[착용물](양말, 치마, 저고리 따위), 헝겊 따위)
¶그녀는 찢어지고 해어진 치마를 버리지 않고 기워 입었다. ¶그는 헝겊을 조각조각 기워서 옷을 만들곤 했다.

깃들이다
[활용]깃들여, 깃들이니, 깃들이고
[자]❶(새가) 어떤 곳에 둥지를 만들고 머물러 살다. (of bird) Build a nest somewhere and live there.
No-가 N1-에 V (No=[새] N1=[장소])
¶이 숲에는 많은 새들이 깃들여 산다. ¶까마귀가 나무에 깃들여 있다. ¶이곳은 나무가 없어서 새가 깃들일 곳이 없다.
❷(사람이) 어떤 곳에 오래 머물러 살다. (of a person) Live at a place for a long time.
No-가 N1-에 V (No=[인간|단체] N1=[장소])
¶아버지께서는 평생을 이 마을에 깃들여 사셨다. ¶우리 가문은 수백 년 동안 이곳에 깃들여 살았다.

까다 I
[활용]까, 까니, 까고
[타]❶(사물의 표면을 덮고 있는) 껍질 따위를 벗기다. Remove the skin, etc., covering the surface of an object.
[유]벗기다
No-가 N1-를 V (No=[인간] N1=[사물])
[피]까지다I
¶나는 하루 종일 마늘 껍질을 깠다. ¶밤송이를 까다가 가시에 손을 찔렸다. ¶조개껍데기를 손으로 까자 속살이 드러났다.
❷옷을 벗어 속살을 드러내다. Take off one's clothes and bare one's body.
[유]벗다
No-가 N1-를 V (No=[인간] N1=[옷], [신체부위])
¶더운 여름날에 철수는 웃통을 까고 축구를 하고 있었다. ¶나는 바지를 까 내리고 의사에게 상처를 드러내 보였다. ¶병사 하나가 엉덩이를 까고 적군을 조롱하자 적이 분노하여 돌격해 왔다.
※ 속되게 쓰인다.
❸(술병 따위를) 마시기 위해 뚜껑을 열다. Open the lid of a liquor bottle, etc., in order to drink.
[유]따다, 열다
No-가 N1-를 V (No=[인간|단체] N1=[병], [술])
¶우리는 동창회에서 맥주를 까며 왁자지껄하게 놀았다. ¶아직 해가 지기도 전인데 우리는 벌써 소주 여러 병을 깠다.
※ 속되게 쓰인다.
❹(감추어졌던 것을) 뒤집거나 하여 드러내 보이다. Make something hidden visible by turning it over, etc.
No-가 N1-를 V (No=[인간|단체] N1=[사물])
¶어디 네가 가진 패를 까 보아라. ¶나는 기절한 철수의 눈꺼풀을 까고 눈에 불빛을 비추어 보았다.
※ 속되게 쓰인다.

까다 II
[활용]까, 까니, 까고
[타]❶(닭, 새 따위가) 알을 품어 알에서 새끼가 생겨 나오게 하다. (of a bird, etc.) Incubate an egg to give birth to a young.
[유]부화하다
No-가 N1-를 V (No=[새] N1=알, 새끼, 병아리 따위)
[사]깨다III[타]
¶우리 집 닭이 지난주에 병아리를 깠다. ¶오리가 물가에서 알을 깐 흔적이 있다. ¶새끼를 깐 새는 부지런히 새끼들에게 먹일 먹이를 구하러 다닌다.
❷(난생 동물의 새끼가) 알을 깨고 나오다. (of a young of an oviparous animal) Break and come out of an egg.
[유]부화하다
No-가 N1-를 V (No=[동물] N1=알, 알껍데기 따위)
¶유정란을 따뜻한 곳에 두면 병아리가 스스로 알을 까고 나온다. ¶오리 새끼가가 알을 까고 나오더니 금세 걸어 다니기 시작했다. ¶갓 알을 깐 바다거북의 새끼는 본능적으로 바다를 향해 기어간다.
❸(알을) 낳다. Give birth to an egg.
[유]낳다
No-가 N1-를 V (No=[동물] N1=알)
¶집에서 키우는 닭은 아무데나 알을 까 놓는 경우도 있다. ¶뻐꾸기는 다른 새의 둥지에 알을 몰래 까는 것으로 유명하다.

까다 III
[활용]까, 까니, 까고 【속어】
[타](셈을 하면서) 원래의 값에서 다른 어떤 값을

덜어내다. Count and take out a certain value from another value.
㊞빼다, 제하다
N0-가 N1-를 N2-에서 V (N0=[인간|단체] N1=[금전], [시간], [수량], [크기], [단위] N2=[금전], [시간], [수량], [크기], [단위])
피까지다II
¶오늘 회식비는 모아 둔 회비에서 까서 내는 것으로 하자. ¶세금을 비롯해서 각종 생활비를 까고 나니 월급을 받아도 남는 돈이 없다. ¶네 실수로 가게에 손해를 끼쳤으니 그만큼의 액수를 다음 달 월급에서 까겠다.

까다IV
활용까, 까니, 까고 【속어】
타❶(사람 몸의 단단한 부분을) 물체를 휘두르거나 발로 차거나 하여 때리다. Hit a solid part of the human body by swinging an object, kicking, etc.
㊞걷어차다
N0-가 N1-를 V (N0=[인간] N1=[신체부위])
피까이다
¶상사가 부하의 정강이를 까고 머리를 때렸다. ¶정신없이 싸우다 보니 철수가 돌로 불량배의 머리를 까고 있었다.
※ 속되게 쓰인다.
❷(다른 사람이나 단체를) 공개적으로 비난하다. Criticize another person or organization publicly.
N0-가 N1-를 V (N0=[인간] N1=[인간|단체])
피까이다
¶너무 까려고 하지만 말고 이야기를 끝까지 들어 봐라. ¶현주와 기영이는 만나면 항상 서로 흠을 잡아 까곤 한다.
※ 속되게 쓰인다.

까다V
활용까, 까니, 까고 【속어】
타(말을) 번드르르하게 하다. Talk in a bombastic manner.
N0-가 N1-를 N2-(에|에게) V (N0=[인간] N1=[소통](허풍, 사설 따위) N2=[인간|단체])
¶현주는 술자리에 둘러앉은 사람들에게 허풍을 깠다. ¶그는 순진한 친구를 상대로 어처구니 없는 이야기를 까고 있다. ¶너는 그 사이에 또 사설을 까기 시작한 것이냐?

까먹다
활용까먹어, 까먹으니, 까먹고
타❶(재물 따위를) 헛되이 없애다. Meaninglessly eliminate wealth, etc.
㊞날리다IV, 낭비하다, 소비하다
N0-가 N1-를 V (N0=[인간|단체] N1=[사물], [금전])
¶그는 사업에 실패하는 바람에 물려받은 재산을 다 까먹었다. ¶주식 가격이 계속 내려서 결국 본전까지 까먹게 생겼다. ¶장사 밑천을 하룻밤에 까먹었으니 이제 장차 어떻게 할 테냐?
❷(기억하고 있던 것을) 잊어버려 기억해 내지 못하다. Fail to remember something one originally took note of.
㊞잊다, 잊어먹다
N0-가 N1-를 V (N0=[인간|단체] N1=[사물], [추상물])
¶현주는 또 친구와의 약속을 까먹었다. ¶난 수학은 아무리 공부를 해도 배우자마자 까먹기가 일쑤다. ¶그는 자주 해야 할 일을 까먹곤 해서 메모하는 습관을 들였다.
N0-가 S것-을 V (N0=[인간|단체])
¶나는 시내에서 친구를 만나기로 한 것을 까먹었다. ¶그는 거래처 직원이 방문한다고 약속한 것을 까먹고 외출을 했다.

까무러치다
활용까무러치어(까무러쳐), 까무러치니, 까무러치고
자(어떤 현상이나 일로 충격을 받아) 얼마 동안 정신을 잃고 쓰러지다. Lose consciousness and collapse for some time.
㊞기절하다
N0-가 N1-(에|로) V (N0=[인간], [동물] N1=[사건], [현상], [질병])
¶나는 독사 출현에 까무러칠 뻔하였다. ¶우리는 갑작스러운 폭발로 까무러쳐 버렸다. ¶사냥개가 호랑이의 공격으로 까무러쳤다. ¶사냥꾼의 총성에 동물들이 까무러치는 듯했다.

까불다
활용까불어, 까부니, 까불고, 까부는 ㊞까부르다
자❶가볍고 조심성 없이 함부로 말하거나 행동하다. Speak or behave imprudently without care.
㊞나대다
N0-가 N1-에게 V (N0=[인간] N1=[인간])
¶철수는 사장님을 몰라보고 함부로 까불었다. ¶감히 어른들께 까불지 마라. ¶그는 선생님들께 곧잘 까불던 학생이었다.
❷자기 분수에 맞지 않게 함부로 행동하거나 처신하다. Act and behave thoughtlessly beyond any reasonable measure.
N0-가 V (N0=[인간])
¶그는 세상 무서운 줄 모르고 까불었다. ¶그는 부자 앞에서 돈을 자랑하며 까불다가 혼쭐이 났다. ¶직업도 없으면서 어찌 그리 까부는지 모르겠단 말야.
타❶(손이나 팔을) 위아래로 가볍고 빠르게 흔들

다. Wave arms or hands up and down, quickly and lightly.
㊅흔들다
No-가 N1-를 V (No=[인간] N1=[신체부위])
¶5살 난 아이가 손을 까불며 엄마를 오라고 하였다. ¶버스에서는 창밖으로 팔을 까불지 마라.
❷키나 바구니에 곡식을 담아 가볍게 흔들어 알곡을 가려내다. Shake grain in a winnowing basket to separate wheat from the chaff.
No-가 N1-를 V (No=[인간] N1=[곡식])
¶나는 키로 쌀을 까불었다. ¶보리를 까불어 돌을 골라내었다. ¶곡식을 다 까불었으면 씻어 두어라.

까지다 I
활용까지어(까져), 까지니, 까지고
자(껍질 따위의 사물의 표면을 덮고 있는 것이) 떼어 내어 떨어지게 하다. (of something that is covering an object's surface, such as skin, etc.) Be removed.
㊅벗겨지다
No-가 V (No=[사물])
능까다I
¶마늘은 살짝 열을 가하면 껍질이 잘 까진다. ¶거친 일을 하다가 손등의 살갗이 까져서 속의 붉은 살이 드러났다. ¶이 감자는 껍질이 까진 부분도 있고 안 까진 부분도 있어서 지저분하게 되었다.

까지다 II
활용까지어(까져), 까지니, 까지고
자(재산이) 줄어들어 없어지다. (of wealth) Be depleted.
No-가 V (No=[금전])
능까다III
¶그 많던 재산이 다 까져 없어졌다. ¶그나마 가지고 있던 돈이 도박 때문에 까지고 바닥을 드러냈다. ¶예산이 불필요한 곳에 까지지 않게 회계를 철저히 관리해야겠다.

까지다 III
활용까지어(까져), 까지니, 까지고 【속어】
자얄밉고 약삭빠르게 굴다. Act in a provoking, cunning manner.
No-가 V (No=[인간])
¶철수는 아주 까져서 못 하는 말이 없다. ¶까진 친구들이랑 어울리더니 너도 물들었구나. ¶그는 완전히 까진 녀석처럼 보이지만 은근히 진중한 구석이 있다.

깎다
활용깎아, 깎으니, 깎고
타❶(길고 가느다랗게 많이 난 것을) 잘라 내다. Cut out lots of long and thin things.
㊅잘라내다
No-가 N1-를 V (No=[인간] N1=[풀], [신체부위](머리, 수염, 손톱 따위))
피깎이다I 사깎이다II
¶그는 아침마다 수염을 깎는다. ¶그녀는 병이 든 사람처럼 머리를 빡빡 깎았다. ¶정원이 있는 사람은 늘 잔디를 깎는다.
❷(수량 따위를) 덜어서 줄게 하다. Take off and reduce a quantity, etc.
㊅할인하다
No-가 N1-를 V (No=[인간] N1=[수량], [값])
피깎이다I
¶그는 흥정을 하여 200원을 깎았다. ¶올해는 모든 부처가 예산을 깎았다. ¶떠드는 아이에게는 점수를 깎았다.
❸(사물의 표면을 칼 따위로) 얇게 베어 내다. Slice thinly the surface of an object with a knife, etc.
㊅벗겨내다
No-가 N1-를 V (No=[인간] N1=[사물])
피깎이다I
¶그는 한 번도 끊기지 않고 사과 껍질을 깎았다. ¶미술학도들은 데생을 하기 전 우선 연필을 깎는다. ¶목수가 칼로 모서리를 깎았다.
❹(무엇을) 완성하도록 모양을 내어 나듬다. Trim and complete something, giving it a shape.
㊅다듬다, 만들다타, 제작하다
No-가 N1-를 V (No=[인간], [사물])
¶한 노인이 방망이를 깎는다. ¶그는 오랜 세월 그릇을 깎았다. ¶목수는 장롱을 깎았다.
❺ (무엇을) 반듯한 모양으로 자르다. Cut something straight.
㊅잘라내다, 자르다
No-가 N1-를 V (No=[인간] N1=[자연현상], [장소])
피깎이다I
¶직원들이 산을 깎아 길을 냈다. ¶이곳에는 파도가 깎은 절벽이 있다.
❻(인성적 가치를) 떨어지게 하다. Degrade the value of personality.
No-가 N1-를 V (No=[인간] N1=[인성](명예 따위))
피깎이다I
¶그는 이번 일로 체면을 깎았다. ¶산업스파이들은 국가의 위신을 깎았다.

깎이다 I
활용깎여, 깎이니, 깎이고
자❶(어떤 물체가) 잘리거나 파이거나 쪼이다. (of some object) Be cut, dug, or picked.
㊅잘리다, 파이다, 쪼이다II
No-가 V (No=[사물])

ㄱ

능깎다
¶나무가 깎여 있다. ¶책상 모서리가 둥글게 잘 깎였다. ¶연필이 깎이면서 점점 뾰족해졌다. ¶오래 사용하면 쇠도 깎인다.
❷잘라내거나 파거나 쪼거나 하여 어떤 물체가 만들어지다. (of some object) Be formed by cutting, digging, or picking.
㊥제작되다, 다듬어지다
N0-가 V (N0=[사물], [자연물])
피깎이다
¶목각 인형이 잘 깎였다. ¶나사가 정밀하게 깎였다.
❸(계속 자라나는 대상이) 일정한 길이로 잘리다. (of a continuously growing object) Be cut to a certain length.
㊥잘리다, 잘려나가다
N0-가 V (N0=잔디, 머리카락, 손톱, 털 따위)
능깎다
¶잔디가 잘 깎였다. ¶손톱이 잘 안 깎인다.
❹(점수, 금액 따위가) 줄어들거나 낮아지다. (of a score or a sum) Diminish or be decreased.
㊥줄다, 줄어들다, 감소하다
N0-가 V (N0=[수], [값], [수량])
능깎다
¶이번 시험에서 점수가 깎였다. ¶나는 월급이 깎인 줄도 몰랐다.
❺(체면, 위신 따위가) 손상되어 떨어지다. (of dignity or decency) Decline.
㊥떨어지다
N1-가 N0-가 V (N0=[인성](체면 따위] N1=[인간|단체])
능깎다
¶사소한 실수로 나는 체면이 깎였다. ¶납품 날짜를 못 맞추어서 사장님은 위신이 깎였다. ¶계속되는 공직자 비리 사건으로 국가의 위신이 깎이고 있다.

깎이다Ⅱ

활용깎여, 깎이니, 깎이고
타(계속 자라나는 대상을) 다른 사람에게 일정한 길이로 자르게 하다. Make someone cut a continuously growing object to a certain length.
N0-가 N1-를 N2-에게 V (N0=[인간] N1=잔디, 머리카락, 손톱, 털 따위 N2=[인간])
주깎다
¶어머니께서는 잔디를 조경관리사에게 깎이기로 하셨다. ¶나는 업자에게 나무의 잔가지를 깎였다.

깔깔거리다

활용깔깔거리어(깔깔거려), 깔깔거리니, 깔깔거리고
자(사람이) 밝고 즐거운 목소리로 계속해서 소리 내어 웃다. (of a person) Laugh out loudly and continuously in a bright and pleasant voice.
N0-가 V (N0=[인간])
¶민지는 텔레비전을 보면서 깔깔거리며 웃어 댔다. ¶친구가 내 꼴을 보고 깔깔거렸다. ¶누구라도 그때 그를 보았다면 깔깔거렸을 것이다.

깔깔대다

활용깔깔대, 깔깔대니, 깔깔대고
☞깔깔거리다

깔다

활용깔아, 까니, 깔고, 까는
타❶(얇고 넓적한 물건 따위를) 땅이나 바닥에 펼쳐서 덮다. Cover by spreading thin and wide object on the ground or floor.
㊥펴다[1]타
N0-가 N1-를 N2-에 V (N0=[인간] N1=[사물](이불, 돗자리, 담요, 낙엽 따위) N2=[장소](바닥, 지면 따위))
피깔리다
¶동생이 바닥에 이불을 깔았다. ¶우리는 땅바닥에 돗자리를 깔았다. ¶어떤 노숙자는 상자를 깔고 그 위에 다시 신문지를 여러 겹으로 깔았다.
❷(주로 팔기 위하여 어떤 물건을) 일정한 공간에 펼쳐 늘어놓다. Spread some object on certain place to sell.
㊥늘어놓다
N0-가 N1-를 N2-에 V (N0=[인간] N1=[사물] N2=[장소](가판대, 좌판 따위))
피깔리다
¶상인은 각종 장신구를 좌판에 까셨다. ¶그는 가판대에 귀고리를 깔아 놓고 손님을 모았다.
❸(사람을) 일정한 장소에 있게 하다. Allocate someone at a certain place.
㊥배치하다, 배치시키다
N0-가 N1-를 N2-에 V (N0=[인간|단체] N1=[인간] N2=[장소], [지역])
피깔리다 연어쫙
¶검찰은 이 지역에 형사들을 쫙 깔았다. ¶아군은 적진에 정찰병들을 깔아 두었다. ¶음주 운전 단속을 위해 경찰은 교통경찰을 주요 도로에 깔아 두었다.
❹(나중에 도움을 받거나 활용할 목적으로) 돈이나 상품 따위를 여러 사람이나 상점 따위에 나누어 주다. Give out money or product to many people or stores to get help later or to take advantage of.
㊥돌리다, 뿌리다타, 나눠주다
N0-가 N1-를 N2-(에|에게) V (N0=[인간|단체] N1=[돈], [구체물](상품 따위) N2=[장소], [인간|단체])
피깔리다
¶우리 회사는 대형 마트 화장품 코너에 신제품을

쫙 깔기로 했다. ¶일부 출판사는 대형 서점에 신간을 깔아서 홍보 효과를 높이고 있다.
❺(어떤 재료를) 일정한 장소에 설치하거나 설비하다. Install or equip some material at certain place.
㊌시설하다, 시공하다
N0-가 N1-를 N2-에 V ↔ N0-가 N2-를 N1-로 V (N0=[인간|단체] N1=[재료](자갈, 아스팔트 따위) N2=[길], [지역](마을 따위), [장소](바닥, 마당, 정원 따위))
피깔리다
¶아버지께서는 뒷마당에 자갈을 까셨다. ↔ 아버지께서는 뒷마당을 자갈로 까셨다. ¶우리는 목욕탕에 대리석을 깔았다. ↔ 우리는 목욕탕을 대리석으로 깔았다.
❻(프로그램을) 컴퓨터 따위의 기기에 사용할 수 있도록 준비시키다. Install a program on computer.
㊌설치하다
N0-가 N1-를 N2-에 V (N0=[인간] N1=[소프트웨어](프로그램, 백신, 애플리케이션 따위) N2=[기기](컴퓨터, 노트북, 스마트폰, 전화기 따위), 바탕화면, 드라이브 따위)
피깔리다
¶나는 컴퓨터에 주식 프로그램을 깔았다. ¶나는 전화기에 지도 앱을 깔았다.
❼(어떤 물건을) 다른 물건에 눌리도록 아래에 두다. Place some object under different object.
N0-가 N1-를 V (N0=[인간], [교통기관] N1=[사물], [인간], [신체부위])
피깔리다
¶동생이 가방을 깔고 앉았다. ¶형이 동생을 깔고 누웠다.
❽(몸의 일부를) 바닥에 붙여서 대다. Put a body part on a floor.
㊌대다, 붙이다
N0-가 N1-를 N2-에 V (N0=[인간] N1=[신체부위](배, 등 따위) N2=[장소](바닥, 지면 따위))
¶나는 방바닥에 배를 깔고 누웠다. ¶나는 뜨끈한 전기장판에 등을 깔고 누웠다. ¶집에서 배를 깔고 누워서 쉬면 원이 없겠다.
❾(눈이나 시선을) 아래로 향하다. (of one's eyes) Look towards the bottom.
㊌내리다
N0-가 N1-를 V (N0=[인간] N1=눈, 시선 따위)
¶나는 눈을 깔고 그를 바라보지 않았다. ¶아버지께 혼나는 동안 동생은 줄곧 눈을 깔고 있었다. ¶눈이 마주치지 않도록 나는 시선을 바닥으로 깔았다.
❿(목소리 따위를) 낮고 굵게 내다. Make a voice in low and thick tone.
N0-가 N1-를 V (N0=[인간] N1=목소리, 톤 따위)
¶그는 목소리를 깔고 근엄하게 말했다. ¶그 남자는 멋있게 보이려고 목소리를 너무 깔더라.
⓫(어떤 생각을) 주장 또는 설명의 전제나 바탕으로 삼아 제시하다. Make some thought as premise or foundation of explanation or opinion.
N0-가 N1-를 N2-(로|에) V (N0=[소통], [텍스트], [예술] N1=[사조], [이론] N2=전제, 바탕, 배경 따위)
피깔리다
¶너의 주장은 유학 사상을 전제로 깔고 있다. ¶대중적인 영화는 상업주의를 바탕에 깔고 제작된다.
⓬(어떤 배경 효과를 내기 위하여) 노래나 음향 따위를 작고 잔잔하게 틀다. Turn on a song to make some background effect.
N0-가 N1-를 N2-(로|에) V (N0=[인간] N1=[소리], [음악] N2=[소리](배경 음악, 효과음 따위))
피깔리다
¶무대 감독이 귀신 소리를 효과음으로 깔았다. ¶카페 사장은 클래식을 배경음으로 깔았다.

깔리다

활용깔리어(깔려), 깔리니, 깔리고
자❶(얇고 넓직한 물건 따위가) 땅이나 바닥에 펼쳐져 늘어 놓이다. (of a thin and wide object) Be placed by spreading on ground or floor.
㊌덮이다
N0-가 N1-에 V (N0=[사물](이불, 돗자리, 담요, 낙엽 따위) N1=[장소](바닥, 지면 따위))
능깔다
¶방바닥에는 이미 이불이 가지런히 깔려 있었다. ¶그 집은 정말 추워서 방에는 늘 이불이 깔려 있었다. ¶마당에는 낙엽이 넓게 깔려 있었다.
❷(주로 팔기 위하여 어떤 물건이) 일정한 공간에 펼쳐져 놓이다. (of some object) Be placed by spreading on a certain place to sell.
㊌놓이다
N0-가 N1-에 V (N0=[사물] N1=[장소](가판대, 좌판 따위))
능깔다
¶장신구들이 가판대에 깔려 있다. ¶각양각색의 목걸이들이 진열대에 깔려 있었다. ¶가판대에 깔린 상품들이 꽤 쓸 만해 보인다.
❸(사람이) 일정한 장소에 있게 되다. (of a person) Be arranged on certain place.
㊌배치되다
N0-가 N1-에 V (N0=[인간] N1=[장소], [지역])
능깔다

ㄱ

연어 쫙
¶도로마다 경찰들이 깔려 있다. ¶여기저기 불량배가 깔려서 나다니기가 무섭다.
❹(여기저기) 무질서하게 많이 널려 있다. Be disorderly scattered all over.
㊌널리다
No-가 N1-에 V (No=[사물] N1=[장소], [지역])
¶길거리에 돌멩이가 깔렸다. ¶우리 동네에는 개나리가 깔렸다. ¶가을도 다 가고 골목에는 낙엽이 무성하게 깔렸다. ¶장난감들이 방안에 깔려 있어서 발 디딜 곳이 없을 정도잖아!
❺(어떤 재료가) 일정한 장소에 설치되거나 설비되다. (of some material) Be installed or equipped at certain place.
No-가 N1-에 V ↔ N1-가 No-로 V (No=[길], [지역](마을 따위), [장소](마당, 정원 따위) N1=[사물](자갈, 아스팔트 따위))
능 깔다
¶아스팔트가 아파트 진입로에 깔렸다. ↔ 아파트 진입로가 아스팔트로 깔렸다.
❻(프로그램이) 컴퓨터 따위의 기기에 사용될 수 있도록 준비되다. (of a program) Be installed on a computer.
㊌설치되다
No-가 N1-에 V (No=[소프트웨어](프로그램, 애플리케이션 따위) N1=[기기](컴퓨터, 스마트폰 따위), 바탕화면, 드라이브 따위)
능 깔다
¶바탕화면에 너무 여러 프로그램이 깔려 있다. ¶장치 드라이브를 깔아야 하는데 무슨 이유에선지 잘 안 깔린다.
❼(어떤 물건이) 다른 물건의 아래에 놓여 눌리다. (of some object) Be squashed by placing under different object.
No-가 N1-에 V (No=[구체물] N1=[구체물], [신체부위])
능 깔다
¶사람들이 흙더미에 깔렸다. ¶사고를 당한 인부의 발이 여전히 기계에 깔려 있는 상태다. ¶우리 집이 산사태로 흙더미에 깔렸다.
No-가 N1-에게 V (No=[구체물] N1=[인간])
능 깔다
¶새 가방이 친구에게 깔려서 더러워졌다. ¶그는 사람들에게 깔렸다가 구조되었다.
❽(현상, 생각 따위가) 널리 퍼지다. (of a phenomenon or thought) Widely spread.
No-가 N1-에 V (No=[소리], [음악], [사조], 소문 따위 N1=[장소], [지역], [마음])
¶잔잔한 음악이 실내에 깔리고 있다. ¶침묵이 주변에 깔리면서 분위기가 어색해졌다. ¶마을 사람들에게 우리에 대한 이상한 소문이 깔려 있었다.
❾(어떤 생각 따위가) 다른 주장, 설명 따위에서 바탕으로 삼아 제시되다. (of some thought) Become a foundation from a different opinion or explanation.
㊌전제되다
No-가 N1-에 V (No=[사조], [이론] N1=[추상물](설명, 주장 따위), [소통], [텍스트], [예술])
능 깔다
¶정체불명의 이론이 그 설명에 깔려 있다. ¶그 작품에는 허무주의가 깔려 있다. ¶그의 주장에는 위험한 전제가 깔려 있는 것이 사실이다.

깔보다

활용 깔보아(깔봐), 깔보니, 깔보고
타 (사람을) 자기보다 못하게 여겨 얕잡아 보거나 무시하다. Look down upon or ignore person.
㊌얕잡아 보다, 무시하다
No-가 N1-를 V (No=[인간|단체] N1=[인간|단체])
피 깔보이다
¶그들은 내 꿈을 듣고는 나를 마구 깔보았다. ¶그는 그녀를 학생이라고 무시하고 깔보다가 망신을 당했다. ¶나이가 들었다고 젊은이를 깔보아서야 되겠는가.

깔보이다

활용 깔보여, 깔보이니, 깔보이고
자 (사람이) 다른 사람에게 얕잡아 보이거나 무시당하다. (of a person) Be looked down upon or ignored by someone else.
㊌무시당하다, 멸시당하다
No-가 N1-에게 V (No=[인간|단체] N1=[인간|단체])
능 깔보다
¶나는 출신 학교 때문에 그들에게 깔보였다. ¶그는 학생이라고 주변 사람들에게 깔보였다.

깜박거리다

활용 깜박거리어(깜박거려), 깜박거리니, 깜박거리고
☞깜박이다

깜박대다

활용 깜박대, 깜박대니, 깜박대고
☞깜박이다

깜박이다

활용 깜박여, 깜박이니, 깜박이고
자 ❶(불빛이나 별빛 따위가) 순간적으로 어두워지거나 밝아지기를 번갈아 하면서 비치다. (of a light or starlight) Shine or burn unsteadily, alternating between darkness and brightness in a fitful fashion.
㊌깜박거리다, 깜박대다
No-가 V (No=[빛])
¶아침부터 저 차의 비상등이 계속 깜박이고 있다.

¶이 버튼을 누르면 연두색 불이 깜박이며 렌즈가 튀어나온다. ¶시골이라 별이 바람에 스쳐 깜박이는 모습이 잘 보인다.
❷눈이 순간적으로 감겼다 열렸다 하다. Shut and open the eyes momentarily.
[유]깜박거리다, 깜박대다
N_0-가 V (N_0=눈)
¶빛을 받아 눈이 저절로 깜박였다. ¶아이의 깜박이는 눈이 영롱하게 빛났다.
[타]❶(빛이나 전등을) 순간적으로 껐다가 켰다가 하면서 번갈아 비추다. Shine a light by manipulating a light or lamp in such a way as to alternate between darkness and brightness momentarily.
N_0-가 N_1-를 V (N_0=[인간|교통기관] N_1=[빛])
[능]깜박거리다, 깜박대다
¶그는 비상등을 깜박이며 나에게 사과의 표시를 했다. ¶밝은 등을 단 자전거들이 불을 깜박이며 도로를 달리고 있다. ¶인공위성이 빛을 깜박이며 하늘을 돌고 있다.
❷눈을 순간적으로 번갈아가면서 감았다가 떴다가 하다. Shut and open the eyes momentarily.
[유]깜박거리다, 깜박대다
N_0-가 N_1-를 V (N_0=[인간|동물])
¶우리들은 선생님의 이야기를 들으며 호기심 어린 눈을 깜박였다. ¶의식을 잃고 내내 누워만 있던 그녀가 드디어 눈을 깜박였다. ¶태어난 지 일주일쯤 되는 강아지가 드디어 눈을 깜박였다.

깜박하다

[활용]깜박하여(깜박해), 깜박하니, 깜박하고
[자]❶(불빛이나 별빛 따위가) 순간적으로 어두워지거나 밝아지기를 번갈아 하면서 비치다. (of a light or starlight) Shine or burn unsteadily, alternating between darkness and brightness in a fitful fashion.
N_0-가 V (N_0=[빛])
¶형광등이 계속 깜박한다. ¶불빛이 깜박하더니 이내 꺼지고 말았다. ¶밤하늘에는 깜박하는 별들이 가득했다.
❷눈이 순간적으로 감겼다 열렸다 하다. Shut and open the eyes momentarily.
N_0-가 V (N_0=눈)
¶솔깃한 제안을 들은 그의 눈이 깜박했다. ¶깜박하는 눈만 봐서는 무슨 생각인지 알 수가 없었다. ¶눈이 깜박하는 것을 보니 다른 꿍꿍이가 있는 것 같다.
❸잠시 동안 의식을 잃다. Lose one's consciousness temporarily.
[유]기절하다, 정신을 잃다
N_0-가 V (N_0=[인간])
¶그는 충격으로 인해 순간적으로 깜박했다. ¶깜박하고 버스에서 내릴 곳을 놓쳤다. ¶깜박하다가는 그를 놓치고 말겠다.
[타]❶(빛이나 전등을) 순간적으로 껐다가 켰다가 하면서 번갈아 비추다. Shine a light by manipulating a light or lamp in such a way as to alternate between darkness and brightness momentarily.
N_0-가 N_1-를 V (N_0=[인간|교통기관] N_1=[빛])
¶경비원이 순찰을 돌며 손전등을 깜박했다. ¶비행기가 빛을 깜박하며 하늘을 날고 있다. ¶그는 조명을 깜박하면서 무대를 점검하였다.
❷눈을 순간적으로 번갈아가면서 감았다가 떴다가 하다. Shut and open the eyes momentarily.
N_0-가 N_1-를 V (N_0=[인간|동물])
¶그는 자기도 모르게 눈을 깜박했다. ¶나는 엄마의 이야기에 눈을 깜박할 뿐이었다. ¶혜연이는 눈을 깜박하지도 않고 그 소식을 들었다.
❸기억을 계속 유지하지 못하고 일시적으로 잊어버리다. Fail to remember something.
[유]잊다, 잊어먹다
N_0-가 N_1-를 V (N_0=[인간] N_1=[사물], [기념일|명절], [범위])
¶남편은 그만 결혼기념일을 깜박하고 말았다. ¶깜박할 게 따로 있지, 시험 범위를 잊었단 말야? ¶교과서를 깜박하고 나온 것을 이제야 알았다.

깜빡거리다

[활용]깜빡거리어(깜빡거려), 깜빡거리니, 깜빡거리고
[자]❶(빛이) 반복적으로 어두워졌다가 밝아졌다가 하다. (of light) Repeatedly become bright and dark.
N_0-가 V (N_0=[빛], [기기](조명, 등 따위))
¶멀리서 불빛이 깜빡거린다. ¶형광등이 왜 자꾸 깜빡거리지? ¶고장이 났는지 신호등이 깜빡거렸다.
❷(생각이나 기억 따위가) 머릿속에 떠올랐다가 사라졌다가 하다. (of thought or memory) Enter one's mind, and then disappear.
N_0-가 N_1-이 V (N_0=[인간] N_1=[의견](정신, 생각, 기억 따위))
¶요즘 들어서 나는 정신이 깜빡거린다. ¶아버지는 기억이 깜빡거리시나 봐요. ¶치매에 걸린 이후로 할머니는 기억이 깜빡거리세요.
❸(눈, 눈꺼풀 따위가) 감겼다가 떠졌다가 하다. (of the eye or eyelid) Open and then close.
N_0-는 N_1-이 V (N_0=[인간], [동물] N_1=눈, 눈꺼풀)
¶잠이 오는지 동생은 눈이 깜빡거린다. ¶햇살이 따뜻해서 잠이 오는지 강아지들은 눈이 깜빡거렸다. ¶아기는 눈을 깜빡거리며 나를 쳐다보

ㄱ

았다.
타❶(등이나 조명 따위를) 반복적으로 껐다가 켰다가 하다. Repeatedly turn on and off the light or lamp.
N0-가 N1-를 V (N0=[인간] N1=[빛], [기기](조명, 등 따위))
¶누가 불빛을 깜빡거리고 있었다. ¶나는 비상등을 깜빡거려서 미안하다고 신호했다. ¶경찰들이 안내등을 깜빡거리면서 수신호를 하고 있다.
❷(눈, 눈꺼풀을) 반복해서 감았다 떴다 하다. Repeatedly open and close an eye or an eyelid.
N0-가 N1-를 V (N0=[인간], [동물] N1=눈, 눈꺼풀)
¶잠이 오는지 동생은 눈을 깜빡거린다. ¶햇살이 따뜻해서 잠이 오는지 강아지들은 눈을 깜빡거리고 있었다.

깨다 I

활용 깨어(깨), 깨니, 깨고
자(생각이나 의식이) 제대로 생각하여 깨달을 수 있게 되다. (of a person) Be able to realize by properly thinking with the mind or consciousness.
㊎열리다, 개화되다
N0-가 V (N0=[의견](생각 따위), [사조])
사 깨우다
¶그는 어려운 환경에서 자랐는데도 생각이 깨었다. ¶이곳에는 의식이 깨어 있는 젊은이들이 많다.
자타 졸음이나 술기운과 같은 기운이 사라져 정신이 맑아지다. (of a person's mind) Become clear after sleepiness, intoxication, etc., disappears.
㊥취하다
N0-가 N1-에서 V ↔ N0-가 N1-를 V (N0=[인간] N1=[술], [신체상태](잠, 마취 따위))
사 깨우다
¶나는 시끄러운 소리에 잠에서 깼다. ↔ 나는 시끄러운 소리에 잠을 깼다. ¶환자는 수술이 끝나고 한참 뒤에야 마취에서 깼다.

깨다 II

활용 깨어(깨), 깨니, 깨고
타❶(단단한 물체를) 때려서 조각이 나게 부수다. Smash something until it shatters by hitting a solid object.
㊎깨뜨리다, 깨트리다, 부수다, 파손하다
N0-가 N1-를 V (N0=[인간] N1=[고체](얼음, 유리, 도자기 따위))
피 깨지다
¶낚시꾼들은 빙어를 잡기 위해 얼음을 깼다. ¶장인은 마음에 들지 않으면 완성된 도자기도 가차없이 깬다. ¶아이들이 공놀이를 하다가 그만 유리를 깼다.
❷(기존의 생각이나 관습을) 강하게 반대하여 없어지게 만들다. Make an existing thought or custom disappear by strongly opposing.
㊎깨뜨리다, 깨트리다, 없애다, 타파하다
N0-가 N1-를 V (N0=[인간], [추상물](영화, 요리법 따위) N1=[관습], [텍스트], [의견], [사조])
피 깨지다
¶창의적인 사람이 될 수 있도록 고정 관념을 깨자. ¶그녀는 여자는 비행사가 될 수 없다는 통념을 깼다.
❸ (앞선 분위기나 상태를) 갑자기 바꾸다. Suddenly change a preceding atmosphere or situation.
㊎깨뜨리다, 깨트리다, 바꾸다
N0-가 N1-를 V (N0=[인간] N1=[상황](분위기 따위), [상태](침묵 따위))
피 깨지다
¶그는 실없는 농담을 해서 분위기를 깼다. ¶선생님께서 침묵을 깨고 먼저 입을 여셨다.
❹(약속이나 계약을) 지키지 않거나 도중에 실행하기를 그만두다. Not keep a promise or a contract or stop carrying something out in the middle of the process.
㊎깨뜨리다, 깨트리다, 어기다, 그만두다
N0-가 N1-를 V (N0=[인간] N1=[대화](약속 따위))
피 깨지다
¶나는 병원비를 대기 위해 도중에 적금을 깼다. ¶그는 자꾸만 동기들과 한 약속을 깬다. ¶우리 부부는 매달 내는 돈이 버거워 보험을 깼다.
❺(어려운 장애나 한계를) 극복하거나 무너뜨리다. Flourish or win despite major obstacle or limitation.
㊎깨뜨리다, 깨트리다, 극복하다
N0-가 N1-를 V (N0=[인간] N1=[장애](벽 따위), [결과](기록 따위))
피 깨지다
¶김 선수는 올림픽에서 자신의 신기록을 다시 깼다. ¶그는 장애의 벽을 깨고 대회에서 우승을 했다. ¶그 남자는 의사소통의 한계를 깨고 미국에서 성공했다.
❻(몸의 일부를) 맞거나 부딪쳐 상처를 입다. Get hurt by getting hit in the body part or crashing.
㊎다치다 타, 상처입다
N0-가 N1-를 V (N0=[인간] N1=[신체부위])
피 깨지다
¶아이가 계단에서 굴러 무릎을 깼다. ¶나는 그만 전봇대에 부딪혀 머리를 깼다. ¶전쟁터의 많은 군인들이 개머리판에 얻어맞아 머리통을 깼다.

깨다 III

활용 깨어(깨), 깨니, 깨고

자 (짐승의 새끼가 알에서 생겨나) 알에서 밖으로 나오다. (of an animal's baby) Come out of the shell.

유 부화하다

N0-가 N1-에서 V (N0=[동물] N1=알, 달걀 따위)

¶어미 닭이 품고 있던 알에서 병아리들이 깼다. ¶카메라에 잡힌 알에서 새끼 뱀이 하나둘 깼다. ¶이맘때면 올빼미 알에서 올빼미 새끼들이 깬다.

타 (사람이 새에게) 알을 품게 하여 알에서 새끼가 생겨 밖으로 나오게 하다. (of a person) Make a baby come out by having a bird incubate an egg.

유 부화시키다

N0-가 N2-에게 N1-를 V (N0=[인간] N1=알 N2=[동물])

주 까다II

¶목장 주인이 어미 닭에게 알을 깼다. ¶부인들은 집에서 부업으로 오리에게 알을 깼다.

깨닫다

활용 깨달아, 깨달으니, 깨닫고

타 ❶(이치나 진리를) 혼자 힘으로 이해하여 밝히 알게 되다. Get to know reason or truth by understanding with one's ability.

유 각성하다

N0-가 N1-를 V (N0=[인간] N1=[앎](진리 따위))

¶승려는 오랜 수행 끝에 진리를 깨달았다. ¶한 분야에 오래 종사한 사람은 매일 다루는 대상의 원리를 깨닫게 된다.

❷(어떠한 사실이나 느낌을) 모르는 상태에 있다가 알게 되다. Get to know some truth or feeling from an unknown state.

유 각성하다, 알다타

N0-가 N1-를 V (N0=[인간] N1=[추상물], [상태], 잘못 따위)

¶담당자는 뒤늦게 사태의 심각성을 깨달았다. ¶그는 지적을 당하고서야 잘못을 깨달았다.

N0-가 S것-을 V (N0=[인간])

¶그는 사람들의 표정을 보고 자신의 거짓말이 들킨 것을 깨달았다. ¶나는 그림자를 보고 정오가 되었다는 것을 깨달았다.

깨뜨리다

활용 깨뜨리어(깨뜨려), 깨뜨리니, 깨뜨리고

타 ❶(단단한 물건을) 여러 조각이 나게 부수다. Smash a solid object until it shatters.

유 깨다II, 깨트리다, 산산조각내다, 파손하다

N0-가 N1-를 V (N0=[인간] N1=[고체](유리창, 그릇, 액자 따위))

피 깨지다

¶아이들이 야구를 하다가 유리창을 깨뜨렸다. ¶나는 설거지를 하다가 그릇을 깨뜨렸다.

❷(이전에 한 약속이나 관습 따위를) 부인하여 무효가 되거나 영향력이 없어지도록 만들다. Become ineffective, deny a previous promise, custom, etc., or make a leverage disappear.

유 깨다II, 깨트리다, 어기다

N0-가 N1-를 V (N0=[인간] N1=[대화](약속 따위), [관습])

피 깨지다

¶그가 납부 기일을 지키지 않고 계약을 깨뜨렸다. ¶아버지는 결국 집에 돌아오지 못하시고 우리와의 약속을 깨뜨리셨다. ¶이 여인이 처음으로 우리 사회의 억압적인 관습을 깨뜨렸다.

❸(이전의 분위기나 상태를) 갑자기 변화시키다. Suddenly change a previous atmosphere or situation.

유 깨다II, 깨트리다, 바꾸다

N0-가 N1-를 V (N0=[인간], [추상물](소리 따위) N1=[상황](분위기 따위), [상태](침묵 따위))

피 깨지다

¶그가 농담을 던져 좌중의 침묵을 깨뜨렸다. ¶바람잡이가 과격한 발언을 하여 화기애애하던 분위기를 깨뜨렸다. ¶갑자기 화면에서 빨갛고 노란 색색의 빛이 나와 은은하던 상태를 깨뜨렸다.

❹(어려운 장벽이나 기록 따위를) 극복하거나 무너뜨리다. Flourish or win despite major obstacle, past records, etc.

유 깨다II, 깨트리다, 극복하다

N0-가 N1-를 V (N0=[인간] N1=[장애], [결과](기록 따위))

¶김연아 선수는 여자 피겨 종목에서 세계 신기록을 깨뜨렸다. ¶손 사장은 차별의 벽을 깨뜨리고 이민자 사회에서 성공했다. ¶그녀는 언어의 벽을 깨뜨리고 해외에서 사장의 자리에까지 올랐다.

깨물다

활용 깨물어, 깨무니, 깨물고, 깨무는

타 ❶(사람이나 동물이) 아랫니와 윗니를 맞닿게 하다. (of a person or an animal) Make the upper teeth and lower teeth touch each other.

유 악물다, 물다

N0-가 N1-를 V (N0=[인간] N1=[신체부위](이 따위))

연어 꽉

¶나는 억울한 마음을 감추려고 어금니를 깨물었다. ¶그는 분노로 이를 꽉 깨물었다.

❷(사람이나 동물이) 아랫니와 윗니 사이에 있는 것을 힘주어 눌리도록 하다. (of a person or an animal) Press something by force using the

upper and lower teeth.
㊌악물다, 물다
N0-가 N1-를 V (N0=[인간] N1=[사물])
연어 꽉, 지그시
¶그는 급하게 말하다가 혀를 깨물었다. ¶그는 긴장해 입술을 깨물었다. ¶병사는 고통을 참기 위해 수건을 꽉 깨물었다.
❸(감정이나 말, 웃음, 눈물 따위를) 꾹 눌러 참다. Suppress feeling, words, laughter, or tears.
㊌참다
N0-가 N1-를 V (N0=[인간] N1=웃음, 울음 따위, [감정], [말])
¶그는 옛날에 입었던 촌스러운 옷을 보며 웃음을 깨물었다. ¶우리 가족은 눈물을 깨물며 동생의 마지막 길을 배웅했다. ¶회의가 너무나 지루해 여러 사람이 하품을 깨물었다.

깨부수다

활용 깨부수어(깨부숴), 깨부수니, 깨부수고
타 ❶(단단한 물건을) 깨어서 여러 조각으로 부서지게 만들다. Make a solid object shatter into pieces.
㊌부수다, 파손하다, 산산조각내다
N0-가 N1-를 V (N0=[인간] N1=[사물])
¶할아버지는 망치로 잘 구워지지 않은 도자기를 깨부수셨다. ¶독일 시민들은 두 지역을 가로막고 있던 벽을 깨부수기 시작했다. ¶낚시꾼들은 송곳으로 두꺼운 얼음을 깨부쉈다.
❷(기존의 생각이나 사상을) 잘못된 부분을 밝히 드러내어 그 영향력을 없애다. Eliminate leverage by revealing a wrong part from a previous thought or idea.
N0-가 N1-를 V (N0=[인간] N1=[관습], [앎], [추상물])
¶그는 진실은 밝히고 거짓은 깨부숴야 한다고 주장했다. ¶네가 사회에 나가 지도자가 되려면 여자는 살림이나 해야 된다는 고정관념을 깨부수어야 한다.

깨어나다

활용 깨어나, 깨어나니, 깨어나고 【구어】 ㊟ 깨나다
자 ❶(사람이나 동물이) 수면 상태에서 정상적인 상태로 돌아오다. (of a person or animal) Return to normal state from sleeping state.
㊌깨다, 일어나다 ㊞자다, 잠들다
N0-가 N1-에서 V (N0=[인간], [동물] N1=꿈, 잠, 졸음 따위)
¶나는 아직도 꿈에서 완전히 깨어나지 못했다. ¶오랜만에 듣는 빗소리에 잠에서 깨어났다. ¶개구리가 긴 겨울잠에서 깨어났다.
❷(사람이) 어떤 꿈이나 생각, 환상 따위에서 벗어나 제정신으로 돌아오다. (of a person) Return to normal psychological state by getting out of certain dream, thought, or imagination.
㊌깨다
N0-가 N1-에서 V (N0=[인간] N1=꿈, 생각, 환상 따위)
¶이제는 꿈에서 깨어나 현실로 돌아올 때이다. ¶우리는 대박의 환상에서 깨어나야 합니다.
❸(사람이나 동물이) 의식을 잃었던 상태에서 의식을 되찾다. (of a person or animal) Recover consciousness from unconscious state.
㊌각성되다
N0-가 N1-에서 V (N0=[인간], [동물] N1=[신체상태])
¶나는 마취에서 깨어나 눈을 떴다. ¶그는 오랫동안 뇌사 상태에서 깨어나지 못했다.
❹(자연물이나 사물이) 본래의 색이나 기능을 찾아가다. (of a natural object or an item) Recover its original color or function.
㊌깨다, 활동하다
N0-가 V (N0=[자연물](대지, 나무 따위) N1=잠, 꿈 따위)
¶아침이 되면 대지가 잠에서 깨어나기 시작한다. ¶땅 위의 모든 것들은 아침이면 깨어난다.
❺(어떤 생명체가) 알 따위에서 태어나다. (of an organism) Be born from an egg.
㊌태어나다
N0-가 N1-에서 V (N0=[동물] N1=알 따위)
¶아기새는 알에서 깨어나자마자 날개짓을 하였다. ¶드디어 병아리가 알에서 깨어났다.
❻(사회나 생활 따위가) 무지한 상태에서 발달한 상태로 변하다. (of a society or life) Change from unenlightened state to developed state.
㊌각성하다자, 개화되다
N0-가 V (N0=[인간|단체])
¶경쟁력을 키우기 위해서는 여성이 깨어나야 한다. ¶우리나라는 신년을 맞아 다시 깨어나 힘차게 용솟음쳐야 할 것이다.

깨어지다

활용 깨어지어(깨져), 깨어지니, 깨어지고
☞깨지다

깨우다

활용 깨우어(깨워), 깨우니, 깨우고
타 ❶(사람이나 물체, 행위가) 사람의 졸음이나 술기운과 같은 기운을 사라지게 하여 정신을 맑게 만들다. (of person, object, or behavior) Make someone have a clear mind by eliminating someone's sleepiness or intoxication.
N0-가 N1-를 V (N0=[인간], [사물], [추상물](소리 따위), [상태](싸움 따위) N1=[술], [신체상태](잠, 미취 따위))

[주]깨다
¶밖에서 자꾸만 느껴지는 인기척이 아이들의 잠을 깨웠다. ¶팔에서 느껴지는 강한 통증이 그의 마취 상태를 깨웠다. ¶알람 소리가 단잠을 깨웠다.
❷(사람이) 다른 사람의 생각이나 의식을 바르게 하여 깨닫게 하다. (of a person) Make someone gather his/her thoughts and become aware of the situation.
[유]각성시키다
N0-가 N1-를 V (N0=[인간] N1=[의견](생각 따위), [상태](의식 따위))
[주]깨다
¶그는 앞장서서 싸움으로써 다른 사람들의 양심을 깨웠다. ¶선생님께서는 학생들의 굳어 버린 상상력을 깨우셨다.

깨우치다

[활용]깨우치어(깨우쳐), 깨우치니, 깨우치고
[타](무엇을) 깨달아 알다. Become aware of something.
N0-가 N1-를 V (N0=[인간] N1=[앎](이치, 오류 따위), [문자])
¶그는 누가 가르쳐 주지 않았는데도 단숨에 이 문제의 오류를 깨우쳤다. ¶아들은 일찍 한글을 깨우쳤다. ¶존경받는 종교 지도자인 그는 오랜 수행을 통해 이치를 깨우쳤다고 한다.
N0-가 S것-을 V (N0=[인간])
¶그는 사람들이 모두 서로를 도우며 살아야 한다는 것을 깨우쳤다. ¶나는 지금까지 너무 안일하게 살아왔다는 것을 깨우치고 새롭게 시작했다.

깨지다

[활용]깨지어(깨져), 깨지니, 깨지고 [본디]깨어지다
[자]❶(단단한 물체가) 무엇에 맞아 조각이 나다. (of a solid object) Become shattered after getting hit by something.
[유]부숴지다
N0-가 V (N0=[사물](얼음, 유리, 도자기 따위))
[능]깨다II, 깨뜨리다
¶이삿짐을 세게 내려놓는 바람에 유리가 깨졌다. ¶그만 높은 곳에서 떨어트려 얼음이 깨졌다. ¶사람들이 던진 달걀이 깨졌다.
❷(기존의 생각이나 관습이) 강한 반대에 의해 없어지거나 힘을 잃다. (of a previous thought or custom) Get eliminated or lose power due to strong opposition.
[유]타파되다, 없어지다, 폐지되다
N0-가 V (N0=[관습], [텍스트], [의견], [사조])
[능]깨다II, 깨뜨리다
¶사회가 진보하면서 특정한 민족이 우월하다는 신화는 깨졌다. ¶무한 경쟁 사회가 되면서 물건을 한 회사에만 납품해야 한다는 불문율이 깨졌다. ¶토론을 통해 수많은 고정 관념이 깨지곤 했다.
❸(이어지던 분위기나 상태가) 갑자기 바뀌다. (of an ongoing atmosphere or situation) Be suddenly changed.
[유]변하다, 바뀌다, 급전하다
N0-가 V (N0=[상황](분위기 따위), [상태](침묵, 조화 따위))
[능]깨다II, 깨뜨리다
¶사람들은 외부인이 들어오면 섬의 평화가 깨진다고 믿었다. ¶소금을 많이 섭취하면 체내의 균형이 깨진다. ¶그가 신문에 글을 발표하면서 오랜 침묵이 깨졌다.
❹(약속이나 계약이) 지켜지지 않거나 도중에 파기되다. (of a promise or a contract) Be destroyed in the middle of the process or be disobeyed.
[유]파기되다
N0-가 V (N0=[대화](약속 따위))
[능]깨다II, 깨뜨리다
¶그가 약속 장소에 나타나지 않아 일이 다 깨졌다. ¶아버지의 욕심 때문에 혼사가 깨지게 되었다.
❺(장애나 한계가) 극복되거나 무너지다. (of a new record) Be established by overcoming an obstacle or a limitation.
[유]극복되다
N0-가 V (N0=[장애](벽 따위), [결과](기록 따위))
[능]깨다II, 깨뜨리다
¶올해 올림픽에서는 많은 세계 신기록이 깨졌다. ¶오늘은 환율 달러당 1200원 선이 깨졌다.
❻(몸의 일부가) 맞거나 부딪쳐 상처를 입다. (of a body part) Sustain wounds by getting hit or crashing.
N0-가 V (N0=[신체부위])
¶그는 난간에 부딪혀 머리가 깨졌다. ¶그 여자는 이마가 깨져 피가 났다.
❼(사람이) 잘못이나 실수에 대해 심하게 혼나다. (of a person) Be intensely scolded about a mistake or an error.
[유]혼나다, 질책당하다
N0-가 V (N0=[인간])
¶내가 돈을 다 날렸다는 걸 들키면 집에 가서 틀림없이 된통 깨질 것이다.
※ 속된 표현이다.
❽(화상이나 자료가) 흐릿하거나 망가져 알아볼 수 없게 되다. (of image or data) Not recognizable due to dimness or damage.
[유]망가지다, 상하다
N0-가 V (N0=[책], 이미지, 사진 따위)
¶해상도가 낮은 파일을 출력했더니 이미지가 다

깨졌다. ¶디스켓에 담은 파일이 일부가 깨져서 컴퓨터로 읽을 수가 없다. ¶작은 사진을 확대했더니 다 깨지고 말았다.

깨치다

[활용]깨치어(깨쳐), 깨치니, 깨치고

[타](어떤 원리를) 깨달아 알게 되다. Come to realize a principle.

[유]각성하다[타], 깨닫다

N0-가 N1-를 V (N0=[인간] N1=[추상물])

¶조카는 금방 한글을 깨치더니 책을 곧잘 읽었다. ¶나는 평생 학문의 진리를 깨치기 위해 노력했다.

깨트리다

[활용]깨트리어(깨트려), 깨트리니, 깨트리고

[타]☞깨뜨리다

꺼꾸러뜨리다

[활용]꺼꾸러뜨리어(꺼꾸러뜨려), 꺼꾸러뜨리니, 꺼꾸러뜨리고

[타]☞'거꾸러뜨리다'의 센말

꺼꾸러트리다

[활용]꺼꾸러트리어(꺼꾸러뜨려), 꺼꾸러트리니, 꺼꾸러트리고

[타]☞'거꾸러트리다'의 센말

꺼내다[1]

[활용]꺼내어(꺼내), 꺼내니, 꺼내고

[타](무엇의) 속이나 안에 있는 물건 따위를 밖으로 내오다. Draw an item outwards from the inside.

[유]끄집어내다, 끌어내다 [반]집어넣다

N0-가 N2-에서 N1-를 V (N0=[인간] N1=[사물] N2=[장소])

¶영수가 주머니에서 안경을 꺼내고 있다. ¶민지는 편지를 꺼내다 말고 울었다. ¶할머니께서는 주머니에서 동전을 꺼내어 내게 주셨다.

꺼내다[2]

[활용]꺼내어(꺼내), 꺼내니, 꺼내고

[기능][타]('말' 따위와 결합하여) '시작'을 의미하는 기능동사 (in combination with, for example, "words") A support verb signifying "to begin."

N0-가 N1-에게 Npr-를 V (N0=[인간] N1=[인간], Npr=말, 이야기 따위)

¶나에게 그런 말을 다시는 꺼내지 마라. ¶형이 말을 꺼내기가 무섭게 아버지께서 화를 내셨다. ¶영수는 얘기를 꺼내다 말고 그녀를 힐끗 쳐다보았다.

꺼뜨리다

[활용]꺼뜨리어(꺼뜨려), 꺼뜨리니, 꺼뜨리고

[타]❶(타고 있는 불 따위를) 실수하여 꺼지게 하다. Make the fire, etc. go out by mistake.

[유]끄다

N0-가 N1-를 V (N0=[인간|단체] N1=[불](전깃불, 촛불 따위), [빛])

¶그녀가 실수로 전등을 꺼뜨렸다. ¶성냥이 없으니 불을 꺼뜨리지 마라.

❷실수하여 작동하고 있는 기기의 작동을 멈추게 하다. Accidentally turn off a functioning machine or piece of equipment.

[유]정지시키다

N0-가 N1-를 V (N0=[인간|단체] N1=[작동], [기기])

¶그는 실수로 엔진을 꺼뜨렸다. ¶전원을 잘못 눌러서 전화기를 꺼뜨리고 말았다.

❸(어떤 현상을) 가라앉혀 사라지게 하다. Cause some phenomenon to diminish and vanish.

[유]없애다, 소멸시키다

N0-가 N1-를 V (N0=[인간|단체] N1=[추상물](거품, 희망 따위))

¶금융권은 신용 거품을 꺼뜨리고, 큰 위기를 모면할 수 있도록 방법을 찾아야 한다.

꺼리다

[활용]꺼리어(꺼려), 꺼리니, 꺼리고

[타]❶(주로 어떤 일이나 사물을) 싫어하거나 피하다. Dislike or avoid a certain task or object.

[유]피하다, 기피하다, 싫어하다 [반]좋아하다

N0-가 N1-를 V (N0=[인간] N1=온)

¶그녀는 누구의 시선도 꺼리는 기색이 없었다. ¶그는 자신의 감정 표현을 꺼렸다. ¶그 사람들이 우리를 꺼리는 이유를 모르겠네요.

N0-가 S(것|기)-를 V (N0=[인간])

¶그는 사람들 만나는 것을 꺼린다. ¶형은 나와 함께 가는 것을 꺼렸다. ¶왜 그렇게 도움 받기를 꺼리는지 모르겠어요.

❷불편하거나 개운치 않은 것이 있어 마음에 걸리다. Be troubled by something inconvenient or difficult.

[유]거슬리다, 걸리다

N0-가 N1-가 N2-에 V (N0=[인간] N1= [추상물](일, 문제, 말 따위) N2=양심, 마음 따위)

¶나는 그 일이 양심에 꺼렸다. ¶그 무당이 한 말이 마음에 꺼린다. ¶그 일은 양심에 꺼릴 것이 없어요.

꺼지다 I

[활용]꺼지어(꺼져), 꺼지니, 꺼지고

[자]❶(타고 있는 불 따위가) 죽거나 빛이 사라지다. (of a fire) Disappear or vanish.

[유]소등되다, 소화되다

N0-가 V (N0=[불](전깃불, 촛불 따위), [빛])

[능]끄다

¶산불이 나무들을 모두 태우고 10여 시간 만에 꺼졌다. ¶호롱불이 꺼져서 아무것도 보이지 않았다. ¶가로등이 꺼져 있어서 밤길이 어둡다.

❷작동하고 있는 기기의 작동이 멈추다. (of an

operating equipment) Stop operation.
[유]멈추다, 정지하다[자]
No-가 V (No=[작동], [기기])
[능]끄다
¶고속도로를 주행 중에 갑자기 자동차 시동이 꺼졌다. ¶김포국제공항의 착륙 유도 장치가 꺼져 있었다. ¶컴퓨터가 꺼져서 자료가 다 사라졌다.
❸(살아 있던 생명이) 천천히 때가 되어 죽다. (of a living being) Breathe one's last when time is due.
[유]죽다, 죽어 가다
No-가 V (No=생명, 삶, 목숨 따위)
¶해마다 교통사고로 인해 귀중한 생명이 꺼져 가고 있다. ¶지금도 어떤 곳에서는 굶주림에 목숨이 꺼져 가고 있다.
※주로 '꺼져 가-'의 형태로 비유적으로 쓰인다.
❹(사람이) 살거나 활동하는 곳에서 눈앞에서 다른 곳으로 사라지다. (of a person) Disappear from a place of residence or activity to a different place before someone's eyes.
[유]나가다, 사라지다, 없어지다
No-가 V (No=[인간])
¶당장 내 눈앞에서 꺼져!
※주로 아랫사람에게 명령형으로 속되게 쓰인다.
❺(어떤 현상 따위가) 진정되면서 사라지거나 없어지다. (of a phenomenon) Vanish or diminish.
[유]사라지다, 없어지다
No-가 V (No=거품 따위
¶경제 불황의 한파에 부동산 거품이 꺼져가고 있다.
※주로 비유적으로 쓰인다.

꺼지다Ⅱ

[활용]꺼지어(꺼져), 꺼지니, 꺼지고
[자]❶(물체의 바닥이나 편편한 부위 따위가) 내려앉거나 움푹 패이다. (of an object's floor or a flat surface) Collapse in such a way as to appear concave.
[유]내려앉다, 가라앉다, 침몰하다, 함몰하다
No-가 V (No=[사물])
¶그 소파는 엉덩이 부분이 푹 꺼졌다. ¶나무판자로 된 교실 바닥이 꺼지고 가시가 튀어나와 있다. ¶바닥이 꺼져서 위험하다.
❷(신체의 일부가) 약간 패여 주위보다 더욱 안쪽으로 들어가다. (of a body part) Be slightly more indented compared to other areas and thus appear concave.
[유]내려앉다, 가라앉다, 함몰하다
No-가 V (No=[신체부위])
¶서양인에 비해 동양인은 인중의 윗부분이 꺼지고 경사진 경우가 많다. ¶그는 며칠간 밥을 먹지 못해 볼이 꺼졌다.
◆ **배가 꺼지다** 먹은 음식물이 소화가 되어 팽팽하던 배가 줄어서 들어가다. Become flat-bellied after digesting consumed food.
No-가 Idm (No=[인간])
¶활동량이 많을 때는 배가 금방 꺼져 허기가 진다. ¶너무 많이 먹어서 아직도 배가 안 꺼졌다.

꺾다

[활용]꺾어, 꺾으니, 꺾고
[타]❶(길고 똑바른 것을) 힘을 주어 구부리거나 휘어 펴지지 않게 하거나 끊다. Break in two something that is long and straight.
[유]부러뜨리다, 자르다
No-가 N1-를 V (No=[인간] N1=[나무], [풀], [꽃], [목재](나무젓가락 따위))
[피]꺾어지다, 꺾이다
¶그는 장미꽃 한 송이를 꺾었다. ¶영희는 나뭇가지를 꺾어 집으로 가져왔다. ¶그녀의 손에는 가지째 꺾은 개나리가 들려 있었다.
❷(똑바르거나 판판한 얇은 물체를) 힘을 가해 한쪽으로 심하게 구부리거나 접다. Apply force to a straight or flat thin object to create a curve or fold.
[유]휘다, 접다 [반]펴다1[타]
No-가 N1-를 V (No=[인간] N1=[사물](챙, 솔기, 옷깃, 뒤축 따위), 철사, 판지, 우산 따위)
[피]꺾어지다, 꺾이다
¶영희는 판지를 꺾어 지붕 위에 올려놓았다. ¶인두는 천의 구김살을 눌러 펴거나 솔기를 꺾어 누르는 데 쓰는 기구이다. ¶아이는 운동화 뒤축을 꺾은 채 벗어 놓고 방안으로 들어갔다.
❸(몸의 일정 부분을) 아주 굽히거나 각이 지게 하다. Apply force to a straight or long body part to create a curve or fold.
[유]굽히다 [반]펴다1[타]
No-가 N1-를 V (No=[인간] N1=[신체부위](고개, 허리, 팔, 다리, 손, 무릎, 관절 따위))
[피]꺾어지다, 꺾이다
¶그는 고개를 그녀를 보자 푹 꺾었다. ¶풀썩 무릎을 꺾은 채 문 앞에서 떨고 있는 사내의 뒷모습이 보였다. ¶철수는 소매치기의 팔을 뒤로 돌려서 꺾었다. ¶경기가 시작되자마자 영수가 먼저 상대편 선수의 다리를 꺾었다.
❹(기운, 의지 따위를) 제대로 펴지 못하게 억누르거나 무디게 하거나 약해지게 하다. Suppress, dull, or weaken one's energy or willpower to prevent it from flowering.
[유]누르다[타], 억누르다, 감소시키다, 약화시키다

N0-가 N1-를 V (N0=[인간], [제도], [행위] N1=[속성](고집, 기운, 사기, 의지, 의욕, 예봉(銳鋒) 따위))
피 꺾어지다, 꺾이다
¶아버지는 딸의 고집을 꺾을 수가 없었다. ¶유럽의 복지 제도는 국민의 자활 의지를 꺾는 역효과를 가져왔다.
❺(목소리, 곡조 따위를) 한껏 높였다가 갑자기 떨구며 낮추다. Raise one's voice or a tune to the maximum extent and then suddenly lower it.
N0-가 N1-를 V (N0=[인간] N1=곡조, 목소리 따위)
피 꺾이다
¶그녀는 트로트처럼 소리를 꺾는 창법을 써서 노래를 불렀다. ¶한국 민요처럼 꺾는 소리가 다른 나라의 전통 음악에도 있다.
❻(경기나 싸움 따위에서 겨루어) 상대를 제압하거나 이기다. Beat or subdue one's opponent or adversary in a game or fight.
㊌이기다, 제압하다
N0-가 N1-를 V (N0=[인간|집단] N1=[인간](라이벌, 경쟁자 따위), [집단])
피 꺾이다
¶우리는 상대편을 가뿐히 꺾고 결승에 올랐다. ¶한국이 2002 한일 월드컵에서 포르투갈을 꺾고 16강에 진출했다.
❼(가던 방향을) 다른 쪽으로 다소 급하게 바꾸어 돌리다. Change the direction of a movement rather rapidly.
㊌돌리다, 틀다
N0-가 N1-를 V (N0=[인간] N1=[사물](차, 핸들 따위), [방향], 발길, 걸음 따위 N2=[방향])
피 꺾어지다, 꺾이다
¶동수는 그 여자를 좇아 방향을 꺾었다. ¶영수는 재빨리 핸들을 오른쪽으로 꺾어 미행하는 차를 따돌렸다.
❽술을 마시다. Drink alcohol.
㊌마시다, 들이켜다
N0-가 N1-를 V (N0=[인간] N1=[술])
¶소주를 연거푸 몇 잔 꺾자 그녀는 금세 어지러워졌다.
※ 속되게 쓰인다.
◆ **말허리를 꺾다** (상대방이 말하는 도중에) 말을 갑자기 멈추게 하거나 단절시키다. Cut short or interrupt someone while they are speaking.
㊌말허리를 자르다
N0-가 Idm (N0=[인간])
¶영희의 말허리를 꺾은 현수는 비로소 자신의 용건을 꺼냈다. ¶그는 동생의 말이 길어지자 말허리를 꺾었다.
◆ **붓을 꺾다** (작가가) 글을 쓰는 활동을 그만두다. (of a writer) Stop writing.
㊌붓을 놓다
N0-가 Idm (N0=[인간])
¶글을 쓰는 사람이 붓을 꺾는다는 것은 곧 생각을 꺾는다는 것을 의미한다. ¶그녀가 작가로서의 한계를 통감하고 붓을 꺾었다.
◆ **콧대를 꺾다** 상대방이 우쭐하거나 거만한 기세를 펴지 못하도록 막다. Have one's pride or haughty spirit humbled.
N0-가 Idm (N0=[인간])
¶정현서는 신예 이영수의 콧대를 꺾었다. ¶오늘은 상대의 콧대를 꺾고 어제의 패배를 설욕하겠다.

꺾어지다

활용 꺾어지어(꺾어져), 꺾어지니, 꺾어지고
자 ❶(길고 곧은 물체가) 구부러지거나 휘어져 펴지지 않거나 끊어지다. (of a long and straight object) Become bent by applying sufficient pressure that it eventually breaks.
㊌꺾이다, 부러지다, 잘리다
N0-가 V (N0=[사물])
능 꺾다
¶죽은 나뭇가지는 쉽게 꺾어진다. ¶물을 많이 머금은 버들가지는 잘 꺾어지지 않는다. ¶이 꽃밭에는 꽃이 꺾어진 흔적이 있다.
❷(종이나 얇고 부드러운 물체가) 한쪽으로 구부러지거나 접히다. (of a thin and soft object, such as paper) Be folded or twisted severely.
㊌꺾이다, 접히다
N0-가 V (N0=[사물])
능 꺾다
¶책을 가방에 넣을 때 부주의하게 넣었는지 표지가 꺾어졌다. ¶구덩이를 덮은 함석판을 잘못 밟았더니 아예 꺾어져 버렸다.
❸(곧게 난 도로 따위가) 구부러지면서 방향이 바뀌다. (of a straight road) Bend and change in direction.
㊌꺾이다, 바뀌다
N0-가 N1-로 V (N0=[길] N1=[방향])
¶이리저리 꺾어진 길을 한참 걸어서 우리는 마침내 산사에 도착했다. ¶이 노선을 타고 가다 보면 철로가 동쪽으로 크게 꺾어지는 곳이 있다.
❹(몸의 일정 부분이) 아주 굽혀지거나 각이 지다. (of a body part) Become extremely bent or angulated.
㊌꺾이다, 접히다, 굽혀지다
N0-가 V (N0=[신체부위](팔, 다리 따위))
능 꺾다
¶그는 꺾어진 다리를 쭉 펴고 일어났다. ¶동생은 무엇이 그리도 우스운지 허리가 꺾어지도록 크게 웃었다.

❺(사람, 자동차 등이) 똑바로 진행하던 방향을 옆으로 돌리다. (of a person, automobile, etc.) Be diverted onto a roundabout route from a straight course.
㊍좌회전하다, 우회전하다
No-가 N1-로 V (No=[사물](사람, 자동차, 마차 따위) N1=[장소], [방향])
능꺾다
¶승용차 두 대가 도로에서 이쪽으로 꺾어져 주차장으로 들어왔다. ¶저 네거리에서 왼쪽으로 꺾어져 들어가시면 바로 앞에 우체국이 있습니다.
❻(기운, 의지 따위가) 제대로 펴지지 못하게 억눌리거나 무뎌지거나 약해지다. (of a strongly claimed intention and opinion) Be weakened or abandoned.
㊌꺾이다, 죽다, 약해지다, 쇠약해지다
No-가 V (No=[감정], [소통])
능꺾다
¶처음의 위풍당당하던 기세는 어느새 꺾어져 온데간데없었다. ¶그의 위세가 꺾어진 뒤로는 아무도 그를 따르지 않는다.
❼(나이가) 어떤 숫자의 절반만큼 되다. Age by as much as half of a certain number.
No-가 N1-가 V (No=[인간] N1=[수])
¶100세 시대이니 꺾어진 100세도 늙은 것이 아니다.
※주로 관형사형 '꺾어진'의 형태로 쓰인다.

꺾이다

활용꺾이어(꺾여), 꺾이니, 꺾이고
자❶(길고 똑바른 것이) 외부의 힘에 의해 구부러지거나 휘어져 펴지지 않게 되거나 끊어지다. (of a long and straight object) Be bent or broken.
㊌꺾어지다, 부러지다, 잘리다
No-가 N1-(에|에게) V (No=[나무], [풀], [꽃], [목재](나무젓가락 따위) N1=[인간], 바람 따위)
능꺾다
¶비바람에 나뭇가지들이 많이 꺾였다. ¶개나리가 가지째 꺾여 영희의 손에 들려 있었다.
❷(똑바르거나 판판한 얇은 물체가) 힘을 받아 한쪽으로 심하게 구부려지거나 접히다. (of a straight or flat thin object) Become curved or folded to one side when subjected to force.
㊌꺾어지다, 접히다, 휘다 ㊘펴다1자, 펼치다
No-가 N1-(에|에게) V (No=[사물](챙, 솔기, 옷깃, 뒤축, 철사, 판지, 우산 따위) N1=[인간])
능꺾다
¶그는 일부러 챙이 위로 꺾인 모자를 썼다.
¶삼단으로 꺾이는 우산이 휴대하기 편하다.
❸(몸의 일정 부분이) 아주 굽혀지거나 각이 지다. (of a straight or long body part) Become curved or bent when subjected to force.
㊌구부러지다, 꺾어지다, 휘다 ㊘펴다1자, 펼치다
No-가 N1-(에|에게) V (No=[신체부위](고개, 허리, 팔, 다리, 손, 무릎, 관절 따위) N1=[인간])
능꺾다
¶소매치기는 정규에게 팔이 꺾인 채 잡혀 갔다.
¶그 체조 선수는 몸이 유연해서 허리가 자유자재로 꺾인다.
❹(기운, 의지 따위가) 제대로 펴지지 못하게 억눌리거나 무뎌지거나 약해지다. (of energy or willpower) Become suppressed, dull or weakened and thus fail to reach its full extent.
㊌꺾어지다, 눌리다, 약화되다
No-가 N1-(에|에게) V (No=[속성](고집, 기운, 사기, 의지, 의욕, 예봉(銳鋒) 따위) N1=[인간], [제도], [행위])
능꺾다
¶학교를 가지 않겠다고 떼를 쓰던 아이의 고집이 꺾여 다행이다. ¶그의 날카로운 공격에 상대팀의 예봉이 크게 꺾인 상황이다.
❺(목소리, 곡조 따위가) 한껏 높아졌다가 갑자기 떨어져 낮아지다. (of a voice or tune) Suddenly drop and become low after reaching its highest limit.
No-가 V (No=곡조, 목소리 따위)
능꺾다
¶정규는 트로트의 꺾이는 창법을 좋아한다.
❻(경기나 싸움 따위에서 겨루어) 상대에게 제압당하거나 지다. Be subdued or beaten by one's opponent or adversary in a game or fight.
㊌지다IV, 제압당하다, 패배하다
No-가 N1-(에|에게) V (No=[인간] N1=[인간](라이벌, 경쟁자 따위), [집단](상대팀))
능꺾다
¶우리는 상대팀에 일 점 차이로 꺾이고 울분을 터뜨렸다. ¶이번에는 결승전에서 상대에게 꺾이지 않겠다.
❼(기세, 현상, 증상 따위가) 더욱 약해지거나 줄어들다. (of energy, phenomenon or symptom) Be weakened or diminished.
㊌약화되다, 감소되다
No-가 V (No=[날씨], [경제현상](성장세, 상승세, 증가세 따위), [감정])
연어한풀
¶겨울 추위가 한풀 꺾였다고 방심하면 안 된다.
¶영희는 더위가 한풀 꺾인 늦은 오후에 산책을 나왔다.
❽(가던 방향이) 다른 쪽으로 다소 급하게 바뀌어 돌다. (of a direction of movement) Be changed rather rapidly to another direction.

㊌회전하다
N0-가 N1-로 V (N0=[사물](차, 핸들 따위), 발길, 걸음 따위 N1=[방향])
[능]꺾다
¶공간이 좁아서 차가 잘 꺾이지 않아 주차하기가 힘들다. ¶차가 빙판길에 미끄러져 핸들이 제멋대로 꺾였다.
❾(길 따위가) 직각으로 구부러지다. (of a road) Be bent at a right angle.
㊌꺾어지다
N0-가 N1-로 V (N0=[길], [장소], [통로] N1=[방향])
¶철수는 장터에서 왼편으로 꺾인 길을 따라 올라갔다. ¶기역자로 꺾인 마당을 지나면 사랑채가 나온다.

껄떡거리다

[활용]껄떡거리어(껄떡거려), 껄떡거리니, 껄떡거리고
[자]❶물 따위의 액체를 힘겹게 목구멍으로 넘기는 소리를 연달아 내다. Repeatedly produce the sound of swallowing liquid such as water through one's throat with great effort.
N0-가 V (N0=[인간], [동물])
¶운동장을 뛰고 온 아이들은 껄떡거리며 물을 마셨다. ¶갓 태어난 강아지가 껄떡거리며 어미젖을 먹고 있었다.
❷(사람이나 동물이) 어떤 것이 매우 먹고 싶어 군침을 삼키거나 계속 입맛을 다시다. (of a person or an animal) Repeatedly smack one's lips or swallow saliva because one wants to eat something very desperately.
㊌군침흘리다
N0-가 V (N0=[인간], [동물])
¶허기진 아이들은 식탁 위에 놓인 피자를 보며 껄떡거렸다. ¶우리 집 강아지는 고기만 보면 껄떡거린다.
❸어떤 것이 매우 갖고 싶어 안달하거나 조급하게 굴다. (of a person) Act anxiously or impatiently because one wants to have something very desperately.
㊌조르다
N0-가 V (N0=[인간])
¶동생은 장난감 자동차만 보면 사 달라고 껄떡거린다. ¶동생이 하도 게임을 보고 껄떡거려서 하나 사 주었다.
❹다른 사람에게 관심을 사려고 말이나 행동으로 성가시게 하다. Annoy someone with speech or behavior to draw attention.
㊌집적거리다
N0-가 N1-에게 V (N0=[인간] N1=[인간])
¶청년은 자꾸 그녀에게 껄떡거린다. ¶소문에 의하면 그는 아무에게나 껄떡거리는 남자인 듯하다.
※속되게 쓰인다.
[타](사람이나 동물이) 금방이라도 숨이 멎을 것처럼 끊어졌다 이어졌다 하는 소리를 연달아 내다. (of a person or an animal) Repeatedly make a breathing sound that continues to stop and stretch, as if the breathing will stop any moment.
㊌헐떡이다, 헐떡거리다
N0-가 N1-를 V (N0=[인간], [동물] N1=숨)
¶철수는 조금만 달려도 숨을 껄떡거렸다. ¶물 밖으로 나온 물고기가 숨을 껄떡거리다 금세 죽어 버렸다.

껴안다

[활용]껴안아, 껴안으니, 껴안고
[자]상대방을 두 팔로 서로 감싸 안다. Hug someone with two arms.
㊌끌어안다, 포옹하다
N0-가 N1-와 서로 V ↔ N1-가 N0-와 서로 V ↔ N0-와 N1-가 서로 V (N0=[인간] N1=[인간])
¶정규가 영수와 서로 껴안고 떨어지려고 하지 않았다. ↔ 영수가 정규와 서로 껴안고 떨어지려고 하지 않았다. ↔ 정규와 영수가 서로 껴안고 떨어지려고 하지 않았다.
[타]❶(어떤 대상을) 두 팔로 감싸 안다. Hug some target with two arms.
㊌끌어안다, 포옹하다
N0-가 N1-를 V (N0=[인간] N1=[인간], [동물], 인형 따위)
¶엄마가 아기를 꼭 껴안았다. ¶아기는 인형을 껴안고 잔다. ¶그녀는 강아지 한 마리를 품에 껴안고 나타났다.
❷(일이나 고민거리 따위를) 혼자서 도맡아 처리하거나 해결하다. Process or solve a task, a concern, etc. by oneself.
㊌끌어안다, 맡다, 부담하다
N0-가 N1-를 V (N0=[인간] N1=일, 고민 따위)
¶혼자서 일을 껴안고 있지 말고 함께 나눠서 합시다. ¶그 고민을 혼자 껴안고 있는 다고해서 해결이 되진 않는다.
❸(실수 따위를) 너그럽게 이해하고 용서하다. Generously understand and forgive a fault, etc.
㊌끌어안다, 이해하다, 포용하다
N0-가 N1-를 V (N0=[인간] N1=실수, 잘못 따위)
¶엄마는 항상 나의 실수를 껴안아 주셨다. ¶그때 아저씨가 내 실수를 껴안아 주셔서 지금의 내가 될 수 있었다.

꼬다

[활용]꼬아(꽈), 꼬니, 꼬고

[타]❶(실이나 줄 따위의 가닥을) 서로 맞물리도록 교차시키면서 감다. Rub and turn many strands of thin and long string, lace, etc., to make one strand.
[유]감다, 돌돌 말다
N0-가 N1-를 V (N0=[인간] N1=줄, 끈, 새끼, 실, 머리카락 따위)
[피]꼬이다II
¶노인은 새끼를 꼬아서 바구니를 만들었다. ¶그녀는 계속 머리카락을 꼬았다.
❷(몸이나 팔, 다리 따위를) 이리저리 돌려 비틀거나 엇갈리게 하다. Turn one's body, arm, leg, etc., in many directions to have it tweaked or crossed.
[유]교차시키다
N0-가 N1-를 V (N0=[인간], [동물] N1=[신체부위])
[피]꼬이다II
[연어]비비, 배배
¶원앙새 한 쌍이 서로 목을 꼬고 슬피 울었다. ¶다리를 꼬고 앉으면 골반이 비뚤어집니다.
❸말을 다른 방향으로 돌려서 하거나 문제 따위를 다른 방향으로 돌려서 내다. Speak in a different direction or present a problem in a different direction.
[유]비틀다, 바꾸다, 왜곡하다
N0-가 N1-를 V (N0=[인간] N1=말, 문제 따위)
¶그는 살짝 말을 꼬아서 어렵게 하는 경향이 있다. ¶저는 매우 직선적인 성격이라 말을 꼬아서 하는 걸 굉장히 싫어합니다.
❹(자신의 말이나 다른 사람의 말을) 상대방의 마음이 상할 정도로 비웃거나 놀리듯 하다. Laugh at or mock another person's speech until the other person is offended.
[유]비웃다
N0-가 N1-를 V (N0=[인간] N1=말)
[연어]비비, 배배
¶그는 비비 꼬며 말을 했다. ¶그는 다른 사람이 긍정적인 말을 해도 꼬아서 해석했다.

꼬드기다

[활용]꼬드기어(꼬드겨), 꼬드기니, 꼬드기고
☞'꼬이다IV'의 속된 표현

꼬리치다

[활용]꼬리치어(꼬리쳐), 꼬리치니, 꼬리치고 [대응]꼬리를 치다
[자](주로 여자가 남자에게) 잘 보이려고 애교 있게 행동하다. (usually of a woman to a man) Act winningly to gain favor.
[유]유혹하다, 꼬시다
N0-가 N1-에게 V (N0=[인간] N1=[인간])
¶임자 있는 사람한테 꼬리치면 벌 받는다. ¶너 자꾸 내 남자 친구에게 꼬리치지 마라.
※속되게 쓰인다.

꼬이다I

[활용]꼬여, 꼬이니, 꼬이고 [준] 꾀다
[자]❶(벌레나 동물 따위가) 한 곳에 많이 모여들다. (of an insect or animal) Gather in a compact cluster in one location.
[유]모여들다, 우글거리다, 버글대다
N0-가 N1-에 V (N0=[동물](의미상 복수) N1=[사물](쓰레기, 과자, 음식물 따위), [장소])
¶쓰레기 더미에 파리가 꼬이지 않게 약을 뿌려라. ¶여름이 되니 하수구 처리장에 날벌레가 꼬였다. ¶음식물이 변질되자 냄새가 나고 구더기가 꼬였다.
❷(사람이나 돈이) 사람에게나 장소에 많이 모여들다. (of people or money) Crowd around a person or place.
[유]모여들다, 우글거리다, 버글대다
N0-가 N1-(에|에게) V (N0=[인간](의미상 복수), 돈 따위 N1=[인간|단체], [장소], 사업, 일 따위)
¶어떤 여자이기에 남자가 꼬이는지 확인해 봐야겠어요. ¶행인들이 꼬이는 길목에 장사꾼들이 벌써 자리를 잡고 앉았다.

꼬이다II

[활용]꼬여, 꼬이니, 꼬이고 [준] 꾀다
[자]❶(실이나 줄 따위의 가닥이) 서로 맞물려 교차되면서 감기다. (of a string or line) To coil or twist about one another to form a kink.
[유]엉키다, 얽히다, 말리다, 감기다
N0-가 V (N0=줄, 끈, 새끼, 실, 머리카락 따위)
[능]꼬다
[연어]배배
¶이것은 낚싯줄이 꼬이는 것을 막는 회전 고리다. ¶우리 몸에는 '이중 나선형'으로 꼬인 23쌍의 염색체가 있다. ¶이 세탁기는 빨랫감이 꼬이지 않고 세탁이 된다.
❷(신체 부위가) 이리저리 비틀리거나 엇갈리다. (of a body part) Interlace and become twisted or stiff.
[유]교차되다, 엉기다
N0-가 V (N0=[신체부위](몸, 다리 따위))
[사]꼬다
¶이 병에 걸리면 다리가 마비되거나 목이 꼬인다. ¶여자 환자는 몸이 꼬이고 흔들려서 신경과 외래를 방문하였다.
◆ **혀가 꼬이다** 혀가 잘 놀려지지 않아서 말을 정상적으로 하지 못다. Have difficulty speaking normally due to being tongue tied.
N0-가 Idm (N0=[인간])

¶그녀는 혀가 꼬여서 어눌해진 발음 때문에 전화 통화도 어려웠다. ¶그는 술에 만취해서 혀가 꼬였다.

꼬이다Ⅲ

[활용]꼬여, 꼬이니, 꼬이고

[자]❶(일이 뜻대로 되지 않고) 복잡하게 얽혀 잘못 되다. (of a task) Become complex and run counter to one's will.

[유]뒤틀리다, 뒤얽히다

No-가 V (No=[추상물](일, 사태, 관계, 문제, 인생, 일정, 계획 따위))

[연어]배배

¶일이 이상하게 꼬이기 시작했다. ¶일정이 꼬여서 제 날짜에 귀국하지 못했다.

❷(생각이나 성격 등이) 바르지 않고 비뚤어지다. (of a thought or personality) Become crooked and unrighteous.

[유]뒤틀리다, 삐뚤어지다

No-가 V (No=생각, 성격, 심사, 속 따위)

[연어]배배

¶성격이 꼬여서 친구 사귀기가 쉽지 않았다. ¶그녀의 거만한 행동에 정규는 속이 꼬이고 비위가 상했다.

◆ **배알이 꼬이다** (사람이 하는 행동이나 일이) 비위에 맞지 않아 거슬리고 기분이 불쾌해지다. Become annoyed and resentful because a person's behavior or action does not conform to one's accepted standard of behavior.

[유]밸이 꼬이다, 배알이 꼴리다, 배알이 뒤틀리다, 눈꼴사납다, 아니꼽다

No-가 Idm (No=[인간])

¶혼자인 나는 신혼부부가 걸어가는 것을 보면 배알이 꼬인다. ¶그가 잘난 체를 하는 꼴을 볼 때마다 배알이 꼬이는 것 같다.

※속되게 쓰인다.

꼬이다Ⅳ

[활용]꼬여, 꼬이니, 꼬이고 [준] 꾀다

[타](듣기 좋은 말이나 그럴 듯한 행동으로) 다른 사람을 속이거나 부추겨서 자기에게 이롭게 끌어들이다. Make a situation more advantageous to oneself by deceiving or inciting another person with pleasant words or suitable behavior.

[유]유혹하다, 꼬시다

No-가 N1-를 V (No=[인간] N1=[인간])

¶친구가 날 꼬여 주식을 사게 했다. ¶그는 나를 꼬이려고 했지만 실패했다.

No-가 N1-를 S고 V (No=[인간] N1=[인간])

¶남자가 결혼하자고 여자를 꼬였다. ¶엄마가 장난감을 사주겠다고 아이를 꼬이자 아이가 울음을 멈췄다.

꼬집다

[활용]꼬집어, 꼬집으니, 꼬집고

[타]❶(살갗을) 손가락으로 집어 힘을 주어 당기거나 비틀다. Pull or twist the skin by grabbing with the fingers and applying force.

[유]비틀다

No-가 N1-를 V (No=[인간] N1=[신체부위])

¶영자가 철수의 볼을 세게 꼬집었다. ¶동생이 떼를 쓰며 오빠를 꼬집는다. ¶철수는 자신의 허벅지를 꼬집으며 잠을 쫓았다.

❷(감정이나 사실 따위가 어떠하다고) 분명하게 특정화해서 집어내거나 가리키다. Clearly specify any emotion, fact, etc., to be something and point or indicate it.

[유]집어내다, 지적하다

No-가 N1-를 S고 V (No=[인간] N1=[감정])

¶지금 내 감정을 뭐라고 꼬집어 말할 수 없다. ¶그때의 기분은 어떤 말로 꼬집어 표현할 수 없었다.

※ 주로 '꼬집어'로 쓰인다.

❸(다른 사람의 잘못이나 약점 따위를) 일부러 꼭 집어내거나 들추어내다. Point out or expose someone's fault or weakness on purpose.

[유]들추다, 드러내다, 흠잡다

No-가 N1-를 V (No=[인간] N1=잘못, 약점 따위)

¶너는 그렇게 꼭 남의 잘못을 꼬집어 말해야 직성이 풀리니? ¶철수는 다른 사람의 약점만을 꼬집어 말한다.

[자타](사태, 현상이나 속성 따위를) 집어내어 비판적으로 지적하다. Critically pick and point out certain situation, phenomenon, characteristics, etc.

[유]비판하다, 지적하다

No-가 N1-를 V (No=[인간] N1=[사건], [현상])

¶박 기자는 물질 만능의 세태를 꼬집는 글을 썼다.

No-가 N2-로 N1-를 V (No=[인간] N1=[분야], [비행], 허위, 가식 따위 N2=[말], [작품])

¶연출가는 토크쇼 형식의 뮤지컬로 우리 사회의 부조리를 꼬집었다.

No-가 S고 V (No=[인간])

¶사람들은 이번 대회의 심의 기준이 일관성이 없다고 꼬집었다.

꼼짝하다

[활용]꼼짝하여(꼼짝해), 꼼짝하니, 꼼짝하고 [대응]꼼짝을 하다

[자]몸을 잠깐 살짝 움직이다. Make or cause a slight body movement.

[유]꿈틀하다, 꿈틀거리다, 비틀하다

No-가 V (No=[동물|인간])

¶곰은 동면에 들면 굴 안에서 꼼짝하지 않고 머무른다. ¶독감으로 앓아 누워 한동안 꼼짝하지 못하고 집 안에만 있었다.
※주로 '꼼짝하지 않다', '꼼짝하지 못하다' 등 부정문으로 쓰인다.
타(자기 몸의 일부를) 잠깐 살짝 움직이다. Move one's body slightly.
㊀옴짝달싹하다
N0-가 N1-를 V (N0=[동물|인간] N1=[신체부위])
¶나는 겁에 질려 손끝 하나 꼼짝할 수 없었다. ¶따뜻한 이불 속에 누워 있으니 손가락조차 꼼짝하기 싫었다.
※주로 '꼼짝하지 못하다', '꼼짝하지 않다' 등 부정문으로 쓰인다.

꼽다
활용꼽아, 꼽으니, 꼽고
타❶(머릿속으로 무언가를 정리하거나 주로 수를 세면서) 손가락을 꼬부리다. Bend the fingers by counting numbers or organizing something in the head.
㊀꼬부리다
N0-가 N1-를 V (N0=[인간] N1=[신체부위](손가락))
¶어린 아기가 손가락을 꼽아 가며 수를 세었다. ¶조카는 손가락을 꼽으며 소풍을 기다렸다.
❷(여러 가지 중에서) 골라내어 가리키다. Point out by picking from various things.
㊀뽑다, 고르다, 지목하다
N0-가 N1-를 N2-로 V (N0=[인간|단체] N1=[모두] N2=[기준], [속성])
피꼽히다
¶우리는 선생님을 우리 학교 최고의 멋쟁이로 꼽았다. ¶사람들이 백두산을 가장 가보고 싶은 산으로 꼽았다.

꼽히다
활용꼽히어(꼽혀), 꼽히니, 꼽히고
자(어떤 것이) 손가락으로 셀 수 있는 정도의 순위나 등위에 들다. (of something) Enter into a limited rank or class that can be counted with the fingers.
N0-가 N1-로 N2-에 V (N0=[모두] N1=[모두] N2=[순서](첫손가락, 다섯 손가락 따위))
능꼽다
¶아인슈타인은 최고 과학자로 첫손가락에 꼽힌다. ¶교수님은 우리 학교를 대표하는 학자로 꼽히는 분이십니다.

꽂다
활용꽂아, 꽂으니, 꽂고
타❶(무엇을 일정한 곳에) 쓰러지거나 빠지지 않도록 일정한 방향에서 끼워 넣다. Insert something into a certain place from a specific direction to prevent falling or dislodging.
㊀박다, 찌르다, 찔러넣다 ㊥빼다, 뽑다
N0-가 N2-에 N1-를 V (N0=[인간] N1=[꽃], [기], 초, [책], [도구](볼펜, 빨대 따위) N2=[용기], [고지대], [장소], 케이크 따위)

피꽂히다
¶현규는 장미꽃을 꽃병에 꽂았다. ¶그는 산 정상에 태극기를 꽂았다. ¶막내딸은 생일 케이크에 초를 꽂아 놓고 박수를 쳤다.
❷(도구나 장치를 신체 부위에) 빠지지 않게 끼워서 지니거나 차다. Hold a tool or a device or equip a body part with such by inserting so that it would not fall off.
㊀차다, 끼다
N0-가 N2-에 N1-를 V (N0=[인간] N1=[착용물](핀, 비녀 따위), [도구](칼, 이어폰, 체온계 따위) N2=[신체부위])
피꽂히다
¶장군은 칼을 허리에 꽂고 전쟁터로 나갔다. ¶할머니는 머리에 비녀를 꽂고 계셨다. ¶철수는 귀에 이어폰을 꽂고 있었다.
❸(주사 바늘이나 침 따위를) 신체 부위의 살갗을 뚫고 찔러 넣다. Insert needle, acupuncture, etc., into a body part by penetrating the skin.
㊀찌르다, 놓다
N0-가 N2-에 N1-를 V (N0=[인간] N1=주사 바늘, 침, 링거 따위 N2=[신체부위])
피꽂히다
¶간호사가 현규의 팔에 주사 바늘을 꽂았다. ¶영희는 링거를 한쪽 팔에 꽂은 채 응급실에 누워 있었다.
❹(칼이나 화살 따위를) 어느 곳에 세차게 찔러 박히게 하다. Powerfully stab something with a knife, an arrow, etc., to make it stick.
㊀박다, 찌르다
N0-가 N2-에 N1-를 V (N0=[인간] N1=[칼], 화살 따위 N2=[사물])
피꽂히다
¶그는 달려드는 맹수의 등에 칼을 꽂았다. ¶장군이 화살을 적장의 말에 꽂았다.
❺(음식물을) 꼬챙이 따위에 찔러 꿰다. Poke food through a stick, etc.
㊀끼우다, 꿰다
N0-가 N2-(에|로) N1-를 V (N0=[인간] N1=[음식물] N2=꼬챙이, 꼬치, 나뭇가지 따위)
피꽂히다
¶할머니는 감을 꼬챙이에 꽂아서 말리셨다. ¶아저씨는 오징어를 대나무 가지에 꽂아 말렸다.
❻(코드나 열쇠 따위를) 구멍이나 홈에 맞물려

끼워 접촉시키다. Have a code, a key, etc., come in contact with a gap or a hole by interlocking.
㊌박다, 연결하다
N0-가 N2-에 N1-를 V (N0=[인간] N1=플러그, 코드, 열쇠 따위 N2=콘센트, [공간](구멍 따위))
피꽂히다
¶현규는 여름이 되자 선풍기를 꺼내 코드를 꽂았다. ¶영수는 열쇠를 꺼내 현관의 열쇠 구멍에 꽂았다.
❼(다른 사람을) 바닥이나 매트 따위에 세차게 내던져 거꾸로 떨어지게 하다. Powerfully smash down someone on the floor, mat, etc., to make him/her fall upside down.
㊌내동댕이치다, 내리꽂다, 꼬라박다
N0-가 N2-에 N1-를 V (N0=[인간] N1=[인간] N2=[장소](바닥, 구석 따위), 매트 따위)
피꽂히다
¶화가 난 장수가 그를 들어 바닥에 힘껏 꽂았다. ¶그 선수는 상대 선수를 들어 모래판 위에 꽂았다.
※ 주로 운동 경기에서 쓰인다.
❽(공 따위를) 골대 따위에 곧바로 세차게 들어가게 하다. Make a ball, etc., powerfully enter a goalpost, etc., by kicking it.
㊌넣다
N0-가 N2-에 N1-를 N3-로 V (N0=[인간] N1=공 N2=골대, 진영 따위 N3=강슛, 스파이크 따위)
피꽂히다
¶그는 왼발 강슛으로 공을 상대 팀의 골대에 꽂아 넣었다. ¶그 선수는 강한 스파이크로 공을 상대 진영에 꽂았다.
※ 주로 운동 경기에서 쓰인다.
❾(시선이나 눈길 따위를) 다른 곳으로 돌리지 않고 한곳에 집중하여 고정시키다. Concentrate and fix one's eyes or vision on one spot without turning.
㊌박다, 고정시키다
N0-가 N2-(에|에게) N1-를 V (N0=[인간] N1=시선, 눈길 따위 N2=[사물], [방송물])
피꽂히다
¶그녀는 화면에 시선을 꽂은 채 아무 말도 하지 않았다. ¶현규는 그녀에게 눈길을 꽂은 채 움직이지 않았다.
◆ **비수를 꽂다** (어떤 말로) 상대방의 마음에 깊은 상처를 주다. (in words) Hurt one's heart deeply.
N0-가 N2-로 N1-(에|에게) Idm (N0=[인간] N1=[인간], [마음] N2=[이야기])
¶영호는 마음에도 없는 말로 현규의 가슴에 비수를 꽂았다. ¶현규는 내 마음에 비수를 꽂고 나를 배신했다.

꽂히다

활용꽂히어(꽂혀), 꽂히니, 꽂히고
자❶(무엇이 일정한 곳에) 쓰러지거나 빠지지 않도록 일정한 방향에서 끼워지다. (of something) Be inserted into a specific place from a certain direction so as not to fall or fall out.
N0-가 N1-에 V (N0=[꽃], [기], 초, [책], [도구](볼펜, 빨대 따위) N1=[용기], [케이크], [고지대], [장소])
능꽂다
¶장미꽃 한 송이가 꽃병에 꽂혀 있다. ¶산 정상에 꽂힌 태극기가 바람에 휘날린다.
❷(도구나 장치가 신체 부위에) 빠지지 않게 찔려 있거나 끼워지다. (of a tool or a device) Be inserted or held in one's body part so as not to fall off.
㊌끼워지다
N0-가 N1-에 V (N0=[착용물](핀, 비녀 따위), [도구](칼, 이어폰, 체온계 따위) N1=[신체부위])
능꽂다
¶장군은 허리춤에 꽂혀 있던 칼을 뽑아 들었다. ¶현규의 귀에는 이어폰이 꽂혀 있어 아무 소리도 들을 수 없었다.
❸(주사 바늘이나 침 따위가) 신체 부위의 살갗을 뚫고 찔러서 삽입되다. (of needle, acupuncture, etc.) Be inserted by penetrating and stabbing the skin of a body part.
㊌찔리다
N0-가 N1-에 V (N0=주사 바늘, 침, 링거 따위 N1=[신체부위])
능꽂다
¶아기는 자신의 팔에 꽂힌 주사 바늘을 보고 더 크게 울었다. ¶나는 허리에 침이 꽂히자 소리를 질렀다.
❹(칼이나 화살 따위가 어느 곳에) 세차게 찔려 박히다. (of a knife or an arrow, etc.) Be powerfully stuck into something.
㊌박히다
N0-가 N1-에 V (N0=[칼], 화살 따위 N1=[사물])
능꽂다
¶맹수의 등에 꽂힌 칼이 잘 빠지지 않았다. ¶몸에 꽂힌 파편을 함부로 빼지 마라.
❺(음식물이 꼬챙이 따위에) 끼워 꿰어지다. (of food) Be poked through a stick, etc.
N0-가 N1-에 V (N0=[음식물], N1=꼬챙이, 꼬치, 나뭇가지 따위)
능꽂다
¶감이 꼬챙이에 꽂혀 건조되고 있다. ¶꼬치에 꽂힌 닭 가슴살이 잘 익었다.
❻(코드나 열쇠 따위가 구멍이나 홈에) 맞물려져 끼워 접촉되다. (of code, key, etc.) Be in contact with a gap or a hole by interlocking.

[유]박히다, 연결되다
N0-가 N1-에 V (N0=플러그, 코드, 열쇠 따위 N1=콘센트, [공간](구멍 따위))
[능]꽂다
¶나는 사물함에 꽂혀 있던 열쇠를 빼는 것을 잊어버렸다. ¶깜박하고 열쇠가 자물쇠에 꽂힌 채로 집을 떠났다.
❼(어떤 사람이 바닥이나 매트 따위에) 세차게 내던져져 거꾸로 곧장 떨어지다. (of many people) Be powerfully thrown to the floor, mat, etc., directly falling upside down.
[유]내리꽂히다, 박히다, 꼬라박히다
N0-가 N2-에 의해 N1-에 V (N0=[인간] N1=[장소](바닥, 구석 따위), 매트 따위 N2=[인간])
[능]꽂다
¶상대 팀 선수가 우리 팀 선수에 의해 바닥에 꽂히는 순간 여기저기서 탄성이 터졌다. ¶바닥에 꽂힐 때 낙법을 잘 해야 한다.
※주로 운동 경기에서 쓰인다.
❽(공 따위가 골대 따위에) 곧바로 세차게 들어가게 되다. (of a ball, etc.) Powerfully enter a goalpost, etc., by being kicked.
N0-가 N2-로 N1-에 V (N0=공 N1=골대, 진영 따위 N2=강슛, 스파이크 따위)
[능]꽂다
¶그의 왼발 강슛으로 공이 상대 팀의 골대에 꽂혔다. ¶중거리슛이 골대에 꽂히자 모든 관중이 환호했다.
※주로 운동 경기에서 쓰인다.
❾(시선이나 눈길 따위가 한곳에) 집중되어 고정되다. (of eyes, vision, etc.) Be concentrated and fixed on one point.
[유]박히다, 고정되다
N0-가 N1-(에|에게) V (N0=시선, 눈길 따위 N1=[사물])
[능]꽂다
¶현규는 유독 한 작가의 그림에만 시선이 꽂혔다.
◆ **비수처럼 꽂히다** (다른 사람의 어떤 말로 인해 마음에) 깊은 상처를 받다. Feel deeply wounded by someone's remarks.
N0-가 N1-에 Idm (N0=[이야기] N1=[마음])
¶영희의 차가운 말 한마디가 현규의 머릿속에 비수처럼 꽂혔다. ¶매정한 친구의 말이 영수의 마음에 비수처럼 꽂혔다.
※'비수가 되어 꽂히다'로 자주 쓰인다.

꽃피우다

[타]❶(사람이) 어떤 일이나 행위 따위를 재미있고 활발하게 하다. (of a person) Make a work or a phenomenon actively proceed or happen.
N0-가 N1-를 V (N0=[인간|단체] N1=[행위](수다, 웃음 따위))
¶학생들은 주변 손님들은 아랑곳하지 않고 수다를 꽃피웠다. ¶그녀는 사랑하는 사람의 품 안에서 웃음을 꽃피웠다.
❷(단체나 국가가) 문화나 예술 따위를 진보시키거나 번영하게 하다. (of a country) Have its culture or history develop or flourish.
[유]개화시키다, 발달시키다
N0-가 N1-를 V (N0=[집단](국가, 단체 따위) N1=[문화], [예술], [사조], [역사])
¶교황청의 권한은 점차로 확장되어 아름다운 예술과 사상을 꽃피웠다. ¶인간들은 전쟁을 겪은 뒤에도 살아남아 문화를 꽃피웠다.

꾀다 I

[활용]꾀어(꽤), 꾀니, 꾀고
☞'꼬이다I'의 준말

꾀다 II

[활용]꾀어(꽤), 꾀니, 꾀고
☞'꼬이다II'의 준말

꾀다 III

[활용]꾀어(꽤), 꾀니, 꾀고
☞'꼬이다IV'의 준말

꾀이다

[활용]꾀여, 꾀이니, 꾀이고
[자](다른 사람의 듣기 좋은 말이나 그럴 듯한 행동에 속거나 넘어가) 상대방이 이끄는 대로 행동하게 되다. Act while someone leads after being tricked or convinced by his/her pleasing speech or convincing behavior.
[유]유혹에 넘어가다, 속다[자]
N0-가 N2-의 N1-에 V ↔ N0-가 N2-에게 V (N0=[인간] N1=[인간], 말 따위 N2=[인간])
[능]꼬이다IV
¶나는 사기꾼의 말에 꾀여 전 재산을 탕진했다. ↔ 나는 사기꾼에게 꾀여 전 재산을 탕진했다. ¶남자는 친구들의 부추김에 꾀여 싸움에 휘말려 들었다. ¶그는 대우를 더 좋게 해 준다는 친구의 말에 꾀여 회사를 옮겼다.
※주로 '꾀여'로 쓰인다.

꾀하다

[활용]꾀하여(꾀해), 꾀하니, 꾀하고
[타](원하거나 필요한 것을 이루기 위하여) 무엇을 계획하거나 힘쓰다. Plan or make efforts to accomplish something desired or necessary.
[유]시도하다, 도모하다, 기도하다(企圖)
N0-가 N1-를 V (N0=[인간|단체] N1=[행위](차별화, 인상, 변신, 창출, 이용, 단합, 발전 따위))
¶정부는 부유층에 대한 세금 인상도 꾀하고 있다. ¶변화를 꾀하는 것보다는 현재 상태를 유지하는

것이 좋다. ¶그는 선인장의 다양한 이용을 꾀해서 농가들의 수익에 도움을 줬다.
N0-가 S것-을 V (N0=[인간|단체])
¶남자는 적군에 대항할 것을 꾀했으나 적에게 체포되고 말았다. ¶그는 양반들을 모아 단발령에 반대할 것을 꾀하였다.

ㄱ

꾸다 I
활용 꾸어(꿔), 꾸니, 꾸고
타 ❶잠을 자면서 어떤 가상의 상황을 실제적인 상황인 것처럼 상상으로 경험하다. Experience situations or feelings in a realistic imaginary subconscious world while asleep.
N0-가 N1-를 V (N0=[인간] N1=꿈, 악몽, 길몽, 흉몽, 태몽, 돼지꿈 따위)
¶현규는 돼지꿈을 꾸고 나서 복권을 샀다. ¶영수는 뒤숭숭한 꿈을 꾼 탓에 아침부터 기분이 좋지 않았다. ¶어머니는 며느리 대신 태몽을 꾸셨다고 하셨다.
※ '꿈을 꾸다, 악몽을 꾸다, 길몽을 꾸다'등과 같이 '꿈'과 관련된 명사와 함께 쓰인다.
❷(미래에 바라는 소망이나 기대 따위를) 마음속에 늘 품거나 머릿속에 그리다. Keep permanently in one's mind or harbor hopes and expectations about one's future.
㊌그리다, 상상하다
N0-가 N1-를 V (N0=[인간] N1=꿈)
¶여자 아이들은 한번쯤 발레리나가 되고 싶다는 꿈을 꾸곤 하지요. ¶어린 학생들이 꿈을 꾸는 것을 포기하지 않도록 어른들이 도와줘야 한다.

꾸다 II
활용 꾸어(꿔), 꾸니, 꾸고
타 (남의 물건이나 돈 따위를) 나중에 되돌려 주거나 대가를 치르고 갚기로 하고 빌려 쓰다. Borrow and use someone's possession or money after promising to return it or pay a price.
㊌빌리다, 차용하다 ㊍갚다
N0-가 N2-(에게|에게서|에서) N1-를 V (N0=[인간|단체] N1=[돈], [곡식] N2=[인간], [금융기관])
¶현규는 돈이 필요할 때 아는 사람에게 돈을 꿨다. ¶영수는 은행에서 꾼 돈에 이자 갚기도 힘들었다. ¶예전에 어려울 때는 옆집에서 쌀도 잘 꿔 주었다.

꾸리다
활용 꾸리어(꾸려), 꾸리니, 꾸리고
타 ❶(짐이나 물건 따위를) 싸서 묶어 챙기다. Take cargo, item, etc., by wrapping and tying.
㊌묶다 ㊍풀다
N0-가 N1-를 V (N0=[인간] N1=[사물])
¶진혁이는 이삿짐을 꾸렸다. ¶배낭을 꾸리고 나니 여행을 간다는 실감이 난다. ¶행장을 꾸린 나그네는 다시 길을 떠났다.
❷(개인이나 단체의 형편을) 주어진 조건에서 알맞게 이끌어 나가다. Adequately lead a person or a group under the given conditions.
㊌운영하다, 경영하다
N0-가 N1-를 V (N0=[인간] N1=[인간|집단], [상황])
¶어머니는 우리 집 살림을 알뜰하게 꾸리셨다. ¶아버지는 가게를 꾸려 가는 중에도 가정에 소홀하지 않으셨다.
❸(건물, 자리, 이야기 따위를) 손보아 모양이 갖춰지도록 하다. Shape a building, a seat, a story, etc., by touching up.
㊌꾸미다, 장식하다, 치장하다
N0-가 N1-를 V (N0=[인간] N1=[건물], [이야기], 자리 따위)
¶아내는 집을 보기 좋게 꾸렸다. ¶누울 자리를 꾸리고 나서야 쉴 수 있었다.

꾸며지다
활용 꾸며지어(꾸며져), 꾸며지니, 꾸며지고
자 ❶모양이 가꾸어지고 다듬어져 보기에 좋게 되다. Make something more pleasant to look at by embellishing and polishing it.
㊌배치되다
N0-가 V (N0=[사물])
능 꾸미다
¶우리 집 마당에 정원이 아담하게 꾸며져 있다. ¶봄이 되자 앞집의 화단이 화초로 꾸며졌다.
❷(무엇이) 여러 구성 요소가 치밀하게 잘 짜 맞춰져 새롭게 만들어지다. Be created by meticulously putting together various components.
㊌구성되다
N0-가 V (N0=[사물])
능 꾸미다
¶이슬람교의 모스크는 신자가 꿇어앉아 메카를 향하여 예배할 수 있도록 꾸며진다. ¶이번 연주회는 성악과 실내악, 협주곡 등 여러 장르의 음악으로 다채롭게 꾸며진다.
❸(장소, 건물이) 수리되거나 손질되어 새로운 용도로 바뀌다. (of a place or building) Be renovated in such a way as to change its function.
㊌치장되다, 단장되다
N0-가 N1-로 V (N0=[사물] N1=[사물], [속성], [상태])
능 꾸미다
¶대학로의 오래된 소극장이 한동안 닫혀 있다가 새롭게 꾸며진 모습으로 문을 열었다. ¶시골의 폐교가 청소년 수련장으로 새로이 꾸며졌습니다.
❹(계획이나 모략이) 치밀하게 잘 짜여 만들어지다. (of a plan or plot) Be elaborately conceived and carried out.

[유]준비되다, 구성되다
N0-가 V (N0=[행위](계획, 음모, 술책 따위))
[능]꾸미다
¶이번 공연은 관객의 적극 참여를 유도하는 등 프로그램이 참신하게 꾸며져 있다. ¶어떤 술책이 꾸며지는지는 모르지만 조심해야겠다.
❺(이야기가) 사실인 것처럼 그럴듯하게 만들어지다. (of a story) Be created so as to sound like the truth.
[유]작성되다, 구성되다
N0-가 V (N0=[앎], [이야기])
[능]꾸미다
¶이 책의 내용은 대부분 실화가 아니라 사실인 양 꾸며진 거짓 이야기들이다. ¶소설이란 사실 재미있게 꾸며진 이야기이다.
S고 V
[능]꾸미다
¶영수는 내가 죽었다고 꾸며진 이야기에 속았다고 한다.

꾸물거리다

[활용]꾸물거리어(꾸물거려), 꾸물거리니, 꾸물거리고
[자]❶(사람이) 매우 게으르고 굼뜨게 행동하다. (of a person) Moving sluggishly and lazily.
N0-가 V (N0=[인간])
¶꾸물거리지 말고 어서 가자. ¶시간이 없는데 왜 꾸물거리고 있지?
❷(사람이나 동물이) 매우 느리게 자꾸 움직이다. (of a person or an animal) Continuously move very slowly.
N0-가 V (N0=[인간], [동물])
¶나뭇잎을 드러내 보니 벌레들이 꾸물거리고 있었다.

꾸물대다

[활용]꾸물대어(꾸물대), 꾸물대니, 꾸물대고
☞꾸물거리다

꾸미다

[활용]꾸미어(꾸며), 꾸미니, 꾸미고
[타]❶(모양을 가꾸고 다듬어) 보기 좋게 만들다. Beautify the shape of an object etc. to make it look more attractive.
[유]단장하다, 치장하다
N0-가 N1-를 V (N0=[인간|단체] N1=[사물])
[피]꾸며지다
¶봄이 되어 집안을 새로 꾸몄다. ¶금박으로 꾸민 화려한 책 표지에 속아 충동구매를 해 버렸다. ¶예쁘게 꾸미고 외출하고 싶은 날이 있다.
❷(무엇을) 여러 구성 요소를 치밀하게 잘 짜 맞추어 새롭게 만들다. Create something new by meticulously placing various elements together.
[유]짜다I[타], 조직하다, 배치하다
N0-가 N1-를 V (N0=[인간|단체] N1=[사물])
[피]꾸며지다
¶저희는 이번 공연을 좀 독특한 구성으로 꾸며 보았습니다. ¶새로 꾸민 무대 장치를 보면 깜짝 놀랄 것이다.
❸(장소나 건물을) 수리하거나 손질하여 새로운 용도로 바꿔 만들다. Renovate a place or building in such a way as to change its function.
[유]치장하다, 단장하다, 리모델링하다
N0-가 N1-를 N2-로 V (N0=[인간|단체] N1=[사물] N2=[사물], [속성], [상태])
[피]꾸며지다
¶그는 이동식 가건물을 번듯한 주택으로 꾸며 놓고 살고 있었다. ¶학교에서는 공터를 운동장으로 꾸몄다.
❹(계획이나 모략을) 치밀하게 잘 짜서 만들다. Produce an elaborate plan or plot.
[유]구성하다, 기획하다, 짜다
N0-가 N1-를 V (N0=[인간|단체] N1=[행위](계획, 음모, 술책 따위))
[피]꾸며지다
¶조선 후기에는 모반 계획을 꾸미다 발각되어 처형되는 일이 많았다. ¶적군은 우리가 꾸민 책략에 말려들 것이다.
❺(이야기를) 사실인 것처럼 그럴듯하게 만들다. Create a story that sounds plausible.
[유]작성하다, 구성하다
N0-가 N1-를 V (N0=[인간|단체] N1=[앎], [이야기])
[피]꾸며지다
¶그 남자가 어찌나 말을 잘 꾸미는지 속아 넘어갈 뻔했다니까요. ¶그는 이야기를 잘 꾸며 내는 재주가 있다.
N0-가 N1-를 S고 V (N0=[인간|단체] N1=[앎], [이야기])
[피]꾸며지다
¶그는 노인을 죽인 후 자신이 그 아들이라고 이야기를 꾸며 유산을 받아내려고 했다. ¶사료에 근거하지 않고서 특정한 역사적 사건이 있었다고 꾸민 책을 위서라고 한다.

꾸중하다

[활용]꾸중하여(꾸중해), 꾸중하니, 꾸중하고 [대응]꾸중을 하다
[자타](윗사람이 아랫사람의 흠이나 잘못을) 엄하게 따져 나무라다. (of a superior) Criticize subordinate's flaw or fault severely.
[유]꾸짖다, 나무라다, 혼내다
N0-가 N1-(를|에 대해) V (N0=[인간] N1=[인간

|단체], [행위](잘못, 죄, 실수 따위))
연어 엄하게, 크게, 심하게
¶선생님이 지각을 한 학생들을 엄하게 꾸중하셨다. ¶어머니가 아이의 거짓말에 대해서 심하게 꾸중하셨다.
No-가 S것-(을|에 대해) V (No=[인간])
연어 엄하게, 크게, 심하게
¶아버지께서는 내가 거짓말 한 것에 대해서 심하게 꾸중하셨다. ¶어머니께서는 내가 늦잠 자는 것을 계속 꾸중하셨다.
No-가 S(고|며) V (R2) (No=[인간])
연어 엄하게, 크게, 심하게
¶선생님께서는 규호(가|에게) 너무 늦게 왔다고 꾸중하셨다.(R1) ¶선배들은 후배들에게 훈련을 너무 게을리 한다며 엄하게 꾸중했다.

꾸짖다
활용 꾸짖어, 꾸짖으니, 꾸짖고
타 (윗사람이 아랫사람의 흠이나 잘못을) 지적하며 엄하게 야단치다. (of a superior) Point out a subordinate's flaw or fault and criticize severely.
유 나무라다, 꾸중하다, 야단치다 반 칭찬하다
No-가 N1-를 V (No=[인간] N1=[인간], [추상물](잘못, 실수, 범행 따위))
연어 엄하게, 호되게, 크게
¶어머니께서는 철수를 호되게 꾸짖으셨다. ¶아이들의 잘못을 꾸짖기만 하면 좋은 선생님이 될 수 없다.
자타 (윗사람이 아랫사람이 어떤 잘못을 저질렀는지 밝히며) 엄하게 야단치다. (of a superior) Reveal to a subordinate his/her fault and criticize severely.
유 나무라다, 꾸중하다, 야단치다
No-가 N1-(에게|를) S고 V (No=[인간] N1=[인간])
¶할아버지가 아이들에게 버릇없다고 꾸짖으셨다. ¶선생님께서 영희에게 남을 배려하지 않는다고 꾸짖으셨다.

꿀꺽하다
활용 꿀꺽하여(꿀꺽해), 꿀꺽하니, 꿀꺽하고
자 목구멍으로 음식이나 액체가 넘어가는 소리가 나다. (of food or liquid) Make a swallowing sound from the throat.
No-가 V (No=[소리])
¶밥을 삼키는 소리가 꿀꺽했다. ¶얼마나 입에 밀어 넣었는지 목구멍에서 넘어가는 소리가 꿀꺽한다. ¶그는 꿀꺽하고 음료수를 마셨다.
타 ❶(많은 음식물을 목구멍으로) 한번에 크게 삼키다. Heavily swallow a large amount of food through the throat at once.
반 메다, 막히다, 뱉다, 내뱉다
No-가 N1-를 V (No=[인간], [동물] N1=[음식](먹이 따위))
연어 한입에, 한번에
¶형은 입속에 있던 동생의 사탕을 꿀꺽하고 모르는 척했다. ¶황새는 개구리를 한 번에 꿀꺽할 정도로 큰 새다.
❷(다른 사람의 몫이나 소유물을) 부당하게 자기 것으로 가지다. Unfairly take someone's share or possession for oneself.
유 가로채다, 횡령하다, 떼어먹다
No-가 N1-를 V (No=[인간|단체] N1=[돈], [사물])
¶거래 업체가 물건값을 꿀꺽해 버렸다. ¶친구가 내 돈을 꿀꺽했다.

꿇다
활용 꿇어, 꿇으니, 꿇고
타 ❶(체중을 실은 채로) 무릎을 바닥에 대다. Press the knee against the floor by putting weight.
No-가 N1-를 V (No=[인간], [동물] N1=[신체부위](무릎, 앞무릎 따위))
사 꿇리다
¶지각한 학생들이 무릎을 꿇고 복도에 앉아 있다. ¶늙은 소가 앞무릎을 꿇더니 주저앉았다.
❷어떤 과정을 한 번 더 거치거나 일정 기간을 하는 일 없이 보내다. Repeat a certain course again, or spend a certain period of time doing nothing.
유 쉬다
No-가 N1-를 V (No=[인간] N1=[기간])
¶그 형은 한 학년을 꿇었다. ¶저 사람은 교도소에서 3년을 꿇었다.

꿇리다
활용 꿇리어(꿇려), 꿇리니, 꿇리고
타 (다른 사람이 체중을 실은 채로) 무릎을 바닥에 대게 하다. Make one press one's knee against the floor by putting weight.
No-가 N2-에게 N1-를 V ↔ No-가 N2-를 V (No=[인간] N1=무릎 N2=[인간])
주 꿇다
¶선배가 후배에게 무릎을 꿇렸다. ↔ 선배가 후배들을 꿇렸다. ¶경찰이 범인에게 무릎을 꿇리고 수갑을 채웠다.

꿈꾸다
활용 꿈꾸어(꿈꿔), 꿈꾸니, 꿈꾸고 대응 꿈을 꾸다 【구어】
자 ❶(사람이나 동물이) 잠을 자며 꿈을 꾸다. (of a person or an animal) Have a dream while sleeping.

No-가 V (No=[사람], [동물])
¶아기가 배시시 웃는 걸 보니 꿈꾸고 있는 듯하다. ¶동물들도 자면서 꿈꿀까?
❷(사람이) 전혀 듣거나 보지도 못하거나 생각하지도 않던 일을 상상하다. (of a person) Imagine something that one has never heard of, seen, or thought of.
[유]상상하다, 소망하다, 희망하다, 바라다
No-가 S고 V (No=[사람])
¶복권이 당첨되리라고는 꿈꿔 본 적이 없다. ¶이 머나먼 파리에서 옛 애인을 만나게 되리라고 꿈꾼 적도 없었다.
[타](사람이 원하거나 바라는 일이 이루어지기를) 간절히 생각하다. (of a person) Wish desperately for the accomplishment of what one wants.
[유]바라다, 소망하다
No-가 N1-를 V (No=[인간] N1=[인간], [추상물], [행위])
¶그는 일찍부터 영화감독을 꿈꿨으나 부모님의 반대가 심했다. ¶공주는 평범한 삶을 꿈꿨지만 삶이 자신의 마음대로 되지 않았다. ¶오래전부터 꿈꿔온 여행을 드디어 실현시킬 수 있게 되었다.
No-가 S것-을 V (No=[인간])
¶나는 어렸을 적부터 과학자가 되는 것을 꿈꿨다. ¶나는 그녀와 결혼하는 것을 오랫동안 꿈꿔왔다.
No-가 S기-를 V (No=[인간])
¶공주는 평범한 삶을 살기를 꿈꿨지만 삶이 자신의 마음대로 되지 않았다. ¶오래전부터 나는 세계 여행을 하기를 꿈꿔왔다.

꿈틀거리다

[활용]꿈틀거리어(꿈틀거려), 꿈틀거리니, 꿈틀거리고
[자](생각이나 감정이) 자꾸 조금씩 생겨나다. (of thought or emotion) Continue to be generated little by little.
No-가 N1-가 V (No=[인간] N1=[감정])
¶그는 새로 시작한 사업만 생각하면 의욕이 꿈틀거린다. ¶그녀는 연기에 대한 욕망이 꿈틀거려 무대로 돌아왔다.
[자타](사람이나 동물이) 신체 부위를 이리저리 방향을 틀거나 위아래로 들었다 놓았다를 반복하며 천천히 움직이다. (of a person or an animal) Move slowly by repeatedly twisting the body part in random directions or continuing to rise up and down.
[유]꼼짝하다
No-가 N1-를 V ↔ N1-가 V (No=[인간], [동물] N1=[신체부위])
¶철수가 눈썹을 꿈틀거렸다. ↔ 철수의 눈썹이 꿈틀거렸다. ¶벌레들이 꿈틀거리며 땅 위를 기어다닌다.

꿰다

[활용]꿰어(꿰), 꿰니, 꿰고
[타]❶(물건의 구멍이나 틈에 실, 끈 따위를) 한쪽으로 넣어 다른 쪽으로 빼다. Put thread or string into an object's hole or gap in one place and out the other.
[유]뚫다
No-가 N1-를 N2-에 V (No=[인간] N1=실, 끈 따위 N2=[사물](바늘귀 따위))
[피]꿰이다
¶할머니께서는 실을 바늘에 꿰려고 돋보기를 쓰셨다. ¶옛날에는 새끼줄에 연탄을 꿰어서 들고 다녔다.
❷여러 물체를 실, 끈 따위로 엮어서 어떤 물건을 만들다. Make by weaving thread or string into various objects.
[유]엮다
No-가 N1-를 N2-로 V (No=[인간] N1=[사물] N2=[재료])
¶아이들이 구슬로 목걸이를 꿰었다. ¶아버지께서는 클로버로 반지를 꿰어서 내 손에 끼워 주셨다.
❸(꼬챙이 따위의 뾰족한 것으로) 어떤 물건을 뚫어 꽂다. Stick by piercing some object with a sharp thing such as a stick.
[유]뚫다, 꽂다, 꿰뚫다 [반]빼다, 뽑다
No-가 N1-를 N2-에 V (No=[인간] N1=[사물](식재료 따위) N2=[도구](꼬챙이, 송곳 따위))
[피]꿰이다
¶나는 닭다리 살을 꼬챙이에 꿰어서 양념을 발랐다. ¶할아버지께서는 소의 코에 고삐를 꿰셨다.
❹(바지, 신발 따위에) 신체 부위를 찔러 넣다. Thrust a body part into something, such as pants or shoes.
[유]넣다, 입다, 신다
No-가 N1-를 N2-에 V (No=[인간] N1=[신체부위] N2=[착용물](옷, 바지, 소매, 신발 따위))
¶어린 조카가 신발에 조그만 발을 꿰고는 혼자서 손뼉을 친다. ¶급한 나머지 동생은 셔츠 팔 구멍에 머리를 꿨다.
❺(어떤 일이나 현상의 전체적인 상황을) 속속들이 알다. Have thorough knowledge of some duty or phenomenon's overall situation.
[유]꿰뚫다, 정통하다, 환하다
No-가 N1-를 V (No=[인간|단체] N1=[일], [사건], [현상])
[연어]훤히
¶우리 회사는 국제 정세를 훤히 꿰고 있다. ¶어른들은 아이들의 심리를 꿰고 있다.

ㄱ

꿰뚫다

[활용]꿰뚫어, 꿰뚫으니, 꿰뚫고

[타]❶(사물이 다른 사물을) 내부를 통과하여 뻗거나 지나다. (of thing) Spread or pass through the inner part of another thing.

[유]꿰다, 뚫다

N0-가 N1-를 V (N0=[사물] N1=[사물])

¶총알이 심장을 꿰뚫었다. ¶송곳이 나무판자를 꿰뚫었다.

❷(어떤 대상에 대하여) 본질을 간파하여 정확하게 속속들이 알다. See through the essence of an object.

[유]꿰다, 정통하다, 환하다

N0-가 N1-를 V (N0=[인간|단체] N1=[추상물], [상태])

¶장군은 이미 적의 계략을 꿰뚫고 있었다. ¶부모님은 내 속사정을 꿰뚫고 있었다.

※주로 '꿰뚫고 있다'의 형태로 쓰인다.

꿰매다

[활용]꿰매어(꿰매), 꿰매니, 꿰매고 【구어】

[타](옷의 해지거나 벌어진 부분 또는 신체 부위를) 바늘로 깁거나 얽어서 매다. Sew or mend worn portion or gap in clothes or body part to seal.

[유]깁다, 박다

N0-가 N1-를 V (N0=[인간]) (N0=[착용물], [신체부위])

¶그는 찢어진 저고리를 버리지 않고 열심히 꿰매어 입고 다녔다. ¶나는 떨어진 재킷 단추를 꿰매었다. ¶그는 사고로 다친 이마를 다섯 바늘이나 꿰매어야 했다.

꿰이다

[활용]꿰여, 꿰이니, 꿰이고

[자]❶(물건의 구멍이나 틈에 실, 끈 따위가) 한쪽으로 들어가 다른 쪽으로 빠져나오게 되다. (of thread or string) Be put into an object's hole or gap in one place and out the other.

[유]뚫리다

N0-가 N1-에 V (N0=[사물](바늘귀 따위) N1=[사물](실, 끈 따위))

[능]꿰다

¶바늘에 실이 꿰이면 매듭을 잘 묶어 줍니다. ¶구멍에 줄이 꿰이는 대로 쭉 잡아당겨라.

❷(꼬챙이 따위의 뾰족한 것으로) 어떤 물건을 뚫어 꽂다. Stick by piercing some object with a sharp thing such as a stick.

[유]뚫리다, 꽂히다 [반]뽑히다, 막히다

N0-가 N1-에 V (N0=[사물](식재료 따위) N1=[도구](꼬챙이, 송곳 따위))

[능]꿰다

¶맛있는 닭고기가 꼬챙이에 잘 꿰여 있다. ¶송아지 코가 고삐에 꿰여 있어서 아파 보였다.

꿰차다

[활용]꿰차, 꿰차니, 꿰차고

[타]❶(어떤 물건을) 몸이나 옷에 단단히 걸거나 꽉 끼워 지니다. Possess a certain item in one's body or clothes by securely hanging or inserting it.

[유]차다, 지니다

N0-가 N2-에 N1-를 V (N0=[인간] N1=[사물] N2=[신체부위], [주머니], [착용물])

¶농부는 허리춤에 낫을 꿰차고 다녔다. ¶소년은 옆구리에 꿰찼던 검정 고무신을 다시 신었다.

❷이성을 곁에 늘 꼭 붙여 두고 방탕하게 어울리다. Engage in a salacious relationship by always having a person of the opposite sex nearby.

[유]끼다

N0-가 N1-를 V (N0=[인간] N1=[인간])

¶그는 언제부터인가 아가씨 한 명을 꿰차고 다닌다. ¶영자는 젊은 사내를 꿰차고 다닌다고 동네 사람들로부터 욕을 먹었다.

※속되게 쓰인다.

❸(중요하거나 지위가 높은 자리를) 타인에 앞서 자기 것으로 만들다. Make any important or high position one's possession before others do so.

[유]차지하다, 점유하다

N0-가 N1-를 V (N0=[인간], [작품] N1=[지위], [직책], [역할](주연 따위))

¶그 영화가 개봉한 첫 주에 1위 자리를 꿰찼다. ¶조연만 하던 배우가 이번에 주연을 꿰찼다.

※속되게 쓰인다.

[재](어떤 일의 상황이나 사물에 대해) 매우 자세하게 훤히 알다. Know a certain task's status or object very well in significant detail.

[유]꿰다, 정통하다, 훤하다

N0-가 N1-(를|에 대해) V (N0=[인간] N1=[상황](사정, 형편 따위), [사물])

[연어]훤히, 줄줄이 따위

¶이장은 누구보다도 동네 사정을 훤히 꿰차고 있는 사람이다. ¶철수는 어린 나이에도 집안의 어려운 형편을 훤히 꿰찰 정도로 눈치가 빨랐다.

뀌다

[활용]뀌어, 뀌니, 뀌고

[타](방귀 따위의 가스를) 약간의 힘을 주어 압력을 가해 몸 밖으로 내보내다. Discharge or expel (wind/gas, i.e. a fart) from the anus by exerting pressure.

N0-가 N1-를 V (N0=[인간] N1=방귀, 콧방귀 따위)

¶동생이 방귀를 뀌자 냄새를 참지 못한 나는 밖으로 나갔다. ¶그녀는 남편의 같잖은 거짓말을 믿을 수가 없어서 콧방귀를 뀌었다.

◆ **알랑방귀를 뀌다** (다른 사람에게) 비위를 맞추며 아부를 하다. Play up to someone by praising them.

N0-가 N1-에게 Idm (N0=[인간] N1=[인간])

¶김 대리는 직원들이 없을 때에 사장에게 알랑방귀를 뀌며 아부를 떨었다. ¶윗사람한테 알랑방귀를 뀌는 동기가 곱게 보이지 않는다.

끄다

활용 꺼, 끄니, 끄고, 껐다

타 ❶(불, 불빛 따위를) 더 이상 타지 않게 죽이거나 비치지 않게 하다. Dampen or hide (a fire or light) to prevent further burning or brightness.

㊥소등하다, 소화하다

N0-가 N1-를 V (N0=[인간|단체], [사물] N1=[불](전기불, 촛불 따위), [작동], [사물](엔진, 장치, 전등 따위))

피 꺼지다I

¶흡연실에 있던 동료들은 서둘러 피우던 담배를 껐다. ¶정 사장이 갑자기 의자에서 일어나 방의 불을 껐다.

❷작동하는 기기의 작동을 멈추게 하다. Stop the operation of a piece of machinery or equipment.

㊥정지시키다

N0-가 N1-를 V (N0=[인간|단체] N1=[기기])

피 꺼지다I

¶컴퓨터 끄고 밥 먹어라. ¶이제 에어컨을 꺼도 되겠다.

❸(현상이나 감정을) 진정시키거나 억압시켜 없어지게 하다. Cause a phenomenon or emotion to disappear by assuaging or suppressing it.

㊥없애다

N0-가 N1-를 V (N0=[인간|단체] N1=[관심], [현상])

¶그는 이번 일을 사과하고 논란의 불씨를 껐다. ¶내 일에 대해서는 신경 껐으면 좋겠다.

◆ **급한 불을 끄다** 당장 닥친 문제부터 일단 해결하다. Resolve a problem that urgently needs addressing.

㊥발등의 불을 끄다

N0-가 Idm (N0=[인간|단체])

¶부도 위기에 있던 전 사장이 급하게 대출을 받아서 급한 불을 껐다. ¶이번 한 번만 급한 불을 끄고 잘 넘어갈 수 있게 해 주십시오.

끄덕거리다

활용 끄덕거리어(끄덕거려), 끄덕거리니, 끄덕거리고

타 ❶(사람이 고개 따위를) 앞뒤로 가볍게 서너 번 움직이다. Lower and raise one's head slightly and briefly a couple of times (especially in greeting, assent, or understanding, or as a signal).

㊥끄덕이다

N0-가 N1-를 V (N0=[인간] N1=고개, 머리 따위)

¶그는 고개를 끄덕거리며 나의 의견에 동조하였다. ¶나는 울음이 터져 말은 하지 못하고 고개만 끄덕거렸다. ¶지혜는 얼굴을 찌푸린 채 건성으로 고개를 끄덕거리고 있었다.

❷(물체가) 고정되지 않아서 흔들거리다. (of an object) Move forwards and backwards or from side to side in a slow or rhythmical motion since it is not fastened enough.

㊥흔들거리다, 움직이다

N0-가 V (N0=[사물])

¶시곗바늘이 끄덕거리며 움직이고 있다. ¶끄덕거리는 장난감이 시야에 들어왔다.

끄덕이다

활용 끄덕여, 끄덕이니, 끄덕이고

타 (고개나 머리를) 위아래로 움직이다. Move one's head up and down.

㊥끄덕거리다, 움직이다

N0-가 N1-를 V (N0=[인간] N1=고개, 머리)

¶민지의 말에 고개를 끄덕이면서도 수지는 섭섭한 표정을 감추지 않았다. ¶대화를 중단해야 할 시기는 상대방이 말없이 고개만 끄덕일 때다. ¶남자는 아내에게 고개를 끄덕여 보였다.

끄집어내다

활용 끄집어내어(끄집어내), 끄집어내니, 끄집어내고

타 ❶안에 있는 것을 잡아 당겨서 밖으로 끌어내다. Pull or draw something from the inside to the outside.

㊥꺼내다, 끌어내다 ㉺집어넣다, 넣다

N0-가 N2-에서 N1-를 N3-로 V (N0=[인간], [동물] N1=[사물] N2=[장소], [신체부위] N3=[도구], [신체부위](손, 혀, 부리 따위))

¶그는 하수도 안에서 쓰레기들을 직접 손으로 끄집어냈다. ¶의사가 내 목에서 가시를 끄집어내었다. ¶프린터에서 종이를 억지로 끄집어내다가 종이가 찢어졌다.

❷(이야깃거리를) 다른 사람들 앞에서 꺼내다. Mention facts or a story in front of other persons.

㊥꺼내다, 들추다, 시작하다

N0-가 N1-를 V (N0=[인간] N1=이야기, 말 따위)

¶서두를 어떻게 끄집어낼지 모르겠습니다. ¶새삼스럽게 옛날이야기를 끄집어내는 이유가 뭡니까? ¶내가 공연히 그 이야기를 끄집어냈구나.

❸(남의 약점이나 문제 따위를) 다른 사람들 앞에

서 드러내다. Disclose one's weakness or problem in front of other persons.
[유]들추다, 들추어내다, 밝히다[타] [반]감추다, 숨기다
N0-가 N2-에서 N1-를 V (N0=[인간] N1=[행위](실수, 잘못 따위) [속성](약점, 허물, 결점 따위), [마음](의혹) 따위 N2=[장소])
¶자꾸 남의 허물을 끄집어내려고 하지 마십시오. ¶선생님께서는 반 친구들 앞에서 내 실수를 끄집어내지 않으셨다.
❹(다른 사람의) 내재된 감정이나 기억, 능력 따위를 밖으로 끌어내다. Make an inherent emotion, memory or ability outwardly visible.
[유]드러내다, 개발하다, 계발하다 [반]감추다, 숨기다
N0-가 N1-를 V (N0=[인간] N1=[감정], [능력], [생각] 따위)
¶이것은 어린이들의 상상력을 끄집어내기 위해 만든 놀이입니다. ¶왜 나는 아픈 기억을 끄집어내어 괴로워하고 있는 것일까?
❺이유나 결론 따위를 찾아내 이끌어내다. Find and elicit a reason or result.
[유]도출하다, 유도하다
N0-가 N1-를 V (N0=[인간] N1=이유, 결과, 결론 따위)
¶우리는 원하는 결과를 끄집어낼 때까지 계속 의논했다. ¶그 친구는 항상 엉뚱한 결론을 끄집어낸다.

끈적거리다

[활용]끈적거리어(끈적거려), 끈적거리니, 끈적거리고
[자]❶자꾸 끈끈하게 들러붙다. Keep sticking to something.
N0-가 V (N0=[구체물])
¶음료수를 엎질러 바닥이 끈적거린다. ¶땀이 나서 피부가 끈적거리네.
❷이성을 향한 태도나 행동에서 욕망이 느껴지다. For desire to be felt in one's attitude or behavior towards the opposite sex.
[유]추근대다, 추근거리다
N0-가 N1-에게 V (N0=[구체물], N1=[인간])
¶그 사람이 영희에게 자꾸 끈적거렸다. ¶그의 끈적거리는 시선이 참 부담스러웠다.

끈적대다

[활용]끈적대어(끈적대), 끈적대니, 끈적대고
☞끈적거리다

끊기다

[활용]끊기어(끊겨), 끊기니, 끊기고
[자]❶(줄, 끈 따위의 긴 물체가) 잘리어 서로 떨어지다. (of a long object such as rope or string) Be separated due to cutting.
[유]잘리다, 끊어지다 [반]이어지다, 연결되다, 붙다
N0-가 V (N0=[사물](줄, 끈, 사슬 따위))
[능]끊다
¶포박했던 줄이 끊겼다. ¶고기가 당기는 힘에 낚싯줄이 끊겼다. ¶엄청난 괴력에 철삿줄이 끊겨 나갔다.
❷(도로, 다리 따위의 연결되어 있는 시설물이) 더 이상 이용할 수 없게 잘리다. (of a facility that is connected to a road or a bridge) Be cut in order to make it unavailable.
[유]잘리다, 끊어지다 [반]연결되다
N0-가 N1-(에|로) V (N0=[시설물](다리, 도로 따위), [시설망] N1=[상태], [재해])
[능]끊다
¶태풍에 전력망이 끊기지 않도록 잘 대비해야 합니다. ¶적의 폭격으로 철교가 모두 끊겨 버렸다.
❸(전기, 가스, 지원 따위가) 더 이상 공급되지 않다. (of electricity, gas, or support) No longer supplied.
[유]끊어지다, 차단되다, 중단되다 [반]공급되다, 제공되다
N1-에 N0-가 V (N0=[연료](전기, 가스 따위), [시설물](수도, 보급로 따위), [행위](지원, 원조 따위) N1=[인간|단체], [지역])
[능]끊다
¶이 지역에 전기가 일시적으로 끊겼다. ¶우리집에 가스 공급이 끊겼다. ¶아버지로부터 나에게 지원이 끊겼다.
❹(이야기, 연설 따위의 소통이) 가로막혀 중단된다. (of communication such as story or speech) Cease due to interruption.
[유]끊어지다, 잘리다, 중단되다, 가로막히다
[반]계속되다
N0-가 V (N0=[대화](말, 이야기, 연설 따위), [소통](논쟁, 토론 따위))
[능]끊다
¶그 친구의 말이 잠시 끊겼다가 이어졌다. ¶사회자에 의해서 토론이 잠시 끊겼다. ¶할머니의 자장가가 끊기자 아이가 깨서 울었다.
❺(정기적으로 배달되는 물건이) 더 이상 배달되지 않다. (of a regularly delivered object) No longer delivered.
[유]끊어지다
N0-가 V (N0=[사물](우유, 신문, 배달 따위))
[능]끊다
¶신문 보급소가 없어져서 다음 달부터 신문이 끊길 예정입니다. ¶추석 연휴 동안은 우유 배달이 끊긴다고 한다.
❻(생명력이) 이어지지 못하다. Not able to continue vital force.
[유]끊어지다 [반]부지하다, 유지하다

N0-가 V (N0=목숨, 생명, 숨통, 대 따위)
[능]끊다
¶그 사람의 숨통이 끊겼다. ¶숨이 끊기지 않도록 계속 치료를 해라.
❼(관계, 연락 따위가) 더 이상 지속되지 못하다. (of relation or contact) No longer able to keep in touch.
[유]끊어지다, 두절되다, 단절되다
N0-가 V (N0=[관계](연락, 소식, 전화 따위))
[능]끊다
¶나는 언젠가부터 그와의 연락이 끊겼다. ¶사돈과의 왕래가 끊기면 안 되지.
N1-가 N2-와 N0-가 V (N0=[행위](소식, 연락 따위) N1=[인간|단체] N2=[인간|단체])
[능]끊다
¶우리 회사가 그 회사와 거래가 끊겨서 다시 거래를 텄다. ¶가족들이 동생과 연락이 끊겼다.
❽(어떤 곳에 다니는 교통수단이) 더 이상 다니지 않게 되다. (of transportation that passes through some place) No longer able to pass.
[유]끊어지다, 운행이 중지되다
N0-가 V (N0=[교통기관])
¶강풍에 섬을 떠나는 배가 끊겼다. ¶버스가 끊겨서 집에 갈 방법이 없다.

끊다
[활용]끊어, 끊으니, 끊고
[타]❶(줄, 끈 따위의 긴 물체를) 잘라서 서로 떼어 놓다. Separate a long object such as rope or string by cutting.
[유]자르다, 풀다 [반]잇다[타], 연결하다, 붙이다
N0-가 N1-를 V (N0=[인간], [동물] N1=[사물](줄, 끈, 사슬 따위))
[피]끊기다
¶개가 목줄을 끊고 도망쳤다. ¶남학생들이 여학생들이 노는 고무줄을 끊고 도망다녔다.
❷(사거나 팔기 위하여 천, 옷감 따위의) 일부분을 잘라내다. Partially cut cloth or fabric to sell or buy.
[유]자르다
N0-가 N1-를 V (N0=[인간] N1=[천](옷감 따위))
¶어머니께서는 옷감을 끊어서 형의 양복을 지으셨다.
❸(기차표, 입장권 따위를) 돈을 지불하고 발급받다. Purchase ticket.
[유]사다, 구매하다 [반]팔다 [상]거래하다
N0-가 N1-를 V (N0=[인간] N1=[표](입장권 따위))
¶우리는 영화표를 끊었다. ¶어제 끊은 기차표를 사람들에게 나눠 주었다.
❹(수표, 어음 따위를) 사용하도록 만들어 내다. Issue check or bank paper.
[유]발행하다, 발급하다
N0-가 N1-를 V (N0=[인간], [단체](회사, 은행 따위) N1=[유가증권](수표, 어음 따위))
¶사장님은 어음을 끊어서 물건값을 지불했다. ¶나는 수표를 끊어서 사용했다.
❺(문장, 말 따위를) 잘라서 보다 짧게 만들다. Make any sentence or language short by cutting.
[유]자르다, 구분하다, 나누다 [반]잇다[타], 연결하다
N0-가 N1-를 N2-로 V (N0=[인간] N1=[텍스트], [말] N2=[텍스트], [말], [수량])
[피]끊기다, 끊어지다
¶학생들이 복잡한 문장을 짧은 문장으로 끊었다. ¶나는 긴 문장을 두어 개의 문장으로 끊어 보았다.
❻(도로, 다리 따위의 연결되어 있는 시설물을) 더 이상 이용하지 못하게 자르다. Cut a facility that is connected to a road or a bridge so that it is no longer usable.
[유]자르다, 차단하다, 파괴하다
N0-가 N1-를 V (N0=[인간], [상태] N1=[시설물](다리, 도로 따위), [시설망])
[피]끊기다, 끊어지다
¶산사태가 일부 간선 도로를 끊어 놓았습니다. ¶강한 지진이 도로와 다리를 끊어 버렸습니다.
❼(전기, 가스, 지원 따위를) 더 이상 공급하지 않다. Cease supply of electricity, gas, or support.
[유]중단하다, 차단하다 [반]공급하다
N0-가 N1-를 N2-에 V (N0=[인간|단체] N1=[연료](전기, 가스 따위), [시설물](수도, 보급로 따위), [행위](지원, 원조 따위) N2=[인간|단체], [지역])
[피]끊기다, 끊어지다
¶회장님은 우리 계열사에 지원을 끊기로 결정하셨다. ¶수도 사업소가 우리 회사에 수도를 잠시 끊었다. ¶정부는 이웃 나라에 식량 지원을 끊기로 결정했다.
❽(이야기, 연설 따위의 소통을) 가로막아 중단시키다. Cease communication such as story or speech by interrupting.
[유]그만두다, 그치다, 중단하다, 자르다, 가로막다, 중단시키다 [반]잇다[타]
N0-가 N1-를 V (N0=[인간] N1=[소통](논쟁, 토론 따위), [대화](이야기, 연설 따위))
[피]끊기다, 끊어지다
¶사회자가 토론을 잠시 끊었다. ¶친구가 내 말을 끊었다.
❾(일이나 습관 따위를) 유지하지 않고 그만두다. Stop work or habit.
[유]그만두다
N0-가 N1-를 V (N0=[인간] N1=[행위], [활동](습관

ㄱ

따위), [사물](술, 담배, 커피 따위))

¶나는 당분간 술을 끊었다. ¶훌륭한 사람들은 나쁜 습관을 끊는다.

❿(정기적으로 배달되는 물건을) 더 이상 받지 않다. No longer receive a regularly delivered object.

[반]배달받다

N_0-가 N_1-를 V (N_0=[인간] N_1=[사물](우유, 신문, 배달 따위))

[피]끊기다, 끊어지다

¶우리는 건강식품 배달을 끊었다. ¶우리집은 신문을 끊었다.

⓫(생명력을) 유지하지 못하게 하다. Preclude from maintaining vital force.

[반]유지하다, 잇다[타]

N_0-가 N_1-를 V (N_0=[인간], [사건] N_1=목숨, 생명, 숨통, 대 따위)

[피]끊기다, 끊어지다

¶연쇄 살인범이 여러 사람의 목숨을 끊었다. ¶그 사람은 스스로 목숨을 끊어 버렸다.

⓬(관계, 연락 따위를) 더 이상 유지하지 않다. No longer maintain relation or contact.

[유]단절하다

N_0-가 N_2-와 N_1-를 V (N_0=[인간|단체] N_1=[행위](소식, 연락 따위) N_2=[인간|단체])

[피]끊기다, 끊어지다

¶나는 그녀와 관계를 끊었다. ¶나는 그 은행과 거래를 끊어 버렸다. ¶동생이 가족과 연락을 끊었다.

N_0-가 N_1-를 V (N_0=[인간] N_1=전화, 무전 따위)

[피]끊기다

¶상대방이 먼저 전화를 끊었다. ¶통화를 끊은 뒤에는 수화기를 제자리에 놓아라.

끊어지다

[활용]끊어지어(끊어져), 끊어지니, 끊어지고

[자]❶(줄, 끈 따위의 긴 물체가) 잘리어 서로 떨어지다. (of something long such as string or rope) Be cut and separated from each other.

[유]잘리다, 풀리다, 끊기다 [반]연결되다, 붙다

N_0-가 V (N_0=[줄])

[능]끊다

¶밧줄이 칼질에 끊어졌다. ¶감옥에는 끊어진 사슬만이 남아 있었다.

❷(문장이나 말 따위가) 잘리어 보다 짧아지다. (of words or sentence) Be cut and to become shorter.

[유]끊기다, 잘리다

N_0-가 V (N_0=[말])

[능]끊다

¶그는 더듬더듬 말하느라 문장이 끊어졌다. ¶이 부분이 음절이 끊어지는 곳이다. ¶긴 문장을 읽을 때는 적당히 끊어지도록 조절해라.

❸(도로, 다리 따위의 연결되어 있는 시설물이) 더 이상 이용하지 못하도록 잘리다. (of long facility such as road or bridge) Be broken by an accident so that it is no longer available.

[유]끊기다, 잘리다, 차단되다, 파괴되다 [반]연결되다

N_0-가 N_1-(에|로) V (N_0=[시설물], [시설망], [길], [다리] N_1=[상태], [재해])

[능]끊다

¶폭격에 끊어진 다리가 흉물스럽게 남아 있었다. ¶전화망이 끊어져서 연락이 되지 않는다.

❹(교통수단이) 더 이상 다니지 않게 되다. (of transportation) Become out of service.

[유]끊기다, 정지되다, 두절되다

N_0-가 V (N_0=[교통기관])

¶태풍으로 비행기가 끊어져 서울에 갈 수가 없다. ¶버스가 끊어지면 집에 갈 방법이 없어요.

❺(전기, 가스, 지원 따위가) 더 이상 공급되지 않다. (of electricity, gas, support, etc.) Stop being provided.

[유]끊기다, 중단되다, 차단되다 [반]공급되다

N_0-가 N_1-(에|에게) V (N_0=[연료](전기, 가스 따위), [시설물](수도, 보급로 따위), [행위](지원, 원조 따위) N_1=[인간|단체], [장소])

[능]끊다

¶정전이 되어 아파트 전체에 전기가 끊어졌다. ¶이재민들은 수도가 끊어져 불편을 겪고 있다.

❻(이야기, 연설 따위의 소통이) 가로막혀 중단된다. (of communication with speech or talk) Be interrupted.

[유]가로막히다, 끊기다, 잘리다, 중단되다 [반]계속되다

N_0-가 V (N_0=[소통], [이야기])

[능]끊다

¶그가 들어오는 바람에 이야기가 잠시 끊어졌다. ¶객석이 소란스러워 연설이 끊어졌지만 이내 계속됐다. ¶우리는 공통된 취미가 많아 대화가 끊어지지 않았다.

❼(정기적으로 배달되는 물건이) 더 이상 배달되지 않다. (of goods that are delivered regularly) Not to be delivered anymore.

[유]끊기다

N_0-가 V (N_0=[사물](우유, 신문 따위), [행위](배달 따위))

[능]끊다

¶설 연휴 동안은 우유가 끊어집니다. ¶신문 보급소가 문을 닫아서 졸지에 신문이 끊어졌다.

❽(생명력이) 이어지지 못하다. (of life) Fail to

continue.
[유]끊기다 [반]부지하다, 유지하다
N0-가 V (N0=목숨, 생명, 숨통, 대 따위)
[능]끊다
¶그는 고비를 넘기지 못하고 목숨이 끊어졌다. ¶무슨 일이 있어도 대가 끊어지지 않도록 해야 한다.
❾(관계, 연락 따위가) 더 이상 지속되지 못하다. (of connection or contact) Not to be continued anymore.
[유]끊기다, 두절되다, 단절되다
N0-가 V (N0=[앎](정보, 소식 따위), [소통](연락, 전화 따위))
[능]끊다
¶나도 예지로부터 소식이 끊어졌다. ¶통신망이 좋지 않아 무전이 끊어지곤 한다.
❿(계속 이어지던 행위나 현상이) 멈추거나 그치게 되다. (of continued act or phenomenon) Stop or to be ceased.
[유]끊기다
N0-가 V (N0=[행위], [사물](술, 담배, 커피 따위), 입감)
[능]끊다
¶습관은 결정적인 계기가 있어야 비로소 끊어진다. ¶매일 마시던 커피가 좀처럼 끊어지지 않는다.

끊이다
[활용]끊이지, 끊일
[자](어떤 일, 활동, 관계 따위가) 계속 유지되지 않다. (of some duty, activity, or relation) Not maintained continuously.
N0-가 V (N0=[상태], [일], [관계])
¶배달이 끊이지 않는다. ¶사람들이 끊일 새 없이 찾아 왔다.
※'끊이지 않다', '끊일 새 없다', '끊일 줄 모르다' 등의 형식으로 쓰인다.

끌다
[활용]끌어, 끄니, 끌고, 끄는
[타]❶(물건 따위를) 바닥에 스치거나 닿은 채로 계속하여 잡아당겨 움직이다. Continuously pull along and move an object while it is touching the floor.
[유]당기다[타], 끌어당기다 [반]밀다
N0-가 N1-를 V (N0=[인간], [동물](소, 말 따위) N1=[가구], [줄], [용기], [가방], [농기구] 따위)
[피]끌리다
[연어]질질
¶윗집에서 의자를 끄는 소리가 신경이 쓰인다. ¶고대 시대부터 소는 논밭에서 쟁기를 끌었다.
❷(신체부위, 옷, 신발 따위를) 바닥에 스치게 하면서 다니다. Move around with a body part, clothing, or shoes scraping along the ground.
N0-가 N1-를 V (N0=[인간] N1=[신체부위](발, 다리 따위), [착용물])
[피]끌리다
[연어]질질
¶나는 구두를 질질 끌며 걸었다. ¶한 여인이 치맛자락을 끌면서 탑을 돌고 있었다.
❸(자신이 움직이는 쪽으로 다른 사람을) 힘으로 당기거나 따라오게 하다. Pull someone along by force or by making that person follow one's path.
[유]끌어당기다, 이끌다
N0-가 N1-를 V (N0=[인간] N1=[인간], [신체부위](손, 손목, 팔 따위))
[피]끌리다
¶그녀는 두 아이의 손을 끌고 병원에 갔다. ¶왕 형사가 오 반장의 팔을 끌고 안으로 들어갔다. ¶그는 서울로 식구들을 다 끌고 올라 왔다.
❹(바퀴가 달린 탈 것을) 운전하여 움직이게 하다. Operate a wheeled vehicle to make it move.
[유]당기다[타], 끌어당기다 [반]밀다
N0-가 N1-를 V (N1=[교통기관], 수레, 인력거, 마차 따위)
¶조랑말이 마차를 끌던 시대는 이제 다 지나가 버렸다. ¶영수는 군대에서 배운 운전 기술로 화물차를 끌었다.
❺짐승을 부리거나 움직여 이동시키다. Manage an animal to work and move.
[유]몰다
N0-가 N1-를 V (N0=[인간] N1=[동물](소, 개 따위))
¶아버지께서는 소를 끌고 논으로 나가셨다. ¶영희는 강아지를 끌고 친구네 집에 갔다.
❻(다른 사람의 관심, 주의, 시선 따위를) 모으거나 쏠리게 하다. Attract or concentrate other people's interest, attention or line of vision.
[유]모으다
N0-가 N1-를 V (N0=[인간], [속성], [작품] N1=[추상물](주목, 관심, 인기, 눈길, 마음 따위))
[피]끌리다
¶갑수는 대중의 주목을 끌만한 새로운 작품을 만들었다. ¶요즘 복고풍 드라마와 영화가 인기를 끌고 있다.
❼(어떤 목적이나 이득을 위해 좋은 말이나 조건으로) 사람들을 많이 모여들게 하다. Persuade or induce many people to gather together with good words or conditions in order to achieve a specific purpose or profit.
[유]끌어들이다, 유인하다
N0-가 N2-로 N1-를 V (N0=[인간|단체] N1=[인간],

[군중], 손님 따위 N2=[음식물], [사물], [이야기], [방법])
¶한식당이 제철 음식으로 손님을 끌었다. ¶갑수는 유창한 언변으로 손님들을 끌었다. ¶그녀의 공연은 독창성이 돋보인다는 평가를 받으며 엄청난 관객을 끌었다.
❽(단체, 일 따위를) 책임지고 운영 또는 진행하거나 이끌다. Manage, operate or guide a group or task under one's responsibility.
[유]이끌다, 끌어가다, 운영하다, 경영하다, 지도하다
N0-가 N1-를 ADV V (N0=[인간] N1=[인간|단체], [행사], [일])
¶국민들을 강력하게 끌고 갈 지도자가 필요하다. ¶영수는 무리하게 일을 끌고 나가려다 난관에 부딪쳤다.
※ 주로 '끌고'의 형태로 쓰인다.
❾(이야기, 분위기 따위를) 일정한 방향으로 진행되게 유도하다. Guide a conversation or environment in a certain direction.
[유]이끌다, 끌어가다, 유도하다
N0-가 N1-를 ADV V (N0=[인간] N1=[상황], [이야기], 여론, 소송 따위, ADV=Adj-게)
¶갑수는 이야기를 재미있게 끌고 가는 능력이 있다. ¶이 후보는 자신에게 유리한 쪽으로 여론을 끌고 가려고 애썼다.
※ 주로 '끌고'의 형태로 쓰인다.
❿(말소리나 말 따위를) 길게 늘이다. Stretch or elongate one's words or voice.
N0-가 N1-를 V (N0=[인간] N1=음 따위, 목소리, 말꼬리, 말)
¶영희는 말꼬리를 끌면서 자리를 떠나지 않았다. ¶그는 긴장하면 말끝을 끄는 버릇이 있다.
⓫(대화나 이야기를) 다소 길게 이어 나가다. Continue and expand a conversation or story into a relatively lengthy one.
[유]연장하다, 늘이다
N0-가 N1-를 V (N0=[인간] N1=[대화], 전화 통화 따위)
[연어]오래
¶그는 처음 만나는 사람과도 대화를 오래 끌었다. ¶그녀는 할 말도 없으면서 통화를 오래 끌었다.
⓬(시간을) 예상보다 더 늦추거나 미루다. Delay or postpone something beyond the expected.
[유]지연하다, 지체하다
N0-가 N1-를 V (N0=[인간] N1=[시간], 시일, 날짜 따위)
[연어]질질
¶경기 후반전에 들어서자 상대편이 시간을 질질 끌었다. ¶그들은 협의를 계속했지만 아무 결론도 내지 못한 채 시간만 끌었다.
⓭(일이나 일의 진행을) 지루하게 오래 걸리게 계속하다. Continue a task or cause it to progress in a lengthy and boring style.
[유]계속하다, 지속하다
N0-가 N1-를 V (N0=[인간] N1=[회의], [경기], 재판, 수사 따위)
[연어]질질
¶형사는 수사를 마무리하지 않고 사건을 질질 끌기만 했다. ¶상대편이 경기를 질질 끌었지만 결국 우리 팀이 이겼다.
⓮(다른 사람의 말이나 책에서 글, 사실 따위를) 모아서 옮겨 오다. Extract and incorporate facts or text from another person's speech or book.
[유]인용하다
N0-가 N2-에서 N1-를 V (N0=[인간] N1=[앎], [말] (구절, 자료 따위) N2=[텍스트], [책])
¶발표자는 다양한 서적에서 온갖 자료를 끌어다 자신의 주장을 뒷받침하려고 했다. ¶그는 다른 논문에서 끌어 온 내용을 근거로 댔다.
⓯(전기, 수도, 물 따위를) 필요한 곳으로 쓸 수 있게 가져오다. Make electricity, water pipes or water available in a specific location for useby pulling it from somewhere else.
[유]끌어오다, 가져오다
N0-가 N2-에서 N1-를 V (N0=[인간] N1=수도, 물, 지하수, 전기 따위 N2=[방], [지역], 발전기 따위)
¶화장실에서 물이 나오지 않아 부엌에서 수도를 끌어다 물을 받았다. ¶이 마을은 오래 전부터 지하수를 끌어다가 쓰고 있다.
※ 주로 '끌어(다)'의 형태로 쓰인다.
⓰(남의 돈을) 여러 사람에게서 모아서 빌려 오다. Borrow money from many people.
[유]꾸다II, 모금하다
N0-가 N2-에서 N1-를 V (N0=[인간|단체] N1=[금전] N2=[금융기관])
¶우리 회사는 은행에서 돈을 끌어다 새 사업에 투자하였다. ¶연희는 언니의 돈을 끌어다 주식에 투자했다.
※ 주로 '끌어다'의 형태로 쓰인다.

끌려가다

[활용]끌려가, 끌려가니, 끌려가고
[자]❶(어디에, 또는 어디로) 법이나 힘에 의해 강제로 붙들려 가다. Be captured and dragged forcefully by law or authority.
[유]잡혀가다, 체포당하다
N0-가 N2-에서 N1-(에|로) V (N0=[인간], [동물] N1=[지역], [장소], [건물] N2=[지역], [장소])
[능]끌어가다
¶일제 강점기 때 한국에서 사할린으로 끌려간

사람들이 아직 그곳에 살고 있다. ¶소가 도살장에 질질 끌려갔다.
No-가 N1-에게 N2-(에|로) V (No=[인간], [동물] N1=[인간] N2=[방], [지역], [장소])
¶아이가 유괴범에게 지하실로 끌려갔다. ¶돼지 한 마리가 영수에게 끌려갔다.
❷(자동차 따위가) 견인차에 달리어 옮겨지다. (of a vehicle) Be attached by a rope to another vehicle and moved.
㊌견인되다
No-가 N1-에 V (No=[교통기관] N1=[교통기관](견인차))
능끌어가다
¶갓길에 주차했던 자동차가 견인차에 끌려갔다. ¶견인되어 끌려간 차량은 저쪽에 보관돼 있다.
❸(다른 사람의 말에) 줏대 없이 따라가다. Obey someone's words without one's own opinion.
No-가 N1-(에|에게) V (No=[인간] N1=[인간], [말], [추상물](지시, 요구 따위))
연어무조건, 질질 따위
¶자꾸 남의 말에 끌려가는 그가 답답해 보인다. ¶어쩔 줄 몰라 하며 여자친구에게 끌려가기만 하는 남자의 모습이 안쓰럽다.

끌려오다

활용끌려와, 끌려오니, 끌려오고
자❶(어디에, 또는 어디로) 법이나 힘에 의해 강제로 붙들려 오다. Be captured and brought in forcefully by the law or authority.
㊌잡혀오다, 체포되다
No-가 N2-에서 N1-(에|로) V (No=[인간], [동물] N1=[지역], [장소], [건물] N2=[지역], [장소])
¶소매치기가 현장에서 경찰서로 끌려왔다. ¶도살장에 끌려온 소는 더 이상 반항하지 않았다.
No-가 N1-에게 N2-(에|로) V (No=[인간], [동물] N1=[인간] N2=[방], [지역], [장소])
¶아이가 유괴범에게 산 속으로 끌려왔다. ¶서울에 남겠다던 철수는 아버지에게 고향으로 끌려왔다.
❷(다른 사람의 말에) 줏대 없이 따라오다. Obey someone's instructions without voicing one's own opinion.
No-가 N1-(에|에게) V (No=[인간] N1=[인간], [말])
¶내 남자친구는 우리 관계를 주도하기보다 나에게 끌려오기만 했다. ¶그는 내가 하자는 대로 끌려오는 사람이다.

끌리다

활용끌리어(끌려), 끌리니, 끌리고
자❶(물건이) 바닥에 스치거나 닿은 채 당기는 쪽으로 움직이다. (of an object) Be moved towards a pulling force while touching the ground.
No-가 N1-에 V (No=[착용물], [신체부위], [가구], [줄], [용기], [가방], [화물] 따위 N1=[장소](땅, 바닥 따위))
능끌다
연어질질
¶영희의 가방 끈이 땅에 끌려 더러워졌다. ¶윗집에서 의자 끌리는 소리가 시끄럽게 들린다.
❷(누구에게, 또는 무엇에) 강제적으로 이끌려 움직이다. Be moved by another person's strength of will or power.
㊌이끌리다
No-가 N1-(에|에게) V (No=[인간] N1=[인간], [신체부위](손, 팔 따위))
능끌다
¶아이는 엄마의 손에 끌려 병원에 갔다. ¶철수 친구들은 철수에게 끌려 다닌다.
※ 주로 '끌려'의 형태로 쓰인다.
❸(사람이나 물건 따위에) 관심이 집중되거나 마음이 쏠리다. (of interest) Concentrate on or head towards a person or item.
㊌유인되다, 혹하다
No-가 N1-(에|에게) V (No=[인간], [속성](마음), 흥미 따위 N1=[인간], [속성], [작품], [이야기], [사물], 호기심 따위)
능끌다
¶영희는 철수에게 끌렸다. ¶그는 그녀의 착한 마음씨에 끌렸다. ¶호기심에 끌린 철수는 정체 모를 물체에 가까이 접근했다. ¶나는 한 글자로 된 영화 제목에 마음이 끌렸다. ¶두 사람이 서로에게 끌렸던 결정적인 이유는 바로 대화가 잘 통해서였다.

ㄱ

끌어가다

활용끌어가, 끌어가니, 끌어가고
타❶(다른 사람이나 동물을) 힘이나 권위를 이용하여 강제로 붙잡아 데려 가다. Capture and drag a person or animal forcefully using one's power or authority.
㊌잡아가다, 붙잡아가다, 체포하다
No-가 N1-를 N2-로 V (No=[인간|단체] N1=[인간], [동물] N2=[지역], [장소], [건물] N2=[지역], [장소], [건물])
피끌려가다
연어강제로, 억지로, 질질 따위
¶형사들이 범인을 경찰서로 끌어갔다. ¶유괴범이 아이를 억지로 끌어가는 걸 목격한 사람이 있다.
❷(짐승을) 힘을 이용하여 강제로 빼앗아 몰고 가다. Take an animal forcefully using one's power.

N0-가 N1-를 V (N0=[인간|단체] N1=[짐승])
피 끌려가다
연어 전부, 모조리, 죄다 따위
¶전쟁이 나자 나라에서는 집집마다 있던 소를 모조리 끌어갔다. ¶조류독감이 돌자 구청 사람들이 나와 마을에 있는 닭과 오리를 전부 끌어갔다.
❸(좋은 말이나 조건으로 사람들을) 이득을 얻기 위해 자기 쪽으로 데려가다. Bring people to one's side with enticing words or conditions in order to obtain a profit.
㊌데려가다
N0-가 N1-를 V (N0=[인간|단체] N1=[군중], 손님 따위, [인간])
¶신장개업을 한 옆집 식당이 우리 식당 손님을 다 끌어갔다. ¶두 경쟁사는 서로 인재를 끌어가려고 다양한 홍보 활동을 펼쳤다.
❹(단체, 일 따위를) 책임지고 이끌어 나가다. Guide an organization or task under one's responsibility.
㊌이끌다, 끌다, 운영하다, 지도하다
N0-가 N1-를 ADV V (N0=[인간] N1=[인간|단체], [행사], [일], ADV=Adj-게)
¶사장이 회사를 활기차게 끌어가기 위해 애쓰고 있다. ¶강사는 자연스럽고 유창하게 강의를 끌어갔다.
❺(이야기, 분위기 따위를) 어떠한 방향으로 진행되거나 진척되도록 이끌어 나가다. Guide a conversation or mood in a certain direction.
㊌이끌다, 끌다, 유도하다
N0-가 N1-를 ADV V (N0=[인간] N1=[상황], [이야기], 화제 따위, ADV=Adj-게)
¶감독은 주인공의 감정 변화를 통해 스토리를 긴박감 있게 끌어간다. ¶영희는 이야기의 화제를 조급하게 자신의 아픔 쪽으로 끌어갔다.
❻【경제】돈, 자금 따위를 이득을 얻기 위해 지속적으로 모아들여 가져가다. Constantly collect money or funds in order to obtain a profit.
㊌쓸어가다, 휩쓸어가다
N0-가 N1-를 V (N0=[인간|단체] N1=[금전], 자금 따위)
¶외국 은행이 국내 고소득층의 자금을 끌어간다면 문제는 심각해진다. ¶최근 주식 시장에서 돈을 모조리 끌어가고 있다.

끌어내다

활용 끌어내어(끌어내), 끌어내니, 끌어내고
타 ❶(물건, 가구 따위를) 힘을 들여 당겨서 바깥쪽으로 나오게 하다. Pull an item or furniture to the outside using force.
㊌유인하다, 끄집어내다 ㊥집어넣다
N0-가 N3-에서 N1-를 N2-(에|로) V (N0=[인간] N1=[사물] N2=[장소] N3=[장소])
¶나는 볏단을 곳간에서 마당으로 끌어냈다. ¶학생들은 책상을 복도에 끌어낸 후 교실 청소를 했다.
❷(사람이나 동물을) 힘을 써서 당겨서 강제로 나오게 하다. Forcefully pull a person or animal to the outside using one's power.
㊥집어넣다
N0-가 N3-에서 N1-를 N2-(에|로) V (N0=[인간] N1=[인간], [동물] N2=[장소] N3=[장소])
¶수위 아저씨는 소란을 피우는 취객을 건물 밖으로 끌어냈다. ¶아버지와 아들은 소를 축사 밖으로 끌어내는 데 성공했다.
❸어떤 일에 함께 하도록 노력하다. Make efforts to induce someone to participate in a task.
㊌유도하다
N0-가 N2-(에|로) N1-를 V (N0=[인간|단체] N1=참여, 동참 따위 N2=[행사])
¶정부는 일자리 창출에 대기업들의 참여를 끌어내기 위해 노력 중이다. ¶여성들의 사회 참여를 끌어내기 위한 현실적인 방안이 필요하다.
❹(말, 생각, 능력 따위를) 겉으로 드러나거나 표현하게 유도하다. Lead someone to speak out or express their thoughts or ability in an outwardly visible fashion.
㊌표출하다
N0-가 N1-를 V (N0=[인간] N1=[이야기], [마음], [능력])
¶경수는 민희의 속 이야기를 끌어내느라 애를 썼다. ¶모두에게 참신한 아이디어를 끌어내기란 쉽지 않다.
❺(주의, 흥미, 관심 따위를) 일으켜 얻어내다. Arouse and gain attention or interest.
㊌유인하다, 유도하다
N0-가 N1-를 V (N0=[인간], [행위], [속성] N1=[추상물](반응, 주의, 관심, 흥미, 지지 따위))
¶희극배우는 방청객의 반응을 끌어내기 위해 과장된 연기를 했다. ¶선정적인 제목은 소비자들의 주의를 끌어내는 데 탁월한 효과가 있다.
❻(결론, 합의 따위를) 구하거나 얻어내다. Seek or obtain a conclusion or agreement.
N0-가 N1-를 V (N0=[인간|단체] N1=[의견], [추상물](결론, 합의, 협상 따위))
¶이 사장은 외국인과의 협상을 유리하게 끌어내는 능력이 탁월하다. ¶그들은 회담에서 서로에게 잘 되는 쪽으로 합의를 끌어내겠다는 의지를 보였다.

끌어내리다

[활용]끌어내리어(끌어내려), 끌어내리니, 끌어내리고
[타]❶(다른 사람이나 물건을) 집거나 잡아당겨 위에서 아래쪽으로 내리다. Seize a person or object and pull it from a high to a lower position.
[유]내리다 [반]끌어올리다
N0-가 N3-에서 N1-를 N2-(에|로) V (N0=[인간] N1=[인간], [사물] N2=[장소], [신체부위] N3=[장소], [장소], [장소], [신체부위])
¶나는 짐칸에서 트렁크를 끌어내렸다. ¶엄마는 가구 위에서 상자 하나를 끌어내렸다.
❷(어떤 사람을) 지위나 신분이 낮아지게 하거나 있던 자리에서 물러나게 하다. Lower or make someone leave their position.
[유]떨어뜨리다, 내쫓다, 강등시키다, 폐위시키다, 해임시키다 [반]끌어올리다
N0-가 N3-에서 N1-를 N2-(에|로) V (N0=[인간], [추상물](소문 따위) N1=[인간] N2=[계층계급], [직업] N3=[계층계급], [직위])
¶영의정은 왕을 권좌에서 끌어내리려는 역모에 가담했다.
❸(어떤 것의 수준이나 수치를) 현 상태보다 더 낮아지게 하다. Lower something's level or value compared to its current condition.
[유]인하하다 [반]끌어올리다
N0-가 N1-를 N2-로 V (N0=[인간|단체] N1=[비율], [값] N2=[비율], [값], [속성](등급, 순위 따위))
¶한 보험회사는 예정 이율을 연 7.5%에서 4%로 끌어내렸다. ¶건설 업체가 아파트 분양가를 당초보다 최고 1500만원까지 끌어내렸다. ¶물가는 물리적으로 잡아내거나 끌어내릴 수 없는 것이다.

끌어당기다

[활용]끌어당기어(끌어당겨), 끌어당기니, 끌어당기고
[타]❶(다른 사람이나 물체를) 손으로 잡아서 끌어서 자신에게 가까이 오게 하다. Pull someone or something by hand to bring it closer to oneself.
[유]끌다, 당기다[타] [반]밀어내다
N0-가 N1-를 V (N0=[인간], [사물](자석 따위) N1=[신체부위], [착용물], [사물])
¶아이는 아빠의 팔을 끌어당겼다. ¶경수는 민희의 옷자락을 끌어당겼다. ¶그는 턱을 끌어당기고 허리를 꼿꼿이 세웠다. ¶나는 침대에 누워 이불을 턱까지 끌어당겼다.
❷(사람의 관심을 불러 일으켜) 마음이나 정신을 쏠리게 하다. Elicit people's interest to capture their attention.
[유]유인하다, 유도하다
N0-가 N1-를 V (N0=[인간], [속성], [인성](능력 따위) N1=[인간], [군중])
¶그의 유창한 언변은 많은 사람들을 끌어당기기에 충분했다. ¶그 배우는 타고난 연기력으로 관객을 끌어당긴다.
❸관심을 갖고 집중하여 보게 하여 흥미를 불러일으키다. Arouse someone's interest by capturing their interest and concentration.
[유]끌다 [반]외면하다
N0-가 N1-를 V (N0=[동작], [방법], [속성] N1=눈, 눈길, 시선 따위)
¶박진감 넘치는 이야기 전개가 독자의 눈을 끌어당긴다. ¶주인공의 빼어난 외모가 여자들의 시선을 끌어당겨 덩달아 시청률도 올랐다.

끌어들이다

[활용]끌어들이어(끌어들여), 끌어들이니, 끌어들이고
[타]❶(물건, 짐 따위를) 바닥에 닿게 끌어서 안으로 옮겨 넣다. Move an item or cargo to the inside by dragging it across the floor.
[유]들이다, 넣다 [반]밀어내다
N0-가 N2-(에|로) N1-를 V (N0=[인간] N1=[상자], [가방], [가구], [화물] 따위 N2=[건물], [방])
¶그는 마당에 벌려 놓았던 짐을 혼자 집안으로 끌어들이느라 애를 썼다. ¶비가 오자 가게 주인은 밖에 내놓았던 물건들을 안으로 끌어들이기 시작했다.
❷(사람을) 특정한 공간으로 들어오게 하거나 드나들게 하다. Cause someone to enter or frequent a particular space.
N0-가 N2-(에|로) N1-를 V (N0=[인간] N1=[인간] N2=[건물], [방], [장소])
¶철수는 낯선 사람들을 집안에 끌어들이기 시작했다. ¶그녀는 부들부들 떨고 있는 나를 방 안으로 끌어들였다.
❸(어떠한 일에) 다른 사람이나 세력을 권하거나 꾀어 개입하게 하거나 관계하게 하다. Compel or induce a person or other being to become involved in or related to a certain task by recommendation or enticement.
[유]유도하다, 개입시키다, 관여시키다
N0-가 N2-(에|로) N1-를 V (N0=[인간|단체] N1=[인간|집단] N2=[사회동요], [충돌], [정당], [분야])
¶그들은 전쟁에 제 3국의 세력을 끌어들이기로 했다. ¶경희는 자신의 남편을 이 사건에 끌어들이고 싶지 않았다.
❹(다른 사람을) 어떤 부서나 단체에 가입하게 하거나 속하게 하다. Persuade or induce someone in entering into an affiliation with a department or organization.
[유]관여시키다, 가입시키다
N0-가 N2-(에|로) N1-를 V (N0=[인간], [직위] N1=

[인간], [운동선수] N2=[동아리], 스포츠팀 따위)
¶민수가 나를 초등학교 5학년 때 농구부로 끌어들였다. ¶구단주가 직접 찾아와서 그 선수를 자신의 팀으로 끌어들였다.

ㄱ

❺(좋은 말이나 조건으로) 단체나 개인을 자신에게 오게 하여 소속시키다. Entice a group or individual into an affiliation with favorable words or conditions.
㊌포섭하다, 유인하다
N0-가 N2-(에|로) N1-를 N3-로 V (N0=[인간], [기업] N1=[인간] N2=[국가], [기업], [정당] N3=[추상물](임금, 공약 따위))
¶자본가들이 자국에 비해 높은 임금으로 외국인 노동자들을 한국에 끌어들였다. ¶심 후보는 파격적인 공약으로 유권자들을 끌어들였다.
❻(어떤 단체나 매체 따위가) 사람들을 무엇을 보게 하거나 한곳에 오게 하다. (of an organization or medium) Cause people to see something or come to a location.
N0-가 N1-를 V (N0=[예술], [방송물], [단체] N1=[인간], [군중], 관객, 소비자 따위)
¶이 영화는 지금까지 삼백만 명의 관객을 끌어들였다. ¶인기 있는 텔레비전 드라마는 하루 저녁에 수백만 명의 시청자를 끌어들인다.
❼(전기, 수도, 물 따위를) 필요한 곳으로 들어오게 하거나 이어지게 하다. Make electricity, water pipe, or water available for use at a necessary location by pulling it from somewhere else.
N0-가 N2-(에|로) N1-를 V (N0=[인간] N1=전기, 수도, 물 따위 N2=[건물], [지역], [호수])
¶그는 산꼭대기에 있는 집에까지 전기를 끌어들이느라 애를 썼다. ¶그는 수구문 밖에 연못을 파고 물을 성 안으로 끌어들였다.
❽(특정한 목적으로 돈, 자금 따위를) 많이 모이게 유도하다. Guide the collection of a large amount of money or funds for a particular purpose.
㊌유치하다, 모금하다
N0-가 N2-(에|로) N1-를 V (N0=[인간|단체] N1=[금전], 자본, 투자, 자금, 기금, 재원 따위 N2=[기업], [단체])
¶기업들은 저리의 자금을 자기네 회사로 쉽게 끌어들일 수 있는 방법을 모색 중이다. ¶낙후한 지역을 돕는 명목으로 기금을 끌어들일 수 있다.
❾(자신의 말이나 글에) 다른 용어, 소재, 사실, 이야기 따위를 가져와 이용하거나 개입시키다. Collect and incorporate other words, materials, facts, or stories into one's speech or writing.
㊌도입하다
N0-가 N2-(에|로) N1-를 V (N0=[인간] N1=[말], [앎], [분야], [역사], [이야기] N2=[작품])
¶박 작가는 기존에 비속하다고 여겼던 속담, 방언 등을 작품 속에 끌어들였다. ¶김 작가는 여러 역사적 사건을 자신의 소설의 배경과 일화로 끌어들였다.
❿(사람들의 인기나 관심 따위를) 한곳에 모이거나 쏠리게 하다. Capture people's attention or concentration and induce them to focus their interest on one area.
㊌유도하다, 유인하다
N0-가 N1-를 V (N0=[문학작품], [운동대회] N1=[추상물](인기, 관심 따위))
¶판소리계 소설은 그 어떤 유형의 소설보다 많은 인기를 끌어들일 수 있었다. ¶이번 올림픽은 그 어느 때보다 세계인의 이목을 끌어들이고 있다.

끌어안다

활용 끌어안아, 끌어안으니, 끌어안고
자 상대방에 대한 호감의 표시로 두 팔로 감싸 안다. Wrap one's arms around someone as an expression of favor.
㊌껴안다, 포옹하다
N0-가 N1-와 서로 V ↔ N1-가 N0-와 서로 V ↔ N0-와 N1-가 서로 V (N0=[인간] N1=[인간])
¶민수가 영수와 서로 끌어안았다. ↔ 영수가 민수와 서로 끌어안았다. ↔ 민수와 영수가 서로 끌어안았다. ¶오랜만에 만난 두 사람은 서로 끌어안은 채 한동안 떨어질 줄 몰랐다.
※'N0', 'N1'을 포괄하는 어휘적 표현이 사용되는 경우에는 '(N0+N1)-가 V' 형식도 자연스럽다.
타 ❶(사람이나 물건을) 두 팔로 자기 가슴 쪽에 닿도록 당겨 안다. Embrace a person or object to one's chest with both arms.
㊌껴안다, 포옹하다
N0-가 N1-를 V (N0=[인간] N1=[인간], [신체부위], [사물])
연어 힘껏, 꼭 따위
¶할머니는 아이를 힘껏 끌어안았다. ¶현규가 두 손으로 영희의 허리를 꼭 끌어안았다. ¶그는 호들갑스럽게 그녀의 어깨를 끌어안았다.
❷(신체 부위를) 두 팔로 감싸 안다. Wrap one's arms around a body part.
N0-가 N1-를 V (N0=[인간] N1=[신체부위])
¶영석이는 배를 끌어안은 채 복통을 호소했다. ¶발가락이 돌에 부딪혀서 한참 동안 발을 끌어안고 있었다.
❸(해결해야 할 일이나 그에 대한 책임 따위를) 거의 모두 억지로 떠맡다. Undertake a duty or responsibility almost without choice.
㊌껴안다, 떠안다, 떠맡다

N0-가 N1-를 V (N0=[인간] N1=[의무](책임, 과제, 임무), 일, 빚, 고민, 문제 따위)
¶김 이사는 자신이 모든 책임을 끌어안고 퇴사하기로 했다. ¶명희는 은행 빚을 끌어안은 채 새 사업을 시작했다. ¶우리는 많은 시대적 과제를 끌어안은 채 새로운 세기를 맞이하게 된다.
❹이해하고 감싸 주거나 받아들이다. Understand, cover or accept.
㊌껴안다, 포용하다
N0-가 N1-를 V (N0=[인간] N1=[추상물](상처, 아픔, 허물 따위))
¶그는 그녀의 아픔까지도 끌어안기로 했다. ¶그들은 서로의 허물을 끌어안고 부부가 되기로 했다.
❺어떤 대상을 하나로 감싸 모아서 포용하다. Collect and tolerate it as a whole.
㊌포섭하다 ㊥제외하다
N0-가 N1-를 V (N0=[인간|단체] N1=[인간|단체])
¶시장님은 복지 정책으로 소외 계층을 끌어안았다.
❻(하나의 개념이나 분야가) 다른 개념이나 분야를 그 속에 들어가게 포함하다. (of a concept or field) Include another concept or field within itself.
㊌포함하다 ㊥제외하다
N0-가 N1-를 V (N0=[개념], [분야] N1=[개념], [분야])
¶지역은 농촌뿐 아니라 수많은 소도시들을 다 끌어안는 개념이다. ¶현대의 스포츠는 바둑이나 컴퓨터 게임까지도 끌어안고 있다.

끌어올리다

활용 끌어올리어(끌어올려), 끌어올리니, 끌어올리고
타❶(다른 사람이나 물건을) 아래에서 위쪽으로 잡아당겨 올리다. Pull a person or object from the bottom to the top.
㊥끌어내리다
N0-가 N3-에서 N1-를 N2-(에|로) V (N0=[인간] N1=[인간], [사물] N2=[장소], [신체부위] N3=[장소], [신체부위])
¶그들은 배를 바다에서 육지로 끌어올렸다. ¶그는 흘러내리는 바지를 끌어올렸다.
❷(펌프나 기계 따위로) 땅 아래에 있는 물을 빨아올리다. Suck underground water to the top using a pump or machine.
N0-가 N2-에서 N1-를 V (N0=[인간] N1=[액체](물, 지하수) N2=[장소](지하, 땅속 따위))
¶우리는 50m 아래에서 지하수를 끌어올렸다. ¶그 여관은 지하에서 끌어올린 바닷물을 데워 목욕물로 공급한다.
❸(힘이나 권리를 이용하여) 이전보다 높은 지위나 수준에 오르게 하다. Make someone gain a higher position or level using one's power or right.
㊌상승시키다 ㊥끌어내리다
N0-가 N3-에서 N1-를 N2-(에|로) V (N0=[인간] N1=[인간], [기업] N2=[신분], [직위] N3=[신분], [직위])
¶최 씨는 자신의 집안을 지방 향리 가문에서 양반 신분으로 끌어올렸다. ¶한 사장은 내년까지 자신의 회사를 업계 4위로 끌어올릴 계획이다.
❹(어떤 것의 수준이나 수치를) 더 높은 수준으로 높아지게 하다. Increase something's level or value to a higher state.
㊌높이다, 올리다, 인상하다 ㊥끌어내리다
N0-가 N1-를 N2-로 V (N0=[인간|단체] N1=[속성](질, 수준 따위) N2=[비율], [값], [속성](등급, 순위 따위))
¶경제 수준을 이 정도로 끌어올린 것은 우리 국민의 힘이다. ¶우리 회사는 올해 매출 비율을 10% 이상 끌어올린다는 계획을 세웠다.
❺(체력, 사기 따위를) 목표하는 수준 이상에 이르게 하다. Increase one's physical or mental power to or beyond a goal.
㊌돋우다
N0-가 N2-로 N1-를 V (N0=[인간] N1=[상황], [능력] N2=[방법], 노력 따위)
¶감독은 체계적인 훈련을 통해 선수들의 체력을 최고 수준으로 끌어올렸다. ¶군의 사기를 끌어올릴 수 있는 방안을 마련해야 한다.

끓다

활용 끓어, 끓으니, 끓고
자❶(액체가) 몹시 뜨겁게 데워져서 김이 나고 소리가 나면서 거품이 솟아오르다. Make steam, sound, and bubbles by intensely heating liquid.
㊌끓어오르다, 데워지다, 비등하다
N0-가 V (N0=[액체], [음식])
사 끓이다
연어 보글보글, 펄펄
¶찌개가 보글보글 끓고 있었다. ¶라면이 맛있게 끓는 소리가 들렸다.
❷(어떤 물체가) 심하게 뜨거워지다. (of some object) Be intensely hot.
㊌뜨거워지다
N0-가 V (N0=[사물], [신체부위])
연어 펄펄
¶나는 방이 너무 뜨겁게 끓어서 괴로운데 할아버지는 여전히 춥다고 하셨다. ¶아이가 몸이 펄펄 끓는다. 빨리 병원에 데려가라.
❸소화가 안 되거나 탈이 나서 배 속에서 소리가

나다. Make a sound in the stomach due to inability to digest or illness.
No-가 V (No=[신체부위](배, 속, 위 따위), 가스)
연어 부글부글
¶무엇을 잘못 먹었는지 뱃속이 끓어서 너무 괴롭다. ¶장에서 가스가 끓어오르는 듯하다.
❹ 감정이 격렬하게 솟아나다. Have strong feelings.
No-가 N1-가 V (No=[인간] N1=[감정])
연어 부글부글
¶그 얘기를 들으니 울화가 끓는다. ¶그 생각만 하면 분노가 끓는다.
❺(사람이나 동물이) 너무 많이 모여 우글거리다. (of a person or an animal) Be crowded due to excessive gathering.
No-가 N1-로 V ↔ N1-가 No-에 V (No=[장소] N1=[인간], [동물])
연어 바글바글
¶웬일인지 오늘 가게가 손님들로 바글바글 끓었다. ↔ 웬일인지 오늘 손님들이 가게에 바글바글 끓었다. ¶쓰레기 더미가 파리로 끓고 있었다. ↔ 쓰레기 더미에 파리가 끓고 있었다.
◆ **가래가 끓다** 가래가 목구멍에 가득차서 숨 쉴 때마다 소리가 나다. Where one's throat is full of obstructive phlegm one makes sounds every time one breathes.
No-가 Idm (No=[인간])
¶담배를 많이 피셔서 할아버지는 늘 가래가 끓으셨다. ¶그는 가래가 끓는지 계속 기침을 했다.
◆ **피가 끓다**
❶감정이 격하게 솟구치다. Feel a surge of strong emotion.
No-가 Idm (No=[인간])
¶오래간만에 적수를 만나니 피가 끓었다. ¶억울한 일을 당해서 피가 끓는다.
❷혈기가 왕성해서 기운이 넘치다. Be hot-blooded and full of energy.
No-가 Idm (No=[인간])
¶그는 나이가 들었어도 가슴에는 여전히 피가 끓는다. ¶역시 피가 끓는 대학생이라서 그런지 불의를 참지 못하였다.
◆ **속이 끓다** 너무 화가 나거나 억울하여 분이 치밀어 오르다. Seethe with anger over a false accusation.
No-가 idm (No=[인간])
사 속을 끓이다
¶어머니는 평생 아버지 때문에 속이 끓는다고 말씀하셨다. ¶바보 같은 그의 모습을 보니 속이 끓었다.

끓어오르다
활용 끓어올라, 끓어오르니, 끓어오르고
자 ❶(액체가) 몹시 뜨겁게 데워져서 거품을 내며 위로 넘치려 하다. (of liquid) Be about to overflow with bubbles.
No-가 V (No=[액체])
¶냄비에서 국이 끓어올랐다.
❷(어떤 감정이) 강하게 일어나 올라오다. (of feeling) Well up violently.
No-가 V (No=[감정])
¶내 마음 속에서 분노가 끓어올랐다. ¶부아가 끓어올라 나는 견딜 수 없었다.
※ 주로 부정적 감정에 쓰인다.

끓이다
활용 끓여, 끓이니, 끓이고
타 ❶(액체를) 김이 나고 거품이 솟아오를 정도로 뜨겁게 데우다. Heat liquid fully until it forms steam and bubbles.
유 데우다
No-가 N1-를 V (No=[인간] N1=[액체], [음식])
주 끓다
¶커피를 마시기 위해서 물을 끓였다.
❷(음식을) 물을 넣고 뜨겁게 익혀서 조리하다. Cook by putting water in food and heating fully.
유 조리하다, 불로 익히다
No-가 N1-를 V (No=[인간] N1=[음식])
¶철수는 점심으로 라면을 끓였다. ¶어머니가 맛있는 김치찌개를 끓여 주셨다.
◆ **속을 끓이다** 너무 화가 나거나 억울하여 분이 치밀어 오르거나 치밀어 오르게 하다. Seethe, or make one seethe with anger over a false accusation.
No-가 Idm (No=[인간])
¶그 일을 생각하며 나는 늘 속을 끓였다. ¶동생은 부모님의 속을 끓인 적이 많다.
주 속이 끓다
◆ **애를 끓이다** 너무 화가 나거나 억울하여 분이 치밀어 오르다. Seethe with anger over a false accusation.
No-가 Idm (No=[인간])
¶그 일 때문에 나는 애를 끓이고 있었다. ¶매번 이렇게 당하고 애를 끓이기만 할 수는 없다.

끙끙거리다
활용 끙끙거리어(끙끙거려), 끙끙거리니, 끙끙거리고
자 크게 앓거나 힘겨울 때 내는 소리를 연속적으로 내다. Make a sound continuously because one is in pain or in a difficult situation.
유 끙끙대다

N0-가 V (N0=[인간], [동물])
¶인부들이 끙끙거리며 무거운 짐들을 옮긴다. ¶강아지가 아픈지 자꾸 끙끙거린다.

끙끙대다
활용 끙끙대어(끙끙대), 끙끙대니, 끙끙대고
☞끙끙거리다

끝나다
활용 끝나, 끝나니, 끝나고 대응 끝이 나다
자 ❶(정해진 일과 따위가) 이루어져 마치게 되다. (of an arranged routine) Be finished.
유 마치다, 종료하다, 종결하다 반 시작하다
N0-가 V (N0=[행사](수업, 학교, 회사, 학원 따위))
사 끝내다
¶학원이 끝났다. ¶수업이 늦게 끝났다. ¶회사가 끝나면 바로 집으로 갈게.
❷(시간이나 공간적으로 이어진 것이) 다 되어서 남아 있는 것이 없다. (of a timely or a spatially connected thing) Be out.
유 마치다, 지나다 자
N0-가 V (N0=[시간], [사물](도로, 길 따위))
¶무더운 여름이 끝나 갑니다. ¶휴가가 끝나서 이제 선생님으로 복귀해야 한다. ¶길이 끝나서 더 이상 갈 수가 없었다.
❸(일이나 계획 따위가) 모두 이루어지다. (of a duty or a plan) Be completely fulfilled.
유 종료되다
N0-가 V (N0=[일], [행사])
사 끝내다
¶치열했던 경기가 드디어 끝났다. ¶어느 한 사람이 죽어야 싸움이 끝난다.
❹(일, 관계 따위가) 완전히 망하다. (of duty or relation) Completely fail.
유 망하다 반 성공하다
N0-가 V (N0=[일], [행사])
사 끝내다
¶부도가 나서 우리 사업은 다 끝났다. ¶여자친구와의 관계가 완전히 끝나 버렸다.

끝내다
활용 끝내어(끝내), 끝내니, 끝내고 대응 끝을 내다
타 ❶(정해진 일과 따위를) 이루어 마치다. Finish the arranged routine.
유 마치다, 끝마치다, 종료하다, 종결하다 반 시작하다, 착수하다
N0-가 N1-를 V (N0=[인간|단체] N1=[행사](수업, 학교 따위))
주 끝나다
¶선생님은 수업을 일찍 끝내셨다. ¶태풍 소식에 우리는 오후 작업을 일찍 끝냈다.
❷(자신에게 주어진 시간을) 다 써서 남아 있는 것이 없게 하다. Completely use the given time for oneself.
유 마치다, 쓰다II, 보내다, 허비하다
N0-가 N1-를 V (N0=[인간] N1=[기간])
주 끝나다
¶나는 휴가를 끝내고 집에 돌아왔다. ¶우리는 연애 기간을 끝내기가 아쉬워서 결혼을 미뤘다.
❸(일이나 계획 따위를) 모두 이루다. Completely achieve a work or a plan.
유 이루다, 마치다, 마무리하다, 끝마치다, 끝맺다 타
반 시작하다, 개시하다
N0-가 N1-를 V (N0=[인간] N1=[일], [사건], [행사])
주 끝나다
¶선수들은 경기를 끝내고 승리의 기쁨을 만끽했다. ¶대원들이 훈련을 무사히 끝내고 실전에 배치되었다.

끝내주다
활용 끝내주어(끝내줘), 끝내주니, 끝내주고 **【속어】**
자 아주 좋아 보이거나 아주 잘 하다. Look like good or do something extremely well.
N0-가 V (N0=[사물], [행위], [일])
연어 정말
¶동생의 인물이 끝내주니까 여자들에게 인기가 많은 거지. ¶사장님의 사업 수완은 정말 끝내주신다니까.

끝마치다
활용 끝마치어(끝마쳐), 끝마치니, 끝마치고 대응 끝을 마치다
타 (행위나 사건 따위를) 그 과정을 끝까지 수행하여 마치다. Complete an action until the end of the process.
유 마치다, 끝내다, 종료하다 반 시작하다
N0-가 N1-를 V (N0=[인간|단체] N1=[행위](일, 작업, 이야기, 말, 취재, 준비 따위))
¶전시회 준비를 끝마치고 우리는 감격했다. ¶수술을 성공적으로 끝마쳤다. ¶일을 모두 끝마치는 데 5시간 정도 걸렸다.

끝맺다
활용 끝맺어, 끝맺으니, 끝맺고 대응 끝을 맺다
자 (일이나 말 따위가) 마무리되어 어떤 결과가 생기면서 잘 끝나다. (of work or speech) End well with a certain result.
유 마무리되다, 끝나다 반 시작되다
N0-가 N1-로 V (N0=경기, 음악, 영화, 노래 따위 N1=승리, 결말, 형식, 음 따위)
¶이번 경기는 우리 팀의 승리로 끝맺었다. ¶이 영화는 행복한 결말로 끝맺는다. ¶제4악장은 빠른 론도 형식으로 끝맺는 것이 보통이다.
타 (일이나 말을) 마무리하여 잘 끝내다. Complete

and finish a work or a speech well.
[유]마치다, 끝내다, 마무리하다 [반]시작하다
N0-가 N1-를 V (N0=[인간|단체] N1=[행위](일, 작업, 이야기, 말, 따위))
¶막상 원고를 끝맺고 보니 부족함과 아쉬움이 앞선다. ¶부인은 커튼을 달고 집 단장을 끝맺었다.
N0-가 N1-를 N2-로 V (N0=[인간|단체] N1=[텍스트](편지, 장, 절 따위) N2=[행위](일, 작업, 이야기, 말, 글 따위), [방법])
¶나는 사랑한다는 말로 편지를 끝맺었다.

ㄱ

끼다 I

[활용]끼어(껴), 끼니, 끼고
[자]❶(구름, 안개 따위가) 생겨서 퍼지다. (of clouds or fogs) Be formed and spread.
[유]생기다 [반]걷히다
N0-가 N1-에 V (N0=구름, 안개, 연기 따위 N1=[지역], [장소])
¶도로에 안개가 꽉 끼어 있다. ¶연기가 꽉 끼어 있어서 불이 난 줄 알았다.
❷(어떤 물체의 표면에 이끼, 녹 따위가) 생겨서 붙어 있다. (of moss or rust on some object's surface) Be formed.
[유]슬다, 나다 [상]생기다
N1-에 N0-가 V (N0=녹, 이끼 따위 N1=[사물])
¶바위 표면에 이끼가 끼었다. ¶오래된 수도관에 녹이 잔뜩 껴 있었다.
❸(몸에서 만들어진 지방이나 노폐물 따위가) 배출되지 않고 뭉쳐서 몸의 어떤 부위에 붙어 있다. (of fat or waste that is made from the body) Agglomerate without separation.
N0-가 N1-에 V (N0=[분비물](눈곱, 지방 따위) N1=[신체부위](눈, 배 따위))
¶눈에 눈곱이 끼었다. ¶내장에 기름이 끼면 성인병 발병률이 높아집니다. ¶요즘 들어서 얼굴에 기미가 낀다.
❹(때, 먼지 따위가) 다른 물체에 엉겨 달라붙다. (of stain or dust) Stick to another object.
[유]달라붙다
N0-가 N1-에 V (N0=때, 먼지 따위 N1=[사물])
¶셔츠 목 부분에 찌든 때가 끼어서 잘 지지 않는다.
❺(걱정, 근심 따위가 얼굴에) 표정이나 인상으로 드러나 보이다. (of worry or anxiety) Show through expression or impression on the face.
[유]어리다
N0-가 N1-에 V (N0=[감정](걱정, 수심, 불안 따위) N1=얼굴)
¶그녀는 얼굴에 낀 불안감을 감추지 못했다. ¶아버지의 표정에는 수심이 가득 끼어 있었다.
❻(어떤 사람에게 화, 운 따위가) 배거나 은근히 드러나 머무르다. (of anger or fortune) Ensue someone.
[유]있다, 머물다
N1-에 N0-가 V (N0=[운](역마살 따위) N1=[인간], 운명 따위)
¶누나에게 역마살이 끼었다. ¶관상을 보니 액운이 낀 것이 틀림없다.
[타]❶(대칭을 이루는 신체부위를) 서로 맞물려 걸다. (of a symmetrical body part) Be stuck due to interlocking.
[반]풀다
N0-가 N1-를 V (N0=[인간] N1=팔짱, 깍지)
¶동생은 깍지를 끼고 팔을 쭉 뻗었다. ¶그는 팔짱을 끼고 날 지그시 쳐다보았다.
❷(반지나 옷을 손이나 몸에) 빡빡하고 밀착되게 착용하다. Tightly wear ring or clothes on the hand or body.
[유]차다, 착용하다, 패용하다
N0-가 N1-를 V (N0=[인간] N1=반지, [옷])
¶예비 신부님이 반지들을 직접 껴 보고 고르는 것이 좋겠네요. ¶나는 추워서 여러 벌의 옷을 껴 입었더니 이제는 덥네.
❸(좋아하는 사람이나 물건을) 가까이 하며 지내다. Be on friendly terms with a person or an object that one likes.
[유]동반하다, 동거하다, 달라붙다
N0-가 N1-를 V (N0=[인간] N1=[인간], [사물](인형, 술, 담배 따위))
¶자연스럽게 엄마들은 아기를 끼고 살게 된다. ¶저 사람은 담배를 끼고 다닌다.
❹(어떤 지역이나 자연 지형을) 벗어나지 않고 가까이에 있다. Stay close to some area or natural topography by dwelling nearby.
[유]인접하다
N0-가 N1-를 V (N0=[인간], [지역](마을 따위) N1=[장소])
¶우리 마을은 바다를 끼고 있다. ¶이 지역은 강을 끼고 개발 중이다.

끼다 II

[활용]끼어(껴), 끼니, 끼고 [본디]끼이다
[자]❶(어떤 물체가 다른 물체에) 잘 빠지지 않게 조여진 채로 들어가 있거나 덮여 있다. (of some object) Be stuck in another object by tightening so as not to fall out or get covered with another object.
[유]조이다[자], 박히다
N0-가 N1-에 V (N0=[사물] N1=[사물])
¶신발이 발에 너무 끼면 불편할 수 있다. ¶자꾸 엉덩이에 바지가 낀다.

❷ (모임이나 일 따위에) 섞이어 참여하다. Participate in a meeting or a duty by blending.
㊐참여하다 참가하다, 끼어들다
N0-가 N1-에 V (N0=[인간] N1=[집단](무리, 떼 따위), 명단, 일 따위)
¶탈주범이 인파 속에 끼면 찾을 방법이 없다. ¶우리는 축제 행렬에 끼었다. ¶대기업들도 이번 사업에 끼어 있다.

끼어들다

활용 끼어들어, 끼어드니, 끼어들고, 끼어드는
자 ❶(사람이나 차량 따위가) 줄지어 있는 틈 사이에 순서를 어기고 중간에 비집고 갑자기 들어서다. (of a person, a car, etc.) Suddenly enter from the middle of the line without following the order.
N0-가 N1-(에|로) V (N0=[인간], [교통기관] N1=[공간], 틈 따위)
¶나는 친구를 따라 붐비는 사람들 틈에 끼어들었다. ¶옆 차선 차량이 갑자기 내 앞으로 끼어들었다.
❷(어떤 것이 다른 것 사이에) 슬쩍 섞이거나 포함되다. (of something) Slyly mixed with or included among others.
N0-가 N1-에 V (N0=[텍스트], [책], [음식물] N1=[추상물](내용, 이견 따위), [책], [음식물])
¶이 글에는 주제와 상관없는 내용이 끼어들어 있다. ¶신문지 사이에 광고 전단지가 끼어들어 있었다.
❸(다른 사람의 말이나 일 따위에) 관여하여 간섭하거나 참견하다. Intrude or interfere with other person's speech, task, etc., by participating.
㊐개입하다, 관여하다
N0-가 N1-에 V (N0=[인간] N1=[대화], [일], 문제 따위)
¶지나가던 철수가 갑자기 우리들의 대화에 끼어들었다. ¶나는 우리 둘만의 문제에 다른 사람이 끼어드는 것이 싫었다.

끼얹다

활용 끼얹어, 끼얹으니, 끼얹고
타 ❶(액체나 기체, 가루 따위를) 다른 것 위에 내던져 넓게 확산되게 뿌리다. Squirt or spray liquid, gas, or powder on something to spread widely.
㊐얹다, 뿌리다타, 덮다
N0-가 N1-를 N2-(에|에게) V (N0=[인간] N1=[액체], [기체], 가루 따위 N2=[인간], [동물], [장소])
¶나는 드라마 주인공처럼 그의 얼굴에 술을 끼얹고 싶었지만 꾹 참았다. ¶너는 지금 불난 집에 기름을 끼얹는 짓을 하였다. ¶아버지는 미끄러운 빙판길 위에 모래를 끼얹으셨다.
❷(욕설이나 저주 따위를) 사람에게 한꺼번에 마구 퍼붓다. Hurl an insult or a curse at somebody mercilessly and at once.
㊐퍼붓다
N0-가 N1-를 N2-에게 V (N0=[인간] N1=[인간] N2=[비난])
¶그녀는 입에도 담기 힘든 욕설을 그에게 끼얹고는 나가 버렸다.
◆ **찬물을 끼얹다** 좋은 분위기나 사태를 긴장시켜 망치다. Ruin the good atmosphere or situation by straining.
N0-가 Idm (N0=[인간|집단])
¶올해 상여금을 지급할 수 없다는 사장의 말은 직원들의 의욕에 찬물을 끼얹었다. ¶선생님의 말 한 마디에 청중석이 찬물을 끼얹은 듯 조용해졌다.

끼우다

활용 끼워, 끼우니, 끼우고
타 ❶(두 물체의 벌어진 사이나 틈에) 다른 물체를 빠지지 않도록 밀거나 쑤셔 넣다. Push or shove some object into a gap between two objects so that it does not fall out.
㊐꽂다, 박다, 삽입하다, 끼다 ㊥빼다, 뽑다
N0-가 N1-를 N2-에 V (N0=[인간] N1=[사물], [기기] N2=[사물])
피 끼이다자
¶간호사는 아기의 겨드랑이에 체온계를 끼웠다. ¶아저씨는 늘 허리춤에 책가방을 끼우고 다니신다.
❷(어떤 것의 일부분을) 다른 것에 꽂거나 박아서 고정시키다. Fix by sticking or embedding part of something into a different thing.
㊐꽂다, 박다, 끼다 ㊥빼다, 뽑다
N0-가 N1-를 N2-에 V (N0=[인간] N1=[사물] N2=[사물])
피 끼이다자
¶나는 펜을 셔츠 주머니에 끼웠다. ¶책이 많아서 책장에 책을 다 끼울 수가 없다.
❸(어떤 물건에) 그 부속품 따위를 걸거나 꽂아 설치하다. Install by hanging or sticking a component into some object.
㊐삽입하다
N0-가 N1-를 N2-에 V (N0=[인간] N1=[사물] N2=[사물])
¶나는 바퀴에 타이어를 끼워 넣었다. ¶동생이 컴퓨터에 메모리를 추가로 끼웠다.
❹(모임이나 일 따위에) 어떤 사람을 섞이게 하다. Make someone blend in a meeting or some work.
㊐참여시키다 ㊥빼다, 탈퇴시키다
N0-가 N1-를 N2-에 V (N0=[인간] N1=[인간] N2=[집

[ㄱ]

단], [일])
[주]끼다I[자]
¶나는 그 친구를 우리 조에 끼우고 싶었다. ¶테러범들이 아이들까지 조직에 끼워서 테러를 일으키고 있다.

끼이다

[활용]끼이어(끼여), 끼이니, 끼이고 [준] 끼다
[자]❶(어떤 물체가 다른 물체에) 잘 빠지지 않게 조여진 채로 들어가 있거나 덮여 있다. (of some object) Be stuck in another object by tightening so as not to fall out or get covered with another object.
[유]조이다[자], 박히다
N0-가 N1-에 V (N0=[사물] N1=[사물])
[능]끼다I[타]
[연어]꽉
¶반지가 손가락에 꽉 끼였다. ¶이 신발은 발에 너무 꽉 끼인다. ¶칼이 칼집에 너무 끼이면 넣고 뺄 때 불편합니다.
❷(어떤 물건이) 어떤 대상들 사이나 틈에 단단하게 조여지다. (of some object) Be firmly tightened into other objects' gap or space.
N0-가 N1-에 V (N0=[사물] N1=[사물], [공간](사이, 틈 따위))
¶전철에서 우리는 사람들 사이에 끼여서 움직일 수가 없었다. ¶손이 문틈에 끼였다. ¶사람들이 붕괴된 건물 잔해들에 끼여서 비명을 질러댔다.
❸ (모임이나 일 따위에) 섞이어 참여하다. Participate in a meeting or a duty by blending.
[유]관여되다
N0-가 N1-에 V (N0=[인간] N1=[집단](무리, 떼 따위), 명단 따위)
¶수배범이 사람들 사이에 끼여서 쉽게 구별되지 않는다. ¶나는 축제 행렬에 끼여서 돌아다녔다. ¶내 이름이 합격자 명단에 끼여 있었다.
[자타](대칭을 이루는 신체부위가) 서로 맞물려 걸리다. (of a symmetrical body part) Be caught due to interlocking.
[반]풀리다 N1-가 N0-(가|를) V (N0=팔짱, 깍지 따위 N1=[인간])
[능]끼다I[타]
¶범인은 깍지가 끼인 채로 포박되었다.

끼치다1

[활용]끼치어(끼쳐), 끼치니, 끼치고
[자]❶(소름이) 한꺼번에 생겨 돋아나다. Get goose bumps.
[유]돋다, 일다
N1-가 N0-가 V (N0=소름 N1=[귀신], [인간], [상태])
¶나는 귀신이 소름이 끼칠 정도로 무서웠다. ¶매맞는 남편들은 아내가 소름이 끼쳤다. ¶학창 시절에 나는 시험이 소름이 끼쳤다.
❷(기운, 느낌 따위가) 갑자기 밀려들다. (of energy or feeling) Rise suddenly.
[유]밀려들다
N0-가 V (N0=[기운], [냄새])
¶역겨운 냄새가 확 끼쳤다. ¶어떤 여자가 지나가자 강한 향수 냄새가 끼쳤다. ¶귀신 이야기에 무서운 느낌이 끼쳤다.

끼치다2

[활용]끼치어(끼쳐), 끼치니, 끼치고
[기능][타]다른 대상이 어떤 행동이나 행동의 결과를 당하게 하거나 입게 함을 나타내는 기능동사 Support verb meaning of making an object undergo situations caused by a certain action.
[유]미치다, 가하다, 남기다 [반]입다, 받다
N0-가 Npr-를 N1-(에|에게) V (Npr=[사건], [일], [상태], [영향], N0=[인간] N1=[인간 | 단체], [사건], [일], [상태], 걱정, 폐 따위)
¶세계적인 경기 불황이 내수 시장에 부정적인 영향을 끼쳤다. ¶잦은 도로 공사는 사람들에게 불편을 끼칠 수밖에 없다. ¶그 일은 다른 일에도 좋은 영향을 끼칠 수 있다.

ㄴ

나가다[1]

활용 나가, 나가니, 나가고, 나가거라/나가라

자 ❶(물건이 시장에) 만들어져 출시되다. (of goods) Be made and released to the market.
N0-가 N1-(에|로) V (N0=[구체물], N1=[일시적기능장소]), [지역]
¶공들여 만든 신제품이 드디어 시장에 나갔다. ¶시중으로 나간 제품에서 이상이 발견되었다. ¶이 핸드폰은 전 세계로 나가는 인기 상품이다.
❷(소문이나 기사 따위의 정보가) 드러나거나 두루 퍼지다. (of information such as rumor or news) Be revealed or spread
N0-가 N1-(에|로) V (N0=[이야기], [텍스트], [방송물](광고 따위), N1=[방송물](방송, 뉴스 따위), [텍스트담지물], [관계장소](밖, 바깥 따위), 언론)
¶ 그의 소식이 하루 만에 뉴스로 나갔다. ¶ 광고가 방송에 나간 후에는 매출이 오를 것이다. ¶ 내가 하는 말이 밖에 나가면 모두 곤란해진다.
❸(새로운 분야나 지역에서) 생활이나 활동을 시작하다. Begin to live or work in a new area or field.
N0-가 N1-(에|로) V (N0=[인간|단체], N1=[집단], [지역])
¶ 은수는 부모님의 반대를 무릅쓰고 외국으로 나갔다. ¶ 그는 학계에 나가 훌륭한 업적을 쌓았다. ¶ 사회로 나가서도 순수한 마음을 잃지 마라.
❹(어떤 자세나 태도로) 행동하거나 상대를 대하다. Behave or treat another person in a certain attitude or position.
N0-가 N1-로 ADV V (N0=[인간|단체], N1=[심리행위], ADV=Adj-게, Adj-이, Adj-히, N-대로, 막)
¶ 그는 거만한 태도로 무례하게 나갔다. ¶ 계속 배짱으로 나가기에는 우리의 위험도 크다. ¶ 네가 너무 막 나가는 바람에 우리도 말리지 못했다.
❺(옷이나 신 따위의 착용물이) 닳거나 떨어져서 망가지다. (of something that one wears such as clothes or shoes) Be worn out.
N0-가 V (N0=[신체착용물])
¶ 나도 모르게 스타킹이 나갔다. ¶ 구두가 나가서 수선을 해야 했다. ¶ 양말이 나갔는지도 모르고 신을 벗었다.
❻(사물이나 신체 일부가) 물리적인 충격으로 손상되다. (of a thing or a part of the body) Be damaged by physical impact.
N0-가 V (N0=[구체인공물], [신체부위])
¶ 그는 무거운 짐을 들다가 허리가 나갔다. ¶ 지금은 이가 나가서 먹기가 불편하다. ¶ 액정이 나간 후로 화면이 잘 보이지 않는다.
❼(조명이나 전기가) 꺼지거나 끊어지다. (of light or electricity) Be turned off or cut off.
반 들어오다
N0-가 V (N0=[조명기구], 전기)
¶ 형광등이 오래돼서 나갔다. ¶ 전기가 나갔으니 초를 가져와라. ¶ 갑작스러운 정전으로 집 안의 불이 동시에 나가서 무서웠다.
❽(날 달린 물건이) 매끄럽게 잘 들다. (of item with blade) Work well smoothly.
N0-가 V (N0=[칼])
연어 안, 잘
¶ 날을 갈았더니 칼이 잘 나간다. ¶ 대패가 생각만큼 안 나가는구나. ¶ 그 칼이 특히 잘 나가니 조심해라.
❾(어떤 것이) 잘 팔리거나 독보적으로 우월해지다. (of something) Be sold well or to become unparalleled.

No-가 V (No=[구체물], [추상물], [장소])
[연어] 많이, 안, 잘
¶ 요즘은 이 모델이 제일 많이 나갑니다. ¶ 그는 최근 들어 가장 잘 나가는 연예인이다. ¶ 어째서 우리 프로그램이 잘 안 나가는지 모르겠다.
❿(건물이나 방이) 계약이 이루어져 팔리거나 임대되다. (of building or room) Be sold or rented by contract.
No-가 V (No=[건물], [방])
¶ 그 집은 부동산에 내놓자마자 나갔다. ¶ 새 학기 직전이라 방이 많이 나갔어요. ¶ 3층은 이미 전부 나갔고 다른 층은 남아 있습니다.
⓫(감기가) 나아서 없어지다. (of cold) Be cured.
[반] 들다
No-가 V (No=감기)
¶ 약을 먹으니 감기가 나갔다. ¶ 감기가 나가지 않아 며칠째 고생이다. ¶ 감기가 나갔지만 여전히 무기력하다.
⓬(정신 따위가) 비정상적인 상태가 되거나 없어지다.(of consciousness) Become abnormal or to be lost.
No-가 V (No=정신, 의식)
¶ 그는 마취제에 의식이 나갔다. ¶ 나는 정신이 나간 사람처럼 허공을 응시했다. ¶ 그때는 정신이 나갔는지 물건을 마구 사들였다.
⓭(물건의 값이나 무게 따위가) 어떤 수준에 이르다. (of price or weight of goods) Reach a certain level.
No-가 ADV V (No=[값], [무게], ADV=ADV(많이, 꽤, 적게), N-가, N 정도, N-가량, N 이상 따위)
¶ 이 차는 값이 5000만 원 정도 나간다. ¶ 20킬로그램이나 나가는 쌀을 들고 오느라 힘들었겠다. ¶ 옷 한 벌이 가격이 나가 봐야 얼마나 나가겠어?
⓮(소득이 다른 사람이나 단체에 비용으로) 주어지거나 지급되다. (of income) Be given or paid to another person or organization in terms of cost.
No-가 N1-(에|에게) N2-로 V (No=[소득], [값], N1=[인간|단체], N2=[세금], [비용])
¶ 월급 일부는 아이들에게 용돈으로 나간다. ¶ 인건비로 나가는 돈을 생각하면 적자인 셈이다. ¶ 100만 원이 갑자기 병원비로 나갈 판이다.
No-가 ADV V (No=[비용], ADV=ADV(많이, 꽤, 적게), N-가, N 정도, N-가량, N 이상 따위)
¶ 이달에도 관리비가 많이 나갔다. ¶ 유지비가 이 정도만 나간다면 차를 살 만하다. ¶ 전화 요금으로 10만 원이 나간 것은 좀 심하다.
⓯(학습 진도가) 어느 정도까지 진행되다. (of progress in learning) Proceed to a certain point.
No-가 V (No=진도)
¶ 영어는 진도가 어디까지 나갔니? ¶ 진도가 나가는 대로 시험 범위가 정해질 것이다. ¶ 너희 반은 진도가 많이 나가서 자습해도 되겠다.
◆ **넋이 나가다** 충격이나 병환으로 정신을 잃고 멍하니 있다. Be absent-minded due to shock or disease.
No-가 Idm (No=[인간])
¶ 그는 자식을 잃은 충격에 넋이 나갔다. ¶ 동생은 넋이 나간 듯이 바다를 바라보고 있었다. ¶ 나는 소리치며 울다가 넋이 나갈 것만 같았다.
◆ **진도가 나가다** 좋아하는 사람 사이의 관계가 무르익다. Have progress in the relationship with a person whom one likes.
Idm
¶ 너희는 진도가 어디까지 나갔어? ¶ 진도가 그만큼 나갔다면 사귀는 것이나 다름없네. ¶ 노력은 하지만 그와 진도가 좀처럼 나가지 않는다.
※ 속되게 쓰인다.
[타] ❶(어떤 일을) 목적으로 하여 가다. Go for a work.
No-가 N1-를 V (No=[인간|단체], N1=[행위])
¶ 인실이는 교생 실습을 나갔다. ¶ 그들은 훈련을 나가면 텐트에서 잔다. ¶ 잠깐 산보라도 나가서 머리를 식히고 오자.
❷(이사나 이민 따위를) 가서 살던 곳을 옮기다. Change one's residence by moving or immigrating.
No-가 N1-를 V (No=[인간], N1=[이동행위](이사, 이민 따위), 살림 따위)
¶ 언니는 결혼하고 서울로 살림을 나갔다. ¶ 그 집이 미국으로 이민을 나간 지 3년이 되었다. ¶ 윗집이 이사를 나가면서 조용해졌다.
❸(일을) 어느 정도 진행시키다. Carry on a work to a certain degree.
No-가 N1-를 V (No=[인간|단체], N1=[물리적행위](공사 따위), 학술모임회의(수업 따위), 학문과목, 진도)
¶ 선생님이 수학을 7장까지 나가셨다. ¶ 공사는 어느 정도까지 나간 상태입니까? ¶ 오늘은 자습하지 않고 진도를 나갈 생각이다.
◆ **진도를 나가다** 좋아하는 사람과의 관계를 무르익게 하다. Make progress in the relationship with a person whom one likes.
No-가 Idm (No=[인간])
¶ 네가 더 적극적으로 진도를 나가야지. ¶ 진도는 나가고 있는데 잘될지 모르겠다. ¶ 진도를 나가는 것만 생각하다가 중요한 걸 놓칠지도 몰라.
※ 속되게 쓰인다.
[자타] ❶(바깥으로) 원래 있었던 곳에서 벗어나 움직이다. Move from where one has been and get out.

㊥ 들어오다
N0-가 N1-(에|로|를) V (N0=[인간|단체], N1=[장소])
¶ 우리는 바람을 쐬러 공원을 나갔다. ¶ 숙제 안 한 사람은 뒤로 나가 있어라. ¶ 연단으로 나갈 때면 지금도 떨린다.
❷(소속된 단체에) 고정적으로 다니다. Go to an organization where one belongs at a fixed time.
㊤ 다니다
N0-가 N1-(에|를) V (N0=[인간], N1=[단체], [종교건물])
¶ 어머니는 매주 교회에 나가신다. ¶ 요즘 들어 회사에 나가기가 싫다. ¶ 학교를 나가는 것은 학생의 임무이다.
❸(모임이나 대회, 선거 따위에) 주체적으로 참여하거나 입후보하다. Participate voluntarily or to become a candidate in a meeting, a convention, or an election.
N0-가 N1-(에|를) V (N0=[인간|단체], N1=[계획사건])
¶ 나는 운동회에 우리 반 대표로 나갔다. ¶ 누나는 동창회에 나가서 밤늦게 돌아왔다. ¶ 올림픽을 나가는 선수들은 국가를 대표하는 사람들이다. ¶ 그는 이번 선거에 나가기로 했다.
❹(소속된 단체나 있었던 장소에서) 관계를 끊고 떠나다. Break a connection and leave an organization or a place where one used to belong.
㊤ 떠나다 ㊥ 들어오다
N0-가 N1-(에서|를) V (N0=[인간|단체], N1=[단체], [장소])
¶ 그는 5년 만에 회사에서 나갔다. ¶ 언니는 부산을 나가 다른 도시에서 살고 있다. ¶ 집을 나가는 것이 최선은 아니다.

나가다²

활용 나가, 나가니, 나가고
보조 (동사 뒤에서 '~어 나가다'의 구성으로 쓰여) 앞말이 의미하는 동작을 계속 이어 감을 나타내는 말. (in the construction of "-어 나가다" after a verb) a word meaning that an act described by the precedent word is continued.
V-어 Vaux
¶ 우리는 선조들의 전통을 지켜 나가겠다. ¶ 저희는 어떤 시련이 와도 이겨 나갈 것입니다. ¶ 그는 단숨에 풍경을 그려 나갔다.

나가떨어지다

활용 나가떨어지어(나가떨어져), 나가떨어지니, 나가떨어지고
자 ❶(무언가에 부딪히거나 밀려) 어느 방향이나 어떤 곳으로 튕기듯이 세게, 멀리 쓰러지거나 넘어지다. Fall or collapse far away toward a certain direction or place powerfully as if being bounced away after being smashed or pushed by something.
㊤넘어지다
N0-가 N1-(에|로) V (N0=[인간], [동물], [구체물] N1=[장소])
¶영수가 벽에 부딪혀 땅바닥으로 나가떨어졌다. ¶아이와 놀던 강아지가 뒤로 벌렁 나가떨어졌다.
❷(다른 사람의 힘이나 공격 따위에) 힘없이 당하여 쓰러지거나 패배하다. Fall or lose by listlessly succumbing to someone's power, attack, etc.
㊤쓰러지다, 패배하다
N0-가 N1-에 V (N0=[인간] N1=[행위](주먹질, 발길질 따위), 공격 따위)
¶철수는 영수의 주먹질에 맥없이 나가떨어졌다. ¶강도는 이 형사의 공격에 모두 나가떨어졌다.
❸(매우 힘든 일을 하거나 술에 취하여) 정신이 혼미하고 몸을 제대로 가누지 못하여 쓰러지다. Fall after failing to control one's body due to an unclear mind caused by a very difficult task or by being intoxicated with alcohol.
㊤쓰러지다
N0-가 N1-에 V (N0=[인간] N1=[술], [활동])
¶그는 소주 두 잔에 나가떨어질 사람이 아니다. ¶우리 선수들은 고된 훈련에도 쉽게 나가떨어지지 않았다.
※ 주로 속어/구어로 쓰인다.
❹(어떤 일을 하다가) 힘들어서 도중에 스스로 그만두거나 포기하다. Stop or give up something in the middle of a task because it is difficult.
㊤포기하다, 그만두다 ㊥달라붙다
N0-가 V (N0=[인간|단체])
¶동생은 큰소리를 치더니 제풀에 나가떨어졌다. ¶경쟁 업체가 먼저 나가떨어져 우리 회사의 매출이 눈에 띄게 늘었다.
※ 주로 속어/구어로 쓰인다.
❺(주로 운동 경기에서) 상대방에 제대로 공격해 보지도 못하고 크게 지다. (mainly in a sports game) Lose to the opponent by a wide margin without launching a decent attack.
㊤패배하다, 지다IV
N0-가 N1-에 V (N0=[인간] N1=[인간], 공격, 홈런 따위)
¶상대 팀의 투수가 우리 팀 4번 타자의 홈런에 나가떨어졌다. ¶그는 챔피언의 공격에 속수무책으로 나가떨어졌다.
※ 주로 속어/구어로 쓰인다.

나누다

[활용]나누어(나눠), 나누니, 나누고

[타]❶(물리적인 대상을) 둘 이상으로 가르거나 분류하다. Divide or categorize a physical target into two or more.

[유]쪼개다, 분리하다 [반]합치다

N_0-가 N_2-로 N_1-를 V (N_0=[인간] N_1=[인간], [구체물] N_2=[구체물], [수량], [단위])

[피]나뉘다

¶그는 빵을 두 덩어리로 나누어 강아지들에게 주었다. ¶그 작가는 소설을 3부작으로 나누어 썼다.

N_0-가 N_1-를 N_2과 N_3-로 V (N_0=[인간] N_1=[인간], [구체물] N_2=[구체물], [수량], [단위] N_3=[구체물], [수량], [단위])

¶공장장은 제품을 정품과 불량품으로 나누었다. ¶진행자는 참가자들을 남학생과 여학생으로 나누었다.

❷(추상적인 대상을) 둘 이상의 부류로 성질 따위를 기준으로 구별하다. Distinguish an abstract target into two or more categories by using certain characteristics as standard.

[유]구분하다, 분류하다

N_0-가 N_2-로 N_1-를 V (N_0=[인간] N_1=[추상물] N_2=[추상물])

[피]나뉘다

¶김 교수는 국가를 공화국과 군주국의 두 종류로 나누었다. ¶다음 글을 소재에 따라 세 부분으로 나누시오.

❸다른 사람에게 보너스, 이익 따위의 몫을 분배하여 주거나 가지다. Distribute bonus prof it and give to or take from another person.

N_0-가 N_1-를 N_2-에게 V (N_0=[인간] N_1=보너스, 이익 따위 N_2=[인간])

[피]나뉘다

¶사장은 상여금을 직원들에게 나누어 주었다. ¶회사는 이익을 직원 모두에게 공평하게 나누어 줄 것이다.

❹다른 사람과 음식을 함께 먹거나 갈라먹다. Eat or split food with another person.

N_0-가 N_1-를 N_2-와 V (N_0=[인간] N_1=[음식](술, 차, 과자 따위) N_2=[인간])

¶나는 친구와 술 한 잔 나누면서 많은 이야기를 하였다. ¶영희는 과자를 친구들과 함께 나누어 먹기를 좋아한다.

N_0-가 N_1-를 V (N_0=[인간] N_1=[음식](술, 차, 과자 따위))

¶그들은 정담을 나누면서 밤을 새웠다. ¶우리 받아온 생일 떡을 함께 나누어 먹자.

※ N_1은 복수이다.

❺다른 사람과 말이나 인사를 서로 주고받다. Exchange words or greetings with another person.

[유]주고받다

N_0-가 N_1-를 N_2-와 V (N_0=[인간] N_1=[이야기], [행위](대화), 의견, 인사 따위 N_2=[인간])

¶민수는 결혼 문제에 대해 부모님과 이야기를 나누었다. ¶김 기자는 교사들과 만나 한국의 교육에 대한 대화를 나누었다.

❻다른 사람과 희로애락을 함께 겪다. Experience happiness, aging, love, or joy with another person.

[유]같이하다, 함께하다

N_0-가 N_1-를 N_2-와 V (N_0=[인간] N_1=[감정](기쁨, 슬픔, 행복, 고통 따위) N_2=[인간])

¶저는 이 기쁨을 아내와 함께 나누고 싶습니다. ¶내가 너와 고통을 함께 나누지 못해 미안할 뿐이다.

❼다른 사람과 한 부모 밑에서 동기간으로 태어나다. Be born under same parents as another person.

[유]같은 핏줄을 타고나다

N_0-가 N_1-를 N_2-와 V (N_0=[인간] N_1=피 N_2=[인간])

¶나는 그와 피를 나눈 형제 사이이다. ¶현지와 현주는 피를 나눈 자매인데도 성격이 매우 다르다.

❽ 【수학】 어떤 수를 다른 수로 나눗셈을 하다. Perform division of one number by another number.

N_1-를 N_2-로 V (N_1=[수] N_2=[수])

[피]나뉘다

¶9를 3으로 나누면 3이다. ¶17을 4로 나누어 보자.

나눠지다

[활용]나눠져, 나눠지니, 나눠지고 [본디]나누어지다

☞나뉘다

나뉘다

[활용]나뉘어, 나뉘니, 나뉘고

[자]❶(물리적인 대상이) 둘 이상으로 갈라지거나 달리 속하게 되다. (of a physical target) Be split or differently categorized into two or more by using characteristics as standard.

[유]분류되다, 갈라지다

N_0-가 N_1-로 V (N_0=[모두] N_1=[모두])

[능]나누다

¶사람은 피부색에 따라 백인종, 황인종, 흑인종으로 나뉜다. ¶월산동 주민들은 세 파로 나뉘어 서로 대립하였다.

N_0-가 N_1과 N_2-로 V (N_0=[모두] N_1=[모두] N_2=[모두])

¶참가자들은 남학생과 여학생으로 나뉘어 앉았다. ¶생물은 크게 동물과 식물로 나뉠 수 있다.
❷(추상적 대상이) 둘 이상의 부류로 성질 따위를 기준으로 분류되거나 달리 속하게 되다. (of an abstract target) Be categorized or differently affiliated into two or more categories using characteristics as standard.
N0-가 N1-로 V (N0=[추상물] N1=[추상물])
능나누다
¶전기 누진세는 3구간으로 나뉘어 있다. ¶참석자가 많다 보니 화제가 여러 가지로 나뉘어 혼란스럽다.
N0-가 N1과 N2-로 V (N0=[추상물] N1=[추상물] N2=[추상물])
¶모인 사람들의 의견이 찬성과 반대로 나뉘었다. ¶성격이 외향성과 내향성으로 나뉠 수만은 없다.
❸(이익이나 몫이) 사람에게 분배되어 주어지다. (of profit or portion) Be distributed to another person.
N0-가 N1-에게 V (N0=보너스, 수익금 따위 N1=[인간])
능나누다
¶회사 보너스는 직원들에게 공평하게 나뉘어야 한다. ¶이번 배당금은 투자자들에게 일정하게 나뉠 예정이다.
❹어떤 수가 다른 수로 나눗셈이 되다. (of division) Be performed on one number by another.
N0-가 N1-로 V (N0=[수] N1=[수])
능나누다타
¶30이 3으로 나뉘면 10이 된다. ¶12는 3과 6으로 나뉠 수 있다.

나다[1]

활용 나, 나니, 나고
자 ❶(신체부위에) 수염이나 털 따위가 나오다. (of beard, hair, etc.) Come out of a body part.
유 생기다, 자라다, 나오다[1]
N1-에 N0-가 V (N0=[신체부위](털, 엉덩이, 얼굴, 머리 따위) N1=(수염, 털, 이, 뿔, 깃털 따위))
¶그의 다리에 털이 덥수룩하게 나 있었다. ¶사슴 머리에 뿔이 나기 시작했어요.
❷(신체 부위에) 종기나 여드름 따위가 생기거나 나타나다. (of abscess, pimple, etc.) Come out or appear on a body part.
유 생기다, 나오다[1] 반 아물다, 없어지다
N1-에 N0-가 V (N0=[신체부위](털, 엉덩이, 얼굴, 이마 따위) N1=[질병](종기, 두드러기, 여드름, 혹, 뾰루지 따위))
¶온몸에 두드러기가 났어요. ¶얼굴에 여드름이 잔뜩 나서 고민이에요.
❸(식물에서) 싹이나 잎 따위가 자라 나오다. (of bud, leaf, etc.) Come out from a plant.
유 돋다, 피다I, 돋아나다
N1-(에|에서) N0-가 V (N0=[식물], [식물](가지, 줄기 따위) N1=싹, 잎 따위)
¶고구마에 싹이 났는데 다 버려야 하나요? ¶나뭇가지에 다시 푸른 잎이 났다.
❹(땅 위에) 풀이나 잡초 따위가 솟아나다. (of grass, weeds, etc.) Pop up from the ground.
유 솟다, 자라다
N1-(에|에서) N0-가 V (N0=[장소] N1=풀, 잡초 따위)
¶뜰에 이름 모를 풀들이 나 있었다. ¶마당에 들쑥날쑥 났던 풀을 모두 뽑아 버렸다.
❺(어떤 곳에) 길이나 창문 따위가 건설되거나 만들어지다. (of road, window, etc.) Be created or built someplace.
유 생기다 반 부수다, 없애다
N1-에 N0-가 V (N0=길, 창문, 도로, 철도 따위 N1=[장소])
사 내다[1]
¶마을 중간에 도로가 나서 마을이 둘로 나뉘었다. ¶새로 난 등산로로 가면 훨씬 쉬울 거예요.
N1-로 N0-가 V (N0=길, 창문, 도로, 철도 따위 N1=[방향])
사 내다[1]
¶이층으로 난 계단으로 올라가세요. ¶우리 동네에도 도로가 나서 교통이 편해졌다.
❻(어디에서) 돈이나 물건 따위가 주어지거나 획득되다. (of money, object, etc.) Come from some place.
유 생기다자
N0-가 N1-(에서|에게서) V (N0=[금전], [구체물] N1=[인간|단체], [장소])
¶그 돈은 엄마에게서 났다. ¶이 시계가 회장님에게서 났다는 소문이 있다.
❼(신체부위나 물건의 표면에) 어떤 흔적이나 자국이 나타나거나 새겨지다. (of a certain mark or stain) Appear on the surface of a body part or some object.
유 생기다
N1-에 N0-가 V (N0=자국, 흔적, 구멍 따위 N1=[신체부위], [구체물], [장소])
사 내다[1]
¶그의 배에는 수술한 자국이 나 있었다. ¶승용차 앞 문짝에 긁힌 자국이 났다.
❽(물건의 표면에) 곰팡이나 녹 따위가 자라거나 슬다. (of mold, rust, etc.) Appear on the surface of some object.
유 생기다, 슬다I
N1-에 N0-가 V (N0=곰팡이, 녹 따위 N1=[음식], [구체물])

¶먹다 남은 빵에 곰팡이가 났다. ¶칼에 녹이 나서 버렸다.

❾(어떤 장소에) 빈자리가 준비되거나 마련되다. (of empty space) Be created at some place.
㊌생기다, 준비되다, 마련되다
N1-에 N0-가 V (N0=자리 따위 N1=[장소])
¶저쪽에 자리가 났으니까 앉으세요. ¶자리가 나는 대로 안내해 드리겠습니다.

ㄴ

❿(어떤 장소에) 구하던 방이나 집 따위가 임대차로 알려지거나 소개되다. (of the desired room, house, etc.) Be available someplace.
㊌나오다[1]재, ㊎들어가다I
N1-에 N0-가 V (N0=전세방, 월세방, 방 따위 N1=[장소])
¶학교 근처에 좋은 방이 나서 이사를 하려고 해요. ¶이 근처에 방이 하나 났으니까 보러 오십시오.

⓫(어떤 지역이나 나라에서) 농산물이나 광물 따위가 생산되다. (of farm produce, mineral, etc.) Be produced from some region or country.
㊌나오다[1]재, 생산되다
N1-에서 N0-가 V (N0=[장소] N1=[과일], [음식물], [광물])
¶개성에서는 인삼이 많이 난다. ¶대구에서는 사과가 많이 난다고 해요.

⓬사람이 출생하다, 태어나다. (of a person) Be born someplace.
㊌태어나다 ㊎죽다I
N0-가 N1-에서 V (N0=[인간] N1=[장소])
¶나는 홍천에서 나서 자랐다. ¶서울에서 나서 서울에서 자란 사람은 서울 음식이 최고인 줄 안다.

⓭(어떤 집안이나 지역에서) 뛰어난 사람이 나오다, 생겨나다. (of an outstanding person) Come from some family or region.
㊌배출되다II, 나오다[1]재, 태어나다
N1-에서 N0-가 V (N0=[장소], [집단] N1=[인간](천재, 열녀, 미인, 영웅 따위))
¶우리 고장에서는 예로부터 열녀가 많이 났다. ¶이 지방은 미인이 많이 나는 곳으로 유명하다.

⓮시간이나 여유 따위가 생기다. (of time, leisure, etc.) Be produced.
㊌생기다
N0-가 N1-가 V (N0=[인간] N1=시간, 짬, 틈 따위)
사내다[1]
¶나는 시간이 날 때마다 운동을 한다. ¶동생은 틈만 나면 언니와 이야기하려고 애썼다.

⓯(시험에) 어떤 주제에 관한 문제가 출제되다. (of a problem related to a certain topic) Appear on a test.
㊌나오다[1]재, 출제되다
N1-에 N0-가 V (N0=문제 N1=시험)
사내다[1]
¶국어 시험에 다음과 같은 문제가 났다. ¶시험에 날 것 같은 문제를 정리했습니다.
N0-가 ADV V (N0=문제, ADV=Adj-게)
사내다[1]
¶영어 문제가 쉽게 나서 좋아했다. ¶이번에 시험 문제가 어렵게 났다.

⓰(글, 그림, 사진 따위가) 신문이나 잡지 따위에 실리다. (of writing, picture, photograph, etc.) Be inserted in newspaper, magazine, etc.
㊌실리다I, 게재되다
N0-가 N1-에 V (N0=글, 기사; 그림, 사진, 광고 따위 N1=[텍스트](신문, 잡지 따위))
사내다[1]
¶신문에 재미있는 기사가 났어요. ¶잡지에 난 광고를 보고 이 제품을 샀어요.

⓱(사람이나 동물 따위가) 어떤 나이가 되다. (of a person, an animal, etc.) Reach a certain age.
㊌되다[1], 먹다II
N0-가 N1-가 V (N0=[인간], [동물] N1=[나이])
¶아버지는 내가 열 살 나던 해에 돌아가셨다. ¶나는 두 살 난 아들을 데리고 여행을 떠났다.

⓲병이나 신체 증상이 발생하다. (of a person or an animal) Get sick.
㊌발생하다
N0-가 N2-(에|에서) N1-가 V (N0=[인간], [동물] N1=[질병] N2=[신체부위])
¶아이는 몸에서 열이 났다. ¶그는 갑자기 현기증이 나는지 비틀거렸다.

⓳소리가 생겨 들리다. (of sound) Be produced.
N1-(에서|에게서) N0-가 V (N1=[장소], [인간], [동물], N0=소리, 인기척)
사내다[1]
¶방안에서 어린애 우는 소리가 났다. ¶등 뒤에서 인기척이 났다.

⓴김이나 연기가 만들어져 시야에 들어오다. (of steam or smoke) Be preoduced or emitted.
㊌피어오르다
N1-에서 N0-가 V (N0=김, 연기 따위 N1=[구체물], [장소])
¶시동을 켜면 차에서 연기가 나요. ¶갑자기 차량 뒷부분에서 연기가 나더니 불길이 솟구쳤다.

㉑냄새나 향기가 만들어져 후각에 느껴지다. (of smell or fragrance) Be producde and spread.
㊌풍기다재, 발산되다
N1-(에서|에게서) N0-가 V (N0=냄새, 향기 N1=[장소], [인간], [동물], [식물])
¶그 방에선 좋은 냄새가 났다. ¶부엌에서 무언가가 타는 냄새가 났다.

㉒빛이나 윤기가 생겨 반짝거리다. Polish, shine.
[유]비치다I
N1-(에|에서) N0-가 V (N1=[신체부위], [구체물], N0=빛, 윤, 윤기 따위)
[사]내다1
¶아내의 얼굴에서 빛이 났다. ¶아이의 눈은 초롱초롱 빛이 났다.
㉓(신체적으로나 정신적으로) 몸에 에너지가 차 활력이 생기다. Be mentally or physically strong.
[유]생기다, 솟아나다
N0-가 N1-가 V (N0=[인간] N1=기운, 힘 따위)
[사]내다1
¶죽을 먹었더니 조금 기운이 났다. ¶이 음료를 마시면 힘이 좀 날 것이다.
㉔대상의 맛, 멋, 맵시 등이 감각으로 감지되거나 발현되다. Cause the flavor, taste or style of a subject to be sensed or manifested
N0-가 N1-가 V (N0=[인간], [사물] N1=맛, 멋, 태, 맵시 따위)
[사]내다1
¶이 찌개는 구수한 맛이 난다. ¶그는 꾸미지 않아도 세련된 멋이 난다.
㉕인간이나 대상이 지닌 특징이 드러나거나 발현되다. Cause a characteristic of a person or subject to be expressed or manifested.
N0-(가|에게서) N1-가 V (N0=[인간] N1=표, 표시, 티 따위)
[사]내다1
¶그녀에게서 막내티가 난다. ¶쌍꺼풀 수술한 티가 나서 안경을 썼어요.
㉖(어떤 과정을 거쳐) 사태가 발생되거나 상태가 되다. (through a certain process) Produce a certain result or enter a certain state.
N0-가 V (N0=[인간|단체], [구체물], [추상물] N1=이익, 적자 , 효과, 결과, 흑자 따위)
[사]내다1
¶좋은 결과가 날 수 있도록 최선을 다 합시다. ¶이 약초는 강력한 항암 효과가 나는 것으로 알려져 있다.
[타](사람이나 동물 따위가) 철이나 기간을 지내다. (of a person or an animal, etc.) Spend a season or a time period.
[유]지내다[타], 보내다1
N0-가 N1-를 V (N0=[인간] N1=[시간](계절, 주, 년, 개월 따위))
¶이 음식은 조상들이 겨울을 나기 위해 먹던 음식이에요. ¶시원하게 여름을 나려면 에어컨이 필요합니다.
N0-가 N2-에서 N1-를 V (N0=[인간], [동물], [식물] N1=[시간](계절, 주, 년, 개월 따위) N2=[장소])
¶철새는 남쪽에서 겨울을 나고 봄에 북쪽으로 이동한다. ¶우리 가족은 제주도에서 겨울을 났다.
N0-가 N2-로 N1-를 V (N0=[인간] N1=[시간](계절, 주, 년, 개월 따위) N2=[도구], [옷])
¶나는 원피스 한 벌로 여름을 났다. ¶너무 더워서 선풍기로 여름을 나기가 어렵다.
◆ **거덜(이) 나다** 재산 따위가 다 없어지거나 나라(국가)나 경제가 망쳐지다. (of someone's property, etc.) Be squandered entirely or country, economy, etc. be ruined.
[유]동(이) 나다, 바닥(이) 나다
N0-가 Idm (N0=재산, 재정, 나라, 경제 따위)
[사]거덜(을) 내다
¶새 사업의 실패로 회사의 재정이 거덜이 났다. ¶무능한 정치가들 때문에 나라가 거덜 나게 생겼다. ¶'긴축재정'으로 한국 경제가 거덜 날 수도 있다는 주장이 제기되었다.
◆ **구멍이 나다** (어떤 일이나 행위 중에) 허술한 부분이나 빈틈, 모순 따위가 생기다. (for a work or behavior) Have a loose part, breach, or inconsistency.
[유]펑크가 나다
[능]구멍을 내다
N0-에 Idm (N0=[상황], [계획사건], [행위])
¶이번 사업에 그렇게 큰 구멍이 난 줄 아무도 몰랐다. ¶이번 행사에 구멍이 나지 않도록 준비를 단단히 하시오.
◆ **꼴(이) 나다** 어떤 모양이나 상태, 상황처럼 조금 잘못되다. Go slightly wrong, i.e. a certain shape, situation, or condition.
[유]짝(이) 나다
N0-가 N1 Idm (N0=[인간] N1=[인간], 용두사미 따위)
¶자칫하면 철수 꼴 날거야. ¶이번 일은 용두사미 꼴 날지도 몰라.
※N1에는 조사가 붙지 않는다.
◆ **냄새가 나다** (다른 사람에게서) 수상한 기미나 상황 따위가 느껴지다. Suspect a person or situation.
[유]의심이 가다
N0-에게서 Idm (N0=[인간])
¶그에게서 수상한 냄새가 났다. ¶당황하는 것을 보니 냄새가 나는 것 같다.
S-(라는|다는) Idm
¶그가 범인이라는 냄새가 난다. ¶분명히 여기에 보물을 감춰 두었을 것이라는 냄새가 난다.
◆ **눈에(서) 불이 나다**
❶눈앞이 갑자기 캄캄해지며 한순간 빛이 떠올랐다가 사라지다. Suddenly see a flash of light in front of one's eyes after remaining for some time in pitch-dark.

㊞눈에서 번개가 나다
N0-가 Idm (N0=[인간])
¶기둥에 머리를 부딪쳐서 눈에서 불이 났다. ¶그는 눈에서 불이 날 정도로 전봇대에 세게 부딪쳤다.
❷뜻밖의 일을 당하여 몹시 화가 나다. Be furious at having been overtaken by an unexpected event.
㊞가슴에 불이 나다, 화가 나다, 분노가 이글거리다
N0-가 Idm (N0=[인간])
¶한심한 너를 보고 있자니 눈에서 불이 난다. ¶그는 자신의 원수만 보면 눈에서 불이 났다.
◆ **눈 밖에 나다** 다른 사람의 신임을 잃고 미움을 받게 되다. Lose somebody's confidence and earn their hatred.
㊞눈에서 벗어나다
N0-가 N1-의 Idm (N0=[인간] N1=[인간])
¶그녀는 약속을 지키지 않아서 친구들의 눈 밖에 났다. ¶사소한 일로 부장님의 눈 밖에 나지 않도록 조심해라.
◆ **동(이) 나다** (물건 따위가) 전부 팔리거나 다 써서 남아 있는 것이 없게 되다. (of an object) Run out because all have been sold or used.
㊞바닥(이) 나다, 거덜이 나다
N0-가 Idm (N0=[구체물])
사 동(을) 내다
¶물건이 1시간 만에 동이 났다. ¶그 제품은 출시되자마자 동이 났대요. ¶오늘 재료가 동이 나서 주문을 더 못 받습니다.
◆ **들통(이) 나다** 숨기었던 의도가 남에게 알려지다. (of a hidden intention) Become known.
㊞탄로(가) 나다, 들키다
N0-가 N1-(에|에게) Idm (N0=거짓말, 계획, 사실 따위 N1=[인간|단체])
사 들통을 내다
¶그의 거짓말이 만천하에 들통이 났다. ¶혼자 여행 가려던 나의 계획이 친구들에게 들통이 났다.
◆ **말(이) 나다** (비밀스러운 일이 알려져) 다른 사람의 입에 오르내리게 되다. Be on the tongues of others because a secret has been made known.
㊞말이 새다
N0-(가|에 대해) Idm (N0=[인간], [일], [사건])
¶그 일에 대해 이미 말이 났는지 여기저기서 확인 전화가 걸려 왔다. ¶바깥으로 말이 나지 않도록 입조심해라.
◆ **맛이 나다** 어떤 일을 할 재미나 흥이 생기다. Be motivated or excited about doing something.
N0-가 S-(ㄴ|ㄹ) Idm (N0=[인간])
¶정말 일할 맛이 난다. ¶저 정도 미모면 졸업사진 찍을 맛이 나겠다.
◆ **모(가) 나다** 성격이나 태도가 부드럽거나 너그럽지 않고 까다롭다. Be sharp and difficult in character or attitude.
㊞까다롭다
N0-가 Idm (N0=[인간])
¶그는 모가 난 성격 때문에 친구가 별로 없었다. ¶모가 나도 실력이 뛰어나면 함부로 내칠 수가 없다.
◆ **바닥(이) 나다** (물건 따위가) 전부 팔리거나 다 써서 남아 있는 것이 없게 되다. (of an object) Run out because all have been sold or used.
㊞동(이) 나다, 거덜이 나다
N0-가 Idm (N0=[구체물])
¶이 제품이 삼시간에 재고가 바닥이 났다. ¶우유가 바닥이 나서 빙수를 만들 수 없다.
◆ **바람(이) 나다** 배우자나 사귀는 사람이 있는 사람이 다른 이성과 부적절한 관계를 가지다. (of a person who is married or in an established relationship) Have an affair with another person.
㊞섹스하다, 정을 나누다, 사랑하다, 관계를 갖다
N0-가 N1-와 Idm ↔ N1-가 N0-와 Idm ↔ N0-와 N1-가 Idm (N0=[성별인간] N1=[성별인간])
¶남편이 다른 여자와 바람이 났다.↔ 다른 여자와 남편이 바람이 났다. ↔ 남편과 다른 여자가 바람이 났다. ¶바람이 난 남편을 절대 용서할 수 없었어요.
◆ **박살(이) 나다**
❶본래의 형태를 알아볼 수 없을 정도로 크게 부서지다. Be heavily crushed beyond all recognition.
㊞작살(이) 나다, 산산조각(이) 나다
N0-가 Idm (N0=[구체물])
능 박살(을) 내다
¶화분이 아프트 바닥으로 떨어져 박살이 났다. ¶공에 맞아서 창문이 박살이 나 버렸구나.
❷크게 혼이 나다. (속어) Be badly scolded
㊞작살(이) 나다
N0-가 N1-에게 Idm (N0=[인간] N1=[인간])
능 박살(을) 내다
¶너 자꾸 그러면 다음엔 박살난다. ¶말대꾸 잘못했다가 선생님께 박살이 났다.
◆ **빛(이) 나다** (일이나 업적 따위가) 훌륭하여 돋보이거나 겉으로 드러나다. (of a work or an achievement) Stand out or become known due to its excellence.
N0-가 Idm (N0=일, 노력, 공, 업적, 아이디어, 직업 따위)
¶청소부는 빛이 안 나는 직업이다. ¶그는 역사에 빛나는 업적을 남겼다.

◆ **뿔(이) 나다** (다른 사람에게) 못마땅하여 기분이 나빠지다. Be made anger or be enraged toward someone.
[유]화(가) 나다, 골(이) 나다, 성(이) 나다, 열(이) 나다
[능]뿔을 내다
N_0-가 N_1-(에|에게) Idm (N_0=[인간] N_1=[인간])
¶내 동생은 나에게 뿔이 단단히 났다. ¶나는 엄마에게 뿔이 나서 집에 안 들어갔다.
◆ **산산조각(이) 나다** 수많은 조각으로 부서져 본래의 형태를 알 수 없을 정도가 되다. Be smashed into pieces beyond all recognition.
[유]박살(이) 나다, 작살(이) 나다
N_0-가 Idm (N_0=[구체물])
[능]산산조각(을) 내다
¶벽에 부딪친 물컵은 산산조각이 났다. ¶액자가 떨어져 산산조각이 났다.
◆ **살판(이) 나다** 좋은 일이나 재물이 생겨 형편이 나아지거나 살기 좋아지다. Make one's life better as something nice has happened or a fortune has been made.
[유]살맛이 나다
N_0-가 Idm (N_0=[인간])
¶생각지도 않았던 돈이 생겨 순애는 살판이 났다. ¶그는 시험에 붙었기 때문에 살판이 나서 놀러 다닌다.
◆ **신바람이 나다** (사람이) 하는 일에 재미를 느끼다. (of one's mind) Be so completely occupied by dancing as to forget about work that needs to be done.
[유]신이 나다
N_0-가 N_1-에 Idm (N_0=[인간] N_1=일 따위)
¶그는 일에 신바람이 나서 새벽에 출근했다. ¶그는 신바람이 나면 밤낮을 가리지 않고 공부한다.
N_0-가 S(것|데)-에 Idm (N_0=[인간])
¶모두들 제품을 만드는 데에 신바람이 났다. ¶신제품을 생산하는 것에 모두 신바람들이 났다.
◆ **엉덩이에 뿔(이) 나다** 올바르지 못하고 비뚤게 행동하다. Behave incorrectly and badly.
N_0-가 Idm (N_0=[인간], [동물])
¶못된 송아지 엉덩이에서 뿔이 난다. ¶아기는 엉덩이에 뿔 난 송아지처럼 울며 떼를 썼다.
◆ **열(이) 나다** 화가 날 정도로 감정이 고조되다. Become excited to the extent that one becomes angry.
[유]화가 나다, 감정이 격해지다, 뿔(이) 나다, 열을 받다
N_0-가 N_1-에 Idm (N_0=[인간] N_1=말, 행위, 일)
¶그의 거짓말에 열이 났다. ¶친구들은 동창회장의 위선적인 행위에 열이 났다.
N_0-가 S(것|데)-에 Idm (N_0=[인간])
¶우리는 그가 오지 않은 것에 열이 났다. ¶일을 열심히 않는 데에 정말 열난다.
◆ **염증(이) 나다** 어떤 일이나 행위에 아주 싫증을 느끼다. Get sick of work or a type of behavior.
[유]진력(이) 나다, 싫증(이) 나다, 질리다
N_0-가 N_1-에 Idm (N_0=[인간] N_1=[구체물], 일, 사건, 행동 따위)
[능]염증을 내다
¶영희는 컴퓨터 학습에 염증이 났다. ¶모두들 밤샘에 염증이 나서 가버렸다.
N_0-가 S(것|데)-에 Idm (N_0=[인간])
¶아내는 집안일을 하는 것에 염증이 났다. ¶단순한 일을 하는 데에 누구나 염증이 난다.
◆ **입에(서) 불이 나다** (입에서 불이 나는 것처럼) 아주 맵다. Taste very spicy (as if one's mouth is burning).
N_0-가 Idm (N_0=[인간])
¶청양고추를 먹었더니 입에서 불이 난다. ¶매운 것을 먹으면 입에서 불이 나는 것 같다.
◆ **작살(이) 나다**
❶본래의 형태를 알 수 없을 정도로 완전히 부서지다. Be completely smashed to pieces beyond all recognition.
[유]박살(이) 나다, 산산조각(이) 나다
N_0-가 Idm (N_0=구체물)
[능]작살(을) 내다
¶그릇이 완전 작살이 났다. ¶나는 작살이 난 작품을 들고 망연자실했다.
❷크게 혼이 나다. Be badly scolded
[유]작살(이) 나다
N_0-가 N_1-에게 Idm (N_0=[인간] N_1=[인간])
[능]작살(을) 내다
¶선배에게 대들었다가 작살이 났다. ¶하마터면 부모님께 작살이 날 뻔했다.
◆ **전화통에 불이 나다** 전화가 쉴 새 없이 자주 오거나 쓰이다. Make telephone calls, or use the telephone incessantly.
[유]빗발치게 오다
N_0-에 Idm (N_0=전화통)
¶항의하는 사람들로 사무실 전화통에 불이 났다. ¶오늘이 합격자 발표일이라 전화통에 불이 나겠군요.
◆ **젖비린내(가) 나다** 육체적 또는 정신적으로 성숙하지 못하거나 유치하다. Be very young or childish.
[유]젖내(가) 나다
N_0-가 Idm (N_0=[인간])
¶나도 연하는 젖비린내가 나서 싫거든. ¶걔는 아직 젖비린내가 나는 풋내기다.

◆ **진력(이) 나다** 너무 오래 하거나 많이 해서 어떤 일에 질리다. Get tired of one's work after doing the same thing for too long.
(유)싫증(이) 나다, 질리다, 염증(이) 나다
[사]진력을 내다
N_0-가 N_1-에 Idm (N_0=[인간] N_1=[상황], [행위])
¶나는 단체 생활에 진력이 났다. ¶전쟁이라면 이제 진력이 난다.
N_0-가 S(것|데)-에 Idm (N_0=[인간])
¶이제는 서로 때리고 맞는 데 진력이 났다. ¶네 짜증 들어주는 데도 이젠 진력이 난다.
◆ **짝(이) 나다** 무엇과 같은 상황이나 상태가 되다. Become a situation or condition that is identical to something else.
(유)꼴(이) 나다
N_0-가 N_1 Idm (N_0=[인간|단체] N_1=[인간], [구체물], [장소])
¶너도 꼭 그 짝 난다. ¶곧 우리도 옆 동네 짝이 나겠다.
◆ **춤바람이 나다** 해야 할 일을 잊을 정도로 춤에 온통 정신이 쏠리다. (of a person) Feel excited about what one is doing.
N_0-가 Idm (N_0=[인간])
¶그는 나이 오십에 춤바람이 났다. ¶늦게 춤바람이 난 사람은 말리지도 못한다.
◆ **탄로(가) 나다** 숨기었던 의도가 남에게 알려지다. (of a hidden intention) Become known.
(유)들통(이) 나다, 들키다
N_0-가 N_1-(에|에게) Idm (N_0=거짓말, 계획, 사실 따위 N_1=[인간|단체])
¶몰래 놀러 가려던 계획이 어머니께 들통이 났다. ¶이미 모든 것이 들통이 난 마당에 무엇을 숨기겠느냐?

나다[2]
[활용]나, 나니, 나고
[기능자]❶일이나 사건이 일어남을 가리키는 기능동사 Support verb that indicates something or an event happens or occurs.
(유)일어나다[2], 벌어지다
N_0-(에|에서) Npr-가 V (N_0=[장소], Npr=[재해], 초상, 사고, 싸움, 난리, 전쟁, 경사 따위)
[능]내다[2]
¶무슨 사고가 났는지 사람들이 모여 있었다. ¶오랜만에 집안에 경사가 났다.
N_0-가 Npr-가 V (N_0=[행위](전쟁, 싸움, 청소 따위), [회의], [인간|단체], 일 따위, Npr=끝, 끝장 따위)
[능]내다[2]
¶드디어 두 나라의 전쟁이 끝장이 났다. ¶동네 산악모임은 이번 등산으로 끝이 났다.
❷어떤 행위가 확실하게 이루어졌음을 나타내는 기능동사. Support verb that indicates an action performed definitely.
N_0-가 Npr-가 V (N_0=[인간], [장소], [일], [속성], [생각], Npr=결정, 판정, 판결 따위)
[능]내다[2]
¶이번 사건은 살인 사건으로 결정이 났다. ¶너희들의 생각과는 반대로 판정이 났다.
❸감정이나 심리가 생기거나 겉으로 표출됨을 가리키는 기능동사 Support verb by which an emotion or psychological state of mind is expressed overtly.
N_0-가 N_1-에 Npr-가 V (N_0=[인간] N_1=[사실](소식 따위), [활동](생활 따위), [행위], Npr=[감정](진절머리, 흥미, 갈증, 흥 따위), [감정](짜증, 싫증, 겁, 부아, 신 따위), [속성](용기 따위))
[능]내다[2]
¶그녀는 합격 소식에 신이 났다. ¶나는 도시 생활에 싫증이 났다.
N_0-가 S(기가|것에) Npr V
¶그녀는 학교에 가기가 겁이 났다. ¶아내는 남편이 과음하는 것에 무척 화가 났다.
❹인지적 행위가 이루어짐을 나타내는 기능동사 Support verb depicting the occurrence of cognitive behavior.
N_0-가 Npr-가 V (N_0=[인간], Npr=생각, 기억 따위)
¶나는 자꾸만 엉뚱한 생각이 났다. ¶나는 그녀와 춤을 추었던 생각이 났다.

나다[3]
[활용]나, 나니, 나고
[보조]❶앞의 말이 나타내는 동작이 끝남을 나타내는 보조동사. Auxiliary verb depicting the continuation of activity meant by the preceding word.
V-고 Vaux
¶건강을 잃고 나서야 건강의 소중함을 알게 되었습니다. ¶그는 회장이 되고 나더니 태도가 변했다.
❷앞의 말이 나타내는 동작이 계속됨을 나타내는 보조동사. Auxiliary verb depicting the continuation of activity meant by the preceding word.
V-어 Vaux
¶거리에는 사람들로 넘쳐 난다. ¶기분이 좋은지 그의 얼굴에 웃음기가 넘쳐 난다.

나대다
[활용]나대어(나대), 나대니, 나대고
[자]조심성 없이 행동하며 주제넘게 마구 나서다. Come forward thoughtlessly and impertinently while behaving without care.
(유)설치다, 까불다[자]

No-가 V (No=[인간])
¶차분한 철수가 왜 그렇게 나대는지 모르겠다. ¶그 사람은 여기저기 잘 나대고 다닌다. ¶함부로 나대다가 큰코다친다.

나돌다

활용 나돌아, 나도니, 나돌고, 나도는
자 ❶정한 곳이 없이 바깥에 나가서 헤매며 돌아다니다. Go outside and roam around without any designated destination.
유 떠돌다 자, 배회하다 자 반 머물다
No-가 N1-로 V (No=[인간] N1=[장소](밖, 바깥 따위))
¶영희는 바깥에서 혼자 나돌다 집으로 들어갔다. ¶이상한 데로 나돌지 말고 곧장 집에 와라.
❷(말, 소문이나 추측 따위가) 여기저기에 자꾸 퍼지다. (of words, rumor, assumption, etc.) Continue to be spread here and there.
유 퍼지다, 떠돌다 자, 돌다[1] 자
No-가 N1-에 V (No=[이야기], 소문, 유행어, 관측, 억측 따위 N1=[지역], [집단], 세간, 항간 따위)
¶그에 대한 이상한 소문이 동네에 나돌고 있다. ¶그 여배우의 죽음에 대한 여러 억측이 항간에 나돌았다.
❸(주로 위조품이나 모조품 따위가) 어디에서 널리 유통되거나 거래되다. (Usually of counterfeit, imitation, etc.) Be widely distributed or traded in some place.
유 유통되다, 거래되다
No-가 N1-에 V (No=[구체물] N1=[지역], 시중 따위)
¶불법 복제한 컴퓨터 프로그램이 시중에 나돈다. ¶모조품과 진품이 동시에 시중에 나돌고 있다.
❹(기운 따위가) 쉽게 느낄 수 있을 정도로 상당히 많이 드러나거나 나타나다. (of some energy) Appear, become significantly visible to the point that one can easily feel it.
유 서리다I, 퍼지다
No-가 V (No=[기운])
¶이제야 완연한 봄기운이 나돈다. ¶등 뒤에 서늘한 기운이 나도는 것 같다.
◆ **밖으로 나돌다** 자신이 속한 곳에 마음을 두지 못하고 방황하다. Wander around, not being able to put one's mind where one belongs.
유 방황하다
No-가 Idm (No=[인간])
¶아들이 밖으로만 나도는 것이 걱정이다. ¶이제 밖으로 나돌지 말고 고향에 정착해라.
타 어떤 장소나 그 주변을 헤매며 돌아다니다. Roam around a certain place or its surroundings.
유 돌아다니다 자타, 떠돌다 자타
No-가 N1-를 V (No=[인간] N1=[길], [장소])
¶젊은 아주머니들이 부산히 골목길을 나돌았다. ¶영수는 건설 공사장을 나돌며 일거리를 찾았다.

나뒹굴다

활용 나뒹굴어, 나뒹구니, 나뒹굴고, 나뒹구는
자 ❶(사람이나 물체가) 서 있던 것이 넘어져 뒹굴다. (of a person or a thing) Fall and roll around after standing.
유 뒹굴다 자, 넘어지다
No-가 N1-(에|로) V (No=[인간], [구체물] N1=[장소])
¶나는 미끄러져 순식간에 욕조로 나뒹굴었다. ¶떨어져 나간 문짝이 바닥에 나뒹굴었다.
❷(사람이나 동물, 사물이) 이리저리 마구 뒹굴다. (of a person, an animal, or a thing) Roll around.
유 뒹굴다 자, 굴러다니다 자
No-가 N1-(에|에서) V (No=[인간], [동물], [구체물] N1=[장소])
¶땅바닥에 벚꽃잎이 잔뜩 나뒹굴고 있네. ¶아이들은 놀이터 모래 바닥에서 나뒹굴며 놀았다.
❸(물체가) 아무렇게나 어지럽게 널리어 있다. (of things) Spread carelessly.
유 널리다, 흩어지다
No-가 N1-에 V (No=[구체물] N1=[장소])
¶태풍이 휩쓸고 나자 쓰레기들이 해변에 나뒹굴었다. ¶탁자에는 술병과 그릇들이 나뒹굴고 있었다.

나들다

활용 나들어, 나드니, 나들고, 나드는
자자타 ☞ 드나들다

나르다 I

활용 날라, 나르니, 나르고, 날랐다
타 (사람이나 가축이) 물건을 어떤 곳에서 다른 곳으로 옮기다. (of a person) Transport an object from one place to another.
유 옮기다, 운반하다
No-가 N1-를 N2-에서 N3-로 V (No=[인간|단체] N1=[구체물](짐, 물 따위) N2=[장소] N3=[장소])
¶나는 하루 종일 이삿짐을 형의 방으로 날랐다. ¶이곳에서는 물장수들이 와서 물을 날라 가곤 한다.

나르다 II

활용 날라, 나르니, 나르고 【구어】
☞ '날다I'의 오용

나무라다

활용 나무라, 나무라니, 나무라고
타 (윗사람이) 아랫사람의 흠이나 잘못을 지적하여 질책하다. (of a superior) Point out and criticize a subordinate's flaw or fault.

㊥꾸짖다, 꾸중하다, 책망하다 ㉤칭찬하다
N0-가 N1-를 V (N0=[인간] N1=[인간], [추상물](잘못, 실수, 태도 따위))
연어 엄하게, 호되게, 크게
¶선생님은 학생들의 잘못을 호되게 나무라셨다.
¶할아버지는 손녀의 무례함을 나무라셨다.
자타 아랫사람이 어떤 잘못을 저질렀는지 밝히며 꾸짖어 잘못을 알게 말하다. (of a superior) Reveal to a subordinate his/her fault and criticize.
㊥꾸짖다, 꾸중하다, 책망하다 ㉤칭찬하다
N0-가 N1-(에게|를) S고 V (N0=[인간] N1=[인간])
¶할아버지가 아이들에게 남의 물건을 만지지 말라고 나무라셨다. ¶어머니가 아들에게 게으름을 피워서는 안 된다고 나무라셨다.

ㄴ

나부끼다

활용 나부끼어(나부껴), 나부끼니, 나부끼고
자 (얇고 가벼운 물체가) 바람에 날리며 가볍게 흔들리다. (of something thin and light) Sway lightly in the wind.
㊥날리다I자, 흔들리다자
N0-가 N1-에 V (N0=[구체물](머플러, 깃발, 머리카락, 소맷자락 따위) N1=[바람])
¶건물 앞에는 언제나 태극기가 나부끼고 있다.
¶그녀의 머리카락이 산들바람에 가볍게 나부꼈다.
타 (얇고 가벼운 물체를) 바람에 날려 가볍게 흔들리게 두다. Swing and fly lightly a thin, light thing in the wind.
㊥날리다II
N0-가 N1-를 N2-에 V (N0=[인간], [동물], [교통기관] N1=[구체물](머플러, 깃발, 머리카락, 소맷자락 따위) N2=[바람])
¶그는 망토를 바람에 나부끼며 달렸다. ¶자동차는 깃발들을 나부끼며 달린다.
※ '나부끼며'+V의 형태로 쓰인다.

나빠지다

활용 나빠져, 나빠지니, 나빠지고
자 ❶(사물 따위가) 좋지 않은 상태가 되다. (of emotion, work, thing, etc.) Enter a bad state.
㊥악화되다, 오염되다, 변질하다 ㉤좋아지다
N0-가 V (N0=[구체물])
¶서울의 공기가 급격히 나빠졌다. ¶오수로 한강 물이 나빠질 것이다.
❷(감정 따위가) 정상적이거나 기분 좋은 상태에서 악화되거나 저하되다. (of emotion etc.) Enter a bad state.
㊥악화되다 ㉤좋아지다, 유쾌해지다
N0-가 V (N0=[감정])
¶요즈음 애들 인성이 많이 나빠졌다고 한다.
¶그들의 감정이 점차 나빠져 마침내 이혼했다.
❸(상황이나 사태가) 정상적인 상태에서 안 좋게 변하다. (of situation, state etc.) Enter a bad state.
㊥악화되다, 추락하다 ㉤호전되다, 나아지다
N0-가 V (N0=[상황], [사태])
¶어머니의 병세가 더욱 나빠졌다. ¶국제 유가의 상승으로 인해 경제가 나빠졌다.

나서다[1]

활용 나서, 나서니, 나서고
자 ❶(앞이나 밖으로) 대열에서 빠져나와 서다. Deviate from the line and stand to the front or outside.
N0-가 N1-(에|로) V (N0=[인간] N1=[공간](앞, 옆 따위), [길])
사 내세우다
¶그는 한 발짝 앞으로 나섰다. ¶관심 있는 사람은 옆으로 나서세요. ¶큰길에 나서니 사람들이 보였다.
❷다른 사람들에 비해 적극적으로 앞서다. Take the lead more actively than any others.
㊥앞서다자, 앞장서다
N0-가 V (N0=[인간])
¶저는 먼저 나서는 성격이 아니라서요. ¶선배가 나서야 후배들이 따를 것이다.
❸어떤 자격으로 행동하려고 하다. Try to act under certain qualification.
㊥처신하다
N0-가 N1-로 V (N0=[인간] N1=[인간])
사 내세우다
¶그가 중재자로 나서자 일이 수월해졌다. ¶그 정도 미모면 미스코리아로 나서도 되겠다.
❹(어떤 일에) 끼어들어 간섭하거나 간여하다. Cut in on some task and interfere or participate.
㊥간섭하다, 관여하다
N0-가 N1-에 V (N0=[인간] N1=[일], [장애], [행위])
¶남의 일에 함부로 나서지 마라. ¶그 사람이 우리 문제에 나섰다.
❺찾던 사람이나 사물이 생기거나 등장하다. (of a person or an item that one was looking for) Be formed, appear.
N0-가 V (N0=[구체물], [장소], 혼처)
¶혼처가 나서 한번 만나 볼 생각이다. ¶골목을 가다 보면 넓은 길이 나선다.
자타 어떤 장소를 나와서 거기를 벗어나다. Exit and escape a certain place.
㊥떠나다자타
N0-가 N1-(에서|를) V (N0=[인간] N1=[장소])
¶수진이는 학교에 가려고 집에서 나섰다. ¶역에서 나서 보니 길을 찾을 수 없었다.

나서다[2]

활용 나서, 나서니, 나서고

기능 타 ❶ '행위의 시작'을 알리는 기능동사 Support verb indicating "the beginning of performing an act".

N0-가 Npr-를 V (N0=[인간], Npr=[행위])

¶시민들은 미술관 관람을 나서려고 나갔다. ¶우리는 강변으로 소풍을 나설 것이다.

❷어떤 '행위를 적극적으로 시도하는 것'을 가리키는 기능동사 Support verb indicating "trying something actively".

N0-가 Npr-(에|를) V (N0=[인간], Npr=[행위])

¶우리는 틈을 타서 맹공에 나섰다. ¶고기잡이를 나섰던 아저씨는 저녁에 돌아오셨다.

나아지다

활용 나아지어(나아져), 나아지니, 나아지고

자 ❶(생활, 여건, 형편 따위가) 과거보다 더 좋은 상태가 되다. (of life, condition or situation) Become better than before.

유 개선되다, 향상되다, 좋아지다 반 나빠지다, 악화되다

N0-가 V (N0=[추상물]([생활, 여건, 형편, 경제 따위])

¶저개발국의 삶의 질이 더 나아졌다. ¶생활은 나아졌으나 정신은 오히려 나빠졌다.

❷(건강, 신체 상태 따위가) 과거보다 더 튼튼하거나 건강하게 되다. (of one's health or physical condition) Become stronger or healthier than before.

유 튼튼해지다, 건강해지다

N0-가 V (N0=[추상물], [신체], 건강 따위)

¶몸이 작년보다 훨씬 나아진 것 같다. ¶수술을 받았지만 건강이 더 나아지지 않네.

나앉다

활용 나앉아, 나앉으니, 나앉고

자 ❶(사람이) 살던 곳을 잃고 바깥에 내몰려 살다. (of a person) Lose one's dwelling space and get kicked out to the outside to live.

유 쫓겨나 살다

N0-가 N1-(에|로) V (N0=[인간] N1=[길](길거리, 길바닥, 거리 따위))

¶우리 가족은 꼼짝없이 거리로 나앉을 수밖에 없었다. ¶홍수로 인해 많은 사람들이 길바닥에 나앉게 되었다.

❷(사람이) 바깥을 향해 나가서 앉다. (of a person) Go and sit outside.

N0-가 N1-로 V (N0=[인간] N1=[장소])

¶우리는 대청 마루로 나앉아 차를 마셨다. ¶아이는 마루 끝에 나앉아 엄마를 기다렸다.

나열하다

활용 나열하여(나열해), 나열하니, 나열하고

자 (여러 사람이나 물건이) 어떤 곳에 줄을 지어 서다. (many people or things) Line up (somewhere).

유 늘어서다

N0-가 N1-에 V (N0=[인간], [구체물] N1=[장소])

¶군인들이 연병장에 나열해 있다. ¶게시판에 합격자 이름이 나열해 있다.

타 (비슷한 대상이나 개념을) 줄지어 벌여 놓다. List similar objects or concepts.

유 열거하다

N0-가 N1-를 V (N0=[인간] N1=[구체물], [개념])

¶선생님은 각종 수식을 나열하셨다. ¶그는 지금까지 달성한 수상 기록을 나열했다.

나오다[1]

활용 나와, 나오니, 나오는, 나오너라/나와라

자 ❶원래 있던 곳이나 안에서 벗어나서 바깥으로 이동하다. Get out and come from where one has been.

반 들어가다I자

N0-가 N2-에서 N1-(에|로) V (N0=[인간|단체], [동물] N1=[장소] N2=[장소])

¶거리에 나와 있는 사람들이 없었다. ¶강아지가 집에서 나와 주인을 반긴다.

❷(안에 있던 물체가) 밖으로 솟아나거나 빠져나오다. (of material contained or made inside) Spurt or to be drained.

유 돋다, 짜지다

N0-가 N1-에서 V (N0=[구체물] N1=[구체물], [장소])

¶땅에서 파릇파릇한 싹이 나왔다. ¶치약이 튜브에서 잘 나오지 않는다.

❸(사람의 감정이나 생리작용 따위가) 겉으로 드러나다. (of feeling or physiological function) Come to the surface.

유 분비되다, 지어지다

N0-가 V (N0=[분비물], [행위], 미소, 한숨 따위)

¶오늘은 너무 더워서 땀이 계속 나온다. ¶나는 하품이 나오는 것을 억지로 참았다.

❹(신체 부위가) 평평하지 않고 볼록 나오거나 생기다. (of part of the body) Bulge or to be in such state, not being flat.

유 솟아오르다, 생기다, 튀어나오다, 불거지다

N0-가 V (N0=[신체부위])

¶그는 광대뼈가 나온 것이 불만이다. ¶운동을 했더니 근육이 나오기 시작했다.

❺(목표했던 사물이나 장소가) 눈에 보이다. (of a thing or a place aimed at) Become visible.

유 나타나다, 출현하다, 등장하다 반 사라지다, 없어지다

N0-가 V (N0=[구체물], [장소])

¶주유소가 나오면 잠깐 들러야겠다. ¶가도 가도 휴게소가 나오지 않네.
❻(어떤 장소에) 특별한 목적이 있어서 오다. Come to a place for some special purpose.
㊐출두하다
N0-가 N1-(에|로) V (N0=[인간|단체] N1=[장소])
¶그는 재판이 있어서 법원에 나왔다. ¶해변으로 나올 때는 꼭 선글라스를 써라.
❼(어떤 역할이나 배역으로) 라디오, 텔레비전, 작품, 공연 따위에 등장하다. Be featured as a character in any literary work or performance.
㊐출연하다
N0-가 N2-에 N1-로 V (N0=[인간] N1=[인간] N2=[작품], [공연], 라디오, 텔레비전 따위)
¶이 시에서 '태양'은 광복의 상징으로 나온다. ¶'재회'란 연극에서 서희가 주연으로 나온다.
❽(음식 따위가) 제공되거나 차려져서 놓이다. (of food) Be served or prepared.
㊐제공되다, 차려지다
N0-가 V (N0=[음식])
¶주문한 음식이 전부 나왔다. ¶탕수육이 나오자 모두들 환성을 질렀다.
❾(사실을 알리거나 요구하는 문서가) 어떤 사람이나 단체에 발급되어 전달되다. (of document that requires or conveys a fact) Be issued to a person or an organization.
㊐발급되다, 고지되다, 발송되다
N0-가 N1-(에|에게) V (N0=[문서](통지서, 고지서 따위) N1=[인간|단체])
¶지난주에 회사에 압류 통지서가 나왔다. ¶고지서가 우리 집에 매달 나오고 있다.
❿(새로운 물건이나 작품 따위가) 세상에 처음으로 알려지거나 나타나다. (of new item or work) Be known to the world for the first time.
㊐개봉되다, 출시되다
N0-가 N1-에 V (N0=[구체물], [작품], [예술], [방송물], [텍스트] N1=[장소], [지역])
¶그 작가의 신간이 서점가에 나왔다. ¶신제품이 조만간 시중에 나올 것이다.
⓫(말, 행위, 관습, 개념 따위가) 어떤 사람이나 배경에서 발생하거나 유래하다. (of word, behavior, custom, or concept) Arise from or originate with a person or a background.
㊐발생하다, 유래하다
N0-가 N1-(에서|에게서) V (N0=[추상물] N1=[모두])
¶그런 소문이 누구한테서 나왔니? ¶'새옹지마'는 중국 고사에서 나온 말이다.
⓬(어떤 물건이) 다른 물건 속에서 발견되거나 눈에 뜨이다. (of something) Be found or seen in another thing.
㊐발견되다, 출현하다
N0-가 N1-에서 V (N0=[구체물] N1=[구체물], [장소])
¶외투 주머니에서 돈이 나왔다. ¶흙더미에서 진주가 나오다니 믿을 수 없다.
⓭(사람이나 물건이) 어떤 장소에서 연고로 하여 배출되다. (of a person or a thing) Be produced in a place.
㊐배출되다, 생산되다
N0-가 N1-에서 V (N0=[인간|단체], [구체물] N1=[장소])
¶이 마을에서는 유명한 인물이 여럿 나왔다. ¶우리 과수원에서 나오는 사과는 맛이 일품이다.
⓮ 매체에 실리거나 삽입되어 등장하다. Be published or inserted in media.
㊐출연하다[자], 실리다I
N0-가 N1-에 V (N0=[모두] N1=[텍스트], [전기기구], [작품], [영상], [방송물])
¶나는 방송에 나오는 사람들의 생활이 궁금하다. ¶텔레비전에 그의 노래가 나오더라.
⓯어떤 분야에 종사하고자 뛰어들다. Step into a field.
㊐종사하다, 참여하다
N0-가 N1-에 V (N0=[인간|단체] N1=[분야], [제도])
¶그는 이번 선거를 기점으로 정계에 나왔다. ¶이 후보는 경제 분야에 처음 나오는 사람이다.
⓰어떠한 자세나 태도로 행동하거나 상대를 대하다. Behave or treat another person in a certain attitude or position.
㊐굴다
N0-가 ADV V (N0=[인간|단체], ADV=Adj-게, N-로)
¶손님의 환불을 요구에 여종업원이 무례하게 나왔다. ¶상대가 막무가내로 나오니 할 말이 없다.
⓱(어떤 일의 결과 따위가) 산출되거나 이루어지다. (of a result of work) Be produced or achieved.
㊐산출되다, 제작되다
N0-가 V (N0=[결과], [작품], [수량])
¶성적이 나오는 대로 장학금을 신청할 생각이다. ¶이번 영화는 잘 나온 것 같습니다.
⓲(소득이나 세금 따위가) 지급되거나 부과되다. (of income or tax) Be paid or charged.
㊐부과되다, 과세되다
N0-가 V (N0=[금전](전기세, 수도세, 고료, 월급 따위))
¶이번 달 아파트 관리비 고지서가 나왔다. ¶수도 사용료가 많이 나왔으니 제발 물을 아껴 써라.
⓳(어떤 값이나 가치에 상응하는) 돈이 벌리거나 얻어지다. (of an amount of money as a prize or a value) Be won or gained.
㊐벌리다I

No-가 V (No=[비용](값, 임대료, 인건비 따위))
¶이렇게 장사해서 임대료는 나오겠어? ¶이 가격이면 너무 싸서 원가도 안 나오는 셈이다.
⑳방송이나 그 중계 매체가 전달되거나 작동되다. (of broadcast or its media) Be communicated or operated.
㊌방송되다, 방영되다
No-가 V (No=[전기기구](텔레비전, 라디오 따위), [방송물])
¶여기는 라디오도 잘 안 나와. ¶산골에도 텔레비전이 선명하게 나온다.
타 교육기관이나 과정 따위를 공부하여 졸업하다. Study in and graduate from an educational institution or course.
㊌졸업하다, 수료하다
No-가 N1-를 V (No=[인간] N1=[교육기관], [경로])
¶그는 고등학교를 나와서 곧바로 입대했다.
¶전문가 양성과정을 나오면 가산점이 있대.
자타 ❶어떤 장소에서 벗어나거나 떠나다. Escape from or leave a place.
㊌떠나다 자타 ㊞들어가다 자타
No-가 N1-(에서|를) V (No=[인간|단체], [동물], [교통기관] N1=[장소])
¶그는 집에서 나와 정처 없이 떠돌았다. ¶새가 둥지에서 나와 날고 있다.
❷소속된 단체나 있었던 장소에서 관계를 끊고 떠나오다. Break a connection and leave an organization or a place where one used to belong.
㊌그만두다, 사직하다 ㊞들어가다, 가입하다, 입사하다
No-가 N1-(에서|를) V (No=[인간|단체] N1=[단체], [장소])
¶그는 입시 공부 때문에 동아리에서 나왔다.
¶그는 집안 사정 때문에 정들었던 회사를 나오게 되었다.
❸소속된 단체나 장소에 고정적으로 일을 하러 오다. Come to an organization or a place where one belongs in order to do a fixed work.
㊌출석하다, 출근하다
No-가 N1-(에|로|를) V (No=[인간] N1=[단체], [건물])
¶부장님께서 회사를 나오시는 대로 연락드리겠습니다. ¶학생 때야 매일 학교로 나오는 것이 일상이지.
❹모임이나 대회에 모습을 드러내다. Appear in a meeting or a competition.
㊌참가하다, 참석하다
No-가 N1-(에|를) V (No=[인간] N1=[사건])
¶너 왜 요즘 동창회에 잘 안 나오니? ¶출판 기념회에 나온 명사들은 모두 언론인이었다.

나오다[2]

활용 나와, 나오니, 나오고
기능자 ❶'말, 의견, 생각 따위가 실현됨'을 나타내는 기능동사 Support verb which "expresses word, opinion, or idea".
Npr-가 V (Npr=이야기, 의견, 제안, 말 따위)
¶그에게서 좋은 아이디어가 나왔다. ¶어디서도 칭찬이 나오지 않았다.
❷행위가 실현되거나 표현됨을 나타내는 기능동사 Support verb which expresses acts.
Npr-가 V (Npr=비난, 욕설, 질문, 대답)
¶뒷말이 나오지 않도록 행동을 조심해라. ¶그 일에 대해서는 감히 비판이 나올 수 없을 것이다.
❸어떤 행위를 목적으로 하여 이동 행위를 나타내는 기능동사 Support verb which expresses displacement for the purpose of an act.
No-가 Npr-를 V (No=[인간], Npr=[행위])
¶문화체육관광부에서 예산 집행의 정당성을 살피기 위해 감사를 나왔다. ¶그는 실습을 나온 학생들 중 가장 우수했다.

나타나다

활용 나타나, 나타나니, 나타나고
자 ❶(보이지 않던 사람이나 대상이) 눈앞에 모습이 드러나다. (of a previously invisible person or object) Become visible.
㊌나오다, 출현하다, 등장하다 ㊞사라지다
No-가 V (No=[구체물])
사 나타내다
¶오랜 항해 끝에 드디어 육지가 나타났다. ¶얼음이 녹자 젖은 땅바닥이 나타났다.
❷(어떤 일의 조짐이나 결과가) 바깥으로 드러나 보이다. (of a sign or result of a certain affair) Become known outwardly.
㊌구현되다, 발현하다 자
No-가 N1-(로|에|에서) V (No=[추상물](징조, 징후, 조짐, 결과 따위) N1=[구체물], [추상물])
사 나타내다
¶노력의 결과는 성적으로 나타났다. ¶병이 재발할 조짐이 나타나기 시작했다.
❸(매개를 통하여) 감정이나 생각 따위가 겉으로 드러나다. (of an emotion or thought) Become known outwardly via a form of medium.
㊌반사되다, 반영되다
No-가 N1-(로|에|에서) V (No=[상태] N1=[구체물], [추상물])
사 나타내다
¶어린이의 감정은 표정에 그대로 나타난다.
¶그녀의 얼굴에서는 피곤함도 나타나지 않았다.

ㄴ

❹(없던 현상이나 사물이) 새로이 생겨나다. (of a previously non-existent phenomena or object) Be freshly generated.
㊐생기다
N0-가 V (N0=[현상], [추상물])
¶이메일이 나타나 우체국 편지를 대체했다.
¶얼굴에 여드름이 나타나기 시작했다.

ㄴ

나타내다
활용 나타내어(나타내), 나타내니, 나타내고
타 ❶(다른 사람들에게) 모습을 드러내 보이다. Show oneself to other people.
㊐드러내 보이다, 현시하다
N0-가 N1-를 N2-(에|에게) V (N0=[인간] N1=모습, 면모 N2=[인간|단체])
주 나타나다
¶그는 오랜만에 사람들에게 모습을 나타냈다.
¶사장은 오랜만에 회사에 모습을 나타냈다.
❷(어떤 대상을) 눈앞에 보이게 만들다. Make an object visible.
㊐보여주다
N0-가 N1-를 N2-에 V (N0=[구체물] N1=[구체물], [추상물] N2=화면, 모니터, 스크린 따위)
주 나타나다
¶이 프로그램은 화면에 경로를 나타내 준다.
¶문자를 화면에 나타내는 도구가 개발되었다.
❸(어떤 일의 조짐이나 결과를) 바깥으로 드러내 보이다. Make a sign or result of a certain affair known outwardly.
㊐보여주다
N0-가 N1-를 V (N0=[구체물], [추상물] N1=[결과], 두각, 결실, 효과 따위)
주 나타나다
¶인호는 합창단에서 두각을 나타냈다. ¶새로 통과된 법안이 경제의 효과를 나타내고 있다.
❹(감정이나 생각을) 겉으로 드러내다. Show an emotion or thought outwardly.
㊐표현하다, 표출하다
N0-가 N1-를 V (N0=[인간], [동물] N1=[감정])
주 나타나다
¶그는 회사의 조치에 불만을 나타냈다. ¶동물도 감정을 나타낼 수 있다.
❺일정한 의미를 가리키거나 뜻하다. Insinuate or signify a certain meaning.
㊐가리키다
N0-가 N1-를 V (N0=[구체물], [추상물] N1=[구체물], [추상물])
¶이 그래프는 최근 5년간의 매출액을 나타낸다.
¶파란 깃발은 높은 기상을 나타낸다.

나포되다
어원 拿捕~ 활용 나포되어(나포돼), 나포되니, 나포되고 대응 나포가 되다
자 ❶(죄를 짓거나 혐의가 있는 사람이) 달아나지 못하게 붙잡히다. (of a person who either committed a crime or who is suspected to have done so) Be caught so that one cannot run away.
㊐잡히다I, 붙잡히다 자, 체포되다
N0-가 N1-(에|에게) V (N0=[인간] N1=[인간](경찰))
능 나포하다
¶사건의 용의자가 형사에게 나포되어 끌려왔다.
¶그는 현행범으로 나포되어 조사를 받았다.
❷(영해나 영공을 불법 침입한 배나 비행기 따위가) 달아나지 못하게 꼼짝없이 사로잡히다. (of a ship or an airplane that illegally entered a country's territorial waters or airspace) Be caught so that one cannot run away.
㊐잡히다I, 붙잡히다 자, 억류되다
N0-가 N1-(에|에게) V (N0=[교통기관] N1=[기관], [군대])
능 나포하다
¶불법 조업을 하던 어선이 해경에 나포되었다.
¶어선들이 서해 북방한계선에서 해군에게 나포되었다. ¶영공을 무단 침입한 비행기가 나포되었다.

나포하다
어원 拿捕~ 활용 나포하여(나포해), 나포하니, 나포하고 대응 나포를 하다
타 ❶(죄를 짓거나 혐의가 있는 사람을) 달아나지 못하게 붙잡다. Catch a person who either committed a crime or who is suspected to have done so such that the person cannot run away.
㊐잡다, 붙잡다 ㊥체포하다, 억류하다
N0-가 N1-를 V (N0=[인간](경찰) N1=[인간])
피 나포되다
¶김 형사는 용의자를 나포하려고 잠복 중이다.
❷(영해나 영공을 불법 침입한 배나 비행기 따위를) 달아나지 못하게 꼼짝없이 사로잡다. Catch a ship or an airplane that illegally entered a country's territorial waters or airspace so that it cannot run away.
㊐잡다, 붙잡다
N0-가 N1-를 V (N0=[기관], [군대] N1= [교통기관])
피 나포되다
¶그들은 불법 조업을 하던 어선을 나포했다.
¶공군은 영공을 무단으로 침입한 비행기를 나포했다. ¶영해를 침범한 배를 나포하는 것이 우리 임무이다.

낙관되다

어원樂觀~ 활용낙관되어(낙관돼), 낙관되니, 낙관되고 대응낙관이 되다
자(앞날의 일이) 잘 될 것으로 여겨지다. (of a future event) Be considered to be well.
반비관되다
N0-가 V (N0=[사태], [추상물](성장, 위축, 돌파 따위))
능낙관하다
¶그 회사의 급속한 성장이 낙관된다. ¶유류세 인하로 인해 경기 회복이 낙관되고 있다.
N0-가 S것-으로 V (N0=[사태], [추상물](도약, 관계 따위))
¶우리 회사는 내년에 한층 도약이 가능할 것으로 낙관된다. ¶양국 관계가 차후에 더욱 발전할 것으로 낙관된다.

낙관하다

어원樂觀~ 활용낙관해, 낙관하니, 낙관하고 대응낙관을 하다
자타(앞날의 일이) 잘 될 것으로 여기다. (of a future event) Consider positively to be well.
반비관하다자타
N0-가 N1-를 V (N0=[인간], [단체] N1=[사태], [추상물](성장, 위축, 돌파 따위))
피낙관되다
¶주최측은 아시안 게임의 성공적인 개최를 낙관한다. ¶우리는 회사의 급속한 성장을 낙관한다.
N0-가 S(것으로|고) V (N0=[인간], [단체])
¶우리 회사는 내년에도 비약적인 발전이 가능할 것이라고 낙관한다. ¶정부는 유엔과의 관계가 앞으로 더욱 발전하리라고 낙관한다.

낙담하다

어원落膽~ 활용낙담하여(낙담해), 낙담하니, 낙담하고 대응낙담을 하다
자바라던 일이 뜻대로 되지 않아 크게 실망하다. Be very disappointed due to a failure to achieve a desired outcome.
유실망하다, 낙심하다 반고무되다
N0-가 N1-(에|에대해) V (N0=[인간|단체] N1=[추상물](말, 소식, 평가, 현실 따위))
사낙담시키다
¶그는 헤어지자는 그녀의 말에 크게 낙담하였다. ¶우리는 입학시험의 불합격 소식에 낙담하지 말자.
N0-가 S(데|것)-(에|에대해) V (N0=[인간], [단체])
¶그녀는 내가 헤어지자고 한 것에 크게 낙담하였다. ¶우리 부부는 아들이 입사시험에 불합격 것에 낙담했다.

낙방되다

어원落榜~ 활용낙방되어(낙방돼), 낙방되니, 낙방되고 대응낙방이 되다
☞낙방하다

낙방하다

어원落榜~ 활용낙방하여(낙방해), 낙방하니, 낙방하고 대응낙방을 하다
자시험이나 선거 따위에 통과하여 뽑히지 못하다. (of a person) Fail in an examination or an election.
유떨어지다, 탈락하다, 미끄러지다 반합격하다, 뽑히다, 붙다[1], 통과하다자타
N0-가 N1-(에|에서) V (N0=[인간] N1=[시험], 선거 따위)
¶그는 올해 대학 입학시험에서 낙방하였다.
¶내가 행정고시에 낙방한 것은 이번이 처음이 아니다. ¶그는 국회의원 선거에서 여러 번 낙방하자 정치에 꿈을 접었다.

낙서하다

어원落書~ 활용낙서하여(낙서해), 낙서하니, 낙서하고 대응낙서를 하다
자(사람이 아무 곳에나) 글자나 그림 따위를 특정한 목적이나 의도 없이 내키는 대로 마구 쓰거나 그리다. (of a person) Thoughtlessly write or draw words, picture, etc., on some place without specific purpose or intention.
N0-가 N1-에 V (N0=[인간] N1=[종이], [텍스트], [가구](책상 따위), [장소](땅, 벽, 담 따위))
¶영희는 남의 책에 함부로 낙서한다.
¶영수는 옆집 담에 마구 낙서했다. ¶노트에는 낙서하지 말아라.

낙선되다

어원落選~ 활용낙선되어(낙선돼), 낙선되니, 낙선되고 대응낙선이 되다
☞낙선하다

낙선하다

어원落選~ 활용낙선하여(낙선해), 낙선하니, 낙선하고 대응낙선을 하다
자❶(후보자가 선거에서) 대표나 위원으로 뽑히지 못하다. (of a candidate) Not be elected as committee chair or member in an election.
유탈락하다, 떨어지다 반당선되다, 붙다[1]
N0-가 N1-(에|에서) V (N0=[인간] N1=[사건](선거 따위))
사낙선시키다
¶장여규 후보는 20대 국회의원 선거에 낙선했다.
¶변승철 후보는 1만여 표 차이로 낙선했다.
❷(사람이나 작품 따위가) 선발이나 심사에서 일정한 기준에 들지 못하여 떨어지거나 빠지다. (of a person, an artwork, etc.) Fail or fall out of selection or evaluation by failing to meet certain standards.
유탈락하다, 낙선되다, 떨어지다 반당선되다

N0-가 N1-(에|에서) V (N0=[인간], [작품] N1=[대회])
사 낙선시키다
¶영희는 신춘문예에 응모했다 낙선했다. ¶자신의 작품이 최종 심사에서 낙선했다.

낙심하다

어원 落心~ 활용 낙심하여(낙심해), 낙심하니, 낙심하고 대응 낙심을 하다
자 (바라던 일이 이루어지지 않아서) 기운이 빠지고 실망하다. Be listless and disappointed because one's hope didn't come true.
유 낙담하다, 실망하다, 상심하다
연어 크게
N0-가 N1-(에|에 대해) V (N0=[인간], [단체] N1=[인간], [행위], [결과])
¶그는 사업 실패에 크게 낙심했다. ¶선생님은 제자들의 입학시험 불합격에 낙심하셨다.
※ N1는 부정적인 의미의 명사이다.
N0-가 S(것|데)-(에|에 대해) V (N0=[인간|단체])
연어 크게
¶감독은 팀이 8강 진출에 실패한 것에 대해 크게 낙심했다. ¶어머니는 아들이 대학에 떨어진 데에 낙심하셨다.

낙오하다

어원 落伍~ 활용 낙오해, 낙오하니, 낙오하고 대응 낙오를 하다
자 ❶(사람이) 대오에서 벗어날 정도로 뒤처지다. (of a person) Make someone fall behind by straying from the line.
유 뒤처지다
N0-가 N1-(에|에서) V (N0=[인간] N1=[인간])
사 낙오시키다
¶공습으로 적군 수천 명이 낙오했다. ¶유격 훈련을 통해 여러 지원자가 낙오했다.
❷(사람이나 단체가) 경쟁이나 시대에서 남을 좇아가지 못할 정도로 뒤떨어지다. (of an organization or an institution) Make someone or an organization fall behind so as not to be able to follow the other in the competition or period.
유 뒤떨어지다, 낙후되다
N0-가 N1-에서 V (N0=[단체], [기관], [인간] N1=[산업])
사 낙오시키다
¶지나친 규제로 전반적인 국내 산업의 경쟁이 낙오했다.

낙제하다

어원 落第~ 활용 낙제하여(낙제해), 낙제하니, 낙제하고 대응 낙제를 하다
자 ❶(학생이) 성적을 제대로 얻지 못하여 진학하거나 진급하지 못하다. (of a student) Not able to enter school or get promoted after failing to reach a certain score.
유 탈락하다, 유급하다 반 진급하다, 진학하다
N0-가 N1-에서 V (N0=[인간] N1=[학문])
사 낙제시키다
¶그는 놀기만 하더니 전 과목에서 낙제했다. ¶낙제한 학생들을 모아서 보충 수업을 했다.
❷(사람이) 시험이나 검사 따위에 통과하지 못하다. (of a person) Not able to pass a test, an inspection, etc.
유 유급하다, 떨어지다 반 진학하다, 통과하다
N0-가 N1-(에|에서) V (N0=[인간] N1=[시험])
사 낙제시키다
¶아들은 고시에 연달아 낙제하더니 이제 포기했다. ¶홍식이는 필기시험에서 낙제했다.

낙태시키다

어원 落胎~ 활용 낙태시켜, 낙태시키니, 낙태시키고 대응 낙태를 시키다
☞ '낙태하다'의 오용

낙태하다

어원 落胎~ 활용 낙태하여(낙태해), 낙태하니, 낙태하고 대응 낙태를 하다
타 ❶(산모가) 태아를 달이 차기 전에 죽은 상태로 낳다. (of a mother) Have her baby born dead before it is due to come out.
유 유산하다, 아이를 떼다
N0-가 N1-를 V (N0=[인간](산모 따위) N1=[인간](태아 따위))
¶그녀는 심한 병을 앓고 나서 그만 아이를 낙태하고 말았다.
❷(의사나 산모가) 태아를 자연스러운 분만 시기 이전에 모체에서 강제로 분리하다. (of doctor or mother) Separate a fetus from its mother by force before it develops.
유 떼다, 유산시키다
N0-가 N1-를 V (N0=[인간](의사; 산모 따위) N1=[인간](태아 따위))
¶그녀는 가족 몰래 아이를 낙태했다. ¶뜻하지 않게 임신한 여성들은 태아를 낙태한다.

낙하하다

어원 落下~ 활용 낙하하여(낙항해), 낙하하니, 낙하하고 대응 낙하를 하다
자 (사람이나 물체가) 높은 곳에서 아래로 떨어지다. Descend.
유 떨어지다 반 올라가다, 상승하다
N0-가 N1-(에|로) V (N0=[인간] [구체물] N1=[장소])
¶특공대원들이 낙하산을 타고 목표 지점에 낙하

했다. ¶괴물체가 하늘에서 불빛을 내며 산너머로 낙하한다.

낙향하다

어원 落鄕~ 활용 낙향하여(낙향해), 낙향하니, 낙향하고 대응 낙향을 하다

자 (사람이) 서울이나 도시에서 자기가 살던 시골로 거처를 옮기다. (of a person) Retire to the countryside from Seoul or another city.

㊍귀향하다

No-가 N1-로 V (No=[인간] N1=[장소](시골, 고향 따위))

¶정 판서는 벼슬을 그만두고 시골집으로 낙향했다. ¶나이가 들면 고향으로 낙향해서 여생을 보내련다.

낙후되다

어원 落後~ 활용 낙후되어(낙후돼), 낙후되니, 낙후되고 대응 낙후가 되다

자 ❶(건물, 시설 따위가) 오래 되어 이용할 수 없을 정도로 낡아빠지다. (of a building or a facility) Become worn out until it is inoperative due to aging.

㊍낡다, 노후화되다

No-가 V (No=[건물], [시설물] 따위)

¶도심 한복판의 체육시설이 낙후되었다. ¶시골집은 대부분 낙후되어 쓰러져 간다.

❷(지역, 장소 따위가) 오랫동안 나쁜 상태로 지속되어 개발이나 발전이 뒤처지다. (of a region or a place) Fall behind in development or progress by consistently remaining in a bad condition.

㊍뒤떨어지다, 뒤처지다, 뒤지다, 낙후되다

㊥앞서다자, 발전하다

No-가 V (No=[장소](지역, 국가 따위))

¶아프리카의 대부분의 국가들은 아직 경제적으로 낙후되어 있다. ¶그곳은 서울에서 가장 낙후된 지역이다.

❸시대적 발전이나 일정 수준에 못 미쳐서 뒤떨어지다. Fall behind by not reaching the development stage according to time or an acceptable standard.

㊍뒤떨어지다, 뒤처지다, 뒤지다, 낙후되다 ㊥앞서다자타, 발전하다

No-가 V (No=[상태](생활수준, 경제, 정치, 산업, 제도, 체제 따위), [추상물](기술, 지식, 인식 따위))

¶한국의 정치는 경제에 비해 낙후된 편이다. ¶후진국은 농작물의 재배 기술이 낙후되어 있다. ¶낙후된 생활 수준을 향상시키려면 경제를 살려야 한다.

낙후하다

어원 落後~ 활용 낙후하여(낙후해), 낙후하니, 낙후하고

☞낙후되다

낚다

활용 낚아, 낚으니, 낚고

타 ❶물고기를 낚시로 잡다. Catch fish by fishing.

㊍물고기를 잡다

No-가 N1-를 V (No=[인간] N1=[물고기])

피 낚이다

¶나는 혼자서 붕어를 8마리나 낚았다. ¶아버지는 이 저수지에서 월척을 낚으셨다. ¶어린 고기를 낚으면 안 된다.

❷(이익을 취할 목적으로) 다른 사람이 원하는 수단이나 말로 사람을 유혹하여 접촉하거나 잡다. (of a person) Catch or contact another person for the purpose of gaining prof it by attracting him or her by means of words or what he or she wants.

㊍꼬이다IV, 유인하다

No-가 N1-를 N2-로 V (No=[인간] N1=[인간] N2=[구체물], [말])

피 낚이다

¶그들은 달콤한 미끼로 사람들을 낚아 돈을 갈취했다. ¶홍보부는 여러 가지 경품으로 소비자들을 낚고 있었다.

❸이익, 기회 따위를 자기 것으로 포착하다. Seize an advantage or an opportunity as one's own.

No-가 N1-를 V (No=[인간] N1=기회, 제안 따위)

¶그는 자신에게 온 최고의 기회를 놓치지 않고 낚았다. ¶너에게 좋은 제의가 들어왔을 때 잘 낚아야 한다.

❹다른 사람의 신체 일부를 갑자기 붙들어 세차게 당기다. (of a person) Grasp suddenly a part of another person's body and pull violently.

㊍낚아채다, 잡다, 잡아채다

No-가 N1-를 V (No=[인간] N1=[신체부위](팔, 멱살 따위))

¶그는 뒤돌아서는 내 팔을 확 낚았다.

낚아채다

활용 낚아채어(낚아채), 낚아채니, 낚아채고

타 ❶낚싯대를 갑자기 힘껏 잡아당기다. Pull a fishing rod accidentally with one's full strength.

㊍낚다

No-가 N1-를 V (No=[인간] N1=낚싯대)

¶그가 낚아챈 낚싯대에는 잉어가 걸려 있었다. ¶나는 낚싯대를 낚아채 보았지만 물고기는 도망가 버렸다.

❷(사물이나 다른 사람의) 신체나 의복의 일부를 갑자기 잡아서 힘껏 끌어당기다. Grasp and pull

suddenly a thing or another person's body or part of clothes with one's full strength.
N0-가 N1-를 V (N0=[인간] N1=[구체물])
¶지섭이는 수지의 손목을 낚아챘다. ¶그는 돌아서는 애인의 옷깃을 낚아채려고 했다.
❸다른 사람이 지니고 있던 물건을 순식간에 빼앗아 오다. Take something that another person has kept in an instant.
㊌탈취하다, 빼앗다
N0-가 N1-를 V (N0=[인간] N1=[구체물])
¶강도들은 행인의 가방을 낚아챘다. ¶소매치기는 내 손에 있던 가방을 낚아채 도망갔다.
❹다른 사람을 빼돌려 자기편으로 삼다. Siphon another person and win him or her round.
㊌빼앗아가다, 빼가다
N0-가 N1-를 V (N0=[인간|단체] N1=[인간])
¶옆 가게에서 우리 가게 손님을 자꾸 낚아챈다. ¶누군가 그를 낚아채 간 것이 분명하다.
❺다른 사람의 말을 곧바로 이어받아 말하거나 중간에 끼어들다. Take up another person's words or interrupt them.
N0-가 N1-를 V (N0=[인간] N1=[소통](말, 말꼬리 따위))
¶김 기자는 대변인의 말을 낚아채 질문했다.

난무하다

어원 亂舞~ 활용 난무하여(난무해), 난무하니, 난무하고
자❶이리저리 어지럽게 날아다니다. Flutter all over the place in a huddle.
N0-가 V (N0=[구체물])
¶자동차 불빛을 따라 눈발이 마구 난무하고 있었다. ¶그곳에서는 총알과 포탄이 난무하는 전쟁이 계속되고 있다.
❷어지럽게 마구 나타나거나 생겨나다. Appear or emerge in a huddle.
N0-가 V (N0=[추상물](소문, 추측, 권모술수, 음모 따위))
¶사실이 제대로 전달되지 않아 의문과 추측이 난무했다. ¶그 때문에 정확하지도 않은 온갖 소문이 난무했다.
N0-가 N1-(에|에서) V (N0=[행위](폭력 따위), [소통](욕설, 비난, 외국어 따위), [구체물](사진, 동영상, 글 따위) N1=[장소], 인터넷 따위)
¶상호나 간판에 뜻을 알 수 없는 외국어들이 난무하고 있다. ¶많은 판타지 소설에는 상스러운 욕설과 폭력이 난무한다. ¶회의장에는 논리적인 비판보다는 감정적인 공격이 난무했다.

날다 I

활용 날아, 나니, 날고, 나는
자❶어떤 물체가 공중에서 어떤 방향으로 움직이다. (of a certain object) Move toward a certain direction in the air.
N0-가 N1-로 V (N0=[구체물], [기체] N1=[장소])
피날리다I 사날리다II
¶봄이 도자 꽃가루가 사방으로 날아서 눈을 못 뜨겠다. ¶돌멩이가 내 쪽으로 날아서 하마터면 맞을 뻔했다.
N0-가 N1-에서 V (N0=[구체물], 먼지 따위 N1=[구체물])
피날리다I 사날리다II
¶먼지가 이불에서 풀풀 나니까 밖에서 털고 오너라. ¶총알이 머리 위로 날고 있었다.
❷재빠르게 움직이다. Move nimbly.
N0-가 V (N0=[인간], [동물], [교통기관])
¶그 도둑이 휙 날아서 담장을 넘어 경찰을 따돌렸다.
❸우수한 능력을 발휘하여 활동하다. Work by demonstrating superb ability.
㊌날아다니다, 두드러지다
연어 펄펄
N0-가 N1-에서 V (N0=[인간|단체] N1=[분야], [경기])
¶후보 선수들이 이번 경기에서는 펄펄 날고 있어요.
❹재빨리 어느 곳으로 도망가거나 숨다. Make an escape.
㊌튀다, 피하다
N0-가 N1-로 V (N0=[인간] N1=[장소])
¶범인이 형사들의 눈을 피해 지방으로 날았다. ¶몇몇 학생들이 자율학습 시간에 집으로 날았다.
타공중에서 다른 곳으로 움직이다. Move toward another place in the air.
N0-가 N1-를 V (N0=[인간], [동물], [교통기관] N1=[장소])
¶내가 만든 비행기는 하늘을 잘도 날았습니다. ¶잠자리가 물 위를 사뿐히 날았다.
◆ **난다 긴다** 능력이 뛰어나서 무엇을 잘하다. Do well on something with outstanding ability.
㊌능력이 뛰어나다, 출중하다
Idm
¶난다 긴다 하는 사람들도 전부 포기하고 떠나갔다. ¶박 선생님은 이 분야에서 난다 긴다 하는 사람들 다 제쳤다.
◆ **파리가 날다** 텅 비어 조용하고 한적하다. Become quiet and tranquil due to emptiness.
㊌쥐새끼 한 마리도 안 보인다
N0-에 Idm (N0=[장소])
사파리를 날리다
¶냉해의 영향으로 동해안 해수욕장에는 파리만 난다. ¶날이 무더워서 상가에 파리만 날아.

날다Ⅱ

활용 날아, 나니, 날고, 나는

자 ❶색채, 냄새 따위의 기운이 약해지다. Become weak in color or odor.

유 약해지다, 퇴색하다

N0-가 V (N0=[추상물](색, 냄새 따위))

¶방향제가 너무 오래 돼서 향이 다 날았나 보다.

❷액체가 가스 형태로 변하여 공중으로 흩어지다. (of liquid) Transform into gas and scatter in the air.

유 휘발하다

N0-가 N1-로 V (N0=[액체] N1=[장소])

¶독한 술은 알코올이 공기 중으로 날면 맛이 없어진다. ¶알코올은 가만히 두면 공기 중으로 금방 날아 버린다.

날다Ⅲ

활용 날아, 나니, 날고, 나는

타 (명주, 베, 무명 따위를) 길게 늘여 실을 만들다. Make a thread by elongating materials such as silk, hemp, cotton, etc.

N0-가 N1-를 V (N0=[인간] N1=실)

¶할머니께서 베틀로 무명실을 나는 법을 전수해 주셨다. ¶색실을 잘 날아서 엮어라.

날뛰다

활용 날뛰어, 날뛰니, 날뛰고

자 ❶(사람이나 짐승이) 요란하게 껑충껑충 뛰다. (of a person or an animal) Skip and jump boisterously.

유 날아갈 듯이 뛰다

연어 미친듯이

N0-가 V (N0=[인간], [짐승])

¶채찍을 맞은 말이 마구 날뛰었다. ¶주인을 본 강아지가 날뛰기 시작했다.

❷흥분하여 스스로를 제어하지 못하고 마구 행동하다. Act thoughtlessly by failing to control oneself due to excitement.

유 환호하다

N0-가 V (N0=[인간|단체])

¶우리 팀의 첫 골이 터지자 관중들은 기뻐 날뛰었다. ¶아이들은 방학이라고 좋아서 날뛴다.

※ '-아(서)/-어(서)' 다음에만 쓰인다.

❸무모하게 덤비거나 거칠게 행동하다. Attack recklessly or act violently.

유 비행을 저지르다, 범죄 행위를 하다

N0-가 V (N0=[인간])

¶불량 학생들이 날뛰지 못하도록 지도를 강화해야 한다. ¶휴가철 피서지에는 좀도둑들이 날뛰기도 한다.

❹어떤 일에 집중하여 분주하게 이리저리 돌아다니다. Roam around here and there busily while concentrating on some task.

유 적극 나서다

N0-가 V (N0=[인간])

¶내가 날뛰었기 때문에 그나마 일이 해결된 것이다. ¶모두들 자신이 적임자라며 날뛰고 있었다.

날리다Ⅰ

활용 날리어(날려), 날리니, 날리고

자 (어떤 물체나 물질이) 공중에서 어떤 방향으로 움직이거나 흩어지다. (of a certain object or matter) Scatter or move toward a certain direction in the air.

유 날아가다, 날아오다 하 흩날리다

N0-가 N1-에 V (N0=[구체물], [기체], 먼지 따위 N1=[힘], [기상](바람 따위))

능 날다Ⅰ자

¶꽃가루가 바람에 날린다. ¶손수건이 바람에 날린다. ¶먼지가 바람에 날렸다.

N0-가 N1-(에|에서) V (N0=[구체물], [기체], 먼지 따위 N1=[구체물])

능 날다Ⅰ자

¶먼지가 이불에서 풀풀 날렸다. ¶도시 전체에 황사가 날린다.

날리다Ⅱ

활용 날리어(날려), 날리니, 날리고

타 ❶공중에서 움직이거나 이동하게 하다. Cause something to move in the air.

유 날아가게 하다, 비행시키다

N0-가 N1-를 N2-(에|로) V (N0=[인간] N1=[교통기관], [구체물], [텍스트] N2=[장소])

주 날다Ⅰ자

¶동생이 종이비행기를 하늘로 날렸다. ¶포병들은 공중으로 일제히 포탄을 날렸다.

❷특정한 행위를 의도적으로 세차게 하다. Perform a certain action intentionally.

유 세차게 치다, 공을 차다

N0-가 N1-를 N2-(에게|로) V (N0=[인간] N1=[신체부위](주먹 따위), [행위](발차기, 헤딩 따위) N2=[인간])

¶호날두가 문전에서 강력한 슈팅을 날렸다. ¶김일 선수가 상대 선수에게 강력한 헤딩 공격을 날렸다.

❸(신호 따위를) 보내다. Send a signal.

유 보내다, 발신하다, 발사하다

N0-가 N1-를 N2-(에게|로) V (N0=[인간] N1=[기호](신호 따위), [파동](전파) N2=[장소])

¶과학자들이 우주로 전파를 날렸다. ¶우리는 반대편으로 신호를 날려 보았다.

❹(부정적인 것에 대해) 좋지 않은 언어를 퍼붓다.

Hurl insults about negative things.
㊌퍼붓다
N0-가 N1-를 N2-에 대해 V (N0=[인간], [집단] N1=[비난] N2=[인간], [집단], [사태], [속성])
¶약속을 어긴 정부에 대해 언론들은 일제히 비판을 날렸다.
◆ **파리를 날리다** (식당이나 상점 따위가) 손님이 없어 조용하고 한적하다. (of a restaurant or store) Be quiet and secluded because there are no customers.
㊌쥐새끼 한 마리 보이지 않는다
N0-가 Idm (N0=식당, 상점 따위)
주파리가 날다
¶비가 계속 내리는 바람에 해수욕장 인근의 식당들이 파리만 날리고 있었다. ¶날이 무더워서 상점들이 파리만 날릴 판이었다.

날리다Ⅲ

활용날리어(날려), 날리니, 날리고
타 (전체에서) 일부분을 분리하거나 없애다. Remove or separate a portion from the whole.
㊌제거하다
N0-가 N1-를 V (N0=[인간], [기기] N1=[부분])
¶경리부 직원이 백 단위 이하를 날렸다. ¶단두대가 사형수의 목을 날렸다.

날리다Ⅳ

활용날리어(날려), 날리니, 날리고
타(기록물이나 돈 따위의) 일부나 전체를 훼손하거나 잃다. Lose or damage all or part of the entire document, money, etc.
㊌잃다, 탕진하다, 소비하다, 손상하다
N0-가 N1-를 V (N0=[인간] N1=[기기], [금전](재산, 투자금 따위))
¶경리부 직원이 실수로 하드디스크에 저장된 정보를 모두 날렸다. ¶어머니는 집주인이 잠적해서 계약금을 날리셨다.

날아가다

활용날아가, 날아가니, 날아가고
자❶(날짐승이나 비행체 따위가) 어떤 장소로 공중에 떠서 이동하다. (of a winged animal or a flight vehicle) Move to some place by floating in air.
㊌비상하다, 비행하다 ㊉날아오다 ㊀이동하다
N0-가 N1-로 V (N0=[새], [교통기관], [인간] N1=[장소])
¶철새들이 강남으로 날아간다. ¶우주 탐사선이 우주 저편으로 날아갔다.
❷(어떤 것이) 바람, 태풍 따위의 영향으로 공중에 떠서 다른 곳으로 이동하다. (of something) Move to a different place by floating in air due to wind or typhoon's influence.
㊌이동하다, 휩쓸려가다
N0-가 N1-에 V (N0=[구체물] N1=바람, 태풍 따위)
¶간판들이 강풍에 날아갔다. ¶낙엽이 바람에 힘없이 날아간다.
❸(재산, 성과 따위가) 헛되이 사라지다. (of wealth or outcome) Meaninglessly disappear.
㊌없어지다, 망실되다, 사라지다
N0-가 V (N0=[금전], [일], [결과])
¶전 재산이 날아갔다. ¶해외 투자자들의 지원이 날아갔다.
타(날짐승이나 비행체 따위가) 어떤 경로를 날아서 이동하다. (of a winged animal or a flight vehicle) Move through some course by floating in air.
㊌비행하다, 비상하다
N0-가 N1-를 V (N0=[새], [교통기관] N1=[장소], [지역])
¶철새들이 남쪽 하늘을 날아가면서 브이자 대형을 이루었다. ¶무인 정찰기가 적군의 점령 지역을 날아가면서 정찰 중이다.

날아다니다

활용날아다니어(날아다녀), 날아다니니, 날아다니고
자(날짐승이나 비행체 따위가) 어떤 장소에서 날면서 이리저리로 움직이다. (of a winged animal, a flight vehicle, etc.) Move here and there by flying at some place.
㊌비행하다, 비상하다 ㊀날다I자
N0-가 N1-로 V (N0=[새], [곤충], [교통기관] N1=[장소], [지역], [구체물])
¶파리가 이리저리로 날아다닌다. ¶벌새가 꿀을 먹으러 여러 꽃들로 날아다닌다.
N0-가 N1-에서 V (N0=[새], [교통기관] N1=[장소], [지역], [장소])
¶날벌레가 텐트 안에서 날아다닌다. ¶총알과 대포알이 머리 위로 날아다녔다.
타(날짐승이나 비행체 따위가) 어떤 장소를 날면서 이리저리로 움직이다. (of a winged animal, a flight vehicle, etc.) Move here and there by flying at some place.
㊌비행하다, 비상하다 ㊀날다I타
N0-가 N1-를 V (N0=[새], [벌레], [교통기관] N1=[장소], [지역], [장소])
¶미확인 비행체가 이 지역 상공을 날아다녔다. ¶수많은 여객기가 두 대륙 사이를 날아다니고 있다.

날아들다

활용날아들어, 날아드니, 날아들고, 날아드는
자❶(어떤 물체가) 공중에 떠서 갑자기 특정한

방향으로 움직여 가거나 오다. (of some object) Proceed or come in a particular direction by flying in the air.
N0-가 N1-로 V (N0=[구체물], [새], [벌레] N1=[장소])
¶갑자기 돌멩이가 사무실 안으로 날아들었다. ¶불나방들이 불빛으로 날아든다.
❷(소식, 연락 따위가) 뜻밖에 갑자기 전해지다. (of news, contact, etc.) Be suddenly and unexpectedly conveyed.
[유]전달되다, 통지되다, 입수되다
N0-가 N1-(에|에게|로) V (N0=[앎], [문서](고지서, 독촉장 따위) N1=[인간|단체], [집단], [장소])
¶그 당시 우리 집에는 빚 독촉장이 날마다 날아들었다. ¶곧 공습이 강행된다는 정보가 아군에게 날아들었다.

날아오다

[활용]날아와, 날아오니, 날아오고
[자]❶(날짐승이나 비행체 따위가) 공중에 떠서 화자 쪽으로 이동해 오다. (of a winged animal, a flight vehicle, etc.) Come toward the speaker by flying in the air.
[반]날아가다
N0-가 N1-에서 N2-로 V (N0=[새], [벌레], [교통기관] N1=[장소], [지역] N2=[장소], [지역])
¶어딘가에서 사무실 안으로 돌멩이가 날아왔다. ¶날이 따뜻해지면 강남에서 우리 동네로 철새들이 날아온다.
❷(소식, 연락 따위가) 뜻밖에 갑자기 전해져 오다. (of news, contact, etc.) Be suddenly and unexpectedly conveyed.
[유]전달되다, 날아들다 [반]날아가다, 전송되다, 전파되다
N0-가 N1-에서 N2-(로|에) V (N0=[앎], [문서](고지서, 독촉장 따위) N1=[인간|단체], [기관], [장소] N2=[인간|단체], [기관], [장소])
¶국세청에서 나에게 밀린 세금을 내라는 독촉장이 날아왔다. ¶정찰병에게서 적의 기습에 대한 정보가 지휘부로 날아왔다.
❸(주먹, 몽둥이 따위가) 갑자기 나타나 화자 쪽으로 가격해 오다. (of fist, club, etc.) Appear suddenly and strike a speaker.
[반]날아가다
N0-가 N1-에게 V (N0=[신체부위](주먹, 다리 따위), [구체물](회초리, 몽둥이 따위) N1=[인간])
¶갑자기 친구의 주먹이 나에게 날아왔다. ¶상대 선수의 발차기가 우리 선수에게 날아왔다.
N0-가 N1-(에|로) V (N0=[신체부위](주먹, 다리 따위), [구체물](회초리, 몽둥이 따위) N1=[인간], [신체부위])
¶갑자기 그의 주먹이 나에게 날아왔다. ¶상대 선수의 발차기가 우리 선수 가슴에 날아와 꽂혔다.

날인하다

[어원]捺印~ [활용]날인하여(날인해), 날인하니, 날인하고 [대응]날인을 하다
[자타](서류에) 도장이나 지문을 찍다. Stamp one's seal or fingerprint on paper.
[유]찍다II[1], 사인하다
N0-가 N2-에 N1-(를|로) V (N0=[인간|단체] N1=도장, 지문 N2=[텍스트], [종이])
¶고모는 이혼 서류에 도장을 날인했다. ¶영호는 기밀을 누설하지 않겠다는 서약서에 날인했다. ¶할아버지께서는 유언장에 직접 날인하셨다.

남기다

[활용]남기어(남겨), 남기니, 남기고
[타]❶(어떤 것을) 다 쓰거나 처리하지 않고 그대로 두다. Leave something as is without using it up or cleaning.
N0-가 N1-를 V (N0=[인간|단체] N1=[구체물], [시간], [일])
[주]남다
¶아이는 김밥을 다 먹지 않고 남겼다. ¶그는 신입 사원에게 시킬 일을 남겨 두고 퇴근했다.
❷(사람이나 집단을) 떠나보내지 않고 한 곳에 머무르게 하다. Make a person or a group refrain from leaving and stay in one place.
[반]데리고 가다, 같이 가다
N0-가 N1-를 N2-에 V (N0=[인간|단체] N1=[인간|단체] N2=[장소])
[주]남다
¶아주머니는 집에 남겨 두고 온 아이들 때문에 걱정이 태산이었다. ¶친구들은 동준이를 동네에 남겨 둔 채 바다로 향했다.
❸이익을 내거나 돈을 벌다. Make or earn profit.
[유]이익을 내다, 돈을 벌다
N0-가 N1-를 V (N0=[인간|단체] N1=[이익], [금전])
[주]남다
¶그는 적은 자본금으로 큰 이익을 남겼다. ¶우리는 이득을 남기기보다는 좋은 상품을 제공하는 것을 목표로 합니다.
❹(어떤 상황의 결과물을) 다른 사람에게나 어떤 장소에 있게 하거나 전하다. Send or make a certain situation's result remain with another person or a certain place.
[유]전하다, 전해주다
N0-가 N1-를 N2-에 V (N0=[인간|단체] N1=[모두] N2=[인간|단체], [장소], [시간])
[주]남다
¶그는 단 한 권의 시집만을 후대에 남겼다.

ㄴ

¶나는 한 독지가가 모교에 남긴 장학금을 받게 되었다.
No-가 N1-를 N2-에게 V (No=[인간|단체] N1=[모두] N2=[인간])
주 남다
¶할머니는 나에게도 막대한 유산을 남기셨다. ¶동현이는 여자 친구에게 사진 한 장을 남기고 입대했다.
❺(어떤 것을) 사람이나 기억 따위에 잊지 않고 생각하게 하다. Make something remembered and thought of by a person, a memory, etc.
No-가 N1-를 N2-에 V (No=[모두] N1=[모두] N2=[집단], [역사], 기억, 추억 따위)
주 남다
¶사람은 죽어서도 역사에 이름을 남긴다. ¶소정이는 그의 이름을 머릿속에 똑똑히 남겼다.
No-가 N1-를 N2-에게 V (No=[모두] N1=[모두] N2=[인간])
주 남다
¶효원이는 나에게 아픔을 남기고 떠났다. ¶재판 결과는 피고의 가족들에게 괴로움을 남겨 주었다.

남다

활용 남아, 남으니, 남고
자 ❶(어떤 것이) 다 쓰이거나 처리되지 않아 그대로 있다. (of something) Remain as is after not being used up or cleaned.
반 모자라다
No-가 V (No=[구체물], [시간], [일])
사 남기다
¶남은 음식은 포장해 주세요. ¶시간이 남았지만 일찍 출발했다.
❷(사람이나 집단이) 한 장소에 떠나지 않고 머무르다. (of a person or a group) Stay in one place without leaving.
유 머무르다
No-가 N1-에 V (No=[인간|단체] N1=[장소])
사 남기다
¶우리 부서는 서울에 남기로 했습니다. ¶남은 사람들은 나와 같이 청소를 하자.
❸이익이 생기거나 돈이 벌리다. (of profit) Be generated or earned.
반 밑지다, 손해를 보다
No-가 V (No=[이익], [금전])
사 남기다
¶10만 원을 투자했더니 5만 원이 남았다. ¶이익이 남으니 장사를 하지요.
❹(나눗셈에서) 어떤 값이 나누어 떨어지지 않아서 그대로 있다. (of certain value in division) Remain without being divided.
No-가 V (No=[수], 나머지)
¶7을 4로 나누면 3이 남는다. ¶홀수는 2로 나누어 떨어지지 않고 1이 남는다.
❺(어떤 상황의 결과물이) 다른 사람이나 어떤 장소에 있거나 전해져 오다. (of a certain situation's result) Stay or get delivered to another person or a certain location.
유 전해지다
No-가 N1-에 N2-로 V (No=[모두] N1=[인간|단체], [장소], [시간] N2=[장애], 전설 따위)
사 남기다
¶그 선배의 이야기는 우리 학교에 전설로 남았다. ¶그때 뒷산에서 보았던 괴물은 아직도 수수께끼로 남아 있다.
No-가 N1-에게 N2-로 V (No=[모두] N1=[인간] N2=[장애], 전설 따위)
사 남기다
¶형석이의 수석 합격 소식은 우리들에게 전설로 남았다. ¶유산 다툼은 가족들에게 응어리로 남았을 것이다.
❻(사람이나 기억 따위에) 잊히지 않고 생각되다. Be thought of and not forgotten by a person, a memory, etc.
No-가 N1-에 V (No=[모두] N1=[인간|단체], [역사], 기억, 추억 따위)
사 남기다
¶그의 열정은 역사에 길이 남을 것이다. ¶그의 인생은 화려했지만 후세에 남은 것은 없었다.
No-가 N1-에게 V (No=[모두] N1=[인간])
사 남기다
¶우리들에게 담임 선생님은 두고두고 남아 있을 것이다. ¶고향길 풍경이 송희에게는 인상적인 것으로 남았다.
❼정도를 넘어 지나치다. Exceed a certain degree.
No-가 S고도 V (No=[모두])
¶나는 네 사정이 이해가 가고도 남는다. ¶이 정도 재료면 김장을 충분히 하고도 남겠다. ¶보름이면 상처가 회복되고도 남으니까 걱정하지 마라.

남발되다

어원 濫發~ 활용 남발되어(남발돼), 남발되니, 남발되고 대응 남발이 되다
자 ❶(어떤 단체에서) 법령이나 증서, 증권 따위가 마구잡이로 만들어지다. (of ordinance, certificate, stock, etc.) Be created indiscriminately in a certain organization.
유 마구 발행되다
No-가 V (No=[법률], [금전], [증서])

능남발하다
¶불량 주화가 남발되면서 자판기의 고장이 늘었다. ¶회원증이 남발된다면 그 가치는 떨어질 것이다.
❷(말이나 행동 따위가) 조심성 없이 되풀이되다. (of certain speech, behavior, etc.) Be repeated without care.
N0-가 V (N0=[이야기], [행위])
능남발하다
¶그 학교는 채벌이 남발되고 있다. ¶거짓말이 남발되는 진술로부터 무엇을 알아낸단 말인가?

남발하다
어원濫發~ 활용남발하여(남발해), 남발하니, 남발하고 대응남발을 하다
타❶(어떤 단체에서) 법령이나 증서, 증권 따위를 마구잡이로 만들어 내다. (of a certain organization) Create ordinance, certificate, stock, etc., indiscriminately.
유마구 발행하다
N0-가 N1-를 V (N0=[인간|단체] N1=[법률], [금전], [증서])
피남발되다
¶부실 대학에서 졸업장을 남발하고 있다. ¶어음을 남발한 장창수 회장이 결국은 구속되었다.
❷(말이나 행동 따위를) 조심성 없이 되풀이하다. Repeat certain speech, behavior, etc., without care.
N0-가 N1-를 V (N0=[인간|단체] N1=[이야기], [행위])
피남발되다
¶후보들은 선심성 공약만을 남발하고 있다. ¶비교육적인 유행어를 남발하는 상황은 우려스럽다.

남아나다
활용남아나, 남아나니, 남아나고
자(사람이나 사물이) 손실 없이 그대로 보전되다. (of a person or an object) Be preserved without being damaged.
상남다 유보전되다 반바닥이 나다
N0-가 V (N0=[구체물])
¶너희들이 하도 먹어 대서 음식이 남아나지 않는다. ¶시민들의 낭비가 심해 화장실의 비누가 남아나지 않는다. ¶그렇게 조심성 없이 다루면 전시물이 남아날 수가 없다.
※ '않다, 없다'와 함께 부정문에 쓰인다.

남아돌다
활용남아돌아, 남아도니, 남아돌고, 남아도는
자(어떤 것이) 필요한 양 이상으로 많아서 남은 것이 넘쳐나다. (of something) Be more than necessary so that what is left overflows.
상남다 유넘쳐나다
N1-(에|에게) N0-가 V (N0=[구체물], [추상물](시간, 돈, 체력 따위) N1=[인간|단체], [구체물], [장소])
¶그 회사에는 자금이 남아돈다. ¶영희에게 체력은 남아돌았지만 끈기는 부족했다. ¶올해는 시장에 배추가 남아돌아서 값이 급락했다.

남용되다

어원濫用~ 활용남용되어(남용해), 남용되니, 남용되고 대응남용이 되다
자❶원래의 목적이나 용도와는 다르게 함부로 사용되다. Be mindlessly used in a manner different from the original purpose or use.
상사용되다 유악용되다
N0-가 N1-에 V (N0=[권리] N1=[행위], [사건])
능남용하다
¶이번 토목 사업에 시장의 직권이 마구 남용되었다. ¶정치권력이 사리사욕 채우기에 남용되지 않아야 한다.
N0-가 N1-로 V (N0=[권리] N1=[계획](용도, 목적 따위))
능남용하다
¶세금이 불필요한 용도로 남용되는 일은 없어야 한다. ¶공무원의 권한이 남용되지 않도록 시민들의 감시가 필요하다.
❷원래의 목적에 어울리지 않을 정도로 불필요하게 많이 사용되다. Be unnecessarily used in such excess that it no longer suits its original purpose.
상사용되다 유과용되다
N0-가 N1-(에|에서) V (N0=[말], [약], [금전] N1=[문서], [행위], [사건], [계획])
능남용하다
¶갈수록 외래어가 공문서에서 남용되고 있다. ¶항생제가 대학병원에서 남용되어 왔다.

남용하다
어원濫用~ 활용남용하여(남용해), 남용하니, 남용하고 대응남용을 하다
타❶원래의 목적이나 용도와는 다르게 함부로 사용하다. Use mindlessly in a manner different from the original purpose or use.
상사용하다 유악용하다, 오용하다
N0-가 N1-를 V (N0=[인간] N1=[권리])
피남용되다
¶공무원들이 직권을 남용했다. ¶고위직 공무원들이 권위를 남용하는 일은 없어야 한다. ¶의원들이 지위를 남용하여 특정 지역의 이익을 채우는 일이 빈번하다.
❷원래의 목적에 어울리지 않을 정도로 불필요하게 많이 사용하다. Use something in such

unnecessary excess that it no longer suits its original purpose.
[상]사용하다 [유]과용하다
N0-가 N1-를 V (N0=[인간], [집단] N1=[말], [약], [금전])
[피]남용되다
¶불필요한 외래어를 남용하지 맙시다. ¶정부는 함부로 국민의 세금을 남용하면 안 된다.

[ㄴ]

남하하다

[어원]南下~ [활용]남하하여(남하해), 남하하니, 남하하고 [대응]남하를 하다
[자](사람, 동물, 기류 따위가) 남쪽으로 이동하다. (of people, animals, air currents, etc.) Move southward.
[상]이동하다 [반]북상하다
N0-가 V (N0=[구체물], [기상])
¶육이오 전쟁 때 수많은 북한 사람들이 남하했다. ¶한국에서는 겨울이면 북쪽의 고기압이 남하한다. ¶다음 주면 시베리아 기단이 남하하여 본격적인 추위가 시작된다.

납득되다

[어원]納得~ [활용]납득되어(납득돼), 납득되니, 납득되고 [대응]납득이 되다
[자](다른 사람의 말이나 행동 등이) 이해되어 받아들여지다. Comprehend and accept someone's speech or action.
[유]수긍되다, 이해되다
N1-는 N0-이 V (N0=[추상물](결과, 해명, 이유, 말씀, 관계 따위), [행위] N1=[인간|단체])
[능]납득하다
¶나는 그의 행동이 상식적으로 납득되지 않았다. ¶선생님은 영수의 말을 듣고서야 그의 말이 납득되었다.

납득하다

[어원]納得~ [활용]납득하여(납득해), 납득하니, 납득하고 [대응]납득을 하다
[자타](다른 사람의 말이나 행동 등을) 이해하여 받아들이다. Comprehend and accept someone's speech or action.
[유]알아듣다, 이해하다
N0-가 N1-(를|에 대해) V (N0=[인간|단체] N1=[추상물](결과, 해명, 이유, 말씀 따위), [행위])
[피]납득되다 [사]납득시키다
¶우리는 그 사람의 행동을 납득할 수 없었다. ¶당국의 해명에 대해 납득하는 사람은 별로 없었다.
N0-가 S것-(을|에 대해) V
[피]납득되다
¶그는 여자친구가 말없이 떠난 것을 납득할 수 없었다. ¶실제와 이렇게 차이가 나는 것을 어떻게 납득하겠습니까?
N0-가 Q-를|에 대해) V (N0=[인간|단체])
[피]납득되다
¶왜 그같이 많은 희생자가 나왔는지를 납득하기 어려웠다. ¶왜 그런 결정을 했는지에 대해 납득할 수 없었다.

납부하다

[어원]納付~/納附~, [활용]납부하여(납부해), 납부하니, 납부하고 [대응]납부를 하다
[타](정부 기관이나 공공 단체에) 세금 따위의 공과금을 내다. Pay utility bills or tax to government agencies or public organizations.
[유]납입하다 [상]내다[1]
N0-가 N1-를 N2-에 V (N0=[인간|단체] N1=[금전](돈, 비용, 세금 따위) N2=[인간|단체], [장소])
¶공과금을 정해진 시간 안에 납부해야 한다. ¶오늘까지 아파트 관리비를 은행에 납부해야 해.

납입하다

[어원]納入~, [활용]납입하여(납입해), 납입하니, 납입하고 [대응]납입을 하다
[타](정부 기관이나 공공 단체에) 세금, 등록금 따위의 공금을 내다. Pay utility bills or tax to government agencies or public organizations.
[유]납부하다 [상]내다[1]
N0-가 N1-를 N2-에 V (N0=[인간|단체] N1=[금전](돈, 비용, 세금, 등록금 따위) N2=[인간|단체], [장소])
¶등록금을 정해진 시간 안에 납입해야 한다. ¶오늘까지 아파트 관리비를 은행에 납입해야 해.

납품하다

[어원]納品~ [활용]납품하여(납입해), 납품하니, 납품하고 [대응]납품을 하다
[타](사람이나 단체가) 필요한 물건을 일정한 단체나 회사에 공급하다. Supply, Provide, Furnish
[유]공급하다 [상]대다[1][타], 대 주다
N0-가 N1-를 N2-에 V (N0=[인간|단체] N1=[구체물] N2=[단체])
[피]납품되다, 납품받다
¶수많은 협력업체가 각종 부품을 자동차 회사에 납품한다. ¶백화점에 오늘까지 옷을 납품해야 한다.

낫다

[활용]나아, 나으니, 낫고, 낫는
[자]병이나 상처 따위가 고쳐져 본래대로 돌아오다. Be back in original state after fixing an illness or injury.
[유]치료되다, 치유되다, 회복되다 [반]걸리다I[1], 발병하다
N0-가 V (N0=[질병](감기, 몸살, 병, 상처, 염증 따위), [신체부위](얼굴, 다리, 팔, 몸 따위))
¶푹 쉬면 감기는 잘 낫는다. ¶부러진 다리가 좀처

럼 낫지 않았다.

낭비되다

[어원]浪費~ [활용]낭비되어(낭비돼), 낭비되니, 낭비되고 [대응]낭비가 되다

[자](돈, 시간 따위가) 가치 없는 일에 헛되이 쓰이다. Be futilely used on worthless duty.

[반]절약되다 [상]소비되다

N0-가 V (N0=[구체물], [금전], [시간])

[능]낭비하다

¶무분별한 전기 사용으로 에너지가 낭비되고 있다. ¶방만한 재정 운용으로 국민 세금이 낭비되어서는 안 된다.

낭비하다

[어원]浪費~ [활용]낭비하여(낭비해), 낭비하니, 낭비하고 [대응]낭비를 하다

[타](돈, 시간 따위를) 가치 없는 일에 헛되이 쓰다. Use futilely on worthless duty.

[유]허비하다 [하]소비하다 [반]아끼다, 절약하다

N0-가 N1-를 V (N0=[인간|단체] N1=[구체물], [금전], [시간], 재능, 노력 따위)

[피]낭비되다

¶약속을 어기면 기다린 사람들이 시간을 낭비한다. ¶명품을 만들지 않으면 재능을 낭비하는 꼴이 된다.

N0-가 N2-에 N1-를 V (N0=[인간|단체] N1=[구체물], [금전], [시간], 재능, 노력 따위 N2=[행위])

¶사람들이 외국 여행에 외화를 낭비한다. ¶구청은 도로 보수 공사에 예산을 더러 낭비한다.

N0-가 N1-를 S데 V (N0=[인간|단체] N1=[구체물], [금전], [시간], 재능, 노력 따위)

¶명철이는 사치품을 구입하는 데 생활비를 꽤 낭비한다. ¶사소한 문제에 논쟁을 벌이는 데 시간을 낭비하지 마라.

낮추다

[활용]낮추어(낮춰), 낮추니, 낮추고

[타]❶(어떤 물체나 그 높이를) 원래보다 바닥에 가까워지게 하다. Make something or its height closer to the ground than at its original location.

[반]높이다, 세우다, 일으키다

N0-가 N1-를 V (N0=[인간|단체] N1=[구체물], [높이])

¶민호는 몸을 낮추어 차에 탔다. ¶들키지 않게 자세를 낮추고 잠입해라.

❷(수치로 표현되는 정도를) 기준보다 아래에 있게 하다. Make a degree expressed by a figure stay below a standard.

[유]인하하다, 감소시키다, 저하시키다 [반]높이다, 올리다

N0-가 N1-를 V (N0=[인간|단체], [현상] N1=[수량], [금전], [크기])

¶에어컨의 온도를 낮추어 방을 시원하게 해라. ¶시민단체는 투표권자의 연령을 낮추는 방안을 제안했다.

❸(수준이나 질을) 이전보다 못하게 하다. Make a level or a quality lower than before.

[유]내리다[타], 떨어뜨리다, 격하시키다 [반]높이다, 올리다

N0-가 N1-를 V (N0=[인간|단체] N1=[속성], [능력])

¶선생님은 학생들이 어려워해서 수업 수준을 낮추었다. ¶지나치게 조용한 환경이 오히려 집중력을 낮춘다는 연구가 있다.

❹자기 자신이나 지위를 대인 관계에서 남보다 아래로 여기다. Treat oneself or one's own position as inferior to others.

[유]숙이다, 굽히다 [반]높이다, 올리다, 격상하다

N0-가 N1-를 V (N0=[인간|단체] N1=[인간](자기, 자신, 스스로 따위), [속성](지위, 등급 따위), 자세)

¶목사님은 교인들 앞에서 스스로를 낮추신다. ¶지위를 낮추고 아랫사람에게 다가가기란 쉽지 않다.

❺(소리를) 작거나 낮게 하다. Make a sound weaker or lower.

[유]죽이다, 줄이다 [반]높이다

N0-가 N1-를 V (N0=[인간] N1=[소리], [크기](음량 따위))

¶그는 목소리를 낮추고 조심스럽게 얘기했다. ¶여기는 사람이 많으니 소리를 낮추세요.

❻말을 공대하지 않고 아랫사람에게 편히 대하듯 쓰다. Speak as if to one's subordinates, not using polite language.

[유]하대하다 반말하다 [반]높이다

N0-가 N1-를 V (N0=[인간] N1=[소통](말, 말씀 따위))

¶말씀 낮추시고 편히 대하시지요. ¶그분은 직원들에게 말씀을 낮추시지 않는다.

낳다

[활용]낳아, 낳으니, 낳고

[타]❶(사람이나 동물이) 일정 기간 배 속에 품고 있던 아이, 새끼, 알을 몸 밖으로 밀어내어 놓다. (of a person or an animal) Push one's baby or egg out of the body.

[유]출산하다, 까다II

N0-가 N1-를 V (N0=[인간], [동물] N1=아이, 새끼, 알 따위)

¶그녀는 지난달에 첫 딸을 낳았다. ¶길희는 아들 하나, 딸 하나를 낳았다.

❷작품, 업적 따위를 노력을 기울여 만들어 내다. Create work or accomplish something by force

of effort.
㊌생산하다, 제작하다, 창작하다
N0-가 N1-를 V (N0=[인간] N1=[작품], 업적 따위)
¶그는 위대한 연구 업적을 낳았다. ¶그 소설가가 낳은 작품은 모두 명작이다.
❸뛰어난 인물이 특정 환경, 시대, 상황 속에서 세상에 나타나게 하거나 출현시키다. (of a distinguished person) Appear or be introduced to the world amid a certain environment, time or situation.
㊌배출하다II, 길러내다
N0-가 N1-를 V (N0=[시간], [국가], [집단], [건물] N1=[인간])
¶한국이 낳은 세계적인 성악가가 고국의 팬들을 위한 공연을 마련했다. ¶이곳이 바로 첫 세계 챔피언 김기수를 낳은 장충체육관이다.
※ 'N0가 낳은'과 같이 주로 관형절로 쓰인다.
❹(인간, 사건 따위가) 결과나 효과를 출현시키거나 실현시키다. (of a person or an event) Produce results or make effects of something.
N0-가 N1-를 V (N0=[인간|단체], [행위], [사고], [사건], [갈등] N1=[결과], [상황], [갈등], [피해], [이익], [장애], 효과, 화제, 이변, 기적, 후유증 따위)
¶정부의 실업 대책은 일자리 창출 효과를 낳았다. ¶그녀의 발언은 상당한 파장을 낳을 것으로 예상된다.

내걸다

활용 내걸어, 내거니, 내걸고, 내거는
타❶(깃발 따위를) 잘 보이도록 어떤 장소나 위치에 높이 매달거나 걸다. Hang or suspend something, such as a flag high in a place so that it can be seen from far away.
㊤걸다[1] ㊌매달다
N0-가 N1-를 N2-에 V (N0=[인간] N1=[기], [표지판] N2=[장소])
피 내걸리다
¶광복절을 맞이하여 대문에 태극기를 내걸었다. ¶그 가게는 가짜 간판을 버젓이 내걸고 장사를 하고 있었다.
❷(바라는 조건이나 일 따위를) 구체적으로 적시하여 사람이나 단체에 제시하다. Suggest a specific condition or work to another person or organization.
㊤걸다[1] ㊌제시하다, 내세우다, 앞세우다, 표방하다
N0-가 N1-를 N2-(에|에게) V (N0=[인간|단체 N1=[구체물], 조건 따위 N2=[인간|단체])
¶경찰은 국민들에게 현상금 1억을 내걸고 수사에 들어갔다. ¶직원들은 사장에게 월급 인상을 내걸었다.
N0-가 N1-를 N2-로 V (N0=[인간|단체] N1=[구체물], 조건 따위 N2=조건, 구호, 공약, 강령 따위)
¶방송사는 상당량의 냉장고를 경품으로 내걸었다. ¶총장 후보자는 직원들의 월급 인상을 공약으로 내걸었다.
N0-가 S것-을 N1-로 V (N0=[인간|단체] N1=[구체물], 조건 따위)
¶노조는 노동권을 보장해 줄 것을 요구 조건으로 내걸었다. ¶총장 후보자는 직원들의 월급을 인상해 줄 것을 공약으로 내걸었다.
❸구체적으로 바라는 바를 널리 알릴 의도를 가지고 제시하다. Present concretely what one wants in order to make it widely known.
㊤걸다[1] ㊌제시하다, 내세우다, 앞세우다, 표방하다
N0-가 N1-를 N2-(에|에게) V (N0=[인간|단체] N1=공약, 이름, 구호, 강령 따위 N2=[인간|단체])
¶유기농 이름을 내건 농산물들이 팔리고 있다. ¶그들은 새로운 강령을 내걸고 활발히 활동하였다.
N0-가 N1-를 N2-로 V (N0=[인간|단체] N1=[구체물], [사태], [추상물] N2=공약, 이름, 구호, 강령 따위)
¶시장은 기차역 건설을 공약으로 내걸었다. ¶농민들은 '무공해 유기농'을 공동 목표로 내걸었다.
N0-가 S것-을 N1-로 V (N0=[인간|단체] N1=공약, 구호, 강령 따위)
¶시장은 건설할 것을 공약으로 내걸었다. ¶농민들은 '무공해 유기농으로 농사를 지을 것을 공동 목표로 내걸었다.
❹(어떤 일을 달성하기 위해) 목숨이나 명예 등을 잃을 위험을 무릅쓰고 임하다. Risk one's life or honor in order to achieve something.
㊤걸다[1]
N0-가 N1-를 N2-에 V (N0=[인간] N1=목, 목숨, 명예, 재산 따위 N2=[사건])
¶나는 이번 협상에 내 명예를 내걸 것이다. ¶사장은 이 사업에 모든 재산을 내걸었다.
N0-가 S(것|데)-에 N1-를 V (N0=[인간] N1=목, 목숨, 명예, 재산 따위)
¶나는 이번 협상을 완성하는 데에 내 명예를 내걸 것이다. ¶사장은 이 사업을 성공시키는 것에 모든 재산을 내걸었다.

내걸리다

활용 내걸리어(내걸려), 내걸리니, 내걸리고
자❶(깃발 따위가) 잘 보이도록 어떤 장소나 위치에 높이 매달리거나 걸리다. (of a flag) Be hung or suspended high in a place so that it can be seen from far away.
㊤걸리다[1] ㊌매달리다
N0-가 N1-에 V (N0=[기], [표지판] N1=[장소])

[능]내걸다
¶광복절을 맞이하여 집집마다 태극기가 내걸렸다. ¶그의 합격을 알리는 현수막이 동네에 내걸렸다.
❷(바라는 조건이나 일 따위가) 구체적으로 표시되어 사람이나 단체에 제시되다. (of condition or work) Be suggested to a person or an organization in a specific form.
[상]걸리다[1] [유]제시되다
N0-가 V (N0=공약, 구호, 현상금 따위)
[능]내걸다
¶우리 동네에 지하철역을 만들겠다는 공약이 내걸렸다. ¶선거 때가 되면 깨끗한 정치를 하겠다는 구호가 내걸리지 않은 곳이 없다.
N0-가 N1-로 V (N0=[사태], [구체물] N1=[구체물], 조건, 구호, 공약 따위)
[능]내걸다
¶협상 타결을 위해 노동권 보장이 요구 조건으로 내걸렸다. ¶지하철 역 건설이 공약으로 내걸렸다.
S것-이 N0-로 V (N0=조건, 구호, 공약 따위)
[능]내걸다
¶월급을 인상해 달라는 것이 협상 조건으로 내걸렸다. ¶깨끗한 정치를 하겠다는 것이 구호로 내걸렸다.
❸목숨이나 명예 등을 잃게 되다. (of life or honor) Be lost.
[상]걸리다[1]
N0-가 N1-에 V (N0=목, 목숨, 명예, 재산 따위 N1=[사건])
[능]내걸다
¶이 협상에는 내 명예가 내걸려 있다. ¶그 사업에는 사장의 모든 재산이 내걸려 있다.

내놓다

[활용]내놓아(내놔), 내놓으니, 내놓고 [본]내어놓다
[타]❶(물건을) 바깥으로 꺼내거나 옮겨 두다. Take things out or move them.
[상]놓다[1] [반]들여놓다, 집어넣다
N0-가 N1-를 N2-(에|로) V (N0=[인간] N1=[구체물] N2=[장소])
¶서영이는 책상을 거실에 내놓았다. ¶자전거를 마당으로 내놓으면 창고가 넓어질 텐데.
❷(신체 부위를) 드러내어 보이게 하다. Expose parts of the body and make them seen.
[유]드러내다 [반]감추다
N0-가 N1-를 V (N0=[인간] N1=[신체부위])
¶은영이는 짧은 옷을 입고 배꼽을 내놓았다. ¶그는 한겨울에도 팔뚝을 내놓고 다녔다.
❸(음식이나 물건, 돈 따위를) 다른 사람이나 단체에 제공하거나 넘겨주다. Provide or transfer food, things, or money to another person or organization.
[유]제공하다, 넘겨주다
N0-가 N1-를 N2-(에|에게) V (N0=[인간|단체] N1=[구체물] N2=[인간|단체])
¶그는 놀러 온 친구들에게 음식을 내놓았다. ¶있는 돈을 다 내놓아도 계약금으로는 부족하다.
❹(생성된 물질을) 바깥으로 나가게 하다. Let generated material go out.
[유]배출하다I
N0-가 N1-를 V (N0=[구체물] N1=[구체물])
¶녹색 식물은 이산화탄소를 받아들이고 산소를 내놓는다. ¶여러 가지 상품을 내놓는 자판기가 요즘 많아졌다.
❺(사람이나 짐승을) 바깥으로 내보내어 자유롭게 다니게 하다. Let a person or an animal out so that such can be free.
[유]풀어주다 [반]가두다
N0-가 N1-를 N2-(에|로) V (N0=[인간] N1=[인간], [동물] N2=[장소])
¶목동은 양떼를 초원에 내놓았다. ¶물가로 내놓은 소들이 목을 축이고 있다.
❻(부동산이나 물건 따위를) 다른 사람이나 단체에 임대하거나 판매하기 위하여 공개하다. Open real estate or goods to the public in order to sell or rent them to other people or organizations.
N0-가 N1-를 N2-(에|에게) V (N0=[인간|단체] N1=[건물], [장소], [구체물] N2=[인간|단체])
¶나는 살던 집을 부동산소개소에 내놓았다. ¶땅을 내놓았으니 곧 살 사람이 나타나겠지.
❼(새로운 물건이나 작품 따위를) 대중에 처음으로 드러내어 알리다. Release a new product or work to the public.
[유]발표하다
N0-가 N1-를 N2-(에|에게) V (N0=[인간|단체] N1=[구체물], [예술], [작품], [텍스트] N2=[인간|단체])
¶우리 회사에서는 올해 새로운 제품을 시장에 내놓는다. ¶그 작가가 독자들에게 새로이 내놓는 작품이 큰 기대를 받고 있다.
❽(자신의 의견이나 생각을) 다른 사람이나 단체에 제시하여 알려 주다. Suggest one's opinion or thought to another person or organization.
[유]제시하다, 제안하다
N0-가 N1-를 N2-(에|에게) V (N0=[인간|단체] N1=[의견], [제안] N2=[인간|단체])
¶좋은 생각이 있으면 각자 하나씩 내놔 보세요. ¶가장 훌륭한 제안을 내놓는 사람에게는 상금이 있다.
❾(어떤 것을) 특정한 범위에 포함시키지 않고 버리다. Leave something outside a certain scope.

ⓤ제외하다, 배제하다
N0-가 N1-를 V (N0=[인간|단체] N1=[모두])
¶모든 선생님이 그 학생을 아예 내놓았다. ¶동생은 하도 사고를 쳐서 내놓은 자식 취급을 받았다.
❿(직위나 권리 따위를) 그만두거나 포기하다. Give up a position or a right.
ⓤ사퇴하다, 물러나다[자타]
N0-가 N1-를 V (N0=[인간|단체] N1=[권리], [권력], 직위 따위)
¶김 대표는 특권도 내놓은 채 백의종군하겠다고 밝혔다. ¶그는 말년에 권력을 내놓고 한적한 여생을 보냈다.
⓫(목숨이나 명예 따위를) 잃을 각오를 하다. Be determined to lose one's life or honor.
ⓤ희생하다
N0-가 N1-를 V (N0=[인간] N1=목숨, 명예 따위)
¶나는 조국의 독립을 위해서라면 내 목숨도 내놓겠다. ¶운전 시 안전띠를 하지 않는 것은 생명을 내놓는 것과 마찬가지이다.
◆ **내놓고** 숨기지 않고 공개적으로. Openly, without hiding anything.
ⓤ공공연히
Idm
¶개방적이어도 내놓고 말하기는 힘든 부분이 있다. ¶승호는 유빈이만 너무 내놓고 칭찬한다.

내다[1]

[활용]내어(내), 내니, 내고
[타]❶(사람이나 단체가) 국가나 어떤 기관에 회비나 세금 따위의 돈을 주거나 바치다. (of a person or an organization) Pay or give a certain amount of money such as fee or tax to a country or an institution.
ⓤ주다[1], 바치다I ⓗ지불하다 ⓑ받다II[1]
N0-가 N2-(에|에게) N1-를 V (N0=[인간|단체] N1=[세금], [비용] N2=[인간|단체])
¶남자는 식당 주인에게 음식값을 내지 않고 달아났다. ¶양도세를 나누어서 낼 수 있습니까?
❷(사람이나 단체가) 서류나 문서를 다른 사람에게나 기관에 제출하거나 보내다. (of a person or an organization) Send or submit a document or a paper to another person or organization.
ⓤ제출하다 ⓑ받다II[1]
N0-가 N2-(에|에게) N1-를 V (N0=[인간|단체] N1=[텍스트] N2=[인간|단체])
¶우리는 내일까지 참가 신청서를 학교에 내야 한다. ¶혜린이는 한국대학교에 입학 원서를 내러 갔다.
❸(사람이나 단체가) 어떤 대회에 그림이나 글 따위를 보내다. (of a person or an organization) Submit a picture or a writing to a contest.
ⓤ출품하다 ⓑ받다II[1]
N0-가 N2-에 N1-를 V (N0=[인간|단체] N1=[텍스트], [작품] N2=[대회])
¶영희는 이번 대회에 초상화를 냈다. ¶내가 신춘문예에 낸 작품이 당선되었다.
❹물건을 밖으로 옮기어 두다. Put something out.
ⓤ내놓다
N0-가 N2-(에|로) N1-를 V (N0=[인간] N1=[구체물] N2=[장소])
¶너는 화분을 밖에 내다 놓아라. ¶나는 집이 더러워 짐을 밖으로 내다 놓고 청소했다.
❺곡식이나 물건 따위를 어떤 장소에 팔려고 선보이다. Display grains or goods somewhere in order to sell them.
ⓤ출품하다, 출시하다
N0-가 N2-(에|에게) N1-를 V (N0=[인간|단체] N1=[구체물] N2=[장소])
¶아버지는 곡식을 시장에 내다 파셨다. ¶나는 안 보는 책을 헌책방에 내다 팔았다.
※ '내다 팔다'의 형태로 쓰인다.
❻(사람이나 단체가) 출판물을 찍어서 세상에 내놓다. (of a person or an organization) Print a publication and make it known to the world.
ⓤ출판하다, 출간하다, 찍다II[1]
N0-가 N1-를 V (N0=[인간|단체] N1=[텍스트], 음반 따위)
¶김 작가는 책을 낼 때마다 베스트셀러가 됐다. ¶그 가수는 다음 달에 음반을 내기 위해 준비하고 있어요.
❼(어떤 일의 상태나 결과를) 드러나거나 맺어지게 하다. Reveal or bring about the state or result of a work.
ⓤ산출하다, 달성하다
N0-가 N1-를 V (N0=[인간|단체] N1=[현상], [상태])
[주]나다[1][자]
¶많은 사람들이 만족할 만큼의 성과를 내지 못한다. ¶우리는 올해 가장 많은 이익을 냈다.
❽(어떤 사람을) 대접하려고 음식을 사다. Buy food to serve it.
ⓤ대접하다, 접대하다, 사주다
N0-가 N1-를 V (N0=[인간] N1=아침, 점심, 저녁, 턱 따위)
¶제가 오늘 저녁을 내겠습니다. ¶상여금을 받았으니까 오늘은 내가 한 턱을 내겠네.
❾(사람이나 단체 또는 어떤 일이) 속도를 일정한 기준이나 정도보다 더하게 하다. (of a person, an organization, or a work) Increase speed beyond a certain standard or degree.
ⓤ가속하다

No-가 N1-를 V (No=[인간|단체], [행위], [교통기관] N1=속도, 속력)
주나다[1]자
¶나는 속력을 내서 달리기 시작했다. ¶이제부터 는 전속력을 내서 앞만 보고 달리겠습니다.
❿다른 사람이나 단체에 의견을 말이나 글로 제시하다. Say or write one's own opinion to another person or an organization.
㊤제출하다, 제안하다
No-가 N2-(에|에게) N1-를 V (No=[인간|단체] N1=의견, 안건 따위 N2=[인간|단체])
¶나는 친구의 의견에 반대 의견을 냈다. ¶배심원들은 협의 끝에 전원일치로 유죄 의견을 냈다.
⓫(어떤 값을) 계산해 구하다. Calculate a certain amount.
㊤계산하다, 산출하다
No-가 N1-를 V (No=[인간] N1=통계, 성적, 값 따위)
¶선생님께서 지금 성적을 내고 계신다. ¶부하 직원이 통계를 잘못 내는 바람에 일이 꼬였다.
⓬시간이나 여유 따위를 만들다. Make spare time.
㊤시간을 만들다
No-가 N1-를 V (No=[인간] N1=시간, 짬, 틈 따위)
주나다[1]자
¶나는 잠깐 시간을 내어 공연장에 들렀다. ¶직원들이 점심시간에 짬을 내서 산책을 한다.
⓭(어떤 장소에) 길이나 창문 따위를 새로 만들다. Make a new passage or window in a place.
㊤건설하다, 시설하다, 설치하다
No-가 N2-에 N1-를 V (No=[인간|단체] N1=길, 창문, 도로, 철도 따위 N2=[장소])
주나다[1]자
¶나는 거실에 큰 창을 내고 싶다. ¶이곳에 철로를 내면서 문화재 일부가 훼손되었다.
No-가 N2-로 N1-를 V (No=[인간|단체] N1=길, 창문, 도로, 철도 따위 N2=[방향])
주나다[1]자
¶나는 남쪽으로 큰 창을 내었다. ¶이쪽으로 철로를 내면서 문화재 일부가 훼손된다.
⓮(사람이나 단체가) 신문이나 잡지 따위에 글, 그림, 사진 따위를 싣다. (of a person or an organization) Publish a writing, a picture, or a photo on a newspaper or a magazine.
㊤게재하다, 싣다
No-가 N2-(에|에게) N1-를 V (No=[인간|단체] N1=글, 기사, 그림, 사진, 광고 따위 N2=신문, 잡지 따위)
주나다[1]자
¶대기업들이 신문에 공개 채용 광고를 냈다. ¶그 기자는 음해성 기사를 내서 나의 명예를 손상시켰다.

⓯(어떤 장소에) 가게나 사무소 따위를 새로 차리다. Open a store or an of fice somewhere.
㊤열다II타, 오픈하다
No-가 N2-에 N1-를 V (No=[인간|단체] N1=[건물] N2=[장소])
¶나는 지방에도 사무소를 여럿 낼 계획이다. ¶우리는 점포를 내서 그 매장을 직접 운영해 보기로 했다.
⓰(어떤 장소에) 살림을 새로 차리다. Start housekeeping somewhere.
㊤차리다, 꾸리다
No-가 N2-에 N1-를 V (No=[인간] N1=살림 N2=[장소])
¶우리는 부모님 댁 근처에 따로 살림을 냈다. ¶저는 직장 근처에 따로 살림을 내기로 했어요.
⓱(다른 사람에게나 시험에) 어떤 주제에 관한 문제를 제시하다. Give a question about a subject to another person or on a test.
㊤제시하다, 제출하다, 출제하다
No-가 N2-(에|에게) N1-를 V (No=[인간] N1=문제, 수수께끼 N2=[인간], 시험)
주나다[1]자
¶선생님께서 이번 시험에 역사 문제를 내셨다. ¶영희가 낸 수수께끼를 맞춰 보십시오.
⓲(사람이나 동물이) 신체 부위나 어떤 물건의 표면에 어떤 흔적이나 자국을 생기게 하다. (of a person or an animal) Put a track or a mark on a part of the body or on the surface of a thing.
㊤남기다, 찍다II[1]
No-가 N2-에 N1-를 V (No=[인간], [동물] N1=자국, 흔적, 구멍 따위 N2=[신체부위], [구체물], [장소])
주나다[1]자
¶나는 흰 눈 위에 발자국을 내며 걸어갔다. ¶우리는 빙판에 구멍을 내고 앉아서 낚시를 했다.
⓳(어떤 장소에) 불을 일으켜 태우다. Set a place on fire.
㊤피우다, 지피다, 태우다
No-가 N2-에 N1-를 V (No=[인간] N1=불 N2=[장소])
주나다[1]자
¶아이들이 장난을 치다가 집에 불을 냈다. ¶민수는 아버지와 싸우고 홧김에 집에 불을 냈다고 한다.
⓴(사람이나 사물, 교통기관이) 부딪히거나 작동하여 소리를 발생시키다. Sound, make a noise.
㊤울리다타, 발생시키다
No-가 N1-를 V (No=[인간], [동물], [구체물], [교통기관] N1=소리)
주나다[1]자
¶나무가 거센 바람에 윙윙 소리를 낸다. ¶불자동차

ㄴ

가 사이렌 소리를 내며 어디론가 달려가고 있다.
㉑ (몸이나 몸의 일부에) 땀이나 피 따위를 밖으로 나오게 하다. Make sweat or blood come out from the body or part of the body.
[하]출혈시키다, 발한시키다, [유]나오게 하다, 배출하다
N0-가 N2-에 N1-를 V (N0=[인간] N1=땀, 피 따위 N2=[신체부위])
[주]나다¹[자]
¶체했을 때 손가락을 바늘로 찔러 손가락에 피를 낸다. ¶나는 어머님이 끓여주신 국을 먹고 땀을 냈다.
㉒ (다른 사람에게) 좋지 않은 부정적인 감정 반응을 보이다. Cause a negative emotion or reaction in a person.
N0-가 N2-(에|에게) N1-를 V (N0=[인간] N1=[감정](짜증, 싫증, 염증, 진력, 부아, 성질, 신경질 따위) N2=[인간])
[주]나다¹[자]
¶나는 참지 못하고 친구에게 화를 내버렸다. ¶언니가 왜 나에게 신경질을 내는지 모르겠다.
N0-가 S(것|데)-에 N1-를 V (N0=[인간|단체] N1=[감정](짜증, 싫증, 염증, 신경질 따위))
[주]나다¹[자]
¶영희는 단순한 일을 반복하는 데에 염증을 냈다. ¶아이는 책상 앞에 앉아 시간을 보내는 것에 신경질을 내기 시작했다.
㉓ (신체적으로나 정신적으로) 몸에 에너지가 차게 하여 활력을 갖게 하다. Make mentally or physically be strong.
N0-가 N1-를 V (N0=[인간] N1=기운, 힘)
[주]나다¹[자]
¶어서 기운을 차리십시오. ¶우리는 더 힘을 내서 열심히 살아야 한다.
㉔ 다른 사람의 행위를 따라하거나 같이 하다. Try to follow the manner, behviour, imitate.
N0-가 N1-를 V (N0=[인간] N1=흉내)
¶아이가 아빠 흉내를 낸다. ¶내 친구 철수는 고양이 흉내를 잘 낸다.
㉕ (인간이나 대상이 지닌 특징을) 드러내거나 발현시키다. Show an attitude, a look, or a figure.
N0-가 N1-를 V (N0=[인간] N1=티, 표, 표시)
[주]나다¹[자]
¶영희가 아직도 어린애 티를 낸다. ¶형은 아무리 힘들어도 표시를 내지 않는다.
㉖ (무엇을) 닦거나 갈아서 빛이나 윤기가 생겨 반짝거리게 하다. Polish, shine brightly.
N0-가 N2-(에|를) N1-를 V (N0=[인간] N1=윤, 광 N2=[구체물], [신체부위])
[주]나다¹[자]
¶나는 바닥에 윤을 내기 위해서 열심히 걸레질을 했다. ¶윤을 낸 바닥이 아주 깨끗해 보였다.
㉗ 타이어가 찢어지거나 구멍이 생기게 하다. Puncture a tyre.
N0-가 N2-에 N1-를 V (N0=[인간] N1=펑크 N2=[구체물](타이어, 튜브 따위))
[주]나다¹[자]
¶어떤 남자가 타이어에 펑크를 내고 있다. ¶아이가 튜브에 펑크를 내서 엄마에게 야단을 맞고 있다.
㉘ (대상의 맛, 멋, 맵시 등을) 감각으로 감지하거나 발현하게 하다. Cause the flavor, taste or style of a subject to be sensed or manifested.
N0-가 N1-를 V (N0=[인간] N1=맛, 멋, 맵시)
[주]나다¹[자]
¶영희가 매운 맛을 내려고 찌개에 고춧가루를 잔뜩 넣었다. ¶그 여자는 꾸미지도 멋을 내지도 않았다.
㉙ 어떤 결과적 사태가 발생하여 어떤 상태가 되게 하다. Cause something to enter a certain state
N0-가 N1-를 V (N0=[인간|단체], [구체물], [추상물] N1=이익, 적자, 효과, 결과, 흑자 따위)
[주]나다¹[자]
¶좋은 결과를 낼 수 있도록 최선을 다 합시다. ¶이 약초는 강력한 항암 효과를 내는 것으로 알려져 있다.
◆ **거덜(을) 내다** (재산 따위를 다 없애거나 나라(국가)나 경제를 망치다. Squander one's entire property or ruin economy, country, etc.
[유]없애다, 탕진하다
N0-가 N1-를 Idm (N0=[인간|단체], [추상물] N1=재산, 재정, 나라, 경제 따위)
[주]거덜(이) 나다
¶그는 도박으로 물려받은 재산을 거덜을 내고 말았다. ¶사리사욕에 눈이 어두운 정치가들이 나라를 거덜 내었다. ¶'긴축재정'이 한국 경제를 거덜 낼 수도 있다는 주장이 제기되었다.
◆ **구멍(을) 내다** (어떤 일이나 행위 중에) 허술한 부분이나 빈틈, 모순 따위를 생기게 하다. Let a loose part, a gap or contradiction arise during a work or an act.
N0-가 N1-에 Idm (N0=[인간] N1=[상황], [계획사건], [행위])
[주]구멍(이) 나다
¶철수가 이번 행사에 구멍을 내고 나타지 않는다. ¶대한민국 안보에 구멍을 낸 세력을 반드시 잡아야 한다.
◆ **바닥(을) 내다** (물건이나 돈, 음식 따위를) 전부 팔거나 먹거나 다 써서 남아 있는 것이 없게 하다.

Sell, eat or use all the things, money or food so that there is nothing left.
㊌동내다, 거덜(을) 내다
N0-가 N1-를 Idm (N0=[인간] N1=[구체물], [추상물])
주바닥(이) 나다
¶철수가 피자 한 판을 순식간에 바닥을 냈다. ¶나는 상대편의 체력을 바닥을 낸 후 기습 공격을 하였다.

◆ **박살(을) 내다**
❶(어떤 물체를) 본래의 형태를 알아볼 수 없을 정도로 크게 부수다. Destroy a thing so severely that its original form cannot be recognized.
㊌작살(을) 내다, 산산조각(을) 내다
N0-가 N1-를 Idm (N0=[인간] N1=[구체물])
주박살(이) 나다
¶학생들이 야구공으로 학교 유리창을 박살을 냈다. ¶남자는 유리창을 박살을 내고 차 밖으로 나왔다.
❷(사람이나 단체 또는 어떤 행위 따위가) 다른 대상을 심리적으로나 물리적으로 손을 쓸 수 없을 정도로 심하게 타격을 입히다. (of a person, an organization, or an act) Cause such serious damage to another object that nothing can be done about the matter both mentally and physically.
㊌작살(을) 내다, 산산조각(을) 내다
N0-가 N1-를 Idm (N0=[인간|단체] N1=[추상물], [인간|단체])
주박살(이) 나다
¶나의 경솔함이 한 가족을 박살을 냈다.

◆ **뿔(을) 내다** (다른 사람에게) 화를 내다. Get angry at another person.
㊌화(를) 내다, 골(을) 내다, 성(을) 내다, 열(을) 내다, 열(을) 올리다
N0-가 N1-(에|에게) Idm (N0=[인간] N1=[인간], [상황], [행위])
주뿔(이) 나다
¶동생이 나에게 뿔을 냈다. ¶아내가 아침부터 내게 뿔을 내는 이유를 모르겠다.

◆ **산산조각(을) 내다**
❶(어떤 물체를) 본래의 형태를 알아볼 수 없을 정도로 아주 작게 부수거나 깨다. Break or smash a thing into very small pieces that its original form cannot be recognized.
㊌박살(을) 내다, 작살(을) 내다
N0-가 N1-를 Idm (N0=[인간] N1=[구체물])
주산산조각(이) 나다
¶사내가 꽃병을 산산조각을 냈다.
❷(사람이나 단체 또는 어떤 행위 따위가) 다른 대상을 심리적으로나 물리적으로 손을 쓸 수 없을 정도로 심하게 타격을 입히다. (of a person, an organization, or an act) Cause such serious damage to another object that nothing can be done about the matter both mentally and physically.
㊌박살(을) 내다, 작살(을) 내다
N0-가 N1-를 Idm (N0=[인간|단체] N1=[추상물], [인간|단체])
주산산조각(이) 나다
¶담당 의사의 진단은 그의 꿈을 산산조각을 내었다. ¶상대 팀의 수비를 산산조각을 낸 철수에게 박수가 쏟아졌다.

◆ **열(을) 내다**
❶(다른 사람에게) 화를 내다. Get angry at another person.
㊌뿔(을) 내다, 골(을) 내다, 화(를) 내다, 열(을) 올리다
N0-가 N1-(에|에게|에 대해) Idm (N0=[인간|단체] N1=[인간|단체], [상황], [행위])
주열(이) 나다
¶나는 엄마에게 열을 냈다. ¶이미 끝난 일에 대해서는 더 이상 열을 내지 말자.
❷ (어떤 일에) 열중하거나 열성을 보이다. Concentrate on or show enthusiasm for something.
㊌>열(을) 올리다
N0-가 N1-에 Idm (N0=[인간|단체] N1=[행위])
¶우리 회사는 신제품 개발에 열을 내고 있다. ¶우리는 제품 홍보에 열을 냈다.
N0-가 S(데|것)-에 Idm (N0=[인간|단체] N1=[행위])
¶기업들이 신제품을 개발하는 것에 열을 냈다. ¶철수는 자기 자신을 알리는 데만 열을 내고 있었다.

◆ **작살(을) 내다**
❶(물체를) 본래의 형태를 알아볼 수 없을 정도로 완전히 부수거나 깨다. Break or smash a thing into pieces completely that its original form cannot be recognized.
㊌박살(을) 내다, 산산조각(을) 내다
N0-가 N1-를 Idm (N0=[인간] N1=[구체물])
주작살(이) 나다
¶누가 내 물건을 작살을 내고 달아났다.
❷(사람이나 단체 또는 어떤 행위 따위가) 다른 대상을 심리적으로나 물리적으로 손을 쓸 수 없을 정도로 심하게 타격을 입히다. (of a person, an organization, or an act) Cause such serious damage to another object that nothing can be done about the matter both mentally and physically.

㊌작살(을) 내다, 산산조각(을) 내다
N0-가 N1-를 Idm (N0=[인간|단체] N1=[추상물], [인간|단체])
[주]작살(이) 나다
¶내가 그 녀석을 작살을 낼 테다. ¶상대 팀을 아주 작살을 내겠다.
◆ **혼(을) 내다** (다른 사람을) 매우 심하게 꾸짖거나 벌을 주다. Punish or scold another person severely.
N0-가 N1-를 Idm (N0=[인간] N1=[인간])
¶선생님께서 학생을 혼을 내신다. ¶어휴, 저 늙은 이가 사람들을 혼내네.

내다²
[활용]내어(내), 내니, 내고
[기능][타]❶사건, 사고가 발생함을 나타내는 기능동사 Support that indicates events happen.
N0-가 Npr-를 V (N0=[인간], Npr=사고, 고장 따위)
[주]나다²
¶철수가 교통사고를 내고 당황했다. ¶아이가 휴대전화를 가지고 놀다가 고장을 냈다.
N0-가 N1-에 Npr-를 V (N0=[인간] N1=[장소], Npr=화재)
[주]나다²
¶아이가 실수로 캠핑장에 화재를 냈다. ¶제가 일부러 화재를 낸 것이 아닙니다.
❷행위가 이루어짐을 나타내는 기능동사 Support that indicates actions are accomplished.
N0-가 N1-를 N2-(에|로) Npr-를 V (N0=[인간] N1=[인간] N2=[장소], [직책], Npr=발령)
[주]나다²
¶우리 회사는 신입 사원 전원을 외국 현장으로 발령을 냈다. ¶회사는 윤정수 씨를 영업부로 발령을 냈다.
N0-가 S고 Npr-를 V (N0=[인간], Npr=결론, 판결)
[주]나다²
¶우리는 그가 잘못했다고 결론을 냈다. ¶배심원들은 오랜 회의 끝에 그가 유죄라고 결론을 냈다.
N0-가 S기로 Npr-를 V (N0=[인간], Npr=결정, 결론)
[주]나다²
¶우리는 철수가 하자는 대로 하기로 결정을 냈다. ¶우리 반은 제주도로 여행을 가기로 결론을 냈다.
N0-가 N1-(에|에게) Npr-를 V (N0=[인간] N1=[인간|단체], Npr=소문, 말)
[주]나다²
¶철수가 사람들에게 이상한 소문을 냈다. ¶누가 여기저기에 그런 소문을 내고 다니는지 모르겠어요.
N0-가 N1-를 Npr-를 V (N0=[인간|단체] N1=[행위](전쟁, 싸움, 청소 따위), [회의], [인간|단체], 일 따위, Npr=끝, 끝장 따위)
[주]나다²
¶영희는 자기가 맡은 일은 끝장을 내는 성격이다. ¶내가 네 놈을 끝장을 내리라.
❸감정이나 심리가 표현하거나 겉으로 표출됨을 가리키는 기능동사 Support verb by which a person expresses an emotion or psychological state of mind overtly.
N0-가 N1-에 Npr-를 V (N0=[인간] N1=[사실](소식 따위), [활동](생활 따위), [행위], Npr=[감정](짜증, 싫증, 겁, 부아, 신 따위), [속성](용기 따위), 진절머리, 흥 따위)
[주]나다²
¶그녀는 사고 소식에 겁을 냈다. ¶어머니는 도시 생활에 싫증을 낸다.
N0-가 S것에 Npr V
¶그녀는 시댁에 가는 것에 진절머리를 냈다. ¶아내는 남편이 과음하는 것에 무척 화를 냈다.

내다³
[활용]내어(내), 내니, 내고
[보조]앞말이 뜻하는 동작을 스스로의 힘으로 능히 끝내어 이룸을 나타내는 보조동사. Auxiliary verb meaning that one accomplishes the action described by the preceding word.
V-어 Vaux (N0=[인간|단체])
¶딸이 엄마의 얼굴을 기억해 냈다. ¶선영이가 힘든 일을 이겨 낼 수 있도록 우리 모두 응원합시다.

내다보다
[활용]내다보아(내다봐), 내다보니, 내다보고
[타]❶바깥을 안에서 바라다보다. Look at outside from the inside.
N0-가 N1-를 V (N0=[인간] N1=[장소](바깥, 밖 따위))
¶창밖을 내다보니 비가 내리고 있었다. ¶문밖을 내다보았더니 지영이가 서 있었다.
❷눈앞에 있는 사물이나 장소를 멀리 바라보다. Look at something that is far in front.
N0-가 N1-를 V (N0=[인간] N1=[장소], [구체물])
¶형은 마루에 나와 먼 산을 내다보았다. ¶머리가 아플 때면 하늘을 내다보아라.
[자타]앞일을 미루어 가늠하다. Assume and guess a future event.
㊌예측하다, 예상하다, 짐작하다
N0-가 N1-를 V (N0=[인간], [집단] N1=미래, 앞일, 앞날, 앞 따위)
¶그 누구도 앞일을 내다볼 수는 없다. ¶앞을 내다보고 계획을 세워야 한다.
N0-가 S것-으로 V (N0=[인간|단체])
¶학생들은 등록금이 인상될 것으로 내다보고 있다. ¶언어학자들은 많은 언어들이 사라질 것으로

내다본다.
N0-가 S다고 V (N0=[인간|단체])
¶김 대리는 주가가 더 오른다고 내다보았다. ¶축구 전문가들은 내일 한국 이길 가능성이 있다고 내다본다.

내달리다

활용 내달려, 내달리니, 내달리고
자타 (사람이나 동물이) 밖이나 앞으로 힘차게 뛰어나가다. (of a person or an animal) Rush forward forcefully.
유 달려가다, 돌진하다 상 달리다III 자
N0-가 N1-로 V (N0=[인간], [교통기관] N1=[장소])
¶나는 그의 입원 소식에 급히 병원으로 내달렸다. ¶몸을 감추기 위해 숲속으로 내달렸다.
N0-가 N1-를 V (N0=[인간], [교통기관] N1=[장소])
¶토끼는 호랑이를 보고는 언덕을 내달렸다. ¶승용차는 고속도로를 내달려 4시간 만에 목포에 도착하였다.

내던지다

활용 내던지어(던져), 내던지니, 내던지고
타 ❶(사람이나 [장소]에) 손에 든 물건을 세게 또는 아무렇게나 던지다. Throw an object hard or carelessly at a person or [place]
상 던지다[1]
N0-가 N2-(에|에게|로) N1-를 V (N0=[인간] N1=[구체물] N2=[인간], [장소])
¶친구가 나에게 책을 내던졌다. ¶취객이 길가에 담배꽁초를 내던지고 지나간다.
❷(몸을 어떤 곳에) 세게 또는 아무렇게 던지거나 뛰어들다. Throw one's body at or jump into a place hard or recklessly.
상 던지다[1] 유 날리다II, 뛰어들다
N0-가 N2-(에|에게|로) N1-를 V (N0=[인간] N1=몸 N2=[인간], [장소])
¶나는 피곤해서 소파에 몸을 내던졌다. ¶골키퍼는 좌로 몸을 던져서 들어오는 공을 잡았다.
❸(목숨을) 무엇을 위해 희생적으로 바치다. Sacrifice oneself for something.
상 던지다[1] 유 내놓다, 바치다I
N0-가 N1-를 V (N0=[인간] N1=목숨, 생명)
¶소방관들이 생명을 구하기 위해 목숨을 내던져 일한다. ¶독립투사들은 생명을 헌신짝처럼 내던져 나라를 구했다.
❹(사람이나 단체가) 어떤 대상에게 분명한 의사를 과감하게 밝히다. (of a person or an organization) Show an intention clearly to someone or something.
상 던지다[1] 유 제출하다, 내다I
N0-가 N2-(에|에게) N1-를 V (N0=[인간|단체] N1=출사표, 도전장, 사표 따위 N2=[인간|단체], [분야], [장소])
¶그는 장학금을 받자마자 회사에 사표를 내던지고 유학을 갔다. ¶자동차업체들이 전기차 시장에 속속 도전장을 던지고 있다.

내동댕이치다

활용 내동댕이치어(내동댕이쳐), 내동댕이치니, 내동댕이치고 대응 내동댕이를 치다
타 ❶(사람이) 물건을 바닥에 아무렇게나 강하게 내던지다. Throw carelessly on the floor with force.
유 내던지다, 내팽개치다
N0-가 N1-를 N2-에 V (N0=[인간] N1=[구체물] N2=[장소], [공간])
¶테니스 경기에서는 라켓을 내동댕이치면 안 된다. ¶유도 선수는 상대를 바닥에 내동댕이칠 수 있다.
❷(사람이) 일이나 직장을 버리거나 포기하다. Give up or throw away.
유 내팽개치다, 팽개치다, 버려두다, 포기하다
N0-가 N1-를 V (N0=[인간|단체] N1=[추상물])
¶그는 다니던 직장을 내동댕이치고 시골로 가버렸다. ¶나는 돈을 빌리기 위해 자존심마저 내동댕이쳤다.

내두르다

활용 내둘러, 내두르니, 내두르고, 내둘렀다
타 (무언가를) 사람들에게 보이도록 휘휘 흔들다. Wave something to show people.
유 흔들다, 휘두르다I
N0-가 N1-를 N2-에게 V (N0=[인간] N1=[구체물] N2=[인간])
¶주인은 손님에게 손을 내두르며 거절했다. ¶장군이 지휘봉을 내둘러 병력을 이동시켰다.
◆ **혀를 내두르다** 놀라서 엄두를 못내다. Marvel.
유 감탄하다
N0-가 Idm (N0=[인간|단체])
¶그의 수영 실력을 보고 여러 사람이 혀를 내둘렀다. ¶선생님은 제자들에 대해 혀를 내두르며 칭찬하였다.

내디디다

활용 내디디어(내디뎌), 내디디니, 내디디고 준 내딛다
타 ❶발을 옮겨 현재의 위치에서 밖이나 앞쪽으로 이동하다. Move from the current position to the front or outside by turning one's step.
유 내밀다 타
N0-가 N1-를 V (N0=[인간] N1=걸음, 발, 발자국, 발걸음 따위)
¶길이 미끄러우니 발을 조심해서 내디뎌라. ¶나는 발걸음을 경쾌하게 내디디며 걸었다.

¶그는 무서워 한 발자국도 내디디지 못했다.
❷무엇을 시작하거나, 새로운 범위 안에 처음 들어서다. Begin something or enter in a new range for the first time.
N0-가 N1-를 V (N0=[인간|단체], [집단] N1=걸음, 첫발 따위)
¶우리는 조국 통일을 향한 큰 걸음을 내디뎠다. ¶사회에 첫발을 내디디던 그 순간이 아직도 생각난다.

내딛다
[활용]내디디어(내디뎌), 내디디니, 내딛고, 내딛지
☞내디디다
※자음으로 시작되는 어미와만 결합한다.

내려가다[1]
[활용]내려가, 내려가니, 내려가고
[자]❶높은 곳에서 낮은 곳으로 향해 가다. Proceed from a high to a low place.
[상]이동하다[자] [반]올라가다[1][자], 내려오다[1][자]
N0-가 N1-에서 N2-(에|로) V (N0=[인간], [구체물] N1=[장소], [방향](위 따위) N2=[장소], [방향](아래, 밑 따위))
¶강물은 상류에서 하류로 내려간다. ¶순희는 지하 주차장으로 내려갔다.
❷중앙이나 도시 따위의 중심지에서 지방이나 변두리로 이동해 가다. Move from the center, city, etc., to the province or suburb.
[상]이동하다[자] [반]올라가다[1][자], 내려오다[1][자]
N0-가 N1-에서 N2-(에|로) V (N0=[인간], [교통기관] N1=[지역](도시, 중앙 따위) N2=[지역](지방, 변두리, 고향 따위))
¶그는 도시가 싫어서 서울에서 시골로 내려갔다. ¶길수는 시골로 내려가는 것이 정말 싫었다.
❸북쪽에서 남쪽으로 이동해 가다. Move from north to south.
[상]이동하다[자] [반]올라가다[1][자], 내려오다[1][자]
N0-가 N1-로 V (N0=[인간], [교통기관] N1=[방향](남쪽 따위), [장소], [지역])
¶그들은 따뜻한 남쪽으로 계속 내려갔다. ¶그는 남쪽의 섬으로 내려가서 돌아오지 않았다.
❹온도나 값 따위의 수치가 낮아지다. (of temperature or prices, etc.) Decline.
[상]변화하다, 변동하다 [유]떨어지다, 하락하다 [반]올라가다[1][자], 상승하다
N0-가 V (N0=[수량], 온도, 열, 비율, 값)
¶가을이 오는지 기온이 조금씩 내려갔다. ¶올 초부터 은행의 예금 이자율이 내려갔다.
❺부기나 통증 등의 증상이 약해져서 나아지다. (of symptom such as swelling, pain, etc.) Be alleviated.
[유]가라앉다 [반]악화되다
N0-가 V (N0=부기, 통증 따위)
¶시간이 지나자 부기가 조금씩 내려갔다. ¶잠을 자고 나니 통증이 조금 내려가는 듯하다.
❻(수준이나 등급이) 위에서 아래 단계로 옮겨가다. (of level or class) Move from top to bottom stage.
[유]떨어지다 [반]올라가다[1][자]
N0-가 N1-로 V (N0=[인간|단체], [추상물](계층, 계급, 직위 따위) N1=[추상물](계층, 계급, 직위 따위), [방향](아래, 밑 따위))
¶일년 사이에 많은 국민이 빈곤층으로 내려갔다. ¶그의 수입은 거의 최하위 수준으로 내려갔다.
❼전통이나 문화, 물품 따위가 후대로 전해지다. (of tradition, culture, object, etc.) Be passed down to future generations.
[유]전해지다, 전승되다
N0-가 N1-로 V (N0=[추상물], [구체물] N1=후대)
¶그의 작품은 후대로 내려가면서 더 좋은 평가를 받았다. ¶이런 아름다운 유산은 후대로 잘 내려가야 한다.
❽음의 높이나 톤이 낮은 음역으로 옮겨 가다. (of pitch or tone) Be lowered.
[반]올라가다[1][자]
N0-가 N1-로 V (N0=[음향](음, 톤, 소리 따위) N1=[음향](저음, 낮은 음 따위), [방향](아래 따위))
¶철수의 목소리가 반음 내려갔다. ¶이 노래는 저음으로 내려가는 부분이 어렵다.
❾섭취된 음식이 분해되어 영양분이 흡수되기 쉽게 변하다. (of food) Be broken down.
[유]소화되다
N0-가 V (N0=[음식], 체증)
¶체한 음식이 잘 내려가지 않았다. ¶체증이 내려가면 운동을 시작할 것이다.
[타](사람이나 교통기관이) 높은 장소를 떠나 아래쪽으로 향해 가다. Proceed downward by leaving a high place.
[반]올라가다[1][타], 내려오다[1][타]
N0-가 N1-를 V (N0=[인간], [동물], [교통기관] N1=[장소])
¶해가 지기 전에 철수는 산을 내려갔다. ¶영희는 빠르게 언덕을 내려갔다.

내려가다[2]
[활용]내려가, 내려가니, 내려가고
[보조]다른 동사 뒤에 쓰이어 어떤 행위가 아래 방향으로 이루어지는 것을 나타내는 보조동사 Auxiliary verb that expresses some behavior going downward by being used after the other verb.
V-어 Vaux

¶기존 이론을 참고하면서 논문을 써 내려갔다. ¶영희는 작은 목소리로 시를 읽어 내려갔다.

내려놓다

활용 내려놓아(내려놔), 내려놓으니, 내려놓고

타 ❶들고 있는 것을 자신보다 아래에 있는 장소나 물체 위에 놓다. Put something that is carried on top of an object or area at a lower position.

유 내리다[1]타 반 들다II타, 들어올리다 상 놓다[1]타

N0-가 N2-에 N1-를 V (N0=[인간] N1=[구체물] N2=[장소](바닥, 땅, 책상, 의자 따위))

¶정순이는 들고 있던 가방을 땅에 내려놓았다. ¶그는 술잔을 탁자에 내려놓고 말을 시작했다.

❷위에 있는 물건을 아래쪽으로 옮겨 놓다. Move downward an object located above.

반 올리다, 올려놓다 상 놓다[1]타

N0-가 N2-(에|로) N1-를 V (N0=[인간] N1=[구체물] N2=[장소](바닥, 책상, 의자, 옷장 따위), 아래)

¶어머니는 옷장의 옷을 바닥으로 내려놓았다. ¶나는 지붕 벽돌을 모두 아래로 내려놓았다.

❸교통기관을 통해 타인을 다른 곳에 옮겨 주다. Take others to a different place through transport facilities.

유 이송하다, 하차시키다 반 태우다II, 승차시키다

N0-가 N2-에 N1-를 V (N0=[인간], [교통기관] N1=[인간], 손님, 승객 N2=[장소], 정류장, 역)

¶아버지는 딸을 가까운 역에 내려놓았다. ¶버스는 승객들을 가까운 정류장에 내려놓았다.

내려다보다

활용 내려다보아(내려다봐), 내려다보니, 내려다보고

타 ❶(사람이나 동물 따위가) 위에서 아래를 향하여 보다. (of a person or an animal) Look down.

유 굽어보다 반 올려다보다, 쳐다보다 상 보다[1]

N0-가 N2-에서 N1-를 V (N0=[인간], [동물] N1=[구체물], [장소] N2=[장소])

피 내려다보이다

¶나는 옥상에서 거리를 내려다보았다. ¶산 정상에서 아래를 내려다보니까 시원했다. ¶하늘에서 마을을 내려다보니까 집이 무척 작아 보였어요.

❷남을 자기보다 얕보거나 낮추어 보다. Consider other people to be not as good or important as oneself.

유 멸시하다, 얕보다, 얕잡아보다 반 올려다보다

N0-가 N1-를 V (N0=[인간] N1=[인간])

피 내려다보이다

¶돈이 좀 있다고 남을 내려다보게 된다.

내려다보이다

활용 내려다보이어(내려다보여), 내려다보이니, 내려다보고

자 ❶위에서 아래에 있는 물건이나 장소 따위가 보이다. (of a thing or a place located below) Be overlooked.

반 올려다보이다 상 보이다I

N1-에서 N0-가 V (N0=[장소], [구체물] N1=[장소])

능 내려다보다

¶고개 정상에서 마을 전체가 내려다보였다. ¶내 방에서 내려다보이는 시내 야경은 정말 아름답다.

❷남이 자기보다 얕보이거나 낮추어 보이다. (of a person) Be considered not as good or important as oneself.

유 우습게 보이다, 얕잡아보이다 반 올려다보이다

N0-가 N1-에게 V (N0=[인간] N1=[인간])

능 내려다보다

¶나에게는 상대가 내려다보였다. ¶상사가 부하들에게 내려다보이면 무시하기 쉽다.

내려서다

활용 내려서, 내려서니, 내려서고

자 ❶높은 곳에서 낮은 곳으로 옮겨 서다. Shift from a high to a low place.

반 올라서다 상 서다[1]자

N0-가 N1-에서 N2-(로|에) V (N0=[인간], [동물] N1=[장소], [구체물] N2=[장소], [구체물])

¶그녀는 침대에서 바닥으로 내려서다가 넘어질 뻔했다. ¶나는 버스에서 내려서자마자 집으로 달려갔다.

❷(등급이나 지위 등이) 낮은 단계로 옮아가다. (of class, position, etc.) Move to a lower stage.

유 떨어지다, 강등되다, 낮아지다 반 올라서다, 승진하다, 오르다

N0-가 N1-에서 N2-로 V (N0=[인간], [추상물](등급, 직급, 수준 따위) N1=[추상물](등급, 직급, 수준 따위) N2=[추상물](등급, 직급, 수준 따위), 아래

¶우리 반은 1등에서 2등으로 내려섰다.

타 높은 곳을 벗어나 낮은 곳으로 이동하다. Move to a low place by leaving a high place.

유 내려오다[1]타 반 올라서다

N0-가 N1-를 V (N0=[인간], [동물] N1=[장소], [구체물])

¶층계를 내려서는데 넘어질 뻔했다. ¶비행기를 내려서자 고국에 왔다는 것이 실감났다.

내려앉다

활용 내려앉아, 내려앉으니, 내려앉고

자 ❶(어떤 것이) 아래쪽에 있는 물체나 장소에 이동하여 앉다. (of something) Settle by moving to an object or a place located below.

반 올라앉다 상 앉다

N0-가 N1-(에|로) V (N0=[인간], [새], [곤충], [교통기관] N1=[장소])

¶새 한 마리가 나무 위에 내려앉았다. ¶비행기가 활주로에 안전하게 내려앉았다.
❷(건물이나 다리, 바닥 따위가) 무너져 내리거나 꺼지다. (of building, bridge, floor, etc.) Sink or fall down.
[유]꺼지다I, 무너지다, 함몰되다
N0-가 V (N0=[건축물](건물, 다리 따위), [조형물](성, 탑 따위), [구체물](천장, 구들장, 마루 따위), 지반, 땅)
¶부실 공사로 인해 건물이 내려앉았다. ¶태풍으로 오래된 다리가 내려앉았다. ¶큰 지진 때문에 지반이 아예 내려앉았다.
❸(어둠이나 안개 따위가) 낮게 깔리다. (of darkness, fog, etc.) Be covered low.
[유]낮게 깔리다
N0-가 V (N0=[기체], 안개, 어둠)
¶새벽이 되자 짙은 안개가 내려앉았다. ¶해가 지고 어둠이 내려앉았다.
❹더 낮은 지위나 직급으로 바뀌어 옮겨지다. Move to lower status or position.
[유]강등되다 [반]승진하다
N0-가 N1-에서 N2-로 V (N0=[인간], [추상물](지위, 직급 따위) N1=[직위](부장, 차장 따위) N2=[직위](부장, 차장 따위), [방향](아래))
¶그는 부장에서 과장으로 내려앉았다. ¶이번 개편 후 직급이 아래로 내려앉았다.

내려오다1

[활용]내려와, 내려오니, 내려오고
[자]❶높은 곳에서 낮은 곳으로 향해 오다. Come from a high to a low place.
[반]올라오다[자], 내려가다1[자] [상]오다1[자]
N0-가 N1-에서 N2-(에|로) V (N0=[인간], [구체물] N1=[장소], [방향](위 따위) N2=[장소], [방향](아래, 밑 따위))
¶물은 언제나 상류에서 하류로 내려온다. ¶기환이는 현수를 만나러 마당으로 내려왔다.
❷중앙이나 도시 따위의 중심지에서 지방이나 변두리로 이동해 오다. Move from the center, city, etc., to the province or suburb.
[반]올라오다[자], 내려가다1[자] [상]오다1[자]
N0-가 N1-에서 N2-(에|로) V (N0=[인간], [교통기관] N1=[지역](도시, 중앙 따위) N2=[지역](지방, 변두리, 고향 따위))
¶신입 사원들 중 대다수가 본사에서 지점으로 내려왔다. ¶병수가 고향으로 내려오자 친구들이 반겨 주었다.
❸북쪽에서 남쪽으로 이동해 오다. Move from north to south.
[반]올라오다[자] [상]오다1[자]
N0-가 N1-로 V (N0=[인간], [교통기관] N1=[방향](남쪽 따위), [장소], [지역])
¶그들은 남쪽 섬으로 내려오더니 건강이 좋아졌다. ¶한파가 계속되자 철새들은 남쪽으로 내려왔다.
❹기준이 되는 곳으로 가까이 다가오다. Closely move toward a standard place.
[유]다가오다 [상]오다1[자]
N0-가 N1-로 V (N0=[인간], [교통기관] N1=[장소], [지역])
¶그들은 시청 방향으로 내려와서 접선 장소를 찾았다. ¶경희는 모임에 참석하기 위해서 우리 집 쪽으로 내려왔다.
❺(수준이나 등급이) 위에서 아래 단계로 옮겨오다. (of level or class) Move from the top to bottom stage.
[유]떨어지다 [반]올라오다[자]
N0-가 N1-로 V (N0=[인간|단체], [추상물](계층, 계급, 직위 따위) N1=[추상물](계층, 계급, 직위 따위), [방향](아래, 밑 따위))
¶그의 연봉은 신입 사원 수준으로 내려왔다. ¶저학년으로 내려올수록 학생들의 숫자가 적어지고 있다.
❻(전통이나 문화, 물품 따위가) 과거부터 지금까지 전해 오다. (of tradition, culture, object, etc.) Be passed down from past to present.
[유]전해지다, 전해오다[자]
N0-가 N1-(로|까지) V (N0=[추상물], [구체물] N1=현재, 지금, 후대)
[연어]대대로
¶그의 작품은 잘 보관되어 지금까지 내려왔다. ¶그 노래는 후대로 내려오면서 더 좋은 평가를 받았다.
❼(눈이나 비 따위가) 하늘에서 내리다. (of snow or rain, etc.) Fall from the sky.
[유]떨어지다 [상]오다1[자]
N0-가 V (N0=눈, 비, 강우, 강설 따위)
¶눈송이가 내려오는 것을 보니 겨울이 다가오는 것 같다. ¶어두워진 거리에 빗방울이 내려오고 있었다.
❽(옷이) 특정 부위까지 덮이다. (of clothes) Cover a specific part.
N0-가 N1-까지 V (N0=옷 N1=[신체부위], [길이])
¶새로 산 코트가 무릎까지 내려왔다. ¶그녀는 언제나 발목까지 내려오는 치마를 입는다.
[타]높은 장소를 떠나 아래쪽으로 향해 오다. Come downward by leaving a high place.
[반]올라오다[타], 내려가다1[타] [상]오다1[타]
N0-가 N1-를 V (N0=[인간], [동물], [교통기관] N1=[장소])
¶비가 심해지기 전에 나는 산을 내려왔다. ¶그는

달려서 언덕을 내려왔다.

내려오다2

[활용]내려와, 내려오니, 내려오고

[기능자]'행위가 위에서 아래로 전달되는 것'을 나타내는 기능동사 Support verb that indicates "the action delivered from top to bottom".

Npr-가 N0-에서 N1-(로|까지) V (N0=[인간|단체](상관, 상부 따위) N1=[인간|단체](부하, 하부 따위), Npr=[행위](명령, 계획, 지시 따위))

¶상급 부대에서 하급 부대로 빠르게 명령이 내려왔다. ¶사단에서 각 부대로 지시 사항이 내려왔다.

내려오다3

[활용]내려와, 내려오니, 내려오고

[보조]다른 동사 뒤에 쓰이어 어떤 행위가 아래 방향이나 시간상으로 나중에 이루어짐을 나타내는 보조동사. Auxiliary verb that expresses some behavior of going downward or of being accomplished in temporal order by being used after the other verb.

V-어 Vaux

¶범인은 서울에서부터 대전까지 계속 쫓겨 내려왔다. ¶우리는 지금까지 이어져 내려온 문화 유산을 잘 지켜야 한다.

내려지다1

[활용]내려지어(내려져), 내려지니, 내려지고

[자]❶(사람이나 물체가) 높은 곳에서 낮은 곳, 또는 아래를 향한 방향으로 옮겨지다. (of a person or a thing) Be moved downward.

[유]하강하다

N0-가 V (N0=[인간], [구체물])

[주]내리다1

¶배의 깃발이 항구에 도착한 뒤 내려졌다. ¶오늘은 커피가 잘 내려져 기분이 좋다.

❷(인간, 지역, 구체물 등에) 훈장이나 칭호, 상벌, 벼슬 따위가 주어지다. (of medal, title, prize, punishment, or official rank) Be given by the authority to a person, a region, a concrete thing, etc.

[유]부여되다, 수여되다

N0-가 N1-(에|에게) V (N0=[작위], [이름] N1=[인간], [지역], [구체물])

[주]내리다1

¶그 군인에게는 철십자 훈장이 내려졌다. ¶이 절은 성인이 있는 곳이라 하여 '성주사'라는 이름이 내려졌다.

내려지다2

[활용]내려지어(내려져), 내려지니, 내려지고

[기능자]'행위가 사람이나 권위에 의해 확정적으로 이루어짐'을 나타내난 기능동사 Support verb that indicates "the action to be made definitely by someone or the authority".

Npr-가 V (Npr=[추상물](판결, 정의, 결론 따위))

¶10년 만에 사형 판결이 내려졌다. ¶학문이 발달하면서 행성에 대한 새로운 정의가 내려졌다.

Npr-가 N0-(에|에게) V (N0=[인간], [지역], Npr=명령, 처분, 징계)

¶반칙을 저지른 선수에게 경기 참여 금지 처분이 내려졌다. ¶마약을 한 연예인들에게는 봉사 활동 징계가 내려졌다.

내리깔다

[활용]내리깔아, 내리까니, 내리깔고, 내리까는

[타]❶눈꺼풀을 내려 눈동자를 반쯤 덮고 시선을 아래로 향하다. Make the eyes downcast, with the eyelids drooping halfway.

[상]깔다

N0-가 N1-를 V (N0=[인간] N1=눈, 시선)

¶민수는 눈을 내리깐 채 침묵했다. ¶나는 아버지의 눈길을 외면하며 시선을 내리깔았다.

❷목소리를 가라앉혀서 좀더 낮고 굵게 내다. Make one's voice deeper and lower.

[상]깔다

N0-가 N1-를 V (N0=[인간] N1=목소리)

¶남자가 갑자기 목소리를 내리깔았다. ¶성희는 목소리를 내리깔고 남자처럼 말했다.

❸(이불이나 요를) 실내나 방의 아래쪽에 펴다. Lay out a blanket or a mattress at the lower part of a place.

[상]깔다 [유]펴다1

N0-가 N1-를 N2-에 V (N0=[인간] N1=이불, 요 N2=[장소](바닥, 아랫목))

¶나는 이불을 바닥에 내리깔았다. ¶순희는 아랫목에 이불을 내리깔고 누웠다.

내리다1

[활용]내리어(내려), 내리니, 내리고

[자]❶타고 있던 교통수단에서 밖이나 땅으로 옮겨 서다. Leave or get of f from one's transportation.

[반]오르다, 타다III[자] [하]하차하다, 하선하다

[상]이동하다

N0-가 N1-에서 V (N0=[인간] N1=[교통수단], [동물])

¶장군은 말에서 내려 대궐로 들어갔다. ¶나는 자전거에서 내리자마자 집으로 뛰어 올라갔다.

❷교통수단을 타고 목적지에 도착하여 밖으로 나오다. Get off after arriving at one's destination by transportation.

[유]하차하다 [반]타다III[자], 승차하다 [상]이동하다

N0-가 N1-(에서|에) V (N0=[인간] N1=[장소])

¶저는 다음 정류장에서 내려요. ¶저기 학교 앞에 내려서 걸어가자.

❸(항공 교통수단이) 지상에 닿아 멈추어 서다. (of air transportation) Land on and stop.
㊞착륙하다 ㊥뜨다I, 이륙하다 ㊤이동하다
N0-가 N1-에 V (N0=[교통수단](비행기, 헬리콥터 따위) N1=[장소])
¶비행기가 공항 활주로에 내렸다. ¶헬리콥터가 빌딩 옥상에 내리고 있었다.
❹(막이나 커튼 따위가) 위에서 아래로 펼쳐지다. (of screen or curtain) Be unfolded downward.
㊥오르다
N0-가 V (N0=[구체물](막, 커튼 따위))
¶차양막이 내리니 빛이 감쪽같이 가려졌다. ¶커튼이 내리자 방안은 바로 어두컴컴해졌다.
❺(비, 눈, 이슬, 서리 따위가) 하늘에서 아래로 떨어지다. (of rain, snow, dew or frost) Fall down from the sky.
㊞오다[1]자, 떨어지다 ㊥그치다[1]
N0-가 N1-에서 V (N0=[기상](비, 눈, 이슬, 서리 따위) N1=하늘)
¶오늘 소나기가 내렸다. ¶밤새 내린 서리에도 꽃들이 아직 지지 않았다.
❻(안개, 어둠 따위가) 공기나 땅 위 공간에 퍼지다. (of smog or darkness) Fill the air or a space.
㊞깔리다
N0-가 N1-에 V (N0=[현상](안개, 어둠 따위) N1=[장소])
연어 짙게
¶집앞에 어둠이 짙게 내렸다. ¶땅거미가 짙게 내리자 사람들이 축제를 시작했다.
❼(식물의 뿌리가) 땅 속으로 뻗어 들어가다. (of the roots of a plant) Stretch into the ground.
㊞박히다, 뻗다자
N0-가 N1-에 V (N0=뿌리 N1=[장소])
¶나무의 뿌리가 땅 속에 잘 내려서 다행이다. ¶뿌리가 잘 내려야 식물이 제대로 영양분을 섭취할 수 있다.
❽(어떤 수치나 정도 따위가) 이전보다 낮아지거나 떨어지다. (of figure or degree) Decrease or lower.
㊞하락하다 ㊥오르다, 상승하다 ㊤변화하다, 변동하다
N0-가 V (N0=[추상물](물가, 수치, 가격, 온도, 체온, 열 따위))
¶올해 들어서 물가가 많이 내렸다. ¶해열제를 먹었더니 열이 좀 내렸다.
❾부었던 몸이나 부위가 가라앉아 원래 모습대로 되어 가다. (of swollen body) Go down.
㊞빠지다, 가라앉다 ㊥부풀다, 붓다I
N0-가 V (N0=[추상물](붓기 따위))
¶푹 자니까 얼굴의 붓기가 좀 내렸다. ¶호박죽을 먹으면 붓기가 좀 더 잘 내린다고 한다.
❿(신기나 종교적인 상징 따위가) 사람 맘이나 몸에 들어오다. (of divinity or religious sign) Come into a human body.
㊞접신하다
N0-가 N1-에 V (N0=[추상물](신, 성령, 신기 따위) N1=[인간])
¶그녀에게 신기가 내렸는지 예언이 다 맞았다. ¶성령이 내렸는지 신도들이 모두 열광했다.
◆ **막이 내리다** 공연이 끝나다. A performance end.
N0-가 Idm (N0=공연, 연극 따위)
㊞폐막하다
¶그들의 내한 공연은 내일이면 대망의 막이 내린다. ¶보고 싶던 뮤지컬이 있었는데 어제 막이 내려 버렸다.
타❶(물체를) 위에서 아래로 옮기다. Move a thing downward.
㊥올리다
N0-가 N1-를 N2-(에|로) V (N0=[인간] N1=[구체물] N2=[장소])
¶그는 책상 위의 물건을 모두 땅에 내렸다. ¶나는 안고 있던 아이를 바닥으로 내렸다.
❷(막이나 커튼 따위를) 아래로 펼치다. Unfold a screen or a curtain downward.
㊞펼치다
N0-가 N1-를 V ↔ N1-가 V (N0=[인간] N1=[구체물](막, 커튼 따위))
¶철수는 막을 내렸다. ↔ 막이 내렸다. ¶영희는 커튼을 내려 빛을 가렸다. ¶이 장면이 끝나자마자 바로 막을 내릴 것이다.
❸(뿌리를) 땅 속으로 뻗어 들어가게 하다. Make the roots of a plant stretch into the ground.
㊞박다, 뻗다타, 뻗치다타
N0-가 N1-를 N2-에 V ↔ N1-가 N2-에 V (N0=[식물] N1=[구체물](뿌리) N2=[장소])
¶이번에 심은 나무가 다행히도 뿌리를 땅에 완전히 내린 것 같다. ↔ 다행히도 뿌리가 땅에 완전히 내린 것 같다. ¶식물은 뿌리를 깊이 내려야 오래 살 수 있다.
❹(어떤 수치나 정도 따위를) 이전보다 낮추거나 떨어뜨리다. Reduce or lower a figure or a degree.
㊞하락시키다 ㊥올리다, 상승시키다
N0-가 N1-를 V ↔ N1-가 V (N0=[인간|단체], [사태] N1=[추상물](물가, 수치, 가격, 온도, 체온, 열 따위), [금전](비용, 경비, 세금 따위))
¶산유국들이 기름값을 많이 내렸다. ↔ 기름값이 많이 내렸다. ¶이 약이 환자의 열을 내려줄 것이다.

❺(윗사람이 아랫사람에게) 상이나 선물, 벼슬, 축복 따위를 친히 주다. Give a subordinate a prize, a public of fice, or a blessing in person.
㊌베풀다 ㉻하사하다 ㊤주다[1]
N0-가 N1-를 N2-에게 V (N0=[인간|단체] N1=[추상물](축복, 상, 작위 따위), [구체물] N2=[인간|단체])
¶김 장군은 병사들에게 많은 술과 음식을 내렸다. ¶교황은 실의에 빠진 난민들에게 축복을 내리셨다.
❻(신기나 어떤 종교적인 상징 따위를) 사람의 맘이나 몸에 깃들게 하다. Make divinity or religious sign dwell in a human body.
N0-가 N2-에게 N1-를 V ↔ N1-가 N2-에게 V (N0=[추상물](신, 하늘 따위) N1=[추상물](성령, 신기 따위) N2=[인간])
¶하늘은 왜 나에게 신기를 내렸을까? ↔ 왜 나에게 신기가 내렸을까? ¶성령을 내리는 것이 축복을 받읍시다.
◆ **막을 내리다** 공연을 끝내다. End the performance.
N0-가 N1-를 Idm (N0=공연, 연극 따위)
㊌폐막하다
¶내일이면 이 공연도 막을 내린다. ¶철수는 그 연극이 막을 내리는 것이 슬펐다.
◆ **뿌리를 내리다** (어떤 집단이) 어떤 지역에 완전히 정착하다. (of a group) Settle down in a region perfectly.
N0-가 N1-에 Idm (N0=[단체] N1=[장소])
㊌정착하다
¶그 기업은 이제 미국에 완전히 뿌리를 내렸다. ¶우리 가문이 이곳에 뿌리를 내리고 산지 200년이 넘었다.
재타타고 있던 교통수단에서 밖이나 땅으로 옮겨 서다. Leave or get of f from one's transportation.
㉺오르다, 타다III ㉻하차하다, 하선하다
N0-가 N1-(에서|를) V (N0=[인간] N1=[교통수단])
¶아이들이 버스에서 내리고 있었다. ¶여배우가 차에서 내리자 사람들이 모여들기 시작했다.

내리다[2]

활용 내리어(내려), 내리니, 내리고
기능 **자** '행위가 주어짐'을 나타내는 기능동사 Support verb meaning "passivity".
Npr-가 N0-에게 V (N0=[인간|단체], Npr=[처벌](벌, 형벌, 처벌 따위), [비난](저주))
¶못된 짓을 하는 사람에게는 천벌이 내릴 것이다. ¶무슨 저주가 나에게 내린 것인지 되는 일이 없다.
타특정 '발화행위'를 나타내는 기능동사 Support verb meaning "performative act of speech".
N0-가 N1-에 Npr-를 V (N0=[인간|단체] N1=[인간|단체], Npr=명령, 지시, 판결, 판단 따위)
¶김 장군은 병사들에게 직접 명령을 내렸다. ¶회장님은 부서장들에게 여러 가지 지시를 내리셨다.
N0-가 Npr-를 N1-에게 V (N0=[인간|단체 N1=[인간|단체], Npr=[처벌](벌, 형벌, 처벌 따위), [비난](저주))
¶신이 나에게 저주를 내렸나 보다. ¶못된 짓을 하는 사람에게는 천벌을 내릴 것이다.

내맡기다

활용 내맡기어(내맡겨), 내맡기니, 내맡기고
타❶다른 사람에게 자신의 몸이나 물건, 일 따위를 다른 사람이 마음대로 할 수 있도록 맡기다. Leave one's body, item, task, etc., to someone to handle as he/she wishes.
㊤맡기다 ㊌허락하다, 떠맡기다, 위탁하다
N0-가 N2-에게 N1-를 V (N0=[인간] N1=[신체부위], [구체물] N2=[인간])
¶나는 미용사에게 내 머리를 내맡기고 잠이 들었다. ¶우리 사회는 자녀의 양육을 어머니에게만 내맡기고 있다.
❷어디에 자신의 몸이나 물건, 일 따위를 되는대로 내버려 두다. Leave one's body, item, task, etc., in some place at random.
㊤맡기다
N0-가 N2-에 N1-를 V (N0=[인간] N1=[신체부위], [결과] N2=[운], [교통기관], [감정], [상황])
¶나는 시험 결과를 운명에 내맡기고 일단 쉬기로 하였다. ¶나는 분위기에 몸을 내맡기고 춤을 추었다.

내몰다

활용 내몰아, 내모니, 내몰고, 내모는
타(무엇이) 사람을 일정 지역이나 특정 상황으로 강제로 몰아내다. (of something) Forcibly kick out a person to a certain region or a specific situation.
㊌몰아내다, 내쫓다, 쫓아내다 ㊤몰다
N0-가 N2-로 N1-를 V (N0=[인간|단체], [추상물] N1=[인간|단체] N2=[장소], [결과](죽음, 탈락 따위))
피 내몰리다
¶그는 취객들을 모두 마당으로 내몰았다. ¶가정의 불화가 아이들을 바깥으로 내몰고 있다.

내몰리다

활용 내몰리어(내몰려), 내몰리니, 내몰리고
자(사람이) 일정 지역이나 특정 상황으로 강제로 몰리다. (of a person) Be forcibly pushed out to a certain region or a specific situation.
㊌쫓겨나다 ㊤몰리다
N0-가 N1-(에|로) V (N0=[인간|단체] N1=[장소], [결과](죽음, 탈락 따위))
능 내몰다
¶취객들은 모두 마당으로 내몰렸다. ¶전쟁이 길어지자 어린 학생들마저 전쟁터로 내몰리고 있

다. ¶부모의 불화로 바깥으로 내몰린 아이들이 늘어나고 있다.

내밀다

활용 내밀어, 내미니, 내밀고, 내미는

자(무엇이) 열이나 표면에서 튀어나오다. (of something) Stick out from a line or a surface.

㊞튀어나오다, 삐져나오다

N0-가 V (N0=[신체부위](이, 뼈 따위))

¶덧니가 내밀어 교정을 할까 고민 중이다. ¶그는 광대뼈가 내밀고 얼굴선이 굵게 생겼다.

타❶신체 부위를 앞이나 밖으로 나가게 하다. Make a body part move forward or outside.

㊞내놓다, 뻗다타

N0-가 N1-를 N2-(에|로) V (N0=[인간], [동물] N1=[신체부위] N2=[사물], [장소])

¶아이는 혀를 내밀고 나를 약올렸다. ¶그렇게 난간에 몸을 내밀고 있으면 위험하다. ¶나는 창밖으로 손을 내밀어 남편의 손을 잡았다.

❷다른 사람이나 물체를 바깥으로 나가게 하다. Make another person or item move outside.

㊦밀다 ㊞내놓다

N0-가 N1-를 N2-(에|로) V (N0=[인간] N1=[인간], [구체물] N2=[장소])

¶우리는 짜장면 그릇을 문밖으로 내밀어 두었다. ¶그는 쓰레기를 현관 앞에 내밀었다.

❸무엇을 다른 사람에게 받으라고 주다. Give something to someone to accept.

㊞건네다, 건네주다

N0-가 N2-에게 N1-를 V (N0=[인간] N1=[구체물], [문서] N2=[인간])

¶그는 신분증을 경찰에게 내밀었다. ¶나는 서류를 담당 구청 직원에게 내밀었다.

❹의견이나 주장 따위를 강하게 내세우거나 갑자기 내다. Strongly or suddenly present opinion, insistence, etc.

㊞고집하다, 제시하다

N0-가 N1-를 V (N0=[인간] N1=[의견])

¶조용히 듣고 있던 학생이 불쑥 의견을 내밀었다. ¶네 주장만 내밀지 말고 남의 의견도 들어라.

❺자신의 일을 다른 사람에게 미루어 시키다. Leave one's task to someone else.

㊞맡기다, 떠맡기다

N0-가 N2-에게 N1-를 V (N0=[인간] N1=[일] N2=[인간])

¶동생은 수학 숙제를 나에게 내밀었다. ¶나는 선배가 내민 일을 그대로 떠안았다.

내뱉다

활용 내뱉어, 내뱉으니, 내뱉고

타❶(입안에 머금었던 것을) 강하게 입 밖으로 뿜다. Strongly squirt out of the mouth something kept in the mouth.

㊦뱉다[1] ㊥머금다, 삼키다

N0-가 N1-를 N2-에 V (N0=[인간], [짐승] N1=[음식물], [분비물](침, 가래 따위) N2=[장소](바닥, 길거리 따위))

¶몰상식한 사람들이 길거리에 침을 내뱉으면서 다닌다. ¶길거리에 가래를 내뱉으면 안 된다.

❷(한숨, 탄식, 신음 따위를) 입 밖으로 새어 나가게 하다. Let a sigh, a moan, a groan, etc., escape from the mouth.

㊦뱉다[1] ㊞내쉬다 ㊥참다, 들이쉬다

N0-가 N1-를 V (N0=[인간], [짐승] N1=숨, 한숨, 탄식, 신음 따위)

¶환자들이 신음을 내뱉으며 고통을 호소했다. ¶결승 진출이 좌절되자 선수들은 탄식을 내뱉었다.

❸(말이나 욕 따위를) 불쑥 입 밖에 내다. Abruptly disclose some word, curse, etc.

㊞지껄이다 ㊦뱉다[1]

N0-가 N1-를 N2-에게 V (N0=[인간] N1=[이야기], [비난], [말](감탄사) N2=[인간])

연어 무심코, 홧김에

¶누나는 홧김에 아버지께 원망의 말을 내뱉어 버렸다. ¶사람들이 그 배우에게 감탄사를 연신 내뱉고 있었다.

내버리다

활용 내버려, 내버리니, 내버리고

타❶물건을 어떤 장소에 갖다 버리다. Throw something away somewhere.

㊦버리다[1] ㊞폐기하다, 갖다 버리다 ㊥간직하다, 보관하다, 줍다, 가지다[1], 소유하다

N0-가 N1-를 N2-에 V (N0=[인간] N1=[구체물] N2=[장소](쓰레기통, 길, 바닥 따위))

연어 함부로, 마구

¶사람들이 빈 봉지를 놀이터에 마구 내버리고 갔다. ¶행락객들이 먹다 남은 음식물을 고속도로 변에 내버린다.

❷가족이나 가까운 사람이나 동물을 돌보지 않고 어느 곳에 두고 떠나다. Leave a family member, a close friend, or an animal unattended.

㊦버리다[1] ㊞유기하다 ㊥돌보다

N0-가 N1-를 N2-에 V (N0=[인간|단체] N1=[인간] N2=[장소])

¶누가 늙은 할머니를 역전에 내버리고 가버렸다. ¶요즈음 영아를 고아원 앞에 내버리는 사례가 많다. ¶휴가 때 강아지를 길가에 내버리는 사람들이 늘어난다.

내보내다

활용 내보내어(내보내), 내보내니, 내보내고

타❶(사람이) 다른 사람을 밖이나 외부로 나가게 하다. (of a person) Let somebody out or allow outside.
㉮보내다[1]
N0-가 N1-를 N2-(에|로) V (N0=[인간|단체] N1=[인간] N2= [장소])
¶그녀는 아들을 미국으로 내보내고 혼자 지낸다. ¶아이들을 교실 밖으로 내보냈더니 조용하구나.
❷(사람이) 신문이나 방송 매체를 통해 무엇을 사람들에게 보게 하다. (of a person) Allow people to see something through a newspaper or broadcasting media.
㉮보내다[1] ㊌방송하다
N0-가 N1-를 N2-(에|에게) V (N0=[인간|단체] N1=[인간] N2= 경기, 광고, 뉴스, 기사 따위)
¶방송국은 북한 미사일 발사 장면을 특집으로 내보냈다. ¶정부에서는 긴급 발표를 언론을 통해 내보냈다. ¶기업들이 광고를 엄청나게 많이 내보내고 있다.
❸(사람이나 단체가) 직장에서 사람들에게 일을 그만두게 하다. (of a person or an organization) Dismiss people from their jobs.
㊌퇴사시키다, 해고하다 ㊐뽑다, 고용하다, 채용하다
N0-가 N2-에서 N1-를 V (N0=[인간|단체] N1=[인간] N2= 회사, 직장, 일터 따위)
¶사장은 말썽을 부리는 노동자들을 모두 회사에서 내보냈다. ¶정말 생산성이 없는 자들은 내보내야 해요.
❹(사람이나 단체가) 일정한 장소에서 사람을 쫓아내다. (of a person or an organization) Throw a person out of a place.
㊌쫓아내다, 해고하다
N0-가 N2-에서 N1-를 V (N0=[인간|단체] N1=[인간|단체] N2= [장소])
¶건물주는 힘없는 임대자를 모두 건물에서 내보냈다. ¶자치정부는 돈만 먹는 업체들을 내보내려고 해요.
❺사람이나 동물을 가둔 상태에서 자유롭게 풀어주다. Set a person or an animal at liberty.
㊌풀어주다, 방면하다, 석방하다
N0-가 N2-에서 N1-를 V (N0=[인간|단체] N1=[인간|단체] N2= [장소])
¶그는 잡아들인 학생들을 구치소에서 내보내려고 하지 않는다. ¶비행 청소년은 보호소에서 내보내면 다시 비행을 저지른다.

내보이다

활용 내보여, 내보이니, 내보이고
타❶다른 사람에게 생각이나 마음을 겉으로 드러내다. Show one's thoughts outwardly to someone.
㉮보이다II[1] ㊌드러내다, 내비치다 ㊐숨기다, 감추다
N0-가 N2-에게 N1-를 V (N0=[인간] N1=[의견], [마음], [기색] N2=[인간])
¶그는 속마음을 남에게 잘 내보이지 않는다. ¶나는 불안한 기색을 친구에게 내보이고 말았다.
❷다른 사람에게 안에 있는 것을 밖으로 드러내어 보이다. Reveal one's mind to somebody.
㉮보이다II[1] ㊌제시하다, 보여주다
N0-가 N2-에게 N1-를 V (N0=[인간] N1=[구체물] N2=[인간])
¶나는 공항 직원에게 여권을 내보였다. ¶언니는 약혼반지를 나에게 내보이며 기뻐하였다.

내비치다 I

활용 내비치어(내비쳐), 내비치니, 내비치고
자❶(빛이) 앞이나 밖을 향해 비치다. (of light) Reflect forward or outward.
㉮비치다I
N0-가 V (N0=[빛])
¶맑은 햇빛이 구름 사이로 내비쳤다. ¶아파트 창문에서 불빛이 내비쳐 거리가 어둡지 않다.
❷속의 것이 겉으로 드러나다. (of something that is inside) Show outwardly.
㉮비치다I
N0-가 V (N0=[신체부위], [옷])
¶옷이 얇아 속살이 겉으로 살짝 내비친다. ¶흰옷은 속옷이 내비쳐서 입기에 조심스럽다.
타다른 사람에게 자신의 생각이나 감정을 넌지시 겉으로 드러내다. (of a person) Show one's thought or emotion to someone in a subtle manner.
㉮비치다I ㊌드러내다, 내보이다, 말하다타
N0-가 N2-에게 N1-를 V (N0=[인간] N1=[의견], [마음], [감정] N2=[인간])
¶나는 사람들에게 속내를 조금도 내비치지 않았다. ¶김현하 선수는 이번 대회도 우승하겠다는 자신감을 내비쳤다.

내뿜다

활용 내뿜어, 내뿜으니, 내뿜고
타❶안에 있는 액체나 기체를 밖으로 세게 뿜다. (of liquid or gas that is in something) Outwardly fume.
㉮뿜다 ㊌방출하다, 분출하다
N0-가 N1-를 N2-로 V (N0=[구체물], [동물] N1=[액체], [기체] N2=[장소])
¶분수가 물줄기를 거세게 내뿜었다. ¶자동차들이 매연을 내뿜으며 달린다. ¶대포가 큰 소리로 화염을 내뿜었다.

[ㄴ]

❷(공기나 냄새 따위의 기체를) 입으로 뿜어 밖으로 나가게 하다. (of gas such as air, smell, etc.) Gush out from the mouth.
N0-가 N2-로 N1-를 V (N0=[인간] N1=[기체](연기, 냄새, 한숨 따위), N2=[신체부위](입, 코 따위))
[상]뿜다[타]
¶그는 자꾸 입으로 담배 연기를 내뿜었다. ¶아버지는 느지막이 술 냄새를 내뿜으며 귀가하셨다.
❸(시선이나 분위기 따위를) 몸이나 몸의 일부에서 드러내다. Expose an atmosphere or someone's attention, etc., through body or body part.
[유]나타내다, 보이다II[1]
N0-가 N2-로 N1-를 V ↔ N0-가 N1-를 V (N0=[인간] N1=[기색](살기, 기운, 독기 따위) N2=[부위])
¶그가 두 눈으로 살기를 내뿜었다. ↔ 그의 두 눈이 살기를 내뿜었다. ¶노인이 온몸으로 분노의 기운을 내뿜었다.

내세우다

[활용]내세워, 내세우니, 내세우고
[타]❶사람을 어떤 장소의 앞쪽이나 잘 보이는 곳으로 나와 서 있게 하다. Make another person stand in front of a place or in a good light.
[상]세우다
N0-가 N1-를 N2-(에|로) V (N0=[인간] N1=[인간] N2=[장소], [방향])
[주]나서다[1]
¶어머니는 아들을 눈에 잘 띄는 자리에 내세웠다. ¶경찰은 용의자를 카메라 앞에 내세웠다.
❷다른 사람을 어떤 역할을 맡게 하여 다른 사람 앞에 소개하다. Introduce another person to someone else by making him or her play a role.
N0-가 N1-를 N2-로 V (N0=[인간|단체] N1=[인간|단체] N2=[인간])
[주]나서다[1]
¶유도 대표팀은 이번 시합의 선봉으로 최사순 선수를 내세웠다. ¶검찰은 용의자의 아내를 증인으로 내세웠다.
❸어떤 생각이나 입장, 사실 따위를 부각시켜서 공식적으로 알리다. Make a thought, a position, or a fact stand out and make it known publicly.
[유]제시하다, 표명하다, 내걸다
N0-가 N1-를 N2-로 V (N0=[인간|단체] N1=[추상물] N2=[추상물])
¶우리 회사는 복지를 최우선 원칙으로 내세우고 있다. ¶올림픽은 정정당당한 승부를 표어로 내세우고 있다.
❹(재력이나 경력 따위 등과 관련하여) 자기 자신을 남들에게 드러내어 자랑하다. Show off and boast of oneself with respect to wealth or career.
[유]자랑하다, 뽐내다
N0-가 N1-를 N2-에게 V (N0=[인간|단체] N1=[추상물](재력, 학력, 경력 따위), [신체부위] N2=[인간|단체])
¶그는 자신의 재력밖에 내세울 것이 없다. ¶그는 학벌을 너무 내세워서 좋은 평가를 받지 못한다.
❺(어떤 것을) 자신의 업적 중 두드러지는 것으로 평가하다. Assess something as remarkable among a person's achievements.
[유]자랑하다
N0-가 N1-를 N2-로 V (N0=[인간|단체] N1=[추상물] N2=[추상물](대표작, 자랑, 자부심 따위))
¶정 작가는 '들불'을 자신의 대표작으로 내세우곤 한다. ¶그 학교는 장학금 지원을 가장 큰 자랑으로 내세운다.
◆ **말만 내세우다** 실제로 행동으로 옮기지는 않고 말로만 이야기하다. Carry out something only in words without deeds.
N0-가 S다고 Idm (N0=[인간|단체])
¶윤호는 말만 내세울 뿐 실제로 하는 일이 없다. ¶너무 말만 내세우면 다른 사람에게 좋은 평가를 들을 수 없다.
[자타]어떤 주장이나 의견을 다른 사람에게 드러내어 주장하거나 지지하다. Insist or support a claim or an opinion by conveying it to another person.
[유]고집하다, 주장하다
N0-가 N1-를 V (N0=[인간|단체] N1=[추상물](의견, 생각, 주장 따위))
¶학부형들은 자신들의 생각을 끝까지 내세웠다. ¶형님은 자신의 주장을 굽히지 않고 내세웠다.
N0-가 S다고 V (N0=[인간|단체])
¶경찰은 이 화재가 누전 때문이라고 내세운다. ¶학교는 학생들의 비행이 인성 부족이라고 내세웠다.
N0-가 N1-를 N2-로 V (N0=[인간|단체] N1=[추상물] N2=[추상물])
¶자신의 의견을 무작정 새로운 증거로 내세우면 안 된다.
N0-가 N1-를 S라고 V (N0=[인간|단체])
¶김 교수는 이 현상을 새로운 화학계의 발견이라고 내세웠다.

내쉬다

[활용]내쉬어, 내쉬니, 내쉬고
[타](사람, 동물이) 숨을 몸 밖으로 내보내다. (of a person, animal) Let the breath out of the body.
[유]내뱉다 [반]들이쉬다, [상]쉬다II

N0-가 N1-를 V (N0=[인간] N1=숨, 공기, 호흡 따위)
¶아주머니는 한숨을 내쉬고는 중얼거렸다. ¶이번 구조 조정에 영화계는 안도의 한숨을 내쉬고 있다.

내오다

활용 내와, 내오니, 내오고, 내오너라/내와라
타 안에서 밖으로 가져오다. Bring from the inside to the outside.
N0-가 N2-에게 N1-를 V (N0=[인간] N1=[구체물] N2=[인간])
¶손님이 오셨으니 여기 차 좀 내오너라.
N0-가 N2-에 N1-를 V (N0=[인간] N1=[구체물] N2=[장소])
¶의자를 밖으로 내와라. ¶남편이 옷장에서 출장용 가방을 내왔다.

내장되다

어원 內藏~ 활용 내장되어(내장돼), 내장되니, 내장되고 대응 내장이 되다
자 (장치나 설비 따위가) 내부에 기본적으로 장착되거나 운용되다. (of a device, a facility, etc.) Be basically mounted or operated inside.
N0-가 N1-에 V (N0=[구체물] N1=[구체물])
능 내장하다
¶새로 산 컴퓨터에는 문서 프로그램이 내장되었다. ¶우리 사무실에는 대용량 램이 장착된 컴퓨터를 필요로 하고 있다. ¶내장되어 있던 자료들이 어느 날 감쪽같이 사라졌다.

내장하다

어원 內藏~ 활용 내장하여(내장해), 내장하니, 내장하고 대응 내장을 하다
타 (장치나 설비 따위를) 내부에 기본적으로 장착하거나 운용하다. Mount or operate a device, a facility, etc., elementally in the inside.
N0-가 N1-를 V (N0=[구체물] N1=[구체물])
피 내장되다
¶이 컴퓨터는 운영 체제를 내장하고 있다. ¶나는 스피커를 내장한 모니터를 사려고 한다. ¶나는 내비게이션을 내장한 차가 있었으면 좋겠다.

내재되다

어원 內在~ 활용 내재되어(내재돼), 내재되니, 내재되고 대응 내재가 되다
☞ 내재하다 자

내재하다

어원 內在~ 활용 내재하여(내재해), 내재하니, 내재하고
자 (어떠한 현상이나 특징이) 무엇에 본래부터 들어 있거나 잠재하다. (of phenomenon or characteristic) Inhere or lie dormant in something by nature.
유 잠재하다
N0-가 N1-에 V (N0=[추상물] N1=[추상물](마음, 소설 따위))
¶인간의 문화 행위의 핵심에는 종교가 내재하고 있다. ¶인간의 마음속에는 죽음에 대한 공포가 늘 내재해 있다.
타 (무엇이 어느 범위 안에) 어떠한 현상이나 특징을 본래부터 가지고 있다. (of something) to have an inherent phenomenon or characteristic within a scope.
N0-가 N2-에 N1-를 V (N0=[인간], [추상물] N1=[추상물] N2=[추상물])
피 내재되다
¶그의 주장에는 어떤 문제점을 내재하고 있는지 잘 살펴야 한다.

내젓다

활용 내저어, 내저으니, 내젓고, 내젓는
타 ❶(손이나 손에 쥔 물체 따위를) 앞이나 밖으로 향하여 흔들다. Move an object in one's hand toward the front or outside.
유 흔들다, 휘젓다 상 젓다
N0-가 N1-를 V (N0=[인간] N1=손, 노, 손수건 따위)
¶친구가 나를 보고 손을 내저었다. ¶사공이 노를 내젓느라 지쳐 보였다.
❷고개를 좌우로 흔들다. Move the head to the left and right.
상 젓다
N0-가 N1-를 V (N0=[인간] N1=고개)
¶동생은 싫다고 고개를 내저었다. ¶아기는 그게 아니라고 고개를 내저었다.
❸물이나 술 따위의 액체를 마구 젓다. Stir liquid such as water or alcohol vigorously.
상 젓다 유 휘젓다
N0-가 N1-를 V (N0=[인간] N1=[액체])
¶술독의 술을 막대기로 내저었다. ¶물과 물감이 잘 섞이도록 손가락으로 내저었다.
◆ **혀를 내젓다** 어떤 일을 겪고 거기에 대해 놀라서 엄두를 못 내거나 어쩌지 못하다. Be so astonished by something that no one dares do anything.
N0-가 Idm (N0=[인간])
¶그녀가 너무 소리를 고래고래 지르는 바람에 나는 혀를 내저었다. ¶할아버지가 몰래 숨겨둔 재산에 모두들 혀를 내저었다.

내정되다

어원 內定~ 활용 내정되어(내정돼), 내정되니, 내정되고 대응 내정이 되다
자 ❶(어떤 사람이) 어떤 직책이나 직위로 공식적인 절차나 공표가 있기 전에 내부적으로 결정되다. (of a person) Be chosen internally for a position or an office before the official

procedure or proclamation.
N0-가 N1-(에|로) V (N0=[인간] N1=[인간], [직책])
[능]내정하다
¶성현택 교장 선생님이 교육부 장관에 내정되어 있다는 소문이 돌았다. ¶유해진은 그 영화의 주인공으로 내정되었다.
N0-가 N1-로 V ↔ N1-가 N0-로 V (N0=[인간] N1=[인간], [직책])
[능]내정하다
¶김 선생님이 새 책임자로 내정되었다. ↔ 새 책임자가 김 선생님으로 내정되었다. ¶현 차관이 차기 장관으로 내정되었다. ¶이미 합격자는 다 내정되어 있다.
❷(어떤 일이) 외부에 알려지지 않고 내부적으로 결정되다. (of a work) Be decided internally without being declared to the public.
N0-가 S기로 V (N0=[사태])
¶이번 신규 사업은 이미 개발2팀이 맡기로 내정되어 있다.

내정하다

[어원]內定~ [활용]내정해(내정돼), 내정하니, 내정하고
[대응]내정을 하다
[타](어떤 사람을) 어떤 직책이나 직위로 공식적인 절차나 공표가 있기 전에 내부적으로 결정하다. (of a person) Choose internally for a position or an office before the official procedure or proclamation.
[상]정하다
N0-가 N1-를 N2-(에|로) V (N0=[인간] N1=[인간] N2=[인간], [직책])
[피]내정되다
¶정부는 성현택 교장 선생님을 교육부 장관으로 내정했다. ¶감독은 유해진을 그 영화의 주인공으로 내정했다.
N0-가 N1-를 N2-로 V ↔ N1-가 N0-로 V (N0=[인간], N1-를 N2=[인간], [직책])
[피]내정되다
¶교장은 오 선생님을 새 책임자로 내정했다. ↔ 교장은 새 책임자를 오 선생님으로 내정했다. ¶현 차관을 차기 장관으로 내정했다. ¶인사과는 이미 합격자를 다 내정해 두었다.

내조하다

[어원]內助~ [활용]내조하여(내조해), 내조하니, 내조하고 [대응]내조를 하다
[자]아내가 남편이 잘되도록 도와주다. (of a wife) Help so that her husband will do well.
[상]도와주다 [반]외조하다
N0-가 V (N0=[인간](아내 따위), [여성인간])
¶아내가 내조해 준 덕분에 이 자리에 설 수 있었습니다. ¶어머니께서 내조하셨기 때문에 지금의 아버지가 계신 것이다.
[타]아내가 남편을 잘되도록 도와주다. (of a wife) Help her husband do well.
[반]외조하다 [상]도와주다
N0-가 N1-를 V (N0=[인간](아내 따위), [여성인간] N1=[인간](남편 따위), [남성인간])
¶나를 내조해 준 아내에게 감사하다. ¶나만큼 서방님을 잘 내조할 사람도 없을 겁니다.

내주다

[활용]내주어(내줘), 내주니, 내주고
[타]❶다른 사람에게 자기의 소유물을 넘겨주다. (of a person) Give one's belongings over to another person.
[상]주다1 [유]넘겨주다, 양도하다 [반]넘겨받다, 양수하다
N0-가 N2-에게 N1-를 V (N0=[인간] N1=[구체물] N2=[인간])
¶아주머니는 애기엄마에게 깨끗한 이불을 내주었다. ¶주방장은 내게 채소 요리 두 종류를 내주었다.
❷다른 사람에게 자기의 권리나 영역 따위를 넘겨주다. (of a person) Give one's rights or territory over to another person.
[상]주다1 [유]넘겨주다, 이전하다, 이양하다, 양도하다
N0-가 N2-에게 N1-를 V (N0=[인간] N1=[장소], [권리] N2=[인간])
¶나는 아이들에게 안방을 내주었다. ¶우리는 옆으로 비켜서 행인들에게 길을 내주었다.
❸(사람이나 기관이) 다른 사람이나 단체에게 자격이나 권리 따위를 인정하여 부여하다. (of a person or an organization) Grant another person or organization with qualification or rights.
[상]주다1 [유]인가하다, 허가하다
N0-가 N2-에게 N1-를 V (N0=[인간|단체] N1=[권리], [허락] N2=[인간|단체])
¶구청 담당 공무원은 드디어 건축 허가를 내주었다. ¶이곳에서는 불법 노동자에게도 몇 달 간의 체류 자격을 내준다.
❹어떤 장소에서 무엇을 안에서 꺼내 주다. (of a person) Take something out of a place and give it.
[상]주다1 [유]꺼내 주다
N0-가 N2-에게 N1-를 V (N0=[인간] N1=[구체물] N2=[인간])
¶아내는 구걸하러 온 사람에게 뒤주에서 쌀을 내주었다. ¶할아버지는 손녀들에게 주머니에서 새 돈을 내주셨다.

내쫓기다

활용 내쫓기어(내쫓겨), 내쫓으니, 내쫓고
자(이전에 있던 곳에서) 강제로 바깥이나 다른 곳으로 나가다. Be exited forcefully from original position to the outside or another place.
㊐추방되다, 축출되다, 내몰리다 ㊤쫓겨나다
N0-가 N1-에서 N2-로 V (N0=[인간|단체], [동물] N1=[장소] N2=[장소])
능 내쫓다
연어 강제로
¶참새들을 마당에서 집밖으로 내쫓겼다. ¶마당에 놀고 있는 비둘기들이 모두 내쫓겼다.
❷(원래 있던 지위나 직위에서) 억지로 물러나다. Be resigned from original status or position.
㊤쫓겨나다 ㊐축출되다
N0-가 N2-에게 N1-에서 V (N0=[인간|단체] N1=[직책] N2=[인간|단체])
능 내쫓다
¶수양대군에게 어린 조카는 왕좌에서 내쫓겼다.

내쫓다

활용 내쫓아, 내쫓으니, 내쫓고
타❶(이전에 있던 곳에서) 강제로 바깥이나 다른 곳으로 나가게 하다. Forcefully make someone exit from original position to the outside or another place.
㊤쫓아내다 ㊐추방하다, 축출하다, 몰아내다
N0-가 N2-에서 N3-로 N1-를 V (N0=[인간|단체] N1=[인간|단체], [동물] N2=[장소] N3=[장소])
피 내쫓기다
연어 강제로
¶사람들은 열심히 움직이면서 참새들을 밖으로 내쫓았다. ¶어머니는 마당에 놀고 있는 비둘기들을 모두 내쫓았다.
❷(원래 있던 지위나 직위에서) 억지로 물러나게 하다. Make someone resign from original status or position.
㊤쫓아내다 ㊐축출하다, 몰아내다
N0-가 N2-에서 N1-를 V (N0=[인간|단체] N1=[인간|단체] N2=[직책])
피 내쫓기다
¶수양대군은 어린 조카를 왕좌에서 내쫓고 왕이 되었다.

내치다

활용 내치어(내쳐), 내치고, 내치니
타❶손에 들거나 잡고 있던 것을 뿌리치거나 내던져 버리다. Shake off or throw out something that one was holding in the hand.
㊐내던지다, 팽개치다, 내팽개치다
N0-가 N1-를 V (N0=[인간] N1=[구체물], [신체부위](손 따위))
¶그녀는 자신을 잡은 그의 손을 매몰차게 내쳤다. ¶그는 화가 났는지 밥상을 내치고 밖으로 나가 버렸다.
❷사람을 강제로 밖으로 쫓아내다. Kick out someone by force to the outside.
㊤쫓아내다 ㊐퇴출시키다
N0-가 N1-을 N2-(에|로) V (N0=[인간|단체] N1=[인간] N2=[장소])
¶대왕은 간신들을 내치고 충신들을 다시 불러들였다. ¶회사는 열심히 일해 온 사람들을 결국 모두 내치고 말았다.
❸남의 감정이나 부탁, 유혹 따위를 받아들이지 않고 밀어내다. Not accept and push out someone's emotion, favor, or seduction that's directed to one.
㊐뿌리치다
N0-가 N1-를 V (N0=[인간] N1=[행위](유혹, 청혼, 부탁 따위) [감정](사랑, 존경 따위))
¶그녀는 그의 사랑을 내치고 다른 사람을 찾아 떠났다. ¶그는 뇌물을 내치고 공정하게 일을 처리했다.
◆ **내친 김에** 어떤 일을 이미 하고 다시 다른 일을 하려고 Have something done already. Idm
¶산책을 나갔다가 내친 김에 근처 시장에 들러 장까지 봐 왔다. ¶내친 김에 오랜만에 부모님께 전화라도 드려봐야겠다.

내키다

활용 내키어(내켜), 내키니, 내키고
자어떤 것을 하고 싶은 마음이 생기다. Come to have a desire to do something.
N0-가 N1-가 N2-에 V (N0=[인간|단체] N1=[사건](일, 업무, 임무 따위) N2=마음, 기분 따위)
연어 썩, 그다지, 별로
¶나는 이번 임무가 그다지 마음에 내키지 않았다. ¶그는 마음이 내켜야 일을 한다.

내팽개치다

활용 내팽개치어(내팽개쳐), 내팽개치니, 내팽개치고
타❶들고 있던 물건을 힘껏 내던져 버리다. Powerfully throw out something one was holding.
㊐내던지다, 내동댕이치다
N0-가 N2-에 N1-를 V (N0=[인간] N1=[구체물] N2=[장소])
¶그는 책을 책상에 내팽개치고 밖으로 나갔다. ¶그는 먹던 음식을 바닥에 내팽개쳤다.
❷돌보아야 할 대상을 돌보지 않고 내버려 두다. Leave someone/something that one has to provide care for without providing care.

[유]내버리다, 유기하다
N0-가 N1-를 V (N0=[인간] N1=[인간|단체], [구체물], [장소])
¶농부들은 가뭄에 논과 밭을 내팽개친 채 한숨만 쉬었다. ¶그는 약혼자를 내팽개치고 다른 여자를 쫓아다닌다.
❸하던 일을 더 이상 하지 않고 그만두어 버리다. Stop something that one was doing without proceeding.
[유]그만두다, 포기하다
N0-가 N1-를 V (N0=[인간] N1=[행위](일, 작업, 공부 따위))
¶그는 좌절감에 하던 일을 내팽개치고 말았다. ¶그는 농사일을 내팽개치고 무작정 서울로 올라갔다.

내포되다

[어원]內包~ [활용]내포되어(내포돼), 내포되니, 내포되고 [대응]내포가 되다
[자](어떤 성질이나 뜻 따위가) 속에 들어 있다. Possess certain property or meaning on the inside.
[유]포함되다
N0-가 N1-에 V (N0=진실, 의미, 내용 따위 N1=[말], [이야기], 개념 따위)
[능]내포하다
¶그가 전한 말에는 깊은 뜻이 내포되어 있었다. ¶이 단어에는 함께 살아간다는 의미가 내포되어 있다.

내포하다

[어원]內包~ [활용]내포하여(내포해), 내포하니, 내포하고 [대응]내포를 하다
[타](어떤 성질이나 뜻 따위를) 속에 품거나 지니다. Possess or embrace certain property or meaning on the inside.
[유]담다, 품다, 포함하다
N0-가 N1-를 V (N0=[말], [이야기], 개념 따위 N1=의미, 내용, 진실 따위)
[피]내포되다
¶그의 말은 매우 복합적인 의미를 내포하고 있었다. ¶그 소문이 얼마나 진실을 내포하고 있는지 궁금하다.

너무하다

[활용]너무하여(너무해), 너무하니, 너무하고
[자]불쾌한 행위나 말을 서운할 정도로 지나치게 하다. Excessively manifest unpleasant action or speech until someone is of fended.
[유]지나치다
N0-가 V (N0=[인간])
¶네가 너무한 것 같으니 이쯤에서 사과해라. ¶두 시간이나 늦다니, 너무했다는 생각도 안 드니?

널다

[활용]널어, 너니, 널고, 너는
[타]사물을 볕을 쬐거나 마르도록 넓게 펼치다. Expose a thing to the sun or spread it to dry.
[유]펴다[1], 펼치다 [반]거두다
N0-가 N1-를 N2-에 V (N0=[인간] N1=[구체물] N2=[장소])
[피]널리다
¶어민들이 오징어를 널어 해풍에 말렸다. ¶그는 비에 젖은 책을 바닥에 널어놓았다.

널리다

[활용]널리어(널려), 널리니, 널리고
[자]❶(옷이나 곡식 따위가) 햇빛이나 바람 등을 쬘 수 있도록 어느 곳에 펼쳐 놓이다. (of clothes or grains) Be spread out somewhere in order to be exposed to the sunlight or wind.
[유]펼쳐지다
N0-가 N1-에 V (N0=[착용물], [음식물] N1=[장소])
[능]널다
¶낡은 멍석에 생선이 널려 있으니 가서 가지고 와라. ¶할머니는 마당에 널려 있는 고추를 흐뭇하게 바라보셨다.
❷(무엇이) 여기저기에 많이 흩어져 놓여 있다. (of things) Be scattered about.
[유]산재하다
N0-가 N1-에 V (N0=[구체물] N1=[장소])
¶진달래꽃들이 산에 지천으로 널려 있다. ¶로마에는 고대 유적이 도처에 널려 있다.

널브러지다

[활용]널브러지어(널브러져), 널브러지니, 널브러지고
[자]❶(물건이)아무렇게나 여기저기 흩어지거나 흐트러지다. (of things) Be dispersed or scattered carelessly somewhere.
[유]흐트러지다, 널리다
N0-가 N1-에 V (N0=[구체물] N1=[장소])
¶이 방에는 온갖 잡동사니들이 널브러져 있다. ¶공연이 끝나자 쓰레기가 바닥에 널브러져 있었다.
❷(사람이) 몸을 바로 추스르지 못하고 어디에 힘없이 축 늘어지다. (of a person) Let one's body weakly droop, being unable to get it straight.
[유]늘어지다, 축 처지다
N0-가 N1-에 V (N0=[인간] N1=[장소])
¶그는 땅바닥에 아무렇게나 널브러져 있었다. ¶길거리에 취객이 널브러져 있었다.

넓히다

[활용]넓히어(넓혀), 넓히니, 넓히고
[타]❶공간의 폭이나 면적 따위를 더 크게 늘리다. Further increase the width, area, etc., of space.

[유]확장하다, 널리다 [반]좁히다
N0-가 N1-를 V (N0=[인간|집단] N1=[장소], [길이], [넓이])
[피]넓어지다
¶우리는 베란다를 없애고 거실을 넓혔다. ¶당국에서는 동네 골목의 폭을 넓히려고 한다.
❷ 세력이나 영향력을 강화하여 크게 하다. Strengthen and enlarge the power or influence.
[유]펴다[1], 강화하다 [반]좁히다, 줄이다
N0-가 N1-를 V (N0=[인간|단체], [집단] N1=[권력](세력, 영향력, 입지 따위))
¶그는 시장 당선으로 당에서 자신의 세력을 넓혔다. ¶신 사장은 업계에서 영향력을 점점 넓혀 가고 있다.
❸마음을 더욱 크고 관대하게 하다. Make one's mind larger and more generous.
[유]관대하게 하다
N0-가 N1-를 V (N0=[인간|단체] N1=마음 따위, 도량, 아량)
[피]넓어지다
¶더 큰 사람이 되기 위해 너는 마음을 넓혀라. ¶도영이는 선배로서 아량을 넓히기로 결심하였다.
❹어떤 내용을 더욱 깊고 광범위하게 만들다. Make certain contents deeper and more extensive.
[유]확장하다 [반]좁히다
N0-가 N1-를 V (N0=[모두] N1=[인지](생각, 이해 따위), [관계], 식견, 견문 따위)
[피]넓어지다
¶수지는 전문가들의 강연을 들으며 식견을 넓혔다. ¶수연이는 친구들과 어울리며 관계를 넓혀 갔다.

넘겨주다

[활용]넘겨주어(넘겨줘), 넘겨주니, 넘겨주고
[타]❶(사람이나 기관이) 물건이나 권리 따위를 다른 사람이나 기관에 내주다. (of a person or an organization) Give an object or right to another person or organization.
[유]넘기다, 팔다, 양도하다 [반]넘겨받다 [상]주다[1]
N0-가 N1-를 N2-(에|에게|로) V (N0=[인간|단체] N1=[구체물], [추상물] N2=[인간|단체], [장소])
¶아버지는 딸을 시집보내려고 땅을 이웃 영감에게 넘겨주었다. ¶이곳의 개발권을 업자들에게 넘겨줄 수 없다.
❷(사람이나 단체가) 임무나 일, 책임을 다른 사람이나 단체에 내주다. (of a person or an organization) Hand over a mission, work, or responsibility to another person or organization.
[유]이양하다, 이관하다, 내주다, 넘기다 [반]넘겨받다 [상]주다[1]
N0-가 N1-를 N2-(에|에게|로) V (N0=[인간|단체] N1=[인간], [추상물](일, 문제 따위) N2=[인간|단체])
¶검찰은 수사권을 경찰에 넘겨주려고 하지 않는다. ¶우리는 주민의 설문조사 분석을 전문회사에 넘겨주었다.

넘기다

[활용]넘기어(넘겨), 넘기니, 넘기고
[타]❶(어떤 물체가) 일정한 경계를 넘어가게 하다. Make some object cross over constant bound.
[유]넘어가게 하다
N0-가 N1-를 N2-로 V (N0=[인간|단체] N1=[구체물](공, 가방 따위) N2=[장소])
[주]넘다[자]
¶범인은 보따리를 담장 너머로 넘겼다. ¶테니스 선수가 공을 네트 위로 넘겼다.
❷(어떤 수치가) 일정한 기준을 넘어가게 하다. Make some figure cross over constant criteria.
[유]초과하다
N0-가 N1-를 V (N0=[크기](수치, 지수, 빈도 따위) N1=[수량], [기준])
[주]넘다[자]
¶최근에 잰 최고 혈압이 140을 넘겼다. ¶이 강물의 박테리아 농도는 오염 기준치를 넘겼다.
❸(어떤 사람이나 기관이) 물건이나 권리 따위를 다른 사람이나 기관에 내주어 갖게 하다. (of someone or organization) Give an object or right to different person or organization.
[유]넘겨주다, 이관하다 [상]주다[1]
N0-가 N1-를 N2-(에|에게|로) V (N0=[인간|단체] N1=[구체물], [추상물] N2=[인간|단체], [장소])
¶아버지는 죽기 전 땅을 친척들에게 넘기셨다. ¶우리 가족은 집을 경매장에 넘겼다.
❹(어떤 사람이나 기관이) 일, 책임 따위를 다른 사람이나 기관에 내주거나 맡기다. (of someone or organization) Give or assign a duty or responsibility to different person or organization.
[유]인도하다, 이양하다, 이관하다
N0-가 N1-를 N2-(에|에게|로) V (N0=[인간|단체] N1=[인간], [추상물](일, 문제 따위) N2=[인간|단체])
¶경찰들은 범인을 유치장에 넘겼다. ¶그는 자기 잘못을 팀원들에게 넘겼다.
❺(사람이) 음식물을 목구멍으로 넘어가게 하다. Make someone swallow food through esophagus.
[유]삼키다
N0-가 N1-를 N2-로 V (N0=[인간|단체] N1=[음식

물], [약] N2=[신체부위](목구멍 따위))
¶환자들은 미음을 간신히 목으로 넘겼다. ¶아이는 입에 물고 있던 사탕을 목구멍으로 넘겼다.
❻(물체를) 한 방향에서 다른 방향으로 넘어가게 하다. (of an object) Turn to different direction from one direction.
N0-가 N1-를 N2-로 V (N0=[인간] N1=[신체부위](머리카락 따위), [옷](넥타이 따위) N2=[방향](뒤, 옆 따위))
¶그녀는 다소곳하게 머리를 귀 뒤로 넘겼다. ¶아저씨는 머리를 오른쪽으로 빗어 넘겼다.
❼(뭉치로 된 종이를) 반대 면으로 한 쪽씩 젖히다. (of bundle of paper) Turn over different side.
㊌젖히다
N0-가 N1-를 V (N0=[인간] N1=[문서](종이, 페이지, 서류 따위))
¶선생님은 동화책을 읽으시며 책장을 한 장씩 넘기셨다. ¶목사님이 성경책을 넘기시며 읽고 계셨다.
❽(바로 서 있는 사람이나 물건을) 넘어지거나 쓰러지게 하다. Make someone or object that has been straight up collapse or fall.
㊌쓰러뜨리다, 넘어뜨리다
N0-가 N1-를 V (N0=[인간] N1=[인간], [나무])
¶벌목꾼들이 떡갈나무를 베어 넘겼다. ¶청팀 선수가 백팀 선수의 다리를 걸어 넘겼다.
❾일정한 시기나 기한을 지키지 못해 지나다. Pass certain time or deadline.
㊌초과하다
N0-가 N1-를 V (N0=[인간] N1=[시간])
주 넘다자
¶강연이 예정 시간을 넘겼다. ¶아내는 출산 예정일을 넘기고 출산했다.
❿일정한 시기나 기한을 지나게 하다. Make certain time or deadline pass.
㊌미루다I
N0-가 N1-를 N2-로 V (N0=[인간] N1=[추상물](일 따위) N2=[시간](내일, 내년 따위))
¶이번 사건은 마무리가 되지 않아 내년으로 넘긴다. ¶그는 오늘 할 일을 자꾸만 내일로 넘겼다.
⓫위험한 상황을 겪어 벗어나다. Get out of a dangerous situation.
㊌벗어나다
N0-가 N1-를 V (N0=[인간] N1=[추상물](위기, 고비 따위), [시간](밤, 여름 따위))
주 넘다자
연어 간신히, 무사히
¶환자는 몇 번이나 죽을 고비를 넘겼다. ¶이 회사는 간신히 부도 위기를 넘겼다.
⓬일이나 문제를 대수롭지 않게 생각하고 그냥 지나치다. Pass by not thinking a duty or problem to be serious.
㊌넘어가다타, 지나치다
N0-가 N1-를 V (N0=[인간] N1=[사건], [말], [질병](감기 따위))
연어 소홀히, 무심히, 가볍게
¶이런 중대한 일을 그냥 넘길 수 없다. ¶나는 바빠서 감기 기운을 대수롭지 않게 넘겼다.
N0-가 S것-을 V (N0=[인간])
연어 소홀히, 무심히, 가볍게
¶그는 아들이 사고를 낸 것을 그냥 넘겼다가 지탄을 받았다. ¶직원은 상사가 지적해 준 것을 소홀이 넘겼다가 실수를 했다.
⓭순서대로 있는 물체나 기회 따위 중 일부를 건너뛰다. Partly skip ordered object or opportunity.
㊌건너뛰다
N0-가 N1-를 N2-로 V (N0=[인간] N1=[구체물], [질문](문제 따위), [시간](기회 따위) N2=[미래](다음 따위))
¶학생들은 어려운 문제는 넘기고 쉬운 문제부터 풀었다. ¶발표 시간이 모자라 토론은 다음 기회로 넘겼다.
◆ **웃어 넘기다** 대수롭지 않게 여기다. Make little [light].
N0-가 N1-를 Idm (N0=[인간] N1=[문제], [감정](고민 따위), [비행](사기 따위))
¶나는 아무리 괴로운 일이라도 웃어넘기려고 노력한다. ¶그 문제는 그냥 웃어넘기기에는 너무 심각하다.
◆ **바통을 넘기다** 하던 일이나 책임을 남에게 맡기다. Shift work or responsibility on to another person.
㊌전가하다, 인계하다, 전해주다
N0-가 N1-에게 Idm (N0=[인간|단체] N1=[인간|단체])
¶전임 회장이 후임에게 바통을 넘기고 퇴임했다.
¶그가 수화기를 건네주며 내게 바통을 넘겼다.
¶자원 봉사단이 철수하며 국제단체에 바통을 넘겼다.

넘나들다

활용 넘나들어, 넘나드니, 넘나들고, 넘나드는
자 ❶(사람이) 다른 사람과 일정 기간 서로 왔다갔다하며 교류하다. (of a person) Make an exchange with another person, visiting each other for a certain time.
㊌드나들다자, 왕래하다자, 교류하다자
N0-가 N1-와 V (N0=[인간], [단체] N1=[인간], [단체])
¶우리 집은 옆집과 서로 넘나들며 오랫동안 교류를 하였다. ¶우리 팀은 옆 팀과 넘나들면서 꽤

친해졌다.
❷(사람이) 어떤 곳과 다른 곳으로 왔다갔다하다. (of a person) Move between somewhere and somewhere else.
㊥드나들다[자], 오가다
N0-가 N1-와 N2-로 V (N0=[인간] N1=[장소] N2=[장소])
¶김 교수는 현지 조사를 위해 일본과 중국으로 넘나들었다. ¶아이들이 사랑방과 안방으로 넘나들며 뛰어놀고 있다.
❸(어떤 분야가) 영역이 다른 분야와 서로 만나 섞이다. (of two different fields) Be mixed together.
㊥교류하다, 섞이다
N0-가 N1-와 V (N0=[분야] N1=[분야])
¶철학은 문학과 서로 넘나들기 마련이다. ¶인문학은 예술과 서로 넘나들며 발전한다.
타❶(사람이나 무엇이) 경계나 한계를 넘어서 왔다갔다하다. (of person or something) Move in and out of a boundary or a limit.
㊥들락거리다
N0-가 N1-를 V (N0=[인간] N1=[장소], [경계])
¶그는 대륙을 넘나들며 고고학 연구를 하였다. ¶장군은 죽음의 문턱을 넘나들던 순간마다 가족을 생각하였다.
❷(사람이나 무엇이) 서로 다른 두 장소나 분야의 경계를 넘어서 관계하다. (of person or something) Be related to two different places or fields.
N0-가 N1-와 N2-를 V (N0=[인간] N1=[장소], [경계], [분야], [시간] N2=[장소], [경계], [분야], [시간])
¶김 교수는 현지 조사를 위해 일본과 중국을 넘나들었다. ¶그는 뛰어난 연기력으로 영화와 연극을 넘나들며 활동하였다.
자타어떤 곳을 자주 드나들다. Move in and out of somewhere of ten.
㊥들락거리다
N0-가 N1-(에|를) V (N0=[인간] N1=[장소])
¶김 의원은 최근 박 의원의 집에 넘나드는 횟수가 잦다. ¶그는 내 동생을 보기 위해 자꾸 우리 집을 넘나들었다.

넘다

[활용]넘어, 넘으니, 넘고
자(수량이나 정도가) 일정한 기준을 지나다. (of an amount or degree) Pass a certain standard.
㊥초과하다 ㊤모자라다, 미달하다
N0-가 N1-가 V (N0=[크기](나이, 무게, 길이, 수량 따위) N1=[크기], [수량])
[사]넘기다
¶벌써 시간이 11시가 넘었다. ¶가방 무게가 20kg이 넘으면 추가 요금을 내야 한다.
타❶낮은 곳에서 높은 곳을 지나 반대편의 낮은 곳으로 가다. Pass by high place from a low place to go to the opposite side of low place.
㊥넘어가다[타]
N0-가 N1-를 V (N0=[인간], [구체물](공, 가방 따위), [액체](강물 따위), [교통기관](배 따위) N1=[장소](산, 언덕, 담, 고개, 둑 따위), [구체물](창 따위), [물](파도 따위))
¶장사꾼들은 옆 마을로 가기 위해 산을 넘는다. ¶강물이 둑을 넘어 농사를 망쳤다.
❷(사람이나 교통기관이) 경계를 건너 지나다. Pass by boundary.
㊥월경하다, 도강하다, 넘어가다[타], 지나다[타]
㊦이동하다[타]
N0-가 N1-를 V (N0=[인간], [교통기관] N1=[경계])
¶여행객들은 기차를 타고 자면서 국경선을 넘었다. ¶학생들은 산을 넘어 학교를 다녔다.
❸(수량이나 정도가) 일정한 기준을 지나다. (of an amount or degree) Pass a certain standard.
㊥초과하다, 지나다[타]
N0-가 N1-를 V (N0=[크기](나이, 무게, 길이, 수량 따위) N1=[크기], [수량])
¶그는 골프 실력이 프로 수준을 넘었다. ¶호랑이의 몸무게가 100kg을 넘었다. ¶취업 지원자가 200명을 넘었다.
❹(사람이)어려운 고비를 겪어 지나다. Pass by experiencing difficult crisis.
㊥겪다, 지나다[타], 극복하다
N0-가 N1-를 V (N0=[인간] N1=[시간](고비 따위), [상황](위험 따위), [시간](시기, 보릿고개 따위))
¶우리는 위기를 넘어 새로운 도약을 해야 한다. ¶나와 동료들은 함께 많은 난관을 넘어 여기까지 왔다.
◆ **재주를 넘다** 몸을 던져 머리와 다리를 아래쪽으로 향하게 돌아 뛰다. Perform a somersault by throwing one's body.
N0-가 Idm (N0=[인간|동물])
¶광대가 한 바퀴 재주를 넘을 때마다 박수가 터져 나왔다. ¶원숭이가 재주를 넘으며 뛰어다녔다.

넘보다

[활용]넘보아(넘봐), 넘보니, 넘보고
타❶(사람이) 무엇을 탐내어 마음을 두다. Desire and yearn to possess.
㊥탐내다
N0-가 N1-를 V (N0=[인간|단체], [집단] N1=[사물], [인간], [지위], [상태])
¶그는 가난했지만 결코 남의 것을 넘보는 법이

ㄴ

없었다. ¶영국이 알래스카를 넘보다가 무력으로 점령할까 우려된다.
❷(사람이) 다른 사람을 업신여겨 얕잡아 보다. Underestimate.
㊊얕잡아 보다
N0-가 N1-를 V (N0=[인간|단체], [집단] N1=[인간|단체], [집단])
¶그 아이가 어리다고 넘봤다간 큰 코 다친다. ¶주변 국가들이 우리나라를 넘볼 수 없게 국력을 키워야 한다.
❸(비율, 수량 따위가) 일정 수치에 거의 도달하다. Almost reach a certain value.
㊊접근하다
N0-이 N1-를 V (N0=[비율], [수량] N1=[수치], [가격])
¶공영방송 드라마들이 시청률 20%를 넘보고 있다. ¶원/달러 환율은 1100원을 돌파하고 1200원을 넘봤다.

넘어가다

활용 넘어가, 넘어가니, 넘어가고
자❶(사람이나 물체가) 경계의 이편에서 저편으로 옮겨 가다. (of a person or an object) Move from the boundary of this side to that side.
㊊옮겨가다자, 지나가다자 ㉤넘어오다자 ㊐가다[1]
N0-가 N1-에서 N2-로 V (N0=[인간|단체], [구체물] N1=[장소] N2=[장소])
¶군인들이 우리 마을에서 옆 마을로 넘어갔다. ¶버스가 고개 너머로 넘어갔다.
❷(해나 달이) 어떤 방향으로 움직여 시야에서 보이지 않게 되다. (of sun or moon) Disappear from sight by moving toward some direction.
㊊빠지다[1], 가라앉다
N0-가 N1-로 V (N0=[천체](해, 달) N1=[경계](지평선 따위), [산맥])
¶저녁이 되자 해가 서산으로 넘어가다. ¶달이 산 너머로 넘어갔다.
❸(바로 서 있던 것이) 힘을 잃고 한쪽으로 쓰러지다. (of a standing thing) Lose power and fall.
㊊넘어지다, 쓰러지다
N0-가 N1-로 V (N0=[구체물] N1=[장소](뒤, 옆 따위))
¶바람이 불어서 표지판이 뒤로 넘어갔다. ¶이 정도 마취약이면 코끼리도 한 번에 넘어간다.
❹(어떤 순서가) 다음 단계로 이어져 옮겨 가다. (of some order) Continue to the next order.
㊊바뀌다, 옮아가다
N0-가 N1-로 V (N0=[텍스트], [시간] N1=[추상물](순서, 차례), [시간], [순서](다음 따위)])
¶다 풀었으면 다음 문제로 넘어가자. ¶시대는 산업화 시대에서 정보화 시대로 넘어가고 있다.
❺(재산, 권리, 책임 따위가) 다른 사람이나 단체에 옮겨져 주어지다. (of wealth, right, responsibility, etc.) Be shifted to someone or another organization.
㊊양도되다, 이송되다, 이관되다
N0-가 N1-(에|에게|로) V (N0=[구체물](돈, 서류 따위), [장애](문제 따위), [권리], [의무] N1=[인간|단체])
¶양육권이 아내에게 넘어갔다. ¶방치되어 있던 건물이 법원에 넘어갔다.
❻다른 사람의 꼬임에 마음이 끌리거나 속다. Get fooled or have affinity to someone's temptation.
㊊속다, 꾐에 빠지다
N0-가 N1-(에|에게) V (N0=[인간] N1=[말], [범죄](사기, 속임수), [계획](꾀))
¶나는 입에 발린 말에 넘어가지 않는다. ¶순박한 시민들만 사기꾼의 속임수에 넘어갔다.
❼(고체나 액체가) 목구멍으로 지나가 삼켜지다. (of solid or liquid) Be swallowed by passing the throat.
N0-가 N1-로 V (N0=[고체](음식 따위), [액체](침, 술 따위) N1=[신체부위](목, 목구멍))
¶배가 고팠던지라 밥이 목으로 술술 넘어갔다. ¶침이 꼴깍 넘어갔다.
❽(뭉치로 된 종이가) 반대 면으로 한 쪽씩 젖혀지다. (of a bundle of paper) Be turned over to the opposite side one at a time.
N0-가 V (N0=[책], [구체물](책장, 종이 따위))
¶바람이 불어 책장이 휘리릭 넘어갔다. ¶책이 두꺼워서 페이지가 계속 넘어간다.
◆ **숨이 넘어가다** 숨이 멎어 생명이 없어지다. Stop breathing and die.
㊊숨이 끊어지다
N0-가 Idm (N0=[인간], [동물])
¶교통사고를 당한 행인이 병원에 가는 도중에 숨이 넘어갔다. ¶너무 힘들어 당장이라도 꼴딱 숨이 넘어갈 지경이다.
타❶(사람이나 물체가) 경계를 지나서 다른 곳으로 옮겨 가다. (of a person or an object) Move to a different place by passing the boundary.
㊊월경하다, 도강하다 ㊐가다[1]타
N0-가 N1-를 V (N0=[인간|단체], [구체물] N1=[경계](국경, 중앙선 따위), [장소])
¶승용차가 중앙선을 넘어갔다. ¶망명자들은 국경을 넘어갔다.
❷일이나 문제를 대수롭지 않게 지나쳐 보내다. Let work or problem pass by with no regard.
㊊넘기다, 지나가다타
N0-가 N1-를 V (N0=[인간|단체] N1=[장애](난관,

문제 따위), [시험])
¶올해 행사는 예년보다 수월하게 넘어갔다. ¶그는 사소한 일도 그냥 넘어가지 않는다.
[자타]어떤 시기나 수준을 넘겨 지나다. Exceed some time or level.
[유]지나다[타], 초과하다
N0-가 N1-(가|를) V (N0=[크기](온도, 무게 따위), [시간] N1=[단위], [시간])
¶회사의 매출액이 50억 원을 넘어갔다. ¶어느새 시간이 아홉 시를 넘어가고 있다.

넘어뜨리다

[활용]넘어뜨리어(넘어뜨려), 넘어뜨리니, 넘어뜨리고
[타]❶(사람이나 자연 현상이) 다소 세찬 힘을 가하여 사람이나 물건을 땅에 넘어지게 하거나 쓰러지게 하다. (of a person or a natural phenomenon) Make another person or a thing fall down or collapse on the ground, applying a rather strong force.
[유]쓰러뜨리다, 넘기다, 젖히다 [반]세우다[1], 일으키다
N0-가 N1-를 N2-(에|으로) V (N0=[인간], [기상] N1=[구체물] N2=[장소])
[피]넘어지다
¶그는 갑자기 달려오더니 나를 땅에 넘어뜨렸다. ¶나는 실수로 동생을 난간으로 넘어뜨릴 뻔하였다.
❷(사람이나 글 따위가) 정부나 단체를 힘으로 망하게 하다. (of person or writing) Have a government or an organization ruined by power.
[유]쓰러뜨리다, 타도하다 [반]일으키다, 세우다[1]
N0-가 N1-를 V (N0=[인간], [텍스트] N1=[단체])
¶어제 시위는 정부를 넘어뜨릴 수 있을 정도로 거세었다.

넘어서다

[활용]넘어서, 넘어서니, 넘어서고
[자]❶사람의 마음이나 주장 따위가 다른 쪽으로 향하다. (of a person's mind, opinion, etc.) Move toward the other side.
[유]넘어오다[자]
N0-가 N1-로 V (N0=[인간|단체] N1=[인간|단체])
¶스파이는 우리 군의 비밀을 가지고 적군으로 넘어섰다. ¶그는 끝까지 우리 편으로 넘어서지 않았다.
❷(시간이나 수량이) 일정한 범위를 넘어서 지나다. (of time or amount) Pass by exceeding a certain range.
[유]지나다[자], 초과하다
N0-가 N1-가 V (N0=[시간], [크기](나이, 무게 따위) N1=[시간], [단위])
¶시간이 열 시가 넘어서는 시점이었다. ¶그는 나이가 팔십이 넘어서면서 기운이 떨어졌다.
[타]❶(사람이나 차가) 평지가 아닌 높은 곳을 지나 통과하다. (of a person or a car) Pass by going over a high place that is not a flatland.
[유]통과하다[타], 지나다[타]
N0-가 N1-를 V (N0=[인간], [교통기관] N1=[장소](고개, 언덕 따위), [산맥])
¶할아버지는 힘들게 산을 넘어서셨다. ¶우리가 가려는 사찰은 저 능선을 넘어서면 바로 있다.
❷(사람이나 차가) 경계가 되는 일정한 장소를 넘어서 지나다. (of a person or a car) Pass by going over a certain place that is in the border.
[유]지나다[타], 통과하다[타]
N0-가 N1-를 V (N0=[인간], [교통기관] N1=[구체물](문지방, 문 따위), [경계](국경, 경계, 중앙선 따위))
¶우리가 자는 사이 기차가 국경을 넘어섰다. ¶길이 미끄러워 차가 중앙선을 넘어섰다.
❸(물체나 수준이) 일정한 기준이나 한계 따위를 지나서 벗어나다. (of an object or a standard) Diverge from a certain standard, limitation, etc.
[유]뛰어넘다
N0-가 N1-를 V (N0=[인간], [행위] N1=[기준], [단위], [금전])
¶천재는 자신의 한계를 넘어서는 사람이다.
❹(사람이) 어려운 상황이나 시간을 견디고 이겨내다. (of a person) Succeed by tolerating a difficult situation or time.
[유]극복하다, 이겨내다
N0-가 N1-를 V (N0=[인간|단체] N1=[시간](고비 따위), [상황](위기, 혼란 따위))
¶시민들은 연대하여 시련을 넘어섰다. ¶국가끼리 협력하여 세계적 공황의 위기를 넘어섰다.
❺(시간이나 수량 따위가) 일정한 범위를 지나 벗어나다. Diverge from a certain time or amount.
[유]초과하다
N0-가 N1-를 V (N0=[시간], [크기](나이, 무게 따위) N1=[시간], [단위])
¶그의 나이는 이미 마흔을 넘어섰다. ¶가게를 연 지 하루 만에 방문객이 백 명을 넘어섰다.

넘어오다

[활용]넘어와, 넘어오니, 넘어오고
[자]❶(재산, 권리, 책임 따위가) 사람이나 단체에게 옮겨 오다. (of wealth, right, responsibility, etc.) Shift to someone or an organization.
[유]이관되다, 양도되다 [반] 넘어가다[자]
N0-가 N1-에서 N2-(에|에게|로) V (N0=[구체물]

ㄴ

(금전, 서류 따위), [장애](문제 따위), [권리], [의무] N1=[인간|단체] N2=[인간|단체])
¶경찰서에서 우리 부서로 서류가 넘어왔다. ¶갑자기 사무실에서 온갖 문제가 넘어왔다.
❷(먹은 음식물이나 액체 따위가) 식도를 거꾸로 지나 목이나 목구멍 밖으로 나오다. (of consumed food or liquid) Come out from the neck or throat by reversing through the esophagus.
㊥ 넘어가다[자]
N0-가 N1-로 V (N0=[고체](음식 따위), [액체](술, 토 따위) N1=[신체부위](목))
¶너무 음식을 많이 먹었는지 목으로 신물이 넘어왔다. ¶마신 술이 지나쳐 목으로 넘어왔다.
❸(순서나 시기, 단계 따위가) 지금으로 가까이 진행해 오다. (of order, time, stage, etc.) Closely progress toward the present.
㊞변하다, 바뀌다, 교체되다
N0-가 N1-로 V (N0=[시간], [구체물], [추상물](역사, 사회 따위) N1=[순서](다음 따위), [시간])
¶우리 사회는 벌써 정보화 시대로 넘어왔다. ¶드디어 마이크가 우리 차례로 넘어왔다.
❹(사람이) 꼬임에 마음이 끌리거나 속다. (of a person) Get fooled or have affinity to temptation.
㊞속다[자]
N0-가 N1-(에|에게) V (N0=[인간] N1=[인간], [말], [범죄](사기, 속임수), [계획](꾀))
¶그는 내 속임수에 쉽게 넘어왔다. ¶아무리 똑똑한 사람이라도 내 꾀에 다들 넘어오더라.
[타]❶(무엇이) 낮은 곳에서 높은 곳을 지나 낮은 곳으로 옮겨 오다. (of something) Come to the opposite side of a low place by passing through low and high spots.
㊞건너오다[타] ㊤오다[1][자타] ㊥ 넘어가다[타]
N0-가 N1-를 V (N0=[인간], [구체물](공, 가방 따위), [액체](강물 따위), [교통기관](배 따위) N1=[장소](산, 언덕, 담, 고개, 둑 따위), [구체물](창 따위), [물](파도 따위))
¶홍수로 물이 불어 강물이 댐을 넘어왔다. ¶문을 열어 두었더니 참새가 창문을 넘어왔다.
❷(무엇이) 경계를 건너 지나오다. (of something) Pass by going over a border.
㊞지나오다[타], 통과하다[타] ㊥ 넘어가다[타]
N0-가 N1-를 V (N0=[인간], [교통기관] N1=[구체물](문지방, 문 따위), [경계](국경, 경계, 중앙선 따위), [장소](강 따위))
¶탈북자들은 남한에 오기 위해 목숨을 걸고 강을 넘어왔다. ¶나는 출입금지 표지판을 보고서도 그 선을 넘어왔다.

넘어지다

[활용]넘어지어(넘어져), 넘어지니, 넘어지고
[자]❶(사람이나 물체가) 서 있다가 균형을 잡지 못해 쓰러지다. (of a person or an object) Fall down from a standing position due to loss of balance.
㊞넘어가다[자], 쓰러지다, 자빠지다
N0-가 N1-에 V (N0=[인간], [구체물] N1=[장애](돌, 돌부리 따위), [기상](태풍 따위))
¶나는 그만 돌부리에 넘어졌다. ¶전봇대가 한여름 태풍에 넘어졌다.
❷(사람이나 회사, 나라 따위가) 망하거나 없어지다. (of a person, a company, a nation, etc.) Fail or get eliminated.
㊞망하다, 쓰러지다, 자빠지다
N0-가 V (N0=[인간], [기업], [국가])
¶금융 위기로 인해 국내 기업이 하나하나 넘어졌다. ¶평양성이 함락하면서 고구려가 넘어졌다.
❸(사람이) 병으로 몸이 아파 쓰러지다. (of a person) Faint due to illness.
㊞드러눕다
N0-가 N1-로 V (N0=[인간] N1=[신체상태], [질병])
¶그는 제때 병을 치료받지 못해 고열로 넘어졌다. ¶많은 직장인들이 일하는 도중 과로로 넘어졌다.

넘치다

[활용]넘치어(넘쳐), 넘치니, 넘치고
[자]❶(액체 따위가) 한정된 공간에 가득 차고 남은 것이 밖으로 나오다. (of liquid) Fill a definite space so that the remainder comes out.
㊞범람하다
N0-가 N1-에 V ↔ N1-가 N1-로 V (N0=[액체] N1=[그릇](컵, 술잔, 냄비 따위), [하천](강, 개천 따위))
¶술잔에 술이 넘쳤다. ↔ 술잔이 술로 넘쳤다. ¶비가 많이 와서 개천에 물이 넘쳤다.
❷(그릇이나 용기 따위가) 액체 따위로 가득 차고 남은 것이 밖으로 나오다. (of bowl or container) Be filled with liquid so that the remainder comes out.
N0-가 V (N0=[그릇](컵, 술잔, 냄비 따위), [하천](강, 개천 따위))
¶술잔이 넘친다. ¶소나기가 와서 도랑이 넘쳤다.
❸(사람이나 어떤 공간에) 느낌이나 기운, 힘 따위가 솟구치거나 퍼져 나가다. (of atmosphere, energy, or power) Soar or spread over a space.
㊞솟아나다
N0-가 N1-(가|에|로) V (N0=[상태](생기, 활력, 활기, 기쁨 따위), [감정](감사, 질투, 증오 따위) N1=마음, 가슴, 머리 따위, [장소], [인간], [동작], [소리](목소리 따위) (생활, 삶 따위))

¶영희의 목소리는 생기가 넘친다. ¶강의실에 학생들의 열기가 넘쳤다.
❹(사람이나 사물이) 장소에 일정한 정도를 넘어 들어차다. (of a person or thing) Fill a place beyond its limit.
㊐미어지다, 가득차다, 들끓다
N0-가 N1-에 V ↔ N1-가 N0-로 V (N0=[인간], [교통기관], [구체물] N1=[장소])
¶객차에 귀성객들이 넘친다. ↔ 객차가 귀성객들로 넘친다. ¶연휴라 극장에 관객들이 넘쳤다.
❺(무엇이) 기준이나 한도에 맞지 않고 지나치다. (of something) Exceed a standard or a limit without satisfying such.
㊐지나치다
N0-가 N1-가 N2-에 V (N0=[인간] N1=(소비, 생활, 일, 대우 따위) N2=[기준](분, 분수, 도 따위), [인성](능력 따위))
¶나는 호화로운 생활이 분수에 넘친다. ¶이런 대우는 제 분에 넘칩니다.

넣다[1]

활용 넣어, 넣으니, 넣고
타❶(사람이나 동물, 물건 따위를) 어떤 공간 안에 들어가게 하다. Make a person, an animal, an object, etc., enter a certain space.
N0-가 N2-에 N1-를 V (N0=[인간] N1=[구체물] N2=[구체물])
¶나는 세탁기에 빨래를 넣고 돌렸다. ¶그는 항상 현금을 호주머니에 넣고 다녔다.
❷(어떤 음식이나 재료 따위에) 다른 재료를 더하거나 섞다. Add or mix an ingredient to certain food or ingredient.
㊐섞다, 집어넣다
N0-가 N2-에 N1-를 V (N0=[인간] N1=[음식] N2=[음식](설탕, 소금, 계란, 냉이, 고추장 따위))
¶엄마는 된장국에 냉이를 넣었다. ¶동생은 밥에 참기름과 고추장을 넣고 비볐다.
❸(신문이나 우유 따위를) 일정한 곳에 일정한 시간이나 기간에 가져다주다. Bring newspaper, milk, etc., to a specific place at a specific time or period.
㊐배달하다
N0-가 N2-에 N1-를 V (N0=[인간] N1=신문, 우유, 도시락 따위 N2=[장소])
¶소년은 꽤 오랫동안 우리 집에 우유를 넣었다. ¶내일부터 우리 집에 우유를 넣어 주세요.
❹(기관이나 단체에) 이력서나 지원서 따위를 내다. Send one's resume, application, etc., to some institute or organization.
㊐내다[1], 제출하다, 지원하다
N0-가 N2-에 N1-를 V (N0=[인간|단체] N1=[문서](이력서, 지원서, 신청서 따위) N2=[단체])
¶나는 여러 회사에 이력서를 넣었다. ¶삼촌은 대기업에 지원서를 넣으려고 서류를 준비하고 있다.
❺(주로 방이나 아궁이 따위에) 불을 붙여 타게 하다. (Usually in a room, a furnace, etc.) Light and burn fire.
㊐불을 때다
N0-가 N2-에 N1-를 V (N0=[인간] N1=방, 아궁이 따위 N2=불)
¶주인아주머니께서 방에 불을 넣어 주셨다. ¶나는 아궁이에 군불을 넣었다.
❻(어떤 물건이나 기계 따위에) 부품이나 장치 따위를 움직여 작동하게 하다. Operate a certain item, machine, etc., by moving parts, device, etc.
㊐작동시키다, 켜다I
N0-가 N2-에 N1-를 V (N0=[인간] N1=[기계] N2=[장소], [기계], [교통기관])
¶제가 컴퓨터에 전원을 넣었는데도 화면이 나오지 않았습니다. ¶나는 자동차 브레이크를 밟은 후 기어를 넣었다.
❼(은행 등 금융기관에) 돈을 입금하여 맡기다. Leave money to a financial institute such as bank.
㊐입금하다 ㊥빼다I, 찾다
N0-가 N2-에 N1-를 V (N0=[인간] N1=[금융기관] N2=[금전])
¶그는 매달 통장에 일정 금액을 넣는다. ¶나는 적금을 많이 넣고 있다.
❽(천이나 물건 따위에) 그림이나 글자 따위를 그리거나 새기거나 찍다. Draw, engrave, or print drawing, words, etc., on cloth, item, etc.
㊐새기다I, 찍다II[1], 박다
N0-가 N2-에 N1-를 V (N0=[인간] N1=[구체물] N2=글자, 그림 따위)
¶여기에 원하는 문구를 넣어도 좋을 것 같아요.
❾(다른 사람을) 어떤 단체나 조직 따위에 들어가 그 일원이 되게 하다. Make someone enter a certain group or organization to become a member.
㊐가입시키다, 입사시키다
N0-가 N1-를 N2-에 V (N0=[인간] N1=[인간] N2=[단체], [기관], [부서])
¶아저씨는 나를 어떻게든 그 회사에 넣으려고 했다. ¶여자는 딸을 영어 유치원에 넣었다.
❿(어떤 일이나 주제, 이름 따위를) 일정한 범위 안에 들어가게 하다. Make a certain task, theme, name, etc., enter a specific range.
㊐포함하다

ㄴ

No-가 N1-를 N2-에 V (N0=[인간|단체] N1=[추상물](태권도, 주제, 비용, 이름 따위) N2=[추상물](일, 종목 따위), 명단, 청구서 따위)
¶저는 이 주제를 토론 안건에 넣는 것을 반대합니다. ¶그는 청구서에 숙박비를 넣지 않았다.
⓫(어떤 물건이나 재산, 권력 따위를) 손이나 손아귀에 들게 하여 자기 것으로 만들다. Have a certain item, asset, authority, etc., be in one's hands for possession.
[유]획득하다, 소유하다
No-가 N1-를 N2-에 V (N0=[인간|단체] N1=[모두] N2=손)
¶우리는 그의 연락처를 손에 넣었다. ¶그는 그 그림을 자기 손에 넣고 싶어 했다.
⓬어떤 일이나 사람 사이에 제삼자를 끼어들게 하다. Make a third party intervene with a certain task or relationship between people.
[유]개입시키다, 끼어들게 하다
No-가 N2-에 N1-를 V (N0=[인간] N1=[인간] N2=[기업], 중간 따위)
¶나는 중간에 사람을 넣어 둘을 화해시켰다. ¶그는 회사에 몰래 자기 사람을 넣어 두었다.
⓭신체의 일부분에 힘을 주다. Apply force on one's body part.
[유]긴장시키다, 힘을 주다
No-가 N2-에 N1-를 V (N0=[인간] N1=힘 N2=[신체부위])
¶나는 어깨에 잔뜩 힘을 넣었다. ¶아이는 배에 힘을 넣고 큰 소리로 말했다.
⓮(말이나 노래 따위에) 감정이나 강세를 더하거나 보태어 효과가 나타나게 하다. Add to certain speech, song, etc., emotion or accent or supplement such and make the effect show.
[유]가미하다, 가하다[1]
No-가 N2-에 N1-를 V (N0=[인간] N1=강세, 감정, 억양, 멜로디, 특수 효과 따위 N2=음절, 대사, 단어, 노래, 장면 따위)
¶그는 첫 음절에 강세를 넣어 말했다. ¶대사에 감정을 넣어서 다시 해 보십시오.
⓯《구기 종목에서》 공을 들어가게 하여 점수를 얻다. (In a ball game) Make the ball enter and garner points.
[유]들어가게 하다, 차넣다, 집어넣다, 던져넣다
No-가 N1-를 V (N0=[인간] N1=골)
¶상대 팀 선수가 동점 골을 넣었다. ¶제가 오늘은 한 골도 못 넣었어요.

넣다[2]

[활용]넣어, 넣으니, 넣고
[기능][타]행위를 나타내는 기능동사 Support verb depicting activity.
No-가 N1-(에|에게) Npr-를 V (N0=[인간] N1=[인간|단체], Npr=전화, 팩스, 연락, 압력, 입김 따위)
¶내일 다시 민원실에 전화를 넣어야겠다. ¶우리는 시청에 압력을 넣은 적이 없습니다.

노닐다

[활용]노닐어, 노니니, 노닐고, 노니는
[자]여유롭게 이리저리 거닐며 놀다. Take time to stroll around.
No-가 N1-(에|에서) V (N0=[인간], [짐승], [새] N1=장소)
¶나는 머리를 식힐 겸 강변에 나가 노닐었다. ¶바닷가에서 갈매기들이 노니는 모습이 평화로워 보인다.

노동하다

[어원]勞動~ [활용]노동하여(노동해), 노동하니, 노동하고 [대응]노동을 하다
[자](사람이) 생활이나 생계를 위해 힘들여 일하거나 활동하다. (of a person) Work or act with difficulty for a living.
[유]일하다, 작업하다[자] [반]쉬다I[자], 놀다[자]
No-가 V (N0=[인간])
¶그는 오랫동안 공장에서 노동하였다. ¶나는 생존을 위해 하루 11시간씩 노동하였다.

노래하다

[활용]노래하여(노래해), 노래하니, 노래하고 [대응]노래를 하다
[자]❶(사람이) 말에 음을 붙인 것을 목소리로 부르다. (of a person) Use one's voice to produce melody that is linked to words.
No-가 V (N0=[인간])
¶우리는 노래하고 춤추며 즐겁게 놀았다. ¶나는 피아노를 치고 그는 노래를 불렀다.
❷(새가) 지저귀다. (of a bird) Chirp.
[유]지저귀다, 울다I[자]
No-가 V (N0=[새])
¶종달새와 꾀꼬리가 서로 다투어 노래하였다. ¶산에서는 새가 즐겁게 노래하는 소리가 잘 들린다.
❸(사람이 무엇이라고) 원하는 것을 이루기 위해 같은 말을 반복하다. (of a person) Repeat the same words to achieve one's desire.
[유]반복하다, 되풀이하다
No-가 S고 V (N0=[인간])
¶딸아이가 다음 주가 자신의 생일이라고 계속 노래하네. ¶민수가 새 운동화가 갖고 싶다고 하루 종일 노래했다.
[타](사람이나 노래, 시 따위가) 감정이나 사상을 운율을 지닌 글로 나타내다. (of a person, a song, a poem, etc.) Present emotion or idea in

rhythmical words.
㊀작사하다, 작시하다
N0-가 N1-를 V (N0=[인간], [작품], [텍스트] N1=[감정])
¶이 노래는 헤어진 연인의 사랑을 노래한 것으로 유명하다. ¶이 시는 이루어질 수 없는 사랑을 노래하고 있다.

노려보다
활용 노려보아(노려봐), 노려보니, 노려보고
타 ❶(나쁜 감정을 가지고) 상대방을 매섭게 바라보다. Stare hard at another person with bad feelings.
㊀째려보다 ㊅보다[1]타
N0-가 N1-를 V (N0=[인간], [동물] N1=[인간], [동물], [구체물], [방향])
연어 뚫어지게, 매섭게
¶나는 그 사람을 뚫어지게 노려보았다. ¶그가 이쪽 방향을 노려보면서 걸어오고 있었다. ¶그녀는 남자친구를 매섭게 노려보았다.
❷(어떤 것을 차지할 목적으로) 눈독을 들여 계속 살피다. Keep an eye on something in order to occupy it.
㊀주시하다
N0-가 N1-를 V (N0=[인간], [동물] N1=[인간], [동물], [구체물], [사태])
¶아까부터 고양이가 생선을 계속 노려보고 있다. ¶그 팀은 이번에 우승을 노려볼 만하다.

노력하다
어원 努力~ 활용 노력하여(노력해), 노력하니, 노력하고 대응 노력을 하다
자 어떤 일을 이루기 위해 힘들여 꾸준히 애를 쓰다. Make consistent effort to achieve something.
㊀힘쓰다, 힘들이다, 매진하다, 공들이다
N0-가 N1-에 V (N0=[인간|단체] N1=[행위])
¶우리 연구소는 끊임없는 연구 및 개발에 노력한다. ¶유엔은 국제 평화의 유지에 노력하고 있다.
N0-가 S-려고 V (N0=[인간|단체])
¶우리 연구소는 끊임없는 연구 성과를 내려고 늘 노력한다. ¶봉사단체들이 아프리카 지역의 수질을 개선하려고 노력하고 있다.
N0-가 S-도록 V (N0=[인간|집단])
¶너 자신만 생각하지 말고 상대의 감정도 신경쓰도록 노력해라. ¶나는 아이와 많은 시간을 가지도록 노력하였다.

노리다
활용 노리어(노려), 노리니, 노리고
타 ❶(사람이나 짐승이) 무엇을 빼앗거나 차지하려고 하다. (of a person or animal) Attempt to steal or be in charge (of something).
N0-가 N1-를 V (N0=[인간], [동물] N1=[모두])
¶사자가 풀숲에서 사슴을 노린다. ¶최대식 선수는 세계 선수권 대회 우승을 노린다.
❷(사람이) 기회나 효과를 잡으려고 기다리다. (of a person) Wait to grab (chance or opportunity).
N0-가 N1-를 V (N0=[인간] N1=[시간](기회, 틈 따위), [결과])
¶패자 부활전에서는 꼴찌 팀도 역전의 기회를 노린다. ¶그는 상대 선수가 방심한 틈을 노렸다.
❸(사람이 다른 사람이나 사물을) 모질게 쏘아보다. (of a person) Glare hard at (other person or thing).
N0-가 N1-를 V (N0=[인간] N1=[인간], [구체물])
¶그는 치켜뜬 눈으로 하늘을 노렸다. ¶어떤 사람들이 자꾸 나를 노리고 있다.

노망나다
어원 老妄~ 활용 노망나, 노망나니, 노망나고 대응 노망이 나다
자 늙어서 정신이 오락가락하게 되다. (of mind) Wander due to age.
㊀노망들다
N0-가 V (N0=[인간])
¶할아버지는 노망나셔서 집을 나가셨다. ¶그는 노망났는지 했던 말을 되풀이했다.

노망들다
어원 老妄~ 활용 노망들어, 노망드니, 노망들고 대응 노망이 들다
☞노망나다

노발대발하다
활용 노발대발하여(노발대발해), 노발대발하니, 노발대발하고
자 화를 이기지 못하고 크게 성을 내다. Get into a temper without being able to contain anger.
㊀분노하다, 진노하다 ㊅화내다
N0-가 V (N0=[인간])
¶어머니는 무례를 범한 아들에게 노발대발했다. ¶사장은 생각보다 더 노발대발했다. ¶아끼는 그릇이 깨진 것을 보고 할아버지가 노발대발했다.

노출되다
어원 露出~ 활용 노출되어(노출돼), 노출되니, 노출되고 대응 노출이 되다
자 ❶유해한 환경 등에 드러나 접촉하다. Come out (to a harmful environment, etc.).
N0-가 N1-에 V (N0=[인간], [구체물](약, 야채 따위) N1=[상황], 햇빛, 농약, 방사능, 환경오염 따위)
능 노출하다
¶피부가 햇빛에 노출되면 손상된다. ¶약은 습기

나 빛에 노출되면 안 된다.
❷보이지 않거나 숨겨진 것들이 겉으로 드러나다. (of hidden things) Become visible.
㊌표면화되다, 불거지다
N0-가 N1-(에|에게) V (N0=[추상물](문제점, 신분, 취약점, 정보 따위) N1=[인간|단체], 언론 따위)
능 노출하다
¶여러 가지 문제점이 언론에 노출되다. ¶전술상의 취약점이 노출되었다.

ㄴ

노출시키다
어원 露出~ 활용 노출시키어(노출시켜), 노출시키니, 노출시키고 대응 노출을 시키다
☞'노출하다'의 오용

노출하다
어원 露出~ 활용 노출하여(노출해), 노출하니, 노출하고 대응 노출을 하다
타 ❶신체의 일부나 전체를 겉으로 드러내다. Make one's body or body part visible.
㊌드러내다, 까다I(속어)
N0-가 N1-를 V (N0=[인간] N1=[신체])
피 노출되다
¶여배우가 상반신을 노출했다. ¶그녀는 전혀 노출하지 않았는데도 섹시했다.
❷위치나 신분, 감정 따위를 남이 보거나 알 수 있도록 겉으로 드러내다. Make (one's position, identity, emotion, etc.) publicly known to other people.
㊌드러내다 ㊍감추다, 숨기다
N0-가 N1-를 V (N0=[인간|단체] N1=[추상물](비밀, 신분, 위치, 감정 따위))
피 노출되다
¶절대 신분을 노출하지 마십시오. ¶감정을 그대로 노출하면 안 됩니다.
❸자신의 신체의 일부나 전체를 다른 대상 앞에 보이거나 드러나게 하다. Cause (one's body or body part) Become visible or accessible to another object.
㊌드러내다, 쬐이다
N0-가 N1-를 N2-에 V (N0=[인간] N1=[신체] N2=[구체물](오존, 화학물질, 공기, 햇빛 따위))
피 노출되다
¶피부를 장시간 자외선에 노출하면 트러블이 생긴다. ¶강한 햇빛에 피부를 노출하면 화상을 입을 수 있다.

노크하다
어원 knock~ 활용 노크하여(노크해), 노크하니, 노크하고 대응 노크를 하다
타 ❶실내에 들어가기 전에 문을 가볍게 두드려 소리를 내다. ㊌두드리다 Hit a door lightly before entering.
N0-가 N1-를 V (N0=[인간] N1=문)
¶동생이 방문을 노크하고 들어왔다. ¶우리는 몇 군데 문을 노크했지만 아무도 대답을 하지 않았다.
❷어떤 영역이나 사람의 마음을 살피어 자신을 받아줄 것인지 확인하다. Look at an area or feel another person's heart in order to check whether one would be accepted.
㊌알아보다, 탐색하다
N0-가 N1-를 V (N0=[인간|단체] N1=[구체물](무대, 시장 따위))
¶한국 기업은 아무도 주목하지 않았던 중국 시장을 노크했다. ¶우리 회사는 꾸준히 국외 시장을 노크하고 있다.

노하다
어원 怒~ 활용 노하여(노해), 노하니, 노하고
자 (윗사람이) 성에 차지 않아 크게 화내다. (of elder or superior) Become angry due to unsatisfactory results.
㊌화내다, 분노하다
N0-가 V (N0=[인간](어른 따위), 신 따위)
¶할아버지는 손주가 다친 모습을 보고 노하셨다. ¶계속 부정을 저지르다간 하늘이 노할 것이다.

노화되다
어원 老化~ 활용 노화되어(노화돼), 노화되니, 노화되고 대응 노화가 되다
자 ❶(생물이나 그 기관이) 시간이 지나며 자연스럽게 구조와 기능이 약화되다. (of an organism or its organ) Naturally become weak in structure and function over time.
㊌늙다
N0-가 V (N0=[생물], [신체부위], [식물])
¶노화된 장기는 다시 회복되지 않는다. ¶사슴뿔이 노화되면 녹각이 된다.
❷(사물의 기능이) 시간이 지나며 자연스럽게 쇠퇴하거나 낡아지다. (of an object's function) Naturally decline, become old over time.
㊌노후화하다, 낡아지다
N0-가 V (N0=[구체물])
¶이 기계는 제 구실을 못 할 정도로 노화되었다. ¶독서실 시설이 노화되어 공부에 집중을 할 수가 없다.

노화하다
어원 老化~ 활용 노화하여(노화해), 노화하니, 노화하고
☞노화되다

노후화되다
어원 老朽化~ 활용 노후화되어(노후화돼), 노후화되니, 노후화되고 대응 노후화가 되다
자 ❶(건물, 시설, 기기 따위가) 오래 되거나 낡아

서 사용할 수 없을 상태가 되다. (of a building, facility, or machine) Become no longer in use because it is worn-out or too old.
㊥낡아지다
N0-가 V (N0=[건물], [시설물] , [기기], 자동차 따위)
¶운동시설이 노후화되어 교체해야 한다. ¶산골 시골집은 대부분 노후화되었다. ¶미세먼지를 발생시키는 노후화된 차들은 모두 폐차시켜야 한다.
❷(지역, [장소] 따위가) 오래되어 낡거나 나쁜 상태가 되다. (of an area or [place]) Become time-worn, deteriorate.
㊥뒤떨어지다, 뒤처지다, 낙후되다
N0-가 V (N0=[장소(지역, 국가 따위)])
¶신도시 개발로 노후화된 지역이 모두 사라졌다. ¶용천동은 서울에서 가장 노후화된 지역이었다.

노후화하다
어원落後~ 활용노후화하여(노후화해), 노후화하니, 노후화하고 대응노후화가 되다
☞노후화되다

녹다
활용녹아, 녹으니, 녹고
자❶고체 상태의 물질이 온도나 열 때문에 액체 상태가 되다. (of a solid) Become liquid due to exposure to extreme temperature or heat.
㊥얼다
N0-가 V (N0=[무생물])
사녹이다
¶아이스크림이 다 녹았다. ¶쌓인 눈들이 좀 녹으면 외출을 하기로 하자. ¶녹는 온도가 높은 금속은 가공하기 어렵다.
❷고체나 기체 상태의 물질이 액체 안에 풀려 섞이다. (of a solid or gas) Be dispersed and mixed within a liquid.
㊥용해되다
N0-가 N1-에 V (N0=[무생물] N1=[액체])
사녹이다
¶방치된 오염 물질은 빗물에 녹아서 땅에 섞인다. ¶따뜻한 물을 사용하면 설탕이 녹는 속도가 빨라진다.
❸차게 굳어 있던 몸이 따뜻하게 되어 부드럽게 풀리다. (of a cold and rigid body) Become sof t and flexible due to exposure to warmth.
㊥풀리다 ㊥얼다
N0-가 V (N0=[신체부위])
사녹이다
¶따뜻한 방 안에 들어오니 몸이 좀 녹는구나. ¶손이 녹기 전까지는 글씨를 못 쓸 것 같다.
❹(힘, 세력이나 재산 따위가) 줄어들어 사라지다. Decrease in amount and disappear.
㊥소멸되다, 사라지다
N0-가 V (N0=[구체물], [추상물])
연어스르르
¶물려받은 재산이 어느새 다 녹아 없어져 버렸다. ¶그 크던 회사가 그렇게 힘없이 녹을 줄 누가 알았겠는가?
❺어떤 좋지 않은 감정이 누그러져 사라지다. (of a negative emotion) Disappear or be dissipated.

㊥풀리다
N0-가 N1-에 V (N0=[감정] N1=[사태])
사녹이다
연어스르르
¶그의 진심어린 사죄에 미운 감정이 다 녹았다. ¶서운했던 마음도 시간이 지나자 저절로 녹아서 사라졌다.
❻(생각이나 영감 따위가) 작품이나 글에 스며들다. (of an idea) Be mixed and merged.
㊥스미다, 스며들다
N0-가 N1-에 V (N0=[추상물] N1=[추상물])
¶어느 종교에나 그 문화권에 사는 사람들의 삶이 녹아 있는 법이다. ¶글에는 글쓴이의 생각과 경험이 필연적으로 녹아 있을 수밖에 없다.
※주로 "녹아 있다"의 형태로 쓰인다.
❼음식이 아주 부드러워져서 액체처럼 되다. (of a food) Become very sof t and liquid-like.
N0-가 N1-에서 V (N0=[음식물] N1=[신체부위](입, 혀))
연어살살, 사르르
¶잘 익은 김치찜의 녹는 듯한 맛이 좋다. ¶배가 너무 고파서 뭘 먹어도 혀끝에서 녹는 듯한 기분일 것 같다.
❽사람에게 홀려 판단력을 잃다. Be seduced by someone into losing one's judgment.
㊥홀리다자
N0-가 N1-에게 V (N0=[인간] N1=[인간])
사녹이다
¶나는 감언이설하는 사기꾼에게 그만 녹고 말았다. ¶철수는 그녀에게 완전히 녹아서 정신을 차리지 못했다.
N0-가 N1-에 V (N0=[인간] N1=[구체물], [행위])
사녹이다
¶요즘은 화려한 사은품에 고객이 녹아서 넘어가는 일은 드물다. ¶나는 그의 청산유수 같은 언변에 그만 녹아 버렸다.

녹슬다
활용녹슬어, 녹스니, 녹슬고, 녹스는 대응녹이 슬다
자❶쇠붙이가 산화하여 빛이 변하다. (of an iron article) Change in color due to oxidation.

[유]산화하다II
No-가 V (No=[광물])
¶오랫동안 방치해 둔 칼이 녹슬어서 잘 들지 않는다. ¶우산 안쪽의 쇠가 점점 녹슬고 있다.
❷오랫동안 쓰지 않고 버려두어 낡거나 무디어지다. Become old or dull due to prolonged period of disuse.
[유]무디어지다, 퇴화하다
No-가 V (No=[신체부위])
¶머리가 녹슬었는지 간단한 문제도 못 풀겠네. ¶나는 손이 녹슬지 않도록 하루에 한 시간씩 그림을 그렸다.

녹음되다
[어원]錄音~ [활용]녹음되어(녹음돼), 녹음되니, 녹음되고 [대응]녹음이 되다
[자](소리가) 시디나 녹음기 따위의 기계 장치에 기록되다. (of a sound) Be registered in a machine or a device such as CD or recorder.
No-가 N1-(에|로) V (No=[소리], 공연, 대화, 이야기, 음악, 노래, 작품 따위 N1=[기기](시디, 녹음기, 컴퓨터 따위))
[능]녹음하다
¶우리들 이야기가 여기에 다 녹음되어 있어요. ¶그는 휴대전화에 녹음된 통화 내용을 반복해서 들었다.
No-가 N1-로 V (No=[소리], 공연, 대화, 이야기, 음악, 노래, 작품 따위 N1=라이브, 실시간 따위)
[능]녹음하다
¶이 공연은 라이브로 녹음되어 곧 시디로 선보일 계획이다. ¶라이브로 녹음된 베토벤의 협주곡은 매우 매력적이었다.

녹음하다
[어원]錄音~ [활용]녹음하여(녹음해), 녹음하니, 녹음하고 [대응]녹음을 하다
[타](소리나 노래, 음악 따위를) 시디나 녹음기 따위의 기계 장치에 기록하다. Register sound, song, or music to a machine or a device such as CD or recorder.
No-가 N1-를 N2-(에|로) V (No=[인간] N1=[소리] 대화, 이야기, 음악, 노래, 작품 따위 N2=[기기](시디, 녹음기, 컴퓨터 따위))
[피]녹음되다
¶친구가 수업 내용을 녹음기에 녹음하고 있다. ¶나는 좋아하는 노래를 시디에 녹음해서 매일 들었다.

녹이다
[활용]녹여, 녹이니, 녹이고
[타]❶고체 상태의 물질에 열을 가해 액체로 만들다. Apply heat to a solid to make it liquid.
[반]얼리다
No-가 N1-를 V (No=[인간|단체] N1=[무생물])
[주]녹다
¶유리를 녹이는 기술은 현대의 다양한 발명품을 낳았다. ¶빙하 속에 묻힌 고대 생물을 얼음을 녹여 꺼낼 수 있었다.
❷고체나 기체 상태의 물질을 액체에 풀어 섞이게 하다. Place a solid or gas into a liquid and mix.
[유]용해하다
No-가 N1-를 N2-에 V (No=[인간|단체] N1=[무생물] N2=[액체])
[주]녹다
¶물에 녹지 않는 기름은 알코올에 녹일 수 있다. ¶세제는 따뜻한 물에 녹여서 사용하면 더 효과가 좋다.
❸차게 굳어 있던 몸을 따뜻하게 하여 부드럽게 풀리도록 하다. Warm up a cold and rigid body to make it soft and flexible.
[유]풀리게 하다, 이완시키다
No-가 N1-를 N2=에 V (No=[인간] N1=[신체부위] N2=[구체물], [장소])
[주]녹다
¶방으로 들어와 몸을 좀 녹여라. ¶조난당한 우리는 몸을 빨리 녹여야 했다.
❹남의 좋지 않은 감정을 누그러뜨려 사라지게 하다. Suppress someone's negative emotion and cause it to disappear.
[유]풀다, 해소하다
No-가 N1-를 V (No=[인간], [행위] N1=[감정])
[주]녹다
¶그의 진심 어린 사과가 내 노여움을 녹였다. ¶진실한 대화는 사람 사이의 미움을 녹이는 힘이 있다.
❺사람을 홀려 판단력을 잃게 하다. Seduce someone and weaken their judgment.
[유]홀리다[타]
No-가 N1-를 N2-로 V (No=[인간] N1=[인간] N2=[구체물], [행위])
[주]녹다
¶그는 말로 사람을 녹이는 재주가 뛰어나다. ¶그녀는 남자를 녹이는 능력이 출중하다.

논박되다
[어원]論駁~ [활용]논박되어(논박돼), 논박되니, 논박되고 [대응]논박이 되다
[자]남의 주장이나 의견의 잘못된 점이 논리적으로 지적받거나 공격당하다. Errors in someone's argument or opinion are logically pointed out or attacked.
[유]반박되다

N0-가 N1-에 의해 V (N0=[속성], [앎], [현상], [상태], [생각] N1=[인간|단체])
능 논박하다
¶상대방의 주장이 제대로 논박되지 못했다.
¶경찰 조사 내용이 범인에 의해 논박될 수 없었다.

논박하다

어원 論駁~ 활용 논박하여(논박해), 논박하니, 논박하고 대응 논박을 하다
자타 남의 주장이나 의견의 잘못된 점을 논리적으로 지적하거나 공격하다. Logically point out or attack errors in someone's argument or opinion.
㊌반박하다
N0-가 N1-(를|에 대해) V (N0=[인간|단체] N1=[속성], [앎], [현상], [상태], [생각])
피 논박되다
¶그는 상대방의 주장을 논박했다. ¶그녀는 그 기자의 말에 대해 논박하지 못했다. ¶범인은 경찰 조사 내용에 대해 논박할 수가 없었다.

논술하다

어원 論述~ 활용 논술하여(논술해), 논술하니, 논술하고 대응 논술을 하다
자타 (어떤 주제나 문제에 대하여) 자신의 생각이나 의견 따위를 이치에 맞게 말하거나 적다. Logically point out or attack errors in someone's argument or opinion.
㊌논하다
N0-가 N1-(를|에 대해) V (N0=[인간|단체] N1=[속성], [앎], [현상], [상태], [생각])
¶나는 상식과 비상식에 대해 논술했다. ¶문화와 산업의 바람직한 관계를 논술하라.
N0-가 S다고 V (N0=[인간])
¶나는 국가는 국민을 위해 존재해야 한다고 논술했다. ¶그는 남녀 차별은 없어져야 한다고 논술한 글로 대상을 탔다.

논의되다

어원 論議~ 활용 논의되어(논의돼), 논의되니, 논의되고 대응 논의가 되다
자 어떤 주제나 문제 따위가 모임이나 회의에서 나와 서로 의견이 나눠지다. (of a certain topic, problem, etc.) Be presented in a meeting or a conference and discussed in differing opinions.
㊌토론되다, 다뤄지다, 의논되다
N0-가 N1-에서 V (N0=[속성], [앎], [현상], [상태], [생각] N1=[회의])
능 논의하다
¶이 사항은 지난 회의에서 이미 논의되었다.
¶그 안건은 학생회의에서 논의될 것입니다.
¶이 문제는 신중히 논의되어야 한다.

논의하다

어원 論議~ 활용 논의하여(논의해), 논의하니, 논의하고 대응 논의를 하다
자타 (어떤 문제나 주제에 대해) 다른 사람과 생각이나 의견 따위를 서로 말하여 나누다. Say and share thoughts, opinion, etc., with someone on a certain problem or topic.
㊌의논하다, 토론하다, 논하다
N0-가 N2-와 서로 N1-(를|에 대해) V ↔ N2-가 N0-와 서로 N1-(를|에 대해) V ↔ N0-와 N2-가 서로 N1-(를|에 대해) V (N0=[인간|단체] N1=[속성], [앎], [현상], [상태], [생각] N2=[인간|단체])
피 논의되다
¶선생님은 학생들과 봉사 활동을 논의했다. ↔ 학생들은 선생님과 봉사 활동을 논의했다. ↔ 선생님과 학생들은 봉사 활동을 논의했다. ¶나는 부모님과 진지하게 진학 문제를 논의할 예정이다.
N0-가 S을지 V (N0=[인간])
¶우리는 어떻게 하면 사회가 발전할 수 있을지 논의했다. ¶학생들이 수학여행을 어디로 가면 좋을지 논의했다.

논쟁하다

어원 論爭~ 활용 논쟁하여(논쟁해), 논쟁하니, 논쟁하고 대응 논쟁을 하다
자타 (둘 이상의 사람이) 어떤 문제나 안건에 대해 서로 다른 자기의 생각이나 주장을 말이나 글 따위로 따져 말하다. (of two or more people on some topic or problem) State diverging thoughts or opinions through speech or writing.
㊌논박하다
N0-가 N2-와 N1-(를|에 대해) V ↔ N2-가 N0-와 N1-(를|에 대해) V ↔ N0-와 N2-가 N1-(를|에 대해) V (N0=[인간|단체] N1=[속성], [앎], [현상], [상태], [생각] N2=[인간|단체])
¶ 나는 그와 인종 문제를 논쟁했다.↔나와 그는 인종 문제에 대해 논쟁했다. ¶ 우리는 세계 평화에 대해 논쟁했다. ¶ 빌과 벤은 외교 문제에 대해 논쟁하고 있다.
N0-가 N1-과 S(것|데)-(을|에 대해) V ↔ N0-과 N1-가 S(것|데)-(을|에 대해) V (N0=[인간|단체] N1=[인간|단체])
¶변호사는 범인이 증거를 조작한 것을 검찰과 논쟁했다.↔ 변호사와 검찰은 범인이 증거를 조작한 것에 대해 논쟁했다. ¶언론들은 심판이 편파 판정을 하는 데에 대해 논쟁했다.
N0-가 N1-과 S지-(를|에 대해) V ↔ N0-과 N1-가 S지-(를|에 대해) V (N0=[인간|단체] N1=[인간|단체])

¶그는 과학자들과 시간 여행이 가능한지를 논쟁했다.↔그와 과학자들은 시간 여행이 가능한지에 대해 논쟁했다. ¶사람들은 커피가 몸에 어떤 영향을 미치는지에 대해 논쟁해 왔다.
N0-가 N1-과 S다고 V ↔ N0-과 N1-가 S다고 (N0=[인간|단체] N1=[인간|단체])
¶나는 학생들과 인간 복제가 윤리적으로 문제가 있다고 논쟁했다.↔ 나와 학생들은 인간 복제가 윤리적으로 문제가 있다고 논쟁했다.

ㄴ

논증되다

어원 論證~ 활용 논증되어(논증돼), 논증되니, 논증되고 대응 논증이 되다
자 (어떤 주장이나 이론 따위가) 충분한 근거나 이유에 의해 옳고 그름이 밝혀지다. (of some argument or theory) Be revealed to be right or wrong by sufficient grounds or reason.
유 입증되다
N0-가 N1-에 의해 V (N0=[속성], [앎], [현상], [상태] N1=[인간|단체])
능 논증하다
¶그의 주장은 실험에 의해 논증되었다.
S(것|음)-이 V
¶토마토가 암 예방에 효과적임이 연구자들에 의해 논증되었다. ¶담배가 몸에 해롭다는 것이 과학자들에 의해 논증되어 왔다. ¶그의 주장이 사실이 아님이 경찰에 의해 논증되었다.

논증하다

어원 論證~ 활용 논증하여(논증해), 논증하니, 논증하고 대응 논증을 하다
타 (어떤 주장이나 이론 따위를) 근거나 이유를 들어 옳고 그름을 밝히다. Reveal the right and wrong of a certain statement, theory, etc., by proving with basis or reason.
유 입증하다
N0-가 N1-를 V (N0=[인간|단체] N1=[속성], [앎], [현상], [상태], [생각])
피 논증되다
¶그는 자신의 가설을 여러 가지 방법으로 논증했다. ¶아인슈타인은 세 가지 현상을 예로 들어 자신의 이론을 논증해 나갔다.
N0-가 S(것|음)-를 V (N0=[인간])
피 논증되다
¶그는 다수의 판례가 잘못되었다는 것을 논증했다. ¶그녀는 모든 인간은 선하다는 것을 논증하려 하였다.

논평하다

어원 論評~ 활용 논평하여(논평해), 논평하니, 논평하고 대응 논평을 하다
자타 (글이나 말, 사건 따위에 대해) 좋고 나쁨, 잘하고 못함, 옳고 그름을 판단하여 말하다. (on some writing, speech or incident) Voice one's opinion or judgment as to whether something is good or bad, right or wrong, etc.
유 평하다, 비판하다
N0-가 N1-(를|에 대해) V (N0=[인간|단체] N1=[작품], [텍스트], [행위], [사건], [추상물](견해, 주장 따위))
¶그는 영극을 본 후 신랄하게 논평했다. ¶정부는 이번 회담에 대해 긍정적으로 논평했다.
N0-가 N1-(를|에 대해) S것-으로 V (N0=[인간|단체] N1=[작품], [텍스트], [행위], [사건], [추상물](견해, 주장 따위))
¶평론가들은 김창수 감독의 영화를 매우 독창적인 것으로 논평했다. ¶한국은 대기업의 해외 진출을 매우 고무적인 것으로 논평했다.
N0-가 N1-(를|에 대해) S다고 V (N0=[인간|단체] N1=[작품], [텍스트], [행위], [사건], [추상물](견해, 주장 따위))
¶평론가들은 이번 공연에 대해 매우 새롭고 참신했다고 논평했다. ¶일부 지식인들은 정부의 소비자 정책을 합리적이라고 평가한다고 논평했다.

논하다

어원 論~ 활용 논하여(논해), 논하니, 논하고
자타 (어떤 사실이나 문제에 대해) 그 이치나 시비를 따져 조리 있게 말하다. Argue the principle of right and wrong of a certain fact or problem and speak logically.
유 토론하다, 논의하다
N0-가 N1-(를|에 대해) V (N0=[인간|단체], [텍스트] N1=[시간], [인간|단체], [사조], [예술], [작품], [속성])
¶우리는 우리의 미래에 대해 논했다. ¶언어와 민족에 대해 논하시오. ¶그녀 앞에서 인생을 논하지 마라.
N0-가 N1-(를|에 대해) S다고 V (N0=[인간|단체], [텍스트] N1=[시간], [인간|단체], [사조], [예술], [작품], [속성])
¶선생님들은 그에 대해 발전 가능성이 매우 높다고 논했다. ¶이 책에서는 무분별한 외래문화 유입에 대책 마련이 시급하다고 논했다.

놀다

활용 놀아, 노니, 놀고, 노는
자 ❶마음껏 즐거운 시간을 보내다. Spend a joyful time to one's heart's content.
N0-가 V (N0=[인간|단체])
사 놀리다II
¶아이들이 뒤뜰에서 놀고 있다. ¶나는 어릴 때부터 혼자 노는 데에 익숙했다. ¶조카들이 가지고 놀게 인형을 선물로 마련했다.

❷직업이나 임무 없이 시간을 보내다. Spend time without doing one's job or duty.
N0-가 V (N0=[인간|단체])
사 놀리다II
¶나는 요즘 집에서 놀고 있다. ¶그렇게 놀지만 말고 취업 준비를 해야 할 게 아니냐?
❸(토지나 도구가) 사용되는 일 없이 방치되다. (of land or tool) Be neglected without being used.
N0-가 V (N0=[구체물], [장소])
사 놀리다
¶공장은 생산 기계가 노는 채로 방치되었다. ¶마침 노는 땅이 있는데 거기에 건물을 짓고 싶다.
❹(주로 고정되어 있던 물건이나 이빨 따위가) 헐거운 상태로 이리저리 움직이다. (of an object or a tooth that used to be fixed) Move around loosely.
㊎움직이다 자, 흔들리다
N0-가 V (N0=[구체물])
¶이 자전거는 고장이 났는지 페달이 헐렁하게 노는데요. ¶아이의 이가 흔들흔들 노는 걸 보니 이갈이를 하는 구나.
❺사람이 방탕하거나 불량하게 살다. Live a dissipated, ill-mannered lifestyle.
N0-가 V (N0=[인간|단체])
¶그는 주먹 세계에서 놀던 가락이 여전히 남아 있다. ¶학생들이 등하굣길에 노는 녀석들이 자주 괴롭힌다.
타(윷을 가지고) 규칙에 따라 놀이를 하다. Throw Yut(윷) (one of korean traditional board games) sticks and play according to a certain rule.
N0-가 N1-를 V (N0=[인간|단체] N1=윷)
¶우리 가족은 명절에 한참 동안 윷을 놀았다. ¶윷을 놀다 보니 시간 가는 줄을 몰랐다.

놀라다

활용 놀라, 놀라니, 놀라고
자❶(갑작스러운 일, 사태나 공포감 따위로) 심장이 두근거리거나 그러한 느낌이 들다. The heart pounds or experiences similar feelings due to sudden duty, situation, fear, etc.
㊎경악하다
N0-가 N1-에 V (N0=[인간], [동물] N1=[사태], [일], [앎])
연어 깜짝, 화들짝
¶나는 천둥소리에 깜짝 놀랐다. ¶아군의 대패 소식에 지휘부는 놀랄 수밖에 없었다.
N0-가 S데-에 V (N0=[인간], [동물])
¶지휘부는 아군이 크게 졌다는 데에 놀랐다. ¶종수가 시험에 불합격했다는 데에 무척 놀랐다.
❷(예상치 못한 상황이나 타인의 행동 따위로 인하여) 어리둥절하여 어찌할 바를 모르다. Be disconcerted due to an unexpected situation, other people's action, etc.
㊎당황하다
N0-가 N1-에 V (N0=[인간] N1=[사건], [사태])
¶우리는 그 친구의 엉뚱함에 놀랐다. ¶우리는 초등학생들의 도전에 적잖이 놀랄 수밖에 없었다.
N0-가 S(데|것)-에 V (N0=[인간], [동물])
¶우리는 그 친구가 엉뚱한 데에 놀랐다. ¶우리는 아버지께서 회사를 갑자기 퇴직하신 것에 놀랐다.

ㄴ

놀리다 I

활용 놀리어(놀려), 놀리니, 놀리고
타(남에 대하여) 흠을 잡거나 하여 웃음거리로 만들다. Make someone a laughing stock by findng fault.
㊎조롱하다
N0-가 N1-를 V (N0=[인간|단체] N1=[인간|단체])
¶놀리지만 말고 진지하게 말해 보세요. ¶철수는 싱글싱글대며 놀리는 듯한 표정을 지었다.
N0-가 N1-를 S고 V (N0=[인간|단체] N1=[인간|단체])
¶그들은 철희의 코가 빨갛다고 놀렸다. ¶그는 어릴 때 친구들이 놀려서 상처를 많이 받았다. ¶그 출연자는 상대를 놀리는 코미디 프로그램에 출연했다.

놀리다 II

활용 놀리어(놀려), 놀리니, 놀리고
타❶다른 사람을 마음껏 즐거운 시간을 보내게 하다. Allow someone to have a very pleasant time.
㊎놀게 하다
N0-가 N1-를 V (N0=[인간|단체] N1=[인간|단체])
주 놀다 자
¶애들을 놀리지 않고 공부만 시키면 건강하지 못합니다. ¶선생님은 운동장에서 학생들을 마음껏 놀렸다.
❷(사람을) 직업이나 임무 없이 시간을 보내게 하다. Cause someone to waste time without job or duty.
N0-가 N1-를 V (N0=[인간|단체] N1=[인간|단체])
주 놀다 자
¶직원들을 출근시켜 놓고 이렇게 일없이 놀리기만 하면 됩니까? ¶집에서 놀리고 있는 아들이 있는데 취직 좀 부탁합니다.
❸(토지나 도구를) 사용하는 일 없이 방치하다. Leave a plot of land or a tool unused.
N0-가 N1-를 V (N0=[인간|단체] N1=[구체물], [장소])

[주]놀다[자]
¶올해는 밭에 아무 것도 심지 않은 채 놀리고 있다. ¶내가 놀리는 점포가 몇 개 있으니 거기서 장사해 보세요.
❹ (신체부위나 도구를) 능숙하게 사용하다. Skillfully use a body part or a tool.
N0-가 N1-를 V (N0=[인간|단체] N1=[신체부위], [도구])
¶철수는 붓을 놀려 멋지게 그림을 그렸다. ¶저 요리사는 손을 놀리는 솜씨가 보통이 아니다.
◆ **입을 놀리다** 말을 함부로 하다. Speak carelessly.
㊌주둥이를 놀리다, 혀를 놀리다
N0-가 Idm (N0=[인간])
¶분수를 모르고 입을 놀리다가 신세를 망친 사람이 많다. ¶너는 이 분이 누군 줄 알고 입을 함부로 놀리느냐? ¶오늘만은 입 놀리지 말고 가만히 있어라.

놀아나다

[활용]놀아나, 놀아나니, 놀아나고
[자]❶사기꾼 따위에게 속아서 헛수고를 하다. Work in vain by beng deceived by a crook.
㊌속다[자]
N0-가 N1-(에|에게) V (N0=[인간|단체] N1=[인간|단체], [소통], 농간, 간계, 계획)
¶그는 사기꾼에게 놀아나서 재산을 탕진했다. ¶남의 달콤한 말에 놀아나지 말고 상황을 올바르게 판단해라.
❷(두 사람이) 부적절한 연애 관계가 되다. (of two people) Be in an inapproprate love relationship., .
㊌연애하다, 통정하다
N0-가 N1-와 V ↔ N1-가 N0-와 V ↔ N0-와 N1-가 V (N0=[인간] N1=[인간])
¶아내는 남편이 이웃집 여자와 놀아나는 것을 알았다. ↔ 아내는 이웃집 여자가 남편과 놀아나는 것을 알았다. ↔ 아내는 남편과 이웃집 여자가 놀아나는 것을 알았다. ¶요즘 철수는 누군가와 놀아나고 있는 것이 틀림없다.
※ 폄하의 뜻으로 쓰인다.

농담하다

[어원]弄談~ [활용]농담하여(농담해), 농담하니, 농담하고 [대응]농담을 하다
[자]장난의 말로 놀리거나 우스갯소리를 하다. Tease or play wth jestful words.
㊌우스갯소리하다, 농짓거리하다 ㊥말하다
N0-가 N1-에게 S고 V (N0=[인간] N1=[인간])
[연어]실없이
¶분위기가 이상해지자 그는 사람들을 웃기려고 농담하였다. ¶철수는 처음 만난 사람에게도 농담하기를 좋아한다.
N0-가 N1-와 V ↔ N1-가 N0-와 V ↔ N0-와 N1-가 V (N0=[인간] N1=[인간])
[연어]실없이
¶아내가 남편과 농담하며 걸어간다. ↔ 남편이 아내와 농담하며 걸어간다 ↔ 아내와 남편이 농담하며 걸어간다. ¶나는 지금 아무와도 농담하고 싶지 않다.

농사짓다

[어원]農事~ [활용]농사지어, 농사지으니, 농사짓고, 농사짓는 [대응]농사를 짓다
[자]농사일을 직업으로 삼다. Practice farming as an occupation.
㊌농사하다[자]
N0-가 V (N0=[인간])
¶저희 아버지는 농촌에서 농사짓고 계십니다. ¶아들 내외가 농사짓겠다며 고향으로 내려왔다.
[타]농작물의 씨를 뿌려 기르고 거두다. Scatter seeds of crop to raise and harvest.
㊌재배하다, 경작하다
N0-가 N1-를 N2-에 V (N0=[인간] N1=[작물] N2=[장소](논, 밭, 산, 들 따위))
¶아버지께서는 뒷산에 여러 가지 농작물을 농사지으셨다. ¶요즘은 유기농 방식으로 농사지으면 수익이 좋다.

농사하다

[어원]農事~ [활용]농사하여(농사해), 농사하니, 농사하고 [대응]농사를 하다
[자](사람이) 먹거리를 생산하는 일에 종사하다. (of a person) Work to produce food.
㊌농사짓다[타]
N0-가 V (N0=[인간])
¶인간은 농사하면서 인구가 증가했다. ¶요즘 시골에서 농사하는 사람들을 볼 수 없다.
[타](사람이) 곡식이나 채소, 과실 따위를 생산하다. Produce grains, vegetables, or fruits.
㊌농사짓다[타]
N0-가 N2-에 N1-를 V (N0=[인간] N1=[곡식], [채소], [과실] N2=논, 밭, 들, 산 따위)
¶조상들은 조그만 땅에도 곡식을 농사하였다. ¶시골 땅에 채소라도 농사해야겠다.

농축되다

[어원]濃縮~ [활용]농축되어(농축돼), 농축되니, 농축되고 [대응]농축이 되다
[자]❶액체가 진하게 바짝 졸아들다. (of a liquid) Thickly boil down.
㊌응축되다
N0-가 V (N0=[액체])
[능]농축하다

¶이 가게의 사골 국물은 오래 끓여서 진하게 농축되었다. ¶물이 증발하면서 소금이 점차 농축되었다.
❷(아주 작은 물질이) 사람이나 동식물의 내부에 계속해서 쌓이다. (of a very small object) Continuously pile up in a person, an animal, or a plant's inside.
N0-가 N1-에 V (N0=[무생물](중금속, 독 따위) N1=[인간], [동물], [식물], 몸 따위)
능 농축하다
¶바다가 오염되어 고기들이 몸속에 오염 물질이 농축된다. ¶물이 오염되면 농작물에도 중금속이 농축된다.

농축시키다

어원 濃縮~ 활용 농축시키어(농축시켜), 농축시키니, 농축시키고 대응 농축을 시키다
☞'농축하다'의 오용

농축하다

어원 濃縮~ 활용 농축하여(농축해), 농축하니, 농축하고 대응 농축을 하다
타 액체를 진하게 바짝 졸아들도록 하다. Have liquid be thickly boiled down.
㊌졸이다, 졸아들게 하다
N0-가 N1-를 V (N0=[인간] N1=[액체])
피 농축되다
¶한의사는 탕약을 농축하여 환약을 만들었다. ¶주방장은 육수를 열 시간 이상 끓여서 농축했다.

높이다

활용 높여, 높이니, 높이고
타 ❶(어떤 물체의 위쪽 끝이나 그 높이를) 원래보다 바닥에서 멀어지게 하다. Make the top or height of a thing more distant from the ground than the original state.
㊥낮추다
N0-가 N1-를 V (N0=[인간|단체], [현상] N1=[구체물], [높이])
¶건설사는 건물을 10층짜리로 더 높였다. ¶맑은 날씨가 하늘을 한층 더 높인 것 같다. ¶앉은 자세가 불편하면 의자를 높여 보아라.
❷수치로 표현되는 정도를 기준보다 위에 있게 하다. Have a degree expressed by a figure stay above a standard.
㊌올리다 ㊥낮추다
N0-가 N1-를 V (N0=[인간|단체], [현상], [행위] N1=[수량], [금전], [크기])
¶날씨가 추워서 민영이는 방의 온도를 높였다. ¶우수한 학생을 유치하는 것이 합격률을 높이는 방법이다.
❸수준이나 질을 이전보다 뛰어나게 하다. Make the level or quality better than before.
㊌제고하다, 향상시키다 ㊥낮추다
N0-가 N1-를 V (N0=[인간|단체], [상황], [사건] N1=[속성], [능력])
¶높은 교육열이 의식 수준을 높였다. ¶제품의 질을 높이기 위해서는 좋은 원료를 써야 한다. ¶아동의 사고력을 높이는 교재가 개발되고 있다.
❹(지위나 등급 따위를) 이전보다 올리어 나아지게 하다. Make things better by raising the status or class.

㊌진급시키다, 승진시키다 ㊥낮추다
N0-가 N1-를 V (N0=[인간|단체] N1=[속성](지위, 등급 따위))
¶회사에서는 그의 직위를 높여 책임자로 임명하였다. ¶세계 속에서 국격을 높이기 위해 국민 개개인이 힘써야 한다.
❺(다른 사람을) 공경하는 마음으로 공손하게 대우하다. Treat other people with a polite attitude.
㊌존중하다, 존경하다 ㊥낮추다
N0-가 N1-를 V (N0=[인간|단체] N1=[인간])
¶너를 높여 주는 사람과 결혼하도록 해라. ¶그는 상대방이 자신을 높여 주지 않으면 기분 나빠한다.
❻다른 사람에게 격식을 갖추어 어려운 사람을 대하듯 말을 쓰다. Speak to other people formally just like treating a dfficult person.
㊌존대하다 ㊥낮추다
N0-가 N2-에게 N1-를 V (N0=[인간] N1=[소통](말, 말씀 따위) N2=[인간])
¶처음 만난 성인에게는 말을 높이는 것이 예의이다. ¶그 애가 자꾸 나에게 말을 높여서 도리어 불편하다.
❼(소리를) 크거나 높게 하다. Make a big or high sound.
㊌올리다 ㊥낮추다, 줄이다
N0-가 N1-를 V (N0=[인간] N1=[소리], [크기](음량 따위))
¶현아는 설거지를 하느라 음악 소리를 높였다. ¶이번에는 라장조로 높여서 불러 보자.
❽(이름이나 명성 따위를) 두루 알리다. Make a name known widely.
㊥실추하다, 떨어뜨리다
N0-가 N1-를 V (N0=[인간|단체], [사건], [행위] N1=이름, 명성, 명예 따위)
¶김 군의 법정 투쟁은 도리어 그의 이름을 높였다. ¶그는 자신의 명성을 높이기 위하여 어려운 길을 택했다.
❾(기세나 기운을) 세차고 왕성하게 하다. Make something vigorous or energetic.
㊌고취하다, 북돋우다
N0-가 N1-를 V (N0=[인간|단체], [사건], [상황], [행

위] N1=[인지])
¶장군의 격려는 병사들의 사기를 높였다. ¶올림픽에 대한 국민들의 관심을 높이고자 특집 방송이 예정되어 있다.
⑩의견이나 활동을 더욱 활발하게 알려 다른 의견보다 우세하게 하다. Convey an opinion or an activity more passionately so that such becomes dominant.
㊤거세게 항의하다
N0-가 N1-를 V (N0=[인간|단체] N1=[감정], [의견], 목소리])
¶시민들은 목소리를 높여 자신들의 권리를 주장했다.
⑪(뜻이나 이상 따위를) 크고 대단하게 하다. Set up a magnificent or a great goal or deal.
N0-가 N1-를 V (N0=[인간|단체] N1=[계획])
¶청년은 뜻을 높이어 도전하라. ¶자신감을 얻은 나는 목표를 높이고 부딪치기로 했다.

ㄴ

놓다[1]

활용 놓아, 놓으니, 놓고
타 ❶물건을 손으로 쥐거나 잡거나 누르고 있다가 손을 펴거나 힘을 빼서 손 밖으로 빠져나가게 하다. Grab, hold or press something and release (it) from hand by opening the palm.
㊤두다[1]
N0-가 N1-를 V (N0=[인간] N1=[구체물])
¶그 폭력배는 경찰이 온 뒤에야 잡았던 멱살을 놓았다. ¶나는 너무 놀라서 그만 수화기를 놓았다.
❷계속하던 일을 그만두고 더이상 하지 아니하다. Stop and no longer continue work.
㊤쉬다I타, 그만두다
N0-가 N1-를 V (N0=[인간] N1=[일], [행위], 일손)
¶그는 아이를 돌보느라 일을 놓고 있다. ¶우리는 너무 바빠서 며칠 일손을 놓았다.
❸(걱정, 근심, 긴장 따위를) 잊어버리거나 풀어 없애다. Forget or release worry, anxiety, tension, etc..
㊤잊다
N0-가 N1-를 V (N0=[인간] N1=[인지](마음, 근심 따위))
¶합격 소식을 받은 나는 일단 한시름 놓았다. ¶어머니는 아들의 소식을 듣고서야 근심을 놓으셨다.
❹수판이나 산가지를 이용하여 셈을 세다. Count using abacus or counter.
N0-가 N1-를 V (N0=[인간] N1=[도구]
¶선비들은 놀 때에도 술잔에 술을 붓고 꽃 꺾어 산을 놓는다.
※ 고어여서 현재는 거의 쓰이지 않는다.

❺뛰는 행위를 힘주어 더 빨리 가도록 하다. Strengthen to run faster.
N0-가 N1-를 V (N0=[인간] N1=[행위](달음질 따위))
¶동네 아이들이 담벼락에 오줌을 누고 줄행랑을 놓았다.
❻병을 치료하여 몸이 회복되다. Treat (dsease) to recover the body.
㊤회복하다, 치유하다
N0-가 N1-를 V (N0=[인간] N1=[질병](병, 병줄 따위))
¶아버지는 간병을 받고 병을 놓으시고 일어났다.
❼잡거나 쥐고 있던 물체를 일정한 장소에 위치시키다. Locate object held or grabbed in certain place.
㊤두다[1], 갖다놓다, 차리다
N0-가 N2-에 N1-를 V (N0=[인간] N1=[장소] N2=[구체물])
피 놓이다 자
¶아버지는 상 위에 술과 잔을 놓았다. ¶손님들은 책상 위에 선물을 놓았다.
❽(일정한 장소에) 기계나 구조물 따위를 설치하다. Install machine or structure at certain place.
㊤설치하다타, 갖추다타
N0-가 N2-에 N1-를 V (N0=[인간] N1=[기계], [설치물] N2=[장소])
피 놓이다
¶나는 할아버지 댁에 전화기를 놓아 드렸다.
¶시청에서 강에 새로운 다리를 놓았다.
❾(일정한 장소에) 짐승이나 물고기를 잡기 위해 장치를 설치하다. Install equipment at certain place to catch animal or fish.
㊤설치하다
N0-가 N2-에 N1-를 V (N0=[인간] N1=[장소] N2=[도구])
피 놓이다
¶사냥꾼이 산에 토끼 덫을 놓았다. ¶어부들이 바다에 그물을 놓고 왔다.
⑩(천이나 가구에) 무늬나 수를 새겨 넣다. Embroider or engrave on fabric or furniture.
N0-가 N2-에 N1-를 V (N0=[인간] N1=[가구], [천] N2=[모양], [재료])
¶작가는 전통적인 도안을 만들어서 천에 섬세하게 수를 놓았다. ¶할머니께서 베개에 구름무늬를 놓으셨다.
⑪(어떤 장소나 대상에) 불을 피우다. Ignite fire at certain place or target.
㊤피우다[1], 붙이다[1]
N0-가 N1-(에|에게) N2-를 V (N0=[인간] N1=[장소], [구체물], [인간] N2=[불])
¶화전민들이 산에 불을 놓았다. ¶의사가 환자들

에게 쑥뜸을 놓았다.
⑫(사람이) 어떤 대상에 다른 재료를 섞거나 넣다. Mix or add other materials to something.
㊐넣다[1]
N0-가 N2-에 N1-를 V (N0=[인간] N1=[음식물], [재료](솜 따위) N2=[구체물])
¶어머니는 겨울이 오기 전에 이불에 솜을 놓으셨다. ¶요즘 그는 건강을 위해 밥에 콩을 놓는다.
⑬수에 수를 보태어 합하다. Add number to number to total.
㊐더하다, 합하다
N0-가 N2-에 N1-를 V (N0=[인간] N1=[수] N2=[수])
¶하나에 셋을 놓으면 넷이오.
⑭(어떤 장소에) 사람이나 짐승을 어떤 일을 시키기 위해 자유롭게 내보내다. Free or release person or animal in certain place to entrust them with a task.
㊐방면하다, 풀어주다, 내보내다
N0-가 N2-에 N1-를 V (N0=[인간] N1=[인간], [동물] N2=[장소])
¶옛 어르신들은 지네를 잡기 위해 닭을 놓았다. ¶혼사를 주선하려 두 집안 사이에 중매쟁이를 놓았다.
⑮치료하기 위해 병든 사람에게 주사나 침을 찔러 넣다. Inject shot or needle on a sick person for treatment.
㊐주사하다
N0-가 N2-(에|에게) N1-를 V (N0=[인간] N1=[도구](주사, 침 따위) N2=[인간], [신체부위])
¶간호사가 몸살이 난 주부들에게 주사를 놓았다. ¶의사가 나에게 예방주사를 놓았다.
⑯(다른 사람에게) 집이나 돈, 쌀 따위를 세나 이자를 받기로 하고 빌려주다. Lend house, money etc. for rent or interest.
㊐세주다, 빌려주다
N0-가 N2-(에|에게) N1-를 V (N0=[인간] N1=[금전], [구체물], [공간] N2=[인간|인간단체])
¶이 부자는 춘궁기에 쌀을 놓았다가 추수기에 도로 받았다. ¶집을 여러 채 가진 사람들은 흔히 세를 놓았다.
⑰(파는 물건에) 값을 헤아려 매기다. Guess and fix value of selling product.
N0-가 N2-에 N1-를 V (N0=[인간] N1=[금전] N2=[구체물](상품 따위))
¶할아버지는 시장에서 누렁이에 높은 값을 놓았다. ¶물건이 나쁘면 좋은 값을 놓기가 어렵다.
⑱(바둑, 장기, 체스 등의 경기에서) 돌이나 말을 말판의 어떤 자리에 위치시키다. Place stone or horse on certain spot in games such as go, chess, etc..
㊐움직이다㊍
N0-가 N2-에 N1-를 V (N0=[인간] N1=[도구](말 따위) N2=[구체물](말판 따위))
¶대국자 급수가 3급 차이가 날 때 3점을 놓고 바둑을 둔다. ¶바둑상대편의 집 가운데에 말을 놓아 두 집이 나지 못하게 한다.
⑲(어떤 장소나 사람에게) 총이나 대포를 겨누어 쏘다. Pont and shoot gun or cannon at someone or somewhere.
㊐발사하다
N0-가 N2-(에|에게) N1-를 V (N0=[인간] N1=[총포] N2=[인간], [장소])
¶군사들이 아군과 적군을 가리지 않고 거리에 총을 놓았다. ¶병사들이 적군에게 신기포를 놓아 무찔렀다.
⑳(다른 사람에게) 어떠한 내용을 적은 글을 보내어 알리다. Send writing to someone to announce.
㊐고지하다
N0-가 N2-(에|에게) N1-를 V (N0=[인간] N1=[문서](통지, 편지 따위) N2=[인간], [장소])
¶그는 전국의 상인들에게 통문을 놓았다. ¶집에 편지를 놓아 소식을 알리겠네.
◆ **말을 놓다** (다른 사람과) 말을 높이지 않고 맞상대하여 말하다. Talk using the familiar form with another person.
N0-가 N1-와 Idm (N0=[인간] N1=[인간])
¶나는 동기들과 말을 놓았다. ¶우리는 다섯 살 차이가 나지만 말을 놓고 지낸다.

놓다²

활용 놓아, 놓으니, 놓고
기능타 행위를 가리키는 기능동사. Support verb indicating an action.
N0-가 N1-(에|에게) Npr-를 V (N0=[인간] Npr=[장애물](훼방, 방해, 으름장, 핀잔 따위) N1=[인간], [관계])
¶심술쟁이 한 명이 둘 사이에 훼방을 놓았다. ¶그는 꼭 다 된 일에 나타나 방해를 놓았다. ¶선생님은 가끔 학생에게 으름장을 놓았다.

놓다³

활용 놓아, 놓으니, 놓고
보조 ❶앞말의 행동을 끝내고 그 결과를 유지함을 나타내는 보조동사. Auxiliary verb that represents the maintaining result of prior act.
V-어 Vaux
¶나는 날이 더워서 문을 열어 놓았다. ¶나는 신체검사를 받기 위해 옷을 벗어 놓았다.
❷앞말의 상태가 유지됨을 나타내는 보조동사. Auxiliary verb that represents the continuation of prior act.

V-어 Vaux

¶그의 말투가 거칠어 놓아서 사람들이 잘 다가오지 않는다. ¶그 아이는 워낙 얼굴이 예뻐 놔서 인기가 많다. ¶너무 뜨거워 놔서 아무도 이 그릇을 잡지 못한다.

놓아주다

활용 놓아주어(놓아줘), 놓아주니, 놓아주고 준 놔주다

타 ❶잡아 가두거나 얽매어 두었던 것을 자유롭게 풀어주다. Set free something that has been caged or confined.

유 석방하다, 해방하다, 풀어주다 반 잡다, 붙잡다, 붙들다, 가두다

No-가 N1-를 V (No=[인간] N1=[인간](죄인, 포로, 범인 따위))

¶잡아 가두어 두었던 산짐승을 놓아주었다. ¶동물 애호가는 구렁이를 산에 다시 놓아주었다.

❷사람을 구속하지 않고 자유로이 가게 하다. Set free or emancipate.

유 풀어주다

No-가 N1-를 V (No=[인간] N1=[인간])

¶그는 그녀를 이대로 놓아줄 수 없었다. ¶그의 기세로 봐서는 나를 결코 순순히 놓아줄 것 같지 않다.

❸동물을 자유로이 풀어주거나 해방시키다. Set free or emancipate.

유 방류하다, 방생하다

No-가 N1-를 N2-에 V (No=[인간] N1=[동물](새, 노루, 멧돼지, 물고기 따위) N2=[장소])

¶동자승은 물고기를 연못에 놓아주었다. ¶다친 야생동물은 치료한 후 산 속에 다시 놓아주었다.

놓이다

활용 놓여, 놓이니, 놓이고

자 ❶(물건이) 일정한 곳에 있게 되다. (of an object) Be placed in a certain area.

No-가 N1-에 V (No=[구체물] N1=[장소], [구체물])

능 놓다[1]

¶기차가 싣고 온 짐들이 역 바닥에 놓였다. ¶행사장으로 연결되는 안내 간판이 길 가운데에 놓였다.

❷(어떤 곳에) 기계나 장치, 구조물 따위가 설치되거나 지어지다. (of machine, equipment, structure, etc.) Be installed or constructed at some place.

유 설치되다 자, 건설되다 자

No-가 N1-에 V (No=[다리], [길], [시설망], [구체물](전화 따위) N1=[장소])

능 놓다[1]

¶아주 깊은 시골에도 전화가 놓인다. ¶섬과 육지 사이에 다리가 놓였다.

❸(사람이나 일 따위가) 어떤 상황이나 상태에 처하거나 맞닥뜨리게 되다. (of a person, a work, etc.) Encounter or face some situation or state.

유 처하다

No-가 N1-에 V (No=[인간|단체], [일] N1=[상황], [상태])

¶법안이 통과되면서 그들은 난처한 입장에 놓였다. ¶우리 팀은 첫 경기부터 작년 우승팀과 맞붙는 어려운 상황에 놓였다.

❹(어떤 장소나 표면에) 무늬나 수 따위가 새겨지거나 찍히다. (of pattern, embroidery, etc.) Be carved or printed at some place or surface.

No-가 N1-에 V (No=[모양](수, 무늬 따위) N1=[사물](옷, 그릇, 이불, 이부자리 따위))

¶이불에 봉황 모양의 수가 놓여 있다. ¶그녀는 물방울무늬가 놓인 치마를 입었다. ¶도자기 옆면에 구름무늬가 놓여 있다.

❺(짐승이나 물고기를 잡기 위하여) 어떤 곳에 도구 따위가 미리 준비되어 두어지다. (of a tool, etc.) Be installed at some place to catch animals or fish.

유 설치되다

No-가 N1-에 V (No=[장애물](덫, 그물 따위) N1=[길], [장소])

¶사람도 다니는 길목에 덫이 놓여서 위험하다. ¶논밭에 날아오는 새를 잡으려고 공중에 그물이 놓였다. ¶야생동물이 내려올 때를 대비해 집 뒤마다 올가미가 놓였다.

❻(옷이나 이불 따위에) 솜이나 털 따위가 안쪽에 붙여지거나 안에 넣어지다. (of cotton, hair, etc.) Be attached to the inner part or put inside clothes, blanket, etc.

No-가 N1-에 V (No=[재료](솜, 털 따위) N1=[구체물](옷, 이불 따위))

¶아이들 입힐 점퍼는 안쪽에 털이 놓인 것으로 샀다. ¶할아버지는 솜이 놓인 바지를 입으셨다.

❼(음식에 맛을 더하거나 장식하기 위해) 다른 곡식이나 과일 따위가 추가로 들어가다. (of a different grain, fruit, etc.) Be additionally added to decorate or add flavor.

유 가미되다, 섞이다

No-가 N1-에 V (No=[음식물](밤, 콩 따위) N1=[요리], [떡], [빵])

능 놓다[1]

¶아이들은 떡에 놓인 콩을 골라내고 먹었다. ¶식빵에 밤이 놓이면 밤식빵, 옥수수가 놓이면 옥수수식빵이 된다.

❽무엇에 초점이나 주의 따위가 모여 주목받다. (of focus, care, etc.) Be given to something.

No-가 N1-에 V (No=[능력](초점, 주안점 따위), [계획] N1=[사태])
¶후보들의 선거 공약은 복지에 초점이 놓였다. ¶이번 회의의 안건은 복지 시설 개선에 주안점이 놓였다.
◆ **마음이 놓이다** (걱정이나 문제가 해소되어) 마음이 편안해지다. Feel at ease because one's worries or problems have been solved.
No-가 Idm (No=[인간])
¶아들이 무사히 돌아왔다는 말을 듣고 어머니는 마음이 놓였다. ¶그는 대문을 꼭 잠갔는데도 좀처럼 마음이 놓이지 않았다.

놓치다
활용 놓치어(놓쳐), 놓치니, 놓치고
타 ❶(사람이나 동물이) 물건을 쥐거나 들거나 물고 있다가 떨어뜨리다. (of a person or an animal) Drop an object while holding.
㊥떨어뜨리다
No-가 N1-를 V (No=[인간|동물] N1=[구체물])
¶개가 짖으면서 물고 있던 뼈다귀를 놓쳤다. ¶그녀는 너무 놀라 들고 있던 컵을 놓쳤다.
❷시기나 기회를 그냥 지나쳐 보내다. Let time or opportunity pass by.
㊥지나치다
No-가 N1-를 V (No=[인간|단체] N1=[시간](기회, 시기 따위))
¶나는 서류를 하나 빠뜨리는 바람에 좋은 기회를 놓쳤다. ¶아버지께서는 결국 병원에 가시지 못하고 치료할 시기를 놓치셨다.
❸탈것을 제시간에 타지 못하여 지나쳐 보내다. Let a vehicle pass by wthout being able to ride on time.
No-가 N1-를 V (No=[인간] N1=[교통기관])
¶그는 수속 시간이 길어져 비행기를 놓치고 말았다. ¶우리는 길이 막히는 바람에 배를 놓쳐 버렸다. ¶그는 날짜를 착각하고 오늘 타야 할 버스를 놓쳤다.
❹무엇을 잡거나 성과를 이루려다가 결국 얻지 못하다. Eventually unable to gain something by trying to seize or achieve.
No-가 N1-를 V (No=[인간|단체] N1=[인간|동물], [사태])
¶경찰은 미행하고 있던 용의자를 놓쳤다. ¶우리 팀은 동점 골을 허락하는 바람에 눈앞에서 승리를 놓쳤다.
❺무엇을 한 번 잡았다가 보내어 결국 얻지 못하다. Eventually unable to gain something by achieving once and letting it go.
㊥잃다
No-가 N1-를 V (No=[인간] N1=[인간|동물], [사태])
¶나는 다시는 너를 놓치지 않을 거야. ¶그는 힘들게 얻은 부와 명예를 놓쳤다.
❻듣거나 보거나 느껴서 알 수 있는 것을 하지 못하다. Not able to understand a knowable thing by listening, watching, or feeling.
No-가 N1-를 V (No=[인간] N1=[추상물])
¶나는 주의가 흐트러져 친구의 말을 놓쳤다. ¶그는 책을 읽고 있기는 하지만 요점을 전부 놓쳤다.

놔주다
활용 놔주어(놔줘), 놔주니, 놔주고 본디 놓아주다
☞놓아주다

누그러뜨리다
활용 누그러뜨리어(누그러뜨려), 누그러뜨리니, 누그러뜨리고
타 흥분하거나 경직된 감정이나 태도 따위를 약하게 하거나 부드럽게 하다. Soften or appease an excited or stiffened feeling or attitude.
㊥진정시키다
No-가 N1-를 V (No=[인간|단체] N1=[상태], [행위], [속성])
¶철수는 곧 화를 누그러뜨렸다. ¶두 선수는 과열된 감정을 누그러뜨렸다.

누다
활용 누어(눠), 누니, 누고
타 (똥, 오줌 따위를) 몸 밖으로 배출하다. Release excrement, urine, etc..
㊥싸다II, 갈기다I
No-가 N1-를 N2-에 V (No=[인간] N1=[배설물] N2=[장소], [옷], [의복부분])
¶아이는 혼자 변기를 쓰지 못해 수챗구멍에 오줌을 눴다. ¶갓난아이가 기저귀에 똥을 눴다.

누락되다
어원 漏落~ 활용 누락되어(누락돼), 누락되니, 누락되고 대응 누락이 되다
자 (어떤 자료나 이름 따위가) 목록이나 기록 따위에서 기입되거나 포함되지 않고 빠지다. (of data or name) Be left out of a list or a record, not being filled in or included.
㊥빠지다I, 탈락되다
No-가 N1-(에|에서) V (No=[속성], [텍스트] N1=[텍스트])
능 누락하다
¶내 이름이 회원 명단에서 누락돼 있었다. ¶보고서에서 누락된 자료가 있다면 말씀해 주십시오.

누락시키다
어원 漏落~ 활용 누락시켜, 누락시키니, 누락시키고
대응 누락을 시키다
☞'누락하다'의 오용

ㄴ

누락하다

어원 漏落~ 활용 누락하여(누락해), 누락하니, 누락하고 대응 누락을 하다

타 (어떤 자료나 이름 따위를) 목록이나 기록 따위에서 기입하거나 포함하지 않고 빼다. Leave out data or name of a list or a record, not filling in or including.

유 빼다I, 빼먹다, 탈락시키다

N0-가 N2-(에|에서) N1-를 V (N0=[속성], [텍스트] N1=문서, 이름, 자료 N2=[텍스트])

피 누락되다

¶그들은 내 이름을 초대 명단에서 누락했다. ¶보고서에 누락한 자료가 있는지 말씀해 주십시오.

누르다

활용 눌러, 누르니, 누르고, 눌렀다

자 사람이 한자리에 계속 머무르다. Continue to stay in one place.

유 머물다

N0-가 N1-에 V (N0=[인간] N1=[장소])

¶그는 이 도시에 여행을 왔다가 눌러 앉았다. ¶나는 방학이라 집에만 눌러 지낸다. ¶며칠 동안만 너희 집에 눌러 있을게.

※'눌러'의 형태로 사용된다.

타 ❶사물을 힘이나 무게를 가하여 표면에서 안쪽으로 밀다. Push an object from the surface to the inside by applying force or weight.

N0-가 N1-를 V (N0=[인간] N1=[구체물])

피 눌리다I

¶은희가 내 옆구리를 살짝 눌렀다. ¶스위치을 누르면 전등이 켜진다.

❷감정이나 생각을 발산하게 두지 않고 삭히다. Hold back emotion or thought and not release it.

유 삭히다, 억누르다, 억제하다 반 발산하다, 터뜨리다

N0-가 N1-를 V (N0=[인간] N1=[감정])

피 눌리다I

¶현섭이는 끓어오르는 분노를 애써 눌렀다. ¶감정을 겨우 누른 뒤에야 소식을 전할 수 있었다.

❸다른 사람을 세력이나 규제로 강제하여 자유롭지 못하게 하다. Hold someone bound by limiting him/her with power or regulation.

N0-가 N1-를 V (N0=[인간|단체] N1=[인간|단체])

피 눌리다I

¶후배들을 누르기만 하고 달래지 않으면 어떡합니까? ¶강한 민족이 약한 민족을 누른 일은 역사에서 허다하다.

❹상대를 경기나 경쟁 따위에서 이기다. Win against the opponent n a game, a competition, etc.

유 제압하다, 이기다I

N0-가 N1-를 V (N0=[인간|단체] N1=[인간|단체])

피 눌리다I

¶우리 팀은 상대 팀을 크게 눌렀다. ¶현경이를 누른 상대는 결국 결승에 진출했다.

❺국수를 국수틀로 빼다. Extract noodle wth a noodle maker.

유 빼다I

N0-가 N1-를 V (N0=[인간] N1=국수)

¶잔치가 있어서 사람들이 국수를 눌렀다. ¶나는 어렸을 적 어머니가 국수를 누르시기만을 기다렸다.

누리다

활용 누리어(누려), 누리니, 누리고

타 긍정적인 상태를 마음껏 즐기다. Enjoy (positive state of mind).

유 만끽하다, 즐기다

N0-가 N1-를 V (N0=[인간] N1=[감정](행복 따위))

¶어린이들은 연휴에 가족과 함께하는 즐거움을 누렸다. ¶옛날에는 나도 승승장구하며 행복을 누렸다.

누비다

활용 누비어(누벼), 누비니, 누비고

타 ❶천 제품의 안에 솜을 넣고 재봉선이 보이게 박다. Fill a cloth with cotton and sew it with the sewing lines revealed.

유 꿰매다, 깁다

N0-가 N1-를 N2-로 V (N0=[인간|단체] N1=[옷], [천] N2=솜)

¶추운 고장의 사람들은 옷을 솜으로 누벼 입었다. ¶솜으로 누빈 이불을 덮고 있으니 무척 따뜻하다.

❷어떤 장소를 거침없이 돌아다니다. Go around a place freely.

유 돌아다니다 자타

N0-가 N1-를 V (N0=[인간|단체] N1=[장소])

¶휴일이라 젊은 사람들이 거리를 누비고 있다. ¶보부상은 전국을 누비며 갖가지 물건을 파는 소상인들이다.

누설되다

어원 漏泄~ 활용 누설되어(누설돼), 누설되니, 누설되고 대응 누설이 되다

자 ❶액체나 기체 따위가 새어 빠져나가다. (of liquid or gas) Be leaked out.

N0-가 N1-(에|로) V (N0=[액체], [기체] N1=[장소])

능 누설하다

¶염색공장의 오염 물질이 하천으로 누설되고 있다.

N0-가 N1-에서 V (N0=[액체], [기체] N1=[인간|단체])

¶독가스가 인근 화학공장에서 누설되었다.

❷비밀이나 정보, 데이터 따위가 외부인이나 단체에 몰래 전달되다. (of secret, information, or data) Be disclosed to an outsider or another organization secretly.
㊌누출되다
N0-가 N1-(에|에게|로) V (N0=정보, 비밀, 데이터 따위 N1=[인간|단체], [장소])
능누설하다
¶새로운 통신기술이 중국에 누설되었다. ¶연합군의 정상회담 장소가 적국에 누설되었다.

누설하다
어원漏泄~ 활용누설하여(누설해), 누설하니, 누설하고 대응누설을 하다
타❶액체나 기체 따위를 어느 곳으로 새어 빠져나가게 하다. Leak out liquid or gas into a place or environment.
N0-가 N1-를 N2-(에|로) V (N0=[인간|단체] N1=[액체], [기체] N2=[장소])
피누설되다
¶염색공장이 오염 물질을 하천으로 누설하였다.
N0-가 N2-에서 N1-를 V (N0=[인간|단체] N1=[액체], [기체] N2=[장소])
¶공장에서 독가스를 누설하였다가 적발되었다.
❷비밀이나 정보, 데이터 따위를 외부인이나 단체에 몰래 전달하다. Disclose secrets, information, or data to an outsider or another organization secretly.
㊌누출하다
N0-가 N1-를 N2-(에|에게|로) V (N0=[인간단체] N1=정보, 비밀, 데이터 따위 N2=[인간|단체], [장소])
피누설되다
¶직원이 새로운 통신기술을 외국에 누설하였다. ¶연합군 장교가 정상회담 장소를 적국에 누설하였다.

누수되다
어원漏水~ 활용누수되어(누수돼), 누수되니, 누수되고 대응누수가 되다
자(어디에서) 물이 새다. (of water) Be leaked from somewhere.
N1-(에|에서) N0-가 V (N0=[물] N1=[장소])
¶천정에서 물이 누수되는 것 같다. ¶부엌바닥에 빗물이 누수된다.

누이다 I
활용누여, 누이니, 누이고 ㊟뉘다
타사람이나 짐승을 몸 뒷면이나 옆면 전체를 바닥에 대게 하다. Make person or anmal to place front or back part of entire body on the floor.
㊌눕게 하다, 눕히다
N0-가 N1-를 N2-에 V (N0=[인간] N1=[인간], [동물] N2=[장소])
주눕다
¶엄마가 잠든 아이를 바닥에 누였다. ¶간호사가 환자를 자리에 누였다. ¶조련사가 울부짖는 사자를 무대에 온순하게 누였다.

누이다 II
활용누여, 누이니, 누이고
타(똥, 오줌 따위를) 몸 밖으로 배출하게 하다. Make someone release (excrement, urine, etc.).
㊌싸게 하다, 누게 하다
N0-가 N2-에게 N1-를 V (N0=[인간] N1=[배설물] N2=[동물], [인간])
주누다
¶엄마는 아이에게 오줌을 누였다. ¶갓난아이에게 기저귀에 똥을 누였다. ¶치매환자에게 변을 누이는 것은 참으로 힘든 일이다.

누적되다
어원累積~ 활용누적되어(누적돼), 누적되니, 누적되고 대응누적이 되다
자(사실이나 현상, 증상 따위가) 반복되어 늘어나게 되다. (of fact, phenomenon, symptom, etc.) Be repeated and increased.
㊌늘어나다, 쌓이다, 축적되다
N0-가 V (N0=[신체상태], [감정], [금전], [현상])
¶며칠 밤을 샜더니 피로가 누적되었다. ¶회사 재정 상황이 어려워 적자가 누적되고 있다.

누출되다
어원漏出~ 활용누출되어(누출돼), 누출되니, 누출되고 대응누출이 되다
자❶액체나 기체 따위가 담겨 있던 용기나 관으로부터 새어 나오다. Liquid or gas leaks out of its container or tube.
㊌새어 나오다
N0-가 N1-에 V (N0=[액체], [기체] N1=[장소)
능누출하다
¶유조선이 바위에 충돌하여 기름이 바다에 누출되었다.
N0-가 N1-에서 V (N0=[액체], [기체] N1=[장소, [공장], [용기], [관])
¶공장에서 독가스가 유출되는 바람에 큰 혼란이 일어났다.
❷비밀이나 정보 따위가 외부로 새어 나가다. (of secret or information) Be disclosed.
㊌새어 나가다, 누설되다
N0-가 N1-에 V (N0=비밀, 정보, 데이터 따위 N1=[단체], [장소)
능누출하다
¶미일 비밀 회담이 외교가에 누출되었다. ¶투자액이 언론에 누출되었다.

ㄴ

누출하다

어원 漏出~ 활용 누출하여(누출해), 누출하니, 누출하고

타 ❶액체나 기체 따위를 어느 곳에서 새어 나오게 하다. Leak out liquid or gas from somewhere.

N0-가 N1-를 N2-(에|로) V (N0=[인간|단체] N1=[액체], [기체] N2=[장소])

피 누출되다

¶지나가던 유조선이 기름을 인천 앞 바다에 누출하였다.

N0-가 N2-에서 N1-를 V (N0=[인간|단체] N1=[액체], [기체] N2=[장소])

¶공장에서 독가스를 누출하는 바람에 큰 혼란이 일어났다.

❷비밀이나 정보, 데이터 따위를 외부로 새어 나가게 하다. Disclose secrets, information, or data to the outside.

유 누설하다

N0-가 N1-를 N2-(에|에게|로) V (N0=[인간|단체] N1=정보, 비밀, 데이터 따위 N2=[인간|단체], [장소)

¶부패한 직원이 신기술을 경쟁 회사에 누출하다. ¶조직원들이 정보를 함부로 밖으로 누출하지 못하도록 해야 한다.

눈감다

활용 눈감아, 눈감으니, 눈감고 대응 눈을 감다

자 사람의 목숨이 끊어지다. (of a person's life) Terminate.

유 죽다I

N0-가 V (N0=[인간])

연어 편안히, 끝내

¶나는 눈감는 날까지 그와 함께 있기로 약속했다. ¶할아버지는 아들을 본 후 편안히 눈감으셨다.

타 남의 잘못을 알고도 모르는 체하다. Ignore someone's fault on purpose.

유 눈감아 주다

N0-가 N1-를 V (N0=[인간] N1=비리, 실수, 잘못 따위)

¶그는 실수를 눈감아 달라고 부장에게 사정했다. ¶아버지는 내 잘못을 항상 눈감아 주셨다.

※ 주로 '눈감아 주다'의 형태로 쓰인다.

눈뜨다

활용 눈떠, 눈뜨니, 눈뜨고 대응 눈을 뜨다

자 ❶잠을 깨다. Wake up from sleep.

유 일어나다, 기상하다

N0-가 V (N0=[인간])

¶나는 아침에 눈뜨자마자 꼭 물 한 컵을 마신다. ¶지금은 눈뜰 시간이니 한번 동생에게 전화해 보아라.

❷잘 알지 못했던 사물의 이치나 원리 따위를 깨달아 알게 되다. Realize and get to know the logic or principle of an object that was previously not well-understood.

N0-가 N1-에 V (N0=[인간] N1=현실, 재미, 즐거움, 사랑 따위)

¶나는 서른 살이 넘어서야 현실에 눈을 떴다. ¶사랑에 눈뜬 소년의 마음은 심란하고 어지러웠다.

눈멀다

활용 눈멀어, 눈머니, 눈멀고, 눈머는 대응 눈이 멀다

자 ❶눈이 나빠져 아무것도 보이지 않게 되다. Become unable to see anything due to impared eyesight.

N0-가 V (N0=[인간], [동물])

¶그는 갑작스런 교통사고로 눈멀게 되었다. ¶그는 비록 눈먼 사람이지만 아주 비상한 재주를 가지고 있다.

❷어떤 일에 마음을 빼앗겨 이성을 잃다. Lose one's reason due to one's obsession with something.

유 빠지다II[1], 혹하다

N0-가 N1-(에|에게) V (N0=[인간] N1=이익, 돈, 사랑 따위)

¶그는 이성적인 사람이었지만 사랑에 눈머니 사람이 달라졌다. ¶이 연극은 사랑에 눈멀고, 돈에 눈먼 두 남자의 이야기를 다루고 있다.

눈여겨보다

활용 눈여겨보아(눈여겨봐), 눈여겨보니, 눈여겨보고

타 무엇에 주의를 기울여 잘 살펴보다. Observe something carefully.

유 주목하다 자타, 주시하다

N0-가 N1-를 V (N0=[인간] N1=[구체물], [행위])

¶그녀는 남자가 탁자 위에 놓은 편지를 눈여겨보았다. ¶선생님은 학생들의 행동을 눈여겨보았다.

N0-가 Q지 V (N0=[인간])

¶어머니는 아이가 혼자 뭘 하고 노는지 눈여겨보았다. ¶선생님은 아이들이 어려운 상황을 어떻게 견디는지 눈여겨본다.

눋다

활용 눌어, 눌으니, 눋고, 눋는

자 (바닥에 닿는 부분이) 누런 빛이 돌도록 약간 타다. (of a part that touches the floor) Slightly burn by having a yellow color.

유 타다I

N0-가 V (N0=[음식](밥, 누룽지))

사 눌리다II

¶밥이 잘 눌었다. ¶누룽지가 너무 눌어서 색이 시커멓다. ¶밥이 적당히 눌면 더 맛이 있다.

눌리다 I

활용 눌리어(눌려), 눌리니, 눌리고, 눌렸다

자❶(감정이나 생각이) 발산되지 못하고 억압되다. (of emotion or thought) Be held back and not released.
㊎억압되다, 억눌리다
N0-가 N1-에 V (N0=[감정] N1=[인간|단체], [행위], 분위기 따위)
능누르다타
¶오랫동안 눌려 있던 욕망이 꿈틀거렸다. ¶무표정한 그는 모든 생각이 무엇인가에 눌린 사람 같았다.
❷다른 것에 강제되어 자유롭지 못하다. Become bound by being limited by something else.
㊎꺾이다, 위축되다
N0-가 N1-에 V (N0=[인간|단체] N1=[인간|단체], [힘], [규범], [권력], [상황])
능누르다타
¶우리는 시작하기도 전에 분위기에 눌렸다. ¶그는 주변의 간섭에 눌리지 않고 자신의 목표를 꾸준히 이루어 나갔다.
N0-가 N1-에게 V (N0=[인간|단체] N1=[인간])
능누르다타
¶나는 기세등등한 그에게 왠지 눌렸다. ¶동생들은 큰형에게 눌려 기를 펴지도 못했다.
❸(상대에게) 경기나 경쟁 따위에서 지다. Lose to the opponent in a game, a competition, etc.
㊎제압되다, 지다IV
N0-가 N1-에 V (N0=[인간|단체] N1=[인간|단체])
능누르다타
¶이번 경기에서는 옆 학교가 우리 학교에 눌렸을 것이다. ¶다음 입찰에서는 다른 회사에 눌리지 않도록 열심히 하자.
N0-가 N1-에게 V (N0=[인간|단체] N1=[인간])
능누르다타
¶우리 선수들에게 눌린 상대 주장은 분한 듯했다. ¶저들에게 눌리지 말고 너희 기량을 맘껏 뽐내라.
❹(사물이) 힘이나 무게가 가해져서 표면에서 안쪽으로 밀리다. (of an object) Be pushed inwardly from the surface with the application of force, weight, etc.
N0-가 N2-에 N1-를 V ↔ N0-가 N2-에 N1-가 V (N0=[구체물] N1=[부분] N2=[구체물], [힘], [압력], [무게])
능누르다타
¶윤식이는 수레에 발을 눌렸다. ↔ 윤식이는 수레에 발이 눌렸다. ¶상호가 그 무게에 눌릴 정도니 얼마나 무겁다는 소리니?
N0-가 N2-에게 N1-를 V ↔ N0-가 N2-에게 N1-가 V (N0=[구체물] N1=[부분] N2=[인간])
능누르다타
¶지연이는 동생에게 허벅지를 눌렸다. ↔ 지연이는 동생에게 허벅지가 눌렸다. ¶앉아 있을 때 이마를 눌리면 일어나지 못한다.

눌리다II

활용눌리어(눌려), 눌리니, 눌리고, 눌렸다
타(어떤 것을) 누런 빛이 나도록 조금 타게 하다. Burn something a little to give it a yellow appearance.
㊎눋게 하다, 타게 하다
N0-가 N1-를 V (N0=[인간] N1=[구체물])
주눋다
¶누룽지를 만들려고 솥에 밥을 조금 눌렸다. ¶죽은 좀 더 눌려야 맛이 있다.

눕다

활용누워, 누우니, 눕고, 눕는
자❶(사람이나 짐승이) 몸 뒷면이나 옆면 전체를 바닥에 대다. (person or anmal) Place front or back part of entire body on the floor.
㊥일어나다[1]자
N0-가 V (N0=[인간], [짐승])
사눕히다, 누이다I
¶얼마나 피곤했던지 나는 집에 오자마자 누워 버렸다. ¶강아지가 더워서 길바닥에 누워 있다. ¶오빠는 빙판에 미끄러져 바닥에 눕고 말았다.
❷아파서 정상적인 생활을 하지 못할 정도에 처하다. Be too sick to live a normal life.
㊥일어나다[1]자
N0-가 V (N0=[인간])
¶나는 몸살로 누워 있으면서도 일이 걱정되었다. ¶감기로 아버지께서는 일주일 동안 누워 계신다.
❸(긴 물체가) 어떤 장소에 일자로 놓이다. (long object) Be placed straight (at some place).
㊎쓰러지다
N0-가 N1-에 V (N0=[나무], [기둥] N1=[장소])
사눕히다
¶강풍에 부러진 나무가 길을 막고 누워 있다. ¶한 쪽에 누워 있던 철근을 장정들이 들어 옮겼다.

눕히다

활용눕히어(눕혀), 눕히니, 눕히고
타❶다른 사람이나 동물을 몸을 바닥에 대고 눕게 하다. Make another person or animal le flat on the ground.
㊎눕게 하다, 누이다I ㊥일으키다타
N0-가 N1-를 N2-에 V (N0=[인간] N1=[인간], [동물] N2=[장소])
주눕다자
¶간호사는 환자를 침상에 눕혔다. ¶아이들은 강아지를 소파에 눕히고 장난을 쳤다.
❷자신의 몸을 바닥에 대고 눕다. Lie flat on the ground.

㉤일으키다[1]타
N0-가 N1-를 N2-에 V (N0=[인간] N1=[신체부위] N2=[장소])
¶철수는 자신의 몸을 침대에 눕혔다. ¶각자 몸을 마루에 똑바로 눕히세요.
❸길쭉한 물건을 어떤 장소에 가로 방향으로 놓거나 평평하고 넓은 면이 바닥에 닿게 놓다. Put something long on the ground longitudinally or lay it with its flat and wide surface touching the ground, not standing it.
㉤세우다타
N0-가 N1-를 N2-에 V (N0=[인간], [도구] N1=[구체물] N2=[장소])
주눕다
¶철수는 컴퓨터 본체를 책상에 가지런히 눕혔다. ¶크레인이 기둥들을 바닥에 하나씩 눕히고 있었다.
❹(격투 등 싸움에서) 상대방을 패배시키다. Defeat an opponent in a fight.
㊌이기다타, 제압하다, 때려눕히다
N0-가 N1-를 V (N0=[인간] N1=[인간])
¶그는 철수는 30초면 링에 눕힐 수 있다고 말했다. ¶민수는 한 번의 가격으로 상대방을 눕혀 버렸다.

뉘다

활용뉘여, 뉘이니, 뉘이고 ㉥누이다
타☞누이다I, 누이다II

뉘우치다

활용뉘우치어(뉘우쳐), 뉘우치니, 뉘우치고
자타잘못을 깨달아 후회하고 반성하다. Regret and introspect after realizing one's fault.
㊌반성하다
N0-가 N1-를 V (N0=[인간] N1=[추상물](잘못, 과오, 죄 따위), [사건])
연어깊이
¶잘못을 뉘우치고 새로운 사람이 되겠습니다. ¶지난날의 과오를 뉘우치고 있으니 용서해 주시오.
N0-가 S것-(을|에 대해) V (N0=[인간])
연어깊이
¶나는 경솔하게 행동했던 것을 뉘우치고 있다.
N0-가 S음-을 V (N0=[인간])
¶경수는 자신이 그때 방탕하게 살았음을 뉘우쳤다.
N0-가 S데-에 대해 V (N0=[인간])
¶동생은 친구에게 지나치게 공격적으로 말한 데에 대해 뉘우쳤다.

느끼다

활용느끼어(느껴), 느끼니, 느끼고
타감각이나 직관을 통하여 알다. Know through one's sensation or intuition.
㊌인식하다, 지각하다, 감지하다
N0-가 N1-를 V (N0=[인간] N1=[추상물], [사태], [현상])
¶나는 박물관의 유물을 보며 고대인들의 예술적 감수성을 느꼈다. ¶골목길을 돌자마자 나는 매캐한 연기를 느꼈다.
N0-가 N1-를 ADV V (N0=[인간] N1=[구체물], [단체], [추상물], [장소])
¶그 사람을 너무 부담스럽게 느끼지 마세요. ¶이 그림에서 이미지를 어떻게 느끼느냐는 사람마다 다르다.
N0-가 S것-을 V (N0=[인간])
¶부모님의 사랑이 끝이 없다는 것을 느끼기를 바란다. ¶이 지역의 추위가 보통이 아니라는 것을 처음으로 느꼈다.
N0-가 S고 V (N0=[인간])
¶나는 요즘 시간이 참 잘 간다고 느낀다. ¶주의를 다른 데 집중하면 아프다고 느끼는 것도 줄어들 것이다.

늘다

활용늘어, 느니, 늘고, 느는
자❶(길이가) 더 길어지다. (of length) Become longer.
㊌늘어나다, 길어지다 ㉤줄다
N0-가 V (N0=[구체물], [길이], 키 따위)
사늘이다
¶고무줄은 늘었다 줄었다 한다. ¶신기하게도 안마 후에 다리 길이가 조금 늘었다.
❷(무게, 수량, 횟수 따위가) 원래보다 많아지다. (of weight, amount, number, etc.) Increase.
㊌늘어나다, 증가하다 ㉤줄다, 줄어들다
N0-가 V (N0=[구체물], [현상])
사늘리다
¶새해 들어서 가게 수입이 많이 늘었습니다. ¶최근 들어 산업 분야의 창업이 느는 추세입니다.
N1-의 N0-가 V ↔ N1-는 N0-가 V (N0=[수량], [무게], [금전](빚, 부채 따위) N1=[인간|단체], [구체물])
사늘리다
¶우리 회사의 올해 수출량이 늘었다. ↔ 우리 회사는 올해 수출량이 늘었다. ¶나는 몸무게가 늘었다.
❸(능력이나 기술 따위가) 전보다 더 나아지다. (of ability, technique, etc.) Become better than before.
㊌늘어나다
N1-의 N0-가 V ↔ N1-는 N0-가 V (N0=[행위], [능력] N1=[인간|단체], [동물])
사늘리다
¶동생의 거짓말이 날로 는다. ↔ 동생은 거짓말이 날로 는다. ¶구조대의 위기 대처 능력이 늘었다.

❹(시간, 기간, 기한 따위가) 더 길어지다. (of time, period, time limit, etc.) Become longer.
㊌늘어나다, 연장되다, 증가하다 ㊇줄다, 줄어들다
N0-가 V (N0=[시간](시간, 기간 따위))
사늘리다
¶동생의 게임하는 시간이 점점 늘고 있다. ¶아버지께서 일하시는 날보다 쉬시는 날이 늘었다.
※ 'N0'는 주로 'S-는 N' 형식이다.
❺(관심, 호기심 따위가) 더 많아지거나 커지다. (of interest, curiosity, etc.) Be accumulated.
㊇줄다
N1-의 N0-가 V ↔ N1-는 N0-가 V (N0=[감정](관심, 호기심 따위) N1=[인간])
사늘리다
¶막내 동생의 공부에 대한 관심이 부쩍 늘었다. ↔ 막내 동생은 공부에 대한 관심이 부쩍 늘었다. ¶마을 사람들의 마을에 대한 애정이 늘었다.
❻(재산, 살림 따위가) 더 넉넉해지다. (of wealth, housekeeping, etc.) Be well off.
㊌붇다, 증가하다, 증식하다 ㊇줄다
N0-가 V (N0=재산, 살림, 살림살이 따위)
사늘리다
¶살다보면 살림살이는 늘기 마련이다. ¶자신도 모르게 살림이 늘기 시작했다.

늘리다

활용늘리어(늘려), 늘리니, 늘리고, 늘렸다
타❶(무게, 수량, 횟수 따위를) 많아지게 하다. Make a weight, an amount, a number, etc., increase.
㊌증가시키다 ㊇감소시키다, 줄이다
N0-가 N1-를 V (N0=[인간|단체], [사태] N1=[현상], [구체물], [수량], [무게], [금전](빚, 부채 따위))
주늘다
¶조기 유학이 기러기 아빠를 늘리고 있습니다. ¶산업의 발달이 정부의 창업 지원을 늘렸다. ¶우리 회사는 올해 수출량을 늘렸다.
❷(능력이나 기술 따위를) 더 나아지게 하다. Make an ability, a technique, etc., become better.
N0-가 N1-를 V (N0=[인간|단체] N1=[행위], [능력])
주늘다
¶아버지는 근력을 많이 늘리셨다. ¶어머니는 요리 실력을 늘리려고 학원에 다니십니다.
❸(기간, 기한 따위를) 더 길어지게 하다. Make a period, a time limit, etc., become longer.
㊌연장하다 ㊇앞당기다
N0-가 N1-를 V (N0=[인간|단체] N1=[시간])
주늘다
¶선생님은 과제 제출 기한을 늘려 주셨다. ¶감독님은 훈련 시간을 늘리기로 결정하셨다.
❹(관심 따위를) 더 많아지게 하다. Make interest, etc., increase.
N0-가 N2-에게 N1-를 V (N0=[인간] N1=[감정](관심, 호기심 따위) N2=[인간])
주늘다
¶선생님은 우리들에게 자연에 대한 관심을 늘려 주셨다. ¶이 책은 나에게 프랑스에 대한 호기심을 잔뜩 늘려 주었다. ¶학생들에게 환경에 대한 인식을 늘려 줘야 한다.

❺(재산, 살림 따위를) 더 넉넉한 상태로 만들다. Make wealth, housekeeping, etc., more than enough.
㊌불리다II, 증식시키다, 증가시키다 ㊇줄이다
N0-가 N1-를 V (N0=[인간], 집, 가족, 식구 따위 N1=재산, 살림, 살림살이 따위)
주늘다
¶우리 가족은 조금씩 재산을 늘려 갔다. ¶고모네 집은 절약으로 살림살이를 늘릴 수 있었다.

늘어나다

활용늘어나, 늘어나니, 늘어나고
자❶(길이가) 더 길어지다. (of a length) Become longer.
㊌늘다 ㊇줄다, 줄어들다
N1-의 N0-가 N2(-가) V ↔ N1-가 N0-가 N2(-가) (N0=[길이] N1=[구체물] N2=[수량], [단위])
¶고무줄의 길이가 2cm 늘어났다. ↔ 고무줄이 길이가 2cm 늘어났다. ¶수술 후에 다리가 2cm가 늘어났다.
❷(무게, 수량, 횟수 따위가) 더 많아지다. (of weight, amount, number, etc.) Increase.
㊌늘다, 증가하다 ㊇줄다, 줄어들다
N0-가 V (N0=[구체물], [현상], [범위](규모 따위))
¶요즘 독거노인들이 늘어나고 있는 추세이다. ¶이번 사업의 지원 규모가 작년보다 더 늘어났습니다.
N1-의 N0-가 V ↔ N1-는 N0-가 V (N0=[수량], [단위] N1=[구체물])
¶검도 동아리의 회원수가 늘어났다. ↔ 검도 동아리는 회원수가 늘어났다. ¶우리나라 수출량이 작년보다 늘어났다.
❸(능력이나 기술 따위가) 더 나아지다. (of ability, technique, etc.) Become better.
㊌늘다, 향상되다, 발전하다
N1-의 N0-가 V ↔ N1-는 N0-가 V (N0=[행위], [능력] N1=[인간|단체], [동물])
¶학생들의 글쓰기 능력이 날로 늘어나고 있다. ↔ 학생들은 글쓰기 능력이 날로 늘어나고 있다. ¶남편의 운전 실력이 늘어난 것 같다.

ㄴ

❹(시간, 기간, 기한 따위가) 더 길어지다. (of time, period, time limit, etc.) Become longer.
㊌늘다, 증가하다 ㊍줄다, 줄어들다
N0-가 V (N0=[시간](시간, 기간 따위))
¶남편들이 가사를 돌보는 시간이 점점 늘어나고 있다. ¶동생이 게임하는 시간이 갈수록 늘어나는 것 같다.
※ 'N0'는 주로 'S는 N' 형식이다.
❺(관심, 호기심 따위가) 더 많아지거나 커지다. (of interest, curiosity, etc.) Be accumulated.
㊍줄다, 줄어들다, 사라지다
N1-의 N0-가 V ↔ N1-는 N0-가 V (N0=[감정](관심, 호기심 따위) N1=[인간])
¶막내 동생의 공부에 대한 관심이 부쩍 늘어났다. ↔ 막내 동생은 공부에 대한 관심이 부쩍 늘어났다. ¶마을 사람들의 마을에 대한 애정이 늘어나고 있다.
❻(재산, 살림 따위가) 더 넉넉해지다. (of wealth, housekeeping, etc.) Be well off.
㊍줄다, 줄어들다, 쪼그라들다
N0-가 V (N0=재산, 살림, 살림살이 따위)
¶살다보면 살림살이는 늘어나기 마련이다. ¶자신도 모르게 살림이 늘어나기 시작했다.

늘어놓다

활용 늘어놓아, 늘어놓으니, 늘어놓고
타❶(어떤 사물을) 차례로 줄지어 두다. Place some objects in order.
㊌배열하다, 깔다 ㊍흩다 ㊏놓다[1]
N0-가 N1-를 N2-에 V (N0=[인간] N1=[구체물] N2=[장소](바닥, 지면, 위, 아래 따위))
연어 일렬로, 차례로, 가지런히
¶아버지는 공구들을 바닥에 차례로 늘어놓으셨다. ¶나는 업무 파일들을 책상 위에 일렬로 늘어놓았다.
❷다른 사람에게 불만, 푸념 따위를 일일이 열거하며 길게 말하다. Tell someone one's dissatisfaction, complaint, etc., at length by listing one by one.
N0-가 N1-를 N2-에게 V (N0=[인간] N1=[이야기](불평, 푸념, 잔소리 따위) N2=[인간|단체])
연어 길게
¶할머니는 아버지께 잔소리를 늘어놓으셨다. ¶나는 아버지께 푸념을 늘어놓았다.
❸(어떤 사물을) 여기저기에 아무렇게나 두다. Carelessly put some objects here and there.
㊌어지르다 ㊍정리하다, 정돈하다 ㊏두다[1], 놓다
N0-가 N1-를 N2-에 V (N0=[인간] N1=[구체물] N2=[장소](바닥, 지면, 위 따위))
연어 어지럽게, 아무렇게나
¶동생은 책상에 책들을 잔뜩 늘어놓고서 잠이 들었다. ¶남편이 바닥에 옷가지들을 늘어놓아서 화가 났다.
❹(여러 가지 일을) 여기저기에 아무렇게나 벌이다. Engage in several businesses carelessly.
㊌벌이다 ㊍수습하다
N0-가 N1-를 V (N0=[인간|단체] N1=[일](사업 따위))
¶부장은 자질구레한 사업들을 늘어놓았다. ¶새로 당선된 군수는 다양한 사업들을 늘어놓기만 할 뿐이다.
❺(어떤 일을 하거나 사태에 대비하기 위해) 여러 사람을 여러 곳에 배치하다. Arrange many people in various places to do some duty or to prepare for a possible situation.
㊌배치하다
N0-가 N1-를 N2-에 V (N0=[인간|단체] N1=[인간] N2=[장소])
¶진상 파악을 위해 경찰은 정보원들을 전국 각지에 늘어놓았다. ¶그가 전 지역에 늘어놓은 부하들만 도합 칠십 명이다.

늘어뜨리다

활용 늘어뜨리어(늘어뜨려), 늘어뜨리니, 늘어뜨리고
타❶길쭉한 물건의 일부를 아래로 축 처지게 하다. Make part of a long object hang down.
㊌처지게 하다
N0-가 N1-를 V (N0=[인간] N1=[구체물](옷, 천, 막 따위))
피 늘어지다I
¶신부는 웨딩드레스를 늘어뜨리고 우아하게 등장했다. ¶저 사람은 옷자락을 너무 늘어뜨리고 다닌다.
❷(어깨, 팔, 다리 따위의) 신체 부위를 힘없이 아래로 축 처진 상태로 두다. Have body parts such as shoulder, arm, leg, etc., droop down wthout energy.
N0-가 N1-를 V (N0=[인간], [짐승] N1=[신체부위])
연어 축
피 늘어지다I
¶형은 퇴직 후 어깨를 늘어뜨리고 다니신다. ¶우리집 강아지가 꼬리를 축 늘어뜨리고 나왔다.

늘어서다

활용 늘어서, 늘어서니, 늘어서고
자(사람이나 사물 따위가) 나란히 줄을 이루어 자리잡다. (of a person, an object, etc.) Get settled by forming a line side by side.
㊏서다[1]
N0-가 N1-에 V (N0=[인간], [구체물](가로수, 행렬 따위) N1=[장소])
사 늘어세우다
연어 죽, 가지런히, 일렬로

¶훈련병들이 운동장에 일렬로 늘어섰다. ¶아름드리 가로수들이 길가에 죽 늘어서 있었다.

늘어세우다

활용 늘어세워, 늘어세우니, 늘어세우고

타 (사람이나 사물 따위를) 나란히 줄을 맞추어 위치시키다. Situate a person, an object, etc., by forming a line side by side.

상 세우다[1]

N0-가 N1-를 N2-에 V (N0=[인간], [집단] N1=[인간], [구체물] N2=[장소])

주 늘어서다

연어 죽, 가지런히, 일렬로

¶훈련 조교는 훈련병을 연병장에 일렬로 늘어세웠다. ¶딸이 예쁜 조약돌을 창틀에 가지런하게 늘어세워 두었다.

늘어지다 I

활용 늘어져, 늘어지니, 늘어지고

자 ❶(길쭉한 물건의 일부나 끝 따위가) 아래로 축 처지다. (of a long object's part, tp, etc.) Hang down.

유 처지다

N0-가 V (N0=[구체물](머리카락, 나뭇가지, 커튼 따위))

¶강가에는 버드나무들이 늘어져서 바람에 흔들리고 있었다. ¶창문에는 커튼이 늘어져 있고 조명은 적당히 어두웠다.

❷(어깨, 팔, 다리 따위의) 신체 부위가 힘없이 아래로 처지다. (of a body part such as shoulder, arm, leg, etc.) Drop down without energy.

유 처지다

N1-의 N0-가 V ↔ N1-는 N0-가 V (N0=[신체부위] N1=[인간], [짐승])

능 늘어뜨리다

¶그녀의 어깨가 축 늘어졌다. ↔ 그녀는 어깨가 축 늘어졌다. ¶그 개는 귀가 바닥까지 늘어진 것 같았다.

❸(사람이나 동물이) 쓰러질 정도로 지친 상태가 되다. (of a person or an animal) Be in an exhausting situation as if one will faint.

유 퍼지다(속어)

N0-가 V (N0=[인간], [동물])

¶찌는 더위에 사자들도 늘어졌습니다. ¶그들은 모두 늘어져 휴식을 취하고 있다.

❹(심신이) 여유롭고 편안해지다. (of mind and body) Become secure and relaxed.

N0-가 V (N0=팔자)

¶팔자가 늘어졌다. ¶일요일 아침에 우리는 늘어지게 잤다.

❺(긴장감이나 흥미 따위가) 줄어들어 적어지다. (of mind and body) Become secure and relaxed.

유 처지다 반 좋아지다

N0-가 N1-가 V (N0=[인간] N1=[감정], [기운](분위기 따위))

¶누나는 기분이 늘어져 계신다. ¶나는 3일 만에 다짐이 늘어지기 시작했다.

늘어지다 II

활용 늘어져, 늘어지니, 늘어지고

자 ❶(어떤 물체의 길이나 크기 따위가) 원래의 길이보다 길어지다. (of some object's length, size, etc.) Become longer than the original length.

유 늘어나다, 길어지다, 연장되다

N0-가 V (N0=[구체물](고무줄, 옷, 테이프 따위))

¶빨래를 잘못해서 옷이 늘어졌다. ¶테이프가 늘어져서 소리가 이상하다.

❷(소리나 리듬 따위가) 원래보다 느려지다. (of sound, rhythm, etc.) Become slower than the original pace.

유 느려지다 반 빨라지다

N0-가 V (N0=[소리], [속성](리듬 따위), [감각](리듬감, 박자감 따위))

¶단원들이 지쳤는지 연주가 조금 늘어진 것 같았다. ¶오늘따라 리듬감이 늘어지는 듯하다.

❸(말, 글, 연설 따위가) 반복되거나 주제에서 벗어나서 불필요하게 길게 되다. (of word, writing, speech, etc.) Be repeated or unnecessarily longer by digressing.

유 길어지다 반 짧아지다

N0-가 V (N0=[이야기], [소통](연설 따위))

¶교장 선생님의 연설이 또 늘어지기 시작했다. ¶이웃 아주머니의 아들 자랑이 또 늘어졌다.

❹(행사, 회의, 일정 따위가) 예정보다 길어지거나 늦추어지다. (of event, meeting, schedule, etc.) Become longer than before or delayed.

유 길어지다, 연장되다

N0-가 V (N0=[사건], [시간])

¶행사 시작 시간이 비 때문에 늘어지고 있다. ¶열차 도착 시간이 늘어졌다.

늘어지다 III

활용 늘어져, 늘어지니, 늘어지고

자 (물건이) 여기저기에 아무렇게나 흩어져 있다. (of an object) Be carelessly scattered here and there.

유 널브러지다

N0-가 N1-에 V (N0=[구체물] N1=[장소])

¶여러 가지 잡동사니들이 방안에 늘어져 있었다. ¶아이들 방에는 장난감들이 늘어져 있다. ¶어머니께서는 늘어진 옷가지들을 정리하셨다.

ㄴ

늘이다
[활용]늘여, 늘이니, 늘이고
[타]❶줄이나 천처럼 길이가 긴 물체를 한쪽을 고정시켜 아래로 축 처지게 두다. Have a long object, such as string or cloth, hang down by fixing one side.
N0-가 N1-를 N2-에 V (N0=[인간] N1=[구체물](밧줄, 천, 이불 따위) N2=[장소])
¶그 사람은 창문에 밧줄을 늘였다. ¶회사 대표가 자기 건물에 대형 현수막을 늘여 놓았다.
❷(어떤 물체를) 당기거나 벌려서 원래보다 더 길어지게 하다. Make some object longer than the original by pulling or spreading.
[반]줄이다
N0-가 N1-를 V (N0=[인간] N1=[구체물](고무줄 따위))
[주]늘다
¶동생이 고무줄을 한껏 늘였다가 한쪽을 놓쳤다. ¶엿장수는 엿가락을 길게 늘여 작게 잘랐다.
❸주로 선이나 길쭉한 물체 따위를 이어서 긋거나 연결하여 더 길게 만들다. Make something longer by connecting or subsequently drawing a long object, line, etc.
[유]연장하다
N0-가 N1-를 N2-로 V (N0=[인간] N1=[구체물](선, 줄 따위) N2=[도구](필기구, 선, 줄 따위))
¶우리는 밧줄로 경기장 라인을 늘이고 그물도 달았다. ¶아버지는 노끈으로 빨랫줄을 늘여 주셨다.
❹특정 음이나 소리를 길게 내다. Make a long specific sound or note.
N0-가 N1-를 V (N0=[인간] N1=[소리], [속성](음, 박자 따위))
¶그 가수는 박자를 늘이는 습관이 있다. ¶유명한 색소폰 연주가들은 한 음을 아주 오랫동안 늘일 수 있다.

늙다
[활용]늙어, 늙으니, 늙고
[자]❶(사람이나 동식물 따위가) 한창 때가 지나 나이가 들다. (of a person, an animal, a plant, etc.) Become old by passing its prime.
[유]노화하다, 나이(가) 들다, 나이(를) 먹다
N0-가 V (N0=[인간], [동물], [식물])
¶사람이 늙으면 힘이 없어진다. ¶동물이나 식물도 사람처럼 늙는다. ¶사람들은 늙지 않으려고 안간힘을 쓴다.
❷(사람의 겉모습이) 실제보다 더 나이 들어 보이다. (of a person's appearance) Look older than reality.
N0-가 V (N0=[인간])
¶저 친구는 다른 친구들보다 늙은 것 같다. ¶이 사람 그동안 엄청 늙었네.
❸(나물이나 호박 따위가) 너무 많이 익다. (of herb, pumpkin, etc.) Become overly ripe.
N0-가 V (N0=[식물](호박, 나물 따위))
¶고사리가 더 늙기 전에 뜯어야 맛있다. ¶나물이 늙어서 너무 흐물거린다.

능가하다
[어원]凌駕~ [활용]능가하여(능가해), 능가하니, 능가하고 [대응]능가를 하다
[타](어떤 측면에서) 다른 대상을 훨씬 뛰어나게 앞서다. Be ahead of a certain target by far superior quality in some aspect.
[유]압도하다, 앞지르다
N0-가 N1-를 N2-에서 V (N0=[구체물], [인간|단체] N1=[구체물], [인간|단체] N2=[추상물])
¶그는 우리 힘을 가볍게 능가하는 근력을 가지고 있다. ¶적군은 수에서 우리를 능가하지만 사기는 우리만 못하다.

늦다
[활용]늦어, 늦으니, 늦고
[자]정해진 때보다 지나다. Pass the appointed time.
N0-가 N1-에 V (N0=[인간], [교통기관], [시계] N1=[시간](시각, 시일)
¶그는 오늘도 약속 시각에 늦었다. ¶그는 늦잠을 자는 바람에 식사에 늦었다. ¶기차는 사고로 예정된 도착 시각에 15분 정도 늦었다. ¶이 시계는 내 시계보다 늘 5분 정도 늦는다.

늦추다
[활용]늦추어(늦춰), 늦추니, 늦추고
[타]❶(사람이나 단체가) 정해진 시간이나 기한을 뒤로 미루다. (of a person or an organization) Delay a determined time or term.
[유]미루다, 연기하다 [반]당기다[타], 앞당기다
N0-가 N1-를 N2-로 V (N0=[인간], [단체], N1=[행위] N2=[시간])
[주]늦다
¶나는 차가 밀려서 약속을 2시로 늦추었다. ¶학교는 소풍을 한 달 뒤로 늦추기로 했다.
❷(사람이나 단체가) 어떤 일을 제때 하지 않고 차후로 미루다. (of a person or an organization) Delay a work, not finishing at the right time.
[유]미루다, 연기하다, 보류하다, 지연하다 [반]당기다[타], 앞당기다
N0-가 N1-를 V (N0=[인간], [단체] N1=[행위])
¶회사는 새 휴대전화 출시를 늦추었다. ¶나는 더 이상 신간 출판을 늦출 수 없었다. ¶경윤이는 결혼을 늦추면서까지 유학을 가고자 하였다.

❸(속도를) 보다 느리게 하다. Reduce speed.
[유]떨어뜨리다, 낮추다, 감속하다[타] [반]올리다
N_0-가 N_1-를 V (N_0=[인간] N_1=[속도], 걸음 따위)
¶나는 서서히 자동차의 속도를 늦추었다. ¶그는 나를 보자 걸음을 늦추었다.
❹(바짝 조여진 고삐나 줄 따위를) 다소 느슨하게 풀다. Loosen firmly tightened reins or rope.
[유]풀다 [반]당기다[타]
N_0-가 N_1-를 V (N_0=[인간] N_1=고삐, 줄 따위)
¶장군은 팽팽하게 당기고 있던 말의 고삐를 늦추었다. ¶그는 낚싯줄을 늦췄다 당겼다 하며 시간을 보내고 있었다.
❺(강한 기세나 긴장을) 조금 풀어 완화시키다. Relax strong vigor or tension slightly.
[유]풀다
N_0-가 N_1-를 V (N_0=[인간] N_1=긴장, 경계, 태도 따위)
¶우리가 이길 것 같은 느낌이 들자 나는 긴장을 조금 늦추었다. ¶장군은 경계를 조금도 늦추지 않았다. ¶그는 나에 대한 강경한 태도를 조금 늦추었다.

ㄴ

ㄷ

다가가다

[활용]다가가, 다가가니, 다가가고

[자](사람, 동물, 탈것 따위가) 어떤 대상 쪽으로 간격이 좁아지도록 가다. (of a person, an animal, a vehicle, etc.) Go closer toward some object.

[유]가까이 가다

N0-가 N1-(에|에게|로|에게로) V (N0=[인간], [동물], [교통기관] N1=[인간], [동물], [장소], [구체물])

¶고양이가 쥐에게로 살금살금 다가갔다. ¶젖을 먹을 시간이 되자 뛰놀던 새끼들이 어미에게로 다가간다. ¶민호는 다혜에게 다가가려고 노력했으나 다혜가 받아주지를 않았다.

다가서다

[활용]다가서, 다가서니, 다가서고

[자]❶(다른 사람에게나 사물에) 가까이 옮겨 서다. Come closer to another person or a thing.

[유]다가가다

N0-가 N1-(에|에게|로) V (N0=[인간], [동물] N1=[인간|단체], [구체물])

[연어]바짝, 바싹, 성큼

¶한 남자가 아이 앞으로 재빨리 다가선다. ¶석호는 민수 곁으로 바싹 다가서서 걸었다.

❷(다른 사람에게) 친하게 지내려고 가까이 가다. Approach another person to become intimate.

[유]가까이 가다

N0-가 N1-에게 V (N0=[인간] N1=[인간])

¶내가 먼저 이웃들에게 다가섰다. ¶부모가 아이에게 다가서면 아이도 마음을 연다. ¶정수는 어느 누구에게도 선뜻 다가서지 못했다.

❸(무엇이) 어떤 상태나 수준 따위에 가깝게 다다르다. (of something) Go near a state or a level.

[유]근접하다

N0-가 N1-에 V (N0=[인간|단체] N1=[추상물])

[연어]바짝, 바싹, 성큼

¶한국 미술이 세계 정상에 성큼 다가섰다. ¶이제 그는 자신의 꿈에 한발 다가서게 되었다.

❹(어떤 때가) 가까운 미래로 오다. (of time) Come closer as the near future.

N0-가 N1-(에|로) V (N0=[시간], [행사] N1=앞, 눈앞)

[연어]바짝, 바싹, 성큼

¶결혼식이 이틀 앞으로 다가섰다. ¶평창 동계 올림픽 개막이 한 달 앞으로 다가섰다. ¶정보화 시대가 우리 앞에 성큼 다가서고 있다.

다가앉다

[활용]다가앉아, 다가앉으니, 다가앉고

[자](다른 사람이나 사물에) 몸을 움직여 가깝게 앉다. Move one's body and sit closer to another person or a thing.

[상]앉다

N0-가 N1-에게 V (N0=[인간] N1=[인간])

[연어]바짝

¶재호가 선희에게 바짝 다가앉더니 느닷없이 손을 잡았다. ¶아버지께서 어머니께 다가앉으시면서 말했다.

N0-가 N1-(에|로) V (N0=[인간] N1=[장소])

[연어]바짝

¶아이가 책상 앞으로 다가앉아 숙제를 시작하였다. ¶남편은 라디오 앞에 바짝 다가앉아 귀를 기울였다. ¶소년은 밥상 앞으로 다가앉자마자 정신없이 밥을 먹었다.

다가오다

[활용]다가와, 다가오니, 다가오고, 다가오너라/다가와라

[자]❶(사람, 동물, 탈것 따위가) 어떤 대상 쪽으로

간격이 좁아지도록 오다. (of a person, an animal, a vehicle, etc.) Come closer toward some object.
㊌가까이 오다
N0-가 N1-(에|에게|로|에게로) V (N0=[인간], [동물], [교통기관] N1=[인간], [동물], [장소], [구체물])
¶기차가 역으로 다가온다. ¶사료를 꺼내니 강아지가 밥그릇으로 다가왔다. ¶젖을 먹을 시간이 되자 새끼들이 어미에게로 다가온다.
❷(어떤 때가) 가까이 다다르다. (of sometime) Become closer.
㊌도래하다, 임박하다
N0-가 V (N0=[사건], [상태], [시간])
¶어느덧 봄이 다가왔다. ¶방학이 끝나니 졸업식이 다가온다.
❸어떤 의미로 느껴지다. Be felt as some meaning toward a person.
N0-가 N1-에게 N2-로 V (N0=[추상물] N1=[인간] N2=[추상물](희망, 그리움, 충격 따위))
¶가족과 함께한 추억이 나에게 그리움으로 다가왔다. ¶이번 지진은 많은 사람에게 충격으로 다가왔다.
N0-가 N1-에게 ADV V (N0=[추상물] N1=[인간], ADV=Adj-게)
¶새 지저귀는 소리가 고향을 찾은 사람들에게 정겹게 다가왔다. ¶범인의 진술이 피해자들에게 끔찍하게 다가왔다.

다그치다

활용다그치어(다그쳐), 다그치니, 다그치고
자타(다른 사람에게) 말이나 행동을 하라고 요구하며 몰아붙이다. Demand and push by telling someone to speak or show action.
㊌몰아붙이다, 몰아세우다
N0-가 N1-(를|에게) S고 V (N0=[인간|단체] N1=[인간|단체])
¶형사는 범인을 심문하며 사실을 말하라고 다그쳤다. ¶회원들이 회장에게 사퇴하라고 다그쳤다.
N0-가 N2-에게 N1-를 V (N0=[인간|단체] N1=[행위], [추상물] N2=[인간|단체])
¶부모님이 딸에게 자꾸 결혼을 다그치신다. ¶정부는 거주민들에게 퇴거를 다그쳤다. ¶그는 유리가 깨졌다고 피해 보상을 다그쳤다.

다녀가다

활용다녀가, 다녀가니, 다녀가고, 다녀가거라/다녀가라
타(무슨 일을 하기 위해) 어디에 왔다가 되돌아가다. Come to do some work and go back.
㊌왔다 가다
N0-가 N1-를 V (N0=[인간] N1=[행위])
¶그는 우리 마을에 봉사활동을 다녀갔다. ¶검사가 그 마을에 현장 검증을 다녀갔다.
자타왔다가 다시 돌아가다. Come here and go back.
N0-가 N1-(에|를) V (N0=[인간] N1=[장소])
¶그 친구는 휴가를 이용하여 우리 집을 다녀갔다. ¶그는 나에게 인사하러 잠깐 다녀갔다. ¶방금 네 친구가 다녀갔다.
N0-가 S러 N1-에 V (N0=[인간] N1=[장소])
¶그는 부모님을 뵈러 고향에 다녀갔다.

다녀오다

활용다녀와, 다녀오니, 다녀오고, 다녀오너라/다녀와라
타(무슨 일을 하기 위해) 어디에 갔다가 되돌아오다. Go somewhere to do some work and come back.
㊌갔다 오다
N0-가 N1-를 V (N0=[인간] N1=[행위])
¶나는 농촌으로 봉사활동을 다녀왔다. ¶내가 출장을 다녀오는 동안 일을 다 끝내 두어라.
자타(어느 장소에) 갔다가 다시 돌아오다. Go to a place and come back.
N0-가 N1-(에|를) V (N0=[인간] N1=[장소])
¶나는 방학을 맞아 유럽에 다녀왔다. ¶동생은 부모님이 계시는 제주도를 다녀왔다.
N0-가 S러 N1-에 V (N0=[인간] N1=[장소])
¶동생은 고흐의 그림을 보러 유럽에 다녀왔다. ¶동생은 부모님을 뵈러 고향을 다녀왔다.

다니다

활용다니어(다녀), 다니니, 다니고
자❶(사람이나 동물, 탈것이) 움직여 이동하다. (of a person, an animal, or a vehicle) Move.
㊌이동하다자, 왕래하다자
N0-가 V (N0=[인간], [동물], [교통기관])
¶대부분의 척추동물은 네 발로 다닌다. ¶사람들은 어디서나 휴대폰을 들고 다닌다. ¶그는 다리를 다친 뒤로 절룩거리며 다닌다.
❷(사람이나 동물이) 일정한 길을 따라 오거나 가다. (of a person or an animal) Come and go along the way.
㊌오가다
N0-가 N1-(에|로) V (N0=[인간|동물] N1=[교통기관], [길])
¶그는 늘 지름길로 다닌다. ¶저녁에는 위험하니 늘 큰길로 다녀라.
❸(탈것이) 두 지점 사이를 길을 따라 오가다. (of a vehicle) Come and go along the way between two places.
㊌통하다자, 오가다
N0-가 N1-에 V (N0=[교통기관] N1=[장소], [공간](사

이 따위))
¶섬과 육지 사이에 배가 다닌다. ¶지하철역이 생기기 전에는 여기에 버스가 다녔다.
❹(일정한 곳에) 무엇을 하기 위해 자주 드나들다. Visit a certain place frequently in order to do something.
㊌드나들다[자], 출입하다
N0-가 S러 N1-(에|에게|로) V (N0=[인간] N1=[산맥](산, 지리산 따위), [건물](병원, 목욕탕, 미용실 따위), [인간](의사 따위))
¶저는 요즘 여드름을 치료하러 피부과에 다닙니다. ¶어른들은 주말이면 등산을 하러 뒷산에 다녔다.
❺(일터나 학교 따위에 소속되어서) 정기적으로 오가다. Go to school or office regularly as a student or an employee.
㊌근무하다, 일하다
N0-가 N1-에 V (N0=[인간] N1=[기업](회사 따위), [교육기관](학교, 학원 따위))
¶영미는 고등학교를 졸업하고 대학교에 다닌다. ¶우리 아버지는 무역회사에 다니신다.
❻(어떤 곳에) 볼일이 있어 잠깐 들르다. Stop by a place to do something.
㊌들르다
N0-가 N1-에 V (N0=[인간] N1=[장소])
¶남편은 퇴근 후에 아버지 댁에 잠시 다녀서 왔다. ¶우리 가족은 매주 시골에 다니러 갑니다.
[타]❶(길을) 지나오거나 지나가다. Come and go on a way.
㊌왕래하다[자타] 오가다
N0-가 N1-을 V (N0=[인간] N1=[길])
¶우리는 신호등 덕분에 안전하게 길을 다닌다. ¶시골 어린이들은 자주 산길을 다녔다. ¶사람이 많아서 길을 제대로 다닐 수가 없다.
❷(탈것이) 두 지점 사이를 일정한 길을 따라서 오거나 가다. (of a vehicle) Come and go along a definite way between two places.
㊌통하다[타], 운행하다
N0-가 N1-를 V (N0=[교통기관] N1=[길], [장소])
¶인천과 수원 사이를 다니던 협궤 열차를 다시는 볼 수 없게 되었다. ¶서울과 베이징을 다니는 비행기가 새로 생겼다.
❸(일정한 곳을) 무엇을 하기 위해 자주 드나들다. Visit a certain place frequently in order to do something.
㊌드나들다[자타] 출입하다
N0-가 S러 N1-를 V (N0=[인간] N1=[산맥], [건물](관청, 병원, 미용실, 식당 따위))
¶할아버지와 아버지는 새벽마다 약수터를 다니신다. ¶유명한 배우들이 이 미용실을 다닌다.
❹(일터나 학교 따위를) 직원이나 학생으로 소속되어 정기적으로 오가다. Go to school or office regularly as a student or an employee.
㊌근무하다
N0-가 N1-를 V (N0=[인간] N1=[기업](회사 따위), [교육기관](학교, 학원 따위))
¶너도 빨리 취직해서 직장을 다녀야지. ¶그는 얼마 전에 행원이 되어서 은행을 다닌다.
❺(어떤 곳을) 볼일이 있어 잠깐 들르다. Stop by a place to do something.
㊌들르다
N0-가 N1-를 V (N0=[인간] N1=[장소])
¶명절날 우리는 친척집을 다니며 인사를 드리기로 했다. ¶새해에 학생들은 은사님 댁을 다니면서 안부를 전했다.
❻(일정한 곳을) 무엇을 하기 위해 자주 드나들다. Visit a certain place frequently in order to do something.
N0-가 N2-(에|로) N1-를 V (N0=[인간] N1=[행위](여행, 등산, 심부름, 촬영 따위) N2=[장소])
¶사장님은 주말마다 전국의 명산으로 등산을 다닌다. ¶사진가들은 날이 좋으면 야외로 촬영을 다닌다. ¶아버지는 자주 지방에 출장을 다니셨다.

다다르다

[활용]다다라, 다다르니, 다다르고, 다다랐다
[자]❶(목적한 장소에) 이르러 닿다. Arrive at the destined place.
㊌도달하다, 도착하다
N0-가 N1-에 V (N0=[인간|단체], [구체물] N1=[장소])
¶우리는 여덟 시에 집에 다다랐다. ¶어제 보낸 소포가 무사히 친구의 집에 다다랐다.
❷(시간이) 특정한 시점에 이르러 닿다. (of time) Reach a specific time.
㊌도달하다, 도착하다
N0-가 N1-에 V (N0=[시간] N1=[시간], [기회](고비 따위))
¶인터뷰를 보다 보니 어느새 세 시에 다다랐다. ¶경기가 끝날 때가 가까워지자 슬슬 고비에 다다랐다.
❸(일정한 수준, 한계 따위에) 이르러 미치다. Reach a certain standard, limit, etc.
㊌미치다
N0-가 N1-에 V (N0=[인간], [추상물] N1=[기준](점수, 경지, 한계 따위))
¶시민들의 불만이 최고조에 다다랐다. ¶집필 작업도 막바지에 다다랐다. ¶그의 노래 솜씨가 프로의 경지에 다다랐다.

다독거리다

[활용]다독거리어(다독거려), 다독거리니, 다독거리

고 [센]따독거리다
[타]❶(가루로 된 것이나 부드러운 사물을) 살살 두드려서 모양을 다듬다. Softly tap powder or soft material to touch up the shape.
[유]다독이다
N0-가 N1-를 V (N0=[인간] N1=[구체물])
¶나는 꽃 모종을 화분에 옮겨 심은 뒤 흙을 다독거렸다. ¶나는 친구를 기다리며 하릴없이 길가의 모래만 발로 다독거리고 있었다.
❷(달래거나 재우기 위해) 사람의 신체 일부를 살살 두드리다. Softly tap on a person's body part to comfort or put that person to sleep.
[유]다독이다
N0-가 N1-를 V (N0=[인간] N1=[인간], [신체부위])
¶철수는 울고 있는 영희의 어깨를 다독거리며 달랬다. ¶아버지는 아기를 재우기 위해 부드럽게 등을 다독거렸다. ¶그는 내 등을 다독거리며 내 생각을 응원한다고 말했다.
❸(다른 사람의 마음 따위를) 달래고 감싸다. Comfort and embrace someone.
[유]다독이다, 달래다, 위무하다
N0-가 N1-를 V (N0=[인간] N1=[마음], [감정])
¶친구는 나의 불안한 마음을 다독거려 주었다. ¶현대인에게는 서로 마음을 다독거려 줄 사람이 필요하다.

다독이다

[활용]다독여, 다독이니, 다독이고 [센]따독이다
[타]❶(흩어지기 쉬운 것들을) 모아서 가볍게 두드려 누르다. Gather things that can be easily dispersed and press them by tapping lightly.
[유]다독거리다
N0-가 N1-를 V (N0=[인간] N1=[구체물](모래, 흙, 눈 따위))
[연어]톡톡
¶우리는 눈을 톡톡 다독여서 눈덩이를 만들었다. ¶나는 화분의 흙을 손으로 다독여서 눌러주었다.
❷(사람 몸의 일부를) 가볍게 두드리다. Tap lightly another person's body.
[유]다독거리다, 다독다독하다, 다독대다
N0-가 N1-를 V (N0=[인간] N1=[신체부위])
[연어]톡톡
¶나는 토라진 아내의 등을 다독이며 웃었다. ¶아기 엄마는 아기가 잠에서 깨 울자 아기를 끌어안고 등을 톡톡 다독였다. ¶오빠는 내 등을 다독이며 울지 말라고 위로했다.
❸(사람 또는 사람의 마음 따위를) 감싸고 달래다. Embrace and calm another person or his/her mind.
[유]다독거리다, 달래다
N0-가 N1-를 V (N0=[인간] N1=[인간], [감정])
¶두 사람은 서로의 마음을 다독이며 위로했다. ¶감독은 흥분한 선수를 다독이며 큰 사고 없이 경기를 마무리했다.

다듬다

[활용]다듬어, 다듬으니, 다듬고
[타]❶(사물의 표면을) 거칠지 않게 매끄러운 상태로 만들다. Make an object's surface smooth and not rough.
N0-가 N1-를 V (N0=[인간|단체] N1=[구체물])
¶이 각목을 다듬은 다음 뭔가 쓸모있는 것을 만들고 싶다. ¶정밀기계의 부품을 다듬는 일은 전문적인 기술이 필요하다.
❷(몸의 일부를) 가지런하고 단정하게 하다. Make one's body part neat and organized.
[유]매만지다, 손질하다
N0-가 N1-를 V (N0=[인간|단체] N1=[신체부위])
¶나는 집을 나서기 전에 마지막으로 머리 모양을 다듬었다. ¶화장을 아직 덜 했어도 시간이 없으니 적당히 다듬고 나오너라.
❸(바닥을) 평평하고 고르게 만들다. Make the floor flat and even.
[유]고르다II, 평탄하게 하다
N0-가 N1-를 V (N0=[인간|단체] N1=[장소])
¶아침부터 공사장에서 인부들이 땅을 다듬고 있었다. ¶낮에 큰 롤러가 아스팔트를 다듬고 있는 바람에 교통 체증이 발생했다.
❹(식물을) 여기저기 자르고 떼어 가지런하게 만들다. Cut and remove parts of a plant to make it even.
[유]가지치다
N0-가 N1-를 V (N0=[인간|단체] N1=[식물])
¶아버지는 정원수들을 다듬고 계셨다. ¶관목이 지저분하게 자라서 시간을 내어 다듬기로 했다.
❺(식재료를) 손질하여 요리할 준비가 되게 하다. Handle a food ingredient to make it ready for cooking.
[유]손질하다
N0-가 N1-를 V (N0=[인간|단체] N1=[식재료])
¶나는 찌개에 쓸 동태를 다듬었다. ¶주방장은 정성들여 다듬은 재료들을 가지고 조리를 시작했다.
❻(글을) 매끄럽고 읽기 좋게 고쳐쓰다. Edit a write-up to make it smooth and easy to read.
N0-가 N1-를 V (N0=[인간|단체] N1=[텍스트])
¶글은 다듬으면 다듬을수록 좋아지기 마련이다. ¶이 발표문은 몇 군데만 다듬으면 완벽할 것 같다.

다루다

[활용]다루어(다뤄), 다루니, 다루고
[타]❶(사물을) 용도에 맞게 잘 사용하다. Use an

object well and properly according to its function.
㊌운용하다, 조작하다, 조종하다
N0-가 N1-를 V (N0=[인간|단체] N1=[사물])
¶삼촌은 공장에서 정밀기계를 다룬다. ¶이것들은 내가 오랫동안 다뤄 온 공구이다. ¶그는 여러 악기를 다루는 다재다능한 음악가이다.
❷(어떤 분야를) 전문 영역으로 삼아 업무를 수행하다. Make a certain field one's profession and perform one's duty.
㊌취급하다
N0-가 N1-를 V (N0=[인간|단체] N1=[구체물], [추상물])
¶그 부서는 다른 회사와의 협력 업무를 다루고 있다. ¶여기는 피부 질환을 주로 다루는 전문 병원이다.
❸(어떤 대상을) 논의의 대상이나 창작의 소재로 삼다. Make a certain object a material for discussion or creation.
㊌취급하다
N0-가 N1-를 V (N0=[인간|단체], [텍스트] N1=[구체물], [추상물])
¶이 소설은 작가가 살아왔던 격동의 시대를 충실히 다루고 있다. ¶그는 정부 부처에서 환경 문제를 오랫동안 다루어 온 환경 전문가이다.
❹(어떤 대상을) 특정한 태도를 가지고 대하거나 취급하다. Treat a certain target with a specific attitude.
㊌취급하다
N0-가 N1-를 ADV V (N0=[인간|단체] N1=[구체물], [추상물], ADV=Adj-게, N-같이, N-처럼)
¶그는 나를 어린아이처럼 다룬다. ¶그는 자동차를 애지중지하며 자기 몸처럼 다루었다.

다리다

활용 다리어(다려), 다리니, 다리고
타 (천이나 옷, 지폐 따위를) 다리미나 인두로 문질러 구김이나 주름이 없어지도록 펴다. Press cloth or clothes with a heated iron to eliminate folds.
N0-가 N1-를 V (N0=[인간] N1=[천], [옷], [지폐])
¶어머니는 첫 출근하는 아들을 위해 양복을 정성껏 다리셨다. ¶깨끗이 다린 보자기에 선물이 담겨 있었다. ¶할아버지는 손자들에게 세뱃돈으로 빳빳하게 다려 둔 지폐를 주셨다.

다물다

활용 다물어, 다무니, 다물고, 다무는
타 윗입술과 아랫입술을 꼭 맞대어 닫다. Tightly touch the upper lip with the lower lip.
㊌닫다II
N0-가 N1-를 V (N0=[인간], [동물] N1=입, 입술)
¶나는 정신을 차린 뒤 너무 놀라 벌어졌던 입을 다물었다. ¶주인이 조용히 하라고 명령하자 강아지들이 입을 다물었다.
◆ **입을 다물다** 소리를 내지 않고 조용히 하거나 말을 하지 않다. Keep quiet, not making noise, or refrain from speaking.
N0-가 Idm (N0=[인간])
¶그는 권력자 앞에서 늘 입을 다물었다. ¶피의자는 묵비권을 행사하며 입을 다물었다. ¶늘 소란스럽던 아이들도 엄숙한 자리에서는 입을 다문다.

다스리다

활용 다스리어(다스려), 다스리니, 다스리고
타 ❶(나라나 지역, 집단을) 맡아 관리하고 통제하며 보살피다. Undertake a country, a region, or an organization and provide management, control, and care.
㊌통치하다, 지배하다
N0-가 N1-를 V (N0=[인간|단체] N1=[지역], [집단])
¶조직을 다스리는 사람은 인간 심리를 깊이 이해하고 있어야 한다. ¶사람이 큰일을 하려면 우선 집안을 잘 다스려야 한다.
❷어려운 상황을 수습하다. Resolve a difficult situation.
㊌관리하다
N0-가 N1-를 V (N0=[인간|단체] N1=[추상물], [상태])
¶지금 같은 혼란을 다스리기 위해서는 유능한 지도자가 필요하다. ¶치수 문제를 다스리는 것은 어느 문명에서나 어려운 과제였다.
❸(죄나 죄인에 대하여) 벌을 선고하고 집행하다. Sentence and execute punishment on a crime or a criminal.
N0-가 N1-(를|에 대해) N2-로 V (N0=[인간|단체] N1=[인간], [비행] N2=[처벌])
¶정부는 국가의 기강을 바로 잡기 위해 범죄자들을 엄벌로 다스렸다. ¶범죄자를 무거운 벌로 다스리는 것만이 행정의 능사는 아니다.
❹(병이나 불편한 몸 상태를) 잘 보살펴 나아지게 하다. Take care of illness or uncomfortable bodily state to make it better.
N0-가 N1-를 V (N0=[인간|단체] N1=[신체부위], [질병])
¶나는 아픈 속을 다스리기 위해 위장약을 먹었다. ¶작은 병을 오래 방치하면 다스리기 어려운 만성 질환이 된다.
❺(감정의 상태를) 통제하고 조절하다. Regulate and control the emotional state.
N0-가 N1-를 V (N0=[인간] N1=[마음], 자기, 자신

따위)
¶나는 시험에 낙방했다는 소식에 당황했지만 마음을 다스리려고 애썼다. ¶모욕하는 말을 들었다고 해서 너무 흥분하지 말고 일단 감정을 다스려라. ¶자신을 다스리고 신중히 판단하는 법을 배우지 못하면 사업에 또 실패하게 될 것이다.

다시다
[활용]다시어(다셔), 다시니, 다시고
[자]❶(음식을 먹고 싶어서) 침을 삼키며 입을 쩝쩝 거리다. Swallow saliva and smack one's lips due to a desire to eat something or to eat more.
N0-가 N1-를 V (N0=[인간], [동물] N1=입, 입맛)
[연어]쩝쩝, 쩍쩍, 쪽쪽
¶영수는 피자를 보고 입맛을 다셨다. ¶우리는 초밥을 다 먹고도 입맛을 쩝쩝 다셨다. ¶보리밥에 백김치가 입맛을 다시게 했다.
❷(주로 음식 따위를) 조금 먹다. Eat (mainly food, etc.) a little.
N0-가 N1-를 V (N0=[인간], [동물] N1=입맛, 입)
¶다른 아이들은 간식을 많이 준비해 왔는데 우리는 입맛을 다실 것도 없다. ¶사다 놓은 것이 없어서 그야말로 입을 다실 게 없다. ¶손님이 오셨으니 입을 다실 거리라도 내놓아야겠다.

다운로드받다
[어원]영어, download~ [활용]다운로드받아, 다운로드받으니, 다운로드받고 [대응]다운로드를 받다
[준] 다운받다
[타](인터넷과 같은 전산망을 통하여) 다른 컴퓨터나 서버에 있는 파일 따위를 받다. Receive a file from another computer or a server through the computer network such as Internet.
[유]다운로드하다, 다운받다 [반]업로드하다
N0-가 N1-를 N2-에서 V (N0=[인간], [기계](컴퓨터, 스마트폰 따위) N1=파일, 동영상, 문서, 자료 따위 N2=인터넷, 홈페이지, 서버 따위)
¶아버지는 회사 서버에서 문서를 다운로드받으셨다. ¶나는 통계청 홈페이지에서 다양한 통계자료를 다운로드받았다. ¶나는 스마트폰으로 음악 관련 홈페이지에서 자동으로 무료 음악 파일을 다운로드받았다.

다운로드하다
[어원]영어, download~ [활용]다운로드하여(다운로드해), 다운로드하니, 다운로드하고 [대응]다운로드를 하다
[타]☞ 다운로드받다

다운받다
[어원]영어, down~ [활용]다운받아, 다운받으니, 다운받고 [대응]다운을 받다 [본]다운로드받다
[타]☞ 다운로드받다

다이빙하다
[어원]영어, diving~ [활용]다이빙하여(다이빙해), 다이빙하니, 다이빙하고 [대응]다이빙을 하다
[자]높은 곳에서 아래쪽에 있는 물속으로 뛰어 들어가다. Jump down into the water below from a high place.
[유]잠수하다
N0-가 N1-에서 N2-로 V (N0=[인간] N1=[장소] N2=[장소](물, 강, 호수, 바다, 수영장 따위))
¶순희는 심호흡을 하고 절벽에서 강으로 다이빙했다. ¶아이들은 모두 수영장으로 다이빙했다. ¶철수는 아이를 구하기 위해 지체 없이 바다 속으로 다이빙했다.

다잡다
[활용]다잡아, 다잡으니, 다잡고
[타]❶(어떤 사물을) 굳게 붙잡다. Firmly grab some object.
N0-가 N1-를 V (N0=[인간] N1=[구체물](손잡이, 낫 따위))
¶그는 라켓을 다잡고 서브를 기다렸다. ¶우리들은 다시 낫을 다잡아 벼를 베었다.
❷(흥분되거나 복잡한 마음을) 가라앉혀 진정시키다. Suppress and calm excited or complicated emotion.
N0-가 N1-를 V (N0=[인간] N1=[마음], [감정](기분 따위), 의식 따위)
¶마음을 다잡고 오늘부터 새로 시작하도록 하자. ¶이제 시험이 며칠 남지 않았으니 마음가짐을 다잡을 때다.
❸(다른 사람이나 일, 분위기 따위를) 철저하게 다스리고 통제하다. Strictly rule and control another person, task, atmosphere, etc.
N0-가 N1-를 V (N0=[인간] N1=[인간], [상황], [일])
¶우리는 분위기를 다잡고 훈련에 매진했다. ¶목표를 달성하기 위해서라도 이번 일은 확실히 다잡아야 한다.
[자타](어떤 사실을) 집어서 지적하다. Pick and point out a certain fact.
N0-가 N1-(를|에 대해) V (N0=[인간] N1=[모두])
¶아저씨는 나의 실수를 다잡아 말씀하셨다. ¶대답하기 어려운 질문에 대해서만 다잡아 물으시는 통에 혼났다. ¶너의 약점만을 다잡아 이야기하려는 게 아니다.
※ 주로 '다잡아'의 형태로 쓰인다.

다지다 I
[활용]다지어(다져), 다지니, 다지고 [준] 닺다
[타]❶누르거나 밟거나 쳐서 단단하고 튼튼하게 하다. Make something with widened gap strong and sturdy by pressing, stepping, or tapping.

ㄷ

N_0-가 N_1-를 V (N_0=[인간] N_1=[장소], [무생물](흙 따위), [장소](바닥 따위))
¶나무를 심은 다음에는 흙을 다져 주어라. ¶그는 시멘트를 바른 뒤 삽으로 바닥을 다져 놓았다.
❷(기초나 실력 따위를) 더욱 튼튼하고 뛰어나게 하다. Make basis, skills, etc., more firm and excellent.
[유]굳히다
N_0-가 N_1-를 V (N_0=[인간] N_1=[원인](기반 따위), [능력], 기초, 기틀, 내실 따위)
¶선학들은 피나는 노력으로 학문의 기틀을 다졌다. ¶겉모습에 치중하기보다는 내실을 다져야 한다. ¶더 발전하기 위해서는 우선 기반을 다지는 것이 중요하다.
❸(마음이나 뜻을) 굳게 하다. Make one's mind or willpower firm.
[유]단단히 하다
N_0-가 N_1-를 V (N_0=[인간] N_1=[마음], [계획])
¶선수들은 경기 시작 전 결의를 다졌다. ¶그는 가족들을 생각하며 마음을 다지고 파견지로 출발했다.
❹(둘 이상의 사람이나 단체가) 관계를 더욱 돈독하게 하다. (of two or more people or organizations) Make the relationship closer.
[유]돈독하게 하다
N_0-가 N_2-와 N_1-를 V ↔ N_2-가 N_0-와 N_1-를 V ↔ N_0-와 N_2-가 N_1-를 V (N_0=[인간|단체] N_1=[관계] N_2=[인간|단체])
¶국문과는 영문과와 매년 유대를 다진다. ↔ 영문과는 국문과와 매년 유대를 다진다. ↔ 국문과와 영문과는 매년 유대를 다진다. ¶우리 동아리는 농민과의 관계를 다지기 위해 농촌 봉사 활동을 떠난다. ¶그와 나는 어렸을 때부터 우애를 다진 사이다.
N_0-가 N_1-를 V (N_0=[인간|단체] N_1=[관계])
¶우리 회사는 체육 대회를 통해 유대를 다진다. ¶그들은 정기적으로 모이며 친분을 다져 왔다.
❺(몸매를) 보기 좋고 탄력 있게 가꾸다. Make one's body visually pleasing and toned through exercise.
N_0-가 N_1-를 V (N_0=[인간|단체] N_1=[신체부위], 몸, 몸매 따위)
¶석현이는 꾸준한 운동으로 몸을 다졌다. ¶테니스로 다진 그의 몸매가 건강해 보였다. ¶송규는 대회를 앞두고 복근을 다지고 있다.
[자타](다른 사람에게 무언가를) 단단히 일러 확인을 받아내다. Clearly state something to someone and receive confirmation.
N_0-가 N_2-에게 N_1-를 V (N_0=[인간] N_1=[말](약속 따위), [이야기] N_2=[인간])
¶불안했던 삼촌은 부동산 아저씨에게 약속을 다지기도 했다. ¶어머니는 나에게 한마디를 다지신 뒤에도 마음을 놓지 않으셨다.
N_0-가 N_1-에게 S라고 V (N_0=[인간] N_1=[인간])
¶선생님은 학생들에게 내일까지 신청서를 내라고 다졌다. ¶그는 동생에게 편지를 부치라고 다져 놓고도 전화로 확인을 했다. ¶장 부장은 부하 직원에게 4시 전까지 돌아오라고 다지고 외근을 보냈다.

다지다 II

[활용]다지어(다져), 다지니, 다지고
[타](음식 재료를) 도마 위에 놓고 칼로 여러 번 쳐서 잘게 만들다. Mince an ingredient on a cutting board by finely chopping it many times.
N_0-가 N_1-를 V (N_0=[인간] N_1=[채소], [육류])
¶나는 양념으로 쓸 마늘을 다졌다. ¶다진 고기를 양념에 하루 동안 재워 두어라. ¶아내는 생강을 다져서 음식에 넣는 것을 좋아한다.

다짐하다

[활용]다짐하여(다짐해), 다짐하니, 다짐하고 [대응]다짐을 하다
[자타] (앞으로의 일에 대하여) 굳게 결심하다. Firmly make one's mind on a future event.
[유]결심하다
N_0-가 S다고 V (N_0=[인간])
¶형은 우리들에게 싸움을 걸지 않겠다고 다짐했다. ¶사장님은 주력 상품의 값을 올리지 않겠다고 다짐하셨다.
N_0-가 N_1-를 V (N_0=[인간] N_1=[행위])
¶아버지는 새해를 맞아 금연을 다짐하셨다.
¶조국에 충성을 다짐했던 그가 명예롭게 퇴역했다.
N_0-가 S것-을 V (N_0=[인간])
¶나는 앞으로 용돈을 적게 쓸 것을 다짐했다.
¶모든 독립군은 죽기까지 싸울 것을 다짐하였다.
N_0-가 S기-로 V (N_0=[인간])
¶목사님은 어려운 아이들을 돌보기로 다짐하셨다. ¶그는 경기를 앞두고 체중 조절을 하기로 다짐했다. ¶일찍 나오기로 다짐했는데 오늘 아침에 그만 늦잠을 자고 말았다.

다치다

[활용]다치어(다쳐), 다치니, 다치고
[자]❶(사람이)곤란한 처지에 이르거나 해를 입게 되다. (of someone) Come to a difficult situation, become harmed.
N_0-가 V (N_0=[인간])
¶네가 이 비밀을 지키지 못했다간 크게 다친다.
¶고위층 인사가 다치게 되더라도 비리를 철저히 파헤칠 것이다.
❷(사물이) 흠이 생기거나 깨지거나 부러지거나

하다. (of an object) Be cracked, shattered, or broken.
㊇상하다[자]
No-가 V (No=[구체물])
¶함부로 가지를 꺾으면 나무가 다친다. ¶주변의 흙을 함께 옮겨야 식물 뿌리가 다치지 않는다.
[타]❶(몸을) 부딪히거나 맞거나 넘어지거나 하여 상처를 입다. (of a person) Sustain wounds by crashing, falling, or getting hit in the body.
㊇상하다[타], 상처입다
No-가 N1-를 V (No=[인간], [동물] N1=[신체부위])
¶건물이 무너져 많은 사람들이 팔다리를 다쳤다. ¶할아버지는 빙판에 미끄러져 허리를 다치셨다. ¶그 코끼리는 코를 다쳐서 물을 마시지 못하고 죽었다.
❷(마음이나 감정, 체면 따위가) 손상을 입고 언짢게 되다. (of mind, emotion, decency, etc.) Be damaged and displeased.
㊇상하다[타]
No-가 N1-를 V (No=[인간] N1=[마음], [감정](자존심, 체면, 위신 따위))
¶그는 여자친구와 헤어지며 마음을 다쳤다. ¶괜히 선심을 쓰다가는 오히려 그 사람이 자존심을 다칠 수 있다. ¶그는 값싼 동정심에 체면을 다쳤다.

다투다

[활용]다투어(다퉈), 다투니, 다투고
[자]의견이나 이해관계가 맞지 않아 서로 싸우다. Fight another person due to conflicting opinion or interest.
㊇겨루다[자], 경쟁하다
No-가 N1-와 V ↔ N1-가 No-와 V ↔ No-와 N1-가 V (No=[인간|단체] N1=[인간|단체])
¶나는 동생과 자주 다투었다. ↔ 동생은 나와 자주 다투었다. ↔ 나와 동생은 자주 다투었다. ¶남편과 나는 아이의 교육 문제로 잠시 다투었다. ¶나는 짝꿍과 1년 동안 다투지 않고 잘 지냈다.
[타]❶우열을 겨루거나 승부를 가리다. Compete for superiority or contend for victory with someone.
㊇겨루다[타]
No-가 N1-와 N2-를 V ↔ N1-가 No-와 N2-를 V ↔ No-와 N1-가 N2-를 V (No=[인간|단체] N1=[인간|단체] N2=우승, 진출, 일등 따위)
¶한국은 미국과 우승을 다투며 결승전을 치르고 있다. ↔ 미국은 한국과 우승을 다투며 결승전을 치르고 있다. ↔ 한국과 미국은 우승을 다투며 결승전을 치르고 있다. ¶영희와 정희는 반에서 일등을 다투는 사이이다. ¶왕자들이 서로 권력을 다투는 데에 집중하는 사이, 신하들은 전략을 꾸미고 있었다.
❷(권력이나 지위를) 얻으려고 겨루다. Compete with someone to obtain authority or position.
㊇겨루다[타]
No-가 N1-와 N2-를 V ↔ N1-가 No-와 N2-를 V ↔ No-와 N1-가 N2-를 V (No=[인간|단체] N1=[인간|단체] N2=권력, 패권 따위)
¶첫째 딸이 둘째 딸과 사장직을 다투었다. ↔ 둘째 딸이 첫째 딸과 사장직을 다투었다. ↔ 첫째 딸과 둘째 딸 이 사장직을 다투었다. ¶조조, 손권, 유비가 서로 경쟁하며 천하의 패권을 다투었다.

❸(아주 짧은 시간 안에 처리해야 할 정도로) 사태가 매우 급하다. (of a situation) Be very urgent that it needs to be processed within a very short time.
No-가 N1-를 V (No=[상태], [추상물], [장소](응급실, 병원 따위) N1=시각, 1분 1초 따위)
¶이산가족 상봉은 시각을 다투는 시급한 일이다. ¶응급실은 1분 1초를 다투는 응급 상황이 빈번한 곳이다. ¶수많은 중요한 정보들이 분과 초를 다투며 마구 쏟아지고 있다.
◆ **앞을 다투다** 다른 사람보다 먼저 하거나 잘 하려고 경쟁적으로 서두르다. Scramble to do something earlier or better than others.
㊈ 앞다투다
No-가 Idm (No=[인간|단체])
¶시민들은 싼값에 물건을 사려고 앞을 다투어 가게 안으로 몰려들었다. ¶아이들은 앞을 다투어 손을 들면서 선생님이 자기를 봐 주기를 바랐다. ¶전 세계 나라들은 앞다투어 최첨단 장비를 구입하였다.

다하다

[활용]다하여(다해), 다하니, 다하고
[자]❶다 써서 아무 것도 남아 있지 않은 상태가 되다. Become nonexistent after being used up.
㊇소진되다, 고갈되다
No-가 V (No=[구체물])
¶나는 차의 연료가 다할 때까지 달렸다. ¶우물의 물이 다했는지 아무리 두레박을 내려도 물을 길을 수가 없었다.
❷(감정이나 힘, 운 따위가) 없어져서 끝나다. (of emotion, power, fortune, etc., that one used to possess) End, become nonexistent.
㊇없어지다
No-가 V (No=[추상물](감정, 힘, 운 따위))
¶이제 우리의 사랑도 다했다. ¶그 친구는 기력이 다해서 결국 세상을 떠나고 말았다.
❸(현상이나 어떤 시간이) 끝이 나다. (of a

phenomenon or a certain time) End.
[유]끝나다
N0-가 V (N0=[시간])
¶봄이 다하면 여름이 오고, 여름이 다하면 가을이 온다. ¶방학이 다하기 전에 이 책을 읽어봐야겠다.
[타]❶(마음이나 힘, 능력 따위를) 있는 대로 쏟거나 바치다. Expend or give all of one's mind, power, ability, etc.
N0-가 N1-를 V (N0=[인간] N1=[추상물](최선, 마음, 힘, 능력, 충성 따위))
¶우리 선수들은 최선을 다했다. ¶수영이는 마음을 다해서 영호를 위로했다. ¶어머니는 자식 뒷바라지에 최선을 다하셨다.
N0-가 (S것|S데)-에 N1-를 V (N0=[인간] N1=[추상물](최선, 마음, 힘, 능력, 충성 따위))
¶그는 사람을 모으는 데 최선을 다했다. ¶부모님은 자식 뒷바라지하는 것에 정성을 다하셨다. ¶나는 나라를 위해 봉사하는 것에 온 마음을 다하겠다.
❷(할 일을) 이루어 끝내다. Achieve and finish one's task.
[유]끝내다, 완수하다
N0-가 N1-를 V (N0=[인간] N1=[의무], [역할], [규범](도리), [소통](말 따위))
¶철수는 할 말을 다했는지 자리에서 일어났다. ¶저는 그저 제 도리를 다했을 뿐입니다. ¶그는 선발 투수로서 자기 역할을 다한 것에 만족했다.
[자타]❶(물건이나 기기 따위의 수명이 끝나) 더이상 사용할 수 없는 상태가 되다. (of the lifespan of an item, a device, etc.) End, no longer useful.
[유]끝나다
N0-의 N1-가 V ↔ N0-가 N1-를 V (N0=[사물] N1=운명, 수명)
¶이 기계의 수명이 다했는지 중간에 자꾸 멈춘다. ↔ 이 기계가 수명을 다했는지 중간에 자꾸 멈춘다. ¶휴대 전화의 수명이 다해 가고 있다. ↔ 휴대 전화가 수명을 다해 가고 있다.
❷(제도나 효과 따위의 수명이 끝나) 더이상 효력을 발생할 수 없는 상태가 되다. (of the lifespan of a system, an effect, etc.) End, be rendered ineffective.
N0-의 N1-가 V ↔ N0-가 N1-를 V (N0=[추상물](제도, 시스템 따위) N1=운명, 수명)
¶고용 시스템의 수명이 다한 것 같다. ↔ 고용 시스템이 수명을 다한 것 같다. ¶수학여행의 교육적 효과가 수명을 다했다.
❸(생명이 끝나) 살 수 없는 상태가 되다. (of life) End, become unable to live.
[유]끝나다, 끊어지다
N0-가 N1-가 V ↔ N0-가 N1-를 V (N0=[인간] N1=목숨, 생명, 삶)
¶내가 목숨이 다하는 날까지 너를 기다릴게. ↔ 내가 목숨을 다하는 날까지 너를 기다릴게.
¶노인은 수명이 다할 때까지 자식들을 걱정했다. ↔ 노인은 수명을 다할 때까지 자식들을 걱정했다.

닥쳐오다
[활용]닥쳐와, 닥쳐오니, 닥쳐오고
[자](일이나 그 시일이) 가까이 다가오다. (of an event or its scheduled date) Closely approach something.
[유]다가오다 [상]오다
N0-가 V (N0=[상태], [시기], [자연재해] 불행, 마감일, 시험 따위)
¶경기 불황으로 우리 가족에게도 힘든 시기가 닥쳐왔다. ¶불행은 아무런 예고없이 닥쳐온다. ¶수능 시험이 이틀 앞으로 닥쳐와서 수험생들이 긴장하고 있다. ¶갑자기 닥쳐온 자연재해로 많은 사람들이 목숨을 잃었다.

닥치다 I
[활용]닥치어(닥쳐), 닥치니, 닥치고
[자](어떤 일이나 사태 따위가) 가까이 혹은 갑자기 다다르다. (of an event or an incident) Approach closely or suddenly.
[유]이르다, 다가오다, 다다르다
N0-가 N1-(에게|로) V (N0=역경, 시련, 시험 따위 N1=[인간], [장소], [미래](내일))
¶어떤 시련이 우리에게 닥친다 해도 우리는 이겨낼 수 있어. ¶드디어 올해의 수능 시험이 내일로 닥쳤다. ¶눈사태가 우리 마을로 닥칠지도 모르니 일단 대피합시다.

닥치다 II
[활용]닥치어(닥쳐), 닥쳐라, 닥치니, 닥치고(주로 명령형(닥쳐라)으로 사용된다.) 【비어】
[타](사람이) 입을 다물어 말을 그치다. (of a person) Stop talking by closing one's mouth.
[유]닫다II, 다물다
N0-가 N1-를 V (N0=[인간] N1=입)
¶이제 그만 떠들고 입 닥쳐라. ¶철수는 아까부터 입을 닥치고 있다. ¶시끄러우니 입 좀 닥치지 못하겠니?

닦다
[활용]닦아, 닦으니, 닦고
[타]❶(표면을) 깨끗하게 하기 위하여 씻거나 문지르다. Wash or rub the surface of a thing in order to keep it clean.
[유]씻다
N0-가 N1-를 V (N0=[인간|단체], [기계] N1=[구체물])
[피]닦이다I [사]닦이다II

¶아버지는 차를 닦으셨다. ¶자기 전에는 꼭 이를 닦아라. ¶선반을 닦고 나니 마음이 개운하다.
❷(물기를) 겉면에서 없애려고 문지르다. Wipe off moisture from a surface.
N0-가 N1-를 V (N0=[인간|단체] N1=[분비물], [액체], [신체부위](얼굴, 머리카락 따위))
[피]닦이다I [사]닦이다II
¶눈물을 닦고 고개를 들어라. ¶수건으로 머리카락을 좀 닦아야겠다.
❸(길이나 건물터를) 고르고 단단하게 다져 만들다. Flatten the ground of a site for a road or a building.
[유]만들다[타]
N0-가 N1-를 V (N0=[인간|단체] N1=[도로], [교통관련건물], 터)
[피]닦이다I
¶새로 닦은 주차장이 널찍하다. ¶집을 짓기 전에 먼저 터를 닦아야 한다.
❹(어떤 일의 기초나 바탕을) 미리 갖추어 준비하다. Prepare the foundation or basis for a work in advance.
[유]다지다, 세우다
N0-가 N1-를 V (N0=[인간|단체] N1=[원인](기반, 바탕, 토대 따위))
[피]닦이다I
¶전 회장님은 우리 회사의 기반을 닦으셨다. ¶그가 닦은 기초 위에서 학문이 발전해 왔다.
❺(학문이나 실력을) 열심히 배우거나 기르다. Learn or exercise passionately in academic study or ability.
[유]연마하다
N0-가 N1-를 V (N0=[인간] N1=[능력], [기술], [학문], 학업 따위)
[피]닦이다I
¶학문을 닦는 것은 연구자의 기본 소양이다. ¶그는 검술을 닦아 강자가 되었다.
❻(품행이나 마음을) 바르고 깨끗하게 단련하다. Cultivate one's behavior or mind in a right, pure way.
[유]단련하다, 수련하다
N0-가 N1-를 V (N0=[인간] N1=[인성], [마음], [행위](행실, 품행 따위))
[피]닦이다I
¶그는 산에 들어가 도를 닦았다. ¶성품을 닦은 사람은 다른 이를 배려할 줄 안다. ¶마음과 행실을 닦아 더 깊은 사람이 되어라.
❼(계산이나 문서를) 치밀하게 따져 명확하게 하다. Examine closely and clarify a calculation or a document.
N0-가 N1-를 V (N0=[인간|단체] N1=[행위](계산, 셈 따위), [문서])
¶나는 동업자와 계산을 닦았다. ¶셈을 닦지 않으면 틀린 부분을 알 수 없다.
❽마구 다그쳐 나무라다. Urge and scold another person.
[유]다그치다
N0-가 N1-를 V (N0=[인간] N1=[인간])
[피]닦이다I
¶아무것도 모르는 아이를 너무 닦지 마라. ¶사정도 모르면서 함부로 사람을 닦으면 안 된다.

닦달하다

[활용]닦달하여(닦달해), 닦달하니, 닦달하고 [대응]닦달을 하다
[자](다른 사람에게 어떤 일이나 행동 따위를 하라고 반복적으로 요구하며) 몹시 다그치거나 못살게 굴다. Repeatedly request someone to do some task or action and severely push or harass him/her.
[유]몰아붙이다, 몰아세우다
N0-가 N1-에게 S고 V (N0=[인간] N1=[인간])
¶아내는 남편에게 담배를 끊어야 한다고 닦달했다. ¶부모가 아이에게 공부하라고 닦달하는 것은 바람직하지 않다.
[타](어떤 일이나 행동 따위를 하라고 반복적으로 요구하며) 다른 사람을 몹시 다그치거나 못살게 굴다. Severely push or harass someone while repeatedly requesting him/her to do some task or action.
[유]다그치다
N0-가 S고 N1-를 V (N0=[인간] N1=[인간])
¶아내는 남편의 월급이 적다고 남편을 닦달했다. ¶상사는 실적을 더 올리라고 직원들을 닦달했다. ¶그는 우는 아이를 달래기는커녕 계속 닦달하기만 했다.

닦이다 I

[활용]닦여, 닦이니, 닦이고
[자]❶(표면이) 깨끗하게 씻기거나 문질러지다. (of the surface of a thing) Be cleansed or rubbed.
[유]씻기다
N0-가 V (N0=[구체물])
[능]닦다
¶유리창이 반짝반짝하게 닦였다. ¶잘 닦인 책상을 보니 기분이 좋다.
❷(물기가) 겉면에서 없어지도록 문질러지다. (of moisture) Be rubbed so that it does not exist anymore.
N0-가 V (N0=[분비물], [액체], [신체부위](얼굴, 머리카락 따위))
[능]닦다

[ㄷ]

¶눈물이 닦일 새도 없이 계속 흘러내렸다. ¶아기는 자느라고 수건으로 얼굴이 닦이는지도 몰랐다.
❸(길이나 건물터가) 고르고 단단하게 다져져 만들어지다. (of site for a road or a building) Be flattened.
㊌만들어지다
N0-가 V (N0=[도로], [건물], 터)
능닦다
¶마을 주민들이 도와준 덕분에 길이 금방 닦였다. ¶건물을 짓기 전에 터가 잘 닦여야 한다.
❹(어떤 일의 기초나 바탕이) 미리 갖추어져 준비되다. (of the foundation or basis for a work) Be prepared in advance.
㊌다져지다
N0-가 V (N0=[원인](기반, 바탕, 토대 따위))
능닦다
¶이 분야는 선학들에 의해 토대가 잘 닦였다. ¶기반은 닦여 있으니 이제 발전시키는 일만 남았다. ¶바탕이 잘 닦여야 더 많은 성과를 낼 수 있다.
❺(학문이나 실력이) 습득되거나 길러지다. (of academic study or ability) Be learnt or exercised.
㊌연마되다
N0-가 V (N0=[능력], [기술], [학문], 학업 따위)
능닦다
¶학문이 잘 닦이면 높은 경지에 이를 수 있다. ¶검술은 닦일수록 함부로 사용되어서는 안 된다.
❻(품행이나 마음이) 바르고 깨끗하게 단련되다. (of behavior or mind) Be cultivated in a right, pure way.
㊌단련되다, 수련되다
N0-가 V (N0=[인성], [행위](행실, 품행 따위))
능닦다
¶성품이 온건하게 닦인 사람은 누구에게나 환영받는다. ¶품행이 잘 닦여 존경받는 사람이 되어라.
❼마구 다그침을 당하며 혼나다. (of a person) Be urged and scolded.
N0-가 N1-에게 V (N0=[인간] N1=[인간])
능닦다
¶그는 지각이 잦아서 오늘 담임 선생님께 닦였다. ¶중대장에게 닦인 후로 김 병장은 기분이 좋지 않았다. ¶사장님께 닦이지 않도록 일을 빨리 처리해라.

닦이다 II

활용닦여, 닦이니, 닦이고
타❶(사물의 표면을) 깨끗하게 하기 위하여 씻거나 문지르게 하다. Have another person cleanse or rub the surface of a thing.
㊌씻게 하다, 청소시키다
N0-가 N2-(에|에게) N1-를 V (N0=[인간|단체] N1=[구체물] N2=[인간|단체])
주닦다
¶사장님은 점원에게 진열대를 닦였다. ¶선생님께서 우리 반에 복도를 닦이시는 바람에 하교가 늦었다. ¶엄마는 아들에게 그릇을 닦여 보았다.
❷(물기를) 겉면에서 없어지도록 문지르게 하다. Have another person rub moisture on the surface.
N0-가 N2-(에|에게) N1-를 V (N0=[인간|단체] N1=[분비물], [액체], [신체부위](얼굴, 머리카락 따위) N2=[인간|단체])
주닦다
¶나는 동생에게 창문의 빗물을 닦였다. ¶그는 아이에게 콧물을 닦이고 손을 씻겼다.

단결되다

어원團結~ 활용단결되어(단결돼), 단결되니, 단결되고 대응단결이 되다
자(여러 사람의) 의견이 통일되고 힘이 합쳐지다. Unify opinion and combine the power of many people to achieve something.
㊌뭉치다자, 단합되다 ㊍흩어지다, 분열되다
N0-가 V (N0=[인간|단체])
능단결하다
¶그들은 위험 속에서 더욱 단결되었다. ¶분열된 다수는 단결된 소수를 못 이기는 법이다. ¶화합하고 단결된 모습을 보여 주십시오.

단결하다

어원團結~ 활용단결하여(단결해), 단결하니, 단결하고 대응단결을 하다
자(여러 사람이) 의견을 통일하고 힘을 합치다. (Of multiple people) Unify opinion and combine the power of many people to achieve something.
㊌뭉치다자, 단합하다, 연대하다
N0-가 N1-와 (서로) V ↔ N1-가 N0-와 (서로) V ↔ N0-와 N1-가 (서로) V (N0=[인간|단체] N1=[인간|단체])
피단결되다
¶육군이 공군과 서로 단결하여 적을 물리쳤다.↔ 공군이 육군과 서로 단결하여 적을 물리쳤다.↔ 육군과 공군이 서로 단결하여 적을 물리쳤다.
¶그들에게 대항하려면 우리들은 단결하지 않으면 안 된다. ¶그들은 오직 나에 대한 두려움으로 단결했다.

단념하다

어원斷念~ 활용단념하여(단념해), 단념하니, 단념하고 대응단념을 하다

[타]속에 품고 있는 생각, 계획, 의도 따위를 저버리다. Give up one's inner thought, plan, or intention.
[유]체념하다, 포기하다, 그만두다
N0-가 N1-를 V (N0=[인간], [집단] N1=[생각], [계획])
[사]단념시키다
¶나는 그녀를 쉽게 단념할 수 없다. ¶기량이 부족하기는 하지만 우리 팀이 쉽게 승리를 단념하는 일은 없다.
N0-가 S(것|기)-를 V (N0=[인간], [집단])
[사]단념시키다
¶성적이 조금 모자라기는 해도 대학에 진학하기를 단념하지는 않을 거야. ¶사람들은 어려운 일을 겪을 때 자신이 계획한 것을 단념하는 경우가 많다. ¶돈 없고 힘없는 사람들이 자기가 살기를 단념하는 것도 어쩌면 당연해 보입니다.

단련되다
[어원]鍛鍊~ [활용]단련되어(단련돼), 단련되니, 단련되고 [대응]단련이 되다
[자]❶(쇠붙이가) 두드려져 단단하게 되다. (of a heated iron) Become hard by beating.
[유]단단해지다
N0-가 V (N0=[금속](쇠 따위), [기구](농기구 따위))
[능]단련하다
¶그 대장장이가 만든 농기구는 모두 단단하게 단련되었다. ¶대장간의 어떤 쇠붙이든지 모두 그의 손으로 단련되었다.
❷(몸과 마음이) 물리적 행위, 운동 따위로 굳세게 되다. (of a body and mind) Become strong by physical action and exercise.
[유]단단해지다
N0-가 N1-로 V (N0=[인간], [신체부위] N1=[행위](운동 따위))
[능]단련하다
¶철수는 막노동을 할 만큼 몸이 단련되었다. ¶나의 손은 타이핑으로 단련되었다. ¶선수들은 훈련으로 단련되었다.
❸(정신력이) 어떤 반복되는 일에 익숙하게 되어 극복하다. (of a mental strength) Overcome by getting use to some repeated work.
[유]굳세게 되다
N0-가 N1-에 V (N0=[인간], [추상물](정신력 따위) N1=[추상물], [사건])
[능]단련하다
¶부모님의 굳센 마음은 나를 키우던 시절 세파에 단련되신 것이다. ¶그는 온갖 역경에 단련되어 있다. ¶나는 가난한 어린 시절을 보냈으므로 배고픔에 단련되어 있다.

단련시키다
[어원]鍛鍊~ [활용]단련시키어(단련시켜), 단련시키니, 단련시키고 [대응]단련을 시키다
[타] ☞'단련하다'의 오용

단련하다
[어원]鍛鍊~ [활용]단련하여(단련해), 단련하니, 단련하고 [대응]단련을 하다
[타]❶(쇠붙이를) 두드려 단단하게 하다. Beat the heated iron to make it hard.
[유]단단하게 하다
N0-가 N1-를 V (N0=[인간] N1=[금속](쇠 따위), [기구](칼 따위))
[피]단련되다
¶대장장이가 망치를 들어 쇠를 단련했다. ¶그는 기념주화를 만들기 위해 강철을 단련했다.
❷(다른 사람의 몸과 마음을) 경험이나 훈련을 통해 굳세게 하다. Make someone's body and mind strong through experience or training.
[유]굳세게 하다
N0-가 N1-를 V (N0=[인간] N1=[인간|단체])
[피]단련되다
¶감독은 합숙 훈련으로 우리 팀을 단련했다. ¶조교들은 수련회에 온 학생들을 단련했다. ¶이순신은 침략에 대비해 수군들을 단련했다.
❸(스스로의 정신이나 마음을) 경험이나 훈련을 통해 굳세게 하다. Make one's body and mind strong through experience or training.
[유]굳세게 하다
N0-가 N1-를 V (N0=[인간] N1=[추상물](정신 따위))
[피]단련되다
¶나는 검도를 통해 정신을 단련했다. ¶사원들은 오리엔테이션에 참석해 애사심을 단련했다.
❹(어떤 기술이나 행위를) 반복하여 익숙해지도록 하다. Get accustom to some skill or action by repeating.
[유]익히다, 훈련하다
N0-가 N1-를 V (N0=[인간] N1=[행위](동작, 발차기 따위))
[피]단련되다
¶그는 매일 연습을 하며 손동작을 단련했다. ¶태권도를 배우는 학생들은 승급을 앞두고 발차기를 단련했다. ¶체조 선수들은 경기를 앞두고 모든 동작을 단련했다.
❺(어떤 행위나 사건이) 사람의 몸이나 마음을 강하게 만들다. (of some action or incident) Make person's body and mind stronger.
[유]강하게 만들다
N0-가 N1-를 V (N0=[행위], [사건] N1=[인간])
¶매년 단체로 참여하는 수련회는 학생들을 단련한다. ¶고난과 역경이 사람들을 단련한다.

[ㄷ]

단명하다

[어원]短命~ [활용]단명하여(단명해), 단명하니, 단명하고 [대응]단명을 하다

[자]❶오래 살지 못하고 일찍 죽다. (of a person) Die at a young age.

[반]장수하다

No-가 V (No=[인간])

¶그는 기타 연주에 천재적인 능력을 보였지만 안타깝게도 단명했다. ¶식량이 부족했던 예전에는 단명하는 아이들이 많았다.

❷(정권이나 특정 직업인 따위가) 오래 지속되거나 활동하지 못하고 사라지다. (of a political power or certain occupation) Fail to sustain an activity and disappear.

No-가 V (No=[직업], [인간|단체])

¶후백제는 왕건에 의해 44년 만에 단명하였다. ¶노력하지 않는 음악인은 단명한다. ¶그는 부정이 드러나 2개월 만에 단명한 장관이 되었다.

ㄷ

단속하다

[어원]團束~ [활용]단속하여(단속해), 단속하니, 단속하고 [대응]단속을 하다

[타]❶(사람이나 집단을) 통제하여 돌발 사태가 생기지 않도록 하다. Regulate a person or an organization to prevent the incidence of outbreak.

[유]챙기다, 통제하다, 관리하다

No-가 N1-를 V (No=[인간|단체] N1=[인간|단체])

[사]단속시키다

¶사장은 회사 물건을 빼돌리는 일이 없도록 부하 직원들을 단속했다. ¶사고가 나지 않도록 아이들을 잘 단속해라.

❷범범 행위 따위를 적발하기 위해 감시하고 찾다. Monitor and search to catch a criminal activity.

[유]감시하다

No-가 N1-를 V (No=[인간|단체] N1=[비행])

[사]단속시키다

¶경찰이 음주 운전을 단속하고 있다. ¶정부는 탈세 행위를 철저히 단속하겠다고 발표했다.

◆ **입을 단속하다** 어떤 사실을 말하지 못하게 통제하다. Forbid someone to speak about a certain thing or matter.

No-가 Idm (No=[인간|단체])

¶사장은 관계자들의 입을 단속하라고 당부했다. ¶내부자의 입을 단속하지 못하면 기밀이 전부 다 새어 나갈 것이다. ¶우리 회사에서는 영업 비밀을 위해 퇴직하는 직원들의 입을 단속하였다.

단순화하다

[어원]單純化~ [활용]단순화하여(단순화해), 단순화하니, 단순화하고 [대응]단순화를 하다

[타]단순하거나 간단하게 하다. Make something simple.

[유]간단하게 하다

No-가 N1-를 V (No=[인간|단체] N1=[추상물])

¶우리 회사는 유연한 경영을 위해 결재 과정을 단순화했다. ¶문제를 단순화하면 해결책이 보일 것이다. ¶복잡한 개념을 단순화하여 이해해 보자.

단식하다

[어원]斷食~ [활용]단식하여(단식해), 단식하니, 단식하고 [대응]단식을 하다

[자](음식을) 일정 기간 동안 먹지 아니하다. (of a person) Not eat food for a certain period of time.

[유]금식하다

No-가 V (No=[인간])

¶노조 위원장은 내일부터 협상을 위하여 단식한다. ¶단식하시더니 건강이 많이 나빠지셨다. ¶사람들은 때로 자신의 의도를 알리고 싶을 때 단식하기도 한다.

단언하다

[어원]斷言~ [활용]단언하여(단언해), 단언하니, 단언하고 [대응]단언을 하다

[자타](의견이나 생각을) 분명하게 잘라 말하다. Clearly and concisely speak one's opinion or thought.

[유]잘라 말하다

No-가 S고 V (No=[인간|집단])

¶정부에서는 더 이상의 피해가 없을 것이라고 단언했습니다. ¶자신의 시대가 올 것이라고 단언했던 그의 행방을 아는 사람은 없었다.

No-가 N1-를 V (No=[인간|집단] N1=[모두])

¶언론에서는 우리 팀의 승리를 단언했다. ¶수출액의 증대를 단언했지만 경기가 나빠졌다.

No-가 S음-을 V (No=[인간|집단])

¶수진이는 어느 곳도 고향보다 나은 곳이 없음을 단언하였다. ¶은영이는 자신의 마음이 돌아섰음을 단언해 내 친구를 아프게 했다.

No-가 S것-을 V (No=[인간|집단])

¶민수는 은서가 오지 않을 것을 단언했다. ¶너도 믿지 못하는 것을 억지로 단언하지 마라.

No-가 S지-를 V (No=[인간|집단])

¶나는 어느 것이 더 좋은지를 단언하기가 어렵다. ¶그 누구도 누가 맞는지를 단언할 수 없다. ¶그들 중 누가 더 위대한지 단언하는 것은 무의미하다.

단장하다

[어원]丹粧~ [활용]단장하여(단장해), 단장하니, 단장하

고 대응단장을 하다
타❶(자신의 몸이나 옷을) 아름답고 단정하게 꾸미다. Decorate one's body or clothes beautifully and neatly.
유치장하다, 꾸미다
N0-가 N1-를 V (N0=[인간] N1=[신체부위], [착용물])
사단장시키다
연어곱게
¶나는 외출 전에 꼭 몸을 단장한다. ¶얼굴을 곱게 단장하니 누군지 못 알아볼 정도로 변했구나.
❷(건물 따위를) 아름답고 단정하게 만들다. Make an artificial structure, such as a building, etc., possess a beautiful, neat appearance.
유치장하다, 꾸미다
N0-가 N1-를 V (N0=[인간|단체] N1=[사물], [장소])
사단장시키다
연어곱게
¶아들은 부모님 묘소를 정성껏 단장했다. ¶지저분한 거리를 단장하고 나니 탁 트여 보기가 좋다. ¶이 건물은 겉으로는 낡아 보여도 속은 깔끔하게 단장해 놓았다.

단절되다

어원斷絶~ 활용단절되어(단절돼), 단절되니, 단절되고
자❶교류가 끊어지게 되다. (of two or more of something, or one thing with something else) Be disconnected.
유끊어지다
N1-의 N0-가 V ↔ N1-는 N0-가 V (N0=관계, 거래, 대화, 교류 따위 N1=[인간|집단])
능단절하다
¶이번 전쟁으로 양국의 관계가 거의 단절될 것으로 보인다. ↔ 이번 전쟁으로 양국은 관계가 거의 단절될 것 으로 보인다. ¶스마트폰이 널리 보급되어 사람들의 대화가 점점 단절되어 가고 있다.
N1-와 N0-가 V (N0=관계, 거래, 대화, 교류 따위 N1=[인간|집단])
능단절하다
¶금융 위기를 맞아서 다른 회사와 거래가 단절되어 회사 매출이 줄어들고 있다. ¶그날 이후 아버지와 대화가 단절되면서 사이가 서먹해졌다. ¶이곳 사람들은 아직도 문명 세계와 교류가 단절된 채로 살아가고 있다.
❷ 흐름이 연속되지 아니하다. Possess the characteristic of discontinuous flow.
N0-가 V (N0=문화, 역사, 흐름 따위)
¶급격한 산업화로 인해 전통적인 우리의 고유문화가 단절되고 있다. ¶배우가 개인적인 사정으로 드라마에서 하차하게 되어 극의 큰 흐름이 단절되어 버렸다.

단절하다

어원斷絶~ 활용단절하여(단절해), 단절하니, 단절하고
타관계나 교류를 완전히 끊다. Completely cut the relationship or exchange among two or more of something, or between one thing and something else.
유끊다
N0-가 N1-와 N2-를 V (N0=[인간|집단] N1=[인간|집단] N2=관계, 거래 따위)
피단절되다
¶나는 돈 문제로 오래된 친구와 관계를 단절하였다. ¶우리 회사는 납품 일자를 제대로 지키지 않는 업체와 거래를 완전히 단절할 계획이다. ¶사람이 다른 사람과의 모든 관계를 단절하고 사는 일이 과연 가능할 것인가?

단정하다

어원斷定~ 활용단정하여(단정해), 단정하니, 단정하고 대응단정을 하다
자타(어떤 대상이나 일 따위에 대해) 다소 성급하게 딱 잘라서 판단하다. Determine firmly in a hasty manner (regarding a certain target or matter).
유속단하다
N0-가 N1-(를|에 대해) N2-로 V (N0=[인간], [집단](연구소, 법원 따위), [인간](형사, 연구원 따위) N1=[생물], [구체물], [상태] N2=[의견])
¶감정사들이 이 유물을 가짜로 단정했다. ¶어머니는 모든 문제에 대해 아들의 잘못으로 단정하셨다.
※ N2가 N1보다 앞에 나타날 수 없다.
N0-가 S고 V (R1) (N0=[인간], [집단](연구소, 법원 따위), [인간](형사, 연구원 따위))
¶사람들이 그녀(가|를) 이 사건의 범인이라고 단정했다.(R1) ¶의사들은 그 친구(가|를) 뇌사라고 단정했다. ¶어머니는 모든 문제에 대해 신께서 결정하신다고 단정하신다.

단종되다

어원斷種~ 활용단종되어(단종돼), 단종되니, 단종되고 대응단종이 되다 (특정한 종류의 제품 따위가) 더 이상 만들어지지 않다. (of a specific type of product, etc.) No longer be formed.
반생산되다
N0-가 V (N0=[사물])
¶그 자동차는 단종되었습니다. ¶이 제품은 내년부터 단종될 예정입니다. ¶다음 달부터 일반 사용자용은 단종됩니다.

단죄되다

어원斷罪~ 활용단죄되어(단죄돼), 단죄되니, 단죄되고 대응단죄가 되다
자❶(죄나 죄를 지은 사람이) 심판을 받고 처분되

다. (of crime or criminal) Be judged and treated.
㊌처벌받다
N0-가 V (N0=[인간], [집단])
능단죄하다타
¶부실 공사를 한 사람들이 단죄되었다. ¶부당한 권력이 단죄되어야 비로소 깨끗한 사회가 될 것이다.
❷(사물이나 사상, 행위 따위가) 죄로 판정되다. (of object, philosophy, behavior, etc.) Be judged to be a crime.
㊌처단되다, 처분되다
N0-가 N1-로 V (N0=[구체물], [추상물], [행위] N1=[비행](죄, 잘못) 따위)
능단죄하다타
¶어떤 기준에 따라 나의 행위가 잘못으로 단죄되는 것인지 모르겠다. ¶우리나라에서 마약은 범죄로 단죄되고 있다.
N0-가 S다고 V (N0=[구체물], [추상물], [행위])
능단죄하다타
¶성매매는 불법이라고 단죄된다. ¶중세 시대에 죄라고 단죄되던 것들 중 현대에는 수용되는 것들이 많다.

단죄하다

어원斷罪~ 활용단죄하여(단죄해), 단죄하니, 단죄하고 대응단죄를 하다
타(죄나 죄를 지은 사람을) 심판하여 처분하다. Judge and treat a crime or a criminal.
N0-가 N1-를 V (N0=[인간|집단] N1=[비행], [인간|집단])
피단죄되다
¶긴 공방 끝에 법원은 그를 단죄하였다. ¶주민들은 흉악범의 범죄를 단죄하고 분노하였다.
자타(사물이나 사상, 행위 따위를) 죄로 판정하다. Judge any object, philosophy, behavior, etc., to be a crime.
㊌처단하다, 처벌하다
N0-가 S다고 V (R1) (N0=[인간|집단])
¶그들은 노름(이 | 을) 죄라고 단죄하였다.(R_1)
¶너의 그 행동이야말로 잘못이라고 단죄할 만하다. ¶그런 몰지각한 언사는 죄라고 단죄해야 마땅하다.
N0-가 N1-를 N2-로 V (N0=[인간|집단] N1=[구체물], [추상물], [행위] N2=[비행](죄, 잘못) 따위)
피단죄되다
¶사람들은 일제의 만행을 죄로 단죄한다. ¶시대의 흐름에 따라 범죄로 단죄하던 행위도 재고해야 한다.

단축되다

어원短縮~ 활용단축되어(단축돼), 단축되니, 단축되고 대응단축이 되다
자(시간, 거리 따위가) 짧게 줄게 되다. (of time and distance) Become less and short.
㊌줄어들다, 짧아지다
N0-가 N1-에서 N2-로 V (N0=[길이](거리), [시간] N1=[시간], [길이] N2=[시간], [길이])
능단축하다
¶고등학교에 진학하니 식사 시간이 육십 분에서 오십 분으로 단축되었다. ¶이 도구를 이용하면 홈페이지 주소가 서른 자에서 다섯 자로 단축된다. ¶노선이 바뀌면서 버스 주행 거리가 20 킬로미터로 단축되었다.

단축시키다

어원短縮~ 활용단축시키어(단축시켜), 단축시키니, 단축시키고 대응단축을 시키다
타☞'단축하다'의 오용

단축하다

어원短縮~ 활용단축하여(단축해), 단축하니, 단축하고 대응단축을 하다
타(시간, 거리 따위를) 짧게 줄이다. Shorten time and distance.
㊌줄이다, 짧아지게 하다
N0-가 N1-를 N2-에서 N3-로 V (N0=[인간|단체], [행위], [사건] N1=[길이](거리), [시간] N2=[시간], [길이] N3=[시간], [길이])
¶새 항로의 개발이 무역 기간을 삼십 일에서 삼 일로 단축했다. ¶그는 유학 기간을 오 년에서 사 년으로 단축했다. ¶신기술이 기술의 교체 주기를 5년에서 3년으로 단축했다.
N0-가 N1-를 V (N0=[인간|단체], [행위], [사건], [구체물] N1=[길이](거리), [시간])
¶여러 회사의 협력이 제품의 기획, 생산, 판매, 배달의 과정을 단축했다. ¶회사는 사원들의 월급을 동결하는 대신 근무 시간을 단축했다.

단합되다

어원團合~ 활용단합되어(단합돼), 단합되니, 단합되고 대응단합이 되다
자(여러 사람의 힘이나 마음 따위가) 하나로 합쳐지다. (of the power or spirit of many people) Be coalesced into one.
㊌단결되다
N0-가 V (N0=[인간|단체], [능력], [힘], [사조], [특성])
능단합하다
¶우리의 단합된 힘을 보여 줍시다. ¶계속되는 외부 위협 때문에 우리 민족이 항상 단합되었다.
¶우리 군인들의 단합된 모습을 보여 줄 때가 왔습니다.

단합하다

어원團合~ 활용단합하여(단합해), 단합하니, 단합하

고 대응단합을 하다
자(여러 사람이) 한 마음으로 뭉치다. (of two or more people) Coalesce into one.
유단결하다, 뭉치다자
N0-가 N1-와 (서로) V ↔ N1-가 N0-와 (서로) V ↔ N0-와 N1-가 (서로) V (N0=[인간|단체] N1=[인간|단체])
피단합되다 사단합시키다
¶육군이 공군과 단합했다. ↔ 공군이 육군과 단합했다. ↔ 육군과 공군이 단합했다. ¶경제 위기를 극복하기 위해서 시민들이 단합했다. ¶온 국민이 단합하여 살기 좋은 나라를 만듭시다.

단행되다

어원斷行~ 활용단행되어(단행돼), 단행되니, 단행되고 대응단행이 되다
자(어떤 일이) 다른 사람의 반대나 어려운 상황에도 불구하고 실행되다. (of a work) to be carried out in spite of the difficult situation or others' opposition.
유감행되다
N0-가 V (N0=[행위])
능단행하다
¶버스 노조의 파업이 단행되면서 시민들의 불편이 예상된다. ¶프로그램 개편이 단행되어서 좋아하던 프로그램이 폐지되어 버렸다. ¶여러 시민 단체의 반대에도 불구하고 규제 철폐가 단행되었다.

단행하다

어원斷行~ 활용단행하여(단행해), 단행하니, 단행하고 대응단행을 하다
타(어떤 일을) 다른 사람의 반대나 어려운 상황에 굴하지 않고 결정하여 실행하다. Carry out a work in spite of the difficult situation or others' opposition.
유감행하다
N0-가 N1-를 V (N0=[인간|단체] N1=[행위])
피단행되다
¶대통령은 정부 내각의 개편을 단행하였다. ¶우리 군은 적 기지로의 폭격을 단행하였다. ¶회장님은 새로운 인사 평가를 단행하였다. ¶그 회사는 적자를 벗어나기 위한 개혁을 단행한다고 발표하였다.

닫다 I

활용달아, 달으니, 닫고, 닫는
자❶(사람이나 짐승이) 두 발을 내디뎌서 빨리 뛰어가다. (of a person or animal) Run quickly by alternately moving each foot forward.
유뛰다II자, 달리다III자
N0-가 V (N0=[인간], [동물])
¶야생말이 사람을 보자 갑자기 닫기 시작했다. ¶개가 달으니 아무도 잡을 수 없었다.
❷(차나 배 따위가) 빨리 움직이다. (of a car or ship) Move quickly.
유달리다III자
N0-가 V (N0=[교통기관])
¶버스가 동소문을 향하여 닫고 있다. ¶우리가 탄 차는 닫고 달아 어느덧 종로까지 왔다.

닫다 II

활용닫아, 닫으니, 닫고
타❶(문, 뚜껑, 서랍 따위를) 제자리로 되돌아가게 하여 트인 공간을 막다. Return a door, lid or drawer to its original position to block an open space.
반열다II타
N0-가 N1-를 V (N0=[인간] N1=[구체물](문, 창문, 뚜껑, 서랍 따위))
피닫히다
¶나는 비오는 소리에 얼른 창문을 닫았다. ¶철수는 서랍을 열었다가 다시 닫는 것을 잊어버렸다. ¶어머니는 반찬 그릇의 뚜껑을 닫아 냉장고에 넣었다.
❷(기관, 사업체 따위가) 더 이상 사람이 들어오지 못하게 막아서 업무나 영업시간을 마치다. (of an institution or business) Finish one's business or operating hours by preventing any more people from entering.
유종료하다 반열다II타
N0-가 N1-를 V (N0=[인간], [기관] N1=[건물], 문 따위)
피닫히다
¶은행은 네 시에 문을 닫는다. ¶대형 마트가 문을 닫아 나는 근처 편의점에 갔다. ¶오늘은 정기 휴무일이라 가게 문을 닫았다.
❸들어오지 못하게 막아 영업이나 운영하는 것을 아예 그만두다. Completely stop one's business or operation by preventing people from entering.
유폐업하다, 폐점하다 반열다II타, 개업하다
N0-가 N1-를 V (N0=[직위](사장 따위), [인간](주인) N1=[건물], 문 따위)
¶주인은 장사가 너무 안 되자 결국 가게 문을 닫았다. ¶사거리에 있던 식당이 문을 닫고 커피숍이 새로 생겼다.
❹(입을 다물고) 터놓고 말을 하지 않다. Not speak openly by keeping one's mouth shut.
유다물다, 침묵하다 반열다II타
N0-가 N1-를 V (N0=[인간] N1=입, 말문)
피닫히다
연어굳게, 꽉 따위

¶용의자는 형사의 질문에 입을 꾹 닫고 한 마디도 하지 않았다. ¶철수는 무슨 말을 하려다가 입을 굳게 닫았다.
❺마음을 터놓거나 드러내지 않아 소통하지 못하는 상태가 되다. Be in a state of impossible communication due to a hidden or closed psyche.
[반]열다II[타]
N0-가 N1-를 V (N0=[인간] N1=[생각](마음 따위))
[피]닫히다
[연어]굳게
¶영희는 마음을 굳게 닫고 사람들과 소통하려 하지 않았다. ¶그는 그녀와 헤어진 후 마음의 문을 닫아 버렸다. ¶소년은 상담사를 만나고 닫았던 마음을 조금씩 열기 시작했다.
◆ **입을 닫다** (입을 다물고) 터놓고 말을 하지 않다. Not speak openly by keeping one's mouth shut.
[유]입을 다물다, 침묵하다 [반]입을 열다
N0-가 Idm (N0=[인간])
¶용의자는 형사의 질문에 입을 닫고 한 마디도 하지 않았다. ¶철수는 무슨 말을 하려다가 굳게 입을 닫았다.

닫히다
[활용]닫히어(닫혀), 닫히니, 닫히고
[자]❶(문, 뚜껑, 서랍 따위가) 제자리로 되돌아가서 트인 공간이 막히다. (of door, lid, or drawer) Return to its original position to block an open space.
[반]열리다II
N0-가 V (N0=[구체물](문, 창문, 뚜껑, 서랍 따위))
[능]닫다II
[연어]굳게, 꽉
¶굳게 닫힌 집무실의 문은 열리지 않았다. ¶여름에 창문이 닫힌 차내 온도는 급격하게 올라간다. ¶철수는 꽉 닫힌 병뚜껑을 열어 보려고 애를 썼다.
❷(기관, 사업체 따위가) 더 이상 사람들이 들어가지 못하게 막혀 업무나 영업시간이 끝나다. (of an institution or business) Finish one's business or opening hours by preventing any more people from entering.
[유]폐점되다 [반]열리다II
N0-가 V (N0=[기관], [건물], 문 따위)
[능]닫다II
¶여섯 시가 넘었는데도 은행 문이 아직 닫히지 않았다. ¶자정이 되자 상점들 문이 하나 둘 씩 닫히기 시작했다.
❸(어이가 없거나 할 말이 궁색하여) 말이 나오지 못하게 되다. Impossible to utter words due to utter shock.
[유]막히다 [반]열리다II
N0-가 N2-에 N1-가 V (N0=[인간] N2=[행위], [말], [모양])
[능]닫다II
[연어]굳게
¶선생님은 아이의 당돌한 태도에 말문이 닫혀 버렸다. ¶예상치 못한 그녀의 말에 한동안 그의 입은 굳게 닫혀 있었다.
❹(마음, 사고 따위가) 개방적으로 트이거나 자유롭게 전개되지 못하다. (of mind or attitude) Fail to unfold or open freely.
[반]열리다II
N0-가 V (N0=[생각](마음, 사고 따위))
[능]닫다II
¶마음이 닫혀 있으면 다른 사람의 말을 수용할 수 없다. ¶여러 사람들과의 대화는 닫혀 있던 생각을 열어 준다. ¶따뜻한 말 한마디가 사람들의 닫힌 마음을 열어 놓는다.

달구다
[활용]달구어(달궈), 달구니, 달구고
[타]❶(어떤 물건을) 불에 대어 뜨겁게 만들다. Take an item made from iron or inflammable object.-.Put an item made from iron or inflammable object into fire and heat it up.
[유]뜨겁게 만들다
N0-가 N1-를 N2-에 V (N0=[인간] N1=[사물](석쇠, 쇠못, 팬 따위), [광물](돌 따위), 방구들 따위 N2=불 따위)
¶대장장이가 쇠못을 불에 달궈 망치로 내리쳤다. ¶그는 숯불에 달군 석쇠에다가 고기를 익히고 있었다. ¶나는 아궁이에 불을 지펴 방구들을 달구었다.
❷(태양열이 전해져) 어떤 장소나 물건을 뜨겁게 만들다. Make a certain place or item hot by delivering sunlight.
[유]가열하다
N0-가 N1-를 V (N0=태양, 땡볕 따위 N1=[장소](천지 따위), [사물](철근, 콘크리트, 아스팔트 따위))
¶한낮의 땡볕이 천지를 달구고 있다. ¶뜨거운 햇살이 아스팔트를 달구어 놓았다.
❸(어떤 말이나 행위 따위가) 분위기나 사상, 감정 따위를 고조시키다. (usually of certain speech, behavior, etc.) Heighten the atmosphere, philosophy, emotion, etc.
[유]고조시키다
N0-가 N1-를 V (N0=[앎](소문, 열애설 따위), [행위], 말, 폭죽 따위 N1=[분야], [감정], [상태], [감정] 따위)
¶유명 배우의 열애설이 방송가를 뜨겁게 달구었

다. ¶나는 그의 냉담한 반응이 누이동생을 더욱 뜨겁게 달굴 거라고 짐작했다. ¶축하 폭죽이 개막식 분위기를 달구었다.

달다Ⅰ

활용 달아, 다니, 달고, 다는

자 ❶(사물이) 열에 의해 몹시 뜨거워지다. (of an object) Become very hot due to heat.

유 달아오르다 반 식다

N0-가 V (N0=[구체물])

¶숯불을 피우자 구리기둥이 시뻘겋게 달았다. ¶그는 벌겋게 단 쇠를 모르고 덥석 쥐었다. ¶이 냄비는 빨리 달았다 빨리 식는다.

❷(신체의 일부가) 부끄럽거나 흥분해서 또는 열이 나서 뜨거워지다. (of a body part) Become hot due to shyness or excitement or owing to fever.

유 달아오르다, 뜨거워지다, 가열되다

N1-의 N0-가 ADV V ↔ N1-는 N0-가 ADV V (N0=[신체부위] N1=[인간], ADV=붉게, 벌겋게, 뜨겁게, 화끈, 빨갛게, 후끈)

¶민지는 부끄러워서 얼굴이 벌겋게 달았다. ¶얼굴이 빨갛게 단 남자는 두 주먹을 쥐면서 일어섰다. ¶그는 노여움으로 온몸이 벌겋게 달았다.

❸(마음이) 불안하고 초조하여 조급해지다. Become impatient due to anxiety and nervousness.

유 타다I, 다급해지다

N0-가 N1-가 V (N0=[인간|단체] N1=애, 속, 마음, 몸 따위)

¶그는 애가 달았다. ¶상황이 역전되자 일본은 애가 달았다. ¶그녀는 속이 달아 못 견디겠다며 밖으로 나왔다. ¶남자는 게임이 하고 싶어서 몸이 달았다.

달다Ⅱ

활용 달아, 다니, 달고

타 ❶(사람이) 물건을 어떤 곳에 걸거나 꽂거나 매어서 붙어 있게 하다. (of a person) Have an object attached to somewhere by hanging, pinning, or tying.

유 붙이다, 매달다 반 떼다

N0-가 N2-에 N1-를 V (N0=[인간] N1=[구체물] N2=[장소])

피 달리다I

¶그녀는 창문에 커튼을 달았다. ¶그는 태극 마크를 달고 올림픽에 참가했다. ¶그는 딸의 이름이 적힌 명찰을 달고 있었다.

❷(물건을) 어떤 물건에 그것의 일부가 되도록 붙이다. (of an item) Attach to some item as a part.

유 부착하다

N0-가 N1-를 N2-에 V (N0=[인간|단체] N1=[구체물] N2=[구체물])

피 달리다I

¶목수가 의자에 팔걸이를 달았다. ¶인형에 달았던 단추가 자꾸 떨어진다. ¶상자에 손잡이를 달았더니 훨씬 들기 편해졌다.

❸(사람이 어떤 장소에) 기기나 장치 따위를 쓸 수 있도록 설치하다. (of a person) Place mainly equipment or device in some location to allow it to be used.

유 설치하다

N0-가 N2-에 N1-를 V (N0=[인간] N1=[장소] N2=[기구](선풍기, 에어컨, 오디오 따위), [기계], [도구](수도꼭지, 자물쇠 따위))

피 달리다I

¶배가 균형을 잡도록 양쪽에 보조 날개를 달았다. ¶그 수도꼭지는 이사 와서 새로 달아 놓은 거예요. ¶우리는 좌석마다 오디오를 따로 달았다.

❹(열차나 트럭 따위가) 어떤 대상을 연결하여 잇다. (of train, truck, etc.) Connect and join another target.

유 연결하다, 매다 반 떼다

N0-가 N1-를 V (N0=[교통기관](열차, 기차, 트럭 따위) N1=화물칸, 객차 따위)

피 달리다I

¶디젤 기관차가 분홍색 객차를 달고 역을 출발했다. ¶이 열차는 자전거를 실을 수 있는 전용 객차를 달고 운행한다.

❺(글 밑에) 설명을 써서 덧붙이다. Write and add an explanation below some writing.

유 덧붙이다

N0-가 N-에 N1-를 V (N0=[인간] N1=[텍스트의부분](각주, 주석, 음 따위) N2=[책])

피 달리다I

¶나는 논문에 각주를 달았다. ¶그는 한자에 한자음을 달았다.

❻(상대방의 말이나 생각 따위에) 조건이나 견해 따위를 추가하여 덧붙이다. Add a condition, an opinion, etc., to someone's speech, thought, etc.

유 추가하다, 덧붙이다

N0-가 N2-에 N1-를 V (N0=[인간] N1=[의견] N2=말, 생각, 방식 따위)

피 달리다I

¶당시 우리는 아무런 조건도 달지 않았다. ¶그의 의견에 아무도 토를 달지 않았다. ¶그의 방식에 이의를 다는 사람들이 점차 늘어가고 있다.

❼(다른 대상에게) 이름이나 제목 따위를 지어서 붙이다. Write and add a name, a title, etc., to another target.

ㄷ

[유]붙이다
N0-가 N2-(에|에게) N1-를 V (N0=[인간] N1=제목, 이름, 별명 따위 N2=[작품], [인간|단체], [동물], [구체물])
[피]달리다I
¶그는 자신의 글에 '꿈'이라는 제목을 달았다. ¶해외 언론은 한국의 응원단들에게 '붉은 악마'라는 별명을 달아 주었다.
❽(물건 값이나 외상값을) 장부에 써서 올리다. Write the item price or tab on the ledger.
[유]기록하다, 적다[타], 쓰다II
N0-가 N1-를 N2-에 V (N0=[인간] N1=[값] N2=장부)
[피]달리다I
¶이건 외상 장부에 달아 두세요. ¶이번 달치 밥값은 장부에 달아 놓으세요.
❾(어떤 대상을) 어디를 가거나 올 때 동행하거나 함께 따르게 하다. Make some target move along when one goes or comes to a place.
[유]데리다, 동행하다[타], 동반하다
N0-가 N1-를 V (N0=[인간] N1=[인간], [동물])
[피]달리다I
¶그는 놀러 갈 때 꼭 동생을 달고 간다. ¶대통령은 경호원 40명을 달고 다녔다. ¶그녀는 모임에 늘 갓난아이를 달고 나왔다.
※ 주로 '달고'로 쓴다.
❿(병이나 증세를) 계속해서 자주 앓다. Frequently suffer from illness or symptom continuously.
[유]가지다, 지니다
N0-가 N1-를 V (N0=[인간] N1=[질병])
¶그는 1년 내내 감기를 달고 산다. ¶산후 조리를 잘못하면 평생 병을 달고 살아야 한다. ¶바쁜 한국인들 위염과 궤양 달고 산다.
※ 주로 '달고'로 쓴다.
⓫(윷판에 말을) 처음으로 올려놓다. Put a piece on the Yut(윷) (a kind of Korean traditional board games) board in the beginning of the game.
N0-가 N2-에 N1-를 V (N0=[인간] N1=말 N2=윷판)
[피]달리다I
¶윷판을 건드려서 윷판에 달아 놓은 말이 엉망이 됐다. ¶방금 전에 윷판에 단 말이 허무하게 잡혔다.
◆ **꼬리표를 달다** (사람, 사물이) 나쁜 평가나 편견을 받다. (of someone or something) Receive a bad review or be the object of someone's prejudice.
[유]꼬리표를 붙이다 [반]꼬리표를 떼다
N0-가 N1-(의|라는) Idm (N0=[인간|단체] N1=[인간(범죄자, 노장, 따위)])
[피]꼬리표가 달리다
¶그는 범죄자의 꼬리표를 달았다. ¶'노장'이라는 꼬리표를 달고 있는 공격수들이 펄펄 날며 팀을 이끌고 있다.
◆ **날개를 달다** (능력이나 상황 따위가) 나아지다. (of ability or situation) Become better.
N0-(가|에) Idm (N0=[인간|단체], [일], [능력])
¶기술 투자로 사업에 날개를 달았다. ¶그는 1년 만에 날개를 달고 승승장구하고 있다. ¶아이들의 상상력에 날개를 달자.
◆ **입에 달다**
❶(음식, 약 따위를) 끊이지 않고 자주 먹다. Eat food, medicine, etc., frequently without stopping.
N0-가 N1-를 Idm (N0=[인간] N1=[음식], 약 따위)
¶그는 20년 동안 술을 입에 달고 살았다. ¶그녀는 하루 종일 커피를 달고 산다.
※ 주로 '달고'로 쓴다
❷(어떤 말을) 끊이지 않고 자주 하다. Frequently say some words without stopping.
N0-가 N1-를 Idm (N0=[인간] N1=말)
¶직장 여성들은 '바쁘다'는 말을 입에 달고 산다. ¶할머니는 40년 동안 욕을 입에 달고 살았다. ¶소연이는 귀엽다는 표현을 버릇처럼 입에 달고 다닌다.
※ 주로 '달고'로 쓴다.

달다III

달다1

[활용]달라, 다오
[타](말하는 이가 듣는 이에게) 어떤 것을 줄 것을 요구하다. (of a speaker) Request the listener to give something.
[유]주다1, 지급하다
N0-가 N2-에게 N1-를 V (N0=[인간|단체] N1=[인간|단체] N2=[구체물], [추상물])
¶동생이 오빠에게 돈을 달라고 졸랐다. ¶사장님한테 내가 일한 만큼 월급을 달라고 했어요. ¶물을 좀 다오.

달다2

[활용]달라, 다오
[보조](말하는 이가 듣는 이에게) 앞말이 뜻하는 행동을 해 줄 것을 요청하는 보조동사. Auxiliary verb that the speaker requests the listener to do the activity meant by the preceding word.
V-어 Vaux
¶그녀는 의사에게 아이를 살려 달라고 애원했다. ¶그는 경찰에게 가방을 찾아 달라고 했다. ¶외국인이 내게 김치 담그는 법을 가르쳐 달라고 부탁했다.

달라붙다

[활용]달라붙어, 달라붙으니, 달라붙고
[자]❶(어떤 물체가) 다른 물체나 바닥에 닿아 떨어

지지 않다. (of a thing) Touch another thing or the ground, not separate from them.
㊥접착하다 ㊤붙다
No-가 N1-에 V (No=[구체물] N1=[구체물], [신체부위])
연어찰싹, 철썩, 착, 척, 짝짝
¶껌딱지가 바닥에 달라붙어 지저분했다. ¶옷이 비에 젖어 온몸에 착 달라붙었다. ¶숙희가 몸에 착 달라붙는 운동복을 입고 운동을 하고 있다.
❷(다른 사람이나 사물에) 가까이 다가가다. (of a person) Get close to another person or a thing.
㊥접근하다
No-가 N1-(에|에게) V (No=[인간|단체] N1=[인간|단체], [구체물])
연어찰싹, 철썩, 착, 척, 짝짝
¶아이가 엄마한테 착 달라붙어서 응석을 부렸다. ¶공항에 도착하자마자 렌터카 호객꾼이 우리에게 달라붙었다. ¶그 녀석은 전무님한테 찰싹 달라붙어서 아부 떨기에 정신이 없어.
❸(어떤 장소에) 머물러 떠나지 않다. Stay somewhere, not leaving.
㊥고정되다
No-가 N1-에 V (No=[인간] N1=[장소])
연어찰싹, 철썩, 착, 척
¶준희는 하루종일 책상 앞에 달라붙어서 공부만 한다. ¶동생은 따뜻한 방구석에 달라붙어 움직이질 않는다. ¶모두가 사무실에 달라붙어 열심히 일을 하고 있다.
❹(어떤 일에) 매우 집중하다. (of a person) Pay much attention to a work.
㊥몰두하다, 몰입하다
No-가 N1-에 V (No=[인간] N1=[일])
연어찰싹, 철썩, 착, 척
¶개막식이 끝나자마자 사람들이 나무 심는 일에 달라붙었다. ¶남자들이 밀 까부르는 일에 달라붙어 있는 동안 여자들은 새참을 준비했다.
◆ **입에 달라붙다**
❶(어떤 음식이) 입맛에 맞다. (of food) Suit one's taste.
No-가 Idm (No=[음식])
연어착, 척, 짝짝, 쩍쩍
¶부드럽고 쫄깃한 속살이 입에 착 달라붙었다. ¶막걸리 맛은 달았고, 전은 입에 쩍쩍 달라붙었다. ¶입에 착 달라붙는 김치볶음밥을 만들어 봅시다.
❷(어떤 말이) 말하기에 아주 편하고 쉽다. (of a word) Be easy and convenient to utter.
No-가 Idm (No=가사, 대사 따위, [이름])
연어착, 척, 짝짝, 쩍쩍
¶영수의 별명이 입에 착 달라붙는다. ¶사극은 처음이지만 대본을 보는데 대사가 입에 짝짝 달라붙더라.

달라지다
활용달라져, 달라지니, 달라지고
자(사람, 사물, 현상 따위가) 바뀌어서 예전과 차이가 나다. Be distinguished from the past due to change of person, object, phenomenon, etc.
㊥바뀌다, 변하다, 변화하다 ㊥같아지다
No-가 V (No=[모두](사람, 외모, 성격, 말, 진술, 이야기, 능력, 방법 따위))
¶도덕적 가치는 시대에 따라 달라진다. ¶사람이 살다 보면 말투가 조금씩 달라진다. ¶사람의 능력은 매일같이 달라질 수 있다.

ㄷ

달래다
활용달래어(달래), 달래니, 달래고
타❶(사람의 마음을) 가라앉혀 차분하게 만들다. Make someone experiencing sorrow, pain, or excitement relax by calming down.
㊥위로하다
No-가 N1-를 V (No=[인간] N1=[인간], [감정](화, 울분 따위), 마음 따위)
¶실향민들은 고향에 대한 향수를 달래야만 했다. ¶동생은 마음을 달래려고 등산을 갔다. ¶그 친구는 매일 술로 외로움을 달랜다.
❷잘 타이르고 구슬려서 자기 생각에 따르도록 마음을 움직이려 애쓰다. Try to move someone's mind to follow one's thought by persuading or coaxing someone with no intention of doing some work.
㊥설득하다, 납득시키다
No-가 S고 N1-를 V (No=[인간] N1=[인간])
¶어머니는 유치원에 가라고 우는 동생을 달래셨다. ¶누나는 조금만 참자고 나를 달랬다. ¶어른들이 조금만 더 가면 정상이라고 아이들을 달래 보았지만 허사였다.
❸(몸에서 일어나는 어떤 현상을) 진정시켜 덜 느껴지도록 하다. Make a phenomenon occurring in the body, such as shortness of breath, heat, sleepiness, etc. subside by calming down.
No-가 N1-를 V (No=[인간], [동물] N1=[생리행위])
¶운전하실 때 아버지는 음악을 들으면서 졸음을 달래신다. ¶우리는 더위를 달래려고 냉수로 목욕을 했다.

달려가다
활용달려가, 달려가니, 달려가고, 달려가거라/달려가라
자❶(사람, 동물 따위가) 어떤 장소로 빠르게 뛰어서 가다. (of a person or an animal) Run quickly

to somewhere.
㊌뛰어가다 ㊍달려오다[자] ㊏가다[1]
N0-가 S러 N1-(에|에게|로) V (N0=[인간], [동물] N1=[인간], [장소])
¶아들은 아빠의 말을 전하러 엄마에게 달려갔다. ¶나는 너무 놀라 황급히 병원으로 달려갔다.
N0-가 N1-로 V (N0=[인간], [동물] N1=[길], 계단)
¶우리는 지름길로 달려갔다. ¶그들은 계단으로 달려갔다.
❷(마음이나 생각 따위가) 어떤 사람에게나 장소로 이르거나 미치다. (of mind or thought) Reach a person or a place.
㊏가다[1]
N0-가 N1-(에게|로) V (N0=마음 N1=[장소], [인간])
¶선희의 마음은 고국으로 달려가고 있었다. ¶남편의 마음은 이미 신생아실로 달려가 있었다.
[타](사람, 동물 따위가) 어떤 장소를 빠르게 뛰어서 가다. (of a person or an animal) Run quickly to somewhere.
㊌뛰어가다 ㊍달려오다[타]
N0-가 N1-를 V (N0=[인간], [동물] N1=[장소])
¶아이가 모래 위를 힘겹게 달려간다. ¶나는 달구지에서 뛰어내려 캄캄한 거리를 달려갔다. ¶우리는 어두운 골목길을 달려가기 시작했다.

달려들다

[활용]달려들어, 달려드니, 달려들고, 달려드는
[자]❶(사람, 동물이) 어떤 대상에게 아주 가까이 접근해서 재빠르게 사납게 덤비다. (of a person or an animal) Quickly and fiercely attack a certain target after approaching very closely.
㊌덤비다, 싸움을 걸다
N0-가 N1-에게 V (N0=[인간], [동물] N1=[인간], [동물])
¶늑대가 사자에게 달려들었다. ¶뒷산에서 내려온 멧돼지가 마을 사람들에게 달려들었다. ¶술에 취한 남자가 경찰에게 달려들었다.
❷(사람, 동물이) 다른 사람에게 갑자기 빠르게 달려와 안기거나 매달리다. (of a person or an animal) Suddenly run into another person quickly to hug or hang on to him/her.
㊌파고들다[자], 안기다I
N0-가 N1-(에|에게|로) V (N0=[인간], [동물] N1=[인간], [신체부위](가슴, 품 따위))
¶아이가 엄마의 품에 달려들었다. ¶강아지가 철수에게 꼬리를 치며 달려들었다.
❸(사람, 동물 따위가) 어떤 대상이나 장소에 무엇을 하고 싶어서 빠르게 움직여 갑자기 다가가다. (of a person, an animal, etc.) Quickly move and suddenly approach a certain target or place because one wants to do something.
㊌돌진하다
N0-가 N1-(에|로) V (N0=[인간], [동물] N1=[그릇], [가구], [교통기관], [장소])
¶개들이 밥그릇에 정신없이 달려들었다. ¶차표를 사려는 사람들이 한꺼번에 매표소로 달려들었다.
❹(어떤 일에) 아주 적극적으로 나서서 일을 처리하려 들다. Try to process a task by participating very actively.
㊌나서다
N0-가 N1-에 V (N0=[인간] N1=[일])
¶전 직원이 이 일에 달려든 덕분에 일을 빨리 끝낼 수 있었다. ¶남편은 아내의 일이라면 하던 일도 그만두고 달려든다.
❺(어떤 분야나 대상에) 이득을 얻기 위해 적극적으로 집중적으로 나서다. Actively and intensely step toward a certain field or target to obtain profit.
㊌뛰어들다
N0-가 N1-(에|로) V (N0=[인간|단체] N1=[산업], [유가증권])
¶사람들이 너나 할 것 없이 주식시장에 달려들었다. ¶많은 사람들이 광산업에 달려들었지만 모두가 재미를 보진 못했다.

달려오다

[활용]달려와, 달려오니, 달려오고
[자]❶(사람이나 동물 따위가) 무엇을 하러 어떤 사람에게나 장소로 빠르게 뛰어서 오다. (of a person or an animal) Run quickly to another person or a place in order to do something.
㊌뛰어오다 ㊍달려가다[자], 뛰어가다 ㊏오다
N0-가 S러 N1-(에|에게|로) V (N0=[인간], [동물] N1=[인간], [장소])
¶아이들이 점심을 먹으러 식당 쪽으로 우르르 달려왔다. ¶한 남자가 버스를 타러 정류장으로 급하게 달려온다. ¶아이가 엄마에게 달려오다가 넘어졌다.
N0-가 N1-로 V (N0=[인간], [동물] N1=[길], 계단)
¶철수는 오솔길로 달려왔다. ¶나는 계단으로 달려오고, 동생은 엘리베이터를 타고 왔다.
❷어떤 사람에게나 장소로 급하게 오다. Hurry to a person or a place in order to do something.
㊌뛰어오다 ㊍달려가다[자]
N0-가 S러 N1-(에|에게|로) V (N0=[인간] N1=[인간], [장소])
¶나는 회사 일이 끝나자마자 부모님을 뵈러 고향으로 달려왔다. ¶내가 전화를 하면 남편은 나를 도와주러 언제든지 나에게 달려온다. ¶친구는 나를 보러 눈보라를 뚫고 이곳까지 한걸음에 달려

와 주었다.
❸(차나 오토바이 따위가) 어떤 장소로 빠른 속도로 다가오다. (of a car or a motorcycle) Come to a place at a fast rate.
㊌돌진하다, 질주하다
N0-가 N1-(에|에게|로) V (N0=[교통수단] N1=[인간], [장소])
¶소방차가 이쪽으로 달려오며 사이렌을 울렸다. ¶버스 한 대가 달려오다가 좌회전하던 오토바이와 부딪쳤다.
타❶(무엇을 하러) 어떤 길을 급하게 오다. Hurry on the way in order to do something.
㊌급히 오다
N0-가 S러 N1-를 V (N0=[인간] N1=[길])
¶남편은 아내를 보러 먼 길을 달려왔다. ¶제 생일을 축하하러 먼 길을 달려와 주신 여러분께 감사드립니다.
❷(차나 오토바이 따위가) 어떤 길을 빠른 속도로 오다. (of a car or a motorcycle) Come closer on the lane at a fast rate.
㊌돌진하다, 질주하다 ㊉달려가다타
N0-가 N1-를 V (N0=[교통수단] N1=[길])
¶버스가 자갈이 깔린 시골길을 달려오고 있다. ¶오토바이가 먼지를 일으키며 큰길을 달려온다.
❸(사람이나 단체가) 어떤 과정이나 상태를 지속적으로 이어오다. (of a person or an organization) Retain a process or a state.
N0-가 N1-를 V (N0=[인간|단체], [행위], [속성] N1=[상태], [경로])
¶한국의 경제는 눈부신 성장가도를 달려왔다. ¶소녀는 배우의 꿈을 꾸며 연기의 길을 달려왔다. ¶나는 단독 선두를 달려오다가 다른 선수에게 1위를 내주었다.

달리다 I

활용달리어(달려), 달리니, 달리고
자❶(어떤 물건이) 다른 물건이나 장소 따위에 걸리거나 매여 붙다. (of some item) Be attached to another item, place, etc., by hanging or tying.
㊌걸리다, 매이다
N0-가 N1-에 V (N0=[구체물] N1=[구체물], [장소])
능달다II
¶분홍색 커튼이 창문에 달려 있어서 방이 환해 보였다. ¶그의 교복에는 이름표가 달려 있었다. ¶휴대전화에 달린 인형이 아주 귀여웠다.
❷(어떤 물건이) 다른 물건의 일부가 되어 붙다. (of an item) Be attached to some item as a part.
㊌부착되다
N0-가 N1-에 V (N0=[구체물] N1=[구체물])
능달다II
¶등받이가 의자에 달려 있어서 아주 편했다. ¶나는 손잡이가 달린 컵이 좋다. ¶아이는 프릴이 달린 꽃무늬 치마를 입고 있었다.
❸(기기나 장치 따위가) 어떤 장소에 쓸 수 있도록 설치되다. (mainly of equipment, device, etc.) Be placed in some location for use.
㊌설치되다
N0-가 N1-에 V (N0=[기구](선풍기, 에어컨, 오디오 따위), [기계], [도구](수도꼭지 따위) N1=[장소])
능달다II
¶오디오가 좌석마다 달려 있으면 좋겠다. ¶자전거에 모터가 달려 있어서 빠르게 달릴 수 있습니다.
❹(화물칸이나 객차 따위가) 열차나 트럭 따위에 연결되어 붙다. (of freight car, passenger car, etc.) Be connected and joined to a train, a truck, etc.
㊌연결되다
N0-가 N1-에 V (N0=화물칸, 객차 따위 N1=[교통기관](열차, 기차, 트럭 따위))
능달다II
¶자전거를 실을 수 있는 전용 객차가 이 열차에 달려 있다. ¶우리는 식당 칸이 달려 있는 기차에 탈 것이다.
❺(열매 따위가) 나무나 가지 따위에 열려 붙어 있다. (of fruit, etc.) Blossom and sprout from a tree, a branch, etc.
㊌열리다
N0-가 N1-에 V (N0=열매 따위가 N1=나무, 가지 따위)
연어주렁주렁
¶과일들이 나무에 주렁주렁 달렸다. ¶저 나무에 달린 열매가 뭐예요?
❻(어떤 공간이) 어떤 장소 안에 들어가 있다. (of some space) Be included within a certain place.
㊌딸리다
N0-가 N1-에 V
¶고속버스 안에 화장실이 달려 있었어요. ¶그는 작은 정원이 달린 집을 구하고 있었다.
❼(설명 따위가) 추가되어 덧붙여지다. (of an explanation) Be added below some writing or picture.
㊌덧붙여지다
N0-가 N1-에 V (N0=[텍스트의부분](각주, 주석, 음, 설명, 해석 따위) N1=[책])
능달다II
¶각주가 논문에 달려 있어서 많은 도움이 됐다. ¶한자마다 한자음이 달려 있어서 읽기가 어렵지 않았다. ¶문제 밑에 해설이 달려 있어서 혼자

ㄷ

공부하기에도 참 좋더군요.
❽(이름이나 제목 따위가) 어떤 작품이나 대상에 쓰여서 붙여지다. (of name, title, etc.) Be given to certain artwork or target.
㊞붙여지다
N0-가 N1-(에|에게) V (N0=제목, 이름, 별명 따위 N1=[작품], [인간|단체], [동물], [구체물])
능달다II
¶"상처 입은 영혼"이라는 제목이 선생님의 자서전에 달려 있었다. ¶이 작품에는 '하나의 로맨스'라는 부제가 달려 있었다.
❾(상대방의 말이나 생각 따위에) 조건이나 견해 따위가 추가되어 덧붙여지다. (of condition, opinion, etc.) Be added to someone's speech, thought, etc.
N1-에 N0-가 V (N0=말, 생각, 방식 따위 N1=[의견])
능달다II
¶게시물에는 5개의 답변이 달려 있었다. ¶아동보호라는 대원칙에 아무런 이의가 달리지 않았다.
❿(물건 값이나 외상값 따위가) 장부에 적혀 올려지다. (of item price, tab, etc.) Be written on a ledger.
㊞기록되다
N0-가 N1-에 V (N0=[값] N1=장부)
능달다II
¶외상장부에 달린 내 외상값이 봉급의 30배를 넘었다. ¶장부에 달린 미수금을 받으러 왔는데요.
⓫(사람이) 다른 사람이나 기관에 보살핌을 받거나 동행하게 되다. (of a person) Receive care from or accompanied by another person or agency.
㊞지니다, 데리다
N1-(에|에게) N0-가 V (N0=[인간], [동물] N1=[인간|단체])
능달다II
¶그 남자에게는 먹여 살려야 할 처자식이 줄줄이 달려 있다. ¶저는 아이가 둘이나 달린 유부녀예요.
⓬(어떤 일이) 다른 일에 결정적인 영향을 받다. (of some task) Receive critical influence from another task.
N0-가 N1-(에|에게) V (N0=[추상물](미래, 운명, 목숨, 기준 따위) N1=[인간|단체], [행위], [속성])
¶대한민국의 미래가 젊은이들에게 달려 있다. ¶너 하나에 몇 사람의 목숨이 달린 줄 알아? ¶사람들이 정비소를 선택하는 기준은 아무래도 서비스의 질에 달려 있다.

달리다II

활용달리어(달려), 달리니, 달리고
자❶(물건이나 자금, 일손 따위가) 필요한 양에 비해 모자라다. (of item, fund, work force, etc.) Be insufficient compared to the required amount.
㊞모자라다 ㊥넘치다
N0-가 V (N0=[구체물], [돈], [수량], 일손 따위)
¶국내 쌀 생산량이 달린다. ¶그는 자금이 달려 쩔쩔 맸다. ¶설날이 다가와서 그런지 만 원짜리 지폐가 달렸다.
❷(능력이나 재주 따위가) 무엇을 하기에 모자라다. (of a person) Have insufficient ability, skill, etc., to do something.
㊞모자라다, 떨어지다 ㊥넘치다
N0-가 N1-가 V (N0=[인간] N1=[능력], [재주])
¶형규는 영어 실력이 달려서 면접에서 떨어졌다. ¶남자는 최근 체력이 달려서 일을 그만 두었다. ¶힘이 달리면 상대의 약점을 공략하라.

달리다III

활용달리어(달려), 달리니, 달리고
자❶(사람, 동물 따위가) 뛰어서 가거나 오다. (of a person, an animal, etc.) Come or go by running.
㊞닫다, 뛰다II자
N0-가 V (N0=[인간], [동물])
¶선수들이 초반부터 빨리 달렸다. ¶20분쯤 달리고 나니 숨이 찼다. ¶오랜만에 달리니까 기분이 아주 좋았다.
N0-가 N1-로 V (N0=[인간], [동물] N1=[방향], [장소])
¶동물들은 뒤로 달리지 못한다. ¶우리는 손을 잡고 반대쪽으로 달렸다.
❷(차나 기차 따위가) 빠르게 움직이다. (of a car, a train, etc.) Move quickly.
㊞질주하다
N0-가 V (N0=[교통기관](버스, 기차, 오토바이, 배 따위))
¶캄캄한 밤에도 기차는 달렸다. ¶오토바이들이 신호를 무시하고 달린다.
❸(사람의 마음이나 생각 따위가) 어떤 대상에게 기울다. (of a person's mind, thought, etc.) Incline toward some target.
㊞기울다I, 향하다자
N0-가 N1-(에게로|로) V (N0=마음, 생각 따위 N1=[인간|단체], [장소], [방향])
¶김 씨의 마음은 양심의 반대편으로 달리고 있었다. ¶그의 마음은 민지에게로 달리고 있었다. ¶남편의 마음은 벌써 집으로 달리고 있었다.
타❶(사람, 동물 따위가) 어떤 장소를 거쳐 빨리 뛰어 가거나 오다. (of a person, an animal, etc.) Quickly come and go by running through a certain place.

[유]닫다, 뛰다II[타]
N0-가 N1-를 V (N0=[인간], [동물] N1=[장소])
¶학생들이 언덕을 달려 올라갔다. ¶그는 눈밭을 달리며 설경을 즐겼다.
❷(사람이) 어떤 길을 차나 오토바이 따위로 빨리 가거나 오다. (of a person) Quickly come and go through a certain road by riding a car, a motorcycle, etc.
N0-가 N1-를 N2-로 V (N0=[인간] N1=[장소] N2=[교통기관](차, 오토바이, 배 따위))
¶나는 이 길을 자전거로 달렸다. ¶승용차로 올림픽도로를 달리면 하남시까지 30분 걸린다. ¶면허를 따고 나서 고속도로를 달리는 것은 처음이다.
❸(말이나 차 따위를) 빠르게 움직이게 하다. (of a person) Make a horse, car, etc., move quickly.
N0-가 N1-를 V (N0=[인간] N1=말, 차, 오토바이 따위)
[주]닫다
¶그는 말을 달려 궁 밖으로 나갔다. ¶나는 차를 달려 집으로 돌아왔다.
❹(차나 기차 따위가) 어떤 장소를 거쳐 빠르게 움직이다. (of a car, a train, etc.) Move quickly through a certain place.
N0-가 N1-를 V (N0=[교통기관](버스, 기차, 오토바이, 배 따위) N1=[장소])
¶기차는 터널 속을 달리고 있었다. ¶차는 비포장도로를 달려 국경을 넘었다.
❺(사람이나 단체 따위가) 어떤 지위나 순위를 계속 이어가다. (of a person, a group, etc.) Continue a certain position or rank.
N0-가 N1-를 V (N0=[인간|단체] N1=[추상물](인기가도, 순위, 연승 따위))
¶여론조사에서 공화당이 선두를 달리고 있다. ¶기아가 10연승을 달리며 1위를 지켰다. ¶A팀과 B팀이 나란히 꼴찌를 달렸다.

달리하다

[활용]달리하여(달리해), 달리하니, 달리하고
[타]❶(기준이나 조건에 따라) 행동이나 방법 따위를 다르게 하다. Alter behavior or method according to a criterion or a condition.
[유]다르게 하다 [반]같이하다
N0-가 N2-에 따라 N1-를 V (N0=[인간|단체] N1=[추상물](행동, 방법, 크기, 가격, 디자인 따위) N2=[기준], [조건])
¶의사는 환자의 증상과 몸 상태에 따라 치료법을 달리한다. ¶노래를 부를 때는 곡에 따라 창법을 달리해야 해요. ¶우리는 지역이나 거래처에 따라 상품 가격을 달리했다.
❷(사람이나 단체가) 어떤 생각이나 조건 따위를 다르게 하다. (of two or more persons or organizations) Differ from each other in opinion or condition.
[반]같이하다
N0-가 N2-와 N1-를 V ↔ N2-가 N0-와 N1-를 V ↔ N0-와 N2-가 N1-를 V (N0=[인간|단체] N1=[추상물](생각, 기준, 조건, 행동, 방법, 크기 따위) N2=[인간|단체])
¶나는 영희와 해석을 달리했다.↔ 영희는 나와 해석을 달리했다.↔ 나와 영희는 해석을 달리했다. ¶A팀은 B팀과 디자인과 구성을 달리했다.

달성되다

[어원]達成~ [활용]달성되어(달성돼), 달성되니, 달성되고 [대응]달성이 되다
[자](목표나 뜻한 바가) 이루어져 목적에 도달되다. (of goal or purpose) Be accomplished, reach its destination.
[유]이루어지다
N0-가 V (N0=[계획], [성공], 목적, 목표, 뜻 따위)
[능]달성하다
¶오랜 숙원이었던 합격이 달성되자 그는 여행을 떠났다. ¶목표가 달성된 것에 안주하지 말라. ¶그때 계획이 달성되지 않았다면 이런 날은 오지 않았을 것이다.

달성하다

[어원]達成~ [활용]달성하여(달성해), 달성하니, 달성하고 [대응]달성을 하다
[타](목표나 뜻한 바를) 이루어 목적에 도달하다. Accomplish one's goal or purpose and reach the destination.
[유]이루다, 완수하다
N0-가 N1-를 V (N0=[인간|집단] N1=[계획], [성공], 목적, 목표, 뜻 따위)
[피]달성되다
¶목적을 달성했지만 여기서 만족하지 않겠다. ¶목표를 달성할 때까지 전진하자. ¶뜻을 달성하지 못하면 돌아오지 않으리.

달아나다

[활용]달아나, 달아나니, 달아나고
[자]❶(사람, 동물 따위가) 다른 곳으로 도망가다. (of a person, an animal, etc.) Run away to someplace else.
[유]도망가다, 도망치다
N0-가 N1-(로|에게로) V (N0=[인간], [동물] N1=[장소], [방향])
¶범인이 경찰을 밀치고 골목으로 달아났다. ¶남자는 오토바이를 타고 강둑 쪽으로 달아나다 경찰에게 붙잡혔다. ¶토끼는 소나무 숲 속으로

달아났다.
No-가 N1-(에서|에게서) V (No=[인간], [동물] N1=[장소], [인간])
¶돼지가 우리에서 달아났다. ¶그는 자신의 품에서 달아나는 그녀를 잡으려고 손을 뻗었다.
❷(버스, 지하철 따위가) 빨리 움직여 가다. (of bus, subway, etc.) Go on quickly.
No-가 V (No=[교통기관])
¶지하철이 이미 저 멀리 달아났다. ¶버스는 서지 않고 그냥 달아나기만 한다.

ㄷ

❸(물건, 재산 따위가) 줄어들어 사라지다. (of an item, an asset, etc.) Disappear.
[유]사라지다, 없어지다
No-가 V (No=[구체물], [금전])
¶여기에 있던 영수증이 어디로 달아났지? ¶열심히 돈은 벌러 다니는데 어디로 돈은 달아나는 걸까?
❹(기운, 생각 따위가) 없어지게 되다. (of certain energy, thought, etc.) Disappear.
[유]사라지다, 없어지다
No-가 N1-가 V (No=[인간] N1=[인지](생각 따위), [행위](잠, 졸음 따위), [속성](입맛, 술기운 따위), [감정](슬픔, 아픔, 기쁨 따위), [질병](불면증 따위))
[연어]싹, 확
¶녹차를 마시면 잠이 달아나나요? ¶긴장이 되어 입맛이 싹 달아나 버렸다. ¶찬 공기를 쐬니 술기운이 싹 달아났다.
❺(시간이) 빠르게 지나가다. (of time) Pass quickly.
No-가 V (No=[시간])
¶일하는 시간은 더디 가고 쉬는 시간은 순식간에 달아났다. ¶금방이라도 세월이 달아나 버릴 것만 같아 조바심이 납니다.
❻(운동 경기에서) 어떤 팀이나 선수가 점수 차를 벌이며 앞서 가다. (of a certain team or player) Take the lead by pulling away in a sports game.
No-가 V (No=[인간|단체])
¶두산은 2점을 추가해 5-0까지 달아났다. ¶그는 경기 초반 일찌감치 달아났지만 끝내 따라잡혔다.

달아매다

[활용]달아매어(달아매), 달아매니, 달아매고
[타]❶(어떤 것을 기둥 따위에) 아래로 늘어지도록 동여서 묶다. (of a person) Bind and tie something to a pillar, etc., so that it hangs downward.
[유]매달다 [상]달다II
No-가 N1-를 N2-에 V (No=[인간] N1=[구체물](끈, 그네, 연등 따위), [신체부위] N2=[나무], 처마, 문 따위)
¶동네 어른들은 아이들을 위해 나무 기둥에 그네를 달아매었다. ¶석가탄신일을 맞아 처마 밑에 연등을 달아매었다.
❷(사람, 동물 따위를) 도망가지 못하도록 고정된 물건에 묶어 붙잡아 두다. (of a person) Bind someone to a fixed item to prevent him/her from leaving the spot.
[유]매달다 [상]달다II
No-가 N1-를 N2-에 V (No=[인간] N1=[사람], [동물] N2=말뚝 따위)
¶장군은 죄인을 문 앞 말뚝에 달아매고 때리고 있었다. ¶아버지는 도망가려는 말을 말뚝에 달아매었다. ¶그는 말뚝에 달아맨 소를 시간마다 감시하였다.

달아오르다

[활용]달아올라, 달아오르니, 달아오르고, 달아올랐다
[자]❶(얼굴, 몸 따위가) 뜨거워 붉어지다. (of a person's face, body, etc.) Become hot and red.
N1-의 No-가 V ↔ N1-는 No-가 V (No=[신체부위](얼굴, 이마, 목, 귓불, 뺨 따위) N1=[인간])
[연어]붉게, 벌겋게, 발갛게, 시뻘겋게, 확, 후끈, 화끈
¶나의 얼굴이 붉게 달아올랐다.↔ 나는 얼굴이 붉게 달아올랐다. ¶그가 내 손을 잡자 얼굴이 확 달아오르고 숨이 막혀 왔다. ¶소년은 부끄러움에 귓불이 벌겋게 달아올랐다.
❷(물체가) 매우 뜨거워지다. (mainly of an item) Become very hot.
[유]뜨거워지다
No-가 V (No=[구체물](냄비, 팬, 불판, 돌, 난로 따위))
¶불 위에 올려놓은 냄비가 벌겋게 달아올랐다. ¶돌이 뜨겁게 달아오를 때까지 기다리십시오.
❸(사람, 공간, 분위기 따위가) 어떤 사건으로 한껏 고조되다. (of person, space, or atmosphere) Become elated or heightened due to a certain incident.
[유]고조되다
No-가 N1-로 V (No=[인간|단체], [장소], [상황] N1=[행사], [예술], 열기)
[연어]후끈
¶방안은 열기로 후끈 달아오르기 시작했다. ¶전 세계가 월드컵 경기로 후끈 달아올랐다. ¶신나는 노래로 분위기가 후끈 달아올랐다.
❹(마음, 감정이) 격앙되거나 고조되다. (of a person's mind or emotion) Be heightened or excited.
[유]격앙되다, 고조되다
N1-의 No-가 V ↔ N1-는 No-가 V (No=[마음](가슴 따위), [감정] N1=[인간])
¶훈훈한 정과 인심 덕에 내 가슴이 후끈 달아올랐다. ↔ 훈훈한 정과 인심 덕에 나는 가슴이 후끈

달아올랐다. ¶그는 뜰 위에 놓인 그녀의 신발을 보자 더욱 마음이 달아올랐다. ¶그들의 음반 발매 소식에 음악 애호가들의 마음이 후끈 달아오른다.
❺(분위기, 상태 따위가) 어떤 이유로 고조되다. (mainly of atmosphere, state, etc.) Be heightened due to a certain reason.
㊌고조되다
N0-가 N1-로 V (N0=분위기, 열기 따위 N1=[행위], [활동](응원 따위) 노래, 맥주 따위)
¶맥주 한 잔으로 모임의 분위기가 달아올랐다. ¶신나는 노래로 현장의 분위기가 달아올랐다.

달이다

활용 달여, 달이니, 달이고
타 ❶(간장, 국물 따위를) 끓여서 양을 줄여 진하게 하다. Boil soy sauce or soup to make thicken it.
㊌졸이다
N0-가 N1-를 V (N0=[인간] N1=[액체](간장, 국물 따위))
¶나는 10시간 동안 간장을 달였다. ¶간장 게장 남은 국물을 달여서 냉장고에 보관할 거예요.
❷(약재, 말린 식물 따위를) 우러나도록 물에 담가 끓이다. Insert and boil a medicine or dried plant in water to brew.
N0-가 N1-를 V (N0=[인간] N1=[약](한약, 보약 따위), [식물](인삼, 곶감, 영지 따위), [동물의신체부위](사골 따위))
¶아내는 아침부터 인삼을 달였다. ¶곶감을 달인 물에다 생강과 잣을 넣은 것을 수정과라 한다. ¶뽕잎을 달여 마시면 저혈압에 좋다.

달하다

어원 達~ 활용 달하여(달해), 달하니, 달하고
자 (기운, 속성 따위가) 일정한 정도에 이르다. (of energy, property, etc.) Reach a certain degree.
㊌이르다, 미치다
N0-가 N1-에 V (N0=[속성], [기운], [텍스트] N1=[정도속성값](최고, 절정, 경지 따위), [단위], [경계](한계 따위))
¶우리 편 선수가 골을 넣자 응원 열기가 절정에 달했다. ¶나의 체력도 한계에 달했다.
타 (목표, 목적 따위를) 생각했던 바대로 이루다. Achieve the goal, target, etc., as planned.
㊌이루다, 달성하다
N0-가 N1-를 V (N0=[인간|단체] N1=[계획](목표, 목적 따위))
¶우리 회사는 이미 연초 판매 목표량을 달한 상태입니다. ¶목표에 달할 때까지 모든 선수들이 힘을 내도록 하자.
자타 (기능, 속성, 능력 따위가) 일정하게 요구되는 기준이나 조건 따위를 만족시키다. (of function, property, skill, etc.) Satisfy constantly the required standard or condition.
㊌충족시키다, 만족시키다 ㊦미달하다
N0-가 N1-(에|를) V (N0=[인간|단체], [구체물](제품, 상품, 개발품 따위) N1=[기준](조건, 기대 따위))
¶우리 회사 제품은 품질 안전 기준에 달하는 데 아무 문제가 없습니다. ¶박람회는 최신 기술에 대한 사람들의 기대에 충분히 달했다. ¶이번 박람회가 최신 기술에 대한 사람들의 기대를 달할 수 있도록 최선을 다해 준비하고 있습니다.

닮다

활용 닮아, 닮으니, 닮고
자 (다른 사람이나 대상과) 서로 비슷한 생김새나 성질을 지니다. Possess a similar appearance or characteristics to another person or object.
N0-가 N1-와 V ↔ N1-가 N0-와 V ↔ N0-와 N1-가 V (N0=[구체물], [추상물] N1=[구체물], [추상물])
¶나는 남편과 닮았다. ↔ 남편은 나와 닮았다. ↔ 나와 남편은 닮았다. ¶동생의 얼굴은 아버지와 닮았다. ¶내 생각은 그의 생각과 닮았다.
타 ❶(다른 사람이나 대상을) 떠올릴 만큼 그와 비슷한 생김새나 성질을 지니다. Possess such a similar appearance or characteristics to another person or object to such an extent that an observer will immediately notice the similarity.
N0-가 N1-를 V (N0=[구체물], [추상물] N1=[구체물], [추상물])
연어 쏙
¶현경이는 어머니를 쏙 닮았다. ¶학교는 작은 사회를 닮았다.
❷(특정한 사람을) 본보기로 삼아 그 생김새나 성격, 행동 따위를 비슷하게 따라가다. Designate a particular person as a role model and mimic that person's appearance, personality or behavior.
N0-가 N1-를 V (N0=[인간|단체] N1=[인간|단체], [속성](외모 따위), [인성](지혜, 용기, 겸손 따위))
¶스웨덴은 우리가 닮고 싶은 복지 국가 중 하나다. ¶미영이는 수녀님의 용기를 닮고 싶었다. ¶요즘 청소년들은 연예인의 외모를 닮고 싶어한다.

닳다

활용 닳아, 닳으니, 닳고
자 ❶(사물이) 오래되거나 많이 쓰여 낡거나 줄어들어 작아지다. (of a thing) Be worn, rendered smaller because of long and frequent use.
㊌낡다
N0-가 V (N0=[구체물])

ㄷ

¶가방이 너무 오래돼서 닳았다. ¶뒷굽이 닳은 것을 보니 바꿀 때가 되었네. ¶타이어가 너무 닳아서 위험하다.

❷(연료 따위의 소모품이) 사용되어 그 용량이 줄어들다. (of consumables including oil) Be used and decreased in quantity.

㊌소모되다

N0-가 V (N0=[연료], 전기, 건전지, 잉크 따위)

¶프린터 잉크가 다 닳아서 새로 사야겠다. ¶다 닳은 건전지는 분리해서 버려라.

❸(물기가) 끓어서 줄어들다. (of moisture) Be reduced by being boiled.

㊌졸다II

N0-가 V (N0=[액체], [음식])

¶찌개가 너무 닳아서 짜다. ¶물이 닳지 않을 만큼만 끓여라.

❹(신체 부위나 그 피부가) 추워서 어는 바람에 붉어지다. (of part of the body or skin) Become red because of icy wind.

㊌빨개지다

N0-가 V (N0=[신체부위])

¶혹한의 추위로 닳은 얼굴이 안쓰러웠다. ¶때아닌 한파에 피부가 닳았는지 더욱 빨개졌다.

❺(순수했던 사람이나 그 성질이) 세상일을 겪으며 약삭빨라지다. (of once innocent person or character) Become shrewd through worldly experience.

㊌약아지다, 약삭빨라지다

N0-가 V (N0=[인간], [인성])

¶너도 사회생활을 하면서 많이 닳았구나. ¶군 생활을 하며 내 성격도 어지간히 닳아 버린 듯하다.

◆ **닳고 닳다** (순수했던 사람이나 그 성질이) 세상일을 겪으며 아주 약삭빨라지다. (of an innocent person or his or her personality) Become clever as he or she experiences the world.

N0-가 Idm (N0=[인간], [인성])

¶그는 닳고 닳은 성격이라 사람을 다루는 데 능숙했다. ¶자기 잇속만 챙기는 사람은 닳고 닳아서 싫어.

◆ **손발이 닳도록 빌다** 용서를 애원하며 구하다. Ask for an apology.

N0-가 Idm (N0=[인간])

¶아무리 손발이 닳도록 빌어도 아저씨는 무표정했다. ¶손발이 닳도록 빌면 혹 용서해 주실지 알아?

◆ **입이 닳다** 누누이 이야기하다. Speak repeatedly.

㊌침이 마르다, 혀가 닳다

Idm

¶위험한 곳은 가지 말라고 입이 닳도록 얘기했잖니? ¶어머니는 서울에 도착하면 연락하라고 입이 닳을 정도로 말씀하셨다.

◆ **혀가 닳다** 누누이 이야기하다. Speak repeatedly.

㊌입이 닳다, 침이 마르다

Idm

¶할머니께서는 나에게 늦게 다니지 말라고 혀가 닳도록 타이르셨다. ¶선생님은 사고뭉치 학생들에게 훈계하시느라 혀가 닳을 지경이시다. ¶선제골의 중요성은 혀가 닳을 정도로 얘기해도 지나치지 않습니다.

담그다

활용 담가, 담그니, 담그고, 담갔다

타 ❶(사물을) 액체 속에 잠길 만큼 넣다. Place an object into a liquid until it is completely immersed and saturated.

㊌잠그다

N0-가 N2-에 N1-를 V (N0=[인간] N1=[구체물], [신체부위] N2=[액체], [장소], [용기](통, 욕조, 탕 따위))

피 담기다

¶민수는 얼음물이 든 통에 맥주를 담가 놓았다. ¶차가운 겨울 바다에 발을 담가 본 적이 있어요? ¶나는 어제 저녁 욕조에 몸을 담그고 피로를 풀었다.

❷(음식, 술 따위가 될) 재료를 섞어 발효시키다. Make a fermented food or liquor.

㊌만들다

N0-가 N1-를 V (N0=[인간] N1=[식품](김치, 젓갈, 술, 장 따위))

피 담기다

¶주말에 온 가족이 모두 모여 김치를 담갔다. ¶젓갈을 담그는 일이 여간 어려운 게 아니다.

담금질하다

활용 담금질하여(담금질해), 담금질하니, 담금질하고 대응 담금질을 하다

타 ❶(쇠붙이 따위를) 더 강하게 하기 위하여 높은 온도로 달구다가 물이나 기름에 넣어 식히는 일을 하다. Heat a piece of iron at high temperature and rapidly cool it off in water or oil to make it strong.

N0-가 N1-를 V (N0=[인간] N1=[칼창], [용기], [금속])

¶그는 철을 여러 번 담금질했다. ¶장인들이 두드리고 담금질해 튼튼한 농기구를 만들었다.

❷(사람을) 훈련을 통해 단련시키다. Discipline someone by training.

㊌단련시키다

N0-가 N1-를 V (N0=[인간] N1=[인간], [추상물](전력, 심신 따위))

¶우리는 전지훈련을 통해 심신을 담금질했다. ¶감독은 끊임없이 선수들을 담금질했다.

담기다 I

활용 담기어(담겨), 담기니, 담기고

자 ❶(물건이) 용기 안에 넣어지다. (of an object) Be placed in a container.

N0-가 N1-에 V (N0=[구체물] N1=[용기], [상자], [장소](안, 속 따위))

능 담다

¶상자에 구슬이 담겨 있다. ¶따뜻한 국이 그릇 안에 담겨 있었다.

❷(정보나 생각, 감정이) 글이나 그림 따위에 반영되다. (of information, thoughts or emotions) Be reflected in a piece of writing or a drawing.

유 들다, 들어 있다

N0-가 N1-에 V (N0=[상태], [앎], 마음, 생각 따위 N1=[구체물], [추상물])

능 담다

연어 가득

¶이 선물에는 내 마음이 가득 담겨 있어. ¶선생님의 뜻이 담긴 장학금을 학생들에게 무사히 전달하였습니다. ¶친구들에게 정성이 가득 담겨 있는 음식을 대접받았다.

담기다 II

활용 담기어(담겨), 담기니, 담기고

자 ❶(사물이) 액체 속에 잠길 만큼 넣어지다. (of an object) Be placed in liquid until completely immersed and saturated.

N0-가 N1-에 V (N0=[구체물] N1=[액체], [용기](통 따위))

능 담그다

¶물에 담긴 비타민이 거품을 내며 녹는다. ¶더러워진 유니폼이 물이 가득 찬 빨래통에 담겨 있다. ¶얼음물이 가득찬 통에는 맥주병들이 담겨 있었다.

❷(재료가 섞이고 발효되어) 김치, 술 따위가 만들어지다. (of kimchi or alcohol) Be made, with ingredients mixed and fermented.

N0-가 ADV V (N0=[식품](김치, 술, 젓갈, 장 따위))

능 담그다

¶올해 김장 김치가 아주 맛있게 잘 담겼다. ¶올해도 매실주가 맛있게 잘 담겼다.

담다

활용 담아, 담으니, 담고

타 ❶(물건을) 용기 안에 넣다. Place an object in a container.

유 넣다

N0-가 N1-를 N2-에 V (N0=[인간], [동물] N1=[구체물] N2=[용기], [상자], [장소](안, 속 따위))

피 담기다I

¶나는 장난감을 상자에 담았다. ¶어머니는 김치를 그릇에 담으셨다.

❷(정보나 생각, 감정을) 글이나 그림 따위에 반영하다. Reflect information, thoughts or emotions in a piece of writing or a drawing.

유 넣다, 싣다

N0-가 N1-를 N2-에 V (N0=[구체물], [추상물] N1=[상태], [앎], 마음, 생각 따위 N2=[구체물], [추상물])

피 담기다I

¶나는 내 마음을 편지에 담아 그에게 보냈다. ¶그는 자기의 평소 생각을 이 글에 그대로 담았다. ¶구체적인 정보는 이 파일에 모두 담았다.

❸(창작물이나 출판물 따위에서) 어떤 내용이나 사실을 소재로서 다루다. Deal with a content or fact as a subject matter in a creative work or published material.

유 내포하다

N0-가 N1-를 V (N0=[작품], [책], [방송물] N1=[추상물])

¶이 가사는 그가 당시 겪었던 어려움을 담고 있다. ¶그의 첫 소설은 인간의 심리 변화를 담은 명작이다.

담당하다

어원 擔當~ 활용 담당하여(담당해), 담당하니, 담당하고 대응 담당을 하다

타 (일을) 맡아서 처리하다. Undertake and process a task.

유 맡다[1]

N0-가 N1-를 V (N0=[인간], [집단] N1=[모두])

¶선수 시절 나는 팀에서 수비를 담당하였다. ¶이 일은 어느 부서가 담당하고 있지? ¶신입생 지도는 매년 장 선생님께서 담당해 오셨다.

담보되다

어원 擔保~ 활용 담보되어(담보돼), 담보되니, 담보되고

자 ❶(무엇을 대신해) 희생될 대상으로 삼아지다. Become a target of sacrifice (as a substitute for something).

N0-가 V (N0=[추상물](목숨 따위))

능 담보하다

¶어떤 이유로도 목숨은 담보될 수 없다. ¶내 목숨이 담보된 상황에서 못할 일이 없다.

N0-가 N1-로 V (N0=[추상물] N1=[구체물])

능 담보하다

¶소비자의 건강이 실험 대상으로 담보되는 경우가 많다. ¶인간이 희생 제물로 담보된다면 생명 윤리는 무슨 의미가 있는가?

❷무엇이 사실이거나 확실한 것임이 증명되거나 보장되다. Become certified or guaranteed that something is true or certain.

유 보장되다

N0-가 N1-로 V (N0=[추상물] N1=[구체물], [추상물])

능 담보하다

¶기업 경영의 투명성은 정확한 회계 처리로 담보될 수 있다. ¶미래는 우리의 성실과 노력으로 담보될 수 있다. ¶학문의 발전은 학자들의 진지한 연구로 담보되어야 한다.

담보하다

어원 擔保~ 활용 담보하여(담보해), 담보하니, 담보하고

타 ❶돈을 빌리기 위하여 토지나 집 따위를 대신해서 내놓다. Promise to provide something as a substitute in case one fails to repay a loan.

No-가 N1-를 V (No=[인간|단체] N1=[구체물](부동산, 토지, 주택, 차량 따위))

피 담보되다

¶김 씨는 땅을 담보하고 은행에서 돈을 빌렸다. ¶철수는 아파트를 담보하고 은행에서 대출을 받았다. ¶요즘에는 차량을 담보하고 대출을 받기도 한다.

No-가 N2-(에|에게) N1-를 V (No=[인간|단체] N1=[구체물](부동산(토지, 주택), 차량 따위) N2=[인간], 금융기관, 은행 따위)

피 담보되다

¶김 씨는 은행에 땅을 담보하고 돈을 빌렸다. ¶철수는 저축은행에 아파트를 담보하고 대출을 받았다.

※ '담보로 N-을 잡다/잡히다'가 더 자연스러운 표현이다.

❷희생할 각오로 내놓거나 걸다. Present or bet at the risk of sacrifice.

㊌걸다[1]

No-가 N1-를 V (No=[인간|단체] N1=[추상물](목숨, 생명, 명예 따위))

피 담보되다

¶예나 지금이나 전쟁은 목숨을 담보한 것이다. ¶이번 새로운 사업은 우리 부서의 명예를 담보하고 진행한 것이다.

No-가 N2-로 N1-를 V (No=[인간|단체] N1=[추상물](목숨, 생명, 명예 따위) N2=[추상물])

피 담보되다

¶식품회사들이 소비자의 건강을 실험 대상으로 담보하는 경우가 많다. ¶북한은 핵위협으로 국가의 발전을 담보하지 못한다.

❸(무엇이 사실이거나 확실한 것임을) 증명하거나 보장하다. Certify or guarantee that something is true or certain.

㊌보증하다, 보장하다

No-가 N1-를 V (No=[인간|단체] N1=[추상물], [앎], [긍정적인성속성], [변화])

피 담보되다

¶재판부는 진실을 담보할 만한 구체적인 증거가 없다고 결론 내렸다. ¶그들은 여성의 지위 향상만이 밝은 미래를 담보할 수 있다고 주장한다.

No-가 N2-로 N1-를 V (No=[인간|단체] N1=[추상물], [변화] N2=[활동], [인성])

피 담보되다

¶우리는 성실과 노력으로 미래를 담보할 수 있다. ¶학자들은 진지한 연구로 학문의 발전을 담보해야 한다. ¶국가는 합리적인 세정으로 공정한 사회를 담보할 수 있다.

담쌓다

활용 담쌓아, 담쌓으니, 담쌓고

자 (다른 사람이나 대상과) 관계를 끊다. (of a person) Cut off relations with someone or object.

㊌절교하다, 단교하다

No-가 N1-와 (서로) V ↔ N1-가 No-와 (서로) V ↔ No-와 N1-가 (서로) V (No=[인간|단체] N1=[인간|단체])

연어 아예, 완전히

¶독립한 뒤 나는 부모님과는 서로 담쌓았다. ↔ 독립한 뒤 부모님과 나는 서로 담쌓았다. ↔ 독립한 뒤 나와 부모님은 서로 담쌓았다. ¶크게 싸우고 나서 그와 나는 완전히 담쌓았다. ¶스위스는 이민을 거절하면서 유럽연합과 담쌓았다.

No-가 N1-와 V (No=[인간|단체] N1=[행위])

연어 아예, 완전히

¶여기 있는 아이들은 독서와는 담쌓았다. ¶나는 애국심 따위와는 애초에 담쌓았다. ¶우리 회사는 직원과의 대화와는 아예 담쌓은 지가 오래다.

담아내다

활용 담아내어(담아내), 담아내니, 담아내고

타 ❶(과일이나 음식 따위를) 그릇에 담아서 내어놓다. Put fruits or food in a dish and present.

No-가 N1-를 N2-에 V (No=[인간] N1=[음식] N2=[용기])

¶오늘 저녁 밥상엔 호박을 볶아 하얀 그릇에 담아내야지. ¶과일을 예쁘게 깎아 접시에 담아내어라.

❷(사람이나 사물의 모습을) 어떤 매체에 수록하거나 저장하다. Record or save the image of a person or an object to a medium.

No-가 N1-를 N2-에 V (No=[인간|단체] N1=[인간], [상태], 모습, 풍경 따위 N2=캠코더, 음반, 화면, 화폭, 앵글, 캐리커처 따위)

¶나는 일상의 풍경을 캠코더에 담아내고 싶다. ¶그는 살아 있을 때의 모습을 초상화에 담아냈다.

❸(어떤 문제나 사건, 감정 따위를) 작품으로 만들거나 어떤 장르나 스타일 등의 방식으로 표현해 내다. Transform a certain issue, incident, or emotion into a work of art or express it as a certain genre or style.

㊌포함시키다

N0-가 N1-를 N2-(에|로) V (N0=[인간|단체] N1=[추상물], [상태], [감정], 문제, 이야기 따위 N2=작품, 예술 장르(영화, 연극) 따위)
¶그는 당대 현실의 문제를 작품으로 담아내었다. ¶그는 성폭력 사건을 다큐멘터리에 담아냈다. ¶그 가수는 다양한 감정을 특유의 음색으로 담아낸다.
❹(텍스트나 작품이) 어떤 내용을 반영하거나 주제로 삼고 있다. (of text or work of art) Reflect content or make a specific content its topic. ㊌다루다
N0-가 N1-를 V (N0=텍스트, 작품 따위 N1=[추상물], [상태], [감정])
¶그 노랫말은 현대인의 생활 정서를 솔직하게 담아내고 있다. ¶그의 소설은 낭만적인 형식으로 현실 극복 의지를 담아내고 있다. ¶신세대들은 랩이 자신들의 감성을 담아내는 최고의 것이라고 생각한다.

답변하다

어원 答辯~ 활용 답변하여(답변해), 답변하니, 답변하고 대응 답변을 하다
자 다른 사람의 요구나 물음에 대답하다. Answer in response to someone's request or question. ㊌답하다, 대답하다 ㊥질문하다, 묻다I
N0-가 N2-(에|에게) N1-(에|에 대해) V (N0=[인간|단체] N1=[질문](질문, 질의, 문의), 문제 따위 N2=[인간|단체])
¶안 의원은 시민들의 질문에 명료하게 답변하였다. ¶저는 그러한 무례한 질문에 대해서는 답변하지 않습니다. ¶직원은 나에게 상품 문의에 대해 친절히 답변해 주었다.

답사하다

어원 踏査~ 활용 답사하여(답사해), 답사하니, 답사하고 대응 답사를 하다
타 (어떤 장소를) 직접 가서 보고 조사하다. Conduct a field investigation.
N0-가 N1-를 V (N0=[인간|단체] N1=[장소])
¶이 책은 저자가 실제 모든 지방을 답사하여 조사한 자료로 이루어져 있다. ¶조사단은 이번에 새로 발견된 지역을 답사하기 위해서 떠났다. ¶아무리 잘 알려진 명소라 하더라도 답사할 때마다 새롭다.

답습하다

어원 踏襲~ 활용 답습하여(답습해), 답습하니, 답습하니 대응 답습을 하다
타 (예전부터 내려오던 방식이나 관행 따위를) 그대로 받아들이다. (of a person) Accept a method or a custom that has been passed down from the past as it is.
㊌따르다I, 좇다, 밟다
N0-가 N1-를 V (N0=[인간|단체] N1=[제도], [관습])
연어 그대로
¶그들은 이웃 나라의 제도를 그대로 답습하였다. ¶우리는 기성세대의 관행을 절대 답습하지 않을 것이다. ¶정부는 선진국의 제도를 그대로 답습하여 시민들의 비판을 받고 있다.

답장하다

어원 答狀~ 활용 답장하여(답장해), 답장하니, 답장하고 대응 답장을 하다
자 받은 편지에 대하여 회답하는 편지를 보내다. (of a person) Receive a letter from someone and send an answering letter.
㊌답하다, 회답하다, 답신하다
N0-가 N1-에게 V (N0=[인간] N1=[인간])
¶나는 편지를 받고 기쁜 마음으로 친구에게 답장하였다. ¶아직도 그녀가 나에게 답장하지 않는 이유는 무엇일까?
N0-가 N1-에 V (N0=[인간|단체] N1=[편지])
¶그 단체가 우리 편지에 답장하지 않는 이유는 무엇일까? ¶나는 한 달이 지나도록 언니의 연하장에 답장하지 못하였다. ¶그녀는 그의 쪽지에 답장하지 않았다.

답하다

어원 答~ 활용 답하여(답해), 답하니, 답하고 대응 답을 하다
자 (다른 사람의) 말이나 질문에 응하여 자신의 생각을 말하다. Speak one's thoughts in response to someone's words or question.
㊌대답하다, 응답하다 ㊥묻다, 질문하다
N0-가 N1-(에|에게) V (N0=[인간|단체] N1=[질문], [인간])
¶나는 내 성적을 묻는 친구의 질문에 답하지 않았다. ¶다음 글을 읽고 물음에 답하시오.
¶나는 큰 소리로 멀리 있는 친구에게 답했다.
N0-가 N1-(에|에게) S고 V (N0=[인간|단체] N1=[질문], [인간])
¶그는 경찰의 심문에 아무것도 아는 것이 없다고 답하였다. ¶나는 친구의 질문에 그 문제는 내가 관여하지 않았다고 답하였다. ¶나는 설문조사에 최근 한 권 이상의 책을 읽었다고 답하였다.

당기다

활용 당기어(당겨), 당기니, 당기고
자 ❶(마음이) 끌려 움직이다. (of someone's heart) Be moved.
㊌끌리다
N0-가 N1-가 V (N0=[인간] N1=[속성](마음, 흥미 따위), 호기심, 관심 따위)
¶왠지 호기심이 당기는 제안이군요. ¶제목을 보니까 흥미가 당겼다. ¶그 사람은 관심이 당기는지

ㄷ

조급하게 그 다음 말을 재촉했다.
❷먹고 싶은 마음이 생기거나 잘 먹힌다. Have the appetite or desire to eat.
[유]생기다, 솟다
N0-가 N1-가 V (N0=[인간] N1=[음식], 식욕, 입맛, 구미 따위)
¶오늘따라 식욕이 당긴다. ¶몸이 아프니까 입맛도 당기지 않는다. ¶김치찌개 냄새만 맡아도 구미가 당긴다.
[타]❶(사물을) 끌어서 자기 쪽으로 가까이 오게 하거나 일정한 방향으로 잡아끌다. Drag an object closer to oneself or in a constant direction.
[반]밀다
N0-가 N1-를 V (N0=[인간] N1=[구체물])
¶너무 세게 당기면 줄이 끊어질 거예요. ¶아이는 엄마의 치맛자락을 계속 당겼다. ¶한국 선수들이 활시위를 당기자 관중들이 환호했다.
N0-가 N1-를 N2-로 V (N0=[인간] N1=[구체물], [신체부위] N2=[방향])
¶나는 의자를 앞으로 당겨 앉았다. ¶턱을 아래로 힘껏 당기면서 고개를 숙이세요.
❷ (정한 시간을) 앞으로 옮기다. Move a scheduled time closer to the present.
[유]앞당기다 [반]미루다, 연기하다
N0-가 N1-를 V (N0=[인간] N1=[시간])
¶나는 급한 일이 생겨 약속 시간을 1시간 당겼다. ¶일정을 당기다 보니 문제가 생겼다.
N0-가 N1-를 N2-에서 N3-로 V (N0=[인간] N1=[시간](일정 따위) N2=[시간] N3=[시간])
¶오후에 갑자기 일정이 생겼으니까 회의를 오전으로 당겨 주세요. ¶일이 생겨서 결혼 날짜를 5월에서 3월로 당길 수밖에 없었어요. ¶출장 갔던 일이 일찍 끝나서 하루 당겨 올라왔다.
❸(정한 기한을) 줄이다. Shorten a deadline.
[유]단축하다, 줄이다 [반]늘리다, 연장하다
N0-가 N1-를 V (N0=[인간] N1=기한 따위)
¶진행 속도가 빨라서 공사 일정을 한 달 당길 수 있겠다. ¶그들은 공사 일정을 당기기 위해 삼 일 동안 야근을 했다.
❹ (무엇에 끌리어) 마음을 움직이다. (of someone's heard) Be lured and moved by something.
[유]끌다
N0-가 N1-를 V (N0=[구체물], [추상물] N1=[속성](마음, 흥미 따위), 호기심, 관심 따위)
¶저 책보다 이 책이 더 내 마음을 당긴다. ¶희소성 있는 물건들이 그들의 호기심을 당겼다.
❺ (무엇이) 먹고 싶은 마음을 생기게 하다. Stimulate someone's desire to eat something.
[유]돋우다, 북돋우다, 자극하다
N0-가 N1-를 V (N0=[음식], [속성](맛 따위) N1=식욕, 입맛, 구미 따위)
¶약간 매콤한 맛이 구미를 당긴다. ¶칼칼한 민물 매운탕이 미각을 당긴다. ¶호박의 달달한 맛이 구미를 당기게 한다.
◆ **구미가 당기다** (어떤 것에) 욕심이나 관심이 생기다. Become greedy or interested in something.
[유]구미가 돌다
N0-가 N1-에 Idm (N0=[인간] N1=작품, 제안, 말 따위)
¶나는 그의 제안에 구미가 당겼다. ¶일은 조금 힘들지만 보수가 많다는 말에 구미가 당겼다. ¶이 분야는 상당히 구미가 당기는 분야다.
◆ **밀고 당기다** (둘 이상의 사람이) 서로 실랑이를 하다. (of two or more people) Scuffle with each other.
N0-가 N0-와 Idm ↔ N1-가 N0-와 Idm ↔ N0-와 N1-가 Idm (N0=[인간|단체] N1=[인간|단체])
¶그는 시청 담당자와 매일 밀고 당기기를 해야 했다.↔시청 담당자는 그와 매일 밀고 당기기를 해야 했다.↔그와 시청 담당자는 매일 밀고 당기기를 해야 했다. ¶다섯 시간의 밀고 당기는 협상 끝에 계약이 성사되었다.

당도하다

[어원]當到~ [활용]당도하여(당도해), 당도하니, 당도하고 [대응]당도를 하다
[자]목적한 장소에 이르다. Reach a destination.
[유]다다르다, 도달하다, 도착하다, 오다, 이르다
[반]출발하다[자], 떠나다[자]
N0-가 N1-에 V (N0=[인간|단체], [교통기관] N1=[장소])
¶한양에 당도하면 네가 할 일을 알게 될 것이다. ¶우리는 1시가 넘어서야 겨우 목적지에 당도하였다. ¶지하철이 정시에 역에 당도했다.

당선되다

[어원]當選~ [활용]당선되어(당선돼), 당선되니, 당선되고 [대응]당선이 되다
[자]❶(어떤 직위에) 투표로써 뽑히다. Be selected for a position through election.
[유]뽑히다 [반]낙선되다, 낙선하다
N0-가 N1-(에|로) V (N0=[인간] N1=대통령, 국회의원, 반장 따위)
¶남수가 반장에 당선되었다. ¶여론 조사에 따르면 대통령에는 조 후보가 당선될 것으로 예상된다. ¶국회의원으로 당선되기 위한 후보들의 선거전이 치열하다.
❷(작품이) 심사를 거쳐 뽑히다. (of an artwork) Be selected through evaluation.

㊌뽑히다, 선발되다 ㊎낙선되다, 낙선하다
N0-가 N1-(에|로) V (N0=[예술], [텍스트] N1=[상](대상, 우수상 따위), [경연])
¶내가 낸 작품이 대상으로 당선되었다. ¶그의 첫 작품은 한 일간지의 신춘문예에 당선된 바가 있다. ¶이 그림은 국전에서 우수상에 당선되었던 작품이다.

당첨되다
어원 當籤~ 활용 당첨되어(당첨돼), 당첨되니, 당첨되고 대응 당첨이 되다
자 (복권, 행운권 따위의 추첨에서) 돈이나 상품 따위를 받을 대상으로 뽑히다. (of lottery or its owner) Be selected by drawing.
㊌추첨되다
N0-가 N1-에 V (N0= [인간], [유가증권](복권, 분양권, 행운권 따위) N1=[구체물], 일등 따위)
¶그는 복권 일등에 당첨되었다. ¶동창회에 갔는데 행운권이 경품에 당첨되었다. ¶분양권이 당첨되신 분은 상담을 받으시기 바랍니다.

당하다 I

당하다[1]
어원 當~ 활용 당하여(당해), 당하니, 당하고
자 (다른 사람에게) 심리적 또는 물리적 피해를 입다. Sustain physical or mental damage inflicted by someone.
N0-가 N1-(에|에게) V (N0=[인간|단체] N1=[인간|단체], [비행], [방법](수단, 수법 따위))
¶우리는 그 사람의 사기에 당했다. ¶많은 사람들이 교묘한 속임수에 당합니다. ¶일부 국가기관들이 해커들에게 당했습니다.

당하다[2]
어원 當~ 활용 당하여(당해), 당하니, 당하고
기능 타 '피동'의 의미를 나타내는 기능동사 Support verb that shows the meaning of "passivity".
N0-가 N1-(에|로) Npr-를 V (N0=[인간|단체] N1=[사건], [현상], [상황], Npr=피해, 재해, 고난, 고통, 괴로움 따위)
능 주다I
¶농민들이 태풍에 피해를 당했다. ¶이재민들은 식수 부족 사태로 고통을 당하고 있다.
N0-가 N1-에게 Npr-를 V (N0=[인간|단체] N1=[인간], Npr=사고, 사기, 고문, 폭행, 강도, 절도, 살인, 도둑질, 창피, 조롱 따위)
능 하다[1], 가하다[1]
¶친구가 건달들에게 이유도 없이 폭행을 당했다. ¶일부 국가기관들이 해커들에게 사이버 테러를 당했습니다. ¶우리 회사는 판매 브로커들에게 속임수를 당했다.

당하다 II
어원 當~ 활용 당하여(당해), 당하니, 당하고
타 (어떤 일을) 적절하게 대처하여 극복하거나 이겨 내다. Overcome or prevail over some duty by properly dealing with it.
㊌감당하다, 감내하다, 견디다 타
N0-가 N1-를 V (N0=[인간|단체] N1=[일], [사건], [상황], [감정], [행위])
¶아버지는 업무 스트레스를 당해 내지 못하셨다. ¶가족들은 사별의 고통을 당해 내려고 각자가 노력하고 있었다. ¶우리 회사는 자금 압박을 더이상 당하지 못하여 파산하게 되었다.
※ 주로 '당해 내다' 형식으로 쓰인다.
자타 (다른 사람의 힘이나 능력, 수완 따위에) 대등하게 맞서거나 이겨 내다. Equally overcome or stand against someone's strength, ability, skill, etc.
㊌이기다I, 극복하다
N0-가 N1-(에게|를) N2-로 V (N0=[인간] N1=[인간] N2=[기준], [방법], [행위], [생각](꾀 따위))
¶누가 그 친구에게 꾀로 당하겠어? ¶동생이 나에게 힘으로 당할 수야 없지. ¶나는 도저히 그 사람을 당해 내지를 못하겠다.

당황하다
어원 唐慌~/唐惶~ 활용 당황하여(당황해), 당황하니, 당황하고 대응 당황을 하다
자 예상하지 못한 사태를 만나 어쩔 줄을 모르다. Not know what to do after facing an unexpected situation.
N0-가 V (N0=[인간|단체])
¶수빈이는 의외의 소식을 듣고 당황했다. ¶그는 당황한 나머지 말을 잇지 못했다. ¶내가 나타난 것을 보자 그는 매우 당황하는 듯했다.

닿다 I
활용 닿아, 닿으니, 닿고
자 ❶(둘 이상의 물체가) 사이에 틈이 없이 맞붙다. (of more than two objects) Stick together without a gap.
㊌접촉하다, 접하다 ㊎떨어지다, 벌어지다
N0-가 N1-에 V (N0=[구체물] N1=[구체물])
¶사람이 너무 많아서 뒷사람의 가방이 내 등에 닿았다. ¶온갖 잡풀들이 다리에 닿아서 풀독이 올랐다. ¶그 사람은 머리가 계단에 닿을 정도로 키가 크다.
N0-가 N1-와 V ↔ N1-가 N0-와 V ↔ N0-와 N1-가 V (N0=[구체물] N1=[구체물])
¶나의 손이 그녀의 손과 닿았다. ↔ 그녀의 손이 나의 손과 닿았다. ↔ 나의 손과 그녀의 손이 닿았다. ¶내 오른팔이 친구의 왼팔과 닿았다.

❷(주로 팔이나 다리 따위의 신체부위를 뻗어서) 어떤 대상의 표면과 접촉하다. Come in contact with some object's surface by stretching the body part such as arm, leg, etc.
N_1-의 N_0-가 N_2-에 V ↔ N_1-는 N_0-가 N_2-에 V (N_0=[신체부위] N_1=[인간] N_2=[구체물])
¶나의 손이 천장에 닿지 않는다. ↔ 나는 손이 천장에 닿지 않는다. ¶동생은 양팔이 통로 양쪽 벽에 닿았다.

[ㄷ]

닿다Ⅱ
[활용]닿아, 닿으니, 닿고
[자]❶목적지에 도착하다. Arrive at the destination.
[유]다다르다, 당도하다, 이르다I, 도달하다
N_0-가 N_1-에 V (N_0=[인간], [교통기관] N_1=[장소])
¶나는 사무실에 닿기 전에 직원들에게 연락을 취해 두었다. ¶사람들은 공항에 닿자마자 집으로 전화를 했다. ¶버스가 요금 정산소에 닿을 때쯤 연락 주세요.
❷(연락이나 소식 따위가) 전해지다. (of contact, news, etc.) Be conveyed.
[유]전해지다, 전달되다 [반]끊기다
N_0-가 N_1-(에|에게) V (N_0=소식, 연락, 소문 따위 N_1=[인간|단체], [장소])
¶이 즐거운 소식이 모든 사람들에게 닿을 수 있도록 힘써야 합니다. ¶계약이 성사된다는 소식이 드디어 우리 부서에 닿았다. ¶떠나간 사람들의 소식이 고향에 닿을 때마다 흐뭇했습니다.
❸(어떤 일을 할 수 있는 기회나 사정 따위가) 적절하게 갖추어지다. (of opportunity, circumstances, etc., to do some duty) Be appropriately prepared.
[유]되다[1], 오다[1]
N_0-가 V (N_0=기회, 사정 따위)
¶기회가 닿으면 꼭 도전해 보겠습니다. ¶여력이 닿는지 잘 생각해 보시기 바랍니다.
❹(어떤 행위가) 일정 범위에 영향을 미치다. (of some action) Influence a certain range.
[유]미치다I[1]
N_0-가 N_1-에 V (N_0=[활동], [행위], [힘] N_1=[지역], [범위])
¶구조대의 활동이 마을 전역에 닿고 있습니다. ¶저희들의 봉사 활동이 주민 모두에게 골고루 닿을 수 있도록 힘쓰겠습니다. ¶구조의 손길이 모든 재난 지역에 닿지는 못하고 있습니다.
❺(말의 내용이) 이치나 논리에 정연하게 들어맞다. (of a word's content) Be correct by cohering.
[유]맞다I, 들어맞다
N_0-가 N_1-에 V (N_0=[소통](말, 주장, 연설 따위) N_1=이치, 논리, 조리 따위)
¶사람들의 주장은 논리에 닿지 않는 면이 있다. ¶그들의 이야기는 조리에 닿지 않아서 믿을 수가 없다.
❻(다른 사람과) 관계가 형성되다. Form a relationship with someone.
N_0-가 N_1-(에|와) N_2-가 V (N_0=[인간|단체] N_1=[인간|단체] N_2=줄, 선)
¶그 사람은 경찰과 선이 닿아 있어서 함부로 건드릴 수 없다. ¶사장님은 국회의원과 줄이 닿습니다.
N_0-가 N_1-와 N_2-가 V (N_0=[인간] N_1=[인간] N_2=인연, 친분, 연분)
¶그는 유명한 작가와 인연이 닿아서 문인들을 많이 알고 있다. ¶남자친구는 나와 연분이 닿아 있었던 것 같아요.

대결하다
[어원]對決~ [활용]대결하여(대결해), 대결하니, 대결하고 [대응]대결을 하다
[자]❶(어떤 상대와) 우열을 가리기 위해 서로 맞서다. (of a person) Oppose someone to contend for superiority.
[유]겨루다[자], 견주다, 다투다, 경쟁하다
N_0-가 N_1-와 V ↔ N_1-가 N_0-와 V ↔ N_0-와 N_1-가 V (N_0=[인간|단체] N_1=[인간|단체], [상태], [사조])
¶한국 선수가 이번 대회에서 세계 챔피언과 대결하였다. ↔ 세계 챔피언이 이번 대회에서 한국 선수와 대결하였다. ↔ 한국 선수와 세계 챔피언이 이번 대회에서 대결하였다. ¶우리는 드디어 결승전에서 떳떳하게 대결하게 되었다.
❷(어떤 추상적인 대상과) 맞서 싸우다. Fight against something abstract.
[유]맞서다
N_0-가 N_1-와 V (N_0=[인간|단체] N_1=[상태], [사조])
¶나는 냉혹한 현실과 대결해야 했다. ¶이번 봄철 농구대회에서 삼성화재와 국민은행은 피치 못하고 결승전에서 대결하게 되었다.

대기하다
[어원]待期~, 待機~ [활용]대기하여(대기해), 대기하니, 대기하고 [대응]대기를 하다
[자]❶(일정한 장소에) 머무르며 기다리다. Stay in a certain place and wait.
[유]기다리다
N_0-가 N_1-에서 V (N_0=[인간] N_1=[장소])
¶나는 합격자 발표가 나기를 기다리며 컴퓨터 앞에서 대기하고 있었다. ¶요즘은 사람들이 줄서서 대기하는 공중전화를 거의 볼 수가 없다. ¶대기하는 시간이 점점 길어지자 은행에 온 손님들이 불만을 표하기 시작했다.
❷ 【군사】 명령을 기다리다. Wait for an order.
[유]기다리다

N0-가 V (N0=[인간|단체])
¶우리 분대는 출동 명령을 기다리며 대기하고 있었다. ¶비상 상황이 종료되었으니 대기하던 인원들은 모두 업무에 복귀시켜라.

대꾸하다

활용 대꾸하여(대꾸해), 대꾸하니, 대꾸하고 대응 대꾸를 하다
자 (상대방이 한 말에) 말대답을 하다. Express one's thought after listening to someone's words and not accepting them.
㊌대답하다, 응대하다 ㊅말하다 자
N0-가 N1-에게 V (N0=[인간] N1=[인간])
¶나는 부모님께 건성으로 대꾸하였다. ¶철수는 선생님께 일일이 대꾸하다가 혼이 났다. ¶담당 국장은 기자에게 재치있게 대꾸하였다.
N0-가 N1-에 V (N0=[인간] N1=[소통](질문, 말 따위))
¶할머니 말씀에 그렇게 대꾸하면 못쓴다. ¶그의 어처구니없는 농담에 아무도 대꾸하지 않았다.
N0-가 S고 N1-에게 V (N0=[인간] N1=[인간])
¶그는 경찰의 추궁에 아무것도 기억이 나지 않는다고 대꾸하였다. ¶아내는 남편에게 무엇이라고 대꾸해야 좋을지 고민하였다.
N0-가 N1-에 S고 V (N0=[인간] N1=[소통](질문, 말 따위))
¶그는 내 추궁에 자기는 상관없는 일이라고 대꾸하였다. ¶그녀는 갑작스런 기자의 질문에 자신은 기억이 나지 않는다고 대꾸하였다.

대납하다

어원 代納~ 활용 대납하여(대납해), 대납하니, 대납하고 대응 대납을 하다
타 ❶세금 따위를 남을 대신하여 내다. Pay a tax or others (penalty etc.) on someone else's behalf.
㊌대신 내다 ㊅내다[1]
N0-가 N2-(에|에게) N1-를 V (N0=[인간|단체] N1=[비용](수술비, 보험금 따위), [세금] N2=[기관](은행, 병원 따위), [기업](회사 따위))
¶그는 아버지의 재산세를 은행에 대납했다. ¶친구는 나의 수술비를 병원에 몰래 대납하고 사라졌다. ¶회사가 직원들의 보험금을 보험사에 대납하였다.
❷세금 따위를 돈이 아닌 다른 것으로 대신 내다. Pay taxes or others with something other than money.
㊌대신 내다
N0-가 N1-를 N2-로 V (N0=[인간|단체] N1=[비용](수술비, 보험금, 연금 따위), [세금] N2=주식, 등록금 따위)
¶그는 상속세를 주식으로 대납했다. ¶부실한 일부 사립대학들이 학생들의 등록금으로 직원들의 연금을 대납하다 적발됐다.

대다[1]

활용 대어, 대니, 대고
자 ❶(정해진 시간에) 맞추어 늦지 않게 다다르다. Arrive by not being late and by making it on time.
㊌맞추다 자 ㊉늦다, 지각하다
N0-가 N1-에 V (N0=[인간] N1=[시간])
¶우리는 버스 출발 시간에 대려고 뛰었다. ¶상임 이사들이 회의 시간에 대어 속속 도착했다.
❷(어떤 장소나 대상이 있는 방향으로) 향하다. Head toward some place or object.
㊌향하다 자
N0-에 V (N0=[장소], [방향])
¶건물 밖에 대고 사람들이 마구 소리를 질렀다. ¶고향 쪽에 대고 애인의 이름을 크게 불러 봅니다.
※주로 '~에 대고' 꼴로 쓰여 다른 행동을 하기 위한 방향을 표시한다.
타 ❶(신체 부위를) 어떤 대상에 닿게 하다. Make a body part touch some object.
㊌짚다, 갖다대다, 접촉시키다 ㊉떼다
N0-가 N1-를 N2-(에|에게) V (N0=[인간] N1=[신체부위] N2=[인간], [신체부위], [구체물])
¶우리는 따뜻한 연통에 손을 대고 몸을 녹였다. ¶나는 벽에 귀를 대고 옆방에서 나는 소리를 들어 보았다. ¶이곳에 발을 대지 마세요. ¶나는 뜨거운 주전자에 손을 잘못 대었다가 화상을 입었다.
❷(어떤 물건 따위를) 어떤 대상에 닿게 하다. Make some object touch another target.
㊌접촉시키다 ㊉떼다
N0-가 N1-를 N2-(에|에게) V (N0=[인간] N1=[구체물] N2=[구체물], [신체부위])
¶의사 선생님은 청진기를 내 배에 대셨다. ¶물리치료사가 아픈 부위에 전극을 대고 전기 자극을 주었다.
❸(신체 부위를) 어디에 체중을 실어 기대다. Lean by using the body weight in order to support one's body against some object.
㊌기대다
N0-가 N1-를 N2-에 V (N0=[인간], [동물] N1=[신체부위] N2=[인간], [신체부위], [장소])
¶여자 친구는 내 어깨에 머리를 대고 잠들었다. ¶나는 벽에 몸을 대고 서 있었다. ¶아내가 내 팔에 머리를 대고 쉬고 있다.
❹(어떤 대상을) 다른 대상에 견주다. Compare some object with another object.

ㄷ

㊌비교하다, 견주다
N0-가 N1-를 N2-에 V (N0=[인간] N1=[구체물], [속성](능력, 가치 따위) N2=[구체물], [속성](능력, 가치 따위))
¶선생님은 친구의 영어 실력을 내 실력에 대어 비교하셨다. ¶아버지는 나의 능력을 항상 언니의 기준에 대어 평가하셨다.
N0-가 N1-를 N2-(에|에게) V (N0=[인간] N1=[크기], [길이], [모양] N2=[인간], [구체물])
¶아버지는 동생의 키를 나에게 대어 보셨다. ¶사람들은 자신의 스타일을 패션모델에 대어 보면서 꾸미려고 합니다.
N0-가 N1-를 N2-와 V ↔ N0-가 N2-를 N1-와 V ↔ N0-가 N1-와 N2-를 V (N0=[인간] N1=[크기], [능력], [길이], [모양], [속성] N2=[크기], [능력], [길이], [모양], [속성])
¶아버지는 내 키를 동생 키와 대어 보셨다. ↔ 아버지는 동생 키를 내 키와 대어 보셨다. ↔ 아버지는 내 키 와 동생 키를 대어 보셨다.
¶아버지는 항상 나의 능력과 상급생들의 능력을 대어 평가하셨다.
❺(어떤 물체를) 다른 물체의 아래에 받치다. Support some object from below on another object.
㊌괴다II, 받치다 ㊧놓다[1]
N0-가 N1-를 V (N0=[인간] N1=[구체물](받침, 종이 따위))
¶어머니는 벽돌을 대고 그 위에 화분을 놓으셨다. ¶나는 책받침을 대고 필기를 한다.
※주로 '~를 대고'의 형식으로 쓰인다.
❻(자동차를) 주차하다. Position an automobile properly after stopping.
㊌주차하다㊉, 정차하다㊉ ㊎빼다
N0-가 N1-를 N2-에 V (N0=[인간] N1=[교통기관](자동차, 차, 트럭 따위) N2=[장소], [공간])
¶나는 차를 지하 주차장에 대고 올라왔다. ¶건물 뒤에 차를 대고 들어왔다.
❼(다른 사람이 어떤 행위를 할 수 있도록) 물건 또는 자신의 신체 부위를 그 가까이 향하여 놓다. Closely place an object or one's body part to make someone easily do some action.
㊌갖다 대다
N0-가 N1-를 N2-에게 V (N0=[인간] N1=[신체부위], [구체물] N2=[인간])
¶지각한 학생들이 선생님께 엉덩이를 대고 섰다. ¶환자들이 의사에게 상처 부위를 대면 의사는 환부 주변을 소독했다.
❽어떤 행위를 하는 데 필요한 도구를 사용하여 그 행위를 하다. Do a thing by using the necessary tool to perform some action.
N0-가 N2-(에|에게) N1-를 V (N0=[인간] N1=[도구] N2=[인간], [구체물])
¶어른들이 먼저 음식에 숟가락을 대실 때까지 기다려라. ¶그 작가가 원고지에 펜을 댄 지는 아주 오래 되었다. ¶여러 의사들이 그 환자에게 메스를 대었지만 아직 완치되지 않았다.
❾(어떤 일을 이루기 위하여) 필요한 물자를 공급하다. Supply the necessary goods to accomplish some work.
㊌제공하다, 지원하다, 부담하다
N0-가 N2-에 N1-를 V (N0=[인간|단체] N1=[돈], [힘], [구체물] N2=[인간|단체], [일])
¶대기업들이 사회 복지 사업에 돈을 대기를 바랍니다. ¶정부는 우리에게 10년째 지원금을 대고 있습니다. ¶주인아저씨는 노인 회관에 식사를 대 주십니다.
N0-가 N2-에 N1-를 V (N0=[인간] N1=물 N2=논 따위)
¶농부들이 논에 물을 대고 있다.
❿(전화나 통화를) 다른 사람에게 연결하다. Connect a phone call or a telephone to someone.
㊌연결하다
N0-가 N1-를 N2-에게 V (N0=[인간] N1=전화 N2=[인간])
¶비서실 직원이 내 전화를 과장에게 대어 주었다. ¶비서가 거래처 전화를 나에게 대어 주었다.
⓫(어떤 일에 필요한 사람 또는 연줄을) 다른 사람에게 연결시키다. Connect the necessary person or connection for some duty to someone.
㊌연결시키다
N0-가 N1-를 N2-에 V (N0=[인간|단체] N1=줄, 선, 연줄 따위 N2=[인간|단체])
¶우리 회사는 시청에 줄을 대고 있습니다. ¶국내 중소기업들은 해외 투자사에 연줄을 대기가 쉽지 않습니다.
N0-가 N1-를 N2-에게 V (N0=[인간|단체] N1=[역할] N2=[인간])
¶어머니는 동생에게 가정교사를 새로 대어 주셨다. ¶여러 사람들이 그 친구에게 수많은 신부감을 댔었다.
⓬(이유, 핑계, 암호 따위를) 말하여 제시하다. Suggest by telling the reason, excuse, code, etc.
㊌제시하다 ㊧말하다㊉
N0-가 N1-를 V (N0=[인간|단체] N1=이유, 핑계, 구실, 암호, 알리바이 따위)
¶그 용의자는 확실한 알리바이를 댔습니다. ¶정찰병이 잘못된 암호를 댔다.
◆ **손을 대다**
❶(다른 사람의 소유물을) 허락 없이 몰래 가지다.

Keep someone's possession secretly without permission.
㊀훔치다
No-가 N1-에 Idm (No=[인간] N1=[구체물](돈, 지갑 따위))
¶막내 녀석이 요즘 내 지갑에 손을 대는 것 같다. ¶어릴 적에 아버지의 돈에 몰래 손을 댄 적이 있다.
❷(어떤 일이나 사업 따위에) 관심을 가지고 시작하다. Start a job or a business with enthusiasm.
㊁손을 떼다
No-가 N1-에 Idm (No=[인간|단체](기업, 회사 따위) N1=[행위](사업 따위))
¶회장님은 전자 산업에 손을 대고 싶어 하셨다. ¶나는 부동산 사업에 손을 댄 적이 없다.
❸(좋지 않은 일을) 접해서 본격적으로 하다. Get to know something bad and start it in earnest.
㊁손을 떼다
No-가 N1-에 Idm (No=[인간] N1=마약, 도박, 노름 따위)
¶그는 결국 마약에 손을 댔다. ¶나는 도박에는 손을 대지 않기로 마음먹었다.

대다[2]

활용 대어, 대니, 대고
보조 《주로 부정적인 행위와 관련하여 쓰여서》 어떤 행동을 매우 반복적으로 함을 나타내는 보조 동사 Auxiliary verb that indicates some repeated action, used in something related to negative action.
V-어 Vaux
¶상대방이 욕을 해 대자 나도 저절로 욕이 나왔다. ¶동생은 꼭 식사 시간 직전에 과자를 먹어 댔다. ¶오늘따라 그 친구가 나에게 칭찬을 해 댔다.

대답하다

어원 對答~ 활용 대답하여(대답해), 대답하니, 대답하고 대응 대답을 하다
자 (다른 사람의 요구나 물음에) 응하여 말하다. Speak or show certain attitude in response to someone's request or question.
㊀답변하다, 답하다, 응답하다 ㊁질문하다, 묻다I
No-가 N2-(에|에게) N1-(에|에 대해) V (No=[인간|단체] N1=[질문](질문, 질의, 문의), 문제 따위 N2=[인간|단체])
¶안 의원은 시민들에게 질문에 대해 명료하게 대답하였다. ¶그는 검찰의 질의에 대답을 거부하였다. ¶직원은 나의 상품 문의에 친절히 대답해 주었다.
No-가 N1-(에|에게) S고 V (No=[인간|단체] N1=[인간|단체], [질문](질문, 질의, 문의 따위))
¶그는 쏟아지는 기자들의 질문에 자신은 결백하다고 대답하였다. ¶김 의원은 시민들에게 아직은 출마 계획이 없다고 대답하였다. ¶어른들이 부를 때에는 "예"라고 대답하여라.
No-가 N1-에게 (S을지|S은지) V (No=[인간|단체] N1=[인간|단체])
¶남자는 여자에게 자신이 나중에 어떤 일을 할지 대답하였다. ¶정부는 그 어떤 언론사에도 피랍당한 시민들이 아직 살아있는지 대답하지 않았다.

대동하다

어원 帶同~ 활용 대동하여(대동해), 대동하니, 대동하고
타 (누군가를) 함께 데리고 가거나 오다. Bring someone along during a trip.
㊀동반하다타, 동행하다타
No-가 N1-를 V (No=[인간] N1=[인간])
¶아저씨는 언제나 작은딸을 대동했다. ¶연예인들이 경호원을 대동하고 다닌다.

대두되다

어원 擡頭~ 활용 대두되어(대두돼), 대두되니, 대두되고 대응 대두가 되다
자 ☞ 대두하다

대두하다

어원 擡頭~ 활용 대두하여(대두해), 대두하니, 대두하고 대응 대두를 하다
자 (어떤 것이 문제나 화제로) 새롭게 등장하다. (of something) Appear newly as some problem or issue.
㊀등장하다
No-가 N1-로 V (No=[모두] N1=문제, 화제, 관심사 따위)
¶그는 청소년들에게 관심사로 대두하고 있는 인기 그룹의 가수이다. ¶유전자 복제가 윤리적 문제로 대두하고 있다. ¶새롭게 대두한 환경 문제가 외교전의 변수로 떠올랐다.

대들다

활용 대들어, 대드니, 대들고, 대드는
자 (아랫사람이 윗사람에게) 맞서서 자신의 의견을 굽히지 않고 강하게 나서거나 반항하다. (of a subordinate person) Stand against a superior and strongly argue against or resist him/her without bending one's opinion.
㊀대항하다, 저항하다, 기어오르다자, 달려들다, 맞서다 ㊁굴복하다
No-가 N1-에게 V (No=[인간] N1=[인간])
연어 버릇없이
¶학생이 선생님에게 버릇없이 대들었다. ¶동생이 형에게 대들다가 부모님께 혼났다. ¶요즘 우리 집 애는 엄마가 무슨 말만 하면 대든다.

No-가 N1-에게 S고 V (No=[인간] N1=[인간])
¶학생은 선생님에게 자신은 잘못한 게 없다고 대들었다. ¶이 대리는 상사에게 이번 처사가 부당하다고 대들었다.

대령하다

어원 待令~ 활용 대령하여(대령해), 대령하니, 대령하고 대응 대령을 하다

자 ❶(윗사람의 명령이나 지시 따위를 받기 위해) 윗사람 가까이에서 기다리다. Come or wait near a superior in order to receive order, instruction, etc., from that superior.
㊀기다리다, 대기하다
No-가 N1-(에 | 에서) V (No=[인간] N1=[장소])
¶신하들이 문밖에 대령하고 있으니 언제든지 명령만 내리십시오. ¶내가 부를 때까지 옆방에서 대령하고 있거라. ¶늙은 하녀가 대령하여 주인께 인사를 드렸다.

❷(지시한 물건이 어떤 장소에) 윗사람의 명령이나 지시대로 준비되어 있다. (of a requested item) Be prepared in some place as ordered or instructed by the superior.
㊀준비되다
No-가 N1-에 V (No=[구체물] N1=[장소])
¶말씀하신 차가 집 밖에 대령해 있습니다. ¶그의 옆엔 항상 허브차가 대령해 있다.

타 (아랫사람이) 어떤 장소에 물건이나 동물, 사람 따위를 준비해서 기다리다. (Mainly of a subordinate) Prepare an item, an animal, a person, etc., and wait someplace.
㊀대기시키다
No-가 N2-에 N1-를 V (No=[인간] N1=[장소] N2=[구체물], [인간], [동물], [식물])
¶아이들이 선생님 앞에 케이크와 꽃다발을 대령했다. ¶나는 날마다 아침상을 시부모님 앞에 대령했다. ¶최영 장군은 군사들을 대령하여 날이 밝기만을 기다렸다.

대립되다

어원 對立~ 활용 대립되어(대립돼), 대립되니, 대립되고 대응 대립이 되다

자 ☞대립하다

대립하다

어원 對立~ 활용 대립하여(대립해), 대립하고, 대립하니 대응 대립을 하다

자 (두 대상이) 의견, 입장, 속성, 이해관계 등이 달라 서로 맞서다. (of two targets) Oppose each other due to different opinion, stance, characteristic, interest, etc.
㊀대치하다
No-가 N1-와 (서로) V ↔ N1-가 No-와 (서로) V ↔ No-와 N1-가 (서로) V (No=[인간|단체], [추상물](의견, 감정, 이성, 생각, 견해 따위) N1=[추상물](의견, 감정, 이성, 생각, 견해 따위))
¶국회의원이 장관과 토론회에서 서로 대립했다. ↔ 장관이 국회의원과 토론회에서 서로 대립했다. ↔ 국회의원과 장관이 토론회에서 서로 대립했다. ¶대립하는 의견들을 잘 조율하는 것이 중요하다.
No-가 N1-에 V (No=[인간|단체], [추상물](의견, 감정, 이성, 견해 따위) N1=[인간|단체], [추상물](의견, 감정, 이성, 견해 따위))
¶감정은 이성에 대립하는 개념이 아니다. ¶내 생각에 대립하는 의견이라도 좋으니 편한 마음으로 말해 보아라.

대면하다

어원 對面~ 활용 대면하여(대면해), 대면하니, 대면하고 대응 대면을 하다

자 (다른 사람과) 직접 만나서 얼굴을 마주하다. Meet another person face to face.
㊀마주하다
No-가 N1-와 V ↔ N1-가 No-와 V ↔ No-와 N1-가 V (No=[인간|단체] N1=[인간|단체])
연어 직접
¶변호인은 범인과 직접 대면하였다. ↔ 범인은 변호인과 직접 대면하였다. ↔ 변호인과 범인은 직접 대면하였다. ¶철수는 자기를 버린 어머니와 대면하고 싶지 않았다.

타 (다른 사람을) 직접 만나서 얼굴을 마주하다. Meet another person face to face.
㊀마주하다
No-가 N1-를 V (No=[인간|단체] N1=[인간|단체])
연어 직접
¶철수는 자기를 버린 어머니를 대면하고 싶지 않았다. ¶결국 우리는 사건 관련자들을 비공식적으로 대면했다.

자타 (어떤 상황이나 문제를) 직접 겪게 되다. Experience a situation or a problem directly.
㊀맞닥뜨리다 자, 마주치다 자타
No-가 N1-(과 | 를) V (No=[인간|단체] N1=[상태], [사건](문제, 죽음 따위))
¶그는 결국 죽음과 대면할 수밖에 없었다. ¶현재 우리 사회가 대면한 현실적인 문제는 매우 다양하다. ¶그들은 결국 최악의 사태와 대면하게 되었다.

대변되다

어원 對辯~ 활용 대변되어(대변돼), 대변되니, 대변되고 대응 대변이 되다

자 ❶(다른 사람 또는 집단의 의견이나 상황이) 대신 전해지다. (of opinion or situation of another person or group) Be delivered instead.
No-가 V (No=[추상물], [상태])

능 대변하다

¶학생들이 생각하는 바는 대자보에서 이미 충분히 대변되었다. ¶국민의 뜻이 잘 대변되는 사회 체계가 필요하다.

❷(어떤 상황이나 뜻이) 다른 것으로써 상징적으로 나타나다. (of a certain situation or meaning) Appear symbolically as something else.

㊥대표되다

N0-가 N1-로 V (N0=[추상물], [상태] N1=[모두])

피 대변하다

¶오늘날의 사회 분위기는 물질 만능주의로 대변된다. ¶당시는 세계 피겨계가 김연아로 대변되던 시기였다.

대변하다

어원 代辯~ 활용 대변하여(대변해), 대변하니, 대변하고 대응 대변을 하다

타 ❶(다른 사람 또는 집단의 의견이나 상황을) 대신하여 전하다. Deliver another person or group's opinion or situation instead.

N0-가 N1-를 V (N0=[인간] N1=[추상물], [상태])

피 대변되다

¶김 소장은 근로자들의 요구 사항을 대변했다. ¶언니는 항상 동생들의 마음을 대변해 주었다.

❷(어떤 상황이나 뜻을) 상징적으로 나타내다. Present a certain situation or meaning symbolically.

㊥나타내다

N0-가 N1-를 V (N0=[모두] N1=[추상물], [상태])

피 대변되다

¶이 책은 서민들의 생활상을 대변해 준다. ¶선거 결과는 국민의 뜻을 대변하는 것이다. ¶그 전시회는 국제 미술계의 동향을 대변해 주는 것으로 이름이 높다.

대비되다

어원 對比~ 활용 대비되어(대비돼), 대비되니, 대비되고 대응 대비가 되다

자 (둘 이상의 대상이) 대응되어 그 차이점이 비교되다. (of certain targets) Correspond and compare to see the difference.

㊥대조되다

N0-가 N1-와 V ↔ N1-가 N0-와 V ↔ N0-와 N1-가 V (N0=[모두] N1=[모두])

능 대비하다

¶하늘이 바다와 대비되었다. ↔ 바다가 하늘과 대비되었다. ↔ 하늘과 바다가 대비되었다. ¶내 마음과 대비되던 그날의 화창한 날씨를 잊을 수가 없다. ¶두 사람의 말투는 뚜렷하게 대비된다.

N0-가 N1-에 V (N0=[모두] N1=[모두])

능 대비하다

¶차분한 교실은 바깥의 축제 분위기에 대비되었다. ¶그래프에는 올해 성장 폭이 지난해에 대비되어 나타나 있다.

N0-가 N1-(에|에게) V (N0=[인간], [동물] N1=[인간], [동물])

능 대비하다

¶역사에서 폭군은 흔히 성군에 대비된다. ¶그는 후배에게 대비되어 평가 당했다. ¶그런 인물에 대비될 만한 사람이 또 있을까?

대비하다

어원 對比~ 활용 대비하여(대비해), 대비하니, 대비하고, ('대비하여/대비하면'의 꼴로 자주 쓰인다.) 대응 대비를 하다

타 (둘 이상의 대상을) 대응시켜 그 차이점을 비교하다. Correspond and compare certain targets to see the difference.

㊥대조하다

N0-가 N1-를 N2-와 V ↔ N0-가 N2-를 N1-와 V ↔ N0-가 N1-와 N2-를 V (N0=[인간|단체] N1=[모두] N2=[모두])

피 대비되다 사 대비시키다

¶그는 자신의 처지를 내 처지와 대비했다. ↔ 그는 내 처지를 자신의 처지와 대비했다. ↔ 그는 자신의 처지와 내 처지를 대비했다. ¶작년 상품과 이번 신제품을 대비해 보자. ¶기말고사는 중간고사와 대비하여 어려운 편이었다.

N0-가 N1-를 N2-에 V (N0=[인간|단체] N1=[모두] N2=[모두])

피 대비되다 사 대비시키다

¶디자이너는 올해 유행하는 패션을 작년 유행에 대비해서 설명했다. ¶김 대리는 올해 매출액을 작년 매출액에 대비해서 보여 주었다. ¶대학교는 고등학교에 대비하여 방학이 길다.

대서특필되다

어원 大書特筆~ 활용 대서특필되어(대서특필돼), 대서특필되니, 대서특필되고 대응 대서특필이 되다

자 (신문 따위에서 어떤 화제가) 형식과 내용 면에서 매우 비중 있게 보도되다. (of a certain topic) Be heavily reported in newspapers in terms of format and contents.

N0-가 N1-에 V (N0=[모두] N1=[책](신문, 일간지, 주간지 따위))

능 대서특필하다

¶그 소식이 계속 대서특필되고 있다. ¶부정 입학 사실이 대서특필되자 그 대학은 신뢰를 잃었다.

대서특필하다

어원 大書特筆~ 활용 대서특필하여(대서특필해), 대서특필하니, 대서특필하고 대응 대서특필을 하다

자타 (신문 따위에서 어떤 화제를) 형식과 내용 면에서

서 매우 비중 있게 보도하다. Heavily report on a certain topic in newspapers in terms of format or contents.
N0-가 N1-(를|에 대해) V (N0=신문, 일간지, 주간지 따위, [집단](신문사, 언론 따위) N1=[모두])
피 대서특필되다
¶모든 신문이 한국의 승리를 대서특필했다. ¶일간지에서는 톱스타의 스캔들을 연일 대서특필하고 있다. ¶언론에서 기업 비리를 대서특필하자 시민들은 불매 운동에 나섰다.

ㄷ

대성통곡하다

어원 大聲痛哭~ 활용 대성통곡하여(대성통곡해), 대성통곡하니, 대성통곡하고 대응 대성통곡을 하다
자 크게 상심하여 큰 소리로 울다. Weep aloud due to a broken heart.
유 통곡하다 상 울다I
N0-가 V (N0=[인간])
¶황제가 타계하자 온 국민들이 대성통곡했다. ¶용의자가 무죄로 석방되자 피해자 가족들이 대성통곡하기 시작했다. ¶나는 대성통곡하면서 아버지를 불렀다.

대신하다

어원 代身~ 활용 대신하여(대신해), 대신하니, 대신하고
타 ❶(사람이나 사물의) 역할을 바꾸어 차지하다. Change and take the role of a person or an item.
유 대리하다
N0-가 N1-를 V (N0=[모두] N1=[모두])
사 대신시키다
¶은혁은 대표를 대신하여 회의에 참석했다. ¶젊은이들 사이에서는 점차 개인주의가 전체주의를 대신해 가고 있다. ¶혼자 사시는 아주머니에게는 강아지가 아들을 대신했다.
❷어떤 것의 역할을 다른 것으로 바꾸어 차지하게 하다. Make something change its role and take on a different one.
N0-가 N2-로 N1-를 V (N0=[인간|단체] N1=[모두] N2=[모두])
¶어머니는 미소로 격려를 대신하셨다. ¶선풍기로 에어컨을 대신할 수 있을 리가 없다.
❸어떤 것의 조건을 다른 것으로 바꾸어 충족시키다. Satisfy a thing's condition by changing to a different one.
유 대체하다
N0-가 N1-를 N2-로 V (N0=[인간|단체] N1=[모두] N2=[모두])
¶학점 이수를 자원 봉사로 대신할 수 있나요? ¶수현이는 중학교 과정을 검정고시로 대신해서 공부했다.

대여하다

어원 貸與~ 활용 대여하여(대여해), 대여하니, 대여하고 대응 대여를 하다
타 ❶(물건이나 자금, 명의 따위를) 다른 사람에게 대가를 받고 일정 기간 동안 빌려 주다. Lend someone items, money, etc., after receiving certain payment and promise to get it back.
유 빌려주다, 차용해 주다 반 빌리다, 차용하다
N0-가 N2-에게 N1-를 N3-에 V (N0=[인간|단체] N1=[사물], [돈], [이름](명의 따위) N2=[인간] N3=돈, 값)
¶정부는 가정 형편이 어려운 학생들에게 학자금을 대여한다. ¶집 주변에 아이들에게 장난감을 싼 값에 대여하는 곳이 많아졌다. ¶아무에게나 자신의 명의를 대여해 주어서는 안 된다.
N0-가 N2-에게 N1-를 N3-로 V (N0=[인간|단체] N1=[사물], [돈], [이름](명의 따위) N2=[인간] N3=무상, 무료)
¶공공 도서관은 사람들에게 무료로 책을 대여하고 있다. ¶그 스키장은 사람들에게 스키복을 무상으로 대여했다.
❷(다른 사람이나 단체에 장소를) 일정한 값을 받고 일정 기간 동안 쓰게 하다. Make another person or organization use a place after receiving a certain amount of money.
유 빌려주다
N0-가 N2-(에|에게) N1-를 N3-에 V (N0=[인간|단체] N1=[건물] N2=[인간|단체] N3=돈, 값)
¶그 회사는 파티 장소가 필요한 단체에 강당을 싼 값에 대여해 준다. ¶구청장은 반상회 때마다 주민들에게 구민 회관을 대여하고 있다.
N0-가 N2-(에|에게) N1-를 N3-로 V (N0=[인간|단체] N1=[건물] N2=[인간|단체] N3=무상, 무료)
¶구청은 주민들에게 회관을 무상으로 대여한다. ¶우리는 필요한 사람들에게 강당을 무료로 대여한다.

대우받다

어원 待遇~ 활용 대우받아, 대우받으니, 대우받고 대응 대우를 받다
자 ❶특정한 지위나 속성을 지닌 사람으로 취급을 받다. Be treated as something.
유 간주되다, 우대받다, 취급받다 반 대우하다
N0-가 N1-로 V (N0=[인간] N1=[인간], [직위])
¶나는 올해부터 성인으로 대우받는다. ¶그는 유명 감독으로 대우받고 있다.
❷특정한 방식으로 취급을 받다. Be considered as something.
유 간주되다, 취급받다 반 대우하다
N0-가 ADV V (N0=[인간], ADV=Adj-게)

¶모든 국민은 헌법 앞에 평등하게 대우받는다. ¶백화점 손님들은 늘 공손하게 대우받는다. ¶그는 피부색이 다르다는 이유로 불공평하게 대우받았다.

❸받아서 마땅한 존중과 대접을 받다. Be treated with respect and courtesy.

㊌대접받다, 접대받다 ㊥대우하다

No-가 V (No=[인간])

¶모든 시민은 법의 보호 아래 대우받는다. ¶인간이라면 누구나 사람으로서 대우받고 싶어 한다.

대우하다

어원 待遇~ 활용 대우하여(대우해), 대우하니, 대우하고 대응 대우를 하다

타 ❶다른 사람을 특정한 지위나 속성을 지닌 사람으로 취급하다. Treat someone or other organization as something.

㊌우대하다 ㊥대우받다

No-가 N1-를 N2-로 V (No=[인간|단체] N1=[인간|단체] N2=[인간], [구체물])

¶가게 주인은 모든 손님을 왕으로 대우했다. ¶우리나라는 귀화한 이민자들을 자국민으로 대우한다.

❷ 다른 사람을 특정한 방식으로 취급하다. Consider someone by some means.

㊌대하다, 취급하다 ㊥대우받다

No-가 N1-를 ADV V (No=[인간|단체] N1=[인간|단체], ADV=Adj-게, N-처럼)

¶그들 부부는 손님을 극진히 대우했다. ¶사원들은 외국에서 온 손님들을 정중하게 대우했다. ¶그녀는 모든 사람들을 가족처럼 대우했다.

대응되다

어원 對應~ 활용 대응되어(대응돼), 대응되니, 대응되고 대응 대응이 되다

자 (어떤 사물이 다른 사물과) 동등한 자격으로 짝이 이루어지다. (of a certain item) Be paired with another item with equal qualification.

㊌상응되다

No-가 N1-와 (서로) V ↔ N1-가 No-와 (서로) V ↔ No-와 N1-가 (서로) V (No=[모두] N1=[모두])

¶아가미는 폐와 서로 대응된다. ↔ 폐는 아가미와 서로 대응된다. ↔ 아가미와 폐는 서로 대응된다. ¶흔히 음악은 우리의 언어와 대응되는 것이다. ¶어디에도 너와 완벽하게 대응되는 사람은 없다.

No-가 N1-에 V (No=[모두] N1=[모두])

¶자동차의 엔진은 사람의 심장에 대응된다. ¶이곳에 대응되는 여행지는 아마 없을 것이다.

대응하다

어원 對應~ 활용 대응하여(대응해), 대응하니, 대응하고 대응 대응을 하다

자 ❶(사건이나 상황, 다른 사람의 태도나 행동에) 적절한 태도로 반응하여 행동하다. Respond to a certain incident or situation, or another person's attitude or behavior with the proper attitude.

㊌대처하다

No-가 N1-에 ADV V (No=[인간|단체] N1=[추상물], [상태], ADV=Adj-게)

¶예람이는 뜻밖의 사건에도 의연하게 대응했다. ¶저금리 시대에 우리는 어떻게 대응해야 할까?

No-가 N1-에게 ADV V (No=[인간|단체] N1=[인간|단체], ADV=Adj-게)

¶민규는 자신을 괴롭히려는 친구들에게 잘 대응했다. ¶다음 경기에서 상대편 선수들에게 어떻게 대응할 계획인가? ¶무례한 손님에게 대응하는 직원의 요령이 능숙하다.

❷(다른 대상과) 동등한 자격으로 짝을 이루다. Create a pair with another subject of equal status.

㊌대응되다, 상응되다

No-가 N1-와 (서로) V ↔ N1-가 No-와 (서로) V ↔ No-와 N1-가 (서로) V (No=[모두] N1=[모두])

사 대응시키다

¶한국의 가요는 프랑스의 샹송과 서로 대응한다. ↔ 프랑스의 샹송은 한국의 가요와 서로 대응한다. ↔ 한국의 가요와 프랑스의 샹송은 서로 대응한다. ¶그 분의 지위는 우리나라의 장관의 지위와 대응한다.

No-가 N1-에 V (No=[모두] N1=[모두])

사 대응시키다

¶자동차의 엔진은 사람의 심장에 대응한다. ¶인천은 중국으로 친다면 톈진에 대응할 것이다.

❸ 【수학】 (두 집합의 원소가) 일정한 관계에 의하여 서로 짝을 이루다. (of elements of two pairs) Form a pair with each other in accordance with a certain relationship.

No-가 N1-에 V (No=[기호] N1=[기호])

¶집합 A의 원소 x는 집합 B의 원소 y에 대응한다. ¶집합 A의 각각의 원소에 집합 B의 원소가 하나씩 대응할 때 일대일 대응이라 한다.

대입시키다

어원 代入~ 활용 대입시키어(대입시켜), 대입시키니, 대입시키고 대응 대입을 시키다

타 ☞'대입하다'의 오용

대입하다

어원 代入~ 활용 대입하여(대입해), 대입하니, 대입하고 대응 대입을 하다

타 ❶(기준이 되는 것에) 다른 것을 넣어 적용하다. Apply a different item to a certain standard.

ㄷ

㊌대체하다
N0-가 N2-에 N1-를 V (N0=[인간|단체] N1=[추상물] N2=[추상물])
¶성호는 그의 말에 자신의 상황을 대입해 보았다. ¶서양 이론에 국내 실정을 대입한들 무슨 소용이 겠는가?
❷ 【수학】 (수식에서 변수인 문자의 자리에) 다른 수치나 문자를 대신 넣다. (In a mathematical formula) Insert a different value or letter in place of a letter that represents a variable.
N0-가 N2-에 N1-를 V (N0=[인간] N1=[수], [문자] N2=[문자])
¶정아는 x에 3을 대입했다. ¶답을 확인하기 위해 구한 값을 a와 b에 대입했다.

대적하다

어원對敵~ 활용대적하여(대적해), 대적하니, 대적하고 대응대적을 하다
자❶(다른 사람이나 집단과) 서로 싸우다. (of a person or an organization) Fight another person or organization.
㊌싸우다, 대결하다, 겨루다자, 맞서다, 대치하다
N0-가 N1-와 (서로) V ↔ N1-가 N0-와 (서로) V ↔ N0-와 N1-가 (서로) V (N0=[인간|단체] N1=[인간])
¶이순신이 적군의 장수와 서로 대적하였다. ↔ 적군의 장수가 이순신과 서로 대적하였다. ↔ 이순신과 적군의 장수가 서로 대적하였다. ¶우리는 적군과 대적하여 큰 승리를 거두었다.
❷(다른 사람과) 우열을 가리기 위해 서로 겨루다. (of a person or an organization) Compete with another person or organization for superiority.
㊌싸우다, 대결하다, 겨루다자, 맞서다
N0-가 N1-와 (서로) V ↔ N1-가 N0-와 (서로) V ↔ N0-와 N1-가 (서로) V (N0=[인간|단체] N1=[인간|단체])
¶한국 선수가 이번 대회에서 세계 챔피언과 서로 대적하였다. ↔ 세계 챔피언이 이번 대회에서 한국 선수와 서로 대적하였다. ↔ 한국 선수와 세계 챔피언이 이번 대회에서 서로 대적하였다. ¶네가 결승전에서 그와 대적하기 위해서는 아직 훈련이 더 필요하다. ¶우리 팀은 드디어 세계 랭킹 1위 팀과 대적하였다.
※'N0', 'N1'을 포괄하는 어휘적 표현이 사용되는 경우에는 '(N0+N1)-가 V' 형식도 자연스럽다.
❸(다른 사람이나 군대와) 적으로 서로 대하다. (of a person or an army) Face another person or army as enemy.
㊌대치하다
N0-가 N1-와 (서로) V ↔ N1-가 N0-와 (서로) V ↔ N0-와 N1-가 (서로) V (N0=[인간|단체] N1=[인간|단체])
¶독일군이 프랑스군과 오랫동안 서로 대적하고 있다. ↔ 프랑스군이 독일군과 오랫동안 서로 대적하고 있다. ↔ 독일군과 프랑스군이 오랫동안 서로 대적하고 있다. ¶경계선을 사이에 두고 두 나라는 10년 동안 대적하였다.
타❶(다른 사람을) 상대하여 맞서 싸우다. (of a person or an organization) Face and fight another person or organization.
N0-가 N1-를 V (N0=[인간|단체] N1=[인간|단체])
¶그는 적군의 장수를 대적하여 큰 승리를 거두었다. ¶우리가 관군을 대적하여 이기려면 보다 많은 병사가 필요하다.
❷(다른 사람을) 상대하여 우열을 가리기 위해 서로 겨루다. (of a person or an organization) Compete with another person or organization for superiority.
㊌경합하다
N0-가 N1-를 V (N0=[인간|단체] N1=[인간|단체])
¶한국 선수가 이번 대회에서 세계 챔피언을 대적하게 되었다. ¶네가 결승전에서 그를 대적하기 위해서는 아직 훈련이 더 필요하다.
❸(다른 사람이나 군대를) 서로 적으로 대하다. (of a person or an army) Face another person or army as enemy.
㊌적대시하다
N0-가 N1-를 V (N0=[인간|단체] N1=[인간|단체])
¶독일군은 오랫동안 프랑스군을 대적하고 있었다. ¶우리 군은 그들을 10년 넘게 대적하고 있다.

대접받다

어원待接~ 활용대접받아, 대접받으니, 대접받고 대응대접을 받다
자(상대로부터 어떤 자격을 가지는 사람으로) 예의를 갖춘 대우를 받다. (of a person) Be treated with courtesy by partner due to some entitlement.
㊌대우받다, 접대받다자 ㊍대접하다
N0-가 N2-(에서|에게) N1-로 V (N0=[인간|단체] N1=[인간](연령, 직위로서의 인간) N2=[인간|단체])
¶그는 세계적 지도자들에게 정신적 스승으로 대접받았다. ¶그는 통 권위가 없어 학생들에게 스승으로 대접받지 못했다. ¶올림픽에서 금메달을 딴 선수는 간판스타로 대접받는다.
자타(남에게서) 잘 차린 음식을 받아서 먹다. (of a person) Be treated well with nicely prepared food from someone.
㊌얻어먹다 ㊍대접하다
N0-가 N2-(에서|에게|에게서) N1-(를|로) V (N0=

[인간] N1=[음식], [음료] N2=[인간|단체])
¶손님들이 잔칫집에서 술과 고기로 대접받았다. ¶어버이날에 양로원의 할아버지 할머니들은 자원봉사자들에게 식사를 대접받았다. ¶여행객들은 주인에게 지역 특산품인 연잎밥으로 대접받았다.

대접하다

어원 待接~ 활용 대접하여(대접해), 대접하니, 대접하고 대응 대접을 하다

타 ❶음식 따위를 잘 차려 내놓거나 사 주다. (of a person) Offer or buy well prepared food to someone.

유 접대하다 반 대접받다

No-가 N2-에게 N1-를 V ↔ No-가 N2-를 N1-로 V (No=[인간] N1=[음식], [음료] N2=[인간])

¶아버지는 손님들에게 푸짐한 음식을 대접하셨다. ↔ 아버지는 손님들을 푸짐한 음식으로 대접하셨다. ¶선생님은 나와 친구들에게 차를 대접하셨다.

No-가 N1-를 ADV V (No=[인간] N1=[인간], ADV=Adj-게)

¶우리는 손님들을 잘 대접했다. ¶정부는 사절단을 극진하게 대접했다.

❷(다른 사람을) 어떤 자격을 가지는 사람으로 예의를 갖추어 대하다. (of a person) Treat someone with courtesy due to some entitlement.

유 대우하다 반 대접받다

No-가 N1-를 N2-로 V (No=[인간] N1=[인간] N2=[속성], [인간], [역할])

¶우리는 그를 어르신으로 대접했다. ¶이 단체는 초기 구성원을 원로로 대접한다.

No-가 N1-를 ADV V (No=[인간] N1=[인간], ADV=Adj-게)

¶그는 모든 사람을 평등하게 대접한다. ¶자원봉사자들은 노숙인들을 따뜻하게 대접했다. ¶우리는 방문객을 잘 대접했다.

대조되다

어원 對照~ 활용 대조되어(대조돼), 대조되니, 대조되고 대응 대조가 되다

자 (둘 이상의 대상이 지닌) 공통점과 차이점이 비교되어 드러나다. (of similarity or difference between two or more objects) Be compared to show differences.

유 대비되다

No-가 N1-와 (서로) V ↔ N1-가 No-와 (서로) V ↔ No-와 N1-가 (서로) V (No=[모두] N1=[모두])

능 대조하다

연어 극명하게

¶올해 1학년은 확실히 2학년과 서로 대조된다. ↔ 올해 2학년은 확실히 1학년과 서로 대조된다. ↔ 올해 1학 년과 2학년은 확실히 서로 대조된다. ¶경아의 표정은 민아의 표정과 서로 극명하게 대조되었다.

No-가 N1-에 V (No=[모두] N1=[모두])

능 대조하다

¶정 후보의 공약은 김 후보의 공약에 극단적으로 대조된다. ¶고등학생의 생활은 대학생의 생활에 극명하게 대조된다.

대조하다

어원 對照~ 활용 대조하여(대조해), 대조하니, 대조하고 대응 대조를 하다

타 (둘 이상의 대상이 지닌) 공통점과 차이점을 비교하여 살펴보다. Compare and examine the similarities and differences among two or more objects.

유 대비하다

No-가 N1-를 N2와 (서로) V ↔ No-가 N2-를 N1-와 (서로) V ↔ No-가 N1-와 N2-를 (서로) V (No=[인간] N1=[모두] N2=[모두])

피 대조되다

연어 일일이, 하나하나, 꼼꼼하게

¶순호는 원문을 번역문과 서로 대조하였다. ↔ 시준이는 번역문을 원문과 서로 대조하였다.↔ 시준이는 원문과 번역문을 서로 대조하였다. ¶경찰은 신분증의 사진과 남자의 얼굴을 꼼꼼하게 대조해 보았다. ¶강 형사는 용의자들의 진술을 서로 일일이 대조해 보았다.

대중화되다

어원 大衆化~ 활용 대중화되어(대중화돼), 대중화되니, 대중화되고 대응 대중화가 되다

자 ☞ 대중화하다 자

대중화시키다

어원 大衆化~ 활용 대중화시키어(대중화시켜), 대중화시키니, 대중화시키고 대응 대중화를 시키다

타 ☞ '대중화하다'의 오용

대중화하다

어원 大衆化~ 활용 대중화하여(대중화해), 대중화하니, 대중화하고 대응 대중화를 하다

자 (어떤 것이) 퍼뜨려져 널리 수용되고 일반화되다. (of something) Be widely accepted and normalized due to dissemination.

유 일반화되다

No-가 V (No=[모두])

¶기술의 발전으로 스마트폰이 대중화하였다. ¶스키는 국민 소득이 높아지면서 대중화한 스포츠이다.

타 (어떤 것을) 퍼뜨려 널리 수용하고 일반화되게 하다. Disseminate something to make it widely accepted and normalized.

㈜일반화시키다
N0-가 N1-를 V (N0=[모두] N1=[모두])
¶민주주의는 시민 의식을 대중화하였다. ¶그는 과학자 출신 장관으로서 과학을 대중화하는 데 힘썼다.

대질시키다
어원 對質~ 활용 대질시키어(대질시켜), 대질시키니, 대질시키고 대응 대질을 시키다
타 ☞ '대질하다'의 오용

대질하다
어원 對質~ 활용 대질하여(대질해), 대질하니, 대질하고 대응 대질을 하다
자 【법률】 진술의 같고 다름을 확인하기 위하여 둘 이상의 사건 관계자가 직접 만나 서로 묻고 대답하다. (of two or more people involved in a case) Meet directly and exchange questions and answers in order to confirm the consistency or differences in statement.
㈜대면하다자
N0-가 N1-와 V ↔ N1-가 N0-와 V ↔ N0-와 N1-가 V (N0=[인간] N1=[인간])
¶그는 나와 취조실에서 대질하였다. ↔ 나와 그는 취조실에서 대질하였다. ↔ 그와 나는 취조실에서 대질하였다. ¶서로 다른 진술을 하고 있는 두 사람이 대질했다. ¶그 녀석도 목격자와 대질하면 부인할 수 없을 것이다.
타 【법률】 수사관이 진술의 같고 다름을 확인하기 위하여 둘 이상의 사건 관계자를 한자리에 불러 질문하다. (of an investigator) Call two or more people involved in a case in one place and question them in order to confirm the consistency and differences of their statements.
㈜대면시키다
N0-가 N1-를 N2-와 V ↔ N0-가 N2-를 N1-와 V ↔ N0-가 N1-와 N2-를 V (N0=[인간] N1=[인간] N2=[인간])
¶수사관은 용의자를 증인과 대질하였다. ↔ 수사관은 증인을 용의자와 대질하였다. ↔ 수사관은 용의자와 증인 을 대질하였다. ¶피해자를 가해자와 대질하는 일은 피해야 한다.

대처하다
어원 對處~ 활용 대처하여(대처해), 대처하니, 대처하고 대응 대처를 하다
자(어떤 사건이나 상황을 해결하기 위하여) 알맞은 조치를 취하다. (of a person or an organization) Take adequate measure to solve a certain case or situation.
㈜조치하다, 대응하다, 대비하다
N0-가 N1-(에|에 대해) ADV V (N0=[인간|단체] N1=[상태], [우발사건], ADV= Adv, Adj-게, N-적으로)
¶정부는 이 문제에 적절하게 대처해야 한다. ¶항해사들은 위기에 대해 적절하게 대처할 수 있어야 한다. ¶소방관들은 화재 신고에 신속히 대처하였다.

대체되다
어원 代替~ 활용 대체되어(대체돼), 대체되니, 대체되고
자 ❶ (어떤 것이) 다른 것으로 바뀌다. (of something) Be changed into something else.
㈜교체되다, 대신하다, 바뀌다
N0-가 N1-로 V (N0=[구체물], [추상물] N1=[구체물], [추상물])
능 대체하다
¶바쁜 일정으로 지난주 회의는 서면 회의로 대체되었다. ¶생명은 절대로 다른 것으로 대체될 수 없다.
❷ (어떤 것이) 다른 것과 서로 바뀌다. (of something) Be switched with something else.
㈜교체되다, 대신하다, 바뀌다
N0-가 N1-와 (서로) V ↔ N1-와 N0-가 (서로) V (N0=[구체물], [추상물] N1=[구체물], [추상물])
능 대체하다
¶이 미국산 부품은 한국산 부품과 서로 대체될 수 있다. ↔ 한국산 부품과 이 미국산 부품은 서로 대체될 수 있다. ¶생명은 절대로 다른 것과 대체될 수 없다.

대체하다
어원 代替~ 활용 대체하여(대체해), 대체하니, 대체하고
타(어떤 것을) 다른 것으로 대신해 바꾸다. (of something) Take the place of something else.
㈜교체하다타, 대신하다, 바꾸다, 갈다I
N0-가 N1-를 V (N0=[구체물], [추상물])
피 대체되다
¶화석 에너지는 원자력 에너지를 대체할 수 있다. ¶가상공간이 현실공간을 대체할 수 있다.
N0-가 N2-로 N1-를 V (N0=[인간|단체] N1=[구체물], [추상물] N2=[구체물], [추상물])
피 대체되다
¶정부는 경유버스 2만 대를 천연가스 버스로 대체할 계획이다. ¶사람이 하는 일을 모두 기계로 대체할 수 없다.

대출받다
어원 貸出~ 활용 대출받다, 대출받으니, 대출받고 대응 대출을 받다
타❶(금융 기관에서) 돈 따위를 일정한 이자와 함께 나중에 갚기로 하고 얼마 동안 빌려 오다. Borrow money, etc., from a financial institute for a certain period of time after promising to pay back the amount with certain interest.

㊌차용하다, 빌리다I ㊙상환하다, 갚다
N0-가 N2-에서 N1-를 V (N0=[인간|단체] N1=[돈] N2=[금융기관])
¶철수는 은행에서 학자금을 대출받았다. ¶우리 회사는 부도를 막기 위해 은행에서 십억 원을 대출받았다.
❷(도서관 등의 기관에서) 책 따위를 나중에 돌려주기로 하고 얼마 동안 빌려 오다. Borrow a book, etc., for free from a certain agency for a certain period after promising to give it back later.
㊌빌리다I ㊙반납하다
N0-가 N2-에서 N1-를 V (N0=[인간] N1=[책] N2=[건물](도서관))
¶철수는 학교 도서관에서 책을 대출받았다. ¶영수는 지하철역 내에 설치된 도서관에서 자주 책을 대출받는다.

대출하다

어원 貸出~ 활용 대출하여(대출해), 대출하니, 대출하고 대응 대출을 하다
타❶(다른 사람이나 기관에) 돈 따위를 일정한 이자와 함께 나중에 돌려받기로 하고 얼마 동안 빌려 주다. Lend money, etc., to another person or institute after being guaranteed of getting it back.
㊌빌려주다, 자금을 지원하다 ㊙상환하다, 갚다
N0-가 N2-(에|에게) N1-를 V (N0=[기상], [금융기관] N1=[돈] N2=[인간|단체])
¶정부는 중소기업에 필요한 자금을 대출하고 있다. ¶은행에서는 학생들에게 학자금을 대출해 준다.
❷(다른 사람에게) 책 따위를 나중에 돌려받기로 하고 얼마 동안 빌려 주다. Lend someone a book, etc., for free for a certain period after being promised to give it back.
㊌빌려주다 ㊙반납하다
N0-가 N2-(에|에게) N1-를 V (N0=[건물](도서관) N1=책, 도서, 간행물, 사전 따위 N2=[인간])
¶시립 도서관에서는 시민들에게 도서를 대출해 준다. ¶도서관에서는 정기 간행물이나 사전은 대출해 주지 않는다.
❸(어떤 기관에서) 돈 따위를 일정한 이자와 함께 나중에 돌려주거나 갚기로 하고 얼마 동안 빌리다. Borrow money, etc., from a financial institute for a certain period of time after promising to pay back the amount with certain interest.
㊌빌리다I, 차용하다, 대출받다 ㊙상환하다, 갚다
N0-가 N2-에서 N1-를 V (N0=[인간|단체] N1=[돈] N2=[기상], [금융기관])
¶철수는 은행에서 학자금을 대출했다. ¶회사는 사업 자금을 은행에서 대출했다.
❹(어떤 기관에서) 책 따위를 나중에 돌려주기로 하고 얼마 동안 빌리다. Borrow a book, etc., for free from a certain agency for a certain period after promising to give it back later.
㊌빌리다 ㊙반납하다
N0-가 N2-에서 N1-를 V (N0=[인간] N1=책, 도서, 간행물, 사전 따위 N2=[건물](도서관))
¶영수는 학교 도서관에서 책을 대출했다. ¶도서관까지 가기 어려운 사람들은 집 근처의 이동 도서관에서 책을 대출할 수 있다.

대치되다 I

어원 代置~ 활용 대치되어(대치돼), 대치되니, 대치되고
자 (무엇이) 다른 것으로 바뀌어 놓이다. (of something) Be inserted in place of something else.
㊌대체되다, 교체되다, 바뀌다
N0-가 N1-로 V (N0=[구체물] N1=[구체물])
능 대치하다I
¶인정이 넘치고 따뜻한 재래시장들이 점점 대형 마트로 대치되고 있다. ¶백화점 신상품들은 시간이 조금만 지나도 또 다른 신상품으로 대치된다. ¶종이에 만화를 그리던 시대는 가고 아날로그적 작업 과정이 디지털로 대치되고 있다.

대치되다 II

어원 對峙~ 활용 대치되어(대치돼), 대치되니, 대치되고
자☞ 대치하다II

대치시키다

어원 代置~ 활용 대치시키어(대치시켜), 대치시키니, 대치시키고
타☞ '대치하다I'의 오용

대치하다 I

어원 代置~ 활용 대치하여(대치해), 대치하니, 대치하고
타(어떤 것을) 다른 것으로 바꾸어 놓다. Cause something to take the place of something else.
㊌바꾸다, 대체하다, 교체하다타
N0-가 N1-를 V (N0=[구체물], [추상물] N1=[구체물], [추상물])
피 대치되다I
¶전자책이 종이책을 대치하는 시대가 점점 오고 있다. ¶종교적인 면에서 그 나라는 기독교가 민간 신앙을 대치하고 있었다.
N0-가 N1-를 N2-로 V (N0=[인간|단체] N1=[구체물], [추상물] N2=[구체물], [추상물])
피 대치되다I
¶사장은 회사 로고 디자인을 세련된 것으로 대치하였다. ¶공장의 자금난 때문에 사장은 정규직을 비정규직으로 대치하였다.

ㄷ

대치하다 II

어원 對峙~ 활용 대치하여(대치해), 대치하니, 대치하고

자 서로 맞서서 버티다. Meet face to face and withstand.

㊌대립하다, 맞서다

No-가 N1-와 V ↔ No-와 N1-가 V ↔ N1-와 No-가 V (No=[인간|집단], [의견] N1=[인간|집단], [의견])

¶상인들이 경찰과 팽팽히 대치하고 있다. ↔ 상인들과 경찰이 팽팽히 대치하고 있다. ↔ 경찰과 상인들이 팽팽히 대치하고 있다. ¶노사 양측의 의견이 서로 팽팽하게 대치하고 있다. ¶나의 생각과 친구들의 생각이 대치하여 일이 진행되지 않는다.

대표되다

어원 代表~ 활용 대표되어(대표돼), 대표되니, 대표되고 대응 대표가 되다

자 (전체의 일부를 통해) 전체의 성격이나 본질 따위가 특징적으로 드러나다. (of overall characteristics, fundamentals, etc.) Distinctively appear as part of the whole.

No-가 N1-로 V (No=[모두] N1=[모두])

능 대표하다

¶전주의 음식은 비빔밥으로 대표된다. ¶그 밴드의 음악은 무거운 가사로 대표된 적도 있었다. ¶도스토옙스키로 대표되는 러시아 문학은 높은 수준을 자랑한다.

대표하다

어원 代表~ 활용 대표하여(대표해), 대표하니, 대표하고 대응 대표를 하다

타 ❶(어떤 단체나 조직을) 대신하여 일하고 행동하다. Work and act on behalf of a certain group or organization.

No-가 N1-를 V (No=[인간] N1=[집단])

¶회장 선거는 우리 반을 대표할 사람을 뽑는 것이다. ¶혜영이와 은수는 올해 공동으로 동아리를 대표하기로 했다.

❷(전체의 일부가) 전체의 성격이나 본질 따위를 특징적으로 드러내다. (of a portion of the whole) Distinctively present the characteristics or fundamentals of the whole.

No-가 N1-를 V (No=[모두] N1=[모두])

피 대표되다

¶김치는 우리나라의 먹거리를 대표하는 음식이다. ¶이 제품은 우리 회사를 대표할 만큼 유명하다.

대피하다

어원 待避~ 활용 대피하여(대피해), 대피하니, 대피하고 대응 대피를 하다

자 위험한 상황에서 피해를 입지 않도록 안전한 곳으로 옮겨 가다. Temporarily move to a safe location to avoid damage from a dangerous target or situation.

㊌피하다, 피난하다

No-가 N1-로 V (No=[인간], [교통기관] N1=[장소])

사 대피시키다

¶비상 경계령이 내리자 사람들이 지하실로 대피했다. ¶적군의 폭격이 심해지면 우리는 방공호로 대피할 작정이다. ¶풍랑이 일자 어선들이 곧바로 안전지대로 대피했다.

대하다 I

어원 代~ 활용 대하여(대해), 대하니, 대하고

자 (앞서 한 말로써) 대신하다. Make previously spoken speech replace the greeting.

㊌대신하다

No-가 N1-에 V (No=[인간] N1=인사말, 축사, 치사 따위)

¶더욱 노력할 것을 말씀드리며 저는 이것으로 인사말에 대하고자 합니다. ¶나날이 발전하시기를 빌면서 축사에 대하고자 합니다. ¶여러분의 노고에 감사하며 이상으로 치사를 대합니다.

대하다 II

어원 對~ 활용 대하여(대해), 대하니, 대하고

타 ❶(사물을) 향하여 있다. Stay toward an object.

㊌향하다 타

No-가 N1-를 V (No=[인간] N1=[구체물])

¶은수는 한 시간 동안 벽을 대하고 앉는 벌을 받았다. ¶그 소설가는 모니터를 대하고 멍하니 있을 뿐이었다.

❷(둘 이상의 사람이) 얼굴을 마주 향하다. (of two or more people) Direct their faces to one another.

㊌마주하다, 마주보다 타

No-가 N2-와 N1-를 V ↔ N2-가 No-와 N1-를 V ↔ No-와 N2-가 N1-를 V (No=[인간] N1=얼굴 N2=[인간])

¶민호는 진기와 처음 얼굴을 대했다. ↔ 진기는 민호와 처음 얼굴을 대했다. ↔ 민호와 진기는 처음 얼굴을 대 했다. ¶딸과 얼굴을 대하는 것이 얼마 만인지 모르겠다. ¶영호는 정수와 얼굴을 대하는 것이 편하지 않았다.

❸(작품 따위를) 직접 접하거나 감상하다. Directly encounter or experience an artwork, etc.

㊌접하다 타, 다루다

No-가 N1-를 V (No=[인간] N1=[작품], [텍스트])

¶준혁이는 언제나 음악을 진지하게 대한다. ¶민지는 그림을 대하는 법을 배웠다. ¶처음 그의 작품을 대하는 사람들은 거부감을 느낄 것이다.

◆ **-에 대하여, -에 대해**

No-Idm (No=[모두])

¶그는 사업에 대하여 구상 중이다. ¶각자 꿈에 대해서 생각해 오세요.
S(것 | 데)-Idm
¶작은 것에 대해서도 성실하게 임해야 한다. ¶그는 도자기를 굽는 일에 대하여 일가견이 있다.
◆ -에 대한
No-Idm (No=[모두])
¶민주주의에 대한 토론을 해 보자. ¶모임 장소에 대한 논의를 해야 한다.
S(것 | 데)-Idm
¶그들이 돌아올 것에 대한 대비도 해야 한다. ¶인구가 줄어드는 데 대한 대책은 있는가?
자타(어떤 태도로) 상대하다. Treat someone with a certain attitude.
No-가 N1-(에게 | 와 | 를) ADV V (No=[인간] N1=[인간], ADV=Adj-게)
¶정 간호사는 환자에게 유난히 친절하게 대한다. ¶아내를 살갑게 대하는 딸의 모습이 정다웠다. ¶그녀는 나와 처음 대하는 자리에서도 어색함이 없었다.

대항하다

어원對抗~ 활용대항하여(대항해), 대항하니, 대항하고 대응대항을 하다
자❶(다른 사람이나 단체에) 맞서 싸우다. Fight against another person or organization.
㊐항거하다
No-가 N1-(에 | 에게) V (No=[인간|단체] N1=[인간|단체])
¶강도가 흉기를 손에 쥐고 경찰에 대항했다. ¶나는 무서워서 강도에게 대항하지 못했다. ¶백제는 신라와 연합하여 고구려에 대항했다.
No-가 N1-과 V (No=[인간|단체] N1=[인간|단체])
¶이순신 장군은 일본 해군과 대항해서 승리했다. ¶한국 야구팀이 미국 야구팀과 대항해서 우승을 거두었다.
❷(어떤 생각이나 상황에) 반대하다. Oppose an idea or a situation.
㊐저항하다
No-가 N1-에 V (No=[인간|단체] N1=[의견], [비행], [행위], [소득], [규범])
¶우리는 불의에 대항해서 끝까지 싸울 것이다. ¶노조 지도자들이 저임금에 대항해서 파업을 하기로 했다.
No-가 N1-과 V (No=[인간|단체] N1=[인간|단체])
¶이순신 장군은 일본 해군과 대항해서 승리했다. ¶한국 야구팀이 미국 야구팀과 대항해서 우승을 거두었다.

대화하다

어원對話~ 활용대화하여(대화해), 대화하니, 대화하고 대응대화를 하다
자(상대방과) 서로 이야기를 나누다. Engage in conversation with someone.
㊐얘기를 나누다, 담소하다, 대담하다 ㊤말하다자
No-가 N1-와 N2-에 대하여 (서로) V ↔ N1-가 No-와 N2-에 대하여 (서로) V ↔ No-와 N1-가 N2-에 대 하여 (서로) V (No=[인간] N1=[인간] N2=[모두])
¶철수는 영희와 결혼에 대해서 서로 대화했다. ↔ 영화는 철수와 결혼에 대해서 서로 대화했다. ↔ 철수와 영희가 결혼에 대해서 서로 대화했다. ¶내 동생은 미국인과 영어로 자유롭게 대화할 수 있다. ¶노사가 서로 대화하려 하지 않아서 문제가 풀리지 않고 있다.

댕기다

활용댕기어(댕겨), 댕기니, 댕기고
자(어떤 물체에) 불이 옮아 붙다. (of a thing) Be set on fire.
㊐번지다, 옮아 붙다
N1-에 No-가 V (No=[구체물] N1=불, 불길, 불씨)
¶나뭇가지에 불이 댕기더니 삽시간에 불바다가 되었다. ¶옷자락에 불씨가 댕겨 타는 냄새가 났다.
타(어떤 물체에) 불을 붙이다. Set a thing on fire.
㊐점화하다, 불을 붙이다
No-가 N2-에 N1-를 V (No=[인간] N1=불 N2=[구체물])
¶형은 일어나서 등잔에 불을 댕기었다. ¶여자는 향과 초에 불을 댕기고, 입으로 몇 마디 주문을 외웠다.
◆ **불(을) 댕기다** (어떤 행위나 말 따위가) 다른 사람의 마음이나 행위에 성하게 일어나도록 돋우거나 계기를 만들다. (of deeds or words) Excite another person's mind or deed or give it a chance to be aroused.
㊐불씨(를) 댕기다, 불(을) 지피다
No-가 N1-에 Idm (No=[행위], [속성], [감정], [구체물], [텍스트], N1=[행위], [속성], [감정])
¶영희의 말이 민수의 가슴에 불을 댕겼다. ¶그들의 공격은 미움을 자극하고, 격렬한 분노에 불을 댕기고, 반격을 초래했다. ¶광고가 갖는 신뢰성은 구매자의 의사 결정에 불을 댕긴다.

더듬거리다

활용더듬거리어(더듬거려), 더듬거리니, 더듬거리고
자일을 재빠르게 하지 못하고 머뭇거리거나 서투르게 하다. Hesitate or to be awkward, not being quick in managing a work.
㊐머뭇거리다, 주춤대다
No-가 V (No=[인간])

¶그는 컴퓨터를 잘 다루지 못해서 더듬거렸다. ¶신입 사원이라고 더듬거리기만 하면 안 된다.
타❶(어떤 사물이나 장소를) 찾거나 알아보기 위하여 손 따위로 조금씩 자꾸 만져 보다. Feel around with the hands in order to find out or search a thing or a place.
㉮더듬다, 만지다
N0-가 N1-를 V (N0=[인간] N1=[구체물], [장소])
¶할머니는 손자의 얼굴을 더듬거렸다. ¶예지는 벽을 더듬거려 스위치를 찾았다.
❷(확실하지 않은 길을) 어림짐작으로 살펴보며 찾아가다. Find one's uncertain way depending on a wild guess.
N0-가 N1-를 V (N0=[인간|단체] N1=[길])
¶길을 더듬거리느라 진이 다 빠졌네. ¶1소대는 시골길을 더듬거려 겨우 마을에 도착했다.
❸(지난 기억이나 생각을) 힘겹게 상기하여 헤아리다. Recollect a past memory or thought with difficulty and consider it.
㉮회상하다, 상기하다
N0-가 N1-를 V (N0=[인간|단체] N1=[의견](추억, 기억), [이야기])
¶종현이는 옛 기억을 더듬거렸다. ¶그들은 어릴 적의 추억을 더듬거리며 상념에 잠겼다.
❹말을 매끄럽게 하지 못하고 막히거나 같은 부분을 자꾸 되풀이하다. Speak the same part repeatedly, being at a loss for words.
N0-가 N1-를 V (N0=[인간|단체] N1=말 따위)
¶그는 긴장하면 말을 더듬거린다. ¶동료가 말을 더듬거리는 통에 나까지 불안했다.

더듬다

활용 더듬어, 더듬으니, 더듬고
타❶(어떤 사물이나 장소를) 손 따위로 조금씩 만져 보다. Touch a certain item using one's hand.
㉮만지다
N0-가 N1-를 V (N0=[인간], [신체부위](손), 손길 따위 N1=[신체부위], [구체물], [장소])
¶종현이는 구슬을 찾기 위해 서랍 속을 더듬었다. ¶건물 속은 너무 깜깜해서 앞을 더듬어 조심스럽게 걸었다.
❷(확실하지 않은 것을) 어림짐작으로 여기저기 살펴보다. Examine here and there for something that is uncertain using one's assumption.
㉮살펴보다, 추적하다
N0-가 N1-를 V (N0=[인간|단체] N1=[추상물])
¶우리는 역사를 공부하며 선조들의 발자취를 더듬었다. ¶그가 남긴 작품 세계를 더듬다 보면 그의 정신세계를 엿볼 수 있다.
❸(지난 기억이나 생각을) 조금씩 상기하여 헤아리다. Recall and guess past memory or thought with effort.
㉮회상하다, 상기하다
N0-가 N1-를 V (N0=[인간] N1=[의견](추억, 기억), [이야기])
¶아저씨는 옛 생각이 나는 듯 추억을 더듬었다. ¶기억을 더듬어 보면 분명 즐거웠던 순간들이 있었다.
❹(말을) 매끄럽게 하지 못하고 막히거나 같은 부분을 되풀이하다. Be at a loss for words or repeat the same part by failing to talk smoothly.
N0-가 N1-를 V (N0=[인간] N1=[말])
¶책을 소리 내어 읽을 때마다 더듬어서 읽기가 싫었다. ¶저는 다른 사람들 앞에서는 말을 더듬는 버릇이 있어요.

더럽히다

활용 더럽히어(더럽혀), 더럽히니, 더럽히고
타❶(오염물질로 사물을) 깨끗하지 못한 상태로 만들다. (of a person) Make a thing unclean with contaminant.
㉮훼손하다, 오염시키다
N0-가 N1-를 N2-로 V (N0=[인간] N1=[구체물], [장소] N2=[구체물])
¶사람들이 각종 일회용품으로 자연을 더럽히고 있다. ¶나는 손을 먼지로 더럽히기 싫어서 꼼짝도 하지 않았다.
❷(오염 물질이) 사물을 깨끗하지 못한 상태로 만들다. (of contaminant) Make a thing unclean.
㉮훼손하다, 오염시키다
N0-가 N1-를 V (N0=[구체물] N1=[구체물], [장소])
¶공장에서 나온 폐수가 바다를 더럽혔다. ¶차에서 나오는 매연이 새하얀 옷을 더럽혔다.
❸(이름이나 명예, 위신 따위를) 손상하거나 떨어뜨리다. (of a person or something) Impair or debase name, fame, or dignity.
㉮훼손하다, 실추시키다
N0-가 N2-로 N1-를 V (N0=[인간], [상태] N1=이름, 명예, 위신 따위 N2=[상태])
¶그는 뇌물 수수로 집안의 명예를 더럽혔다. ¶그는 이번 사건으로 아버지의 이름을 더럽혔다.
N0-가 N1-를 V (N0=[인간], [상태] N1=이름, 명예, 위신 따위)
¶그는 집안의 명예를 더렵혔다. ¶그 사건은 우리 집안의 이름을 더럽혔다.

더불다

활용 더불어 ('더불어' 형으로만 쓰인다.)
자
◆ **더불어**

❶(둘 이상의 사람이) 함께하여. In company with two or more people.
N0-와 Idm (N0=[인간|단체])
¶그들과 더불어 살기에 이 땅은 너무 좁다. ¶한국은 중국, 일본과 더불어 동북아시아 3개국으로 불린다.
N0-로 Idm (N0=[인간|단체])
¶그곳에서 그들로 더불어 머문다면 기쁠 것이다. ¶그는 나로 더불어 영원히 지낼 것이다.
❷(둘 이상의 대상이) 동시에 한데 어우러져. (of two or more objects) Together at the same time.
N0-와 Idm (N0=[모두])
¶그는 갑자기 두통이 스트레스와 더불어 찾아오는 것을 느꼈다. ¶이 시도 그 책과 더불어 읽어보도록 해라.
N0-로 Idm (N0=[모두])
¶분위기는 선생님의 험악한 표정으로 더불어 더욱 어두워졌다. ¶세종대왕 재위 시의 조선은 북진 정책으로 더불어 강성해져 갔다.

더빙하다

어원 영어, dubbing~ 활용 더빙하여(더빙해), 더빙하니, 더빙하고 대응 더빙을 하다
타 (녹음 자료나 녹화 자료를) 다른 소리나 효과음 따위를 넣어 다시 녹음하거나 녹화하다. Record again by adding or switching different sound or sound effect with recording data.
N0-가 N1-를 N2-로 V (N0=[인간|단체](회사, 방송사, 영화사 따위) N1=[음악], [영화], [방송물] N2=[언어명], 목소리)
¶그 방송사는 북극에 관한 다큐멘터리를 한국어로 더빙하여 방송했다. ¶성우들이 그 영화를 아이들 목소리로 더빙했다.

더하다

활용 더하여(더해), 더하니, 더하고
자 (어떤 상태의 정도가) 보다 심해지다. (of a situation's level) Become more severe.
유 심해지다
N0-가 V (N0=[상태])
¶보고 듣는 것이 많을수록 생각은 더해 가기만 했다. ¶가을이 끝나려는지 추위가 점점 더하고 있었다.
타 ❶(둘 이상의 사물을) 합하여 더 많아지게 하다. Combine two or more objects to make them larger in amount.
유 합하다 타, 합치다 타, 합계하다, 합산하다
N0-가 N1-를 N2-와 V ↔ N0-가 N2-를 N1-와 V ↔ N0-가 N1-와 N2-를 V (N0=[인간|집단] N1=[구체물], [추상물] N1=[구체물], [추상물])
¶삼촌은 물을 얼음과 더했다. ↔ 삼촌은 얼음을 물과 더했다. ↔ 삼촌은 물과 얼음을 더했다. ¶애증은 애정을 증오와 더한 것이다.
N0-가 N1-를 N2-에 V (N0=[인간|집단] N1=[구체물], [추상물] N2=[구체물], [추상물])
¶그의 강연은 언제나 꿈에 용기를 더해 준다. ¶너의 지식에 나의 경험을 더하면 성공할 수 있다.
N0-가 N1-를 V (N0=[인간|집단] N1=[구체물], [추상물])
¶여기 있는 것 전부 더해서 계산해 주세요. ¶책들의 수를 더해 봤더니 모두 백 권이다.
❷(어떤 속성을) 이전보다 더 많아지게 하다. Make a certain situation or psychological factor increase more than before.
유 돋구다
N0-가 N1-를 V (N0=[모두] N1=[속성], [감정])
¶그의 이야기는 들을수록 흥미를 더했다. ¶훌륭한 지휘자의 음악은 감동을 더해 준다.
N0-가 N2-에 N1-를 V (N0=[모두] N1=[속성], [감정] N2=[모두])
¶저희 식당은 자연에 맛을 더했습니다. ¶조국으로부터의 비보는 부대 분위기에 우울함을 더해 주었다.
N0-가 N2-에게 N1-를 V (N0=[모두] N1=[속성], [감정] N2=[인간])
¶선생님의 격려는 만영이에게 용기를 더했다. ¶나에게 기쁨을 더해 주는 네가 있어서 다행이야.
❸어떤 수에 다른 수를 보태다. Supplement a certain number with another number to obtain a value.
유 합하다 타 반 빼다I
N1-를 N2-와 V ↔ N2-를 N1-와 V ↔ N1-와 N2-를 V (N1=[수] N2=[수])
¶2를 5와 더하면 7이다. ↔ 5를 2와 더하면 7이다. ↔ 5와 2를 더하면 7이다.
N1-에 N2-를 V (N1=[수] N2=[수])
¶음수에 음수를 더하면 음수가 된다. ¶열둘에 셋을 더하면 열다섯이 된다.

던지다[1]

활용 던지어(던져), 던지니, 던지고
타 ❶(다른 사람이나 혹은 어떤 장소에) 손에 든 물건을 팔과 손목을 움직여 공중으로 내보내다. Fly something that was kept in the hand in the air to another person or a place using one's arm and wrist.
반 받다II[1]
N0-가 N2-(에|에게|로) N1-를 V (N0=[인간] N1=[인간], [장소] N2=[구체물])
¶친구가 나에게 배구공을 던졌다. ¶창밖으로 담

배꽁초를 버리지 마십시오. ¶아이가 분수에 동전을 던지며 좋아했다.
❷(자기 몸을 어떤 곳에) 떨어지게 하거나 뛰어들다. Let one's own body fall somewhere or to throw oneself.
㊥날리다II, 뛰어들다
N0-가 N2-(에|에게|로) N1-를 V (N0=[인간] N1=몸 N2=[인간], [장소])
¶영희가 소파에 몸을 던지고 서럽게 운다. ¶그 남자는 철로로 몸을 던져 아이를 구했다. ¶철수는 아래로 몸을 던져서 떨어지는 공을 잡았다.
❸(목숨을) 무엇을 위해 아낌없이 내놓다. Risk one's life for something without reservation.
㊥내놓다, 걸다[1]
N0-가 N1-를 V (N0=[인간] N1=목숨, 생명)
¶목숨을 던져 일하시는 소방관들께 진심으로 감사드립니다. ¶자신의 생명을 던져 적에게 항거한 동지의 죽음이 너무나 아깝습니다.
❹(눈길, 시선 따위를) 어떤 사람에게나 어떤 곳으로 향하여 보내다. Cast one's eyes on or look at another person or a place.
㊥보내다[1]
N0-가 N1-(에|에게|으로) V (N0=[인간] N1=눈길, 시선, 추파 따위)
¶우리는 여기저기 눈길을 던지며 걸었습니다. ¶영희는 자신의 남자 친구에게 추파를 던진 여자를 째려보았다. ¶철수는 수업 시간 내내 허공에 시선을 던지고 있었다.
❺(사람이나 단체가) 어떤 대상에게 무엇을 하거나 하지 않겠다는 의사를 밝히다. (of a person or an organization) Show an object one's intention to do or not to do something.
㊥제출하다, 내다[1]
N0-가 N2-(에|에게) N1-를 V (N0=[인간|단체] N1=출사표, 도전장, 사표 따위 N2=[인간|단체], [분야], [장소])
¶그 남자는 복권에 당첨되자마자 회사에 사표를 던졌다. ¶중소기업들이 국내 전기차 시장에 속속 도전장을 던지고 있다.
❻(사람이나 단체가) 어떤 후보에게나 안건에 자신의 의사를 표시한 표를 지정된 곳에 내다. (of a person or an organization) Submit to a designated place a ballot showing one's opinion about a candidate or an item.
㊥투표하다, 찍다II[1]
N0-가 N2-(에|에게) N1-를 V (N0=[인간|단체] N1=표 N2=[인간|단체], [추상물])
¶심사위원 모두가 영희에게 표를 던졌다. ¶한국은 이 사안에 대해 반대표를 던졌다고 한다.
◆ **돌(을) 던지다** 【바둑】 (주로 바둑이나 장기에서 상대방에게) 경기 중에 진 것을 인정하고 끝내다. Admit one's defeat and terminate the game of go or janggi(장기) before it reaches the end.
N0-가 N1-에게 Idm (N0=[인간] N1=[인간])
¶최 기사가 강 9단에게 돌을 던졌다. ¶나는 대국 시작 49분 만에 상대방에게 돌을 던졌다.
◆ **수건을 던지다** 【운동】 기권을 하거나 항복을 하다. Give up or surrender.
㊥네발(을) 들다, 두 손(을) 들다, 무릎(을) 꿇다, 백기(를) 들다
N0-가 Idm (N0=[인간|단체])
¶권투 경기 중에 상대편 감독이 수건을 던졌다. ¶상대편 감독이 수건을 던져 경기를 끝내 버렸다.

던지다[2]

활용 던지어(던져), 던지니, 던지고
기능타 '행위'를 나타내는 기능동사. Support verb meaning "action".
㊥받다II[2]
N0-가 N1-(에|에게) Npr-를 V (N0=[인간] N1=[인간], Npr=말, 질문, 농담 따위)
¶남자는 의미심장한 말을 우리에게 던지고 사라졌다. ¶작은 누나가 지나가면서 내게 농담을 던졌다.
N0-가 N1-(에|에게) S고 Npr-를 V (N0=[인간] N1=[인간], Npr=말, 질문, 농담, 충고 따위)
¶남자는 좋아한다는 말을 영희에게 던지고 사라졌다. ¶선배는 그렇게 살지 말라고 후배에게 충고를 던진다.
N0-가 N1-(에|에 대해) Npr-를 V (N0=[인간|단체], [예술], [작품], [방송물] N1=[추상물], Npr=문제, 의문, 물음, 화두 따위)
¶이 영화는 인간의 도덕성과 악의 본성에 대한 물음을 던지고 있다. ¶이 영화는 가족에 대해 화두를 던지며 사람들의 마음을 울렸다.
N0-가 Q에 대해 Npr-를 V (N0=[인간|단체], [예술], [작품], [방송물], Npr=문제, 의문, 물음, 화두 따위)
¶나는 왜 한국 사회가 갈수록 책을 덜 읽는지에 대해 의문을 던졌다. ¶이 책은 정의란 무엇인가에 대한 질문을 던지고 있다.
N0-가 N1-(에|에게) Npr-를 V (N0=[구체물], [추상물], [상태] N1=[인간|단체], Npr=[추상물](충격, 감동, 교훈, 파장 따위))
¶어려움을 딛고 일어선 불굴의 의지는 우리들에게 많은 감동과 교훈을 던져 준다. ¶한 장의 사진이 전 세계에 큰 파장을 던지고 있습니다.

덜다

활용 덜어, 더니, 덜고, 더는
타❶(전체에서) 일정한 양을 빼어 내다. Subtract a certain amount from the whole.
㊥빼다, 제하다

N0-가 N2-에서 N1-를 V (N0=[인간|단체] N1=[구체물] N2=[구체물])
¶그는 밥솥에서 밥을 덜어 접시에 담았다. ¶이 젓갈은 덜어서는 팔지 않습니다. ¶선배는 나에게 팔레트에서 물감을 덜어 주었다.
❷(어떠한 상황의 정도를) 낮추거나 적게 하다. Reduce or decrease the level of a certain situation.
[유]완화시키다, 감소시키다 [반]더하다[타]
N0-가 N1-를 V (N0=[구체물], [인간|단체] N1=[상태](고통, 아픔, 시름, 부담 따위), 일손)
¶이 침대는 인체공학적으로 설계되어 허리 통증을 덜어 줍니다. ¶나는 방학 동안 아버지 가게의 일손을 덜어 드렸다.

덤벼들다

[활용]덤벼들어, 덤벼드니, 덤벼들고, 덤벼드는
[자]❶함부로 대들며 거침없이 달려들다. Charge violently in anger.
[유]달려들다, 대항하다, 반발하다, 대적하다 [반]달아나다, 도망하다, 서슴다[재], 망설이다
N0-가 N1-에게 V (N0=[인간], [동물] N1=[인간], [동물], [구체물](나무, 집, 차량, 불 따위))
¶팔다리에 모기가 끈질기게 덤벼들었다. ¶나방들이 등불에 겁도 없이 덤벼들었다.
❷어느 분야나 일에 적극적으로 뛰어들다. Enter a certain field or work enthusiastically.
N0-가 N1-에 V (N0=[인간|단체] N1=[구체물], [산업], [분야])
[연어]앞 다퉈, 물불가리지 않고
¶그는 글 쓰는 것을 만만히 보고 소설에 덤벼들었다. ¶책 근처에도 가지 않던 사람들까지 책에 겁 없이 덤벼들었다.
N0-가 S데-에 V (N0=[인간|단체])
¶전쟁 소식에 사람들이 비상식량을 사들이는 데에 몰두했다. ¶정부 발표에 자산가들이 부동산 투자를 하는 데에 앞을 다투어 덤벼든다.
N0-가 S고 V (N0=[인간|단체])
[연어]섣불리, 무턱대고
¶아세안 국가들이 인도양에 석유를 개발하려고 한꺼번에 덤벼들었다. ¶정당 대표들은 선거법을 하룻밤 새에 고치겠다고 섣불리 덤벼들었다.

덤비다

[활용]덤비어(덤벼), 덤비니, 덤비고
[자] ❶ 거침없이 대들거나 달려들다. Charge violently in anger.
[유]달려들다, 덤벼들다, 대항하다, 반발하다, 대적하다[재] [반]도망하다, 달아나다, 서슴다[재], 망설이다
N0-가 N1-에게 V (N0=[인간], [동물] N1=[인간], [동물], [구체물])
¶그 녀석이 갑자기 나에게 덤볐다. ¶쫓겨난 노파가 건물 주인에게 덤볐다. ¶불나방이 등불에 마구 덤빈다.
❷(어느 분야나 일에) 준비 없이 적극적으로 뛰어들다. Enter a certain field or work enthusiastically without preparation.
[유]나서다, 뛰어들다
N0-가 N1-에 V (N0=[인간|단체] N1=[산업], [분야])
[연어]무턱대고
¶건설사들이 해외 시장 개척에 무턱대고 덤벼서는 안 된다. ¶형님은 주식 투자에 덤볐지만 결국 실패했다.
N0-가 S데-에 V (N0=[인간|단체])
¶건설사들이 해외 시장을 개척하는 데에 무턱대고 덤벼서는 안 된다. ¶형님은 주식 투자하는 데에 눈에 불을 켜고 덤볐지만 결국 실패했다.
❸침착하지 못하고 서두르다. Hurry without poise.
[유]나대다, 나서다
N0-가 V (N0=[인간])
[연어]무턱대고, 겁 없이
¶바둑이나 장기에서 초보자들은 겁 없이 덤빈다. ¶영희는 투자금을 회수하고자 무턱대고 덤비다가 낭패를 보았다.

덧붙이다

[활용]덧붙여, 덧붙이니, 덧붙이고
[타]❶(원래 있던 것에 다른 것을) 더 겹쳐 붙이다. Lap something over the existing one.
N0-가 N1-를 N2-에 V (N0=[인간] N1=[구체물] N2=[구체물], [장소])
¶철수는 종이에 색종이 조각들을 덧붙였다. ¶엄마는 치마가 찢어진 부분에 예쁜 꽃무늬 천을 덧붙여 주었다.
❷(원래 있던 일에) 다른 일을 추가하다. Add another work to the existing one.
[유]추가하다
N0-가 N1-를 N2-에 V (N0=[인간|단체] N1=[추상물] N2=[추상물])
¶우리는 기존 사업에 새로운 일을 덧붙여 추진하였다. ¶그는 기존의 연설 내용에 새로운 사항을 덧붙여서 이야기했다.
❸(자신이 한 말 또는 상대방이 한 말에) 다른 사항을 더 보태어 말하다. Add something to what is said by oneself or another person and say it.
[유]첨언하다
N0-가 N2-에게 N1-를 V (N0=[인간] N1=[소통], [추상물](의견, 생각 따위) N2=[인간])
¶선생님은 학생들에게 조심해서 귀가하라는 얘

ㄷ

기를 덧붙였다. ¶여러분에게 마지막으로 한마디 만 덧붙이겠습니다.

덩달다

활용 덩달아, 덩달아서 (주로 '덩달아, 덩달아서'의 꼴로 쓰인다.)

자 사실 관계를 정확히 모르면서 다른 사람들이 하는 대로 좇아서 하다. Do the same as someone else without fully understanding the factual reason.

N0-가 V (N0=[인간|단체])

¶다른 사람들이 하니까 나도 덩달아서 했다. ¶경쟁사가 하니까 우리 회사도 덩달아서 했다.

ㄷ

덮다

활용 덮어, 덮으니, 덮고

타 ❶(어떤 사물이나 장소를 다른 사물로) 보이지 않도록 얹어서 가리다. Cover and hide a certain object or place with another object to make it non-visible.

유 가리다I 타

N0-가 N1-를 N2-로 V ↔ N0-가 N1-에 N2-를 V (N0=[인간], [동물] N1=[구체물], [장소] N2=[구체물])

피 덮이다

¶어머니는 밥상을 보자기로 덮었다. ↔ 어머니는 밥상에 보자기를 덮었다. ¶사냥꾼이 구덩이를 짚으로 덮어 두었다.

❷(사물이나 그 좁은 아가리를 뚜껑 따위로) 막거나 가리다. Block or hide an object or a narrow opening with a lid, etc.

유 막다

N0-가 N1-를 N2-로 V ↔ N0-가 N1-에 N2-를 V (N0=[인간] N1=[사물], 주둥이, 아가리 따위 N2=뚜껑, 덮개 따위)

피 덮이다

¶할머니는 주전자를 뚜껑으로 덮으셨다. ↔ 할머니는 주전자에 뚜껑을 덮으셨다. ¶항아리의 아가리를 뚜껑으로 덮어 놓아라.

❸(펼쳐져 있었던 책 따위를) 도로 닫다. Close an open book, etc.

유 접다, 닫다II

N0-가 N1-를 V (N0=[인간] N1=[책](책, 수첩 따위))

피 덮이다

¶영호는 보고 있던 책을 덮고 공상에 잠겼다. ¶나는 수첩을 덮은 뒤 버스에 올라탔다.

❹(어떤 장소나 범위를) 채우거나 가리다. Fill up or hide a certain place or range.

유 가득 채우다

N0-가 N1-를 V (N0=[구체물], [상황], [현상] N1=[구체물], [장소])

피 덮이다

¶안개가 온 천지를 덮었다. ¶방 안을 덮은 공기가 그날따라 무겁고 습했다.

❺(어떤 사실이나 사건 따위를) 애써 밝혀내거나 문제시하지 않고 놓아두다. Leave a certain fact, incident, etc., without trying to reveal or bring into question.

유 은폐하다

N0-가 N1-를 V (N0=[인간|단체] N1=[행위], [사건])

피 덮이다

¶무작정 사건을 덮는 것만이 최선은 아닙니다. ¶너의 실수를 이번만은 덮어 두기로 하겠다.

❻(기세나 능력 따위를) 압도하거나 이기다. Overwhelm or outperform someone in terms of power, ability, etc.

유 맞먹다, 이기다I

N0-가 N1-를 V (N0=[인간|집단] N1=[능력], [권력], 인기 따위)

¶누가 그의 인기를 덮을까? ¶기존 세력을 덮을 새로운 세력은 나오기가 힘들 것 같다. ¶영민이의 피아노 실력을 덮은 사람은 본 적이 없다.

덮어쓰다

활용 덮어써, 덮어쓰니, 덮어쓰고, 덮어썼다

타 ❶(이불이나 천, 모자 따위를) 머리 위로 얹어서 쓰다. Wear blanket, fabric, hat, etc., by putting it on one's head.

유 뒤집어쓰다

N0-가 N1-를 V (N0=[인간] N1=[천], [모자], 이불, 담요 따위)

사 덮어씌우다

¶밤새 이불을 덮어쓰고 자면 답답하다. ¶간밤에 덮어쓴 담요가 얇았는지 감기에 걸렸다. ¶병사들이 방탄모를 덮어쓰고 있었다.

❷(어떤 가루나 액체를) 몸 전체에 맞아 쓰다. (of one's entire body) Be hit by and drenched in some powder or liquid.

유 뒤집어쓰다

N0-가 N1-를 V (N0=[인간] N1=[무생물](먼지, 가루, 모래, 액체 따위))

사 덮어씌우다

¶사막을 구경하고 온 사람들은 모래를 덮어쓰고 나타났다. ¶수중전이 끝난 뒤 선수들은 흙탕물을 덮어쓴 모습이었다.

❸(누명이나 잘못을) 대신 인정하고 책임을 지다. Acknowledge false charge or fault in someone's stead and assume responsibility.

유 뒤집어쓰다

N0-가 N1-를 V (N0=[인간] N1=[의무], [비행], 누명, 오명 따위)

사 덮어씌우다
¶은선이는 다른 사람들 대신 누명을 덮어썼다.
¶오명을 덮어쓰고는 눈을 감을 수 없다고 하셨다.

덮어씌우다

활용 덮어씌워, 덮어씌우니, 덮어씌우고
타 ❶(이불이나 천, 모자 따위를) 머리 위로 얹어서 쓰게 하다. Make someone wear a blanket, a fabric, a hat, etc., by putting it on his/her head.
㊌뒤집어씌우다
N0-가 N1-를 N2-로 V ↔ N0-가 N1-에 N2-를 V (N0=[인간] N1=[천], [모자], 이불, 담요 따위 N2=[구체물])
주 덮어쓰다
¶직원들은 동상을 천으로 덮어씌웠다. ↔ 직원들은 동상에 천을 덮어씌웠다. ¶정수는 후배의 머리에 모자를 덮어씌워 주었다.
N0-가 N2-에게 N1-를 V (N0=[인간] N1=[천], [모자], 이불, 담요 따위 N2=[인간])
주 덮어쓰다
¶언니는 동생에게 이불을 덮어씌웠다. ¶방이 추우니까 애들한테 담요 좀 덮어씌워 주세요.
❷(어떤 가루나 액체를) 몸 전체에 맞아 휩싸이게 하다. Have someone be hit by and drenched in certain powder or liquid.
㊌뒤집어씌우다
N0-가 N1-를 N2-로 V ↔ N0-가 N1-에 N2-를 V (N0=[인간] N1=[무생물](먼지, 가루, 모래, 액체 따위) N2=[구체물])
주 덮어쓰다
¶서현이는 화단을 물로 덮어씌웠다. ↔ 서현이는 화단에 물을 덮어씌웠다. ¶그는 망친 그림을 검은 물감으로 덮어씌워 버렸다.
N0-가 N2-에게 N1-를 V (N0=[인간], [구체물] N1=[무생물](먼지, 가루, 모래, 액체 따위) N2=[인간])
주 덮어쓰다
¶오빠는 장난을 치다가 동생에게 물을 덮어씌우고 말았다. ¶지나가던 자동차가 나에게 흙탕물을 덮어씌웠다.
❸(누명이나 잘못을) 대신 인정하고 책임을 지게 하다. Make someone acknowledge false charge or fault in one's stead and take responsibility.
㊌뒤집어씌우다, 전가하다
N0-가 N2-(에|에게) N1-를 V (N0=[인간|단체] N1=[의무], [비행], 누명, 오명 따위 N2=[인간|단체])
주 덮어쓰다
¶김 사장은 우리 회사에 책임을 덮어씌우고 잠적했다. ¶경찰에서는 재호에게 누명을 덮어씌웠다.
¶그는 나에게 책임을 덮어씌우고 도망하려 했다.

덮이다

활용 덮여, 덮이니, 덮이고
자 ❶(어떤 사물이나 장소가 다른 사물에) 일부가 보이지 않도록 가려지다. (of some object or place) Be hidden by another object so that its portion becomes non-visible.
㊌가려지다
N0-가 N1-(에|로) V (N0=[구체물], [장소] N1=[구체물])
능 덮다
¶오래된 가구들이 먼지에 덮였다. ¶튀김을 했더니 벽이 기름에 덮여 있다.
❷(사물이나 그 좁은 아가리가 뚜껑 따위에) 막히거나 가려지다. (of an object or its narrow opening) Be blocked or hidden by a lid, etc.
㊌막히다
N0-가 N1-(에|로) V ↔ N0-에 N1-가 V (N0=[사물], 주둥이, 아가리 따위 N1=뚜껑, 덮개 따위)
능 덮다
¶병의 아가리가 뚜껑에 덮였다. ↔ 병의 아가리에 뚜껑이 덮었다. ¶냄비가 뚜껑에 덮여 있으면 끓을 때 넘칠 수도 있다.
❸(펼쳐져 있었던 책 따위가) 도로 닫히다. (of an open book) Be closed again.
㊌접히다, 닫히다
N0-가 V (N0=[책](책, 수첩 따위))
능 덮다
¶책 한쪽을 잡은 손을 놓자 책이 덮였다. ¶수첩이 바람에 덮인 뒤에도 그는 곰곰이 생각했다.
❹(어떤 장소나 범위가) 채워지거나 가려지다. (of a certain place or range) Become filled or hidden.
N0-가 N1-(에|로) V (N0=[구체물], [장소] N1=[구체물], [상황], [현상])
능 덮다
¶경기에서 패하자 탈의실은 무거운 분위기에 덮였다. ¶안개에 덮인 산은 을씨년스러웠다.
❺(어떤 사실이나 사건 따위가) 애써 밝혀지거나 문제시되지 않고 그대로 놓이다. (of a certain fact, incident, etc.) Be left alone without being revealed or called into question with effort.
㊌은폐되다
N0-가 N1-(에|로) V (N0=[행위], [사건] N1=[행위], [사건])
능 덮다
¶그 사건은 장의 해명으로 세상에 알려지지 않고 덮여 버렸다. ¶베일에 덮여 있던 그의 잘못은 곧 밝혀질 것이다.

덮치다

ㄷ

활용 덮치어(덮쳐), 덮치니, 덮치고
타 ❶(다른 사물이나 장소를) 갑자기 위에서 누르다. Suddenly press another object from above.
No-가 N1-를 V (No=[구체물] N1=[구체물], [장소])
¶강풍으로 쓰러진 나무가 자동차를 덮쳤습니다. ¶눈사태가 사람들을 덮쳤지만 다행히 모두 구조되었다. ¶장마 전선이 중부 지방을 덮쳐 하루 종이 비가 오겠습니다.
❷(다른 사물이나 장소를) 제압하려고 들이닥치다. Come in with the purpose of oppressing another object or place.
㊴급습하다
No-가 N1-를 V (No=[인간] N1=[구체물], [장소])
¶형사들이 도박이 일어나는 현장을 덮쳤다. ¶동네 청년들이 도망가려는 도둑을 덮쳐서 잡았다.
❸(다른 사람을) 갑자기 강제하여 성관계를 하다. Suddenly force and have sex with someone.
㊴섹스하다, 성폭행하다
No-가 N1-를 V (No=[인간] N1=[인간])
¶그는 강제로 여자 친구를 덮쳤다. ¶다른 사람을 덮치는 행위는 범죄이다.
재타 (어떤 사람이나 장소에 나쁜 일이) 갑자기 들이닥치다. (of something bad) Come suddenly.
㊴밀어닥치다, 들이닥치다
No-가 N1-(에|를) V (No=[사고], [재해], [피해], [장애], [질병], [감정] N1=[집단], [장소])
¶올해는 각종 사고가 우리나라에 덮쳤다. ¶집에 덮친 화재로 그는 오갈 데 없는 처지가 되었다. ¶여러 문제들이 일순간 우리 동아리를 덮쳐 왔다.
No-가 N1-(에게|를) V (No=[사고], [재해], [피해], [장애], [질병], [감정] N1=[인간])
¶그 사고는 단란했던 우리 가족을 덮치고 말았다. ¶그들에게 덮친 수해는 실로 무시무시한 것이었다.

데다

활용 데어(데), 데니, 데고
자 (어떤 대상에) 물리적이나 심리적으로 피해를 입어 아주 싫어지거나 혐오감을 느끼다. (of a person) Come to dislike or abhor a certain target severely after sustaining physical or psychological damage.
㊴해를 입다
No-가 N1-(에|에게) V (No=[인간] N1=[인간], [추상물], [행위])
¶철수는 얼마 전 사기꾼에 크게 데었다. ¶그는 전화 사기에 한번 데더니 이제 아무도 안 믿는다.
재타 (불이나 뜨거운 것에 닿아 피부가) 화상을 입거나 손상이 되다. (of one's skin) Be hurt or damaged from contact with fire or something hot.
㊴화상을 입다
No-가 N2-에 N1-(가|를) V (No=[인간], [동물] N1=[신체부위] N2=[불], [액체], [그릇])
¶아이는 불에 팔이 데었다. ¶철수는 뜨거운 냄비에 손을 데었다. ¶영수는 어릴 적 불에 덴 상처가 아직도 남아 있다. ¶강아지가 모닥불에 다리가 데었다.

데려가다

활용 데려가, 데려가니, 데려가고, 데려가거라/데려가라
타 (아랫사람이나 동물 따위를) 어떤 장소나 사람에게 거느리고 함께 가다. Go to a place or another person, taking his/her subordinate or an animal along.
㊴같이 가다 ㊵데려오다
No-가 N1-를 N2-(에|에게|로) V (No=[인간] N1=[인간], [동물] N2=[장소], [인간|단체])
¶가끔씩 선생님은 우리를 중국 음식점에 데려가곤 하셨다. ¶아내는 남편이 아프면 병원에 직접 데려갔어요. ¶경찰관이 노파를 의사 선생에게 데려가서 치료를 부탁했다.

데려오다

활용 데려와, 데려오니, 데려오고, 데려오너라/데려와라
타 (아랫사람이나 동물 따위를) 말하는 이에게 혹은 말하는 이가 있는 공간으로 거느리고 함께 오다. Come to the speaker or where he or she stays, taking his or her subordinate or an animal along.
㊴같이 오다 ㊵데려가다
No-가 N1-를 N2-(에|에게|로) V (No=[인간] N1=[인간], [동물] N2=[인간|단체], [장소])
¶아이는 다친 강아지를 집에 데려왔다. ¶이모는 왜 나를 서울에 데려와 이렇게 고생시키는지 모르겠다. ¶나는 그를 우리 집으로 데려와 함께 지냈다.

데리다

활용 데리고, 데리러, 데려(주로 '데리고', '데리러', '데려다'의 형태로 쓰인다.) 존대 모시다
타 (손아래 사람이나 동물을) 자기 곁에 두어 함께 있게 하다. Keep a younger person or an animal by one's side to remain together.
㊴동행하다타
No-가 N1-를 V (No=[인간] N1=[인간], [동물])
¶그는 늘 동생을 데리고 다닌다. ¶문호는 아이를 집까지 데려다 주었다. ¶어렸을 적 아빠는 나를 데리러 유치원에 자주 오셨다.

데모하다

어원 (영어, demo~) 활용 데모하여(데모해), 데모하니, 데모하고 대응 데모를 하다

[자](사람이나 단체가) 자신의 의사를 표현하기 위하여 집회나 행진 따위를 하며 시위를 하다. (of a person or an organization) Protest in rally, march, etc., to express opinion.
[유]시위하다
N_0-가 V (N_0=[인간|단체])
¶많은 사람들이 정부의 정책에 대항하여 데모하였다. ¶우리는 임금 인상을 외치며 데모하였다. ¶회사 간부들은 노조 간부들에게 데모하지 말고 협상하지고 제안하였다.

데뷔시키다

[어원](프랑스어, debut~) [활용]데뷔시켜, 데뷔시키니, 데뷔시키고 [대응]데뷔를 시키다
[타](어떤 사람을 특정 분야에) 처음으로 등장하게 하거나 알려지도록 하다. Make an appearance on stage or socially for the first time, or become known in a certain field.
[유]소개시키다, 등장시키다
N_0-가 N_1-를 V (N_0=[구체물](결과물, 성과물 따위), [공로](업적 따위), [사건], [행위] N_1=[인간], 가수, 밴드 따위)
[주]데뷔하다
¶극적인 역전골이 그 선수를 데뷔시켰다. ¶파격적인 연주법이 그 사람을 데뷔시켰다.
N_0-가 N_1-를 N_2-로 N_3-에 V (N_0=[인간], [집단](기획사 따위) N_1=[인간], 가수, 밴드 따위 N_2=[구체물](결과물, 성과물 따위), [공로](업적 따위), [사건], [행위] N_3=[분야])
¶그 사람이 그 가수를 트로트곡으로 가요계에 데뷔시켰다. ¶우리 기획사에서 여러 걸그룹들을 대중가요계에 데뷔시켰다. ¶안무가가 독특한 춤사위로 나를 세계무대에 데뷔시켰다. ¶대표님이 나를 개그계에 데뷔시켰다.

데뷔하다

[어원](프랑스어, debut~) [활용]데뷔하여(데뷔해), 데뷔하니, 데뷔하고 [대응]데뷔를 하다
[자](특정 분야에서) 처음으로 나타나거나 알려지기 시작하다. Make an appearance on stage or socially for the first time or start to become known in a certain field.
[유]처음 등장하다
N_0-가 N_2-로 N_1-에 V (N_0=[인간] N_1=[분야] N_2=[구체물](결과물, 성과물 따위), [행위](업적 따위), [사건])
¶교수님은 이 논문으로 학계에 데뷔하셨다.
¶그 사람은 엽기적인 행동으로 세간에 데뷔했다.
N_0-가 N_1-(로|에서) V (N_0=[인간] N_1=[작품])
[사]데뷔시키다
¶베토벤이 이 곡으로 데뷔했다고 할 수 있지. ¶유해진은 이 영화에서 데뷔했다.

데우다

[활용]데우어(데워), 데우니, 데우고
[타]❶(차거나 식은 것을) 열을 가하여 따뜻하게 하다. Make something cold or cool warm by applying heat.
[유]뜨겁게 하다, 가열하다 [반]식히다
N_0-가 N_2-(에|로) N_1-를 V (N_0=[인간] N_1=[음식](국, 찌개, 밥 따위), [음료](우유, 물 따위), [장소] N_2=[기구](전자레인지, 가스레인지 따위), 난방 장치 따위)
¶나는 전자레인지에 우유를 데워 마신다. ¶어머니는 어제 끓여 놓은 국을 가스레인지로 데우셨다.
❷(마음이나 분위기 따위를) 따뜻하게 하다. Warm up one's mind, atmosphere, etc.
[유]훈훈하게 하다
N_0-가 N_2-로 N_1-를 V (N_0=[인간], [추상물] N_1=[마음], [상황](분위기 따위), 도심 따위 N_2=[음식], [인성])
¶그는 따뜻한 국밥 한 그릇으로 소외된 이웃들의 몸과 마음을 데웠다. ¶어린 소녀의 따뜻한 마음씨가 집안 전체를 데웠다.

데이다

[활용]데여, 데이니, 데이고
☞'데다'의 오용

데이트하다

[어원](영어, date~) [활용]데이트하여(데이트해), 데이트하니, 데이트하고 [대응]데이트를 하다
[자](교제하는 사람과) 만나서 즐거운 시간을 보내다. (of a person) Meet one's lover and have a good time.
N_0-가 N_1-와 V ↔ N_1-가 N_0-와 V ↔ N_0-와 N_1-가 V (N_0=[인간] N_1=[인간])
¶나는 오늘 남자친구와 데이트한다. ↔ 남자친구는 나와 오늘 데이트한다. ↔ 나와 남자친구는 오늘 데이트한다. ¶나는 그녀와 주말에도 데이트할 수가 없었다. ¶인기 스타인 두 사람이 데이트하는 모습이 기자들에게 목격되었다.

데치다

[활용]데치어(데쳐), 데치니, 데치고
[타](채소나 해산물 따위를) 끓는 물에 잠깐 넣어 겉만 살짝 익히다. Briefly put vegetable, seafood, etc., in boiling water to cook only the surface.
[유]살짝 익히다 [반]푹 삶다
N_0-가 N_2-에 N_1-를 V (N_0=[인간] N_1=[채소], 오징어, 새우 따위 N_2=[액체])
[연어]살짝
¶철수는 오징어를 끓는 물에 데쳐 먹었다. ¶어머니는 미나리를 데쳐 찬물에 헹궈 두었다. ¶아버지는 데친 새우를 넣고 볶음밥을 만들었다.

도굴하다

[어원]盜掘~ [활용]도굴하여(도굴해), 도굴하니, 도굴하

고 [대응]도굴을 하다
[타](무덤이나 광산 또는 그 부장품이나 광석을) 무단으로 몰래 파내어 훔치다. (of tomb or mine or grave for goods or ore) Dig up without permission and steal.
N0-가 N1-를 V (N0=[인간] N1=[장소](무덤, 광산 따위), [구체물], [광물])
¶광산을 도굴한 업자들이 검거되었다. ¶범인들은 왕릉에서 문화재급 유물을 도굴한 것으로 밝혀졌다. ¶그들은 몰래 금광에서 금을 도굴하다 적발되었다.

ㄷ

도난당하다

[어원]盜難~ [활용]도난당하여(도난당해), 도난당하니, 도난당하고 [대응]도난을 당하다
[자](돈이나 물건이) 주인이 아닌 다른 사람에 의해 훔쳐지다. (of money or an object) Be lost due to someone secretly taking without permission.
[유]도둑맞다[자]
N0-가 V (N0=[구체물])
¶학기말 시험지가 도난당하지 않도록 주의하십시오. ¶수개월 전 니스에서도 마티스 작품 한 점이 도난당했다.
[타](돈이나 물건을) 주인이 아닌 다른 사람이 훔쳐 가서 잃어버리다. Loss of money or an object due to someone's secretly taking it without one's permission.
[유]도둑맞다[타]
N0-가 N1-를 V↔N1-가 V (N0=[인간|단체] N1=[구체물])
¶나는 거액을 도난당했다. ↔ 거액이 도난당했다. ¶자연사박물관은 지난해 중요한 사료를 도난당했다. ¶우리 회사는 작년에 건설 현장에서 건축 장비와 자재들을 모두 도난당했다.

도달하다

[어원]到達~ [활용]도달하여(도달해), 도달하니, 도달하고
[자]❶(사람이나 교통기관이) 목적지에 다다르다. (of a person or a traffic facility) Arrive at the destination.
[유]도착하다, 이르다 [반]출발하다[자], 떠나다[자]
N0-가 N1-에 V (N0=[인간], [교통기관], [동물] N1=[장소], [지역])
¶등반대 전원이 정상에 도달했다. ¶멧돼지들이 산기슭에 도달하자마자 어느새 시야에서 사라졌다.
❷(사람의 능력이나 일 따위가) 일정한 정도의 수준이나 목표 따위에 다다르다. (of a person's ability, duty, etc.) Achieve a certain standard or goal.
[유]미치다, 이르다I, 달하다[자] [반]미달하다, 떨어지다
N0-가 N1-에 V (N0=[인간], [일], [속성](능력, 실력 따위) N1=[정도], [기준점](목표 따위))
¶내 노래 실력이 가수 수준에 도달하기란 어려운 일이다. ¶우리 회사의 판매 실적이 드디어 목표에 도달했습니다. ¶아이들의 실력이 상급반 수준에 도달한 것 같네요.

도둑맞다

[활용]도둑맞아, 도둑맞으니, 도둑맞고
[자](돈이나 물건이) 주인이 아닌 다른 사람에 의해 훔쳐지다. (of a certain object) Become nonexistent after being stolen by a thief.
[유]도난당하다[자]
N0-가 V (N0=[구체물])
¶시립미술관의 비싼 그림이 도둑맞았다. ¶반지가 도둑맞은 것은 그들이 여행을 간 사이의 일이었다.
[타](돈이나 물건을) 주인이 아닌 다른 사람이 훔쳐 가서 잃어버리다. Lose a certain object after it is taken by a thief.
[유]도난당하다[타], 도적맞다
N0-가 N1-를 V (N0=[인간|단체] N1=[구체물])
¶중심가 보석상은 어젯밤에 다이아몬드를 도둑맞았다. ¶핸드백을 도둑맞은 아주머니는 경찰에 신고를 했다.

도둑질하다

[활용]도둑질하여(도둑질해), 도둑질하니, 도둑질하고] [대응]도둑질을 하다
[타](남의 물건을) 몰래 훔치거나 빼앗는 행위를 하다. Steal or surreptitiously take someone's possessions.
[유]훔치다I
N0-가 N1-를 V (N0=[인간|집단] N1=[구체물])
¶덕수는 너무나 배가 고파서 가게에 진열되어 있는 빵을 도둑질해서 먹었다. ¶온 식구가 굶주리면서도 먹지 않고 간직했던 씨감자를 도둑질하다니 너는 용서받을 수 없다.

도래하다

[어원]到來~ [활용]도래하여(도래해), 도래하니, 도래하고
[자](시기, 기회 따위가) 가까이 오거나 찾아오다. (of time and opportunity) Come closer.
[유]찾아오다[자]
N0-가 V (N0=[시간](시기, 시대 따위), [속성](평화, 자유 따위))
¶드디어 세계화 시대가 도래했다. ¶이제 정보가 돈보다 중요한 시기가 도래했다. ¶헛된 희망을 버리면 진정한 자유가 도래한다.

도망가다

[어원]逃亡~ [활용]도망가, 도망가니, 도망가고 [대응]도망을 가다
[자](사람이나 동물 따위가) 어떤 대상이나 장소로부터 벗어나려고 달아나다. (of a person or

animal) Flee rapidly to escape a subject or place.
㊌도망치다, 도망하다, 달아나다
N0-가 N1-(에서|에게서) V (N0=[인간] N1=[인간|단체], [장소])
¶나는 그에게서 도망가고 싶었다. ¶토끼는 포위망에서 멀리 도망가지 못했다.
N0-가 N1-로 V (N0=[인간], [동물] N1=[장소], [방향])
¶범인이 밀항선을 타고 외국으로 도망갔다. ¶경찰들이 숲으로 도망간 젊은 남자를 찾고 있었다.

도망치다

어원 逃亡~ 활용 도망치어(도망쳐), 도망치니, 도망치고 대응 도망을 치다
자 ❶(사람이나 동물 따위가) 다른 사람이나 장소로부터 몰래 달아나거나 쫓겨 달아나다. (of a person, an animal, etc.) Escape from a certain location or person.
㊌도망가다, 도망하다, 달아나다
N0-가 N1-(에서|에게서) V (N0=[인간], [동물] N1=[인간|단체], [동물], [장소])
¶죄수가 교도소에서 도망쳐 나왔다. ¶사자가 동물원에서 도망칠까 봐 걱정이다.
N0-가 N1-로 V (N0=[인간], [동물] N1=[방향], [장소])
¶그녀는 밖으로 도망쳐 나왔다. ¶멧돼지는 숲속으로 도망쳤다. ¶이쪽으로 도망쳐 온 사람을 못 봤어요?
❷(부정적인 감정에서) 벗어나다. (of a person) Get rid of negative emotion.
㊌벗어나다, 해방되다
N0-가 N1-에서 V (N0=[인간] N1=[감정])
¶나는 두려움에서 도망치고 싶었다. ¶그는 오싹해지는 느낌에서 도망치려고 시선을 돌렸다.

도망하다

어원 逃亡~ 활용 도망하여(도망해), 도망하니, 도망하고 대응 도망을 하다
자 (사람이나 동물 따위가) 다른 사람이나 장소로부터 몰래 달아나거나 쫓겨 달아나다. (of a person or animal) Secretly run away or be chased out by another person or from a certain location.
㊌도망치다, 도망가다, 달아나다
N0-가 N1-(에서|에게서) V (N0=[인간], [동물] N1=[인간|단체], [동물], [장소])
¶그는 교도소에서 몰래 도망하다 교도관에게 잡혔다. ¶아이는 남자에게서 도망할 틈만 노리고 있었다.
N0-가 N1-로 V (N0=[인간], [동물] N1=[장소], [방향])
¶사자는 사냥꾼을 피해 숲속으로 도망하였다. ¶남자는 국외로 도망하려 하였으나 실패하였다.

도맡다

활용 도맡아, 도맡으니, 도맡고
타 (어떤 일을) 홀로 책임지고 담당하거나 해내다. Take care of or complete some task by taking sole responsibility and charge.
㊌전담하다
N0-가 N1-를 V (N0=[인간|인간|단체] N1=[의무], [역할], [행위])
¶아버지는 집에서 설거지를 도맡아 왔다. ¶중요한 배역은 선배가 늘 도맡아서 해 왔다. ¶우리 부서는 회사의 궂은일을 도맡아 처리하곤 했다.

ㄷ

도모하다

어원 圖謀~ 활용 도모하여(도모해), 도모하니, 도모하고 대응 도모를 하다
타 어떤 일을 실현하기 위해 대책이나 방법을 동원해 노력하다. Establish method or means of accomplishing a project or task or resolving a problem, etc.
㊌기도(企圖)하다I, 꾀하다
N0-가 N1-를 V (N0=[인간|단체] N1=[행위], [변화], [추상물](실리, 재기, 편리 따위))
¶우리는 다 같이 모여 친선을 도모했다. ¶제주시는 이번 행사를 통해 지역 주민들의 단합을 도모했다. ¶나는 회사의 이익을 도모하기 위해 열심히 일했다.

도배하다

어원 塗褙~ 활용 도배하여(도배해), 도배하니, 도배하고 대응 도배를 하다
타 ❶(벽 따위를) 종이로 발라 깔끔하게 하다. Apply paper on wall, etc., to make it neat.
N0-가 N1-를 N2-로 V ↔ N0-가 N1-에 N2-를 V (N0=[인간] N1=[담], [구체물](바닥, 천장 따위) N2=[종이])
¶나는 방을 새 벽지로 도배했다. ↔ 나는 방에 새 벽지를 도배했다. ¶바닥까지 도배하고 나니 마치 새 집 같다. ¶우리는 이사를 하기 전에 벽과 천장을 도배했다.
❷(어떤 공간을) 특정한 사물로 가득하게 채우다. Have one space filled with a specific item.
㊌가득 채우다
N0-가 N1-를 N2-로 V (N0=[인간] N1=[장소] N2=[구체물])
¶은서는 책장을 만화책으로 도배했다. ¶한때 나는 방을 영화 포스터로 도배했던 적이 있다.
❸(어떤 가상 공간을) 똑같거나 비슷한 내용의 글이나 사진으로 가득차게 하다. Repeatedly post the same writing or picture on virtual space.
㊌가득 채우다

N0-가 N1-를 N2-로 V (N0=[인간] N1=[텍스트](기사 따위), 홈페이지, 블로그, 게시판 따위 N2=[텍스트](글 따위), 사진)
¶초등학생이 연예인 기사를 악성 댓글로 도배하였다. ¶김 의원 발언에 화가 난 사람들은 그의 홈페이지를 비난으로 도배하기 시작했다. ¶불필요한 사진으로 게시판을 도배하는 이용객은 제재를 받을 수 있습니다.

도사리다

활용 도사리어(도사려), 도사리니, 도사리고
자 ❶(부정적인 생각이) 마음에 깊숙하게 자리잡다. (of negative thought) Be deeply placed in one's mind.
유 자리잡다
N0-가 N1-에 V (N0=[감정] N1=마음, 가슴, 속 따위)
¶내 마음에는 그에 대한 불신이 도사리고 있다. ¶이 일로 인해 그의 가슴 속에는 증오심이 도사리게 되었다.
※ N0에는 주로 부정적인 심리상태를 나타내는 말이 쓰인다.
❷(사람이나 동물이) 어떤 곳에 자리를 잡고 기회를 엿보며 꼼짝 않고 기다리다. (of a person or an animal) Take position in a specific location and wait without motion for an opportunity.
유 웅크리다 자, 노리다
N0-가 N1-에 V (N0=[인간], [동물] N1=[장소])
¶도둑은 집에 들어갈 틈을 노리며 담장 뒤에 도사리고 있었다. ¶곰이 사슴을 잡기 위해 풀숲에 도사리고 있다.
❸(어떤 일이) 곧 일어날 듯 자리잡고 있다. (of a sign of something) Exist as if it will happen shortly.
유 잠재하다, 잠복하다
N0-가 V (N0=[장애](문제), [상황](위험), 변수)
¶개인 정보가 유출될 위험성이 항상 도사리고 있다. ¶이 길은 사고의 위험이 도사리고 있다. ¶인생은 많은 변수가 도사리고 있다.
※ '-고 있다'의 형태로 주로 쓰인다.
타 ❶(사람이나 동물이) 몸을 모아 웅크리다. (of a person or an animal) Curl up one's body.
유 웅크리다 타
N0-가 N1-를 V (N0=[인간], [동물] N1=몸)
¶나는 나도 모르게 몸을 도사렸다. ¶고양이는 상자 안에서 몸을 도사린 채 조금도 움직이지 않았다.
❷(사람이) 두 다리를 꼬아 한쪽 발을 다른 쪽 무릎 아래 괴고 앉다. (of a person) Twist one's legs and sit with one leg below the other knee.
N0-가 N1-를 V (N0=[인간] N1=[신체부위](다리))
¶나는 마루에 다리를 도사리고 앉아 있었다. ¶그는 의자에 다리를 도사리고 앉았다.
❸(동물이) 몸이나 몸의 일부를 둥글게 돌려 감다. (of an animal) Curl up its body or body part roundly.
유 말다
N0-가 N1-를 V (N0=[동물] N1=[신체부위](몸, 꼬리 따위))
¶방문을 열자 구렁이가 몸을 도사리고 있었다. ¶개가 화들짝 놀라며 꼬리를 도사렸다.
❹결심이나 마음먹은 바를 다잡다. Get hold of one's mind in order to achieve one's goal.
N0-가 N1-를 V (N0=[인간] N1=마음)
¶나는 반드시 이 일을 해내겠다고 다짐하며 마음을 도사렸다. ¶그는 마음을 도사리며 의지를 불태웠다.
❺ (말을) 조심하여 아끼거나 감추다. (of a person) Hide or exercise care with words.
유 삼가다
N0-가 N1-를 V (N0=[인간] N1=말)
¶나는 어른들 앞에서 말을 도사렸다. ¶그가 말을 도사린 까닭에 우리는 그의 속내를 알 수 없었다.

도약하다

어원 跳躍~ 활용 도약하여(도약해), 도약하니, 도약하고 대응 도약을 하다
자 ❶몸을 공중으로 날려 세차게 뛰어오르다. Jump vigorously by propelling one's body into the air.
유 뛰어오르다 자
N0-가 V
연어 힘차게, 높이
¶높이뛰기 선수가 힘차게 도약하여 바를 넘었다. ¶남성 무용수가 높이 도약하는 동작이 정말 멋있었다. ¶개구리가 멀리 도약하기 위해 몸을 한껏 움츠렸다.
❷ 더 높은 수준이나 단계로 크게 발전하다. Develop or evolve significantly to a higher standard or stage.
유 뛰어오르다 자, 비상하다
N0-가 N1-로 V (N0=[추상물](국력, 경제 따위), [기업] N1=[추상물](수준, 상태, 정도 따위))
¶우리 회사가 세계 일류 기업으로 도약하고 있다. ¶한국 경제는 선진 경제로 도약하기 위한 중요한 고비에 서 있다.

도외시하다

어원 度外視~ 활용 도외시하여(도외시해), 도외시하니, 도외시하고 대응 도외시를 하다
타 (어떤 것을) 중요하지 않다고 생각하여 신경을

쓰지 않거나 무시하다. Pay no attention to or neglect something on the grounds that it seems to be unimportant.
㊎무시하다, 배제하다
N0-가 N1-를 V (N0=[인간|단체] N1=[추상물], [구체물])
¶우리는 이제 환경 문제를 더 이상 도외시할 수 없다. ¶정부는 어려운 처지의 국민을 도외시해서는 안 된다. ¶건설회사가 문화 유적을 도외시하고 무리한 공사를 감행했다.

도용되다
어원 盜用~ 활용 도용되어(도용돼), 도용되니, 도용되고 대응 도용이 되다
자 (물건이나 이름, 생각 따위가) 주인이 아닌 사람에게 허가 없이 멋대로 사용되다. (of someone's item, name, thought, etc.) Be used without permission.
N0-가 N1-(에|에게|에 의해) V (N0=[구체물], [이름], [의견] N1=[인간|단체])
능 도용하다
¶내 아이디가 나도 모르게 남에게 도용되었다. ¶우리 회사의 명의가 이상한 단체에 도용되고 있었다. ¶현금 인출을 위해 도용된 카드가 발견되었다.

도용하다
어원 盜用~ 활용 도용하여(도용해), 도용하니, 도용하고 대응 도용을 하다
타 (남의 물건이나 이름, 생각 따위를) 허가를 구하지 않고 멋대로 사용하다. Use someone's item, name, thought, etc., without obtaining permission.
N0-가 N1-를 V (N0=[인간|단체] N1=[사물], [이름], [의견])
피 도용되다
¶그는 학생 행세를 하기 위해 다른 사람의 이름을 도용했다. ¶범인은 도용한 휴대전화로 수차례 공범에게 전화를 걸었다. ¶남의 아이디어를 도용해서 쓴 논문은 인정받을 수 없다.

도입되다
어원 導入~ 활용 도입되어(도입돼), 도입되니, 도입되고 대응 도입이 되다
자 (기술, 방법, 제도, 물자 따위가) 사용되기 위하여 들여오다. (of technology, method, system, goods, etc.) Enter in order to be used.
N0-가 N1-에 V (N0=[기술], [방법], [제도], [사조], [물자] N1=[모두])
능 도입하다
¶드디어 비디오 판독이 야구 경기에 도입되었다. ¶처음으로 대학 입시에 수시 모집이 도입되었다. ¶이번에 도입된 새로운 청소기는 기존의 소음을 절반 수준으로 낮춘 것이다.

도입하다
어원 導入~ 활용 도입하여(도입해), 도입하니, 도입하고 대응 도입을 하다
타 (기술, 방법, 제도, 물자 따위를) 사용하기 위하여 들여오다. Bring in technology, method, system, goods, etc., in order to use them.
N0-가 N1-를 N2-에 V (N0=[인간|단체] N1=[기술], [방법], [제도], [사조], [구체물] N2=[모두])
피 도입되다
¶그 회사에서는 선진화된 기술을 국내 산업에 도입하였다. ¶누가 한반도에 최초로 반도체 생산 기술을 도입했는가? ¶이 연구에는 최신 실험 기법을 도입했다.

도전받다
어원 挑戰~ 활용 도전받아, 도전받으니, 도전받고 대응 도전을 받다
자 (자신보다 한 수 아래인 사람에게서) 승부를 가려보자고 요청받다. Be dared by someone to compete for victory.
㊥도전하다
N0-가 N1-(에게|에게서) V (N0=[인간|집단] N1=[인간|단체])
¶진호는 도전받는 입장에서 경기에 임한다. ¶서린이는 지훈이에게 실력으로 도전받는 것은 이르다고 생각했다. ¶우리 학교 축구팀은 신생 팀에게 도전받았다.

도전하다
어원 挑戰~ 활용 도전하여(도전해), 도전하니, 도전하고 대응 도전을 하다
자 ❶(자신보다 한 수 위인 사람에게) 승부를 가려보자고 요청하다. Request a fight to someone to compete for victory.
㊥도전받다
N0-가 N1-(에|에게) V (N1=[인간|단체] N1=[인간|단체])
¶용수는 체스 챔피언에게 도전했다. ¶나에게 도전할 사람은 더 없느냐? ¶우리 팀은 축구 명문교에 도전해 보기로 했다.
❷(힘들거나 어려운 목표 또는 대상에) 정복하거나 압도하고자 맞서다. Face a hard or difficult goal or target to conquer or suppress.
㊎맞서다
N0-가 N1-에 V (N0=[인간|단체] N1=[모두])
¶그는 감히 집안의 전통에 도전했다. ¶지금도 많은 사람들이 인류의 난제에 도전하고 있다. ¶세계 신기록에 도전하는 선수의 각오가 남다르다. ¶우주에 도전하는 인간의 의지는 계속 이어지고 있다.

ㄷ

ㄷ

도주하다

어원 逃走~ 활용 도주하여(도주해), 도주하니, 도주하고 대응 도주를 하다

자 (다른 곳으로) 피해 달아나다. (of a person) Escape and run away to someplace else.

유 도망하다, 도망가다, 도망치다, 달아나다

N0-가 N1-로 V (N0=[인간] N1=[장소], [방향])

¶유 회장의 자녀들이 모두 프랑스로 도주하려고 했던 것으로 보인다. ¶용의자가 골목으로 도주하다가 경찰에 체포됐다.

N0-가 N1-에서 V (N0=[인간] N1=[장소])

¶범인은 앰뷸런스를 타고 현장에서 도주했다. ¶사고를 낸 사람이 구치소에서 빠져나와 도주하려 했다.

도지다

활용 도지어(도져), 도지니, 도지고

자 ❶나아가던 병이 도로 심해지거나 나았던 병이 다시 발병하다. (of an illness) Recur or deteriorate after signs of improvement.

유 재발하다, 악화되다 반 완쾌되다

N0-가 V (N0=[질병])

¶겨울이 다가오자 나의 류머티즘이 다시 도지는 듯하다. ¶장군은 전투에서 입은 상처가 도져 끝내 사망하였다.

❷(수그러들었던, 혹은 없어졌던 것이) 되살아나거나 다시 퍼지다. Revive or disseminate again something that was subsided or vanished.

유 되살아나다

N0-가 V (N0=화, 습관, 병충해, 방랑벽 따위)

¶생각하면 할수록 자꾸 화가 도졌다. ¶일을 매번 미루는 나쁜 습관이 또 도졌다. ¶방랑벽이 또 도지기 시작하여 매일매일 떠나고 싶다는 생각만 든다.

도착하다

어원 到着~ 활용 도착하여(도착해), 도착하니, 도착하고 대응 도착을 하다

자 ❶(사람이나 물체가) 목적한 곳에 다다르다. (of a person or object) Arrive at planned destination.

유 이르다, 다다르다

N0-가 N1-(에|에게) V (N0=[인간|단체], [교통기관], [구체물](편지, 소포, 택배 따위) N1=[인간], [장소])

¶우리 일행은 공항에 도착했다. ¶그가 며칠 전 보낸 편지가 집에 도착했다. ¶며칠 전 주문한 책이 나에게 도착했다.

❷(어떤 곳에서 다른 곳으로, 또는 어떤 사람에게서 다른 사람에게로) 소식이나 안부가 전해지다. (of news or regards) Be conveyed from some other place to here.

유 도달하다

N0-가 N1-(에서|에게서) N2-(에|에게|로) V (N0=[앎](소식, 연락 따위) N1=[인간], [장소] N2=[인간], [장소])

¶그에게서 우리에게 무사히 졸업했다는 소식이 도착했다. ¶일 년 뒤에야 우리 가족에게 그의 소식이 도착했다.

도출되다

어원 導出~ 활용 도출되어(도출돼), 도출되니, 도출되고 대응 도출이 되다

자 (어떤 일에 대한 생각, 판단, 결론 따위가) 완성되어 나오다. (of a thought, judgment, or conclusion of a certain duty) Be emerged with completed form.

유 유도되다

N0-가 V (N0=[추상물] (결론, 합의, 해결책, 타협점 따위))

능 도출하다

¶우리는 최선의 협상안이 도출되도록 노력할 것이다. ¶어떤 이론을 적용하느냐에 따라 결과가 다르게 도출된다. ¶이번 방안이 투명하고 합리적으로 도출되었는지 여부를 가려야 한다.

N0-가 N1-로 V (N0=[행위], [행사] N1=[추상물] (결론, 합의, 해결책, 타협점 따위))

능 도출하다

¶임금 인상이 노사 간 문제의 해결책으로 도출되었다.

도출하다

어원 導出~ 활용 도출하여(도출해), 도출하니, 도출하고 대응 도출을 하다

타 (어떤 일에 대한 생각, 판단, 결론 따위를) 완성하여 이끌어내다. (of a thought, judgment, or conclusion of a certain duty) Derive through completion.

유 유도하다, 끌어내다

N0-가 N1-를 V (N0=[인간|단체] N1=[추상물] (결론, 합의, 해결책, 타협점 따위))

피 도출되다

¶국민적인 합의를 도출하는 것이 중요하다. ¶다음 주 중으로 정부와 타협안을 도출하기 위해 노력하겠다. ¶이러한 행동은 새로운 아이디어를 도출하기 위한 것들이다.

도취되다

어원 陶醉~ 활용 도취되어(도취돼), 도취되니, 도취되고 대응 도취가 되다

자 ❶(술에) 기분이 좋을 정도로 취하다. Be so intoxicated as to be pleasant.

유 취하다II, 만취하다

N0-가 N1-에 V (N0=[인간] N1=술)

¶그 남자는 술에 도취돼서 해서는 안되는 행동을

하고 말았다. ¶노인은 술에 도취된 채 길바닥에서 잠을 자고 있었다.
❷(어떤 말이나 분위기, 감정 따위에) 깊이 빠져들어 헤어나지 못하게 되다. Be so addicted to some words, atmosphere, or feeling as to be unable to escape from such.
[유]빠지다II[1]
No-가 N1-에 V (No=[인간] N1=[추상물](감정, 분위기 따위))
¶관중들이 승리의 기쁨에 도취되어 함성을 질렀다. ¶우리는 모두 감미로운 음악에 도취되고 말았다. ¶김 감독은 결코 성공에 도취되지 않았다.

도취하다

[어원]陶醉~ [활용]도취하여(도취해), 도취하니, 도취하고
[자] ☞ 도취되다

도통하다

[어원]道通~ [활용]도통하여(도통해), 도통하니, 도통하고 [대응]도통을 하다
[자]어떤 사물의 이치나 일의 원리에 매우 밝을 정도로 깨닫거나 잘 알다. (of a person) Realize some object's logic or principle.
[유]정통하다, 꿰뚫다
No-가 N1-에 V (No=[사람] N1=[구체물], [방법], [기술])
¶자주 말하고 쓰면 누구나 외국어에 도통한다. ¶김 노인은 오랜 경험이 있어 인간사에 도통했다. ¶그는 자기 밑에서 공부하면 고전에 도통하는 비법을 알 수 있다고 했다.

도피시키다

[어원]逃避~ [활용]도피시키어(도피시켜), 도피시키니, 도피시키고 [대응]도피를 시키다
[타]❶(어떤 사람을 안전한 곳으로) 잡히지 않게 몰래 피해서 달아나게 하다. Make something secretly escape and run to some place to avoid being captured.
[유]피난시키다, 피하게 하다
No-가 N2-로 N1-를 V (No=[인간|단체] N1=[인간] N2=[지역], [장소])
[주]도피하다[자]
¶그는 용의자를 국외로 도피시킨 죄로 감옥에 갔다. ¶그 비밀 단체는 윗선을 모두 도피시켰다.
❷(돈이나 재산 따위를) 남이 보거나 찾아내지 못하도록 몰래 다른 곳으로 보내거나 다른 곳에 숨겨 놓다. Secretly send or hide money, asset, etc., so that others cannot see or find it.
[유]빼돌리다, 은닉하다
No-가 N2-로 N1-를 V (No=[인간|단체] N1=[돈], 재산 따위 N2=[지역], [추상물](명의, 계좌 따위))
¶사장은 회사 공금을 국외로 도피시켰다. ¶김 의원은 자신의 재산을 타인의 명의로 도피시켰다. ¶회사는 수백억 원대의 돈을 비밀 계좌로 도피시켰다.

도피하다

[어원]逃避~ [활용]도피하여(도피해), 도피하니, 도피하고 [대응]도피를 하다
[자]❶(안전한 곳으로) 잡히지 않도록 몰래 피해서 달아나다. Secretly escape and run to some place in order to avoid being captured.
[유]도망가다, 도주하다, 튀다
No-가 N1-로 V (No=[인간] N1=[지역], [장소])
[사]도피시키다
¶영수는 비자금 사건에 휘말려 고향으로 도피했다. ¶국외로 도피하려던 범인이 경찰에게 붙잡혔다.
❷(어떠한 상황에서) 적극적으로 대응하지 않고 그 상황을 벗어나거나 빠져나가다. Escape or exit a certain situation without actively participating in it.
[유]달아나다, 벗어나다, 해방하다
No-가 N1-에서 V (No=[인간] N1=[상황](현실, 일상 따위))
¶철수는 매일 반복되는 갑갑한 현실에서 도피하고 싶어 했다. ¶영수는 불합리한 상황에서 도피하려고만 한다.
[타](적극적으로 대응하지 않고 어떠한 상황을) 애써 외면하고 벗어나다. Disregard and escape a certain situation with effort without actively engaging.
[유]피하다, 벗어나다, 회피하다
No-가 N1-를 V (No=[인간] N1=[상황](현실 따위))
¶규민이는 항상 현실을 도피하려고 했다. ¶현실을 도피한다고 해서 당장 달라지는 것은 없다.

독려하다

[어원]督勵~ [활용]독려하여(독려해), 독려하니, 독려하고 [대응]독려를 하다
[타](어떤 일을 잘 하도록) 부추기고 격려하다. Urge by supervising.
[유]격려하다[타]
No-가 N1-를 V (No=[인간|단체] N1=[인간|단체])
¶김 감독은 선수들을 틈날 때마다 열심히 독려하였다. ¶회사는 열심히 사원들을 독려했다. ¶야당은 투표율을 높이기 위해 시민들이 투표에 참여하도록 계속 독려하였다.

독립되다

[어원]獨立~ [활용]독립되어(독립돼), 독립되니, 독립되어 [대응]독립이 되다
[자]❶다른 것에 의존하거나 속박당하지 않게 되다. Not reliant on or bound by something else.
No-가 N1-(에서|에게서) V (No=[인간|단체] N1=[인

ㄷ

간|단체])
¶그는 팀으로부터 독립되어 독자적인 업무를 보고 있다. ¶인호는 다른 사람들에게서 독립되어 자유롭게 살고 있다.
❷(사물이) 다른 사물로부터 따로 떨어져 개별적으로 되다. (of an item) Separate from another object, become an individual entity.
㊌분리되다
N0-가 V (N0=[모두])
¶끈질긴 요청으로 수사권이 독립되었다. ¶부부끼리도 때로는 독립된 공간이 필요하다.
❸ 【법률】 사람이 한 집안을 이루고 사권을 행사할 수 있도록 되다. (of a person) Be able to form a household and exercise private right.
N0-가 V (N0=[인간])
¶그는 결혼을 하면서 법적으로도 독립되었다. ¶분가하면서 독립되지 않는다면 권리도 주어질 수 없다.
❹ 【정치】 국가나 지역, 단체 따위가 분리되어 주권을 행사할 수 있도록 되다. (of a country, a region, an organization, etc.) Be separated, become able to exercise sovereignty.
N0-가 N1-에서 V (N0=[집단] N1=[집단])
¶독립된 국가로 인정받기 위해 싸우는 곳들이 있다. ¶내가 죽기 전에 우리 민족이 독립되는 것을 보고 싶다.

독립하다
어원 獨立~ 활용 독립하여(독립해), 독립하니, 독립하고 대응 독립을 하다
자 ❶다른 것에 의존하거나 속박당하지 않는 상태가 되다. Be in a state wherein something is neither reliant on nor bound by something else.
N0-가 N1-(에서|에게서) V (N0=[인간|단체] N1=[인간|단체])
사 독립시키다
¶우리 회사는 모기업에서 독립하여 새로운 길을 가고 있다. ¶그는 취직하면서 부모에게서 독립하였다.
❷(사물이) 다른 사물로부터 따로 떨어져 개별적으로 있다. (of an object) Stay as an individual entity after separating from another object.
N0-가 N1-에서 V (N0=[모두] N1=[모두])
사 독립시키다
¶실험 결과 약물을 투여한 쥐만 독립하여 독자적으로 움직인다. ¶군집 생활을 이루는 개체는 독립하지 못한다.
❸ 【법률】 사람이 한 집안을 이루고 사권을 행사할 수 있게 되다. (of a person) Be able to form a household and exercise private right.
N0-가 V (N0=[인간])
¶독립하는 사람에게는 법적인 권리 및 의무가 주어진다. ¶혼인 신고를 함으로써 나는 독립하게 되었다.
❹ 【정치】 국가나 지역, 단체 따위가 분리되어 주권을 행사할 수 있게 되다. (of country, region, organization, etc.) Be separated, become able to exercise sovereignty.
N0-가 N1-에서 V (N0=[집단] N1=[집단])
사 독립시키다
¶칠레는 스페인으로부터 독립하였다. ¶바스크 지역은 독립하기를 원하고 있다. ¶독립한 민족만이 역사를 가질 수 있다.

독점되다
어원 獨占~ 활용 독점되어(독점돼), 독점되니, 독점되고
자 ❶어떤 것이 모두 한 사람, 혹은 일부 단체만의 차지가 되다. Be entirely possessed or controlled by a person or a part of an organization.
N0-가 N1-(에|에게|에 의해) V (N0=[돈], [권력], 혜택 따위 N1=[인간|단체])
능 독점하다
¶아버지의 유산은 결국 맏아들에게 독점되었다. ¶아직 우리 사회는 권력과 출세가 남성들에 의해 독점되고 있다. ¶세종대왕 덕분에 양반층에게 독점되어 온 문자의 혜택을 백성들도 누릴 수 있게 되었다.
❷ 【경제】 개인이나 하나의 단체가 다른 경쟁자를 배제하고 생산과 시장을 지배하여 이익이 독차지되다. (of profit) Be exclusively possessed or controlled by an individual or a single organization after eliminating other competitors and dominating the means of production and market.
N0-가 N1-(에|에게|에의해) V (N0=[권력], 시장 따위 N1=[인간|단체])
능 독점하다
¶일제의 정책으로 조선의 어업권은 대부분 일본인에게 독점되었다. ¶이라크 곡물 시장은 지난 10여 년 동안 호주에 의해 독점되어 왔다.

독점하다
어원 獨占~ 활용 독점하여(독점해), 독점하니, 독점하고 대응 독점을 하다
타 ❶(어떤 것을) 혼자서 모두 차지하다. (of someone or something) Possess or control by oneself entirely.
㊌독차지하다
N0-가 N1-를 V (N0=[인간], [구체물] N1=사랑, 유산 따위)
피 독점되다

¶막내 동생은 온 가족의 사랑을 독점하며 건강하게 자라났다. ¶그는 유산을 독점하려고 음모를 꾸미고 있었다. ¶그는 혼자 전세를 낸 것처럼 도서관 책상을 독점하고 있다.
❷ 【경제】 개인이나 하나의 단체가 다른 경쟁자를 배제하고 생산과 시장을 지배하여 이익을 독차지하다. (of an individual or organization) Exclusively gain profits by eliminating other competitors and dominating the means of production and market.
N0-가 N1-를 V (N0=[인간|단체] N1=시장, 매체 따위)
피 독점되다
¶대기업이 외식 시장을 점점 독점하고 있다. ¶그는 몇 년간 인쇄 매체를 독점하여 큰돈을 벌었다.

독차지하다

어원 獨~ 활용 독차지하여(독차지해), 독차지하니, 독차지하고 대응 독차지를 하다
타 (어떤 것을) 홀로 전부 소유하다. Have something to oneself.
유 독점하다
N0-가 N1-를 V (N0=[인간|단체] N1=[구체물], [추상물])
¶나경이는 멋진 노래로 관중의 시선을 독차지했다. ¶아이들은 운동장을 독차지한 듯 뛰어다녔다. ¶막내는 남아 있는 과자를 독차지하고 양보하지 않았다.

독학하다

어원 獨學~ 활용 독학하여(독학해), 독학하니, 독학하고 대응 독학을 하다
타 지식이나 기술 따위를 교육 기관이나 사람을 통해서 배우지 않고 혼자 스스로 공부하다. (of a person) Gain knowledge, skill, etc., on one's own without learning from an educational institute or another person.
N0-가 N1-를 V (N0=[인간] N1=[학문], [개념], [기술], [언어])
¶그는 8년간 서양 철학을 독학하였다. ¶과연 내가 피아노를 독학할 수 있을까? ¶어머니는 일본어를 독학하려고 하신다.

돋구다

활용 돋구어(돋궈), 돋구니, 돋구고
타 (안경의 도수를) 더 높이다. Increase the power of glasses.
유 높이다
N0-가 N1-를 V (N0=[인간] N1=[크기](도수))
¶성현은 눈이 나빠져서 안경의 도수를 더 돋구었다. ¶안경사 아저씨는 내 렌즈의 도수를 돋구어 주셨다. ¶도수를 돋군 안경에 아직 적응이 되지 않았다.

돋다

활용 돋아, 돋으니, 돋고
자 ❶(해, 달, 별 등이) 하늘에 떠오르기 시작하다. (of sun, moon, and stars) Begin to rise.
유 뜨다I, 솟다
N0-가 V (N0=[천체](해, 달))
¶달이 돋는 것을 보려고 옥상에 올랐다. ¶나는 사진기로 해가 돋을 때를 포착했다.
❷(어떤 것이) 안에서 생기거나 자라서 겉으로 나오다. (of something) Arise or grow inside a surface and come out.
유 튀어나오다
N0-가 N1-(에|에서) V (N0=[식물], [분비물] N1=[구체물])
¶봄이 되면서 새싹이 가지에서 돋았다. ¶산을 오르자 땀이 얼굴에 돋기 시작했다.
❸(여드름이나 주근깨 따위가) 피부에 오돌토돌하게 올라오다. (of skin troubles such as pimples, freckles, etc.) Develop on skin.
N0-가 N1-에 V (N0=[신체현상] N1=[신체부위])
¶나는 발에 티눈이 돋아 걸을 수가 없었다. ¶하필 오늘 주근깨가 돋는 바람에 나가기가 민망하네.
❹(식욕이) 생기거나 새로 나다. (of appetite) Be stimulated or to arise.
유 솟아나다
N0-가 V (N0=[속성](입맛, 식욕 따위))
사 돋우다
¶나물 반찬을 먹으니 입맛이 돋는다. ¶운동 후에는 식욕이 돋아 많이 먹는다. ¶햅쌀이라 그런지 밥맛이 돋는 것 같다.
❺ (감정이나 기운이) 새로이 드러나다. (of emotion or energy) Be shown newly.
N0-가 V (N0=[감정])
사 돋우다
¶생기가 돋는 지수의 얼굴을 보니 나도 기분이 좋았다. ¶나는 화가 돋아 소리를 지르고 말았다.

돋보이다

활용 돋보여, 돋보이니, 돋보이고 본디 도두보이다
자 ❶(다른 사람들이나 사물에 비해) 눈에 띄게 뛰어나서 두드러져 보이다. Become markedly visible due to a significantly superior quality compared to other people or objects.
유 두드러져 보이다
N0-가 V (N0=[인간], [구체물])
연어 단연
¶호윤이는 또래 친구들 중에서도 돋보였다. ¶김연아는 독보적인 기술을 가져 단연 돋보이는 선수이다.

❷(원래보다) 더 뛰어나거나 좋게 보이다. Appear superior or better than it is.
N0-가 V (N0=[구체물])
연어 한결, 더
¶사진을 이렇게 찍으니 꽃들이 한결 돋보이는걸. ¶영아는 한복을 입으면 평소보다 돋보이는 체형이다. ¶그의 말솜씨는 오늘따라 더 돋보였다.

돋우다
활용 돋워, 돋우니, 돋우고
타 ❶(사물이나 발을) 위로 끌거나 들어서 높이다. Raise a thing or the foot by pulling upward or lifting.
㊌올리다
N0-가 N1-를 V (N0=[인간] N1=[구체물])
¶그는 등잔의 심지를 돋우어 불을 밝혔다. ¶동생은 발을 돋우었지만 창밖을 볼 수 없었다.
❷(사물이나 사물이 있는 자리를) 겹쳐 쌓아서 더 높아지거나 불룩하게 하다. Stack things or their places so that they rise or form a bulge.
㊌쌓다
N0-가 N1-를 V (N0=[인간] N1=[구체물], [장소])
¶인부들이 흙을 돋우며 마당을 다지고 있었다. ¶자리를 돋우려고 방석을 몇 개 쌓아 올렸다.
❸(가래를) 목구멍에서 끌어올리다. Pull up phlegm from the throat.
N0-가 N1-를 V (N0=[인간] N1=가래)
¶형은 술에 취했는지 가래를 연신 돋워 냈다. ¶그는 기분이 나쁘다는 듯 가래를 한껏 돋워 올렸다.
❹(상황이나 상태 따위를) 그 정도가 더 심해지게 하다. Make a situation or a state worse.
㊌부추기다 타
N0-가 N1-를 V (N0=[모두] N1=[상태], [상황], [소리])
¶불길한 소식이 불안감을 더 돋웠다. ¶막내의 귀여운 율동이 분위기를 돋워 주었다.
❺(어떤 음식이) 식욕을 생기거나 새로 나게 하다. (of food) Stimulate or generate the appetite.
N0-가 N1-를 V (N0=[음식], [식재료] N1=[속성](입맛, 식욕 따위))
주 돋다
¶오랜만에 집에서 먹는 밥이 입맛을 돋우었다. ¶신선한 채소가 식욕을 돋워 준다.
❻(감정이나 기운을) 새로이 드러나게 하다. Make emotion or energy arise newly.
㊌북돋우다
N0-가 N1-를 V (N0=[인간|단체], [상황], [사건], [행위] N1=[감정])
주 돋다
¶아버지의 격려가 나의 사기를 돋우었다. ¶그의 태도는 짜증을 돋우고도 남았다. ¶신경을 돋우는 사람이 있어서 회사 생활이 힘들다.

돌다[1]
활용 돌아, 도니, 돌고, 도는
자 ❶(물체가) 일정한 축을 중심으로 제자리에서 원을 그리며 움직이다. (of an object) Move by drawing a circle and rotating on a constant axis without moving.
㊌회전하다
N0-가 V (N0=[인간], [구체물](팽이, 바퀴, 물레방아 따위))
사 돌리다II[1]
¶피겨선수는 어떻게 저렇게 아름답게 제자리에서 돌 수 있는지 신기하다. ¶물레방아가 돌고 있는 것을 보니 토속적인 느낌이 든다. ¶이런 평평한 땅에서는 팽이가 잘 돈다.
❷(기계나 신체기관의 기능이) 제대로 작동하다. (of a machine or a body part's function) Properly operate.
㊌작동하다 자, 운용되다
N0-가 V (N0=[구체물](기계, 발전기, 에어컨, 컴퓨터 따위), [신체부위](머리, 피 따위))
사 돌리다II[1]
연어 잘
¶다행히 발전기가 잘 돌고 있었다. ¶내 동생은 머리가 정말 잘 돌고 눈치가 빠르다.
❸(어떤 물체가) 일정한 범위 안에서 차례로 전달되다. (of some object) Be delivered in a certain range by turns.
N0-가 V (N0=[구체물](술잔, 접시, 서류, 답안지 따위))
사 돌리다II[1]
¶벌써 술잔이 몇 바퀴 돌았다. ¶이번 시험에서 답안지가 불법적으로 돈 것 같다. ¶이미 서류는 임원진에서 모두 돌아서 결재가 끝났다.
❹(돈이나 물자 따위가) 이곳저곳에 잘 유통되다. (of money, supply, etc.) Be properly distributed here and there.
㊌유통되다, 순환하다 자
N0-가 V (N0=[돈], [자재], [연료])
¶요즘 경기가 좋지 않은지 우리 지역에 현금이 돌지 않는다. ¶최근 파업으로 재료들이 잘 돌지 않아서 공장들이 어렵다.
❺(근무지나 직책 따위를) 계속 옮기다. Continuously change the place of duty, position, etc.
N0-가 N1-로 V (N0=[인간] N1=[장소], [직책], [직위])
사 돌리다II[1]
¶한 번의 실수로 철수는 계속 한직으로 돌다가 잊혀졌다. ¶신입 사원은 먼저 말단직으로 돌면서 경험을 쌓아야 한다.
❻(정신을 차릴 수 없게) 어지러워지다. Be dizzy

as if losing consciousness.
N0-가 V (N0=[신체부위](머리, 눈 따위), 눈앞, 세상 따위)
연어 빙빙, 핑, 핑핑
¶너무 화려한 영상을 보았더니 눈이 핑핑 돌았다. ¶자리에서 급하게 일어났더니 눈앞이 돌았다. ¶자다가 일어나지 머리가 빙빙 돌면서 현기증이 났다.
❼정신에 이상이 생기다. Be mentally deranged.
㊌이상해지다
N0-가 V (N0=[인간], 머리, 정신)
¶그 친구는 머리가 돌았는지 이상한 행동을 했다. ¶이런 짓을 한 것을 보니 정신이 좀 돈 것 같다.
❽(눈물이나 침 따위가) 생겨나다. (of tears, saliva, etc.) Emerge.
㊌나다[1]
N1-에서 N0-가 V (N0=침, 눈물 N1=[신체부위](입, 눈, 위 따위))
연어 핑
¶맛있는 음식을 보니 입안에 군침이 돌았다. ¶이 장면을 보던 영희의 눈가에 눈물이 핑 돌았다.
❾(술 또는 약 기운이) 몸 안에 퍼지다. (of the effect of alcohol or medicine) Spread in the body.
㊌퍼지다
N0-가 V (N0=술기운, 약 기운, 취기 따위)
¶약 기운이 도는지 철수는 계속 졸았다. ¶취기가 도는지 아버지는 했던 이야기를 계속 반복하셨다.
❿(어떤 기운이나 기색이) 겉으로 나타나 보이다. (of some energy or look) Be outwardly exposed.
N1-에 N0-가 V (N0=[상태](광채, 화색, 긴장감, 기름기 따위) N1=[신체부위](얼굴, 목, 배 따위), [장소])
¶그녀는 남편을 보더니 얼굴에 화색이 돌았다. ¶성공한 사람의 얼굴에는 광채가 돈다. ¶시험을 앞둔 교실에 긴장감이 돌았다.
⓫(소문, 정보, 병, 현상 따위가) 널리 퍼지다. (of rumor, information, disease, phenomenon, etc.) Widely spread.
㊌퍼지다
N1-에 N0-가 V (N0=[병](전염병, 돌림병, 감기 따위), [상태](기근 따위), [추상물](정보, 소식, 루머, 말 따위) N1=[장소])
¶회사에 회장이 사임한다는 루머가 돌았다. ¶최근 독감이 돈다고 하니 조심해야 한다.
⓬ (다른 쪽으로) 방향을 바꾸다. Change direction toward a different side.
N0-가 N1-로 V (N0=[인간], [동물] N1=[방향])
¶나는 뒤로 돌아 그를 바라봤다. ¶가다가 오른쪽으로 돌면 약국이 보일 겁니다.
⓭(생각이나 태도가) 다른 쪽으로 바뀌다. (of thought or attitude) Be changed to a different side.
㊌전향하다
N0-가 N2-에서 N1-로 V (N0=[인간] N1=[추상물] N2=[추상물])
사 돌리다II[1]
¶영희가 철수의 편에서 민수의 편으로 돌았다는 소문이 들린다. ¶철수는 결국 분을 참지 못하고 강경파로 돌았다. ¶이 정책 때문에 많은 사람들이 김 후보 쪽으로 돌았다고 한다.
⓮(찾고 있는 말이나 생각 따위가) 떠오를 듯하면서 얼른 떠오르지 않다. (of a searching word, thought, etc.) Evade as if it will come across.
㊌맴돌다 자
N0-가 N1-에서 V (N0=[추상물](생각, 말 따위) N1=[신체부위](머리, 입 안 따위))
연어 빙빙
¶그 사람의 이름이 머릿속에서 빙빙 돌면서 얼른 생각나지 않았다. ¶영희는 찾고 있는 영어 단어가 입 안에서 돌았지만 끝내 생각나지 않았다.
타 ❶어떤 장소를 끼고 방향을 바꾸다. Change direction around some place.
N0-가 N1-를 V (N0=[인간], [동물], [교통기관] N1=[장소])
¶선두에 선 선수가 지금 반환 지점을 돌았다. ¶저 건물의 모퉁이를 돌면 바로 시내가 보인다.
❷(어떤 기준점이나 축을 중심으로) 원을 그리며 둘레를 움직이다. Move around the perimeter by drawing a circle and rotating on some reference point or axis.
N0-가 N1-를 V (N0=[인간], [동물], [교통기관] N1=[장소])
사 돌리다II[1]
연어 빙빙
¶인공위성은 다행히도 궤도를 잘 돌고 있었다. ¶그들은 석상을 돌면서 노래를 불렀다.
❸ (어떤 장소를) 가장자리를 따라 이동하다. Move to some place by following the border.
N0-가 N1-를 V (N0=[인간], [동물], [교통기관] N1=[장소])
사 돌리다II[1]
연어 빙빙
¶우리는 자전거를 타고 공원을 한 바퀴 돌았다. ¶철수는 걸어서 이 섬의 주변을 한 바퀴 돌았다고 한다.
❹(가까운 길을 두고) 더 먼 다른 길을 통해 이동하다. Move through a longer path by not going through a shorter path.
㊌돌아가다 타, 우회하다

ㄷ

N0-가 N1-를 V (N0=[인간], [동물], [교통기관] N1=[장소])
[연어] 빙빙
¶택시가 길을 너무 돌아서 가는 바람에 돈이 많이 나왔다. ¶어머니는 운동 삼아서 길을 돌아서 집으로 오신다.
❺(일정한 목적을 위해서 다양한 장소를) 여기저기 다니다. Move in various places for a certain purpose.
[유] 돌아다니다[타], 순회하다, 배회하다
N0-가 N1-를 V (N0=[인간] N1=[장소])
[연어] 빙빙
¶영희는 옷을 사기 위해서 시내의 백화점을 빙빙 돌았다. ¶그는 무역을 하기 때문에 전 세계를 돌아야 한다. ¶선생님은 후계자를 찾기 위해서 방방곡곡을 돌았다고 한다.

[ㄷ]

돌다2

[활용] 돌아, 도니, 돌고, 도는
[기능][타] '행위'를 나타내는 기능동사 Support verb that shows "action".
N0-가 Npr-를 V (N0=[인간], Npr=순찰, 회진, 경비)
¶아파트 경비원이 순찰을 돌고 있었다. ¶이 건물은 두 사람이 함께 경비를 돌고 있다.

돌려받다

[활용] 돌려받아, 돌려받으니, 돌려받고
[타] ❶(다른 사람에게 주거나 맡기거나 빼앗기거나 빌려준 물건이나 돈 따위를) 도로 갖게 되다. Take back the stuff or money that one gave, left, lent, or lost through theft from another person.
[유] 반환받다 [반] 돌려주다, 반환하다
N0-가 N1-를 N2-(에서|에게서|로부터) V (N0=[인간|단체] N1=[구체물], [돈], [비용] N2=[인간|단체])
¶민수는 영희에게 보낸 쪽지를 다시 돌려받았다. ¶나는 친구에게 빌려준 돈 100만 원을 이미 돌려받았다. ¶투자자들이 김 씨에게 투자금을 돌려받을 수 없게 되었다.
❷(다른 사람에게 주거나 빼앗겼던 권리를) 도로 찾아 가지다. Get back the right that one gave or lost through theft from another person.
[유] 반환받다 [반] 돌려주다
N0-가 N1-를 N2-(에서|에게서|로부터) V (N0=[인간|단체] N1=[권리] N2=[인간|단체])
¶인도는 영국으로부터 통치권을 돌려받았다. ¶나는 여동생에게 2000만 원을 건네주고 그 땅에 대한 소유권을 돌려받았다.
❸(다른 사람에게 느끼게 했던 감정을) 도로 느끼게 되다. Experience the same feeling one made another person go through.
[유] 도로 받다 [반] 돌려주다
N0-가 N1-를 N2-(에서|에게서|로부터) V (N0=[인간|단체] N1=[감정](기쁨, 슬픔, 아픔, 고통, 행복 따위), 대가 N2=[인간|단체])
¶내가 다른 사람에게 행복을 주면 그 사람들에게 행복을 되돌려 받는다. ¶덕을 쌓는 사람들은 어느 곳에서든 그 대가를 돌려받는다.

돌려보내다

[활용] 돌려보내어(돌려보내), 돌려보내니, 돌려보내고
[타] (사람이나 사물을) 원래 있었던 곳으로 되돌아가게 하다. Send back a person or a thing to where they were.
[유] 반송하다, 반품하다
N0-가 N1-를 N2-(에|에게|로) V (N0=[인간|단체] N1=[구체물] N2=[인간|단체], [장소])
¶경찰은 가출한 아이를 집으로 돌려보냈다. ¶나는 길 잃은 강아지를 주인에게 돌려보내 주었다. ¶그는 이전 거주자에게 온 편지를 돌려보냈다.

돌려주다

[활용] 돌려주어(돌려줘), 돌려주니, 돌려주고
[타] ❶(다른 사람에게 받거나 빼앗거나 빌린 물건이나 돈 따위를) 도로 주거나 갚다. Give or pay back stuff or money that one received or borrowed or robbed from another person.
[유] 반납하다 [반] 돌려받다
N0-가 N1-를 N2-(에|에게) V (N0=[인간|단체] N1=[구체물] N2=[인간|단체])
¶나는 그 그림을 자네에게 돌려주려고 보관하고 있었네. ¶과장님 그 서류를 다시 돌려주십시오.
❷(어떤 권리를) 다른 사람에게 도로 주어 갖게 하다. Give back a right to another person.
[반] 돌려받다
N0-가 N1-를 N2-(에|에게) V (N0=[인간|단체] N1=[권리] N2=[인간|단체])
¶내 모든 권한을 당신에게 돌려주겠소. ¶국민들에게 알 권리를 돌려주십시오.
❸(어떤 감정을) 다른 사람에게 도로 주어 느끼게 하다. Give back a feeling and make another person experience it.
[유] 갚아주다 [반] 돌려받다
N0-가 N1-를 N2-(에|에게) V (N0=[인간|단체] N1=[감정](기쁨, 슬픔, 아픔, 고통, 행복 따위), 대가 N2=[인간|단체])
¶나는 패배의 아픔을 그에게 꼭 돌려줄 것이다. ¶내가 받은 사랑을 어려운 이웃들에게 돌려주고 싶다.
❹(돈이나 물건 따위를) 다른 사람에게 융통해 주다. Accommodate another person with money or goods.
[유] 빌려주다, 융통해 주다

N0-가 N1-를 N2-(에|에게) V (N0=[인간|단체] N1=[구체물], [돈], [비용] N2=[인간|단체])

¶다행히 친구가 내게 돈을 돌려주어서 늦기 않게 수술비를 낼 수 있었다. ¶급해서 그런데 이백만 원만 돌려주실 수 있나요?

돌리다 I

활용 돌리어(돌려), 돌리니, 돌리고

자 (타인의 말이나 행동에) 넘어가 속다. Be fooled by other people's word or action.

N0-가 N1-에 V (N0=[인간] N1=[소통], [행위])

¶윤호는 철수의 그럴듯한 언변에 돌리어 투자를 하고 말았다. ¶윤호는 그의 감언이설에 돌리어 돈을 빌려주고 말았다.

돌리다 II

돌리다[1]

활용 돌리어(돌려), 돌리니, 돌리고

타 ❶(어떤 물체를) 일정한 축을 중심으로 제자리에서 원을 그리며 움직이게 하다. Make some object draw a circle by centering on a constant axis.

㊥회전시키다

N0-가 N1-를 V (N0=[인간] N1=[구체물](팽이, 열쇠, 다이얼, 손잡이 따위))

주 돌다[1]

¶아이들은 이런 울퉁불퉁한 땅에서도 팽이를 잘 돌린다. ¶선생님은 전화를 걸기 위해서 다이얼을 돌렸다. ¶철수는 음료를 마시려고 병뚜껑을 돌리려고 했지만 열리지 않았다.

❷(기계나 장치를) 작동시키다. Activate the machine or equipment.

㊥가동하다 타, 작동시키다

N0-가 N1-를 V (N0=[인간|단체] N1=[구체물](기계, 장비, 에어컨, 컴퓨터 따위))

주 돌다[1]

¶우리 회사는 일 년 내내 쉬는 날 없이 장비를 돌린다. ¶설비를 제대로 돌리기 위해서는 전문가가 필요하다.

❸어떤 기준점이나 축을 중심으로 원을 그리며 둘레를 움직이게 하다. Make something move around the perimeter by drawing a circle and rotating on some reference point or axis.

㊥돌게 하다

N0-가 N1-를 N2-(를|로) V (N0=[인간] N1=[인간], [동물], [교통기관] N2=[장소])

주 돌다[1]

¶주지승은 스님들을 탑 주위를 계속 돌리면서 염불을 외게 했다.

❹(어떤 장소를) 가장자리를 따라 이동하다. Move to some place by following the border.

N0-가 N1-(를|에게) N2-를 V (N0=[인간] N1=[인간], [동물], [교통기관] N2=[장소])

주 돌다[1]

¶식물 사진을 찍으라고 선생님은 아이들에게 공원을 돌렸다. ¶그는 차를 트랙을 계속 돌렸다.

❺(어떤 물체를) 일정한 범위 안에서 차례로 전달하다. Deliver some object in a certain range by turns.

㊥나누어 주다, 전달하다

N0-가 N2-에게 N1-를 V (N0=[인간|단체] N1=[구체물](술잔, 접시, 서류, 답안지 따위) N2=[인간])

주 돌다[1]

¶철수는 아는 사람에게 모두 설문지를 다 돌렸다. ¶한 학원이 해답지를 자기 학생들에게 불법으로 돌린 것 같다.

❻ (어떤 물건을) 나누어 주거나 배달하다. Distribute or deliver some object.

㊥배달하다

N0-가 N2-(에|에게) N1-를 V (N0=[인간|단체] N1=[구체물](신문, 잡지, 연하장 따위), [음식] N2=[장소], [인간|단체])

¶철수는 용돈벌이 삼아 동네에 신문을 돌렸다. ¶새로 연 빵집에서 동네 사람들에게 빵을 돌렸다.

❼(대상을) 다른 방향으로 움직이다. Move an object toward a different direction.

㊥옮기다, 꺾다

N0-가 N1-를 N2-로 V (N0=[인간] N1=[인간], [동물], [신체부위](얼굴, 몸 따위), [구체물], 시선, 눈길 따위 N2=[방향])

주 돌다[1]

¶어머니는 아기를 옆으로 돌려서 자게 했다. ¶운전을 하던 그는 갑자기 잊은 것이 생각나 차를 돌렸다.

❽(다른 사람의 근무지나 직책 따위를) 다른 곳으로 옮기다. Move someone's place of duty, position, etc., to a different place.

㊥옮기다, 발령내다

N0-가 N1-를 N2-로 V (N0=[인간|단체] N1=[인간] N2=[장소], [직책], [직위])

주 돌다[1]

¶사장은 영어를 못하는 사원을 해외 지점으로 돌리는 실수를 했다. ¶부장은 우선 새로 들어온 사람을 영업직으로 돌렸다.

❾ (생각이나 관심을) 다른 쪽으로 바꾸다. Change thought or interest toward a different side.

㊥바꾸다

N0-가 N1-를 N2-에서 N3-로 V (N0=[인간|단체] N1=[추상물](관심, 생각, 마음, 의견 따위) N2=[모두] N3=[모두])

주 돌다[1]
¶형은 엄마의 관심을 동생에서 자기로 돌리는 데 성공했다. ¶선생님은 다른 사람을 추천하기로 생각을 돌리셨다. ¶그는 집에 가려던 마음을 돌렸다.
⑩(이야기의 주제나 내용을) 다른 방향으로 이끌다. Lead a story's theme or content into a different direction by avoiding the key point in a conversation.
㊌바꾸다, 전환하다
N0-가 N1-를 V (N0=[인간|단체] N1=[추상물](핵심, 주제, 말, 이야기, 화제 따위))
¶그녀는 말을 정확하게 하지 못하고 계속 주제를 돌렸다. ¶영희는 자기에 대한 이야기가 나오자 화제를 급히 돌렸다.
⑪이전의 방식과 다르게 바꾸다. Change from the previous method to a different one.
㊌바꾸다, 전환하다
N0-가 N1-를 N2-로 V (N0=[인간|단체] N1=[방식] N2=[방식])
¶어머니는 이자에 대한 지불 방식을 자동 납부로 돌렸다. ¶그들은 계산 방식을 복식 부기로 돌렸다.
⑫(어떤 일을) 다음 순서로 미루다. Delay some duty to the next order.
㊌미루다, 연기하다
N0-가 N1-를 N2-로 V (N0=[인간|단체] N1=[사건], [행위] N2=[시간], [행위], 나중, 뒤, 다음)
¶선생님은 철수의 공연을 맨 마지막으로 돌렸다. ¶집행부는 이 안건을 다음 회의로 돌리기로 결정했다.
⑬(어떤 것을) 다른 것으로 여기거나 대하다. Consider or treat something as a different thing.
㊌여기다, 간주하다 타
N0-가 N1-를 N2-로 V (N0=[인간|단체] N1=[사건], [행위] N2=[추상물])
¶그는 우리의 만남을 운명으로 돌렸다. ¶회장님은 그들의 실수를 없던 일로 돌렸다.
⑭(자신의 책임이나 실수, 공로를) 다른 사람에게 넘기다. Hand over one's responsibility, mistake, or contribution to someone.
㊌전가하다
N0-가 N1-를 N2-에게 V (N0=[인간|단체] N1=[추상물](책임, 실수, 공로 따위) N2=[인간|단체])
¶챔피언은 자신의 성공을 스승에게 돌렸다. ¶김 부장은 자신의 실수를 다 부하 직원들에게 돌렸다.
◆ **고개를 돌리다** 어떤 일을 회피하다. Avoid something.
㊌눈을 돌리다, 외면하다
N0-가 N1-에 대해 Idm (N0=[인간] N1=[추상물](진실 따위), [사건])
¶철수는 그 일에 대해 고개를 돌리고 말았다. ¶검찰은 윗선의 압력으로 그 사건의 진실에 대해서 고개를 돌렸다.
◆ **눈을 돌리다** 어떤 일을 회피하다. Avoid something.
㊌고개를 돌리다, 외면하다
N0-가 N1-에 대해 Idm (N0=[인간] N1=[추상물](진실 따위), [사건])
¶검찰은 윗선의 압력으로 그 사건의 진실에 대해서 눈을 돌렸다. ¶선생님은 불의에 대해서 눈을 돌릴 수 없었다.
◆ **숨을 돌리다** 비로소 여유를 가지다. Take it easy at last.
N0-가 Idm (N0=[인간])
¶계속 몰리던 철수가 이제서야 숨을 돌렸다. ¶그는 집에 들어오고 나서야 숨을 돌릴 수 있었다.

돌리다[2]
활용 돌리어(돌려), 돌리니, 돌리고
기능 타 '사동'의 의미를 나타내는 기능동사 Support verb that shows the meaning of "causative".
N0-가 N1-(에게|를) Npr-를 V (N0=[인간|단체] N1=[인간|단체], Npr=[행위](순찰, 회진, 경비 따위))
¶김 부장은 외래 사원을 매일 밤 순찰을 돌렸다. ¶회사는 용역 업체에게 경비를 돌렸다.

돌리다Ⅲ
활용 돌리어(돌려), 돌리니, 돌리고
타 ❶(위험한 병세나 다급한 상황을) 넘기게 하다. Tide over a dangerous illness or an urgent situation.
㊌차리다
N0-가 N1-를 V (N0=[인간] N1=기운, 병세, 위험, 정신)
¶할머니가 기운을 돌리셔야 할 텐데 큰일이다. ¶우선 좀 쉬면서 정신을 제대로 돌려야 한다.
❷ (화나거나 언짢은 마음을) 풀리게 하다. Appease enraged or displeased thoughts.
㊌누그러뜨리다
N0-가 N1-를 V (N0=[인간], [상태], [행위] N1=마음)
¶우선 엄마의 화난 마음을 돌리는 것이 중요하다. ¶그의 뉘우치는 태도가 그녀의 마음을 돌렸다.

돌변하다
어원 突變~ 활용 돌변하여(돌변해), 돌변하니, 돌변하고 대응 돌변을 하다
자 (무엇이) 갑자기 다르게 변하다. (of something) Suddenly change to something else or different property.
㊌표변하다, 급변하다
N0-가 V (N0=[상황], [행위], [상황](표정, 말투, 낯빛

따위))
¶그는 화가 나면 말투가 돌변한다. ¶비리가 폭로되자 회사의 태도가 돌변했다. ¶그의 주장이 사실이 아니라는 것이 밝혀지자 상황이 돌변했다.
N0-가 N1-로 V (N0=[속성], [인간] N1=[속성], [인간])
¶친구에게 배신을 당한 뒤로 그의 우정이 복수심으로 돌변했다. ¶늦은 밤 편의점에 온 손님이 강도로 돌변했다.

돌보다

활용 돌보아(돌봐), 돌보니, 돌보고
타 ❶사람, 동식물 등의 형편을 살피어 필요로 하는 것을 제공하고 잘 보호하다. Examine the circumstances of a person, animal or plant and provide the necessary protection.
㊐보살피다, 보호하다
N0-가 N1-를 V (N0=[인간] N1=[인간], [동물], [식물])
¶바쁜 부모님을 대신해 할머니께서 나를 돌봐 주셨다. ¶그녀는 말기 암환자들을 돌보는 데 최선을 다하였다. ¶송아지를 돌보는 일은 동생의 몫이었다. ¶나는 며칠 동안 일에 열중하느라 분재를 돌보는 걸 잊어버렸다.
❷(몸의 상태나 건강을) 신경 써서 잘 관리하다. Carefully manage one's body or health to prevent deterioration and disease.
㊐챙기다, 관리하다
N0-가 N1-를 V (N0=[인간] N1=[신체상태])
¶그동안 열심히 살았으니 이제 건강도 돌보면서 지내라. ¶무엇보다도 자기 몸을 소중히 돌보아야 한다.
❸(어떤 일을) 맡아서 보살펴 관리하다. Undertake a task and manage it attentively.
㊐보살피다
N0-가 N1-를 V (N0=[인간] N1=[일](가사, 집안일, 살림, 농사일, 정사(政事) 따위))
¶최근 들어 집에서 가사와 육아를 돌보는 남성들이 점점 많아지고 있다. ¶그녀는 집안 살림을 돌보느라 자신만을 위한 시간을 갖기 어려웠다. ¶그는 고령에도 불구하고 혼자 농사일을 돌보고 있다.

돌아가다

활용 돌아가, 돌아가니, 돌아가고, 돌아가거라/돌아가라
자 ❶(사람이) 원래 있던 곳이나 이전에 있던 곳으로 다시 가다. (of a person) Go back to the original place or previous location.
㊐귀가하다, 귀향하다, 귀국하다 ㊥돌아오다[자]
N0-가 N1-(로|에) V (N0=[인간] N1=[장소])
¶그는 가족이 있는 곳으로 돌아갔다. ¶그들은 고향에 돌아가고 싶어한다.
N0-가 N1-에게 V (N0=[인간] N1=[혈연집단])
¶아이는 무사히 가족에게 돌아갔다. ¶그는 결국 돈이 떨어져 부모에게 돌아갔다.
❷(사람이) 원래의 상태나 이전의 상태로 다시 되다. (of a person) Go back to the original or previous state.
㊐복귀하다, 환원되다
N0-가 N1-로 V (N0=[인간] N1=[직위], [연령], 일상 따위)
¶그는 정계를 떠난 후 평범한 시민으로 돌아갔다. ¶나는 청년으로 다시 돌아갈 수 없다는 것을 깨닫고 문득 슬퍼졌다. ¶기나긴 여행이 끝나면 다시 평범한 일상으로 돌아가야 한다.
❸(물체가) 일정한 축을 중심으로 원을 그리며 움직이다. (of an object) Move in circles with a specific axis as center.
㊐회전하다
N0-가 V (N0=[구체물](팽이, 선풍기, 풍차, 프로펠러 따위))
¶팽이가 넘어지지 않고 잘 돌아간다. ¶풍차가 돌아가다가 갑자기 멈추었다.
❹(여러 사람이) 차례대로 정해진 일을 하다. (of many people) Do the assigned task in order.
N0-가 V (N0=[인간])
¶우리는 공평한 가사 분담을 위해 돌아가며 설거지를 하기로 하였다. ¶세 사람이 돌아가면서 책에 대한 이야기를 나누었다.
※주로 '돌아가며', '돌아가면서'의 형태로 쓰인다.
❺(몫이나 이익 따위가) 나뉘어 여러 사람에게 분배되다. (of portion or profit) Be shared and divided to the people.
㊐주어지다, 분배되다
N0-가 N1-에게 V (N0=[구체물], [금전], [이익] N1=[인간])
¶쌀이 한 사람에게 한 포대씩 돌아간다. ¶이 사업으로 인해 우리 마을 주민들에게 이익이 돌아갈 수 있게 되었다.
❻(신체 기관이나 기계 따위가) 기능의 문제없이 잘 작동하다. (of a body organ or a machine) Operate without any problem in function.
㊐움직이다[자], 작동하다[자] ㊥굳다, 고장나다
N0-가 N1-로 V (N0=[신체부위](머리, 혀), [기계] N1=[장소])
¶너는 급할 때만 머리가 잘 돌아가더라. ¶우리집 컴퓨터는 너무 오래 되어 잘 안 돌아간다.
❼(돈이나 물자 따위가) 원활히 유통되다. (of money or supply) Be efficiently distributed.
㊐돌다, 유통되다, 순환되다
N0-가 N1-에 V (N0=[금전], [재료] N1=[장소])
¶경기가 회복되면서 시중에 자금이 잘 돌아간다. ¶중국산 자재가 잘 돌아가지 않아서 요즘은 필요

[ㄷ]

한 물품을 사기가 어렵다.
❽(머리나 눈이) 정신을 차릴 수 없을 만큼 아찔한 상태가 되다. (of head or eye) Become so dizzy that one almost loses consciousness.
[유]어질어질하다
N0-가 V (N0=[신체부위](머리, 눈))
[연어]핑핑
¶하루 종일 작은 글씨만 봤더니 머리가 핑핑 돌아간다. ¶길거리에 너무 잘생긴 사람들이 많아서 내 눈이 핑핑 돌아갔다.
❾(사람이) 가까운 길을 두고 먼 곳으로 둘러 가다. (of a person) Take a detour via a long route when there is a short route.
[유]우회하다 [반]질러가다
N0-가 N1-로 V (N0=[인간], [교통기관] N1=[경로])
¶그는 그녀와 더 함께 있고 싶어서 일부러 먼 길로 돌아갔다. ¶도로가 공사 중이라 버스는 다른 길로 돌아갔다. ¶그는 검문을 피하기 위해 지름길을 두고 다른 길로 돌아갔다.
❿(일이나 형편 따위가) 어떠한 상태로 진행이 되어가다. (of task or circumstance) Proceed in a certain direction.
[유]굴러가다[자], 진행되다
N0-가 V (N0=[일], [상황])
¶사람은 세상일이 어떻게 돌아가는지 알고 살아야 한다. ¶회사 상황이 묘하게 돌아가 사람들이 긴장하고 있다.
⓫(일이나 형편 따위가) 어떠한 결말로 끝이 나게 되다. (of task or circumstance) Be completed as a certain result.
[유]끝나다, 귀결되다
N0-가 N1-로 V (N0=[충돌], 작전, 노력 따위 N1=[성공], [실패], 수포 따위)
¶한 명의 실수로 인해 우리의 작전이 실패로 돌아가고 말았다. ¶지금까지 쏟아부은 모든 노력이 수포로 돌아갔다.
⓬(신체의 일부나 물체 따위가) 제 방향을 벗어나 다른 방향으로 틀어지다. (of body part, object, etc.) Veer away from the original direction and get bent toward another direction.
[유]틀어지다, 기울다I
N0-가 N1-로 V (N0=[인간] N1=[방향])
¶옷이 커서 치마가 자꾸 옆으로 돌아간다. ¶벽시계가 조금 왼쪽으로 돌아간 것 같다.
[타]어떤 곳을 끼고 방향을 바꾸어 움직이다. (of a person) Move by changing direction in relation to a certain place.
[반]돌아오다[타]
N0-가 N1-를 V (N0=[인간] N1=[장소], [건물])
¶선비는 산모퉁이를 돌아가 잠시 쉴 만한 주막을 찾았다. ¶저 건물을 돌아가면 우체국이 보인다.

돌아가시다

[활용]돌아가시어(돌아가셔), 돌아가시니, 돌아가시고
※ '죽다'를 높이 이르는 말
[자](사람이) 생명을 잃다. (of a person) Lose one's life.
[유]죽다I, 사망하다
N0-가 V (N0=[인간])
¶할아버지께서 돌아가셨다. ¶할머니는 주무시다가 편안히 돌아가셨다고 한다. ¶선생님은 78세의 나이로 돌아가셨다.

돌아눕다

[활용]돌아누워, 돌아누으니, 돌아눕고, 돌아눕는
[자]몸을 누운 채로 반대쪽으로 하다. (of a person) Turn the body to opposite side while lying down.
N0-가 V (N0=[인간])
¶그는 화가 나서 돌아누웠다. ¶나는 창문으로 들어오는 빛을 피하려고 벽 쪽으로 돌아누웠다. ¶아이들이 뒹굴거리며 오른쪽 왼쪽으로 번갈아 돌아누웠다.

돌아다니다

[활용]돌아다니어(돌아다녀), 돌아다니니, 돌아다니고
[자](불법적인 물건이) 특정 장소에서 팔리거나 유통되다. (of illegal item) Be sold or distributed in a certain place.
[유]유통되다
N0-가 N1-(에|에서) V (N0=[구체물](음반, 책 따위) N1=[지역], [공간])
¶불법 복제된 음반이 시중에 버젓이 돌아다닌다. ¶해적판 만화책이 청소년들 사이에 돌아다니고 있다.
[자타]❶(사람이나 짐승이) 여기저기로 가고 오고 하다. (of a person or animal) Go and come here and there.
[유]배회하다, 어슬렁거리다
N0-가 N1-(로|를) V (N0=[인간], [동물] N1=[장소], [공간])
¶나는 어릴 때 친구들과 산으로 바다로 돌아다니며 즐거운 시절을 보냈다. ¶그는 실성한 사람처럼 밤마다 밖으로 돌아다녔다. ¶고양이가 온 집안을 돌아다니며 뛰어 놀고 있다.
❷(소문이나 질병 따위가) 어떤 장소나 사람들에게 널리 퍼지다. (of a rumor or disease) Be widely spread to some place or people.
[유]돌다, 떠돌다[자타] 퍼지다, 유포되다
N0-가 N1-(에|를) V (N0=[질병], 소문 따위 N1=[지역], [집단], [단체])

¶얼마 전부터 흉흉한 소문이 온 회사를 돌아다닌다. ¶귀신이 여자들을 잡아간다는 이상한 소문이 마을에 돌아다니고 있다.

돌아보다Ⅰ

활용 돌아보아(돌아봐), 돌아보니, 돌아보고

타 ❶(뒤 또는 주변의 다른 방향으로) 고개를 돌려서 보다. Watch by turning the head toward the back or different direction.

N0-가 N1-를 V (N0=[인간], [동물] N1=[방향](뒤, 옆), [구체물])

¶앞에 가던 사람이 갑자기 뒤를 돌아봤다. ¶고함소리에 사람들이 모두 주변을 돌아봤다. ¶내가 옆을 돌아보는데 무언가가 휙 지나갔다.

❷(지난 일을) 머릿속에 다시 떠올리다. Recall a past event in mind.

유 회상하다

N0-가 N1-를 V (N0=[인간] N1=[과거], [사건])

¶아버지는 유년 시절을 돌아보면서 글을 쓰셨다. ¶인간은 자신의 역사를 돌아볼 줄 안다.

돌아보다Ⅱ

활용 돌아보아(돌아봐), 돌아보니, 돌아보고

타 ❶(어떤 물체, 장소, 지역 따위의) 둘레를 따라 돌아다니면서 보다. Watch by going around the perimeter of some object, place, region, etc.

유 둘러보다, 살펴보다

N0-가 N1-를 V (N0=[인간] N1=[장소], [지역], 경치 따위)

¶학생들이 박물관을 돌아보느라 정신이 없다. ¶아이들은 성곽을 돌아보면서 사뭇 진지한 표정이다. ¶학교 주변을 돌아보면 유흥업소들이 쉽게 눈에 띈다.

❷(특정한 장소를) 두루 다니면서 살피다. Search throughout a certain place while moving here and there.

유 살피다, 견학하다

N0-가 N1-를 V (N0=[인간|단체] N1=[장소], [지역])

¶경찰들이 우리 마을을 돌아보고 있습니다. ¶형사들이 사건 현장을 돌아보러 왔다.

❸(다른 사람의 건강이나 처지 따위를) 관심있게 지켜보며 보살피다. Take care by observing someone's health, circumstances, etc., with interest.

유 돌보다, 보살피다

N0-가 N1-를 V (N0=[인간|단체] N1=[인간], [상황](처지 따위))

¶지역 관청은 독거노인들을 돌아보아야 합니다. ¶고용주는 직원들의 처지를 관심 있게 돌아봐야 한다.

돌아서다

활용 돌아서, 돌아서니, 돌아서고

자 ❶(어디로 향해 있다가) 몸을 반대 방향으로 바꾸어 서다. (of a person) Turn the body to opposite side and stand from facing somewhere else.

N0-가 N1-로 V (N0=[인간] N1=[방향])

¶나는 이름을 부르는 소리를 듣고 뒤로 돌아섰다. ¶그는 밖으로 나가다가 잊은 물건이 없는지 다시 집 쪽으로 돌아섰다.

❷(자기가 가고자 했던 곳으로 가지 못하여) 어쩔 수 없이 다른 곳으로 향하다. (of a person) Face somewhere else without an option by not being able to go towards the desired way.

유 돌아오다 자

N0-가 V (N0=[인간])

¶오랜만에 친구의 얼굴이나 볼까 했지만 문이 잠겨 있어서 돌아섰다. ¶나는 도저히 선생님을 뵐 면목이 없어 교무실 앞에서 돌아섰다.

❸(일이나 추세가) 반대의 상태로 변하게 되다. (of a duty or trend) Be changed to opposite condition.

유 바뀌다, 변하다

N0-가 N1-에서 N2-로 V (N0=[수량](주가지수 따위) N1=[단위], [수], [속성] N2=[단위], [수], [속성])

¶주가지수가 상승세에서 하락세로 돌아섰다. ¶여러 악재로 인해 경상지수는 흑자에서 적자로 돌아섰다.

❹(이전과 다른 견해나 태도로) 입장이 바뀌다. (of a person) Switch position to different opinion or attitude.

유 바뀌다, 전향하다, 전환하다

N0-가 N1-로 V (N0=[인간|단체] N1=[의견], [사조], [유파])

¶자본주의를 거부한 그들 중 일부는 중립국으로 향했고 일부는 사회주의로 돌아섰다. ¶집행부가 강경 방침으로 돌아선 것 같다.

돌아오다

활용 돌아와, 돌아오니, 돌아오고, 돌아오너라/돌아와라

자 ❶(사람이나 동물이) 다른 곳에 갔다가 원래의 장소로 다시 오다. (of a person or an animal) Come back to the original place after visiting another place.

N0-가 N1-(에|로) V (N0=[인간], [동물] N1=[장소])

¶방황하던 아이들도 어머니의 품으로 돌아왔다. ¶제비가 작년에 우리집 처마에 지었던 제비집으로 돌아왔다.

❷지름길이 아닌 길로 둘러서 오다. (of a person) Come a long way round without taking a

shortcut.
㊥우회하다
No-가 N1-로 V (No=[인간] N1=[길])
¶다리가 끊어지는 우리는 바람에 산길로 돌아왔다. ¶우리 군은 적을 뒤에서 치기 위해 바깥 길로 돌아왔다.
❸일정한 차례나 순서가 오다. A procedure or a turn comes.
No-가 V (No=순서, 차례)
¶일주일이 지나 다시 청소 당번이 돌아왔다. ¶줄을 선 지 한 시간 만에 드디어 나에게도 차례가 돌아왔다.
❹비판이 어떤 사람에게 향하거나 일정한 분량이 어떤 사람에게 분배되다. (of criticism or certain portion) to be aimed at or distributed to someone.
㊥분배되다, 주어지다
No-가 N1-(에|에게) V (No=[공로](공로 따위), [비난], [수량] N1=[인간|단체])
¶이번 일이 성공하면 우리에게 얼마가 돌아옵니까? ¶장군들에게는 전쟁을 승리로 이끈 공로가 돌아왔다.
❺(사람의 정신이나 몸이) 정상적인 활동을 할 수 있는 상태로 회복되다. (of someone's body or mind) Be restored to its normal state.
㊥회복되다
N1-의 No-가 V ↔ N1-는 No-가 V (No=정신, 능력, 기력 따위 N1=[인간])
¶마취에서 깬 그의 정신이 돌아왔다. ↔ 마취에서 깬 그는 정신이 돌아왔다. ¶여름 보양식을 먹으니 기운이 돌아왔다.
❻(예정된 날이) 시간이 흘러 닥치다. (of a prearranged day) Come after a certain time passes.
㊥다가오다
No-가 V (No=[시간](명절, 생일 따위))
¶올해도 어김없이 민족의 명절 추석이 돌아왔다. ¶돌아오는 일요일에는 놀이동산에 간다.
타(사람이) 어떤 장소를 원을 그리며 감싸는 모양으로 오다. (of a person) Come to a place by circumventing.
No-가 N1-를 V (No=[인간] N1=[장소], [구체물])
¶골목길로 들어선 차가 모퉁이를 돌아왔다. ¶늘 다니던 길에 큰 시설물이 생겨서 시설물을 돌아왔다.

돌이키다

활용 돌이키어(돌이켜), 돌이키니, 돌이키고
타❶(사람이나 탈것이) 원래 움직이고 있던 방향에서 반대쪽으로 돌리다. (person or vehicle) to turn in the opposite direction.
㊥돌리다II[1]
No-가 N1-를 V (No=[인간] N1=[교통기관], [경로], [방향])
¶남자는 돌연 발길을 돌이켜 집으로 가기로 했다. ¶범인은 차를 돌이켜 역방향으로 질주했다.
❷지나간 일을 다시 생각하다. Rethink (a past occurrence).
㊥회상하다
No-가 N1-를 V (No=[인간] N1=[과거])
¶우리는 박물관의 유물을 통해 옛날을 돌이켜 생각해 보았다. ¶그 동안의 생활을 돌이키니 힘든 일이 많았다.
❸자신의 말이나 행동에 잘못이 없는지 생각하다. Rethink one's action or behavior to see if there had been anything wrong.
㊥반성하다
No-가 N1-를 V (No=[인간](자기, 자신 따위) N1=[행위](행동, 말 따위))
¶남을 탓하기 전에 우선 나 자신을 돌이켜 보아야 한다. ¶그는 얼마 전 자신의 행동을 돌이켜 후회했다. ¶오늘은 내가 무심코 했던 말을 돌이켜 본다.
❹이미 결정한 마음을 바꾸다. Change one's mind.
㊥바꾸다
No-가 N1-를 V (No=[인간] N1=[계획], [의견])
¶우리는 자기만 아는 생각을 돌이켜 이웃을 도와야 한다. ¶그는 전쟁을 일으키려는 사람들의 계획을 돌이켜 평화에 일조했다.
❺(무엇을) 다시 본래 상태가 되게 바꾸거나 복원하다. Replace or restore (something) back to the original state.
㊥되돌리다, 복원시키다
No-가 N1-를 N2-로 V (No=[인간|단체] N1=[모두])
¶국회는 법률을 원안으로 돌이켰다. ¶이미 벌어진 일은 처음으로 돌이킬 수 없다.

돌입하다

어원 突入~ 활용 돌입하여(돌입해), 돌입하니, 돌입하고 대응 돌입을 하다
자❶(어떤 장소에) 빠르거나 갑작스럽게 뛰어들다. Run into a place quickly or suddenly.
㊥돌진하다, 진입하다
No-가 N1-(에|로) V (No=[구체물] N1=[장소])
¶경찰특공대가 건물 안으로 돌입했다. ¶잠시 후 지원 병력이 이곳으로 돌입할 것이다.
❷(어떤 일에) 본격적으로 뛰어들어 기세 좋게 시작하다. Rush into a work in earnest and make a vigorous start.
㊥시작되다, 들어가다

N0-가 N1-(에|로) V (N0=[인간|단체] N1=[추상물], [상태])

¶우리는 우리도 모르는 사이에 새로운 시대로 돌입하고 있다. ¶작전 투입 준비를 끝낸 부대원들은 이내 전투태세에 돌입했다.

돌진하다

어원 突進~ 활용 돌진하여(돌진해), 돌진하니, 돌진하고

자 (사람이나 동물, 자동차, 기차 따위가) 아주 빠르고 세차게 곧장 나아가거나 다가가다. (of a person, an animal, a vehicle, or a train) Proceed or approach very quickly and violently.

㊎달려 들어가다, 진입하다, 돌입하다

N0-가 N1-(에|로) V (N0=[인간], [동물], [교통기관] N1=[장소])

¶멧돼지가 사냥꾼에게 겁도 없이 돌진하자 사냥꾼은 놀라 줄행랑을 쳤다. ¶만취한 운전자의 차가 가게로 돌진하여 큰 사고가 났다. ¶그는 차를 타고 적군의 본거지로 돌진하였다.

돌출되다

어원 突出~ 활용 돌출되어(돌출돼), 돌출되니, 돌출되고 대응 돌출이 되다

자 ☞ 돌출하다

돌출하다

어원 突出~ 활용 돌출하여(돌출해), 돌출하니, 돌출하고 대응 돌출을 하다

자 ❶어떤 공간으로부터 특정 부분이 쑥 내밀리거나 불거져 나오다. Stick out or bulge in a particular part from a certain location.

㊎튀어나오다

N0-가 V (N0=[자연물](지형, 바위 따위))

¶한반도는 지형의 모양이 대륙에서 해양으로 돌출해 있다. ¶이곳은 바위들이 많이 돌출해 있다.

❷(어떤 행동이나 사고 따위가) 돌발적으로 일어나다. Occur or happen (to someone or something) in an unpredictable or unexpected manner.

㊎돌발하다, 발발하다

N0-가 V (N0=쟁점, 악재 따위)

¶협상 중에 갑작스런 악재가 돌출했다. ¶협상 막바지에 돌출한 쟁점으로 인해 노사의 협상 체결이 다시 물거품이 되었다.

돌파하다

어원 突破~ 활용 돌파하여(돌파해), 돌파하니, 돌파하고 대응 돌파를 하다

타 ❶(어떤 상황을) 헤치거나 뚫고 나아가다. Break through or make way in a certain situation.

㊎뚫고 나아가다, 격파하다, 극복하다

N0-가 N1-를 V (N0=[인간|단체] N1=[어려운 상황](문제, 위기 따위))

¶어려운 문제를 만났을 때도 우리는 언제나 정면을 돌파했다. ¶그녀는 위기를 돌파하는 능력이 누구보다 뛰어났다.

❷(기준이나 한계선을) 넘어서다. Go beyond the established standard or limit.

㊎넘어서다타

N0-가 N1-를 V (N0=[양], [수치], [인원], [구체물], [인간] N1=[기준], [수량], [단위])

¶그 앨범은 처음으로 음반 판매 십만 장을 돌파했다. ¶이 식당은 어느덧 손님이 백만 명을 돌파했다.

돕다

활용 도와, 도우니, 돕고, 돕는

자 (둘 이상의 사람이) 서로에게 이익이 되도록 힘을 보태다. (of more than two people) Provide support to each other for each other's benefit.

㊎협력하다, 협조하다자

N0-가 서로 V (N0=[인간|단체](의미상복수))

¶사람들은 서로 돕고 살아야 한다. ¶국내 업체들이 서로 도와서 해외로 진출할 계획을 세웠다. ¶우리 가족은 서로 도우면서 일하고 있다.

타 ❶(둘 이상의 사람이) 어떤 일을 서로에게 이익이 되도록 힘을 보태어 함께 하다. (of more than two people) Work together by providing support to each other for each other's benefit.

㊎협동하다, 협력하다

N0-가 N1-와 N2-를 서로 V ↔ N1-가 N0-와 N2-를 서로 V ↔ N0-와 N1-가 N2-를 서로 V (N0=[인간|단체] N1=[인간|단체] N2=[일], [행위])

¶동생은 나와 가게 일을 서로 돕는다. ↔ 나는 동생과 가게 일을 서로 돕는다. ↔ 동생과 나는 가게 일을 서로 돕는다. ¶기업과 정부가 국외 시장 진출을 서로 도울 필요가 있다.

❷(다른 사람이 처한 어려움이나 문제 따위를) 이겨내도록 물질적 또는 정신적으로 힘을 보태다. Provide physical or mental support to overcome someone's difficulty, problem, etc.

㊎지원하다, 원조하다

N0-가 N1-를 V (N0=[인간|단체] N1=[인간|단체])

¶정부가 빈곤 계층을 돕기 위해서 대책을 마련해야 한다. ¶마을 사람들이 불우한 이웃을 도왔다. ¶주변 강대국들이 그 나라를 도와서 원조를 보내고 있다.

❸(다른 사람이 하고 있는 일을) 보다 쉽게 잘 되도록 힘을 보태다. Provide support to have someone's duty go well.

㊎거들다, 조력하다

N0-가 N1-를 V (N0=[인간] N1=[일], [행위])

¶나는 부모님의 장사를 도왔다. ¶요즘 남편들은 집안일을 자진해서 돕습니다. ¶아이들이 집안

청소를 도와주었다.
❹(어떤 물질이나 행위가) 다른 대상의 행위나 상황 따위를 더 잘 되고 나아지도록 촉진시키다. (of some object or action) Promote to be better and improve another object's action, situation, etc.
㊌촉진하다, 증진시키다
N0-가 N1-를 V (N0=[구체물], [행위] N1=[상태], [감정], [현상])
¶근력 운동은 노화 방지를 돕습니다. ¶여러분의 기부금이 빈곤 계층 처우 개선을 크게 도왔습니다. ¶해설사의 정확한 설명이 문화재에 대한 이해를 도와 드립니다.

ㄷ

동감하다

어원 同感~ 활용 동감하여(동감해), 동감하고, 동감하니 대응 동감을 하다
자 (다른 사람의 의견이나 입장에 대해) 같은 느낌을 가지다. Possess the same feeling as someone regarding an opinion or a stance.
㊌공감하다자, 동의하다, 동조하다
N0-가 N1-에 V (N0=[인간|단체] N1=[감정], [생각], [소통])
¶나는 철수의 생각에 동감한다. ¶그는 자신이 동감하지 않는 의견에도 끝까지 경청하는 태도를 갖고 있다.
N0-가 S것-에 V (N0=[인간|단체])
¶토론자들은 매년 반복되는 홍수에 대책이 필요하다는 것에 동감했다. ¶전문가들은 대체로 경제 상황이 호전되고 있다는 것에 동감하고 있다. ¶이 구호 사업이 필요하다는 것에 동감하시면 모금에 참여해 주시기 바랍니다.

동거하다

어원 同居~ 활용 동거하여(동거해), 동거하니, 동거하고 대응 동거를 하다
자 ❶(어떤 사람과) 한 집이나 한 방에서 같이 붙어 살다. Live together with someone in the same house or room.
N0-가 N1-와 V ↔ N1-가 N0-와 V ↔ N0-와 N1-가 V (N0=[인간] N1=[인간])
¶철수가 영수와 대학 때부터 동거하고 있다. ↔ 영수가 철수와 대학 때부터 동거하고 있다. ↔ 철수와 영수가 대학 때부터 동거하고 있다.
¶여러 가지 이유로 부모와 동거하지 않는 학생들도 생각보다 많다.
❷(두 남녀가) 법적으로 혼인하지 않고 한 집에서 같이 생활하며 살다. (of a man and a woman) Live together in one house without legally marrying.
N0-가 N1-와 V ↔ N1-가 N0-와 V ↔ N0-와 N1-가 V (N0=[인간] N1=[인간])
¶인수가 여자친구와 동거하고 있다. ↔ 여자친구가 인수와 동거하고 있다. ↔ 인수와 여자친구가 동거하고 있다. ¶그들은 일 년 동안 동거하다가 결혼했다.

동경하다

어원 憧憬~ 활용 동경하여(동경해), 동경하니, 동경하고 대응 동경을 하다
타 (어떤 것을) 선망의 대상으로서 간절히 그리워하며 원하다. Desperately long for and desire something as a target of envy.
㊌그리다II, 원하다, 소망하다
N0-가 N1-를 V (N0=[인간] N1=[모두])
¶민희는 어려서부터 교직을 동경했다. ¶오랫동안 동경했던 올림픽이라는 꿈이 실현되기 직전이다. ¶그는 많은 구직자들이 동경하는 회사에 취직했다.

동나다

활용 동나, 동나니, 동나고 대응 동이 나다
자 (상품이나 자원이) 팔리거나 쓰여 전부 없어지다. (of a product or a resource) Be completely gone after being sold or used up.
㊌떨어지다, 소진되다, 매진되다
N0-가 V (N0=[구체물], [시간], 소재 따위)
¶가게에 있던 물건이 전부 동났다. ¶라면이 동나 시민들이 불편을 겪고 있다. ¶소재가 동나서 더 만들 것이 없다.

동반되다

어원 同伴~ 활용 동반되어(동반돼), 동반되니, 동반되고
자 (어떤 사물이나 현상이) 뒤따라 함께 나타나다. (of a certain object or phenomenon) Follow and appear together.
㊌수반되다
N1-에 N0-가 V (N0=[모두] N1=[모두])
능 동반하다타
¶권리에는 책임과 의무가 동반된다. ¶위험한 작업에는 안전장치가 필수적으로 동반되어야 한다. ¶고열이 동반되는 감기에는 휴식이 필요합니다.

동반하다

어원 同伴~ 활용 동반하여(동반해), 동반하니, 동반하고
자 (둘 이상의 사람이) 짝을 이루어 같이 행동하다. (of two or more people) Act together by forming a pair.
㊌동도하다, 동행하다자
N0-가 N1-와 V ↔ N1-가 N0-와 V ↔ N0-와 N1-가 V (N0=[인간] N1=[인간])
¶아버지가 어머니와 동반하여 오셨다. ↔ 어머니가 아버지와 동반하여 오셨다. ↔ 아버지와 어머니가 동반하여 오셨다. ¶수연이는 모임에 지수와 동반한 적이 있다. ¶부부가 동반하여 잔치에 참석

했다.
타❶(어떤 사물이나 현상을) 뒤따라 함께 나타나게 하다. Make a certain object or phenomenon appear together.
㊌수반하다
N0-가 N1-를 V (N0=[모두] N1=[모두])
피동반되다
¶말라리아는 오한과 무기력증을 동반한다. ¶시험은 언제나 긴장을 동반하기 마련이다.
❷(다른 사람을) 동행시키다. Have someone else accompany oneself.
N0-가 N1-를 V (N0=[인간] N1=[인간])
¶할아버지는 할머니를 동반해서 잔치에 가셨다. ¶언니는 여행을 갈 때 꼭 나를 동반해서 간다. ¶미성년자는 카드 발급이 안 되니 보호자를 동반해서 오세요.

동여매다
활용동여매어, 동여매니, 동여매고
타(끈이나 실, 천 따위를) 감거나 둘러서 꽉 묶다. Bind tightly a string, a thread, or a cloth after winding or wrapping it around.
㊌묶다, 매다, 결박하다
N0-가 N1-를 N2-에 V ↔ N0-가 N2-를 N1-로 V (N0=[인간] N1=[구체물](끈, 노끈, 실, 천, 옷 따위) N2=[구체물], [신체부위])
연어꽉, 단단히
¶인수는 붕대를 상처 부위에 동여맸다. ↔ 인수는 상처 부위를 붕대로 동여맸다. ¶그는 상자를 노끈으로 꽉 동여맸다. ¶그 선수는 허리띠를 동여매고 다짐을 굳게 하였다.

동요되다
어원動搖~ 활용동요되어(동요돼), 동요되니, 동요되고 대응동요가 되다
자☞동요하다

동요하다
어원動搖~ 활용동요하여(동요해), 동요하니, 동요하고 대응동요를 하다
자❶(물체가) 불안정하게 흔들리다. (of an object) Shake unstably.
㊌흔들리다, 움직이다자
N0-가 V (N0=[구체물])
사동요시키다
¶비행기가 동요해서 승객들이 모두 놀랐다. ¶급하게 핸들을 꺾었더니 차 안의 물건들이 순간 동요했다.
❷(생각이나 마음 따위가) 확정되지 않고 계속 달라지다. (of thought, mind, etc.) Continue to change without settling.
㊌흔들리다
N0-가 V (N0=[의견], [마음])
사동요시키다
¶애인의 설득에 병수의 마음도 동요했다. ¶상황을 인식한 뒤 그의 계획은 분명 동요하고 있었다. ¶그의 말을 들으니 내 생각도 동요하기 시작했다.
❸(사람이나 체제가) 제도나 상황이 불안정하여 혼란스러워하다. (of a person or a system) Be confused due to unstable system or situation.
㊌변하다, 흔들리다
N0-가 V (N0=[인간|단체], [제도], [상황], [값])
사동요시키다
¶환율이 오르고 가격이 동요하면서 시장은 어지러워졌다. ¶상황이 예상과는 다른 방향으로 동요하고 있다.

동원되다
어원動員~ 활용동원되어(동원돼), 동원되니, 동원되고 대응동원이 되다
자(사람, 사물, 생각 따위가) 어떤 목적을 이루기 위해 한데 모여 쓰이다. (of people, things, thought, etc.) Be gathered and used for a particular purpose.
N0-가 N1-에 V (N0=[구체물], [추상물] N1=[상황], [상태])
능동원하다
¶마을 축제에 많은 사람들이 동원되었다. ¶이 영화는 어마어마한 비용과 인력이 동원된 블록버스터 작품이다. ¶환자의 병은 첨단 장비가 동원되지 않으면 치료할 수 없는 희귀병이었다.

동원하다
어원動員~ 활용동원하여(동원해), 동원하니, 동원하고 대응동원을 하다
타어떤 목적을 이루기 위하여 끌어모아 쓰다. Make use of things that can be gathered in order to achieve a particular purpose.
㊌모으다
N0-가 N1-를 N2-에 V (N0=[인간|단체] N1=[구체물], [추상물] N2=[상황], [상태])
피동원되다
¶당국은 수해 복구 작업에 인근 군부대를 동원하였다. ¶그는 회사의 회생에 가능한 모든 아이디어를 동원하였다. ¶산에 고립된 사람을 구하기 위해 구호 장비를 모두 동원했지만 역부족이었다.

동의하다
어원同意~ 활용동의하여(동의해), 동의하니, 동의하고 대응동의를 하다
자(다른 사람이나 그 의견에) 동일한 의사를 가지다. Possess the same opinion as someone or that person's opinion.
㊌합의하다, 찬성하다

ㄷ

N0-가 N1-(에|에 대해) V (N0=[인간|단체] N1=[의견], [행위], [상황])

¶회사에서는 출근 시간을 조정하자는 의견에 동의했다. ¶국회에서는 치안 유지를 위한 파병에 동의했다. ¶간부들은 우리 입장에 대해 동의한다고 해도 협상은 쉽지 않을 것이다.

N0-가 N1-(에|에게) V (N0=[인간|단체] N1=[인간|단체])

¶내 말을 듣고 나에게도 동의해 주기 바란다. ¶우리는 협회의 제안에 동의하지 않는다.

N0-가 S데-에 V (N0=[인간|단체])

¶국회는 그를 총리로 임명하는 데 동의하였다. ¶회사는 그를 상무로 승진시키는 데에 동의했다.

ㄷ

동일시되다

어원 同一視~ 활용 동일시되어(동일시돼), 동일시되니, 동일시되고 대응 동일시가 되다 (어떤 대상이 다른 대상과, 또는 둘 이상의 대상이) 같은 것으로 간주되다. Be regarded as the same thing with something else.

N0-가 N1-와 V ↔ N1-가 N0-와 V ↔ N0-와 N1-가 V (N0=[구체물], [추상물] N1=[구체물], [추상물])

능 동일시하다

¶내가 그 사람과 동일시된다고? ↔ 그 사람이 나와 동일시된다고? ↔ 나와 그 사람이 동일시된다고? ¶남편의 내면에서는 아내가 어머니와 동일시되었다. ¶학계에서는 전통가옥이 민가와 동일시되는 경향이 있다.

동일시하다

어원 同一視~ 활용 동일시하여(동일시해), 동일시하니, 동일시하고 대응 동일시를 하다

타 (어떤 대상을 다른 대상과, 또는 둘 이상의 대상을) 같은 것으로 간주하다. (of a person) Regard a certain subject(s) as the same as something else.

N0-가 N1-를 N2-와 V ↔ N0-가 N2-를 N1-와 V ↔ N0-가 N1-와 N2-를 V (N0=[인간|단체] N1=[구체물], [추상물] N2=[구체물], [추상물])

피 동일시되다

¶사람들은 드라마를 현실과 종종 동일시하곤 한다. ↔ 사람들은 현실을 드라마와 동일시하곤 한다. ↔ 사람들은 드라마와 현실을 동일시하곤 한다. ¶학계에서는 전통가옥을 민가와 동일시하는 경향이 있다. ¶남편은 내면적으로 아내를 어머니와 동일시하게 된다.

동정받다

어원 同情~ 활용 동정받아, 동정받으니, 동정받고 대응 동정을 받다

자 (다른 사람에게) 가엾거나 불쌍하게 여겨지다. Be treated as a poor or pitiful person by another person.

반 동정하다

N0-가 N1-(에|에게) V (N0=[인간|단체] N1=[인간|단체])

¶넌 누구에게도 동정받지 못할 거야. ¶남자들은 다른 사람에게 동정받는 것을 아주 싫어한다. ¶이유 없이 남에게 동정받는 것만큼 싫은 건 없다.

동정하다

어원 同情~ 활용 동정하여(동정해), 동정하니, 동정하고 대응 동정을 하다

타 ❶(다른 사람 또는 그 사람의 처지를) 알아주거나 가엾게 생각하다. Understand or pity another person or his/her hardship.

반 동정받다

N0-가 N1-를 V (N0=[인간|단체] N1=[인간|단체])

¶한때나마 그들을 동정했던 나 자신이 부끄러웠다. ¶나는 너를 동정할 생각도 비방할 생각도 없다.

❷(다른 사람 또는 그 사람의 처지를) 가엾게 여겨 도와주다. Pity another person or his/her hardship and give him/her a hand.

N0-가 N1-를 V (N0=[인간|단체] N1=[인간|단체])

¶다 같이 불쌍한 처지니까 서로를 동정하며 살자. ¶그들을 동정하는 손길들이 많았다.

동조하다

어원 同調~ 활용 동조하여(동조해), 동조하니, 동조하고 대응 동조를 하다

자 (다른 사람의 생각, 주장, 행동 따위에) 자기의 그것을 일치시키거나 보조를 맞추다. Coincide or keep pace with someone's thoughts, opinions, and behaviors.

유 동의하다, 찬성하다 반 반대하다, 반발하다, 저항하다

N0-가 N1-에 V (N0=[인간|단체] N1=[의견], [사조], [상황], [상태], [행위](선동 따위))

¶사람들은 강연자의 주장에 동조했다. ¶야당도 정부의 산업 정책에 동조하는 뜻을 표했다. ¶서민들은 정부의 물가 정책에 동조하지 않았다.

동참하다

어원 同參~ 활용 동참하여(동참해), 동참하니, 동참하고 대응 동참을 하다

자 (어떤 행위나 모임에) 같이 참여하다. Participate in a certain activity or meeting.

유 참여하다

N0-가 N1-에 V (N0=[인간|집단] N1=[행위], [모임])

¶우리는 방학을 맞아 봉사 활동에 동참했다. ¶우리 학교는 전기 절약 운동에 동참하고 있다. ¶나도 내일 동아리 모임에 동참하겠다.

동행하다

어원 同行~ 활용 동행하여(동행해), 동행하니, 동행하고 대응 동행을 하다

자 (둘 이상의 사람이) 함께 길을 다니다. (of two or more people) Walk on the road together.

유 동반하다 자, 수행하다

N0-가 N1-와 V ↔ N1-가 N0-와 V ↔ N0-와 N1-가 V (N0=[인간] N1=[인간])

¶아버지는 어머니와 동행하셨다. ↔ 어머니는 아버지와 동행하셨다. ↔ 아버지와 어머니는 동행하셨다. ¶그는 나와 동행하여 전시회장에 가 주었다. ¶그가 회장님과 동행하는 것을 보고 깜짝 놀랐다.

타 (둘 이상의 사람이) 일정한 시간이나 장소를 함께하다. (of two or more people) Be together in a certain time or place.

N0-가 N2-와 N1-를 V ↔ N2-가 N0-와 N1-를 V ↔ N0-와 N2-가 N1-를 V (N0=[인간] N1=[시간], [장소], [길이] N2=[인간])

¶그는 나와 하루를 동행했다. ↔ 나는 그와 하루를 동행했다. ↔ 그와 나는 하루를 동행했다. ¶어머니는 어린 아들과 등굣길을 동행하셨다.

돼먹다

활용 돼먹어, 돼먹으니, 돼먹고(주로 '돼먹지 못한'의 꼴로 쓴다.) 【속어】

자 사람으로서의 덕과 품격을 갖추다. (of a person) Have virtues and dignity as a human being.

유 되다

N0-가 V (N0=[인간], [감정])

¶그 사람은 상스럽고 돼먹지 못한 말을 입에 달고 다녔다. ¶그는 어른도 공경할 줄 모르는 돼먹지 못한 놈이다.

되뇌다

활용 되뇌어, 되뇌니, 되뇌고

타 되풀이하여 말하다. Say (something) again.

유 반복하다, 되새기다

N0-가 N1-를 V (N0=[인간] N1=[말](단어, 표현, 말 따위))

연어 계속, 반복해서

¶그 사람은 계속 같은 말을 되뇌고 있었다. ¶가해자는 울면서 미안하다는 말만 나지막하게 되뇌고 있었다.

되뇌이다

활용 되뇌여, 되뇌이니, 되뇌이고

타 ☞ '되뇌다'의 오용

되다[1]

활용 되어(돼), 되니, 되고

자 ❶(어떤 것이 다른 것으로) 성질이나 상태가 변하거나 바뀌다. (of something) Change into another thing in terms of quality or state.

유 변하다, 바뀌다

N0-가 N1-(가|로) V (N0=[구체물], [추상물] N1=[구체물], [추상물])

¶시간이 흐르자 올챙이가 정말 개구리가 되었다. ¶물이 얼음으로 되었다.

❷새로운 지위나 신분을 얻다. Assume a new position or status.

N0-가 N1-가 V (N0=[인간] N1=[속성], [역할])

¶나는 이제 대학생이 되었다. ¶나는 정말 부자가 되고 싶었다. ¶나의 꿈은 의사가 되는 것이었다.

❸(다른 사람과) 특정한 인간관계로 새로이 맺어지다. Enter into a new specific human relationship with another person.

N0-가 N2-의 N1-가 V (N0=[인간] N1=[인간] N2=[인간])

¶그가 나의 처남이 되었다. ¶그는 곧바로 민수의 친구가 되었다.

N0-가 N2-와 (서로) N1-가 V ↔ N2-가 N0-와 (서로) N1-가 V ↔ N0-와 N2-가 (서로) N1-가 V (N0=[인간] N1=[인간] N2=[인간](부부, 가족) 따위)

¶원호는 영희와 부부가 되었다. ↔ 영희는 원호와 부부가 되었다. ↔ 원호와 영희는 부부가 되었다. ¶나는 그와 친구가 되고 싶었다. ¶원호는 철수와 서로 동서가 되었다.

❹(다른 사람과) 어떤 인간관계로 맺어져 있다. Have a certain human relationship with another person.

N0-가 N2-에게 N1-가 V (N0=[인간] N1=[인간] N2=[인간])

¶그분이 저에게 삼촌이 됩니다. ¶민수는 나에게 조카가 된다.

N0-가 N2-와 서로 N1-가 V ↔ N2-가 N0-와 서로 N1-가 V ↔ N0-와 N2-가 서로 N1-가 V (N0=[인간] N1=[대칭적관계인간], 간, 사이 따위 N2=[인간])

¶나와 철수는 서로 사촌이 된다. ↔ 철수는 나와 서로 사촌이 된다. ↔ 나와 철수는 서로 사촌이 된다. ¶철수와 민수는 아마 먼 팔촌 간이 될 겁니다. ¶영희가 아니라 수지가 철수와 친구 사이가 되었던 걸로 기억합니다.

❺어떤 시기나 상태, 상황에 다다르다. Reach a time, a state, or a situation.

유 도달하다, 도래하다

N0-가 N1-가 V (N0=[인간], [구체물], [단위], 계절, 나이 따위 N1=[인간](어른, 청년 따위), [단위], [정도], [수량], [계절], 나이 따위)

연어 다

¶이 건물도 벌써 지은 지 20년이 되었다. ¶물은 0도가 되면 얼기 시작한다. ¶벌써 계절이 봄이 되었다.

ㄷ

❻일정한 수량이 차다. (of a definite quantity) Be filled.
N0-가 N1-가 V (N0=[구체물], [추상물] N1=[수량], [단위])
¶올해의 순수익이 20억 원이 되었다. ¶김 위원의 구속을 반대하는 국회의원의 수가 벌써 과반수가 되었다.
❼(어떤 것이) 그 자신의 속성으로 이름이나 수량, 값 따위를 부여받다. (of something) Be conferred a name, a quantity, or a price by its own quality.
N0-가 N1-가 V (N0=[구체물], [추상물] N1=[수량], [단위], [속성])
¶그녀의 몸무게는 45킬로그램쯤 된다. ¶이번에 새로 들어온 농구 선수는 키가 무려 2 미터나 된다.
❽(사람으로서의) 품격이나 덕을 갖추다. Have dignity or virtue as a human.
(유)돼먹다
N0-가 N1-가 V (N0=[인간] N1=사람)
[연어]덜, 안
¶너는 정말 사람이 덜 되었다. ¶그 사람은 영 사람이 안 됐어.
❾(득 또는 실, 유리한 점, 어려움 등이) 자신의 몫으로 돌아오다. (of gain or loss, advantage, difficulty) Be returned as one's own lot.
N0-가 N2-에게 N1-가 V (N0=[추상물] N1=[인간|단체] N2=힘, 부담, 손해, 이익, 돈 따위)
¶그 문제는 영희에게 정말 큰 부담이 되었다. ¶그들은 이익이 되지 않는다면 전혀 관심을 보이지 않았다.
❿(어떤 성분이나 부분으로) 이루어져 있다. Consist of material or parts.
(유)이루어지다, 구성되다
N0-가 N1-로 V (N0=[구체물], [추상물] N1=[부분], [성분], [재료])
¶이 책은 5장으로 되어 있다. ¶이 망치는 쇠로 되어 있다. ¶저 문은 나무로 되어 있다.
※ 대부분 '되어 있다'의 형태로 사용된다.
⓫(어떤 대상이) 만들어지다. (of an object) Be made.
(유)만들어지다, 완성되다
N0-가 V (N0=[사물])
[연어]다, 잘
¶밥이 되면 밥솥 스위치를 끄면 된다. ¶새 맞춤 양복이 거의 되어 간다.
⓬(어떤 일이) 특정한 방식으로 진행되거나 실현되다. (of a work) Proceed or to be achieved in a specific way.
N0-가 ADV V (N0=[행사], [상태], ADV=잘, 안, 다 따위)
¶그 일이 잘 되어 간다. ¶이번 계획이 잘 안 되면 큰일 난다. ¶아버지 사업이 잘 안 되고 있다.
⓭(수명이) 다하다. Run out of life.
(유)끝나다
N0-가 ADV V (N0=[구체물], [인간], [동물], 수명 따위, ADV=다)
¶배터리가 다 되었다. ¶이 냉장고 수명도 이제 다 된 것 같다. ¶이 컴퓨터도 이제 다 된 것 같다.
⓮(식당에서 특정 음식이) 제공되다. (of particular food) Be servable at a restaurant.
(유)제공되다, 판매되다
N0-가 V (N0=[음식])
¶지금 설렁탕 되나요? ¶짜장면은 지금 안 됩니다.
⓯(어떤 일이) 다른 사람들에게 사실과 다르게 알려지다. (of a work) Be known to other people differently from fact.
(유)간주되다
N0-(에|에게) S것-으로 V (N0=[인간|단체])
¶친구들에게는 내가 배신한 것으로 되어 있었다. ¶사람들에게 우리는 죽은 것으로 되어 있었다.
⓰(어떤 일과 관련된 기간이) 지나다. (of a period related to a work) Pass.
(유)지나다[재], 경과하다[재]
S지-가 N0-가 V (N0=[시간])
¶이 일에 종사한 지 내년으로 10년이 된다. ¶그 사건이 일어난 지 아직 1년도 안 되었다.

되다[2]

[활용]되어(돼), 되니, 되고
[기능자]'피동'을 나타내는 기능동사 Support verb meaning "passivity".
N0-가 N1-에 Npr-가 V (N0=[인간] N1=[상태](시험, 학교, 회사 따위), Npr=합격)
[능]시키다
¶나는 회사에 합격이 되었다. ¶조카는 대학 입학 시험에 합격이 되었다.
N0-가 N1-와 N2-에 대해 Npr-가 V ↔ N1-가 N0-와 N2-에 대해 Npr-가 V ↔ N0-와 N1-가 N2-에 대해 Npr-가 V (N0=[인간|단체] N1=[인간|단체] N2=[구체물], [추상물], Npr=약속)
[능]하다
¶나는 그와 그 일에 대해 약속이 되어 있었다. ↔ 그는 나와 그 일에 대해 약속이 되어 있었다. ↔ 나와 그는 그 일에 대해 약속이 되어 있었다. ¶나는 남자친구와 결혼에 대해 약속이 되어 있었다.
N0-가 N1-로 Npr-가 V (N0=[인간] N1=[역할], [직위], Npr=결정)
[능]하다
¶김 의원이 차기 장관으로 내정이 되었다. ¶나는

올해의 우수 사원으로 결정이 되었다.
N0-가 N1-(에 의해|에게) Npr-가 V (N0=[구체물], [추상물] N1=[인간|단체], Npr=연구, 발각, 매진, 진전, 마비 따위)
[능]하다, 시키다
¶이번 공연 표는 일찍 매진이 되었다. ¶내 연구는 많은 부분 진전이 되었다.
N0-가 N1-에게 Npr-가 V (N0=[추상물] N1=[인간], Npr=결여, 결핍, 배제 따위)
[능]시키다
¶그녀에게는 감정이 결여가 되어 있는 것 같았다. ¶강한 정신력이 선수들에게 결핍이 되어 있다.
N0-가 N1-에게 Npr-가 V (N0=[추상물] N1=[인간|단체], Npr=도움, 위협 따위)
[능]하다, 주다
¶그 일은 영희에게 정말 큰 도움이 되었다. ¶이번 사태는 우리에게는 꽤 큰 위협이 될 수 있다.
N0-가 N1-(에|로) Npr-가 V (N0=[인간] N1=[직위], [역할], Npr=선출)
[능]하다
¶동호가 이번에 반장으로 선출이 되었다. ¶그녀는 부회장으로 선출이 되었다.
N0-가 N1-에서 Npr-가 V (N0=[인간] N1=[직위], [역할], Npr=해고, 파면, 면직 따위)
[능]하다, 시키다
¶동수는 이번 실수로 직장에서 해고가 되었다. ¶동호는 다행히 면직이 되는 것으로 위기를 모면했다.
N0-가 S고 Npr-V (N0=[추상물], [구체물], Npr=생각, 추측, 예측, 사료, 보도, 보고 따위)
[능]하다
¶올해는 주식이 오를 것이라고 예측이 된다. ¶인기 연예인이 결국 파혼하였다고 보도가 되었다.
N0-가 N1-에게 Npr-가 V (N0=[구체물], [추상물] N1=[인간|단체], Npr=걱정, 염려, 안심 따위)
[능]하다
¶어머니의 건강에 영희에게는 정말 큰 염려가 되고 있었다. ¶실종자들의 구출 소식이 큰 안심이 되었다.

되다3

[활용]되어(돼), 되니, 되고
[보조]❶(동사 뒤에서 '~게 되다' 구성으로 쓰여) 앞말이 뜻하는 행동이 결국 이루어지게 됨을 나타내는 보조동사. (in the form of "~게 되다" after a verb) Auxiliary verb meaning that the action described by the precedent word finally comes true.
V-게 Vaux
¶오늘부터 여러분들을 가르치게 되었습니다. ¶우리는 일본을 누르고 결승에 진출하게 되었다. ¶우리 회사는 내일 야유회를 치르게 되었다.
❷(동사 뒤에서 '~기로 되다', '~도록 되다' 구성으로 쓰여) 앞말이 나타내는 행위, 사건 땅위가 그렇게 이루어질 예정 또는 운명이었음을 나타내는 보조동사 (in the form of "~기로 되다", "~도록 되다" after a verb) Auxiliary verb meaning that the action or event described by the precedent word was destined to be done in a certain way.
V-(기로|게|도록) Vaux
¶그는 마지막에 죽기로 되어 있었다. ¶확실히 그는 성공하게 되어 있었다. ¶비자 없이 중국은 입국하지 못하도록 되어 있다.
※ 대부분 '되어 있다'의 형태로 사용된다.
❸(동사 뒤에서 '~어야 되다' 구성으로 쓰여) 앞말이 나타내는 행위가 그렇게 이루어져야 함을 나타내는 보조동사 (in the form of "~어야 되다" after a verb) Auxiliary verb meaning that the action described by the precedent word should be done in a certain way.
[유]하다
V-어야 Vaux
¶철수는 당장 집에 가야 된다. ¶그는 그 생각을 빨리 포기해야 된다.
❹(동사 뒤에서 '~도 되다', '~면 되다' 구성으로 쓰여) 앞말이 나타내는 행위를 해도 된다는 허가 또는 가능을 나타내는 보조동사 (in the form of "~도 되다", "~면 되다" after a verb) Auxiliary verb meaning that the action described by the precedent word may or can be done.
V-도 Vaux
¶그럼 저는 집에 가도 되나요? ¶골문이 비어 있어서 철수는 공을 건드리기만 하면 되는 상황이었다.

되돌다

[활용]되돌아, 되도니, 되돌고, 되도는
[자]❶(사물이) 원래의 돌던 방향과 반대 방향으로나 거꾸로 돌다. (of a thing) Rotate in reverse direction.
[유]역회전하다, 거꾸로 돌다 [상]돌다1
N0-가 V (N0=[구체물])
¶넘어진 자동차의 바퀴가 빙그르르 되돌고 있었다. ¶저쪽으로 굴린 공이 되돌아 나왔다.
❷(사람이) 어디로 향하던 곳에서 반대쪽으로 방향을 바꾸어 돌아가다. (of a person) Turn around and go in the opposite direction.
N0-가 N1-로 V ↔ N0-가 N1-를 V (N0=[인간],

[교통기관] N1=[장소])
사 되돌리다
¶차는 왔던 길로 되돌아 다시 고속도로를 달렸다.
¶차는 왔던 길을 되돌아 다시 고속도로를 달렸다.

되돌리다

활용 되돌리어(되돌려), 되돌리고, 되돌리니
타 ❶(사람이) 무엇을 다시 본래 상태가 되게 바꾸거나 복원하다. (of a person) Change or put something back to its original state.
㊍돌리다II[1], 돌이키다, 바꾸다, 복원하다
N0-가 N1-를 N2-로 V (N0=[인간] N1=[모두] N2=[모두])
¶엎질러진 물은 다시 원래 상태로 되돌릴 수 없다.
¶시민들은 투표를 통해 도시의 이름을 고유어로 되돌리기로 결정했다.
❷(무엇이) 사람이나 물건을 본래 향하던 곳에서 반대쪽으로 방향을 바꾸게 하다. (of something) Turn a person or a thing back to the opposite direction.
㊍돌리다II[1]
N0-가 N2-로 N1-를 V (N0=[인간] N1=[인간], [교통기관] N2=[장소], [방향])
주 되돌다
¶그는 사고 소식을 듣고 차를 집으로 되돌렸다.
¶나는 그 말을 듣고 집으로 발길을 되돌렸다.
❸(사람이) 마음이나 생각, 결심 따위를 원래대로 고쳐먹다. (of a person) Change one's mind, thought, or decision back again.
㊍돌리다II[1], 돌이키다, 바꾸다
N0-가 N1-를 N2-로 V (N0=[인간] N1=마음, 생각, 결심 따위 N2=[모두])
¶정부는 상처받은 민심을 되돌리기 위해 노력하였다. ¶나는 그녀의 마음을 되돌리려 했지만 소용이 없었다.
❹(사람이) 무엇을 다른 사람에게 도로 돌려주거나 받다. (of a person) Return something to another person or get it back from another person.
㊍돌려주다, 돌려받다
N0-가 N2-에게 N1-를 V (N0=[인간] N1=[구체물] N2=[인간])
¶그는 선물을 나에게 되돌려 보냈다. ¶우리는 집주인에게 도배 비용 30만 원을 되돌려 받았다.
❺(무엇이) 입맛을 도로 살아나게 하여 음식 맛을 느끼게 하다. (of something) Give back one's appetite so that one can enjoy the taste of food.
N0-가 N1-를 V (N0=[인간], [음식물] N1=입맛)
¶이 음식은 입맛을 되돌리는 데에 좋다. ¶나는 남편의 입맛을 되돌리려 애를 썼다.

되돌아가다

활용 되돌아가, 되돌아가니, 되돌아가고, 되돌아가거라/되돌아가라
자 ❶(무엇이) 본래 있던 곳으로 방향을 바꾸어 도로 가다. (of something) Change its direction and go back to the original place.
㊥되돌아오다 ㊥가다[1]
N0-가 N1-(로|에) V (N0=[인간], [교통기관] N1=[장소])
¶나는 지갑을 두고 나와 집으로 되돌아갔다.
¶그는 유학간 지 1년 만에 한국에 되돌아갔다.
❷ (무엇이) 본래의 상태로 다시 되다. (of something) Get back to its original state.
㊥되돌아오다
N0-가 N1-로 V (N0=[모두] N1=[모두])
¶여행이 끝난 후 우리는 다시 일상으로 되돌아갔다. ¶사람들의 의식이 다시 예전으로 되돌아갈 수 있을까?
❸원래의 주제나 내용을 다시 다루다. Deal with the original subject or content.
㊥되돌아오다 ㊥가다[1]자
N0-가 N1-로 V (N0=[인간] N1=본론, 주제 따위)
¶이야기가 잠깐 샜는데 본론으로 되돌아갑시다.
¶다시 주제로 되돌아가서 이야기를 해 봅시다.
❹일이나 얘기가 더 진전되지 않고 제자리에서 맴돌다. (of work or talk) Keep turning and make no progress.
N0-가 N1-로 V (N0=[일반모임회의] N1=원점, 제자리 따위)
¶그의 등장으로 협상은 다시 원점으로 되돌아갔다. ¶협상은 진전되지 못하고 원점으로 되돌아가기가 수차례였다.
N0-가 N1-를 V (N0=[인간], [교통기관] N1=[장소])
¶나는 지갑을 두고 나와 왔던 길을 되돌아갔다.
¶공사 중이라 우리는 길을 되돌아가야 했다.
❺과거나 기억을 살리어 회상하다. Recollect the past or a memory.
㊥되돌아오다 ㊥가다[1]자
N0-가 N1-로 V (N0=[인간], [교통기관] N1=[연령](아이), 어린 시절 따위)
¶이 음악을 들으니 어린 시절로 되돌아간 듯하다.
¶모처럼만에 고향을 가니 아이 때로 되돌아간 것 같다.
N0-가 N1-를 V (N0=[인간], [교통기관] N1=[장소])
¶나는 지갑을 두고 나와 왔던 길을 되돌아갔다.
¶공사 중이라 우리는 길을 되돌아가야 했다.
타(무엇이) 본래 있던 곳을 방향을 바꾸어 도로 가다. (of something) Change its direction and go back to the original place.

[반]되돌아오다 [상]가다¹[타]
N0-가 N1-를 V (N0=[인간], [교통기관] N1=[장소])
¶나는 지갑을 두고 나와 왔던 길을 되돌아갔다. ¶공사 중이라 우리는 길을 되돌아가야 했다.

되돌아보다

[활용]되돌아보아(되돌아봐), 되돌아보니, 되돌아보고
[타]❶(어떤 대상이나 장소를) 고개를 뒤로 돌려 다시 바라보다. Turn back and look at an object or a place again.
N0-가 N1-를 V (N0=[인간] N1=[구체물], [공간], [방향])
¶영희는 떠나며 남자친구를 몇 번이고 계속 되돌아보았다. ¶지나온 길을 되돌아보니 어머니가 오고 계셨다.
❷(지난 일이나 기억을) 돌이켜 생각하다. Look back on the past or memory.
[유]돌이켜보다, 회상하다
N0-가 N1-를 V (N0=[인간|단체] N1=[추상물](기억, 추억, 일, 세월, 과거 따위))
¶어머니는 내 어릴 적의 기억을 되돌아보시는 듯 눈시울을 붉히셨다. ¶그의 연설을 듣고 나의 지난날을 되돌아보게 되었다.

되돌아오다

[활용]되돌아와, 되돌아오니, 되돌아오고, 되돌아오너라/되돌아와라
[자]❶(사람이나 교통수단이) 어디로 향하던 곳에서 반대 방향으로 다시 오다. (of person or transportation) Return to the opposite direction.
[반]되돌아가다 [상]오다¹
N0-가 N1-(로|에) V (N0=[인간], [교통기관] N1=[장소])
¶나는 지갑을 두고 나와 집으로 되돌아왔다. ¶비행기는 기상 상황이 좋지 않아 이륙장으로 되돌아왔다.
N0-가 N1-(로|를) V (N0=[인간], [교통기관] N1=[장소])
¶차는 더 이상 앞으로 나갈 수가 없어서 왔던 길로 되돌아와야만 했다. ¶가게가 문을 닫아 우리는 갔던 길을 되돌아왔다.
N0-가 N1-(로|에|에게) V (N0=[인간] N1=[인간] N2=[인간])
¶그는 무사히 가족의 품으로 되돌아왔다. ¶그는 나에게 되돌아오지 않았다.
❷(유출되었던 물건이) 원주인이나 단체로 반환되어 귀속되다. (of things leaked) Return and belong to the original owner or organization.
[유]반환되다 [반]되돌아가다 [상]오다¹
N0-가 N1-로 V (N0=[구체물] N1=[집단], [장소])
¶국보급 문화재가 국내로 되돌아왔다. ¶내 선물은 포장 그대로 집으로 되돌아왔다.
N0-가 N1-에게 V (N0=[구체물] N1=[인간])
¶내가 상부에 올린 보고서는 걸핏하면 되돌아온다. ¶내 선물은 포장 그대로 내게 되돌아왔다.
❸ (무엇이) 본래의 상태로 다시 되다. (of something) Get back to its original state.
[유]복원되다
N0-가 N1-로 V (N0=[모두] N1=[모두])
¶여행이 끝난 후 우리는 다시 일상으로 되돌아왔다. ¶그의 등장으로 협상은 다시 원점으로 되돌아왔다.
❹(잠깐 잃었던 정신이나 의식이) 정상적으로 살아나다. (of mind or consciousness) Revive normally after being lost for a short time.
[유]깨어나다, 되살아나다
N0-가 V (N0=정신, 의식 따위)
¶정신이 빨리 되돌아오지 않아서 큰일이다. ¶오랫동안 혼수상태에 있던 그가 드디어 의식이 되돌아왔다.
❺(입맛이) 도로 살아나 음식 맛을 느끼다. (of taste) Be regained so that one can taste food.
[유]되살아나다
N0-가 V (N0=입맛)
¶드디어 입맛이 되돌아왔다. ¶오랫동안 아팠더니 입맛이 빨리 되돌아오지 않는다.
❻(절기나 때가) 지나서 다시 순환되거나 반복되다. (of season or particular time) Be recirculated or repeated.
N0-가 V (N0=[시간])
¶올해도 한글날이 되돌아왔다. ¶기념일은 빨리도 되돌아온다.

되묻다

[활용]되물어, 되물으니, 되묻고, 되묻는
[자]❶(이미 했던 질문에 대답하도록) 반복해서 다시 질문하다. Question again by repeating a previously answered question.
[유]다시 묻다
N0-가 N1-(에|에게) S(냐고|지) V (N0=[인간] N1=[인간|단체])
[연어]자꾸
¶나는 어떤 서류가 더 필요한지 직원에게 되물었다. ¶마을 대표들이 진입로 공사를 언제 시작하냐고 구청에 되물어 보았다.
❷(어떤 사람의 질문에 대하여 답하지 않고) 그 사람에게 도리어 질문을 하다. Question someone instead of answering someone's question.
[유]반문하다
N0-가 N1-에게 S(냐고|지) V (N0=[인간] N1=[인간])
[연어]도리어, 오히려, 짓궂게

ㄷ

¶동생은 내 질문에 답은 않고 나는 어떻게 생각하냐고 짓궂게 되물었다. ¶친구는 나에게 어리석은 질문은 왜 하냐고 오히려 되물었다.
자타❶(이미 했던 질문을) 반복해서 다시 묻다. Ask a previously answered question again.
유다시 묻다
N0-가 N1-(에 대해|를) N2-(에|에게) V (N0=[인간] N1=[이유], 주소, 전화번호 따위 N2=[인간|단체])
연어자꾸
¶토론자가 기자에게 늑장 보도의 이유에 대해서 재차 되물었다. ¶나는 구청에 민원 처리 거부 이유에 대해서 계속 되물었지만 돌아오는 답은 한결같았다.
N0-가 N1-에게 S지-(에 대해|를) V (N0=[인간] N1=[인간|단체])
연어자꾸
¶어머니는 무엇이 문제인지에 대해 동생에게 자꾸 되물으셨다. ¶나는 형에게 언제 올 것인지를 되물었지만 확답을 듣지 못했다.
❷(어떤 사람의 질문에 대하여 답하지 않고) 그 사람에게 도리어 질문을 하다. Question someone instead of answering someone's question.
유반문하다
N0-가 N1-(에 대해|를) N2-에게 V (N0=[인간] N1=말, 안부, 전화번호 따위 N2=[인간])
연어오히려, 도리어, 짓궂게
¶친구는 내 말에 답은 않고 도리어 내게 엉뚱한 말을 되물었다. ¶내가 어떻게 지내고 있냐고 묻자 그는 도리어 내 안부에 대해 되물었다.
N0-가 N1-에게 S지-(에 대해|를) V (N0=[인간] N1=[인간])
연어오히려, 도리어, 짓궂게
¶그는 내 질문에는 답하지 않고 도리어 동거에 대해 어떻게 생각하는지를 짓궂게 되물었다. ¶나는 화가 나서 대답 대신 그에게 그 일을 언제, 어떻게 처리할지에 대해서만 되물었다.

되살리다

활용되살리어(되살려), 되살리니, 되살리고
타❶(죽거나 끊어져 가는 목숨을) 다시 살아나게 하거나 생명을 유지하게 하다. (of dying or fading life) Make it live again or maintain its life.
유다시 살리다, 회생시키다
N0-가 N1-를 V (N0=[인간] N1=[인간], [동물], [식물], 생명, 목숨 따위)
¶의사가 죽어 가던 환자의 생명을 되살렸다. ¶어머니는 시들어 죽어 가던 난을 되살리셨다.
❷(꺼져 가던 불, 불씨 따위를) 다시 불이 붙어 타오르게 하다. Have any dying fire, embers, etc., be lit, burn again.
N0-가 N1-를 V (N0=[인간] N1=[불])
¶어머니께서 꺼졌던 연탄불을 되살리니 방이 따뜻해졌다. ¶아버지께서 꺼져 가던 모닥불을 되살렸다.
❸(활기를 잃은 상태나 현상 따위를) 다시 활발하게 원상태로 복귀시키거나 제 기능을 하도록 만들다. Give vitality to a situation with no vigor and enabling it to properly function.
유회복시키다, 회생시키다
N0-가 N1-를 V (N0=[인간|단체] N1=[추상물](경제 따위), [집단], [관습], [현상])
¶정부가 다양한 농업 지원 대책을 통해 농촌을 되살렸다. ¶우리 고유의 전통을 현대에 맞게 되살려 계승해야 한다.
❹(잊힌 기억이나 감정 따위를) 마음이나 의식 속에 다시 떠오르게 하다. Make any forgotten memory, emotion, etc., appear again in one's mind or consciousness.
N0-가 N1-를 V (N0=[인간], [구체물](사진 따위) N1=[추상물](추억, 기억 따위))
¶그는 젊은 시절의 추억을 되살려 기차 여행을 떠났다. ¶연애 시절에 찍었던 사진이 그때의 추억을 되살려 주었다.
❺(목적이나 뜻 따위를) 원래 목적에 맞게 다시 새기다. Print any purpose, cause, etc., on one's mind again according to the original purpose.
N0-가 N1-를 V (N0=[인간|단체] N1=[계획](목적, 취지 따위))
¶이곳은 자선 단체의 설립 목적을 되살려 정기적으로 무료 급식소를 운영한다. ¶정부는 경제 활성화 정책의 취지를 되살려 규제를 최소한으로 줄여야 할 것이다.

되살아나다

활용되살아나, 되살아나니, 되살아나고
자❶(사람이나 동식물 따위가) 거의 죽게 되었다가 다시 살아 생명을 유지하다. (of a person, an animal, a plant, etc.) Maintain life by gaining life again from a near-death situation.
유회생하다
N0-가 V (N0=[인간], [동물], [식물])
¶죽어 가던 화초가 되살아났다. ¶시름시름 앓던 말이 되살아나 다시 뛰어다닐 수 있게 되었다.
❷(꺼져 가던 불, 불씨 따위가) 다시 불이 붙어 타오르다. (of dying fire, embers, etc.) Get lit and burn again.
유다시 타다
N0-가 V (N0=[불])
¶어머니가 아궁이에 바람을 불어 넣자 연탄불이 되살아났다. ¶아버지께서 판자로 바람을 막자 꺼져 가던 모닥불이 되살아났다.

❸(침체되거나 가라앉은 경기나 분위기 따위가) 다시 원상태로 바뀌어 활기를 찾다. (of recessed or depressed economy, atmosphere, etc.) Return to the original state and gain energy.
㊌회복되다
N0-가 V (N0=[추상물](경제 따위), [집단], [장소])
¶부동산 경기가 되살아나 주택 거래량이 늘어났다. ¶정부의 지원으로 전통시장이 되살아나기 시작했다.
❹(약해졌던 기세, 의지 따위가) 다시 강해지다. (of weakened energy, willpower, etc.) Become strong again.
㊌회복되다 ㊙약해지다
N1-의 N0-가 N2-에 V ↔ N2-에 N1-는 N0-가 V (N0=[속성](기세, 심리 따위), [추상물](의지, 투지 따위) N1=[인간] N2=[추상물](응원, 정책 따위))
¶관중들의 응원에 우리 팀 선수들의 기세가 되살아났다. ↔ 관중들의 응원에 우리 팀 선수들은 기세가 되살아났다. ¶실패해도 다시 해보겠다는 의지가 되살아나 좋은 결과를 낼 수 있었다.
❺(욕구, 증세 따위가) 다시 왕성하게 나타나거나 일어나다. (of desire, symptom, etc.) Appear or occur again vigorously.
N1-의 N0-가 V ↔ N1-는 N0-가 V (N0=[속성](입맛, 식욕 따위), [질병](통증 따위) N1=[인간])
¶제철 음식을 먹고 나니 내 입맛이 되살아나는 것 같았다. ↔ 제철 음식을 먹고 나니 내 입맛이 되살 아나는 것 같았다. ¶수술의 통증이 되살아났는지 명수는 무척 괴로워했다.
❻(거의 잊었던 기억, 감정 따위가) 다시 생각나거나 새로이 떠오르다. (of nearly forgotten memory, emotion, etc.) Be thought again, newly occur.
㊌회상되다
N0-가 V (N0=[추상물](추억, 기억 따위))
¶옛날 사진을 보니 그때의 추억이 새록새록 되살아났다. ¶과거의 안 좋은 기억들이 되살아나 그녀를 괴롭혔다.

되짚다

활용 되짚어, 되짚으니, 되짚고
※ 주로 '되짚어' 형태로 쓰인다.
타 ❶(여럿 중에 일부분이나 하나를) 다시 짚다. Address a part or one among many one more time.
N0-가 N1-를 V (N0=[인간] N1=[부분])
¶우리는 틀린 문제만을 되짚어 빨간색으로 표시했다. ¶너는 지도에 우리가 갔던 곳만 되짚어서 표시해 두어라.
❷(지난 일이나 기억, 말 따위를) 다시 떠올려 곰곰이 따져보다. Recollect and consider past event, memory, or words.
N0-가 N1-를 V (N0=[인간] N1=[추상물])
¶나는 아내와의 추억을 하나하나 되짚었다. ¶남자는 자신이 한 말을 하나하나 되짚고 있다.
N0-가 Q-를 V (N0=[인간|단체])
¶김 과장은 어느 단계에서 허점이 노출됐는지를 샅샅이 되짚었다. ¶선생님께서 저에게 무엇이 부족한지를 꼼꼼히 되짚어 주셨다.
❸(오거나 가던 길을) 다시 그대로 따라 돌아가거나 돌아오다. Go back or come back the way one came or went.
N0-가 N1-를 V (N0=[인간], [교통기관] N1=길)
¶아이는 슬그머니 올라온 길을 되짚어 내려갔다. ¶버스가 왔던 길을 되짚어 조금 걸어나가니 마을 입구가 나타났다.

ㄷ

되찾다

활용 되찾아, 되찾으니, 되찾고
타 ❶ (잃어버린 물건을) 다시 찾다. Regain something one lost.
㊌다시 찾다 ㊍찾다
N0-가 N1-를 V (N0=[인간|단체] N1=[구체물])
¶나는 잃어버렸던 필통을 되찾았다. ¶그 만년필은 추억이 깃든 물건이기 때문에 꼭 되찾아야 합니다.
❷(잃어버린 예전의 상태를) 다시 회복하다. Return a changed state to its original state.
㊌회복하다
N0-가 N1-를 V (N0=[인간|단체] N1=[추상물], [정적사태], [현상])
¶할아버지께서 의식을 되찾으셨다. ¶그 선수는 다시는 예전 실력을 되찾기 어려울 정도로 몸이 망가져 있었다.

되풀이되다

활용 되풀이되어(되풀이돼), 되풀이되니, 되풀이되고 대응 되풀이가 되다
자 ❶(말이나 행동 따위가) 똑같이 자꾸 반복되다. (of speech, behavior, etc.) Continue to repeat in the same manner.
㊌반복되다
N0-가 V (N0=[이야기], [행위], [실패](실수, 잘못 따위))
능 되풀이하다
¶똑같은 실수가 되풀이되지 않도록 조심해라. ¶나는 되풀이되는 선배의 이야기를 더 이상 듣고 싶지 않았다.
❷(상황이나 사태가) 똑같이 계속해서 일어나다. (of a situation, an incident, etc.) Repeatedly

occur in the same manner.
㊜반복되다, 재발하다
N0-가 V (N0=[우발사건])
[능]되풀이하다
¶다시는 이러한 비극이 되풀이되지 않기를 바란다. ¶해마다 되풀이되는 장마지만 안전 관리는 여전히 미흡하다.
❸(기존의 방식 따위가) 새로이 바뀌지 아니하고 그대로 지속되다. (of a traditional method, etc.) Be continued without changing into a new form.
㊜반복되다
N0-가 V (N0=[관습])
[능]되풀이하다
¶기존의 관습이 계속 되풀이되고 있을 뿐이다. ¶잘못된 인사 관행이 되풀이되지 않도록 하자.

되풀이시키다
[활용]되풀이시키어(되풀이시켜), 되풀이시키니, 되풀이시키고 [대응]되풀이를 시키다
[타](어떤 사람이) 다른 사람에게 행동이나 일 따위를 똑같이 계속해서 반복하게 하다. (of a person) Make someone continue repeating the same behavior, task, etc.
㊜반복시키다
N0-가 N2-에게 N1-를 V (N0=[인간] N1=[행위] N2=[인간])
[주]되풀이하다
¶감독은 선수들에게 기초 체력 훈련을 되풀이시켰다. ¶엄마는 아이에게 시 낭송을 되풀이시켰다.
N0-가 N1-에게 S(것을|기를) V (N0=[인간] N1=[인간])
[주]되풀이하다
¶선생님은 학생들에게 책 읽는 것을 되풀이시켰다. ¶엄마는 아이에게 구구단 외우기를 되풀이시켰다.

되풀이하다
[활용]되풀이하여(되풀이해), 되풀이하니, 되풀이하고 [대응]되풀이를 하다
[타]❶(말이나 행동 따위를) 똑같이 자꾸 반복하다. Continue repeating the same speech, behavior, etc.
㊜거듭하다, 반복하다
N0-가 N1-를 V (N0=[인간] N1=[이야기], [행위], [실패](실수, 잘못 따위), [관습])
[피]되풀이되다 [사]되풀이시키다
¶선배는 같은 이야기를 계속해서 되풀이하고 있다. ¶아들은 실패를 되풀이하지 않기 위해 피나는 연습을 했다.
N0-가 S(것-을|기-를) V (N0=[인간])
[피]되풀이되다 [사]되풀이시키다
¶학생들은 책 읽는 것을 계속 되풀이했다. ¶나는 구구단 외우기를 되풀이했다.
❷(상황이나 사태를) 똑같이 반복해서 일으키다. Repeatedly cause the same situation, status, etc.
㊜거듭하다, 반복하다
N0-가 N1-를 V (N0=[인간|단체] N1=[사건])
[피]되풀이되다
¶그들은 서로 이득 없는 전쟁을 되풀이하고 있다. ¶노조는 걸핏하면 파업을 되풀이한다는 비난을 받았다.
❸(기존의 방식 따위를) 새로이 바꾸지 아니하고 그대로 따라하다. Follow an existing method, etc., as it is without changing it into a new form.
㊜거듭하다, 반복하다
N0-가 N1-를 V (N0=[인간|단체] N1=[관습])
[피]되풀이되다
¶그들은 기존의 관습을 되풀이하고 있다. ¶정부는 잘못된 인사 관행을 되풀이하지 않도록 주의해야 한다.

두근거리다
[활용]두근거리어(두근거려), 두근거리니, 두근거리고 ㊥도근거리다
[자](마음이) 흥분이나 설렘으로 인하여 안정되지 아니하다. (of mind) Be unstable due to excitement or thrill.
㊜두근대다, 설레다
N0-가 V (N0=[마음](가슴), 심장)
¶주희는 큰일이 난 줄 알고 심장이 두근거렸다. ¶나는 두근거리는 마음으로 면접장에 도착했다.
[타](마음을) 흥분이나 설렘으로 인하여 안정되지 아니하게 하다. Make a mind unstable by excitement or thrill.
㊜두근대다, 설레이다
N0-가 N1-를 V (N0=[모두] N1=[마음](가슴), 심장)
¶나연이는 가슴을 두근거리며 시험장으로 들어갔다. ¶영화에서 본 파도타기가 내 심장을 두근거리게 했다. ¶소녀가 마음을 두근거린 대상은 같은 반 남자아이였다.

두근대다
[활용]두근대어(두근대), 두근대니, 두근대고
[자]·[타] ☞ 두근거리다[자].[타]

두다[1]
[활용]두어(둬), 두니, 두고
[타]❶(물건을) 어떤 장소에 놓다. Put something in a place.
㊜놓다[1]

No-가 N2-에 N1-를 V (No=[인간] N1=[구체물] N2=[장소])
¶나는 집에 오자마자 가방을 책상 위에 두었다. ¶건물주는 복도마다 소화기를 두었다.
❷(다른 사람이나 물건을) 가져가거나 데려가지 않고 남겨 두거나 버리고 가다. Leave or desert another person or article, not taking such along.
㊥남겨놓다
No-가 N2-에 N1-를 V (No=[인간] N1=[인간], [구체물] N2=[장소])
¶나는 돈을 벌러 서울에 가느라 먼 친척집에 아이들을 두었다. ¶한 손님이 버스에 우산을 두고 내렸다.
❸(중요한 일이나 결과를) 가까운 시일 안으로 남기다. Postpone an important work or result to the near future.
No-가 N1-를 N2-에 V (No=[인간] N1=[행위] N2=[미래](내일)(눈앞, 목전 따위))
¶우리 팀은 승리를 눈앞에 두었다. ¶수술을 받지 못한 환자들은 죽음을 목전에 두었다. ¶연구원들은 실험 결과를 바로 앞에 두었다.
❹(어떤 대상에) 생각이나 마음 따위를 가지다. Have something in mind.
㊥갖다, 품다
No-가 N2-(에|에게) N1-를 V (No=[인간] N1=[감정](호기심, 미련, 혐의 따위) N2=[생각](열정 따위), [모두])
¶우리는 다음 세대에 희망을 두었다. ¶그는 이미 지나간 일에 미련을 두었다.
❺(어떤 대상에 다른 재료를) 섞거나 넣다. Add another stuff to something or mix them.
㊥넣다[1], 섞다
No-가 N2-에 N1-를 V (No=[인간] N1=[음식], [재료](솜 따위) N2=[구체물])
¶아저씨가 이불에 솜을 두셨다. ¶떡집 주인이 떡에 건포도를 두었다.
❻ (다른 사람을) 고용하여 부리다. Employ another person.
㊥고용하다
No-가 N2-에 N1-를 V (No=[인간] N1=[직책] N2=[장소])
¶아이를 기르는 동안 집에 가정부를 두었다. ¶도둑을 막기 위해 아파트에 경비원을 두었다.
❼(사람이나 단체가) 직책이나 조직, 기구 따위를 설치하다. (of people or organization) Establish a position, a team, or an organization.
㊥설치하다
No-가 N2-에 N1-를 V (No=[인간|단체] N1=[단체] N2=[집단])
¶우리 회사는 전국 곳곳에 지사를 두었다. ¶세계무역기구는 본부에 많은 하위 기구를 두었다.
❽(다른 사람을) 가족이나 친인척, 친구로 가지다. Have another person as one of his or her family members, relatives, or friends.
㊥갖다
No-가 N1-를 V (No=[인간] N1=[인간])
¶그는 늘그막에 아내와의 사이에 늦둥이를 두었다. ¶성공한 사람들은 모두 좋은 친구를 두었다.
No-가 N1-를 N2-로 V (No=[인간] N1=[인간] N2=[인간])
¶나는 이상형인 여자를 아내로 두었다. ¶내 친구는 대학 동기를 남편으로 두었다.
No-가 N2-에 N1-를 V (No=[인간] N1=[친족](아들, 딸, 자식 따위) N2=슬하)
¶할아버지는 슬하에 아들 둘과 딸 다섯을 두셨다. ¶그는 아내와 결혼한 지 오 년 만에 딸 둘을 두었다.
❾(시간이나 공간에) 간격을 주다. Give time or space intervals.
㊥떼다, 띄우다III
No-가 N1-를 V (No=[인간|단체], [교통기관] N1=[시간], [길이](간격 따위))
¶버스 배차가 한 시간씩 간격을 두었다. ¶행간을 많이 두고 글을 썼다.
❿(어떤 상황에 대하여) 일정한 기간이나 시간을 유지하도록 하다. Have a situation maintained for a certain time or period.
No-가 N1-를 V (No=[인간|단체] N1=[시간])
¶그는 이 일에 대해 평생을 두고 생각했다. ¶연구소는 사건을 해결하기 위해 충분한 시간을 두었다.
⓫(어떤 대상을) 특정한 상태로 있게 만들다. Keep something in a certain state.
㊥방치하다
No-가 N1-를 N2-로 V (No=[인간|단체] N1=[모두] N2=[정적사태])
¶나는 깨진 화분을 그냥 두었다. ¶아무도 거지를 돕지 않고 두었다.
⓬(대상에 가치 따위를) 부여하다. Give an object a value.
No-가 S것-에 N1-를 V (No=[인간] N1=[추상물](초점, 중점, 역점 따위))
¶이 전시회는 아이들이 오감으로 자연을 느끼는 데 중점을 두었다. ¶우리 회사 제품은 경쟁사의 제품과 차별을 보이는 데 초점을 두었다. ¶이번 개정안은 사용자 편의와 활용성을 높이는 데 역점을 두었다.
⓭(다른 사람이나 대상과) 깊은 관계를 갖지 않고 얼마간 떨어져 있다. Separate from another person or a thing for a while without having close relations.

N0-가 N2-(에게|와) N1-를 V (N0=[인간] N1=[길이](거리) N2=[모두])
¶그는 명성을 얻은 뒤에도 재물이나 정치와는 거리를 두었다. ¶나는 같은 실수를 반복하지 않기 위해 술과 거리를 두었다.
◆ **적을 두다** (어떤 단체를) 직장으로 하거나 소속으로 하다. (of a person) Work for an organization or belong to it.
N0-가 N1-에 Idm (N0=[인간|단체] N1=[단체], [기관])
¶기영이는 국문과를 졸업한 후 오랜 시간 출판사에 적을 두었다. ¶이 선수는 시청 소속 축구단에 적을 두었다.

ㄷ

두다2
활용 두어(둬), 두니, 두고
보조 앞말의 행동을 끝내고 그 결과를 유지함을 나타내는 보조동사. Auxiliary verb meaning that the action of the preceding word is finished but its effect remains.
V-어 Vaux
¶그는 벽에 포스터를 붙여 두었다. ¶부모님은 가족여행 갈 준비를 해 두셨다.

두드러지다
활용 두드러지어(두드러져), 두드러지니, 두드러지고 여린 도드라지다
자 ❶(물건이나 신체의 특정 부위가) 다른 부위에 비해 불룩하게 위로 올라오거나 나와 있다. (of a specific part of an item or the body) Protrude compared to other parts.
유 튀어나오다
N0-가 V (N0=[신체부위](배, 살, 광대뼈 따위), [신체현상], [구체물], [장소])
¶그 옷을 입으니 철수의 배가 두드러져 보였다. ¶영수의 여드름은 가라앉지 않고 어제보다 더 두드러졌다. ¶살이 빠지니 얼굴에 광대뼈가 더 두드러져 보인다.
❷(어떠한 현상이나 속성 따위가) 뚜렷하게 드러나다. (of certain phenomenon, characteristics, etc.) Become clearly visible.
유 부각되다
N0-가 V (N0=[속성], [현상])
¶최근 출산 기피 현상이 두드러지고 있다. ¶이 소설은 작가의 자전적인 요소가 가장 두드러지는 작품이다.
❸(어떤 행위나 능력이) 뛰어나서 눈에 돋보이다. (of certain activity or ability) Be noticeable due to excellence.
유 돋보이다
N0-가 V (N0=[속성])
¶어려운 상황일수록 영희의 순발력이 두드러진다. ¶노장 선수들의 활약이 두드러진 경기였다.

두드리다
활용 두드리어(두드려), 두드리니, 두드리고 센 뚜드리다
타 ❶(무엇을) 소리가 나도록 여러 번 손으로 치다. Hit something by hand many times enough to make a sound.
유 치다I1, 때리다
N0-가 N1-를 V (N0=[인간] N1=[구체물])
¶아빠는 내 방문을 두드렸다. ¶스님들이 목탁을 두드리고 있었다. ¶돌다리도 두드려 보고 건너야 한다.
❷(자판 따위를) 손가락으로 치다. Pound on a keyboard with the fingers.
유 글을 쓰다
N0-가 N1-를 V (N0=[인간] N1=[기계], 키보드 따위)
¶나는 다시 내 자리로 돌아와 노트북 자판을 두드렸다. ¶내가 들어갔을 때 그는 타자기를 두드리고 있었다.
❸(타악기를) 치며 연주하다. (of a person) Play a percussion instrument.
유 연주하다
N0-가 N1-를 V (N0=[인간] N1=[타악기])
¶나는 풍물패의 맨 앞에 서서 북을 두드렸다. ¶그는 흥에 겨워 장구를 두드리고 있었다.
❹(다른 사람이나 물건을) 손이나 막대기로 마구 때리거나 치다. Beat or strike another person or a thing violently with the hand or a stick.
유 치다I1, 때리다
N0-가 N1-를 V (N0=[인간] N1=[구체물])
¶나는 자고 있는 딸을 두드려 깨워 아침을 먹였다. ¶그는 막대기로 창문을 두드렸다.

두들기다
활용 두들기어(두들겨), 두들기니, 두들기고
타 ❶(어떤 것을) 소리가 나도록 잇따라 세게 치다. Hit something with great force loudly and repeatedly.
유 두드리다, 치다I1, 때리다
N0-가 N1-를 V (N0=[구체물] N1=[구체물])
¶그는 자는 아이들을 깨우기 위해서 방문을 힘차게 두들겼다. ¶그들은 젓가락을 두들기며 노래를 부르고 있었다. ¶비가 창문을 두들기며 내리치고 있었다.
❷상대방을 마구 때리거나 충격을 주다. (informal) Beat a person violently or impact him or her.
N0-가 N1-를 V (N0=[인간] N1=[인간], [신체부위])
연어 늘씬하게, 늘씬, 흠씬, 한바탕
¶나는 그 녀석을 한바탕 두들겨야 맘이 풀릴 것

갈다. ¶챔피언은 도전자를 늘씬 두들겨 주었다.
❸(다른 사람의 마음이나 감정을) 강하게 자극하여 흥분이나 감동, 자각 따위를 하게 하다. Stimulate another person's heart or feeling so strongly that the person is excited, impressed, or aware.
[유]감동시키다, 감동을 주다
N0-가 N1-를 V (N0=[구체물], [추상물] N1=[추상물](가슴, 마음, 심금, 양심 따위))
¶그의 새 소설은 독자들의 가슴을 두들겼다.
¶선생님의 말씀은 학생들의 심금을 두들겼다.

두려워하다

[활용]두려워하여(두려워해), 두려워하니, 두려워하고
[자타]❶(대상이나 나쁜 일을) 무서워하거나 겁을 내다. Fear, become afraid of a target or something bad.
[유]겁내다, 무서워하다
N0-가 N1-를 V (N0=[인간] N1=[구체물], [추상물])
¶철수는 어둠을 두려워한다. ¶영희는 낯선 사람을 보고 두려워하는 기색을 보였다.
N0-가 S(것을 | 기를) V (N0=[인간])
¶철수는 평소에 낯선 사람들과 만나는 것을 두려워했다. ¶영희는 치과 가기를 두려워한다.
N0-가 S까 V (N0=[인간])
¶영희는 수영을 못해 물속에 빠질까 두려워했다.
¶영수는 조금만 높은 곳에 올라가도 아래로 떨어질까 두려워했다.
❷(무엇이 나쁘게 되거나 잘못 될까봐) 걱정하거나 불안해하다. Avoid something out of nervousness or anxiety over something going wrong.
[유]염려하다, 전전긍긍하다, 근심하다
N0-가 N1-를 V (N0=[인간] N1=[사건](변화), [실패], [미래](내일))
¶철수는 새로운 도전을 두려워한다. ¶미래가 불확실하다고 해서 두려워할 필요는 없다.
N0-가 S(것을 | 기를) V (N0=[인간])
¶철수는 실수하는 것을 두려워하여 그 일을 시작도 못하고 있다. ¶영수는 범인에게 해코지를 당할까 봐 경찰에 신고하기를 두려워했다.
N0-가 S까 V (N0=[인간])
¶영희는 자신이 저지른 일이 다른 사람에게 들킬까 두려워했다. ¶철수는 외국인 앞에서 영어로 틀리게 말할까 두려워했다.
❸(상대를) 존경하거나 어려워하여 함부로 대하지 못하다. Be unable to treat someone thoughtlessly because one respects or feels uncomfortable with him/her.
[유]경외하다
N0-가 N1-를 V (N0=[인간] N1=[인간])
¶아이들은 어른을 두려워할 줄 알아야 한다.
¶요즘 학생들은 선생님을 두려워할 줄을 모르는 것 같다.

두르다

[활용]둘러, 두르니, 두르고, 둘렀다
[타]❶(일정한 넓이를 지닌 긴 물건을) 신체 부위에 대고 돌려 감다. Put a long item with uniform width on one's body part and coil it around.
[유]감다III, 둘러싸다
N0-가 N1-를 N2-에 V (N0=[인간] N1=[구체물](끈, 띠, 스카프 따위) N2=[신체부위](허리, 어깨, 이마 따위))
¶어머니는 새로 산 스카프를 목에 두르셨다.
¶그들은 모두 이마에 노란 띠를 두르고 있었다.
❷(치마나 넓은 천을) 몸에 돌리듯이 덧대어 입다. Put on a skirt or wide cloth on one's body by wrapping it around.
[유]껴입다, 겹쳐 입다
N0-가 N1-를 V (N0=[인간] N1=[구체물](치마, 망토 따위))
¶어머니는 저녁 준비를 위해 앞치마를 두르셨다.
¶그는 비를 피하고자 망토를 두르고 있었다.
❸(외부로부터 방어할 수 있게 어떤 공간의 둘레를) 어떤 것으로 쌓든가 돌아가며 잇대다. Stack up objects and connect them in circle to protect the circumference of a space from the outside.
[유]설치하다, 에워싸다
N0-가 N2-에 N1-를 V ↔ N0-가 N2-를 N1-로 V (N0=[인간|단체] N1=[구체물](울타리, 담벼락, 철조망 따위) N2=[공간], 둘레 따위)
¶군부대는 철조망을 공터 주위에 둘렀다. ↔ 군부대는 공터 주위를 철조망으로 둘렀다. ¶농부들은 논에 울타리를 둘렀다.
❹(어떤 물체나 장소의 테두리에) 선 모양의 그림이나 장식을 둘러 채우다. Surround the circumference of an object or place with line-shaped drawing or decoration.
N0-가 N1-를 N2-에 V (N0=[인간] N1=무늬, 장식, 선 그림 따위 N2=[장소], [구체물])
¶그녀는 새 모자에 아름다운 꽃무늬를 둘렀다.
¶아이는 그림 가장자리에 까만 테두리를 둘렀다.
❺(다른 사람의 신체 부위를) 손이나 팔로 감싸다. Wrap someone's body part with hands or arms.
N0-가 N2-에 N1-를 V (N0=[인간] N1=[신체부위](팔, 손 따위) N2=[신체부위](어깨, 목, 허리 따위))
¶그들은 서로 어깨에 팔을 두르고 걸어갔다.
¶아버지는 어머니의 허리에 팔을 두르고 계셨다.
❻(일정한 넓이를 가진 긴 물체가) 어떤 공간의

둘레를 감싼 형상을 하다. (of a long object with uniform width) Have the shape of surrounding some space's circumference.
㊌둘러싸다, 에워싸다
N0-가 N1-를 V (N0=[구체물](끈, 울타리 따위), 강, 팔 따위 N1=[장소], [구체물])
¶울타리가 이 마을을 두르고 있어서 어느 정도 보안에 유리했다. ¶붉은 리본이 모자를 두르고 있어서 좀 촌스러워 보였다.
❼(어떤 물건에 기름이나 칠을) 골게 펼쳐 바르다. Apply oil or paint all over an item.
N0-가 N1-를 N2-에 V (N0=[인간] N1=[구체물](기름, 재료 따위) N2=[구체물])
¶나는 프라이팬에 식용유를 둘렀다. ¶장인은 자개농에 칠갑을 세심하게 둘렀다.
❽바로 가지 않고 돌아서 움직이다. Move in curves and not straight.
㊌돌아가다㊍, 우회하다
N0-가 N1-를 V (N0=[인간], [동물] N1=[장소](길 따위))
연어빙
¶학교로 가는 길을 조금 둘러서 돌아가면 많은 곤충들을 볼 수 있다. ¶차들이 길을 막아서 어쩔 수 없이 빙 둘러서 학교로 갔다.
※'둘러'의 형태로 '가다/오다' 등 이동의 의미를 가진 동사와 같이 사용된다.
❾(말을 직접적으로 하지 않고) 이리저리 돌려서 하다. Mince words and not speak directly.
㊌암시하다
N0-가 N1-를 N2-에게 V (N0=[인간] N1=[사실], [개념], [생각] N2=[인간])
¶그는 불리한 부분을 언제나 빙 둘러 말하는 경향이 있다. ¶내 본심을 적당히 둘러 표현했으나 그는 전혀 이해하지 못했다.
❿(모자라는 돈을) 빌려서 사용하다. Borrow and use insufficient money.
㊌융통하다
N0-가 N1-를 N2-에게 V (N0=[인간] N1=[돈] N1=[인간])
¶급하게 돈을 둘러 썼더니 이자가 너무 부담이 된다. ¶친구들에게 돈을 계속 둘렀더니 이젠 더 빌릴 사람도 없다.

두리번거리다

활용두리번거리어(두리번거려), 두리번거리니, 두리번거리고 ㊇도리반거리다
타(사람이나 동물 따위가) 여기저기를 눈을 크게 뜨고 자꾸 살펴보다. (of a person or an animal) Look about repeatedly with eyes wide open.
㊌두리번대다, 두리번두리번하다
N0-가 N1-를 V (N0=[인간], [동물] N1=[장소])
¶사내가 병실 안을 두리번거렸다. ¶영규는 주위를 두리번거리면서 누군가를 찾는 듯했다. ¶김씨는 좌우를 두리번거리다가 책상 쪽으로 걸어갔다. ¶호랑이가 사방을 두리번거리며 우리 주위를 어슬렁거렸다.

두리번대다

활용두리번대어(두리번대), 두리번대니, 두리번대고
자☞두리번거리다

두말하다

활용두말하여(두말해), 두말하니, 두말하고 대응두말을 하다
자❶처음에 했던 말을 바꾸어 고치다. Change and fix what one said initially.
㊌딴말하다
N0-가 V (N0=[인간])
¶사람이 한 입으로 두말하면 못쓴다. ¶영철이가 어제와 달리 두말하는 것을 보고 신뢰가 무너졌다.
❷ 이런저런 불평이나 변명을 하다. Voice complaints or excuses.
㊌변명하다
N0-가 V (N0=[인간])
¶은진이는 두말하지 않고 나의 제안을 받아들였다. ¶감독님이 우리를 아끼셔서 다그치시는 것임은 두말할 것도 없다. ¶우리 회사의 목표는 두말할 나위도 없이 기술 발전이다.

둔갑시키다

활용둔갑시키어(둔갑시켜), 둔갑시키니, 둔갑시키고 대응둔갑을 시키다
타(어떤 대상을 다른 대상으로) 속임수나 마술, 술법 따위를 써서 변하게 하다. Make an object change into another object by means of trick, magic, or divination.
㊌바꾸다, 변신시키다
N0-가 N1-를 N2-로 V (N0=[인간] N1=[인간|동물], [구체물] N2=[인간|동물], [구체물])
주둔갑하다
¶손오공은 털을 뽑아 파리로 둔갑시켰다. ¶그녀는 옷과 화장품을 이용해 그를 매우 잘생긴 남자로 둔갑시켰다. ¶상인들은 중국산 인삼을 국내산으로 둔갑시켜 팔았다.

둔갑하다

활용둔갑하여(둔갑해), 둔갑하니, 둔갑하고 대응둔갑을 하다
자(어떤 대상이) 다른 대상으로 속임수나 마술, 술법 따위를 통해 변하다. (of an object) Change into another object through trick, magic, or divination.
㊌변신하다

N0-가 N1-로 V (N0=[인간|동물], [구체물] N1=[인간|동물], [구체물])
[사]둔갑시키다
¶중국산 꽃게가 국내산으로 둔갑했다. ¶프로파간다에 의해 무용수들의 춤사위가 당국의 정책에 항거하는 수단으로 둔갑했다. ¶쥐가 사람의 손톱을 먹고 사람으로 둔갑했다.

둔화되다

[어원]鈍化~ [활용]둔화되어(둔화돼), 둔화되니, 둔화되고
[자]❶(일이나 현상이) 변하거나 움직이는 속도가 느려지고 무디어지다. (of work or phenomenon) Decrease its speed and to become dull.
[유]약화되다, 느려지다, 무디어지다
N0-가 V (N0=[수량], [비율], [추상물](통증 따위))
[사]둔화시키다
¶하반기 들어 유럽 시장이 정체되면서 수출 증가세가 점차 둔화되었다. ¶진통제를 먹으면 통증이 둔화된다.
❷(사람의 움직임이) 느려지고 무디어지다. (of the movement of a person) Decrease its speed and to become dull.
[유]느려지다
N0-가 V (N0=[동작])
¶물살이 거세어지자 강을 건너는 병사들의 움직임이 빠르게 둔화되었다. ¶시간이 흐르자 칼을 휘두르는 학생들의 동작이 눈에 띄게 둔화되었다.

둔화하다

[어원]鈍化~ [활용]둔화하여(둔화해), 둔화하니, 둔화하고
[자]☞둔화되다

둘러보다

[활용]둘러보아(둘러봐), 둘러보니, 둘러보고
[타]❶(주위의 장소를) 두루 살펴보다. Look all around the place.
[유]살피다, 살펴보다 [상]보다[1]
N0-가 N1-를 V (N0=[인간] N1=[장소])
[연어]휙, 찬찬히
¶나는 가방을 사기 위해 여러 가게를 휙 둘러보았다. ¶나는 사방을 둘러보았지만 사람 한 명 찾을 수 없었다. ¶경찰은 단서를 찾기 위해 방안을 찬찬히 둘러보았다.
N0-가 S지-를 V (N0=[인간])
¶나는 그가 집에 있는지를 둘러본 후에 밖으로 나갔다. ¶도둑은 카메라가 있는지를 둘러보았다.
❷(경치를) 이리저리 보며 감상하다. Appreciate a view.
[유]살피다, 살펴보다, 참관하다, 감상하다 [상]보다[1]
N0-가 N1-를 V (N0=[인간] N1=[모양](풍경, 경치 따위))
¶우리는 돌아오는 길에 창덕궁의 야간 개장을 잠시 둘러볼 예정이다. ¶그는 발걸음을 멈추고 숲의 경치를 둘러보았다.
❸(다른 사람들을) 한 쪽에서 다른 쪽으로 전체적으로 살펴보다. Look around at the people from one side to the other.
[유]살피다, 살펴보다 [상]보다[1]
N0-가 N1-를 V (N0=[인간] N1=[집단])
¶그는 운동장에 모인 군중들을 둘러보고는 연설을 시작했다. ¶나는 출석을 부르기 전에 학생들을 한번 둘러보았다.
N0-가 S지-를 V (N0=[인간])
¶그는 군중들이 얼마나 모였는지를 둘러보았다. ¶나는 학생들이 책을 가지고 왔는지를 쭉 둘러보았다.
❹(무엇을) 꼼꼼히 이리저리 살펴 조사하다. Examine something carefully.
[유]살피다, 살펴보다, 조사하다I [상]보다[1]
N0-가 N1-를 V (N0=[인간] N1=[구체물])
[연어]찬찬히
¶경찰은 단서를 찾기 위해 용의자의 책상을 찬찬히 둘러보았다. ¶나는 가장 저렴한 제품을 사기 위해 여러 제품을 둘러보았다.

둘러싸다

[활용]둘러싸, 둘러싸니, 둘러싸고
[타]❶(물체나 신체 겉면을) 어떤 도구로 두르거나 덮어서 보이지 않게 하거나 막다. Close or block the surface of a body or a thing by covering or wrapping it with a tool.
[유]감싸다, 두르다 [상]싸다I
N0-가 N1-를 N2-로 V ↔ N0-가 N1-에 N2-를 V (N0=[인간] N1=[구체물], [신체부위] N2=[도구](비닐, 천, 실 따위))
[피]둘러싸이다
¶나는 항아리를 비닐로 둘러쌌다. ↔ 나는 항아리에 비닐을 둘러쌌다. ¶누에는 자신이 토해낸 실로 자기 몸을 둘러싼다. ¶여자는 온 몸을 천으로 둘러싸기 시작했다.
❷(어떤 대상의 주변을) 한 바퀴 둘러서 막거나 가리다. Close or block the surroundings of an object by putting something around it.
[유]감싸다, 에워싸다 [상]싸다I
N0-가 N1-를 V (N0=[인간], [동물], [벌레], [구체물], [식물], 안개 따위 N1=[구체물], [인간], 주위, 주변 따위)
[피]둘러싸이다
[연어]빙, 삥, 뺑
¶후배들이 그녀를 둘러싸고 한꺼번에 여러 가지 질문들을 퍼부었다. ¶소나무가 저수지를 둘러싸고 있었다.

[ㄷ]

❸(사람이나 단체가) 어떤 일이나 사건 따위를 관심이나 행동의 중심 대상으로 하다. (of a person or an organization) Make a work or an event the main object of interest or action.
㊌싸다I
N0-가 N1-를 V (N0=[인간|단체] N1=[모두])
피 둘러싸이다
¶두 사람은 추돌 사고의 원인을 둘러싸고 대립하고 있었다. ¶영희는 이번 사건을 둘러싼 각종 의혹들의 한가운데에 서 있었다.
※주로 '둘러싸고', '둘러싼'으로 쓰인다.

ㄷ

둘러싸이다
활용 둘러싸여, 둘러싸이니, 둘러싸고
자 ❶(물체나 신체 겉면이) 어떤 도구에 감기거나 싸이다. (of the surface of a body or a thing) Be wound or wrapped.
㊐감기다III ㊌싸이다
N0-가 N1-에 V (N0=[구체물], [신체] N1=[도구](비닐, 천, 실 따위))
능 둘러싸다
¶아기가 포대기에 둘러싸여 있다. ¶온갖 재료들이 삼베보자기에 둘러싸여 푹 고아졌다.
❷(어떤 대상의 주변이) 한 바퀴 둘려져 막히거나 가려지다. (of the surroundings of an object) Be blocked or closed around it.
㊌싸이다
N0-가 N1-(에|에게) V (N0=[구체물], [인간|단체], 주변, 주위 따위 N1=[인간], [동물], [벌레], [구체물], [식물], 안개 따위)
능 둘러싸다
연어 빙, 삥, 뺑
¶여자는 팬들에게 둘러싸여 인사를 하고 있었다. ¶영수는 공을 잡을 때마다 상대 선수들에게 빙 둘러싸이고 태클을 당했다.
N0-가 N1-로 V (N0=[구체물], [장소] N1=[구체물](산, 성벽, 바다 따위))
¶우리나라는 삼면이 바다로 둘러싸여 있다. ¶이곳은 고층 빌딩들로 둘러싸이고, 옆에는 대형 상가가 있는 전형적인 도시다. ¶남한산성은 사방이 험준한 산으로 둘러싸이고, 능선은 성벽으로 둘러쳐져 있다.
❸(사람, 단체, 일 따위가) 어떤 문제에 중심 대상이 되다. (of a person, an organization, a work, etc.) Be a main object of interest.
N0-가 N1-에 V (N0=[인간|단체], [일], [분야] N1=[생각], [논쟁], [원인])
능 둘러싸다
¶남자는 갖가지 의혹에 둘러싸여 사기꾼으로 낙인찍혔다. ¶부동산 시장이 악재에 둘러싸여 있는 상황이다.

둘러치다
활용 둘러치어(둘러쳐), 둘러치니, 둘러치고
타 (어떤 장소를) 담이나 칸막이 등으로 둥글게 막거나 가리다. Block or cover a place with wall or partitions.
N0-가 N1-를 N2-에 V ↔ N0-가 N1-로 N2-를 V (N0=[인간|단체] N1=[구체물] N2=[구체물], [장소])
¶지주가 들판에 울타리를 둘러쳤다. ↔ 지주가 울타리로 들판을 둘러쳤다. ¶그 집 주인은 집 주변에 담을 둘러쳤다. ¶고대인들은 이 분지를 토성으로 둘러쳤던 것으로 추정된다.

뒈지다
활용 뒈지어(뒈져), 뒈지니, 뒈지고 【비어】
자 (동물이나 사람이) 목숨이 끊어지다. (of animal or person) Lose one's life.
㊐죽다I
N0-가 V (N0=[인간|동물])
¶간밤에 그 불한당이 뒈졌다면서? ¶은혜도 모르는 녀석은 뒈져 버리는 게 낫지!. ¶그런 파렴치한 놈이 뒈지든 말든 나와 상관없는 일이지.

뒤덮다
활용 뒤덮어, 뒤덮으니, 뒤덮고
타 ❶(천 따위를) 몸에 덮어쓰다. Cover one's body with cloth.
㊐뒤집어쓰다
N0-가 N1-를 V (N0=[인간] N1=[천], 담요, 이불)
¶소녀는 추워서 담요를 뒤덮었다. ¶이불을 뒤덮고 웅크려 자는 모습이 안쓰러워 보였다. ¶뒤덮고 누울 천이라도 한 장 있으면 좋으련만.
❷(어떤 공간을) 빈틈없이 완전히 감싸듯 덮다. Cover a space closely by wrapping up completely.
N0-가 N1-를 V (N0=[구체물], [현상] N1=[장소])
피 뒤덮이다
¶밤이 깊어 어둠이 대지를 뒤덮었다. ¶안개가 온 마을을 뒤덮고 있었다. ¶들꽃이 초원을 뒤덮은 풍경은 장관이었다.
❸(어떤 집단이나 상황 따위가) 공간을 가득하게 하다. (of a group or a situation) Fill a space fully.
N0-가 N1-를 V (N0=[인간|단체], [상황], [감정], [현상], [사조], [기색] N1=[공간])
피 뒤덮이다
¶연휴를 맞아 관광객들이 산을 뒤덮었다. ¶모두가 말이 없어 적막감만이 방을 뒤덮고 있었다.

뒤덮이다
활용 뒤덮여, 뒤덮이니, 뒤덮이고
자 ❶(어떤 공간이) 무엇인가로 빈틈없이 완전히

감싸이듯 덮이다. (of a space) Be covered closely with something without gap.
N0-가 N1-(에|로) V (N0=[장소] N1=[구체물], [현상])
능 뒤덮다
¶피아노가 먼지로 뒤덮였다. ¶나뭇잎에 뒤덮인 오솔길이 고즈넉하다. ¶봄날 하늘이 황사로 뒤덮이고 말았다.
❷(어떤 공간이) 어떤 집단이나 상황 따위로 가득하게 되다. (of a space) Be full of a group or a situation.
N0-가 N1-(에|로) V (N0=[장소] N1=[인간|단체], [상황], [감정], [현상], [사조], [기색])
능 뒤덮다
¶경기장은 응원단의 함성으로 뒤덮였다. ¶심상치 않은 분위기에 뒤덮인 회의장은 조용했다. ¶꽃향기로 뒤덮여 있던 고향 언덕이 기억난다.

뒤돌아보다

활용 뒤돌아보아(뒤돌아봐), 뒤돌아보니, 뒤돌아보고
자 (뒤쪽 방향으로) 고개를 돌려 바라보다. Turn backward to see.
㊞돌아보다
N0-가 N1-로 V (N0=[인간], [동물] N1=[방향])
¶철수는 연신 뒤돌아보면서 뛰었다. ¶보초 한 명이 내가 숨어있는 방향으로 흘끗 뒤돌아보았다.
타 ❶(뒤쪽 방향을) 고개를 돌려 바라보다. Turn backward to see.
㊞돌아다보다
N0-가 N1-를 V (N0=[인간], [동물] N1=[구체물], [공간], [방향])
¶철수는 뒤쪽에 있는 목표를 흘끗 뒤돌아봤다. ¶그는 떠나며 계속 고향집을 뒤돌아봤다. ¶그는 미행을 당하는지 연신 뒤돌아보면서 걸었다.
❷(지난 일이나 기억을) 돌이켜 생각하다. Look back on the past or memory.
㊞회고하다, 회상하다, 돌아다보다, 되돌아보다
N0-가 N1-를 V (N0=[인간|단체] N1=[추상물](기억, 추억, 일, 세월, 과거 따위))
¶이전의 실수를 뒤돌아보는 것은 중요하다. ¶나는 자기 전에 하루를 뒤돌아보면서 마음을 다잡았다.

뒤따르다

활용 뒤따라, 뒤따르니, 뒤따르고, 뒤따랐다
자 ❶(행위, 사건, 결과 따위가) 연이어 일어나다. (of an action, incident or result) Continuously occur.
㊞이어지다, 잇따르다
N0-가 N1-에 V (N0=[상태] N1=[상태])
¶행복에 뒤따르는 불행을 조심하라. ¶책이 팔리지 않으니 작가로서의 위기와 더불어 재정난이 뒤따랐다.
❷(행위, 사건, 결과 따위가) 다른 일의 과정에 함께 따르거나 그 일의 결과로서 생기다. (of an action, incident or result) Accompany different duty's process or be formed by one's result.
㊞이어지다, 수반되다
N0-가 N1-(에|에게) V (N0=[상태], [행위], [사건] N1=[역할], [상태])
¶노동에는 피로가 뒤따르기 마련이다. ¶회장에게는 언제나 큰 책임이 뒤따른다.
타 ❶(다른 사람이나 동물, 자동차 따위의) 뒤를 따르다. Follow behind someone, animal, or automobile.
㊞뒤쫓다, 뒤잇다 ㊤따르다I타
N0-가 N1-를 V (N0=[인간], [동물], [교통기관] N1=[인간], [동물], [교통기관])
연어 바로, 바짝, 바싹
¶먼저 내린 양복 차림의 신사를 뒤따라 부인이 차에서 내렸다. ¶괴한은 달아나는 운전수를 뒤따르려 하다가 경찰을 보고 달아났다. ¶아기 오리들은 엄마 오리를 뒤따르면서 이리 뒤뚱 저리 뒤뚱거렸습니다.
❷(어떤 앞선 사람과) 같은 일, 혹은 같은 행위를 하다. Do the same work as someone else.
㊞따르다I타, 추종하다
N0-가 N1-를 V (N0=[인간] N1=[인간])
¶그의 죽음은 김구 주석을 뒤따른 것이라고도 하고, 사고로 죽은 것이라고도 한다. ¶아버지가 먼저 숟가락을 드셨고, 가족들이 뒤따랐다.

뒤떨어지다

활용 뒤떨어지어(뒤떨어져), 뒤떨어지니, 뒤떨어지고
자 ❶(어떤 대상이) 이동 중 다른 대상과 거리 차이를 보이며 뒤쪽으로 처지다. (of an object) Fall behind another object by a certain distance while moving.
㊞뒤처지다
N0-가 N1-(에서|보다) V (N0=[인간], [교통기관] N1=[인간], [교통기관], [추상물](줄, 대열, 행군 따위))
¶철수는 다른 사람들보다 뒤떨어져서 걸어갔다. ¶몇몇 훈련병은 대열에서 뒤떨어져 버렸다. ¶택시는 그의 승용차에서 한참 뒤떨어져서 따라가고 있었다. ¶아이는 엄마보다 열 걸음 정도 뒤떨어져 있었다.
❷(비교 대상이 되는 수준이나 기준에) 다다르지 못하다. Fail to reach the level or standard of a comparable thing.
㊞뒤처지다, 낙오되다
N0-가 N1-(에|에게|보다) N2-에서 V (N0=[구체

물], [추상물] N1=[구체물], [추상물] N2=[추상물](성적, 실력, 수준, 기술 따위))
¶이 논문은 정확성에서 다른 논문에 많이 뒤떨어진다. ¶우리나라는 반도체 기술에서는 선진국에 전혀 뒤떨어지지 않는다.
❸(최신의 흐름이나 사조, 유행 따위에) 따라가지 못하고 뒤로 처져 있다. Fail to catch up with the latest current, trend, or fashion and fall behind.
[유]뒤처지다, 낙후되다
N0-가 N1-에 V (N0=[구체물], [추상물](사고방식, 옷차림 따위) N1=[추상물](사조, 흐름, 유행 따위))
¶그의 이론은 최근 사조에 뒤떨어져 있다. ¶철수의 패션은 최신 유행에 많이 뒤떨어져 있다.

[ㄷ]

뒤로하다
[활용]뒤로하여(뒤로해), 뒤로하니, 뒤로하고
[타]❶(어떤 장소나 건물 따위를) 뒤에 두다. Put a place or a building behind.
N0-가 N1-를 V (N0=[인간] N1=[인간|단체], [구체물], [장소])
¶나는 눈 덮인 산을 뒤로하고 사진을 찍었다. ¶관광객들이 경복궁을 뒤로하고 서서 단체 사진을 찍고 있다.
❷(어떤 장소나 사람, 감정 따위를) 뒤에 남겨놓고 떠나다. Leave a place, a person, or a feeling behind.
N0-가 N1-를 V (N0=[인간], [교통기관] N1=[인간|단체], [장소], [추상물])
¶영희가 고국을 뒤로하고 아프리카로 떠난 지 10년이 되었다. ¶철수는 아쉬운 마음을 뒤로하고 친구들과 헤어졌다. ¶나는 안타까운 형의 목소리를 뒤로하고 집을 빠져나왔다. ¶두 사람은 제주도의 추억을 뒤로한 채 서울로 발길을 옮겼다.
❸(해야 할 일이나 정해진 약속 따위를) 뒤로 넘기다. Postpone something to do or a fixed arrangement to a later time.
[유]미루다, 연기하다
N0-가 N1-를 V (N0=[인간] N1=일, 약속 따위)
¶상인들이 생업을 뒤로하고 봉사 활동에 참여했다. ¶나는 영희와의 약속을 뒤로하고 병원으로 달려갔다. ¶아들 내외는 잠시 일을 뒤로 하고 투표에 참여하였다.

뒤바꾸다
[활용]뒤바꾸어(뒤바꿔), 뒤바꾸니, 뒤바꾸고
[타]❶(위치나 순서 따위를) 본래와 다르게 고치다. Revise the form, position or order etc. of something in such a way that it differs from its original form, position, order, etc.
[유]교체하다[타], 서로 바꾸다 [상]바꾸다
N0-가 N1-를 V (N0=[인간] N1=위치, 순서, 순위 따위)
[피]뒤바뀌다
¶나는 가구 위치를 뒤바꿔 분위기를 새롭게 했다. ¶선생님은 시험 순서를 뒤바꾸셨다.
❷(상황이나 상태 따위를) 본래와 전혀 다르게 반대로 변화시키다. A whole change in character or composition from the initial state or situation.
[유]뒤집다, 전도시키다 [상]바꾸다
N0-가 N1-를 V (N0=[인간|단체] [추상물](사태, 사건, 기술 따위) N1=[추상물](운명, 판도, 분위기, 질서, 순위 따위))
[피]뒤바뀌다
¶과학 혁명이 인류의 운명을 뒤바꾸었다. ¶그는 선제골을 넣어 경기 분위기를 뒤바꾸었다. ¶나노 기술이 세계 기업의 순위를 뒤바꾸어 놓았다.
N0-가 N1-를 N2-로 V (N0=[인간|단체], [추상물](사태, 사건, 기술, 말 따위), 책 N1=[인간] N2=[인간])
[피]뒤바뀌다
¶경찰이 가해자를 피해자로 뒤바꾸어 놓았다. ¶그 책이 나를 완전히 새로운 사람으로 뒤바꾸어 놓았다.
N0-가 N1-를 N2-로 V (N0=[인간|단체], [추상물](사태, 사건, 기술, 말 따위), 책 N1=생각 따위 N2=생각 따위)
[피]뒤바뀌다
¶그 책이 나의 부정적인 생각을 긍정적으로 뒤바꾸어 놓았다. ¶말 한 마디가 호감을 비호감으로 뒤바꾸었다.
❸두 대상을 서로 교체하다. Exchange two subjects with each other.
[유]교체하다[타] [상]바꾸다
N0-가 N1-를 N2-와 (서로) V ↔ N0-가 N2-를 N1-와 (서로) V ↔ N0-가 N1-와 N2-를 (서로) V (N0=[인간] N1=[인간], [추상물] N2=[인간], [추상물])
[피]뒤바뀌다
¶간호사가 내 아이를 다른 아이와 서로 뒤바꾸어 놓았다. ↔ 간호사가 다른 아이를 내 아이와 서로 뒤바꾸어 놓았다. ↔ 간호사가 내 아이와 다른 아이를 서로 뒤바꾸어 놓았다. ¶대전제와 소전제를 뒤바꾸어도 결론은 같다.

뒤바뀌다
[활용]뒤바뀌어, 뒤바뀌니, 뒤바뀌고
[자]❶(위치나 순서 따위가) 본래와 다르게 고쳐지다. (of a position or order) Be revised in such a way as to differ from the original position or order.

㊙서로 바뀌다 ㉳바뀌다
N0-가 V (N0=위치, 순서, 순위 따위)
능 뒤바꾸다
¶집에 와 보니 가구 위치가 전부 뒤바뀌어 있었다. ¶실기 심사 순위가 뒤바뀌어 있었다.
❷(상황이나 상태 따위가) 본래와 전혀 다르게 반대로 변화되다. (of a situation or condition) A whole change in character or composition from the initial state.
㊙뒤집히다, 전도되다 ㉳바뀌다
N0-가 V (N0=[추상물](성격, 운명, 판도, 분위기, 질서, 태도, 순위, 인생 따위))
능 뒤바꾸다
¶사고 이후 그의 성격이 완전히 뒤바뀌었다. ¶눈 깜짝할 사이에 판세가 뒤바뀌었다.
N0-가 N1-에서 N2-로 V (N0=[인간|단체] N1=[추상물](운명, 판도, 분위기, 질서, 태도, 순위 따위) N2=[추상물](운명, 판도, 분위기, 질서, 태도, 순위 따위))
능 뒤바꾸다
¶그녀는 질문을 하던 입장에서 받는 입장으로 뒤바뀌었다. ¶그들은 동지에서 적으로 관계가 뒤바뀌었다.
N0-가 N1-로 V (N0=[추상물](운명, 판도, 분위기, 질서, 태도, 순위 따위), [사건] N1=[추상물](운명, 판도, 분위기, 질서, 태도, 순위 따위), [사건])
능 뒤바꾸다
¶그녀의 단점은 색다른 매력으로 뒤바뀌고 있었다. ¶결혼식이 순식간에 장례식으로 뒤바뀌었다.
❸(두 대상이) 서로 교체되다. (of two objects) Be exchanged with each other.
㊙서로 교체되다 ㉳바뀌다
N0-가 N1-와 (서로) V ↔ N1-가 N0-와 (서로) V ↔ N0-와 N1-가 (서로) V (N0=[인간], [추상물] N1=[인간], [추상물])
능 뒤바꾸다
¶피해자가 가해자와 서로 뒤바뀌었다. ↔ 가해자가 피해자와 서로 뒤바뀌었다. ↔ 피해자와 가해자가 서로 뒤 바뀌었다. ¶두 사람의 영혼이 서로 뒤바뀌었다. ¶두 사람의 입장이 완전히 뒤바뀌었다.

뒤섞다

활용 뒤섞어, 뒤섞으니, 뒤섞고
타 ❶(어떤 대상을 다른 대상과) 한데 모아 서로 엉기게 마구 섞다. Gather a certain target with another in one place and blend vigorously.
㊙혼합하다, 합치다, 합하다[타], 섞다
N0-가 N1-를 N2-와 (서로) V ↔ N0-가 N2-를 N1-와 (서로) V ↔ N0-가 N1-와 N2-를 (서로) V (N0=[인간] N1=[구체물] N2=[구체물])
피 뒤섞이다
¶인부가 시멘트를 모래와 뒤섞었다. ↔ 인부가 모래를 시멘트와 뒤섞었다. ↔ 인부가 시멘트와 모래를 뒤섞었 다. ¶영수가 세탁물 바구니에 겉옷과 속옷을 뒤섞어 놓았다. ¶누군가 서류들을 뒤섞어 놓아서 필요한 서류를 찾기가 힘들었다.
❷(어떤 대상에 다른 대상을) 일정한 양만큼 넣어 잘 혼합되게 섞다. Put a certain amount of something into another object and blend vigorously to mix them well.
㊙버무리다
N0-가 N2-에 N1-를 V ↔ N0-가 N2-를 N1-에 V (N0=[인간] N1=[구체물] N2=[구체물])
¶어머니는 무에 갖은 양념을 뒤섞어 버무리셨다. ↔ 어머니는 무를 갖은 양념에 뒤섞어 버무리셨다. ¶철수가 노란색에 파란색을 뒤섞어 초록색을 만들었다.
❸(서로 다른 속성의 말이나 생각 따위를) 마구 합치다. Thoughtlessly mix words or thoughts of different characteristics.
N0-가 N1-를 N2-와 (서로) V ↔ N0-가 N2-를 N1-와 (서로) V ↔ N0-가 N1-와 N2-를 (서로) V (N0=[인간] N1=[명제], [개념], [의견], [이야기], [언어] N2=[명제], [개념], [의견], [이야기], [언어])
피 뒤섞이다
¶작가는 사실을 허구와 뒤섞어 글을 썼다. ↔ 작가는 허구를 사실과 뒤섞어 글을 썼다. ↔ 작가는 사실과 허구를 뒤섞어 글을 썼다. ¶철수는 표준어와 사투리를 뒤섞어가며 이야기했다.
N0-가 N2-에 N1-를 V (N0=[인간] N1=[명제], [개념], [의견], [이야기], [언어] N2=[명제], [개념], [의견], [이야기], [언어])
피 뒤섞이다
¶작가는 사실에 허구를 뒤섞어 글을 썼다. ¶명호는 다른 사람의 주장을 자신의 생각에 뒤섞어 이야기를 했다.

뒤섞이다

활용 뒤섞여, 뒤섞이니, 뒤섞고
자 ❶(어떤 대상이 다른 대상과) 한데 합쳐져 서로 엉기도록 마구 섞이다. (of a certain target with another target) Be vigorously jumbled in one place.
㊙혼합되다, 뒤엉기다
N0-가 N1-와 (서로) V ↔ N1-가 N0-와 (서로) V ↔ N0-와 N1-가 (서로) V (N0=[구체물] N1=[구체물])
능 뒤섞다
¶거리에 낙엽이 쓰레기들과 뒤섞여 있다. ↔ 거리에 쓰레기들이 낙엽과 뒤섞여 있다. ↔거리에 낙엽과 쓰레기들이 뒤섞여 있다. ¶식당 입구에는

손님들의 신발이 뒤섞여 있었다. ¶엄마는 방 안에 뒤섞여 있는 장난감들을 아이에게 정리했다.
❷(어떤 대상에 다른 대상이) 일정한 양으로 들어가 잘 혼합되게 섞이다. (of a certain target) Be added to another target in a specific amount and blended vigorously to mix well.
㊤혼합되다, 섞이다
N0-에 N1-가 V ↔ N0-가 N1-에 V (N0=[구체물], [현상](연기, 안개 따위) N1=[구체물], [현상](연기, 안개 따위))
¶무에 갖은 양념이 뒤섞여 맛있게 버무려졌다. ↔ 무가 갖은 양념에 뒤섞여 맛있게 버무려졌다. ¶연기에 먼지까지 뒤섞여 앞이 잘 보이지 않는다.
❸(서로 다른 속성의 말이나 생각 따위가) 마구 합쳐지다. (of words or thoughts of different characteristics) Be mixed thoughtlessly.
N0-가 N1-와 (서로) V ↔ N1-가 N0-와 (서로) V ↔ N0-와 N1-가 (서로) V (N0=[명제], [개념], [의견], [이야기], [언어], [소리] N1=[명제], [개념], [의견], [이야기], [언어], [소리])
능뒤섞다
¶사실이 허구와 뒤섞여 어떤 것이 진실인지 모르겠다. ↔ 허구가 사실과 뒤섞여 어떤 것이 진실인지 모르겠다. ↔ 사실과 허구가 뒤섞여 어떤 것이 진실인지 모르겠다. ¶수화기 너머로 웃음소리와 울음소리가 뒤섞여 흘러 나왔다.
N0-가 N1-에 V (N0=[명제], [개념], [의견], [이야기], [언어], [소리] N1=[명제], [개념], [의견], [이야기], [언어], [소리])
능뒤섞다
¶외래어가 고유어에 뒤섞여 사용되고 있다. ¶그 정보에는 아직 검증되지 않은 내용이 뒤섞여 있다.
❹(목소리나 표정 따위에서) 둘 이상의 어떤 감정 상태가 서로 교차하며 함께 나타나다. (of some emotional state) Be manifested along with another emotional state through one's voice, facial expression, etc.
N0-와 N1-가 N2-에 V (N0=[감정] N1=[감정] N2=[상황](표정), 목소리, 눈 따위)
¶영호는 원망과 분노가 뒤섞인 눈으로 그를 뚫어지게 쳐다봤다. ¶영숙이는 감격과 슬픔이 뒤섞인 목소리로 울먹이며 말했다.

뒤엉키다

활용뒤엉키어(뒤엉켜), 뒤엉키니, 뒤엉키고
자❶(길고 가느다란 물체들이) 서로 얽혀서 한 덩어리를 이루다. (of a long, thin object) Be entangled with another long, thin object into a mass.
㊤뒤섞이다, 얽히다
N0-가 N1-와 V ↔ N1-가 N0-와 V ↔ N0-와 N1-가 V (N0=[줄](끈, 줄 따위), [신체부위](머리카락 따위) N1=[줄](끈, 줄 따위), [신체부위](머리카락 따위))
¶붉은 실이 흰 실과 뒤엉켰다. ↔ 흰 실이 붉은 실과 뒤엉켰다. ↔ 붉은 실과 흰 실이 뒤엉켰다. ¶가지런하던 머리카락이 서로 뒤엉켰다. ¶나무에 달아 둔 그네 끈과 노끈이 뒤엉켰다.
❷(어떤 두 대상이) 가까이 서로 얽히다. (of an object) Get closely involved with another object.
㊤뒤얽히다
N0-가 N1-와 V ↔ N1-가 N0-와 V ↔ N0-와 N1-가 V (N0=[인간], [신체부위] N1=[인간], [신체부위])
¶그의 손과 나의 손이 뒤엉켰다. ↔ 나의 손과 그의 손이 뒤엉켰다. ↔ 그의 손이 나의 손과 뒤엉켰다. ¶경찰은 뛰어가다가 도둑과 뒤엉켜 넘어졌다. ¶한 아이가 복도로 뛰쳐나오다 넘어져 소년과 뒤엉켰다.
❸(생각이나 기억, 감정 따위가) 여럿이 뒤섞여 복잡하게 되다. (of thought, memory, or feeling) Be mixed, become complicated.
㊤뒤섞이다, 뒤얽히다
N0-가 V (N0=[감정](감정 따위), [생각])
¶사고 소식을 들은 그녀의 감정이 엉망으로 뒤엉켰다. ¶오랜만에 그를 만난 나는 말할 수 없는 복잡한 감정이 뒤엉켰다.

뒤엎다

활용뒤엎어, 뒤엎으니, 뒤엎고
타❶(물건을) 위와 아래가 뒤집히도록 엎어 놓다. Reposition an object by turning over its top and bottom.
N0-가 N1-를 V (N0=[인간], [동물] N1=[그릇], 카드, 흙 따위)
¶나는 카드의 패를 뒤엎으면서 다른 사람의 표정을 빠르게 살폈다. ¶농부는 쟁기질을 해서 흙을 뒤엎었다.
❷(물건을) 뒤집어서 안에 담긴 것을 쏟아지게 하다. Turn over to pour objects our of something.
N0-가 N1-를 V (N0=[인간], [동물] N1=[구체물](그릇, 통, 병 따위), [가구], [교통기관])
¶나는 화가 나서 밥그릇을 뒤엎고 뛰쳐나와 버렸다. ¶강아지가 자꾸 물그릇을 뒤엎으려고 한다.
❸(일이나 상태를) 전혀 딴 것으로 바꾸어 놓거나 틀어지게 하다. Obstruct a process by diverting it from its intended objective.
㊤번복하다
N0-가 N1-를 V (N0=[인간] N1=[계획], [의견], 예상, 공약 따위)

¶김 의원은 자신의 공약을 스스로 뒤엎었다. ¶나는 주위의 예상을 뒤엎고 1주일 만에 그림을 완성하였다. ¶그는 우리의 믿음을 완전히 뒤엎는 행동을 하였다.

❹(체제, 제도, 학설 따위를) 새것으로 바꾸거나 없애다. Destroy a system and theory and/or replace them with new ones.

㊀전복시키다

N0-가 N1-를 V (N0=[인간|단체] N1=[가상], [집단], [이론])

¶그는 도저히 회생 가능성이 없는 왕조를 뒤엎고 새로운 왕조를 일으키자고 주장하였다. ¶농민들은 불평등한 사회 구조를 뒤엎기 위해 전국 각지에서 반란을 일으켰다.

❺시끄럽고 어수선하게 만들다. Make something untidy and noisy.

N0-가 N1-를 V (N0=[인간] N1=[집단], [주택], [방])

¶민수는 울며 사정하는 누이를 뿌리치고 집안을 온통 뒤엎은 뒤 나와 버렸다. ¶그녀는 항상 온 집안을 뒤엎고 대청소를 하였다.

뒤적거리다

활용뒤적거리어(뒤적거려), 뒤적거리니, 뒤적거리고 ㊁뒤척거리다

타❶반복적으로 방향을 바꾸어 눕다. Lie down and repeatedly change position.

N0-가 N1-를 V (N0=[인간], [동물] N1=몸)

¶집사람이 자꾸 몸을 뒤적거렸다. ¶동생이 밤새 몸을 뒤적거려서 잠을 잘 못 잤다. ¶동생이 자꾸 뒤적거려서 잠을 설쳤다.

❷(무언가를 찾기 위해) 이리저리 반복적으로 뒤지거나 들추다. Repeatedly go through or lift here and there in order to find something.

N0-가 N1-를 V (N0=[인간], [동물] N1=[소지품](가방, 주머니 따위), [책](신문, 책, 인터넷 따위), [음식], [구체물])

연에이리저리

¶친구가 책가방을 뒤적거리며 무언가를 찾고 있다. ¶동생이 인터넷을 뒤적거리고 있었다. ¶나는 기말 보고서 때문에 관련 서적들을 이리저리 뒤적거렸다.

뒤적이다

활용뒤적여, 뒤적이니, 뒤적이고

타☞뒤적거리다

뒤지다 I

활용뒤지어(뒤져), 뒤지니, 뒤지고

자❶(여럿이 걷거나 뛸 때) 남보다 뒤에 떨어지다. Get left behind others while walking or running together.

㊀뒤처지다 ㊉앞서다자

N0-가 N1-(에|에게|보다) V (N0=[구체물] N1=[구체물])

¶나는 친구들에게서 몇 걸음 뒤져 걸었다. ¶마라톤 경기에서는 한국 선수가 다른 선수들보다 뒤진 채 뛰고 있었다. ¶대열에서 뒤지지 말고 힘내서 걸어라.

❷(어떤 사실이나 사태가 다른 것보다) 시간상 뒤에 있다. (of fact or event) Be later than another fact or event in order of time.

㊀뒤처지다, 늦다 ㊉앞서다자

N0-가 N1-(에|에게|보다) V (N0=[추상물], [상태] N1=[추상물], [상태])

¶우리 팀의 출발이 다른 팀들보다 하루 뒤졌다. ¶그는 나보다 생일이 한 달 뒤진다.

❸(어떤 실력, 수준, 성적이 남에 비해) 모자라다. Have inferior proficiency, level, or grade to that of another person.

㊀뒤처지다, 뒤떨어지다 ㊉앞서다자

N0-가 N1-(에|에게|보다) V (N0=[추상물] N1=[추상물])

¶우리 국민의 질서 의식은 선진국보다 많이 뒤져 있다. ¶이 디자인 업체가 보내 온 시안의 수준은 다른 업체들보다 많이 뒤져 있었다.

뒤지다 II

활용뒤지어(뒤져), 뒤지니, 뒤지고

타❶(어떤 공간을) 이리저리 헤치며 무언가를 찾다. Dig up a place in order to search for something.

㊀뒤적이다, 들쑤시다, 물색하다

N0-가 N1-를 V (N0=[인간|단체] N1=[구체물], [장소])

연에샅샅이, 이 잡듯이

¶나는 서랍을 열심히 뒤졌지만 신분증을 찾지 못했다. ¶그는 방을 샅샅이 뒤져 시계에서 떨어진 작은 나사 하나를 찾아냈다.

❷(책이나 종이 뭉치를) 넘기며 내용을 찾다. Turn or browse a book or a sheaf of papers in order to search for a content.

㊀뒤적이다

N0-가 N1-를 V (N0=[인간|단체] N1=책, 서류 따위)

연에샅샅이, 이 잡듯이

¶이미 여러 번 읽어 손때 묻은 책이지만 철수는 잊은 내용이 없나 다시 뒤져 보았다. ¶서류를 체계적으로 정리해 두지 않으면 필요한 것이 있을 때마다 뒤지게 된다.

❸(씨를 뿌리기 위해 땅을) 파서 헤치거나 뒤집다. Dig up the field in order to sow seeds.

㊀뒤적이다, 파헤치다

N0-가 N1-를 V (N0=[인간|단체] N1=[장소])

ㄷ

¶농부는 밭을 뒤지고 씨를 뿌렸다. ¶기계를 이용해 땅을 뒤지니 일이 금방 끝난다.

뒤집다

[활용]뒤집어, 뒤집으니, 뒤집고

[타]❶(어떤 것을) 안과 겉이 서로 바뀌게 하다. Turn something inside out.

N0-가 N1-를 V (N0=[인간], [동물] N1=[구체물])

[피]뒤집히다

¶엄마는 항상 바지를 뒤집어서 다림질하신다. ¶철수는 양말을 자주 뒤집어 신는다. ¶그는 주머니를 뒤집어서 보여 주었다.

❷(어떤 것을) 위와 아래가 서로 바뀌게 하다. Turn something upside down.

N0-가 N1-를 V (N0=[인간], [동물], [기상] N1=[구체물])

[피]뒤집히다

¶고기를 뒤집어 가며 구우세요. ¶철수는 손바닥을 뒤집어서 내게 보여주었다. ¶고양이가 몸을 뒤집으며 놀고 있다.

❸(어떤 일의) 순서나 형세 따위가 바뀌게 하다. Change the order or situation of a work.

[유]바꾸다, 역전시키다

N0-가 N1-를 V (N0=[인간] N1=[추상물](순서, 전세, 대세, 전황 따위))

[피]뒤집히다

¶감독은 임의로 출전 선수의 순번을 뒤집어 버렸다. ¶아무리 노력해도 너 혼자 전세를 뒤집을 수는 없다.

❹(기존의 학설, 주장, 체제 따위를) 무효화시키다. Nullify the existing doctrine, assertion, or system.

[유]무효화하다

N0-가 N1-를 V (N0=[인간|단체], [추상물] N1=[추상물](이론, 학설, 주장, 생각 따위))

[피]뒤집히다

¶그 학자는 새로운 학설을 제시해 기존의 이론을 뒤집어 버리셨다. ¶그는 기존의 학설을 뒤집는 새로운 증거를 발견했다.

❺(진행되던 일이나 계획 따위를) 틀어지게 하다. Interrupt an ongoing work or plan.

[유]바꾸다, 취소하다

N0-가 N1-를 V (N0=[인간|단체], [상태] N1=[상태])

[피]뒤집히다

¶사장님은 처음 계획을 뒤집으려 하셨다. ¶환율 변동에 따른 문제가 이번 계약을 뒤집을 수 있다.

❻(조용하던 장소를) 소란스럽게 하거나 혼란에 빠뜨리다. Make noise in a quiet place or throw it into an uproar.

N0-가 N1-를 V (N0=[인간|단체], [상태] N1=[장소], [추상물])

[피]뒤집히다

[연어]발칵, 완전히

¶오빠의 가출이 집안을 완전히 뒤집어 놓았다. ¶화가 난 선생님은 교실을 크게 뒤집어 놓으셨다.

◆ **눈을 뒤집다** 분노나 절박함 따위로 제정신을 잃고 혈안이 되다. Become obsessed out of anger or desperation.

N0-가 Idm (N0=[인간])

[피]눈이 뒤집히다

¶그는 분노로 눈을 뒤집고 적에게 달려들었다. ¶난민들은 배고픔에 눈을 뒤집고 먹을 것을 찾아 돌아다녔다.

뒤집어쓰다

[활용]뒤집어쓰어(뒤집어써), 뒤집어쓰니, 뒤집어쓰고

[타]❶(모자나 수건 따위를) 머리에 덮어쓰다. Cover the head (with hat, towel, etc.).

N0-가 N1-를 N2-에 V (N0=[인간] N1=[구체물](모자, 수건, 두건 따위) N2=[신체부위](머리 따위))

[사]뒤집어씌우다

[연어]푹

¶그는 모자를 머리에 푹 뒤집어썼다. ¶강도가 두건을 뒤집어쓰고 있어서 신원 파악이 어려웠다.

❷(탈이나 가면 따위를) 얼굴에 착용하다. Wear mask, etc. on the face.

[상]착용하다, 쓰다III

N0-가 N1-를 N2-에 V (N0=[인간] N1=[구체물](가면, 탈, 마스크 따위) N2=[신체부위](얼굴 따위))

[사]뒤집어씌우다

¶그는 얼굴에 이상한 가면을 뒤집어쓰고 있었다. ¶나는 황사 때는 꼭 마스크를 뒤집어쓰고 다닌다. ¶그들은 얼굴에 무서운 표정의 탈을 뒤집어쓰고 있다.

❸(이불이나 옷, 천 따위를) 온 몸에 둘러 덮다. Wrap entire body (with blanket, clothe, fabric, etc.).

[유]덮어쓰다

N0-가 N1-를 N2-에 V (N0=[인간] N1=[구체물](이불, 옷, 천 따위) N2=[신체부위](몸, 얼굴 따위))

[사]뒤집어씌우다

¶그녀는 온 몸에 이불을 뒤집어썼다. ¶그는 비를 피하기 위해서 큰 비닐을 뒤집어쓰고 나갔다.

❹(가루나 액체 따위를) 머리끝부터 온몸에 잔뜩 묻히다. Coat powder, liquid, etc. from head to toe.

[유]덮어쓰다

N0-가 N1-를 N2-에 V (N0=[인간] N1=[구체물](액체, 가루, 기체 따위) N2=[신체부위](몸, 얼굴 따위))

[사]뒤집어씌우다

¶그녀는 온몸에 흙탕물을 뒤집어썼다. ¶철수는 먼지를 뒤집어쓰면서 창고를 정리했다.
❺(타인의 잘못이나 실수를) 부당하게 책임을 지다. Take undeserved responsibility (of someone else's mistake or fault).
N0-가 N1-를 V (N0=[인간|단체] N1=[추상물](책임, 혐의, 잘못, 죄 따위))
¶그는 친구의 책임을 뒤집어쓰고 말았다. ¶영희는 정보 누출에 대한 혐의를 모두 뒤집어썼다.

뒤집어씌우다
활용 뒤집어씌워, 뒤집어씌우니, 뒤집어씌우고
타 ❶(다른 사람에게) 모자나 수건 따위를 머리에 덮어쓰게 하다. Make someone cover his head with hat, towel, etc.
N0-가 N1-를 N2-(에|에게) V (N0=[인간] N1=[구체물](모자, 수건, 두건 따위) N2=[인간], [신체부위])
주 뒤집어쓰다
¶그는 아이의 머리에 모자를 뒤집어씌웠다. ¶강도가 인질들에게 두건을 뒤집어씌웠다.
❷(다른 사람의 얼굴에) 탈이나 가면 따위를 착용하게 하다. Make someone wear mask on the face.
N0-가 N1-를 N2-(에|에게) V (N0=[인간] N1=[구체물](가면, 탈, 마스크 따위) N2=[인간], [신체부위])
주 뒤집어쓰다
¶단장은 단원들의 얼굴에 가면을 뒤집어씌웠다. ¶황사 주의보가 내리자 엄마는 아이들에게 마스크를 뒤집어씌웠다.
❸(다른 사람에게) 이불이나 옷, 천 따위를 온몸에 둘러 덮게 하다. Make someone wrap entire body with blanket, clothe, fabric, etc..
N0-가 N1-를 N2-(에|에게) V (N0=[인간] N1=[구체물](이불, 옷, 천 따위), [인간] N2=[신체부위](몸, 얼굴 따위))
주 뒤집어쓰다
¶비가 오자 그는 아이들의 머리에 비닐을 뒤집어씌웠다. ¶나는 친구의 어깨에 외투를 뒤집어씌웠다.
❹(다른 사람에게) 가루나 액체 따위를 머리끝부터 온몸에 잔뜩 묻게 하다. Make someone coat powder, liquid, etc. from head to toe.
N0-가 N1-를 N2-(에|에게) V (N0=[인간] N1=[구체물](액체, 가루, 기체 따위) N2=[인간], [신체부위](몸, 얼굴 따위))
주 뒤집어쓰다
¶아이가 물장구를 치면서 옆 사람에게 흙탕물을 뒤집어씌웠다. ¶졸업식 날 아이들은 친구에게 밀가루를 뒤집어씌운다.

뒤집히다
활용 뒤집히어(뒤집혀), 뒤집히니, 뒤집히고
자 ❶(어떤 것이) 안과 겉이 서로 바뀌다. (of something) Be turned inside out.
N0-가 N1-(에게|에 의해) V (N0=[구체물] N1=[인간], [동물], 바람 따위)
능 뒤집다
연어 훌렁
¶우산이 강한 바람에 뒤집히고 말았다. ¶주머니가 뒤집혀서 안에 있던 물건이 모두 쏟아졌다.
❷(어떤 것이) 위와 아래가 서로 바뀌다. (of something) Be turned upside down.
유 전도되다, 전복되다
N0-가 N1-(에게|에 의해) V (N0=[구체물] N1=[인간], [동물], [기상])
능 뒤집다
¶사슴이 몸이 달려드는 사자에게 뒤집혔다. ¶사고로 인해서 승용차가 완전히 뒤집혀 버렸다. ¶책장에 책이 몇 개 뒤집혀서 꽂혀 있었다.
❸(어떤 일의) 순서나 형세 따위가 바뀌다. (of a work) Undergo change in its order or situation.
유 전도되다, 역전되다
N0-가 N1-(에게|에 의해) V (N0=[추상물](순서, 전세, 대세, 전황 따위) N1=[인간])
능 뒤집다
¶경기의 승패가 그에 의해서 완전히 뒤집혔다. ¶입장 순서가 뒤집혀서 혼란이 일어났다. ¶그가 이길 것이라는 나의 예상이 뒤집혔다.
❹(기존의 학설, 주장, 체제 따위가) 다른 사람이나 새로운 자료, 주장 따위에 의해 무효화되다. (of existing doctrine, theory, or system) Be nullified by another person, new data, or theory.
유 무효화되다, 무너지다
N0-가 N1-(에게|에 의해) V (N0=[추상물](이론, 학설, 주장, 생각 따위) N1=[인간|단체], [추상물], [행위])
능 뒤집다
¶기존 이론이 이번 실험으로 완전히 뒤집혔다. ¶기존 체제가 뒤집히기는 쉽지 않다.
❺(진행되던 일이나 계획 따위가) 틀어져서 무산되다. (of an ongoing work or plan) Be disturbed such that it founders.
유 무산되다, 취소되다
N0-가 N1-(에게|에 의해서|로) V (N0=[상태] N1=[인간|단체], [상태])
능 뒤집다
¶이번 계약이 경쟁사의 방해로 뒤집혔다. ¶급한 일 때문에 우리의 여행 계획이 뒤집혀 버렸다.
❻(조용하던 장소가) 소란스러워지거나 혼란에 빠지다. (of a quiet place) Become noisy, to be thrown into an uproar.
N0-가 N1-(에게|에 의해|로) V (N0=[장소], [추상물]

N1=[인간|단체], [상태])
능뒤집다
연어발칵, 완전히
¶철호의 이혼 소식에 온 집안이 발칵 뒤집혔다. ¶온 부대가 이번 총기 사고로 완전히 뒤집혔다.
◆ **눈이 뒤집히다** 분노나 절박함 따위로 제정신을 잃고 혈안이 되다. Become obsessed out of anger or desperation.
N0-가 Idm (N0=[인간])
능눈을 뒤집다
¶철수는 분노로 눈이 뒤집혔다. ¶배고픈 노숙자들은 눈이 뒤집혀 쓰레기를 뒤지고 다녔다.

ㄷ

뒤쫓기다
활용뒤쫓기어(뒤쫓겨), 뒤쫓기니, 뒤쫓기고
자(사람이나 동물이) 잡으려는 사람에게 쫓기다. (person or animal) Be chased by a hunter.
㊀추적당하다
N0-가 N1-에게 V (N0=[인간|단체], [동물] N1=[인간|단체], [동물])
능뒤쫓다
¶범인은 두 시간 정도 경찰에게 뒤쫓겼다. ¶사슴은 사자에게 뒤쫓겨 달아났다. ¶주인공이 범인에게 뒤쫓겨 도망친 곳은 바로 옛 애인의 집이었다.

뒤쫓다
활용뒤쫓아, 뒤쫓으니, 뒤쫓고
타❶(다른 사람 또는 동물을) 잡으려고 뒤를 급히 따라가다. Urgently pursue an animal (or person) in order to capture it.
㊀추적하다
N0-가 N1-를 V (N0=[인간|단체], [동물] N1=[인간|단체], [동물])
피뒤쫓기다
¶경찰은 달아나는 범인을 10여 분간 뒤쫓아 결국 잡았다. ¶영화 속 주인공은 자신을 뒤쫓는 추격자들을 기막히게 따돌리며 안전한 곳으로 대피하였다.
❷(자신에게 달려드는 사람이나 동물을) 쫓아버리다. (of a person/animal) vigorously track something.
㊀쫓다, 쫓아내다
N0-가 N1-를 V (N0=[인간|단체], [동물] N1=[인간|단체], [동물])
¶그는 마구 날아드는 모기떼를 뒤쫓기 위해 방에 모기향을 피웠다. ¶아버지는 집 안으로 억지로 들어오려는 빚쟁이를 뒤쫓아 보내 버렸다.

뒤처지다
활용뒤처지어(뒤처져), 뒤처지니, 뒤처지고
자(다른 사람보다) 수준이 많이 뒤떨어진 상태에 놓이다. Be in a significantly inferior level (compared to other people).
㊀뒤떨어지다
N0-가 N1-(에|보다) V (N0=[인간|단체], [추상물](수준, 위치 따위) N1=[인간|단체], [추상물](수준, 위치 따위))
¶철수는 다른 아이들보다 학업 성적이 많이 뒤처진다. ¶그 나라의 경제 수준은 선진국에 많이 뒤처진다. ¶국가는 국민 중 어느 누구도 뒤처지지 않도록 노력해야 한다.

뒤척거리다
활용뒤척거리어(뒤척거려), 뒤척거리니, 뒤척거리고 ㊵뒤적거리다
타❶(몸을) 이리저리 방향을 바꾸며 뒤집거나 돌아눕다. (of a person) Twist and roll one's body.
㊀뒤척이다, 뒤척대다
N0-가 N1-를 V (N0=[인간] N1=몸 따)
¶나는 잠이 오지 않아 몸을 뒤척거렸다. ¶아이가 깊이 잠들지 못하고 몸을 뒤척거리고 있다. ¶나는 밤마다 괜한 걱정에 잠들지 못하고 뒤척거리곤 했다.
❷(가방, 책 따위를) 이리저리 들추어 보며 반복해서 뒤지다. (of a person) Search for something by tossing it repeatedly.
㊀뒤척이다, 뒤척대다, 들추다
N0-가 N1-를 V (N0=[인간] N1=[구체물](가방, 책 따위))
¶아이는 엄마 몰래 가방을 뒤척거리고 있었다. ¶나는 고서를 함부로 뒤척거리다가 어머니에게 혼이 났다.

뒤척이다
활용뒤척여, 뒤척이니, 뒤척이고
타☞뒤척거리다

뒤틀다
활용뒤틀어, 뒤트니, 뒤틀고, 뒤트는
타❶(몸이나 물건 따위를) 꼬듯이 매우 비틀다. Twist the body or an object in a vigorous way.
㊀꼬다, 비틀다
N0-가 N1-를 V (N0=[인간] N1=[신체부위](몸, 팔, 다리 따위), [구체물])
피뒤틀리다
¶나는 몸을 뒤틀면서 고통을 참았다. ¶어머니는 빨래를 힘껏 뒤틀어 물기를 짜내셨다.
❷(어떤 일 따위가) 원래의 의도대로 진행되지 못하게 방해하다. Disturb or disrupt (a task, etc.) so that it doesn't proceed according to one's original intention.
㊀비틀다, 방해하다
N0-가 N1-를 V (N0=[인간|단체] N1=[사건])
피뒤틀리다

¶그 여자는 남의 혼사를 뒤틀고 다닌다. ¶경쟁업체가 공개 입찰 과정을 뒤틀고 자기들이 계약을 체결했다.

❸(어떤 일 따위를) 진행하다가 목적이나 방식을 바꾸다. Change one's purpose or method while performing a given duty or task etc.

㊌변경하다

N0-가 N1-를 V (N0=[인간|단체] N1=[사건])

피뒤틀리다

¶새 정부는 기존 정부의 정책을 뒤틀었다. ¶부장님이 새로운 사업의 추진 계획을 뒤틀었다.

❹ (심리 상태를) 불편하게 만들다. Cause discomfort in a psychological state.

N0-가 N1-를 V (N0=[인간], [상태] N1=[감정](마음, 속, 심사 따위))

피뒤틀리다

¶그 녀석은 내 심사를 뒤틀어 놓았다. ¶이 사건은 검찰의 속내를 뒤틀었을 겁니다.

뒤틀리다

활용뒤틀리어(뒤틀려), 뒤틀리니, 뒤틀리고

자❶(몸이나 물건 따위가) 꼬이듯이 매우 비틀리다. (of a body or object) Be twisted.

㊌꼬이다, 비틀리다

N0-가 V (N0=[신체부위](몸, 팔, 다리 따위))

능뒤틀다

¶나는 고통을 참느라 몸이 뒤틀렸다. ¶빨래가 심하게 뒤틀린 채 말라 있었다.

❷(어떤 일 따위가) 방해를 받아 원래의 의도와 달리 진행되다. (of a duty or task) be proceeded against one's original intention due to a disturbance.

㊌비틀리다, 방해받다

N0-가 V (N0=[사건])

능뒤틀다

¶그 여자 때문에 여러 사람의 혼사가 뒤틀렸다. ¶남북 협상이 뒤틀리면서 동북아 정세도 불안정해졌다.

❸(어떤 일 따위가) 진행되다가 목적이나 방식이 바뀌다. (of a certain duty or task) Undergo a change of purpose or method while in progress.

㊌변경되다

N0-가 N1-에 의해 V (N0=[사건] N1=[인간|단체])

능뒤틀다

¶새 정부에 의해 기존 정부 정책이 뒤틀렸다. ¶부장님에 의해 우리 부서의 사업 추진 계획이 뒤틀리고 말았다.

❹(심리 상태 따위가) 불편해지다. (of mental state) Be uncomfortable.

N2-에 N0-의 N1-가 V ↔ N0-가 N2-(에|로) N1-가 V (N0=[인간] N1=[감정](마음, 속, 심사 따위) N2=[언어], [사건], [행위])

능뒤틀다

¶내 말에 아버지의 심사가 뒤틀리셨다. ↔ 아버지가 내 말에 심사가 뒤틀리셨다. ¶검찰은 이번 사건으로 심사가 뒤틀렸을 겁니다.

뒤흔들다

활용뒤흔들어, 뒤흔드니, 뒤흔들고, 뒤흔드는

타❶(사람, 동물이) 물건, 몸 따위를 좌우나 앞뒤로 마구 흔들다. (of a person or an animal) Shake the body or thing wildly in all directions.

N0-가 N1-를 V (N0=[인간|동물], [구체물] N1=[구체물], [신체부위])

¶구조대원이 정신을 잃은 아이의 몸을 뒤흔들었다. ¶큰 뱀은 알을 지키기 위해 머리를 뒤흔들었다.

❷(소리, 진동 따위가) 장소를 크게 울려 떨리게 하다. (of sound or vibration) Reverberate at a place greatly so that it quakes.

N0-가 N1-를 V (N0=충격, 소리, 파동 따위, [소리] N1=[장소])

¶폭탄이 터지면서 엄청난 충격이 땅을 뒤흔들었다. ¶비행기가 이륙하는 충격이 산을 뒤흔들었다.

❸(어떤 사건이) 사람이나 사회 따위를 기존의 평온함이 유지되지 못하게 할 정도로 부정적인 영향을 미치다. (of an incident) Have such a negative effect on people or society that they cannot maintain the existing peace.

N0-가 N1-를 V (N0=[사건] N1=[인간], [집단], [의견])

¶결혼을 약속한 애인의 교통사고는 그의 인생을 뒤흔들었다. ¶잔혹한 전쟁의 실상은 평범한 시민들이 믿고 있던 가치관을 뒤흔들었다.

❹(단체, 지역 따위에) 영향을 끼쳐 많은 관심을 받다. Control an organization or a community by wielding great influence on it.

N0-가 N1-를 V (N0=[인간], [단체] N1=[지역])

¶한류가 마침내 유럽을 뒤흔들었다. ¶그는 열정적인 설교로 전 세계의 교회를 뒤흔들었다. ¶너는 장차 세계를 뒤흔들 유명 모델이 될 거야.

뒷받침되다

활용뒷받침되어(뒷받침돼), 뒷받침되니, 뒷받침되고 대응뒷받침이 되다

자❶(사람이나 일이) 다른 사람으로부터 뒤에서 지지나 도움을 받다. (of person or work) Be backed up or helped by another person.

N0-가 N1-에 의해 V (N0=[인간|단체], [행위](삶, 생활, 사업, 학업 따위) N1=[인간|단체])

능뒷받침하다타

¶이 사업은 많은 지역 주민에 의해서 뒷받침되어 실행될 수 있었다. ¶이 회사는 아직도 많은 주주들

에 의해서 뒷받침되고 있다.
N1-에 N0-가 V (N0=[인간|단체], [행위](노력, 투자 따위), [추상물](실력, 기량, 의지, 돈 따위) N1=[인간|단체], [행위](삶, 생 활, 사업, 학업, 교육 따위))
¶이러한 작업에는 무엇보다 실력이 뒷받침되지 않으면 안 된다. ¶많은 지지가 뒷받침되어서 그 법안이 겨우 통과되었다.
❷(내용이나 주장이) 증거나 실험 따위에 의해 근거를 제공받아 그 타당성을 인정받다. (of content or argument) Be verified on the basis of evidence or experiment.
N0-가 N1-(에 의해|로) V (N0=[앎] N1=[추상물](증거, 이론, 정황 따위), [책](문헌, 자료 따위))
¶이 이론은 몇 가지 새로운 증거에 의해서 뒷받침되고 있다. ¶채소가 몸에 좋다는 사실은 수많은 임상 실험으로 뒷받침되고 있다.

ㄷ

뒷받침하다

[활용]뒷받침하여(뒷받침해), 뒷받침하니, 뒷받침하고
[대응]뒷받침을 하다
[타](사람이나 일을) 뒤에서 지지하고 도와주다. Back up or help another person.
[유]지원하다, 후원하다, 도와주다
N0-가 N1-를 V (N0=[인간|단체] N1=[인간|단체], [행위](삶, 생활, 사업, 학업 따위))
[피]뒷받침되다
¶우리 회사는 여러 고아원을 경제적으로 뒷받침하고 있다. ¶아버지가 철수의 사업을 뒷받침해 주고 있다. ¶소수 언어가 사라지지 않게 정부가 재정적으로 연구를 뒷받침해 주어야 한다.
[자타](내용이나 주장 따위가) 타당하다는 근거를 제공하다. Provide a verifying ground for a content or an argument.
[유]증명하다, 입증하다
N0-가 N1-(를|에 대해서) V (N0=[추상물](증거, 이론, 정황 따위), [책](문헌, 자료 따위) N1=[앎])
¶이 사진이 그의 알리바이를 뒷받침해 준다. ¶이 자료가 그의 범행을 뒷받침해 주고 있다.
N0-가 S음-을 V (N0=[추상물](증거, 이론, 정황 따위), [책](문헌, 자료 따위), 행동, 태도 따위)
¶이 자료가 우리 이론의 타당함을 뒷받침한다. ¶이 증거가 그간의 소문이 사실임을 뒷받침해주고 있다.

뒹굴다

[활용]뒹굴어, 뒹구니, 뒹굴고, 뒹구는
[자]❶아무것도 하지 않고 빈둥거리며 지내다. (of a person) Idle doing nothing.
[유]빈둥거리다
N0-가 V (N0=[인간])
¶오늘은 오랜만에 집에서 부침개도 부치고 만화책도 보며 종일 뒹굴었다. ¶이번 휴가 때는 회사 일은 제쳐 두고 아이와 매일 집에서 뒹굴며 보냈다.
❷(물건이) 어디에 아무렇게나 흩어져 구르다. (of stuff) Be scattered around.
[유]굴러다니다[자]
N0-가 N1-에 V (N0=[구체물] N1=[장소])
¶학생들이 벗어 놓은 도복이 체육관에 뒹굴었다. ¶겨울에는 상수리나무와 굴참나무의 잎들이 땅에 뒹군다.
[자타](사람이나 동물이) 어디에 누워서 좌우로 구르다. (of a person or an animal) Lie down and roll from side to side.
[유]구르다I
N0-가 N1-(를|에서) V (N0=[인간|동물] N1=[장소])
¶아이들은 배를 잡고 웃느라 바닥을 뒹굴었다. ¶갯벌축제에 참가한 시민들이 수영복을 입고 갯벌에서 뒹굴었다.

드나들다

[활용]드나들어, 드나드니, 드나들고, 드나드는
[자](수량이) 일정하지 않고 때마다 차이가 나다. (of quantity) Be different on each occasion, not being constant.
[유]들쑥날쑥하다
N0-가 V (N0=[수량])
¶수입이 매달 드나드는 통에 적금을 넣기가 힘들다. ¶저 가게는 음료의 양이 매번 드나들어서 믿음이 안 간다.
[자타]❶(일정한 장소에) 들어갔다 나왔다 하다. (of many things) Stop by a definite place and leave.
[유]출입하다, 들락날락하다, 들락거리다
N0-가 N1-(에|로|를) V (N0=[인간|단체], [구체물](자동차, 선박 등) N1=[장소])
¶손님들이 백화점에 드나들며 인산인해를 이루고 있다. ¶전에는 하루에도 수백 대의 자동차가 이 터널을 드나들었다.
❷(일정한 장소에) 들어갔다 나왔다 하기를 여러 번 반복하다. Repeat stopping by a definite place and leaving many times.
[유]출입하다
N0-가 N1-(에|로|를) V (N0=[인간|단체] N1=[장소])
¶지영이는 하루에도 몇 번씩 가게에 드나들었다. ¶그는 몸이 약해 병원을 드나들던 친구였다.
❸(다양한 장소에) 들어갔다 나왔다 하기를 반복하다. Repeat stopping by various places and leaving.
[유]출입하다
N0-가 N1-와 N2-(에|로|를) V (N0=[인간|단체], [동물] N1=[장소])
¶토끼가 이 산과 저 산을 드나들었다. ¶아이들은

이 집 저 집으로 드나들며 노래를 불렀다.
N0-가 N1-(에|로|를) V (N0=[인간], [동물] N1=[장소])
¶나는 여행을 하면서 여러 도시에 드나들었다. ¶주말에는 여러 미술관으로 드나들면서 명화를 감상했다.

드러나다

[활용]드러나, 드러나니, 드러나고
[자]❶(가려져 있던 것이) 밖으로 보이게 되다. (of something hidden) Come to be seen.
[유]노출되다
N0-가 V (N0=[구체물], [장소], [인간], [신체부위], [추상물](흔적, 자취 따위))
[사]드러내다
¶천으로 가려져 있던 동상의 모습이 드러났다. ¶한 시간을 더 올라가자, 감춰져 있던 풍경이 드러났다.
❷(감춰져 있거나 알려지지 않았던 내용이) 널리 밝혀지다. (of concealed or unknown content) Become widely known.
[유]밝혀지다
N0-가 V (N0=[추상물](사실, 비밀, 문제 따위))
[사]드러내다
¶이번 탐사로 새로운 역사적 사실이 드러났다. ¶이 글에는 그녀의 어두운 과거가 잘 드러나 있다.
❸(태도나 개성, 심정 따위가) 밖으로 표현되다. (of attitude, personality, or feeling) Be expressed.
[유]나타나다
N0-가 N1-에 V (N0=[추상물](감정, 태도 따위) N1=[추상물], [구체물])
[사]드러내다
[연어]다
¶그녀의 억울한 감정이 얼굴이 다 드러났다. ¶사람의 태도는 그의 과거 행동에 드러나 있게 마련이다.
◆ **바닥이 드러나다** 한계가 보이다. Reach the limit.
N0-가 Idm (N0=[인간], [추상물](능력, 자원, 금전 따위))
¶이제 그의 능력도 바닥이 드러나기 시작했다. ¶마르지 않을 것 같던 철수의 돈도 이제 바닥이 드러났다.

드러내다

[활용]드러내어(드러내), 드러내니, 드러내고
[타]❶(가려져 있던 신체나 일부분을) 겉으로 나타내 보이다. Make hidden body or body part visible outwardly.
[유]내놓다, 노출하다 [반]감추다, 가리다I
N0-가 N1-를 V (N0=[인간], [동물], [식물] N1=[신체부위], [식물], 모습 따위)
[주]드러나다
¶이란의 여자들은 절대 얼굴을 밖에서 드러내면 안 된다고 한다. ¶사람들이 팔다리를 드러내고 햇볕을 쬐고 있었다.
❷(자신의 감정이나 의도, 태도를) 나타내다. Make one's emotion, intention, or attitude visible outwardly.
[유]나타내다 [반]감추다, 숨기다
N0-가 N2-(에|에게) N1-를 V (N0=[인간|단체], [동물] N1=[인지], [감정], [개념], [상황] N2=[인간|단체])
[주]드러나다
¶회사 측은 노조에 인금을 동결하겠다는 의도를 드러냈다. ¶그들은 지금까지 감추어 온 실상을 드러내며 정치적 공세를 펼쳤다.
❸(사물의 특징이나 성격, 본질을) 나타내 보이다. Show an object's characteristics, property, or essence outwardly.
[유]발현하다[타], 보여주다
N0-가 N1-를 V (N0=[상태], [행위], [개념], [상황] N1=[추상물](성격, 성질, 성향, 본질 따위))
[주]드러나다
¶소녀의 첫 연주는 바로 그녀의 천재성을 드러냈다. ¶작은 행동 하나하나가 그 사람의 인격을 드러낸다.
N0-가 S것-을 V (N0=[상태], [행위], [개념], [상황])
[주]드러나다
¶작은 행동 하나도 그가 천재라는 것을 드러내 준다. ¶그 후보의 새 공약은 그가 겉과 속이 다른 사람이라는 것을 드러냈다.

드러눕다

[활용]드러누워, 드러누우니, 드러눕고, 드러눕는
[자]❶(어떤 장소나 자리에) 아무렇게나 눕다. Lay oneself down in a relaxed way.
N0-가 N1-에 V (N0=[인간] N1=[가구](침대 따위), [구체물](바닥 따위), [좌석](자리 따위))
¶그 어린이는 바닥에 드러누워 울기 시작했다. ¶동생은 피곤했는지 자리에 드러눕자마자 잠들었다.
❷(자리에) 아파서 요양차 눕다. Lie sick in bed.
N0-가 N1-에 V (N0=[인간] N1=[가구](침대 따위), [좌석](자리 따위))
¶어머니께서는 병을 얻으셔서 자리에 드러누우셨다. ¶나는 열이 나서 사흘 동안 드러누운 적이 있다.

드리다 I

드리다[1]

[ㄷ]

[활용]드리어(드려), 드리니, 드리고
[타]'주다[1]'의 존대어 Honorific form of "주다[1]".
No-가 N1-를 N2-에게 V (No=[인간] N1=[구체물], [돈](용돈, 계약금, 보너스 따위) N2=[인간])
¶언니는 매달 어머니께 용돈을 드리고 있다.
¶감을 할아버지께 드리고 우리도 먹자.

드리다[2]

[활용]드리어(드려), 드리니, 드리고
[기능][타]❶'존대' 행위를 나타내는 기능동사 A support verb that implies an honorific for 'give'.
No-가 Npr-를 N1-에게 V (No=[인간], Npr=[행위](말씀, 전화, 감사 따위), [동작](세배, 인사, 기도, 불공, 공양, 치성, 미사, 예배, 질문 따위) N1=[인간])
¶선생님께 전화를 드리고 찾아뵙시다. ¶저는 어른들께 세배를 드리고 오겠습니다. ¶우리는 아침마다 할아버지께 문안 인사를 드린다.
❷ 사동을 나타내는 기능동사 Support verb depicting "causation".
No-가 Npr-를 N1-에게 V (No=[인간], Npr=[감정] N1=[인간])
¶그 아이는 대학에 합격하여 할아버지께 큰 기쁨을 드렸다. ¶저는 선생님께 행복을 드리고 싶었습니다.

드리다[3]

[활용]드리어(드려), 드리니, 드리고
[보조]선행하는 동사가 나타내는 동작을 높이는 뜻의 보조 동사. Auxiliary verb that adds respect to the activity meant by a preceding verb.
V-(어|어다) Vaux
¶나는 시어머니의 팔다리를 주물러 드렸다.
¶따뜻한 차라도 한 잔 사 드리고 싶습니다.
¶제가 선생님을 댁까지 모셔다 드리겠습니다.

드리다Ⅱ

[활용]드리어(드려), 드리니, 드리고
[타]곡식에 섞여 있는 불필요한 것을 없애기 위해 바람에 날리다. Blow away in the wind to remove impurities from grain.
[유]까불다[타]
No-가 N1-를 V (No=[인간] N1=[곡식])
¶어머니는 콩을 드려 쭉정이를 골라내셨다.
¶쌀을 드리기 위해 마당에 갖다 놓았다. ¶드린 옥수수를 깨끗이 씻어 냉장고에 보관했다.

드리다Ⅲ

[활용]드리어(드려), 드리니, 드리고
[타]❶(여러 가닥의 실이나 끈 따위를) 엇갈리게 해서 하나로 만들거나 비벼서 한 줄로 만들다. Intercross or rub many strands of string, rope, etc., to form one strand.
[유]땋다, 꼬다
No-가 N1-를 V (No=[인간] N1=실, 끈 따위)
¶그는 짚에 삼노를 드려 새끼줄을 만들었다.
¶사람들이 신전에 금술을 드려 장식을 해 놓았다.
❷(댕기를) 땋은 머리에 달다. Put a hair ribbon on one's braid.
[유]매다
No-가 N1-를 N2-에 V (No=[인간] N1=댕기 N2=머리)
¶소녀는 고운 한복을 입고 머리에 댕기를 드렸다.
¶댕기를 드린 머리가 단정해 보였다. ¶처녀, 총각은 머리를 땋아 댕기를 드리고 남자 어른은 상투를 튼다.

드리우다

[활용]드리워, 드리우니, 드리우고
[자]❶아래로 처지게 늘어지다. Hang down or cause something to hang down.
[유]드리워지다
No-가 V (No=[구체물](천이나 줄 따위))
¶앞집은 늘 방마다 커튼이 드리워 있다. ¶사방에 커튼이 드리워 방안이 어두웠다.
❷(빛, 어둠, 그늘 따위가) 깃들다. (of light, darkness, shade, etc.) Appear or cause (light, darkness, shade, etc.) to appear.
[유]드리워지다, 덮이다
N1-에 No-가 V (No=[현상](빛, 어둠, 그늘, 그림자 따위) N1=[장소])
¶호수에 어둠이 드리웠다. ¶마당에 나무 그림자가 드리웠다.
❸(좋지 않은 징조 같은 것이) 어떤 대상에 나타나다. (of some omen) Appear upon something.
[유]드리워지다, 나타나다
N1-에 No-가 V (No=[현상](암운, 먹구름, 어둠, 그늘, 그림자 따위) N1=[장소], [행위], 얼굴, 표정 따위)
¶유럽 경제 시장에 암운이 드리웠다. ¶그의 표정에 어두운 그림자가 드리웠다.
[타]❶(물체를) 아래로 처지게 늘어뜨리다. Hang down or cause something to hang down.
No-가 N2-에 N1-를 V (No=[인간] N1=[구체물](천, 줄 따위) N2=[장소])
¶그는 강가에 낚싯대를 드리우고 졸고 있다.
¶그는 창문에 커튼을 드리웠다.
❷(빛, 어둠, 그늘 따위를) 깃들게 하다. (of light, darkness, shade, etc.) Appear or cause (light, darkness, shade, etc.) to appear.
[유]늘어뜨리다, 덮게 하다
No-가 N2-에 N1-를 V (No=[구체물] N1=[현상](빛, 어둠, 그늘, 그림자 따위) N2=[장소])
¶가로등은 혼자 걸어가는 내 그림자를 길 위에

드리웠다. ¶무성해진 나뭇잎이 우리집 마당에 그늘을 드리우고 있다.

드리워지다

활용 드리워져, 드리워지니, 드리워지고

자 ❶아래로 처지게 늘어지다. Droop downward.

유 드리우다자, 쳐지다

No-가 V (No=[구체물](천이나 줄 따위))

¶빨간 커튼이 드리워졌다. ¶방안은 암적색의 커튼이 드리워져 있어 몹시 무거운 분위기를 풍기고 있었다.

❷(빛, 어둠, 그늘 따위가) 깃들다. (of light, darkness, shade, etc.) Appear.

유 드리우다자, 내리다, 덮다

N1-에 No-가 V (No=[현상](빛, 어둠, 그늘, 그림자 따위) N1=[장소])

¶호수에 어둠이 드리워졌다. ¶장마 기간 내내 하늘에 먹구름이 드리워져 있다.

❸(좋지 않은 징조 같은 것이) 어떤 대상에 나타나다. (of some omen) Appear upon something.

유 드리우다자, 나타나다

No-가 N1-에 V (No=[현상](어둠, 그늘, 그림자, 먹구름, 암은 따위) N1=[장소], [행위], 얼굴, 표정 따위)

¶회사 경영에 그늘이 드리워졌다. ¶미세먼지로 몸살을 앓고 있는 중국 대륙에 죽음의 그림자가 짙게 드리워졌다. ¶집 없는 서민들의 내 집 마련에 먹구름이 드리워졌다. ¶모두가 웃을 때 유독 그의 얼굴에는 어두운 그림자가 드리워져 있었다.

듣다 I

활용 들어, 들으니, 듣고, 듣는

자 (약이 질병에) 효력이 있다. (of a medicine) Be effective against disease.

No-가 N1-에 V (No=[약] N1=[질병])

연어 잘

¶이 약은 감기에 잘 듣는다. ¶내 두통에는 어떤 약도 듣지 않는다.

타 ❶(소리를) 귀로 감지하다. Detect sound with one's hears.

유 청취하다

No-가 N1-를 V (No=[인간], [동물] N1=[소리], [가구], [방송물], [음악], [악기], 연주, 음악회 따위)

피 들리다III

¶깊은 밤에 라디오를 듣고 있자니 점점 졸음이 온다. ¶저명한 연주자의 바이올린 연주를 들으러 많은 청중들이 왔다. ¶강아지가 이상한 소리를 들었는지 귀를 쫑긋거렸다.

No-가 S것-을 V (No=[인간], [동물])

피 들리다III

¶나는 동생이 노래하는 것을 들어 본 적이 없다. ¶영희가 횡설수설하는 것을 듣고 있기가 괴롭다.

❷(남의 충고나 명령 등을) 받아들여 따르다. Accept and follow someone's advice or order.

유 따르다, 받아들이다

No-가 N1-를 V (No=[인간], [동물] N1=[명령], [소통], [인지], 말)

연어 잘

¶선생님의 충고를 잘 들으면 큰 도움이 될 것이다. ¶그 장군은 상부의 명령을 듣지 않고 독단적으로 행동했다.

◆ **말을 듣다** (기계나 몸이) 주인이 뜻한 대로 잘 움직이다. (of a machine or the body) Move well according to the owner's expectations.

No-가 Idm (No=[신체부위], [사물])

연어 잘

¶요즘 몸이 말을 잘 안 듣는다. ¶위급한 순간에 브레이크가 말을 안 들어서 큰 사고가 날 뻔 했다.

자타 (이야기, 대화 강연 등의 내용을) 귀로 인지하다. Recognize the contents of a story, conversation or lecture with one's ears.

유 들어 알다, 지각하다

No-가 N1-를 N2-(에게|에게서) V (No=[인간] N1=[소통] N2=[인간])

¶김 선생의 강연을 듣고 큰 감명을 받았습니다. ¶두 사람의 대화를 들어보면 둘이 어떤 사이인지 알 수 있다.

No-가 N1-(에게|에게서) S고 V (No=[인간] N1=[인간])

¶나는 점원에게서 할인 판매 기간이 끝났다고 들었다. ¶선생님은 여러 사람에게서 재호가 착하다고 들었다.

No-가 N1-(에게|에게서) S것-을 V (No=[인간] N1=[인간])

¶나는 점원에게서 할인 판매 기간이 끝났다는 것을 들었다. ¶이 자리에 도서관이 세워진다는 것을 들은 바 있습니다.

듣다 II

활용 들어, 들으니, 듣고, 듣는

자 (물방울 따위가) 떨어지다. (of water drop) Fall.

유 떨어지다

No-가 N1-에 V (No=[액체](물방울, 빗방울 따위) N1=[구체물], [장소])

¶빗방울이 하염없이 지붕에 듣는다. ¶우물에 듣는 물방울 소리가 들릴 정도로 고요했다.

들끓다

활용 들끓어, 들끓으니, 들끓고

자 ❶(여럿이 한곳에 모여) 혼잡하게 움직이다. (of many) Gather in one place and move in a chaotic or disorderly manner.

N0-가 N1-에 V ↔ N1-이 N0-로 V (N0=[인간|단체], [생물] N1=[장소])
¶숲 속에 반딧불이가 들끓는다. ↔ 숲 속이 반딧불이로 들끓는다. ¶명동 거리가 외국인 관광객으로 들끓는다.
❷ (감정이) 거세게 지속되다. (of emotion) Continue violently.
N0-의 N1-가 V ↔ N0-(가|에서) N1-가 V (N0=[인간|단체] N1=[감정], [신체일부](피, 심장 따위))
¶철수의 심장이 마구 들끓었다. ↔ 철수가 심장이 마구 들끓었다. ¶나는 알 수 없는 울분이 들끓었다.
❸(사건이나 소문 등으로) 매우 분주하거나 시끄러워지다. Become very busy or noisy due to an incident or rumor.
N0-가 V (N0=여론, 언론, 전국 따위)
¶안 좋은 여론이 들끓자 정부도 한발 물러섰다. ¶정치인들의 무책임한 실수에 온 나라의 언론이 들끓었다. ¶국무장관의 실수에 대한 폭로가 계속 이루어지자 전국이 들끓고 있다.
❹(냄새나 소리 따위가) 심하게 나다. (of smell or sound) Become acute.
N1-에 N0-가 V (N0=[추상물](냄새, 소리 따위) N1=[장소])
¶오랫동안 청소를 안했는지, 화장실에는 악취가 들끓었다. ¶선수들이 소개될 때 마다 경기장이 함성으로 들끓었다. ¶전쟁으로 인해 온 나라에 고통의 소리가 들끓기 시작했다.

들다 I

들다[1]

활용 들어, 드니, 들고, 드는
자 ❶(어떤 공간에 대하여) 바깥쪽에서 안쪽으로 이동하다. Move into a space from the outside.
N0-가 N1-(에|로) V (N0=[구체물] N1=[장소])
사 들이다[1]
¶상자 안에 여러 가지 선물이 들어 있다. ¶사람들이 나에게 건물 안으로 들라고 손짓을 했다.
❷(호텔 등의 숙박 업체에) 자거나 머무르러 가다. Stay at a lodging business including hotel.
㊀묵다II, 체류하다
N0-가 N1-(에|로) V (N0=[인간|단체] N1=[건물])
사 들이다
¶기영이는 여행을 하다 시골의 조그만 여관에 들었다. ¶그들은 여행 중에 마주친 호스텔에 들기로 했다.
❸길에 올라 이동하기 시작하다. Step on the road and begin to move.
㊀진입하다
N0-가 N1-(에|로) V (N0=[구체물] N1=[길])
¶우리가 탄 차는 고속도로로 가지 않고 국도로 들었다. ¶나는 산책을 하다가 못 보던 오솔길에 들었다.
❹(동물의 배 따위에) 새끼나 알이 생겨나다. (of the baby or egg of an animal) Be borne in the body.
N0-가 N1-에 V (N0=새끼, 알 N1=[동물], [신체부위])
¶명태의 배를 갈라 보니 알이 배에 가득 들어 있었다. ¶우리 집 개는 새끼가 들어서 요즘 몸이 무거워졌다.
❺(식물의 뿌리나 열매가) 알차고 단단해지다. (of roots or fruits of a plant) Become profitable and stiff.
㊀알차다
N0-가 N1-가 V (N0=[식물] N1=속, 알, [뿌리])
¶고구마가 뿌리가 든 것 같아 내일 캐기로 했다. ¶나는 알이 잘 든 감자만 모아서 이웃집에 선물로 주었다.
❻(빛이나 볕이) 어떤 장소에 쬐이다. (of sunlight or sun) Radiate on a place.
㊀쬐이다
N0-가 N1-에 V (N0=[빛] N1=[장소])
¶우리는 볕이 잘 드는 땅에 상추를 심었다. ¶그는 아침 햇살이 창으로 들 때까지 잠에 빠져 있었다.
※ 주로 '드는', '들'의 꼴로 쓰인다.
❼(색깔, 물 등이) 물체에 배거나 하여 겉으로 드러나게 되다. (of color, water, etc.) Permeate a thing so that it appears on the surface.
㊀배다I, 스며들다
N0-가 N1-에 V (N0=[속성], 단풍, 물 N1=[구체물])
사 들이다
¶가을 산의 나무에 단풍이 들었다. ¶염색하기로 한 옷에 치자색이 잘 들었다.
❽(돈, 시간, 노력이) 어떤 일에 소모되다. (of money, time, effort) Be consumed for a work.
㊀소요되다
N0-가 N1-에 V (N0=[금전], [시간], 노력 N1=[추상물], [상태])
사 들이다
¶진정한 배움에는 시간과 노력이 많이 든다. ¶사업 확장에는 많은 노력이 드는데도 사장은 일을 강행하였다.
❾(무언가가) 어떤 범위 안에 속하게 되다. (of something) Be included in a scope.
㊀속하다, 포함되다
N0-가 N1-에 V (N0=[구체물], [추상물] N1=[범위], 명단, 목록)
¶우리 팀은 본선 진출자 명단에 들었다. ¶그 후보는 이번 선거에서 당선권에 들었다고 평가받고 있다.

⑩(어떤 기후나 기후와 관련된 상황이) 나타나다. (of climate or climate-related situation) Occur.
㊌발생하다
N0-가 V (N0=[재해], 풍년)
¶올해는 큰 풍년이 들었다. ¶봄 가뭄이 심하게 들어 굶주리는 사람이 많다.
⑪(시간이) 어떤 특정한 구간에 속하게 되다. (of time) Belong to a certain interval.
N0-가 N1-에 V (N0=[시간], 시기, 시간 N1=[시간])
¶때는 벌써 봄에 들었다. ¶계절이 가을에 들자 입맛이 좋아졌다.
※ N0는 흔히 생략된다.
⑫어떤 집단에 가입하다. (of someone) Join a group.
㊌가입하다
N0-가 N1-에 V (N0=[인간] N1=[단체])
¶나는 취미 활동을 찾아보다가 결국 독서 모임에 들었다. ¶나는 이웃돕기 후원회에 들어 매달 후원비를 내기로 했다.
⑬(어떤 버릇이) 생겨서 지속되다. (of habit in someone) Be acquired.
㊌생기다
N0-가 N1-에게 V (N0=버릇, 습관 N1=[인간])
사들이다
¶최근 내게는 손톱을 물어뜯는 버릇이 들었다. ¶그는 식사를 규칙적으로 하지 않는 버릇이 들어서 건강이 나빠졌다.
◆ **나이가 들다** (생물이) 연령이 높아지다. (of living thing) Put on years.
N0-가 Idm (N0=[생물])
¶나이가 드니 철없을 적에 했던 일들이 후회된다. ¶어리기만 하던 동창들도 벌써 한참 나이가 들었다.
◆ **눈에 들다** (어떤 대상이) 주목의 대상이 되다. (of object) Come to the fore.
N0-가 Idm (N0=[구체물], [추상물])
¶상가를 지나다 눈에 드는 물건이 있어 계획에 없는 소비를 했다. ¶그는 오랜 노력 끝에 스승의 눈에 들어 수제자가 되었다.
◆ **마음에 들다** (어떤 대상이) 흡족하게 느껴지다. (of object) Be satisfactory.
N0-가 Idm (N0=[구체물], [추상물])
연어쏙
¶이 책은 내 마음에 쏙 들었다. ¶그는 면접관들의 마음에 들어 결국 합격되었다.
◆ **편을 들다** 한 쪽을 돕거나 그에 동조하다. Help or support one side.
N0-가 Idm (N0=[구체물], [집단])
¶할아버지는 둘째 손녀 편을 들었다. ¶누구의 편도 들지 말고 공정하게 판단해라.
자타(보험, 적금 등에) 가입하다. Open insurance or installment savings.
N0-가 N1-(를|에) V (N0=[인간|단체] N1=보험, 적금 등)
¶나는 노후를 위해 생명보험에 들었다. ¶나는 사업 자금을 마련하고자 적금을 들었다.

들다²

활용들어, 드니, 들고, 드는
기능자❶'상태변화'를 나타내는 기능동사. Support verb expressing "change of state".
N0-가 Npr-(가|에) V (N0=[구체물], Npr=잠, 병, 혼수상태 따위)
¶아기가 마침내 잠에 들었다. ¶그는 과로로 큰 병이 들었다.
❷'심리현상'을 나타내는 기능동사. Support verb expressing "mental phenomenon".
㊌떠오르다
N0-(가|에게) Npr-가 V (N0=[인간] N1=생각, 기분, 느낌, 상념 따위)
¶이불을 덮자 포근한 기분이 들었다. ¶그에게는 아침에 일어나면서부터 심상치 않은 느낌이 들었다.

들다³

활용들어, 드니, 들고, 드는
보조❶어떤 일을 하고자 덤비는 뜻을 나타내는 보조동사. Auxiliary verb expressing an act of throwing oneself into a work.
V-려고 Vaux
¶그는 틈만 나면 만화책을 보려고 들었다. ¶나는 한번 시작한 일은 꼭 해내려고 드는 기질이 있다.
❷앞으로 나서거나 덤비는 듯한 모습을 나타내는 보조동사. Auxiliary verb describing an act of coming forward or throwing oneself into a work.
V-고 Vaux
¶고객은 계약서의 조항을 조목조목 따지고 들었다. ¶사소한 일을 가지고 시비하고 들지 마라.
❸변화가 일어나는 모습을 나타내는 보조동사. Auxiliary verb describing "change of state".
V-어 Vaux
¶우산을 썼지만 빗물에 바지 끝이 젖어 들었다. ¶습한 날씨가 계속되어 창고의 식량들이 점차 썩어 들고 있다.

들다Ⅱ

활용들어, 드니, 들고, 드는
타❶(물체를) 손에 쥐어 가지다. Have a thing in one's hand.
㊌잡다
N0-가 N1-를 V (N0=[인간] N1=[구체물])
피들리다I 사들리다II
¶아이는 한 손에 사탕을 들고 있었다. ¶학생은

ㄷ

책가방을 양손으로 들었다.
❷ (아래에 있는 것을) 위로 올리다. Raise something upward.
N0-가 N1-를 V (N0=[인간] N1=[구체물])
¶철수는 강연을 듣다가 궁금한 것이 생겨 손을 들었다. ¶남자는 숙이고 있던 고개를 들었다.
❸ (어떤 사실을) 남에게 보이거나 제시하다. Show or suggest to another person a fact.
[유]갖다대다, 제시하다
N0-가 N1-를 V (N0=[인간] N1=[앎], 예, 증거)
¶변호인은 피고의 무죄를 입증하기 위해 여러 가지 증거를 들었다. ¶교수는 어려운 이론을 예를 들어가며 설명했다.
❹'먹다'의 존대어. Honorific expression of "먹다".
N0-가 N1-를 V (N0=[인간] N1=[음식])
¶할아버지께서는 일찍 진지를 드셨다. ¶친구 어머니께서 사양 말고 간식을 들라고 권했다.
※주로 '드시다'의 꼴로 쓰인다.

들다Ⅲ

[활용]들어, 드니, 들고, 드는
[자](날붙이가) 날카로워 물체에 잘 파고들다. (of cutlery) Be sharp enough to cut a thing well.
N0-가 V (N0=[도구])
¶이 칼은 잘 든다. ¶도끼가 잘 들어서 힘을 아낄 수 있었다. ¶잘 드는 가위로 끈을 깨끗하게 잘라 주세요.

들뜨다

[활용]들떠, 들뜨니, 들뜨고, 들떴다
[자]❶(붙어있던 장판이나 벽지같이 얇은 것 따위가) 떨어져 벌어지다. (of thin floorboards or wallpaper) Become separated from the floor or wall, leaving a gap.
[유]일어나다
N0-가 V (N0=[구체물](손톱, 종이, 장판 따위))
¶천장 도배지가 들떠 있더라고요. ¶장판이 벌어지고 들떠 있는 상태입니다.
❷(피부에 수분이 부족하거나 각질 따위가 붙어 있어) 화장품이 잘 흡수되지 않고 겉돌다. (of cosmetic) Not to permeate because the skin lacks moisture or has many dead cells.
[반]달라붙다
N0-가 V (N0=화장, 메이컵, 분장)
¶여름엔 화장이 들뜨고 뭉치기 쉽다. ¶화장이 들뜨지 않고 투명하게 보이려면 어떻게 해야 합니까?
❸살빛이 누렇고 윤기가 없고 거칠다. (of skin) Be yellow, dull, and rough.
N1-의 N0-가 ADV V ↔ N1-는 N0-가 ADV V (N0=얼굴 N1=[인간], ADV=Adj-게)
[연어]누렇게
¶영희의 얼굴이 누렇게 들떴다. ↔ 영희는 얼굴이 누렇게 들떴다. ¶얼굴색이 누렇게 들떠 있어서 병을 앓고 있는 사람처럼 보였다.
❹(신체 부위가) 열에 뜨거워져 진정하지 못하다. (of a part of the body) Be heated by fever, not being able to subside.
N1-의 N0-가 N2-에 V ↔ N1-의 N0-가 N2-에 V (N0=[신체부위](얼굴, 온몸 따위) N1=[인간] N2=열)
¶영희의 얼굴은 아직도 열에 들떠 있었다. ↔ 영희는 얼굴이 아직도 열에 들떠 있었다. ¶열에 들뜬 나는 승미 손을 잡아끌었다.
❺마음이나 분위기가 가라앉지 않고 조금 흥분되다. (of heart or circumstances) Be stimulated slightly, not subsiding.
[유]흥분하다
N0-가 V (N0=[인간], 목소리)
¶사람들이 기쁨에 들떠서 소리쳤다. ¶추석을 앞두고 귀성 준비와 차례 준비에 모두들 마음이 들뜨고 바쁜 때이다. ¶민지는 오래간만의 나들이에 들떠 있었다.

들락거리다

[활용]들락거리어(들락거려), 들락거리니, 들락거리고
[자]자꾸 들어왔다 나갔다 하다. Come in and out repeatedly.
[유]출입하다, 드나들다[자]
N0-가 N1-(에|로) V (N0=[인간], [교통기관] N1=[장소])
[연어]계속해서, 끊임없이, 쉴 새 없이, 수시로
¶오랜만에 열린 장에 동네 주민들이 끊임없이 들락거렸다. ¶철수는 배탈 때문에 화장실로 쉴 새 없이 들락거렸다. ¶그는 요즘 계속 술집에 들락거린다.

들려오다

[활용]들려와, 들려오니, 들려오고
[자]❶(어떤 소리가) 거리상 떨어진 곳으로부터 화자가 있는 쪽으로 조금씩 가까워지며 귀에 전해지다. (of a sound) Reach a listener's ears by getting closer from a distant place.
N0-가 N1-(에|에게|로|까지) V (N0=[소리] N1=[장소], [사람], 귀)
¶그녀가 치는 피아노 소리가 귀에 들려왔다. ¶멀리서 뱃고동 소리가 들려왔다.
N0-가 N2-에서 V (N0=[소리] N1=[장소])
¶어디선가 신나는 음악이 들려온다. ¶멀리서 뱃고동 소리가 들려왔다.
❷(소문이나 소식 따위가) 전해져 오다. (of rumor or news) Fall on one's ears.
[유]전해지다

N0-가 N1-(에|에게|로|까지) V (N0=[추상물](소문, 소식, 정보 따위) N1=[장소], [사람], 귀)
¶영국이 독일과의 전쟁을 일으킨다는 소문이 프랑스로 들려왔다. ¶그가 이민을 갔다는 소문이 나에게도 들려왔다.
N0-가 N1-에서 V (N0=[추상물](소문, 소식, 정보 따위) N1=[장소])
¶프랑스에서 태극전사의 승전보가 들려왔다.
¶저 멀리서도 소문은 언제든 들려오는 법이다.

들려주다
활용 들려주어(들려줘), 들려주니, 들려주고
타 ❶(어떤 사실이나 이야기 따위를) 다른 사람에게 말로 직접 전해주다. Tell another person a fact or a story in one's own voice.
N0-가 N2-에게 N1-를 V (N0=[인간] N1=[소통], [텍스트] N2=[인간|단체])
¶할머니는 손자에게 옛날이야기를 들려주었다.
¶아버지는 언제나 나에게 좋은 명언을 들려주셨다.
❷(특정한 소리나 노래 따위를) 자신의 목소리 또는 어떤 매체를 통해 다른 사람에게 듣게 해주다. Let another person hear a particular sound or song through one's own voice or certain media.
N0-가 N2-에게 N1-를 V (N0=[인간] N1=[소리], [노래] N2=[인간|단체])
¶그는 언제나 아내에게 좋은 노래를 들려주었다.
¶선생님은 우리에게 좋은 음악을 자주 들려주셨다.

들르다
활용 들러, 들르니, 들르고, 들렀다
자타 (어떤 장소에) 지나가거나 다른 일을 하던 도중에 잠시 방문하다. Visit a place for a short time while on the way to somewhere else or while doing something else.
유 방문하다 자
N0-가 N1-(에|를) V (N0=[인간|단체] N1=[장소])
¶나는 열차를 기다리는 동안 백화점에 들렀다.
¶퇴근길에 서점에 들러서 소설책을 한 권 샀다.
¶그는 고향에 온 김에 옛 친구 집에도 들르기로 했다.

들리다 I
활용 들리어(들려), 들리니, 들리고
자 (사람의 손에) 잡혀 올라간 상태가 되다. Be held up high by a person's hand.
N0-가 N1-에게 V (N0=[구체물] N1=[인간|단체])
능 들다II
¶그 역기는 베테랑 선수에게 힘없이 들려서 올라갔다. ¶바위가 어찌나 크고 무거운지 사람 여럿이 달라붙어도 들릴 기미가 없다.

들리다 II
활용 들리어(들려), 들리니, 들리고
타 (남으로 하여금) 손에 잡아 가지고 있게 하다. Make someone hold something with their hands.
유 들게 하다
N0-가 N2-에게 N1-를 V (N0=[인간] N1=[구체물] N2=[인간])
주 들다II
¶어머니는 나에게 가방을 들렸다. ¶그 책들을 혼자 가져가긴 무거울 테니 민호에게도 몇 권 들려라. ¶고향에 가면 어머니는 언제나 반찬거리들을 들려 보내려고 하신다.

들리다 III
활용 들리어(들려), 들리니, 들리고
자 ❶(소리가) 귀로 인식되다. (of sound) Be recognized by one's ears.
유 청취되다
N0-가 N1-에게 V (N0=[소리속성], [음악], [언어], [소통] N1=[인간|단체], [동물])
능 듣다I 타
연어 또렷이, 뚜렷이, 또렷하게, 뚜렷하게
¶그에게는 내 말소리가 들리지 않는 것 같다.
¶밖에서 이상한 소리가 들리길래 나가 보았다.
S것-이 N0-에게 V (N0=[인간], [동물])
능 듣다I 타
연어 또렷이, 뚜렷이, 또렷하게, 뚜렷하게
¶할머니는 성악가가 노래하는 것이 잘 들리지 않는다고 했다. ¶내가 부르는 것이 우리 강아지한테 안 들리나 보다.
❷(귀가) 소리를 인식하는 능력을 가지다. (of ear) Possess the ability to recognize sound.
유 지각되다
N0-가 V (N0=귀)
연어 잘, 안
¶할아버지께서는 아직은 귀가 잘 들리신다.
¶귀가 점점 안 들리시면 보청기를 하세요.
❸(어떤 말의 내용이) 어떻다고 판단되다. (of contents of some words) Be determined to signify something.
유 이해되다, 판단되다
N0-가 N1-(에|에게) ADV V (N0=[앎], [언어], [소통] N1=[인간|단체], ADV=Adj-게)
¶선생님은 항상 진지한 표정으로 말씀하시기 때문에 농담도 진담으로 들린다. ¶네 말이 나에게는 고깝게 들리는 것을 어떻게 하겠니?
S것-이 N0-(에|에게) ADV V (N0=[인간|단체], ADV=Adj-게)
¶영희가 정직하다는 것은 나에게는 사실로 들린다. ¶고모님이 돌아가셨다는 것은 우리 가족에게

믿을 수 없는 이야기로 들렸다.

들리다Ⅳ

[활용]들리어(들려), 들리니, 들리고

[자]❶질병 따위에 감염되다 Be infected with disease.

㊀걸리다

N0-가 N1-(가|에) V (N0=[인간] N1=[질병])

¶나는 작년 겨울에 지독한 폐렴에 들려 병원 신세를 오래 졌다. ¶큰 병에 들리고 나니 가족의 소중함에 대해 다시 생각해 보게 된다.

❷귀신 따위에 빙의되다. Be possessed by a ghost.

N0-가 N1-(가|에) V (N0=[인간] N1=신, 악령 따위)

¶아이가 신에 들려 헛소리를 하는군요. ¶신들린 사람처럼 이야기를 쏟아내기 시작했다.

들먹거리다

[활용]들먹거리어(들먹거려), 들먹거리니, 들먹거리고

[자]·[타] ☞들먹이다

들먹이다

[활용]들먹여, 들먹이니, 들먹이고

[자]❶(무거운 사물이나 그 일부가) 아래위로 자꾸 움직이다. (of something heavy or its part) Move up and down again and again.

㊀들먹거리다, 들먹들먹하다, 들썩이다[자]

N0-가 V (N0=[구체물], [장소])

¶바람이 너무 세서 집이 들먹이는 줄 알았다. ¶휴대전화가 진동으로 들먹이고 있다.

❷(어깨나 엉덩이 따위가) 아래위로 자꾸 오르락내리락하다. (of shoulder or hip) Move up and down again and again.

㊀들먹거리다, 들먹대다, 들먹들먹하다, 들썩이다[자]

N0-가 V (N0=[신체일부](어깨, 엉덩이 따위))

¶엉덩이가 들먹이는 것을 보니 어지간히 나가고 싶은가 보다. ¶나는 어깨가 들먹일 정도로 크게 웃었다.

❸(입술이) 말이 나올 듯 말 듯하며 여닫히다. (of lips) Open and close as if something is about to be uttered.

㊀들썩이다[자]

N0-가 V (N0=입술)

¶그는 곧 말을 할 것처럼 입술이 들먹였다. ¶그의 입술은 들먹이기만 하고 말을 뱉지 못했다.

❹(살갗의 상처가) 곪느라고 통증이 느껴지다. (of wound in skin) Hurt because of festering.

㊀욱신거리다, 쑤시다

N0-가 V (N0=[신체부위])

¶상처가 들먹여서 잠을 잘 수가 없다. ¶자꾸 들먹이는 부위 때문에 집중이 안 된다.

❺(마음이) 기대로 인하여 설레거나 불안해지다. (of mind) Be excited or nervous because of expectation.

㊀설레다

N0-가 V (N0=[마음])

¶봄이 되니 들먹이는 가슴을 주체할 수가 없다. ¶예상치 못한 상황에 현주의 마음은 들먹이고 있었다.

❻(사람들이) 큰일을 전후로 어수선하거나 소란스러워지다. (of people) Be troubled or to be noisy before or after a big event.

㊀들썩이다[자]

N0-가 V (N0=[인간|단체](의미상 복수))

¶사람들이 광장에 모여 들먹였다. ¶아직 소문이 확실한지는 모르니 너무 들먹이지 마라.

❼(값이) 비싸지려는 낌새가 보이다. (of price) Show a symptom of rising.

㊀들썩이다[자], 오르다

N0-가 V (N0=[값])

¶중동의 정세 불안으로 유가가 들먹인다. ¶채소 가격이 들먹여 가계에 부담이 될 것 같다.

[타]❶(무거운 사물이나 그 일부를) 아래위로 자꾸 움직이다. Move a heavy thing or its part up and down.

㊀들썩이다[타], 뒤흔들다

N0-가 N1-를 V ↔ N1-가 V (N0=[인간] N1=[구체물], [장소])

¶경수는 상자를 들먹였다. ↔ 상자가 들먹인다. ¶태풍이 마치 건물을 들먹이는 듯했다. ¶그는 책을 들먹이며 가져갈지 고민했다.

❷(어깨나 엉덩이 따위를) 아래위로 자꾸 오르락내리락하게 하다. Move one's shoulder or hip up and down again and again.

㊀들썩이다[타]

N0-가 N1-를 V ↔ N1-가 V (N0=[인간] N1=[신체일부](어깨, 엉덩이 따위))

¶수진이는 어깨를 들먹였다. ↔ 어깨가 들먹였다. ¶나는 어깨를 들먹이며 겨우 웃음을 참았다.

❸(입술을) 말이 나올 듯 말 듯 여닫다. Open and close one's lips as if something is about to be uttered.

㊀들썩하다

N0-가 N1-를 V ↔ N1-가 V (N0=[인간] N1=입술)

¶혜림이는 입술을 들먹였다. ↔ 입술이 들먹였다. ¶입술을 들먹이는 것이 할 말이 있는 눈치였다.

❹(마음을) 기대로 인하여 설레게 하거나 불안하게 하다. Make one's mind feel uneasy or excited by means of an expectation.

㊀설레다, 움직이다[타]

N0-가 N1-를 V ↔ N1-가 V (N0=[인간|단체], [행위],

[이야기] N1=[마음])
¶올림픽에서의 낭보는 국민들의 마음을 들먹였다. ↔ 국민들의 마음이 들먹였다. ¶경민이의 배려심이 내 가슴을 들먹이고 말았다.
❺(다른 사람이나 어떤 사실 따위를) 굳이 꺼내어 언급하거나 입에 담다. Utter or mention another person or a fact by all means.
㊐언급하다[타]
N0-가 N1-를 V (N0=[인간|단체] N1=[모두])
¶언론에서는 연일 그의 이름을 들먹인다. ¶그는 자꾸 지난 일을 들먹이며 나에게 창피를 준다.

들썩거리다

[활용]들썩거리어(들썩거려), 들썩거리니, 들썩거리고
[자]·[타] ☞들썩이다

들썩이다

[활용]들썩여, 들썩이니, 들썩이고
[자]❶(어떤 물건이) 위아래로 계속 들렸다 내렸다 하다. (of a thing) Continue to be raised and lowered.
N0-가 N1-에 V (N0=[구체물], [장소] N1=[자연현상], [상태])
¶누군가 자고 있는지 이불이 들썩였다. ¶엄청난 굉음에 지축이 들썩이는 듯 했다.
❷(신체의 일부분이) 들렸다 내렸다 하다. (of part of the body) Be raised and lowered.
N0-가 V (N0=[신체부위](어깨, 등, 엉덩이 따위))
¶노래를 듣는 그의 어깨가 들썩이고 있었다. ¶서럽게 울고 있는 동생의 등이 들썩이고 있었다.
❸(마음이) 흥분되고 들떠서 계속 설레다. (of the heart) Continue to flutter because of excitement.
㊐설레다, 요동치다
N0-가 N1-에 V (N0=마음, 가슴 N1=[상태])
¶승리의 예감에 민수의 마음이 들썩였다. ¶희옥이의 가슴이 기쁨에 들썩이기 시작했다.
❹(사람들이) 시끄럽고 부산해지다. (of people) Become noisy and busy.
N0-가 N1-에 V (N0=[인간|단체], [장소] N1=[상태])
¶충격적인 소식에 언론이 들썩이기 시작했다. ¶장터는 많은 사람들로 들썩였다.
[타]❶(어떤 물건을) 위아래로 계속 들었다 내렸다 하다. Continue to raise and lower a thing.
㊐뒤흔들다
N0-가 N1-를 V ↔ N1-가 N0-에 V (N0=[인간], [자연현상] N1=[구체물])
¶철수는 이불을 들썩이며 떨어진 물건들을 주웠다. ¶엄청난 굉음이 지축을 들썩이는 듯 했다.
❷(신체의 일부분을) 들었다 내렸다 하다. Raise and lower a part of the body.
N0-가 N1-를 V ↔ N1-가 V (N1=[인간], [동물] N1=[신체부위](어깨, 등, 엉덩이 따위))
¶그는 숨이 가쁜지 연신 등을 들썩이고 있었다. ¶현수는 급한 마음에 계속 엉덩이를 들썩였다.
❸(누군가의 마음을) 흥분되고 들떠서 계속 설레게 하다. Make someone's heart continue to flutter with excitement.
㊐설레게 하다
N0-가 N1-를 V ↔ N1-가 N0-에 V (N0=[상태] N1=마음, 가슴)
¶대학에 합격했다는 말이 선영이의 가슴을 들썩였다. ¶그는 마음을 들썩이는 그 소식에 크게 기뻐했다.
❹(사람들을) 시끄럽고 부산하게 만들다. Make people noisy and busy.
N0-가 N1-를 V ↔ N1-가 N0-에 V (N0=[상태] N1=[인간|단체], [장소])
¶회사가 부도 위기에 있다는 소식이 전 직원을 들썩였다. ¶그 인기 가수는 사람들로 가득찬 광장을 한껏 들썩였다.

들어가다 I

[활용]들어가, 들어가니, 들어가고, 들어가거라/들어가라
[자]❶(어떤 공간이나 물체의) 안이나 속으로 향하여 움직이다. Move toward the inside of a place or a thing.
㊐들어서다 ㊥나오다[1]
N0-가 N1-(에|로) V (N0=[인간], [동물], [교통기관] N1=[장소], [구체물])
¶전투기가 격납고로 들어가고 있다. ¶강아지가 제 집으로 들어가더니 나오지 않는다.
❷(어떤 것의) 안에 넣어지거나 끼워지다. Be put or stuck into a thing.
㊐삽입되다
N0-가 N1-(에|로) V (N0=[구체물], [텍스트], [소리], [영상] N1=[구체물], [예술], [텍스트], [작품], [방송물], [소리], [영상])
¶프로그램 사이에는 광고가 들어간다. ¶이 영상에는 소리가 들어가면 좋을 듯하다.
❸(물체의 표면이) 원래 상태보다 파이거나 안을 향하여 밀리다. (of the surface of a thing) Be dug or pushed inward more deeply than before.
㊐파이다, 함몰하다, 꺼지다
N0-가 V (N0=[구체물])
¶보조개 때문에 들어간 볼이 귀여웠다. ¶홍수로 땅바닥이 들어가서 위험하다.
❹(전기, 전화, 수도 따위의 시설이) 어떤 지역에 대중적으로 설치되다. (of facility such as electricity, telephone, or water supply) Be

ㄷ

installed publicly in a region.
N0-가 N1-(에|로) V (N0=[시설물], [시설망], 전기 따위 N1=[장소])
¶경제가 발전하면서 시골에도 전기가 들어갔다. ¶요즘은 인터넷 전용선이 들어가지 않은 곳이 없다.
❺(옷이나 신발 따위가) 착용할 수 있도록 몸에 들어맞다. (of clothes or shoes) Be fit with one's body.
㊌들어맞다
N0-가 V (N0=[옷], [모자], [신], [양말])
¶그새 키가 커져서 셔츠가 들어가지 않네. ¶발이 퉁퉁 부어서 신발이 들어갈지 모르겠다.
❻(새로운 행위나 상태 따위에) 돌입하다. Enter into a new action or situation.
㊌돌입하다
N0-가 N1-(에|로) V (N0=[인간|단체], [동물], [기계], [기상] N1=[행위], [상태], [시간])
¶사이렌이 울리고 전군은 비상사태에 들어갔다. ¶겨울이 되면서 동물들은 동면에 들어가기 시작했다. ¶컴퓨터를 오랜 시간 조작하지 않으면 절전 상태로 들어갑니다.
❼(특정한 범주 안에) 포함되어 그 범주를 구성하다. Be included in a certain category and to constitute it.
㊌속하다
N0-가 N1-에 V (N0=[모두] N1=[모두])
¶그의 작품은 예술의 범주에 들어간다. ¶그는 다섯 손가락 안에 드는 문인이다.
❽(물자나 비용 따위가) 어떤 사물이나 행위에 필수적으로 사용되다. (of goods or cost) Be spent necessarily on something or act.
㊌소요되다, 투입되다
N0-가 N1-(에|로) V (N0=[구체물], [금전], [시간], [능력] N1=[구체물], [행위], [행사])
¶월세로 비용이 꽤 들어가서 이윤이 남지 않는다. ¶촬영에 상당한 시간이 들어갔지만 아직 완성되지 않는다.
❾(어떤 정보나 내용이) 사람에게 전해져 이해되거나 기억되다. (of information or content) Be conveyed to a person so that it is understood or remembered.
N0-가 N1-(에|에게) V (N0=[소통], [학술회의], [텍스트] N1=[인간|단체], [신체부위](귀 따위), [마음](머리 따위))
¶김 선생의 수업은 귀에 쏙쏙 들어간다. ¶그는 고민이 많아서 강의가 머릿속에 잘 들어가지 않았다.
❿(유행이나 어떤 현상이) 시간이 지나 사라지다. (of phenomenon or trend that clearly appeared once) Disappear over time.
㊌사라지다
N0-가 V (N0=[현상], [행위], [구체물], [이야기])
¶요즘은 애완동물 열풍이 들어갔다. ¶젊은이들 사이에서는 커피가 들어가고 녹차가 인기를 끌고 있다.
자타(어떤 집단에) 가입하여 소속되다. Join an organization and to become a member.
㊌가입하다
N0-가 N1-(에|를) V (N0=[인간|단체] N1=[단체])
¶그는 동아리를 들어가고 나서 활달해졌다. ¶직장에 들어가니 눈코 뜰 새 없이 바쁘구나.

들어가다 II

활용들어가, 들어가니, 들어가고
타(물건을) 몰래 가져가 자기 것으로 삼다. Take something secretly and have it.
㊌훔치다, 뚱쳐가다
N0-가 N1-를 V (N0=[인간] N1=[구체물])
¶인파 속에서 누군가 내 지갑을 들어갔다. ¶밤새 도둑이 들어 보석을 들어갔나 보다. ¶빈집에서 현금만 들어가던 일당이 검거되었다.

들어내다

활용들어내어(들어내), 들어내니, 들어내고
타❶(어떤 장소에 있던 물건을) 바깥으로 가져다 빼놓다. Take something out of the place where it used to be.
㊌끄집어내다
N0-가 N2-에서 N1-를 N3-로 V (N0=[인간] N1=[구체물] N2=[장소] N3=[장소])
¶어머니는 가구를 방 밖으로 모두 들어내고 대청소를 했다. ¶이 생선은 조리하기 전에 내장을 우선 들어내야 한다.
❷(다른 사람을) 원래 있던 자리에서 쫓아내다. Drive another person out of the place where he or she used to be.
N0-가 N1-를 N2-에서 V (N0=[인간|단체] N1=[인간] N2=[장소])
¶저 죄인을 이 자리에서 당장 들어내라!. ¶경찰이 들이닥쳐 도박사들을 방에서 모두 들어냈다.

들어맞다

활용들어맞아, 들어맞으니, 들어맞고
자❶(어떤 물건이) 몸의 일부나 다른 물건에 치수나 크기가 알맞게 꽉 끼이다. (of a thing) Fit a part of the body or another thing in size.
㊌일치하다 ㊏맞다I
N0-가 N1-에 V (N0=[구체물] N1=[구체물])
연어딱, 꼭, 잘
¶갑옷이 장군의 몸에 꼭 들어맞았다. ¶나는 지금 내 발에 딱 들어맞는 신발이 필요하다.
❷(어떤 사람이나 이야기, 상황 따위가) 어떤 대상

의 기준이나 조건 따위에 적합하다. (of a person, a story, or a situation) Be suitable for the standard or condition of an object.
[유]적합하다, 일치하다 [상]맞다I
N0-가 N1-에 V (N0=[구체물], [추상물] N1=[구체물], [추상물])
[연어]딱, 꼭, 잘
¶이 음식은 내 체질에 잘 들어맞는다. ¶그 이야기는 지금 내 처지에 딱 들어맞는 이야기다.
❸(예상이나 추측 따위가) 정확하게 맞다. (of expectation or estimation) Be correct.
[유]적중하다 [상]맞다I
N0-가 V (N0=[생각], 조언, 예언, 사주, 전략 따위)
[연어]딱, 꼭, 잘
¶내 짐작이 딱 들어맞았다. ¶그의 예감은 들어맞지 않았다.

들어서다

[활용]들어서, 들어서니, 들어서고
[자]❶(어떤 장소나 지역의 바깥에서) 안쪽으로 막 옮겨 가다. Enter from the outside of some place or area to the inside.
[유]들어가다I, 진입하다 [반]나가다, 나서다[1]
N0-가 N1-(에|로) V (N0=[인간], [교통기관] N1=[장소], [지역], [구체물](입구, 통로, 길목 따위), 안)
¶우리는 경부고속도로에 들어섰다. ¶건물 안에 들어서자 모두들 나를 반겼다.
❷(건물, 구조물, 상점 따위가) 어느 곳에 새로 건축, 조성되거나 자리를 잡다. (of building, structure, store, etc.) Be newly built, constructed, or get settled at some place.
[유]건립되다, 세워지다, 건축되다, 설립되다, 조성되다 [반]철거되다, 사라지다
N0-가 N1-에 V (N0=[건물], [시설], [숲] N1=[지역], [장소], [건물])
¶대규모 백화점이 이 지역에 들어설 예정이다. ¶이 일대는 울창한 편백림이 들어서 있다.
❸(기관이나 정부, 왕조 따위가) 새로 세워지다. (of an institution, a government, a dynasty, etc.) Be newly built.
[유]수립되다, 창건되다, 신설되다 [반]망하다, 사라지다
N0-가 V (N0=[국가](왕조 따위), [기관], [기구])
¶천년 동안 수많은 왕조들이 들어서기도 하고 망하기도 했다. ¶우리 마을에 종합병원이 들어선다는 계획이 발표되었다.
❹(어떤 분야의 일이나 특정한 삶의 양식을) 실행하기 시작하다. Begin some area's work or certain lifestyle.
[유]접어들다 [반]나오다[1]
N0-가 N1-(에|로) V (N0=[인간] N1=길, 삶 따위)
¶나는 구도자의 삶으로 들어서기로 결심했다. ¶성악가의 길로 들어선 지도 어언 30년이다.
❺어떤 시기에 접어들다. Enter some period.
[유]시작되다, 접어들다
N0-에 V (N0=[시간](시기 따위))
¶새로운 세기에 들어서면 사람들은 희망을 이야기한다. ¶장마철에 들어서니 빨래가 안 마른다.
N0-가 N1-에 V (N0=[인간], [동물], [질병], [제도], 수명 N1=[시간](사춘기, 노년기, 말기, 황혼기, 최근 따위))
¶동생이 사춘기에 들어서고 있다. ¶민주주의는 성숙기에 들어섰다.
❻(생물체의 뱃속에) 아기나 새끼가 생기다. (of a baby or an infant in an organism's stomach) Be formed.
[유]잉태되다
N1-(에|에게) N0-가 V (N0=아기, 새끼 N1=[여성인간], [동물], [신체부위](배, 아기집 따위))
¶며느리에게 아이가 들어섰다. ¶배 속에 들어선 아기는 무럭무럭 잘 크고 있었다.

들어앉다

[활용]들어앉아, 들어앉으니, 들어앉고 [준] 들앉다
[자]❶(사람이) 어느 곳의 안쪽으로 자리를 옮겨 앉다. (of a person) Move to the inner part of a place and sit there.
[반]나앉다 [상]앉다
N0-가 N1-로 V (N0=[인간] N1=[장소])
¶밖이 추우니 아랫목으로 들어앉아라. ¶나는 집주인이 이끄는 대로 다다미방에 들어앉았다.
N0-가 N1-에 V (N0=[인간] N1=[장소])
¶밖이 추우니 아랫목에 들어앉아라. ¶나는 집주인이 이끄는 대로 다다미방에 들어앉았다. ¶그는 오늘도 방 안에 들어앉아 책을 읽고 있었다.
❷(물건이) 어디에서 조금 더 안쪽에 들어가 위치하다. (of a thing) Be moved further inward and to be located.
N0-가 N1-에 V (N0=[구체물] N1=[장소], [구체물])
¶큰 장롱이 안방 윗목에 들어앉았다. ¶옷장을 열자 세 단짜리 서랍이 들어앉아 있었다.
❸(건물이나 마을이) 일정한 장소에 자리를 잡다. (of a building or a village) Occupy a definite place.
N0-가 N1-에 V (N0=[건물], [집단] N1=[장소])
¶수많은 판잣집들이 높은 언덕에 빼곡히 들어앉아 있었다. ¶큰 회사가 생기자 그 근처에 식당들이 들어앉기 시작했다.
❹(사람이) 바깥 활동을 그만두고 주로 집이나 방에서 지내거나 살다. (of a person) Stay or

ㄷ

live in a house or a room without having any outdoor activity.
㊐들어박히다
N0-가 N1-에 V (N0=[인간] N1=[주택], [장소])
¶나는 겨울 내내 서재에만 들어앉아 있었다. ¶집에만 들어앉아 있지 말고 좀 나가서 바람도 쐬어라.
❺(사람이) 어떤 지위나 자격으로 자리를 차지하다. (of a person) Hold a position with rank or qualification.
N0-가 N1-로 V (N0=[인간] N1=[역할])
¶그는 가게 주인으로 들어앉았다. ¶그가 맏사위로 들어앉자 집안이 기울어 갔다.
❻(사람이) 마음속에 자리를 잡아 떠나지 않다. (of a person) Occupy someone's mind, not leaving it.
㊐자리잡다
N0-가 N1-에 V (N0=[인간] N1=마음, 가슴 따위)
¶그를 처음 본 순간 그는 내 마음에 들어앉아 버렸다. ¶시간이 지나자 선배는 서서히 내 가슴 속에 들어앉았다.

들어오다

활용 들어와, 들어오니, 들어오고, 들어오너라/들어와라

자 ❶(사람이나 동물이) 밖으로부터 안으로 향하여 오다. (of a person) Come from outside to inside.
㊥들어가다I, 나오다[1]
N0-가 N1-(에|로) V (N0=[인간], [동물] N1=[장소])
¶우리는 건물 안으로 들어왔다. ¶고양이가 집 안에 들어오려고 한다.
❷(어떤 대상이) 특정 범위 안에 이르게 되다. (of something) Reach a certain range.
㊥나가다[1]
N0-가 N1-에 V (N0=[구체물] N1=[장소])
¶건설 재료가 일단 들어와야 집을 지을 수 있을 것이다. ¶이 골목은 너무 좁아 차 한대도 들어오기 힘들다.
❸(문물이나 사상, 물건 따위가) 어디에 유입되거나 전해지다. (of culture, idea, item, etc.) Be flown or delivered to some place.
㊐전래되다, 수입되다 ㊥나가다[1], 수출되다
N0-가 N1-에 V (N0=[종교], [사조], [구체물] N1=[지역])
¶민주주의 사상이 그 나라에 들어오면서 많은 변화가 생겼다. ¶서양과의 교역을 통해 새로운 문물이 우리나라에 들어왔다.
❹(소식이나 연락, 내용 따위가) 화자 쪽으로 전해지다. (of news, contact, contents, etc.) Be delivered.
N0-가 V (N0=소식, 연락, 보고 따위)
¶아직 소식이 들어오지 않아서 상황이 어떠한지 모르겠다. ¶연락이 들어오는 대로 전화해 줄게. ¶긴박한 상황임에도 불구하고 아직 보고가 들어오지 않았다.
❺(사람이) 어떤 조직이나 집단의 구성원이 되다. (of a person) Be a member of a certain organization or group.
㊐입학하다, 입사하다, 가입하다 ㊥나가다[1], 졸업하다, 탈퇴하다, 퇴사하다
N0-가 N1-에 V (N0=[인간] N1=[집단])
¶그는 회사에 들어온 지 1년 만에 퇴사하였다. ¶이번에 새로 우리 동아리에 들어온 친구를 소개합니다.
❻어떤 수입 따위가 생기다. (of certain income) Be generated.
㊐입금되다 ㊥나가다[1], 출금되다
N0-가 V
¶매달 17일에 월급이 들어온다. ¶우리는 부조로 들어온 돈으로 예식장 대관료를 지불하였다. ¶인건비와 세금을 떼고 나면 순수익은 얼마 들어오지 않는다.
❼(말이나 글 따위가) 머리에 잘 남아 이해되다. (of some words or writing) Be well-understood and remembered.
N0-가 N1-에 V (N0=[소통], [텍스트] N1=귀, 눈, 머리 따위)
연어 쏙쏙
¶나는 마음이 심란하여 글자가 눈에 들어오지 않았다. ¶아무리 책을 읽어도 내용이 머리에 들어오지 않는다.
❽(누구에게 어떤 일이) 제안되거나 요청되다. (of some task) Be suggested or requested to someone.
N0-가 N1-(에|에게) V (N0=의뢰, 주문, 청탁, 섭외 따위 N1=[인간|단체])
¶갑자기 원고 청탁이 들어와 이틀 동안 밤을 샜다. ¶드디어 그에게 광고 섭외가 들어왔다.
❾(전기나 불, 신호 따위가) 흐르거나 켜지다. (of electricity, light, signal, etc.) Flow or get turned on.
㊐켜지다 ㊥나가다[1]
N0-가 V (N0=전기, 불, 신호 따위)
¶오랜 정전 끝에 드디어 불이 들어온다. ¶아직 이 마을에는 전기가 들어오지 않는다.
❿(풍경이) 눈앞에 펼쳐져 전체 모습이 조망되다. (of scenery) Be observed entirely in front of one's eyes.
N0-가 N1-에 V (N0=[모양] N1=한눈)

¶산꼭대기에 올라가니 경치가 한눈에 들어왔다. ¶등대에 올라서자 남해의 풍광이 한눈에 들어왔다. ※주로 '한눈에 들어오다'의 형태로 쓰인다.
⓫ (어떤 시기에) 이르거나 속하다. Reach, become included in a certain period.
㊐접어들다
N0-에 V (N0=[부분시간])
¶20세기에 들어와서 언어학은 큰 발전을 하게 된다. ¶2000년대에 들어오면서 사람들 사이에 웰빙 열풍이 불었다.

들여다보다
활용 들여다보아(들여다봐), 들여다보니, 들여다보고
타 ❶안쪽에 있는 것을 바깥에서 바라보다. See something that is inside from the outside.
㊉내다보다타
N0-가 N1-를 V (N0=[인간] N1=[장소](방, 창 따위), [구체물])
피 들여다보이다
¶어머니는 창을 들여다보시면서 아이의 행동을 살폈다. ¶그는 마구간을 계속 들여다보다가 말에게 차였다.
❷(어떤 사물을) 가까이에서 자세히 살펴보다. Watch a thing carefully at a close distance.
㊐살펴보다
N0-가 N1-를 V (N0=[인간] N1=[구체물])
¶그는 약속이 있는지 시계를 계속 들여다보았다. ¶그는 영희의 얼굴을 가만히 들여다보았다.
❸(다른 사람이 말하지 않은 생각이나 계획 따위를) 눈앞에서 보듯 다 알아차리다. Realize all the ideas or plans that another person has not said, as if one sees them before one's eyes.
㊐알아차리다
N0-가 N1-를 V (N0=[인간|단체] N1=[추상물](속셈, 생각, 의견, 거짓말 따위))
피 들여다보이다
연어 빤히, 훤하게, 훤히, 다
¶철수는 그의 나쁜 속셈을 훤하게 들여다보고 있었다. ¶선생님은 그의 생각을 다 들여다보고 있다.
❹(어떤 장소를) 잠시 들러 살피다. Stop by a place.
㊐방문하다타
N0-가 N1-를 V (N0=[인간] N1=[인간|단체], [장소])
¶오는 길에 철수는 잠시 할머니의 병실을 들여다보고 왔다. ¶그는 자주 동생네를 들여다보고 용돈을 주곤 했다.

들여다보이다
활용 들여다보여, 들여다보이니, 들여다보이고
자 ❶안쪽에 있는 것이 바깥에서 바라보이다. (of something that is inside) Be seen from the outside.
N0-가 V (N0=[장소], [구체물])
능 들여다보다
¶그의 집은 1층이라 방안이 쉽게 들여다보인다. ¶그 집 마당에 핀 꽃들이 환히 들여다보였다.
❷(다른 사람에게 말하지 않은 생각이나 계획 따위가) 눈앞에 보이듯 다 알아차려지다. (of all the ideas or plans that another person has not said) Be realized as if they are seen before one's eyes.
N0-가 N1-에게 V (N0=[추상물](속셈, 생각, 의견, 거짓말 따위) N1=[인간|단체])
능 들여다보다
연어 빤히, 훤하게, 훤히, 다
¶네 속셈은 우리에게 빤히 들여다보인다. ¶아이의 순진한 생각은 너무 쉽게 들여다보였다.

들이다[1]
활용 들여, 들이니, 들이고
타 ❶(어떤 사람을) 안으로 들어오게 하다. Let someone in.
N0-가 N1-를 N2-(에|로) V (N0=[인간] N1=[장소] N2=[인간])
주 들다I[1]
¶어떠한 사람도 이곳으로 들이지 마라. ¶앞으로 현수를 따로 만나거나 집에 들이지 마라.
❷(어떤 물건을) 안으로 가져다 놓다. Bring something in.
N0-가 N1-를 N2-(에|로) V (N0=[인간] N1=[구체물] N2=[장소])
주 들다I[1]
¶어머니께서 전자 피아노를 집에 들이셨다. ¶저는 결혼을 하면 예쁜 2인용 식탁을 집에 들일 거예요.
❸(식구가 아닌 사람을) 집이나 방에 들어와 지내게 하다. Let someone who is not one's family stay in one's house or room.
N0-가 N1-를 N2-(에|로) V (N0=[인간] N1=[인간] N2=집, 방)
주 들다I[1]
¶어머니께서 하숙생을 집에 들이셨다. ¶나는 이 아이들을 당분간 집에 들이기로 결심했다.
❹(어떤 사람을) 새로운 가족으로 맞이하다. Admit someone as a new family member.
N0-가 N1-를 N2-로 V (N0=[인간] N1=[인간] N2=[친족])
¶어머니는 좋은 직업을 가진 남자를 사위로 들이고 싶어 하셨어요. ¶아저씨는 나를 양자로 들여야 한다고 집안 어른들을 설득하셨다.
N0-가 N1-를 V (N0=[인간] N1=[친족])

¶나도 저런 며느리를 들였으면 좋겠다. ¶저 집은 사위를 참 잘 들였다.
❺(어떤 사람을) 모임이나 조직의 구성원으로 가입하게 하다. Make someone join a meeting or an organization.
㊌가입시키다
N0-가 N1-를 N2-(에|로) V (N0=[인간] N1=[인간] N2=[모임])
[주]들다I[1]
¶나는 그를 우리 모임의 회원으로 들이고 싶다. ¶우리는 20대 청년 기업가만을 우리 조직의 회원으로 들일 예정이다.
❻(어떤 장소에) 일을 할 사람을 고용하다. Hire someone as a worker at a place.
㊌고용하다
N0-가 N1-를 N2-에 V (N0=[인간] N1=[역할] N2=[장소])
¶나는 남편과 합의 끝에 집에 유모를 들이기로 했다. ¶아무래도 일꾼을 들여야 할 것 같다.
❼(천이나 손톱 따위에) 어떤 재료로 색감을 스며들게 하다. Make color permeate cloth or nail by means of a material.
㊌스며들게 하다
N0-가 N2-에 N3-로 N1-를 V (N0=[인간] N1=물 N2=[천], [착용물], [종이], [신체부위](손톱, 머리카락 따위) N3=[식물], 황토)
[주]들다I[1]
¶나는 손톱에 봉숭아꽃으로 물을 들였다. ¶무에 치자로 물을 들이면 노란색 쌈무가 된다.
N0-가 N2-에 N1-를 V (N0=[인간] N1=물 N2=[천], [착용물], [종이], [신체부위](손톱, 머리카락 따위))
[주]들다I[1]
¶나는 손톱에 봉숭아물을 들였다. ¶우리는 하얀 천에 쪽물을 들였다.
❽(사람이나 단체가) 어떤 물건이나 일에 정성이나 노력, 공, 시간, 돈 따위를 투자하다. (of a person or an organization) Invest effort, energy, time, or money in something or a work.
㊌투입하다, 쏟다[1]
N0-가 N2-(에|에게) N1-를 V (N0=[인간|단체] N1=정성, 노력, 공, 시간, 돈, 품 따위 N2=[구체물], [행위])
[주]들다I[1]
¶나는 학생들에게 상당한 공을 들였다. ¶우리는 계약 성사를 위해 지난 1년 간 정성을 들였다.
N0-가 N1-를 S(것|데)-에 V (N0=[인간|단체] N1=정성, 노력, 공, 시간, 돈, 품 따위 N2=[구체물], [행위])
[주]들다I[1]
¶형사들이 증거를 찾는 데에 공을 들이고 있다. ¶우리는 새로운 상품을 기획하는 것에 예산을 들였다.
❾(어떤 일에) 재미나 정을 붙이다. Become interested in or attached to a work.
N0-가 N1-를 N2-에 V (N0=[인간] N1=맛, 재미, 취미 N2=[행위])
¶요즘 낚시에 재미를 들였습니다. ¶나는 등산에 취미를 들이려고 동호회에 가입했다.
N0-가 N1-를 S(것|데)-에 V (N0=[인간] N1=맛, 재미, 취미)
¶철호는 동생을 놀리는 데 재미를 들였다. ¶민수가 사진 찍는 것에 맛을 들였다.
◆ **눈독을 들이다** (사람이나 단체가) 남의 것에 욕심을 내어 눈여겨보거나 몹시 가지고 싶어하다. (of a person or an organization) Be greedy for or to long for others' things earnestly.
N0-가 N1-(에|에게) Idm (N0=[인간|단체] N1=[인간|단체], [구체물], [일], [권리])
¶지금 전 세계가 중동의 석유자원에 눈독을 들이고 있다. ¶대기업들이 면세점 사업권에 눈독을 들이지 않을 수 없겠지요.
◆ **뜸을 들이다** (사람이나 단체가) 어떤 일이나 말을 얼른 하지 않고 사이를 두거나 머뭇거리다. (of a person or an organization) Hesitate or pause to do a work or to say something.
N0-가 Idm (N0=[인간|단체])
¶영희는 대답을 미룬 채 계속 뜸을 들였다. ¶사내는 잠시 뜸을 들이다가 입을 열었다.
◆ **발을 들이다** (사람이나 단체가) 어떤 일이나 분야에 처음 참여하다. (of a person or an organization) Take part in a work or a field for the first time.
N0-가 N1-에 Idm (N0=[인간|단체] N1=[인간|단체], [구체물], [일], [권리])
¶나는 경연대회에서 입상하며 문단에 발을 들였다. ¶너는 애초에 이 사업에 발을 들이지 말았어야 했다.

들이다[2]
[활용]들여, 들이니, 들이고
[기능타]'행위'를 나타내는 기능동사. Support verb meaning "action".
N0-가 N1-를 V (N0=[인간] N1=버릇, 습관 ('N1'는 주로 'S는 N' 형식으로 나타난다.))
[주]들다I[2]
¶나는 아침 일찍 일어나는 버릇을 들였다. ¶나는 항상 허리를 곧게 펴는 습관을 들이고 있다.

들이닥치다
[활용]들이닥치어(들이닥쳐), 들이닥치니, 들이닥치고
[자] ❶ 순식간에 갑자기 들어오다. Come in suddenly or approach closely.
㊌밀어닥치다

N0-가 N1-에 V (N0=[인간], [동물] N1=[장소], [집단], [현상], [상태])
¶창문을 열었더니 파리 떼가 들이닥쳤다. ¶경찰이 들이닥치자 범인은 황급히 달아났다.
❷(어떤 현상이) 순식간에 갑자기 생기다. (of certain phenomenon) Happen in a flash, suddenly.
N0-가 N1-에 V (N0=[자연현상], [상황] N1=[집단], [현상], [상태])
¶올 겨울 추위가 어느새 들이닥쳤다. ¶금융권에 최대의 위기가 들이닥쳤다.

들이대다 I

활용 들이대어(들이대), 들이대니, 들이대고
자 ❶다른 사람에게 함부로 마구 대들다. Turn another person on effortlessly.
㊀대들다
N0-가 N1-에게 V (N0=[인간] N1=[인간])
¶술에 취한 남자가 경찰에게 들이댔다. ¶선수들이 심판에게 항의하며 들이대고 있다.
N0-가 N1-에게 S고 V (N0=[인간] N1=[인간])
¶남자는 경찰에게 증거를 대라고 들이댔다. ¶선수들이 심판에게 오심이라고 강하게 들이대고 있다.
❷(마음에 드는 이성에게) 적극적으로 구애하다. Try actively to win the love of someone whom one likes.
㊀구애하다
N0-가 N1-에게 V (N0=[인간] N1=[인간])
¶민호가 수지에게 적극적으로 들이댔다. ¶철호가 정미에게 한 달 정도 들이댔지만 소용이 없었다.
※ 속되게 쓰인다.

들이대다 II

활용 들이대어(들이대), 들이대니, 들이대고
타 ❶(다른 사람에게) 어떤 물건이나 몸의 일부를 가까이 매우 가까이 가져다 대다. Bring something or part of the body very closely to another person.
㊀갖다대다
N0-가 N1-를 N2-(에|에게) V (N0=[인간] N1=[인간|단체] N2=[구체물])
¶아이는 엄마에게 뽀뽀를 하려는 듯 입을 들이댔다. ¶나는 동생의 얼굴에 내 얼굴을 바싹 들이대고 놀렸다.
❷(사람이나 단체가) 어떤 사람에게나 단체에 어떤 기준이나 규정 따위를 강하게 내세우다. (of a person or an organization) Insist on a standard or a regulation strongly toward another. person or organization.
㊀내세우다타
N0-가 N2-(에|에게) N1-를 V (N0=[인간|단체] N1=[추상물](규정, 잣대, 기준, 이유, 논리 따위) N2=[인간|단체])
¶김 씨는 이 씨에게 이런저런 이유를 들이대며 그에게 욕을 했다. ¶그들은 엉뚱한 논리를 들이대며 상대방을 당황케 했다.
◆ **칼(날)을 들이대다** (사람이나 단체가) 다른 사람에게나 단체에 어떤 문제나 일을 해결하기 위해 나서다. (of a person or an organization) Take action to manage a problem or a work for another person. or organization.
N0-가 N1-(에|에게|에 대해) Idm (N0=[인간|단체] N1=[추상물])
¶정부가 공무원연금 개혁에 칼을 들이댔다. ¶정부가 기업의 사외이사 문제에 대해 칼을 들이대기로 했다.

들이마시다

활용 들이마시어(들이마셔), 들이마시니, 들이마시고
타 ❶(액체를) 빨아들여 입을 거쳐 목으로 넘기다. Absorb liquid into the mouth and swallow through the throat.
㊀들이키다
N0-가 N1-를 V (N0=[인간] N1=[액체])
¶연사는 목이 타는지 연신 물을 들이마셨다. ¶그 남자는 술을 들이마시고 주정을 시작했다.
❷(기체를) 코나 입을 통해 빨아들이다. Breathe in gas through the nose or mouth.
㊀흡입하다
N0-가 N1-를 V (N0=[인간] N1=[기체], 숨)
¶나는 건물 밖으로 나와 한껏 맑은 공기를 들이마셨다. ¶그는 숨을 깊이 들이마시고 노래를 시작했다. ¶그 곳에서 들이마신 공기 속에는 이상한 냄새가 섞여 있었다.

들이밀다

활용 들이밀어, 들이미니, 들이밀고, 들이미는
㊟디밀다
타 ❶(물건이나 목, 머리 따위를) 어느 곳의 안쪽으로 밀어 넣다. Push a thing or one's neck or head into a place.
㊀들이대다 ㊥내밀다타
N0-가 N1-를 N2-(에|로) V (N0=[인간] N1=[구체물] N2=[장소])
¶그는 과제를 연구실 문 밑으로 들이밀었다. ¶아이는 문틈으로 얼굴만 들이밀고 나를 쳐다보았다.
❷(물건을 다른 사람에게) 바싹 가져다 대다. Put a thing close to another person.
㊀갖다대다
N0-가 N2-에게 N1-를 V (N0=[인간] N1=[구체물] N2=[인간])

¶그는 헐레벌떡 뛰어와 내 앞에 서류를 들이밀었다. ¶아내는 남편 앞에 이혼 서류를 들이밀었다.
❸(돈이나 물건 따위를) 어떤 일에 별 생각 없이 함부로 내놓거나 투입하다. Give or throw in money or goods for a work without much consideration.
㊌걸다, 투입하다 ㊥내밀다[타]
N0-가 N1-를 N2-에 V (N0=[인간] N1=[돈], [구체물] N2=프로젝트, 사업, 판 따위)
¶나는 내가 가진 모든 주식을 사업에 들이밀었다. ¶그는 승리를 짐작하며 이번 판에 그가 가진 모든 돈을 들이밀었다.
❹(어떤 문제를) 기관이나 단체에 막무가내로 제기하다. (of a person) Bring forth a subject obstinately to an organization or a group.
㊌제출하다 ㊥내밀다[타]
N0-가 N1-를 N2-에 V (N0=[인간] N1=[문서] N2=[기관])
¶그는 진정서를 구청 민원실에 들이밀었다. ¶너처럼 고소장을 여기저기 들이밀다간 될 일도 안 된다.
❺(모임에) 모습을 드러내어 참가하다. Turn out at a meeting.
㊌참여하다, 참가하다, 참석하다 ㊥내밀다[타]
N0-가 N1-를 N2-에 V (N0=[인간] N1=코빼기, 얼굴 따위 N2=[행사])
¶그는 몇 년간 우리 모임에 얼굴도 들이밀지 않았다. ¶제가 이 모임에 회원이 된다면 모임이 있을 때마다 열심히 얼굴을 들이밀겠습니다.

들이받다
[활용]들이받아, 들이받으니, 들이받고
[타](어떤 대상을) 세게 받다. Hit (something) hard.
㊌부딪다
N0-가 N1-를 V (N0=[인간], [동물], [교통수단] N1=[인간], [동물], [교통수단], [구체물])
[피]들이받히다[자]
¶버스 한 대가 다리 난간을 들이받고 강물로 추락했다. ¶승용차가 중앙분리대를 들이받고 튕겨나갔다.
N0-가 N1-에 N2-를 V (N0=[인간], [동물] N1=[신체부위](머리, 이마, 코 따위) N2=[구체물])
[피]들이받히다[타]
¶나는 걷다가 전봇대에 이마와 코를 들이받았다. ¶멧돼지가 그루터기에 머리를 들이받았다. ¶남자는 머리로 강도의 배를 들이받았다.

들이받히다
[활용]들이받히어(들이받혀), 들이받히니, 들이받히고
[자](사람이나 대상이) 어떤 대상에게 세게 받히다. (of a person or an object) Be hit hard (by something).
㊌부딪히다
N0-가 N1-(에|에게) V (N0=[인간], [동물], [교통수단] N1=[구체물], [인간], [동물], [교통수단])
[능]들이받다
¶그가 탄 오토바이가 자동차에 들이받혔다. ¶승용차가 전봇대에 들이받혔다.
[타](사람이나 대상이) 어떤 대상에게 어느 부분을 세게 받히다. (of a person or an object) Be hit hard (by something in certain part).
㊌부딪히다
N0-가 N2-에 N1-를 V (N0=[인간], [동물], [교통수단], [구체물] N1=[신체부위], [구체물] N2=[인간], [동물], [교통수단])
[능]들이받다
¶나는 전봇대에 코를 들이받혔다. ¶버스가 중앙분리대에 범퍼를 들이받혔다.

들이쉬다
[활용]들이쉬어, 들이쉬니, 들이쉬고
[타](사람이 숨을) 몸속으로 들여 마시다. (of a person) Take breath or take into the body.
㊌흡입하다 ㊥내쉬다
N0-가 N1-를 V (N0=[인간] N1=숨, 공기 따위)
¶나는 맑은 공기를 들이쉬고 달리기 시작했다. ¶이제는 숨을 크게 들이쉬었다.

들이켜다
[활용]들이켜, 들이켜니, 들이켜고
[타]❶(액체를) 빠르게 많이 마시다. Drink a large amount of liquid fast and at a time.
㊌마시다
N0-가 N1-를 V (N0=[인간] N1=[액체])
[연어]단숨에
¶나는 식사를 끝내고 물을 한 잔 들이켰다. ¶그는 주점에서 혼자 술을 들이켜고 있었다.
❷(기체를) 한번에 많이 들이마시다. Inhale much gas at a time.
N0-가 N1-를 V (N0=[인간] N1=[기체], 숨)
¶나는 차에서 내리자마자 고향의 공기를 들이켰다. ¶그는 운동을 시작하기 전에 심호흡을 하며 공기를 깊이 들이켜고 있었다.

들추다
[활용]들추어(들춰), 들추니, 들추고
[타]❶(덮거나 가리고 있는 것을) 속이나 밑이 드러나 보이도록 걷어 올리다. Roll up a cover, etc., such that the bottom or interior part can be seen.
㊌걷어 올리다 ㊥감추다, 숨기다
N0-가 N1-를 V (N0=[인간] N1=[구체물])

¶동생은 이불을 들춰 나를 깨웠다. ¶돌을 들추면 가재가 있을 거야.

❷(어떤 것을) 무언가를 찾기 위하여 뒤져 가며 살피다. Go through in order to look for something.

[유]뒤지다

N_0-가 N_1-를 V (N_0=[인간] N_1=[구체물])

¶은성이는 한 구절을 찾으려고 책을 들춰 보았다. ¶온 책장을 들추었지만 앨범은 찾지 못했다.

❸(이미 지나거나 숨겨진 일을) 드러나도록 일부러 꺼내다. Raise something past or hidden deliberately in order to make it exposed.

[유]끄집어내다 [반]감추다, 숨기다

N_0-가 N_1-를 V (N_0=[인간|단체] N_1=[사건], [과거], [역사], [속성](약점, 결점 따위), [이야기])

¶타국의 슬픈 역사를 들추는 것은 그 나라 사람에게 실례다. ¶그는 지나간 이야기를 새삼 들추어 빈축을 샀다.

들치다

[활용]들치어(들쳐), 들치니, 들치고

[타](어떤 물건을) 한쪽 부분을 잡고 쳐들다. Lift something by holding one end.

[유]쳐들다

N_0-가 N_1-를 V (N_0=[인간] N_1=[구체물])

¶나는 커튼 자락을 조심스럽게 들쳤다. ¶남자가 움막의 거적을 들치고 안으로 들어갔다. ¶추우니까 이불을 들치지 마십시오.

등교하다

[어원]登校~ [활용]등교하여(등교해), 등교하니, 등교하고 [대응]등교를 하다

[자](학생이) 학교에 가다. (of a student) Go to school.

[반]하교하다

N_0-가 V (N_0=[인간](학생, 개인 따위))

¶그날도 친구들 중 내가 제일 먼저 등교했다. ¶12살 딸이 스스로 아침밥을 챙겨 먹고 등교했다. ¶그는 모처럼 교복을 단정하게 차려입고 학교에 등교했다.

등록되다

[어원]登錄~ [활용]등록되어(등록돼), 등록되니, 등록되고 [대응]등록이 되다

[자](어떤 단체로부터 허가나 인정을 받아) 관련 문서에 이름이 오르다. (of a name) Be recorded in relevant document after receiving permission or certification from an organization.

[유]등재되다, 기록되다

N_0-가 N_1-에 N_2-로 V (N_0=[인간], [추상물], [구체물] N_1=[단체], [추상물] N_2=[인간], [추상물])

[능]등록하다[타]

¶철수가 정식 학생으로 학적부에 등록되었다. ¶우리 상표가 드디어 관청에 등록되었다. ¶100명이 넘는 사람들이 우리 협회에 회원으로 등록되었다.

등록하다

[어원]登錄~ [활용]등록하여(등록해), 등록하니, 등록하고 [대응]등록을 하다

[자](어떤 단체의 일원이 되어) 관련 서류에 이름을 올리다. List one's name on relevant document by becoming a member of an organization.

[유]등재하다, 올리다, 기록하다

N_0-가 N_1-에 V (N_0=[인간] N_1=[단체](학원, 학교, 동호회, 체육관 따위))

¶철수는 학원에 등록했다. ¶그는 2년간의 군 복무를 마치고 다시 학교에 등록했다.

[타](어떤 기관의 허가나 인정을 받아서) 관련 서류에 이름 따위를 올리다. List one's name on relevant document after receiving permission or certification from an institution.

[유]등재하다, 올리다

N_0-가 N_2-에 N_1-를 V (N_0=[인간|단체] N_1=[추상물](이름, 명칭 따위) N_2=[구체물](서류, 목록 따위))

[피]등록되다

¶철수는 자신의 이름을 선거인명부에 등록했다. ¶나는 책을 대여하기 위하여 나의 이름과 주소를 명부에 등록했다.

N_0-가 N_2-에 N_1-를 V (N_0=[인간|단체] N_1=[추상물](재산, 특허, 권리 따위), [구체물](상품, 상표, 발명품 따위) N_2=[기관])

[피]등록되다

¶그들은 새 발명품을 특허청에 등록했다. ¶공직자들은 자신들의 모든 재산 내역을 모두 등록해야 한다.

등장하다

[어원]登場~ [활용]등장하여(등장해), 등장하니, 등장하고 [대응]등장을 하다

[자]❶(사람이) 무대나 연단에 모습을 드러내다. (of a person) Present oneself on a stage or podium.

[유]나타나다, 출연하다 [반]퇴장하다

N_0-가 N_1-(에|로) V (N_0=[인간] N_1=[장소](무대, 연단 따위), [공간])

[사]등장시키다

¶마녀 탈을 쓴 배우가 무대 위에 등장했다. ¶강사가 연단 위로 등장하자 사람들이 박수로 환호했다.

❷(영화나 연극에) 일정한 배역을 맡아 연기하다. Assume and act in a role in a movie or play.

[유]나오다[1], 출연하다I

N_0-가 N_1-에 N_2-로 V (N_0=[인간] N_1=[작품](영화,

연극 따위) N2=[역할])
사 등장시키다
¶그는 이 영화에 유능한 형사로 등장한다. ¶그녀는 이번 드라마에 1인2역 쌍둥이로 등장한다.
❸(어떤 분야에) 새로 나와 활동하다. Introduce oneself newly in a field.
㊒나타나다, 나오다[1], 출현하다
N0-가 N1-에 V (N0=[인간] N1=[추상물])
연어 혜성처럼
¶최근에 실력 있는 아이돌 가수들이 많이 등장했다. ¶연기파 신인 배우가 연극계에 혜성처럼 등장했다.
N0-가 N1-로 V (N0=[인간] N1=[역할])
사 등장시키다
연어 혜성처럼
¶한 젊은이가 천재 작가로 혜성처럼 등장했다. ¶그녀는 한국 여성 운동계의 대모로 등장했다.
❹(새로운 이론, 물건 따위가) 특정 장소나 분야에 새롭게 선보이다. (of a new theory, object, etc.) To be presented to the world for the first time.
㊒출현하다, 나오다[1], 출시되다
N0-가 N1-에 V (N0=[모두](구체물, 기술 따위) N1=[장소], [추상물](세상, 시장 따위))
사 등장시키다
¶최근 들어 갖가지 종류의 자판기가 시장에 속속 등장하고 있다. ¶정보사회에서는 신기술은 하루가 멀다 하고 등장한다.
N0-가 N1-로 V (N0=[모두](표현, 문제, 음악 따위) N1=[장소], [추상물], 유행어, 의제 따위)
¶요즘 여러 줄임 표현들이 새 유행어로 등장했다. ¶유엔에서 환경 문제가 핵심 의제로 등장하고 있다.

등지다

활용 등지어(등져), 등지니, 등지고
자 다른 사람과 사이가 아주 나빠져 서로 관계를 아예 끊고 지내다. Stop all communication with another person because the relation has turned bad.
㊒돌아서다
N0-가 N1-와 V ↔ N1-가 N0-와 V ↔ N0-와 N1-가 V (N0=[인간] N1=[인간])
¶나는 그와 오랫동안 등지고 지냈다. ↔ 그는 나와 오랫동안 등지고 지냈다. ↔ 나와 그는 오랫동안 등지고 지냈다. ¶그는 사소한 오해로 아버지와 등지게 되었다.
타 ❶(살던 곳을) 떠나거나 멀리하다. (of a person) Leave a place where one used to live or keep away from it.
㊒떠나다 타, 버리다[1], 멀리하다
N0-가 N1-를 V (N0=[인간] N1=[장소](고국, 고향, 농촌, 세상 따위)
¶그는 끝내 고국을 등지고 이민을 갔다. ¶나는 그 일로 인해 고향을 등지고 떠날 수밖에 없었다.
❷(사람이나 사물이) 장소나 사물을 등 뒤에 두고 위치하다. (of a person or a thing) Be located by having a place or another thing at the back.
㊒마주하다
N0-가 N1-를 V (N0=[인간], [구체물] N1=[인간], [구체물], [현상])
¶해를 등지고 서지 말아라. ¶이곳의 집들은 산을 등지고 드문드문 늘어져 있었다.

디디다

활용 디디어(디뎌), 디디니, 디디고 ㊜딛다
타 ❶발을 밟고 올라서거나 발로 지그시 내리누르다. Set one's foot on to move upward or press down on something.
㊒밟다
N0-가 N1-를 V (N0=[인간|단체] N1=발 따위)
¶그녀는 발을 잘못 디뎌 넘어지고 말았다. ¶그 선수는 모래판에 발을 디딘 채 끝까지 버텼다.
❷ (어려움 따위를) 견디거나 극복해내다. Withstand or overcome a difficulty.
㊒견디다 타, 극복하다
N0-가 N1-를 V (N0=[인간|단체] N1=역경, 어려움 따위)
¶그는 역경을 디디고 재기에 성공했다. ¶좌절하지 않고 어려움을 디디고 일어나는 사람만이 성공할 수 있다.
※ 주로 '디디고' 형태로 쓰인다.
◆ **발 디딜 틈이 없다** 사람이 꽉 차 있어 들어갈 틈이 없다. Situation in which it is impossible to enter a space because it's too crowded.
N0-가 Idm (N0=[장소])
¶점심시간에는 그 식당은 발 디딜 틈이 없다. ¶할인 기간에 백화점은 발 디딜 틈이 없다.
◆ **첫발을 디디다** 새로운 장소나 분야에 진출하다. Get into a new place or area.
N0-가 N1-에 Idm (N0=[인간|단체] N1=[장소], 사회 따위)
¶철수는 선반공으로 사회에 첫발을 디뎠다. ¶국내 의류 업체가 패션 산업의 본고장인 유럽 지역에 첫발을 디뎠다.

디밀다

활용 디밀어, 디미니, 디밀고, 디미는 ㊔들이밀다
타 ❶(사물이나 몸을) 어떤 곳에 안쪽으로 밀어서 넣거나 들여보내다. Insert one's body or object into a space inwardly.
㊒제출하다

N0-가 N1-를 N2-(에|에게|로) V (N0=[인간] N1=[구체물](음식물, 문서, 책 따위), [신체부위](고개, 얼굴 따위) N2=[장소], [인간])
¶서류 제출 마감 기한이 이미 지났는데 서류를 문 밑으로 디미는 사람들이 있다. ¶아버지가 나가고 나자 동생이 누나에게 얼굴을 디밀며 물었다.
❷(물건을) 다른 사람에게 함부로 바싹 가져다 대다. (of a person) Bring an object closer to someone without their permission.
㊌갖다대다
N0-가 N1-를 N2-(에|에게|로) V (N0=[인간] N1=[구체물](문서, 무기 따위), [신체부위](고개, 얼굴 따위) N2=[인간])
¶그녀는 이혼 서류를 남편 앞에 디밀고 도장을 찍으라 했다. ¶그는 시민에게 가짜 권총을 디밀며 돈을 내놓으라고 협박하였다. ¶그는 나의 얼굴 바로 앞에 얼굴을 디밀고 말했다.
❸(어떤 일에) 돈이나 물건 따위를 제공하다. Supply with (political etc.) funds or goods to someone or some task.
㊌투입하다
N0-가 N1-를 N2-(에|에게|로) V (N0=[인간] N1=[돈])
¶그는 새로 시작한 아내의 사업에 모든 재산을 디밀었다. ¶그는 노름에 있는 돈을 다 디밀어 가산을 탕진했다.
❹어떤 문제를 제기하다. Raise a question.
㊌제기하다, 제출하다
N0-가 N1-를 N2-(에|에게) V (N0=[인간] N1=문제, 고발장 따위 N2=[사람], [기관])
¶그는 나에게 이미 지나간 문제를 불쑥 디밀며 해명을 요구했다. ¶그는 여기저기에 고발장을 디밀어 회사를 들쑤시고 다녔다.
❺(모임에) 모습을 드러내거나 나타내다.(속되게 쓰인다.) (of a person) Appear or make present oneself at a meeting.
N0-가 N1-를 N2-에 V (N0=[인간] N1=[신체부위](얼굴, 코빼기 따위))
¶진호가 우리 모임에 얼굴을 디민 지 꽤 되었다. ¶삼 년이 넘도록 부모 앞에 얼굴도 디밀지 않는 자식이 자식이겠느냐?

디자인하다

어원design~ 활용디자인하여(디자인해), 디자인하니, 디자인하고 대응디자인을 하다
타❶(건축이나 기계 따위를 만들기 전에) 미리 계획을 세우거나 그 계획을 그림으로 그리다. Make a plan or draw the plan of a structure or a machine before constructing or manufacturing.
㊌설계하다
N0-가 N1-를 V (N0=[인간] N1=[구체물])
피디자인되다
¶나는 친구들과 이 차를 디자인하고 만들었다. ¶건축가가 건물을 디자인할 때 가장 중요하게 생각하는 것이 안전성이다.
❷(어떤 물건의 모양이나 색깔, 배치 따위를) 계획하여 그리다. Plan and draw the shape, color, or arrangement of something.
N0-가 N1-를 V (N0=[인간] N1=[구체물])
피디자인되다
¶남자는 게임 속 주인공을 실제처럼 디자인했다. ¶우리 학교 학생들이 디자인한 가방이 최우수상을 차지했다.
❸미래가 오기 전에 결정하거나 해야 할 것들을 미리 세밀하게 계획하다. Plan in detail what one has to decide or do before the future comes.
㊌설계하다, 계획하다
N0-가 N1-를 V (N0=[인간] N1=미래, 인생, 삶 따위)
¶여러분은 은퇴 후의 삶을 미리 디자인해 놓으십시오. ¶너의 꿈과 인생을 디자인하라.

딛다

활용딛고, 딛는, 딛지 본디디다
※'디디다'의 준말로 자음으로 시작되는 어미와만 결합한다.
타❶(무언가를) 밟고 올라서거나 발로 지그시 내리누르다. Stand or tread on something.
㊌밟다
N0-가 N1-를 V (N0=[인간|단체] N1=발 따위)
¶나는 조심스럽게 널빤지에 발을 디뎠다. ¶철수는 헉헉대며 계단을 딛고 올라왔다.
❷(어려움 따위를) 견디거나 극복해내다. Withstand or overcome a difficulty.
㊌견디다타, 극복하다
N0-가 N1-를 V (N0=[인간|단체] N1=[상태])
¶나는 고통을 딛고 버텼다. ¶오늘의 강연자들은 모두 역경을 딛고 성공한 사람들이다.
※주로 '딛고'의 형태로 쓰인다.
◆ **발을 딛다** (어떤 분야에) 입문하거나 새롭게 일을 시작하다. Enter a field or start a new job.
N0-가 N1-로 N2-에 Idm (N0=[장소] N1=[추상물], [행위] N2=[집단], [장소](사회 따위))
¶우리 회사는 자동차 수출로 미국에 발을 딛기 시작했다. ¶그는 늦은 나이에 이제야 말단 사원으로 사회에 첫발을 딛는다.

따다

활용따, 따니, 따고
타❶(달려 있거나 붙어 있는 것을) 뜯거나 떼어내다. Tear off or remove something attached or

stuck.
㊀수확하다, 떼어내다
N0-가 N2-에서 N1-를 V (N0=[인간] N1=[자연물](과일, 꽃, 채소, 열매 따위) N2=[자연물](나무, 가지, 꽃, 줄기 따위), [장소])
¶영희는 나무에서 과일을 땄다. ¶아이들은 보이는 열매를 모두 따서 먹었다.
N0-가 N2-에서 N1-를 V (N0=[인간] N1=[자연물](전복, 굴, 소라 따위) N2=[장소](바다 따위), 바위 따위)
¶영희는 운 좋게 바다에서 전복을 땄다. ¶아이들은 소라를 따서 집으로 가져갔다.
❷(사람 또는 동물의 신체 부위 따위를) 째거나 떼어내다. Sever or remove an abnormal part of the body of a human or an animal.
㊀째다
N0-가 N1-를 V (N0=[인간] N1=[신체부위], [생선], [상처])
¶영희는 아이의 상처 부위를 따서 고름을 빼냈다. ¶물집을 잘못 따면 오히려 상태가 더 나빠질 수 있다.
❸(이미 사용된 말이나 글 따위 중 필요한 부분을) 골라서 그대로 가져와 사용하다. Pick up a necessary part of an already used word, writing, or title and use it as it is.
N0-가 N1-를 N2-에서 V (N0=[인간], 책 따위 N1=[추상물](말, 글, 구절, 제목, 이름 따위), [사진] N2=[추상물](말, 글, 구절, 제목, 이름 따위))
¶철수는 선생님이 사용한 구절을 그대로 따서 사용하였다. ¶우리 아이의 이름은 할아버지의 이름에서 따서 지었다.
❹(돈이나 상품, 상 따위를) 내기나 도박, 경기 따위에서 승리의 결과로 얻다. Win money, prize, or reward as a result of a victory in bet, gambling, or game.
㊀획득하다, 벌다 ㊁잃다
N0-가 N1-를 N2-에서 V (N0=[인간|단체] N1=[구체물](돈, 상금, 우승컵, 메달 따위) N2=[사건](내기, 운동, 놀음 따위))
¶철수는 이번 경기에서 메달을 땄다. ¶그는 카지노에서 많은 돈을 땄다고 한다.
❺(시험에 합격하거나 정해진 조건을 만족시켜서) 증표나 자격을 얻다. Win a certificate or a qualification after passing an exam or satisfying a definition requirement.
㊀획득하다, 취득하다
N0-가 N1-를 V (N0=[인간|단체] N1=[추상물](자격증 따위), [사건])
¶철수는 이번에 겨우 면허증을 땄다. ¶우리 회사는 이번에 아주 큰 공사 수주를 땄다.
❻(시험이나 경기 따위에서) 성적이나 점수를 얻다. Win a certain grade or point in a test or a game.
㊀득점하다
N0-가 N1-를 N2-에서 V (N0=[인간|단체] N1=[추상물](성적, 점수 따위) N2=[사건](시험, 경기 따위))
¶그 팀은 이번 경기에서 34점을 따서 신기록을 갱신했다. ¶영희는 이번 수학 능력 평가에서 기대에 못 미치는 점수를 땄다.
❼봉해져 있거나 닫혀 있는 것을 열다. Open a sealed or a closed thing.
㊀열다II, 개봉하다
N0-가 N1-를 V (N0=[인간] N1=[구체물](마개, 뚜껑, 병, 통조림, 문, 금고 따위))
¶도둑이 집 문을 따고 들어왔다. ¶그는 아무리 견고한 금고라도 다 딸 수 있는 기술자라고 한다.

따돌리다

활용 따돌리어(따돌려), 따돌리니, 따돌리고
타 ❶(간격을 벌리거나 진행 방향을 바꾸어) 뒤에서 따라오지 못하게 하다. Change direction or increase one's distance from another person to avoid being followed or caught, etc. (This is a literal rendering. To give someone the slip simply means to avoid or escape from someone.).
㊀추월하다 ㊁따라잡히다
N0-가 N1-를 V (N0=[인간|단체], [동물] N1=[인간|단체], [동물])
¶사슴이 쫓아오는 호랑이를 따돌렸다. ¶선두 그룹이 2위권 그룹을 상당히 멀리 따돌렸습니다.
❷(사회, 경제, 기술 따위에서) 다른 사람과 격차를 벌리어 앞서 나가다. Widen the gap (of society, economy, technology, etc.) in getting ahead.
㊀앞서가다 ㊁따라잡히다
N0-가 N1-를 V (N0=[인간|단체], [값] N1=[인간|단체], [값])
¶반도체 영역에서 한국이 일본을 따돌렸다. ¶미국의 시장 규모가 중국의 시장 규모를 따돌리기는 장기적으로 어려워 보인다.
❸(어떤 사람을) 일부러 무리에 넣어주지 않다. Intentionally avoid meeting or talking with someone whom one dislikes or disapproves of.
㊀배제하다
N0-가 N1-를 V (N0=[인간|단체] N1=[인간|단체])
¶아이들이 새로 전학 온 학생을 따돌린다. ¶경쟁사들이 합심하여 우리 회사를 따돌리고 있다.
❹ 【운동】 상대편의 방해를 받지 않도록 피하다. Avoid interference by an opponent.

㊥제치다, 제끼다 ㊥막히다
N0-가 N1-를 V (N0=[인간](공격수 따위) N1=[인간](수비수 따위))
연어 가볍게
¶우리 공격수들이 상대편 수비수들을 가볍게 따돌렸다.

따라가다

활용 따라가, 따라가니, 따라가고
타 ❶(다른 사람이나 동물의) 뒤에서 좇아가다. Follow behind someone or animal as he moves.
㊥좇아가다타 ㊥가다1
N0-가 S(러|라고) N2-(에|로) N1-를 V (N0=[인간], [동물] N1=[인간], [동물] N2=[장소])
¶우리는 짐을 찾으러 선착장으로 승무원을 따라갔다. ¶경관들은 범인을 감시하러 화장실에 따라갔다.
❷앞서 있는 것에 가까이 가다. Get closer to something ahead.
㊥따라잡다
N0-가 N1-를 V (N0=[인간], [교통기관] N1=[인간], [교통기관], 뒤, 걸음 따위)
¶아무리 달려도 자전거는 오토바이를 따라가지 못한다. ¶어린 아이는 아버지의 걸음을 따라가지 못했다.
❸어떤 정도나 수준에 이르다. Reach at some degree or standard.
㊥따라잡다, 미치다I1, 도달하다
N0-가 N1-를 V (N0=[인간], [수량], [속성] N1=[행위], [수량], [속성])
¶월급 인상률이 물가 상승률을 따라가지 못하고 있다. ¶동물 울음소리를 듣는 데에는 우리 할머니의 귀를 따라갈 사람이 없다. ¶그 상사의 신망은 누구도 따라가지 못할 만큼 두터웠다.
❹남의 행동이나 명령 따위를 그대로 실행하다. Execute as same as someone's action or order.
㊥모방하다, 추종하다
N0-가 N1-를 V (N0=[인간|단체] N1=[명령], [사조], [규범], [관습], [제도])
¶다른 나라의 문화를 맹목적으로 따라가는 것은 위험하다. ¶다수의 의견을 따라가는 것도 때로는 방법이다.
❺(강이나 길 따위를) 좇아 움직이다. Move by following uniformly connected river or path.
N0-가 N1-를 V (N0=[인간] N1=[길], [장소])
¶우리는 물줄기를 따라가며 이동했다. ¶화살표를 따라가면 길을 잃지 않을 겁니다. ¶우리는 꽃이 있는 길을 따라가며 걸었다.

따라나서다

활용 따라나서, 따라나서니, 따라나서고
타 남이 가는 대로 같이 나서다. Go after, pursue someone.
N0-가 N1-를 V (N0=[인간] N1=[인간])
¶동생이 형을 선뜻 따라나서자 형이 매우 기뻐하였다. ¶나는 돈을 벌기 위하여 어부들을 따라나서기로 결정하였다.

따라다니다

활용 따라다니어(따라다녀), 따라다니니, 따라다니고
타 (다른 사람이나 동물, 물체 따위의) 뒤를 쫓아서 다니다. Move by following someone, animal or object.
㊥쫓아다니다타 ㊥다니다타
N0-가 S러 N1-를 V (N0=[인간], [동물] N1=[인간], [동물], [무생물], [교통기관], [장소])
연어 졸졸
¶팬들은 그 연예인 뒤를 졸졸 따라다녔다. ¶주워 온 강아지는 주인 뒤를 쫄랑쫄랑 따라다녔지.
자타 (어떤 느낌이나 생각, 현상 따위가) 늘 붙어 다니다. (of some feeling, thought or phenomenon) Always tag along with.
㊥붙어 다니다
N0-가 N1-(을|에게) V (N0=[추상물] N1=[인간])
연어 평생, 그림자처럼
¶제겐 늘 한국인이라는 이름이 따라다녀요. ¶불면증이 늘 그를 따라다녔다. ¶죽음의 공포가 병사들을 그림자처럼 따라다녔다.

따라붙다

활용 따라붙어, 따라붙으니, 따라붙고
자 (어떤 사람이나 조건 따위에) 이름, 조건, 심리 따위가 늘 붙어 다니다. (of a name, condition, or state) Follow a person at all times.
N0-가 N1-(에|에게) V (N0=[추상물](호칭, 의혹, 감정, 조건 따위), [언어] N1=[인간|단체], [상태](늙음 따위), 계약 따위)
¶외국어는 직장인들에게 따라붙는 극복 대상이다. ¶그것은 늙음에 따라붙는 따분함이다.
자타 ❶(거리상으로) 앞선 것을 바짝 뒤따르다. Catch up with something that's far ahead.
㊥뒤쫓다, 따라가다 ㊥앞서가다
N0-가 N1-(를|에|에게) V (N0=[인간|단체], [동물], [교통기관] N1=[인간|단체], [동물], [교통기관], 꽁무니, 뒤 따위)
¶그녀 뒤를 검은 세단이 따라붙었다. ¶형사가 그 녀석에게 악착같이 따라붙었다.
❷(경기에서) 점수가 앞선 팀을 바짝 뒤따르다. Move closer to an opposing team's score during a game.
㊥뒤쫓다, 따라가다
N0-가 N1-(를|에|에게) N2-로 V (N0=[인간|단체]

N1=[인간|단체] N2=점수차)
¶한화는 선두 삼성에 0.5경기차로 바짝 따라붙었다. ¶부시는 고어를 3%포인트 차로 따라붙었다. ¶한국은 경기 종료 4분 20초를 남기고 1점차로 따라붙었다.

따라오다

활용 따라와, 따라오니, 따라오고, 따라오너라/따라와라

자 (어떤 일이) 다른 일과 더불어 일어나게 되다. (of some duty) Be occurred with different duty.

유 따르다I 자, 수반하다

No-가 N1-(에|에게) V (No=[의무], [권력], [권리], [사건] N1=[인간], [직책], [일])

¶근면한 사람에게는 늘 좋은 결과가 따라온다. ¶어떤 회사에서 결근이 자주 발생하면 직원들의 사직도 따라오기 마련이다.

타 ❶(다른 사람이나 동물이) 가는 대로 좇아오다. (of someone or animal) Chase as it moves.

No-가 S러 N2-(에|로) N1-를 V (No=[인간], [동물] N1=[인간], [동물], [장소])

¶내 뜻에 공감한다면 사무실로 나를 따라오게. ¶차를 타고 가는데 자꾸 달이 우리를 따라오는 것처럼 보인다.

❷앞서 있는 것이나 마음먹은 것의 정도나 수준에 이를 만큼 가까이 오다. Get closer to something ahead or one's resolution.

유 따라잡다, 미치다I[1], 도달하다

No-가 N1-를 V (No=[인간], [동물], [인성], [능력] N1=[인간], [인성], [능력])

¶마음은 굴뚝같은데 몸이 마음을 따라오지 못한다. ¶아무리 배우 일을 열심히 하겠다고 생각해도 연기는 생각을 따라와 주지 못했다.

❸(남의 행동이나 명령 따위를) 그대로 실행하다. (of a person) Execute as same as someone's action or order.

유 본받다, 추종하다

No-가 N1-를 V (No=[인간|단체] N1=[인간|단체], [명령])

¶가장이 솔선수범하면 자식은 그를 따라오게 마련이다. ¶적장만 항복시키면 부하들은 저절로 따라올 것이다.

❹(강이나 길 따위를) 좇아 움직이다. Move by following uniformly connected river or path.

No-가 N1-를 V (No=[인간], [동물] N1=[교통기관], [길], [장소])

¶그는 선창에서 뱃길을 따라오는 갈매기들을 보았다. ¶누군가가 내 발자국을 따라와서 여기를 발견할지도 몰라.

따라잡다

활용 따라잡아, 따라잡으니, 따라잡고

타 ❶(앞서가는 사람이나 사물을) 뒤따라가서 동등한 수준을 이루다. Catch up and draw level with a person or an object that's ahead.

No-가 N1-를 V (No=[인간], [추상물] N1=[인간], [추상물](방법, 기술 따위))

피 따라잡히다

¶한국의 자동차 기술은 선진국 수준을 거의 따라잡았다. ¶야구경기 마지막 회에서 한 선수가 1점 홈런을 때려 상대팀을 따라잡았다.

❷(뒤쳐진 상태를 보충하여) 필요한 수준을 이루다. Supplement (the state of being fallen behind) to achieve a desired standard.

유 따라가다

No-가 N1-를 V (No=[인간], [추상물] N1=[인간], [추상물](공부, 강의 따위))

¶나는 전공 공부를 따라잡느라 피눈물 나는 고생을 했다. ¶나는 일주일에 여섯 시간의 강의를 따라잡기 위하여 하루 종일 열람실과 자료실 사이를 뛰어다녔다.

따라잡히다

활용 따라잡히어(따라잡혀), 따라잡히니, 따라잡히고

자 (뒤처진 사람이나 사물이 뒤따라와서) 그 사람이나 그 사물과 동등한 수준이 되다. Be caught up with by someone or something that was previously lagging behind.

No-가 N1-(에|에게) V (No=[인간], [추상물] N1=[인간], [추상물])

능 따라잡다

¶한국 경제 성장률이 일본에 따라잡혔다. ¶우리 축구 선수들은 후반에 상대팀에 따라잡혔다. ¶이런 실력이라면 후배들에게 따라잡히는 것은 시간문제이다.

따르다 I

활용 따라, 따르니, 따르고, 따랐다

자 (어떤 일이) 다른 일과 함께 나타나다. (of some duty) Occur with different duty.

유 수반되다

No-가 N1-에 V (No=[감정] N1=[사건], [행위], [시간])

¶올해는 사업에 행운이 따랐다. ¶영화 제작에는 늘 현실적인 고민이 따른다.

No-가 S데-에 V (No=[감정])

¶과거 유물을 복원하는 데에는 큰 어려움이 따른다. ¶이 나라에서는 차를 마시는 데에도 약간의 격식이 따른다.

타 ❶(다른 사람, 동물, 물체의 뒤에서) 앞에 가는 대로 같이 가다. Move by following someone, animal or object.

유 좇다 상 가다[1]

N0-가 N1-를 V (N0=[인간], [동물], [교통기관] N1=[인간], [동물], 교통기관])
사 딸리다II
¶사람들은 곡을 하며 상여를 따랐다. ¶졸업식이 끝난 동생은 아버지를 따라 시골로 돌아갔다.
❷(더 뛰어난 것을) 좇아 같은 수준에 이르다. Reach at the same degree by chasing after exceptional thing.
㊌따라잡다
N0-가 S기-로 N1-를 V (N0=[인간|단체] N1=[구체물], [능력])
¶그의 활 쏘는 재능은 따를 사람이 없다. ¶최신 정보로는 어떤 백과사전도 인터넷을 따를 수 없다.
※주로 부정문 형태로 쓰인다.
❸(사람이나 동물이) 다른 사람이나 동물을 좋아하거나 존경하여 가까이 좇다. (of a person or animal) Closely follow due to admiring or liking someone.
㊌추종하다
N0-가 N1-를 V (N0=[인간], [동물] N1=[인간])
¶이 고양이는 개처럼 사람을 잘 따릅니다. ¶현수는 학창 시절에도 후배가 존경하고 따르는 선배였다.
❹(일정하게 이어진 강이나 길 따위를) 좇아 움직이거나 서 있다. Move or stand by following uniformly connected river or path.
N0-가 N1-를 V (N0=[인간], [자연물] N1=[길], [장소])
¶등산객들은 먼저 지나간 사람이 묶은 리본을 따라 산길을 걸었다. ¶능선을 따라서 공기가 흘러가다가 비를 뿌리곤 했다.
❺시간의 흐름이나 흔적 따위를 좇아가다. Follow the passing of time or traces of the past.
N0-가 N1-를 V (N0=[인간|단체] N1=흐름, 역사 따위)
¶시간의 흐름을 따라 인간의 역사를 살펴보자. ¶우리는 선현의 걸음을 따라 문화유산을 둘러보았다.
❻(다른 사람의 행동을 보고) 그대로 같이 하다. Do the same thing as someone by looking over someone's action.
㊌좇다, 본받다, 추종하다
N0-가 N1-를 V (N0=[인간] N1=[인간])
¶목사님이 기도문을 읽으면 신도들이 따라 읽는다. ¶아이들은 선생님이 하는 말을 따라서 천천히 반복하며 글을 익혔다.
자타❶어떤 사실이나 기준 따위에 의거하다. Be based on a principle or some truth.
N0-가 N1-(를|에) V (N0=[행위], [사건], [현상], [속성], [시간], [생각])
¶기압은 주로 기온에 따라 변하며 높은 곳과 낮은 곳이 생긴다. ¶경우에 따라서는 남자보다 강한 여자도 있다.
❷(관례, 유행, 명령, 의견 따위를) 좇아 실행하다. Execute by following convention, trend, order or opinion.
㊌좇다, 받들다
N0-가 N1-(를|에) V (N0=[인간] N1=[명령], [계획], [관습])
¶성직자는 신의 뜻을 따르는 사람들이다. ¶그는 결코 유행을 따른 적이 없었다.

따르다II

활용 따라, 따르니, 따르고, 따랐다
타 그릇을 기울여 안에 들어 있는 액체를 다른 그릇에 조금씩 흘려 넣다. Gradually poor liquid on a different plate by tilting a bowl.
㊌붓다II ㊞넣다[1]
N0-가 N2-에 N1-를 V (N0=[인간] N1=[액체] N2=[용기])
¶나는 컵에 물을 따랐다. ¶장군은 부하들에게 친히 술을 따라 권했다. ¶술은 각자 자기 잔에 따라 마시는 것이 좋다.

따먹다

활용 따먹어, 따먹으니, 따먹고
타❶매달려 있거나 붙어 있는 것을 잡아떼어 먹다. Take off something that hangs or sticks to somewhere and eat it.
N0-가 N2-에서 N1-를 V (N0=[인간] N1=[식물] N2=[장소](나무, 가지, 줄기 따위))
¶철수는 배가 고파서 과일을 따먹었다. ¶우리는 옆집 밭에 숨어 들어가서 옥수수를 몰래 따먹었다.
❷(바둑, 장기, 체스 등의 경기에서) 상대방의 말을 잡다. Catch pieces of the opponent in go, janggi, or chess.
㊌잡다
N0-가 N1-를 V (N0=[인간] N1=[구체물](바둑알, 장기알, 체스말 따위))
¶철수는 장기가 시작하자마자 상대방의 차를 따먹었다. ¶체스는 상대방의 킹을 따먹으면 승리하는 게임이다.
❸(상대방의 소유물을) 내기, 경기 따위를 통해서 자기의 소유로 만들다. Take possession of another person's belongings through a bet or a game.
㊌취득하다
N0-가 N2-에게서 N1-를 V (N0=[인간] N1=[금전], [구체물] N2=[인간])
¶아버지는 화투를 치면서 어머니에게서 많은 돈을 따먹었다. ¶어렸을 때 지우개 게임으로 지우개를 따먹었었던 기억이 난다.
❹성관계를 맺어 여성의 정조를 빼앗다. Take away the virginity of a woman by having sexual

ㄷ

intercourse with her.
㊌(강제로)섹스하다, 성폭행하다
N0-가 N1-를 V (N0=[인간] N1=[추상물](정조, 순결), [인간])
¶그는 여자를 따먹었다고 말하고 다녔다.
※ 매우 속되게 사용되는 표현이다.

따지다

활용 따지어(따져), 따지니, 따지고
자타 ❶(어떤 일을) 꼼꼼히 살펴보다. (of a person) Thoroughly examine something.
㊌살펴보다, 검토하다
N0-가 N1-를 V (N0=[인간] N1=[규범], [추상물]1(원인), [문서], [계약](공약, 약관 따위))
¶나는 그에게 이 일이 일어난 원인을 따졌다. ¶보험에 가입하기 전에는 약관을 꼭 따져보아야 한다.
N0-가 S지 V (N0=[인간])
¶나는 그에게 이 일이 일어난 원인이 무엇인지를 따졌다. ¶정치인들의 정책이 실효성이 있을지 따져보아야 한다.
❷(돈이나 숫자, 관계 따위를) 정확히 계산하여 헤아리다. (of a person) Accurately calculate and count money, number, relationship, etc.
㊌계산하다, 헤아리다
N0-가 N1-를 V (N0=[인간] N1=[금전], [나이], [시간], 촌수 따위)
¶나는 여러 가지 비용을 따져서 차를 구입하였다. ¶촌수를 따져보니 나는 그와 먼 친척이었다.
N0-가 S지 V (N0=[인간] N1=[금전], [나이], [시간], 촌수 따위)
¶나는 자동차를 구입하면 어떤 이득이 있을지를 따져 보았다. ¶나는 부모님의 생신이 언제인지 날짜를 따져보았다.
❸(다른 사람에게) 일에 대한 시비를 꼼꼼히 지적하여 답을 요구하다. (of a person) Thoroughly point out the right and wrong of something and request an answer from someone else.
㊌추궁하다, 밝히다타, 가리다II
N0-가 N1-를 V (N0=[인간] N1=잘잘못, 원인, 진상 따위)
¶사람들은 관리인에게 화재의 원인을 따지기로 하였다. ¶형사는 용의자들을 불러 모아 일의 진상을 따졌다.
N0-가 S지 V (N0=[인간])
¶사람들은 관리인에게 불이 난 원인이 무엇인지 따지기로 하였다. ¶형사는 용의자들을 불러 모아 사건의 진실이 무엇인지를 따졌다.
❹(무엇을) 특히 중요하게 생각하다. (of a person) Consider something particularly important.
㊌중요시하다
N0-가 N1-를 V (N0=[인간] N1=학벌, 지연, 외모 따위)
¶투표를 할 때는 지연을 따지지 말고 후보자의 사람됨을 보아야 한다. ¶외모만 따지기보다는 상대의 성품을 먼저 보아라.
N0-가 S지 V (N0=[인간])
¶투표를 할 때 후보자의 출신 지역을 따지는 것은 좋지 않다. ¶너는 상대방이 얼마나 예쁜지 따지기보다는 상대의 성품을 먼저 보아라.

딸리다 I

활용 딸리어(딸려), 딸리니, 딸리고
자 (어떤 것에) 소속되거나 붙어 있다. Adjoin or belong to something.
㊌소속되다, 첨부되다
N0-가 N1-(에|에게) V (N0=[인간], [사물] N1=[인간], [사물])
¶나에게 딸린 가솔이 넷이다. ¶스포츠 신문에 보통 만화가 딸려 나온다. ¶넉넉잖은 살림에 애들까지 딸리고 보니 아무도 오려고 하지 않았다.

딸리다 II

활용 딸리어(딸려), 딸리고, 딸리니
타 (다른 사람, 동물, 물건을) 따라가거나 같이 가게 하다. Follow or send along with someone, animal or object.
㊌동행시키다
N0-가 N2-(에|에게) N1-를 V (N0=[인간] N1=[사물], [인간])
주 따르다I타
¶나는 아이를 딸려 보냈다. ¶차를 보내려면 기사까지 딸려서 보내 주셔야 해요. ¶임금님은 공주의 수발을 들도록 노비들을 딸려 보내셨습니다.

때려치우다

활용 때려치워, 때려치우니, 때려치우고 【속어】
타 하던 일을 그만두다. Quit or abandon (a duty or obligation).
㊌포기하다, 그만두다
N0-가 N1-를 V (N0=[인간|단체] N1=[행위](일, 직업, 작업 따위), [기관](회사, 직장, 학교 따위))
¶그는 이유 없이 하던 일을 모두 때려치웠다. ¶그는 잘 다니던 회사를 때려치우고 신학공부를 시작했다. ¶그는 공부를 때려치우고 춤을 배우러 다니기 시작했다.

때리다

활용 때리어(때려), 때리니, 때리고
타 ❶손이나 손에 든 물건으로 아프게 치다. Hit someone and inflict pain with one's hand or an object held on the hand.

[상]치다I[1]

N0-가 N1-를 N2-로 V (N0=[인간] N1=[인간], [동물], [신체부위] N2=[구체물])

¶철수는 주먹으로 나를 때릴 것처럼 노기등등하여 다가왔다. ¶요즘은 아이를 때리는 것을 바람직하지 않은 교육 방식으로 여긴다.

※ 주로 '매', '곤장', '회초리' 등 때리는 데에 쓰이는 도구 이름이 'N2-를'로 나타난다.

❷(사물이 다른 사물을 향해) 다가와 부딪치다. (of an object) Approach and smash against another object.

[유]부딪치다[타]

N0-가 N1-를 V (N0=[구체물] N1=[구체물])

¶하루종일 큰 파도가 밀려와 해안 절벽을 때린다. ¶고요한 밤에 빗방울이 창문을 때리는 소리만 들려온다.

❸(주로 언론에서 남의 잘못을) 말이나 글로 비난하다. (Mainly of media) Criticize someone's fault with speech or writing.

[유]비난하다, 비판하다

N0-가 N1-를 N2-로 V (N0=[인간|단체] N1=[비행], 잘못, 비리 따위 N2=[책])

¶그 언론사는 비리 공무원들의 잘못을 매일 기사로 때렸다. ¶대기업의 내부 비리를 때리는 기사가 신문에 실려 입방아에 오르고 있다.

※ 속되게 쓰인다.

◆ **가슴을 때리다** 감정의 동요를 일으키다. Stir up feelings.

[유]감동시키다, 동요시키다

N0-가 Idm (N0=[구체물], [추상물], [상태])

¶그 영화는 돌아가신 아버지를 생각나게 하여 나의 가슴을 때렸다. ¶블루스 음악의 가슴을 때리는 연주를 들어보시기 바랍니다.

◆ **귓전을 때리다** 귀를 크게 자극하다. Irritate the ear greatly.

N0-가 Idm (N0=[소리])

¶박수 소리가 귓전을 때렸다. ¶어디선가 귓전을 때리는 비명이 들려왔다.

◆ **뒤통수를 때리다** 배신하다. Betray.

N0-가 Idm (N0=[인간|단체])

¶동업자가 내 뒤통수를 때리고 돈을 챙겨 도망가 버렸다. ¶이 작전에서 한 명이라도 뒤통수를 때리면 우리는 다 죽는 거야.

때우다

[활용]때워, 때우니, 때우고

[타]❶(사물의 손상된 부분을) 다른 물체로 기워 수리하다. Repair the damaged part or an object by mending with another item.

[유]수리하다

N0-가 N1-를 N2-로 V (N0=[인간] N1=[구체물] N2=[구체물])

¶오래된 가구의 벌레 구멍을 촛농으로 때웠다. ¶펑크는 타이어를 수리업체에서 때우려고 한다.

❷ 변변찮은 대체품이나 행동으로 대신하다. Substitute something with poor replacement or action.

[유]보충하다, 대체하다

N0-가 N1-를 N2-로 V (N0=[인간|단체] N1=[구체물], [추상물], [상태] N2=[구체물], [추상물], [상태])

¶그는 음식값을 몸으로 때우겠다고 우겼다. ¶회사는 밀린 월급을 단돈 몇 푼으로 때우려고 한다.

❸끼니를 변변찮은 음식으로 대신하다. Substitute meal with worthless food.

[유]대신하다

N0-가 N1-를 N2-로 V (N0=[인간] N1=끼니, 식사, 아침, 점심, 저녁 따위 N2=[음식])

[연어]대충

¶업무가 너무 바빠서 점심을 대충 때울 수밖에 없었다. ¶오랫동안 라면으로 끼니를 때우다가 위장에 병이 났다.

◆ **시간을 때우다** 남는 시간을 중요하지 않은 일을 하며 보내다. Kill time by doing nothing important.

N0-가 N1-로 Idm (N0=[인간|단체] N1=[구체물], [추상물], [행위])

¶약속이 취소되었으니 만화책으로 시간을 때워야겠다. ¶열차 시간이 많이 남았는데 뭘로 시간을 때울지 모르겠다.

◆ **액을 때우다** 작은 불행으로 이후의 큰 불행을 대신하다. Replace a greater misfortune in the future with a small mishap.

[유]액운을 때우다

N0-가 N1-로 Idm (N0=[인간|단체] N1=[상태])

¶더 큰 사고가 날 수도 있었는데 작은 사고로 액을 때운 것으로 생각하기로 하자. ¶이 회사의 입사 면접에 불합격했지만 더 좋은 회사에 입사하게 되었으니 결국 액을 때웠던 셈이다.

떠나가다

[활용]떠나가, 떠나가니, 떠나가고

[자]❶사람이나 교통기관이 어디로 이동하다. (of a person or a means of transportation) Move to some place.

[유]떠나다[자], 출발하다[자]

N0-가 N1-로 V (N0=[인간], [교통기관] N1=[장소])

¶사람들은 행사가 끝나자 서울로 떠나갔다. ¶막차는 이미 부산으로 떠나간 후였다.

❷(무엇에 대한 감정이나 관심 따위가) 점점 사라

[ㄷ]

져 가다. (of emotion, interest, etc., with regard to something) Gradually disappear.
㊌사라지다, 줄어들다
N0-가 V (N0=[감정](사랑, 관심 따위))
¶일이 바빠지자 자연스레 게임에 대한 관심이 떠나갔다. ¶음악 방송에 대한 대중의 관심이 떠나가는 이유는 무엇일까?
❸큰 소리가 나서 어떤 장소가 쩌렁쩌렁 울리다. (of a loud sound) Be produced as to echo in some place.
N0-가 V (N0=[건물], [장소])
¶학생들은 강당이 떠나가라 박수를 쳤다. ¶개는 도둑을 보고 온 동네가 떠나가게 짖었다. ¶아이들은 교실이 떠나갈 듯이 떠들어 댔다.
※주로 '떠나가라', '떠나가게', '떠나갈 듯이'의 형태로 쓰인다.

ㄷ

자타❶(사람이나 교통기관이) 원래 있던 곳에서 다른 곳으로 이동하다. (of a person or a means of transportation) Move away from some place to someplace else.
㊌떠나다타, 출발하다타
N0-가 N1-(에서|를) V (N0=[인간], [교통기관] N1=[장소])
¶사람들은 행사가 끝나자 서울을 떠나갔다. ¶배가 항구를 떠나갔다.
❷다른 사람을 벗어나 맺고 있던 관계를 끊다. (of a person) Get away from someone and sever the existing relationship.
㊌떠나다타
N0-가 N1-(에서|에게서|를) V (N0=[인간] N1=[인간])
¶나의 거짓말로 인해 그녀는 결국 나를 떠나갔다. ¶그녀가 내 곁을 떠나간 후에 나는 한 달 동안 슬픔에 잠겼다.

떠나다

활용 떠나, 떠나니, 떠나고
자❶있던 곳을 벗어나 다른 곳으로 가다. (of a person) Leave a place where one was and go to another place.
㊌떠나가다자, 이동하다자
N0-가 N1-로 V (N0=[인간] N1=[장소])
¶나는 방학을 맞아 유럽으로 떠났다. ¶동생은 취직을 하겠다며 서울로 떠났다.
N0-가 S러 N1-로 V (N0=[인간] N1=[장소])
¶나는 아름다운 풍경을 보러 유럽으로 떠났다. ¶부모님은 농사를 지으러 고향으로 떠났다.
❷어느 곳에서 다른 장소로 옮기다. Move from somewhere to another place.
㊌벗어나다
N0-가 N1-(에서|를) V (N0=[인간] N1=[장소])
¶내일이면 그는 이 동네를 떠난다. ¶나도 그를 따라 마을에서 떠날 것이다. ¶그들은 고향을 떠나고 싶지 않았다.
N0-가 S러 N1-(에서|를) V (N0=[인간] N1=[장소])
¶내일이면 그는 사업을 하러 이 동네에서 떠난다. ¶나도 그를 따라 돈을 벌러 마을에서 떠날 것이다.
❸(가지고 있던 생각, 마음, 감정 따위가) 사라지거나 없어지다. (of thought, mind, or feeling that one had) Disappear or to be gone.
㊌사라지다 ㊙생기다
N0-가 V (N0=[생각], [감정], [생각](마음))
¶사건은 해결되었지만 김 형사는 불길한 생각이 떠나지 않았다. ¶그가 머무르는 동안 우리집은 한동안 웃음이 떠나지 않았다. ¶나는 그에게서 마음이 떠난 지 오래다.
※'-지 않다' 등의 부정문과 주로 함께 쓰인다.
타❶(사람이나 교통수단이) 어떤 장소를 벗어나 있던 곳에 머무르지 않다. (of person or transportation) Leave a place where one was and not stay there.
㊌떠나가다자타 뜨다III ㊙이르다I, 도착하다
N0-가 N1-를 V (N0=[인간] N1=[장소])
¶그는 서울을 떠나 시골에서 살고 있다. ¶우리가 도착했을 때 그는 이미 공항을 떠난 상태였다.
❷하던 일이나 있던 환경을 벗어나 관계를 끊다. Escape what one was doing or the environment and stop the relationship.
㊌나가다[1], 뜨다III
N0-가 N1-를 V (N0=[인간] N1=[단체], [분야])
¶나는 학계를 떠나기로 결심했다. ¶김 감독은 이 사건으로 결국 영화계를 떠났다.
❸어떤 장소로 무슨 일을 하러 나서다. (of a person) Leave for a place to do something.
N0-가 N2-로 N1-를 V (N0=[인간] N1=[행위] N2=[장소])
¶우리는 휴가를 맞아 제주도로 여행을 떠났다. ¶내일이면 아내는 유럽으로 출장을 떠난다.
N0-가 S러 N2-로 N1-를 V (N0=[인간] N1=[행위] N2=[장소])
¶우리는 언니를 보러 제주도로 여행을 떠났다. ¶내일이면 아내는 휴가를 보내러 유럽으로 여행을 떠난다.
❹길을 나서다. Hit the road.
㊌나서다
N0-가 N1-를 V (N0=[인간] N1=길)
¶딸은 부모님께 인사하고 길을 떠났다. ¶먼 길을 떠나는 그의 뒷모습이 쓸쓸해 보인다.
❺다른 사람과의 관계를 끊고 이별하다. Break

a connection with another person and bid that person farewell.
㊙벗어나다, 이별하다[타], 절교하다, 헤어지다
N0-가 N1-를 V (N0=[인간] N1=[인간])
¶나는 결국 그를 떠났다. ¶나는 너를 떠나서 살 수 없다.
❻어떤 것과의 관계를 끊고 거기에서 벗어나다. Break a connection with something and escape from it.
㊙넘어서다[타], 벗어나다
N0-가 N1-를 V (N0=[인간] N1=[관계], 현실 따위)
¶임원들은 학벌과 파벌을 떠나 새로운 인재를 채용해야 한다. ¶우리 사제 관계를 떠나 터놓고 이야기해 봅시다.

떠나보내다
[활용]떠나보내어(떠나보내), 떠나보내니, 떠나보내고
[타]다른 사람이나 동물 따위를 원래 있던 곳에서 벗어나 떠나게 하다. Make another person, animal, etc., leave the original place and move to someplace else.
㊙보내다[1]
N0-가 N1-를 N2-(에|로) V (N0=[인간] N1=[인간], [동물] N2=[장소])
¶나는 사랑하는 사람을 먼 곳으로 떠나보냈다. ¶아버지는 나를 외국으로 떠나보내고 많이 서운해 하셨다.
N0-가 N1-를 N2-에게 V (N0=[인간] N1=[인간], [동물] N2=[인간])
¶나는 그녀를 다른 남자에게 떠나보냈다. ¶언니는 새끼 고양이를 친구에게 떠나보내고 며칠 동안 울었다.

떠나오다
[활용]떠나와, 떠나오니, 떠나오고
[자타]원래 있던 곳으로부터 떠나서 다른 곳으로 옮기다. Leave the original place and move to another location.
N0-가 N1-(에서|를) V (N0=[인간] N1=[지역])
¶그는 고향에서 떠나온 지 10년이 지났다. ¶나는 도시를 떠나왔더니 몸이 건강해졌다.

떠내려가다
[활용]떠내려가, 떠내려가니, 떠내려가고
[자]흐르는 물에 실려 옮겨지다. Be carried by floating on the water.
㊙표류하다[자]
N0-가 N1-에 V (N0=[구체물] N1=[액체](물, 강물))
¶조각배가 강물에 떠내려가는 것이 보인다. ¶큰 홍수가 나서 가축까지 물에 떠내려가게 되었다.
N0-가 N1-로 V (N0=[구체물] N1=[장소])
¶오리들이 강 하류로 떠내려갔다. ¶강 하구로 떠내려간 물체를 그물로 건졌다.

떠넘기다
[활용]떠넘기어(떠넘겨), 떠넘기니, 떠넘기고
[타](자신의 책임을) 다른 사람에게 넘기다. Hand over (one's responsibility to other).
㊙전가하다, 덮어씌우다, 미루다I ㊀넘기다
N0-가 N1-를 N2-에게 V (N0=[인간|단체] N1=[의무](책임, 과제 따위) N2=[인간|단체])
¶게으른 사람들은 자신의 일을 남에게 떠넘긴다. ¶그는 다른 구역 책임자에게 문제를 떠넘겼다.
N0-가 N1-를 N2-로 V (N0=[인간|단체] N1=[의무](책임, 과제 따위) N2=[인간|단체])
¶그들은 남이 기피하는 업무를 상대 팀으로 떠넘겼다. ¶학교는 청소년 비행에 대한 책임을 사회로 떠넘겼다.

떠돌다
[활용]떠돌아, 떠도니, 떠돌고, 떠도는
[자](감정이나 기운 따위가) 드러나 겉으로 보이다. (of emotion, energy, etc.) Be shown and become visible in some place.
㊙감돌다, 퍼지다
N1-에 N0-가 V (N0=[감정], [상황](기운) N1=[신체부위](얼굴, 눈), [장소])
¶미소 짓는 소년의 얼굴에 존경의 빛이 떠돌았다. ¶아침부터 심상치 않은 기운이 사무실에 떠돌고 있었다.
[자타]❶일정한 곳 없이 여기저기 돌아다니다. Move around here and there without a specific destination.
㊙떠돌아다니다[자], 방랑하다 ㊥정착하다
N0-가 N1-(에서|를) V (N0=[인간] N1=[장소], [집단])
¶그의 아버지는 광산에서 떠돌던 뜨내기였다. ¶그는 여러 마을에서 떠돌며 음식을 얻으러 다녔다.
N0-가 N1-(로|를) V (N0=[인간] N1=[장소], [집단])
¶나는 유랑 생활을 하며 바다를 떠돌았다. ¶그는 여러 마을을 떠돌며 음식을 얻으러 다녔다.
❷(말이나 소문 따위가) 여기저기에 퍼지다. (of words, rumor, etc.) Spread out here and there.
㊙돌다[1], 떠돌아다니다[자]
N0-가 N1-(에|에서|를) V (N0=[소통](소문, 이야기, 거짓말, 유언비어 따위) N1=[집단], [장소], 항간, 세간, 인터넷 따위)
¶이상한 소문이 우리 마을에 떠돌았다. ¶이 사건이 신문사와 연관되어 있다는 이야기가 인터넷을 떠돌았다.
❸(어떤 것이) 공중이나 물 위에 떠서 여기저기 움직이다. (of something) Move in many directions while floating in air or water.

㊌떠돌아다니다[자], 부유하다
N0-가 N1-(에|를) V (N0=[무생물] N1=[장소])
¶미세 먼지가 공기를 떠돌고 있다. ¶기름이 물에 섞이지 못하고 물 위에 떠돌았다. ¶하얀 구름이 쾌청한 하늘을 떠돌고 있다.

떠돌아다니다

[활용]떠돌아다녀, 떠돌아다니니, 떠돌아다니고
[자]❶일정한 곳 없이 여기저기 옮겨다니며 돌아다니다. Move around here and there without a specific destination.
㊌떠돌다[자], 방랑하다
N0-가 N1-(에서|로) V (N0=[인간] N1=[장소], [집단])
¶그는 호남지방에서 떠돌아다니며 물건을 팔았다. ¶그는 음식을 얻기 위해 여러 마을로 떠돌아다녔다.
❷(어떤 것이) 공중이나 물 위에 떠서 여기저기 움직이다. (of something) Move around here and there while floating in air or water.
㊌떠돌다[자], 부유하다
N0-가 N1-에 V (N0=[무생물] N1=[장소])
¶미세 먼지가 공기 중에 떠돌아다니고 있다. ¶파란 구름이 유유자적하게 쾌청한 하늘에 떠돌아다닌다.
❸(말이나 소문 따위가) 여기저기에 퍼지다. (of words, rumor, etc.) Spread here and there.
㊌돌다[1], 떠돌다[자]
N0-가 N1-에 V (N0=[소통](소문, 이야기, 거짓말, 유언비어 따위)] N1=[집단])
¶이 사건이 정부와 연관되어 있다는 이야기가 인터넷에 떠돌아다닌다. ¶그가 살아 돌아왔다는 거짓말이 항간에 떠돌아다니고 있다.
[타]❶일정한 곳 없이 여기저기 옮겨다니며 돌아다니다. Move around here and there without a specific destination.
㊌떠돌다[자타]
N0-가 N1-를 V (N0=[인간] N1=[장소], [집단])
¶그는 장사를 한다고 전국을 떠돌아다녔다. ¶나는 늘 외지를 떠돌아다녀 가족과 함께 할 수 없었다.
❷(어떤 것이) 공중이나 물 위에 떠서 여기저기 움직이다. (of something) Move around here and there while floating in air or water.
㊌떠돌다[자타] 부유하다
N0-가 N1-를 V (N0=[무생물] N1=[장소])
¶미세 먼지가 공기 중을 떠돌아다니고 있다. ¶파란 구름이 유유자적하게 쾌청한 하늘을 떠돌아다닌다.
❸(말이나 소문 따위가) 여기저기에 퍼지다. (of words, rumor, etc.) Spread here and there.
㊌돌다[1], 떠돌다[자타]
N0-가 N1-를 V (N0=[소통](소문, 이야기, 거짓말, 유언비어 따위)] N1=[집단])
¶이상한 소문이 우리 마을을 떠돌아다녔다. ¶그가 살아 돌아왔다는 거짓말이 항간을 떠돌아다니고 있다.

떠들다 I

[활용]떠들어, 떠드니, 떠들고, 떠드는
[자]❶왁자지껄하게 큰 소리로 말하다. Speak loudly and boisterously.
㊌크게 말하다
N0-가 V (N0=[인간])
¶아이들은 수업 시간에 늘 떠들었다. ¶우리가 그렇게 떠들었어도 선생님은 화를 내신 적이 없었다.
❷지나치게 많이 말하다. Speak excessively.
N0-가 V (N0=[인간])
¶조원들이 아무 말도 하지 않아 나 혼자 계속 떠들었다. ¶내가 아무리 떠들어도 동생들은 듣는 법이 없었다.
[자타]❶(이야기나 말 따위를) 흥분하여 한껏 하다. Speak or tell stories to one's satisfaction due to excitement.
N0-가 N2-에게 N1-(를|에 대해) V (N0=[인간] N1=[이야기], 말(話) N2=[인간])
¶경민이는 우리들에게 하루 종일 군대 애기를 떠들었다. ¶상희가 어떤 말을 떠들어도 귀담아 듣는 사람은 없었다.
N0-가 N1-에게 S고 V (N0=[인간] N1=[인간])
¶민철이는 사람들에게 귀신을 보았다고 호들갑스럽게 떠들었다. ¶늑대가 나타났다고 떠드는 양치기 소년의 말에 마을 사람들은 또 속고 말았다.
❷(어떤 일을) 문제로 여기어 조심성 없이 널리 퍼뜨리다. Consider something as a problem and thoughtlessly spread it widely.
㊌나팔불다
N0-가 N1-(를|에 대해) V (N0=[인간], [책](신문, 잡지 따위), [방송물], 언론 N1=[사건])
¶사람들은 현주의 일을 잘 알지도 못하면서 떠든다. ¶언론에서 떠드는 대로 믿는 사람은 없을 것이다.
N0-가 S고 V (N0=[인간], [책](신문, 잡지 따위), [방송물], 언론)
¶사람들은 이제 그의 선수 생명이 끝났다고 떠들었다. ¶언론에서는 그가 중요하지 않은 문제에 집착한다고 떠들기만 했다.
❸(어떤 것을) 자신의 견해로서 주장하며 내세우다. Claim and present something as one's opinion.

N0-가 N1-(를|에 대해) V (N0=[인간] N1=[추상물])
¶학력 신장을 떠드는 사람들 중 진심으로 학생을 걱정하는 사람은 없다. ¶말로만 발전에 대해 떠들지 말고 노력을 해야 한다.
N0-가 S고 V (N0=[인간])
¶식당마다 원조라고 떠들어 대는데 믿을 수가 있어야지. ¶한 수 가르쳐 주겠다고 떠드는 모습이 오만하기 그지없다.

떠들다II
활용 떠들어, 떠드니, 떠들고, 떠드는
타 (가리거나 덮인 부분을) 젖히거나 쳐들다. Push aside or lift a hidden or a covered portion.
㊌들추다
N0-가 N1-를 V (N0=[인간] N1=[구체물])
¶영수는 어제 읽던 책을 찾느라 담요를 떠들었다. ¶아무리 이불을 떠들어 보아도 동전은 보이지 않았다. ¶서류를 떠들다가 예전에 기록해 둔 메모를 발견했다.

떠맡기다
활용 떠맡기어(떠맡겨), 떠맡기니, 떠맡기고
타 ❶(다른 사람에게) 물건이나 사람을 동의를 구하지 않고 맡게 하다. Leave someone in charge of an object or person without obtaining their consent.
㊋맡기다, 위탁하다
N0-가 N1-(에게|에) N2-를 V (N0=[인간|단체] N1=[인간|단체] N2=[인간|단체], [구체물])
주 떠맡다
¶그는 내게 쌀자루를 떠맡기고 바가지를 빼앗았다. ¶아내는 아이를 나에게 떠맡기고 주방으로 들어갔다.
❷(다른 사람에게) 일이나 책임 따위를 억지로 맡게 하다. Force someone to take on a task or duty.
㊌맡게 하다
N0-가 N1-를 N2-(에게|에) V (N0=[인간|단체] N1=[추상물](생계 따위), [의무](책임 따위), [속성] (짐, 일, 부담 따위) N2=[인간|단체])
주 떠맡다
¶형은 실기 숙제를 나한테 떠맡기고 시험공부에 몰두했다. ¶나는 부담감을 경희에게 어느 정도 떠맡기고 싶었다.

떠맡다
활용 떠맡아, 떠맡으니, 떠맡고
타 ❶ (물건이나 사람을) 넘겨받아 책임지다. Takeover (from another person) and assume responsibility for an object or person.
㊋맡다II
N0-가 N1-를 V (N0=[인간|단체] N1=[구체물], [인간|단체])
사 떠맡기다
¶준수가 동생의 가방을 떠맡았다. ¶나는 7명의 아이를 떠맡게 되었다.
❷(어떤 일이나 책임 따위를) 넘겨받아 담당하다. Take over and manage a task or duty.
㊋맡다II, 담당하다
N0-가 N1-를 V (N0=[인간|단체] N1=[추상물](생계 따위), [의무](책임 따위), [속성] (짐, 일, 부담 따위))
사 떠맡기다
¶우리 회사가 내년부터 그 사업을 떠맡았다. ¶나는 기꺼이 그 일을 떠맡기로 하였다.

떠밀다
활용 떠밀어, 떠미니, 떠밀고, 떠미는
타 ❶물체 등을 힘껏 힘을 주어 앞으로 나아가게 하다. Make something move forward by applying power to it.
㊍끌어당기다타
N0-가 N1-를 V (N0=[인간] N1=[인간], [신체부위], [구체물])
피 떠밀리다
¶저 사람이 저를 떠밀어서 제가 넘어졌어요. ¶장소가 협소하므로 서로 몸을 떠밀지 않도록 주의하세요.
❷어떤 일이나 책임을 남에게 억지로 넘기다. Forcibly shift a task or responsibility onto someone.
㊌떠넘기다, 전가하다, 덮어씌우다, 미루다I ㊋넘기다
N0-가 N1-를 N2-에게 V (N0=[인간|단체] N1=[의무](책임, 과제 따위) N2=[인간|단체])
¶그는 자신의 책임을 내게 떠밀었다.

떠밀리다
활용 떠밀리어(밀려), 떠밀리니, 떠밀리고
자 힘껏 힘이 주어져 앞으로 나아가게 되다. Get moved forward by power applied to it.
㊌밀리다
N0-가 N1-(에|에게) V (N0=[인간], [구체물] N1=[인간], [구체물], 물, 폭풍, 조류, 파도 따위)
능 떠밀다
¶그는 사람들에게 떠밀려 넘어졌다. ¶배가 조류에 떠밀려 표류하게 되었다.

떠받들다
활용 떠받들어, 떠받드니, 떠받들고, 떠받드는
타 ❶(어떤 물건을) 밑에서 받쳐서 위로 올려 들다. Support a thing from the bottom and raise it.
㊌들다II, 받치다
N0-가 N1-를 V (N0=[인간], [구체물] N1=[구체물])
¶점원은 손님을 도와 무거운 제품을 떠받들고

있었다. ¶가대한 기둥 네 개가 천장을 떠받들고 있었다.
❷(어떤 대상을) 지나치리만큼 소중하게 아끼며 대하거나 다루다. Cherish or treat an object too preciously.
㊌숭상하다, 숭배하다
N0-가 N1-를 V (N0=[인간] N1=[인간], [구체물])
¶자녀들을 너무 떠받들어 키우면 버릇이 없어진다. ¶오로지 돈만 떠받들고 사는 현대인들이 늘어난다.
❸(어떤 대상을) 매우 공경하여 높이 받들어 모시다. Serve an object greatly with much respect.
㊌공경하다, 숭배하다
N0-가 N1-를 N2-로 V (N0=[인간|단체] N1=[인간], [신], [구체물] N2=[추상물], [역할])
¶국민들은 그를 위대한 정치가로 떠받들었다. ¶나는 그를 평생의 스승으로 떠받들었다.

떠받치다
활용 떠받치어(떠받쳐), 떠받치니, 떠받치고
타 ❶(다른 사물을) 무너지거나 쓰러지지 않도록 아래에서 위로 올려 지탱하다. Support another thing from below to prevent it from falling or collapsing.
㊌받치다, 지지하다
N0-가 N1-를 V (N0=[구체물] N1=[구체물])
¶허리는 상체를, 목은 머리를 떠받친다. ¶이 건물은 단 두 개의 기둥이 지붕을 떠받치는 구조이다.
❷ (집단을) 튼튼하게 유지하도록 받치다. Maintain a group to keep it sound.
㊌책임지다, 지탱하다
N0-가 N1-를 V (N0=[인간] N1=[집단])
¶너희들은 장차 이 나라를 떠받칠 재목들이다. ¶우리 가문을 떠받치는 분들은 바로 부모님이다.

떠벌리다
활용 떠벌리어(떠벌려), 떠벌리니, 떠벌리고
자타 어떤 이야기를 조심성 없이 필요 이상으로 과장되게 늘어놓다. Speak about something to another person with excessive pride and exaggeration.
㊌나팔불다
N0-가 N2-(에|에게) N1-(를|에 대해) V (N0=[인간] N1=[모두] N2=[인간|단체], [장소])
¶수현이는 사람들에게 친구의 비밀을 떠벌리고 다녔다. ¶너는 왜 그런 얘기까지 회사에 떠벌리고 다니니?
N0-가 N1-(에|에게) S것-(을|에 대해) V (N0=[인간] N1=[인간])
¶석준이는 대환이가 비밀로 해 달라고 한 것을 친구들에게 떠벌리고 다닌다. ¶그는 내가 그만두겠다고 한 것을 온 회사에 떠벌렸다.
N0-가 N1-(에|에게) S다고 V (N0=[인간] N1=[인간|단체], [장소])
¶자꾸 외롭다고 온 회사에 떠벌리고 다니니 사람들은 네가 여자친구가 없는 줄 안다. ¶아저씨는 자기도 예전에 부자였다고 돈 동네에 떠벌렸지만 아무도 믿지 않았다.

떠안기다
활용 떠안기어(떠안겨), 떠안기니, 떠안고
타 (다른 사람에게) 일이나 책임 따위를 그 사람의 몫으로 억지로 모두 맡게 하다. Forcefully make someone take the entire task, duty, etc.
㊌떠맡기다
N0-가 N2-(에|에게) N1-를 V (N0=[인간|단체] N1=[직책], [일], [피해], [추상물](빚, 책임, 부담 따위) N2=[인간|단체])
주 떠안다
¶사람들은 명수에게 동아리 총무직을 떠안겼다. ¶그는 가족에게 빚을 떠안기고 세상을 떠났다.

떠안다
활용 떠안아, 떠안으니, 떠안고
타 (일이나 책임 따위를) 회피하지 못하고 모두 자신의 몫으로 받아들이다. Fail to evade a task or duty and accept everything as one's responsibility.
㊌떠맡다
N0-가 N1-를 V (N0=[인간|단체] N1=[일], [추상물](빚, 책임, 부담 따위))
사 떠안기다
¶이 회장이 모든 책임을 떠안고 자리에서 물러났다. ¶그 회사는 위험 부담을 떠안고 중국 시장으로 나섰다.

떠오르다
활용 떠올라, 떠오르니, 떠오르고, 떠올랐다
자 ❶(물속에 있던 생물이나 물체가) 수면 위로 솟아서 드러나다. (of an organism or an object in the water) Emerge by gushing from the surface of the water.
㊌뜨다I, 부상하다 ㊉가라앉다
N0-가 N1-로 V (N0=[생물], [교통기관](잠수함), [구체물] N1=[방향](위, 밖 따위), 수면 따위)
사 떠올리다
¶고래들이 수면으로 떠올랐다. ¶잠수함이 물 밖으로 떠오른다.
❷(해, 달, 별 따위가) 공중에서 위로 솟다. (of sun, moon, star, etc.) Rise above in the air.
㊌뜨다I, 솟아오르다 ㊉지다
N0-가 N1-(에|로) V (N0=[천체](해, 달, 별 따위) N1=[장소], [경계](지면, 수면, 지평선 따위))

¶해가 중천에 떠올랐다. ¶달이 수평선으로 떠오르고 있다.
❸(미소나 표정 따위가) 얼굴에 드러나다. (of a smile, an expression, etc.) Be manifested through the face.
㉠어리다, 나타나다
N0-가 N1-에 V (N0=[기운], 미소, 표정 따위 N1=[얼굴], 낯빛 따위)
¶그녀의 얼굴에 미소가 떠올랐다. ¶어머니의 얼굴에 화색이 떠오르고 있었다.
❹(지난 기억이나 새로운 생각 따위가) 머릿속에 불현듯 찾아들다. (of past memory, new thought, etc.) Suddenly come to mind.
㉠생각나다, 기억나다 ㉡까먹다
N0-가 N1-에 V (N0=[의견](기억, 생각 따위), [모두] N1=[마음])
사 떠올리다
¶요즘 들어 머릿속에 사람 이름이 떠오르지 않는다. ¶그의 머릿속에는 온갖 생각들이 떠올랐다.
❺(사람이나 사건 따위가) 관심의 대상이 되다. (of a person, an incident, etc.) Become an object of attention.
㉠부각되다
N0-가 N1-로 V (N0=[인간|단체], [구체물], [사건] N1=[역할], 관심사, 화제 따위)
¶지구 온난화 현상은 전세계의 관심사로 떠오르고 있다. ¶이상한 소문들이 화젯거리로 떠올랐다.

떠올리다

활용 떠올리어(떠올려), 떠올리니, 떠올리고
타❶(어떤 대상을) 물속에서 물 밖으로 건져 들다. Pull out some object from the inside to the outside of water.
㉠건지다, 들다II ㉡가라앉히다
N0-가 N1-를 N2-에서 V (N0=[인간], [기계] N1=[도구](그물 따위), [구체물] N2=[장소])
주 떠오르다
¶동생이 물속에서 그물을 떠올렸다. ¶인양선들이 배의 잔해를 수중에서 떠올리고 있다.
❷(지나간 기억을) 다시 생각해 내다. Recall a past memory.
㉠기억하다, 회상하다 ㉡까먹다
N0-가 N1-를 V (N0=[인간] N1=[의견](생각, 기억 따위), [감정], [사건], [과거])
주 떠오르다
¶사람들은 그때의 기억을 떠올리기를 꺼려하였다. ¶나는 감동적인 풍경들을 떠올리면서 고향을 회상했다.

떨구다

활용 떨구어(떨궈), 떨구니, 떨구고
타☞ 떨어뜨리다

떨다 I

떨다[1]

활용 떨어, 떠니, 떨고, 떠는
자❶(사람이) 추위로 인해 몸이 빠르게 흔들리다. (of a person's body) Shake quickly due to coldness.
N0-가 V (N0=[인간])
연어 벌벌, 덜덜
¶나는 한기 때문에 계속 벌벌 몸을 떨었다. ¶우리는 사무실에 전기난로가 없어서 떨면서 지냈다.
❷(물체가) 작은 폭으로 반복하여 빠르게 흔들리다. (of an item) Quickly shake repeatedly in a small range.
㉠움직이다자
N0-가 V (N0=[구체물])
¶강한 겨울바람에 문풍지가 떨었다. ¶그녀의 입주변이 문풍지가 떨듯 가늘게 떨린다.
❸(공포나 불안 따위의 감정에) 사로잡혀 두려워하다. (of a person) Be gripped with emotion such as fear, anxiety, etc., and respond psychologically.
㉠전율하다
N0-가 N1-에 V (N0=[인간|단체] N1=[감정])
연어 벌벌
¶나는 그 소식을 듣고 두려움에 떨었다. ¶마을 사람들은 밤새 불안에 떨었다.
❹몹시 인색하고 좀스럽게 굴다. (of a person) Act very stingy and narrow-mindedly.
N0-가 N1-에 V (N0=[인간] N1=[금전])
연어 벌벌
¶형은 돈 백 원에도 벌벌 떠는 사람이다. ¶너는 단돈 몇 푼에 그렇게 벌벌 떨어서 어쩌려고 하나?
타❶(사람이나 동물이) 신체 부위를 반복하여 빠르게 흔들다. (of a person or an animal) Quickly shake one's body or body part in repetition.
N0-가 N1-를 V (N0=[인간] N1=[신체부위])
피 떨리다I
연어 벌벌, 바르르, 부르르, 덜덜
¶할머니는 중풍으로 손을 떠셨다. ¶나는 주먹을 부르르 떨며 입술을 깨물었다.
❷(사람이 목소리를) 음정을 고정시키지 못하고 진동을 일으키다. (of a person) vibrate one's voice by failing to fix its pitch.
N0-가 N1-를 V (N0=[인간] N1=목소리)
피 떨리다I
연어 벌벌, 덜덜

ㄷ

¶나는 긴장하여 목소리를 덜덜 떨면서 발표하였다. ¶피의자는 목소리를 떨며 대답했다.

떨다[2]

활용 떨어, 떨고, 떠니, 떠는

기능타 행위를 나타내는 명사와 함께 쓰이는 기능동사. Support verb that is used "with behavior".

N0-가 Npr-를 V (N0=[인간], Npr=능청, 수다, 애교, 아부 따위)

¶그는 자신은 모르는 일이라며 능청을 떨었다. ¶나는 언니와 오랫동안 수다를 떨었다. ¶동생은 애교를 떨며 용돈을 달라고 하였다.

ㄷ

떨다Ⅱ

활용 떨어, 떨고, 떠니, 떠는

타 ❶(어떤 물건에 달려 있거나 붙어 있는 것을) 흔들거나 쳐서 아래로 떨어지게 하다. (of a person) Shake or hit something that is hanging down from or attached to an item to make it fall down.

㊤떨어뜨리다, 털다

N0-가 N1-를 V (N0=[인간] N1=[구체물])

피 떨리다Ⅱ

¶나는 옷에 묻은 먼지를 떨었다. ¶그는 담뱃재를 재떨이에 떨면서 한숨을 쉬었다.

❷팔다 남은 것을 모두 팔거나 사다. (of a person) Sell or buy all that is left after selling.

N0-가 N1-를 V (N0=[인간] N1=[구체물])

¶상인은 팔다 남은 빵을 싸게 떨고 가려고 하였다. ¶이제 끝물이니 이것들을 싸게 떨고 갑시다.

❸좋지 않은 생각 따위를 없애거나 잊어버리다. (of a person) Remove or forget negative thoughts, etc.

㊤떨치다, 없애다, 잊다

N0-가 N1-를 V (N0=[인간] N1=[감정])

¶나는 오랫동안 안고 있던 불안감을 떨고 싶다. ¶불행한 과거의 기억은 다 떨고 이제 행복한 삶을 살자.

떨리다Ⅰ

활용 떨리어(떨려), 떨리니, 떨리고

자 ❶(사람이나 동물의 신체 부위가) 반복하여 작은 폭으로 빠르게 흔들리다. (of a person or an animal's body or body part) Quickly shake repeatedly in a small range.

N0-가 V (N0=[신체부위])

능 떨다Ⅰ[1]

연어 바르르, 부르르, 덜덜, 벌벌

¶나는 추워서 몸이 바르르 떨렸다. ¶큰 발표를 앞두고 다리가 덜덜 떨려서 서 있지를 못하겠다.

❷(어떤 물체가) 작은 폭으로 반복하여 빠르게 흔들리다. (of an object) Quickly shake repeatedly in a small range.

㊤움직이다 자, 진동하다

N0-가 V (N0=[구체물])

¶나뭇잎이 바람에 떨렸다. ¶강한 겨울바람에 문풍지가 떨렸다.

❸(목소리가) 음정이 고정되지 못하고 진동이 일어나다. (of voice) Be vibrated by failing to fix its pitch.

㊤흔들리다

N0-가 V (N0=[목소리])

능 떨다Ⅰ[1]

연어 벌벌, 덜덜

¶나는 긴장하여 목소리가 덜덜 떨렸다. ¶그도 목소리가 떨릴 때가 있었다.

❹(마음이) 긴장하거나 흥분하여 심리적으로 불안한 상태가 되다. (of one's mind) Be psychologically unstable due to nervousness or excitement.

㊤전율하다

N0-가 V (N0=가슴, 마음)

¶나의 연주 순서가 다가오자 가슴이 떨렸다. ¶나는 그 사람만 생각하면 가슴이 떨려 잠을 이루지 못하겠다.

떨리다Ⅱ

활용 떨리어(떨려), 떨리니, 떨리고

자 (무엇에 달려 있거나 붙어 있는 것이) 떨어져 나오다. (of something that is hanging down from or attached to an object) Fall out.

㊤털리다 자

N0-가 V (N0=[구체물])

능 떨다Ⅱ

¶담요에 붙은 먼지가 잘 떨리지 않아서 아버지가 고생하셨다. ¶곡식 낟알이 잘 떨린다.

떨어뜨리다

활용 떨어뜨리어(떨어뜨려), 떨어뜨리니, 떨어뜨리고

타 ❶위쪽에 있던 어떤 사물을 아래쪽으로 갑작스럽게 내려가게 하다. Make a certain object be placed from a higher position to a lower position.

㊤떨어트리다, 떨구다

N0-가 N1-를 N2-(에|로) V (N0=[인간] N1=[구체물] N2=[장소])

¶나는 막대로 냉장고 위에 있던 물건을 아래로 떨어뜨렸다. ¶그는 날아가는 새를 쏘아서 땅에 떨어뜨렸다.

❷쥐거나 가지고 있던 것을 어디에 놓거나 빠뜨려 흘리다. Drop something that one holds or possesses by letting go or throwing.

㊤떨어트리다, 흘리다

N0-가 N1-를 N2-(에|에서) V (N0=[인간] N1=[구체물] N2=[장소])
¶그녀는 수첩을 어디에 떨어뜨렸는지 기억이 나지 않았다. ¶어머니는 누가 땅에 떨어뜨린 지갑을 주웠다.
❸(시선이나 고개 따위를) 상대와 마주치지 않기 위해 아래로 향하다. Direct one's eyes, head, etc., downward to avoid contact with someone.
㊐떨어트리다, 떨구다
N0-가 N1-를 V (N0=[인간] N1=고개, 시선 따위)
¶나는 그의 말에 고개를 떨어뜨리며 아무 말도 하지 않았다. ¶아이는 나와 눈을 마주치지 않으려고 시선을 떨어뜨리고 있었다.
❹(신뢰, 위신, 가치 따위를) 낮아지게 하거나 없어지게 하다. Reduce or remove trust, dignity, value, etc.
㊐감퇴시키다, 하락시키다
N0-가 N1-를 V (N0=[인간], [구체물], [상태] N1=신뢰, 신용, 위신, 가치, 식욕 따위)
¶너는 섣부른 행동은 신용을 떨어뜨렸다. ¶이 음식은 너의 식욕을 떨어뜨릴 것이다.
❺(질이나 효율, 정도 따위를) 낮아지게 하다. Reduce quality, efficiency, grade, etc.
㊐떨어트리다, 낮아지게 하다
N0-가 N1-를 V (N0=[구체물], [상태], [인간] N1=[속성])
¶휴식 없는 노동은 일의 효율을 떨어뜨린다. ¶방이 너무 후끈하니 온도를 떨어뜨리자.
❻(무엇이) 값이나 금액을 싸게 하거나 낮아지게 하다. (of something) Make the value or price lower.
㊐떨어트리다, 하락시키다
N0-가 N1-를 V (N0=[구체물], [상태] N1=[값])
¶저렴한 수입 가구가 국내 가구의 가격을 떨어뜨리게 되었다. ¶그 소식은 주가를 떨어뜨리는 원인이 되었다.
❼(어떤 사물이나 사람을) 다른 사물이나 사람과 서로 거리가 멀어지게 하거나 따로 떼다. (of a person) Make an object or a person far or separated from another object or person.
㊐떨어트리다
N0-가 N1-를 N2-와 (서로) V ↔ N0-가 N2-를 N1-와 (서로) V ↔ N0-가 N1-와 N2-를 (서로) V (N0=[인간] N1=[구체물], [인간] N2=[구체물], [인간])
¶나는 밥솥과 냄비를 떨어뜨렸다. ↔ 나는 냄비를 밥솥과 떨어뜨렸다. ↔ 나는 밥솥과 냄비를 떨어뜨렸다. ¶형은 자신의 원고를 벽난로와 멀리 떨어뜨려 놓았다.
❽(다른 사람을 어떤 사람과) 관계가 멀어지게 하다. (of a person) Make someone estranged from another person.
㊐소원하게 하다, 떼다
N0-가 N1-를 N2-와 (서로) V ↔ N0-가 N2-를 N1-와 (서로) V ↔ N0-가 N1-와 N2-를 (서로) V (N0=[인간] N1=[인간] N2=[인간])
¶언니는 나를 그와 떨어뜨려 놓으려 노력하였다. ↔ 언니는 그를 나와 떨어뜨려 놓으려 노력하였다. ↔ 언니는 나와 그를 떨어뜨려 놓으려 노력하였다. ¶모든 사람들이 반대하여도 그 연인을 떨어뜨릴 수 없다.
N0-가 N1-를 N2-에게서 V (N0=[인간] N1=[인간] N2=[인간])
¶언니는 나를 그에게서 떨어뜨려 놓으려 노력하였다. ¶나는 내 후배를 그들에게서 떨어뜨리려고 생각 중이다.
❾(다른 사람을) 시험이나 선거 따위에서 뽑히지 않게 하다. (of a person) Exclude someone in a test, an election, etc.
㊐떨어트리다, 낙선시키다
N0-가 N1-를 N2-에서 V (N0=[인간|단체] N1=[인간|단체] N2=[행사](시험, 선거 따위))
¶그 정당은 상대 후보를 선거에서 떨어뜨리려 하였다. ¶주민들은 공약을 지키지 않은 후보를 재선에서 떨어뜨렸다.
❿(물건을) 다 써버려서 더 쓸 것이 없게 만들다. (of a person) Use up an item and leave nothing usable.
㊐떨어트리다, 소진시키다
N0-가 N1-를 V (N0=[인간] N1=[구체물])
¶나는 자동차의 기름을 벌써 떨어뜨렸다. ¶전쟁이 오래 지속되자 주민들은 비상식량마저 떨어뜨렸다.
⓫(옷이나 신 따위를) 낡게 하여 못 쓰게 만들다. (of a person) Make clothes or shoes old and unusable.
㊐떨어트리다, 해어지게 하다
N0-가 N1-를 V (N0=[인간] N1=[착용물](옷, 신발))
¶동생은 얼마나 뛰어다니는지 새 옷을 벌써 떨어뜨렸다. ¶나는 며칠 전에 산 신발을 떨어뜨리고 말았다.
⓬(사람이나 사물을) 어디에 남게 하거나 처지게 하다. (of a person) Make a person or an object remain or leave him/her/it behind.
㊐떨어트리다, 남겨두다
N0-가 N1-를 N2-에 V (N0=[인간] N1=[인간] N2=[장소])
¶아빠는 아이를 어린이집에 떨어뜨리고 출근을 하였다. ¶나는 나를 뒤따라오던 차를 멀리 떨어뜨리고 우승하였다.

ㄷ

ㄷ

떨어트리다

[활용] 떨어트리어(떨어트려), 떨어트리니, 떨어트리고

[타] ☞ 떨어뜨리다

떨어지다

[활용] 떨어지어(떨어져), 떨어지니, 떨어지고

[자] ❶(어떤 것이) 높은 곳에서 낮은 곳으로 향해 가다. (something) Go toward from high place to low.

[유] 낙하하다, 추락하다

N0-가 N1-(에|로) V (N0=[인간|동물], [구체물] N1=[장소])

¶빗방울이 처마에 떨어졌다. ¶닭이 나무 아래로 떨어졌다.

❷(사람이) 어떤 상태나 처지에 깊이 빠지다. (of a person) Fall deep in certain condition or situation.

N0-가 N1-(에|로) V (N0=[인간] N1=[행위](잠 따위), [전이](타락 따위))

¶나는 안 좋은 소문에 휘말려 나락으로 떨어졌다. ¶그는 침낭 속에서 깊은 잠에 떨어졌다.

❸(권리나 소유물 따위가) 적에게 넘어가다. (right or property) Pass on to enemy.

[유] 넘어가다[자], 함락되다

N0-가 N1-(에|로) V (N0=[구체물], [추상물] N1=[인간], 손아귀 따위)

¶우리의 가옥은 적의 손아귀에 떨어졌다. ¶수도가 적의 수중으로 떨어진 지 오래다.

❹(품고 있던 마음이나 감각이) 없어지거나 옅어지다. (person's mind or senses) Become lost or fade.

[유] 감소하다, 없어지다

N0-가 N2-(에|에게) N1-가 V (N0=[인간] N1=[감정], [속성](입맛, 열의, 관심 따위) N2=[모두])

¶그는 남자들에게 호감이 떨어졌다. ¶나는 발효 음식에는 입맛이 떨어진다.

❺(일이나 임무가) 사람이나 단체에게 급히 맡겨지다. (work or task) Become entrusted to someone urgently.

[유] 주어지다, 맡겨지다

N0-가 N1-(에|에게) V (N0=[일] N1=[인간|단체])

¶휴일을 앞두고 학생들에게 갑자기 많은 과제가 떨어졌다. ¶대목을 앞두고 공장마다 할당량이 떨어졌다.

❻(명령이나 허락 따위가) 아랫사람에게 내려오다. (order or permission) Be given to a junior or subordinate.

[유] 하달되다

N0-가 N1-(에|에게) V (N0=[허락], [명령] N1=[인간], [단체])

¶우리 군에게 적을 생포하라는 명령이 떨어졌다. ¶드디어 우리 기숙사생에게 나가도 좋다는 허락이 떨어졌다. ¶허가가 떨어지면 바로 발포해라.

❼(다른 것보다) 수준이 낮아지다. Fall in standard than others.

N0-가 N1-(에|에게) V (N0=[인간], [단체], [구체물], [속성] N1=[인간], [단체], [구체물], [속성])

¶그는 외모가 또래들에게 떨어진다. ¶이 회사의 제품 품질은 다른 회사에 훨씬 떨어진다. ¶식당은 이름이 나기 시작하면 맛이 이름값에 떨어진다.

❽(사람이나 대상이) 시험, 선거, 선발 따위에 응하여 탈락하다. (person or subject) Take and fail test, election, selection, etc.

[유] 탈락하다, 낙선하다, 낙방하다

N0-가 N1-(에|에서) V (N0=[인간], [구체물] N1=[시험], 선발, 선거 따위)

¶그는 지난번 영어 시험에 떨어졌다. ¶많은 학생이 기숙사에 지원했지만 선발에 떨어졌다. ¶그는 불과 3표 차로 선거에 떨어졌다.

❾(다른 사람이나 무리에) 함께 하거나 따르지 않고 뒤에 남다. Be left out or not be a part of other person or group.

N0-가 N1-(에서|에게서) V (N0=[인간] N1=[인간], [집단])

¶나는 어렸을 때 잠시도 남에게서 떨어지지 않았다. ¶그는 질린 표정으로 남자에게서 떨어졌다.

❿(어떤 대상에) 달렸거나 붙었던 것이 떼어지거나 나뉘다. (something hanging or stuck) Become removed or separated.

[유] 분리되다

N0-가 N1-에서 V (N0=[구체물](사과, 단추, 수염 따위) N1=[구체물], [구체물](소매, 턱 다위))

¶잘 익은 사과가 사과나무에서 저절로 떨어진다. ¶단추가 소매에서 떨어졌다.

⓫(몸에 지녔던 물건이) 사람에게서 미끄러져 빠지다. (object kept in body) Slip out.

N0-가 N1-(에서|에게서) V (N0=[구체물] N1=[인간], [구체물])

¶동전 지갑이 그의 주머니에서 떨어졌다. ¶두 장의 티켓이 그에게서 떨어졌다.

⓬다른 사람과 관계가 끊어지다. Lose relationship with another person.

[유] 이별하다[자]

N0-가 N1-와 V ↔ N1-가 N0-와 V ↔ N0-와 N1-가 V (N0=[인간] N1=[인간])

¶전쟁으로 아이들이 부모와 떨어졌다. ↔ 전쟁으로 부모가 아이들과 떨어졌다. ↔ 전쟁으로 아이들과 부모가 떨어졌다. ¶그 부부는 죽음으로 인해 비로소 떨어졌다.

⓭(어떤 대상이나 장소가) 다른 대상이나 장소에

서 일정한 간격을 두고 있다. (object or location) Maintain a certain distance from other objests or locations.
N0-가 N1-(와|에서) V (N0=[구체물], [장소], N1=[구체물], [장소])
¶별관은 본관에서 조금 떨어져 있다. ¶그 대추나무는 우리집에서 별로 떨어져 있지 않다.
⑭(어떤 값이나 세력 따위가) 낮아지거나 내려가다. (certain value or power) Decrease or go down.
㊥하락하다, 감소하다
N0-가 V (N0=성적, 속력, 이자 따위)
¶그는 1년 사이에 크게 성적이 떨어졌다. ¶기차는 종점에 가까워 오며 점차 속력이 떨어진다.
⑮ (병이나 습관 따위가) 단숨에 없어지다. (disease or habit) Disappear instantly.
㊥없어지다
N0-가 V (N0=[질병], [행위])
¶이 약을 먹으면 감기가 떨어진다. ¶다리를 저는 버릇이 늙어서도 떨어지지 않는다.
⑯(해, 달이) 서쪽으로 움직여 사라지다. (sun or moon) Move to the west and disappear.
㊥지다I, 넘어가다[자]
N0-가 V (N0=[천체])
¶겨울에는 해가 일찍 떨어진다. ¶밤을 새워 술을 마시는 사이 달이 떨어졌다.
⑰(이익이) 물건을 판 사람에게 남다. (profit) Accrue to the seller.
㊥남다, 생기다
N0-가 V (N0=[수량])
¶가지고 있는 물건을 다 팔아도 10만원밖에 안 떨어진다. ¶이 과자를 하나 팔 때마다 300원씩 떨어진다.
⑱(어떤 물건을 쓴 만큼 채우지 못해) 남아 있는 것이 없게 되다. Be unable to fill in the expenses of something and be left with nothing.
㊥소진되다
N0-가 V (N0=[구체물])
¶밥이 떨어져 라면으로 끼니를 때웠다. ¶문구용품이 떨어져 문방구에 가야 한다.
⑲(옷이나 신발 따위가) 낡아서 못 쓰게 되다. (clothes, shoes, etc.) Be worn out.
㊥해어지다, 망가지다
N0-가 V (N0=옷, 구두 따위)
¶영업사원들의 구두가 다 떨어졌다. ¶아이들 옷은 무릎이 금방 떨어진다.
⑳(숫자가) 나머지가 없이 나뉘다. (number) Be divided without remainder.
N0-가 V (N0=[수])
¶잔돈 없이 셈이 딱 떨어졌다. ¶20을 2로 나누면 떨어진다.
㉑(어느 정도의 금액이) 다 치러지지 못하고 남게 되다. (certain amount) Be left without getting paid.
㊥모자라다
N0-가 V (N0=[돈])
¶주머니의 돈을 다 꺼내 주었으나 천 원이 떨어졌다.
㉒(말이) 입 밖으로 소리내어 나오다. (words) Come out of the mouth.
N0-가 V (N0=[언어](말, 호령 따위))
¶장군의 불호령이 떨어졌다. ¶말이 떨어지기가 무섭게 시종들이 그를 받들었다.
㉓지정된 신호 따위가 나타나다. Specific signal, etc. appear.
N0-가 V (N0=[기호])
¶신호등에 빨간불이 떨어졌다. ¶전광판에 가도 좋다는 신호가 떨어졌다.
◆ **숨이 떨어지다** (사람의) 숨이 끊어져 죽다. (person) Breathe one's last breath and die.
㊥숨이 끊어지다
N0-가 Idm (N0=[인간])
¶그는 아내가 병실에 들어오자 막 숨이 떨어졌다.
¶의사가 손을 쓰기도 전에 환자의 숨이 떨어졌다.
◆ **아이(애)가 떨어지다** 사람이 밴 아이가 예정된 기한을 채우지 못하고 죽어서 나오다. (fetus inside the womb) Come out dead before the due date.
㊥유산하다
N0-가 Idm (N0=[인간])
¶교통사고로 순이는 그만 애가 떨어졌다. ¶산모를 놀라게 하면 아이가 떨어질 위험이 있다.

떨어트리다
[활용]떨어트리어(떨어트려), 떨어트리니, 떨어트리고
[타]☞ 떨어뜨리다

떨치다
[활용]떨치어(떨쳐), 떨치니, 떨치고
[타](이름이나 세력 따위를) 널리 알리다. Publicly announce the name or power.
㊥빛내다, 알리다
N0-가 N1-를 V (N0=[인간] N1=[권력](권력, 위세, 힘), 이름, 명성 따위)
[연어]널리
¶그 사람은 문장으로는 명성을 널리 떨쳤으나 시에는 능하지 못하였다. ¶그들은 무소불위의 권력을 떨치며 시민들에게 포악하게 굴었다.
¶고구려는 당시 지금의 중국 땅까지 힘을 떨칠 정도로 강국이었다.

떼다
[활용]떼어(떼), 떼고, 떼니

타 ❶어디에 붙어 있는 것을 떨어지게 하다. Make something that is attached somewhere fall off.
㊥뜯다, 분리시키다 ㊥걸다[1]
N0-가 N2-에 N1-를 V (N0=[인간] N1=[구체물] N2=[장소])
¶나는 게시판에 붙어 있는 포스터를 떼었다.
¶동생은 옷에 붙은 밥알을 떼었다.
❷함께 있던 사람이나 동물을 어디에 따로 두다. Leave behind someone or an animal one was originally with.
㊥떨어뜨리다, 남겨두다
N0-가 N1-를 V (N0=[인간] N1=[인간], [동물])
¶아버지는 아이를 어린이집에 떼어 놓고 출근하였다. ¶그는 키우던 강아지를 떼어 놓고 여행을 다녀왔다.
❸(지켜보고 있던 사람이나 동물, 물건 따위에서) 시선을 돌려 다른 곳을 보다. Turn one's eyes from a person, an animal, an item, etc., and look the other way.
㊥돌리다II[1]
N0-가 N2-(에게|에게서|에서) N1-를 V (N0=[인간] N1=[인간], [동물], [구체물] N2=시선, 눈 따위)
¶경찰은 범인에게 시선을 떼지 않았다. ¶요즘 사람들은 휴대전화에서 눈을 떼지 않는다.
❹(어떤 사물과 다른 사물을) 서로 관련이 없는 상태로 만들다. Make an item unrelated to another item.
㊥떨어뜨리다, 분리하다
N0-가 N1-를 N2-와 (서로) V ↔ N0-가 N2-를 N1-와 (서로) V ↔ N0-가 N1-와 N2-를 (서로) V (N0=[인간] N1=[모두] N2=[모두])
¶우리는 사람을 자연과 서로 떼어 생각할 수 없다. ↔ 우리는 자연을 사람과 서로 떼어 생각할 수 없다. ↔ 우리는 사람과 자연을 서로 떼어 생각할 수 없다. ¶학자들은 뇌와 마음을 떼어 논의할 수 없다.
❺(다른 사람이나 일에 쏟은 마음, 관심 따위를) 없는 상태로 만들다. Make the thoughts, interest, etc., that one originally had on another person or task nonexistent.
㊥끊다 ㊥주다[1]
N0-가 N2-(에서|에게서) N1-를 V (N0=[인간] N1=정, 마음, 관심 따위 N2=[인간], [일])
¶나는 그에게 정을 떼기로 마음먹었다. ¶내가 어떻게 갑자기 그 일에서 관심을 뗄 수 있겠니?
❻어떤 것에서 일부를 덜어 내거나 분리하다. Take away or divide a portion from something.
㊥제하다, 분리하다
N0-가 N1-를 V (N0=[인간] N1=[음식], [금전], [신체부위], [농경지])
¶나는 월급의 일부를 떼어 어린이들을 돕고 있다.
¶언니는 아버지를 위해 콩팥을 떼었다.
❼(장사를 하기 위해) 어떤 물건을 한꺼번에 많이 사다. Buy a large amount of something for reselling.
㊥구매하다 ㊥사다[1]
N0-가 N1-를 V (N0=[인간] N1=[구체물])
¶그는 늘 물건을 도매로 뗀다. ¶나는 서울에서 가방을 떼어 고향에 팔곤 하였다.
❽발걸음을 옮기기 시작하다. Begin moving one's feet or walking.
㊥옮기다
N0-가 N1-를 V (N0=[인간] N1=걸음, 발걸음, 발 따위)
¶나는 아이를 혼자 두고 걸음을 뗄 수 없었다.
¶나는 떨어지지 않는 발걸음을 떼고 집으로 돌아왔다.
❾문서를 발행하거나 받다. Publish or receive a document.
㊥발급하다, 발급받다
N0-가 N1-를 V (N0=[인간] N1=[문서](증명서, 등본, 영수증, 딱지 따위))
¶나는 학교에서 졸업증명서를 떼었다. ¶그렇게 신호를 위반하다가는 딱지를 뗄 것이다.
❿배우던 것을 완전히 익혀 끝내다. Completely learn and finish what one was learning.
㊥마치다[1]
N0-가 N1-를 V (N0=[인간] N1=[학문], [활동])
¶나는 7살에 바이엘을 뗐다. ¶옛날에는 10살도 안 되어 소학을 뗀 신동도 있었다.
◆ **기저귀를 떼다** (아이가) 기저귀를 더이상 하지 않고 스스로 용변을 가릴 수 있게 되다. (of a baby) Be well potty-trained without wearing diapers anymore.
N0-가 Idm (N0=[연령](아기, 아이 따위))
¶민수가 드디어 기저귀를 뗐다. ¶예는 언제 기저귀를 뗄 수 있을까?
◆ **딱지를 떼다** 어떤 신분을 벗어나다. Get out of a certain situation or position.
N0-가 N1 Idm (N0=[인간] N1=[신분](막내, 노총각, 유치원생, 신입사원 등))
¶후배가 들어옴으로써 나는 드디어 막내 딱지를 뗐다. ¶아이가 유치원생 딱지를 뗐다.
◆ **아이(아기)를 떼다** 임신한 아이를 인위적으로 없애다. Artificially remove the baby from one's belly.
㊥낙태하다, 아이(아기)를 지우다
N0-가 Idm (N0=[인간])
¶그녀는 건강상의 이유로 인해 아이를 떼어야 했다. ¶나는 사정상 아기를 뗄 수밖에 없었다.

◆ **입을 떼다** 입을 열어 말하기 시작하다. Open one's lips to start talking.
N_0-가 Idm (N_0=[인간])
¶언니는 한동안 침묵을 지키다가 드디어 입을 뗐다. ¶민수는 한동안 입을 떼지 않았다.
◆ **젖을 떼다** (갓난아이가) 젖을 먹지 않아도 되는 상태가 되다. (of a baby) Reach a state wherein the baby no longer needs to feed on milk.
[유]끊다
N_0-가 Idm (N_0=[인간](아이, 조카 따위))
¶조카가 드디어 젖을 뗐었다. ¶딸아이가 아직도 젖을 떼지 못한다.

떼먹다
[활용]떼먹어, 떼먹으니, 떼먹고 [본]떼어먹다
[타]☞ 떼어먹다

떼어먹다
[활용]떼어먹어, 떼어먹으니, 떼어먹고 [준] 떼먹다
[타]❶(남에게 빌린 돈이나 물건 따위를) 되돌려주지 않다. Not return borrowed money or goods.
[반]갚다, 돌려주다
N_0-가 N_1-를 V (N_0=[인간] N_1=[돈], [구체물](물건, 상품 따위))
[피]떼어먹히다
¶믿었던 친구가 내 돈을 떼어먹었다. ¶삼촌은 아버지의 돈을 떼어먹고 이사를 가 버렸다.
❷(다른 사람이나 집단에게 돌아가야 할 몫을) 가로채어 자기가 가지다. Take and keep share of other person or group.
[유]횡령하다, 가로채다
N_0-가 N_1-를 N_2-에서 V (N_0=[인간|단체](업체 따위) N_1=[돈] N_2=[돈], [일](사업, 거래 따위))
[피]떼어먹히다
¶우리 회사는 노동자들 임금에서 복지 비용을 떼어먹고 있었다. ¶그 업체는 건축 사업에서 재료비를 떼어먹었던 것으로 드러났다.

떼어먹히다
[활용]떼어먹히어(떼어먹혀), 떼어먹히니, 떼어먹히고
[타]❶(남에게 빌려준 돈이나 물건 따위를) 되돌려 받지 못하다. Not receive back loaned money or goods.
N_0-가 N_2-에게 N_1-를 V (N_0=[인간] N_1=[돈], [구체물](물건, 상품 따위) N_2=[인간])
[능]떼어먹다
¶동생의 친구에게 빌려준 물건을 떼어먹혔다. ¶그 사기꾼에게 아버지의 전답이 떼어먹혔다.
❷(사람이나 단체가 자신에게 돌아가야 할 몫을) 가로채여 빼앗기다. (person or group) Be robbed of their share.
[유]탈취당하다, 빼앗기다
N_0-가 N_2-(에|에게) N_1-를 V (N_0=[인간] N_1=[인간|단체](업체 따위) N_2=[금전](돈, 월급, 연구비 따위))
[능]떼어먹다 ¶직원은 모두 회사에 복지비 명목으로 돈을 떼어먹혔다.

떼이다
[활용]떼여, 떼이니, 떼이고
[타](다른 사람에게 빌려준 돈을) 받지 못하게 되다. Become unable to receive the money that one lent to someone.
N_0-가 N_2-에게 N_1-를 V (N_0=[인간] N_1=[금전] N_2=[인간])
¶나는 친구에게 돈을 떼였다. ¶우리는 집주인에게 보증금을 떼이고 말았다. ¶형은 사장에게 지난 달 월급을 떼였다.

뚫다
[활용]뚫어, 뚫으니, 뚫고
[타]❶(도구를 이용하여) 어떤 물체의 표면에 구멍 따위를 만들다. Make a hole on some object's surface by using a tool.
[유]내다[1], 파다 [반]막다, 메우다
N_0-가 N_2-에 N_3-로 N_1-를 V ↔ N_0-가 N_3-로 N_2-를 V (N_0=[인간] N_1=구멍, 터널 따위 N_2=[장소], [구체물], 표면, 겉, 면 따위 N_3=[도구], [기계])
[피]뚫리다
¶동생이 송곳으로 종이 뭉치에 구멍을 뚫고 있다. ↔ 동생이 송곳으로 종이 뭉치를 뚫고 있다. ¶정부는 산에 터널을 뚫어서 도로를 냈다.
❷(도구를 이용하여) 막혔던 통로 따위를 터서 통하는 공간을 만들다. Make an open space from a closed path, etc., by using a tool.
[반]막다, 메우다
N_0-가 N_2-로 N_1-를 V (N_0=[인간] N_1=[구체물](하수도, 하수구, 변기 따위), 굴뚝, 연통 따위 N_2=[도구], [기계])
[피]뚫리다
¶나는 기다란 막대로 굴뚝을 뚫었다. ¶그는 뾰족한 도구로 하수구를 뚫었다.
❸어떤 공간을 가로막고 있는 사람이나 방해물 따위를 피하거나 헤쳐 나아가다. Avoid or pass through someone, obstacle, etc., blocking some place.
[유]돌파하다 [반]막히다, 걸리다
N_0-가 N_1-를 V (N_0=[인간], [집단] N_1=[장애](수비, 장애물 따위), [추상적장애물](포위, 감시 따위))
[피]뚫리다
¶우리 팀 공격수들이 상대방 수비를 뚫었다. ¶탐험대는 울창한 수풀을 뚫으면서 전진했다.
❹(어떤 일을 하는 과정에서 겪게 되는) 어려움

[ㄷ]

따위를 이겨내다. Conquer hardship, etc., in the process of achieving a goal or fulfilling some duty.
㊌극복하다
N0-가 N1-를 V (N0=[인간] N1=[장애](시련, 고난, 난관, 경쟁 따위))
¶우리는 수많은 시련을 뚫고 이 일을 해냈다. ¶그 사람은 경제적 난관을 뚫고 자수성가하여 부자가 되었다.
❺새로운 관계, 일, 분야 따위를 개척하다. Develop in new relation, work, field, etc.
㊌개척하다
N0-가 N2-에 N1-를 V (N0=[인간|단체] N1=시장, 판로, 거래처 따위, 일자리 N2=[지역], 시장)
¶우리 회사는 중국에 거래처를 뚫어 보려 한다. ¶취직자리 뚫는 것이 그리 만만한 일이 아니다.
N0-가 N2-과 N1-를 V (N0=[인간|단체] N1=시장, 판로, 거래처 따위, 관계 N2=[인간|단체])
¶우리 회사는 중국과 판로를 뚫었다. ¶사람들은 관공서의 장들과 관계를 뚫으려고 로비를 벌였다.

뚫리다

활용 뚫리어(뚫려), 뚫리니, 뚫리고
자 ❶어떤 물체의 표면에 구멍이 생기다. (of a hole) Be formed on some object's surface.
㊌파이다, 나다[1] ㊥막히다
N1-에 N0-가 V (N0=구멍 따위 N1=[장소], [구체물], 표면, 겉, 면 따위)
능 뚫다
연어 뻥
¶마루 바닥에 구멍이 뻥 뚫렸다. ¶지붕에 구멍이 뚫렸는지 비가 샌다.
❷막혔던 길이나 통로 따위가 트여서 통하는 공간이 생기다. (of closed road, path, etc.) Become an open space by opening up.
㊌트이다, 열리다
N0-가 V (N0=[구체물](하수도, 하수구, 변기 따위), 굴뚝, 연통 따위) [신체부위](코), [길](도로, 고속도로 따위))
능 뚫다
연어 시원하게, 뻥
¶막혔던 하수구가 시원하게 뚫렸다. ¶막혔던 코가 뻥 뚫리니 이리 시원할 수가 없다. ¶귀경 차량들로 막혔던 도로가 조금씩 뚫리고 있습니다.
❸가로막고 있던 장애물 따위가 없어져서 트이다. Open up by getting rid of an obstacle, etc.
㊌열리다II
N0-가 N1-(에|에게) V (N0=[장애](수비, 장애물 따위), [추상적장애물](포위, 감시 따위))
능 뚫다
¶우리 팀의 최종 수비가 뚫렸다. ¶경찰의 포위망이 뚫린 것 같았다.
❹(길, 터널 따위가) 다른 곳으로 이어지다. (of a road, a tunnel, etc.) Be connected to another place.
㊌통하다 자 ㊥막히다
N0-가 N1-로 V (N0=[길], [터널] N1=[장소], [지역], [방향])
¶이 길은 남쪽으로 뚫릴 예정입니다. ¶터널이 이곳으로 뚫리면서 출퇴근 시간이 짧아졌다.
◆ **구멍이 뚫리다** (조직이나 체제 따위에) 문제나 취약한 부분 따위가 생기다. A problem or a weakness develops within an organization or a system.
N0-에 Idm (N0=[기관], [제도], [일])
¶정부의 금융 감독 제도에 구멍이 뚫렸다. ¶사회 안전망에 구멍이 뚫리지 않도록 최선을 다해야 합니다.

뛰다 I

활용 뛰어, 뛰니, 뛰고
자 ❶다리에 힘을 주어 굽혔다 펴면서 발이 바닥에서 떨어지게 몸을 위로 튕기거나 솟게 하다. Spring or spurt one's body upward so that one's feet are not touching the floor by applying force to one's leg to bend and then straighten.
N0-가 V (N0=[인간], [동물])
연어 팔짝팔짝, 폴짝폴짝, 높이, 힘껏 따위
¶그녀는 환호성을 지르며 팔짝팔짝 뛰었다. ¶연못에서 개구리가 폴짝폴짝 뛰어 다닌다.
❷(맥박, 심장 따위가) 일정한 주기로 압력이 가해져 움직이다. (of pulse or heart) Move by receiving periodic pressure.
㊌움직이다 자
N0-가 V (N0=[내장](심장), 맥박)
¶몸집이 작은 동물일수록 맥박이 빨리 뛴다. ¶의사는 먼저 환자의 심장이 일정하게 뛰는지를 확인했다.
❸(신체 부위가) 긴장되거나 흥분되어 팔딱거리며 움직이다. (of a body part) Move due to nervousness or excitement.
N0-가 V (N0=[마음](가슴), [내장](심장))
¶그는 그녀를 보자 가슴이 뛰기 시작했다. ¶나는 합격 소식에 심장이 몹시 뛰었다. ¶대상 수상자를 발표하려고 하자 참가자들의 심장이 뛰기 시작했다.
❹(물고기 따위의 동물이) 몸을 파닥거리며 활기차게 움직이다. (of an animal such as fish) Actively move by flapping one's body.
N0-가 V (N0=[동물](물고기 따위))
연어 팔팔, 펄펄 따위
¶그곳에 가면 팔팔 살아 뛰는 생선회를 먹을 수

있다. ¶영희는 펄펄 뛰는 전어를 가져와 소금을 뿌려 구웠다.

❺(값, 가치 따위가) 갑자기 많이 오르다. (of price or value) Suddenly increase significantly.

㊐급등하다

N0-가 V (N0=[값], [지수])

¶한 달 사이에 두 배 이상 뛴 물가에 서민들만 힘이 든다. ¶그 지역에 투자자들이 몰리면서 집값이 뛰었다.

◆ **펄쩍 뛰다** (어떤 사실에 대해) 거센 기세로 강력히 부인하거나 반대하다. Strongly deny or oppose some fact with fierce force.

㊐팔짝 뛰다, 팔팔 뛰다, 펄펄 뛰다

N0-가 Idm (N0=[인간])

¶그녀는 펄쩍 뛰면서 화를 냈다. ¶그는 그 소문은 터무니없는 얘기라고 펄쩍 뛰었다. ¶그는 자신이 왜 그 일을 해야 하냐며 팔팔 뛰었다.

타❶공중으로 솟아올랐다가 앞쪽으로 옮겨 몸을 내리다. Rise up to the air and land one's body in forward position.

㊐도약하다

N0-가 N1-를 V (N0=[인간], [동물] N1=[장소], [구체물](장애물, 뜀틀, 징검다리 따위))

¶철수는 도랑을 한 번에 뛰어 넘었다. ¶아이가 징검다리를 폴짝폴짝 뛰어 건넜다.

❷그네를 타고 발을 굴러 공중에서 앞뒤로 왔다 갔다 하다. Move front and back in the air by sitting on a swing and moving one's feet.

N0-가 N1-를 V (N0=[인간] N1=그네)

¶옛날 단옷날에 여자들은 그네를 뛰었다. ¶씨름을 하고 그네를 뛰던 옛 모습을 찾아보기 힘들다.

❸널에 올라 발을 굴러 공중으로 오르내리다. Jump up and down in the air by standing on a board and using one's feet.

N0-가 N1-를 V (N0=[인간] N1=널)

¶두 사람은 기다란 널판 위에 올라서서 널을 뛰었다. ¶정월달에는 널을 뛰며 놀았다.

뛰다II

활용 뛰어, 뛰니, 뛰고

자❶발을 재빠르게 움직여 앞으로 빨리 나아가다. Move one's feet quickly to move forward.

㊐달리다III자, 닫다I

N0-가 N1-로 V (N0=[인간], [동물] N1=[장소])

¶기자는 카메라를 들고 현장을 향해 재빠르게 뛰기 시작했다. ¶얼룩말이 사자에게 잡히지 않기 위해 필사적으로 뛰고 있다.

❷잡히지 않으려고 재빨리 달아나다. Escape quickly in order not to be captured.

㊐튀다, 도망가다

N0-가 V (N0=[인간])

연어 막, 냅다 따위

¶도둑이 경찰을 보자 막 뛰기 시작했다. ¶그는 뒤도 돌아보지 않고 냅다 뛰었다.

※ 속되게 쓰인다.

❸(어떤 자격으로) 열심히 일하거나 근무하다. Work very hard with certain qualification.

N0-가 N1-로 V (N0=[인간] N1=[직업], [운동선수])

¶그는 10년간 현역으로 뛰면서 놀라운 기록들을 세웠다. ¶그녀는 지난 올림픽에서 국가 대표 선수로 뛰었다.

❹적극적으로 활동하거나 열심히 일하다. Act diligently or work hard.

㊐일하다

N0-가 V (N0=[인간])

¶불황을 극복하기 위해서는 열심히 뛰는 수밖에 없다. ¶몇 년 만 지금처럼 뛰면 내 집 마련을 할 수 있다.

타❶(어떤 공간을) 빠르게 달리면서 지나다. Pass a certain space by dashing quickly.

㊐달리다III타

N0-가 N1-를 V (N0=[인간] N1=[장소])

¶정빈이는 저녁마다 운동장을 뛰며 운동을 한다. ¶아이는 골목길을 뛰어 집으로 갔다.

❷일터를 바쁘게 돌아다니며 열심히 일하다. Work hard by hastily going around the working field.

㊐일하다

N0-가 N1-를 V (N0=[인간] N1=막노동, 공사판, 학원, 업소 따위)

¶영수는 여러 학원을 뛰며 생활비를 벌었다. ¶무명 시절에 그 가수는 하루에 야간 업소를 네 군데까지 뛰기도 했다.

뛰다III

활용 뛰어, 뛰니, 뛰고

자(번호나 바느질 땀 따위의 순서가) 정해진 순서를 거르거나 빠뜨리고 건너가다. (of a number or order of needlework, etc.) Miss a designated order or omit and pass on.

N0-가 V (N0=[순서], 번호, 바느질 (땀) 따위)

¶대기 번호가 갑자기 25번에서 35번으로 뛰었다. ¶이 옷은 바느질 땀이 여기저기 뛰어 있다.

타(사람이 정해진 순서, 등급 따위를) 거르거나 빠뜨리고 건너가다. (of a person) Miss or omit a designated order or level and pass on.

㊐뛰어넘다, 건너뛰다

N0-가 N1-를 V (N0=[인간|단체])

¶그는 성적이 뛰어나 한 학년을 뛰어 월반을 했다. ¶영희는 어려운 부분을 뛰어 가며 책을

ㄷ

읽었다.

뛰어나가다

활용 뛰어나가, 뛰어나가니, 뛰어나가고, 뛰어나가거라/뛰어나가라

자 ❶(어떤 곳에서) 밖에 있는 다른 곳으로 달려서 나가다. Run out and exit a place in haste.

반 뛰어들어오다

N0-가 N2-에서 N1-로 V (N0=[인간], [동물] N1=[장소] N2=[장소])

¶아이들은 교실에서 운동장으로 뛰어나갔다. ¶초인종 소리에 어머니가 방에서 뛰어나가 문을 열어 주었다.

N0-가 N1-(에|로) V (N0=[인간], [동물] N1=[장소])

¶아이들은 운동장에 뛰어나갔다. ¶그는 자기를 부르는 소리를 듣자마자 바로 밖으로 뛰어나갔다.

❷(어디를 통해서) 밖으로 나가다. Go outside via a certain route.

반 뛰어들어오다

N0-가 N1-로 V (N0=[인간], [동물] N1=[출구](문, 비상구 따위))

¶그는 뒷문으로 급하게 뛰어나갔다. ¶화재 경보음이 나자 사람들은 비상구로 급히 뛰어나갔다.

자타 (어떤 곳에서) 달려서 벗어나다. Run out and escape from a place in haste.

N0-가 N1-(에서|를) V (N0=[인간], [동물] N1=[장소])

¶부모님에게 꾸중을 들은 아이가 집에서 뛰어나갔다. ¶철수는 사무실을 뛰어나갔다.

뛰어나오다

활용 뛰어나와, 뛰어나오니, 뛰어나오고, 뛰어나오너라/뛰어나와라

자 (어떤 곳에서 밖에 있는 다른 곳으로) 달려서 밖으로 나오다. Run outside.

반 뛰어들어가다

N0-가 N2-에서 N1-로 V (N0=[인간], [동물] N1=[장소] N2=[장소])

¶아이들이 수업이 끝나자 교실에서 운동장으로 뛰어나왔다. ¶아이들이 돌아오는 소리가 들리자 어머니가 방에서 뛰어나오셨다.

N0-가 N1-(에|로) V (N0=[인간], [동물] N1=[장소])

¶아이들이 한꺼번에 운동장에 뛰어나왔다. ¶그는 밖으로 뛰어나왔다.

자타 (어떤 곳에서) 달려서 벗어나다. Run out and escape from a place in haste.

N0-가 N1-(에서|를) V (N0=[인간], [동물] N1=[장소])

¶그는 차에서 뛰어나왔다. ¶화재 경보음이 울리자 모든 사람이 사무실을 뛰어나왔다.

뛰어내리다

활용 뛰어내리어(뛰어내려), 뛰어내리니, 뛰어내리고

자 ❶높은 데서 아래로 몸을 던져 내려오다. Descend from a higher place by leaping to the ground.

반 뛰어오르다자

N0-가 N1-(에|로) V (N0=[인간], [동물] N1=[장소], [건물], [길], [다리])

¶어떤 사람이 철로에 뛰어내렸다. ¶도둑은 맨발로 건물 아래로 뛰어내렸다.

❷(어떤 공간에서) 아래쪽에 있는 다른 공간으로 몸을 던져 벗어나다. Escape from a place by leaping away.

반 뛰어오르다자

N0-가 N1-(에서|를) V (N0=[인간|동물] N1=[교통기관], [장소], [건물], [길], [다리])

¶그 여자는 달리는 열차에서 뛰어내려 위기를 모면했다. ¶그들은 급하게 배에서 뛰어내렸다.

타 (어떤 공간을) 뛰어서 빨리 내려가다. Run down to some place in haste.

반 뛰어오르다타

N0-가 N1-를 V (N0=[인간], [동물] N1=[장소])

¶나는 급히 계단을 뛰어내렸다. ¶사슴은 필사적으로 비탈길을 뛰어내리기 시작했다.

뛰어넘다

활용 뛰어넘어, 뛰어넘으니, 뛰어넘고

타 ❶몸을 던져 위로 지나가다. Pass by throwing one's body upwards.

N0-가 N1-를 V (N0=[인간], [동물] N1=[구체물])

연어 훌쩍

¶육상 선수는 멋지게 장애물을 훌쩍 뛰어넘었다. ¶도움닫기를 하면 뛰어넘는 거리를 더 늘릴 수 있다.

❷어려운 일이나 한계를 극복하다. Overcome difficulty or limit.

유 극복하다

N0-가 N1-를 V (N0=[인간|단체] N1=[구체물], [추상물])

¶장영실은 실력 하나로 차별과 편견을 뛰어넘은 위대한 발명가였다. ¶그는 가난한 집에서 태어났지만 여러 난관을 뛰어넘어 부유한 사업가가 되었다.

❸예상을 크게 벗어나다. Be very different from expectation.

유 초월하다

N0-가 N1-를 V (N0=[구체물], [추상물], [상태] N1=[규범], [관습], [기준], [생각])

연어 훌쩍

¶철수는 모두의 예상을 훌쩍 뛰어넘고 시험에서 좋은 성적을 거두었다. ¶지난번에 본 수학 시험 문제는 예측을 훨씬 뛰어넘을 정도로 어려웠다.

❹(일정한 시간이나 범위를) 거르고 다음 단계를 진행하다. Skip certain time or range and proceed with the next stage.
㊌건너뛰다
N0-가 N1-를 V (N0=[인간|단체] N1=[구체물], [시간], [범위])
¶그는 공로를 인정받아 한 계급을 뛰어넘어 진급했다. ¶이 내용은 중요하지 않으니 뛰어넘고 강의를 진행하겠습니다.

뛰어놀다
활용 뛰어놀아, 뛰어노니, 뛰어놀고, 뛰어노는
㊟ 뛰놀다
자 뛰어다니며 놀다. Run around and play.
N0-가 V (N0=[인간|단체], [동물])
연어 신나게, 마음껏
¶아이들이 밖에서 뛰어놀고 있다. ¶어린 시절에는 마음껏 뛰어놀게 해야 건강하게 자란다. ¶오랜만에 눈이 내리니 강아지도 신나게 뛰어놀기 시작한다.

뛰어다니다
활용 뛰어다니어(뛰어다녀), 뛰어다니니, 뛰어다니고
자 ❶뛰면서 이리저리 움직이다. Move around by running.
N0-가 N1-에서 V (N0=[인간], [동물] N1=[장소])
¶아이들은 오늘도 집 안에서 뛰어다닌다. ¶전철역에서 뛰어다니는 사람들 때문에 크게 다칠 뻔했다.
N0-가 N1-에서 N2-로 V (N0=[인간], [동물] N1=[장소] N2=[장소])
¶아이들이 이 방에서 저 방으로 뛰어다니고 있다. ¶화재 경보가 울리자 사람들이 여기저기로 뛰어다녔다.
❷바쁘게 이곳저곳으로 움직이다. Move around here and there busily.
N0-가 N1-에서 V (N0=[인간|단체] N1=[장소])
¶나는 서울에서 직접 뛰어다니며 가게를 열 만한 장소를 찾았다. ¶전선 기자는 전쟁터에서 목숨을 걸고 뛰어다니며 취재하였다.
N0-가 N1-에서 N2-로 V (N0=[인간|단체] N1=[장소], [기관] N2=[장소], [기관])
¶기자는 최신 정보를 얻고자 국회에서 정부로 뛰어다녔다. ¶총리는 이 나라에서 저 나라로 뛰어다니며 외교전에 총력을 기울였다.

뛰어들다
활용 뛰어들어, 뛰어드니, 뛰어들고, 뛰어드는
자 ❶(어떤 공간이나 범위에) 몸을 던져 들어가다. Enter a space or range by throwing one's body.
N0-가 N1-(에|로) V (N0=[인간], [동물] N1=[장소])
¶고양이가 갑작이 뛰어들어 깜짝 놀랐다. ¶어머니는 겁을 먹고 품으로 뛰어드는 아이를 안아주었다.
❷(어떤 일에) 거침없이 도전하다. Challenge a certain task without hesitation.
㊌도전하다
N0-가 N1-에 V (N0=[인간|단체] N1=[역할], [의무], [학문], [제도], [종교], [사조], [예술], [분야], [행위])
¶철수는 새로운 사업에 뛰어들었다. ¶그는 젊은 나이에 전쟁터로 뛰어들었다.

뛰어오다
활용 뛰어와, 뛰어오고, 뛰어오니, 뛰어오너라/뛰어와라
자 ❶뛰어서 빠르게 오다. Come quickly by running.
㊌달려오다자 ㊥뛰어가다
N0-가 N1-(에|에게|로) V (N0=[인간], [동물] N1=[장소])
¶밖에서 놀던 아이가 집으로 뛰어왔다. ¶학교에 뛰어오는 아이들을 선생님은 창밖으로 지켜보았다.
❷망설이지 않고 서둘러서 오다. Come hurriedly without hesitation.
㊌달려오다자 ㊥뛰어가다
N0-가 N1-(에|에게|로) V (N0=[인간], [동물] N1=[장소])
연어 지체없이, 한달음에
¶나는 널 만나러 이렇게 서울로 뛰어왔단다. ¶그는 그 소식을 듣고 미국에서 한국으로 한달음에 뛰어왔다.
❸거침없이 목표에 접근하다. Approach target without hesitation.
㊌달려오다자 ㊥뛰어가다
N0-가 N1-를 향해 V (N0=[인간|단체] N1=합격, 성공, 만족 따위)
¶나는 한눈팔지 않고 오직 합격을 향해 뛰어왔다. ¶저희 회사는 지금까지 고객의 만족만을 향해 뛰어왔습니다.
※주로 'N을 향해', 'N을 바라보고' 등의 표현과 함께 쓰인다.

뛰어오르다
활용 뛰어올라, 뛰어오르니, 뛰어오르고, 뛰어올랐다
자 ❶(높은 곳으로) 몸을 솟구쳐 단숨에 오르다. Move to a higher place at once by jumping upwards.
㊥뛰어내리다자
N0-가 N1-(에|로) V (N0=[인간], [동물] N1=[장소])
¶고양이는 냉장고 위로 번쩍 뛰어올랐다. ¶신하는 마루로 뛰어올라 왕을 해치려는 자객과 맞서 싸웠다.
❷(값이) 갑자기 오르다. (of a price) Increase suddenly.

㉮급등하다
N0-가 V (N0=[값])
¶밀가루 값이 뛰어올랐다. ¶해마다 봄만 되면 주택 가격이 뛰어오른다.
N0-가 N1-로 V (N0=[비율], 순위 N1=[비율], 순위 따위)
¶그의 이번 시즌 방어율이 3.23으로 뛰어올랐다. ¶박 선수는 이번 경기에서 단독 3위로 뛰어올라 역전우승의 가능성도 보여주었다.
타 어떤 공간을 뛰어서 빨리 올라가다. Run quickly up toward a place, space.
㉯뛰어내리다타
N0-가 N1-를 V (N0=[인간, [동물] N1=[장소])
¶나는 경사진 언덕을 단숨에 뛰어올랐다. ¶누군가가 계단을 쿵쾅거리며 뛰어오르고 있었다.

뛰쳐나가다

활용 뛰쳐나가, 뛰쳐나가니, 뛰쳐나가고
자 바깥으로 갑자기 빨리 달려서 나가다. Rush out all of a sudden.
N0-가 N1-로 V (N0=[인간] N1=[장소])
¶아이들이 운동장으로 뛰쳐나갔다. ¶화재에 밖으로 뛰쳐나간 사람들이 한둘이 아니었다.
자타 ❶(있었던 장소에서) 갑자기 빨리 달려서 나가다. Rush out from where one was all of a sudden.
N0-가 N1-(에서|를) V (N0=[인간] N1=[장소])
¶병호는 시계를 보고 방에서 뛰쳐나갔다. ¶대피소를 뛰쳐나간 사람들은 의지할 곳이 없었다.
❷(어떤 집단에서) 견디지 못하고 갑자기 떠나다. Leave a group suddenly, not being able to withstand anymore.
㉯그만두다
N0-가 N1-(에서|를) V (N0=[인간] N1=[집단])
¶그는 잘 다니던 직장에서 돌연 뛰쳐나갔다. ¶조카가 회사를 뛰쳐나가 사업을 하겠다고 한다.

뛰쳐나오다

활용 뛰쳐나와, 뛰쳐나오니, 뛰쳐나오고, 뛰쳐나오너라/뛰쳐나와라
자 바깥으로 갑자기 빨리 달려서 나오다. Rush out all of a sudden.
N0-가 N1-로 V (N0=[인간] N1=[장소])
¶종민이는 친구가 부르는 소리에 밖으로 뛰쳐나왔다. ¶종이 울리자 학생들이 복도로 뛰쳐나와 소란스러웠다.
자타 ❶(있었던 장소에서) 갑자기 빨리 달려서 나오다. Rush out from where one was all of a sudden.
N0-가 N1-(에서|를) V (N0=[인간] N1=[장소])
¶부엌에서 타는 냄새가 나서 누나가 방을 뛰쳐나왔다. ¶그는 집을 뛰쳐나와서 친구들과 밤새 어울렸다.
❷(어떤 집단에서) 견디지 못하고 갑자기 떠나오다. Leave a group suddenly, not being able to withstand anymore.
㉮탈퇴하다, 그만두다
N0-가 N1-(에서|를) V (N0=[인간] N1=[집단])
¶그는 어딘가 수상해서 다니던 동아리를 뛰쳐나왔다. ¶영미가 회사에서 뛰쳐나온 데는 이유가 있을 것이다.

뜨다 I

활용 떠, 뜨니, 뜨고, 떴다
자 ❶(바닥이나 땅에서) 공중으로 올라가다. Move up into the air from the ground.
㉯깔리다, 떨어지다
N0-가 N1-(에|로) V (N0=[기체], [미생물], [교통기관], [가스], 먼지 따위 N1=[장소])
사 띄우다I
¶어떤 병균들은 공중에 떠 있다가 우리가 호흡할 때 전염됩니다. ¶가스는 종류에 따라서 아래에 깔리기도 하고 위에 떠 있기도 한다.
N0-가 N1-(에|로) V (N0=[신체부위], 공 따위 N1=[장소])
사 띄우다I
연어 붕, 높이
¶엉덩이가 공중으로 붕 뜨더니 그대로 바닥에 떨어졌다. ¶내가 친 공이 공중으로 붕 떠서 3루수 앞으로 날아갔다.
❷물속으로 가라앉지 않고 모습이 드러난 채로 있다. Remain on the surface of a body of water without sinking.
㉯빠지다
N0-가 N1-에 V (N0=[교통기관], [신체부위](몸, 머리, 팔, 다리 따위) N1=[물장소](바다, 물, 수면 따위))
사 띄우다I
연어 둥둥
¶엉덩이만 물에 둥둥 뜨니까 수영이 잘 안 된다. ¶최신 잠수함이 해수면에 떠 있다.
❸가라앉아 있던 물체가 수면 위쪽으로 움직이다. (of something that has sunk) Drift up to the surface of a body of water.
㉮부상하다 ㉯가라앉다
N0-가 N1-로 V (N0=[구체물], [인간] N1=[장소], [공간](위 따위))
¶물에 떨어진 나무 막대가 수면으로 뜨기 시작했다. ¶몸에서 힘을 빼면 자연스럽게 사람이 물 위로 뜬다.
❹(해, 달, 별 따위의 천체가) 하늘에 나타나 보이거나 하늘로 솟아오르다. (of a celestial body

such as the sun, moon, or star) Become visible or move up into the sky.
[유]솟아오르다 [반]지다I
N0-가 N1-에 V (N0=[천체](해, 달, 별 따위) N1=[장소](하늘, 중천))
¶벌써 해가 중천에 떴네.
N0-가 N1-에서 V (N0=[천체](해, 달, 별 따위) N1=[장소](하늘, 중천))
¶해는 동쪽에서 뜬다.
❺(원래 맞붙어 있던 어떤 것으로부터) 떨어져 공간이나 틈이 생기다. (of a space or gap) Crack apart and become open.
[유]떨어지다, 벌어지다 [반]붙다[1]
N0-가 N1-에서 V (N0=[구체물], [공간](사이, 틈 따위), 공간 N1=[구체물](표면, 벽, 바닥 따위))
¶습기가 차서 벽지가 벽에서 떴다. ¶바닥이 너무 뜨거운지 장판이 녹으면서 바닥에서 떴다.
❻(얼굴 따위의 표면에 잘 묻거나 붙지 않아서) 본래의 효과나 기능이 제대로 나타나지 않다. Fail to perform an original effect or function due to poor adhesion or application to a surface such as a face.
N0-가 V (N0=[행위](화장, 풀칠 따위))
¶오늘따라 유난히 화장이 뜬다. ¶습도가 높아서 풀칠이 떴다.
❼차분하지 못하고 심리적으로 다소 흥분하다. Become psychologically excited and agitated, ruffled rather than being calm.
[유]흥분하다
N0-가 V (N0=[인간], [생각](마음 따위), [상황](분위기 따위))
[연어]붕
¶신입생들은 의욕에 불타서 마음이 붕 떠 있다. ¶오늘따라 교실 분위기가 붕 떠서 수업이 힘들게 느껴질 정도이다.
❽(어떤 일이나 사건을 계기로) 갑작스레 인기를 얻어 유명해지다. Rapidly gain fame and popularity (due to a certain event or incident).
[유]성공하다, 인기를 얻다 [반]지다I
N0-가 V (N0=[작품](앨범 따위), [연기], [행위], [사조], [이론])
¶그 배우는 최근에 갑자기 떴다. ¶이 동영상이 요즘 뜨고 있다.
N0-가 N1-로 V (N0=[인간] N1=[작품](앨범 따위), [연기], [행위], [사조], [이론])
[사]띄우다I
[연어]하루아침에, 갑자기
¶그 가수는 자작곡으로 순식간에 떴다. ¶아인슈타인은 상대성 이론으로 떴다.

뜨다II
[활용]떠, 뜨니, 뜨고, 떴다
[자]❶피해야 할 대상이 갑자기 나타나다. (of something to avoid from) Appear suddenly.
[유]출현하다, 나타나다, 출동하다
N0-가 V (N0=[집단](단속반, 감시반 따위), [인간](경찰, 교도관 따위))
¶단속반이 뜨자 불법 영업소들은 일제히 문을 닫았다. ¶경찰이 뜨고 나서야 사태가 어느 정도 진정되었다.
※ 속되게 쓰인다.
❷(고장이나 오류를 알려 주는) 어떤 신호나 현상이 나타나다. (of a signal or phenomenon that indicates a malfunction or error) Appear.
N0-가 V (N0=[고장](오류, 블루스크린 따위), 오류 메시지, 경고 메시지, 경고음 따위)
¶갑자기 블루스크린이 뜨면서 컴퓨터가 다운되었다. ¶주유 경고등이 뜨고 얼마 안 지나서 차가 멈췄다.

뜨다III
[활용]떠, 뜨니, 뜨고, 떴다
[자타]❶머물던 곳에서 다른 곳으로 가 버리다. Move from where one has been staying to another place.
[유]떠나다[타], 벗어나다 [반]머물다
N0-가 N1-(에서|를) V (N0=[인간] N1=세상, 이승 따위)
¶회의가 끝나자 참석자들은 하나 둘 자리를 떴다. ¶한 사람도 자리에서 뜨지 않았다.
❷죽어서 이승을 떠나다. End one's life.
N0-가 N1-를 V (N0=[인간], [동물] N1=세상, 이승 따위)
¶과거에는 폐렴으로 세상을 뜨는 사람들이 많았다.

뜨다IV
[활용]떠, 뜨니, 뜨고, 떴다
[타](눈에 빛이 들어오도록) 눈꺼풀을 떼다. Part the eyelids to allow light to enter the eyes.
[반]감다I
N0-가 N1-를 V (N0=[인간], [동물] N1=눈)
[피]뜨이다I
¶자다 말고 동생이 눈을 떴다. ¶잠이 들었던 곰이 사슴 소리에 갑자기 눈을 떴다.
◆ **눈을 뜨다** (사태나 현상 따위를) 이해하다. Understand a situation or phenomenon.
[유]이해하다[자], 깨닫다
N0-가 N1-(에|에 대해) Idm (N0=[인간] N1=[상태], [추상물], [사조], [이론])
[피]눈이 뜨이다
¶나는 이제서야 사랑에 눈을 떴다. ¶사람들은 죽을 때가 되어야 인생에 대해 눈을 뜨게 된다.

뜨다V

활용 떠, 뜨니, 뜨고, 떴다

타 ❶보다 큰 본체에서 일부를 덜어 내다. Take out a portion from a larger whole.

유 덜어내다

N0-가 N1-에서 N2-를 V (N0=[인간] N1=[구체물], [장소] N2=[부분], [단위](숟가락 따위))

피 뜨이다II

¶아버지는 샘에서 물 한 바가지를 떠 오셨다. ¶어머니는 항아리에서 간장을 떠서 병에 담으셨다.

❷액체 속에 담겨 있는 것을 건져 내다. Pick out something that is contained in liquid.

유 건지다 반 떨구다

N0-가 N1-에서 N2-를 N3-로 V (N0=[인간] N1=[장소] N2=[구체물] N3=[도구](그물 따위))

¶나는 그물로 어항에서 금붕어를 떠서 욕조에 잠시 옮겼다. ¶아저씨는 수조에서 그물로 물고기를 떠서 나에게 보여 주셨다.

◆ **첫삽을 뜨다** 어떤 일을 시작하다. Begin or launch a project or task.

유 시작하다, 첫삽을 들다

N0-가 N1-(의|에서) Idm (N0=[인간], [집단], [행사] N1=[행사], [일], [역사])

¶현대건설은 국내 고속도로 건설의 첫삽을 떴다. ¶한국철도공사는 고속철도 건설에서 첫삽을 떴다.

뜨다VI

활용 떠, 뜨니, 뜨고, 떴다

타 ❶(고기 따위의 식재료를) 얇게 썰다. Cut the ingredients of a meal such as a piece of meat into thin slices.

유 썰다

N0-가 N1-를 N2-(로|를) V (N0=[인간], 요리사, 주방장 따위 N1=[재료](고기, 생선 따위) N2=포, 회 따위)

피 뜨이다III

¶주방장이 광어회를 떴다. ¶나는 쇠고기로 육포를 떴다.

❷(틀 따위를 이용하여) 종이나 김 따위 얇은 물건을 만들다. Make a thin object such as a paper using a tool such as a tambour.

유 제조하다

N0-가 N1-(에|로) N2-를 V (N0=[인간], 제지사 따위 N1=틀 N2=종이, 김 따위)

¶제지사가 형틀로 종이를 떴다. ¶마을 여자들이 틀에 김을 떴다.

❸(어떤 것을) 실 따위를 엮어서 만들다. Make a woven object by weaving materials such as thread.

유 짜다I 타, 꿰다

N0-가 N1-로 N2-를 V (N0=[인간] N1=[재료](실, 노끈, 밧줄 따위) N2=[옷](목도리, 모자, 스웨터 따위))

피 뜨이다III

¶여동생은 털실로 목도리를 떴다. ¶어부가 노끈으로 그물을 뜨고 있다.

❹(바늘과 먹을 이용하여) 몸에 일정한 문양이나 그림을 그려 넣다. Paint a pattern or image onto a body using a needle and ink.

유 새기다I

N0-가 N1-에 N2-를 V (N0=[인간] N1=[신체부위] N2=문신, 글씨, 그림)

¶요즘은 몸에 문신을 뜨는 것이 유행이다. ¶그 사람은 어깨에 이상한 그림들을 문신처럼 뜨고 다녔다.

❺(액체, 가루, 녹인 고체 따위를 붓거나 주입하여) 원래의 물건과 꼭 맞는 틀 따위를 제작하다. Produce something (such as a frame that fits the original melted solid, etc.) by pouring or inserting a liquid, powder, melted solid, etc.

유 본을 만들다

N0-가 N1-로 N2-를 V (N0=[인간], [직업] N1=[재료](가루, 석고, 쇳물 따위) N2=[구체물], 본, 틀, 모형, 지형, 연판 따위)

¶주물공이 쇳물로 지형을 떴다.

❻요철이 있는 문양 따위를 종이 따위로 덮고 누르거나 긁어서 본래의 모양을 닮은 문양을 베끼다. Copy an original pattern (by covering an embossed pattern with paper and then pressing, rubbing or scratching it).

유 베끼다, 복사하다

N0-가 N1-로 N2-를 V (N0=[인간] N1=[재료](종이, 연필, 못 따위) N2=탁본, 문양)

¶학생들이 먹지로 탁본을 떴다. ¶고고학자들은 종이로 바위에 새겨진 문양을 똑같이 떠서 자료를 구축했다.

뜨다VII

활용 떠, 뜨니, 뜨고, 떴다

타 (상대방의 속마음을 알아내려고) 넌지시 어떤 말을 걸어 보거나 어떤 행동을 하다. Initiate conversation or act in a certain way in a subtle manner (to ascertain someone's innermost feelings).

유 파악하다

N0-가 N1-를 V (N0=[인간] N1=[감정], 마음, 속)

연어 슬쩍, 슬그머니

¶동생은 내 속을 슬쩍 떠 보는 것 같았다. ¶검사가 나를 떠 보려는 속셈으로 소리를 질렀다.

뜨다VIII

활용 떠, 뜨니, 뜨고, 떴다

타(치료 목적으로) 의료 기구를 사용하여 치료하다. Treat and heal someone using medical equipment.
N0-가 N1-에 N2-를 V (N0=[인간](한의사), [인간] N1=[신체부위] N2=뜸, 부황 따위)
¶한의사는 환자의 허리에 뜸을 뜨고 침도 놓았다. ¶동생이 혼자서 아픈 부위에 부황을 뜨고 있었다.
N0-에 N1-를 V (N0=[질병] N1=뜸, 부황 따위)
¶근육통에는 부황을 뜨는 것이 효과가 있다고 한다.

뜨다IX
활용 떠, 뜨니, 뜨고, 떴다
자 누룩이나 메주 따위가 발효하다. (of malt or soybean) Ferment.
㊌발효하다자, 익다
N0-가 V (N0=[식품](메주 따위))
사 띄우다II
¶메주가 뜨면 된장을 만들 때가 된 거야. ¶방에 들어가니 누룩 뜨는 냄새가 났다.

뜨다X
활용 떠, 뜨니, 뜨고, 떴다
자 ❶(오래 되거나 낡아서) 본래의 색을 잃다. Loss of original color due to aging or weathering.
㊌바래다I
N0-가 N1-가 V (N0=[책](종이) N1=색)
연어 누렇게
¶너무 오래 돼서 종이가 색이 누렇게 떴다.
❷(병 따위로) 얼굴빛이 초췌하게 색이 변하다. Change of color due to a change of an original property.
㊌변하다, 퇴색하다
N0-가 V (N0=[신체부위](얼굴, 피부), [속성](색))
연어 누렇게
¶감기에 걸렸는지 동생이 얼굴이 누렇게 떴다. ¶영양실조로 얼굴색이 누렇게 떴다.

뜨이다I
활용 뜨여, 뜨이니, 뜨이고 ㊇ 띄다
자 ❶(눈이) 열려서 벌어지다. (of the eyes) Open.
㊉감기다I
N0-가 V (N0=[신체부위](눈))
능 뜨다IV
¶눈병이 생겨 눈이 뜨이지 않는다. ¶한 대 얻어맞은 눈이 퉁퉁 부어올라 눈이 전혀 안 뜨인다.
❷다른 것보다 두드러지게 보이다. Become more clearly visible than other (persons or objects).
㊌보이다I
N0-가 N1-에 V (N0=[구체물] N1=[신체부위](눈))
¶새로 개점한 가게는 큰 도로변에 있어서 눈에 잘 뜨인다. ¶그의 두 손은 눈에 뜨일 정도로 심하게 떨리기 시작했다. ¶혼자서 늦게까지 일하고 있던 문 대리의 모습이 사장의 눈에 뜨였다.
❸ (주로 부사적으로) 두드러지게 드러나다. (Usually as an adverb) Appear noticeably.
N0-가 N1-에 V (N0=[수량], [비율] N1=[신체부위](눈))
¶경제 지표가 눈에 뜨일 만큼 좋아졌다. ¶적령기 남녀의 결혼률이 최근 눈에 뜨일 정도로 감소세를 보이고 있다.
❹갑자기 관심이 일어나 마음이 끌리다. Become suddenly interested in and develop an affinity for a person or object.
N0-가 N1-에 V (N0=[신체부위](눈) N1=[구체물], [추상물])
연어 번쩍
¶그녀의 아름다운 모습에 눈이 번쩍 뜨였다.
❺(어떠한 일에) 귀가 솔깃해져 마음이 끌리다. Feel drawn to something by temptation.
N0-가 N1-에 V (N0=[신체부위](귀) N1=[앎](소식, 뉴스 따위), 소리)
연어 번쩍
¶그 뉴스에 귀가 번쩍 뜨였다. ¶나는 그 이야기에 귀가 번쩍 뜨였다.
◆ **눈이 뜨이다**
❶잠에서 깨다. Open one's eyes waking up from sleep.
N0-가 Idm (N0=[인간])
¶잠을 자다가 저절로 눈이 뜨였다. ¶형석은 눈이 뜨이자마자 곧장 마당으로 나갔다. ¶새벽에 눈이 뜨인 후로 잠이 오지 않았다.
❷모르던 것을 새로이 알게 되다. Get knowledge of what was previously unknown to oneself.
N0-가 Idm (N0=[인간])
능 눈을 뜨다
¶한글을 배우신 할머니는 이제야 눈이 뜨인 것 같다고 말씀하셨다.
N0-가 N1-에 Idm (N0=[인간] N1=예술작품 따위)
¶나도 이제 미술 작품에 눈이 좀 뜨여 그림을 평가를 할 수 있다.

뜨이다II
활용 뜨여, 뜨이니, 뜨이고
자 ❶(액체나 가루 따위가) 퍼지거나 덜어 내어지다. (of liquid or powder) Be ladled or removed in portions.
N0-가 V (N0=[음식], [양념])
능 뜨다V
¶국이 잘 뜨이지 않는다.
❷(액체 속에 있는 어떤 것이) 건어올려지거나

건져 내어지다. Scoop the top out from a liquid.
(N0=[식재료], [생선])
능뜨다V
¶해물탕 속에 있는 오징어가 잘 뜨이지 않는다. ¶그물에 멸치 떼가 뜨였다.

뜨이다III
활용뜨여, 뜨이니, 뜨이고
자❶(생선류나 육류의 살이) 얇게 베어져 떼이다. (of fish or meat) Be cut into thin slices.
유썰리다
N0-가 V (N0=[생선], [육류])
능뜨다VI
¶생선회가 뜨이는 것을 보니 군침이 돌았다. ¶먹음직스럽게 뜨인 편육이 상 위에 올라와 있다.
❷(실 따위로) 얽어 만들어지다. Be produced by weaving from thread.
N0-가 N1-로 V (N0=[착용물](스웨터, 장갑 따위), 편물 N1=실, 털실)
능뜨다VI
¶그 장갑은 빨간 털실로 뜨였다. ¶촘촘히 뜨인 스웨터가 따뜻해 보인다.
❸한 땀 한 땀 바느질이 되다. Be stitched one by one.
N0-가 V (N0=바늘땀)
능뜨다VI
¶옷을 살 때는 바늘땀이 촘촘히 뜨여 있는지 잘 살펴봐라. ¶군데군데 바늘땀이 뜨인 자국이 보였다.

뜯기다 I
활용뜯기어(뜯겨), 뜯기니, 뜯기고
자❶(붙어 있거나 봉해져 있던 것이) 찢겨 열리다. (of something attached or sealed) Be ripped or torn open.
N0-가 V (N0=[구체물](봉투, 포장 따위))
능뜯다I
¶내가 열어 보기도 전에 편지 봉투가 뜯겨 있었다. ¶대부분 약들은 포장이 뜯긴 채로 배달되었다.
❷(본체나 틀 따위에 붙어 있는 요소가) 분리되거나 떨어지다. (of something attached to a main body or frame) Be separated or removed from a main body or frame.
유분리되다, 파손되다
N0-가 V (N0=[구체물])
능뜯다I
¶방의 벽지가 마구 뜯기고 가구들이 부서져 있었다. ¶집에 돌아오니 자물쇠가 뜯겨 있었다.
❸(구조물 따위나 그 일부분이) 헐려 분리되다. (of a structure or a part of it) Be knocked down and separated.
유헐리다
N0-가 N1-(에게|에 의해) V (N0=[장소], [구체물] N1=[인간])
능뜯다I
¶인부들에게 구들장이 모조리 뜯겼다. ¶커다란 방 천장은 뚜껑이 뜯긴 채 몰골사납게 늘어져 있었다.
❹(털이나 실 따위가) 외부의 힘에 의해 빠지거나 뽑히다. (of fur or thread) Be pulled out by force.
N0-가 V (N0=[신체부위](머리, 머리카락, 털 따위), 바늘땀 따위)
능뜯다I
¶닭이 털이 모두 뜯긴 채로 솥 안에 놓여 있다. ¶옷이 어디에 걸렸었는지 바늘땀이 뜯겨 있다.
❺큰 덩어리에서 작게 잘려 분리되다. Be separated from a large mass by cutting into small pieces.
N0-가 V (N0=[구체물])
능뜯다I
¶바게트는 속은 속대로 껍데기는 껍데기대로 뜯긴 채 단단하게 굳어 있었다.
❻모기 따위의 벌레에게 물리다. Be bitten by an insect such as a mosquito.
유물리다III
N0-가 N1-(에|에게) V (N0=[인간] N1=[벌레](모기 따위))
능뜯다I
¶그는 그동안 모기에 얼마나 뜯겼던지 팔다리가 가려웠다. ¶산에 갔다가 밤새 모기에게 어찌나 물어 뜯겼는지 온몸이 벌집이 되었어요.
❼(다른 사람에게) 괴롭힘을 당하다. Be bullied.
N0-가 N1-에게 V (N0=[인간] N1=[인간])
¶사실대로 말했다가 집사람한테 얼마나 뜯기려고? ¶가게 여종업원은 이 손님 저 손님에게 맨날 뜯기면서 일해요.
※ 속되게 쓰인다.
타(다른 사람에게 돈이나 물건 따위를) 강제로 빼앗기다. Be robbed of one's money or possessions by force.
N0-가 N2-에게 N1-를 V (N0=[인간] N1=[돈] N2=[인간])
능뜯다I
¶철수는 동료에게 술값을 뜯겼다. ¶어머니는 가진 돈을 친척 아주머니한테 모두 뜯겼다.

뜯기다 II
활용뜯기어(뜯겨), 뜯기니, 뜯기고
타❶(풀이나 채소 따위를) 뽑거나 자르게 하다. Have grass or vegetables pulled out or cut.
N0-가 N2-에게 N1-를 V (N0=[인간] N1=[식물],

[채소](냉이, 나물) N2=[인간])
[주]뜨다II
¶어머니는 딸에게 나물을 뜯겼다. ¶그는 하인들에게 초원의 잔디를 뜯겼다.
❷(초식 동물에게) 땅에 난 풀 따위를 입으로 물어 뽑거나 잘라 먹게 하다. Put herbivorous animals out to grass (i.e. to let animals eat grass by pulling it out from the ground or cutting it with their teeth).
N0-가 N2-에게 N1-를 V (N0=[인간] N1=[식물](풀 따위) N2=[초식동물])
[주]뜨다II
¶아이는 풀이 좋은 곳을 찾아서 소에게 뜯겼다. ¶목동이 풀밭에서 양떼들에게 풀을 뜯긴다.
❸(뼈대나 껍질에 붙은 살을) 입으로 물어 떼어서 먹게 하다. Have someone eat flesh that's attached to skin or bone by tearing it with the teeth.
N0-가 N2-에게 N1-를 V (N0=[인간] N1=[음식물](갈비, (통)닭 따위) N2=[인간])
[주]뜨다II
¶아버지는 오랜만에 아들에게 갈비를 실컷 뜯겼다. ¶어머니는 아이들에게 큰 닭 한 마리를 뜯기셨다.

뜯다 I

[활용]뜯어, 뜯으니, 뜯고
[타]❶(붙거나 봉한 것을) 찢어서 열다. Rip or tear open something that is attached or sealed.
[유]개봉하다
N0-가 N1-를 V (N0=[인간] N1=[구체물](봉투, 소포, 포장(지), 봉지, 용기, 저금통 따위))
[피]뜯기다I[자]
¶아이는 엄마의 허락도 받지 않은 채 박하사탕 봉지를 뜯었다. ¶새롬이는 잔돈이 필요해서 저금통을 뜯었다.
❷(전체의 일부나 거기에 붙은 요소를) 분리시켜 떼어내다. Separate and pull out a portion or attachment from the whole.
[유]떼다 [반]붙이다[1]
N0-가 N1-를 V (N0=[인간])
[피]뜯기다I[자]
¶나는 달력을 매달 한 장씩 뜯는다. ¶봄이 되자 큰누나는 솜이불 호청을 뜯어 빨래했다.
N0-가 N2-에서 N1-를 V (N0=[인간] N1=[사물], [착용물] N2=[설치물], [부산물](보푸라기))
¶순이가 문에서 창호지를 뜯었다. ¶영희는 스웨터에서 보푸라기를 뜯어 버렸다.
❸(큰 덩어리의 일부를) 잘라서 떼어내다. Cut and pull away a portion of a large mass.
N0-가 N1-를 V (N0=[인간] N1=[구체물], [음식물])
[피]뜯기다I[자]
¶영희는 휴지를 뜯어 바닥을 닦았다. ¶아이는 빵을 뜯어 비둘기에게 주고 있다.
❹(구조물, 구조물의 일부분을) 헐어서 해체하다. Demolish and dismantle a structure or a part of a structure.
[유]헐다II, 부수다
N0-가 N1-를 V (N0=[인간] N1=[장소], [구체물])
[피]뜯기다I[자]
¶도둑은 범행을 위해 방의 벽을 뜯었다. ¶감리는 부실 공사를 알기 위해 천장과 마룻바닥을 뜯었다.
❺(기계를) 부분 요소들로 떼어내어 분해하다. Disassemble a machine by separating it into its constituent parts.
[유]분리하다 [반]맞추다, 조립하다
N0-가 N1-를 V (N0=[인간] N1=[기계], [기기])
¶고장 원인을 찾기 위해 컴퓨터 본체를 뜯었다. ¶누가 우리 집 자물쇠를 뜯었나 보다.
❻(땅의 풀, 채소 따위를) 뽑거나 잘라 채취하다. Gather grass or vegetables from the ground by cutting or pulling out.
[유]캐다, 따다
N0-가 N1-를 V (N0=[인간] N1=[식물](나물 따위))
[사]뜯기다I[타]
¶소녀는 바구니를 옆에 끼고 봄나물을 뜯고 있었다. ¶쑥떡을 만들려면 부지런히 쑥을 뜯어야 한다.
❼(신체의 털 따위를) 잡아당겨 뽑다. Pull out (body hair, etc.).
N0-가 N1-를 V (N0=[인간], [동물] N1=[신체부위](머리카락, 털 따위))
[피]뜯기다I[자] [사]뜯기다I[타]
¶수탉이 암탉의 깃털을 뜯고 있다. ¶너무 괴로워서 그는 자기 머리털을 뜯고 있었다.
❽(바늘땀을 자른 후 실밥 따위를) 뽑아서 빼내다. Pull out a stitch after cutting it.
N0-가 N1-를 V (N0=[인간] N1=바늘땀, 실밥 따위)
[피]뜯기다I[자]
¶동네 아주머니들이 한 방에 앉아 실밥을 뜯는 부업을 했다.
❾(초식동물이 땅에 난 풀 따위를) 입으로 뽑거나 잘라서 먹다. (of a herbivorous animal) Eat grass from the ground by cutting or pulling it out with the teeth.
N0-가 N1-를 V (N0=[초식동물] N1=[식물](풀 따위))
[사]뜯기다I[타]
¶양떼들이 따사로운 햇볕을 쬐며 풀을 뜯는다. ¶염소들이 초원에서 한가롭게 풀을 뜯고 있다. ¶강둑에는 막 돋아나는 풀잎을 뜯는 소들이 보였다.
❿(뼈대나 껍질에 붙은 살을) 이빨로 떼어내어 먹다. Eat the flesh off a bone or skin by pulling

or tearing it away with the teeth.
N0-가 N1-를 V (N0=[인간] N1=[음식물](갈비, (통)닭, 해삼, 전복, 살 따위))
¶그는 잔디밭에서 부인과 통닭을 뜯었다. ¶수봉이는 안주로 해삼과 전복을 뜯었다.
⓫(마른 어물을) 이빨로 찢어먹다. Eat dried seafood by ripping it with the teeth.
㊌찢어먹다
N0-가 N1-를 V (N0=[인간] N1=[음식물](오징어, 한치, 황태, 쥐포, 대구포, 육포 따위))
¶둘이서 오징어를 반쯤이나 뜯었을까? ¶우리는 아직 한치 다리 하나도 안 뜯었다 이거야.
⓬(모기 따위의 벌레가) 사람이나 동물의 피를 빨아먹다. (of an insect such as a mosquito) Suck a person's blood with tendrils, etc.
㊌물다II
N0-가 N1-를 V (N0=[벌레](모기, 쇠파리, 해충 따위) N1=[인간], [동물], [신체부위])
피뜯기다I자
¶밤새 모기들이 내 몸을 뜯어서 온몸이 벌집이 되었다. ¶숲에서 모기들이 무자비하게 내 온몸을 뜯는다. ¶쇠파리들이 소등을 뜯어 상처가 날 지경이다.
⓭(악기의 줄을) 손으로 당기거나 튕겨서 연주하다. Play a musical instrument by plucking its strings (with the fingers or a plectrum).
㊌퉁기다
N0-가 N1-를 V (N0=[인간])
¶그녀는 가야금을 뜯고 있었다. ¶선비는 연못에 핀 수련을 바라보면서 현금을 뜯었다.
◆ **가슴을 뜯다** 마음이 몹시 아프거나 괴로워하다. Suffer from severe mental pain.
N0-가 N1-로 Idm (N0=[인간] N1=[감정], [태도])
¶나는 그에 대한 질투와 시기심으로 가슴을 뜯곤 했다. ¶나는 그에 대한 분노로 가슴을 뜯었다.
◆ **봉창을 뜯다** 화제와 걸맞지 않는 엉뚱한 얘기를 하다. ('봉창 뜯는 소리'와 같이 수식어로만 쓰인다.) Say something senseless that doesn't correspond to the current topic.
N0-가 Idm (N0=[인간])
¶아닌 밤중에 무슨 봉창 뜯는 소리야. ¶무슨 자다가 봉창 뜯는 소리야?

뜯다II

활용뜯어, 뜯으니, 뜯고
타❶(다른 사람의 돈이나 물건을) 강제로 빼앗아 취하다. Steal someone's money or possessions by force.
㊌빼앗다, 탈취하다
N0-가 N1-를 N2-(에게|에게서) V (N0=[인간|단체] N1=[구체물](돈, 옷, 음식물 따위) N2=[인간|단체])
피뜯기다II
¶정치가들이 대기업에서 후원금을 뜯다가 검찰에 소환되었다. ¶구매과장은 하도급업체에서 정기적으로 돈을 뜯어 갔다.
❷(남의 돈을) 대가를 지불하지 않고 빼앗다. Extort a portion of money and goods without paying.
㊌빼앗다, 강탈하다
N0-가 N2-(에게|에게서) N1-를 V (N0=[인간|단체] N1=개평, 삥땅, 삥 따위 N2=[인간|단체])
¶그는 어린 학생들에게 돈을 뜯다가 출동한 경찰들에게 잡혔다. ¶김 첨지는 노름판에서 개평을 뜯어서 하루를 보낸다.
※ 속되게 쓰인다.

뜯어고치다

활용뜯어고치어(뜯어고쳐), 뜯어고치니, 뜯어고치고
타❶(오래되어 낡거나 못쓰게 된 것을) 헐거나 해체하여 고치다. Repair or restore something old or damaged by dismantling or disassembling it.
㊌개량하다
N0-가 N1-를 V (N0=[인간] N1=[사물])
¶고기 철이 되면 어부들이 그물을 모두 뜯어고친다. ¶지금 사는 집은 자신이 뜯어고친 곳이라 애착이 남다르다.
❷(기존의 것을) 수리하여 다른 용도로 바꾸다. Repair something in order to modify its function.
㊌개량하다
N0-가 N1-를 N2-로 V (N0=[인간|단체] N1=[사물] N2=[사물])
¶군청은 회의실을 공연장으로 뜯어고쳐 주민들의 호응을 얻었다. ¶집의 화장실을 샤워장으로 뜯어고쳤다.
❸(규정, 관습 따위를) 바로잡아 바람직하게 바꾸다. Amend a regulation or custom for a desired purpose.
㊌개혁하다, 개조하다, 개정하다II
N0-가 N1-를 V (N0=[인간|단체] N1=[규범], [관습], [제도], [방법], [분야])
¶정부는 규정을 뜯어고쳤다. ¶총무처는 현실에 맞게 법조문을 뜯어고쳤다. ¶신임이사는 새로운 경영 방식으로 조직 문화를 뜯어고칠 것이다.
❹(이전 것을) 다른 것으로 교체하다. Replace old regulation, etc. with new one.
㊌바꾸다, 변경하다
N0-가 N1-를 N2-로 V (N0=[인간|단체] N1=[규범](규정, 법규, 조항), [기호체계] N2=[규범](규정, 법규, 조항), [기호체계])

¶시의회는 극단 운영 관련 규정을 연극 환경을 악화시키는 규정으로 뜯어고쳤다.
❺(글, 작품 따위의 부족한 부분을) 원하는 방향으로 수정하다. Edit (a weak part of a text or other written work) to improve it in a desired manner.
㊌개정하다II, 개작하다
N0-가 N1-를 V (N0=[인간] N1=[작품], [텍스트])
¶작가는 자기 작품을 수없이 뜯어고칠 수 있어야 한다.
❻(외모나 잘못된 습관을) 원하는 방향으로 수정하다. Change (appearance or bad habit) to a good or more desirable state.
㊌교정하다
N0-가 N1-를 V (N0=[인간] N1=얼굴, 외모, 습관, 행동 따위)
¶가수나 탤런트들은 대부분 치아를 뜯어고친 것이다. ¶그 녀석은 말버릇을 뜯어고쳐야 해.

뜯어내다

활용 뜯어내어(뜯어내), 뜯어내니, 뜯어내고
타 ❶(전체의 일부나 거기에 붙은 요소를) 분리시켜 제거하다. Separate and remove a portion or an attachment from the whole.
㊌뜯다I, 떼다 ㉯붙이다
N0-가 N2-에서 N1-를 V (N0=[인간] N1=[구체물], [착용물] N2=[구체물], [신체부위])
¶그는 시사주간지에서 광고 페이지를 뜯어냈다. ¶그는 발꿈치에서 굳은살을 뜯어냈다.
❷(구조물, 구조물의 일부분을) 헐거나 해체하여 제거하다. Remove a structure or a part of a structure by dismantling or disassembling it.
㊌뜯다I, 떼다, 허물다, 부수다
N0-가 N2-에서 N1-를 V (N0=[인간] N1=[건물], [구체물] N2=[건물], [사물], [설치물])
¶인부들은 너덜너덜한 문짝을 뜯어냈다. ¶김 씨는 비가 샌 천장을 뜯어냈다.
❸(다른 사람의 돈이나 물건을) 강제로 빼앗아 취하다. Extort someone's money or possessions by force.
㊌빼앗다, 강탈하다
N0-가 N2-(에게|에게서) N1-를 V (N0=[인간|단체] N1=[돈], 금품 따위 N2=[인간|단체])
¶김 씨는 학생들에게 금품을 뜯어냈다. ¶김 첨지는 노름판에서 개평을 뜯어내서 하루를 보낸다.
※ 속되게 쓰인다.

뜻하다

활용 뜻하여(뜻해), 뜻하니, 뜻하고
자 어떤 일이나 사태를 미리 헤아려 짐작하다. Consider in advance and guess a work or a situation.
㊌기대하다
N0-가 V (N0=[인간])
¶나는 뜻하지 않게 길을 잃었다. ¶뜻하지 않은 행운이 찾아왔다. ¶어제 친구에게 뜻하지 않게 선물을 받았다.
※주로 '지 않-'를 취하여 '뜻하지 않게', '뜻하지 않은' 등으로 쓰인다.
타 ❶(무엇이) 어떤 내용을 담아 나타내다. (of something) Contain and express a content.
㊌의미하다, 나타내다
N0-가 N1-를 V (N0=[모두] N1=[모두])
¶이 그림에서 매화는 선비들의 절개를 뜻한다. ¶이 단어가 뜻하는 바는 무엇인가?
❷(사람이) 의도적으로 어떤 일을 하려고 마음을 먹다.(주로 관형사형으로 사용된다.) (of a person) Have an intention of doing something.
㊌바라다, 마음먹다타, 도모하다, 결심하다
N0-가 N1-를 V (N0=[인간] N1=[추상물])
¶네가 뜻한 바대로 모두 이루어지길 바란다. ¶일은 내가 뜻한 대로 되지 않았다.

띄다 I

활용 띄어, 띄니, 띄고 본 뜨이다
자 ❶(무엇이) 눈에 들어와 또렷이 지각되다. (of something) Enter into the field of vision and become clearly recognizable.
㊌보이다I, 발견되다, 포착되다
N0-가 N1-에 V (N0=[구체물] N1=[신체부위](눈))
연어 금방, 쉽게, 잘
¶특종 기사의 제목은 눈에 잘 띈다. ¶산삼은 보통 사람의 눈에는 띄지 않는다.
❷(어떤 사람이) 우연히 관심을 끄는 대상으로 포착되어 채택되다. (of someone) Be recognized and selected quite by chance as a person worthy of attention.
N0-가 N1-에 V (N0=[인간] N1=[신체부위](눈))
¶무명 가수였던 그가 연출가의 눈에 띄어 하루아침에 스타가 되었다. ¶그녀는 학교 밴드에서 보컬을 맡고 있다가 한 제작자의 눈에 띄었다.
❸가시적으로 두드러지게 드러나다. Appear visibly noticeable.
N0-가 N1-에 V (N0=[구체물], [추상물], [변화] N1=[신체부위](눈))
연어 확, 괄목할 만하게
¶올해 가장 눈에 띄는 수영복 상품은 '물에 뜨는 수영복'이다. ¶상반기 실적에서 눈에 띄는 것은 수출은 늘고, 내수는 줄었다는 점이다. ¶2년 만에 눈에 띄는 성과를 보이기는 어렵습니다.
❹(다른 사람에 비해) 두드러지게 드러날 정도로

아주 뛰어나다. (of a person) Be very superior to the point that one is noticeably distinguished from other people.

N0-가 N1-에 V (N0=[속성](외모, 능력 따위) N1=[신체부위](눈))

¶그녀는 눈에 띄는 외모를 지녔다. ¶이 대리는 눈에 띄는 실적을 냈다. ¶그는 이번 영화에서 눈에 띄는 연기력을 과시했다.

❺(말, 행동, 모습이) 특이해서 다른 사람의 시선을 끌다. (of speech, behavior, or appearance) Attract the attention or interest of others due to a unique property.

㈜튀다

N0-가 N1-에 V (N0=[속성], [행위] N1=[신체부위](눈))

연어 확, 유별나게, 금방

¶그녀의 의상은 어디에서든 눈에 확 띄는 스타일이었다. ¶그 학생은 특별히 눈에 띄는 행동을 하지는 않았다.

띄다 II

활용 띄어, 띄니, 띄고 ㊔띄우다III

타 ❶사이를 일정한 간격으로 벌리다. Increase the distance between separate things by regular intervals.

N0-가 N1-를 V (N0=[인간] N1=[구체물])

¶나는 선과 선의 간격을 1미터씩 띄었다. ¶우리는 벽돌들을 한 뼘씩 띄어서 세웠다.

N0-가 N1-를 N2-와 V ↔ N0-가 N2-를 N1-와 V ↔ N0-가 N1-와 N2-를 V (N0=[인간] N1=[언어단위], [인간], [자리좌석] N2=[언어단위], [인간], [자리좌석])

¶경찰은 가해자를 피해자와 띄어 앉혔다. ↔ 경찰은 피해자를 가해자와 띄어 앉혔다. ↔ 경찰은 가해자와 피해자를 띄어 앉혔다. ¶선생님은 남학생의 책상과 여학생의 책상을 띄어 놓았다. ¶글을 쓸 때에는 단어와 단어를 띄어라.

❷(사람이나 단체의) 관계를 서로 멀어지게 만들다. Cause people or organizations in a given relationship to grow apart.

N0-가 N1-를 V (N0=[인간|단체] N1=[관계], 사이 따위)

¶철수와 영희가 늘 붙어 다녀서 이들의 사이를 좀 띄어야겠다. ¶뇌물의 고리를 끊으려면 정치계와 경제계의 관계를 멀리 띄어야 해.

띄다 III

활용 띄어, 띄니, 띄고

※'띠다'의 오용.

띄우다 I

활용 띄워, 띄우니, 띄우고

타 ❶(물체를) 바닥이나 땅에서 공중으로 올리다. Lift some object from ground or floor into the air.

㈜날리다

N0-가 N1-를 N2-(에|로) V (N0=[인간] N1=[구체물], [장소])

주 뜨다I

¶학생들이 종이비행기를 하늘에 띄웠다. ¶주장이 축구공을 공중으로 띄웠다.

❷(물체를) 물 위에 가라앉지 않고 모습이 드러나게 하다. Keep object float above water.

N0-가 N1-를 N2-에 V (N0=[인간] N1=[교통기관] N2=[장소])

주 뜨다I

¶해적들은 바다에 배를 띄웠다. ¶사람들은 무인도에서 탈출하기 위해 해변에 뗏목을 띄웠다.

띄우다 II

활용 띄워, 띄우니, 띄우고

타 (누룩이나 메주 따위를) 발효시키다. Ferment yeast, soybeans, etc..

㈜발효시키다

N0-가 N1-를 V (N0=[인간] N1=[식품](메주 따위))

주 뜨다IX

¶할머니는 메주를 띄우셨다. ¶그는 방에서 누룩을 띄웠다.

띄우다 III

활용 띄워, 띄우니, 띄우고 ㊟띄다II

타 ❶사이를 일정한 간격으로 벌리다. Increase the distance between separate things by regular intervals.

㈜벌리다II

N0-가 N1-를 V (N0=[인간] N1=[구체물])

¶나는 선과 선의 간격을 1미터씩 띄웠다. ¶우리는 벽돌들을 한 뼘씩 띄워서 세웠다.

N0-가 N1-를 N2-와 V ↔ N0-가 N2-를 N1-와 V ↔ N0-가 N1-와 N2-를 V (N0=[인간] N1=[말], [인간], [자리좌석] N2=[말], [인간], [자리좌석])

¶경찰은 가해자를 피해자와 띄워 앉혔다. ↔ 경찰은 피해자를 가해자와 띄워 앉혔다. ↔ 경찰은 가해자와 피해자를 띄워 앉혔다. ¶글을 쓸 때에는 단어와 단어를 띄워라.

❷사람이나 단체의 관계를 서로 멀어지게 만들다. Cause people or organizations in a given relationship to grow apart.

N0-가 N1-를 V (N0=[인간|단체] N1=[관계], 사이 따위)

¶현수와 소영이가 늘 붙어 다녀서 이들의 사이를 좀 띄워야겠다. ¶뇌물의 고리를 끊으려면 정치계와 경제계의 관계를 멀리 띄워야 한다.

띠다

활용 띠어(떠), 띠니, 띠고

타 ❶(띠, 끈 따위를) 몸에 두르다. Wrap (string, band, etc.) around the body.

㊤매다 ㊥풀다

N0-가 N1-를 V (N0=[인간] N1=[착용물](띠, 끈 따위))

사 띠우다

¶그녀는 허리에 잘록하게 허리띠를 띠었다. ¶임신부는 허리를 조르는 띠를 띠지 않는 게 좋다.

❷(물건을) 몸에 지니다. Wear an item.

㊤가지다[1], 지니다, 차다I

N0-가 N1-를 V (N0=[인간] N1=허리띠, 칼 따위)

¶장군은 칼을 허리에 띠고 전쟁터로 나갔다.)

❸ (빛깔, 색채 따위를) 지니거나 드러내다. Possess or appear (color, hue, etc.).

㊤나타내다

N0-가 N1-를 V (N0=[인간], [동물], [식물], [사물], [신체부위] N1=[색])

¶버들은 벌써 물이 올라 푸른빛을 띠었다. ¶식물이 녹색을 띠는 이유는 엽록소 때문이다.

❹(사명, 임무 따위를) 부여받아 수행할 책임을 지다. Accept a duty or mission and take responsibility for performing it.

㊤맡다I, 가지다[1]

N0-가 N1-를 V (N0=[인간|단체] N1=[추상물](임무, 사명 따위))

¶평화유지군은 병력 격리와 무장 해제의 임무를 띤다. ¶우리는 위대한 사명을 띠고 이 땅에 태어났다.

❺(얼굴에) 감정, 표정 따위를 지어 드러내 보이다. Make an emotion or expression visible on one's face.

㊤드러내다

N0-가 N2-에 N1-를 V (N0=[인간] N1=기색, 미소, 웃음 따위 N2=[신체부위](얼굴, 입가, 눈 따위))

¶그는 얼굴에 원망하는 기색을 띠었다. ¶그의 아버지는 얼굴에 노기를 띠었다. ¶아이는 입가에 미소를 띠었다.

❻(성향, 성질 따위를) 속성으로 가지다. Possess a tendency or property.

N0-가 N1-를 V (N0=[인간|단체], [행위], [구체물] N1=[속성], 열기, 활기 따위)

¶그의 발언은 다분히 정치적 성향을 띠고 있다. ¶요즘 들어 각종 가정용 로봇 개발이 활기를 띠고 있다.

❼(양상, 모습을) 갖추어 드러내다. Possess an aspect or appearance and make it visible.

N0-가 N1-를 V (N0=[추상물], [상태] N1=양상, 형식, 형태, 모습 따위)

¶주식 거래량은 연일 활발한 양상을 띠었다. ¶가족은 역사와 사회에 따라 다양한 형태를 띠었다.

❽의미나 가치를 지니다. Possess a meaning or value.

㊤가지다[1]

N0-가 N1-를 V (N0=[추상물], [상태] N1=의미, 가치 따위)

¶시는 그 나름의 특별한 존재 가치를 띤다. ¶서편제의 입상은 한국적 소재의 세계화라는 점에서 큰 의미를 띠었다.

띠우다

활용 띠워, 띠우니, 띠우고

타 (띠, 끈 따위를) 몸에 두르게 하다. Make someone wrap (a band, string, etc.) around the body.

N0-가 N2-에게 N1-를 V (N0=[인간] N1=[착용물](허리띠, 머리띠 따위) N2=[인간])

주 띠다

¶어머니가 딸에게 머리띠를 띠우니 더 예뻐 보였다. ¶아버지는 바지가 흘러내리지 않게 아이의 허리에 띠를 띠워 주었다.

랑데부하다

어원 프랑스어 rendez-vous~ 활용 랑데부하여(랑데부해), 랑데부하니, 랑데부하고 대응 랑데부를 하다

자 ❶ (사람이) 다른 사람(흔히는 이성)을 일정한 장소에서 만나다. Meet a person at a specified time and place.

유 만나다, 미팅하다, 밀회하다

N0-가 N1-와 N2-에서 V ↔ N1-가 N0-와 N2-에서 V ↔ N0-와 N1-가 N2-에서 V (N0=[인간], N1=[인간], N2=[장소])

¶저녁에 지희는 봉철이와 개천 둑에서 랑데부했다. ¶저녁에 봉철이가 지희와 개천 둑에서 랑데부했다. ¶저녁에 지희와 봉철이가 개천 둑에서 랑데부했다.

❷인공위성, 우주선 따위가 우주 공간에서 서로 결합하다. (Of two spacecraft) Link together in space.

유 도킹하다

N0-가 N1-와 N2-에서 V ↔ N1-가 N0-와 N2-에서 V ↔ N0-와 N1-가 N2-에서 V (N0=우주선, 인공위성, N1=우주선, 인공위성, N2=우주 공간, 상공)

¶어제 쏘아올린 우주선은 상공 200마일에서 다른 우주선과 랑데부할 것이다. ¶대기 환경을 감시하는 두 인공위성이 서로 랑데부하는 장면은 감동적이다.

랩하다

어원 영어, rap~ 활용 랩하여(랩해), 랩하니, 랩하고 대응 랩을 하다

자 강렬하고 반복적인 리듬에 맞춰 읊듯이 노래하다. Sing as if to recite to a powerful and repetitive rhythm.

N0-가 V (N0=[인간])

¶준호는 노래하고 선우는 랩했다. ¶걔 랩하니? ¶나는 랩할 때 자꾸 발음이 꼬인다.

레슨받다

어원 영어, lesson~ 활용 레슨받아, 레슨받으니, 레슨받고 대응 레슨을 받다

타 (개인 또는 단체가) 일정한 시간에 예술(노래, 악기, 무용 등)이나 운동 등을 배우다. (An individual or a team) learn some art(song, playing musical instrument, dance, etc.) or sports at a fixed period of time.

유 배우다 반 레슨하다

N0-가 N1-를 V (N0=[인간|단체] N1=예술(노래, 악기, 무용 등)이나 운동 등)

¶순이는 매일 한 시간씩 피아노를 레슨받는다. ¶동호회원들은 일요일마다 회장으로부터 테니스를 레슨받았다.

레슨하다

어원 영어, lesson~ 활용 레슨하여(레슨해), 레슨하니, 레슨하고 대응 레슨을 하다

타 (개인 또는 단체에게) 일정한 시간에 예술(노래, 악기, 무용 등)이나 운동 등을 가르치다. (to an individual or a team) Teach some art (song, playing musical instrument, dance, etc.) or sports at a fixed period of time.

유 가르치다 반 레슨받다

N0-가 N2-에게 N1-를 V (N0=[인간] N1=[예술](노래, 악기, 무용 등), [운동] N2=[인간|단체])

¶김 선생은 그 아이에게 하루에 한 시간씩 피아노를 레슨했다. ¶그는 일요일마다 동호회 회원들에게 테니스를 레슨한대. ¶음악 학원에서 개인별로 악기를 레슨하다 보니 무척 힘이 들었다.

렌트하다

어원영어, rent~, 활용렌트하여(렌트해), 렌트하니, 렌트하고, 대응렌트를 하다

타(사람이나 단체가) 건물이나 차량을 일정한 세를 정기적으로 내고 소유주에게서 일정한 기간 빌리다. (Of house, office or car) Pay regularly its owner a sum of money in order to be have it and use it.

㊌빌리다I, 임차하다, ㊉빌려주다, 임대하다, 렌트주다

N0-가 N1-를 N2-(에서|에게서) V (N0=[인간|단체], N1=사무실, 집, 자동차, 복사기)

¶나는 부동산에서 사무실을 2년간 월 100만원에 렌트했다. ¶우리 가족은 제주도에 여행 가서 자동차를 일주일간 렌트하였다.

로그아웃하다

어원영어, log out~ 활용로그아웃하여(로그아웃해), 로그아웃하니, 로그아웃하고 대응로그아웃을 하다

자타(인터넷에서 아이디와 암호를 입력하여 접속한 회원제 사이트에서) 접속을 끊고 나오다. Disconnect access from a membership web site that can be accessed by entering the ID and password on the Internet.

㊉로그인하다

N0-가 N1-(에서|를) V (N0=[인간] N1=게임, 홈페이지, 사이트 따위)

피로그아웃되다

¶제가 이 사이트에서 로그아웃하려고 하면 이상한 창들이 자꾸 생깁니다. ¶게임에서 지고 있으면 게임 도중에 로그아웃하는 사람들이 너무 많다.

로그인하다

어원영어, log in~ 활용로그인하여(로그인해), 로그인하니, 로그인하고 대응로그인을 하다

자타(회원제로 운영되는 인터넷상의 페이지에서) 아이디와 암호를 입력하여 접속하다. Access an Internet page that is managed through a membership system by entering the ID and password.

㊉로그아웃하다

N0-가 N1-(에|를) V (N0=[인간] N1=게임, 홈페이지, 사이트 따위)

¶친구들이 동시에 게임에 로그인했다. ¶회원들은 회원 전용 코너에 로그인하여 이용하시기 바랍니다. ¶나는 동호회 사이트에 로그인하려고 보니 암호가 생각나지 않았다.

로밍하다

어원영어, roaming~, 활용로밍하여(로밍해), 로밍하니, 로밍하고, 대응로밍을 하다

타무선 전화기를 통신회사의 중계기와 연계하여 어디서나 서비스 받을 수 있도록 하다. Be provided by a mobile phone company which makes it possible to use mobile phone when one travels abroad.

N0-가 N1-를 V (N0=[인간], N1=무선호출기, 무선전화기)

피로밍되다

¶나는 이번 미국 출장길에 전화기를 로밍해서 갔더니 굉장히 편리했어. ¶외국서 매일 같이 직접 통화하려면 전화기를 로밍해서 가거라.

로비하다

어원영어, lobby~, 활용로비하여(로비해), 로비하니, 로비하고, 대응로비를 하다

자타(개인이나 단체) 이해 관계자나 그러한 기관, 단체에게 이익을 위해 부탁하거나 청탁하다. Calm down or implore those in power on issues of interest.

㊌청탁하다

N0-가 N2-에게 N1-를 V (N0=[인간|단체], N1=[일], [행위], [사건], N2=[인간|단체])

¶그는 행정 관청에 건축 허가를 로비하였다. ¶부적절한 방법으로 취업을 로비하는 것은 불법이다.

N0-가 N1-에게 S것-을 V (N0=[인간|단체], N1=[인간|단체])

¶그는 행정관청에 건축 허가를 빨리 내어줄 것을 로비하였다.

N0-가 N1-에게 S고 V (N0=[인간|단체], N1=[인간|단체]

¶음악 경연대회 참가자가 심사자에게 좋은 점수를 달라고 로비하였다.

로테이션하다

어원 영어, rotation~ 활용로테이션하여(로테이션해), 로테이션하니, 로테이션하고 대응로테이션을 하다

자❶(배구에서) 서브권을 다시 가져온 팀의 선수들이 위치를 시계 방향으로 한 자리씩 옮기다. In volleyball, the players of the team move their positions one by one clockwise when the team take away the serve-right.

N0-가 V (N0=[인간])

¶한 번 더 로테이션하면 김 선수가 센터 자리에 오게 된다. ¶배구에서, 서브권을 다시 가져 오면, 로테이션한 다음에 서브를 넣는다.

❷(자리를) 번갈아 들다. Take one's turn.

㊌교대하다

N0-가 V (N0=[인간])

¶그 회사 직원들은 3교대로 로테이션하면서 근무한다. ¶큰 병원의 간호사들은 대개 8시간마다

ㄹ

로테이션한다.
타(야구에서 감독이 투수를) 차례로 기용하다. In baseball, the manager takes turns using the pitcher.
N0-가 N1-를 V (N0=[인간](감독) N1=[인간](투수)
¶이번 경기에서 김 감독은 3명의 선발투수를 로테이션했다. ¶그 경기에서 감독이 몇 명의 투수를 로테이션할지는 아무도 모른다.

롱런하다

어원 영어, long run~ 활용 롱런하여(롱런해), 롱런하니, 롱런하고 대응 롱런을 하다
자❶(연극이나 영화가) 오랜 기간 공연되거나 상영되다. A play is performed for a long time or a movie runs for a long time.
N0-가 V (N0=연극, 영화 따위)
¶감독은 자기가 만든 영화가 롱런하기를 바랐다. ¶그 영화가 롱런하는 것은 출연 배우들의 훌륭한 연기 덕분이다.
❷(연예인이나 운동선수 등이) 그 지위를 오래 유지하다. An entertainer or an athlete keep on his status for a long time.
N0-가 V (N0=[인간])
¶그는 톱배우로 가장 오래 롱런한 배우다. ¶그 걸그룹의 멤버들은 반드시 롱런하는 그룹이 되겠다고 다짐하였다.

리드하다

어원 영어, lead~, 활용 리드하여(리드해), 리드하니, 리드하고, 대응 리드를 하다
타❶앞장서서 남을 이끌다. Lead a person in the lead.
유 이끌다
N0-가 N1-를 V (N0=[인간|단체], N1=[인간|단체])
¶영수가 영희를 리드하고 있는 것처럼 보였지만 실제로는 그 반대였다. ¶내가 리드하는 대로 그대로 따라오너라.
❷운동 경기 따위에서, 상대보다 점수가 앞서다. In terms of athletics, the score is ahead of the opponent.
유 앞서다 반 뒤지다
N0-가 N1-를 N2-에서 V (N0=[인간|단체], N1=[인간|단체], N2=운동경기)
¶우리 팀은 상대 팀을 결승전에서 5점 차로 리드하고 있다. ¶전반전에서 리드하던 청룡 팀이 백호 팀에게 결국은 역전패하였다.

리메이크하다

어원 영어, remake~, 활용 리메이크하여(리메이크해), 리메이크하니, 리메이크하고, 대응 리메이크를 하다
타 예전에 만들었던 영화, 음악, 드라마 따위를 새롭게 다시 만들다 Re-create old movies, music, dramas, etc.
피 리메이크되다
N0-가 N1-를 V (N0=[인간|단체], N1=영화, 음악, 드라마)
¶신신 영화사가 영화 '성웅 이순신'를 새롭게 리메이크하여 개봉하였다. ¶팝 음악 작곡가가 트로트를 리메이크하여 인기를 끌고 있다.

리모델링하다

어원 영어, remodeling~ 활용 리모델링하여(리모델링해), 리모델링하니, 리모델링하고
대응 리모델링을 하다
타(오래 된 아파트나 주택 등의 건축물을) 골조만 그대로 두고 크게 고치다. Redecorate old apartment, house, building, etc. leaving the frame as it was.
N0-가 N1-를 V (N0=[인간] N1=[건축물](아파트, 주택, 상가 따위))
¶4단지 주민들은 자기들의 아파트를 리모델링하기로 결정하였다. ¶리모델링하니 상가 건물이 새 건물처럼 되었다.

리바이벌하다

어원 영어, revival~, 활용 리바이벌하여(리바이벌해), 리바이벌하니, 리바이벌하고, 대응 리바이벌을 하다
타 오래된 영화나 연극, 유행가 따위를 다시 상영하거나 공연하다. Re-screen or perform old movies, plays, popular songs, etc.
피 리바이벌되다
N0-가 N1-를 V (N0=[인간|단체], N1=[영화,음악,드라마])
¶레코드회사가 흘러간 옛 노래를 리바이벌하여 큰 호응을 받았다. ¶과거의 자기 노래를 리바이벌해서 부른 가수가 갈수록 늘어가고 있는 추세이다.

리콜하다

어원 영어, recall~, 활용 리콜하여(리콜해), 리콜하니, 리콜하고, 대응 리콜을 하다
타 회사가 고객이 구매한 제품(특히 공산품)이 무엇인가 잘못이 있었을 때 그것을 수리하거나 교환해 주기 위해 반환하도록 고객들에게 요청하다 (of company) Ask the shops or the people who have bought that product to return it because there is something wrong with it.
유 반환을 요청하다
N0-가 N2-(에 | 에게) N1-를 V (N0=[단체](회사, 공장), N1=공산품, 제품(자동차, 냉장고 따위), N2=사람, 대리점)
피 리콜되다
¶그 자동차 회사는 최신형 모델을 모두 리콜하는

중이다. ¶이 외제차는 운전 중에 화재가 잘 나서 한국지사는 그 제품을 모두 리콜하였다.

리포트하다

[어원]영어, report~, [활용]리포트하여(리포트해), 리포트하니, 리포트하고, [대응]리포트를 하다

[자타]❶어떤 사실이나 사건에 대해 사람들에게 알리다 Tell people about something that has happened

㊌보고하다[자타], 보도하다[자타]

N0-가 N1-(에 대해|를) N2-에게 V (N0=[인간|단체], N1=[사건])

¶방송에서 기자가 남부 지방에서 일어났던 피해를 자세히 리포트했다. ¶네가 실험하려고 한 것에 대해 자세하게 리포트해 봐라.

N0-가 N1-에게 S고 V (N0=[인간|단체], N1=[인간|단체])

¶그 기자는 마을에서 코로나로 사람들이 10명 죽었다고 보건소에 리포트했다. ¶방송기자는 아직도 무너진 건물 속에 산사람이 있다고 리포트했다.

❷자신이 연구하거나 조사한 바를 문서로 체계적으로 작성하여 전달하다 Give a formal statement or official account of an investigation, etc.

㊌보고하다[자타]

N0-가 N1-(에 대해|를) N2-(에 | 에게) V (N0=[인간|단체], N1=[사건], N2=[인간|단체])

¶역학조사반은 코로나 집단감염에 대해 정기적으로 본부에 리포트하고 있다. ¶북한인권감시단은 주민의 인권 유린 실태를 정기적으로 유엔 인권위원회에 리포트하고 있다.

N0-가 N1-(에 | 에게) S고 V (N0=[인간|단체], N1=[인간|단체])

¶역학조사반은 코로나가 집단감염이 계속 일어날 것이라고 질병본부에 리포트했다. ¶북한인권감시단은 북한정권이 심각하게 주민의 인권을 유린한다고 정기적으로 유엔 인권위원회에 리포트하고 있다.

리필하다

[어원]영어, refill~, [활용]리필하여(리필해), 리필하니, 리필하고, [대응]리필을 하다

[타]다 쓴 용기나 비어 있는 그릇 따위에 내용물을 다시 채우다. Refill used containers or empty bowls.

㊤넣다[1], 채우다I

N0-가 N2-에 N1-를 V ↔ N0-가 N2-를 N1-로 V (N0=[인간], N1=[사물], N2=[용기], [사물])

[연어]가득, 잔뜩, 꽉

¶그는 커피잔에 커피를 가득 리필하였다. ↔ 그는 커피잔을 커피로 가득 리필하였다. ¶빈 잔에 생맥주를 가득 리필한 영수는 단숨에 다 마셨다. ¶이번 달까지 공기청정기를 주문하면 매달 무료로 천연향을 리필해 준다고 하였다.

리허설하다

[어원]영어, rehearsal~, [활용]리허설하여(리허설해), 리허설하니, 리허설하고, [대응]리허설을 하다

[타]연극, 음악, 방송 따위에서, 공연을 앞두고 실제처럼 연습하다. Practicing in real life before a play, music, broadcast and so on.

㊌연습하다

N0-가 N1-를 V (N0=[인간|단체], N1=[구체물], [추상물])

[사]리허설시키다

¶배우들은 하루에 네 시간씩 공연을 리허설하면서 호흡을 맞추었다. ¶강당에서 졸업생들과 재학생들이 졸업식을 리허설하고 있었다.

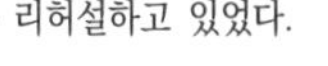

린스하다

[어원]영어, rinse~, [활용]린스하여(린스해), 린스하니, 린스하고, [대응]린스를 하다

[타]린스를 이용하여 머리를 헹구면서 머리털을 윤기 나고 부드럽게 하다. Give a light tint to hair using rinse in the final stage in washing.

N0-가 N1-를 V (N0=[인간], N1=머리, 머리결)

¶누나는 매일 머리를 감고 린스해서 머릿결이 반질반질한다. ¶난 비누로만 머리를 씻고 린스하지 않는다.

※주로 목적어 없이 쓰인다.

링크하다

[어원]영어, link~, [활용]링크하여(링크해), 링크하니, 링크하고, [대응]링크를 하다

[자타] 사이트나 컴퓨터 기기에 접속하거나 서로 연결하다. Join something with another by putting one thing through the other.

㊌연결하다, 접속하다, 잇다

N0-가 N1-(에|를) V (N0=[인간], N1=컴퓨터, 사이트)

[피]링크되다

¶이 연구소 사이트에 링크해서 자료를 다운받아라. ¶그들은 용량이 큰 컴퓨터를 링크해서 작업하였다.

N0-가 N1-를 N2-(에|와) V (N0=[인간], N1=컴퓨터, 사이트, N2=컴퓨터, 사이트)

¶네 컴퓨터를 이 연구소 사이트에 링크해서 자료를 다운받아라. ¶그들은 용량이 큰 컴퓨터와 노트북을 링크해서 작업하였다.

ㅁ

마감되다

[어원]磨勘~ [활용]마감되어(마감돼), 마감되니, 마감되고 [대응]마감이 되다

[자](어떤 일이) 정해진 기간에 끝나다. (of a work) Be finished within a definite period.

㊚끝나다, 마무리되다

No-가 V (No=[행위], [시간], 삶 따위)

[능]마감하다

¶우리 대학은 이미 입학원서 접수가 마감되었다. ¶유난히 슬픈 일이 많았던 한 해가 마감되어 가고 있다. ¶그는 자신의 삶이 마감된 후에 작품을 공개하라고 당부했다.

마감하다

[어원]磨勘~ [활용]마감하여(마감해), 마감하니, 마감하고 [대응]마감을 하다

[타]❶(사람이나 기관이) 어떤 일을 정해진 기간에 끝을 맺다. (of a person) Finish a work within a definite period.

㊚끝내다, 마치다[1], 끝마치다, 마무리하다 ㉸개시하다

No-가 N1-를 V (No=[인간|단체], [기관] N1=[행위], [시간], 생활 따위)

[피]마감되다

¶올해 우리 대학은 일찍 입학원서 접수를 마감하였다. ¶나는 30년 동안의 직장 생활을 마감하고 고향으로 돌아왔다.

❷일정한 나이에 차서 죽다. Die of old age.

㊚끝내다, 마치다[1]

No-가 N1-를 V (No=[인간] N1=삶, 인생 따위)

¶그는 집에서 편안히 삶을 마감하였다. ¶나는 고향에서 가족과 함께 지내면서 인생을 마감하고 싶다.

마다하다

[활용]마다하여(마다해), 마다하니, 마다하고

[타](사람, 일, 물건 따위를) 싫다고 하거나 거절하다. Claim dislike or reject a person, a task, an item, etc.

㊚거부하다, 거절하다

No-가 N1-를 V (No=[인간|단체] N1=[인간|단체], [일], [제안], [구체물], [행위], [싸움] 따위)

¶그는 좋은 조건의 스카웃 제의를 마다했다. ¶선생님들은 가르쳐 달라는 학생을 마다하지 않아요.

No-가 S(기|것)(를|을) V (No=[인간|단체])

¶그는 궂은 일 하기를 마다하지 않는다. ¶그들은 어려운 사람들 돕는 것을 결코 마다하지 않는다.

마련되다

[활용]마련되어(마련돼), 마련되니, 마련되고 [대응]마련이 되다

[자](무엇이) 준비되거나 갖추어지다. (of something) Be prepared or secured.

㊚준비되다

No-가 V (No=[구체물], [사건], [방법], [장소])

[능]마련하다

¶목돈이 마련되어 우리는 곧 바로 집을 구입할 수 있었다. ¶홍수 방지 대책이 일주일 만에 마련되었다. ¶우리만의 작업실이 드디어 마련되었다.

마련하다

[활용]마련하여(마련해), 마련하니, 마련하고 [대응]마련을 하다

[타](무엇을) 준비하거나 갖추다. Prepare or get something.

㊚장만하다

N0-가 N1-를 V (N0=[인간|단체] N1=[구체물], [사건], [방법], [장소])
[피]마련되다
¶나는 추석에 부모님께 드리려고 작은 선물을 마련하였다. ¶그는 청소년을 위해 작은 음악회를 마련하였다. ¶정부는 이 상황을 타개할 대책을 마련해야 할 것이다.

마르다 I

[활용]말라, 마르니, 마르고, 말랐다
[자]❶(젖어 있거나 습기를 품고 있던 것에서) 물기가 없어지다. (of something) Be removed of moisture.
[유]건조해지다 [반]젖다, 축축해지다
N0-가 V (N0=[옷], [식물], [신체부위](입술), 눈물, 땀 따위)
[연어]바짝, 바싹, 다
¶날씨가 좋아서 빨래가 잘 마른다. ¶그는 물을 마시지 못해 입술이 바짝 말랐다. ¶언니는 너무 많이 울어서 눈물도 마른 것 같았다.
❷(고여 있거나 솟아나던 물이) 줄어 없어진 상태가 되다. (of stagnant or pumping water) Become void of water due to gradual decrease.
N0-가 V (N0=농경지, 우물, 계곡 따위)
¶극심한 가뭄에 논바닥이 다 말랐다. ¶이 우물은 아무리 가물어도 마르지 않는다.
❸(무엇이) 드물어 찾기 힘든 상태가 되다. (of something) Become rare and difficult to find.
[유]줄어들다, 없어지다
N0-가 V (N0=[화폐], 씨)
¶경기가 좋지 않아 시중의 돈이 마르고 있다. ¶전셋값 인상으로 서울 시내 아파트의 씨가 말랐다.
※ '씨가 말랐다'의 형태로 주로 사용된다.

마르다 II

[활용]말라, 마르니, 마르고, 말랐다
[자](사람이나 동물이) 살이 빠져 홀쭉해지다. (of a person or an animal) Become thin after losing weight.
[유]야위다 [반]찌다I, 살찌다
N0-가 N1-가 V (N0=[인간], [동물] N1=[신체부위], 체형, 몸집 따위)
¶길고양이가 잘 먹지 못해서 몸이 많이 말랐다. ¶그는 체형이 좀 마른 편이다. ¶그는 잠을 잘 못 자서 얼굴이 부쩍 말랐다.

마무리되다

[활용]마무리되어(마무리돼), 마무리되니, 마무리되고 [대응]마무리가 되다
[자]❶(어떤 일이) 완성되어 끝나다. (of a task) Be finished with accomplishment.
[유]종결되다, 끝나다, 종료되다 [반]시작되다, 착수하다
N0-가 N1-로 V (N0=[행위], [사건], [행사] N1=[행위])
[능]마무리하다
¶광화문에 세종대왕 동상 건립 사업이 마무리되었다. ¶토목 공사와 전기 공사가 동시에 마무리되었다.
❷(어떤 일이) 본래의 계획 따위에 비추어 정리되다. (of some task) Be completed (according to the original plan).
[유]끝나다
N0-가 V (N0=[시간], 삶 따위)
[능]마무리하다
¶이로써 우리의 대학 생활이 마무리되었다. ¶그의 영웅적 삶은 이렇게 마무리되었다.

마무리하다

[활용]마무리하여(마무리해), 마무리하니, 마무리하고 [대응]마무리를 하다
[타]❶(어떤 일을) 완성하여 끝맺다. End some task by completing it.
[유]종결하다, 끝내다 [반]시작하다
N0-가 N1-를 V (N0=[인간] N1=[행위])
[피]마무리되다
[연어]얼른, 서둘러
¶작가는 집필을 서둘러 마무리했다. ¶건설사는 토목공사와 전기공사를 동시에 마무리했다.
❷(어떤 일을) 본래의 계획 따위에 비추어 돌이켜 정리하다. Reflect and complete a task (according to the original plan).
[유]끝내다
N0-가 N1-를 V (N0=[인간] N1=[시간], 삶 따위)
[피]마무리되다
¶우리는 이렇게 한 해를 잘 마무리했다. ¶아버지는 교편생활을 마무리하시고 고향으로 내려가셨다. ¶그는 영웅적인 삶을 마무리했다.

마비되다

[어원]痲痺~ [활용]마비되어(마비돼), 마비되니, 마비되고 [대응]마비가 되다
[자]❶(신경이나 근육에 이상이 생겨서 신체가) 감각이 없어지고 움직이지 못하게 되다. (of a body) Be senseless and unable to move because there is something wrong with the nerve or muscle.
[유]경직되다, 뻣뻣해지다
N0-가 V (N0=[인간], [신체부위])
[사]마비시키다
¶그녀는 마취주사를 맞고서 온 몸이 마비되어서 쓰러졌다. ¶그는 얼굴 근육이 마비되어서 말을 할 수가 없었다.
❷(교통기관 따위가) 본래의 기능이나 체계에

문제가 생겨 제 기능을 못하게 되다. (of transport facilities, etc.) Fail to operate properly due to a problem with its original function or system.
N0-가 N1-(로|로 인해|때문에) V (N0=[인간], [추상물](기능, 업무, 행위 따위), [교통기관], [구체물] N1=[사건], [행위])
사마비시키다
¶폭설로 모든 대중교통이 마비되었다. ¶비상사태 때문에 공항과 인근 도로가 모두 마비되었다.
❸(마음이나 정신에 문제가 생겨서) 합리적이고 이성적인 사고가 이루어지지 못하게 되다. Fail to have reasonable and rational thought because of some problem in the heart or mind.
N0-가 N1-로 V (N0=[추상물](생각, 의식, 이성 따위) N1=[사건], [상태])
사마비시키다
¶강한 충격으로 그의 모든 의식이 마비되어 버린 듯했다. ¶충격으로 이성이 마비되었는지 그는 여러 가지 부적절한 행동을 하고 다녔다.

마비시키다

어원痲痺~ 활용마비시키어(마비시켜), 마비시키니, 마비시키고 대응마비를 시키다
타❶(신체의 일부 또는 전부를) 감각 기능을 잃어 움직이지 못하게 만들다. Make a part of or the whole body lose sensation and fail to move.
㊌경직시키다, 뻣뻣하게 만들다
N0-가 N1-를 V (N0=[인간], [동물], [구체물], [인지] N1=[인간], [신체부위])
주마비되다
¶몸에 박힌 유리 조각이 그녀의 전신을 마비시켰다. ¶이 약은 신경 자체를 미비시켜서 통증을 완화시킨다.
❷(어떤 대상이 가지고 있던) 본래의 제 기능을 이행하지 못하게 하다. Make an object incapable of performing its original function.
N0-가 N1-를 V (N0=[인간], [구체물], [사건], [행위] N1=[인간], [추상물](기능, 업무, 행위 따위), [교통기관], [구체물])
주마비되다
¶종교에 대한 맹신이 과학적인 학문 활동을 마비시켰다. ¶의원들의 안이한 태도가 국회의 기능을 마비시키고 있다. ¶안개 때문에 일어난 버스 추돌 사고가 교통 기능을 완전히 마비시켰다.
❸(생각이나 사고를) 합리적으로 이성적으로 하지 못하게 하다. Prevent reasonable and rational thought.
N0-가 N1-를 V (N0=[사건], [상태] N1=[추상물](생각, 의식, 이성 따위))
주마비되다
¶갑작스러운 아들의 죽음이 그의 의식을 마비시켜 버렸다. ¶긴장이 그의 사고 체계를 마비시켰는지 그는 적절한 대답을 하지 못하였다.

마시다

활용마시어(마셔), 마시니, 마시고
타 ❶ (액체를) 목구멍으로 삼키다. Swallow liquid down the throat.
㊌들이켜다, 넘기다 ㉲뱉다[1], 머금다 ㊏먹다I[1]
N0-가 N1-를 V (N0=[인간], [동물] N1=[액체])
¶아침에 일어나면 나는 늘 먼저 물을 마신다. ¶땀을 많이 흘린 선수들이 시원한 음료수를 벌컥 벌컥 마셨다.
❷(기체를) 호흡기관으로 들이키다. Inhale a gas in a respiratory organ.
㊌들이켜다, 들이마시다 ㉲내뱉다
N0-가 N1-를 V (N0=[인간], [동물] N1=[기체](공기, 가스 따위))
¶우리는 교실 밖으로 나와 신선한 공기를 마음껏 마셨다. ¶이 환자는 일산화탄소 가스를 너무 많이 마셨다.

마음먹다

활용마음먹어, 마음먹으니, 마음먹고 대응마음을 먹다 ㉻ 맘먹다
자(어떤 일을 하겠다고) 마음속으로 결심하거나 생각하다. Make up one's mind to do some work or think of it.
㊌결심하다자, 다짐하다, 결의하다
N0-가 S다고 V (N0=[인간])
¶현희는 이 이야기를 꼭 소설로 쓰겠다고 마음먹는다. ¶민지는 이번 일을 정말 열심히 해 보리라 마음먹었다.
N0-가 S기-로 V (N0=[인간])
¶나는 남자친구와 헤어지기로 마음먹고 그를 찾아갔다. ¶영희는 남자친구에게 아무것도 묻지 않기로 마음먹었다.
타(어떤 일을) 마음속으로 결심하거나 생각하다. Make up one's mind about some work or think of it.
㊌결심하다, 다짐하다, 결의하다
N0-가 N1-를 V (N0=[인간] N1=[행위])
¶나는 그와의 이별을 마음먹었다. ¶경희는 민수의 청혼을 받고 그와의 결혼을 마음먹었다.
N0-가 S것-을 V (N0=[인간])
¶나는 그와 이별할 것을 마음먹었다. ¶경희는 민수의 청혼을 받고 그와 결혼할 것을 마음먹었다.

마음잡다

활용마음잡아, 마음잡으니, 마음잡고 대응마음을 잡다 ㉻ 맘잡다

자 마음의 자세를 바로 가지거나 새롭게 결심하다. Put one's attitude right in the mind or make a new resolution.
㊀결심하다
N0-가 V (N0=[인간])
¶영수는 마음잡고 다시 운동을 시작하였다. ¶이제 겨우 마음잡고 공부하려는데 친구들이 집에 놀러 왔다.

마주보다

활용 마주보아, 마주보니, 마주보고
자 (앞에 있는 사람과) 서로 정면으로 보다. Look at each other face to face.
N0-가 N1-와 (서로) V ↔ N1-가 N0-와 (서로) V ↔ N0-와 N1-가 (서로) V (N0=[인간] N1=[인간])
¶어머니가 아들과 서로 마주보고 있었다. ↔ 어머니와 아들은 서로 마주보고 있었다. ¶경찰과 범인이 마주보고 있는 장면이 뉴스에 나왔다. ¶선생님께서는 풀이 죽은 아이들과 일일이 마주보며 격려해 주셨다.
타 ❶(앞에 있는 사람이나 물건을) 정면으로 보다. Look at a person or a thing squarely.
N0-가 N1-를 V (N0=[인간] N1=[인간], [신체부위], [구체물])
¶나는 그의 눈을 똑바로 마주보았다. ¶딸은 아버지를 차마 마주보지 못했다.
❷(상대방의 얼굴이나 눈을) 서로 마주 대하여 보다. Look at each other squarely in the eyes or face.
㊀마주하다
N0-가 N2-와 (서로) N1-를 V ↔ N2-가 N0-와 (서로) N1-를 V ↔ N0-와 N2-가 (서로) N1-를 V (N0=[인간] N1=[인간] N2=[신체부위](얼굴, 눈 따위))
¶철수가 영희와 서로 눈을 마주보았다. ↔ 영희가 철수와 서로 눈을 마주보았다. ↔ 철수와 영희는 서로 눈을 마주보았다. ¶두 학자는 서로 얼굴을 마주보고 토론하기 시작하였다.

마주잡다

활용 마주잡아, 마주잡으니, 마주잡고 ㊟ 맞잡다
타 (손을) 서로 마주하여 잡다. Take each other's hands.
N0-가 N2-와 N1-를 (서로) V ↔ N2-가 N0-와 N1-를 (서로) V ↔ N0-와 N2-가 N1-를 (서로) V (N0=[인간] N1=[신체부위](손 따위) N2=[인간])
¶철수는 영희와 손을 마주잡았다. ↔ 영희는 철수와 손을 마주잡았다. ↔ 철수와 영희는 손을 마주잡았다. ¶그들은 서로 만나자마자 두 손을 마주잡고 반가워했다.
N0-가 N1-를 N2-와 (서로) V ↔ N0-가 N2-를 N1-와 (서로) V ↔ N0-가 N1-와 N2-를 (서로) V (N0=[인간] N1=[신체부위](손 따위) N2=[신체부위](손 따위))
¶누나는 자기 오른손을 왼손과 마주잡았다. ↔ 누나는 자기 왼손을 오른손과 마주잡았다. ↔ 누나는 자기 오른손과 왼손을 마주잡았다. ¶언니는 두 손을 마주잡고 생각에 잠기고는 하였다.

마주치다

활용 마주치어(마주쳐), 마주치니, 마주치고
자 (두 물체가) 서로 똑바로 부딪치다. (of two objects) Collide straight into each other.
㊀충돌하다, 만나다, 맞닥뜨리다, 부딪치다
N0-가 N1-와 V ↔ N1-가 N0-와 V ↔ N0-와 N1-가 V (N0=[인간], [구체물], [교통기관] N1=[인간], [구체물], [교통기관])
¶선생님께서 뛰어오던 학생과 마주쳤다. ↔ 뛰어오던 학생이 선생님과 마주쳤다. ↔ 선생님과 뛰어오던 학생이 마주쳤다. ¶그는 골목길을 급하게 돌다가 다가오던 소녀와 마주쳤다. ¶빗길에 달리던 두 자동차가 서로 마주쳤다.
타 (두 물체를) 서로 부딪치게 하다. Cause two objects to collide with each other.
N0-가 N1-를 N2-와 V ↔ N0-가 N2-를 N1-와 V ↔ N0-가 N1-와 N2-를 V (N0=[인간] N1=[구체물] N2=[구체물])
¶나는 컵을 물병과 마주쳐 소리를 냈다. ↔ 나는 물병을 컵과 마주쳐 소리를 냈다. ↔ 나는 컵과 물병을 마주쳐 소리를 냈다. ¶우리들은 방석을 서로 마주쳐서 먼지를 털어냈다.
N0-가 N1-와 N2-를 V ↔ N1-가 N0-와 N2-를 V ↔ N0-와 N1-가 N2-를 V (N0=[인간] N1=[구체물] N2=[구체물])
¶감독이 선수들과 술잔을 마주쳤다. ↔ 선수들이 감독과 술잔을 마주쳤다. ↔ 감독과 선수들이 술잔을 마주쳤다. ¶나는 동생과 손뼉을 마주치며 장난을 쳤다.
자타 ❶우연히 서로 만나다. Meet by coincidence.
㊀조우하다
N0-가 N1-와 V ↔ N1-가 N0-와 V ↔ N0-와 N1-가 V (N0=[인간], [동물] N1=[인간], [동물])
연어 우연히, 뜻밖에
¶철수가 우연히 옛 친구와 학교에서 마주쳤다. ↔ 옛 친구와 철수가 우연히 학교에서 마주쳤다. ↔ 철수와 옛 친구가 우연히 학교에서 마주쳤다. ¶나무꾼이 산 속에서 호랑이와 뜻밖에 마주쳤지만 운 좋게 도망쳤다.
N0-가 N1-를 V (N0=[인간], [동물] N1=[인간], [동물])
연어 우연히, 뜻밖에
¶반장이 선생님을 지하철에서 우연히 마주쳤다.

ㅁ

¶학교 가는 길에 나는 여러 친구들을 마주쳤다.
❷(눈길, 시선 따위가) 서로 닿다. (of eyesight, line of sight, etc.) Make contact with each other.
㊌만나다
N0-가 (서로) V (N0=[신체부위](얼굴, 눈 따위), [추상물](눈빛, 눈길, 시선 따위))
¶그들의 눈길이 서로 마주치자 불꽃이 튀어 올랐다. ¶서로의 시선이 마주치자 어색함이 흘렀다.
N0-가 N1-와 N2-(가|를) V ↔ N1-가 N2-와 N2-(가|를) V ↔ N0-와 N1-가 N2-(가|를) V (N0=[인간], [동물] N1=[인간], [동물] N2=[신체부위](얼굴 눈 따위), [추상물](눈빛, 눈길, 시선 따위))
¶나는 그와 눈길을 마주쳤다. ↔ 그는 나와 눈길을 마주쳤다. ↔ 나와 그가 서로 눈길을 마주쳤다. ¶드디어 나와 그녀가 서로 시선이 마주치게 되었다. ¶나와 그는 서로 얼굴을 마주쳤다.
❸(어떤 경우나 처지와) 만나게 되다. Confront a situation or circumstance.
㊌처하다[자]
N0-가 N1-(에|와) V (N0=[인간], [동물] N1=[상태], [상황])
¶그는 정말 어려운 상황에 마주치게 되었다. ¶그는 뜻밖의 고난에 마주쳤지만, 슬기롭게 잘 대처하였다. ¶그는 살아오면서 많은 어려움과 마주쳤다.

마주하다

[활용]마주하여(마주해), 마주하니, 마주하고
[자타]❶서로 정면으로 대하다. Confront each other face to face.
N0-가 N1-와 N2-를 V ↔ N1-가 N0-와 N2-를 V ↔ N0-와 N1-가 N2-를 V (N0=[인간], [동물] N1=[구체물] N2=[인간], [동물])
¶나는 그 여자와 얼굴을 마주했다. ↔ 그 여자는 나와 얼굴을 마주했다. ↔ 나와 그 여자는 얼굴을 마주했다. ¶오랫동안 서로 뜸했던 친구들이 오랜만에 자리를 마주하고 앉았다.
❷(두 물체가) 서로 정면으로 대하다. (of two objects) Confront each other face to face.
㊌마주보다[자타]
N0-가 N1-와 V ↔ N1-가 N0-와 N2-를 V ↔ N0와 N1-가 N2-를 V (N0=[인간], [동물], [구체물] N1=[인간], [동물], [구체물])
¶선생님이 제자와 오랜만에 마주하고 앉았다. ↔ 제자가 선생님과 오랜만에 마주하고 앉았다. ↔ 선생님과 제자가 오랜만에 마주하고 앉았다. ¶우리 집은 학교와 마주하고 있어서, 학교가 끝난 후 다른 곳으로 놀러가기 어려웠다.
N0-가 N1-를 V (N0=[인간], [동물], [구체물] N1=[인간], [동물], [구체물], [추상물])
¶오락실이 학교를 마주하고 있어서 많은 학부모들이 싫어했다. ¶그녀는 불어오는 바람을 마주하고 꼼짝도 하지 않고 서 있었다.

마중하다

[활용]마중하여(마중해), 마중하니, 마중하고 [대응]마중을 하다
[타](한 사람이 다른 사람을) 오는 곳으로 나가서 맞다. (of a person) Come to welcome another person somewhere on the way to a destination.
㊥배웅하다
N0-가 N1-를 V (N0=[인간] N1=[인간])
¶정선이는 친구를 마중하러 역에 나갔어요. ¶할머니께서는 나를 마중하려고 마을 입구까지 나와 계셨다.

마지않다

[활용]마지않아, 마지않으니, 마지않고 ㊔마지아니하다
[보조](동사의 뒤에 '-어 마지않다' 구성으로 쓰여) 앞 동사가 뜻하는 행동이 진심으로 하는 행동이라는 것을 강조하여 나타내는 보조동사. (used in the structure "-어 마지않다" after a verb) Auxiliary verb emphasizing the fact that the deed described by the preceding verb is serious.
V-어 Vaux
¶올해는 좋은 일만 있기를 바라 마지않습니다. ¶그는 음식을 먹으며 주방장의 솜씨를 칭찬해 마지않았다. ¶선생님은 내가 평소 존경해 마지않는 분이시다.

마취되다

[어원]痲醉~, [활용]마취되어(마취돼), 마취되니, 마취되고 [대응]마취가 되다
[자]❶(약물이나 침 따위에 의해 일정 시간 동안) 의식이나 몸의 감각이 없어지다. (of consciousness or bodily sensation) Disappear for a certain period due to drug or acupuncture.
N0-가 N1-(로|에) V (N0=[인간], [동물], [신체부위] N1=[약물], [도구])
[능]마취하다
¶환자의 하반신이 침으로 마취되었다. ¶붙잡힌 맹수는 모두 안전하게 마취되어 있었다. ¶그녀는 수면제에 마취되어서 정신을 차리지 못했다.
❷(어떤 것에 깊이 심취되어) 판단력이나 이성이 흐려지다. (of judgment or rationality) Become blurry due to deep concentration in something.
㊌홀리다[자], 도취되다
N0-가 N1-에 V (N0=[인간] N1=[추상물](예술, 사상, 감정, 상태 따위))
¶그는 게임에 완전히 마취되어 부르는 소리에도

대답하지 않았다. ¶그들은 경건한 분위기에 마취되어 아무 소리도 낼 수 없었다.

마취하다

어원 痲醉~, 활용 마취하여(마취해), 마취하니, 마취하고 대응 마취를 하다

타 (약물이나 침 따위를 써서 일정 시간 동안) 의식이나 몸의 감각을 잃게 하다. Render someone unconscious or senseless for a while, using drug or acupuncture.

N0-가 N1-를 N2=로 V (N0=[인간] N1=[인간], [동물], [신체부위] N2=[약물], [도구])

피 마취되다

¶수의사는 주사로 강아지를 마취하고 상처를 살폈다. ¶의사가 입안을 주사로 마취하자마자 나는 혀를 전혀 움직일 수가 없었다. ¶범인들은 인질들을 모두 수면제로 마취하여 납치하였다.

마치다[1]

활용 마치어(마쳐), 마치니, 마치고

타 ❶(정해진 과정이나 절차를) 순서대로 거쳐 끝내다. (of a person) Take the designated process or procedure and end it in an orderly fashion.

유 끝내다, 밟다 반 시작하다

N0-가 N1-를 V (N0=[인간] N1=[추상물])

¶그는 상대방 회사와 업무 협의를 마치고 돌아왔다. ¶나는 국외로 출국하기 위한 수속을 모두 마쳤다.

❷(삶을) 지속하지 못하고 끝내다. (of a person) Fail to continue one's life and end it.

유 끝내다, 끝맺다 타, 마감하다

N0-가 N1-를 V (N0=[인간] N1=일생, 생, 삶 따위)

¶할아버지는 고향 땅에서 일생을 마쳤다. ¶그는 장티푸스로 서른다섯의 짧은 생을 마쳤다.

마치다[2]

활용 마치어(마쳐), 마치니, 마치고

기능 자 '종결'을 의미하는 기능동사 A support verb that indicates "to end."

반 시작하다

Npr-가 V (Npr=[행사], [모임], [행위])

¶한 달 동안 지속된 축제가 오늘에서야 마쳤다. ¶수업이 마치자 아이들은 운동장으로 뛰어나갔다.

타 '종결'을 의미하는 기능동사 A support verb that indicates "to finish."

유 끝내다 반 시작하다

N0-가 Npr-를 V (N0=[인간|단체], Npr=[행사], [모임], [행위])

¶우리는 저녁이 되어서야 작업을 다 마칠 수 있었다. ¶그들은 한 달에 걸친 여행을 마치고 각자 자기 고향으로 돌아갔다.

막다

활용 막아, 막으니, 막고

타 ❶(길, 통로 따위를) 통행하지 못하게 하다. Interfere with a road, a passage, etc., using something to prevent moving through.

유 폐쇄하다, 가로막다 반 뚫다, 트다II[1]

N0-가 N2-로 N1-를 V (N0=[인간|단체] N1=[길], [통로] N2=[설치물])

피 막히다

¶경찰이 바리게이트로 도로를 막았다. ¶땅 주인이 철조망으로 등산로를 막아 버렸다.

N0-가 N1-를 V (N0=[인간], [교통기관])

피 막히다

¶남학생들이 복도를 막고 서 있었다. ¶사고가 난 차가 길을 막고 서 있다.

❷(어떤 것을) 구멍, 병 따위의 입구에 대거나 박아서 통하지 못하게 하다. Insert something into an opening such as hole, bottle, etc., to prevent passing through.

반 뚫다, 열다II 타

N0-가 N2-로 N1-를 V (N0=[인간] N1=[신체부위](귀, 입 따위), 통, 병, 구멍 따위 N2=[구체물], [신체부위](손, 손가락 따위))

피 막히다

¶그는 벽에 난 구멍을 흙으로 막은 다음 벽지를 발랐다. ¶영미는 코피를 멈추기 위해 코를 휴지로 막았다.

❸(트여 있는 곳을 가리거나 둘러싸서) 앞을 보지 못하게 하거나 통과하지 못하게 하다. Hide or wrap an open space to block the frontal vision or prevent passing.

유 가리다I 타

N0-가 N2-로 N1-를 V (N0=[인간], [건물] N1=[구체물](문, 창문 따위), [장소] N2=담, 천(커튼), 목재 따위)

피 막히다

¶앞집이 우리 집을 높은 담장으로 막고 있어 답답하다. ¶그들은 책상 사이를 칸막이로 막았다.

❹(추위, 햇빛, 비바람, 강물 따위가) 통과하지 못하게 무엇을 이용하여 차단시키다. Block with something to prevent coldness, sunlight, rain, wind, river, etc. from passing through.

유 차단하다

N0-가 N1-를 N2-로 V (N0=[인간] N1=[날씨], [빛], [액체](강물 따위), [N2=[구체물](문풍지, 장막, 양산 따위), [제방])

¶철호는 문풍지로 추위를 막으려고 했다. ¶영미는 양산으로 내리쬐는 햇빛을 막았다.

N0-가 N1-를 V (N0=[옷], [건물] N1=[구체물], [빛], [바람])

¶이 점퍼는 바람이나 추위를 막아 따뜻하게 해준다. ¶앞 건물이 햇빛을 막고 있어 낮에도 집

안이 어둡다.
❺(공격을 하지 못하도록 상대방 선수의 앞을) 가리거나 방해하다. Interfere with or hinder the opponent player's front to prevent an attack.
㊌방해하다, 방어하다
N0-가 N1-를 V (N0=[운동선수] N1=[운동선수])
피막히다
¶영수는 상대 공격수들을 잘 막다 보니 자신감이 생겼다. ¶수비수들이 공격수의 앞을 막거나 팔꿈치로 치는 등 방해 작전을 벌였다.
※주로 운동 경기에서 쓰인다.
❻(하려는 일이나 행동을) 못하게 방해하거나 말리다. Interfere with or stop someone so that he/she cannot do the desired task or action.
㊌말리다IV, 중단시키다
N0-가 N1-를 V (N0=[인간|단체] N1=[이야기], [행위])
피막히다
¶동네 사람들의 싸움을 막기 위해 경찰이 달려왔다. ¶경수가 급하게 상대방의 말을 막았다.
¶형은 내가 하는 일마다 막으려고 하셨다.
N0-가 S것-을 V (N0=[인간|단체])
¶경찰은 기자들이 사건 현장에 들어가려는 것을 막았다. ¶규호는 경희가 떠나는 것을 막으려고 필사적으로 노력했다.
❼(어떠한 일이나 현상이) 일어나거나 생기지 못하게 하다. Disable the occurrence or generation of certain task or phenomenon.
㊌방지하다
N0-가 N1-를 V (N0=[인간|단체] N1=[사건], [재해], [피해], [상황], [충돌], [범죄])
¶모두가 빠르게 대처하여 더 큰 피해를 막을 수 있었다. ¶금융 당국은 소비자들의 불편이나 혼란을 막기 위해 제도를 개선하고 있다.
N0-가 S것-을 V
¶그는 동파되는 것을 막기 위해 수도관에 열선을 감았다. ¶전염병이 확산되는 것을 막기 위한 다양한 조치들이 진행되고 있다.
❽외부의 공격이나 침입에 맞서 물리치다. Stand against and subdue an external attack or invasion.
㊌방어하다
N0-가 N1-를 V (N0=[인간|단체] N1=공격, 침입 따위)
¶그들은 적의 침입을 막기 위해 방어벽을 세웠다.
¶그들은 군사력을 키워 외적의 침공을 막았다.
❾혼인이나 출세할 기회를 갖지 못하게 방해하다. Interfere so that someone cannot have the chance to marry or succeed.
㊌방해하다, 망치다 ㊙열다II타
N0-가 N1-를 V (N0=[인간] N1=혼삿길, 벼슬길, 출셋길 따위)
피막히다
¶네가 내 혼삿길을 막으려고 작정을 했구나.
¶영희가 내 출셋길을 막지 않았으면 좋겠다.
❿(돈, 빚 따위를) 갚거나 결제하다. Repay or pay money, debt, etc.
㊌돈을 갚다
N0-가 N1-를 V (N0=[인간|단체] N1=유가증권, 빚 따위)
¶그녀는 요즘 카드빚을 막느라 정신이 없다.
¶그 회사는 어음을 막지 못해 부도가 났다.
◆ **입을 막다** 사실을 있는 그대로 말하지 못하게 방해하거나 말리다. Prevent or dissuade someone from speaking the truth.
N0-가 N1-의 Idm (N0=[인간|단체] N1=[인간])
¶그는 부하들의 입을 막기 위해 온갖 회유를 다하였다. ¶사람들의 입을 막기란 강물을 막는 것보다 더 어렵다.

막론하다

어원莫論~, 활용막론하여(막론해), 막론하니, 막론하고
타(사람이나 어떤 속성 따위가) 무엇을 가리거나 따지지 아니하다. (of person, certain property, etc.) Not distinguish or calculate something.
㊌가리지 않다
N0-가 N1-를 V (N0=[인간], [추상물], [행위] N1=[모두])
¶여야를 막론하고 국회의원들은 모두 국민의 뜻을 따르겠다고 했다. ¶동서고금을 막론하고 옛 유물에 대한 관심은 높다. ¶이유 여하를 막론하고 체벌 자체는 잘못된 것이다.
※주로 '막론하고'형태로 쓰인다.

막히다

활용막히어(막혀), 막히니, 막히고
자❶(길, 통로 따위가) 어떤 장애물 때문에 통행할 수 없게 되다. Be unable to pass a road, a passageway, etc., because something is put there.
㊌가로막히다, 폐쇄되다 ㊙트이다
N0-가 V (N0=길, 통로, 도로 따위)
능막다
¶공사 중이라 길이 막혀 있었다. ¶연결 통로가 막혀 있어 옆 건물로 직접 갈 수 없었다.
❷(병, 구멍 따위가) 어떤 것 때문에 통하지 못하게 되다. Become unable to pass through a hole, a bottle, etc., because something is clogging the entrance.
㊌폐쇄되다 ㊙뚫리다
N0-가 N1-(로|때문에) V (N0=통, 병, 구멍 따위

N_1=마개, 머리카락 따위)
[능]막다
¶병이 코르크 마개로 막혀 있어 물이 새지 않는다. ¶화장실에 있는 하수구가 머리카락 때문에 자주 막힌다.
❸(트이지 않게 무엇으로 둘러싸여) 앞이 보이지 않거나 통과하지 못하게 되다. Be unable to pass or see forward, being covered with something to prevent access.
[유]차단되다
N_0-가 N_1-로 V (N_0=[구체물](문, 창문 따위), [장소], [건물] N_1=[구체물])
[능]막다
¶사방이 모두 벽으로 막힌 곳에 갇혀 있었다. ¶이 집은 특수 유리로 된 창문으로 막혀 있어 도둑이 쉽게 들어올 수 없다.
❹많은 차량이나 장애물로 인하여 차량의 운행속도가 매우 느리다. (of a road) Fail to flow smoothly due to too many cars being on the road.
[유]밀리다I
N_0-가 V (N_0=길, 도로 따위)
¶명절이 되면 고향을 내려가는 차들로 고속도로가 막힌다. ¶눈이 오면 길이 더 막힌다.
❺(일이) 도중에 중단되거나 원활히 추진되지 못하다. (of a task) Be stopped in the middle, fail to progress smoothly.
[유]중단되다
N_0-가 V (N_0=[활동])
[능]막다
¶자금 사정이 원활하지 않아 사업이 막히게 되었다. ¶새로운 활로를 개척하지 못하면 수출이 막힐 가능성이 있다.
❻모르거나 어려운 것에 부딪혀 어떤 일이 순조롭게 진행되거나 해결되지 않다. Unable to progress, cannot be resolved smoothly because one is facing an unknown or a difficult situation.
N_0-가 V (N_0=[장애], [행위])
¶민호는 풀고 있던 문제가 막히는지 괴로워하고 있다. ¶이 작가는 쓰던 글이 막히면 근처 공원으로 산책을 가곤 했다.
❼(숨, 가슴 따위가) 연기나 냄새 따위 때문에 잘 통하지 못하다. (of the flow of breath, energy, etc.) Not flow smoothly.
N_0-가 N_2-에 N_1-가 V (N_0=[인간] N_1=[신체부위](가슴, 목, 코 따위), 숨 따위 N_2=[현상](연기, 냄새, 열기 따위))
¶민호는 담배 연기에 숨이 꽉 막혔다. ¶그의 이야기를 듣고 있으면 답답해서 가슴이 막히는 듯하다.
❽(어이가 없거나 할 말이 궁색하여 말이) 더 이상 나오지 않다. (of speech) No longer coming out due to shock or loss for words.
[유]닫히다 [반]열리다II
N_0-가 N_2-에 N_1-가 V (N_0=[인간] N_1=말, 말문 N_2=[말], [상황], [행위])
¶영수는 갑작스럽게 벌어진 일에 할 말이 막혀 버렸다. ¶민호는 아이의 당돌한 태도에 말문이 막혔다.
❾융통성이 없이 답답하게 굴다. Act in a frustrating manner with no flexibility.
N_0-가 V (N_0=생각, 앞, 앞뒤 따위)
[연어]꽉
¶그는 앞뒤가 꽉 막혀 있는 사람이라 말이 통하지 않는다. ¶그는 하나만 알고 둘은 모르는 꽉 막힌 사람이다.
❿혼인이나 출세할 기회가 방해받거나 없어지다. (of chances of marriage or success) Experience interference or get eliminated.
N_0-가 V (N_0=혼삿길, 벼슬길, 출셋길 따위)
[능]막다
¶철수 때문에 혼삿길이 막혀 난 이제 시집도 못 가게 생겼다.
⓫(앞이 가려지거나 방해를 받아) 공격을 하지 못하게 되다. Become unable to attack due to obstructed frontal vision or interference.
[유]방어되다
N_0-가 N_1-에 V (N_0=공격, 작전 따위 N_1=수비, 작전 따위)
[능]막다
¶그는 자신의 공격이 상대팀 수비에 막히자 좀 더 거칠게 공격을 시작했다. ¶상대팀의 철저한 수비에 우리 팀의 공격이 막히고 말았다.
※주로 운동 경기에서 쓰인다.

◆ **기가 막히다**
❶어떻다고 말할 수 없을 만큼 엄청나거나 좋다. Be extremely wonderful or good, to the extent that one cannot verbally describe it.
N_0-가 Idm (N_0=[모두])
¶음식 맛이 정말 기가 막힌다. ¶그들은 기가 막히게 좋은 집에 살고 있었다.
❷매우 어이가 없다. Be dumbfounded or taken aback.
N_0-가 N_1-에 Idm (N_0=[인간] N_1=[말], [행위], [상황])
¶영희는 철수의 말에 기가 막혀 아무 말도 못했다. ¶너무 기가 막혀 헛웃음만 나오는구나.

◆ **숨(이) 막히다**
❶숨을 쉴 수 없을 정도로 답답함을 느끼다. Feel suffocated to such a degree as to lose one's breath.

ㅁ

N0-가 Idm (N0=[인간])
¶그 애 행동을 보고만 있자니 숨이 막힌다.
❷숨이 멎을 정도로 몹시 긴장되다. Feel so nervous or tense as to become breathless.
Idm
¶숨 막히는 접전 끝에 우리 팀이 이겼다. ¶그들은 숨 막히는 명승부를 보여 주었다.
※주로 '숨 막히는'으로 쓰인다.

만끽하다

어원 滿喫~, 활용 만끽하여(만끽해), 만끽하니, 만끽하고
타 ❶먹고 싶은 대로 다 먹고 마시다. Eat and drink as one pleases.
유 맘껏 맛보다
N0-가 N1-를 V (N0=[인간] N1=[구체물], [추상물])
¶그녀는 세계 일주를 하면서 세계 각국의 진미를 만끽하였다. ¶이곳에는 현지의 역사와 문화를 만끽할 수 있는 유적이 많다.
❷충분히 만족할 만큼 느끼고 즐기다. Experience something and have fun until one is fully satisfied.
N0-가 N1-를 V (N0=[인간] N1=자유, 낭만, 자연, 경치 따위)
¶나는 유럽의 역사와 자연을 동시에 만끽하는 여행 일정을 짤 계획이다. ¶긴 겨울이 가고 자연의 아름다움을 만끽할 수 있는 봄이 왔다.

만나다

활용 만나, 만나니, 만나고 경양 뵈다, 뵙다
자 ❶(다른 사람과) 오거나 가다가 마주 대하다. Run into (another person) on the way or back.
반 헤어지다
N0-가 N1-와 V ↔ N1-가 N0-와 V ↔ N0-와 N1-가 V (N0=[인간] N1=[인간])
¶철수가 영희와 만났다. ↔ 영희가 철수와 만났다. ↔ 철수와 영희가 만났다. ¶그는 친구와 만나 이야기를 나누었다. ¶나는 헤어진 옛 여자 친구와 다시 만났다.
❷(어떤 사물이나 사실과) 마주 대하다. Face (something or truth).
유 마주치다 자
N0-가 N1-와 V (N0=[사람] N1=[구체물], [추상물])
¶나는 그 사막에서 신비로운 체험을 하며 운명과 만났다. ¶스무 살 무렵 그는 그의 인생을 바꾼 한 편의 영화와 만났다.
❸(길이나 물이) 다른 길이나 물과 어떤 곳에서 서로 가까워지거나 합쳐지다. (of road or water) Get closer or combine (with another road or water).
유 합류하다, 교차되다
N0-가 N1-와 N2-에서 V (N0=[장소], [길] N1=[장소], [길] N2=[장소], [길])
¶이 강은 낙동강과 하류에서 만난다. ¶이 도시의 가장 큰 길이 사거리에서 만난다.
타 ❶(다른 사람을) 오거나 가다가 마주 대하다. Run into (another person) on the way or back.
반 헤어지다
N0-가 N1-를 V (N0=[인간] N1=[인간])
¶나는 고향에 내려가 부모님을 만났다. ¶요 며칠 동안 나는 친구를 만나지 못했다.
❷(어떤 사물이나 사실을) 직접 대하다. Directly face (something or truth).
유 마주치다 타
N0-가 N1-를 V (N0=[인간] N1=[구체물], [현상])
¶관객들은 이 전시를 통해 역사의 진실을 만난다. ¶여행객들은 현지 시장에서 다양한 풍경을 만났다.
❸(어떤 사람이나 상황을) 마주쳐 인연을 맺다. Run into a person or a situation and become associated.
N0-가 N1-를 V (N0=[인간] N1=[인간], [추상물])
¶그 배우는 뜻밖의 좋은 작품을 만나 일약 스타가 되었다. ¶어디서든 배움을 찾는 사람은 반드시 좋은 스승을 만난다.
❹(사람이) 어떤 일을 당하게 되다. (person) Suffer (something).
유 당하다1[1], 겪다
N0-가 N1-를 V (N0=[인간] N1=운, 이익, 재해, 피해 따위)
¶태국 사람들이 때 아닌 물난리를 만났다. ¶이 집 사람들은 며느리를 들인 뒤 경사를 만났다. ¶그는 10년마다 한 번씩 힘든 일을 만난다.
❺(비, 바람 따위의 자연 현상을) 어디를 가던 중에 맞게 되다. Encounter a natural phenomenon such as rain or wind on the way to somewhere.
유 겪다
N0-가 N1-를 V (N0=[인간] N1=[자연현상])
¶우리 일행은 바닷가에서 태풍을 만났다. ¶등산객들이 산에서 내려오다가 폭설을 만나 고립됐다.
❻ (사람이나 대상이) 어떤 때를 맞이하다. (person or object) Run into a situation.
N0-가 N1-를 V (N0=[인간] N1=[구체물], [시간])
¶아버지는 사업을 하기에 좋은 때를 만났다. ¶백성들이 태평성대를 만났다.
❼(어떤 사람을) 자주 보고 친하게 지내다. See (someone) often and get along well.
유 사귀다 타, 교제하다
N0-가 N1-를 V (N0=[인간] N1=[인간])
¶우리 아들이 요즘 만나는 사람이 있나 봐요. ¶너 요즘 옷에 신경 쓰는 것을 보니 누구 만나는가 보구나.

만들다

활용 만들어, 만드니, 만들고, 만드는

자 (사람이나 사물 따위가) 어떠한 상태가 되게 하다. Direct a person or an object to be in some condition.

N0-가 S-(게|도록) V (R1) (N0=[인간], [행위], [사건], [구체물], [추상물])

¶철수는 (내가 | 나를) 화나게 만들었다.(R1) ¶철수가 나를 화나게 만들었다. ¶아이의 예상치 못했던 태도가 그들을 웃도록 만들었다.

N0-가 S-(게|도록) V (R2) (N0=[상황], [사건], [행위], [예술])

¶그의 일관성 없는 해명은 사람들(이 | 에게) 더욱 의문만 갖게 만들었다.(R_2) ¶그 노래는 사람들로 하여금 인생에 대해 많은 생각을 하게 만들었다.

타 ❶(어떠한 재료에 노력, 기술 따위를 들여) 무엇인가 새로운 것을 생기게 하다. Create a new thing by applying effort, skill, etc., to some material.

㊤제작하다

N0-가 N1-를 V (N0=[인간] N1=[구체물], [추상물])

¶아이들이 함께 크리스마스 카드를 만들었다. ¶이 박사는 사람과 매우 비슷한 로봇을 만들었다.

N0-가 N2-로 N1-를 V (N0=[인간] N1=[구체물], [추상물] N2=[재료], 기술, 방법 따위)

¶아이는 색종이로 집 모형을 만들었다. ¶한 중소기업이 신기술로 획기적인 가전제품을 만들었다.

❷(식재료를 이용해 사람이 먹을 수 있는) 음식을 조리하다. Cook edible food that a person could eat by using ingredients.

㊤요리하다

N0-가 N1-를 V (N0=[인간] N1=[음식])

¶어머니께서는 맛있는 음식을 만들어 손님들을 초대하셨다. ¶나는 외국인 친구들과 함께 김치와 김밥을 만들었다.

❸(지폐나 동전 따위를) 시중에서 쓰이도록 주조하거나 발행하다. Mint a coin or issue paper money that can be used in the market.

㊤주조하다

N0-가 N2-로 N1-를 V (N0=[인간], [기관] N1=[화폐] N2=[구체물])

¶옛날 사람들은 쇠붙이로 돈을 만들었다. ¶프랑스는 1993년에 '어린 왕자'의 그림으로 오십 프랑짜리 지폐를 만들었다.

❹(신분증, 통장, 신용카드 따위를) 발급하거나 발급받다. Issue or get issued with identification, passbook, or credit card.

㊤발급하다

N0-가 N1-를 V (N0=[인간|단체] N1=신분증, 통장, 카드, 여권 따위)

¶그는 국외 여행을 가기 위해 여권을 만들었다. ¶철수는 아버지의 진료카드를 만들었다.

❺(친구, 연인 따위의) 관계를 맺어 사귀다. Go out with a lover or a friend by entering into a relationship.

㊤사귀다, 교제하다

N0-가 N1-를 V (N0=[인간] N1=친구, 연인 등)

¶나는 지금까지 진정한 친구를 만들기 위해 무척 많이 노력했다. ¶크리스마스 전까지 여자친구를 만들려고 부단히 애를 쓰는구나.

N0-가 N1-를 N2-로 V (N0=[인간] N1=[인간] N2=[인간](친구, 사위, 며느리, 남편, 아내 따위))

¶민호는 친한 친구 여동생을 여자친구로 만들었다. ¶저 처녀가 마음에 들어 우리 집 며느리로 만들고 싶다.

※ 'N1-를 N2-로'에서 N1과 N2의 순서를 바꾸면 부자연스럽다.

❻(상처, 흠집 따위를) 생기게 하다. Inflict wound or scratch.

㊤내다[1]

N0-가 N2-에 N1-를 V (N0=[인간] N1=상처, 흠집 따위 N2=[구체물], [신체부위])

¶아들 녀석이 밖에 나가서 얼굴에 상처를 만들어 왔다. ¶그는 옆집 자동차문에 흠집을 만들었다.

❼(문서 따위를) 글로 써서 작성하다. Create a document by writing.

㊤작성하다

N0-가 N1-를 V (N0=[인간|단체] N1=[텍스트])

¶환경부는 친환경 에너지에 대한 보고서를 만들었다. ¶그는 전단지를 만들어 시민들에게 나누어 주었다.

❽(시, 노래, 음악 따위를) 일정한 양식에 맞추어 예술 작품으로 짓다. Create poem, song, or music as a work of art by adjusting to a certain pattern.

㊦작곡하다, 작시하다, 작사하다

N0-가 N1-를 V (N0=[인간|단체] N1=시, 노래, 음악 따위)

¶그는 사흘 만에 한편의 시를 만들었다. ¶그는 사람들이 들어서 편안한 음악을 만들기로 했다.

❾(표나 지도 따위를) 일정한 양식에 맞추어 그리거나 작성하다. Create or draw a chart or a map by adjusting to a certain pattern.

㊤그리다I, 작성하다

N0-가 N1-를 V (N0=[인간] N1=도표, 지도 따위)

¶나는 숙제로 날씨 조사표를 만들고 시간표도 만들었다. ¶김정호는 최초로 우리나라 지도를 만들었다.

N0-가 N1-를 N2-로 V (N0=[인간] N1=내용, 목록

따위 N2=도표, 지도 따위)
¶그녀는 경주 지역 일대에서 조사된 유물을 일람표로 만들었다. ¶그는 멕시코만 해안에 서식하는 해저 식물 수천 종의 목록을 도표로 만들었다.
⑩(책, 신문, 사전 따위를) 저술하여 편찬하다. Compile a book, a newspaper, or a dictionary by writing.
㊌간행하다, 발간하다, 발행하다, 출판하다, 펴내다
N0-가 N1-를 V (N0=[인간|단체] N1=[책](신문, 잡지, 사전, 교과서 따위))
¶우리 출판사는 새로운 교양서적을 만들었다. ¶학생들이 힘을 모아 학급문집을 만들었다.
N0-가 N2-로 N1-를 V (N0=[인간|단체] N1=[책], 기사, 특집 따위 N2=내용, 소재 따위)
¶신문사는 자체 취재 내용만으로 특집을 만들었다. ¶대학생들이 참신한 소재로 잡지를 만들었다.
N0-가 N2-로 N1-를 V (N0=[인간] N1=[책] N2=[언어])
¶그는 일제강점기 때 일본어로 만들었던 책을 한글로 번역하였다. ¶그녀는 독도에 관한 소책자를 5개 국어로 만들어 외국인들에게 나누어 주었다.
⑪(영화, 연극, 음반, 광고 따위를) 일정한 시나리오나 구성에 따라 제작하다. Produce movie, drama, record, or advertisement by following a certain scenario or composition.
㊌짓다[1], 제작하다, 구성하다
N0-가 N2-로 N1-를 V (N0=[인간] N1=영화, 연극, 작품, 방송, 음반, 광고 따위 N2=문학, 줄거리, 이야기, 소재 따위)
¶그 감독은 이 이야기로 영화사에 길이 빛날 명화를 만들고 싶었다. ¶여러 가수들이 10대 여학생들의 취향에 맞는 소재로 음반을 만들고 있다.
N0-가 N1-를 N2-로 V (N0=[인간] N1=문학, 이야기, 실황 따위 N2=영화, 연극, 작품, 방송, 음반, 광고 따위)
¶그는 유명한 어린이 소설을 가족 뮤지컬로 만들었다. ¶그는 내가 살아온 이야기를 연극으로 만들었다.
⑫(새로운 말이나 용어를) 지어내다. Coin new word or language.
㊌창조하다, 구성하다
N0-가 N1-를 V (N0=[인간|단체] N1=[말](용어, 명칭 따위))
¶그들은 '웰빙'이라는 말 대신 '참살이'라는 신조어를 만들었다. ¶우리가 쓰고 있는 한글이라는 명칭은 주시경 선생이 만들었다.
⑬(건물을) 짓거나 세우다. Construct a building.
㊌건설하다, 짓다[1], 세우다[1] ㊉파괴하다, 허물다, 부수다, 없애다
N0-가 N2-에 N1-를 V (N0=[인간] N1=[건물] N2=[장소])
¶국립현대미술관이 제주 국제컨벤션센터에 작은 미술관을 만들었다. ¶구청 옆에 지하철역을 만들면 시민들이 편하게 이용할 수 있다.
⑭(길, 도로 따위를) 새로이 내거나 건설하다. Develop or newly make a street or a road.
㊌길을 내다, 뚫다, 건설하다
N0-가 N2-에 N1-를 V (N0=[인간|단체] N1=[길] N2=[장소])
¶숲속에 걸어 다니기 좋은 오솔길을 만들면 좋겠다. ¶정부는 평택과 제천을 잇는 지역에 고속도로를 만들었다.
⑮(특정 목적에 맞게 어떠한 상품이나 체계를) 기획하여 제작하다. Make a product or a system by planning a particular purpose.
㊌개발하다, 구축하다
N0-가 N1-를 V (N0=[인간] N1=[추상물](상품, 브랜드, 체계 따위))
¶여행사들이 여름 휴가철을 맞아 새로운 가족여행 상품을 만들었다. ¶농업인들은 공동 판매체계를 만들어 수익을 올리고 있다.
⑯ 【컴퓨터】 특정한 프로그래밍 언어를 이용해 컴퓨터 프로그램을 작성하거나 구현하다. Embody or develop a computer program by using specific programming language.
㊌개발하다
N0-가 N1-를 V (N0=[인간] N1=[소프트웨어])
¶처음에 만들었던 애플용 워드프로세서는 3바이트 조합형이었다. ¶초창기에 워드프로세서를 만들 때 어려움이 많았다.
⑰(기관, 단체 따위를) 구성하거나 조직하다. Organize or compose an institution or an organization.
㊌설립하다, 창설하다
N0-가 N1-를 V (N0=[인간|단체] N1=[집단])
¶노동자들이 회사 내에 새로운 노동조합을 만들었다. ¶서울시에서 다문화 어린이 합창단을 만들었다.
⑱(제도, 법, 규칙 따위를) 새로이 정하다. Newly decide a system, a law, or a rule.
㊌마련하다, 제정하다, 세우다[1], 창제하다 ㊉폐지하다
N0-가 N1-를 V (N0=[인간|단체] N1=규범, 법률, 제도 따위)
¶국회는 국어 발전을 위한 국어기본법을 만들었다. ¶미국은 15개 주에서 시민 건강을 위해 보험 규정을 새로 만들었다.
⑲(사물의 원리나 지식 따위를) 논리적이고 체계적으로 명제화하다. Present a proposition by logically and systematically using an object's principle or knowledge.

㊐세우다[1], 정립하다, 구축하다
N0-가 N1-를 V (N0=[인간] N1=[추상물](이론, 법칙 따위))
¶마르크스는 사회주의의 이론을 만들었고 레닌은 그것을 적용했다. ¶영국의 통계학자 피셔가 가설-검정 이론을 만들었다.
⑳(새로운 교육 과정, 행사 따위의 프로그램을) 개설하거나 열다. Establish or open a new course of study or event.
㊐개설하다, 열다II타, 개최하다 ㊎폐지하다
N0-가 N1-를 V (N0=[인간|단체] N1=[추상물](교육 과정, 강의, 수업 따위), [행사], [모임])
¶한국이 '마이크로 로봇 월드컵'을 창설하자 그 이듬해 일본도 '로봇컵 대회'를 만들었다. ¶그는 다양한 국적의 사람들이 함께 어울릴 수 있는 문화 축제를 만들겠다고 말했다.
㉑(웹상에 홈페이지, 사이트 따위를) 마련하여 개설하다. Put up a web site by preparing a home page or a site.
㊐짜다I타, 구축하다 ㊎폐지하다, 닫다II
N0-가 N1-를 V (N0=[인간|단체] N1=홈페이지(누리집), 웹사이트)
¶그는 큰돈을 들여 회사 홈페이지를 만들었다. ¶우리는 회사를 소개할 수 있는 웹사이트를 만들었다.
㉒(돈을) 마련하다. Provide money.
㊐장만하다
N0-가 N1-를 V (N0=[인간|단체] N1=금전, 기금, 자금, 경비 따위)
¶저는 사 두었던 땅을 팔아 사업에 필요한 자금을 만들었어요. ¶그녀는 한 달에 십만 원씩 모아 여행 경비를 만들었다.
㉓(정부나 기업체에서) 일자리를 마련하다. (of a government agency or an enterprise) Provide jobs.
㊐창출하다, 제공하다
N0-가 N1-를 V (N0=[인간|단체] N1=일자리)
¶정부는 지난 4년 동안에 8백만 개의 새로운 일자리를 만들었다. ¶청년들의 일자리를 만들기 위해 대기업이 발 벗고 나서야 한다.
㉔(시간, 기회, 자리 따위를) 일부러 내거나 마련하다. Intentionally provide or create time, opportunity, or position.
㊐마련하다
N0-가 N1-를 V (N0=[인간] N1=[시간](기회, 짬 따위), 자리 따위)
¶잠시라도 짬을 만들어 모임에 참석해 주시기 바랍니다. ¶그럼 빠른 시일 내에 우리들이 함께 만날 수 있는 기회를 만들겠습니다.
㉕(지고 있는 경기를) 비기게 할 점수를 얻거나 그런 기회를 마련하다. Force a losing game into a tiebreaker or provide such opportunity.
㊐얻다
N0-가 N1-를 V (N0=[운동선수] N1=동점(골), (득점) 기회, 골찬스 따위)
¶마지막 타자가 홈런을 날려 동점을 만들었다. ¶공격수가 페널티킥까지 얻어 다시 골을 넣을 기회를 만들었다.
㉖(어떠한 개념이나 이미지를) 형성하다. Develop some concept or image.
㊐생성하다, 그리다I
N0-가 N1-를 V (N0=[인간] N1=[추상물](이미지, 개념 따위))
¶객관적인 과학 정신이 서구적인 근대 인간상을 만들었다. ¶그 영화는 소수민족에 대한 왜곡된 이미지를 만들었다.
㉗(새로운 분위기나 여건 따위를) 조성하다. Foster a new environment or condition.
㊐마련하다, 조성하다
N0-가 N1-를 V (N0=[인간], [행위] N1=사회, 세상, 분위기, 풍토, 계기, 동기 따위)
¶청소년을 위해 좋은 세상을 만들었으면 하는 바람이다. ¶법을 어겼다면 이에 대한 책임을 지는 사회 풍토를 만들어야 한다.
㉘(문제가 되거나 이목을 끌만한 말이나 일 따위를) 꾸미다. Forge a scheme that can cause a problem or draw attention.
㊐일으키다, 낳다, 꾸미다
N0-가 N1-를 V (N0=[인간] N1=[추상물](소문, 화근, 화제, 혐의 따위))
¶그는 공연한 소문을 만들어 그녀를 곤란하게 하였다. ¶반갑지 않은 양반이 또 화근을 만들었구먼.
㉙(사람이나 사물로 하여금) 다른 상태나 어떤 지위를 갖게 하다. Present a person or an object some position or a different condition.
N0-가 N1-를 N2-로 V (N0=[인간|단체], [추상물](희생, 노력, 지지 따위) N1=[인간] N2=[인간])
¶어머니의 희생이 아들을 훌륭한 정치가로 만들었다. ¶홍찬식 감독은 수많은 배우를 위대하거나 자랑스러운 주인공으로 만들었다.
N0-가 N1-를 N2-로 V (N0=[인간|단체], [시설] N1=[장소], [지역] N2=[장소])
¶그는 나무를 심어 황무지를 녹지로 만들었다. ¶새로 생긴 도로망이 이곳을 교통의 중심지로 만들었다.
N0-가 N1-를 N2-로 V (N0=[인간], [기구] N1=문서, 예술작품, 기구 N2=[추상물], 작품, 조형물 따위)
¶그는 동시를 노래로 만들었다. ¶제2세대 컴퓨터가 모든 진공관 컴퓨터를 무용지물로 만들었다.
◆ **몸을 만들다** 신체를 건강한 상태나 근육질의 상태가 되게 하다. Train oneself into physically

ㅁ

fit or muscular state.
No-가 Idm (No=[인간])
¶나는 대회를 앞두고 요즘 몸을 만들고 있어. ¶그 배우는 무술인으로 출연할 때를 대비해서 몸을 만들었다.
◆ **묵사발(로|을) 만들다** (다른 사람의 얼굴 따위를) 때려 심하게 깨지거나 뭉개진 상태가 되게 하다. Smash someone's face beyond recognition by beating them severely.
No-가 N1-를 Idm (No=[인간] N1=[인간], [신체부위])
¶당신이 바로 피해자 얼굴을 묵사발로 만들었던 사람이군요. ¶고학년 형이 어린 동생을 묵사발을 만들어 놨다.
◆ **쑥대밭(으로|을) 만들다** (어떤 장소를) 매우 어지럽거나 못 쓸 정도로 황폐화시키다. Make a mess of or devastate a place so that it cannot be used any more.
No-가 N1-를 Idm (No=[인간] N1=[장소])
¶그는 동료들과 공연장에 난입해서 그곳을 쑥대밭으로 만들었다. ¶그녀는 양말 하나를 찾겠다고 집안을 온통 쑥대밭으로 만들었다.
◆ **코를 납작하게 만들다** (다른 사람의 기를) 누르거나 죽이다. Break or dampen someone's spirits.
No-가 N1-의 Idm (No=[인간] N1=[인간])
¶나는 그의 코를 납작하게 만들어 주기 위해서라도 꼭 성공해야겠다고 다짐했다. ¶반드시 네 코를 납작하게 만들어 주고 말겠어.

만류하다
어원挽留~, 활용만류하여(만류해), 만류하니, 만류하고 대응만류를 하다
타(어떤 일을) 못 하게 말리다. Prevent someone from carrying out a task.
㊌제지하다타, 저지하다
No-가 N1-를 V (No=[인간|단체] N1=[인간|단체], [행위])
연어극구
¶큰형이 밖으로 나가시겠다는 아버지를 극구 만류했다. ¶그는 친구의 음주 운전을 극구 만류했다. ¶정부는 위험 지역에 봉사단원을 파견하려는 종교 단체를 극구 만류했다.
No-가 S것-을 V (No=[인간|단체])
¶큰형이 어머니께서 찾아오시겠다는 것을 극구 만류했다. ¶친구는 내가 음주 운전하는 것을 극구 만류했다.

만연되다
어원蔓延~ 활용만연되어(만연돼), 만연되니, 만연되고
자☞만연하다

만연하다
어원蔓延~ 활용만연하여(만연해), 만연하니, 만연하고
자(전염병이나 좋지 않은 현상 따위가) 어떤 곳에 널리 퍼지다. (of epidemic or bad phenomenon) Spread throughout a region.
㊌퍼지다, 유포되다
No-가 N1-에 V (No=[질병], [추상물](개념, 사조 따위) N1=[장소], [시간])
¶이 지역은 전염병이 만연하는 지역이다. ¶청소년 범죄가 만연한 사회는 미래가 없다. ¶최근 우리 사회에 물질만능주의가 만연하고 있어서 안타깝다.

만족하다
어원滿足~ 활용만족하여(만족해), 만족하니, 만족하고 대응만족을 하다
자어떤 일이나 상태 따위에 바라거나 필요한 것이 모두 있어 기쁘게 생각하다. (of a person or a group) Be happy about having all the desired or necessary items for a certain task, status, etc.
㊌즐거워하다
No-가 N1-(에|에게) V (No=[인간|단체] N1=[추상물], [인간|단체])
사만족시키다
¶우리는 그의 성의 있는 답변에 만족하였다. ¶우리는 현재의 자리에 만족해야 하였다.
No-가 S(것|데)-에 V (No=[인간|단체])
사만족시키다
¶나는 동생과 달리 공원을 한 바퀴 산책하는 것에 만족하였다. ¶시민들은 우리 선수들이 좋은 경기력을 보여 준 것에 만족해하였다.
No-가 N1-로 V (No=[인간|단체] N1=[구체물], [추상물])
사만족시키다
¶저는 이것만으로도 만족합니다. ¶두 팀은 모두 무승부로 만족해야 하였다.
No-가 S것으로 V (No=[인간|단체])
사만족시키다
¶우리는 그를 한 번 만나는 것으로 만족합니다. ¶나는 몇몇 명소를 둘러보는 것으로 만족하였다.

만지다
활용만져, 만지니, 만지고
타❶(손을 어떤 물체에 가져다 대고) 더듬거나 주무르다. Grope or massage by putting the hands over some object.
㊌건들다, 더듬다, 주무르다, 쥐다
No-가 N1-를 V (No=[인간] N1=[구체물])
¶아기가 내 얼굴을 만졌다. ¶어머니는 내 머리를 만져 주셨다.
❷(머리나 옷매무새 따위를) 손질하다. Fix the

hair or clothes.
[유]손질하다, 정리하다
N0-가 N1-를 V (N0=[인간] N1=머리, 옷매무새 따위)
¶나는 어제 미용실에 가서 머리를 좀 만졌다. ¶그 사람을 만나러 갈 때 나는 항상 옷매무새도 만지고 신경을 썼다.
❸(악기나 장비 따위를) 다루다. Handle musical instrument, equipment, etc.
[유]다루다 [하]조작하다, 연주하다, 수리하다, 고치다, 관리하다
N0-가 N1-를 V (N0=[인간] N1=악기, 기계, 기기, 도구 따위)
¶아버지께서는 기타를 좀 만지셨다. ¶형은 온갖 자동차 엔진을 다 만질 줄 안다.
❹(돈, 재산 따위를) 수중에 가지고 쓰다. Use money, wealth, etc., on hand.
N0-가 N1-를 V (N0=[인간] N1=[화폐])
¶내가 아는 한 친구는 목돈을 만진다. ¶장사꾼들이나 현금을 만지지 직장인들은 현금 만질 일이 별로 없다.

만지작거리다
[활용]만지작거리어(만지작거려), 만지작거리니, 만지작거리고 [준] 만작거리다
[타]가볍게 쥐었다 놓았다하면서 계속 만지다. Touch (something) continuously by lightly clutching and letting go of it.
[유]만지작대다, 만지작만지작하다 [상]만지다
N0-가 N1-를 V (N0=[인간] N1=[구체물], [추상물])
¶어린 동생들은 인형을 만지작거리며 놀았다. ¶예람이는 작은 돌멩이를 만지작거리며 깊은 생각에 빠졌다. ¶기획실장은 새로운 사업 계획을 만지작거리며 생각을 가다듬고 있다.

만지작대다
[활용]만지작대어, 만지작대니, 만지작대고
[타]☞만지작거리다

만취되다
[어원]漫醉~, 滿醉~ [활용]만취되어(만취돼), 만취되니, 만취되고 [대응]만취가 되다
[자]☞만취하다

만취하다
[어원]漫醉~, 滿醉~ [활용]만취하여(만취해), 만취하니, 만취하고 [대응]만취를 하다
[자]술에 매우 심하게 취하다. Be very drunk with alcohol.
[유]취하다II, 숙취하다
N0-가 V (N0=[인간])
¶아버지께서 오랜만에 만취해서 집에 돌아오셨다. ¶그들은 모였다 하면 만취할 때까지 마신다.

만회되다
[어원]挽回~ [활용]만회되어(만회돼), 만회되니, 만회되고 [대응]만회가 되다
[자](뒤처지거나 잃어버린 것, 잘못된 것 따위가) 그 이전의 상태나 수준으로 되돌려지다. (of something that was lagging, lost, wrong, etc.) Return to the previous status or level.
[유]회복되다, 원상복귀되다
N0-가 V (N0=[행위], [상태], 피해, 점수 따위 N1=[행위], [상태], 피해, 점수 따위)
[능]만회하다
¶한국 선수들의 부진은 깨끗이 만회되었다. ¶어제 입은 손실의 절반 정도가 만회되었다.

만회하다
[어원]挽回~ [활용]만회하여(만회해), 만회하니, 만회하고 [대응]만회를 하다
[타](뒤처지거나 잃어버린 것, 잘못된 것 따위를) 그 이전의 상태나 수준으로 되돌리다. (of a person or a group) Return something that was lagging, lost, wrong, etc., to its previous status or level.
[유]회복하다
N0-가 N1-를 V (N0=[인간|단체] N1=[행위], [상태], 피해, 점수 따위)
[피]만회되다
¶우리 팀은 동점골을 터뜨리며 실점을 만회했다. ¶남자는 2년간의 공백을 만회하기 위해 구슬땀을 흘렸다. ¶사람들은 사소한 실수를 만회하려다가 치명적인 실수를 저지르곤 한다.

말다 I
[활용]말아, 마니, 말고, 마는
[타]❶(길이가 긴 물건을) 다른 대상에 감다. Wrap a long object around something else.
[유]감다III [반]풀다
N0-가 N1-를 N2-에 V (N0=[인간], [기계] N1=[재료] N2=[신체부위], [구체물])
[피]말리다I
[연어]둘둘
¶어머니는 무명 옷감을 보자기에 말아 가져 가셨다. ¶기계들이 긴 원통에 원단을 자동으로 마는 모습이 마냥 신기하다.
❷(넓적하고 긴 재료로 다른 대상을) 에둘러 동그랗게 감싸다. Wrap an object in a long, flat material.
[유]싸다I [반]풀다, 펴다
N0-가 N2-로 N1-를 V (N0=[인간], [기계] N1=[구체물] N2=[구체물])
[피]말리다I
[연어]둘둘
¶어머니께서 밥, 김치, 단무지 등을 김으로 말아서

김밥을 해 주셨다. ¶포장 기계가 수출품을 큰 비닐로 둘둘 말아서 쌓아 두었다.
❸(신체부위나 넓적한 물건 따위를) 동그랗게 만들다. Form a circle with a long body part or flat object.
[유]싸다I [반]풀다, 펴다
N0-가 N1-를 V (N0=[인간], [동물] N1=[구체물], [신체부위](몸통, 꼬리 따위))
[피]말리다I
[연어]둥글게, 동그랗게
¶어머니는 쓰레기를 둘둘 말아서 부피를 작게 만들어 버리셨다. ¶뱀이 몸을 둥글게 말고 쉬고 있었다. ¶진돗개가 꼬리를 동그랗게 말았다.

말다Ⅱ
[활용]말아, 마니, 말고, 마는
[타](국수나 밥 따위를) 물이나 국물에 넣어서 풀다. Put noodles or rice into water or soup and mix it.
[유]만들다[타], 풀다
N0-가 N2-에 N1-를 V (N0=[인간](요리사, 주방장 따위) N1=[음식](국수, 밥 따위) N2=물, 국물, 육수 따위)
¶아주머니가 김칫국에 국수를 말아 주셨다. ¶할아버지께서는 늘 밥을 물에 말아서 드셨다.

말다Ⅲ

말다[1]
[활용]말아, 마니, 말고, 마는
[타]❶(어떤 일이나 행동 따위를) 그만두다. Cease performing a task or behavior.
[유]그만두다, 멈추다
N0-가 V (N0=[행위], [감정](걱정, 염려 따위))
[사]말리다Ⅲ
¶잔소리 말고 따라와. ¶우리 일에 관여 마세요.
※주로 행위를 나타내는 명사 다음에 '말고'가 오는 형식으로 쓰인다.
S-(나|거나|든|을지) V(나|거나|든|을지) (N0=[행위])
¶가거나 말거나 상관없다. ¶먹든 말든 알아서 하세요. ¶할지 말지 결정해서 알려 주세요.
❷(어떤 것 따위가) 아니다. The state of not being a certain object or condition.
N0-가 V (N0=[인간], [사물])
¶이것 말고 저것으로 주세요. ¶형 말고 누나에게 부탁했어요.
※주로 명사 다음에 직접 '말고'가 오는 형식으로 쓰인다.

말다[2]
[활용]말아, 마니, 말고, 마는
[보조](동사 뒤에서 '-지 말고', '-지 마라' 따위의 구성으로 쓰여) 앞말이 뜻하는 행동에 대한 금지를 나타내는 보조동사 An auxiliary verb used to indicate the prohibition of what the preceding verb means.
V-지 Vaux
¶상한 것 같은 음식은 먹지 마세요. ¶만지지 말고 보기만 하세요. ¶쓰레기를 함부로 버리지 마시오.

말려들다
[활용]말려들어, 말려드니, 말려들고, 말려드는
[자]❶(어떤 대상에) 감기어 그 안으로 들어가다. (of an object) Be rolled up and pulled inwards.
N0-가 N1-에 V (N0=[구체물](천, 종이, 신발 따위) N1=기계 따위)
¶옷이 기계에 말려들어 크게 다칠 뻔하였다. ¶백화점에서는 에스컬레이터에 신발이 말려드는 사고가 가끔 일어난다.
N0-가 N1-로 V (N0=[구체물](천, 종이, 신발 따위) N1=[공간](안 따위))
¶습기를 머금은 종이가 안으로 말려들어 햇볕에 바짝 말렸다. ¶긴장을 하다 보니 혀가 안으로 말려드는 듯했다.
❷(원하지 않는 일에) 관계되거나 끌려 들어가다. Be involved in or drawn into some incident against one's will.
[유]연루되다
N0-가 N1-에 V (N0=[인간|단체] N1=싸움, 계략 등)
¶진영이는 시장 근처를 지나가다가 길거리 싸움에 말려들었다. ¶운동 경기를 할 때 상대팀의 전략에 말려들지 않도록 주의해야 한다.

말리다Ⅰ
[활용]말리어(말려), 말리니, 말리고
[자](길이가 긴 신체부위나 넓적한 물건 따위가) 동그랗게 만들어지다. (of a long body part or flat object) Be made into a circle.
[유]감기다
N0-가 V (N0=[구체물](천, 신문지, 종이 따위), [신체부위](몸통, 꼬리 따위))
[능]말다I
[연어]둥글게, 동그랗게
¶신문지가 동그랗게 말렸다. ¶습기를 머금어서 종이가 둥글게 말렸다. ¶진돗개의 꼬리가 동그랗게 말렸다.

말리다Ⅱ
[활용]말리어(말려), 말리니, 말리고
[자](어떤 사건이나 사태 따위에) 의도하지 않게 관련되다. Be involved in an incident or situation unintentionally.
[유]휩쓸리다, 연루되다 [반]빠져나오다
N0-가 N1-에 V (N0=[인간] N1=[상황], [사건], [충돌]

(언쟁, 논쟁 따위), [범죄](사기, 속임수 따위))
¶여동생이 사기 사건에 말려서 힘들어 했다. ¶할아버지께서는 정치 문제에 말리기를 매우 싫어하신다. ¶나도 모르게 불필요한 논쟁에 말려서 속이 상했다.

말리다Ⅲ

활용 말리어(말려), 말리니, 말리고
타 (젖은 물건 따위에서) 습기를 다 날려 없애다. Remove and eliminate moisture completely from a wet object.
유 건조하다, 건조시키다 반 적시다
N0-가 N2-(로|에|에서) N1-를 V (N0=[인간] N1=[구체물](옷, 빨래, 머리카락 따위) N2=[구체물])
주 마르다I
¶어머니는 햇볕에 빨래를 말리셨다. ¶할머니는 마당에서 고추를 말리셨다. ¶언니는 아침마다 드라이어기로 머리를 말린다.
◆ **씨를 말리다** 하나도 남기지 않고 완전히 없애다. Wipe something out of existence until it becomes extinct.
N0-가 N1-(의|를) Idm (N0=[인간], [상황], [행위] N1=[인간])
능 씨가 마르다
¶무분별한 포획으로 고래의 씨를 말렸다. ¶적군은 아군을 씨를 말릴 기세로 공격해 왔다.
◆ **피를 말리다** 극도로 초조하거나 불안하게 만들다. Make someone extremely anxious or uneasy in such a way of bleeding someone dry.
N0-가 N1-(의|를) Idm (N0=[인간], [상황], [행위] N1=[인간])
주 피가 마르다
¶대입 전형 결과 발표가 가족들의 피를 말린다. ¶대규모 시위가 경찰 당국의 피를 말린다.

말리다Ⅳ

활용 말려, 말리니, 말리고
타 (다른 사람으로 하여금 어떤 행동 따위를) 하지 못하게 하다. Prevent someone from doing something.
유 방해하다, 막다 반 권하다타, 장려하다, 추천하다
N0-가 N1-를 V (N0=[인간] N1=[충돌](싸움 따위), 성격, 고집 따위)
¶누가 싸움을 좀 말려 주세요. ¶나는 그 친구의 고집을 막을 수가 없다. ¶그 사람 성격을 누가 말리겠어?

말미암다

활용 말미암아, 말미암으니, 말미암고
자 (사건이나 사태가 다른 것이 원인이 되어) 그 결과로 비롯되다. (of a certain person, item, activity, or incident) Occur as the cause or basis.
유 기인하다
N0-가 N1-(로|에서|에게서) V (N0=[추상물], [사건], [사고], [행위], [현상] N1=[인간], [구체물], [추상물])
¶모든 것이 작은 오해로 말미암았다. ¶아시아권의 출생 성비 불균형은 경제 발전, 의료 기술 발전으로 말미암았다. ¶이 둘의 근본적인 차이는 인식의 차이에서 말미암은 것이다.
◆ **-로 말미암아**
유 -로 인하여, ~때문에
N0-Idm (N0=[모두])
¶오늘은 폭우로 말미암아 위문 공연을 중단할 수밖에 없었다. ¶그로 말미암아 상황이 걷잡을 수 없이 악화되었다.

말살되다

어원 抹殺~ 활용 말살되어(말살돼), 말살되니, 말살되고 대응 말살이 되다
자 ❶(한 집단의 사람이나 동물들이) 죽어서 모두 없어지다. (of a group of people or animals) Die and cease to exist.
유 몰살되다, 멸종되다
N0-가 V (N0=[인간|단체], [동물])
능 말살하다
¶많은 선교사들이 죽임을 당하고 말살되었다. ¶서양인들이 들어온 이후 이 섬의 고유 생물들이 말살되었다.
❷(존재하는 것들이) 남지 않고 아예 없어지다. (of existing things) Completely disappear.
유 사라지다, 근절되다
N0-가 V (N0=[인간|단체], [동물], [추상물](권리, 사상, 종교 따위), 기록 따위)
능 말살하다
¶언론에 대한 탄압으로 민주주의가 말살될 위기에 놓였다. ¶중국의 풍수 사상은 혁명을 거치면서 말살되었다고 한다.

말살하다

어원 抹殺~ 활용 말살하여(말살해), 말살하니, 말살하고
타 ❶(한 집단의 사람이나 동물들을) 죽여서 모두 없애버리다. Wipe something out of existence.
유 몰살시키다, 멸종시키다, 궤멸시키다
N0-가 N1-를 V (N0=[인간|단체], [동물], [자연현상](태풍 따위) N1=[인간|단체], [동물])
피 말살되다
¶그는 눈앞의 적군을 모두 말살하였다. ¶이번 태풍은 농장의 가축을 모두 말살하였다.
❷(존재하는 것들을) 남기지 않고 아예 없애버리다. Completely wipe something out of existence without leaving any traces.
유 없애다, 근절시키다, 청산하다

N0-가 N1-를 V (N0=[인간|단체], [동물], [추상물] N1=[인간|단체], [동물], [추상물](권리, 사상, 종교 따위), 기록 따위)
피 말살되다
¶폭군은 국민의 모든 권리를 말살하였다. ¶역사의 승리자들은 과거 역사의 기록을 말살하였다.

말씀드리다

활용 말씀드리어(말씀드려), 말씀드리니, 말씀드리고 대응 말씀을 드리다 겸양 말하다 자타

자타 ❶ «문장 속에서 듣는 사람을 높여» (생각이나 감상 따위를) 말로 나타내다. 《Honorific verb form in order to show respect toward the listener in a sentence》 Present thought, opinion, etc., through speech.
N0-가 N2-에게 N1-(를|에 대해) V (N0=[인간] N1=의견, 계획, 감상, 불만 따위 N2=[인간])
¶소년은 담임 선생님께 장래 희망을 말씀드렸다. ¶제가 선생님께 말씀드린 책이 바로 이것입니다.
N0-가 N1-에게 S고 V (N0=[인간] N1=[인간])
¶나는 어머니께 병원에 가자고 말씀드렸다. ¶제가 전에 이 음식이 맛있다고 말씀드렸잖아요.
N0-가 N1-에게 S것-(을|에 대해) V (N0=[인간] N1=[인간])
¶소년은 선생님께 자기가 거짓말을 했다는 것을 말씀드렸다. ¶나는 아버지께 내년에 유학 간다는 것에 대해 아직 말씀드리지 못했다.
❷ «문장 속에서 듣는 사람을 높여» 사실을 말로 알려 주다. 《Honorific verb form in order to show respect toward the listener in a sentence》 Let someone know a fact through speech.
유 아뢰다, 고하다
N0-가 N2-에게 N1-(를|에 대해) V (N0=[인간] N1=[모두] N2=[인간])
¶그는 선생님께 어제 있었던 일에 대해 말씀드렸다. ¶지훈이가 기사님께 목적지를 말씀드리지 않았니?
N0-가 N1-에게 S다고 V (N0=[인간] N1=[인간])
¶이 대리는 박 과장님께 내일 회의가 있다고 말씀드렸다. ¶아버지께서 찾으시면 언제 올지 모른다고 말씀드려라.
N0-가 N1-에게 S것-(을|에 대해) V (N0=[인간] N1=[인간])
¶어제 그 일을 처리한 것에 대해 아직 사장님께 말씀드리지 못했다. ¶아버지께 내 생각이 이렇다는 것에 대해 말씀드리면 놀라실 것이다.
❸ «문장 속에서 듣는 사람을 높여» 다른 사람으로 하여금 무엇을 하게 하다. 《Honorific verb form in order to show respect toward the listener in a sentence》 Make someone do something.
N0-가 N1-에게 S라고 V (N0=[인간] N1=[인간])
¶내가 어머니께 모시고 살겠다고 말씀드려도 듣지 않으실 것이다. ¶본부장께 건의 사항을 아무리 말씀드려 봤자 달라지지 않을 거야.
❹ «문장 속에서 듣는 사람을 높여» 무엇을 부탁하거나 청하다. (Elevating the listener in a sentence) Ask or request something.
N0-가 N2-에게 N1-를 V (N0=[인간] N1=일자리, 혼처, 사정 따위 N2=[인간])
¶네가 사장님께 일자리를 말씀드리더라도 비굴하게 보여서는 안 된다. ¶네가 선생님께 사정을 잘 말씀드리면 이해해 주실 것이다.
N0-가 N1-에게 S라고 V (N0=[인간] N1=[인간])
¶나는 동네 어르신들께 잔치에 와 달라고 말씀드렸다. ¶동생이 졸업식에 참석해 달라고 부모님께 말씀드리는 것을 들었다.
❺ «문장 속에서 듣는 사람을 높여» 무엇을 평가하거나 논하다. (Honorific verb form in order to show respect toward the listener in a sentence) Evaluate or discuss something.
유 칭찬하다
N0-가 N2-에게 N1-(를|에 대해) ADV V (N0=[인간] N1=[모두] N2=[인간], ADV=좋게, 나쁘게, 잘 따위)
¶제가 이사님께 상철 씨에 대해 잘 말씀드리겠습니다. ¶그분이 나를 좋게 말씀드렸다는 것이 실감이 났다.
N0-가 N2-에게 N1-(를|에 대해) S다고 V (N0=[인간] N1=[모두] N2=[인간])
¶문예반장은 선생님께 내 작품에 대해 말씀드렸다. ¶그는 간부들에게 그 계획에 대하여 무리라고 말씀드릴 것이다.
N0-가 S것-(을|에 대해) ADV V (N0=[인간] N1=[인간], ADV=좋게, 나쁘게, 잘 따위)
¶우리가 잘한 것을 나쁘게 말씀드릴 수는 없는 일이다. ¶네가 한 일을 잘 말씀드려도 이해해 주실지 장담할 수 없다.
N0-가 N1-에게 S것-(을|에 대해) S다고 V (N0=[인간] N1=[인간])
¶그는 부모님께 출근하는 것을 신나는 일이라고 말씀드렸다. ¶한 곳에 오래 앉아 있는 것에 대해 힘들다고 말씀드려 보아라.

말씀하다

활용 말씀하여(말씀해), 말씀하니, 말씀하고 대응 말씀을 하다

자 «높이는 표현으로» (둘 이상의 사람이) 상대하여 이야기하다. 《As a respectful expression, of two or more people》 Face one another and talk.
유 말씀을 나누시다, 얘기를 나누시다
N0-가 N1-와 V ↔ N1-가 N0-와 V ↔ N0-와 N1-가

V (N0=[인간] N1=[인간])
¶어머니께서 할머니와 말씀하신다. ↔ 할머니께서 어머니와 말씀하신다. ↔ 어머니와 할머니께서 말씀하신다. ¶지금 김 선생님께서는 학부모와 말씀하고 계십니다.
[자타]❶ 《높이는 표현으로》 (생각이나 감상 따위를) 말로 나타내다. 《As a respectful expression》 Present thought, opinion, etc., through speech.
[유]표명하시다, 고견을 표하다
N0-가 N2-에게 N1-(를|에 대해) V (N0=[인간] N1=의견, 계획, 감상, 불만 따위 N2=[인간])
¶말씀하신 견해는 받아들이기 어렵습니다. ¶여행을 다녀온 감상에 대하여 말씀해 주세요.
N0-가 N1-에게 S고 V (N0=[인간] N1=[인간])
¶아버지께서는 우리들에게 얼른 출발하자고 말씀하셨다. ¶선생님께서 이 책을 읽어 보라고 말씀하셨지만 나는 아직 읽지 못하였다.
N0-가 N1-에게 S것-(을|에 대해) V (N0=[인간] N1=[인간])
¶선생님께서는 학생들에게 그간 생각해 오던 것을 말씀하셨다. ¶다음 그림이 뜻하는 것을 말씀하십시오.
❷ 《높이는 표현으로》 (사실을) 말로 알려주다. 《As a respectful expression》 Let someone know a fact through speech.
[유]고견을 표하다
N0-가 N2-에게 N1-(를|에 대해) V (N0=[인간] N1=[모두] N2=[인간])
¶신부님께서는 우리에게 늘 평화와 사랑을 말씀하셨다. ¶귀사에서 말씀하신 조건에 대해 검토해 보았습니다.
N0-가 N1-에게 S다고 V (N0=[인간] N1=[인간])
¶아버지께서는 나에게 동생이 많이 아프다고 말씀하셨다. ¶어머니께서는 나에게 비행기에는 액체류를 반입할 수 없다고 말씀하셨다.
N0-가 N1-에게 S것-(을|에 대해) V (N0=[인간] N1=[인간])
¶사장님은 직원들에게 회사가 상장된 것을 말씀하셨다. ¶김 선배는 철새들이 더 이상 이곳에 오지 않는다는 것에 대해 말씀해 주셨다.
❸ 《높이는 표현으로》 (다른 사람으로 하여금 무엇을) 하게 하다. 《As a respectful expression》 Make someone do something.
[유]하명하다
N0-가 N1-에게 S라고 V (N0=[인간] N1=[인간])
¶선생님이 늦지 말라고 말씀하셔도 늦는 학생은 있게 마련이다. ¶아버님께서 하지 말라고 아무리 말씀하시더라도 이번만큼은 물러날 수 없습니다.
❹ 《높이는 표현으로》 (무엇을) 부탁하거나 청하다. 《As a respectful expression》 Ask or request something.
N0-가 N2-에게 N1-를 V (N0=[인간] N1=일자리, 혼처, 사정 따위 N2=[인간])
¶선생님께서는 친구분에게 내 일자리를 말씀해 두셨다. ¶형님이 사정을 말씀하셨지만 은행이 거절했다고 한다.
N0-가 N1-에게 S라고 V (N0=[인간] N1=[인간])
¶동장님은 주민들에게 투표하라고 말씀하셨다. ¶배달해 달라고 말씀해 두셨다니 우리는 기다리면 된다.
❺ 《높이는 표현으로》 (무엇을) 평가하거나 논하다. 《As a respectful expression》 Evaluate or discuss something.
[유]칭찬하다[자타]
N0-가 N1-(를|에 대해) ADV V (N0=[인간] N1=[모두], ADV=좋게, 나쁘게, 잘 따위)
¶선생님께서 그 사람들에게 나를 좋게 말씀하셨나 보다. ¶제 작품에 대해 잘 말씀해 주셔서 감사합니다.
N0-가 N1-(를|에 대해) S다고 V (N0=[인간] N1=[모두])
¶이장님은 이 방법에 대해 너무 복잡하다고 말씀하셨다. ¶선생님께서는 재경이를 놀라운 아이라고 말씀하시곤 했다.
N0-가 S것-(을|에 대해) ADV V (N0=[인간], ADV=좋게, 나쁘게, 잘 따위)
¶박 사장님은 우리가 노력한 것을 좋게 말씀해 주셨다. ¶너에 대해 좋지 않게 말씀하시더라도 기죽지 마라.
N0-가 S것-(을|에 대해) S다고 V (N0=[인간])
¶아버지께서는 내가 시작한 것을 좋은 시도라고 말씀하셨다. ¶언제부터인가 부모님께서는 우리 형제가 하는 일에 대해 어떻다고 말씀하지 않으셨다.

말아먹다

[활용]말아먹어, 말아먹으니, 말아먹고
[타]❶(국이나 물 따위에) 밥을 넣어서 풀어서 먹다. Put rice into soup or water and eat it.
N0-가 N2-에 N1-를 V (N0=[인간] N1=밥 N2=국물, 물 따위)
¶찬규가 순대국에 밥을 말아먹었다. ¶나는 입맛이 없을 때 가끔 물에 밥을 말아먹는다.
❷(사람이나 단체 또는 그들의 생각이나 행위 따위가) 어떤 일이나 기업 따위를 완전히 망쳐버리다. (of a person or an organization or the deeds or words of such) Ruin a work or a company completely.
[유]날리다IV, 망하게 하다
N0-가 N1-를 V (N0=[인간|단체] N1=[사업])
¶형님이 사업을 완전히 다 말아먹었어요. ¶내 친구는 두 달 만에 옷가게를 말아먹고 빚더미에

[ㅁ]

올랐다.
❸(주로 재산이나 재물 따위를) 모두 잃거나 없애다. Lose or dispose of all the wealth or properties completely.
㊀날리다IV, 탕진하다
N0-가 N1-를 V (N0=[인간] N1=[금전], [화폐])
¶나는 사업을 한답시고 적잖은 아버지 재산을 다 말아먹었다. ¶네가 전 재산을 말아먹고도 아직 정신을 못 차렸구나.

말하다

활용 말하여(말해), 말하니, 말하고 대응 말을 하다 존대 말씀하다 겸양 말씀드리다 자타
자 (다른 사람과) 상대하여 이야기하다. Face someone and engage in conversation.
㊀대화하다
N0-가 N1-와 V ↔ N1-가 N0-와 V ↔ N0-와 N1-가 V (N0=[인간] N1=[인간])
¶동생이 옆집 아이와 말했다. ↔ 옆집 아이가 동생과 말했다. ↔ 동생과 옆집 아이가 말했다. ¶나는 처음으로 외국인과 말해 보았다.
타 ❶(일정한 의미를) 가리키거나 뜻하다. Insinuate or signify a certain meaning.
㊀일컫다, 나타내다, 가리키다, 의미하다
N0-(가|란) N1-를 V (N0=[구체물], [추상물] N1=[구체물], [추상물])
¶졸업은 곧 새로운 시작을 말한다. ¶동태란 얼린 명태를 말한다.
N0-(가|란) S것-을 V (N0=[구체물], [추상물])
¶회색 글씨는 선택이 불가능하다는 것을 말합니다. ¶합창이란 여러 사람이 함께 노래하는 것을 말한다.
❷(사정이나 상황, 형편 따위를) 드러내 보이다. Make a matter, circumstance, or situation visible.
㊀표현하다, 암시하다, 나타내다
N0-(가|란) N1-를 V (N0=[구체물], [추상물] N1=[구체물], [추상물])
¶청자는 고려의 미적 감각을 말해 준다. ¶낡은 앞치마가 어머니의 지난날을 말해 주고 있었다.
N0-(가|란) S것-을 V (N0=[구체물], [추상물])
¶결혼이란 곧 두 집안이 결합한다는 것을 말한다. ¶이 두꺼운 안경은 그 사람의 눈이 꽤 나쁘다는 것을 말해 준다.
자타 ❶(자신이 생각하거나 느끼는 바를) 말로 표현하다. Express one's thoughts or feelings with words.
㊀표현하다, 표명하다
N0-가 N2-(에|에게) N1-(를|에 대해) V (N0=[인간] N1=의견, 계획, 생각, 감상, 사실, 불만 따위 N2=[인간|단체])
¶네 생각에 대해 말해 보렴. ¶영화를 보고 감상을 말해 보자.
N0-가 N1-(에|에게) S고 V (N0=[인간] N1=[인간|단체])
¶오랜만에 만난 친구에게 반갑다고 말했다. ¶나는 사직서를 내겠다고 회사에 말했다.
❷(어떤 사실이나 내용을) 말로 표현하다. Express certain facts or contents with words.
㊀이야기하다 자타 알려주다
N0-가 N2-(에|에게) N1-(를|에 대해) V (N0=[인간] N1=[구체물], [추상물] N2=[인간|단체])
¶음식이 만들어지는 과정에 대해 말해 줄게. ¶나는 회사에 그 사실에 대해 말했다.
N0-가 N1-(에|에게) S다고 V (N0=[인간] N1=[인간|단체])
¶갈릴레이는 온 세상 사람들에게 지구가 돈다고 말했다. ¶엄마는 나에게 내일은 백화점이 문 닫는 날이라고 말했다.
❸(어떤 대상을) 평가하거나 논하다. Evaluate or discuss a subject.
㊀평하다, 논하다
N0-가 N2-(에|에게) N1-(를|에 대해) ADV V (N0=[인간] N1=[구체물], [추상물] N2=[인간 | 단체], ADV=Adj-게)
¶젊은 사람들은 그런 전통에 대해 나쁘게 말하곤 했다. ¶석호의 친구들은 나에게 그를 늘 좋게 말해 왔다.
N0-가 N1-(에|에게) S다고 V (R1) (N0=[인간] N1=[인간|단체])
¶독자들은 홍신영 작가의 새 소설(이 | 을) 새로운 시도라고 말했다.(R1) ¶나에게 사람들은 그 계획은 위험하다고 말했다.
❹(다른 사람에게 무엇을 하라고 또는 해 달라고) 이르거나 부탁하다. Instruct or request someone to do something.
㊀부탁하다, 이르다II 타
N0-가 N2-(에|에게) N1-(를|에 대해) V (N0=[인간] N1=일자리, 혼처, 사정 따위 N2=[인간|단체])
연어 잘
¶그는 친구에게 아들의 혼처를 잘 말해 두었다. ¶내가 우리 회사에 일자리를 말해 봤는데 어렵다고 하더라.
N0-가 N1-(에|에게) S(라고|자고) V (N0=[인간] N1=[인간|단체])
¶그에게 문서를 전송하라고 말해 두었다. ¶약을 먹으라고 아무리 말해도 아이는 말을 듣지 않았다.
◆ **-로 말하면** 주제에 대한 강조의 뜻을 나타냄. A conjugation indicating emphasis on the subject.

N0-Idm (N0=[모두])
¶몸집으로 말하면 동호를 따라갈 사람이 없다. ¶종호로 말하면 여기서 제일 우수한 학생이다.
◆ **-로 말할 것 같으면** 주제에 대한 강조의 뜻을 나타냄. Adverb that indicates the meaning of emphasis on the subject.
N0-Idm (N0=[모두])
¶나로 말할 것 같으면 이 골목의 대장이란다. ¶노래로 말할 것 같으면 누가 유진이를 따라가겠는가?

맛들이다

활용 맛들여, 맛들이니, 맛들이고 대응 맛을 들이다
자 (어떤 일이나 대상에) 재미를 붙여 좋아하거나 즐기게 되다. Like or enjoy a certain task or target by taking interest.
㊀맛보다, 좋아하다
N0-가 N1-에 V (N0=[인간] N1=[행위], [일], [음식] 따위)
¶아이가 소꿉놀이에 맛들였다. ¶나는 배드민턴에 맛들여서 새벽에 두 시간씩 운동하고 온다.
N0-가 S(것 | 데)-에 V (N0=[인간])
¶선수들이 이기는 데에 맛들여서 승리에만 집착해서는 안 된다. ¶청소년들이 게임에 너무 맛들여서는 안 된다.

맛보다

활용 맛보아(맛봐), 맛보니, 맛보고 대응 맛을 보다
타 ❶(음식이나 음료를) 맛이 어떤지 알기 위해 먼저 조금 마시거나 먹다. Drink or eat a little food or beverage in order to find out the taste.
㊀시식하다
N0-가 N1-를 V (N0=[인간] N1=[음식], [음료])
¶사람들이 빙어 튀김을 맛보고 크게 감탄했다. ¶엄마는 찌개를 맛보고 나서 냄비를 불 위에 다시 올려놓았다.
❷(음식이나 음료 따위를) 먹어 보다. Eat food, beverage, etc., in order to find out the taste.
㊀먹다I[1], 마시다
N0-가 N1-를 V (N0=[인간] N1=[음식], [음료])
¶그는 여행을 다니면서 세계 각국의 음식들을 맛보고 싶어 했다. ¶산채 비빔밥을 맛보기 위해 사람들이 줄을 서서 기다렸다.
❸(어떤 일이나 감정 따위를) 경험하다. Experience certain task, emotion, etc.
㊀체험하다, 겪다
N0-가 N1-를 V (N0=[인간] N1=[상태], [행위], [감정] 따위)
¶우리는 일찍이 실패를 맛보았다. ¶나는 오랜만에 짜릿한 행복을 맛볼 수 있었다.
◆ **뜨거운 맛(을) 보다** 몹시 혼나다. Have one's gruel.
N0-Idm (N0=[모두])
¶너는 한번 뜨거운 맛을 봐야 그 버릇을 고칠 것이다. ¶네가 아직 뜨거운 맛을 못 봐서 정신을 못 차리는구나.

망가뜨리다

활용 망가뜨리어(망가뜨려), 망가뜨리니, 망가뜨리고
타 ❶(사람이나 동물 따위가 물건을) 부수거나 깨거나 찢어서 못 쓰게 만들다. (of a person or an animal) Destroy a thing by breaking or tearing it.
㊀부수다, 고장내다
N0-가 N1-를 V (N0=[인간], [동물] N1=[구체물])
¶동생이 내가 애써 만든 작품을 자꾸 망가뜨려서 속상했다. ¶제발 더 이상 아무것도 망가뜨리지 말아라.
❷(사람이나 동물 따위가) 기계나 물건 따위를 제대로 작동이 안 되어 못 쓰게 만들다. (of a person or an animal) Render a thing or a machine out of order.
㊀고장내다
N0-가 N1-를 V (N0=[인간], [동물] N1=[구체물])
¶영희가 동생이 망가뜨린 장남감을 고쳐서 가지고 왔다. ¶고양이가 로봇 청소기를 망가뜨리고 말았다.
❸(어떤 사람이나 물건이) 몸이나 정신 따위를 아프거나 기능을 잃어 온전하지 못하게 만들다. Make someone or something unable to properly function.
㊀망치다
N0-가 N1-를 V (N0=[인간|단체], [추상물](습관 따위), [미생물](균, 세포 따위) N1=[신체부위], [추상물](몸매, 정신, 마음 따위))
¶잘못된 식습관이 우리 몸을 망가뜨린다. ¶담배와 술이 내 몸을 이렇게 망가뜨릴 줄 몰랐어.
❹(사람이나 단체가) 어떤 행위나 상태를 해를 입혀 좋지 않게 만들다. (of a person or an organization) Cause damage to a deed or a situation.
㊀해를 끼치다, 해를 입히다
N0-가 N1-를 V (N0=[인간|단체] N1=[행위], [상태](자연, 환경, 분위기 따위))
¶인간이 자연 생태계를 무참하게 망가뜨렸다. ¶정부는 재정을 망가뜨리지 않는 범위에서 복지 수준을 높여 나간다.
❺(사람이) 자기 자신이나 다른 사람을 본래의 모습과 다르게 품위 없고 우스꽝스럽게 만들다. (of a person) Make oneself or another person undignified and foolish, having lost the original

ㅁ

features.
㊌망치다
N0-가 N1-를 V (N0=[인간] N1=[인간])
¶나 자신이 망가져서 웃음을 주는 건 괜찮지만 남을 망가뜨려서 웃음을 주고 싶진 않다. ¶그 남자는 자신을 망가뜨려서 사람들에게 행복과 기쁨을 주려고 노력한다.

망가지다

활용 망가지어(망가져), 망가지니, 망가지고
자 ❶(물건 따위가) 부서지거나 깨지거나 찢어져서 못 쓰게 되다. (of an item, etc.) Become useless after being broken, shattered, or ripped.
㊌부서지다, 깨지다
N0-가 V (N0=[구체물])
¶저러다 책상이 아주 망가질 것 같았다. ¶뚝하는 소리와 함께 방금 산 우산이 망가졌다.
❷(기계나 물건 따위가) 제대로 작동이 안 돼서 못 쓰게 되다. (of machine, item, etc.) Become useless, fail to operate.
㊌고장나다
N0-가 V (N0=[구체물])
¶세탁기가 망가져서 어머니께서 직접 빨래를 하셨다. ¶바이러스에 감염되었는지 컴퓨터 시스템 일부가 망가졌다.
❸(사람의 몸이나 정신 따위가) 아프거나 기능을 잃어 온전하지 못하게 되다. (of a person's body, mind, etc.) Become not intact due to sickness or loss of function.
㊌병들다, 상하다자
N0-가 V (N0=[신체부위], [인간], [추상물](몸매, 이미지, 마음, 정신 따위))
¶그 일 때문에 당신이 망가지는 것을 더는 볼 수 없어. ¶내 몸이 이렇게까지 망가질 줄 알았으면 미리 미리 조심하는 것이었는데.
❹(어떤 대상이) 해를 입어 좋지 않게 되다. (of a certain target) Be in a bad condition after being damaged.
㊌피해를 입다
N0-가 V (N0=[행위], [시간])
¶외래종 때문에 물고기 생태계가 무참하게 망가졌다. ¶비가 오는 바람에 우리의 주말이 완전히 망가져 버렸다.
❺(사람이) 본래의 모습과 다르게 품위없고 우스꽝스럽게 행동하다. (of a person) Act in a vulgar, ridiculous manner contrary to one's normal demeanor.
㊌구겨지다
N0-가 V (N0=[인간])
¶그녀는 이번 작품에서 작정하고 망가졌다. ¶그는 평소 이미지와 다른 망가진 모습으로 관객들의 시선을 모았다.
※ 속되게 쓰인다.

망라되다

어원 網羅~ 활용 망라되어(망라돼), 망라되니, 망라되고
자 (일정 범위 안에서) 관련된 것들이 모두 포함되다. (of everything that is related within a certain range) Be included entirely.
㊌총괄되다, 포함되다 ㊈제외되다, 배제되다
N0-가 N1-에 V (N0=[인간], [단체], [구체물], [추상물] N1=[단체], [구체물], [추상물])
능 망라하다
¶정부가 다음 주에 내놓을 부동산 종합 대책에는 다양한 분야가 망라될 것이다. ¶이번 전국체육대회에는 최고 선수들이 모두 망라되었다.

망라하다

어원 網羅~ 활용 망라하여(망라해), 망라하니, 망라하고
타 (일정 범위 안에서) 관련된 것을 모두 포함하다. Include everything that is related within a certain range.
㊌포괄하다, 총괄하다, 포함하다 ㊈제외하다, 배제하다
N0-가 N1-를 V (N0=[구체물], [추상물], [단체] N1=[구체물], [추상물])
피 망라되다
¶그린피스 활동은 지구 환경과 관련된 모든 분야를 망라한다. ¶이 사이트는 시사, 경제, 정치, 연예 등의 다양한 정보를 두루 망라하고 있다.

망명하다

어원 亡命~ 활용 망명하여(망명해), 망명하니, 망명하고
자 다른 나라로 피해 나가다. Escape to another country.
N0-가 N1-로 V (N0=[인간] N1=[국가])
¶러시아인이었던 벨렌코 중위는 미국으로 망명했다. ¶그는 동생 곁을 떠나 서유럽 국가로 망명했다.

망설이다

활용 망설여, 망설이니, 망설이고
타 (말이나 행동 따위를) 확신이 없거나 걱정이 되어서 생각만 하고 선뜻 하지 못하다. Only think of but not readily demonstrate speech, behavior, etc., due to worry or lack of confidence.
㊌주저하다타, 머뭇거리다, 머뭇머뭇하다, 머뭇대다
N0-가 N1-를 V (N0=[인간] N1=[행위], 말 따위)
¶여자는 대답을 잠시 망설였다. ¶그는 부작용 때문에 수술을 망설였다.
N0-가 S기-를 V (N0=[인간])
¶모든 사람들이 그 사건에 대해 말하기를 망설인

다. ¶그는 수술하기를 망설였다.
N0-가 S것-을 V (N0=[인간])
¶여자는 아이를 데리고 카페에 가는 것을 망설였다. ¶모든 사람들이 그 사건에 대해 말하는 것을 망설인다. ¶왕은 군대를 파견하는 것을 망설였다.
N0-가 S(지|까) V (N0=[인간])
¶나는 그녀에게 고백을 할까 말까 망설였다. ¶아이는 무엇을 살지 망설이다가 곰 인형을 집어 들었다.

망신당하다

[어원]亡身~ [활용]망신당하여(망신당해), 망신당하니, 망신당하고 [대응]망신을 당하다
[자](다른 사람에게) 비웃음거리가 되거나 수치스러움을 느낄 만한 행동을 겪다. Experience activity that invites mockery or shaming from another person.
[유]비웃음 사다, 망신살 뻗치다
N0-가 N1-(에|에게) V (N0=[인간|단체] N1=[인간|단체])
[능]망신시키다
¶그는 친구들에게 망신당했다. ¶동생이 친구들에게 망신당하는 걸 보고만 있었니? ¶누나가 사람들에게 망신당하니까 기분이 어떠니?

망신시키다

[어원]亡身~ [활용]망신시키어(망신시켜), 망신시키니, 망신시키고 [대응]망신을 시키다
[타](다른 사람을) 비웃음거리가 되게 하거나 수치스러움을 느낄 만한 행동을 겪게 하다. Make someone experience activity that causes mockery or shaming.
[유]비웃음 사게 하다, 망신살 뻗치게 하다
N0-가 N1-를 V (N0=[인간|단체] N1=[인간|단체])
[피]망신당하다
¶우리 집안을 제가 다 망신시켰단 말입니까? ¶사람을 이렇게 망신시킬 수 있습니까?

망치다

[활용]망치어(망쳐), 망치니, 망치고
[타]❶(무엇이) 집단을 망하게 하다. (of something) Ruin an organization.
[유]망가뜨리다, 멸망시키다, 패망시키다
N0-가 N1-를 V (N0=[인간], [집단], [추상물] N1=[집단])
¶임금은 간신들의 꼬임에 넘어가 나라를 망치고 말았다. ¶도박은 인생을 망치는 지름길이다. ¶남을 이끄는 능력이 없는 사장은 결국 회사를 망친다.
❷(무엇이) 무엇을 그르치거나 못쓰게 만들다. (of something) Ruin something else and make it useless.
[유]해치다, 망가지다, 버리다[1], 망가뜨리다
N0-가 N1-를 V (N0=[구체물], [추상물] N1=[구체물], [추상물])
¶함부로 손대어서 내 그림을 망치지 마라. ¶그가 눈치 없이 끼어드는 바람에 협상을 망쳤다. ¶오늘도 시험을 망치고 말았다.
❸(무엇이) 몸이나 기분을 상하게 하여 건강을 잃다. (of something) Do harm to a person's body or feeling so that the person loses his or her health.
[유]해치다, 망가지다, 버리다[1], 망가뜨리다, 상하게 하다
N0-가 N1-를 V (N0=[구체물], [추상물] N1=[신체부위], [감정])
¶흡연은 건강을 망치는 지름길이다. ¶오늘 아침에 일어난 사건은 나의 기분을 완전히 망쳐 놓았다.
❹(무엇이) 기르는 작물을 피해를 입혀 수확할 수 없게 만들다. (of something) Damage the crops so that they cannot be harvested.
[유]해치다, 망가지다, 버리다[1], 망가뜨리다
N0-가 N2-로 N1-를 V (N0=[인간] N1=[구체물], [추상물] N2=[추상물])
¶많은 농부들이 가뭄으로 벼농사를 망쳤다. ¶변덕스런 날씨로 인해 올해 농사를 망쳤다.
❺(무엇이) 다른 사람을 정상적이고 성공적인 생활을 할 수 없게 만들다. (of something) Spoil the life of a person so that he or she cannot have a normal or a successful life.
[유]해치다, 버리다[1], 망가뜨리다
N0-가 N1-를 V (N0=[인간], [추상물] N1=[인간], [추상물])
¶난 너의 인생을 망치고 싶지 않다. ¶너는 내 계획을 망치려 하지 마라.

망하다

[어원]亡~ [활용]망하여(망해), 망하니, 망하고
[자]❶(사람이나 집단이) 정상적인 기능을 하지 못하거나 이로 인해 없어지다. (of a person or a group of people) Fail to carry out normal function or to disappear thereby.
[유]망가지다, 실패하다 [반]흥하다, 성공하다
N0-가 V (N0=[인간|집단])
[연어]완전히, 쫄딱
¶우리 집안은 아버지의 사업 실패로 인해 완전히 망했다. ¶회사는 누적되는 적자를 이기지 못하여 결국 망해 버렸다. ¶문을 연지 얼마 안되는 가게가 망하고 또 다른 가게가 들어섰다.
❷(무엇이) 그릇되거나 잘못되다. (of something) Go wrong or bad.
[유]실패하다

[ㅁ]

N0-가 V (N0=[일], [구체물], [행위])
¶새로 출시된 이 제품이 망한 결정적 이유가 무엇일까? ¶심사자들의 반응을 보니 내 발표는 망한 것 같다.
❸(주로 '망할' 꼴로 쓰여) 못마땅한 대상에 대해 저주를 표현하는 말. (usually in the form "망할") An expression of cursing at a displeasing object.
¶저런 망할 놈 같으니. ¶이 망할 것들이 사람이 불러도 대답을 안 하네.

맞다 I
[활용]맞아, 맞으니, 맞고
[자]❶(문제에 대한 답이) 정답과 일치하다. (of an answer to the question) Not be incorrect or different with the correct answer.
[유]일치하다 [반]틀리다I[자]
N0-가 V (N0=답, 정답 따위)
[사]맞히다
¶시험 문제를 풀 때에는 답이 맞는지 다시 한번 확인해 보는 습관이 필요하다. ¶잘 모르는 문제를 찍었는데 답이 맞았다.
❷(말이나 육감, 사실 따위가) 기대나 사실과 다르지 않고 틀림이 없다. (of speech, sixth sense, or fact) Not be different with expectation or fact and be devoid of discrepancy.
[유]일치하다 [반]틀리다I[자]
N0-가 V (N0=사실, 가설, 가정, 말, 육감 따위)
¶내가 한 말이 맞는데도 동생은 내 말을 아직도 믿지 못하고 있다. ¶이 프로그램은 역사적 사실에 맞는 내용으로만 구성되어 있다.
❸ «문장 제일 앞에 위치하여 앞사람의 말에 동의하는 데 쓰여» '그렇다' 또는 '옳다'의 뜻을 나타내는 말. 《Placed in the very front of a sentence and used to agree with someone in front》, Word that designates 'yes' or 'correct'.
[반]틀리다I[자]
¶맞아, 나도 그렇게 생각해. ¶맞다, 나라도 너의 상황에서는 그렇게 행동했을 것 같아.
❹(어떤 것이) 특정인의 소유임이 틀림이 없다. (of something) Be certain that it is owned by someone.
N0-가 N1-가 V (N0=[구체물] N1=[구체물])
¶그 은도끼도 제 것이 맞습니다. ¶이 지갑은 철수의 것이 맞다.
❺(어떤 대상이) 특정 내용 또는 대상과 틀림이 없거나 일치하다. (of something's contents) Correspond or not be wrong.
N0-가 N1-가 V (N0=[추상물], [이름], 금전 따위 N1=[추상물], [이름], 금전 따위)
¶이 글씨체는 철수의 글씨가 맞다. ¶제 전화번호는 선생님이 가지고 계신 번호가 맞습니다. ¶아버지가 주신 돈이 액수가 맞는지 확인해 보자.
❻(어떤 대상의 맛이나 온도, 습도 따위가) 기준에 부합하거나 알맞다. (of taste, temperature, or humidity of some target) Correspond or be appropriate with the standard.
[유]어울리다, 조화되다
N0-가 N1-(에|에게) V (N0=음식, 온도, 습도 따위 N1=[인간], 입맛 따위)
¶아빠가 해 주신 잡채는 내 입맛에 잘 맞는다. ¶도수에 맞지 않는 안경을 쓰면 시력이 더 나빠진다.
❼(물건의 크기, 규격 따위가) 다른 것의 크기, 규격에 일치하거나 어울리다. (of a size or standard of an item) Correspond to or match the size or standard of another item.
[유]어울리다, 조화되다
N0-가 N1-에 V (N0=[착용물](옷, 모자, 신, 반지, 벨트 따위) N1=[신체부위](손가락, 허리, 몸, 머리, 발 따위))
¶아들이 키가 얼마나 컸는지 자기 아버지 옷이 몸에 맞기 시작하였다. ¶모자가 머리에 잘 맞지 않으면 한 치수 큰 것을 써 보세요.
❽(행동이나 의견이, 또는 행동이나 의견이 무엇과) 서로 어긋나지 아니하고 일치하다. (of action or opinion) Be the same and not different with something, or with each other.
[유]일치하다, 들어맞다
N1-의 N0-가 N2-와 V ↔ N1-는 N0-가 N2-와 V (N0=의견, 견해, 연설, 진술, 성격 따위 N1=[의견|단체] N2=[의견|단체])
¶나는 그와 생각이 맞아 함께 창업하기로 하였다. ¶사건에 대한 목격자들의 진술이 서로 맞지 않아 수사가 난항을 겪고 있다.
❾(모습이나 분위기, 취향 따위가) 무엇에 잘 어울리다. (of appearance, atmosphere, or taste) Suit well with something.
[유]조화되다
N0-가 N1-(에|에게) V (N0=[구체물] N1=[추상물](색깔, 특성, 적성, 취향 따위), [상태](분위기, 처지 따위))
¶이 목걸이는 내가 입고 있는 옷의 색에 잘 맞을 것 같다. ¶적성에 맞지 않는 직업을 택하면 사는 것이 즐겁지 않을 것이다.
N0-가 N1-와 (서로) V ↔ N1-가 N0-와 (서로) V ↔ N0-와 N1-가 (서로) V (N0=[구체물], [추상물] N1=[구체물], [추상물])
¶식탁색이 벽지색과 서로 맞는다. ↔ 벽지색이 식탁색과 서로 맞는다. ↔ 식탁색과 벽지색이 서로 맞는다. ¶가방 색깔이 네 옷 색깔과 잘 맞는

구나. ¶나는 나의 적성과 맞는 직업을 찾아야 할 것 같다.

맞다Ⅱ

활용 맞아, 맞으니, 맞고

타 ❶(다른 사람을) 예를 갖추어 맞이하다. Welcome someone with respect.

㈜맞이하다 ㈥보내다

N0-가 N1-를 V (N0=[인간] N1=[인간])

¶아버지는 집에 찾아오는 손님을 매우 극진히 맞았다. ¶민박집 주인은 밤늦게 찾아온 우리를 반갑게 맞아 주었다.

❷(어떠한 때나 상황을) 대하거나 맞이하다. (of a person) Face or welcome a certain time or situation.

㈜처하다[타], 시작하다[1]

N0-가 N1-를 V (N0=[인간|단체] N1=[시간](명절, 방학, 새해, 생일, 위기, 따위))

¶우리 부부는 방학을 맞아 유럽 여행을 가기로 하였다. ¶기자가 나에게 새해를 맞는 소감이 어떤지 물어보았다.

❸(눈, 비, 바람 따위를) 피하지 않거나 못하고 몸 따위에 그대로 닿도록 두다. (of something) Directly experience snow, rain, or wind.

㈜노출하다

N0-가 N1-를 V (N0=[인간|단체], [식물], [동물] N1=[기상](눈, 비, 바람, 서리, 우박 따위))

¶우리는 하루 종일 눈을 맞으며 걸어다녔다. ¶밖에서 오랫동안 찬바람을 맞았더니 목감기에 걸리고 말았다. ¶수확하기 전 배추가 서리를 맞으면 상품성이 떨어진다.

❹(시험을 보고) 그에 대한 성적이나 점수를 받다. (of a person) Receive grade or score after taking a test.

㈜얻다, 획득하다

N0-가 N2-에서 N1-를 V (N0=[인간|단체] N1=성적, 점수 따위 N2=시험, 수능, 강의, 수업, 평가 따위)

¶그는 영어 시험에서 만점을 맞았다. ¶올해도 몇 명의 학생들이 수학능력시험에서 만점을 맞았다.

❺(다른 사람을) 가족의 일원으로 인연을 맺어 맞이하다. (of a person) Form relationship with someone as family and welcome.

㈜맞아들이다, 보다[1]

N0-가 N1-를 N2-로 V (N0=[인간] N1=[인간] N2=[인간](아들, 며느리, 남편, 아내 따위))

¶그는 교육자 집안의 아들을 사위로 맞았다. ¶그녀는 듬직한 사람을 남편으로 맞은 후부터 매우 행복해 보였다.

❻(다른 사람의 서명이나 도장을) 서류에 찍히도록 부탁하여 일의 결과를 확인받다. (of a person) Receive confirmation of a result by asking someone to sign or stamp.

N0-가 N1-를 V (N0=[인간|단체] N1=도장, 검인 따위)

¶그는 결재 서류의 도장을 맞기 위해 사장실로 갔다. ¶반장은 청소 후에 담임선생님의 검사를 맞으러 밖으로 나갔다.

맞다Ⅲ

활용 맞아, 맞으니, 맞고

자 (쏘거나 던진 물체가) 목표에 정확히 닿다. (of an item that was discharged or thrown) Reach the target accurately.

㈜적중하다, 명중하다 ㈥어긋나다

N0-가 N1-에 V (N0=[구체물](화살, 총알, 공 따위) N1=과녁, 표적, 존 따위)

¶선수가 쏜 화살이 과녁에 정확히 맞았다. ¶총알이 표적에 맞지 않아서 그는 아쉽게도 예선에서 탈락하고 말았다.

타 ❶신체에 다른 사람이나 어떤 물건을 통해 외부의 힘이 가해져 다치다. (of a person) Be hurt on the body by external force that's been transmitted from another person or item.

㈥때리다, 치다[1]

N0-가 N2-에게 N3-로 N1-를 V (N0=[인간] N1=[신체부위] N2=[인간] N3=[신체부위], 회초리, 몽둥이, 곤장 따위)

¶흥부는 놀부 아내에게 주걱으로 뺨을 맞았다. ¶나는 불량배에게 주먹으로 얼굴을 맞았다.

N0-가 N2-에 N1-를 V ↔ N0-가 N1-에 N2-를 V (N0=[인간|단체] N1=[신체부위] N2=[기구](공), [무기](화살, 총, 칼 따위), [신체부위])

¶나는 야구공에 머리를 맞았다.↔ 나는 머리에 야구공을 맞았다. ¶그는 날아오는 칼에 가슴을 맞고 쓰러지고 말았다. ¶나는 그의 주먹에 얼굴을 맞고 뒤로 나가 떨어졌다.

❷(병의 치료나 예을 위하여) 주사로 약물을 받거나 침을 꽂히게 하다. (of a person) Receive injection by needle or acupuncture.

N0-가 N1-를 N2-에 V (N0=[인간] N1=주사, 침, 링거 따위 N2=[신체부위])

¶나는 어제 팔에 예방주사를 맞았다. ¶할머니는 허리가 안 좋으셔서 허리에 침을 맞으러 다니신다.

맞다Ⅳ

활용 맞아, 맞으니, 맞고

기능 자 '피동'의 의미를 나타내는 기능동사 A support verb that forms a "passive sentence."

N0-가 N1-에게 Npr-를 V (N0=[인간|단체] N1=[인간|단체], Npr=비난, 욕설, 꾸중, 야단, 핀잔, 소박 따위)

¶나는 선생님께 꾸중을 맞아 기분이 좋지 않았다. ¶어떻게 너는 부모님께 하루도 야단을 맞지 않는

ㅁ

날이 없니? ¶그녀는 비참하게도 남편에게 소박을 맞고 말았다.

맞닥뜨리다

[활용]맞닥뜨리어(맞닥뜨려), 맞닥뜨리니, 맞닥뜨리고

[자]❶(어떤 사람이 다른 사람과, 또는 둘 이상의 사람이) 갑자기 마주 대하거나 가까이서 만나게 되다. (of two or more persons) Meet each other suddenly or closely.

[유]맞닥트리다, 대면하다[자], 부딪히다

N0-가 N1-와 V ↔ N1-가 N0-와 V ↔ N0-와 N1-가 V (N0=[인간|단체] N1=[인간|단체])

¶도둑이 경찰과 맞닥뜨렸다. ↔ 경찰이 도둑과 맞닥뜨렸다. ↔ 도둑과 경찰이 맞닥뜨렸다. ¶운전자는 음주 단속 경찰과 맞닥뜨리자 갑자기 방향을 틀어 달아났다.

※ 'N1-와'가 없으면 'N0'에 복수를 나타내는 말이 온다.

❷(사람이나 단체가) 어떤 상황이나 일 따위에 갑자기 직면하다. (of a person or an organization) Experience a situation or a work suddenly.

[유]맞닥트리다, 직면하다[자], 조우하다

N0-가 N1-(와|에) V (N0=[인간|단체] N1=[추상물], [사건], [현상])

¶선수들은 팀이 해단되는 불운과 맞닥뜨리고 말았다. ¶우리 사회는 교육과 관련한 많은 문제점과 맞닥뜨리고 있는 상황이다.

[타]❶(다른 사람을) 갑자기 마주 대하거나 가까이서 만나게 되다. (of a person) Meet another person suddenly or closely.

[유]맞닥트리다, 대면하다[타]

N0-가 N1-를 V (N0=[인간|단체] N1=[인간|단체])

¶도둑은 가게 주인를 맞닥뜨리자 달아나 버렸다. ¶두 사람은 서로를 맞닥뜨리고 화들짝 놀라고 있다.

※ 'N1와'가 없으면 'N0'에 복수를 나타내는 말이 온다.

❷(사람이나 단체가) 어떤 상황이나 일 따위를 갑자기 직면하다. (of a person or an organization) Experience a situation or a work suddenly.

[유]맞닥트리다, 조우하다, 직면하다[타], 겪다

N0-가 N1-를 V (N0=[인간|단체] N1=[추상물], [사건])

¶우리는 여행 도중 아찔한 사건을 맞닥뜨렸다. ¶막상 냉혹한 현실을 맞닥뜨리니 힘들더군요.

맞닿다

[활용]맞닿아, 맞닿으니, 맞닿고

[자](어떤 대상이 다른 대상과, 또는 둘 이상의 대상이) 서로 마주 붙다. (of two or more objects) to be in contact with each other.

[유]붙다[1], 접하다[자] [상]닿다I

N0-가 N1-와 V ↔ N1-가 N0-와 V ↔ N0-와 N1-가 V (N0=[구체물] N1=[구체물])

¶중국은 러시아와 국경이 맞닿아 있다. ↔ 러시아는 중국과 국경이 맞닿아 있다. ↔ 중국과 러시아는 국경이 맞닿아 있다. ¶바다와 맞닿은 파란 하늘가에 흰 구름이 뭉게뭉게 피어오르고 있었다.

N0-가 N1-에 V (N0=[구체물] N1=[구체물])

¶하늘이 바다에 맞닿아 있다. ¶산봉우리가 하늘에 맞닿은 것처럼 보였다.

맞대다

[활용]맞대어(맞대), 맞대니, 맞대고

[타]❶(사람이 다른 사람과 또는 둘 이상의 사람이) 몸이나 몸의 일부를 서로 가깝게 마주 대하다. (of two or more persons) Get their bodies or parts of their bodies close to each other.

[유]갖다대다, 대다[1], 붙이다[1]

N0-가 N2-와 N1-를 V ↔ N2-가 N0-와 N1-를 V ↔ N0-와 N2-가 N1-를 V (N0=[인간] N1=[신체부위] N2=[인간])

¶나는 친구와 어깨를 맞대고 걸었다. ↔ 친구는 나와 어깨를 맞대고 걸었다. ↔ 나와 친구는 어깨를 맞대고 걸었다. ¶우리는 다정하게 얼굴을 맞대고 사진을 찍었다. ¶아버지께서는 어떤 남자와 이마를 맞대고 무슨 말을 나누고 있었다.

N0-가 N2-(에|에게) N1-를 V (N0=[인간] N1=[신체부위] N2=[신체부위], [인간])

¶형이 동생의 등에 등을 맞대고 앉았다. ¶남편은 아내의 이마에 이마를 맞대고 무언가를 이야기하고 있었다.

❷(어떤 물건과 물건을 또는 둘 이상의 물건을) 서로 마주 닿게 붙이다. Make two or more things touch each other.

[유]부딪히다, 붙이다[1]

N0-가 N1-를 V (N0=[인간] N1=[구체물])

¶우리는 술잔을 가볍게 맞대었다. ¶어머니는 안감과 겉감을 맞대어 놓고 박음질을 하셨다.

❸(다른 사람을) 똑바로 마주 바라보다. Look another person straight in the eye.

[유]마주하다, 마주보다[타]

N0-가 N1-를 V (N0=[인간] N1=[인간])

¶그 사람은 나를 맞대 놓고 힐책하면서 거짓말까지 늘어놓더라. ¶정작 그녀를 맞대고 보니 아무말도 나오지 않았다.

※ 주로 '맞대 놓고, 맞대고'의 형태로 쓰인다.

맞먹다

[활용]맞먹어, 맞먹으니, 맞먹고

[자]❶(어떤 것이 다른 것과 또는 둘 이상의 것이) 수나 면적, 크기, 높이, 거리 따위가 서로 비슷한

정도에 이르다. (of something with something else, or two or more objects) Reach similar number, area, size, height, distance, etc.
No-가 N1-에 V (No=수, 면적, 크기, 횟수, 높이, 양, 거리 따위 N1=수, 면적, 크기, 횟수, 높이, 양, 거리 따위)
¶마을 어른들의 수가 이 학교 학생 수에 맞먹는다. ¶지금까지의 홍역 건수가 이미 지난해 전체 발병 건수에 맞먹고 있다.
No-가 N1-와 V ↔ N1-가 No-와 V ↔ No-와 N1-가 V (No=수, 면적, 크기, 횟수, 높이, 양, 거리 따위 N1=수, 면적, 크기, 횟수, 높이, 양, 거리 따위)
¶마을 어른들의 수가 이 학교 학생 수와 맞먹는다. ↔ 이 학교 학생 수가 마을 어른들의 수와 맞먹는다. ↔ 마을 어른들의 수와 이 학교 학생 수가 맞먹는다. ¶이 탑의 높이가 아파트 약 30층 높이와 맞먹는다고 한다.
❷(다른 사람이나 단체와) 힘이나 능력, 수준 따위가 거의 같아지다. Think that one is the same as another person or organization in power, ability, level, etc. or think that one is getting closer to that state.
No-가 N1-(와|에게|에) V (No=[인간|단체] N1=[인간|단체])
¶그의 경험과 기량이 국가 대표 선수와 맞먹는다. ¶그의 움직임은 프로 선수와 맞먹을 정도였다.

맞물다

활용 맞물어, 맞무니, 맞물고, 맞무는
타❶(사람이나 동물이) 아래윗니나 입술 혹은 주둥이나 부리 따위를 마주 대어 꼭 붙이다. (of a person or an animal) Put the upper and lower teeth, lips, mouth, or beak together firmly.
No-가 N1-를 V (No=[인간], [동물] N1=[신체부위](입술, 이, 부리, 주둥이 따위))
¶김 씨가 두 눈을 부릅뜨고 아랫니와 윗니를 맞물고 있다. ¶그녀는 립스틱을 바르고 나서 윗입술과 아랫입술을 맞물고 비벼댔다.
❷(둘 이상의 사람이나 동물이) 하나의 물체를 양쪽에서 마주 물다. (of two or more persons or animals) to bite a thing from opposite ends.
No-가 N1-와 V ↔ N1-가 No-와 N2-를 V ↔ No와 N1-가 N2-를 V (No=[인간], [동물] N1=[인간], [동물] N2=[구체물])
¶영희가 남자친구와 길쭉한 과자를 맞물고 있었다. ↔ 남자친구가 영희와 길쭉한 과자를 맞물고 있었다. ↔ 영희와 남자친구가 길쭉한 과자를 맞물고 있었다. ¶강아지와 고양이가 인형을 맞물고 놓지를 않는다.
◆ **꼬리를 맞물다** (어떤 일이나 사건, 의견 따위가) 앞뒤로 서로 이어지다. (of affairs, events, or opinions) Follow one after another.
No-가 Idm (No=[추상물])
¶기쁜 일과 좋은 일이 꼬리를 맞물고 일어났다. ¶삶과 죽음이 서로 꼬리를 맞물고 일어나 자연스럽게 공존한다.

맞물리다

활용 맞물리어(맞물려), 맞물리니, 맞물리고
자❶(어떤 물건이 다른 물건과, 또는 둘 이상의 물건의 홈이) 마주 대어 꼭 들어맞다. (of two or more things or their grooves) Engage with each other perfectly.
No-가 N1-와 V ↔ N1-가 No-와 V ↔ No-와 N1-가 V (No=[구체물] N1=[구체물])
¶위 톱니바퀴가 아래 톱니바퀴와 맞물려 회전한다. ↔ 아래 톱니바퀴가 위 톱니바퀴와 맞물려 회전한다. ↔ 위 톱니바퀴와 아래 톱니바퀴가 맞물려 회전한다. ¶잠금 장치는 여러 개의 빗살들이 단단하게 맞물려 있어서 어른의 힘으로도 쉽게 열 수 없다.
❷(어떤 물건이 다른 물건과, 또는 둘 이상이) 마주 대어져 끊이지 않고 계속 이어지다. (of two or more things) Put together and continue one after another.
No-가 N1-와 V (No=[구체물] N1=[구체물])
¶이 길은 해수욕장 진입로와 맞물려 있다. ¶1호선과 3호선이 맞물려 있는 이 지역은 교통이 매우 편리하다.
❸(어떤 일이 다른 일과, 또는 둘 이상의 일이) 이해관계가 서로 밀접하게 관련되어 어우러지다. (of two or more works) Be related closely with each other in terms of interest.
No-가 N1-와 V (No=[추상물] N1=[추상물])
¶고령화와 저출산이 맞물려 앞으로 생산 가능 인구가 감소될 전망이다. ¶최근 극심한 가뭄과 건조한 대기 환경이 맞물려 미세먼지가 많이 발생하고 있다.

맞붙다

활용 맞붙어, 맞붙으니, 맞붙고
자❶서로 마주 닿다. Meet and contact with each other.
유 접근하다, 붙다
No-가 N1-와 V ↔ N1-가 No-와 V ↔ No-와 N1-가 V (No=[구체물], [공간], 지역, 방향 따위 N1=[구체물], [공간], 지역, 방향 따위)
사 맞붙이다
¶넓은 바다가 푸른 하늘과 맞붙어 있었다. ↔ 푸른 하늘이 넓은 바다와 맞붙어 있었다. ↔ 넓은 바다와 푸른 하늘이 맞붙어 있었다. ¶개발 사업

지구 남쪽은 바로 바닷가와 맞붙어 있다.
No-가 N1-에 V (No=[구체물], [공간], 지역, 방향 따위 N1=[구체물], [공간], 지역, 방향 따위)
[사]맞붙이다
¶그 건물은 골목시장에 맞붙어 있어서 각종 상점들이 밀집되어 있다. ¶무궁화의 다섯 개의 꽃잎이 꽃턱에 맞붙어 있다.
❷서로 상대하여 겨루다. Take each other on.
[유]겨루다[재], 다투다
No-가 N1-와 V ↔ N1-가 No-와 V ↔ No-와 N1-가 V (No=[인간|단체], [집단] N1=[인간|단체], [집단])
[사]맞붙이다
¶삼양이 농심과 라면 신제품 개발을 놓고 맞붙었다. ↔ 농심이 삼양과 라면 신제품 개발을 놓고 맞붙었다.↔ 삼양과 농심이 라면 신제품 개발을 놓고 맞붙었다. ¶벨기에와 크로아티아는 축구 예선전부터 격렬하게 맞붙었다.
No-가 N1-에서 V (No=[인간|단체], [집단] N1=[지역], 상황, 행사, 대회 따위)
[사]맞붙이다
¶한·일 양국 자동차 업계를 대표하는 두 차종이 세 번째 경쟁에서 맞붙었다. ¶두 팀은 축구의 중심국인 독일에서 맞붙었다.
No-가 N1-와 N2-에서 V ↔ N1-가 No-와 N2-에서 V ↔ No-와 N1-가 N2-에서 V (No=[인간|단체], [집단] N1=[인간|단체], [집단] N2=[지역], 상황, 행사, 대회 따위)
[사]맞붙이다
¶대학생 토론대회에서 연세대가 고려대와 맞붙었다. ↔ 대학생 토론대회에서 고려대가 연세대와 맞붙었다. ↔ 대학생 토론재회에서 연세대와 고려대가 맞붙었다. ¶우리은행 농구팀과 삼성생명 농구팀은 지난 대회 결승전에서 맞붙었다.

맞붙이다

[활용]맞붙여, 맞붙이니, 맞붙이고
[타]❶서로 마주 닿게 하다. Make some things encounter and come into contact with each other.
[유]접근시키다, 접합하다
No-가 N1-를 V (No=[인간] N1=[구체물])
[주]맞붙다
¶그들은 책상을 맞붙이고 앉아 종이접기에 몰두하고 있었다. ¶그녀는 천 두 조각을 맞붙이고 움직이지 않도록 시침핀으로 고정해 두었다.
No-가 N1-를 N2-와 V (No=[인간|단체] N1=[구체물] N2=[구체물])
[주]맞붙다
¶나는 다리와 몸을 맞붙이고 아주 작게 웅크렸다. ¶스님은 두 손을 나란히 엎으며 왼쪽과 오른쪽 엄지손가락을 맞붙이고 합장했다.
No-가 N1-를 N2-로 V (No=[인간] N1=[구체물] N2=[도구](접착제, 풀 따위))
[주]맞붙다
¶나는 접착제로 깨진 찻잔을 맞붙였다. ¶아이는 종이의 양끝을 풀로 맞붙였다.
No-가 N2-에 N1-를 V (No=[인간] N1=[구체물] N2=[구체물], [장소])
[주]맞붙다
¶목수는 안쪽 나무판에 바깥 나무판을 맞붙였다. ¶그는 그녀의 손바닥을 자신의 손바닥에 빈틈없이 맞붙였다.
❷서로 상대하여 겨루게 하다. Make somethings (groups, organizations, animals, etc.) or people face each other and compete.
No-가 N1-를 N2-와 V ↔ No-가 N2-를 N1-와 V ↔ No-가 N1-와 N2-를 V
[유]겨루게 하다, 다투게 하다 (No=[인간|단체] N1=[인간], [동물] N2=[인간])
[주]맞붙다
¶그는 자기네 닭을 우리 닭과 맞붙여 두고 구경만 했다. ↔ 그는 우리 닭을 자기네 닭과 맞붙여 두고 구경만 했다. ↔ 그는 자기네 닭과 우리 닭을 맞붙여 두고 구경만 했다.

맞서다

[활용]맞서, 맞서니, 맞서고
[자]❶(둘 이상의 사람이) 서로가 바라보는 상태로 다리를 곧게 펴서 몸을 버티다. (of more than two people) Maintain position by looking at each other and straightening out the legs.
[유]마주하다
No-가 N1-와 V ↔ N1-가 No-와 V ↔ No-와 N1-가 V (No=[인간] N1=[인간])
¶철수는 영수와 맞서서 눈을 바라보았다. ↔ 영수는 철수와 맞서서 눈을 바라보았다. ↔ 철수와 영수는 맞서서 눈을 바라보았다. ¶두 선수가 서로 맞선 채로 기싸움을 벌이고 있다.
❷(다른 사람과) 서로 대항하여 겨루다. Compete by fighting someone.
[유]대적하다[재], 대항하다, 대치하다, 대립하다
[상]싸우다
No-가 N1-(에|와) V (No=[인간|단체] N1=[인간|단체])
¶그의 할아버지는 젊은 시절에 불의에 맞서서 투쟁하셨다. ¶우리 편은 상대편과 맞서서 끝까지 잘 싸웠다.
❸(어떤 상황이나 이념 따위에) 굴하지 않고 직면하다. Undauntedly encounter some situation, idea, etc.

㊥대항하다
N0-가 N1-(에|와) V (N0=[인간|단체] N1=[갈등], [사조] 따위)
연어 당당히
¶많은 독립군들이 일제의 탄압과 맞서다가 수감되었다. ¶인류는 가난이나 질병과 맞서서 부단히 노력하고 있다.

맞아들이다

활용 맞아들여, 맞아들이니, 맞아들이고
타 ❶ (다른 사람을) 맞아 집안으로 들이다. Welcome (other person) home.
㊥맞다II, 환영하다, 환대하다
N0-가 N1-를 V (N0=[인간] N1=[인간])
¶어머니는 반갑게 손님을 맞아들인다. ¶할아버지는 연락도 없이 찾아온 우리를 반갑게 맞아들였다.
❷(다른 사람을) 가족의 일원으로 인연을 맺어 맞이하다. Invite (someone as part of the family).
㊥맞다II, 보다, 맞이하다
N0-가 N1-를 N2-로 V (N0=[인간] N1=[인간](아들, 며느리, 남편, 아내 따위))
¶아버지는 며느리를 맞아들이게 되어 얼굴에서 웃음이 끊이지 않는다. ¶그녀는 듬직한 남편을 맞아들인 후부터 매우 행복해 보였다.

맞아떨어지다

활용 맞아떨어지어(맞아떨어져), 맞아떨어지니, 맞아떨어지고
자❶(어떤 것이 다른 것과, 또는 둘 이상의 것이) 조금도 어긋나거나 틀림이 없이 꼭 맞다. (of two or more things) Fit in with each other without any difference.
㊥일치하다, 맞다I
N0-가 N1-와 V ↔ N1-가 N0-와 V ↔ N0-와 N1-가 V (N0=[추상물] N1=[추상물])
연어 딱, 잘
¶경기 결과가 해설위원의 예측과 정확히 맞아떨어졌다. ↔ 해설위원의 예측이 경기 결과와 정확히 맞아떨어졌다.↔ 경기 결과와 해설위원의 예측이 정확히 맞아떨어졌다. ¶이 곡은 그 당시 나의 감정과 딱 맞아떨어졌다.
❷(무엇과 무엇이) 잘 어울려 조화를 이루다. (of two or more songs, lyrics, or costumes) Match with each other.
㊥어울리다, 조화되다
N0-가 N1-와 V ↔ N1-가 N0-와 V ↔ N0-와 N1-가 V (N0=[추상물], [구체물] N1=[추상물], [구체물])
연어 딱, 잘
¶화려한 의상이 무용수의 동작과 잘 맞아떨어졌다. ↔ 무용수의 동작이 화려한 의상과 잘 맞아떨어졌다. ↔ 화려한 의상과 무용수의 동작이 잘 맞아떨어졌다. ¶성악가의 목소리와 곡의 가사가 딱 맞아떨어져서 듣는 이들의 마음을 울렸다.

맞이하다

활용 맞이하여(맞이해), 맞이하니, 맞이하고
타❶(다른 사람을) 손님으로 맞아 집안으로 들이다. Receive a visitor into one's home.
㊥환영하다, 환대하다
N0-가 N1-를 V (N0=[인간] N1=[인간])
¶잔칫집 사람들은 손님을 맞이하였다. ¶선생님께서는 졸업한 우리를 언제나 따뜻하게 맞이해 주신다.
❷(다른 사람을) 가족의 일원으로 인연을 맺어 맞이하다. Invite someone as part of the family.
㊥맞다II, 보다[1], 맞아들이다
N0-가 N1-를 N2-로 V (N0=[인간] N1=[인간](아들, 며느리, 남편, 아내 따위))
¶그는 친한 친구의 딸을 며느리로 맞이했다. ¶그녀는 아주 멋있는 남자를 신랑으로 맞이했다.
❸(특정한 때나 시기를) 관심을 갖고 기다려 대하다. Wait with interest (for a specific time).
㊥맞다II, 겪다
N0-가 N1-를 V (N0=[인간] N1=[시간])
¶더욱 노력하여 희망찬 내일을 맞이하자. ¶가족들은 할아버지 팔순을 맞이하여 큰 행사를 벌인다.

맞추다

활용 맞추어(맞춰), 맞추니, 맞추고
자(소리나 리듬 따위에) 어긋남이 없게 하다. Make sure there is no discrepancy in sound, rhythm, etc.
㊥일치하다, 따르다I
N0-가 N1-에 V (N0=[인간] N1=소리, 음악, 리듬 따위)
¶우리는 구령에 맞추어 운동장을 뛰었다. ¶나는 리듬에 맞추어 드럼을 연주하였다. ¶지휘자의 지휘에 맞추어 아름다운 관현악 연주가 시작되었다.
※ 주로 '맞추어'의 형태로 쓰인다.
타❶(줄이나 간격 따위를) 가지런히 하여 서로 어긋남이 없게 하다. Make a line, a space, etc., straight and make sure there is no disturbance.
㊥바로잡다
N0-가 N1-를 V (N0=[인간] N1=줄, 간격 따위)
¶아이들은 나란히 줄을 맞추어 섰다. ¶나는 의자 사이의 간격을 맞추어 두었다.
❷(분리되었던 것을) 제자리에 맞도록 조합하다. Put together something that was separated into the original position.
N0-가 N1-를 V (N0=[인간] N1=[구체물])
¶아이들이 퍼즐을 맞추며 놀고 있었다. ¶나는 떨어진 부품을 본체에 다시 맞추어 붙였다.

ㅁ

❸(무엇을) 정해진 기준과 맞게 하다. (of a person) Make something correspond to the designated standard.
㊌조절하다, 잡다, 짜다I
N0-가 N1-를 V (N0=[인간] N1=[크기], [시간], [감정], 간, 초점 따위)
¶형은 찌개의 간을 맛있게 잘 맞춘다. ¶동생은 카메라의 초점을 맞추느라 애먹었다. ¶사람들이 다들 바빠서 일정을 맞추기가 힘들다. ¶그는 동생의 비위를 맞추는 것을 포기하였다.
❹(수량을) 정해진 것에 맞게 하다. Make the quantity correspond to the designated value.
㊌조정하다
N0-가 N1-를 V (N0=[인간] N1=[수량], [값])
¶선생님은 이동할 때마다 학생들의 수를 맞춰 보았다. ¶선수들은 짝을 맞추어 입장하였다.
❺(옷이나 신발 따위를) 몸에 맞게 만들다. Make clothes, shoes, etc., fit one's body.
㊌주문하다
N0-가 N1-를 V (N0=[인간] N1=[착용물](옷, 신발, 안경 따위))
¶그는 결혼식을 위해 양복 한 벌을 맞췄다. ¶나는 안경이 깨어져서 렌즈를 새로 맞췄다.
❻(무엇을) 특정한 용도에 맞게 주문하다. Order something that caters to a specific purpose.
㊌주문하다
N0-가 N1-를 V (N0=[인간] N1=[음식])
¶나는 행사를 위해 떡집에 떡을 맞췄다. ¶우리는 이번에는 음식을 직접 마련하지 않고 음식을 맞추기로 하였다.
❼(다른 사람에게 자신의 신체 부위를) 닿게 하거나 바라보다. Make someone watch or come in contact with one's body part.
㊌맞대다
N0-가 N1-를 V (N0=[인간] N1=[신체부위])
¶그는 그녀에게 청혼을 하면서 입을 맞추었다. ¶나는 그와 눈을 맞추지 않으려 애썼다.
❽(다른 사람과 말 따위를) 서로 일치하도록 미리 짜다. Plot speech, etc., with someone in advance to ensure consistency.
N0-가 N1-와 N2-를 V ↔ N1-가 N0-와 N2-를 V ↔ N0-와 N1-가 N2-를 V (N0=[인간] N1=[인간] N2=말, 입 따위)
¶나는 친구와 미리 말을 맞췄다. ↔ 친구는 나와 미리 말을 맞췄다. ↔ 나와 친구는 미리 말을 맞췄다. ¶그들은 수사를 받기 전에 미리 입을 맞췄다.
❾(어떤 대상을 다른 대상과) 나란히 비교하여 같은가 다른가를 살피다. Compare some target with another target side by side to examine if they are the same or different.
㊌비교하다, 대조하다
N0-가 N1-를 V (N0=[인간] N1=답안, 정답, 복권 따위)
¶나는 시험이 끝나고 내 답안지를 친구의 답안지와 맞춰 보았다. ¶그는 토요일 밤마다 복권을 맞추어 보았지만 늘 꽝이었다.

맞히다

활용맞혀, 맞히니, 맞히고
타(어떤 물음에 대해) 정답을 말하다. (of a person) Speak the right answer to some question.
N0-가 N1-를 V (N0=[인간] N1=답, 정답 따위)
주맞다I
¶나는 열 문제 모두 답을 맞히었다. ¶퀴즈의 답을 정확하게 맞힌 분께는 상품을 드립니다. ¶어쩌다가 문제에 대한 답은 맞혔지만 나의 실력이 향상된 것은 아니다.

맡기다

활용맡기어(맡겨), 맡기니, 맡기고
타❶(돈, 물건 따위를) 다른 사람에게 일정한 기간 동안 보관하게 하다. Make someone keep money, object, etc., for a certain period.
㊌위탁하다
N0-가 N1-를 N2-(에|에게) V (N0=[인간|단체], [장소] N1=[돈], [구체물](물건, 상품 따위) N2=[인간|단체](은행, 파출소 따위))
주맡다II
¶아버지는 전 재산을 어머니에게 맡기셨다. ¶나는 길에서 주운 지갑을 파출소에 맡겼다. ¶우리 회사는 외국으로 수출할 제품을 발송 업체에 맡겨 두었다.
❷(몸이나 신체의 일부를) 다른 사람이나 대상에 믿고 내어주다. Trust and give the body or a body part to someone or another object.
㊌허락하다타
N0-가 N1-를 N2-에게 V (N0=[인간], [동물] N1=[신체부위](몸, 입술, 어깨 따위) N2=[인간])
¶아기들은 온몸을 엄마에게 맡길 수밖에 없다. ¶강아지들은 나에게 온몸을 맡기고 잠들었다.
N0-가 N1-를 N2-에 V (N0=[인간], [동물] N1=[신체부위](몸, 입술, 어깨 따위) N2=[행위], [현상], [구체물])
¶나는 의상 전문가의 능숙한 손놀림에 몸을 맡겼다. ¶나는 파도에 몸을 맡기고 바다를 즐겼다.
❸(사람이나 동물을) 다른 사람에게 부탁하여 보살피게 하다. Make someone look after a person or an animal by asking a favor.
㊌위탁하다
N0-가 N1-를 N2-(에|에게) V (N0=[인간|단체] N1=

[인간], [동물] N2=[인간|단체])
[주]맡다II
¶많은 엄마들이 아이를 친정 부모에게 맡깁니다. ¶경찰은 범죄에 연루된 소년들을 복지 단체에 맡기고 있습니다.
❹(어떤 사람에게 특정한 직책, 업무 따위를) 담당하여 수행하게 하다. Make someone fulfill a certain position, business, etc., by taking charge.
[유]위임하다
N0-가 N1-를 N2-(에|에게) V (N0=[인간|단체] N1=[일], [행위] N2=[인간|단체])
[주]맡다II
¶우리 회사는 세금 신고 관련 업무를 전문적인 세무 업체에 맡깁니다. ¶정부는 증액 예산안을 국회에 맡기고 예산 심의 결과를 기다리고 있습니다.
❺(특정한 역할을) 주어서 수행하게 하다. Make someone do a certain role.
[유]위임하다
N0-가 N2-에게 N1-를 V (N0=[인간] N1=[역할] N2=[인간])
[주]맡다II
¶사장님은 나에게 경리직을 맡기셨다. ¶교장 선생님께서는 신임 교사에게 어려운 일을 맡기셨다.
❻(중요한 일을 스스로의 힘으로 결정하지 않고) 운이나 요행수 따위에 의지하여 해결하려 하다. Try to solve an important duty by depending on luck, good fortune, etc., without one's effort.
[유]따르다I[타], 복종하다
N0-가 N1-를 N2-에 V (N0=[인간|단체] N1=[일], [상황] N2=운, 운명, 하늘 따위)
¶어떤 사람들은 인생을 운명에 맡긴다. ¶의사들이 환자의 생사 여부를 하늘에 맡긴다는 것은 있을 수 없는 일이다.
❼(특정한 일감을) 그 일을 전문으로 하는 업체에 주어 처리하게 하다. Make an enterprise that specializes in certain work deal with a specific work.
[유]위탁하다
N0-가 N1-를 N2-에 V (N0=[인간|단체] N1=[구체물](세탁물, 복사물, 차 따위) N2=[시설](세탁소, 인쇄소, 정비소 따위))
¶어머니께서는 세탁물을 세탁소에 맡기셨다. ¶나는 자동차를 정비소에 맡겼다.

맡다 I

[활용]맡아, 맡으니, 맡고
[타](냄새 따위를) 코로 느끼다. Detect odor, etc., with the nose.
[유]흡입하다, 느끼다
N0-가 N1-를 V (N0=[인간], [동물] N1=[냄새])
[연어]킁킁
¶나는 꽃향기를 맡아 보았다. ¶한적한 국도를 달리면서 우리는 시골 냄새를 맡았다. ¶경찰견들이 용의자의 냄새를 킁킁 맡고 짖어 대기 시작했다.
◆ **냄새를 맡다** (어떤 일에 대하여) 낌새를 알아차리다. Catch or get wind of something.
[유]눈치를 채다
N0-가 N1-의 Idm (N0=[인간|단체] N1=[일], [인간](형사, 범인 따위))
¶검찰이 용의자가 벌인 사기 행각의 냄새를 맡았다. ¶경찰들이 마약 밀매업자들의 냄새를 맡고 추적하기 시작했다.

맡다 II

[활용]맡아, 맡으니, 맡고
[타]❶(다른 사람의 짐이나 물건 따위를) 받아서 돌려줄 때까지 보관하다. Receive and keep someone's load, object, etc., until it is returned.
[유]보관하다
N0-가 N1-를 V (N0=[인간] N1=[구체물])
[사]맡기다
¶제 짐을 잠시 맡아 주시겠습니까? ¶동생 통장을 제가 맡아 두고 있습니다. ¶어른이 될 때까지 법적 변호인이 아이의 유산을 맡을 것입니다.
❷(부모나 주인을 대신하여) 사람이나 동물 따위를 보살피다. Look after a person, an animal, etc., by replacing the parents or master.
[유]보살피다
N0-가 N1-를 V (N0=[인간|단체] N1=[인간](아기, 고아 따위), [동물])
[사]맡기다
¶우리는 길거리에 버려진 개를 맡아 키우기로 했다. ¶이 창고는 비좁아서 더 이상 화물을 맡을 수 없습니다.
❸(다른 사람의 부탁이나 요구 따위를) 듣고 응해 행하다. Respond after listening to someone's request, demand, etc.
[유]받다
N0-가 N1-를 V (N0=[인간] N1=주문, 부탁, 심부름 따위)
¶한 학생이 담임선생님의 심부름을 맡아서 나를 찾아 왔다. ¶어머니께서는 아버지의 부탁을 맡아서 할아버지께 가셨어요.
❹(특정한 직책, 업무 따위를) 담당하여 수행하다. Perform by taking charge of specific work, task, etc.
[유]담당하다
N0-가 N1-를 V (N0=[인간] N1=[일], [행위])
[사]맡기다

[ㅁ]

¶음악 선생님께서 우리 반 담임을 맡으셨다. ¶여동생이 어머니 병수발을 맡게 되었다.
❺(특정한 역할을) 받아서 수행하다. Do a specific role by receiving.
[유]담당하다
No-가 N1-를 V (No=[인간] N1=[역할])
[사]맡기다
¶이번 공연에서 아이들이 서로 주인공을 맡으려고 하였다. ¶어려운 일은 내가 다 맡는다.

맡다Ⅲ

맡다[1]

[활용]맡아, 맡으니, 맡고
[타](다른 사람을 대신하여) 어떤 자리에 대한 권리를 미리 갖다. Have a right over some position instead of someone in advance.
[유]잡다, 확보하다, 차지하다
No-가 N1-를 V (No=[인간] N1=자리 따위)
¶동생이 가족들 자리를 맡으려고 먼저 출발했다. ¶나는 뒷좌석을 맡아 두었다.

맡다[2]

[활용]맡아, 맡으니, 맡고
[기능][타]'피동'의 의미를 나타내는 기능동사 Support verb that shows the meaning of "passivity".
[유]받다Ⅱ[2]
No-가 N1-(에게|에서) Npr-를 V (No=[인간|단체], 제품, 기술 따위 N1=[인간|단체] N2=[행위](검사, 증명, 허가 따위))
¶부모님께 여행을 떠나도 좋다는 허락을 맡았다. ¶공공 기관들은 일정한 주기로 감사 기관에서 감사를 맡아야 합니다. ¶이 기술은 세계의 여러 특허 기관에서 인증을 맡은 독보적인 기술입니다.

매각되다

[어원]賣却~ [활용]매각되어(매각돼), 매각되니, 매각되고 [대응]매각이 되다
[자](물건이) 다른 사람이나 단체에 팔려 소유권이 넘어가다. (of goods) Be sold to another person or organization so that the ownership is transferred.
[유]매도되다, 팔리다
No-가 N1-(에|에게) V (No=[구체물], [장소] N1=[인간|단체])
[능]매각하다
¶우리 동네 땅이 외지인에게 매각되고 있다. ¶주식이 헐값에 매각되는 일은 막아야 한다.

매각하다

[어원]賣却~ [활용]매각하여(매각해), 매각하니, 매각하고 [대응]매각을 하다
[타](물건을) 다른 사람이나 단체에 팔아 소유권을 넘기다. Transfer the ownership of goods by selling them to another person or organization.
[유]매도하다, 팔다 [반]매입하다
No-가 N2-(에|에게) N1-를 V (No=[인간|단체] N1=[구체물], [장소] N2=[인간|단체])
[피]매각되다
¶우리 회사는 다른 회사에 자회사를 매각했다. ¶주택을 매각하는 데는 중개인의 보증이 필요합니다.

매개되다

[어원]媒介~ [활용]매개되어(매개돼), 매개되니, 매개되고 [대응]매개가 되다
[자](무엇이) 다른 것과 어떤 관계를 맺다. (of something) Enter into a relation with something else.
[유]관계 맺어지다, 이어지다
No-가 N1-와 V ↔ N1-가 No-와 V ↔ No-와 N1-가 V (No=[모두] N1=[모두])
[능]매개하다
¶현대 사회에서 방송과 출판은 매개되어 있다. ↔ 현대 사회에서 출판과 방송은 매개되어 있다. ↔ 현대 사회에서 방송은 출판과 매개되어 있다. ¶소비자와 생산자는 제품을 통해 매개되어 있다.
※주로 '매개되어 있다'의 형태로 쓰인다.

매개하다

[어원]媒介~ [활용]매개하여(매개해), 매개하니, 매개하고 [대응]매개를 하다
[타](사람이나 사물이) 어떤 대상을 다른 대상과 어떤 관계를 가지도록 맺어 주다. Link one object with another, so that they can be related.
[유]관계 맺다, 잇다[타]
No-가 N1-와 N2-를 V (No=[인간|단체], [구체물], [추상물] N1=[모두] N2=[모두])
[피]매개되다
¶컴퓨터는 인터넷과 사람을 매개한다. ¶유통의 수단으로서 화폐는 상품과 상품의 교환을 매개한다. ¶대중 예술은 문화와 삶을 매개한다.

매기다

[활용]매기어(매겨), 매기니, 매기고
[타]❶(사물의 가치나 차례를) 일정한 기준에 따라 평가하여 그 값이나 등수 따위를 정하다. Determine the price or grade by evaluating an object's value or order according to certain standards.
[유]정하다[타]
No-가 N1-를 V (No=[인간] N1=[추상물](등급), 세금, 값, 점수, 등수 따위)
¶그는 한우의 등급을 매기는 일을 한다. ¶명품은 값을 비싸게 매길수록 잘 팔리는 경향이 있다.
❷(어디에 일정한 숫자나 표식을) 쉽게 구별하기

위하여 적어 넣다. Write down certain number or sign somewhere in order to easily distinguish.
㊀적다[타], 표시하다
N0-가 N1-를 N2-에 V (N0=[인간|단체] N1=번호, 순서 따위 N1=[구체물](책, 방, 작품, 유적 따위))
¶나는 구입한 책에 일일이 번호를 매겼다. ¶문화재 관리를 위하여 새로 발굴되는 문화 유적에는 고유 번호를 매긴다.

매다

[활용]매어(매), 매니, 매고
[타]❶(줄이나 끈을) 풀리지 않도록 양쪽 끝을 잡아 당겨 풀어지지 않게 매듭을 만들다. Create a knot by tying and pulling both ends of a string or band so that it cannot be untied.
㊀묶다, 동여매다
N0-가 N1-를 V (N0=[인간] N1=[줄](끈, 줄 따위), [착용물](넥타이, 옷고름 따위))
[피]매이다
[연어]꼭, 꽉, 단단히
¶나는 신발 끈을 꼭 맸다. ¶출근할 때마다 넥타이를 매는 것이 이제는 습관이 되었다. ¶나는 한복 옷고름을 제대로 맬 줄 모른다.
N0-가 N1-를 N2-에 V (N0=[인간] N1=[주머니], [줄](끈, 줄 따위), [착용물](넥타이 따위) N2=[신체부위](허리, 발목, 머리 따위))
[피]매이다
¶여행객들은 전대를 허리에 매고 다니는 경우가 많다. ¶김 부장은 술에 취해 넥타이를 머리에 매고 노래를 불렀다. ¶대님까지 발목에 매고 나니 옷이 더 고풍스러운 느낌이 든다.
❷(어떤 것을) 고정된 물체에, 또는 끈이나 밧줄로 고정시키거나 움직이는 범위를 제한하기 위해 묶다. (of a person) Fix something to an immovable object with string or rope or tie it in such a way as to limit its range of motion.
㊀묶다, 고정시키다
N0-가 N1-를 N2-에 V (N0=[인간] N1=[인간], [교통기관](자전거, 배 따위), [동물] N2=[가구](의자 따위), 말뚝, 기둥, 나무 따위)
[피]매이다
[연어]꼭, 꽉, 단단히
¶어부들은 배를 말뚝에 단단히 매어 두었다. ¶목동은 양을 나무에 매어 두고 그늘에서 휴식을 취했다.
❸(끈이나 줄 따위를) 어떤 대상에 묶어 가로로 걸거나 세로로 드리우다. Fix a string or band in such a way that it is suspended horizontally or draped vertically.
㊀결박하다
N0-가 N1-를 N2-에 V (N0=[인간] N1=[시설물](그네 따위), [줄], 목 따위 N2=[장소])
[피]매이다
¶동네 어른들이 커다란 나무에 그네를 매고 있다. ¶빨래 건조대가 없을 때에는 처마 밑에 줄을 매어 빨래를 널곤 했다.
❹(물건을) 끈이나 줄 따위로 꿰매거나 두르거나 하여 무엇을 만들다. Create something by sewing or intertwining a string or line.
㊀엮다
N0-가 N1-를 V (N0=[인간] N1=책, 붓 따위)
¶그는 그동안 쓴 글을 한데 모아 책을 맸다. ¶장군은 군사에게 붓을 매게 했다.
❺(띠를) 몸에 알맞게 조이도록 두르다. Wrap around the body with a band so that it fits the body well.
㊀졸라매다
N0-가 N1-를 V (N0=[인간] N1=[줄](안전띠, 허리띠 따위))
[연어]꼭, 꽉, 단단히
¶차에 타면 꼭 먼저 안전띠를 매야 한다. ¶허리띠를 꽉 매지 않으면 바지가 흘러내릴 수도 있다.
❻(가축을) 집에서 기르다. Raise livestock at home.
㊀가축을 치다, 기르다
N0-가 N1-를 V (N0=[인간] N1=[동물])
¶할아버지께서는 암소 두 마리와 송아지 네 마리를 매셨다. ¶그는 말을 열 마리나 매고 일꾼도 셋이나 둔 부농이었다.
❼옷감을 짜기 위하여 날아 놓은 날실에 풀을 먹이고 고루 다듬어 말리어 감다. Starch, evenly trim, and dry warp in order to weave cloth.
㊀엮다
N0-가 N1-를 V (N0=[인간] N1=[천](베 따위))
¶할머니께서는 밤새 베를 매시고 새벽 늦게야 잠이 드셨다. ¶베를 매는 일은 오랜 시간이 걸리는 작업이다.

매달다

[활용]매달아, 매다니, 매달고, 매다는
[타](물건을) 어떤 대상에 줄, 끈, 실 따위로 동여매어 고정되게 하다. (of a person) Fix an item to somewhere by tying with string, rope, or thread.
㊀달다II, 걸다[1]
N0-가 N1-를 N2-에 V (N0=[인간|단체] N1=[구체물] N2=[구체물])
[피]매달리다
¶나는 고양이 목에 방울을 매달았다. ¶석가탄신

ㅁ

일이 가까워 오자 사람들이 가로수에 연등을 매달고 있다. ¶옛날에는 다양한 곡식 주머니를 장대에 주렁주렁 매달고 고사를 지냈다.

◆ **목을 매달다** (어떤 일에) 강한 애착을 갖거나 집착하다. Fiercely rely oneself to someone and anticipate.

N0-가 N1-에 Idm (N0=[인간|단체] N1=[행위](사업, 삽질 따위))

¶그는 이번 사업에 목을 매달았다며 나에게 하소연을 했다. ¶나는 왜 이 단체가 삽질에 목을 매는지 이유를 알 수 없다.

매달리다

활용 매달리어(매달려), 매달리니, 매달리고

자 ❶(물건을) 어디에 줄, 끈, 실 따위로 동여매어 고정되게 되다. (of a person) Fix an item to somewhere by tying with string, rope, or thread.

㊐달리다I, 걸리다I[1]

N0-가 N1-에 V (N0=[구체물] N1=[구체물])

능 매달다

¶고양이 목에 방울이 매달려 있다. ¶사과가 나무에 탐스럽게 매달렸다. ¶불 밝힌 연등이 가로수에 매달려 있었다.

❷(어떤 물체나 다른 사람의 신체를) 붙들고 달려 있다. (of a person) Be attached and hung on something.

N0-가 N1-에 V (N0=[인간|단체] N1=[구체물], [신체부위])

¶아이들이 철봉에 매달려서 즐겁게 놀고 있다. ¶딸은 아빠 팔에 매달려 재롱을 피우고 있다.

❸(어떤 일에 관계하여) 거기에만 힘과 노력을 쏟아 붓다. (of a person) Be affiliated with some work and concentrate all power and efforts to that work only.

㊐몰두하다, 몰입하다

N0-가 N1-에 V (N0=[인간|단체] N1=[인간], [활동](연구, 일), 문제, 간호 따위)

¶그녀는 밤낮을 잊고 연구에만 매달린 결과 훌륭한 업적을 낼 수 있었다. ¶우리 가족이 동생의 병간호에 매달린 지 어느새 한 달이 다 되어간다.

❹(특정 인물이나 대상에) 크게 기대어 의지하거나 간곡히 요청하다. (of a person) Rest and rely on something.

㊐의지하다자, 붙잡다

N0-가 N1-에 V (N0=[인간|단체] N1=[인간|단체], 농경지 등)

¶동생은 매일 엄마에게 돈을 달라며 매달린다. ¶나는 어려운 일이 생길 때마다 큰형에게 매달려 도움을 청하곤 했다.

매도되다 I

어원 罵倒~ 활용 매도되어(매도돼), 매도되니, 매도되고 대응 매도가 되다

타 (다른 사람에게) 합리적인 근거나 이유 없이 비난받으며 한쪽으로 몰아세움을 당하다. Be forced into a corner after receiving unreasonable or ungrounded criticism.

㊐치부되다, 간주되다, 비난받다

N0-가 N1-(에|에게|에 의해) N2-로 V (N0=[인간|단체] N1=[인간|단체] N2=[인간|단체], 생각 따위)

능 매도하다I

¶그의 영화는 평론가들에게 감상주의로 매도되었다. ¶노력의 대가로 얻어진 부의 축적까지 부도덕한 것으로 매도되어서는 곤란하다.

N0-가 N1-(에|에게|에 의해) S다고 V (N0=[인간|단체] N1=[인간|단체], 생각 따위)

능 매도하다I

¶감독님이 언론에 의해 매도되는 것이 참 안타깝다. ¶나는 더 이상 그녀가 언론에 의해 매도되지 않았으면 한다.

매도되다 II

어원 買渡~ 활용 매도되어(매도돼), 매도되니, 매도되고 대응 매도가 되다

자 (증권이나 부동산 등의 소유권이) 다른 사람에게 일정한 값에 넘어가다. (of the ownership of stocks or property) Be sold to someone else at a certain price.

N0-가 N1-(에|에게) N2-로 V (N0=[구체물], [권리](소유권 따위) N1=[인간|단체] N2=값, 고가, 저가 따위)

능 매도하다II

¶그 빌딩이 김 사장에게 싼 값에 매도되었다. ¶교외의 땅이 고가로 매도되어 회사의 운영 자금이 충분히 확보되었다.

매도하다 I

어원 罵倒~ 활용 매도하여(매도해), 매도하니, 매도하고 대응 매도를 하다

재타 (어떤 대상을) 합리적인 근거나 이유 없이 심하게 비난하며 한쪽으로 몰아세우다. Force a subject into a corner through unreasonable or ungrounded criticism.

㊐몰아세우다, 치부하다, 간주하다타, 비난하다

N0-가 N1-(를|에 대해) V (N0=[인간|단체] N1=[인간|단체], 생각 따위)

피 매도되다I

¶사람들은 가끔 남을 가혹하게 매도하기도 합니다. ¶우리 사회는 자신과 다른 의견에 대해 매도하는 경향이 있다.

N0-가 N1-를 N2-로 V (N0=[인간|단체] N1=[인간|단체], [행위] N2=[인간|단체], [행위])

피 매도되다I

¶우리 오빠를 나쁜 사람으로 매도하지 마세요. ¶일부의 잘못을 전체의 잘못으로 매도하지 말자.
N0-가 N1-를 S다고 V (N0=[인간|단체])
피 매도되다I
¶사람들은 그를 매국노라고 매도했다. ¶일부 교사의 비리 때문에 모든 교사를 부도덕하다고 매도해서는 안 된다.

매도하다II

어원 賣渡~ 활용 매도하여(매도해), 매도하니, 매도하고 대응 매도를 하다
타 (증권이나 부동산 등의 소유권을) 다른 사람에게 일정한 값에 넘기다. Turn over the ownership of stock or real estate to another person at a certain price.
㊙매각하다, 양도하다 ㊥매수하다, 매입하다, 구매하다 ㊦팔다
N0-가 N1-를 N2-에게 N3-(에|로) V (N0=[인간|단체] N1=[구체물], [권리](소유권 따위) N2=[인간|단체] N3=값, 고가, 저가 따위)
피 매도되다II
¶신 사장은 한 투자가에게 생각보다 높은 가격에 빌딩을 매도했다. ¶주가 폭락으로 투자자들은 주식을 급히 저가에 매도했다. ¶자금 조성을 위해 교외의 부지를 싼값으로라도 매도할 것이다.

매듭짓다

활용 매듭지어(매듭져), 매듭지니, 매듭짓고, 매듭짓는
타 ❶(줄이나 끈 따위를) 매고 묶어서 풀리지 않게 마디를 만들다. Pass one end of string or rope through a loop and pull it tight.
㊙묶다, 맺다타 ㊥풀다
N0-가 N1-를 V (N0=[인간] N1=[줄](실, 끈), 넥타이, 그물 따위)
¶나는 바느질을 하기 전에 먼저 실을 매듭지었다. ¶급하게 넥타이를 매듭지으려니 쉽지 않다.
❷(어떤 일을) 절차에 맞게 끝을 잘 마무리하다. Finish a work well in accordance with a process.
㊙맺다타, 끝내다, 끝맺다타, 완결하다
N0-가 N1-를 V (N0=[인간] N1=일, 사건, 문제, 계약 따위)
¶다음 회의 때 이 일을 매듭짓지요. ¶우리는 합리적인 선에서 문제를 매듭지었다. ¶그들은 아직도 수사를 매듭짓지 못했다.

매료되다

어원 魅了~ 활용 매료되어(매료돼), 매료되니, 매료되고
자 (어떤 대상에) 완전히 사로잡혀 홀리게 되다. (of a person's mind) Be completely captured and possessed.
㊙홀리다자, 빠지다II[1], 도취되다
N0-가 N1-(에|에게) V (N0=[인간] N1=[인간], [문학](시, 소설 따위), [예술](그림, 춤, 영화 따위))
¶나는 그의 박학다식한 모습에 매료되고 말았다. ¶많은 사람들이 왜 그토록 고흐의 그림에 매료되는 것인지 그의 그림을 보고 나니 알 것 같다. ¶김 감독은 어렸을 때 '졸업'이라는 영화에 매료되어 그날로부터 영화감독을 꿈꾸었다고 한다.

매만지다

활용 매만지어(매만져), 매만지니, 매만지고
타 ❶(무엇을) 손으로 만져 잘 가다듬다. Tidy something up by hand.
㊙다듬다, 손질하다, 만지다
N0-가 N1-를 V (N0=[인간] N1=[구체물])
¶어머니는 머리를 매만지기 위해 손거울을 집어 들었다. ¶나는 침대를 매만지고 집안을 정리했다.
❷(무엇을) 손으로 부드럽게 쓰다듬다. Stroke something softly with the hands.
㊙어루만지다, 만지다, 쓰다듬다
N0-가 N1-를 V (N0=[인간] N1=[구체물])
¶그는 해맑게 웃으며 친구의 손등을 매만졌다. ¶아버지께서는 눈물을 흘리며 아들의 볼과 얼굴을 매만지셨다.

매매되다

어원 賣買~ 활용 매매되어(매매돼), 매매되니, 매매되고 대응 매매가 되다
자 (물건의 소유권이) 다른 사람으로부터 일정한 값에 넘어왔다가 또 다른 사람에게 넘어가다. (of an item's ownership) Be transferred to a person at a certain price and then re-transferred to another person.
㊙거래되다
N0-가 N1-(에|로) V (N0=[구체물], [권리](소유권 따위) N1=값, 고가, 저가 따위)
능 매매하다
¶요즘 주택이 높은 가격으로 매매되고 있다. ¶불법으로 제조된 상품들이 헐값에 매매되었다.

매매하다

어원 賣買~ 활용 매매하여(매매해), 매매하니, 매매하고 대응 매매를 하다
타 (물건의 소유권을) 다른 사람에게 일정한 값에 넘겨받아 또 다른 사람에게 팔다. Receive the ownership of an item from a person at a certain price and then sell it to another person.
㊙거래하다, 사고팔다 ㊦사다, 팔다, 구매하다, 판매하다
N0-가 N1-를 V (N0=[인간|단체] N1=[구체물], [권리](소유권 따위) N2=값, 고가, 저가 따위)
피 매매되다
¶그는 중고 자동차를 매매하는 일을 한다. ¶그는

ㅁ

주로 인터넷 사이트를 통해 주식을 매매한다.

매몰되다

어원 埋沒~ 활용 매몰되어(매몰돼), 매몰되니, 매몰되고 대응 매몰이 되다

자 (사물이나 장소가) 보이지 않을 만큼 완전히 파묻히다. (of thing or place) Be buried so completely as to disappear.

N0-가 V (N0=[구체물], [장소])

¶붕괴 사고로 유적이 완전히 매몰되었다. ¶정부는 산사태로 매몰된 집들을 복구하는 데 온힘을 기울일 것입니다. ¶광부들이 갱도에 매몰되었다가 드디어 구조되었다.

매수당하다

어원 買收~ 활용 매수당하여(매수당해), 매수당하니, 매수당하고 대응 매수를 당하다

자 돈이나 다른 보상을 받고 다른 이의 편에 붙다. Take someone's side after receiving a bribe.

㊤회유당하다, 팔리다

N0-가 N1-(에|로) V (N0=[인간|단체] N1=[구체물], [권리](소유권 따위))

능 매수하다

¶공정해야 할 심판이 돈에 매수당했다. ¶그가 지폐 몇 장에 매수당할 줄은 몰랐어요. ¶면접관은 돈에 매수당해 특정 지원자에게 만점을 주었다.

매수되다

어원 買收~ 활용 매수되어(매수돼), 매수되니, 매수되고 대응 매수가 되다

자 ❶(물건의 소유권이) 일정한 값에 넘어오다. (of an item's ownership) Be acquired by a certain price.

㊤구매되다, 구입되다

N0-가 N1-에게 N2-에 V (N0=[구체물] N1=[인간|단체] N2=값, 고가, 저가 따위)

능 매수하다

¶주식이 투자자들에게 고가에 매수되었다. ¶고향 땅이 외지인에게 헐값에 매수된 것은 나의 불찰이다.

❷돈이나 다른 보상을 받고 다른 이의 편에 붙다. Side with someone else after receiving money or other reward.

㊤회유되다, 팔리다

N0-가 N1-에게 N2-로 V (N0=[인간] N1=[인간|단체] N2=[구체물], [권리])

능 매수하다

¶심판이 상대 팀에게 돈으로 매수되었다. ¶그가 경쟁 업체에 돈으로 매수된 줄도 모르고 기밀을 맡겼다. ¶그분은 돈 몇 푼 따위로 우리에게 매수될 분이 아니다.

매수하다

어원 買收~ 활용 매수하여(매수해), 매수하니, 매수하고 대응 매수를 하다

타 ❶(물건의 소유권을) 일정한 값에 가져오다. Secure an item's ownership for a certain price.

㊤구매하다, 구입하다, 매입하다 ㊥사다[1]

N0-가 N1-를 N2-에 V (N0=[인간|단체] N1=[구체물] N2=값, 고가, 저가 따위)

피 매수되다, 매수당하다

¶그 회사는 대지를 헐값에 매수했다. ¶그는 실수로 형편없는 건물을 비싼 값에 매수했다. ¶그가 싼값에 매수한 주식의 가치가 치솟고 있다.

❷(다른 사람을) 돈이나 다른 보상을 주고 자신의 편으로 만들다. Make someone side with one by paying money or other reward.

㊤회유하다

N0-가 N1-를 N2-로 V (N0=[인간|단체] N1=[인간|단체] N2=[구체물])

피 매수되다, 매수당하다

¶그 조직은 타국의 비밀 요원을 돈으로 매수해 정보를 입수했다. ¶그분은 성품이 고결해 무엇으로도 매수할 수 없을 것이다.

매이다

활용 매여, 매이니, 매이고

자 ❶(줄이나 끈 따위가) 풀리지 않도록 양쪽 끝에 매듭이 만들어지다. (of a string or strap) Be made into a knot by tying and pulling on both ends in order to prevent it from unraveling.

㊤묶이다

N0-가 V (N0=[줄](끈, 줄 따위), [착용물](넥타이, 옷고름 따위))

능 매다

¶신발 끈이 꼭 매이지 않으면 걸을 때마다 끈이 잘 풀린다. ¶옷고름이 제대로 매여 있지 않으면 보기에 좋지 않다.

N0-가 N1-에 V (N0=[착용물](넥타이 따위), 주머니], 끈, 줄 따위 N1=[신체부위](허리, 발목, 머리 따위))

능 매다

¶전대가 허리에 매여 있는 사람들은 대부분 여행객이다. ¶대님이 발목에 제대로 매여 있으면 옷이 더 고풍스럽게 보인다.

❷(어떤 대상이) 고정되거나 움직이는 범위가 제한되도록 묶이다. (of something) Be fixed or tied in order to limit the range of motion.

㊤결박되다

N0-가 N1-에 V (N0=[인간], [교통기관](자전거, 배 따위), [동물] N1=[가구](의자 따위), 말뚝, 기둥, 나무 따위)

능 매다

¶배가 폭풍에 떠내려가지 못하도록 말뚝에 꽁꽁 매여 있다. ¶자전거가 기둥에 자물쇠까지 채워서

매여 있었는데도 없어지고 말았다.
❸(끈이나 줄 따위가) 어디에 묶이어 가로로 걸리거나 세로로 드리워지다. (of a string or rope) Be tied in such a way as to be suspended horizontally or draped vertically.
N0-가 N1-에 V (N0=[시설물](그네 따위), 줄 따위 N1=[장소])
[능]매다
¶커다란 나무에 그네가 매여 있었다. ¶빨랫줄이 처마 밑에 매이니 빨래 널기가 한결 쉬워졌다.
❹(어떤 대상에) 종속 또는 의무, 구속 관계에 처하다. Be in a subordinate, dutybound or restrictive relationship with someone or something.
[유]얽매이다, 구속되다
N0-가 N1-에 V (N0=[인간] N1=돈 따위)
¶그는 너무 가난하여 항상 돈에 매여 산다.
¶영호는 다 커서도 어머니께 매여 살고 있다.

매입하다

[어원]買入~ [활용]매입하여(매입해), 매입하니, 매입하고 [대응]매입을 하다
[타](증권이나 부동산 등의 소유권을) 다른 사람이나 단체로부터 일정한 값에 사서 넘겨받다. Take over ownership of stock or property from a person or an organization by paying a definite price.
[유]구매하다, 구입하다, 매수하다, 사들이다
[반]매각하다, 매도하다II [상]사다[1]
N0-가 N1-를 N2-(에|로) V (N0=[인간|단체] N1=[구체물], [권리](소유권 따위) N2=값, 고가, 저가 따위)
¶그는 골프장 회원권을 헐값에 매입했다. ¶예전에 싼값으로 매입해 두었던 땅의 가치가 꽤 올랐다.
N0-가 N1-를 ADV V (N0=[인간|단체] N1=[구체물], [권리](소유권 따위), ADV=Adj-게(비싸게, 싸게 따위))
¶우리가 비싸게 매입한 채권이 하루아침에 휴지조각이 되었다. ¶회사가 비록 싸지 않게 매입한 건물이라도 투자 가치를 생각하면 잘한 것이다.

매진하다

[어원]邁進~ [활용]매진하여(매진해), 매진하니, 매진하고 [대응]매진을 하다
[자](목표를 이루기 위하여) 어떤 일을 아주 열심히 꾸준하게 하다. Consistently and diligently do some work to achieve a goal.
[유]정진하다 [반]포기하다, 그만두다
N0-가 N1-에 V (N0=[인간] N1=[행위], 일, 계획 따위)
¶교수님께서는 평생 동안 동물 복제 연구에 매진해 오셨다. ¶너는 아무 걱정 말고 학업에만 매진하면 된다.

매혹되다

[어원]魅惑~ [활용]매혹되어(매혹돼), 매혹되니, 매혹되고 [대응]매혹이 되다
[자]마음이 다른 것에 사로잡혀 넘어가다. Become obsessed and captivated by something different.
[유]사로잡히다
N0-가 N1-(에|에게) V (N0=[인간] N1=[인간], [사물], [행위])
[능]매혹하다
¶ 나는 신록의 아름다움에 매혹되었다. ¶ 철호는 영희에게 완전히 매혹되고 말았다.

매혹하다

[어원]魅惑~ [활용]매혹하여(매혹해), 매혹하니, 매혹하고 [대응]매혹을 하다
[타]남의 마음을 사로잡아 호리다. Captivate or fascinate someone.
[유]사로잡다
N0-가 N1-을 V (N0=[인간], [사물] N1=[인간])
[피]매혹되다
¶여름 바다가 청춘을 매혹한다. ¶무용수의 춤동작이 모든 청중들을 매혹하였다.

맴돌다

[활용]맴돌아, 맴도니, 맴돌고, 맴도는
[자](어떤 대상이) 제자리에서 빙글빙글 돌다. (of some object) Spin round and round at the same place.
[유]돌다[1] [상]움직이다[자]
N0-가 V (N0=[인간], [동물], 물살 따위)
[연어]빙글빙글, 뱅뱅
¶술래는 10초 동안 맴돈 다음에 다른 사람들을 잡으러 다녔다. ¶여기는 물살이 맴도는 곳이라서 위험하다.
[자타]❶(사람이나 동물이) 어떤 물체나 장소의 주변에서 벗어나지 않고 그 주위를 계속 움직이면서 머물다. (of a person or an animal) Keep within the surroundings of some object or place and stay by continuously moving around the surroundings.
[유]돌다[1] [반]떠나다[자] [상]움직이다[자]
N0-가 N1-(에서|를) V (N0=[인간], [동물] N1=[구체물], [장소])
¶수상한 사람이 가게 앞에서 맴돌고 있다. ¶벌들이 벌통 주변에서 새까맣게 맴돌고 있다.
❷(일의 진행 상황이나 현상 따위가) 일정한 범위나 수준에서 머물다. (of a duty's progress situation, phenomenon, etc.) Stay around a certain range or level.
[유]머물다, 정체하다

ㅁ

N0-가 N1-(에서|를) V (N0=[사건], [상황], [추상물] N1=[정도])

¶내 성적은 늘 중간에서 맴돈다. ¶부동산 거래량이 바닥에서 맴돌고 있다.

❸(들었던 말이나 경험했던 느낌 따위가) 감각기관에 아직도 느껴지는 듯 떠올라 남아 있다. (of a heard word, experienced feeling, etc.) Remain as if it is still felt by the sensory organ.

㈜돌다[1], 남다

N0-가 N1-(에서|를) V (N0=[이야기], [감정] N1=[신체부위](귓전, 머리, 손끝, 코끝 따위))

¶어머니의 말씀이 귓전에서 맴돌았다. ¶헤어진 애인의 향기가 코끝을 맴도는 것 같았다.

맹세하다

어원 盟誓~ 활용 맹세하여(맹세해), 맹세하니, 맹세하고 대응 맹세를 하다 본디 맹서하다

자타 (다른 사람이나 신 따위에) 어떤 행위나 일 따위를 굳게 다짐하거나 약속하다. Firmly resolve or promise a certain activity, task, etc., to someone else, God, etc.

㈜다짐하다

N0-가 N2-(에|에게) N1-를 V (N0=[인간] N1=[추상물](사랑, 충성, 평화, 발전 따위) N2=[인간|단체])

¶나는 약혼자에게 영원한 사랑을 맹세하고 손에 반지를 끼워 주었다. ¶각국 대표들이 만나서 영원한 평화를 맹세했다.

N0-가 N2-와 N1-를 V ↔ N2-가 N0-와 N1-를 V ↔ N0-와 N2-가 N1-를 V (N0=[인간] N1=[추상물](사랑, 평화, 우정 따위) N2=[인간|단체])

¶나는 그와 영원한 사랑을 맹세했다. ↔ 그는 나와 영원한 사랑을 맹세했다. ↔ 나와 그는 영원한 사랑을 맹세했다. ¶두 사람은 서로 사랑을 맹세하였다.

N0-가 N1-(에|에게) S것-을 V (N0=[인간] N1=[인간|단체])

¶나는 그녀에게 영원히 사랑할 것을 맹세했다. ¶당신은 있는 진실만을 말할 것을 맹세합니까?

N0-가 N1-(에|에게) S다고 V (N0=[인간] N1=[인간|단체])

¶나는 부모님께 더 열심히 공부하겠다고 맹세했다. ¶그는 나에게 이제부터 금연을 하겠다고 맹세했다.

N0-가 N1-(에|에게) S기-로 V (N0=[인간] N1=[인간|단체], 하늘)

¶나는 다시는 나쁜 일을 하지 않기로 하늘에 맹세했다. ¶남자는 여자에게 그 일을 죽을 때까지 이야기하지 않기로 맹세했다.

맹신하다

어원 盲信~ 활용 맹신하여(맹신해), 맹신하니, 맹신하고 대응 맹신을 하다

자타 (어떤 대상을) 이성적으로 따지거나 헤아리지 않고 무조건 믿다. Unconditionally believe in a certain target without logically considering or questioning.

㈜과신하다 ㉭믿다 자타

N0-가 N1-(를|에 대해) V (N0=[인간] N1=[추상물](말, 미신, 시스템, 이론 따위))

¶그는 미신에 대해 너무 맹신하는 경향이 있다. ¶현대인들은 지나치게 디지털을 맹신하고 있다.

N0-가 N1-를 N2-로 V (N0=[인간] N1=[추상물](말, 미신, 시스템, 이론 따위) N2=[추상물](진리, 진보, 발전, 지표 따위))

¶사람들이 그의 말을 진리로 맹신하고 있었다. ¶그들은 변화를 발전과 진보로 맹신해 왔다.

N0-가 S다고 V (N0=[인간])

¶아이들은 선생님의 말씀이 무조건 옳다고 맹신한다. ¶아이들은 선생님의 말씀을 무조건 옳다고 맹신한다.

맺다

활용 맺어, 맺으니, 맺고

자 (열매나 꽃, 물방울 따위가) 동그란 모양으로 생겨나 만들어지다. (of fruit, flower, water drop, etc.) Be formed and created in a round shape.

㈜열리다I, 피다I, 피어나다

N0-가 V (N0=[열매], [꽃], [기상](이슬), [분비물](눈물))

¶날씨가 좋아 예년에 비해 두 배 정도의 사과가 맺었다. ¶이른 새벽 풀잎에 이슬이 맺었다. ¶그의 눈에 눈물이 맺어 있었다.

타 ❶(식물이) 열매나 꽃 따위를 만들거나 피우다. (of a plant) Create or sprout fruit, flower, etc.

㈜열다I

N0-가 N1-를 V (N0=[식물] N1=[열매], [꽃])

피 맺히다

¶배꽃이 드디어 열매를 맺었다. ¶5월이 되자 장미가 빨간 꽃망울을 맺었다.

❷(다른 사람과) 관계나 인연을 만들다. (of a person) Create relationship or ties with someone.

㈜관계를 갖다, 관계를 짓다, 체결하다

N0-가 N1-와 N2-를 V ↔ N1-가 N0-와 N2-를 V ↔ N0-와 N1-가 N2-를 V (N0=[인간|단체] N1=[인간|단체] N2=계약, 관계, 동맹, 인연 따위)

¶우리 회사는 경쟁사와 계약을 맺었다. ↔ 경쟁사는 우리 회사와 계약을 맺었다. ↔ 우리 회사와 경쟁사는 계약을 맺었다. ¶전쟁을 일삼던 두 나라는 드디어 휴전을 하고 동맹을 맺었다.

❸(하던 일이나 말을) 마무리하다. (of a person)

Finish an ongoing task or speech.
㊥끝내다, 마치다
N0-가 N1-를 V (N0=[인간] N1=결론, 끝, 말 따위)
¶그는 아인슈타인의 말을 인용하며 끝을 맺었다. ¶나는 끝내 말을 맺지 못하고 울먹거렸다.
❹(실이나 줄 따위를) 얽어 매듭을 만들다. Create a knot by tying string, rope, etc.
㊥엮다, 꼬다 ㊥풀다
N0-가 N1-를 V (N0=[인간] N1=줄, 실, 끈, 그물 따위)
¶나는 다양한 색깔의 실을 맺었다. ¶아버지는 마루에서 그물을 맺고 계신다.

맺히다

활용 맺히어(맺혀), 맺히니, 맺히고
자❶(이슬이나 눈물이) 동그란 모양으로 생겨나 만들어지다. (of dew or tear drop) Be formed and hung someplace.
㊥맺다자, 고이다I
N0-가 N1-에 V (N0=[기상](이슬), [분비물](눈물, 땀) N1=[식물], [신체부위])
능맺다타
¶이른 새벽 풀잎에는 이슬이 맺혔다. ¶그의 눈에는 눈물이 맺혀 있었다. ¶나는 이마에 송글송글한 땀이 맺히도록 운동을 하였다.
❷(열매나 꽃이) 나무에 열리게 되다. (of fruit or flower) Bloom in a tree.
㊥피다I, 열리다I
N0-가 N1-에 V (N0=[열매], [꽃] N1=[식물])
능맺다타
¶사과나무에 새빨간 사과가 가득 맺혔다. ¶장미나무에 꽃망울이 맺혔다.
❸(한이나 설움이) 가슴 속에 잊히지 않아 응어리가 되도록 남아 있다. (of resentment or sorrow) Remain in one's chest as a burden by failing to forget.
㊥쌓이다 ㊥풀리다
N0-가 N1-에 V (N0=한, 설움 N1=가슴, 마음)
¶가슴에 한이 맺혀 나는 죽을 때까지 괴로울 것이다. ¶나는 학교를 가지 못한 설움이 아직도 마음에 맺혀 있다.
❹(피가) 몸에 뭉치다. (of blood) Lump in one's body.
㊥고이다I
N0-가 N1-에 V (N0=피, 멍 N1=[신체부위])
¶나는 바늘에 찔려서 손가락에 핏방울이 맺혔다. ¶그는 엉덩이에 피멍이 맺히도록 엉덩방아를 찧었다.
❺(물체의 상이) 망막이나 필름, 렌즈 따위에 같은 모양으로 뜨다. (of an object's image) Appear as the same image on retina, film, lens, etc.
㊥생기다
N0-가 N1-에 V (N0=상(像) N1=망막, 필름, 렌즈 따위)
¶망막에 정확한 상이 맺혀야 사물이 또렷이 보인다. ¶셔터를 누르면 필름에 상이 맺힌다.

머금다

활용 머금어, 머금으니, 머금고
타❶(물이나 연기 따위를) 삼키지 않고 입 속에 넣은 상태로 있다. Hold water or smoke in one's mouth without swallowing it.
㊥먹다I[1]타, 간직하다
N0-가 N1-를 V (N0=[인간] N1=[액체], [연기])
¶아이는 물을 삼키지 않고 입에 머금고 있었다. ¶그는 한입 가득 담배 연기를 머금었다가 내뿜었다.
❷(눈물을) 흘리지 않고 눈에 고인 상태로 지니다. Hold back tears in one's eyes.
㊥지니다
N0-가 N1-를 V (N0=[인간] N1=눈물)
¶그는 떠나는 애인을 붙들고 그렁그렁 눈물을 머금었다. ¶형은 눈물을 머금고 부모님이 계시는 고향을 떠났다.
❸(감정이나 생각을) 얼마 동안 겉으로 살짝 드러내 비치다. Reveal one's feeling or thought slightly for a while.
㊥띠다, 지니다
N0-가 N1-를 V (N0=[인간] N1=미소, 웃음, 겁, 장난기 따위)
¶이 불상은 다른 불상과 달리 부드러운 미소를 머금고 있다. ¶그는 장난기를 머금은 목소리로 나를 불렀다.
❹(풀이나 꽃, 나무 따위가) 물기를 흘리지 않고 지니다. (of grass, flower, or tree) Keep absorbing moisture, not shedding.
㊥품다
N0-가 N1-를 V (N0=[식물] N1=[기상](이슬, 빗물 따위))
¶새벽에는 풀들이 이슬을 머금고 있다. ¶비가 그쳤는데도 나무는 빗물을 머금고 있었다.
❺(사물이) 기운이나 물기, 습기 따위를 지녀 품다. (of a thing) Bear vigor, moisture, etc.
㊥품다, 간직하다
N0-가 N1-를 V (N0=[구체물] N1=[구체물], 기운 따위)
¶꽃나무들이 봄기운을 잔뜩 머금고 있다. ¶바닷바람이 소금기를 가득 머금고 불어오고 있었다.

머무르다

활용 머물러, 머무르니, 머무르고, 머물렀다 ㊟ 머물다
자❶(어떤 곳에) 일시적으로 묵거나 생활하다. Stay or live temporarily at a place.

ㅁ

㈜지내다[자], 체류하다
No-가 N1-(에|에서) V (No=[인간|단체] N1=[장소])
¶형은 병원에 머무르면서 건강 회복에 주력하고 있다. ¶제임스는 한국에 머무르는 동안 한국어를 배웠다.
❷(기차나 차 따위가) 역이나 정류장에 승객을 태우거나 내리기 위해 일시적으로 멈추다. (of train or car) Stop for a moment at a station or stop in order to load or unload passengers.
㈜정차하다[자]
No-가 N1-(에|에서) V (No=[교통기관] N1=[교통기관시설](정류장, 역 따위))
¶버스가 정거장에서 머무르는 시간은 아주 짧다. ¶이 열차는 간이역에는 머무르지 않고 주요 도시에만 정차한다.
❸(시선이나 눈길 따위가) 어떤 대상에 멈추어 한동안 계속 바라보다. (of eyes) Be fixed on an object for a while.
㈜멈추다[1], 고정되다
No-가 N1-(에|에서|에게) V (No=시선, 눈길 따위 N1=[구체물], [장소], [인간])
¶여자의 시선은 귀여운 아기에게 한참을 머물렀다. ¶아름다운 풍경에 자꾸만 눈길이 머무른다.
❹(사람이나 일이) 어떤 범위나 수준에 그쳐 더 나아가지 못하다. (of a person or a work) Remain within a scope or a level, being unable to develop further.
㈜그치다[1]
No-가 N1-(에|에서) V (No=[인간|단체], [추상물] N1=[추상물], [범위], [범주], [상태])
¶우리 팀이 여전히 최상위에 머물렀다. ¶한국 음악은 전통에 머무르지 않고 계속 진화해 왔다.
❺(단체나 모임에 소속되어) 계속 남아 있다. Remain as a member of an organization or a meeting.
㈜남다, 재직하다 ㊥떠나다[자], 그만두다, 이직하다, 퇴직하다
No-가 N1-(에|에서) V (No=[인간] N1=[단체])
¶한 직장에 오래 머무르는 것은 쉽지 않다. ¶그가 우리 회사에 더 이상 머무를 이유가 없다.

머물다
[활용]머물러, 머무니, 머물고, 머무는 ㊃머무르다
[자]☞머무르다

머뭇거리다
[활용]머뭇거리어(머뭇거려), 머뭇거리니, 머뭇거리고
[자]선뜻 말하거나 행동하지 못하고 자꾸 주저하다. Continue to hesitate, being unable to speak or act.
㈜머뭇대다, 머뭇하다, 주춤거리다[자], 망설이다
No-가 V (No=[인간])
¶영희가 머뭇거리는 사이에 세진이 먼저 입을 열었다. ¶남자들은 서로 눈치만 살피며 머뭇거릴 뿐이었다. ¶그가 머뭇거리자 친구들이 재촉했다.

머뭇대다
[활용]머뭇대어(머뭇대), 머뭇대니, 머뭇대고
[자]☞머뭇거리다

머뭇하다
[활용]머뭇하여(머뭇해), 머뭇하니, 머뭇하고
[자]☞머뭇거리다

먹고살다
[활용]먹고살아, 먹고사니, 먹고살고
[자]생계를 이어가다. Sustain one's living.
No-가 V (No=[인간])
¶하루 벌어 하루 먹고살기도 바쁜 형편이지요. ¶아무리 못난 사람이라도 먹고살기에 부족하지 않을 만큼 벌도록 해 주어야 한다. ¶당신은 남이 애써 번 돈을 도둑질해서 먹고사는 게 그렇게 좋은가요?

먹다 I

먹다[1]
[활용]먹어, 먹으니, 먹고
[자]❶(날 달린 도구가) 재료에 파고들다. (of a tool with sharp edge) Dig in and enter a material.
No-가 N1-에 V (No=[도구] N1=[구체물])
¶언 고기에 식칼이 잘 안 먹는다. ¶이 대패는 단단한 나무에도 잘 먹어서 일하기가 편하다.
❷(액체 따위가) 사물에 흡수되어 배다. (of a tool with sharp edge) Dig in and enter a material.
㈜스며들다, 흡수되다, 침투되다
No-가 N1-에 V (No=[무생물] N1=[구체물])
[사]먹이다[1]
¶원래 피부 상태가 좋아야 화장품이 피부에 잘 먹는다. ¶풀이 바지에 잘 먹어서 바지가 빳빳해졌다. ¶미끄러운 종이에 물감이 잘 먹지 않아 그림에 얼룩이 많이 졌다.
❸(벌레 따위가) 사물에 파고들거나 퍼지다. (of insects) Be embedded or spread on an object.
㈜생기다, 서식하다
N1-에 No-가 V (No=[생물], [질병] N1=[구체물])
¶오래된 사과에 벌레가 먹었다. ¶한참 동안 안 입은 옷에 좀이 먹어 버렸다.
[타]❶음식 등을 (씹어서) 입을 통해 배로 보내다. Send food to one's stomach through the mouth.
㈜들다II(존대어), ㊉잡수다, 잡숫다, 잡수시다
No-가 N1-를 V (No=[인간], [동물] N1=[음식], [약] 따위)
[피]먹히다[1] [사]먹이다[1]
¶나는 아침밥으로 오곡밥을 먹었다. ¶누나는 요

즘 속쓰림이 심해져서 약을 먹고 있다. ¶우리는 하루가 멀다 하고 매일같이 술을 먹었다.
❷기체를 들이마시다. Inhale gas.
㊤마시다, 흡입하다
N0-가 N1-를 V (N0=[인간], [동물] N1=[기체])
¶너구리가 연기를 먹고 굴에서 기어나왔다. ¶예전에는 연탄에서 나는 일산화탄소를 먹고 목숨을 잃는 사람이 많았다.
❸담배 등을 피우다. Smoke cigarette.
㊤피우다
N0-가 N1-를 V (N0=[인간] N1=[담배])
¶일하기 지루하면 잠깐 담배나 먹자. ¶할아버지는 그저 담배 먹는 것으로 소일거리를 삼았다.
❹(기계가 연료 따위를) 유지하는 데에 소비하다. (of a machine) Consume fuel to maintain oneself.
㊤소비하다
N0-가 N1-를 V (N0=[구체물] N1=자재, 연료, 금전 따위)
¶이 차는 연비가 나빠서 기름을 많이 먹는다. ¶전기난로가 전기를 그렇게 많이 먹는지 미처 몰랐다.
❺(매 따위를) 맞다. Be flogged.
㊤얻어맞다[타]
N0-가 N2-에게 N1-를 V (N0=[인간], [동물] N1=[행위], [신체부위](주먹 따위) N2=[인간], [동물])
[사]먹이다[1]
¶그는 링에서 상대 선수에게 스트레이트를 한 방 먹고 쓰러졌다. ¶나는 교실에서 떠들다가 선생님에게 꿀밤을 한 대 먹었다.
※속되게 쓰인다.
❻(나이를) 더하다. Add age.
N0-가 N1-를 V (N0=[인간], [동물] N1=시간, 나이 따위)
¶일 년 동안 무엇을 했는지도 모르겠는데 또 나이를 한 살 먹었다. ¶우리 집 개는 나이를 많이 먹어서 크고 작은 병치레를 하고 있다.
❼(수익이나 급료를) 얻어 가지다. Receive and take profit or wage.
㊤얻다, 획득하다
N0-가 N1-를 V (N0=[인간] N1=[금전])
¶나는 친구와 동업을 하고 있어서 수익의 반을 먹는다. ¶목돈이 있으면 은행에 맡겨 놓고 이자나 타 먹어라.
❽(재물을) 부당하게 가지다. Wrongfully possess wealth.
㊤횡령하다, 떼먹다
N0-가 N1-를 V (N0=[인간] N1=[구체물])
¶경리 직원이 공금을 먹고 도망갔다. ¶예산이 거치는 경로가 많으면 중간에서 먹으려 하는 자가 나온다.
❾(뇌물을) 받다. Receive bribe.
㊤수뢰하다
N0-가 N1-를 V (N0=[인간] N1=[금전])
¶경찰이 뇌물을 먹고 불법 유흥업소를 눈감아주다가 들통이 났다. ¶어디서 무슨 돈을 먹었는지 거래처가 우리와의 사업을 하나씩 끊고 있다.
※속되게 쓰인다.
❿(운동경기에서 점수를) 잃다. Lose score in a sports game.
N0-가 N1-를 V (N0=[인간|단체] N1=[단위], [행위])
¶축구 경기에서 안타깝게도 우리 팀이 한 골을 먹어서 졌다. ¶우리 팀은 상대 팀보다 20점을 넘게 먹고 굴욕적으로 패배했다.
⓫여자의 정조를 유린하다. Violate a woman's chastity.
㊤성관계를 갖다, 성폭행하다, 따먹다
N0-가 N1-를 V (N0=[인간] N1=[인간])
¶그는 여러 여자를 먹었다고 자랑했다. ¶그는 유부녀를 먹었다고 떠벌리고 다니는 천박한 놈이다.
※매우 속되게 쓰인다.
◆ **국수를 먹다** 남의 결혼식에 참석하거나 결혼 소식을 듣다. Attend someone's wedding or hear about someone's marriage.
N0-가 Idm (N0=[인간])
¶올해 나는 국수를 많이도 먹었다. ¶너는 나이도 찼는데 왜 국수 먹는 소식이 들려오질 않느냐?
◆ **나라의 녹을 먹다** 국가에 속하여 봉급을 받으며 일하다. Work in the civil service and receive a salary from the government.
㊤나라에서 녹을 먹다
N0-가 Idm (N0=[인간])
¶저 집 가족은 삼대째 나라의 녹을 먹고 사는 공무원 집안이다. ¶당신은 나라의 녹을 먹고 살면서 이렇게 비리를 저질러도 되는가?
◆ **눈칫밥을 먹다** 남의 눈치를 살피며 불편하게 생활하다. Walk on eggshells around others and live an uncomfortable life.
N0-가 Idm (N0=[인간])
¶나는 친척 집에 얹혀 살면서 눈칫밥을 먹으며 자랐다. ¶내가 언제까지 눈칫밥 먹으면서 월세방에서 살아야겠니?
◆ **더위를 먹다** 더위 때문에 피로를 느끼고 탈이 나다. Feel tired or get ill because of the heat.
N0-가 V Idm (N0=[인간])
¶병사들은 여름의 강행군에 더위를 먹고 낙오하기 일쑤였다. ¶더위를 먹은 사람을 방치했다가는 생명이 위험해질 수도 있다.
◆ **미역국을 먹다** 시험에 낙방하다. Fail an examination.

ㅁ

㊚낙방하다, 떨어지다, 탈락하다
N0-가 N1-에서 Idm (N0=[인간] N1=[시험])
¶형은 응시한 모든 대학 시험에서 미역국을 먹었다. ¶그 쉽다는 운전면허 시험에서 미역국을 먹었다.
◆ **콩밥을 먹다** 교도소에 수감되다. Be imprisoned.
N0-가 Idm (N0=[인간])
사 콩밥을 먹이다
¶범인이 마침내 잡혀서 5년 동안 콩밥을 먹었다. ¶너 콩밥 먹고 싶지 않으면 조심해라.
◆ **한솥밥을 먹다** 한집에서 같이 살거나 같은 집단에 속하다. Live under the same roof or belong to the same group.
N0-가 N1-와 Idm ↔ N1-가 N0-와 Idm ↔ N0-와 N1-가 Idm (N0=[인간] N1=[인간])
¶나는 동규와 한솥밥을 먹는 사이다. ↔ 동규는 나와 한솥밥을 먹는 사이다. ↔ 나와 동규는 한솥밥을 먹는 사이다. ¶두 선수는 오랫동안 같은 팀에서 한솥밥을 먹어온 사이다.
자타(물이나 습기를) 빨아들여 배게 하다. Suck in and be saturated with water or humidity.
㊚흡수하다, 배어들다
N0-가 N1-를 V ↔ N1-가 N0-에 V (N0=[구체물] N1=[액체], 습기 따위)
¶종이가 기름을 잔뜩 먹어 투명해졌다. ↔ 종이에 기름이 잔뜩 먹어 투명해졌다. ¶이건 물 먹은 솜이라서 무겁다. ¶김을 바깥에 두었더니 습기를 먹어 눅눅해져 버렸다.

먹다2

활용 먹어, 먹으니, 먹고
기능타 간접적으로 '어떤 일이 일어남'을 나타내는 기능동사 A support verb that indirectly indicates that "something happens."
N0-가 Npr-를 V (N0=[인간|단체], Npr=욕, 애 따위)
¶오늘까지 이 일을 마치느라고 우리는 무척 애를 먹었다. ¶잠깐 실수로 일이 잘못되는 바람에 나는 동료들에게 욕을 먹었다.

먹다3

활용 먹어, 먹으니, 먹고
보조 (동사의 뒤에 '-어 먹다' 구성으로 쓰여) 앞 동사가 뜻하는 행동을 경험하였음을 나타내는 보조동사. An auxiliary verb indicating that a person has experienced an action signified by the preceding verb (to be used right after that preceding verb in the form of "-어 먹다").
V-어 Vaux
¶나는 친구에게 전화해서 모임 날짜를 알려준다는 것을 잊어 먹었다. ¶정규는 친구를 온 종일 놀려 먹었다.

먹다 II

활용 먹어, 먹으니, 먹고
자(귀나 코가) 막혀서 제 기능이 약해지거나 상실되다. (of ears or nose) Be stuffed and become weak or lose its original function.
㊞멀다
N0-가 N1-가 V (N0=[인간], [동물] N1=[신체부위] (귀, 코))
¶그는 귀가 먹어서 소리를 못 듣는다. ¶누나는 감기에 걸렸는지 코 먹은 소리가 나는구나. ¶동생은 지금 코가 먹어서 입으로 숨을 쉬어야 한다.

먹이다1

활용 먹여, 먹이니, 먹이고
타❶(누군가에게 음식 등을) 입을 통해 배로 들여보내게 하다. Put food into a person's mouth so that it arrives at the person's stomach.
㊚먹게 하다
N0-가 N1-를 N2-에게 V (N0=[인간|단체], [동물] N1=[음식], [약] N2=[인간|단체], [동물])
주 먹다I1 타
¶어머니가 아기에게 우유를 먹였다. ¶간호사가 환자에게 약을 먹였다. ¶사육사가 말에게 물을 먹였다.
❷(동물을) 기르다. Grow an animal.
㊚기르다, 사육하다
N0-가 N1-를 V (N0=[인간|단체] N1=[인간|단체], [동물])
¶우리 집에서는 부모님이 소를 먹인다. ¶그는 큰 양계장을 운영하며 많은 닭을 먹인다. ¶그 집은 염소를 세 마리 먹인다.
❸(액체를) 물체에 배어들게 하다. Make liquid permeate a thing.
㊚들이다1
N0-가 N1-를 N2-에 V (N0=[인간|단체] N1=[액체] (물감, 풀, 기름) N2=[구체물])
주 먹다I1 타
¶그는 옷에 풀을 먹였다. ¶나는 천에 물감을 먹여 고운 색이 나게 했다. ¶철수는 방수재로 쓰려고 종이에 기름을 먹였다.
❹뇌물 따위를 주다. Give something like bribe.
㊚갖다 바치다
N0-가 N1-를 N2-(에|에게) V (N0=[인간|단체] N1=[금전], 뇌물 N2=[인간|단체])
¶그는 거래처 직원에게 뇌물을 먹였다. ¶옛날에는 공무원에게 돈을 먹여서 문제를 해결하려는 풍조가 만연했다.
※ 속되게 쓰인다.
❺(주먹 등으로) 타격을 가하다. Strike with a fist.

㊥때리다, 치다
N0-가 N1-를 N2-(에|에게) V (N0=[인간|단체] N1=공격, 주먹, 펀치 N2=[인간|단체])
주 먹다I[1] 타
¶그는 상대에게 주먹을 한 방 먹였다. ¶선생님은 그 학생에게 꿀밤을 먹이셨다.
※속되게 쓰인다.
◆ **골탕 먹이다** (장난으로) 곤경에 빠뜨리다. Put someone in trouble for fun.
N0-가 N1-를 Idm (N0=[인간|단체], N1=[인간|단체])
주 골탕 먹다
¶후배들이 잔꾀를 부려 선배들을 골탕먹였다. ¶그는 자기를 골탕먹이는 것을 용납하지 못한다.

먹이다²
활용 먹여, 먹이니, 먹이고
기능타 간접적으로 어떤 '일을 일으킴'을 나타내는 기능동사. A support verb indicating an act of indirectly causing something to happen.
N0-가 N1-(에|에게) Npr-를 V (N0=[구체물], [추상물] N1=[인간|단체], Npr=욕, 애 따위)
¶그는 망나니짓을 하여 부모님께 욕을 먹였다. ¶이 일에 실패하면 회사 전체에 욕을 먹이는 결과가 된다. ¶그 작가는 마감 날짜를 크게 넘겨서 담당자에게 애를 먹이고 있다.

먹히다¹
활용 먹히어(먹혀), 먹히니, 먹히고
자 ❶(음식이나 액체 따위가) 입을 통해 뱃속에 들어가다. Enter one's stomach through the mouth.
N0-가 N1-에게 V (N0=[음식], [약] N1=[인간], [동물])
능 먹다I[1] 타
¶과자가 온통 벌레에게 먹힌 상태라 다 버리게 생겼다. ¶배가 고프니 음식이 잘 먹힌다. ¶자연계에서 피식자는 포식자에게 먹힌다.
❷(행위가) 기대한 만큼의 효력을 내다. (of a behavior) Make expected effect.
N0-가 N1-(에|에게) V (N0=[방법], [기술], [행위] N1=[인간|단체])
연어 잘
¶영희의 말은 철수에게 잘 먹힌다. ¶오늘 경기에서는 작전이 예상대로 먹혀 승리를 거둘 수 있었다. ¶그런 방식은 우리 회사에는 안 먹힌다.
❸(다른 것의 영향력에 묻혀) 보이거나 들리지 않게 되다. Become invisible or inaudible due to being concealed by the effect of something else.
㊥묻히다, 가려지다
N0-가 N1-에 V (N0=[현상] N1=[현상])
¶기타 소리가 드럼 소리에 먹혀 들리지 않는다. ¶불빛이 안개에 먹혀서 손전등을 비추어도 소용이 없다.
❹(어떤 일에) 비용이 어느 정도로 소비되다. (of cost) Be consumed in certain amount for some task.
㊥들다I[1]
N0-가 N1-에 ADV V (N0=[자재], [연료], [금전], [시간] N1=[방법], [기술], [행위], ADV=많이, 적게, 비싸게, 싸게 따위)
¶예상치 못한 부분에 비용이 많이 먹혔다. ¶어느 쪽으로 가야 도로 통행료가 싸게 먹히는지 생각해 보자.

먹히다²
활용 먹히어(먹혀), 먹히니, 먹히고
기능자 간접적으로 어떤 '일을 일으키게 됨'을 나타내는 기능동사. A support verb indicating "to get something done."
N0-(에|에게) Npr-가 V (N0=[인간|단체], Npr=말, 충고, 잔소리 따위)
¶그에게는 어머니의 잔소리가 먹힌다. ¶아들에게 아버지의 충고가 먹혀야 할 텐데 걱정이야.

멀다
활용 멀어, 머니, 멀고, 머는
자 눈이 안 보이거나 귀가 안 들리게 되다. Become blind or deaf.
㊥어두워지다
N0-가 N1-가 V (N0=[인간], [동물] N1=[신체부위](눈, 귀))
¶베토벤은 귀가 멀어서 더 이상 듣지 못하게 되었을 때도 계속 작곡을 했다. ¶내가 눈이 멀어서 너도 못 보는데 어떻게 다람쥐를 보았겠니?
◆ **눈이 멀다** 어떤 사람이나 생각에 빠져 판단력을 잃다. Lose one's judgment, having been captivated by a person or a thought.
N0-가 N1-(에|에게) Idm (N0=[인간] N1=[모두])
¶그는 공짜에 눈이 멀어서 망신당할 뻔했다. ¶아무리 복수에 눈이 멀었다 해도 이렇게 하면 안 되지. ¶두 사람은 사랑에 눈이 멀어서 다른 사람들 말을 듣지 않았다.

멀리하다
활용 멀리하여(멀리해), 멀리하니, 멀리하고
타 ❶(다른 사람을) 친근히 사귀지 않거나 관계를 끊다. Not form a close relationship with someone or sever existing relationship.
㊥기피하다, 피하다 ㊦가까이하다 타
N0-가 N1-를 V (N0=[인간] N1=[인간])
¶마을 사람들은 공공연히 그 사람을 멀리하고 가까이 지내지 않았다. ¶민지가 나에 대한 소문을

ㅁ

들었는지 나를 멀리하는 것 같은 느낌이 들었다.
❷(무엇을) 가까이하지 않고 삼가다. Refrain from something and not be close to it.
㊌기피하다 ㊍가까이하다타
No-가 N1-를 V (No=[인간] N1=[구체물](담배, 텔레비전, 스마트폰 따위), [추상물](벼슬, 명예 따위))
¶그는 벼슬을 멀리하고 깊은 산속에서 홀로 책을 읽는 것을 즐겼다. ¶민수는 텔레비전을 멀리하기 위해 집에 있는 텔레비전을 없애버렸다.

멀어지다

활용 멀어지어(멀어져), 멀어지니, 멀어지고
자 ❶(어떤 사람이나 물건이) 다른 사람이나 물건과 떨어진 거리가 점점 늘어나게 되다. (of the distance from a person or an object) Gradually increase.
㊌멀리 떨어지다
No-가 N1-(에서|에게서|와) V (No=[인간], [구체물], [현상](소리 따위) N1=[인간], [구체물])
¶발자국 소리가 점차 이곳에서 멀어졌다. ¶자동차는 어느새 까만 점으로 보일 만큼 이곳에서 멀어졌다.
❷(어떤 사람이나 대상이) 기준점에 모자라게 되다. (of a person or an object) Fall short of a point of reference.
㊌차이가 나다, 사이가 벌어지다
No-가 N1-(와|에서|로부터) V (No=[인간], [구체물], 이상, 계획, 목표 따위)
¶전쟁이 일어나 그들은 평화로부터 멀어졌다. ¶우리 회사는 돈에 쫓겨 초기의 이상과 멀어졌다.
❸(다른 사람과) 사이가 친하지 않게 되고 서먹서먹하게 되다. (between people) Become detached and distant in friendship.
㊌소원해지다
No-가 N1-(와|하고|에게서) V (No=[인간] N1=[인간])
¶나는 상처를 받은 뒤 친한 친구와 멀어졌다. ¶나이가 들자 오빠는 나에게서 멀어졌다.

멈추다1

활용 멈추어(멈춰), 멈추니, 멈추고
자 (신체의 장기나 기계 따위가) 정지하다. (of a body organ or a machine) Come to a halt.
㊌멎다1, 서다1
No-가 V (No=[기계](시계, 자동차 따위), 심장 따위)
¶한 번도 고장이 없던 시계가 멈췄다. ¶버스가 갑자기 멈춰서 승객들이 넘어졌다. ¶심장이 멈추는 위급 상황을 조심해야 합니다.
타 (다른 사람이 하는 행위, 다른 대상의 움직임, 또는 어떤 사건 따위를) 그치게 하다. Stop someone's action, someone's movement, some incident, etc.
㊌그치게 하다
No-가 N1-를 V (No=[인간], [동물], [기계] N1=[기계], [현상], [행위])
¶아버지는 차를 멈추고 대기하셨다. ¶간호원은 상처 부위의 출혈을 멈추려고 붕대를 감았다.

멈추다2

활용 멈추어(멈춰), 멈추니, 멈추고
기능자 '종결'의 의미를 나타내는 기능동사. Support verb that shows the meaning of "end".
㊌그치다, 멎다2 ㊍시작되다
Npr-가 V (Npr=[현상], [행위], [사건])
¶새들의 울음소리가 멈추었다. ¶눈이 멈춘 지가 꽤 됐어.
타 '종결'의 의미를 나타내는 기능동사. Support verb that shows the meaning of "end".
㊍시작하다2
No-가 Npr-를 V (No=[인간], [동물], [기계], Npr=[행위], [생리현상])
¶사람들이 하던 일을 멈추고 나를 쳐다보았다. ¶약효가 있었는지 강아지들이 설사를 멈췄다.

멈칫하다

활용 멈칫하여(멈칫해), 멈칫하니, 멈칫하고
자 (하고 있던 행동을 방해받아) 갑자기 잠시 멈추다. Stop a work for a moment because of some interruption.
㊌멈추다
No-가 V (No=[인간])
¶나는 갑작스런 학생의 질문에 멈칫했다. ¶그는 돌아서려다가 불길한 예감에 멈칫했다.
타 (하고 있던 행동을) 갑자기 잠시 멈추다. (of a person) Stop a work for a moment.
㊌멈추다
No-가 N1-를 V (No=[인간] N1=[행위], [신체부위])
¶나는 그의 목소리를 듣고 걸음을 멈칫했다. ¶그는 자기도 모르게 손을 멈칫했다. ¶형은 나를 보더니 갑자기 몸을 멈칫했다.

멎다1

활용 멎어, 멎으니, 멎고
자 (기계나 신체의) 기능이나 동작이 정지하다. (of the function or movement of a machine or a body part) Stop.
㊌멈추다1, 정지하다자 ㊍작동하다자, 기능하다
No-가 V (No=[기계], [신체부위](심장))
¶승강기가 갑자기 멎더니 불이 꺼졌다. ¶환자의 심장이 멎었다.

멎다2

활용 멎어, 멎으니, 멎고
기능자 '종결'의 의미를 나타내는 기능동사. Support

verb that shows the meaning of "end".
㊌그치다, 멈추다[2] ㉯지속되다, 계속되다
Npr-가 V (Npr=[기상](비, 눈, 우박 따위))
¶눈이 멎으면 같이 치우러 나가자. ¶소나기가 멎고 나니 더 화창해 보였다.
N0-의 Npr-가 V ↔ N0-가 Npr-가 V (N0=[인간], [동물], Npr=[생리현상])
¶나의 두통이 멎었다. ↔ 나는 두통이 멎었다. ¶어느 날 갑자기 아버지의 허리 통증이 멎었다. ↔ 어느 날 갑자기 아버지는 허리 통증이 멎었다. ¶코피가 멎었다.

메꾸다

활용 메꾸어(메꿔), 메꾸니, 메꾸고
타 ❶(뚫리거나 빈 곳을) 무엇으로 채우다. Fill empty space or hole with something.
㊌틀어막다, 때우다, 메우다 ㉯비우다
N0-가 N1-를 N2-로 V ↔ N0-가 N1-에 N2-를 V (N0=[인간] N1= [구체물](구멍, 틈 따위) N2=[구체물])
¶우리는 구덩이를 흙으로 메꿨다. ↔ 우리는 구덩이에 흙을 메꿨다. ¶아버지께서는 갈라진 틈을 메꾸기 위해서 그 곳에 시멘트를 바르셨다. ¶여기 깨져나간 부분을 무엇으로 메꿀 수 있나요?
❷(모자라는 부분을) 무엇으로 채워 온전하게 만들다. Make whole by filling deficient part with something.
㊌보충하다, 충당하다, 메우다
N0-가 N1-를 N2-로 V (N0=[인간|단체] N1=[추상물](공백 따위) N2=[추상물])
¶철수는 부족한 돈을 신용대출이나 현금 서비스로 메꿨다. ¶그는 그간의 공백을 무엇으로 메꿀 수 있을까?
N0-가 N1-를 V (N0=[인간|단체] N1=[추상물](공백 따위))
¶보험회사는 손해를 메꾸기 위해 보험료를 인상했다. ¶적자를 메꿀 방법이 마땅치 않다.
❸(시간을) 어떤 행위를 하며 그럭저럭 보내다. Somehow pass time by doing something.
㊌때우다, 메우다
N0-가 N1-를 N2-로 V (N0=[인간] N1=[시간] N2=[행위])
¶우리는 남은 시간을 산책으로 메꿨다. ¶상호는 게임으로 무료한 시간을 메꿨다.
N0-가 N1-를 V (N0=[인간] N1=[시간])
¶나는 자투리 시간을 메꾸기 위하여 가까운 공원을 둘러보았다. ¶예슬이는 음악을 들으면서 남아도는 시간을 메꿨다.

메다 I

활용 메어(메), 메니, 메고
타 (어떤 물건을) 어깨에 걸치거나 올려놓다. Put or sling a thing on the shoulder.
㊌지다III
N0-가 N1-를 N2-에 V (N0=[인간] N1=[구체물] N2=어깨)
피 메이다
¶나는 배낭을 어깨에 메고 유럽 여행을 떠났다. ¶한 남자가 생수통을 어깨에 메고 사무실 안으로 들어왔다.
◆ **총대를 메다** (사람이나 단체가) 위험하거나 남들이 맡기 꺼려하는 일에 앞장서거나 책임을 지다. (of a person or an organization) Take the lead or responsibility for a work that is dangerous or is shunned by other people or organizations.
N0-가 N-에 Idm (N0=[인간|단체] N1=[행위], [사건])
¶그가 이번 일에 총대를 멨다. ¶이번 회사의 구조조정에 내가 총대를 메겠다.

메다 II

활용 메어(메), 메니, 메고
자 ❶(어떤 장소가) 무엇으로 가득 찬 상태가 되다. (of a place) Be filled with something.
㊌가득 차다
N0-가 N1-로 V (N0=[장소] N1=[구체물])
¶경기장은 사람들로 가득 메어 있었다. ¶사람들로 가게가 메어 터질 정도였다.
❷(뚫려 있던 곳이) 어떤 것으로 가득 차 막히다. (of a place that was open) Be blocked by something, which fills it up.
㊌막히다
N0-가 N1-로 V (N0=[장소], [건물], [신체부위](코, 목 따위) N1=[구체물])
¶굴뚝이 먼지로 메어 연기가 빠져 나가지 못했다. ¶길이 사람들로 메어 도저히 지나갈 수가 없었다.
❸(목이나 가슴이) 어떤 감정이 북받쳐 막히다. (of throat or heart) Be filled with a feeling.
N0-가 N1-가 V (N0=[인간|단체] N1=[신체부위](목, 가슴 따위))
¶영호가 목이 메어 말을 제대로 잇지 못한다. ¶나는 지금도 그때 일을 생각하면 가슴이 멘다.

메다 III

활용 메어(메), 메니, 메고 본 메우다
타 ☞ 메우다

메모하다

어원 memo~ 활용 메모하여(메모해), 메모하니, 메모하고 대응 메모를 하다
타 (어떤 내용을) 종이 따위에 잊지 않거나 또는

ㅁ

다른 사람에게 전하기 위해서 간단하게 적다. Write certain contents simply on paper, etc., so as not to forget or for delivery to someone else.
㊀적다타, 기록하다
N0-가 N2-에 N1-를 V (N0=[인간] N1=이름, 전화번호, 생각, 계획, 내용 따위 N2=수첩, 공책, 종이 따위)
¶김 부장은 직원들의 아이디어를 공책에 꼼꼼히 메모해 두었다. ¶시장은 시민들의 요구 사항을 일일이 수첩에 메모했다.
N0-가 S지-를 V (N0=[인간])
¶그는 무엇을 배웠는지를 항상 메모했다. ¶할머니께서는 김치를 언제 담갔는지 메모해서 용기에 붙이셨다.

ㅁ

메우다
활용 메워, 메우니, 메우고
타❶(뚫리거나 빈 곳을) 무엇으로 채워 막다. (of a person) Fill up a hole or an empty space.
㊀틀어막다, 때우다, 채우다
N0-가 N1-를 N2-로 V ↔ N0-가 N1-에 N2-를 V (N0=[인간] N1=[구체물] N2=[구체물])
¶인부들은 흙으로 구멍을 메웠다. ↔ 인부들은 구멍에 흙을 메웠다. ¶대장장이는 성벽의 틈을 강철로 메웠다.
❷(무엇이) 어디를 차지하여 가득 채우다. (of something) Fill up somewhere.
㊀뒤덮다, 채우다
N0-가 N1-를 V (N0=[인간], [구체물], [현상](소리, 냄새 따위) N1=[장소])
¶우산을 든 사람들이 거리를 가득 메웠다. ¶창고에서 발생한 화재로 매캐한 연기가 통나무집을 메웠다.
❸(모자라는 부분을) 채워 온전하게 만들다. Make something complete by making up for what is deficient.
㊀보충하다, 충당하다, 메꾸다
N0-가 N1-를 N2-로 V (N0=[인간|단체] N1=[추상물] N2=[추상물])
¶정부는 부족한 세수를 재산세 인상으로 메웠다. ¶나는 지하철에서의 독서로 부족한 학습량을 메웠다.
N0-가 N1-를 V (N0=[추상물] N1=[추상물])
¶신인 선수의 활약이 팀의 공백을 메웠다. ¶한국은행이 차입해 온 빚이 환율로 뚫린 구멍을 메웠다.
❹(시간을) 그럭저럭 보내다. Spend time one way or another.
㊀때우다, 메꾸다
N0-가 N1-를 V (N0=[인간] N1=[시간])
¶아이들은 책을 읽으며 시골에서 지루한 시간을 메웠다. ¶우리는 산책을 다니며 아침나절을 메웠다.

메이다
활용 메여, 메이니, 메이고
자❶(어떤 물건이) 어깨에 걸치거나 올려 놓여지다. (of an object) Be placed or put on the shoulder.
N0-가 N1-에 V (N0=[구체물] N1=어깨)
능 메다I
¶동생의 어깨에 메인 가방이 무거워 보인다. ¶철수가 내 어깨에 메인 가방을 빼앗아 자기 어깨에 메었다.
❷(책임이나 임무, 부담 따위가) 맡겨지다. Be left with (responsibility, duty, burden etc.).
N0-가 N1-에 V (N0=[추상물] N1=어깨)
능 메다I
¶이 나라의 장래가 청년들의 어깨에 메여 있다. ¶부모님의 어깨에 메인 짐이 무거워 보인다.

면담하다
어원 面談~ 활용 면담하여(면담해), 면담하니, 면담하고 대응 면담을 하다
자타(다른 사람과) 직접 만나서 의견을 주고받다. Meet someone in person and exchange opinion.
N0-가 N1-와 V ↔ N1-가 N0-와 V ↔ N0-와 N1-가 V (N0=[인간] N1=[인간])
¶승민이가 선생님과 면담했다. ↔ 선생님이 승민이와 면담했다. ↔ 승민이와 선생님이 면담했다. ¶나는 사장님과 면담할 예정이다. ¶박사님과 면담하려면 10분 정도 기다리셔야 합니다.
※ '(N0+N1)-가 V' 형식도 자연스럽다.
N0-가 N1-를 V (N0=[인간] N1=[인간])
¶선생님께서 학생들을 차례로 면담하셨다. ¶그는 노벨상 수상자를 면담하는 데 성공했다.

면도하다
어원 面刀~ 활용 면도하여(면도해), 면도하니, 면도하고 대응 면도를 하다
타(면도기나 면도칼 따위로) 얼굴이나 몸에 난 털이나 수염 따위를 깎다. Cut hair, beard, etc., on one's face or body with razor, blade, etc.
㊀깎다
N0-가 N1-를 N2-로 V (N0=[인간] N1=[신체부위](턱, 겨드랑이, 종아리 따위), 털, 수염 따위 N2=면도기, 면도칼 따위)
¶그는 외출 전에 전기면도기로 턱수염을 면도했다. ¶여자는 열심히 종아리 털을 면도칼로 면도했다. ¶민수는 면도하다가 베어서 볼에서 피가 났다.

면제되다
어원 免除~ 활용 면제되어(면제돼), 면제되니, 면제되고 대응 면제가 되다

자❶책임이나 의무가 적용되는 대상에서 벗어나다. Be relieved of the obligation to perform a duty or fulfil a responsibility.
㊌제외되다
N0-가 N1-에게 V (N0=[의무], [책임], 시험, 돈 따위 N1=[인간|단체])
능 면제하다
¶성적이 우수한 학생들에게는 학비가 면제된다. ¶두 종목을 같이 가입하시는 분에게는 가입비가 면제됩니다. ¶그에게 병역 의무가 면제되었음을 언론에 밝혔다.
❷책임이나 의무 따위에서 벗어나게 되다. Be relieved or freed of a responsibility or duty.
㊌제외되다
N0-가 N1-에서 V (N0=[인간|단체] N1=[의무], [책임], 시험, 돈 따위)
능 면제하다
¶천민은 군역(軍役)과 사역(使役)에서 면제되었다. ¶내국인과 결혼한 외국인들은 일부 세금에서 얼마간 면제된다.

면제받다

어원 免除~ 활용 면제받아, 면제받으니, 면제받고
대응 면제를 받다
타 책임이나 의무 따위에서 벗어나게 되다. Be relieved or freed of a responsibility or duty.
㊌제외되다 ㊇면제하다
N0-가 N1-를 V (N0=[인간|단체] N1=[의무], [책임], 시험, 돈 따위)
¶장애 학생을 학급에 둔 일반 교사는 행정 업무를 면제받는다. ¶형은 대학 등록금을 면제받았다. ¶현재 노인들은 박물관 입장료, 수도권 전철요금 등을 전액 면제받고 있다.
N0-가 N2-(로부터|에게서) N1-를 V (N0=[인간|단체] N1=[의무], [책임], 시험, 돈 따위 N2=[인간|단체])
¶등록금 신용카드 수납을 실시하는 대학들은 카드사로부터 수수료를 면제받는다.
N0-가 N2-로 N1-를 V (N0=[인간|단체] N1=[의무], [책임], 시험, 돈 따위)
¶상호는 체중 미달로 병역을 면제받았다. ¶그는 공무원 경력으로 필기시험을 면제받았다.

면제하다

어원 免除~ 활용 면제하여(면제해), 면제하니, 면제하고 대응 면제를 하다
타❶책임이나 의무 따위에서 벗어나게 하다. Free someone of a responsibility or duty.
㊌제외시키다 ㊇면제받다
N0-가 N1-를 V (N0=[인간|단체] N1=[의무], [책임], 돈 따위)
피 면제되다
¶국공립 유치원은 신입생들에게 입학금과 수업료를 면제하였다. ¶경제단체들이 상속세를 면제하는 방안을 건의하였다. ¶첫 통화는 5분에 한해 요금을 면제하기로 했다.
❷ 【법률】 채권자가 일방적인 의사 표시로써 대가 없이 채무자의 채무를 면하여 주다. (of a creditor) Exonerate a debtor from a debt without cost as a unilateral expression of one's will.
N0-가 N2-에게 N1-를 V (N0=[인간|단체] N1=채무)
피 면제되다
¶회사 측은 누적 적자로 회수가 어려운 매출 채권에 대해 채무를 면제한다.

면하다 I

어원 免~ 활용 면하여(면해), 면하니, 면하고
타❶(어떤 책임이나 의무 따위를) 지지 않고 피할 수 있게 되다. Be able to evade a responsibility or a duty.
㊌면제받다
N0-가 N1-를 V (N0=[인간|단체] N1=[추상물](책임, 의무 따위))
¶철수는 이번 실패의 책임을 겨우 면했다. ¶자기가 맡은 책임을 면할 수 있다고 생각하면 오산이다.
❷(어떤 안 좋은 상황을) 당하지 않고 피할 수 있게 되다. Be able to avoid a bad situation without going through it.
㊌피하다
N0-가 N1-를 V (N0=[인간|단체] N1=[추상물](화, 망신, 죽음, 위기, 질책, 징계 따위))
연어 겨우, 가까스로, 간신히
¶그는 지은 죄가 많아서 이번에 화를 면하기 어려울 것이다. ¶강 부장은 이번에는 징계를 겨우 면할 수 있었다.
❸어려운 상황이나 처지에서 벗어나다. Get out of a difficult situation or position.
㊌벗어나다, 빠져나오다
N0-가 N1-를 V (N0=[인간|단체] N1=[추상물](가난, 꼴찌, 셋방살이 따위))
연어 드디어, 겨우
¶힘겹게 노력해서 우리는 겨우 가난을 면할 수 있었다. ¶그는 드디어 셋방살이를 면하고 집을 장만했다.

면하다 II

어원 面~ 활용 면하여(면해), 면하니, 면하고
자❶(어떤 대상이나 방향에) 정면으로 향하여 있다. Look squarely at an object or a direction.
㊌마주하다, 마주보다자
N0-가 N1-에 V (N0=[구체물], [장소] N1=[장소])
¶그 호텔은 산에 면해 있어서 전망이 아름다웠다.

¶그의 방은 골목에 면해 있어서 많이 시끄러웠다.
❷(어떤 상황에) 직접 맞닥뜨리게 되다. Encounter a situation directly.
㊍처하다[자], 부딪히다, 마주치다[자]
N0-가 N1-에 V (N0=[인간|단체], [추상물] N1=[추상물])
¶그는 큰 난관에 면하자마자 포기하고 말았다. ¶우리 회사는 지금 큰 어려움에 면해 있으니 입사하지 않는 것이 좋다.

멸망당하다
[어원]滅亡~ [활용]멸망당하여(멸망당해), 멸망당하니, 멸망당하고 [대응]멸망을 당하다
[자]☞ 멸망하다

멸망되다
[어원]滅亡~ [활용]멸망되어(멸망돼), 멸망되니, 멸망되고 [대응]멸망이 되다
[자]☞ 멸망하다

멸망하다
[어원]滅亡~ [활용]멸망하여(멸망해), 멸망하니, 멸망하고
[자](인류나 국가, 민족 따위가) 망하여 사라지거나 없어지다. (of mankind, country, or ethnic group) Disappear or be non-existent by perishing.
㊍쇠하다, 망하다, 몰락하다
N0-가 V (N0=[집단](인류, 국가, 종족 따위))
[사]멸망시키다
¶자원을 함부로 낭비하면 인류가 빨리 멸망할 것이다. ¶폼페이는 기원전 79년 화산 폭발로 멸망하였다.
N0-가 N1-(에|에게|에 의해) V (N0=[집단] N1=[인간|단체])
¶백제는 삼국 중에 문화적으로 가장 번영하였으나 신라에게 멸망하였다.

멸시받다
[어원]蔑視~ [활용]멸시받아, 멸시받으니, 멸시받고 [대응]멸시를 받다
[자](다른 사람에게) 업신여김을 받거나 무시당하다. Be belittled or ignored by someone.
㊍무시당하다, 경멸받다, 천시당하다
N0-가 N1-에게 V (N0=[인간|단체] N1=[인간|단체])
[능]멸시하다
¶나는 가난하게 자랐다는 이유로 그들에게 멸시받았다. ¶나는 아무런 이유 없이 그에게 멸시받는 것이 무척 싫었다.

멸시하다
[어원]蔑視~ [활용]멸시하여(멸시해), 멸시하니, 멸시하고 [대응]멸시를 하다
[타](다른 사람을) 업신여기거나 무시하다. Belittle or ignore someone.
㊍깔보다, 무시하다, 경멸하다, 천시하다
N0-가 N1-를 V (N0=[인간|단체] N1=[인간|단체])
[피]멸시받다
¶그녀는 나를 멸시하는 눈으로 쳐다보며 말했다. ¶너는 다른 사람을 멸시하는 버릇을 반드시 고쳐야 한다. ¶옛날 양반들은 천민을 신분이 낮다는 이유로 멸시하였다.

멸종되다
[어원]滅種~ [활용]멸종되어(멸종돼), 멸종되니, 멸종되고 [대응]멸종이 되다
[자]☞ 멸종하다

멸종하다
[어원]滅種~ [활용]멸종하여(멸종해), 멸종하니, 멸종하고
[자]❶(생물의 한 종류가) 지구상에서 사라져 아주 없어지다. (of a species of organism) No longer in existence on earth because of another species, an incident, or an environment.
㊍없어지다, 말살되다
N0-가 V (N0=[생물])
[사]멸종시키다
¶환경오염으로 바다의 여러 어종이 멸종하고 있다. ¶지구가 빙하기가 된다면 수많은 생물이 멸종할 것이다.
❷(생물의 한 종류가) 다른 종이나 사건, 환경 따위에 의해서 지구상에서 사라져 아주 없어지게 되다. (of a species of organism) No longer in existence on earth because of another species, an incident, or an environment.
㊍말살되다
N0-가 N1-(에게|에 의해) V (N0=[생물] N1=[생물], [사건])
[피]멸종시키다
¶네안데르탈인이 크로마뇽인에게 멸종하였다는 설이 있다. ¶인류도 언젠가는 다른 인종에 의해 멸종할 수 있다. ¶공룡은 과연 운석 충돌에 의해 멸종하였을까?

멸하다
[어원]滅~ [활용]멸하여(멸해), 멸하니, 멸하고
[자](무엇이) 완전히 사라지다. (of something) Completely disappear.
㊍없어지다, 소멸되다, 멸망하다
N0-가 V (N0=[혈연집단], 번뇌, 생명, 풍속, 역사 따위)
¶그가 지은 죄로 인해 삼족이 멸하였다. ¶나라가 멸하면 민족도 사라진다.
[타](사람이 무엇을) 완전히 사라지게 하다. (of a person) Make something completely disappear.
㊍없애다, 근절하다, 뿌리를 뽑다
N0-가 N1-를 V (N0=[인간|단체] N1=[인간|단체],

고통, 괴로움 따위)
¶그는 적국을 완전히 멸하고자 하였다. ¶그는 불로써 자신의 고통을 멸하였다.

명령내리다
[어원]命令~ [활용]명령내리어(명령내려), 명령내리니, 명령내리고 [대응]명령을 내리다
[타]☞명령하다

명령받다
[어원]命令~ [활용]명령받아, 명령받으니, 명령받고 [대응]명령을 받다
[자타]아랫사람이나 하위 조직이) 윗사람이나 상위 조직으로부터 무엇을 하라고 지시받다. (of a superior person or an organization) Make a subordinate person or organization do something.
[반]명령하다
N0-가 N2-에게 N1-를 V (N0=[인간|단체] N1=[행위] N2=[인간|단체])
¶부하 직원들은 과장에게 서류 마무리 작업을 명령받았다. ¶그는 왕에게 입궐 금지를 명령받고 슬퍼하였다.
N0-가 N1-에게 S것-을 V (N0=[인간|단체] N1=[인간|단체])
¶하청업체가 건설회사에게 공사를 중단할 것을 명령받았다. ¶병사들은 사령관에게 적진으로 이동할 것을 명령받았다.
N0-가 N1-에게 S라고 V (N0=[인간|단체] N1=[인간|단체])
¶병사들은 사령관에게 적진으로 이동하라고 명령받았다. ¶그는 왕에게 궁궐에 들어오지 말라고 명령받았다.

명령하다
[어원]命令~ [활용]명령하여(명령해), 명령하니, 명령하고 [대응]명령을 하다
[자타]윗사람이나 상위 조직이) 아랫사람이나 하위 조직에 무엇을 하라고 지시하다. (of a superior person or organization) Make a subordinate person or organization do something.
[유]시키다I[1], 명하다[자타], 지시하다[자타], 명령내리다 [반]명령받다
N0-가 N2-(에|에게) N1-를 V (N0=[인간|단체] N1=[행위] N2=[인간|단체])
¶건설회사가 하청업체에 공사 중단을 명령하였다. ¶사령관은 병사들에게 이동을 명령하였다.
N0-가 N1-(에|에게) S것-을 V (N0=[인간|단체] N1=[인간|단체])
¶과장은 부하 직원들에게 서류를 마무리할 것을 명령하였다. ¶건설회사가 하청업체에 공사를 중단할 것을 명령하였다.
N0-가 N1-(에|에게) S라고 V (N0=[인간|단체] N1=[인간|단체])
¶과장은 부하 직원들에게 서류를 마무리하라고 명령하였다. ¶왕은 자신의 명을 어긴 신하에게 궁궐에 들어오지 말라고 명령하였다.

명명되다
[어원]命名~ [활용]명명되어(명명돼), 명명되니, 명명되고 [대응]명명이 되다
[자](다른 것과 식별하기 위해 무엇이) 무엇으로 이름이 붙여지다. (of something) Be named something in order to be discriminated from others.
[유]불리다I, 지칭되다, 일컬어지다
N0-가 N1-로 V (N0=[모두] N1=[모두])
[능]명명하다
¶태조 어진을 모신 곳은 1442년에 경기전으로 명명되었다. ¶대전 엑스포 마크는 '꿈돌이'로 명명되었다.
N0-가 S고 V (N0=[모두])
[능]명명하다
¶이것은 '블랙홀'이라고 명명되었다. ¶태조 어진을 모신 곳은 1442년에 경기전이라고 명명되었다.

명명하다
[어원]命名~ [활용]명명하여(명명해), 명명하니, 명명하고 [대응]명명을 하다
[타](다른 것과 식별하기 위해 무엇을) 무엇으로 이름을 붙이다. Name a thing something in order to discriminate it from others.
[유]명하다[타], 부르다, 일컫다, 이름을 짓다
N0-가 N1-를 N2-로 V (N0=[인간|단체] N1=[모두] N2=[모두])
[피]명명되다
¶그는 이것을 '블랙홀'로 명명하였다. ¶태조 어진을 모신 곳을 1442년에 경기전으로 명명하였다. ¶엑스포 조직 위원회는 엑스포 마크를 '꿈돌이'로 명명하였다.
N0-가 N1-를 S고 V (N0=[인간|단체] N1=[모두])
[피]명명되다
¶그는 이것을 '블랙홀'이라고 명명하였다. ¶엑스포 조직 위원회는 엑스포 마크를 '꿈돌이'라고 명명하였다.

명상하다
[어원]冥想~, 瞑想~ [활용]명상하여(명상해), 명상하니, 명상하고 [대응]명상을 하다
[자타](어떤 대상을) 눈을 감고 조용하고 차분한 상태에서 깊이 생각하다. Deeply think of some target in quiet, calm state with one's eyes closed.
[유]묵상하다 [상]생각하다
N0-가 N1-(를|에 대해) V (N0=[인간] N1=[추상물],

[사건])
¶그는 인생의 의미를 깊이 명상했다. ¶나는 매일 밤 그날의 일들에 대해 명상한다.
N0-가 S-(를|에 대해) V (N0=[인간])
¶나는 이 감정의 근원이 무엇일까를 명상했다. ¶나는 도대체 무엇이 잘못되었는지에 대해 깊이 명상했다.

명시되다

어원 明示~ 활용 명시되어(명시돼), 명시되니, 명시되고 대응 명시가 되다
자 (어떤 내용이) 문서에 글로 분명하게 나타나 보여지다. (of content) Be written down clearly on a document.
유 표현되다
N0-가 N1-에 V (N0=[추상물](이름, 제목, 시간, 연락처, 내용, 조건 따위) N1=[문서])
능 명시하다
¶계약 기간이 계약서에 명시되어 있지 않았다. ¶안내문에 모임 장소가 명시되어 있지 않아서 전화로 물어 보았다.
N0-에 S것-이 V (N0=[문서])
능 명시하다
¶약관에 이 질병도 보장을 받을 수 있다는 것이 명시되어 있다. ¶계약서에 여비는 사전 지급이 원칙이라는 것이 명시되어 있었다.
N0-에 S다고 V (N0=[문서])
능 명시하다
¶이 각서에는 상대방에게 어떠한 의무도 부과하지 않는다고 명시되어 있다. ¶각종 고문헌에도 독도는 한국 땅이라고 분명히 명시되어 있다.

명시하다

어원 明示~ 활용 명시하여(명시해), 명시하니, 명시하고 대응 명시를 하다
타 (어떤 내용을) 문서에 글로 분명하게 나타내 보이다. Clearly show certain contents in writing on a document.
유 표현하다
N0-가 N2-에 N1-를V (N0=[인간|단체] N1=[추상물](이름, 제목, 시간, 연락처, 내용, 조건 따위) N2=[문서])
피 명시되다
¶인용할 땐 반드시 각주에 출처를 명시해야 한다. ¶그는 계약서에 계약 기간을 명시하였다. ¶나는 채점표에 평가 항목을 구체적으로 명시했다.
N0-가 N1-에 S것-을 V (N0=[인간|단체] N1=[문서])
피 명시되다
¶민규는 계약서에 계약 내용을 성실히 이행할 것을 명시했다. ¶나는 계약서에 이것은 집주인의 책임이라는 것을 명시해 달라고 요구했다.
N0-가 N1-에 S다고 V (N0=[인간|단체] N1=[문서])
피 명시되다
¶민규는 계약서에 계약 내용을 성실히 이해하겠다고 명시했다. ¶그들은 원자력 발전소를 단계적으로 폐기한다고 보고서에 명시했다.

명심하다

어원 銘心~ 활용 명심하여(명심해), 명심하니, 명심하고 대응 명심을 하다
타 (주로 사람의 일이나 말 따위를) 잊지 않도록 마음속에 깊이 기억하다. Deeply remember mainly someone's task, speech, etc., in order not to forget.
유 유념하다 타, 마음에 새기다
N0-가 N1-를 V (N0=[인간|단체] N1=말, 가르침, 뜻 따위)
¶너희는 이 세 가지를 꼭 명심해야 한다. ¶사부님의 가르침을 명심하겠습니다.
N0-가 S것-을 V (N0=[인간|단체])
¶여러분은 시간이 돈이라는 것을 명심하십시오. ¶너는 모든 일에는 책임이 따른다는 것을 명심해야 한다. ¶이것이 마지막 기회라는 것을 명심하겠습니다.

명중하다

어원 命中~ 활용 명중하여(명중해), 명중하니, 명중하고 대응 명중을 하다
자 (화살이나 총알 따위가) 겨냥한 곳에 정확하게 맞다. (of an arrow or a bullet, etc.) Hit exactly where it was targeted.
유 적중하다, 맞다III 자
N0-가 N1-(에|에게) V (N0=탄환, 화살, 총알 따위 N1=[장소], [구체물], [인간])
사 명중시키다
¶화살이 노란 과녁에 명중했다. ¶포탄이 표적에 명중하자 군인들이 환호성을 질렀다. ¶미사일이 목표 지점에 정확하게 명중할 수 있을까?

명하다

어원 命~ 활용 명하여(명해), 명하니, 명하고
타 (어떤 사람을) 어떤 직위에 지정하여 맡기다. Entrust someone with a position or duty.
유 임명하다
N0-가 N1-를 N2-로 V (N0=[인간|단체] N1=[인간] N2=[직위], [직책])
¶대통령이 소설가를 문화부 장관으로 명했다. ¶선생님께서 나를 임시 반장으로 명했다.
자타 (윗사람이 아랫사람에게) 어떤 일을 하라고 지시하다. (of a superior) Command or compel a subordinate to perform a task or duty.
유 명령하다
N0-가 N1-에게 S(라고|도록) V (N0=[인간|단체]

N1=[인간|단체])
¶사장님이 각 사원들에게 보안을 다시 점검하라고 명했다. ¶연대장이 운전병에게 즉각 차를 세우도록 명했다. ¶감사원이 각 부처에 문제점을 즉각 시정하도록 명했다.
N0-가 N2-에게 N1-를 V (N0=[인간|단체] N1=[행위] N2=[인간|단체])
¶지휘부는 모든 전투기 부대에 착륙을 명했다. ¶재판장은 모든 입회인들에게 기립을 명했다.
N0-가 N1-에게 S것-을 V (N0=[인간|단체] N2=[인간|단체])
¶그는 부하들에게 빨리 출발할 수 있게 준비할 것을 명했다. ¶사단장은 각 부대에 비상경계에 들어갈 것을 명했다.

모르다

[활용]몰라, 모르니, 모르고, 몰랐다
[자]❶(어떤 것 외에는) 중요하게 생각하지 않거나 아무런 관심을 보이지 않다. Regard nothing else as important or show interest in nothing else but something.
[반]알다[자]
N0-가 N1-밖에 V (N0=[인간|단체] N1=[구체물], [추상물])
¶그 사람은 오로지 자기밖에 모른다. ¶일밖에 모르는 남자 친구 때문에 너무 속상합니다. ¶사랑밖에 난 몰라요.
❷(어떤 상황에 대해) 그럴 가능성이 있다고 예측되다. Unable to be certain about a situation.
N0-가 S(은지|는지|을지) V (N0=[인간])
¶이따가 비가 올지 모르니까 우산을 챙겨라. ¶영희가 지금 이곳으로 오고 있는지도 모르니까 조금만 더 기다리자.
❸자신이 의식하지 못하는 중에 있다. Without knowing it.
N0-도 V (N0=저, 자기, 자신)
¶영희는 자기도 모르게 한숨을 쉬었다. ¶선배들이 많아 철수는 자신도 모르게 주눅이 들었다. ¶나는 나도 모르는 사이에 그 노래를 따라 부르고 있었다.
※주로 '모르게', '모르는'으로 쓴다.
[타]❶(어떤 지식이나, 기술 따위를) 지니지 못하다. Fail to have knowledge or skill.
[유]알지 못하다
N0-가 N1-를 V (N0=[인간] N1=[모두])
¶앞으로 컴퓨터를 모르면 어떤 직업을 갖든 살아남기 어렵다. ¶우리 애가 영어를 전혀 몰라서 어떻게 가르쳐야 할지 고민이에요. ¶저는 법을 몰라서 멍청하게 당하는 일이 많아요.
❷(무엇이 어떻게 될 줄을) 짐작하거나 예상하지 못하다. Fail to guess or anticipate what would a thing be like.
N0-가 S을 줄을 V (N0=[인간|단체])
¶나는 그것이 유행어가 될 줄을 꿈에도 몰랐다. ¶우리는 손님들이 이렇게 많이 올 줄 몰랐다.
❸마땅히 해야 할 것을 하지 않다. Not to do what one had to do.
N0-가 S을 줄을 V (N0=[인간|단체])
¶요즘 운전자들은 양보할 줄 모르는 것 같다. ¶철수는 사과할 줄도, 자신의 잘못을 인정할 줄도 모른다.
[자타]❶(어떤 사람이나 물건에 대한) 정보나 지식이 없어 알지 못하다. Be ignorant of a person or goods because there is no information or knowledge about them.
[반]알다[타]
N0-가 N1-(를|에 대해) V (N0=[인간|단체] N1=[구체물])
¶저는 그 선배에 대해 잘 모릅니다. ¶그 아이는 피터팬을 몰라서 친구들에게 무시를 당했다.
❷(어떤 사실이나 일, 이유 따위를) 정보가 없어 알지 못하다. Not to know a fact, a work, or a reason because there is no information about it.
[반]알다[타]
N0-가 N1-(를|에 대해) V (N0=[인간|단체] N1=[추상물])
¶나는 두 사람의 열애 사실을 모르고 있었다. ¶나는 전후 사정을 모르니까 너무 답답하다.
N0-가 Q-(를|에 대해) V (N0=[인간|단체])
¶우리는 누가 그런 지시를 내렸는지를 모른다. ¶저는 어떻게 해야 할지 잘 모르겠습니다. ¶무슨 맛을 좋아하실지 몰라서 다 사 왔습니다.
N0-가 S은 줄 V (N0=[인간|단체])
¶아내는 임신인 줄을 모르고 감기약을 먹었다. ¶남편은 내가 일어난 줄도 모르고 그대로 계속 잤다.
N0-가 S것-(을|에 대해) V (N0=[인간|단체])
¶나는 두 사람이 사귀고 있다는 것을 몰랐다. ¶우리는 철수가 다친 것도 모른 채 파티 준비를 하고 있었다.
❸(다른 사람을) 안면이 없어 알지 못하다. Not to know another person because one has not made his/her acquaintance.
[반]알다[타]
N0-가 N1-(를|에 대해) V (N0=[인간] N1=[인간])
¶너는 나를 모르니? ¶두 사람은 같은 직장에 다녔지만 사무실이 달라 서로를 모르고 지냈다.
❹(무엇을) 논리적으로 해명하거나 이해하지 못하다. Be unable to illuminate or understand something logically.

[ㅁ]

㉤알다타
N0-가 N1-(를|에 대해) V (N0=[인간|단체] N1=[추상물])
¶아빠가 아들의 수학 문제를 몰라서 풀어 주지 못하셨다. ¶나는 풀이 과정을 아무리 보아도 이 문제의 정답을 모르겠다.
N0-가 Q-(를|에 대해) V (N0=[인간])
¶나는 영희가 하는 말이 무슨 말인지를 도대체 모르겠다. ¶철수는 그 문제를 어떻게 푸는지 몰라서 쩔쩔 맸다.
❺(어떤 감정을) 느끼지 않거나 느끼지 못하다. Be unable to or not to feel a certain emotion.
N0-가 N1-(를|에 대해) V (N0=[인간|단체] N1=[감정])
¶나는 그동안 외로움을 모르고 살았다. ¶사람이 부끄러움을 모르면 짐승과 같다.
N0-가 S(은줄|는줄)-을 V (N0=[인간|단체])
¶요즘 나는 먹어도 배부른 줄 모르고 맞아도 아픈 줄 모른다. ¶감사할 줄 모르는 사람은 실패한다.
❻(어떤 일을) 관계하지 않거나 관심의 대상으로 삼지 않다. Not to be concerned with or not to be interested in something.
N0-가 N1-(를|에 대해) V (N0=[인간|단체] N1=[사건], [행위])
¶우리 부부는 위장 전입이니 부동산 투기니 그런 것을 모르고 살아왔다. ¶그 일은 난 모르니까 당신이 알아서 해.
❼(어떤 일을) 경험을 하지 못하다. Have no experience in something.
㊌겪다, 경험하다
N0-가 N1-(를|에 대해) V (N0=[인간] N1=[상태])
¶그는 땅부자로 자라서 한 평생 가난을 모르고 살았다. ¶예진이는 부잣집에서 태어나 추위와 배고픔을 모르고 편안하게 공부만 했다.

모면하다

어원謀免~ 활용모면하여(모면해), 모면하니, 모면하고 대응모면을 하다
타(어떠한 일이나 책임 따위를) 꾀를 써서 벗어나다. Get out of trouble or avoid a task or duty, etc. by using one's wits.
㊌기피하다, 넘기다, 피하다
N0-가 N1-를 V (N0=[인간] N1=[상황](사태, 위기 따위))
¶나는 어떻게든 이 상황을 모면하기 위해 발버둥을 쳤다. ¶그는 웃음으로써 사태를 모면하려 하였지만 사장은 호락호락하지 않았다. ¶우리 모두는 다행히 위기를 모면할 수 있었다.

모방되다

어원模倣~ 활용모방되어(모방돼), 모방되니, 모방되고 대응모방이 되다
자(무엇이) 그대로 본떠지거나 흉내내어지다. (of something) Be molded or copied.
㉤창조되다
N0-가 N1-에게 V (N0=[구체물], [추상물], [사건] N1=[인간])
능모방하다
¶내 그림은 작가를 꿈꾸는 많은 사람들에게 모방되었다. ¶그의 독특한 창법은 수많은 가수들에게 모방되었다. ¶이러한 유형의 범죄는 청소년들에게 쉽게 모방될 수 있다.

모방하다

어원模倣~ 활용모방하여(모방해), 모방하니, 모방하고 대응모방을 하다
타(사람이) 사람이나 무엇을 그대로 본뜨거나 흉내내어 비슷하게 만들거나 행하다. (of a person) Model or copy another person or something to represent what they look like.
㊌본뜨다, 베끼다, 따르다I자타, 답습하다 ㉤창조하다
N0-가 N1-를 V (N0=[인간] N1=[구체물], [추상물], [사건])
피모방되다
¶강력 범죄를 모방한 범죄들이 많이 일어나고 있다. ¶다른 회사의 상표를 모방하면 저작권법에 위배된다. ¶이 그림은 피카소 작품을 모방하여 그린 것이다.

모색하다

어원摸索~ 활용모색하여(모색해), 모색하니, 모색하고 대응모색을 하다
타(사람이나 단체가) 바람직한 해결책이나 방향 따위를 깊고 넓게 생각하여 찾다. (of a person or an organization) Seek the right answer or direction by considering deeply and widely.
㊌찾다, 탐색하다타
N0-가 N1-를 V (N0=[인간|단체] N1=[방법], [변화], [추상물], [일])
¶나는 네가 좀 더 실천 가능한 해결책을 모색했으면 한다. ¶변화를 모색하는 상당수의 기업이 첫 단계의 위기에서 실패한다.
N0-가 Q-를 V (N0=[인간|단체])
¶정부는 복지 문제를 어떻게 풀어나갈지를 모색하고 있다. ¶나는 어떻게 해야 위기를 극복할 수 있는지를 모색했다. ¶많은 기업들이 변화에 어떻게 대비해야 할지를 모색하고 있다 .

모순되다

어원矛盾~ 활용모순되어(모순돼), 모순되니, 모순되고 대응모순이 되다

[자](두 가지 사실이나 대상이) 서로 어긋나 양립할 수 없게 되다. (of two facts or objects) Fail to match and to become incompatible.
[유]상반되다, 배치되다
N0-와 N1-가 V ↔ N1-와 N0-가 V ↔ N0-가 N1-와 V (N0=[현상], [행위], [의견](생각, 주장 따위), 목적 따위 N1=[현상], [행위], [의견](생각, 주장 따위), 목적 따위)
¶당신의 주장과 현실이 모순된다. ↔ 현실과 당신의 주장이 모순된다. ↔ 당신의 주장이 현실과 모순된다.
N0-가 N1-에 V (N0=[현상], [행위], [의견](생각, 주장 따위), 목적 따위 N1=[현상], [행위], [의견](생각, 주장 따위), 목적 따위)
¶새로운 교육 정책은 우리나라 실정에 모순된다. ¶너의 제안은 우리가 정한 원칙에 모순된다.

모시다

[활용]모시어(모셔), 모시니, 모시고
[타]❶(손윗사람을) 가까이에 있으면서 받들다. Assist someone in higher position by staying close.
[유]섬기다
N0-가 N1-를 V (N0=[인간] N1=[인간](어른, 부모 따위))
¶스님은 스승을 항상 옆에서 모셔 왔다. ¶돌아가실 때까지 맏아들이 부모님을 모셨다.
❷(손윗사람을) 어디로 데리고 오거나 데리고 가다. Bring or take someone in higher position to somewhere.
[유]함께 가다, 동반하다[타]
N0-가 N1-를 N2-(에|로) V (N0=[인간] N1=[인간] N2=[장소])
¶제가 선생님을 댁까지 편안히 모시겠습니다. ¶우리 부부는 부모님을 최고의 요양 시설에 모시기로 했다.
※ '데리다'의 존대어.
❸(신주나 귀중한 물건 따위를) 어떤 곳에 소중히 두다. Carefully place an ancestral tablet or valuable object to somewhere.
[유]보관하다, 간수하다
N0-가 N1-를 V (N0=[인간] N1=[구체물])
¶이곳은 고인의 영정을 모시는 곳입니다. ¶이 절은 부처님의 사리를 모시고 있다.
❹(다른 사람을) 특별한 자격이나 역할을 부여하여 대우하다. Give someone some right or rank.
[유]대우하다
N0-가 N1-를 N2-로 V (N0=[인간] N1=[인간] N2=[인간])
¶우리는 교수님을 연사로 모셨다. ¶우리는 평소에는 법정에 올 일이 없는 분을 증인으로 모셨다.
❺(제사 따위를) 드리다. Offer memorial ceremony.
[유]드리다I[1], 거행하다
N0-가 N1-를 V (N0=[인간] N1=[의례])
¶우리 집에서는 매년 봄가을로 시제를 모신다. ¶올해도 우리 집에서 아버지 제사를 모시기로 했다.
※ '지내다'의 존대어.

모여들다

[활용]모여들어, 모여드니, 모여들고
[자](다수의 사람이나 동물이) 어떤 특정한 목적을 위해 한곳으로 오다. (of many people or animals) Come to one place for a specific purpose.
[유]모이다
N0-가 N1-로 V (N0=[집단](구경꾼, 시위대, 관광객), [동물] N1=[장소])
¶관광객들은 일몰을 보기 위해 이곳 해변으로 모여들기 시작하였다. ¶새들은 알을 낳기 위해 해마다 겨울이면 이 강으로 모여든다. ¶그녀의 경기를 보기 위해 전 세계에서 사람들이 이곳으로 모여들 것이다.

모으다

[활용]모아, 모으니, 모으고, 모았다
[타]❶(나뉘거나 흩어져 있는 것들을) 특정한 한 장소로 합하다. Unite divided or scattered objects to one particular location.
[유]모이게 하다, 합하다[타]
N0-가 N1-를 N2-(에|로) V (N0=[인간|단체] N1=[구체물], [신체부위] N2=[장소])
[피]모이다
¶나는 마당 여기저기 흩어져 있는 낙엽을 한곳에 모았다. ¶우리는 주말에 빨래를 한데 모아서 세탁기에 돌린다. ¶지하철에서는 다리를 모으고 앉는 것이 예의이다.
❷(돈이나 재물을) 벌어서 써 버리지 않고 쌓아 두다. Accumulate money or wealth by earning and not spending.
[유]저축하다, 축적하다 [반]쓰다II, 소비하다
N0-가 N1-를 V (N0=[인간|단체] N1=[금전](돈, 비용, 용돈, 월급 따위))
[피]모이다
¶나는 다음 학기 등록금을 위해 여름방학 동안 돈을 모았다. ¶딸이 자신의 용돈을 모아 부모님께 선물을 사드렸다.
❸(특정한 물건을) 일정한 목적을 위해 구하여 가지다. Obtain and possess a specific item for a certain purpose.

ㅁ

㊲수집하다, 채집하다
N0-가 N1-를 V (N0=[인간|단체] N1=[구체물])
피모이다
¶그는 카메라 렌즈를 모으는 취미가 있다. ¶그녀는 지금까지 수집한 그림을 모아 전시회를 열었다.
❹(생각이나 힘 따위를) 집중하여 한곳에 가게 하다. Concentrate one's thought or power to one point.
㊲결집하다타
N0-가 N1-를 V (N0=[인간|단체] N1=정신, 의견, 지혜, 힘, 정성, 역량 따위)
피모이다
¶다른 사람들의 의견도 모아서 다시 계획을 세우는 것이 좋겠다. ¶이번 일을 제대로 수행하기 위해서는 국내외 기술자들의 역량을 모아야 한다.
❺(다른 사람들을) 한 곳으로 오게 하거나 어떤 단체에 들도록 이끌다. Make someone come to certain place or enter certain group.
㊲모집하다
N0-가 N1-를 N2-(에|로) V (N0=[인간|단체] N1=[인간] N2=[장소], [단체])
피모이다
¶선생님께서는 학생들을 운동장으로 모았다. ¶시간이 되는 동창들만이라도 모교에 모아서 행사를 진행하자.
❻(어떤 것이) 사람들의 관심이나 흥미, 시선 따위를 끌다. (of something) Draw interest, attention, or eyes of others.
㊲끌다
N0-가 N1-를 V (N0=[모두] N1=시선, 화제, 인기, 관심, 관객 따위)
피모이다
연어한데
¶이번에 새로 나온 그의 노래는 십대들의 인기를 모으고 있다. ¶그 영화는 평론가들의 예측을 깨고 300만 명의 관객을 모았다.

모이다

활용모여, 모이니, 모이고
자❶(나뉘거나 흩어져 있는 것들이) 어디에 한데 합쳐지다. (of things that were divided or scattered) Be united in one place.
㊲집결하다
N0-가 N1-에 V (N0=[구체물], [건물] N1=[구체물], [장소])
능모으다
¶이 동네는 옷가게가 다 모여 있어서 옷을 사기에 좋다. ¶이곳은 아파트가 모여 있는 주거 지역이다.
❷(돈이나 재물이) 쌓이다. (of money or wealth) Be accumulated.
㊲축적되다, 마련되다, 걷히다
N0-가 V (N0=[금전](성금, 돈 따위))
능모으다
¶매달 저축을 하는 데에도 돈이 잘 모이지 않는다. ¶작은 돈이 모이면 큰돈이 된다.
❸(특정한 물건이) 양적으로 늘어나다. (of a specific object) Increase in quantity.
㊲늘어나다
N0-가 V (N0=[구체물])
능모으다
¶우표가 많이 모이면 형에게 선물할 것이다. ¶나는 책이 한 권 두 권 모일 때마다 매우 기뻤다.
❹(생각이나 힘, 뜻 따위가) 합쳐져 하나로 되다. (of thought, power, or intention) Be united and become one.
㊲합쳐지다, 합심하다
N0-가 V (N0=의견, 뜻, 힘, 지혜, 정성 따위)
능모으다
¶우리들의 힘이 모여야 이 일을 해결할 수 있을 것입니다. ¶여러분의 작은 정성이 모이면 이웃에게 큰 힘이 됩니다.
❺여러 사람이 같은 시간에 일정한 장소에 오다. (of many persons) Come to a certain place at a specific time.
㊲결집하다자
N0-가 N1-(에|로) V (N0=[인간|단체] N1=[장소], [단체])
능모으다
¶그의 연설을 들으러 많은 군중이 광장에 모였다. ¶친목회 회원들이 공연장 입구에 모여서 모임 날짜를 의논하였다.
❻(시선이나 관심 따위가) 어떤 대상에 집중되다. (of attention or interest) Be concentrated on something.
㊲쏠리다, 끌리다
N0-가 N1-에 V (N0=시선, 관심 따위 N1=[모두])
능모으다
¶파격적인 옷을 입은 그에게 사람들의 시선이 모였다. ¶강아지를 닮은 고양이에 누리꾼들의 관심이 모이고 있다.

모자라다

활용모자라, 모자라니, 모자라고
자❶(어떤 것의 수나 양이) 기준보다 적다. (of a thing's number or amount) Be less than the standard.
㊲미달하다, 부족하다 ㊥남다
N0-가 V (N0=[구체물], [돈], [정도](수, 양 따위))
¶요즘 학교마다 학생 수가 모자란다. ¶옛날에는 쌀이 모자라 밥을 굶는 경우도 많았다. ¶나는

자도자도 잠이 모자란다.
❷(지능이나 생각 따위가) 일반적인 수준에 미치지 못하다. (of intelligence, thought, etc.) Not reach the standard level.
㊥남다
N0-가 V (N0=[인간], [인지](생각 따위), [능력](지능 따위))
¶얼마나 생각이 모자라면 너는 그것도 제대로 못 하니? ¶영규는 초등학교 때만 해도 모자라는 것처럼 보였다.

모집하다

어원 募集~ 활용 모집하여(모집해), 모집하니, 모집하고
타 (사람이나 단체가) 일정한 목적 하에 조건에 맞는 사람이나 자금, 작품 따위를 널리 알려 구하거나 모으다. (of a person or group) Obtain or collect applicable people, fund or work under a specific purpose by announcing widely.
㊥뽑다, 선발하다
N0-가 N1-를 V (N0=[인간|단체] N1=[인간|단체], [작품])
¶옆 동네 고등학교에서는 벌써 내년 신입생을 모집하고 있다. ¶여행사는 유럽 여행을 소재로 한 기행문을 모집하였다. ¶극단은 새 작품을 위한 단원을 모집하고 있다.

목격되다

어원 目擊~ 활용 목격되어(목격돼), 목격되니, 목격되고 대응 목격이 되다
자 (사람, 사물, 사건, 사태 따위가) 현장에서 직접 보여지다. (of a person, object, incident, situation) Be observed directly at the scene.
㊥들키다, 눈에 띄다
N0-가 N1-(에게|에 의해) V (N0=[인간], [추상물](사건, 장면, 현상 따위) N1=[인간])
능 목격하다
¶그들이 함께 공원을 산책하는 모습이 기자들에게 목격되었다. ¶쓰레기가 곳곳에 널려 있는 모습이 주민들에게 쉽게 목격된다.
S것-이 N1-(에게|에 의해) V (N1=[인간])
능 목격하다
¶화물차가 급히 빠져나가는 것이 사람들에게 목격되었다. ¶이곳에서 불법적인 뒷거래가 일어나는 것이 종종 목격된다.

목격하다

어원 目擊~ 활용 목격하여(목격해), 목격하니, 목격하고 대응 목격을 하다
타 (사람, 사물, 사태, 사건 따위를) 현장에서 직접 보다. Observe a person, object, incident or situation directly at the scene.
㊥보다[1]
N0-가 N1-를 V (N0=[인간] N1=[인간], [추상물](사건, 장면, 현상 따위))
피 목격되다
¶방송기자는 사고 현장에서 새로운 사실을 두 가지 목격했다. ¶그들은 득표율을 지켜보면서 희비 교차를 목격하였다.
N0-가 S것-을 V (N0=[인간|단체])
피 목격되다
¶지하철에서 성추행하는 것을 목격했을 때는 바로 신고해 주세요. ¶풍경사진을 찍다가 우연히 노루가 지나가는 것을 목격했다.

목마르다

활용 목말라, 목마르니, 목마르고, 목말랐다
자 (무엇을) 간절히 원하다. Desire or wish for something desperately as much as someone who is thirst desires water.
㊥갈망하다, 갈구하다
N0-가 N1-에 V (N0=[인간] N1=[모두])
¶그는 새로운 작품에 목말랐다. ¶우리는 모두 진실한 사랑에 목말라 있다.

목매다

활용 목매어(목매), 목매니, 목매고
자 ❶(높은 곳에) 죽으려고 끈이나 줄로 목을 매달다. Hang oneself from a high place with a rope or strap in order to commit suicide.
N0-가 V (N0=[인간])
¶아내는 거실로 나와 보니 남편이 목매 숨져 있었다고 말했다. ¶벽에 주렁주렁 걸린 옷가지들이 목맨 것처럼 늘어져 있다.
❷(다른 사람이나 일에) 매달려 의지하다. Cling on to and depend on a person or task.
㊥매달리다
N0-가 N1-(에|에게) V (N0=[인간] N1=[인간], [추상물](돈, 직장))
¶후배도 그런 남자에게 더 이상 목매지 않았다. ¶무슨 앞날을 바라보고 그 월급에 목매고 직장을 계속 다니는지 모르겠다.
※ 속되게 쓰인다.
타 (다른 사람이나 동물을) 죽이려고 끈이나 줄로 목을 매달다. Hang a person or animal by the neck with a rope or strap in order to kill him or it.
N0-가 N1-를 V (N0=[인간] N1=[인간], [동물])
¶저 놈을 목매 죽여라. ¶식량이 부족하자 선장은 노비들을 목매어 죽이거나 굶겨 죽였다.

목욕하다

어원 沐浴~ 활용 목욕하여(목욕해), 목욕하니, 목욕하고 대응 목욕을 하다
자 물로 온몸을 씻다. Wash the entire body with

ㅁ

water.
N0-가 V (N0=[인간], [동물])
사 목욕시키다
¶나는 오늘 아침에 동네 목욕탕에 가서 목욕했다. ¶인도 여행 중에 코끼리가 강에서 목욕하는 장면을 보았다.

몰다

활용 몰아, 모니, 몰고, 모는
타 ❶(동물이나 사람이나 동물, 물건 따위를) 어디로 움직여 가게 하다. Make to move animals, people, or things to somewhere.
㊲몰아넣다, 몰아가다
N0-가 N1-를 N2-로 V (N0=[인간] N1=[구체물] N2=[장소])
피 몰리다
¶목동은 양떼를 울타리 안으로 몰았다. ¶우리 팀은 축구공을 뺏기지 않기 위해 구석으로 공을 몰았다.
❷(탈것을) 부리거나 운전하여 가게 하다. Ride or steer something that is used as transportation.
㊲끌다, 운전하다
N0-가 N1-를 V (N0=[인간] N1=[동물](소, 말 따위), [교통기관])
¶마부는 마차를 몰고 주인의 집 앞에까지 갔다. ¶그렇게 너처럼 오토바이를 함부로 몰고 다니다가는 사고가 날 것이다.
❸(어떤 사람을) 억지로나 강압적으로 나쁜 사람으로 여겨 그렇게 다루다. Falsely accuse someone of wrongdoing or of being bad and treat him or her accordingly.
㊲몰아세우다
N0-가 N1-를 N2-로 V (N0=[인간], [단체] N1=[인간], [단체] N2=[인간])
피 몰리다
¶대형 마트가 고객을 도둑으로 몰아 논란이 일고 있다. ¶왕은 충신을 역적으로 몰고 그를 처형하였다.
❹(무엇을) 한곳에 한꺼번에 모아 합치다. (of a person) Put things together in a place.
㊲모으다, 합치다타
N0-가 N1-를 N2-(에|에게) V (N0=[인간] N1=[구체물], [추상물] N2=[장소], [인간])
피 몰리다
¶나는 젖 먹던 힘까지 몰아 자전거 페달을 밟았다. ¶우리는 그에게 표를 몰아주기로 하였다.
❺(무엇을) 다소 강제적으로 어떤 결과나 상태로 이르게 만들다. (of something) Force something else into a state or a situation.
㊲이끌다
N0-가 N1-를 N2-로 V (N0=[구체물], [추상물] N1=[구체물], [추상물] N2=[상태])
¶그의 돈에 대한 집착은 그를 그만 극단으로 몰고 갔다. ¶그들의 등장은 가요계에 신선한 바람을 몰고 왔다.
※주로 '몰고 가다', '몰고 오다'의 형식으로 쓰인다.

몰두하다

어원 沒頭~ 활용 몰두하여(몰두해), 몰두하니, 몰두하고 대응 몰두를 하다
자 (어떤 일에) 온정신이나 관심을 기울여 집중하다. Put one's full interest or energy into a work and concentrate on it.
㊲골몰하다, 집중하다자, 몰입하다, 열중하다, 잠기다II
N0-가 N1-에 V (N0=[인간] N1=[일], [생각], [활동])
¶저는 요즘 연극 공부에 몰두하고 있어요. ¶학생들이 더위도 잊은 채 판소리 배우기에 몰두하고 있다. ¶나는 하루 종일 그 생각에만 몰두해 있다 보니 정신이 멍하였다.

몰라보다

활용 몰라보아(몰라봐), 몰라보니, 몰라보고
타 ❶(알 만한 사실이나 사물을) 보고도 알아차리지 못하다. See a person, fact or object known to onseself and fail or omit to acknowledge it.
㊵알아채다, 알아보다
N0-가 N1-를 V (N0=[인간], [집단] N1=[인간], [구체물], [변화], [추상물])
¶그 남자는 어찌나 정신이 없었던지 자기 아들을 몰라봤다. ¶공산국가들은 시장 원리의 힘을 몰라봤었다.
❷(가치 따위를) 이해하거나 인식하지 못하다. Fail to understand or notice a value.
㊵알아채다, 알아보다
N0-가 N1-를 V (N0=[인간], [집단] N1=[인간](인재 따위), [능력], [추상물], 가치, 노력 따위)
¶감정사들이 진품의 가치를 몰라보고 위작으로 판정했다. ¶비평가도 그 작품의 진가를 몰라봤다.
❸예의 없이 굴다. Act rudely as if one could not recognize who that person is.
N0-가 N1-를 V (N0=[인간] N1=[인간])
¶그 녀석은 아버지도 몰라본다. ¶나는 선생님을 몰라보고 멋대로 굴었다.

몰라주다

활용 몰라주어(몰라줘), 몰라주니, 몰라주고
타 알아주지 아니하다. Do not acknowledge.
㊵알아주다, 인정하다
N0-가 N1-를 V (N0=[인간], [집단] N1=[인간](인재

따위), [능력], 가치, 노력 따위)
¶경숙이는 내 사랑을 몰라준다. ¶회사는 김 과장의 노력을 몰라주고 퇴직을 권고했다. ¶회원들은 회장의 능력을 몰라준다.

몰락되다

[어원]沒落~ [활용]몰락되어(몰락돼), 몰락되니, 몰락되고
[자]☞몰락하다

몰락하다

[어원]沒落~ [활용]몰락하여(몰락해), 몰락하니, 몰락하고
[자]❶(세력이나 집안, 계층 따위가) 힘을 잃고 쇠하거나 망하다. (of force, family, or class) Lose influence so as to decay or go under.
[유]몰락되다, 망하다, 쓰러지다, 멸망하다 [반]번성하다, 번영하다, 번창하다
N0-가 V (N0=[계층], [집단](가문, 집안), 세력 따위)
[사]몰락시키다
¶1차 대전이 끝난 후 합스부르크 가문은 몰락하였다. ¶부도로 인해 그 집안은 하루아침에 몰락하였다. ¶옛날에 양반이 몰락하여 소작농이 되기도 한다.
❷(국가나 왕조가) 멸망하여 없어지다. (of a country or a kingdom) Perish.
[유]몰락되다, 망하다, 없어지다, 멸망하다, 쓰러지다 [반]번성하다, 번영하다, 번창하다
N0-가 V (N0=[국가], [종족])
[사]몰락시키다
¶로마 제국이 몰락한 이후 이탈리아는 이민족의 침입에 시달렸다. ¶1991년에 동유럽 공산주의 정권이 몰락하고 소련도 해체되었다.

몰려오다

[활용]몰려와, 몰려오니, 몰려오고
[자]❶(사람이나 동물 따위가 어떤 사람에게나 장소로 한꺼번에 무리를 지어 다가오다. (of people or animals) Crowd toward a person or a place all at once.
[반]몰려가다
N0-가 N1-(에|에게|로) V (N0=[인간], [동물] N1=[인간], [장소])
¶아이들이 나에게 우르르 몰려와서 안겼다. ¶고기 떼가 강 하류 쪽으로 몰려오고 있어요.
❷(구름, 바람 따위가) 한 방향으로 한꺼번에 다가오다. (of clouds or wind) Surge in one direction all at once.
[반]몰려가다
N0-가 N1-로 V (N0=[기상] N1=[장소])
¶미세먼지가 한반도로 몰려오고 있습니다. ¶바람이 불더니 먹구름이 이곳으로 몰려옵니다.
❸(잠이나 피로 따위가) 한꺼번에 거세게 밀려오다. (of sleep or fatigue) Surge violently all at once.
[유]밀려오다
N0-가 V (N0=[신체상태], [질병])
¶심한 어지럼증이 몰려와서 그 자리에 주저앉고 말았다. ¶며칠 잠을 설친 탓에 피로가 몰려왔다.
❹(어떤 감정이) 한꺼번에 거세게 밀려오다. (of emotion) Surge violently all at once.
[유]밀려오다
N0-가 V (N0=[감정])
¶참을 수 없는 외로움이 몰려왔다. ¶걷잡을 길 없는 그리움이 몰려왔다.

몰리다

[활용]몰리어(몰려), 몰리니, 몰리고
[자]❶(사람이나 동물이) 힘에 못 이겨 어디로 움직이다. (of person or animals) Be moved by force to somewhere.
[유]쫓기다
N0-가 N1-(에|로) V (N0=[인간], [동물] N1=[장소])
[능]몰다
¶세계 챔피언은 구석에 몰려 상대 선수에게 얻어맞고 있었다. ¶그는 적군과 싸우다가 결국 벼랑 끝에 몰리게 되었다.
❷(사람이 다른 사람에게) 억지로나 강압적으로 나쁜 사람으로 여겨져 다루어지다. (of a person) Be regarded and treated by another person as something by force.
[유]간주되다, 처리되다
N0-가 N1-(에게|에 의해) N2-로 V (N0=[인간] N1=[인간] N2=[인간](도둑, 간첩, 비겁자 따위))
[능]몰다
¶손님은 단지 계산대 옆에 있었다는 이유만으로 도둑으로 몰렸다. ¶나는 마을 사람들에게 순식간에 비겁자로 몰리고 말았다.
❸(무엇이) 한꺼번에 한 곳에 모여들다. (of things) Assemble simultaneously in a place.
[유]쏠리다, 밀려들다, 쇄도하다
N0-가 N1-(에|로) V (N0=[구체물], [상황], [사건] N1=[장소])
¶퇴근 시간에는 차들이 도로에 몰려 교통 상황이 좋지 않다. ¶경기가 좋아지자 시중은행으로 돈이 몰리고 있다. ¶그는 일이 한꺼번에 몰려 매우 바쁜 나날을 보내고 있다.
❹(사람이 좋지 않은 상황에) 빠지거나 놓이다. (of a person) Be thrown or put into a bad situation.
[유]빠지다II[1], 놓이다
N0-가 N1-에 V (N0=[인간], [단체] N1=[상황](위기, 궁지 따위))
¶이번 사건으로 인해 그는 위기에 몰리게 되었다.

¶그는 궁지에 몰리자 환자복을 입고 법원에 출두하였다.

몰살되다

[어원]沒殺~ [활용]몰살되어(몰살돼), 몰살되니, 몰살되고 [대응]몰살이 되다

[자]모조리 다 죽다. (of all people) Be killed.

[유]말살되다

No-가 V (No=[사람], [동물])

[능]몰살하다[타]

¶전쟁으로 수백만 군인이 몰살되었다.

몰살하다

[어원]沒殺~ [활용]몰살하여(몰살해), 몰살하니, 몰살하고 [대응]몰살을 하다

[자]모조리 다 죽다. Be annihilated.

[유]말살하다, 전멸하다

No-가 V (No=[사람], [동물])

¶전쟁으로 수백만 군인이 몰살하였다.

[타]모조리 다 죽이다. Kill all of the people.

[유]몰살시키다, 말살하다

No-가 N1-을 V (No=[사람] N1=[사람], [동물])

[피]몰살되다

¶그들은 임금을 죽이고 대신들을 몰살하였다.

¶소대장이 수류탄을 터뜨려 적군을 몰살하였다.

몰수당하다

[어원]沒收~ [활용]몰수당하여(몰수당해), 몰수당하니, 몰수당하고 [대응]몰수를 당하다

[타](재산이나 물건 따위를) 강제로 모두 빼앗기다. Be stolen (asset or object) by force.

[유]박탈당하다, 빼앗기다

No-가 N2-(에게|에) N1-를 V (No=[인간|단체] N1=[구체물](토지, 노비, 아편, 수당, 시설, 농장 따위) N2=[인간|단체])

[능]몰수하다

¶김 씨는 외국에서 몰래 들여오던 마약을 경찰에게 몰수당하였다. ¶광복 이후 아버지는 재산을 모조리 몰수당하고 남쪽으로 넘어왔다.

몰수되다

[어원]沒收~ [활용]몰수되어(몰수돼), 몰수되니, 몰수되고 [대응]몰수가 되다

[자](재산이나 물건 따위가) 강제로 모두 빼앗겨지다. (of an asset or an object) Be taken by force.

No-가 N1-(에게|에게) V (No=사물, 재산 따위 N1=[인간|단체])

[능]몰수하다

¶몰래 들어오려던 마약이 경찰에게 몰수되었다.

¶반역자의 재산이 몰수되어 공신들에게 분배되었다.

몰수하다

[어원]沒收~ [활용]몰수하여(몰수해), 몰수하니, 몰수하고 [대응]몰수를 하다

[타](재산이나 물건 따위를) 강제로 모두 빼앗다. Take all assets or objects by force.

[연어]싹, 완전히

[유]박탈하다, 빼앗다

No-가 N1-를 V (No=[인간|단체] N1=[구체물](토지, 노비, 아편, 수당 따위))

[피]몰수당하다, 몰수되다

¶정부는 친일파의 재산을 모두 몰수하였다.

¶경찰이 아편을 몰수하여 불태웠다.

No-가 N2-(에게|에게서) N1-를 V (No=[인간|단체] N1=[구체물](토지, 노비, 아편, 수당 따위) N2=[인간|단체])

[피]몰수당하다, 몰수되다

¶정부는 친일파에게 재산을 모두 몰수하였다.

¶경찰이 밀수업자로부터 마약을 몰수하였다.

◆ **안면을 몰수하다**

❶체면이나 자신의 인격 같은 것을 의식하지 않다. Disregard oneself's dignity or decency.

No-가 Idm (No=[인간|단체])

¶나는 안면을 몰수하고 그를 비판했다. ¶회사는 사례는 고사하고 치료비도 내주지 않는 등 안면을 몰수했다.

❷알고 있던 사람을 전혀 모르는 체하다. Pretend not to know someone whom one knows.

No-가 Idm (No=[인간|단체])

¶그녀는 안면을 몰수하고 내 앞을 지나갔다.

¶그들은 일이 다 해결되고 나니 안면을 몰수해 정말 황당했다.

몰아가다

[활용]몰아가, 몰아가니, 몰아가고

[타]❶(어떤 사람이나 사물을) 일정한 방향으로 움직여 가게 하다. Cause someone or something to move in a uniform direction.

[상]몰다

No-가 N1-를 N2-로 V (No=[인간], [동물] N1=[인간], [동물] N2=[방향], [장소])

¶우리는 토끼를 한쪽으로 몰아가서 잡았다.

¶나는 그녀를 창문 쪽으로 몰아갔다.

❷(교통기관이나 동물을 타고) 일정한 방향으로 움직여 가다. Move in a uniform direction by riding on a vehicle or animal.

[유]운행하다, 끌고 가다 [상]몰다

No-가 N1-를 N2-로 V (No=[인간], [동물] N1=[인간], [동물] N2=[방향])

¶그는 동굴을 향해서 배를 몰아갔다. ¶마부는 길 한쪽으로 말을 몰아가다 고삐를 당겨 방향을 바꿨다.

❸(어떤 일이나 사람을) 무리한 논리로 나쁜 것이나

나쁜 사람으로 규정하다. Determine unreasonably or illogically that a task or a person is bad.
㊌간주하다㊋, 몰아세우다 ㊎몰다
N0-가 N1-를 N2-로 V (N0=[인간|단체] N1=[인간|단체] N2=[인간](범인, 강도, 살인자 따위))
¶그는 친구를 범인으로 몰아갔다. ¶경찰이 저를 살인자로 몰아갔어요.
❹(어떤 일이나 사람을) 나쁜 결과로 이끌다. Lead a task or person to a poor result or outcome.
㊌이끌다 ㊎몰다
N0-가 N1-를 N2-로 V (N0=[인간|단체], [행위] N1=[인간|단체] N2=[상태])
¶음주 운전이 한 가족을 파멸로 몰아갔다. ¶문명의 이기가 가족을 단절로 몰아갔다.
❺남김없이 모두 휩쓸어가다. Take everything without leaving anything behind.
㊌휩쓸어가다, 끌어가다
N0-가 N1-를 V (N0=[인간|단체], [자연재해] N1=[구체물])
¶도둑이 세간을 싹 몰아갔다. ¶홍수가 그 마을의 집들을 모두 몰아가 버렸다.

몰아내다

활용몰아내어(몰아내), 몰아내니, 몰아내고
타❶강제로 밖으로 좇거나 나가게 하다. Drive out or make someone leave by force.
㊌내몰다, 쫓아내다, 내쫓다
N0-가 N1-를 N2-로 V (N0=[인간], [동물] N1=[인간], [동물] N2=[장소])
¶사람들이 그를 밀쳐 바깥으로 몰아냈다. ¶그리스는 적을 몰아내고 빼앗겼던 영토를 되찾았다.
❷(다른 사람을) 어떤 지위에서 강제로 쫓아내다. Drive someone out of a position by force.
㊌내몰다, 쫓아내다, 내쫓다, 밀어내다, 퇴출하다
N0-가 N1-를 N2-에서 V (N0=[인간|단체] N1=[인간] N2=[직책])
¶세조는 조카를 왕위에서 몰아내고 자신이 왕이 되었다. ¶회사는 그를 직장에서 몰아냈다.
❸ (어떤 상태를) 사라지게 하다. Banish a situation or condition.
㊌내몰다, 쫓아내다, 내쫓다, 밀어내다
N0-가 N1-를 V (N0=[추상물](사랑, 미움, 밝음 따위), 바람 따위 N1=[추상물](사랑, 미움, 어둠 따위), 더위 따위)
¶사랑은 모든 어둠을 몰아낸다. ¶바람은 더위를 몰아내었다.
❹(마음속에서 어떤 생각을) 강제로 사라지게 하다. Banish a thought from one's mind.
㊌내몰다, 쫓아내다, 내쫓다, 밀어내다
N0-가 N1-를 N2-에서 V (N0=[인간] N1=생각 따위 N2=[인지](마음, 머리 따위))
¶민지는 머릿속에서 그 남자에 대한 상념을 몰아내려고 노력했다. ¶고개를 저으며 시험에 대한 생각을 몰아내려 했다.

몰아넣다

활용몰아넣어, 몰아넣으니, 몰아넣고
타❶(어떤 대상을) 바라는 장소나 방향으로 강제로 움직여 안으로 들어가게 하다. Make a subject enter something by forcefully moving it to a desired location or in a specific direction.
N0-가 N1-를 N2-(로|에) V (N0=[인간], [동물] N1=[인간], [동물] N2=[장소])
¶주인은 닭을 닭장으로 몰아넣었다. ¶강도가 행인을 막다른 골목으로 몰아넣고 협박을 했다.
❷(어떤 대상을) 바라는 장소나 방향으로 휩쓸어 들어가게 하다. Sweep a subject into a desired location or direction.
N0-가 N1-를 N2-(로|에) V (N0=[인간], [동물] N1=[구체물](과일껍질, 접시, 동전, 잡동사니, 먼지 따위) N2=[장소])
¶나는 과일 껍질들을 휴지통에 몰아넣었다. ¶어머니는 접시들을 설거지통으로 몰아넣으셨다.
❸(축구나 농구 같은 운동 경기에서) 짧은 시간 안에 많은 공을 골대 안으로 들어가게 하다. Score many goals in a short time (in a sports game involving a net such as soccer or basketball).
N0-가 N1-를 V (N0=[인간|단체] N1=[수량])
¶그는 혼자 10골을 몰아넣으며 분전했다. ¶한국은 후반전에 석 점을 몰아넣어 승세를 굳혔다.
❹(어떤 대상을) 어떤 상태나 처지에 빠지게 하다. Cause a subject or person to be in certain situation or circumstance.
㊌빠뜨리다
N0-가 N1-를 N2-(로|에) V (N0=[인간|단체], [질병], [운동경기], [범죄] N1=[인간|단체] N2=[상태], [생리현상], [감정])
¶그가 나를 궁지로 몰아넣었다. ¶남자가 그녀를 파멸로 몰아넣었다. ¶세계를 감동과 흥분으로 몰아넣었던 월드컵대회가 막을 내렸다.

몰아붙이다

활용몰아붙여, 몰아붙이니, 몰아붙이고
타❶(다른 사람이나 사물을) 일정한 방향으로 거세게 힘으로 몰다. Push violently another person or a thing toward a certain direction.
㊌몰다, 밀어붙이다
N0-가 N1-를 N2-로 V (N0=[인간] N1=[구체물] N2=[장소], [방향])
¶나는 그를 창문 쪽으로 몰아붙였다. ¶우리는

ㅁ

적군을 생포하기 위해 적군을 협곡으로 몰아붙였다. ¶책상을 한쪽으로 다 몰아붙여라.
❷(다른 사람을) 다소 억지로나 강압적으로 나쁜 사람으로 간주하여 다그치다. (of a person) Press another person by force against his or her will, regarding him or her as a bad person.
㊌몰다, 몰아치다[타], 몰아세우다, 다그치다
N0-가 N1-를 N2-로 V (N0=[인간] N1=[인간] N2=[인간](범인, 도둑 따위))
¶그들은 무작정 나를 범인으로 몰아붙였다.
¶그는 무고한 사람을 도둑으로 몰아붙였다.

몰아세우다

[활용]몰아세워, 몰아세우니, 몰아세우고
[타]❶(어떤 대상을) 한쪽으로 가게 하다. Make a target move to a location.
㊌몰아붙이다
N0-가 N1-를 N2-로 V (N0=[인간], [동물] N1=[인간], [동물] N2=[장소], [방향])
¶개는 양떼를 우리 쪽으로 몰아세웠다. ¶경찰이 범인을 구석으로 몰아세웠다.
N0-가 N1-를 N2-에 V (N0=[인간], [동물] N1=[인간], [동물] N2=[장소])
¶경찰이 범인을 구석에 몰아세웠다. ¶나는 민우를 벽에 몰아세우고 째려보았다.
❷(상대방이 변명이나 항의하지 못할 정도로) 심하게 비난하거나 꾸짖다. Criticize or chastise someone severely (to the point that one cannot excuse oneself or protest).
㊌나무라다[타], 비난하다
N0-가 N1-를 V (N0=[인간|단체] N1=[인간])
¶모두들 막내를 몰아세우며 한마디씩 했다.
¶사람들은 이제 시대가 변했다고 나를 사정없이 몰아세우는구나.
❸(합리적인 근거나 이유 없이 다른 사람을) 나쁜 일을 한 사람으로 규정하여 비난하다. Determine that a person has done something wrong without reasonable ground or cause and criticize him or her.
㊌몰아붙이다, 비난하다
N0-가 N1-를 N2-로 V (N0=[인간|단체] N1=[인간|단체] N2=[인간](도둑, 악인 따위))
¶저 여자가 나를 도둑으로 몰아세우네요. ¶그는 나를 과거에 집착하는 사람으로 몰아세웠다.
N0-가 N1-를 S고 V (N0=[인간|단체] N1=[인간|단체])
¶친구가 나를 비겁자라고 몰아세웠다. ¶회사는 내가 공금을 횡령했다고 몰아세웠다.

몰아치다

[활용]몰아치어(몰아쳐), 몰아치니, 몰아치고
[자](자연 현상의 기세가) 한꺼번에 몰려 거세게 밀려닥치다. (of energy of natural phenomenon) Rage simultaneously with great force.
㊌휘날리다
N0-가 V (N0=[기상])
¶우산이 뒤집힐 정도로 비바람이 몰아쳤다.
¶그는 눈보라가 몰아치는 겨울의 어느 날 숨을 거두었다. ¶밤사이 거센 태풍이 몰아쳤다.
[타]❶(어떤 일을) 한꺼번에 하거나 급히 서둘러 하다. Do a work all at once or in a hurry.
㊌서두르다
N0-가 N1-를 V (N0=[인간] N1=[일])
¶현장 감독은 마감일에 맞추기 위해 공사를 몰아쳤다. ¶나는 학기말 숙제를 몰아쳐서 하루 만에 끝냈다.
❷(다른 사람을) 다소 강압적으로 심하게 다그치다. Press another person rather oppressively.
㊌나무라다[타], 다그치다, 몰아붙이다, 재촉하다
N0-가 N1-를 V (N0=[인간] N1=[인간])
¶그는 잘못한 것이 없다며 도리어 친구를 몰아쳤다. ¶과장은 실적을 낼 것을 강요하며 직원들을 몰아쳤다.

몰입되다

[어원]沒入~ [활용]몰입되어(몰입돼), 몰입되니, 몰입되고 [대응]몰입이 되다
[자]☞몰입하다

몰입하다

[어원]沒入~ [활용]몰입하여(몰입해), 몰입하니, 몰입하고 [대응]몰입을 하다
[자](어떤 대상에) 깊이 집중하여 빠지다. Be immersed in something with profound concentration.
㊌몰두하다, 집중하다[자]
N0-가 N1-(에|에게) V (N0=[인간] N1=[행위], [추상물], [문서](책, 영화 따위))
[연어]깊이, 완전히
¶관객은 영화에 완전히 몰입해 있었다. ¶모든 사람이 음악에 몰입하여 혼을 빼앗긴 듯 멍해졌다.
N0-가 S(데|것)-에 V (N0=[인간|단체])
¶젊은 여자들은 체중을 줄이고, 살을 빼는 것에 완전히 몰입하고 있다. ¶과학자들이 실험을 하는 데에 지나치게 몰입하는 경향이 있다.

몸담다

[활용]몸담아, 몸담으니, 몸담고 [대응]몸을 담그다
[자](단체나 분야에) 소속되어 일이나 활동을 하다. Work in an organization or an area as a member.
㊌종사하다
N0-가 N1-에 V (N0=[인간|단체] N1=[단체], [분야], [행위])
¶그는 서양화를 전공하고 지금 미술계에 몸담고

있다. ¶김 간사가 시민운동에 몸담은 지 벌써 30년이 되었다. ¶나는 젊은 시절부터 이 회사에 몸담아 평생을 헌신했다.

몸부림치다

활용 몸부림치어(몸부림쳐), 몸부림치니, 몸부림치고 대응 몸부림을 치다

자 ❶(사람이나 짐승 따위가) 온몸을 이리저리 심하게 흔들다. (of a person or an animal) Twist and turn the body violently.

N0-가 V (N0=[인간], [동물])

¶청상아리는 심하게 몸부림치며 피를 흘렸다. ¶지네가 뱀의 허리 부분을 물자 뱀이 몸부림치며 괴로워한다.

N0-가 S-(려고|기 위해서) V (N0=[인간], [동물])

¶강아지가 아이 손에서 벗어나려고 몸부림쳤다. ¶병수는 붙들린 팔을 빼어 내려고 몸부림쳤다.

❷(사람이나 짐승 따위가) 어떤 일을 하기 위해 어려움을 견디며 애쓰다. (of a person or an animal) Struggle to do something.

유 애쓰다, 노력하다

N0-가 S려고 V (N0=[인간|단체], [동물])

¶어미 고양이가 새끼 고양이를 살리려고 몸부림치고 있다. ¶인간은 경쟁 사회에서 살아남으려고 몸부림친다.

몸서리치다

활용 몸서리치어(몸서리쳐), 몸서리치니, 몸서리치고 대응 몸서리가 치다

자 (어떤 일이나 상황에) 무섭거나 싫증이 나서 온몸을 떨다. Shiver with fear or fatigue about a work or a situation.

N0-가 N1-에 V (N0=[인간] N1=[추상물])

¶남편의 사고 소식을 들은 아내는 충격에 몸서리치며 절규했다. ¶주민들은 간밤의 가슴 떨리던 기억에 몸서리치면서 한숨을 내쉬었다.

못살다

활용 못살아, 못사니, 못살고, 못사는

자 ❶가난하게 살다. Live in poverty.

반 잘살다

N0-가 V (N0=[인간|단체])

¶우리 집안은 예전에 아주 못살았다고 했다. ¶못사는 형편에 낭비할 수는 없다.

❷참거나 견디기가 매우 힘들다. Be very difficult to endure or bear.

N0-가 V (N0=[인간|단체])

¶하수구 냄새가 너무 심해서 못살겠다. ¶항상 실수하는 너 때문에 내가 못살아.

※'못살게 하다/굴다' 등의 형태로 많이 사용되고 이때는 사동의 의미이다.

못쓰다

활용 못써, 못쓰니, 못쓰고

자 ❶(사람이) 말이나 행동이 바람직하지 않다. (of a person) Be upright in words or deeds.

N0-가 V (N0=[인간])

¶아직 젊은 사람이 그러면 못써. ¶너 선생님 말 안 듣고 그러면 못쓴다. ¶그 애는 너무 까불어서 못쓴다.

※주로 연결어미 '-으면, -어서' 다음에 온다.

❷(사람이) 얼굴이나 몸이 야위거나 약해지다. (of a person) Become thin or weakened in face or body.

유 상하다 자, 망가지다

N0-가 V (N0=[인간])

¶그는 병을 앓은 뒤 얼굴이 못쓰게 되었다. ¶시험이 끝난 학생들은 며칠 사이에 얼굴이 영 못쓰게 되었다.

※주로 '못쓰게 되다'의 형식으로 쓴다.

◆ **사족을 못쓰다** 무슨 일에 혹하여 꼼짝하지 못하다. Be unable to do anything, having been enthralled by something.

N0-가 N1-에 Idm (N0=[인간] N1=[모두])

¶나는 여행지에서 먹는 길거리 음식에 사족을 못쓴다. ¶그는 아이스크림이라면 사족을 못쓴다.

못하다[1]

활용 못하여(못해), 못하니, 못하고

타 ❶(말, 노래, 공부 따위를) 일정한 수준에 못 미치게 하다. Make speech, song or academic to fall short of certain standard.

반 잘하다 타

N0-가 N1-를 V (N0=[인간] N1=[행위])

연어 참, 정말, 진짜

¶그 친구는 아직 신참이라 그런지 일을 참 못하는군. ¶우리 남편은 요리를 너무 못하는 게 흠이다.

❷어떤 일을 할 능력이 없어 그 일을 하지 않다. Fail to do some duty due to not having the ability to do some duty.

유 할 수 없다 반 하다[1]

N0-가 N1-를 V (N0=[인간], [동물] N1=[행위](노래, 공부, 요리 따위), [알콜])

¶나는 질문에 대답을 못하고 가만히 있었다. ¶술을 못하는데 억지로 먹일 수는 없지요.

※동사 '못하다'와 구 '못 하다'는 띄어쓰기를 통해 구분된다. 보조동사로서 '-지 못하다'의 형식으로 쓰일 경우에는 붙이고, 단순히 '동작을 할 수 없다'는 뜻인 경우에는 띄어 쓴다.

못하다[2]

활용 못하여(못해), 못하니, 못하고

보조 (어떤 일이나 행동이) 이루어지지 않거나 이룰 능력이 없을 때 쓰인다. (of some duty or action)

Be used when someone has no ability to achieve.
V-지 Vaux
¶우리 애는 혼자서는 일어나지 못해서 제가 늘 깨워야 해요. ¶가뭄이 오면 논에 물을 대지 못하여 벼가 마르기도 한다. ¶쥐가 덫에 걸려 오지도 가지도 못하고 있었다.

묘사되다

[어원]描寫~ [활용]묘사되어(묘사돼), 묘사되니, 묘사되고 [대응]묘사가 되다
[자](작품에서 어떤 대상이나 상황이) 있는 그대로 자세하게 말이나 글, 그림 따위로 표현되다. (of an object or a situation in a work) Be expressed as it really is by means of words, writing, or picture.
[유]표현되다
N1-에서 N0-가 ADV V (N0=[모두] N1= [문서], [영화], [연극], [공연], [회화], ADV=Adj-게, N-같이, N-처럼)
[능]묘사하다
¶영화에서는 걸프 전쟁이 비디오 게임처럼 묘사되고 있다. ¶드라마에서는 두 주인공의 사랑 이야기가 애틋하게 묘사되고 있다.
N1-에서 N0-가 N2-로 V (N0=[모두] N1= [문서], [영화], [연극], [공연], [회화] N2=[모두])
[능]묘사하다
¶영화에서 길상은 왕위를 노리는 악당으로 묘사된다. ¶소설에서는 두 사람의 결혼식 절차가 풍속적으로 묘사되고 있었다.

묘사하다

[어원]描寫~ [활용]묘사하여(묘사해), 묘사하니, 묘사하고 [대응]묘사를 하다
[타](사람이 또는 작품에서 어떤 대상을) 있는 그대로 자세하게 말이나 글, 그림 따위로 표현하다. (of an object) Express an object in a work as it really is by means of words, writing, or picture.
[유]표현하다, 나타내다
N0-(가|에서) N1-를 V (N0=[인간], [문서], [영화], [연극], [공연], [회화] N1=[모두])
[피]묘사되다
¶작가는 주인공의 심리를 자세하게 묘사하고자 했다. ¶영화에서는 폭력 장면을 자세하게 묘사하지 않았다.
N0-(가|에서) N1-를 N2-로 V (N0=[인간], [문서], [영화], [연극], [공연], [회화] N1=[모두] N2=[모두])
[피]묘사되다
¶고대의 많은 신화에선 거미를 세상의 창조자로 묘사하고 있다. ¶작가는 소설의 주인공을 인생의 실패자로 묘사하고 있다.

무너뜨리다

[활용]무너뜨리어(무너뜨려), 무너뜨리니, 무너뜨리고
[타]❶(건물, 다리 따위의 구조물을) 부수거나 허물어서 내려앉히다. Make a construction such as building, bridge, etc., collapse by destroying or demolishing.
[유]무너트리다, 허물어뜨리다, 헐다II, 부수다, 터뜨리다 [반]쌓다, 짓다[1], 건설하다, 세우다[1] [상]부수다, 파괴하다
N0-가 N1-를 V (N0=[인간], [무기], [자연재해](쓰나미, 태풍 따위) N1=[건물], [조형물], 둑, 제방, 댐 따위)
[주]무너지다
¶쓰나미가 해안가의 둑을 무너뜨렸다. ¶태풍이 방파제를 무너뜨렸다.
❷(국가나 왕조, 정권 따위를) 망하게 하다. Make any nation, dynasty, power, etc., fail.
[유]무너트리다, 멸망시키다 [반]유지시키다, 지속시키다, 존속시키다
N0-가 N1-를 V (N0=[인간|단체], [사건] N1=[국가], [권력])
[주]무너지다
¶강대국들이 아프리카의 여러 부족국가들을 무너뜨렸다. ¶그 사건이 바로 500년 간 이어져 온 왕조를 무너뜨리고 말았다.
❸(기준, 제도, 체제, 가치 따위를) 붕괴시키다. Bring down a standard, a system, a value, etc.
[유]무너트리다, 어지럽히다 파괴하다, 훼손하다 [반]지키다
N0-가 N1-를 V (N0=[인간], [사건], [현상] N1=[사조](민주주의, 공산주의 따위), 제도, 규범, 기강, 기준, 질서 따위)
[주]무너지다
¶그 사건은 소련의 공산주의를 무너뜨리는 결정적 계기가 되었다. ¶흉악 범죄는 사회 질서를 무너뜨릴 수 있다.
❹(방어선, 저지선 따위의 경계를) 허물거나 뚫다. Knock down or breach the boundary such as line of defense, police line, etc.
[유]무너트리다, 허물다II, 뚫다
N0-가 N1-를 V (N0=[인간|단체], [행위](공격, 침투 따위) N1=경계, 방어선, 수비선 따위)
[주]무너지다
¶특공대가 적의 방어선을 무너뜨렸다. ¶우리 공격수들이 상대팀의 수비선을 무너뜨렸다.
❺(경기, 싸움, 논쟁 따위에서 상대방을) 물리치거나 이기다. Defeat or win against the opponent at a game, a fight, a dispute, etc.
[유]무너트리다, 이기다I, 물리치다, 격퇴하다

N0-가 N1-를 V (N0=[인간|단체] N1=[인간|단체])
[주]무너지다
¶아군이 적군을 무너뜨렸다. ¶도전자가 챔피언을 손쉽게 무너뜨렸다.
❻(체면, 권위, 위신, 힘 따위를) 급격히 약하게 만들거나 없애다. Rapidly weaken or strip the decency, authority, dignity, force, etc.
[유]무너트리다, 없애다, 훼손시키다 [반]차리다, 세우다[1]
N0-가 N1-를 V (N0=[인간|단체], [행위] N1=[추상물](체면, 권위, 위신 따위))
[주]무너지다
¶잘못된 교육 환경이 교사의 권위를 무너뜨렸다. ¶그 종파는 교단의 권위를 무너뜨리고 있다.
❼(어떤 사람을) 좌절시키다. Make someone discouraged.
[유]기를 꺾다, 상심하게 하다, 절망시키다
N0-가 N1-를 V (N0=[인간|단체], [사건], [행위], [상태] N1=[인간])
[주]무너지다
¶독재 정부가 자유민주주의를 무너뜨릴 수는 없을 것이다. ¶오랜 실직 상태가 그를 서서히 무너뜨리고 있었다.
❽(정적인 상태를) 일순간 흐트러뜨려 급격히 불안정하게 만들다. Rapidly make a static state unstable by dispersing in a moment.
[유]깨뜨리다
N0-가 N1-를 V (N0=[인간], [행위], [사건], [상황], [일] N1=[상태](안정, 균형, 평화 따위), [감정], 삶, 인생 따위)
[주]무너지다
¶한 발의 총성이 세계 평화를 무너뜨리는 시초가 되었다. ¶박상호 선수의 홈런 한 방이 두 팀 간의 팽팽한 균형을 무너뜨렸다.
❾(계획했던 일이나 생각, 주장 따위를) 의도하거나 바라던 대로 이루지 못하게 무산시키다. Abort any planned duty, thought, opinion, etc., to render it unable to achieve the intended or desired result.
[유]무너트리다, 깨뜨리다, 좌절시키다
N0-가 N1-를 V (N0=[인간|단체], [행위], [사건], [상태] N1=[계획], [견해], [의견], [행위], 기대, 희망, 꿈 따위)
[주]무너지다
¶그 사람들이 우리의 계획을 무너뜨렸다. ¶그의 배신이 내 믿음과 희망을 무너뜨렸다.
❿(어떤 기세를) 급격히 약화시키다. Rapidly weaken some force.
[유]기를 꺾다, 약화시키다
N0-가 N1-를 V (N0=[인간|단체], [행위], [사건] N1=[추상물](기세, 상승세, 세력 따위))
[주]무너지다
[연어]급격히
¶우리 팀은 일순간 상대의 기세를 무너뜨렸다. ¶몇 경기 동안 거듭된 실책이 팀의 상승세를 무너뜨리고 말았다.
⓫기준이나 기록이 되는 수치를 깨다. Break the numerical value of standard or record.
[유]넘어서다[타]
N0-가 N1-를 V (N0=[인간], 주가, 따위 N1=[값], 지수, 기록 따위)
[주]무너지다
¶육상 선수는 깨질 것 같지 않던 기록을 또 다시 무너뜨렸다. ¶주가가 또 다시 떨어져 종합지수 2100을 무너뜨렸다.

무너지다

[활용]무너지어(무너져), 무너지니, 무너지고
[자]❶(건물, 다리 따위의 구조물이) 부서져 내려앉다. (of construction such as building, bridge, etc.) Collapse by breaking.
[유]허물어지다, 부서지다, 파괴되다
N0-가 N1-(에|로) V (N0=[건물], [조형물] N1=[재해], [사건], [행위])
[사]무너뜨리다
¶적의 폭격에 다리가 무너졌다. ¶미사일 공격에 건물이 무너지고 다리가 파괴되었다.
❷(국가나 왕조, 정권 따위가) 망하다. (of nation, dynasty, power, etc.) Be ruined.
[반]유지되다, 지속되다, 멸망하다, 망하다
N0-가 V (N0=[국가], [권력])
[사]무너뜨리다
¶그렇게 해서 소련이 무너졌다. ¶독재 정권이 곧 무너질 조짐이 보인다.
❸(체제, 제도, 기준, 가치 따위가) 붕괴되다. (of standard, system, value, etc.) Collapse.
[유]해체되다 [반]유지되다, 지속되다
N0-가 V (N0=[사조](민주주의, 공산주의 따위), [제도], [규범](규범, 기강 따위), [기준], 질서 따위)
[사]무너뜨리다
¶자칫하면 민주주의 질서가 무너질지도 모른다. ¶위기가 찾아들자 모든 규범이 한순간 무너져 버렸다.
❹(방어선, 저지선 따위의 경계가) 허물어지거나 뚫리다. (of boundary such as line of defense, police line, etc.) Be knocked down or breached.
[유]뚫리다
N0-가 N1-(에|로) V (N0=경계, 방어선, 수비선 따위 N1=[행위](공격, 침투 따위))
[사]무너뜨리다

[ㅁ]

¶선제공격으로 방어선이 무너졌다. ¶기습 침투에 수비선이 무너져서 골을 먹었다.
❺(경기, 싸움, 논쟁 따위에서 상대방에) 지다. Lose to the opponent at a game, a fight, a dispute, etc.
㊤패하다[자], 패배하다 ㊥이기다I, 승리하다, 무너뜨리다
No-가 N1-(에|에게) V (No=[인간|단체] N1=[인간|단체], [행위])
[사]무너뜨리다
[연어]속수무책으로, 힘없이
¶유럽의 강호들이 아시아 팀에 힘없이 무너지는 이변이 일어났다. ¶우리는 상대방의 논박에 속수무책으로 무너졌다.
❻(체면, 권위, 위신, 힘 따위가) 급격히 약해지거나 사라지다. (of decency, authority, dignity, force, etc.) Be rapidly weakened or eliminated.
㊤깍이다I, 떨어지다, 사라지다 ㊥서다[1]
No-가 V (No=[추상물](체면, 권위, 위신 따위))
[사]무너뜨리다
¶일순간에 체면이 다 무너지고 말았다. ¶이미 수많은 학교에서 교권이 무너진 지 오래이다.
❼마음의 평정을 잃고 좌절하다. Lose composure and get frustrated.
㊤기가 꺾이다, 상심하다, 절망하다
No-가 V (No=[인간])
[사]무너뜨리다
¶힘든 일이 아무리 많아도 나는 무너지고 싶지 않았다. ¶우리가 이렇게 무너질 수는 없는 것 아니겠습니까?
No-가 N2-(로|에) N1-가 V (No=[인간] N1=마음, 가슴, 억장 N2=[사건], [상황])
¶나는 친구의 죽음에 가슴이 무너져 내렸다. ¶그 소식에 가슴이 무너지는 것만 같다.
❽(정적인 상태가) 일순간 흐트러져서 급격히 불안정해지다. (of static state) Be rapidly unstable by dispersing in a moment.
㊤깨지다
No-가 N1-로 V (No=[상태](안정, 균형, 평화, 정적, 침묵 따위) N1=[행위], [사건], [상황], [일])
[사]무너뜨리다
¶한 발의 총성으로 세계 평화가 무너질 수도 있다. ¶그의 홈런 한 방으로 두 팀 간의 균형은 무너졌다.
❾(계획했던 일이나 생각 따위가) 의도하거나 바라던 대로 이루지 않고 무산되다. (of planned work, thought, etc.) Miscarry, not achieve the intended or desired result.
㊤좌절되다
No-가 N1-로 V (No=[계획], [견해], [의견], [행위], 기대, 희망, 꿈 따위 N1=[사건], [행위], [상태])
[사]무너뜨리다
¶재정 적자로 반값 등록금 추진이 무너질 수밖에 없었다. ¶그 일로 우리의 믿음이 무너졌다.
❿(어떤 기세가) 급격히 약해지다. (of some force) Be rapidly weakened.
㊤꺾이다, 약화되다
No-가 V (No=[추상물](기세, 상승세, 세력 따위))
[사]무너뜨리다
[연어]급격히
¶2월말이 되니 맹추위의 기세도 무너지고 봄 기운이 느껴진다. ¶그 무섭던 태풍의 세력도 어느덧 무너졌다.
⓫(수치, 지표 따위가) 적절한 기준에 비해 매우 많이 떨어지다. (of numerical value, index, etc.) Drop significantly compared to the appropriate standard.
㊤주저앉다 ㊥버티다[자], 유지하다, 오르다
㊦떨어지다
No-가 N1-로 V (No=[값](가격, 지수 따위) N1=아래, 밑, 선, 대)
[사]무너뜨리다
¶주가가 평균값 밑으로 무너질지도 모른다. ¶국내 기업들의 신용 등급이 양호 등급 밑으로 무너진 적은 거의 없었다.

무르다

[활용]물러, 무르니, 무르고, 물렀다
[타]❶(사거나 바꾼 물건을) 원래 임자에게 돌려주고 돈이나 물건을 되찾다. Give back a purchased or exchanged item to the original owner and recover the money or item.
㊤되찾다, 환불하다, 반품하다
No-가 N1-를 V (No=[인간] N1=[구체물])
¶나는 가게에서 샀던 과자를 물렀다. ¶나는 서점에서 산 파본을 물렀다.
❷(이미 실행한 행동 따위를) 취소하고 원래대로 돌리다. Cancel an already performed action and reverse its outcome to the original state.
㊤물리다VI, 취소하다
No-가 N1-를 V (No=[인간], [단체] N1=[행위], [방법])
¶내가 세 수만 무르면 이길 수 있을 것 같다. ¶내가 이 계획을 무를 수 있으면 좋겠다.
No-가 S것-을 V (No=[인간], [단체])
¶선생님께서 이미 서명한 것을 무를 수는 없습니다. ¶내가 결재한 것을 내가 무르는 경우는 없다.

무르익다

[활용]무르익어, 무르익으니, 무르익고
[자]❶(과일이나 곡식 따위가) 제대로 잘 익다. (of fruits or grains) Become ripe.
㊤익다

N0-가 V (N0=[음식물](과일, 곡식 따위))
[연어]탐스럽게
¶가을이 되자 과수원의 과일들이 탐스럽게 무르익었다. ¶이맘때면 곡식이 탐스럽게 무르익는 시기이다.
❷(어떤 일을 위한 시기, 분위기 따위가) 본격적으로 조성되다. (of time or atmosphere for a work) Be constructed in earnest.
[유]조성되다
N0-가 V (N0=[상태](일, 사건, 분위기, 상태 따위))
¶이번 일은 충분히 무르익어서 취소할 수 없다. ¶그들의 사랑이 무르익어 가고 있다.
❸(능력이) 최고의 기량을 발휘할 수 있는 상태가 되다. (of an ability) Become able to display its best ability.
[유]길러지다, 갖춰지다
N0-가 V (N0=[상태](기량, 능력 따위))
¶그의 기량이 완전히 무르익어서 수비하기가 쉽지 않다. ¶직원들의 능력이 충분히 무르익어야 일도 쉽게 할 수 있다.

무릅쓰다
[활용]무릅써, 무릅쓰니, 무릅쓰고
[타]❶(사물을) 머리에 뒤집어쓰다. Cover a thing on one's head.
[유]덮어쓰다, 쓰다
N0-가 N1-를 V (N0=[인간] N1=옷, 천)
¶그 아이는 형과 장난을 치다가 담요를 무릅썼다. ¶기영이는 이불을 무릅쓰고 잠을 청했다.
❷(부정적인 상태, 상황, 반응 따위를) 참고 버티어 내다. Endure a negative state, situation, or reaction.
[유]감내하다, 감당하다, 감수하다
N0-가 N1-를 V (N0=[인간] N1=[추상물])
¶소현이는 부끄러움을 무릅쓰고 증언을 하러 나섰다. ¶이제 와서 위험을 무릅쓰기에는 너무 일이 커졌다. ¶선수들은 통증을 무릅쓰고 경기에 나섰다.

무리하다
[어원]無理~ [활용]무리하여(무리해), 무리하니, 무리하고 [대응]무리를 하다
[자]정도를 벗어나거나 자기 힘에 넘치는 일을 애써 하다. (of a person) Go to great lengths or trouble to perform a task that exceeds one's capacities or limits.
[유]과로하다
N0-가 V (N0=[인간|단체])
¶몸 생각해서 너무 무리하지 마라. ¶그는 어제 그렇게 무리하더니 결국 쓰러졌군.

무마되다
[어원]撫摩~ [활용]무마되어(무마돼), 무마되니, 무마되고
[자](어떤 분쟁이나 사건이) 어물쩍 덮어지다. (of conflict or incident) Be skipped evasively.
[유]가라앉다, 진정되다
N0-가 V (N0=[상황], [사건], [행위])
[능]무마하다
¶재선거가 제안되었지만 여론을 무마되지 않았다. ¶그들의 저항은 아무 일도 없었던 것처럼 무마되었다.

무마하다
[어원]撫摩~ [활용]무마하여(무마해), 무마하니, 무마하고
[타](사람이나 단체가) 분쟁, 사건이 커지거나 진상이 밝혀지지 않게 어떤 수단을 이용하여 어물쩍 덮거나 일시적으로 진정시키다. (of a person or an organization) Skip or calm down temporarily a conflict or an incident by means of a method so that it does not become serious or its truths are revealed.
[유]가라앉히다, 진정시키다, 달래다
N0-가 N1-를 N2-로 V (N0=[인간|단체] N1=[상황], [사건], [행위] N2=[방법])
[피]무마되다
¶학교는 김 교수 사건을 신임 교수 채용으로 무마하였다. ¶정부는 재선거로 여론을 무마하려 하였다. ¶그는 돈으로 주민들의 반발을 무마하려 하였다.

무산되다
[어원]霧散~ [활용]무산되어(무산돼), 무산되니, 무산되고 [대응]무산이 되다
[자](일이나 계획 따위가) 이루어지지 못하고 취소되거나 사라지다. (of work or plan) Be canceled or forgotten without being completed.
[유]취소되다
N0-가 V (N0=[행사], [계획], [제도], [행위], [마음])
[사]무산시키다
¶여야 대표 회담이 야당 측의 반대로 무산되었다. ¶올림픽 개최가 무산되자 주민들은 실망했다. ¶신기록 수립에 대한 기대가 무산되고 말았습니다.

무산시키다
[어원]霧散~ [활용]무산시키어(무산시켜), 무산시키니, 무산시키고 [대응]무산을 시키다
[타](일이나 계획 따위를) 이루어지지 못하고 취소되거나 사라지게 하다. Cancel or defeat one's job or plan.
[유]취소시키다
N0-가 N1-를 V (N0=[인간|단체] N1=[회담], [행사], [계획], [제도], [행위], [마음])
[주]무산되다
¶정부는 그 회담을 안보를 이유로 무산시켰다. ¶올림픽 위원회가 전쟁 중임을 이유로 올림픽

[ㅁ]

개최를 무산시키자 주민들은 실망했다. ¶그 선수는 예상외의 저조한 기록으로 신기록 수립에 대한 팬들의 기대를 무산시키고 말았다.

무시당하다

어원 無視~ 활용 무시당하여(무시당해), 무시당하니, 무시당하고 대응 무시를 당하다

자 ☞ 무시되다

무시되다

어원 無視~ 활용 무시되어(무시돼), 무시되니, 무시되고

자 ❶(사물이나 의견의 존재 의의나 가치가) 가볍게 여겨지거나 인정되지 않다. (of an object or opinion) Be considered lightly or unrecognized of its existential meaning or value.

㊀경시되다

N0-가 V (N0=[의견](의견, 견해 따위), [명령](명령, 경고 따위), 권리 따위)

능 무시하다

¶정부의 정책 입안에서 국민의 의견이 무시되었다. ¶국회의 입법 과정이 비밀리에 부쳐짐으로써 시민들의 알 권리가 무시되었다.

❷(다른 사람에게) 업신여겨져 하찮게 대해지다. (of something) Be belittled treated lightly.

㊀무시당하다, 경시되다, 업신여김을 받다

N0-가 N1-에게 V (N0=[인간|단체] N1=[인간|단체])

능 무시하다

¶나는 그에게 무시되는 것을 참을 수 없다. ¶우리나라에서는 전통이 무시되지 않는다.

무시하다

어원 無視~ 활용 무시하여(무시해), 무시하니, 무시하고 대응 무시를 하다

타 ❶(다른 사람의 말 또는 특정 지침 따위를) 그 존재 의의나 가치를 가볍게 여기거나 인정하지 않다. (of a person) Consider lightly or not recognize an object's existential meaning or value.

㊀깔보다, 멸시하다, 깔아뭉개다

N0-가 N1-를 V (N0=[인간] N1=[의견](의견, 견해 따위), [명령](명령, 경고 따위), [구체물])

피 무시되다

¶아버지는 의사의 지시를 무시하고 다시 담배를 피우기 시작하였다. ¶그는 신호등을 무시하고 길을 건너다가 큰 사고가 날 뻔했다.

❷(특정 대상을) 업신여기며 하찮게 대하다. Belittle and treat something lightly.

㊀경시하다, 멸시하다, 업신여기다

N0-가 N1-를 V (N0=[인간|단체], [동물] N1=[모두])

피 무시되다

¶고양이가 주인을 무시한다는 생각은 잘못된 편견이다. ¶그녀는 방송에서 대중음악을 무시하는 발언을 하여 시청자들에게 비난을 받았다.

무장하다

어원 武裝~ 활용 무장하여(무장해), 무장하니, 무장하고 대응 무장을 하다

자 ❶(무기나 장비로) 싸울 태세나 준비를 갖추다. Be prepared for a combat with the necessary weapons or equipments.

N0-가 N1-로 V (N0=[인간|단체] N1=[무기])

사 무장시키다

¶전투경찰들은 각종 무기로 무장하고 있다. ¶적군은 총포와 창검으로 무장하고 또 다시 우리를 공격해 왔다.

❷(어떤 일에 필요한 마음이나 사상, 기술이나 장비 따위를) 단단히 갖추다. (of a person or an organization), Be thoroughly prepared with the principles, technology, or equipment required to perform a task.

N0-가 N1-를 V (N0=[인간|단체] N1=옷, 능력, 사조(개인주의, 사회주의), 기술, 금전 따위)

사 무장시키다

¶군인들은 매서운 추위도 이길 만한 군복과 모자로 무장하고 있었다. ¶그들은 댄스부터 록까지 아우르는 탄탄한 음악성으로 무장한 신인 밴드이다. ¶오래된 민담은 개인주의로 무장한 현대인들에게는 비현실적으로 다가올 수도 있다.

무찌르다

활용 무찔러, 무찌르니, 무찌르고, 무찔렀다

타 (전쟁 따위에서) 적을 물리쳐 이기다. Win by defeating the enemy at war, etc.

㊀격퇴하다, 물리치다

N0-가 N1-를 V (N0=[인간|단체] N1=[인간|단체])

¶해병대는 기습 상륙 작전으로 적을 무찔렀다. ¶최신 무기 덕택으로 병사들이 적군을 무찌를 수 있었다.

묵다 I

활용 묵어, 묵으니, 묵고

자 ❶(어떤 것이) 상당한 기간이 지나 충분히 오래되다. (of a thing) Be sufficiently old after a considerable period.

N0-가 V (N0=[구체물])

사 묵히다

¶묵은 빨래를 다 하고 나니 마음이 홀가분하다. ¶수백 년은 묵었을 나무들이 숲을 이루고 있다.

❷(논이나 밭이) 경작되거나 이용되지 않고 그대로 유지되다. (of paddy or field) Be left uncultivated or unused.

㊀방치되다, 썩다, 놀다 자

N0-가 V (N0=[농경지])

사 묵히다

¶산 너머 밭은 벌써 3년째 묵었다. ¶마을 여기저기에 묵은 땅이 보인다.

묵다Ⅱ

활용 묵어, 묵으니, 묵고

자 (어떤 장소에서) 하룻밤 이상을 임시로 보내다. Stay temporarily at a place for more than one night.

㊌머무르다, 지내다자, 투숙하다

N0-가 N1-에서 V (N0=[인간] N1=[장소])

¶우리는 호텔에서 일주일 동안 묵었다. ¶프랑스에 있는 동안 현우네 집에서 묵기로 했다.

묵살당하다

활용 묵살당하여(묵살당해), 묵살당하니, 묵살당하고 대응 묵살을 당하다

자 ☞ 묵살되다

묵살되다

활용 묵살되어(묵살돼), 묵살되니, 묵살되고 대응 묵살이 되다

자 (주로 다른 사람의 말이나 요청, 의견 따위가) 다른 사람이나 단체에 의해 무시되거나 받아들여지지 않다. (usually of another person's statement, demand, or opinion) Be disregarded or dismissed by other people or an organization.

㊌무시당하다, 거부당하다

N0-가 N1-(에게|에 의해) V (N0=[행위], [생각], [제안], [감정] N1=[인간|단체])

능 묵살하다

¶나의 시대착오적인 주장은 사람들에게 간단히 묵살되었다. ¶지금까지 시민들의 제안은 정부에 의해 묵살되어 왔다. ¶학교 폭력 피해자의 신고가 학교에 의해 묵살되어서는 안 된다.

묵살하다

활용 묵살하여(묵살해), 묵살하니, 묵살하고 대응 묵살을 하다

자타 (사람이나 단체가) 다른 사람의 말이나 요청, 의견 따위를 일부러 무시하여 받아들이지 않거나 문제삼지 않다. (of a person or an organization) Disregard or ignore and dismiss another person's statement, demand, or opinion.

㊌무시하다, 거부하다

N0-가 N1-(를|에 대해) V (N0=[인간|단체] N1=[행위], [생각], [제안], [감정])

피 묵살되다

¶민수는 나의 제안을 묵살했다. ¶일부 공공기관은 시민들의 정보 공개 요청을 묵살하여 왔다. ¶회사가 근로자들의 불만을 묵살하지 않고 즉각 시정 조치를 취했다.

묵상하다

어원 默想~ 활용 묵상하여(묵상해), 묵상하니, 묵상하고 대응 묵상을 하다

자타 눈을 감고 말없이 마음속으로 생각하다. Close one's eyes and think deeply in silence.

㊌명상하다 ㊌생각하다

N0-가 N1-(를|에 대해) V (N0=[인간|단체] N1=[추상물], [사건])

¶민호는 지난 일을 묵상했다. ¶수도자들은 삶과 죽음에 대해 깊이 묵상하며 지낸다.

묵인되다

활용 묵인되어(묵인돼), 묵인되니, 묵인되고 대응 묵인이 되다

자 (어떤 일의 내용이나 사실이) 모르는 체하고 내버려져서 슬며시 인정되다. (of fact or content of a work) Be missed involuntarily through affected ignorance.

㊌인정되다, 승인되다

N0-가 V (N0=[추상물])

능 묵인하다

¶부실시공이 곳곳에서 묵인되고 있다. ¶1970년대 초반까지만 해도 다양한 범칙 행위가 묵인되었다. ¶폭력 행위는 어떠한 경우라도 묵인되어서는 안 된다.

묵인하다

활용 묵인하여(묵인해), 묵인하니, 묵인하고 대응 묵인을 하다

타 (어떤 일의 내용이나 사실을) 알고 있으면서도 모르는 체하고 그대로 내버려두다. Effect ignorance of fact or content of a work and leave it behind.

㊌인정하다, 승인하다

N0-가 N1-를 V (N0=[인간|단체] N1=[추상물])

피 묵인되다

¶형은 내 잘못을 알고도 묵인해 주었다. ¶우리는 어떠한 경우라도 학교 폭력 행위를 묵인해서는 안 된다. ¶우리는 더 이상 그들의 만행을 묵인하지 않을 것이다.

묵히다

활용 묵히어(묵혀), 묵히니, 묵히고

타 ❶(어떤 대상을) 손을 대지 않은 채 일정한 때를 넘겨서 오래 보존하다. (of a person) Preserve something for a long time by passing certain time without touching the object.

N0-가 N1-를 V (N0=[인간] N1=[구체물](음식, 땅, 집 따위))

주 묵다Ⅰ

연어 오래

¶옛날에는 김치를 땅에 묻어 오래 묵히셨다. ¶장맛을 잘 내려면 장을 잘 묵혀야 한다. ¶농부는 묵혀 둔 땅이 아까워서 새로운 작물을 심을 작정이

라고 했다.
❷(재주를) 밖으로 드러내지 않고 숨긴 채 지내다. (of a person) Live by hiding and not outwardly revealing talent.
㊌썩히다
N0-가 N1-를 V (N0=[인간] N1=인성, 실력, 재주 따위)
¶그는 훌륭한 재주를 지금까지 묵히고 있었다. ¶너는 그 좋은 머리를 묵혔다가 어디에 쓰려고 그래?

묶다

활용 묶어, 묶으니, 묶고
타 ❶(다른 사람이나 물건을) 끈이나 밧줄 따위로 움직이지 않도록 감아서 매다. (of a person) Wrap and tie another person or item with string, rope, etc., to make it stationary.
㊌매다, 동여매다 ㊉풀다
N0-가 N1-를 N2-로 V (N0=[인간] N1=[인간], [구체물] N2=줄, 밧줄, 끈, 노끈 따위)
피 묶이다
¶언니는 늘 긴 머리를 끈으로 묶고 다닌다. ¶나는 이사하려고 책을 노끈으로 단단히 묶었다.
❷(어떤 사람과 다른 사람을, 혹은 어떤 물건과 다른 물건을) 끈이나 밧줄 따위로 서로 붙어 있도록 감아서 매다. (of a person) Wrap and tie with string, rope, etc., to make someone remain in contact with another person or some object with another object.
㊌매다 ㊉풀다
N0-가 N1-와 N2-를 N3-로 V ↔ N0-가 N2-와 N1-를 N3-로 V ↔ N0-가 N1-를 N2-와 N3-로 V (N0=[인간] N1=[인간], [구체물] N2=[인간], [구체물] N3=줄, 밧줄, 끈, 노끈 따위)
피 묶이다
¶경찰은 자신의 팔과 피의자의 팔을 끈으로 묶었다. ↔ 경찰은 피의자의 팔과 자신의 팔을 끈으로 묶었다. ↔ 경찰은 자신의 팔을 피의자의 팔과 끈으로 묶었다. ¶어머니는 내 짐을 동생의 짐과 함께 묶어 놓으셨다.
❸(다른 사람이나 동물, 물건 따위를) 어디에 끈이나 밧줄 따위로 서로 떨어지거나 움직이지 않도록 붙들어 매다. Wrap and tie some person, animal, object, etc., with string, rope, etc., to some place in order to prevent moving or separation from one another.
㊌붙들어 매다
N0-가 N1-를 N2-에 V (N0=[인간] N1=[인간], [동물], [사물] N2=기둥, 나무 따위)
피 묶이다
¶선장은 배를 침략하려 한 해적을 기둥에 묶었다. ¶나는 간판을 나무에 묶어 두었다.
❹(끈이나 줄 따위를) 매듭을 만들다. (of a person) Make a knot with string, rope, etc.
㊌매다 ㊉풀다
N0-가 N1-를 V (N0=[인간] N1=줄, 밧줄, 끈, 노끈 따위)
피 묶이다
¶나는 넘어지지 않기 위해 신발 끈을 묶었다. ¶그는 끊어진 밧줄을 모아 묶었다.
❺(사람이나 물건을) 특정 장소나 상황에 넣어 그곳에서 벗어나지 못하게 하다. (of a person) Put something in a certain place or situation and render it unable to escape.
㊌가두다 ㊉풀다
N0-가 N1-를 N2-에 V (N0=[인간] N1=[인간], [구체물] N2=[장소])
피 묶이다
¶직원들을 회사에 묶어 둔다고 하여 효율성이 오르는 것이 아니다. ¶나는 쓰지 않는 돈을 은행에 묶어 두었다.
❻(흩어져 있던 것을) 모아 하나로 합치거나 서로 관련짓다. (of a person) Collect things that were scattered to unite them or make relations.
㊌모으다, 아우르다
N0-가 N1-를 V (N0=[인간] N1=[문서])
피 묶이다
¶학생들은 선생님의 논문을 묶어 책으로 펴냈다. ¶그는 그간 썼던 수필들을 묶어 수필집을 내기로 하였다.

묶이다

활용 묶여, 묶이니, 묶이고
자 ❶(사람이나 물건이) 끈이나 밧줄 따위로 움직이지 않도록 감기어 매이다. (of a person or an object) Be wrapped and tied with string, rope, etc., to prevent moving.
N0-가 N1-로 V (N0=[인간], [구체물] N1=줄, 밧줄, 끈, 노끈 따위)
능 묶다
¶많은 짐들이 노끈으로 단단히 묶였다. ¶언니의 긴 머리는 늘 끈으로 묶여 있다.
❷(사람이나 동물, 물건 따위가) 어디에 끈이나 밧줄 따위로 서로 떨어지거나 움직이지 않도록 붙들어 매이다. (of person, animal, object, etc.) Be wrapped and tied to some place with string, rope, etc., to prevent moving or separation.
㊌결박되다, 결박당하다
N0-가 N1-에 V (N0=[인간], [동물], [구체물] N1=기둥, 나무 따위)

능묶다
¶염소가 나무에 묶여 풀을 뜯고 있다. ¶간판이 나무에 묶여 움직이지 않는다.
❸(끈이나 줄 따위가) 매듭이 지어지다. (of string, rope, etc.) Be formed in a knot.
유매이다
N0-가 V (N0=줄, 밧줄, 끈, 노끈 따위)
능묶다
¶신발 끈이 잘 묶여서 이제 풀리지 않는다. ¶끊어진 밧줄이 서로 묶여 있다.
❹(사람이나 물건이) 어떤 장소나 상황에 놓여 그곳에서 벗어나지 못하게 되다. (of something) Be put in some place or situation, become unable to escape.
유매이다
N0-가 N1-에 V (N0=[인간], [사물] N1=[장소], [가상], [일])
능묶다
¶내 돈은 은행에 묶여 출금을 할 수가 없다. ¶나는 너무 많은 일에 묶여 살고 있었다.
❺(흩어져 있던 것들이) 모여 하나로 합쳐지거나 서로 관련되다. (of things that were scattered) Be gathered to be united or to become related.
유엮이다
N0-가 N1-로 V (N0=[글] N1=[책])
능묶다
¶선생님의 논문이 책으로 묶여 나왔다. ¶그녀의 수필이 두 권의 수필집으로 묶였다.
◆ **발이 묶이다** (사람이) 어떠한 장소에서 벗어나지 못하게 되다. (of a person) Be stuck in a place.
N0-가 N1-에 Idm (N0=[인간] N1=[사건], [자연재해])
¶우리는 태풍에 발이 묶여 출국을 할 수가 없었다. ¶갑자기 몰아친 폭풍에 어선들이 발이 묶여 있다.
타(신체의 일부를) 끈이나 밧줄로 서로 붙어 있도록 매임을 당하다. (of a person) Have body parts tied with string or rope so that the body parts remain in contact.
유매이다, 결박당하다
N0-가 N2-에게 N1-를 V (N0=[인간] N1=[신체부위] N2=[인간])
능묶다
¶나는 도둑에게 팔을 묶였다. ¶나는 손과 팔을 묶인 채 갇혀 있었다.

문의하다

어원問議~ 활용문의하여(문의해), 문의하니, 문의하고 대응문의를 하다
자타(모르거나 궁금한 것에 대해서) 타인에게 물어서 의논하다. Ask another person a question or a curious matter and discuss it.
유묻다I, 질의하다
N0-가 N2-(에|에게) N1-(에 대해|를) V (N0=[인간|단체] N1=[추상물], [상태] N2=[인간|단체])
¶나는 선생님께 합격 여부를 문의했다. ¶영희는 이 그림의 가치와 가격을 전문가에게 문의하였다. ¶이 일에 대해서는 관계 부처에 직접 문의하세요.
N0-가 N1-에게 S지-(를|에 대해) V (N0=[인간|단체] N1=[인간|단체])
¶우리는 관리자에게 이 일이 곧 해결될 수 있는지를 문의했다. ¶나는 휴대전화 수리소에 제품의 수리가 가능한지 문의했다.

문지르다

활용문질러, 문지르니, 문지르고, 문질렀다
타(한 물체를 다른 물체에) 맞대고 이리저리 밀거나 비비다. Touch one object to another object and push or chafe the former against the latter.
유비비다타, 마찰하다
N0-가 N1-를 N2-에 V ↔ N0-가 N1-로 N2-를 V (N0=[인간|동물] N1=[구체물] N2=[구체물])
¶철수가 행주를 밥상에 문질렀다. ↔ 철수가 행주로 밥상을 문질렀다. ¶그는 멍든 자리를 손으로 문지르며 고통스러워했다. ¶나는 얼룩진 벽을 헝겊으로 문질러 닦았다.

묻다 I

활용물어, 물으니, 묻고, 묻는 겸양여쭙다
자타❶(상대방에게) 무엇을 알기 위하여 답변하게끔 말하다. Speak to make someone answer in order to learn something.
유질문하다
N0-가 N1-(에|에게) S냐고 V (N0=[인간|단체] N1=[인간|단체])
¶어머니께서는 학교에 운동회가 언제 끝나냐고 물으셨다. ¶병원에 전화해서 몇 시에 진료를 시작하느냐고 물어라. ¶은서는 남자친구에게 어디에 갈 거냐고 물었다.
N0-가 N2-(에|에게) N1-(를|에 대해) V (N0=[인간|단체] N1=[모두] N2=[인간|단체])
¶효주는 학생회에 수련회 날짜를 물었다. ¶그는 점원에게 가격에 대해 먼저 묻기로 했다.
N0-가 N1-(에|에게) S지-(를|에 대해) V (N0=[인간|단체] N1=[인간|단체])
¶석호는 호텔에 수영장이 있는지에 대해 물었다. ¶그는 나에게 졸업하고 무엇을 할지 묻지 않았다.
❷(다른 사람에게) 책임이나 잘못을 따지거나 밝히다. Discuss or reveal the responsibility or fault to someone.
유따지다
N0-가 N2-(에|에게) N1-(를|에 대해) V (N0=[인간

ㅁ

|단체] N1=의무, 잘못, 죄 따위 N2=[인간|단체])
¶대표님은 이번 사태에 대해 우리 팀에 책임을 물으셨다. ¶아버지는 나에게 잘못을 묻지 않으셨다.

묻다Ⅱ

[활용]묻어, 묻으니, 묻고

[타]❶(어떤 사물을) 땅속이나 더미 속에 깊이 넣어 두다. Deeply put some object inside a pile.
[유]파묻다, 매장하다
N0-가 N2-에 N1-를 V (N0=[인간] N1=[구체물] N2=[장소], [구체물])
¶아저씨는 장독을 땅속에 묻으셨다. ¶오래전 해적들은 보물을 이 부근 어딘가에 묻었다고 한다.
❷얼굴을 수그려 손으로 가리거나 다른 사물에 감싸이듯 기대다. Bend one's face and cover it with the hands or lean it on another object as if wrapped.
[유]박다, 감싸다
N0-가 N2-(에|로) N1-를 V (N0=[인간] N1=[신체부위](얼굴, 고개, 머리 따위) N2=[구체물], [신체부위])
¶인혜는 남편의 가슴에 얼굴을 묻었다. ¶누나는 손으로 얼굴을 묻고 훌쩍이기 시작했다. ¶찬호는 피곤했는지 침대에 머리를 묻더니 이내 잠들었다.
❸(의자나 침구 따위에) 몸을 깊이 부리다. Deeply position one's body on the chair, bed, etc.
[유]박다, 앉다
N0-가 N2-에 N1-를 V (N0=[인간] N1=몸 N2=[가구](의자, 침대 따위), [장소](바닥 따위), 이불 따위)
¶재승이는 의자에 몸을 묻고 눈을 감았다. ¶얼마나 피곤했는지 바닥에 몸을 묻었더니 녹아내리는 느낌이다.
❹(어떤 것을) 문제 삼지 아니하고 감추다. Hide something without calling it into question.
[유]감추다
N0-가 N1-를 N2-로 V (N0=[인간|단체] N1=[모두] N2=비밀 따위)
¶두 팀 사이의 어두운 역사는 묻어 두기로 했다. ¶지금은 과거의 과오는 묻고 새롭게 나아가야 할 때이다.

묻다Ⅲ

[활용]묻어, 묻으니, 묻고

[자]❶(작은 사물이나 액체 따위가) 들러붙거나 흔적을 남기다. (of small object, liquid, etc.) Attach or leave a mark.
[유]들러붙다
N0-가 N1-에 V (N0=[구체물](풀, 물, 먼지, 가루 따위) N1=[구체물])
¶바깥에 다녀왔더니 흙먼지가 옷에 묻었다. ¶선생님 옷소매에는 늘 분필 가루가 묻어 있다.
❷드러나지 않게 다른 것과 섞이다. Mix with something so as not to be shown.
[유]섞이다
N0-가 N1-에 V (N0=[모두] N1=[장소])
¶나는 너희 모임에 그냥 묻어 있을게. ¶그 서류도 어딘가에 묻어서 사라져 버린 듯하다.

묻어가다

[활용]묻어가, 묻어가니, 묻어가고

[자]❶(상황에 맞추어 다른 대상과) 함께 섞여 따라가다. (of a person or crowd) Blend in with and allow oneself to be drawn into an object or situation.
[유]휩쓸리다
N0-가 N1-에 V (N0=[인간] N1=[구체물], [추상물])
¶준호는 막차가 끊겨 선배 차에 묻어갔다. ¶모두들 애도 분위기에 묻어가 조용한 한 주를 보냈다.
❷(자신의 할 일이나 의견 제시 따위를 하지 않고) 다른 사람에게 의존하여 그대로 함께 따라가다. Depend on and blindly follow another person without performing one's duty or suggesting one's opinion.
[유]따라가다, 추종하다
N0-가 N1-에게 V (N0=[인간] N1=[인간])
¶그는 상사가 주시하는 것이 두려워서 늘 동료들에게 묻어간다. ¶너는 왜 항상 의견도 없고 다른 사람들에게 묻어가기만 하니?
❸(사물이) 다른 사물에 함께 섞여 가다. (of an object) Blend in with and go along with another object.
[유]뒤섞이다
N0-가 N1-에 V (N0=[구체물], 냄새, 향기 따위 N1=[구체물], 바람 따위)
¶소포를 보낼 때 수첩이 소포에 같이 묻어간 것 같다. ¶은은한 꽃향기가 바람에 묻어가 멀리 퍼졌으면 좋겠다.

물결치다

[활용]물결치어(물결쳐), 물결치니, 물결치고 [대응]물결이 치다

[자]❶(물이나 파도가) 일어나며 계속 움직이다. (of water or waves) Appear and move constantly.
[유]일렁이다
N0-가 V (N0=[물](바다, 강물 따위))
¶파도가 물결치는 모습이 아름답다. ¶그녀는 잔잔하게 물결치는 바다를 바라보았다.
❷사람이나 사물 따위가 무리지어 움직이다. (of people or objects) Move in or as a group.
[유]흔들리다, 유동하다
N0-가 N1-에서 V (N0=[인간], 벼, 태극기 따위 N1=[장소])
¶누런 벼들이 논마다 물결치고 있다. ¶전국 곳곳

에 태극기가 물결치고 애국가가 울려 퍼졌다. ¶환호하는 인파가 거리 전체에 물결치고 있다.
❸(어떤 감정이나 생각 따위가) 일어나 마음을 움직이다. (of an emotion or thought) Appear and manipulate one's mind.
㊐일렁이다
N0-가 N1-에서 V (N0=[감정], [생각], 생명력 따위 N1=[장소], 마음 따위)
¶내 속에서 여러 가지 감정이 물결쳤다. ¶그곳은 의지와 생명력이 조용히 물결치는 현장이었다.

물다Ⅰ
활용 물어, 무니, 물고, 무는
타 ❶(어떤 것을) 입술이나 이빨 사이에 두고 턱에 힘을 주어 죄거나 고정하다. Tighten or fix something by locating it between the lips or teeth.
㊐악물다
N0-가 N1-를 V (N0=[인간], [동물] N1=[구체물])
사 물리다Ⅳ
¶단단히 묶으려고 나는 이빨로 줄을 꽉 물었다. ¶주인공이 담배를 물고 의자에 앉았다. ¶아기가 엄마 젖을 물고 잠들었다.
❷(어떤 것을) 이빨 사이에 두고 힘을 주다. Put something between the teeth and apply force.
㊐깨물다
N0-가 N1-를 V (N0=[인간], [동물] N1=[신체부위], [인간])
피 물리다Ⅲ 타
¶갑자기 강아지가 내 손을 물었다. ¶우리 개가 옆집 개를 물어서 귀가 찢어졌다.
❸(어떤 것을) 삼키지 않고 입속에 모아 두다. Gather and hold something in the mouth without swallowing it.
㊐머금다
N0-가 N1-를 V (N0=[인간] N1=[음식], [액체])
¶나는 물을 한 모금 물었다. ¶동생이 사탕을 물고는 입을 오물오물 거렸다.

물다Ⅱ
활용 물어, 무니, 물고, 문다
타 ❶(모기 따위의 벌레가) 피나 체액을 빨아먹기 위해서 주둥이로 살을 뚫고 찌르다. (of an insect such as a mosquito) Penetrate a body with tendrils, etc., in order to suck blood or fluid.
N0-가 N1-를 V (N0=[벌레] N1=[신체부위], [인간], [동물])
피 물리다Ⅲ 자타
¶모기가 내 다리를 물었다. ¶거미리가 종아리를 물었다.
❷(물고기 따위의 수중 생물이) 바늘이 있는 밑밥이나 먹이 따위를 삼키다. (of aquatic organisms such as fish) Swallow bait or food that contains a needle.
㊐걸리다, 낚이다
N0-가 N1-를 V (N0=[물고기] N1=바늘, 밑밥 따위)
¶물고기가 바늘을 물었다. ¶붕어가 떡밥을 물면 찌가 쑥 올라온다.

물다Ⅲ
활용 물어, 무니, 물고, 문다
타 ❶(자신의 목표를 달성하기 위해 금전적으로 도움이 될 만한 사람과) 의도적으로 관계를 맺다. Intentionally form a relationship with someone who can assist one financially in order to achieve one's goal.
㊐낚다
N0-가 N1-를 V (N0=[인간] N1=[인간])
¶사내는 운 좋게 주인집 딸을 물었다. ¶식당 사장이 돈 많은 단골을 물었다.
❷(속임수로 만든 장치나 술수 따위에) 걸려들다. Be caught in a trap or become the victim of a scheme of deception.
N0-가 N1-를 V (N0=[인간] N1=[추상물](미끼 따위), [구체물])
¶드디어 범인이 미끼를 물었다. ¶납치범이 가짜 돈 가방을 물기만 하면 곧바로 체포할 수 있습니다.

물다Ⅳ
활용 물어, 무니, 물고, 문다
타 ❶ 마땅히 주어야 할 값을 주다. Make a payment that must be made.
㊐치르다, 갚다, 지불하다
N0-가 N1-를 N2-(에|에게) V (N0=[인간] N1=이자, 값 따위 N2=[인간], [기관])
사 물리다Ⅴ
¶채무자는 채권자에게 이자를 물어야 한다. ¶동생이 형의 외상값을 대신하여 물었다.
❷다른 사람에게 끼친 손해 따위를 갚다. Compensate damage that one has inflicted on someone.
㊐보상하다
N0-가 N1-를 N2-(에|에게) V (N0=[인간] N1=[피해] N2=[인간], [기관])
사 물리다Ⅴ
¶가해자가 피해자에게 보상금을 물었다. ¶나는 도서관에 분실 도서를 물고서 대출 자격을 다시 얻었다. ¶사고를 낸 사람이 나에게 자동차 수리비를 물어 주었다.

물들다
활용 물들어, 물드니, 물들고, 물드오
자 ❶(어떤 빛깔로) 색이 배거나 퍼져 변하다. Turn a color that spreads.

[유]묻다, 배다
N0-가 ADV V (N0=[신체부위](얼굴 따위), [식물](꽃, 잎 따위), [장소], ADV=Adj-게, N-로)
[사]물들이다
¶그는 소녀를 보고 얼굴이 빨갛게 물들었다. ¶산이 울긋불긋하게 물드는 것을 보니 가을이구나. ¶쪽빛으로 물든 하늘이 높기만 하다.
❷(다른 사람이나 단체, 환경에 영향을 받아) 그 태도와 사상을 받아들이다. Accept a position or a thought of another person, group, or environment, being influenced by such.
[유]옮다[자], 오염되다, 전염되다
N0-가 N1-(에|에게) V (N0=[인간|단체] N1=[인간|단체], 생각, 사조, 선, 악 따위)
[사]물들이다
¶그들도 점차 자유주의에 물들었다. ¶그는 악에 물든 이 사회에 위로를 주는 존재이다.

물들이다

[활용]물들이어(물들여), 물들이니, 물들이고
[타]❶(어떤 대상이) 다른 대상을 어떤 빛깔로 색이 배거나 퍼져 변하게 하다. (of an object) To make a color spread over another object and make that object assume such color.
[유]염색하다, 배게 하다
N0-가 N1-를 ADV V (N0=[구체물] N1=[구체물], [장소], ADV=Adj-게, N-로)
[주]물들다
¶석양이 하늘을 붉게 물들였다. ¶가을이 들판을 황금빛으로 물들여 놓았다.
❷(어떤 사람이나 단체를) 어떤 환경이나 사상으로 채워 받아들이게 하다. To make a person or an organization accept an environment or a thought by imbibing it.
[유]옮기다, 오염시키다, 퍼트리다
N0-가 N1-를 N2-로 V (N0=[모두] N1=[인간|단체], [공간] N2=생각, 사조, 선, 악 따위)
[주]물들다
¶베려는 시민의 가슴을 민주주의로 물들였다. ¶소통 없는 마음이 사회를 악으로 물들인 것이다.
N0-가 N1-를 ADV V (N0=[모두] N1=[인간|단체], [공간], ADV=Adj-게)
[주]물들다
¶불성실한 아이들이 우리 아들을 나쁘게 물들였어요. ¶소통의 단절이 사회를 어둡게 물들이고 있다.

물러가다

[활용]물러가, 물러가니, 물러가고
[자]❶(사람이나 물건이) 있었던 장소에서 떠나가거나 옮겨지다. (of a person or a thing) Leave or to be moved from where they were.
[유]사라지다, 비키다[자]
N0-가 N1-에서 V (N0=[구체물] N1=[장소])
¶밤이 깊어 사람들이 놀이공원에서 물러갔다. ¶열차가 들어올 때는 한 발 뒤로 물러가도록 해라.
❷웃어른과 있다가 그 자리를 떠나다. Leave a place where one was with a senior.
[유]떠나다[자], 가다
N0-가 V (N0=[인간])
¶그럼 저는 이만 물러가겠습니다. ¶내 눈앞에서 썩 물러가지 못할까!
❸(하던 일이나 책임지던 직위 또는 장소에서) 빠져나가거나 내려가다. Leave or step down from a work in progress, a position held, or a certain place.
[유]물러나다[자], 사임하다, 사퇴하다
N0-가 N1-에서 V (N0=[인간|단체] N1=[장소], [역할], [일])
¶그분은 오늘 퇴임식을 끝으로 물러가신다고 한다. ¶적군이 이 땅에서 물러가도록 돌격하라!
❹(어떤 사태나 사조 따위가) 세력이 다하여 없어지다. (of a state of affairs or a trend) Lose its influence and disappear.
[유]사라지다
N0-가 V (N0=[상태], [사조])
¶가을이 되니 더위가 물러갔다. ¶전체주의가 물러가는 것은 세계적인 흐름이다.
❺(정해져 있던 일이나 그 시일이) 예정보다 뒤로 미루어지다. (of a planned work or its date) Be delayed until later than planned.
[유]연기되다, 지연되다
N0-가 V (N0=[사건], 기념일, 명절, 날짜 따위)
¶다음 모임 날짜가 물러가면 좋겠다. ¶올해는 개교기념일이 휴일과 겹쳐서 물러갈지도 모른다.

물러나다

[활용]물러나, 물러나니, 물러나고
[자]❶있던 자리에서 비켜나다. Step aside from a position held.
[유]물러서다, 후퇴하다
N0-가 N1-에서 N2-로 V (N0=[인간|단체], [동물] N1=[장소] N2=[장소], [방향])
¶우리는 안내자가 오지 않아 일단 호텔로 물러나기로 했다. ¶열차가 들어오고 있으니 뒤로 물러나 주세요.
❷싸움이나 경쟁에서 패하여 철수하다. Withdraw, being defeated in a fight or a competition.
[유]철수하다[자], 지다, 물러서다
N0-가 N1-에서 V (N0=[인간|단체] N1=직위, 경쟁 따위)

¶적군은 의병들의 항전에 막혀 물러났다. ¶그가 이번에도 물러나면 회사에서의 입지가 좁아질 것이다.
❸단단히 들어맞거나 붙어 있던 물건의 사이가 벌어지다. Have a gap between things that used to fit firmly or stick together.
㊌벌어지다
N0-가 V (N0=[구체물])
¶건물이 오래돼서 기둥이 물러나 있다. ¶물러난 곳만 손보면 다시 새것처럼 보일 것이다.
자타❶(어떤 자리나 직위에서) 중도에 그만두고 내려오다. Step down from a post halfway.
㊌물러서다, 사퇴하다
N0-가 N1-(에서|를) V (N0=[인간] N1=[직책])
¶박 사장은 30년간 이끌어 온 회사의 사장직에서 오늘 물러났다. ¶벼슬에서 물러난 이후에도 그는 백성들을 수시로 돌아보았다.
❷(어른이) 계신 곳에서 도로 나오다. Retreat from where one visits an elderly person.
N0-가 N1-(에서|를) V (N0=[인간] N1=[장소])
¶나는 회의를 마치고 사장실에서 물러났다.
¶저는 이만 물러나겠습니다.

물러서다

활용물러서, 물러서니, 물러서고
자❶(있던 자리에서) 비켜나 서다. Step back or aside from where one stands.
㊌물러나다자, 비켜나다, 비켜서다
N0-가 N1-에서 N2-로 V (N0=[인간], [동물] N1=[장소] N2=[장소])
¶고양이가 깜짝 놀라 뒤로 물러섰다. ¶거기서 물러서지 않으면 비를 맞을 것이다.
❷(어떤 자리나 직위에서) 중도에 그만두고 내려오다. Step down from a post halfway.
㊌물러나다자, 사퇴하다, 그만두다
N0-가 N1-에서 V (N0=[인간] N1=[직책])
¶그는 책임을 지고 대표이사직에서 물러섰다.
¶선생님은 교직에서 물러섰지만 아이들을 향한 열정은 식지 않았다.
❸어려운 일에 맞서 버티다가 포기하다. Give up after facing a difficulty for a time.
㊌그만두다, 포기하다
N0-가 V (N0=[인간|단체])
¶우리가 여기까지 왔는데 물러설 수야 없지.
¶네가 이제 와서 물러서고 만다면 두고두고 후회할 것이다.

물려받다

활용물려받아, 물려받으니, 물려받고
타(부모님이나 앞 세대에게서) 재물, 지위, 기예, 기질 따위를 대가를 지불하지 않고 이어서 전해받다. Receive asset, position, accomplishment or temperament from parents or earlier generation without at no cost.
㊌계승하다, 이어받다, 상속받다 ㊍물려주다, 상속하다
N0-가 N2-(에게|에게서) N1-를 V (N0=[인간] N1=[구체물], [추상물] N2=[인간])
¶그는 부모에게서 엄청난 재산을 물려받았다.
¶그는 연기의 끼를 어머니로부터 물려받았다고 했다. ¶우리는 조상들로부터 물려받은 문화유산을 잘 보존해야 한다.

물려주다

활용물려주어(물려줘), 물려주니, 물려주고
타(부모님이나 앞 세대가) 재물, 지위, 기예, 기질 따위를 대가를 지불하지 않고 이어서 전해 주다. (of parents or earlier generation) Pass on asset, position, accomplishment or temperament to the next generation at no cost.
㊌남기다, 전하다타, 전승하다, 상속하다 ㊍물려받다, 상속받다
N0-가 N2-에게 N1-를 V (N0=[인간] N1=[구체물], [추상물] N2=[인간])
¶고유 민속을 잘 보존하여 후손에게 물려주는 것이 우리의 임무이다. ¶그는 졸업을 하면서 자신의 교복을 후배에게 물려주기로 했다. ¶어머니는 자식들에게 가난만큼은 물려주고 싶지 않다고 하셨다.

물리다 I

활용물리어(물려), 물리니, 물리고
자다시 경험하기 싫을 정도로 싫어지다. Become disgusted with something to such an extent that one never wishes to experience it again.
㊌질리다
N0-가 N1-에 V (N0=[인간] N1=[상태], [행위], [감각], [음식])
¶나는 이제 햄버거에 물렸다. ¶나는 정치가들의 거짓 공약에 물려서 더 이상은 아무도 지지하지 않는다.
N0-가 N1-가 V (N0=[인간] N1=[상태], [행위], [감각], [음식])
¶나는 이제 이 일이 물린다. ¶너무 자주 먹었는지 이 맛도 이제 물리기 시작하네.

물리다 II

활용물리어(물려), 물리니, 물리고
자(톱니나 이 따위의) 아귀와 아귀가 잘 맞아서 단단히 고정되다. (of serrated wheels or cogs) Be fixed sturdily due to the harmonious interlocking of cogs.
㊌맞물리다, 맞다III자

ㅁ

N0-가 V (N0=[기계](톱니, 이 따위))
연어 잘, 단단히
¶톱니가 잘 물려서 돌고 있다. ¶무슨 문제인지 이가 잘 안 물려서 톱니가 못 돌고 있다.

물리다Ⅲ

활용 물리어(물려), 물리니, 물리고
재타 (사람이나 동물 또는 그 신체가) 모기 따위의 벌레의 주둥이에 살이 꿰뚫리다. (of the skin of a person, animal, or body part) Be penetrated by the tendrils, etc., of an insect such as a mosquito.
유 물어뜯기다 타
N0-가 N1-를 N2-에 V ↔ N0-의 N1-가 N2-에 V (N0=[인간], [동물] N1=[신체부위] N2=[벌레])
능 물다II
¶동생이 모기에 다리를 물렸다. ↔ 동생의 다리가 모기에 물렸다. ¶소가 쇠파리에 물려서 피부에 상처가 생겼다.
타 다른 동물이나 사람의 이빨이나 입술 사이에 끼워져 상처가 날 만큼 세게 신체 일부를 눌림을 받다. (of a body part) Be caught between the teeth or lips of a person or animal and be held or gripped to the point of injury.
N0-가 N1-를 N2-(에|에게) V (N0=[인간], [동물] N1=[신체부위] N2=[인간], [동물])
능 물다I
¶옆집 개가 우리 개에게 배를 물렸다. ¶땅꾼이 뱀에게 다리를 물렸다.

물리다Ⅳ

활용 물리어(물려), 물리니, 물리고
타 ❶(입을 움직이거나 말을 하지 못하도록) 다른 사람이나 동물의 입술이나 이빨 사이에 무엇을 끼우거나 채우다. Place something between the teeth or lips of a person or animal in order to restrict speech or movement of the mouth.
유 채우다, 끼우다 반 풀다
N0-가 N1-를 N2-(에|에게) V (N0=[인간] N1=[구체물] N2=[인간], [동물], [신체부위](입, 이빨 따위))
주 물다I
¶수의사가 사나운 개에게 재갈을 물렸다. ¶납치범이 그 사람에게 재갈을 물리고 손을 묶었다.
❷(젖이나 젖병 따위를) 빨아 먹도록 입에 대어 주다. Put a baby's mouth to breast or bottle to allow it to feed.
유 빨리다, 빨게 하다
N0-가 N1-를 N2-에게 V (N0=[인간], [동물] N1=젖, 젖병, 젖꼭지 따위 N2=[동물], 아이, 아기)
주 물다I
¶엄마가 아이에게 젖을 물렸다. ¶언니가 우는 동생에게 가짜 젖꼭지를 물렸다.

물리다Ⅴ

활용 물리어(물려), 물리니, 물리고
타 ❶(어떤 사람에게) 비용을 치르게 하다. Make someone repay a fee or tax.
유 지불하게 하다, 갚게 하다
N0-가 N1-를 N2-(에|에게) V (N0=[인간|단체] N1=[피해], [값] N2=[인간|단체])
주 물다IV
¶피해자는 나에게 입원비를 물렸다. ¶정부가 제조업체들에 환경 부담금을 물렸다.
❷(세금 따위를) 내도록 하다. Make someone pay a debt or fulfill their tax obligations.
유 때리다, 매기다, 부과하다
N0-가 N1-를 N2-(에|에게) V (N0=[인간|단체] N1=[값](세금 따위) N2=[인간|단체])
주 물다IV
¶정부에서 고소득자들에게 추가로 세금을 물렸다.
❸(이자 따위를) 내게 하다. Make someone pay interest.
유 지급하게 하다, 지불하게 하다
N0-가 N1-를 N2-에게 V (N0=[인간|단체] N1=[비율](이자), [값] N2=[인간])
¶돈을 빌려주는 사람이 돈을 빌리는 사람에게 이자를 물린다. ¶은행이 대출자에게 이자를 물렸다.

물리다Ⅵ

활용 물리어(물려), 물리니, 물리고
타 ❶(물건 따위를) 다른 곳으로 옮겨놓거나 치우다. Move or clear an object to another location.
유 치우다, 가져나가다
N0-가 N1-를 N2-로 V (N0=[인간] N1=[구체물] N2=[장소])
¶할아버지께서 상을 옆으로 물리셨다. ¶나는 책을 옆으로 물리고 컴퓨터를 놓았다.
❷(시간 따위를) 예정보다 뒤로 늦추다. Postpone or put off a plan to a later time.
유 미루다, 연기하다
N0-가 N1-를 N2-로 V (N0=[인간|단체] N1=[모임], [행위] N2=[시간])
¶이사회는 회의를 갑자기 3일 후로 물렸다. ¶나는 납품을 계속 뒤로 물릴 수밖에 없었다.

물리치다

활용 물리치어(물리쳐), 물리치니, 물리치고
타 ❶(상대를) 싸워서 이기거나 물러가게 하다. (of a person) Win against an opponent and make him or her retreat.
유 격퇴하다
N0-가 N1-를 V (N0=[인간], [집단] N1=[인간], [집단])
¶영화에서 지구인들은 외계인의 침략을 물리치

고 다시 평화를 되찾는다. ¶반란군은 왕의 군대를 물리치고 새로운 정부를 수립했다.
❷(어려운 일이나 유혹, 생각 따위를) 노력을 기울여 없애거나 극복하다. (of a person) Repel or get over difficulties, temptation, or thought.
㊌없애다, 극복하다, 헤치다
N0-가 N1-를 V (N0=[인간] N1=난관, 어려움, 재앙, 죽음, 유혹, 망상 따위)
¶우리는 힘을 합쳐 어려움을 물리쳐야 합니다. ¶그는 세속의 유혹을 물리치고 성직자의 길을 걸었다.
❸(다른 사람의 부탁이나 요청을) 단호히 거절하여 받아들이지 않다. (of a person) Refuse another person's demand or request firmly.
㊌거부하다, 거절하다
N0-가 N1-를 V (N0=[인간] N1=요청, 부탁, 유혹, 뇌물 따위)
¶나는 그의 부탁을 물리칠 수 없었다. ¶그녀는 작품의 속편을 써 달라는 요청을 끝내 물리쳤다.
❹(다른 사람을) 대회나 경기에서 이기다. (of a person) Beat another person in a game or a contest.
㊌이기다I, 꺾다
N0-가 N1-를 V (N0=[인간], [집단] N1=[인간], [집단])
¶그는 예술대학 출신인 수많은 경쟁자들을 물리치고 본선에 진출했다. ¶한국 축구팀은 폴란드를 2대 0으로 물리치고 결승에 진출했다.

물먹다

활용 물먹어, 물먹으니, 물먹고 대응 물을 먹다
자 ❶(식물이나 농작물이) 뿌리를 통해 물을 줄기나 잎 속으로 빨아들이다. (of plants or crops) Suck water into the body using roots.
N0-가 V (N0=[식물])
¶물먹은 화초들이 싱그러워 보인다. ¶시루에는 물먹은 콩들이 무럭무럭 자라고 있다.
❷(식물이나 농작물이) 물기가 적당한 양을 넘어 많이 배다. (of plants or crops) Be full with moisture beyond adequate amount.
㊌무르다
N0-가 V (N0=[식물])
¶장마철에는 물먹은 수박이 많다. ¶어머니는 전날 소금물에 절여 물먹은 배추를 찬물에 헹구셨다.
❸물이 배어 축축하게 되다. Become wet due to application of water.
㊌젖다
N0-가 V (N0=[구체물])
¶물먹은 등산화가 무거워져 점점 걷기가 힘들었다. ¶물먹은 화선지 위에 붓을 대니 먹물이 번져 나갔다.
❹(시험, 직위 따위에서) 떨어지거나 밀려나 낭패를 보다. Be in trouble by failing or being ousted from an exam or position.
㊌떨어지다, 실패하다
N0-가 N1-에서 V (N0=[인간] N1=[사건])
사 물먹이다
¶종호는 이번 시험에서도 물먹었다더니 사실이구나. ¶영수는 승진 인사에서 다섯 차례나 연거푸 물먹은 적도 있다.
※ 속되게 쓰인다.

물먹이다

활용 물먹여, 물먹이니, 물먹이고 대응 물을 먹이다
자타 (상대방을) 어찌할 수 없는 아주 곤란하거나 어려운 사정에 처하게 하다. Make someone be in very troublesome or difficult situation that cannot be helped.
㊌실패하다, 좌절되다
N0-가 N1-(에게|를) V (N0=[인간|단체] N1=[인간|단체])
주 물먹다
¶그는 자신을 물먹인 선배를 용서하기 힘들었다. ¶그녀는 지난번에 자신을 속인 친구에게 이번에 제대로 물먹였다. ¶국회는 민생 법안 통과를 계속해서 미룸으로써 국민들을 물먹인 셈이다.
※ 속되게 쓰인다.

물색하다

어원 物色~ 활용 물색하여(물색해), 물색하니, 물색하고 대응 물색을 하다
타 (무언가를) 찾아내거나 얻으려고 애쓰다. Make an effort to find out or acquire something.
㊌구하다I, 탐색하다타
N0-가 N1-를 V (N0=[인간|단체] N1=[구체물], [추상물])
¶우리는 결혼 후에 살 집을 물색했다. ¶퇴사한 직원을 대체할 인력을 어서 물색해야 한다. ¶우리 업체는 신상품을 납품할 도매상을 물색하고 있다.

물어내다

활용 물어내어(물어내), 물어내니, 물어내고
타 (남에게 입힌 피해나 손해를 갚기 위해) 대가를 치르거나 본래의 상태로 되돌려놓다. Pay price or return something original state in order to repay damage or loss that one inflicted on someone.
㊌갚다, 치르다[1], 배상하다, 보상하다
N0-가 N1-를 V (N0=[인간] N1=[비용], [피해])
¶사장님이 직원의 차 수리비를 물어내기로 했다. ¶계약을 파기하면 계약금 2배에 해당하는 금액을 물어내야 한다. ¶세탁소에 맡겼다 망가진 옷을

ㅁ

보고 그녀는 어서 물어내라고 주인에게 따졌다.

물어뜯기다

[활용]물어뜯기어(물어뜯겨), 물어뜯기니, 물어뜯기고

[자]❶(물건이나 식물 따위가) 짐승 따위의 이나 부리에 세게 눌리어 일부가 따로 떨어져 나오다. (of a part of a thing or a plant) Be torn out, being bitten or pecked by the teeth or beak of an animal.

[유]물리다III[자타]

N0-가 N1-(에게|로부터|에 의해) V (N0=[구체물] N1=[동물])

[능]물어뜯다

¶인형이 아기곰에게 물어뜯겼다. ¶나의 공책이 애완견에게 물어뜯겨 갈기갈기 찢어졌다.

❷(사람이나 단체가) 다른 사람이나 단체에게 헐뜯겨 못 견디게 괴롭게 되다. (of a person or an organization) Suffer severely from the slander of another person or organization.

[유]비난받다, 비판받다[자], 험담을 듣다

N0-가 N1-(에게|로부터|에 의해) V (N0=[인간|집단] N1=[인간|집단])

[능]물어뜯다

¶민수는 사람들에게 물어뜯겨 마음에 상처를 입었다. ¶민수는 네티즌들로부터 물어뜯기고 공격을 당했다.

[타]❶(사람이나 짐승 따위가) 신체의 일부분을 다른 사람이나 짐승의 이나 부리에 세게 눌리어 따로 떨어져 나오게 되다. (of a person or an animal) Have parts of their body be torn out, being strongly bitten or pecked by the teeth or beak of another person or animal.

[유]물리다III[타]

N0-가 N2-(에게|로부터) N1-를 V (N0=[인간], [동물] N1=[신체부위] N2=[인간], [동물])

[능]물어뜯다

¶사육사가 흑곰에게 오른팔을 물어뜯겼다. ¶스페인 남성이 해수욕을 즐기다 식인상어로부터 팔과 몸통을 물어뜯겼다.

❷(사람이나 짐승이) 모기나 개미 같은 곤충 따위에게 살을 주둥이로 찔리다. (of a person or an animal) Get stung on the skin by the mouth of a mosquito or an ant.

[유]물리다III[타]

N0-가 N2-(에게|로부터) N1-를 V ↔ N0-가 N2-(에게|로부터) V (N0=[인간], [동물] N1=[신체부위] N2=[벌레])

[능]물어뜯다

¶아이가 모기에게 온몸을 물어뜯겼다. ¶우리는 밤새 벌레에게 온몸을 물어뜯겨 잠을 자지 못했다.

물어뜯다

[활용]물어뜯어, 물어뜯으니, 물어뜯고

[타]❶(사람이나 짐승 따위가) 이나 부리로 어떤 대상을 세게 눌러 떼어내거나 떨어지게 하다. (of a person or an animal) Tear out an object by the teeth or beak.

[유]물다I

N0-가 N2-로 N1-를 V (N0=[인간], [동물] N1=[구체물], [신체부위] N2=[신체부위](이, 이빨, 부리 따위))

[피]물어뜯기다

¶아이는 계속 이로 손톱을 물어뜯었다. ¶반달곰이 등산객의 침낭을 물어뜯고 달아났다.

❷(모기나 개미 같은 곤충 따위가) 주둥이로 살을 찌르다. (of an insect such as mosquito or ant) Sting the skin with its mouth.

[유]물다II

N0-가 N1-를 V (N0=[벌레] N1=[인간], [동물], [신체부위])

[피]물어뜯기다

¶모기들이 밤새 아이를 물어뜯어서 아이가 잠을 못 잤다. ¶벌레가 온몸을 너무 물어뜯어 우리는 물파스를 갖고 다녀야 했다.

❸(사람이나 단체가) 다른 사람이나 단체를 못 견디게 괴롭히거나 헐뜯다. (of a person or an organization) Torment or slander another person or organization.

[유]비방하다, 비난하다, 비판하다, 험담하다

N0-가 N1-를 V (N0=[인간|단체] N1=[인간|단체])

[피]물어뜯기다

¶저 마을 사람들은 틈만 나면 서로를 물어뜯기에 바쁘다. ¶서로를 물어뜯고 싸우던 두 경쟁 회사가 다시 손을 잡았다.

뭉개다 I

[활용]뭉개어(뭉개), 뭉개니, 뭉개고

[자]❶게으름을 피우며 한 자리에서 미적거리거나 우물우물하다. Linger in one place out of laziness.

[유]머뭇거리다, 게으름을 피우다

N0-가 V (N0=[인간])

¶너는 무슨 배짱으로 아직도 뭉개고 있니? ¶그렇게 앉아서 뭉개지만 말고 빨리 움직여라.

❷(교통수단이) 더 나아가지 못하고 제자리에서 미적거리다. (of a means of transportation) Remain stuck in one place due to an obstacle or inability to move forward.

[유]머무적거리다, 머뭇거리다, 정체하다, 서행하다, 꾸물대다

N0-가 N1-에서 V (N0=[교통기관] N1=[장소])

¶경운기가 비탈길에서 뭉개고 있다. ¶오토바이가

도로 한복판에서 뭉개고 있다.
타(어떤 일을) 제대로 처리하지 않고 미적거리거나 질질 끌다. Linger or drag out some duty by not processing it properly.
유꾸물대다, 꾸물거리다
N0-가 N1-를 V (N0=[인간] N1=일, 사건, 병 따위)
¶그는 그 문건을 벌써 두 달 동안이나 뭉개고 있다. ¶일단 들키지만 말고 뭉개다 다음 사람한테 넘겨.

뭉개다II

활용뭉개어(뭉개), 뭉개니, 뭉개고
타❶(다른 대상을) 신체부위나 사물로 눌러 문지르거나 으깨다. Rub or mash a different subject with a body part or an object by pressing it.
유으깨다, 짓밟아 누르다
N0-가 N1-를 N2-로 V (N0=[인간] N1=[구체물], [신체부위] N2=[신체부위](발, 손, 엉덩이 따위), [구체물], [교통기관])
피뭉개지다
¶그는 담배꽁초를 발로 뭉갰다. ¶아주머니가 연탄재를 들고 와 빙판에 뭉갰다.
❷(다른 사람의 요구나 약속 따위를) 무시하여 듣지 않다. Neglect to listen to or ignore someone's request or promise.
유묵살하다, 거부하다, 물리치다
N0-가 N2-의 N1-를 V (N0=[인간|단체] N1=[추상물](요구, 호의, 의혹, 약속 따위) N2=[인간], [일], [사건])
피뭉개지다
¶의혹을 적당히 뭉개고 지나갈 수 있다고 생각한다면 큰 착각이다. ¶정치인이 국민과의 약속을 뭉갰다.
❸(기억 따위를) 고의적으로 애써 지우다. Purposely erase one's memory with effort.
유지우다I, 없애다
N0-가 N1-를 V (N0=[인간|단체] N1=[인지](생각, 기억, 추억 따위))
¶그는 그녀와의 추억을 머릿속에서 뭉개 버렸다. ¶나는 대학 시절의 기억을 모두 뭉개 버리고 싶다.

뭉개지다

활용뭉개지어(뭉개져), 뭉개지니, 뭉개지고
자❶(사람이나 사물이) 어떤 힘에 눌려 으깨지거나 으스러지다. (of a person or object) Be mashed or crushed by force.
유부서지다, 으스러지다
N0-가 N1-에 V (N0=[구체물], [신체부위] N1=[구체물])
능뭉개다II
¶인형은 오가는 차량들에 깔아 뭉개졌다. ¶나는 딸기가 뭉개지는 줄도 모르고 있었다.
❷(다른 사람의 말이나 행동에) 자존심이 몹시 상처를 입다. Receive an insult or injury to one's self-esteem as a result of someone's speech or action.
유상하다자, 짓밟히다
N0-가 N1-에 V (N0=자존심 N1=[말], [행위], [사건], [사실])
능뭉개다II
¶친구의 말에 현수 씨의 자존심이 아주 뭉개졌다. ¶그의 지적에 자존심이 뭉개졌다.
❸(소리가) 뭉치고 눌려서 선명하지 않게 되다. Be unclear in sound due to mashing.
유흐려지다, 흐릿해지다
N0-가 V (N0=소리)
¶오디오 소리가 뭉개져서 들린다. ¶볼륨이 지나치게 높으면 소리가 뭉개진대요.

뭉치다

활용뭉치어(뭉쳐), 뭉치니, 뭉치고
자❶(물건이) 한데 합쳐져 한 덩어리가 되다. (of objects) Become one single mass by uniting.
유엉기다I, 얽히다
N0-가 V (N0=[구체물](물방울, 솜, 실, 털 따위))
¶그 옷은 자주 빨면 털이 뭉친다. ¶뭉친 털을 어떻게 제거하면 좋을까요?
❷(근육이나 피가) 한데 엉겨서 딱딱해지다. (of a muscle or blood) Become hard by condensing.
유엉기다I, 경직되다, 굳다
N0-가 V (N0=[신체부위])
¶어깨가 자주 뭉치고 아프다. ¶근육이 뭉치지 않게 운동해 주세요.
❸(둘 이상의 사람이) 하나로 합치다. (of more than two people) Form into one group or union.
유합치다, 모이다, 협력하다 반헤어지다, 흩어지다, 해체하다
N0-가 V (N0=[인간])
¶그들은 다시 뭉쳐 새로운 조직을 만들었다. ¶뭉치면 살고 흩어지면 죽는다.
❹(둘 이상의 사람이) 한 곳에 모이다. (of more than two people) Assemble in one place.
유합치다, 만나다자 반갈라서다, 헤어지다, 흩어지다
N0-가 N1-에서 V (N0=[인간] N1=[장소])
¶우리 오랜만에 학교에서 한 번 뭉쳐 볼까요? ¶동아리에서 뭉쳐 봤자 너하고 나뿐이다.
❺(주로 부정적인 감정이) 마음속에 쌓여 덩어리지다. Piling up of negative emotions.
유쌓이다, 응결하다 반풀리다
N0-가 N1-에 V (N0=[감정](화, 슬픔, 원한, 응어리

따위) N1=마음, 가슴 따위)
¶그 노래를 듣고 있으면 가슴에 뭉친 응어리가 풀리는 듯 했다. ¶마음에 뭉쳐 있는 화를 빨리 풀어야 건강에 좋다.
[타]❶(물건을) 한데 합쳐서 한 덩어리로 만들다. Create a mass by combining numerous different objects.
[유]합치다, 모으다
N0-가 N1-를 V (N0=[인간] N1=[구체물](종이, 수건, 눈, 옷, 밥 따위))
¶그는 뭉친 눈을 내게 던졌다. ¶엄마가 주먹밥을 뭉쳐서 아이의 입 속에 넣어 주었다.
❷(둘 이상의 사람이) 동일한 목표를 이루기 위해서 마음이나 힘 따위를 하나로 단결하다. (of more than two people) Become one in spirit or force to achieve a shared goal.
[유]모으다, 합치다, 협동하다, 결집하다, 협력하다, 합심하다
N0-가 N1-와 N2-를 V ↔ N1-가 N0-와 N2-를 V ↔ N0-와 N1-가 N2-를 V (N0=[인간|단체] N1=[인간|단체] N2=힘, 마음, 뜻 따위)
[연어]똘똘
¶영희가 나와 힘을 뭉쳤다. ↔ 내가 영희와 힘을 뭉쳤다. ↔ 영희와 내가 힘을 뭉쳤다. ¶온 국민이 마음을 하나로 똘똘 뭉쳐서 위기를 극복해야 한다.

미끄러지다

[활용]미끄러지어(미끄러져), 미끄러지니, 미끄러지고
[자]❶(사람이나 교통수단이) 미끄럽거나 경사진 곳에서 넘어지거나 한쪽으로 쭉 쏠리다. (of person or transportation) Fall over or tilt to one side in a slippery or an inclined area.
[유]넘어지다, 자빠지다(속어)
N0-가 N1-(에|에서) V (N0=[인간], [구체물], [교통기관] N1=[장소])
¶나는 눈길에서 미끄러져 다리를 다쳤다. ¶눈길에 미끄러져도 균형을 잡을 수 있도록 손을 주머니에서 빼고 다녀야 한다. ¶빗길에 버스가 길 아래로 미끄러졌다.
❷(무엇이 어디에서) 벗겨져 빨리 흘러내리다. (of something) Be taken off and to run down fast.
[유]떨어지다, 흘러내리다
N0-가 N1-에서 V (N0=[구체물] N1=[장소])
¶옷걸이에 걸쳐 둔 넥타이가 자꾸 미끄러져 아래로 떨어졌다. ¶의자에 걸쳐 둔 스카프가 자꾸 미끄러진다.
❸(무엇이 어디에서) 제대로 꽉 잡히지 않아 빠져나가다. (of something) Escape from somewhere because it was not fastened firmly.
[유]빠져나가다[자]
N0-가 V (N0=[구체물], [신체부위])
¶칼이 미끄러져 손을 다쳤다. ¶나는 문자 메시지를 입력하다가 손이 미끄러져 전송 버튼을 누르고 말았다.
❹(자동차나 배, 기차 따위가) 유연하게 거침없이 앞으로 나아가다. (of cars, ships, or trains) Proceed fluidly and without a hitch.
[유]쏜살같이 달리다
N0-가 V (N0=[교통기관])
¶여러 대의 자동차가 미끄러지듯 집 안으로 들어갔다. ¶쾌속 기차는 철로를 미끄러지듯 질주하였다.
❺(사람이 시험이나 선발 과정에서) 뽑히지 못하고 떨어지다. (of a person) Fail in an examination or an election.
[유]떨어지다, 낙방하다, 탈락하다, 밀려나다
[반]합격하다, 당선되다
N0-가 N1-에서 V (N0=[인간] N1=[시험], [경연대회])
¶그는 이번 대회에서 지난 올림픽 결승전에서 미끄러진 한을 풀었다. ¶나는 다행히 올해는 시험에서 미끄러지지 않았다.
※ 속되게 쓰인다.
❻(사람이 직위에서) 제 자리를 지키지 못하고 밀려나다. (of a person) Be forced to leave his or her office.
[유]밀려나다, 해임되다, 쫓겨나다
N0-가 N1-에서 V (N0=[인간] N1=[직책])
¶그는 비리에 휘말려서 장관직에서 두 달 만에 미끄러졌다. ¶김 의원은 인종차별적 발언을 하여 모든 직책에서 미끄러졌다.
※ 속되게 쓰인다.

미끈거리다

[활용]미끈거리어(미끈거려), 미끈거리니, 미끈거리고 [여린]매끈거리다
[자](표면이) 거친 데가 없이 매우 부드러워서 자꾸 저절로 밀려 나가다. Slip due to extreme smoothness without rough surface.
[유]미끄러지다
N0-가 V (N0=[구체물])
¶손바닥이 미끈거린다. ¶그릇마다 버터가 묻어 미끈거렸다. ¶물걸레로 닦아도 바닥이 미끈거렸다.

미달되다

[어원]未達~ [활용]미달되어(미달돼), 미달되니, 미달되고 [대응]미달이 되다
[자]☞ 미달하다

미달하다

[어원]未達~ [활용]미달하여(미달해), 미달하니, 미달하고
[자](일정한 한도나 기준 따위에) 이르지 못하다.

Fail to reach a certain limit, standard, etc.
㊌모자라다 ㊥초과되다, 초과하다
No-가 N1-에 V (No=[인간], [추상물](성능), [수량](용량) N1=[기준], [수량](정원, 용량 따위))
¶제품 성능이 기준에 미달한다. ¶제품 용량이 표시 용량에 미달하는 사례가 많았다.
※주로 N1 명사 앞에는 '기준'이라는 말이 쓰인다.
No-가 N1-가 V (No=[기관], [구체물] N1=[기준], [수량](용량 따위))
¶이 음료수는 용량이 미달되었다. ¶우리 학교는 정원이 미달되었다.
※주로 N1 명사 앞에는 '기준'이라는 말이 쓰인다.

미루다 I

활용 미루어(미뤄), 미루니, 미루고
타 ❶(일이나 정해진 때를) 정해진 시간에서 뒤로 늦추다. Push back one's task or schedule from the designated time.
㊌늦추다, 물리다VI, 연기하다 ㊥당기다타
No-가 N1-를 N2-에서 N3-로 V (No=[인간|단체] N1=[행위] N2=[시간] N3=[시간])
¶그는 회의 시간을 오후 2시에서 3시로 미뤘다. ¶오늘 할 일을 내일로 미루지 말자.
No-가 N1-를 V (No=[인간] N1=[시간])
¶입금 시간을 미루다 큰일을 치를 뻔했다. ¶검사 시기를 미루다 적절한 치료 시기를 놓치는 경우가 많다.
❷(일이나 책임 따위를) 다른 사람에게 억지로 떠넘기다. Forcefully dump one's task, duty, etc., on someone else.
㊌떠넘기다, 떠맡기다
No-가 N1-를 N2-(에|에게) V (No=[인간|단체] N1=[일], [의무](책임 따위), 잘못 따위 N2=[인간|단체])
¶그들은 무슨 일이든 서로에게 미루지 않고 자진해서 했다. ¶그는 지금까지 자신의 일을 남에게 미룬 적이 없었다.
No-가 N1-를 N2-로 V (No=[인간|단체] N1=[일], [의무](책임 따위), 잘못 따위)
¶그는 자기의 잘못을 항상 남의 탓으로 미룬다. ¶이 일의 책임을 다른 회사로 미루다 시비가 붙었다.
No-가 S것-을 N1-로 V (No=[인간|단체] N1=탓, 잘못 따위)
¶그는 자신이 잘못한 것을 항상 친구 탓으로 미뤘다. ¶그는 자신이 잘못한 것을 다른 사람의 잘못으로 미뤘다.

미루다 II

활용 미루어(미뤄)
자타 이미 알고 있는 사실로 견주어 다른 것을 미리 헤아리다. Consider something in advance based on fact that one already knows.
㊌짐작하다, 유추하다, 비춰보다
No-가 N1-로 V ↔ No-가 N1-를 V (No=[인간] N1=[상태], [행위], [텍스트] 따위)
¶내가 당시 정황으로 미루어 볼 때 그가 여기에 있었을 가능성이 크다. ↔ 내가 당시 정황을 미루어 볼 때 그가 여기에 있었을 가능성이 크다. ¶편지 내용으로 미루어 볼 때 그의 말은 모두 사실인 것 같다. ¶그가 서울을 떠난 까닭을 나는 미루어 짐작할 수 있었다.
※ 주로 '미루어' 형태로 쓰인다.
No-가 S것-을 V ↔ No-가 S것-으로 V (No=[인간])
¶내가 그가 가방을 싸는 것을 미루어 볼 때 그는 여행을 가려는 것이 틀림없다. ↔ 내가 그가 가방을 싸는 것으로 미루어 볼 때 그는 여행을 가려는 것이 틀림없다. ¶그가 거칠게 숨을 내뿜는 것으로 미루어 볼 때 그는 흥분하고 있는 듯했다.

미어지다

활용 미어지어(미어져), 미어지니, 미어지고
자 ❶(물건이나 사람의 피부 따위가) 닳아서 구멍이 나다. (of an item or a person's skin) Wear down until a hole forms.
㊌찢어지다, 갈라지다
No-가 V (No=[인간], [구체물](양말, 가방 따위), [신체부위])
¶가방이 금방이라도 미어질 듯했다. ¶넘어져서 무릎이 미어지고 피가 났다.
❷(신체부위나 물건의 내부가) 가득 차서 터질 듯한 상태가 되다. (of the inside of a body part or object) Be completely filled to the point of bursting.
㊌찢어지다, 터지다[1]
No-가 N1-가 V (No=[인간] N1=[신체부위](입, 볼 따위), [구체물](자루 따위))
¶아이들은 입이 미어지게 밥을 퍼 넣고 있었다. ¶그는 자루가 미어지도록 물건을 담았다.
❸(어떤 장소가) 사람이나 물건 따위로 가득 차다. (of a location) Be completely filled with people or objects.
㊌가득 차다, 넘치다
No-가 N1-로 V (No=[장소] N1=[인간], [구체물](차량 따위))
¶등산로가 차량으로 미어졌다. ¶명동 거리는 사람들로 미어졌다.
❹ «비유적으로» 가슴이 찢어질 듯이 아프고 슬프다. (Figuratively) Suffer from heart-rending pain and sadness.
㊌쓰라리다, 찢어지듯 아프다
No-가 V (No=가슴, 마음 따위)
¶가슴이 미어지면서 눈물이 흘렀다. ¶저는 그

ㅁ

일을 생각하면 가슴이 미어지고 이가 갈립니다.
N1-에 N0-가 V (N0=가슴, 마음 따위 N1=소식, 비명 소리 따위)
¶그 소식에 가슴이 미어지고 아팠다. ¶멀리서 들려오는 비명 소리에 가슴이 미어졌다.

미워하다

활용 미워하여(미워해), 미워하니, 미워하고
자타 ❶(다른 사람과 서로) 밉게 보거나 그러한 생각을 행동으로 내보이다. (of two people) Hate each other or show such thought with behavior.
유 싫어하다 자 반 좋아하다 자
N0-가 N1-와 서로 V ↔ N1-가 N0-와 서로 V ↔ N0-와 N1-가 서로 V (N0=[인간] N1=[인간])
¶철수는 영수와 서로 미워했다. ↔ 영수는 철수와 서로 미워했다. ↔ 철수와 영수는 서로 미워했다. ¶너랑 그 아이랑 서로 미워한다는 건 모두가 다 알고 있는 사실이야.
❷(다른 사람을) 밉게 보거나 그러한 생각을 행동으로 내보이다. Hate someone or show such thought with behavior.
유 싫어하다 타 반 좋아하다 타
N0-가 N1-를 V (N0=[인간] N1=[인간], [추상물](죄 따위))
¶학생들은 새로 온 전학생을 이유 없이 미워했다. ¶죄는 미워해도 사람을 미워해서는 안 된다고 한다.

미치다 I

미치다[1]

활용 미치어(미쳐), 미치니, 미치고
자 ❶(어떤 장소나 대상에) 다다르거나 닿다. Reach or touch some place or object.
유 이르다I, 당도하다, 도착하다 반 지나다 자
N0-가 N1-에 V (N0=[인간], [교통기관], [신체부위] N1=[장소], [지역])
¶열차가 승강장에 채 미치지 않았을 때 누군가가 철로에 뛰어들었다. ¶손이 거기까지 미치지 않았다.
❷(힘이나 능력 따위가)일정한 수준에 다다르다. (of strength, ability, etc.) Reach a certain standard.
유 닿다, 이르다I, 도달하다
N0-가 N1-에 V (N0=[힘], [추상물] N1=[정도], [기준])
¶아이들의 능력이 수준에 미치지 않았다. ¶능력이 어느 정도에는 미쳐야 이 일을 할 수 있다.
❸(분량이나 수치 따위가) 일정한 기준에 이르다. (of an amount, a numerical value, etc.) Reach certain criteria.
유 도달하다, 달하다 자 반 미달하다
N0-가 N1-에 V (N0=[수량], [돈] N1=[기준], [값])
¶누나의 성적은 상위권에 미치지 못했다. ¶이 가격이면 원가에도 못 미칩니다.
❹(일이나 행위 따위가) 일정한 단계에 이르다. (of duty, action, etc.) Reach a certain stage.
유 다다르다, 도달하다
N0-가 N1-에 V (N0=[일], [사건] N1=단계, 수준 따위)
¶우리의 사업이 구체화 단계에 미치지 못해서 아쉬웠다. ¶이 사건의 여파는 사회 전반에 미칠 것으로 예상됩니다.

미치다[2]

활용 미치어(미쳐), 미치니, 미치고
기능자 '작용'을 나타내는 기능동사 Support verb that shows "effect".
유 끼치다
N0-에 Npr-가 V (N0=[모두], Npr=영향, 피해, 작용, 생각 따위)
¶중력의 작용이 달에도 미칩니다. ¶쓰나미의 피해가 해안가에 미칠 가능성이 높습니다. ¶우리의 생각이 종교 문제에 미치는 순간 집중력을 잃었습니다.
타 '작용'을 나타내는 기능동사 Support verb that shows "effect".
유 끼치다
N0-가 N1-(에|에게) Npr-를 V ↔ N1-(에|에게) Npr-가 V (N0=[모두] N1=[모두], Npr=영향, 피해 따위)
¶쓰나미가 우리 마을에 영향을 미쳤다. ↔ 쓰나미의 영향이 우리 마을에 미쳤다. ¶잘못된 정책이 서민들에게 피해를 미쳤다. ↔ 잘못된 정책의 피해가 서민들에게 미쳤다.

미치다 II

활용 미치어(미쳐), 미치니, 미치고
자 ❶정신이 이상해지다. (of mental state) Be abnormal.
유 머리가 돌다
N0-가 V (N0=[인간])
¶나는 미치도록 당신이 그립습니다. ¶너무 힘들어서 미칠 지경이다.
❷(어떤 대상에) 과도할 정도의 열정을 가지고 몰두하다. Concentrate on some object by having excessive passion.
유 빠지다, 골몰하다, 열중하다, 홀리다
N0-가 N1-(에|에게) V (N0=[인간] N1=[구체물], [사건], [행위])
¶저 여자는 사이비 종교에 미쳤다. ¶십대들은 연예인에게 미친 것처럼 보일 때가 있다. ¶누나는 요즘 노래에 미쳐 있다.

미행하다

어원 尾行~ 활용 미행하여(미행해), 미행하니, 미행하고 대응 미행을 하다
타 (감시하거나 증거 따위를 잡기 위해) 다른 사람의

뒤를 몰래 따라가다. Follow someone secretly to monitor that person or obtain evidence.
[유]추적하다, 따라가다, 뒤쫓다
N_0-가 N_1-를 V (N_0=[인간] N_1=[인간])
¶탐정은 그들을 계속 미행했다. ¶경찰은 범인을 몇 달 동안 미행했다. ¶그는 누군가가 자신을 미행하고 있다는 것을 알아채자마자 바로 잠적했다.

믿기다

[활용]믿기어(믿겨), 믿기니, 믿기고
[자](무엇에 대한 내용이) 진실로 믿어지거나 생각되다. (of a content about something) Be believed to be true.
[유]믿어지다, 확신이 들다, 신뢰가 가다
N_0-가 N_1-에게 V (N_0=[사실] N_1=[인간])
[능]믿다[타]
¶네 말은 아무래도 나에게는 믿기지 않는다. ¶나는 그 사실이 도저히 믿기지 않아서 몇 번이고 되물었다.
S것-이 N_0-에게 V (N_0=[인간])
¶그가 살아서 다시 돌아왔다는 소식은 나에게는 도무지 믿기지 않았다. ¶이것이 3천 년 전의 건축물이라는 것이 잘 안 믿긴다.

믿다

[활용]믿어, 믿으니, 믿고
[타]❶(어떤 대상을) 전적으로 의지하고 마음으로 따르다. Depend completely on an object and follow it with all of one's heart.
[유]의지하다[자타], 신뢰하다 [반]불신하다
N_0-가 N_1-를 V (N_0=[인간|단체] N_1=[모두])
¶비록 위기였지만 선수들은 감독을 믿었다. ¶그는 권력만 믿고 횡포를 부렸다. ¶세상에 믿을 사람 하나도 없다는 말이 맞구나.
❷(절대자나 종교적 신념을) 받아들이고 따르다. Accept and follow an absolute existence or a religious faith.
[유]신봉하다, 귀의하다
N_0-가 N_1-를 V (N_0=[인간|단체] N_1=[종교], 신, 하느님, 부처님 따위)
¶일본 사람들이 믿는 신은 다양하다. ¶우리 집은 대대로 부처님을 믿고 있다.
[자타]❶(어떤 것을) 의심하지 않고 진실이라고 생각하다. Regard, without doubt, something as true.
[유]확신하다, 신뢰하다, 신용하다 [반]의심하다[자타]
N_0-가 S것-으로 V (N_0=[인간|단체])
¶그는 집값이 곧 떨어질 것으로 믿는다. ¶나는 무슨 일이든 열심히 하면 보상이 있을 것으로 믿어 왔다.
N_0-가 S다고 V (N_0=[인간|단체])
¶갈릴레이는 지구가 둥글다고 믿었다. ¶사람들은 언론이 공정하다고 믿고 있다.
N_0-가 N_1-를 V (N_0=[인간|단체] N_1=[이야기], [방법], 약속, 언약 따위)
[피]믿기다
¶나는 그의 약속을 믿었다. ¶아이는 장난감을 준다는 엄마의 말을 믿고 활짝 웃었다.
N_0-가 S(것|음)-을 V (N_0=[인간|단체])
[피]믿기다
¶사람들은 그가 가난을 해결해 줄 것을 믿었다. ¶승리할 것을 믿는 자에게는 두려움이 없다.
❷(어떤 대상을 다른 존재로) 의심하지 않고 대응시켜 동등하게 보다. Identify an object with another object with no doubt.
[유]확신하다 [반]의심하다[자타]
N_0-가 S다고 V (N_0=[인간|단체])
¶범인은 그가 경찰이라고 믿었다. ¶나는 그 돈이 선희의 것이라고 믿고 돌려주었다.
N_0-가 N_1-를 N_2-로 V (N_0=[인간|단체] N_1=[모두] N_2=[모두])
¶당시 정부에서는 금리 인하를 경기 부양책으로 믿었다. ¶달을 토끼가 사는 곳으로 믿는 아이들이 귀여웠다.

밀고하다

[어원]密告~ [활용]밀고하여(밀고해), 밀고하니, 밀고하고 [대응]밀고를 하다
[타]남몰래 넌지시 일러바치다. Tell on somebody quietly and secretively.
[유]고자질하다, 이르다III, 찌르다
N_0-가 N_1-를 N_2-에게 V (N_0=[인간] N_1=[인간], [추상물] N_2=[인간])
¶그는 경찰에게 독립운동가를 밀고하여 친일에 앞장섰다. ¶그는 선생님께 별 것도 아닌 동료의 흠을 밀고하였다.
N_0-가 N_1-에게 S고 V (N_0=[인간] N_1=[인간])
¶그는 경찰에게 독립운동가들이 만세 운동을 모의했다고 밀고했다. ¶영호는 선생님께 병희가 몰래 지각했다고 밀고하였다.

밀다

[활용]밀어, 미니, 밀고, 미는
[타]❶(다른 사람이나 사물 따위를) 행위자 쪽의 반대 방향으로 움직이도록 힘을 주다. Apply force on another person, object, etc., to move to the direction away from the doer.
[반]당기다[타]
N_0-가 N_1-를 V (N_0=[인간] N_1=[인간], [구체물])
[피]밀리다II
¶그는 가만히 서 있는 나를 밀어 넘어뜨렸다. ¶나는 그네를 힘껏 밀었다. ¶나는 온 힘을 다해 휠체어를 밀어 주었다.

No-가 N1-를 N2-로 V (No=[인간] N1=[인간], [구체물] N2=[방향], [장소])
피 밀리다II
¶어머니는 맛있는 반찬 접시를 승민이 앞으로 밀었다. ¶그는 공을 골문으로 밀어 넣었다.
No-가 N1-를 N2-에 V (No=[인간] N1=[인간], [구체물] N2=[장소])
¶그는 돈을 베게 밑에 밀어 넣었다. ¶할머니는 고기반찬을 내 앞에 밀어 놓으셨다.
❷(표면에 붙어있는 때나 껍질 따위를) 손이나 도구 따위로 떨어지도록 눌러 문지르다. Press and rub dirt, peel, etc., attached on a surface with one's hand, tool, etc., in order to detach it.
유 벗기다, 문지르다
No-가 N1-를 N2-로 V (No=[인간] N1=[신체부위], 때, 껍질 N2=때수건, 손, 대패 따위)
피 밀리다II
¶언니가 나의 등을 때수건으로 밀어 주었다. ¶내가 때수건으로 때를 밀어 줄 테니 너는 가만히 있거라. ¶목수는 대패로 나무를 밀었다.
❸(솟아 있는 것을) 도구로 허물어 옮기거나 없어지게 하다. Move or remove something that is rising by demolishing with a tool.
유 허물다II, 부수다
No-가 N1-를 N2-로 V (No=[인간] N1=[산](야산, 뒷산 따위), [건물](농가, 집 따위), [농경지](농토 따위) N2=불도저 따위)
피 밀리다II
¶사람들이 산을 불도저로 밀어 버렸다. ¶우리는 쌓인 눈을 불도저로 밀었다. ¶그들은 이 마을을 불도저로 밀고 그 위에 아파트를 짓고 싶어했다.
❹(수염이나 털 따위를) 칼이나 면도기 따위로 말끔하게 깎다. Neatly cut beard, hair, etc., with a blade, a razor, etc.
유 깎다
No-가 N1-를 N2-로 V (No=[인간] N1=[신체부위](수염, 머리카락, 털 따위) N2=칼, 면도기 따위)
피 밀리다II
¶그는 면도기로 수염을 깨끗이 밀었다. ¶나는 다리털을 밀 시간이 없었다.
❺(바닥을) 어떤 도구로 고르고 평평해지도록 눌러 문지르다. Press and rub the floor with a certain tool to make it even and flat.
유 다리다
No-가 N1-를 N2-로 V (No=[인간] N1=[장소], [옷] 따위 N2=롤러, 다리미 따위)
¶아내는 양복을 다리미로 밀어서 옷걸이에 걸어 놓았다. ¶아이는 그림 위에 물감과 모래를 뿌린 후 롤러로 밀었다.
❻(반죽 따위를) 방망이 따위로 얇게 펴지도록 눌러 문지르다. Press and rub paste, etc., with a bat, etc., to have it be spread thinly.
유 누르다 타
No-가 N2-로 N1-를 V (No=[인간] N1=반죽, 만두피 따위 N2=방망이 따위)
¶그는 집에서 직접 방망이로 반죽을 밀어서 칼국수를 만들었다. ¶나는 하루 종일 방망이로 만두피를 밀었다.
❼(등사기를) 글이나 그림 따위가 찍혀 나오도록 눌러 문지르다. Press and rub mimeograph to print writing, picture, etc.
유 돌리다
No-가 N1-를 V (No=[인간] N1=등사기, 롤러 따위)
¶그들은 밤새 등사기의 롤러를 밀어 대고 있었다. ¶남자는 손등에 잉크를 묻히며 등사기를 밀었다.
❽(어떤 단체나 사람 따위가) 다른 사람을 특정한 직위나 자리로 오르도록 지지하거나 도와주다. (of a certain organization, person, etc.) Support or help another person rise to a certain position or seat.
유 지원하다, 지지하다, 후원하다
No-(가|에서) N1-를 N2-로 V (No=[인간|단체] N1=[인간] N2=[인간](반장, 회장, 위원장, 후보 따위))
피 밀리다II
¶우리들은 그를 회장으로 적극 밀고 있다. ¶그는 이번 선거에서 나를 밀지 않고 다른 후보를 밀었다.
❾(사람이나 기관 따위가) 어떤 일을 강력하게 내세우거나 계속해 나가다. (of a person or an institute) Powerfully move forward or continue with a certain task.
유 밀어붙이다, 추진하다
No-가 N1-를 V (No=[인간|단체] N1=[행위], [생각])
¶검찰은 수사를 계속 밀고 나가야 한다. ¶우리 회사는 신제품 개발을 끝까지 밀고 나갈 것이다.
※ 주로 '밀고 나가다', '밀고 나오다'로 쓴다.
◆ **밀고 당기다** 주도권을 갖기 위해, 또는 자기에게 유리하게 하기 위해 상대방을 따뜻하게 대하기도 했다가 냉정하게 대하기도 하다. Treat somebody nicely and then coldly in order to take the initiative or turn things to one's advantage.
No-가 N1-와 서로 Idm ↔ N1-가 No-와 서로 Idm ↔ No-와 N1-가 서로 Idm (No=[인간|단체], N1=[인간|단체])
¶손님이 주인과 서로 밀고 당기며 흥정을 했다. ↔ 주인이 손님과 서로 밀고 당기며 흥정을 했다. ↔ 손님 과 주인이 서로 밀고 당기며 흥정을 했다. ¶연인들 사이에 밀고 당기기가 꼭 필요한 것은 아니다.

밀려가다

[활용]밀려가, 밀려가니, 밀려가고

[자]❶(사람이나 물건 따위가) 힘에 밀려 반대쪽으로 움직여 가다. (of a person or a thing) Move to the opposite side, being pushed by force.

[유]휩쓸려가다 [반]밀려오다

N0-가 N1-(에|에게|에 의해) V (N0=[인간|단체], [구체물], [기상])

¶배가 강한 파도와 바람에 의해 방파제 쪽으로 밀려갔다. ¶몽돌들이 자그락거리며 물결에 밀려왔다가 밀려간다. ¶우리가 가만히 서 있어도 인파에 밀려간다.

❷(사람이) 여럿이 함께 어떤 장소로 움직여 가다. (of people) Move to a place together.

[유]몰려가다 [반]밀려오다

N0-가 N1-로 V (N0=[인간|단체] N1=[장소], [방향])

¶많은 사람들이 축제 현장으로 밀려갔다. ¶무장 투쟁 세력은 계속해서 북으로 북으로 밀려갔다.

밀려나다

[활용]밀려나, 밀려나니, 밀려나고

[자]❶(사람이나 동물이) 다른 사람이나 동물에게 강제로 내몰려 옮겨지다. (of a person or an animal) Be forced to move out by another person or animal.

[유]몰리다, 물러나다[자]

N0-가 N1-(에|에게|에 의해) V (N0=[인간|단체], [동물] N1=[인간|단체], [동물])

[능]밀어내다

¶선수들이 상대에게 밀려나서 수비를 하지 못하고 있다. ¶나는 첫 번째 자리에 서 있다가 사람들에 의해 밀려나 일곱 번째 자리에 섰다.

❷(어떤 장소로) 원하지 않지만 가게 되다. Move to a place against one's will.

[유]옮겨지다, 이동되다

N0-가 N1-로 V (N0=[인간|단체] N1=[인간|단체])

[능]밀어내다

¶전셋집 찾기가 어려워진 주민들은 외곽으로 밀려나고 있는 상황이다. ¶불법 주차된 차들 때문에 자전거 이용자들이 어쩔 수 없이 차도로 밀려나게 되었다.

❸(있던 자리나 직책에서) 다른 자리나 직책으로 강제로 내몰리다. Be forced to move to another post or office.

[유]내몰리다, 떨려나다

N0-가 N1-에서 N2-로 V (N0=[인간|단체] N1=[단체], [추상물], [직책] N2=[단체], [추상물], [직책])

[능]밀어내다

¶우리 팀은 1위에서 3위로 밀려났다. ¶철수는 선두권에서 꼴찌로 밀려났지만 실망하지 않았다.

❹(어떤 대상이) 다른 대상에 의해 세력이 약해지다. (of an object) Be weakened by another object.

[유]쫓겨나다, 후퇴하다

N0-가 N1-(에|에게|에 의해) V (N0=[인간|단체] N1=[인간|단체], [구체물], [추상물])

[능]밀어내다

¶유명 가수였던 그도 후배 가수들에게 밀려났다. ¶중소기업들이 대기업에 밀려나고 있다.

밀려다니다

[활용]밀려다니어(밀려다녀), 밀려다니니, 밀려다니고

[자](사람이나 물체 따위가) 어떤 힘에 의해 수동적으로 계속 이리저리 오고 가다. (of a person or a thing) Continue to come and go, being forced by a power.

[유]휩쓸려다니다

N0-가 N1-(에|에게|에 의해) V (N0=[인간|단체], [구체물] N1=[인간|단체], 파도, 물결 따위)

¶구조선이 거센 파도에 밀려다니고 있다. ¶우리 팀 선수들이 처음에는 상대의 강력한 몸싸움에 밀려다녔다. ¶작년에는 축제에 사람들이 밀려다닐 정도였는데 올해는 한산하다.

밀려들다

[활용]밀려들어, 밀려드니, 밀려들고, 밀려드는

[자](사람이나 동물이) 여럿이 함께 어떤 장소로 움직여 오다. (of people or animals) Approach a place all together.

[유]밀려오다, 몰려오다 [반]밀려가다

N0-가 N1-(에|에게|로) V (N0=[인간|단체], [동물] N1=[인간], [장소])

¶수천 명의 자원 봉사자들이 현장으로 밀려든다. ¶개장 시간을 기다렸다는 듯 관람객들이 박물관 안으로 밀려들었다.

❷(물이나 파도가) 어떤 장소에 세차게 움직여져 들어오다. (of water or wave) Flood a place violently.

[유]밀려오다, 들이치다 [반]밀려가다

N0-가 N1-(에|에게|로) V (N0=물, 파도 따위 N1=[장소], [인간])

¶거대한 파도가 해안가로 밀려들었다. ¶높은 파도가 잇따라 해안가로 밀려들자 사람들이 급하게 파도를 피해 달아났다.

❸(사람에게나 단체에) 어떤 요청이나 주문 따위가 한꺼번에 몰려 들어오다. (of request or order) Flood into an organization or a person all at once.

[유]쇄도하다, 몰려오다

N1-(에|에게|로) N0-가 V (N0=[요청], [행위] N1=

[인간|단체])
¶식당에 주문이 밀려들자 직원들이 바쁘게 움직였다. ¶전국 지점에 오전부터 청약 신청이 밀려들었다.
❹(제품이나 자본, 유행, 사상 따위가) 어디로 한꺼번에 세차게 들어오다. (of capital, trend, or thought) Flood into a place violently all at once.
㊙밀려오다, 몰려오다, 쏟아지다
N0-가 N1-(에|로) V (N0=[구체물], [금전], [변화], [생각], [현상] N1=[장소], [분야])
¶서양 문물이 조선에는 한꺼번에 밀려들고 있다. ¶외국산 콩, 옥수수, 카놀라유 등이 우리 식품업계에 밀려들었다.
❺(어떤 감정이나 느낌이) 한꺼번에 세차게 일어나다. (of emotion or feeling) Arise violently at once.
㊙용솟음치다, 치솟다
N0-가 V (N0=[감정], [질병], [신체상태])
¶창피함이 밀려들어 내 얼굴이 빨개졌다. ¶잔잔히 밀려드는 감동 때문에 피곤함도 사라졌다. ¶이렇게 한 해의 끝자락에 서고 보니 진한 아쉬움이 밀려든다.

밀려오다

활용 밀려와, 밀려오니, 밀려오고
자❶(사람이나 물건 따위가) 힘에 밀려 반대쪽으로 움직여 오다. (of a person or a thing) Move to the opposite side, being pushed.
㊙몰려오다 ㊥밀려가다
N0-가 N1-(에|에게|에 의해) V (N0=[인간|단체], [구체물], [기상] N1=[인간|단체], [구체물], [기상])
¶배가 강한 파도와 바람에 의해 방파제 쪽으로 밀려왔다. ¶조개가 파도에 밀려와 사람들이 줍고 있다.
❷여럿이 함께 어떤 장소로 움직여 오다. Approach a place all together.
㊙밀려들다, 몰려오다, 쇄도하다 ㊥밀려가다
N0-가 N1-(에|에게|로) V (N0=[인간|단체] N1=[장소], [인간])
¶많은 사람들이 축제 현장으로 밀려오고 있다. ¶사람들은 오후에도 해변가로 계속 밀려왔습니다.
❸(물이나 파도가) 어떤 장소에 세차게 움직여 들어오다. (of water or wave) Flood a place violently.
㊙밀려들다, 들이치다 ㊥밀려가다
N0-가 N1-(에|에게|로) V (N0=물, 파도 N1=[장소], [인간])
¶큰 파도가 해안가로 밀려온다. ¶거센 파도가 우리에게 밀려온다.
❹(제품이나 자본, 유행, 사상 따위가) 어디로 한꺼번에 세차게 몰려오다. (of capital, trend, or thought) Flood a place violently all at once.
㊙밀려들다, 쇄도하다
N0-가 N1-(에|로) V (N0=[구체물], [금전], [변화], [생각], [현상] N1=[장소], [분야])
¶값 싼 외국 제품들이 국내로 밀려온다. ¶외국 자본이 금융 시장으로 물밀듯이 밀려왔다.
❺(어떤 감정이나 느낌이) 한꺼번에 세차게 몰려오다. (of emotion or feeling) Surge violently at once.
㊙밀려들다, 솟구치다, 쏟아지다 ㊥밀려가다
N0-가 V (N0=[감정], [질병], [신체상태])
¶갑자기 견딜 수 없는 서글픔이 밀려왔다. ¶안도감이 밀려오면서 긴장이 풀렸다.

밀리다 I

활용 밀리어(밀려), 밀리니, 밀리고
자❶(어떤 장애로 차의 속도가) 일시적으로 느려지다. (of a car's speed) Temporarily become slow due to a certain hindrance.
㊙막히다, 정체하다
N0-가 V (N0=차)
¶차가 밀려서 약속 시간에 늦었다. ¶출퇴근 시간인데도 차가 전혀 밀리지 않았다.
❷(주로 어떤 일이나 돈 따위가) 처리되지 못하고 쌓이다. (Mainly of some task, money, etc.) Be accumulated while being processed.
㊙쌓이다
N0-가 V (N0=[일](일, 업무 따위), [비용](월급, 집세 따위))
¶일이 산더미 같이 밀려서 너무 바빴어요. ¶그녀는 일요일에 밀린 빨래를 했다.
❸(일이나 순서 따위가) 미루어지다. (of a task, an order, etc.) Be put off.
㊙연기되다, 지연되다, 늦춰지다
N0-가 N1-로 V (N0=순서, 일정, 시간 따위 N1=뒤, 후 따위)
¶내 발표 순서가 뒤로 밀렸다. ¶일정이 밀려서 계획에 차질이 생겼어요.
❹(힘이나 세력 따위가) 상대방에 비해 약하여 뒤처지다. (of power, influence, etc.) Lag behind by being weaker than the opponent.
㊙뒤처지다, 후퇴하다
N0-가 N1-(에|에게) V (N0=[인간|단체], [추상물] N1=[인간|단체], [추상물])
¶우리는 상대팀에게 초반부터 밀렸다. ¶전통 스포츠가 현대 스포츠에 밀리는 추세다.
N0-가 N1-에서 V (N0=[인간|단체] N1=[행위](싸움, 경쟁 따위))
¶그는 싸움에서 밀리지 않고 경기를 주도했다.

¶우리 회사는 가격 경쟁에서 밀리다 결국 문을 닫게 됐습니다.

밀리다Ⅱ

활용 밀리어(밀려), 밀리니, 밀리고

자 ❶(사람이나 사물 따위가) 다른 사람이나 어떤 현상의 힘에 의해서 움직이게 되다. (of a person, an object, etc.) Be moved by receiving force from another person or a certain phenomenon.
㊤떠밀리다
N0-가 N1-(에|에게) V (N0=[인간], [구체물] N1=[인간], [구체물], 물, 폭풍, 조류, 파도 따위)
능 밀다
¶배는 폭풍에 밀려서 항로를 벗어났다. ¶차가 밀리는 바람에 사고가 날 뻔했다.

❷(표면에 붙어있는 때나 껍질 따위가) 문질러져서 나뉘어 떨어지다. (of dirt, peel, etc., attached on the surface) Be rubbed off and cleaned.
㊤벗겨지다
N0-가 V (N0=때, 딱지, 허물, 껍질 따위)
능 밀다
¶때가 물에 불어 잘 밀린다. ¶허물이 밀려서 벗겨졌다.

❸(솟은 것이) 허물어져 없어지다. (of something that is rising) Be demolished and removed.
㊤헐리다, 부서지다
N0-가 N1-에 V (N0=[산](야산, 뒷산 따위), [건물](농가, 집 따위), [농경지](농토 따위) N1=불도저 따위)
능 밀다
¶몇몇 옛길이 불도저에 밀리고 새로 아스팔트 포장길이 났다. ¶동네 뒷산이 밀리고 그 자리에 아파트가 들어섰다.

❹(수염이나 털 따위가) 말끔하게 깎이다. (of beard, hair, etc.) Be neatly cut.
㊤깎이다
N0-가 V (N0=[신체부위](수염, 머리카락, 털 따위))
¶털이 안 밀려서 면도기를 교환했어요. ¶털이 너무 부드럽고 가늘어서 안 밀리네요.
N0-가 N2-(에게|에 의해) N1-가 V (N0=[인간], [동물] N1=[신체부위](수염, 머리카락, 털 따위) N2=[인간])
능 밀다
¶딸은 아버지께 머리카락이 다 밀린 채로 쫓겨났다. ¶강아지가 털이 밀리다 만 모습으로 돌아다녔다.

❺다른 사람이나 세력의 부추김을 받다. (of a person) Receive instigation from another person or power.
㊤부추김을 받다
N0-가 N1-에 V (N0=[인간] N1=강압, 권유, 부추김 따위)
능 밀다
¶그는 동료들의 강압에 밀려 회사를 그만두었다. ¶승민이는 친구들의 권유에 밀려 회장 선거에 나갔다.
※ 주로 'N에 밀려'로 쓰인다.

밀봉되다

어원 密封~ 활용 밀봉되어(밀봉돼), 밀봉되니, 밀봉되고 대응 밀봉이 되다

자 (벌어진 부분이나 틈이) 단단히 붙여지거나 묶여서 꼭 막히다. (of gap or crack) Be stuck or bound tightly so that it is blocked.
㊤막히다, 폐쇄되다
N0-가 N1-로 V (N0=[구체물], [건물] N1=[재료])
능 밀봉하다
¶편지가 든 봉투는 밀랍으로 밀봉되었다. ¶폐쇄된 감옥의 입구는 콘크리트로 밀봉되었다.

밀봉하다

어원 密封~ 활용 밀봉하여(밀봉해), 밀봉하니, 밀봉하고 대응 밀봉을 하다

타 (사람이 벌어진 부분이나 틈을) 단단히 붙이거나 묶어서 꼭 막다. (of a person) Block a gap or a crack tightly by sticking or binding.
㊤막다, 봉하다, 폐쇄하다
N0-가 N1-를 N2-로 V (N0=[인간] N1=[구체물] N2=[재료])
피 밀봉되다
¶그는 와인통의 입구를 나무로 깎아 만든 마개로 단단하게 밀봉하였다. ¶실험자는 수분의 증발을 막기 위해 비닐로 통을 밀봉하였다. ¶학생들은 우유병에 우유를 넣고 비닐과 고무줄로 밀봉하였다.

밀어내다

활용 밀어내어(밀어내), 밀어내고, 밀어내니

타 ❶(다른 사람을) 있던 자리나 장소에서 손이나 몸으로 힘을 가해 물러나게 하다. Move another person out of a place using one's grip or breadth.
㊤물러나게 하다
N0-가 N1-를 N2-에서 V (N0=[인간] N1=[인간] N2=[장소])
¶순태가 명수를 골밑에서 밀어냈다. ¶나는 명수를 영희 옆에서 밀어내고 그 자리에 앉았다.
N0-가 N1-를 N2-로 V (N0=[인간|단체] N1=[인간|단체], [구체물] N2=[장소], [방향])
¶나는 쌓인 눈을 도로 옆으로 밀어내었다. ¶할머니께서 밥상을 슬그머니 옆으로 밀어내신다. ¶명희는 의자를 뒤로 밀어내며 일어섰다.

❷(어떤 물건를) 있던 자리나 장소에서 힘을 가해 움직이게 하다. Move a thing out of its place by using one's power.
㊤치우다

ㅁ

N0-가 N1-를 N2-에서 V (N0=[인간] N1=[구체물] N2=[장소])
¶나는 거실에서 소파를 밀어내고 구석구석을 청소했다. ¶준희는 탁자 위에서 꽃병을 밀어내고 그 자리에 컴퓨터를 놓았다.
N0-가 N1-를 N2-로 V (N0=[인간|단체] N1=[인간|단체], [구체물] N2=[장소], [방향])
¶나는 쌓인 눈을 도로 옆으로 밀어내었다. ¶여자는 남편을 뒷자리로 밀어내고 운전대를 잡았다.
❸(사람이나 단체가) 다른 사람이나 단체를 어떤 자리나 직위에서 강제로 물러나게 하다. (of a person or an organization) Force another person or organization to leave a place or a position.
㊐쫓아내다, 퇴출하다
N0-가 N1-를 N2-에서 V (N0=[인간], 로봇 따위 N1=[인간] N2=[직책], [장소])
¶나는 서 회장을 자리에서 밀어냈다. ¶각종 로봇이 인간들을 작업장에서 밀어내고 있다.

밀어붙이다

활용 밀어붙여, 밀어붙이니, 밀어붙이고
타❶(다른 사람이나 물건 따위를) 원하는 장소나 방향으로 세차게 밀다. Push violently another person or thing toward the place or direction that one likes.
㊐옮기다 ㊤밀다
N0-가 N1-를 N2-(에|로) V (N0=[인간] N1=[인간], [구체물] N2=[장소], [방향])
¶우리는 책상과 의자를 뒤로 밀어붙이고 청소를 시작했다. ¶민수가 상대방 선수를 구석으로 밀어붙이고 있다.
❷(사람이나 단체가) 어떤 일이나 생각 따위를 여유를 두지 않고 자기 생각대로 과감하게 추진하다. (of a person or an organization) Push ahead with an idea or a plan without hesitating.
㊐추진하다, 끌고 가다
N0-가 N1-를 V (N0=[인간|단체] N1=[일], [행위], [생각])
¶나는 이 계획을 끝까지 밀어붙이겠다. ¶어머니께서는 딸과 송 과장의 결혼을 밀어붙이셨다.

밀어주다

활용 밀어주어(밀어줘), 밀어주니, 밀어주고
타❶(사람이나 단체가) 다른 사람이나 단체를 적극적으로 돕다. (of a person or an organization) Help another person or organization actively.
㊐지원하다, 지지하다, 후원하다
N0-가 N1-를 V (N0=[인간|단체] N1=[인간|단체])
¶먼저 분야를 개척한 선배들은 후배들을 물심양면으로 밀어주었다. ¶심판은 편파적인 판정으로 특정 국적팀을 밀어줬다.
❷(사람이나 단체가) 어떤 사람을 특정한 지위로 선출되도록 내세워 지원하다. (of a person or an organization) Recommend and support someone for a particular position.
㊐지지하다
N0-가 N1-를 N2-로 V (N0=[인간|단체] N1=[인간] N2=[직책])
¶지도부는 김 후보를 당 대표로 밀어주었다. ¶김 감독은 박상인 선수를 발굴하여 국가 대표 선수로 밀어줬다.

밀집되다

어원 密集~ 활용 밀집되어(밀집돼), 밀집되니, 밀집되고 대응 밀집이 되다
자 ☞ 밀집하다

밀집하다

어원 密集~ 활용 밀집하여, 밀집하니, 밀집하고
자(사물들이나 사람들이) 서로 빈틈없이 빽빽하게 모이다. (of objects or people) Press together very closely without showing any gaps.
㊐집합되다, 몰리다, 모이다
N0-가 N1-에 V (N0=[건물], 인구 따위 N1=[장소])
¶그런 휴양 시설은 동해안에 많이 밀집해 있다. ¶그 지역에는 고인돌이 밀집해 있다. ¶인구가 밀집한 지역은 따뜻한 기후와 풍부한 물, 넓은 평야가 있는 곳이다.

밀착되다

어원 密着~ 활용 밀착되어(밀착돼), 밀착되니, 밀착되고 대응 밀착이 되다
자❶(무엇이 다른 무엇과) 간격을 두지 않고 서로 단단히 달라붙다. (of something) Stick firmly to another thing, leaving no gap.
㊐달라붙다, 붙다
N0-가 N1-와 V ↔ N1-가 N0-와 V ↔ N0-와 N1-가 V (N0=[구체물], [추상물] N1=[구체물], [추상물])
¶내 손이 그의 손과 밀착되었다. ↔ 그의 손이 내 손과 밀착되었다. ↔ 내 손과 그의 손이 밀착되었다. ¶우리의 손은 완전히 밀착되어 있었다.
N0-가 N1-에 V (N0=[구체물] N1=[구체물])
¶지하철에 사람이 너무 많아 나는 문에 완전히 밀착되었다. ¶이 옷은 내 몸에 착 밀착되어 움직이기가 편하다.
❷(어떤 집단이나 대상이) 다른 집단이나 대상과 내통할 정도로 관계가 매우 가깝게 되다. (of a group or an object) Become so close to another group or object as to be in league with each other.
㊐유착하다
N0-가 N1-와 V ↔ N1-가 N0-와 V ↔ N0-와 N1-가

V (N0=[집단], [추상물] N1=[집단], [추상물])
¶이번 사건으로 우리나라는 그 나라와 더욱 밀착되었다. ↔ 이번 사건으로 그 나라는 우리나라와 더욱 밀착되었다. ↔ 이번 사건으로 우리나라와 그 나라는 더욱 밀착되었다. ¶우리들은 이번 일로 더욱 밀착되었다.
N0-가 N1-에 V (N0=[집단], [추상물] N1=[집단], [추상물])
¶고위층 인사가 언론계에 밀착되어 있다는 사실이 밝혀졌다. ¶범죄 조직이 경찰에 밀착되어 있다는 소문이 떠돈다.

밀착하다

어원 密着~ 활용 밀착하여(밀착해), 밀착하니, 밀착하고
자 ☞ 밀착되다

밀치다

활용 밀치어(밀쳐), 밀치니, 밀치고
타 ❶(다른 사람을) 원하는 방향의 반대쪽에서 세게 힘을 가해 움직이게 하다. Move another person, strongly forcing him or her from the opposite side toward what one wants.
유 밀다, 떠밀다
N0-가 N1-를 V (N0=[인간] N1=[인간])
¶범인이 경찰을 밀치고 달아났다. ¶누군가가 등 뒤에서 내 등을 밀쳤다. ¶두 선수가 서로를 크게 밀치며 맞섰다.
❷(물건 따위를) 원하는 방향의 반대쪽에서 세게 힘을 가해 움직여 놓다. Move a thing, strongly forcing it from the opposite side toward what one wants.
유 밀다, 떠밀다
N0-가 N1-를 V (N0=[인간] N1=[구체물])
¶술에 취한 남자는 책상을 밀치고 물건을 던지며 화를 냈다. ¶이것을 밀치고 여기에 좀 앉아 보아라.

밀폐되다

어원 密閉~ 활용 밀폐되어(밀폐돼), 밀폐되니, 밀폐되고 대응 밀폐가 되다
자 (주로 어떤 공간이나 용기 따위가) 틈 없이 꼭 막히거나 닫히다. (of a space or a container) Be closed or blocked without any gap.
유 폐쇄되다, 닫히다, 막히다
N0-가 V (N0=[건물], [용기])
능 밀폐하다
¶출입문이 모두 밀폐되었다. ¶사무실이 밀폐되어서 그런지 좀 답답합니다.

밀폐하다

어원 密閉~ 활용 밀폐하여(밀폐해), 밀폐하니, 밀폐하고 대응 밀폐를 하다
타 (주로 어떤 공간이나 용기 따위를) 틈 없이 꼭 막거나 닫다. Close or block a space or a container with no gap left.
유 폐쇄하다, 닫다II, 막다
N0-가 N1-를 V (N0=[인간] N1=[건물], [용기])
피 밀폐되다
¶김치통을 제대로 밀폐하지 않으면 냄새가 발생할 수 있다. ¶블루베리를 식초에 넣어 밀폐한 다음 서늘한 곳에 놓아두십시오.

밑돌다

활용 밑돌아, 밑도니, 밑돌고, 밑도는
자타 (어떤 기준이나 기대치에) 미치지 못하다. Fail to reach a standard or an expected level.
유 모자라다 반 웃돌다
N0-가 N1-(에|보다|를) V (N0=[추상물](결과, 성적 따위) N1=[추상물](기대, 기준, 평균, 원가 따위))
¶이번 생산량은 기대치에 많이 밑돌았다. ¶이번 신입생들 수준이 평균보다 많이 밑돌아서 걱정이다. ¶이 제품은 공급량이 수요를 많이 밑돌고 있다.

ㅁ

ㅂ

ㅂ

바꾸다

[활용] 바꾸어(바꿔), 바꾸니, 바꾸고

[타] ❶(원래 있던 대상에서) 다른 대상으로 대신하거나 교체하다. Replace or substitute to different object from original object.

[유] 교체하다

N0-가 N1-를 N2-에서 N3-로 V (N0=[인간] N1=[인간], [구체물], [추상물] N2=[인간], [구체물], [추상물] N3=[인간], [구체물], [추상물])

[피] 바뀌다

¶감독이 골키퍼를 양 선수에서 최 선수로 바꾸었다. ¶사진기자는 카메라 건전지를 새 것으로 바꾸었다.

❷어떤 것과 다른 것의 차례를 서로 교환하다. (of a person) Exchange order with something and something else.

[유] 교체하다

N0-가 N1-를 V (N0=[인간|단체] N1=[순서](위치, 순서, 자리 따위))

[피] 바뀌다

¶선생님은 학생들의 책상 자리를 바꾸셨다. ¶올해부터 도서부는 책꽂이에 꽂힌 책의 순서를 바꾼다.

N0-가 N2-와 N1-를 V ↔ N2-가 N0-와 N1-를 V ↔ N0-와 N2-가 N1-를 V (N0=[인간|단체] N1=[장소](방, 자리 따위), [순서] N2=[인간|단체])

[피] 바뀌다

¶나는 철수와 자리를 바꿨다. ↔ 철수는 나와 자리를 바꿨다. ↔ 나와 철수는 자리를 바꿨다. ¶우리 부서와 영업 부서가 서로 사무실을 바꾸었다.

❸(어떤 것의 내용이나 상태를) 전과 다른 것으로 만들다. (of a person) Make something different from previous content or condition.

[유] 변경하다

N0-가 N1-를 V (N0=[인간] N1=[추상물](생각, 계획 따위), [신체부위](얼굴 따위), [언어](말), 표정 따위)

[피] 바뀌다

¶나는 곧바로 생각을 바꾸었다. ¶그는 온갖 노력으로 분위기를 바꾸었다.

❹(전화할 때) 수화기를 다른 사람에게 넘기다. Hand over the phone to someone while talking on the phone.

N0-가 N1-를 V (N0=[인간] N1=[인간])

¶기다리시면 어머니를 바꿔 드릴게요. ¶부장님 좀 바꿔 주세요.

※ 주어는 잘 나타나지 않는다.

❺큰 단위의 돈을 같은 액수의 작은 단위의 돈으로 교환하다. Exchange big unit of money to same amount of small unit of money.

[유] 교환하다 [하] 환전하다

N0-가 N1-를 V (N0=[인간] N1=[화폐](잔돈, 동전 따위))

¶우리 일행은 가까운 가게에서 동전을 바꾸기로 했다. ¶동전은 무거우니까 돈은 가장 나중에 바꾸자.

❻산 물건을 돌려주고 다시 돈을 돌려받거나 다른 물건으로 대신해 가지다. Return previously bought object and get a refund or change it to different object.

[유] 교환하다 [하] 환불하다

N0-가 N1-를 V (N0=[인간] N1=[구체물])

¶나는 옷이 작아서 옷가게에 돌아가 옷을 바꾸었다. ¶새로 산 티브이가 흠이 있어 티브이를 바꾸기로 했다.

바뀌다

[활용] 바뀌어, 바뀌니, 바뀌고

[자]❶(원래 있던 대상에서) 다른 대상으로 대신하거나 교체되다. Be replaced or substituted with different object from original object.
[유]교체되다
N0-가 N1-에서 N2-로 V (N0=[인간], [구체물], [추상물] N1=[인간], [구체물], [추상물] N2=[인간], [구체물], [추상물])
[능]바꾸다
¶영어 선생님이 이 선생님에서 박 선생님으로 바뀌었다. ¶온 도시가 축제 분위기로 바뀌었다.
❷(어떤 것과 다른 것이 서로 교환되다. (of something and something else) Be exchanged with.
N0-가 N1-와 V ↔ N1-가 N0-와 V ↔ N0-와 N1-가 V (N0=[구체물], [순서](위치, 순서, 자리 따위) N1=[구체물], [순서](위치, 순서, 자리 따위))
[능]바꾸다
¶네 공책이 내 소설책과 바뀌었다. ↔ 내 소설책이 네 공책과 바뀌었다. ↔ 네 공책과 내 소설책이 바뀌었다. ¶배달이 잘못되어 내 성적표와 친구의 성적표가 바뀌었다.
N0-가 N1-와 N2-가 V ↔ N1-가 N0-와 N2-가 V ↔ N0-와 N1-가 N2-가 V (N0=[인간], [구체물], [추상물] N1=[인간], [구체물], [추상물] N2=[순서](위치, 순서, 자리 따위), [상황](처지 따위))
[능]바꾸다
¶네가 나와 처지가 바뀌었다. ↔ 내가 너와 처지가 바뀌었다. ↔ 너와 내가 처지가 바뀌었다. ¶식순에서 편지 낭독과 축가가 순서가 바뀌었다.

바라다

[활용]바라, 바라니, 바라고
[타]❶어떤 대상을 가지고 싶어하다. Want to have an object.
[유]원하다
N0-가 N1-를 V (N0=[인간|단체] N1=[구체물], [추상물])
¶나는 일한 만큼의 정당한 보수를 바랐다. ¶그는 돈을 바라고 이 일을 시작한 것이 아니다.
❷어떤 일이 이루어지면 좋겠다고 생각하다. Want a work to be achieved.
[유]원하다, 기원하다, 소망하다, 희망하다
N0-가 N1-를 V (N0=[인간|단체] N1=[추상물], [사태])
¶요행을 바라고 투자하면 안 된다. ¶우리 팀은 이길 가망이 없어서 행운만을 바라고 있다.
N0-가 S기-를 V (N0=[인간|단체])
¶철수는 할아버지가 오래 사시기를 바랐다. ¶나는 네가 어디에 가든 행복하기를 바란다. ¶부디 참석하시어 자리를 빛내 주시기를 바랍니다.

바라다보다

[활용]바라다보아(바라다봐), 바라다보니, 바라다보고
[타]얼굴을 바로 향하고 쳐다보다. Look with the head turned directly toward the object.
[유]바라보다[타] [상]보다1[타]
N0-가 N1-를 V (N0=[인간] N1=[인간], [구체물])
[피]바라다보이다
[연어]물끄러미, 하염없이
¶나는 교실 창문으로 운동장에 있는 아이들을 바라다보았다. ¶어머니의 흰 머리칼을 바라다보니 마음이 뭉클하다.

바라다보이다

[활용]바라다보여, 바라다보이니, 바라다보이고
[자](장소나 물체가) 시선을 바로 향하여 보는 사람에게 보이다. (of a location or object) Be visible to a person who is watching along a sight of vision.
[상]보이다I
N0-가 V (N0=[인간], [구체물])
[능]바라다보다
¶이 자리에서는 선생님이 정면으로 바라다보인다. ¶남쪽으로 들판이 바라다보이고 강도 보인다.

바라보다

[활용]바라봐, 바라보니, 바라보고
[타]❶(고정된 시선으로) 어떤 물체를 바로 향하여 보다. Watch some object with fixed eyes.
[유]노려보다, 응시하다 [상]보다1
N0-가 N1-를 V (N0=[인간], [동물] N1=[방향], [구체물], [장소])
[연어]뚫어지게
¶우리는 보름달을 바라보며 이야기를 나누었다. ¶강아지가 거울을 바라보면서 고개를 갸우뚱거린다.
❷어떤 방향으로 자리잡다. Settle toward some direction.
[유]향하다
N0-가 N1-를 V (N0=[구체물](건물, 탑 따위) N1=[구체물], [장소], [건물], [방향])
¶이 아파트는 강을 바라보고 있다. ¶이 전망대는 북쪽을 바라보고 건축되었다.
❸(어떤 대상이나 사건, 현상 따위를) 자신의 관점에서 관찰하거나 이해하다. Observe or understand some object, incident, phenomenon, etc., from one's own perspective.
[유]관찰하다, 조망하다, 간주하다, 해석하다
N0-가 N1-를 ADV V (N0=[인간|단체] N1=[모두], ADV=Adv, Adj-게, N-적으로, N-없이)
¶나는 현 상황을 낙관적으로 바라본다. ¶현실을 편견없이 바라봐야 한다.

ㅂ

N0-가 N1-를 N2-로 V (N0=[인간|단체] N1=[모두] N2=[모두])
¶일부 역사가들은 그 시대를 고난의 시대로 바라봅니다. ¶비평가들은 그의 작품을 순수 문학으로 바라본다.
❹(어떤 대상이나 일, 목표, 미래 상황 따위에 대해) 잘 될 것이라는 기대나 희망을 가지다. Have hope or positive expectation with regard to some object, work, goal, future situation, etc.
㊚기대하다[타], 바라다, 전망하다
N0-가 N1-를 V (N0=[인간|단체] N1=[상태], [미래])
¶그 부부는 자식만 바라보고 희생하며 산다. ¶좌절하지 말고 내일을 바라보며 살아가자.
❺(어떤 나이나 시기 따위를) 곧 맞으려 하다. Encounter age, time, etc., in the near future.
㊚접근하다[자], 맞이하다
N0-가 N1-를 V (N0=[인간] N1=[나이], [사건])
¶아버지는 환갑을 바라보고 계신다. ¶어느덧 나도 마흔을 바라보고 있다.

바래다 I
[활용]바래어(바래), 바래니, 바래고
[자](사물의 빛이나 색이) 볕이나 습기로 인해 희미해지다. (of the brightness or color of a thing) Become faint because of sunlight or humidity.
㊚퇴색하다
N0-가 V (N0=[속성](색깔 따위))
¶몇 년 전 벽에 칠한 페인트 색이 바랬다. ¶커튼에 수놓인 빨간 꽃송이는 빛이 바랬다.
[타](사물을) 볕에 쬐거나 약물을 써서 빛이나 색을 희게 하다. Make the brightness or color of a thing white by exposing it to the sun or using a drug.
㊚표백하다, 퇴색시키다
N0-가 N1-를 V (N0=[인간] N1=[구체물])
¶어머니는 광목을 며칠 동안 햇볕에 바랬다. ¶할머니는 오늘 볕이 좋아 천을 바래야겠다고 하신다.
◆ **빛이 바래다** (어떤 일이) 이전보다 볼품없어지거나 희미해지다. (of event or thing) Become less attractive than before or to become dim in people's minds.
㊚퇴색하다[자], 희미해지다[자], 사라지다[자]
N0-가 Idm (N0=[추상물])
¶그들의 사랑도 세월이 흐르면서 빛이 바랬다. ¶세계적 명승지가 과거 영광의 빛이 바랬다.

바래다 II
[활용]바래어(바래)
[타]떠나가는 사람을 일정한 곳까지 배웅하거나 떠나는 모습을 바라보다. See another person making a journey to a definite place off.
㊚배웅하다, 마중하다 ㊥맞이하다, 환영하다
N0-가 N1-를 V (N0=[인간] N1=[인간])
¶어머니는 손님을 문 앞까지만 바래다주신다. ¶나는 아버지를 역까지 바래다 드렸다.
※ '-어 주다', '-어 드리다'와 함께 쓰인다.

바로잡다
[활용]바로잡아, 바로잡으니, 바로잡고
[타]❶(굽거나 흐트러진 것을) 곧거나 바르게 되도록 고치다. Make straight or tidy a thing that was bent or untidy.
㊚고치다, 교정하다III
N0-가 N1-를 V (N0=[인간] N1=[신체부위], 자세, 옷매무새 따위)
[피]바로잡히다
¶성호는 자세를 바로잡았다. ¶그는 어른을 뵙기 전에 옷매무새를 바로잡았다.
❷(잘못된 것을) 올바르게 고쳐 틀림이 없게 하다. Change something wrong so that it becomes correct.
㊚고치다, 교정하다III
N0-가 N1-를 V (N0=[인간|단체] N1=[모두])
[피]바로잡히다
¶편집부에서는 철자가 틀린 단어를 바로잡았다. ¶여기서 오류를 바로잡지 않으면 나중에는 손쓸 수 없다.

바로잡히다
[활용]바로잡히어(바로잡혀), 바로잡히니, 바로잡히고
[자]❶(굽거나 흐트러진 것이) 곧거나 바르게 되도록 고쳐지다. (of a thing that was bent or untidy) Be made straight or tidy.
㊚교정되다III
N0-가 V (N0=[신체부위], 자세, 옷매무새 따위)
[능]바로잡다
¶오랜 치료 끝에 휘었던 다리가 바로잡혔다. ¶옷매무새가 바로잡히고서야 그는 집을 나설 수 있었다.
❷(잘못된 것이) 올바르게 고쳐져 틀림이 없게 되다. (of something wrong) Be changed so that it becomes correct.
㊚수정되다, 정정되다, 복원되다
N0-가 V (N0=[모두])
[능]바로잡다
¶전쟁이 끝난 후 서서히 질서가 바로잡혀 갔다. ¶역사가 바로잡히지 않으면 민족의 미래는 없다.

바르다 I
[활용]발라, 바르니, 바르고, 발랐다
[타]❶(물체의 겉면이나 신체 부위에) 액체 성분이

나 끈적거리는 물질을 고루 문질러 묻히다. Coat by evenly rubbing some object's surface or body part with liquid component or sticky or slimy object.
[유]묻히다, 칠하다
N0-가 N2-에 N1-를 V (N0=[인간], [기계] N1=[구체물](화장품, 로션, 립스틱, 약, 풀, 유약, 페인트, 물감, 버터, 기름 따위) N2=[구체물], [신체부위])
[피]발리다I
¶상처 부위에 약을 발랐다. ¶나는 식빵에 잼을 발라 먹었다.
❷(접착제 따위를 이용하여) 어떤 대상의 겉면에 종이 따위를 붙이다. Attach paper, etc., on some object's surface by using glue, etc.
[유]붙이다[1] [반]떼다, 벗기다
N0-가 N1-를 N2-에 V ↔ N0-가 N2-를 N1-로 V (N0=[인간] N1=[종이](벽지, 신문지, 한지 따위) N2=[구체물](벽, 창 따위))
[피]발리다I
¶나는 새로 사 온 벽지를 벽에 발랐다.↔ 나는 벽을 새로 사 온 벽지로 발랐다. ¶우리는 창문에는 한지를 발랐다.
❸(바닥 또는 벽에) 흙이나 시멘트 따위를 고르게 덧입히다. Evenly coat the floor or wall with dirt, cement, etc.
[유]덧입히다[타]
N0-가 N2-에 N1-를 V ↔ N0-가 N2-를 N1-로 V (N0=[인간] N1=[구체물](시멘트, 흙, 황토, 석회 따위) N2=[구체물](벽, 바닥 따위), 구멍)
[피]발리다I
¶나는 바닥에 시멘트를 두껍게 발랐다. ↔ 나는 바닥을 시멘트로 두껍게 발랐다. ¶할아버지는 집안의 온 벽을 황토로 바르셨다.

바르다II

[활용]발라, 바르니, 바르고, 발랐다
[타](생선이나 고기에서 껍질, 가시, 뼈 따위의 부분을) 골라내거나, 열매의 껍질에서 알맹이를 추려내다. Pick out skin, bone, etc., from fish or meat or kernel from the fruit's skin.
[유]추려내다, 골라내다
N0-가 N1-를 N2-에서 V (N0=[인간] N1=[신체부위](가시, 뼈, 껍질), [생선], 껍질 N2=[육류](고기), [생선], [신체부위], [열매](밤, 알맹이 따위))
[피]발리다II
¶어머니는 생선에서 가시를 바르고 계셨다.
¶주방장은 닭 날개에서 뼈를 발라 두었다.

바치다I

[활용]바치어(바쳐), 바치니, 바치고
[타]❶(웃어른이나 어떤 장소에) 물건이나 음식 따위를 예의를 갖춰 드리다. Give item, food, etc., with respect to an elderly or a certain place.
[유]헌납하다 [하]봉납하다
N0-가 N1-를 N2-(에게|에) V (N0=[인간|단체] N1=[구체물] N2=[인간|단체], [설치물](묘지 따위))
¶그들은 그 지방의 특산물을 임금에게 바쳤다.
¶누님은 어머니의 무덤에 꽃을 바쳤다.
❷(어떤 사람이나 단체에) 자신의 돈이나 재산 따위를 주거나 어떤 일에 사용하도록 소유권을 넘기다. Give or transfer ownership of one's money, asset, etc., to a person or an organization to use for some purpose.
[유]기부하다, 기증하다
N0-가 N1-를 N2-(에게|에) V (N0=[인간|단체] N1=[돈] N2=[장소], [행위], [인간|단체])
¶그는 자신의 모든 재산을 모교에 바쳤다. ¶할머니는 평생 모은 재산을 장학 사업에 아낌없이 바쳤다.
❸내야 할 돈이나 물건 따위를 상부 기관에 내다. Pay dues, item, etc., to the superior's office.
[유]납부하다 [하]봉납하다
N0-가 N1-를 N2-에 V (N0=[인간|단체] N1=[구체물](조공), 세금 따위 N2=[국가], [기관])
¶우리는 나라에 세금을 바쳐야 한다. ¶약소국들은 명나라에 조공을 바쳤다.
❹(어떤 목적을 위해) 돈이나 물건 따위를 지위가 높은 사람이나 기관에 주다. Give money, item, etc., to a person or an agency with high position for some purpose.
[유]갖다주다 [반]수뢰하다 [하]상납하다
N0-가 N1-를 N2-(에게|에) V (N0=[인간|단체] N1=뇌물, 돈 따위 N2=[인간|단체])
¶남자는 이번 사업을 따 내려고 담당자에게 돈을 갖다 바쳤다. ¶김 부장은 거래처에 뇌물을 바친 적이 없다고 말했다.
❺(책이나 노래 따위를) 다른 사람이나 단체에 감사하는 마음으로 드리다. Give a book, a song, etc., to another person or organization as a token of gratitude.
[유]헌정하다
N0-가 N1-를 N2-(에게|에) V (N0=[인간|단체] N1=[작품](시, 소설, 노래 따위) N2=[인간|단체])
¶사랑하는 아내에게 이 노래를 바칩니다. ¶이 시를 존경하는 스승님께 바칩니다.
❻(도매상이 소매상에) 물품을 단골로 대어 주다. (of a wholesale dealer) Regularly supply items to a retail dealer.
[유]공급하다, 제공하다, 납품하다
N0-가 N1-를 N2-에 V (N0=[인간|단체] N1=[구체물]

[ㅂ]

N2=[장소])
¶그 가게는 우리 가게에 문구류를 20년째 바치고 있다. ¶우리 업소에 운동 기구를 바치던 박 사장이 어제 죽었대.
❼의식에 사용되는 음식이나 제물 따위를 신께 드리다. Give ceremonial food, sacrifice, etc., to God.
[유]드리다I[1] [하]봉납하다, 봉헌하다
No-가 N1-를 N2-(에게|에) V (No=[인간|단체] N1=[구체물](제물, 샘물, 음식 따위) N2=신, 산신령 따위, [구체물])
¶인간은 신에게 제물을 바쳤다. ¶사람들이 나무에다 음식을 바치고 절을 하며 고사를 지냈다.
❽(다른 사람이나 단체, 일에) 귀중한 것을 내주거나 쏟아붓다. Give or provide valuables to another person, organization or as a reward for a task.
[유]헌납하다, 헌신하다, 기부하다, 기증하다
No-가 N2-(에게|에|를 위해) N1-를 V (No=[인간|단체] N1=[인지](열정, 정렬 따위), [능력](힘 따위), [시간](여생, 일생, 평생 따위), [추상물](목숨 따위) N2=[인간|단체], [추상물], [행위], [사건])
¶그는 암 치료 연구에 일생을 바쳤다. ¶그는 조국 광복을 위해 목숨을 바쳤다.
No-가 S(데|것)-에 N1-를 V (No=[인간|단체] N1=[인지](열정, 정렬 따위), [능력](힘 따위), [시간](여생, 일생, 평생 따위), [추상물](목숨 따위))
¶그녀는 불우한 아이들을 돌보는 데에 일생을 바쳤다. ¶김 교수는 암을 연구하는 데 일생을 바쳤다.

[ㅂ]

바치다II
[활용]바치어(바쳐), 바치니, 바치고 [센]빠치다
[타](어떤 대상을) 지나치게 좋아하여 찾거나 즐기다. Excessively like something and seek or enjoy it.
[유]밝히다
No-가 N1-를 V (No=[인간|단체] N1=[추상물](주색 따위), [인간](여자, 남자 따위), 술, 음식, 돈 따위)
¶남자는 술을 바쳐서 늘 취해 있었다. ¶항상 여자를 바치더니 결국 여자 때문에 비참한 신세가 됐다.

박다
[활용]박아, 박으니, 박고
[타]❶(두들기거나 꽂거나 돌려서) 길쭉한 물건을 속으로 들어가게 하다. Make a long object go inside by pounding, sticking, or turning.
[반]빼다I, 뽑다
No-가 N2-에 N1-를 V (No=[인간] N1=[구체물](못, 핀, 나사, 기둥, 철근 따위) N2=[장소], [구체물])
[피]박히다
¶목수는 나무에 못을 박았다. ¶건설사는 기초 공사 후 철근을 땅에 박고 있었다.
❷(바탕이 되는 물건에) 작은 보조물을 붙이거나 끼워 넣다. Attach or insert a small aid to the background object.
[유]끼우다, 끼워 넣다, 붙이다[1]
No-가 N2-에 N1-를 V (No=[인간] N1=[구체물](보석, 장식물 따위), [음식] N2=[구체물], [음식])
[피]박히다
¶그녀는 자신의 옷에 화려한 장식물을 박았다. ¶장롱에 자개를 박은 가구는 매우 비싸다.
❸어떤 공간 안에 물건을 깊숙이 넣어 두다. Deeply put an object inside some space.
[유]버려두다 [상]두다[1]
No-가 N2-에 N1-를 V (No=[인간] N1=[구체물] N2=[구체물])
[피]박히다
¶언니는 그 많은 옷을 장롱에 박아 두고 새 옷을 또 산다. ¶안경을 어디에 박아 두었는지 찾을 수가 없다.
※'박아 놓다', '박아 두다'의 형태로 주로 쓰인다.
❹음식물 안에 소를 넣다. Put fillings inside while making food.
[유]넣다[1], 집어넣다
No-가 N1-를 N2-에 V (No=[인간] N1=[음식] N2=소)
¶추석에는 가족이 모여서 송편에 소를 박곤 했다. ¶만두에 박은 소에 따라 다양한 요리가 가능하다.
❺(어떤 물건을) 틀이나 판에 넣어 모양을 만들다. Make a shape by putting some object inside a frame or a board.
[유]찍다II
No-가 N2-에 N1-를 V (No=[인간] N1=[구체물] N2=판, 틀)
¶어머니는 반죽을 동물모양의 판에 박아서 과자를 만들었다. ¶그는 떡을 틀에 박아서 만들었다.
❻(옷이나 천 따위를) 실로 촘촘하게 꿰매다. Densely stitch clothes, fabric, etc., with thread.
[유]꿰매다
No-가 N1-를 N2-로 V (No=[인간] N1=[구체물](옷, 천, 이불 따위) N2=실, 재봉틀)
[연어]촘촘히, 꼼꼼히
¶어머니는 옷의 찢어진 부분을 실로 촘촘히 박으셨다. ¶영희는 식탁보를 화려한 색의 실로 박아서 장식했다.
❼(어떤 장소나 물체에) 머리를 세게 부딪히다. Strongly bump the head into some place or object.
[유]부딪히다 [하]처박다
No-가 N2-에 N1-를 V ↔ No-가 N2-를 N1-로

V (N0=[인간] N1=[신체부위](머리, 이마, 얼굴 따위) N2=[장소], [구체물])
¶경민이는 벽에 머리를 박았다. ↔ 철수는 벽을 머리로 박았다. ¶그는 날아오는 공을 머리로 박았다.
❽(어떤 장소나 물체에) 얼굴을 깊이 숙여서 대거나 누르다. Touch or press some place or object by deeply bending the face.
㊗처박다, 파묻다
N0-가 N2-에 N1-를 V (N0=[인간] N1=[신체부위](머리, 이마, 얼굴, 고개 따위) N2=[장소], [구체물])
피박히다
¶영희는 베개에 얼굴을 깊숙이 박고 있었다. ¶그는 책상에 머리를 박고 자고 있었다.
❾종이에 글자를 찍어 넣거나 사진을 찍다. Print a letter on paper with a printer or take a picture with a movie camera.
㊗찍다II, 인쇄하다
N0-가 N1-를 V (N0=[인간] N1=[구체물](사진, 명함, 초대장 따위))
¶철수는 여행 추억으로 열심히 사진을 박았다. ¶그는 새 회사에 들어가자마자 새로운 명함을 박았다.
❿(인쇄물에) 사진이나 그림을 집어넣다. Put a picture or a drawing on a printed matter.
㊗찍다II, 인쇄하다
N0-가 N2-에 N1-를 V (N0=[인간|단체] N1=[구체물](사진, 그림, 문구, 글자 따위) N2=[구체물](인쇄물, 명함, 초대장, 논문, 책, 옷, 천 따위))
피박히다
¶우리는 초대장에 결혼사진을 박아 넣었다. ¶홍보부장은 전단지에 세일 문구를 잘 박아 넣었다.
⓫(어떤 집단이나 조직에) 자기 쪽 사람을 몰래 심어 두다. Secretly place someone on one's side in some group or organization.
㊗침투시키다, 잠입시키다, 심어두다 ㊥빼다[1], 빼내다
N0-가 N2-에 N1-를 V (N0=[인간|단체] N1=[인간] N2=[인간|단체])
피박히다
¶우리 회사는 경쟁사에 사람을 몇몇 박아 놓았다. ¶김 시장은 여러 관련 조직에 심복을 박았다.
⓬(어떤 곳에) 시선을 고정시켜 뚫어지게 쳐다보다. Stare by fixing one's eyes on some place.
㊗응시하다
N0-가 N2-에 N1-를 V (N0=[인간] N1=[장소], [구체물] N2=시선, 눈, 눈길)
피박히다
¶영희는 흘러가는 구름에 눈길을 박고 있었다. ¶그녀는 아름다운 풍경에 시선을 박고 움직이지 않았다.

◆ **가슴에 못을 박다** 다른 사람을 매우 실망시켜 가슴이 아프게 하다. Disappoint somebody greatly and break their heart.
N0-가 N1-의 Idm (N0=[인간], [사건], [행위], [추상물] N1=[인간])
¶철수의 배신이 그의 가슴에 못을 박았다. ¶말없이 떠나면서 그는 혜수 가슴에 못을 박았다.
◆ **말뚝을 박다** 한 직장이나 조직에 계속 근무하다. Work for the same company or organization continuously.
N0-가 N1-(에|에서) Idm (N0=[인간] N1=[인간|단체])
¶철수는 군대에 말뚝을 박았다. ¶그는 이 회사에 말뚝을 박겠다고 했다.
◆ **못을 박다** (자신의 의견을) 분명하게 잘라 말하여 재론의 여지가 없도록 하다. Clearly speak one's opinion saying that it is beyond question.
㊗잘라 말하다
N0-가 S고 V (N0=[인간|집단])
¶정부에서는 더 이상의 피해가 없을 것이라고 단언했습니다.
◆ **쐐기를 박다** 결정적인 근거 또는 계기를 통해서 확실한 결론을 내다. Draw a definitive conclusion through decisive evidence or triggers.
N0-가 N1-에 Idm (N0=[인간|단체], [행위], [추상물] N1=[행위], [사건], [추상물])
연에단단히
¶이 연구는 그의 허위 주장에 단단히 쐐기를 박았다. ¶그의 득점은 우리 팀의 우승에 확실하게 쐐기를 박았다.

박살나다

활용박살나, 박살나니, 박살나고
자❶(물건 따위가) 깨져서 산산조각이 나다. (of an item) Be broken into pieces.
㊗조각조각나다, 깨지다, 부서지다
N0-가 V (N0=[구체물])
능박살내다
¶접시가 공에 맞아서 박살났다. ¶그녀가 아끼던 액세서리가 구두에 밟혀 박살났다.
❷(사람이나 집단이) 상대방에게 크게 지거나 완전히 무력화되다. (of a person or group) Completely lose or become completely incapacitated by the opponent.
㊗지다IV, 패하다, 대패하다, 완패하다
N0-가 N1-에게 V (N0=[인간|단체] N1=[인간|단체])
능박살내다
¶한국 축구는 최강 브라질에게 4골 차로 박살났다. ¶많은 도전자가 챔피언에게 모두 박살나고 말았다.

ㅂ

❸(계획이나 희망 따위가) 완전히 헛된 것으로 되어 버리다. (of a plan or hope) Become completely futile.
㈊깨지다, 좌절되다, 실패하다
N0-가 N1-로 V (N0=[추상물](계획, 꿈, 이상 따위) N1=[인간|단체], [행위], [추상물])
능박살내다
¶나의 계획은 그녀의 고자질로 완전히 박살나 버렸다. ¶그들의 이상은 결국 허무하게 박살나고 말았다.

박살내다
활용박살내어(박살내), 박살내니, 박살내고
타❶물건 따위를 깨서 산산조각을 내다. Break an item into pieces.
㈊부수다, 조각조각내다
N0-가 N1-를 V (N0=[인간], [구체물] N1=[구체물])
피박살나다자
¶화가 난 철수는 휴대전화를 박살냈다. ¶그가 친 공이 학교 유리창을 박살내 버렸다.
❷(상대방을) 대패시키거나 완전히 무력화시키다. Completely defeat or incapacitate the opponent.
㈊완패시키다, 대패시키다, 쳐부수다, 깨부수다
N0-가 N1-를 V (N0=[인간|단체], [구체물] N1=[인간|단체])
피박살나다
¶신형 무기가 적의 기갑부대를 완전히 박살냈다. ¶신인 신수가 세 골을 넣으며 수비진을 박살냈다.
❸(상대방의 계획이나 희망 따위를) 완전히 헛된 것으로 만들어 버리다. Make someone's plan or hope completely futile.
㈊꺾다, 좌절시키다
N0-가 N1-를 V (N0=[인간|단체], [행위], [추상물] N1=[추상물](계획, 꿈, 이상 따위))
피박살나다
¶그의 사소한 실수가 우리의 꿈을 완전히 박살냈다. ¶우리의 빠른 대처가 상대방의 음모를 박살냈다.

박차다
활용박차, 박차니, 박차고
타❶(문 따위를) 발로 힘껏 걷어차다. Kick something such as a door with all of one's strength.
㈊걷어차다 ㊀차다II
N0-가 N1-를 V (N0=[인간] N1=[장소](대문, 방문, 현관문 따위))
¶그는 밤마다 대문을 박차고 들어왔다. ¶언니는 사고 소식에 현관문을 박차고 뛰어나갔다.
❷(지위나 자리 따위를) 미련 없이 과감히 버리고 떠나다. Leave one's position or office daringly.
㈊떠나다타, 내놓다, 그만두다
N0-가 N1-를 V (N0=[인간] N1=자리, [인간])
¶나는 견딜 수가 없어서 자리를 박차고 나갔다. ¶김 부장은 회사를 박차고 나와 새로운 회사를 차렸다.

박탈당하다
어원剝奪~ 활용박탈당하여(박탈당해), 박탈당하니, 박탈당하고 대응박탈을 당하다
타(권력이나 힘에 의해) 재물이나 권리, 자격 따위를 강제로 빼앗기다. Be stripped of property, right, or qualification by authority or power.
㈊박탈되다, 빼앗기다, 강탈당하다
N0-가 N2-(에게|에 의해|로부터) N1-를 V (N0=[인간|단체] N1=[직책], [권리], [구체물] N2=[인간|단체])
능박탈하다
¶남편은 아내에게 딸의 양육권을 박탈당했다. ¶우리는 자유를 박탈당했지만 더욱 힘이 솟았다.

박탈되다
어원剝奪~ 활용박탈되어(박탈돼), 박탈되니, 박탈되고 대응박탈이 되다
자(어떤 사람이나 단체의 권리나 자격 따위가) 강제로 빼앗기다. (of property, right, or qualification) Be taken away by authority or power.
㈊빼앗기다, 박탈당하다, 강탈당하다
N1-의 N0-가 V ↔ N1-는 N0-가 V (N0=[인간|단체] N1=[직책], [권리])
능박탈하다
¶갑수의 선수 자격이 박탈됐다. ↔ 갑수는 선수 자격이 박탈됐다. ¶쿠바 난민들은 국적이 박탈되어 여권을 못 받았다.

박탈하다
어원剝奪~ 활용박탈하여(박탈해), 박탈하니, 박탈하고 대응박탈을 하다
타(사람이나 단체가) 남의 재물이나 권리, 자격 따위를 강제로 빼앗다. Take property, right, or qualification away by means of authority or power.
㈊빼앗다, 강탈하다, 탈취하다
N0-가 N1-를 V (N0=[인간|단체] N1=[직책], [권리], [구체물])
피박탈되다, 박탈당하다
¶이사회가 박 전무의 직책을 박탈하였다. ¶국제올림픽위원회는 체조 선수의 메달을 박탈했다.

박히다
활용박히어(박혀), 박히니, 박히고
자❶길쭉한 물건이 두들겨지거나 꽂히거나 돌려져서 속으로 들어가게 되다. (of a long thing) Be put by being pounded, stuck, or turned.
㈊꽂히다

ㅂ

N0-가 N1-에 N2-(에게|에 의해) V (N0=[구체물](못, 핀, 나사, 기둥, 철근 따위) N1=[장소], [구체물] N2=[인간], [도구])
능박다
¶큰 대못이 능숙한 목수에 의해 벽에 깊숙이 박혔다. ¶나사가 겉돌아서 잘 박히지 않는다.
❷(바탕이 되는 물건에 작은 보조물이) 붙여지거나 끼워지다. (of a little auxiliary thing) Be attached or stuck to something like a basis.
N0-가 N1-에 V (N0=[구체물](보석, 장식물 따위) N1=[구체물], [음식])
능박다
¶큼직한 다이아몬드가 왕관에 박혀 있다. ¶그녀의 옷에는 다양한 하트 모양의 단추가 박혀 있었다.
❸(어떤 공간 안에) 물건이 깊숙이 들어가다. (of a thing) Be put deep into a space.
㊞틀어박히다재
N0-가 N1-에 V (N0=[구체물] N1=[구체물], [장소])
능박다
¶안경이 어디에 박혀 있는지 찾을 수가 없다. ¶그는 몇 년 동안 창고에 박혀 있던 책들을 찾았다.
※ 주로 '박혀 있다'의 형태로 쓰인다.
❹(얼굴이) 어떤 장소나 물체에 대어져 있거나 깊이 숙여져 있다. (of a face) Be made to drop down deeply or come in contact with a place or a thing.
㊞파묻히다
N0-가 N1-에 V (N0=[신체부위](머리, 이마, 얼굴, 고개, 코 따위) N1=[구체물], [장소])
능박다타
¶그의 고개가 푹 박혀 있어서 신원을 확인할 수가 없었다. ¶민희는 코가 책상에 박힐 듯이 고개를 숙이고 자고 있었다.
❺(식물의 뿌리가) 땅속에 깊이 내려지다. (of the roots or a plant) Go down deeply into the ground.
㊞뿌리내리다
N0-가 N1-에 V (N0=[식물], [뿌리] N1=[구체물], [장소])
¶뿌리가 화분에 깊이 박혀 있었다. ¶시간이 지나자 나무의 뿌리가 땅에 단단하게 박혔다.
❻(글자나 그림이) 인쇄물 따위에 새겨지다. (of letters or pictures) Be inscribed in a printed matter.
㊞인쇄되다, 새겨지다, 찍히다II
N0-가 N1-에 V (N0=[구체물](사진, 그림, 문구, 글자 따위) N1=[구체물](인쇄물, 명함, 초대장, 논문, 책, 옷, 천 따위))
능박다
¶초대장에는 두 사람의 사진이 박혀 있다. ¶명함에 그의 직함이 크게 박혀 있었다.
❼(어디에) 특정 무늬나 문양이 새겨지다. (of a particular pattern or design) Be inscribed.
N0-가 N1-에 V (N0=무늬, 문양 따위 N1=[구체물])
¶깃발에는 그의 가문을 상징하는 무늬가 박혀 있었다. ¶영희의 옷에는 비싼 상표의 로고가 박혀 있었다.
❽(신체 부위에) 점이나 주근깨 등이 나 있다. (of mole or freckle) Break out in a body.
㊞나다[1]
N0-가 N1-에 V (N0=점, 주근깨 따위 N1=[신체부위](몸, 얼굴, 이마 따위))
¶용의자는 이마에 큰 점이 하나 박혀 있다. ¶그녀는 얼굴에 박혀 있는 주근깨가 너무 창피했다.
※ 주로 '박혀 있다'의 형태로 쓰인다.
❾(살 표면에) 굳은살 물집 따위가 생기다. (of callus or blister) Break out on the skin.
㊞잡히다재
N0-가 N1-에 V (N0=물집, 굳은살 따위 N1=[신체부위](살, 손, 다리 따위))
¶손바닥에 물집이 크게 박혔다. ¶기타를 치니 손가락마다 굳은살이 박혔다.
❿(어떤 집단이나 조직에) 상대 쪽 사람이 몰래 심어지다. (of a member of a group or a gang) Be planted secretly in the rival group or gang.
㊞침투되다, 잠입하다
N0-가 N1-에 V (N0=[인간] N1=[인간|단체])
능박다
¶아무래도 회사에 스파이가 박혀 있는 것 같다. ¶지금 경쟁사에 박혀 있는 우리 쪽 사람이 꽤 된다.
※ 주로 '박혀 있다'의 형태로 쓰인다.
⓫(한 장소에) 들어 앉아 계속 머무르다. Settle at a place and continue to stay there.
㊞틀어박히다
N0-가 N1-에 V (N0=[인간|단체] N1=[장소])
¶철수는 집에만 박힌 채 도통 나오지도 않는다. ¶그는 6개월 동안 도서관에 박혀서 공부만 했다.
⓬(어떤 것이) 마음이나 의식, 기억에 매우 강하게 새겨져 남다. (of something) Be inscribed strongly, remaining in the mind, consciousness, or memory.
㊞각인되다
N0-가 N1-에 V (N0=[추상물](생각, 관념, 원한, 이미지, 경치 따위), [행위](말, 행동 따위) N1=[신체부위](가슴, 머리), [장소](마음, 정신, 기억 따위))
¶그의 주장은 너무 인상적이어서 내 머리에 박혀 버렸다. ¶한번 원한이 박히면 잊기 어렵다.
⓭(어떤 곳에) 시선이 고정되다. (of an eye) Be fixed on something.

ㅂ

[유]고정되다, 멈추다[1], 꽂히다
N0-가 N1-(에|로) V (N0=시선, 눈, 눈길 따위 N1=[장소], [구체물], 모습 따위)
[능]박다
¶아름다운 그녀의 모습에 모두의 시선이 박혔다. ¶그의 눈길은 단번에 그 그림에 박혔다.
◆ **가슴에 못이 박히다** 크게 실망하여 가슴이 아프다. Be in despair.
N0-(로|에|에 의해|로 인해) Idm (N0=[인간], [사건], [행위], [추상물])
[능]못을 박다
¶그녀의 배신으로 내 가슴에 못이 박혔다. ¶그의 비난에 나의 가슴에 못이 박히는 것 같다.
◆ **귀에 못이 박히다** 같은 이야기를 지겹도록 너무 많이 듣다. Hear the same story so often as to be sick and tired of it.
N0-가 Idm (N0=[추상물](말, 내용 따위))
¶그 말은 너무 많이 들어서 아예 귀에 못이 박혔다. ¶그 이야기는 귀에 못이 박히도록 많이 들었다.
◆ **미운 털이 박히다** (타인에게) 단단히 미움을 받다. Be very much hated by another person.
[유]미움을 받다
N0-가 N1-(에|에게) Idm (N0=[인간|단체] N1=[인간|단체])
¶그는 미운 털이 박혔는지 언제나 승진 심사에서 떨어졌다. ¶그 업체는 우리 회사에 미운 털이 단단히 박혔다.
◆ **틀에 박히다** 행동이나 생활, 생각 따위가 획일적이거나 상투적이다. (of behavior, life, or thought) Be uniform or conventional.
N0-가 Idm (N0=[인간|단체], [추상물](사고, 생각, 행동 따위), [텍스트])
¶철수의 생각은 틀에 박혀서 창조적이지 못하다. ¶그들의 행동은 하나같이 너무 틀에 박혀 있다.

반가워하다

[활용]반가워하여(반가워해), 반가워하니, 반가워하고
[타](다른 사람, 짐승, 좋은 일 따위를 만나 기쁘고 흡족한 마음을 나타내다. Express one's pleasure and satisfaction upon encountering another person, an animal, or a good thing.
[유]즐거워하다, 기뻐하다
N0-가 N1-를 V (N0=[인간|단체], [짐승] N1=[인간|단체], [짐승], [앎], [행위], [사건])
¶그는 조국의 해방을 누구보다도 반가워한 사람이다. ¶마을 사람들 모두가 그 소식을 반가워해 주었다.
N0-가 S것-을 V (N0=[인간|단체], [짐승])
¶미현이는 유독 나를 만난 것을 반가워했다. ¶어머니는 아들이 성공한 것을 반가워하셨다.

반기다

[활용]반기어(반겨), 반기니, 반기고
[타]❶사람을 기뻐하며 맞이하다. Greet happily.
[유]반가워하다, 환대하다
N0-가 N1-를 V (N0=[인간|단체] N1=[인간|단체])
¶할머니가 손자와 손녀들을 반기셨다. ¶그는 나를 만나도 반길 것 같지 않다.
❷어떤 일을 기쁘게 받아들이다. Accept happily.
[유]반가워하다, 기뻐하다
N0-가 N1-를 V (N0=[인간|단체] N1=[구체물], [추상물])
¶모든 사람이 조국의 독립을 반기고 있다. ¶온 국민들이 월드컵 8강 진출을 진심으로 반기고 있다.

반납하다

[어원]返納~ [활용]반납하여, 반납하니, 반납하고
[대응]반납을 하다
[타]빌리거나 받은 것을 도로 돌려주다. Give back something that one has borrowed or received.
[유]돌려주다 [반]돌려받다
N0-가 N1-를 N2-에 V (N0=[인간] N1=[구체물] N2=[기관](회사, 도서관, 국회 따위))
¶도서관에 책을 반납하러 가는 중에 친구를 만났다. ¶카드를 지하철역에 반납하면 보증금을 돌려받는다.

반대되다

[어원]反對~ [활용]반대되어(반대돼), 반대되니, 반대되고 [대응]반대가 되다
[자]❶(두 대상이) 서로 등지거나 마주보는 관계가 되다. (of two subjects) Have relationship that oppose or confront each other.
[유]마주보다, 상반되다
N0-와 N1-가 N2-가 V ↔ N1-와 N0-가 N2-가 V ↔ N0-가 N1-와 N2-가 V (N0=[구체물] N1=[구체물] N2=[속성])
¶이 노선과 저 노선은 방향이 반대된다. ↔ 저 노선과 이 노선은 방향이 반대된다. ↔ 이 노선은 저 노선과 방향이 반대된다. ¶이 두 건물은 창문의 위치가 반대된다.
❷(의견이) 다른 의견에 거스르게 되다. (of an opinion) Go against another opinion.
[유]대립되다
N0-가 N1-에 V (N0=[방법], [앎], [규범], [관습], [제도], [사조], [소통] N1=[방법], [앎], [규범], [관습], [제도], [사조], [소통])
[능]반대하다
¶그 대안은 지금까지 우리가 고수한 원칙에 반대됩니다. ¶그 조직은 반대되는 견해를 허용하지 않아 정체되고 있다.

반대하다

어원 反對~ 활용 반대하여(반대해), 반대하니, 반대하고 대응 반대를 하다

자타 (행동이나 의견, 생각 따위를) 따르거나 받아들이지 않고 맞서 거스르다. Confront and go against an action, opinion, or thought by not following or accepting.

유 거부하다, 반발하다

N0-가 N1-(에|를) V (N0=[인간|단체] N1=[방법], [앎], [규범], [관습], [제도], [사조], [소통])

피 반대되다

¶부모님은 우리의 결혼을 극구 반대하셨다. ¶지역 주민들은 쓰레기 소각장의 건설을 반대하고 나섰다.

반론하다

어원 反論~ 활용 반론하여(반론해), 반론하니, 반론하고 대응 반론을 하다

자타 (상대방의 주장에 대하여) 반대되는 주장을 펴다. Propose a counterargument against another person's argument.

유 반박하다, 논박하다

N0-가 N1-(를|에|에 대해) N2-(에|에게) V (N0=[인간|단체] N1=[속성], [앎], [현상], [상태], [생각] N2=[인간|단체])

¶그 토론자는 상대 패널에게 지금까지의 주장에 대해 반론했다. ¶그 학자는 통설을 반론하기 위해 많은 준비를 했다. ¶그의 논리정연한 비판에 아무도 반론하지 못했다.

N0-가 N1-(를|에|에 대해) N2-(에|에게) S고 V (N0=[인간|단체] N1=[속성], [앎], [현상], [상태], [생각] N2=[인간|단체])

¶그는 통계에 대해 실험이 잘못된 것이라고 반론했다. ¶전문가들은 신기술이 검증되지 않았다고 반론하였다.

반말하다

어원 半~ 활용 반말하여(반말해), 반말하니, 반말하고 대응 반말을 하다

자 다른 사람에게 경어를 쓰지 않고 친근하거나 낮추듯이 말하다. Talk down to someone or talk in a familiar manner without using polite expressions.

반 경어를 쓰다, 높임말을 하다

N0-가 N1-에게 V (N0=[인간] N1=[인간])

¶그는 부하들에게 절대로 반말하지 않는다. ¶아무리 그래도 성인끼리 보자마자 반말하는 것은 실례다.

N0-가 N1-와 V ↔ N1-가 N0-와 V ↔ N0-와 N1-가 V (N0=[인간] N1=[인간])

¶나는 그와 반말하고 지낸다. ↔ 그는 나와 반말하고 지낸다. ↔ 나와 그는 반말하고 지낸다. ¶너는 동창이라면서 왜 나와 반말하지 않니?

반문하다

어원 反問~ 활용 반문하여(반문해), 반문하니, 반문하고 대응 반문을 하다

자타 (상대방의 질문에 대하여) 질문으로 대답하다. Answer a question by asking back.

유 되묻다

N0-가 N1-(를|에|에 대해) N2-(에|에게) V (N0=[인간] N1=[추상물], [소통] N2=[인간|단체])

¶나는 토론자에게 질문의 정확한 의미를 반문했다. ¶기영이는 연사의 주장에 날카롭게 반문했다.

N0-가 N1-(에|에게) S고 V (N0=[인간] N1=[인간|단체])

¶그는 남자에게 왜 질문하느냐고 반문했다. ¶담당관은 그 이유를 납득할 수 있겠느냐고 우리에게 반문했다.

반박되다

어원 反駁~ 활용 반박되어(반박돼), 반박되니, 반박되고 대응 반박이 되다

자 남의 주장이나 의견의 잘못된 점에 대해 조목조목 반대되는 말이 제시되다. Say something against another person's argument or opinion by pointing out its defects.

유 반론되다

N0-가 N1-에 의해 V (N0=[속성], [앎], [현상], [상태], [생각], [인간] N1=[인간|단체])

능 반박하다

¶발표자의 주장이 조목조목 반박되었다. ¶그의 논지는 근거 자료 없이 반박될 수 없다.

반박하다

어원 反駁~ 활용 반박하여(반박해), 반박하니, 반박하고 대응 반박을 하다

자타 (남의 주장이나 의견에 대하여) 잘못된 점을 지적하며 반대하는 말을 하다. Say something against another person's argument or opinion by pointing out its defects.

유 반론하다

N0-가 N1-(에|를|에 대해) V (N0=[인간|단체] N1=[속성], [앎], [현상], [상태], [생각])

피 반박되다

¶그는 상대방의 주장을 반박했다. ¶그 젊은이는 근거 자료를 가지고 노학자의 주장을 반박했다.

반발하다

어원 反撥~ 활용 반발하여(반발해), 반발하니, 반발하고 대응 반발을 하다

자 (어떤 행동이나 사태에 대해) 거부하는 마음을 가지고 거스르거나 반항하다. Disobey or resist with a refusing mind.

유 반대하다, 저항하다 반 지지하다, 찬동하다

ㅂ

N0-가 N1-(에|에 대해) V (N0=[인간|단체] N1=[추상물], [사태])
¶주민들은 폐기물 소각장 설치에 반발했다. ¶직원들이 임금 동결에 강력히 반발하고 있습니다.

반복되다
[어원] 反復~ [활용] 반복되어(반복돼), 반복되니, 반복되고 [대응] 반복이 되다
[자] (어떤 일이나 행위, 현상 따위가) 계속해서 다시 일어나거나 이루어지다. (of a work, behavior, or phenomenon) Continuously recur or repeat itself.
[유] 되풀이되다
N0-가 V (N0=[현상], [상태], [말], [행위], [사건])
[능] 반복하다
¶주가가 떨어지는 현상이 반복되고 있다. ¶근본적인 해결책은 나오지 않은 채 미봉책만 반복되었다.
S것-이 V
¶우리 지역에 혐오 시설 설치를 반대하는 것이 반복되고 있다.

반복하다
[어원] 反復~ [활용] 반복하여(반사해), 반복하니, 반복하고 [대응] 반복을 하다
[타] (어떤 일이나 행위, 현상 따위를) 똑같이 계속해서 다시 일어나게 하다. Causing the same work, behavior or phenomenon to occur continuously.
[유] 되풀이하다
N0-가 N1-를 V (N0=[인간|단체], [추상물] N1=[현상], [상태], [말], [행위], [사건])
[피] 반복되다
¶심판들은 편파 판정을 해마다 반복했다. ¶그는 이미 심사가 끝났다는 대답만을 반복했다.
N0-가 S것-을 V (N0=[인간|단체], [추상물])
¶그는 이미 심사가 끝났다는 것을 알리는 것을 반복했다.

반사되다
[어원] 反射~ [활용] 반사되어(반사돼), 반사되니, 반사되고 [대응] 반사가 되다
[자] ☞ 반사하다 [자]

반사하다
[어원] 反射~ [활용] 반사하여(반사해), 반사하니, 반사하고 [대응] 반사를 하다
[자] 【물리】 (빛이나 전파 따위가) 장애물에 부딪혀 나아가던 방향이 꺾이거나 반대로 향하다. (of light or electromagnetic wave) Run into an obstacle and change its direction.
N0-가 N1-에 V (N0=[빛], [파동] N1=[구체물])
[사] 반사시키다
¶눈밭에 반사하는 빛 때문에 눈을 뜰 수가 없다. ¶경기장 조명이 광고판에 반사해서 눈이 부시다.
[타] 【물리】 (빛이나 전파 따위를) 장애물에 부딪쳐 나아가던 방향을 꺾거나 반대로 향하게 하다. Make light or electromagnetic wave run into an obstacle and change its direction.
N0-가 N1-를 N2-에 V (N0=[구체물] N1=[빛], [파동] N2=[구체물])
¶건물 외벽이 전파를 반사해 잡음이 일어난다. ¶강물이 저녁노을을 반사하고 있었다.

반성하다
[어원] 反省~ [활용] 반성하여(반성해), 반성하니, 반성하고 [대응] 반성을 하다
[타] (자신의 잘못된 행동이나 말을) 돌이켜 보고 뉘우치다. Introspect and regret the wrongdoings in one's behavior or words.
[유] 뉘우치다
N0-가 N1-를 V (N0=[인간] N1=[행위], 잘못, 말 따위)
¶성현이는 어제 부모님께 했던 행동을 반성했다. ¶잘못을 반성하는 것은 인격 성장에 중요하다.
N0-가 S것-을 V (N0=[인간])
¶나는 지난주에 잘못했던 것을 반성한다. ¶실수한 것을 반성하지 않으면 실수가 반복될 것이다.

반영되다
[어원] 反映~ [활용] 반영되어(반영돼), 반영되니, 반영되고 [대응] 반영이 되다
[자] 속성이나 의견, 생각, 사실 따위가 영향을 받아 무엇에 결과적으로 나타나다. (of feature, opinion, thought, fact, etc.) Result in something affected.
N0-가 N1-에 V (N0=[추상물](민심, 시간, 사고방식, 기술, 요구 따위) N1=[기준], [텍스트], [구체물], 정치 따위)
[능] 반영하다
¶시민들의 민심이 정치에 잘 반영되어야 한다. ¶그의 사고방식은 신작 소설에 반영되어 있다.

반영시키다
[어원] 反映~ [활용] 반영시키어(반영시켜), 반영시키니, 반영시키고 [대응] 반영을 시키다
[타] ☞ '반영하다'의 오용

반영하다
[어원] 反映~ [활용] 반영하여(반영해), 반영하니, 반영하고 [대응] 반영을 하다
[타] ❶(무엇이) 속성이나 의견, 생각, 사실 따위를 무엇에 결과적으로 영향을 미치다. (of something) Affect consequently a feature, an opinion, a thought, or a fact.
N0-가 N1-를 N2-에 V (N0=[인간], [단체], [텍스트] N1=[추상물](민심, 시간, 사고방식, 기술, 요구 따위) N2=[기준], [텍스트], [구체물], 정치 따위)

피반영되다
¶국회의원들은 민심을 정치에 반드시 반영해야 한다. ¶일반적으로 소설은 작가의 사고방식을 반영한다.
❷(무엇이) 무엇을 있는 그대로 잘 보여주다. (of something) Represent something else as it is.
N0-가 N1-를 V (N0=[인간], [단체], [텍스트] N1=[추상물](민심, 시간, 사고방식, 기술, 요구 따위))
피반영되다
¶이 소설은 우리 시대의 심리를 잘 반영한다. ¶이 노래는 당시의 저항 정신을 잘 반영하고 있다.

반응하다

어원反應~ 활용반응하여(반응해), 반응하니, 반응하고 대응반응을 하다
자❶(사람이나 동물이) 자극으로 인해 어떤 움직임이 일어나거나 변화가 생기다. (of person or animal) Move or change through a stimulus.
유반응을 보이다
N0-가 N1-에 V (N0=[인간], [동물] N1=[구체물], [추상물])
¶개들은 주인의 냄새에 가장 강하게 반응한다. ¶신곡에 세계 음악팬들이 열렬히 반응했다.
❷ 【화학】 (두 가지 이상의 물질이) 서로 영향을 미쳐 변화가 생기다. (of two or more matters) Suffer a change by affecting each other.
N0-가 N1-와 V ↔ N1-가 N0-와 V ↔ N0-와 N1-가 V (N0=[무생물] N1=[무생물])
¶수소가 산소와 반응하여 물이 된다. ↔ 산소가 수소와 반응하면 물이 된다. ↔ 수소와 산소가 반응하면 물이 된다. ¶이 두 물질이 반응하면 중화가 일어난다.

반전되다

어원反轉~ 활용반전되어(반전돼), 반전되니, 반전되고 대응반전이 되다
자☞반전하다자

반전하다

어원反轉~ 활용반전하여(반전해), 반전하니, 반전하고 대응반전을 하다
자❶(어떤 대상의) 위치, 방향, 순서 따위가 반대로 바뀌다. (of the location, direction, or order of an object) Be changed to the opposite.
유뒤바뀌다, 역전하다
N0-가 V (N0=[속성], [방향], [순서])
능반전시키다
¶하드웨어 가격 상승으로 컴퓨터 수요가 반전했다. ¶바퀴 방향이 반전하면 차가 후진한다.
❷(일의 흐름이나 형세가) 반대로 바뀌다. (of the progress or situation of a work) Be changed to the opposite.
유뒤집어지다
N0-가 V (N0=[상황](상황, 분위기, 형세 따위))
능반전시키다
¶폭격기가 등장하자 갑자기 전세가 반전했다. ¶집값이 급등하면서 부동산 정책에 대한 여론이 반전했다.
타❶어떤 대상의 위치, 방향, 순서 따위를 반대로 바꾸다. (of a person) Change the location, direction, or order of an object to the opposite.
유뒤바꾸다
N0-가 N1-를 V (N0=[인간|단체] N1=[속성], [방향], [순서])
¶선생님이 판화의 글씨를 좌우로 반전하신다. ¶감독은 무대의 색을 반전해 공포 분위기를 연출했다.
❷일의 흐름이나 형세를 반대로 바꾸다. (of the progress or situation of a work) Change to the opposite.
유역전시키다, 뒤집다
N0-가 N1-를 V (N0=[인간|단체] N1=[상황](상황, 분위기, 형세 따위))
¶두 나라가 협력이 경제 상황을 반전했다. ¶경쟁기업에 적자 기업을 넘기면서 분위기를 순식간에 반전했다.

반증되다

어원反證~ 활용반증되어(반증돼), 반증되니, 반증되고 대응반증이 되다
자어떤 주장이나 사실에 반대되는 사례를 통해 증명되다. Be proven with opposite cases to a given statement or fact.
유반박되다, 논박되다 반검증되다, 증명되다, 논증되다
N0-가 N1-(에서|로) V (N0=[인간], [이론], [현상] N1=[이론], [사실명제])
능반증하다
¶실험 결과에서 우리의 가설이 반증되었다. ¶실험 결과로 우리의 가설이 반증되었다.
N0-(에서|로) S것-이 V (N0=[인간], [이론], [현상], [텍스트])
능반증하다
¶실험 결과에서 연구원들이 예측한 것이 반증되었다. ¶새로운 사실로 조사에 오류가 있다는 것이 반증되었다.

반증하다

어원反證~ 활용반증하여(반증해), 반증하니, 반증하고 대응반증을 하다
타(어떤 주장이나 사실에 반대되는 사례를 들어 증명하다. Prove something by presenting opposite cases of a given statement or fact.
유반박하다, 논박하다 반검증하다, 증명하다, 논

증하다
N0-가 N1-를 V (N0=[인간], [이론], [현상] N1=[이론], [앎])
[피]반증되다
¶실험 결과는 우리의 가설을 반증한다. ¶반증되지 않는 이론은 인정할 수 없다.
N0-가 S것-을 V (N0=[인간], [이론], [현상], [텍스트])
[피]반증되다
¶실험 결과는 연구원들이 예측한 것을 반증했다. ¶그 문서는 정부가 이번 사태를 방치했다는 것을 반증하고 있다. ¶새롭게 밝혀진 사실들은 연구에 오류가 있다는 것을 반증했다.

반짝거리다
[활용]반짝거리어(반짝거려), 반짝거리니, 반짝거리고 [센]빤짝거리다
[자]❶(작은 빛이) 반복적으로 잠깐씩 빛났다가 사라졌다가 하다. (of small light) Repeatedly shine momentarily, and then disappear.
[유]반짝대다[자], 반짝이다[자]
N0-가 V (N0=별, 불빛, 반딧불 따위)
¶반짝거리는 불빛이 눈길을 끌었다. ¶어둠 속에서 반딧불만 반짝거린다.
❷(물체가 햇빛이나 불빛 따위에) 반복적으로 잠깐씩 빛나 보이다. (of an item) Appear to shine repeatedly due to sunlight or flame.
[유]반짝대다[자], 반짝이다[자]
N0-가 N1-에 V (N0=[구체물] N1=햇빛, 달빛, 불빛 따위)
¶은빛 모래가 햇빛에 무수히 반짝거렸다. ¶우리는 달빛에 반짝거리는 강을 바라보았다.
[타]❶빛을 반복적으로 잠깐씩 빛났다가 사라지게 하다. Make light momentarily shine and disappear repeatedly.
[유]반짝대다[타], 반짝반짝하다[타], 반짝이다[타]
N0-가 N1-를 V (N0=[인간] N1=손전등, 불빛 따위)
¶아이는 손전등을 반짝거리며 장난을 쳤다. ¶반짝거리는 불빛을 보고 찾아갔다.
❷(눈을) 반복적으로 빛나게 하다. Make one's eyes shine repeatedly.
[유]반짝대다[타], 반짝반짝하다[타], 반짝이다[타]
N0-가 N1-를 V ↔ N1-가 V (N0=[인간] N1=[신체부위](눈, 눈망울, 눈동자 따위))
¶민지는 눈을 반짝거렸다. ↔ 눈이 반짝거렸다. ¶어린이들이 눈망울을 반짝거리며 들어온다.

반짝대다
[활용]반짝대어, 반짝대니, 반짝대고 [여린]반작대다
[자] [타] ☞반짝거리다

반짝이다
[활용]반짝이어(반짝여), 반짝이니, 반짝이고 [여린]반작이다
[자] [타] ☞반짝거리다

반품되다
[어원]返品~ [활용]반품되어(반품돼), 반품되니, 반품되고 [대응]반품이 되다
[자](이미 산 물건이) 판매처나 판매자에게 도로 돌려보내지다. (of goods already purchased) Be sent back to the seller or the selling agent.
[유]반환되다[자]
N0-가 N1-(에|에게|로) V (N0=[구체물] N1=[인간], [기업], [장소])
[능]반품하다
¶불량 부품이 전량 제조업체에 반품됐다. ¶유통기한이 지난 식품은 반품되어 모두 폐기한다.

반품시키다
[어원]返品~ [활용]반품시키어(반품시켜), 반품시키니, 반품시키고 [대응]반품을 시키다
[타]☞'반품하다'의 오용

반품하다
[어원]返品~ [활용]반품하여(반품해), 반품하니, 반품하고 [대응]반품을 하다
[타](이미 산 물건을) 판매처나 판매자에게 도로 돌려보내다. Send back goods already purchased to the seller or the selling agent.
[유]반환하다
N0-가 N1-를 N2-(에|에게|로) V (N0=[인간|단체] N1=[구체물] N2=[인간], [기업], [장소])
[피]반품되다
¶대형 마트들이 수산물 업체로 수산물을 반품했다. ¶동생은 쇼핑몰에 원피스를 반품하고 환불을 요청했다.

반하다 I
[활용]반하여(반해), 반하니, 반하고
[자] (매력적인 속성 따위에) 마음을 빼앗기다. Lose one's heart to an attractive attribute, etc.
[유]홀리다[자], 빠지다II[1], 매료되다
N0-가 N1-에 V (N0=[인간] N1=[인간], [속성], [행위], [텍스트])
[연어]홀딱
¶나는 그 여학생에게 반했다. ¶관객들은 그녀의 연기에 반했다.

반하다 II
[어원]反~ [활용]반하여(반해), 반하니, 반하고
[자]남의 의견 따위에 거스르거나 반대의 입장을 취하다. Go against someone's opinion or take an opposing position.
[유]반대되다 [반]일치하다, 동조하다
N0-가 N1-에 V (N0=[인간|단체] N1=[의견], [제도], [사건])

¶여당은 야당의 비난에 반하는 성명을 발표했다. ¶이번 조치는 국민 정서에 반한다.

반항하다

[어원] 反抗~ [활용] 반항하여(반항해), 반항하니, 반항하고 [대응] 반항을 하다

[자] ❶다른 사람이나 단체의 공격적 행위에 대해 맞서 대들거나 싸우다. Stand up and fight against the aggressive behavior of a person or organization.

[유] 대들다, 반대하다, 저항하다, 반발하다 [반] 항복하다, 굴복하다

N0-가 N1-에 V (N0=[인간|단체] N1=[인간|단체])

¶요즘 젊은이들은 기성세대나 사회에 무작정 반항하지는 않는다. ¶일부 반군이 끝까지 정부군에 반항했다.

❷(상황에 대해) 이를 받아들이지 않고 그 부당함에 반대하다. Choose not to accept a situation and resist its injustice.

N0-가 N1-에 V (N0=[인간|단체] N1=[추상물](권위, 체제, 개념, 탄압 따위))

¶젊은 세대들은 기성세대에 반항하는 표현 방식을 찾았다. ¶그들은 불의에 반항하여 적극적으로 투쟁했다.

반환되다

[어원] 返還~ [활용] 반환되어(반환돼), 반환되니, 반환되고 [대응] 반환이 되다

[자] 빌리거나 가지고 온 것이 원래대로 되돌아가다. (of an object borrowed or taken) Be returned to its original place or owner.

[유] 되돌려지다, 반납되다

N0-가 N1-(에|에게) V (N0=[구체물] N1=[인간|단체], [장소])

[능] 반환하다

¶비행기 출발이 연기되어 수하물들이 여행객들에게 반환되었다. ¶빌려 간 책들이 도서관에 제대로 반환되지 않고 있다.

반환하다

[어원] 返還~ [활용] 반환하여(반환해), 반환하니, 반환하고 [대응] 반환을 하다

[타] (사람이) 빌리거나 가지고 온 것을 원래대로 되돌려주다. (of a person) Return something borrowed or taken to its original place or owner.

[유] 되돌려주다, 반납하다

N0-가 N1-를 N2-(에|에게) V (N0=[인간|단체] N1=[구체물] N2=[인간|단체], [장소])

[능] 반환하다

¶비행기 출발이 연기되자 항공사 직원들은 수하물을 여행객들에게 반환했다. ¶학생들이 빌려간 책들을 도서관에 제대로 반환하지 않고 있다.

받다 I

[활용] 받아, 받으니, 받고

[자] ❶(음식이나 술 따위가) 몸이나 체질에 맞아 잘 흡수되다. (of food, alcohol, etc.) Be well absorbed in one's body due to being suited to one's taste.

N0-가 N1-에 V (N0=[음식], [알코올], [약] N1=[신체부위] (몸, 입, 속 따위), 체질)

¶홍삼이 몸에 잘 안 받는 사람도 있다. ¶진통제가 몸에 잘 받지 않는 체질도 있다.

❷(화장품 따위가) 피부에 흡수되어 효과가 나타나다. (of cosmetics, etc.) Be absorbed in one's skin, show effect.

[유] 흡수되다

N0-가 N1-(에|에게) V (N0=[화장품], 화장 N1=[인간], [신체부위] (몸, 얼굴, 피부 따위))

¶이 회사 화장품이 내게 잘 받는다. ¶오늘은 화장이 곱게 잘 받아서 예뻐 보인다.

❸(색깔이나 모양 따위가) 사람이나 대상에 흡수되듯이 어울리다. (of color, shape, etc.) Suit a person or target as if it has been absorbed.

[유] 맞다I, 어울리다

N0-가 N1-(에|에게) V (N0=[착용물], [모양], [색] N1=[인간], [신체부위](얼굴, 피부 따위))

¶빨간색이 선생님 얼굴에 잘 받을 것 같아요. ¶그녀는 어떤 옷을 입어도 몸에 잘 받는다.

❹(사진이나 화면의 모습이) 실물보다 더욱 훌륭하게 나오게 되다. (of image presented in a photo or on a screen) Present itself to be far greater than the actual image.

N0-가 N1-가 V (N0=[인간] N1=사진, 사진발, 화면 따위)

¶그 남자는 이목구비가 뚜렷해서 사진이 잘 받는다. ¶화면발이 잘 안 받아서 고민이에요.

받다 II

받다[1]

[활용] 받아, 받으니, 받고

[타] ❶사람이나 단체에서 준 물건, 돈 따위를 수중에 넣어 소유하다. Secure object, money, etc., sent by another person or organization.

[반] 주다[1]

N0-가 N1-를 N2-(에게|에게서|에서|로부터) V (N0=[인간|단체] N1=[구체물] N2=[인간|단체])

¶민지는 남자친구에게서 멋진 선물을 받았다. ¶우리는 선생님으로부터 졸업 선물을 받았다.

❷(대회나 어떤 분야의 경쟁에서) 좋은 성적을 내어 그에 상응하는 상을 얻다. Do well in a contest or a competition in a certain area and obtain the appropriate award.

ㅂ

[유]타다IV, 따다, 얻다 [반]주다[1]
N0-가 N1-를 N2-에서 V (N0=[인간|단체] N1=[상] N2=[대회], [분야])
¶그녀는 개인 부문에서 최우수상을 받았다. ¶그는 이번 대회에서 상을 받지 못했다.
❸다른 사람이나 단체에 돈 따위를 내거나 바치게 하여 얻다. Obtain money, etc., by making another person or organization pay or give.
[유]거두다, 걷다III [반]내다[1], 납부하다
N0-가 N1-를 N2-(에게|에게서|에서|로부터) V (N0=[인간|단체] N1=[돈](세금, 회비, 입학금 따위) N2=[인간|단체])
¶우리는 회원들에게 회비를 받지 않습니다.
❹(다른 사람이 내는 문서나 서류 따위를) 공식적으로 맡아 보관하다. Officially take and store paper, document, etc., submitted by someone else.
[유]접수하다 [반]내다[1], 제출하다
N0-가 N1-를 V (N0=[인간|단체] N1=[텍스트](서류, 입학원서, 추천서, 지원서 따위))
¶우리 회사는 오늘부터 입사 지원 서류를 받습니다. ¶마감일이 지나서 더 이상 지원서를 받지 않습니다.
❺(여러 사람에게 팔거나 대어 주기 위해) 한꺼번에 많은 양의 물건을 돈을 주고 얻다. Pay money and obtain a large quantity of items to sell or give to many people.
[유]떼다, 사다[1]
N0-가 N1-를 N2-(에게|에게서|에서|로부터) V (N0=[인간|단체] N1=[구체물], [식물], [과일] N2=[인간], [장소], [인간|단체])
¶그는 생산지에서 야채를 받아다가 아파트를 돌며 팔았다. ¶그녀는 늘 단골 가게 아주머니에게 물건을 받아왔다.
❻(술 따위를) 돈을 주고 얻거나 사다. Obtain alcohol, etc., by giving money.
[유]사다[1]
N0-가 N1-를 V (N0=[인간|단체] N1=[알코올](막걸리, 동동주 따위))
¶나는 가끔 술을 받으러 양조장에 가곤 했다. ¶막걸리를 받을 수 있는 곳을 알고 싶어요.
❼(점수나 학위 따위를) 기관으로부터 얻어 가지다. Obtain a score, a degree, etc., from an institute.
[유]획득하다, 따다 [반]주다[1], 수여하다
N0-가 N1-를 N2-(에게|에게서|에서|로부터) V (N0=[인간] N1=[속성], [수량], [등급], [권리], 학위 따위 N2=[인간|단체], [나라])
¶그녀는 심사위원들로부터 모두 높은 점수를 받았다. ¶이 제품이 특허청에서 특허를 받았다.
N0-가 N1-를 N2-에서 V (N0=[인간] N1=[속성], [수량], [등급], [권리], 학위 따위 N2=[과목])
¶그는 모든 과목에서 뛰어난 성적을 받았다. ¶딸은 만점을 받고 매우 기뻐하였다. ¶일등급을 받아야 좋은 대학에 간다.
❽(다른 사람이나 단체로부터) 어떤 이름이나 직위를 얻다. Obtain a certain name or position from another person or organization.
[유]얻다, 부여받다 [반]주다[1], 수여하다
N0-가 N1-를 N2-(에게|에게서|에서|로부터) V (N0=[인간|단체] N1=칭호, 작위 따위 N2=[인간|단체])
¶그는 영국 왕실로부터 기사 작위를 받았다. ¶그는 평론가들로부터 올해의 작가라는 칭호를 받았다.
❾하던 일에서 벗어나 휴가나 말미 따위를 얻다. Get away from one's ongoing duty and take a vacation, a leave of absence, etc.
[유]얻다 [반]주다[1]
N0-가 N1-를 N2-(에게|에게서|에서|로부터) V (N0=[인간|단체] N1=[시간](휴가, 말미 따위) N2=[인간|단체])
¶아주머니는 삼 일간의 휴가를 받고 즐거워하셨다. ¶우리는 하루 말미를 받아 성묘를 갔다.
❿위에서 떨어지거나 자기 쪽으로 향해 이동해 오는 물건을 손이나 도구 따위로 잡다. Catch an item that is falling from above or moving toward one with one's hand, tool, etc.
[반]던지다[1]
N0-가 N1-를 N2-로 V (N0=[인간] N1=[구체물] N2=[신체부위](손, 발, 등 따위), [용기])
¶공을 던질 테니 잘 받아 봐요. ¶떨어지는 사과를 소쿠리로 받았다.
⓫빛이나 열, 바람 따위의 기운을 쬐거나 맞다. Bathe in or expose oneself to energy such as light, heat, wind, etc.
[유]쬐다[타], 쐬다I
N0-가 N1-를 V (N0=[인간], [구체물] N1=햇빛, 바람, 열, 조명 따위)
¶식물들은 햇빛과 바람을 받으면 색깔이 더 예뻐진다. ¶그녀의 피부는 조명을 받은 듯 화사하게 빛났다.
⓬서비스를 받기 위해 찾아온 사람을 맞거나 들이다. Welcome or allow entry of a person who visited to obtain service.
[유]맞다II, 맞아들이다
N0-가 N1-를 V (N0=[인간|단체] N1=[인간])
¶우리 업소는 18세 이하의 청소년은 받지 않는다. ¶사람이 많아서 더 이상 손님을 받기 어렵습니다.
⓭무엇을 배우기 위해 온 사람을 제자로 맞이하다. Welcome a person who came to learn

ㅂ

something as one's apprentice.
㊌맞아들이다, 받아들이다
N0-가 N1-를 N2-로 V (N0=[인간] N1=[인간] N2=제자)
¶나는 철수를 제자로 받았다. ¶저를 제자로 받아 주십시오.
⓮노래나 말 따위의 뒤를 잇다. Continue someone's song, speech, etc.
㊌잇다[타], 이어받다
N0-가 N1-를 V (N0=[인간] N1=노래, 말 따위)
¶사내는 웃으면서 말을 받았다. ¶그는 남의 말을 재치 있게 받아 넘긴다.
⓯(태어나는 아이나 새끼를) 잘 태어나도록 돕다. Help a child or young in the process of delivery for successful birth.
N0-가 N1-를 V (N0=[인간] N1=아이, 새끼 따위)
¶내 손으로 직접 아이를 받았다. ¶어서 아이를 받을 준비를 하십시오.
⓰동식물의 씨나 알을 거두다. Gather the seeds or eggs of a plant or an animal.
N0-가 N1-를 V (N0=[인간|단체] N1=씨, 알 따위)
¶야생화를 심어서 그 씨를 받았다. ¶유정란을 받으려고 토종닭을 키웠다.
⓱(흐르거나 쏟아지는 것을) 그릇 따위에 담거나 채우다. Catch something that is flowing or falling with a dish, etc.
㊌담다, 채우다
N0-가 N1-를 N2-에 V (N0=[인간|단체] N1=[액체](물, 빗물, 약수 따위) N1=[용기], 손 따위)
¶나는 욕조에 목욕물을 받았다. ¶우리는 냄비에 물을 받아 라면을 끓였다.

받다²

[활용]받아, 받으니, 받고
[기능타]'피동'을 나타내는 기능동사. Support verb used with an object noun that signifies activity or emotion in order to depict its "passivity".
N0-가 Npr-를 N1=(에게|에게서|에서|로부터) V (N0=[인간|단체] N1=[인간|단체], Npr=[태도], [행위])
¶그녀는 이웃들로부터 배척을 받았다. ¶그는 학교 친구들에게 따돌림을 받았다.
N0-가 Npr-를 N1=(에게|에게서|에서|로부터) V (N0=[인간|단체] N1=[인간|단체], Npr=[감정](사랑 따위), [행위](지지, 치료, 재판, 조사 따위))
¶아이는 부모로부터 사랑을 많이 받았다. ¶영호는 친구들의 지지를 받고 힘을 내었다.
N0-가 Npr-를 N1=(에게|에게서|에서|로부터) V (N0=[인간|단체], [추상물] N1=[인간|단체], Npr=[행위])
¶3번 선수는 심판으로부터 경고를 받았다. ¶그 피아니스트는 미국과 유럽 무대에서 아낌없는 찬사를 받았다.
N0-가 Npr-를 N1=(에게|에게서|에서|로부터) V (N0=[인간|단체] N1=[인간|단체], Npr=[명령], [제안], [행위], [행위])
¶나는 의사로부터 전치 2주 진단을 받았다.
¶그녀는 퇴사 통보를 받고 망연자실했다.
◆ **각광(을) 받다** 널리 사회적으로 주목과 인기를 얻다. Gain attention and popularity across a society.
N0-가 N1-(에게|에게서|에서|로부터) Idm (N0=[인간|단체], [인공구체물], [산업], [지속적활동] N1=[인간|단체])
¶우리 회사 제품이 외국에서 각광을 받고 있다.
¶게임 산업이 젊은 세대들에게 각광을 받기 시작했다.
N0-가 N1-로 Idm (N0=[장소] N1=[장소])
¶태안반도가 휴양도시로 각광을 받기 시작했다.
¶남해가 갯벌 체험지로 각광을 받고 있다.
◆ **날(을) 받다**
❶결혼식이나 중요 행사의 날짜를 정하다. Set a date for a wedding or an important event.
N0-가 Idm (N0=[인간])
¶왜 그렇게 빨리 날을 받았어요? ¶결혼한다고 하던데 언제 날을 받았습니까?
❷어떤 일을 대비하기 위해 미리 날짜를 정하다. Set a date in advance to prepare for something.
N0-가 Idm (N0=[인간|단체])
¶이사하려고 날을 받았는데 비가 올까봐 걱정이다.
◆ **눈총(을) 받다** 미움을 받다. Be hated.
N0-가 N1-(에게|에게서|에서|로부터) Idm (N0=[인간|단체] N1=[인간|단체])
¶친구들에게 눈총을 받기 싫어서 일찍 집에 왔다.
◆ **열(을) 받다** 몹시 언짢거나 기분이 나빠지다. Become very upset or in a bad temper.
㊌화(가) 나다
N0-가 Idm (N0=[인간|단체])
¶나는 열을 받아서 소리를 질렀다. ¶그녀는 남편 때문에 조금 열을 받았다.

받다Ⅲ

[활용]받아, 받으니, 받고
[타]❶(사람이나 동물이) 머리나 뿔 따위로 세게 박거나 부딪치다. (of a person or an animal) Butt something with the head or horns.
㊌들이받다, 박다
N0-가 N2로 N1-를 V (N0=[인간|동물] N1=[인간], [구체물] N2=머리, 뿔 따위)
[피]받히다
¶화난 소가 투우사의 엉덩이를 뿔로 받았다.

ㅂ

¶철수는 괴롭히는 급우를 머리로 확 받아 버렸다.
❷(교통기관이) 어디에 세게 돌진하여 박거나 부딪치다. (of a means of transportation) Rush towards something and bump against it.
㊌들이받다, 박다
N0-가 N1-를 V (N0=[교통기관] N1=[인간], [구체물]
¶버스가 브레이크가 고장나 다리 난간을 받았다.
❸다른 사람에게 맞서서 반발하며 대들다. Oppose and rebel against someone.
㊌들이박다, 대들다
N0-가 N1-를 V (N0=[인간] N1=[인간])
피받히다타
¶부하 직원은 화가 나서 과장을 받아 버렸다.
¶함부로 상사를 받지 마라.

받들다
활용받들어, 받드니, 받들고, 받드는
타❶물건을 손바닥으로 밑바닥부터 올려 들다. Raise a thing by holding it in one's hand.
㊤들다II
N0-가 N1-를 V (N0=[인간] N1=[구체물])
¶철수는 어르신이 주는 술잔을 공손히 받들었다.
¶아버지는 손수 차를 받들어 상에 올려 주셨다.
❷다른 사람의 명령, 의지 따위를 받아들여 지키거나 따르다. Accept and keep or follow another person's order or intention.
㊌따르다I자타, 지키다
N0-가 N1-를 V (N0=[인간] N1=[소통](명령 따위), [계획], [감정])
¶그녀는 맏딸답게 아버지의 의견을 받들었다.
❸다른 사람을 공경하여 귀히 모시다. Respect and have regard for another person.
㊌모시다, 섬기다
N0-가 N1-를 V (N0=[인간] N1=[인간](부모, 상사 따위))
¶며느리는 정성으로 시어머니를 받들었다.
❹무엇을 공경하는 마음으로 정성스레 행하다. Do something with utmost respect and sincerity.
㊌모시다, 거행하다
N0-가 N1-를 V (N0=[인간] N1=[종교], [행위])
¶조카가 양자가 되어 그의 제사를 받들었다.

받아들이다
활용받아들여, 받아들이니, 받아들이고
타❶(다른 사람이 주는 돈이나 물건 따위를) 거절하지 않고 받다. Accept, not refuse money, object, etc., from someone.
㊤받다II[1] ㊌수납하다
N0-가 N2-(에게|에게서) N1-를 V (N0=[인간|단체] N1=[구체물](돈, 물품, 곡식 따위) N2=[인간|단체])
¶우리는 시민들의 성금을 받아들이기로 했다. ¶그 자선단체는 물품을 받아 빈민에게 나누어 준다.
❷(새로운 물건이나 기술 따위를) 수용하고 인정하여 자신의 것으로 만들다. Make a new object, technique, etc., one's own by accepting and acknowledging.
㊌수용하다, 지지하다 ㊥배척하다, 거부하다
N0-가 N1-를 V (N0=[인간|단체] N1=[구체물](문물 따위), [추상물](문화, 기술 따위))
¶우리 회사는 뉴질랜드의 낙농 기술을 받아들였다.
❸(어떤 집단이) 새로운 사람을 그 집단의 일원으로 인정하다. (of some group) Welcome a new person as their group's member.
㊌수용하다, 인정하다 ㊥배제하다, 배척하다
N0-가 N1-를 N2-로 V (N0=[인간|단체] N1=[인간] N2=[인간](구성원, 일원, 회원 따위))
¶정부는 일부 난민들을 국민으로 받아들였다.
❹다른 사람의 요구나 부탁을 들어주고 원하는 대로 해주기로 하다. Serve and grant someone a favor or a request.
㊌수용하다, 접수하다 ㊥거절하다, 거부하다
N0-가 N1-를 V (N0=[인간|단체] N1=[행위](요구, 부탁, 간청 따위))
¶정부는 동맹국들의 제안을 받아들였다. ¶나는 그의 간청을 받아들이지 않을 수 없었다.
❺(다른 사람의 말, 의견, 비판 따위를) 옳은 것으로 인정하고 따르다. Follow by acknowledging someone's word, opinion, criticism, etc., as a correct thing.
㊌동의하다, 수용하다, 인정하다 ㊥거부하다, 반대하다
N0-가 N1-를 V (N0=[인간|단체] N1=[의견](말, 생각, 뜻, 지적, 비판, 충고 따위))
¶우리는 그의 견해를 겸허히 받아들였다. ¶정부는 전문가들의 지적을 받아들였다.
❻(원치 않던 상황이나 감정 따위를) 인정하고 수용하다. Accept and acknowledge an unwanted situation, feeling, etc.
㊌수용하다, 인정하다 ㊥거부하다, 맞서다
N0-가 N1-를 V (N0=[인간|단체] N1=[상황], [사건], [사태])
¶나는 불합리하지만 현실을 받아들이기로 했다.
N0-가 S것-을 V (N0=[인간|단체])
¶동생은 어머니가 돌아가신 것을 받아들이지 않으려 했다.
❼(어떤 사건이나 다른 사람의 행위, 말 따위를) 일정한 방식으로 해석하다. Interpret some incident or someone's action, word, etc., with a definite method.
㊌해석하다, 이해하다
N0-가 N1-를 N2-로 V (N0=[인간|단체] N1=[의견],

[앎], [행위], [사건], [현상] N2=[의견], 교훈, 기정사실 따위)
¶우리는 그의 충고를 현실적인 조언으로 받아들입니다. ¶우리는 이번 참사를 큰 교훈으로 받아들여야 합니다.
N0-가 S것-을 N1-로 V (N0=[인간|단체] N1=교훈, 기정사실 따위)
¶부모님은 내가 불합격하는 것을 기정사실로 받아들이셨다. ¶우리가 소중한 사람을 잃었다는 것을 교훈으로 받아들여야 한다.

받치다 I
활용 받치어(받쳐), 받치니, 받치고
자 ❶(주로 등이나 엉덩이 따위가) 딱딱한 곳에 닿아 아프게 느껴지다. (Usually on one's back, butt, etc.) Feel pain by touching a sturdy surface.
유 배기다
N1-가 N0-가 V (N1=[인간], N0=[신체부위](등, 엉덩이 따위))
¶텐트에서 잠을 잤더니 등이 받친다. ¶나는 엉덩이가 받쳐서 앉아 있을 수 없었다.
❷먹은 것이 잘 내려가지 않고 치밀어 오르다. Feel uneasy with one's stomach by not digesting the eaten food well.
N1-가 N0-이 V (N0=속 N1=[인간])
¶나는 밥만 먹으면 속이 받쳐서 불편해요. ¶저녁을 너무 많이 먹었더니 속이 받친다.
❸주로 화 따위의 감정이나 기운에 마음이나 정신을 빼앗겨 이끌리다. (of a person's mind or spirit) Be taken and led by the emotion or energy of anger.
N0-가 N1-에 V ↔ N0-가 N1-이 V (N0=[인간] N1=악, 열, 설움 따위)
¶나는 악에 받쳐서 소리쳤다. ↔ 나는 악이 받쳐서 소리쳤다. ¶그녀는 설움에 받쳐 울먹였다.

받치다 II
활용 받치어(받쳐), 받치니, 받치고
타 ❶물건을 다른 물건의 아래에 놓거나 대다. Place or put an item below another item.
유 대다[1], 지지하다, 지탱하다
N0-가 N1-를 N2-에 V (N0=[인간] N1=[구체물] N2=[구체물])
¶나는 소면을 삶아 소쿠리에 받쳤다. ¶그는 예쁘게 썬 과일을 쟁반에 받쳐 들고 왔다.
❷물건이나 신체 일부분을 신체의 일부나 다른 물건으로 괴어 떨어지거나 기울지 않게 만들다. Prevent the tilting or falling of an item or a body part by supporting with another body part or item.
유 괴다II, 지지하다
N0-가 N1-를 N2-로 V ↔ N0-가 N2-에 N1-를 V (N0=[인간] N1=[구체물], [신체부위] N2=[구체물], [신체부위])
¶엄마는 빨랫줄을 지렛대로 받쳤다. ↔ 엄마는 빨랫줄에 지렛대를 받쳤다. ¶나는 아기 머리를 손으로 받치고 있었다.
❸겉옷 속에 다른 옷을 입다. Wear different clothes under the outerwear.
N0-가 N2-에 N1-를 V (N0=[인간] N1=[옷] N2=[옷])
¶학생들이 교복 안에 흰색 셔츠를 받쳐 입었다. ¶이것을 작업복 안에 받쳐 입으면 좋을 거예요.
※ '받쳐'의 형태로 '입다'와 함께 쓰인다.
❹(옷이나 착용물 따위를) 다른 옷이나 착용물에 잘 어울리도록 입거나 매다. Wear or tie clothes, etc., so that it matches well with other clothes, etc.
N0-가 N2-에 N1-를 V (N0=[인간] N1=[옷], [착용물] N2=[옷], [착용물])
¶그녀는 흰색 블라우스에 녹색 치마를 받쳐 입었다. ¶이 옷에는 붉은 색 넥타이를 받쳐 매는 것이 어울릴 것 같다.
※ '받쳐'의 형태로 '입다, 매다'와 함께 쓰인다.
❺(우산이나 양산 따위를) 비나 햇빛 따위가 통과하지 못하도록 펴 들다. Stretch open an umbrella, a parasol, etc., to prevent the penetration of rain, sunlight, etc.
유 펴서 들다
N0-가 N1-를 V (N0=[인간] N1=우산, 양산 따위)
¶그녀가 보라색 우산을 받쳐 들고 따라 나왔다. ¶그는 양산을 받쳐 들고 산책을 나갔다.
❻(한글에서) 종성 자리에 자음 글자를 붙여 적다. (in hangeul) Insert and write a consonant in the final consonant position.
N0-가 N2-에 N1-를 V (N0=[인간] N1=[모음] N2=[자음])
¶나는 '가'에 'ㄱ'을 받쳐 썼다. ¶여기에는 사이시옷을 받쳐 써야 합니다.
❼(사람, 기업 따위가) 다른 사람이나 단체를 돋보이게 하거나 어떤 일을 잘 할 수 있도록 돕다. (of person, company etc.) Make another person or organization stand out or help such do a certain task well.
유 후원하다, 지원하다
N0-가 N1-를 V (N0=[인간|단체] N1=[인간|단체])
¶중소기업들이 경제 하부 구조를 받쳐 주고 있다. ¶그가 팀을 받쳐 주어서 승리했다.

받히다
활용 받히어(받혀), 받히니, 받히고

ㅂ

[자타](사람이나 동물, 교통수단 따위가) 다른 사람이나 동물, 교통수단 따위에 세게 부딪치다. (of person, animal, means of transportation, etc.) Collide hard against another person, animal, means of transportation, etc.
[유]부딪히다
N_0-가 N_1-에 V (N_0=[인간], [동물], [교통기관] N_1=[인간], [동물], [교통기관])
[능]받다III
¶나는 염소 뿔에 허벅지를 받혔다. ¶버스가 트럭에 받히는 사고가 났다.

발각되다

[어원]發覺~ [활용]발각되어(발각돼), 발각되니, 발각되고 [대응]발각이 되다
[자](몰래 하던 일이) 드러나게 되다. (of a work carried out secretly) Be found out.
[유]들키다
N_0-가 N_1-(에|에게) V (N_0=[구체물], [추상물] N_1=[인간|단체])
¶회사의 비리가 경찰에 발각되었다. ¶불법으로 제조하던 약물이 검찰에 발각되었다.

발간되다

[어원]發刊~ [활용]발간되어(발간돼), 발간되니, 발간되고 [대응]발간이 되다
[자]인쇄물, 책 따위가 만들어져 펴내지다. (of printed materials) Be produced and bound for public distribution.
[유]간행되다, 출판되다, 출간되다
N_0-가 N_1-에서 V (N_0=[텍스트] N_1=[인간|단체](출판사 따위))
[능]발간하다
¶우리 학회에서 새로 전문 학술지가 발간되었다. ¶내가 번역한 책이 곧 발간될 예정이다.

발간하다

[어원]發刊~ [활용]발간하여(발간해), 발간하니, 발간하고 [대응]발간을 하다
[타]인쇄물, 책 따위를 만들어 펴내다. Produce printed materials.
[유]간행하다, 출판하다, 출간하다, 인쇄하다, 찍다, 펴내다
N_0-가 N_1-를 V (N_0=[인간|단체](출판사 따위) N_1=[텍스트])
[피]발간되다
¶대형 출판사들이 기획 출판물을 발간하고 있다. ¶우리가 새로 잡지를 발간했다.

발견되다

[어원]發見~ [활용]발견되어(발견돼), 발견되니, 발견되고 [대응]발견이 되다
[자]❶(어디 있는지 몰랐던 대상이) 사람에게 눈에 띄어 알려지게 되다. (of a target of a previously unknown location) Be known.
[유]목격되다, 밝혀지다
N_0-가 N_1-(에|에게) V (N_0=[구체물] N_1=[인간|단체])
[능]발견하다
¶실종되었던 어린이가 주민에게 발견되었다. ¶고성군에는 공룡 발자국 화석이 발견되었다. ¶잃어 버렸던 책이 사물함 밑에서 발견되었다.
S것-이 N_1-(에|에게) V (N_1=[인간|단체], [구체물])
[능]발견하다
¶증거물에 지문이 묻어 있는 것이 발견되었다. ¶회사가 영양성분을 허위로 표기한 것이 당국에 발견되었다.
❷(알려지지 않았던 사실, 법칙, 원리 따위가) 연구되어 밝혀지다. (of a previously unknown fact, rule, principle, etc.) Be studied and revealed.
[유]밝혀지다, 규명되다
N_0-가 N_1-(에게|에의해) V (N_0=[추상물] N_1=[인간|단체])
[능]발견하다
¶생물의 유전 법칙은 멘델에게 처음 발견되었다. ¶만유인력의 법칙은 뉴턴에 의해 발견되었다.
S것-이 N_1-(에|에게|에의해) V (N_1=[인간|단체])
[능]발견하다
¶현생 인류가 높은 지능을 가지고 있는 것이 발견되었다. ¶그 소설이 표절이라는 것이 뒤늦게 발견되었다.

발견하다

[어원]發見~ [활용]발견하여(발견해), 발견하니, 발견하고 [대응]발견을 하다
[타]❶어디 있는지 몰랐던 대상을 찾아서 눈으로 보거나 뒤져서 알게 되다. Find and see, or search and know a target of a previously unknown location.
[유]찾아내다, 밝히다, 규명하다
N_0-가 N_1-를 V (N_0=[인간|단체] N_1=[구체물])
[피]발견되다
¶나는 아버지의 젊은 시절 사진들을 발견했다. 나는 틈틈이 좋은 음식점을 발견해서 여러 사람에게 소개하고 있다.
N_0-가 S것-을 V (N_0=[인간|단체])
[피]발견되다
¶그 남자가 동네에 도서관이 있는 것을 발견했다. ¶그는 안내 전화번호가 틀린 것을 발견했다.
❷(알려지지 않았던 사실, 법칙, 원리 따위를) 궁리하여 알아내다. Think and know a previously unknown fact, rule, or principle.

㊥밝히다, 규명하다
N0-가 N1-를 V (N0=[인간|단체] N1=[추상물])
피 발견되다
¶아이작 뉴턴은 만유인력의 법칙을 발견했다. ¶후대의 독서가들은 그의 논증 속에서 모순을 발견했다. ¶역사학자들은 역사적 사건들에서 일관성을 발견하고자 한다.
N0-가 S것-을 V (N0=[인간|단체])
피 발견되다
¶여러 의학자들이 세균이 질병을 유발한다는 것을 발견했다.

발굴되다

어원 發掘~ 활용 발굴되어(발굴돼), 발굴되니, 발굴되고 대응 발굴이 되다
자 ❶땅 속에 묻혀 있던 것이 찾아져서 파내어지다. (of something buried underground) Be found and dug up.
㊥파내어지다
N0-가 V (N0=[구체물](유물, 유적), 문화재, 유해 따위)
능 발굴하다
¶이곳에서는 문화재가 자주 발굴되고 있다. ¶전쟁 기간 중 실종된 유해가 또 발굴되었다.
❷세상에 널리 알려지지 않았던 가치 있는 것이 찾아져 알려지다. (of something valuable but was not widely known to the world) Be found and announced.
㊥찾아지다, 발견되다
N0-가 V (N0=[인간|단체])
피 발굴되다
¶이번 공모전을 통해 유망 신인 건축가가 꽤 많이 발굴되었다. ¶그가 쓴 새로운 작품이 발굴되어 세간의 관심을 끌고 있다.

발굴하다

어원 發掘~ 활용 발굴하여(발굴해), 발굴하니, 발굴하고 대응 발굴을 하다
타 ❶땅 속에 묻혀 있던 것을 찾아 파내다. Find and dig up something that was buried underground.
㊥파내다, 찾아내다, 파헤치다
N0-가 N1-를 V (N0=[인간] N1=[구체물](유물, 유적), 문화재, 유해 따위)
피 발굴되다
¶나는 여기저기 돌아다니며 유물을 발굴하였다. ¶그들은 선사 시대의 유적을 발굴하기 위한 계획을 세웠다.
❷세상에 널리 알려지지 않았던 가치 있는 것을 찾아내어 알리다. Find and announce something valuable but was not widely known to the world.
㊥찾아내다, 발견하다
N0-가 N1-를 V (N0=[인간|단체] N1=[인간])
피 발굴되다
¶협회는 공모전을 통해 유망 신인 건축가를 발굴한다. ¶우리 회사는 새로운 인재를 발굴하기 위해 노력 중이다.

발급되다

어원 發給~ 활용 발급되어(발급돼), 발급되니, 발급되고 대응 발급이 되다
자 (증명서 따위가) 사람이나 단체에 발행되어 건네지다. (of a certificate) Be issued and sent to a person or an organization.
㊥발부되다
N0-가 N1-(에|에게) V (N0=[증서], [카드] N1=[인간|단체])
능 발급하다
¶민경이는 새로 발급된 운전면허증을 수령했다. ¶여권이 발급되면 분실되지 않게 주의하세요.

발급받다

어원 發給~ 활용 발급받아, 발급받으니, 발급받고 대응 발급을 받다
타 (사람이나 단체가) 증명서 따위를 해당 기관에서 만들어져 전해 받다. (of a person or an organization) Have certificates, etc. issued by a relevant agency.
㊥발행받다, 발부받다, 교부받다
N0-가 N1-를 N2-(에서|에게서|로부터) V (N0=[인간|단체] N1=[증서], [카드] N2=[기관], [인간])
능 발급하다
¶나는 병원에서 진단서를 발급받았다. ¶물건을 구입하면 현금 영수증을 발급받을 수 있다.

발급하다

어원 發給~ 활용 발급하여(발급해), 발급하니, 발급하고 대응 발급을 하다
타 (기관에서) 사람이나 단체에 증명서 따위를 발행하여 내주다. (of an organization) Issue a certificate to a person or an organization.
㊥발부하다, 교부하다
N0-가 N2-(에|에게) N1-를 V (N0=[기관], [인간] N1=[증서], [카드] N2=[인간|단체])
피 발급되다, 발급받다
¶주민 센터에서 선희에게 주민등록증을 발급하였다. ¶우리 협회에서 발급한 자격증은 널리 인정됩니다.

발끈하다

활용 발끈하여(발끈해), 발끈하니, 발끈하고
자 (사람이나 단체가) 어떤 행위나 말 따위에 참지 못하고 화를 내다. (of a person or an organization) fly into a rage over behavior or words.
㊤화내다

ㅂ

N0-가 N1-에 V (N0=[인간|단체] N1=[행위], [방법], [속성])
¶철수는 내가 한 말에 발끈해서 화를 냈다.
¶그 회사의 대표는 회사에 대한 안 좋은 소문에 발끈했다.
N0-가 S(데|것)-(에|에 대해) V (N0=[인간|단체])
¶사람들이 거짓말쟁이라고 한 것에 대해 선우는 발끈한다. ¶나는 그들이 우리 회사를 모욕한 데에 발끈했다.

발달되다
어원 發達~ 활용 발달되어(발달돼), 발달되니, 발달되고 대응 발달이 되다
자 ☞발달하다

발달하다
어원 發達~ 활용 발달하여(발달해), 발달하니, 발달하고 대응 발달을 하다
자 더 좋아지거나 새로운 수준에 이르다. Improve or reach a higher standard.
유 발전하다 반 퇴보하다
N1-의 N0-가 V ↔ N1-는 N0-가 V (N0=[신체부위], [기능], [활동], [체계], [문화] N1=[인간|단체])
¶북유럽 도시의 상공업이 차츰 발달했다. ↔ 북유럽 도시는 상공업이 차츰 발달했다. ¶중국은 조리법이 광범위하게 발달했다.
N0-가 N1-로 V (N0=[장소], [이론], [구체물], [현상], [추상물] N1=[장소], [이론], [현상], [구체물])
¶태풍은 제주도에서 강한 열대폭풍으로 발달했다.
¶그 지역은 위치가 좋아 교통의 요지로 발달했다.

발돋움하다
활용 발돋움하여(발돋움해), 발돋움하니, 발돋움하고 대응 발돋움을 하다
자 ❶키를 키우려고 발밑을 괴거나 발꿈치를 들고 발끝으로 서다. Stand on the tips of one's feet while raising one's heels in order to make oneself taller.
N0-가 V (N0=[인간|단체], [동물])
¶나는 발돋움하고 울타리 안의 집을 넘겨다봤다.
¶선반 위의 물건을 꺼내려고 동생이 발돋움했다.
❷추구하는 상태로나 혹은 현재보다 나은 상황으로 나아가다. Move towards a desired state or a better state than the current one.
유 발달하다, 발전하다, 도약하다
N0-가 N1-로 V (N0=[인간|단체] N1=[상황], [위치])
¶그녀는 세계적인 가수로 발돋움하였다. ¶패션 산업이 고부가 가치 산업으로 발돋움하고 있다.
¶배드민턴이 인기 스포츠로 발돋움하고 있다.

발동되다
어원 發動~ 활용 발동되어(발동돼), 발동되니, 발동되고 대응 발동이 되다
자 ❶움직임이나 작용이 시작되다. Move or begin to affect (something).
유 작동하다
N0-가 V (N0=[감정](호기심, 상상력, 생각 따위))
능 발동하다
¶아이는 강아지를 보고 호기심이 발동되었다.
¶그는 괜한 고집이 발동되어 허세를 부린다.
❷공공 기관의 법적 권한이 행사되다. (of legal rights of a government office) Be exercised.
유 행사되다, 시행되다
N0-가 V (N0=[권력](공권력, 계엄령))
능 발동하다
¶농민들의 시위를 막기 위해 정부의 공권력이 발동되었다.

발동시키다
어원 發動~ 활용 발동시켜, 발동시키니, 발동시키고 대응 발동을 시키다
타 ☞ '발동하다 타'의 오용

발동하다
어원 發動~ 활용 발동하여(발동해), 발동하니, 발동하고 대응 발동을 하다
자 (어떤 일이나 생각, 기운 따위가) 본격적으로 일어나다. (of work, thought, or vigor) Arise genuinely.
유 일어나다[2], 생기다
N0-가 V (N0=[인지](호기심, 욕구, 마음, 의식, 복수심 따위), [속성](기질, 근성, 성격 따위), [능력](상상력, 창의력 따위))
¶그는 고기 굽는 냄새를 맡자 술 생각이 발동하였다. ¶준수는 복수심이 발동했는지 주먹을 불끈 쥐었다. ¶선영이가 욱하는 성격이 발동한 것 같다.
타 ❶움직임이나 작용을 시작하다. Begin to move or affect (something).
N0-가 N1-를 V (N0=[인간] N1=[감정](호기심, 상상력, 생각 따위))
피 발동되다
¶그는 모든 상상력을 발동하여 그림을 그렸다.
¶그는 술에 취하면 괜한 고집을 발동한다.
❷(공기관이) 법적 권한이나 명령 따위를 행사하다. (of a public agency) Exercise a legal right or command.
유 행사하다, 실행하다
N0-가 N1-를 V (N0=[인간|단체] N1=[권리], [명령], [행위])
피 발동되다
¶비상사태가 발생하자 정부는 비상권을 발동했다.

발령되다
어원 發令~ 활용 발령되어(발령돼), 발령되니, 발령되고 대응 발령이 되다

[자]❶사람이 상급자나 단체장에 의해 일정한 직위나 지역에 임명되다. (of a person) Be appointed to a certain position or area by one's superior or the head of the group.
[유]발령받다, 임명받다
N0-가 N1-(에|로) V (N0=[인간|단체] N1=[직위직책], [장소])
[능]발령하다
¶이번에 박 이사가 전무로 발령되었다. ¶능력이 있는 김 과장은 부산 지사에 발령되지 못했다.
❷재난이나 재해의 위험에 대비하여 그 사실을 알리고 경계하게 하다. Inform people of an impending disaster, so that they stay alert
[유]발하다
N0-가 N1-를 N2-(에|에게) V (N0=[인간|단체] N1=경보, 신호 N2=[인간|단체], [장소])
[피]발령되다
¶재난본부는 강원지역 주민들에게 화재 경보를 발령했다. ¶해양경찰은 해일의 위험을 알리는 경보를 12시에 발령했다.

발령받다
[어원]發令~ [활용]발령받아, 발령받으니, 발령받고
[대응]발령을 받다
[자]사람이 일정한 직위나 지역에 임명받다. (of a person) Be appointed to a certain position or area.
[유]발령을 내다, 발령을 내리다
N0-가 N1-를 N2-(에|로) V (N0=[인간|단체] N1=[인간] N2=[직위직책], [장소])
[피]발령받다, 발령되다
¶이번에 박이사가 전무로 발령받았다. ¶능력이 있는 김 과장이 부산 지사에 발령받아야 한다.

발령하다
[어원]發令~ [활용]발령하여(발령해), 발령하니, 발령하고 [대응]발령을 하다
[타]❶상급자나 단체장이 사람을 일정한 직위나 지역에 임명하다. (of one's superior or the head of the group) Appoint someone to a certain position or area.
[유]발령을 내다, 발령을 내리다
N0-가 N1-를 N2-(에|로) V (N0=[인간|단체] N1=[인간] N2=[직위직책], [장소])
[피]발령받다, 발령되다
¶대표이사는 이번에 박 이사를 전무로 발령하였다. ¶능력이 있는 김 과장을 부산 지사에 발령해야 한다.
❷재난이나 재해의 위험에 대비하여 그 사실을 알리고 경계하게 하다. Inform people of an impending disaster, so that they stay alert
[유]발하다
N0-가 N1-를 N2-(에|에게) V (N0=[인간|단체] N1=경보, 신호 N2=[인간|단체], [장소])
[피]발령되다
¶재난본부는 강원지역 주민들에게 화재 경보를 발령했다. ¶해양경찰은 해일의 위험을 알리는 경보를 12시에 발령했다.

발리다 I
[활용]발리어(발려), 발리니, 발리고
[자]❶(액체 성분이나 미끈거리는 물질 따위가) 어떤 물체의 겉면이나 신체 부위에 고루 문질러 묻히다. (of liquid component or sticky or slippery substance) Be rubbed evenly on a certain object or body part.
N0-가 N1-에 V (N0=[구체물](화장품, 로션, 립스틱, 약, 풀, 페인트, 물감, 버터, 기름 따위) N1=[구체물], [신체부위])
[능]바르다I
¶여자의 손톱에 빨간색 매니큐어가 발려 있었다. ¶토스트에 딸기 잼이 듬뿍 발려 있다.
❷(종이 따위가) 어떤 대상의 겉면에 접착제 따위를 이용하여 붙여지다. (of paper, etc.) Be pasted with glue onto the surface of an object.
N0-가 N1-에 V (N0=벽, 창 따위 N1=[종이](벽지, 신문지, 한지 따위))
[능]바르다I
¶창호지가 뜯겨진 방 문짝에는 신문지가 발려 있다. ¶찢어진 소파에 청테이프가 발려 있었다.
❸(흙이나 시멘트 따위가) 바닥 또는 벽에 고르게 덧입혀지다. (soil or cement) Be evenly put on the floor or wall.
N0-가 N1-에 V (N0=벽, 바닥 따위, 구멍 N1=[구체물](시멘트, 흙, 황토, 석회 따위))
[능]바르다I
¶바닥에 시멘트가 두껍게 발렸다. ¶온 집안의 벽에 황토가 발려 있다.
◆ **입에 발리다** 마음에 없으면서 듣기 좋게 꾸미다. Pay false compliments.
N0-가 Idm (N0=말, 소리, 칭찬, 이야기 따위)
¶그게 다 입에 발린 소리지요. ¶나는 입에 발린 소리를 못한다. ¶동생은 입에 발린 칭찬을 하지도 못하고 애교를 부리지도 못한다.
※ '입에 발린'의 형태로 쓰인다.

발리다 II
[활용]발리어(발려), 발리니, 발리고
[자]생선이나 고기에서 껍질, 가시, 뼈 따위의 부분이나, 또는 열매의 껍질에서 알맹이가 추려 내지다. (skin or bone of fish or meat, or fruit from peel) Be picked out.

[ㅂ]

No-가 N1-에서 V (No=[신체부위](가시, 뼈, 껍질), [생선], 껍질) N1=[육류](고기), [생선], [신체부위], [열매](밤, 알맹이 따위))
능 바르다II
¶살이 뼈다귀에서 잘 발렸다. ¶수박씨가 발려 있어서 먹기가 편했다.

발매되다
어원 發賣~ 활용 발매되어(발매돼), 발매되니, 발매되고 대응 발매가 되다
자 (상품이나 증권, 표, 입장권 따위가) 판매를 목적으로 나오다. (of goods or stock) Be brought out for sale.
상 팔리다, 판매되다
No-가 V (No=[구체물](상품이나 증권, 표, 입장권))
능 발매하다
¶올림픽 개최 기념우표가 어제 발매되었다. ¶명절에 발매되는 귀성 열차표는 늘 구하기가 어렵다.

ㅂ

발매하다
어원 發賣~ 활용 발매하여(발매해), 발매하니, 발매하고 대응 발매를 하다
타 (상품이나 증권, 표, 입장권 따위를) 판매를 목적으로 내다. Bring out goods or stock for sale.
상 팔다, 판매하다
No-가 N1-를 V (No=[인간|단체] N1=[구체물](상품이나 증권, 표, 입장권 따위))
피 발매되다
¶열차표를 발매하는 곳은 저쪽입니다. ¶상품을 발매하는 시기는 결정되지 않았다.

발명되다
어원 發明~ 활용 발명되고(발명돼), 발명되니, 발명되고 대응 발명이 되다
자 (지금까지 없던 물건이나 기술 따위가) 새로 만들어지다. (of an object or technology etc. that did not exist previously) Be newly conceived and created.
유 개발되다
No-가 V (No=[구체물], [추상물](기술, 방법 따위))
능 발명하다
¶관광산업은 증기기관이 발명된 뒤에 나타났다. ¶최근에 신소재가 발명되면서 첨단산업이 급성장했다.

발명하다
어원 發明~ 활용 발명하여(발명해), 발명하니, 발명하고 대응 발명을 하다
타 (지금까지 없던 물건이나 기술 따위를) 새로 만들어내다. Create an object or technology that did not previously exist.
유 개발하다
No-가 N1-를 V (No=[인간], [단체] N1=[구체물], [추상물](기술, 방법 따위))
피 발명되다
¶에디슨이 전구를 발명했다는 것은 널리 알려진 사실이다. ¶그 회사는 인공혈액 기술을 세계 최초로 발명했다.

발발하다
어원 勃發~ 활용 발발하여(발발해), 발발하니, 발발하고
자 (주로 전쟁이나 사건 따위가) 갑자기 일어나다. (of a war or an accident) Happen all of a sudden.
유 일어나다2, 터지다2
No-가 V (No=[충돌], [갈등], [사건], [행위])
¶1차 대전이 발발하자, 터키는 독일 편에 섰다. ¶한국 전쟁은 1950년에 발발했다. ¶9.11 사태가 발발하자 테러가 세계의 이목을 끌었다.

발병하다
어원 發病~ 활용 발병하여(발병해), 발병하니, 발병하고 대응 발병을 하다
자 병이 생기다. Develop an illness.
유 병이 나다
No-가 V (No=[병])
¶호남지역에 구제역이 발병했다. ¶콜레라가 발병하면 즉시 격리해야 한다.

발부되다
어원 發付~ 활용 발부되어(발부돼), 발부되니, 발부되고 대응 발부가 되다
자 (통지서나 증명서 따위가) 기관에서 사람이나 단체에 발행되어 전해지다. (of a notice or a certificate) Be made by an office and sent to a person or an organization.
유 발급되다
No-가 N2-에서 N1-에 V (No=[통지서], [증서] N1=[단체] N2=[기관])
능 발부하다
¶법원으로부터 그 회사에 수색 영장이 발부되었다. ¶등록금 고지서가 왜 발부되지 않았는지 확인해 보아라.
No-가 N2-(에서|에게서) N1-(에|에게) V (No=[통지서], [증서] N1=[인간|단체] N2=[인간|단체])
능 발부하다
¶경찰로부터 발부된 고지서가 아직 배달되지 않았다. ¶회사에 발부되는 통지서는 잘 살펴보아라.

발부받다
어원 發付~ 활용 발부받아, 발부받으니, 발부받고
대응 발부를 받다
타 (기관으로부터) 발행된 통지서나 증명서 따위를 전해 받다. Get a notice or a certificate made by an office.

㊌발급받다 ㊍받다[1]
N0-가 N2-(에서|에게서) N1-를 V (N0=[인간|단체] N1=[통지서], [증서] N2=[단체기관])
능발부하다
¶영석이는 한전에서 요금 납부 고지서를 발부받았다. ¶근무처로부터 재직증명서를 발부받아 오시기 바랍니다.

발부하다

어원發付~ 활용발부하여(발부해), 발부하니, 발부하고 대응발부를 하다
타(기관에서) 사람이나 단체에 통지서나 증명서 따위를 발행하여 주다. (of an office) Make a notice or a certificate for a person or an organization.
㊌발급하다, 발행하다
N0-가 N2-에 N1-를 V (N0=[단체], [기관], [인간] N1=[통지서], [증서] N2=[인간], [단체])
피발부되다, 발부받다
¶관내 기업에 발부한 고지서를 확인할 필요가 있다. ¶상품을 판매한 후에는 손님께 영수증을 발부해 드려야 한다.

발사되다

어원發射~ 활용발사되어(발사돼), 발사되니, 발사되고 대응발사가 되다
자(총포나 로켓이) 목표물을 향해 쏘아지다. (of a firearm or rocket) Be fired towards a target.
㊌발포되다
N0-가 N1-(에|에게|로) V (N0=[총포], [탄환], [교통기관] N1=[인간|단체], [천체])
능발사하다
¶태평양에 발사된 미사일로 군대에 비상이 걸렸다. ¶최초의 로켓이 어제 우주로 발사되었다.

발사시키다

어원發射~ 활용발사시켜(발사해), 발사시키니, 발사시키고
타☞'발사하다'의 오용

발사하다

어원發射~ 활용발사하여(발사해), 발사하니, 발사하고 대응발사를 하다
타총포나 로켓을 목표물을 향해 쏘다. (of a firearm or rocket) Fire towards a target.
㊌쏘다, 발포하다
N0-가 N1-를 N2-(에|에게|로) V (N0=[인간|단체] N1=[총포], [탄환], [교통기관] N2=[인간|단체], [천체])
피발사되다
¶경찰은 무장 강도에게 총을 발사하고 말았다. ¶우리는 곧 통신 위성을 지구 궤도로 발사할 예정이다.

발산되다

어원發散~ 활용발산되어(발산돼), 발산되니, 발산되고 대응발산이 되다
자❶(감정이나 욕구 따위가) 어디에서 밖으로 퍼져 나오다. (of feeling or desire) Spread out from somewhere.
㊌솟아나다
N0-가 N1-(에서|에게서) N2-(로|에게) V (N0=[감정], [힘] N1=[장소], [인간], [신체부위] N2=[장소], [인간])
능발산하다
¶그에게서 믿을 수 없는 힘이 발산되었다. ¶전자게임은 청소년들의 욕구가 발산되는 기회가 된다.
❷(안에 있던 빛, 열, 냄새 따위가) 밖으로 나와 사방으로 흩어지다. (of light, heat, or smell inside a place) Come out and spread around.
㊌빠져나오다, 퍼지다
N0-가 N1-에서 V (N0=[현상](빛, 냄새 따위) N1=[인간][구체물](열원, 광원 따위))
능발산하다
¶가스 냄새가 가스관에서 외부로 발산되었다. ¶스위치를 누르자 빛이 발산되었다.
❸(특징이나 능력 따위가) 바깥으로 드러나 보이다. (of characteristic or ability) Show itself.
㊌표출되다, 퍼지다
N0-가 N1-로 V (N0=[속성](능력 따위), [감정](느낌 따위) N1=[장소], [분야])
능발산하다
¶봄날 화려한 치마에서 여성스러운 분위기가 발산된다.

발산시키다

어원發散~ 활용발산시키어(발산시켜), 발산시키니, 발산시키고 대응발산을 시키다
타☞'발산하다'의 오용

발산하다

어원發散~ 활용발산하여(발산해), 발산하니, 발산하고 대응발산을 하다
타❶감정이나 욕구 따위를 밖으로 퍼트려 드러내다. Show one's feeling or desire.
N0-가 N1-를 N2-에게 V (N0=[인간] N1=[감정], [힘] N2= [인간])
피발산되다
¶사람들은 예술을 통해 표현 욕구를 발산한다. ¶상대방에게 분노를 발산하면 관계가 더 악화된다.
❷(물체가) 안에 있던 빛, 열, 냄새 따위를 밖으로 내보내 사방으로 퍼트리다. (of a thing) Give off light, heat, or smell inside a place and spread it around.
㊌내뿜다
N0-가 N1-를 N2-로 (N0=[구체물] N1=[현상](빛, 냄새 따위) N1=[장소](바깥 따위))

ㅂ

피발산되다
¶온열기구는 공기 중으로 열을 발산하며 날아간다. ¶보석 목걸이가 어둠 속으로 빛을 발산했다.
❸(사람이) 특징이나 능력 따위를 바깥으로 드러내 보이다. (of a person) Show one's characteristic or ability.
유발휘하다
N0-가 N1-를 N2-(에 | 에게) V (N0=[인간] N1=[속성](능력 따위), [감정](느낌 따위) N2=[인간], [추상물])
피발산되다
¶가수들은 팬들에게 보답하는 마음을 노래에 발산했다. ¶그는 아껴두었던 힘을 경기에 발산했다.
N0-가 N1-를 N2-로 V (N0=[인간] N1=[속성](능력 따위), [감정](느낌 따위) N2=[추상물])
피발산되다
¶소아암 환자들은 춤과 노래로 숨겨두었던 끼를 발산했다. ¶그는 자신의 사상을 다양한 예술로 발산했다.

ㅂ

발생되다
어원發生~ 활용발생되어(발생돼), 발생되니, 발생되고 대응발생이 되다
자☞발생하다

발생하다
어원發生~ 활용발생하여(발생해), 발생하니, 발생하고 대응발생을 하다
자❶없던 것이 생겨나다. (of something that did not exist) Arise.
유생기다, 생겨나다
N0-가 V (N0=[추상물])
¶신용카드를 이용하면 수수료가 발생한다. ¶숲에서 발생하는 산소와 음이온은 우리의 몸을 상쾌하게 한다.
❷(사건이나 사태가) 어느 장소에서 일어나다. (an event or a phenomenon) Occurs or happens.
유생기다, 일어나다2
N0-가 N1-에서 V (N0=[사건], [사태] N1=[장소])
¶인근 주택에서 화재가 크게 발생했다. ¶강풍으로 이 지역에 많은 피해가 발생했다.
❸(일정한 장소나 사물에서) 무엇이 생겨나다. Something is formed (at a certain place or from a certain object)
N0-가 N1-(에서 | 에게서) V (N0=[현상] N1=[장소])
¶하수구에서 악취가 발생하지 않도록 철저히 관리하십시오. ¶지하에서 많은 양의 수증기가 발생하고 있다.

발송되다
어원發送~ 활용발송되어(발송돼), 발송되니, 발송되고 대응발송이 되다
자(물건, 편지, 서류 따위가) 우편이나 운송 수단을 통해 보내어지다. (of an object, letter or document) Be sent via mail or other means of transportation.
유보내지다, 부쳐지다
N0-가 N1-(에게 | 로) V (N0=[구체물] N1=[인간|단체])
능발송하다
¶새 학기에 가정 통신문이 학생들에게 발송되었다. ¶고객들에게 신상품 정보를 담은 광고가 발송되고 있다.

발송하다
어원發送~ 활용발송하여(발송해), 발송하니, 발송하고 대응발송을 하다
타(물건, 편지, 서류 따위를) 우편이나 운송 수단을 이용하여 보내다. Send an item, letter, or document using postal service or means of transportation.
유보내다, 부치다, 송달하다
N0-가 N1-를 N2-(에게 | 로) V (N0=[인간|단체] N1=[구체물] N2=[인간|단체])
피발송되다
¶나는 딸의 결혼 청첩장을 지인들에게 발송했다. ¶백화점에서는 고객들에게 신상품 광고를 발송하고 있다.

발언하다
어원發言~ 활용발언하여(발언해), 발언하니, 발언하고 대응발언을 하다
자(어떤 것에 대해) 자신의 생각이나 의견을 드러내 말하다. Say openly one's thought or opinion about something.
상말하다자 유발표하다
N0-가 N1-에 대해 V (N0=[인간|단체] N1=[구체물], [추상물])
¶그는 이 안건의 중요성에 대해 발언했다. ¶학생도 의견을 더 강하게 발언할 수 있어야 한다.
N0-가 S고 V (N0=[인간|단체])
¶나는 우리말 연구 모임에서 새로운 연구를 시작했다고 발언했다.

발음되다
어원發音~ 활용발음되어(발음돼), 발음되니, 발음되고 대응발음이 되다
자(언어 표현이) 소리 내어 읽히거나 말해지다. (of a linguistic expression) Be read or spoken in a particular sound.
N0-가 V (N0=[문자], [언어], 단어, 글자, 발음 따위)
능발음하다
¶에스파냐어는 비교적 쉽게 발음된다. 이 단어에는 발음되지 않는 철자가 있다.
N0-가 N1-로 V (N0=[모두] N1=[모두])

능발음하다
¶'국물'은 사실 '궁물'로 발음된다. ¶'금융'은 '금늉'으로 발음되기도 한다.
N0-가 S라고 V (N0=[모두])
능발음하다
¶영어권 사람들에게는 '김치'가 '킴치'라고 발음된다. ¶중국어의 '那'는 한국어에서도 '나'라고 발음된다.

발음하다
어원發音~ 활용발음하여(발음해), 발음하니, 발음하고 대응발음을 하다
타 언어적 표현을 소리 내어 읽거나 말하다. Read or speak a linguistic expression in a particular sound.
N0-가 N1-를 V (N0=[인간] N1=[문자], [언어], 단어, 글자, 발음 따위)
피발음되다
¶영어를 발음할 때면 괜히 더 긴장이 된다. ¶이 단어들을 정확하게 발음해 보아라.
N0-가 N1-를 N2-로 V (N0=[인간] N1=[모두] N2=[모두])
피발음되다
¶우리 조카는 '할머니'를 '하미'로 발음한다. ¶그는 한국어가 서툴러서 '명동'을 '면동'으로 발음했다.
N0-가 N1-를 S라고 V (N0=[인간] N1=[모두])
피발음되다
¶사람들은 사실 '버스'를 '뻐스'라고 발음한다. '자장면'을 '짜장면'이라고 발음해서 둘 다 표준어가 되었다.

발전되다
어원發展~ 활용발전되어(발전돼), 발전되니, 발전되고 대응발전이 되다
자☞발전하다

발전하다
어원發展~ 활용발전하여(발전해), 발전하니, 발전하고 대응발전을 하다
자 ❶(무엇이) 더 나은 상태로 나아가다. (of something) Move in a better direction.
㊲발달하다 ㊡쇠퇴하다
N0-가 V (N0=[기계], [과목], [사조], [기술], [예술])
사발전시키다
¶과학 혁명으로 유럽에서는 근대 과학이 발전하였다. ¶과학 기술이 발전하면서 생활이 편리해졌다.
❷(일이 어떤 방향으로) 전개되어 펼쳐지다. (of a task) Enable proceeding in a certain direction for expansion.
㊲발달하다 ㊡쇠퇴하다
N0-가 N1-로 V (N0=[단체], [질병], [갈등], [소통] N1=[단체], [질병], [갈등], [소통])
능발전시키다
¶이 종양은 암으로 발전할 수 있으니 주의해야 한다. ¶두 사람의 논쟁이 결국 말싸움으로 발전하였다.

발족되다
어원發足~ 활용발족되어(발족돼), 발족되니, 발족되고 대응발족이 되다
자(단체가) 새로 조직되어 활동이 시작되다. (of an organization) Be made anew and to start its activity.
㊲출범되다, 발기하다
N0-가 V (N0=[단체])
능발족하다
¶투명한 기업 경영을 위해 특별 감사단이 발족되었다. ¶이제 협회가 발족되면 관련 업무를 담당하게 될 것이다.

발족하다
어원發足~ 활용발족하여(발족해), 발족하니, 발족하고 대응발족을 하다
자(단체가) 새로 조직되어 활동이 시작되다. (of an organization) Be made anew and to start its activity.
㊲발기하다, 출범하다
N0-가 V (N0=[단체])
¶우리 동아리는 10년 전에 발족했다. ¶이번에 새로 발족하는 모임에 너를 초대하고 싶다.
타단체를 새로 조직하여 활동이 시작되게 하다. Make an organization anew and let it start its activity.
㊲발기하다, 발족시키다, 출범하다, 출범시키다
N0-가 N1-를 V (N0=[인간|단체] N1=[단체])
피발족되다
¶동기들이 모여 독서 토론회를 발족했다. ¶일단 전략기획팀을 발족했지만 목표가 불명확했다.

발탁되다
어원拔擢~ 활용발탁되어(발탁돼), 발탁되니, 발탁되고 대응발탁이 되다
자(여러 사람들 중에서) 어떤 일이나 역할을 맡을 사람이 뽑히다. (of a person) Be picked out among many people as qualified for a job or a role.
㊲선발되다, 뽑히다
N0-가 N2-(에|로) V (N0=[인간] N1=[인간])
능발탁하다
¶그는 경쟁을 이겨내고 우주 비행사로 발탁되었다. ¶그는 부상을 극복하고 국가 대표에 발탁되었다.

발탁하다
어원拔擢~ 활용발탁하여(발탁해), 발탁하니, 발탁하고 대응발탁을 하다

ㅂ

[타](여러 사람들 중에서) 어떤 일이나 역할을 맡을 만한 사람을 가려서 뽑다. Pick out a person among many people as qualified for a job or a role.
[유]선발하다, 뽑다
N0-가 N2-(에|로) N1-를 V (N0=[인간|단체] N1=[인간] N2=[인간])
[피]발탁되다
¶그 회사는 우수한 청년들을 신입 사원으로 발탁했다. ¶정부는 많은 인재를 발탁하기 위해서 노력했다.

발표되다
[어원]發表~ [활용]발표되어(발표돼), 발표되니, 발표되고 [대응]발표가 되다
[자](사실이나 사물, 의견 따위가) 다른 사람들 앞에 공개적으로 드러나 알려지다. (of a fact, object or opinion) Appear and become known to others publicly.
[유]공표되다
N0-가 V (N0=[구체물], [추상물])
[능]발표하다
¶그의 논문이 발표되자 학계는 흥분을 감추지 못했다.
S고 V
¶내일부터 장마가 시작된다고 발표되었다. ¶이 동네도 곧 재개발이 추진된다고 발표되었다.

발표하다
[어원]發表~ [활용]발표하여(발표해), 발표하니, 발표하고 [대응]발표를 하다
[자타](사실이나 사물, 의견 따위를) 다른 사람들 앞에 공개적으로 드러내어 알리다. Make a fact, object, or opinion revealed and known to the public.
[유]공표하다
N0-가 N1-(를|에 대해) V (N0=[인간|단체] N1=[구체물], [추상물])
[피]발표되다
¶기업에서는 새해를 맞아 신제품을 발표했다. ¶연구팀은 그동안의 연구 성과에 대해 발표했다.
N0-가 S고 V (N0=[인간|단체])
[피]발표되다
¶기상청은 내일부터 장마가 시작된다고 발표했다. ¶은행은 다음 달에 이율을 낮춘다고 발표했다. ¶감독은 다음 경기에 그가 선발로 나선다고 발표할 것이다.

발하다 I
[어원]發~ [활용]발하여(발해), 발하니, 발하고
[자]❶(꽃 따위가) 봉오리가 벌어져 피다. (of flower, etc.) Bloom with the bud opened.
[유]피다I [반]지다I
N0-가 V (N0=[꽃])
¶봄이 오니 그곳에는 진기한 꽃들이 발해 있었다.
❷(빛, 기운, 소리, 열기, 감정 따위가) 생기거나 발생하다. (of light, energy, sound, heat, emotion, etc.) Be formed or generated.
N0-가 V (N0=[감정], [냄새], [빛], [소리])
¶아스라한 불빛이 발하여 길이 어둡지는 않았다. ¶그가 노래를 부르자 뜨거운 함성이 발하였다.
[타]❶(빛, 기운, 소리, 열기, 감정 따위를) 생기거나 발생하게 하다. Have light, energy, sound, heat, emotion, etc., be formed or generated.
N0-가 N1-를 V (N0=[모두] N1=[감정], [냄새], [빛], [소리])
¶오래된 책들이 퀴퀴한 냄새를 발하고 있었다. ¶가로등만이 희미한 빛을 발해 주었다.
❷(군사나 군대를) 목적을 가지고 움직이다. Move a soldier or an army with a purpose.
N0-가 N1-를 V (N0=[인간|단체] N1=[군대])
¶어서 군사를 발해 이 땅을 지키도록 하라. ¶여러 나라에서 군대를 발하여 전쟁에 참가했다.
❸(법률이나 명령을) 공개적으로 널리 알리다. Widely announce a certain law or order publicly.
[유]선포하다, 발표하다
N0-가 N1-를 V (N0=[인간|단체] N1=[법률], [명령])
¶법률의 내용에 대한 시행령도 발하기로 했다. ¶상부에서는 누구도 영내로 들어가지 말라는 명령을 발했다.

발행되다
[어원]發行~ [활용]발행되어(발행돼), 발행되니, 발행되고 [대응]발행이 되다
[자]❶(출판물이나 인쇄물이) 찍혀서 세상에 나오다. (of publication, printed matter, etc.) Be printed and introduced to the world.
[유]간행되다, 발간되다, 출판되다, 출간되다
N0-가 V (N0=[텍스트])
[능]발행하다
¶스와힐리어 사전이 발행되어 큰 도움이 된다. ¶이것은 초등학교 졸업 때 발행된 학급 문집이다.
❷(화폐, 우표, 증권 따위가) 세상에서 쓰이도록 만들어지다. (of currency, stamp, stock, etc.) Be created for use in the world.
[유]제작되다
N0-가 V (N0=[화폐], [증서])
[능]발행하다
¶김연아 선수의 우승을 기념하는 우표가 발행되었다. ¶신권이 발행되었지만 사용률은 높지 않다. ¶다른 은행에서 발행된 수표도 사용하실 수

[ㅂ]

있습니다.

발행하다

어원 發行~ 활용 발행하여(발행해), 발행하니, 발행하고 대응 발행을 하다

타 ❶(출판물이나 인쇄물을) 찍어서 펴내다. Print and publish publication or printed material.

유 간행하다, 발간하다, 출판하다, 출간하다

N0-가 N1-를 V (N0=[인간|단체] N1=[텍스트])

피 발행되다

¶출판사에서 잡지를 새로 발행했다. ¶10년 전에 발행한 책이 아직도 서가에 있다. ¶우리는 이번에 학급 신문을 발행하기로 하였다.

❷(화폐, 우표, 증권 따위를) 세상에서 쓰이도록 만들어 내다. Create currency, stamp, stock, etc., for use in the world.

유 제작하다, 만들어내다

N0-가 N1-를 V (N0=[단체] N1=[화폐], [증서])

피 발행되다

¶기념우표를 발행하자마자 많은 사람들이 몰려들었다. ¶무분별하게 발행한 어음 때문에 위기가 찾아왔다.

발현되다

어원 發現~ 활용 발현되어(발현돼), 발현되니, 발현되고 대응 발현이 되다

자 (숨겨져 있던 것이) 밖으로 나타나다. (of a hidden matter) Become visible outwardly.

유 나타나다, 발휘되다, 표출되다

N0-가 V (N0=[상태], [추상물])

¶유전 질환은 후세대에서 발현된다. ¶국민들의 재능과 잠재력은 최대한 발현되어야 한다.

N0-가 N1-로 V (N0=[상태], [추상물] N1=[행위])

능 발현하다

¶이 문제가 어떠한 형태로 발현되고 있는지 알아보자. ¶그들의 비행은 좀처럼 발현되지 않는다.

발현시키다

어원 發現~ 활용 발현시키어(발현시켜), 발현시키니, 발현시키고 대응 발현을 시키다

타 ☞ '발현하다'의 오용

발현하다

어원 發現~ 활용 발현하여(발현해), 발현하니, 발현하고 대응 발현을 하다

자 (숨겨져 있던 것이) 밖으로 나타나다. (of a hidden matter) Become visible outwardly.

유 드러나다, 나타나다, 표출되다

N0-가 V (N0=[상태], [추상물])

¶노인의 감기는 중증으로 발현하기 때문에 주의가 필요하다. ¶숨은 재능이 발현하려면 노력도 필요하다.

타 (숨겨져 있던 것을) 밖으로 나타나게 하다. Make something that was hidden visible outwardly.

유 드러내다, 나타내다, 표출시키다

N0-가 N1-를 V (N0=[구체물] N1=[상태], [추상물])

피 발현되다

¶원만한 사회적 관계는 우리의 능력을 발현할 수 있다. ¶참된 교육은 개인의 가치를 발현한다. ¶학생들이 잠재력을 발현시키기 위해 열심히 노력한다.

발효되다

어원 醱酵~ 활용 발효되어(발효돼), 발효되니, 발효되고 대응 발효가 되다

자 ☞ 발효하다

발효하다

어원 醱酵~ 활용 발효하여(발효해), 발효하니, 발효하고 대응 발효를 하다

자 (음식물이나 그 재료가) 효모나 세균의 작용으로 변하여 익거나 삭다. (of an organic matter) Degrade by yeast or bacteria's microorganisms.

유 익다, 삭다

N0-가 V (N0=[음식물], [재료])

사 발효시키다

¶먹지 않고 놓아 둔 우유가 저절로 발효했다. ¶이 원료들은 다양한 환경에서 발효한다. ¶과실에 효모가 들어가면 자연적으로 발효하여 술이 된다.

타 사람이나 자연현상이 음식물이나 그 재료가 효모나 세균의 작용으로 변화하여 익거나 삭게 하다. (of a person, natural phenomena) Make organic matter degrade by yeast or bacteria's microorganisms.

유 익히다I, 삭히다

N0-가 N1-를 V (N0=[인간] N1=[음식물], [재료])

¶나는 매실을 발효하여 냉장고에 보관했다. ¶우리는 과일에 설탕을 넣어 발효해서 두고 먹는다.

발휘되다

어원 發揮~ 활용 발휘되어(발휘돼), 발휘되니, 발휘되고 대응 발휘가 되다

자 (실력, 재주, 능력 따위가) 한껏 드러나다. (of a skill, talent or ability) Become visible to the fullest extent.

연어 유감없이, 십분

N0-가 V (N0=[능력](능력, 실력, 솜씨 따위), [인성](진가, 재능 따위))

능 발휘하다

¶상대를 보자 관우의 경쟁심이 십분 발휘되었다. ¶신제품의 진가가 발휘되는 것은 지금부터다. ¶가락에 맞추어 무희의 춤 솜씨가 발휘되었다.

ㅂ

ㅂ

발휘하다

어원 發揮~ 활용 발휘하여(발휘해), 발휘하니, 발휘하고 대응 발휘를 하다

타 (실력, 재주, 능력 따위를) 마음껏 떨쳐 드러내 보이다. Make a skill, talent or ability visible to the fullest extent.

N0-가 N1-를 V (N0=[인간|단체] N1=[능력](능력, 실력, 솜씨 따위), [인성](진가, 재능 따위))

피 발휘되다

연어 십분, 유감없이

¶진호는 발표회에서 외국어 실력을 십분 발휘했다. ¶사정이 어려울수록 그는 진가를 발휘한다. ¶딸을 위해 어머니는 요리 솜씨를 발휘했다.

밝다

활용 밝아, 밝으니, 밝고

자 밤이 지나가고 환해지면서 새 아침이 오다. (of a new morning) Come by passing night and becoming bright.

유 동이 트다

N0-가 V (N0=[시간](날, 아침, 새벽 따위))

¶기나긴 밤이 지나가고 날이 밝았다. ¶아침이 밝자 사람들이 하나 둘 밖으로 나오기 시작했다. ¶그는 날이 밝자마자 길을 떠났다.

밝혀내다

활용 밝혀내, 밝혀내니, 밝혀내고

타 사실의 진위나 숨겨진 비밀 따위를 찾아내어 드러내다. Find out and reveal the truth or a hidden secret.

유 밝히다

N0-가 N1-를 V (N0=[인간|단체] N1=진위, 가치, 진실, 사실 따위)

피 밝혀지다

연어 명명백백히

¶우리는 이 사건의 진상을 밝혀내려고 노력한다. ¶이 모임의 진실을 철저히 밝혀내어 국민들에게 알려야 한다.

밝혀지다

활용 밝혀져, 밝혀지니, 밝혀지고

자 ❶밝은 빛을 내는 물체로 어두운 곳이 환하게 비쳐지다. (a dark place) Be turned into a light one with an object that emits bright light.

유 조명받다, 비치다

N0-가 N1-로 V (N0=[공간] N1=[조명](불, 등불, 촛불 따위))

¶횃불로 동굴이 환히 밝혀졌다. ¶손전등으로 학생들이 걸어가는 길의 바닥이 밝혀졌다.

❷빛을 낼 수 있는 기기가 작동되다. (of a light device) Be operated to be emitted.

유 켜지다 반 꺼지다

N0-가 V (N0=[조명](촛불, 횃불, 등, 라이터 따위))

¶전기가 나가자 촛불이 밝혀졌다. ¶저녁이 되자 가로등이 밝혀지네.

❸밝은 빛을 내는 물체로 어두운 곳이 환하게 되다. (of a dark place) Be brightened by a device that emits bright light.

유 환하게 되다

N0-가 N1-(에|로) V (N0=[장소], 어둠, 밤 따위 N1=[조명](불, 등불, 촛불 따위))

¶밝게 빛나는 등불로 어둠이 조금 밝혀진다. ¶작은 촛불에 어두운 방안이 밝혀지고 있었다.

❹새로운 사실이나 지식, 옳고 그름 따위가 드러나 알려지다. (of a new fact, knowledge, or right and wrong) Be revealed and announced.

유 발견되다

N0-가 N1-에 의해 V (N0=[추상물](사실, 진리, 법칙, 원리, 원인, 비밀 따위))

능 밝혀내다

¶사료를 통해 이 토기 제조 시기가 밝혀졌다. ¶갈릴레이에 의해 지구가 태양을 돈다는 사실이 밝혀졌다.

N0-에 의해 S(것|음)-이 V (N0=[인간|단체])

¶특수 물체가 공기보다 가볍다는 것이 연구팀에 의해 밝혀졌다. ¶과학자들에 의해 우주가 계속 팽창한다는 것이 밝혀질 것이다.

❺신분이나 정체가 다른 사람에게 정확히 알려지다. (of one's identity) Be announced to someone.

유 알려지다, 드러나다, 탄로나다

N0-가 N1-에게 V (N0=신분, 정체 따위 N1=[인간|단체])

능 밝혀내다

¶자신의 신분이 경찰관에게 밝혀졌다. ¶그 행정관의 정체가 점차 밝혀지고 있다.

N0-에 의해 S임-이 V (N0=[인간|단체])

¶그가 고정간첩임이 경찰에 의해 밝혀졌다. ¶살해범이 이 지역 학생임이 수사관들에 의해 밝혀졌다.

밝히다

활용 밝히어(밝혀), 밝히니, 밝히고

타 ❶밝은 빛을 내는 물체로 어두운 곳을 환하게 비추다. Turn a dark place into a light one with an object that emits bright light.

유 조명하다, 비추다타

N0-가 N1-를 N2-로 V (N0=[인간] N1=[공간] N2=[조명](불, 등불, 촛불 따위))

¶선두에 선 사람들이 횃불로 동굴을 밝혔다. ¶선생님이 손전등으로 학생들이 걸어가는 길의 바닥을 밝혔다.

❷빛을 낼 수 있는 기기를 작동시키다. Operate a device that can emit light.
㊅켜다 ㉤끄다
N0-가 N1-를 V (N0=[인간] N1=[조명](촛불, 횃불, 등, 라이터 따위))
¶전기가 나가자 철수가 촛불을 밝혔다. ¶경비원들이 돌아다니면서 가로등을 밝혔다.
❸밝은 빛을 내는 물체가 어두운 곳을 환하게 하다. (of a device that emits bright light) Brighten a dark place.
㊅환하게 하다
N0-가 N1-를 V (N0=[조명](불, 등불, 촛불 따위) N1=[장소], 어둠, 밤 따위)
¶밝게 빛나는 등불이 어둠을 밝혔다. ¶작은 촛불만이 어두운 방안을 홀로 밝히고 있었다.
❹(무엇을) 너무 드러내놓고 지나치게 탐하고 좋아하다. Excessively desire and like something in open fashion.
㊅탐하다, 좋아하다
N0-가 N1-를 V (N0=[인간] N1=음식, 여색, 돈, 권력, 공짜 따위)
¶권력과 돈을 밝히는 사람을 가까이 해서는 안 된다. ¶그의 유일한 단점은 너무 음식과 술을 밝힌다는 것이었다.
❺새로운 사실이나 지식, 옳고 그름 따위를 알아내다. Discover new fact, knowledge, or right or wrong.
㊅발견하다
N0-가 N1-를 V (N0=[인간|단체] N1=[추상물](사실, 진리, 법칙, 원리, 원인, 비밀 따위))
¶역사가들은 사료를 통해 이 토기 제조 시기를 밝혔다. ¶갈릴레이는 지구가 태양을 돈다는 사실을 밝혔다.
N0-가 S(것|음)-을 V (N0=[인간|단체])
¶그들은 특수 물체가 공기보다 가볍다는 것을 밝혀냈다. ¶과학자들은 우주가 계속 팽창한다는 것을 밝히려고 노력한다.
❻미래를 희망적으로 만들다. Make the future hopeful.
N0-가 N1-를 V (N0=[인간], [행위] N1=[미래](내일, 미래, 앞날, 장래 따위))
¶어린이들이 우리나라의 미래를 밝혀 줄 것이다. ¶이 경험들이 앞날을 밝힐 초석이 될 것이다.
재타❶신분이나 정체를 다른 사람에게 정확히 알려주다. Announce one's identity.
㊅알려주다
N0-가 N2-에게 N1-를 V (N0=[인간] N1=신분, 정체 따위 N2=[인간|단체])
¶그는 자신의 신분을 경찰관에게 밝혔다. ¶그들은 자신들의 정체를 순순히 밝히고 협조했다.
N0-가 N1-에게 S고 V (N0=[인간] N1=[인간|단체])
¶그는 자신이 외교관이라고 경찰에게 밝혔다. ¶그녀는 김 교수에게 자신을 이 학교 학생이라고 밝혔다.
❷(입장이나 생각을) 사람들에게 드러내어 분명히 알려주다. Make one's stance or thought visible and known to others.
㊅알려주다 타
N0-가 N2-에게 N1-를 V (N0=[인간] N1=[인지](입장, 생각 따위), [상황] N2=[인간|단체])
¶한국은 일본에 거부 의사를 밝혔다. ¶철수는 아버지께 대학에 가지 않겠다는 생각을 밝혔다.
N0-가 N1-에게 S고 V (N0=[인간] N1=[인간|단체])
¶교육부는 평가의 난이도를 조정했다고 밝혔다. ¶정부는 내년에 조세 제도를 개혁할 것이라고 밝혔다.
◆ **밤을 밝히다** 자지 않고 밤을 보내다. Pass or spend the night without sleeping.
㊅밤을 지새다
N0-가 Idm (N0=[인간])
연어 꼬박, 뜬눈으로
¶내일 시험 준비를 위해 영희는 꼬박 밤을 밝혔다. ¶아들이 들어오지 않아 어머니는 뜬눈으로 밤을 밝혔다.

밟다
활용 밟아, 밟으니, 밟고
타❶(사람이나 짐승이) 무엇을 발을 들었다 내려놓으면서 대고 누르다. (of a person or an animal) Lift up one's foot and put it down to press on something.
㊅누르다타, 짓누르다
N0-가 N1-를 V (N0=[인간] N1=[구체물])
피 밟히다
¶그는 실수로 나의 발을 밟았다. ¶나는 유리를 밟지 않기 위해 조심히 다녔다.
❷무엇을 발로 디디거나 디디면서 걷다. (of a person) Walk by stamping on something.
㊅디디다(딛다)
N0-가 N1-를 V (N0=[인간] N1=[장소](길, 계단 따위))
¶우리는 아무도 밟지 않은 새하얀 눈길을 밟았다. ¶청춘 남녀들이 낙엽을 밟으며 즐거이 뛰어다녔다.
❸어떤 일을 위하여 정해진 절차를 하나씩 거치다. Undergo the designated procedure one at a time for some task.
㊅거치다[1], 겪다
N0-가 N1-를 V (N0=[인간] N1=[경로](과정), 수속, 코스, 절차 따위)
¶그는 해외 가려고 출국 수속을 밟는 중이다.

ㅂ

¶그들은 한국에 정착하려고 망명 절차를 밟고 있다.
❹다른 사람의 움직임을 살피며 뒤를 몰래 쫓아가다. Secretly follow someone from the back while watching his/her every move.
[유]미행하다, 뒤쫓다
N0-가 N1-를 V (N0=[인간] N1=뒤)
[피]밟히다
¶나는 몰래 그의 뒤를 밟았다. ¶형사는 용의자의 뒤를 밟아 결국 체포하였다. ¶그녀는 오빠의 뒤를 밟으면서 따라갔다.
❺어떤 장소에 가 보다. Arrive at a place.
[유]도착하다, 가다[1]
N0-가 N1-를 V (N0=[인간] N1=[장소])
¶할아버지는 드디어 조국 땅을 밟게 되었다. ¶그는 30년 동안 고향땅을 못 밟았다. ¶그는 인류 최초로 달을 밟은 사람이다.
❻다른 사람이 이미 경험한 것을 그대로 되풀이하여 똑같이 겪다. Repeat and exactly experience what someone already experienced.
[유]답습하다
N0-가 N1-를 V (N0=[인간] N1=[운](운명), 길 따위)
¶그는 자기 아버지와 같은 운명을 밟았다. ¶나는 내 딸이 나의 길을 그대로 밟기를 원한다.
❼다른 사람을 괴롭히고 못 살게 굴다. Harass and bully someone.
[유]누르다 [하]짓밟다
N0-가 N1-를 V (N0=[인간] N1=[인간])
[피]밟히다
¶너는 그렇게 남을 밟고 올라서야겠니? ¶자기 부하를 밟고서 잘되는 상급자는 없다.

밟히다
[활용]밟히어(밟혀), 밟히니, 밟히고
[자]❶(어떤 대상이) 다른 대상에게 발이 얹혀 눌리다. (of a target) Be pressed by some other target's foot.
[유]눌리다 [하]짓밟히다
N0-가 N1-(에|에게) V (N0=[인간], [짐승], [구체물] N1=[인간], [신체부위](발))
[능]밟다
¶나는 지나가는 사람에게 발이 밟혀서 넘어졌다. ¶그녀의 치마가 너무 길어서 발에 밟힌다.
❷다른 사람에게 괴롭힘을 당하다. Be harassed by someone.
[유]짓눌리다, 고통받다
N0-가 N1-에게 V (N0=[인간] N1=[인간])
[능]밟다
¶나는 그에게 밟혀 사는 것에 완전 진저리가 났다. ¶우리는 더 이상 그들에게 밟혀 살 수 없습니다.
[자타](사람이) 다른 사람에게 움직임이 포착되어 쫓기다. (of a person) Be chased by someone from behind with one's every move monitored.
[유]쫓기다, 추적당하다
N0-가 N2-에게 N1-(가|를) V (N0=[인간] N1=뒤 N2=[인간])
[능]밟다
¶적군에게 뒤를 밟히기 전에 얼른 이곳을 떠야 합니다. ¶그 사기꾼은 형사에게 뒤를 밟혀서 체포되었다.
◆ **눈에 밟히다** (무엇이) 잊혀지지 않아 눈에 선하다. (of something) Remain vivid in one's mind because it cannot be forgotten.
[유]기억나다, 어른거리다
N0-가 Idm (N0=[모두])
¶나는 아직 어린 딸이 눈에 밟혀 일을 할 수 없다. ¶그곳의 고즈넉한 풍경이 아직도 눈에 밟힌다.

밤새다
[활용]밤새어(밤새), 밤새니, 밤새고
[자]밤이 지나 아침이 되어 날이 밝아오다. (of day) Become bright in the morning.
Idm
¶밤새도록 나는 울기만 했다. 그들은 밤새 논의했지만 결론을 얻지 못했다. ¶그는 밤새도록 걸어서 겨우 목적지에 도착했다.
※ '밤새', '밤새도록 V'의 형태로만 쓰인다.

밤새우다
[활용]밤새워, 밤새우니, 밤새우고
[자]잠을 자지 않고 밤을 보내다. Spend the night without sleeping.
[유]밤샘하다
[연어]꼬박, 뜬 눈으로
N0-가 V (N0=[인간])
¶철수는 요즘 밤새워 공부하고 있다. ¶밤새워 고민했지만 풀리는 것은 별로 없다.

밤샘하다
[활용]밤샘하여(밤샘해), 밤샘하니, 밤샘하고 [대응]밤샘을 하다
[자](사람이) 잠을 자지 않고 밤을 보내다. (of a person) Pass or spend the night without sleeping.
[유]밤을 지새우다
N0-가 V (N0=[인간])
[연어]꼬박
¶어제 밤샘했더니 졸립다.
[타](사람이) 잠을 자지 않고 밤을 보내다. (of a person) Pass or spend the night without sleeping.
[유]밤을 지새우다

N0-가 N1-를 V (N0=[인간] N1=[밤])
¶논문 준비로 이틀 밤을 밤샘했네. ¶나이를 먹어도 하루 밤은 밤샘하겠네.

방관하다

어원 傍觀~ 활용 방관하여(방관해), 방관하니, 방관하고 대응 방관을 하다
재타 (어떤 일을) 직접 관여하지 않고 곁에서 보기만 하다. Look on a work with folded arms without getting involved in it.
유 방치하다
N0-가 N1-(에 대해|를) V (N0=[인간|단체] N1=[사태], [인간|단체], [구체물])
¶정부가 환경오염에 대해 방관하고만 있다. ¶엄마가 자녀를 너무 방관하면 안 된다.

방류되다

어원 放流~ 활용 방류되어(방류돼), 방류되니, 방류되고 대응 방류가 되다
자 ❶가두어 둔 물이 일정한 장소로 흘려 보내지다. (of water kept in) Be flown out to somewhere.
유 흘려 보내지다
N0-가 N1-(에|로) V (N0=[액체, 물] N1=[장소])
능 방류하다
¶비가 오면 많은 폐수가 하천에 방류된다. ¶봄에는 저수지에 가득한 물이 하천으로 방류되어야 한다.
❷물고기가 강이나 하천에 풀어지다. (of fish) Be released into a river or a stream.
유 방생되다
N0-가 N1-(에|로) V (N0=[물고기] N1=강, 하천 따위)
능 방류하다
¶많은 은어들이 남대천에 방류된다. ¶어린 물고기들이 강 상류에 방류되었다.

방류하다

어원 放流~ 활용 방류하여(방류해), 방류하니, 방류하고 대응 방류를 하다
타 ❶가두어 둔 물을 일정한 장소로 흘려보내다. Release stored water into another place or environment.
유 흘려 보내다
N0-가 N1-를 N2-(에|로) V (N0=[인간|단체] N1=[액체, 물] N2=[장소])
피 방류되다
¶비가 오면 업체들이 폐수를 하천에 방류한다. ¶저수지에 가득한 물을 하천으로 방류해야 한다.
❷(사람이나 단체가) 물고기를 강이나 하천에 놓아주다. (of a person or an organization) Release fish into a river or a stream.
유 방생하다
N0-가 N1-를 N2-(에|로) V (N0=[인간|단체] N1=[물고기] N2=강, 하천 따위)
피 방류되다
¶사람들이 은어를 남대천에 방류했다. ¶어부들은 어린 물고기를 강 상류에 방류했다.

방면되다

어원 放免~ 활용 방면되어(방면돼), 방면되니, 방면되고 대응 방면이 되다
자 죄를 지어 감옥에 갇혀 있던 사람들이 풀려나다. (of prisoners) Be released from prison.
유 풀려나다, 석방되다
N0-가 V (N0=[범죄인간])
능 방면하다
¶경범죄자들이 특사로 모두 방면되었다. ¶정치범들이 아직 방면되지 않고 있다.

방면하다

어원 放免~ 활용 방면하여(방면해), 방면하니, 방면하고 대응 방면을 하다
타 (사람이나 국가가) 죄를 지어 감옥에 갇혀 있던 사람들을 풀어주다. (of a person or a state) Set prisoners free.
유 석방하다, 풀어주다
N0-가 N1-를 V (N0=[인간|단체] N1=[범죄 인간])
피 방면되다
¶광복절을 맞이하여 정부는 정치범들을 대거 방면하였다. ¶검찰은 구속했던 범인을 방면했다.

방문하다

어원 訪問~ 활용 방문하여(방문해), 방문하니, 방문하고 대응 방문을 하다
타 다른 사람을 만나러 찾아가다. Go to see a person.
유 만나러 가다, 찾아가다
N0-가 N1-를 V (N0=[인간] N1=[인간])
¶몇몇 친구들이 환자를 방문하여 위로했다. ¶부장은 고객을 방문하여 청약 철회 이유를 확인했다.
재타 (어떤 장소를) 인사를 하거나 무엇을 보기 위해 찾아가다. Go to a place in order to take a bow or see something.
유 찾아가다
N0-가 N1-(에|를) V (N0=[인간] N1=[단체], [장소])
¶어머니는 정기적으로 고아원을 방문하신다. ¶나는 얼마 전에 방송국을 방문한 바가 있다.

방생되다

어원 放生~ 활용 방생되어(방생돼), 방생되니, 방생되고 대응 방생이 되다
자 동물이나 물고기가 자유로이 살게 풀려나다. (of an animal or fish) Be set free (into a river, etc.).
유 방류되다

N0-가 N1-(에|로) V (N0=[동물], [물고기] N1=[장소])
[능]방생하다
¶사월 초파일이면 많은 물고기들이 방생된다. ¶어린 새끼들이 산으로 방생되려고 한다.

방생하다

[어원]放生~ [활용]방생하여(방생해), 방생하니, 방생하고 [대응]방생을 하다
[타]동물이나 물고기를 자유로이 살게 놓아주다. Set free an animal or fish (into a river, etc.).
[유]방류하다
N0-가 N1-를 N2-(에|로) V (N0=[인간|단체] N1=[동물], [물고기] N2=[장소])
[피]방생되다
¶사월 초파일이면 많은 물고기들을 방생한다. ¶신도들이 어린 새끼들을 산으로 방생하려고 한다.

방송되다

[ㅂ]

[어원]放送~ [활용]방송되어(방송돼), 방송되니, 방송되고 [대응]방송이 되다
[자](프로그램이) 텔레비전이나 라디오 따위의 전파 매체를 통해서 대중에게 보내지다. (of a program) Be sent to the public through electric media including TV or radio.
[유]방영되다, 송출되다
N0-가 V (N0=[방송물])
[능]방송하다
¶오늘 저녁에는 축구 중계가 방송된다. ¶지금 방송되는 드라마 제목이 뭐예요? ¶명절이라 특집 프로그램들이 방송될 예정이다.

방송하다

[어원]放送~ [활용]방송하여(방송해), 방송하니, 방송하고 [대응]방송을 하다
[타](프로그램을) 텔레비전이나 라디오 따위의 전파 매체를 통해서 대중에게 보내다. Send a program to the public using electric media including TV or radio.
[유]방영하다, 송출하다
N0-가 N1-를 V (N0=[기업](방송사 따위), [인간] N1=[방송물])
[피]방송되다
¶방송사에서는 환경에 대한 특집 프로그램을 방송한다. ¶그는 인터넷으로 기타 연주 동영상을 방송하고 있다. ¶나는 외국 방송사에서 방송하는 드라마도 볼 수 있다.

방어되다

[어원]防禦~ [활용]방어되어(방어돼), 방어되니, 방어되고 [대응]방어가 되다
[자]상대편의 위협이나 공격으로부터 지켜지다. Be protected against the attack or threat of the opponent.
[유]지켜지다
N0-가 N1-(에서|로부터) V (N0=[인간|단체], [구체물], [추상물] N1=[인간|단체], [행위](공격, 위협, 따위), [추상물])
¶적의 공격으로부터 수도가 철저히 방어되었다. ¶우리 주장이 방어될 수 있을지 모르겠다.
N0-가 V (N0=[인간|단체], [행위](공격, 위협, 따위), [추상물], [구체물])
¶우리 군의 진지가 방어될 수 없다는 것이 문제다. ¶상대방의 거센 공격이 방어될 수만 있다면 다행이다.

방어하다

[어원]防禦~ [활용]방어하여(방어해), 방어하니, 방어하고 [대응]방어를 하다
[타]상대편의 위협이나 공격을 막아내어 지키다. Protect against the attack or threat of the opponent.
[유]막다, 지키다 [반]공격하다
N0-가 N2-(에서|로부터) N1-를 V (N0=[인간|단체], [구체물] N1=[인간|단체], [구체물], [추상물] N2=[인간|단체], [행위](공격, 위협, 따위), [추상물])
¶우리 군은 적의 공격으로부터 수도를 방어하였다. ¶우리는 우리 주장을 방어할 수 있어야 한다.
N0-가 N1-를 V (N0=[인간|단체], [구체물] N1=[인간|단체], [행위](공격, 위협, 따위), [추상물], [구체물])
¶우리는 적의 강한 공습을 방어할 수 있어야 한다. ¶수비진은 상대방의 거센 공격을 방어하느라 지쳤다.

방영되다

[어원]放映~ [활용]방영되어(방영돼), 방영되니, 방영되고 [대응]방영이 되다
[자](프로그램이나 광고 따위가) 텔레비전 방송으로 전해지다. (of program or advertisement) Be sent on TV.
[유]방송되다, 송출되다
N0-가 V (N0=[방송물])
[능]방영하다
¶지금은 가요 프로그램이 방영되고 있다. ¶잠시 후에는 역사 다큐멘터리가 방영될 것이다.

방영하다

[어원]放映~ [활용]방영하여(방영해), 방영하니, 방영하고 [대응]방영을 하다
[타](프로그램이나 광고 따위를) 텔레비전 방송으로 전하다. Send a program or an advertisement on TV.
[유]방송하다, 송출하다
N0-가 N1-를 V (N0=[방송국] N1=[방송물])
[피]방영되다

¶어젯밤 방송에서 영화를 방영했다. ¶텔레비전에서 드라마를 방영하는 횟수가 늘어나고 있다. ¶방송에서는 프로그램 중간에 광고를 방영한다.

방지되다

어원 防止~ 활용 방지되어(방지돼), 방지되니, 방지되고

자 (나쁜 일이) 일어나지 못하게 저지되다. (of a bad thing) Be prevented from happening.

㊌예방되다, 저지되다

N0-가 V (N0=[사건], [사태])

능 방지하다

¶이 잠금 장치를 사용하면 도난이 잘 방지된다. ¶경찰 덕택에 미연의 사고가 방지됐다.

방지하다

어원 防止~ 활용 방지하여(방지해), 방지하니, 방지하고

타 나쁜 일이 일어나지 않도록 미리 막다. Prevent a bad thing from happening.

㊌예방하다, 방어하다, 막다, 저지하다

N0-가 N1-를 V (N0=[인간|단체] N1=[사건])

피 방지되다

¶감독은 선수들의 부상을 최대한 방지했다. ¶우리는 지붕을 모두 단열재로 공사해 열 손실을 방지했다.

N0-가 (S것|음)-을 V (N0=[인간|단체])

피 방지되다

¶이 등산복은 겨울철에 축축해지는 것을 방지한다. ¶종이에 기름을 칠하면 좀이 스는 것을 방지할 수 있다.

방출되다

어원 放出~ 활용 방출되어, 방출되니, 방출되고

대응 방출이 되다

자 ❶어느 곳에 한꺼번에 풀려 쏟아져 나오다. Be released and spilled out at once.

㊌배출되다, 쏟아져 나오다

N0-가 N1-(에|로) V (N0=[생물], [폐기물], [기체], [액체] N1=[장소], [배설물])

능 방출하다

¶외래종이 강에 방출될 경우 생태계에 큰 문제를 일으킬 수 있다. ¶폐수가 하천으로 방출되면 주민들에게 큰 피해가 간다.

N0-가 N1-(로|를 통해) V (N0=[기체], [액체] N1=[배설물], [폐기물])

능 방출하다

¶인체의 수분은 대부분 땀과 소변으로 방출된다. ¶폐수가 비밀 배출구를 통해 방출되면 주민들에게 큰 피해가 간다.

N0-가 N1-에서 V (N0=[기체], [액체] N1=[단체], [장소])

능 방출하다

¶비가 오자 공장에서 많은 폐수가 방출되었다. ¶섬유 공장에서는 다량의 오폐수가 방출된다.

❷(에너지나 가스 따위가) 대기 중으로 유출되다. (of energy or gas) Be released to the atmosphere.

㊌배출되다, 유출되다 ㊊흡수되다

N0-가 N1-(에|로) V (N0=[구체물], [기체] 따위 N1=대기 따위)

능 방출하다

¶대기 중으로 방출된 이산화탄소가 축적으로 지구가 온난화한다. ¶이산화탄소는 70퍼센트가 선진국에서 방출된다.

N0-가 N1-에서 V (N0=[구체물], 물질 따위 N1=[기기])

능 방출하다

¶이 기기에서는 복사열이 자동으로 방출된다. ¶뜨거워진 아스팔트에서 많은 열기가 방출되고 있다.

❸(저장해 두었던 물건, 자금이) 일시에 다량으로 공급되다. (of a stored item or fund) Be supplied in large amount at once.

㊌공급되다, 풀리다

N0-가 N1-(에|로) V (N0=[음식물], [돈], [구체물] N1=[장소])

능 방출하다

¶추석 자금은 시중에 상당량 방출될 것으로 보인다. ¶싸구려 제품이 대량으로 시장에 방출되어 유통 질서가 엉망이 되었다.

N0-가 N1-에서 V (N0=[돈] N1=[단체](은행, 금융권, 정부))

능 방출하다

¶소상공인을 위해 1천억 원이 정부에서 방출될 예정이다. ¶비축한 정부미가 3천 톤이나 방출되었다.

❹(감춰진 것이) 한꺼번에 대량으로 몰래 공개되다. (of hidden items) Be released secretly in large amount at once.

㊌유포되다, 공개되다

N0-가 N1-(에|에게) V (N0=[구체물](사진, 작품 따위) N1=인터넷, 홈페이지 따위, [인간])

능 방출하다

¶여배우의 미공개 사진이 인터넷에 대거 방출되었다.

❺속해 있던 직장, 단체에서 쫓겨나다. Be kicked out from affiliated job or group.

㊌쫓겨나다, 해고되다, 퇴출되다

N0-가 N1-에서 V (N0=[인간] N1=[단체], [단체])

능 방출하다

¶그 선수는 결국 소속 구단에서 방출되었다. ¶외국인 타자는 지난달 소속 팀에서 방출되었다.

방출시키다

어원(放出~ 활용방출시키어, 방출시키니, 방출시키고 대응방출을 시키다
타☞'방출하다'의 오용

방출하다

어원放出~ 활용방출하여(방출해), 방출하니, 방출하고 대응방출을 하다
타❶물건이나 액체를 어느 곳에 한꺼번에 쏟아 보내다. Spill out at once.
유누출시키다, 배출하다, 방사하다, 흘려 보내다, 쏟아 보내다
N0-가 N1-를 N2-(에|로) V (N0=[인간|단체] N1=[생물], [폐기물], [기체], [액체] N2=[장소])
피방출되다
¶유전자 조작 생물체를 생태계에 방출해서는 안 된다. ¶화학공장에서 하천으로 공업 폐수를 몰래 방출한 것 같다.
❷(에너지, 가스, 부산물 따위를) 대기 중으로 내보내다. Release energy, gas, or by-product to the atmosphere.
유내뿜다, 분출하다, 유출하다, 배출하다 반흡수하다
N0-가 N1-를 V (N0=[인간|단체] [생물] N1=[구체물], [기체], [액체], 중금속 따위)
피방출되다
¶첨단 정유공장은 대기 오염 물질을 방출하지 않는다. ¶미생물과 식물은 인간에게 유용한 물질을 방출한다.
N0-가 N1-를 N2-(에|로) V (N0=[연료], [무생물], [교통기관] N1=[구체물], [기체], [액체], 중금속 따위 N2=대기, 공기, 우주 따위)
피방출되다
¶자동차는 상당히 많은 중금속을 방출한다.
¶숲은 상쾌한 공기를 느끼게 해주는 음이온을 방출한다.
❸(저장해 두었던 물건, 자금을) 일시에 다량으로 공급하다. Supply stored items or fund in large amount at once.
유공급하다, 풀다, 내놓다
N0-(가|에서) N1-를 N2-에 V (N0=[인간|단체] N1=[음식물], [돈] N2=[장소])
피방출되다
¶정부는 비축해 두었던 양곡을 시장에 방출했다.
¶정부는 추석 자금을 시중에 풍부하게 방출할 것으로 본다.
❹(감춰진 것을) 한꺼번에 대량으로 몰래 공개하다. Secretly release something that was hidden in large amount at once.
유유포하다, 공개하다 반숨기다, 감추다
N0-가 N1-를 N2-(에|에게) V (N0=[인간|단체] N1=[구체물] N2=인터넷, 홈페이지 따위, [인간])
피방출되다
¶그녀는 인터넷에 남자친구 사진을 방출했다.
¶그는 비공개 자료를 대중에게 대거 방출했다.
❺(속해 있던 직장, 단체에서) 사람을 쫓아내다. Kick out someone from affiliated job or group.
유해고하다타, 쫓아내다타, 퇴출시키다타
N0-가 N1-를 N2-에서 V (N0=[인간|단체] N1=[인간] N2=[단체], [단체])
피방출되다
¶감독은 외국인 타자를 소속 팀에서 방출하려고 한다. ¶기업 혁신을 위해 직원들을 다소 방출해야 한다.
❻(끼, 매력 따위를) 드러내 보이다. Make one's talent or charm visible.
유발산하다, 내뿜다 반숨기다, 감추다
N0-가 N1-를 V (N0=[인간] N1=끼, 매력 따위)
¶그 여배우는 방송 쇼에서 각가지 매력을 방출했다. ¶그 탤런트는 그 상황에서도 끼를 방출할 수 있다.

방치되다

어원放置~ 활용방치되어(방치돼), 방치되니, 방치되고 대응방치가 되다
자(보살펴야 할 사람, 사물이나 장소가) 관심 밖에 그대로 내버려 두어지다. (of person, object or place that needs care of someone) Be left outside people's interest.
유유기되다, 버려지다 반간수되다
N0-가 V (N0=[구체물], [장소])
능방치하다
¶수많은 부상자들이 치료를 받지 못한 채 방치되었다. ¶저 건물은 짓다가 그냥 방치되어 있다.

방치하다

어원放置~ 활용방치하여(방치해), 방치하니, 방치하고 대응방치를 하다
타(돌보아야 할 사람, 대상이나 장소를) 보살피지 않고 그대로 내버려 두다. (of a person, object or place that needs care) Be left as is without being observed.
유유기하다, 버려두다 반돌보다, 보호하다, 보살피다, 간수하다
N0-가 N1-를 V (N0=[인간|단체] N1=[인간|단체], [구체물], [추상물], [상태], [현상])
피방치되다
¶그는 가족을 방치한 채 도박에 빠졌다. ¶그는 옷가지들을 창고에 방치한 채 두었다.

방학하다

어원放學~ 활용방학하여(방학해), 방학하니, 방학하고 대응방학을 하다

[자](학교 등의 교육기관이) 일정에 따른 수업을 끝낸 후 일정 기간 수업을 하지 않고 쉬다. (of an educational institution such as school) Go on break without holding class for a certain period after the completion of official schedule. [반]개학하다
N0-가 V (N0=[교육기관](학교, 학원 따위))
¶이번 주에 학교가 방학한다. ¶철수는 여행갈 생각에 방학하기만을 기다렸다.

방해되다
[어원]妨害~ [활용]방해되어(방해돼), 방해되니, 방해되고 [대응]방해가 되다
[자]하는 일이나 행위가 제대로 진행되지 못하게 관여되다. Be an obstacle to someone's task.
N0-가 N1-(에|에게) V (N0=[인간|단체], [사건], [현상], [행위], [구체물] N1=[인간|단체], [행위], [상태])
[능]방해하다
¶잡다한 일들이 휴식에 방해된다. ¶환율 인상은 분명 경기 회복에는 방해된다.
N0-가 S(것|데)-에 V (N0=[인간|단체], [사건], [현상], [행위], [구체물])
[능]방해하다
¶지나친 집착은 성공하는 데 방해될 뿐이다. ¶운전 중 통화는 안전 운전을 하는 것에는 방해된다.
S것-이 N0-(에|에게) V (N0=[인간|단체], [행위])
¶네가 오는 것이 나에게는 오히려 방해된다. ¶부정적인 생각을 많이 하는 것은 성공에 방해될 뿐이다.
S것-이 S데-에 V
¶그가 도와 준 것이 그가 성공하는 데에는 결국 방해되었다. ¶내가 온 것이 그 사람이 일하는 데에는 방해될 뿐이었다.

방해하다
[어원]妨害~ [활용]방해하여(방해해), 방해하니, 방해하고 [대응]방해를 하다
[타]다른 사람이 일을 제대로 진행하지 못하게 막거나 관여하다. Disturb and stop someone's task.
[유]막다, 견제하다, 훼방하다 [반]도와주다
N0-가 N1-를 V (N0=[인간|단체], [사건], [현상], [행위], [구체물] N1=[인간|단체], [행위])
[피]방해되다, 방해받다
¶주위의 소음이 학생들의 공부를 방해했다. ¶골목의 쓰레기 더미가 차들의 진입을 방해하고 있다.
N0-가 S것-을 V (N0=[인간|단체], [사건], [현상], [행위], [구체물])
[피]방해되다
¶잦은 행사가 학생들이 공부에 집중하는 것을 방해하고 있다. ¶동생은 내가 외출하려는 것을 방해했다.

방황하다
[어원]彷徨~ [활용]방황하여(방황해), 방황하니, 방황하고 [대응]방황을 하다
[자]명확한 목표나 방향을 결정하지 못하고 주저하다. Be unable to determine a clear goal or direction.
[유]헤매다, 주저하다, 결정하다, 결심하다
N0-가 V (N0=[인간])
¶그는 대학 졸업 때 진로를 정하지 못하고 방황했다. ¶나는 아내의 죽음에 충격을 받아 한동안 방황하였다.
[자타]어떤 장소에서 정처 없이 여기저기 헤매며 돌아다니다. Wander about in a place.
[유]헤매다, 돌아다니다
N0-가 N1-(에서|를) V (N0=[인간], [교통기관] N1=[장소])
¶그는 어디로 가야할지 몰라 거리를 방황했다. ¶그는 뒷골목을 방황하는 아이들을 카메라에 담았다.

배격되다
[어원]排擊~ [활용]배격되어(배격돼), 배격되니, 배격되고 [대응]배격이 되다
[자](사상이나 의견, 태도, 물건 따위가) 받아들여지지 않고 내쳐지다. (of thought, opinion, attitude, or item) Not to be accepted but to be thrown away.
[유]배척되다, 배제되다, 거부되다, 수용되다, 인정되다
N0-가 N1-(에서|에게) V (N0=[구체물], [추상물] N1=[인간|단체])
[능]배격하다
¶최근 남녀 차별이 강하게 배격되고 있다. ¶무분별한 농산물 수입은 즉각 배격되어야 한다.

배격하다
[어원]排擊~ [활용]배격하여(배격해), 배격하니, 배격하고 [대응]배격을 하다
[타](어떤 사상이나 의견, 태도, 물건 따위를) 받아들이지 않고 내치다. Not to accept a thought, an opinion, an attitude, or an item, throwing it away instead.
[유]배척하다, 배제하다, 거부하다, 내치다 [반]수용하다, 인정하다
N0-가 N1-를 N2-에서 V (N0=[인간|단체] N1=[구체물], [추상물] N2=[인간|단체], [추상물])
[피]배격되다
¶우리 선조들은 서양의 문물을 배격했다. ¶우리는 족벌 관계를 사업에서 완전히 배격했습니다.

[ㅂ]

배급되다

어원 配給~ 활용 배급되어(배급돼), 배급되니, 배급되고 대응 배급이 되다

자 ❶물건이 사람이나 단체에게 나누어서 공급되다. (of an object) Be distributed to a person or an organization.

㊌공급되다, 배달되다

N0-가 N1-(에|에게) V (N0=[구체물] N1=[인간|단체])

능 배급하다

¶이 겨울옷들이 각 부대에 빨리 배급되어야 한다. ¶비료가 주민들에게 배급되고 있어요.

❷민들에게 필요한 생활필수품이나 구호물자가 공짜로 나누어지다. (of daily necessities or relief supplies) Be distributed freely to residents.

㊌공급되다, 제공되다

N0-가 N1-(에|에게) V (N0=[구체물] N1=[인간|단체])

능 배급하다

¶저녁식사가 노숙자들에게 배급되고 있어요. ¶북한에서 주민들에게 배급되는 양식은 항상 모자란다.

배급하다

어원 配給~ 활용 배급하여(배급해), 배급하니, 배급하고 대응 배급을 하다

타 ❶(사람이나 단체가) 물건을 다른 사람이나 단체에 나누어 주다. (of a person or an organization) Distribute something to others or to an organization.

㊌나누어 주다, 공급하다

N0-가 N1-를 N2-(에|에게) V (N0=[인간|단체] N1=[구체물] N2= [인간|단체])

피 배급되다, 배급받다

¶이 옷들을 각 부대에 빨리 배급해야 한다. ¶주민들에게 비료를 배급하러 가요.

❷주민들에게 필요한 생활필수품이나 구호물자를 공짜로 나누어주다. Distribute daily necessities or relief supplies freely to residents.

㊌나누어 주다, 제공하다

N0-가 N1-를 N2-(에|에게) V (N0=[인간|단체] N1=[구체물] N2=[인간|단체])

피 배급되다, 배급받다

¶노숙자들에게 저녁을 배급하러 가요. ¶북한은 주민들에게 배급할 양식이 항상 모자란다.

배기다 I

활용 배기어(배겨), 배기니, 배기고

자 어려운 일을 참아 내며 견디다. Endure a difficult task.

㊌참다, 견디다, 버티다 ㊥그만두다, 포기하다

N0-가 V (N0=[인간|단체])

¶일이 어려워져 그녀는 도저히 배겨 내지 못했다. ¶친구에게 마음을 털어놓지 않고서는 도저히 배길 수 없었다.

※주로 부정문이나 '배겨', '배길 것 같아' 등 의문문으로 쓰인다.

타 어려운 일을 참아 내며 견디다. Endure a difficult task.

㊌참다, 견디다, 버티다 ㊥그만두다, 포기하다

N0-가 N1-를 V (N0=[인간|단체] N1=[추상물](일, 어려움, 고통 따위))

¶어머니는 어지러움을 배기지 못하고 차에서 내렸다. ¶배길 수 없는 고통에 그는 그만 소리를 질렀다.

※주로 부정문이나 '배겨', '배길 것 같아'처럼 쓰인다.

N0-가 S것-를 V (N0=[인간|단체])

¶아내는 아이들이 보채는 것을 배기지 못하고 집을 나갔다. ¶주인이 욕설하는 것을 배겨내기 어려웠다.

배기다 II

활용 배기어(배겨), 배기니, 배기고

자 (몸이 지속적인 자극이나 통증 따위로) 불편함을 느끼다. Become uncomfortable due to a prolong contact between body and some object.

N0-가 N1-에 V (N0=[신체부위] N1=[구체물])

¶등이 배겨서 오래 누워 있지 못하겠다. ¶자갈에 엉덩이가 배겨 아프다. ¶등이 방바닥에 배겨 못 자겠다.

배다 I

활용 배어(배), 배니, 배고

자 ❶(액체나 냄새가) 무엇에 스며들거나 스며나오다. (of liquid or scent) Be soaked into or exuded from something.

㊌젖다, 물들다, 스며들다 ㊥빠지다

N0-가 N1-에 V (N0=[분비물](땀, 피 따위), [냄새] N1=[착용물], [신체부위], [장소])

¶나는 긴장하여 손바닥에 땀이 배었다. ¶그는 넘어져 바지에 피가 배었다. ¶생선을 구웠더니 집에 생선 냄새가 뱄다.

❷(태도나 행동 따위가) 몸이나 손에 습관이 되어 익숙해지다. (of attitude, behavior, etc.) Become familiar by becoming a habit of one's body or hand.

㊌익숙해지다

N0-가 N1-에 V (N0=[규범](예절), 배려, 습관, 일, 욕 따위 N1=몸, 손, 입 따위)

¶언니는 다른 사람들에 대한 배려가 자연스레 몸에 배었다. ¶커피를 내리는 일이 손에 배어

익숙하다.
S것-가 N0-에 V (N0=몸, 손, 입 따위)
¶언니는 다른 사람들을 배려한 것이 자연스레 몸에 배었다. ¶아침에 일찍 일어나는 것은 어린 시절부터 몸에 배어 있다.
❸(마음이나 정신, 느낌 따위가) 무엇에 깊이 느껴지거나 나타나다. (of mind, spirit, feeling, etc.) Appear, be deeply felt.
㊌스며들다
N0-가 N1-에 V (N0=마음, 정신, 느낌 따위 N1=[텍스트], [예술], [구체물], 목소리)
¶베토벤의 음악에는 음악에 대한 열정이 배어 있다. ¶그녀의 떨리는 목소리에는 사랑이 배어 있었다.
S것-가 N0-에 V (N0=[텍스트], [예술], [구체물], 목소리)
¶시인이 험하게 살아온 것이 시에 가득 배어 있다. ¶베토벤의 음악에는 음악을 사랑하는 것이 한껏 배어 있다.

배다 II

활용 배어(배), 배니, 배고
자 ❶(동물의 배 속에) 알이나 새끼가 들어차다. (of roe) Be filled in the belly of fish.
㊌들어차다, 임신되다
N0-가 N1-에 V (N0=알, 새끼 N1=[동물], 물고기)
¶명태에 알이 가득 배어 매운탕 끓이기에 좋다. ¶봄에 잡은 게는 알이 통통하게 배어 더 맛있다.
❷(팔이나 다리에) 알통이 뭉쳐져 생기다. (of muscle) Be cramped on the arm or leg.
㊌생기다, 근육이 뭉치다
N0-가 N1-에 V (N0=알, 알통 따위 N1=[신체부위](팔, 다리))
¶나는 달리기를 열심히 해서 종아리에 알이 뱄다. ¶안 하던 등산을 했더니 다리에 알이 배겼다.
❸(벼나 보리의 줄기에) 이삭이나 곡식알이 가득 들어차다. (of ear) Fill the stems of rice or barley.
㊌들어차다
N1-에 N0-가 V (N0=씨, 씨알, 이삭 N1=벼, 보리 따위)
¶이제 슬슬 벼에 이삭이 배기 시작한다. ¶보리에 이삭이 밸 때가 되었다.
타 ❶(사람이나 짐승이) 아이나 새끼, 알을 가지다. (of a person or an animal) Have a baby, young, or egg.
㊌가지다[1], 임신하다
N0-가 N1-를 V (N0=[인간], [동물] N1=아이, 새끼, 알 따위)
¶그녀는 드디어 아이를 배었다. ¶우리집 강아지가 새끼를 배었다.
❷(벼나 보리 따위가) 이삭을 줄기 안에 가지다. (of rice, barley, etc.) Have ear inside the stem.
㊌이삭이 패다
N0-가 N1-를 V (N0=벼, 보리 따위 N1=이삭)
¶올해는 날이 좋아서 벼가 벌써 이삭을 배었다. ¶보리가 언제 이삭을 배는지?

배달되다

어원 配達~ 활용 배달되어(배달돼), 배달되니, 배달되고 대응 배달이 되다
자 (우편물이나 주문된 음식, 물건 따위가) 수취인이나 주문인에게 전해지다. (of a postal matter, ordered food, or item) Be directly given to the recipient or person who placed the order.
㊌송부되다, 송달되다, 전달되다, 전해지다
N0-가 N1-(에|에게|로) V (N0=[구체물](물건, 우편물, 음식, 신문 따위) N1=[인간|단체], [장소])
능 배달하다
¶그 우편물은 곧바로 동호에게 배달되었다. ¶어제 산 물건이 오늘 집으로 배달되었다. ¶신문과 잡지가 회사로 배달되지만 읽을 시간이 없다.

배달하다

어원 配達~ 활용 배달하여(배달해), 배달하니, 배달하고 대응 배달을 하다
타 (우편물이나 주문된 음식, 물건 따위를) 수취인이나 주문한 사람에게 직접 가져다 전해주다. Directly bring and give a postal matter, ordered food, or item to the recipient or person who placed the order.
㊌송부하다, 송달하다, 전달하다, 전해주다
N0-가 N2-(에|에게|로) N1-를 V (N0=[인간] N1=[구체물](물건, 우편물, 음식, 신문 따위) N2=[인간|단체], [장소])
피 배달되다 자 사 배달시키다 타
¶우편집배원은 수백 통의 편지를 주민에게 배달한다. ¶그 식료품회사 사장은 주문한 식자재를 자신이 직접 소비자에게 배달한다. ¶아침마다 신문을 배달하는 것은 쉽지 않다.

배려하다

어원 配慮~ 활용 배려하여(배려해), 배려하니, 배려하고 대응 배려를 하다
자타 다른 사람이 처한 상황에 관심을 가지고 도와주고 정성껏 베풀다. Show concern and interest by having a thought to help someone who is in a situation.
㊌감안하다, 참작하다, 신경을 쓰다, 도와주다
N0-가 N1-를 V (N0=[인간|단체] N1=[인간|단체], [상태](사정, 형편, 질병 따위))
¶선생님은 항상 학생들을 배려하셨다. ¶방송국은

현지 사정을 배려하여 방송을 취소하였다. ¶사장은 새로 부임한 직원의 형편을 배려하였다.
N0-가 S도록 V (N0=[인간|단체])
¶선생님은 그가 일찍 귀가할 수 있도록 배려하셨다. ¶부인은 남편이 늦게까지 일을 할 수 있도록 배려했다.

배반당하다

[어원] 背反~/背叛~ [활용] 배반당하여(배반당해), 배반당하니, 배반당하고 [대응] 배반을 당하다
[자] (다른 사람이나 세상에게) 믿음이나 의리를 저버려지고 돌아섬을 당하다. Be turned back by someone or the world with betrayed trust or loyalty.
[유] 배신당하다
N0-가 N1-(에|에게) V (N0=[인간|단체] N1=[인간|단체](국가, 조국, 조직 따위))
[능] 배반하다
¶우리들은 조직원에게 배반당했다. ¶그는 믿었던 동료들에게 배반당했다.

ㅂ

배반하다

[어원] 背反~/背叛~, [활용] 배반하여(배반해), 배반하니, 배반하고 [대응] 배반을 하다
[타] (다른 사람이나 세상을) 믿음이나 의리를 저버리고 돌아서다. Turn back from someone or the world after betraying trust or friendship.
[유] 배신하다 [반] 신뢰하다
N0-가 N1-를 V (N0=[인간|단체], [추상] N1=[인간|단체](국가, 조국, 조직 따위), [믿음], 기대 따위)
[피] 배반당하다
¶그는 조국을 배반하고 해외로 망명했다. ¶그는 우리의 믿음과 기대를 배반하지 않았다.

배상되다

[어원] 賠償~ [활용] 배상되어(배상돼), 배상되니, 배상되고 [대응] 배상이 되다
[자] (사람이나 단체에게서) 침해받은 피해에 상응하는 대가가 주어지다. Be compensated with a payment for damages caused by a person or an organization.
[유] 보상받다
N0-가 N1-(에|에게) V (N0=[추상물](손해, 피해 따위) N1=[인간|단체])
[능] 배상하다
¶자동차 사고로 인한 손해가 아들에게 충분히 배상된 것 같다. ¶건설회사는 무너진 집들에게는 1.5배나 배상되었다.

배상받다

[어원] 賠償~ [활용] 배상받아, 배상받으니, 배상받고 [대응] 배상을 받다
[타] (사람이나 단체가) 침해받은 피해에 상응하는 대가를 받다. (of a person or an organization) Receive a reward for damages.
[유] 보상받다 [반] 배상하다
N0-가 N1-를 N2-(에서|에게서|로부터) V (N0=[인간|단체] N1=[추상물](손해, 피해 따위) N2= [인간|단체])
¶아들은 보험회사로부터 손해를 충분히 배상받은 것 같다. ¶무너진 집들은 건설사에게서 1.5배나 배상받는다.

배상하다

[어원] 賠償~ [활용] 배상하여(배상해), 배상하니, 배상하고 [대응] 배상을 하다
[자타] (사람이나 단체가) 다른 사람의 권리를 침해하여 거기에 상응하는 손해를 그에게 물어주다. (of a person or an organization) Compensate someone for damages caused by a violation of that person's rights.
[유] 물어주다 [반] 배상받다
N0-가 N1-(를|에 대해) N2-(에|에게) V (N0=[인간|단체] N1=[추상물](손해, 피해 따위) N2=[인간|단체])
[피] 배상되다
¶아들이 자동차 사고를 내어 손해를 배상했다. ¶건설회사는 무너진 집에 대해 1.5배나 배상했다.

배석하다

[어원] 陪席~ [활용] 배석하여(배석해), 배석하니, 배석하고 [대응] 배석을 하다
[자] (사람이) 어른이나 상급자가 참석하는 자리나 회의에 함께 참석하다. (of a person) Attend a gathering or meeting by sitting with one's senior or superior.
[유] 참석하다, 동석하다
N0-가 N1-에 V (N0=[인간] N1=자리, 회의, 회담 따위)
¶이번 정부 정책 발표에는 관련 과장들이 모두 배석하였다. ¶미국 대통령의 이번 회담에는 아무도 배석하지 않았다.

배설하다

[어원] 排泄~ [활용] 배설하여(배설해), 배설하니, 배설하고 [대응] 배설을 하다
[타] (똥, 오줌, 땀, 노폐물 따위를) 몸 밖으로 내보내다. Let excrement, urine, sweat, waste, etc., out of the body.
[유] 배출하다I
N0-가 N1-를 V (N0=[생물] N1=[배설물], [분비물])
¶장 내시경 검사 전에 검사자들은 대소변을 모두 배설해야 한다. ¶건강을 유지하기 위해서 생물체는 노폐물을 원활하게 배설해야 한다. ¶갓 태어난 강아지들은 스스로 대소변을 배설하지 못한다.

배송되다

어원配送~ 활용배송되어(배송돼), 배송되니, 배송되고 대응배송이 되다
자(편지나 물건 따위가) 특정 장소에 전해지거나 우편으로 보내지다. (of a letter, an item, etc.) Be taken to a specific location or sent via post service.
㊐배달되다, 보내지다
N0-가 N1-(에|로) V (N0=[구체물] N1=[장소])
능배송하다
¶모든 상품이 무료로 전국 각지에 배송된다. ¶이 물건은 어디로 배송되는 겁니까? ¶소포가 그 주소로 잘 배송되었는지 확인해 봐야겠습니다.

배송하다

어원配送~ 활용배송하여(배송해), 배송하니, 배송하고 대응배송을 하다
타(편지나 물건 따위를 특정 장소에) 전하거나 우편으로 보내다. Send or deliver letter or package to a particular place.
㊐배달하다, 보내다[1]
N0-가 N1-를 N2-(에|에게|로) V (N0=[인간] N1=[구체물] N2=[인간|단체], [장소])
피배송되다
¶우리는 축하 화환을 친구 사무실로 배송했다. ¶관광객이 구매한 물건을 중국으로 바로 배송해 주었다. ¶기사가 고객에게 배송할 물건을 잃어 버렸다.

배신당하다

어원背信~ 활용배신당하여(배신당해), 배신당하니, 배신당하고 대응배신을 당하다
자다른 사람이나 단체에 지닌 믿음이나 의리가 무너져 상실되다. (of belief or loyalty that a person used to have toward another person or organization) Collapse, be lost.
㊐배반당하다
N0-가 N1-(에|에게) V (N0=[인간|단체] N1=[인간|단체], [장소](조국))
능배신하다
¶그는 결국 동료들에게 배신당했다. ¶나는 믿었던 친구에게 배신당했다.

배신하다

어원背信~ 활용배신하여(배신해), 배신하니, 배신하고 대응배신을 하다
타(사람이)다른 사람이나 세상에 대해 유지하던 믿음이나 의리를 저버리다. (of a person) Throw away the belief or loyalty that one used to have.
㊐배반하다, 저버리다 ㊀의리를 지키다, 신의를 지키다
N0-가 N1-를 V (N0=[인간|단체] N1=[인간|단체], [장소](조국))
피배신당하다
¶그는 자신의 이익을 위해 동료를 배신했다. ¶나는 결코 너를 배신하지 않을 것이다.

배어들다

활용배어들어, 배어드니, 배어들고, 배어드는
자❶물이나 냄새 따위가 무엇에 스며들어 오다. (of water or an odor) Permeate something.
㊐스며들다자
N0-가 N1-에 V (N0=[액체](물, 잉크, 먹 따위) [기체](냄새, 향기 따위) N1=[구체물], [장소])
¶이 종이에는 먹이 잘 스며든다. ¶고기 냄새가 이 방에 잔뜩 스며들어 있다.
❷사람에게 감정, 생각 따위가 깊이 스며들어 물들다. (of a person) Be infected with an emotion or idea.
㊐물들다
N0-가 N1-(에|에게) V (N0=[추상물] N1=[구체물], [인간])
¶구시대 이데올로기가 그의 생각에 깊이 배어들어 있다. ¶깊은 원한이 그의 가슴에 배어들었다.

배열되다

어원配列~ 활용배열되어(배열돼), 배열되니, 배열되고 대응배열이 되다
자(여러 개의 사물들이) 일정한 차례나 기준, 간격으로 죽 벌여 놓여지다. (of many things) Be put according to a definite order, criterion, or gap.
㊐정렬되다
N0-가 N1-로 V (N0=[구체물] N1=[기준])
능배열하다
¶신문이나 잡지 등에 기고한 글들이 날짜순으로 배열됐다. ¶뉴스는 어떤 순서로 배열되고 있습니까? ¶건물들이 'ㄷ'자 형태로 배열되어 있다.
N0-가 S-(게|도록) V (N0=[구체물])
능배열하다
¶각종 버튼이 작동하기 편하도록 배열됐다. ¶마트의 물건들이 보기 좋게 배열되어 있었다.

배열시키다

어원配列~ 활용배열시키어(배열시켜), 배열시키니, 배열시키고 대응배열을 시키다
타☞ '배열하다'의 오용

배열하다

어원配列~ 활용배열하여(배열해), 배열하니, 배열하고 대응배열을 하다
타(여러 개의 사물들을) 일정한 차례나 기준, 간격으로 죽 벌여 놓다. Put many things according to a definite order, criterion, or gap.
㊐정렬하다

ㅂ

N0-가 N1-를 N2-로 V (N0=[인간] N1=[구체물] N2=[기준])
[피]배열되다
¶나는 잡지들을 시대별로 배열했다. ¶사서들이 책들을 알파벳순으로 배열하기 시작했다.
N0-가 S-(게|도록) N1-를 V (N0=[인간] N1=[구체물])
[피]배열되다
¶우리는 서로 마주볼 수 있도록 책상을 배열하였다. ¶나는 운전자가 편하게 조작할 수 있도록 스위치를 배열했다. ¶편집자는 보기 좋게 기사를 배열하고 있었다.

배우다

[활용]배워, 배우니, 배우고
[타]①어떤 사람에게서나 장소에서 지식이나 기술을 받아 익히다. (of a person) Receive and learn knowledge or skill from somewhere.
[유]공부하다, 학습하다, 교육받다 [반]가르치다I[타], 교육하다
N0-가 N3-에서 N2-에게 N1-를 V (N0=[인간|단체] N1=[지식], [기술] N2=[인간|단체] N3=[장소], [기관])
¶나는 어릴 때 영국 사람에게 영어를 배웠다. ¶어머니는 강사에게 수영을 1년 동안 배웠다. ¶영수는 할아버지에게 바둑을 배웠다.
N0-가 N1-를 N2-에서 V (N0=[인간|단체] N1=[지식], [기술] N2=[장소], [기관])
¶민수는 학교 어학당에서 일본어를 배운다. ¶나는 수영장에서 수영을 3년 동안 배웠다. ¶남편은 운전을 배워서 나에게 가르쳐 주었다.
N0-가 N1-를 N2-에게 V (N0=[인간|단체] N1=[지식], [기술] N2=[인간|단체])
¶민수는 원어민 교사에게 일본어를 배운다. ¶우리는 동네 할아버지들에게 천자문을 배우곤 했다. ¶민지는 남편에게 운전을 배웠다.
②다른 사람의 행동이나 태도 마음씨 따위를 본받아 따르다. (of a person) Emulate and follow someone's action, attitude or frame of mind.
[유]따르다I[타], 본받다
N0-가 N1-를 V (N0=[인간|단체] N1=습관, 행동, 마음씨 따위)
¶아이들은 자라면서 부모의 생활 습관을 배운다. ¶사회 정의를 몸소 실천하는 사람들을 배우도록 하자. ¶영희는 자기 언니에게 고운 마음씨를 배웠다.
③무엇을 통해서 어떤 것을 경험하여 알게 되다. Get to know something by experience through something else.
[유]깨닫다, 알다[타]
N0-가 N1-를 V (N0=[인간|단체] N1=가치, 관계, 소중함, 따뜻함 따위)
¶우리는 농촌 봉사를 통해 노동의 가치를 배웠다. ¶그는 봉사 활동을 통해 사람의 따뜻함을 배웠다.
④(누구에게 본을 받아) 특정한 무엇을 가까이하는 습관을 들이게 되다. (of a person) Emulate someone and develop habit of enjoying something specific.
N0-가 N1-를 N2-에게 V (N0=[인간|단체] N1=술, 담배 따위 N2=[인간|단체])
¶그는 친구들에게 술을 배우게 되었다. ¶나는 직장 상사에게 담배를 배우게 되었다.

배웅하다

[활용]배웅하여(배웅해), 배웅하니, 배웅하고 [대응]배웅을 하다
[타]다른 사람을 따라 나가서 떠나보내다. Accompany another person who is leaving up to a certain point and say goodbye to him or her.
[반]마중하다, 마중 나가다, 맞이하다 [유]떠나보내다
N0-가 N1-를 V (N0=[인간] N1=[인간])
¶어머니는 아들을 훈련소까지 배웅하셨다. ¶그는 이별이 아쉬운지 나를 배웅해 주었다. ¶지수를 배웅하고 돌아오는 마음이 무척이나 허전하더라.

배정되다

[어원]配定~ [활용]배정되어(배정돼), 배정되니, 배정되고 [대응]배정이 되다
[자](사람이나 대상에) 일정한 몫이 나누어 정해지다. (of a definite share) Be divided and determined for individuals or objects.
[유]할당되다, 나눠지다
N0-가 N1-(에|에게) V (N0=[수량], [장소], [시간] N1=[인간|단체])
[능]배정하다
¶올해 상반기 예산이 각 부서에 배정되었다. ¶대표팀에 감독이 두 명씩 배정되었다. ¶장군에게 부하 백여 명이 배정되었다.

배정받다

[어원]配定~ [활용]배정받아, 배정받으니, 배정받고 [대응]배정을 받다
[타](사람이나 단체가) 일정한 몫을 나누어 받다. (of a person or an object) Receive a definite share.
[반]배정하다
N0-가 N1-를 N2-로 V ↔ N0-가 N2-를 N1-로 V (N0=[인간|단체] N1=[수량], [장소], [시간])
¶우리 부부는 신혼집으로 새 아파트 5층을 배정받았다. ↔ 우리 부부는 신혼집을 새 아파트 5층으로 배정받았다. ¶그는 키가 커서 늘 맨 뒷자리를 배정받는다.

배정하다

어원 配定~ 활용 배정하여(배정해), 배정하니, 배정하고 대응 배정을 하다

타 (사람이나 단체가) 다른 사람이나 대상에 일정한 몫이 나누어지도록 정하다. (of a person or an organization) Determine a definite share to be divided for another person or object.

유 할당하다, 나누다 반 배정받다

N0-가 N2-(에|에게) N1-를 V (N0=[인간|단체] N1=[수량], [장소], [시간] N2=[인간|단체])

피 배정되다

¶교육청이 교내 복지에 예산을 우선적으로 배정할 것이다. ¶승무원은 먼저 온 손님에게 좋은 자리를 배정했다.

배제되다

어원 排除~ 활용 배제되어(배제돼), 배제되니, 배제되고 대응 배제가 되다

자 (대상이) 어떤 분야에서 제외되다. (of a target) Be excluded from certain range.

유 배격되다, 배척되다, 제외되다 반 포함되다

N0-가 N1-(에서|로부터) V (N0=[인간|단체], [속성], [인지] N1=[분야], [회의])

능 배제하다

¶이 대리는 상반기 인사에서 철저히 배제되었다. ¶채용 과정에서 인성과 도덕성이 배제되었다. ¶주민들의 의사가 배제되어서는 안 된다.

배제시키다

어원 排除~ 활용 배제시키어(배제시켜), 배제시키니, 배제시키고 대응 배제를 시키다

타 ☞ '배제하다'의 오용

배제하다

어원 排除~ 활용 배제하여(배제해), 배제하니, 배제하고 대응 배제를 하다

타 (대상을) 어떤 단체나 집단으로부터 따로 떼어내어 빼다. Subtract and separate a target from certain range.

유 배격하다, 배척하다, 물리치다, 제외하다 반 포함하다

N0-가 N2-(에서|로부터) N1-를 V (N0=[인간|단체] N1=[추상물](가능성 따위), [집단], [속성], [인지], N2 [분야], [회의])

피 배제되다

¶재판에서 오판의 가능성을 배제할 수 없다. ¶정부는 복지 제도에서 경제적 약자를 배제해서는 안 된다.

배척당하다

어원 排斥~ 활용 배척당하여(배척당해), 배척당하니, 배척당하고 대응 배척을 당하다

자 ❶미움을 받아 물리침과 따돌림을 당하다. Be hated, rejected and ostracized.

유 배격되다, 거부당하다 반 수용되다, 받아들여지다

N0-가 N1-(에게|에) V (N0=[인간|단체] N1=[인간|단체])

능 배척하다

¶유대인들은 유럽인에게 오랫동안 배척당했다. ¶외국인이 배척당하는 곳에서 여행자는 오래 머무를 수 없다.

❷(어떤 대상이) 나쁜 것으로 간주되어 물리침을 당하다. Be ostracized by being thought as bad.

유 거부당하다, 배격되다 반 수용되다, 인정되다

N0-가 N1-(에게|에) V (N0=[규범|관습], [종교], [사조], [산업] N1=[인간|단체])

능 배척하다 타

¶서양 문물이 수구파에게 배척당하면서 근대화가 늦어졌다. ¶조선 시대에는 불교가 유림들에게 배척당했다.

배척하다

어원 排斥~ 활용 배척하여(배척해), 배척하니, 배척하고 대응 배척을 하다

타 ❶ 사람을 미워하여 따돌리다. Hate and ostracize someone.

유 배격하다, 배제하다, 물리치다 반 수용하다, 받아들이다

N0-가 N1-를 V (N0=[인간|단체] N1=[인간|단체])

피 배척당하다

¶민족주의자들은 외세를 배척하는 운동을 벌였다. ¶잘못된 사상에 물든 사람들은 전통적 가치를 배척한다.

❷(추상적 대상을) 나쁜 것으로 간주하여 물리치다. Consider an abstract target as something bad and reject.

유 배격하다 타, 배제하다 타, 물리치다 타 반 받아들이다 타, 인정하다 타

N0-가 N1-를 V (N0=[인간|단체] N1=[종교], [사조], [산업])

피 배척당하다

¶로마제국은 초기에는 기독교를 배척했다. ¶요즘 우리 사회에는 전통을 배척하려는 경향이 있다.

배출되다 I

어원 排出~ 활용 배출되어(배출돼), 배출되니, 배출되고 대응 배출이 되다

자 ❶(주로 불필요한 물질이) 안에서 밖으로 내보내지다. (usually of unnecessary matter) Be emitted from within.

유 유출되다, 나오다[1]

N0-가 N2-에서 N1-(에|로) V (N0=[구체물](폐기물 따위) N1=[장소] N2=[장소])

능 배출하다I

¶공장에 사고가 발생해 유독물질이 대기 중으로 배출됐다. ¶발전소에서 배출되는 냉각수가 규정치를 훨씬 초과했다.
❷ 【생물】 동물이 섭취한 음식물이 소화되어 항문을 통해 밖으로 내보내지다. (of food eaten by an animal) Be digested and discharged out of the anus.
N0-가 N1-에서 V (N0=[구체물](찌꺼기 따위) N1=[신체부위](항문), 몸)
능배출하다I
¶과육은 찌꺼기와 함께 몸 밖으로 배출된다. ¶동물에게서 배출되는 분뇨에서 악성 냄새가 난다.

배출되다 II
어원輩出~ 활용배출되어(배출돼), 배출되니, 배출되고 대응배출이 되다
자(훌륭한 인물이) 환경이나 상황을 통해 잇따라 길러지다. (of a society) Produce great figures successively through the environment or situation.
유길러지다, 양성되다
N0-가 N1-에서 V (N0=[인간] N1=[단체], [장소])
능배출하다II
¶이 기독교대학에서 근대 여성들이 많이 배출됐다. ¶한국에서 세계를 누비는 태권도 선수들이 배출된다.

배출시키다
어원排出~ 활용배출시키어(배출시켜), 배출시키니, 배출시키고 대응배출을 시키다
타☞ '배출하다I'의 오용

배출하다 I
어원排出~ 활용배출하여(배출해), 배출하니, 배출하고 대응배출을 하다
타❶(주로 불필요한 물질을) 안에서 밖으로 내보내다. Emit unnecessary matter from within.
유내보내다, 유출하다 반유입시키다
N0-가 N1-를 N2-(에|로) V (N0=[인간|단체] N1=[구체물](폐기물 따위) N2=[장소])
피배출되다I
¶각 가정에서 매년 더 많은 쓰레기를 배출한다. ¶냉장고는 프레온 가스를 대기로 배출한다.
❷ 【생물】 동물이 섭취한 음식물을 소화하여 항문을 통해 밖으로 내보내다. (of animal) Digest food and discharge it out of the anus.
N0-가 N1-를 V (N0=[신체부위](항문), 몸 N1=[구체물](찌꺼기 따위))
피배출되다I
¶장은 수분을 흡수하고 남은 찌꺼기를 몸 밖으로 배출한다. ¶소들은 엄청난 이산화탄소를 배출한다.

배출하다 II
어원輩出~ 활용배출하여(배출해), 배출하니, 배출하고 대응배출을 하다
타(훌륭한 인물을) 환경이나 상황을 통해 잇따라 길러내다. Produce great figures successively through the environment or situation.
유길러내다, 육성하다
N0-가 N1-를 V (N0=[단체], [장소] N1=[인간])
피배출되다II
¶우리 대학교는 해마다 수천 명의 졸업생을 배출한다. ¶일본은 최근 30년 동안 십수 명의 노벨 과학상 수상자를 배출했다.

배치되다
어원配置~ 활용배치되어(배치돼), 배치되니, 배치되고 대응배치가 되다
자❶(사람이나 사물 따위가) 적당한 자리나 위치에 각각 나뉘어 놓이다. (of people or things) Be arranged in accordance with a definite order or interval.
N0-가 N1-에 V (N0=[인간], [구체물] N1=[장소], [인간])
능배치하다
¶새 집에는 가구들이 적절한 위치에 배치되었다. ¶한 달 뒤 경비병들이 각 초소에 배치되었다. ¶원어민 교사가 전국 중학교에 모두 배치된다.
❷(사물이) 어떤 곳에 일정한 차례나 간격에 맞추어 벌여 놓이다. (of things) Be arranged in accordance with a definite order or gap.
N0-가 N1-에 V (N0=[구체물] N1=[장소])
능배치하다
¶책상과 의자가 열을 맞추어 교실에 배치되었다. ¶새로 계획된 도시에는 고층건물들이 길을 따라 배치되었다.

배치받다
어원配置~ 활용배치받아, 배치받으니, 배치받고 대응배치를 받다
자사람이 적당한 자리나 지정된 위치에 각각 나뉘어 있게 되다. (of people) Be divided and located at each appropriate point or position.
N0-가 N1-(에|로) V (N0=[인간] N1=[장소], [인간])
능배치하다
¶현수는 신문사에 입사한 뒤 사회부 기자로 배치받았다. ¶사고로 폐쇄된 지점의 직원들은 인근 지점으로 배치받았다.

배치시키다
어원配置~ 활용배치시키어(배치시켜), 배치시키니, 배치시키고 대응배치를 시키다
타☞ '배치하다'의 오용

배치하다
어원配置~ 활용배치하여(배치해), 배치하니, 배치하

고 대응배치를 하다
타❶사람이나 사물 따위를 적당한 자리나 위치에 각각 나누어 놓다. Divide appropriate points or positions for other people or things.
유배석하다
N0-가 N1-를 N2-에 V (N0=[인간|단체] N1=[인간], [구체물] N2=[장소], [인간])
피배치되다, 배치받다
¶회사에서는 대표이사에 재무실장이었던 김 전무를 배치했다. ¶선생님께서는 교실 창문 옆으로 교사 책상을 배치했다.
❷사물을 어떤 곳에 일정한 차례나 간격에 맞추어 벌여 놓다. Arrange things somewhere in accordance with a definite order or gap.
N0-가 N1-를 N2-에 V (N0=[인간] N1=[구체물] N2=[장소])
피배치되다
¶작가는 도면을 보고 장식품을 바닥에 원형으로 배치했다. ¶선수들은 공을 운동장에 삼각형으로 배치했다.

배포되다
어원配布~ 활용배포되어(배포돼), 배포되니, 배포되고 대응배포가 되다
자(책자나 상품 따위가) 많은 사람들에게 나누어 주어지다. (of booklets or products) Be given to many people.
유배급되다, 분배되다
N0-가 V (N0=[상품], [자료], [인쇄물])
능배포하다
¶악성 코드가 게시판을 통해 배포되었다. ¶전단지들이 거리에 많이 배포되어 나뒹군다.
N0-가 N1-(에|에게) V (N0=[상품], [자료], [인쇄물] N1=[장소], [대상])
능배포하다
¶할인권이 우수회원에 배포되었다. ¶문제지가 수험생들에게 배포되고 시험이 시작되었다.
¶이 전단지는 사람들에게 빨리 배포되어야 한다.

배포시키다
어원配布~ 활용배포시켜, 배포시키니, 배포시키고 대응배포를 시키다
타☞'배포하다'의 오용

배포하다
어원配布~ 활용배포하여(배포해), 배포하니, 배포하고 대응배포를 하다
타(책자나 상품 따위를) 많은 사람들에게 나누어 주다. Give booklets or products to many people.
유나눠주다, 배급하다, 분배하다
N0-가 N1-를 V (N0=[인간|단체] N1=[상품], [자료], [인쇄물])
피배포되다
¶기업은 홍보책자를 무료로 배포했다. ¶안내 전단지를 사람들에게 빨리 배포해야 한다.
N0-가 N1-를 N2-(에|에게) V (N0=[인간|단체] N1=[상품], [자료], [인쇄물] N2=[장소], [대상])
피배포되다
¶애플이 새로운 운영 체제를 전 세계에 배포했다. ¶우리 회사는 보도 자료를 전국 언론사에 배포했다. ¶중국은 운동선수들에게 올림픽에 대한 책자를 배포했다.

배회하다
어원徘徊~ 활용배회하여(배회해), 배회하니, 배회하고 대응배회를 하다
자타(어떤 장소에서) 특별한 목적이 없이 이리저리 돌아다니다. Roam around a particular place without purpose.
유돌아다니다, 어슬렁거리다
N0-가 N1-(를|에서) V (N0=[인간|단체], [동물] N1=[장소])
¶아저씨는 하루 종일 공원을 배회했다. ¶이웃집 청년은 저녁이면 골목에서 배회하곤 했다.

뱉다[1]
활용뱉어, 뱉으니, 뱉고
타❶(입안에 머금었던 것을) 입 밖으로 내보내다. Let out of the mouth something that was kept in the mouth.
하내뱉다 반머금다, 삼키다
N0-가 N1-를 V (N0=[인간], [짐승] N1=[음식물], [분비물](침, 가래 따위))
¶지나가던 사람이 길에 침을 뱉었다. ¶먹던 음식이 상한 것 같아서 뱉었다.
❷(어떤 소리를) 입 밖으로 내다. Make some sound out of the mouth.
하내뱉다 유퍼붓다
N0-가 N1-를 V (N0=[인간] N1=[말](감탄사, 말소리 따위))
¶사람들이 그 영웅에게 감탄사를 연신 뱉어 냈다. ¶그녀는 입만 열면 욕설을 뱉는다.
❸(옳지 않은 방법으로 차지했던 돈, 물건 따위를) 다시 내놓다. Return wrongfully possessed money, object, etc.
유반납하다, 돌려주다, 토하다
N0-가 N1-를 V (N0=[인간|단체] N1=[화폐], [구체물])
¶그 관리는 뇌물로 받은 돈을 그대로 뱉어 냈다. ¶그 직원은 회사에서 착복한 횡령액을 뱉어야 한다.

뱉다[2]
활용뱉어, 뱉으니, 뱉고

가능타 행위의 강도를 나타내는 기능동사. Support verb that shows the intensity of "action".
N0-가 Npr-를 V (N0=[인간], Npr=[소통], [비난], [욕설], 신음 따위)
¶그는 나에게 아무 말이나 막 뱉는다. ¶그들은 행인들에게 마구 욕설을 뱉어 내고 있었다. ¶환자는 연신 괴로운 신음을 뱉고 있었다.

버금가다

활용 버금가, 버금가니, 버금가고
자 (수준이나 실력이) 최고 바로 다음이 되다. (of level or skill) Become second to the best.
유 겨루다, 맞먹다, 비등하다
N0-가 N1-에 V (N0=[인간], [구체물] N1=[인간], [구체물](산, 가방 따위))
¶이 산은 금강산에 버금가는 절경이라 불린다. ¶이 학생은 천재에 버금가는 재능이 있답니다.

버둥거리다

ㅂ

활용 버둥거리어(버둥거려), 버둥거리니, 버둥거리고
자 ❶(공중에 매달리거나 다른 물체에 깔린 상태에서) 빠져나가려고 온몸을 마구 흔들어대다. Violently shake the whole body to get out of a situation of hanging in midair or being buried by some object.
유 버둥대다, 몸부림치다 상 움직이다자
N0-가 V (N0=[인간], [동물])
¶절벽에 매달린 등산객이 버둥거리면서 도움을 외쳤다. ¶올무에 걸린 사슴이 버둥거리다가 지쳐서 쓰러졌다.
❷(힘들고 고통스러운 상황에서) 벗어나기 위하여 애쓰다. Try hard to get out of a difficult and painful situation.
유 몸부림치다
N0-가 N1-(에|로) V (N0=[인간], [동물], [단체] N1=[상황], [장애])
¶덫에 걸린 동물들이 고통으로 버둥거리고 있다. ¶자영업자들이 불경기에 버둥거린다.
타 (공중에 매달리거나 다른 물체에 깔린 상태에서) 몸이나 팔다리를 빠져나가려고 마구 흔들어대다. Violently shake the body, arm, or leg to get out of a situation of hanging in midair or being buried by some object.
유 버둥대다 상 움직이다타
N0-가 N1-를 V (N0=[인간], [동물] N1=[신체부위](팔, 다리, 몸통 따위))
¶절벽에 매달린 등산객이 다리를 버둥거리면서 도움을 외쳤다. ¶구덩이에 빠진 사슴이 온몸을 버둥거리다가 지쳐서 쓰러졌다.

버둥대다

활용 버둥대어(버둥대), 버둥대니, 버둥대고
자타 ☞ 버둥거리다

버려두다

활용 버려두어(버려둬), 버려두니, 버려두고
타 ❶(사람이) 물건을 간수하지 아니하고 어디에 그대로 놓아두다. (of a person) Leave something as it is without taking care of it.
유 방치하다 하 내버려두다
N0-가 N1-를 N2-(에|에게) V (N0=[인간|단체] N1=[구체물] N2=[장소])
¶이사할 때 사람들이 가구를 집밖에 버려두고 있다. ¶나는 책이 많아 차고에 버려두었다.
❷(사람이) 사람을 잘 돌보지 않고 어디에 남겨 놓다. (of a person) Leave someone unattended somewhere.
유 유기하다 상 버리다[1]
N0-가 N1-를 N2-에 V (N0=[인간|단체] N1=[인간] N2=[인간|단체], [장소])
¶그는 가족을 이북에 버려둔 채 남하했다. ¶그놈은 자식을 이웃집에 버려두고 도망갔다.

버리다[1]

활용 버리어(버려), 버리니, 버리고
타 ❶(필요 없다고 생각되는 물건을) 어떤 장소에 던지거나 놓아두다. Throw or leave at some place an object deemed to be useless.
유 치우다[1], 폐기하다 반 간직하다, 보관하다, 줍다, 가지다[1], 소유하다
N0-가 N1-를 N2-에 V (N0=[인간] N1=[구체물] N2=[장소](쓰레기통, 길, 바닥 따위))
연어 함부로, 마구
¶나는 빈 봉지를 재활용수거함에 버렸다. ¶어머니는 음식물 쓰레기를 수거 통에 버리셨다.
❷(정이 들었던 사람과) 관계를 끊고 떠나거나 떠나보내다. Part from someone you have been attached to.
유 차다II, 배신하다
N0-가 N1-를 V (N0=[인간|단체] N1=[인간|단체])
¶그 분은 결코 자기 가족들을 버릴 분이 아니다. ¶노동조합이 조합원을 보호해야지 버리면 안 된다.
❸(오래 살았던 지역, 장소 따위를) 등지고 관계를 끊다. Break off by turning one's back on a long-time area of residence, place, etc.
유 떠나다
N0-가 N1-를 V (N0=[인간] N1=[단체], [집단], [국가])
¶그는 가난을 이기기 위하여 태어난 고향을 버리고 도회지로 떠났다
❹(좋지 않은 버릇이나 행동을) 더 이상 반복하지 않다. Stop repeating an unfavorable habit or action.
유 끊다, 그만두다

N0-가 N1-를 V (N0=[인간] N1=습관, 버릇 따위, [범죄](음주, 손버릇 따위))
¶동생은 혀를 내미는 습관을 버렸다. ¶아버지께서는 드디어 올해 흡연 습관은 버리셨다.
❺직책이나 역할, 하던 일 따위를 그만두다. quit one's position, role, work, etc.
[유]포기하다, 그만두다
N0-가 N1-를 V (N0=[인간] N1=[역할], [직책], [일])
¶성기호 사장은 모든 직책을 버리고 시골에 내려가서 농사일을 하고 있다. ¶그는 지병으로 평소 좋아하던 술과 담배를 버렸다.
❻(기억이나 생각, 기대 따위를) 떨쳐버리고 더 이상 떠올리지 않다. Shake off memory, thought, expectation, etc., and not recall such.
[유]지우다I [반]떠올리다, 회상하다, 기억하다
N0-가 N1-를 V (N0=[인간] N1=[인지](생각, 기억, 기대 따위))
¶당신은 엉뚱한 망상을 버려야 한다. ¶나는 그녀에 대한 생각을 버리지 못하고 있다.
❼(옷이나 물건 따위를) 심하게 더럽혀지거나 망가지게 하다. Make clothes, object, etc., highly contaminated or broken.
[유]더럽히다
N0-가 N1-를 V (N0=[인간], [동물] N1=[신체부위], [옷], [구체물](가방, 신발 따위))
¶이들이 그리기 놀이 하다가 옷을 심하게 버리고 들어왔다. ¶누나는 새로 마련한 옷을 버릴까 봐 입고 다니지 못한다.
❽(건강이나 성격 따위를) 상하게 하거나 망치다. Harm or ruin health, personality, etc.
[유]망치다, 상하게 하다
N0-가 N1-를 V (N0=[인간] N1=몸, 건강, 성격 따위)
¶일을 너무 무리해서 형은 몸을 버렸다. ¶아버지는 흡연으로 건강을 버릴 지경이 되셨다.

버리다2

[활용]버리어(버려), 버리니, 버리고
[보조]동작이 '완료됨'을 나타내거나 동작이 '완료된 결과'가 아쉽지만 어찌할 수 없는 상태임을 나타내는 보조동사. An auxiliary verb that indicates an act "already completed," or a situation where nothing can be done about the result of such an act.
V-어 Vaux
¶동생이 내가 먹을 것까지 피자를 다 먹어 버렸다. ¶나는 그 자리에서 긴장하는 바람에 그만 실수해 버렸다.

버림받다

[활용]버림받아, 버림받으니, 버림받고 [대응]버림을 받다
[자](사람이나 동물이) 다른 사람에게나 사회에서 배척을 당하거나 보살핌을 받지 못하다. (of a person) Be excluded or disregarded by another person or community.
[유]쫓겨나다, 유기되다, 버려지다
N0-가 N1-(에게|에서|로부터|에) V (N0=[인간] N1=[인간], [집단])
¶그녀는 같은 직장에서 두 번이나 버림받았다. ¶많은 애완견들이 주인에게 버림받아 길거리에 버려진다.

버티다

[활용]버티어(버텨), 버티니, 버티고
[자]❶(시련이나 어려운 환경에도) 참고 견디어 굴복하지 않다. Suppress and endure any hardship or difficult situation without surrendering.
[유]견디다, 참다, 인내하다
N0-가 V (N0=[인간])
¶사라는 지금까지 자존심 하나로 버텼다. ¶선수들은 호루라기가 울릴 때까지 죽기 살기로 버텨냈다.
❷(어떤 사람이나 사물이) 한 장소에 상황과 관계없이 굳건히 자리하다. (of a person or an object) Be located in one place firmly regardless of the situation.
[유]건재하다
N0-가 N1-에 V (N0=[인간], [나무], [건물] N1=[장소])
¶그 나무는 지금도 우리 마을 초입에 떡하니 버티고 서 있다. ¶철희는 가게에 버티고 앉아 있다.
❸(건물이나 자연물이) 외부의 충격에 쓰러지거나 무너지지 않고 유지되다. (of a building or a natural object) Be maintained without falling or being destroyed by external shock.
[유]견디다
N0-가 N1-에 V (N0=[인간], [나무], [장소] N1=[재해], [사고], [날씨])
¶산은 홍수에도 끄떡없이 버티었다. ¶작년 대화재에도 버텼던 것이 바로 이 건물이다. ¶그는 추위에 버티기 위한 방한 장비를 모두 챙겨 왔다.
[타]❶(몸을) 넘어지거나 밀리지 않으려고 힘껏 지탱하다. Balance one's body with one's full strength so as not to fall or get pushed.
[유]지탱하다, 유지하다
N0-가 N1-를 V (N0=[인간] N1=[신체부위](몸 따위))
¶지팡이로 지친 몸뚱이를 버티어 여기까지 왔다. ¶그는 급류에 떠내려가지 않게 줄을 잡고 몸을 버티고 있었다.
❷무게나 압력 따위를 안간힘을 써서 견디다. Hold up against weight, pressure, etc., with one's full strength.

㊥견디다, 견뎌내다
N0-가 N1-를 V (N0=[구체물] N1=[무게], [압력])
¶이 시계는 수심 50m에서의 수압도 버틴다. ¶그는 무게를 버티지 못하고 역기를 내려놓았다.
❸(어떤 사물을 다른 사물로) 쓰러지거나 넘어지지 않게 받치거나 괴다. Support or rest one object with another so that it would not fall or collapse.
㊥지탱하다, 괴다II, 받치다II
N0-가 N2-로 N1-를 V (N0=[인간|단체] N1=[구체물] N2=[구체물])
¶입간판이 넘어지지 않도록 무거운 물건으로 버텨 놓아라. ¶인부들이 나무에 기둥을 세워 버티는 작업을 하고 있다.
자타❶(어려운 일이나 사람, 상황 따위에) 맞서서 견디고 저항하다. Face, endure, and resist any difficulty, person, situation, etc.
㊥견디다, 이겨내다
N0-가 N1-(에|를) V (N0=[인간] N1=[상황], [시간], 압력, 고난 따위)
¶고난을 버틴 뒤에는 반드시 희망이 찾아올 것이다. ¶다 같이 힘을 합친 덕분에 힘든 시기를 버틸 수 있었다.
❷자신의 주장을 거두지 않고 계속하여 맞서다. Continue to oppose without withdrawing one's position.
㊥고집(을) 피우다, 고집하다
N0-가 S고 V (N0=[인간])
¶외출을 싫어하는 남편은 집을 볼 사람이 필요하다며 버텼다. ¶이동식 박사는 여러 증거를 보완해서 끝까지 자기 이론을 버텨 냈다.

번갈다

어원 番~ 활용 번갈아
자(둘 이상의 행위자가) 교대로 순서를 바꾸다. (of more than two performers) Rotate the order of something.
㊥바꾸다, 교대하다, 교체하다
N0-가 N1-와 V ↔ N1-가 N0-와 V ↔ N0-와 N1-가 V (N0=[인간|단체], [동물] N1=[인간|단체], [동물])
¶엄마가 아빠와 번갈아 가며 아기를 안아 주었다. ↔ 아빠가 엄마와 번갈아 가며 아기를 안아 주었다. ↔ 엄마와 아빠가 번갈아 가며 아기를 안아 주었다. ¶남학생과 여학생이 번갈아 가면서 선물을 했다.
N0-가 V (N0=[인간|단체], [동물])
¶강아지 두 마리가 번갈아 가면서 어미의 젖을 빤다.
※ 주로 '번갈아 ~하다' 형식으로 쓰인다.
타(어떤 행위의 대상이 되는 둘 이상의 사람, 동물, 물체 따위를) 교대로 순서를 바꾸다. (of more than two people, animal, object, etc.) Rotate the order of some action's object.
㊥바꾸다, 교체하다
N0-가 N1-를 N2-와 V ↔ N0-가 N2-를 N1-와 V ↔ N0-가 N1-와 N2-를 V (N0=[인간|단체], [동물] N1=[모두] N2=[모두])
¶누나가 강아지를 고양이와 번갈아 가며 약올렸다. ↔ 누나가 고양이를 강아지와 번갈아 가며 약올렸다. ↔ 누나가 강아지와 고양이를 번갈아 가며 약올렸다. ¶동생이 영어와 수학을 번갈아서 공부했다.
N0-가 N1-를 V (N0=[인간] N1=[모두])
¶동생이 영어와 수학 두 과목을 번갈아서 공부했다. ¶나는 두 팔을 번갈아서 흔들었다.
※ N1은 복수이다.

번뜩거리다

활용 번뜩거리어(번뜩거려), 번뜩거리니, 번뜩거리고 여린번득거리다
자❶(물체 따위에 반사된) 강한 빛이 잠깐씩 반복적으로 나타나다. (of powerful light that's been reflected on an object) Appear repeatedly in brief manners.
㊥번뜩이다[자], 번뜩대다[자]
N0-가 N1-에 V ↔ N1-가 N0-에 V (N0=[구체물] N1=[빛])
¶충무공의 칼이 한산섬 달빛에 번뜩거렸다. ↔ 한산섬 달빛이 충무공의 칼에 번뜩거렸다. ¶손전등 불빛이 창문에 번뜩거린다.
❷(여러 가지 생각이) 잇달아 머릿속에 떠오르다. (of many thoughts) Enter one's mind successively.
㊥번뜩이다[자], 번뜩대다[자], 떠오르다
N0-가 V (N0=[인지], [속성])
¶제주도에 처음 오니 온갖 호기심이 번뜩거린다. ¶이 시를 읽으면 머릿속에 상상의 이미지가 번뜩거리게 돼.
❸(생각이나 발상이) 새롭고 기발한 데가 있다. (of thought or idea) Be new and brilliant.
㊥번뜩이다[자]
N0-가 V (N0=[인지])
¶번뜩거리는 아이디어를 좀 내놓아 봐요. ¶그는 늘 새로운 발상이 번뜩거리는 것 같다.
타큰 빛이 잇달아 나타나게 하다. Make large lights appear consecutively.
㊥번뜩이다[타], 번뜩대다[타]
N0-가 N1-를 V ↔ N0-의 N1-가 V (N0=[인간], [동물] N1=눈, 눈망울)
¶늑대가 날카로운 눈을 번뜩거렸다. ↔ 늑대의 날카로운 눈이 번뜩거렸다.
N0-가 N1-를 N2-에 V ↔ N1-가 N2-에 V ↔ N2-가

N1-에 V (N0=[인간], [동물] N1=[빛] N2=[구체물])
¶충무공이 칼을 한산섬 달빛에 번뜩거렸다. ↔ 칼이 한산섬 달빛에 번뜩거렸다. ↔ 한산섬 달빛이 칼에 번뜩거렸다. ¶꼬마가 햇빛을 거울에 번뜩거리며 논다.

번뜩대다

활용 번뜩대어(번뜩대), 번뜩대니, 번뜩대고
자타 ☞ 번뜩거리다

번뜩이다

활용 번뜩여, 번뜩이니, 번뜩이고 여린 번득이다
자타 ☞ 번뜩거리다

번성하다

어원 蕃盛/繁盛~ 활용 번성하여(번성해), 번성하니, 번성하고 대응 번성을 하다
자 (집단, 사상, 운 따위가) 세력을 얻어 크게 일어나다. (of group, thought, or luck) Flourish strongly by wielding influence.
유 번영하다, 꽃피다, 융성하다
N0-가 V (N0=[단체], [사조], [과목], [종교], [운])
¶그의 성공으로 온 집안이 번성하게 되었다. ¶낭만주의가 번성하던 시기에는 예술이 발전하였다. ¶국운이 번성하는 것은 온 국민이 힘을 합친 결과입니다.

번식하다

어원 繁殖~ 활용 번식하여(번식해), 번식하니, 번식하고 대응 번식을 하다
자 (생물체의 수나 양이) 어떤 곳이나 환경 따위에서 붇고 늘어서 많이 퍼지다. (of the number or quantity of living things) Increase in and spread over an area or an environment.
유 증식하다, 불어나다, 늘어나다
N0-가 N1-에서 V (N0=[생물] N1=[구체물], [장소])
사 번식시키다
¶이 새는 우리나라에서 번식하지 않고 겨울에 날아오는 철새다. ¶5억 년 전에 고등 생명체가 육지에서 번식할 수 있었다. ¶세균이 젖은 걸레에 잘 번식하므로 반드시 말려야 한다.

번역되다

어원 飜譯~ 활용 번역되어(돼), 번역되니, 번역되고
대응 번역이 되다
자 (어떤 언어나 그 언어로 된 작품이) 다른 언어로 같은 뜻을 유지하면서 옮겨지다. (of a word or a writing in one language) Be transferred to another language without losing its original meaning.
유 옮겨지다
N0-가 N1-로 V (N0=[텍스트], [방송물], [영화], [언어], [말] N1=[언어])
능 번역하다
¶그 소설은 영어로 깔끔하게 번역되었다. ¶한국어로 번역된 문장이 영 어색하구나. ¶이 단어가 어떻게 번역되느냐에 따라 내용이 달라진다.
N0-가 N1-로 S다고 V (N0=[말] N1=[언어])
능 번역하다
¶'nature'는 우리말로 '자연'이라고 번역된다. ¶'아주버님'이라고 번역되는 영어 단어는 없을 거야. ¶이 표현은 뭐라고 번역되겠어?

번역하다

어원 飜譯~ 활용 번역하여(해), 번역하니, 번역하고
대응 번역을 하다
타 (어떤 언어나 그 언어로 된 작품을) 다른 언어로 의미를 유지하면서 옮기다. Transfer a word or a writing in one language to another language without losing its original meaning.
유 옮기다
N0-가 N1-를 N2-로 V (N0=[인간|단체] N1=[텍스트], [방송물], [영화], [언어] N2=[언어])
피 번역되다
¶민수는 그 작가의 유명 소설을 일본어로 번역했다. ¶저희는 소수 언어를 전문으로 번역하는 기업입니다.
N0-가 N1-를 N2-로 S다고 V (N0=[인간|단체] N1=[언어] N2=[언어])
피 번역되다
¶그는 그 단어를 한국어로 '헤싱헤싱하다'라고 번역했다. ¶이 문장을 뭐라고 번역해야 이해하기 쉬울까? ¶이 단어는 '뜨겁다'라고 번역하는 것이 더 좋을 것 같다.

번영하다

어원 繁榮~ 활용 번영하여(번영해), 번영하니, 번영하고 대응 번영을 하다
자 (어떤 조직이나 단체가) 세력이 커져서 매우 영화롭게 되다. (of an organization or a group of people) Become so influential as to enjoy great success.
유 번창하다, 번성하다, 융성하다 반 몰락하다, 망하다
N0-가 V (N0=[단체], [사건], [장소])
연어 날로
¶그 기업은 정부의 지원에 힘입어 아주 크게 번영하고 있다. ¶더 많은 자본이 투입되면 우리 사업도 더 크게 번영할 수 있다. ¶20세기에 가장 크게 번영한 나라는 미국이다.

번지다

활용 번지어(번져), 번지니, 번지고
자 ❶(액체가) 어떤 물체에 흐르거나 스며들어 젖은 영역이 퍼지다. (of liquid) Flow into or permeate something so that the size of the

wet area increases.
[유]퍼지다, 확산되다
N0-가 N1-(에|로) V (N0=[액체] N1=[구체물])
¶종이 위에 떨어진 먹물이 넓게 번졌다. ¶김치 국물이 튀어 옷에 번져 버렸다.
❷(어떤 장소에) 불이 붙어 점점 퍼져 나가거나 불타는 영역이 점점 넓어지다. (of a place) Catch fire so that the fire spreads or the area on fire expands.
[유]옮아가다, 옮아 붙다, 퍼지다, 확산되다
N0-가 N1-(에|로) V (N0=[불], 화재, 산불 N1=[장소])
¶산불이 산등성이에 번지고 있다. ¶옆집에서 일어난 불이 삽시간에 우리 집으로 번졌다.
❸(병의 증세가) 몸에 나타나는 영역이 점점 넓어지다. (of the area on the body showing a symptom of illness) Spread.
[유]퍼지다, 옮다, 전이되다
N0-가 N1-(에|로) V (N0=[질병] N1=[신체부위])
¶지난여름에 생긴 피부병이 몸 전체로 번졌다. ¶며칠 동안 팔에 붉은 반점이 번지고 있다.
❹(전쟁, 시위 등의 사태가) 점점 넓은 영역에서 벌어지게 되다. (of battle or demonstration) Occur more extensively.
[유]커지다, 확산되다, 전파되다
N0-가 N1-(에|로) V (N0=[사태] N1=[장소])
¶한 지역에서 일어난 시위가 나라 전체로 번졌다. ¶사이비 종교는 지역을 가리지 않고 여기저기로 번졌다.
❺(소문, 소식 등이) 점점 널리 알려지다. (of rumor or news) Be known more widely.
[유]퍼지다, 알려지다, 확산되다
N0-가 N1-(에|로) V (N0=[소통] N1=[장소])
¶이상한 유언비어가 마을 안에 번지고 있다. ¶그 이야기는 사람들의 입을 타고 일파만파로 번졌다.
❻(풍조, 유행 등이) 점점 널리 받아들여지다. (of trend or vogue) Be accepted more extensively.
[유]퍼지다, 확산되다
N0-가 N1-(에|로) V (N0=[관습], [사조], [예술], 풍조, 유행 N1=[장소], [범위])
¶공공질서를 무시하는 풍조가 점점 사회에 번지고 있다. ¶20세기 초의 구조주의 사상은 여러 학계에 번졌다.
❼(어떤 사태가 더 큰 사태로) 바뀌거나 규모가 커지다. (of a situation) Change into a bigger one or to increase its scale.
[유]퍼지다, 커지다, 확산되다, 옮아가다, 발전하다
N0-가 N1-로 V (N0=[사태] N1=[사태])
¶말다툼이 이내 주먹다짐으로 번졌다. ¶정책 실패는 정부 불신으로 번질 위험이 있다.

번쩍거리다

[활용]번쩍거리어(번쩍거려), 번쩍거리니, 번쩍거리고 [여린]번적거리다
[자]❶(불빛, 물체에 발생한 빛 따위가) 순간적으로 한 번 또는 여러 번 밝게 비치다. (of flash or light that's generated on an object) Lighten momentarily once or many times.
[유]번쩍대다[자], 번쩍이다[자]
N0-가 V (N0=번개, [불], [빛], [조명])
¶천둥이 치고 번개가 번쩍거렸다. ¶무대 양쪽에서는 사이키 조명이 번쩍거렸다.
N0-가 N1-에 V ↔ N0-에 N1-가 V (N0=[패용물], [구체물] N1=[빛](햇빛, 달빛 따위))
¶군복의 훈장이 햇빛에 눈부시게 번쩍거렸다. ↔ 군복의 훈장에 햇빛이 눈부시게 반짝거렸다. ¶서리 같은 칼날이 달빛에 번쩍거린다.
❷(어떠한 생각이) 갑자기 머리에 떠오르다. (of a thought) Enter one's mind suddenly.
[유]번뜩이다[자], 번쩍대다[자], 번쩍번쩍하다[자], 번쩍이다[자], 떠오르다
N0-가 N1-에서 V (N0=[인지], [기호] N1=머리)
¶기발한 생각이 그의 머릿속에서 번쩍거렸다. ¶그녀의 이름이 내 머리 속에서 전광판처럼 번쩍거렸다.
❸(빛, 기운이) 순간적으로 확연히 드러나다. (of light or energy) Emerge suddenly and clearly.
[유]번쩍대다[자], 번쩍번쩍하다[자], 번쩍이다[자]
N0-가 N1-(에|에서) V (N0=[속성](빛) N1=[신체부위](눈))
¶그의 눈에서는 저주의 눈빛이 번쩍거렸다. ¶칼잡이의 눈빛이 번쩍거리는 것이 섬뜩했다.
❹(얼굴 따위가 기름기 따위로 인해) 윤이 나서 번들번들하다. (of a face) Be shiny and glossy due to oil.
[유]번들거리다, 번쩍이다[자]
N0-가 N1-로 V (N0=[신체부위] N1=기름기, 땀, 로션 따위)
¶그는 머리에 기름을 발라 번쩍거렸다. ¶긴장해서 그의 얼굴이 땀으로 번쩍거리고 있다.
[타]❶(불빛, 물체에서 발생한 빛을) 순간적으로 한 번 또는 여러 번 밝게 비추다. Momentarily lighten flash or light generated from an object once or many times.
[유]번쩍대다[타], 번쩍번쩍하다[타], 번쩍이다[타]
N0-가 N1-를 V (N0=[인간], [동물], [교통기관] N1=[조명], [신체부위](눈, 이 따위))
¶그는 경적을 울려대고 헤드라이트 불빛을 번쩍거렸다. ¶낯선 차량이 전조등을 번쩍거리며 그녀를 비추고 있었다.

ㅂ

❷(어떤 대상을 경계심을 갖고 바라보며) 눈이나 눈빛을 크게 껌뻑거리다. Flicker one's eyes widely while looking at a target with wariness.
㊌번쩍이다타, 번쩍대다타, 번쩍번쩍하다타, 껌뻑거리다타
N0-가 N1-를 V (N0=[인간] N1=[신체부위](눈))
¶그들은 어둠 속에서 눈들을 번쩍거리고 있었다. ¶형사들은 도둑을 잡으려고 눈을 번쩍거리며 잠복했다.

번쩍대다

활용 번쩍대어(번쩍대), 번쩍대니, 번쩍대고
자타 ☞번쩍거리다

번쩍이다

활용 번쩍여, 번쩍이니, 번쩍이고 ㊐번적이다
자 ❶(불빛, 물체에서 발생된 빛 따위가) 순간적으로 한 번이나 여러 번 밝게 비치다. (of flash or light that's generated on an object) Lighten momentarily once or many times.
㊌번쩍거리다자, 번쩍대다자, 빛이 비치다
N0-가 V (N0=번개, [빛], [조명], 눈빛 따위)
¶서울 저녁의 현란한 네온사인이 번쩍인다. ¶여기저기서 꽃다발이 쏟아졌고, 카메라 플래시가 번쩍였다.
❷(불빛, 물체에서 발생된 빛에 반사되어 물체 따위가) 순간적으로 한 번 또는 여러 번 밝게 비치다. (of an object) Lighten momentarily once or many times by reflecting flash or light generated from another object.
㊌번쩍거리다자, 번쩍대다자, 번쩍번쩍하다자
N0-가 N1-에 V (N0=[패용물], [구체물], [신체부위](눈, 이 따위) N1=[불], [빛], [조명])
¶금메달이 플래시에 번쩍인다. ¶칼날이 불빛에 번쩍였다. ¶그녀의 눈이 밝은 조명에 번쩍였다.
❸(어떠한 생각이) 갑자기 머리에 떠오르다. (of a thought) Suddenly enter one's mind.
㊌번쩍거리다자, 번쩍대다자, 번쩍번쩍하다자, 떠오르다
N0-가 N1-에 V (N0=[인지] N1=(머리))
¶기발한 생각이 그의 머릿속에 번쩍였다. ¶매우 기묘한 생각이 번개처럼 그의 머리에 번쩍인다.
❹(빛, 기운이) 순간적으로 확연히 드러나다. (of light or energy) Emerge momentarily and clearly.
㊌번쩍거리다자, 번쩍대다자
N0-가 N1-(에|에서) V (N0=[속성](빛) N1=[신체부위](눈))
¶영롱한 광채가 영희의 눈에서 번쩍였다. ¶부드럽던 그의 눈에 갑자기 빛이 번쩍였다.
타 ❶(불빛, 물체에서 발생한 빛을) 순간적으로 한 번 또는 여러 번 밝게 비추다. Momentarily lighten flash or light generated from an object once or many times.
㊌번쩍거리다타, 번쩍대다타, 번쩍번쩍하다타
N0-가 N1-를 V (N0=[인간], [동물], [교통기관] N1=[조명], [신체부위](눈, 이 따위))
¶조난당한 등산객들이 손전등을 번쩍이며 신호를 보냈다. ¶하이에나들이 어둠 속에서 이빨을 번쩍이며 으르렁거렸다.
❷(불빛, 물체에서 발생된 빛에 반사되어 물체 따위가) 순간적으로 한 번 또는 여러 번 밝게 비추다. (of an object) Lighten momentarily once or many times by reflecting flash or light generated from another object.
㊌번쩍거리다타, 번쩍대다타, 번쩍번쩍하다타
N0-가 N1-를 N2-에 V (N0=[인간] N1=[패용물], [구체물] N2=[불], [빛], [조명])
¶선수들은 금메달을 플래시에 번쩍이며 즐거워한다. ¶칼잡이는 칼날을 불빛에 번쩍였다.
❸(경계심을 갖고 무언가를 바라보며) 눈을 크게 껌뻑거리다. Flicker one's eyes widely while looking at a target with wariness.
㊌번쩍거리다타, 번쩍대다타, 번쩍번쩍하다타, 껌뻑거리다
N0-가 N1-를 V (N0=[인간], [동물] N1=[신체부위](눈))
¶그녀는 큰 눈을 번쩍이며 나를 똑바로 쳐다보았다. ¶형사들은 도둑을 잡으려고 눈을 번쩍이며 잠복했다.

번쩍하다

활용 번쩍하여(번쩍해), 번쩍하니, 번쩍하고 ㊐번적하다
자 ❶(불빛, 물체에서 생긴 빛 따위가) 순간적으로 한 번 또는 여러 번 밝게 비치다. (of flash or light generated on an object) Lighten momentarily once or many times.
㊌번쩍거리다자
N0-가 V (N0=번개, [빛], [조명])
¶형광색의 번개가 번쩍한 뒤에 비가 쏟아지기 시작했다. ¶눈앞에서 전깃불이 번쩍했다.
N0-가 N1-에 V (N0=[구체물] N1=[불], [빛], [조명])
¶날카로운 칼날이 햇빛에 번쩍했다. ¶무대 위에 선 가수가 입은 조끼가 조명에 번쩍했다.
❷(어떤 장소에) 순식간에 매우 빠르게 출현하다. Appear instantly and very quickly on a location.
N0-가 N1-(에|에서) V (N0=[인간], [동물], [사태] N1=[장소])
¶도둑이 번쩍하더니 순식간에 달아났다.
❸(어떠한 생각이) 갑자기 머리에 떠오르다. (of

ㅂ

a thought) Enter one's mind suddenly.
㊐떠오르다
N0-가 N1-(에|에서) V (N0=[인지] N1=머리)
¶어제가 어머니 제삿날이었다는 생각이 번쩍했다. ¶그 선생님은 늘 아이디어가 번쩍하는 분이시다.
❹갑자기 정신이 들어 또렷해지다. (of one's mind) Suddenly become clear.
㊐긴장하다, 들다I²
N0-가 N1-가 N2-에 V (N0=[인간] N1=정신 따위 N2=[소리], [행위], [사태])
¶그는 선생님의 호통에 정신이 번쩍했다. ¶한밤중 비명 소리에 번쩍하고 잠이 깼다.
❺(빛, 기운이) 순간적으로 확연히 드러나다. (of light or energy) Emerge suddenly and clearly.
N0-가 N1-(에|에서) V (N0=[속성](빛) N1=[신체부위](눈))
¶그 사람의 눈에서 서늘한 빛이 번쩍한다. ¶그녀의 얼굴에서 광기가 번쩍한다.
❻(어떤 대상이나 사건이) 순간적으로 분명하게 보이다. (of a target or case) Become clearly visible momentarily.
N0-가 N1-에 V (N0=[구체물], [사태] N1=[신체부위](눈))
¶둘이서 손을 잡고 걸어가는 모습이 눈에 번쩍하고 띄었다. ¶사고가 일어나는 장면이 내 눈에 번쩍했다.
❼갑자기 큰 관심이 생기다. Suddenly become very interested.
㊐솔깃해지다, 눈이 동그래지다
N0-가 N1-에 V (N0=[신체부위](눈, 귀) N1=[앎], [말])
¶그가 회장이라는 말에 주인은 눈이 번쩍했다.
¶안절부절 못하던 철수는 영수의 말에 귀가 번쩍했다.
타(불빛, 물체에서 생긴 빛 따위가) 순간적으로 한 번 또는 여러 번 밝게 비추다. (of flash or light that's generated on an object) Lighten momentarily once or many times.
㊐번쩍대다타, 번쩍번쩍하다타, 번쩍이다타
N0-가 N1-를 V (N0=[인간] N1=[조명])
¶경찰차가 전조등을 번쩍하며 나타났다. ¶맞은편에서 트럭이 전조등을 번쩍하며 다가왔다.

번창하다

어원繁昌~ 활용번창하여(번창해), 번창하니, 번창하고 대응번창을 하다
자(어떤 집단이나 일이) 잘 되고 크게 성장하다. (of a group or task) Become successful and grow significantly.
㊐번영하다, 번성하다, 흥하다 ㊥망하다, 몰락하다
N0-가 V (N0=[집단], [행위](일, 사업, 작업 따위))
연어크게, 날로
¶일층의 작은 가게가 날로 번창하더니 2층까지 확장되었다. ¶아들이 개업한 음식점이 번창하는 것을 보니 매우 감격스럽다.

벌거벗다

활용벌거벗어, 벌거벗으니, 벌거벗고 ㊌뻘거벗다
자❶(사람이) 입은 옷을 모두 벗어 알몸이 되다. (of a person) Take off all his or her clothing and go naked.
㊐헐벗다
N0-가 V (N0=[인간])
¶꼬마들은 벌거벗고 개울에서 뛰어놀았다. ¶나는 벌거벗은 채로 등목을 하였다.
❷(산이나 들 따위가) 나무나 풀이 없어 흙이 다 드러나 보이다. (of mountain or field) Lay bare its soil without tree or grass.
㊐헐벗다
N0-가 V (N0=[장소](산, 평원 따위))
¶날씨가 추워지자 단풍으로 물들었던 산이 벌거벗고 있다. ¶벌거벗었던 평원에 풀이 자라나기 시작했다.
❸(나무가 잎이 모두 떨어져) 가지가 훤히 다 드러나 보이다. (of tree) Show all its branches as leaves have fallen.
㊐앙상해지다
N0-가 V (N0=[나무, 숲])
¶겨울이 되자 나무들이 벌거벗었다. ¶북한의 산은 거의 벌거벗은 민둥산이라 한다.

벌다

활용벌어, 버니, 벌고, 버는
타❶(사람이) 일을 하여 돈이나 물건을 얻거나 받다. (of money or something) Be earned or gained in return for work.
N0-가 N1-를 V (N0=[인간] N1=구체물(돈, 물건 따위))
피벌리다I
¶원고를 써주고 삼십만 원을 벌었다. ¶밭일해 주고 쌀 한 말을 벌었어.
❷(사람이) 시간이나 돈을 안 써서 절약되거나 여유가 생기다. (of a person) Gain time or money by saving it.
N0-가 N1-를 V (N0=[인간] N1=시간, 게임 따위)
¶휴강이라 책 볼 시간을 벌었다. ¶상대팀의 기권으로 한 게임 벌었다.

벌리다 I

활용벌리어(벌려), 벌리니, 벌리고
자(사람이) 일을 하여 돈이나 물건이 얻어지거나 생기다. (of a person) Have earn money or something in payment for work.
㊐돈이 생기다

No-가 V (No=돈)
능벌다
¶불황이라 생계비도 안 벌린다. ¶이 자리는 돈이 잘 벌리는 곳이다.

벌리다II
활용 벌리어(벌려), 벌리니, 벌리고
타 ❶(무엇의) 사이를 넓히거나 멀게 하다. (of a person) Widen the space or make something far.
㊥펴다[1], 열다II타, 넓히다
연어 쫙
No-가 N1-를 V (No=[인간|단체] N1=[신체부위], [구체물](봉지, 조개 따위))
피 벌어지다[1]
¶나는 손가락을 쫙 벌렸다. ¶지하철에서 다리를 벌리고 앉으면 옆 사람에게 피해를 준다.
❷(신체의 일부나 구멍 따위를) 크고 넓어지게 하다. Enlarge or broaden a part of the body or a hole.
No-가 N1-를 V (No=[인간|단체] N1=[신체부위], [구체물](봉지 따위))
피 벌어지다[1]
¶그는 입을 벌려 하품을 하였다. ¶엄마는 팔을 활짝 벌려 나를 안아주었다.
❸차이를 더 크게 나게 하거나 관계를 소원하게 하다. Make a difference greater, or cause the people in a relationship to drift apart.
㊥이간시키다 ㊥줄이다
No-가 N1-를 V (No=[인간|단체] N1=관계, 사이)
피 벌어지다[1]
¶우리 사이를 벌리려 하지 마세요. ¶경수는 철희와 영수 사이를 벌리려고 했다. ¶북한의 회담은 미국과 한국의 관계를 벌리려는 의도가 있다.
No-가 N2-와 N1-를 V (No=[인간|단체] N1=격차, 오차, 차이 N2=[인간|단체])
¶우리 팀은 2위 팀과의 격차를 벌리고 있었다. ¶그는 유력 후보와 차츰 격차를 벌려 나갔다.
◆ **손을 벌리다** (사람이) 무엇을 얻으려고 요구하거나 구걸하다. (of a person) Ask or beg for something.
㊥손을 내밀다
No-가 N1-에게 Idm (No=[인간|단체] N1=[인간|단체])
¶친구들에게 손을 벌리기가 쑥스럽네. ¶그는 주위 사람들에게 늘 손을 벌리고 다녀.

벌받다
어원 罰~ 활용 벌받아, 벌받으니, 벌받고 대응 벌을 받다
자 (누군가 다른 사람에게) 죄나 잘못의 대가로 신체적 고통이나 제재를 당하다. Suffer physical pain or sanction (from someone) for sin or wrongdoing.
㊥벌서다 ㊥벌주다, 칭찬하다
No-가 N1-(에게|로부터) V (No=[인간|단체] N1=[인간|단체])
능 벌하다
¶잘못한 사람은 당연히 벌받아야 한다. ¶그 사람은 왜 잘못을 해도 벌받지 않는 건가요?

벌어지다[1]
활용 벌어지어(벌어져), 벌어지니, 벌어지고
자 ❶어떤 것 사이에 공간이 생기다. (of space) Be created between something.
㊥갈라지다, 열리다II
No-가 V (No=[열매], [신체부위](골반), 땅, 상처 따위)
능 벌리다II
¶지진으로 인해 땅이 벌어졌다. ¶상처가 제대로 아물지 않고 더 벌어졌다.
❷(식물의 꽃봉오리나 가지 따위가) 넓게 퍼지다. (of flower bud, stem, etc., of a plant) Become spread widely.
㊥터지다[1], 열리다II, 개화하다
No-가 V (No=[식물](봉오리, 가지 따위))
¶날씨가 따뜻해지면서 튤립의 꽃봉오리가 벌어졌다. ¶밤송이가 탐스럽게 벌어져 있었다.
❸(가슴이나 어깨 따위가) 옆으로 퍼진 상태가 되다. (of one's chest, shoulders, etc.) Become wide laterally.
No-가 V (No=[신체부위](가슴, 어깨, 등 따위))
연어 딱, 떡
¶그녀 주위에는 가슴이 딱 벌어진 경호원들이 서 있었다. ¶그는 등이 떡 벌어지고 어깨가 매우 넓다.
❹(사람이) 다른 사람과 관계가 멀어지거나 좋지 않게 되다. (of a relationship between someone and another person) Become far or not good.
㊥멀어지다
N1-는 N2-와 No-가 V ↔ N1-와 N2-는 No-가 V ↔ N2-와 N1-는 No-가 V (No=사이, 관계 따위 N1=[인간] N2=[인간])
¶나는 그와 사이가 점점 벌어졌다. ↔ 그는 나와 사이가 점점 벌어졌다. ↔ 나와 그는 사이가 점점 벌어졌다. ¶그와 사이가 벌어지게 된 데에는 특별한 이유는 없다.
❺다른 사람과 차이가 커지다. (of a gap between someone and another person) Become large.
㊥커지다, 심해지다
N1-는 N2-와 No-가 V ↔ N1-와 N2-는 No-가 V ↔ N2-와 N1-는 No-가 V (No=차이, 기록, 점수 따위 N1=[인간] N2=[인간])

ㅂ

¶그는 네덜란드 선수와 차이가 점점 벌어졌다. ↔ 네덜란드 선수는 그와 차이가 점점 벌어졌다. ↔ 그와 네덜란드 선수는 차이가 점점 벌어졌다. ¶두 사람의 기록이 크게 벌어지면서 승부는 어느 정도 결정되었다.

❻(무엇이) 잔뜩 차려져 놓이다. (of something) Presented in ample amount.

No-이 V (No=상)

연어 떡

¶아버지가 상이 떡 벌어지게 차리셔서 가족들이 모두 놀랐다. ¶집에 돌아오니 떡 벌어진 상이 눈앞에 차려져 있었다.

※주로 '벌어지게', '벌어진'으로 쓰인다.

벌어지다[2]

활용 벌어지어(벌어져), 벌어지니, 벌어지고

기능자 사건, 사태가 일어나거나 진행되는 것을 나타내는 기능동사 A support verb indicating that an action or event occurs or remains in progress.

㊞일어나다

Npr-가 No-에서 V (Npr=[사건](싸움, 전쟁, 공사 따위), [사태](협상), No=[장소])

¶큰 공사가 우리집 앞에서 벌어지고 있다. ¶지금 두 나라 사이에는 무역 전쟁이 벌어지고 있다.

벌이다[1]

활용 벌여, 벌이니, 벌이고

타 ❶(사람이나 단체가) 여럿이 모이는 자리를 마련하다. (of a person or an organization) Create a space where many people or groups can meet.

㊞차리다, 마련하다

No-가 N1-를 V (No=[인간|단체] N1=[사건](술판, 씨름판, 노름판 따위))

¶그가 술판을 벌이자 많은 사람들이 모였다. ¶사람들이 운동장에서 씨름판을 벌이고 있었다.

❷여러 물건을 어디에 죽 늘어놓다. Lay out many items on some place.

㊞열거하다, 나열하다, 진열하다

No-가 N1-를 N2-에 V (No=[인간] N1=[구체물] N2=[장소])

¶나는 공부할 때 갖가지 색깔의 펜을 책상에 벌여 둔다. ¶나는 여러 종류의 팔찌를 판 위에 벌여 놓고 팔았다.

벌이다[2]

활용 벌여, 벌이니, 벌이고

기능타 사건이나 행위를 시작하여 추진함을 나타내는 기능동사 Support verb indicating the starting and proceeding of an "action" or "event.

No-가 Npr-를 V (No=[인간|단체], Npr=싸움, 전투, 시위, 단속, 사업, 잔치 따위)

¶경찰은 주말마다 음주 단속을 벌였다. ¶그는 사업을 벌였지만 또 실패하였다.

벌주다

어원 罰~ 활용 벌주어(벌줘), 벌주니, 벌주고 대응 벌을 주다

재타 (누군가를 꾸짖기 위해) 신체적 고통이나 제재를 가하다. Apply physical pain or sanction to rebuke (someone).

㊞벌하다, 처벌하다 ㉫칭찬하다

No-가 N1-(에|에게|를) V (No=[인간|단체] N1=[인간|단체])

¶엄마는 잘못한 아이를 벌주는 대신 조용히 타이르셨다. ¶아무도 그 불쌍한 소년에게 벌주기를 원치 않는 것 같았다.

벌하다

어원 罰~ 활용 벌하여(벌해), 벌하니, 벌하고 대응 벌을 하다

타 (누군가를) 어떤 이유로 꾸짖기 위해 신체적 고통이나 제재를 가하다. Impose physical suffering or restriction on someone in order to admonish him or her for some reason.

㊞처벌하다, 징벌하다, 벌주다, 단죄하다 ㉫칭찬하다, 벌받다

No-가 N1-를 N2-로 V (No=[인간|단체] N1=[인간|단체] N2=[범죄])

¶아버지께서는 아들의 잘못을 벌했다. ¶죄를 지은 사람들에게는 법에 따라 공정하게 벌해야 한다.

범람하다

어원 氾濫~ 활용 범람하여(범람해), 범람하니, 범람하고 대응 범람을 하다

자 ❶(물이) 강이나 계곡 따위에서 크게 흘러넘치다. (of water) Overflow greatly out of a river or a valley.

㊞넘쳐나다, 흘러넘치다, 넘치다

No-가 N1-에 V (No=[액체](물), [하천] N1=[장소], [시간])

¶강물이 불어서 산책로에 범람했다. ¶큰 홍수가 나서 강물이 온 마을에 범람했다.

❷(물체, 세력, 사상 따위가) 마구 쏟아져 나와 널리 퍼지다. (of things, influences, or thoughts) Pour out and spread around.

㊞넘쳐나다

No-가 N1-에 V (No=[구체물](상품 따위), [기호](문자, 언어 따위), [권력](세력 따위) N1=[장소], [분야])

¶초코파이가 인기를 얻자 이를 모방한 유사 상품이 시장에 범람했다. ¶주말이 늘어나면서 등산복 패션이 범람했다.

ㅂ

범하다[1]

어원 犯~ 활용 범하여(범해), 범하니, 범하고

타 ❶(인간이나 동물이) 들어가서는 안 되는 경계나 지역 따위를 함부로 넘어 들어가다. (of a person or an animal) Go into prohibited territory or region by force.

유 침범하다

N0-가 N1-를 V (N0=[인간], [동물] N1=[장소])

¶왜적은 수군 때문에 호남 지역을 범하지 못했다. ¶적군들도 감히 이 성지만은 범하지 못했다.

❷(남자가) 여자의 정조를 빼앗거나 짓밟다. (of a man) Take away or trample upon a woman's chastity.

유 정조를 빼앗다, 강간하다, 폭행하다

N0-가 N1-를 V (N0=[인간(남성)] N1=[인간(여성)])

¶제가 공의 아내를 사모해 오다가 오늘 밤 범했습니다. ¶사내는 여인을 범하려다 저항에 부닥치자 폭행을 했다.

❸(다른 사람의 권리나 인격, 위신 따위를) 해치거나 떨어뜨리다. Damage or debase another person's right, personality, or dignity.

유 해치다

N0-가 N1-를 V (N0=[인간] N1=[속성])

¶그 사람에겐 범할 수 없는 당당함이 있다. ¶그 여자에게서는 누구도 범할 수 없는 기품이 느껴졌다.

❹(법률, 도덕, 규범 따위를) 어기거나 지키지 않다. Violate or disobey law, morality, or rules.

반 어기다, 지키다

N0-가 N1-를 V (N0=[인간] N1=[범죄], [규범], [행위], [법률])

¶남자는 반칙을 범하여 퇴장을 당했다. ¶철수가 사기죄를 범한 혐의로 경찰에게 체포되었다.

범하다[2]

활용 범하여(범해), 범하니, 범하고

기능 타 '잘못'을 행함을 나타내는 기능동사 Support verb meaning that one makes a "mistake".

N0-가 Npr-를 V (N0=[인간], Npr=[범죄])

¶민규는 질투심으로 죄를 범하고 말았다. ¶재규가 사기죄를 범한 혐의로 경찰에게 체포되었다.

N0-가 Npr-를 V (N0=[인간|단체] N1=[행위], [실패])

¶나는 계획 없이 사업을 하는 잘못을 범하였다. ¶다시는 이런 시행착오를 범하지 않기를 바랍니다. ¶제가 잘 몰라서 큰 결례를 범했습니다.

벗겨지다

활용 벗겨지어(벗겨져), 벗겨지니, 벗겨지고

자 ❶(옷, 모자, 신발 등의) 신체 착용물이 몸에서 떨어져 나가다. (of bodywear such as clothes, hat, shoes, etc.) Fall out of one's body.

N0-가 V (N0=[착용물])

능 벗다 사 벗기다

¶철수가 쓴 모자가 바람에 벗겨졌다. ¶연구원이 장갑이 벗겨진 것도 모르고 화학 약품 병을 집어 들었다.

❷(사물의 표면을 감싼) 껍질 등이 떨어져 속이 드러나다. (of skin, etc., cover an object's surface) Fall out and reveal the inside.

N0-가 V (N0=[구체물], 껍질 따위)

사 벗기다

¶이 밤은 껍질이 잘 벗겨지지 않는다. ¶뜨거운 여름 햇볕을 받아 살갗이 벗겨지고 있다.

❸(사물의 표면에 붙은 이물질이) 긁히거나 닳아서 제거되다. (of foreign substance attached to an object's surface) Be removed by being scratched or worn down.

N0-가 V (N0=[구체물])

능 벗기다

¶이 약품을 뿌리면 페인트 찌꺼기가 쉽게 벗겨질 것입니다. ¶열심히 씻는데도 묵은 때가 영 벗겨지지 않는다.

❹(사물의 표면에 씌운) 포장이나 덮개 등이 열리다. (of packaging or cover on an object's surface) Be opened.

N0-가 V (N0=[구체물])

능 벗기다

¶과자의 포장지가 벗겨지고 내용물이 드러났다. ¶배달 과정에 포장지가 찢어지거나 벗겨지지 않도록 주의하세요.

❺(누명이나 혐의가 사라져) 더 이상 의심을 받지 않게 되다. Be free of suspicion with the disappearance of false accusation or charge.

반 씌워지다, 뒤집어쓰다

N0-가 V (N0=누명, 혐의, 죄 따위)

능 벗다

¶아버지의 누명이 벗겨지기까지는 오랜 세월이 걸렸다. ¶병수는 마침내 죄가 벗겨져 무죄 판결을 받게 되었다.

❻의문스러운 사태의 실상이 밝혀져 진실이 드러나다. (of truth) Be revealed by identifying the fact behind a suspicious situation.

유 밝혀지다, 규명되다, 드러나다

N0-가 V (N0=[추상물](의혹, 신비, 거짓 따위))

¶검찰 조사 결과 김 의원의 여러 의혹들이 벗겨지게 되었다. ¶우주 탄생의 수수께끼가 모두 벗겨지기를 기대합니다.

벗기다

활용 벗기어(벗겨), 벗기니, 벗기고

[타]❶(다른 사람이 착용한 옷, 모자, 신발 등의) 신체 착용물을 몸에서 떼어 내다. Detach bodywear such as clothes, hat, shoes, etc., from another person's body.
[반]입히다
No-가 N1-를 V (No=[인간] N1=[착용물])
[주]벗다
¶어머니는 흙먼지가 묻은 아이의 옷을 벗겼다. ¶이 작업복은 꽉 끼어 남이 벗겨 줘야 한다.
❷사물의 표면을 감싼 껍질 등을 떼어내 속이 드러나게 하다. Detach skin, etc., cover an object's surface and make the inside visible.
[유]탈피하다
No-가 N1-를 V (No=[인간] N1=[구체물], 껍질 따위)
[피]벗겨지다
¶철수는 묵묵히 감자 껍질을 벗기고 있었다. ¶양파 껍질을 벗기면 눈에서 눈물이 난다. ¶달걀이 아직 뜨거우니 껍질 벗길 때 조심해라.
❸(사물의 표면에 붙은) 이물질을 긁거나 하여 제거하다. Remove foreign substance attached on an object's surface by scratching, etc.
[유]제거하다
No-가 N1-를 V (No=[인간] N1=[구체물])
[피]벗겨지다
¶그는 기계 부품의 녹을 벗겨내느라 고생했다. ¶담장의 칠을 벗기고 페인트를 다시 칠해야겠다.
❹(사물의 표면에 씌운) 포장이나 덮개 등을 풀어서 열다. Untie and open the packaging, cover, etc., from an object's cover.
[유]풀다, 열다II[타]
No-가 N1-를 V (No=[인간] N1=[구체물])
[피]벗겨지다
¶나는 항아리의 덮개를 벗기고 안에 김치를 담겼다. ¶이 과자는 포장을 벗기는 것이 힘들다.
❺(다른 사람이 받고 있던) 누명이나 혐의를 더 이상 받지 않게 사실을 밝혀내다. Reveal the truth in order to free someone from false accusation or charge.
[반]씌우다
No-가 N1-를 V (No=[인간] N1=누명, 혐의, 죄 따위)
[피]벗겨지다
¶증거가 충분하지 않으면 그의 혐의를 벗기기는 어려울 것입니다. ¶어머니는 수감된 아들의 죄를 벗기기 위해 백방으로 뛰어 다닌다.
❻(의문스러운) 사태의 실상을 밝혀 진실을 드러내다. Identify the fact behind a suspicious situation and reveal the truth.
[유]밝히다, 밝혀내다
No-가 N1-를 V (No=[인간] N1=[추상물](의혹, 신비, 거짓 따위))
¶거짓을 벗기는 것이야말로 언론인이 추구해야 할 바이다. ¶유전공학은 생명의 신비를 하나씩 벗기고 있다.

벗다

[활용]벗어, 벗으니, 벗고
[타]❶(옷, 모자, 신발 등의) 신체 착용물을 몸에서 떼어 내다. Detach bodywear such as clothes, hat, shoes, etc., from one's body.
[반]입다, 쓰다III[타], 신다, 차다
No-가 N1-를 V (No=[인간] N1=[착용물])
[피]벗겨지다 [사]벗기다
¶들어오셔서 모자를 벗고 자리에 앉으시죠. ¶노인은 신문을 다 보자 안경을 벗었다.
❷(동물이) 껍질이나 허물을 몸에서 떨어져 나가게 하다. (of an animal) Make its skin fall out of its body.
[유]탈피하다
No-가 N1-를 V (No=[동물] N1=껍질, 허물 따위)
[피]벗겨지다
¶뱀은 여러 차례 허물을 벗는다. ¶잠자리는 마지막 허물을 벗으면 성충이 된다.
❸의무, 책임 따위를 지지 않게 되다. No longer assume a duty or a responsibility.
[유]면제받다, 면하다
No-가 N1-를 V (No=[인간|단체] N1=의무, 책임 따위)
¶담당자는 사태 발생의 책임을 벗게 되었다. ¶나는 모든 짐을 벗고 은퇴했다.
❹(누명이나 혐의를) 더 이상 받지 않게 되다. No longer receive false accusation or charge.
[반]쓰다III[타]
No-가 N1-를 V (No=[인간|단체] N1=누명, 혐의, 죄 따위)
[피]벗겨지다 [사]벗기다
¶그는 각고의 노력 끝에 누명을 벗었다. ¶그는 죄를 벗지 못하시고 돌아가셨다.
❺(어떤 부정적인 감정 상태를) 더 이상 갖지 않게 되다. No longer possess certain negative emotional state.
[유]떨치다, 버리다[1]
No-가 N1-를 V (No=[인간|단체] N1=[감정])
¶나는 그의 고백을 듣고 그에 대한 미움을 벗었다. ¶이제 양국 사이의 증오를 벗고 화해의 시대를 열어갑시다. ¶나는 찜찜한 감정을 훌훌 벗고 잠시 휴식하기로 하였다.
❻어떤 곤경이나 불편한 상황을 빠져나오다. Get out of a certain trouble or uncomfortable situation.
[유]벗어나다, 빠져나오다
No-가 N1-를 V (No=[인간|단체] N1=[상태])

¶우리 가족은 지독한 가난을 벗고 안정된 생활을 하게 되었다. ¶나는 심리 상담을 통해 마음의 고통을 하나하나 벗을 수 있었다.
❼(어떤 외관이나 분위기를) 더 이상 갖지 않게 되다. No longer possess a certain appearance or atmosphere.
㊌벗어나다
N0-가 N1-를 V (N0=[인간|단체] N1=[속성], [상태], 촌티 따위)
¶그는 도시에서 몇 년을 살더니 완전히 촌티를 벗었다. ¶순우는 어린아이의 모습을 벗고 어엿한 청년이 되어 있었다.
◆ **옷을 벗다** 어떤 직책에서 사직하거나 퇴임하다. (of a person) Resign or step down from a post
N0-가 N1-에서 Idm (N0=[인간] N1=[직책])
¶장관은 정책 수행의 책임을 지고 공직에서 옷을 벗었다. ¶납품 담당자가 옷을 벗는 것으로 비리 문제를 마무리했다.

벗어나다
활용벗어나, 벗어나니, 벗어나고
자타❶(사람이나 교통수단이) 어떤 곳에서 밖으로 빠져나오다. (of person or transportation) Get out of somewhere.
㊌탈출하다, 빠져나오다
N0-가 N1-(에서|를) V (N0=[인간], [교통기관] N1=[장소])
¶드디어 우리는 터널을 벗어났다. ¶그는 빨리 이 도시에서 벗어나고 싶었다. ¶차는 국도를 벗어나 고속도로에 진입했다.
❷(무엇이) 부정적 환경이나 처지에서 빠져나와 자유로워지거나 좋아지다. (of something) Escape from a negative environment or situation and to become free or better.
㊌탈출하다, 해방되다
N0-가 N1-(에서|를) V (N0=[인간], [집단] N1=[추상물], [사태], [인간])
¶나는 시험의 굴레를 벗어나고 싶었다. ¶그는 사업에 성공하여 드디어 가난에서 벗어났다. ¶독일은 분단 현실에서 벗어나 통일을 이루었다.
❸(무엇이) 일정한 수준, 틀, 한계 따위를 뛰어넘어 빠져나오다. (of something) Become free, exceeding a certain level, frame, or limit.
㊌능가하다, 넘어서다
N0-가 N1-(에서|를) V (N0=[인간], 자연 따위 N1=수준, 틀, 한계 따위)
¶그들은 아직도 아마추어 수준을 벗어나지 못했다. ¶자유로운 발상을 위해서는 정해진 틀에서 벗어나야 한다.
❹(무엇이) 규범, 이치 따위에서 어긋나거나 깨트리다. (of something) Go against or break norms or logic.
㊌어긋나다
N0-가 N1-(에서|를) V (N0=[인간] N1=상식, 기대, 예의 따위)
¶그는 종종 상식을 벗어나는 행동을 하였다. ¶법원의 판결은 국민들의 기대에서 벗어난 것이었다.
❺(사람이) 어떤 감정 상태에서 헤어나 그 감정을 극복하다. (of a person) Escape from a feeling and get over it.
㊌극복하다, 이겨내다
N0-가 N1-(에서|를) V (N0=[인간] N1=[감정])
¶그는 슬픔에서 벗어나 다시 활력을 되찾았다. ¶우리는 아버지를 잃은 슬픔에서 벗어날 수 없었다. ¶나도 가끔은 무거운 책임감을 벗어나 자유롭게 살고 싶다.
◆ **눈에서 벗어나다** 다른 사람의 마음에 들지 못하여 못마땅하게 여겨지다. (of a person) Be regarded as displeasing, failing to satisfy another person.
N0-가 Idm (N0=[인간])
¶그는 이미 나의 눈에서 벗어났다. ¶웬만하면 상사의 눈에서 벗어나지 않는 것이 좋다.
◆ **손아귀에서 벗어나다** 다른 사람의 통제나 지배에서 빠져나와 자유롭게 되다. Escape somebody's control or domination and become free.
㊌자유롭게 되다, 해방되다
N0-가 Idm (N0=[인간])
¶정치 신인들은 모리배들의 손아귀에서 벗어나야 한다. ¶북한 주민이 독재자의 손아귀에서 벗어날 날이 멀지 않았다.

베끼다
활용베끼어(베껴), 베끼니, 베끼고
타무엇의 내용을 그대로 옮겨 쓰다. Write some contents as they were.
㊌필사하다, 표절하다, 모방하다, 모사하다
N0-가 N1-를 V (N0=[인간] N1=[텍스트], [방송물])
¶그는 성경을 베껴 쓰면서 마음을 다스렸다. ¶나는 숙제하는 것을 잊어버려 친구의 숙제를 베껴서 냈다. ¶누나는 고흐의 그림을 베껴 그리면서 그리기 연습을 한다.

베다 I
활용베어(베), 베니, 베고
타❶(물건을) 날이 있는 도구로 끊거나 자르다. Cut an object with edged tool.
㊌자르다
N0-가 N2-로 N1-를 V (N0=[인간] N1=[구체물] N2=[도구])

ㅂ

¶농부들은 수확철이 되면 낫으로 벼를 벤다. ¶나무꾼이 도끼로 나무를 베었다.
❷(턱이나 손가락 따위를) 날이 있는 도구로 상처를 내다. Make a cut on chin or fingers with edged tool.
N0-가 N2-로 N1-를 V (N0=[인간] N1=[신체부위] N2=[도구])
¶그는 칼로 살을 베었다. ¶그녀는 연필을 깎다가 손가락을 베었다.

베다Ⅱ
활용 베어(베), 베니, 베고
타 베개 따위의 물건을 머리나 팔 따위 아래에 받치다. Place a pillow underneath the head or arm.
유 받치다, 괴다II타
N0-가 N1-를 V (N0=[인간] N1=[도구](베개 따위), [신체부위](팔 따위))
¶밤이 오자 모두들 잠을 자려고 베개를 뱄다. ¶나는 그의 팔을 베고 누웠다. ¶낮은 베개를 베고 자는 것이 목 건강에 좋다는 의견도 있다.

베이다
활용 베이어(베여), 베이니, 베이고
타 ❶(물건이) 날이 있는 도구로 끊기거나 잘리다. Be cut with edged tool.
유 잘리다
N0-가 N1-에 V (N0=[구체물] N1=[도구])
¶낫에 벼가 베였다.
N0-가 N1-에게 V (N0=[구체물] N1=[인간])
¶나무가 벌목꾼에게 베여 쓰러졌다.
❷(턱이나 손가락 따위가) 날이 있는 도구로 상처가 나다. Get wound or a cut on (chin or fingers) with edged tool.
유 상처(를) 입다, 다치다타
N0-가 N2-에 N1-를 V (N0=[인간] N1=[신체부위](턱, 손가락 따위) N2=[도구])
¶나는 그만 종이에 손을 베였다. ¶그는 가끔 면도를 하다가 턱을 베였다.

베풀다[1]
활용 베풀어, 베푸니, 베풀고, 베푸는
타 다른 사람에게 호의를 가지고 대가 없이 무엇을 마련해 주다. Host a party for someone.
유 사주다, 마련해 주다
N0-가 N2-에게 N1-를 V (N0=[인간] N1=[잔치](만찬, 오찬, 연회 따위) N2=[인간])
¶어머니의 생신을 맞아 우리는 부모님께 저녁 식사를 베풀었다. ¶장관은 중소기업 대표들을 공관으로 초대하여 오찬을 베풀었다.

베풀다[2]
활용 베풀어, 베푸니, 베풀고
기능 타 다른 사람에게 어떤 이로운 행위를 입게 하는 기능동사. A support verb that indicates “offering a benefit to someone.”
유 주다[2], 쏟다[2]
N0-가 N1-에게 Npr-를 V (N0=[인간] N1=[인간], Npr=친절, 은혜, 호의, 사랑, 정 따위)
¶나는 그에게 친절을 베풀어 깍듯이 대했다. ¶다른 사람에게 늘 은혜를 베풀어라.

벼르다
활용 별러, 벼르니, 벼르고, 별렀다
자 (사람이 어찌하려고) 마음을 굳게 먹고 기회를 엿보다. (of a person) Become strong-minded, seek opportunities to do something.
유 학수고대하다, 노리다
N0-가 V (N0=[인간])
¶나는 유학 가기 위해 몇 년 전부터 벼르고 있었다. ¶우리는 벼르고 별러 드디어 가족 여행을 떠났다.
N0-가 S려고 V (N0=[인간])
¶우리 팀은 상대팀에게 이기려고 단단히 벼르고 있다. ¶나는 거짓말한 아들을 혼내주려고 벼르고 별렀다.
※ ‘S고자’도 가능하다.
타 (어떤 일을 이루기 위하여) 마음을 굳게 먹고 기회를 엿보다. (of a person) Become strong-minded, seek opportunities to achieve something.
유 기다리다, 노리다
N0-가 N1-를 V (N0=[인간] N1=역전, 복수, 기회 따위)
¶우리 팀은 다음 경기에서는 승리를 벼르고 있다. ¶그는 호시탐탐 복수를 벼르고 있었다.

변경되다
어원 變更~ 활용 변경되어(변경돼), 변경되니, 변경되고 대응 변경이 되다
자 무엇이 바뀌어 새롭게 고쳐지다. (of something) Be changed.
유 개조되다
N0-가 N2-에서 N1-로 V (N0=[모두] N1=[모두] N2=[모두])
능 변경하다
¶신림9동은 이름을 대학동으로 변경되었다. ¶우편 명세서가 모바일 명세서로 변경되었다. ¶수동식 전화기가 자동식 전화기로 변경됐다.

변경시키다
어원 變更~ 활용 변경시키어(변경시켜), 변경시키니, 변경시키고 대응 변경을 시키다
타 ☞ ‘변경하다’의 오용

변경하다
어원 變更~ 활용 변경하여(변경해), 변경하니, 변경하

고 [대응]변경을 하다
[타]무엇을 바꾸어 새롭게 고치다. (of a person) Change something.
[유]바꾸다, 교체하다, 개조하다
N0-가 N1-를 N2-로 V (N0=[인간|단체] N1=[모두] N2=[모두])
[피]변경되다
¶개발자는 홈페이지의 검색창 색을 녹색으로 변경했다. ¶시장은 종합운동장을 야구 전용 구장으로 변경했다.

변동되다

[어원]變動~ [활용]변동되어(변동돼), 변동되니, 변동되고 [대응]변동이 되다
[자]☞변동하다

변동하다

[어원]變動~ [활용]변동하여(변동해), 변동하니, 변동하고 [대응]변동을 하다
[자]값이나 상태 따위가 바뀌어 이전과 달라지다. (of price or state) Become different from before.
[유]변하다, 변화하다, 바뀌다, 달라지다
N0-가 V (N0=[수량], [속성], [상태])
[능]변동시키다
¶달러 대비 나라별 화폐가치가 크게 변동했다. ¶몇 개월에 걸쳐 지표면이 상승하고 지하수 수위가 변동했다.
N0-가 N1-에서 N2-로 V (N0=[추상물] N1=[수량], [속성], [상태] N2=[수량], [속성], [상태])
[능]변동시키다
¶주택 보급률이 작년 91.8%에서 올해 93.2%로 변동했다. ¶이제 한국 사회는 신자유주의적 시장 중심 체제로 변동하고 있다.

변명하다

[어원]辨明~ [활용]변명하여(변명해), 변명하니, 변명하고 [대응]변명을 하다
[자타](잘못이나 실수에 대하여) 다른 사람이나 단체에 용서를 구하거나 책임을 회피하려고 그 이유를 대다. Give a reason for a fault or a mistake to another person or organization in order to ask for pardon or evade one's responsibility.
[유]해명하다
N0-가 N1-(에|에게) S다고 V (N0=[인간] N1=[인간|단체])
¶동생은 부모님께 접시를 깬 것은 실수라고 변명했다. ¶김 과장은 상부에 유가 폭등은 예상 밖이었다고 변명했다.
N0-가 N2-(에|에게) N1-(를|에 대해) V (N0=[인간] N1=[인간], [행위], [사건], 잘못, 실수 따위 N2=[인간|단체])
¶삼촌은 가게 폐업에 대해 할아버지께 변명하는 듯했다. ¶그는 자신의 잘못을 변명하며 이해를 구했다.

변모되다

[어원]變貌~ [활용]변모되어(변모돼), 변모되니, 변모되고
[자]☞변모하다

변모하다

[어원]變貌~ [활용]변모하여(변모해), 변모하니, 변모하고
[자](무엇이) 이전과는 성격이나 모양 따위가 다른 것으로 바뀌다. (of something) Change into another thing that is different from the earlier one in characteristic or form.
[유]탈바꿈하다 [상]변하다, 바뀌다
N0-가 N1-로 V (N0=[모두] N1=[모두])
[능]변모시키다
¶오랜만에 돌아온 집 주변의 거리는 놀이공원으로 변모했다. ¶4월이 오자 경주는 온통 꽃동네로 변모했다.

변신하다

[어원]變身~ [활용]변신하여(변신해), 변신하니, 변신하고 [대응]변신을 하다
[자](사람이나 물체 따위가) 본모습과는 다른 모습이 되려고 모양이나 성질, 태도 따위로 바뀌다. (of a person or a thing) Change into a different one in form, characteristic, or attitude.
[유]탈바꿈하다, 변모하다 [상]바뀌다, 변하다
N0-가 N1-로 V (N0=[인간], [구체물] N1=[인간], [구체물])
[능]변신시키다
¶그녀는 오늘 일일 천사로 변신했다. ¶사무실이 단숨에 드라마 세트장으로 변신했다.

변조되다 I

[어원]變造~ [활용]변조되어(변조돼), 변조되니, 변조되고 [대응]변조가 되다
[자]❶(사물의 모습이나 용도가) 고쳐져 변화하다. (of object's appearance or use) Be fixed and changed.
[유]바뀌다, 고쳐지다 [하]위조되다
N0-가 N1-로 V (N0=[인간|단체] N1=[구체물], [추상물])
[능]변조하다I
¶휘발유에 이물질이 첨가되어 변조되어 팔리고 있다. ¶관련 정보의 내용이 변조된 줄 몰랐어요.
❷ 【법률】 자기 이익을 위해 문서가 임의로 고쳐지다. (of an officially effective document) Be fixed without permission.
N0-가 V (N0=[텍스트])
[능]변조하다I
¶수표 번호가 기가 막히게 변조되었다. 이 종이에

ㅂ

적힌 숫자는 어느 것도 변조되면 안 됩니다.

변조되다 II

어원 變調~ 활용 변조되어(변조돼), 변조되니, 변조되고 대응 변조가 되다

자 ❶ 【음악】 (음악 작품이) 진행 중에 조성이 바뀌다. (of a musical work) Be changed in tonality while in progress.

N0-가 V (N0=[작품])

능 변조하다II

¶이 곡은 물 흐르듯 자연스럽게 변조되는 부분이 뛰어나다. ¶영화의 이 장면에서 배경음이 변조되어야 한다.

❷파동의 성질이 변화되다. (of the characteristics of wave) Be changed.

N0-가 V (N0=[파동], [소리])

능 변조하다II

¶제보자의 목소리가 변조되어 송출되었다. ¶디지털 영상이 촬영된 후 변조되어 버렸다.

변조하다 I

어원 變造~ 활용 변조하여(변조해), 변조하니, 변조하고 대응 변조를 하다

타 ❶(사물의 모습이나 용도를 좋지 않은 의도로) 본래와 다르게 고치다. Fix and change an object's appearance or use.

유 개조하다 상 바꾸다, 고치다

N0-가 N1-를 N2-로 V (N0=[인간|단체] N1=[구체물], [추상물] N2=[구체물], [추상물])

피 변조되다I 사 변조시키다

¶관련 정보를 내용을 변조하지 말고 그대로 가져다주세요. ¶문화재는 사람들이 인위적으로 변조하면 안 된다.

❷ 【법률】 자기 이익을 위해 문서를 임의로 고치다. Fix an officially effective document without permission.

N0-가 N1-를 V (N0=[인간|단체] N1=[텍스트])

피 변조되다I 사 변조시키다

¶위조범은 수표 번호를 기가 막히게 변조하였다. ¶이 종이에 적힌 숫자는 어느 것도 변조하시면 안 됩니다.

변조하다 II

어원 變調~ 활용 변조하여(변조해), 변조하니, 변조하고 대응 변조를 하다

타 ❶ 【음악】 (음악 작품에 대하여) 진행 과정에 조성을 바꾸다. Change tonality of a music work while in progress.

N0-가 N1-를 V (N0=[인간|단체] N1=[작품])

피 변조되다II

¶그 작곡가는 곡을 변조하는 능력이 뛰어난다. 연주자들은 즉흥적으로 곡을 변조해서 연주했다.

❷ 【물리】 파동의 속성을 변화시키다. Change the characteristics of wave.

N0-가 N1-를 V (N0=[인간|단체], [기계] N1=[파동], [소리])

피 변조되다II

¶방송에서는 제보자의 목소리를 변조하여 내보냈다. ¶도청을 막기 위해 신호를 변조하는 장치를 설치했다.

변질되다

어원 變質~ 활용 변질되어(변질돼), 변질되니, 변질되고 대응 변질이 되다

자 ☞ 변질하다

변질하다

어원 變質~ 활용 변질하여(변질해), 변질하니, 변질하고

자 ❶(어떤 물건 따위가) 본래의 성질이 유지되지 못하여 질이 나빠지다. (of an item) Become poor in quality by failing to maintain original characteristics.

유 상하다, 부패하다 상 변하다

N0-가 V (N0=[속성])

¶상온에서는 우유가 변질한다. ¶여름철에는 음식이 쉽게 변질한다.

N1-의 N0-가 V ↔ N1-가 N0-가 V (N0=[속성], [계획] N1=[구체물])

¶우유 맛이 변질했다.↔ 우유가 맛이 변질했다. ¶음식이 색깔이 완전히 변질했다.

❷ 본래의 성질을 잃고 나쁘게 바뀌다. Lost original characteristics and become something evil or become bad in characters.

유 나빠지다, 악화되다 상 변하다

N0-가 V (N0=[단체], [제도], [사조], [예술], [방송물], [감정])

¶어떤 상황이라도 올림픽의 이상이 변질해서는 안 될 것이다. ¶최근에는 학교 교육이 점차 변질하고 있다.

❸현재의 대상이나 성질이 다른 대상이나 성질로 바뀌다. (of a current target or property) Change into another target or property.

유 나빠지다, 악화되다 상 변하다, 바뀌다

N0-가 N1-로 V (N0=[감정], [단체], [제도], [사조], [예술], [방송물], [질병] N1=[감정], [행위], [갈등], [질병])

능 변질시키다

¶종교단체들이 기업으로 변질해서는 안 될 것이다.

변하다

어원 變~ 활용 변하여(변해), 변하니, 변하고

자 ❶(무엇이) 다른 것이 되다. (of something) Become something else.

유 바뀌다, 변화하다

N0-가 N1-에서 N2-로 V (N0=[모두] N1=[모두] N2=[모두])
¶나이가 들수록 입맛이 단맛에서 싱거운 맛으로 변한다. ¶날이 추워지면 호수가 얼음으로 변한다.
❷(무엇이) 이전과 달라지다. (of some property) Change to something else.
㊐바뀌다[자], 변화하다[자], 개정되다[자]
N1-의 N0-가 V ↔ N1-는 N0-가 V (N0=[모두] N1=[모두])
¶그의 마음이 변했다. ↔ 그는 마음이 변했다. ¶10년이 지나고 나니 거리 풍경이 변했다. ¶이 동아리는 자주 입회 조건이 변했다.
N0-가 ADV V (N0=[모두], ADV=Adj-게)
¶도시에 사람이 늘어나면서 인심이 흉흉하게 변했다. ¶애완견에게 밥을 많이 먹였더니 뚱뚱하게 변했다.
❸음식의 맛이 나빠져 이상해지거나 상하다. Change in taste of food.
㊐상하다, 부패하다
N1-의 N0-가 V ↔ N1-가 N0-가 V (N0=[음식] N1=맛 따위)
¶실온에 오래 두었더니 반찬의 맛이 변했다. ↔ 실온에 오래 두었더니 반찬이 맛이 변했다. ¶냉장고에 넣지 않았더니 그만 우유 맛이 변하고 말았다. ¶한번 녹였던 고기를 다시 얼리면 그 맛이 변한다.

변형되다

[어원]變形~ [활용]변형되어(변형돼), 변형되니, 변형되고 [대응]변형이 되다
[자]❶(어떤 대상이) 모양이나 형태가 변하다. (of an object) Change in shape or form.
㊐변모하다 ㊤변하다
N0-가 V (N0=[구체물], [추상물])
[능]변형하다
¶고온에서 플라스틱은 녹아서 변형된다. ¶종교 교리가 혼란기에는 크게 변형된다.
N0-가 N1-로 V (N0=[구체물], [추상물] N1=[모양])
¶빛이 굴절되면 사물이 다른 모습으로 변형되어 보인다. ¶이 희귀병에 걸리면 뼈가 쐐기 모양으로 변형된다.
❷ 【물리】 (탄성체가) 형태나 부피가 바뀌다. (of an elastic body) Change in form or volume.
N0-가 V (N0=[무생물](탄성체 따위))
[능]변형하다
¶바람이 빠지니 풍선이 납작하게 변형되었다. ¶물체는 고온을 가하면 변형된다.

변형시키다

[어원]變形~ [활용]변형시켜, 변형시키니, 변형시키고 [대응]변형을 시키다
[타]☞'변형하다'의 오용

변형하다

[어원]變形~ [활용]변형하여(변형해), 변형하니, 변형하고 [대응]변형을 하다
[타]❶어떤 사물을 조작하여 모양이나 형태가 달라지게 하다. Manipulate a thing to change its shape or form.
㊤바꾸다, 변화시키다
N0-가 N1-를 V (N0=[인간] N1=[구체물], [속성](모양, 스타일 따위))
[피]변형되다
¶1907년 일본은 경희궁의 지형을 크게 변형했다. ¶우리 연구팀은 세포를 변형하는 연구를 한다.
N0-가 N1-를 N2-로 V (N0=[인간] N1=[구체물], [속성] N2=[구체물], [속성])
¶이 제품은 알약을 캡슐로 변형한 것이다. ¶빗물은 굴곡이 심한 지형을 평탄한 곳으로 변형했다.
❷ 【물리】 (사람이) 탄성체를 형태나 부피를 바꾸다. (of a person) Change the shape or volume of an elastic body.
N0-가 N1-를 V (N0=[인간] N1=[무생물](탄성체 따위))
[피]변형되다
¶그는 풍선을 변형해서 동물 모양을 만들었다. ¶대장장이는 쇠붙이를 변형해서 각종 농기구를 만든다.

변호하다

[어원]辯護~ [활용]변호하여(변호해), 변호하니, 변호하고 [대응]변호를 하다
[자타]❶다른 사람이나 그의 행동 따위를 대신해서 변명하거나 감싸주다. Make an excuse for or protect another person or his(her) deeds.
㊐옹호하다, 방어하다
N0-가 N1-에게 N2-를 V (N0=[인간|단체] N1=[인간|단체], [사태] N2=[인간|단체])
¶형은 동생을 열심히 변호하고 다녔다. ¶나는 영호를 비난에 대해 정성껏 변호해야 했다.
N0-가 N1-에게 S다고 V (N0=[인간|단체] N1=[인간|단체])
¶선생님은 경찰에게 내 행동이 실수였다고 변호하셨다. ¶교수님은 영희의 잘못을 고의가 아니었다고 변호하셨다.
❷ 【법률】 (재판에서) 변호사가 의뢰인을 옹호하거나 검사로부터 방어하다. (of a lawyer) Advocate the accused or his/her deeds and protect his/her against the prosecutor's offensive in a trial.
N0-가 N1-를 V (N0=[인간](변호사 따위) N1=[인간|단체], [사태])
¶변호사는 피고를 제대로 변호하지 못했다. ¶김 변호사님은 일생을 약자를 변호하셨다.

ㅂ

No-가 S다고 V (No=[인간](변호사 따위))
¶김 변호사는 피고의 행위가 고의가 아니었다고 변호했다. ¶변호사들이 의뢰인의 변호를 제대로 못하는 경우도 종종 있다.

변화되다
어원 變化~ 활용 변화되어(변화돼), 변화되니, 변화되고 대응 변화가 되다
자 ☞ 변화하다

변화하다
어원 變化~ 활용 변화하여(변화해), 변화하니, 변화하고 대응 변화를 하다
자 (무엇이) 성질이나 상태 따위가 바뀌어 원래의 모습과 달라지다. (of something) Become different from the original feature or state.
유 바뀌다, 변하다 하 변형되다, 변질되다, 변모하다
No-가 V (No=[구체물], [추상물])
능 변화시키다
¶세계의 산업 구조가 산업혁명으로 인해 빠르게 변화했다. ¶가을이 다가오면서 산이 울긋불긋하게 변화하고 있다.
No-가 N1-로 (No=[구체물], [추상물] N1=[구체물], [추상물])
능 변화시키다
¶온도가 높아지면 물이 얼음으로 변화한다.
¶농업사회가 산업사회로 변화했다.
No-가 N1-에서 N2-로 V (No=[구체물], [추상물] N1=[구체물], [추상물] N2=[구체물], [추상물])
¶올챙이에서 개구리로 변화하는 과정을 지켜보았다. ¶꽃봉오리에서 열매로 변화하는 과정이 신기하다.

병나다
어원 病~ 활용 병나, 병나니, 병나고 대응 병이 나다
자 ❶(사람이) 병이 생겨 아프거나 무기력해지다. (of a person) Suffer or to become lethargic because of a disease.
유 발병하다, 병들다 반 낫다, 치유되다, 회복하다
No-가 V (No=[인간])
¶그는 어제 비를 맞아서 병났다. ¶왜 병난 사람처럼 기운이 없니?
❷(사물이) 고장이 나서 제대로 작동하지 아니하다. (of a thing) Not to work well, being out of order.
유 고장나다
No-가 V (No=[구체물])
¶텔레비전이 병났는지 화면이 선명하지 않다.

병들다
어원 病~ 활용 병들어, 병드니, 병들고, 병드는
대응 병이 들다
자 ❶몸에 병이 생기다. Have illness in one's body.
유 발병하다, 병나다 반 낫다, 치유되다, 회복하다
No-가 V (No=[인간], [짐승], [새], [물고기], 몸)
¶우리 집 강아지가 병들어 병원에 데리고 갔다.
¶그는 병든 몸을 이끌고 우리를 맞이하러 나왔다.
❷(마음, 사회, 태도 따위가) 정신적으로나 사회적으로 건전하지 않은 상태가 되다. (of mind, society, and attitude) Become unsound both mentally and physically.
유 부패하다, 썩다
No-가 V (No=[단체], [제도], 마음 따위)
¶물질주의가 팽배하면서 사회가 병들었다. ¶마음이 병든 사람들에게는 위로가 필요하다.

병행되다
어원 竝行~ 활용 병행되어(병행돼), 병행되니, 병행되고 대응 병행이 되다
자 (어떤 일이 다른 일과) 동시에 같이 나란히 이루어지거나 진행되다. (of a work) Proceed or to be done in parallel with another work simultaneously.
No-가 N1-와 V ↔ No-와 N1-가 V (No=[사태] N1=[사태])
능 병행하다
¶회복을 위해 수술이 운동과 병행되어야 했다.
↔ 회복을 위해 운동이 수술과 병행되어야 했다.
↔ 회복을 위해 수술과 운동이 병행되어야 했다.
¶회사일과 집안일이 병행되기 쉽지 않다.
※ No가 복수이면 논항이 하나이다.

병사하다
어원 病死~ 활용 병사하여(병사해), 병사하니, 병사하고 대응 병사를 하다
자 (사람이) 병으로 죽다. (of a person) Die of an illness.
No-가 N1-로 V (No=[인간] N1=[병])
¶그의 아내는 암으로 병사했다. ¶요양원에서 병사하는 사람들이 늘고 있다.

병행하다
어원 竝行~ 활용 병행하여(병행해), 병행하니, 병행하고 대응 병행을 하다
자 (어떤 일이) 다른 무엇과 동시에 나란히 이루어지거나 진행되다. (of a work) Proceed or to be done in parallel with something else simultaneously.
No-가 N1-와 V ↔ No-와 N1-가 V (No=[단체], [추상물], [사태] N1=[단체], [추상물], [사태])
¶우리 대대는 제1대대와 병행하여 적군을 공격하였다. ↔ 우리 대대와 제1대대가 병행하여 적군을 공격하였다. ¶이 증상은 집중력 저하와 병행하여 일어난다.

※ N0가 복수이면, 논항이 하나이다.
타(사람이) 어떤 일과 다른 일을 동시에 같이 행하거나 진행하다. (of a person) Carry on or do some work in parallel with another work simultaneously.
N0-가 N1-와 N2-를 V ↔ N0-가 N1-를 N2-와 V (N0=[인간] N1=[사태] N2=[사태])
피병행되다 사병행시키다
¶나는 회복을 위해 수술과 운동을 병행하였다. ↔ 나는 회복을 위해 수술을 운동과 병행하였다. ¶어머니께서는 회사일과 집안일을 병행하고 계신다. ¶나는 일과 학업을 병행하기로 결심하였다.

보강되다

어원補强~ 활용보강되어(보강돼), 보강되니, 보강되고 대응보강이 되다
자❶부족한 것이 채워지거나 필요한 것이 더 보태지다. (of something insufficient) Be filled or supplemented with necessary things.
㊐보완되다, 보충되다
N0-가 V (N0=[인간], [시설], 돈, 증거 따위)
능보강하다
¶지금도 연구 인력들이 보강되고 있다. ¶간접투자 자금이 보강되는 데는 시간이 필요하다.
N0-가 N1-로 V (N0=[인간|단체], [시설], [장소] N1=[인간|단체], [시설], [장소])
¶연구진이 추가 연구 인력들로 보강되고 있다. ¶이 보는 배수 시설이 보강되어야 한다. ¶기존 낡은 건물이 철골로 보강되지 않으면 위험하다.
❷원래보다 나아지기 위해 원래의 것에 더 보태지거나 채워지다. Become added or filled to an original matter to become better.
㊐보완되다, 강화되다
N0-가 V (N0=[속성], [능력](수비력, 마케팅력, 체력 따위), 안전, 증거, 내용 따위)
¶마케팅력이 보강되지 않는 한 이들의 외국 진출은 어려울 것 같다. ¶서울지하철의 안전은 충분히 보강되어 있다.
N0-가 N1-로 V (N0=[인간|단체], [장소], [구체물] N1=[추상물], [시설])
¶기획팀이 새로운 전략으로 보강될 필요가 있다. ¶목조다리가 더 강력한 골조로 보강되면 차가 건널 수 있다.

보강시키다

어원補强~ 활용보강시키어(보강시켜), 보강시키니, 보강시키고 대응보강을 시키다
타☞'보강하다'의 오용

보강하다

어원補强~ 활용보강하여(보강해), 보강하고, 보강하니 대응보강을 하다
타❶부족한 것을 채우거나 필요한 것을 더 보태다. Fill something that lacks or add necessary things.
㊐보충하다, 보완하다
N0-가 N1-를 N2-로 V (N0=[인간|단체] N1=인력, 시설 따위 N2=[인간|단체], [추상물])
피보강되다
¶특허청은 관련 인력을 박사급으로 보강했다. ¶낙찰업체가 조명 시설을 최신 설비로 보강하는 공사가 진행 중이다.
❷원래보다 나아지기 위해 원래의 것에 필요한 것을 더 보태거나 채우다. Add or fill necessary things to an original matter to be better.
㊐보완하다
N0-가 N1-를 N2-로 V (N0=[인간|단체] N1=허점, 규정, 전력 따위 N2=[인간|단체], [추상물])
피보강되다
¶감독은 수비진을 대표선수로 보강했다. ¶관련 규정을 추가 조항으로 보강하도록 하겠습니다.

보고되다

어원報告~ 활용보고되어(보고돼), 보고되니, 보고되고 대응보고가 되다
자(어떤 내용이) 윗사람이나 상급 기관에 공식적으로 전달되다. (of something) Be reported officially to a superior or a superior office.
N0-가 N1-(에|에게) V (N0=[추상물], [사태] N1=[인간|단체])
능보고하다
¶업무 처리 결과가 부장에게 보고되었다. ¶행사 진행 현황이 아직 우리에게 보고되지 않았다.
N0-가 S고 N1-(에|에게) V (N0=[구체물], [추상물] N1=[인간|단체])
능보고하다
¶그 전투는 아군이 승리했다고 보고되었다. ¶이 물질은 사용하는 것을 금지했다고 보고되었다.

보고받다

어원報告~ 활용보고받아, 보고받으니, 보고받고 대응보고를 받다
자타(어떤 내용을) 아랫사람이나 하급 기관으로부터 공식적으로 전달받다. Be informed officially of a content by a subordinate or a subordinate office.
㊥보고하다
N0-가 N1-(를|에 대해) N2-(에게|로부터) V (N0=[인간|단체] N1=[추상물], [사태] N2=[인간|단체])
¶경찰청장은 수사관에게 수사 경과를 보고받았다. ¶사장은 국외 지사 직원으로부터 현지 사정에 대해 보고받았다.
N0-가 N1-(에|에게 | 에게서) S고 V (N0=[인간

ㅂ

|단체] N1=[인간|단체])
¶팀장에게서 마무리 작업만 남았다고 보고받은 부장은 퇴근했다. ¶저는 모든 일이 정상적이라고 보고받은 것뿐입니다.

보고하다

어원 報告~ 활용 보고하여(보고해), 보고하니, 보고하고 대응 보고를 하다
자타 (어떤 내용을) 윗사람이나 상급 기관에 공식적으로 알리다. Officially deliver certain contents to one's superior or upper echelon.
㊐알리다 ㊥보고받다
N0-가 N1-(를|에 대해) N2-(에|에게) V (N0=[인간|단체] N1=[추상물], [사태] N2=[인간|단체])
피 보고되다
¶나는 상사에게 회의 결과에 대해 보고하였다. ¶그는 돌발 사태를 보고도 상부에 보고하지 않았다.
N0-가 N1-(에|에게) S고 V (N0=[인간|단체] N1=[인간|단체])
피 보고되다
¶그는 계획이 변경된 것은 없다고 상부에 보고하였다. ¶문제없다고 보고한 계획에서 많은 문제점이 발견되었다.

ㅂ

보관되다

어원 保管~ 활용 보관되어(보관돼), 보관되니, 보관되고 대응 보관이 되다
자 ❶(물건이) 사람이나 장소에 맡겨져 간직되어 관리되다. (of a thing) Be given to a person or a place so that it is kept and managed.
㊐간직되다, 간수되다
N0-가 N1-(에|에게) V (N0=[구체물] N1=[장소], [인간])
능 보관하다
¶한글 편지는 발굴되자마자 박물관에 보관되었다. ¶농기구들은 지하 창고에 보관되어 있었다.
❷(물건이) 용기에 넣어져 간수되다. (of a thing) Be kept in a container.
㊐간직되다, 간수되다
N0-가 N1-에 V (N0=[구체물] N1=[용기])
능 보관하다
¶아들의 편지는 사물함에 보관되었다. ¶외할머니 반지는 보관함에 보관되어 있다.

보관하다

어원 保管~ 활용 보관하여(보관해), 보관하니, 보관하고 대응 보관을 하다
타 ❶물건을 어디에 간직하여 관리하다. (of a person) Keep a thing somewhere and manage it.
㊐간수하다, 간직하다
N0-가 N1-를 N2-(에|에게) V (N0=[인간] N1=[구체물] N2=[장소], [인간])
피 보관되다
¶나는 내 짐을 친구네 집에 보관하였다. ¶나는 겨울 코트를 옷장 속에 보관하였다.
❷물건을 용기에 넣어 간수하다. Keep a thing in a container.
㊐간수하다, 간직하다
N0-가 N1-를 N2-에 V (N0=[인간] N1=[구체물] N2=[용기])
피 보관되다
¶나는 아들의 편지를 사물함에 보관하였다. ¶어머니는 외할머니가 물려주신 반지를 보석함에 보관하고 있다.

보급되다 I

어원 普及~ 활용 보급되어(보급돼), 보급되니, 보급되고 대응 보급이 되다
자 (새로운 물건이나 시스템 따위가) 여러 사람에게나 단체에 널리 퍼져 골고루 알려지거나 사용하게 되다. (of a new item or system) Spread among many people or in organizations so widely that it is evenly known or used.
㊐퍼지다, 전해지다
N0-가 N1-(에|에게) V (N0=[구체물], [추상물] N1=[인간|단체], [장소])
능 보급하다I
¶기원전 4세기 경 철기가 한반도에 보급됐다. ¶커피는 13세기 이후에 일반 대중들에게 보급되기 시작했다.

보급되다 II

어원 補給~ 활용 보급되어(보급돼), 보급되니, 보급되고 대응 보급이 되다
자 필요하거나 부족한 물건이나 자금 따위가 그것을 필요로 하는 사람들에게나 단체들에 주어지다. (of necessary or insufficient things or money) Be given to persons or organizations requiring them.
㊐공급하다, 대주다
N0-가 N1-(에|에게) V (N0=[구체물] N1=[인간|단체], [장소])
능 보급하다II
¶홍역 치료제가 전국 병원에 보급되었다. ¶구호물품이 일부 지역에 편중되어 보급되고 있었다. ¶농촌 지역 학교에까지 컴퓨터가 보급되었다.

보급받다

어원 補給~ 활용 보급받아, 보급받으니, 보급받고 대응 보급을 받다
타 (사람이나 단체가) 어떤 사람이나 단체에서 필요하거나 부족한 물건이나 자금 따위를 제공받

다. (of a person or an organization) Receive the necessary or lacking things or money from another person or organization.
[유]제공받다, 지급받다 [반]보급하다II
N0-가 N2-(에서|에게|로부터) N1-를 V (N0=[인간|단체] N1=[구체물], [돈] N2=[인간|단체])
¶우리 학교는 시 교육 지원청에서 컴퓨터를 보급받아서 수업한다. ¶이재민들은 생필품을 보급받지 못하고 있는 상황이다.

보급시키다

[어원]普及~ [활용]보급시키어(보급시켜), 보급시키니, 보급시키고 [대응]보급을 시키다
[타]☞'보급하다I'의 오용

보급하다 I

[어원]普及~ [활용]보급하여(보급해), 보급하니, 보급하고 [대응]보급을 하다
[타](사람이나 단체가) 새로운 물건이나 시스템 따위를 다른 사람들에게나 단체에 널리 퍼뜨려서 골고루 알리거나 사용하게 하다. (of persons or an organizations) Spread a new item or system so widely that it can be evenly known or used.
[유]퍼뜨리다, 유포하다, 전하다
N0-가 N2-(에|에게) N1-를 V (N0=[인간|단체] N1=[구체물], [추상물] N2=[인간|단체])
[피]보급되다I
¶김 박사는 과학적 농법을 농민들에게 보급하기 시작했다. ¶농수산부는 새로운 아열대 작물을 농가에 보급하기로 했다.

보급하다 II

[어원]補給~ [활용]보급하여(보급해), 보급하니, 보급하고 [대응]보급을 하다
[타](사람이나 단체가) 다른 사람들이나 단체에 필요하거나 부족한 물건이나 자금 따위를 대주다. (of a person or an organization) Provide other persons or organizations with the necessary or lacking things or money.
[유]공급하다, 지급하다 [반] 보급받다
N0-가 N2-(에|에게) N1-를 V (N0=[인간|단체] N1=[구체물], [돈] N2=[인간|단체])
[피]보급되다II
¶회사는 장애인들에게 휠체어를 보급하기로 했다. ¶우리는 주민들에게 담요와 라면을 보급할 것이다.

보내다[1]

[활용]보내어(보내), 보내니, 보내고
[타]❶(사람이나 물건 따위를) 직접적으로나 간접적으로 다른 곳으로 가게 하다. Directly or indirectly make a person or object go somewhere else.
N0-가 N2-에게 N1-를 V (N0=[인간] N1=[구체물] N2=[인간])
¶철수할머니께서 손녀한테 생일 선물을 보냈다. ¶아들이 차를 보내 부모님을 집으로 모셔 왔다.
N0-가 N2-(에|로) N1-를 V (N0=[인간] N1=[인간], [구체물] N2=[장소], [지역], [단체])
¶어머니께서 아들을 서울로 보냈다. ¶여러 회사에 이력서를 보냈지만 아무데서도 연락이 없다.
❷(어떠한 소식이나 내용이) 다른 사람에게 전달되게 하다. Make a message or contents be delivered to someone else.
[유]전하다[타], 전달하다
N0-가 N2-(에|에게) N1-를 V (N0=[인간] N1=[편지], 이메일, 문자 메시지, 소식 따위 N2=[인간|단체])
¶나는 신문사에 이메일을 보냈다. ¶선생님께서 휴강 메시지를 학생들에게 보내셨다.
N0-가 N2-(에|에게) N1-를 N3-로 V (N0=[인간] N1=[말], [앎], [의견] N2=[인간|단체])
¶영희는 신문사에 자신의 의견을 이메일로 보냈다. ¶회사는 박정규 이사에게 해임을 정식 문서로 보냈다.
❸(어떠한 임무나 목적으로) 사람을 어느 곳에 가게 하다. Make someone go somewhere for certain duty or purpose.
[하]파견하다, 파송하다
N0-가 N3-(에|로) N1-를 N2-를 V (N0=[인간] N1=[인간] N2=[행위] N3=[장소])
¶엄마는 아들을 시장에 심부름을 보냈다. ¶아버지는 아들을 미국으로 유학을 보냈다. ¶회사에서 박 이사를 동남아 지역으로 출장을 보냈다.
❹(사람을) 어느 곳에 가게 하여 머물러 있게 하다. Assign someone to a certain place and make them reside there.
[유]들어가게 하다
N0-가 N2-(에|로) N1-를 V (N0=[인간] N1=[인간] N2=[장소], [기관])
¶어머니는 딸을 의과대학에 보냈다. ¶아버지는 아들을 군대에 보내 놓고 남몰래 우셨다.
❺(사람을) 운동 경기나 모임 따위에 참가하기 위해 가게 만들다. Make someone go to a sports game or group to make that person participate.
N0-가 N2-에 N1-를 V (N0=[인간|단체] N1=[인간|단체] N2=[식], [회의], [경기], [대회])
¶축구협회는 국가 대표팀을 국제대회에 보냈다. ¶단장은 선수들이 잘 적응할 수 있도록 대회 개최지에 미리 보냈다.
N0-가 N2-에 N1-를 N3-로 V (N0=[인간] N1=[인간] N2=[식], [회의], [경기], [대회] N3=[역할](대표 따위))
¶선생님은 철수를 반대표로 웅변대회에 보냈다. ¶사장은 이관수 이사를 협상 자리에 회사 대표로

보냈다.

❻(눈길 따위를) 일정한 곳으로 향하게 하다. Make one's eyes move towards a certain direction.

N_0-가 N_2-에게 N_1-를 V (N_0=[인간] N_1=[행위](시선, 눈길 따위) N_2=[인간])

¶사람들은 그녀에게 의심스러운 눈길을 보냈다. ¶자녀들에게 따스한 눈길을 보내시고 돌봐 주세요.

N_0-가 N_2-(에|로) N_1-를 V (N_0=[인간] N_1=[행위](시선, 눈길 따위) N_2=[방향], [장소], [구체물])

¶영희는 창밖으로 눈길을 보내며 고개만 끄덕거렸다. ¶손녀는 게임 화면에만 시선을 보내고 말을 듣지 않았다.

❼(사람을) 다른 곳으로 돌아가게 하거나 떠나게 하다. Make someone return or leave for some other place.

[유]떠나게 하다

N_0-가 N_1-를 V (N_0=[인간] N_1=[인간], [동물])

¶어머니는 손님들을 후하게 대접하여 보냈다. ¶그는 자신 때문에 힘들어 하는 여자친구를 보내 주기로 했다.

❽사람이 죽어서 그와 이별하다. Die and part.

[유]사별하다[타]

N_0-가 N_1-를 N_2-로 V (N_0=[인간] N_1=[인간], [친족] N_2=[장소])

¶그녀는 남편을 일찍 저세상으로 보냈다. ¶자식을 먼저 보낸 부모는 슬픔에서 벗어날 수 없었다.

❾일정한 시간이나 기간을 지내면서 체험하다. Experience by staying for a certain time or period.

[유]지내다[타]

N_0-가 N_1-를 V (N_0=[인간] N_1=[시간])

¶상규는 유복한 유년 시절을 보냈다. ¶손녀는 시골 할머니 댁에서 여름 방학을 보냈다.

보내다[2]

[활용]보내어(보내), 보내니, 보내고

[기능][타]행위의 '실행'을 나타내는 기능동사 Support verb that designates the execution of an "action".

N_0-가 N_1-에게 Npr-를 V (N_0=[인간] N_1=[인간], Npr=박수, 갈채, 응원, 야유 따위)

¶관객들은 연주자에게 기립 박수를 보냈다. ¶모두가 한국의 태극 전사들에게 끊임없는 응원을 보냈다.

N_0-가 N_1-에 Npr-를 V (N_0=[인간] N_1=[속성], [인지], Npr=박수)

¶사람들은 그의 투혼에 아낌없는 박수를 보냈다. ¶국민들은 늠름한 선수들의 모습에 뜨거운 박수를 보냈다.

◆ **시집을(장가를) 보내다** (아들이나 딸을) 결혼을 시키다. Marry one's son or daughter to someone.

[유]결혼시키다, 짝을 맺어주다

N_0-가 N_2-(에|로) N_1-를 Idm (N_0=[친족] N_1=[친족] N_2=[집단], [지역])

¶엄마는 딸을 부잣집에 시집을 보내고 싶었다. ¶김 씨는 아들을 명망가에 장가를 보냈다.

보다[1]

[활용]보아(봐), 보고, 보니

[타]❶(사람이나 동물이) 대상이나 동작을 눈으로 인식하다. (of a person or an animal) Perceive an object or an action with the eyes.

N_0-가 N_1-를 V (N_0=[인간], [동물] N_1=[구체물], [사태])

[피]보이다I [사]보이다II[1]

[연어]똑똑히

¶제 두 눈으로 그 광경을 똑똑히 봤습니다. ¶아이들은 외국인들을 흘끔흘끔 보았다.

N_0-가 S것-을 V (N_0=[인간], [동물])

[피]보이다I [사]보이다II[1]

¶어떤 승려는 중생이 괴로워하는 것을 보고 출가했다. ¶그는 밀짚모자를 쓴 청년이 백사장을 걸어오는 것을 보았다.

N_0-가 (S는지|S는가|S으나) V (N_0=[인간], [동물])

¶강아지는 주인이 무슨 사료를 꺼내 드는가 보며 재롱을 떨었다. ¶너희들이 신혼 생활을 어떻게 사나 보고 싶어서 왔지.

❷(글을) 눈으로 읽고 이해하다. Read a writing with the eyes and understand it.

[유]읽다

N_0-가 N_1-를 V (N_0=[인간] N_1=[텍스트])

¶저번에 네가 보낸 편지는 잘 봤다. ¶선생님은 학생들의 보고서를 자세히 보셨다.

❸(영화, 연극, 경기 따위를) 눈으로 감상하다. Apreciate a film, a play, or a sports game with the eyes.

[유]관람하다, 시청하다

N_0-가 N_1-를 V (N_0=[인간] N_1=[방송물], 연극, 영화, 미술, 무용, 운동경기, 전시회 따위)

¶우리는 팝콘을 사서 영화를 봤다. ¶저는 연극을 직접 보는 것이 처음이에요.

❹(정보를 얻기 위해) 도구를 통해 자세히 살피다. Look carefully in order to get some information using an instrument.

[유]관찰하다

N_0-가 N_1-를 V (N_0=[인간] N_1=[기계](시계, 현미경, 망원경, 거울 따위))

¶아이들은 망원경을 보고 싶어한다. ¶나는 밤을

새운 얼굴을 확인하려고 거울을 보았다.
❺(의사가) 환자를 치료하기 위해 살피다. (of a doctor) Examine his or her patient for treatment.
㊀진찰하다, 진료하다, 검진하다
N0-가 N1-를 V (N0=[인간](의사 따위) N1=[인간], [동물], [신체부위](맥 따위))
¶그는 한국에서 제일 허리를 잘 본다는 의사를 찾아갔다. ¶선생님이 강아지를 한 달 동안 봐 주신 덕에 병이 나았다.
❻(전문가가) 고장난 사물을 고치기 위해 살피다. (of an expert) Check a broken thing in order to fix it.
㊀점검하다, 검사하다
N0-가 N1-를 V (N0=[인간](수리공, 기사 따위) N1=[전기기구, [기계], [교통기관])
연어 꼼꼼히
¶여러 정비사들이 차체를 내부까지 꼼꼼히 봅니다. ¶컴퓨터 보러 온 수리기사시군요.
❼(집이나 물건 따위를 사기 위해서) 비교하며 잘 살피다. Check houses or goods by comparing them in order to purchase one.
N0-가 N1-를 V (N0=[인간] N1=[건물], [교통기관], [건물](방 따위), [장소](땅 따위), [구체물](혼수 따위))
사 보이다II[1]
¶이곳은 신혼부부들이 집을 보러 오는 곳이다. ¶아버지께서는 땅을 보러 갔다 오셨다고 한다. 그녀는 결혼에 앞서 미리 혼수를 보러 다닌다.
❽사람을 만나다. Meet a person.
㊀만나다
N0-가 N1-를 V (N0=[인간] N1=[인간], [신체부위](얼굴 따위))
¶선생님은 너희들을 보고 싶어서 한달음에 왔단다. ¶방학에는 잠깐 친구들을 보고 금방 출국할 예정입니다.
❾어떤 일을 맡아 처리하다. Take charge of a job.
㊀맡다
N0-가 N1-를 V (N0=[인간] N1=[일](회계, 사무 따위))
¶형은 무역 회사에서 회계를 보고 있다. ¶내가 결혼식 사회를 보기로 했다.
❿시험을 치르다. Take an examination.
㊀시험을 치다
N0-가 N1-를 V (N0=[인간](수험생 따위) N1=[시험])
¶나는 취업을 위해 토플을 보았다. ¶여러분 모두 시험 잘 보기를 바랍니다.
⓫(혼인, 출산, 입양 따위를 통해) 새 가족을 얻거나 맞다. Acquire or receive a new family member by marriage, childbirth, or adoption.
㊀얻다
N0-가 N1-를 V (N0=[친족], [집단 N1=[친족], [집단])
¶그 집은 이번에 며느리를 보셨다면서요? ¶나는 여덟 살 터울의 동생을 보았다.
⓬점을 쳐서 운수를 알아보다. Try to find out one's luck through fortune telling.
N0-가 N1-를 V (N0=[인간](점쟁이, 무당, 도사 따위) N1=[운](점, 사주, 궁합, 관상, 풍수지리 따위))
¶그 영감은 관상을 잘 보기로 유명했지. ¶결혼하기 전에 사주나 궁합을 보는 것도 다 미신 아닌가요?
⓭음식이나 자리를 잘 갖추어 준비하다. Prepare food or seats properly.
㊀차리다, 마련하다
N0-가 N1-를 V (N0=[인간] N1=상, 자리 따위)
¶손님 오시니 술상 좀 봐 오너라. ¶맏딸은 부모님의 침소에 이부자리를 보아 드렸다.
⓮잡지, 신문 따위를 정기적으로 받아서 읽다. Receive and read a newspaper or a magazine regularly.
㊀구독하다
N0-가 N1-를 V (N0=[인간|단체] N1=[텍스트](정기간행물 따위))
¶나는 하숙집에서 보는 신문을 같이 읽었다.
⓯종교적 의식을 치르거나 예배를 드리다. Perform a religious rite.
㊀드리다I[2], 거행하다
N0-가 N1-를 V (N0=[인간] N1=[종교], [의례행위])
¶신학생들이 대성당에 모여 미사를 보고 있다. ¶스님은 아침 예불을 보고 산을 올랐다.
⓰어떤 결과를 얻어내다. Get a result.
N0-가 N1-를 V (N0=[인간|단체] N1=[이익], [피해], [결과](산물, 성과 따위), 타협, 합의 따위)
¶과학자들은 실험을 통해 상이한 결과를 보았다. ¶아버지는 주식으로 큰 손해를 보셨다.
⓱소변이나 대변을 싸거나 배출하다. Excrete feces or urine.
㊀배설하다
N0-가 N1-를 V (N0=[인간] N1=[배설물](소변, 소피, 대변 따위))
¶그는 방광이 좋지 않아 소변을 자주 보았다. ¶나는 잠깐 대변을 보고 오겠다고 양해를 구했다.
⓲기회나 시기를 살피다. Watch out for an opportunity or an appropriate time.
㊀살피다
N0-가 N1-를 V (N0=[인간] N1=[시간](기회, 시기, 때 따위))
¶기회를 봐서 부모님께 다 털어 놓기로 했다. ¶적당한 때를 봐서 고향으로 돌아가려 해.
⓳어떤 사람의 입장이나 형편을 고려하다. Consider someone's position or situation.

ㅂ

㊌고려하다, 생각하다
N0-가 N1-를 V (N0=[인간] N1=[인간], [상황], [감정](정 따위), 얼굴, 체면 따위)
¶저를 봐서 꼭 내일까지 일을 처리해 주세요. ¶너희들 성의를 봐서 딱 한 번만 알려 줄테니 잘 들어.
⑳ 어떤 이득을 기대하다. Expect a certain benefit.
㊌기대하다, 예상하다
N0-가 N1-를 V (N0=[인간] N1=[인간], [집단](집안 따위), [돈](재산 따위), [권력](배경 따위))
¶당신 아버지는 내가 처갓집 재산을 보고 결혼했다고 생각하는군요. ¶그의 동료는 여자의 배경만 보고 결혼했다.
㉑ 어떤 사람을 의지하고 기대다. Depend on someone.
㊌의지하다
N0-가 N1-를 V (N0=[인간] N1=[인간](부모, 남편, 아내, 친구 따위))
¶아이들은 아버지를 여의고 나만 보고 자랐다. ¶홀어머니는 아들 하나 보고 살았다.
㉒ 무엇을 근거로 판단하다. Make a judgment on the basis of something.
N0-가 N1-를 V (N0=[인간] N1=[구체물], [사태], [상태])
¶그림을 보니 작가의 실력이 뛰어난 걸 알겠다. ¶아이들의 여윈 몸을 보니 많이 굶었던 것 같다.
N0-가 N1-로 V (N0=[인간], [구체물], [사태], [상태] N1=[구체물], [사태], [상태])
¶말씨와 거동으로 보아 그는 귀한 집 자식인 것 같다. ¶그 친구는 과거 경력으로 봐서 꼭 큰일을 낼 것 같았지.
N0-가 S것-(을 | 으로) V (N0=[인간])
¶그 사람은 손이 고운 것으로 보아 농부는 아니다. ¶물소리가 들리는 걸 보니 근처에 물이 있나 보다.
㉓ 무엇을 어떠하거나 무엇을 무엇이라고 판단하다. Judge something to be such and such.
㊌판단하다
N0-가 N1-를 N2-로 V (N0=[인간] N1=[구체물], [사태], [상태] N2=[구체물], [사태], [상태])
¶계몽주의자들은 학교를 산업화의 열쇠로 보았다. ¶학자들은 산출량의 증가를 기술 향상의 결과로 보고 있다.
N0-가 S라고 V (N0=[인간])
¶학자들은 이차 성징이 호르몬의 작용이라고 본다. ¶나는 회장으로 이 선생이 적임자라고 본다.
㉔ 다른 사람이나 사건이 어떠하다고 인식하고 판단하다. Perceive and judge another person or an event to be such and such.
㊌인식하다, 판단하다
N0-가 N1-를 ADV V (N0=[인간] N1=[구체물], [사태], [상태] ADV=Adj-게)
연어 올바로, 우습게, 젊게, 녹록하게
¶우리는 현실을 똑바로 보아야 한다. ¶친구들이 나를 우습게 보는 것 같다.
자타 어떤 자료를 참고하여 판단하다. Make a judgment in reference to some data.
N0-가 N1-(를 | 에) V (N0=[인간] N1=[텍스트], [방송물])
¶나는 독감이 유행이라는 뉴스를 보고 예방접종을 맞기로 했다. ¶신문에 보니 이번 수능은 어려웠다더군.
◆ **-고 보니/보면** 앞의 일이 있은 뒤 생각하다. Think after something preceding happens.
V-Idm
¶의식을 회복하고 보니 병원이었다. ¶따지고 보면 친구를 잘못 만난 탓이다.
◆ **-고 볼 일이다** 이유를 묻지 않고 일단 어떤 일을 하는 것이 좋다. Prefer to do anything without asking why.
V-Idm
¶일단 공짜라면 받아 놓고 볼 일이다. ¶세상 참 오래 살고 볼 일이다.
◆ **그것 봐라** 뻔한 일이 일어나다. (of something obvious) Happen.
Idm
¶그것 봐라, 내가 이렇게 될 거라고 했잖아. ¶그것 봐라, 내 말이 거짓말이 아니지.
◆ **-나/는가 봐/봐라** 행위를 두고 악의적이거나 부정적인 마음으로 벼르다. Be determined to commit a certain act with malicious or negative intentions.
V-Idm
¶누가 호락호락 당하나 봐라. ¶내가 다시는 저희들 준다고 농사짓나 봐라.
◆ **눈치를 보다** 남의 기분과 생각을 헤아리다. Try to read another person's mind or thought.
N0-가 Idm (N0=[인간])
¶아이는 밥을 먹으며 자꾸만 엄마의 눈치를 보았다. ¶내 눈치 보지 말고 네가 하고 싶은 대로 해라.
◆ **-는가/나/(으)ㄴ가 보다/보구나/봐** 앞의 행동을 하거나 앞의 상태인 것으로 짐작되다. Be assumed to commit an act indicated by the preceding verb, or to be in a state indicated by the preceding verb.
(V | Adj)-Idm
¶이 화분은 꽃을 못 피우나 보다. ¶네가 또 감기에 걸렸나 보구나.
◆ **-다(가) 보니/보면** 앞의 일에 몰두하다가 어떤

사실을 깨닫다. Realize a fact while engaging in a preceding work.
V-Idm
¶소설을 읽다 보니 책 읽는 속도가 빨라졌다. ¶걷다가 보니 벌써 숙소에 도착해 있었다.
◆ **-다/고 보니/보면** 앞의 상태가 계속되어서 그 결과로 일어나다. Happen as a result of a preceding situation that persists.
Adj-Idm
¶화살표 방향으로 가다가 보면 갈림길이 나온다. ¶복잡한 법규를 강제하다 보면 분위기가 딱딱해진다.
◆ **-담/다가(느)ㄴ 봐/봐라** 앞의 일을 하고 나서 어떻게 되나 확인하다. Check how the preceding work goes after doing it.
V-Idm
¶또 한 번 손을 댔다가는 봐라. ¶우리 딸한테 손가락 하나 까딱했다가는 봐.
◆ **-(으)ㄹ까 봐/보냐** 앞의 상황이 일어날 리가 없음을 확신하다. Feel confident that the preceding situation will not happen again.
V-Idm
¶그런 유혹으로 내 마음이 꺾일까 봐? ¶이보다 더 아름다운 이름이 있을까 보냐!
◆ **-(으)ㄹ까 봐(서)** 앞의 상황이 될 것 같아 걱정하거나 두려워하다. Be afraid or to fear the preceding situation might happen again.
(V | Adj)-Idm
¶아이들이 추울까 봐 이불을 덮어 주고 나왔다. ¶돈 떼먹고 도망갈 사람일까 봐 걱정이세요?
◆ **-(으)ㄹ까 보다/봐** 앞의 행동을 하려는 마음이 있다. Have a mind to do a preceding action.
V-Idm
¶저는 아무래도 일 년 동안 학교를 쉴까 봐요. ¶그냥 친구 따라 여행이나 가 버릴까 봐.
◆ **맛을 보다** 고통이나 아픔을 경험하다. Experience suffering or pain.
N0-가 Idm (N0=[인간])
¶너 이 녀석 맛 좀 봐라. ¶너도 뜨거운 맛을 보고 싶으냐. ¶어디 매운 맛 좀 봐라.
◆ **별 볼 일 없다** 큰 가치나 영향력이 없어 하찮다. Be trivial with no great value or influence.
N0-가 Idm (N0=[인간], [구체물], [속성])
¶그 사람은 유명하지만 막상 만나 보면 별 볼 일 없다. ¶이곳은 선진국이라지만 의료 체계는 별 볼 일 없다.
◆ **보기 좋게** 아주 정통으로. So authentically.
Idm
¶사기꾼은 자기 꾀에 보기 좋게 당했다. ¶그 사람은 범인에게 보기 좋게 속았다.

◆ **보란 듯이** 잔뜩 뽐내며 자랑스럽게. Showing off proudly.
Idm
¶옛 애인은 보란 듯이 화려한 옷을 입고 나타났다. ¶나는 돈을 많이 벌어서 보란 듯이 살 것이다.
◆ **보아 하니** 판단에 따르면. Judging from.
Idm
¶보아 하니 금방 그칠 비는 아니다. ¶보아 하니 녀석이 먼저 잘못한 것 같다.
◆ **볼 장 다 보다** 손쓸 수 없을 정도로 일이 틀어지다. Go wrong so that it is not possible to amend.
N0-가 Idm (N0=[인간])
¶볼 장 다 본 집에 무슨 미련이 있겠어요? ¶경찰한테 걸리면 볼 장 다 보는 거야.
◆ **볼 장 보다** 하고자 하는 일을 이루다. Accomplish what one has wanted to do.
N0-가 Idm (N0=[인간])
¶우리는 우리 볼 장 봤으니까 이제 돌아가자. ¶넌 이미 그 사람하고 볼 장을 다 봤잖아.
◆ **불 보듯** 의심의 여지없이 밝히 드러나 명백하게 Without doubt.
Idm
¶물가가 비싸니 서비스의 질이 낮아질 것이 불 보듯 훤하다. ¶아직까지 연락이 없는 것을 보니 일이 생긴 것이 불 보듯 뻔하다.
◆ **빛을 보다** 세상에 이름을 알리거나 널리 인정을 받다. Be well-known or recognized in the world.
N0-가 Idm (N0=[인간], [구체물], [인성])
¶그의 영화는 어렵게 빛을 보았다. ¶열심히 하다 보면 나도 언젠가 빛을 볼 것이다.
◆ **손을 보다**
❶물건을 수리하거나 다듬다. Repair or trim a thing.
N0-가 N1-를 Idm (N0=[인간] N1=[구체물])
¶조금 손을 보고 나니 라디오가 다시 작동하기 시작했다. ¶이 난로는 조금만 손을 보면 다시 사용할 수 있을 것 같다.
❷다른 사람을 때리고 협박하다. Beat up and threaten another person.
N0-가 N1-를 Idm (N0=[인간], [단체] N1=[인간], [단체])
¶저 녀석들 까불지 못하게 손을 봐 줘야겠어. ¶깡패들을 손을 봐 주고 오는 길이다.
◆ **쓴 맛 단 맛 다 보다** 인생의 다양한 경험을 두루 하다. Undergo various experiences in life.
N0-가 Idm (N0=[인간])
¶그는 떠돌이 생활을 하며 쓴 맛 단 맛 다 봤다. ¶직원은 금융계에서 쓴 맛 단 맛 다 보고 퇴직했다.
◆ **어디 보자/봅시다** 시험삼아 살펴보다. Look

ㅂ

into something as a trial.
Idm
¶어디 보자, 빨간 선이 파란 선과 연결되는 것이던가? ¶어디 보자, 네가 찍은 사진이 참 멋있구나.
◆ **-었어 봐** 앞의 상황을 가정하다. Assume a preceding situation.
(V | Adj)-Idm
¶내가 몇 달 연락 없어 봐야 정신을 차리지? ¶들어온 게 선생님이었어 봐, 큰일 나지.
◆ **욕을 보다** 매우 고생을 하거나 치욕적인 일을 당하다. Undergo hardship or dishonor.
[유]곤욕을 치르다
N0-가 Idm (N0=[인간])
[사]욕을 보이다
¶이 많은 밥을 혼자 짓느라 욕을 봤네. ¶그는 이번 사건으로 큰 욕을 보았다.
◆ **이것/요것 봐라** 구경거리로 삼다. Enjoy something as a show or a spectacle.
Idm
¶이것 봐라, 작은 놈 치고 꽤 열심이네. ¶오호라, 이것 봐라. 역전 홈런을 쳤겠다.
◆ **-이고 보니/보면** 앞의 상태가 있음으로 인해 어떤 생각이 들다. Come to think of something because of a preceding condition.
N1-Idm (N1=[모두])
¶아무도 속지 않을 것이고 보면, 거짓말을 해도 소용이 없다. ¶그는 어렵게 자란 사람이고 보니 마음을 잘 열지 않았다.
◆ **이 꼴 저 꼴 다 보다** 안 좋은 면까지 전부 목격하다. Observe everything including the negative side.
N0-가 Idm (N0=[인간])
¶나는 이 꼴 저 꼴 다 보기 싫어 이민을 가기로 했다. ¶결혼한 부부는 함께 살면서 이 꼴 저 꼴 다 보게 마련이다.
◆ **장(시장)을 보다** 생활에 필요한 물건을 사다. Buy some necessary things.
N0-가 Idm (N0=[인간])
¶지금 막 시장을 봐 가지고 오는 길이야. ¶우리 부부는 맞벌이를 하기 때문에 주말에 장을 본다.
◆ **재미를 보다**
❶큰 성과를 올리다. Achieve a great result.
N0-가 N1-로 Idm (N0=[인간] N1=[일])
[연어]짭짤한, 쏠쏠히, 톡톡히, 단단히
¶그는 무역으로 짭짤한 재미를 보았다. ¶대공황 이전 투자자들은 주식으로 한참 재미를 보았다.
❷성적인 쾌락을 즐기다. Enjoy sexual pleasure.
N0-가 N1-와 Idm (N0=[인간] N1=[인간])
[연어]한바탕, 실컷
¶내가 이 여자랑 재미 좀 보겠다는데 무슨 참견이야? ¶그는 실컷 재미를 보고 나서는 헤어지자고 했단다.
※ 매우 속되게 사용되는 표현이다.
◆ **해를 보다** 실내에만 머물러 있지 않고 실외로 나가다. Go outside, not choosing to stay indoors.
N0-가 Idm (N0=[인간])
¶오랜만에 해를 보고 퇴근하네. ¶집안에만 있지 말고 해도 보고 그래라.

보다²

[활용]보아(봐), 보니, 보고
[보조] ❶어떤 행동을 시험삼아 함을 나타내는 보조동사. Auxiliary verb meaning that the aforementioned action is done as a trial.
V-어 Vaux
¶나는 요리사가 만든 음식을 먹어 보았다. ¶그는 키가 얼마나 컸는지 재어 보았다. ¶옷이 몸에 맞는지 입어 보자.
❷어떤 행동을 직접 경험함을 나타내는 보조동사. Auxiliary verb meaning that the aforementioned action is directly experienced.
V-어 Vaux
¶그는 이미 과외로 돈을 벌어 본 사람이다. ¶동생은 망고를 직접 먹어 본 적이 있다.
❸어떤 행동이 실현될 가능성이 없음을 나타내는 보조동사. Auxiliary verb meaning that the aforementioned action cannot be realized.
V-어 Vaux
¶아무리 열심히 일해 봤자 집을 살 수 없었다. ¶봄이 와 봤댔자 황사가 심해 외출은 어렵다.

보답하다

[어원]報答~ [활용]보답하여(보답해), 보답하니, 보답하고 [대응]보답을 하다
[자]다른 사람에게 받은 호의나 은혜 따위에 그에 상응하는 것으로 갚다. Repay someone for the favor or kindness that one received from him/her at the corresponding level.
[유]은혜를 갚다
N0-가 N1-(에|에게) V (N0=[인간] N1=[인간], 호의, 은혜, 성원 따위)
¶그가 과연 부모님에게 보답할 수 있을까? ¶내가 꼭 이 은혜에 보답할게.
[타]다른 사람에게 받은 호의나 은혜 따위를 그에 상응하는 것으로 갚다. Repay the favor or kindness that one received from someone at the corresponding level.
[유]갚다
N0-가 N1-를 V (N0=[인간] N1=호의, 은혜, 성원, 노고 따위)

¶내가 꼭 너에게 받은 이 호의를 보답할게. ¶그는 주민들에게 받은 성원을 꼭 보답하겠다고 밝혔다.

보도되다

어원 報道~ 활용 보도되어(보도돼), 보도되니, 보도되고 대응 보도가 되다

자 (어떤 사실이) 신문, 방송 등의 언론 기관에 의해 대중에게 알려지다. (of a certain fact) Be revealed to the public through press such as newspaper, broadcasting, etc.

N0-가 N1-(에|에서) V (N0=[추상물], [사태] N1=[기관(언론, 신문, 방송, 뉴스 따위)])

능 보도하다

¶오늘 신문에는 별다른 사건이 보도되지 않고 있다. ¶이 공연은 대개의 경우 보도되는 일이 없었다.

S고 N0-(에|에서) V (N0=[기관(언론, 신문, 방송, 뉴스 따위)])

능 보도하다

¶테러 사건의 범인이 체포되었다고 신문에 보도되었다. ¶파문은 사실이 아닌 것으로 밝혀졌다고 뉴스에서 보도되었다.

S것-이 N0-(에|에서) V (N0=[기관(언론, 신문, 방송, 뉴스 따위)])

능 보도하다

¶도서의 판매량이 줄어들고 있다는 것이 잡지에서 보도되었다. ¶정부가 주택 문제를 해결하겠다고 선언한 것이 언론에 보도됐다. ¶그 기사는 오보였다는 것이 보도된 뒤에도 큰 파문을 남긴다.

보도하다

어원 報道~ 활용 보도하여(보도해), 보도하니, 보도하고 대응 보도를 하다

자타 (신문, 방송 등의 언론 기관이) 어떤 사실을 대중에게 알리다. (of press such as newspaper, broadcasting, etc.) Reveal a certain fact to the public.

N0-가 N1-(를|에 대해) V (N0=[인간], [기관] N1=[구체물], [추상물])

피 보도되다

¶언론은 모든 사건을 공정한 시각으로 보도할 책무가 있다. ¶방송에서 보도한 불량식품에 대하여 시청자의 문의가 빗발쳤다.

N0-가 S고 V (N0=[인간], [기관])

¶언론에서는 지진의 피해가 심각한 수준이라고 보도했다. ¶언론사에서 정부와 국회의 의견 대립이 격화되고 있다고 보도하고 있다.

N0-가 S것-을 V (N0=[인간], [기관])

피 보도되다

¶뉴스는 우리나라의 GDP 성장세가 줄어든 것을 보도했다. ¶그들은 유명 연예인이 선행한 것을 보도하였다.

보류되다

어원 保留~ 활용 보류되어(보류돼), 보류되니, 보류되고 대응 보류가 되다

자 (일이나 행동 따위가 어떤 요인으로) 바로 되지 않고 나중으로 미뤄지다. (of work or act) Be postponed, not being carried out immediately.

유 유보되다

N0-가 N1-로 V (N0=[일], [행위], [사건] N1=[이유])

능 보류하다

¶자동차세 인상안이 업계의 반발로 보류됐다. ¶이 사업은 재정 부족으로 계속 보류돼 왔다.

보류시키다

어원 保留~ 활용 보류시키어(보류시켜), 보류시키니, 보류시키고 대응 보류를 시키다

타 ☞'보류하다'의 오용

보류하다

어원 保留~ 활용 보류하여(보류해), 보류하니, 보류하고 대응 보류를 하다

타 (어떤 일이나 행동 따위를) 바로 하지 않고 나중으로 미루다. Postpone a work or an act, not carrying it out immediately.

유 유보하다, 미뤄두다

N0-가 N1-를 V (N0=[인간|단체] N1=[행위], [사건], [일])

피 보류되다

¶정부는 주류세 인상을 보류했다. ¶그는 결혼을 잠시 보류하기로 했다.

보복당하다

어원 報復~ 활용 보복당하여(보복당해), 보복당하니, 보복당하고 대응 보복을 당하다

자 남에게 받은 고통이나 모욕을 입거나 받다. Be suffered by the pain or insult.

유 복수당하다

N0-가 N1-에게 V (N0=[인간|단체] N1=[인간|단체])

능 보복하다

¶덕수는 자신을 괴롭힌 사람에게 보복당했다.

보복하다

어원 報復~ 활용 보복하여(보복해), 보복하니, 보복하고 대응 보복을 하다

자 남에게 받은 고통이나 모욕을 그대로 되돌려주다. Give back the very pain or insult that one suffered in return.

유 복수하다

N0-가 N1-에게 V (N0=[인간|단체] N1=[인간|단체])

피 보복당하다

¶덕수는 자신을 괴롭힌 사람에게 보복하려 한다. ¶어설프게 보복하려 했다간 오히려 화를 입을 것이다.

ㅂ

보살피다

[활용]보살피어(보살펴), 보살피니, 보살피고

[타]❶(사람, 동식물 등을) 처지를 살피어 잘 지내도록 관심을 가지고 지속적으로 돕고 보호하다. Help and protect people, animals or plants with constant interest so that they live well.

[유]보호하다

N0-가 N1-를 V (N0=[인간] N1=[인간], [동물], [식물])

¶이제는 아들이 나이 드신 부모님을 보살펴 드리고 있다. ¶그녀는 밤낮으로 세심하게 환자들을 보살폈다.

❷(장소를) 두루 손질하고 살피어 좋은 상태로 보존되게 가꾸다. Nurture and preserve in good condition by thoroughly repairing and checking out a place.

[유]가꾸다, 관리하다

N0-가 N1-를 V (N0=[인간] N1=[장소](못자리, 묏자리, 선산 따위))

¶농부는 못자리를 보살피느라 무척 바빴다. ¶장남인 아버지는 선산을 정성껏 보살펴 오셨다.

❸(어떤 일이나 상황을) 주의를 기울여 두루 살피거나 잘 관리하다. Carefully look around or supervise some duty or situation.

[유]살피다, 도와주다

N0-가 N1-를 V (N0=[인간] N1=[일](집안일 따위), [상황], [상태])

¶그는 그들에게 살 집을 마련해 주고 생계를 보살펴 주었다. ¶그는 나의 어려운 생활을 보살펴 준 은인이다.

ㅂ

보상받다

[어원]報償~ [활용]보상받아, 보상받으니, 보상받고 [대응]보상을 받다

[타]❶남에게 빌려준 돈이나 물건 따위를 돌려받다. Get back money or item that one loaned someone.

[유]돌려받다, 배상받다 [반]보상하다

N0-가 N1-를 N2-에게 V (N0=[인간|단체] N1=[구체물])

¶친구에게 빌려준 돈을 아직 보상받지 않았다. ¶암보험에 들면 치료비용 전액을 보상받을 수 있습니다.

❷남에게 베푼 은혜나 수고를 돈이나 호의로 돌려받다. Receive money or favor in return for one's favor or effort towards someone.

[유]돌려받다 [반]보상하다

N0-가 N1-를 N2-에게 (N3-로) V (N0=[인간|단체] N1=[행위] N2=[인간|단체] N3=[구체물], [행위])

¶나는 이 회사에 바친 헌신을 제대로 보상받지 못했다. ¶개인의 노력이 공평하게 보상받는 사회가 좋은 사회이다.

❸자신이 입었던 손해나 고통에 상응하는 돈이나 물질을 책임자로부터 받다. Receive money or material from someone responsible for one's damage or pain.

[유]배상받다 [반]보상하다

N0-가 N1-를 N2-(에게|로부터) N3-로 V (N0=[인간|단체] N1=[피해], [행위] N2=[인간|단체] N3=[구체물], [행위])

¶전쟁 피해자들은 아직 피해를 충분히 보상받지 못했다. ¶이 보험은 자연 재해까지 보상받을 수 있다.

보상하다

[어원]報償~ [활용]보상하여(보상해), 보상하니, 보상하고 [대응]보상을 하다

[타]❶남에게 빌린 돈이나 물건 따위를 빌렸던 사람에게 돌려주다. Return money or item that one borrowed from someone to the lender.

[유]갚다, 돌려주다 [반]보상받다

N0-가 N1-를 N2-에게 V (N0=[인간|단체] N1=[구체물])

¶나는 친구에게 빌린 돈을 아직 보상하지 않았다. ¶요즘 금융기관은 투자한 금액을 충분히 보상해 주지 않는다.

❷남이 베푼 은혜나 수고를 돈이나 호의로 돌려주다. Return money or favor in response to someone's favor or effort.

[유]갚다, 돌려주다 [반]보상받다

N0-가 N1-를 N2-에게 N3-로 V (N0=[인간|단체] N1=[행위] N2=[인간|단체] N3=[구체물], [행위])

¶주최 측은 무료 장소 대여를 시정 홍보로 보상했다. ¶이 은혜를 무엇으로 보상해야 할지 모르겠습니다.

❸남에게 끼친 손해나 고통 따위를 그에 상응하는 돈이나 물질로 갚다. Pay someone money or material for the damage or pain one inflicted on that person.

[유]갚다, 배상하다 [반]보상받다

N0-가 N1-를 N2-에게 (N3-로) V (N0=[인간|단체] N1=[피해], [행위] N2=[인간|단체] N3=[구체물], [행위])

¶범인들이 피해를 제대로 보상할 수 있어야 한다. ¶네 죄는 평생을 들여 보상하여도 씻을 길이 없다.

보완되다

[어원]補完~ [활용]보완되어(보완돼), 보완되니, 보완되고 [대응]보완이 되다

[자](부족한 것이) 어디에 더하고 보태어져 완전하게 되다. (of an insufficient thing) Become sufficient again after the desired thing is added to some part.

㊌보충되다, 보태지다, 보강되다
N0-가 N1-에 V (N0=[구체물], [추상물] N1=[구체물], [추상물])
능보완하다
¶이 연구에 실험 결과가 보완되어야 발표할 수 있겠다. ¶이 다큐멘터리에 고증이 보완되면 더 훌륭해질 것이다.
N0-가 N1-로 V (N0=[구체물], [추상물] N1=[구체물], [추상물])
능보완하다
¶이 연구는 실험 결과로 보완되어야 발표할 수 있겠다. ¶이 다큐멘터리는 고증으로 보완되면 더 훌륭해질 것이다.

보완하다

어원補完~ 활용보완하여(보완해), 보완하니, 보완하고 대응보완을 하다
타(부족한 것을) 더하고 보태어 완전하게 하다. Add the desired things to something so that it becomes complete.
㊌보충하다, 보태다, 채우다, 보강하다
N0-가 N1-를 N2-로 V (N0=[인간|단체] N1=[구체물], [추상물])
피보완되다 사보완시키다
¶집필진은 새 교과서의 내용을 통계로 보완하였다. ¶이 보고서의 자료를 최근 것으로 보완하여 고쳐 오게.
N0-가 N2-에 N1-를 V (N0=[인간|단체] N1=[구체물], [추상물] N2=[구체물], [추상물])
¶집필진은 새 교과서의 내용에 통계를 보완하였다. ¶이 보고서의 자료에 미비점을 보완하여 고쳐 오게.

보유하다

어원保有~ 활용보유하여(보유해), 보유하니, 보유하고 대응보유를 하다
타❶(사람이나 단체가) 물건이나 건물, 토지 따위를 자기 것으로 가지고 있다. (of a person or an organization) Possess a thing, a building, or a piece of land.
㊌소유하다, 가지다
N0-가 N1-를 V (N0=[인간|단체] N1=[구체물])
¶외국인 투자자들이 많은 주식을 보유하고 있다. ¶김 교수는 보유하던 책을 도서관에 기증했다.
❷(사람이나 단체가) 최고의 실력이나 성과를 세워 가지다. (of a person or an organization) Hold a record.
㊌세우다[1]
N0-가 N1-를 V (N0=[인간|단체] N1=기록)
¶박 선수가 최다골 기록을 보유하고 있다. ¶김 선수가 세계 기록을 보유한 선수를 꺾고 우승을 차지했다.
❸(어떤 자질이나 능력 따위를) 자기 것으로 가지고 있다. Have a gift or an ability as one's own.
㊌가지다[1], 소유하다
N0-가 N1-를 V (N0=[인간] N1=[속성], [인성], [품격])
¶승민이는 뛰어난 잠재력을 보유하고 있는 것 같다. ¶두 사람 모두 실력과 미모를 동시에 보유하고 있다.
❹(기업이나 단체가) 어떤 기술이나 능력 따위를 자기 것으로 가지고 있다. (of an enterprise or an organization) Possess technology or capacity.
N0-가 N1-를 V (N0=[단체] N1=[속성])
¶삼성전자는 세계적인 경쟁력을 보유하고 있다. ¶한국 기업들은 신기술을 개발할 수 있는 능력을 보유하고 있다.
❺(권리나 자격 따위를) 노력하여 자기 것으로 만들어 가지고 있다. Attain a right or a qualification by effort and maintain it.
㊌소유하다
N0-가 N1-를 V (N0=[인간|단체] N1=[추상물](권리, 특허권, 자격증, 권한 따위))
¶우리 회사는 모두 7건의 특허도 보유하고 있다. ¶교사는 교사 자격증을 보유해야 한다.

ㅂ

보이다 I

활용보여, 보이니, 보이고
자❶(대상이나 동작이) 사람에게 눈으로 인식되다. (of object or action) Be perceived with the eyes.
㊌지각되다
N0-가 N1-(에|에게) V (N0=[구체물] N1=[인간], [신체부위](눈))
능보다[1]타
¶먼 곳에 있는 산맥이 내 눈에는 똑똑히 보인다. ¶이 안경을 끼면 구석구석이 잘 보인다.
S지 V
¶저 사람들이 앞으로 어떻게 할지 뻔히 보인다. ¶너희 어디에 숨었는지 다 보인다.
S것-이 V
능보다[1]타
¶너희 좋아하는 것이 눈에 뻔히 보인다. ¶동기들의 얼굴에 술기운이 오르는 것이 보였다. ¶선수들은 힘이 드는지 괴로워하는 것이 보인다.
❷(결과나 가능성이) 사람에게 머리로 인식되다. (of a result or a possibility) Be perceived by someone's brain.
㊌인지되다, 알려지다
N0-가 N1-에게 V (N0=[결과](결과, 성과 따위), 원인(기미, 실마리, 조짐, 가능성 따위), [상태변화](차도

따위) N1=[인간])
[연어] 뻔히
¶사건이 해결의 실마리가 보이지 않는다. ¶약을 먹었지만 병은 차도가 보이지 않는다.
❸(사람이나 물체의 특징이) 사람에게 파악되다. (of a characteristic of a person or a thing) Be grasped by people.
[유]파악되다, 포착되다
N0-가 N1-에게 N2-에서 V (N0=[속성], [감정], [추상행위](결심 따위) N1=[인간] N2=[인간], [구체물], [행위])
[능]보다¹[타]
¶내게는 그의 눈에서 굳센 결의가 보였다. ¶이 글의 곳곳에서 허점이 보인다.
❹(어떤 상황이나 내용이) 사람에게 이해되다. (of situation or content) Be understood by a person.
[유]이해되다
N0-가 N1-에게 V (N0=[상황] N1=[인간])
¶그가 그렇게 말하는 맥락이 내게도 보인다. ¶보고서를 읽으니 사고의 자초지종이 한눈에 보였다.
❺(적당한 기회나 시기가) 사람에게 닥치다. (of a proper opportunity or time) Approach.
[유]닥쳐오다
N0-가 N1-에게 V (N0=[시간](기회, 틈, 때 따위) N1=[인간])
[능]보다¹[타]
¶학생들은 틈이 보이기만 하면 끼어들었다. ¶선생님은 적당한 때가 보이면 은퇴하는 것이라고 하셨다.
❻(사람이나 사건이) 무엇으로 인식되고 판단되다. (of a person or an event) Be perceived and judged to be something.
[유]생각되다[자], 판단되다[자]
N0-가 N1-로 V (N0=[인간], [구체물], [행위] N1=[인간], [구체물], [속성])
[능]보다¹[타]
¶산 아래에 있는 것은 민가로 보인다. ¶안내인은 옷차림을 보니 현지인으로 보였다.
N0-가 ADV V (N0=[인간], [구체물], ADV=Adj-게(아름답게, 고급스럽게 따위))
[능]보다¹[타]
¶학부모 스무 명 중 한 사람만 유독 젊게 보였다. ¶학생들은 모두 유순하게 보였다.
N0-가 N1-처럼 V (N0=[인간], [구체물] N1=[인간])
[능]보다¹[타]
¶그는 마치 꿈속에 잠긴 것처럼 보였다. ¶환자들은 모두 너무나 앙상해 해골처럼 보였다.
N0-가 S것-으로 (N0=[모두])
[능]보다¹[타]
¶등대가 밤바다를 비추는 것으로 보였다. ¶올겨울은 날이 매우 추울 것으로 보인다.
❼(희망, 가능성, 재능 따위가) 겉으로 드러나다. (of hope, possibility, talent, etc.) Be displayed.
N0-가 N1-(에게|가) V (N0=[인성](자질, 재능 따위), [정도](가능성 따위) N1=[인간])
¶청년들에게서는 나라를 구할 희망이 보인다. ¶그는 반짝이는 재능이 보이는 사람이다.
❽눈이 사물을 인식할 능력이 있다. (of eyes) Have the ability to perceive things.
[유]지각되다
N1-의 N0-가 V ↔ N1-는 N0-가 V (N0=[인간] N1=(눈))
¶그의 눈이 잘 보인다. ↔ 그는 눈이 잘 보인다. ¶안경을 쓰자 가물가물하던 눈이 또렷이 잘 보인다.
❾(바둑, 장기 따위의 경기에서) 수가 이해되고 생각되다. (of moves in chess or go) Be grasped and considered.
[유]읽히다
N0-가 V (N0=[계획](수))
¶아무리 생각해도 다음 수가 보이지 않는다. ¶체스 챔피언은 상대방의 다음 수가 보인다고 말한다.
◆ **눈치가 보이다** 남의 기분과 생각을 헤아리게 되다. Understand another person's feeling and thought.
N0-가 Idm (N0=[인간])
¶찻집에서 몇 시간씩 공부를 하면 눈치가 보인다. ¶연사의 연설이 길어지자 초대 손님의 눈치가 보였다.
◆ **다시 보이다** 이전과는 다르게 생각되다. Be thought differently from before.
N0-가 Idm (N0=[모두])
¶그가 사장이라니 다시 보였다. ¶최신 기술의 성과를 알고 나니 그 기업이 다시 보인다.

보이다Ⅱ

보이다¹

[활용]보여, 보이니, 보이고
[타]❶(어떤 사람이나 물체 따위가) 다른 사람에게 대상이나 동작을 눈으로 인식하게 하다. (of a person or a thing) Make another person perceive an object or an action with his or her eyes.
N0-가 N1-를 N2-에게 V (N0=[인간] N1=[구체물], [행위] N2=[인간])
[주]보다¹[타]
¶관람객은 입장할 때 경찰에게 신분증을 보여야 한다. ¶점원은 진열장을 열어 시계를 보여 주었다.

N0-가 N1-에게 (S을지|S는지) V (N0=[영상], [텍스트] N1=[인간])
주보다1타
¶카메라는 그가 어디로 가는지 시청자들에게 보여 준다. ¶이 책은 문제가 어떻게 제기되는지 독자들에게 보여 준다.
※주로 '보여 주다'의 형태로 쓴다.
N0-가 N1-에게 S것-을 V (N0=[인간] N1=[인간])
주보다1타
¶봉사자들은 외국인에게 창덕궁이 오래되었다는 것을 보였다. ¶나는 부모님께 여자친구와 함께 있는 것을 보여 주었다.
❷(어떤 사람이) 다른 사람에게 책, 영화, 연극, 경기 따위를 보게 하다. (of a person) Make another person appreciate a book, a film, a play, or a sports game.
㊐관람시키다
N0-가 N1-를 N2-(를|에게) (N0=[인간] N1=[공연], [예술], [운동경기], [텍스트] N2=[인간])
주보다1타
¶그는 학생들에게 시집을 보여 주었다. ¶남자친구는 나에게 연극을 보여 주었다.
※주로 '보여 주다'의 형태로 쓴다.
❸(사람이) 다른 사람에게 생각, 기분 따위를 알아채게 드러내다. (of a person) Show his or her thought or feeling so clearly that another person can perceive it.
㊐표시하다, 드러내다
N0-가 N1-를 V (N0=[인간] N1=[감정], [계획](뜻 따위))
¶장군은 적군을 사형시키려는 뜻을 부하들에게 보였다. ¶그는 목침이 불편한 기색을 보였다. ¶감독은 이번 경기에서 기필코 승리하리라는 의지를 보인다.
❹(어떤 대상이) 현상이나 추세를 드러내다. (of an object) Reveal its phenomenon or tendency.
㊐드러내다, 나타내다
N0-가 N1-를 V (N0=[구체물], [속성](물가 따위) N1=[현상], [상태변화], [속성])
¶올해 들어 물가가 오름세를 보였다. ¶내륙 지방은 일시적인 고온 현상을 보였다.
❺(사람이) 일에 알맞은 성질을 가지고 있다. (of a person) Have a suitable characteristic for a job.
㊐드러내다, 발현하다
N0-가 N2-에 N1-를 V (N0=[인간] N1=[인성](재능 따위) N2=[분야])
¶그는 어려서부터 바이올린에 소질을 보였다. ¶이 남자는 학문에 뛰어난 자질을 보였다.
❻(의사에게) 아픈 부위를 검진할 수 있게 드러내다. Show the painful part of his or her body to a doctor for examination.
㊐검진하다
N0-가 N1-를 N2-(에|에게) V (N0=[인간] N1=[인간], [동물], [신체부위] N2=[인간](의사 따위), [의료기관])
주보다1타
¶나는 의사 선생님께 화상을 입은 팔을 보였다. ¶아이가 열이 나면 빨리 의사에게 보이는 것이 좋다.
❼다른 사람에게 고장난 사물을 수리하게 하다. Let another person fix a broken stuff.
㊐수리하게 하다
N0-가 N2-에게 N1-를 (N0=[인간] N1=[전기기구], [기계], [교통기관] N2=[인간](기사, 수리공 따위))
주보다1타
¶나는 고장난 시계를 수리공에게 보였다. ¶아무래도 차를 정비소에 보이고 와야겠다.
❽(사람이나 방법이) 다른 사람에게 좋거나 나쁜 결과를 얻게 하다. (of a person or a method) Make another person get a good or a bad result.
㊐끼치다, 미치다, 입히다
N0-가 N2-에게 N1-를 (N0=[인간], [생물], [방법] N1=[인간] N2=[이익], [피해])
¶이 사업은 주민에게 막대한 손해를 보일 것 같다. ¶사장은 직원들에게 큰 이익을 보여주기로 약속했다.
❾ 대상이나 현상을 말이나 글로 나타내다. Express an object or a phenomenon in words or writing.
㊐나타내다, 표현하다
N0-가 N1-를 N0-로 V (N0=[인간] N1=[텍스트] N2=[텍스트](글, 표, 그림 따위), [소통] (연설 따위))
¶소설을 쓸 때는 인물의 심리를 잘 나타내 보이자. ¶이와 같은 연구 결과는 다음 장에서 표로 보이도록 한다.
◆ **눈치를 보이다** 다른 사람에게 자신의 감정이나 생각에 대한 낌새를 드러내다. Show a hint of one's feeling or thought.
N0-가 N1-에게 Idm (N0=[인간] N1=[인간])
¶선생님의 말을 듣자 학생들이 놀란 눈치를 보였다. ¶친척들이 나에게 걱정스런 눈치를 보였다.
◆ **등을 보이다** 어떤 사람(들)과의 좋은 관계를 끊고 그(들)에게서 돌아서다. Break a good relationship with a person(s) and turn away from them.
N0-가 N1-에게 Idm (N0=[인간|단체] N1=[인간|단체])
¶가장 열렬한 지지자들도 결국 그에게 등을 보였다. ¶여러 귀족이 빈민들에게 냉정하게 등을 보였다.

ㅂ

◆ **맛을 보이다** 다른 사람에게 고통이나 아픔을 경험하게 하다. Make another person go through pain or suffering.
N0-가 N1-에게 Idm (N0=[인간] N1=[인간])
¶나는 그에게 뜨거운 맛을 보여 주었다. ¶언젠가는 녀석에게 매운 맛을 보여 주리라.
◆ **본을 보이다** 다른 사람에게 모범이 되는 행동을 하다. Show exemplary action to others.
N0-가 N1-에게 Idm (N0=[인간] N1=[인간])
¶그는 몸소 봉사하는 모습을 통해 제자들에게 본을 보였다. ¶어떤 귀족들은 전쟁에 먼저 참전하는 본을 보였다.
◆ **선을 보이다** 사람이나 물건을 소개하다. Introduce another person or thing.
N0-가 N1-를 Idm (N0=[인간|단체] N1=[인간], [구체물])
¶동네 사람들은 처녀를 이웃 마을 청년에게 선을 보였다. ¶백화점에서 본격적인 겨울 상품을 선을 보인다.
N0-가 N1-(에|에게) Idm (N0=[인간], [구체물] N1=[장소], [인간])
¶올 가을 많은 멜로 영화가 관객에게 선을 보인다. ¶최근 유명 화가의 작품이 선을 보이고 있다.
◆ **얼굴을 보이다** 모임에 참석하거나 어디에 나타나다. Attend a meeting.
N0-가 N1-에 Idm (N0=[인간] N1=[모임회의])
¶그는 오랜만에 동창회에 얼굴을 보였다. ¶그 친구는 사건이 종결된 후에야 얼굴을 보였다.
◆ **잘못 보이다** (어떤 사람의) 마음에 들지 않게 되다. Be unsatisfactory.
N0-가 N1-에게 Idm (N0=[인간|단체] N1=[인간|단체])
¶그는 깡패에게 잘못 보여 여러 번 큰일을 당했다. ¶사장에게 잘못 보였다간 해고를 당할 수도 있다.
◆ **잘 보이다** (윗사람의) 마음에 들려고 노력하다. Be satisfactory.
N0-가 N1-에게 Idm (N0=[인간] N1=[인간])
¶그는 감독에게 잘 보여 주전 선수로 발탁됐다. ¶직원들이 모두 작업반장에게 잘 보이려 애썼다.

보이다[2]

활용 보이어(보여), 보이니, 보이고
보조 ❶어떤 사람이나 사건이 어떠하다고 인식되고 판단됨을 의미하는 보조동사. An auxiliary verb indicating that a person or an event is perceived and judged in a certain way.
V-어 Vaux
¶이 차는 학생들에게는 꽤 비싸 보인다. ¶요즘 마음이 편한지 네 얼굴이 좋아 보여.
❷사람이 어떤 행동을 자기 의지로 몸소 함을 나타내는 보조동사. Auxiliary verb meaning that a person carries out an action of one's own free will.
¶그녀는 안심하라는 듯이 웃어 보였다. ¶그는 일부러 서류를 눈앞에 들어 보였다.

보장되다

어원 保障~ 활용 보장되어(보장돼), 보장되니, 보장되고 대응 보장이 되다
자 (어떤 것이) 어려움 없이 이루어지거나 유지되도록 보증되거나 보호되다. (of something) Be guaranteed or protected to stay maintained or to be accomplished without difficulty.
유 보호되다, 보증되다
N0-가 N1-(에게|로부터) V (N0=[추상물](신분, 지위, 품질, 가치, 개념, 안전, 보상, 이익 따위) N1=[인간|단체])
능 보장하다
¶언론의 자유가 보장되지 않는 국가들이 아직도 있다. ¶눈앞의 이익보다는 장래성이 보장되는 일을 찾아야 한다.
S것-이 N0-(에게|로부터) V (N0=[인간|단체])
능 보장하다
¶고향으로 돌아가는 것이 보장되지 않을 것이다. ¶계약에서 떨어지지 않는다는 것이 보장되어야 한다.
N0-가 N1-(에게|로부터) N2-(로|에) V (N0=[추상물](신분, 지위, 품질, 가치, 개념, 안전, 보상, 이익 따위) N1=[인간|단체] N2=[법], [규범])
능 보장하다
¶실패에 대한 보상이 법으로 보장되어 있다. ¶성공은 노력의 결과로 보장된다.
S것-이 N0-(에게|로부터) N1-(로|에) V (N0=[인간|단체] N1=[법], [규범])
능 보장하다
¶포로를 무사히 돌려보내는 것이 국제법으로 보장되어 있다. ¶물품을 대량으로 공급할 수 없다는 것이 계약서에 보장되어 있다.

보장받다

어원 保障~ 활용 보장받아, 보장받으니, 보장받고 대응 보장을 받다
타 (어떤 것이) 틀림없이 이루어지거나 유지되도록 보증을 받다. Make something be guarantied or protected in order to achieve it without difficulty or ensure its maintenance.
유 보호받다 반 보장하다
N0-가 N2-(에게서|로부터) N1-를 (N3-로) V (N0=[인간|단체] N1=[추상물](신분, 지위, 품질, 가치, 개념, 안전, 보상, 이익 따위) N2=[인간|단체], [추상물], [구체물] N3=[법], [규범])

¶국민은 국가로부터 안전을 법률로 보장받아야 한다. ¶미국에서 산 제품도 국내에서 사후 서비스를 보장받을 수 있다. ¶이익을 보장받을 수만 있다면 이 사업에 참여하겠다.

보장하다

[어원]保障~ [활용]보장하여(보장해), 보장하니, 보장하고 [대응]보장을 하다

[타](어떤 것이) 틀림없이 이루어지거나 유지될 것임을 보증하다. Protect or guarantee something so that it can be accomplished or maintained without difficulty.

[유]보증하다 [반]보장받다

N0-가 N2-에게 N1-를 V (N0=[인간|단체], [추상물], [구체물] N1=[추상물](신분, 지위, 품질, 가치, 개념, 안전, 보상, 이익 따위) N2=[인간|단체])

[피]보장되다

¶요즘은 사후 수리를 잘 보장해 주는 기업의 제품이 선호된다. ¶기술 문명의 발달이 안락한 생활을 보장해 주지 못한다.

N0-가 N1-에게 S것-을 V (N0=[인간|단체], [추상물], [구체물] N1=[인간|단체])

¶회사는 그에게 승진시켜 줄 것을 보장하고서 영입했다. ¶최신 통신기기가 원거리 작업이 효과적이라는 것을 보장한다.

N0-가 N2-에게 N1-를 N3-로 V (N0=[인간|단체], [추상물], [구체물] N1=[추상물](신분, 지위, 품질, 가치, 개념, 안전, 보상, 이익 따위) N2=[인간|단체] N3=[법], [규범])

[피]보장되다

¶국가는 국민의 안전을 법으로 보장해 주어야 한다.

N0-가 N1-에게 S것-을 N2-로 V (N0=[인간|단체], [추상물], [구체물] N1=[인간|단체] N2=[법], [규범])

¶요즘은 비정규직에게도 복지를 법으로 보장하고 있다. ¶그들은 법으로 보장하는 지원금도 지불하지 않았다.

보전되다

[어원]保全~ [활용]보전되어(보전돼), 보전되니, 보전되고 [대응]보전이 되다

[자](어떤 장소나 사람, 단체의 속성이나 중요한 것이) 온전하게 잘 지켜지고 유지되다. (of a characteristic or important thing of a place or a person) Be kept or maintained soundly.

[유]보호되다, 보존되다

N1-의 N0-가 V ↔ N1-는 N0-가 V (N0=[장소], [인간|단체] N1=[모양], [속성], [상태])

[능]보전하다

[연어]잘, 온전히

¶이곳의 자연환경이 잘 보전됐다. ↔ 이곳은 자연환경이 잘 보전됐다. ¶남한산성은 원형이 잘 보전된 성이다. ¶창덕궁은 원형이 비교적 잘 보전되어 있다.

N0-가 ADV V (N0=[모두], ADV=그대로, 잘, 온전히 따위)

[능]보전하다

¶기찻길은 예전 모습 그대로 보전되었다. ¶옛 역사와 문화가 이렇게 보전되어 있다는 것이 신기하다.

N0-가 N1-로 V (N0=[모두] N1=[추상물], [구체물])

[능]보전하다

¶이 산은 국립공원으로 보전되고 있다. ¶이자의 일부는 임대 수익으로 보전된다.

보전받다

[어원]保全~ [활용]보전받아, 보전받으니, 보전받고 [대응]보전을 받다

[타](다른 사람이나 단체로부터) 목숨, 자리, 지위 따위를 훼손되지 않고 온전하게 잘 지켜지고 유지됨을 받다. Be protected or maintained by another person or organization so that one's life, position, or status is wholly preserved with no damage.

[유]보장받다 [반]보전하다

N0-가 N2-(에게서|로부터) N1-를 V (N0=[인간|단체] N1=[추상물](비용, 권리, 목숨, 자리 따위) N2=[인간|단체])

¶그는 신분을 숨겨 적들에게서 목숨을 보전받았다. ¶철수는 사장으로부터 부장 자리를 보전받았다.

보전하다

[어원]保全~ [활용]보전하여(보전해), 보전하니, 보전하고 [대응]보전을 하다

[타]❶(사람이나 단체가) 국토나 자연, 환경 따위를 훼손되지 않게 온전하게 잘 지키고 유지하다. (of people or organization) Keep or maintain soundly land, nature, or environment.

[유]보호하다, 지키다, 유지하다, 가꾸다, 보존하다 [반]보전받다

N0-가 N1-를 V (N0=[인간|단체] N1=[장소], [구체물])

[피]보전되다

¶우리는 아름다운 자연을 보전해야 한다. ¶모든 주권 국가들은 자국 영토를 보전할 권리가 있다.

❷(사람이나 단체가) 목숨, 자리, 지위 따위를 온전하게 잘 지키고 유지하다. (of a person or an organization) Keep or maintain soundly one's life, position, or status.

[유]지키다, 유지하다 [반]보전받다

N0-가 N1-를 V (N0=[인간|단체] N1=[추상물])

[피]보전되다

¶공연히 허세를 부리려다간 목숨을 보전하기 힘들지요. ¶그는 목숨을 보전하기 위해 신분을 숨겼다.

보존되다

어원 保存~ 활용 보존되어(보존돼), 보존되니, 보존되고 대응 보존이 되다

자 (중요한 것이) 잘 보호되어 그대로 유지되다. (of something important) Be maintained through good protection.

유 보호되다, 보전되다

N0-가 V (N0=[추상물], [텍스트], [구체물], [장소](현장, 유적지 따위), 환경 따위))

능 보존하다

연어 원형대로

¶사건 현장이 잘 보존되어 있었다. ¶휴전선 근처의 환경이 잘 보존되어 있다.

N0-가 N1-에 V (N0=[추상물], [텍스트], [구체물], [장소](현장, 유적지 따위), 환경 따위 N1=[장소])

능 보존하다

¶이 절에는 귀중한 문화재가 보존되어 있다. ¶붉은 박쥐의 집단 군락 동굴이 함평에 보존되고 있다.

보존하다

어원 保存~ 활용 보존하여(보존해), 보존하니, 보존하고 대응 보존을 하다

타 (중요한 것을) 잘 보호하여 그대로 유지하다. Protect something important to preserve maintenance.

유 보호하다, 유지하다, 보전하다

N0-가 N1-를 V (N0=[인간|단체] N1=[추상물], [텍스트], [구체물], [장소](현장, 유적지 따위), 환경 따위)

피 보존되다 사 보존시키다

¶마을 사람들이 조선 시대 때부터 이 건물을 잘 보존해 왔다. ¶사고 현장을 그대로 보존하는 게 우리의 임무다. ¶언론 기관이 환경을 보존하자는 캠페인에 나서고 있다.

보증되다

어원 保證~ 활용 보증되어(보증돼), 보증되니, 보증되고 대응 보증이 되다

자 ❶(어떤 것이) 다른 사람에게 믿을 만하다는 것이 책임 있게 증명되다. To be demonstrated to another person that something is trustworthy and take responsibility for it.

유 보장되다

N0-가 N1-(에|에게) V (N0=[추상물], [구체물] N1=[인간|단체])

능 보증하다

¶저희 회사제품의 안정성은 소비자에게 보증됩니다. ¶이 사람의 신원이 제대로 보증되지 않는군요.

❷ 【법률】 채무자가 채무를 이행하지 않을 경우 그를 대신하여 채무이행이 약속되다. Be promised to pay off a debt by someone in behalf of the debtor in case he does not pay up.

N0-가 N1-에 의해 V (N0=[추상물](빚, 대출, 채무, 변제, 지불 따위) N1=[인간|단체])

능 보증하다

¶대출은 누구에 의해 보증되지 않으면 대출을 받을 수 없다. ¶그 회사에 의해 지불이 보증되지 못하면 계약을 진행하기가 어렵다.

보증하다

어원 保證~ 활용 보증하여(보증해), 보증하니, 보증하고 대응 보증을 하다

타 ❶(다른 사람에게) 어떤 것이 믿을 만하다는 것을 증명하고 책임지다. Demonstrate to another person that something is trustworthy and take responsibility for it.

유 보증을 서다, 보장하다

N0-가 N2-(에|에게) N1-를 V (N0=[인간|단체] N1=[추상물], [구체물] N2=[인간|단체])

피 보증되다

¶저희 회사는 소비자에게 제품의 안정성을 보증합니다. ¶우리가 이 사람의 신원을 보증할 수 있습니다.

❷ 【법률】 채무자가 채무를 이행하지 않을 경우 그를 대신하여 채무를 이행할 것을 약속하다. Promise to pay off a debt in behalf of the debtor in case he does not pay up.

N0-가 N1-를 V (N0=[인간|단체] N1=[추상물](빚, 대출, 채무, 변제, 지불 따위))

피 보증되다

¶다행히 아버지가 내 빚을 보증해 주셨다. ¶그 회사가 지불을 보증해 주지 못하면 계약을 진행하기가 어렵다.

보채다

활용 보채어(보채), 보채니, 보채고

타 ❶아기가 울거나 칭얼거리며 사람을 귀찮게 하거나 조르다. Cry or whine, thereby bothering or pestering somebody.

유 조르다

N0-가 N1-를 V (N0=[인간](아기) N1= [인간])

¶아기가 몸이 아픈지 밤새 보채네. ¶아기가 보채면 병이 났는지 살펴야 한다.

❷(사람이) 다른 사람에게 어떠한 것을 요구하며 성가시게 조르다. (of a person) Importune someone for something.

유 조르다

N0-가 S고 N1-를 V (N0=[인간] N1=[인간])

¶누나는 어서 일어나서 가자고 나를 아침부터 보챘다. ¶제발 사람을 그렇게 보채지 말아라.

보충되다

어원 補充~ 활용 보충되어(보충돼), 보충되니, 보충되고 대응 보충이 되다

자 (부족한 것이) 어디에 더하고 보태어져 충분하게 되다. Become sufficient with the desired thing added.

㊐보완되다

N0-가 N1-에 V (N0=[구체물], [추상물] N1=[구체물], [추상물])

능 보충하다

¶자료가 보충되는 대로 보고서를 다시 쓰겠습니다. ¶시대가 흐름에 따라 새로운 지식이 보충되어야 한다.

보충하다

어원 補充~ 활용 보충하여(보충해), 보충하니, 보충하고 대응 보충을 하다

타 (어떤 것에) 모자란 것을 더하고 보태어 충분하게 하다. Make something sufficient by adding to it the desired thing.

㊐보완하다

N0-가 N1-를 N2-에 V (N0=[인간|단체] N1=[구체물], [추상물] N2=[구체물], [추상물])

피 보충되다

¶그는 책을 참고하여 노트에 내용을 보충했다. ¶이해하기 어려운 부분에 설명을 보충하겠습니다. ¶건조한 날씨에는 몸에 수분을 자주 보충해야 한다.

보태다

활용 보태어(보태), 보태니, 보태고

타 (어떤 것에) 모자란 것을 더하여 넉넉하게 하다. Make something enough by adding to it the desired thing.

㊐더하다 타 ㊕빼다I, 덜어내다

N0-가 N1-를 N2-에 V (N0=[인간|단체] N1=[구체물], [추상물] N2=[구체물], [추상물])

피 보태지다

¶경찰청장은 추가 인력을 수사에 보태기로 했다. ¶얼마 안 되지만 이 돈을 살림에 보태세요. ¶여유 자금을 사업에 보태겠습니다.

보태지다

활용 보태지어(보태져), 보태지니, 보태지고

자 (어떤 것에) 모자란 것이 더해져 넉넉해지다. (of thing that is lacking something) Become sufficient through addition.

㊐더해지다

N0-가 N1-에 V (N0=[구체물], [추상물] N1=[구체물], [추상물])

능 보태다

¶적절한 운동에 식이요법이 보태지면 치료 효과가 더 높다. ¶수익 일부가 아프리카 난민 기금에 보태질 예정이다.

N0-가 S(것|데)-에 V (N0=[구체물], [추상물] N1=[구체물], [추상물])

능 보태다

¶우리의 작은 노력이 쓰레기를 줄이는 데에 보태졌다. ¶이 수익금은 어려운 이웃을 돕는 것에 보태질 예정이다.

보편화되다

어원 普遍化~ 활용 보편화되어(보편화돼), 보편화되니, 보편화되고 대응 보편화가 되다

자 ☞ 보편화하다 자

보편화시키다

어원 普遍化~ 활용 보편화시키어(보편화시켜), 보편화시키니, 보편화시키고 대응 보편화를 시키다

타 ☞ '보편화하다 타'의 오용

보편화하다

어원 普遍化~ 활용 보편화하여(보편화해), 보편화하니, 보편화하고 대응 보편화를 하다

자 (특정 집단에만 알려져 있던 사물, 현상 혹은 개념 따위가) 일반인에게까지 널리 퍼지다. (of a thing, a phenomenon, or a concept known only to a specific group) Spread among the common people.

㊐일반화되다

N0-가 V (N0=[구체물], [추상물])

¶민주주의 개념은 보편화해서 널리 알려져 있다. ¶90년대에 와서 분리 배출이나 재활용품 사용이 보편화하였다.

타 (특정 집단에만 알려져 있던 사물, 현상, 개념 따위를) 일반인에게까지 널리 퍼지게 하다. Spread a thing, a phenomenon, or a concept known only to a specific group among the common people.

㊐일반화하다

N0-가 N1-를 V ↔ N1-가 V (N0=[인간|단체] N1=[구체물], [추상물])

¶한국은 90년대 말에 이미 초고속 인터넷을 보편화하였다 ↔ 한국은 90년대 말에 이미 초고속 인터넷이 보편화하였다. ¶은행들은 인터넷 뱅킹을 보편화하기 시작했다.

보호되다

어원 保護~ 활용 보호되어(보호돼), 보호되니, 보호되고 대응 보호가 되다

자 (위험이나 곤란 등으로부터) 해를 입지 않도록 잘 보살펴지거나 지켜지다. (of something) Be taken care of or protected from danger or trouble.

ㅂ

㊌지켜지다, 방어되다
N0-가 N1-(로부터|에서) V (N0=[상태], [생각], [권리], [금전], [구체물], [장소] N1=[인간|단체], [상황], [상태])
능 보호하다
¶아이들은 유해 환경으로부터 보호되어야 한다. ¶요즘 개인의 사생활이 제대로 보호되지 않는다. ¶국제 사회에서 지적 재산권이 보호되지 않으면 안 된다.

보호받다

어원 保護~ 활용 보호받아, 보호받으니, 보호받고 대응 보호를 받다
자 (위험이나 곤란으로부터) 잘 보살펴지거나 지켜지다. Be taken care of or protected from danger or trouble.
㊌지켜지다
N0-가 N1-로부터 V (N0=[인간|단체], [상태], [생각], [권리], [금전], [구체물], [장소] N1=[인간|단체], [상황], [상태])
¶학생들은 학교 폭력으로부터 보호받아야 한다. ¶미혼모들은 복지 기관으로부터 보호받아야 한다.
타 (위험이나 곤란으로부터) 소유물이나 권리 따위를 잘 돌보아 지켜지다. Protect one's possession or right with care from danger or trouble.
㊉보호하다
N0-가 N2-로부터|에게|에서 N1-를 V (N0=[인간|단체] N1=[상태], [생각], [권리], [금전], [구체물], [장소] N1=[상태], [생각], [권리], [금전], [구체물], [장소] N2=[인간|단체], [상황], [상태])
¶건물 내부가 보여 입주자들이 사생활을 보호받지 못하고 있다. ¶그들은 출판업자들에게 지적 재산권을 보호받지 못했다.

보호하다

어원 保護~ 활용 보호하여(보호해), 보호하니, 보호하고 대응 보호를 하다
타 (위험이나 곤란 등으로부터) 해를 입지 않도록 잘 보살펴 돌보다. Take care or protect something from danger or trouble.
㊌지키다, 돌보다 ㊉보호받다 타
N0-가 N2-(에서|에게서|로부터) N1-를 V (N0=[인간|단체], [동물] N1=[인간|단체], [신체부위], [상태], [생각], [권리], [금전], [구체물], [장소] N2=[인간|단체], [상황], [상태])
피 보호되다
¶형이 불량한 학생들에게서 나를 보호했다. ¶경찰은 범죄로부터 시민들을 보호해야 한다. ¶저는 피부를 보호하기 위해서 자외선 차단제를 바릅니다.

복구되다

어원 復舊~ 활용 복구되어(복구돼), 복구되니, 복구되고 대응 복구가 되다
자 건물이나 기기가 파손되기 이전의 원래 상태로 만들어지다. (of a building or machine) Be restored from a damaged state to its original condition.
㊌복원되다
N0-가 V (N0=[구체물])
능 복구하다
¶지진으로 무너진 건물이 원상태로 복구되기란 불가능하다. ¶폭우로 떠내려간 길이 복구되지 못하고 있다. ¶삭제된 파일이 복구되려면 시간이 걸린다.

복구하다

어원 復舊~ 활용 복구하여(해), 복구하니, 복구하고 대응 복구를 하다
타 (사람이나 단체가) 건물이나 기기를 파손되기 이전의 원래 상태로 만들다. (of a person or an organization) Restore a building or machine from its damaged state to its original condition.
㊌복원하다
N0-가 N1-를 V (N0=[인간|단체] N1=[구체물])
피 복구되다
¶지진으로 무너진 건물을 복구하기란 불가능하다. ¶폭우로 떠내려간 길을 복구하는 데 시간이 많이 걸린다. ¶경찰은 삭제된 파일을 복구하지 못했다.

복귀되다

어원 復歸~ 활용 복귀되어(복귀돼), 복귀되니, 복귀되고 대응 복귀가 되다
자 ☞복귀하다

복귀하다

어원 復歸~ 활용 복귀하여(복귀해), 복귀하니, 복귀하고 대응 복귀를 하다
자 원래 있던 장소나 상태로 다시 돌아가다. Go back to a place or a situation where one used to be.
㊌복직하다, 귀대하다
사 복귀시키다
N0가 N1-(에|로) V (N0=[인간|단체] N1=[장소])
사 복귀시키다
¶우리 부대는 임무를 마치고 부대로 복귀했다. ¶비상 상황이라 휴가자도 전원 복귀하여 업무를 보고 있다.

복사되다

어원 複寫~ 활용 복사되어(복사돼), 복사되니, 복사되고 대응 복사가 되다
자 ❶(문서가) 복사기로 원본과 똑같이 종이에 찍히다. (of a document) Be printed exactly

like the original one by a photocopier.
㊌등사되다, 카피되다, 모사되다
N0-가 V (N0=[문서], [텍스트])
능 복사하다
¶회의 자료가 다 복사되었다. ¶저작권 때문에 책 전체가 복사되지는 않는다. ¶문서가 확대 복사되니 보기 편해졌다.
❷(물건이나 작품 따위가) 원래의 것과 똑같이 그대로 만들어지다. (of a thing or a work) Be produced exactly like the original one.
㊌표절되다, 카피되다, 베껴지다
N0-가 V (N0=[구체물](열쇠), [회화])
능 복사하다
¶새 열쇠가 복사되었다. ¶진품이 그대로 복사되더라도 그것은 위작이다.
❸(파일이) 원본과 똑같이 만들어져 저장되다. (of a file) Be made like the original one and moved and stored.
㊌카피되다, 복제되다
N0-가 N1-에 V (N0=[소프트웨어], 프로그램, 파일, 테이프, 시디 따위 N1=테이프, 유에스비, 시디)
능 복사하다
¶시중에 불법으로 복사된 소프트웨어가 돌아다니고 있다. ¶이 디스크에 프로그램이 성공적으로 복사되었다.

복사하다

어원 複寫~ 활용 복사하여(복사해), 복사하니, 복사하고 대응 복사를 하다
타 ❶(문서를) 복사기를 이용하여 원본과 똑같이 종이 위에 찍어 내다. Print a document on paper in order to make it exactly like the original one, using a photocopier.
㊌등사하다, 카피하다, 모사하다, 본뜨다, 베끼다
N0-가 N1-를 V (N0=[인간] N1=[문서], [텍스트])
피 복사되다
¶나는 회의 자료를 복사하였다. ¶책 전체를 복사하면 저작권법에 위배된다. ¶그림을 확대하여 복사하였더니 화질이 낮아졌다.
❷(물건이나 작품 따위를) 원래의 것과 똑같이 만들거나 본뜨다. Produce a thing or a work by imitating or modeling the original one.
㊌표절하다, 카피하다, 베끼다, 본뜨다
N0-가 N1-를 V (N0=[인간] N1=[구체물](열쇠), [회화])
피 복사되다
¶나는 집 열쇠를 잃어버려 열쇠를 복사하였다. ¶모나리자를 복사한 그림들이 전 세계에 퍼져 있다. ¶나는 모네 그림을 복사하여 집에 걸어 놓았다.
❸(파일을) 원본과 똑같이 만들어 저장하다. Make a file exactly like the original one and store it using a machine.
㊌카피하다, 복제하다, 본뜨다
N0-가 N1-를 N2-에 V (N0=[인간] N1=[소프트웨어], 프로그램, 파일, 테이프, 시디 따위 N2=디스크, 유에스비, 디스켓)
피 복사되다
¶그는 불법으로 소프트웨어를 복사하여 배포했다. ¶본 프로그램을 디스크에 복사할 수 있습니다.

복수당하다

어원 復讐~ 활용 복수당하여(복수당해), 복수당하니, 복수당하고 대응 복수를 당하다
타 자신에게 해를 끼친 사람이나 집단에게 입힌 상처나 고통 따위를 되돌려 받다. Be repaid the pain, wound, etc. by a person or group who were hurted.
㊌앙갚음당하다, 보복당하다 ㊉용서받다
N0-가 N1-(에|에게) V (N0=[인간|단체] N1=[인간|단체])
능 복수하다
¶우리는 북한군에게 제대로 복수당했다. ¶마약범들에게 복수당하고만 있을 수 없다.

복수하다

어원 復讐~ 활용 복수하여(복수해), 복수하니, 복수하고 대응 복수를 하다
자 자신에게 해를 끼친 사람이나 집단에게 받았던 상처나 고통 따위를 되돌려 갚다. Repay the pain, wound, etc. (one received from a person or group).
㊌앙갚음하다, 보복하다 ㊉용서하다
N0-가 N1-(에|에게) V (N0=[인간|단체] N1=[인간|단체])
피 복수당하다
¶우리는 마침내 상대팀에게 복수했다. ¶너는 나에게 복수할 거니?

복용하다

어원 服用~ 활용 복용하여(복용해), 복용하니, 복용하고 대응 복용을 하다
타 약이나 약초를 먹다. Take medicine.
㊌먹다[1], 마시다
N0-가 N1-를 V (N0=[인간] N1=[약], [마약], 약초)
사 복용시키다
¶그는 위에 염증이 생겨 약을 복용하고 있다. ¶이 약을 하루 세 번 식후에 복용하세요. ¶그 약은 일주일간만 복용하시면 됩니다.

복원되다

어원 復元~ 활용 복원되어(복원돼), 복원되니, 복원되고 대응 복원이 되다

[자](원래의 모습을 잃었던 것이) 원래 상태로 돌아오다. (of something that lost its original appearance) Return to its original state.
[유]복구되다, 원상복구되다
N0-가 V (N0=[구체물], [상태])
[능]복원하다
¶유적에서 출토된 도자기가 말끔하게 복원되었다. ¶청력은 한번 손실되면 복원되지 않는다. ¶복원된 생태계가 다시 파괴되지 않도록 합시다.
❷(심하게 손상되거나 사라진 것이) 원래의 모습대로 다시 만들어지다. (of a copy of something that was severely damaged or misplaced) Be created.
[유]복구되다, 원상복구되다
N0-가 V (N0=[구체물], [상태])
[능]복원하다
¶박물관에는 실물과 똑같이 복원된 유물도 전시되어 있다. ¶불에 타서 없어진 건물이 원래대로 복원되었다.

[ㅂ]

복원하다
[어원]復原~ [활용]복원하여(복원해), 복원하니, 복원하고 [대응]복원을 하다
[타]❶(어떤 대상을) 원래 상태로 되돌리다. Return something that lost its original appearance to its original state.
[유]복구하다, 원상복구하다
N0-가 N1-를 V (N0=[인간|단체] N1=[구체물], [상태])
[피]복원되다 [사]복원시키다
¶문화재청에서 최근 출토된 고려 시대 도자기를 복원했다. ¶파괴된 생태계를 복원하는 데에는 많은 시간과 비용이 든다.
❷(심하게 손상되거나 사라진 것을) 원래 모습을 추정하여 다시 짓거나 만들다. Assume the original appearance of something that was severly damaged or lost and rebuild or reproduce it.
[유]복구하다, 원상복구하다
N0-가 N1-를 V (N0=[인간|단체] N1=[구체물], [상태])
[피]복원되다 [사]복원시키다
¶건축 기술자들이 불타 버린 숭례문을 복원하고 있다. ¶전문가들이 거북선을 복원했다.

복제되다
[어원]複製~ [활용]복제되어(복제돼), 복제되니, 복제되고 [대응]복제가 되다
[자]❶원래의 것과 꼭 닮게 새로 만들어지다. Make something that looks exactly the same as some object.
[유]복사되다, 모사되다, 카피되다
N0-가 V (N0=[구체물], [상태])
[능]복제하다
¶도난당한 도자기가 복제되어 전시되었다. ¶외국 최신 이론이 복제되어 학술지에 실리기도 한다.
❷(미술품이나 문서 따위가) 보급을 목적으로 똑같은 것이 여러 개 만들어지다. (of art work or document) Be made into multiple same articles for the purpose of distribution.
[유]모사하다, 카피하다
[능]복제하다
N0-가 V (N0=[구체물])
¶최근에 유명 작가의 그림이 복제되어 시중에 나돈다. ¶이 상품은 외국 유명 브랜드가 복제된 것이 틀림없다.
❸ 【생물】 어떤 생물이나 세포와 유전자 구성이 같은 것이 만들어지다. (of an organism, cell, or genetic component) Be created.
N0-가 V (N0=[구체물], [상태])
¶돌리는 최초로 복제된 양이다. ¶요즈음 유전자가 복제된 식물들이 많다.

복제하다
[어원]複製~ [활용]복제하여(복제해), 복제하니, 복제하고 [대응]복제를 하다
[타]원래의 물체와 꼭 닮은 것을 새로 만들다. Newly make something that looks exactly the same as some object.
[유]복사하다, 모사하다, 카피하다
N0-가 N1-를 V (N0=[인간|단체] N1=[구체물])
[피]복제되다
¶기술자들이 첨단 기술로 전차를 복제하였다. ¶이 항공기 모형은 실제 항공기를 복제한 것이다. ¶우리 회사는 경쟁 기업이 복제할 수 없는 약품을 가지고 있다.
❷(미술품이나 문서 따위를) 똑같은 것으로 여러 개 만들다. Make a multiple articles that look the same as an art work or document for the purpose of distribution.
[유]복사하다, 모사하다, 카피하다
N0-가 N1-를 V (N0=[인간|단체] N1=[미술작품], [텍스트])
[피]복제되다
¶미술관에서는 작품을 복제한 기념품을 팔고 있다. ¶소프트웨어를 허가 없이 복제하는 것은 불법이다.
❸ 【생물】 어떤 생물이나 세포와 유전자 구성이 같은 개체를 만들다. Make something that is the same as some organism, cell or genetic component.
N0-가 N1-를 V (N0=[인간|단체] N1=[생물], [신체부위], [식물])

피 복제되다
¶생물 유전자를 복제하여 클론을 만드는 기술은 윤리적 문제가 따른다. ¶어느 대학병원에서 인간 체세포를 복제해서 치료에 응용한다고 주장했다.

복종하다
어원 服從~ 활용 복종하여(복종해), 복종하니, 복종하고 대응 복종을 하다
자 다른 사람의 명령이나 의사에 반하지 않고 그대로 따르다. Follow another person's order or intention without resistance.
㊌ 따르다I, 순종하다, 굴종하다
N0-가 N1-(에|에게) V (N0=[인간|단체] N1=[인간|단체], [소통](명령, 지시 따위), [추상물])
능 복종시키다
¶군대에서 병사들은 지휘관에 복종해야 한다. ¶그는 상관의 지시에 언제나 복종하였다. 부하들은 새로운 장군에게 복종하기로 결정했다.

볶다
활용 볶아, 볶으니, 볶고
타 ❶(물기를 거의 뺀 음식물이나 마른 곡식 따위를) 불 위에 놓고 이리저리 저으면서 타지 않게 익히다. Cook dry grains or some almost drained food by stirring over the fire.
㊌ 지지다
N0-가 N1-를 V (N0=[인간] N1=[음식물])
피 볶이다
¶엄마는 야채를 볶은 후 소금을 넣으셨다. ¶미나리와 양파는 살짝 볶아주세요. ¶콩을 볶아서 미숫가루를 만들어 보세요.
❷ 머리카락을 곱슬곱슬하게 손질하다. Have one's hair permed.
㊌ 파마하다
N0-가 N1-를 V (N0=[인간] N1=머리카락)
피 볶이다
¶영희는 어제 미용실에 가서 머리를 볶았다. ¶머리를 짧게 자르고 볶았더니 남자 같네. ¶엄마는 머리를 고불고불하게 볶을 거라고 했다.
❸(다른 사람이나 자기 자신을) 귀찮을 정도로 성가시게 하거나 자꾸 다그치며 괴롭히다. Torment oneself or another person by bothering or urging.
㊌ 보채다
N0-가 N1-를 V (N0=[인간] N1=[인간])
피 볶이다
연어 달달, 들들
¶민수가 동생을 달달 볶더라. ¶학부모들이 아이들을 달달 볶았다.
N0-가 S고 N1-를 V (N0=[인간] N1=[인간])
피 볶이다
연어 달달, 들들
¶민수가 청소 좀 하라고 동생을 달달 볶는다. ¶부장은 빨리 보고를 하지 않는다고 신입 사원을 들들 볶았다.

볶이다
활용 볶여, 볶이니, 볶이고
자 ❶(물기를 거의 뺀 음식물이나 마른 곡식 따위가) 불 위에 놓여 이리저리 저어지면서 타지 않게 익혀지다. (of some almost drained food or dry grains) Be cooked by being stirred over the fire.
N0-가 V (N0=[음식물])
능 볶다
¶쌀이 어느 정도 볶이면 물을 넣어 주세요. ¶원두가 잘 볶여 커피 맛이 좋았다. ¶콩들이 튀지 않고 잘 볶인다.
❷(다른 사람에게) 귀찮을 정도로 성가심이나 다그침, 괴롭힘을 당하다. Be pestered or harassed by somebody.
㊌ 시달리다
N0-가 N1-에게 V (N0=[인간] N1=[인간])
능 볶다
연어 달달, 들들
¶엄마는 오늘 손자들에게 꽤나 볶일 것이다. ¶아이들에게 볶여 못살 것 같다.
N0-가 N1-에게 S고 V (N0=[인간] N1=[인간])
능 볶다
¶나는 엄마에게 명문고교에 들어가야 한다고 달달 볶이며 3년을 지냈다. ¶나이든 사내는 식구들에게 빨리 장가가라고 들들 볶였다.

본뜨다
어원 本~ 활용 본떠, 본뜨니, 본뜨고, 본떴다
타 ❶이미 있는 것을 본으로 삼아 그대로 좇아 만들다. Make something by taking an existing one as a model.
㊌ 베끼다, 모방하다
N0-가 N1-를 V (N0=[구체물] N1=[구체물])
¶건축가는 지붕을 전통적인 처마선을 본떠 만들었다. ¶한자의 '코끼리 상'은 코끼리를 본뜬 글자다. ¶그가 만든 고무신은 전통적인 짚신 모양을 본떴다.
❷모범이 될 만한 것을 본보기로 하여 그대로 좇아하다. Follow something as one's model.
㊌ 베끼다, 모방하다, 본받다, 따라하다
N0-가 N1-를 V (N0=[인간] N1=[인간], [속성])
¶나는 선배의 행동을 본떠 후배들을 챙겼다. ¶자식들은 부모를 본뜨면서 자란다.

본받다
어원 本~ 활용 본받아, 본받으니, 본받고

타다른 사람이나 무엇을 본보기로 하여 그대로 좇아 하다. Follow another person or something as one's model.
유따르다I타, 추종하다타
N0-가 N1-를 V (N0=[인간] N1=[인간], [인성])
¶많은 사람들이 부인의 덕을 본받았다. ¶제자들은 스승의 교훈과 삶을 본받았다. ¶네가 선생님의 반의반만이라도 본받았으면 좋겠다.

봉납받다
어원捧納~ 활용봉납받아, 봉납받으니, 봉납받고 대응봉납을 받다
타더 힘이 센 개인이나 단체가 다른 사람이나 단체에게서 물건이나 사람을 거저 받다. (of a superior individual or organization) Receive or gain something for nothing from another person or an organization.
유상납받다 반봉납하다
N0-가 N1-를 N2-(에게|로부터) V (N0=[인간|단체] N1=[구체물] N2=[인간|단체])
¶강대국은 이웃 약소국에게 조공을 늘 봉납받아 왔다. ¶그 지방토호는 상인들에게서 돈을 정기적으로 봉납받았다.

봉납하다
어원捧納~ 활용봉납하여(봉납해), 봉납하니, 봉납하고 대응봉납을 하다
타(사람이나 단체가) 더 힘이 센 개인이나 단체에 물건이나 사람을 갖다 바치다. (of a person or an organization) Offer something on a plate to a superior individual or organization.
유헌납하다 상주다[1], 바치다 반봉납받다
N0-가 N1-를 N2-(에|에게) V (N0=[인간|단체] N1=[구체물] N2=[인간|단체])
¶약소국은 이웃 강대국에 조공을 늘 봉납해 왔다. ¶마을 사람들은 산적들에게 먹을 것을 봉납하지 않으면 안되었다.

봉사하다
어원奉仕~ 활용봉사하여(봉사해), 봉사하니, 봉사하고 대응봉사를 하다
자다른 사람이나 국가에 이익을 주기 위하여 자기를 돌보지 아니하고 애쓰다. Do one's best to benefit another person or one's country without taking care of oneself.
N0-가 N1-(에|에게) V (N0=[인간|단체] N1=[인간|단체], [국가])
¶사회 봉사자는 겸손한 태도로 노인에게 봉사한다. ¶직업 교육은 사회적 약자의 이익에 크게 봉사한다.

봉쇄되다
어원封鎖~ 활용봉쇄되어(봉쇄돼), 봉쇄되니, 봉쇄되고 대응봉쇄가 되다
자❶(문이나 통로 따위가) 굳게 잠기거나 막히다. (of a door or passageway) Be securely locked or blocked.
유차단되다, 폐쇄되다, 봉쇄당하다
N0-가 N1-에 의해 V (N0=[경계], [장소](도시, 문, 통로, 도로, 국경) 따위 N1=[인간|단체])
능봉쇄하다
¶마을 뒷산으로 통하는 모든 도로가 봉쇄되었다. ¶이란의 국경이 전면 봉쇄되었다. ¶유엔 본부 주변 통로가 경찰에 의해 완전히 봉쇄되었다.
❷(어떤 일이) 일어나지 않게 방지되다. Prevent some event in advance so that it can never occur by any chance.
유차단되다, 폐쇄되다, 봉쇄당하다
연어미연에, 사전에
N0-가 V (N0=[추상물], [사건])
능봉쇄하다
¶공사 내역이 공개되면 부실 공사가 봉쇄된다. ¶이번 정책으로 중소업체의 시장 진출이 봉쇄되었다.
❸(어떤 대상이나 장소가) 사람의 행위나 어떤 현상으로부터 방해를 받거나 영향을 받지 않게 되다. (of a target or place) No longer be interfered or affected by people's action or some phenomenon.
유방어되다, 차단되다
N0-가 N1-로부터 V (N0=[추상물], [사건], [장소] N1=[인간|단체])
¶적의 진격으로부터 이 지역은 철통같이 봉쇄되어 안전하다. ¶이 청정지역은 오염으로부터 완전히 봉쇄될 수 있다. ¶이곳은 구제역으로부터 철저히 봉쇄되어 있다.
❹ 【군사】 (해군력으로써) 어떤 지역이나 연안 항구 따위로의 이동이 차단되다. (of shore and harbor transportation) Be blocked with naval power.
유봉쇄당하다, 폐쇄되다, 차단되다
N0-가 N1-(에|에게) V (N0=[지역], 항구, 연안, 해상 교통 따위 N1=[인간|단체])
능봉쇄하다
¶항구가 봉쇄되어 배가 출항할 수 없다. ¶해적들에게 인도양 해로가 봉쇄되어서 항해할 수 없다.
❺ 【운동】 (축구나 농구 경기 따위에서) 상대편의 공격이 저지당하다. (of opponent's offense) Be blocked in a sports game such as soccer or basketball.
유막히다, 저지당하다, 방어되다 반뚫리다
N0-가 N1-(에|에게) V (N0=[인간|단체] N1=[인간|단체], 수비, 움직임, 작전 따위)

능 봉쇄하다
¶이탈리아의 비에리는 최진철에게 철저히 봉쇄되었다. ¶우리가 상대팀의 수비에 봉쇄되지 않으면 승산이 있다. ¶포워드가 수비에 봉쇄되어 전진하지 못한다.

봉쇄하다

어원 封鎖~ 활용 봉쇄하여(봉쇄해), 봉쇄하니, 봉쇄하고 대응 봉쇄를 하다

타 ❶(문이나 통로 따위를) 굳게 잠그거나 막다. Securely lock or block a door or passageway.
유 차단하다, 봉하다, 폐쇄하다
N0-가 N1-를 V (N0=[인간|단체] N1=[경계], [장소](도시, 문, 통로, 도로, 국경) 따위)
피 봉쇄되다, 봉쇄당하다
¶이장은 뒷산으로 통하는 도로를 봉쇄했다. ¶경찰은 유엔 본부 주변 통로를 완전히 봉쇄했다. ¶이라크는 모든 국경을 봉쇄했다.

❷(어떠한 일이) 일어나지 못하도록 막다. Prevent some event from occurring.
유 차단하다, 막다, 가로막다
N0-가 N1-를 V (N0=[인간|단체] N1=[추상물], [사건])
피 봉쇄되다, 봉쇄당하다
¶우리 기업은 부실 공사를 원천적으로 봉쇄한다. ¶경찰이 시민들의 불법 집회를 봉쇄할 것이다. ¶정부는 부동산 투기를 봉쇄할 수 있는 제도적 장치를 마련한다.

❸(어떤 대상이나 장소를) 사람의 행위나 어떤 현상으로부터 방해를 받거나 영향을 받지 못하게 막다. Block a target or place so that it cannot be interfered or affected by people's actions or some phenomenon.
유 막다, 방어하다, 저지하다
N0-가 N1-를 N2-로부터 V (N0=[인간|단체] N1=[추상물], [사건], [장소] N2=[인간|단체])
¶적의 진격으로부터 이 지역을 철저히 봉쇄해야 한다. ¶이 청정 지역을 오염으로부터 봉쇄하기는 어렵다.

❹ 【군사】 해군력으로 어떤 지역이나 연안 항구로의 이동을 차단하다. Block the coast and harbor transportation using naval power.
유 막다, 차단하다
N0-가 N1-를 V (N0=[인간|단체] N1=항구, 연안, 해상교통 따위)
피 봉쇄되다, 봉쇄당하다
¶우리 해군은 서해안을 봉쇄하였다. ¶해적들이 해로를 봉쇄해서 항해할 수 없다.

❺ 【운동】 (축구나 농구 경기 따위에서) 상대편의 공격을 저지하거나 막다. Stop or block opponent's offense in a sports game such as soccer or basketball.
유 막다, 저지하다, 방어하다 반 뚫다
N0-가 N1-를 V (N0=[인간|단체] N1=[인간|단체], 공격, 진출, 움직임, 작전 따위)
¶우리 팀의 수비수들은 상대 공격수들을 잘 봉쇄하였다.¶축구 4강 진출은 상대 공격을 어떻게 봉쇄할 것인가에 달려있다. ¶콜롬비아는 강력한 수비로 브라질의 공격을 봉쇄했다.

봉양하다

어원 奉養~ 활용 봉양하여(봉양해), 봉야하니, 봉양하고 대응 봉양을 하다

타 (부모나 조부모와 같은 웃어른을) 받들어 모시고 섬기다. Take good care of seniors such as parents or grandparents.
유 공양하다, 모시다, 섬기다
N0-가 N1-를 V (N0=[인간|단체] N1=[인간|단체])
연어 극진히
¶철수는 형을 대신해서 부모님을 봉양하였다. ¶젊은이들은 어르신들을 마땅히 봉양해야 한다. ¶며느리는 시어머니를 극진히 봉양하였다.

봉착하다

어원 逢着~ 활용 봉착하여(봉착해), 봉착하니, 봉착하고 대응 봉착을 하다

자 (사람이나 단체 또는 제도나 산업 따위가) 곤란하거나 피하고 싶은 상황이나 처지에 부닥치다. (of a person, an organization, a system, or an industry) Encounter a difficult or tough situation or circumstance.
유 부닥치다, 빠지다 반 빠져나오다, 극복하다, 넘어서다
N0-가 N1-에 V (N0=[인간|단체], [제도], [산업], N0=[추상물](위기, 난관, 문제, 한계, 시련, 현실, 과제, 상황 따위))
¶브라질 경제가 난관에 봉착했다. ¶햇볕 정책은 한계에 봉착한 것 같다. ¶우리는 지금 경제 위기에 봉착해 있다.

봉하다

어원 封~ 활용 봉하여(봉해), 봉하니, 봉하고

타 (문, 봉투, 그릇 따위를) 열지 못하게 입구를 붙이거나 싸서 막다. Block a door or close the opening of a bag or a bowl, not to be opened again by sticking or binding something.
유 닫다II, 폐쇄하다, 붙이다 반 개봉하다, 열다II타, 뜯다I
N0-가 N1-를 V (N0=[인간] N1=[장소](문), [그릇], (봉투))
¶학생들은 입시 원서를 넣고 서류 봉투를 봉했다. ¶아저씨는 물통에 차를 담아 입구를 봉했다.

ㅂ

◆ **입을 봉하다** 입을 다물고 말을 하지 아니하다. Say nothing, shutting one's mouth.
[유]입을 닫다, 다물다
N0-가 Idm (N0=[인간|단체])
¶담당자는 합격자는 알려줄 수 없다며 입을 봉했다. ¶상대측은 회담 당일에 이야기하자며 입을 봉했다.

봉헌되다

[어원]奉獻~ [활용]봉헌되어(봉헌돼), 봉헌되니, 봉헌되고 [대응]봉헌이 되다
[자](어떤 물건이나 건물, 돈 따위가) 사람이나 단체에 의해 신이나 사람에게 또는 어떤 단체에 공경하는 마음으로 바쳐지다. (of thing, building, or money) Be dedicated by a person or an organization to another person, a god, or another organization with reverence.
[유]바쳐지다, 헌납되다
N0-가 N1-에 의해 N2-(에|에게) V (N0=[구체물], [돈], 미사, 시간 따위 N1=[인간|단체] N2=[인간|단체], [인간], [건물])
[능]봉헌하다
¶새로 만들어진 종이 경덕왕에 의해 절에 봉헌됐다. ¶두 개의 성당이 대구 교구에 봉헌되었다.

봉헌하다

[어원]奉獻~ [활용]봉헌하여(봉헌해), 봉헌하니, 봉헌하고 [대응]봉헌을 하다
[타](사람이나 단체가) 다른 사람에게나 단체에 어떤 물건이나 건물, 돈 따위를 공경하는 마음으로 바치다. (of a person or an organization) Serve with respect another person or organization possessing things, building, or money.
[유]봉납하다, 헌납하다 [상]주다[1], 바치다
N0-가 N1-를 N2-(에|에게) V (N0=[인간|단체] N1=[구체물], [돈], 미사, 시간 따위 N2=[인간|단체], [인간], [건물])
[피]봉헌되다
¶왕은 새 신전을 하느님께 봉헌했다. ¶티베트인은 신들에게 탕카를 제작해 봉헌하였다.

뵈다

[활용]뵈어(봬), 뵈니, 뵈고
[타]윗사람을 대하여 만나다. Meet a senior.
[유]알현하다, 만나다 [상]보다[1]
N0-가 N1-를 V (N0=[인간] N1=[인간])
¶제자들이 모여 스승의 날에 선생님을 뵈었습니다. ¶길에서 우연히 이웃 할아버지를 뵈었다. ¶선생님, 내일 뵐게요.

뵙다

[활용]뵙고, 뵙는, 뵙지 (자음어미와만 결합한다.)
[타]윗사람을 대하여 만나다.('뵈다'보다 더 겸양의 뜻이 있다.) Meet a senior.
[유]만나다 [상]보다[1]
N0-가 N1-를 V (N0=[인간] N1=[인간])
¶나는 은퇴하신 후에도 스승님을 자주 뵙는다. ¶나는 의사 선생님을 뵙고 치료를 받았다. ¶선생님, 내일 뵙겠습니다.

부각되다

[어원]浮刻~ [활용]부각되어(부각돼), 부각되니, 부각되고 [대응]부각이 되다
[자]❶주목받는 사람이나 사물, 문제 따위로 나타나다. Come to the fore as a remarkable person, thing, or problem.
[유]강조되다, 부상하다
N0-가 N1-로 V (N0=[구체물], [추상물] N1=[구체물], [추상물])
¶서비스업이 국가 주요 사업으로 부각되고 있다. ¶규제 철폐가 이번 정책의 주요 목적으로 부각되고 있다.
❷(어떤 것이) 특징적으로 두드러지게 제시되다. (of something) be accentuated characteristically.
[유]강조되다
N0-가 V (N0=[사태])
[능]부각하다
¶나쁜 이미지가 부각되고 좋은 점은 무시되고 있다. ¶제품의 디자인만 부각되어서 성능이 어떤지는 아무도 모른다.

부각하다

[어원]浮刻~ [활용]부각하여(부각해), 부각하니, 부각하고 [대응]부각을 하다
[자]주목받는 사람이나 사물, 문제 따위로 나타나다. Come to the fore as a remarkable person, thing, or problem.
[유]부상하다, 나타나다, 등장하다
N0-가 N1-로 V (N0=[구체물], [추상물] N1=[구체물], [추상물])
¶사회에서는 빈부 격차가 큰 문제로 부각하고 있다. ¶그가 이 사건에서 가장 주요한 혐의자로 부각하였다.
[타](어떤 것을) 특징지어 두드러지게 제시하다. Accentuate something characteristically.
[유]드러내다, 강조하다
N0-가 N1-를 V (N0=[구체물], [추상물] N1=[사태])
[피]부각되다
¶이번 광고는 제품의 안정성을 부각했다. ¶주제를 잘 부각하는 것이 글쓰기에서 중요하다.

부결되다

[어원]否決~ [활용]부결되어(부결돼), 부결되니, 부결되고 [대응]부결이 되다
[자](제출된 의안 등이) 회의에서 의결을 거친 결과

통과되지 못하고 떨어지다. (of a raised bill) Be rejected through a decision-making process in the meeting.
[유]거부되다 [반]가결되다
N0-가 N1-에서 N2-로 V (N0=의안, 안건, 의제 따위 N1=[회의] N2=다수결, 만장일치 따위)
¶그 안건은 회의에서 찬성 45표 반대 55표로 부결되었다. ¶안건이 또 부결되고 회의는 속개되었다. ¶과거에 부결된 법안을 다시 살펴볼 필요가 있다.

부결시키다
[어원]否決~ [활용]부결시키어(부결시켜), 부결시키니, 부결시키고 [대응]부결을 시키다
☞'부결하다'의 오용

부결하다
[어원]否決~ [활용]부결하여(부결해), 부결하니, 부결하고 [대응]부결을 하다
[타](제출된 의안 등을) 회의에서 의결을 거쳐 통과시키지 않다. Reject a raised bill through a decision-making process in the meeting.
[유]거부하다 [반]가결하다
N0-가 N1-를 N2-로 V (N0=[단체], [회의] N1=안건, 의안, 의제 따위 N2=다수결, 만장일치 따위)
[피]부결되다
¶회의에 참석한 위원들은 결국 다수결로 원안을 부결했다. ¶야당은 입법안을 부결하기 위해 총력을 기울였다.

부과되다
[어원]賦課~ [활용]부과되어(부과돼), 부과되니, 부과되고 [대응]부과가 되다
[자]❶(사람에게나 단체에) 세금이나 벌금 따위를 내도록 매겨지다. (of tax or fine) Be imposed on a person or an organization.
[유]매겨지다, 과세되다
N1-(에|에게) N0-가 V (N0=[세금] N1=[인간|단체])
[능]부과하다
¶흡연자에게 10만 원의 벌금이 부과됐다. ¶안전벨트를 매지 않은 승객에게도 벌금이 부과된다.
❷(사람에게나 단체에) 어떤 일이나 책임 따위가 하도록 맡겨지다. (of work or responsibility) Be assigned to a person or an organization.
[유]맡겨지다, 부여되다
N1-(에|에게) N0-가 V (N0=[일], [의무] N1=[인간|단체])
[능]부과하다
¶교사들에게 과도한 업무가 부과되고 있다. ¶보안 책임자들에게 엄중한 책임이 부과되었다.

부과하다
[어원]賦課~ [활용]부과하여(부과해), 부과하니, 부과하고 [대응]부과를 하다
[타]❶(사람이나 단체가) 다른 사람에게나 단체에 세금이나 벌금 따위를 매겨 내게 하다. (of a person or an organization) Impose tax or fine on another person or organization.
[유]부여하다, 매기다, 과세하다
N0-가 N2-(에|에게|에 대해) N1-를 V (N0=[인간|단체] N1=[세금] N2=[인간|단체])
[피]부과되다
¶경찰이 교통법규 위반자에게 벌금을 부과한다. ¶법원은 그에게 300만 원의 벌금을 부과했다.
❷(사람이나 단체가) 다른 사람이나 단체에 어떤 일이나 책임 따위를 맡겨서 하게 하다. (of a person or an organization) assign work or responsibility to another person or organization.
[유]맡기다, 부여하다
N0-가 N2-(에|에게) N1-를 V (N0=[인간|단체] N1=[일], [의무] N2=[인간|단체])
[피]부과되다
¶이 회사는 사원들에게 과도한 업무를 부과했다. ¶우리는 임원들에게 엄중한 책임을 부과할 방침이다.

부닥치다
[활용]부닥치어(부닥쳐), 부닥치니, 부닥치고
[자]❶(어떤 물체에) 의도하지 않게 세게 부딪치다. Be powerfully smashed by some object unintentionally.
[유]부딪히다, 충돌하다
N0-가 N1-(에|에게) V (N0=[인간|단체], [신체부위](머리, 이마 따위), [구체물] N1=[인간|단체], [구체물])
¶배가 암초에 부닥쳤다. ¶그녀는 걷다가 표지판에 부닥쳤다.
N0-가 N1-와 서로 V ↔ N1-가 N0-와 서로 V ↔ N0-와 N1-가 서로 V (N0=[인간|단체] N1=[인간])
¶영수가 민수와 서로 부닥쳤다. ↔ 민수가 영수와 서로 부닥쳤다. ↔ 영수와 민수가 서로 부닥쳤다.
¶길을 가다가 술에 취한 남자와 서로 부닥쳤다.
※'N1-와'가 없으면 'N0'에 복수를 나타내는 말이 온다.
❷예상하지 못한 문제나 상황에 직면하다. Face an unexpected problem or situation.
[유]당면하다, 직면하다, 겪다, 봉착하다
N0-가 N1-에 V (N0=[인간|단체], [행위] N1=[행위], [상태])
¶그들은 많은 어려움에 부닥쳤다. ¶사람은 견딜 수 없는 시련에 부닥치게 되면 종교를 찾는다.
N0-가 N1-와 (서로) V ↔ N1-가 N0-와 (서로) V ↔ N0-와 N1-가 (서로) V (N0=[인간|단체] N1=[인간|단체])

ㅂ

¶나도 남편과 서로 부닥치는 경우가 많아요. ↔ 남편도 나와 서로 부닥치는 경우가 많아요. ↔ 나와 남편도 서로 부닥치는 경우가 많아요.
※'N2-와'가 없으면 'N1'에 복수를 나타내는 말이 온다.

◆ **벽에 부닥치다** 어떤 극복하기 어려운 한계나 장애물에 가로막히다. Be blocked by a limit or obstacle that's hard to overcome.
No-가 Idm (No=[인간], 사업, 구상 따위)
¶사업이 초반부터 벽에 부닥치고 있다. ¶청년은 현실의 벽에 부닥쳐 자포자기하고 말았다.

◆ **암초에 부닥치다** 어떤 극복하기 어려운 한계나 장애물에 가로막히다. Be blocked by a limit or obstacle that's hard to overcome.
No-가 Idm (No=[인간], 사업, 구상 따위)
¶나의 구상이 얼마 가지 않아 암초(暗礁)에 부닥쳤다. ¶사업이 뜻하지 않던 암초에 부닥쳤다.

ㅂ

부담하다

어원 負擔~ 활용 부담하여(부담해), 부담하니, 부담하고 대응 부담을 하다

타 ❶(사람이나 단체가) 어떤 비용이나 세금 따위를 맡아서 내다. (of a person or an organization) Share a certain expense or tax.
유 떠맡다
No-가 N1-를 V (No=[인간|단체] N1=[돈])
사 부담시키다
¶내가 행사 준비에 필요한 모든 비용을 부담하겠다. ¶참가자가 재료비는 부담해야 한다.

❷(사람이나 단체가) 어떤 책임이나 의무 따위를 떠맡거나 받아들이다. (of a person or an organization) Undertake or accept a responsibility or a duty.
No-가 N1-를 V (No=[인간|단체] N1=의무, 일, 위험 따위)
사 부담시키다
¶우리가 일부의 책임을 부담해야 한다. ¶큰 보상을 원한다면 큰 위험을 부담하라.

부대끼다

활용 부대끼어(부대껴), 부대끼니, 부대끼고

❶(어떤 것이) 다른 것과 계속해서 접촉하거나 부딪치게 되다. (of something) Continue to touch or collide with something else.
유 부닥치다, 접촉하다, 비비다
No-가 N1-와 (서로) V ↔ N1-가 No-와 (서로) V ↔ No-와 N1-가 (서로) V (No=[구체물], [인간] N1=[인간], [구체물], [장소])
¶만원 버스에서 철수는 승객들과 계속 부대꼈다. ↔ 만원 버스에서 승객들은 철수와 계속 부대꼈다. ↔ 만원 버스에서 철수와 승객들은 계속 부대꼈다. ¶갈대밭에는 정말 많은 갈대들이 부대끼고 있다. ¶창고 물건들이 바닥과 부대끼면서 시끄러운 소리를 낸다.
No-가 N1-에 V (No=[구체물], [인간] N1=[구체물], [인간], [자연현상])
¶여객선이 강한 파도에 부대끼면서 겨우 앞으로 나아갔다. ¶그들은 강한 바람에 부대끼면서 산을 올랐다.

❷(다른 사람과) 자의든 타의든 자주 만나고 접촉하며 지내다. Meet often and keep in touch with another person of one's own volition or against one's will.
유 시달리다, 섞이다
No-가 N1-와 (서로) V ↔ N1-가 No-와 (서로) V ↔ No-와 N1-가 (서로) V (No=[인간|단체] N1=[인간|단체])
¶나는 친구들과 서로 부대끼며 살고 있었다. ↔ 친구들은 나와 서로 부대끼며 살고 있었다. ↔ 나와 친구들은 서로 부대끼며 살고 있었다.
¶이 비좁은 방에서 남자들끼리 부대끼며 지내려니 참 힘들다.

❸ (어떤 것에) 시달리면서 괴로워하다. Be tormented, suffering from something.
유 시달리다
No-가 N1-(에|에게) V (No=[인간|단체] N1=[추상물], [인간|단체], [사태])
¶할머니는 세상에 부대끼며 힘들게 살아 오셨다.
¶그녀는 가난에 부대끼며 괴로워했다.

❹(위장이) 소화가 제대로 되지 않아서 더부룩하다. (of the stomach) Have difficulty in digesting and feel bloated.
유 속이 더부룩하다
No-가 V (No=[신체부위](배, 위 따위), 속)
¶라면을 먹었더니 속이 정말 부대낀다. ¶속이 부대껴서 아무 것도 먹을 수가 없다.

부딪치다

활용 부딪치어(부딪쳐), 부딪치니, 부딪치고

자 ❶(어떤 사물이) 다른 사물에 세차게 마주 닿다. (of a certain item) Strongly come in contact with another item.
유 충돌하다, 받히다, 부닥치다
No-가 N1-에 V (No=[교통기관], 파도 따위 N1=[구체물])
¶버스가 미끄러지면서 난간에 부딪쳤다. ¶파도가 바위에 부딪치면서 하얀 물보라가 일어났다.
No-가 N1-와 V ↔ N1-가 No-와 V ↔ No-와 N1-가 V (No=[교통기관] N1=[교통기관])
¶버스가 자동차와 부딪쳐 불이 났다. ↔ 자동차가 버스와 부딪쳐 불이 났다. ↔ 버스와 자동차가 부딪쳐 불이 났다. ¶맞은편에서 오던 차가 오토바

이와 그대로 부딪쳤다.
❷(둘 이상의 사람이) 어떤 장소에서 우연히 만나다. (of a person with another person, or two or more people) Meet in some place coincidentally.
㊌우연히 만나다
N0-가 N1-와 N2-에서 V ↔ N1-가 N0-와 N2-에서 V ↔ N0-와 N1-가 N2-에서 V (N0=[인간] N1=[인간] N2=[장소])
¶나는 그와 우연히 영화관에서 부딪쳤다. ↔ 그는 나와 우연히 영화관에서 부딪쳤다. ↔ 나와 그는 우연히 영화관에서 부딪쳤다. ¶하필 그 장소에서 여자친구와 부딪치게 될 줄이야.
❸(이해관계가 있는 사람과) 문제를 해결하기 위해서 만나다. (of a person with someone with shared interest) Meet in order to solve a problem.
㊌맞닥뜨리다, 만나다
N0-가 N1-와 V ↔ N1-가 N0-와 V ↔ N0-와 N1-가 V (N0=[인간] N1=[인간])
¶나는 그와 직접 부딪쳐서 해결책을 찾아볼 생각이다. ↔ 그는 나와 직접 부딪쳐서 해결책을 찾아볼 생각이다. ↔ 나와 그는 직접 부딪쳐서 해결책을 찾아볼 생각이다. ¶너는 일단 피해자 측과 부딪쳐 보고 상황을 판단해라.
❹(둘 이상의 사람이) 시선이나 눈길 따위가 마주치다. (of a person with someone, or two or more people) Contact via line of sight, vision, etc.
㊌마주치다, 오가다, 주고받다
N0-가 N2-와 N1-가 ↔ N12-가 N0-와 N1-가 V ↔ N0-와 N2-가 N1-가 V (N0=[인간] N1=시선, 눈길 따위 N2=[인간])
¶나는 그와 시선이 부딪쳤다. ↔ 그는 나와 시선이 부딪쳤다. ↔ 나와 그는 시선이 부딪쳤다. ¶민호는 몰래 떠들다가 선생님과 눈길이 부딪쳤다.
❺(다른 사람과) 의견이나 생각 따위가 달라 싸우거나 충돌이 일어나다. Fight or clash with someone due to different opinion, thought, etc.
㊌충돌하다, 싸우다, 대립하다
연어사사건건
N0-가 N1-와 V ↔ N1-가 N0-와 V ↔ N0-와 N1-가 V (N0=[인간] N1=[인간])
¶엄마가 아빠와 사사건건 부딪쳤다. ↔ 아빠가 엄마와 사사건건 부딪쳤다. ↔ 엄마와 아빠가 사사건건 부딪쳤다. ¶나는 고지식한 아버지와 자주 부딪칠 수밖에 없었다.
타❶(사람이나 동물 따위가) 사물의 일부분에 몸의 일부분을 세게 마주 닿게 하다. (of a person, an animal, etc.) Have one's body part strongly come in contact with a portion of an item.
㊌충돌하다, 접촉하다, 박다, 받히다
N0-가 N2-에 N1-를 V (N0=[인간], [동물] N1=[신체부위] N2=[구체물의부분])
¶형님은 의자 등받이에 턱을 세게 부딪쳤다.
¶그는 쓰러지면서 머리를 나무에 부딪쳤다.
❷(사람이 다른 사람과 또는 둘 이상의 사람이) 물건을 세게 마주 닿게 하다. (of a person with someone, or two or more people) Make items come in contact strongly.
N0-가 N2-와 N1-를 V ↔ N2-가 N0-와 N1-를 V ↔ N0-와 N2-가 N1-를 V (N0=[인간] N1=[구체물], [신체부위] N2=[인간])
¶나는 친구와 잔을 부딪쳤다. ↔ 친구는 나와 잔을 부딪쳤다. ↔ 나와 친구는 잔을 부딪쳤다. ¶우리는 손바닥을 부딪치며 축하 인사를 나누었다.
❸(사람이 다른 사람과 또는 둘 이상의 사람이) 눈길이나 시선 따위를 마주치다. (of a person with someone, or two or more people) Contact via line of sight, vision, etc.
㊌마주치다, 주고받다 ㊉피하다
N0-가 N2-와 N1-를 V ↔ N2-가 N0-와 N1-를 V ↔ N0-와 N2-가 N1-를 V (N0=[인간] N1=눈길, 시선 N2=[인간])
¶나는 친구와 눈길을 부딪쳤다. ↔ 친구는 나와 눈길을 부딪쳤다. ↔ 나와 친구는 눈길을 부딪쳤다. ¶우리는 시선을 부딪치며 인사를 나누었다.

부딪히다

활용부딪히어(부딪혀), 부딪히니, 부딪히고
자❶(사물이나 사람이) 다른 사물이나 사람 따위에 세차게 마주 닿아지다. (of a certain item or person) Strongly come in contact with another item, person, etc.
㊌충돌하다, 받히다
N0-가 N1-에 V (N0=[인간|동물], [구체물] N1=[교통기관], [인간|동물], 파도 따위)
¶아이가 달려오는 자전거에 부딪혀 넘어졌다.
¶바위가 파도에 부딪혀 마모되었다.
❷(계획이나 일 따위가) 예상치 못한 상황이나 한계 따위에 맞닥뜨려지다. (of a person's plan, task, etc.) Be faced with an unexpected situation, limit, etc.
㊌맞닥뜨리다
N0-가 N1-에 V (N0=[인간|단체], [행위], [활동] N1=[추상물](난관, 벽, 문제, 반대, 한계 따위))
¶두 사람의 결혼이 난관에 부딪혔다. ¶그는 현실의 벽에 부딪혀서 꿈을 포기하고 말았다. ¶나는 유학을 가고 싶었지만 부모님의 반대에 부딪혔다.

부라리다

ㅂ

[활용]부라리어(부라려), 부라리니, 부라리고
[타](사람이나 동물 따위가) 눈을 크게 뜨고 눈알을 무섭게 굴리다. (of a person or an organization) Glare with eyes wide and bulging.
[유]부릅뜨다
No-가 N1-를 V (No=[인간], [동물] N1=눈, 눈알)
¶사내는 무섭게 눈을 부라렸다. ¶아저씨는 눈알을 부라리며 두 사람을 노려보았다. ¶아주머니는 화가 나면 눈을 부라리고 소리를 지른다.

부러뜨리다

[활용]부러뜨리어(부러뜨려), 부러뜨리니, 부러뜨리고
[타](길쭉하면서 단단한 물건 따위를) 꺾어 부러지게 하다. Snap something and cause it to break.
[유]꺾다
No-가 N1-를 V (No=[인간] N1=[구체물])
[주]부러지다
¶동생이 들고 있던 나뭇가지를 부러뜨렸다. ¶동생은 자전거를 타다가 그만 팔을 부러뜨렸다. ¶그 어린이는 양치질을 하다가 칫솔을 부러뜨렸다.

부러워하다

[활용]부러워하여(부러워해), 부러워하니, 부러워하고
[타]다른 사람이나 그의 좋은 것을 탐내거나 닮고 싶어하다. Want to be like another person or to have his or her merits.
[유]탐내다
No-가 N1-를 V (No=[인간|단체] N1=[모두])
¶희정이는 은서의 머릿결을 부러워했다. ¶누구든 젊음을 부러워할 수밖에 없다.
No-가 S것-을 V (No=[인간|단체])
¶정윤이는 친구가 새 필통을 산 것을 부러워했다. ¶나는 그가 잘생긴 것을 부러워하지는 않는다. ¶돈이 많은 것을 부러워하지 말고 인복이 많은 것을 부러워해라.

부러지다

[활용]부러지어(부러져), 부러지니, 부러지고
[자]❶(단단한 물체가) 꺾여서 겹쳐지거나 잘라져 두 동강이 나다. (of a solid thing) be broken into two pieces by being folded or cut.
[유]꺾이다, 잘라지다
No-가 N1-(에|로) V (No=[구체물] N1=[모두])
[사]부러뜨리다
¶강풍으로 큰 소나무가 부러졌다. ¶그는 자동차 사고로 뼈가 부러지고 말았다.
❷말이나 행동 따위가 확실하고 단호하다. (of words or behavior) Be confident and firm.
No-가 V (No=[인간])
[연어]똑, 딱
¶그는 늘 똑 부러지게 일을 한다. ¶그녀는 똑 부러진 행동으로 사람들에게 인기가 많았다.
No-가 S것-이 V (No=[인간])
[연어]똑, 딱
¶그는 말하는 것이 딱 부러진다. ¶이번 사업을 마무리짓는 것이 딱 부러지지 않으면 안 된다.

부르다

[활용]불러, 부르니, 부르고, 불렀다
[타]❶다른 사람의 주의를 끌거나 오라고 하기 위해 소리를 치거나 손짓을 하다. Yell or make hand gesture to draw someone's attention or signal someone to come.
[유]호출하다
No-가 N1-를 V (No=[인간|단체] N1=[인간|단체], [동물])
¶나는 앞서 가는 친구를 큰 소리로 불렀다. ¶누군가가 다급히 나를 부르고 있었다.
❷다른 사람을 어떤 장소에 오도록 청하다. Request someone to come to a place.
[유]호출하다
No-가 N1-를 N2(로|에) V (No=[인간|단체] N1=[인간|단체], [교통기관](택시 따위) N2=[장소])
¶나는 친한 친구들을 집으로 불렀다. ¶어머니께서 전화로 택시를 집 앞으로 불렀다.
❸노래 따위를 곡에 맞추어 소리로 내다. Produce sound such as song to a melody.
No-가 N1-를 V (No=[인간|단체] N1=[소리](노래, 콧노래, 자장가 따위), 가곡, 가요 따위)
[피]불리다I[자]
¶아버지는 딸이 잠들 때까지 옆에서 자장가를 불러 주었다. ¶엄마는 가곡 부르는 것을 좋아하셨다.
❹이름이나 번호 따위를 소리 내어 읽으며 대상을 확인하다. Confirm someone by saying a name or number out loud.
[유]점호하다, 호명하다
No-가 N1-를 V (No=[인간|단체] N1=이름, 출석, 번호 따위)
[피]불리다I[자]
¶누군가가 내 이름을 크게 불렀다. ¶선생님은 수업 시간에 출석을 부르지 않았다.
❺어떤 대상을 다른 대상으로 지목하여 말하거나 이름을 붙이다. Refer to something as another object or name it with something different.
[유]칭하다, 명명하다
No-가 N1-를 N2-로 V (No=[인간|단체] N1=[모두] N2=[이름], [호칭])
[피]불리다I[자]
¶이 지역에서는 부추를 정구지로 부른다. ¶나는 그녀를 언니로 부르며 따라다닌다.
No-가 N1-를 S라고 V (No=[인간|단체] N1=[모두])
[피]불리다I[자]

¶사람들은 나를 시대를 잘못 만난 천재라고 부른다. ¶그들을 외국인 선수라고 불렀더니 싫어한다.
❻만세나 구호 따위를 소리 내어 외치다. Cheer or say slogan out loud.
[유]외치다 [타]
N0-가 N1-를 V (N0=[인간|단체] N1=만세, 군호, 쾌재 따위)
¶신랑은 만세 삼창을 부르며 신부를 맞이했다. ¶복권에 당첨되자 그는 속으로 쾌재를 불렀다.
❼값이나 액수 따위를 얼마라고 말하다. Speak of price or amount.
[유]값을 매기다
N0-가 N1-를 V (N0=[인간|단체] N1=값, 가격 따위)
¶그 가게는 값을 너무 비싸게 불러서 물건을 살 수 없다. ¶싸게 사고 싶으면 원하는 가격을 불러 보세요.
❽(무엇이) 어떤 일이나 마음, 상황 따위를 일어나게 하다. (of something) Cause the occurrence or an event, emotion, or situation.
[유]야기하다, 일으키다[1]
N0-가 N1-를 V (N0=[사태], [상황] N1=[사태], [상황], [감정](오해 따위))
¶나의 다정한 행동은 여자들에게 종종 오해를 부른다. ¶강한 햇볕에 장시간 노출은 화상을 부른다.
◆ **피를 부르다** 유혈 사태를 일으키다. Cause bloodshed.
N0-가 Idm (N0=[구체물], [추상물])
¶피는 결국 피를 부르기 마련이다. ¶과다한 징세는 피를 부르기 마련이다.

부르짖다

[활용]부르짖어, 부르짖으니, 부르짖고
[자]❶격한 감정을 억누르지 못하여 크게 말하다. Speak out loud because he or she can't suppress the violent emotion.
[유]소리치다, 외치다
N0-가 S고 V (N0=[인간])
¶그는 가슴을 치면서 자신이 죄인이라고 부르짖었다. ¶전쟁터 여기저기서 살려달라고 부르짖는 소리가 들렸다.
❷주장이나 의견 따위를 힘차게 말하다. (of a person) Say aloud an argument or an opinion.
[유]외치다, 소리치다
N0-가 S고 V (N0=[인간])
¶직원들은 모두 "할 수 있다"고 부르짖었다. ¶환경 운동가들은 자연이 파괴되고 있다고만 부르짖는다.
[타]❶격한 감정을 억누르지 못하여 크게 말하다. Speak out loud because he or she can't suppress the violent emotion.
[유]외치다
N0-가 N1-를 V (N0=[인간] N1=[말])
¶분노한 여성들이 재판장에 몰려들어 그의 유죄를 부르짖었다. ¶사람들은 거리에 나와 독립 만세를 부르짖었다.
❷주장이나 의견 따위를 힘차게 말하다. Say aloud an argument or an opinion.
[유]강변하다, 외치다
N0-가 N1-를 V (N0=[인간] N1=[추상물](자유 따위), [앎])
¶도로에 나온 시민들은 자유를 부르짖었다. ¶시민들은 자유가 아니면 죽음을 달라고 부르짖었다.

부르트다

[활용]부르터, 부르트니, 부르트고, 부르텄다
[자]❶과로하거나 살갗이 마찰되어 피부가 부풀고 액이 고이다. Have blisters on one's skin due to fatigue or friction of the skin.
N0-가 N1-로 V (N0=신체부위[입술, 얼굴, 손, 발] N1=과로, 화상)
¶며칠 과로했더니 입술이 부르텄다.
❷반복된 마찰이나 상처로 살갗이 굳은살이 생겨 갈라지고 터지다. (of one's skin) Be callused due to repeated friction or injury, and then cracked and blistered.
N0-가 V (N0=[신체부위](손, 발))
¶그의 어머니는 시골에서 손발이 부르터지게 일하신다. ¶겨울이면 날이 건조해서 손이 늘 부르튼다.

부릅뜨다

[활용]부릅떠, 부릅뜨니, 부릅뜨고, 부릅떴다
[타]눈을 힘주어 크게 뜨다. Open one's eyes wide and hard.
[유]부라리다
N0-가 N1-를 V (N0=[인간] N1=눈)
¶나는 졸음을 쫓으려고 눈을 부릅떴다. ¶그는 화가 나서 눈을 부릅뜨고 상대방을 노려보았다.
※ '눈을 부릅뜨다'로만 쓰인다.

부리다[1]

[활용]부리어(부려), 부리니, 부리고
[타]❶마소나 다른 사람을 시켜서 일을 하게 하다. (of a person) Make horses and cattle or another person work.
[유]쓰다II[타], 시키다[1][타]
N0-가 N1-를 V (N0=[인간] N1=[짐승](소, 말), [인간])
¶농부는 소를 부려 논을 갈고 있었다. ¶그는 꽤 여유로워 일꾼 여러 명을 부리고 산다.
❷무엇을 자유롭게 움직여 사용하다. (of a person) Freely move and use something.
[유]사용하다

ㅂ

N0-가 N1-를 V (N0=[인간] N1=[교통기관](배, 마차, 불도저 따위), [짐승])
¶마부는 아직 마차를 부리는 것에 서툴다. ¶그는 나귀를 썩 잘 부린다.
❸귀신을 불러 자유롭게 움직이다. (of a person) Call and freely manipulate a ghost.
N0-가 N1-를 V (N0=[인간] N1=도깨비, 귀신 따위)
¶그는 굿을 할 때마다 귀신을 부려 사람들을 놀라게 했다. ¶강태공은 귀신을 종처럼 부리기로 유명하다.
❹메고 있던 짐이나 교통기관에 실었던 짐을 어디에 내려놓다. Put down or unload something from one's shoulder or a means of transportation.
[유]내려놓다, 하역하다
N0-가 N1-를 N2-에 V (N0=[인간], [교통기관] N1=짐, 화물, [인간], [구체물] N2=[장소])
¶인부들이 이삿짐을 마당에 부리고 있었다.
¶기차는 역에 승객들을 잔뜩 부리고 떠났다.

[ㅂ]

부리다2

[활용]부리어(부려), 부리니, 부리고
[기능][타]'행동을 드러내 보임'을 나타내는 기능동사 Support verb "showing certain behavior outwardly".
❶N0-가 N1-에게 Npr-를 V (N0=[인간] N1=[인간], Npr=어리광, 주정, 재롱, 텃세, 허세, 오기 따위)
¶아이는 장난감을 사달라고 엄마에게 어리광을 부렸다. ¶아이가 엄마 옆에서 웃으며 재롱을 부린다. ¶그는 술에 취해 아내에게 주정을 부렸다.
❷특정 행위를 교묘히 이용함을 나타내는 기능동사 A support verb indicating the clever use of a specific act.
N0-가 N1-를 V (N0=[인간], [짐승] N1=묘기, 재주, 요술, 도술, 꾀 따위)
¶그는 공중에서 갖가지 묘기를 부렸다. ¶곰이 재주를 부리는 동안 그는 돈을 챙겼다. ¶나는 심부름이 하기 싫어서 꾀를 부렸다.
❸특정 성질을 드러내 표현하는 기능동사. A support verb that reveals and expresses a certain nature.
N0-가 Npr-를 V (N0=[인간], Npr=게으름, 욕심, 여유)
¶그는 맨날 게으름을 부리며 운동을 하지 않는다. ¶주말에는 여유를 부리며 늦잠을 잔다, .
N0-가 S고 Npr-를 V (N0=[인간], Npr=고집)
¶그녀는 집에 가지 않겠다고 한사코 고집을 부린다.

부상하다

[어원]浮上~ [활용]부상하여(부상해), 부상하니, 부상하고 [대응]부상을 하다
[자]❶(물속에 가라앉은 배나 물건, 침전물이) 물위로 떠오르다. (of a sunken ship, object, or sediment) Rise to the surface.
[유]떠오르다
N0-가 N1-로 V (N0=[구체물] N1=[장소](물 위))
¶침몰한 배가 물 위로 서서히 부상했다.
❷(사람이나 대상이) 관심을 끌거나 각광을 받는 위치로 떠오르다. (of a person or subject) Attract attention or be in the limelight
N0-가 N1-를 N2-로 V (N0=[인간|단체], [구체물] N2=[인간|단체], [구체물])
¶그녀는 일급 탤런트로 부상하고 있다. ¶그의 최신 작품이 베스트셀러로 부상했다.

부서지다

[활용]부서지어(부서져), 부서지니, 부서지고
[자]❶(단단한 물건이) 깨어져 여러 조각이 나다. (of a sturdy item) Be broken into many pieces.
[유]깨지다, 박살나다, 산산조각 나다
N0-가 V (N0=[구체물])
[능]부수다
¶거울이 부서지면서 큰 소리가 났다. ¶폭발로 건물이 순식간에 부서졌다.
❷(물건이) 망가져 못 쓰게 되다. (of an object) Be broken, become useless.
N0-가 V (N0=[구체물])
[능]부수다
¶책상이 부서져 사용할 수가 없다. ¶사고가 나서 차가 완전히 부서졌다.
❸(기대나 꿈 따위가) 이루어지지 못하게 되다. (of expectation, dream, etc.) Become unattainable.
[유]깨지다, 좌절하다
N0-가 V (N0=기대, 꿈, 희망 따위)
¶그가 돌아올 것이라는 기대가 산산이 부서졌다.
¶꿈이 부서지고 좌초되어도 힘을 내어라.
❹(한 덩이로 된 것이) 여러 조각으로 나누어져 바스러지다. (of something that is one mass) Be divided into many pieces, crumble.
[유]박살나다, 깨지다, 산산조각나다
N0-가 V (N0=[구체물])
[능]부수다
¶과자가 부서져서 맛이 없다. ¶둥글게 뭉쳐놓은 흙은 물기가 마르면서 부서졌다.
❺(빛이나 파도가) 어디에 부딪혀 산산이 흩어지다. (of light or wave) Smash and scatter apart.
[유]흩어지다
N0-가 V (N0=햇살, 햇볕, 파도 따위)
¶해안가에 파도가 부서진다. ¶바람이 불어 파도가 바위에 부딪혀 부서진다.

부속되다

[어원]付屬~ [활용]부속되어(부속돼), 부속되니, 부속되

고 대응부속이 되다
자☞부속하다

부속하다

어원付屬~ 활용부속하여(부속해), 부속하니, 부속하고
자(건물이나 단체가) 주된 건물이나 단체에 딸려 서 그 일부로서 속하다. (of a building or organization) Belong to or be a part of the main building or organization.
유소속하다
N0-가 N1-에 V (N0=[인간|단체], [구체물] N1=[인간|단체], [구체물])
¶비자 발급소는 구청 건물에 부속해 있었다. ¶그녀의 근무지는 과장실에 부속한 후미진 곳이었다.

부수다

활용부수어(부숴), 부수니, 부수고
타❶물건을 여러 조각이 나도록 두드리거나 깨뜨리다. (of a person) Tap or break an object and turn it into many pieces.
유깨다
N0-가 N1-를 V (N0=[인간] N1=[구체물])
피부서지다
¶조각가는 망치로 원석을 부수었다. ¶나는 라면을 부수어 끓는 물에 넣었다. ¶엄마는 김을 잘게 부숴서 밥 위에 뿌렸다.
❷물건을 두드리거나 깨뜨려서 못 쓰게 만들다. (of a person) Tap or break an object and make it unusable.
유허물다
N0-가 N1-를 V (N0=[인간] N1=[구체물])
피부서지다
¶건설회사는 새 건물을 짓기 위해 낡은 건물을 부수었다. ¶관객들은 흥분한 나머지 기물을 부쉈다.

부심하다

어원腐心~ 활용부심하여(부심해), 부심하니, 부심하고
자❶마음이 썩을 듯이 몹시 걱정하다. Worry very much with breaking heart.
유고민하다, 걱정하다
N0-가 N1-로 V (N0=[인간] N1=걱정, 문제 따위)
¶동생의 늦은 귀가로 어머니께서 부심하고 계신다. ¶동생은 결혼 문제로 부심하고 있다.
❷(어떤 문제 따위의) 해결책을 생각해 내느라 걱정하며 몹시 애쓰다. Try very hard to think of solution to a problem.
유고민하다, 애쓰다
N0-가 N1-(에|로) V (N0=[인간|단체] N1=[계획], [사건])
¶보건복지부는 조류독감 예방에 부심하고 있다. ¶아버지는 사업 자금 마련으로 부심하셨다.

부양하다

어원扶養~ 활용부양하여(부양해), 부양하니, 부양하고 대응부양을 하다
타(다른 사람을) 경제적으로 생활할 수 있도록 돌보다. Look after another person economically.
유돌보다, 모시다
N0-가 N1-를 V (N0=[인간] N1=[인간])
¶자식들이 정성껏 노부모를 부양한다. ¶작은 언니는 아버지 대신 가족을 부양했다.

부여되다

어원附與~ 활용부여되어(부여돼), 부여되니, 부여되고 대응부여가 되다
자(권리, 의무, 가치 따위가) 특정한 사람이나 사물 따위에 가지거나 지니도록 주어지다. (of rights, obligations, values) Be given to a particular person or thing for ownership.
유주어지다
N0-가 N1-(에|에게) V (N0=[추상물](의무, 권리, 속성 따위) N1=[인간|단체], [구체물])
능부여하다
¶인간은 태어날 때부터 천부적 인권이 부여된다. ¶연습 경기를 통해 선수들에게 많은 동기가 부여되었다. ¶이 섬에는 '죽음의 섬'이라는 이름이 부여되었다.

부여받다

어원附與~ 활용부여받아, 부여받으니, 부여받고 대응부여를 받다
타(특정한 사람이나 사물 따위가) 사람이나 단체로부터 권리, 의무, 가치 따위를 받아 지니게 되다. Be given rights, obligations, and values for ownership to a particular person or group.
유부과받다 반부여하다
N0-가 N1-(에|에게) V (N0=[인간|단체] N1=[추상물](의무, 권리, 사명 따위))
¶국무장관은 외국 순방에 특별한 사명을 부여받았다. ¶정부 수립 이후에야 여성들은 참정권을 부여받았다.

부여하다

어원附與~ 활용부여하여(부여해), 부여하니, 부여하고 대응부여를 하다
타특정한 사람이나 사물 따위에 권리, 의무, 가치 따위를 가지거나 지니도록 주다. Give a particular person or thing rights, obligations, and values for ownership.
유인정하다, 부과하다 반부여받다 상주다1
N0-가 N1-를 N2-(에|에게) V (N0=[사람] N1=[추상물](의무, 권리, 속성 따위) N2=[인간|단체], [구체물])
피부여되다
¶기자들은 장관의 외국 순방에 특별한 의미를

ㅂ

부여했다. ¶우리나라는 정부 수립 이후 여성에게 참정권을 부여했다.

부연하다

어원 敷衍~ 활용 부연하여(부연해), 부연하니, 부연하고 대응 부연을 하다

자타 (사람이) 어떤 내용을 이해하기 쉽게 설명을 추가로 덧붙여 자세히 말하다. (of a person) Add a detailed explanation of something for a better understanding.

유 첨언하다, 덧붙이다

N0-가 N2-에게 N1-(를|에 대해) V (N0=[인간|단체] N1=[추상물] N2=[인간|단체])

¶대변인은 정부 정책을 부연해서 길게 설명했다. ¶발표자는 발표 내용에 대해 부연하지 말고 간결히 말하시오.

N0-가 N2-에게 S고 V (N0=[인간|단체] N1=[추상물] N2=[인간|단체])

¶취재기자는 장관의 통계가 제대로 정리된 공식적인 것이 아니라고 부연했다. ¶대변인은 북한 미사일의 위력이 대단한 것이 아니라고 부연해서 설명했다.

부응하다

어원 副應~ 활용 부응하여(부응해), 부응하니, 부응하고 대응 부응을 하다

자 (기대나 요구, 흐름 따위에) 잘 맞추어 따르다. Adequately respond to expectation, demand, or trend.

유 따르다I, 맞추다, 응하다

N0-가 N1-에 V (N0=[인간|단체], [예술], [작품], [행위] N1=[추상물](기대, 흐름, 추세, 사조, 논리, 요구 따위))

¶그들의 새 작품은 팬들의 기대에 부응했다. ¶정부는 국민의 새로운 열망에 부응하지 못하고 있다. ¶이번 패션쇼는 새로운 흐름과 변화에 잘 부응했다.

부인하다

어원 否認~ 활용 부인하여(부인해), 부인하니, 부인하고 대응 부인을 하다

자타 (주로 자신이 한 행위나 관련된 사실을) 인정하지 않거나 수긍하지 않다. Not admit what one has done or a fact related to oneself as true.

유 부정하다 반 인정하다, 수긍하다

N0-가 N1-(를|에 대해) V (N0=[인간|단체] N1=[사실 명제], [행위])

¶철수는 자기가 저지른 모든 범행을 부인했다. ¶그녀는 신문의 보도 내용을 모두 부인했다.

N0-가 S(것|음)-(을|에 대해) V (N0=[인간|단체])

¶학생들은 어제 학교를 몰래 빠져나간 사실을 부인했다.

N0-가 S고 V (N0=[인간|단체])

¶증인은 그 곳에 간 적이 없다고 부인했다. ¶그녀는 보도된 내용이 사실이 아니라고 부인했다.

부임되다

어원 赴任~ 활용 부임되어(부임돼), 부임되니, 부임되고 대응 부임이 되다

자 ☞부임하다

부임하다

어원 赴任~ 활용 부임하여(부임해), 부임하니, 부임하고 대응 부임을 하다

자 (어떤 일을 수행하기 위하여) 임명된 직위에 발령을 받아 임지로 가다. Claim the designated position in order to perform some task.

유 발령받다

N0-가 N1-(에|로) V (N0=[인간] N1=[인간])

¶이번에 부임한 교장 선생님은 키가 무척 크다. ¶양지호 씨가 경상남도 부지사로 부임했다.

부재하다

어원 不在~ 활용 부재하여(부재해), 부재하니, 부재하고

자 ❶있어야 할 일정한 장소에 있지 아니하다. (of a person) Be absent at a definite place where one has to be.

N0-가 N1-에 V (N0=[인간] N1=[장소])

¶나는 그 아파트에 갈 때마다 관리인이 부재하였다. ¶회사에 기업 총수가 부재하면 의사 결정을 내리기 쉽지 않다.

❷갖춰야 할 어떤 것이 갖춰져 있지 않다. (of what a person has to be equipped with) what a person lacks.

N1-(에|에게) N0-가 V (N0=[추상물], [장소] N1=[인간], [장소])

¶학교에는 학생들이 운동할 수 있는 공간이 부재하였다. ¶사람에게는 기본적 소양이 부재해서는 안 된다.

부정되다

어원 否定~ 활용 부정되어(부정돼), 부정되니, 부정되고 대응 부정이 되다

자 (어떤 사실이나 가치, 의견 따위가) 인정되지 않거나 받아들여지지 않다. (of a fact, value, or opinion) Not be recognized.

유 부인되다 반 인정되다

N0-가 V (N0=[앎], [추상물])

능 부정하다

¶정부에서는 통계마저 부정되는 것이 현실이다. ¶우리 권리의 상당 부분이 이번 판결로 부정되었다.

N0-가 N1-에 의해 S고 V (N0=[앎], [추상물], [행위] N1=[인간|단체])

능 부정하다

¶그 소문은 사실이 아니라고 당사자에 의해 부정

되었다.
S(것|음)-이 V
[능]부정하다
¶국민에게 주권이 있다는 것이 늘 부정되는 현실이다. ¶경제가 나빠지고 있음이 정부 발표로 늘 부인된다.

부정하다
[어원]否定~ [활용]부정하여(부정해), 부정하니, 부정하고 [대응]부정을 하다
[자타](어떤 사실이나 의견 따위를) 인정하지 않거나 받아들이지 않다. Not recognize a fact or opinion.
[유]부인하다 [반]인정하다, 긍정하다
N0-가 N1-(를|에 대해) V (N0=[인간|단체] N1=[사실명제], [추상물], [행위])
[피]부정되다
¶많은 사람들은 신의 존재를 부정한다. ¶그 배우는 이번에 보도된 열애설을 전면 부정했다.
N0-가 S(음|것)-(을|에 대해) V (N0=[인간|단체])
[피]부정되다
¶과거 신학자들은 지구가 태양을 돈다는 것을 부정했다. ¶피의자는 그 여자를 살해했다는 것에 대해 계속 부정했다.
N0-가 S고 V (N0=[인간|단체])
¶그들은 그 소문이 사실이 아니라고 부정했다. ¶철수는 그녀의 말을 모두 거짓이라고 부정했다.

부지하다 I
[어원]扶支/扶持~ [활용]부지하여(부지해), 부지하니, 부지하고
[타](지위나 생명 따위를) 간신히 지키며 간직하다. Barely preserve and possess.
[유]유지하다, 지키다
N0-가 N1-를 V (N0=[인간|단체] N1=지위, 목숨, 생명 따위)
¶혼란스런 시기에는 목숨도 부지하기도 어렵다. ¶아버지는 전쟁으로 재산을 모두 잃었지만 목숨은 부지했다.

부지하다 II
[어원]不知~ [활용]부지하여(부지해), 부지하니, 부지하고
[자타](어떤 사실이나 존재를) 알고 있지 않다. Not know something.
[유]모르다 [반]알다
N0-가 N1-(를|에 대해) V (N0=[인간|단체] N1=[구체물], [앎])
¶나는 그가 한 말의 사실 여부를 부지하였다. ¶헤어진 처자의 생사 여부에 대해 부지하고 있던 차였소.
N0-가 S것-(를|에 대해) V (N0=[인간|단체])
¶ 그 작자가 여기 있는 것을 부지하였소.

부착되다
[어원]附着/付着~ [활용]부착되어(부착돼), 부착되니, 부착되고 [대응]부착이 되다
[자](사물이) 어떤 곳에 떨어지지 않게 달라붙다. (of a thing) Be stuck to somewhere tightly enough so as not to be removed.
[유]붙다[1], 들어붙다, 달라붙다
N0-가 N1-에 V (N0=[종이], [설치물](표지판 따위), [구체물](손잡이 따위) N1=[장소], [옷])
[능]부착하다
¶그가 디자인한 로고가 온갖 상품에 부착됐다. ¶학교 앞에 어린이 보호 표지판이 부착됐다.

부착시키다
[어원]附着/付着~ [활용]부착시켜, 부착시키니, 부착시키고 [대응]부착을 시키다
[타]☞ '부착하다'의 오용

부착하다
[어원]附着/付着~ [활용]부착하여(부착해), 부착하니, 부착하고 [대응]부착을 하다
[타]사물을 어떤 곳에 떨어지지 않게 붙이다. (of a person) Stick something to somewhere tightly enough so as not to be removed.
[유]붙이다[1][타], 달다II[타] [반]떼다, 제거하다
N0-가 N1-를 N2-에 V (N0=[인간] N1=[구체물](종이, 표지판, 손잡이 따위) N2=[장소], [구체물](옷 따위))
[피]부착되다
¶그리스 사람들은 방패에 두 개의 손잡이를 부착했다. ¶나는 아이들의 귀 밑에 멀미약을 부착했다. ¶이들은 계급장을 제복 목깃에 부착했다.

부채질하다
[활용]부채질하여(부채질해), 부채질하니, 부채질하고 [대응]부채질을 하다
[자]부채나 종이 따위를 빠르게 흔들어 바람을 일으키다. Create wind by brandishing a folding fan or paper quickly.
N0-가 N1-에 V (N0=[인간] N1=[장소], [인간], [신체부위])
¶철수는 계속 얼굴에만 부채질하고 있었다. ¶할아버지는 그늘에서 여유롭게 부채질하고 계셨다.
[타](부정적인 감정이나 상황, 행위 따위를) 악화시키는 방향으로 계속 부추기다. Instigate negative emotion, situation, or behavior in the exacerbating direction.
[유]자극하다, 선동하다
N0-가 N1-를 V (N0=[인간|단체], [사건], [현상], [행위], [구체물] N1=[현상], [행위], [추상물])
¶경기 침체가 주가 하락을 더욱 부채질하고 있다. ¶도로 정책이 교통 혼잡을 부채질하고 있다.

[ㅂ]

※N1은 부정적인 내용이 어울린다.
◆ **불난 집에 부채질하다** 좋지 않은 일이나 상황 따위가 더욱 악화되도록 부추기는 행동을 하다. Cause certain things or situations to become even worse.
㊇악화시키다
N0-가 Idm (N0=[인간|단체], [사건], [현상], [행위], [구체물])
¶당신이 불난 집에 부채질하니까 어머님이 더 화가 나신 거야. ¶불난 집에 부채질하듯이 상황을 악화시키고 말았다.

부추기다
활용 부추기어(부추겨), 부추기니, 부추기고
타 (어떤 감정이나 상황을) 더 심해지게 만들다. Make some emotion or situation worse.
㊇자극하다, 악화시키다
N0-가 N1-를 V (N0=[인간|단체], [상태], [행위], [사건] N1=[감정](경쟁심, 분노, 과시욕 따위), [상태변화](물가 상승 따위), [사건](싸움 따위))
¶그는 교묘하게 사람들의 분노를 부추겼다. ¶그의 성공은 다른 사람들의 경쟁심을 부추겼다. ¶환율의 변동이 물가 상승을 부추겼다.
재타 다른 사람이 어떤 행동을 하도록 자꾸 꼬드기다. Repeatedly tempt someone to do some behavior.
㊇선동하다, 자극하다, 꼬드기다
N0-가 N2-에게 N1-를 V (N0=[인간|단체] N1=[행위] N2=[인간|단체])
¶ 많은 이들이 그에게 출마를 계속 부추겼다.
N0-가 N1-에게 S것-을 V (N0=[인간|단체] N1=[인간|단체])
¶부모님은 아들에게 그녀와 만날 것을 계속 부추겼다. ¶영희는 남자친구에게 명품 옷을 사 줄 것을 부추겼다.
N0-가 N1-에게 S고 V (N0=[인간|단체] N1=[인간|단체])
¶많은 사람들이 그에게 시장 선거에 나가라고 부추겼다. ¶그는 영희에게 빨리 떠나야 한다고 부추겼다.
N0-가 S도록 V (N0=[인간|단체])
¶정부는 그 회사가 해외로 진출하도록 부추겼다. ¶친구들은 그녀가 집으로 돌아가도록 부추겼다.

부축하다
활용 부축하여(부축해), 부축하니, 부축하고 대응 부축을 하다
타 팔을 지지해 넘어지거나 쓰러지지 않게 신체를 지탱시키다. Support somebody's arm or body to prevent them from falling or collapsing.
㊇떠받치다, 지지하다
N0-가 N1-를 V (N0=[인간] N1=[인간], [신체부위](몸, 팔))
¶나는 달려가 아버지를 부축했다. ¶그는 두 손으로 아내를 부축한 채 천천히 걷기 시작했다.

부치다 I
활용 부치어(부쳐), 부치니, 부치고
자 (능력이나 자질이) 하려는 일에 비해 모자라 미치지 못하다. (of ability or quality) Be insufficient to perform something one desires.
㊇모자라다
N0-가 N1-에 V ↔ N1-가 N0-에 V (N0=[속성](힘, 능력 따위) N1=[인간|단체])
¶내 능력이 그 일에 부쳐서 맡을 수 없었다. ↔ 그 일이 내 능력에 부쳐서 맡을 수 없었다. ¶수학 실력이 부쳐서 풀지 못한 문제가 너무 많았다.
S것-가 N0-에 V (N0=[인간|단체])
¶걷는 것이 힘에 부치어 쉬자고 말했다. ¶여자 혼자 사업하는 것이 얼마나 힘에 부치는 일인지 몰라.

부치다 II
활용 부치어(부쳐), 부치니, 부치고
타 부채나 납작한 물체를 흔들어 바람을 일으키다. Generate wind by brandishing a folding fan or flat object.
㊇흔들다
N0-가 N1-를 V ↔ N0-가 N1-로 N2-를 V (N0=[인간] N1=[구체물](부채, 종이 따위) N2=[바람])
¶날씨가 더워서 그는 쉬지 않고 부채를 부쳤다. ↔ 날씨가 더워서 쉬지 않고 부채로 바람을 부쳤다. ¶부채를 부쳐도 더운 바람이 나올 뿐이다.

부치다 III
활용 부치어(부쳐), 부치니, 부치고
타 ❶(편지 등의 우편물을) 일정한 방법을 통해 다른 사람에게 보내다. Send a postal matter such as letter to someone by using a particular method.
㊇보내다[1], 전하다, 송달하다
N0-가 N1-를 N2-(에|에게) (N0=[인간|단체] N1=[구체물], 편지, 소포, 택배 따위 N2=[인간|단체])
¶김 교수는 미국에 사는 아들에게 편지를 부쳤다. ¶학교에서 또 다시 통지서를 부쳐 왔다. ¶즉시 돈을 부쳐 드렸습니다.
❷(어떤 문제를 해결하기 위해) 어떤 방법에 넘기어 맡기다. Entrust a problem to some method in order to solve it.
㊇부의하다, 넘기다, 맡기다
N0-가 N1-를 N2-에 V (N0=[인간|단체] N1=[사태](문제, 안건, 사안 따위) N2=[행위](회의, 토론, 표결 따위))

¶우리는 그 문제를 회의에 부치기로 했습니다. ¶우리 동네는 소각장 유치 문제를 주민 투표에 부쳤다.
❸(어떤 문제를) 비밀 또는 보안 사항으로 간주하거나 취급하기로 하다. Decide to regard or handle some problem as a secret or classified matter.
㊥다루다, 취급하다
N0-가 N1-를 N2-에 V (N0=[인간|단체] N1=[사태](문제, 잘못, 사안 따위) N2=불문, 비밀 따위)
¶우리는 그 사실을 극비에 부쳤다. ¶검찰 당국은 모든 자료를 비밀에 부치고 사건을 종료하였다. ¶지금까지의 잘못은 불문에 부칠 것이다.
❹원고를 인쇄 단계로 넘기다. Put a manuscript on the printing stage.
㊥맡기다, 넘기다
N0-가 N1-를 N2-에 V (N0=[인간|단체] N1=[구체물](원고, 작품, 논문 따위) N2=[행위](인쇄 따위))
¶원고를 완성하여 인쇄에 부쳤다. ¶논문은 인쇄에 부치기 전에 철저히 탈고해야 한다.
❺(어떤 장소나 기관 등에) 몸이나 숙식을 맡기다. Leave one's body or one's room and board to a place or institution.
㊥의탁하다, 기숙하다
N0-가 N1-를 N2-에 V (N0=[인간|단체] N1=[추상물](숙식, 생계 따위) N2=[장소](복지시설, 집 따위))
¶나는 서울에서 이모님 댁에 숙식을 부쳐 살고 있었다. ¶복지 기관에 몸을 부쳐 근근이 지내고 있다.
❻다른 대상에 빗대어 심리상태를 나타내다. Show one's psychological state by comparing to another object.
㊥표현하다, 나타내다
N0-가 N1-를 N2-에 V (N0=[인간|단체] N1=[감정] N2=[구체물])
¶호젓한 마음을 빗물에 부쳐 시를 지었다. ¶논개는 패망의 한을 시에 부쳐 바람에 날렸다.

부치다Ⅳ

활용 부치어(부쳐), 부치니, 부치고
타 프라이팬 등에 기름을 바르고 음식을 납작하게 익히다. Apply oil on a frying pan and cook food to be flat.
㊥굽다, 익히다
N0-가 N1-를 V (N0=[인간] N1=[음식](전, 부침개, 전병 따위))
¶부추전을 부쳐 이웃과 나누어 먹었다. ¶그 술집에서는 안주로 빈대떡을 부쳐서 판다. ¶달걀을 부칠 때 기름을 충분히 둘러야 한다.

부치다Ⅴ

활용 부치어(부쳐), 부치니, 부치고
타 (땅, 논, 밭 등을 이용하여) 농사를 짓다. Do farming using land, patty, or field.
㊥가꾸다, 경작하다
N0-가 N1-를 V (N0=[인간|단체] N1=[장소](논, 밭 따위))
¶가난한 농민들은 대대로 소작논을 부쳐 먹고 살았다. ¶그는 물려받은 밭을 요긴하게 부쳐 살고 있었다. ¶우리 논을 부쳐 먹으면 수확을 많이 거둔다.

부탁드리다

어원 付託~ 활용 부탁드리어(부탁드려), 부탁드리니, 부탁드리고 대응 부탁을 드리다
타 ☞ 부탁하다

부탁받다

어원 付託~ 활용 부탁받아, 부탁받으니, 부탁받고 대응 부탁을 받다
타 (어떤 사람으로부터) 특정한 사람을 도와주거나 책임져 달라고 요청받다. Be requested to help or take the responsibility of a specific person by someone.
㊥요청받다, 청탁받다 ㊥부탁하다
N0-가 N1-를 N2-(에게|에게서|로부터) V (N0=[인간|단체] N1=[인간|단체] N2=[인간|단체])
¶철수는 친구에게 후배를 부탁받고 난감해 했다. ¶영희는 친척에게서 동생을 부탁받고 돌봐주었다.
자타 (다른 사람으로부터) 어떤 일이나 행동을 해 달라고 요청받다. Be requested to do some work or action by someone.
㊥청탁받다, 요청받다 ㊥부탁하다
N0-가 N1-를 N2-(에게|에게서|로부터) V (N0=[인간|단체] N1=[일], [행위], [사건] N2=[인간|단체])
¶그는 친구에게서 인사 채용을 부탁받았다. ¶철수는 옛 동료에게서 중요한 일을 하나 부탁받았다. ¶나는 옛 제자로부터 주례를 부탁받았다.
N0-가 N1-(에게|에게서|로부터) S것-을 V (N0=[인간|단체] N1=[인간|단체])
¶그는 경찰로부터 적극 협조해 줄 것을 부탁받았다. ¶나는 그 사람에게 이 일을 맡아줄 것을 부탁받았다.
N0-가 N1-에게 S(라고|자고) V (N0=[인간|단체] N1=[인간|단체])
¶그들은 조직위원회로부터 경기에 참가해 달라고 부탁받았다. ¶농구협회는 외국인 선수를 귀화시키자고 부탁받았다.
N0-가 N1-(에게|에게서|로부터) S도록 V (N0=[인간|단체] N1=[인간|단체])
¶주민들은 경찰관에게서 빨리 떠나도록 부탁받았다. ¶새 시장은 유지들에게 재건축을 허가해 주도록 부탁받았다.

부탁하다

어원 付託~ 활용 부탁하여(부탁해), 부탁하니, 부탁하고 대응 부탁을 하다 존대 부탁드리다

타 (다른 사람에게) 특정한 사람을 도와주거나 책임져 달라고 요청하다. Request someone to help or take the responsibility of a specific person.

㊐요청하다, 청탁하다 ⓑ부탁받다

연어 간곡히

N0-가 N2-에게 N1-를 V (N0=[인간|단체] N1=[인간|단체] N2=[인간|단체])

¶그는 떠나면서 친구에게 아내를 부탁했다.
¶그는 선생님에게 자신의 아이를 부탁하고 돌아섰다.

자타 (다른 사람에게) 어떤 일이나 행동을 해 달라고 요청하거나 맡기다. Request someone to do some work or entrust someone with the work.

㊐청탁하다, 간청하다 ⓑ부탁받다

N0-가 N2-에게 N1-를 V (N0=[인간|단체] N1=[일], [행위], [사건] N2=[인간|단체])

¶선생님은 학부모에게 몇 가지 일을 부탁했다.
¶나는 선생님께 주례를 부탁했다.

N0-가 N1-(에|에게) S것-을 V (N0=[인간|단체] N1=[인간|단체])

¶그는 동생에게 도와줄 것을 부탁했다. ¶그 회사에 새로운 제품을 출시해 줄 것을 부탁했다.

N0-가 N1-에게 S(라고|자고) V (N0=[인간|단체] N1=[인간|단체])

¶선생님들은 학생들에게 좀 더 힘을 내자고 부탁했다. ¶위원장은 우리에게 새로운 프로젝트를 맡아 달라고 부탁했다.

N0-가 N1-에게 S도록 V (N0=[인간|단체] N1=[인간|단체])

¶그는 동생에게 수업을 빠지지 않도록 부탁했다.
¶어머니는 삼촌에게 우리를 도와 주도록 부탁했다.

부패되다

어원 腐敗~ 활용 부패되어(부패돼), 부패되니, 부패되고 대응 부패가 되다

자 ☞부패하다

부패하다

어원 腐敗~ 활용 부패하여(부패해), 부패하니, 부패하고

자 ❶(유기물이) 세균의 작용에 의하여 분해되어 독특한 냄새가 나고 독성 물질이 생기다. (of an organic material) Be dissolved by bacterial activity and generate distinct smell and toxic material.

㊐썩다, 상하다

N0-가 V (N0=[음식물], [구체물](시체, 주검 따위))

¶고온다습한 기온에서 생선은 쉽게 부패한다. ¶동물의 시체는 자연적으로 부패한다. ¶음식물 쓰레기가 부패하면서 심한 악취가 난다.

❷(사람이나 사회 조직 등의) 의식이나 행동이 타락하다. (of consciousness or behavior of a person or social organization) Corrupt.

㊐썩다, 타락하다

N0-가 V (N0=[인간|단체], 사회, 의식 따위)

¶비리를 계속 저지르는 것은 의식이 부패했기 때문이다.

부풀다

활용 부풀어, 부푸니, 부풀고, 부푸는

자 ❶(어떤 물체가) 액체, 기체 등의 주입으로 부피가 커지다. (of a thing) Become bigger, being injected with liquid or gas-.

㊐팽창하다, 커지다

N0-가 V (N0=[구체물], [신체부위])

사 부풀리다

연어 빵빵하게

¶빵이 부풀어 오른 것을 보니 잘 구워진 것 같다.
¶아이의 볼이 빵빵하게 부풀어 있었다.

❷(살이나 입술 따위가) 붓거나 헐어서 부르트다. (of skin or lips) Get blisters, swelling or getting canker sores.

㊐부르트다

N0-가 V (N0=[신체부위](살, 피부, 입술, 손바닥, 발바닥 따위))

¶내 피부는 민감해서 쉽게 부풀어 오른다. ¶입술이 부풀어서 피까지 난다.

❸(종이나 천 따위에) 보풀이 일어나다. (of nap) Arise in paper or cloth.

N0-가 N1-로 V ↔ N0-에 N1-가 V (N0=[구체물](옷, 천, 헝겊, 종이 따위) N1=보풀, 부풀 따위)

¶오래된 코트가 보풀로 잔뜩 부풀었다.↔ 오래된 코트에 보풀이 잔뜩 부풀었다. ¶치마에 보풀이 부풀어서 입을 수 없다.

❹(어떤 일이나 사건의 내용이) 본래보다 과장되어 알려지다. (of the content of work or incident) Be known in an exaggerated manner.

㊐과장되다

N0-가 V (N0=[사실명제], [사태])

사 부풀리다

연어 크게, 눈덩이처럼

¶소문이 사실보다 너무 크게 부풀어 있었다.
¶거짓말이 너무 부풀어서 수습하기가 어려웠다.

❺(기대나 희망 따위가) 마음 가득히 차다. (of expectation or hope) Fill the heart.

㊐가득 차다

N0-가 N1-(에|로) V (N0=[인간|단체], 마음, 가슴, 머리 따위 N1=[감정](꿈, 희망, 두려움 따위))

[사]부풀리다
¶그는 성공할 수 있다는 꿈에 부풀어 있었다. ¶영희의 가슴은 아버지를 만나는 희망으로 부풀어 있었다.
N0-가 N1-(에|로) V ↔ N0-에 N1-가 V (N0=마음, 가슴, 머리 따위 N1=[감정](꿈, 희망, 두려움 따위))
[사]부풀리다
¶언니의 마음은 큰 기쁨으로 부풀어 있었다. ↔ 언니의 마음에는 큰 기쁨이 부풀어 있었다.
¶영희의 가슴에는 희망이 한가득 부풀어 있다.

부풀리다

[활용]부풀리어(부풀려), 부풀리니, 부풀리고
[타]❶(어떤 물체에 액체, 기체 등을 주입해서) 부피가 커지게 하다. Make a thing bigger by injecting liquid or gas.
[유]팽창시키다
N0-가 N1-를 V (N0=[인간] N1=[구체물], [신체부위])
[주]부풀다
¶철수는 반죽한 빵을 잘 부풀렸다. ¶소매를 너무 부풀리지 말고 옷을 만들어 주세요.
❷(일이나 사건의 내용을) 본래보다 과장되어 알려지게 하다. Make the content of work or incident known in an exaggerated manner.
[유]과장하다
N0-가 N2-를 V (N0=[인간|단체], [사태] N1=[앎], [사태])
[주]부풀다
¶문규는 영주의 거짓말을 부풀려서 사람들에게 말한다. ¶정부는 적자를 터무니없이 부풀려서 발표했다.
❸(기대나 희망 따위를) 마음 가득히 품다. Keep one's heart full of expectation or hope.
[유]품다, 간직하다
N0-가 N1-를 V (N0=[인간|단체] N1=[감정](꿈, 희망, 두려움 따위))
[주]부풀다
¶그는 성공할 수 있다는 기대를 부풀렸다. ¶순심이는 올림픽 메달의 꿈을 부풀렸다.

부합되다

[어원]符合~ [활용]부합되어(부합돼), 부합되니, 부합되고 [대응]부합이 되다
[자]☞부합하다

부합하다

[어원]符合~ [활용]부합하여(부합해), 부합하니, 부합하고 [대응]부합을 하다
[자](무엇이) 일정한 기준이나 목적에 잘 들어맞다. (of something) Conform to a standard or a purpose.
[유]일치하다, 들어맞다
N0-가 N1-에 V (N0=[구체물], [추상물] N1=[추상물], [사태])
¶이 책의 내용은 우리 연구 목적에 잘 부합한다. ¶그 지도자는 정치 개혁이라는 이상에 부합하는 인물이다. ¶그가 범인이라는 혐의에 부합하는 증거들이 계속 나왔다.

부활되다

[어원]復活~ [활용]부활되어(부활돼), 부활되니, 부활되고 [대응]부활이 되다
[자]❶(폐지되거나 없어졌던 것이) 다시 생기다. (of something that was abolished or lost) Be created again.
[유]되살아나다
N0-가 V (N0=[구체물], [추상물])
¶13년 만에 훈련병에 대한 면회가 부활되었다. ¶사형제도 폐지에 대한 논쟁이 최근에 다시 부활되었다.
❷(쇠퇴하거나 문제가 있던 것이) 최상의 상태로 돌아가다. (of something that was declined or problematic) Return to its best condition.
[유]되살아나다
N0-가 V (N0=[인간|단체], [생물], [능력])
¶한 때 바닥을 쳤던 경기가 부활되고 있다.
¶축구 대표팀의 경기력이 서서히 부활되고 있다

부활하다

[어원]復活~ [활용]부활하여(부활해), 부활하니, 부활하고 [대응]부활을 하다
[자]❶(죽었던 사람이나 생물이) 다시 살아나다. (of a dead person or organism) Become alive again.
[유]되살아나다, 회생하다
N0-가 V (N0=[인간|단체], [생물])
¶예수님이 3일 만에 부활하셨다. ¶죽은 아이가 부활할 수만 있다면 무엇이든 할 수 있을 텐데.
❷(폐지되거나 없어졌던 것이) 다시 생기다. (of something that was abolished or lost) Be formed again.
N0-가 V (N0=[구체물], [추상물])
[사]부활시키다
¶사라져 가던 전통 문화가 부활하고 있다. ¶대학 입학 본고사가 잠시 부활했다가 다시 없어졌다.
❸(쇠퇴하거나 문제가 있던 것이) 과거의 상태로 되돌아가다. (of something that was declined or problematic) Return to its best condition.
[유]다시 살아나다
N0-가 V (N0=[인간|단체], [생물], [능력])
¶그 선수는 평가전에서 부활하여 2골을 넣었다.
¶우리 회사 축구팀은 곧 다시 부활할 것입니다.

북돋다

활용북돋아, 북돋으니, 북돋고
타☞북돋우다

북돋우다

활용북돋우어(북돋워), 북돋우니, 북돋고 준북돋다
타(다른 사람의) 의욕, 용기, 사기 따위를 한층 높여 주다. Praise someone's desire, courage, morale, etc.
유고취하다, 격려하다
N0-가 N1-를 V (N0=[인간|단체] N1=[감정](기운, 사기, 용기 따위))
¶선생님은 학생들의 용기를 북돋우셨다. ¶우리 회사는 단결력을 북돋우기 위해 운동회를 개최했다.
※ 'N1'은 주로 'N-의 N1' 형식으로 쓰인다.

북받치다

활용북받치어(북받쳐), 북받치니, 북받치고
자(어떤 감정이) 속에서 갑자기 강하게 솟구치다. (of some emotion) Suddenly and strongly burst from inside.
유치밀다, 솟구쳐오르다
N0-가 N1-가 V (N0=[인간] N1=[감정](감정, 설움, 화, 울화, 그리움 따위))
¶나는 갑자기 그리움이 북받쳐 오른다. ¶그는 울화가 북받쳐서 울음을 터트렸다. ¶노래를 듣다가 감정이 북받쳐 올랐다.
N0-가 N1-에 V (N0=[인간] N1=[감정](감격, 설움, 그리움 따위))
¶아들은 어머니의 지극한 정성에 북받쳐서 흐느꼈다. ¶사람들은 승리의 감격에 북받쳤다.

ㅂ

북상하다

어원北上~ 활용북상하여(북상해), 북상하니, 북상하고 대응북상을 하다
자(무엇이) 북쪽으로 이동하다. (of something) Migrate northward.
반남하하다
N0-가 V (N0=[인간|단체], [기상현상](태풍, 기단, 전선 따위))
¶태풍이 한반도로 북상하고 있습니다. ¶우리 부대는 이대로 북상하면 적의 배후를 칠 수 있다. ¶장마전선이 북상하여 전국에 비가 내린다고 한다.

북적거리다

활용북적거리어(북적거려), 북적거리니, 북적거리고
자❶(많은 사람들이) 어떤 장소에 함께 몰려서 어수선하게 붐비다. (of a place) Be crowded in a confused manner with many people who gather together.
유북적대다, 북적이다, 붐비다
N0-가 N1-에 V (N0=[인간|단체] N1=[장소])
¶이 가게에는 늘 사람들이 북적거린다. ¶초등학교 교문 앞에는 장사꾼들이 북적거리고 있었다.
❷(어떤 장소가) 많은 사람들로 어수선하게 붐비다. (of a place) Be crowded in a confused manner with many people.
유북적대다, 북적이다, 붐비다
N0-가 N1-로 V (N0=[장소] N1=[인간|단체])
¶이 가게는 늘 사람들로 북적거린다. ¶명동 거리는 외국인들로 북적거렸다. ¶시장 주변에는 낮이면 사람들로 북적거리곤 한다.

북적대다

활용북적대, 북적대니, 북적대고
자☞북적거리다

북적이다

활용북적여, 북적이니, 북적이고
자☞북적거리다

분간되다

어원分揀~ 활용분간되어(분간돼), 분간되니, 분간되고 대응분간이 되다
자❶(어떤 대상이나 상황이) 그 특징이나 정체가 가려져 판단되다. (of an object or a situation) Be discriminated and grasped in terms of characteristic or identity.
유구별되다, 분별되다
N0-가 V (N0=[모두])
능분간하다
¶화질이 선명해서 글씨가 잘 분간된다. ¶안개 속이라 방향도 분간되지 않는다.
❷(어떤 대상이) 다른 대상과 다르게 보여 구별되다. (of an object) Be discriminated from another object, looking different.
유구별되다
N0-가 N1-와 V ↔ N1-가 N0-와 V ↔ N0-와 N1-가 V (N0=[모두] N1=[모두])
능분간하다
¶산수유가 개나리와 분간된다. ↔ 개나리가 산수유와 분간된다. ↔ 산수유와 개나리가 분간된다.
¶한국 음식과 중국 음식 사이에는 뚜렷이 분간되는 특징이 있다.
N0-가 V (N0=[모두])
능분간하다
¶목소리가 비슷비슷해서 잘 분간되지 않는다.
¶커피 맛이 원산지에 따라 분간되기도 한다.
❸(죄지은 사람이) 형편이 참고되어 용서되다. (of a criminal) Be forgiven considering his or her circumstances.
N0-가 V (N0=[인간])
능분간하다
¶아저씨는 분간된 이후에도 같은 잘못을 저질렀다. ¶가엾다고 아무나 분간되는 것은 아니다.

분간하다

어원 分揀~ 활용 분간하여(분간해), 분간하니, 분간하고 대응 분간을 하다

타 ❶(대상이나 상황을) 특징이나 정체를 가려 판단하다. Judge an object or a situation from their characteristic or identity.

㊥가려내다

No-가 N1-를 V (No=[인간|단체] N1=[모두])

피 분간되다

¶초행길이니 너는 방향을 잘 분간해라. ¶나는 그의 말뜻을 분간할 수 없었다. ¶고객의 의도를 분간하는 것도 직원의 소임이다.

No-가 Q V (No=[인간|단체])

피 분간되다

¶나는 그의 말이 농담인지 진담인지 분간하기 어렵다. ¶여기가 어디인지도 분간할 수 없을 만큼 안개가 심했다.

❷(어떤 대상을) 다른 대상과 다르게 보고 구별하다. Discriminate an object from another object.

㊥구별하다

No-가 N2-와 N1-를 ↔ No-가 N2-를 N1-와 V ↔ No-가 N1-와 N2-를 V (No=[인간], [짐승] N1=[모두] N2=[모두])

피 분간되다

¶아기는 제 것과 남의 것을 분간한다.↔ 아기가 제 것을 남의 것과 분간한다. ↔ 아기가 남의 것과 제 것을 분간한다. ¶오랑우탄도 교육을 받으면 도형을 분간한다고 한다.

No-가 N1-를 V (No=[인간], [짐승] N1=[모두])

피 분간되다

¶너무 어두워서 사람도 분간하기 어려울 지경이었다. ¶아들이 과일을 종류별로 분간해 냈다.

❸(죄지은 사람을) 형편을 참고하여 용서하다. Forgive a criminal considering his or her circumstances.

No-가 N1-를 V (No=[인간|단체] N1=[인간])

피 분간되다

¶때로는 죄인을 분간하는 일이 필요할 때가 있다. ¶사람을 분간할 때는 죄의 경중을 고려해야 한다.

분개하다

어원 憤慨/憤愾~ 활용 분개하여(분개해), 분개하니, 분개하고 대응 분개를 하다

자 (어떤 행위나 일 따위에) 몹시 분하여 화가 나다. Become furious and mad (because of a certain behavior or thing).

㊥분노하다, 격분하다 ㊀화내다

No-가 N1-(에|에 대해) V (No=[인간|단체] N1=[행위])

¶시민들은 장관의 뻔뻔한 답변에 분개한다. ¶아동학대에 분개한 학부모들이 거칠게 항의했다.

No-가 S(데|것)-(에|에 대해) V (No=[인간|단체])

¶시민들은 사기꾼이 호화생활을 하는 것에 분개한다. ¶병희는 형도가 네 책임이라고 우기는 데에 분개한다.

No-가 S고 V (No=[인간|단체])

¶형도는 병희의 말이 사실이 아니라고 분개했다. ¶소비자들은 사고 회사가 뒷짐만 지고 있다고 분개한다.

분노하다

어원 憤怒~ 활용 분노하여(분노해), 분노하니, 분노하고 대응 분노를 하다

자 (어떤 일이나 사람에 대해) 감정이 격해져 몹시 화가 나다. Become very angry and intense about an event or person.

㊥성내다, 격노하다, 격분하다, 노하다, 노여워하다, 분개하다, 노발대발하다 ㊀화내다

No-가 N1-(에|에 대하여) V (No=[인간|단체] N1=[인간|단체], [행위], [상황], [감정], [속성], [사태])

¶국민들은 이번 사건에 크게 분노했다. ¶나는 인간성을 무시한 그의 비열함에 크게 분노했다.

No-가 (S것|S데)-(에|에 대하여) V (No=[인간|단체])

¶이 부장은 사표 제출자 명단에 올라 있다는 것에 분노했다. ¶감독은 운영위원회가 해고를 통보한 데에 대해 분노했다.

No-가 N1-로 V (No=[인간|단체] N1=[인간|단체], [행위], [상황], [감정], [속성], [사태])

¶우리는 그의 비열한 행동으로 분노하지 않을 수 없었다. ¶그가 일방적으로 회담을 한 것으로 국민은 분노한다.

분담되다

어원 分擔~ 활용 분담되어(분담돼), 분담되니, 분담되고 대응 분담이 되다

자 ❶(비용이) 여러 사람에게 나뉘어 맡겨지다. (of cost) Be divided and assigned to many people.

No-가 N1-(에|에게) V (No=[비용] N1=[인간|단체])

능 분담하다

¶건물 보수비는 주민들에게 공평하게 분담되었다. ¶너에게 분담된 비용이 너무 많은 것 같아.

❷(일이나 책임 따위가) 여러 사람에게 나뉘어 맡겨지다. (of duty or responsibility) Be divided and entrusted to many people.

No-가 N1-(에|에게) V (No=[책임], [의무], [역할], [일] N1=[인간|단체])

능 분담하다

¶각 부서마다 새로운 업무가 분담되었다. ¶우리는 각자에게 분담된 업무를 책임지고 완성했다.

분담시키다

어원 分擔~ 활용 분담시켜, 분담시키니, 분담시키고 대응 분담을 시키다
타 ☞ '분담하다'의 오용

분담하다

어원 分擔~ 활용 분담하여(분담해), 분담하니, 분담하고 대응 분담을 하다
타 ❶(어떤 비용을) 나누어서 그 일부를 내다. Pay a portion of some cost.
유 나누어 내다
N0-가 N1-를 V (N0=[인간|단체] N1=[비용])
¶정부가 비용 중 절반을 분담하기로 했다. ¶동생이 학비의 60퍼센트를 분담해 주었다. ¶우리는 하숙비를 분담해서 냈다.
❷(여러 사람이) 비용을 나누어서 내다. (of many people) Divide up and pay cost.
유 나누어 내다
N0-가 N1-와 N2-를 V ↔ N1-가 N0-와 N2-를 V ↔ N0-와 N1-가 N2-를 V (N0=[인간|단체] N1=[비용])
피 분담되다
¶나는 그와 생활비를 분담하기로 했다. ↔ 그와 나는 생활비를 분담하기로 했다. ↔ 나와 그는 생활비를 분담하기로 했다. ¶나는 친구와 여행 경비를 분담했다.
❸(여러 사람이) 일이나 책임 따위를 나눠서 맡다. (of many people) Divide and understand a task or responsibility.
유 나눠서 맡다
N0-가 N1-와 N2-를 V ↔ N1-가 N0-와 N2-를 V ↔ N0-와 N1-가 N2-를 V (N0=[인간|단체] N1=[인간|단체] N2=[책임], [의무], [역할], [일])
피 분담되다
¶남편은 아내와 가사를 분담해야 한다. ↔ 아내는 남편과 가사를 분담해야 한다. ↔ 남편과 아내는 가사를 분담해야 한다. ¶우리 식구들은 각자의 역할을 분담하기 시작했다.
※ 'N0'에 복수를 나타내는 말이 온다.

분류되다

어원 分類~ 활용 분류되어(분류돼), 분류되니, 분류되고 대응 분류가 되다
자 (대상들이) 공통점과 차이점에 따라 갈리어 나뉘다. (of objects) Be divided according to common or different features.
유 나뉘다 반 합쳐지다, 묶이다
N0-가 N1-로 V (N0=[구체물], [추상물] N1=[수량], [단위], [속성])
능 분류하다
¶도서관에서는 책이 십진분류법으로 분류된다. ¶서류가 용도별로 분류되어 있으면 업무가 편하다.
N0-가 N1-와 N2-로 V ↔ N0-가 N2-와 N1-로 V (N0=[구체물], [추상물] N1=[범주], [분야], [경계] N2=[범주], [분야], [경계])
능 분류하다
¶발효주는 여과 여부에 따라 청주와 탁주로 분류된다. ↔ 발효주는 여과 여부에 따라 탁주와 청주로 분류된다. ¶생산 라인의 제품이 수출용과 내수용으로 분류되어 있다.

분류하다

어원 分類~ 활용 분류하여(분류해), 분류하니, 분류하고 대응 분류를 하다
타 (대상들을) 공통점과 차이점에 따라 갈라 나누다. Divide objects according to common or different features.
유 가르다, 나누다 반 합치다, 합하다, 묶다
N0-가 N1-를 N2-로 V (N0=[인간|단체] N1=[구체물], [추상물] N2=[수량], [단위], [속성])
피 분류되다
¶이 학교는 학생들을 성적으로 분류하여 맞춤식 교육을 한다. ¶내일까지 이 자료들을 용도에 따라 분류해 주기 바란다.
N0-가 N1-를 N2-와 N3-로 V ↔ N0-가 N1-를 N3-와 N2-로 V (N0=[인간|단체] N1=[구체물], [추상물] N2=[범주], [분야], [경계] N3=[범주], [분야], [경계])
피 분류되다
¶나는 책들을 소설과 비소설로 분류하였다. ↔ 나는 책들을 비소설과 소설로 분류하였다. ¶재활용 쓰레기를 분류해서 배출해 주십시오.

분리되다

어원 分離~ 활용 분리되어(분리돼), 분리되니, 분리되고 대응 분리가 되다
자 ❶(함께 있던 사람이나 물건이) 성질이 비슷한 종류끼리 묶이어 갈리거나 나뉘다. (of people or things) Be divided or separated into different kinds.
유 나뉘어지다
N0-가 N1-와 N2-로 V (N0=[구체물] N1=[구체물] N2=[구체물])
능 분리하다
¶학생들이 청팀과 백팀으로 분리되었다. ¶쓰레기가 일반 쓰레기와 재활용 쓰레기로 잘 분리되어 있다.
N0-가 N1-와 V ↔ N1-가 N0-와 V ↔ N0-와 N1-가 V (N0=[구체물] N1=[구체물])
¶청소년들은 성인과 분리돼 진료를 받는다. ↔ 성인은 청소년들과 분리돼 진료를 받는다. ↔ 청소년들과 성인은 분리돼 진료를 받는다. ¶재활용 쓰레기가 일반 쓰레기와 잘 분리되어 있다.

ㅂ

※ N0은 복수이다.
❷(어떤 물체에서) 그 일부 요소가 따로 떨어지다. (of a part of a thing) Be separated from that thing.
㊌떨어져나오다, 이탈되다 ㊇합쳐지다, 접합되다
N0-가 N1-(에서|로부터) V (N0=[구체물] N1=[구체물])
능분리하다
¶손잡이가 몸통에서 분리되어 세척이 간편하다. ¶무궁화호에서 객차가 분리되는 아찔한 사고가 발생했다.
N0-가 N2-와 N1-가 V (N0=[구체물] N1=[구체물] N2=[구체물])
¶이 조리 도구는 본체와 손잡이가 분리된다. ¶아리랑 3A호는 발사체가 위성과 분리돼 궤도에 진입했다.
❸(식물이나 동물의 일부 요소가) 그 식물이나 동물의 몸에서 따로 떨어지다. (of part of a plant or an animal) Be separated from the body of that plant or animal.
㊌떨어져 나오다, 이탈되다
N0-가 N1-와 V ↔ N1-가 N0-와 V ↔ N0-와 N1-가 V (N0=[식물], [신체부위] N1=[식물], [신체부위])
능분리하다
¶탈곡을 하면 알맹이가 껍질과 분리된다.↔ 탈곡을 하면 껍질이 알맹이와 분리된다. ↔ 탈곡을 하면 알맹이와 껍질이 분리된다. ¶이 기계에 넣으면 과육과 껍질이 분리되어 나온다.
N0-가 N1-(에서|로부터) V (N0=[식물], [신체부위] N1=[식물], [동물], [식물], [신체부위])
¶이 기계에 넣으면 밤에서 껍질이 분리된다. ¶포도에서 씨가 분리되어 알맹이만 있다.
❹(물체를 이루는 구성 성분이나 물질 따위가) 그 물체에서 가려 뽑아지다. (of constituent element or material of a thing) be picked out from that thing.
㊌추출되다, 뽑아지다
N0-가 N1-(에서|로부터) V (N0=[성분] N1=[구체물])
능분리하다
¶혈소판과 백혈구가 혈장에서 분리됐다. ¶시금치에서 분리된 엽산이 임신 초 태아의 성장에 큰 도움이 된다.
❺(추상적인 대상이) 다른 대상과 나뉘어 구별되다. (of abstract object) Be discriminated from another object.
N0-가 N1-와 V ↔ N1-가 N0-와 V ↔ N0-와 N1-가 V (N0=[추상물] N1=[추상물])
능분리하다
¶대부분의 국가에서는 종교가 정치와 분리되었다.↔ 정치가 종교와 분리되었다. ↔ 종교와 정치가 분리되었다. ¶세금 문제는 규제 완화와 분리되어야 한다.
※ N0은 복수이다.
❻(공간이나 장소가) 다른 공간과 경계가 있어 나뉘다. (of space or place) Be divided by a boundary.
N0-가 N2-와 N1-가 V (N0=[장소] N1=[장소] N2=[장소])
능분리하다
¶한국의 가옥은 안채와 사랑채가 분리돼 있는 구조다. ¶이 택지개발지구는 주거, 상업, 업무지역이 확실하게 분리된다.
N0-가 N2-와 N1-로 V (N0=[장소] N1=[장소] N2=[장소])
능분리하다
¶서울은 한강을 기준으로 강남과 강북으로 분리되어 있다. ¶우리 아파트는 모두 4개 구역으로 분리되어 있다.

ㅂ

분리시키다

어원 分離~ 활용 분리시키어(분리시켜), 분리시키니, 분리시키고 대응 분리를 시키다
타 ☞ '분리하다'의 오용

분리하다

어원 分離~ 활용 분리하여(분리해), 분리하니, 분리하고 대응 분리를 하다
타❶(사람이나 물건을) 성질이 비슷한 종류끼리 묶어 가르거나 나누다. Divide or separate other accompanying people or things into different kinds.
㊌분류하다, 나누다
N0-가 N1-를 N2-와 N3-로 V ↔ N0-가 N2-와 N3-를 V (N0=[인간] N1=[구체물] N2=[구체물] N3=[구체물])
피분리되다
¶진행자는 참가자들을 남학생과 여학생으로 분리했다. ↔ 진행자는 남학생과 여학생을 분리했다. ¶나는 옷을 흰 옷과 색깔 옷으로 분리한 후 세탁했다. ¶쓰레기를 일반 쓰레기와 재활용 쓰레기로 분리해서 버리세요.
N0-가 N2-에서 N1-를 V (N0=[인간] N1=[구체물] N2=[구체물])
¶진행자는 참가자들 중에서 남학생을 분리했다. ¶누나는 옷들 중에서 겨울옷만 분리하여 세탁했다. ¶이 재활용 쓰레기에서 플라스틱 제품을 분리해 주십시오.
❷(어떤 물체에서) 일부 요소를 따로 떼어내다. Separate parts from a thing.
㊌떼어내다, 이탈시키다

No-가 N2-(에서|로부터) N1-를 V (No=[인간] N1=[구체물] N2=[구체물])
피분리되다
¶정비공이 오른쪽 뒷바퀴에서 타이어를 분리했다. ¶먼지 통을 청소기에서 분리한 후 깨끗이 씻어라.
❸(식물이나 동물의 일부를) 다른 요소와 따로 떼어내다. Separate a part from other parts in a plant or an animal.
No-가 N1-를 N2-와 V ↔ No-가 N1-를 N2-와 V ↔ No-가 N1-를 N2-와 V (No=[인간] N1=[식물], [신체부위] N2=[식물], [신체부위])
피분리되다
¶나는 오렌지 속을 껍질과 분리했다. ↔ 나는 껍질을 오렌지 속과 분리했다. ↔ 나는 오렌지 속과 껍질을 분리했다. ¶우리는 게살을 껍데기와 분리해서 먹었다.
No-가 N2-(에서|로부터) N1-를 V (No=[인간] N1=[식물], [신체부위] N2=[식물], [동물], [식물], [신체부위])
¶나는 오렌지에서 껍질을 분리했다. ¶우리는 조개에서 껍데기를 분리하고 살만 먹었다. ¶나는 오징어에서 다리를 분리해서 따로 보관했다.
❹(어떤 물체에서) 구성 성분이나 물질 따위를 가리어 골라내다. Pick a constituent element or a material out from a thing.
㈜추출하다
No-가 N2-(에서|로부터) N1-를 V (No=[인간] N1=[성분] N2=[구체물])
피분리되다
¶과학자들이 세포에서 DNA를 분리했다. ¶혈액에서 적혈구와 백혈구를 먼저 분리해야 한다.
❺(사람이나 단체가 성질 따위를 기준으로) 추상적인 대상을 둘 이상의 부류로 구별하다. (of a person or an organization) Divide an abstract object into two or more different kinds according to a quality.
㈜나누다, 구별짓다
No-가 N1-를 N2-와 V ↔ No-가 N2-를 N1-와 V ↔ No-가 N1-와 N2-를 V (No=[인간|단체] N1=[추상물] N2=[추상물])
피분리되다
¶우리나라는 종교를 정치와 분리하고 있다. ↔ 우리나라는 정치를 종교와 분리하고 있다. ↔ 우리나라는 종교와 정치를 분리하고 있다. ¶우리 회사는 이사회와 경영진을 분리했다.
※ N1은 복수이다.
❻(사람이나 단체가) 어떤 공간이나 장소를 경계로 나누다. (of a person or an organization) Divide a space or a place by drawing a boundary.
㈜나누다
No-가 N1-를 N2-와 N3-로 V (No=[인간|단체] N1=[장소] N2=[장소] N3=[장소])
피분리되다
¶나는 지금의 공간을 침실과 거실로 분리할 계획이다. ¶제주시는 인도를 자전거 도로와 보행자 도로로 분리할 방침이다.

분배되다
어원 分配~ 활용분배되어(분배돼), 분배되니, 분배되고 대응분배가 되다
자(사물이나 이익 따위가) 여러 사람이나 단체에게 갈리어 나뉘다. (of an object or profit) Be divided and given to many people or groups.
㈜나뉘다, 배분되다
No-가 N1-(에|에게) V (No=[구체물](유산, 음식 따위), [추상물](이익, 예산 따위) N1=[인간|단체])
능분배하다
¶투자 이익이 투자자들에게 골고루 분배되었다. ¶아버지 유산이 가족에게 분배될 것인지 모르겠다.

분배받다
어원 分配~ 활용분배받아, 분배받으니, 분배받고 대응분배를 받다
타(사람이나 단체가) 사물이나 이익 따위를 나누어 받다. (of a person) Receive items or profit from many people or groups by dividing.
㈜나누어 받다 ㉶분배하다
No-가 N2-(에서|에게서|로부터) N1-를 V (No=[인간|단체] N1=[구체물](유산, 음식 따위), [추상물](이익, 예산 따위) N2=[인간|단체])
¶자녀들은 아버지로부터 유산을 어떻게 분배받을지 궁금하다. ¶선원들은 생선을 선장에게 적절히 분배받았다.

분배하다
어원 分配~ 활용분배하여(분배해), 분배하니, 분배하고 대응분배를 하다
타(여러 사람이나 단체에) 사물이나 이익 따위를 갈라 나누어 주다. (of a person) Split and divide items or profit from many people or groups.
㈜나누어 주다, 배분하다 ㉶분배받다
No-가 N2-에|에게 N1-를 V (No=[인간|단체] N1=[구체물](유산, 음식 따위), [추상물](이익, 예산 따위) N2=[인간|단체])
피분배되다
¶회사는 투자자들에게 이익을 골고루 분배했다. ¶아버지는 자녀들에게 유산을 어떻게 분배할지 고민하신다.

분별하다
어원 分別~ 활용분별하여(분별해), 분별하니, 분별하고 대응분별을 하다
타❶(대상을) 모양이나 성질 따위의 차이에 따라

서로 다른 대상으로 가리다. Stick something to somewhere tightly enough so not to be removed.
㊙구별하다, 구분하다, 분간하다
N0-가 N1-를 V (N0=[인간|단체] N1=[모두])
¶감별사는 병아리의 암수를 분별한다. ¶그는 상대방의 태도를 살펴 거짓을 분별했다.
N0-가 N1-와 N2-를 V ↔ N0-가 N1-를 N2-와 V (N0=[인간|단체] N1=[모두] N2=[모두])
¶군사 전문가는 패배와 전략적 후퇴를 분별한다. ↔ 군사 전문가는 패배를 전략적 후퇴와 분별한다. ¶성직자는 사람의 행동을 보고 신자과 불신자를 분별한다.
N0-가 Q지-(를) V (N0=[인간|단체])
¶지도자는 충신인지 간신인지 잘 분별해야 한다. ¶그는 제목만으로 누구 편지인지를 분별했다.
❷세상의 물정이나 형편을 이치에 맞게 판단하다. Make a reasonable judgment about the world.
N0-가 N1-를 V (N0=[인간|단체] N1=[앎])
¶그 젊은이는 분명히 사리를 분별했다. ¶깨달은 사람은 편견에 매이지 않고 이치를 분별한다.

분비되다

어원 分泌~ 활용 분비되어(분비돼), 분비되니, 분비되고 대응 분비가 되다
자 【의학】 세포에서 만들어진 액이 세포나 몸 바깥으로 내보내지다. (of liquid made in a cell) Be put out to the outside of the cell or body.
㊙배출되다I
N0-가 N1-에서 V (N0=[분비물] N1=[신체부위], 몸)
능 분비하다
¶더울 때는 땀구멍에서 땀이 분비된다. ¶눈에 먼지가 들어가면 눈물이 분비된다. ¶음식을 삼키면 위에서 위액이 분비되어 소화를 시킨다.

분비하다

어원 分泌~ 활용 분비하여(분비해), 분비하니, 분비하고 대응 분비를 하다
타 【의학】 세포에서 만들어진 액을 세포나 몸 바깥으로 내보내다. (of liquid made in a cell) Put out to the outside of the cell or body.
㊙배출하다I, 내보내다
N0-가 N2-에서 N1-를 V (N0=[신체부위], 몸 N1=[분비물] N2=[신체부위], 몸)
피 분비되다
¶더울 때는 땀구멍에서 땀을 분비한다. ¶눈에 먼지가 들어가면 눈은 눈물을 분비한다. ¶음식을 삼키면 위가 위액을 분비해서 소화를 시킨다.

분산되다

어원 分散~ 활용 분산되어(분산돼), 분산되니, 분산되고 대응 분산이 되다
자❶(사람이나 동물, 차량 따위가) 나뉘어 여러 장소로 흩어지다. (of people, animals, or cars) Be separated and dispersed into various places.
㊙흩어지다
N0-가 N1-(에|로) V (N0=[인간], [교통기관] N1=[장소], [방향])
능 분산하다
¶군인들이 사방으로 분산되어 주변 지역을 수색한다. ¶귀성 차량이 국도와 고속도로로 분산돼 혼잡은 없을 것이다.
❷(권력, 자금, 위험 따위가) 여러 사람이나 단체에 나뉘어 맡겨지다. (of power, money, or danger that is centralized) Be distributed by many people or organizations.
N0-가 N1-(에|에게|로) V (N0=[구체물], [추상물] N1=[장소], [단체], [방향])
능 분산하다
¶이 집의 소유권이 여러 사람에게 분산되어 있다.
❸(어떤 일의 시기가) 여러 개로 나뉘어 흩어지다. (of the time for a work) Be divided into many.
N0-가 V (N0=시기)
능 분산하다
¶연휴가 길어 여행 시기가 분산되고 있다. ¶출하 시기가 분산되지 않아서 과일값이 폭락했다.
❹(시선이나 주의 따위가) 흩어져 집중하지 못하게 되다. (of eye or attention) Be distracted so that one cannot concentrate.
㊙흩어지다 ㊥집중되다
N0-가 V (N0=시선, 주의, 집중력, 정신 따위)
¶운전 도중 다른 행위를 하면 주의가 분산된다. ¶그 블라우스를 입으니까 시선이 분산되는 효과가 있다.

분산시키다

어원 分散~ 활용 분산시키어(분산시켜), 분산시키니, 분산시키고 대응 분산을 시키다
타☞ '분산하다'의 오용

분산하다

어원 分散~ 활용 분산하여(분산해), 분산하니, 분산하고 대응 분산을 하다
타❶(사람이나 단체가) 어떤 대상을 여러 장소로 나누어 흩어 놓다. (of a person or an organization) Scatter an object into many places.
㊙흩어 놓다 ㊥모으다
N0-가 N1-를 N2-(에|로) V (N0=[인간|단체] N1=[인간|단체], [구체물] N2=[장소], [지역])
피 분산되다
¶대대장은 병력을 여러 곳에 분산해서 배치했다. ¶나는 귀중품을 여러 곳에 분산해서 숨겼다.
❷(사람이나 단체가) 어떤 단체나 사람에게 집중

ㅂ

되어 있는 권력, 자금, 위험 따위를 여러 사람에게나 단체에 나누어 맡기다. (of a person or an organization) Distribute power, money, or danger that is centralized to many people or organizations.
No-가 N1-를 N2-(에|에게|로) V (N0=[인간|단체] N1=[인간|단체], [추상물], [구체물] N2=[인간|단체], [지역])
피 분산되다
¶우리는 환자들을 여러 병원으로 분산해 옮겼다. ¶대기업이 돈과 기술과 인력을 여러 곳으로 분산했다.
❸(사람이나 단체가) 어떤 일을 하는 시기를 여러 개로 나누어 흩어 놓다. (of a person or an organization) Divide the time for a work into many.
No-가 N1-를 V (N0=[인간|단체] N1=시기)
피 분산되다
¶정부는 공공요금 인상 시기를 분산하기로 했다. ¶과일의 출하 시기를 분산해야 가격 폭락을 막을 수 있다.

분석되다
어원 分析~ 활용 분석되어(분석돼), 분석되니, 분석되고 대응 분석이 되다
자 (무엇이 여러 구성 요소나 성질로) 논리적으로 따지어져 밝혀지다. (of something) Be illuminated logically in terms of many constituents or characteristics.
No-가 N1-로 V (N0=[모두] N1=[모두])
능 분석하다
¶이번 사건의 원인이 여러 요인으로 분석되었다. ¶새로운 행성의 기체 성분은 질소로 분석되었다.
No-가 S것-으로 V (N0=[인간])
¶미혼 남성들이 맞춤복을 꺼리는 것으로 분석되었다. ¶내년에는 집값이 하락할 것으로 분석된다.
No-가 S-다고 V (N0=[인간])
¶채무 관계로 인해 이 사건이 벌어졌다고 분석되었다. ¶결승 진출 이유는 선수들의 뛰어난 체력으로 분석되었다. ¶과학계의 부진은 지원 제도가 없기 때문이라고 분석된다.

분석하다
어원 分析~ 활용 분석하여(분석해), 분석하니, 분석하고 대응 분석을 하다
타 (무엇을 여러 구성 요소나 성질로) 논리적으로 따지어 밝히다. (of a person) Illuminate something logically in terms of many constituents or characteristics.
No-가 N1-를 V (N0=[인간], [단체] N1=[모두])
피 분석되다
¶경찰은 밤이 새도록 범죄 사건의 원인을 분석하였다. ¶회사는 사람들의 취향을 잘 분석하여 기발한 상품을 만들어냈다.
No-가 S것-으로 V (N0=[인간])
¶경찰은 채무 관계로 인해 이 사건이 벌어진 것으로 분석하였다. ¶디자이너들은 미혼 남성들이 맞춤복을 꺼리는 것으로 분석하였다. ¶정부는 내년에는 전셋값이 낮아질 것으로 분석하였다.
No-가 S-다고 V (N0=[인간])
¶그는 한국의 결승 진출이 무난하다고 분석했다. ¶과학계의 부진에 대해 김 교수는 지원 제도가 없기 때문이라고 분석했다.

분열되다
어원 分裂~ 활용 분열되어(분열돼), 분열되니, 분열되고 대응 분열이 되다
자 ☞ 분열하다

분열하다
어원 分裂~ 활용 분열하여(분열해), 분열하니, 분열하고 대응 분열을 하다
자 ❶(한 사물이나 단체, 사상 따위가) 둘 이상의 것으로 갈라져 나뉘다. (of one object, group, or ideology) Be split and divided into two or more.
유 갈라지다, 쪼개지다
No-가 N1-로 V (N0=[인간|단체], [의견](국론 따위) N1=[인간|단체], [수량])
사 분열시키다
¶조선 시대 사림파가 동인과 서인으로 분열하여 당쟁이 시작되었다. ¶에스컬레이터 두 줄 서기에 대한 의견이 여러 갈래로 분열하였다.
❷ 【생물】 (생물체가) 자신의 몸을 나누면서 발달하다. (of an organism) Divide one's body.
No-가 V (N0=세포)
¶세포가 분열하여 서로 다른 개체로 성장한다. ¶세포는 곧바로 2개로 분열하기 시작하였다.

분포되다
어원 分布~ 활용 분포되어(분포돼), 분포되니, 분포되고 대응 분포가 되다
자 ☞ 분포하다

분포하다
어원 分布~ 활용 분포하여(분포해), 분포하니, 분포하고
자 무엇이 일정한 위치나 범위에 나뉘어서 퍼져 있다. Be divided and spread on certain location or range.
유 나뉘어 퍼지다, 산재하다
No-가 N1-에 V (N0=[추상물], [구체물], [인간|단체] N1=[장소])
¶이 지역에는 여러 시대의 유물들이 고르게 분포해 있다. ¶교육 조건이 좋은 도시에 인구가 집중적

으로 분포한다. ¶코뿔소는 아프리카 북부에서 서부까지 널리 분포한다.

분할되다

어원 分割~ 활용 분할되어(분할돼), 분할되니, 분할되고 대응 분할이 되다

자 (사물이나 장소가) 여러 부분으로 나뉘다. (of an object) Be divided into several parts.

유 나뉘다 반 합쳐지다

N0-가 N1-로 V (N0=[구체물](땅, 건물, 재산 따위) N1=부분, 차례, 회)

능 분할하다

¶상속 받은 땅이 자식들에게 똑같이 분할되었다. ¶세금이 두 차례 분할되어 납부되었다. ¶이 건물은 세 부분으로 분할되어 있다.

분할하다

어원 分割~ 활용 분할하여(분할해), 분할하니, 분할하고 대응 분할을 하다

타 (사물이나 장소가) 여러 부분으로 나뉘다. (of an object) Divide something into several parts.

유 나누다 반 합하다

N0-가 N1-를 N2-로 V (N0=[인간|단체] N1=[구체물](땅, 건물, 재산 따위) N2=부분, 차례, 회)

피 분할되다

¶자식들은 상속 받은 땅을 똑같이 분할했다. ¶세금이 많이 나와 두 차례 분할해서 납부했다. ¶건설협회는 이 건물을 세 부분으로 분할해서 사용한다.

분해되다

어원 分解~ 활용 분해하여(분해해), 분해하니, 분해하고 대응 분해가 되다

자 ❶(여러 부분으로 결합되어 있던 사물이) 개개의 부분으로 나뉘다. (of an object that was composed of many parts) Be divided into individual parts.

유 해체되다

N0-가 V (N0=[구체물](카메라, 컴퓨터, 비행기 따위))

능 분해하다

¶카메라가 분해되어 검색대를 통과하였다. ¶컴퓨터를 고치기 위해 낱낱이 분해되었다.

N0-가 N1-로 V (N0=[구체물](카메라, 컴퓨터, 비행기, 시계 따위) N1=부품 따위)

능 분해하다

¶적국의 비행기가 개별 부품으로 분해되었다. ¶조각으로 분해된 손목시계는 무척 구조가 복잡하다.

❷ 【화학】 한 종류의 화합물이 두 가지 이상의 물질로 나뉘다. (of one type of chemical material) Be divided into two or more chemical materials.

N0-가 V (N0=[무생물](액체, 기체, 유기물, 단백질 따위))

능 분해하다

¶음식물의 유기물이 무기물로 분해되면서 곰팡이가 생긴다. ¶알코올은 간에서 여러 효소의 작용으로 분해된다. ¶효소의 도움으로 단백질이 분해된다.

N0-가 N1-로 V (N0=[무생물](액체, 기체, 유기물, 단백질 따위) N1=[무생물](액체, 기체, 유기물, 단백질 따위))

능 분해하다

¶물이 산소와 수소로 분해되었다. ¶모든 물질은 유기물과 무기물로 분해될 수 있다. ¶지방이 글리세린과 지방산으로 잘 분해되면 살이 빠진다.

분해하다

어원 分解~ 활용 분해하여(분해해), 분해하니, 분해하고 대응 분해를 하다

타 ❶(여러 부분이 결합되어 이루어진 것을) 개개의 부분으로 나누다. Divide something that's composed of many parts into individual parts.

유 해체하다

N0-가 N1-를 V (N0=[인간|단체] N1=[구체물](카메라, 컴퓨터, 비행기, 시계 따위))

피 분해되다 사 분해시키다

¶컴퓨터를 분해해 보는 작업도 필요하다. ¶그는 손목시계를 분해할 줄 안다.

N0-가 N1-를 N2-로 V (N0=[인간|단체] N1=[구체물](카메라, 컴퓨터, 비행기, 시계 따위) N2=부품 따위)

피 분해되다 사 분해시키다

¶그는 라디오를 몇 개의 부품으로 분해했다.

❷ 【화학】 한 종류의 화합물을 두 가지 이상의 간단한 화합물로 나누다. (of one type of chemical material) Change into two or more simple chemical materials.

유 분석하다

N0-가 N1-를 V (N0=[식물], [무생물](곰팡이, 세균, 액체, 기체, 효소 따위), [내장], [인간] N1=[무생물](액체, 기체, 유기물, 단백질 따위))

피 분해되다

¶곰팡이는 유기물을 무기물로 분해하여 생활한다. ¶간은 알코올의 독성을 분해한다. ¶이 효소는 단백질을 분해할 수 있는 능력을 가지고 있다.

N0-가 N1-를 N2-과 N3-로 V (N0=[식물], [무생물](곰팡이, 세균, 액체, 기체, 효소 따위), [내장], [인간] N1=[무생물](액체, 기체, 유기물, 단백질 따위) N2=[액체], [기체] N3=[액체], [기체])

¶수소를 얻으려면 물을 수소와 산소로 분해하면 된다. ¶우리는 이산화탄소를 탄소와 수소로 분해하는 실험을 하였다.

분화되다

어원 分化~ 활용 분화되어(분화돼), 분화되니, 분화되고 대응 분화가 되다
자 ☞분화하다

분화하다

어원 分化~ 활용 분화하여(분화해), 분화하니, 분화하고 대응 분화를 하다
자 ❶(본래 단순하던 것이) 여러 갈래로 더 자세히 나뉘다. (of something originally simple) be divided into many sections.
유 나뉘다, 전문화되다
No-가 ADV V (No=[추상물], ADV=N-로, Adj-게)
사 분화시키다
¶현대로 오면서 학문이 여러 갈래로 분화하고 있다. ¶모든 학문이 세부 분야로 분화하고 있다. ¶사람들의 직업이 다양하게 분화하였다.
❷(생물의 조직이나 기관이) 제 기능이나 형태에 맞게 특수화되거나 전문적으로 발달하다. (of tissue or organ of a living thing) develop in a specialized way in terms of function or form.
No-가 V (No=세포, 기관 따위)
¶동물의 각 기관은 환경에 맞게 분화한다. ¶인간의 지능이 다방면으로 분화하고 있다.

붇다

활용 불어, 불으니, 붇고, 붇는
자 ❶오랫동안 물에 젖어서 부피가 커지고 표면이 물러지다. (of an object's surface) Become enlarged and softened due to prolonged exposure in water.
유 부풀다 자
No-가 N1-에 V (No=[구체물](곡식, 국수, 해산물), [신체부위] N1=[액체])
사 불리다II 타
¶손발이 물에 퉁퉁 불었다. ¶라면이 퉁퉁 불어서 먹을 수가 없었다.
❷(양이나 개수가) 많아지거나 증가하다. (of amount or quantity) Increase.
유 늘어나다, 증가하다, 증대되다
No-가 V (No=[단위](무게, 개수 따위), [재산](살림, 빚 따위), [신체부위])
사 불리다II 타
¶최근에 스트레스로 너무 많이 먹었더니 체중이 붇고 있다. ¶폭우에 의해서 계곡에 물이 많이 불어서 위험하다.

불거지다

활용 불거지어(불거져), 불거지니, 불거지고
자 ❶속에 있던 것이 겉으로 두드러지게 튀어나오다. (of something that is inside) Stick out remarkably.
유 튀어나오다
No-가 V (No=[신체부위])
연어 툭
¶엄지발가락이 신발 밖으로 툭 불거져 나왔다. ¶한 노인이 갈비뼈가 불거진 옆구리를 손톱으로 긁고 있었다.
❷(종기나 여드름 따위가) 피부 밖으로 솟아오르다. (of boil or pimple) Rise from skin.
유 돋다
No-가 V (No=종기, 여드름 따위)
연어 툭
¶종기가 불거져서 터질 것 같다. ¶코 밑에 여드름이 불거져 나와 속상하다.
❸(어떤 일이나 문제, 현상 따위가) 갑자기 생기거나 드러나다. (of work, problem, or phenomenon) Appear or happen suddenly.
유 튀어나오다
No-가 V (No=[추상물])
¶두 사람의 열애설이 불거졌다. ¶전세난이 불거지면서 세입자들이 불안해한다.

불구하다

활용 불구하고 ('불구하고' 형태로만 쓰인다)
자 (상태나 상황 따위에) 얽매여 크게 영향을 받거나 상관하지 않다. Neither get influenced by nor care about a condition or a situation.
No-에도 V (No=[날씨], [소통], [신체상태], [행위], [방법], [상황])
¶철수는 궂은 날씨에도 불구하고 나를 찾아왔다. ¶영수는 몸살에도 불구하고 회사에 출근을 했다. ¶박초희 선수의 활약에도 불구하고 우리는 경기에서 졌다.
S데-에도 V
¶형은 많이 아픈데도 불구하고 학교에 갔다. ¶아버지께서는 눈이 많이 오는데도 불구하고 차를 몰고 나갔다. ¶그는 염치가 없음에도 불구하고 돈을 빌리러 친구를 찾아갔다.

불다 I

활용 불어, 부니, 불고, 부는
자 ❶바람이나 공기 따위가 빠르게 움직이며 일다. (of wind or air) Quickly whoosh and move.
No-가 V (No=[바람])
¶저녁이 되니 선선한 바람이 분다. ¶태풍이 불어 산사태가 일어났다. ¶갑자기 세찬 바람이 불며 비가 쏟아졌다.
❷(어떤 단체나 분야에서) 경향이나 변화 따위가 크게 일어나 번지거나 퍼지다. (of a tendency or a transition) Occur in some group or area to a great extend and disperse largely.
유 퍼지다, 번지다
N1-에 No-가 V (No=[추상물](바람, 열풍 따위) N1=

[단체], [분야])
¶전 세계에 한류 열풍이 불고 있다. ¶회사 내에 구조 조정 바람이 불어 직원들이 긴장했다.

불다Ⅱ

활용 불어, 부니, 불고, 부는

타 ❶숨을 내쉬어 입 안에 압력을 가해 입김을 입 밖으로 내보내다. Exhale breath by putting pressure in the mouth.
㊌숨을 내뿜다
N0-가 N2-에 N1-를 V (N0=[인간] N1=입김 N2=[구체물](유리창 따위), [소지품](거울 따위))
¶아기가 유리창에 입김을 불자 김이 하얗게 서렸다. ¶입김을 안경에 후후 불며 안경을 닦았다.
❷(신체의 일부나 음식물 따위에) 입에서 바람을 내보내어 따뜻하게 하거나 시원하게 하다. Make any body part or food and drink warm or cold by exhaling air from the mouth.
연어 호호, 후후
N0-가 N2-에 N1-를 V (N0=[인간] N1=입김 N2=[신체부위], [음식])
¶초등학생이 추운지 손에 입김을 호호 불며 걸었다. ¶아저씨는 입김을 불어 뜨거운 국물을 식혀 가며 먹었다.
N0-가 N1-를 V (N0=[인간] N1=[신체부위], [음식])
¶엄마가 아이의 다친 손가락을 호호 불며 약을 발라 주었다. ¶남자친구는 뜨거운 차를 후후 불어 가며 마셨다.
❸(불이나 작은 물건 따위가) 움직이거나 없어지도록 숨을 힘껏 입 밖으로 내보내다. Strongly exhale breath to move or eliminate fire or small object.
N0-가 N2-로 N1-를 V (N0=[인간] N1=[구체물](먼지, 종이배 따위) N2=[신체부위](입))
연어 후
¶영희는 화장대 위의 먼지를 입으로 후 불어 날렸다. ¶딸은 생일 축하 노래가 끝나자 촛불을 불었다. ¶아들이 종이배를 입으로 불자 움직이기 시작했다.
❹(풍선 따위에) 입으로 공기를 넣어 늘어나거나 커지게 하다. Make a balloon stretch or expand by putting air in with the mouth.
㊌팽창시키다
N0-가 N1-를 V (N0=[인간] N1=풍선, 풍선껌 따위)
사 불리다II
¶어린이집 어린이들이 풍선을 불어 방안에 가득 채웠다. ¶아버지는 고무 튜브를 불어서 물 위에 띄웠다.
❺(사람이나 동물이) 코로 숨을 세게 내보내다. (of a person or an animal) Strongly inhale and exhale through the nose.
연어 씩씩
N0-가 N1-를 V (N0=[인간], [동물] N1=콧김)
¶경주마가 뜨거운 콧김을 불며 빠르게 달렸다. ¶명수는 무엇이 못마땅했는지 콧김을 씩씩 불며 밖으로 나갔다.
❻입술을 좁게 오므리고 혀끝으로 입김을 내보내어 소리를 내다. Pucker the lips and make a sound while letting one's breath out.
㊌소리를 내다
연어 휘익
N0-가 N1-를 V (N0=[인간] N1=휘파람)
¶명호는 휘파람을 휘익 불며 오솔길을 걸었다. ¶아빠가 휘파람을 불면 아이가 박수를 치며 좋아했다.
❼(피리나 나팔 따위의 관악기에) 입을 대고 숨을 내보내어 소리를 내거나 연주하다. Make a sound or play a pipe, a trumpet, or a similar wind instrument by putting on the mouth and breathing out.
㊌연주하다, 소리(를) 내다
N0-가 N1-를 V (N0=[인간] N1=[관악기], 호각 따위)
피 불리다IV 사 불리다III
¶선생님은 사람들 앞에서 멋지게 트럼펫을 불었다. ¶정호는 호각을 불며 축구 선수들을 응원했다. ¶목동은 양떼를 몰고 이리저리 피리를 불며 다녔다.

불다Ⅲ

활용 불어, 부니, 불고, 부는

자타 (다른 사람에게 숨기고 있던) 죄나 사실 따위를 사실대로 밝혀 모두 말하다. Tell someone the whole truth about a concealed crime or truth.
㊌자백하다, 얘기하다, 말하다, 일러다
N0-가 N2-(에|에게) N1-(를|에 대해) V (N0=[인간] N1=[범죄], 사실 따위 N2=[인간|단체])
¶용의자는 경찰에게 자신의 죄를 순순히 불었다. ¶종수는 검찰에 자신이 아는 사실에 대해 모두 불었다. ¶사실대로 불면 형량이 줄어들 수 있다.
N0-가 N1-(에|에게) S다고 V (N0=[인간] N1=[인간|단체])
¶종규는 수사관에게 그 사건의 범인이 자신이라고 불었다. ¶김 사장은 동업자에게 비자금이 있다고 불었다.
N0-가 N1-(에|에게) S음-을 V (N0=[인간] N1=[인간|단체])
¶영규는 그 사건에 배후 세력이 따로 있음을 검찰에 불었다. ¶고정간첩은 정치권에도 암약 세력이 있음을 불었다. ¶종규는 결국 검찰에서 그 사건의 범인이 자신임을 불었다.

불러내다

ㅂ

활용불러내어(불러내), 불러내니, 불러내고
타(다른 사람이나 단체를) 불러서 어떤 장소에 나오도록 만들다. Call out another person or a group of people to get out of a place.
N0-가 N1-를 N2-(에|로) V (N0=[인간|단체] N1=[인간|단체] N2=[장소])
¶승훈이는 친구를 밖으로 불러내어 놀았다.
¶그를 경기장에 불러내고 싶으면 높은 연봉을 주어야 할 것이다.

불러들이다

활용불러들여, 불러들이니, 불러들이고
타❶(다른 사람이나 단체를) 불러서 어떤 곳으로 들어오도록 만들다. Call another person or a group of people to enter a place.
㊌호출하다
N0-가 N1-를 N2-(에|로) V (N0=[인간|단체] N1=[인간|단체] N2=[장소])
¶아버지께서는 나를 방으로 불러들이셨다. ¶나는 그 무렵 매일 집에 불러들인 친구가 부지기수였다.
❷(기관에서) 어떤 사람이나 단체를 명령하여 소환하다. (of an organization) Summon a person or another organization by command.
㊌소환하다
N0-가 N1-를 N2-(에|로) V (N0=[기관] N1=[인간|단체] N2=[기관], [장소])
¶경찰에서는 증인을 경찰서로 불러들였다. ¶시장은 퇴임하는 공무원을 시장실로 불러들여 노고를 치하했다.
❸ 【운동】 (야구에서) 타자가 주자들을 안타를 쳐서 홈으로 들어오게 하다. (of a batter in a baseball game) Make a hit and drive runners home.
N0-가 N1-를 N2-(에|로) V (N0=[인간](타자 따위) N1=[인간](주자 따위) N2=홈)
¶타자가 주자들을 홈으로 불러들였다. ¶그는 타석에 들어서면 주자를 불러들여 줄 것만 같다.
❹(병의 요인이) 질병을 생기게 하다. (of a cause of a disease) Cause a disease.
㊌야기하다, 초래하다, 일으키다[1]
N0-가 N1-를 V (N0=[신체상태], [감정] N1=[질병])
¶지나친 스트레스가 결국 두통을 불러들인다.
¶과로가 우울증을 불러들일 수도 있다.
❺(좋지 않은 일이나 큰일을) 발생하게 하다. Cause something bad or serious.
㊌초래하다, 자초하다
N0-가 N1-를 V (N0=[구체물], [추상물], [사태] N1=[감정], [재해], [사건])
¶그가 던진 말 한마디가 우리 사이에 화를 불러들였다. ¶그의 거짓말이 마을에 재앙을 불러들였다.

ㅂ

불러오다Ⅰ

활용불러와, 불러오니, 불러오고, 불러오너라/불러와라
타❶(어떤 사람을) 말하는 사람이나 기준이 되는 사람 쪽으로 오게 하다. Make someone come to the speaker or person who serves as standard.
㊌호출하다
N0-가 N1-를 V (N0=[인간] N1=[인간])
¶다투다가 그 녀석이 자기 형을 불러왔다. ¶급하니 주치의를 빨리 불러오세요.
N0-가 N1-를 N2-(에|로) V (N0=[인간] N1=[인간], [직업인간] N2=[장소])
피불려오다
¶집주인이 재해 현장에 119 구조대를 불러왔다.
¶어서 가서 작업장으로 사람들 좀 불러오세요.
❷ 재해가 되는 상황을 초래하다. Cause a situation that becomes a disaster.
㊌야기하다, 초래하다
N0-가 N1-를 N2-에 V (N0=[사태], [상황], [인간] N1=[사태], [재해] N2=[단체], [지역])
¶중국 내륙의 사막화는 한반도에 황사를 불러오고 있다. ¶이번 한파가 농가에 막대한 피해를 불러올 것으로 예상된다.
❸사람에게 어떤 감정을 느끼게 만들다. Make someone feel certain emotion.
㊌일으키다, 야기시키다
N0-가 N2-(에|에게) N1-를 V (N0=[인간] N1=[사태], [계획](정책 따위) N2=[인간])
¶새로운 경제 정책이 국민들에게 기대감을 불러오고 있다. ¶이번 사태가 시민들에게 정의감을 불러왔다.

불러오다Ⅱ

활용불러와, 불러오니, 불러오고 존대모셔오다
타어떤 일을 수행하기에 적합한 사람을 오게 하다. Make someone (who's suitable to perform some task) come.
㊌초빙하다, 소환하다
N0-가 N1-를 N2-로 V (N0=[인간], [단체] N1=[인간] N2=[인간], [직위])
피불려오다
¶검찰이 그 사람을 참고인으로 불러왔다. ¶그 친구를 불러와 에너지와 환경 문제에 대해 발표를 시켜 봅시다.

불러오다Ⅲ

활용불러와, 불러오니, 불러오고
타 【컴퓨터】 (저장 장치에 들어있는 파일 따위를) 컴퓨터가 읽어 들이다. (of a computer) Read and decode a file that is contained in a folder.
N0-가 N1-를 N2-에서 V (N0=[기계](컴퓨터 따위),

[인간] N1=파일 따위 N2=폴더, 디스크, 홈페이지 따위)
¶나는 연구소 누리집에서 보고서 파일을 불러왔다. ¶슈퍼컴퓨터가 서버에서 관련 자료를 불러왔다. ¶논문 피디에프를 불러왔으나 글자가 깨져서 읽지 못했다.

불러일으키다

활용 불러일으키어(불러일으켜), 불러일으키니, 불러일으키고

타 (무엇이) 사람 마음에 감정이나 행동, 상태를 일어나게 하다. (of something) Arouse a feeling, an action, or a state in a person.

유 환기하다, 야기시키다

N0-가 N2-(에|에게) N1-를 V (N0=[모두] N1=추억, 호기심, 우려, 반응, 오해, 경쟁심 따위 N2=[인간], [단체])

¶이 영화는 사람들에게 고향에 대한 추억을 불러일으켰다. ¶새로운 인기 그룹은 청소년에게 엄청난 반향을 불러일으켰다. ¶너의 행동은 사람들에게 오해를 불러일으킬 수도 있다.

불리다 I

활용 불리어(불려), 불리니, 불리고

자 ❶다른 사람으로부터 오라는 지시를 받다. (of a person) Receive an order from someone to come.

유 호출되다, 호출받다, 호출당하다

N0-가 N1-에게 V (N0=[인간] N1=[인간])

능 부르다

¶김 대리는 지각을 했다는 이유로 부장에게 불려 갔다. ¶부하 직원들은 상사에게 불려가 새해 업무 지시를 받았다.

❷(노래 따위가) 사람에 의해 곡조에 맞추어 발성되다. (of a song) Be vocalized to a tune by a person.

N0-가 N1-에게 V (N0=[인간|단체] N1=노래 따위)

능 부르다

¶이 민요는 경주 지역 농민들에게 오랫동안 불려 왔다. ¶많은 가수들에게 계속해서 불리는 노래에는 충분한 이유가 있다.

❸(이름이나 번호 따위가) 다른 사람을 통해 소리 내어 말해지다. (of a name or number) Be spoken out loud by another person.

유 호명되다

N0-가 V (N0=[이름], 번호 따위)

능 부르다

¶내 이름이 불렸을 때 나는 어머니가 제일 먼저 떠올랐다. ¶자기 번호가 불리면 크게 대답하세요.

❹(사람이나 사물, 현상 따위가) 다른 사람에 의해 지목되어 말해지거나 이름이 붙여지다. (of a person, object, or phenomenon) Be pointed and spoken or named by another person.

유 칭해지다, 명명되다

N0-가 N1-에게 N2-로 V (N0=[이름], [호칭] N1=[인간|단체] N2=[이름], [호칭])

능 부르다

¶부추는 이 지역 사람들에게 정구지로 불린다. ¶이 악단은 한국의 비틀즈로 불리는 까닭에 많은 유명세를 타고 있다. ¶21세기는 과학 기술이 지배하는 시대로 불린다.

N0-가 N1-에게 S-라고 V (N0=[이름], [호칭] N1=[인간|단체])

능 부르다

¶그는 대중에게 시대를 잘못 만난 천재라고 불린다. ¶뒷집 강아지는 주인에게 '내 딸'이라고 불린다.

불리다 II

활용 불리어(불려), 불리니, 불리고

타 ❶(무엇을 오랫동안 물에 적셔) 부피가 커지고 표면이 물러지게 하다. Soak (something) under water for a long time to increase volume and soften surface.

유 붇게 하다, 부풀게 하다

N0-가 N1-를 N2-에 V (N0=[인간] N1=[구체물](곡식, 국수, 해산물, 신체부위 따위) N2=[액체])

주 붇다

¶나는 물에 찹쌀을 불렸다. ¶마른 미역을 찬물에 불린 후 깨끗이 씻으세요.

❷(양이나 개수 따위를) 많아지게 하다. Increase (amount, number, etc.).

유 늘리다, 증가시키다

N0-가 N1-를 V (N0=[인간|단체] N1=단위](무게, 개수 따위), [재산](살림, 빚 따위), [신체, [신체부위])

주 붇다

¶태우는 꾸준한 운동으로 몸의 근육을 불렸다. ¶나는 부모님의 사업을 도우면서 재산을 불려 나갔다. ¶정경필 선수는 체중을 불려 헤비급으로 전향했다.

불리다 III

활용 불리어(불려), 불리니, 불리고

타 (다른 사람에게) 피리나 나팔 따위의 관악기를 입을 대고 숨을 내보내어 소리를 내게 하거나 연주하게 하다. Make someone play or make sound (with wind instruments such as pipe or trumpet) by blowing air through the mouth.

유 연주하게 하다

N0-가 N1-를 N2-에게 V (N0=[인간] N1=[관악기] N2=[인간])

주 불다II

¶나는 동생에게 피리를 불렸다. ¶선생님께서 철수에게 트럼펫을 불리었다. ¶지휘자가 연주자에

게 오보에를 작게 불렸다.

불리다Ⅳ

활용 불리어(불려), 불리니, 불리고

자 (피리나 나팔 따위의 관악기가) 입을 대고 숨을 내보내어 소리가 나게 되거나 연주되다. (of a wind instrument like flute or trumpet) Be played, with one's mouth pressed, and produce sound.

㊐연주되다 자

N0-가 V (N0=[관악기])

능 불다II

¶오늘따라 대금이 잘 불린다. ¶호흡을 잘 못해서 트럼펫이 잘 안 불린다. ¶오카리나는 약하게 불면 안 불려.

불문하다

어원 不問~ 활용 불문하여(불문해), 불문하니, 불문하고 대응 불문을 하다

자타 ❶(어떤 것에 대하여) 따져 묻지 아니하고 지나치다. Overlook something without asking about it.

N0-가 S지-(를|에 대해) V (N0=[인간|단체])

¶그가 어떤 일을 했는지에 대해 불문해라. ¶그의 생각이 무엇인지 불문하고 그를 믿어야 한다.

N0-가 N1-(를|에 대해) V (N0=[인간|단체] N1=[모두])

¶주현이는 애인의 과거를 불문했다. ¶아버지의 판단에 불문하고 말씀에 따랐다. ¶민원인의 사정을 불문하고 일단 민원을 들어 주었다.

❷(어떤 것이든) 종류를 따져 구분하거나 제한하지 아니하다. Neither to discriminate nor put any limit on whatever type.

N0-가 N1-를 V (N0=[모두] N1=[모두])

¶우리 회사는 이번 공채에서 전공을 불문한다. ¶세대 간의 갈등은 시대를 불문하고 나타나는 현상이다.

불붙다

활용 불붙어, 불붙으니, 불붙고 대응 불이 붙다

자 ❶(물체에 불씨가 닿아서) 불이 타오르기 시작하다. Start to flare up due to contact between ember and object.

㊐불타다, 점화되다

N0-가 V (N0=[구체물], [장소])

¶이 화학 약품들은 불붙으면 엄청난 피해가 생긴다. ¶이렇게 건조한 날에는 나뭇잎이 불붙을 확률이 높다. ¶난로 곁에 놔두었던 옷이 불붙어서 화재가 날 뻔하였다.

❷(어떤 행위나 사건, 감정 따위의 기세가) 강하게 일어나기 시작하다. (of some action, incident, or emotion's spirit) Start to happen strongly.

㊐일어나다[1]

N0-가 V (N0=[개념], [상황], [행위], [감정])

사 불붙이다

¶그 당시에 새로운 신앙이 불붙고 있었다. ¶두 선수 간의 경쟁이 불붙어서 관중들을 즐겁게 했다. ¶환경 보전 운동이 사람들 사이에서 불붙고 있었다.

N0-가 N1-에 V (N0=[인간] N1=[개념], [상황], [행위], [감정])

¶그는 새로운 작품에 대한 열망에 불붙었다. ¶우리는 미지 세계에 대한 탐구에 불붙었다.

불붙이다

활용 불붙여, 불붙이니, 불붙이고 대응 불을 붙이다

자 어떤 일에 집중적으로 관심을 가지게 만들다. Encourage someone to be very much interested in something.

N0-가 N1-에 V (N0=[인간|단체], [상황], [행위], [추상물] N1=[개념], [상황], [행위], [[추상물])

¶그 영화는 아프리카 탐구에 불붙였다. ¶자스민 혁명은 아랍 세계의 민주화에 불붙였다.

타 어떤 일이나 감정을 강하게 솟구치게 하다. Be strongly surged in emotion or some matter.

N0-가 N2-(에|에게) N1-를 V (N0=[인간|단체], [상황], [행위] N1=[개념], [상황], [행위], [감정] N2=[인간|단체])

주 불붙다

¶그녀의 성공은 학생들에게 심한 경쟁심을 불붙였다. ¶뻔뻔함은 피해자들에게 분노를 불붙이고 말았다.

자타 (물체에 불씨를 닿게 해서) 불이 타오르다. Start to flare up due to contact between ember and object.

㊐불타다, 점화되다

N0-가 N1-(에|를) V (N0=[인간] N1=[구체물], [장소])

¶마른 나무에 불붙이면 잘 탄다. ¶건조한 봄에는 나뭇잎에 불붙이는 것은 위험하다.

불사하다

어원 不辭~ 활용 불사하여(불사해), 불사하니, 불사하고 대응 불사를 하다

타 (무언가를) 피하거나 거부하지 않다. Not to evade or reject something.

㊐각오하다

N0-가 N1-를 V (N0=[인간|단체] N1=[구체물], [추상물])

¶김 의원은 의정 활동의 비난을 불사하였다. ¶죽음을 불사한 저항으로 시민들은 결국 자유를 지켰다. ¶정치인들이 굴욕을 불사하고 공천에 목을 맨다.

불신하다

어원 不信~ 활용 불신하여(불신해), 불신하니, 불신하고 대응 불신을 하다
타 어떤 사람이나 사실을 믿지 않다. Not to trust another person or a fact.
반 믿다, 신뢰하다
N0-가 N1-를 V (N0=[인간] N1=[인간], [앎])
¶그녀는 가끔씩 남편의 마음을 불신했다. ¶오랫동안 두 나라의 국민은 서로를 불신했다. ¶국민들은 기상청의 일기예보를 불신했다.

불어나다

활용 불어나, 불어나니, 불어나고
자 ❶(수나 양이) 이전에 비해 커지거나 많아지다. (of number or quantity) Become larger than before.
유 늘어나다, 증가하다 반 줄다, 감소하다 상 붇다
N0-가 V (N0=[수량])
¶도시 인구는 10년 동안에 세 배로 불어났다. ¶비가 오자 계곡물이 갑자기 불어났다.
❷(몸집이) 이전에 비해 커지다. (of a body) Become bigger than before.
유 뚱뚱해지다, 늘어나다
N0-가 V (N0=[신체부위])
¶나는 한동안 잔뜩 먹는 바람에 몸이 불어났다. ¶아이가 태어날 때가 되자 배가 엄청 불어났다.

불어오다

활용 불어와, 불어오니, 불어오고
자 ❶(바람이) 이쪽으로 향하여 이동해 오다. (of wind) Blow hither.
상 불다I
N0-가 N1-(에|에게|로) V (N0=[바람] N1=[인간|단체], [장소])
¶맑은 바람이 산으로 불어왔다. ¶거센 바람이 남해안에서 불어왔다. ¶상쾌하고 서늘한 가을 바람이 불어왔다.
❷(사조, 유행 따위가) 어떤 방향으로 영향을 끼쳐 오다. (of trend or fashion) Influence something in a certain direction.
N0-가 N1-(에|에게|로) V (N0=[사조], [상태변화] N1=[인간|단체], [장소])
¶그의 활약으로 인해 전쟁터에 평화의 바람이 불어왔다. ¶일본에 한류의 열풍이 불어왔다.

불응하다

어원 不應~ 활용 불응하여(불응해), 불응하니, 불응하고 대응 불응을 하다
자타 (사람이) 상대의 요구나 명령 따위에 따르지 않고 거부하다. (of a person) Refuse to follow another person's demand or order.
유 거부하다 반 따르다I자타, 응하다
N0-가 N1-(에|에 대해|를) V (N0=[인간|단체] N1=요청, 요구, 명령, 초대 따위)
¶나는 집수리 소음에 대한 이웃집의 협조 요청에 불응하지 못했다. ¶나는 그의 요구에 한 번도 불응한 적이 없다. ¶그는 나의 초대에 불응하였다.

불참하다

어원 不參~ 활용 불참하여(불참해), 불참하니, 불참하고 대응 불참을 하다
자 (어떤 자리나 모임 따위에) 참가하지 않거나 참석하지 않다. Not to attend or participate in a meeting.
반 참석하다, 참가하다
N0-가 N1-에 V (N0=[인간|단체] N1=[회의], [식], [운동경기], [충돌])
¶민지는 이번 대회에 불참할 수도 있다. ¶내년 올림픽에 몇몇 국가들이 불참하게 되었다. ¶몸이 안 좋았지만 나는 모임에 불참할 수가 없었다.

불타다

자 ❶(나무나 건물에) 불이 붙어서 활활 타다. (of a wood or building) Burn vigorously.
유 불붙다, 연소하다
N0-가 V (N0=[구체물])
연어 활활
¶건물이 폭격으로 불타고 있다. ¶나무가 활활 불타고 있다.
❷불처럼 아주 붉은 빛으로 물들다. Be tinged with red, like fire.
N0-가 N1-로 V (N0=하늘, 땅, 들판, 따위 N1=빛, 색)
¶저녁 하늘은 온통 붉은 빛으로 불타고 있었다. ¶불타는 듯한 저녁노을이 비친다.
❸(사람이나 단체가) 욕망이나 감정, 정열 따위가 가득차 끓어오르다. (of a person or an organization) Burn up with desire, emotion, or passion.
유 끓어오르다
N0-가 N1-(에|로) V (N0=[인간|단체] N1=[추상물])
¶젊은이들은 야망에 불타고 있다. ¶창희는 그 사기꾼에 대한 복수심으로 불탔다.

불평하다

어원 不平~ 활용 불평하여(불평해), 불평하니, 불평하고 대응 불평을 하다
자 (사람이나 단체가) 다른 사람이나 단체에 못마땅함을 말로 표현하다. (of a person or an organization) Express discontent to another person or rganization.
유 투덜거리다, 투덜대다 상 말하다
N0-가 S고 N1-(에|에게) V (N0=[인간|단체] N1=[인간|단체])
¶일꾼이 늦게까지 일을 시킨다고 주인에게 불평

ㅂ

한다. ¶수험생들은 언제나 시간이 부족하다고 불평한다.

자타(사람이나 단체가) 다른 사람이나 단체에 못마땅한 것을 말로 표현하다. (of a person or an organization) Express discontent to another person or organization.

㊌불만을 토로하다

No-가 N2-에게 N1-(를|에 대해) V (No=[인간|단체] N1=[상황], [음식], [행위], [속성] N2=[인간|단체])

¶영희는 주변 사람들에게 자신의 처지를 불평했다. ¶학생들이 교수님께 학점에 대해 불평했다. ¶많은 손님들이 음식에 대해 불평했지만 파티는 즐거웠다.

No-가 S것-(을|에 대해) V (No=[인간|단체])

¶나는 엄마가 일찍 깨워주지 않은 것에 대해 불평했다. ¶부인은 남편이 일에만 전념하는 것을 불평하곤 했다.

ㅂ

붐비다

활용붐비어(붐벼), 붐비니, 붐비고

자좁은 장소에 많은 사람들이나 자동차 따위가 복잡하게 들끓다. (of a narrow space) Be crowded with people or cars.

㊌넘쳐나다

No-가 N1-에 V ↔ N1-가 No-로 V (No=[인간|단체], 자동차 따위 N1=[장소])

¶사람들이 명동에 붐빈다 ↔ 명동이 사람들로 붐빈다. ¶동대문시장은 상인들로 늘 붐빈다.

붓다 I

활용부어, 부으니, 붓고, 붓는

자❶(신체의 일부가) 부풀어 오르다. (of part of the body) Become swollen.

㊌부풀다

No-가 V (No=[신체부위])

연어퉁퉁

¶그의 다리가 퉁퉁 붓고 퍼레졌다. ¶영희는 너무 울어서 눈이 부어 있었다. 편도선이 부어서 말을 할 수가 없었다.

❷불만이나 화가 많이 나 있다. Be very dissatisfied or angry with someone or something.

㊌화내다, 성내다

No-가 V (No=[인간])

연어잔뜩

¶철수는 심통이 나서 부어 있었다. ¶언니는 무엇 때문인지 아침부터 잔뜩 부어 있다. ¶그는 불만으로 하루 종일 부어 있었다.

◆ **간덩이가 붓다** 겁없이 행동하다. Behave fearlessly.

No-가 V (No=[인간|단체])

¶종철이는 간덩이가 부었는지 선생님에게 대들었다. ¶그는 간덩이가 부었는지 주식에 전 재산을 투자했다.

붓다 II

활용부어, 부으니, 붓고, 붓는

타❶(액체나 가루를) 어디에 쏟아서 넣다. Pour liquid or powder into something.

㊌쏟아붓다

No-가 N2-에 N1-를 V (No=[인간] N1=[액체], [가루] N2=[장소])

¶그는 기름을 조심스럽게 유리병에 부었다. ¶어머니는 냄비에 물을 붓고 끓이셨다. ¶철수는 바닥에 시멘트를 붓고 물을 섞었다.

❷은행 같은 곳에 일정한 기간마다 돈을 내고 맡기다. Deposit money regularly in a bank.

㊌맡기다, 저금하다

No-가 N2-에 N1-를 V (No=[인간|단체] N1=[금전] N2=은행 따위)

¶어머니는 은행에 적금을 5년 동안 부으셨다. ¶그 사람은 다달이 부은 곗돈이 꽤 많다고 한다.

◆ **기름을 붓다** 어떤 감정이나 행동, 형세 따위가 더 심해지도록 부추기다. Encourage a feeling, a deed, or a situation such that it intensifies.

No-가 N1-(에|에게) Idm (No=[인간|단체], [사태] N1=[인간|단체], [장소], [추상물])

¶그 말은 화난 사람에게 기름을 붓는 것이나 마찬가지야. ¶정부 정책이 오히려 부동산 투기에 기름을 붓고 있다.

붙다[1]

활용붙어, 붙으니, 붙고

자❶(어떤 물체가) 어디에 닿아서 떨어지지 않다. (of some object) Not fall by sticking to somewhere.

㊌부착되다, 접착되다 ㊦들어붙다, 달라붙다

No-가 N1-에 V (No=[구체물] N1=[구체물], [장소])

사붙이다[1]

¶단수 안내문이 아파트 게시판에 붙어 있었다. ¶색색의 종이가 그녀의 머리에 붙어 있었다. ¶껌이 신발에 붙어 떨어지지 않는다.

❷(어떤 대상이나 장소가) 다른 대상이나 장소에 서로 맞닿아 접촉해 있다. (of some object or place) Be adjacent to another object or place by touching each other.

㊌인접하다

No-가 N1-에 V (No=[구체물], [장소] N1=[구체물], [장소])

사붙이다[1]

연어가깝게, 가까이, 찰떡처럼

¶우리 집은 영희네 집에 붙어 있었다. ¶우리나라는 두 강대국에 너무 가까이 붙어 있다.

No-가 N1-와 V ↔ N1-가 No-와 V ↔ No-와 N1-가 V (No=[구체물], [장소] N1=[구체물], [장소])
사 붙이다[1]
연어 가깝게, 가까이, 찰거머리처럼
¶정수가 연화와 가깝게 붙어 있었다.↔ 연화가 정수와 가깝게 붙어 있었다. ↔ 정수와 연화가 가깝게 붙어 있었다. ¶우뚝 솟은 두 건물이 서로 붙어 있다.
❸(옷이) 몸에 꽉 끼다. (of clothes) Tightly fit the body.
㊌들어붙다, 끼다, 달라붙다
No-가 N1-에 V (No=[옷](셔츠, 바지, 양복 따위) N1=[신체부위](옷, 허리, 다리, 허벅지 따위))
¶종숙이는 몸에 지나치게 붙는 드레스를 입고 나왔다. ¶살이 쪘는지 셔츠가 너무 딱 붙어서 창피하다.
❹(도움을 주는 사람이) 도움을 받는 사람의 가까이 머물며 돌보다. (of someone who helps) Take care by closely staying with another who receives help.
㊌수행하다, 모시다
No-가 N1-에게 V (No=[인간](간호사, 도우미, 경호원, 운전사 따위) N1=[인간|단체], [장소])
사 붙이다[1]
연어 그림자처럼
¶할머니에게는 언제나 요양보호사가 붙어 있다. ¶연예인 옆에 경호원이 여러 명 붙었다.
❺(자신이 유리하다고 생각되는 쪽에) 가까이 접근하여 따르다. Abide by closely approaching the side that one thinks it is favorable.
㊌추종하다, 한편이 되다
No-가 N1-(에|에게) V (No=[인간] N1=[인간|단체], [장소], [추상물](권력, 권세 따위))
¶사람들 중 다수가 결국 권력에 붙고 말았다. ¶전학생은 오자마자 가장 힘센 학우에게 붙었다.
❻(주로 이성에게) 매력을 느껴서 따르다. Follow by seeing the charm of the opposite sex.
㊌달라붙다, 따르다
No-가 N1-에게 V (No=[인간] N1=[인간](남자, 여자 따위))
¶유독 젊은 남자들이 수희에게 많이 붙었다. ¶그 배우 주위에는 항상 여자들이 붙어 있었다.
❼(암컷과 수컷이) 서로 교미하다. Mate between female and male.
㊌짝짓기하다
No-가 N1-와 (서로) V↔ N1-가 No-와 (서로) V ↔ No-와 N1-가 (서로) V (No=[동물], [곤충] N1=[동물], [곤충])
사 붙이다[1]
¶우리 개가 옆집 개와 붙어서 새끼를 낳았다. ↔옆집 개가 우리 개와 붙어서 새끼를 낳았다. ↔우리 개와 옆집 개가 붙어서 새끼를 낳았다. ¶암거미는 수거미와 붙은 후 잡아먹는다고 한다.
❽(남성과 여성이) 가까이 지내거나 육체적인 관계를 맺다. (of female and male) Have physical relations or stay close.
㊌사귀다
No-가 N1-와 (서로) V ↔ N1-가 No-와 (서로) V ↔ No-와 N1-가 (서로) V (No=[인간] N1=[인간])
연어 몰래, 찰떡처럼, 찰싹
¶영수가 노처녀와 서로 붙어 다닌다. ↔ 노처녀가 영수와 서로 붙어 다닌다. ↔ 영수와 노처녀가 서로 붙어 다닌다. ¶그는 전처가 어떤 남자와 붙어 살든 말든 신경쓰지 않았다.
❾여럿이 하는 일에 함께 나서다. Engage in a duty that is done by many people.
㊌참여하다, 협력하다
No-가 N1-에 V (No=[인간|단체] N1=[추상물](작업, 일 따위))
사 붙이다[1]
¶이 작업에는 여러 사람이 붙어서 함께 해야 한다. ¶이 일에는 나도 붙어야 될 것 같다.
❿어떤 작업에 계속 몰두하다. Continuously focus on some work.
㊌몰두하다, 전념하다
No-가 N1-에 V (No=[인간] N1=[추상물](일, 작업, 분야 따위))
¶여러 학자가 이 분야에 붙었지만 성과를 내지 못했다. ¶그 일에만 붙어 있지 말고 내 일도 좀 거들어라.
⓫어떤 조직이나 장소에 계속 몸담다. Continuously be in some group or place.
㊌근무하다, 자주 가다
No-가 N1-에 V (No=[인간] N1=[장소], [단체])
연어 진득하게
¶다행히도 가영이는 이번 회사에 꽤 오래 붙어 있다. ¶동생은 매일 오락실에만 붙어 있어 어머니의 걱정이 크다.
※ '붙어 있다'의 형태로 주로 쓰인다.
⓬(주된 시설에) 보조 시설이 딸리다. (of the main facility) Be equipped with complementary facility.
㊌부속되다
N1-에 No-가 V (No=[건물], [장소], [교통기관] N1=[건물], [장소], [교통기관])
¶이 방에는 다행히 화장실이 붙어 있다. ¶이번 열차에는 침대칸과 식당칸이 붙어 있다고 한다.
※ '붙어 있다'의 형태로 주로 쓰인다.
⓭(주가 되는 어떤 것에) 같이 딸리거나 포함되다. Be included or hung along with some main

thing.
㊔포함되다, 딸리다
N1-에 No-가 V (No=[모두] N1=[모두])
사 붙이다1
¶이번 호 잡지에는 많은 사은품이 붙어 있습니다. ¶그 사건에는 몇 가지 작은 문제들이 붙어 있다.
※주로 '붙어 있다'의 형태로 쓰인다.
⑭(어떤 일에) 조건, 이유, 단서 따위가 따르다. (of condition, reason, evidence, etc.) Follow on something.
㊔추가되다
N1-에 No-가 V (No=[추상물](조건, 구실, 이유, 단서 따위) N1=[행위], [사건], [추상물])
사 붙이다1
¶이 일에는 여러 가지 까다로운 조건들이 붙어 있다. ¶근무 계약서에는 많은 단서가 붙는다.
⑮다른 곳에서 불이 옮겨 와서 불꽃을 일으키며 타다. Burn by making fire due to fire that spread from one place to some object or other place.
㊔번지다, 옮겨지다
N1-에 No-가 V (No=불 N1=[구체물], [장소])
사 붙이다1
¶그는 옷에 불이 붙어서 크게 다쳤다. ¶나뭇가지에 불이 붙더니 금방 크게 번졌다.
⑯(어떤 곳에 귀신 따위가) 옮아 들어가다. (of ghost, etc.) Enter some place.
㊔출몰하다, 신들리다
N1-에 No-가 V (No=[상상적 인간](귀신, 유령, 악마 따위) N1=[인간], [장소])
¶이 폐가에는 귀신이 붙어 있다고 한다. ¶그녀에게 아귀가 붙었는지 계속 먹어 댔다.
⑰살이 좀 더 찌다. Gain more weight.
㊔살이 찌다, 늘다
N1-에게 No-가 V (No=살 N1=[신체부위])
사 붙이다1
¶아이 얼굴에 살이 제법 붙었다. ¶나이가 드니 배와 허리에 살이 자꾸 붙는다.
⑱(힘이나 실력, 속도 따위가) 한층 더 늘거나 증가하다. (of strength, skill, speed, etc.) Improve more.
㊔늘다, 생기다
N1-(에|에게) No-가 V (No=[추상물](경쟁력, 자신감, 요령, 힘, 속도 따위) N1=[인간], [구체물], [추상물])
사 붙이다1
¶그 일이 성공하자 현수에게 자신감이 많이 붙은 것 같다. ¶민우는 열심히 운동하더니 힘이 많이 붙었다.
⑲(원래의 금액에) 이자나 이윤, 세금 따위가 더해지거나 추가되다. (of interest, profit, tax, etc.) Be added to money from before.
㊔추가되다
N1-에 No-가 V (No=[금전](이자, 이윤, 세금, 마진 따위) N1=[금전], [구체물])
사 붙이다1
¶이 제품에는 이윤이 많이 붙는다. ¶3년 정기예금을 들었더니 원금에 이자가 제법 붙었다.
⑳이름이나 평판 따위가 생겨 표시되다. (of name, reputation, etc.) Be formed.
㊔첨부되다 자, 표시되다 자
N1-(에|에게) S(라는|라고|다는) No-가 V (No=이름, 꼬리표, 별명, 딱지, 오명 따위 N1=[모두])
사 붙이다1
¶그에게 노총각이라는 딱지가 붙은 지도 오래되었다. ¶경희에게는 만인의 연인이라는 애칭이 붙었다.
㉑자격시험이나 검사 따위에 응하여 통과하다. Pass by applying for examination, inspection, etc., that give some qualification.
No-가 N1-에 V (No=[인간], [구체물], [행위] N1=[시험](시험, 면접, 고시 따위), [교육기관] (대학, 대학원 따위), [단체](회사, 대기업 따위), 검사, 관문 따위)
사 붙이다1
¶우리 딸은 이번에 대학 입학시험에 붙었다. ¶그는 모든 취업 준비생들이 꿈꾸는 대기업에 붙었다.
㉒숨이 끊어지지 않고 계속 지속되어 살아 있다. Continuously live by not breathing one's last.
㊔유지되다
No-가 V (No=목숨, 목, 생명, 숨)
사 붙이다1
¶아직 숨이 붙어 있는 것을 보니 죽지 않고 살 것이다. ¶생명이 붙어 있는 한 최선을 다해 살아야 한다.

붙다2

활용 붙여, 붙고, 붙으니
기능 자 행위의 '시작'을 의미하는 기능동사 Support verb that means the "beginning" of an action.
No-가 N1-와 Npr-가 V ↔ N1-가 No-와 Npr-가 V ↔ No-와 N1-가 Npr-가 V (No=[인간|단체] N1=[인간|단체], Npr=[행위](경쟁, 시비, 싸움, 논쟁, 홍정, 전투 따위))
사 붙이다2
¶경희는 민수와 싸움이 붙었다. ↔ 민수는 경희와 싸움이 붙었다. ↔ 경희와 민수는 싸움이 붙었다. ¶점원이 경희와 흥정이 붙었다.
No-에서 Npr-가 V (No=[인간|단체], Npr=[행위](경쟁, 시비, 싸움, 논쟁, 흥정, 전투 따위))
¶두 여행사에서 고객 유치를 위한 경쟁이 붙었다.

¶두 나라 사이에서 다양한 논쟁이 붙고 있다.
N0-가 N1-(에|에게) Npr-가 V (N0=[인간] N1=[모두], Npr=[감정](애정, 정, 재미 따위), 취미)
사 붙이다[2]
¶경희는 민호에게 정이 붙었는지 계속 같이 다닌다. ¶민호는 공부에 흥미가 붙었는지 매일 도서관에 갔다.

붙들다

활용 붙들어, 붙들고, 붙드니, 붙드는
타 ❶(무언가를) 놓치지 않도록 손으로 움켜잡다. Hold something with one's hand not to lose it.
유 잡다
N0-가 N1-를 V (N0=[인간|단체] N1=[구체물])
¶나는 책상에서 떨어지는 책을 붙들었다. ¶할아버지께서는 난간을 붙들고 조심조심 계단을 내려가고 있었다.
❷(사람이나 동물을) 도망가지 못하도록 손으로 잡다. Grab a person or animal so that the person cannot run away.
유 잡다, 포획하다, 체포하다
N0-가 N1-를 V (N0=[인간|단체] N1=[인간], [동물])
피 붙들리다
¶그 녀석을 당장 붙들어서 내 앞으로 데려와. ¶경찰은 탈주범을 붙들려고 갔으나 도주했다.
❸ (사람을) 떠나지 못하도록 말리다. Stop someone from leaving.
N0-가 N1-를 V (N0=[인간|단체] N1=[인간|단체])
피 붙들리다
¶그날은 친구를 붙들고 대화를 하였다. ¶부모님께서 좀 더 오래 있다 가라며 나를 붙드셨다.
❹(어떤 일에 대하여) 그 한 가지만 하면서 집중하다. Only engage in one task and concentrate.
유 집중하다, 몰두하다
N0-가 N1-를 V (N0=[인간|단체] N1=[추상물], [사태])
¶요즘 대학생들은 컴퓨터만 붙들고 있다. ¶그는 어릴 적부터 한번 붙든 일은 놓지 않는다.

붙들리다

활용 붙들리어(붙들려), 붙들리니, 붙들리고
자 ❶(누군가의 손에) 움켜 쥐인 상태가 되다. Be grabbed by someone's hand.
유 잡히다
N0-가 N1-(에|에게) V (N0=[구체물] N1=[인간|단체], 손)
능 붙들다
¶낚싯대는 주인의 손에 단단히 붙들려 있었다.
❷(사람이나 동물이) 사람에게 잡혀 도망가지 못하는 상태가 되다. (of a person or animal) Be grabbed by someone and become unable to run away.
유 잡히다, 체포되다
N0-가 N1-(에|에게) V (N0=[인간], [동물] N1=[인간|단체], 손)
능 붙들다
¶우리에서 달아난 개가 삼촌에게 붙들렸다. ¶형사에게 붙들려 온 용의자의 표정은 어두웠다. ¶도둑은 탈주를 시도했지만 경찰에게 붙들렸다.
N0-가 N1-를 N2-(에|에게) V (N0=[인간], [동물] N1=[구체물] N2=[인간|단체], 손)
능 붙들다
¶아이는 어머니에게 손을 붙들렸다. ¶고양이는 주인에게 목덜미를 붙들렸다. ¶그 취객은 멱살을 붙들려 술집에서 끌려 나갔다.
❸(다른 사람이 말려서) 떠나지 못하고 머무르게 되다. (of someone) Stay and become unable to leave by being involved.
N0-가 N1-(에|에게) V (N0=[인간|단체] N1=[인간|단체])
능 붙들다
¶술자리에서 친구에게 붙들려 술을 마셨다. ¶나는 번화가에서 호객꾼에게 붙들릴 뻔했다.
❹(어떤 일에 신경을 쏟느라) 다른 일에 신경쓸 수 없게 되다. Become unable to attend another task by concentrating on one task.
유 몰두하다, 전념하다
N0-가 N1-(에|에게) V (N0=[인간|단체] N1=[추상물], [사태])
¶그는 바쁜 가게 일에 붙들려 가정을 돌볼 수 없었다. ¶너는 그렇게 공부에만 붙들려 있을 것이냐?

붙이다[1]

활용 붙여, 붙이니, 붙이고
타 ❶(물체가) 어디에 닿아서 떨어지지 않게 하다. Prevent some object from falling by attaching somewhere.
유 부착하다 반 떼다
N0-가 N2-에 N1-를 V (N0=[인간] N1=[구체물] N2=[구체물], [장소])
주 붙다[1]
¶어린이들은 정성스럽게 우표를 봉투에 붙였다. ¶영희는 다쳤는지 이마에 반창고를 붙이고 왔다.
❷(어떤 대상이나 장소를) 다른 대상이나 장소에 맞닿거나 인접하게 위치시키다. Closely situate some object or place next to a different object or place by letting both touch.
유 근접시키다
N0-가 N1-를 N2-(에|로) V (N0=[인간|단체] N1=[구체물], [장소] N2=[구체물], [장소])

ㅂ

주 붙다1
연어 가깝게, 바짝
¶어머니는 가구를 벽 쪽으로 가깝게 붙이셨다. ¶그 백화점은 주차 타워를 옆 건물에 딱 붙여 지었다.
N0-가 N1-를 N2-와 V ↔ N0-가 N2-를 N1-와 V ↔ N0-가 N1-와 N2-를 V (N0=[인간|단체] N1=[구체물], [장소] N2=[구체물], [장소])
주 붙다1
연어 가깝게, 바짝
¶나는 책장을 책상과 붙여 놓았다. ↔ 나는 책상을 책장과 붙여 놓았다. ↔ 나는 책장과 책상을 붙여 놓았다. ¶시 당국은 전철역과 버스 정류장을 바짝 붙여서 건설하려고 했다.
❸(도와줄 수 있는 사람을) 가까이 머물게 하여 돌보게 하다. Have someone take care of another by letting others who can help stay close.
유 수행하게 하다, 모시게 하다
N0-가 N2-에게 N1-를 V (N0=[인간|단체] N1=[인간](간호사, 도우미, 경호원, 운전사 따위) N2=[인간|단체], [장소])
주 붙다1
¶회사에서는 나에게 운전기사를 붙여 주었다. ¶시어머니가 집에 도우미를 한 명 붙여 주셨다.
❹(암컷과 수컷이) 서로 교미하게 하다. Make a female and a male mate.
유 짝짓기시키다, 교미하게 하다
N0-가 N1-를 N2-와 (서로) N3-를 V ↔ N0-가 N2-를 N1-와 (서로) N3-를 V ↔ N0-가 N1-와 N2-를 (서로) N3-를 V (N0=[인간|단체] N1=[동물], [곤충] N2=[동물], [곤충] N3=교미)
주 붙다1
¶우리는 우리 개를 옆집 개와 교미를 붙이려고 했다. ↔ 우리는 옆집 개를 우리 개와 교미를 붙이려고 했다. ↔ 우리는 우리 개와 옆집 개를 교미를 붙이려고 했다.
❺(여럿이 하는 일에) 함께 끼워 주다. Let a person in on a duty that is done by many people.
유 넣어주다, 가입시키다
N0-가 N2-에 N1-를 V (N0=[인간|단체] N1=[인간|단체] N2=[추상물](직업, 작업, 분야 따위), [행위](놀이), [단체])
주 붙다1
¶그들은 나를 자기들의 모임에 붙여 주었다. ¶선생님은 영희를 우리 팀에 붙여 주셨다.
❻(주가 되는 어떤 것에) 추가로 포함시키다. Include in some main thing.
유 추가하다
N0-가 N1-에 N2-를 V (N0=[인간|단체] N1=[모두] N2=[모두])
주 붙다1
¶출판사는 잡지에 많은 사은품을 붙였다. ¶그들은 새로 만든 문제집에 부록을 붙였다.
❼(어떤 일에) 조건, 이유, 단서, 설명 따위를 보태거나 추가하다. Add condition, reason, evidence, explanation, etc., on something.
유 추가하다, 달다II 반 빼다I, 제외하다
N0-가 N2-에 N1-를 V (N0=[인간|단체] N1=[추상물](이유, 설명, 조건, 구실 따위) N2=[행위], [사건], [추상물])
주 붙다1
¶과장은 계약서에 이런저런 조건을 많이 붙였다. ¶선생님은 논문에 각주를 많이 붙이시기로 유명하다.
❽(어떤 물체나 장소에) 다른 곳으로부터 불을 옮겨와 불꽃을 일으켜 태우다. Burn with fire by spreading fire from one place to some object or another place.
유 점화하다 반 끄다, 소화하다
N0-가 N2-에 N1-를 V (N0=[인간] N1=불 N2=[구체물], [장소])
주 붙다1
¶철수는 담배에 불을 붙였다. ¶어머니는 아궁이에 불을 붙였다.
❾(살을) 좀 더 많이 찌우다. Fatten more.
유 찌우다, 늘이다
N0-가 N2-에 N1-를 V (N0=[인간] N1=살 N2=[신체부위])
주 붙다1
¶너는 너무 말라서 몸에 살을 좀 붙여야겠다. ¶그의 앙상한 몸을 보니 살을 붙여야겠다.
❿(힘이나 실력, 속도 따위를) 한층 더 늘리거나 증가시키다. Improve strength, ability, speed, etc.
유 생기다, 늘리다, 가속하다
N0-가 N2-에 N1-를 V (N0=[모두] N1=[추상물](경쟁력, 자신감, 힘, 속도 따위) N2=[모두])
주 붙다1
¶요령이 붙었는지 영희는 일 처리에 속도를 붙였다. ¶어린이들에게 자신감을 붙여줘야 하겠다.
⓫(원래의 금액에) 이자나 이윤, 세금 따위를 더하다. Add interest, profit, tax, etc., on money from before.
N0-가 N2-에 N1-를 V (N0=[인간|단체] N1=[금전](이자, 이윤, 세금, 마진 따위) N2=[금전], [구체물])
¶우리 회사는 수입품에 많은 이윤을 붙였다. ¶그들은 빌려준 돈에 많은 이자를 붙이고 있다.
⓬(어떤 것에) 이름이나 평판, 특징 따위를 부여하여 표시하다. Give a name, a reputation, a character, etc., to something.

[유]첨부하다
No-가 N2-(에|에게) S(라고|라는|다는) N1-를 V (N0=[인간|단체] N1=이름, 꼬리표, 별명, 딱지 N2=[모두])
[주]붙다1
¶그는 강아지에게 '댕댕이'라고 이름을 붙였다. ¶그들은 나에게 회사를 배신했다는 꼬리표를 붙였다.
⓭(어떤 자격을 얻는 시험이나 검사 따위에) 응하여 통과하게 하다. Make someone pass by applying for examination, inspection, etc., that give some qualification.
[유]합격시키다, 통과시키다 [반]떨어뜨리다, 낙방시키다
No-가 N2-에 N1-를 V (N0=[인간|단체] N1=[인간], [구체물], [행위] N2=[시험](시험, 면접, 고시 따위), [교육기관](대학, 대학원 따위), [단체](회사, 대기업 따위), 관문)
[주]붙다1
¶부모님은 나를 대학에 붙이시려고 참 애를 쓰셨다. ¶저를 시험에 붙여만 주시면 정말 열심히 하겠습니다.
⓮숨이 끊어지지 않고 계속 유지되어 살아 있게 하다. Make someone continuously live by not breathing his/her last.
[유]살리다
No-가 N1-를 V (N0=[인간|단체], [행위](치료 따위), [구체물](약, 기구, 기계 따위) N1=목숨, 목, 생명, 숨)
[주]붙다1
¶의사는 어르신의 목숨을 붙여 놓았다고 설명했다. ¶신약이 그의 숨을 붙여 놓고 있을 뿐이었다.
⓯(다른 사람의 뺨이나 엉덩이를) 손바닥으로 때리다. Slap someone's cheek or butt with the palm.
[유]때리다, 치다I[1], 갈기다
No-가 N2-(에|에게) N1-를 V (N0=[인간] N1=따귀, 볼기 N2=[인간], [신체부위](뺨, 엉덩이 따위))
¶엄마는 아이가 말을 안 듣자 볼기를 한 대 붙이셨다. ¶그가 따귀를 한 대 붙이자 영희는 울어버렸다.
⓰(구령이나 번호 따위를) 소리 내어 말하다. Shout out specific verbal order in a loud voice.
[유]외치다
No-가 N1-를 V (N0=[인간|단체] N1=구령, 번호, 순서)
¶우리들은 크게 구령을 붙이면서 달렸다. ¶군인들은 순서를 붙이면서 일렬로 늘어섰다.
◆ **눈을 붙이다** 잠을 자다. Sleep.
No-가 Idm (N0=[인간])
¶철수는 잠시 눈을 붙인다는 것이 잠이 들었다. ¶그들은 일하면서 잠깐 눈을 붙였다.

붙이다2
[활용]붙여, 붙이니, 붙이고
[기능][타]❶'사동'을 의미하는 기능동사 Support verb that means the "causative".
No-가 N1-를 N2-와 Npr-를 V ↔ No-가 N2-를 N1-와 Npr-를 V ↔No-가 N1-와 N2-를 Npr-를 V (N0=[인간|단체] N1=[인간|단체], [동물] N2=[인간|단체], [동물], Npr=[행위](경쟁, 시비, 싸움, 논쟁, 흥정, 전투 따위))
[주]붙다2
¶대대장은 1중대를 2중대와 경쟁을 붙였다. ↔ 대대장은 2중대를 1중대와 경쟁을 붙였다. ↔ 대대장은 1중대와 2중대를 경쟁을 붙였다. ¶그는 두 황소의 싸움을 붙였다.
No-가 N1-(에|에게) Npr-를 V (N0=[인간|단체] N1=[인간|단체], [동물], Npr=[행위](경쟁, 시비, 싸움, 논쟁, 흥정, 전투 따위))
¶선생님은 두 학생에게 선의의 경쟁을 붙이셨다. ¶감독은 두 선수들끼리 경쟁을 붙였다.
❷행위의 '시작'을 나타내는 기능동사 Support verb that means the "beginning" of an action.
No-가 N1-에게 Npr-를 V (N0=[인간] N1=[모두], Npr=[감정](애정, 정, 재미 따위), 취미)
[주]붙다2
¶그녀는 새로 온 후배에게 애정을 붙이려고 했다. ¶아이들은 새로 나온 게임에 금방 재미를 붙였다.
❸'행위'를 나타내는 기능동사 Support verb that means the "action" of certain verbs.
No-가 N1-에게 Npr-를 V (N0=[인간|단체] N1=[모두], Npr=[행위](이야기, 말, 농담 따위))
¶그는 영희에게 어떻게든 말을 붙이려고 노력했다. ¶선생님께서는 학생들에게 먼저 농담을 붙이셨다.

붙잡다
[활용]붙잡아, 붙잡으니, 붙잡고
[타]❶(놓치지 않도록) 손으로 움켜쥐다. Grab by hand to prevent letting go.
[상]잡다 [반]놓치다
No-가 N1-를 V (N0=[인간], [동물] N1=[구체물])
[피]붙잡히다
¶아이는 장난감을 잃어버릴까 봐 꼭 붙잡고 있었다. ¶나는 버스 안에서 넘어지지 않으려고 손잡이를 붙잡았다.
❷(도망치는 사람이나 동물을) 쫓아가서 잡다. Chase and take hold of a person or an animal running away.
[유]포획하다, 체포하다 [반]놔주다 [상]잡다
No-가 N1-를 V (N0=[인간], [동물] N1=[인간], [동물])
[피]붙잡히다

ㅂ

¶마을 청년들은 멧돼지를 마침내 붙잡았다. ¶경찰 여럿이 도둑 하나를 붙잡지 못하다니 말이 됩니까?
❸(사람을) 떠나지 못하도록 말리다. Stop someone from leaving.
[유]매달리다, 붙잡히다
N0-가 N1-를 V (N0=[인간|단체] N1=[인간|단체])
¶점원은 손님을 계속 붙잡고 상품을 설명한다. ¶고향을 떠나려 했지만 가족들이 나를 붙잡았다.
❹어떤 일을 시작하여 거기에 집중하다. Start a certain task and concentrate on it.
[유]몰두하다, 몰입하다
N0-가 N1-를 V (N0=[인간|단체] N1=[구체물], [추상물])
[피]붙잡히다
¶나는 휴일에 하루 종일 숙제를 붙잡고 있었다. ¶그는 바둑판을 붙잡고 살았다.
❺ (기회나 운을) 놓치지 않고 얻다. Obtain opportunity or fortune without losing it.
[상]잡다 [반]놓치다
N0-가 N1-를 V (N0=[인간|단체] N1=[운], 기회 따위)
¶그는 열심히 준비하여 취업 기회를 붙잡았다. ¶너는 이 기회를 붙잡지 않으면 영영 놓친다.

붙잡히다

[활용]붙잡히어(붙잡혀), 붙잡히니, 붙잡히고
[자]❶(대상이) 사람이나 동물에 의해 움켜잡히다. (of a target) Be taken hold of by a person or an animal.
[상]잡히다
N0-가 N1-(에|에게) V (N0=[구체물] N1=[인간], [동물], [신체부위])
[능]붙잡다
¶그 인형은 아이 손에 꼭 붙잡혀 있었다. ¶혼잡한 시장에서 호객꾼에게 옷자락이 붙잡혔다.
❷(도망치던 사람이나 동물이) 추격당해 잡히다. (of a person or an animal running away) Be chased and grabbed.
[유]포획되다, 체포되다 [상]잡히다
N0-가 N1-(에|에게) V (N0=[인간], [동물] N1=[인간|단체])
[능]붙잡다
¶그 도주범은 마침내 경찰에 붙잡혔다. ¶사냥꾼에게 붙잡힌 사슴은 피를 흘리고 있었다.
❸(일이나 놀이에) 집중하느라 다른 일을 못 하게 되다. Become unable to do other tasks due to concentration on a task or play.
[유]몰두하다, 매달리다, 빠지다
N0-가 N1-에 V (N0=[인간|단체] N1=[구체물], [추상물])
¶나는 일에 붙잡혀 있어서 다른 생각을 할 시간이 없다. ¶철수는 재미있는 게임에 붙잡혀서 주말을 보냈다.
[자타](신체 일부가) 사람이나 동물에 의해 움켜잡히다. (of a part of body) Be taken hold of by a person or an animal.
[상]잡히다
N0-가 N2-(에|에게) V N1-(가|를) V (N0=[구체물] N1=[신체부위], N2=[인간], [동물],)
¶영희는 철수에게 머리채를 붙잡혔다. ¶여우는 호랑이에게 꼬리가 붙잡혔다.

비교하다

[어원]比交~ [활용]비교하여(비교해), 비교하니, 비교하고 [대응]비교를 하다
[타](둘 이상의 대상을) 서로 견주어 같고 다른 점을 알아보다. Measure two or more targets to see the similarities and differences.
[유]견주다, 대비하다
N0-가 N1-를 N2-와 V ↔ N0-가 N2-를 N1-와 V ↔ N0-가 N1-와 N2-를 V (N0=[인간|단체] N1=[모두] N2=[모두])
¶어머니는 나를 형과 비교한다. ↔ 어머니는 형을 나와 비교한다. ↔ 어머니는 나와 형을 비교한다. ¶늘 남과 비교하는 자세는 좋지 않다고 본다.
N0-가 N1-를 N2-에 V (N0=[인간|단체] N1=[모두] N2=[모두])
¶회사에서는 신제품을 경쟁사의 모델에 비교하였다. ¶고등학교는 중학교에 비교할 수 없을 만큼 힘들다.
N0-가 N1-를 V (N0=[인간|단체] N1=[모두])
¶나는 물건을 사기 전에 여러 상품을 비교한다. ¶지원자들을 비교하였지만 다들 비슷해 보인다.
※ N1는 복수이다.

비꼬다

[활용]비꼬아(비꽈), 비꼬니, 비꼬고
[타]❶긴 물체의 한 부분을 일정한 방향으로 돌려 감다. Wrap around (one part of a long object) in one direction.
N0-가 N1-를 V (N0=[인간] N1=줄, 끈, 새끼, 실, 머리카락 따위)
¶이 작품은 머리카락을 비꼬아 만든 것 같다. ¶남자가 반죽을 치대고 비꼬니까 꽈배기를 만들었다.
❷몸이나 몸의 일부를 똑바로 하지 못하고 이리저리 돌려 비틀다. Twist and turn a body or a part thereof, not being able to stay straight.
[유]비틀다
N0-가 N1-를 V (N0=[인간], [동물] N1=[신체부위])
¶여자는 꽈배기처럼 온몸을 비꼬았다. ¶아이는

ㅂ

지루해서 팔다리를 비꼬며 하품을 했다.
[자타]일이나 상황, 말이나 행동 따위를 상대방의 마음이 상할 정도로 비웃거나 놀리듯 말하다. Make fun of or tease (certain situation, words, behavior, etc.) enough to hurt someone's feelings.
[유]놀리다, 비난하다
N0-가 N1-(를|에 대해) V (N0=[인간|단체] N1=[인간|단체], [추상물], [구체물])
¶그는 사람들의 편견에 대해 비꼬았다. ¶상대방의 말을 과장하거나 비꼬지 마라.
N0-가 S고 V (N0=[인간|단체])
¶언니가 선희는 성격도 참 좋다며 비꼬았다. ¶평론가는 이 작품은 소재가 너무 진부하다고 비꼬았다.

비난받다

[어원]非難~ [활용]비난받아, 비난받으니, 비난받고
[대응]비난을 받다
[자타](다른 사람에게) 자신의 흠이나 잘못 따위에 대해 야단맞거나 지적받다. (of one's flaw or mistake) Be scolded or pointed out publicly by being disclosed or revealed by someone.
[반]칭찬받다, 칭송받다
N0-가 N2-(에|에게|에 의해) N1-(를|에 대해) V (N0=[인간|단체] N1=[인간|단체], [사건], [상황], [일] N2=[인간|단체])
[능]비난하다
¶철희는 잘 난 척 하는 것에 대하여 친구들에게 비난받았다. ¶축구 감독이 우유부단한 것에 대하여 선수들에게 비난받는다.
N0-가 N1-(에|에게|에 의해) S고 V (N0=[인간|단체])
[능]비난하다
¶축구 감독이 우유부단하다고 선수들에게 비난받는다. ¶철희는 잘 난 척 한다고 친구들에게 비난받았다.

비난하다

[어원]非難~ [활용]비난하여(비난해), 비난하니, 비난하고 [대응]비난을 하다
[자타](다른 사람의 흠이나 잘못 따위를) 꾸짖거나 지적하여 말하다. Publicly disclose or reveal someone's flaw or mistake by scolding or pointing it out.
[반]칭찬하다, 칭송하다, 비난받다
N0-가 N1-를 V (N0=[인간|단체] N1=[인간|단체], [사건], [상황], [일])
[피]비난받다
¶선수들은 축구 감독을 우유부단하다고 비난하였다. ¶그들은 서로를 비난하기에 바빴다.
N0-가 S고 V (N0=[인간|단체])
¶선수들은 축구 감독이 우유부단하다고 비난하였다. ¶친구들은 철희가 잘 난 척 한다고 비난하였다.

비다

[활용]비어, 비니, 비고
[자]❶(용기나 물건 따위의 속이) 아무 것도 없는 상태가 되다. (of some container or object's inside thing) Disappear.
[반]차다
N0-가 V (N0=[용기])
[사]비우다
¶어느새 우리의 술잔이 비었다. ¶누가 쓰레기를 치웠는지 쓰레기통이 텅 비어 있다. ¶밥 한 그릇이 눈 깜짝할 사이에 비었다.
❷사람이나 물건이 있을 자리나 장소에 사람이나 물건이 없는 상태가 되다. (of some place or room) Be empty after an object or a person taking possession of that place disappear.
[반]차다
N0-가 V (N0=[건물], [장소], [교통기관], 자리, 좌석)
[사]비우다
¶저쪽 구석에 자리가 하나 비었다. ¶오늘 같은 날씨엔 빈 택시를 찾기 힘들다.
❸손이나 몸에 아무 것도 지니지 않다. (of a person) Possess or keep nothing in ones hand or body.
N0-가 V (N0=[신체부위](몸, 손 따위))
¶나는 오늘 종업식이라 빈 몸으로 학교에 갔다 왔다. ¶철희는 급하게 나오느라 빈손으로 왔다.
※ 관형형 '빈'으로 주로 쓰인다.
❹(지갑, 주머니 따위에) 쓸 수 있는 돈이 남아 있지 않다. Not have usable money in the wallet.
N0-가 V (N0=[주머니], 통장 따위)
¶용돈을 받았는데도 금세 지갑이 빈다. ¶요즘 주머니가 비어서 사람들을 만날 수 없다.
❺(돈이나 물건 따위가) 원래 있어야 할 수량에서 얼마가 모자라다. (of money or object) Be short of some amount from what one should have.
[유]모자라다 [반]넘치다, 남다
N0-가 N2-에서 N1-가 V (N0=[금전], [구체물] N1=[수량] N2=[수량])
¶오늘 수입이 오십만 원에서 삼만 원이 빈다. ¶이삿짐이 열 상자에서 한 상자가 빈다.
❻해야 할 일이나 다른 약속이 없어 시간이 남다. Have spare time due to not having work or different appointment.
[유]남다
N0-가 V (N0=[시간])
[사]비우다

ㅂ

¶저는 오늘 두 시에서 세 시 사이에 시간이 빕니다. ¶비는 시간에 오겠습니다.
❼(주의나 경계 따위가) 느슨하거나 허술하게 되어 틈이 생기다. (of caution or alert) Become loose or poor, cause a gap.
N0-가 V (N0=[추상물](감시, 경비 따위))
¶감시가 빈 사이를 틈 타 범인이 도망쳤다. ¶빈 구석이 없도록 철저히 경비를 서도록 했다.
❽(말이나 글이) 중요하거나 가치 있는 내용이 전혀 들어 있지 않다. (of word or writing) Not have any important or worthy content.
N1-에 N0-가 V (N0=[추상물](근거, 내용 따위) N1=[텍스트], [이야기])
¶너의 주장에는 핵심이 비어 있다. ¶이 논문에는 최신 통계가 비어 있다.
❾(사람의 가슴이나 마음이) 외롭고 쓸쓸하여 허전함이 느껴지다. (of a person's mind) Become lonely, feel empty.
N0-가 V (N0=가슴, 마음)
¶엄마는 딸을 시집보내고 나니 가슴이 텅 빈 것 같았다. ¶철수는 영희와 헤어진 후 텅 빈 마음을 술로 달랬다.
❿(마음속에) 욕심 따위나 복잡한 생각이 모두 사라지다. (of greedy or complicated thought) Completely disappear from the mind.
N0-가 V (N0=가슴, 마음)
사비우다
¶정희는 마음이 빈 듯한 편안한 표정이다. ¶병수는 드넓은 바다를 바라보니 가슴 속이 비는 것 같았다.
◆ **머리가 비다** 지식, 생각, 판단력 따위가 아주 모자라다. Lack intelligence, ideas, or judgment.
N0-가 Idm (N0=[인간])
¶그 녀석 머리가 텅 빈 게 확실하다. ¶그녀는 머리가 비었는지 계산도 못한다.

비비다

활용비비어(비벼), 비비니, 비비고
자❶사람들이 좁은 곳에서 몸을 서로 맞닿거나 부딪히다. Be pushed by one another in a narrow space.
㊌몸이 부딪히다, 부대끼다, 접촉하다
N0-와 N1-가 N2-에서 V ↔ N1-와 N0-가 N2-에서 V ↔ N0-가 N1-와 N2-에서 V (N0=[인간] N1=[인간] N2=[장소])
¶기영이와 기철이가 자취방에서 비비며 살았다. ↔ 기철이와 기영이가 자취방에서 비비며 살았다. ↔ 기영이가 기철이와 자취방에서 비비며 살았다. ¶그 때는 네 가족이 좁은 단칸방에서 비비며 살았었다.
※ 주로 '비비고', '비비며'의 형태로 쓴다.
❷가까스로 생계를 유지하다. Make ends meet barely.
N0-가 V (N0=[인간|단체])
¶저는 그럭저럭 비비고 살고 있습니다. ¶그는 젊은 시절에 주경야독하며 비비고 살았다.
※ 주로 '비비며', '비비고'의 형태로 쓰인다.
타❶(사람이) 두 개의 물체를 마주 대고 문지르다. Move two things by having them pressed against each other.
㊌문지르다
N0-가 N1-와 N2-를 V ↔ N0-가 N2-와 N1-를 V (N0=[인간] N1=[구체물] N2=[구체물])
¶나는 추워서 손과 얼굴을 비볐다. ↔ 나는 추워서 얼굴과 손을 비볐다. ¶철수는 졸음을 참으려고 눈을 비볐다.
N0-가 N1-를 N2-에 V (N0=[인간] N1=[구체물] N2=[구체물])
¶그는 담배를 재떨이에 비볐다. ¶그녀는 얼굴을 내 등에 비볐다.
❷주로 음식 재료들을 골고루 섞다. Stir things (especially food ingredients) together evenly.
㊌골고루 섞다
N0-가 N1-와 N2-를 V ↔ N0-가 N2-와 N1-를 V (N0=[인간] N1=[구체물](음식물, 식료) N2=[구체물](음식물, 식료))
¶나는 밥과 나물을 비볐다. ↔ 나는 나물과 밥을 비볐다. ↔ 나는 밥을 나물과 비볐다. ¶고두밥과 누룩을 비벼 발효시키면 술이 된다.
N0-가 N1-를 N2-에 V (N0=[인간] N1=[구체물](음식물, 식료) N2=[구체물](음식물, 식료))
¶나는 밥을 고추장에 비벼 먹었다. ¶어머니는 열무김치에 밥을 비볐다.
❸(사람이) 좁은 틈을 비집고 들어가다. Manage to get through a narrow gap.
㊌비집다
N0-가 N1-를 V (N0=[인간] N1=[구체물], [장소](사이, 틈, 속))
¶나는 인파 속을 비비고 들어갔다. ¶이 울타리는 어린아이 하나 비비고 나올 틈도 없다.
※ 주로 '비비고', '비비며'의 형태로 쓴다.
◆ **손을 비비다** 아부하거나 하여 남의 비위를 맞추다. Flatter obsequiously.
N0-가 N1-에게 Idm (N0=[인간] N1=[인간])
¶그는 항상 사장에게 손을 비비고 산다. ¶과장은 부장에게 손을 비비느라 정신이 없다.

비상하다 I

어원飛上~ 활용비상하여(비상해), 비상하니, 비상하고 대응비상을 하다

자(날짐승이나 비행기가) 하늘로 높이 날아오르다. (of a bird or plane) Soar into the sky.
유날아오르다
N0-가 N1-로 V (N0=[날짐승](새 따위), 비행기 N1=하늘, 공중)
¶비행기가 하늘로 비상하고 있다. ¶꿩이 푸드덕 들판 위로 비상했다.

비상하다II

어원飛翔~ 활용비상하여(비상해), 비상하니, 비상하고 대응비상을 하다
타(날짐승이나 비행기가) 하늘을 높이 날다. (of a bird or plane) Fly high in the sky.
N0-가 N1-를 V (N0=[날짐승], (새 따위), 비행기 N1=공중, 하늘)
¶비행기가 푸른 하늘을 비상하고 있다. ¶독수리가 먹잇감을 찾으려고 하늘을 빙빙 비상한다.

비우다

활용비워, 비우니, 비우고
타❶용기 따위에 담긴 내용물을 없애 그 안이 아무 것도 없는 상태가 되게 하다. Make food and drink in a container completely disappear.
반채우다
N0-가 N2-에서 N1-를 V ↔ N0-가 N2-를 V (N0=[인간] N1=[액체], [음식물], [구체물] N2=[용기], [장소])
주비다
¶철수가 쓰레기통에서 쓰레기를 비웠다. ↔ 철수가 쓰레기통을 비웠다. ¶영수는 물통에서 물을 비우고 깨끗이 씻어 놓았다.
❷그릇 따위에 담긴 음식물 따위를 다 먹어 치우다. Eat off food and drink in a container in a short amount of time.
유먹어 치우다
N0-가 N1-를 V (N0=[인간] N1=[그릇])
주비다
¶나는 단숨에 술잔을 비웠다. ¶영수는 밥 한 그릇을 뚝딱 비웠다.
❸어떤 장소나 자리에 사람이나 물건이 없는 상태가 되게 하다. Make a person or an object disappear in some place or room.
반채우다
N0-가 N1-를 V (N0=[인간] N1=[건물], [장소], 자리, 좌석)
주비다
¶언니는 집을 비우고 자주 외출을 했다. ¶어머니는 내일 손님이 오신다며 건넛방을 비워 두셨다. ¶영수는 영희를 위해 자신의 옆자리를 비워 두었다.
❹(맡은 직책이나 자리 따위를) 잠시 떠나거나 벗어나다. Temporarily leave or escape from one's duty or position.
N0-가 N1-를 V (N0=[인간] N1=[직책], 자리 따위)
주비다
¶경비원이 잠시 자리를 비운 사이에 도둑이 들었다. ¶그는 장기간 출장으로 자리를 비웠다.
❺(할 일이나 다른 약속을 정하지 않고) 시간을 자유롭게 남겨 두다. Not decide what to do or other plan and have a free time.
유남겨 두다
N0-가 N1-를 V (N0=[인간] N1=[시간])
주비다
¶만수는 여행을 가기 위해 이번 주말을 비우기로 했다. ¶나는 내일 저녁 시간을 비우고 가족들과 외식을 하기로 했다.
❻(마음속에) 욕심이나 복잡한 생각 따위를 모두 버리거나 사라지게 하다. Completely get rid of greed or make complicated thoughts disappear.
반채우다
N0-가 N1-를 V (N0=[인간] N1=마음, 머리)
주비다
¶영희는 드넓은 바다를 바라보며 머릿속을 비웠다. ¶우리는 등산을 하면서 마음을 비웠다.

비집다

활용비집어, 비집으니, 비집고
타❶(틈을 내거나 속을 보려고) 물건이나 땅을 파헤치거나 젖히다. Dig up or lean back to look inside or find a gap.
유벌리다II
N0-가 N1-를 V (N0=[인간] N1=[구체물])
¶농부는 옥수수가 익었는지 보려고 옥수수 속을 살짝 비집어 보았다. ¶누나는 흙을 비집으며 쑥을 캤다.
❷(닫혀 있는 문이나 창문 따위를) 억지로 벌려 틈이 나게 하다. Make a closed door or window have a gap by forcefully opening.
유벌리다II
N0-가 N1-를 V (N0=[인간] N1=[구체물](문, 창문 따위))
¶형은 문이 잠겨 창문을 비집고 집으로 들어갔다. ¶아이가 부모의 사이를 비집고 들어왔다.
❸앞을 가로막는 것이나 좁은 틈 따위를 헤치고 나가다. Pierce or widen a narrow gap or an obstruction in front.
유헤치다
N0-가 N1-를 V (N0=[인간], [동물], [식물] N1=[장소](사이, 틈 따위))
¶아이가 사람들 사이를 비집고 앞으로 나왔다. ¶영호는 우거진 숲 사이를 비집고 들어갔다.

ㅂ

※주로 '비집고'로 쓰인다.
❹(빛, 바람 따위가) 문이나 창 사이의 좁은 틈을 통과해 들어오다. (of light or wind) Enter by passing through a gap in the door or window.
㊌들어오다
N0-가 N1-를 V (N0=[빛], [바람] N1=[장소](사이, 틈 따위))
¶햇빛이 문틈 사이를 비집고 들어와 방 안이 환하다. ¶바람이 창틈을 비집고 방 안으로 들어온다.
※주로 '비집고'로 쓰인다.
❺눈을 비벼서 억지로 크게 뜨다. Intentionally strain one's eyes by rubbling.
N0-가 N1-를 V (N0=[인간] N1=눈)
¶영희가 눈을 비집고 찾아봐도 귀걸이가 보이질 않았다. ¶나는 눈을 비집고 틀린 글자를 찾았다.

비추다 I
활용 비추어(비춰), 비추니, 비추고
자 어떤 대상을 다른 것에 견주거나 관련시켜 자세히 따지거나 헤아리다. Check or understand in detail by comparing or relating some object to another object.
㊌근거하다, 견주다
N0-가 N1-에 V (N0=[인간] N1=[추상물](경험, 상식 따위), [비율])
¶내 경험에 비추어 볼 때 노력은 사람을 배신하지 않는다. ¶일반 상식에 비추어 그는 이해할 수 없다. ¶작년 투표율에 비추어 이번 투표율도 높지 않을 것이다.
N0-가 S것-에 V (N0=[인간])
¶그는 여태껏 살아온 것에 비추어 상황을 이해하려고 한다. ¶백화점의 실적이 어려운 것에 비추어 보면 요즘 경기가 좋지 않다.
※주로 '~에 비추어'의 형태로 쓰인다.

비추다 II
활용 비추어(비춰), 비추니, 비추고
타 ❶(햇빛, 달빛이나 빛을 내는 기구 따위가) 사물이나 장소를 빛을 받게 하거나 환하게 밝히다. (of sun, moon, or instrument that makes light) Brightly illuminate a place or object.
㊌빛을 받게 하다
N0-가 N1-를 V (N0=[빛], [조명] N1=[구체물], [장소])
피 비치다
¶달빛이 환하게 영희의 얼굴을 비추었다. ¶영수는 햇빛이 잘 비추는 곳에 화분을 두었다.
❷(사람이 빛을 내는 도구를 사용하여) 사물이나 장소를 환하게 밝히거나 빛을 받게 하다. (of a person) Brightly illuminate or make an object or a place bright by using an instrument that makes light.
㊌환히 밝히다
N0-가 N2-에 N1-를 V ↔ N0-가 N2-를 N1-로 V (N0=[인간] N1=[조명] N2=[구체물], [장소])
¶철수가 지하실에 손전등을 비추었다. ↔ 철수가 지하실을 손전등으로 비추었다. ¶아저씨는 무대에 조명을 비추는 일을 한다.
❸(빛을 내는 도구에 물체를) 가까이 가져다 빛을 받게 하다. Make an object bright by taking it closer to an instrument that makes light.
N0-가 N2-에 N1-를 V (N0=[인간] N1=[구체물](필름 따위), [지폐], [종이] N2=[조명])
피 비치다
¶촬영 기사가 암실에서 필름을 불빛에 비추었다. ¶화가는 지는 햇살에 그림을 비춰보았다.
❹수면이나 거울 따위에 자신의 얼굴이나 모습을 반사하여 나타나게 하다. Make one's face or image appear on the surface of the water or mirror.
㊌반사시키다
N0-가 N2-에 N1-를 V (N0=[인간] N1=[신체부위](얼굴 따위), [모양] N2=[소지품](거울), [장소])
피 비치다
¶영희는 거울에 얼굴을 비추어 보았다. ¶나그네는 자신의 모습을 강물에 비춰 보았다.

비치다 I
활용 비치어(비쳐), 비치니, 비치고
자 ❶(해나 달 또는 빛을 내는 기구 따위에서) 빛이 나서 환하게 밝혀지다. Be brightly illuminated due to the shining of the sun, moon, or instrument that makes light.
㊌빛이 나다
N0-가 V (N0=[빛], [조명])
능 비추다
¶창 밖에는 은은한 달빛이 비치고 있다. ¶식물은 햇빛이 비치는 곳에서 잘 자란다. ¶저 멀리서 불빛이 비치는 것이 보였다.
❷(얼굴이나 모습이) 빛을 받아 드러나 보이다. Show the face or image due to the shining of light.
㊌빛을 받다
N0-가 N1-에 V (N0=[모양], [신체부위] N1=[조명], [빛])
능 비추다
¶지나가던 행인의 얼굴이 자동차 불빛에 비쳤다. ¶코트 자락이 윈도우 조명에 어렴풋이 비치고 있었다.
❸(사람이나 물체의 모습이나 그림자 따위가) 수면이나 거울 따위에 어리거나 나타나 보이다. (of a person or an object's image or shadow)

Appear on the surface of the water or mirror.
㊐반사하다
N0-가 N1-에 V (N0=[모양], [천체](해, 달), 하늘, 그림자 따위) N1=[장소], [구체물](창문 따위), [소지품](거울)
¶영희는 강물에 비치는 보름달을 바라보았다. ¶누나는 창문에 비친 사람 그림자를 보고 흠칫 놀랐다. ¶엄마 모습이 거울에 비치자 아기가 울었다.
❹(화면이나 막 따위에) 상이 맺혀 나타나다. (of some figure or shape) Appear by forming an image.
㊐투영되다
N0-가 N1-에 V (N0=[모양] N1=화면 따위)
¶화면에 비친 배우의 모습이 멋져 보였다. ¶스크린에 비친 설악산의 절경이 정말 아름다웠다.
❺(재질이 투명하거나 얇아) 안에 있는 것이 겉에서도 들여다보이다. (of something inside) Be seen from the outside due to transparent or thin material.
N0-가 N1-가 V (N0=[구체물] N1=[장소](안, 속 따위), [착용물](속옷), 내용물 따위)
¶이 포장지는 내용물이 다 비친다. ¶이 치마는 안감이 없어 속이 비칠 수 있다.
❻(얼굴이나 표정에) 어떤 기색이나 눈치 따위가 잠깐 또는 약간 드러나다. (of some sign or sense) Be temporarily or slightly manifested through the face.
㊐드러나다, 나타나다
N1-(에|에게서) N0-가 V (N0=[기색], 눈치 따위 N1=[인간], [신체부위](얼굴))
능비추다
¶아버지 얼굴에 서운한 기색이 비쳤다. ¶친구에게서 나를 불편해 하는 눈치가 비쳤다.
❼(사람 몸속의 눈물이나 피 따위가) 눈에 보일 정도로 겉으로 조금 배어 나오다. (of a person's drop of tear or blood) Outwardly emerge such that it is discernible with the eyes.
㊐배어나오다, 스며나오다
N1-에 N0-가 V (N0=[분비물](피, 눈물 따위) N1=[배설물], [신체부위](눈))
¶나는 소변에 피가 비쳐 바로 병원에 가 보았다. ¶오랜만에 아들을 보자 어머니의 눈에 눈물이 비쳤다.
❽(어떤 사람의 말이나 행동 따위가) 다른 사람에게 어떤 모습으로 보이거나 어떤 인상을 주다. (of someone's word or action) Be seen as some image, give some impression to another.
㊐보이다I
N0-가 N2-(에|에게) N1-로 V (N0=[인간], [행위] N1=[인간], [감정](아부 따위) N2=[인간])
¶나는 다른 사람들 눈에 성실한 사람으로 비치려고 노력했다. ¶친구의 행동이 동료 직원들에게는 아부로 비쳤다.
N0-가 N1-(에|에게) S것-으로 V (N0=[인간] N1=[인간])
¶그녀의 언행이 고객에게 호의로 비치는 것이 당연하다. ¶희숙이 태도는 그 남자에게 호감이 있는 것으로 비쳤을 것이다.
N0-가 N1-(에|에게) ADV V (N0=[인간] N1=[인간] N2=ADV, Adj-게)
¶나는 사람들에게 불성실하게 비칠까 봐 신경이 쓰였다. ¶희숙이는 약혼자에게 성의 없게 비치지 않게 최선을 다했다.

비치다 II

활용비치어(비쳐), 비치니, 비치고
타❶(어떤 장소나 다른 사람 앞에) 모습을 잠깐 동안 보이다. (of an image) Be seen for a little while in front of some place or someone.
㊐잠깐 들러다
N0-가 N2-(에|에게) N1-를 V (N0=[인간] N1=얼굴, 모습 따위 N2=[인간], [장소], [사건])
¶영희는 바빠서 친구 결혼식에 얼굴만 비치고 왔다. ¶영수는 고향 부모님께 얼굴만 비치고 돌아왔다.
❷(자신의 바람이나 생각 따위를) 다른 사람에게 넌지시 드러내 보이다. Indirectly reveal one's wish or thought to someone.
㊐드러내보이다, 밝히다
N0-가 N2-(에|에게) N1-를 V (N0=[인간] N1=[의견], [계획] N2=[인간|단체])
¶그들은 이번 협정에 서명할 뜻을 우리 쪽에 비쳤다. ¶그는 이번 선거에 출마할 의사를 언론에 비쳤다.

비키다

활용비키어(비켜), 비키니, 비키고
자(어떤 대상과 마주치거나 부딪치지 않으려고) 앞뒤나 좌우로 조금 이동하다. Move a little to another place so as not to meet or collide with an object.
㊐옆으로 피하다
N0-가 N1-로 V (N0=[인간] N1=[방향])
¶자동차가 오자 아이들이 좌우로 비켰다. ¶학생들이 지나갈 수 있도록 우리가 조금만 옆으로 비킵시다.
타❶(방해가 되는 것을) 다른 곳으로 조금 옮겨 놓다. Move something that is in the way to another place.
㊐옮겨 놓다
N0-가 N1-를 V (N0=[인간] N1=[구체물])

ㅂ

¶나는 통로에 있던 소화기를 옆으로 비켜 놓았다. ¶사람들이 지나가게 남편은 카트를 살짝 비켜 놓았다.
❷있던 자리나 길 따위를 피하여 다른 곳으로 이동하다. Move to another place, avoiding a place or a way where one used to be.
[유]피하다
N0-가 N1-를 V (N0=[인간] N1=[장소](자리, 길 따위))
¶철수는 영희의 눈치가 보여 자리를 비켰다. ¶영신은 정희의 자리를 차지하고 비키지 않았다. ¶그는 행인이 길을 비키지 않아 화가 났다고 했다. ※주로 '길을 비키다', '자리를 비키다'로 쓰인다.
❸시선이나 몸 따위를 마주치거나 부딪치지 않기 위하여 방향을 조금 바꾸다. Change slightly the direction of the eye or body so as not to meet or collide with it.
[유]돌리다II[1]
N0-가 N1-를 V (N0=[인간] N1=[신체부위], [인간|단체], [구체물], 시선)
¶나는 얼굴을 옆으로 비켜 세우고 기침을 했다. ¶형은 슬쩍 시선을 비키며 담배를 집어 들었다.

비틀거리다
[활용]비틀거리어(비틀거려), 비틀거리니, 비틀거리고
[자]❶(사람이나 동물이) 몸을 가누지 못하고 계속 쓰러질 것처럼 움직이다. (of a person or an animal)Move awkwardly, not being able to keep one's balance.
[유]비틀대다, 비틀하다, 흔들거리다 [상]움직이다
N0-가 V (N0=[인간], [동물])
¶민수는 술에 취해서 비틀거렸다. ¶환자는 어지러운지 비틀거리면서 겨우 누웠다.
❷(어떤 상황이) 안정적이지 못하고 계속 나쁜 상태로 지속되다. (of a situation) remain unstable and dangerous.
[유]악화되다
N0-가 V (N0=[추상물], [인간|단체])
¶우리나라의 경제가 계속 비틀거리고 있어서 걱정이 크다. ¶대기업들이 비틀거리자 주식이 급락했다.
[타](사람이나 동물이) 몸을 가누지 못하고 계속 쓰러질 것처럼 움직이다. (of a person or an animal)Move awkwardly, not being able to keep one's balance.
[유]비틀대다, 비틀하다, 흔들거리다 [상]움직이다
N0-가 N1-를 V (N0=[인간], [동물] N1=몸, 전신)
¶민수는 술에 취해서 몸을 비틀거렸다. ¶환자는 어지러운지 전신을 비틀거리면서 겨우 누웠다.

비틀다
[활용]비틀어, 비트니, 비틀고, 비트는
[타]❶(어떤 것을) 꼬면서 돌리다. Twist and turn something.
[유]꼬다
N0-가 N1-를 V (N0=[인간] N1=[신체부위](목, 팔목, 몸 따위))
[피]비틀리다, 비틀어지다
¶어디가 불편한지 그는 목을 계속 비틀었다. ¶그는 고통 때문인지 몸을 연신 비틀어 대었다.
N0-가 N1-를 N2-로 V (N0=[인간] N1=[구체물] N2=[도구](집게, 펜치 따위), [신체부위](손 따위))
[피]비틀리다, 비틀어지다
¶나는 병뚜껑을 손으로 비틀었다. ¶어머니는 빨래를 비틀어 짜고 계셨다.
❷(어떤 일이나 정해진 내용 따위를) 어그러지게 하여 원래 방향대로 추진되지 못하게 만들다. Make a work or a predetermined content go against something so that it cannot proceed as originally intended.
N0-가 N1-를 V (N0=[인간|단체], [행위] N1=[사태](일, 약속, 협약, 계약, 계획 따위))
[피]비틀리다, 비틀어지다
¶회장이 일을 비트는 바람에 문제가 생겼다. ¶영희는 우리와의 약속을 비틀어 버렸다.
◆ **말을 비틀다** 정확하게 이야기하지 않고 돌려 말하다. Tell in a roundabout way, not talking specifics.
N0-가 N1-에게 idm (N0=[인간|단체] N1=[인간|단체])
¶나에게는 말을 비틀지 말고 사실대로 말해라. ¶그는 말을 비틀어서 정보가 정확하지 않다.

비틀대다
[활용]비틀대어(비틀대), 비틀대니, 비틀대고
[자타]☞비틀거리다

비틀리다
[활용]비틀리어(비틀려), 비틀리니, 비틀리고
[자]❶(어떤 것이) 외부의 힘이나 그 밖의 다른 영향에 의해 꼬이면서 돌아가다. (of something) Turn by being twisted by an external force or other influences.
[유]꼬이다, 뒤틀리다
N0-가 N1-에 의해 V (N0=[신체부위](목, 팔목, 몸 따위) N1=[인간])
[능]비틀다
¶발목이 비틀려서 더 이상 걸을 수 없다. ¶고통 때문인지 그의 몸이 완전히 비틀려 있었다.
N0-가 N1-에 의해 V (N0=[구체물] N1=[도구](집게, 펜치 따위), [신체부위](손 따위), [인간])
[능]비틀다
¶마개가 비틀리자 샴페인이 쏟아졌다. ¶옷장의

문이 심하게 비틀려서 닫히지 않는다.
❷(어떤 일이나 애초에 정해진 내용 따위가) 어그러져서 원래 방향대로 추진되지 못하게 되다. (of work or predetermined content) Go against something so that it cannot proceed as originally intended.
㊥뒤틀어지다
N0-가 N1-에 의해 V (N0=[사태](일, 약속, 협약, 계약, 계획 따위) N1=[인간|단체], [행위])
능비틀다
¶상대의 일방적인 횡포로 계약이 비틀렸다. ¶그가 쓰러지면 모든 계획이 비틀리게 된다.
❸(마음이나 성격 따위가) 매우 틀어지다. (of mind or character) Be twisted severely.
N0-가 V (N0=[추상물](마음, 심사, 감정 따위))
¶그의 비틀린 성격은 맞추어 주기 어렵다. ¶그렇게 태도가 비틀린 사람은 처음 본다.

비틀어지다
활용비틀어지어(비틀어져), 비틀어지니, 비틀어지고
자❶(사물이) 똑바르지 않고 한쪽으로 쏠리거나 꼬이다. (of a thing) Be bent or twisted.
㊥꼬이다, 뒤틀어지다
N0-가 V (N0=[신체부위](목, 팔목, 몸 따위), [구체물])
능비틀다
¶그녀는 골반이 심하게 비틀어져 있었다. ¶건조해서 기둥이 약간 비틀어졌다. ¶나무들이 말라서 비틀어져 있다.
❷(어떤 일이나 애초에 정해진 내용 따위가) 어그러져서 원래 방향대로 추진되지 못하게 되다. (of work or predetermined content) Go against something so that it cannot proceed as originally intended.
㊥뒤틀어지다
N0-가 N1-에 의해 V (N0=[사태](일, 약속, 협약, 계약, 계획 따위) N1=[인간|단체], [행위])
능비틀다
¶사업은 비틀어지는 바람에 그는 결국 파산했다. ¶계약이 실수로 결국 비틀어졌다.
❸마음이나 성격 따위가 꼬여 심사가 나빠지다. (of mind or character) Be twisted severely.
㊥뒤틀리다, 삐뚤어지다
N0-가 V (N0=[추상물](마음, 심사, 감정 따위))
¶그의 심사가 비틀어졌는지 나타나지 않았다. ¶성격이 비틀어지면 사람을 사귀기 힘들다.
❹사람들 간의 관계가 나빠지다. Stop being friendly with each other.
㊥악화되다
N0-가 V (N0=[추상물](관계, 사이, 우정 따위))
¶그들은 싸운 후로 사이가 비틀어져 서로 만나지도 않았다. ¶사소한 오해로 친구 간의 우정이 완전히 비틀어졌다.

비틀하다
활용비틀하여(비틀해), 비틀하니, 비틀하고
자타☞비틀거리다

비판되다
어원批判~ 활용비판되어(비판돼), 비판되니, 비판되고 대응비판이 되다
자(어떤 대상이) 옳고 그름이 가려져 평가되고 판단되다. (of an object) Be assessed and judged whether it is right or wrong.
㊥평가되다, 판단되다
N0-가 N1-(에게|에 의해) S다고 V (N0=[모두] N1=[인간], [단체])
능비판하다
¶이 글은 심사자들에게 비논리적이라고 비판되었다. ¶요즘 영화는 폭력이 지나치다고 평론가에 의해 비판되었다.

비판받다
어원批判~ 활용비판받아, 비판받니, 비판받고
대응비판을 받다
자(어떤 대상이) 옳고 그름이 가려져 특히 잘못한 일에 대해 엄정히 평가받고 판단되다. (of an object) Be judged whether it is right or wrong and to be assessed and judged strictly with emphasis on what is wrong with it.
㊥평가받다, 공격받다
N0-가 V (N0=[모두])
능비판하다
¶그의 경제 이론은 신랄하게 비판받는다.
N0-가 N1-(에게|에 의해|에서) S다고 V (N0=[모두] N1=[인간], [단체])
능비판하다
¶나의 글은 심사자들에게 논리에 맞지 않는다고 비판받았다. ¶요즘 영화는 폭력이 지나치다고 평론가들에 의해 비판받는다.
타(어떤 대상이) 옳고 그름이 가려져 특히 잘못한 일을 엄정히 평가받다. (of an object) Be weighed whether it is right or wrong and to be assessed strictly with emphasis on what is wrong with it.
㊥평가받다
N0-가 N2-(에게|에 의해|에서) N1-를 V (N0=[모두] N1=[모두] N2=[인간], [단체])
능비판하다
¶나는 심사자들에게 비논리성을 비판받았다. ¶나는 가족들에게 게으르다고 비판받았다.

비판하다
어원批判~ 활용비판하여(비판해), 비판하니, 비판하

ㅂ

고 대응비판을 하다
자타❶어떤 대상을 옳고 그름을 가려 특히 그 잘못을 부정적으로 평가하다. (of a person) Judge negatively something wrong about an object after determining whether it is right or wrong.
유칭찬하다, 평가하다, 비평하다 반비판받다
N0-가 N1-(를|에 대해) V (N0=[인간], [단체] N1=[모두])
피비판되다, 비판받다
연어날카롭게, 신랄하게, 정면으로, 호되게
¶우리는 현재 우리의 현실을 날카롭게 비판하였다. ¶선생님은 글의 비논리성을 정면으로 비판하셨다.
N0-가 S것-(을|에 대해) V (N0=[인간], [단체])
피비판되다, 비판받다
¶선생님은 글이 논리에 맞지 않는 것을 비판하였다.
❷어떤 대상을 옳고 그름을 가려 판단하고 평가하다. Judge and assess an object by determining whether it is right or wrong.
유평가하다, 비평하다
N0-가 S다고 V (N0=[인간])
피비판되다, 비판받다
¶선생님은 내 글이 비논리적이라고 정면으로 비판하신다. ¶평론가들은 요즘 영화가 지나치게 잔인하다고 비판하였다.

ㅂ

비평하다

어원批評~ 활용비평하여(비평해), 비평하니, 비평하고 대응비평을 하다
자타무엇의 좋고 나쁜 것을 따져서 판단하여 평가하다. Make an assessment, judging something to be good or bad.
유평가하다, 비판하다
N0-가 N1-(를|에 대해) V (N0=[인간] N1=[예술], [텍스트], [작품], [방송물])
¶그는 나의 시를 신랄하게 비평하였다. ¶기자는 김 감독의 새로운 영화에 대해 비평하였다.
N0-가 S고 V (N0=[인간])
¶그는 현대시를 영혼이 없다고 신랄하게 비평하였다. ¶평론가는 김 감독의 영화가 자기 세계에 갇혀 있다고 비평하였다.

비하다

어원比~ 활용비하여(비해), 비하니, 비하고, 비하면
자다른 기준이나 대상에 비교해 보다. Compare with other standard or object.
유비교하다
N0-가 N1-에 V (N0=[모두] N1=[모두])
¶친구들은 나에 비해 힘이 없는 편이다. ¶우리 기술력은 세계 수준에 비해서도 크게 뒤쳐지지 않는다.
※주로 '-에 비해, -에 비하면', '비할 만하다'의 형태로 쓰인다.
타(어떤 대상을) 다른 대상에 견주다. Compare some object with another object.
유비교하다, 견주다
N0-가 N1-를 N2-(에|과) V (N0=[인간] N1=[모두] N2=[모두])
¶어머니의 사랑을 아버지의 사랑에 비하기는 어렵다. ¶나의 능력을 선생님과 비할 수는 없다.
◆ **비할 바(데)가 없다** 견줄 대상이 없을 만큼 매우 뛰어나다. (of someone or something) Be extremely outstanding, unrivalled or unparalleled.
N0-가 Idm (N0=[모두])
¶그의 성실함은 비할 바가 없다. ¶그녀의 미모는 정말이지 비할 데가 없다.
N0-가 N1-가 Idm (N0=[모두] N1=[adj-기])
¶그의 태도는 성실하기가 비할 바가 없다. ¶그들의 자세는 거만하기 비할 데 없었다.
◆ **비하건대, 비하자면** 견주어 말하거나 비유하자면. Speak by comparing.
Idm
¶비하건대, 그의 외모는 강인한 전사 같다. ¶비하자면, 우리 능력 차이는 황새와 뱁새의 차이이다.
※'비하건대, 비하자면' 따위의 형태로 쓰인다.

비행하다

어원飛行~ 활용비행하여(비행해), 비행하니, 비행하고
자공중으로 날아 움직이다. Move by flying in the air.
상날다I자 유비상하다II
N0-가 V (N0=[새], [벌레], [공중교통기관](비행기, 여객기 따위))
사비행시키다
¶우리 여객기는 높이 비행하여 시베리아 상공을 지났다. ¶갈매기가 유람선을 따라 낮게 비행하였다.

빈둥거리다

활용빈둥거리어(빈둥거려), 빈둥거리니, 빈둥거리고
자일을 제대로 하지 않고 놀며 시간을 보내다. Spend time playing rather than working.
N0-가 V (N0=[인간])
¶직장을 그만둔 동생이 집에서 빈둥거리고 있다. ¶지금은 빈둥거리는 것 말고는 할 것이 없다.

빌다 I

활용빌어, 비니, 빌고, 비는
자❶(신이나 상대방에게) 진심으로 무엇을 해주기를 기대하거나 요청하다. Ask or request God, a person, or an object with sincere heart for oneself or someone.
유기도하다, 기원하다, 간청하다, 탄원하다

N0-가 N2-를 위해 N1-(에|에게) V (N0=[인간] N1=신, 하느님, 부처님 따위, 하늘, 달 따위 N2=[인간])
연어 손이야 발이야, 손이 발이 되도록
¶어머니는 아들을 위해 밤낮으로 하늘에 빌었다. ¶젊은 스님은 관세음보살님께 빌고 또 빌었다.
N0-가 N1-(에|에게) S고 V (N0=[인간] N1=신, 하느님, 부처님 따위, 하늘, 달 따위, [인간])
¶어머니들은 귀한 자식을 얻게 해달라고 부처님께 빌었다. ¶농부의 아내는 산신령에게 남아를 낳게 해 달라고 빌었다. ¶포로들은 그들에게 목숨만 살려 달라고 빌었다.
N0-가 N1-(에|에게) S도록 V (N0=[인간] N1=신, 하느님, 부처님, 하늘, 달 따위)
¶영수는 새로 시작한 사업이 잘 되도록 신께 빌었다. ¶어머니는 자식이 잘 되도록 신께 날마다 빈다.
❷잘못을 용서해 주기를 간절한 마음으로 바라다. Desperately want someone to forgive one's wrong doing.
㊌간청하다
N0-가 N1-에게 S고 V (N0=[인간] N1=[인간|단체])
¶종업원은 주인에게 용서해 달라고 빌었다. ¶반장은 모두 자신의 잘못이라며 선생님께 빌었다.
타❶(신, 사람, 사물 따위에) 바라는 바를 간절한 마음으로 청하다. Sincerely request one's desire to God, a person, or a subject.
㊌기도하다, 기원하다, 간청하다, 탄원하다
N0-가 N2-(에|에게) N1-를 V (N0=[인간] N1=[추상물](소원, 가호, 구원, 합격 따위) N2=신, 하느님, 부처님, 하늘, 달 따위)
¶소녀는 달님에게 소원을 빌었다. ¶할머니는 아버지의 무사 귀환을 부처님께 빌었다.
N0-가 N1-(에|에게) S기-를 V (N0=[인간] N1=신, 하느님, 부처님, 하늘, 달, 조상 따위)
¶김 신부는 하느님께 한국 교회를 보살펴 주시기를 간절히 빌었다. ¶어머니는 딸이 원하는 대학에 합격하기를 하늘에 빌었다.
❷생각이나 바람대로 이루어지기를 마음속으로 간절히 바라다. Sincerely want something to go as one thinks or wants in one's mind.
N0-가 N1-를 V (N0=[인간] N1=[추상물](쾌유, 승리, 건투, 명복 따위))
¶그들은 부상자들의 쾌유를 빌었다. ¶모든 국민들이 한국 팀의 승리를 빌었다.
N0-가 S기-를 V (N0=[인간])
¶새해에는 소원 성취하시기를 빌겠습니다. ¶부디 행복하시기를 빌겠습니다. ¶하루 빨리 나으시길 빌겠습니다.
❸ 잘못을 용서하여 달라고 간절히 바라다. Desperately want someone to forgive one's wrong or ask for forgiveness.
㊌간절히 바라다
N0-가 N2-(에|에게) N1-를 V (N0=[인간] N1=[추상물](용서, 잘못, 선처 따위) N2=[인간|단체])
¶아내는 잘못을 비는 남편을 용서하기로 했다. ¶범죄자는 재판부에 자신의 선처를 빌었다.
N0-가 N1-(에|에게) S기-를 V (N0=[인간] N1=[인간|단체])
¶피고는 재판부에 선처해 주기를 빌었다. ¶여직원은 상사에게 실수를 눈감아 주기를 빌었다.

빌다 II

활용 빌어, 비니, 빌고, 비는
타❶(사람들에게서) 밥, 음식 따위를 얻으려고 사정하다. Beg people in order to obtain food.
㊌구걸하다, 빌어먹다
N0-가 N1-를 V (N0=[인간] N1=[음식물](밥), 양식 따위)
¶부부는 돌아다니며 밥을 빌어다 아이들을 먹였다. ¶거지들은 하루 종일 양식을 빌러 다녔다.
❷도움 따위를 받다. Request or ask help to someone.
㊌이용하다, 도움을 받다
N0-가 N1-를 V (N0=[인간|단체] N1=손, 도움, 힘 따위)
¶아버지는 친구분들의 손을 빌어 사업을 시작하셨다. ¶우리 회사는 협력업체의 도움을 빌어 납품일을 앞당길 수 있었다. ¶친구의 힘을 빌어 이 작업을 무사히 끝마쳤다.

빌려주다

활용 빌려주어(빌려줘), 빌려주니, 빌려주고
타 다른 사람에게 물건이나 돈을 나중에 돌려받기로 하고, 무상으로나 대가를 받으면서 얼마 동안 내어 주다. Allow something to be used by someone for a while either free of charge or in exchange for money, on condition that it will be returned.
㊌꾸어 주다, 임대하다 ㊎빌리다, 꾸다, 임차하다
N0-가 N1-를 N2-(에|에게) V (N0=[인간|단체] N1=[구체물] N2=[인간|단체])
¶내 친구는 내게 차를 한 달간 빌려주었다.
¶인심이 나빠져 사람들이 돈을 빌려주지 않는다.

빌리다 I

활용 빌리어(빌려), 빌리니, 빌리고
타(남의 물건이나 돈 따위를) 나중에 돌려주거나 대가를 갚기로 하고 얼마 동안 가져다 쓰다. Take and use someone's item or money for a certain period after promising to return or repay.
㊌꾸다, 차용하다 ㊎빌려주다
N0-가 N2-(에게|에게서|에서) N1-를 V (N0=[인간

ㅂ

|단체] N1=[구체물], [이름](명의 따위) N2=[인간|단체])
¶그들은 집을 사기 위해 지인들에게 돈을 빌렸다. ¶기업들은 은행에서 돈을 빌려다 사업을 확장했다. ¶동생은 형에게서 차를 빌려 몰고 나갔다.

빌리다Ⅱ

활용 빌리어(빌려), 빌리니, 빌리고
타 ❶무엇에 의지해 도움을 받거나 그 힘을 이용하다. Take and use someone's item or money for a certain period after promising to return or repay.
㊐빌다II, 도움을 받다, 이용하다
N0-가 N1-를 V (N0=[인간] N1=[추상물](도움, 손, 지혜, 힘, 술기운 따위))
¶그의 연설 원고는 전문가의 손을 빌린 것 같았다. ¶책 속에서 지혜와 힘을 빌릴 수 있다.
❷어떤 형식, 이론이나 다른 사람의 말, 글 따위를 가져다 쓰다. Use a certain format or theory, or someone else's speech or writing.
㊐가져다 쓰다, 인용하다
N0-가 N1-를 V (N0=[인간] N1=[말], [이야기], [방법])
¶그는 성현의 말씀을 빌려 설교를 이어 나갔다. ¶그의 표현을 빌리자면 이건 누워서 떡 먹기이다.
❸(무엇을 하기 위해) 일정한 사람이 모인 자리나 기회를 이용하다. Use a meeting of certain people or opportunity to do something.
㊐빌다II, 이용하다
N0-가 N1-를 V (N0=[인간] N1=자리, 기회, 글 따위)
¶이 자리를 빌려 진심으로 감사의 말씀을 전합니다. ¶그는 술자리를 빌려 일을 추진한다. ¶이 기회를 빌려 너희 둘이 친해졌으면 좋겠구나.
※ 주로 '빌려'의 형태로 쓰인다.

빌어먹다

활용 빌어먹어, 빌어먹으니, 빌어먹고
자 (사람이 가난해서) 먹을 것을 남에게 구걸하여 얻어먹다. (of a person) Beg other people for food because of poverty.
㊐구걸하다, 얻어먹다
N0-가 N1-를 N2-에게 V (N0=[인간] N1=[음식], [음식물] N2=[인간])
¶나는 마을 사람들에게 쌀을 빌어먹었다. ¶그는 장사꾼에게 책을 팔아 곡식을 빌어먹었다.
◆ **빌어먹을** 고약하고 몹쓸. Be bad and wicked. Idm
¶이 빌어먹을 놈. ¶빌어먹을 규칙 같으니.

빗기다

활용 빗기어(빗겨), 빗기니, 빗기고
타 ❶(머리카락을) 빗으로 가지런히 다듬어 주다. Groom someone's hair to become even with a comb.
㊐손질하다, 다듬다
N0-가 N1-를 V (N0=[인간] N1=[신체부위](머리, 머리카락))
¶매일 아침 누나는 여동생의 머리를 정성스레 빗긴다. ¶시간 있으면 내 머리나 좀 빗겨 줘. ¶개털을 말린 후 잘 빗겨라.
❷(상대방에게) 다른 사람의 머리카락을 빗으로 가지런히 다듬어 주도록 시키다. Make someone groom another person's hair to be even with a comb.
㊐손질하게 하다, 다듬게 하다
N0-가 N1-에게 N2-를 V (N0=[인간] N1=[신체부위](머리, 머리카락) N2=[인간])
주 빗다
¶오늘은 남편에게 딸아이의 머리를 빗겼다. ¶미장원 주인은 종업원에게 정 여사의 머리를 빗겼다. ¶정 양에게 내 머리를 빗기라 하세요.

빗나가다

활용 빗나가, 빗나가니, 빗나가고
자 (무엇이) 기대나 예상대로 되지 않고 잘못된 방향으로 진행되다. (of something) Go wrong contrary to what was expected or wanted.
㊐틀리다, 어긋나다 ㊏적중하다
연어 보기 좋게
N0-가 V (N0=기대, 예상, 예측, 사회, 교육열 따위)
¶나의 기대는 빗나가지 않았다. ¶부동산이 하락할 것이라는 전문가들의 예상이 보기 좋게 빗나갔다. ¶경기 결과에 대한 그들의 예측은 빗나갔다.
자타 (무엇이) 목표에서 벗어나 다른 쪽으로 향해 가다. (of something) Head for a different direction from the goal.
㊏적중하다, 맞히다
N0-가 N1-(를|에서) V (N0=[구체물](화살, 총알, 공 따위))
¶마지막 화살이 안타깝게도 과녁을 빗나갔다. ¶총알이 심장을 빗나가 그는 다행히 목숨은 건졌다.

빗다

활용 빗어, 빗으니, 빗고
타 (빗 따위로) 머리카락이나 털을 가지런히 다듬다. Evenly groom hair with a comb or one's hand.
㊐손질하다, 다듬다
N0-가 N1-를 N2-로 V (N0=[인간], [동물] N1=[신체부위](머리, 머리카락, 털 따위) N2=[신체부위] (손), [도구](빗))
사 빗기다II
¶그녀는 옷을 챙겨 입고 머리를 빗으로 빗었다. ¶할머니는 정성들여 머리를 빗으로 곱게 빗으시

곤 하신다. ¶나는 삽사리의 털을 손으로 빗어 주었다.

빗대다

활용 빗대어(빗대), 빗대니, 빗대고

타❶(어떤 것을) 곧바로 언급하지 아니하고 에둘러 가리키다. Refer to something by means of circumlocution, not speaking straightforwardly.

유 비유하다, 암시하다

N0-가 N1-를 V (N0=[인간|단체] N1=[모두])

¶아깝지만 불필요한 것을 빗대어 계륵이라고 한다. ¶그는 마을을 빗대 사회를 말한 것이다. ¶현수막에 우리 상황을 유쾌하게 빗댄 문구가 필요하다.

❷어떤 것을 다른 것에 맞대어 비유적으로 말하다. Speak figuratively by comparing something with something else.

유 비유하다

N0-가 N1-를 N2-에 V (N0=[인간|단체] N1=[모두] N2=[모두])

¶작가는 주인공을 자신에 빗대었다. ¶이 시에서 '섬'은 사람에 빗대어 사용된 표현이다.

빗발치다

활용 빗발치어(빗발쳐), 빗발치니, 빗발치고

자❶(물체가) 거세게 쏟아지거나 떨어지다. (of things) Pour or fall violently.

N0-가 N1-에 V (N0=[무기](총알, 화살 따위) N1=[장소])

¶사령부에 적군의 총탄이 빗발쳤다. ¶사방에서 막사에 탄환이 빗발쳤다.

❷(비가) 세차게 내리다. (of rain) Come down violently.

N0-가 V (N0=[기상](비))

¶아직도 바깥에 빗발치는 소리가 들린다. ¶지붕에 빗발치는 소리가 굉장하다.

❸(비난, 독촉, 문의 따위가) 끊이지 아니하고 이어져 들어오다. (of criticism, demand, or inquiry) Flood without ceasing.

유 쇄도하다, 몰려오다

N0-가 N1-(에|에게) V (N0=[질문], [비난], [보고] N1=[인간], [단체])

¶회사에 신제품에 대한 문의가 빗발쳤다. ¶기자회견 이후 대변인에게 질문이 빗발쳤다.

빙자하다

어원 憑藉~ 활용 빙자하여(빙자해), 빙자하니, 빙자하고 대응 빙자를 하다

타❶(사람이나 단체가) 어떤 사건이나 행위 따위를 어떤 일이나 생각을 정당화하기 위한 핑계로 내세우다. (of a person or an organization) Present an incident or an act as an pretext of justifying a work or a thought.

유 핑계(를) 대다

N0-가 N1-를 V (N0=[인간|단체] N1=[사건], [행위])

¶일부 기업들이 경품 행사를 빙자해 개인 정보를 수집했다. ¶일부 여행사는 단풍 관광을 빙자하여 노인들을 모았다.

❷어떤 힘을 빌려서 의지하다. Rely on a power.

유 빌리다, 이용하다

N0-가 N1-를 V (N0=[인간|단체] N1=[속성], [권력])

¶나는 술기운을 빙자해 어렵게 말을 꺼냈다. ¶관료들이 권력을 빙자하여 백성들을 수탈했다.

빚다

활용 빚어, 빚으니, 빚고

타❶(진흙 등으로) 물건의 형상을 만들다. Form an article by means of mud.

유 조형하다

N0-가 N1-를 N2-로 V (N0=[인간] N1=[구체물] N2=[구체물](진흙 등))

피 빚어지다

¶이 마을에는 기와를 빚어 굽던 가마가 많이 있다. ¶그 노인은 평생 독을 빚으며 살았다.

❷(곡식 가루 반죽으로) 떡이나 만두의 모양을 잡아 만들다. Make a shape of rice cake or dumpling out of grain dough.

유 만들다

N0-가 N1-를 N2-로 V (N0=[인간] N1=[음식] N2=[음식물])

피 빚어지다

¶그는 만두를 빚는 실력이 뛰어나다. 어머니는 경단을 빚고 꿀을 묻혔다.

❸원료를 발효시켜 술을 만들다. Make alcohol by fermenting stuff.

유 제조하다, 조제하다, 담그다

N0-가 N1-를 N2-로 V (N0=[인간] N1=[알콜] N2=[음식물])

피 빚어지다

¶그는 멥쌀과 누룩으로 술을 빚었다. ¶찹쌀로 청주를 빚으면 술에서 단 맛이 난다.

❹어떤 상황이나 결과를 만들어내다. Create a situation or a result.

유 일으키다, 만들다, 초래하다

N0-가 N1-를 V (N0=[인간|단체] N1=[추상물], [사태])

피 빚어지다

¶두 단체는 오랜 세월 동안 갈등을 빚었다. ¶그들은 이해관계의 충돌로 결국 마찰을 빚었다. ※주로 부정적인 결과일 때 쓰인다.

빚어내다

ㅂ

활용 빚어내어(빚어내), 빚어내니, 빚어내고
타 어떤 상황이나 결과를 만들어내다. Create a situation or a result.
유 일으키다[1], 만들다, 초래하다 상 빚다
N0-가 N1-를 V (N0=[인간|단체] N1=[추상물], [사태])
¶이 결정이 어떤 결과를 빚어낼 것인지 알 수 없다. ¶물의를 빚어서 사과드립니다.

빚어지다

활용 빚어지어(빚어져), 빚어지니, 빚어지고
자 ❶(진흙 등을 이겨서) 어떤 물건이 형태를 이루어 만들어지다. (of an article) Be formed by the process of kneading clay.
유 만들어지다, 제작되다
N0-가 N1-로 V (N0=[구체물] N1=[구체자연물](진흙 등))
능 빚다
¶석고상이 생각보다 잘 빚어졌다. ¶이 공방에서는 수백 년간 도자기가 빚어졌다.
❷(송편이나 만두 등이) 곡식가루 반죽으로 모양이 잡혀 만들어지다. (of songpyun(송편) or dumpling) Take its shape out of grain dough.
유 만들어지다
N0-가 N1-로 V (N0=[음식] N1=[음식물])
능 빚다
¶추석 명절에는 어느 집에서나 송편이 빚어집니다. ¶시루떡은 찹쌀가루와 팥을 재료로 하여 빚어진다. ¶어머니 손에서 수많은 만두가 예쁘게 빚어졌다.
❸원료가 발효되어 술이 만들어지다. (of alcohol) Be made from fermented stuff.
유 제조되다, 주조되다
N0-가 N1-로 V (N0=[알콜] N1=[음식물])
능 빚다
¶이 청주는 멥쌀과 찹쌀로 빚어졌다. ¶최초의 술은 저장된 과실로 빚어졌을 것이다.
❹어떤 상황이나 현상이 일어나다. (of a situation or a phenomenon) Occur.
유 일어나다, 발생하다, 생기다
N0-가 V (N0=[추상물], [사태])
능 빚다
¶이 사실이 공개되면 큰 물의가 빚어질 것이다. ¶두 단체의 언쟁으로 결국 무력 충돌이 빚어졌다.

빚지다

활용 빚지어(빚져), 빚지니, 빚지고 대응 빚을 지다
타 ❶남에게 돈이나 재물을 빌려 쓴 상태가 되다. Owe another person money or property.
유 차용하다, 빌리다
N0-가 N1-를 N2-에게 V (N0=[인간|단체] N1=[돈] N2=[인간|단체])
¶빚진 액수에 이자가 눈덩이처럼 붙었다. ¶은행에 빚진 것을 다 갚기도 전에 다시 대출을 받았다.
❷(남에게) 갚아야 할 신세를 지거나 은혜를 입다. Be indebted to another person.
유 신세지다
N0-가 N1-를 N2-에게 V (N0=[인간|단체] N1=[추상물] N2=[인간|단체])
¶나는 스승님께 여러 가지를 빚지고 있다. ¶그는 친구들에게 빚진 게 많은 사람이다.

빛나다

활용 빛나, 빛나니, 빛나고 대응 빛이 나다
자 ❶발광체가 빛을 뿜어내다. (of a source of light) Emit light.
유 발광하다
N0-가 V (N0=[구체물](별, 전구 따위))
¶흐리던 하늘이 걷히고 태양이 눈부시게 빛났다. ¶빛나는 가로등 아래로 사람들이 지나간다.
❷(물체가) 빛을 반사하다. (of a matter) Reflect light.
유 반사하다
N0-가 V (N0=[구체물])
능 빛내다
¶이 골동품 거울은 지금도 새 것처럼 빛난다. ¶아기 방의 장식물이 반짝반짝 빛나고 있었다.
❸(무언가가) 매우 영광스럽고 훌륭하게 되다. (of something) Become very good and honorable.
유 영광스레 되다
N0-가 V (N0=[구체물], [추상물])
능 빛내다
¶그의 업적은 영원히 빛날 것입니다. ¶그 장군은 탁월한 전략으로 빛나는 전과를 올렸다. ¶친구들이 각기 자기 분야에서 빛나고 있다.

빛내다

활용 빛내어(빛내), 빛내니, 빛내고 대응 빛을 내다
타 ❶빛을 발산하게 하다. Make something shine.
N0-가 N1-를 V (N0=[구체물] N1=[구체물])
피 빛나다
¶나는 공구를 반짝반짝 빛내는 데에 열중한다. ¶화려한 옷을 입은 젊은이들이 거리를 빛내고 있었다.
❷(어떤 대상을) 영광되고 훌륭하게 하다. Make an object honorable and excellent.
유 영광되게 하다
N0-가 N1-를 V (N0=[구체물], [추상물] N1=[구체물], [추상물])
피 빛나다
¶야구팀이 전국 대회에서 우승하여 학교를 빛냈

다. ¶이 책은 인류사를 빛낸 위대한 인물들의 이야기이다. ¶그는 가문을 빛내야 한다는 압박에 시달렸다.

빠뜨리다 I

활용 빠뜨리어(빠뜨려), 빠뜨리니, 빠뜨리고

타 ❶물건을 부주의하게 흘리거나 깜빡 잊고 두고 오다. (of a person) Leave an object behind by carelessly or forgetfully losing.

유 두고오다

N0-가 N1-를 N2-에 V (N0=[인간] N1=[구체물] N2=[장소])

¶나는 그만 서류 한 장을 사무실에 빠뜨렸다. ¶지하철에 우산을 빠뜨리고 왔네. ¶어제 만년필을 도서관에 빠뜨리고 왔어.

❷어떤 내용을 잘못하여 빼어 놓다. (of a person) Omit some content due to mistake.

유 누락시키다

N0-가 N2-에서 N1-를 V (N0=[인간] N1=[텍스트], [문서], 자료 따위 N2=[텍스트], [문서])

피 빠지다I

¶그는 서류에서 통계를 빠뜨렸다. ¶채점을 하다가 한 학생의 답안지를 빠뜨렸다.

N0-가 S것-을 V (N0=[인간])

¶나는 메일을 쓰면서 꼭 말해야 하는 것을 빠뜨렸다. ¶앞의 편지에 그만 안부 묻는 것을 빠뜨렸습니다. ¶진행자가 식순에 이름을 적는 것을 빠뜨렸다.

빠뜨리다 II

활용 빠뜨리어(빠뜨려), 빠뜨리니, 빠뜨리고

타 ❶(사람이나 물건을) 물속이나 패인 곳에 빠지게 하다. Put someone or object in a hole or water.

유 추락시키다, 침몰시키다

N0-가 N1-를 N2-에 V (N0=[인간] N1=[인간], [구체물] N2=[장소], [구체물](우물, 구멍 따위))

피 빠지다II

¶나무꾼은 도끼를 호수에 빠뜨렸다. ¶할머니는 바가지를 우물에 빠뜨리셨다.

❷다른 사람을 어려운 상황에 처하게 하다. Expose someone to difficult situation.

반 구하다, 끌어내다

N0-가 N1-를 N2-에 V (N0=[인간] N1=[인간], [상황] N2=[감정](절망, 곤경, 혼란 따위))

피 빠지다II

¶그는 나를 절망에 빠뜨렸다. ¶내가 영희를 곤경에 빠뜨렸다.

빠져나가다

활용 빠져나가, 빠져나가니, 빠져나가고

자 ❶(여러 사람이) 일정한 환경이나 지역에서 다른 환경이나 지역으로 조금씩 지속적으로 떠나가다. (of many people) Gradually and consistently leave from a certain environment or area to a different environment or area.

유 이탈하다, 떠나가다, 이주하다

N0-가 N2-에서 N1-로 V (N0=[인간] N1=[지역], [장소] N2=[지역], [장소])

¶젊은이들이 시골에서 도시로 자꾸 빠져나간다. ¶우리나라 인재들이 해외로 빠져나가는 것을 막을 대책이 필요하다.

❷(지갑이나 통장에서) 돈 따위가 소비되거나 인출되다. (of money) Be consumed or withdrawn from the wallet or passbook.

유 인출되다, 새어나가다

N0-가 N1-에서 V (N0=[금전] N1=지갑, 통장 따위)

¶쇼핑으로 지갑에서 돈이 많이 빠져나갔다. ¶카드를 분실한 새에 통장에서 돈이 빠져나갔다.

N0-가 N1-로 V (N0=[금전], [소득], [비용] N1=[비용], [세금])

¶월급이 들어오자마자 세금으로 빠져나갔다. ¶우리집은 생활비의 대부분이 식비로 빠져나간다.

타 (사람이나 동물이) 어떤 통로를 통해 특정 공간의 밖으로 나가다. (of a person or an animal) Go out to a specific space by going through some passage.

유 탈출하다, 벗어나다, 도망가다

N0-가 N2-로 N1-를 V (N0=[인간], [동물] N1=[건물] N2=[장소])

¶강아지가 개구멍으로 집을 빠져나갔다. ¶늑대 떼가 이 계곡을 이미 빠져나갔다.

자타 ❶(사람이나 동물이) 특정 공간의 밖으로 나가다. (of a person or an animal) Go out to a specific space.

유 벗어나다, 이동하다, 탈출하다

N0-가 N1-(에서|를) V (N0=[인간] N1=[건물], [도로])

¶영수는 우회전을 해서 꽉 막힌 도로를 빠져나갔다. ¶군중들이 광장을 빠져나가며 쓰레기를 버린다.

❷(사람이나 사물이) 어떤 통로를 거쳐서 밖으로 나가다. (of a person or an animal) Escape by going through some passage.

유 통과하다

N0-가 N1-(로|를) V (N0=[인간], [동물], [교통기관] N1=[건물])

¶검은 차 한 대가 교문으로 서서히 빠져나갔다. ¶쥐 한 마리가 저 구멍으로 빠져나갔다.

❸(사람이나 동물이) 갇힌 곳에서 몰래 탈출하다. (of a person or an animal) Secretly get out from a locked up place.

유 도망가다, 탈출하다

ㅂ

No-가 N1-(에서|를) V (No=[인간], [동물] N1=[교도소], [장소])
¶죄수가 감옥에서 빠져나갔다. ¶곰이 우리를 빠져나갔다. ¶동물원에서 원숭이들이 빠져나갔어요.
❹(사람이) 어떤 영향권에서 몰래 벗어나다. (of a person) Secretly get away from some area of influence.
㊌벗어나다, 도망치다, 사라지다
No-가 N1-(에서|를) V (No=[인간] N1=[범위], [추상물](감시 따위))
¶내가 부모님의 감시에서 빠져나갔다. ¶용의자가 경찰의 수사망을 빠져나가 도망쳤다. ¶그 놈은 내 손아귀에서 빠져나가지 못할 거야.

빠져나오다

활용 빠져나와, 빠져나오니, 빠져나오고
자타 어떤 장소나 범위에서 벗어나 밖으로 나오다. Get out of a place or a boundary.
㊌벗어나다, 탈출하다
No-가 N1-(를|에서) V (No=[인간], [동물] N1=[장소], [범위])
¶나는 영화가 지루해서 자리를 빠져나왔다. ¶우리는 고속도로에서 빠져나와 국도로 진입했다.

빠지다 I

활용 빠지어(빠져), 빠지니, 빠지고
자 ❶있던 것이 없어지거나 줄어들다. (existing thing) Become reduced or disappear.
㊌줄어들다, 감소하다, 사라지다
No-가 V (No=[신체부위], [기력](힘, 정신, 기운 따위))
¶나이가 드니 점점 더 머리가 빠진다. ¶날이 더우니 기운이 쏙 빠진다.
No-가 N1-에서 V (No=[기체](바람, 김, 냄새 따위), 색, 때 따위 N1=[구체물], [장소])
¶타이어에서 바람이 빠져 교체해야 한다. ¶맥주에서 김이 빠져 맛이 없다. ¶청바지에서 물이 빠지니 흰옷과 세탁하지 말아라.
❷고정되어 있던 것이 떨어져 나가다. (fixed thing) Fall out.
㊌이탈하다
No-가 V (No=[구체물](사물의 밑 따위))
¶신발 밑창이 빠졌다. ¶이 그릇은 이가 빠져서 못 쓰게 됐다. ¶장독대 밑이 빠져 물이 줄줄 샌다.
❸있어야 할 것으로 기대되는 사람이나 물건이 포함되어 있지 않다. (expected person or thing) Not be included.
㊌누락되다I자
No-가 V (No=[구체물], 내용, 이름 따위)
¶준비물이 빠지지 않았는지 한 번 더 살펴보아라. ¶이력서가 빠져 있으니 제출하세요.
No-가 N1-(에|에서) V (No=[인간|단체], 이름 따위 N1=[단체], 명단 따위)
¶그 선수가 출전 명단에 빠져 있다. ¶합격자 명단에서 내 이름이 빠져서 실망이 컸다.
❹ 활동이나 모임에 참석하지 않다. Not participate (in activity or gathering).
㊌불참하다, 결석하다
No-가 N1-(에|에서) V (No=[인간] N1=[단체], [활동](수업, 회의 따위))
¶그는 수업에 한 번도 빠지지 않는다. ¶이번 동기회 모임은 사정이 있어 빠질거야.
❺액수나 수량이 모자라다. Be short (in amount or quantity).
㊌비다I, 모자라다
No-가 N1-가 V (No=[액수], [수량] N1=[액수], [수량])
¶총액이 백만 원에서 오만 원이 빠진다. ¶아무리 세어 봐도 개수가 세 개나 빠진다.
❻이익으로 남다. (profit) Accrue.
㊌남다
No-가 V (No=[비용])
¶열심히 장사를 하면 본전은 빠진다. ¶이 액수로는 겨우 인건비만 빠진다.
❼다른 사람이나 사물에 비해 모자라거나 뒤떨어지다. Be insufficient or fall behind compared to other people or things.
㊌모자라다, 뒤떨어지다
No-가 V (No=인물, 실력, 모양새 따위)
¶그는 모든 조건을 갖췄으나 인물이 좀 빠진다. ¶우리 애는 반에서 수학 실력이 빠지지 않아요.
◆ **눈 빠지다** (사람이) 사람이나 일을 엄청나게 기대하고 기다리다. (of a person) Look forward to someone or something greatly.
No-가 N1-를 Idm (No=[인간] N1=[인간], [일], [사건])
¶지호는 그녀와의 혼인을 눈빠지게 기다린다. ¶너의 귀국을 눈빠지게 기다리고 있다.
◆ **배꼽 빠지다** (사람이) 웃음을 참지 못하고 극도로 웃다. (of a person) Unable to stop laughing or laughing out loudly.
No-가 Idm (No=[인간])
¶영희는 그 얘기를 듣고 배꼽이 빠져라 웃었다.
◆ **뼈 빠지다** (사람이) 어떤 일을 죽어라고 일하다. (of a person) Work one's guts out.
No-가 Idm (No=[인간])
¶어머니는 시집 와서 뼈 빠지게 일만 하셨다. ¶뼈 빠지게 일해 봤자 남는 게 없어요.
◆ **샛길로 빠지다** 어떤 일이나 말을 하다가 엉뚱한 쪽으로 가다. Stray from certain task or speech while doing it.
No-가 Idm (No=[내용], [방향], [목적])
¶그의 이야기는 종종 샛길로 빠진다. ¶네 일에

ㅂ

충실하고 샛길로 빠지면 안 돼.

빠지다Ⅱ

빠지다[1]

활용 빠지어(빠져), 빠지니, 빠지고

자 ❶아래로 떨어져서 물웅덩이 따위에 들어가다. Fall into (puddle, etc.).

㊐추락하다, 낙하하다

No-가 N1-(에|로) V (No=[인간], [구체물] N1=[장소])

능 빠뜨리다

¶공이 물속으로 빠졌다. ¶길이 너무 어두워서 나그네는 웅덩이에 빠졌다. ¶차가 불어난 강물에 빠졌다.

❷어떤 상황이나 상태에 처하다. Get into (some situation).

No-가 N1-(에|로) V (No=[인간|단체] N1=[추상물], [상태], [상황])

능 빠뜨리다

¶그는 그때 심한 난관에 빠져 있었다. ¶준서는 더 큰 불행으로 빠지고 있었다.

No-가 N1-에 V (No=[인간|단체] N1=[상태](잠, 혼수상태, 마취 따위))

¶그녀는 깊은 잠에 빠져서 일어나지 못했다. ¶안타깝게도 그녀 어머니께서 혼수상태에 빠져 계신다고 한다.

❸다른 사람의 계략이나 꾐에 걸려들다. Be ticked or enticed (by someone).

㊐걸려들다

No-가 N1-에 V (No=[인간|단체] N1=[추상물](계략, 꾐, 속임수, 함정 따위))

능 빠뜨리다

¶속임수에 빠지지만 않으면 우리가 이길 수 있다. ¶우리 군은 적의 함정에 빠져서 고립되어 있다.

❹(어떤 사람, 사물, 사태에) 과도하게 정신이 쏠리다. Be excessively obsessed (with something).

㊐몰입하다, 전념하다

No-가 N1-(에|에게) V (No=[인간|단체] N1=[구체물], [추상물], [상태], [상황], [인간])

연어 흠뻑, 홀딱

¶준서가 도박에 빠져 있어서 정말 큰일이다. ¶병찬이는 요즘 술에 빠져 사는 것 같다. ¶요즘 초등학생들이 컴퓨터 게임에 흠뻑 빠져 있다.

빠지다[2]

활용 빠지어(빠져), 빠지니, 빠지고

기능자 행위의 '시작점'을 가리키는 기능동사 A support verb that indicates "where an act starts."

No-가 N1-와 Npr-에 V ↔ N1-가 No-와 Npr-에 V ↔ No-와 N1-가 Npr-에 V (No=[인간] N1=[인간], Npr=사랑)

¶소년은 소녀와 사랑에 빠졌다. ↔ 소녀는 소년과 사랑에 빠졌다. ↔ 소년과 소녀는 사랑에 빠졌다.

No-가 Npr-에 V (No=[인간], [추상물] Npr=절망, 공포, 혼란, 위험, 곤경))

¶우리는 나라가 돌아가는 것을 보고 절망에 빠졌다. ¶그는 새 게임기와 사랑에 빠졌다. ¶한국경제는 위기에 빠질 것이다. ¶정책의 변덕으로 외국 자본가들이 모두 혼란에 빠졌다.

빠지다[3]

활용 빠지어(빠져), 빠지니, 빠지고

보조 성질이나 상태가 지나친 것을 부정적으로 여기는 것을 가리키는 보조동사 An auxiliary verb indicating that a person regards something as negative, because its nature or state is too excessive.

Adj-어 Vaux (Adj=썩다, 낡다, 식다, 닳다)

¶썩어 빠진 정치인들 때문에 나라 망하네. 그녀는 닳아빠진 신발을 아직 신고 다녀.

ㅂ

빠지다Ⅲ

활용 빠지어(빠져), 빠지니, 빠지고

자 (모양새나 성능이) 균형 잡혀 보기가 좋다. (shape or feature) Be balanced.

No-가 ADV V (No=[모양새](몸매, 디자인 따위), [기능] N1=ADV, Adj-게)

¶미스코리아들은 몸매가 아름답게 잘 빠졌다. ¶신형 자동차는 성능도 디자인도 고급스럽게 잘 빠졌다. ¶이 냉장고는 색상이 너무 잘 빠졌네요.

빠트리다

활용 빠트리어(빠트려), 빠트리니, 빠트리고

타 ☞ 빠뜨리다

빨개지다

활용 빨개지어(빨개져), 빨개지니, 빨개지고

자 ❶(무엇이) 색깔이 빨갛게 되다. (of something) Become red.

No-가 V (No=[구체물])

¶사과가 잘 익어서 빨개졌다. ¶가을이 되자 단풍잎이 빨개진다. ¶석류가 점점 빨개지고 있다.

❷(얼굴이나 신체부위가) 부끄럼이나 추위로 붉게 되다. (of a face) Turn red with shame or cold.

No-가 V (No=[신체부위](얼굴, 눈, 코, 귀 따위))

¶소녀는 편지를 읽고 나서 얼굴이 빨개졌다. ¶아이들은 코가 빨개지도록 썰매를 탔다.

빨다Ⅰ

활용 빨아, 빠니, 빨고, 빠는

타 ❶(사람이)입을 대고 무엇을 흡입하여 입속으로 들어오게 하다. Put someone's mouth and absorb something into one's mouth.

㊌흡입하다
N0-가 N1-를 N2-로 V (N0=[인간], [생물] N1=[액체](젖, 피, 음료수 따위), [기체](담배 따위) N2=[도구](빨대, 파이프 따위))
피빨리다I
¶철희는 꼭 빨대로 주스를 빨아서 마신다. ¶흡혈귀는 사람의 피를 빨아 먹는다고 한다.
N0-가 N1-를 V (N0=[인간], [생물] N1=[도구](빨대, 파이프 따위))
피빨리다I 사빨리다II
¶그는 중절모를 쓰고 담배 파이프를 빨고 있었다. ¶그는 옥수수차를 대롱을 빨면서 마신다.
❷반복해서 입에 물고 침으로 녹이거나 혀로 핥다. Melt in one's mouth or lick with tongue.
N0-가 N1-를 V (N0=[인간], [생물] N1=[음식](사탕 따위), [신체부위](젖, 손가락 따위), [구체물])
¶얘는 손가락을 빠는 버릇이 있다. ¶아기는 물건이나 빠는 버릇이 있다.

빨다II

활용빨아, 빠니, 빨고, 빠는
타(옷이나 섬유제품 따위를) 물에 넣고 주무르거나 세탁기 따위에 넣어 때를 없애다. Put clothes or textile goods into water and rub or in a washing machine to remove grime.
㊌빨래하다, 세탁하다, 씻다
N0-가 N1-를 V (N0=[인간] N1=[구체물], [섬유제품](옷, 이불, 신, 양말 따위))
피빨리다III 사빨리다IV
¶옷을 자주 빨면 상한다. ¶어머니는 오늘도 이불을 빠셨다. ¶신발을 잘못 빨면 냄새가 심하게 난다.
N0-가 N1-를 N2-(에|로) V (N0=[인간] N1=[구체물], [섬유제품](옷, 이불, 신, 양말 따위) N2=[도구](세탁기 따위), [신체부위](발, 손 따위), 세제, 비누 따위)
피빨리다III 사빨리다IV
¶요즘은 세탁물을 세탁기로 빠니까 편리해요. ¶독한 세제로 옷을 빨면 피부에 좋지 않다.

빨라지다

활용빨라지어(빨라져), 빨라지니, 빨라지고
자❶(사람이나 동물, 물체 따위의) 움직이는 속도가 더 빠르게 되다. (moving speed of person, animal or object) Become faster.
㊌가속되다, 속도가 붙다 ㊉느려지다, 감속되다
N0-가 V (N0=[부분], [기계], [교통기관], [행위], 속도, 물살 따위)
¶갑자기 환자의 맥박이 빨라졌다. ¶커피를 많이 마시면 심박동수가 빨라진다. ¶내 걸음이 빨라지면 아이 걸음도 빨라졌다.
S것-이 V
¶제도 개선으로 민원을 처리하는 것이 빨라진다.
❷(어떤 일이나 현상이) 진행되는 때가 앞당겨지다. (process time of something or phenomenon) be moved up.
㊌앞당겨지다 ㊉늦어지다
N0-가 V (N0=[행위], 시기)
¶막내딸의 출산이 조금 빨라질 거야. ¶때 이른 더위로 여름 상품의 판매가 빨라지고 있다.

빨래하다

활용빨래하여(빨래해), 빨래하니, 빨래하고 대응빨래를 하다
타(옷이나 신발 따위를) 씻어서 깨끗하게 하다. Wash clothes or shoes to make them clean.
㊌빨다, 세탁하다 ㊇씻다
N0-가 N1-를 N2-에서 V (N0=[인간] N1=[착용물](옷, 신발 따위) N2=[장소])
¶어머니는 냇가에서 더러워진 옷을 빨래하셨다. ¶동생이 개울에서 속옷을 빨래해서 말렸다.

빨리다I

활용빨리어(빨려), 빨리니, 빨리고
자❶(액체나 기체가) 입속으로 들어가다. (of liquid or gas) Enter one's mouth.
㊌흡입되다
N0-가 N1-에게 N2-로 V (N0=[액체](젖, 피, 음료수 따위), [기체] N1=[인간], [생물] N2=[도구](빨대 따위))
능빨다I
¶흡혈귀에게 피가 빨리는 장면은 끔찍하다. ¶이 빨대로는 이 음료수가 잘 빨리지 않는다. ¶젖이 잘 빨리지 않아 아기가 칭얼댄다.
N0-가 V (N0=[도구](빨대, 담배, 파이프 따위))
능빨다I
¶어디가 막혔는지 빨대가 잘 빨리지 않았다. ¶입에 문 담배가 순식간에 뻑뻑 다 빨렸다.
❷(어떤 물체가) 외부에서 일정한 방향으로 작용하는 힘에 이끌리다. Be led to somewhere that a certain place attracts.
㊌이끌리다
N0-가 N1-에 V (N0=[구체물] N1=[장소])
¶그 배는 소용돌이에 흔적도 없이 빨려 들어갔다. ¶아무리 큰 동물도 늪에 빨려 들어갈 수 있다.
❸(무언가에) 깊이 매혹되어 이끌리다. Be deeply seduced and drawn to something.
㊌매료되다
N0-가 N1-(에|로) V (N0=[인간|단체], [동물] N1=[인간], [인지], [내용], [감정])
¶나는 그녀의 매력에 빨려 들었다. ¶우리는 그의 논리적 주장과 식견에 빨려 들었다.

빨리다II

활용빨리어(빨려), 빨리니, 빨리고

[타]❶(액체나 기체가) 타인의 입속으로 들어가다. (of liquid or gas) Enter someone else's mouth.
[유]빨게 하다, 흡입시키다
N_0-가 N_2-에게 N_1-를 V (N_0=[인간], [생물], [용기] N_1=[액체](젖, 피, 음료수 따위), [기체] N_2=[인간], [동물])
¶사람이 흡혈귀에게 피를 빨리면 흡혈귀가 된다고 한다.
❷(무언가를) 남의 입에 대고 입속으로 당겨 먹게 하다. Make someone eat by putting something on the person's mouth and making that person absorb into the mouth.
N_0-가 N_2-에게 N_1-를 V (N_0=[인간] N_1=[인간][액체](젖, 피, 음료수 따위), [기체], [도구], [신체일부] N_2=[인간], [동물])
[주]빨다I
¶아비는 엄마 잃은 아이에게 젖을 빨리려고 온 동네를 돌아다녔다. ¶요즘은 엄마가 애기에게 젖을 빨리는 광경을 볼 수 없다.
❸(재산, 노력, 성과 등을) 부당하게 빼앗기다. Be unjustly deprived of a property, result, etc.
[유]빼앗기다, 탈취당하다
N_0-가 N_2-에게 N_1-를 V (N_0=[인간|단체] N_1=[추상물] N_2=[인간|단체])
¶피땀 흘려 번 회사 돈이 부당하게 그들에게 빨렸어.
◆ **피를 빨리다** 재산, 노력, 성과 등을 착취당하다. Be exploited of asset, effort, or achievement.
N_0-가 Idm (N_0=[인간])
¶월북한 그는 당 조직에서 피를 다 빨리고 버려졌다. ¶산업화 과정에서 노동자들이 피를 빨리곤 했다.

빨리다III

[활용]빨리어(빨려), 빨리니, 빨리고
[자]때가 빠져서 없어지다. Be effective in removing grime due to excellent detergent or tool quality.
[유]세탁되다
N_0-가 V (N_0=[도구](세탁기 따위), 세제, 비누 따위)
[능]빨다II
[연어]깨끗하게, 잘
¶빗물에는 옷이 잘 안 빨려. ¶요즘 세탁기는 빨래가 너무 잘 빨려.
N_0-가 V (N_0=[구체물], [섬유제품](옷, 이불, 신, 양말 따위))
¶이불이 정말 깨끗하게 빨렸다. ¶여름옷은 땀이 많이 묻어 즉시 빨아야지 쉽게 잘 빨린다.

빨리다IV

[활용]빨리어(빨려), 빨리니, 빨리고
[타](옷이나 섬유제품 따위를) 남으로 하여금 물에 넣어 주무르거나 세탁기 따위를 이용해서 때를 없애도록 하다. Make someone put clothes or textile goods in water and rub or use a washing machine to remove grime.
[유]빨게 하다, 세탁시키다
N_0-가 N_2-에게 N_1-를 V (N_0=[인간|단체] N_1=[구체물], [섬유제품](옷, 이불, 신, 양말 따위) N_2=[인간|단체])
[주]빨다II
¶늙은 어머니에게 옷가지를 빨리지 마라. ¶가정부에게 내의를 빨렸더니 제대로 안 빨렸다.

빨아들이다

[활용]빨아들여, 빨아들이니, 빨아들이고
[타]❶(기체나 액체 따위를) 코나 입으로 들이당겨 몸속으로 들어오게 하다. Draw in gas or liquid by the nose or mouth and let it enter the body.
[유]흡입하다, 마시다, 들이마시다 [반]내뱉다
N_0-가 N_1-를 V (N_0=[인간], [신체부위](입, 코 따위) N_1=[구체물](기체, 액체 따위))
¶그는 담배 연기를 천천히 빨아들였다. ¶아이들은 음료수를 빨대로 쪽쪽 빨아들였다.
❷기체나 액체 따위를 흡수하다. Absorb gas or liquid.
[유]흡수하다, 흡입하다
N_0-가 N_1-를 V (N_0=[구체물] N_1=[구체물](기체, 액체, 영양분 따위))
¶스펀지는 주위의 수분을 다 빨아들인다. ¶이 나무는 아마 영양분을 적절하게 빨아들이지 못해서 시드는 것 같다.
❸다른 사람의 마음을 매료시키다. Captivate other people's minds.
[유]매료시키다
N_0-가 N_1-를 V (N_0=[인간] N_1=[인간], 마음, 머리 따위, [감정](관심 따위))
¶그녀는 화려한 가창력으로 관객의 마음을 확 빨아들였다. ¶작가들은 독자의 흥미를 빨아들이기 위해서 다양한 시도를 한다. ¶이 영화는 많은 청년층을 빨아들여 성공했다.

빻다

[활용]빻아, 빻으니, 빻고
[타](어떤 물체를) 가루가 될 때까지 단단한 도구로 으스러뜨리다. Crush (object) with hard tool until it becomes powder.
[유]찧다
N_0-가 N_1-를 N_2-로 V (N_0=[인간] N_1=[음식물], [광물], 뼈 N_2=[구체물])
¶동생은 부엌에서 마늘을 방망이로 빻고 있다. ¶아내는 찹쌀을 불려서 방망이로 직접 빻았다. ¶할머니께서 고추를 빻으러 장에 가셨다.

빼내다

활용 빼내어(빼내), 빼내니, 빼내고
타 ❶어디에 박혀 있거나 끼워져 있는 것을 잡아서 밖으로 나오게 하다. Take out something that is stuck or inserted.
㊀뽑아내다
N0-가 N2-에서 N1-를 V (N0=[인간] N1=[구체물] N2=[구체물])
피 빠지다I
¶동생이 내 손에서 가시를 빼내려고 한다. ¶그녀는 반지를 손가락에서 빼냈다.
❷(어떤 장소나 물건 따위에서) 필요하거나 필요 없는 것을 골라내다. Pick out any necessary or unnecessary thing from a place or a thing.
N0-가 N2-에서 N1-를 V (N0=[인간|단체] N1=[구체물] N2=[장소], [구체물])
피 빠지다I
¶수병들은 기관실에 찬 바닷물을 모두 빼냈다. ¶나는 오징어에서 내장을 빼내고 껍질을 벗겼다.
❸(남의 물건이나 정보 따위를) 몰래 가져가다. take away secretly another person's thing or information.
㊀훔쳐가다
N0-가 N2-에서 N1-를 V (N0=[인간|단체] N1=[기술], [앎], [텍스트], [구체물] N2=[인간|단체])
¶이중간첩이 독일에서 정보를 빼내 프랑스에 넘겼다. ¶김 씨 일당은 송유관에서 기름을 빼내다 경찰에게 잡혔다.
❹(다른 조직이나 단체에 소속된 사람을) 몰래 꾀어 자기편으로 만들다. Win over secretly a person who belonged to another team or organization to one's own side.
㊀데려가다
N0-가 N2-에서 N1-를 V (N0=[인간|단체] N1=[인간] N2=[단체])
¶대기업들이 중소기업에서 기술자들을 빼내 가고 있다. ¶우리 직원이 경쟁사에서 인력을 빼내려다 덜미를 잡혔다.
❺어떤 장소에서 사람을 나오게 하여 자유롭게 하다. Set a person free by letting him or her get out of a place.
㊀석방시키다, 자유케 하다
N0-가 N2-에1-를 V (N0=[인간|단체] N1=[인간|단체] N2=[장소])
¶내가 곧 구치소에서 너를 빼내 줄게. ¶어떻게 해서든 빨리 인질을 해적 소굴에서 빼내야 한다.

빼다 I

활용 빼어(빼), 빼니, 빼고
타 ❶내부에 있는 것을 잡거나 움직여서 밖으로 나오게 하다. Grab or move something that is inside to come outside.
㊀꺼내다
N0-가 N2-에서 N1-를 V (N0=[인간] N1=[구체물] N2=[장소], [구체물])
¶동호는 라디오에서 건전지를 뺐다. ¶나는 사진을 뺀 액자를 닦았다. ¶공간이 부족하니 교실에서 의자 몇 개를 빼 오너라.
❷(기계나 재료에서) 긴 모양의 사물을 만들어 뽑아내다. Make and draw out an object with a long shape from a machine or a material.
㊀뽑다
N0-가 N2-에서 N1-를 V (N0=[인간] N1=[구체물] N2=[구체물])
¶고치에서 실을 빼는 것은 언제 보아도 신기하다. ¶나는 부모님께 드리려고 떡집에서 떡을 빼 왔다.
❸(어떤 것에서) 일부를 제외하거나 적게 하다. Remove or decrease a portion from something.
㊀제거하다
N0-가 N2-에서 N1-를 V (N0=[인간|단체] N1=[모두] N2=[모두])
¶찐빵에서 팥을 빼면 남는 게 뭐니? ¶남수는 노래를 잘하니까 공연에서 빼서는 안 된다.
N0-가 N2-에서 N1-을 V (N0=[인간] N1=[수] N2=[수])
¶7에서 4를 빼면 3이다. ¶양수뿐 아니라 음수를 뺄 수도 있다.
※ 주어는 일반적으로 생략한다.
❹(방이나 건물 따위를) 더 거주하지 않고 비워 주다. Empty a room, a building, etc., without residing further.
㊀비워 주다
N0-가 N1-를 V (N0=[인간] N1=[방], [건물])
피 빠지다I
¶그는 전세 계약이 끝나 방을 뺐다. ¶방학이 시작하면 기숙사를 빼야 하잖아.
❺(저금이나 보증금 따위의) 맡겨 둔 돈을 다시 꺼내 오다. Take back money such as deposit, security deposit, etc.
㊀찾다, 인출하다
N0-가 N2-에서 N1-를 V (N0=[인간] N1=[금전] N2=통장, 계좌 따위)
피 빠지다I
¶어머니는 통장에서 백만 원을 빼셨다. ¶계좌에서 뺀 돈으로 바로 빚을 갚았다.
❻어떤 공간으로부터 그 안의 액체나 기체를 빠지게 하다. Make liquid or gas come out from a certain space.
㊀빠지게 하다, 배출시키다
N0-가 N2-에서 N1-를 V (N0=[인간] N1=[액체], [기체] N2=[장소], [구체물])

피빠지다I
¶아버지는 튜브에서 공기를 빼신다. ¶수도관 공사를 했으니 녹물을 빼고 써야 한다.
❼(때나 얼룩 따위를) 빨거나 씻어서 없어지게 하다. Make something clean by washing or rinsing dirt, stain, etc.
㊚세탁하다
N0-가 N2-에서 N1-를 V (N0=[인간] N1=때, 얼룩 따위 N2=[구체물])
피빠지다I
¶나는 세제를 써서 옷에서 얼룩을 뺐다. ¶땀이 많이 나서 옷깃의 때를 자주 빼야 해.
❽(몸에서) 힘이나 정신 따위를 줄이거나 없애다. Decrease or remove power or spirit from one's body by letting it out.
㊚줄이다, 사로잡다
N0-가 N1-를 V (N0=[인간] N1=[힘], 정신, 얼, 넋, 혼 따위)
피빠지다I
¶화려한 공연 기술은 우리 혼을 뺐다. ¶주사를 놓을 테니 힘을 빼세요.
❾살 따위를 빠지게 하다. Reduce the amount of fat.
㊚빠지게 하다
N0-가 N1-를 V (N0=[인간] N1=살)
피빠지다I
¶남자 친구는 뱃살을 빼려고 운동 중이다. ¶여름에는 살을 좀 빼야 할 텐데 말이야.
❿목을 길게 늘여서 내밀다. Stretch out one's neck to be long.
N0-가 N1-를 V (N0=[인간] N1=목)
피빠지다I
¶막내는 좋아하는 연예인을 보려고 목을 뺐다. ¶목을 빼고 기다려도 그의 모습은 보이지 않았다.
⓫목소리를 길게 늘여서 내다. Lift up one's voice.
N0-가 N1-를 V (N0=[인간] N1=목청)
¶오디션 참가자는 목청을 빼서 노래를 불렀다. ¶수진이가 목청을 빼서 노래하자 분위기가 살아났다.
⓬(다른 사람의) 외모, 품성, 행위 따위를 꼭 닮다. Exactly resemble someone's appearance, quality, behavior, etc.
㊚닮다
N0-가 N1-를 V (N0=[인간] N1=[인간], [신체부위], [모양], [품격], [행위])
¶아이가 제 아버지를 쏙 뺐다. ¶최 선생의 제자라 최 선생의 인품을 빼었구나.
◆ **발을 빼다** (어떤 일이나 단체로부터) 완전히 관계를 끊다. Break off with a job or an organization completely.
N0-가 N1-에서 Idm (N0=[인간] N1=[행위], [인간|단체])
¶나는 그 조직에서 완전히 발을 뺐다. ¶도박에서는 발을 뺐으니 날 유혹하지 마라.

빼다 II
활용빼어(빼), 빼니, 빼고
타 ❶차림새를 말쑥하게 하다. Make one's appearance neat.
㊚잘 차려입다
N0-가 N1-를 V (N0=[인간] N1=[착용물])
¶구두쇠인 그가 웬일인지 정장을 한 벌 쫙 뺐다. ¶옷을 빼 입고 오니 누군지 몰라보겠다.
❷행위나 태도를 짐짓 그럴듯하게 갖추거나 꾸미다. Prepare or decorate an action or an attitude to look decent.
N0-가 N1-를 V (N0=[인간] N1=[행위])
¶거들먹거리던 주인이 경찰을 보자 갑자기 점잔을 뺐다. ¶소진이는 얌전을 빼고 남자 친구의 부모를 만났다.

빼다 III
활용빼어(빼), 빼니, 빼고
자무엇을 하지 않으려고 계속 피하거나 거부하다. Continue to avoid or resist in order not to do something.
㊚피하다, 거부하다
N0-가 V (N0=[인간])
¶다 같이 놀러 와서 왜 혼자 빼는 거니? ¶술을 마시고 싶지 않으면 빼도 된다.

빼다 IV
활용빼어(빼), 빼니, 빼고
자 다른 곳으로 급하게 달아나다. Hurriedly escape to another place.
㊚달아나다, 도망치다, 내빼다
N0-가 N1-로 V (N0=[인간] N1=[장소])
¶불량배들은 경찰이 나타나자 아지트로 뺐다. ¶그는 수사가 시작되자마자 해외로 뺀 것이 틀림없다. ¶나는 지윤이가 따라오지 못하도록 화장실로 뺐다.

빼돌리다
활용빼돌려, 빼돌리니, 빼돌리고
타(어떤 대상을) 남이 모르는 곳으로 보내거나 감추다. Send something to or hide something in a place where others don't know.
㊚감추다, 은닉하다
N0-가 N1-를 V (N0=[인간|단체] N1=[금전], [인간], [구체물], [추상물])
¶회사의 전 직원이 핵심 기술을 빼돌려 따로 회사를 세웠다.

No-가 N1-를 N2-(에|에게) V (No=[인간|단체] N1=[금전], [인간], [구체물], [추상물] N2=[인간|단체], [장소], [공간])
¶고위층 인사가 예금을 국외 은행에 빼돌리려다 들통이 났다.
No-가 N1-를 N2-로 V (No=[인간|단체] N1=[금전], [인간], [구체물], [추상물] N2=[장소], [공간])
¶그들은 살인범을 다른 나라로 빼돌리려고 한다. ¶도굴꾼이 국보급 도자기를 일본으로 빼돌리려다 공항에서 잡혔다.

빼먹다

[활용]빼먹어, 빼먹으니, 빼먹고
[타]❶해야 하는 일, 작업, 출석 따위를 하지 않다. Not to do something that has to be done, including work or attendance.
[유]불참하다 [반]참석하다, 출석하다
No-가 N1-를 V (No=[인간] N1=[사건], [건물](학교, 학원 따위))
¶철수는 오늘도 수업을 빼먹고 만화방에 갔다. ¶감독은 훈련을 빼먹는 선수는 신뢰하지 않는다.
❷연속되는 내용에서 중간의 한 부분을 놓치고 빠뜨리다. Miss part of continuous content.
[유]빠뜨리다, 누락하다
No-가 N1-를 V (No=[인간] N1=[추상물], [구체물], [텍스트])
¶영자는 토씨 하나 빼먹지 않고 교정했다. ¶나는 실수로 중요한 내용 하나를 빼먹었다.
❸남의 것을 몰래 빼내어서 자기의 소유로 하다. Take possession of another person's thing, which one picked out secretly.
[유]가로채다
No-가 N1-를 N2-(에게서|에서) V (No=[인간|단체] N1=[재산], [돈] N2=[인간|단체], [장소])
¶소매치기는 그녀 가방에서 현금만 기막히게 빼먹었다. ¶아무래도 중간 상인이 물건을 빼먹은 것 같다. ¶그 사람 나에게서 돈만 빼먹고 도망갔다.

빼앗기다

[활용]빼앗기어(빼앗겨), 빼앗기니, 빼앗기고 [준]뺏기다
[타]❶(자신의 물건, 일, 시간, 권리 따위를) 다른 사람에게 강제로 내어주다. Give one's object, work, time, authority, etc., due to someone's coercion.
[유]강탈당하다, 탈취당하다
No-가 N2-(에|에게) N1-를 V (No=[인간|단체] N1=[구체물], [시간], [권리], [일] N2=[인간|단체])
[능]빼앗다
[연어]몽땅, 모조리
¶나는 형들에게 사탕을 다 빼앗겼다. ¶약소국이 열강에게 자원을 빼앗긴다. ¶하청기업들이 대기업에 기술력을 빼앗기는 일이 자주 있다.
❷(어떤 대상에) 시선이나 마음 따위가 사로잡히다. (of attention, mind, etc.) Be caught in some object.
[유]사로잡히다
No-가 N1-를 N2-(에|에게) V (No=[인간|단체] N1=시선, 마음, 혼, 정신 따위 N2=[구체물], [인간], [현상], [사태])
[능]빼앗다
[연어]온통
¶나는 한 귀여운 여학생에게 시선을 빼앗겼다. ¶사람들이 밤하늘의 오로라에 시선을 빼앗겨 버렸다.
❸성경험이 없는 사람이 다른 사람에 의해 강제로 성관계를 맺게 되다. (of someone with no sexual experience) Forced to have sexual intercourse by another.
[유]성폭행당하다, 강간당하다
No-가 N-1를 N2-에게서 V (No=[인간] N1=순결, 정조 따위 N2=[인간])
[능]빼앗다
¶그 여학생은 남자 친구에게 순결을 빼앗겼다. ¶처녀성을 빼앗기면 평생 심리적으로 고통을 느낀다.

빼앗다

[활용]빼앗아, 빼앗으니, 빼앗고 [준]뺏다
[타]❶(다른 사람의 물건, 일, 시간, 권리 따위를) 강제로 자신의 것으로 만들다. Forcibly make someone's object, work, time, authority, etc., one's own.
[유]뺏다, 가로채다, 강탈하다, 탈취하다
No-가 N2-(에서|에게|에게서) N1-를 V (No=[인간|단체] N1=[구체물], [시간], [권리], [일] N2=[인간|단체])
[피]빼앗기다
¶나는 동생에게서 사탕을 빼앗았다. ¶저 사람은 괜히 우리 시간만 빼앗고 있다. ¶저 업체는 다른 업체의 일거리를 빼앗았다.
❷(다른 사람의) 시선이나 마음 따위를 사로잡다. Capture someone's attention, mind, etc.
[유]사로잡다, 끌다
No-가 N2-(에게|에게서) N1-를 V (No=[구체물], [인간], [현상], [사태] N1=시선, 마음, 혼, 정신 따위 N2=[인간])
[피]빼앗기다
¶그 여학생은 남학생들에게서 시선을 빼앗았다. ¶오로라는 사람들에게 넋을 빼앗기에 충분하다.
❸성경험이 없는 사람과 강제로 성관계를 맺다.

Forcibly have sexual intercourse with someone with no sexual experience.
㊌성폭행하다, 강간하다
N0-가 N2-에게서 N1-를 V (N0=[인간] N1=순결, 정조 따위 N2=[인간])
피 빼앗기다
¶강간범이 그 여학생에게서 순결을 빼앗았다. ¶그 남자가 내 여동생에게서 정조를 빼앗았다.

뺏기다

활용 뺏기어(뺏겨), 뺏기니, 뺏기고 ㊀빼앗기다
타 ❶(재산이나 소유물 따위를) 타인이 강제로 가져가는 일을 당하다. (of one's possession) Be forcefully transferred to someone.
㊌강탈당하다, 탈취당하다
N0-가 N2-에게 N1-를 V (N0=[인간|단체] N1=[구체물](소유물, 재산 따위) N2=[인간|단체])
¶나는 강도에게 나의 시계를 뺏겼다. ¶철수는 사기꾼에게 그의 집을 뺏겼다.
❷(일이나 자격, 권리 따위를) 타인에게 잃다. Lost a work, qualification, or right to someone.
㊌상실하다
N0-가 N2-에게 N1-를 V (N0=[인간|단체] N1=[권리] N2=[인간|단체])
¶일제 강점기에 우리는 일제에게 주권을 뺏겼다. ¶실책으로 한국 대표팀은 일본에게 주도권을 뺏겼다.
❸(정조를) 강제로 잃게 되다. Lose one's chastity by force.
㊌폭행당하다, 강간당하다
N0-가 N2-에게 N1-를 V (N0=[인간] N1=정조, 순결 따위 N2=[인간])
¶영자는 사기 결혼에 속아 순결을 뺏겼다. ¶그녀는 순결을 뺏긴 후 우울증에 빠졌다. ¶전쟁으로 여자애들이 처녀성을 빼앗기고 있다.
❹(덜 중요한 일에) 시간이나 정력을 낭비하게 되다. Waste one's time to something less important.
㊌소모하다, 낭비하다
N0-가 N2-에 N1-를 V (N0=[인간|단체] N1=[시간] N2=[사건], [일], [작업])
¶그는 쓸데없는 놀이에 너무 시간을 많이 뺏긴다. ¶그는 출퇴근에 시간을 많이 뺏긴다. ¶잡다한 일로 인해 그는 정력을 많이 뺏기고 있다.
❺다른 사람의 생각이나 마음에 사로잡히다. Be captured by someone's thought or mind.
㊌사로잡히다
N0-가 N2-에게 N1-를 V (N0=[인간|단체] N1=[감정](감정, 마음, 정신, 혼 따위) N2=[인간|단체], [구체물], [추상물](사상, 내용, 말 따위))
¶그는 이번의 일을 성사시키는 데에 온 정신을 뺏겼다. ¶철수는 영희에게 완전히 맘을 뺏겼다.

뺏다

활용 뺏어, 뺏으니, 뺏고 ㊀빼앗다
타 ❶(다른 사람이 가진 것을) 강제로 자기 것으로 하거나 잃게 하다. Take someone else's possession or cause it to be lost by force.
㊌강탈하다, 탈취하다
N0-가 N2-에게서 N1-를 V (N0=[인간|단체] N1=[구체물](소유물, 재산 따위), [인간] N2=[인간|단체])
피 뺏기다
¶그들은 지나가는 행인에게서 돈을 뺏곤 했다. ¶그는 친구의 재산을 뺏으려고 했다.
N0-가 N2-에서 N1-를 V (N0=[인간|단체] N1=[구체물] N2=[장소], [신체부위])
피 뺏기다
¶그는 대담하게도 영희의 손목에서 시계를 뺏었다. ¶그들은 그의 집에서 가구를 뺏어 갔다.
❷(다른 사람이 가진 권리나 이권을) 강제로 자기 것으로 하다. Take someone's right by force.
㊌탈취하다, 강탈하다
N0-가 N2-에게서 N1-를 V (N0=[인간|단체] N1=[권리] N2=[인간|단체])
피 뺏기다
¶중국이 인근 국가에서 어업권을 뺏으려고 영해를 침범한다. ¶공사장 인부가 공사한 건물을 뺏으려고 했다.
❸(다른 사람의 권리나 자격을) 합법적으로 잃게 하다. Make someone legally lose a right or qualification.
㊌박탈하다
N0-가 N2-에게서 N1-를 V (N0=[인간|단체] N1=[권리], [자격] N2=[인간|단체])
피 뺏기다
¶올림픽위원회는 약물을 복용한 그에게서 금메달을 뺏었다. ¶상습적인 음주 운전자에게서는 운전면허를 뺏어야 한다.
❹(다른 사람의 정조를) 강제로 잃다. Make someone lose chastity by force.
㊌성폭행하다, 강간하다
N0-가 N2-에게서 N1-를 V (N0=[인간|단체] N1=정조, 순결 따위 N2=[인간])
¶그는 강제로 영자의 정조를 뺏고 희롱하였다. ¶영희는 그녀의 순결을 뺏은 범인을 찾았다.
❺(덜 중요한 일에) 시간이나 정력을 낭비하게 하다. Make someone waste time to something less important.
㊌낭비하게 하다, 소비시키다, 보내게 하다
N0-가 N1-를 V (N0=[인간|단체] N1=[시간])

ㅂ

¶남자친구가 시간을 너무 많이 뺏어 가서 공부를 못해. ¶상부의 부당한 간섭은 시간과 노력을 너무 많이 뺏어 간다.
❻ 다른 사람의 생각이나 마음을 사로잡다. Capture someone else's thought or mind.
㊌사로잡다, 끌다
N0-가 N2-에게서 N1-를 V (N0=[인간|단체], [구체물], [추상물](사상, 내용, 말 따위) N1=[감정](감정, 마음, 정신, 혼 따위) N2=[인간|단체])
¶애플의 신제품이 철수의 마음을 완전히 뺏었다. ¶그의 편지는 영자의 혼을 쏙 뺐다. ¶그 아가씨는 이웃집 청년의 정신을 빼앗아 버렸다.

뺨치다

활용 뺨치어(뺨쳐), 뺨치니, 뺨치고 【속어】
타(어떤 능력이나 수준 따위가) 비교 대상을 훨씬 뛰어넘다. (of ability or level) Exceed greatly something that is being compared with another thing.
㊌능가하다, 겨루다
N0-가 N1-를 V (N0=[속성], [능력], [행위], [값], [인간|단체] N1=[속성], [능력], [행위], [값], [인간|단체])
¶민지의 외모는 탤런트를 뺨칠 정도로 눈이 부셨다. ¶그 가게의 매출이 웬만한 중소기업을 뺨친다. ¶엄마 음식 솜씨는 전문 요리사를 뺨치고도 남는다.

ㅂ

뻐기다

활용 뻐기어(뻐겨), 뻐기니, 뻐기고
자(사람이) 잘난 체하며 으스대다. (of a person) Show off by bragging.
㊌뽐내다, 거들먹거리다, 자랑하다
N0-가 S고 V (N0=[인간])
¶그는 시골 출신으로 드물게 출세했다고 늘 뻐기었다. ¶어떤 손님들은 돈깨나 있다고 뻐기며 말한다. 그 여자는 선물 받은 보석을 가지고 뻐기곤 했다.

뻗다

활용 뻗어, 뻗으니, 뻗고
자❶(길이나 강, 산맥 따위의) 흐름이 어떤 방향으로 길게 이어지다. (of roads, rivers, or mountains) Extend a long distance in a certain direction.
㊌이어지다, 전개되다
N0-가 N1-로 V (N0=[길], [산맥], [하천] N1=[방향], [장소])
¶고속도로가 좌우로 곧게 뻗어 있다. ¶광장을 중심으로 동서남북으로 거리가 뻗어 있다.
❷(사상이나 영향력 따위가) 어디로 퍼지거나 멀리 미치다. (of thought or influence) Spread or reach far away.
㊌퍼지다, 전달되다, 확산되다 자
N0-가 N1-(로|에) V (N0=[사조], [권력], [영향] N1=[장소])
¶유교 사상이 중국으로 급속도로 뻗어 가고 있다. ¶우리 학교는 교류 확대로 세계로 뻗어갈 예정이다.
❸(사람이나 동물이) 과로하거나 지나치게 피곤하여 쓰러지다. (of a person or an animal) Fall down, having overworked or due to exhaustion.
㊌나가떨어지다, 쓰러지다
N0-가 N1-에 V (N0=[인간], [짐승] N1=[기운])
¶나는 시험 후 피로감에 완전히 뻗었다. ¶강아지는 1시간 넘게 뛰어다니더니 지쳐 뻗었다.
❹(사람이나 동물이) 기절하거나 목숨을 잃다. (of a person or an animal) Lose consciousness or life.
㊌죽다
N0-가 V (N0=[인간], [짐승])
¶챔피언은 급소를 한 대 맞고 그대로 뻗었다. ¶그는 방어도 제대로 못 하고 바닥에 뻗어 버렸다.
타(사람이나 동물이) 굽거나 접힌 몸의 일부를 쭉 길게 펴다. (of a person or an animal) Stretch out a bent or a folded part of the body.
㊌펴다, 펼치다
N0-가 N1-를 V (N0=[인간], [짐승] N1=[신체부위])
연어 쭉, 주욱
¶나는 다리를 쭉 뻗고 쉬고 있었다. ¶나는 손을 뻗어 꽃을 꺾었다.
N0-가 N1-를 N2-(에|로) V (N0=[인간], [짐승] N1=[신체부위] N2=[장소])
연어 쭉, 주욱
¶나는 손을 선반에 뻗어 책을 내렸다. ¶다리를 이쪽으로 뻗어라.
자타(식물의 가지나 줄기, 뿌리 따위가) 어느 방향으로 길게 자라며 나아가다. (of branches, stalks, or roots of a plant) Grow and stretch in a direction.
㊌자라다, 펼치다
N0-가 N1-를 N2-로 V ↔ N1-가 N2-로 V (N0=[식물] N1=[식물](가지, 줄기, 뿌리 따위) N2=[방향])
¶소나무가 가지를 위로 곧게 뻗었다. ↔ 소나무 가지가 위로 곧게 뻗었다. ¶고구마가 줄기를 사방으로 쭉쭉 뻗었다. ¶풍란은 잘라진 부분에서 뿌리를 아래로 뻗는다.

뻗대다

활용 뻗대어(뻗대), 뻗대니, 뻗대고 ㊊벋대다
자(사람이) 신념이나 의지를 지키려고 고집스럽게 반대하며 버티다. Take a firm stand to maintain one's faith or intention.
㊌버티다, 저항하다 ㊍따르다, 복종하다
N0-가 N1-에 V (N0=[인간] N1=[추상물])

¶그는 상관의 지시에 뻗대다가 혼쭐이 났다. ¶모진 고문에도 굴하지 않고 끝까지 뻗댔다. ¶김국장은 한일 협의안에 뻗대면서 자기주장만을 내세웠다.
N0-가 S고 V (N0=[인간])
¶우리애는 학교에 안 가겠다고 뻗대요. ¶저 친구는 교수에게 학점을 더 달라고 뻗댔다 혼났어요.
타(사람이나 동물이) 넘어지지 않으려고 손이나 발을 대고 힘주어 버티다. (of a person or animal) Hold out the hands or feet firmly so as not to fall.
㈜버티다
N0-가 N1-를 V (N0=[인간] N1=손, 발)
¶길이 얼어 나는 발을 조심스레 뻗대며 걸었다. ¶등산하면서 미끄러지지 않게 바위에 손을 뻗대었다.

뻗치다

활용뻗치어(뻗쳐), 뻗치니, 뻗치고
자❶(가지나 줄기, 뿌리 따위가) 어떤 방향으로 길게 자라며 나아가다. (of branches, stalks, or roots) Grow and stretch in a direction.
㈜자라다, 자라나다
N0-가 N1-로 V (N0=[식물](가지, 줄기, 뿌리 따위), [신체부위] N1=[방향])
¶소나무 가지가 위로 곧게 뻗쳤다. ¶고구마 줄기가 사방으로 쭉쭉 뻗쳐 있다. ¶머리를 못 감았더니 머리가 마구 뻗쳤다.
❷(어떤 기운이나 세력 따위가) 다른 곳에 퍼지다. (of vigor or influence) Spread into another region.
㈜미치다, 전달되다, 확산되다
N0-가 N1-(에|에게|로) V (N0=[기운, 화, 열, 세력 따위 N1=[구체물])
¶나는 화가 머리끝까지 뻗쳐서 교실을 뛰쳐나왔다. ¶나는 열이 뻗쳐서 앉아 있을 수 없었다.
타❶(사람이나 동물이) 굽히거나 접혀 있던 몸의 일부를 쭉 길게 펴다. (of a person or an animal) Stretch out a bent or a folded part of the body.
㈜펴다, 늘이다
N0-가 N1-를 N2-(에|로) V (N0=[인간], [짐승] N1=[신체부위](다리, 손 따위) N2=[장소])
¶나는 다리를 앞으로 쭉 뻗쳤다. ¶오늘 저녁엔 다리를 뻗치고 잘 수 있을 것 같다. ¶나는 손을 뻗쳐서 꽃을 꺾었다.
❷(사람이나 조직이) 다른 사람이나 조직에게 어떤 기운이나 세력 따위를 퍼뜨려 드러내 보이다. (of a person or an organization) Display and spread their vigor or influence to another person or organization.
㈜넓히다
N0-가 N1-를 N2-(에|에게|로) V (N0=[인간], [단체] N1=기운, 세력, 손, 손길 따위 N2=[인간], [단체])
¶그들은 세력을 우리 마을에까지 뻗쳤다. ¶그 기업은 요식업계에 손을 뻗치고 있다.

뽐내다

활용뽐내어(뽐내), 뽐내니, 뽐내고 대응뽐을 내다
자자신감과 만족감이 가득하여 으스대다. Show off, Being full of self-confidence and satisfaction.
㈜자랑하다, 으스대다
N0-가 V (N0=[인간])
¶주식으로 돈을 번 삼촌은 하루가 멀다하고 뽐냈다. ¶아들은 대기업에 입사한 후 뽐내고 다니기 바빴다. ¶그가 안하무인으로 뽐내는 도저히 꼴을 봐줄 수가 없다.
자타자신의 소유나 능력을 자랑스럽게 드러내어 내보이다. Boast about one's own possessions or ability.
㈜자랑하다
N0-가 S다고 V (N0=[인간])
¶돈이 많다고 뽐냈던 것도 젊었을 때의 이야기다. ¶미애는 달리기가 빠르다고 뽐내기도 했다.
N0-가 N1-를 V (N0=[인간] N1=[모두])
¶광호는 비싼 만년필을 뽐냈다. ¶그는 허리에 찬 대검을 뽐내며 돌아다녔다.

뽑다

활용뽑아, 뽑으니, 뽑고
타❶박혀 있는 것을 잡아당겨서 빼다. Pull out a deeply embedded thing.
㈜빼내다, 제거하다
N0-가 N1-를 V (N0=[인간], [동물] N1=[구체물])
피뽑히다
¶나는 어머니의 흰머리를 뽑아 드렸다. ¶아버지께서 마당의 잡초를 뽑고 계신다.
❷(여러 사람이나 대상 중에서) 특정한 사람이나 대상을 선택하다. Choose a specific person or object among various people or objects.
㈜선발하다, 선별하다, 고르다, 골라내다
N0-가 N2-에서 N1-를 V (N0=[인간|단체] N1=[모두] N2=[모두])
피뽑히다
¶우리는 신병들 중에서 저격수를 뽑았다. ¶우리 학교는 농어촌 지역 학생 중에서 특별 장학생을 뽑는다. ¶우리 장학회는 매년 전국 대학생들 중에서 장학생을 뽑는다.
N0-가 N2-로 N1-를 V (N0=[인간|단체] N1=[모두] N2=[방법](투표, 제비뽑기 따위))
피뽑히다

ㅂ

¶우리 대학은 수능 성적만으로 신입생을 뽑는다. ¶국민들이 투표로 대표자를 뽑아야 한다. ¶학생들이 투표로 반장을 뽑았다.
❸(어떤 용기나 물질 또는 장소에 들어 있는) 액체나 기체 따위를 밖으로 꺼내어 모으다. Collect by taking out liquid, gas, etc., in some container, substance, or place.
㊎추출하다, 빼내다
N0-가 N2-에서 N1-를 V (N0=[인간|단체] N1=[액체], [기체], [구체물] N2=[구체물], [장소])
¶간호사가 팔뚝 정맥에서 피를 뽑았다. ¶사람들이 지하수를 너무 많이 뽑아서 문제이다.
❹(국수, 면, 가래떡 따위의) 가늘고 긴 모양의 음식물을 만들어 내다. Make thin, long-shaped food such as noodle, rice cake bar, etc.
㊎만들다, 제조하다
N0-가 N1-를 V (N0=[인간] N1=[재료](면, 가래떡 따위))
¶주방장이 면발을 뽑고 있다. ¶어머니는 방앗간에서 가래떡을 뽑아 오셨다.
❺(사람이나 짐승이) 목을 앞이나 위로 길게 빼어 늘이다. (of a person or a beast) Lengthily stretch the neck toward the front or up.
㊎빼다I, 늘이다
N0-가 N1-를 V (N0=[인간], [동물] N1=[신체부위](목))
¶자라가 목을 길게 빼고 있다. ¶기린이 목을 빼고는 나뭇잎을 뜯어 먹는다.
❻(장사, 투자 따위에) 들인 돈을 그만큼 되찾다. Regain the money spent in business, investment, etc.
㊎거두다, 벌다, 환수하다, 회수하다
N0-가 N1-를 V (N0=[인간|단체] N1=[금전](원금, 본전 따위))
¶내 친구는 이 장사에서 본전도 못 뽑았다. ¶나는 본전을 뽑으면 이 일을 그만 둘 생각이다. ¶우리 회사는 투자비를 뽑기가 어려운 상황이다.
❼(옷, 차 따위의 물건을) 새로이 마련하다. Get an object such as clothes, car, etc.
㊎사다[1], 마련하다
N0-가 N1-를 V (N0=[인간] N1=[구체물](옷, 자동차 따위))
¶형이 오랜만에 새 차를 뽑았다. ¶나는 새 양복을 뽑았다.
❽(어떤 일에 들어가는) 비용을 미리 계산하다. Calculate the cost that will be incurred in some duty in advance.
㊎계산하다, 추산하다
N0-가 N1-를 V (N0=[인간|단체] N1=[금전](비용, 예산, 견적 따위))
¶우리는 여행 경비를 뽑아 보기로 했다. ¶인테리어 업자가 견적을 뽑아 주었다.
◆ **뿌리뽑다** (어떤 것을) 더 이상 남아 있지 않도록 철저하게 없애다. Get rid of something completely.
N0-가 N2-에서 N1-를 Idm (N0=[인간|단체] N1=[모두] N2=[분야], [범위], [지역])
¶경찰이 이 지역에서 범죄를 뿌리뽑으려고 했다. ¶침략자들은 식민지에서 민족정신을 뿌리뽑았다.

뽑아내다

활용뽑아내어(뽑아내), 뽑아내니, 뽑아내고
타❶(박히거나 꽂힌 물체를) 있던 곳에서 잡아서 끌어당겨 빼내다. Pull out something stuck or fixed from where it was.
㊎뽑다, 빼다I
N0-가 N2-에서 N1-를 V (N0=[인간], [짐승] N1=[구체물] N2=[장소], [구체물])
¶동규는 벽에서 못을 뽑아냈다. ¶기계에서 뽑아낸 부품은 한곳에 모아 두어라. ¶작업 중이니 콘센트에서 플러그를 뽑아내지 말아라.
❷(액체나 기체를) 어떤 공간에서 밖으로 나오도록 빼다. Drain or deflate liquid or gas from a space.
㊎추출하다, 빼다I
N0-가 N2-(에서|에게서) N1-를 V (N0=[인간] N1=[액체], [기체] N2=[장소], [구체물], [인간], [짐승])
¶그는 관을 통해 지하실에서 일산화탄소를 뽑아냈다. ¶수족관에서 물을 뽑아내고 청소를 시작했다.
❸전체에서 일부를 특정한 기준에 따라 골라서 뽑다. Pick out something from all things according to a standard.
㊎골라내다, 선별하다, 고르다I
N0-가 N2-에서 N1-를 V (N0=[인간] N1=[모두] N2=[모두])
¶지원자 중에서 경력자만 뽑아내서 알려 주세요. ¶네게 필요한 내용만 뽑아내 글로 정리해 보렴.
❹(사업이나 일에 들인 돈을) 그 액수만큼 도로 벌어들이다. Earn as much money as one spent on business or work.
㊎벌다, 회수하다, 거두다
N0-가 N1-를 V (N0=[인간|단체] N1=[돈])
¶그는 1년 만에 투자금을 뽑아냈다. ¶자본금을 뽑아내려면 더 열심히 일해야 해.
❺목소리나 노래를 길게 늘여서 내거나 부르다. Sing a song or utter one's voice by extending the tone or sound.
㊎부르다, 가다듬다
N0-가 N1-를 V (N0=[인간|단체] N1=[소리](노랫소리 따위), [성악곡], 목소리)

¶할머니는 민요를 한 곡 뽑아내셨다. ¶제가 한 곡조 뽑아내 보도록 하겠습니다.

❻운동경기에서 점수나 득점을 얻어 내다. Score a point in a sports game.

㊌얻다, 득점하다

N0-가 N1-를 V (N0=[인간|단체] N1=[개체단위](점 따위), 골)

¶그는 중요한 순간에 3점을 뽑아내었다. ¶우리 팀은 종료 직전 골을 뽑아내 역전에 성공했다.

뽑히다

활용뽑히어(뽑혀), 뽑히니, 뽑히고

자❶깊이 박혀 있던 것이 밖으로 빠지다. (of a deeply embedded thing) Fall out.

N0-가 N1-에서 V (N0=[구체물] N1=[구체물], [장소])

능뽑다

¶농작물들이 밭에서 모두 뽑혀 있었다. ¶앞머리에서 머리카락이 다 뽑혔다. ¶앓던 이가 저절로 뽑혔다.

❷(여러 사람이나 대상 중에서) 특정한 사람이나 대상이 선택되다. (of a specific person or object) Be selected from various people or objects.

㊌선발되다, 선택되다, 간택되다, 선별되다

N0-가 N1-에서 N2-로 V (N0=[인간] N1=[인간|단체] N2=[인간], [직위], [역할])

능뽑다

¶후보 중에서 박 의원이 비대위원장으로 뽑혔다. ¶그 테니스 선수가 세계에서 가장 인기 있는 사람으로 뽑혔다.

N0-가 N1-에서 V (N0=[인간], [지위], [역할] N1=[인간|단체])

피뽑다

¶김종규가 학생들 중에서 대표가 뽑혔다. ¶장학금 수혜자는 우리 반에서 뽑혔다. ¶김현정 교수가 국가 최고 우수 연구자로 뽑혔다.

N0-가 N1-에서 N2-로 V (N0=[모두] N1=[모두] N2=최고, 으뜸 따위)

능뽑다

¶피겨 스케이팅이 동계 스포츠 중에서 최고로 뽑힌다. ¶현 대표가 역대 대표들 가운데서 으뜸으로 뽑히고 있다. ¶그 팀이 대회 참가국들 중에서 최고 팀으로 뽑힙니다.

뿌리내리다

활용뿌리내리어(뿌리내려), 뿌리내리니, 뿌리내리고 대응뿌리를 내리다

타❶(식물이) 땅 속에 뿌리를 뻗어 박다. (of plants) Take root in the ground.

㊌착근하다, 착지하다 ㊥뿌리뽑히다

N0-가 N1-에 V (N0=[식물] N1=[장소])

¶밭의 작물들이 자라면서 땅에 깊이 뿌리내렸다. ¶땅에 깊이 뿌리내리지 못한 나무가 거센 바람에 쓰러졌다.

❷한 곳에 오랫동안 머물며 삶의 바탕을 이루다. Form a foundation of life by staying at one place for a long time.

㊌정착하다, 정주하다, 머물다 ㊥뿌리뽑히다

N0-가 N1-에 V (N0=[인간|단체] N1=[장소])

¶우리 가문은 500년 동안 이곳에 뿌리내리고 살았다. ¶기영이는 어느 곳에도 뿌리내리지 못하고 떠돌며 살았다.

❸(사상이나 사조가) 사회에 널리 받아들여지고 일반화되다. (of thought or trend) Be accepted widely and generalized.

㊌정착하다, 수용되다, 퍼지다 ㊥뿌리뽑히다, 근절되다

N0-가 N1-에 V (N0=[추상물] N1=[단체])

¶이 도시에는 다양한 시민운동이 뿌리내려 있다. ¶한국은 분리 배출 운동이 잘 뿌리내린 국가 중 하나이다.

ㅂ

뿌리다

활용뿌리어(뿌려), 뿌리니, 뿌리고

자(눈이나 비 따위가) 약간 날려 떨어지다. (of rain or snow) Be sprinkled a little.

㊌날리다I, 내리다

N0-가 V (N0=비, 눈 따위)

¶하루 종일 비가 뿌렸다. ¶어제 오전 잠깐 눈이 뿌렸다. ¶거리에는 비가 뿌리고 있었다.

타❶(사람이나 단체가) 액체나 알갱이 따위를 대상에 던지거나 끼얹어 흩어져 떨어지게 하다. (of a person or an organization) Throw or drop liquid or grains onto an object so that they are spread over.

㊌치다VII, 흩다, 살포하다

N0-가 N1-를 N2-(에|에게) V (N0=[인간|단체] N1=[액체], 알갱이, 가루 따위 N2=[구체물])

¶빵 위에 치즈 가루를 뿌린 후 오븐에 넣어 주세요. ¶철수는 옷에 향수를 뿌리고 향기를 맡았다.

❷(사람이나 단체가) 다른 사람에게나 어떤 장소에 전단지나 명함 따위를 나누어주다. (of a person or an organization) Distribute a leaflet or a business card to another person or a place.

㊌나누어주다, 배포하다 ㊥거두다, 모으다, 줍다

N0-가 N1-를 N2-(에|에게) V (N0=[인간|단체] N1=[구체물](전단지, 명함, 광고물, 홍보물, 유인물 따위) N2=[장소], [인간|단체])

¶배달 아저씨는 사람들에게 전단지를 뿌리고 갔다. ¶강경휴 의원은 지지자들에게 명함을 뿌리고 다닌다.

❸(어떤 장소에) 씨앗을 흩어지게 던져 심다.

Drop seeds so that they spread over a place.
[유]파종하다, 심다
N_0-가 N_1-를 N_2-에 V (N_0=[인간|단체] N_1=씨 N_2=[장소])
¶농부가 밭에 씨를 뿌리는 동안 아내는 참을 준비했다. ¶나는 뒷마당에 꽃씨를 뿌리고 꽃을 키웠다.
❹(돈을) 다른 사람들이나 장소에 함부로 마구 쓰다. Squander money on other people or a place.
[유]낭비하다, 남용하다
N_0-가 N_1-를 N_2-(에|에게) V (N_0=[인간|단체] N_1=돈, 금품 따위 N_2=[인간|단체], [장소])
¶그들은 유흥가에 돈을 뿌리고 다닌다. ¶그들은 너무 많은 돈을 사람들에게 뿌리고 다닌 것 같다.
❺(사람이나 단체에) 돈이나 뇌물 따위를 자신의 목적이나 이익을 위해 나누어 주다. Give a person or an organization money or bribe for one's purpose or benefit.
[유]살포하다, 바치다, 건네주다
N_0-가 N_1-를 N_2-(에|에게) V (N_0=[인간|단체] N_1=돈, 뇌물, 금품 따위 N_2=[인간|단체])
¶그 사업가는 공무원들에게 엄청난 뇌물을 뿌렸다.
❻(해, 달, 별 따위가) 빛을 어떤 장소에 쏘아 널리 퍼지게 하다. (of sun, moon, or stars) Shine and spread light widely over a place.
[유]반사하다, 쏟아붓다
N_0-가 N_1-를 N_2-에 V (N_0=해, 달, 별, 조명 따위 N_1=빛, 햇살 따위 N_2=[장소])
¶섣달 보름은 세상에 풍성한 달빛을 뿌려 주었다. ¶늦가을 별이 들판에 따스한 햇살을 뿌려 주고 있다.
❼(사람이나 단체가) 소문이나 화제를 널리 퍼뜨리다. (of a person or an organization)Spread widely a rumor or an issue.
[유]소문내다, 퍼트리다
N_0-가 N_1-를 V (N_0=[인간|단체] N_1=소문, 화제, 염문 따위)
¶그 남자 배우는 금발 모델들과 염문을 뿌렸다. ¶그 가수는 숱한 화제를 뿌리며 인기몰이 중이다.
❽ (눈물을) 몹시 많이 흘리다. Shed tears copiously.
[유]흐느끼다
N_0-가 N_1-를 V (N_0=[인간|단체] N_1=눈물)
¶소희는 어머니 생각에 눈물을 뿌렸다. ¶이산가족은 이별하며 눈물을 뿌렸다.
❾어떤 일의 원인을 제공하다. Give cause for a work.
N_0-가 N_1-를 V (N_0=[인간|단체] N_1=일, 씨)
¶네가 뿌린 일은 너에게 되돌아오는 법이다. ¶제가 뿌린 씨는 제가 거두겠습니다.
※주로 '뿌린'의 형태로 쓰인다.
❿ 【운동】 투수가 공을 어디에 힘있게 던지다. (of a pitcher) Throw a ball strongly at a point.
N_0-가 N_1-를 N_2-(에게|로) V (N_0=[인간|단체] N_1=공 N_2=[인간], [장소])
¶공을 뿌릴 때는 팔을 최대한 뻗어야 한다. ¶강 선수가 힘차게 공을 뿌리고 있다.
◆ **고춧가루(를) 뿌리다** (사람이나 단체가) 어떤 일이나 계획에 훼방을 놓다. (of a person or an organization) Disrupt a work or a plan.
N_0-가 N_1-에 Idm (N_0=[인간|단체] N_1=[일], [사건])
¶지호는 남의 잔치에 고춧가루를 뿌렸다. ¶그 회사는 우리가 하는 일마다 고춧가루를 뿌린다.
◆ **재(를) 뿌리다** (사람이나 단체가) 어떤 일이나 계획에 훼방을 놓다. (of a person or an organization) Disrupt a work or a plan.
N_0-가 N_1-에 Idm (N_0=[인간|단체] N_1=[일], [사건])
¶이 사장이 우리 회사 사업에 재를 뿌리고 다닌다. ¶너는 다 된 일에 재를 뿌리지 말고 가만히 있어라.

뿌리박다

[활용]뿌리박아, 뿌리박으니, 뿌리박고 [대응]뿌리를 박다
[자]❶(식물이) 땅 속에 뿌리를 뻗다. (of a plant) Stretch its roots under the ground.
[유]착근하다, 뿌리내리다 [반]뿌리뽑히다
N_0-가 N_1-에 V (N_0=[식물] N_1=[장소])
[피]뿌리박히다
¶작년에 심은 묘목이 땅에 튼튼히 뿌리박았다. ¶잡초들이 깊이 뿌리박고 있어 제초 작업이 쉽지 않다.
❷한 곳에 고정되어 제거하기 어렵게 되다. Become difficult to remove due to fixation to one place like as a plant stretching its roots under the ground so firmly makes it hard to remove it.
[반]뿌리뽑히다
N_0-가 N_1-에 V (N_0=[구체물] N_1=[구체물])
[피]뿌리박히다
¶발에 티눈이 뿌리박고 있어 통증이 심하다. ¶피부 깊이 뿌리박은 모낭충은 제거하기가 쉽지 않다.
❸한 곳에 오랫동안 머물러 살다. Live in one place for a long time and make that place as one's livelihood.
[유]정착하다, 정주하다
N_0-가 N_1-에 V (N_0=[사람] N_1=[장소])
¶우리 집안은 대대로 조상들의 고향에 뿌리박고 살아왔다. ¶뿌리박은 곳 없이 떠돌이로 전전한 것이 벌써 10년이다.

❹바탕이나 근거로 삼다. Use as basis or grounds.
[유]근거하다
N0-가 N1-에 V (N0=[추상물](사상, 종교, 제도 따위) N1=[추상물])
[피]뿌리박히다
¶유럽 미술의 사조는 기독교 문명에 깊이 뿌리박고 있다. ¶사회 운동은 인권 의식에 뿌리박을 때 건강하게 성장한다. ¶도덕은 인간 정신에 본래부터 뿌리박고 있다.

뿌리박히다

[활용]뿌리박히어(뿌리박혀), 뿌리박히니, 뿌리박히고 [대응]뿌리가 박히다
[자]❶(식물이) 땅 속에 뿌리를 뻗고 자라다. (of a plant) Stretch its roots under the ground and grow.
N0-가 N1-에 V (N0=[식물] N1=[장소])
¶꽃들은 화분에 깊이 뿌리박혀 잘 자라고 있다. ¶잡초들은 한번 뿌리박힌 뒤에는 쉽게 제거가 안 된다.
❷한 곳에 고정되어 제거하기 어렵게 되다. Become difficult to remove due to fixation to one place like as a plant stretching its roots under the ground so firmly makes it hard to remove it.
N0-가 N1-에 V (N0=[구체물] N1=[구체물])
[주]뿌리박다
¶티눈이 발에 깊게 뿌리박혀 수술하게 생겼다. ¶이 종양은 뿌리박힌 깊이가 조금이라서 다행이다.
❸(어떤 것의 바탕이나 근거로) 깊이 자리 잡다. Be deeply situated as basis or grounds for something.
[유]근거하다
N0-가 N1-에 V (N0=[추상물](사상, 종교, 제도 따위) N1=[추상물])
[주]뿌리박다
¶권위주의의 흔적이 곳곳에 뿌리박혀 있습니다. ¶공직 사회 곳곳에 뿌리박힌 비리를 척결해야 한다.

뿌리치다

[활용]뿌리치어(뿌리쳐), 뿌리치니, 뿌리치고
[타]❶붙잡은 사람을 힘껏 털어 자신으로부터 떼어 놓다. Push forcibly someone who clings to one side.
[유]밀치다
N0-가 N1-를 V (N0=[인간] N1=[인간], [신체부위])
¶기영이는 기철이의 손을 뿌리쳤다. ¶아이는 어머니의 품을 뿌리치고 나왔다. ¶그 취객은 부축하려는 사람의 팔을 뿌리쳤다.
❷경쟁자에 대해 성적 차이를 크게 벌려 떼어 놓다. Extend one's lead greatly in records of a competition against opponents.
[유]물리치다
N0-가 N1-를 V (N0=[인간|단체] N1=[인간|단체], [행위])
¶우리 팀은 2위 팀의 추격을 크게 뿌리쳤다. ¶그 육상 선수는 경쟁자들을 뿌리치고 앞서 나갔다.
❸(상대의 제안이나 호의, 선물 등을) 강하게 거절하다. Issue a flat refusal to another person's request, suggestion, or present.
N0-가 N1-를 V (N0=[인간|단체] N1=[추상물], [사태])
¶그는 개인적으로 받은 모든 청탁을 뿌리쳤다. ¶약소한 선물이니 부디 뿌리치지 마십시오. ¶그는 도움의 손길을 뿌리치고 일을 혼자서 처리했다.

뿜다

[활용]뿜어, 뿜으니, 뿜고
[타]❶(무엇이) 빛, 연기, 불, 냄새 따위를 공중으로 세차게 내보내다. (of something) Make light, smoke, fire, or smell strongly move out towards the air.
[유]분출하다 [하]내뿜다
N0-가 N1-를 V (N0=[인간], [구체물] N1=[연기], [빛](빛, 불 따위), [냄새])
¶대포가 화려하게 불을 뿜었다. ¶공업단지의 굴뚝마다 연기를 뿜는다. ¶스컹크가 지독한 냄새를 뿜었다.
❷(무엇이) 속에 있는 것을 밖으로 세차게 내보내다. (of something) Make something inside strongly move out towards outside.
[유]배출하다I
N0-가 N2-(에|에게) N1-를 V (N0=[인간], [동물], [구체물] N1=[액체] N2=[인간], [동물], [구체물], [장소])
¶스프레이가 벽에 색색의 페인트를 뿜는다. ¶갑자기 우스운 소리를 하자 아이들이 입에서 물을 뿜었다. ¶한여름의 분수가 시원하게 물을 뿜는다.
❸(사람이) 감정을 잔뜩 드러내 보이다. (of a person) Heavily reveal some emotion.
[유]표현하다, 분출하다
N0-가 N1-를 V (N0=[인간], [신체부위] N1=[감정])
¶화난 사람들은 입에서 독기를 뿜는다. ¶선수들은 온몸으로 승리의 기쁨을 뿜었다.

삐걱거리다

[활용]삐걱거리어(삐걱거려), 삐걱거리니, 삐걱거리고
[자]❶(크고 단단한 물건이) 서로 세게 마주 닿아

[ㅂ]

갈리는 소리가 자꾸 나다. (of two big and hard things) Touch each other so strongly that they make a grating sound.
[유]삐걱대다[자], 삐걱이다[자]
N0-가 V (N0=[구체물])
¶사무실 문이 연신 삐걱거리며 열렸다. ¶이 의자는 앉았을 때 삐걱거리지 않는다. ¶수레바퀴가 삐걱거리는 소리를 내면서 굴러간다.
❷(몸의 일부가) 서로 세게 마주 닿아 움직임이 부자연스럽다. (of parts of the body) Touch each other so strongly that their movement is unnatural.
N0-가 V (N0=[신체부위])
¶고된 노동으로 온몸이 삐걱거린다. ¶오랜만에 운동했더니 다리가 삐걱거리며 아프다.
❸(어떤 일이) 문제가 생겨 잘 되지 않다. (of a work) Wrong because of a problem.
N0-가 V (N0=[사건], [일], [산업], [행위])
¶회의가 시작부터 삐걱거렸다. ¶오래간만에 마련한 대화가 삐걱거리는 분위기다.
❹(둘 이상의 관계가) 문제가 생겨 자꾸 부딪치다. (of two or more things) Collide with each other repeatedly because of problems.
[유]부딪치다, 충돌하다
N0-가 V (N0=[인간|단체], [상태], [속성])
¶기호와 상수 사이가 삐걱거린다. ¶미국과 러시아 관계가 삐걱거리기 시작했다.
[타]❶(크고 단단한 물건들이) 서로 세게 마주 닿아 갈리는 소리를 자꾸 내다. (of two big and hard things) Touch each other so strongly that they make a grating sound.
[유]삐걱대다[타], 삐걱이다[타]
N0-가 N1-를 V (N0=[인간], [동물], 태풍, 바람 따위 N1=[구체물])
¶아이들이 교실 문을 연신 삐걱거리며 들락날락한다. ¶태풍이 밤새 덧문을 삐걱거려 잠을 못 잤다. ¶소가 수레를 삐걱거리며 언덕을 올라간다.
❷몸의 일부가 아프거나 결려서 움직이는 것이 불편하다. (of parts of the body) Movement is unnatural and painful.
N0-가 N1-를 V (N0=[인간] N1=[신체부위])
¶노인 한 분이 다리를 삐걱거리며 올라오신다.
❸둘 이상의 관계에 문제를 일으켜 자꾸 부딪치게 하다 . Make two or more things collide with each other repeatedly because of problems.
[유]부딪치다, 충돌하다
N0-가 N1-를 V (N0=[인간|단체] N1=[상태], [속성])
¶한국이 일본과의 관계를 삐걱거리면 손해는 누가 볼까?

삐다
[활용]삐어(삐), 삐니, 삐고
[자](사람이나 동물이) 팔, 발목, 허리 따위가 잘못 접질려지거나 비틀려 뼈마디를 다치다. (of a person or an animal) Have one's joints hurt because the arm, ankle, or waist has been sprained or twisted.
[유]비틀리다, 다치다, 꺾이다
N0-가 V (N0=[신체부위])
¶그는 어제 운동을 하다가 발목이 삐었다. ¶할아버지는 허리가 삐어 병원에 가셨다. ¶스노보드를 탈 때는 손목이 삐지 않도록 조심해라.
[타](사람이나 동물이) 신체의 일부를 접질려 뼈마디가 어긋나게 되다. (of a person or an animal) Have part of one's body sprained so that one's joints are dislocated.
[유]접질리다
N0-가 N1-를 V (N0=[인간], [동물] N1=[신체부위])
¶그는 어제 운동을 하다가 발목을 삐었다. ¶할아버지는 허리를 삐어 병원에 가셨다. ¶스노보드를 탈 때는 손목을 삐지 않도록 조심해라.

삐치다
[활용]삐치어(삐쳐), 삐치니, 삐치고
[자](사람이) 다른 사람이나 어떤 일에 불만을 갖고 말을 하지 않고 토라지다. (of a person) Become sulky without uttering a word, Being dissatisfied with another person or a work.
[유]토라지다, 화내다
N0-가 N1-에게 V (N0=[인간] N1=[인간])
¶동생은 나에게 삐쳐서 3일 동안 말을 하지 않았다. ¶나는 한동안 엄마에게 삐쳐 있었다.
N0-가 N1-(에|로) V (N0=[인간] N1=일 따위)
¶그는 작은 일에도 삐치곤 하였다. ¶너는 왜 그런 일로 삐치고 그러니?

ㅂ

사고팔다

활용 사고팔아, 사고파니, 사고팔고, 사고파는

타 (물건이나 소유권 따위를) 값을 치르고 소유하거나 다른 사람에게 양도하다. Possess an item or ownership after paying the price or to transfer it to someone.

유 매매하다 상 거래하다 하 사다[1], 팔다, 매도하다, 매입하다, 구매하다

N0-가 N1-를 N2-에 V (N0=[인간|단체] N1=[구체물], [추상물] N2=비용, 가격 따위)

¶사람들이 물건을 사고파는 곳이 시장이다. ¶암표상들이 경기장 입구에서 암표를 사고판다. ¶헌책방은 중고책만 사고파는 것이 아니고 새 책도 취급한다.

사고하다

어원 思考~ 활용 사고하여(사고해), 사고하니, 사고하고 대응 사고를 하다

자타 (어떤 것에 대해서) 깊게 생각하다. Think of something deeply.

유 생각하다, 숙고하다, 심사숙고하다, 반성하다, 성찰하다, 사색하다

N0-가 N1-(를|에 대해) V (N0=[인간] N1=[구체물], [추상물])

¶그는 종교 문제에 대해 깊게 사고하였다. ¶철수는 자신의 문제를 객관적으로 사고하려 하였다. ¶인간은 논리적으로 사고할 수 있다는 점에서 동물과 구분된다.

사과하다

어원 謝過~ 활용 사과하여(사과해), 사과하니, 사과하고 변이 사과드리다 대응 사과를 하다

자타 (상대에게) 자신의 잘못을 인정하고 용서를 구하다. Acknowledge one's fault to someone and ask for forgiveness.

유 사죄하다, 용서를 구하다

N0-가 N1-(에|에게) V (N0=[인간] N1=[인간|단체])

¶그는 머리를 숙이고 상처 입은 모든 사람들에게 사과했다. ¶상우는 얼굴을 붉히면서 친구에게 진심으로 사과했다.

N0-가 S(다고|다며) N1-에게 V (N0=[인간] N1=[인간])

¶오빠가 그때 일은 미안하다고 나에게 사과했다. ¶나는 늦어서 미안하다고 친구들에게 사과했다.

N0-가 N1-에 대해 V (N0=[인간] N1=[행위], [사건])

¶총장은 일부 학부생들의 단체 폭행 사태에 대해 공식 사과했다. ¶그는 선배 문인들의 친일 문학 활동에 대해 공개적으로 사과했다.

N0-가 S(것|데)-에 대해 V (N0=[인간])

¶회사 대표는 사회적으로 큰 물의를 일으킨 데 대해 공식 사과했다.

N0-가 N2-에게 N1-를 V (N0=[인간] N1=잘못 따위 N2=[인간])

¶나는 친구들에게 곧바로 잘못을 사과했다. ¶동생은 그간의 사정과 잘못했던 점을 형에게 사과했다.

사귀다

활용 사귀어, 사귀니, 사귀고

자 (어떤 사람이 다른 사람과 또는 둘 이상의 사람이) 서로 가깝게 지내거나 친하게 지내다. (of a person with another person or of two or more people) Stay closely or be on intimate terms.

유 교제하다, 친교하다 반 절교하다

N0-가 N1-와 V ↔ N1-가 N0-와 V ↔ N0-와 N1-가

ㅅ

V (N0=[인간|단체] N1=[인간|단체])
¶철수가 영희와 사귀었다. ↔ 영희가 철수와 사귀었다. ↔ 철수와 영희가 사귀었다. ¶민지와 영수는 10년을 사귀고 이제야 결혼한다. ¶나는 여행을 하면서 많은 친구와 사귀게 되었다.
[타](어떤 사람이) 다른 사람을 친하거나 가깝게 만들다. (of someone) Make someone friendly or close.
[유]교제하다 [반]절교하다
N0-가 N1-를 V (N0=[인간|단체] N1=[인간|단체])
¶영수가 민지를 사귀면서부터 성격이 많이 바뀌었다. ¶나는 여행을 하면서 다양한 친구들을 사귈 수 있었다.

사기당하다
[어원]詐欺~ [활용]사기당하여(사기당해), 사기당하니, 사기당하고 [대응]사기를 당하다
[타]사람이 자기 이익을 도모할 작정을 한 사람에게 거짓말이나 문서로 속임을 받다. Be deceived by someone who intends to make profits with lies or false documents.
[유]속다 [반]사기하다, 사기를 치다
N0-가 N2-에게 N1-(를|에 대해) V (N0=[인간] N1=[구체물] N2=[인간])
¶늙은 사람들은 그 놈에게 늘 사기당하고 있어요. ¶그 여자는 친구에게 부동산에 대해 사기당했다.

사기하다
[어원]詐欺~ [활용]사기하여(사기해), 사기하니, 사기하고 [대응]사기를 하다
[자타]자기 이익을 도모할 작정으로 다른 사람을 거짓말이나 문서로 속이다. Deceive someone with lies or false documents in pursuit of one's own interest.
[유]사기를 치다 [상]속이다 [반]사기당하다
N0-가 N2-에게 N1-(를|에 대해) V (N0=[인간] N1=[구체물] N2=[인간|단체])
¶그 놈은 늙은 사람들에게 늘 사기하고 있어요. ¶양희는 여자들에게 부동산에 대해 사기하고 있어요. ¶사람을 사기하는 놈들은 모조리 엄벌에 처해야 한다.

사냥하다
[활용]사냥하여(사냥해), 사냥하니, 사냥하고 [대응]사냥을 하다
[타]❶(사람이) 도구를 사용하여 야생동물을 잡다. (of a person)Catch wild animals using tools.
[유]잡다, 포획하다
N0-가 N1-를 V (N0=[인간] N1=[동물])
¶그는 산짐승 사냥하는 것이 취미이다. ¶사람들은 사냥해 온 짐승들의 가죽과 고기를 손질했다. ¶인류는 식물을 채집하고 동물을 사냥하며 살았다.
❷(힘센 짐승이) 자기보다 약한 짐승을 먹기 위하여 잡다. (of a strong animal) Catch a weak animal as prey.
[유]잡아먹다
N0-가 N1-를 V (N0=[동물] N1=[동물])
¶어미 표범은 사냥한 먹이를 새끼에게 먹였다. ¶어떤 동물은 무리지어 사냥하는 습성을 가지고 있다.

사다[1]
[활용]사, 사니, 사고
[타]❶(다른 사람이나 단체에서) 물건이나 권리 따위를 일정한 값에 어떤 수단으로 넘겨받거나 제공받다. Receive or take over the right or goods from a person or an organization by paying a definite price through certain means.
[유]구매하다, 매입하다 [반]팔다, 매도하다 [상]매매하다
N0-가 N1-를 N2-(에서|에게서) N3-에 N4-로 V (N0=[인간|단체] N1=[구체물], [장소], [권리] N2=[인간|단체] N3=[값], [속성](고가, 저가 따위) N4=[화폐])
¶소희는 가게에서 우유를 5천 원에 현금으로 샀다. ¶이것은 고가에 산 옷이라 관리에 신경을 써야 한다. ¶토지 소유권을 산 사람은 등기를 해야 합니다.
❷다른 사람이나 단체에게 음식이나 술을 값을 치르고 대접하다. Serve another person or organization by paying for food.
[유]대접하다, 접대하다
N0-가 N2-(에|에게) N1-를 V (N0=[인간|단체] N1=[음식], [단위](끼, 잔 따위) N2=[인간|단체])
¶오늘은 내가 친구에게 밥을 샀다. ¶저녁은 저희 회사에서 사는 것이니 마음껏 드십시오.
❸(사람을) 품삯을 주고 고용하다. Hire a person by paying the specified charge.
[유]고용하다, 채용하다 [반]내보내다
N0-가 N1-를 V (N0=[인간|단체] N1=[인간])
¶일손이 많이 필요할 것 같아서 사람을 샀다. ¶그는 인부들을 사서 공사를 진행했다.
❹(어떤 대상이나 그 대상의 장점을) 가치 있는 것으로 인정하다. Recognize the worth of an object or its merit.
[유]평가하다, 인정하다 [반]무시하다, 폄하하다
N0-가 N1-를 V (N0=[인간|단체] N1=[모두])
[연어]높이
¶나는 재경이의 한결같은 인격을 높이 산다. ¶이제 와서 생각하면 젊음이야말로 높이 살 만한 것이다.
❺물건을 내주고 그 대가로 돈을 마련하다. Win a certain amount of money by giving articles.

N0-가 N1-를 V (N0=[인간|단체] N1=돈)
¶그는 곡식을 팔아서 돈을 샀다. ¶무엇을 내다 팔아도 충분한 돈을 사지는 못하겠다.
◆ **사서** 안 해도 되는 일을 굳이 해서. Insist on doing something that was not necessary. Idm
¶그는 사서 문제를 만드는 편이다. ¶젊어서 고생은 사서도 한다는데 무어라도 시작해라.

사다[2]

활용 사, 사니, 사고
기능 타 '감정을 받음'을 가리키는 기능동사. A support verb that indicates "arousing or giving rise to" a certain emotion.
N0-가 N1-(에게|에게서) Npr-를 V (N0=[인간|단체], [속성], [신체], [행위] N1=[인간], Npr=[감정](원한, 미움, 노여움, 원성, 의혹 따위))
연어 높이
¶그의 목소리는 여성들에게서 호감을 샀다.
¶그는 어쭙잖은 행동으로 사람들에게 노여움을 산 바 있다.

사들이다

활용 사들여, 사들이니, 사들이고
타 (다른 사람으로부터) 물건이나 권리 따위를 값을 치르고 취하여 가지다. Purchase goods or rights from another person.
상 사다[1] 유 구매하다, 매입하다 반 팔다, 매도하다
N0-가 N2-(에서|으로부터) N1-를 V (N0=[인간|단체] N1=[구체물], [권리] N2=[단체])
¶우리 회사는 중국에서 원료를 사들였다. ¶미국은 러시아로부터 알래스카를 사들였다.
N0-가 N2-에게서 N1-를 V (N0=[인간|단체] N1=[구체물], [권리] N2=[인간])
¶도매상은 어민들에게서 수산물을 사들였다.
¶출판사가 작가로부터 판권을 사들여 문학 전집을 출판했다.

사라지다

활용 사라지어(사라져), 사라지니, 사라지고
자 ❶(어떤 대상이) 자취를 감추어 시야에서 없어지다. (of some object) Disappear without a trace.
유 없어지다 반 나타나다, 출현하다
N0-가 N1-에서 V (N0=[구체물] N1=[장소], [지역], [구체물])
¶내 차가 주차장에서 사라졌다. ¶다행히 종양이 위와 장에서는 사라졌다.
N0-가 N1-로 V (N0=[구체물] N1=[장소], [지역], [구체물])
¶달이 구름 속으로 사라졌다. ¶사고를 낸 자동차가 어둠 속으로 사라졌다.
❷특정 목적을 위해 떠나다. Leave for a specific purpose.
유 떠나다, 가버리다, 자취를 감추다 반 출현하다, 등장하다, 나타나다
N0-가 N1-에서 V (N0=[인간], [교통기관] N1=[장소], [지역], [구체물])
¶철수는 복수를 위해서 마을에서 사라졌다. ¶영희는 도시에서 성공하려고 고향에서 사라졌다.
N0-가 N1-로 V (N0=[인간], [교통기관] N1=[장소], [지역], [구체물])
¶그녀는 큰물에서 놀기 위해 도시로 사라졌다.
¶영희는 동생을 찾으러 어디론가 사라졌다.
❸(감정이나 생각 따위가) 마음에서 없어지다. (of emotion, thought, etc.) Be gone.
유 없어지다, 떠나다, 자취를 감추다
N0-가 V (N0=[의견](생각), [감정](감정, 기대, 슬픔 따위), [속성](기억, 감각 따위), [현상] (증상, 통증 따위))
연어 머리에서, 뇌리에서
¶이번 패배로 16강에 대한 기대가 완전히 사라졌다. ¶3년이 지나니 그때의 슬픔도 많이 사라진 것 같다.
❹생명이 끊어져 죽다. Die due to end of life.
유 죽다, 사망하다, 세상을 떠나다
N0-가 V (N0=[인간], 목숨, 생명)
연어 형장의 이슬로, 단두대의 이슬로
¶이번 전쟁으로 많은 병사가 사라졌다. ¶환경오염으로 인해서 많은 생명이 사라지고 있다.

사랑받다

활용 사랑받아, 사랑받으니, 사랑받고 대응 사랑을 받다
자 누군가로부터 아낌을 받고 귀중히 여겨지다. Be cared for and treated valuably by someone.
유 애호되다, 애호받다, 총애받다 반 사랑하다
N0-가 N1-(에게|로부터) V (N0=[인간], [추상물], [구체물] N1=[인간])
¶그녀는 가족들에게 늘 사랑받고 자랐다. ¶그 책은 많은 독자들로부터 사랑받았다.

사랑하다

활용 사랑하여(사랑해), 사랑하니, 사랑하고 대응 사랑을 하다
자타 (무엇인가를) 열렬히 좋아해서 아끼고 귀중히 여기다. Passionately like something and treat carefully and valuably.
유 좋아하다, 애호하다, 애정을 갖다 반 사랑받다
N0-가 N1-를 V (N0=[인간] N1=[인간], [추상물], [구체물])
¶노부부는 청년을 자식처럼 사랑했다. ¶단테는 참으로 자유를 사랑했던 사람이었다.

N0-가 N1-와 V ↔ N1-가 N0-와 V ↔ N0-와 N1-가 V (N0=[인간] N1=[인간])
¶나는 영희와 열렬히 사랑했다. ↔ 영희가 나와 열렬히 사랑했다. ↔ 나와 영희가 열렬히 사랑했다. ¶그 남자는 벽화 그리는 외국 여자와 사랑했다.

사로잡다

활용사로잡아, 사로잡으니, 사로잡고
타❶(동물이나 사람을) 산 채로 잡다. Take an animal or a person alive.
㊌생포하다 ㊍잡다, 포획하다
N0-가 N1-를 V (N0=[인간|단체] N1=[인간|단체], [동물])
피사로잡히다
¶사냥꾼은 산길에 덫을 놓아 여우를 사로잡았다. ¶장군은 사로잡은 적군 포로를 인간적으로 대우해 주었다.
❷(사람이나 무엇이) 감정을 매혹하여 거기에 빠지게 하다. Seduce emotion and allow concentration.

㊌마음을 빼앗다, 매료시키다, 매혹시키다
N0-가 N1-를 V (N0=[구체물], [추상물] N1=[인간|단체], [감정], 마음, 가슴 따위)
피사로잡히다
¶렘브란트의 그림은 철수의 마음을 사로잡았다. ¶그의 연설에는 사람의 마음을 사로잡는 마력이 있다. ¶이 가게의 음식 맛은 벌써 여러 사람의 입맛을 사로잡았다.

사로잡히다

활용사로잡히어(사로잡혀), 사로잡히니, 사로잡히고
자❶(사람이나 동물이) 사람에게 산 채로 잡히다. (of a person or an animal) Be taken alive.
㊌생포되다 ㊍잡히다, 포획되다
N0-가 N1-에게 V (N0=[인간|단체], [동물] N1=[인간|단체])
능사로잡다
¶사로잡힌 포로들은 모두 겁에 질려 있었다. ¶민가에 출몰하는 야생동물이 사로잡히는 일이 있다.
❷(어떤 대상에) 감정이 매혹되어 집중하게 되다. (of emotion) Be seduced by a certain target and become concentrated.
㊌빠지다, 몰입하다, 매혹되다
N0-가 N1-(에|에게) V (N0=[인간|단체] N1=[구체물], [추상물])
능사로잡다
¶그는 분위기에 사로잡혀 신나게 말을 하기 시작했다. ¶영화의 액션에 사로잡힌 관객들은 스크린에서 눈을 떼지 못했다.
N0-가 S데-에 V (N0=[인간|단체])
¶나는 소설을 읽는 데에 사로잡혀 주말을 책과 함께 보냈다.

사리다

활용사리어(사려), 사리니, 사리고
타❶(길고 가는 물건을) 둥그렇게 돌려서 모으다. (of a person) Coil up something long and thin into a circle.
N0-가 N1-를 N2-에 V (N0=[인간] N1=[구체물](국수, 새끼, 실, 코드, 끈, 붕대 따위) N2=[장소], [용기])
¶어부들이 배를 묶어 놓는 줄을 둑에 사려 놓았다. ¶직원들은 면발을 뽑아 그릇에 사려 놓았다.
❷(뱀 따위처럼 긴 몸을 가진 생물체가) 자기 몸을 스스로 굽혀서 둥글게 하다. (of a long animal, like a snake) Coil itself up into a circle.
N0-가 N1-를 V (N0=[동물](뱀, 구렁이 따위) N1=[신체부위](몸))
¶담장 아래에 구렁이가 몸을 사리고 숨어 있었다. ¶커다란 상자 안에는 수천 마리의 뱀이 징그럽게 사리고 있었다.
❸(짐승이) 겁을 먹어 다리 사이에 꼬리를 구부려 끼다. (of an animal) Bend its tail and put it between the legs out of fear.
N0-가 N1-를 V (N0=[동물] N1=[신체부위](꼬리))
¶강아지들이 큰 개를 보더니 꼬리를 사렸다. ¶개도 잘못을 하면 스스로 꼬리를 사린다.
❹(사람이나 사물이) 박힌 못의 튀어나온 끝을 꼬부려 붙이다. (of a person or a thing) Bend and stick the protruding end of a nail to a wall.
N0-가 N1-를 V (N0=[인간] N1=[구체물](못))
¶선생님은 아이들이 다치지 않게 책상 끄트머리에 나온 못을 사려 두셨다. ¶목공 인부는 대문짝의 대못을 망치로 사렸다.
❺정신이나 옷매무새 따위를 바싹 가다듬다. Adjust one's mind or clothes tightly.
㊌가다듬다, 갖추다
N0-가 N1-를 V (N0=[인간] N1=[추상물](마음), [모양](매무새))
¶그는 옷매무새를 사리고 예배당 안으로 들어갔다. ¶학생들은 마음을 사려 먹고 결코 물러서지 않으려 했다.
◆ **몸을 사리다** 어떤 일에 적극적으로 나서지 않고 눈치를 보며 피하다. Evade a work, neither caring about nor actively participating in it.
㊌조심하다, 보신하다 ㊉나대다, 나서다[1]자
N0-가 Idm (N0=[인간])
¶대변인은 기자들의 날카로운 질문에 몸을 사렸다. ¶아무도 감독에게 따지지 못한 채 몸을 사렸다.

사망하다

어원 死亡~ 활용 사망하여(사망해), 사망하니, 사망하고 대응 사망을 하다

자 (생명을 지닌 사람이) 생명을 잃은 상태가 되다. Lose life.

㊤죽다I, 세상을 뜨다 ㊦즉사하다, 몰사하다, 압사하다, 익사하다, 아사하다, 병사하다, 전사하다

N0-가 V (N0=[인간])

¶사망한 피해자의 유가족들에게 위로금이 지급될 예정이다. ¶화산 폭발 사고로 사망하는 사람들이 점점 늘고 있다.

사모하다

어원 思慕~ 활용 사모하여(사모해), 사모하니, 사모하고 대응 사모를 하다

타 ❶(다른 사람을) 마음에 품고 애틋하게 생각하며 몹시 그리워하다. Have another person in mind, longing for and missing him or her greatly.

㊤흠모하다, 사랑하다, 애모하다, 짝사랑하다 ㊥미워하다, 원한을 품다, 반감을 갖다, 증오하다

N0-가 N1-를 V (N0=[인간] N1=[인간])

¶온 동네 남자들이 그녀를 사모했다. ¶민수는 선희가 청혼을 거절한 이후에도 한참 동안 그녀를 사모했다.

❷(어떤 사람이나 사람의 품격 따위를) 우러러 받들며 따르려고 하다. Respect and follow a person or his or her dignity.

㊤따르다I타, 추종하다

N0-가 N1-를 V (N0=[인간] N1=[인간], [속성](품격, 덕, 인간성 따위))

¶제자들은 공자를 사모하여 그 뜻을 글로 기록했다. ¶사람들이 그의 덕을 사모하여 그에게 모여들었다.

사무치다

활용 사무치어(사무쳐), 사무치니, 사무치고

자 ❶(어떤 감정이) 다소 극에 달한 상태가 되다. Experience a certain emotion.

N0-가 N1-에 V (N0=[인간] N1=[감정])

¶네가 없는 동안 나는 그리움에 사무쳤다. ¶외로움에 사무친 나는 고향 가는 열차에 몸을 실었다.

❷(감정이나 원망의 소리 따위가) 아릴 정도로 깊이 배거나 먼 곳까지 미치다. (of emotion or pain)Permeate or affect the mind and body so deeply as to hurt every part.

N0-가 N1-에 V (N0=[감정], [상황], [질병] N1=가슴, 마음 따위, [신체부위], [장소])

¶그녀에 대한 그리움이 가슴에 사무쳤다. ¶하늘에 사무친 통곡 소리가 들리지 않으십니까?

◆ **뼈에 사무치다** 어떤 감정이 마음에 깊이 뿌리박히다. (of an emotion) Be deeply engraved on one's mind.

N0-가 Idm (N0=[감정], [상황], [질병])

¶그녀에 대한 그리움이 뼈에 사무칠 정도로 깊었다. ¶불효에 대한 죄책감이 뼈에 사무칠 정도였다.

사별하다

어원 死別~ 활용 사별하여(사별해), 사별하니, 사별하고 대응 사별을 하다

자타 부인이나 남편이 죽어서 홀로 남게 되다. Be parted from a family member by death.

㊤이별하다 ㊥생이별하다 ㊨죽다I

N0-가 N1-(와|를) V (N0=[인간](부부, 배우자) N1=[인간](부부, 배우자))

¶할아버지는 10년 전에 할머니와 사별하셨다. ¶그는 부모를 사별하고 기댈 곳 없이 자랐다. ¶배우자와 사별할 때의 슬픔은 이루 말할 수 없을 것이다.

사색하다

어원 思索~ 활용 사색하여(사색해), 사색하니, 사색하고 대응 사색을 하다

자타 (사람이) 어떤 것에 대하여 깊이 생각하고 따져 논리적으로 사고하다. (of a person) Think logically by reflecting on something deeply.

㊤사고하다, 명상하다, 생각하다

N0-가 N1-(를|에 대해) V (N0=[인간] N1=[추상물])

¶철학자들은 자연과 인생을 깊이 사색한다. ¶음악가들도 우주를 사색하면서 작곡을 한다.

N0-가 S지-(를|에 대해) V (N0=[인간])

¶철학자들은 인간이 얼마나 악한지를 사색해 보지 않았다. ¶예술가들은 미가 무엇인지에 대해 사색하는 것을 즐거워했다.

사양하다

어원 辭讓~ 활용 사양하여(사양해), 사양하니, 사양하고 대응 사양을 하다

타 (사람이 겸손하여) 상대방의 제의나 일 따위를 받아들이지 않거나 주는 것을 받지 않다. Politely refuse someone's offer or task in self-humiliation (or humbleness).

㊤거절하다, 거부하다, 사절하다, 양보하다

N0-가 N1-를 V (N0=[인간|단체] N1=[화폐], [직책], [행위], [구체물])

연어 극구, 끝내, 한사코

¶그는 회사의 제안을 끝내 사양하였다. ¶저는 통장직을 사양하겠습니다. ¶두 사람은 사양하지 않고 식탁에 앉아 수저를 들었다.

N0-가 N1-와 서로 N2-를 V↔N1-가 N0-와 서로 N2-를 V↔N0-와 N1-가 서로 N2-를 V (N0=[인간|단체] N1=[인간|단체] N2=[책임], [의무], [역할], [일])

¶형은 동생과 서로 회장직을 사양했다. ↔ 동생은 형과 서로 회장직을 사양했다. ↔ 형과 동생이

서로 회장직을 사양했다. ¶배가 침몰하는데도 그 사람은 구명대를 사양하였다. ¶서로 사양하는 너희들의 마음씨가 더 아름답구나.

사용되다

어원 使用~ 활용 사용되어(사용돼), 사용되니, 사용되고 대응 사용이 되다

자 ❶(어떤 대상이) 일정한 목적이나 기능, 용도에 맞게 쓰이다. (of some object) Be adequately utilized for a certain purpose, function, or use.

㊌쓰이다I, 이용되다

N0-가 N1-에 V (N0=[구체물], [재료] N1=[구체물], [행위])

능 사용하다

¶아동 용품에는 주로 무독성 물질이 사용된다. ¶일회용품이 사용되어 환경 문제를 야기하고 있다.

N0-가 N1-로 V (N0=[자연물], [구체물], [건물] N1=[추상물], [장소])

능 사용하다

¶낚시를 할 때 지렁이가 미끼로 많이 사용된다. ¶이 샘물은 마을 사람들의 식수로 사용되고 있다.

❷(어떤 말이나 언어가) 의사를 표현하고 전달하는 데에 쓰이다. (of some word or language) Be used for expressing and delivering intention.

㊌쓰이다I, 말해지다

N0-가 N1-(에|에서) V (N0=[언어] N1=[지역])

능 사용하다

¶영어는 세계 곳곳에서 쓰이고 있다. ¶한국어가 사용되는 지역이 폭발적으로 늘고 있다.

❸(돈이) 어떤 목적을 지닌 활동이나 분야에 쓰이다. (of money) Be used at some activity or area.

㊌투입되다, 투자되다, 이용되다

N0-가 N1-에 V (N0=[화폐](돈, 자금, 기금 따위) N1=[행위], [분야])

능 사용하다

¶회사 수익의 절반이 연구 개발에 사용된다. ¶모금액은 문화 활성화 사업에 사용될 것이다.

N0-가 S데-에 V (N0=[화폐](돈, 자금, 기금 따위))

¶회사 수익의 절반이 신제품을 개발하는 데에 사용된다. ¶이 기금은 지역 문화를 활성하는 데에 사용될 것입니다.

사용하다

어원 使用~ 활용 사용하여(사용해), 사용하니, 사용하고 대응 사용을 하다

타 ❶어떤 대상을 일정한 목적이나 기능, 용도에 맞게 쓰다. Adequately use for a certain purpose, function, or use by a person.

㊌쓰다II타, 이용하다

N0-가 N1-를 V (N0=[인간|단체] N1=[구체물], [재료])

피 사용되다

¶우리 회사는 친환경 재료를 사용해 제품을 만든다. ¶최근에는 식당에서 일회용품 사용하는 것을 자제하고 있다.

N0-가 N2-로 N1-를 V (N0=[인간|단체] N1=[자연물], [구체물], [건물] N2=[추상물], [장소])

피 사용되다

¶철수가 지렁이를 미끼로 사용했다. ¶마을 사람들은 샘물을 식수로 사용하고 있다.

❷어떤 말이나 언어를 의사를 전달하고 표현하는 데 쓰다. (of a person) Communicate using specific language or grammar.

N0-가 N2-에게 N1-를 V (N0=[인간|단체] N1=[언어] N2=[인간|단체])

피 사용되다

¶캐나다에서는 영어와 프랑스어를 공용어로 사용한다. ¶어른과 얘기할 때는 점잖은 표현을 사용하는 것이 좋다.

❸돈 따위를 어떤 목적을 지닌 활동이나 분야에 쓰다. Use money in some activity or area.

㊌쓰다II타, 투입하다, 투자하다, 이용하다

N0-가 N2-에 N1-를 V (N0=[인간|단체] N1=[화폐], [금전] N2=[행위], [분야])

피 사용되다

¶우리 회사는 수익의 절반을 연구 개발에 사용한다. ¶김 사장은 전 재산을 사회복지 사업에 사용하기로 했다.

N0-가 S데-에 N1-를 V (N0=[인간|단체] N1=[화폐])

¶우리 회사는 수익의 일부를 특허를 구입하는 데에 사용한다. ¶김 사장은 전 재산을 가난한 사람을 돕는 데에 사용하기로 했다.

사육당하다

어원 飼育~ 활용 사육당하여(사육당해), 사육당하니, 사육당하고 대응 사육을 당하다

자 (사람이나 동물이) 사람에게서 강제로 먹이를 받아먹으며 자라다. (of an animal) Be raised by being fed by force by people.

N0-가 N1-에게 V (N0=[동물], [인간] N1=[인간])

능 사육하다

¶소들은 식용으로만 사육당하는 것이 아니다. ¶이 소는 한국 땅에서 사육당했다는 점에서 한우로 분류된다. ¶나는 선수 시절 먹고 자고 훈련만 하면서 짐승처럼 사육당했다.

사육되다

어원 飼育~ 활용 사육되어(사육돼), 사육되니, 사육되고

자 (동물이) 사람에게 먹이를 얻어먹으며 길러지다. (of an animal) Be raised by being fed by people.

No-가 N1-에게 V (No=[동물] N1=[인간])
[능]사육하다
¶육계 10만 마리가 국내 축산인에게 사육됐다. ¶광우병이 발생한 소는 미국의 젖소 농장에서 사육됐다. ¶동아시아에서 길들인 회색 늑대가 최초의 개로서 사육됐다.

사육하다
[어원]飼育~ [활용]사육하여(사육해), 사육하니, 사육하고 [대응]사육을 하다
[타](사람이) 동물에게 사료를 먹여 자라게 하다. (of a person) Feed and raise an animal.
[유]기르다
No-가 N1-를 V (No=[인간] N1=[동물](가축, 벌레 따위))
[피]사육되다, 사육당하다
¶이 목장은 양 이외에 소, 돼지, 닭 등도 사육한다. ¶실험실에서는 실험용으로 유전자 쥐도 사육한다.

사임하다
[어원]辭任~ [활용]사임하여(사임해), 사임하고, 사임하니 [대응]사임을 하다
[자타]맡고 있던 일자리나 직책을 스스로 그만두고 물러나다. Step down from one's job or office.
[유]사직하다, 사퇴하다, 물러나다, 그만두다
[반]취임하다
No-가 N1-(에서|를) V (No=[인간] N1=[직책])
¶아버지께서는 회장직을 사임하셨다. ¶이사님은 자신의 자리에서 사임하셨다. ¶윤 박사는 총장직을 사임하시고 연구실로 되돌아오셨다.

사절하다
[어원]謝絶~ [활용]사절하여(사절해), 사절하니, 사절하고 [대응]사절을 하다
[타](사람이나 단체가) 다른 사람의 요구나 제의를 사양하여 물리치다. (of a person or organization) Decline or turn down somebody's request or proposal.
[유]사양하다, 거절하다
No-가 N1-를 V (No=[인간|단체] N1=[구체물], [추상물])
¶박물관은 학생들의 관람을 사절했다. ¶북한군은 핵사찰을 일체 사절하고 있다.
No-가 S것-을 V (No=[인간|단체])
¶간수들은 변호인이 방문하는 것을 사절한다. ¶중국은 기업인이 투자하는 것을 사절하지 않는다.

사죄하다
[어원]謝罪~ [활용]사죄하여(사죄해), 사죄하니, 사죄하고 [변이]사죄드리다
[대응]사죄를 하다
[자타](사람이나 단체가) 상대에게 한 어떤 행위에 대해 잘못을 인정하고 용서를 빌다. (of a person or an organization) Recognize and apologize for a work or an action.
[유]사과하다, 용서를 구하다, 잘못을 빌다
No-가 N2-(에|에게) N1-(를|에 대해) V (No=[인간|단체] N1=[행위], [사건], [일] N2=[인간|단체])
¶나는 그녀에게 내 잘못을 사죄하고 싶었다. ¶그들은 과거 저지른 범죄에 대해 우리에게 제대로 사죄하지 않았다.
No-가 N1-(에|에게) S(것|데)-에 대해 V (No=[인간|단체] N1=[인간|단체])
¶남자는 유가족들에게 범죄 행위를 저지른 것에 대해 사죄했다. ¶손님은 식당 주인에게 물의를 일으킨 데에 대해 진심으로 사죄했다.
No-가 N1-(에|에게) S다고 V (No=[인간|단체] N1=[인간|단체])
¶그들은 임금에게 머리를 조아리며 죽여 달라고 사죄했다. ¶영희는 사람들에게 죄송하다고 사죄하고 있었다.

사직하다
[어원]辭職~ [활용]사직하여(사직해), 사직하니, 사직하고 [대응]사직을 하다
[자타](사람이) 맡아 하던 직무를 그만두고 물러나다. (of a person) Quit one's job and step down.
[유]사임하다, 사퇴하다, 그만두다, 물러나다
[반]취임하다
No-가 N1-에서 V (No=[인간] N1=[직위])
¶황총리는 총리직에서 사직했다. ¶그는 이사직에서 사직하고 집에서 쉬고 있다.
No-가 N1-를 V (No=[인간] N1=[직위])
¶황총리는 총리직을 사직했다.

사퇴하다
[어원]辭退~ [활용]사퇴하여(사퇴해), 사퇴하니, 사퇴하고 [대응]사퇴를 하다
[자타](어떤 직책이나 직위를) 스스로 그만두고 물러나다. Step down from one's job or office.
[유]물러나다, 사직하다, 그만두다
No-가 N1-(를|에서) V (No=[인간], [직위] N1=[직책])
[사]사퇴시키다
¶그는 결국 총장직을 사퇴했다. ¶김 의원이 국회의원직에서 사퇴한다고 발표했다. ¶국장님이 이번 일에 책임을 지고 사퇴하셨다.

삭다
[활용]삭아, 삭으니, 삭고
[자]❶(음식물이) 발효하여 맛이 들다. Become tasteful after fermentation.
[유]익다, 발효하다
No-가 V (No=[음식물])
[사]삭히다

ㅅ

¶할머니가 담그신 젓갈이 먹음직스럽게 삭고 있다. ¶이번 김장김치가 잘 삭아서 맛이 좋다. ¶나는 팍 삭은 김치를 좋아한다.
❷오래되어 변하거나 상하여 바스러지게 되다. Be spoiled and crumbled due to becoming old.
[유]썩다
N0-가 V (N0=[구체물], [신체부위](치아, 뼈 따위))
¶세월과 더불어 튼튼하던 나무 기둥이 삭아 버렸다. ¶계곡에는 다 삭은 줄사다리가 아슬아슬하게 걸쳐 있었다.
❸(음식물 따위가) 소화되거나 상하다. (of food) Be digested.
[유]상하다, 부패하다
N0-가 V (N0=[음식물])
[사]삭이다
¶아침에 먹은 밥이 아직 다 삭지 않았다. ¶더우니까 밥이 막 삭기 시작하네.
❹(기침이나 가래 따위가) 멎거나 가라앉다. (of cough or mucus) Be subdued.
[유]가라앉다, 진정되다, 완화되다
N0-가 V (N0=기침, 가래)
[사]삭이다
¶기침이 삭으면 감기가 나을 것이다. ¶가래가 삭게 어서 이 약을 먹어라.
❺(어떤 감정 따위가) 잠잠하게 가라앉게 진정시키다. (of certain emotion) Calm down quietly.
[유]가라앉다, 풀리다 [반]치밀다, 솟다
N0-가 V (N0=[감정], [상태])
[사]삭이다
¶대중의 분노가 삭기를 기다리는 편이 좋겠다. ¶그의 치솟은 화가 삭으려면 시간이 필요하다.
❻늙어 보이거나, 모습이나 상태가 좋지 않다. Look old or bad.
[유]상하다
N0-가 V (N0=몸, 얼굴 따위)
¶친구가 몸이 삭았다며 푸념했다. ¶안 본 사이에 그의 얼굴이 부쩍 삭아 있었다. ¶몇 년 사이에 너 얼굴이 진짜 삭았구나.

삭이다

[활용]삭여, 삭이니, 삭이고
[타]❶(섭취한 음식물 따위를) 소화시키거나 발효시키다. Intake and digest food.
[유]소화시키다, 발효시키다, 상하게 하다
N0-가 N1-를 V (N0=[인간|단체] N1=[음식물])
[주]삭다
¶속이 좋지 않으면 먹은 것을 삭이지 못한다. ¶그의 위장은 돌을 삭일 수 있을 만큼 튼튼했다.
❷(기침이나 가래 따위를) 멎게 가라앉히다. Subdue one's cough or mucus.
[유]가라앉히다, 진정시키다, 완화시키다, 멎게 하다
N0-가 N1-를 V (N0=[인간|단체] N1=기침, 가래 따위)
[주]삭다
¶엄마가 도라지 즙을 마시며 기침을 삭였다. ¶그 약은 가래를 삭이는 데 효과가 좋다.
❸(어떤 감정 따위를) 잠잠하게 가라앉히다. Calm a certain emotion down to a still state.
[유]가라앉히다, 풀다
N0-가 N1-를 V (N0=[인간|단체] N1=[감정], [상태])
[주]삭다
¶그는 끓어오르는 분노를 입술을 꽉 깨물고 삭였다. ¶그녀는 밀려오는 괴로움을 혼자 삭였다.

삭제되다

[어원]削除~ [활용]삭제되어(삭제돼), 삭제되니, 삭제되고 [대응]삭제가 되다
[자](글이나 조항 따위의) 있던 것이 지워지거나 깎여 없어지다. Disappear by being erased or peeled.
[유]지워지다, 없어지다, 제거되다
N0-가 N1-에서 V (N0=[추상물](내용, 글, 자료, 제도, 조항 따위) N1=[추상물], [장소])
[능]삭제하다
¶심의 과정에서 그 영화에서 학생들이 매맞는 장면이 삭제되었다. ¶개정판 안내책자에서 일본해 표기가 삭제된 것으로 확인됐다.

삭제하다

[어원]削除~ [활용]삭제하여(삭제해), 삭제하니, 삭제하고 [대응]삭제를 하다
[타](글이나 조항 따위를) 깎아 내거나 지워서 없애다. Make something disappear by peeling or erasing.
[유]지우다, 제거하다, 없애다
N0-가 N2-에서 N1-를 V (N0=[인간|단체] N1=[추상물](내용, 글, 자료, 제도, 조항 따위) N2=[추상물], [장소])
[피]삭제되다
¶방송통신위원회에서는 문제가 될 만한 조항들을 규정에서 모두 삭제하였다. ¶나는 컴퓨터에서 필요 없는 프로그램들을 과감히 삭제하였다. ¶대기업들이 입사 지원서에서 차별적 항목을 모두 삭제했다.

삭히다

[활용]삭히어(삭혀), 삭히니, 삭히고
[타](음식물 따위를) 발효시켜 알맞게 맛이 들게 하다. Ferment (food, etc.) for suitable flavor.
[유]익히다, 발효시키다
N0-가 N1-를 V (N0=[인간] N1=[음식물])
[주]삭다
¶나는 일주일 동안 김치를 삭혔다. ¶어머니께서

찰보리쌀 밥을 삭혀 식혜를 만드셨다. ¶고추를 잘 삭혀 놓으면 밑반찬으로 아주 좋습니다.

산보하다

어원散步~ 활용산보하여(산보해), 산보하니, 산보하고 대응산보를 하다

자(사람이) 어디를 또는 어디에서 한가로이 가볍게 걸어 다니다. (of a person) Walk around lightly and leisurely on or within some place.

유산책하다, 거닐다 상걷다

N0-가 N1-(를|에서) V (N0=[인간] N1=[장소](공원, 강변, 길 따위))

¶ 나는 밤마다 집 근처 공원을 산보한다. ¶ 여름 저녁에는 강변에서 산보하는 많은 사람들을 볼 수 있다. ¶ 엄마와 나는 아침마다 함께 숲길을 산보하곤 하였다.

산재되다

어원散在~ 활용산재하여(산재해), 산재하니, 산재하고 대응산재가 되다

자☞산재하다

산재하다

어원散在~ 활용산재하여(산재해), 산재하니, 산재하고

자(무엇이) 여기저기에 흩어져 있다. (of something) Be spread around everywhere.

유흩어지다, 분포하다, 분산되다

N0-가 N1-에 V (N0=[구체물](유적, 문헌 따위), [건물](기지, 공장 따위), [인간|단체] N1=[장소])

¶유명한 사찰이 각지에 산재해 있다. ¶미국은 국내외에 산재한 백여 개의 기지를 폐쇄하기로 결정하였다. ¶재외 교포는 세계 각처에 산재해 있다.

산정되다

어원算定~ 활용산정되어(산정돼), 산정되니, 산정되고 대응산정이 되다

자(비용, 요금 따위가) 정확히 따져 계산되다. (of cost or fee) Be counted and calculated exactly.

유계산되다, 정산되다

N0-가 V (N0=[금전])

능산정하다

¶최저임금은 현실에 맞게 산정되어야 한다. ¶새 아파트의 분양가가 터무니없이 높게 산정되었다. ¶이번 광고의 광고비가 마침내 합리적으로 산정되었다.

산정하다

어원算定~ 활용산정하여(산정해), 산정하니, 산정하고 대응산정을 하다

타(비용, 요금 따위를) 정확히 따져가며 계산하다. (of a person) Count and calculate exactly the cost or fee.

유계산하다, 정산하다

N0-가 N1-를 V (N0=[인간|단체] N1=[금전])

피산정되다

¶정부는 최저임금을 현실에 맞게 산정하여야 한다. ¶건설 회사는 분양가를 터무니없이 높게 산정했다. ¶감독은 이번 광고의 광고비를 합리적으로 산정하였다.

산책하다

어원散策~ 활용산책하여(산책해), 산책하니, 산책하고 대응산책을 하다

자타(사람이) 어디를 또는 어디에서 한가로이 가볍게 걸어 다니다. (of a person) Walk around lightly and leisurely on or within some place.

유산보하다, 가볍게 거닐다 상걷다I

N0-가 N1-(를|에서) V (N0=[인간] N1=[장소](공원, 강변, 길 따위))

¶나는 강아지를 데리고 공원을 산책하였다. ¶여름 저녁에는 강변에서 산책하는 많은 사람들을 볼 수 있다. ¶엄마와 나는 아침마다 함께 숲길을 산책하곤 하였다.

산출되다 I

어원産出~ 활용산출되어(산출돼), 산출되니, 산출되고 대응산출이 되다

자❶(자연 상태에서 만들어진 것이) 사람에 의해 채취되어 생산되다. (of something that was created in nature) Be collected and produced by people.

유생산되다

N0-가 N1-에서 V (N0=[구체물] N1=[장소])

능산출하다I

¶요즘 원자재들은 아프리카에서 많이 산출된다. ¶다이아몬드 원석은 남아프리카 공화국에서 오랫동안 산출되었다.

❷(물품이나 작품 따위가) 제작되어 나오다. (of a product or work) Be produced and released.

유제작되다, 생산되다

N0-가 V (N0=[구체물])

능산출하다I

¶빈곤한 시대에도 문학 작품들은 꾸준히 산출된다. ¶애정영화가 이처럼 많이 산출된 적이 없다.

❸(어떤 효과나 결과 따위의) 현상이 생겨나다. (of a phenomenon such as certain effect or result) Be generated.

유발생하다, 생겨나다

N0-가 V (N0=[결과], [영향])

능산출하다I타

¶우리가 예상했던 것과 다른 결과가 산출되어 고민이다. ¶그의 노력으로 기대보다 좋은 효과가 산출되었다.

ㅅ

산출되다Ⅱ

어원 算出~ 활용 산출되어(산출돼), 산출되니, 산출되고 대응 산출이 되다

자 (양이나 수치가) 계산되어 결과가 나오다. (of amount or value) Be calculated.

유 계산되다

No-가 V (No=[속성](수량, 수치, 비율, 비용 따위))

능 산출하다Ⅱ

¶의료비 표준 수가는 기준에 따라 엄정하게 산출된다. ¶지역별로 생산 단가는 들쑥날쑥 산출되고 있다. ¶실업자 통계가 정확히 산출되고 있는지 의문이다.

산출하다Ⅰ

어원 産出~ 활용 산출하여(산출해), 산출하니, 산출하고 대응 산출을 하다

타 ❶(사람이) 자연 상태에서 만들어진 것을 채취하여 생산해 내다. Collect and product something that was created in the nature.

유 생산하다

No-가 N1-를 V (No=[인간|단체] N1=[자연물])

피 산출되다Ⅰ

¶우리 지역은 농산물을 주로 산출하고 있다. ¶제주도에서는 여러 가지 특산물을 많이 산출하고 있다.

❷(물품이나 작품 따위를) 만들거나 지어 내다. Create a product or work.

유 생산하다, 제작하다, 짓다

No-가 N1-를 V (No=[인간|단체] N1=[구체물])

피 산출되다Ⅰ

¶현대 문명은 해로운 가공식품들을 많이 산출한다. ¶이 실험으로 새로운 결론을 유도하는 자료를 산출할 수 있다.

❸(어떠한 효과나 결과 따위의) 현상을 생겨나게 하다. Make a phenomenon such as certain effect or result appear.

유 발생시키다, 유발시키다

No-가 N1-를 V (No=[인간|단체] N1=[결과], [영향])

피 산출되다Ⅰ

¶그의 발언은 의외의 역효과를 산출할 수도 있다. ¶우리는 이 방면에 유용한 연구 결과를 산출할 수 있어야 한다.

산출하다Ⅱ

어원 算出~ 활용 산출하여(산출해), 산출하니, 산출하고 대응 산출을 하다

타 (양이나 수치를) 따지거나 헤아려서 결과를 계산해 내다. Discuss, count, or calculate an amount or value.

유 계산하다, 따져 헤아리다

No-가 N1-를 V (No=[인간|단체] N1=[속성](수량, 수치, 비율, 비용 따위))

피 산출되다Ⅱ

¶그 주식 전문가는 주식의 수익률을 거의 정확하게 산출했다. ¶새롭게 시작하는 사업에 들 비용을 정확하게 산출해야 한다.

산화하다Ⅰ

어원 散花~ 활용 산화하여(산화해), 산화하니, 산화하고 대응 산화를 하다

자 ❶(사람이) 숭고한 목적을 위하여 목숨을 바쳐 희생하다. (of a person) Give one's life for a higher cause.

유 희생하다

No-가 V (No=[인간|단체])

¶군인들은 조국을 위해 전쟁에서 기꺼이 산화했다. ¶강재구 대위가 몸으로 수류탄을 막아 부하들의 생명을 구하고 산화했다.

❷ 【불교】 꽃을 뿌리며 부처를 공양하다. Scatter flowers as an offering to Buddha.

No-가 V (No=[인간|단체])

¶불교 신도들은 사월 초파일에 절에 가서 빌며 산화한다.

산화하다Ⅱ

어원 酸化~ 활용 산화하여(산화해), 산화하니, 산화하고 대응 산화를 하다

자 【화학】 어떤 물질이 산소와 결합하여 녹이 발생하다. (of a substance) Combine with oxygen to produce rust.

유 녹이 슬다

No-가 N1-에 V (No=[물질](쇠) N1=[액체](물, 화학약품))

¶이 못들이 비를 맞아 산화되었다. ¶쇠붙이가 산화되면 부식한다.

살균되다

어원 殺菌~ 활용 살균되어(살균돼), 살균되니, 살균되고 대응 살균이 되다

자 (약품이나 열 따위에 의해) 어떤 물체에 있는 세균이 죽어 없어지다. (bacteria in objects) Be killed by drugs or heat.

유 멸균되다, 소독되다

No-가 V (No=[구체물], [미생물](병균, 세균, 바이러스 따위))

능 살균하다

¶물은 꼭 끓여서 살균된 것을 드십시오. ¶이 정수기는 자동으로 살균돼 매우 편리하다.

살균시키다

어원 殺菌~ 활용 살균시키어(살균시켜), 살균시키니, 살균시키고 대응 살균을 시키다

☞ '살균하다'의 오용

살균하다

어원 殺菌~ 활용 살균하여(살균해), 살균하니, 살균하고 대응 살균을 하다

타 (약품이나 열 따위를 이용해서) 어떤 물체에 있는 세균을 죽여 없애다. Eliminate by killing some object's germ with the use of chemical and heat.

㊌ 멸균하다, 소독하다

N0-가 N1-를 V (N0=[인간|단체], [약](살균제 따위), 빛, 열기 따위 N1=[미생물] (병균, 세균, 바이러스 따위))

피 살균되다

¶어머니는 젖병을 끓는 물에 넣어 살균하셨다. ¶최근에 나온 약품들은 바르는 것만으로 바이러스들을 살균한다. ¶간호사들은 수술실로 들어가기 전에 꼼꼼하게 환자의 몸을 살균한다.

살다

활용 살아, 사니, 살고, 사는

자 ❶(사람, 동식물 따위가) 생명을 지니고 삶을 영위하다. (of a person, an animal, or a plant) Keep and manage life.

㊌ 생명이 유지되다, 생존하다

N0-가 V (N0=[사람], [동물], [식물])

사 살리다

¶할아버지는 백 살까지 살다 돌아가셨다. ¶집 나간 아들은 살았는지 죽었는지 소식도 없다.

❷(불이나 불씨 따위가) 꺼지지 않고 계속 타오르다. (of fire or ember) Continuously burn without extinguishing.

N0-가 V (N0=불, 불씨)

사 살리다

¶좀 늦게 귀가했는데도 연탄불이 아직 살아 있다. ¶잿더미 속에 불씨가 살아 있지 않은지 꼭 확인해야 한다.

❸(신체기관이나 기계 따위가) 기능이 멈추지 않고 계속 작동하다. (of a body organ or a machine) Continuously operate without stopping its function.

㊌ 작동하다, 돌아가다, 기능하다

N0-가 V (N0=[신체부위](맥박, 심장 따위), [기계](핸드폰, 시계 따위))

사 살리다

¶건전지가 오래 되었는데도 시계가 아직 살아 있다. ¶배터리가 없어 꺼진 줄 알았는데 아직 휴대전화가 살아 있다. ¶치과에서 치료를 받은 잇몸의 신경이 아직 살아 있는지 욱신거렸다.

❹(경제, 단체 따위가) 원활하게 제대로 운용되어 활기 있게 돌아가다. (of an economy or an organization) Be managed smoothly and properly, and run briskly.

㊌ 돌아가다, 운용되다, 활성화되다

N0-가 V (N0=[추상물](경제, 정치 따위), [산업], [단체], [지역])

사 살리다

¶지역 경제가 살아야 나라가 산다. ¶기업이 살아야 일자리가 늘어날 것이다.

❺(일정한 체계, 규범 양식 따위가) 유효하거나 유지되어 제 기능을 하다. (of a certain system, standard, or style) Do its function by subsisting or maintaining.

㊌ 작동하다, 기능하다

N0-가 V (N0=[규범], [관습], [제도])

사 살리다

¶우리 학교에는 교복 물려주기 전통이 아직까지 살아 있다. ¶불합리한 법 조항이 살아 있어 국민들의 생활에 불편을 주고 있다.

❻(교육, 역사, 말 따위가) 현실에 유용하게 적용되어 그 가치를 유지하거나 쓸모가 있다. (of education, history, or word) Maintain its value, be useful by appropriately applying to reality.

㊌ 적용되다

N0-가 V (N0=[추상물](교육 따위), [역사], [언어])

¶그의 말은 한 마디, 한 마디가 살아 있는 가르침이다. ¶이 박물관에서는 자동차의 살아 있는 역사를 직접 확인할 수 있다.

❼(상황, 감정 따위가) 활기를 띠거나 생동감이 넘치다. (of a situation or an emotion) Become active or energetic.

㊌ 약동하다

N0-가 V (N0=[추상물](분위기, 감정 따위))

사 살리다

¶가족들이 모이니 명절 분위기가 산다. ¶그 배우는 감정이 살아 있는 연기를 보여 주었다.

❽(속성이나 특색 따위가) 뚜렷이 나타나거나 확연히 드러나 보이다. (of property or feature) Clearly show or definitely expose.

㊌ 보존되다, 남다

N0-가 V (N0=[속성](개성, 특색, 맛, 느낌, 숨결 따위))

사 살리다

¶그들 옷차림에는 각자의 개성이 살아 있다. ¶외국인들은 서울의 특색이 살아 있는 곳을 가고 싶어했다.

☞ 주로 '살아 있다'의 형태로 쓰인다.

❾(기운, 기세 따위가) 활발하고 강하게 드러나 보이다. (of energy or spirit) Display with vigor and force.

N1-의 N0-가 V ↔ N1-는 N0-가 V (N0=[속성](기운, 기세 따위) N1=[인간])

사 살리다

¶승진을 하더니 요즘 철수의 기가 살았다. ↔ 승진을 하더니 요즘 철수는 기가 살았다. ¶저

녀석 사정이 딱해 몇 번 봐주었더니 기운이 살아 설치고 다닌다.

❿(지난 일이나 말이) 마음이나 의식 속에서 사라지지 않고 생생하게 의식에 떠오르다. (of a past event or word) vividly enter the mind by not fading in the mind or consciousness.

㊐기억나다, 회상되다

N0-가 N1-에 V (N0=[추상물](추억, 기억, 말 따위) N1=[공간])

사살리다

¶그의 마음속에는 아직 그녀와의 추억이 살아 있다. ¶사고 당시의 기억이 아직도 살아 그녀를 괴롭히고 있다. ¶선생님께서 졸업식 때 해 주셨던 말씀이 내 머릿속에 살아 있다.

⓫(장기, 술래잡기 놀이 따위에서) 술래나 상대편에게 잡히지 않고 역할을 하면서 남다. Not getting caught by the tagger or opponent, continue doing one's role in Korean chess or hide and seek.

㊐살아남다, 생존하다

N0-가 V (N0=말, 장기)

사살리다

¶포와 차는 모두 죽고 병과 졸만 살아 있다. ¶피구 게임에서 다른 아이들은 모두 죽고 나만 살았다.

⓬(일정한 곳에) 자리를 잡고 머물러 지내다. Stay and settle at a certain place.

㊐거주하다, 지내다, 생활하다

N0-가 N1-(에|에서) V (N0=[인간] N1=[지역], [건물], [장소])

¶그들은 어렸을 때부터 죽 서울에서 살았다. ¶그는 농촌에 가서 산 지 올해로 십 년이 되었다.

⓭(어떤 목적으로 한 곳에서) 거의 대부분의 시간을 보내다. Stay in one place most of the time due to some purpose.

㊐지내다, 머물다

N0-가 N1-에서 V (N0=[인간] N1=[건물])

¶그는 요즘 거의 친구 집에서 산다. ¶철수는 고시를 준비하느라 날마다 도서관에서 산다.

⓮(어떤 사람과) 한집에서 함께 생활하며 지내다. Stay with someone in the same house.

㊐거주하다, 동거하다

N0-가 N1-와 V ↔ N1-가 N0-와 V ↔ N0-와 N1-가 V (N0=[인간] N1=[인간])

¶나는 옥희와 결혼해서 잘 살고 있다. ↔ 옥희는 나와 결혼해서 잘 살고 있다. ↔ 나와 옥희는 결혼해서 잘 살고 있다. ¶그들은 같이 살기 시작하면서 많이 싸웠다.

⓯(어떠한 일을 하거나 특정한 태도를 보이며) 생활을 하거나 생계를 꾸려나가다. Make a living or manage to earn a living by doing some work or showing a specific attitude.

㊐살아가다 자, 생활하다

N0-가 ADV V (N0=[인간], ADV=Adj-게, ADV, N-없이도) 그는 법 없이도 살 사람이다.

¶그녀는 어려운 집안 형편 때문에 아등바등 살 수 밖에 없었다. ¶그 아주머니는 시장에서 품을 팔아 힘들게 살고 있다.

⓰(자신의 목숨을 걸 정도로) 어떤 가치를 매우 중요한 신조로 지키다. Keep some value as important creed as if it is more important than one's life.

N0-가 N1-에 V (N0=[인간] N1=[추상물])

¶그들은 명령에 살고 명령에 죽겠다는 각오로 군대에 들어갔다. ¶그녀는 사랑에 살고 사랑에 죽는다.

※주로 '~에 살고 ~에 죽다'의 구성으로 쓰인다.

타❶(사람이) 인생을 보내다. Live life.

N0-가 N1-를 V (N0=[인간] N1=[시간](삶, 인생))

¶그는 누구보다 파란만장한 인생을 살았다. ¶그는 학문을 연구하는 학자로서의 삶을 살다 세상을 떠났다. ¶수도자로서의 삶을 사는 것은 쉽지 않았다.

※주로 '삶을 살다'의 형태로 쓰인다.

❷(살림 따위를) 맡아서 꾸려 나가다. Earn a living by taking charge of a household.

㊐꾸려나가다, 영위하다

N0-가 N1-를 V (N0=[인간] N1=살림)

¶요즘 그 여자는 살림을 사는 재미에 푹 빠졌다. ¶살림을 사는 주부들은 최대한 알뜰하게 생활하려고 한다.

❸(어떤 직위나 신분 상태를) 일정 기간 동안 유지하며 종사하여 지내다. Engage in or maintain some position or rank for a certain period.

N0-가 N2-로 N1-를 V (N0=[인간] N1=[시간](평생, 반평생, 일생 따위) N2=[인간])

¶그녀는 반평생을 군인으로 살다 평범한 주부로 돌아갔다. ¶그는 일생을 교직자로 살다 생을 마감했다.

❹(어떤 직업이나 직책을) 일정 기간 동안 수행하며 지내다. Perform some occupation or duty for a certain period.

N0-가 N1-를 V (N0=[인간] N1=벼슬, 머슴 따위)

¶돌쇠는 남의 집에서 십여 년 동안 머슴을 살았다. ¶영수는 여러 대에 걸쳐 벼슬을 산 집안에서 태어났다.

❻(형벌을 받아) 일정 기간 동안 감옥에서 지내다. Stay in prison for a certain period as punishment.

N0-가 N1-를 V (N0=[인간] N1=형벌, 징역, 감옥 따위)

¶그는 감옥에서 십 년간 징역을 살다 나왔다. ¶죄를 지었으면 형벌을 사는 것이 당연한 일이다.
자타 일정한 시대나 일정한 기간을 체험하면서 지내다. Live by experiencing a constant era or a certain period.
N0-가 N1-(에 | 를) V (N0=[인간] N1=[시간](시기, 시대 따위))
¶우리는 정보화 시대에 살고 있다. ¶그는 급격한 산업화가 진행되던 격동의 시기에 살았다.
❷세를 내고 남의 집을 일정 기간 빌려 거주하다. Live in someone's house for a certain period by paying rent.
㉮거주하다
N0-가 N1-(로 | 를) V (N0=[인간] N1=전세, 월세, 세)
¶우리는 이 집에서 2년 동안 전세를 살았다. ¶그는 자기 집을 사기 전까지 월세를 살았다.

살리다

활용 살리어(살려), 살리니, 살리고
타 ❶(다른 사람이나 동식물 따위의) 생명을 유지시켜 삶을 영위하게 하다. Make someone or a plant or an animal manage or maintain life.
㉮목숨을 구하다
N0-가 N1-를 V (N0=[인간], [약], [추상물](간호, 기도 따위) N1=[인간], [동물], [식물], [추상물](목숨, 생명 따위))
주 살다
¶한 용감한 시민이 물어 빠진 소년을 살렸다. ¶의사는 환자를 살리기 위해 최선을 다했다.
N0-가 N2-로 N1-를 V (N0=[인간] N1=[인간], [동물], [식물] N2=[약], [추상물](간호, 기도 따위))
¶의사가 신약으로 환자를 살렸다. ¶엄마는 극진한 간호로 딸을 살렸다.
❷다른 사람의 생활이나 생계를 책임지다. Take charge of someone's life or living.
㉮생계를 꾸리다
N0-가 N1-를 V (N0=[인간] N1=[인간])
¶영수는 막노동을 해서 가족들을 먹여 살렸다.
※주로 '먹여 살리다'의 형태로 쓰인다.
❸(불, 불씨 따위를) 꺼지지 않고 계속 타오르게 하다. Make fire or ember continuously burn without extinguishing.
N0-가 N1-를 V (N0=[인간] N1=불, 불씨)
주 살다
¶철수가 바람을 막아 꺼져 가는 모닥불의 불씨를 살렸다. ¶어머니는 꺼져 가는 연탄불을 살리기 위해 부채질을 하셨다.
❹(신체기관이나 기계 따위를) 기능이 멈추지 않고 계속 작동하게 하다. Make a body organ or a machine continuously operate without stopping its function.
N0-가 N1-를 V (N0=[인간] N1=[기계](시계, 모터 따위), 신경 따위)
주 살다
¶그는 태엽을 감아 멈췄던 시계를 살렸다. ¶치과 의사는 환자의 치아 신경을 살려 시술을 했다.
❺(경제, 단체 따위를) 원활하게 제대로 운용되어 활기 있게 돌아가도록 만들다. Make an economy or an organization operate with energy by managing smoothly and properly.
㉮활성화시키다, 성장시키다
N0-가 N1-를 V (N0=[인간|단체], [분야] N1=[추상물](경제, 정치 따위), [산업], [단체], [지역])
주 살다
¶첨단 과학 기술이 우리나라 경제를 살릴 것이다. ¶고부가가치 산업을 살려 경쟁력 있는 국가를 건설합시다.
❻(일정한 체계, 규범 양식 따위가) 유효하게 유지되어 제 기능을 하게 만들다. Make a certain system, standard, or style do its function by subsisting or maintaining.
N0-가 N1-를 V (N0=[인간 | 단체] N1=[규범], [관습], [제도])
주 살다
¶그 기업은 창업 이념의 전통을 살려 사회 공헌 활동을 꾸준히 해 왔다. ¶그들은 폐교 위기에 놓인 모교를 살려 보겠다고 발 벗고 나섰다.
❼(상황이나 감정 따위를) 활기나 생동감이 넘치게 하다. Make a situation or an emotion active or energetic.
㉮활기차게 하다
N0-가 N1-를 V (N0=[인간], [소통] N1=[상황](분위기 따위), [감정](감정, 느낌 따위))
주 살다
¶병수는 가라앉은 분위기를 살리려고 애를 썼다. ¶그의 농담 한 마디가 모임의 분위기를 살렸다.
❽(속성이나 특색 따위를) 뚜렷이 나타내거나 확연히 드러내 보이다. Clearly display or definitely expose a property or a feature.
㉮표현하다, 드러내 보이다
N0-가 N1-를 V (N0=[인간], [구체물] N1=[속성](개성, 특색, 맛, 느낌 따위))
주 살다
¶그녀는 자신만의 개성을 살려 옷을 잘 입는다. ¶아이는 동물의 특징을 잘 살려 흉내를 냈다.
❾(다른 사람의 기운, 기세 따위를) 활발하고 강하게 드러내 보이거나 떨치게 하다. Have someone's energy and spirit be revealed actively and strongly or be well-known.

ㅅ

㊍북돋우다
N0-가 N1-를 V (N0=[인간] N1=[속성](기운, 기세 따위))
[주]살다
¶엄마는 아들의 기를 살리려고 칭찬을 많이 해주고 있다. ¶그는 팀의 기세를 살려 이번 경기를 승리로 이끌었다.
⑩(지난 일을) 마음이나 의식 속에 생생하게 떠올리다. Vividly recall a past event in the mind or consciousness.
㊍되살리다
N0-가 N1-를 V (N0=[인간] N1=[추상물](추억, 기억 따위))
[주]살다
¶그는 젊은 시절의 추억을 살려 기차 여행을 떠났다. ¶그녀는 사고 당시의 기억을 다시 살리고 싶지 않았다.
⑪(장기, 술래잡기 놀이 따위에서) 사람이나 말을 술래나 상대편에게 잡히지 않고 계속 놀이를 할 수 있게 하다. Make any person or chessmen avoid getting caught by the tagger or opponent and continue playing in Korean chess or hide and seek.
N0-가 N1-를 V (N0=[인간] N1=[인간], [말](병, 졸, 마 따위))
[주]살다
¶나는 병과 졸을 죽이고 마를 살렸다. ¶술래가 마지막까지 나를 잡지 않고 살려 두었다.
⑫(체면, 권위 따위를) 떨어뜨리지 않고 유지시켜 주다. Help upkeep decency or authority.
㊍유지하다 ㊥구기다, 떨어뜨리다
N0-가 N1-를 V (N0=[인간|단체], [행위] N1=[추상물](체면, 체통, 권위, 자존심, 위신 따위))
¶대표팀이 16강에 진출해 한국 축구의 체면을 살렸다. ¶선수들이 경기에서 좋은 결과를 내어 감독의 위신을 살렸다. ¶그는 무더위에도 옷을 갖춰 입고 양반의 체통을 살렸다.
⑬(과거의 경험이나 애초의 뜻 따위를) 알맞게 활용하다. Adequately apply a past experience or the original plan.
N0-가 N1-를 V (N0=[인간|단체] N1=[계획](취지 따위))
¶자선 단체의 설립 취지를 살려 무료 급식소를 운영한다. ¶전공을 살려 취직을 한다는 것이 생각보다 쉽지 않다.

살아가다

[활용]살아가, 살아가니, 살아가고
[자]❶(사람, 동식물 따위가) 생명을 유지하며 목숨을 이어가다. (of a person, an animal, or a plant) Maintain life and keep on existing.
㊍목숨을 유지하다 ㊦살다[자]
N0-가 V (N0=[인간], [동물], [식물])
¶생태계에는 다양한 동식물들이 서로 먹고 먹히며 살아간다. ¶의식주란 사람이 살아가는 데 필요한 기본 요소이다.
❷(사람이) 활동을 하며 생활해 나가다. (of a person) live a life doing some activity.
㊍생활하다
N0-가 V (N0=[인간])
¶그는 농사를 지으며 살아가는 농부이다. ¶반려동물과 살아가려면 세심한 준비가 필요하다. ¶사람들은 살아가며 감당해야 할 저마다의 책임이 있다.
[타]❶(어떤 삶이나 시대 따위를) 거치거나 겪으며 생활해 나가다. Manage to go on by passing through some life or era.
㊍겪다 ㊦살다[타]
N0-가 N1-를 V (N0=[인간] N1=[시간], 삶, 인생 따위)
¶오늘날 현대인들은 각박한 시대를 살아가고 있다. ¶인생을 살아가다 보면 예상치 못한 난관에 부딪힐 때가 있다.
❷(어떤 수단이나 방법으로) 생활을 꾸려나가다. Manage to go on by tolerating a condition of little money or engaging in an unprofitable occupation for a certain period.
㊍꾸려나가다, 영위하다, 생계를 잇다
N0-가 N2-로 N1-를 V (N0=[인간] N1=[시간] N2=[활동], [화폐])
[연어]근근이, 간신히 따위
¶희수는 막노동으로 하루하루를 근근이 살아가고 있다. ¶영수네 가족은 몇 푼 안 되는 돈으로 간신히 살아가고 있다.

살아나다

[활용]살아나, 살아나니, 살아나고
[자]❶(사람, 동식물 따위가) 거의 죽게 되었다가 다시 생명을 얻어 살게 되다. (of a person, animal or plant) Obtain life and live again after nearly being dead.
㊍회생하다 ㊦살다[자]
N0-가 N1-로 V (N0=[인간], [동물], [식물] N1=[추상물](간호, 정성 따위))
¶엄마의 극진한 간호로 아이가 살아났다. ¶그녀의 정성으로 시름시름 앓던 강아지가 다시 살아났다.
❷(약해지거나 꺼져 가던 불, 불씨 따위가) 다시 일어나 타오르다. (of dying fire or embers) Rise again and burn.
㊍되살아나다 ㊦살다[자]
N0-가 V (N0=불, 불씨)

ㅅ

¶죽어 가던 연탄불이 다시 살아나 방이 따뜻해졌다. ¶꺼져 가던 촛불이 다시 살아나 타고 있다.
❸(경기, 단체 따위가) 어려운 상황이나 처지에서 벗어나 원래의 좋은 상태로 돌아가 기능하다. (of a sports game or group) Return to and function in its original good state after escaping a difficult situation or circumstance.
[유]회복하다, 회생하다
N_0-가 V (N_0=[단체], [산업], [경제])
¶회사가 부도 위기를 겨우 넘기고 다시 살아났다. ¶지역 경제가 살아나 지역 주민들이 활기를 되찾았다.
❹(약해졌거나 죽었던 기세, 의지 따위가) 다시 활기를 얻다. (of a weakened or dead force) Obtain energy again.
N_1-의 N_0-가 N_2-에 V ↔ N_1-는 N_0-가 N_2-에 V (N_0=[속성](기운, 기세, 심리 따위), [추상물](의지, 투지 따위) N_1=[인간] N_2=[추상물](응원, 정책 따위))
¶관중들의 응원에 선수들의 투지가 살아났다. ↔ 관중들의 응원에 선수들은 투지가 살아났다. ¶임금이 인상되자 직원들의 기가 살아나 회사 분위기도 좋아졌다.
❺(욕구, 증세 따위가) 다시 왕성하게 나타나거나 일어나거나 회복되다. (of desire or symptom) vigorously appear, rise, or be recovered again.
[유]회복되다
N_1-의 N_0-가 V (N_0=[속성](입맛, 식욕 따위), [능력](기력 따위), [질병](증세, 통증 따위) N_1=[인간])
¶영희의 식욕이 살아나 평소보다 많이 먹었다. ↔ 영희는 식욕이 살아나 평소보다 많이 먹었다. ¶제철 음식을 먹으니 입맛이 살아난다.
❻(선, 색 따위가) 더욱 생생하게 뚜렷해지거나 분명해지다. (of a line or color) Become more vivid and clear.
[유]뚜렷해지다, 환해지다 [상]살다[자]
N_0-가 V (N_0=[모양](선, 윤곽 따위), [속성](색, 색깔 따위))
¶턱 선이 살아나니 얼굴이 작아 보인다. ¶피부색이 살아나 얼굴이 환해 보인다.
❼(상처가 나거나 파였던 부분에) 새로운 살이 다시 돋아나다. (of new flesh) Be newly generated on injured or punctured area.
[유]재생하다, 다시 돋아나다
N_0-가 N_1-에 V (N_0=[신체부위](살) N_1=[신체부위])
¶상처가 난 자리에 상처가 아물고 새살이 살아났다. ¶칼에 베었던 부분에 생각보다 빨리 새살이 살아났다.
❽(잊었거나 지난 일, 기억 따위가) 다시 새로이 떠오르다. (of a past event or memory that's been forgotten) Enter one's mind again.
[유]회상되다
N_0-가 V (N_0=[추상물](추억, 기억, 옛일 따위))
¶옛날 사진을 보니 그때의 추억이 새록새록 살아났다. ¶과거의 안 좋은 기억들이 살아나 그를 괴롭혔다.

살아남다

[활용]살아남아, 살아남으니, 살아남고
[자]❶(사람이나 동물이) 매우 위험한 상황에서 죽지 않고 목숨을 건지다. (of a person or an animal) Survive in an extremely dangerous situation by not dying.
[유]생존하다 [상]살다[자]
N_0-가 N_1-에서 V (N_0=[인간], [동물] N_1=[사고], [재해])
¶이번 화재에서 살아남은 사람은 십여 명에 불과하다. ¶그들은 전쟁에서 살아남아 고향으로 무사히 돌아왔다.
❷(사람이나 단체가 어떤 분야에서) 다른 상대에 뒤처지거나 밀리지 않고 원래의 자리나 상태를 유지하다. (of a person or an organization) Not fall behind another opponent but maintain the original position or condition in some field.
[유]생존하다, 존속하다 [반]망하다
N_0-가 N_2-로 N_1-에서 V (N_0=[인간|단체] N_1=[분야], 경쟁 따위 N_2=[방법])
¶우리 회사는 세계 시장에서 살아남기 위해 계속 노력하고 있다. ¶치열한 경쟁에서 살아남기 위해서는 자신만의 차별화된 전략이 필요하다.
❸(어떤 결과물이나 영향 따위가) 잊히지 않고 마음속에 깊이 새겨지다. (of some output or influence) Be deeply engraved in the mind by not forgetting.
[상]살다[자] [유]기억되다
N_0-가 N_1-에 V (N_0=[작품], 영향, 행위 따위 N_1=마음, 가슴 따위)
¶그의 노래는 가슴속에 영원히 살아남아 있을 것이다. ¶조상의 위대한 업적은 후손들의 가슴속에 살아남을 것이다.

살아오다

[활용]살아와, 살아오니, 살아오고
[자]❶(사람, 동식물 따위가) 생명을 유지하며 목숨을 이어오다. (of a person, an animal, or a plant) Maintain life and keep on living.
[유]지내오다 [상]살다[자]
N_0-가 V (N_0=[인간], [동물])
¶내가 지금까지 살아오면서 이런 황당한 일은 처음 겪어 본다. ¶이 나무는 모진 비바람을 모두 견디며 지금까지 잘 살아왔다.
❷(사람이) 일정한 장소에서 자리를 잡고 머물러

ㅅ

지내오다. (of a person) Go on and remain by settling in a certain place.
[유]지내오다, 거처하다, 머물다 [상]살다[자]
N0-가 N1-에서 V (N0=[인간] N1=[지역], [건물])
¶그들은 조상 대대로 청주 지역에서 살아온 양반의 후손들이다. ¶아버지는 대대로 살아오던 집을 얼마 전에 팔았다.
❸(사람이) 매우 위험한 곳에서 죽지 않고 돌아오다. (of a person) Return by not dying in an extremely dangerous place.
[유]생환하다 [상]살다[자]
N0-가 N1-에서 V (N0=[인간] N1=[장소])
¶어머니는 전쟁터에서 살아온 아들을 부둥켜안고 울었다. ¶실종되었던 아들이 기적처럼 살아왔다.
[타]❶(일정한 기간이나 어떤 삶, 시대 따위를) 거치거나 겪으며 생활해 오다. Go on by passing through a certain period or some life or era.
[유]겪다 [상]살다[타]
N0-가 N1-를 V (N0=[인간] N1=[시간], 삶, 인생 따위)
¶격동의 시대를 꿋꿋이 살아온 그들에게 박수를 보내고 싶다. ¶할아버지는 평생을 살아오면서 그런 일은 처음 본다고 하셨다.
❷(어떤 직위나 신분 상태로) 일정 기간 동안을 일하면서 지내 오다. Working in some position or condition for a certain period.
[상]살다[타]
N0-가 N2-로 N1-를 V (N0=[인간] N1=[시간](평생, 반평생, 일생 따위) N2=[인간] (머슴 따위))
¶아버지는 평생을 군인으로 살아오셨다. ¶돌쇠는 반평생을 머슴으로 살아왔다.

살인하다

[어원]殺人~ [활용]살인하여(살인해), 살인하니, 살인하고 [대응]살인을 하다
[타](사람이) 다른 사람을 죽이다. (of a person) Kill somebody.
[유]살해하다, 죽이다
N0-가 N1-를 V (N0=[인간] N1=[인간])
¶젊은 여자만 골라 살인하는 범죄가 늘어난다. ¶방화로 살인한 범인이 체포되었다.

살찌다

[활용]살찌어(살쪄), 살찌니, 살찌고 [대응]살이 찌다
[여린]살지다
[자]❶(사람이나 짐승이) 몸에 살이 많아지다. (of the body of a person or animal) Increase in fat.
[유]뚱뚱해지다
N0-가 V (N0=[인간], [동물])
[사]살찌우다
¶나는 살찌는 것이 싫어서 군것질을 전혀 하지 않는다. ¶가을은 말이 살찌는 계절이라고 흔히 이야기한다.
❷(무엇이) 힘이 강하게 되거나 생활이 풍요로워지다. Become strong of power or be prosperous.
[유]튼튼해지다 [반]허약해지다
N0-가 V (N0=[추상물](경제, 신록 따위))
[사]살찌우다
¶우리 경제가 살찌게 되려면 국민과 정부가 함께 노력해야 할 것이다.

살찌우다

[활용]살찌워, 살찌우니, 살찌우고 [대응]살을 찌우다
[타]❶(사람이나 짐승을) 몸에 살이 많아지게 하다. Make a person or animal increase fat on the body.
[유]뚱뚱하게 하다
N0-가 N1-를 V (N0=[인간] N1=[인간], [동물])
[주]살찌다
¶나는 동생을 살찌우기 위해 맛있는 음식을 많이 사 주었다. ¶말을 살찌우려고 1등급 사료를 주고 있다.
❷(어떤 대상이) 다른 대상을 윤택하고 풍요롭게 하다. (of some target) Make another target rich and prosperous.
N0-가 N1-를 V (N0=[인간], 독서, 지식, 문화 따위 N1=마음, 삶, 주머니 따위)
[주]살찌다
¶독서는 마음을 살찌울 수 있는 가장 좋은 방법이다. ¶자연 속에서 지내는 동안 마음을 살찌우자.

살펴보다

[활용]살펴보아(살펴봐), 살펴보니, 살펴보고
[타] ❶ 대상이나 현상을 두루 자세히 관찰하다. Thoroughly observe some object or phenomenon.
[유]조사하다I, 주시하다, 관찰하다
N0-가 N1-를 V (N0=[인간] N1=[인간], [구체물], [장소], [사태])
[연어]이리저리, 유심히, 면밀히
¶정찰병들이 적진을 살펴보는 중입니다. ¶나는 새로 산 전화기를 이리저리 살펴보았다.
❷어떤 대상을 찾아내기 위해 이리저리 자세히 바라보다. Look here and there to find some object.
[유]조사하다I, 탐색하다
N0-가 N1-를 V (N0=[인간] N1=[구체물], [장소])
[연어]이리저리, 샅샅이
¶나는 지갑을 찾으려고 집안 구석구석을 살펴보았다. ¶나는 집안 구석구석을 살펴보았지만 지갑이 없었다.
❸(어떤 문제나 현상 따위를) 자세히 조사하여

따지다. Check by thoroughly researching about some problem, phenomenon, etc.
㊌조사하다I, 분석하다
N0-가 N1-를 V (N0=[인간|단체] N1=[모두])
연어 면밀히
¶연구원들이 하루 종일 이 문제를 살펴보았다. ¶회사는 작년 사업 실적을 살펴본 후에 새해 예산을 수립했다.
N0-가 S지-를 V (N0=[인간|단체])
연어 면밀히
¶연구원들이 하루 종일 이 문제가 맞는지를 면밀히 살펴보았다. ¶회사는 작년 사업 실적이 얼마나 되는지를 살펴본 후 새해 예산을 수립했다.

살포하다
어원 撒布~ 활용 살포하여(살포해), 살포하니, 살포하고 대응 살포를 하다
타 ❶(사람이) 액체나 가루 따위를 널리 뿌리다. (of a person) Spray liquid or powder widely.
㊌뿌리다
N0-가 N1-를 N2-에 V (N0=[인간|단체] N1=농약, 가루, 광고지 따위 N2=[장소])
피 살포되다
¶여름이면 해충을 예방하기 위해 논에 농약을 살포한다. ¶소나무 해충 때문에 산에 약을 살포해야 한다.
❷금품, 광고지 따위를 사람들에게 마구 나누어 주다. Hand something (money, goods, leaflets, etc.) out to people.
㊌뿌리다, 나누어주다, 돌리다II[1]
N0-가 N1-를 N2-(에|에게) V (N0=[인간|단체] N1=[구체물] N2=[인간|단체])
피 살포되다
¶선교를 위해 북한에 전도지를 살포하기로 했다. ¶선거 때면 많은 금품이 주민들에게 살포되곤 한다.

살피다
활용 살피어(살펴), 살피니, 살피고
타 ❶(장소나 주위를) 찬찬히 조심스레 보다. Carefully and thoroughly look around a place or surrounding.
㊌주시하다
N0-가 N1-를 V (N0=[인간], [동물] N1=[장소])
¶어린이들은 횡단보도를 건너기 전에 항상 주위를 먼저 살폈다. ¶운전자는 사방을 살폈지만 어린이를 미처 보지 못했다.
❷(상황이나 사정 따위를) 주의 깊게 자세히 알아보다. Carefully and thoroughly grasp a situation or circumstance.
㊌알아보다, 조사하다I
N0-가 N1-를 V (N0=[인간] N1=[상황], 기회, 민심 따위)
¶그는 적의 동태를 살피려다 정체가 발각되었다. ¶예로부터 전략적 안목이 뛰어난 사람은 기회를 살펴 움직인다.
❸(관계, 영향 따위를) 자세히 분석하여 알게 되다. Thoroughly analyze and know relationship or effect.
㊌조사하다I, 분석하다
N0-가 N1-를 V (N0=[인간|단체] N1=[관계], [영향])
¶경영자는 사업의 전후 관계까지 살펴야 한다. ¶이번 협약이 경제에 미칠 영향을 신중하게 살펴야 한다.
N0-가 S지-를 V (N0=[인간|단체])
¶경영팀은 내년 사업의 전망이 밝을지를 살피고 있다. ¶이번 협약이 경제에 미칠 영향이 어떨지를 신중하게 살펴야 한다.
❹(사람의 감정 따위를 알기 위해) 표정을 면밀히 알아보다. Carefully observe someone's face or facial expression in order to understand emotion or state.
N0-가 N1-를 V (N0=[인간] N1=[신체부위](얼굴), [기색], [상황](표정), 눈치 따위)
¶그는 아내의 얼굴을 유심히 살폈다. ¶영수는 곁눈질로 영희의 기색을 살피고는 한숨을 내쉬었다.

살해당하다
어원 殺害~ 활용 살해당하여(살해당해), 살해당하니, 살해당하고 대응 살해를 당하다
자 ☞ 살해되다

살해되다
어원 殺害~ 활용 살해되어(살해돼), 살해되니, 살해되고 대응 살해가 되다
자 (사람이) 다른 사람에게 좋지 않은 방법으로 비참하게 죽임을 당하다. Be killed by another person.
㊌피살되다, 살해당하다 ㊦죽다I, 죽임을 당하다
N0-가 N1-(에게|에 의해) V (N0=[인간] N1=[인간])
능 살해하다
¶박 형사가 누군가에 의해 살해되었다. ¶여자는 전 남편에 의해 살해되었다. ¶하루 47명이 불법 총기 소지자에 의해 살해되고 있다.

살해하다
어원 殺害~ 활용 살해하여(살해해), 살해하니, 살해하고 대응 살해를 하다
타 다른 사람을 좋지 않은 방법으로 다소 처참하게 죽이다. Kill another person.
㊌살인하다 ㊦죽이다I
N0-가 N1-를 V (N0=[인간] N1=[인간])
피 살해되다

ㅅ

¶게임 중독자가 초등학생을 납치해 살해했다. ¶70대 남성이 동업자를 흉기로 살해하고 시체를 유기했다.

삶기다

활용 삶기어(삶겨), 삶기니, 삶기고

자 (음식 재료가) 뜨거운 물속에서 얼마 동안 끓여져 익다. (of a food ingredient) Be put in hot water for a certain time.

㊐익다

No-가 V (No=[음식물](고기, 야채, 과일 따위))

능 삶다

¶고구마가 잘 삶겨 냄새가 구수하다. ¶돼지고기는 푹 삶겨야 제 맛이 난다.

삶다

활용 삶아, 삶으니, 삶고

타 ❶(음식 재료를) 뜨거운 물속에서 얼마 동안 끓여 익히다. Put food ingredient in hot water for a certain time.

㊐익히다, 끓이다

No-가 N1-를 V (No=[인간] N1=[음식물](고기, 야채, 과일 따위))

피 삶기다

¶요리사는 고기를 푹 삶았다. ¶어머니는 국수를 삶아 아들에게 주셨다.

❷(옷 따위를) 소독을 목적으로 물속에 넣어 끓이다. Put clothes in boiling water for disinfection purposes.

No-가 N1-를 V (No=[인간] N1=[옷], 행주, 수건 따위)

¶영희는 오늘도 옷가지를 잔뜩 삶았다. ¶어머니는 주기적으로 행주와 수건을 삶으신다.

❸(다른 사람을) 자신의 뜻에 따르게 하기 위해 그럴듯한 말이나 행동, 돈 따위로 달래거나 꾀다. Coax or tempt someone with smooth talk, behavior, or money to make him/her follow one's will.

㊐회유하다, 꾀다 ㊕구워삶다

No-가 N1-를 V (No=[인간] N1=[인간])

¶용주는 도영을 잘 삶아서 자기편으로 만들었다. ¶그는 사고 목격자를 삶아서 거짓 증언을 시켰다.

삼가다

활용 삼가, 삼가니, 삼가고

타 ❶(말이나 행동을) 하지 않거나 조심스럽게 가려서 하다. Carefully select or refrain from choosing words or actions.

㊐절제하다, 자제하다

No-가 N1-를 V (No=[인간] N1=[행위], [이야기], [비난], [질문])

¶나는 되도록 다른 사람에게 누가 되는 행동을 삼가려고 했다. ¶듣는 사람이 언짢아 할 이야기는 삼가는 것이 좋다.

No-가 S것-을 V (No=[인간])

¶승객은 버스 안에서 큰소리로 통화하는 것을 삼가 주십시오. ¶입 속에 음식물이 있을 때는 말하는 것을 삼가는 것이 예의다. ¶어른 앞에서는 버릇없이 행동하는 것을 삼가야 한다.

❷자신에게 이롭지 않다고 생각되는 대상이나 행동 따위를 꺼리어 멀리하거나 하지 않다. Avoid object or action that is not beneficial to oneself by hesitating.

㊐절제하다, 피하다

No-가 N1-를 V (No=[인간] N1=[행위], [음식물])

¶형은 앞으로 과음을 삼가기로 했다. ¶노약자들은 황사가 심한 날에는 외출을 삼가는 것이 좋다. ¶영희는 맵거나 짠 음식을 삼가고 있다.

No-가 S것-을 V (No=[인간])

¶요즘 누나는 군것질하는 것을 삼가고 있다. ¶건강을 위해서 짠 음식을 섭취하는 것을 삼가세요.

삼가하다

활용 삼가하여(삼가해), 삼가하니, 삼가하고

타 ☞ '삼가다'의 오용

삼다 I

활용 삼아, 삼으니, 삼고

타 ❶(짚신 따위를) 짚이나 삼실 따위로 엮어서 만들다. Create straw shoes by weaving straw or hemp thread.

㊐엮다

No-가 N1-를 V (No=[인간] N1=[착용물](짚신, 미투리 따위))

¶할아버지께서는 어렸을 적에 직접 짚신을 삼아 신었다고 하셨다. ¶그 총각은 미투리를 삼아 장에 내다 팔았다. ¶늙은이는 돗자리를 삼아 생계를 꾸렸다.

❷(삼이나 모시풀 따위의) 올실을 비비어 꼬아 길게 잇다. Lengthily connect hemp or ramie by rubbing and twisting.

㊐꼬아 잇다

No-가 N1-를 V (No=[인간] N1=삼, 모시 따위)

¶부녀자들이 한 집에 모여 삼을 삼았다. ¶그들은 둘러앉아 모시를 삼으면서 민요를 불렀다.

삼다 II

활용 삼아, 삼으니, 삼고

타 ❶(어떤 사람을) 자신과 특수한 관계가 있는 사람이나 신분으로 만들다. Have someone be in a special relation or status with oneself.

㊐택하다

No-가 N1-를 N2-로 V (No=[인간] N1=[인간] N2=[인간])

¶김 회장은 채 과장을 사위로 삼았다. ¶이모님은

영인이를 며느리로 삼고 싶어했다.
❷(어떤 것을) 자신의 목적이나 용도에 맞게 수단이나 도구로 이용하다. Take advantage of something as a way or a tool to meet one's purpose or use.
㊐대신하다, 대체하다
N0-가 N1-를 N2-로 V (N0=[인간] N1=[구체물] N2=[구체물])
¶철수는 책을 베개로 삼아 누웠다. ¶할아버지는 우산을 지팡이 삼아 짚고 다니셨다.
※ 'N2-로'의 '-로'가 생략되어도 자연스럽다.
❸(어떤 대상을) 자신이 원하거나 필요로 하는 다른 속성의 대상으로 간주하다. Regard some object as another object that one requires or desires.
㊐간주하다
N0-가 N1-를 N2-로 V (N0=[인간] N1=[인간], [시간] N2=[인간](친구, 말벗 따위), [시간])
¶엄마는 딸을 친구 삼아 여행을 떠났다. ¶할아버지는 나를 말벗 삼아 옛날이야기를 하시곤 했다. ¶수경이는 밤을 낮 삼아 열심히 일했다.
※ 'N2-로'의 '-로'가 생략되어도 자연스럽다.
❹(어떤 대상이나 상황을) 원래와는 달리 긍정적으로 바꾸어 생각하다. Consider some object or situation different from the original status by changing one's mind and thinking positively.
㊐활용하다, 만들다
N0-가 N1-를 N2-로 V (N0=[인간] N1=[상황], [사건], [인간] N2=[시간](기회 따위), [추상물] (교훈, 본보기 따위))
¶나는 위기를 기회로 삼아 지혜롭게 헤쳐 나가기로 했다. ¶이번 일을 교훈으로 삼아 다시는 이런 일이 없도록 해야 한다.
N0-가 S것-을 N1-로 V (N0=[인간] N1=[추상물](낙, 즐거움, 위안 따위))
¶노부부는 손자 돌보는 것을 낙으로 삼고 있다. ¶친구는 꽃을 가꾸는 것을 기쁨으로 삼고 살아간다.
❺(어떤 것을) 자신의 신조나 직업 따위로 선택하여 정하다. Decide something as one's creed or occupation.
㊐택하다
N0-가 N1-를 N2-로 V (N0=[인간] N1=[추상물] N2=[추상물](신조, 직업 따위))
¶동규는 근면을 생활신조로 삼고 있다. ¶동희는 교직을 평생 직업으로 삼았다.
N0-가 S것-를 N1-로 V (N0=[인간] N1=[추상물](신조, 철칙, 직업 따위))
¶우리는 평화를 수호하는 것을 원칙으로 삼고 있다. ¶모든 국민은 납세 의무를 다하는 것을 철칙으로 삼아야 한다.
❻(어떤 것을) 자신의 이야기 주제로 택하여 이용하다. Utilize something by choosing as one's theme.
㊐이용하다
N0-가 N1-를 N2-로 V (N0=[인간] N1=[이야기](경험 따위) N2=[추상물](이야깃거리, 화제 따위))
¶영호는 실습 사원 때의 경험을 이야깃거리로 삼았다. ¶남자들이 모이면 대부분 군대 이야기를 화제로 삼는다.
◆ **삼아** (어떤 일을) 특정 용도로 간주하여. By way of (the preceding noun).
N0 Idm (N0=[활동](운동), 연습, 시험, 재미 따위)
¶운동 삼아 철수가 천천히 걸었다. ¶시험 삼아 한번 해 봐! ¶연습 삼아 그려 본 그림입니다.

삼키다

활용 삼키어(삼켜), 삼키니, 삼키고
타❶(음식물이나 작은 물체 따위를) 목구멍으로 넘기다. Swallow food, small object, etc., through the throat.
N0-가 N1-를 V (N0=[인간], [동물] N1=[음식물], [구체물](단추, 동전, 구슬 따위))
¶동생이 알사탕을 통째로 삼켰다. ¶어머니는 알약을 물과 함께 삼키셨다.
❷(다른 사람의 소유물을) 돌려주지 않고 자기 것으로 해 버리다. Keep someone's possession to oneself by not returning it.
㊐가로채다, 집어삼키다
N0-가 N1-를 V (N0=[인간|단체] N1=[화폐], [소득], 재산, 몫 따위)
연어 꿀꺽
¶친구가 나에게 빌린 돈을 꿀꺽 삼켜 버렸다. ¶회사가 직원들의 보너스를 삼킨 것 아니냐는 의혹이 제기되었다.
❸(감정이나 웃음, 눈물 따위를) 억지로 참다. Forcibly suppress emotion, smile, tears, etc.
㊐참다, 억누르다
N0-가 N1-를 V (N0=[인간] N1=[감정], 눈물, 웃음 따위)
연어 속으로, 억지로
¶유가족들은 슬픔을 힘겹게 삼키고 있었다. ¶나는 터져 나오는 웃음을 억지로 삼켰다.
❹(재해나 분위기 따위가) 일정한 지역 전체를 휩싸며 영향을 미치다. (of disaster, environment, etc.) Affect by engulfing the whole region.
㊐휩쓸다
N0-가 N1-를 V (N0=[재해], [현상](불, 연기 따위) [기운](분위기, 응원 따위) N1=[지역], [장소])
¶새까만 먹구름이 온 하늘을 삼켜 버렸다. ¶응원

ㅅ

의 물결이 시청 광장을 삼켜 버렸다.
※주로 '삼켜 버리다'의 형태로 쓰인다.

삽입되다

어원 揷入~ 활용 삽입되어(삽입돼), 삽입되니, 삽입되고 대응 삽입이 되다

자 ❶(어떤 사물이) 다른 사물의 빈 공간에 끼워서 집어넣어지다. (of a thing) Be put into a gap of another thing.

유 끼워지다, 들어가다

N0-가 N1-에 V (N0=[구체물] N1=[구체물], 틈, 사이, 공간 따위)

능 삽입하다

¶책장 사이에 삽입된 낙엽이 어딘가 있을 것이다. ¶주삿바늘이 삽입될 때도 그는 꿈쩍하지 않았다.

❷(다른 내용이) 이야기나 영상 중간에 끼워 넣어지거나 덧입혀지다. (of a different content) Be put into or added to a story or a film.

N0-가 N1-에 V (N0=[텍스트], [언어], [영상], [음악], 사진, 그림 따위 N1=[텍스트], [영상], [연극], [방송물])

능 삽입하다

¶그의 소설에는 옛 민담이 삽입되었다. ¶드라마에 삽입된 노래들이 전부 명곡이다. ¶추가로 촬영하는 부분은 나중에 삽입될 것이다.

삽입시키다

어원 揷入~ 활용 삽입시키어(삽입시켜), 삽입시키니, 삽입시키고 대응 삽입을 시키다

타 ☞'삽입하다'의 오용

삽입하다

어원 揷入~ 활용 삽입하여(삽입해), 삽입하니, 삽입하고 대응 삽입을 하다

타 ❶(어떤 사물을) 다른 사물의 빈 공간에 끼워서 집어넣다. Put a thing into a gap of another thing.

유 끼워넣다, 집어넣다

N0-가 N2-에 N1-를 V (N0=[인간] N1=[구체물] N2=[구체물], 틈, 사이, 공간 따위)

피 삽입되다

¶의사는 환자의 몸속에 내시경을 삽입했다. ¶폐를 복원하기 위해 체내에 관을 삽입할 것이다. ¶그는 문틈으로 전단지를 삽입하는 데 성공했다.

❷(야기나 영상 따위에) 다른 내용을 끼워 넣거나 덧입히다. Put different content into or add it to a story or a film.

유 끼워넣다, 집어넣다

N0-가 N2-에 N1-를 V (N0=[인간|단체] N1=[텍스트], [언어], [영상], [음악], 사진, 그림 따위 N2=[텍스트], [영상], [연극], [방송물])

피 삽입되다

¶나는 영화에 배경 음악을 삽입했다. ¶이 문장을 중간에 삽입하면 더 좋을 것 같다. ¶보고서에 도표를 삽입해서 다시 정리해라.

상경하다

어원 上京~ 활용 상경하여(상경해), 상경하니, 상경하고 대응 상경을 하다

자 지방에서 서울로 가다. (of person) Go to Seoul from other regions.

반 낙향하다

N0-가 V (N0=[인간|단체])

¶삼촌은 십대 때 상경했다. ¶요즘은 이주를 목적으로 상경하는 사람이 많이 줄었다. ¶나는 상경하는 것은 처음이라 길을 찾는 데 애를 많이 먹었다.

상관하다

어원 相關~ 활용 상관하여(상관해), 상관하니, 상관하고 대응 상관을 하다

자 (사람이) 다른 사람이나 단체의 일에 간섭하거나 참견하다. Interfere or meddle in the works of another person or organization.

유 간섭하다, 참견하다, 관여하다

N0-가 N1-(에|에게) V (N0=[인간|단체] N1=[인간|단체], [행위], [사건])

¶김 첨지는 하인들의 일에 시시콜콜 상관했다. ¶꼬마는 자기에게 상관하지 말라고 쏘아붙였다.

타 둘 이상의 일을 서로 관련짓다. Connect two or more works.

유 연관짓다, 관련짓다, 연결짓다

N0-가 N1-를 N2-와 V ↔ N0-가 N2-를 N1-와 V ↔ N0-가 N1-와 N2-를 V (N0=[인간|단체] N1=[모두] N2=[모두])

¶그는 주제를 문맥과 상관하여 생각했다. ↔ 그는 문맥을 주제와 상관하여 생각했다. ↔ 그는 주제와 문맥을 상관하여 생각했다. ¶회사에서는 업무량과 일정을 상관하여 직원들의 휴가를 정했다.

자타 남녀가 성적으로 교섭하다. Have sexual intercourse.

유 섹스하다, 통정하다, 정을 통하다, 간음하다, 강간하다, 성폭행하다, 사랑을 나누다

N0-가 N1-(와|를) V ↔ N1-가 N0-(와|를) V ↔ N0-와 N1-가 V (N0=[인간] N1=[인간])

¶그는 몰래 부산댁과 상관했다. ↔ 부산댁은 몰래 그와 상관했다. ↔ 그와 부산댁은 몰래 상관했다. ¶누군가와 상관한다는 것은 쉽게 생각할 일이 아니다.

상기되다

어원 上氣~ 활용 상기되어(상기돼), 상기되니, 상기되고 대응 상기가 되다

자 (얼굴이나 뺨이) 흥분하거나 부끄러워서 붉어지다. (of face or cheek) Become red due to excitement or shame.

N1-의 N0-가 V ↔ N1-는 N0-가 V (N0=[신체부위](얼굴, 볼, 뺨 따위), 표정 N1=[인간])

¶아낙의 얼굴이 붉게 상기되었다. ↔ 아낙은 얼굴이 붉게 상기되었다. ¶학생들의 표정은 즐거움과 열기로 상기되어 있었다. ¶선생님의 뺨은 홍시 빛으로 상기되어 있었다.

상기하다

어원 上氣~ 활용 상기하여(상기해), 상기하니, 상기하고

자 ☞상기되다

상납받다

어원 上納~ 활용 상납받아, 상납받으니, 상납받고

대응 상납을 받다

타 윗사람이 승진하거나 이권을 얻으려는 사람에게서 돈이나 물건을 받다. (of a superior) Accept money or something from someone seeking promotion or privileges.

반 상납하다

N0-가 N2-(에게|로부터) N1-를 V (N0=[인간|단체] N1=[구체물] N2=[인간|단체])

¶시장은 건설업자에게서 금품을 상납받았다. ¶예전에는 승진하기 위해 기관장들에게 상납하는 것이 관례였다.

상납하다

어원 上納~ 활용 상납하여(상납해), 상납하니, 상납하고 대응 상납을 하다

타 (승진이나 이권, 자리를 위해) 윗사람에게 돈이나 물건을 갖다 바치다. Offer money or goods to one's superior in an attempt to gain a promotion, a privilege, or a post.

반 상납받다

N0-가 N1-를 N2-(에|에게) V (N0=[인간|단체] N1=[구체물] N2=[인간|단체])

¶건설업자는 시장에게 금품을 상납하여 이권을 따내었다. ¶부하가 직속상관에게 돈을 상납하다 들통났다.

상담하다

어원 相談~ 활용 상담하여(상담해), 상담하니, 상담하고 대응 상담을 하다

자타 (어떤 문제나 궁금증을 해결하기 위하여) 그 내용을 서로 의논하다. Discuss contents of a problem or inquiry with each other to solve it.

유 의논하다, 자문하다, 상의하다

N0-가 N1-(를|에 대해) N2-(에|에게) V (N0=[인간|단체] N1=[추상물](문제, 고민, 어려움, 일정 따위) N2=[인간|단체])

¶나는 모든 건강 문제를 주치의에게 상담한다. ¶친구는 나에게 자신의 고민에 대해 상담했다.

N0-가 N1-(를|에 대해) N2-와 V (N0=[인간|단체] N1=[추상물](문제, 고민, 어려움, 일정 따위) N2=[인간|단체])

¶진학 문제에 대해 담임 선생님과 상담했다. ¶그녀는 복부비만에 대해 의사와 상담했다. ¶그의 아내는 심한 스트레스를 정신신경과 의사와 상담한다.

상대되다

어원 相對~ 활용 상대되어(상대돼), 상대되니, 상대되고 대응 상대가 되다

자 (대상이) 다른 대상과 비교되거나 대립되다. (of an object) Be compared or contrasted with another object.

N0-가 N1-에 V (N0=[모두] N1=[모두])

능 상대하다

¶'윗옷'의 개념은 하의에 상대되어 쓰인다. ¶피고는 민사소송상 원고에 상대되는 개념이다.

☞주로 관형형으로 쓰인다.

상대하다

어원 相對~ 활용 상대하여(상대해), 상대하니, 상대하고 대응 상대를 하다

자타 ❶다른 사람과 서로 직접 마주 대면하여 접촉하다. (of a person) Contact another person face to face.

유 마주하다, 맞다, 대하다

N0-가 N1-(와|를) V (N0=[인간] N1=[인간])

피 상대되다

¶나는 혼자서 수많은 사람들과 상대해야 했다. ¶의사는 많은 환자들을 늘 상대한다. ¶나는 더이상 이 문제로 그와 상대하고 싶지 않다.

❷다른 상대와 겨루거나 맞서 싸우다. (of a person) Contend with or fight against another person.

유 대응하다, 겨루다

N0-가 N1-(와|를) V (N0=[인간|단체] N1=[인간|단체])

¶우리가 부유하고 군사력이 뛰어난 국가와 상대할 수 있을까? ¶그 나라가 아시아 국가들을 상대하여 무역전쟁을 벌이면 이길 수 있을까? ¶어느 누구도 그와 상대하여 2회전 이상을 버틸 수 없었다.

상륙하다

어원 上陸~ 활용 상륙하여(상륙해), 상륙하니, 상륙하고 대응 상륙을 하다

자 ❶바다에 있는 배에서 떠나 뭍에 오르다. Leave a ship and step on the shore.

유 착륙하다 반 이륙하다, 출항하다 상 도착하다

N0-가 N1-에 V (N0=[인간|단체] N1=[장소](땅, 섬, 해변 따위))

¶해적들이 결국 해안에 상륙했다. ¶가까운 땅에

ㅅ

상륙해서 식량을 찾아보자. ¶그들은 오랜 조난 끝에 한 섬에 상륙할 수 있었다.
❷(외국 문화나 현상, 사물 따위가) 다른 어떤 곳에 닿거나 들어가다. (of foreign culture, trend, or products) Arrive at a place.
㊤이입되다, 들어오다, 수입되다
N0-가 N1-에 V (N0=[모두] N1=[장소])
¶결국 중국산 김치가 우리나라에 상륙했다. ¶사이비 이데올로기가 이 나라에 상륙하여 젊은 이들에게 영향을 끼친다. ¶외국 기업들이 속속 국내에 상륙하고 있다.

상반되다

어원 相反~ 활용 상반되어(상반돼), 상반되니, 상반되고 대응 상반이 되다
자 (둘 이상의 대상이) 서로 반대되거나 어긋나다. (of two or more objects) Be contrary to or to fail to match each other.
㊤반대되다, 대조되다, 대립되다
N0-와 N1-가 V ↔ N1-와 N0-가 V ↔ N0-가 N1-와 V (N0=[추상물], [사태] N1=[추상물], [사태])

¶내 의견과 철수의 의견이 상반된다. ↔ 철수의 의견과 내 의견이 상반된다. ↔ 내 의견이 철수의 의견과 상반된다. ¶그는 종종 말과 행동이 상반되는 모습을 보인다.
N0-가 N1-에 V (N0=[추상물], [사태] N1=[추상물], [사태])
¶우리 회사가 추진한 사업은 연초에 계획한 것에 완전히 상반된다. ¶이런 업무 처리는 상부의 지침에 상반되는 것입니다.

상상하다

어원 想像~ 활용 상상하여(상상해), 상상하니, 상상하고 대응 상상을 하다
자타 ❶(경험하지 않은 대상이나 현상을) 머릿속으로 생각해 보다. Bring to mind an object or a phenomenon that one has not experienced yet.
㊤공상하다, 생각하다, 가정하다
N0-가 N1-(를|에 대해) V (N0=[인간] N1=[구체물], [추상물], [사태])
¶나는 그와 함께 하는 미래에 대해 상상하였다. ¶나는 10년 후 내 모습을 상상해 보았다.
N0-가 S것-(을|에 대해) V (N0=[인간])
¶나는 그와 미래를 함께 하는 것에 대해 상상하였다. ¶지도자가 위급 상황에서 먼저 탈출하는 것을 상상할 수 있는가?
N0-가 Q|S(을까|을지) V (N0=[인간])
¶나는 그와 미래를 함께 할 수 있을까 상상해 보았다. ¶나는 위급상황에서 탈출할 수 있을지 상상했다. ¶아내는 남편이 선물로 무엇을 골랐을까 상상하면서 집으로 돌아왔다.
N0-가 S고 V (N0=[인간])
¶그녀가 미국으로 떠났다고 상상해 보자. ¶이 들판에 대도시가 있었다고 상상해 봐라.
❷(대상이나 현상을) 그것이 아닌 다른 것이나 다른 형상으로 가정하다. Suppose an object or a phenomenon to be something else or another phenomenon.
㊤생각하다, 가정하다, 상정하다
N0-가 N1-를 N2-(로|라고) V (N0=[인간] N1=[모두] N2=[모두])
¶이 나무들을 모두 사람이라고 상상해 봐. ¶나는 쏟아지는 눈을 별이라고 상상하면서 즐거워하였다.

상속받다

어원 相續~ 활용 상속받아, 상속받으니, 상속박고 대응 상속을 받다
타 ❶(사람이나 단체가) 다른 사람이나 단체로부터 그 이전의 정신이나 하던 일을 이어받다. (of a person or an organization) Inherit certain mentality or unfinished work from another person or an organization.
㊤이어받다, 계승하다, ㊥상속하다
N0-가 N1-를 N2-로부터 V (N0=[인간|단체] N1=[추상물], [사태] N2=[인간|단체])
¶지금 세대는 선대로부터 애국의 신념을 상속받지 못하였다. ¶이 기업은 투철한 기업정신을 상속받았다.
❷ 【법률】 친족 사이에서 한 사람이 사망한 다른 사람에게서 법적으로 재산에 관한 권리와 의무를 이어받다. Legally inherit the rights and liabilities for a property from a relative who has died.
㊤물려받다 ㊥상속하다, 물려주다
N0-가 N1-를 N2-로부터 V (N0=[인간] N1=[추상물](권리, 채권 따위), [구체물](유산, 재산, 땅, 집 따위) N2=[인간])
¶셋째 형님이 아버지에게서 회사를 상속받았습니다. ¶우리는 부모로부터 상속받은 재산이 전혀 없습니다.

상속하다

어원 相續~ 활용 상속하여(상속해), 상속하니, 상속하고 대응 상속을 하다
타 ❶(사람이나 단체가) 그 이전의 정신이나 하던 일을 이어받다. (of a person or an organization) Inherit certain mentality or unfinished work from another person or an organization.
㊤이어받다, 계승하다, 물려받다
N0-가 N1-를 N2-로부터 V (N0=[인간|단체] N1=[추상물], [사태] N2=[인간|단체])

¶우리는 애국의 신념을 윗대로부터 상속하였다. ¶이 회사는 선대로부터 투철한 기업정신을 상속하고 있다.
❷ 【법률】 친족 사이에서 한 사람이 사망한 다른 사람에게서 법적으로 재산에 관한 권리와 의무를 이어받다. (of a person or an organization) Inherit a certain mentality or an unfinished work from predecessors.
㊌상속받다, 물려받다
N0-가 N1-를 N2-로부터 V (N0=[인간] N1=[추상물](권리, 채권 따위), [구체물](유산, 재산, 땅, 집 따위) N2=[인간])
¶셋째 형님이 아버지에게서 회사를 상속했다. ¶우리는 부모로부터 상속한 재산이 없습니다.
❸ 【법률】 친족 사이에서 사망한 사람이 다른 사람에게 법적으로 재산에 관한 권리와 의무를 물려주다. (of the dead) Hand the rights and liabilities for a property over to a relative.
㊌물려주다, 상속해 주다 ㊊상속받다
N0-가 N1-를 N2-에게 V (N0=[인간] N1=[추상물](권리, 채권 따위), [구체물](유산, 재산, 땅, 집 따위) N2=[인간])
¶아버지는 셋째 형님에게 회사를 상속했다. ¶부모는 우리 남매에게 상속한 재산이 전혀 없습니다.

상승되다

어원 上昇~ 활용 상승되어(상승돼), 상승되니, 상승되고 대응 상승이 되다
자 ☞ 상승하다

상승하다

어원 上昇~ 활용 상승하여(상승해), 상승하니, 상승하고 대응 상승을 하다
자 ❶ (무언가가) 위의 방향으로 오르다. (of something) Go upward.
㊌오르다 ㊊하강하다, 급락하다, 떨어지다, 내려가다 ㊍급등하다
N0-가 V (N0=[구체물], 고도)
사 상승시키다
¶지구 온난화의 결과로 해수면이 상승하고 있다. ¶우리가 탄 헬리콥터가 한계 높이까지 상승했다.
❷(값이나 양, 등급 등이) 커지거나 높아지다. (of a price, a quantity, or a level) Be raised or elevated.
㊌오르다 ㊊하락하다, 급락하다, 떨어지다, 내려가다 ㊍급등하다
N0-가 V (N0=[속성], [기준])
사 상승시키다
¶시장이 과열되면서 주가가 연일 상승하고 있다. ¶그 선생님이 담임으로 지도하는 반마다 평균 성적이 상승했다.

상실되다

어원 喪失~ 활용 상실되어(상실돼), 상실되니, 상실되고
자 (기억이나 정신, 자격, 권리 따위가) 잊히거나 잃어버리게 되거나 없어지다. (of memory, mind, qualification, or right) Be forgotten, lost or stolen.
㊌없어지다, 사라지다 ㊊되살아나다, 회복되다
N0-가 N1-가 V (N0=[인간|단체], [구체물] N1=기억, 자격, 권리, 목표, 기능, 매력, 의욕 따위)
능 상실하다
¶나는 교통사고로 기억이 상실되었다. ¶그는 부정행위로 시험을 치를 자격이 상실되었다. ¶보호받을 권리가 상실된 사람의 인권도 보호해 주어야 하는가?

상실하다

어원 喪失~ 활용 상실하여(상실해), 상실하니, 상실하고
타 (기억, 자격, 권리 따위를) 잃어버리거나 빼앗기다. Lose or be stolen of one's memory, qualification, or right.
㊌잃다 ㊊되찾다, 회복하다
N0-가 N1-를 V (N0=[인간|단체], [구체물] N1=기억, 자격, 권리, 목표, 기능, 매력, 의욕 따 위)
피 상실되다
¶나는 교통사고로 기억을 많이 상실했다. ¶그는 부정행위로 시험을 치를 자격을 상실하였다. ¶보호받을 권리를 상실한 사람의 인권도 보호해 주어야 하는가?

상심하다

어원 傷心~ 활용 상심하여(상심해), 상심하니, 상심하고 대응 상심을 하다
자타 슬픔이나 걱정 따위로 마음이 매우 아프다. Be heartbroken due to sorrow or worries.
㊌부심하다
N0-가 N1-(에|에 대해|를) V (N0=[인간|단체] N1=[추상물] N2= [인간|단체])
¶동생은 사업실패에 무척 상심하고 있다. ¶아들은 대입시험 낙방을 상심하고 있을 것이다.
N0-가 S것|S데-(에|에 대해|를) V (N0=[인간])
¶철희는 애인이 절교하자는 데에 대해 매우 상심했다. ¶주민들이 아파트 값이 떨어진 것에 상심한다.

상영되다

어원 上映~ 활용 상영되어(상영돼), 상영되니, 상영되고 대응 상영이 되다
자 (극장 따위에서) 화면을 통해 영화가 관객에게 제공되다. (of a movie) Be provided to the audience through a screen in a theatre.
N0-가 N1-에서 V (N0=영화 따위 N1=[장소](극장, 공연장), [지역])

능상영하다
¶영화 '말모이'가 전국 각 극장에서 상영되었다. ¶3부작으로 만든 이 영화는 미국 전역에서 상영될 예정이다.

상영하다

어원上映~ 활용상영하여(상영해), 상영하니, 상영하고 대응상영을 하다

타(극장 따위에서) 화면을 통해 영화를 관객에게 제공하다. Provide a movie to the audience through screen in a theatre.

N0-가 N1-를 V (N0=[인간], [장소](극장, 공연장 따위), [지역] N1=영화 따위)

피상영되다

¶구청장은 매달 구민회관에서 좋은 영화를 상영할 방침이라고 밝혔다. ¶우주관에서는 '바람과 함께 사라지다'를 상영할 예정이다.

상응되다

어원相應~ 활용상응되어(상응돼), 상응되니, 상응되고 대응상응이 되다

자☞상응하다

ㅅ

상응하다

어원相應~ 활용상응하여(상응해), 상응하니, 상응하고 대응상응을 하다

자(어떤 것이 다른 것과) 서로 대응하거나 알맞게 어울리다. (of something with something else) Fit in with or to be suitable for each other.

유어울리다, 대응하다, 맞물리다

N0-가 N1-(에|와) V (N0=[모두] N1=[모두])

¶메달의 가치는 노력의 무게에 상응한다. ¶내 실력과 상응하는 인정을 받고 싶다. ¶물건이 준비한 돈과 상응하지 않으면 거래는 취소한다.

상의하다

어원相議~, 商議~ 활용상의하여(상의해), 상의하니, 상의하고 대응상의를 하다

자타다른 사람과 어떤 문제나 일에 대해 의논하다. (of two or more people)Talk about a problem or a work.

유의논하다, 논의하다, 상담하다

N0-가 N2-와 N1-(를|에 대해) V ↔ N2-가 N0-와 N1-(를|에 대해) V ↔ N0-와 N2-가 N1-(를|에 대해) V (N0=[인간|단체] N1=[추상물](일, 계획, 문제, 상황, 해결책, 방향 따위) N2=[인간|단체])

¶김 씨는 변호사와 상속 문제를 상의했다. ↔ 변호사는 김 씨와 상속 문제를 상의했다.↔ 김 씨와 변호사는 상속 문제를 상의했다. ¶우리는 지금 얘들 문제를 상의하고 있다.

N0-가 N1-와 Q-(를|에 대해) V ↔ N1-가 N0-와 Q-(를|에 대해) V ↔ N0-와 N1-가 Q-(를|에 대해) V (N0=[인간|단체] N1=[인간|단체])

¶주나는 영희와 투자 문제를 어떻게 해결할지에 대해 상의했다. ↔ 영희는 주나와 투자 문제를 어떻게 해결할지에 대해 상의했다. ↔ 주나와 영희는 투자 문제를 어떻게 해결할지에 대해 상의했다. ¶나는 감독님과 어떻게 촬영하면 좋을지에 대해 상의했다.

N0-가 N2-(에|에게) N1-를 V (N0=[인간|단체] N1=[추상물](일, 계획, 문제, 상황, 해결책, 방향 따위) N2=[인간|단체])

¶김 씨는 변호사에게 상속 문제를 상의했다. ¶나는 그에게 집 문제를 상의하려고 했다.

N0-가 N1-(에|에게) Q-(를|에 대해) V (N0=[인간|단체] N1=[인간|단체])

¶김 씨는 변호사에게 재산을 누구에게 상속할 것인가를 상의했다. ¶나는 주방장에게 가재로 어떻게 요리할지에 대해 상의했다.

※ Q는 'S은지', 'S은가' 형식으로 쓰인다.

상정되다 I

어원上程~ 활용상정되어(상정돼), 상정되고, 상정되니 대응상정이 되다

자(토의 주제가) 토의 현장에 공개적으로 내놓아지거나 제출되다. (of the topic to be discussed) Be presented openly at the venue.

유제출되다, 올려지다

N0-가 N1-에 V (N0=안건, 의안, 의제 따위 N1=[회의])

능상정하다I

¶이번에도 많은 법안이 국회에 상정되었다. ¶시간이 부족하여 상정된 논의거리를 전부 토의하지 못했다. ¶그 문제는 정식 안건으로 이사회에 상정되면 논의해 보기로 합시다.

상정되다 II

어원想定~ 활용상정되어(상정돼), 상정되니, 상정되고 대응상정이 되다

자(어떠한 것이나 상황이) 가정되어 예상되다. (of something or situation) Be expected under an assumption.

유가정되다, 예상되다

N0-가 V (N0=[구체물], [추상물])

능상정하다II

¶이번 회담에는 최악의 상황이 상정되어 있다. ¶그들은 어떤 해결책도 상정되지 않은 제안을 제시했다. ¶이 계획에는 예상 못한 사태가 전혀 상정되지 않았다.

N0-가 N1-로 V (N0=[구체물], [추상물] N1=[구체물], [추상물])

능상정하다II

¶그 보고서의 내용은 모두 사실로 상정된 채 분석되었다.

N0-가 S것-으로 V (N0=[구체물], [추상물])

[능]상정하다II
¶구조 작전에서는 인질들이 아직 살아 있는 것으로 상정되었다. 그들의 예측에서는 경제 위기가 없을 것으로 상정되었다.
N0-가 S고 V (N0=[구체물], [추상물])
[능]상정하다II
¶구매 예산에는 모든 물품이 연말까지 소진된다고 상정되어 있다. ¶그 보도는 검증이 이루어지기 전까진 사실이라고 상정될 수 없다.

상정시키다

[어원]上程~ [활용]상정시키어(상정시켜), 상정시키니, 상정시키고 [대응]상정을 시키다
[타]☞ '상정하다I'의 오용

상정하다 I

[어원]上程~ [활용]상정하여(상정해), 상정하니, 상정하고 [대응]상정을 하다
[타](토의 내용이 될 주제를) 토의 현장에 공개적으로 말하여 내놓다. Propose a topic to be discussed openly at the venue.
N0-가 N1-를 N2-에 V (N0=[인간|단체] N1=안건, 의안, 의제 따위 N2=[회의])
[피]상정되다I
¶나는 학급 회의에 새로운 회의 주제를 상정했다. ¶또 상정할 안건이 있으신 분은 손을 들고 말씀해 주십시오.

상정하다 II

[어원]想定~ [활용]상정하여(상정해), 상정하니, 상정하고 [대응]상정을 하다
[자타](어떠한 것이나 상황을) 가정하여 예상하다. Assume and expect something or situation.
[유]가정하다, 예상하다
N0-가 N1-를 V (N0=[인간|단체], N=[구체물], [추상물], [상황], [사태])
[피]상정되다II
¶삶은 상정할 수조차 없는 무수한 변수에 영향을 받는다. ¶그는 전임 대표가 정계에 돌아올 경우를 상정한 인사 개편안을 발표했다.
N0-가 N2-에 N1-를 V (N0=[인간|단체] N1=[법률](법, 법안), 안건 N2=[기관](국회, 의회), 회의)
[피]상정되다II
¶정부는 국회에 반부패 방지법을 상정할 것이라고 한다. ¶야당은 정기 국회에 새로운 환경법을 상정하려고 시도했다.
N0-가 N1-를 N2-로 V (N0=[인간|단체] N1=[구체물], [추상물] N2=[구체물], [추상물])
[피]상정되다II
¶그 학자는 고조선부터 신라 통일까지를 고대국가로 상정했다. ¶한 때 러시아는 미국을 가상의 적으로 상정하려고 했다.
N0-가 S고 V (N0=[인간|단체])
[피]상정되다II
¶미국과 중국의 대립 이후 동북아 지역 체제가 등장했다고 상정할 수 있다.
N0-가 S것-으로 V (N0=[인간|단체])
[피]상정되다II
¶대한체육회는 국제 대회에 파견할 선수들이 많을 것으로 상정했다.
N0-가 S(것|음)-을 V (N0=[인간|단체])
[피]상정되다II
¶그의 건강이 회복된다는 것을 상정하고 대비해야 한다. ¶우리는 박수근이 이 시기에도 작품 활동을 했음을 상정할 수 있다.

상징되다

[어원]象徵~ [활용]상징되어(상징돼), 상징되니, 상징되고 [대응]상징이 되다
[자](어떤 사물의 개념이나 대상 따위가) 다른 사물이나 대상의 속성, 이미지 따위로 대표적으로 나타내지다. (of a concept, a feature, or an image of something or an object) Be represented with another thing or object.
[유] 표상되다
N0-가 N1-로 V (N0=[모두] N1=[모두])
[능]상징하다
¶세상이 바둑으로 상징될 수는 있지만 바둑이 곧 세상은 아니다. ¶한국적 영웅은 사자나 태양으로 상징되지 않는다.

상징하다

[어원]象徵~ [활용]상징하여(상징해), 상징하니, 상징하고 [대응]상징을 하다
[타](어떤 사물이나 대상 따위가) 다른 사물이나 대상의 개념이나 속성, 이미지 따위를 대표적으로 나타내다. (of something or an object) Represent a concept, a feature, or an image of another thing or an object.
[유]표상하다, 나타내다
N0-가 N1-를 V (N0=[모두]N1=[모두])
[피]상징되다
¶뱀은 자본과 탐욕에 물든 언론을 상징한다. ¶복숭아는 예로부터 불로불사를 상징한다. '한글, 김치, 불고기, 고추장' 등은 한국을 상징한다.

상충되다

[어원]相衝~ [활용]상충되어(상충돼), 상충되니, 상충되고 [대응]상충이 되다
[자]☞ 상충하다

상충하다

[어원]相衝~ [활용]상충하여(상충해), 상충하니, 상충하고 [대응]상충을 하다
[자](사람, 사물, 대상이) 서로 맞지 아니하고 어긋

[ㅅ]

나다. Be incompatible and contradict.
㊌충돌하다, 어긋나다
N0-가 N1-와 V ↔ N1-가 N0-와 V ↔ N0-와 N1-가 서로 V (N0=[인간|단체], [구체물], [추상물] N1=[인간|단체], [구체물], [추상물])
¶헌법의 영토 조항이 통일 조항과 상충한다. ↔ 헌법의 통일 조항이 영토 조항과 상충한다. ↔ 헌법의 영토 조항과 통일 조항이 서로 상충한다. ¶개인과 회사의 이익과 상충하면, 개인의 이익이 우선일까? 회사의 이익이 우선일까?
N0-가 V (N0=[구체물], [추상물], [상태])
¶어려운 것은 두 가지가 상충할 때다. ¶여야 간의 정치적 이해는 서로 상충할 수밖에 없다.
☞N0는 의미상 복수이다.

상하다

어원 傷~ 활용 상하여(상해), 상하니, 상하고
자 ❶(신체나 그 일부가) 부상이나 질병으로 건강하지 않게 되다. (of a body or its part) Become unhealthy because of injury or disease.
㊌다치다
N0-가 V (N0=[구체물](몸 따위), [신체부위])
¶계단에서 넘어졌으면 뼈가 상했을지 모른다. ¶그들은 혹독한 훈련 때문에 상하지 않은 곳이 없었다.
❷(몸이나 얼굴이) 고생이나 걱정으로 인하여 수척해지다. (of body or face) Become gaunt due to hardship or worry.
㊌여위어지다, 허약해지다
N0-가 V (N0=[구체물](몸 따위), [신체부위](얼굴 따위))
¶타향 생활이 길어져서 영빈이는 몸이 상했다. ¶네 걱정에 어머니 얼굴이 많이 상하셨더라.
❸(물건이) 깨어지거나 해어지다. (of a thing) Be come broken or worn out.
㊌깨어지다, 손상되다, 해어지다, 훼손되다
N0-가 V (N0=[구체물])
¶아버지는 굽이 상한 구두를 계속 신으셨다. ¶소매가 너무 상했는데 그만 버리지 그러니?
❹(음식이나 재료가) 오래되어 맛이 변하거나 썩다. (of food or ingredients) Become stale or rotten because they are so old.
㊌변질되다, 부패하다, 썩다
N0-가 V (N0=[음식물])
¶음식은 냉장고에 두어도 오래되면 상한다. ¶사 놓기만 했던 음식 재료들이 모조리 상해서 아깝다.
❺(마음이나 감정 따위가) 원하지 않은 일로 인하여 다치다. (of mind or feeling) Hurt because of unwanted work.
㊌다치다, 상처를 입다
N0-가 V (N0=[인성](자존심 따위), [감정], 마음 따위)
¶자존심이 상하더라도 지금은 이익이 우선이다. ¶친구끼리 감정 상할 일 있어?
타(마음이나 감정 따위를) 원하지 않은 일로 인하여 다치다. Hurt the mind or feeling with unwanted work.
N0-가 N1-를 V ↔ N1-가 V (N0=[인간|단체] N1=[인성](자존심 따위), [감정], 마음 따위)
¶그는 이웃의 거짓말에 마음을 상했다. ↔ 이웃의 거짓말에 마음이 상했다. ¶선생님은 내 자존심을 상하지 않게 배려해 주셨다.

상환되다

어원 償還~ 활용 상환되어(상환돼), 상환되니, 상환되고 대응 상환이 되다
자(빌린 돈이) 돈을 빌려준 사람이나 단체에 되갚아지거나 도로 주어지다. (of borrowed money) Be repaid or given back to a person or an organization who/that lent it.
㊥대출되다
N0-가 N1-(에|에게) V (N0=[화폐] N1=[인간|단체])
능 상환하다
¶대출금이 은행에 상환되지 않으면 보증인에게 책임이 돌아간다. ¶원금과 이자가 채권자에게 전액 상환된 걸로 안다.

상환받다

어원 償還~ 활용 상환받아, 상환받으니, 상환받고 대응 상환을 받다
타(인간이나 단체가) 다른 사람에게나 단체로부터 빌려준 돈을 돌려받다. (of a person or an organization) Get back the money lent from another person or organization.
㊌되돌려받다 ㊥대출받다, 상환하다
N0-가 N1-를 N2-(에게|에서|로부터) V (N0=[인간|단체] N1=[화폐] N2=[인간|단체])
능 상환하다
¶우리는 피고에게 재판 비용을 상환받을 수 있습니까? ¶한국은 러시아로부터 30억 달러를 상환받지 못한 일이 있었다. ¶우리 회사는 투자금 일부를 프랑스에서 상환받지 못했다.

상환하다

어원 償還~ 활용 상환하여(상환해), 상환하니, 상환하고 대응 상환을 하다
타(인간이나 단체가) 다른 사람에게나 단체에 빌린 돈을 돌려주거나 갚다. (of a person or an organization) Repay or give back the borrowed money to another person or organization.
㊌갚다 ㊥대출하다, 상환받다

No-가 N2-(에|에게) N1-를 V (No=[인간|단체] N1=[화폐] N2=[인간|단체])
피 상환되다
¶나는 은행에 부채를 모두 상환했다. ¶인천시는 정부에 매년 150억 원을 상환해야 한다.

상회하다
어원 上廻~ 활용 상회하여(상회해), 상회하니, 상회하고 대응 상회를 하다
타 (양이나 정도가) 기준이나 비교 대상을 넘어서 웃돌다. (of quantity or degree) Exceed a criterion or something compared.
유 넘다, 초과하다 반 밑돌다
No-가 N1-를 V (No=[속성] N1=[속성])
¶올해 채소 가격은 작년의 두 배를 상회하고 있다. ¶우리 부서는 올해 목표치를 상회하는 결과를 달성했다. ¶한 끼 식사에 하루 권장량을 상회하는 나트륨이 들어 있어요.

새겨듣다
활용 새겨들어, 새겨들으니, 새겨듣고, 새겨듣는
타 ❶(다른 사람의 말, 이야기, 충고 따위를) 잊어버리지 않도록 주의깊게 잘 들어두다. Advertently listen so as not to forget someone's word, story, advice.
유 명심하다, 경청하다, 반 흘려듣다, 잊다
No-가 N1-를 V (No=[인간|단체] N1=[이야기](말, 교훈, 여론 따위))
¶우리는 선생님의 말씀을 새겨들었다. ¶사람들이 현인들의 말을 새겨들으면 사회는 변할 것이다. ¶정부는 여론을 새겨들을 필요가 있다.
❷(다른 사람이 하는 말을) 그 정확한 뜻과 의도를 헤아려 가며 듣다. Listen to someone's word by considering the exact meaning and intention.
유 명심하다, 경청하다 반 흘려듣다, 잊다
No-가 N1-를 V (No=[인간|단체] N1=[이야기](말, 소문 따위), 계획, 의도, 요점, 뜻, 의미 따위)
¶토론자들은 상대방의 주장을 잘 새겨들어야 한다. ¶그의 강연은 잘 새겨듣지 않으면 이해하기가 힘들다.

새기다 I
활용 새기어(새겨), 새기니, 새기고
타 ❶(어떤 물체에) 문자나 그림 따위를 지워지지 않도록 조각하거나 그려 넣다. Draw or carve letters, drawing, etc., on some object so that it cannot be erased.
유 박다, 박아 넣다, 조각하다
No-가 N2-에 N1-를 V (No=[인간] N1=[문자], [모양](그림, 문신 따위), [기호] N2=[구체물])
¶옛날 사람들은 동굴 벽에 그림을 새겼다. ¶그들은 묘비에 정성스레 아버지의 이름을 새겼다.
No-가 N1-를 V (No=[인간] N1=도장, 인감 따위)
¶나는 도장을 하나 새겼다. ¶오빠는 나 몰래 내 인감을 새겨서 사용하고 다녔다.
❷(특정한 일이나 다른 사람의 말, 이야기, 충고 따위를) 잊어버리지 않도록 잘 기억해 두다. Keep a specific duty or someone's word, story, advice, etc., in mind so as not to forget them.
유 명심하다, 유의하다
No-가 N1-를 N2-에 V (No=[인간|단체] N1=[이야기](말, 교훈, 여론 따위), 일 N2=마음, 가슴, 기억, 정신 따위)
¶학생들이 선생님의 말씀을 가슴에 잘 새겼다. ¶사람들이 위인들의 교훈을 마음에 새길 필요가 있다.
❸(종이, 책 따위에) 글씨 따위를 적거나 인쇄하다. Print or write letter, etc., on paper.
유 박다
No-가 N1-를 N2-에 V (No=[인간] N1=이름, 서명 따위 N2=[종이])
¶옛 사람들은 이름을 족보에 새겨서 가문의 역사를 기록했다. ¶그는 새 책에 내 이름도 새겨 넣어 출간했다.
No-가 N1-를 V (No=[인간] N1=명함)
¶나는 직장을 옮겨서 명함을 새로 새겼다. ¶좋은 곳에 취직도 했으니 어서 명함도 새겨야지.

새기다 II
활용 새기어(새겨), 새기니, 새기고
타 (어려운 말의) 의미를 쉬운 말로 풀다. Interpret the meaning of some difficult words or phrases by using easy words or phrases.
유 해석하다, 풀이하다
No-가 N1-를 V (No=[인간] N1=[텍스트], [기호], 요점, 뜻, 의미 따위)
¶의사들이 의학 용어를 알기 쉽게 새겨 놓은 사전을 만들었다. ¶그 사람은 학문적 의의를 자세하게 새긴 책을 출간했다.

새다 I
활용 새어(새), 새니, 새고
자 ❶(액체가) 틈이나 구멍으로 스며 들어오다. (of liquid) Enter through a gap or hole.
유 스며 들어오다
N1-에 No-가 V ↔ N1-가 No-가 V ↔ N1-가 V (No=[액체](물, 비 따위) N1=신발, 고무장갑, 배 따위)
¶신발에 물이 샌다.↔ 신발이 물이 샌다 ↔ 신발이 샌다. ¶고무장갑에 물이 샌다.
❷(액체나 기체 또는 가루가) 틈이나 구멍으로 빠져 나오다. (of liquid or powder) Exit through a gap or hole.
유 누출되다, 누수되다

N0-가 N1-에서 V ↔ N1-가 V (N0=[액체], 가루 따위 N1=[용기])
¶물탱크에서 물이 새고 있었다. ↔ 물탱크가 새고 있었다. ¶극장 천장과 벽면에서 물이 샜다. ¶토너를 흔들었더니 토너 가루가 마구 샜다.
❸(기체가) 틈이나 구멍으로 빠져 나오다. (of gas) Exit through a gap or hole.
㊐누출되다
N0-가 N1-에서 V ↔ N1-가 V (N0=[기체] N1=[용기])
¶파이프에서 가스가 샌다. ↔ 파이프가 샌다.
❹(빛이) 물체의 구멍이나 틈새로 나가거나 들어오다. (of light) Exit or enter through an object's hole.
㊐비치다
N0-가 N1-에서 N2-로 V (N0=[빛] N1=[장소](방, 창문 따위 N2=[장소](밖, 아래 따위))
¶빛이 안에서 밖으로 새고 있었다. ¶밖으로 불빛이 새는 것을 막아야 한다.
❺(소리가) 틈으로 빠져나가거나 일정한 범위 밖까지 들리다. (of sound) Exit through a gap or be heard beyond a certain range.
㊐빠져나가다
N0-가 N1-에서 N2-로 V (N0=[소리] N1=[장소], [기기](라디오, TV, 오디오 따위), 스피커, 앰프 따위)
¶옆집에서 싸우는 소리가 새어 나왔다. ¶소리가 안에서 밖으로 새지 않도록 방음 장치가 필요하다.
❻(돈이나 재산 따위의) 일정한 양이 조금씩 줄어들다. (of money or asset) Be gradually reduced from certain amount.
㊐빠져나가다, 줄어들다
N0-가 V (N0=[금전])
¶돈이 자꾸 새는 것을 조심해야 한다. ¶투자 실패로 재산이 조금씩 새어 나갔다.
❼(보안이 유지되지 못하여) 정보가 은밀하게 밖으로 알려지다. Information is secretly known outwardly by failing to maintain security.
㊐누설되다
N0-가 N1-에서 N2-(에게|로|에) V (N0=비밀, 정보 따위 N1=[인간|단체], 입 따위 N2=[인간], 외부, 밖 따위)
¶비밀이 그 남자의 입에서 회원들에게로 샜다. ¶군사 기밀이 스파이를 통해 외부로 새고 있었다.
❽(모임이나 대열에서) 슬그머니 빠져나가다. Sneak out of a group or line.
㊐탈퇴하다, 빠져나가다
N0-가 N1-에서 N2-로 V (N0=[인간] N1=[장소], [단체] N2=[장소], [단체])
¶회원들 중 5명이 우리 모임에서 다른 모임으로 새어 나갔다. ¶수강생이 더 좋은 강좌로 새 나가서 남은 인원이 소수이다.
❾원래 가야 할 곳으로 가지 않고 다른 곳으로 가다. Go to a place that's different from original destination.
㊐빠지다I
N0-가 N1-로 V (N0=[인간] N1=[장소])
¶아이는 오락실로 샜다가 선생님께 들켰다. ¶아들은 하굣길에 집이 아닌 곳으로 새버리기가 일쑤다.
❿(이야기의 내용이) 주된 화제에서 벗어나거나 다른 주제로 바뀌어 버리다. (of a story's contents) Stray from main topic or change into another topic.
㊐벗어나다
N0-가 N1-에서 N2-로 V (N0=이야기, 내용 따위 N1=[요점](주제, 핵심 따위) N2=방향, 쪽, 옆길 따위)
¶이야기가 원래 주제에서 자꾸 다른 쪽으로 샜다. ¶나는 발표만 하면 내용이 자꾸 다른 방향으로 샌다.

새다II
활용 새어(새), 새니, 새고
자 ❶날이 밝아 오다. (of a day) Dawn.
㊐날이 밝다, 날이 지새다, 밤이 새다, 밤이 지새다
N0-가 V (N0=날)
¶민수는 날이 새도록 친구들과 이야기를 나누었다. ¶날이 새는지도 모르고 작업을 계속했다.
❷(밤이) 다 지나다. (of a night) Pass completely.
㊐날이 밝다
N0-가 V (N0=밤)
¶우리 자매는 밤이 새도록 얘기했다. ¶그대여, 밤이 새면 떠나가야 하네.
◆ **날새다** 하려는 일이 달성되지 못하고 끝장이 나다. (of something that needs to be done) Be finished early without being completed.
㊐실패하다, 좌절되다, 끝장나다
N0-가 Idm (N0=일 따위)
¶공연장에 가지마. 날샜어. ¶그를 만날 필요가 없어. 그 일은 날샜어.

새다III
타 ☞ '새우다'의 오용

새우다
활용 새워, 새우니, 새우고
타 한숨도 자지 않고 밤을 보내다. Spend a night without sleeping at all.
㊐밤샘하다 ㊦지새우다
N0-가 N1-를 V (N0=[인간], [동물] N1=밤 따위)
연어 뜬 눈으로, 하얗게
¶공사장 소음 때문에 주민들이 뜬 눈으로 밤을 새웠다. ¶선희는 잠을 이루지 못하고 밤을 새우다시

피 하며 고민했다. ¶개구리는 밤을 새우며 울었다.

샘내다

[활용]샘내어(샘내), 샘내니, 샘내고 [대응]샘을 내다

[자타](사람이) 다른 사람이나 물건을 경쟁 심리로 부러워하며 시기하다. (of a person) Envy someone or something due to having a competitive mind.

[유]시샘하다

N0-가 N1-를 V (N0=[추상물] N1=[인간], [추상물])

¶꼬마들은 친구를 샘내기 일쑤다. ¶내 여동생은 급우의 뛰어난 기량을 늘 샘낸다.

N0-가 S것(을|에 대해) V (N0=[인간])

¶ 영희는 희숙이가 늘 해외여행 가는 것을 샘낸다. ¶ 그 친구가 늘 노는 것을 샘낼 이유가 없다.

생각나다

[활용]생각나, 생각나니, 생각나고 [대응]생각이 나다

[자]❶(새로운 의견이) 머릿속에 떠오르다. (of a new opinion) Come to mind.

[유]떠오르다

N0-가 N1-에게 V (N0=[추상물] N1=[인간])

¶나에게 갑자기 해결 방법이 생각났다. ¶드디어 할 말이 생각났다.

❷지나간 사건이나 과거에 있었던 대상이 기억나다. Remember a past incident or object.

[유]기억나다, 회상되다

N0-가 N1-가 V (N0=[인간] N1=[모두])

¶영희는 과거에 잊어버린 인형이 갑자기 생각났다. ¶나는 잊었던 악몽이 다시 생각났다.

❸ 어떤 사람이나 물건이 그리워지다. Miss someone or some object.

[유]그리워지다

N0-가 N1-가 V (N0=[인간] N1=[모두])

¶우울한 일이 떠오르자 영희는 갑자기 술이 생각났다. ¶그는 돌아가신 할아버지가 생각나서 눈물을 흘렸다.

생각되다

[활용]생각되어(생각돼), 생각되니, 생각되고 [대응]생각이 되다

[자]무엇이 머릿속에서 판단되거나 이해되다. Be understood or considered within the mind.

N0-가 N1-(에|에게) N2-로 V (N0=[모두] N1=[인간], 생각, 판단, 의견 N2=[모두])

[능]생각하다

¶우리에게는 철수가 범인으로 생각된다. ¶그에게는 이 일이 가장 큰 기회로 생각되었다. ¶제 판단에는 그 쪽의 잘못으로 생각됩니다.

N0-가 N1-에게 ADV V (N0=[모두] N1=[모두], ADV=Adj-게)

[능]생각하다

¶나는 그 사람이 너무 불쌍하게 생각된다. ¶그런 행동은 정말 나쁘게 생각된다.

N0-가 N1-(에|에게) S고 V (N0=[모두] N1=[인간], 생각, 판단, 의견)

[능]생각하다

¶민철이에게는 영희가 좋은 인연이라고 생각되었다. ¶역시 이것이 가장 좋은 방법이라고 생각된다.

생각하다

[활용]생각하여(생각해), 생각하니, 생각하고 [대응]생각을 하다

[자타]❶(무엇을) 이성적으로 헤아려 따지고 판단하다. Reasonably question and decide on (something).

N0-가 N1-(를|에 대해) V (N0=[인간] N1=[모두])

¶나는 실패의 원인을 생각해 보았다. ¶우리는 그 문제에 대해 생각해 본 적이 없었다. ¶아무리 생각해도 이해할 수 없는 일이다.

❷(어떤 대상이나 개념, 사실 따위를) 머리에 떠올리다. Recall (object, concept, fact, etc.) inside the head.

N0-가 N1-(를|에 대해) V (N0=[인간] N1=[모두])

¶나는 한 번도 그 방법에 대해 생각해 본 적이 없다. ¶지금 네가 생각한 사람과 내가 생각한 사람이 일치한다.

❸(어떤 사람이나 일 따위를) 기억하여 머리에 떠올리다. Guess (of person, thing, etc.) and recall inside the head.

N0-가 N1-(를|에 대해) V (N0=[인간] N1=[시간], [과거], [행위], [사건], [인간])

¶나는 어린 시절에 대해 생각했다. ¶돌아가신 어머니를 생각하니 눈물이 납니다.

❹(어떤 것이) 그러할 것이라고 짐작하거나 예상하다. Guess or expect (something).

N0-가 S다고 V (N0=[인간])

¶앞으로 세상은 더 빨리 변할 거라고 생각한다. ¶우리는 그가 실패할 것이라고 전혀 생각하지 못했다.

❺어떤 사람이나 일에 대해 마음을 쓰다. Care about (certain person or thing).

N0-가 N1-(를|에 대해) V (N0=[인간] N1=[모두])

¶남편은 하루 종일 회사일을 생각한다. ¶오늘은 내일 발표를 생각하느라 잠이 안 올 듯합니다.

❻(어떤 행동이나 판단을 위해) 무엇에 마음을 두고 헤아리다. Keep in mind and understand (something for certain behavior or decision).

N0-가 N1-(를|에 대해) V (N0=[인간] N1=[모두])

¶나는 아이의 앞날을 생각해서 이사하기로 결심했다. ¶우리 부부는 건강을 생각해서 함께 운동을

[ㅅ]

시작했다.
❼(어떤 대상을) 일정한 방식이나 조건으로 판단하거나 여기다. Judge or regard (target based pm a certain method or condition).
N0-가 N1-를 N2-로 V (N0=[인간] N1=[모두] N2=[모두])
피 생각되다
¶사람들이 나를 우승 후보로 생각한다. ¶그는 자신을 특별한 존재로 생각하는 것 같다.
N0-가 N1-(를|에 대해) ADV V (N0=[인간] N1=[모두], ADV= Adj-게)
피 생각되다
¶아이들이 나를 이상하게 생각하는 것 같다. ¶사람들이 지금은 그 배우에 대해 좋게 생각한다.
N0-가 S다고 V (N0=[인간])
피 생각되다
¶나는 명수를 용감하다고 생각한다. ¶나는 내가 못생겼다고 생각하지 않는다.
N0-가 S것-으로 V (N0=[인간])
피 생각되다

¶선생님께서는 영호가 성공한 것으로 생각하셨다. ¶우리는 그 남자가 물건을 훔쳐간 것으로 생각했다.
N0-가 S려고 V (N0=[인간])
¶철수는 내일 떠나려고 생각했다. ¶그 남자가 물건을 훔쳐가려고 생각한 것 같다.

생기다

활용 생기어(생겨), 생기니, 생기고
자 ❶(없었던 대상이) 새로이 나타나다. (of a previously non-existent object) Appear newly.
유 발생하다, 나타나다 반 없어지다, 사라지다
N0-가 V (N0=[인간|단체], [구체물])
¶전학가자마자 나는 바로 친구가 생겼다. ¶행군을 하고 나면 발에 물집이 생기곤 했다. ¶아저씨도 이제 얼굴에 주름살이 생기기 시작한다.
❷(없던 대상이) 자신의 것이 되거나 자신의 소속이 되다. (of a subject) Become one's possession.
N1-(에|에게) N0-가 V (N0=[구체물] N1=[인간|단체])
¶우리 가족에게도 집이 생겼다. ¶그는 돈이 생기는 일이라면 뭐든 한다.
❸아기가 임신되거나 태어나다. (of a baby) Be conceived.
유 임신하다, 태어나다, 배다, 잉태하다
N1-에게 N0-가 V (N0=아기, 아이 따위 N1=[인간])
¶새댁은 아이가 생겨 집에서 요양 중이다. ¶요즘은 애가 생겨도 일을 그만두지 않는다.
❹(사람이) 결혼, 출산, 입양 따위로 인하여 가족이 되다. Become part of a family by marriage, birth or adoption.
N1-에게 N0-가 V (N0=[친족] N1=[인간])
¶결혼을 하면서 나에게도 남편이 생겼다. ¶어머니의 재혼으로 내게는 언니가 생겼다.
❺(없었던 감정, 현상 따위가) 새로이 나타나다. (of previously non-existent emotions or phenomena) Appear newly.
유 출현하다, 발생하다, 일어나다[1]
N0-가 V (N0=[감정], [현상])
¶나에게도 믿음이 생겼다. ¶나는 좀처럼 용기가 생기지 않았다.
❻(어떤 일이나 상황이) 새로이 발생하다. (of a task or situation) Appear newly.
유 출현하다, 발생하다, 일어나다[1]
N0-가 V (N0=[사건], [사태], 일 따위)
¶어째서 나한테만 이런 일이 생기는 거지? ¶갑자기 저녁에 회의가 생겼다.
❼(좋지 않은 상황에 처해) 어떠어떠한 지경이 되다. Be in a certain situation due to unfortunate circumstances.
N0-가 ADV V (N0=[구체물], [추상물], ADV=S-게)
¶전쟁이 길어져서 사기가 떨어지게 생겼다. ¶다 죽게 생겼는데 밥이 무슨 소용이냐? 네가 소리를 내서 새들이 다 날아가게 생겼다.
※ '~게 생겼다'의 형태로 쓰인다.
❽(사람이나 사물의) 생김새나 성질이 어떠하게 되어 있다. (of a person or object) Possess a certain appearance or property.
유 닮다
N0-가 ADV V (N0=[구체물], ADV=Adj-게, N-처럼, N 모양으로)
¶ 호윤이는 예쁘게 생겼다. ¶ 바위가 꼭 사람 얼굴처럼 생겼다. ¶ 한반도는 호랑이 모양으로 생겼다.

생략되다

어원 省略~ 활용 생략되어(생략돼), 생략되니, 생략되고 대응 생략이 되다
자 (무엇이) 짧게 줄여지거나 빠지게 되다. (of something) Be shortened or left out.
유 빠지다I, 누락되다, 삭제되다
N0-가 V (N0=[텍스트], [사건], [언어], [순서], [행위], [구체물])
능 생략하다
¶이 단어는 앞 문장에서 언급되었으므로 생략되었다. ¶간소한 결혼식으로 식순이 많이 생략되었다. ¶이 문헌에서는 족보, 지명 따위가 많이 생략되었다.

생략하다

어원 省略~ 활용 생략하여(생략해), 생략하니, 생략하

고 대응생략을 하다
타(엇을) 짧게 줄이거나 빼다. (of a person) Shorten or leave something out.
유빼다I, 삭제하다
N0-가 N1-를 V (N0=[인간|단체] N1=[텍스트], [언어], [사건], [순서], [행위], [구체물])
피생략되다
¶시계 혼수는 각자 사용하던 시계가 있으므로 생략했다. ¶감독은 홈경기를 앞두고 팀 훈련을 생략했다. ¶이 지도는 논란이 되는 지역의 지명을 생략했다.

생산되다

어원生産~ 활용생산되어(생산돼), 생산되고, 생산되니 대응생산이 되다
자❶(일정한 재료를 이용하여) 물건 따위가 어디에서 만들어지거나 제조되다. (of goods) Be made or manufactured out of definite materials in a definite place.
유제조되다, 산출되다, 만들어지다
N0-가 N1-에서 V (N0=[구체물] N1=[장소])
능생산하다
¶우리 공장에서는 주로 반도체 부품이 생산된다. ¶현미 가공 제품이 우리 회사에서 대량으로 생산되고 있다.
❷(일정한 장소에서) 농작물이 재배되거나 수확되다. (of crops) Be grown and harvested in a definite place.
유재배되다, 산출되다
N0-가 N1-에서 V (N0=[음식물](채소, 벼, 버섯 따위) N1=[장소])
능생산하다
¶쌀이 대량으로 생산되기 시작하면서 식량이 풍족해졌다. ¶버섯이 생산되는 가구가 갈수록 줄고 있다.
❸(일정한 노력을 들여) 그림, 노래, 텍스트 등이 만들어져 나오다. (of picture, song, or text) Be made by a certain endeavor.
유제작되다, 창작되다
N0-가 V (N0=[구체물], [추상물])
능생산하다
¶매일매일 끊임없이 양질의 노래가 생산되고 있다. ¶새로운 담론이 여러 학자들에 의해 생산되었다.
❹어린아이가 태어나다. (of a baby) Be born.
유태어나다
N0-가 V (N0=[인간](아기 따위))
능생산하다
¶왕가에 드디어 딸이 생산되었다. ¶예전에는 젊은 여성들에게 아이들이 많이 생산되었다.
※ 옛날에 쓰던 말이다.

생산하다

어원生産~ 활용생산하여(생산해), 생산하고, 생산하니 대응생산을 하다
타❶(사람이나 시설이) 재료를 이용하여 물건 따위를 어디에서 만들거나 제조하다. (of people or facility) Make or manufacture goods using definite materials somewhere.
유제조하다, 산출하다, 만들다타
N0-가 N1-를 N2-에서 V (N0=[인간|단체], [건물] N1=[구체물] N2=[장소])
피생산되다
¶우리 공장에서는 주로 반도체 부품을 생산한다. ¶전기를 생산하는 시설이 우리 마을에 드디어 들어섰다. ¶이 회사는 현미 제품을 전문적으로 생산하고 있다.
❷(사람이) 일정한 재배 장소에서 농작물을 기르거나 수확하다.
유재배하다, 산출하다 (of a person) Grow and harvest crops in a definite place.
N0-가 N1-를 N2-에서 V (N0=[인간|단체] N1=[음식물] N2=[장소])
피생산되다
¶인간이 식량을 대량으로 생산하기 시작하면서 인구가 증가했다. ¶버섯을 생산하는 가구가 갈수록 줄고 있다.
❸(사람이 일정한 노력을 들여) 그림, 노래, 텍스트 등을 독창적으로 만들어내다. (of a person) Create one's original picture, song, or text after engaging in a certain endeavor.
유창작하다, 제작하다
N0-가 N1-를 V (N0=[인간|단체] N1=[구체물], [추상물])
피생산되다
¶화가는 새로운 작품을 생산해 내기 위해 노력하였다. ¶그는 새로운 담론을 생산해 낸 선구자이다.
❹(사람이) 아이를 낳다. (of a person) Bear a baby.
유낳다
N0-가 N1-를 V (N0=[인간](여성) N1=[인간](아기 따위))
피생산되다
¶드디어 왕비가 첫 딸을 생산했다. ¶산모가 난산 끝에 남자 아이를 생산했다.
※ 옛날에 쓰던 말이다.

생성되다

어원生成~ 활용생성되어(생성돼), 생성되니, 생성되고 대응생성이 되다
자(없던 것이) 새로 생기게 되다. (of a thing that did not exist) Come into being.

㊌만들어지다, 생기다
N0-가 V (N0=[모두])
능 생성하다
¶우리의 요청으로 전용 계좌가 생성되었다.
¶실수로 생성된 파일이 지워지지 않는다.

생성시키다
어원 生成~ 활용 생성시키어(생성시켜), 생성시키니, 생성시키고 대응 생성을 시키다
타 ☞'생성하다'의 오용

생성하다
어원 生成~ 활용 생성하여(생성해), 생성하니, 생성하고 대응 생성을 하다
자 없던 것이 새로 생기다. (of a thing that did not exist) Come into being.
N0-가 V (N0=[모두])
¶자연은 생성하고, 또 소멸한다. ¶새로운 기운이 생성하니 이제 정말 봄이로구나.
타 (없던 것을) 새로 생기게 하다. Make a thing that did not exist come into being.
㊌발생시키다
N0-가 N1-를 V (N0=[모두] N1=[모두])
피 생성되다
¶그는 한 사이트에 가입하면서 계정을 생성했다.
¶발전기가 전류를 생성해서 기계를 돌린다.

생이별하다
어원 生離別~ 활용 생이별하여(생이별해), 생이별하니, 생이별하고 대응 생이별을 하다
자타 살아 있는 동안에 가족 간이나 부부간에 어쩔 수 없는 사정으로 서로 헤어지다. Be separated, under inevitable circumstances, from one's family members or partner during one's life.
㊌생별하다 ㊉사별하다 ㊍이별하다
N0-가 N1-를 V (N0=[인간] N1= [인간])
¶이혼으로 자식을 생이별하는 사례가 늘어난다.
¶육이오 전쟁으로 생이별한 가족들이 많다.
N0-가 N1-과 서로 V ↔ N0-과 N1-가 서로 V (N0=[인간] N1=[인간])
¶김 노인은 육이오 전쟁으로 가족과 생이별했다. ↔ 김 노인과 가족은 육이오 전쟁으로 서로 생이별했다.

생존하다
어원 生存~ 활용 생존하여(생존해), 생존하니, 생존하고 대응 생존을 하다
자 (생물이) 죽지 않고 살아남다. Make it through adverse circumstances.
㊌살다 자
N0-가 V (N0=[생물])
¶이 균은 고온으로 가열해도 생존한다. ¶공룡이 생존하지 못한 이유는 여러 가지이다. ¶서바이벌 게임에서는 끝까지 생존하는 팀이 이긴다.

생포되다
어원 生捕~ 활용 생포되어(생포돼), 생포되니, 생포되고 대응 생포가 되다
자 다른 사람이나 동물이 죽지 않고 살아 있는 상태로 잡히다. (of a person) Capture another person or an animal alive.
㊍포획되다, 잡히다
N0-가 N1-에게 V (N0=[인간], [동물] N1=[인간|단체])
능 생포하다
¶늑대가 덫에 걸려 생포되었다. ¶밀렵꾼들에게 야생동물이 생포되어 팔리고 있다.

생포하다
어원 生捕~ 활용 생포하여(생포해), 생포하니, 생포하고 대응 생포를 하다
타 (사람이) 다른 사람이나 동물을 죽이지 않고 살아 있는 상태로 잡다. (of a person) Capture a person or an animal alive.
㊍포획하다, 잡다
N0-가 N1-를 V (N0=[인간|단체] N1=[인간], [동물])
피 생포되다
¶우리는 늑대를 생포하는 데 성공했다. ¶이 야생동물을 생포해서 팔아넘긴다.

생활하다
어원 生活~ 활용 생활하여(생활해), 생활하니, 생활하고 대응 생활을 하다
자 ❶(생명체가) 생명을 유지하며 살아가다. (of living things) Maintain their lives.
㊌살다 자
N0-가 V (N0=[인간], [동물])
¶그는 부모님과 함께 생활하고 있다. ¶많은 야생동물이 이 보호 구역 안에서 생활한다. ¶한국은 많은 사람들이 아파트에서 생활한다.
❷(사람이) 돈을 벌어 생계를 꾸리며 살다. (of a person) Make a living.
㊌생계를 꾸리다
N0-가 V (N0=[인간])
¶요즘 그는 힘들게 번 돈으로 간신히 생활한다.
¶물가가 급속하게 올라서 서민들이 어렵게 생활하고 있다.
❸(사람이) 어떤 직업, 신분, 자격으로 활동하며 살다. Fulfill a role in an occupation, a status, or a qualification.
N0-가 N1-로 V (N0=[인간] N1=[인간], [역할])
¶그 선수는 은퇴한 뒤에 체육 지도자로 생활하고 있다. ¶그는 소방관으로 생활하며 보람을 많이 느꼈다고 말했다.

생활화되다

[어원]生活化~ [활용]생활화되어(생활화돼), 생활화되니, 생활화되고 [대응]생활화가 되다
[자](어떤 일이) 생활의 한 부분이나 습관이 되다. (of a work) Be come a habit or a part of life.
N_0-가 V (N_0=[행위](나눔, 절약, 정직, 운동, 점검 따위))
[능]생활화하다
¶그는 양보와 배려가 생활화되어야 한다. ¶그는 근검절약이 생활화되어 있다. ¶할아버지께서는 아침 운동이 생활화되어 있어서 언제나 일찍 일어나신다.
S것-이 V
[능]생활화하다
¶매일 일찍 일어나는 것이 생활화되어야 한다. ¶음식물 쓰레기를 줄이는 것은 반드시 생활화되어야 한다.
S기-가 V
[능]생활화하다
¶우리 부서는 자기 컵 쓰기가 생활화되어 있다. ¶쓰레기 줄이기가 하루 빨리 생활화되어야 한다. ¶이 회사에서는 자동차 나누어 타기가 생활화되어 있다.

생활화하다

[어원]生活化~ [활용]생활화하여(생활화해), 생활화하니, 생활화하고 [대응]생활화를 하다
[타](어떤 일을) 생활의 한 부분으로 만들거나 습관으로 하다. Make a work a habit or a part of life.
N_0-가 N_1-를 V (N_0=[인간|단체] N_1=[행위](나눔, 절약, 정직, 운동, 점검 따위))
[피]생활화되다
¶건강을 위해서 학생들은 규칙적인 식사를 생활화해야 한다. ¶운전 중에는 꼭 안전띠 착용을 생활화합시다.
N_0-가 S것-을 V (N_0=[인간|단체])
[피]생활화되다
¶그들은 퇴근 전에 안전시설을 확인하는 것을 생활화하기로 했다. ¶나는 건강을 위해서 매일 한 시간씩 걷는 것을 생활화하기로 했다.
N_0-가 S기-를 V (N_0=[인간|단체])
[피]생활화되다
¶그들은 퇴근 전에 불필요한 불끄기를 생활화하기로 했다. ¶나는 건강을 위해서 매일 만 보 걷기를 생활화하기로 했다.

샴푸하다

[어원]영어, shampoo~, [활용]샴푸하여(샴푸해), 샴푸하니, 샴푸하고, [대응]샴푸를 하다
[타]샴푸를 이용하여 머리를 깨끗이 씻다. Wash the hair with a shampoo
[유]샴푸로 씻다, 감다II[타]
N_0-가 N_1-를 V (N_0=[인간], N_1=머리)
¶나는 운동 후에 머리를 샴푸했더니 개운하다. ¶머리를 비누로 씻고 샴푸를 하지 않았더니 머리가 뻑뻑하다.
※주로 목적어 없이 쓰인다.

서다[1]

[활용]서, 서니, 서고
[자]❶(사람이나 동물이) 바닥에 발을 대고 다리와 몸을 곧게 펴다. (of a person or an animal) Straighten the legs and body, putting the feet on the floor.
N_0-가 N_1-에 V (N_0=[인간], [동물] N_1=[장소])
[사]세우다[1]
[연어]꼿꼿이, 똑바로
¶학생들이 모두 운동장에 서 있었다. ¶나는 아이들을 계속 서 있게 했다.
❷(쳐지거나 누워 있던 신체 부위가) 위를 향하여 곧게 펴지다. (of a body part that drooped or lay) Be straightened upward.
N_0-가 V (N_0=[신체부위](머리카락, 눈매, 귀 따위))
[사]세우다[1]
[연어]쫑긋, 쭈뼛, 날카롭게
¶토끼가 놀랐는지 귀가 쫑긋 섰다. ¶너무 무서워서 머리카락이 쭈뼛 서는 듯한 느낌이다.
❸(뭉툭하게 무뎌져 있던 것이) 날카롭게 되다. (of a blunt thing) Be sharpened.
N_0-가 V (N_0=[구체물](날, 칼날))
[사]세우다[1]
¶칼날이 날카롭게 섰다. ¶칼을 잘 손질했더니 날이 아주 날카롭게 섰다.
❹(건물이나 나무 따위가) 하늘을 향해 수직으로 위치하다. (of a thing) Be located vertically toward the sky.
N_0-가 N_1-에 V (N_0=[구체물] N_1=[장소])
[사]세우다[1]
¶아주 큰 나무가 마당에 서 있었다. ¶광장에는 아주 큰 동상이 서 있다.
❺(건물이나 시설 따위가) 새로 만들어져서 생기다. (of a building or a facility) Be created.
[유]건설되다, 건립되다
N_0-가 N_1-에 V (N_0=[구체물] N_1=[장소])
[사]세우다[1]
¶이번에 우리 마을에 새로운 공장이 선다고 한다. ¶낡은 아파트들은 다 사라지고 그 자리에 고층 건물이 섰다.
❻(나라나 기관 따위가) 새로 만들어져서 생기다. (of a country or an institution) Be created.
[유]건국하다, 창립되다, 수립되다

N_0-가 N_1-에 V (N_0=[추상물](국가, 기관 따위) N_1=[장소])
[사]세우다[1]
¶고려가 망하고 조선이라는 새 나라가 한반도에 섰다. ¶1919년에 대한민국 임시 정부가 섰다.
❼(시장이나 모임 따위가) 열리다. (of a market or a meeting) Be opened.
N_0-가 N_1-에 V (N_0=[추상물](시장, 모임 따위))
¶우리 마을에는 주말마다 큰 장이 선다. ¶오랜만에 씨름판이 서서 남녀노소가 즐겼다.
❽(질서, 체계, 규율, 법 따위가) 올바르게 잡혀서 제대로 된 모습을 보이다. (of order, system, rule, law) Show its full-fledged form.
N_0-가 V (N_0=[추상물](법, 질서, 규율, 체계 따위))
[사]세우다[1]
¶나라가 안정을 유지하려면 먼저 법이 바로 서야 한다. ¶그의 주장은 적절한 논리가 서 있지 못한 것 같다.
❾(체면이나 명예 따위가) 올바로 유지되다. (of dignity or honor) Be maintained correctly.
N_1-에게 N_0-가 V (N_0=[추상물](체면, 위신, 명예 따위) N_1=[인간|단체])
[사]세우다[1]
¶그는 잇따른 실수로 동료들에게 체면이 서지 않았다. ¶동메달이라도 따야 그의 명예가 바로 설 수 있다.
❿어떤 처지나 입장에 동조하다. Sympathize with a situation or a position.
[유]동조하다
N_0-가 N_1-에 V (N_0=[인간|단체] N_1=[추상물](입장, 진영 따위))
¶철수는 언제나 나와 반대편에 서려고 한다. ¶우리는 평화적인 독립 운동을 지지하는 편에 섰다.
⓫어떤 곳으로 이동하다가 어디에 멈추다. Stop on the way to a place.
[유]멈추다[1][자], 멎다
N_0-가 N_1-에 V (N_0=[인간], [동물], [교통기관] N_1=[장소])
[사]세우다[1]
¶기차가 터널 입구에 급하게 섰다. ¶영희가 손을 흔들자 택시가 도로변에 섰다.
⓬(작동하던 기계, 설비 따위가) 동작을 멈추다. (of machine or facility) Stop operating.
[유]고장나다, 멈추다[1][자]
N_0-가 V (N_0=[구체물](기계, 시계, 컴퓨터 따위))
[사]세우다[1]
¶기계가 서자 생산에 차질이 일어났다. ¶노동자의 파업으로 설비들이 모두 서 있었다.
[타]❶일렬로 줄을 만들다. Stand in line.
N_0-가 N_1-를 V (N_0=[인간] N_1=줄)
[사]세우다[1]
¶아이들이 일렬로 줄을 서서 운동장을 뛰고 있었다. ¶사람들은 아침부터 공연장 앞에서 줄을 서고 있었다.
❷어떤 역할을 맡아서 수행하다. Take on and carry out a role.
N_0-가 N_1-를 V (N_0=[인간] N_1=[추상물](보초, 주례, 근무 따위))
[사]세우다[1]
¶병사들은 모두 돌아가면서 보초를 섰다. ¶지도 교수님이 나의 주례를 서 주셨다.

서다[2]

[활용]서, 서니, 서고
[기능자]'행위'를 나타내는 기능동사 Support verb meaning "action".
N_0-(가|에게) N_{pr}-가 V (N_0=[인간|단체], N_{pr}=결심, 판단, 확신 따위)
¶그에게 드디어 금연을 하겠다는 결심이 섰다. ¶나에게 아주 세밀한 판단이 섰다. ¶이 증거를 통해 철수에게 비리가 있다는 확신이 섰다.
[타]'행위'를 나타내는 기능동사 Support verb meaning "action".
N_0-가 N_{pr}-를 V (N_0=[인간|단체], N_{pr}=보증 따위)
¶김 선생님은 아들의 보증을 서 주었다고 한다. ¶잘못 보증을 서면 네가 뒤집어 쓸 수 있다.

서두르다

[활용]서둘러, 서두르니, 서두르고, 서둘렀다 [준]서둘다
[타]❶어떤 일을 빨리 하기 위해서 바쁘게 움직이다. Do something as quickly as possible.
[유]바삐 움직이다
N_0-가 N_1-를 V (N_0=[인간|단체] N_1=[사태](일, 계획, 사건, 발걸음 따위))
¶그는 지각하지 않기 위해 발걸음을 좀 더 서둘렀다. ¶어머니는 아들의 병원으로 서둘러서 갔다.
❷(어떤 행동을) 침착하지 못하고 급하게 하다. Rush to do something, failing to stay calm.
N_0-가 N_1-를 V (N_0=[인간|단체] N_1=[사태](일, 결정, 출발 따위))
¶그는 긴장해서 결정을 서둘렀다가 큰 실수를 했다. ¶그는 급박한 상황에서도 서두르지 않고 할 일을 했다.

서둘다

[활용]서둘러, 서두니, 서둘고, 서둘렀다 [본]서두르다
[타]☞서두르다

서리다 I

[활용]서리어(서려), 서리니, 서리고
[자]❶(안개나 김 따위가) 표면에서 식어서 끼거나 어리다. (of fog or steam) Stick to a surface

after becoming cold.
㊐끼다I, 어리다
N0-가 N1-에 V (N0=[안개], [연기](김 따위) N1=[구체물], [착용물](안경 따위))
¶밖이 추워서 창문에 김이 서린다. ¶오늘 아침 온 사방에 안개가 서려 있다. ¶안경에 김이 서려서 앞이 보이지 않아.
❷(어떤 기운이나 감정이) 겉으로 드러나 보이다. (of energy or feeling) Exist in a thing or an abstract entity and also appear.
N0-가 N1-에 V (N0=[속성], [기색], [감정] N1=[신체부위], [구체물], [추상물])
¶그의 얼굴에 순간 분노가 서렸다. ¶왕자의 초상화에는 기품이 서려 있었다.
❸(슬프거나 안타까운 감정이) 마음에 깊게 남겨지다. (of sad or sorry feeling) Remain deep in one's heart.
㊐남다
N0-가 N1-에 V (N0=[감정(슬픔, 한, 그리움 따위) N1=마음, 가슴 따위)
¶한이 서린 가슴을 누가 위로할 수 있을까? ¶마음속엔 어린 시절에 대한 그리움이 서려 있다.
❹(줄 따위의) 가늘고 긴 사물이 한데 얽혀 엉키다. (of something thin and long) Be entangled.
㊐엉키다
N0-가 N1-에 V (N0=[줄], [식물](덩굴 따위) N1=[장소])
¶사람이 드나들지 않은 곳곳에 거미줄이 서렸다. ¶덩굴이 서려 있어 솎아내기가 쉽지 않다.
❺냄새 따위가 진하게 배어 있거나 흠뻑 풍기다. (of smell) Be strong.
㊐배다I
N0-가 N1-에 V (N0=[냄새] N1=[장소])
¶커피숍에는 늘 은은한 커피 향기가 서린다. ¶퀴퀴한 냄새가 서린 아버지의 일기장이 정겹다.

서리다II

활용 서리어(서려), 서리니, 서리고
타 ❶(국수나 줄 따위의) 가늘고 긴 사물을 둥그렇게 빙빙 둘러 포개다. Pile up thin, long things such as noodle or rope in a round shape.
㊐포개다
N0-가 N1-를 V (N0=[인간] N1=[음식](국수, 면 따위), [줄])
¶수희는 국수를 뽑아 도마에 서렸다. ¶전선은 방 안에 잘 서려 두어라. ¶그는 서려 있던 새끼를 풀었다.
❷(뱀 따위가) 몸을 똬리를 틀듯이 빙 둘러 감다. (of an animal such as snake) Wind up its body like a snake coiling itself.
N0-가 N1-를 V (N0=[짐승](뱀, 구렁이 따위) N1=몸)
¶몸을 서린 구렁이가 마당 구석에 있다. ¶구렁이가 몸을 서린 채 이쪽을 노려본다.

서명되다

어원 署名~ 활용 서명되어(서명돼), 서명되니, 서명되고 대응 서명이 되다
자 ❶(이름이) 문서 따위에 공식적으로 써넣어지다. (of a name) Be written officially in a document.
N0-가 N1-에 V (N0=[이름] N1=[문서])
능 서명하다
¶대표자의 이름이 국문 계약서와 영문 계약서에 각각 서명됐다. ¶이 후보의 이름 세 글자가 서류에 서명됐다.
❷(대표자의 성명이) 국가 간 조약 따위의 문서에 법적인 효력을 발휘하도록 기록되다. (of the name of a representative) Be recorded in a document such as international treaty in order to make it legally effective.
N0-가 V (N0=[문서](합의서, 양해 각서 따위))
능 서명하다
¶워싱턴에서 한국과 미국 사이에 최종 합의 문서가 서명되었다. ¶자유무역협정은 6월 30일 공식적으로 서명됐다.

서명받다

어원 署名~ 활용 서명받아, 서명받으니, 서명받고 대응 서명을 받다
타 다른 사람에게 이름을 문서에 쓰도록 만들다. Make another person write his or her name in a document.
㊐사인받다 ㊥ 서명하다
N0-가 N2-에게 N3-에 N1-를 V (N0=[인간] N1=[이름] N2=[인간] N3=[문서])
¶그는 주지사에게 탄원서에 성함을 서명받았다. ¶나는 존경하는 시인의 시집을 사서 저자에게 서명받았다.

서명하다

어원 署名~ 활용 서명하여(서명해), 서명하니, 서명하고 대응 서명을 하다
타 ❶이름을 문서 따위에 공식적으로 써넣다. (of a person) Write his or her name officially in a document.
㊐사인하다 ㊥ 서명받다
N0-가 N1-를 N2-에 V (N0=[인간] N1=[이름] N2=[문서])
피 서명되다
¶나는 신청서에 이름을 서명했다. ¶사람들은 명부에 자기 이름을 서명했다. ¶그를 돕기 위한 탄원서에 많은 사람들이 서명했다.

❷(대표자가 성명을) 국가 간 조약 따위의 문서에 법적인 효력을 발휘하도록 기록하다. (of a representative) Record his or her name in a document such as international treaty in order to make it legally effective.
N0-가 N1-를 N2-에 V (N0=[인간] N1=[이름] N2=[문서])
피서명되다
¶양국 정상은 기술 이전에 관한 협정에 이름을 서명했다. ¶대통령은 관세법 수정안에 서명했다.

서비스하다

어원service~ 활용서비스하여(서비스해), 서비스하니, 서비스하고 대응서비스를 하다
자❶(판매한 제품과 관련하여) 소비자가 필요로 하거나 원하는 사항이나 행위를 제공해 주다. Provide consumers with what they want or need in ways other than manufacturing products directly.
N0-가 N2-에게 N1-를 V (N0=[인간|단체] N1=[추상물], [사태], [사건] N2=[인간|단체])
¶기상청은 국민들에게 날씨 정보를 실시간으로 서비스한다. ¶직원들은 손님에게 최선을 다해 서비스해야 한다.
❷(손님에 대한 호의의 표시로) 물건을 무료로 더 주거나 값을 덜 받다. Give a customer more goods for free or charge a lesser price as an expression of favor.
N0-가 N2-에게 N1-를 V (N0=[인간|단체] N1=[구체물] N2=[인간|단체])
연어무료로
¶주인은 손님에게 과일을 몇 개 서비스했다. ¶이 가게는 커피를 무료로 서비스해 준다.
❸【운동】(탁구, 테니스, 배구 등의 구기에서) 공격권을 가진 팀이나 사람이 상대방의 코트로 공을 쳐 넣어서 공격을 하다. (of a player or a team possessing the right to offense in a ball game such as table tennis, tennis, volleyball, etc.) Start or resume a game by hitting a ball toward the opponent court.
N0-가 N2-에게 N1-를 V (N0=[인간] N1=공 N2=[인간], [장소])
¶철수는 상대편 코트에 공을 서비스했다. ¶상대방이 서비스한 공이 너무 빨라서 받을 수 없었다.

서성거리다

활용서성거리어(서성거려), 서성거리니, 서성거리고
자타멈추어 있지 않고 어디를 자꾸 왔다갔다하다. (of a person) Continue to come and go somewhere without ceasing.
유왔다갔다하다, 서성이다, 서성대다
N0-가 N1-를 V ↔ N0-가 N1-에서 V1 (N0=[인간], N1-[장소])
¶마스크를 쓴 수상한 남성이 복도를 서성거렸다. ↔ 마스크를 쓴 수상한 남성이 복도에서 서성거렸다. ¶그는 문이 닫힌 약국 앞에서 서성거렸다. ¶아버지는 밤늦도록 집 안을 서성거리셨다.

서성대다

활용서성대어(서성대), 서성대니, 서성대고
자타☞서성거리다

서성이다

활용서성여, 서성이니, 서성이고
자타☞서성거리다

서술되다

어원敍述~ 활용서술되어(서술돼), 서술되니, 서술되고 대응서술이 되다
자(사건이나 의견 따위가) 논리에 맞게 순서대로 말해지거나 적히다. (of event or opinion) Be told or written in a logical sequence.
유기술되다, 적히다
N0-가 V (N0=[사태], [인지], [경로], [상황], [방법])
능서술하다
¶이 책에는 선생님의 의견이 서술되었다. ¶안내서에는 관광지까지 가는 방법이 서술되어 있다. ¶여기 서술된 사건은 매우 특이한 것이다.

서술하다

어원敍述~ 활용서술하여(서술해), 서술하니, 서술하고 대응서술을 하다
자타(사건, 의견, 어떤 대상에 대한) 사실 따위를 논리에 맞게 순서대로 말하거나 적다. Tell or write an event, an opinion, or a fact about an object in a logical sequence.
유기술하다, 묘사하다
N0-가 N1-(를|에 대해) V (N0=[인간] N1=[사태], [인지], [경로], [상황], [방법])
피서술되다
¶재경이는 선거의 모든 과정에 대해서 서술했다. ¶각자 자신의 의견을 서술해 주시기 바랍니다.
N0-가 N1-에 대해 V (N0=[인간] N1=[모두])
¶그는 개미의 생태에 대해서 자세하게 서술했다. ¶네가 독립 운동사에 대해 서술한 자료는 너무 빈약하다.

서슴다

활용서슴어, 서슴으니, 서슴고
자말이나 행동이 선뜻 결정되지 않아 망설이다. Hesitate because words or behavior are not determined yet.
유망설이다, 주저하다
N0-가 V (N0=[인간])
¶사내는 서슴지 않고 밖으로 나갔다. ¶서슴지

마시고 저에게 연락 주십시오. ¶서슴지 말고 의견을 말씀해 주십시오.
※서슴지'의 형태로 '말다', '않다' 따위의 부정어와 함께 쓰인다.
타(말이나 행동을) 선뜻 결정하지 못하고 망설이다. Hesitate over words or behavior.
㊌망설이다
N0-가 N1-를 V (N0=[인간] N1=[소통], [이야기], [행위])
¶그는 무례한 행동을 서슴지 않았다. ¶테러리스트들은 학살과 납치를 서슴지 않고 자행했다.
※'서슴지'의 형태로 '말다', '않다' 따위의 부정어와 함께 쓰인다.
N0-가 S기-를 V (N0=[인간])
¶그는 다른 사람 비하하기를 서슴지 않았다. ¶병호는 다른 사람에게 자신 낮추기를 서슴지 않았다.
※'서슴지'의 형태로 '말다', '않다' 따위의 부정어와 함께 쓰인다.
N0-가 S것-을 V (N0=[인간])
¶그는 다른 사람에게 막말하는 것을 서슴지 않았다. ¶사내는 무정한 아비가 되는 것도 서슴지 않았다.
※주로 '서슴지'의 형태로 '말다', '않다' 따위의 부정어와 함께 쓰인다.

서식하다

어원棲息~ 활용서식하여(서식해), 서식하니, 서식하고
자(생물이) 살기 적합한 장소나 환경에 자리잡고 지속적으로 살다. (of living things) Settle in a suitable place or environment and continue to live.
㊌살다자, 자라다
N0-가 N1-(에|에서) V (N0=[식물], [동물] N1=[장소])
¶이곳에는 90여 종의 물고기가 서식하고 있다. ¶이 동굴에는 박쥐들이 많이 서식하고 있다. ¶일정 고도 이상에서는 특정 종의 나무들만 서식할 수 있다.

석방되다

어원釋放~ 활용석방되어(석방돼), 석방되니, 석방되고 대응석방이 되다
자❶(강제로 붙잡혀 있는 사람이) 풀려서 놓여나다. (of captured hostage) Be set free.
㊌풀려나다, 방면되다 ㊙잡히다, 갇히다
N0-가 V (N0=[인간])
능석방하다
¶인질들이 무사히 석방되어 다행이다. ¶납치됐던 학생 3명이 무사히 석방되었다.
❷ 【법률】 (갇히거나 구속된 사람이) 신체의 구속을 해제받아 교도소나 감옥, 유치장에서 풀려나다. (of a legally imprisoned or detained person) Be set free from a jail, a prison, or a detention room.
㊌풀려나다, 방면되다 ㊙투옥되다, 갇히다
N0-가 N1-에서 V (N0=[인간] N1=[장소](감옥, 유치장 따위))
능석방하다
¶그 강도는 석방되면 또 은행을 털 거라고 했다. ¶남자는 교도소에서 석방되어 집으로 돌아가는 길이었다.

석방시키다

어원釋放~ 활용석방시키어(석방시켜), 석방시키니, 석방시키고 대응석방을 시키다
타☞'석방하다'의 오용

석방하다

어원釋放~ 활용석방하여(석방해), 석방하니, 석방하고 대응석방을 하다
타❶(억류한 사람이나 단체가) 강제로 잡아둔 인질 따위를 풀어 놓아주다. (of a detaining person or organization) Set the hostages free.
㊌풀어주다, 방면하다
N0-가 N1-를 V (N0=[인간|단체] N1=[인간])
피석방되다
¶북한이 반년 동안 억류하고 있던 미국인 한 명을 전격 석방했다. ¶범인들은 곧 인질을 석방한 뒤 경찰에 투항했다.
❷ 【법률】 (기관이나 기관에 소속된 사람이) 갇히거나 구속된 사람을 신체의 구속을 해제하여 교도소나 감옥, 유치장에서 풀어 주다. (of an organization or those belonging to it) Free an imprisoned or detained person from a jail, a prison, or a detention home.
㊌풀어주다, 방면하다
N0-가 N1-를 N2-에서 V (N0=[인간], [기관](검찰, 경찰, 대법원, 정부 따위) N1=[인간] N2=[장소](감옥, 유치장 따위))
피석방되다
¶재판부는 증거 불충분으로 임 씨를 석방하였다. ¶검찰은 정 씨를 석방하고 불구속 수사를 하기로 결정했다.

섞다

활용섞어, 섞으니, 섞어서
타❶(둘 이상의 물질을) 서로 고르게 어울리도록 하다. Make two or more matters harmonize evenly.
㊌혼합하다 ㊏뒤섞다
N0-가 N1-를 N2-와 V ↔ N0-가 N1-를 N2-에 V ↔ N0-가 N1-와 N2-를 V ↔ N0-가 N1-에 N2-를

V (N0=[인간|단체] N1=[구체물] N2=[구체물])
피 섞이다
¶어머니가 소금을 후추와 섞었다. ↔ 어머니가 소금을 후추에 섞었다. ↔ 어머니가 소금과 후추를 섞었다. ↔ 어머니가 소금에 후추를 섞었다. ¶지윤이는 빨간 물감과 파란 물감을 섞었다. ¶밀가루에 계란을 섞어 반죽하는 것이 좋다.
N0-가 N1-를 V (N0=[인간|단체] N1=[구체물])
피 섞이다
¶설이가 카드를 섞었다. ¶농부가 두 가지 비료를 섞고 있다.
❷(둘 이상의 감정, 표정, 행동, 표현 따위를) 한꺼번에 나타내다. Show two or more emotions, facial expressions, actions, expressions, etc., at once.
N0-가 N1-를 N2-와 V ↔ N0-가 N1-를 N2-에 V ↔ N0-가 N1-와 N2- 를 V ↔ N0-가 N1-에 N2-를 V (N0=[인간|단체] N1=[추상물], [사태] N2=[추상물], [사태])
피 섞이다
¶영수는 논리를 유머와 섞어 대답했다. ↔ 영수는 논리를 유머에 섞어 대답했다. ↔ 영수는 논리와 유머를 섞어 대답했다. ↔ 영수는 논리에 유머를 섞어 대답했다. ¶그 책은 교훈적인 내용에 해학을 섞은 작품이다. ¶은아는 농담과 진담을 섞어 남편 자랑을 했다.
N0-가 N1-를 V (N0=[인간|단체] N1=[추상물], [사태])
피 섞이다
¶희진이는 여러 가지 소리를 섞어 작고하였다. ¶아무리 연기자라도 여러 감정을 섞어 표정 짓기란 쉽지 않다.

섞이다

활용 섞여, 섞이니, 섞이고
자 ❶(둘 이상의 물질이) 서로 고르게 어울리다. (of two or more matters) Harmonize evenly.
㊞혼합되다 ㊥뒤섞이다
N0-가 N1-와 V ↔ N0-와 N1-가 V ↔ N0-가 N1-에 V (N0=[구체물] N1=[구체물])
능 섞다
¶강물이 바닷물과 섞였다. ↔ 강물과 바닷물이 섞였다. ↔ 강물이 바닷물에 섞였다. ¶물감이 물과 섞여 녹아들었다.
N0-가 V (N0=[구체물])
능 섞다
¶고루 섞인 페인트를 벽에 바르면 된다. ¶재료들이 잘 섞이면 준비가 된 것이다.
❷(둘 이상의 감정, 표정, 행동, 표현 따위가) 한꺼번에 나타나다. (of two or more emotions, facial expressions, actions, expressions, etc.) Appear at once.
N0-가 N1-와 V ↔ N0-와 N1-가 V ↔ N0-가 N1-에 V (N0=[추상물], [사태] N1=[추상물], [사태])
능 섞다
¶애교가 말과 섞였다. ↔ 애교와 말이 섞였다. ↔ 애교가 말에 섞였다. ¶그는 기쁨과 슬픔이 섞인 표정으로 우리를 맞았다. ¶그의 목소리에는 불만이 섞여 있었다.
N0-가 V (N0=[추상물], [사태])
능 섞다
¶여러 사람의 목소리가 섞여 구분이 되지 않았다. ¶생각들이 섞이는 바람에 뭐가 뭔지 모르겠다.

선도되다

어원 善導~ 활용 선도되어(선도돼), 선도되니, 선도되고 대응 선도가 되다
자 (사람이나 단체가) 올바른 길로 이끌리거나 안내되다. Be led or guided to the right path.
N0-가 V (N0=[인간|단체])
능 선도하다II
¶가출청소년들이 선도될 수 있는 복지 시설이 시급하다. ¶범법자들이 선도되도록 노력해야 한다.

선도하다 I

어원 先導~ 활용 선도하여(선도해), 선도하니, 선도하고 대응 선도를 하다
타 앞서서 이끌거나 안내하다. Lead or guide from the front.
㊞안내하다, 이끌다
N0-가 N1-를 V (N0=[인간|단체] N1=[인간|단체], [흐름](경향, 트렌트, 유행 따위), [가치], [활동](연구, 정치, 발전 따위), [시장](금융, 경제, 반도체 따위))
¶우리나라 기술이 친환경 휴대전화를 선도하고 있다. ¶우리 회사는 반도체 분야에서 세계 시장을 선도하고 싶습니다.

선도하다 II

어원 善導~ 활용 선도하여(선도해), 선도하니, 선도하고
타 (사람이나 단체를) 올바른 길로 이끌거나 안내하다. Lead or guide to the right path.
N0-가 N1-를 V (N0=[인간|단체] N1=[인간|단체], [습성](정신 따위))
피 선도되다
¶일선 경찰관이 청소년들을 선도해 범죄 예방에 힘썼다. ¶국민의 정신을 선도해야 할 종교도 싸움을 조장한다.

선동하다

어원 煽動~ 활용 선동하여(선동해), 선동하니, 선동하고 대응 선동을 하다
타 (사람이나 단체가) 다른 사람이나 단체를 부추겨 자신들이 원하는 일이나 행동에 앞장서거나 나서

도록 하다. (of a person or an organization) Urge another person or organization to take the lead in getting what one wants.
[유]부추기다
N0-가 N1-를 V (N0=[인간|단체] N1= [인간|단체])
[피]선동되다
¶요즈음 사이비 학자들이 어리석은 대중을 선동하고 있다. ¶근거 없는 소문으로 민심을 선동하면 안 된다.
N0-가 N1-(에|에게) S도록 V (N0=[인간|단체] N1=[인간|단체])
¶사이비 학자들이 대중에게 여론을 조작하도록 선동한다. ¶모 정치인은 주민에게 특정 사안에 반대하도록 선동했다.

선물받다
[어원]膳物~ [활용]선물받아, 선물받으니, 선물받고 [대응]선물을 받다, 선물로 받다
[타](사람이) 다른 사람에게서 정을 표현하는 표시로 어떤 것을 거저 받다. Receive from another person something as a token of affection.
[유]선사받다 [반]선물하다
N0-가 N2-(에서|에게서) N1-를 V (N0=[인간|단체] N1=[구체물], [추상물] N2=[인간|단체])
¶그 선수는 팀에서 축구화를 선물받았다. ¶지현이는 친구들에게서 케이크를 선물받았다. ¶선물받은 꽃은 한곳에 모아 둘게요.

선물하다
[어원]膳物~ [활용]선물하여(선물해), 선물하니, 선물하고 [대응]선물을 하다
[타](사람이) 다른 사람에게 정을 표현하는 표시로 어떤 것을 거저 주다. Give another person something for free in order to express one's affection or friendship.
[유]선사하다 [반]선물받다
N0-가 N2-(에|에게) N1-를 V (N0=[인간], [단체] N1=[구체물], [추상물] N2=[인간], [단체])
¶하린이는 동생에게 책을 선물하였다. ¶학교에서는 학생들에게 배지를 선물해 주었다. ¶그는 새로 이사 간 누나네 집에 정수기를 선물하기로 하였다.

선발되다
[어원]選拔~ [활용]선발되어(선발돼), 선발되니, 선발되고 [대응]선발이 되다
[자]여럿 가운데에서 가려져서 뽑히다. Be picked out among many candidates.
[유]뽑히다, 발탁되다
N0-가 N1-(에|로) V (N0=[인간|단체], [구체물] N1=[인간], [추상물])
[능]선발하다
¶박아영 선수는 여러 동료 선수들을 제치고 국가 대표에 선발되었다. ¶내 그림이 본선에 나갈 작품으로 선발되었다. ¶송영아 선수가 최우수상 후보로 선발되었다.

선발하다
[어원]選拔~ [활용]선발하여(선발해), 선발하니, 선발하고 [대응]선발을 하다
[타]여럿 가운데에서 적절한 자격을 갖춘 사람을 가려서 뽑다. Pick out a qualified person among many candidates.
[유]뽑다, 발탁하다
N0-가 N1-를 N2-(에|로) V (N0=[인간|단체] N1=[인간|단체], [구체물] N2=[인간], [추상물])
[피]선발되다
¶감독은 아림이를 국가 대표에 새로 선발했다. ¶심사위원회는 그녀의 작품을 본선 출품 작품으로 선발했다. ¶우리 회사는 신입 사원을 곧 선발한다.

선별되다
[어원]選別~ [활용]선별되어(선별돼) 선별되니, 선별되고 [대응]선별이 되다
[자](대상이) 그 모양이나 성질 따위의 차이에 따라 서로 다른 대상으로 나뉘어 뽑히다. Discriminate objects according to the difference in their forms or features.
N0-가 V (N0=[모두])
[능]선별하다
¶다음 해에 뿌릴 좋은 종자만 선별되었다. ¶회사에서는 자문회의를 통해 좋은 기획안이 선별될 것이다. ¶예술학교에서는 예술적인 재능을 지닌 학생들이 선별된다.

선별하다
[어원]選別~ [활용]선별하여(선별해) 선별하니, 선별하고 [대응]선별을 하다
[타](대상을) 그 모양이나 성질 따위의 차이에 따라 서로 다른 대상으로 가려 나누다. Discriminate objects according to the difference in their forms or features.
N0-가 N1-를 V (N0=[인간|단체] N1=[모두])
[피]선별되다
¶농부는 다음 해에 뿌릴 좋은 종자만 선별했다. ¶회사에서는 자문회의를 통해 좋은 기획안을 선별한다. ¶예술학교에서는 예술적인 재능을 지닌 학생들을 선별했다.

선보다
[활용]선보아, 선보니, 선보고 [대응]선을 보다
[자]결혼 상대가 될 사람을 다른 사람의 소개로 처음 만나다. (of a person) Meet someone who will be a match for marriage for the first time by the introduction of another person.
N0-가 N1-와 V (N0=[인간] N1=[인간])

사 선보이다
¶영수는 친구가 소개해 준 사람과 선보러 나갔다. ¶수진이는 엄마의 강요에 못 이겨 세 번이나 선봤지만, 마음에 드는 사람을 만나지는 못했다.

선보이다
활용 선보여, 선보이니, 선보이고 대응 선을 보이다 ㊟선뵈다
타 ❶(어떤 사람을) 결혼 상대자 따위의 사람에게 소개하여 주다. Introduce someone to another person who deserves to be treated seriously, like a match for marriage.
N0-가 N2-에게 N1-를 V (N0=[인간] N1=[인간] N2=[인간])
주 선보다
¶아버지는 친구 아들에게 딸을 선보였다. ¶너한테 내 후배를 선보여 주려고 해. ¶요즘 네게는 선보일 만한 사람이 없다.
❷(새로운 것을) 사람이나 단체에 처음으로 드러내 보여주다. Display something new to people or a group of people for the first time.
㊐소개하다
N0-가 N2-(에|에게) N1-를 V (N0=[인간|단체] N1=[모두] N2=[인간|단체])
¶우리 회사는 다음 달 시장에 새 제품을 선보인다. ¶시민들에게 새롭게 선보이는 공원은 시민들의 휴식처가 될 것이다. ¶군은 신형 무기를 처음으로 언론에 선보였습니다.

선사하다
어원 膳賜~ 활용 선사하여(선사해), 선사하니, 선사하고 대응 선사를 하다
타 (다른 사람이나 단체에) 좋은 물건이나 상황을 베풀어 주다. Serve a good thing or situation to another person or organization.
㊐주다[1], 제공하다, 선물하다
N0-가 N2-(에|에게) N1-를 V (N0=[모두] N1=[구체물], [상황], [감정], [의견] N2=[인간|단체])
¶마술사는 관객들에게 잊지 못할 추억을 선사했다. ¶주성이가 선사한 반지는 내 마음을 사로잡았다. ¶고급스러운 분위기가 고객들께 감동을 선사해 드립니다.

선언하다
어원 宣言~ 활용 선언하여(선언해), 선언하니, 선언하고 대응 선언을 하다
타 (단체의 권위자가) 단체의 행동을 허용하거나 제한할 목적으로 말하다. (of an organization's authority) Speak for the purpose of permitting or limiting the organization's action.
㊐선포하다
N0-가 N1-를 V (N0=[인간] N1=개회, 개정, 개시, 휴정, 폐회, 종료 따위)
¶의장이 이사회의 개회를 선언하였다. ¶심판이 경기 종료를 선언하자 경기장은 함성으로 가득 찼다. ¶양 측의 조정을 위해 잠시 휴정을 선언합니다.
자타 ❶(방침, 계획, 의견 따위를) 정식으로 공표하여 알리다. Officially declare and announce a policy, a plan, an opinion, etc.
㊐선포하다
N0-가 S다고 V (N0=[인간|단체])
¶우리 회사는 요식업계에 진출하겠다고 선언했다. ¶새로운 팀을 창단하겠다고 선언했지만 준비가 충분하지 않다.
N0-가 N1-를 V (N0=[인간|단체] N1=[행위])
¶본사에서는 전 제품의 무상 수리를 선언합니다. ¶전쟁을 선언한 국가는 비난을 면치 못할 것이다.
N0-가 S것-을 V (N0=[인간|단체])
¶우리는 조선이 독립국인 것을 선언하노라. ¶정부는 내달부터 세금을 올릴 것을 선언했다. ¶그 누구도 우리의 시도를 막을 수 없다는 것을 선언한다.
❷(사람이) 미래의 행위를 널리 알려지도록 발표하다. (of a person) Announce future action to be known widely.
㊐발표하다, 공표하다
N0-가 S다고 V (N0=[인간|단체])
¶그는 다음 달 선거에 출마한다고 전격적으로 선언했다. ¶아버지는 무조건 이사를 할 것이라고 선언하셨다. ¶동생은 목표한 대학에 합격할 것이라고 선언하였다.
N0-가 N1-를 V (N0=[인간|단체] N1=[행위])
¶그는 소속 단체에서의 탈퇴를 선언했다. ¶그가 소설가 데뷔를 선언하니 모두 놀랄 수밖에 없었다.
N0-가 S것-을 V (N0=[인간|단체])
¶연이는 대회 예선전에 참가할 것을 선언했다. ¶갑자기 수정이는 회사를 그만 둘 것을 선언하였다.

선임되다
어원 選任~ 활용 선임되어(선임돼), 선임되니, 선임되고 대응 선임이 되다
자 (사람이) 여럿 가운데 가려 뽑혀 임무나 직무를 맡게 되다. (of a person) Be selected from many to take a duty or job.
㊐뽑히다
N0-가 N1-(로|에) V (N0=[인간|단체] N1=[인간], [직책])
능 선임하다
¶김광호 부장이 새로 이사에 선임되었다. ¶박 교수가 보건복지부 장관으로 선임되었다.
N0-가 V (N0=[인간], [직책])
능 선임하다

¶사건의 진상을 파악하기 위해 변호사가 선임되었다. ¶12 명의 이사와 감사가 새로 선임되었다.

선임하다

[어원]選任~ [활용]선임하여(선임해), 선임하니, 선임하고

[타](회사나 단체가) 사람을 여럿 가운데 가려 뽑아 임무나 직무를 맡기다. (of a company or group) Select someone from many to entrust duty or job.

N0-가 N1-를 N2-(로|에) V (N0=[인간|단체] N1=[인간] N2=[인간], [직책])

[피]선임되다

¶정부는 박 교수를 장관으로 선임하였다. ¶회장단은 김광호 부장을 이사에 선임한다고 공식 발표하였다.

N0-가 N1-를 V (N0=[인간|단체] N1=[인간], [직책])

[피]선임되다

¶회사는 사건의 진상을 파악하기 위해 변호사를 선임하였다. ¶회장단은 12명의 이사와 감사를 새로 선임하였다. ¶교수진은 올해 말까지 새 학장을 선임하여야 한다.

선전되다

[어원]宣傳~ [활용]선전되어(선전돼), 선전되니, 선전되고 [대응]선전이 되다

[자]❶(어떤 것에 대하여) 많은 사람들에게 이윤을 남길 목적으로 설명되고 알려지다. Be explained and announced to many people with a view to gaining profits.

[유]광고되다, 홍보되다

N0-가 V (N0=[구체물], [사건])

[능]선전하다I

¶신제품은 다양하게 선전되어야 한다. ¶월드컵 개최가 본격적으로 선전되기 시작했다.

N0-가 N1-로 V (N0=[구체물], [사건] N1=[구체물], [사건])

[능]선전하다I

¶선보인 신제품이 생활에 혁신을 가져올 제품으로 선전되고 있다. ¶혁신적 기술이 기회 창출의 기본으로 선전되었다.

❷무엇이 많은 사람들에게 알려지다. (of something) Be announced to many people with the purpose of making them understand.

N0-가 N1-(에|에게) V (N0=[사조] N1=[인간], [단체])

[능]선전하다I

¶독립 사상이 국민들에게 널리 선전되었다. ¶나치즘이 히틀러에 의해 독일 국민들에게 선전되었다.

N0-가 N1-(에|에게) S고 V (N0=[기관] N1=[인간], [단체])

[능]선전하다I

¶독립 사상이 식민국가에 절대 필요하다고 선전되고 있다.

N0-가 N1-(에|에게) N2-로 V (N0=[기관] N1=[인간], [단체])

[능]선전하다I

¶게르만족이 가장 우월한 인종으로 독일 국민에게 선전되었다.

선전하다 I

[어원]宣傳~ [활용]선전하여(선전해), 선전하니, 선전하고 [대응]선전을 하다

[타]❶(어떤 것에 대하여) 많은 사람들에게 이윤을 남길 목적으로 설명하여 알리다. Explain and announce something to many people in order to gain profit.

[유]광고하다, 홍보하다

N0-가 N1-를 V (N0=[인간|단체], [기업] N1=[구체물], [사건])

[피]선전되다

¶기업들이 신제품을 선전했다. ¶일본은 다음 월드컵 개최를 선전하기 시작했다.

N0-가 N1-를 S고 V (N0=[인간|단체], [기업] N1=[구체물], [사건])

[피]선전되다

¶제조 회사는 신제품을 생활에 혁신을 가져올 제품이라고 선전했다.

❷(어떤 것에 대하여) 많은 사람들에게 이해시킬 목적으로 알리다. Announce something to many people with the purpose of making them understand.

N0-가 N1-를 N2-(에|에게) V (N0=[기관] N1=[사조] N2=[인간], [단체])

[피]선전되다

¶독립 운동가들은 국민들에게 독립 사상을 선전했다. ¶히틀러는 독일 국민들에게 나치즘을 선전했다.

N0-가 N1-(에|에게) S고 V (N0=[기관] N1=[인간], [단체])

¶독립 운동가들은 독립 사상이 필요하다고 선전했다. ¶히틀러는 독일 국민에게 게르만족이 가장 우월한 인종이라고 선전했다.

선전하다 II

[어원]善戰~ [활용]선전하여(선전해), 선전하니, 선전하고 [대응]선전을 하다

[자](어떤 경쟁에서) 이기지는 못하지만 최선을 다하다. Do one's best in a competition but fail to win.

N0-가 N1-에서 V (N0=[인간|단체] N1=[시험], 대회, 시합 따위)

¶우리나라 선수들은 이번 월드컵에서 선전했다.

[ㅅ]

¶동생이 이 정도면 학기말 시험에서 선전한 셈이다.

선정되다

어원 選定~ 활용 선정되어(선정돼), 선정되니, 선정되고 대응 선정이 되다

자 (어떤 대상이) 여럿 가운데 가려서 정해지다. (of an object) Be picked out among many objects.

㊐선발되다, 뽑히다

N0-가 N1-(에|로) V (N0=[구체물], [추상물] N1=[구체물], [추상물])

능 선정하다

¶한 신입 사원이 입사한 지 일 년 만에 우수 사원으로 선정됐다. ¶백여 곳의 후보 가운데 열 개 학교만이 우수 학교로 선정됐다. ¶김치가 세계적인 건강 음식으로 선정되었다고 하더군.

선정하다

어원 選定~ 활용 선정하여(선정해), 선정하니, 선정하고 대응 선정을 하다

타 (대상을) 여럿 가운데 가려서 정하다. (of a person) Pick out an object among many objects.

㊐선발하다, 뽑다

N0-가 N1-를 V (N0=[인간|단체] N1=[구체물], [추상물])

피 선정되다

¶교육부는 올해의 인성 교육 우수 학교를 선정하여 발표하였다. ¶한국연구재단은 우수 과학자 서른 명을 선정했다.

N0-가 N1-를 N2-로 V (N0=[인간|단체] N1=[구체물], [추상물] N2=[구체물], [추상물])

피 선정되다

¶교육청은 올해 10곳의 학교를 인생 교육 우수 학교로 선정했다. ¶그녀는 깨끗한 이미지가 제품과 어울려 광고 모델로 선정했다.

선출되다

어원 選出~ 활용 선출되어(선출돼), 선출되니, 선출되고 대응 선출이 되다

자 여럿 가운데에서 적절한 과정을 통해서 선택되어 뽑히다. Be chosen among many through an appropriate procedure.

㊐선발되다, 뽑히다

N0-가 N1-(에|로) V (N0=[인간] N1=[직책], [인간])

능 선출하다

¶그는 전학 오자마자 반장에 선출되었다. ¶그는 국회의원으로 선출되었지만, 선거법 위반으로 수사를 받고 있다.

선출하다

어원 選出~ 활용 선출하여(선출해), 선출하니, 선출하고 대응 선출을 하다

타 필요한 사람을 여럿 가운데에서 적절한 과정을 통해서 가려 뽑다. Choose one among many through an appropriate procedure.

N0-가 N2-(에|로) N1-를 V (N0=[인간|단체] N1=[인간] N2=[직책], [인간])

피 선출되다

¶시민들은 시장을 투표를 통해서 선출한다. ¶회장단은 30대 평사원을 이사로 선출하였다.

선택되다

어원 選擇~ 활용 선택되어(선택돼), 선택되니, 선택되고 대응 선택이 되다

자 (둘 이상의 대상 중에서) 더 선호되거나 필요한 것으로 골라지다. (of an object which is more preferable and necessary than others) Be selected.

㊐선발되다, 뽑히다, 채택되다, 피택되다

N0-가 N2-로 N1-에서 V (N0=[인간|단체], [구체물], [추상물] N1=[인간|단체], [구체물], [추상물] N2=[인간|단체], [구체물], [추상물], [지위])

능 선택하다

¶이 작품이 최우수작으로 선택되었다. ¶홍철이가 국가 대표 축구 선수로 선택되었다. ¶국제문학기구의 새로운 의장국으로 한국이 선택되었다.

선택하다

어원 選擇~ 활용 선택하여(선택해), 선택하니, 선택하고 대응 선택을 하다

타 (둘 이상의 대상 가운데서) 더 선호하거나 필요로 하는 것을 고르다. Select preferable and necessary thing among more than two objects.

㊐고르다I, 선발하다, 뽑다, 채택하다

N0-가 N2-에서 N1-를 V (N0=[인간|단체] N1=[인간|단체], [구체물], [추상물] N2=[인간|단체], [구체물], [추상물])

피 선택되다

¶나는 내 뜻대로 내 전공을 선택했다. ¶요즘은 진로를 선택하지 못하는 경우가 많다. ¶어머니는 며느릿감을 직접 선택하고 싶어하신다.

N0-가 N2-로 N1-를 V (N0=[인간|단체] N1=[인간|단체], [구체물], [추상물] N2=[인간|단체], [구체물], [추상물], [지위])

피 선택되다

¶감독은 윤계상을 주연 배우로 선택했다. ¶이사회는 회장 아들을 새 임원으로 선택했다. ¶나는 아버지 선물로 지갑을 선택했다.

선포되다

어원 宣布~ 활용 선포되어(선포돼), 선포되니, 선포되고 대응 선포가 되다

자 (어떤 사실이나 내용이) 정부나 기관에 의해 공식적으로 세상에 알려지다. (of a fact or contents) Be officially known to the world

by the government or institution.
㊌공포되다, 공표되다
N0-가 N1-(에|에게) V (N0=[사태], [상황], [법규], [명령], [사실], [내용] N1=[인간|단체](국가, 정부, 국민, 백성))
능 선포하다
¶범죄를 추방하기 위해 범죄와의 전쟁이 선포되었다. ¶작년에 토지 관련 법령이 몇 차례 선포되었다.
N0-가 N1-로 V (N0=[지역], [지리] N1=[명칭])
능 선포하다
¶피해 지역이 특별 재난 지역으로 선포되었다.
¶경복궁 서쪽 일대가 '세종마을'로 선포되었다.

선포하다

어원 宣布~ 활용 선포하여(선포해), 선포하니, 선포하고 대응 선포를 하다
타 (국가나 기관, 단체가) 어떤 사실이나 내용을 세상에 공식적으로 알리다. (of government or institution) officially announce certain fact or contents to the world.
㊌공포하다, 공표하다
N0-가 N1-를 N2-(에|에게) V (N0=[인간|단체] N1=[사태], [상황], [명령], [법규], [사실], [내용] N2=[인간|단체](국가, 정부, 국민, 백성))
피 선포되다
¶경찰은 조직폭력배와의 전쟁을 선포하였다.
¶필리핀은 마약과의 전쟁을 선포하였다.
N0-가 N1-를 N2-로 V (N0=[인간|단체] N1=[지역], [지리] N2=[명칭])
피 선포되다
¶미국은 이란을 핵보유국가로 선포했다. ¶교계는 보나벤투라 주교를 교회학자로 선포하였다.
N0-가 N1-에 N2-를 V (N0=[인간|단체] N1= [사태], [상황], [명령], [법규], [사실] N2=[인간|단체](국가, 정부, 국민, 백성))
피 선포되다
¶국제해커집단이 컴퓨터 보안회사에 사이버 전쟁을 선포했다. ¶총리가 두 지역에 재난 사태를 선포하는 데 서명했다.

선행되다

어원 先行~ 활용 선행되어(선행돼), 선행되니, 선행되고 대응 선행이 되다
자 ☞선행하다

선행하다

어원 先行~ 활용 선행하여(선행해), 선행하니, 선행하고 대응 선행을 하다
자 ❶시간적으로 앞서거나 앞서 일어나다. Be ahead temporally or occur in advance.
㊌앞서다 ㊍후행하다
N0-가 N1-에 V (N0=[단체], [추상물], [사건], [상태], [현상], [행위] N1=[단체], [추상물], [사건], [상태], [현상], [행위])
¶규제 완화가 금융 산업 개혁에 선행해야 한다.
¶회사의 통폐합 작업이 인사 조정에 선행하면 반발이 예상된다.
❷일, 행위를 다른 것에 앞서서 먼저 시행하다. Perform a task or behavior before doing other things.
N0-가 N1-를 V (N0=[인간|단체] N1=[행위], [사태])
¶대표는 자산 평가 작업을 선행할 것을 주장하였다. ¶다른 지역보다 취약 지역의 제설 작업을 선행해야 합니다.
❸(다른 것보다) 앞서서 우위에 놓거나 우선시하다. Prioritize or put something in superior position.
N0-가 N1-(에|보다) V (N0=[구체물], [추상물] N1=[구체물], [추상물])
¶그 어떤 것도 인간의 존엄성에 선행할 수 없다.
¶정치 협상이 인권 문제보다 선행할 수 없다.

선호되다

어원 選好~ 활용 선호되어(선호돼), 선호되니, 선호되고 대응 선호가 되다
자 (어떤 대상이) 여럿 가운데에서 특별히 관심과 애정을 받다. (of an object) Receive special attention and affection over many.
N0-가 N1-보다 V (N0=[추상물], [구체물] N1=[추상물], [구체물])
능 선호하다
¶요즘은 중형차보다 경차가 더 선호된다. ¶이 지역은 예전부터 좋은 관광지로 선호되어 왔다.

선호하다

어원 選好~ 활용 선호하여(선호해), 선호하니, 선호하고 대응 선호를 하다
타 (어떤 대상을) 여럿 가운데에서 특별히 좋아하다. Have special affection for an object over many other things.
㊌애호하다, 좋아하다
N0-가 N2-보다 N1-를 V (N0=[인간|단체], [동물] N1=[추상물], [구체물] N2=[추상물], [구체물])
피 선호되다
¶우리나라에서는 전통적으로 딸보다 아들을 선호했었다. ¶관리가 힘든 주택보다 아파트를 선호하는 사람이 많다.
N0-가 N1-보다 S(것|기)-를 V (N0=[인간|단체], [동물] N1=[추상물], [구체물])
피 선호되다
¶젊은이들은 급여보다는 휴식과 퇴근이 보장되는 회사를 더 선호한다. ¶투자자들은 안정적으로 회사를 확장하는 것을 선호했다.

선회하다

어원 旋回~ 활용 선회하여(선회해), 선회하니, 선회하고

자 ❶(사람이나 동물, 탈것 따위가) 어떤 장소의 주위를 돌다. (of a person, an animal, or a vehicle) Go around a place.

㊌돌다[1]자

N0-가 N1-(로|에서) V (N0=[인간|동물], [교통기관] N1=[장소])

¶바다 위로 갈매기가 비상을 즐기듯 선회했다. ¶배들이 기항지 근처에서 선회하며 물때를 기다렸다.

❷(사람의 태도 따위가) 이전과 다른 쪽으로 입장이 바뀌다. (of a position of a person) Change to a different side.

㊌바뀌다, 변경되다

N0-가 N1-로 V (N0=[추상물](의견 따위) N1=[추상물](의견 따위))

¶무료화를 고집하던 개발사의 입장이 유료화로 선회했다. ¶새로운 증거에 배심원들의 판단이 유죄로 선회했다.

❸ 【항공】 비행기가 어떤 방향으로 곡선을 그리며 진로를 바꾸다. (of an airplane) Change its route to a certain direction, making a circle.

N0-가 V (N0=[교통기관](비행기))

¶공항에서 비행기가 이륙하며 선회했다. ¶우리 비행기가 제주공항에 내리려고 섬 주위를 크게 선회한다.

타 ❶(사람이나 동물, 탈것 따위가) 어떤 장소의 주위를 돌다. (of a person, an animal, or a vehicle) Go around a place.

㊌돌다[1]타

N0-가 N1-를 V (N0=[인간], [동물], [교통기관] N1=[장소])

¶달이 지구 궤도를 가까이서 선회한다. ¶두 선수는 쉬지 않고 서로의 주위를 선회했다.

❷(사람이나 단체가) 그 태도, 입장 따위를 이전과 다른 쪽으로 바꾸다. (of a person) Change one's position to a different side.

㊌바꾸다, 변경하다

N0-가 N1-를 V (N0=[인간|단체] N1=[추상물](의견 따위))

¶도청은 신도시에 연구 시설을 유치하는 방안으로 방향을 선회했다. ¶게임 회사들은 새로운 마케팅으로 전략을 선회했다.

❸ 【항공】 항공 교통기관이 어떤 방향으로 그 진로를 곡선을 그리며 바꾸다. (of an airplane) Change its route to a certain direction, making a circle.

N0-가 N1-를 V (N0=[교통기관](비행기, 헬기, 전투기 따위) N1=[장소])

¶헬기가 출동하기 위해 공중을 선회하고 있다. ¶팬텀기가 휴전선 주위를 크게 선회하며 날아갔다. ¶비행기들이 포물선을 그리며 멋지게 하늘을 선회한다.

설득되다

어원 說得~ 활용 설득되어(설득돼), 설득되니, 설득되고 대응 설득이 되다

자 다른 사람의 의견이나 설명에 동의하고 따르게 되다. Agree with another person's opinion or explanation and follow it.

㊌납득되다

N0-가 N1-(에|에게) V (N0=[인간] N1=[언어], [소통])

능 설득하다

¶내 의도가 나쁘지 않다는 것을 안 그는 내 말에 설득됐다. ¶그 학교는 장학금을 준다는 아버지의 말에 형이 설득되었다.

설득하다

어원 說得~ 활용 설득하여(설득해), 설득하니, 설득하고 대응 설득을 하다

타 다른 사람을 타이르거나 설명하여 자신의 의견에 동의하고 따르게 만들다. Make another person agree with one's own opinion and follow it by means of explanation.

㊌납득하다

N0-가 N1-를 V (N0=[인간] N1=[인간])

피 설득되다

¶협회 관계자들은 감독을 설득했다. ¶경찰이 가출한 아이를 설득하여 집으로 돌려보냈다.

N0-가 N1-에게 S고 V (N0=[인간] N1=[인간])

피 설득되다

¶장군은 상대편에게 투항하라고 설득했다. ¶팀장이 직원들에게 재미있는 게임을 더 개발해 보자고 설득했다.

설레다

활용 설레어(설레), 설레니, 설레고

자 마음이나 가슴이 들뜨고 안정되지 않다. (of heart or mind) Be excited and unstable.

㊌흥분되다, 싱숭생숭하다, 가슴이 벌렁거리다

N0-가 V (N0=마음, 가슴)

¶나는 소풍 전날에 마음이 설레어 잠이 오지 않았다. ¶철수는 설레는 마음을 진정하고 봉투를 열어 보았다. ¶나는 빗소리만 들어도 가슴이 설렌다.

설레이다

활용 설레여, 설레이니, 설레이고

자 ☞ '설레다'의 오용

설립되다

어원 設立~ 활용 설립되어(설립돼), 설립되니, 설립되

고 [대응]설립이 되다
[자](기관이나 단체 따위가) 새로 조직되다. (of an institution or an organization) Be organized for the first time.
[유]창설되다 [반]해산되다, 해체되다
N0-가 V (N0=[단체])
[능]설립하다
¶우리 대학은 약 100년 전에 설립되었다. ¶새로 설립된 연구소에는 최신 기자재가 즐비하다. ¶마을 청년회가 곧 설립된다고 한다.

설립하다
[어원]設立~ [활용]설립하여(설립해), 설립하니, 설립하고 [대응]설립을 하다
[타](기관이나 단체 따위를) 새로 조직하다. Organize an institution or an organization for the first time.
[유]세우다[1], 창설하다 [반]해산하다, 해체하다
N0-가 N1-를 V (N0=[인간|단체] N1=[단체])
[피]설립되다
¶우리 회사는 외국에 법인을 설립했다. ¶그는 맨손으로 회사를 설립해서 여기까지 키웠다. ¶저희는 장학 재단을 설립하기로 하였습니다.

설명되다
[어원]說明~ [활용]설명되어(설명돼), 설명되니, 설명되고 [대응]설명이 되다
[자](어떤 대상의 의미나 내용이) 다른 사람이나 단체에 쉽게 이해되도록 풀어서 전해지다. (of meaning or content of an object) Be conveyed to another person or organization, being formulated easily enough to be understood.
[유]해설되다, 주해되다
N0-가 N1-(에|에게) N2-로 V (N0=[모두] N1=[인간|단체] N2=[모두])
[능]설명하다
¶한복은 관광객들에게 한국의 전통 복식으로 설명되었다. ¶어려운 개념은 쉽게 풀어서 설명되어 있었다. ¶그 제품은 언론에 첨단 기술의 집약체로 설명된 바 있다.
N0-가 N1-(에|에게) S것-으로 V (N0=[모두] N1=[인간|단체])
¶교육시설 건립은 꼭 필요한 것으로 설명되었다. ¶신비로운 것으로 설명돼 왔던 현상이 입증되고 있다.
N0-가 N1-(에|에게) S다고 V (N0=[모두] N1=[인간|단체])
[능]설명하다
¶임금을 동결한다고 설명된 안내문에 직원은 허탈했다. ¶조리법에는 5분 동안 끓인다고 설명되어 있었다.

설명하다
[어원]說明~ [활용]설명하여(설명해), 설명하니, 설명하고 [대응]설명을 하다
[자타](어떤 대상의 의미나 내용을) 듣는 사람이 쉽게 이해하도록 풀어서 전하다. Simplify and deliver the definition or contents of a certain target so that the listener can understand easily.
[유]해설하다, 주해하다, 부연하다
N0-가 N1-에 S다고 V (N0=[인간|단체] N1=[단체])
[피]설명되다
¶본사에서는 전기 절약을 위해 점심시간을 조정한다고 설명하였다. ¶지점에는 회사를 위한 일이라고 설명해 두었다.
N0-가 N1-에게 S다고 V (N0=[인간|단체] N1=[인간])
¶나는 사람들에게 복숭아 알레르기가 있다고 설명했다. ¶부녀회는 주민들에게 수도가 안 나올 것이라고 설명해 주었다.
N0-가 N2-에 N1-(를|에 대해) V (N0=[인간|단체] N1=[모두] N2=[단체])
[피]설명되다
¶감독님은 언론에 선수 선발에 대해 설명하셨다. ¶기업은 직원들에게 회사 운영 방침을 설명할 의무가 있다.
N0-가 N2-에게 N1-(를|에 대해) V (N0=[인간|단체] N1=[모두] N2=[인간])
[피]설명되다
¶나는 동생에게 컴퓨터에 대해 설명해 주었다. ¶어머니께 휴대전화 쓰는 법을 설명해 드려라.
N0-가 N1-에 S지-(를|에 대해) V (N0=[인간|단체] N1=[단체])
¶회의에서 무엇을 발표했는지를 본부에 설명해 주십시오. ¶내가 무엇을 할지 회사에 일일이 설명할 필요가 있습니까?
N0-가 N1-에게 S지-(를|에 대해) V (N0=[인간|단체] N1=[인간|단체])
[피]설명되다
¶아저씨는 경은이에게 왜 이사를 가는지에 대해 설명하셨다. ¶어째서 이곳을 떠나야 하는지를 우리에게 설명해 달라.
N0-가 N1-(에|에게) S것-(을|에 대해) V (N0=[인간|단체] N1=[인간|단체])
¶정부에서는 발표가 늦어진 것에 대해 언론에 설명하였다. ¶학교는 학생들에게 밤늦은 시간 학교 출입을 주의할 것을 설명하였다.

설정되다
[어원]設定~ [활용]설정되어(설정돼), 설정되니, 설정되고 [대응]설정이 되다
[자]❶(목표나 주제, 방향, 범위 따위가) 무엇으로

ㅅ

정해지다. (of a goal, a subject, an orientation, or a scope) Be determined.
[유]결정되다, 정해지다, 한정되다
N0-가 N1-로 V (N0=[구체물], [장소], [추상물](목표, 주제, 방향, 범위, 한계 따위) N1= [추상물])
[능]설정하다
¶평화로운 바다 마을이 소설의 배경으로 설정되었다. ¶어렸을 때 인생의 방향이 잘 설정되는 것이 중요하다.
❷ 【법률】 제한 물권이 물건이나 대상에 발생되다. (of limited real right) Be created for object or goods.
N0-가 N1-에 V (N0=[권리] N1=[부동산](건물 따위))
[능]설정하다
¶아버지의 대출로 인해 근저당권이 우리 집에 설정되었다. ¶서민 주거에 재산 압류가 자주 설정되곤 한다.
N0-가 N1-로 V (N0=[부동산](건물 따위) N1=담보 따위)
[능]설정하다
¶우리 집이 담보로 설정되었다. ¶우리 아파트가 대출을 위해 담보로 설정되었다.

설정하다

[어원]設定~ [활용]설정하여(설정해), 설정하니, 설정하고 [대응]설정을 하다
[타]❶(사람이) 목표나 주제, 방향, 범위 따위를 무엇으로 좁혀 일정하게 정하다. (of a person) Narrow down and determine a goal, a subject, an orientation, or a scope.
[유]결정하다, 정하다, 한정하다
N0-가 N1-를 N2-로 V (N0=[인간|단체] N1=[구체물], [장소], [추상물](목표, 주제, 방향, 범위, 한계 따위) N2=[추상물])
[피]설정되다
¶그는 새 사업의 목표를 연간 매출 5억원으로 설정하였다. ¶인생을 어떻게 살아야 할지 방향을 잘 설정하는 것이 중요하다. ¶너 스스로에 대해 한계를 설정하지 마라.
❷(사람이나 기관이) 특정한 목적을 위해 어디를 일정하게 제한된 곳으로 지정하다. (of a person or an organization) Designate a place as being restricted to a particular purpose.
N0-가 N1-를 N2-로 V (N0=[인간|단체] N1=[장소] N2=[추상물])
[피]설정되다
¶정부는 이 지역을 긴급 방역 지역으로 설정하였다. ¶정부는 우리 마을을 재난 지역으로 설정하였다.
❸ 【법률】 사람이나 금융기관이 돈을 빌려주면서 부동산에 채권을 지정해 두다. (of a person or a financial institution) Issue a bond on a property while lending money.
N0-가 N1-를 N2-에 V (N0=[인간|단체] N1=[권리] N2=[부동산](건물 따위))
[피]설정되다
¶법원은 근저당권을 우리 집에 설정하였다. ¶회사가 가압류권을 아파트에 설정했다.
N0-가 N1-를 N2-로 V (N0=[인간|단체] N1=[건물] N2=담보 따위)
¶은행은 집을 담보로 설정하고 전세 자금을 빌려주었다. ¶나는 아파트를 담보로 설정하고 대출을 하였다.

설치다 I

[활용]설치어(설쳐), 설치니, 설치고
[자]❶함부로 나서서 막되게 행동하다. Behave thoughtlessly and rudely.
N0-가 V (N0=[인간|단체])
¶큰 학자는 겸손한데 얼치기 학자는 설친다. ¶함부로 설쳤다가 크게 다칠 수 있다.
❷침착하지 못하고 급하게 서두르다. Rush and not be calm.
[유]서두르다
N0-가 V (N0=[인간|단체])
¶영수가 설치는 탓에 정신이 없었다. ¶아직 늦지 않았으니 너무 설치지 마라.
N0-가 S다고 V (N0=[인간|단체])
¶그는 투우사처럼 양복 상의를 흔들며 택시를 잡는다고 설쳤다. ¶집에서 튀어나 간 강아지를 잡는다고 설쳤더니 힘이 든다.

설치다 II

[활용]설치어(설쳐), 설치니, 설치고
[타]❶잠을 제대로 충분히 자지 못하다. Fail to sleep adequate amount.
N0-가 N1-를 V (N0=[인간] N1=잠, 밤잠)
¶나는 계속되는 열대야로 밤잠을 설쳤다. ¶아들이 늦게 들어와서 어제도 잠을 설쳤다.
❷끼니 따위를 제대로 하지 못하거나 거르다. Fail to have meal properly or skip.
[유]거르다, 굶다
N0-가 N1-를 V (N0=[인간] N1=끼니)
¶그는 한두 끼를 설친 사람마냥 맛있게 밥을 먹는다. ¶몇 끼를 설치고 나니 배가 너무 고팠다.

설치되다

[어원]設置~ [활용]설치되어(설치돼), 설치되니, 설치되고 [대응]설치가 되다
[자]❶(특정한 목적이나 용도로) 설비나 기관 따위가 만들어져 갖추어지다. (of installation or organization for a specific purpose or use) Be made.

㊌세워지다
N0-가 N1-에 V (N0=[구체물](기계장비, 설비, 시설 따위), [장소](병원, 학교, 공장 따위) N1=[구체물], [장소])
능설치하다
¶홍수 때문에 새로운 댐이 강 상류에 설치된다고 한다. ¶아파트 앞에 신호등이 설치되자 사고가 많이 줄었다.
❷(기관이나 조직, 새로운 제도 따위가) 필요한 곳에 구성되다. (of institution, organization, or new system) Be organized where required.
㊌들어서다, 설립되다, 창설되다
N0-가 N1-에 V (N0=[단체], [제도] N1=[장소], [단체])
능설치하다
¶기획실에 정보 사업을 위한 새로운 조직이 설치된다고 한다. ¶기관 내에 감독 부서가 설치되면서 분위기가 싸늘해졌다.

설치하다

어원設置~ 활용설치하여(설치해), 설치하니, 설치하고 대응설치를 하다
타❶(특정한 목적이나 용도로) 설비나 기관 따위를 만들어 갖추다. Make an installation or an organization for a specific purpose or use.
㊌세우다[1], 설립하다, 창설하다
N0-가 N2-에 N1-를 V (N0=[인간|단체] N1=[구체물](기계장비, 설비, 시설 따위), [장소](병원, 학교, 공장 따위) N2=[구체물], [장소])
피설치되다
¶어머니는 거실에 새로운 오디오 시스템을 설치하셨다. ¶철수는 집에 에어컨을 직접 설치하였다.
❷(기관이나 조직, 새로운 제도 따위를) 필요한 곳에 구성하여 두다. Organize an institution, an organization, or a new system where required.
N0-가 N2-에 N1-를 V (N0=[인간|단체] N1=[단체], [제도] N2=[장소], [단체])
피설치되다
¶퇴직자들을 위해 서울시는 시청에 재교육 제도를 설치하였다. ¶정부는 올림픽 개최를 위해 조직 위원회를 설치하였다.

섬기다

활용섬기어(섬겨), 섬기니, 섬기고
타❶(아랫사람이 윗사람을) 공경하여 잘 모시다. (of a junior) Serve and look after a senior with respect.
㊌모시다
N0-가 N1-를 V (N0=[인간] N1=[인간])
¶학생은 선생님을 섬기고 존중해야 한다. ¶위로는 어르신들을 섬기고 아래로는 자녀들에게 본이 되어야 하네.
❷(어떤 사람을) 특별한 존재로 삼아 공경하며 잘 따르다. Follow another person with respect, regarding him or her as a special being.
㊌모시다, 복종하다, 순종하다
N0-가 N1-를 N2-로 V (N0=[인간] N1=[인간] N2=[인간])
¶사람들은 그를 큰 스승으로 섬겼다. ¶저는 사원 여러분을 주인으로 섬기겠습니다.
❸(지위가 낮은 사람이나 동등한 사람을) 정성을 다해 배려하여 대하다. Give sincere consideration for one's subordinates or equals.
㊌받들다
N0-가 N1-를 V (N0=[인간] N1=[인간])
¶저는 항상 낮은 자세로 조합원들을 섬기겠습니다. ¶어려운 이웃을 섬기며 이웃 사랑을 실천합시다.
❹(신적인 존재를) 우러르며 받들어 따르다. Obey a divine being with reverence.
㊌숭배하다, 믿다
N0-가 N1-를 V (N0=[인간|단체] N1=신, 부처, 하나님)
¶인도 사람들은 여러 신을 섬겼다. ¶유대인들은 오직 하느님만을 섬기는 민족이었다. ¶무슬림은 알라 신을 섬기며 경외한다.
❺(어떤 대상을) 신적인 존재로 삼아 우러르며 받들어 따르다. Obey an object with reverence, regarding it as a divine being.
㊌숭배하다, 믿다
N0-가 N1-를 N2-로 V (N0=[인간|단체] N1=[구체물], 조상 N2=신)
¶이곳 사람들은 조상을 신으로 섬기며 받들어 모신다. ¶모든 만물을 신으로 섬기는 종족이 있다고 한다.

섭렵하다

어원涉獵~ 활용섭렵하여(섭렵해), 섭렵하니, 섭렵하고 대응섭렵을 하다
타책을 두루 읽거나 여러 가지 상황을 경험하여 알다. Read or experience a wide variety of books or situations.
N0-가 N1-를 V (N0=[인간|단체] N1=[구체물], [기호], [사조], [예술], [텍스트], [작품], [분야])
¶은아는 방학 동안 수십 권의 책을 섭렵했다. ¶그동안 그가 섭렵한 영화만 해도 수백 편이 넘는다. ¶선생님은 철학부터 공학까지 모든 학문을 섭렵하신다.

성공하다

어원成功~ 활용성공하여(성공해), 성공하니, 성공하고 대응성공을 하다
자❶(하려던 일이) 목적한 바대로 잘 이루어지다.

ㅅ

Achieve one's goal in a task.
㊌성취하다, 달성하다, 이루다 ㉤실패하다, 좌절하다
No-가 N1-에 V (No=[인간|단체] N1=[사건], [행위], [방법], [회의])
¶우리 회사는 제품 개발에 성공했다. ¶그녀는 변신에 성공하여 매우 기뻐하였다. ¶외국 기업들이 한국 시장 공략에 성공하고 있다.
No-가 S데-에 V (No=[인간|단체])
¶주민들이 사업비를 지원받는 데 성공했다. ¶김 박사는 사람들의 신임을 얻는 데 성공했다.
No-가 N1-에서 V (No=[인간|단체], [영화], [행위] N1=[분야], [장소])
¶우리 회사는 세계 시장에서 성공했다. ¶그 영화는 국내에서는 성공했지만 외국에서는 성공하지 못했다.
No-가 V (No=[사건], [행위], [방법], [회의])
¶이 계획이 성공한다면 얼마나 좋을까? ¶그 작전은 성공했다는 평가를 받을 수 없다.
❷부나 명예 따위를 얻어 출세하다. Advance in life by obtaining wealth, honor, etc.
㉤실패하다, 몰락하다
No-가 N1-로 V (No=[인간|단체] N1=[인간])
¶네가 학자로 성공하고 싶으면 노력을 많이 해야 한다. ¶나는 성공해서 부모님을 기쁘게 해드리고 싶다.

성나다

활용 성나, 성나니, 성나고
자 ❶(사람이나 동물이) 기분이 몹시 언짢아 불쾌한 감정이 일어나다. (of a person or an animal) Experience unpleasant emotion after feeling extremely offended.
㊌화나다
No-가 V (No=[인간], [동물])
¶성난 소가 주인에게 달려들었다. ¶그의 얼굴에는 성난 기색이 역력했다.
❷(피부나 상처 따위가) 잘못 다루어지거나 덧나 상태가 악화되다. (of skin or wound) Become worse due to wrong treatment or infection.
㊌덧나다, 악화되다
No-가 V (No=[상처], [신체부위])
¶아직 아물지 않은 상처를 건드렸더니 성나고 말았다. ¶잘못 건드렸다가 종기가 더 성났다.
❸(파도나 불길 따위가) 아주 거칠고 세차게 일어나거나 타오르다. (of wave or flame) Strongly and harshly rise or burn.
㊌거세게 불다, 거세게 타오르다
No-가 V (No=파도, 불길, 비바람 따위)
¶그는 성난 파도를 헤치며 바다로 나갔다. ¶성난 불길이 순식간에 이곳저곳으로 번졌다. ¶성난 비바람이 쉴 새 없이 몰아쳤다.

성내다

활용 성내어(성내), 성내니, 성내고
자 ❶(사람이나 동물이) 기분이 몹시 언짢아 불쾌한 감정을 드러내다. (of a person or an animal) Show unpleasant emotion after feeling extremely offended.
㊌화내다
No-가 N1-에 V (No=[인간] N1=[소통], [사건])
¶철호가 정희의 말에 성내며 집으로 가버렸다. ¶형님은 별일 아닌 일에 격하게 성냈다.
No-가 N1-에게 V (No=[인간], [동물] N1=[인간], [동물])
¶철호는 정희에게 버럭 성내더니 집으로 가버렸다. ¶형님은 자신이 잘못하고도 도리어 형수에게 성냈다. ¶주인에게 성내던 소가 갑자기 고분고분해졌다.
No-가 N1-에게 S고 V (No=[인간], [동물] N1=[인간])
연어 버럭
¶철호는 정희에게 집에 갔다고 버럭 성냈다. ¶영수는 철호에게 돈을 갚지 않느냐고 성냈다.
❷(파도나 불길 따위가) 아주 거칠고 세차게 일거나 타오르다. (of wave or flame) Strongly and harshly rise or burn.
No-가 V (No=파도, 불길, 비바람 따위)
¶배 한 척이 모진 바람과 성낸 파도에 전복되었다. ¶성낸 불길이 순식간에 집을 태워 버렸다. ¶성낸 비바람에 아이의 우산이 날아갔다.

성립되다

어원 成立~ 활용 성립되어(성립돼), 성립되니, 성립되고 대응 성립이 되다
자 ☞ 성립하다

성립하다

어원 成立~ 활용 성립하여(성립해), 성립하니, 성립하고
자 (상황이나 사태 등이) 만들어지거나 이루어지다. (of a situation or a state of affairs) Be made or produced.
No-가 V (No=[추상물], [사태])
사 성립시키다
¶두 기업 사이에 업무 협약이 성립하였다. ¶비싼 물건이 꼭 고급이라는 공식은 성립하지 않는다. ¶그는 논리가 성립하지 않는 주장을 억지로 들이밀었다.

성사되다

어원 成事~ 활용 성사되어(성사돼), 성사되니, 성사되고 대응 성사가 되다
자 (계획한 상황이나 사태가) 성공적으로 이루어지다. (of a planned situation or state of affairs) Be achieved successfully.

㊎성공하다, 해결되다, 타결되다
N0-가 V (N0=[추상물], [사태])
사 성사시키다
¶두 집안 사이의 혼사가 성사되었다. ¶이 일이 성사되는 데에는 많은 노력이 필요하다. ¶여러 문제점이 발견되어 결국 계약이 성사되지 않았다.

성숙되다

어원 成熟~ 활용 성숙되어(성숙돼), 성숙되니, 성숙되고
자 ☞ 성숙하다

성숙하다

어원 成熟~ 활용 성숙하여(성숙해), 성숙하니, 성숙하고
자 ❶(곡식이나 과일들이) 충분히 익다. (of grain or fruits) Ripen adequately.
㊎익다, 무르익다
N0-가 V (N0=[채소], [과일], [곡식], [견과류])
¶가을은 벼를 비롯한 오곡이 성숙하는 계절이다. ¶사과가 잘 성숙해서 빨간 것이 매우 맛있어 보였다. ¶바나나가 성숙해야 향이 좋다.
❷(사람이) 몸과 마음이 자라 어른스럽게 되거나 성체가 되다. (of one's body and mind) Grow mature and be adult-like.
㊎자라다, 성장하다
N0-가 V (N0=[인간], [동물])
¶그는 나이에 비해 매우 성숙했다. ¶사자는 어느 정도 성숙하면 어미 곁을 떠난다.
❸경험이나 습관을 쌓아 익숙하고 잘하게 되다. Become familiar and skillful by accumulating experience and habit.
N0-가 V (N0=[경험], [작업], [태도])
¶그는 고객을 상대하는 데 있어서 성숙한 모습을 보였다. ¶그 여직원은 사람을 대한 태도가 매우 성숙해 보였다.
❹(다음 단계로 넘어갈 수 있을 정도로) 조건이나 상태가 충분히 마련되다. (of condition or state) Be prepared adequately enough to proceed to the next stage.
N0-가 V (N0=[상태], [상황], [조건])
¶우리나라의 시민 의식은 아직 성숙하지 못한 것 같다. ¶민주주의가 정착하기 위해서는 성숙한 시민 의식이 필요하다.

성장하다

어원 成長~ 활용 성장하여(성장해), 성장하니, 성장하고 대응 성장을 하다
자 ❶(사람이나 동식물이) 자연적으로 키가 자라고 몸무게가 늘어나 독립 개체가 되다. (of person or living things) Grow taller and bigger naturally and to become an individual.
㊎자라다, 성숙하다
N0-가 V (N0=[생물])
¶그 아이는 건강하고 훌륭하게 성장할 것이다. ¶아기고양이는 태어난 후 하루가 다르게 성장한다. ¶매일 나무에 물을 줬더니 나무가 쑥쑥 성장하였다.
❷(규모나 세력의 정도가) 점점 커지거나 이전보다 나아지다. (of the size or influence of something) Be increasing or to be improved.
N0-가 V (N0=경제, 시장, 의식, 산업 따위)
사 성장시키다
¶세계 경제는 지난 10년간 꾸준히 성장하였다. ¶90년대부터 다시 영화 산업이 성장하였다.

성찰하다

어원 省察~ 활용 성찰하여(성찰해), 성찰하니, 성찰하고 대응 성찰을 하다
자타 ❶(자신이나 과거를) 돌이켜 생각하거나 반성하다. Recollect or reflect oneself or one's own past.
㊎숙고하다, 반성하다
N0-가 N1-(를|에 대해) V (N0=[인간] N1=[인간], [행위], [장애](문제 따위))
¶은수는 조용한 곳에서 자기 자신을 성찰했다. ¶너의 행동을 성찰하고 부족한 점을 깨달아라.
N0-가 S지-(를|에 대해) V (N0=[인간])
¶네가 무엇을 잘못했는지에 대해 성찰해라. ¶나는 과거에 자신이 얼마나 나약했는지를 항상 성찰한다.
❷【가톨릭】자신이 지은 죄를 고해성사 전에 자세히 기억해 내다. Call to mind details of one's sin before confessing it.
N0-가 N1-(를|에 대해) V (N0=[인간] N1=죄, 죄악, 잘못 따위)
¶나는 고해성사 전에 나의 죄에 대해 성찰했다. ¶내 잘못에 대해 성찰하니 부끄러우면서도 홀가분했다.

성취되다

어원 成就~ 활용 성취되어(성취돼), 성취되니, 성취되고 대응 성취가 되다
자 (목적한 바가) 온전히 이루어지다. (of a goal) Be accomplished fully.
㊎달성되다, 이뤄지다
N0-가 V (N0=[계획](꿈, 소원 따위), [감정](희망 따위))
능 성취하다
¶그는 어릴 적 꾸었던 꿈이 20년 만에 성취되었다. ¶지금에서야 아내의 희망이 성취되었다. ¶아버지의 꿈은 결국 자녀에 의해 성취되었다.

성취시키다

어원 成就~ 활용 성취시키어(성취시켜), 성취시키니, 성취시키고 대응 성취를 시키다

ㅅ

[타]☞'성취하다'의 오용

성취하다

[어원]成就~ [활용]성취하여(성취해), 성취하니, 성취하고 [대응]성취를 하다

[타](목적한 바를) 온전히 이루다. (of a person) Accomplish fully his or her goal.

[유]달성하다, 이루다

N0-가 N1-를 V (N0=[인간] N1=[계획](꿈, 소원 따위), [감정](희망 따위))

[피]성취되다

¶할머니는 부처님께 빌고 또 빌어 소원을 성취했다. ¶그는 큰 꿈을 갖고 포기하지 않아 결국 성취했다. ¶자원봉사자들의 노력으로 환자들이 꿈을 성취했다.

성폭행하다

[어원]性暴行~ [활용]성폭행하여(성폭행해), 성폭행하니, 성폭행하고 [대응]성폭행을 하다

[타]어떤 사람이 강압적 수단을 이용하여 다른 사람에게 강제로 성관계를 갖게 하다. Force another person by coercive means into sexual relationship.

[유]강간하다

N0-가 N1-를 V (N0=[인간](남성) N1=[여성])

[피]성폭행 당하다

¶그 사람은 마약을 이용해 젊은 여성을 성폭행했다고 한다. ¶사람을 성폭행하는 것은 인격 살인이나 마찬가지이다.

성행하다

[어원]盛行~ [활용]성행하여(성행해), 성행하니, 성행하고 [대응]성행을 하다

[자](어떤 행위나 경향이) 매우 활발하게 퍼지거나 유행하다. Spread actively or to be prevalent.

[유]유행하다

N0-가 N1-에 V (N0=[추상물], [행위] N1=[단체], [장소])

¶최근 새로운 성형 수술이 성행하고 있다. ¶이 지역은 마약 밀수가 성행하여 위험하다.

세다 I

[활용]세어(세), 세니, 세고

[자](머리카락이나 수염 따위가) 하얗게 색이 변하다. (of one's hair or beard) Turn grey.

N0-가 V (N0=[신체부위](머리카락, 수염 따위))

¶아버지의 머리카락이 하얗게 세어서 멋있어 보인다. ¶그는 스트레스 때문인지 몇 년 사이에 머리가 허옇게 세었다. ¶저기 수염이 센 분이 저희 할아버지입니다.

세다 II

[활용]세어(세), 세니, 세고

[타]물건이나 사람, 동물의 수효, 또는 돈의 액수를 헤아리다. (of a person) Calculate the number of items or people.

[유]헤아리다, 계산하다

N0-가 N1-를 V (N0=[인간|단체] N1=[화폐], [수량], [인간], [구체물])

¶나는 주머니에 있는 지폐를 모두 세었더니 10만 원이었다. ¶지금 여기에 몇 명이 있는지 세어 보아라. ¶그는 집에 있는 책이 몇 권인지 세기 시작하였다.

세분되다

[어원]細分~ [활용]세분되어(세분돼), 세분되니, 세분되고 [대응]세분이 되다

[자](무엇이) 여러 갈래로 더 자세히 나뉘거나 분류되다. (of something) Be divided or classified further into many sections.

[상]분류되다, 구분되다

N0-가 N1-로 V (N0=[추상물], [사태] N1=[추상물], [사태])

[능]세분하다

¶이 문제는 출제자들에 의해 여러 유형으로 세분되었다. ¶추진 중인 사업은 다시 10개 분야로 세분되었다.

세분하다

[어원]細分~ [활용]세분하여(세분해), 세분하니, 세분하고 [대응]세분을 하다

[타](무엇을) 여러 갈래로 더 자세히 나누거나 분류하다. (of a person) Divide or classify something further into many sections.

[상]분류하다, 구분하다

N0-가 N1-를 N2-로 V (N0=[인간] N1=[추상물], [사태] N2=[추상물], [사태])

[피]세분되다

¶나는 이 문제를 여러 유형으로 좀더 세분하였다. ¶그는 추진 중인 사업을 다시 10개 분야로 세분하였다.

세수하다

[어원]洗手~ [활용]세수하여(세수해), 세수하니, 세수하고 [대응]세수를 하다

[자](물 따위로) 얼굴을 씻다. Put soap on one's face and rinse.

[유]세안하다, 세면하다 [상]씻다

N0-가 V (N0=[인간], [짐승])

¶나는 아침마다 세수한다. ¶세수하는 습관을 들이는 것이 중요하다. ¶세수하고 나면 머리가 맑아진다.

세우다[1]

[활용]세워, 세우니, 세우고

[타]❶(이동하는 사람이나 교통기관을) 멈추어 서게 하다. Make a moving person or transport

facility stop.
(유)정지시키다, 정차시키다
N_0-가 N_1-를 V (N_0=[인간|단체] N_1=[구체물])
[주]서다[1][자]
¶그녀는 달려오는 차를 필사적으로 멈춰 세웠다. ¶그는 지나가는 사람을 불러 세우고 길을 물었다.
❷(작동하고 있는 물체를) 멈추게 하다. Stop an operating object.
(유)정지시키다
N_0-가 N_1-를 V (N_0=[인간|단체] N_1=[구체물](기계, 공장 따위))
[주]서다[1][자]
¶정부는 이상이 있는 발전기를 모두 멈추어 세웠다. ¶회사는 매각을 위해서 잘 돌아가고 있는 공장을 세웠다.
❸(사람이나 동물을) 발을 땅에 대고 몸을 곧게 펴 일어나 있게 하다. Make a person or an animal stand up straight by putting the feet on the ground.
(유)일으키다[1] (반)눕히다
N_0-가 N_1-를 V (N_0=[인간] N_1=[인간], [동물])
[주]서다[1][자]
¶선생님께서 자는 아이들을 모두 일으켜 세우셨다. ¶그는 다친 고양이를 세워서 상처 부위를 살펴보았다.
❹(긴 물건을 한쪽 끝을 아래로 하여) 지면에서 수직이 되게 하다. Make a long object perpendicular to the ground by having one end face toward the bottom.
(반)눕히다, 쓰러뜨리다
N_0-가 N_1-를 V (N_0=[인간] N_1=[구체물])
[주]서다[1][자]
¶오빠는 바닥에 앉아 있던 인형들을 모두 세워서 전시했다. ¶누나는 바닥에 널려있던 우산들을 모두 세워서 정리했다.
❺(긴 물체를) 지면에 수직으로 서 있도록 고정시키다. Fix a long object to be perpendicular to the ground.
(유)일으키다[1]
N_0-가 N_1-를 V (N_0=[인간|단체] N_1=[구체물])
¶그들은 우선 기둥을 단단하게 세웠다. ¶장군의 업적을 기리기 위해서 비석을 세웠다.
❻(접혀 있거나 구부러져 있던 것을) 똑바로 위로 향하게 하다. Make a bent or a curved thing directly face upward.
(반)눕히다, 접다
N_0-가 N_1-를 V (N_0=[인간] N_1=[구체물](깃, 머리카락, 칼라 따위))
¶그는 추운지 코트의 깃을 세웠다. ¶철수는 자신의 짧은 머리를 꼿꼿하게 세웠다.
❼몸의 일부에 힘을 주어서 곧게 펴다. Straighten by applying force to a part of the body.
(유)펴다[1] (반)꺾다, 굽히다
N_0-가 N_1-를 V (N_0=[인간] N_1=[신체부위])
¶그는 허리를 꼿꼿이 세우고 그녀를 바라보았다. ¶무거운 물건을 들 때는 등을 곧게 세워야 다치지 않는다.
❽지면 위에 일정한 구조물을 만들다. Make a fixed aid on the ground.
(유)건축하다, 짓다[1]
N_0-가 N_2-에 N_1-를 V (N_0=[인간|단체] N_1=[설치물], [건물] N_2=[장소])
[주]서다[1][자]
¶그는 드디어 자신의 집을 세워서 기뻐했다. ¶그 회사는 도심에 새로운 본사를 세웠다.
❾(새로운 조직체를) 새로 만들다. Newly make an organization.
(유)설립하다, 설치하다
N_0-가 N_2-에 N_1-를 V (N_0=[인간|단체] N_1=[단체] N_2=[장소])
[주]서다[1][자]
¶시장은 외곽 지역에 새로운 학교를 세웠다. ¶민철이는 자신이 세웠던 회사를 관두었다.
❿(질서나 제도 따위를) 체계적으로 새로 만들다. Systematically and newly make an order, a system, etc.
(유)제정하다, 만들다, 정하다
N_0-가 N_1-를 V (N_0=[인간|단체] N_1=[규범], [관습], [제도])
[주]서다[1][자]
¶전통을 새롭게 세우는 일은 쉽지 않다. ¶잘 세워진 규범이라도 따르기 쉽지 않은 경우가 많다.
⓫새로운 이론이나 논리 체계를 만들다. Make new theory, logic system, etc.
(유)짜다I[타], 구성하다
N_0-가 N_1-를 V (N_0=[인간|단체] N_1=[사조], [개념])
¶그들은 오랜 노력 끝에 새로운 이론을 세웠다. ¶교수님은 내가 논리는 잘 세웠지만 사례가 부족하다고 지적하셨다.
⓬옷이나 천에 줄이나 주름 따위를 두드러지게 보이도록 하다. Have a line, a wrinkle, etc., be conspicuously shown on clothes or fabric.
N_0-가 N_2-에 N_1-를 V (N_0=[인간] N_1=줄, 주름 따위 N_2=[착용물], [천])
[주]서다[1][자]
[연어]빳빳이
¶그녀는 남편의 바지에 주름을 빳빳이 세워 다렸다. ¶줄이 잘 세워져 있는 옷을 입으면 기분이 좋다.
⓭(눈이나 신체부위에 핏발을) 두드러지게 보이

다. (of bloodshot) Be conspicuously seen on the eyes or body part.
N0-가 N2-에 N1-를 V (N0=[인간] N1=핏대, 핏발, 힘줄 따위 N2=[신체부위](눈, 얼굴, 목, 팔뚝 따위))
¶그는 눈에 핏발을 세우고 정색을 하며 말했다. ¶그렇게 목에 핏대 세우고 흥분할 것까지는 없잖아.
⓮(사람들을) 지정한 곳에 위치시키다. Situate people on a designated place.
N0-가 N1-를 N2-에 V (N0=[인간|단체] N1=[인간] N2=[장소])
¶그는 모든 참가자를 알맞은 위치에 세우고 연습을 시작했다. ¶선생님은 나를 제자리에 세우고 들어가셨다.
N0-가 N1-를 N2-에 N3-를 V (N0=[인간|단체] N1=[인간] N2=[장소] N3=줄)
주 서다[1]자
¶그는 모든 참가자를 줄을 세웠다. ¶선생님은 학생들을 운동장에 줄을 세웠다.
N0-가 N1-를 N2-에 N3-로 V (N0=[인간|단체] N1=[인간] N2=[장소] N3=줄, 일렬, 차례)
주 서다[1]자
¶선생님은 학생들을 운동장에 두 줄로 세웠다. ¶행사 진행원들이 관객들을 입구에 차례로 세웠다.
⓯(어떤 사람에게) 특정한 직위나 역할을 맡게 하다. Let someone manage a specific role or position.
N0-가 N1-를 N2-로 V (N0=[인간|단체],] N1=[인간] N2=[역할])
¶회사에서는 이번에 의외의 사람을 대표로 세웠다. ¶그는 아버지를 보증인으로 세웠다.
⓰계획이나 방침, 목표 따위를 짜다. Make a plan, a policy, a goal, etc.
유 짜다I타, 편성하다
N0-가 N1-를 V (N0=[인간|단체] N1=[행위](계획, 목표, 방침 따위))
¶그들은 새로운 계획을 세웠다. ¶회사는 휴가비를 줄인다는 방침을 세웠다.
⓱새로운 기록이나 훌륭한 업적 따위를 이루어내다. Make new record, excellent accomplishment etc.
유 쌓다
N0-가 N1-를 V (N0=[인간|단체] N1=[추상물](업적, 기록 따위))
¶그는 이번 올림픽에서 신기록을 세웠다. ¶이 회사는 1년 만에 수출 10억 달러를 돌파하는 실적을 세웠다.
⓲(체면, 위신 따위를) 깎이지 않고 유지되게 하다. Preserve one's reputation or dignity.
N0-가 N1-를 N2-에게 V (N0=[인간|단체] N1=[추상물](위신, 체면, 명예 따위))
주 서다[1]자
¶철수는 후배들에게 위신을 세우려고 술을 샀다. ¶국가대표팀은 겨우 예선을 통과하여 체면을 세웠다.
⓳(생각이나 고집 따위를) 굽히지 않고 강하게 주장하다. Strongly argue one's thought, etc., by not backing down.
N0-가 N1-를 V (N0=[인간|단체] N1=[행위], [소통])
¶아이는 집에 가지 않겠다는 고집을 세우고 물러나지 않았다. ¶서로가 자기주장만을 세우는 바람에 합의가 일어나지 못했다.
⓴(신경이나 기운을) 날카롭고 예민하게 유지하다. Sharply and sensitively maintain concern or energy.
N0-가 N1-를 V (N0=[인간] N1=[추상물](신경, 감각, 기운 따위))
¶그는 이 문제를 해결하기 위해서 온 촉각을 세우고 있었다. ¶그는 문제점을 알아내기 위해서 신경을 세우고 들었다.
◆ **날을 세우다** 상대방에게 적의를 드러내다. Exhibit hostility toward someone.
N0-가 N1-에게 Idm (N0=[인간|단체] N1=[인간|단체])
¶그는 반대파에게 날을 세우고 말했다. ¶영희는 철수에게 날을 세워서 큰 소리로 따지기 시작했다.
◆ **앞장세우다** (어떤 일을 할 때) 타인에게 주도적인 역할을 하게 하다. Make another person play a leading role in doing something.
N0-가 N1-를 N2-에 Idm (N0=[인간|단체] N1=[인간|단체] N2=[행위])
¶그들은 회장을 설득하기 위해서 그의 아들을 협상에 앞장 세웠다. ¶정부는 수해 복구에 군인들을 앞장 세웠다.
N0-가 N1-를 S(데|것)-에 Idm (N0=[인간|단체] N1=[인간|단체])
¶그는 형님의 잘못을 지적하는 것에 형수님을 앞장세웠다. ¶제자들이 선생님을 설득하는 데에 항상 나를 앞장세운다.

세우다²

활용 세워, 세우니, 세우고
기능 타 ❶'행위'를 나타내는 기능동사 Support verb that shows "action".
N0-가 Npr-를 V (N0=[인간|단체], Npr=계획)
주 서다[2]자
¶경찰은 테러범을 소탕하기 위한 계획을 세웠다. ¶상철이는 학생 선거에 이기기 위한 계획을 세웠다.
❷'사동'의 의미를 나타내는 기능동사 A support verb that indicates "to cause someone to act."
N0-가 N1-를 Npr-를 V (N0=[인간|단체] N1=[인간],

Npr=벌 따위)
주 서다²타
¶엄마는 아들 중 큰 애만 벌을 세우셨다. ¶잘못한 학생에게 벌을 세운 것이 타당하다.

세주다

어원 貰~ 활용 세주어(세줘), 세주니, 세주고
타 (사람이나 단체가) 일정 기간 약속한 세를 받기로 하고 다른 사람이나 단체에 집이나 건물 따위를 빌려주다. (of a person or organization) Lease a house or building to another person or organization in exchange for a promised rent for a certain period of time.
㊌세를 놓다, 임대하다 ㊍세를 얻다, 임차하다
N0-가 N1-를 N2-(에|에게) V (N0=[인간|단체] N1=[구체물](집, 건물, 토지 따위) N2=[인간|단체])
¶그는 서울에 있는 아파트를 세주고 시골로 내려갔다. ¶건물주들이 상인들에게 가게를 세주면서 갑질하는 사례가 많다.

세탁하다

어원 洗濯~ 활용 세탁하여(세탁해), 세탁하니, 세탁하고 대응 세탁을 하다
타 ❶(더러운 옷이나 천 따위를) 물에 넣고 손으로 주무르거나 세탁기를 이용해 때를 없애다. Hand wash or machine wash (dirty clothes or fabric etc.).
㊌빨다II, 빨래하다 ㊤씻다
N0-가 N1-를 N2-로 V (N0=[인간] N1=[착용물], [천] N2=[도구](세탁기 따위), [신체부위](발, 손 따위), 세제, 비누 따위)
¶이 옷은 중성세제로 세탁하면 새것처럼 입을 수 있다. ¶언니는 세탁물을 모아 한꺼번에 세탁하곤 했다.
❷(부정한 돈의 사용 내역이나 출처, 사람의 경력 따위를) 정당한 것처럼 바꾸다. Change (breakdown or source of money, resume of a person, etc.) as if it is legitimate.
N0-가 N1-를 V (N0=[인간|단체] N1=자금, 경력, 돈, 과거 따위)
¶남자는 친척 이름으로 차명 계좌를 이용하여 자금을 세탁했다. ¶박제원 씨는 불법적으로 돈을 세탁하다가 경찰에게 붙잡혔다.

섹스하다

어원 sex~ 활용 섹스하여(섹스해), 섹스하니, 섹스하고 대응 섹스를 하다
자 주로 성인 남성이 성인 여성과 서로 합의 하에 성관계를 하다. (mainly between an adult man and an adult woman) Engage in consensual sexual intercourse.
㊌성관계를 하다, 성교하다, 사랑하다, 교접하다
N0-가 N1-과 서로 V ↔ N0-가 서로 V (N0=[인간](남성, 여성) N1=[인간](남성, 여성))
¶독신 남녀들이 혼전에 섹스하는 것을 반대하지 않는다. ¶청소년들이 섹스하는 것에 많이 노출되어 있다.
※ N0는 복수이다.

소개되다

어원 紹介~ 활용 소개되어(소개돼), 소개되니, 소개되고 대응 소개가 되다
자 ❶(어떤 사람이) 다른 사람의 주선으로 자기를 모르는 누군가에게 인사하고 서로 아는 사이로 관계가 맺어지다. (of a person) Enter into friendly relations with someone by someone else's arrangement.
N0-가 N2-(에 의해|를 통해) N1-(에|에게) V (N0=[인간|단체] N1=[인간|단체] N2=[인간|단체])
능 소개하다
¶그녀는 저명한 프로듀서에게 소개될 기회를 얻었다. ¶이 기업은 시민단체에 의해 대중들에게 널리 소개되었다.
❷(어떤 사람이나 단체, 장소, 일 따위가) 다른 사람에게 새로 알려져 그에 대한 정보가 제공되다. (of a person, an organization, a place, or a work) Be known to another person for the first time so that some information about them is offered.
㊌알려지다, 홍보되다
N0-가 N2-에 의해 N1-(에|에게) V (N0=[인간|단체], [장소] N1=[인간|단체], [장소] N2=[인간|단체])
능 소개하다
¶다른 곳보다 이 회사가 대중에게 많이 소개되어 있다. ¶그 마을은 오지 여행 전문가에 의해 대중들에게 소개되었다.
❸(어떤 사람에게) 그 사람이 잘 모르고 있는 사실이 잘 알려지도록 설명되다. Explain clearly to someone a fact that he or she does not know.
N0-가 N1-에게 N2-에 의해 S라고 V (N0=[구체물], [추상물] N1=[인간|단체] N2=[인간|단체])
능 소개하다
¶그녀는 내 동생에 의해서 부모님께 자기 여자친구라고 소개되었다. ¶그의 새로운 연구는 기존의 이론의 한계를 극복하였다고 소개되었다.
N0-가 N1-에게 N2-에 의해 N3-로 V (N0=[구체물], [추상물] N1=[인간|단체] N2=[인간|단체] N3=[추상물], [구체물])
능 소개하다
¶강연자는 청중들에게 이 분야의 선구자로 소개되었다. ¶이 제품은 그 회사의 가장 유력 상품으로 소개되었다.

ㅅ

소개받다

어원 紹介~ 활용 소개받아, 소개받으니, 소개받고
대응 소개를 받다

타 ❶몰랐던 사람을 다른 사람을 통해 서로 인사를 주고받으며 새로 알게 되다. Make someone's acquaintance through someone else by exchanging greetings.
반 소개하다
N0-가 N1-를 N2-(에게|로부터) V (N0=[인간] N1=[인간] N2=[인간])
¶우리는 교장 선생님에게 새로 오신 담임 선생님을 소개받았다. ¶아내는 남편으로부터 그의 친구를 소개받고 인사했다.

❷(인물이나 단체 또는 장소를) 다른 사람의 주선으로 새로 알게 되거나 정보를 제공받다. Get to know or receive some information about a person, an organization, or a place with another person's help.
반 소개하다
N0-가 N1-를 N2-(에게|로부터) V (N0=[인간|단체] N1=[인간|단체], [장소] N2=[인간|단체])
¶나는 이곳을 친구에게 소개받았다. ¶우리 회사는 자문팀으로부터 새로운 거래처를 소개받았다.

자타 (잘 알지 못했던 사실을) 다른 사람을 통해 알게 되다. Get to know a fact that one did not know well through another person.
유 알게 되다 반 소개하다
N0-가 N1-(에게|로부터) S-다고 V (N0=[인간|단체] N1=[인간|단체])
¶그녀는 시동생으로부터 혜수가 그의 애인이라고 소개받았다. ¶나는 이 제품이 가장 뛰어나다고 소개받았다.
N0-가 N1-를 N2-(에게|로부터) N3-로 V (N0=[인간|단체] N1=[구체물], [추상물] N2=[인간|단체] N3=[추상물], [구체물])
¶우리는 회사로부터 이 제품을 최신 제품으로 소개받았다. ¶나는 혜수에게 이 회사를 아주 믿을 만한 회사로 소개받았다.

소개시키다

어원 紹介~ 활용 소개시키어(소개시켜), 소개시키니, 소개시키고 대응 소개를 시키다

타 ☞'소개하다'의 오용

소개하다

어원 紹介~ 활용 소개하여(소개해), 소개하니, 소개하고 대응 소개를 하다

타 ❶(사람을) 다른 사람에게 처음으로 인사시켜 서로 알게 해주다. Make someone meet someone else for the first time so that they come to know each other.
유 알게 하다, 사귀게 하다 반 소개받다
N0-가 N2-에게 N1-를 V (N0=[인간] N1=[인간] N2=[인간])
피 소개되다
¶선생님은 제자들에게 졸업한 선배를 소개했다. ¶어머니는 아들에게 새 과외 선생님을 소개했다.

❷(사람이나 단체 또는 장소를) 다른 사람에게 도움을 주려는 의도에서 알려주며 그에 대한 정보를 제공하다. Provide another person with some information about a certain person or organization or place in order to help him or her.
유 알려주다 반 소개받다
N0-가 N1-를 N2-(에|에게) V (N0=[인간|단체] N1=[인간|단체], [장소] N2=[인간|단체], [장소], 일자리)
피 소개되다
¶영희는 선생님에게 자신의 법률 회사를 소개해 주었다. ¶고용노동청은 구직자에게 새로운 일자리를 소개하기도 한다.

자타 (잘 알려지지 않았던 사실을) 다른 사람에게 잘 알도록 알려주다. Let another person know well about an unknown fact.
유 알려주다 반 소개받다
N0-가 N1-에게 S다고 V (N0=[인간|단체] N1=[인간|단체])
¶그녀는 재호가 자기 애인이라고 부모님께 소개했다. ¶언론이 우리 가게를 모범 업소라고 소개하자마자 매출이 크게 늘었다.
N0-가 N1-(를|에 대해) N2-에게 N3-로 V (N0=[인간|단체] N1=[구체물], [추상물] N2=[인간|단체] N3=[추상물], [구체물])
¶그는 백수인 후배를 친구에게 사업가로 소개했다. ¶그 사람들은 자기들의 상품을 최신 상품으로 소개했다.

소곤소곤하다

활용 소곤소곤하여(소곤소곤해), 소곤소곤하니, 소곤소곤하고

자타 (두세 사람이) 다른 사람이 알아듣지 못하도록 가까이서 서로 목소리를 낮추어 이야기하다. (of two to three people) Converse intimately in whispers to prevent others from hearing or understanding.
유 소곤대다, 속삭이다 상 말하다
N0-가 N2-과 N1-를 V (N0=[인간] N1=[추상물] N2=[인간])
¶영희는 호식과 영화 얘기를 소곤소곤하다가 혼났다.
N0-가 N1-과 S고 V (N0=[인간] N1=[인간])
¶영희는 호식과 영화가 재미있었다고 소곤소곤했다.

소리지르다

[활용]소리질러, 소리지르니, 소리지르고, 소리질렀다 [대응]소리를 지르다

[자]☞소리치다

소리치다

[활용]소리치어(소리쳐), 소리치니, 소리치고 [대응]소리를 치다

[자]❶(격한 감정으로) 시끄러운 소리를 내다. Make loud noise (with strong emotion).

[유]소리(를) 지르다, 고함(을) 지르다

N0-가 V (N0=[인간], [동물])

¶잠에서 깬 나는 도둑을 보고 놀라서 소리쳤다. ¶초등학생들이 벌레에 기겁해서 소리쳤다.

❷(다른 사람에게 화가 났거나 다른 사람이 들을 수 있게) 어찌하라고 큰 소리로 말하다. Talk out loud (because of being angry with someone else or wanting to be heard).

[유]소리(를) 지르다, 고함(을) 치다

N0-가 N1-에게 S고 V (N0=[인간|단체] N1=[인간|단체])

¶철수가 아이들에게 조용히 하라고 소리쳤다. ¶여자는 경찰들에게 살려달라고 소리치며 달려왔다.

소망하다

[어원]所望~ [활용]소망하여(소망해), 소망하니, 소망하고

[타]무엇을 간절히 원하거나 어떠한 일이 이루어지기를 간절히 바라다. Desperately want something or wish something to happen.

[유]바라다, 희망하다

N0-가 N1-를 V (N0=[인간|단체] N1=[추상물])

¶시인은 자유를 소망하는 마음을 담아 시를 썼다. ¶당신과의 영원한 인연을 소망합니다.

N0-가 S기-를 V (N0=[인간|단체])

¶나는 모두가 행복해지는 그날이 오기를 소망한다. ¶어머니께서는 내가 사범대학에 들어가기를 소망하셨다.

소멸되다

[어원]消滅~ [활용]소멸되어(소멸돼), 소멸되니, 소멸되고 [대응]소멸이 되다

[자]☞소멸하다

소멸하다

[어원]消滅~ [활용]소멸하여(소멸해), 소멸하니, 소멸하고 [대응]소멸을 하다

[자]❶존재하던 어떤 사물이나 단체 따위가 사라져 없어지다. (of an item or group that used to exist) Disappear and become non-existent.

[유]없어지다, 사라지다 [반]생겨나다

N0-가 V (N0=[인간|단체], [구체물], [동물], [식물], [장소])

[사]소멸시키다

¶회사가 소멸하면 영업도 폐지된다. ¶유성은 상공에서 폭발하며 소멸했다.

❷존재하던 어떤 현상이 사라져 없어지다. (of a phenomenon that used to exist) Disappear and become non-existent.

[유]사라지다 [반]생기다, 발생하다

N0-가 V (N0=[기상](태풍, 토네이도, 황사, 장마전선 따위), [현상](지진 따위))

[사]소멸시키다

¶북상하던 태풍이 오늘 아침 소멸했다. ¶장마기단이 소멸하면 우리나라는 여름이 되는 거지요.

❸존재하던 어떤 제도나 상태 따위가 사라져 없어지다. (of a system or status that used to exist) Disappear and become non-existent.

[유]폐지되다 [반]생겨나다, 발달하다

N0-가 V (N0=[제도], [언어], [풍습], [사상], [능력], [국가], [기간], 이야기 따위)

[사]소멸시키다

¶세계화의 진전으로 각 민족의 고유문화가 소멸하고 있다. ¶시간이 갈수록 오랜 유산과 고유언어들이 소멸해 가고 있다.

[타]❶존재하던 어떤 사물이나 대상을 사라져 없어지게 하다. Force or drive someone or something out of existence.

[유]제거하다, 없애다

N0-가 N1-를 V (N0=[인간|단체] N1=[구체물], [동물], [식물], [장소])

¶우리의 목표는 몸 안의 암세포를 모두 소멸하는 것이다. ¶나는 해충을 모두 소멸하고 싶다.

❷존재하던 어떤 관계나 의무를 사라져 없어지게 하다. Grant someone freedom from an existing relationship or duty.

[유]면제하다, 면하다

N0-가 N1-를 V (N0=[인간|단체], 신 N1=죄, 채무 따위)

¶우리들의 죄를 모두 소멸하여 주십시오. ¶서민층의 채무를 빨리 소멸해 주어야 한다.

소모되다

[어원]消耗~ [활용]소모되어(소모돼), 소모되니, 소모되고 [대응]소모가 되다

[자](무엇이) 어떤 일에 헛되게 사용되다. (of something) Be used for some task ineffectively.

[유]낭비되다, 소진되다

N0-가 N1-(에|로) V (N0=[추상물](에너지, 체력 따위), [구체물] N1=[사태], [구체물])

[능]소모하다

¶고등학생들은 입시 경쟁에 체력이 많이 소모된다. ¶일광욕으로 소모된 수분은 과즙이나 끓인

물을 보충해야 한다.
N0-가 S데-에 V (N0=[추상물](인력, 정력, 자원 따위), [비용])
능 소모하다
¶많은 예산이 교통안전 시설을 개선하는 데에 소모되고 있다.

소모시키다
어원 消耗~ 활용 소모시키어(소모시켜), 소모시키니, 소모시키고 대응 소모를 시키다
타 ☞ '소모하다'의 오용

소모하다
어원 消耗~ 활용 소모하여(소모해), 소모하니, 소모하고 대응 소모를 하다
타 (무엇을)어떤 일에 헛되게 쓰다. Use something for some task ineffectively.
유 낭비하다
N0-가 N2-(에|로) N1-를 V (N0=[인간|단체] N1=[추상물](에너지, 열량, 체력, 전력, 국력, 생명, 시간 따위), [비용] N2=[사건], [구체물], [추상물])
피 소모되다
¶우리는 이 일에 체력을 소모할 필요가 없다. ¶별 것 아닌 일에 그는 많은 에너지를 소모했다.
N0-가 S데-에 N1-를 V (N0=[인간|단체] N1=[추상물](에너지, 체력, 국력 따위), [비용])
피 소모되다
¶정부가 많은 예산을 교통안전 시설을 개선하는 데에 소모하고 있다.

소문나다
어원 所聞~ 활용 소문나, 소문나니, 소문나고 대응 소문이 나다
자 (어떤 말이나 사실, 소식 따위가) 사람들 사이에 널리 퍼지다. (of words, fact, or news) Spread among many people.
유 널리 퍼지다, 널리 알려지다
N0-에 S다고 V (N0=[인간|단체], [장소])
¶그 사람 딸이 예쁘다고 온 동네에 소문나 있었다. ¶이 집의 음식은 맛이 없다고 소문나 있었다.
N0-가 N1-로 V (N0=[추상물], [구체물] N1=[추상물], [구체물])
¶그 사람은 청렴한 사람으로 소문나 있었다.

소비되다
어원 消費~ 활용 소비되어(소비돼), 소비되니, 소비되고 대응 소비가 되다
자 ❶(돈이나 물건 따위가) 사용되어 없어지다. (of money or item) Be used and disappear.
유 소모되다 상 사용되다 하 낭비되다
N0-가 N1-에 V (N0=[구체물], [음식물], [자재], [화폐], [연료] N1=[추상물], [사태])
능 소비하다
¶여름날에는 냉방 수요가 많아 전기가 많이 소비된다. ¶이 쌀은 95%가 국내에서 소비된다.
❷(어떤 일을 하는 데에) 시간, 노력 등이 사용되어 없어지다. (of time or effort) Be used for something and disappear.
유 소모되다 상 사용되다
N0-가 N1-에 V (N0=[추상물](노력 따위), [시간], [힘] N1=[추상물], [사태])
능 소비하다
¶그의 책은 너무 난해하여 한 구절을 이해하는 데에도 많은 시간이 소비된다. ¶파도에 망가진 방파제를 다시 짓기 위해 많은 노력이 소비된다.
❸(어떤 기기를 가동하기 위해서) 에너지, 자원 따위가 사용되다. (of energy or resource) Be used to operate something.
유 소모되다 상 사용되다
N0-가 N1-에 V (N0=[자재], [화폐], [연료] N1=[구체물](전자제품 따위), [교통기관])
능 소비하다
¶난방기를 사용하는데 전기가 너무 많이 소비되니 주의해야 한다. ¶대형차는 기름이 너무 많이 소비된다.

소비시키다
어원 消費~ 활용 소비시키어(소비시켜), 소비시키니, 소비시키고 대응 소비를 시키다
타 ☞ '소비하다'의 오용

소비하다
어원 消費~ 활용 소비하여(소비해), 소비하니, 소비하고 대응 소비를 하다
타 ❶(돈이나 물건 따위를) 써서 없애다. Make money or items disappear by using.
유 소모하다 상 사용하다 하 낭비하다
N0-가 N2-에 N1-를 V (N0=[인간|단체] N1=[구체물], [음식물], [자재], [화폐], [연료] N2=[추상물], [사태])
피 소비되다
¶포획한 동물을 다 소비하지 못하면 나머지는 저장하였다. ¶이 드라마는 제작비를 너무 많이 소비하였다.
❷(어떤 일을 하는 데에) 시간, 노력, 힘 등을 사용하여 써버리다. Use time, effort, or power to do something and make it disappear.
유 소모하다, 써버리다 상 사용하다
N0-가 N2-에 N1-를 V (N0=[인간|단체] N1=[추상물](노력 따위), [시간], [힘] N2=[추상물], [사태])
피 소비되다
¶한국은 음식 조리에 시간을 너무 많이 소비한다. ¶현대인들은 대부분 일방적으로 전달되는 문화를 소비한다.

❸(어떤 기기를 가동하기 위해서) 에너지, 연료 따위를 사용하다. Use energy or fuel to operate something.
㊞사용하다, 먹다[1]타
N0-가 N1-를 V (N0=[구체물](전자제품 따위), [교통기관] N1=[자재], [화폐], [연료])
피소비되다
¶이 인쇄기는 잉크를 너무 많이 소비한다. ¶신제품들은 전기를 별로 소비하지 않습니다.

소속되다
어원所屬~ 활용소속되어(소속돼), 소속되니, 소속되고 대응소속이 되다
자☞소속하다

소속하다
어원所屬~ 활용소속하여(소속해), 소속하니, 소속하고 대응소속을 하다
자❶어떤 조직이나 단체의 구성원으로 되다. Be affiliated with an organization or group as a member.
㊗속하다
N0-가 N1-에 V (N0=[인간|단체] N1=[단체])
사소속시키다
¶자신이 소속해 있는 조직의 결점을 비판하는 것은 쉽지 않다. ¶집단에 소속한 사람에게 상징은 큰 의미가 있다.
❷더 큰 단위의 작은 부분으로 존재하다. Exist as a small portion of a large unit.
㊗속하다
N0-가 N1-에 V (N0=[장소], [구체물], [추상물] N1=[지역], [구체물], [추상물], [단체])
사소속시키다
¶자신들이 중산층에 소속한다는 의식이 사라진 가구가 많아졌다.

소외당하다
어원疏外~ 활용소외당하여(소외당해), 소외당하니, 소외당하고 대응소외를 당하다
자☞소외되다

소외되다
어원疏外~ 활용소외되어(소외돼), 소외되니, 소외되고 대응소외가 되다
자(사람들 사이에서) 관심이나 배려를 받지 못하고 외따로 떨어지다. Be separated from other people after failing to get others' attention or care.
N0-가 N1-(에|에서|에게) V (N0=[인간|단체] N1=[단체])
능소외시키다
¶모두가 즐거워하는 시상식에서 그는 아무 상도 받지 못하고 소외되었다. ¶가족에게 소외되는 느낌을 받는다고 호소하는 가장들이 많다.

소요되다
어원所要~ 활용소요되어(소요돼), 소요되니, 소요되고 대응소요가 되다
자(어떤 일에 돈이나 시간, 노력 따위가) 필요한 만큼 들거나 쓰이다. (of money, time, endeavor, etc.) Be used or spent on a work as much as needed.
㊗소용되다, 들다I[1]
N1-에 N0-가 V (N0=[일] N1=[값], [시간], [활동](노력 따위))
능소요하다
¶위험 시설의 실태 파악에 많은 시간이 소요될 것으로 보인다. ¶이번 공사에 약 94억 원이 소요됐다.
S데-에 N0-가 V (N0=[값], [시간], [활동](노력 따위))
능소요하다
¶소방차가 출동하는 데는 많은 시간이 소요된다. ¶다리가 완전히 회복되는 데 한 달 정도 소요된다고 한다.

소요하다
어원所要~ 활용소요하여(소요해), 소요하니, 소요하고 대응소요를 하다
타(어떤 일에 주로 돈이나 시간, 노력 따위를) 필요한 만큼 들이거나 쓰다. Use or spend money, time, endeavor, etc., on a work as much as needed.
㊗들이다[1]타
N0-가 N2-에 N1-를 V (N0=[인간|단체] N1=[값], [시간], [활동](노력 따위) N2=[일])
피소요되다
¶나는 서류 정리에 한 시간을 소요하였다. ¶우리 회사는 이 사업에 18억 원을 소요했다.
N0-가 S(것|데)-에 N1-를 V (N0=[인간|단체] N1=[값], [시간], [활동])
피소요되다
¶우리는 이 다리를 만드는 데에 6개월을 소요했다. ¶나는 이 문서를 찾는 데 많은 시간과 노력을 소요했다.
N0-가 S기 위해서 N1-를 V (N0=[인간|단체] N1=[값], [시간], [활동])
피소요되다
¶경찰은 이 사건을 해결하기 위해 많은 시간과 노력을 소요했다.

소용돌이치다
활용소용돌이치어(소용돌이쳐), 소용돌이치니, 소용돌이치고 대응소용돌이를 치다
자❶(물이) 세차게 빙빙 돌면서 흐르다. (of water) Flow moving around quickly.
㊞돌다[1]자

ㅅ

No-가 V (No=[액체], [장소](강, 바다 따위), [자연현상](급류 따위))
¶홍수 때문에 강물이 소용돌이치고 있었다. ¶급류가 소용돌이쳐서 구조 작업에 어려움을 겪었다. ¶소용돌이치는 바다에서 배가 표류하고 있었다.
❷(기류가) 강하게 회전하면서 치솟아 오르다. (of strong air current) Soar, turning around violently.
㊌휘몰아치다
No-가 V (No=[기체], [바람], [자연현상])
¶오후가 되자 마을에 거센 눈보라가 소용돌이쳤다. ¶증기가 소용돌이치면서 올라오고 있었다.
❸(힘, 사상, 권력 따위가) 서로 혼란스럽게 뒤엉켜서 움직이다. (of force, thought, power, etc.) Move in an entangled and confused way.
㊌요동치다
No-가 N1-에서 V ↔ N1-가 No-로 V (No=[추상물], [사태] N1=[인간|단체], [장소])
¶권력 투쟁의 기운이 조선 왕실에서 소용돌이치고 있었다. ↔ 조선 왕실이 권력 투쟁의 기운으로 소용돌이치고 있었다. ¶역사의 흐름이 소용돌이치는 가운데 많은 진보가 있었다.
❹(어떤 감정이) 마음속에서 세차게 생겨나다. (of a feeling) Arise violently from the heart.
㊌분출하다
No-가 N1-에 V ↔ N1-가 No-로 V (No=[감정] N1=[신체부위](머리, 마음 따위))
¶크나큰 분노가 내 마음에 소용돌이쳤다. ↔ 내 마음이 크나큰 분노로 소용돌이쳤다. ¶그녀를 보자 슬픔과 연민의 감정이 소용돌이치기 시작했다.

소원하다

어원 所願~ 활용 소원하여(소원해), 소원하니, 소원하고 대응 소원을 하다
타 (사람이나 단체가) 마음에 원하는 일이 이루어지기를 간절히 바라다. (of a person or organization) Hope for the desired outcome.
㊌원하다, 기원하다I, 바라다, 소망하다
No-가 N1-를 V (No=[인간|단체] N1=[구체물], [추상물])
연어 간절히, 두 손 모아
¶어머니는 전쟁에 나간 동생의 무사귀환을 늘 소원하신다. ¶젊은 부부는 작은 집 한 칸을 소원하며 열심히 일한다.
No-가 S기-를 V (No=[인간|단체])
연어 간절히, 두 손 모아
¶국민들은 나라가 잘 되기를 소원한다. ¶올 한해 농사가 풍년들기를 간절히 소원합니다.

소유하다

어원 所有~ 활용 소유하여(소유해), 소유하니, 소유하고 대응 소유를 하다
타 ❶(물건이나 건물, 토지 따위를) 사거나 다른 사람으로부터 받아서 자기 것으로 가지고 있다. Buy or receive item, building, land, etc., from someone and hold it as one's own.
㊌가지다[1], 취하다, 소지하다
No-가 N1-를 V (No=[인간|단체] N1=[구체물](집, 건물, 토지, 자동차 따위), [증권](주식, 채권 따위))
¶그는 많은 재산을 소유하고 있다. ¶철수는 승용차를 소유하고 있지만 자주 택시를 탄다.
❷(권리나 자격 따위를) 노력하여 자기 것으로 만들어 가지다. Take and hold a right, a qualification, etc., by exerting effort.
㊌가지다[1], 취하다
No-가 N1-를 V (No=[인간|단체 N1=[추상물](권리, 특허권, 자격증, 권한 따위))
¶그는 운전면허증을 소유하고 있다. ¶승호는 자격증만 10여 개를 소유했다.
❸(어떤 자질이나 성격 따위를) 자기 것으로 가지고 있다. Hold on to a certain quality, personality, etc., as one's own.
㊌가지다[1], 지니다
No-가 N1-를 V (No=[인간|단체] N1=[추상물](미모, 성격, 인격 따위))
¶그녀는 뛰어난 미모를 소유했다. ¶승호는 유쾌한 성격을 소유한 사람이다.

소장되다

어원 所藏~ 활용 소장되어(소장돼), 소장되니, 소장되고 대응 소장이 되다
자 (작품이나 물건 따위가) 어떤 기관에 소유되어 보관되다. (of a work or a thing) Be kept in a place as one of its possessions.
㊌보관되다
No-가 N1-에 V (No=[구체물] N1=[장소])
능 소장하다
¶한국 작가의 작품들이 세계 곳곳의 미술관에 소장되어 있다. ¶이 박물관에 소장된 유물 중 하나가 도난을 당했다.

소장하다

어원 所藏~ 활용 소장하여(소장해), 소장하고, 소장하니 대응 소장을 하다
타 (사람이나 기관 따위가) 어떤 작품이나 물건 따위를 소유하여 보관하다. (of a person, an agency, etc.) Hold and store certain artwork, item.
㊌보관하다
No-가 N1-를 V (No=[인간|단체] N1=[구체물])
피 소장되다

¶나는 중세 미술 작품을 소장하고 있다. ¶그 외국인은 우리나라의 전통 의상을 소장하고 싶어 했다. ¶그는 소장했던 책들을 모두 도서관에 기증했다.

소집되다

어원 召集~ 활용 소집되어(소집돼), 소집되니, 소집되고 대응 소집이 되다

자 ❶(단체나 그 조직의 구성원이) 부름을 받아 모이다. (of an organization or its member) Receive a call and gather.

N0-가 N1-에 V (N0=[인간|단체] N1=[인간|단체], [회의])

능 소집하다

¶긴급회의가 4층 회의실에 소집되었다. ¶간부회의가 소집되면 다시 알려드리겠습니다.

❷ 【군사】 전투수행 능력이 있는 일정한 남자들이 현역 복무 외의 필요시에 불리어 모이다. (of persons who have capacities to fight against) Be called and gathered when needed outside of active service.

㊐ 징집되다

N0-가 N1-에 V (N0=[인간] N1=[장소])

능 소집하다

¶용산역에 소집된 학도병들은 그 길로 기차를 타고 광주로 향했다. ¶한국전쟁 때 부족한 군인을 채우기 위해 학도병이 소집되었다.

소집하다

어원 召集~ 활용 소집하여(소집해), 소집하니, 소집하고 대응 소집을 하다

타 ❶(단체나 그 조직의 구성원을) 불러 모으다. Call and gather an organization or the members.

㊐ 불러모으다

N0-가 N1-를 N2-에 V (N0=[인간] N1=[인간|단체] N2=[회의], [장소])

피 소집되다

¶아버지가 가족회의를 소집한 이유가 무엇입니까? ¶회장은 긴급 이사회를 회의에 소집했다.

❷ 【군사】 전투수행 능력이 있는 일정한 남자들을 현역복무 외 필요시에 불러 모으다. Call and gather persons who have capacities to fight against when needed at times other than active duty.

㊐ 징집하다

N0-가 N1-를 N2-에 V (N0=[인간|단체] N1=[인간] N2=[장소])

피 소집되다

¶우크라이나는 국경 지대에 예비군을 소집하고 전투태세 명령을 내렸다. ¶프랑스는 보충병을 알제리에 소집해 10만 명을 무장시켰다.

소통되다

어원 疏通~ 활용 소통되어(소통돼), 소통되니, 소통되고 대응 소통이 되다

자 (사람이) 다른 사람과 의사전달이 서로 원활히 잘 되다. (of a person) Have a smooth conversation with someone.

N1-가 N2-과 N0-가 V ↔ N1-가 N0-가 V (N0=[추상물] N1=[인간|단체] N2=[인간|단체])

능 소통하다

¶이 직원은 동료들과 의사가 잘 소통된다. ↔이 직원과 동료들은 서로 의사가 잘 소통된다.

소통하다

어원 疏通~ 활용 소통하여(소통해), 소통하니, 소통하고 대응 소통을 하다

자 교통이나 길이 막히지 아니하고 원활하게 통하다. (of road traffic) Flow smoothly without congestion.

㊐ 뚫리다

N0-가 N1-(에|에서) V (N0=교통, 차량, 길 따위 N1=[장소])

¶광화문에서는 차량들이 잘 소통하고 있다. ¶이 길은 항상 소통하는 것이 어렵다.

타 (사람이) 다른 사람과 의사전달을 서로 원활히 잘 하다. Have smooth communication with others.

N0-가 N2-과 N1-를 V ↔ N0-가 N1-를 V (N0=[인간|단체] N1=[추상물] N2=[인간|단체])

피 소통되다

¶이 직원은 동료들과 의사를 잘 소통한다. ↔ 이 직원과 동료들은 서로 의사를 잘 소통한다.

소화되다

어원 消化~ 활용 소화되어(소화돼), 소화되니, 소화되고 대응 소화가 되다

자 ❶(섭취한 음식물이) 위장 기관에서 분해되어 영양분으로 흡수되다. (of eaten food) Be decomposed in the stomach and absorbed as nourishment.

N0-가 N1-에서 V (N0=[음식물] N1=[소화기관])

능 소화하다

¶먹은 밥이 다 소화되었는지 배가 고프다. ¶우유가 잘 소화되지 않는 사람들도 있다.

❷(어떤 것이 누군가에게) 잘 맞고 어울리게 적용되다. (of something) Apply to someone fittingly.

㊐ 맞다I, 어울리다

N0-가 N1-에게 V (N0=[구체물], [추상물], [상태] N1=[인간|단체])

능 소화하다

¶이 양복이 아버지께 잘 소화되다니 정말 기쁘다. ¶이런 배역도 잘 소화되는 연기자를 찾기는 쉽지

않다.
❸(지식이나 기술 따위가) 완전히 이해되고 익혀지다. (of knowledge or skill) Be understood and learnt completely.
[유]이해되다
N0-가 N1-에게 V (N0=[추상물](기술, 이론, 지식, 학문 따위), [텍스트] N1=[인간])
¶이 내용은 너무 어려워서 소화되기 어렵다. ¶이 책은 정말 소화되기 힘든 내용을 담고 있다.
❹(어떤 대상이나 흐름이) 충분히 수용되다. (of an object or its flow) Be accepted sufficiently.
[유]수용되다
N0-가 V (N0=[구체물], [인간|단체], [정도])
[능]소화하다
¶다행히 많은 인원이 소화될 수 있는 곳을 찾았다. ¶계속 증가되는 교통량이 소화되기 위해서는 도로를 확장해야 한다.
❺(기대했던 물량이) 제대로 만족스럽게 유통되거나 소비되다. (of the expected quantity) Be circulated satisfactorily.
[유]소비되다
N0-가 N1-(에게|에서) V (N0=[구체물], [정도] N1=[인간|단체], [추상물](시장 따위))
[능]소화하다
¶이번에 발매한 채권이 전량 소화되었다고 한다. ¶아직 우리나라에서 이 정도의 물량이 소화되기는 어렵다.

소화시키다
[어원]消化~ [활용]소화시키어(소화시켜), 소화시키니, 소화시키고 [대응]소화를 시키다
[타]☞'소화하다'의 오용

소화하다
[어원]消化~ [활용]소화하여(소화해), 소화하니, 소화하고 [대응]소화를 하다
[타]❶섭취한 음식물을 분해하여 영양분을 흡수하기 쉬운 상태로 만들다. Decompose eaten food into nourishment that can be easily absorbed.
N0-가 N1-를 V (N0=[인간], [동물], [신체부위](위, 장, 소화기관 따위) N1=[음식물])
[피]소화되다
¶할아버지께서는 밀가루로 된 음식을 잘 소화하지 못하신다. ¶아이가 우유를 잘 소화하지 못하는 것 같아서 걱정이다.
❷(어떤 것을) 자신에게 맞고 어울리게 잘 적용하다. Apply something to oneself suitably and fittingly.
[유]맞춰 입다
N0-가 N1-를 V (N0=[인간|단체] N1=[구체물], [추상물], [상태])
[피]소화되다
¶이런 옷을 소화해서 입을 수 있는 사람은 없을 것이다. ¶그녀는 미혼이지만 엄마 역할을 잘 소화하여 연기하였다.
❸(지식이나 기술 따위를) 잘 익히고 이해해서 완전히 자기의 것으로 만들다. Learn and understand knowledge and skill so well that they are integrated into oneself.
[유]이해하다
N0-가 N1-를 V (N0=[인간] N1=[추상물](기술, 이론, 지식, 학문 따위), [텍스트])
[피]소화되다
¶그녀는 새로 배운 기술을 소화하기 위하여 밤낮으로 연습했다. ¶이런 지식은 자기 것으로 소화하기 어렵다.
❹맡겨진 일을 무난하게 수행하다. Carry out a given job.
[유]해내다
N0-가 N1-를 V (N0=[인간|단체] N1=[사건], [정도])
¶회사는 벌려놓은 사업을 다 소화하지 못하고 있다. ¶현미는 좋은 아내이지만 어머니로 역할은 잘 소화하지 못했다.
❺(특정 장소가) 어떤 대상이나 대상의 흐름을 충분히 수용하다. (of a specific place) Have sufficient capacity for an object or its flow.
[유]수용하다
N0-가 N1-를 V (N0=[구체물], [장소] N1=[구체물], [인간|단체])
[피]소화되다
¶이 주차장은 몇 백대의 차를 소화할 수 있다. ¶천막을 넓혀서 더 많은 인원을 소화할 수 있게 해야 한다.
❻(기대했던 물량이나 정도를) 제대로 만족시켜 유통하거나 소비하다. Distribute an expected quantity or level satisfactorily.
[유]소비하다
N0-가 N1-를 V (N0=[인간|단체], [추상물](시장 따위) N1=[구체물], [정도])
[피]소화되다
¶우리 회사는 이번 주문량을 모두 소화할 수 없었다. ¶이렇게 많은 물량을 한 번에 소화할 수 있는 곳은 없다.

소환되다
[어원]召喚~ [활용]소환되어, 소환되니, 소환되고 [대응]소환이 되다
[자]❶(공공기관의 직원이) 명령을 따라 일정한 장소로 불려가다. (of an employee of a public agency) Be commanded to go to a definite place.

N0-가 N1-(에|으로) V (N0=[인간] N1=[장소])
능 소환하다
¶대사는 급히 본국으로 소환되었다. ¶김 장관은 국회 청문회에 소환되었다.
❷ 【법률】 사건의 혐의자나 피고인이 법원이나 검찰에서 지정한 장소로 와 조사를 받을 것을 명령 받다. (of the suspect or the accused of an accident) Be commanded to be investigated in a place designated by the court or prosecutor's office.
N0-가 N1-(에|으로) V (N0=[인간] N1=[장소])
능 소환하다
¶이 사건의 해결을 위하여 27명의 증인이 검찰에 소환되었다. ¶남궁 회장은 결국 법원에 다시 소환되었다.

소환하다

어원 召喚~ 활용 소환하여, 소환하니, 소환하고
대응 소환을 하다
타 ❶(공공기관이) 명령으로 직원을 일정한 장소로 불러들이다. (of a public agency) Call its employee back to a definite place by a command.
N0-가 N1-를 N2-(에|으로) V (N0=[공공기관] N1=[인간] N2=[장소])
피 소환되다
¶미국은 대사를 본국으로 소환하였다. ¶국회는 외국에서 회담 중이던 김 의원을 국내로 소환하였다.
❷ 【법률】 법원이나 검찰이 사건의 혐의자나 피고인을 조사하기 위해 법적으로 불러들이다. (of the court or the prosecutor's office) Call legally the suspect or the accused in an accident for an investigation.
N0-가 N1-를 N2-(에|으로) V (N0=[기관](법원, 검찰) N1=[인간] N2=[장소])
피 소환되다
¶법원은 사건의 해결을 위하여 27명의 법정에 소환하였다. ¶검찰은 전직 장관을 소환할 방침이다.

속다

활용 속아, 속으니, 속고
자 (거짓된 말이나 행동에 넘어가) 사실(혹은 참)이 아닌 것을 사실(혹은 참)이라고 믿다. Believe a false fact to be the truth by being deceived with fabricated word or action.
㊍ 기만당하다, 사기당하다
N0-가 N1-(에|에게) V (N0=[인간] N1=[인간], [추상물](거짓말, 꾀 따위))
사 속이다
연어 감쪽같이
¶현희는 명숙이의 거짓말에 감쪽같이 속았다.
¶철수는 사기꾼에게 속아 전 재산을 잃었다.
¶영수는 자신의 꾀에 속아 봉변을 당했다.
타 (어떤 대상을 다른 대상으로) 실제와 다르게 잘못 알다. Know differently from truth by mistaking some object as another object.
N0-가 N1-를 N2-로 V (N0=[인간] N1=[구체물] N2=[구체물])
¶그 도라지는 사람들이 산삼으로 속을 정도이다.
¶이 나비는 날개의 무늬 때문에 천적이 나뭇잎으로 속는다.

속삭이다

활용 속삭여, 속삭이니, 속삭이고
자타 (다른 사람에게) 어떤 내용을 상대방만 알아들을 수 있도록 조용히 이야기하다. Say something to another person so quietly that only that person can understand.
㊍ 귓속말로 하다, 소곤소곤하다, 소곤대다
㊇ 말하다
N0-가 N1-에게 S고 V (N0=[인간] N1=[인간])
¶진희는 수아에게 집에 가자고 속삭였다. ¶영화관에서 나에게 무섭다고 속삭이는 동생이 귀여웠다.
N0-가 N2-에게 N1-를 V (N0=[인간] N1=[이야기], [이름] N2=[인간])
¶그는 남자친구에게 귓속말을 속삭였다. ¶그는 나에게 비밀을 속삭여 주었다.

속이다

활용 속여, 속이니, 속이고
자타 ❶거짓된 말이나 행동으로 다른 사람이 사실(혹은 참)이 아닌 것을 사실(혹은 참)이라고 믿게 하다. Make someone believe false facts to be the truth by deceiving with fabricated word or action.
N0-가 N1-를 V (N0=[인간] N1=[인간])
주 속다
¶그는 나를 속여 가짜 다이아몬드를 팔았다.
¶다른 사람은 몰라도 나는 못 속인다.
N0-가 S고 N1-를 V (N0=[인간] N1=[인간])
주 속다
¶현수는 아프다고 선생님을 속이고 학교에 가지 않았다. ¶창수는 참고서를 산다고 엄마를 속여 용돈을 받았다. ¶명수는 자신이 회장 아들이라고 사람들을 속였다.
N0-가 N2-에게 N1-를 N3-로 V (N0=[인간] N1=[구체물] N2=[인간] N3=[구체물])
¶나는 손님에게 도라지를 산삼으로 속여 팔았다.
¶명수는 나에게 가짜 다이아몬드를 진짜로 속였다.
N0-가 N1-에게 S고 V (N0=[인간] N1=[인간])
¶명수는 친구에게 가짜 다이아몬드가 진짜 다이

ㅅ

아몬드라고 속였다.

❷(다른 사람에게) 어떠한 사실을 이득을 취할 목적으로 거짓으로 틀리게 말하다. Falsely inform someone about some truth to obtain some benefit.

㊌기만하다, 사기(를) 치다

N0-가 N2-에게 N1-를 V (N0=[인간] N1=[속성] N2=[인간])

¶명수는 주변 사람들에게 자신의 신분을 속였다. ¶그는 손님에게 상품의 원산지를 속여 팔았다.

N0-가 N1-에게 S고 V (N0=[인간] N1=[인간])

¶병호는 친구들에게 이사를 간다고 속였다. ¶정희는 어머니에게 학원에 다녀왔다고 속였다.

속출하다

어원 續出~ 활용 속출하여(속출해), 속출하니, 속출하고 대응 속출을 하다

자 (현상이나 사건이) 연달아 일어나다. (of phenomena or cases) Appear in succession.

㊌빈출하다

N0-가 V (N0=[사태], [구체물], [추상물], [인간])

¶무더위에 일사병 환자가 속출하고 있다. ¶새로 지어진 아파트인데도 속출하는 하자로 주민들이 큰 불편을 겪고 있다. ¶경제난으로 사치성 유흥업소와 고급 소비업체의 폐업이 속출하고 있다.

속하다

어원 屬~ 활용 속하여(속해), 속하니, 속하고

자❶(사람이나 사물이) 어떤 부류나 범주에 들다. (of a person or an object) Fall under some category.

N0-가 N1-에 V (N0=[구체물] N1=[범주], [계층|계급])

¶고래는 포유류에 속한다. ¶장미과에 산딸기도 속한다. ¶대부분 시민들은 자신이 중산층에 속한다고 생각한다.

❷(사람이나 지역 따위가) 특정한 주체에 관계되어 그 지배의 범위나 영향권에 들다. (of a person or region) Be influenced or dominated by engaging in a specific subject.

㊌소속하다

N0-가 N1-에 V (N0=[지역], [인간] N1=[지역], [인간])

¶수원은 경기도에 속해 있다. ¶김 부장은 자기 부서 속한 직원들에게 인정이 넘쳤다.

❸(사람이나 단체가) 특정 집단이나 조직의 구성원이 되다. (of a person or an organization) Become a member of the group or a specific class.

㊌소속하다

N0-가 N1-에 V (N0=[인간|단체] N1=[단체])

¶우리 팀은 우승 후보 팀과 같은 조에 속해 있다. ¶지호와 경희는 같은 합창부에 속해 있다.

손꼽다

활용 손꼽아, 손꼽으니, 손꼽고

자❶(수나 횟수가) 다섯 손가락으로 셀 수 있을 정도로 매우 적다. (of number or frequency) Be very few and countable with only five fingers.

N0-가 V (N0=[인간|단체], [동물], [식물], [구체물], 날, 때 따위))

¶아침을 먹고 등교하는 학생이 정말 손꼽을 정도다. ¶우리가 한 달에 만나는 횟수는 손꼽을 수 있을 정도다.

❷(사람, 물건, 솜씨 따위가) 어떤 집단에서 매우 뛰어나다고 간주하다. (of person, item, skill, etc.) Be considered to be very excellent in some organization.

N0-가 N1-에서 V (N0=[인간|단체], [국가], [건물], [기업], [능력] 따위 N1=[장소], [단체])

피손꼽히다

¶그는 한국 서단에서 손꼽는 서예가다. ¶이 식당은 서울에서 손꼽을 만한 식당이다. ¶그의 피아노 솜씨는 이 학교에서 손꼽을 정도다.

타❶(물건, 시간, 나이 따위의) 수를 손가락으로 헤아리다. (of a person) Count the number such as items, time, age, etc., with one's hand.

N0-가 N1-를 V (N0=[인간] N1=[구체물], 날, 시간, 나이 따위)

¶나는 그와 만난 날을 손꼽아 세어보았다. ¶우리는 결혼식까지 며칠이 남았는지 손꼽아 세기 시작했다.

❷(사람이나 단체 따위가) 어떤 사람이나 작품, 행위 따위를 어떤 자격으로 간주하여 받아들이다. (of a person, an organization, etc.) Assume and accept a certain person, artwork, activity, etc., to meet certain qualification.

N0-가 N1-를 N2-로 V (N0=[인간|단체] N1=[모두] N2=[인간], [상태](조건 따위), [등급], [속성값])

피손꼽히다

¶사람들은 최인훈, 오태석을 대표적인 극작가로 손꼽는다. ¶기업들은 최상의 서비스를 초일류 기업의 첫째 조건으로 손꼽고 있다.

◆ **손꼽아 기다리다** (아주 기대하거나 중요하거나 흥분되는 날이나 일 따위를) 손가락으로 세어가며 몹시 기다리다. Look forward to an eagerly awaited, very exciting, important day or event by counting down.

N0-가 N1-를 Idm (N0=[인간] N1=[행위], 날, 시간 따위)

¶나는 아빠가 오실 날을 손꼽아 기다린다. ¶나는

그와의 만남을 손꼽아 기다렸다. ¶그녀는 합격자 발표를 손꼽아 기다리고 있었다.

손꼽히다

활용 손꼽히어(손꼽혀), 손꼽히니, 손꼽히고

자 ❶(사람이나 장소, 기업 따위가) 어떤 자격이 있다고 생각되거나 여겨지다. (of a person, a place, a company, etc.) Be thought or considered to have certain qualification.

N0-가 N1-로 V (N0=[인간|단체], [장소], [분야], [속성] 따위 N1=[인간], [장소], [분야], [속성] 따위)

능 손꼽다

¶그는 한국이 낳은 세계적인 철학자로 손꼽힌다. ¶이곳은 천하제일의 명승지로 손꼽혀 왔다. ¶그는 한국인들이 가장 사랑하는 배우로 손꼽히기도 했다.

❷(사람이나 장소, 기업 따위가) 어떤 장소나 분야 따위에서 매우 뛰어나다고 간주되다. (of a person, a place, a company, etc.) Be thought or considered to be very excellent in a certain place, field, etc.

유 뛰어나다

N0-가 N1-에서 V (N0=[인간|단체], [기업] 따위 N1=[인간], [기업])

능 손꼽다

¶그녀는 우리나라에서 손꼽히는 첼로 연주자다. ¶그 회사는 세계에서 손꼽힐 정도로 튼튼한 기업이다.

손대다

활용 손대어(손대), 손대니, 손대고 대응 손을 대다

자 ❶(물체에) 손을 닿게 하다. Make one's hand touch a thing.

유 만지다

N0-가 N1-에 V (N0=[인간] N1=[구체물])

¶추석에 조카들이 내 물건에 손댈까 봐 걱정이다. ¶작품에는 손대지 마시고 눈으로 감상해 주세요.

❷(다른 사람에게) 물리적으로 위해를 가하다. Do another person physical harm.

유 때리다

N0-가 N1-에게 V (N0=[인간] N1=[인간])

¶어른이라고 함부로 아이에게 손대면 안 된다. ¶그는 화가 난다고 누구에게 손댈 사람이 아닙니다.

❸(음식에) 수저 따위를 가져가 먹다. Put a spoon onto food to have it.

유 먹다1

N0-가 N1-에 V (N0=[인간] N1=[음식물])

¶내일 먹을 반찬에 미리 손대지 마라. ¶음식에 한번 손댔으면 그냥 먹어라.

❹(다른 사람에게) 성적인 행동을 취하다. Take sexual action on another person.

유 집적이다, 희롱하다, 섹스하다

N0-가 N1-에게 V (N0=[인간] N1=[인간])

¶그 사람은 부하 직원에게 손대려다가 고발당했다. ¶다른 사람에게 동의 없이 손대는 것은 범죄이다.

❺(어떤 사물이나 내용에) 수리나 수정 따위를 행하다. Repair a thing or revise some content.

유 고치다, 수리하다, 수정하다

N0-가 N1-에 V (N0=[인간] N1=[구체물], [추상물])

¶그는 자신의 작품에 수정할 부분이 많은지 자꾸 손댔다. ¶머리에 조금만 손대면 더 맵시가 날 것 같아요.

❻어떤 분야의 일을 개시하다. Start a work related to a field.

유 종사하다

N0-가 N1-에 V (N0=[인간] N1=[분야], [일])

¶그는 미래의 가치를 보고 관광 산업에 손댔다. ¶너는 손대는 일마다 잘되는 것 같다.

❼(남의 재물에) 탐을 내어 남몰래 챙기거나 사용하다. Covet another person's belongings and secretly have them for oneself or use them.

유 훔치다I, 갈취하다

N0-가 N1-에 V (N0=[인간] N1=[금전], [구체물])

¶경리 직원은 계좌에 손대어 돈을 빼냈다고 한다. ¶노름에 빠진 그는 적금에 손대기도 했다.

❽어떤 일에 참여하거나 관여하다. Participate in or get involved in a work.

유 관여하다, 해보다

N0-가 N1-에 V (N0=[인간] N1=[구체물], [일], [행위], [사건])

¶그는 실의에 빠져 있다가 도박에 손댔다. ¶경마에 한번 손대면 빠져나오기 힘들대.

❾(어떤 사람이나 문제에) 대책을 세우거나 처리하다. Prepare a measure for someone or some problem or to handle it.

유 처리하다, 해결하다

N0-가 N1-(에|에게) V (N0=[인간|단체] N1=[인간|단체], [장애])

¶이미 손댈 수 없을 정도로 상황이 심각해졌다. ¶그 문제에 손대는 것은 전문가 한둘이면 족하다.

❿(사람이나 사물에) 가까이 다가서다. Go near a person or a thing.

유 접촉하다, 교류하다

N0-가 N1-(에|에게) V (N0=[인간] N1=[인간|단체], [구체물], [장소])

¶그는 내가 손댈 수 없는 곳으로 사라졌다. ¶그때 그에게 손대 보는 것이었는데.

손들다

[활용]손들어, 손드니, 손들고, [대응]손을 들다
[자]❶손을 위쪽으로 들어올리다. Raise a hand over one's head.
N0-가 V (N0=[인간])
¶길을 건널 때에는 손들고 건너라. ¶저기 손든 사람이 이번 여행의 가이드이다.
❷(어떤 사람이나 일에) 지치거나 감당하지 못하여 포기하다. Give up someone or a work because one is so tired of it or one cannot bear it.
(유)포기하다
N0-가 N1-(에|에게) V (N0=[인간] N1=[인간|단체], [행위], [일])
¶주변 사람들 모두가 그 학생에게 손들었다. ¶아이의 생떼에 부모도 손들고 말았다.
❸(어떤 생각이나 의견에) 동조하고 찬성하다. Sympathize with or agree on a thought or an opinion.
(유)동의하다, 동조하다, 찬성하다 (반)반대하다, 거부하다
N0-가 N1-에 V (N0=[인간] N1=[의견], [계획])
¶첫 번째 제안에 손든 사람은 나뿐만이 아니었다. ¶내 생각에 손들어 주는 사람이 많아서 기쁘다.

손보다

[활용]손보아(손봐), 손보니, 손보고
[타]❶(고장이 나거나 낡은 물건 따위를) 손질하여 쓸 수 있게 고치다. Feasibly fix by repairing broken or old objects.
(유)고치다, 수리하다
N0-가 N1-를 V (N0=[인간] N1=[기기], [구체물](문, 지붕 따위), [착용물], [건물])
¶철수가 고장이 난 컴퓨터를 손보고 있다. ¶옆집 아저씨께서 비가 새는 우리 집 지붕을 손보아 주셨다.
❷(어떤 조직이나 제도 따위의) 잘못된 점을 바로잡아 고치다. Mend and adjust some organization or system's problem.
(유)고치다, 수정하다, 개선하다
N0-가 N1-를 V (N0=[인간|단체] N1=[제도], [기관], [법률])
¶정조 임금은 문란하던 조세 제도를 손보아 농민 생활을 안정시켰다. ¶우리 회사는 비대해진 각 부서의 조직부터 손보기로 했다.
❸(글 따위를) 매끄럽거나 짜임새 있게 다듬어 고치다. Revise and elaborate writing to be smooth and well-organized.
(유)고치다, 수정하다
N0-가 N1-를 V (N0=[인간] N1=[텍스트])
¶편집장이 그의 원고를 마지막으로 손보고 있다. ¶작가는 10여 년 전 출간됐던 작품을 손보아 새롭게 책을 펴냈다.
❹(다른 사람을) 호되게 때리거나 무서운 말이나 행동으로 위협하다. Harass someone by severely hitting or with intimidating word or action.
(유)혼내다
N0-가 N1-를 V (N0=[인간] N1=[인간])
¶오빠가 여동생을 괴롭히는 녀석을 손봐주기로 했다. ¶아저씨는 형규를 손보겠다며 진작부터 벼르고 있다.

손상되다

[어원]損傷~ [활용]손상되어(손상돼), 손상되니, 손상되고 [대응]손상이 되다
[자]❶(물건 따위가) 흠이 생기거나 깨지다. (of an object) Break.
(유)상하다, 파손되다, 손상(을) 입다
N0-가 V (N0=[구체물])
[능]손상하다
¶이번 폭우로 집집마다 전자 장비들이 손상되었다. ¶앞바퀴 브레이크가 손상되었네요.
❷(과일, 채소 따위가) 부분적으로 상하다. (of fruits or vegetables) Go bad partially.
(유)상하다, 썩다
N0-가 V (N0=[음식물], [과일])
¶폭염으로 과일들이 전부 다 손상되었다. ¶이 상자에는 손상된 딸기가 너무 많다.
❸(기록, 파일 따위가) 읽을 수 없게 되다. (of record of file) Become unreadable.
N0-가 V (N0=[텍스트], 파일 따위)
[능]손상하다
¶당시의 기록들이 모두 손상되었다. ¶파일들이 전부 손상되었다.
❹(신체의 일부가 사고나 노화로 인해) 상하거나 기능이 나빠지다. (of a body part's function) Become poor or stop due to an accident or aging.
(유)상하다, 다치다
N0-가 N1-(에|로) V (N0=[신체부위] N1=[사고], 노화 따위)
[능]손상하다
¶산성비에 모발이 많이 손상되었다. ¶노화로 무릎 연골이 꽤 손상되었다.
❺품질이나 특성의 정상적인 상태가 나빠지다. (of level of quality or characteristics) Become bad.
N0-가 V (N0=[구체물])
[능]손상하다
¶비에 젖어 옷감이 손상되었다. ¶습기가 많아

그림이 손상되었다.
❻(명예나 체면, 품격, 자존심 따위가) 떨어지거나 깎이다. (of honor, decency, dignity or pride) Become reduced or lost.
㊌깎이다
N0-가 V (N0=[속성])
능손상하다
¶선생님의 체면이 손상되었다. ¶이번 일로 나는 자존심이 손상되었다.
❼(속성 따위의) 힘이나 세기가 약해지다. (of power or magnitude of abstract characteristics) Be weakened.
㊌나빠지다, 악화되다
N0-가 V (N0=[관계], [감정](사랑, 우정 따위))
능손상하다
¶그 사람과의 유대가 손상되었다. ¶우리의 사랑이 손상되었다.

손상하다

어원損傷~ 활용손상하여(손상해), 손상하니, 손상하고 대응손상을 하다
타❶(물건 따위를) 흠을 내거나 깨트리다. Break an object.
㊌파손하다, 깨트리다, 훼손하다
N0-가 N1-를 V (N0=[인간], [동물], [행위], [현상], [힘] N1=[구체물])
피손상되다
¶박물관 직원이 실수로 문화재를 손상했다. ¶누적되는 충격이 제동 장치를 손상한 것 같습니다.
❷(기록, 파일 따위를) 읽을 수 없게 만들다. Make a record or file unreadable.
㊌망가뜨리다
N0-가 N1-를 V (N0=[인간] N1=[텍스트], 파일 따위)
피손상되다
¶관련자들이 당시의 기록들을 모두 손상했다. ¶해커들이 개인 자료 파일을 전부 손상했다.
❸(사고나 노화로 인해) 신체 일부의 기능을 망가뜨리다. Break function of a body part due to an accident or aging.
N0-가 N1-를 V (N0=[사고], 노화 따위 N1=[신체부위])
피손상되다
¶교통사고가 그 사람의 우뇌를 손상했다. ¶노화가 아버지의 어깨 인대를 손상했다.
❹품질이나 특성의 정상적 상태를 나쁘게 떨어뜨리다. Reduce the level or quality or characteristics.
N0-가 N1-를 V (N0=[행위], [사건], [인간] N1=[구체물])
피손상되다
¶구식 세탁기가 옷감을 손상했다. ¶잦은 마찰이 가죽을 손상했다.
❺명예나 체면, 품격, 자존심 따위를 떨어뜨리다. Reduce the level or quality or characteristics.
N0-가 N1-를 V (N0=[인간], [사건] N1=[품격])
피손상되다
¶이번 사건은 선생님의 체면을 손상했다. ¶입시 좌절은 나의 자존심을 손상했다.
❻(추상적 속성 따위의) 힘이나 세기를 약하게 하다. (of power or magnitude of abstract characteristics) Be weakened.
N0-가 N1-로 V (N0=[인간], [사건] N1=[관계], [감정](사랑, 우정 따위))
피손상되다
¶극심한 경기 침체가 동종 업체들 간의 관계를 더욱 손상하고 있다. ¶층간 소음이 이웃 간의 유대를 손상하기도 한다. ¶사소한 말다툼이 우리의 사랑을 손상했다.

손쓰다

활용손써, 손쓰니, 손쓰고, 손썼다 대응손을 쓰다
자❶(어떤 좋지 않은 상황이나 일에 대비하거나 문제를 해결하기 위해) 필요한 행동이나 방법을 강구하다. Look for the necessary action or method to solve a problem or prepare for some bad situation or duty.
㊌조처하다, 강구하다
N0-가 V (N0=[인간|단체])
¶농부가 미처 손쓸 겨를도 없이 농작물이 피해를 입었다. ¶우리 회사의 부채는 더 이상 손쓸 수 없는 지경에 이르렀다. ¶엔과 달러의 환율은 정부 당국도 손쓸 방도가 없다.
❷(누군가의 생명이 위급한 상황에서) 사람을 구조하거나 치료하다. Save or cure someone from/in a dangerous situation.
㊌구조하다, 치료하다
N0-가 V (N0=[인간](구급대원, 의사 따위))
¶구급대원들이 재빨리 손써 그가 살아날 수 있었다. ¶병원에 실려 온 사람이 의사가 손쓸 틈도 없이 숨을 거두고 말았다.

손잡다

활용손잡아, 손잡으니, 손잡고
자❶(어떤 사람이나 단체가) 다른 사람이나 단체와 힘을 합하여 서로 도와 함께 일하다. (of someone or an organization) Work together by uniting with another or an organization and helping each other.
㊌협력하다, 협조하다
N0-가 N1-와 (서로) V ↔ N1-가 N0-와 (서로) V ↔ N0-와 N1-가 (서로) V (N0=[인간|단체] N1=[인

간|단체])
¶나는 영수와 손잡고 사업을 하기로 했다. ↔ 영수가 나와 손잡고 사업을 하기로 했다↔ 나와 영수가 손잡고 사업을 하기로 했다. ¶그들이 서로 손잡는다면 해내지 못할 일이 없을 것이다.
❷(불편했던 관계나 갈등을 해결하고) 다시 가까운 사이가 되다. Become close once again by solving uncomfortable relations or conflict.
[유]화해하다, 협력하다
N_0-가 N_1-와 (서로) V ↔ N_1-가 N_0-와 (서로) V ↔ N_0-와 N_1-가 (서로) V (N_0=[인간] N_1=[인간])
¶철수가 영수와 오랜 갈등 끝에 화해하고 손잡기로 했다. ↔ 영수가 철수와 오랜 갈등 끝에 화해하고 손잡기로 했다. ↔ 철수와 영수가 오랜 갈등 끝에 화해하고 손잡기로 했다. ¶두 회사는 오랜 앙금을 털고 다시 손잡았다.
❹잘못된 것을 그대로 받아들여 수용하거나 따르다. Embrace or follow by acknowledging a wrong thing as it is.
[유]따르다I[재], 수용하다
N_0-가 N_1-와 V (N_0=[인간] N_1=[추상물](불의, 부조리 따위))
¶네가 아무리 어렵고 힘들더라도 불의와 손잡아서는 안 된다. ¶결국에 사회의 부조리와 손잡은 그가 비겁해 보였다.

손질되다
[활용]손질되어(손질돼), 손질되니, 손질되고 [대응]손질이 되다
[자]❶(사물이) 손으로 솜씨 좋게 가다듬어지다. (of a thing) Be refined skillfully by hands.
[유]가꿔지다, 정돈되다
N_0-가 V (N_0=[구체물])
[능]손질하다
¶수리공에게 맡겼더니 싱크대가 깨끗하게 손질되었다. ¶손질된 옷은 다시 장롱에 넣어 두어라.
❷(거의 완성되어 있던 것이) 더 나아지도록 고쳐지고 정비되다. (of something completed) Be checked and repaired so that it is improved.
[유]고쳐지다, 정비되다
N_0-가 V (N_0=[구체물], [규범], [법률], [제도], [텍스트])
[능]손질하다
¶손질된 표현이 처음 표현보다 더 낫다. ¶규칙이 손질되는 대로 구성원들에게 알려야 한다.

손질하다
[활용]손질하여(손질해), 손질하니, 손질하고 [대응]손질을 하다
[타]❶(사물을) 손으로 솜씨 좋게 가다듬다. Refine skillfully a thing using the hands.
[유]고치다
N_0-가 N_1-를 V (N_0=[인간] N_1=[구체물])
[피]손질되다
¶손질한 재료들을 냄비에 넣고 끓여라. ¶아버지께서 손질하신 가구는 마치 새것 같았다.
❷(거의 완성된 상태를) 더 나아지도록 고치고 정비하다. Check and repair something completed so that it is improved.
[유]고치다, 수정하다
N_0-가 N_1-를 V (N_0=[인간|단체] N_1=[구체물], [규범], [법률], [제도], [텍스트])
[피]손질되다
¶그는 원고를 손질해서 바로 출판사에 보냈다. ¶외국 제도를 국내에 도입하기 전에 우리 실정에 맞게 손질해야 할 것 같다.
❸(다른 사람을) 손으로 함부로 때리다. Hit indiscreetly another person by hands.
[유]때리다, 혼내다
N_0-가 N_1-를 V (N_0=[인간] N_1=[인간])
¶다른 사람을 손질하지 마라. ¶손질하는 버릇을 고치지 않으면 외톨이가 될 거야.

손짓하다
[활용]손짓하여(손짓해), 손짓하니, 손짓하고 [대응]손짓을 하다
[자]❶손으로 어떤 곳이나 무엇을 가리키다. Point at somewhere or something with one's hand.
[유]가리키다
N_0-가 V (N_0=[인간])
¶아내가 손짓하는 곳을 바라보니 산새 소리가 들려왔다. ¶관객들은 안내원이 손짓하는 대로 따라갔다.
❷손으로 의사를 표시하다. Display one's intent with hand.
N_0-가 N_1-에게 S라고 V (N_0=[인간] N_1=[인간])
¶어머니는 딸에게 어서 들어가라고 손짓했다. ¶부인이 멀리서 빨리 오라고 손짓하는 모습이 보였다.
❸손으로 무언가를 알리다. Inform something with one's hand.
N_0-가 N_1-에게 V (N_0=[인간] N_1=[인간])
¶그는 그녀의 모습이 보이자 그녀에게 손짓했다. ¶우리는 서로에게 손짓하며 헤어졌다.

솟구치다
[활용]솟구치어(솟구쳐), 솟구치니, 솟구치고
[자]❶(어떤 대상이) 위쪽이나 바깥쪽으로 힘차게 뻗어 오르다. (of an object) Rise upward or outward suddenly and greatly.
N_0-가 N_1-로 V (N_0=[구체물] N_1=[장소](위 따위))
¶그의 힘찬 슈팅은 하늘 높이 솟구쳤다. ¶싯벌건

용암이 화산 바깥으로 솟구쳤다.
❷(감정, 생각, 힘 따위가) 세차게 북받쳐 오르다. (of feeling, thought, and power) Increase greatly and suddenly.
[유]솟아나다, 치밀다
N0-가 V (N0=[감정], [인지](생각 따위))
¶가슴을 무겁게 누르던 절망감을 뚫고 갑자기 분노가 솟구쳤다. ¶독자들이 신문을 기다린다는 얘기를 들으면 힘이 솟구쳤다.
❸(수치가) 급격하고 크게 오르다. (of numerical value) Rise greatly and suddenly.
[유]급등하다 [반]급락하다
N0-가 V (N0=[수량](값, 물가 따위))
¶투자자들의 움직임에 따라 거래량이 솟구쳤다. ¶원재료 물가가 80% 폭등하면서 28년 만에 최고치로 솟구쳤다.

솟다

[활용]솟아, 솟으니, 솟고
[자]❶(어떤 물질이나 물체가) 아래에서 위로 세차게 움직여 올라가다. (of some object or matter) Rise from bottom to top by strongly moving.
[하]솟아오르다, 솟구치다
N0-가 N1-에서 N2-로 V (N0=[구체물] N1=[구체물], [장소] N2=[장소])
¶굴뚝에서 연기가 솟았다. ¶뜨거운 주전자에서 김이 솟았다.
❷(어떤 물질이나 물체가) 안에서 밖으로 흘러나오다. (of some object or matter) Flow out from inside to outside.
[하]솟아나다 [유]흘러나오다
N0-가 N1-에서 V (N0=[액체] N1=[구체물], [장소], [신체부위])
¶땅을 파자 좁은 구멍에서 석유가 솟았다. ¶갑자기 눈에서 눈물이 솟았다.
❸(값, 물가 따위가) 급격하게 오르다. (of some index's price) Rapidly rise.
[유]급등하다, 급증하다 [반]급감하다, 급락하다, 고꾸라지다
N0-가 V (N0=[수량](지수, 값, 물가 따위))
¶석유파동으로 기름값이 갑자기 솟았다. ¶물가가 매년 솟는다.
❹(해나 달이) 모습을 드러내 하늘에 높이 떠오르다. (of a sun or moon) Expose appearance and be located up high in the sky.
[유]뜨다I[자], 떠오르다
N0-가 N1-에 V (N0=[천체](해, 달) N1=[장소](하늘 따위))
¶이미 해가 중천에 솟았다. ¶보름달이 하늘 높이 솟았다.
❺(건물이나 산이) 땅 위에 우뚝 서다. (of a building or mountain) Stand tall over the ground.
[유]세워지다, 서다[1][자]
N0-가 N1-에 V (N0=[건물], [조형물], 산, 산맥 N1=[장소])
¶역 앞에 고층 빌딩이 솟았다. ¶공사가 마무리되자 절 옆에 탑이 여러 채 솟았다.
❻(혈관 따위가) 몸 위로 불룩 튀어나오다. (of a blood vessel) Bulge over the body.
[유]튀어나오다
N0-가 V (N0=[신체부위](힘줄, 핏줄 따위))
¶그가 이를 악물자 힘줄이 울끈불끈 솟았다. ¶주먹을 꽉 쥐었더니 팔에 핏줄이 솟았다.
❼(식물의 새싹이나 잎 따위가) 자라나기 시작하여 위로 나온 상태가 되다. (of a plant's sprout or leaf) Start to grow and become as emerging condition.
[유]튀어나오다, 돋아나다
N0-가 V (N0=[식물](새싹, 싹, 새순, 잎 따위))
¶봄이 오자 나뭇가지에 새순이 솟았다. ¶파릇파릇한 새싹이 솟았다.
❽(어떤 사람에게) 힘이나 의욕 따위가 생겨나다. (of a strength or desire) Emerge to someone.
[유]생기다, 솟구치다
N0-가 V (N0=[감정])
¶적절한 격려를 받은 사람은 누구나 기운이 솟는다. ¶그의 활약을 보고 나도 용기가 솟았다.

솟아나다

[활용]솟아나, 솟아나니, 솟아나고
[자]❶(땀, 눈물, 샘 등의 액체가) 틈이나 표면을 통해 안에서 밖으로 나오다. (of sweat, tear and spring's liquid) Come out from inside to outside through gap or surface.
[유]돋아나다 [상]솟다
N0-가 N1-에서 V (N0=[액체] N1=[자연물], [장소], [신체부위])
¶등에서 식은땀이 솟아났다. ¶이곳 바위틈에서 샘이 솟아난다.
❷(식물의 새싹이나 잎 따위가) 안에서 밖으로 돋아나다. (of a plant's sprout or leaf) Spring up from inside to outside.
N0-가 N1-에서 V (N0=[식물] N1=[자연물], [장소])
¶흙을 비집고 땅에서 새싹이 솟아났다. ¶송이버섯은 나무 아래에서 솟아난다.
❸(마음속에) 감정이나 힘 따위가 생겨나다. (of a mind's emotion or strength) Emerge.
[유]생겨나다
N0-가 N1-(에게서|에서) V (N0=[감정] N1=[인간], [신체부위](가슴 따위))

¶신랑과 신부의 얼굴에 기쁨이 솟아났다. ¶매일 아이를 향한 애정이 새록새록 솟아난다.
❹(건물이나 산이) 땅 위에 우뚝 생기거나 세워지다. (of a building or mountain) Be formed or built over the ground.
㊌돌출하다
N0-가 N1-에 V (N0=[건물], 산, 산맥 N1=[장소])
¶화산이 터지면서 평지에 산이 솟아났다. ¶십 년 만에 서울에 오니 옛날에는 없던 빌딩들이 솟아나 있었다.

솟아오르다

활용 솟아올라, 솟아오르니, 솟아오르고
자❶(어떤 물질이나 물체가) 아래에서 위로 움직여 올라가다. (of some object or matter) Rise from bottom to top by moving.
㊌올라가다, 솟구치다, 상승하다 ㊍솟다
N0-가 N1-에서 V (N0=[구체물] N1=[구체물], [장소])
¶발사대에서 로켓이 힘차게 솟아올랐다. ¶광장에서 승리의 폭죽이 솟아올랐다.
❷(땀, 눈물, 샘 등의 액체가) 틈이나 표면을 통해 아래쪽에서 위쪽으로 나오다. (of sweat, tear and spring's liquid) Come out from inside to outside through gap or surface.
㊌나오다[1]자
N0-가 N1-에서 V (N0=[액체] N1=[자연물], [장소], [신체부위])
¶너무 억울해 눈에서 눈물이 솟아올랐다. ¶바위 틈에서 약수가 솟아오른다.
❸(식물의 새싹이나 잎 따위가) 밑쪽에서 위쪽으로 돋아나다. (of a plant's sprout or leaf) Spring up from inside to outside.
㊌돋다, 튀어나오다, 자라다
N0-가 N1-에서 V (N0=[식물] N1=[자연물], [장소])
¶화분에서 꽃이 길게 솟아올랐다. ¶봄비를 맞고 화단에서 새싹이 솟아오른다.
❹(마음속에 감정이나 힘 따위가) 힘차게 생겨나다. (of a mind's emotion or strength) Strongly emerge.
㊌생겨나다
N0-가 N1-(에게서|에서) V (N0=[감정] N1=[인간], [신체부위](가슴 따위))
¶나도 모르게 가슴에서 그리움이 솟아올랐다. ¶책을 읽고 나서부터 아이들에게서 호기심이 부쩍 솟아올랐다.
❺(해나 달이) 모습을 드러내 하늘로 올라가다. (of a sun or moon) Rise towards the sky by revealing image over the ground.
㊌솟다, 뜨다I자
N0-가 N1-로 V (N0=[천체](해, 달) N1=[장소](하늘 따위))
¶태양이 하늘 위로 붉게 솟아올랐다. ¶달이 솟아오르고 나니 마치 낮처럼 환했다.

송금되다

어원 送金~ 활용 송금되어(송금돼), 송금되니, 송금되고 대응 송금이 되다
자(방세, 비용 등의 돈이) 금융기관을 통하여 다른 사람에게 부쳐지다. (of a rent or expense's money) Be transferred to someone.
N0-가 N2-(에서|에게서) N1-(로|에게) V (N0=[금전](돈 따위) N1=[인간|단체] N2=[인간|단체], (계좌))
능 송금하다
¶생활비는 매달 부모님으로부터 계좌로 꼬박꼬박 송금되었다. ¶아버지가 은퇴하신 뒤로는 연금공단에서 연금이 송금되었다.

송금시키다

어원 送金~ 활용 송금시키어(송금시켜), 송금시키니, 송금시키고 대응 송금을 시키다
타 ☞ '송금하다'의 오용

송금하다

어원 送金~ 활용 송금하여(송금해), 송금하니, 송금하고 대응 송금을 하다
타(어떤 사람이) 다른 사람에게 방세, 비용 등의 돈을 금융기관을 통하여 부쳐 보내다. (of someone) Transfer rent or expense's money to someone else.
㊌돈을 보내다, 돈을 부치다
N0-가 N2-(로|에게) N1-를 V (N0=[인간] N1=[금전](돈 따위) N2=[인간], (계좌))
피 송금되다
¶어머니는 아들에게 꼬박꼬박 등록금과 생활비를 송금하셨다. ¶나는 돈을 빌려 달라는 친구에게 이십만 원을 송금했다.

송부되다

어원 送付~ 활용 송부되어(송부돼), 송부되니, 송부되고 대응 송부가 되다
자 사람이나 단체에 공식적으로 서신이나 문서, 물품 따위가 우편으로 부쳐 보내지다. (of a letter, document or object) Be sent officially by mail to a person or an organization.
㊍보내지다
N0-가 N1-(에|에게|로) V (N0=[구체물](서신, 문서, 물품 따위) N1= [인간|단체])
능 송부하다
¶학교에서 입학통지서가 내게 송부되었다. ¶요즘은 관공서에서도 전자우편으로 공문서가 담당부서로 송부된다.

송부하다

어원 送付~ 활용 송부하여(송부해), 송부하니, 송부하

고 대응송부를 하다

타(사람이나 단체가) 다른 사람이나 단체에 공식적으로 서신이나 문서, 물품 따위를 우편으로 부쳐 보내다. (of a person or an organization) Send a letter, document or object officially by mail to another person or organization.

㊤보내다

N0-가 N1-를 N2-(에|에게|로) V (N0=[인간|단체] N1=[구체물](서신, 문서, 물품 따위) N2=[인간|단체], [장소])

피송부되다

¶학교에서 입학통지서를 내게 송부했다. ¶요즘은 관공서에서 전자우편으로 공문서를 담당부서에 송부한다.

쇄도하다

어원殺到~ 활용쇄도하여(쇄도해), 쇄도하니, 쇄도하고 대응쇄도를 하다

자❶(전화나 요청, 주문 따위가) 어떤 사람이나 단체에 한꺼번에 빠르고 세차게 몰려들다. (of phone calls, requests, or orders) Rush to a person or an organization violently and quickly at the same time.

㊥답지하다, 몰려들다, 밀려들다

N1-(에|에게) N0-가 V (N0=[행위], [제안] N1=[인간|단체], [시설물])

¶마라톤 대회에 많은 단체와 개인들의 신청이 쇄도했다. ¶주문이 쇄도해서 정신없이 일하고 있어요.

❷(어떤 곳으로) 세차게 달려들거나 한꺼번에 몰려가다. Rush violently or dash together to somewhere.

㊥몰려가다

N0-가 N1-로 V (N0=[인간] N1=[장소], [방향])

¶군인들이 적진으로 쇄도했다. ¶성호가 골밑으로 쇄도해서 공을 가로챘다.

쇠다 I

활용쇠어(쇄), 쇠니, 쇠고

자❶(채소나 나물 따위가) 너무 자라서 잎이나 줄기가 뻣뻣하고 질겨지다. (of a leaf or a stem) Become stiff and tough due to overly grown vegetable or herb.

N0-가 V (N0=[채소])

¶어머니는 쑥이 더 쇠기 전에 캐야 한다고 하셨다. ¶초봄에 캐는 나물들은 제때 캐야 쇠지 않는다.

❷(어떠한 상태가) 지속되어 일정한 정도를 넘어서 점점 심해지다. (of some condition) Become severe by going over the limit.

㊥악화되다, 나빠지다

N0-가 V (N0=[질병], 울음 따위)

¶감기가 쉽게 낫지 않고 점점 쇠고 있다. ¶아이의 울음이 그치지 않고 도리어 점점 쇠었다.

쇠다 II

활용쇠어(쇄), 쇠니, 쇠고

타(명절이나 생일 따위를 맞이하여) 그와 관련된 활동을 하며 시간을 보내다. Spend a holiday, a birthday, or a fixed anniversary by welcoming.

㊥보내다[1]타, 지내다, 치르다

N0-가 N1-를 V (N0=[인간] N1=[기념일], [명절])

¶가족들이 모여 아버지의 환갑을 쇠었다. ¶철수는 추석을 쇠러 시골로 내려갔다.

쇠락하다

어원衰落~ 활용쇠락하여(쇠락해), 쇠락하니, 쇠락하고 대응쇠락을 하다

자❶몸이 쇠약해져 마르고 허약해지다. Become thin and weak.

㊥쇠약해지다

N0-가 N1-(에|로) V (N0=[인간], 신체, 몸, 따위 N1=[질병 및 증세], [장애])

¶이웃 노인은 치명적인 장애로 몸이 자꾸만 쇠락하고 있다. ¶아내는 기운이 쇠락하니 자꾸만 병이 생긴다.

❷국가나 단체의 힘이나 세력이 약해져서 몰락하다. (of the power or strength of a country or organization) Fall into decline.

N0-가 N1-로 V (N0=[단체](국가, 조직 따위) N1=내전, 분규, 분열 따위)

¶저개발국은 내전으로 쇠락하고 있다. ¶내적 분열로 쇠락하지 않는 정부가 없다.

쇠망하다

어원衰亡~ 활용쇠망하여(쇠망해), 쇠망하니, 쇠망하고 대응쇠망을 하다

자국가나 정부의 세력이 허약해서 망하다. (of the power of a state or a government) Become weakened and decline.

㊥몰락하다 ㊤망하다

N0-가 N1-로 V (N0=[단체](국가, 정부) N1=[추상물](내전, 분규, 분열))

¶강력하던 국가들도 쇠망하는데, 우린들 예외인가. ¶로마가 쇠망한 것은 체제붕괴 때문이다.

쇠퇴되다

어원衰退/衰頹~ 활용쇠퇴되어(쇠퇴돼), 쇠퇴되니, 쇠퇴되고 대응쇠퇴가 되다

자☞ 쇠퇴하다

쇠퇴하다

어원衰退/衰頹~ 활용쇠퇴하여(쇠퇴해), 쇠퇴하니, 쇠퇴하고 대응쇠퇴를 하다

자(강성했던 세력이나 사조, 현상 따위가) 약하여

ㅅ

져 몰락해 가다. (of strong influence, trend, or phenomenon) Become weaker and to be on the downgrade.
㊌쇠락하다, 몰락하다, 기울다 ㊤망하다
N0-가 V (N0=[인간|단체], [관습], [제도], [종교], [사조], [예술])
¶반란 세력은 시간이 지남에 따라 점차 쇠퇴하였다. ¶우리는 찬란한 문화도 언젠가 쇠퇴한다는 것을 알고 있다.

쇠하다

어원 衰~ 활용 쇠하여(쇠해), 쇠하니, 쇠하고
자 ❶몸이 약해지고 기운이 없어지다. (of body condition or power) Become weak or worse.
㊌허약해지다
N0-가 V (N0=[추상물](기력, 근력, 심신 따위))
¶아버지께서는 요즘 부쩍 기력이 쇠해 보이신다. ¶어머니께서는 근력이 쇠하니 가벼운 운동도 하기 힘드시다.
❷(가정, 집단, 국가의 상태가) 정상적인 기능을 하지 못하고 세력이 약해지다. (of a home, a group, or a country's condition) Deteriorate in terms of power by not performing its normal function.
㊌쇠약해지다, 취약해지다, 쇠퇴하다
N0-가 V (N0=[상황](가세, 국운 따위), 기세 따위)
¶백성들은 국운이 이미 쇠하고 있음을 알아차렸다. ¶아버지의 사업이 실패하면서 가세가 점점 쇠하여 갔다.

수감되다

어원 收監~ 활용 수감되어(수감돼), 수감되니, 수감되고 대응 수감이 되다
자 죄인이 잡혀 감옥이나 교도소에 갇히다. (of a criminal) Be caught and imprisoned.
㊌투옥되다 ㊥석방되다, 방면되다 ㊤갇히다
N0-가 N1-에 V (N0=[인간] N1=교도소, 구치소, 감옥)
능 수감하다
¶폭력 조직의 두목은 1년 만에 교도소에 수감되었다. ¶몇몇 의원들이 공금 횡령죄로 구치소에 수감되어 있다.

수감시키다

어원 收監~ 활용 수감시키어(수감시켜), 수감시키니, 수감시키고 대응 수감을 시키다
타 ☞'수감하다'의 오용

수감하다

어원 收監~ 활용 수감하여(수감해), 수감하니, 수감하고 대응 수감을 하다
타 (법을 집행하는 사람이나 국가기관이) 죄인을 감옥이나 교도소에 가두다. (of court or prison officer) Catch and imprison a criminal.
㊌투옥하다 ㊥석방하다, 방면하다 ㊤가두다
N0-가 N1-를 N2-에 V (N0=[집단] N1=[인간] N2=교도소, 감옥)
피 수감되다
¶검찰은 폭력 조직의 우두머리를 교도소에 수감했다. ¶검찰은 살인범을 영등포 교도소의 독방에 수감하였다.

수거되다

어원 收去~ 활용 수거되어(수거돼), 수거되니, 수거되고 대응 수거가 되다
자 (사물 따위가) 한데 모여 거두어지다. (of items) Be collected in one place and taken.
㊌수집되다
N0-가 V (N0=[구체물](쓰레기, 폐지, 병 따위))
능 수거하다
¶우리 동네는 화요일마다 재활용 쓰레기가 수거된다. ¶하루 동안 바다의 쓰레기가 많이 수거되었다.

수거하다

어원 收去~ 활용 수거하여, 수거하니, 수거하고
대응 수거를 하다
타 (사물 따위를) 한데 모아 거두어 가다. (of a person) Collect items in one place and take.
㊌모으다, 수집하다
N0-가 N1-를 V (N0=[인간|단체] N1=[구체물](쓰레기, 폐지, 병 따위))
피 수거되다
¶우리 동네는 화요일마다 재활용 쓰레기를 수거해 간다. ¶민수는 바다의 쓰레기를 수거하여 다시 돌아왔다.

수고하다

활용 수고하여(수고해), 수고하니, 수고하고 대응 수고를 하다
자 어떤 일을 하느라고 힘들이고 애쓰다. Take trouble over a work.
㊌고생하다
N0-가 S느라 V (N0=[인간])
¶먼 길 오시느라 수고하셨습니다. ¶수경은 이사하느라 수고한 친구들에게 짜장면을 사주었다.
N0-가 V (N0=[인간])
¶아버님 병간호 잘 해 드리고, 수고해라. ¶수고하신 모든 분들께 감사드립니다.

수긍되다

어원 首肯~ 활용 수긍되어(수긍돼), 수긍되니, 수긍되고 대응 수긍이 되다
자 (다른 사람의 말이나 행동 따위가) 옳거나 타당하다고 인정되다. (of words or behavior of another person) Be recognized to be right or proper.
㊌납득되다, 이해되다

N0-가 N1-에 V (N0=[의견], [행위], [명제] N1=[인간])
능 수긍하다
¶그의 주장은 내게 어느 정도는 수긍되었다. ¶김 교수의 주장은 아무에게도 수긍되지 않았다.

수긍하다

어원 首肯~ 활용 수긍하여(수긍해), 수긍하니, 수긍하고 대응 수긍을 하다
자타 (다른 사람이 하는 말이나 행동을) 옳거나 타당하다고 인정하다. Recognize another person's words or behavior to be right or proper.
유 납득하다, 이해하다, 인정하다
N0-가 N1-(에|를) V (N0=[인간] N1=[의견], [행위], [앎])
피 수긍되다
¶그는 나의 주장에 쉽게 수긍하였다. ¶나는 그의 행동을 수긍할 수가 없었다.

수납되다

어원 收納~ 활용 수납되어(수납돼), 수납되니, 수납되고 대응 수납이 되다
자 돈이나 물품 따위가 사람이나 단체에 공식적으로 받아 거두어들여지다. (of money or goods) Be officially collected and received by a person or an organization.
유 납입되다
N0-가 N1-에 V (N0=[구체물](돈, 물건) N1= [인간|단체])
능 수납하다
¶학교 등록금이 금융기관에 수납된다. ¶이번 달 전기요금이 수납되지 않았다고 한다.

수납하다

어원 收納~ , 활용 수납하여(해), 수납하니, 수납하고 대응 수납을 하다
타 (사람이나 단체가) 돈이나 물품 따위를 공식적으로 받아 거두어들이다. (of a person or an organization) Receive and take money or goods officially.
유 거두다 반 납입하다 상 받다[1] 타
N0-가 N1-를 V (N0=[인간|단체] N1=[구체물](돈, 물건))
피 수납되다
¶저 은행이 학교 등록금을 수납하는 곳이다. ¶국민이 내는 공과금을 수납하는 기관들이 많다.

수놓다

활용 수놓아, 수놓으니, 수놓고
타 ❶(천이나 천으로 만들어진 물건에) 여러 가지 색실을 바늘에 꿰어 글자나 무늬 따위를 새겨 넣다. Embed a letter or a design on fabric or object made of fabric by sewing with various colored threads.
N0-가 N2-에 N1-를 V↔ N0-가 N1-로 N2-를 V (N0=[인간] N1=[모양], 글자 따위 N2=[착용물], [주머니], [가방], 병풍 따위)
¶한복을 만드는 장인은 치마에 꽃과 나비를 수놓았다. ↔ 한복을 만드는 장인은 꽃과 나비로 치마를 수놓았다. ¶그녀는 이불을 원앙으로 수놓았다.
❷(어떤 장소를) 여러 가지 색실로 수를 놓은 것처럼 화려하고 아름답게 보이게 하다. Make some place look beautiful and fancy as if sewn with various colored threads.
유 장식하다, 꾸미다
N0-가 N1-를 V (N0=[천체], [식물], [조명] N1=[장소])
¶화려한 조명이 밤거리를 수놓았다. ¶아이는 밤하늘을 수놓은 별들을 하염없이 바라보았다. ¶가을이면 울긋불긋한 단풍잎들이 산을 아름답게 수놓는다.

수락하다

어원 受諾~ 활용 수락하여(수락해), 수락하니, 수락하고 대응 수락을 하다
타 ❶(다른 사람의) 요구나 부탁, 제안 따위를 동의하여 받아들이다. (of a person) Agree to and accept a demand, a request, or a suggestion.
유 받아들이다, 수용하다 반 거부하다, 거절하다
N0-가 N1-를 V (N0=[인간|단체] N1=요구, 부탁, 제안, 초대 따위)
피 수락되다
¶회사는 연봉을 올려달라는 나의 제안을 수락하였다. ¶그는 나의 초대를 기꺼이 수락하였다.
❷다른 사람이 제안하거나 부탁하는 직위나 직책을 맡아 일할 것을 받아들이다. (of a person) Accept the office or a position suggested by another person.
유 받아들이다, 수용하다 반 거부하다, 거절하다
N0-가 N1-를 V (N0=[인간|단체] N1=[역할])
피 수락되다
연어 흔쾌히
¶배우 김현수 씨는 주인공 배역을 고민 끝에 수락하였다. ¶그는 자신은 능력이 안 된다며 의장직을 수락하지 않았다.

수렴되다

어원 收斂~ 활용 수렴되어(수렴돼), 수렴되니, 수렴되고 대응 수렴이 되다
자 ❶(여럿으로 흩어져 있는 의견이나 사상 따위가) 하나로 모여 정리되거나 받아들여지다. (of opinion or ideology that's scattered into many) Be united into one to be organized or accepted.
유 모이다
N0-가 V (N0=의견, 여론, 반론 따위)

[능]수렴하다
¶오랜 기간을 두고 각계의 의견이 수렴된다면 결정하겠다. ¶이 사안에 대한 대중의 여론이 적극적으로 수렴되어야 한다.
❷(돈이나 물건 따위가) 걷혀 모아지다. (of money or items) Be collected and accumulated.
[유]모아지다, 모이다, 걷히다III
N0-가 V (N0=[구체물](돈, 물건 따위))
[능]수렴하다
¶올해 모임에는 수렴된 돈이 적다. ¶이번 달에는 수렴된 재활용품이 많지 않아 큰일이다.
❸ 【물리, 수학】 광선, 유체, 전류 따위가 한 점에 모이다. (of a ray, fluid, electricity, etc.) Be concentrated on a point.
N0-가 N1-(에|로) V (N0=광선, 유체, 전류 따위 N1=지점, 점, 값)
[능]수렴하다
¶수많은 빛이 한 점으로 수렴된다. ¶전류가 흐르다가 점차 영에 수렴된다.

[ㅅ]

수렴하다
[어원]收斂~ [활용]수렴하여(수렴해), 수렴하니, 수렴하고 [대응]수렴을 하다
[재타]❶(여럿으로 흩어져 있는 의견이나 사상 따위를) 하나로 모아 정리하거나 받아들이다. Unite (opinion or ideology that's scattered as many) As one and organize or accept.
[유]모으다
N0-가 N1-를 V (N0=일, 사안, 정책, 연구, [단체] N1=의견, 여론, 반론, 의사, 성과, 불만 따위)
[피]수렴되다
¶이 일은 각계의 의견을 충분히 수렴하여 결정할 일이다. ¶이 연구는 기존의 연구 성과들을 잘 수렴하고 있다.
❷(돈이나 물건 따위를) 모아서 거두어들이다. (of a person) Collect and accumulate money or items.
[유]모으다, 모금하다
N0-가 N1-를 V (N0=[인간|단체] N1=[구체물](돈, 물건 따위))
[피]수렴되다
¶모인 사람들끼리 돈을 얼마씩 수렴하여 일꾼들에게 맡겼다. ¶쓰지 않는 물건을 수렴하여 가져다 파십시오.
❸ 【물리】 광선, 유체, 전류 따위가 한 점이나 값에 모으다. Concentrate a ray, fluid, electricity, etc. on a point.
N0-가 N1-를 N2-(에|로) V (N0=초점 따위 N1=빛, 유체, 전류 따위 N2=지점, 점, 값)
[피]수렴되다
¶수많은 빛을 한 점에 수렴한다. ¶초점은 빛을 하나로 수렴한 지점이다.

수록되다
[어원]收錄~ [활용]수록되어(수록돼), 수록되니, 수록되고 [대응]수록이 되다
[자](글이나 노래 따위의 자료들이) 책이나 음반에 담기다. (of writing or song's material) Be incorporated into a book or album.
[유]담겨지다, 모이다, 실리다
N0-가 N1-에 V (N0=[추상물](연구내용, 노래, 자료 따위), [텍스트] N1=[텍스트](잡지, 책, 모음집 따위), [구체물](음반 따위))
[능]수록하다
¶이번 호에는 아주 재미있는 기사들이 많이 수록되었다. ¶이 음반에는 아주 희귀한 노래가 수록되어 있다.
S것-이 N0-에 V (N0=[텍스트](잡지, 책, 모음집 따위), [구체물](음반 따위))
[능]수록하다
¶이 음반에는 내가 공연한 것이 그대로 수록되어 있다. ¶그들이 보여 주고자 한 것이 새로 발표된 음반에 수록되었다.

수록하다
[어원]收錄~ [활용]수록하여(수록해), 수록하니, 수록하고 [대응]수록을 하다
[타](글이나 노래 따위의 자료를 모아서) 책이나 음반에 담다. Incorporate writing or song's material into a book or album.
[유]담다, 모으다, 싣다
N0-가 N1-를 N2-에 V ↔ N2-가 N1-를 V (N0=[인간|단체] N1=[추상물](연구내용, 노래, 자료 따위), [텍스트] N2=[텍 스트](잡지, 책, 모음집 따위), [구체물](음반 따위))
[피]수록되다
¶책에 그 사진을 수록해서 출판하자. ¶제작사는 이번 음반에 그의 히트곡을 모두 수록했다.↔ 이번 음반은 그의 히트곡을 모두 수록했다.
N0-가 N1-를 V (N0=[텍스트](잡지, 책, 모음집 따위), [구체물](음반 따위) N1=[추상 물](내용, 노래, 자료 따위), [텍스트])
[피]수록되다
¶이 논문집은 최고의 논문들만을 수록한다. ¶그 음반은 초기 히트곡을 많이 수록하고 있다.
N0-가 S것-을 N1-에 V (N0=[인간|단체] N1=[텍스트](잡지, 책, 모음집 따위), [구체물](음반 따위))
[피]수록되다
¶이 어린 연주자는 연주한 것을 그대로 음반에 수록하려고 한다. ¶그는 평소 써 두었던 시를 모두 수록하여 출간했다.

수뢰하다

어원 受賂~ 활용 수뢰하여(수뢰해), 수뢰하니, 수뢰하고 대응 수뢰를 하다

타 (사람이) 다른 사람이나 단체로부터 뇌물을 받다. (of a person) Receive a bribe from another person or organization.

㊌받아먹다, 받아 챙기다

N0-가 N2-(에게서|로부터) N1-를 V (N0=[인간] N1=[구체물] N2=[인간|단체])

¶비서관은 모 협회로부터 삼천만 원을 수뢰했다. ¶박장관은 건설업자에게서 돈을 수뢰한 혐의를 받고 있다.

수료하다

어원 修了~ 활용 수료하여(수료해), 수료하니, 수료하고 대응 수료를 하다

타 (사람이) 개설된 일정한 과목들을 다 배우고 과정을 끝내다. (of a person) Take and complete a course of study.

N0-가 N1-를 V (N0=[인간|단체] N1=학사, 석사, 박사 과정)

¶그는 석사 과정을 수료하고 휴학했다. ¶학생들은 학사 과정을 수료한 후 졸업한다.

수리되다

어원 修理~ 활용 수리되어(수리돼), 수리되니, 수리되고 대응 수리가 되다

자 (고장이 나거나 낡아 제 기능을 못하는 사물이나 건축물 또는 그 일부가) 고쳐져서 쓸 수 있게 되다. (of a broken or an impaired thing or building or its part) Be repaired so that it can be used again.

㊌고쳐지다

N0-가 V (N0=[구체물], [건물], [길], [다리], [굴])

능 수리하다

¶교량은 정기적으로 수리되어야 한다. ¶컴퓨터가 서비스센터에서 수리되고 있다. ¶이사 갈 집의 창틀이 빨리 수리되면 좋겠다.

수리하다

어원 修理~ 활용 수리하여(수리해), 수리하니, 수리하고 대응 수리를 하다

타 (고장이 나거나 낡아 제 기능을 못하는 사물이나 건축물 또는 그 일부를) 고쳐서 쓸 수 있게 만들다. Repair a broken or an impaired thing or building or its part so that it can be used again.

㊌고치다

N0-가 N1-를 V (N0=[인간|단체] N1=[구체물], [건물], [길], [다리], [굴])

피 수리되다

¶시청에서는 정기적으로 교량을 수리한다. ¶동생이 내 컴퓨터를 수리해 주었다. ¶나는 이사 갈 집의 창틀을 수리하려고 한다.

수립되다

어원 樹立~ 활용 수립되어(수립돼), 수립되니, 수립되고 대응 수립이 되다

자 ❶(국가, 조직, 제도 따위가) 새로 조직되어 만들어지다. (of country, institution, system, etc.) Be made and organized for the first time.

㊌창립되다, 창설되다

N0-가 V (N0=[단체](국가, 정부, 정권 따위), [제도], [관계])

능 수립하다

¶상해에서 대한민국 임시정부가 수립되었다. ¶한 번 수립된 제도를 자꾸 바꾸는 것은 좋지 않다.

❷(계획, 정책 따위가) 짜여 만들어지다. (of plan or policy) Be arranged and made.

㊌세워지다 자, 만들어지다 자, 짜여지다 자

N0-가 V (N0=[추상물](계획, 정책, 사상 따위))

능 수립하다

¶무엇보다 아이들을 위한 정책이 잘 수립되어야 한다. ¶먼저 인질 구출 작전부터 제대로 수립되어야 한다. ¶이번 계획이 무사히 수립되면 보완책도 마련될 것이다.

수립하다

어원 樹立~ 활용 수립하여(수립해), 수립하니, 수립하고 대응 수립을 하다

타 ❶(국가, 조직, 제도 따위를) 새로 조직하여 만들다. Constitute a new country, institution, or system.

㊌창립하다, 창설하다

N0-가 N1-를 V (N0=[인간|단체] N1=[단체](국가, 정부, 정권 따위), [제도])

피 수립되다

¶대한민국은 식민 통치를 벗어나 자주적인 국가를 수립했다. ¶민주적인 정부를 수립하는 것은 많은 사람의 희생이 필요했다.

❷계획, 정책 따위를 짜다. Organize a plan or a policy.

㊌세우다[1], 만들다, 짜다I

N0-가 N1-를 V (N0=[인간|단체] N1=[추상물](계획, 정책, 사상 따위))

피 수립되다

¶후대의 복지까지 생각한 원대한 정책을 수립해야 한다. ¶정부는 균형 발전을 위한 다양한 계획을 수립하였다.

수반되다

어원 隨伴~ 활용 수반되어(수반돼), 수반되니, 수반되고

자 ❶(어떤 현상이) 다른 현상에 따라서 더불어

나타나다. (of a phenomenon) Appear always accompanying another phenomenon.
㊌동반되다, 따르다I자
No-가 N1-에 V (No=[상태] N1=[상태], [행위])
능수반하다
¶급여 상승에 근로자들의 근로 의욕 향상도 수반되었다. ¶한참 작업하면 어지럼증이나 구토 증상이 수반된다.
❷(어떤 행위를 수행하는 과정에서) 어떤 수단이 그 행위에 따라 붙어 사용되다. (of a phenomenon) Be used to constitute another phenomenon.
㊌동반되다, 따르다I자
No-가 N1-(에|에서) V (No=[수단], [행위](고문, 가혹 행위 따위), [추상물](노력, 무력 따위) N1=[경로] (과정 따위))
능수반하다
¶용의자를 심문하는 과정에서 가혹 행위와 고문이 수반됐다. ¶권력의 생성 과정에는 항상 무력이 수반되곤 한다.

수반하다
어원隨伴~ 활용수반하여(수반해), 수반하니, 수반하고 대응수반을 하다
타❶(어떤 현상이) 다른 현상을 따라 나타나다. (of a phenomenon) Follow and appear together with another phenomenon.
㊌동반하다
No-가 N1-를 V ↔ N1-가 No-에 V (No=[상태], [행위] N1=[상태])
피수반되다
¶모든 작용이 같은 양의 반작용을 수반한다.↔ 모든 작용에는 같은 양의 반작용이 수반한다. ¶일본뇌염에 걸리면 고열이 나고, 구역질과 구토를 수반한다.
❷(어떤 현상이) 다른 현상을 이루기 위해 사용되다. (of a phenomenon) Be used to constitute another phenomenon.
No-가 N1-를 V ↔ N1-가 No-에 V (No=[결과], [경로](과정 따위) N1=[수단])
피수반되다
¶변화하는 과정은 고통을 수반한다. ↔ 변화하는 과정에는 고통이 수반한다. ¶사람들의 명품 선호는 사회적 동조를 수반한다.

수비하다
어원守備~ 활용수비하여(수비해), 수비하니, 수비하고 대응수비를 하다
타(상대의 공격이나 침략 따위로부터) 무언가를 막아 지키다. Defend (something from attack or invasion of opponent).
㊌방어하다, 막다, 지키다 ㊥공격하다
No-가 N2-로부터 N1-를 V (No=[인간|단체] N1=[장소], [구체물] N2=[인간|단체], [행위](공격, 침략 따위))
연어철통같이
¶승민이는 상대팀의 공격으로부터 악착같이 골문을 수비했다. ¶군인들이 적의 침략으로부터 군사 시설을 철통같이 수비한다.
No-가 N1-를 V (No=[인간|단체] N1=[인간|단체], [행위](공격, 침략 따위))
¶아군은 적군을 수비하기 쉬운 곳에 배치되었다. ¶어떻게 하면 상대팀의 공격을 수비할 수 있을까?

수사하다
어원搜査~ 활용수사하여(수사해), 수사하니, 수사하고
자타【법률】 사실 여부를 정확하게 알기 위하여 사건 따위를 조사하다. Investigate a case in order to learn accurate matter of fact.
㊌조사하다
No-가 N1-(를|에 대해) V (No=[인간], [기관](경찰, 검찰 따위) N1=[사건], [사태])
¶검찰이 검찰 내부 비리를 본격적으로 수사했다. ¶강도 사건을 수사하던 경찰관이 순직했다.
No-가 S지-(를|에 대해) V (No=[인간], [기관](경찰, 검찰 따위))
¶검찰이 폭행이 있었는지에 대하여 내부적으로 수사했다. ¶경찰은 납치 사건이 있었는지에 대해 수사한다.

수상하다
어원受賞~ 활용수상하여(수상해), 수상하니, 수상하고 대응수상을 하다
타(사람이나 단체가) 어떤 대회나 경기, 분야에서 상을 받다. (of a person or a team) Win a prize in a competition, a contest, or a field.
㊌상을 받다
No-가 N2-에서 N1-를 V (No=[인간|단체] N1=[상] N2=[대회], [분야], [축제])
¶우리나라 영화가 국제 영화제에서 작품상을 수상하게 됐다. ¶영희는 지난해 신인상을 수상하면서 문단에 데뷔했다. ¶박태환 선수가 올림픽에서 금메달을 수상했다.

수소문하다
어원搜所聞~ 활용수소문하여(수소문해), 수소문하니, 수소문하고 대응수소문을 하다
자타❶(원하는 것을 찾기 위해) 두루 알아보고 찾아 살피다. Cast around to obtain something one desires.
㊌찾아보다, 탐문하다
No-가 N1-(를|에 대해) N2-에서 V (No=[인간|단체] N1=[구체물], [인간|단체] N2=[장소])
¶제작진이 뚱뚱한 여배우를 수소문했지만 성과가 없었다. ¶우리는 신문광고를 보고 일자리를

수소문했다.
N0-가 S지-(를|에 대해) N1-에서 V (N0=[인간|단체] N1=[장소])
¶아들은 이별한 어머니가 살아 계신지를 수소문하며 다녔다. ¶집나간 아내가 어디 사는지를 수소문했지만 알 길이 없었다.
❷(원하는 것을 찾기 위해) 정보를 알 만한 곳과 사람 등을 찾아가 알아보고 다니다. Investigate around by visiting places or people that may provide information in order to find something one desires.
㊌알아보다
N0-가 N1-(를|에게) V (N0=[인간|단체] N1=[인간|단체], [장소], [단체])
¶그에 대한 정보를 얻기 위해 인근 동네를 수소문했다. ¶북청 일대의 물장수들에게 수소문해서 마침내 아내를 발견했다. ¶성호는 강아지를 못 보았느냐고 동네 사람에게 수소문하며 다녔다.

수술받다

어원 手術~ 활용 수술받아, 수술받으니, 수술받고
대응 수술을 받다
타 【의학】 환자가 몸의 일부를 의사에게 의료 기기를 사용하여 자르거나 째거나 도려내는 등의 방법으로 치료받다. (of a patient) Get be cured a disease by performing diverse manipulations on a body part, such as cutting, incising, and scraping, using medical devices.
㊉수술하다
N0-가 N2-에게 N1-를 V (N0=[인간](의사) N1=[신체부위] N2=[역할인간](의사 따위))
¶한센병 환자는 박 박사에게 신장을 수술받고 미국으로 돌아갔다. ¶그는 심장을 김 교수에게 수술받았다.

수술하다

어원 手術~ 활용 수술하여(수술해), 수술하니, 수술하고
타❶ 【의학】 의사가 환자의 피부나 몸의 일부를 의료 기기를 사용하여 자르거나 째거나 도려내는 등의 방법으로 치료하다. (of a doctor) Cure a disease by performing diverse manipulations on a patient's body part, such as cutting, incising, and scraping, using medical devices.
㊉수술받다
N0-가 N1-를 V (N0=[인간](의사) N1=[인간], [신체부위])
¶박 박사는 한센병 환자를 수술하고 미국으로 돌아갔다. ¶그는 심장을 수술하는 데에는 도가 튼 의사였다.
❷ 【의학】 (환자가 피부나 몸의 일부를) 의료기계를 사용하여 자르거나 째거나 도려내는 등의 방법으로 치료받다. (of a person) Be cured of a disease by being given diverse manipulations on one's body part, such as cutting, incising, and scraping, using medical devices.
N0-가 N1-를 V (N0=[인간] N1=[신체부위])
¶나는 어린 시절 세 번이나 오른쪽 무릎을 수술하였다. ¶아버지는 미국의 유명한 병원에서 심장을 수술하고 돌아왔다.
❸(사람이) 어떤 제도나 현상의 결함, 부패, 비리, 법 따위를 근본적으로 고치다. (of a person) Fundamentally correct defect, corruption, depravity, or law of certain system or phenomenon.
㊌고치다, 바로잡다 타
N0-가 N1-를 V (N0=[인간|단체] N1=부패, 비리, 법 따위)
¶기업의 비리를 수술하기 위한 방안을 찾아야 한다. ¶문화재법을 대폭 수술해 문화재 심사를 엄격히 해야 한다.

수습되다

어원 收拾~ 활용 수습되어(수습돼), 수습되니, 수습되고 대응 수습이 되다
자❶(흩어져 있는 물건 따위가) 어떤 장소에서 거두어져 정돈되다. (of things scattered about) Be picked up from a place and tidied up.
N0-가 N1-에서 V (N0=[구체물](시체, 유골, 유물, 유품 따위) N1=[장소])
능 수습하다
¶신석기 유물이 여러 곳에서 수습되었다. ¶서울에서 많은 유물들이 수습되었다. ¶이곳에서 수많은 종류의 토기가 수습되고 있었다.
❷(어수선한 사태, 상황, 문제 따위가) 정리되어 해결되거나 바로잡히다. (of a disorderly situation, circumstance, or problem) Be resolved or corrected.
㊌해결되다
N0-가 V (N0=[추상물](사태, 상황, 현장 따위))
능 수습하다
¶경찰이 출동하고 나서야 사고 현장이 수습되었다. ¶이번 일이 잘 수습되기를 바란다.
❸(불안하거나 어수선한 마음이나 감정 따위가) 가라앉아 바로잡히다. (of an anxious and disordered state of mind or emotion) Be relieved and settled.
㊌가라앉다, 안정되다
N0-가 V (N0=[추상물](마음, 감정, 민심, 정신 따위))
능 수습하다
¶감정이 수습될 때까지 잠시 기다리는 것이 좋습니다. ¶혼란스런 마음이 수습되지 않아 일을 할

수 없었다.

수습하다

어원 收拾~ 활용 수습하여(수습해), 수습하니, 수습하고 대응 수습을 하다

타 ❶(어수선하게 흩어져 있는 물건 따위를) 모아 정돈하다. Tidy up by collecting disordered and scattered objects.

No-가 N1-를 N2-에서 V (No=[인간] N1=[구체물] (시체, 유골, 유물, 유품 따위) N2=[장소])

피 수습되다

¶구조대원들이 사고 현장에서 시신을 수습하고 있었다. ¶경찰들이 차량을 우회시킨 뒤 사고 차량을 수습했다. ¶원정대원들이 유 씨의 유품을 수습해 캠프로 귀환했다.

❷(어수선한 사태, 상황, 문제 따위를) 정리하여 해결하거나 바로잡다. Resolve or correct a disordered situation, circumstance, or problem.

㊐해결하다

No-가 N1-를 V (No=[인간|단체] N1=[추상물](사태, 상황, 현장 따위))

피 수습되다

¶경찰들이 사고 현장을 수습하고 있다. ¶관계자들이 상황을 수습하려고 애쓰고 있다.

❸(불안하거나 어수선한 마음이나 감정 따위를) 가라앉히어 바로잡다. Relieve and settle an anxious and disordered state of mind or emotion.

㊐가라앉히다, 안정시키다

No-가 N1-를 V (No=[인간|단체] N1=[추상물](마음, 감정, 민심, 정신 따위))

피 수습되다

¶나는 불안하고 들뜬 감정을 수습하려고 애를 썼다. ¶나는 다시 정신을 차리고 수습하는 데 1년이 걸렸다.

수여되다

어원 授與~ 활용 수여되어(수여돼), 수여되니, 수여되고

자 (증서나 상, 상패 따위가) 일정한 자격을 가진 사람에게 주어지다. (of a certificate, award, or trophy) Be given to a person with certain qualification.

㊤주어지다

No-가 N1-(에|에게) V (No=[상장](상, 임명장 따위), [구체물](상패, 감사패, 훈장 따위) N1=[인간|단체])

능 수여하다

¶새로 임명된 장관들에게 임명장이 수여되었다. ¶용감한 10대 학생에게 감사패가 수여되었다. ¶퇴직 고위공무원들에게 훈장이 수여되었다.

수여받다

어원 授與~ 활용 수여받아, 수여받으니, 수여받고

타 (개인이나 단체가) 어떤 증서나 상, 훈장 따위를 일정한 자격을 가진 사람이나 기관으로부터 받다. (of an individual or group) Receive a certificate, award, or trophy from someone with certain qualification.

㊤받다II[1] ㊥수여하다

No-가 N2-(에게|로부터) N1-를 V (No=[인간|단체] N1=[상장](상, 임명장 따위), [구체물](상패, 감사패, 훈장 따위) N2=[인간|단체])

능 수여하다

¶장관들은 대통령에게 임명장을 수여받았다. ¶용감한 10대 학생은 서울시로부터 감사패를 수여받았다. ¶퇴직 공무원들이 훈장을 수여받았다.

수여하다

어원 授與~ 활용 수여하여(수여해), 수여하니, 수여하고

타 (개인이나 단체가) 일정한 자격을 가진 사람에게 어떤 증서나 상, 훈장 따위를 가지도록 주거나 베풀다. (of an individual or group) Hand or give a document, award, or trophy to someone with certain qualification.

㊐주다[1]타 ㊥수여받다

No-가 N1-를 N2-(에|에게) V (No=[인간|단체] N1=[상장](상, 임명장 따위), [구체물](상패, 감사패, 훈장 따위) N2=[인간|단체])

피 수여되다

¶대통령은 새로 임명된 장관들에게 임명장을 수여하였다. ¶서울시에서는 용감한 10대 학생에게 감사패를 수여하였다. ¶정부는 장기근속 공무원들에게 훈장을 수여하였다.

수영하다

어원 水泳~ 활용 수영하여(수영해), 수영하니, 수영하고 대응 수영을 하다

자 운동이나 놀이로서 물속에서 헤엄치다. Move through water as a sport or a play.

㊐헤엄치다

No-가 V (No=[인간], [동물])

¶바다에서는 아이들이 신나게 수영하고 있었다. ¶그는 건강을 위해서 아침마다 수영한다. ¶수영장에서 수영하는 경우에도 안전에 유의해야 한다.

수용되다 I

어원 收容~ 활용 수용되어(수용돼), 수용되니, 수용되고 대응 수용이 되다

자 (사람이나 사물이) 특정한 목적의 시설에 들어가 머무르게 되다. (of a person or a thing) Enter a facility for a particular purpose and stay there.

㊐유치되다, 보관되다

No-가 N1-에 V (No=[구체물] N1=[기관], [건물])

능 수용하다I

¶그는 지금 감호소에 수용되어 있다. ¶이곳은

약 삼천 명의 관객이 수용되는 공연장입니다. ¶이렇게 많은 물건이 수용되는 창고는 찾기 어려울 것이다.

수용되다 II

어원 受容~ 활용 수용되어(수용돼), 수용되니, 수용되고 대응 수용이 되다

자 (상황이나 개념, 요구, 조건 따위가) 단체나 기관에 받아들여지다. (of situation, concept, demand, or terms) Be accepted by people.

㊲받아들여지다

N0-가 N1-(에|에게) V (N0=[추상물], [사태] N1=[인간|단체], [기관])

능 수용하다I

¶우리나라의 제안이 그 나라에 수용되지 않았다. ¶그의 학설이 우리나라에서는 아직 수용되지 않았다. ¶문화는 다른 지역에 수용되어 더 발달하기도 한다.

수용시키다

어원 收容~ 활용 수용시켜, 수용시키니, 수용시키고 대응 수용을 시키다

타 ☞ '수용하다I'의 오용

수용하다 I

어원 收容~ 활용 수용하여(수용해), 수용하니, 수용하고 대응 수용을 하다

타 (특정한 목적의 시설이) 사람이나 사물을 받아들여 안에 두다. (of a facility dedicated to a particular purpose) Admit and hold people or things.

㊲받아들이다, 유치하다

N0-가 N1-를 V (N0=[기관], [건물] N1=[구체물])

피 수용되다I

¶당국은 전염병 환자들을 격리된 병원에 모두 수용하였다. ¶우리 학교는 전교생을 수용할 수 있는 강당을 새로 지었다. ¶검찰은 보호소에 수용하고 있는 불법 체류자들을 개별 면담했다.

수용하다 II

어원 受容~ 활용 수용하여(수용해), 수용하니, 수용하고 대응 수용을 하다

타 (상황이나 개념, 요구, 조건, 비판을) 인정하여 받아들이다. Accept a situation, a concept, a demand, the terms, or a criticism.

㊲받아들이다 ㊥거부하다, 거절하다

N0-가 N1-를 V (N0=[인간|단체] N1=[추상물], [사태])

피 수용되다II

¶교장 선생님은 학생들의 요구를 모두 수용하겠다고 약속했다. ¶경찰은 인질범들의 요구 조건을 모두 수용했다.

N0-가 S것-를 V (N0=[인간|단체])

피 수용되다II

¶교장 선생님은 학생들이 요구하는 것을 모두 수용하겠다고 약속했다. ¶경찰은 인질범들이 요구하는 것을 모두 수용했다.

수입되다

어원 輸入~ 활용 수입되어(수입돼), 수입되니, 수입되고 대응 수입이 되다

자 ❶(상품이나 물품 따위가) 다른 나라로부터 사 들여지다. (of goods or articles) Be purchased from abroad.

㊲들어오다, 반입되다 ㊥수출되다, 반출되다

N0-가 N1-에서 V (N0=[구체물] N1=[장소](나라, 기업 따위))

능 수입하다

¶목화가 중국과 미국 등에서 수입되고 있다. ¶최근에 동남아시아에서 값싼 농산물이 다량 수입되고 있다. ¶이런 가구들은 주로 일본에서 수입된 것이다.

N0-가 N1-(에|로) V (N0=[구체물] N1=[장소](나라, 기업 따위))

능 수입하다

¶한국의 중고차가 러시아에 수입되고 있다. ¶올해 국내로 수입된 수산물 중 3분의 1은 중국산이다.

❷(기술이나 문화, 제도 따위가) 다른 나라로부터 들어오다. (of technique, culture, system, etc.) Be introduced from abroad.

㊲들어오다, 유입되다 ㊥수출되다, 유출되다

N0-가 N1-에서 V (N0=[추상물](기술, 문화, 노동력, 제도, 시스템 따위) N1=[장소](나라), 기업 따위)

능 수입하다

¶현대의 과학 기술은 대부분 서양에서 수입되었다. ¶과거 일본에서 수입된 현대문학이 다시 일본으로 수출되고 있다.

수입하다

어원 輸入~ 활용 수입하여(수입해), 수입하니, 수입하고 대응 수입을 하다

타 ❶(기업이나 나라가 상품이나 물품 따위를) 다른 나라에서 사 들여오다. (of a company or a country) Purchase goods or articles from abroad.

㊲들여오다, 반입하다 ㊥수출하다, 반출하다

N0-가 N1-를 N2-(에서|로부터) V (N0=[인간|단체] N1=[구체물] N2=[장소](나라, 기업 따위))

피 수입되다

¶우리는 사료용 곡물의 70%를 다른 나라에서 수입한다. ¶우리나라는 사우디아라비아에서 석유를 가장 많이 수입한다. ¶일본이 전 세계에서 생산되는 장어의 70%를 수입한다.

❷(사람이나 집단이) 기술이나 문화, 제도 따위를

다른 나라에서 들여오다. (of a person or an organization) Introduce a technique, a culture, or a system from abroad.
㊌들여오다, 반입하다 ㉤수출하다, 유출하다
N0-가 N1-를 N2-(에서|로부터) V (N0=[인간|단체] N1=[추상물](기술, 문화, 노동력, 제도, 시스템 따위) N2= [장소](나라), 기업 따위)
피수입되다
¶우리 회사는 독일로부터 맥주 제조 기술을 수입했다. ¶74개국이 우리나라에서 새마을 운동을 수입해 갔다.

수정되다 I
어원受精~ 활용수정되어(수정돼), 수정되니, 수정되고 대응수정이 되다
자☞수정하다I

수정되다 II
어원修正~ 활용수정되어(수정돼), 수정되니, 수정되고 대응수정이 되다
자(잘못되거나 부족한 것이) 옳게 바로잡히거나 발전되다. (of an erroneous or an incomplete thing) Be corrected or developed.

㊌개정되다, 바뀌다
N0-가 V (N0=[구체물], [추상물], [사태])
능수정하다II
¶내 아이디어는 회의를 거쳐 수정되었다. ¶수정된 예산안을 보내 드리니 확인하시기 바랍니다. ¶앞으로는 수정된 모습을 보여 드리겠습니다.

수정되다 III
어원修訂~ 활용수정되어(수정돼), 수정되니, 수정되고 대응수정이 되다
자(잘못된 글자나 문장이) 바로잡혀 고쳐지다. Amend an incorrect word or sentence.
㊌고쳐지다, 정정되다
N0-가 V (N0=[텍스트], [문자], [언어])
능수정하다III
¶이 원고는 벌써 다섯 번이나 수정되었다. ¶수정된 대본이 언제 나올지 모르겠다.

수정되다 IV
어원修整~ 활용수정되어(수정돼), 수정되니, 수정되고 대응수정이 되다
자(어떤 것이) 고쳐져 깔끔하게 정돈되다. (of something) Be amended and tidied up.
㊌고쳐지다, 수리되다
N0-가 V (N0=[구체물], [추상물], [장소])
능수정하다IV
¶그는 방치해 두었던 낡은 방이 아늑하게 수정되었다. ¶잡음이 수정되니 훨씬 듣기 편했다. ¶이 부분은 조금 거친 티가 나니 수정되면 좋겠다.

수정하다 I
어원受精~ 활용수정하여(수정해), 수정하니, 수정하고 대응수정을 하다
자❶ 【생물】 암수의 생식 세포가 서로 결합하여 새로운 개체가 생성되다. (of gametes of male and female) Join together and make a new creature.
N0-가 N1-와 V ↔ N0-와 N1-가 V (N0=정자, 난자, 정핵, 난핵 따위 N1=정자, 난자, 정핵, 난핵 따위)
사수정(受精)시키다
¶정자가 난자와 수정했다. ↔ 정자와 난자가 수정했다. ¶수정한 세포는 자궁벽에 착상되어야 합니다.
❷개체의 암수의 생식 세포가 서로 결합하여 새로운 개체가 생성되다. (of male and female reproductive cells) Be combined and have a new entity created.
N0-가 V (N0=[생물], 알, 수정란 따위)
사수정(受精)시키다
¶물고기의 알은 체외 수정으로 수정된다. ¶수정란은 수정되기 전까지 두 개의 서로 다른 세포였다.

수정하다 II
어원修正~ 활용수정하여(수정해), 수정하니, 수정하고 대응수정을 하다
타(잘못되거나 부족한 것을) 옳게 바로잡거나 발전시키다. Correct or develop an erroneous or an incomplete thing.
㊌고치다, 정정하다
N0-가 N1-를 V (N0=[인간|단체] N1=[구체물], [추상물], [사태])
피수정되다II
¶최 과장은 밤늦도록 기안서를 수정했다. ¶수정한 내용만 따로 정리해서 보고하세요. ¶업체의 요구가 많아 시안을 열 번은 수정했을 것이다.

수정하다 III
어원修訂~ 활용수정하여(수정해), 수정하니, 수정하고 대응수정을 하다
타 (잘못된 글자나 문장을) 바로잡아 고치다. Amend an incorrect word or sentence.
㊌교정하다, 정정하다
N0-가 N1-를 V (N0=[인간|단체] N1=[텍스트], [문자], [언어])
피수정되다III
¶출판사에서는 투고된 원고를 수정하였다. ¶작가는 수정한 글을 다시 보여 주었다. ¶몇 문장을 수정해 두었으니 확인해 보아라.

수정하다 IV
어원修整~ 활용수정하여(수정해), 수정하니, 수정하고 대응수정을 하다
타 (어떤 것을) 고치어 깔끔하게 정돈하다. Amend and tidy up something.

[유]고치다, 수리하다
N0-가 N1-를 V (N0=[인간|단체] N1=[구체물], [추상물], [장소])
[피]수정되다IV [사]수정(修整)시키다
¶그는 방치해 두었던 낡은 방을 아늑한 공간으로 수정했다. ¶잡음을 수정하였더니 훨씬 듣기 편했다. ¶이 부분은 조금 거친 티가 나니 수정하면 좋겠다.

수집되다 I
[어원]收集~ [활용]수집되어(수집돼), 수집되니, 수집되고
[자](사물이) 특정한 목적으로 일정한 곳에 모이게 되다. (of items) Be diligently collected for a particular purpose.
N0-가 N1-에 V (N0=[채소](나물 따위), [구체물](재활용품, 폐품 따위))
[능]수집하다I
¶이 시장에서는 전국 각지에서 수집된 희귀한 나물들을 볼 수 있다. ¶매주 화요일은 재활용품이 수집되는 날이다. ¶이곳에 수집된 폐품은 쓰레기 매립지로 옮겨진다.

수집되다 II
[어원]蒐集~ [활용]수집되어(수집돼), 수집되니, 수집되고
[자](물건이나 자료가) 취미나 연구를 목적으로 모아지다. (of items or data) Be collected for the purpose of hobby or research.
N0-가 N1-에 V (N0=[구체물](우표, 책, 도자기 따위), 자료, 정보 N1=[장소])
[능]수집하다II
¶이 전시관에는 여러 나라의 우표가 수집되어 있다. ¶5백 년 전의 고서가 이곳에 수집되어 있다. ¶박사 논문을 쓰기 위한 자료가 거의 수집되었다.

수집되다 III
[어원]蒐輯~ [활용]수집하여(수집해), 수집하니, 수집하고
[자](여러 자료를) 찾아 모아 책이 편집되다. (of a book) Be compiled by searching and collecting various data.
N0-가 V (N0=유고, 단편, 자료 따위)
¶그제 작고한 시인의 유고가 수집되어 박물관에 기증되었다. ¶그동안 써 두었던 원고들이 수집되면 책으로 출간하려고 한다.

수집하다 I
[어원]收集~ [활용]수집하여(수집해), 수집하니, 수집하고
[타](사물을) 특정한 목적으로 일정한 곳에 애써 모으다. Diligently collect items for a particular purpose.
N0-가 N1-를 V (N0=[인간|단체] N1=[채소](나물 따위), [구체물](재활용품, 폐품 따위))
[피]수집되다I
¶아버님은 야생화들을 수집하러 산과 들로 가신다. ¶매주 화요일은 우리 동네에서 재활용품을 수집하는 날이다. ¶부녀회에서는 폐품을 수집하여 어려운 사람들을 돕는다.

수집하다 II
[어원]蒐集~ [활용]수집하여(수집해), 수집하니, 수집하고
[타](사람이 물건이나 자료를) 취미나 연구를 목적으로 찾아 모으다. (of a person) Find and collect items or data for the purpose of hobby or research.
N0-가 N1-를 V (N0=[인간|단체] N1=[구체물](우표, 책, 장난감, 도자기 따위), 자료, 정보)
[피]수집되다II
¶나는 여러 나라의 우표를 수집하는 것이 취미이다. ¶선생님께서는 연구를 위해 고서를 수집하신다. ¶내 동생은 어릴 때부터 다양한 종류의 장난감을 수집해 왔다.

수집하다 III
[어원]蒐輯~ [활용]수집하여(수집해), 수집하니, 수집하고
[타](여러 자료를) 찾아 모아 책을 편집하다. (of a person) Compile a book by searching and collecting various data.
N0-가 N1-를 V (N0=[인간|단체] N1=유고, 단편, 자료 따위)
[피]수집되다III
¶가족들이 시인의 유고를 수집하여 박물관에 기증하였다. ¶그동안 써 두었던 원고를 수집하여 출간하려고 한다.

수출되다
[어원]輸出~ [활용]수출하여(수출해), 수출하니, 수출하고 [대응]수출이 되다
[자]❶(자국의 상품이나 물품 따위가) 다른 나라에 팔려 보내지다. (of goods or articles of one's country) Be sold and delivered to another country.
[유]반출되다, 유출되다 [반]수입되다, 반입되다, 유입되다
N0-가 N1-(에|로) V (N0=[구체물] N1=[장소], [인간|단체](나라, 기업 따위))
[능]수출하다
¶다양한 한국 식품이 이슬람권에 수출되고 있다. ¶우리 기업들이 만든 제품들이 세계로 수출될 정도로 인기가 많다.
❷(자국의 기술이나 문화, 제도 따위가) 다른 나라에 팔려 널리 알려지다. (of technology, culture, system of one's country) Be sold and known widely to another country.
[유]유출되다, 반출되다 [반]수입되다, 유입되다, 반입되다
N0-가 N1-(에로) V (N0=[추상물](기술, 문화, 노동력,

[ㅅ]

제도, 시스템 따위) N1=[장소], [인간|단체] (나라, 기업 따위))
[능]수출하다
¶국내 생산 시스템이 개발도상국에 수출될 예정이다. ¶우리의 기술이 해외로 수출되고 있다. ¶우리나라 전자 제품이 많은 나라에 수출되고 있다.

수출하다

[어원]輸出~ [활용]수출하여(수출해), 수출하니, 수출하고 [대응]수출을 하다
[타]❶(기업이나 나라가) 자국 상품이나 물품 따위를 다른 나라에 팔아 보내다. (of a company or a country) Sell and send mainly domestic products or goods to another country.
[유]유출하다, 반출하다 [반]수입하다, 유입하다, 반입하다
N0-가 N1-(에|로) N2-를 V (N0=[인간|단체] N1=[장소](나라, 기업 따위) N2=[구체물])
[피]수출되다
¶우리 회사는 유럽지역에 자동차를 수출하고 있다. ¶한국은 김치를 54개국에 수출하고 있다. ¶호주는 양털과 양고기를 많이 수출하는 나라다.
❷(사람이나 단체가) 자국의 기술이나 문화, 제도 따위를 다른 나라에 가르쳐 주거나 널리 퍼뜨리다. (of a person or a group) Teach or disseminate domestic technology, culture, system, etc., to another country.
[유]유출하다, 반출하다 [반]수입하다, 유입하다, 반입하다
N0-가 N1-(에|로) N2-를 V (N0=[인간|단체] N1=[장소](나라, 기업 따위) N2=[추상물](기술, 문화, 노동력, 제도, 시스템 따위))
[피]수출되다
¶한국은 말레이시아에 버스 카드 시스템을 수출했다. ¶서남아시아 국가들은 값싼 노동력을 세계 각지에 수출하고 있다.

수행되다

[어원]遂行~ [활용]수행되어(수행돼), 수행되니, 수행되고 [대응]수행이 되다
[자](어떤 일이나 임무 따위가) 적절히 잘 이루어지다. (of a work or duty) Be performed well and properly.
[유]실행되다, 이루어지다, 진척되다
N0-가 V (N0=[활동], [행위], [의무], [방법], [사건])
[능]수행하다II
¶이 박사팀의 연구가 성공적으로 수행되었다. ¶지난해는 모두 150건의 지원 과제가 수행됐다. ¶현재 지하철 개통 준비가 원활하게 수행되고 있다.

수행하다 I

[어원]修行~ [활용]수행하여(수행해), 수행하니, 수행하고 [대응]수행을 하다
[자]❶몸과 마음을 바르게 다스리려고 스스로 훈련하다. Control the mind and body correctly.
N0-가 V (N0=[인간])
¶명호는 지금도 산사에서 수행하고 있다. ¶나는 수행하는 동안 많은 깨달음을 얻었다. ¶혼자서 수행하는 것은 외롭고 힘이 드는 일이다.
❷ 【불교】 부처의 가르침을 따라 실천하고 불도에 힘쓰다. Practice Buddha's teachings and pursue Buddhism.
N0-가 V (N0=[인간])
¶나는 오랫동안 산사에서 수행하고 있다. ¶스님은 수행하기 위해 길을 떠나셨다. ¶나는 6년 간 수행한 끝에 득도하였다.

수행하다 II

[어원]遂行~ [활용]수행하여(수행해), 수행하니, 수행하고 [대응]수행을 하다
[타](사람이나 단체가) 맡겨진 일이나 직책 따위를 적절히 잘 해내다. (of a person or an organization) Perform his or its duty properly.
[유]실행하다[타]
N0-가 N1-를 V (N0=[인간|단체] N1=일, 업무, 직책)
[피]수행되다 [사]수행시키다
¶명규는 회장직을 잘 수행할 것이다. ¶김 의원은 의원직을 다 수행하지 못하고 그만두게 되었다. ¶이경수 학장은 학장직을 원만히 수행하셨다.

수행하다 III

[어원]隨行~ [활용]수행하여(수행해), 수행하니, 수행하고 [대응]수행을 하다
[타]❶(어떤 임무를 맡은 사람이) 주로 공적인 임무를 띠고 다른 사람을 따라가다. (of one who takes charge of a duty) Accompany another person for official duty.
[유]동반하다, 따라다니다, 보필하다
N0-가 N1-를 V (N0=[인간] N1=[인간])
¶김 비서가 줄곧 이 회장을 수행했다. ¶대규모 경제 사절단이 박 총리를 수행할 것으로 알려졌다.
❷자기보다 윗사람의 명령이나 지시를 따라서 잘 행하다. Carry a task out well by following a superior's orders or instructions.
N0-가 N1-를 V (N0=[인간] N1=명령, 뜻, 지시 따위)
¶김 비서가 회장의 명령을 수행했다. ¶우리는 그 분의 뜻을 수행하기 위해 최선을 다했다. ¶선생님의 지시를 잘 수행하면 문제가 없다.

수호하다

[어원]守護~ [활용]수호하여(수호해), 수호하니, 수호하고 [대응]수호를 하다

타(어떤 권리나 가치, 재산 따위가) 침범이나 침해를 당하지 않도록 지키고 보호하다. Protect and save a right, a value, or a property from invasion or violation.

유지키다, 보호하다

N0-가 N1-를 V (N0=[인간|단체] N1=[추상물](권리, 가치, 속성, 정의 따위), [장소])

¶우리가 민주주의를 수호했다. ¶우리는 오랜 세월 인권을 수호하기 위해 싸워 왔다.

수확되다

어원收穫~ 활용수확되어(수확돼), 수확되니, 수확되고 대응수확이 되다

자❶길러서 익은 곡식이나 열매 따위가 거두어들여지다. (of ripen crops or fruits) Be taken in, be collected.

유추수되다

N0-가 V (N0=[곡식](벼, 보리 따위), [열매])

능수확하다

¶한 해 농사지은 벼가 수확되는 절기이다. ¶일손이 부족하여 제때 수확되지 못한 감자가 썩어가고 있다.

❷노력하여 결과나 성과로 무엇이 얻어지거나 거두어들여지다. Be gained or collected as a result of making an effort.

유거두어지다, 거두어들여지다, 얻어지다

N0-가 V (N0=이익, 성과, 결과, 소득, 상)

능수확하다

¶우리 회사가 올해 투자하고 노력하면 큰 이익이 수확될 것이다. ¶실험실 연구원들의 노력으로 다양한 성과가 수확되고 있다. ¶이번에 수확된 소득은 무척 값지고 아름답다.

수확하다

어원收穫~ 활용수확하여(수확해), 수확하니, 수확하고 대응수확을 하다

타❶(사람이) 길러서 익은 곡식이나 열매 따위를 거두어들이다. (of a person) Take in ripen crops or fruits that one raised.

유추수하다

N0-가 N1-를 V (N0=[인간] N1=[곡식](벼, 보리 따위), [열매])

피수확되다

¶농부들은 한 해 농사지은 벼를 수확하느라 매우 바쁘다. ¶올해는 풍년이라서 보리를 수확하는 데에도 오랜 시간이 걸렸다. ¶일손이 부족하여 제때 수확하지 못한 감자가 썩어가고 있다.

❷(사람이) 노력하여 결과나 성과로 무엇을 얻거나 거두어들이다. (of a person) Gain or collect something as a result of making an effort.

유거두다, 거두어들이다, 얻다

N0-가 N1-를 V (N0=[인간] N1=이익, 성과, 결과, 소득, 상)

¶우리 회사는 그간 투자하고 노력하여 큰 이익을 수확했다. ¶실험실 연구원들은 다양한 성과를 수확하려고 밤낮으로 연구한다. ¶이번에 수확한 소득은 무척 값지고 아름답다.

숙고하다

어원熟考~ 활용숙고하여(숙고해), 숙고하니, 숙고하고 대응숙고를 하다

자타(어떤 문제나 일 따위를) 신중하게 여러모로 깊이 오랫동안 생각하다. Deeply and carefully think about some problem or duty for a long time in various ways.

유반성하다, 성찰하다, 생각하다

N0-가 N1-(를|에 대해) V (N0=[인간|단체] N1=[장애](문제 따위), [사건])

¶경호는 그 문제를 충분히 숙고한 후에 결정을 내리기로 했다. ¶영수는 직장을 옮기는 일에 대해 좀 더 숙고하기로 했다.

N0-가 S것-에 대해 V (N0=[인간|단체])

¶영희는 이민을 가는 것에 대해 숙고하고 있다. ¶우리 회사는 해외로 진출하는 것에 대해 숙고하고 있다. ¶우리 팀은 신제품을 해외에서 개발하는 것에 대해 몇 차례나 숙고했다.

N0-가 Q-(를|에 대해) V (N0=[인간|단체])

¶정부는 대북 정책이 경제에 어떤 영향을 미칠지를 충분히 숙고해야 한다. ¶교육 전문가들은 수학능력시험 제도가 꼭 필요한 것인가에 대해 숙고하고 있다.

숙다

활용숙어, 숙으니, 숙고

자❶(벼 따위 곡식의 이삭이) 앞쪽 아래나 옆쪽 아래 방향으로 기울어지다. (of grain such as rice) Become sloped in some direction.

N0-가 V (N0=[곡식](벼))

사숙이다

¶들판에 잘 익은 벼 이삭이 숙어 있다. ¶가을이 되면 수수도 이삭이 숙는다. ¶탐스레 숙인 이삭들이 풍요롭기만 하다.

❷의지나 기세 따위가 꺾여 약해지다. Become weak in will or spirit by being discouraged.

유꺾이다, 약해지다 반거세지다

N0-가 V (N0=[속성](고집, 의지, 기세 따위))

사숙이다

¶이민을 가겠다는 그의 의지가 숙어들 줄 모른다. ¶할아버지는 고집이 세셔서 좀처럼 숙지 않는다.

❸(기상 현상의 심했던 기세가) 약해지거나 완화되다. (of weather phenomena's harsh force) Become weak, subside.

㊌꺾이다, 약해지다 ㊉거세지다
N0-가 V (N0=[기상](장마, 무더위 따위))
사 숙이다
연어 한풀
¶이번 주부터 무더위가 한풀 숙었다. ¶며칠째 계속되던 장마가 숙여 들었다.

숙이다

활용 숙여, 숙이니, 숙이고
타 ❶(사람이나 곡식의 이삭 따위가) 머리나 허리 부위를 앞쪽 아래로 구부리거나 기울이다. (of a person or a grain's head or waist) Bend or tilt toward the front bottom.
N0-가 N1-를 V (N0=[인간], [곡식](벼) N1=[신체부위](고개, 머리, 허리 따위), 고개, 이삭 따위)
주 숙다
¶나는 고개를 숙여 어른에게 인사를 했다. ¶들판에 벼 이삭들이 고개를 숙이고 있다.
❷(의지나 기세 따위를) 꺾어 약해지게 하다. Make it weak in will or spirit by discouraging.
㊌꺽다, 약화시키다
N0-가 N1-를 V (N0=[인간] N1=[속성](고집, 의지, 기세 따위))
주 숙다
¶누나는 끝까지 고집을 숙이지 않았다. ¶누구도 유학을 가겠다는 언니의 의지를 숙일 수 없었다.
❸(기상 현상이) 그 기세를 누그러뜨리다. (of weather phenomena) Have such force subside.
㊌꺽다, 누그러뜨리다
N0-가 N1-를 V (N0=[기상](장마, 무더위 따위) N1=기세 따위)
주 숙다
¶이번 주부터 무더위가 기세를 숙이기 시작했다. ¶이번 추위가 숙일 기세가 안 보인다.

◆ **고개를 숙이다**
❶사람이나 권력에 맞서지 못하고 시키는 대로 따르거나 복종하다. Obey or do as ordered by a person or an authority.
N0-가 N1-(에|에게) Idm (N0=[인간] N1=[인간], [권력])
¶나는 상사에게 무조건 고개를 숙이는 회사 생활이 싫었다. ¶나는 권력 앞에 고개를 숙이고 살아온 세월이 억울했다.
❷제대로 기세를 떨치지 못하고 상대편에 지다. Be defeated by an opponent, unable to display any vigor.
N0-가 N1-(에|에게) Idm (N0=[인간|단체] N1=[인간|단체], 공격 따위)
¶우리 대표 선수가 상대 팀의 선제공격에 고개를 숙여야 했다. ¶박 선수는 결국 상대 팀에게 고개를 숙여야 했다.
❸(어떤 속성이나 정신 따위에) 숙연히 존경하는 마음을 가지다. Have reverence and respect for certain nature or spirit.
N0-가 N1-에 Idm (N0=[인간] N1=[속성], 정신 따위)
¶우리는 독립 운동의 숭고한 정신에 고개를 숙였다. ¶대자연의 위대함에 우리는 고개를 숙인다.
❹(값 따위가) 내려가거나 떨어지다. (of a price, etc.) Decline or drop.
N0-가 Idm (N0=[수량](물가), [값])
¶치솟던 채소 값이 요즘 들어 고개를 숙이고 있다.

순응하다

어원 順應~ 활용 순응하여(순응해), 순응하니, 순응하고
자 ❶(지시, 명령, 제도 따위에) 순순히 따르다. Humbly obey an instruction, order or system.
㊌따르다I 자타, 복종하다, 순종하다 ㊉반항하다, 거스르다
N0-가 N1-에 V (N0=[인간], [동물] N1=[명령], [소통], [기호], [제도])
¶학생들이 선생님의 지시에 순응하여 한 줄로 늘어섰다. ¶양떼가 목자의 부름에 순응하여 모여들었다.
❷(환경의 변화 따위에) 익숙해지거나 적응하다. Be familiar with or adapted to the environment change.
㊌적응하다, 따르다I 자타, 순종하다
N0-가 N1-에 V (N0=[인간], [단체], [동물] N1=[법칙], [운], [역사](현실 따위))
¶그 사람은 자신의 운명에 순응하며 산다. ¶짐승들은 자연의 순리에 순응하면서 살아간다.
❸(감정 상태, 상황, 분위기 따위에) 자연스럽게 동화되다. Assimilate naturally to emotional state, situation, or atmosphere.
㊌부응하다, 편승하다
N0-가 N1-에 V (N0=[인간] N1=[상태], [상황](분위기 따위))
¶나는 그들의 취향에 순응해서 대한다. ¶남자친구는 대체로 주변 분위기에 순응하는 편이다.
❹ 【생물】 (생물체의 기관이나 생리적 기능 따위가) 지속적인 환경변화에 대처하여 변하다. (of an organism's organ or physiological function) Change in response to continuous environment change.
㊌적응하다
N0-가 N1-에 V (N0=[인간], [동물], [신체부위] N1=[변화], [추상물])
¶공룡은 환경의 변화에 순응하지 못하고 멸종했다. ¶새들은 환경에 순응하면서 부리 모양이 다양

하게 변화했다.

순종하다

어원 順從~ 활용 순종하여(순종해), 순종하니, 순종하고 대응 순종을 하다

자 ❶(사람이나 단체의 말에) 거역하지 않고 순순히 따르다. Follow humbly without resisting.
유 복종하다, 따르다I 자타, 반 거역하다
No-가 N1-(에|에게) V (No=[인간|단체] N1=[인간|단체], [권위], [행위](의견, 생각 따위), [소통](말, 명령 따위), [운명], [신], [종교])
¶요즘 젊은이들은 어른들의 말에 순종하지 않는다. ¶부모님의 명령에 순종하는 것은 효의 기본이다.
❷(동물들이) 인간이 지시하고 훈련하는 대로 따라 행하다. (of animals) Obey a person's instructions and training.
No-가 N1-(에|에게) V (No=[동물](가축, 애완동물 따위) N1=[인간|단체], [소통](말, 명령 따위))
¶개가 주인에게 가장 잘 순종하는 동물이다. ¶잘 순종하는 동물이라도 처음에 엄격한 훈련을 시켜야 한다.
❸(규범이나 질서, 법 따위를) 지키고 따르다. Comply with and follow the standard, order, or law.
유 지키다, 따르다I 자타, 반 위반하다, 어기다
No-가 N1-에 V (No=[인간|단체] N1=[규범], [질서], [법|법률], [의무])
¶사회 규범에 순종하는 것이 질서 있는 삶을 위한 첫 단계이다.

자타 (사람 말에) 거역하지 않고 순순히 따르다. Follow humbly without resisting.
유 복종하다, 따르다I 자타, 반 거역하다
No-가 N1-(를|에) V (No=[인간|단체] N1=[소통](말씀, 말, 명령 따위), [신])
¶하느님을 순종하고, 하느님의 말씀에 순종해야 한다.

순환되다

어원 循環~ 활용 순환되어(순환돼), 순환되니, 순화되고 대응 순환이 되다

자 ☞ 순환하다

순환하다

어원 循環~ 활용 순환하여(순환해), 순환하니, 순환하고 대응 순환을 하다

자 ❶(어떠한 현상이나 과정이) 일정한 경로를 따라 되풀이하다. (of a phenomenon or process) Be repeated in accordance with a certain path.
유 바뀌다, 돌다1 자
No-가 V (No=[현상], [사태], [구체물], [추상물])
¶지금도 역사는 순환하고 있다. ¶계절은 봄에서 여름, 가을, 겨울로 순환한다.
❷(교통수단 따위가) 막힌 데가 없이 잘 운행되거나 원활히 소통되다. (of means of transportation) Be operated well or communicated smoothly without a jam.
유 소통되다 반 막히다
No-가 V (No=[교통기관])
능 순환시키다
¶시내 곳곳에서 막힌 곳 없이 차량이 순환하고 있다. ¶고속도로에 차량들이 시원스레 순환하고 있다.
❸(액체나 공기 따위가) 일정한 공간 안에서 되풀이해서 계속 돌다. Continue to circulate within a certain space.
유 돌다1 자
No-가 N1-에서 V (No=[구체물](체액, 노폐물 따위), 공기 N1=[신체부위], [장소])
사 순환시키다
¶혈액이 혈관 내에서 원활히 순환해야 몸이 건강하다. ¶겨울은 실내 공기가 잘 순환하지 않아 답답하다.

타 (교통수단 따위가) 출발지와 도착지의 구별 없이 일정 경로를 주기적으로 반복해서 다니다. (of means of transportation) Move periodically in repetition on a certain path without distinction between starting point or destination.
유 돌다1 타
No-가 N1-를 V (No=[교통기관] N1=[장소])
¶지하철 2호선은 외선과 내선을 순환하는 열차가 있다. ¶교내를 순환하는 버스 수가 너무 적다.

재타 (액체나 공기 따위가) 일정한 공간 안에서 되풀이해서 계속 돌다. Continue to circulate within a certain space.
유 돌다 반 멈추다
No-가 N1-(를|에|에서) V (No=[구체물](체액, 노폐물 따위), 공기 N1=[신체부위], [장소])
¶노폐물은 계속 몸 안을 순환하다 체내에 쌓이게 됩니다. ¶찬 공기가 실내를 순환한다.

술렁거리다

활용 술렁거리어(술렁거려), 술렁거리니, 술렁거리고

자 사람들이 소식이나 사건으로 웅성거리며 소란이 일다. (of a commotion) Be caused by people who speak noisily about some news or an incident.
No-가 N1-(에|로) V (No=[인간|단체], [장소] N1=[사실](소식, 소문 따위))
¶장 회장의 말 한마디에 장내가 순식간에 술렁거렸다. ¶지금 연예계는 최근에 터진 스캔들로 술렁거리는 중이다.
No-가 S고 V (No=[인간|단체])

¶노인들이 지금 상황은 자신들의 시대와는 다르다고 술렁거렸다. ¶최근 교육계는 지방에 해외 대학의 분교를 세운다고 술렁거렸다.

술렁대다

활용 술렁대어(술렁대), 술렁대니, 술렁대고

자 ☞술렁거리다

술렁이다

활용 술렁여, 술렁이니, 술렁이고

자 ☞술렁거리다

숨기다

활용 숨기어(숨겨), 숨기니, 숨기고

타 ❶(사람이나 사물을) 다른 사람의 눈에 보이지 않는 곳에 두다. Keep someone or an object in a place where no one can see.

㊌은폐하다, 은닉하다, 감추다 ㊇드러내다, 노출하다

N0-가 N1-를 N2-(에|로) V (N0=[인간|단체], [동물] N1=[구체물] N2=[장소], [구체물])

주 숨다

¶아버지께서는 비상금을 액자 뒤에 숨겨 두시곤 했다. ¶그녀는 선물을 몰래 숨기고 남자친구를 기다렸다.

❷(신체나 신체의 일부를) 다른 사람의 눈에 보이지 않게 하다. Keep body or body part unseen from someone's eyes.

㊌감추다, 은폐하다 ㊇드러내다, 노출하다

N0-가 N1-를 N2-(에|로) V (N0=[인간], [동물] N1=[신체부위] N2=[장소], [구체물])

¶그는 재빨리 바위 뒤에 몸을 숨겼다. ¶첩보원들은 자신의 몸을 숨기는 데 능숙하다.

❸(의중이나 사실을) 다른 사람들이 모르도록 알리지 않고 비밀로 하다. Keep one's intention or fact secret from someone by not disclosing.

㊌은폐하다, 감추다 ㊇드러내다

N0-가 N1-를 N2-에게 V (N0=[인간|단체] N1=[추상물], [사태] N2=[인간|단체])

¶그는 아들에게도 의중을 숨기고 가르쳐 주지 않았다. ¶언니는 계속 나에게 진실을 숨기려고 한다.

N0-가 S것-을 N1-에게 V (N0=[인간|단체] N1=[인간|단체])

¶남자 친구는 직장을 잃었다는 것을 나에게 계속 숨겼다. ¶영희는 자신이 이혼했다는 것을 숨기고 다녔다.

숨다

활용 숨어, 숨으니, 숨고

자 ❶남의 눈에 뜨이지 않게 자신의 모습을 어떤 장소에 감추다. Hide one's image by not being in sight of someone's eyes.

㊌은둔하다

N0-가 N1-(에|로) V (N0=[인간], [동물] N1=[장소])

사 숨기다

¶범인들은 경찰을 피해서 시골로 숨었다. ¶토끼가 사냥꾼을 피해서 동굴에 숨었다.

❷(본디의 모습이나 의도, 실력 따위가) 겉으로 드러나지 않다. (of original image, intention, skill, etc.) Not outwardly expose.

㊌은폐되다

N0-가 N1-에 V (N0=[구체물], [추상물] N1=[구체물], [추상물])

사 숨기다

¶과거의 의문에 대한 해답이 여기에 숨어 있었다. ¶그는 자신의 숨은 실력을 드러내려 하지 않았다.

숨죽이다

활용 숨죽여, 숨죽이니, 숨죽이고

자 ❶(사람이) 숨을 가냘프게 쉬거나 잠시 멈추다. Breath faintly or stop breathing momentarily.

N0-가 V (N0=[인간])

¶그녀는 아기 배에 귀를 대고 가만히 숨죽였다. ¶그는 환자의 병세를 확인하기 위해 잠시 숨죽였다.

❷(긴장하거나 집중하여) 숨소리가 멈추거나 들리지 않게 조용히 하다. Stop one's breath or make it quiet and inaudible by becoming nervous or concentrating.

N0-가 V (N0=[인간], [행위], [소리])

¶모두들 숨죽인 채 벌벌 떨고 있다. ¶숱한 사람들이 숨죽인 채 그의 이야기를 들었다.

❸(사람이) 활동을 전혀 하지 않고 조심스레 처신하다. Behave oneself without performing any provocative activity.

N0-가 N1-(에|로) V (N0=[인간|단체] N1=[사건], [사태], [추상물])

¶연예계 비리 사건으로 가수들이 숨죽고 있다. ¶경제 개혁 조처로 주식 시장이 숨죽이고 있다.

❹(사람이) 억압당하여 자기주장을 펴지 못하다. Become unable to express one's argument due to suppression.

N0-가 N1-(에|로) V (N0=[인간|단체] N1=[사건], [사태], [추상물])

¶사장의 지시에 직원 모두 숨을 죽이고 있다.

◆ **숨(을) 죽이다** (배추 따위의 채소를) 소금에 절여 뻣뻣하지 않게 하다. Salt down vegetables such as cabbage to make them soft.

N0-가 N1-를 Idm (N0=[인간] N1=[채소])

¶어머니는 숨죽여 놓은 배춧잎에 양념을 넣어 버무리셨다. ¶김치는 배추를 소금에 숨죽일 때가 중요하다.

숨지다

[활용]숨지어(숨져), 숨지니, 숨지고
[자](사람이) 숨이 끊어져 죽다. Draw one's last breath and die.
[유]죽다I, 영면하다 [반]숨쉬다, 살다[자]
N0-가 V (N0=[인간])
¶그는 오랜 투병 생활 끝에 숨졌다. ¶모진 고문으로 숨진 그를 추모하기 위해 사람들이 모였다. ¶피해자는 어젯밤 11시쯤 숨진 것으로 추정된다.

숭배되다

[어원]崇拜~ [활용]숭배되어(숭배돼), 숭배되니, 숭배되고 [대응]숭배가 되다
[자]❶(종교적 대상이) 우러러 받들어 모셔지다. (of a religious object) Be revered and enshrined.
[유]섬김을 받다, 받들어지다[자]
N0-가 N1-로 V (N0=신, 예수 따위, [동물] N1=[속성](행운 따위), [구체물](길조 따위))
[능]숭배하다
¶이 여신은 근동 여러 지역에서 다양한 이름으로 숭배되었다. ¶태양은 열의 근원이므로 추운 지방에서 주로 숭배된다.
❷(사상이나 대상 따위가) 훌륭히 여겨져 받들어지고 공경받다. (of an object or a thought) Be thought highly of and revered.
N0-가 N1-로 V (N0=[사조], [구체물], [인간] N1=[속성], [구체물], [인간])
[능]숭배하다
¶조상은 죽은 후에 자손들에게 조상신으로 숭배된다. ¶군주론은 시대를 넘어 읽히고 반박되고 숭배되었다.

숭배받다

[어원]崇拜~ [활용]숭배받아, 숭배받으니, 숭배받고 [대응]숭배를 받다
[자]❶(종교적 대상이) 우러러 받들어 모셔지다. (of a religious object) Be revered and enshrined.
[반] 숭배하다
N0-가 N1-로 V (N0=신, 예수 따위 [동물] N1=[속성](행운 따위), [구체물](길조 따위))
¶곰은 고대 유럽에서 신과 같은 동물로 숭배받았다. ¶태양신은 고대 이집트 제5 왕조 때부터 숭배받았다.
❷(사상이나 대상 따위가) 훌륭히 여겨져 받들어지고 공경받다. (of an object or a thought) Be thought highly of and revered.
[반] 숭배하다
N0-가 N1-로 V (N0=[사조], [구체물], [인간] N1=[속성], [구체물], [인간])
¶과학자와 기술자들은 근대화를 이끄는 선지자로 숭배받았다. ¶파리에서 로시니는 명망 있는 음악가로 숭배받았다.

숭배하다

[어원]崇拜~ [활용]숭배하여(숭배해), 숭배하니, 숭배하고 [대응]숭배를 하다
[타]❶종교적 대상을 우러르고 받들어 모시다. Revere and enshrine a religious object.
[유]숭상하다, 섬기다 [반]숭배받다
N0-가 N1-를 N2-로 V (N0=[인간] N1=신, 예수 따위 [동물] N2=[속성](행운 따위), [구체물](길조 따위))
[피]숭배되다
¶동서양을 불문하고 사람들은 일월성신을 숭배했다. ¶불교도들은 보리수를 신성한 나무로 숭배한다.
❷사상이나 대상 따위를 훌륭히 여겨 받들고 공경하다. Think highly of and revere an object or a thought.
[유]공경하다, 숭상하다 [반]숭배받다
N0-가 N1-를 N2-로 V (N0=[인간] N1=[사조], [구체물], [인간] N2=[속성], [구체물], [인간])
[피]숭배되다
¶사람들은 대가들을 역할 모델로 숭배한다. ¶미국인들은 에드거 앨런 포를 문학 이론가로 숭배한다.

숭상하다

[어원]崇尙~ [활용]숭상하여(숭상해), 숭상하니, 숭상하고
[타](어떤 대상을) 훌륭히 여겨 받들고 공경하다. Think highly of and revere an object.
[유]숭배하다, 존중하다
N0-가 N1-를 V (N0=[인간] N1=[인간], [속성], [구체물])
¶한민족은 예로부터 예의와 도덕을 숭상했다. ¶우리 민족은 농업이 천하의 근본이라 하여 농업을 숭상해 왔다. ¶고대 한국인은 제사를 지내며 조상을 숭상한다.

쉬다 I

[활용]쉬어, 쉬니, 쉬고
[자]❶(어떤 활동을 하다가 또는 다 하고 난 후에) 별다른 일을 하지 않고 편안한 상태로 몸과 마음의 피로를 풀다. Recover the body and mind from fatigue by not doing something and staying in a comfortable state after doing or finishing some activity.
[유]휴식하다, 휴식을 취하다
N0-가 V (N0=[인간], [동물])
¶사자들이 나무 그늘에서 쉬고 있다. ¶하루 종일 일했으니 이제 좀 쉬어야겠다.
❷(단체, 기관 따위가) 운영되어 일하지 않다. (of organization, institution, etc.) Not managed.
[유]문닫다, 휴업하다
N0-가 V (N0=[건물], [기관](우체국, 동사무소 따위),

ㅅ

[단체])
¶오늘은 백화점이 쉬는 날이다. ¶우리 가게는 오늘 쉽니다.
❸일정한 직장이나 일이 없이 지내다. Live by not having regular job or work.
[유]놀다 [자], 휴직하다
N0-가 V (N0=[인간])
¶대학 졸업 후에 형은 잠시 동안 쉬고 있어요. ¶빵가게에서 일하는 부업 학생들이 무더기로 쉬게 될지 모른다.
❹(어떤 행동이나 사태 따위가) 진행을 멈추다. (of some action, situation, etc.) Stop.
[유]멈추다 [반]계속하다
N0-가 V (N0=[행위], [현상])
¶어머니의 잔소리가 쉬지 않고 계속되었다. ¶파도가 쉬지 않고 밀려왔다.
※ 주로 '쉬지 않고'의 형태로 쓰인다.
❺(어떤 장소에서) 일정한 기간 동안 별 일 하지 않으면서 지내다. Stay at some place for a certain period.
[유]머물다, 지내다
N0-가 N1-에서 V (N0=[인간] N1=[장소])
¶친구가 우리집에서 며칠 쉬고 가기로 했다. ¶이번 휴가 때 우리 가족은 해안가 별장에서 며칠 쉬었다.
[타]❶(어떤 활동을 하다가 또는 다 하고 난 후에) 일을 한 몸이나 신체 부위의 피로가 풀리도록 편안한 상태로 두다. Leave the body that worked or a tired body part in a comfortable state after doing or finishing some activity.
[유]휴식을 취하다
N0-가 N1-를 V (N0=[인간] N1=[신체부위](몸, 팔, 다리 따위))
¶나는 오래 걸었던지라 잠시 멈추고 다리를 좀 쉬어 주었다.
❷(사람이나 단체가) 일상으로 하던 행동을 멈추다. Stop the conducted activity.
[유]그만두다
N0-가 N1-를 V (N0=[인간], [동물], [단체] N1=[일](활동 따위))
¶동생은 일 년 동안 공부를 쉬었다.
❸(단체, 기관 따위가) 특정한 일을 하지 않다. (of organization, institution, etc.) Not work on a specific duty.
N0-가 N1-를 V (N0=[기관], [단체], [건물] N1=일, 영업, 업무 따위)
[유]휴업하다, 휴무하다
¶오늘은 백화점이 영업을 쉬는 날이다. ¶공휴일에는 은행이 영업을 쉽니다.

쉬다 II

[활용]쉬어, 쉬니, 쉬고
[타]공기를 입이나 코로 계속 들이마시고 내쉬다. Continuously exhale and inhale air through the nose or mouth.
[유]호흡하다, 내쉬다
N0-가 N1-를 V (N0=[인간], [동물] N1=숨, 한숨)
¶모든 동물은 숨을 쉽니다. ¶강아지가 자면서 쌔근쌔근 숨을 쉬고 있었다. ¶그는 한숨을 쉬면서 자기의 신세를 한탄하였다.

쉬다 III

[활용]쉬어, 쉬니, 쉬고
[자](음식이) 상하기 시작하여 시큼해지다. (of food) Become sour after beginning to rot.
[유]상하다, 변질되다
N0-가 V (N0=[음식물])
¶밥이 쉬었다. ¶우유가 쉬어서 맛이 이상하다. ¶빵도 오래 두면 쉰다.

쉬다 IV

[활용]쉬어, 쉬니, 쉬고
[자](목에 장애가 생겨) 목소리가 잘 나오지 않거나 걸걸하게 변하다. Change to a husky voice due to a problem in the throat.
N1-의 N0-가 V ↔ N1-는 N0-가 V (N0=[인간], [동물] N1=목, 목소리)
¶밤새도록 노래를 불렀더니 목이 쉬었다. ¶선생님께서는 강의를 너무 열심히 하셔서 목이 쉬셨다. ¶개들도 많이 짖으면 목이 쉰다.

스러지다

[활용]스러지어(스러져), 스러지니, 스러지고
[자]❶(형체나 현상, 구름 따위가) 점점 희미해지면서 없어지다. (of shape, phenomenon, or cloud) Become faint and disappear.
[유]사라지다
N0-가 V (N0=[모양](그림자, 구름, 땀띠 따위))
¶희미하게 보이던 구름도 이내 스러졌다. ¶길을 떠나는 동생의 모습이 안개 속으로 스러졌다.
❷(불, 불길, 촛불 따위가) 약해져서 꺼지다. (of fire, flame, or candlelight) Become weak and go out.
[유]꺼지다
N0-가 V (N0=불, 불길, 촛불 따위)
¶촛불이 스러져 방 안이 어둠에 잠겼다. ¶불길이 스러진 후에는 재만 남을 뿐이다.
❸죽거나 사라지다. Die or disappear.
[유]죽다I, 소멸되다
N0-가 V (N0=[인간], 나라, 국운, 문명)
¶이번 전쟁으로 꽃다운 아이들이 스러져 갔다. ¶한 문명이 스러지고 다음 문명이 다시 시작되었다.

스며들다

활용 스며들어, 스며드니, 스며들고, 스며드는

자 ❶물이나 냄새 따위가 무엇에 배어들어 오다. (of water or odor) Pervade or permeate.

㊌배어들다

N0-가 N1-에 V (N0=[액체](물, 잉크, 먹 따위) [기체](냄새, 향기 따위) N1=[구체물], [장소])

¶이 창호지에는 먹물이 잘 배어든다. ¶고기 냄새가 외투에 잔뜩 배어들어 있다.

❷사람에게 감정, 생각 따위가 깊이 배어들어 있다. (of a person) Be infected with an emotion or idea.

㊌물들다

N0-가 N1-(에|에게) V (N0=[추상물] N1=[구체물], [인간], [추상물])

¶구시대 이데올로기가 그의 사상에 깊이 스며들어 있다. ¶그녀에 대한 애틋한 애정이 그의 가슴에 스며들었다.

스미다

활용 스미어(스며), 스미니, 스미고

자 ❶(물, 기름, 염색 따위가) 다른 물체에 배어들다. (of water, oil, dye, etc.) Be saturated into another object.

㊌스며들다, 배다I, 배어들다

N0-가 N1-에 V (N0=[액체], [기체], 색 N1=[구체물](천, 종이, 옷 따위))

¶비가 와도 신발에 물이 스미지 않으면 좋겠다. ¶튀김옷에 기름이 잘 스밀 정도로 충분히 튀겨 주세요.

❷(바람이나 기체 따위가) 새어 들다. (of wind, gas, etc.) Rush in.

㊌스며들다

N0-가 N1-(에서|로) V (N0=[기체] N1=[경로](틈, 사이 따위))

¶문틈으로 외풍이 스며서 방이 썰렁하다. ¶벽에서 냉기가 스미는 것은 어쩔 수 없는 현상이다.

❸(어떤 대상에) 사람의 정, 추억, 지혜 따위의 자취가 남다. (of traces of a person's affection, memory, wisdom, etc.) Remain on some object.

㊌깃들다, 남다

N0-가 N1-에 V (N0=정, 추억, 온기, 온정 따위 N1=[구체물])

¶아버지에 대한 추억이 이 지갑에 스며 있다. ¶이 집에는 가족 간의 사랑이 스며 있어서 팔 생각이 없습니다. ¶유물들에는 조상들의 지혜가 스며 있다.

※주로 '스며 있다' 형태로 쓰인다.

❹(어떤 감정이) 조금씩 생겨나서 점점 강해지다. Increasingly become stronger by gradually having some emotion in mind.

N0-가 N1-에 V (N0=[감정](쓸쓸함, 외로움, 고독 따위) N1=마음, 가슴 따위)

¶가을이 되면 알 수 없는 고독이 가슴에 스민다. ¶마음에 나도 모르게 그리움이 스며드네.

스치다

활용 스치어(스쳐), 스치니, 스치고

자 (둘 이상의 물체가) 서로 살짝 닿거나 닿을 듯 매우 가깝게 지나치다. (of more than two objects) Slightly touch each other or closely pass by as if to touch.

㊌마찰하다, 건들리다, 닿다I

N0-가 N1-와 (서로) V ↔ N1-가 N0-와 (서로) V ↔ N0-와 N1-가 (서로) V (N0=[구체물] N1=[구체물])

¶그녀의 손이 내 옷자락과 서로 스쳤다. ↔ 내 옷자락이 그녀의 손과 서로 스쳤다. ↔ 그녀의 손과 내 옷자락이 서로 스쳤다. ¶오토바이와 자동차가 서로 스치고 지나갔다.

재타 ❶(어떤 물체나 바람 따위가) 다른 물체를 살짝 닿거나 닿을 듯이 가깝게 지나치다. (of some object, wind, etc.) Slightly touch another object or closely pass by as if to touch.

㊌마찰하다, 건들리다, 닿다I

N0-가 N1-(에|를) V (N0=[구체물] N1=[구체물], [범위](시야), 앞, 밖)

¶그녀의 손이 내 옷자락에 스쳤다. ¶오토바이가 자동차에 스쳤다.

❷(어떤 생각이) 찰나에 아주 잠깐 떠오르다. (of some thought) Momentarily strike.

㊌번뜩이다

N0-가 N1-(에|를) V (N0=생각, 기억 따위 N1=머리, 뇌리 따위)

¶기막힌 생각이 머리에 스쳤다. ¶예전의 그 기억이 갑자기 뇌리를 스쳤다.

❸(기색, 표정 따위가) 아주 잠깐 나타났다 사라지다. (of a look, an expression, etc.) Momentarily appear and then disappear.

N0-가 N1-(에|를) V (N0=[기색](표정, 미소 따위), [감정](긴장감, 안도감 따위) N1=[신체부위](얼굴 따위))

¶그 순간 면접자의 얼굴에 긴장감이 스쳤다. ¶아버지의 안색에 미소가 스치고 지나갔다.

❹(시선이) 어떤 대상을 재빠르게 훑고 지나가다. (of attention) Quickly look over some object and then pass.

N0-가 N1-(에|에게|를) V (N0=시선, 눈길, 눈초리 따위 N1=[인간], [구체물], [신체부위], [장소])

¶나도 모르게 그 사람에게 눈길이 스쳤다. ¶면접

관의 날카로운 시선이 내 얼굴을 스쳤다.

슬다Ⅰ

활용 슬어, 스니, 슬고, 스는

자 ❶(쇠붙이로 만들어진 것 따위에) 녹이 생기다. (of rust) Be produced on an item created from iron.

유 생기다

N1-에 N0-가 V (N0=녹 따위 N1=[구체물](광물, 기기, 무기 따위), [교통기관])

¶쇠를 공기 속에 놓아두면 녹이 슨다. ¶쓰지 않는다고 닦아두지 않아서 칼에 녹이 슬었다. ¶시간의 흐름을 보여주듯 철조망에도 녹이 슬어 있었다.

❷(벌레나 균 따위가) 어디에 생겨서 살다. Be infested with insects or bacteria.

유 생기다

N1-에 N0-가 V (N0=[미생물], [벌레](곰팡이, 이끼 따위) N1=[구체물])

¶밥에 곰팡이가 슬었다가 그 곰팡이마저 하얗게 말라붙었다. ¶바구니의 사과에 벌레가 슬어서 버렸다.

◆ **녹이 슬다** (오래 사용하지 않아) 기능이나 능력 따위가 예전보다 약해지거나 무뎌지다. (of function or ability) Become weak or dull compared to before due to prolonged period of disuse.

N0-가 Idm (N0=[신체부위](머리, 두뇌, 다리 따위))

¶머리가 녹이 슬었는지 이런 간단한 문제도 못 풀겠네. ¶다리가 녹이 슬었는지 이제 더 이상 뛰어 넘을 수 없었다.

N0-에 Idm (N0=[능력](사고력, 언어, 재능 따위))

¶나는 계산 능력에 녹이 슬었을까 봐 늘 연습한다. ¶소리를 쉬면 목에 녹이 슨다.

슬다Ⅱ

활용 슬어, 스니, 슬고, 스는

자 ❶(몸에 났던 두드러기나 땀띠 따위의 자국이) 희미해지며 사라지다. (of a mark that used to exist on one's body such as hives or heat rash) Disappear.

유 사라지다, 없어지다

N0-가 N1-에서 V (N0=두드러기, 땀띠, 소름 따위 N1=[신체부위])

¶가을 기운이 되니까 영근 땀띠도 조금씩 슬어 갔다. ¶손등에 났던 두드러기가 몇 시간 지나니 깨끗이 슬었다.

❷(화나 슬픔 등의 감정이) 서서히 사라지다. (of emotion such as anger or sadness) Disappear slowly.

유 사라지다

N0-가 V (N0=[감정](분노, 슬픔 따위))

¶그 문제가 해결되자 분노가 봄눈 슬듯 슬었다. ¶가슴의 응어리진 아픔이 차차 슬어 갔다.

슬다Ⅲ

활용 슬어, 스니, 스는

타 (벌레나 물고기 따위가) 일정한 곳에 알을 낳다. (of insects or fish) Lay eggs.

유 낳다

N0-가 N1-를 N2-에 V (N0=[물고기], [벌레] N1=알 따위 N2=[구체물], [장소])

¶기둥 틈새에다가 빈대가 알을 하얗게 슬었다. ¶물고기들이 알을 슬도록 따로 마련하여 놓은 못이 산란지이다. ¶파리 떼는 걸어놓은 생선에 여기저기 쉬를 슬었다.

슬퍼하다

활용 슬퍼하여(슬퍼해), 슬퍼하니, 슬퍼하고

자 슬픔을 느껴 그러한 기색을 보이다. Feel and look sad.

유 상심하다, 마음 아파하다

N0-가 V (N0=[인간])

¶그는 어머니가 돌아가셨다는 소식을 듣자 너무 슬퍼했다. ¶주인공이 비극적인 최후를 맞이하자 관객들 모두가 슬퍼했다.

타 (어떤 일을) 겪거나 맞이하여 슬픔을 느끼다. Feel sad because one is suffering something.

유 비탄하다, 한탄하다, 비애를 느끼다

N0-가 N1-를 V (N0=[인간] N1=[추상물], [사태])

¶그는 평생토록 지긋지긋한 가난을 슬퍼하였다. ¶충신들은 고려의 멸망을 슬퍼하며 스스로 목숨을 끊었다.

습격당하다

어원 襲擊~ 활용 습격당하여(습격당해), 습격당하니, 습격당하고 대응 습격을 당하다

자 ☞ 습격받다

습격받다

어원 襲擊~ 활용 습격받아, 습격받으니, 습격받고 대응 습격을 받다

자 (사람이나 단체, 동물 따위에게) 사람이나 단체, 동물, 장소 따위가 예고 없이 덮쳐져 공격받다. (of operson, organization, animal, etc.) Be attacked without warning.

유 공격받다, 기습당하다 반 습격하다

N0-가 N1-에게 V (N0=[인간|단체], [동물], [장소] N1=[인간|단체], [동물])

¶과수원이 멧돼지 떼에게 습격받아 농작물이 피해를 입었다. ¶어제 밤에 동네 주유소가 괴한들에게 습격받아 돈을 강탈당했다.

습격하다

어원 襲擊~ 활용 습격하여(습격해), 습격하니, 습격하고 대응 습격을 하다

[타](사람이나 단체, 동물 따위가) 다른 사람이나 단체, 동물, 장소 따위를 예고 없이 덮쳐 공격하다. (person, organization, animal, etc.) Attack (another person, organization, animal, place, etc.) without warning.
[유]공격하다, 기습하다 [반]습격받다
No-가 N1-를 V (No=[인간|단체], [동물] N1=[인간|단체], [동물], [장소])
¶멧돼지가 과수원을 습격하여 농작물에 피해를 주고 있다. ¶괴한들이 주유소를 습격해 돈을 빼앗아 달아났다.

습득되다
[어원]習得~ [활용]습득되어(습득돼), 습득되니, 습득되고 [대응]습득이 되다
[자](정보나 지식, 기술, 언어 따위가) 몸에 익혀져 자기 것이 되다. (of information, knowledge, technology, and language) Be practiced and to become one's own.
No-가 V (No=정보, 지식, 기술, 언어 따위)
[능]습득하다II
¶인터넷을 통해 필요한 정보가 습득되었다. ¶젊었을 때 습득된 지식은 네 인생의 밑거름이 될 것이다. ¶꾸준히 훈련을 받는다면 이 기술은 자연스럽게 습득된다.

습득하다 I
[어원]拾得~ [활용]습득하여(습득해), 습득하니, 습득하고 [대응]습득을 하다
[타]다른 사람이 잃어버린 물건을 주워서 가지다. Pick up and have what another person has lost.
[유]줍다
No-가 N1-를 V (No=[인간] N1=[구체물])
¶나는 출근길에 누군가 떨어뜨린 지갑을 습득하였다. ¶길에서 남의 지갑을 습득한 경우 우체통에 넣어라.

습득하다 II
[어원]習得~ [활용]습득하여(습득해), 습득하니, 습득하고 [대응]습득을 하다
[타]정보나 지식, 기술, 언어 따위를 배워 익혀 자기 것으로 만들다. Learn and master information, knowledge, technology, or language.
[유]얻다, 배우다
No-가 N1-를 V (No=[인간] N1=정보, 지식, 기술, 언어 따위)
[피]습득되다
¶그는 인터넷을 이용하여 필요한 정보를 습득하였다. ¶젊었을 때 습득한 지식은 네 인생의 밑거름이 될 것이다. ¶기장이 되려면 새로운 조종 기술을 습득해야 했다.

승리하다
[어원]勝利~ [활용]승리하여(승리해), 승리하니, 승리하고 [대응]승리를 하다
[자](경기, 싸움 등에서) 상대와 승부나 우열을 겨루어 이기다. Win in an event or a fight after competing for superiority or victory against an opponent.
[유]이기다I, 제압하다 [반]지다IV, 패배하다
No-가 N2-에서 N1-(에|에게) V (No=[인간|단체] N1=[인간|단체] N2=[경기], [충돌](전쟁, 전투 따위), 선거 따위)
¶이번 대회에서 우리 팀이 상대 팀에 반드시 승리할 것이다. ¶이번 경기에서 승리해야 결승전에 출전할 수 있다. ¶민심을 얻은 정당이 지방 선거에서 승리했다.

승복하다
[어원]承服~ [활용]승복하여(승복해), 승복하니, 승복하고 [대응]승복을 하다
[자](사람이나 단체가) 어떤 사실이나 결과 따위에 납득하여 따르다. (of a person or an organization) Be persuaded by a fact or a deed into following.
No-가 N1-에 V (No=[인간|단체] N1=[행위], [상황], [의견], [규범])
[사]승복시키다
¶우리는 다수결의 원칙에 승복했다. ¶민수는 거역할 수 없는 분위기에 승복하고 말았다. ¶우리 팀은 최선을 다했기 때문에 결과에 승복한다.

승인되다
[어원]承認~ [활용]승인되어(승인돼), 승인되니, 승인되고
[자](어떤 일이나 사실이) 마땅한 것으로 받아들여져 공식적으로 인정되다. (of a task or fact) Be accepted and recognized as appropriate.
[유]승인받다, 허락받다
No-가 N1-(에서|에 의해) V (No=[사건] N1=[인간|단체])
[능]승인하다
¶지난 달 장현리 개발 계획이 정부에 의해 승인되었다. ¶민간단체의 대북 지원 물품 반출이 통일부에서 승인되었다. ¶새해 예산안이 지난 달 말 국회에서 승인되었다.

승인받다
[어원]承認~ [활용]승인받아, 승인받으니, 승인받고 [대응]승인을 받다
[타]어떤 집단에게 일이나 사실 따위를 정당한 것으로 공식적으로 인정받다. Succeed in making a work or fact recognized as appropriate by a certain group.
[유]동의받다, 인정받다 [반]승인하다
No-가 N2-(에게|에 의해) N1-를 V (No=[인간|단체]

ㅅ

N1=[사건] N2=[인간|단체])
¶나는 임원진에게 이번 사업 기획안이 실행 가능한 것으로 승인받았다. ¶외국에 가려면 해당 정부에 여행 허가를 승인받아야 한다. ¶그들은 국토교통부 장관에 의해 사업 계획을 승인받았다.

승인하다
어원 承認~ 활용 승인하여(승인해), 승인하니, 승인하고
타 어떤 일이나 사실을 마땅한 것으로 받아들여 공식적으로 인정하다. Accept and recognize certain task or fact as appropriate.
유 인정하다, 동의하다 반 승인받다
N0-가 N1-를 V (N0=[인간|단체] N1=[사건])
피 승인되다
¶그들은 만장일치로 이번 계획을 승인하였다. ¶통일부는 민간단체의 대북 지원 물품 반출을 승인하였다. ¶국토교통부 장관은 새로운 사업 계획을 승인하였다.

승진하다
어원 昇進~ 활용 승진하여(승진해), 승진하니, 승진하고 대응 승진을 하다
자 직위의 등급이나 계급, 서열 따위가 오르다. (of a position's grade, class or rank) Go up.
유 진급하다 반 강등되다
N0-가 N2-에서 N1-로 V (N0=[인간] N1=[직위], [인간] N2=[직위], [인간])
사 승진시키다
¶아버지가 부장에서 이사로 승진하셨다. ¶그는 임원으로 승진하는 꿈을 버리고 퇴직을 생각했다.
N0-가 N1-로 V (N0=[직위], [인간] N1=[직위], [인간])
사 승진시키다
¶그는 한꺼번에 두 계급이 승진했다. ¶과장이 드디어 부장으로 승진하셨다. ¶직장인은 부하 직원이 먼저 승진하는 것을 가장 싫어한다.

승차하다
어원 乘車~ 활용 승차하여(승차해), 승차하니, 승차하고 대응 승차를 하다
자타 (사람이) 이동하기 위해 차에 타다. (of a person) Get into a car to go somewhere.
유 차에 타다, 올라타다 반 하차하다 상 타다III, 내리다[1]
N0-가 N1-(에|를) V (N0=[인간|단체] N1=[교통기관](자동차, 버스, 기차 따위))
¶나는 시내 가려고 지하철에 막 승차했어. ¶여학생들이 버스에 승차하자 떠들기 시작했다.

승천하다
어원 昇天~ 활용 승천하여(승천해), 승천하니, 승천하고 대응 승천을 하다
자 ❶(상상 속의 동물이나 인간, 영혼 따위가) 하늘로 오르다. (of imaginary animal or human, soul) Go up to heaven.
N0-가 N1-로 V (N0=[동물](용, 이무기 따위), [인간](선녀, 성자 따위) N1=하늘, 구름, 신선세계)
¶선녀가 옷을 잃어 버려 승천하지 못했다. ¶원통하게 죽은 영혼이 승천하지 못하고 이승을 떠돌고 있다.
❷ 【기독교】 (예수가) 죽었다가 다시 살아난 후 하늘로 올라가다. (of Jesus) go up to heaven after the Resurrection.
N0-가 V (N0=예수)
¶예수님께서는 부활하신 후 바로 승천하지 않으시고 40일 동안 이 땅에 계셨다. ¶부활하신 예수님은 구름을 타고 승천하셨다.
❸ 【가톨릭】 신자가 죽어 하늘나라로 들어가다. (of a believer) Enter heaven after dying.
유 죽다, 돌아가시다
N0-가 V (N0=[인간])
¶나이 드신 수녀님이 승천하셨어. ¶할머니께서 승천하시어 편히 쉬시고 계실 거야.

승화되다
어원 昇華~ 활용 승화되어(승화돼), 승화되니, 승화되고 대응 승화가 되다
자 ☞ 승화하다

승화시키다
어원 昇華~ 활용 승화시키어(승화시켜), 승화시키니, 승화시키고 대응 승화를 시키다
자 ☞ 승화하다 타의 오용

승화하다
어원 昇華~ 활용 승화하여(승화해), 승화하니, 승화하고 대응 승화를 하다
자 ❶(어떤 현상이나 상태 따위가) 더 높은 수준으로 발전하다. (of a phenomenon or a state) Develop into a higher level.
N0-가 N1-로 V (N0=[추상물], [구체물] N1=[추상물], [구체물])
¶초등학교의 문화 행사가 지역 주민들의 축제로 승화하고 있다. ¶나를 위한 글쓰기는 마침내 남을 위한 글쓰기로 승화한다.
❷(어떤 행위나 사건, 상태 따위가) 사회적 또는 문화적으로 가치 있는 것으로 치환되다. (of an act, an event, or a state) Be replaced by something socially or culturally valuable.
N0-가 N1-로 V (N0=[행위], [사건], [감정] N1=[행위], [예술], [작품])
¶삶의 고통이 문학으로 승화했다. ¶치유를 소망하는 그녀의 바람은 예술로 승화했다. ¶어머니에 대한 절절한 그리움이 작품으로 승화했다.
❸ 【물리】 (기체가 고체로 또는 고체가 기체로) 액체 상태를 거치지 않고 곧바로 변하다. (from solid to gas or from gas to solid) Change without

being liquid along the way.
N0-가 N1-로 V (N0=[기체], [고체] N1=[기체], [고체])
¶얼음이 수증기로 승화해 없어졌다. ¶드라이아이스가 승화할 때 주위의 열을 빼앗아 간다.
타(사람이나 단체가) 어떤 행위나 사건, 상태 따위를 사회적 또는 문화적으로 가치 있는 것으로 치환하다. (of a person or an organization) Replace an act, an event, or a state with something socially or culturally valuable.
N0-가 N1-를 N2-로 V (N0=[인간|단체] N1=[행위], [사건], [감정] N2=[행위], [예술], [작품])
¶나는 혼자 남겨진 아픔을 시로 승화했다. ¶그 도예가는 그리움을 작품으로 승화했다.

시공되다

어원施工~ 활용시공되어(시공돼), 시공되니, 시공되고 대응시공이 되다
자(건물이나 다리 따위의) 공사가 실행되다. (of the construction of a building or a bridge) Be carried out.
유착공되다, 건설되다
N0-가 V (N0=[건물])
능시공하다
¶이 건물은 최첨단 기술을 이용해 시공되었다. ¶신전은 이십 미터가 넘는 높이로 시공되었다. ¶이 세계 최대의 다리는 설계도에 맞추어 완벽하게 시공되었다.

시공하다

어원施工~ 활용시공하여(시공해), 시공하니, 시공하고 대응시공을 하다
타(사람이 건물이나 다리 따위의) 공사를 실행하다. (of a person) Carry out the construction of a building or a bridge.
유착공하다타, 건설하다타
N0-가 N1-를 V (N0=[인간|단체] N1=[건물])
피시공되다
¶그는 박람회의 전기와 조명을 전담하여 시공했다. ¶공단 내에 위치한 다리는 우리가 직접 시공했다. ¶한 시공사가 철골을 엉터리로 시공했다는 사실이 밝혀졌다.

시기하다

어원猜忌~ 활용시기하여(시기해), 시기하니, 시기하고 대응시기를 하다
자타(사람이나 단체가) 다른 사람이나 단체, 그의 잘된 일이나 좋은 점을 샘을 내고 미워하다. (of a person or an organization) Envy and hate another person or organization or the achievement or good things of such.
유샘을 내다, 시샘하다
N0-가 N1-(에 대해|를) V (N0=[인간|단체] N1=[인간|단체], [행위], [속성])
¶나는 어느새 언니를 시기하고 있었다. ¶영희는 민지를 시기하는 마음을 갖기도 했었다. ¶친구들이 진호의 성공에 대해 시기해서 비난하는 게 아니다.
N0-가 S것-(에 대해|을) V (N0=[인간|단체])
¶동료들은 민수가 성공하는 것에 대해 시기하여 트집을 잡는다. ¶일부 기업들이 우리 회사가 앞서 나가는 것을 시기하고 있다.

시달리다

활용시달리어(시달려), 시달리니, 시달리고
자❶(어떤 사람이나 단체가) 다른 사람이나 어려움 따위로 고통받다. (of a person) Be pained by another person or a difficulty.
유고통받다, 괴로움을 당하다
N0-가 N1-(에|에게|로) V (N0=[인간|단체] N1=[인간], [추상물](빚, 전화, 독촉, 신고, 따위))
¶우리 회사는 부당한 전화로 시달리고 있어요. ¶가게들이 모두 불황에 시달린다.
❷(어떤 집, 시설물이나 건물이) 비바람 따위로 허물어지다. (of a house, facility or building) Collapse due to heavy rain and wind, etc.
유허물어지다, 훼손되다, 망가지다
N0-가 N1-(에|로) V (N0=[구체물] N1=[기상](비, 바람 따위))
¶바닷가 집들은 모진 바람에 시달려 무너져가고 있었다. ¶산자락에는 비바람에 시달린 건물들이 늘어 서 있었다.

시도되다

어원試圖~ 활용시도되어(시도돼), 시도되니, 시도되고 대응시도가 되다
자어떤 목표가 이루어지게 무엇이 시험삼아 행해지다. Be performed as a test in order to achieve a certain goal.
N0-가 V (N0=[행위], [방법], [제도], [경로])
능시도하다
¶이 영화에서는 갖가지 새로운 연출 기법이 시도되었다. ¶지구 환경 문제의 해결책은 갖가지 방법이 시도되는 중이다.

시도하다

어원試圖~ 활용시도하여(시도해), 시도하니, 시도하고 대응시도를 하다
자타어떤 목표를 이루고자 무엇을 시험삼아 행하다. Perform as a test in order to achieve a certain goal.
유해보다
N0-가 N1-를 V (N0=[인간|단체] N1=[행위], [방법], [제도], [경로])
피시도되다

¶나는 습관을 바꾸기 위해 아침 운동을 시도해 보았다. ¶국내 기업들이 경쟁적으로 아프리카 진출을 시도하고 있다. ¶피랍된 노동자들은 본국과 접선을 시도했지만 번번이 좌절되었다.
No-가 S기-를 V (No=[인간|단체])
¶우리 회사는 생명공학 부문에 대규모로 투자하기로 시도할 것이다. ¶학생들은 언제나 새로운 과제를 토의하기를 시도한다.
No-가 S려고 V (No=[인간|단체])
¶나는 습관을 바꾸기 위해 아침에 운동을 하려고 시도해 보았다. ¶학생들은 언제나 새로운 과제를 토의하려고 시도한다.

시들다
활용 시들어, 시드니, 시들고, 시드는
자 ❶(식물이나 식물의 부분이) 물기가 줄거나 말라 생기가 없어지다. (of a plant or its part) Lose liveliness due to reduced or dried moisture.
㊌마르다I
No-가 V (No=[식물], [식물](잎, 줄기, 뿌리 따위))
¶식물들이 기운을 잃고 시들어 갔다. ¶비가 안 와서 꽃들이 금방 시들어 버렸다.
❷(몸의 기운이나 기력 따위가) 약해져 생기가 없어지다. (of bodily energy, vigor, etc.) Become weak, lose liveliness.
㊌마르다I, 허약해지다, 병들다
No-가 V (No=[신체부위], 미모 따위)
¶그의 머리는 점점 회색빛으로 변하고 몸은 시들어 갔다. ¶세월이 지나도 그녀의 미모는 시들지 않았다.
❸(어떤 상태나 현상, 기운 따위가) 약해지거나 없어지다. (of certain status, phenomenon, energy, etc.) Become weak or non-existent.
㊌사라지다, 식다
No-가 V (No=[상태], [현상] 따위)
¶그의 애국심은 시들어 갔다. ¶부동산 열기가 점점 시들어 가고 있다.
❹(어떤 대상에 대한) 감정이나 관심 따위가 약해지거나 없어지다. (of emotion, interest, etc., with regard to some target) Become weak or non-existent.
㊌줄어들다, 약해지다
N2-에 대한 N1-의 No-가 V (No=[감정](관심, 열정, 사랑, 욕망 따위) N1=[인간] N2=[모두])
¶음악에 대한 그의 열정은 나이가 들어도 시들지 않았다. ¶부동산에 대한 사람들의 관심은 시들지 않았다.

시사하다
어원 示唆~ 활용 시사하여(시사해), 시사하니, 시사하고 대응 시사를 하다
타 (어떤 사실을) 미리 넌지시 알리다. Suggest a fact in advance indirectly.
㊌암시하다
No-가 N1-를 V (No=[인간|단체], [사태], 사건 따위 N1=[명제])
¶그들은 성명을 통해 항복의 뜻을 시사했다. ¶총리는 회의에서 발언을 통해 법안을 수정할 가능성을 시사했다.
No-가 S음-을 V (No=[인간|단체], [사태], 사건 따위)
¶정부는 합의 내용을 완화할 용의가 있음을 시사했다. ¶올해의 경기 지표는 제조업에 거의 변동이 없었음을 시사했다. ¶관계자는 올해 새로운 평가 기준 도입을 모색 중에 있음을 시사했다.

시샘하다
활용 시샘하여(시기해), 시샘하니, 시샘하고 대응 시샘을 하다
자타 (사람이나 단체가) 다른 사람의 잘된 일이나 좋은 점을 시기하고 미워하다. (of a person or an organization) Envy and hate another person or organization or the chievement or good things of such.
㊌샘을 내다, 시기하다
No-가 N1-(에 대해|를) V (No=[인간|단체] N1=[인간|단체], [행위], [속성])
¶너는 친구의 장점을 시기하지 말아라. ¶영희는 민지를 시샘하는 마음이 눈녹듯 사라졌다.

시식하다
어원 試食~ 활용 시식하여(시식해), 시식하니, 시식하고 대응 시식을 하다
타 (맛이 어떤가 보기 위해) 시험 삼아 음식을 조금 먹어 보다. Eat a small amount of food as trial to figure out how it tastes.
㊌맛보다
No-가 N1-를 V (No=[인간] N1=[음식])
¶요리사는 사람들에게 식당의 새로운 메뉴를 시식하게 했다. ¶심사위원들은 요리 대회 참가자들의 음식을 시식한 후 평가를 했다. ¶영희는 마트에서 시식했던 만두를 사 왔다.

시위하다
어원 示威~ 활용 시위하여(시위해), 시위하니, 시위하고 대응 시위를 하다
자 (사람이나 단체가) 자신이 원하는 바를 이루기 위해서 공개적 장소에서 집회나 행진 따위를 하다. (of a person or an organization) Perform rally, march, etc., in a public place in order to achieve one's goal.
No-가 V (No=[인간|단체])
¶학생들이 새 학칙에 반대하여 시위하였다.

¶그는 동료의 석방을 요구하며 강력히 시위하였다. ¶시민들이 정부의 정책을 비판하며 시위하였다.

시인하다

[어원]是認~ [활용]시인하여(시인해), 시인하니, 시인하고 [대응]시인을 하다

[자](어떤 내용이나 사실에 대해) 맞다고 인정하거나 옳다고 말하다. Acknowledge or say some content or truth as a correct thing.

[유]인정하다 [반]부인하다

N0-가 N1-(에|에게) S다고 V (N0=[인간|단체] N1=[인간|단체])

¶김 의원은 검찰에 한 업체로부터 뇌물을 받았다고 시인했다. ¶철수는 나에게 이번엔 자신이 잘못했다고 시인했다. ¶그는 이번 사건에 자신이 개입되어 있다고 시인했다.

[타]어떤 내용이나 사실을 맞다고 인정하거나 옳다고 말하다. Acknowledge or say some content or truth as a correct thing.

[유]인정하다 [반]부인하다

N0-가 N2-(에|에게) N1-를 V (N0=[인간|단체] N1=[추상물](잘못, 죄, 사실, 패배 따위) N2=[인간|단체])

¶그가 국민들 앞에서 자신의 패배를 공식적으로 시인했다. ¶현준 씨는 경찰에 폭행 사실을 일부 시인했다.

N0-가 N1-(에|에게) S것-을 V (N0=[인간|단체] N1=[인간|단체])

¶그는 자신이 비자금 사건에 연루되어 있다는 것을 검찰에 시인했다. ¶사장은 자신의 회사 제품에 문제가 있다는 것을 방송에서 시인했다.

N0-가 N1-(에|에게) S음-을 V (N0=[인간|단체] N1=[인간|단체])

¶김 의원은 자신이 선거법을 위반했음을 국민들에게 시인했다. ¶그들은 이번 사태가 일어난 것이 자신들의 책임임을 순순히 시인했다.

시작되다

[어원]始作~ [활용]시작되어(시작돼), 시작되니, 시작되고 [대응]시작이 되다

[자]☞ 시작하다[1]

시작하다[1]

[어원]始作~ [활용]시작하여(시작해), 시작하고, 시작하니

[자]❶(어떤 범위나 기간의) 첫 부분이 이루어지다. (first part of certain range or time period) Be established.

N0-가 N1-(에|에서) V (N0=[장소], [시간], [범위], [경로] N1=[장소], [시간])

¶여름 휴가철이 지난주에 시작했다. ¶양재대로는 선암교차로에서 시작한다.

❷(무언가가 어떤 상태나 조건으로) 처음 만들어지거나 행해지다. (of something) Be created or done (in certain condition or state) for the first time.

[유]출발하다

N0-가 N1-로 V (N0=[구체물], [추상물], [사태] N1=[구체물], [추상물], [사태])

¶이 회사는 사무실 하나로 시작했다. ¶차이코프스키의 비창 교향곡은 아다지오로 시작한다. ¶학생 열 명으로 시작했던 우리 학교가 명문학교가 되었습니다.

S기 V

¶비가 오기 시작했다. ¶학생들이 공부하기 시작했다.

[타]❶(사람이 어떤 행위에 대하여) 첫 단계를 행하다. (of a person) Take the first step (toward certain action).

N0-가 S기-를 V (N0=[인간|단체])

¶나는 자전거 타기를 최근에 시작했다. ¶아버지는 어느 날부터인가 화단에 꽃 기르기를 시작하셨다.

❷(무언가를 어떤 상태나 조건으로) 처음 만들거나 행하다. Create or do (something in certain state or condition) for the first time.

N0-가 N1-를 N2-로 V ↔ N1-가 N2-로 V (N0=[인간|단체] N1=[구체물], [추상물], [사태] N2=[구체물], [추상물], [사태])

¶우리는 이 회사를 사무실 하나로 시작했다. ↔ 이 회사는 사무실 하나로 시작했다. ¶이 책의 저자는 서문으로 시작하지 않고 바로 본문을 앞세웠다. ¶사마천은 중국사 서술을 오제 시대로 시작했다.

시작하다[2]

[어원]始作~ [활용]시작하여(시작해), 시작하고, 시작하니

[기능] [타] 행위의 '시작'을 의미하는 기능동사 Support verb that represents the "start" of an action.

N0-가 Npr-를 V (N0=[인간|단체] Npr=[행위], [사건])

¶소녀는 멈추었던 연주를 다시 시작했다. ¶오후 행사를 시작하기 위해 사람들이 모여 들었다.

시정되다

[어원]是正~ [활용]시정되어(시정돼), 시정되니, 시정되고 [대응]시정이 되다

[자]잘못된 것이 바로잡아 고쳐지다. (of something that's wrong) Be reformed and corrected.

[유]고쳐지다, 개선되다, 바로잡히다

N0-가 V (N0=[사태], [추상물](오류, 잘못, 폐해 따위))

[능]시정하다

¶도시와 농촌의 교육 불균형이 빨리 시정되어야 한다. ¶기업 경영이 투명해지면 비자금의 폐해도

시정될 것이다.
S것-이 V
능 시정하다
¶유통시장이 어지러워진 것이 단호히 시정되지 않으면 안 된다. ¶저축은행에서 음성적으로 대출해 주던 것이 시정되어야 한다.

시정하다

어원 是正~ 활용 시정하여(시정해), 시정하니, 시정하고 대응 시정을 하다
타 (잘못된 것을) 바로잡아 고치다. Reform and correct something that is wrong.
유 고치다, 바로잡다, 개선하다
N0-가 N1-를 V (N0=[인간|단체] N1=[사태], [추상물](오류, 잘못, 폐해 따위))
피 시정되다
¶그는 유통시장의 병폐를 단호히 시정할 것이라고 밝혔다. ¶그간 저질러진 오류를 시정하지 않으면 안 된다.
N0-가 S것-을 V (N0=[인간|단체])
피 시정되다
¶농수산부 장관은 유통시장이 급랭하는 것을 시정할 것이라고 밝혔다. ¶저축은행에서 음성적으로 대출해 주던 것을 시정할 필요가 있다.

시청하다

어원 視聽~ 활용 시청하여(시청해), 시청하니, 시청하고 대응 시청을 하다
타 방송물 따위를 보고 듣다. See and hear a broadcasted material.
N0-가 N1-를 V (N0=[인간|단체] N1=[방송물], [방송국], [영상매체](TV, 비디오, 영화 따위))
¶엄마는 매일 연속극을 시청한다. ¶그는 주로 개그 프로그램을 시청한다.
N0-가 N2-로 N1-를 V (N0=[인간|단체] N1=[방송물], [방송국], [영상매체](TV, 비디오, 영화 따위) N2=[기기] (휴대전화, 컴퓨터, TV 따위))
¶출퇴근하는 많은 사람들이 휴대전화로 인터넷 방송을 시청한다. ¶운전자가 운전 중에 텔레비전을 시청하는 것은 매우 위험한 일이다.

시키다 I

시키다[1]

활용 시키어(시켜), 시키니, 시키고
자타 ❶(어떤 사람이) 다른 사람에게 일이나 행동 따위를 하게 하다. (of someone) Make others do work or action.
N0-가 N2-(에게|를) N1-를 V (N0=[인간] N1=[동작], [행위], [활동], [범죄], [행위], [성공], [실패], [변화](성장)] N2=[인간])
¶선생님은 숙제를 안 해 온 학생들에게 청소를 시키셨다. ¶엄마는 아이(에게|를) 심부름을 시켰다. ¶나는 친구에게 계속 말을 시키는데도 친구는 입을 열지 않았다.
N0-가 N1-를 N2-와 N3-를 V↔N0-가 N2-를 N1-와 N3-를 V ↔ N0-가 N1-와 N2-를 N3-를 V (N0=[인간] N1=[인간] N2=[인간] N3=[행위](결혼, 인사, 화해 따위))
¶철수가 영희를 영수와 인사를 시켰다. ↔ 철수가 영수를 영희와 인사를 시켰다. ↔ 철수가 영희와 영수를 인사를 시켰다. ¶김 씨는 자신의 큰딸과 옆집 총각을 결혼을 시켰다. ¶엄마는 형과 동생을 화해를 시켰다.
N0-가 N1-를 S(게|도록) V (N0=[인간] N1=[인간])
¶아버지는 아들을 약을 사 오게 시켰다. ¶사장은 직원들이 나가서 회사 제품을 직접 팔도록 시켰다.
N0-가 N1-(에|에게) S(게|도록) V (N0=[인간] N1=[인간])
¶선생님은 학생들에게 청소를 하게 시키고 교무실로 가셨다. ¶엄마는 아들이 가방을 가져오도록 시켰다.
N0-가 N1-(에게|를) S것-을 V (N0=[인간] N1=[인간])
¶아버지께서는 누나에게 설거지하는 것을 시키셨다. ¶선생님은 철수에게 수학 문제를 푸는 것을 시켰다.
N0-가 N1-(에게|를) S라고 V (N0=[인간] N1=[인간])
¶김 반장은 이 형사에게 용의자를 철저히 조사하라고 시켰다. ¶감독은 선수들을 운동장을 뛰라고 시켰다.
❷(사람이) 어떠한 일을 당하거나 겪게 하다. Undergo or put through some task.
N0-가 N2-(에게|를) N1-를 V (N0=[인간] N1=고생, 망신 따위 N2=[인간])
¶아버지는 어머니에게 고생을 시켜 미안하다고 말씀하셨다. ¶네가 나를 망신을 시키려고 작정했구나!
❸다른 사람에게 어떠한 직위를 주거나 역할을 하게 하다. Give someone some position or role.
N0-가 N2-(에게|를) N1-를 V (N0=[인간] N1=[인간] N2=[인간])
¶회장은 김선형 사장에게 회사 대표를 시켰다. ¶친구들이 영수에게 동창회 회장을 시켰다.

시키다[2]

기능 활용 시키어(시켜), 시키니, 시키고
타 '행위'를 나타내는 기능동사 Support verb that shows the meaning of "action".
N0-가 N1-를 Npr-를 V (N0=[인간] N1=[시설물], [장소], Npr=연결, 차단, 환기 따위)
¶그는 끊어진 전화선을 연결을 시켰다. ¶아버지

는 잠시 전기를 차단을 시키셨다. ¶나는 창문을 열어 방을 환기를 시켰다.
N0-가 N1-를 N2-와 Npr-를 V ↔ N0-가 N2-를 N1-와 Npr-를 V ↔ N0-가 N1-와 N2-를 Npr-를 V (N0=[인간] N1=[기구], [장소], [인간|단체], 시스템 따위 N2=[기구], [장소], [인간|단체], 시스템 따위, Npr=연결, 차단, 분리, 격리 따위)
¶정호는 컴퓨터를 휴대전화와 연결을 시켰다. ↔ 정호는 휴대전화를 컴퓨터와 연결을 시켰다. ↔ 정호는 컴퓨터와 휴대전화를 연결을 시켰다. ¶병원에서는 면역력이 약한 환자를 일반 환자들과 격리를 시켰다.
N0-가 N2-에서 N1-를 Npr-를 V (N0=[인간] N1=[인간|단체], [동물], [구체물] N2=[범주], [단체], [동물], Npr=제외, 배제, 격리, 분리 따위)
¶심사위원들은 내 작품을 심사 대상에서 제외를 시켰다. ¶사장은 이번 인사에서 이 부장을 배제를 시켰다.
N0-가 N2-에 N1-를 Npr-를 V (N0=[인간|단체] N1=[인간|단체] N2=[단체], [부서], Npr=배치, 배정 따위)
¶인사과장이 각 부서에 신입 사원들을 배치를 시켰다. ¶교육청은 고등학교에 신입생을 배정을 시켰다.

시키다 II

활용 시키어(시켜), 시키니, 시키고
타 (식당이나 카페에서) 음식이나 음료 따위를 주문하다. Order food or drink in a restaurant or a café.
유 주문하다 자타
N0-가 N2-(에|에서|에게) N1-를 V (N0=[인간] N1=[음식] N2=[인간|단체], [장소])
¶나는 중국집에 짜장면과 군만두를 시켰다. ¶철수가 종업원에게 설렁탕을 시켰다. ¶영희가 직원을 불러 차 두 잔을 시켰다.
N0-가 N1-(에|에서|에게) S(고|게)-를 V (N0=[인간] N1=[인간|단체], [장소])
¶나는 중국집에 짜장면과 탕수육을 가져오라고 시켰다. ¶철수가 종업원에게 설렁탕과 수육을 배달하라고 시켰다. ¶영희가 직원을 불러 차 두 잔을 가져오게 시켰다.

시판되다

어원 市販~ 활용 시판되어(시판돼), 시판되니, 시판되고 대응 시판이 되다
자 (물건이) 시장이나 매장에서 대중에게 팔리다.
유 판매되다, 팔리다 (of goods) Be sold in a market.
N0-가 N1-에서 V (N0=[구체물] N1=[장소](시장, 백화점)
능 시판하다
¶지난달부터 새로운 음료수가 시판되었다. 신제품이 시민 평가단의 평가를 거쳐 시판될 예정이다. ¶새로 시판되는 상품의 반응이 매우 좋습니다.

시판하다

어원 市販~ 활용 시판하여(시판해), 시판하니, 시판하고 대응 시판을 하다
타 【경제】 (사람이나 기업이) 물건을 시장이나 매장에서 대중에게 팔다. (of person or company) Sell goods in a market.
상 판매하다, 팔다 반 구입하다, 매입하다, 사다[1]
N0-가 N2-에서 N1-를 V (N0=[인간], [기업] N1=[구체물] N2=[장소](시장, 매장, 백화점))
피 시판되다
¶우리 회사에서는 상반기에 신제품을 시판한다. ¶이번에 시판하는 물건은 기존의 단점을 보완한 것이다. ¶그 가게에서는 새로운 음식을 시판했지만 인기가 좋지 않았다.

시행되다

어원 施行~ 활용 시행되어(시행돼), 시행되니, 시행되고 대응 시행이 되다
자 ❶(어떤 일이나 계획 따위가) 작동하거나 행동으로 옮겨지다. (of a duty or plan) Be carried out.
유 실시되다 반 폐지되다
N0-가 V (N0=[활동], [행위])
능 시행하다
¶학생들을 대상으로 흡연 예방 교육이 시행됐다. ¶ 장학금 지원 행사가 오늘부터 본격적으로 시행됐다. ¶ 중학생들의 사회봉사 활동이 제대로 시행되고 있지 않다.
❷ 【법률】 제도나 법령 따위가 알려져 대중들이 거기에 따르게 되다. Oblige the publiic to abide by a system or legislation by informing them thereof.
유 실시되다 반 폐지되다
N0-가 V (N0=[제도], [방법], [법률])
능 시행하다
¶대형 마트의 의무 휴업이 시행되고 있다. ¶도로명 주소가 전면 시행되었다.

시행하다

어원 施行~ 활용 시행하여(시행해), 시행하니, 시행하고 대응 시행을 하다
타 ❶(어떤 일이나 계획 따위를) 행동으로 옮기거나 실행하다. (of a duty or plan) Carry out.
유 실시하다
N0-가 N1-를 V (N0=[인간|단체] N1=[활동], [행위])
피 시행되다
¶우리 학교에서는 1년에 2번 안전 교육을 시행한

다. ¶우리 시에서는 올해부터 나무심기 행사를 시행할 예정이다.

❷ [법률] 국가나 국가 기관이 제도나 법령 따위를 행동으로 옮기다. (of a country or a government office) Put a system, an ordinance, etc., into action.

㊥실시하다

N0-가 N1-를 V (N0=[국가], [기관] N1=[제도], [방법], [법률])

피 시행되다

¶우리 시는 작년부터 자동차 십부제를 시행하고 있다. ¶교육부는 내년부터 주 5일 수업을 시행하기로 했다.

시험하다

어원 試驗~ 활용 시험하여(시험해), 시험하니, 시험하고 대응 시험을 하다

타 ❶제품의 기능이나 성능, 상태 따위를 일정한 순서나 방법에 따라 실제로 해보고 평가하다. Evaluate a product's function, performance, status, etc., by actually carrying out certain procedure or method.

㊥테스트하다

N0-가 N1-를 V (N0=[인간|단체] N1=[구체물], [속성], [기능], [상태])

¶우리는 로켓 엔진을 시험했다. ¶우리 회사는 새로운 자동차를 개발하여 시험해 보았다.

❷다른 사람의 능력이나 지식 따위를 일정한 순서나 방법에 따라 알아보고 평가하다. (of a person) Evaluate someone's ability, knowledge, etc., by performing certain procedure or method.

㊥평가하다

N0-가 N1-를 V (N0=[인간|단체] N1=[능력], [속성])

¶감독은 오늘 그 선수의 실력을 실험할 예정이다. ¶면접관들은 다양한 질문을 하면서 나의 전공 실력을 시험하였다.

❸다른 사람의 품격이나 인성 따위를 알기 위하여 떠보다. (of a person) Sound someone out to find out his/her dignity, personality, etc.

N0-가 N1-를 V (N0=[인간|단체] N1=[감정], [인간], [인성], [속성], 한계 따위)

¶그녀는 항상 나의 사랑을 시험하려 했다. ¶그녀는 한 시간 동안 나를 괴롭히며 내 인내심을 시험했다.

식다

활용 식어, 식으니, 식고

자 ❶(음식 따위가) 더운 기운이 없어져 차가워지다. (of food) Become cold by losing hot energy.

㊥차가워지다, 냉각되다 ㊥뜨거워지다, 데워지다

N0-가 V (N0=[음식], [액체](물))

사 식히다

¶국이 다 식기 전에 어서 먹어라. ¶그녀가 타 놓은 커피가 식어 있었다.

❷(땅 표면이나 공기에) 더운 기운이 없어지다. (of land surface or air) Lose hot energy.

㊥차거워지다, 냉각되다 ㊥뜨거워지다, 데워지다

N0-가 V (N0=[장소](땅), [날씨](더위))

사 식히다

¶밤이면 한낮의 불볕에 이글거리던 땅도 식는다. ¶밤에도 더위가 식지 않는 열대야가 계속되고 있다.

❸(땀이) 마르거나 더 이상 흐르지 않게 되다. (of sweat) Become dry, no longer flow.

㊥마르다I

N0-가 V (N0=땀 따위)

사 식히다

¶시원한 바람에 어느새 땀이 다 식었다. ¶철수는 운동을 끝내고 땀이 식을 때까지 앉아서 쉬었다.

❹(숨이 끊기고 혈류가 정지되어) 생명이 다하여서 몸에 따뜻한 기운이 없어져 차갑게 되다. Finish life by breathing one's last breath and not having blood flow in the body.

㊥싸늘해지다, 차가워지다

N0-가 V (N0=몸, 시체)

연어 싸늘하게

¶구조대에 의해 발견되었을 때 그 사람의 몸은 이미 싸늘하게 식어 있었다.

❺(사랑, 분노 따위의 감정이) 예전보다 약해져서 거의 없어지다. (of some emotion) Ease up or settle down than before.

㊥줄어들다, 약해지다, 싸늘해지다 ㊥끓어오르다

N0-가 V (N0=[감정], [생각])

사 식히다

¶언니는 형부에 대한 사랑이 식은 것 같았다. ¶일에 대한 영호의 열정이 식어 예전 같지 않다. ¶그 사건에 대한 사람들의 분노가 쉽게 식지 않을 것이다.

❻(자리나 행사의 분위기 따위가) 한창때가 지나 시들해지다. (of some place or event's atmosphere) Go past its peak and ease down.

㊥가라앉다

N0-가 V (N0=[상황](분위기), 술판 따위)

사 식히다

¶한참 벌려 놓았던 술판이 오후가 되자 점점 식어갔다. ¶월드컵의 열기가 아직 식지 않았다.

식별되다

어원 識別~ 활용 식별되어(식별돼), 식별되니, 식별되고 대응 식별이 되다

자 (어떤 대상이 다른 대상과) 성질이나 종류 따위

가 구별되다. (of characteristics or type) Be categorized between some target and another target, or between two or more targets.
㊤구별되다, 판별되다 ㉤혼동되다
N0-가 V (N0=[구체물])
능식별하다
¶진품 청자와 가품 청자는 현미경으로도 잘 식별되지 않는다. ¶잉꼬의 암수는 부리 색깔로 식별된다. ¶택시가 쉽게 식별되도록 택시를 노란색으로 칠했다.

식별하다
어원識別~ 활용식별하여(식별해), 식별하니, 식별하고 대응식별을 하다
타(어떤 대상을 다른 대상과, 또는 둘 이상의 대상에 대하여)성질이나 종류 따위를 알아서 구별하다. Know and categorize the characteristics or type between some target and another target, or between two or more targets.
㊤분별하다, 판별하다 ㉤혼동하다
N0-가 N1-와 N2-를 V ↔ N0-가 N1-를 N2-와 V ↔ N0-가 N2-를 N1-와 V (N0=[인간|단체] N1=[구체물] N2=[구체물])
피식별되다
¶전문가도 진품 청자와 가품 청자를 식별하기가 쉽지 않다. ↔ 전문가도 진품 청자를 가품 청자와 식별하기가 쉽지 않다.↔ 전문가도 가품 청자를 진품 청자와 식별하기가 쉽지 않다. ¶우리는 영국인과 독일인을 잘 식별하지 못한다. ¶훈련된 개들은 냄새만 맡고 마약을 식별할 수 있다.

식사하다
어원食事~ 활용식사하여(식사해), 식사하니, 식사하고 대응식사를 하다
자아침, 점심, 저녁과 같은 끼니로 음식을 먹다. Eat food as a meal such as breakfast, lunch, or dinner.
㊤밥먹다, 끼니를 때우다 ㉤끼니를 거르다, 굶다
N0-가 V (N0=[인간|단체])
¶우리 12시에 식사합시다. ¶식당 공간이 비좁으니 순서를 정해 돌아가면서 식사합시다. ¶식사한 그릇은 문 앞에 두어 주십시오.

식히다
활용식히어(식혀), 식히니, 식히고
타❶(음식 따위의) 더운 기운을 없애 차가워지게 하다. Make food's hot energy cold.
㊤차게 하다, 냉각하다 ㉤데우다, 덥히다, 가열하다
N0-가 N1-를 V (N0=[인간] N1=[음식], [액체](물))
주식다
¶나는 커피를 천천히 식혔다. ¶어머니께서는 뜨거운 물을 식혀 놓으셨다.
❷(사람의 몸이나 공기 중의) 더운 기운을 없애다. Remove a person's body or air's hot energy.
㊤냉각하다 ㉤데우다, 덥히다타
N0-가 N1-를 V (N0=[인간] N1=몸, [날씨](더위))
주식다
¶차가운 얼음물이 더위에 지친 철수의 몸을 식혀 주었다. ¶여름밤에 사람들이 한강변에 나와 더위를 식히고 있다.
❸(땀을) 마르게 하거나 더 이상 나오지 않게 하다. Make sweat dry, no longer flow.
㊤말리다III
N0-가 N1-를 V (N0=[인간] N1=[분비물](땀))
주식다
¶주호는 가족들과 함께 그늘 아래 앉아 땀을 식혔다. ¶등산객들은 땀을 식히기 위해 잠시 쉬어가기로 했다.
❹(열정, 화 따위의 감정을) 예전보다 줄이거나 없애다. Ease an intense emotion.
㊤가라앉히다, 진정시키다 ㉤끓어오르게 하다
N0-가 N1-를 V (N0=[인간] N1=[감정], [생각])
주식다
¶박 과장은 잠시 밖으로 나가 화를 식혔다. ¶열정을 식히고 생각해 보니 그것은 위험한 도전이었다.
❺들뜬 분위기 따위를 가라앉히다. Ease a heady atmosphere.
㊤진정시키다 ㉤고조시키다, 들뜨게 하다
N0-가 N1-를 V (N0=[인간] N1=[상황](분위기))
주식다
¶손님 가운데 한 분이 갑자기 화를 내서 파티의 분위기를 식혔다. ¶사회자는 토론장의 열기를 잠시 식히기 위해 화제를 바꿨다.

신고당하다
어원申告~ 활용신고당하여(신고당해), 신고당하니, 신고당하고 대응신고를 당하다
자(사람이나 단체 따위가) 다른 사람에 의해 어떤 일을 맡아 하는 기관에 부정적인 일이나 행위로 공식적으로 보고되다. (of person or organization) Be officially reported (by another person for negative matter or action to institution that takes care of certain tasks).
㊤고발당하다
N0-가 N1-(에게|에 의해) N2-에 N3-로 V (N0=[인간|단체], [건물], [기관] N1=[인간] N2=[기관] N3=[인간], [건물], [범죄])
능신고하다타
¶나는 사진을 찍다가 이웃에 의해 경찰에 도둑으로 신고당했다. ¶옆집 남자가 사람들에게 사기죄로 신고당해서 조사를 받고 있다. ¶아버지께서

ㅅ

억울하게 강도 사기 죄로 신고당한 적이 있습니다.

신고되다

어원 申告~ 활용 신고되어(신고돼), 신고되니, 신고되고 대응 신고가 되다

자 ❶(사람이나 어떤 대상이) 어떤 일을 맡아 하는 기관에 그와 관련된 사항으로 공식적으로 알려지다. (of person or object) Become known officially (to institution that takes care of certain tasks).

No-가 N1-에 N2-로 V (No=[인간|단체], [구체물](가게, 배 따위) N1=[기관] N2=[기관], [인간])

능 신고하다 타

¶이 가게는 세무서에 통신판매업으로 신고돼 있다. ¶박일훈 씨는 지난 해 전염성 의심 환자로 보건소에 신고되었다. ¶이 배들은 관할 관청에 낚시 어선으로 신고된 것으로 밝혀졌다.

No-가 N1-에 V (No=[사건], [범죄] N1=[기관])

능 신고하다 타

¶아동 실종 사건이 경찰에 신고되지 않아 기록이 전혀 없었다. ¶화재가 119에 신고되어 소방대원들이 바로 출동하였다.

❷(어떤 사건이나 일 따위가) 그 일을 맡아 하는 기관에 공식적으로 알려지다. (of certain fact or matter) Become known officially to the institution that takes care of that certain matter.

No-가 N1-에 V (No=[사건], [범죄] N1=[기관])

능 신고하다 타

¶아동 실종 사건은 경찰에 신고되지 않아 기록이 전혀 없었다. ¶화재가 119에 신고되어 소방대원들이 바로 출동하였다.

신고받다

어원 申告~ 활용 신고받아, 신고받으니, 신고받고

대응 신고를 받다

자타 (어떤 일을 맡아 하는 기관이) 그와 관련된 사항을 공식적으로 받아 알다. (of institution) Be received officially and informed the relevant contents.

㊥신고하다

No-가 N2-(에게 | 로부터) N1-를 V (No=[기관] N1=[구체물], [추상물] N2=[인간|단체])

¶동 주민 센터는 내일부터 전입을 신고받는다. ¶요즘 파출소는 주민들에게 각종 민원을 신고받아요.

No-가 N1-(에게 | 로부터) S고 V (No=[기관] N1=[인간|단체])

¶경찰은 동네에 수상한 사람이 돌아다닌다고 신고받았다. ¶본청은 주민 센터로부터 불량식품이 많다고 늘 신고받는다.

신고하다

어원 申告~ 활용 신고하여(신고해), 신고하니, 신고하고 대응 신고를 하다

자타 (어떤 일을 맡아 하는 기관에) 그와 관련된 사항을 공식적으로 알리다. Officially reveal the relevant contents to the corresponding institution.

㊥신고받다

No-가 N1-를 N2-에 V (No=[인간|단체] N1=[구체물], [추상물] N2=[기관])

피 신고되다

¶우리는 이삿짐을 정리한 뒤 동 주민 센터에 전입을 신고했다. ¶결혼 후 한동안 혼인을 신고하지 못하고 있었다. ¶문서에서 오류나 변경 사항이 있으시면 신고해 주세요.

No-가 N1-에 S고 V (No=[인간|단체] N1=[기관])

피 신고되다

¶현수는 경찰에 동네에 수상한 사람이 돌아다닌다고 신고했다. ¶고객센터에서는 불량품을 가져오는 손님이 많다고 본사에 신고했다.

No-가 N1-에 S것-을 V (No=[인간|단체] N1=[기관])

피 신고되다 자

¶행인은 거리에 폭발물로 의심되는 물체가 있다는 것을 경찰에 신고했다. ¶탈옥자를 보았다는 목격자가 당국에 신고했다.

신기다

활용 신기어(신겨), 신기니, 신기고

타 (다른 사람에게) 신발이나 양말 따위를 발에 끼어 착용하게 하다. Make someone wear shoes or socks by covering the feet with such.

No-가 N2-에게 N1-를 V (No=[인간] N1=[신], [양말] N2=[인간])

주 신다

¶엄마는 딸에게 새로 산 예쁜 구두를 신겼다. ¶아내는 다리를 다친 남편에게 양말을 신겨 주었다.

신나다

활용 신나, 신나니, 신나고 대응 신이 나다

자 흥이 일어나 기분이 매우 좋아지거나 즐거워지다. Become very pleased or happy with rising excitement.

㊌신바람나다

No-가 V (No=[인간], [동물])

¶그는 신나서 소리를 노래를 불렀다. ¶엄마도 신나고 아이들도 신났다. ¶학생들이 신나면 선생님들도 신난다.

신다

활용 신어, 신으니, 신고

타 (신발이나 양말 따위를) 발에 끼워 넣다. Wear shoes or socks.

㊌착용하다 ㊥벗다

No-가 N1-를 V (No=[인간] N1=[신], [양말])

사 신기다
¶나는 운동화를 자주 신는다. ¶누나는 정장을 차려 입고 구두를 신고 나갔다. ¶영수는 등산화 속에 두꺼운 양말을 신고 산에 올랐다.

신들리다

어원 神~ 활용 신들리어(신들려), 신들리니, 신들리고
대응 신이 들리다
자 ❶무당이나 영매에게 영적인 존재가 들어와 붙다. (of a shaman or medium) Be possessed by a spirit.
유 접신하다
N0-가 V (N0=[인간](무당, 당주 따위))
¶굿을 하노라면 무당은 신들린 상태가 된다. ¶영매는 신들린 지경이 되어야 영적 존재가 된다.
❷(사람이) 마치 신이 들린 듯이 무아지경으로 어떤 일에 몰입하다. (of a person) Be immersed in something ecstatically, as if possessed by a spirit.
N0-가 V (N0=[인간])
¶노지휘자는 신들린 듯이 혼신의 힘을 다해 지휘를 한다. ¶천재들은 신들린 듯이 자기 일에 몰입한다.

신뢰받다

어원 信賴~ 활용 신뢰받아, 신뢰받으니, 신뢰받고
대응 신뢰를 받다
자 (사람이나 단체가) 다른 사람에게 믿음과 의지의 대상이 되다. (of a person or a group of person) Be worthy of trust and to be depended on by another person.
반 불신하다
N0-가 N1-에게 V (N0=[인간] N1=[인간])
능 신뢰하다
¶그는 명망 높은 의사였기 때문에 환자들에게 신뢰받았다. ¶김 감독은 선수들과 구단주에게 신뢰받았다.

신뢰하다

어원 信賴~ 활용 신뢰하여(신뢰해), 신뢰하니, 신뢰하고 대응 신뢰를 하다
타 (사람이나 단체가) 다른 사람이나 사실을 굳게 믿다. (of a person or a group of person) Trust another person or fact firmly.
유 믿다 타 반 불신하다
N0-가 N1-를 V (N0=[인간] N1=[인간], [앎])
피 신뢰받다
¶나는 그의 판단을 전적으로 신뢰했다. ¶국민들은 이 사건이 있기 전까지 경찰을 신뢰했다. ¶국민들에게 신뢰받는 상품이 개발될 때까지 최선을 다합시다.

신문받다

어원 訊問~ 활용 신문받아, 신문받으니, 신문받고
대응 신문을 받다
자 【법률】 사람이 국가 기관이나 수사 담당자에게 불려가 정보를 반강제적으로 알려주다. (of a person) Be called a national agency or a detective and searched for some information.
유 조사받다 자
N0-가 N1-에게 V (N0=[인간] N1=[기관], [인간](경찰 따위))
능 신문하다
¶용의자가 형사에게 신문받고 있다. ¶그는 밤새도록 검사에게 신문받았지만, 입을 열지 않았다.

신문하다

어원 訊問~ 활용 신문하여(신문해), 신문하니, 신문하고 대응 신문을 하다
타 【법률】 국가 기관이나 수사 담당자가 사람을 불러서 캐물어 정보를 얻으려 하다. (of a national agency or a detective) Call a person and search for some information from him or her.
유 조사하다
N0-가 N1-를 V (N0=[기관], [인간](경찰 등) N1=[인간])
피 신문받다
¶형사가 용의자를 신문하고 있다. ¶밤새도록 신문했지만, 그는 입을 열지 않았다. ¶수사 당국은 정당한 절차에 따라 신문해 얻은 정보만 이용한다.

신봉되다

어원 信奉~ 활용 신봉되어(신봉돼), 신봉되니, 신봉되고 대응 신봉이 되다
자 (사상이나 교리 따위가) 무조건적으로 옳다고 믿어지고 받들어지다. (of thought or doctrine) Be believed and obeyed as the absolute truth.
유 믿기다 반 배척받다
N0-가 V (N0=[사조], [학파], [종교])
능 신봉하다
¶천동설은 코페르니쿠스가 지동설을 제창할 때까지 계속 신봉되었다. ¶정토 신앙은 빈부귀천이나 남녀노소의 구별 없이 널리 신봉되었다. ¶나라가 어지러워지니 백성들 사이에 도참사상이 신봉되었다.

신봉하다

어원 信奉~ 활용 신봉하여(신봉해), 신봉하니, 신봉하고 대응 신봉을 하다
타 (사람이나 단체가) 사상이나 교리 따위를 무조건적으로 옳다고 믿으며 받들다. (of a person or an organization) Believe and obey a thought or a doctrine as the absolute truth.
유 믿다 타, 추종하다 반 배척하다
N0-가 N1-를 V (N0=[인간|단체] N1=[사조], [학파], [종교])

피신봉되다
¶우리들은 시장 경제를 통한 자유주의를 신봉했다. ¶인도네시아의 주민은 대부분 이슬람교를 신봉한다. ¶창조론자들은 젊은 우주론을 신봉한다.

신설되다

어원新設~ 활용신설되어(신설돼), 신설되니, 신설되고 대응신설이 되다
자❶(설비, 시설 따위가) 새로 만들어지거나 설치되다. (of equipment or facility) Be newly made or installed.
반폐지되다
N0-가 N1-에 V (N0=[구체물], [시설물] N1=[장소])
능신설하다
¶그 집 근처에 지하철역이 신설되었다. ¶이 지역에 새로운 경찰서와 10개의 파출소가 신설된다.
❷(어떤 장소나 분야에) 새로운 범주 따위가 생기다. (of a new category) Be created within a certain place or field.
반폐지되다자
N0-가 N1-에 V (N0=[범주](학교, 학과, 직책 따위), [분야], [제도] N1=[장소])
능신설하다
¶직업인 양성을 목적으로 전문대학이 신설되기 시작했다. ¶80년대 초반에 각 대학에 외국어 관련 학과가 많이 신설됐다. ¶씨름대회에 새로운 경량급이 신설된다.

신설하다

어원新設~ 활용신설하여(삭제해), 신설하니, 신설하고 대응신설을 하다
타❶(설비, 시설 따위를) 새로 만들거나 설치하다. Newly create or install an equipment or facility.
반부수다, 폐지하다
N0-가 N2-에 N1-를 V (N0=[인간|단체] N1=[구체물], [시설물] N2=[장소])
피신설되다
¶정부는 시민들의 편의를 위해 두 역 사이에 지하철역을 신설했다. ¶우리 회사는 차세대 반도체를 양산을 위해 공장을 국내에 신설하기로 결정했다.
❷(어떤 장소나 분야에) 새로운 범주 따위를 만들다. Create a new category within certain place or field.
반폐지하다
N0-가 N2-에 N1-를 V (N0=[인간|단체] N1=[범주](학교, 학과, 직책 따위), [분야], [제도] N2=[장소])
피신설되다자
¶영국은 공공 서비스를 현대화하기 위해 별도의 조직을 신설했다. ¶노량진문화센터는 음악과 미술과 관련한 감상 강좌를 대폭 신설했다.

신음하다

어원呻吟~ 활용신음하여(신음해), 신음하니, 신음하고
자❶(사람이나 동물이) 고통이나 쾌락으로 끙끙거리는 소리를 내다. (of a person or an animal) Groan in pain or pleasure.
유끙끙거리다, 앓다
N0-가 V (N0=[인간|동물])
¶그는 허리 통증으로 밤새 신음했다. ¶사고로 갑자기 부모님을 잃은 남자는 울면서 신음했다. ¶강아지는 마취에서 깨어나자 깨갱거리며 신음했다.
❷(사람이나 어떤 대상이) 고통을 받아 고생하며 허덕이다. (of a person or something) Moan in trouble due to pain.
N0-가 V (N0=[인간|단체], [국가], [구체물])
¶한때는 푸르렀던 숲이 차량 매연에 신음한다. ¶전쟁 직후에는 인플레이션 때문에 온 나라가 신음했다.

신청되다

어원申請~ 활용신청되어(신청돼), 신청되니, 신청되고 대응신청이 되다
자❶(다른 사람이나 단체에) 어떤 사물이나 사건이 필요하다고 요청되다. (of a thing or an event) Be asked by another person or organization because it is necessary.
N0-가 N1-에 V (N0=[사건], [행위], [구체물] N1=[단체])
능신청하다
¶새로운 책이 도서관에 신청되었다. ¶일단 성적 검토가 신청되면 학교는 사흘 뒤 결과를 알려주어야 한다. ¶공장에 물건이 신청되는 대로 제작에 들어갑니다.
N0-가 N1-에게 V (N0=[사건], [행위], [구체물] N1=[인간])
능신청하다
¶중고 물품 거래가 판매자에게 신청되었습니다. ¶뛰어난 감정사인 그에게 예술품의 평가가 신청되는 것은 당연하다.
❷(강의나 학점 따위가) 이수되기 위하여 등록되다. (for course or credits) Be registered in order to be completed.
N0-가 V (N0=[과목], [회의](수업, 강의 따위), 학점)
능신청하다
¶이번 학기에는 필수 과목이 4개나 신청되었다. ¶신청돼 있는 강의만으로도 머리가 아플 지경이다.
❸ 【법률】 법원에 민사 소송법상의 일정한 소송행위가 법적으로 요청되다. (of a lawsuit in accordance with the civil procedure code) Be asked by a court lawfully.

N0-가 N1-에 V (N0=[행위](조정, 중재, 증거 보전 따위) N1=법원)

능 신청하다

¶분쟁이 오래 지속되어 법원에 중재가 신청되었다. ¶증거 보전이 신청되면 증거 조사가 시작된다.

❹ 【법률】 국가기관이나 공공단체에 공법상 특정한 행위를 요구하기 위하여 어떤 의사가 표시되다. (of a request) Be presented to a national organization or a public institute for action in accordance with the public law.

N0-가 N1-에 V (N0=[행위] N1=[단체])

능 신청하다

¶우리 구청에는 일평균 30건의 민원이 신청된다. ¶건축 허가가 신청되면 감리를 시작합니다.

신청받다

어원 申請~ 활용 신청받아, 신청받으니, 신청받고 대응 신청을 받다

타 ❶(다른 사람이나 단체로부터) 어떤 사물을 제공해 줄 것을 요청받거나 어떤 사항을 처리해 줄 것을 요청받다. Be asked by another person or organization to give a thing or carry out some event because it is necessary.

반 신청하다

N0-가 N2-에서 N1-를 V (N0=[인간|단체] N1=[사건], [행위], [구체물] N2=[단체])

¶우리 회사는 다른 회사로부터 광고 대행을 신청받았다. ¶학교는 학생회에서 신청받은 안건을 처리하고 있다.

N0-가 N2-에게서 N1-를 V (N0=[인간|단체] N1=[사건], [행위], [구체물] N2=[인간])

¶학교는 학생들에게서 급식을 신청받았다. ¶사서는 현지한테서 신청받은 책을 꺼내다 주었다.

❷ 【법률】 (법원에서) 민사 소송법상의 일정한 소송 행위를 법적으로 요청받다. (of a court) Receive lawfully a lawsuit in accordance with the civil procedure code.

반 신청하다

N0-가 N1-를 V (N0=법원 N1=[행위](조정, 중재, 증거 보전 따위))

¶분쟁이 이어질 때 법원은 조정을 신청받는다. ¶시일이 촉박하지 않다면 법원이 증거 보전을 신청받아야 할 이유가 없다.

❸ 【법률】 (국가 기관이나 공공 단체에서) 공법상 특정한 행위를 요구하기 위한 의사를 확인하고 처리하기로 하다. (of a national organization or a public institute) Confirm and decide to handle a request for action in accordance with the public law.

반 신청하다

N0-가 N1-를 V (N0=[단체] N1=[행위])

¶구청에서는 여권 발급을 신청받는다. ¶신청받은 일은 정해진 기한 내에 처리되어야 한다.

신청하다

어원 申請~ 활용 신청하여(신청해), 신청하니, 신청하고 대응 신청을 하다

타 (다른 사람이나 단체에) 어떤 사물을 제공해 줄 것을 요청하거나 어떤 사항을 처리해 줄 것을 요청하다. Ask another person or organization for a thing or an event because it is necessary.

반 신청받다

N0-가 N2-에 N1-를 V (N0=[인간|단체] N1=[사건], [행위], [구체물] N2=[단체])

피 신청되다

¶박 과장님은 총무부에 비품을 신청했다. ¶도서 대출을 신청하려면 몇 층으로 가야 하죠? ¶점장님께서 본사에 신청했던 물품들이 도착했다.

N0-가 N2-에게 N1-를 V (N0=[인간|단체] N1=[사건], [행위] N2=[인간])

피 신청되다

¶인수는 민선이에게 처음으로 데이트를 신청했다. ¶교수님께 강연을 신청했더니 흔쾌히 허락해 주셨다.

❷강의나 학점 따위를 듣고자 등록하다. Register for course or credits.

N0-가 N1-를 V (N0=[인간|단체] N1=[과목], [회의](수업, 강의 따위), 학점)

피 신청되다

¶나는 이번 학기에 전공 강의를 네 개나 신청했다. ¶이번에 신청한 과목들은 모두 오후 수업이다.

❸ 【법률】 법원에 민사 소송법상의 일정한 소송 행위를 법적으로 요청하다. Request lawfully to a court a lawsuit in accordance with the civil procedure code.

N0-가 N2-에 N1-를 V (N0=[인간|단체] N1=[행위](조정, 중재, 증거보전 따위) N2=법원)

피 신청되다

¶중재를 신청했으니 곧 조치가 있을 것입니다. ¶나중에 증거로 활용하기 위하여 증거 보전을 신청해야 한다.

❹(국가 기관이나 공공 단체에) 공법상 특정한 행위를 요구하기 위한 의사를 표시하다. Present a request to a national organization or a public institute for action in accordance with the public law.

N0-가 N2-에 N1-를 V (N0=[인간|단체] N1=[행위] N2=[단체])

피 신청되다

¶준희는 시청에 건물의 용도 변경을 신청했다.

¶운전면허증을 잃어버려서 재발급을 신청하려고 한다. ¶재단 설립 허가를 신청했는데 아직 결과가 나오지 않았다.

싣다

활용 실어, 실으니, 싣고, 싣는

타 ❶(물건 따위를 다른 곳으로 운반하기 위해) 차, 배 따위의 교통기관이나 짐승의 등에 얹거나 올려 놓다. Put or place an object over an animal's back or means of transportation to ship to a different place.

유 올리다, 얹다, 놓다[1] 반 내리다[1]

N0-가 N2-에 N1-를 V (N0=[인간]N1=[화물], [무생물](모래, 흙 따위), [구체물] N2=[교통기관], [동물])

피 실리다I 사 실리다II

¶일꾼들이 차에 이삿짐을 실었다. ¶선원들이 배에 짐을 싣고 출항할 준비를 마쳤다. ¶아저씨는 노새의 등에 쌀을 싣고 장에 가셨다.

❷(이동을 위해) 교통기관에 자신이 타거나 다른 사람을 태우다. Ride in means of transportation or give someone a ride for movement.

N0-가 N2-에 N1-를 V (N0=[인간] N1=[인간], [신체부위](몸) N2=[교통기관])

피 실리다I

¶우리 가족은 휴가를 가기 위해 비행기에 몸을 실었다. ¶구급대원들은 부상자를 구급차에 싣고 병원으로 갔다.

❸(글이나 그림 따위를) 책이나 신문 따위에 인쇄하여 펴내다. Publish text or picture by printing in a book or a newspaper.

유 게재하다, 수록하다

N0-가 N2-에 N1-를 V (N0=[인간] N1=[텍스트], 그림, 사진 따위 N2=[텍스트], 신문, 잡지 따위)

피 실리다I

¶편집장은 잡지에 글을 싣기 전에 꼼꼼히 읽어본다. ¶그녀는 신문 1면에 화재 현장을 찍은 사진을 실었다.

❹(얼굴이나 말 따위에) 표정이나 감정, 의도 따위를 담다. Manifest expression, emotion, or intention through the face or words.

N0-가 N2-에 N1-를 V (N0=[인간] N1=[감정], 의도, 뜻, 웃음, 미소 따위 N2=[텍스트], [언어], [신체부위](얼굴))

피 실리다I

¶아버지께서는 얼굴에 웃음을 가득 싣고 나타나셨다. ¶영희는 안타까운 심정을 편지에 실어 보냈다.

❺(어떤 기운이나 현상 따위를) 지니거나 품다. Hold or keep some energy or phenomenon.

N0-가 N1-를 V (N0=[교통기관], [바람] N1=[바람], [기운](물기, 습기 따위), [냄새])

피 실리다I

¶배가 돛에 따뜻한 남풍을 싣고 항구로 들어왔다. ¶바람이 꽃향기를 싣고 불어왔다. ¶물기를 잔뜩 실은 바람이 바다 쪽에서 불어오고 있다.

❻(힘이나 무게 따위를) 특정 신체 부위에 한데 모으다. Accumulate strength or weight in a specific body part.

유 집중하다 타, 모으다, 힘을 주다

N0-가 N2-에 N1-를 V (N0=[인간], [동물] N1=[무게](체중 따위), 힘 따위 N2=[신체부위])

피 실리다I

¶경주마들은 한쪽 다리에 힘을 실어 질주하면 안 된다. ¶공을 멀리 던지기 위해서는 체중을 하체에 실어야 한다.

실감되다

어원 實感~ 활용 실감되어(실감돼), 실감되니, 실감되고 대응 실감이 되다

자 (무언가가) 실제 경험하듯 생생히 느껴지다. (of something) Be felt vibrantly, as if it is experienced in reality.

N0-가 N1-에게 V (N0=[추상물], [사태] N1=[인간])

능 실감하다

¶그에게는 3월이 되어서야 비로소 졸업과 작별이 실감되었다. ¶혼자 살게 되니 집에서 받은 부모님의 사랑이 실감되었다. ¶비행기에 오르자 출국한다는 사실이 실감되었다.

실감하다

어원 實感~ 활용 실감하여(실감해), 실감하니, 실감하고 대응 실감을 하다

타 (무언가를) 실제 경험하듯 생생히 느끼다. Have a lively feeling of something as if one experiences it in reality.

N0-가 N1-를 V (N0=[인간] N1=[추상물], [사태])

피 실감되다

¶철수는 뒤늦게야 친구의 죽음을 실감했다. ¶나는 한산해진 거리를 보며 불황을 실감했다. ¶그는 뒤늦게 공부를 시작하여 만학의 어려움을 실감하고 있었다.

실례되다

어원 失禮~ 활용 실례되어(실례돼), 실례되니, 실례되고 대응 실례가 되다

자 (상대에게) 예의에 어긋나거나 꺼릴 만한 행동이 일어나다. (of a behavior that is disrespectful or unfavorable) Occur on someone.

N0-가 N1-(에|에게) V (N0=[행위], [추상물] N1=[인간])

¶제가 선생님께 실례된 질문을 했네요. ¶우리 사이에 실례될 게 뭐가 있겠어요? ¶밤늦게 전화해도 댁에 실례되지 않겠습니까?

실례하다

어원 失禮~ 활용 실례하여(실례해), 실례하니, 실례하고 대응 실례를 하다

자 ❶(상대에게) 예의에 어긋나거나 꺼릴 만한 행위를 하다. Act disrespectfully or unfavorably towards someone.

㊀실수하다, 결례하다

N0-가 N1-(에|에게) V (N0=[인간] N1=[인간])

¶예고도 없이 찾아와서 이렇게 실례했어요. ¶윗분에게 실례하지 않도록 주의해라.

❷상대방의 양해를 구할 때 하는 인사말로 쓰인다. Used as greeting when asking someone to be excused.

N0-가 V (N0=[인간])

¶실례합니다만 잠시 검문 좀 하겠습니다. ¶이만 실례하겠습니다.

❸(어디에) 실수로 소변, 대변을 싸다. Accidentally excrete urine or feces.

N0-가 N1-에 V (N0=[인간] N1=[구체물](옷, 요, 침대 따위), [장소](방 따위))

¶아이가 급해서 바지에 그만 실례했어요. ¶치매기가 있는 할머니가 침대에 실례를 하시곤 한다.

실리다 I

활용 실리어(실려), 실리니, 실리고

자 ❶(물건 따위가 다른 곳으로 운반되기 위해) 교통기관이나 짐승의 등 따위에 얹히거나 올려져 놓이다. (of an object) Be placed over an animal's back or a means of transportation to ship to a different place.

㊀얹히다

N0-가 N1-에 V (N0=[화물], [무생물](모래, 흙 따위), [구체물] N1=[교통기관], [동물])

능 싣다

¶트럭에 짐이 가득 실렸다. ¶나귀는 무거운 모래 주머니가 등에 실리자 잘 걷지 못했다.

❷교통기관에 태워지다. Be put in a means of transportation.

N0-가 N1-에 V (N0=[인간] N1=[교통기관])

능 싣다

¶일꾼들이 한 차에 실려 공사장으로 보내졌다. ¶부상자가 구급차에 실려 병원으로 옮겨졌다.

❸(글이나 그림 따위가) 책이나 신문 따위에 인쇄되어 게재되다. (of text or picture) Be carried in a book or a newspaper by printing.

㊀게재되다, 수록되다

N0-가 N1-에 V (N0=[텍스트], 그림, 사진 따위 N1=[텍스트])

능 싣다

¶편집장은 글이 잡지에 실리기 전에 꼼꼼히 읽어본다. ¶사회면에 실린 기사가 사람들 사이에서 화제가 되었다. ¶이 책은 다양한 삽화와 그림이 함께 실려 있다.

❹(얼굴이나 말 따위에) 어떤 표정이나 감정, 의도 따위가 담기다. (of some expression, emotion, or intention) Be manifested through the face or words.

㊀담기다, 포함되다

N0-가 N1-에 V (N0=[감정], [속성], 뜻 따위 N1=[텍스트], [언어], [신체부위](얼굴), 목소리)

능 싣다

¶영희의 목소리에 왠지 모를 슬픔이 실려 전해졌다. ¶숙희의 안타까운 심정이 편지에 그대로 실려 있었다.

❺(어떤 기운이나 현상 따위가) 스며서 담기다. (of some energy or phenomenon) Be included by permeating.

N0-가 N1-에 V (N0=[바람], [냄새] N1=[교통기관], [바람])

능 싣다

¶따뜻한 남풍이 배에 실려 왔다. ¶꽃향기가 바람에 실려 왔다.

❻(힘이나 무게 따위가) 특정 신체 부위에 한데 모이다. (of strength or weight) Be accumulated in a specific body part.

N0-가 N1-에 V (N0=[무게](체중 따위), 힘 따위 N1=[신체부위])

능 싣다

¶철수는 온 체중이 하체에 실렸다. ¶이제 아기는 다리에 힘이 실려 혼자 일어 설 수 있다.

실리다 II

활용 실리어(실려), 실리니, 실리고

타 (물건 따위를 다른 곳으로 운반하기 위해) 다른 사람으로 하여금 교통기관이나 짐승의 등 따위에 얹거나 올려놓게 하다. Make someone place an object over an animal's back or a means of transportation to ship to a different place.

N0-가 N2-에 N1-를 V (N0=[인간] N1=[화물], [무생물](모래, 흙 따위), [구체물] N2=[교통기관], [동물])

주 싣다

¶아버지께서 트럭에 짐을 실려 고향집으로 보내셨다. ¶그는 나귀의 등에 모래주머니를 실려 건넛마을로 날랐다.

실망하다

어원 失望~ 활용 실망하여(실망해), 실망하니, 실망하고 대응 실망을 하다

자 (기대하던 대로 되지 않아) 어떤 사람이나 단체가 희망을 잃거나 마음을 상하다. Lose hope or be displeased because something doesn't

ㅅ

go as one expected.
N0-가 N1-(에|에게) V (N0=[인간] N1=[구체물], [인간|단체], [추상물], [상태], [행위], [사건], [장소])
사 실망시키다
¶나는 불성실한 친구에게 매우 실망했다. ¶팬들은 기대 이하의 경기 내용에 실망했다.
N0-가 S(것|데)-(에|에 대해) V (N0=[인간])
사 실망시키다
¶국민들은 정부의 대응이 매우 불성실한 것에 대해 실망했다. ¶부모님은 이번에도 취업에 실패한 것에 대해 매우 실망하셨다.

실수하다

어원 失手~ 활용 실수하여(실수해), 실수하니, 실수하고 대응 실수를 하다
자 ❶잘 알지 못하거나 부주의하여 잘못을 저지르다. Make an error because one does not know well or one is careless.
㊐잘못하다자
N0-가 V (N0=[인간])
¶누구나 실수하면서 배우는 거야. ¶제가 깜박 잊고 실수했어요. ¶어이없게 우리가 실수해서 두 골을 내줬다.
❷(다른 사람에게) 예의 없이 말하거나 행동하다. Speak or behave rudely to/toward another person.
㊐실례하다, 결례하다
N0-가 N1-에게 V (N0=[인간] N1=[인간])
¶제가 그분께 실수한 것 같습니다. ¶술이 취해서 제가 실수한 것이 없었는지요?

실시되다

어원 實施~ 활용 실시되어(실시돼), 실시되니, 실시되고 대응 실시가 되다
자 ❶(어떤 일이나 계획한 사건 따위가) 실제로 행해지다. (of some duty or planned incident) Be enacted in practice.
㊐시행되다, 실행되다
N0-가 V (N0=[행위](교육, 훈련 따위))
능 실시하다
¶회사 직원들을 대상으로 안전 교육이 실시되었다. ¶학생들이 소방서에서 실시되는 소방 훈련을 받으러 왔다.
N0-가 V (N0=[사건])
능 실시하다
¶원산지 표시에 대한 특별 단속이 실시될 것이다. ¶사전 투표 제도가 실시되자 많은 유권자들이 참여했다.
❷(어떤 제도나 법률 따위가) 효력이 발생되도록 실제로 적용되어 행해지다. (of some system or legislation) Be enacted by practically applying to take effect.
㊐시행되다, 실행되다
N0-가 V (N0=[제도], [법률])
능 실시하다
¶초등학교에서 무상 급식이 실시되고 있다. ¶육아 휴직 제도가 빨리 실시되면 좋겠다. ¶기초 연금 지급이 다음 달부터 실시될 것이다.

실시하다

어원 實施~ 활용 실시하여(실시해), 실시하니, 실시하고 대응 실시를 하다
타 ❶(일이나 계획한 사건 따위를) 실제로 행하다. Perform some duty or planned incident in practice.
㊐시행하다, 실행하다
N0-가 N2-에게 N1-를 V (N0=[인간|단체] N1=[행위](교육, 훈련 따위) N2=[인간|단체])
피 실시되다
¶회사에서 직원들에게 안전 교육을 실시하였다. ¶소방서에서 학생들을 대상으로 소방 훈련을 실시하였다.
N0-가 N1-를 V (N0=[인간|단체] N1=[사건])
피 실시되다
¶정부는 원산지 표시에 대한 특별 단속을 실시한다고 밝혔다. ¶선거위원회는 투표율을 높이기 위해 사전 투표 제도를 실시했다.
❷(어떤 제도나 법률 따위를) 효력이 발생하도록 실제로 적용하여 행하다. Enact some system or legislation by practically applying to take effect.
㊐시행하다, 실행하다
N0-가 N1-를 V (N0=[인간|단체] N1=[제도], [법률])
피 실시되다
¶초등학교에서 무상급식을 실시하기로 했다. ¶우리 회사는 육아 휴직 제도를 실시하고 있다. ¶국회는 새로운 기초 연금 법안을 실시하기로 했다.

실재하다

어원 實在~ 활용 실재하여(실재해), 실재하니, 실재하고
자 (어떤 사람이나 대상이) 어떤 장소에 실제로 존재하다. (of a person or target) Actually exist on some location.
㊐실존하다 ㊤존재하다
N0-가 N1-에 V (N0=[모두]N1=[장소])
¶장시간 운동을 하다가 죽음에 이른 예도 실재한다. ¶용의자가 기재한 주민등록 번호는 실재하지 않는 것으로 밝혀졌다. ¶망원경을 통하여 보이는 것은 실재하는 것이다.

실종되다

어원 失踪~ 활용 실종되어(실종돼), 실종되니, 실종되

고 대응 실종이 되다

자 ❶(사람, 동물 등이) 간 곳이나 생사 여부를 알 수 없게 사라지다. (of a person or animal) Disappear with no information of whereabouts or matter of life or death.

㊥사라지다

N0-가 V (N0=[인간], [동물])

¶지난번 홍수 때 두 어린이가 실종되었다. ¶전쟁 중에 종군기자 중 절반이 목숨을 잃거나 실종되었다.

❷(사물 등이) 있는 곳이나 간 곳 등의 행방을 알 수 없게 사라지다. (of an object) Disappear with no information of whereabouts or matter of life or death.

N0-가 N1-에서 V (N0=[구체물] N1=[장소])

¶미군측은 헬기 1대가 실종됐다고 보고했다. ¶태풍 속에 항해하던 화물선이 실종되었다.

❸(정책이나 정신 따위가) 원래의 취지대로 실행되지 않고 축소되거나 없어지다. (of a policy or spirit) Be minimized or lost without being executed as originally planned.

㊥사라지다, 없어지다

N0-가 V (N0=[제도], 정책, 정신 따위)

¶정부의 환경 정책이 실종되지 않도록 국민들이 감시해야 한다. ¶부정이나 비리를 고발하려는 시민 정신이 실종되어서는 안 될 것이다.

실천되다

어원 實踐~ 활용 실천되어(실천돼), 실천되니, 실천되고 대응 실천이 되다

자 (계획, 구상, 약속, 원칙 등이) 실제로 행해지다. (of plan, idea, promise, or principle) Be put into practice.

㊥실행되다, 이행되다

N0-가 V (N0=[역할], [규범], [의무], [계획])

능 실천하다

¶경제 개발 계획이 순조롭게 실천되고 있습니다. ¶그렇게 무리한 구상은 현실에서는 실천될 수 없다. ¶검사해보니 안전 규정 중에 실천되지 않고 있는 것들이 있다.

실천하다

어원 實踐~ 활용 실천하여(실천해), 실천하니, 실천하고 대응 실천을 하다

타 (계획, 구상, 약속, 원칙 등을) 실제로 행하다. Put a plan, an idea, a promise, or a principle into practice.

㊥실행하다, 이행하다

N0-가 N1-를 V (N0=[인간|단체] N1=[역할], [규범], [의무], [계획])

피 실천되다

¶저희는 다음 달부터 차근차근 계획을 실천하겠습니다. ¶나는 자기가 생각한 바를 꿋꿋이 실천하는 사람을 존경한다.

실토하다

어원 實吐~ 활용 실토하여(실토해), 실토하니, 실토하고 대응 실토를 하다

자타 (사람이나 단체가) 다른 사람에게나 단체에 속내나 숨기고 있던 사실을 솔직하게 털어놓다. (of a person or an organization) Tell another person or organization a hidden truth frankly.

㊥불다III, 털어놓다, 자백하다 ㊦말하다

N0-가 N2-(에|에게) N1-(를|에 대해) V (N0=[인간|단체] N1=[추상물] N2=[인간|단체])

¶범인은 경찰에게 범행 일체를 실토했다. ¶남편은 아내에게 그동안의 고충을 실토했다.

N0-가 N1-(에|에게) S다고 V (N0=[인간|단체] N1=[인간|단체])

¶아내는 남편에게 임신이 아니라고 실토하고 말았다. ¶남자는 여자에게 함께 보기로 한 그 영화를 이미 봤다고 실토했다.

실패하다

어원 失敗~ 활용 실패하여(실패해), 실패하니, 실패하고 대응 실패를 하다

자타 (어떤 일이) 생각한 대로 되지 않거나 잘못되어 원하는 결과를 얻지 못하다. Become unable to obtain the desired result because something went wrong or did not occur as one planned.

㊡성공하다

N0-가 V (N0=[인간|단체] N1=[추상물](정책, 계획, 사업 따위))

¶나의 이번 방학 계획은 실패했다. ¶그 계획이 성공하느냐 실패하느냐는 그리 중요하지 않다.

N0-가 N1-(에|를) V (N0=[인간|단체] N1=[추상물](정책, 계획, 사업 따위))

¶그는 사업에 실패하고 빈털터리가 됐다. ¶민철이는 사업을 실패하고 외국으로 이민을 갔다.

❷(어떤 일에) 원하거나 목적한 바가 실현되지 못하다. (of something desired or a purpose) Not realized.

㊡성공하다

N0-가 N1-에 V (N0=[인간|단체] N1=[행위](진출, 개발, 획득 따위))

¶우리는 4강 진출에 실패했다. ¶우리는 기술 개발에 실패하더라도 포기하지 않을 것이다. ¶우리 대표팀이 결승에 올랐지만 모두 메달 획득에는 실패했다.

N0-가 S것-(에|를) V (N0=[인간|단체])

¶우리 대표팀은 결승전에 진출하는 것에 실패했다. ¶그는 회사를 성공적으로 이끄는 것을 실패했다.

S 데에 V

ㅅ

¶우리는 다수의 합의를 얻는 데에 실패했다.

실행되다

어원 實行~ 활용 실행되어(실행돼), 실행되니, 실행되고 대응 실행이 되다

자 ❶(어떤 일이나 계획 따위가) 실제로 이루어져 행해지다. (of some duty or plan) Be enacted in practice.

유 시행되다, 실시되다

N0-가 V (N0=[행위](계획, 명령 따위))

능 실행하다

¶대기업에서는 불경기에 대비해 비상 계획이 실행될 예정이다. ¶나라를 지키려는 군대에서 명령이 잘 실행되지 않으면 안 된다.

❷(컴퓨터 프로그램 따위가) 실제로 작동되다. (of computer program) Operate actually.

N0-가 V (N0=파일, 프로그램, 동영상, 앱, 어플, 시스템 따위)

능 실행하다

¶다양한 프로그램이 개발되어 실행되고 있다. ¶보안 프로그램이 잘 실행되도록 환경 설정을 다시 바꾸었다.

ㅅ

실행시키다

어원 實行~ 활용 실행시켜, 실행시키니, 실행시키고 대응 실행을 하다

타 ☞ '실행하다'의 오용

실행하다

어원 實行~ 활용 실행하여(실행해), 실행하니, 실행하고 대응 실행을 하다

타 ❶(어떤 일이나 계획 따위를) 실제로 현장에서 행하다. (of some duty or plan) Enact in practice.

유 시행하다, 실시하다

N0-가 V (N0=[행위](계획, 명령 따위))

피 실행되다

¶대기업에서는 불경기에 대비해 비상 계획을 철저히 실행할 예정이다. ¶관료들은 사명감을 가지고 국가 정책을 잘 실행하는 것이 중요하다.

❷ 【컴퓨터】 사람이나 단체가 컴퓨터 프로그램을 실제로 작동시키다. (of a person or an organization) Operate a computer program actually.

N0-가 N1-를 V (N0=[인간|단체] N1=파일, 프로그램, 동영상, 앱, 어플, 시스템 따위)

피 실행되다

¶프로그램을 실행하니 보안 프로그램이 저절로 설치되었다. ¶국내 회사들 중 그 시스템을 제대로 실행하고 있는 회사는 드물다.

실험되다

어원 實驗~ 활용 실험되어(실험돼), 실험되니, 실험되고 대응 실험이 되다

자 ❶(효력을 알아보기 위해) 어떤 행위나 방법 따위가 실제로 시험되다. (of an act or a method) Be tested for effect.

N0-가 N1-에 의해 V (N0=[행위], [방법], [제도], [경로] N1=[인간|단체])

능 실험하다

¶새로운 심장 수술 방법이 한국 심장 외과 팀에 의해 실험되었다. ¶다양한 동반 성장 방안들이 기업 현장에서 실험되고 있다. ¶이 약의 안전성과 효과가 아직 실험되지 않은 상태이다.

❷(가설이나 이론 따위가) 검증 절차에 따라 실제로 시험되다. (of a hypothesis or a theory) Be tested in accordance with the verification process.

N0-가 N1-에 의해 V (N0=[행위], [방법], [사태] N1=[인간|단체])

능 실험하다

¶이론은 실험되고 증명되어야 이론으로서 공인받는다. ¶신약은 임상에서 여러 차례 실험되어 검증되어야 생산할 수 있다.

❸ 【예술】 새로운 기법이나 형식 따위가 실제로 시도되다. (of a new technique or a form, etc.) Be tried out.

N0-가 N1-에 의해 V (N0=[행위], [방법], [사태] N1=[인간|단체])

능 실험하다

¶다양한 창작 뮤지컬이 젊은 예술가들에 의해 실험되고 있다. ¶다양한 예술 사조가 이곳에서 실험되고 있다.

실험하다

어원 實驗~ 활용 실험하여(실험해), 실험하니, 실험하고 대응 실험을 하다

타 ❶(효력을 알아보기 위해) 행위, 방법 따위를 실제로 실시해 보다. Actually perform an action or behavior in order to test the effect.

유 시도하다

N0-가 N1-를 V (N0=[인간|단체] N1=[행위], [방법], [제도], [경로])

피 실험되다 사 실험시키다

¶주인장은 술 담그는 데에 여러 방법을 실험해 보았다. ¶이 요법을 실험해 본 사람은 아주 효과가 좋다고 한다.

N0-가 S지-를 V (N0=[인간|단체])

피 실험되다 사 실험시키다

¶새로 장만한 향신료가 얼마나 맛이 좋은지를 오늘 저녁에 실험해 봐야겠다. ¶신소재 등산복을 실제로 입어보고 어떤지를 실험해 보아야 한다.

❷가설을 검증하기 위해 검증 절차를 설계하고 실제로 해 보다. Design and actually perform a verification procedure in order to verify a

hypothesis.
N0-가 N1-를 V (N0=[인간|단체] N1=[행위], [방법], [사태])
피 실험되다 사 실험시키다
¶연구팀은 이 항암제를 쥐에 주사하여 실험하였다. ¶실험한 자재를 버릴 때에는 적합한 절차에 따라 한다.
N0-가 S지-를 V (N0=[인간|단체])
피 실험되다 사 실험시키다
¶구리줄과 철사를 가열하면 그 길이가 어떻게 되는지 실험하여 보자. ¶박 교수는 새끼 새들이 언제부터 어미 목소리를 알아듣는 지를 실험했다.
❸ 【예술】 새로운 기법이나 형식을 시도하거나 사용해 보다. Attempt or use a new technique or form.
㊞시도하다
N0-가 N1-를 V (N0=[인간|단체] N1=[행위], [방법], [제도], [경로])
피 실험되다 사 실험시키다
¶피카소가 실험한 회화 양식은 오늘날 입체파 미술 사조로 알려져 있다. ¶박태원은 의식의 흐름에 의한 서술 기법을 실험한 소설가로 유명하다.

실현되다

어원 實現~ 활용 실현되어(실현돼), 실현되니, 실현되고 대응 실현이 되다
자 (기대, 희망, 계획, 예상 따위가) 실제로 이루어져 펼쳐지다. (of expectation, hope, plan, or anticipation) Occur or to be accomplished in reality.
㊞이루어지다, 달성되다
N0-가 V (N0=[계획], [감정](기대, 희망 따위))
능 실현하다
¶정부의 지원 덕에 가난한 학생들의 꿈이 실현됐다. ¶민주적인 투표가 실행됨에 따라 정의가 실현되었다.

실현시키다

어원 實現~ 활용 실현시키어(실현시켜), 실현시키니, 실현시키고 대응 실현을 시키다
타 ☞ '실현하다'의 오용

실현하다

어원 實現~ 활용 실현하여(실현해), 실현하니, 실현하고 대응 실현을 하다
타 (사람이 기대, 희망, 계획, 예상 따위를) 실제로 나타나거나 이루어지게 만들다. (of a person) Have expectation, hope, plan, or anticipation occur or have such accomplished in reality.
㊞이룩하다, 달성하다, 구현하다
N0-가 N1-를 V (N0=[인간|단체] N1=[계획], [감정](기대, 희망 따위))
피 실현되다 사 실현시키다
¶그는 유소년 축구팀을 만들어 어린 시절의 꿈을 실현했다. ¶그는 각계각층의 도움을 얻어 자신의 이상을 실현했다. ¶우리는 초경량 자동차 제작을 실현해 냈다.

싫어하다

활용 싫어하여(싫어해), 싫어하니, 싫어하고
자 (서로에 대해서) 마음에 들어하지 않거나 꺼리다. Avoid or dislike each other.
㊞미워하다 자 ㊥좋아하다 자
N1-와 N0-가 (서로) V ↔ N0-와 N1-가 (서로) V (N0=[인간|단체] N1=[인간|단체])
¶철수와 영희가 서로 싫어한다. ↔ 영희와 철수가 서로 싫어한다. ¶영국과 아르헨티나는 서로 싫어한다.
타 (어떤 대상이나 행위를) 마음에 들어하지 않거나 꺼리다. Avoid or dislike some object or action.
㊞미워하다 타, 혐오하다 타 ㊥좋아하다 타
N0-가 N1-를 V (N0=[인간|단체] N1=[모두])
¶어머니께서는 딸의 남자친구를 싫어하셨다. ¶선생님은 철수의 게으른 태도를 정말 싫어하셨다.
N0-가 S(것|기)-를 V (N0=[인간|단체])
¶그는 학교에 가는 것을 정말 싫어했다. ¶선생님은 아이들이 지각하는 것을 싫어하신다.

심기다

활용 심기어(심겨), 심기니, 심기고
자 (식물의 뿌리나 씨앗 따위가) 흙에 묻히게 박히다. (root or seed of plant, etc.) Be buried under soil.
N0-가 N1-에 V (N0=[식물] N1=[장소], [용기](화분 따위))
능 심다
¶무궁화가 구청 앞마당에 심겼다. ¶이곳에는 약 3,000여 종의 야생화가 심겨 있습니다. ¶화분에 심긴 화초가 잘 자라고 있다.

심다

활용 심어, 심으니, 심고
타 ❶식물의 뿌리나 씨앗을 흙에 묻다. Bury the plant's root or seed into the soil.
㊥뽑다
N0-가 N2-에 N1-를 V (N0=[인간] N1=[식물] N2=[장소], [용기](화분 따위))
피 심기다
¶나는 화분에 선인장을 심었다. ¶농부들이 논에 벼를 심고 있다.
❷(어떤 곳에) 다른 물체를 꽂아서 고정시키다. Make another object fixed at some place by sticking.

[유]박다, 꽂다, 깔다 [반]뽑다
N0-가 N2-에 N1-를 V (N0=[인간] N1=[구체물], [신체부위] N2=[구체물], [장소], [신체부위])
¶아저씨는 머리에 머리카락을 심으셨다. ¶의사는 환자의 잇몸에 인공 치아를 심었다.
❸(경쟁 상대 집단에) 자기편 사람을 몰래 넣다. Secretly plant a person on one's side at a rival group.
[유]박다
N0-가 N2-에 N1-를 V (N0=[인간|단체] N1=[인간] N2=[인간|단체], [장소])
¶회장님은 전국에 부하들을 심어 두셨다. ¶아군은 적진에 정찰병을 심었다. ¶우리 회사는 경쟁사들에 스파이를 심으려고 한다.
❹(다른 사회나 문화권 따위에) 어떤 사조나 경향 따위를 전파하여 자리잡게 하다. Have some literature, inclination, etc. settle on a different society, cultural area by spreading it.
[유]전하다[타], 전파하다
N0-가 N2-에 N1-를 V (N0=[인간|단체] N1=[사조], [의견] N2=[단체], [지역], [장소])
¶지배국들은 식민지들에 그들의 문화를 심어 놓았다. ¶우리 정부는 유럽에 한국 문화를 심으려고 노력하고 있다.
❺(다른 사람에게) 어떤 인상이나 생각, 사상 따위를 확고하게 자리잡게 하다. Have some impression, thought, idea, etc., definitely established on someone.
N0-가 N1-를 N2-에게 V (N0=[인간|단체], [구체물], [추상물], [행위] N1=[속성](인상), [감정](긍지, 희망, 용기), [사조] N2=[인간])
¶이 책은 어린이들에게 희망과 용기를 심어줄 것이다. ¶우리는 직원들에게 회사 긍지를 심어 주려 노력하고 있습니다.

심사받다

[어원]審査~ [활용]심사받아, 심사받으니, 심사받고 [대응]심사를 받다
[자]어떤 대상이 권위를 가진 사람이나 기간에 평가를 받아 등급, 당락, 자격 등이 결정되다. (of an object) Be evaluated and its degree, qualification, or failure are determined by an authority.
N0-가 N1-(에게|에 의해) V (N0=[구체물], [추상물] N1=[인간|단체])
[능]심사하다
¶지원자들의 서류가 인사 담당자에게 심사받는 중이다. ¶출품 작품들이 심사위원들에 의해 심사받으면 당선작이 발표될 것이다.

심사숙고하다

[어원]深思熟考~ [활용]심사숙고하여(심사숙고해), 심사숙고하니, 심사숙고하고 [대응]심사숙고를 하다
[자타](사람이) 일에 대해 깊이 오랫동안 생각하다. (of a person) Think something over deeply for a long time.
N0-가 N1-(를|에|에게 대해) V (N0=[인간] N1=[추상물])
¶국무장관은 이번 회담에 대해 심사숙고하고 있다. ¶이 안건은 심사숙고해야 합니다.
N0-가 S것|S데-에 대해 V (N0=[인간])
¶북한이 미사일로 도발하는 데에 대해 심사숙고해야 한다.

심사하다

[어원]審査~ [활용]심사하여(심사해), 심사하니, 심사하고 [대응]심사를 하다
[타](권위를 가진 사람이) 어떤 대상을 살펴보고 등급, 당락, 자격 등을 결정하다. (of a person in authority) Look into an object and determine the degree, qualification, or failure.
N0-가 N1-를 V (N0=[인간|단체] N1=[구체물], [추상물])
[피]심사받다
¶인사 담당자는 지원자들의 서류를 심사했다. ¶심사위원들이 작품을 심사하여 신춘문예 당선작을 발표하였다. ¶심사위원들이 사업 계획을 심사하여 위원회에 보고하였다.

심의되다

[어원]審議~ [활용]심의되어(심의돼), 심의되니, 심의되고 [대응]심의가 되다
[자](안건, 정책 따위가) 심사되고 토의되다. (of item, policy) Be examined and discussed.
N0-가 V (N0=[계획], 안건, 의제, 정책 따위)
[능]심의하다
[연어]깊게, 심도있게
¶지금 회의실에서는 사업 확장 문제가 심의되고 있다. ¶위원회에서는 안건이 심의된 결과를 회원 모두에게 공표하였다.

심의하다

[어원]審議~ [활용]심의하여(심의해), 심의하니, 심의하고 [대응]심의를 하다
[타] (안건, 정책 따위를) 심사하고 토의하다. Examine and discuss an item or a policy.
[유]심사하다
N0-가 N1-(를|에 대해) V (N0=[인간|단체] N1=[계획], 안건, 의제, 정책 따위)
[피]심의되다
[연어]깊게, 심도있게
¶오늘 이 안건을 심의할 수 있도록 회의 자료를 준비해 주세요. ¶이사회에서 새로운 사업을 심도

있게 심의했다.

심취되다

어원心醉~ 활용심취되어(심취돼), 심취되니, 심취되고 대응심취가 되다

자☞심취하다

심취하다

어원心醉~ 활용심취하여(심취해), 심취하니, 심취하고 대응심취를 하다

자(어떤 것이나 사람에) 깊이 빠져서 아주 좋아하다. Be deeply immersed in and like something or someone very much.

㊌도취되다, 집중하다, 빠지다II, 몰입하다

N0-가 N1-에 V (N0=[인간] N1=[인간], [종교], [사조], [예술], [구체물])

¶저는 한때 불교와 힌두교에 심취했어요. ¶젊은 화가는 초현실주의 미술에 심취했다.

N0-가 S(것|데)-에 V (N0=[인간])

¶저는 한때 불교를 연구하는 것에 깊이 심취했어요. ¶그는 산을 돌아다니는 데에 심취해 있었다.

심화되다

어원深化~ 활용심화되어(심화돼), 심화되니, 심화되고 대응심화가 되다

자☞심화하다자

심화하다

어원深化~ 활용심화하여(심화해), 심화하니, 심화하고

자(현상의 정도 따위가) 아주 깊어지다. (of the degree of phenomenon) Become deeper than before.

㊌악화되다, 깊어지다

N0-가 V (N0=[추상물])

¶경제에 대한 불안감이 심화하여 투자가 더욱 위축되었다.

타(현상의 정도 따위를) 아주 깊어지게 만들다. Make the degree of phenomenon higher than before.

N0-가 N1-를 V (N0=[인간|단체], [추상물] N1=[추상물], [사건])

¶학문을 더욱 심화하기 위하여 나는 대학원에 진학하였다.

싫어하다

활용싫어하여(싫어해), 싫어하고, 싫어하니

보조어떤 일이나 사건을 원하거나 바라는 것을 나타내는 보조동사 Auxiliary verb that means the desire described by a previous verb.

V-고 Vaux

¶우리 애는 학교를 무척 가고 싶어해요. ¶아들은 시골집을 사고 싶어해요.

싸다 I

활용싸, 싸니, 싸고

타❶(일정한 목적에 따라) 무언가를 마련하거나 준비하다. Arrange or prepare something according to a certain purpose.

㊌꾸리다, 만들다

N0-가 N1-를 V (N0=[인간|단체] N1=[구체물](도시락, 책가방 따위))

¶어머니께서는 아침 일찍 도시락을 싸셨다. ¶나는 책가방을 어제 밤에 싸 놓았다. ¶삼일 전부터 우리 가족들은 이삿짐을 쌌다.

❷여러 가지 물건들을 감싸거나 덮어서 하나의 무더기로 모으다. Collect many items into one mass by wrapping or covering.

㊌포장하다

N0-가 N1-를 N2-(에|로) V (N0=[인간] N1=[구체물] N2=[종이], [천], [용기], [구체물])

피싸이다

¶동생이 폐품을 비닐 봉투로 쌌다. ¶환경미화원이 재활용품을 상자에 싸서 정리하고 있다.

❸속에 있는 물건이 밖으로 새어 나오지 않게 보호하려고 덮거나 두르다. Cover or wrap items to prevent their leaking out or to protect.

㊍풀다, 꺼내다

N0-가 N1-를 N2-로 V (N0=[인간] N1=[구체물] N2=[종이], [천], [용기], [신체부위])

피싸이다

¶동생이 껌을 종이에 쌌다. ¶바람을 막으려고 어머니는 아이를 포대기로 쌌다.

❹(물건 따위를 옮기거나 정리할 목적으로) 묶거나 담아서 꾸리다. Pack items by tying or containing in order to move or organize them.

㊌포장하다 ㊍풀다, 꺼내다, 벗기다, 뜯다타

N0-가 N1-를 N2-로 V (N0=[인간] N1=[구체물] N2=[줄], [상자], [용기](봉투 따위))

¶나는 스승의 날 선물을 예쁜 포장지로 쌌다. ¶어머니는 빈 병들을 큰 상자에 싸서 들고 나가셨다. ¶선생님께서 원고를 누런 봉투에 싸서 출판사에 보내셨다.

싸다 II

활용싸, 싸니, 싸고

타(똥, 오줌 따위를) 함부로 또는 무의식적으로 누다. Excrete urine or feces.

㊌누다, 갈기다I

N0-가 N1-를 N2-에 V (N0=[인간], [동물] N1=[배설물] N2=[장소], [옷], [의복])

¶그 녀석이 이불에 오줌을 쌌다. ¶강아지가 방바닥에 오줌을 쌌다.

◆ **똥을 싸다** (어떤 일을 하려고) 힘들게 노력하다. Exert oneself very hard to do some task.

㊌안간힘을 쓰다

ㅅ

No-가 S고 Idm (No=[인간], [동물])
¶철수는 명문 대학에 가 볼 거라고 똥을 싼다. ¶시간 전에 도착하느라고 아주 똥을 쌌다.

싸다니다
활용 싸다니어(쏘다녀), 싸다니니, 싸다니고
자 ☞쏘다니다

싸매다
활용 싸매어(싸매), 싸매니, 싸매고
타 (물건이나 몸의 일부 따위를) 어떤 물건으로 풀어지지 않게 둘러 감아 묶다. Bind something around a thing or a part of the body so that it does not become loose.
㊌싸서 묶다
No-가 N1-를 N2-로 V ↔ No-가 N2-를 N1-에 V (No=[인간] N1=[신체부위], [구체물] N2=[구체물])
연어 꽁꽁
¶나는 머리를 수건으로 싸맸다.↔ 나는 수건을 머리에 싸맸다. ¶철수는 온 몸을 두꺼운 옷으로 꽁꽁 싸매고도 추워했다. ¶나는 김치를 비닐로 꽁꽁 싸매서 차에 실었다.

◆ **머리를 싸매다** 어떤 일을 해결하기 위해 열심히 생각하거나 노력하다. Think hard or make an effort to manage a work.
No-가 Idm (No=[인간])
¶연말정산을 할 때마다 직장인들은 머리를 싸맨다. ¶나는 머리를 싸매고 밤새워 자기소개서를 썼다.
No-가 N1-에 Idm (No=[인간|단체] N1=[행위], [사건])
¶우리는 신제품 개발에 머리를 싸맸다. ¶정부가 물 부족 해결에 머리를 싸매고 있다.
No-가 S(것|데)-에 Idm (No=[인간|단체])
¶우리는 신제품을 개발하는 데에 머리를 싸맸다. ¶연구팀은 안전장치를 고안하는 데에 머리를 싸매 왔다.

싸우다
활용 싸워, 싸우니, 싸우고
자 ❶(사람이나 동물이) 다른 사람이나 동물과 물리적인 힘이나 말로 상대방을 이기려고 다투다. (of a person) Fight another person or animal with physical force or speech in order to win.
㊌다투다, 싸움하다, 투쟁하다 ㊉화해하다
No-가 N1-와 V ↔ N1-가 No-와 V ↔ No-와 N1-가 V (No=[인간], [동물] N1=[인간], [동물])
¶나는 언니와 매일 싸웠다. ↔ 언니는 나와 매일 싸웠다. ↔ 나와 언니는 매일 싸웠다. ¶호랑이와 사자가 죽은 사슴을 두고 싸우고 있다. ¶형제끼리 서로 싸우지 말고 사이좋게 지내야 한다.
❷병이나 어려움, 고난 따위를 극복하려고 애쓰다. Work hard to overcome an illness, difficulty or suffering.
No-가 N1-와 V (No=[인간], [동물] N1=[질병], [죽음], [신체상태], [감정], [날씨])
¶그녀는 병마와 싸우며 자신의 연구에 몰두하였다. ¶그는 죽음과 끝없이 싸우다가 결국 이겨내었다.
❸무엇을 얻거나 이루기 위해 노력하다. Exert oneself in order to obtain or achieve something.
㊌투쟁하다
No-가 N1-를 위해 V (No=[인간], [동물] N1=독립, 자유, 목표 따위)
¶그녀는 조국의 독립을 위해 적과 맞서 싸웠다. ¶자유를 위해 싸우다 돌아가신 분들을 위해 묵념합시다.
❹(경기 등에서) 우열을 가리기 위해 경쟁하다. (in a match, etc.) Compete to determine who is better or worse.
㊌경쟁하다
No-가 N1-와 V ↔ N1-가 No-와 V ↔ No-와 N1-가 V (No=[인간|단체] N1=[인간|단체])
¶우리 대표팀은 상대팀과 열심히 싸웠다. ↔ 상대팀은 우리 대표팀과 열심히 싸웠다. ↔ 우리 대표팀과 상대팀은 열심히 싸웠다. ¶우리 선수는 러시아 선수와 싸워 당당히 금메달을 목에 걸었다.

싸이다
활용 싸여, 싸이니, 싸이고
자 ❶(사람이나 물건 따위가) 종이나 천 따위에 씌워져 겉에서 보이지 않도록 가려지거나 둘러져 말리다. (of a person, an item, etc.) Be hidden or wrapped by paper, cloth, etc., to be non-visible from the outside.
㊌포장되다
No-가 N1-(에|로) V (No=[구체물] N1=[종이], [천], 비닐 따위)
능 싸다I
¶아마 저 비닐에 싸인 것이 과자였나 보다. ¶갓난아기는 포대기에 싸여 울음을 그치지 않았다.
❷(어떤 대상이) 다른 사람이나 물체 따위에 주위가 가려지거나 막히다. (of a certain target) Blocking or clogging of the surroundings by another person or object.
㊅휩싸이다
No-가 N1-에 V (No=[인간], [장소] N1=[인간], 어둠, 빛, 구름, 불, 안개 따위)
¶온 마을이 어둠에 싸였다. ¶그는 인파에 싸여 환영을 받았다.
❸(대상이) 어떤 상태나 감정, 분위기 따위에 빠지거나 뒤덮이다. (of a target) Get sunk or covered by a certain state, emotion, atmosphere, etc.

㊌뒤덮이다 ㉻휩싸이다
N0-가 N1-에 V (N0=[인간], [장소] N1=[상태], [감정])
¶우리는 팽팽한 긴장에 싸여 있다. ¶우리 식구는 한참 동안 슬픔에 싸여 있었다.
◆ **베일에 싸이다** (사람이나 일, 기관 따위가) 비밀스럽게 가려져 있다. (of a person, work, or institution) Be shrouded in secrecy.
N0-가 Idm (N0=[인간|단체], [기관], [일], [행위])
¶그 사람의 정체는 아직도 베일에 싸여 있다. ¶베일에 싸였던 진실이 드디어 밝혀진다.

싸잡다
활용 싸잡아, 싸잡으니, 싸잡고
타 ❶(몸이나 물건의 일부분을) 손으로 움켜쥐다. (of a person) Grab a part of the body or an item with one's hand.
㊌움켜쥐다 ㊤잡다
N0-가 N1-를 N2-로 V (N0=[인간] N1=[신체부위](배, 코, 귀, 머리 따위) N2=[신체부위](손))
피 싸잡히다 자
¶남자는 벌떡 일어나 손으로 배를 싸잡고 웃음을 터뜨렸다. ¶나는 밤새도록 토하고 배를 싸잡고 뒹굴었다.
❷(어떤 집단을) 모두 한 범위 안에 포함시키다. (of a person) Include a certain group or people in one range.
㊌모두 포함해서, 한꺼번에
N0-가 N1-를 V (N0=[인간|단체] N1=[인간|단체], [행위], [생각] 따위)
피 싸잡히다 자
¶그녀가 기성세대를 싸잡아 비판하였다. ¶시민들이 여당과 야당을 싸잡아 공격하였다. ¶그녀는 모든 남자를 싸잡아 욕했다.
※ 주로 '싸잡아'의 형태로 쓰인다.

싸잡히다
활용 싸잡히어(싸잡혀), 싸잡히니, 싸잡히고
자 (어떤 집단이) 모두 한 범위 안에 포함되다. (certain organization or people) All be included in one category.
㊤잡히다 자
N0-가 V (N0=[인간|단체], [행위], [생각] 따위)
능 싸잡다
¶여야 정치권이 싸잡혀 국민들의 비판을 받고 있다. ¶저 때문에 주변인들까지 싸잡혀 욕을 먹고 있습니다.
※ 주로 '싸잡혀'의 형태로 쓰인다.
타 (다른 사람에게) 몸이나 물건의 일부분을 손 따위로 움켜잡히다. (part of body or object) Be grabbed by (another person).
N0-가 N2-에게 N1-를 V (N0=[인간] N1=[신체부위](배, 코, 귀, 머리 따위), [구체물] N2=[인간])
능 싸잡다
¶민수는 상대팀 선수에게 허리를 싸잡혔지만 당황하지 않았다. ¶은행 직원이 강도에게 목을 싸잡힌 채 떨고 있었다.

싹트다
활용 싹터, 싹트니, 싹트고
자 ❶(꽃나무에서) 어린잎이나 줄기가 새로 자라서 나오다. (of young leaf or stem) Grow and come out of a flower plant.
㊌움트다
N0-가 V (N0=[식물])
사 싹틔우다
¶꽃밭에서 나팔꽃이 싹텄다. ¶화분에서 강낭콩이 싹트기 시작한다.
❷(감정, 생각 따위가) 생겨나기 시작하다. (of emotion or thought) Begin to appear.
㊌자라다, 생겨나다, 떠오르다
N0-가 N1-(에|에서) V (N0=[감정](감정 따위), [사조](생각 따위) N1=마음 따위, [장소](사이 따위), [추상물](환경 따위), [행위], [사건])
¶내 마음에 사랑이 싹텄다. ¶그녀의 헌신에서 박애의 정신이 싹트기 시작했다.
N0-가 N1-에게 V (N0=[감정](감정 따위), [사조](생각 따위) N1=[인간|단체])
사 싹틔우다
¶어느새 교육자로서의 철학이 나에게 싹트고 있었다. ¶학생들에게 선생님에 대한 감사의 마음이 싹트고 있었다.

쌓다
활용 쌓아, 쌓으니, 쌓고
타 ❶(여러 개의 물건을) 겹겹이 포개어 얹다. Stack many items so that they would overlap with one another.
㊌포개다, 포개어 얹다
N0-가 N1-를 N2-에 V (N0=[인간] N1=[구체물] N2=[장소])
피 쌓이다 자
¶나는 책장의 공간이 부족하여 책을 바닥에 쌓았다. ¶그는 마당에 나무 장작을 쌓아두었다. ¶동생은 레고를 쌓고 있었다.
❷(담이나 성, 탑 등의 구조물을) 어떤 재료를 차곡차곡 포개어 얹어 만들다. Create a structure such as wall, castle, tower, etc. by stacking materials in an orderly manner.
㊌만들다, 건설하다 ㊥허물다, 헐다I
N0-가 N1-를 V (N0=[인간] N1=[담], [방어건물], [조형물], [제방])
피 쌓이다

ㅅ

¶그들은 적의 공격을 막기 위해 마을 주위에 성을 쌓았다. ¶마을 사람들은 힘을 모아 둑을 쌓기로 하였다.
❸(기초나 밑바탕을) 충분히 닦아 든든히 마련하다. Secure ample basis or fundamentals through thorough preparation.
[유]닦다
No-가 N1-를 V (No=[인간] N1=기초, 토대 따위)
[피]쌓이다
¶그는 기초부터 제대로 쌓은 후 다시 시험을 보기로 하였다. ¶연구자는 학문의 기초를 충분히 쌓아야 한다.
❹(재물이나 명성, 믿음 따위를) 얻거나 지니다. Possess asset, honor, belief, etc., in ample magnitude.
[유]얻다 [반]잃다
No-가 N1-를 V (No=[인간] N1=재물, 명성, 신뢰, 우정 따위)
[피]쌓이다
¶류인길 선수는 뛰어난 실력으로 국제적으로 명성을 쌓았다. ¶그는 말을 하면 꼭 그 말을 지킴으로써 신뢰를 쌓았다.
❺(경험이나 지식, 실력 따위를) 꾸준히 익혀 풍부하게 지니다. Diligently learn and possess experience, knowledge, skill, etc., in ample magnitude.
[유]축적하다 [반]잃다
No-가 N1-를 V (No=[인간] N1=경험, 지식, 실력 따위)
[피]쌓이다
¶나는 다양한 일을 하며 꾸준히 경험을 쌓았다. ¶언니는 여러 수업을 들으며 인문학에 대한 소양을 쌓아 나갔다.
◆ **담을 쌓다**
❶(어떤 사람이 다른 사람과) 서로 사귀던 사이를 끊다. Shut oneself off from others.
No-가 N1-와 Idm (No=[인간] N1=[인간])
¶그 친구는 형들과도 담을 쌓고 살고 있어.
❷(사람이 무엇과) 관심이 없어 전혀 관계하지 않다. Have no interest, and not be involved, in something.
No-가 N1-와 Idm (No=[인간] N1=[구체물])
¶그는 은퇴한 후 세상과는 완전히 담을 쌓고 살고 있다.
No-가 S기-와 Idm
¶우리 아들은 책 읽기와는 아주 담을 쌓았다.
◆ **벽을 쌓다** 서로 잘 지내던 사이를 끊고 지내다. Keep distance from someone who used to get along well.
No-가 N1-와 Idm (No=[인간] N1=[인간])
¶그녀는 친구들과 벽을 쌓고 지낸 지가 꽤 오래되었다.

쌓이다

[활용]쌓여, 쌓이니, 쌓이고
[자]❶(무엇이) 서로 겹치어 포개져 모이다. (of something) Be collected by stacking and piling.
[유]모이다
No-가 N1-에 V (No=[구체물] N1=[장소])
[능]쌓다
¶밤사이에 길에 눈이 많이 쌓였다. ¶책상에 먼지가 쌓여서 청소를 해야겠다.
❷(담이나 둑, 탑 따위가) 높이 만들어지다. (of wall, bank, tower, etc.) Be constructed.
[유]건설되다 [반]허물어지다
No-가 V (No=[담], [조형물], [제방])
[능]쌓다
¶여름이 지나자 강을 따라 튼튼한 둑이 쌓였다. ¶드디어 우리 모두가 공을 들인 탑이 쌓였다.
❸(기초나 밑바탕 따위가) 충분히 닦여 탄탄히 길러지다. (of foundation, basis, etc.) Be solidly developed through ample preparation.
[유]닦이다
No-가 V (No=기초, 토대 따위)
[능]쌓다
¶방학 내내 열심히 공부했더니 수학의 기초가 쌓였다. ¶나라의 발전은 튼튼한 경제 기반이 쌓여야 가능하다.
❹(재물이나 명성, 신뢰 따위가) 풍부히 얻어지거나 갖추어지다. (of wealth, fame, trust, etc.) Be secured richly.
No-가 V (No=재물, 명성, 신뢰 따위)
[능]쌓다
¶그의 창고에는 재물이 그득히 쌓였다. ¶훌륭한 연구로 인해 그녀는 자연스레 명성이 쌓였다.
❺(경험이나 지식, 실력 따위가) 풍부히 갖추어지다. (of experience, knowledge, skill, etc.) Be secured richly.
[유]축적되다
No-가 V (No=경험, 지식, 실력 따위)
[능]쌓다
¶여러 가지 일을 꾸준히 하였더니 다양한 경험이 쌓였다. ¶그는 그동안 쌓인 실력으로 피아노 연주를 멋지게 해 내었다.
❻(일이나 감정 따위가) 겹쳐 몰리다. (of task, emotion, etc.) Be piled and pressed at once.
[유]축적되다, 밀리다I
No-가 V (No=[일], [감정], [신체상태])
[능]쌓다
¶휴가를 다녀왔더니 그간 처리하지 못한 일이

쌓였다. ¶주말에 제대로 쉬지 못했더니 피로가 쌓였다.

써내다

활용 써내어(써내), 써내니, 써내고

타 ❶(원고, 논문 등의) 글을 적어서 내놓다. Write and release a manuscript or scholarly writing for review or presentation.

㊎제출하다 ㊌내다

N0-가 N2-에 N1-를 V (N0=[인간|단체] N1=[텍스트](글, 논문, 보고서 따위) N2=[인간|단체])

¶중학교 졸업 기념으로 교지에 시와 독후감을 써냈지요. ¶그는 십년 만에 박사학위 논문을 써냈다.

❷(행정 서류, 이력서, 지원서 따위를) 적어서 제출하다. Submit a document, resume, or application that's appropriate with administrative policy.

㊎제출하다 ㊌내다[1]

N0-가 N2-에 N1-를 V (N0=[인간|단체] N1=[텍스트](이력서, 지원서, 사표, 행정서류 따위) N2=[인간|단체])

¶그를 돕기 위해 나는 이미 이틀간의 휴가원을 써냈다. ¶나는 미래를 보고 중소기업에 지원서를 써냈다.

❸거래를 따기 위해서 가격을 제안하다. Suggest a price in order to obtain a trade.

㊎제안하다

N0-가 N2-에 N1-를 V (N0=[인간|단체] N1=[금전](가격, 입찰가 따위) N2=[인간|단체])

¶우리 회사는 정부 발주 공사에 원가 수준으로 입찰가를 써냈다. ¶학예사는 경매에서 최고가를 써내고 도자기를 가져갔다.

❹소설 등의 작품을 창작하다. Publish a material such as book.

㊎집필하다[1] ㊌짓다

N0-가 N1-를 V (N0=[인간|단체] N1=[텍스트](책, 예술작품 따위))

¶큰 성공으로 고무된 그는 다음해 장편 소설을 써냈다. ¶박혜선 작가가 써낸 작품들이 모두 베스트셀러가 되었다.

써먹다

활용 써먹어, 써먹으니, 써먹고

타 ❶(무엇을) 일이나 목적에 맞게 이용하거나 사용하다. Utilize or employ in a manner appropriate with a task or purpose.

㊎사용하다, 이용하다, 활용하다

N0-가 N2-(에|에게) N1-를 V (N0=[인간] N1=[구체물], [추상물] N2=[인간], [사태])

¶양치기 소년은 거짓말을 사람들에게 자주 써먹었다. ¶그것은 사람들이 이미 써먹을 만큼 써먹은 아이디어들이다.

N0-가 N1-를 S데-에 V (N0=[인간] N1=[구체물], [추상물])

¶우리는 이 통계 기법을 연구 대상을 분석하는 데 써먹는다. ¶그는 내 친구를 한국어를 외국어로 번역하는 데에 자주 써먹었다.

❷(무엇을) 어떤 수단이나 용도로 이용하거나 사용하다. Utilize or employ as the last resort or another use.

N0-가 N1-를 N2-로 V (N0=[인간] N1=[구체물], [추상물] N2=[구체물], [추상물])

¶우리는 문화란 말을 단지 교양으로 써먹어서는 안 된다. ¶이 자동차를 최후의 비상수단으로 써먹을 예정이다.

썩다

활용 썩어, 썩으니, 썩고

자 ❶(음식물, 자연물이) 균에 의해 원래의 품질, 상태가 변질되어 상하거나 나쁘게 되다. (of food or natural material's original quality or state) Change and rot or become bad.

㊎상하다, 부패하다

N0-가 V (N0=[구체물], [생물], [음식물])

사 썩히다

¶물기가 많은 음식이 쉽게 썩는다. ¶흙에 수분이 너무 많으면 식물 뿌리가 썩을 수 있다.

❷(물이 고여 있거나 물을 보관하고 있는 곳이) 오염되어 못쓰게 되다. (of stagnant water or a place that stores water) Be polluted and unable to be used.

㊎상하다, 부패하다

N0-가 V (N0=[장소](물, 하천, 강, 호수, 웅덩이 따위))

사 썩히다

¶오염된 물은 금방 썩는다. ¶비가 오지 않아 호수가 부유물로 썩는다.

❸(풀, 두엄 따위가) 이용하기에 적절한 상태로 발효하다. (of a natural material) Ferment and become appropriate for use.

㊎발효하다, 익다

N0-가 V (N0=풀, 건초, 거름, 두엄, 분뇨 따위)

사 썩히다타

¶논밭에 주는 거름은 잘 썩어야 쓸 수 있다. ¶습하고 더운 여름에 풀이나 건초가 잘 썩는다.

❹(음식이 적당히 발효해서) 영양이 있고 먹기에 좋은 상태로 변하다. (of food) Be adequately fermented into a nutritious and consumable state.

㊎삭다, 익다

N0-가 V (N0=홍어, 젓갈 따위)

사 썩히다

¶홍어가 썩으면 암모니아 냄새가 확 난다.

❺(치아나 피부가) 균에 의해 병들어 상하다. (of a tooth or skin) Be ill and go bad by bacteria.
㊌상하다, 병들다I, 부패하다
N0-가 V (N0=[신체부위](피부, 치아 따위))
사 썩히다
¶할아버지는 욕창에 걸려 피부가 썩어 간다. ¶청량음료를 많이 먹으면 이가 빨리 썩는다.
❻(쇠, 나무 따위가 상하여) 못쓰게 되거나 부서지기 쉽게 되다. (of iron or tree) Become unusable or easily breakable by going bad.
㊌삭다I
N0-가 V (N0=[구체물](창, 나무, 마루, 문짝, 도끼자루 따위))
사 썩히다
¶나무로 된 욕실 문이 다 썩었다. ¶서까래가 썩는 줄도 모르고 지금껏 그냥 두었다.
❼(사람, 단체가) 건전하지 못하고 비도덕적인 상태가 되다. (of a person or group) Become unhealthy and unethical.

㊌부패하다
N0-가 V (N0=[인간|단체], 정권, 사회, 세상 따위)
사 썩히다
¶신문을 보면 마치 온통 사회가 썩은 것처럼 보인다.
❽(사람의 정신이나 의식 따위가) 바르지 않거나 옳지 못하게 되다. (of a person's spirit or consciousness) Be wrong or unethical.
N0-가 V (N0=[생각](정신, 의식, 마음 따위))
¶그 녀석은 마음이 병들고 썩은 것이다.
❾(사람, 물건이) 원래의 제 기능을 하지 못하는 나쁜 상태가 되다. (of a person or item) Be in a bad state and cannot perform its original function.
N0-가 V (N0=[기기], [신체부위], [인지능력])
사 썩히다
¶비싸게 들여 온 장비가 창고에서 썩고 있다. ¶그렇게 좋던 기억력은 다 어디로 가고 머리가 썩었다.
❿(사람이) 일정한 곳에 방치되어 활용되지 못하거나 제 기능을 발휘하지 못하다. (of a person) Be left in a certain place and become unable to be used or perform original Support.
㊌방치되다, 놀다 재
N0-가 N1-에서 V (N0=[인간] N1=[장소])
사 썩히다
¶나는 이 복잡한 도회지에서 썩을 생각이 추호도 없었다. ¶아까운 인재가 집에서 썩고 있다.
⓫(돈이나 시간 따위가) 원래의 제 가치를 발휘하지 못하고 잃게 되다. (of money or time) Be lost without presenting its original value.
N0-가 V (N0=[추상물](돈, 시간))
사 썩히다
¶돈이 썩었냐? 그 애를 주게. ¶내가 시간이 썩었냐? 거기를 가게.
⓬(사람의 얼굴이) 윤기가 없이 칙칙하다. (of a person's face) Be somber and not lively.
㊌상하다
N0-가 N1-로 V (N0=[신체부위](얼굴) N1=[구체물], [추상물])
¶그의 얼굴은 술로 푹 썩었다. ¶노동자들이 과로로 얼굴이 썩었다.
⓭(마음, 속, 감정 따위가) 아주 괴로워 몹시 상하다. (of one's mind, inner feeling, or emotion) Be very hurt and become painful.
N0-가 N1-로 V (N0=속, 마음, 머리 N1=[구체물], [추상물])
¶나는 친구의 빚 문제로 얼마나 속이 썩었던지. ¶찬희는 아내의 사치 때문에 마음이 완전히 썩었지요.

썩이다

활용 썩여, 썩이니, 썩이고
타 ❶(걱정, 근심 등으로) 마음을 몹시 힘들게 하거나 괴롭게 하다. Make one's mind suffer or distressed very much with worry or concern.
N0-가 N1-를 V (N0=[인간] N1=속, 마음, 골머리, 골치 따위)
주 썩다
¶네가 기어이 내 속을 썩일 참이냐? ¶그는 어려서 부모님의 속을 여러 번 썩였다. ¶둘째 딸이 부모 골치를 무던히 썩이네.
❷사람이나 기계가 활용되지 못하고 방치되어 제 역할이나 기능을 발휘하지 못하게 하다. Leave persons or machines unutilized and unattended, preventing them from playing any role or functioning.
N0-가 N1-를 V (N0=[인간|단체] N1=사람, 기기)
¶아까운 인재를 썩이고 있다. ¶좋은 농기계를 저렇게 창고에 썩이고 있다.

썩히다

활용 썩히어(썩혀), 썩히니, 썩히고
타 ❶(음식물, 자연물을) 원래의 품질, 상태가 변하여 상하거나 나쁘게 만들다. (of bacteria) Change the original quality or state of food or natural material to make it rot or become bad.
㊌부패시키다
N0-가 N1-를 V (N0=[인간] N1=[구체물], [생물], [음식물])
주 썩다
¶어디서 생선을 썩히는지 비린내가 코를 찌른다. ¶아내가 멀쩡한 고구마를 먹지도 않고 썩혔다.

❷(물이 고여 있거나 물을 보관하고 있는 곳을) 오염시켜 못쓰게 만들다. Pollute stagnant water or a place that stores water and make it unusable.
㊌부패시키다
No-가 N1-를 V (No=[인간|단체], [폐기물](부유물, 쓰레기 따위), 적조 N1=[장소](물, 하천, 강, 호수, 웅덩이 따위))
[주]썩다
¶폐수로 강물을 썩히면 용수로 이용할 수 없다. ¶가뭄으로 부유물이 증가해서 호수를 썩힌다.
❸(자연물을) 이용하기에 적절한 상태로 발효시키다. Ferment a natural material into appropriately state for use.
㊌발효시키다
No-가 N1-를 V (No=[인간|단체] N1=풀, 건초, 거름, 두엄, 분뇨 따위)
[주]썩다
¶논밭에 주는 거름은 잘 썩혀야 한다. ¶퇴비를 만들려고 어디서 생선을 썩히고 있나 보다.
❹(음식을) 적당히 발효시켜 영양이 있고 먹기에 좋은 상태로 만들다. Slightly ferment food to make it nutritious and consumable.
㊌삭히다
No-가 N1-를 V (No=[인간] N1=홍어, 젓갈 따위)
[주]썩다
¶홍어를 썩히면 암모니아 냄새가 확 난다.
❺(균이) 치아, 피부를 상하게 하다. (of bacteria) Make a tooth or skin diseased and rot.
No-가 N1-를 V (No=[미생물](균), 병, 설탕, 사탕, 음식물 따위 N1=[신체부위](피부, 치아, 폐부 따위))
[주]썩다
¶청량음료는 이를 빨리 썩히므로 마시지 않는 것이 좋다.
❻(쇠, 나무 따위를 상하게 하여) 못쓰거나 부서지기 쉽게 만들다. Make iron or wood go back to make it unusable or easily breakable.
No-가 N1-를 V (No=녹, 습기, 비, 물 따위 N1=[구체물](창, 나무, 마루, 문짝, 도끼자루 따위))
[주]썩다
¶오랜 세월에 녹이 철문을 썩혔다. ¶물이 많이 튀어서 물이 욕실 문을 썩혔다.
❼(사람, 단체를) 건전하지 못하고 비도덕적인 상태로 만들다. Make a person or group unhealthy and unethical.
㊌부패시키다, 타락시키다
No-가 N1-를 V (No=[추상물](돈, 이기주의, 욕심, 지방색 따위) N1=[인간|단체], 정권, 사회, 세상 따위)
[주]썩다
¶나라를 썩히는 것은 역설적으로 나라를 위한다는 사람들이다.
❽(사람, 물건을) 원래의 제 기능을 발휘하지 못하게 방치하다. Leave a person or item so that it cannot perform its original function.
㊌놀리다II[타]
No-가 N1-를 V (No=[인간|단체] N1=[기기], [구체물](유물, 가구, 표 따위), [추상물](머리, 재능, 청춘 따위), [기술])
[주]썩다
¶기술자가 없어 고가 장비를 창고에서 썩히고 있다. ¶그 친구는 제때 교육을 못 받아 재능을 다 썩혔다.
❾(일정한 곳에 사람을 방치하여) 활용하지 못하게 만들거나 제 기능을 발휘하지 못하게 만들다. Neglect a person in a certain situation or place and make that person unable to utilize one's talent or function properly.
㊌방치하다I, 놀리다II
No-가 N1-를 N2-에서 V (No=[인간|단체] N1=[인간] N2=[장소])
[주]썩다
¶나는 아들을 이 복잡한 도회지에서 썩힐 생각이 추호도 없다.
❿(돈이나 시간 따위를) 원래의 제 가치를 발휘하지 못하고 잃게 하다. Make someone lose money or time without using its original value.
No-가 N1-를 V (No=[인간] N1=[추상물](돈, 시간))
[주]썩다
¶죽을 때 가져갈 것도 아닌데 왜 돈을 썩히고 있어? ¶아까운 시간을 썩히고 있구나.

썰다

[활용]썰어, 써니, 썰고, 써는
[타](음식물 따위를) 칼 따위의 도구를 이용하여 작은 토막으로 자르다. Cut food into small pieces using a tool such as knife.
㊌자르다
No-가 N2-로 N1-를 V (No=[인간] N1=[음식물], 볏짚 따위 N2=[도구](칼, 작두, 통 따위))
[피]썰리다I [사]썰리다II
¶국을 끓이려고 어머니께서는 칼로 고기를 썰었다. ¶할머니께서는 가래떡을 썰어 떡국을 끓이셨다. ¶나는 김치를 썰어 저녁상에 내놓았다.

썰리다 I

[활용]썰리어(썰려), 썰리니, 썰리고
[자](음식물 따위가) 칼 따위의 도구에 의해 작은 토막으로 잘리다. (of food) Be cut into small pieces using a tool such as knife.
No-가 V (No=[음식물])
[능]썰다
¶가래떡이 잘 썰린다. ¶그릇에 무가 얇게 썰려

있었다. ¶식당에서 고기가 먹음직스럽게 썰려 나왔다.

썰리다II

활용 썰리어(썰려), 썰리니, 썰리고

타 (다른 사람에게 음식물 따위를) 칼 따위의 도구를 이용하여 작은 토막으로 자르게 하다. Make someone cut food into small pieces using a tool such as knife.

N0-가 N2-에게 N1-를 V (N0=[인간] N1=[음식물], 볏짚 따위 N2=[인간])

주 썰다

¶아내는 남편에게 무를 썰렸다. ¶엄마는 동생에게 파를 다듬게 하고 나에게는 오이를 썰렸다. ¶아버지는 아들에게 소가 먹을 볏짚을 썰렸다.

쏘다

활용 쏘아(쏴), 쏘니, 쏘고

타 ❶(목표물을 죽이거나 다치게 하고자) 활이나 총 따위를 발사하다. (of a person) Discharge bow, gun, etc., to kill or hurt the target.

유 발사하다, 날리다II

N0-가 N2-에게 N1-를 V (N0=[인간] N1=[총포], [탄환], 활 따위 N2=[인간], [동물])

¶형사는 달아나는 범인에게 공포탄을 쏘았다. ¶나는 수풀에 숨어 있는 고라니에게 화살을 쏘았다.

❷(활이나 총으로) 목표물을 겨냥하여 발사하다. (of a person) Aim at the target and discharge bow, gun, etc.

유 발사하다, 날리다II

N0-가 N2-에 N1-를 V (N0=[인간] N1=[총포], [탄환], 활 따위 N2=[구체물])

¶그는 인형에 총을 쏘아서 맞추는 놀이를 좋아한다. ¶나는 과녁에 활을 쏘았다.

❸(전파나 광선 따위를) 목표물을 향해 나가게 하다. (of a person) Make electric wave, ray, etc., move toward the target.

유 비추다, 쪼이다

N0-가 N1-를 N2-에 V (N0=[인간] N1=[파동], [빛] N2=[신체부위], [장소])

¶우리 방송국이 오늘 드디어 첫 전파를 쏘았다. ¶그는 환자의 눈에 레이저 광선을 쏘아 치료를 하였다.

❹(벌이나 벌레 따위가) 사람의 살을 침 따위로 찌르다. (of bee, snake, etc.) Stab a person's skin with needle or poison.

유 찌르다

N0-가 N1-를 V (N0=[동물](벌, 뱀, 해파리, 모기 따위) N1=[인간], [동물])

피 쏘이다II자

¶벌이 팔을 쏘아서 나는 팔이 퉁퉁 부었다. ¶벌레가 반바지를 입은 아버지 다리를 쏘았다.

❺(다른 사람에게) 말이나 시선 따위를 감정이 상하도록 매섭게 하다. (of a person) Be fierce in speech, or target someone in order to offend.

유 쏘아붙이다, 날카롭게 말하다

N0-가 N2-에게 N1-를 V (N0=[인간] N1=말, 시선 따위 N2=[인간])

¶그는 괜히 심술이 나서 동생에게 말을 쏘아붙였다. ¶많은 사람이 그에게 못마땅한 시선을 쏘았다.

❻(음식의 맛이나 냄새가) 코나 입 안을 강하게 자극하다. (of taste or scent of food) Strongly stimulate the nose or inside the mouth.

N0-가 N1-를 V (N0=[맛], [냄새] N1=[신체부위](코, 입))

¶고추냉이의 강한 맛이 콧속을 쏘았다. ¶매운 맛이 입 안을 톡 쏘아 눈물이 날 것 같다.

❼다른 사람에게 음식을 대접하고 자기 돈을 내다. (of a person) Pay for and serve food to someone.

유 사다[1], 한턱내다

N0-가 N2-에게 N1-를 V (N0=[인간] N1=[음식] N2=[인간])

¶오늘은 내가 쏠테니 마음껏 먹어라. ¶친구는 우리들에게 아이스크림을 쏘기로 하였다.

쏘다니다

활용 쏘다니어(쏘다녀), 쏘다니니, 쏘다니고

자타 (정해진 곳 없이) 아무 곳으로나 바쁜 듯이 돌아다니다. Roam around busily towards anywhere without destination.

유 싸다니다, 돌아다니다 상 다니다

N0-가 N1-(를|에|로) V (N0=[인간], [동물] N1=[장소])

¶방학이라고 학생들이 시내에 쏘다닌다. ¶고양이들이 온 동네를 쏘다닌다.

쏘아보다

활용 쏘아보아(쏘아봐), 쏘아보니, 쏘아보고

타 (다른 사람을) 날카로운 눈초리로 노려보다. Look at another person with penetrating eyes.

유 노려보다, 째려보다 상 보다[1]

N0-가 N1-를 N2-로 V (N0=[인간], [동물] N1=[구체물] N2=[추상물](시선, 눈, 눈길, 눈초리 따위))

연어 날카롭게, 무섭게, 매섭게

¶기자는 피의자를 날카로운 시선으로 계속 쏘아보았다. ¶매는 먹잇감을 날카롭게 쏘아보고 있었다.

쏘아붙이다

활용 쏘아붙여, 쏘아붙이니, 쏘아붙이고

타 (다른 사람에게) 감정이 상할 정도로 공격하듯이 날카롭게 말을 하다. Speak to another person sharply and aggressively and in an unfriendly

manner.
[상]쏘다
N0-가 N2-에게 N1-를 V (N0=[인간] N1=말, 욕설 따위 N2=[인간])
[연어]톡
¶저는 속이 상해서 남편에게 말을 톡 쏘아붙였지요. ¶그는 나에게 한마디 쏘아붙이고 밖으로 나갔다.
N0-가 N2-에게 S고 N1-를 V (N0=[인간] N1=말, 욕설 따위 N2=[인간])
[연어]톡
¶나는 아내에게 그것도 못하냐고 말을 쏘아붙이고 싶었다. ¶여자는 남편에게 이제 그만 좀 하라고 말을 쏘아붙였다.

쏘이다 I
[활용]쏘여, 쏘이니, 쏘이고 [준]쐬다
[타](무엇이) 빛, 바람 따위를 직접 받다. (of something) Directly receive light, wind, etc.
[유]쬐다[타]
N0-가 N1-를 V (N0=[생물] N1=[빛], [바람])
¶우리는 마당에 나가서 햇볕을 쏘였다. ¶그는 머리가 아프다며 찬바람을 쏘이러 밖으로 나갔다. ¶식물도 빛을 잘 쏘여야 잘 자란다.

쏘이다 II
[활용]쏘여, 쏘이니, 쏘이고
[자](벌이나 벌레 따위에게) 침 따위로 찔리다. Be stabbed by needle or poison of bee, snake, etc.
[유]찔리다
N0-가 N1-에 V (N0=[인간], [동물] N1=[동물](벌, 뱀, 해파리, 모기 따위))
[능]쏘다
¶많은 사람들이 벌초하러 가서 벌에 쏘인다. ¶나는 해변에서 놀다가 해파리에게 쏘이고 말았다.
[타](벌이나 벌레 따위에게) 신체의 일부를 침 따위로 찔리다. (of a person) Be stabbed by needle or poison of bee, snake, etc., at a body part.
N0-가 N2-에게 N1-를 V (N0=[인간] N1=[신체] N2=[동물](벌, 해파리, 모기 따위))
¶나는 벌에게 얼굴을 쏘인 뒤로 벌집 근처에 가지 않는다. ¶그는 산길을 걷다가 다리를 벌레에게 쏘였다. ¶나는 해파리한테 팔을 쏘여 몹시 아프다.

쏟다1
[활용]쏟아, 쏟으니, 쏟고
[타]❶(용기에 담겨 있는 액체나 물건을) 밖으로 한꺼번에 나오게 하다. Make the liquid or object in some container go out at once.
N0-가 N2-(에|로) N1-를 V (N0=[인간], [동물] N1=[구체물] N2=[구체물], [장소])
[피]쏟아지다
¶영희는 실수로 바닥에 물을 쏟더니 이번에는 소금을 쏟았다. ¶어머니는 접시에 밀가루를 쏟았다.
❷피, 눈물, 땀 따위를 몸 밖으로 한꺼번에 많이 흘리다. Considerably shed blood, tears, sweat, etc., outside the body at once.
[유]흘리다
N0-가 N1-를 V (N0=[인간], [동물] N1=피, 눈물, 땀 따위)
[피]쏟아지다
¶선생님께서 벌을 세우자 아이들은 눈물을 쏟아냈다. ¶땀을 많이 쏟을수록 체중이 주는 것은 당연한 것이다.
❸(하늘에서) 눈이나 비, 햇빛 따위를 한꺼번에 강하게 많이 내리다. Strongly and profusely pour snow, rain, sunshine, etc., at once from the sky.
N0-(가|에서) N1-를 V (N0=하늘, 구름 N1=비, 눈, 진눈깨비, 우박, 햇빛)
[피]쏟아지다
¶하늘이 계속 강한 햇빛을 쏟아 내고 있었다. ¶먹구름이 일더니 굵은 빗줄기를 쏟았다.
❹(어떠한 일에) 정신이나 마음을 모아서 열중하거나 집중하다. Focus or concentrate on something by devoting one's attention or heart.
[유]기울이다[1]
N0-가 N2-에 N1-를 V (N0=[인간|단체] N1=[감정](정성, 노력, 관심, 애정, 마음 따위) N2=[모두])
[피]쏟아지다
¶그녀는 아들에게 엄청난 노력을 쏟고 있다. ¶친구는 애완견에 모든 정성을 쏟고 있었다. ¶아버지께서는 새로운 사업에 모든 관심을 쏟고 계신다.
❺(마음속에 있는 말이나 생각을) 밖으로 강하게 표출하다. Strongly and outwardly express thoughts or words from someone's mind.
[유]표출하다, 표현하다, 드러내다
N0-가 N2-에게 S고 N1-를 V (N0=[인간] N1=[감정](감정, 아픔, 서러움 따위), [의견](생각 따위) N2=[인간])
¶그는 내게 가슴에 쌓인 아픔을 쏟아 내었다. ¶영희는 서러움을 남편에게 한꺼번에 쏟았다. ¶그는 자신의 분노를 쏟을 사람을 찾고 있었다.

쏟다2
[기능][활용]쏟아, 쏟으니, 쏟고
[타]'행위'를 강하게 나타내는 기능동사 A support verb that strongly indicates a certain act.
N0-가 N1-에게 Npr-를 V (N0=[인간] N1=[인간|단체], Npr=불평, 푸념, 불만, 말, 애정, 사랑)

ㅅ

¶철수는 친구에게 불평을 쏟고 있었다. ¶지친 노동자들이 회사에 불만을 쏟기 시작했다. ¶그녀는 남자친구에게 애정을 쏟고 있다.

쏟아붓다

활용 쏟아부어, 쏟아부으니, 쏟아붓고, 쏟아붓는

자 비 따위가 억수로 쏟아지다. (of rain, etc.) Pour down heavily.

㊌들이붓다

No-가 V (No=[기상](비, 소나기 따위))

¶비가 물통으로 쏟아붓듯이 내리네. ¶조금 전부터 장대비가 쏟아붓는다.

타 ❶(사람이) 통이나 통에 담긴 물건들을 물을 붓듯이 쏟다. (of a person) Pour something from a container as if pouring water.

No-가 N1-를 N2-에 V (No=[인간|단체] N1=[구체물](통, 잡동사니, 장난감 따위) N2=[장소)

¶나는 고물상자를 뒷뜰에 쏟아부어 정리했다. ¶아이가 커서 장난감들을 빈 통에 쏟아부어 갖다 버렸다.

❷(사람이나 단체가) 어떤 일이나 사람에 열정, 노력, 돈 따위를 엄청나게 많이 투입하거나 바치다. (of a person or organization) Pour a lot of passion, effort, money, etc. into someone or something.

㊌투입하다, 투자하다

No-가 N1-를 N2-(에|에게) V (No=[인간|단체] N1=[추상물](열정, 노력 따위), 돈, 자금 따위 N2=[인간|단체], [추상물](일, 사업, 연구, 개발 따위))

¶우리는 이 원전 프로젝트에 천문학적인 자금을 쏟아부었다. ¶그녀는 피아노 연습에 온 열정을 쏟아부었다.

No-가 S(데|것)-에 V (No=[인간|단체] N1=돈, 자금)

¶선진국은 최신 의약품을 개발하는 데에 천문학적인 연구비를 쏟아붓는다.

❸(군대가) 총이나 대포 따위를 한 곳에 엄청나게 많이 쏘다. (of a troop) Concentrate enormous firepower on a particular place.

No-가 N1-를 N2-(에|에게) V (No=[인간|단체](군대), 비행기 따위 N1=[구체물] N2=[인간|단체], [장소])

¶포병대대는 산정상의 적군 기지에 폭탄을 쏟아부었다. ¶폭격기가 적군에게 폭탄을 소나기처럼 억수로 쏟아부었다.

쏟아지다[1]

활용 쏟아져, 쏟아지니, 쏟아지고

자 ❶(용기에 담겨 있는 액체나 물건이) 밖으로 한꺼번에 빠져 나오다. (of liquid or things in a container) Come out all at once in large amount or numbers.

㊌유출되다, 흘러나오다

No-가 N1-에서 N2-(로|에) V (No=[구체물] N1=[구체물], [장소] N2=[장소])

능 쏟다[1]

¶그의 소지품이 가방에서 다 쏟아졌다. ¶포장지가 터져서 밀가루가 전부 바닥에 쏟아졌다.

❷(피, 눈물, 땀 따위가) 몸 밖으로 한꺼번에 많이 흘러나오다. (of blood, tears, sweat) Pour down all at once in a large amount.

㊌흘러나오다, 분비되다

No-가 N1-에서 V (No=피, 눈물, 땀 따위 N1=[신체부위](눈, 코, 입 따위))

능 쏟다[1]

연어 왈칵, 펑펑, 비 오듯이

¶코에서 피가 쏟아졌다. ¶눈에서 눈물이 왈칵 쏟아져 나온다. ¶몸이 안 좋은지 땀이 비 오듯이 쏟아졌다.

❸(하늘에서 눈, 비, 햇빛 따위가) 한꺼번에 강하게 많이 내리다. (of snow, rain, sunshine) Pour down heavily all at once.

㊌펄펄 내리다, 내리쬐다

No-가 N1-에서 V (No=비, 눈, 진눈깨비, 우박, 햇빛 N1=하늘, 구름)

능 쏟다[1]

¶하늘에서 비가 장대 같이 쏟아졌다. ¶우박과 진눈깨비가 동시에 쏟아졌다. ¶햇빛이 눈부시게 쏟아지는 어느 날 오후에 우리가 처음 만났지요.

❹(어떤 것이) 한꺼번에 몰려서 나타나다. (of something) appear all at once.

㊌출현하다

No-가 N1-에 V (No=[인간], [구체물], 기록 따위 N1=[장소], [추상물])

¶요즘 연예계에 새로운 신인이 쏟아지고 있다. ¶요즘 신제품들이 쏟아져 나오고 있다.

쏟아지다[2]

기능 활용 쏟아져, 쏟아지니, 쏟아지고

자 심리 행위의 의미를 나타내는 기능동사 Support verb meaning mental activity.

Npr-가 No-에서 N1-(에|로) V (No=[인간|단체] N1=[인간|단체], Npr=불평, 푸념, 불만, 말)

능 쏟다[2]

¶요즘 국민들에게서 많은 불평이 정부로 쏟아지고 있다. ¶선거철이 되니 겉만 좋아 보이는 공약이 쏟아지고 있다.

Npr-가 No-(에|에게) V (No=[모두], Npr=[감정](정성, 관심, 애정 따위))

¶이번 사업에 그들의 정성이 모두 쏟아진 듯했다. ¶그녀에게 나의 모든 애정이 쏟아졌다.

쏠리다

활용 쏠리어(쏠려), 쏠리니, 쏠리고

자❶(어떤 물체가) 한쪽으로 기울어지다. (of some object) Be tilted toward one side.
㊀기울다I, 기울어지다
N0-가 N1-로 V (N0=[구체물], [속성](무게, 체중 따위) N1=[방향](쪽 따위))
¶액자가 오른쪽으로 쏠린 것 같다. ¶버스가 급정거하자 사람들이 앞쪽으로 쏠렸다.
❷(눈길, 생각, 관심 따위가) 특정한 쪽으로 집중되다. (of attention, thought, interest, etc.) Be focused on a specific side.
㊀모이다, 집중되다, 몰리다
N0-가 N1-(에|에게) V (N0=[인지], 눈길, 시선, 마음 따위 N1=[인간], [구체물], [방향])
¶내 마음은 자꾸 반대쪽으로 쏠린다. ¶사람들의 시선이 그 소녀에게 쏠리고 있다. ¶토론이 찬성 쪽으로 쏠리는 것 같다.

쐬다 I
활용 쐬어(쐐), 쐬니, 쐬고 본디쏘이다
타(얼굴이나 몸 같은 신체 부위에) 바람, 햇빛, 연기, 불 따위를 직접 받다. (of face or body) Directly receive wind, sunlight, smoke, or fire.
N0-가 N2-에 N1-를 V (N0=[인간], [동물] N1=바람, 연기, 불, 빛 따위 N2=[신체부위])
¶동생이 찬바람을 쐬더니 감기에 걸렸다. ¶불 옆에서 연기를 쐬었더니 목이 아프다. ¶하루에 1시간 햇빛을 쐬어야만 건강이 유지된다.

쐬다 II
활용 쐬어(쐐), 쐬니, 쐬고 변이쏘이다
자벌레의 침 등에 신체 부위가 찔리다. (of a body part) Be stabbed by an insect's sting.
N0-가 N1-에 V (N0=[인간], [신체부위], [동물] N1=[벌레], 벌레의 침)
능쏘다II타
¶나무꾼이 말벌에 쐤는지 병원에 실려 갔다. ¶강아지가 계속 괴로워하는 게 모기에 많이 쐰 것 같다.
타벌레의 침 등에 신체 부위를 찔리다. Be stabbed in one's body part by an insect's sting.
㊀찔리다I
N0-가 N2-에 N1-를 V (N0=[인간], [동물] N1=[신체부위] N2=[벌레], 벌레의 침)
¶아기가 모기에 얼굴을 쐤는지 빨갛게 자국이 나 있었다. ¶등산객이 벌레에 쐤는지 계속 긁어 대었다.

쑤다
활용 쑤어(쒀), 쑤니, 쑤고
자Make porridge, starch, etc., by boiling and cooking the grain or powder of crops.
㊀끓이다
N0-가 N1-를 V (N0=[인간] N1=[음식](죽), 풀)
¶우리집은 동지가 되면 팥죽을 쑨다. ¶나는 도배를 하기 위해 풀을 쑤었다.
◆ **죽을 쑤다** (사람이 어떤 일에서) 망치거나 실패하다. (of a person) Ruin a certain work or fail to carry it out properly.
㊀망치다, 실패하다
N0-가 Idm (N0=[인간])
¶나는 어제 면접에서 완전히 죽을 쑤었다. ¶동생은 기말시험에서 죽을 쑤었다며 울먹였다.

쑤시다 I
활용 쑤시어(쑤셔), 쑤시니, 쑤시고
자(허리, 몸, 사지, 머리, 잇몸 따위가) 바늘에 찔리는 것처럼 아프다. (of one's waist, body, legs and arms, head, or gum) Hurt as if it's being stung by a needle.
㊀결리다, 욱신거리다
N0-가 V (N0=[신체부위](허리, 몸, 사지, 머리, 잇몸 따위))
¶머리가 지끈지끈 쑤셔 병원에 갔다. ¶할머니께서는 비만 오면 허리가 쑤신다고 하셨다. ¶어제 운동을 과격하게 했더니 온몸이 쑤신다.

쑤시다 II
활용 쑤시어(쑤셔), 쑤시니, 쑤시고
타❶막대기나 꼬챙이, 또는 가늘고 긴 도구 따위를 어떤 것의 구멍이나 틈에 넣었다 뺐다 하다. Poke a hole or a gap in something using a stick or a long, thin tool.
N0-가 N2-로 N1-를 V (N0=[인간] N1=변기, 이, 코, 벌집, 아궁이 따위 N2=막대기, 이쑤시개, 손가락, 꼬챙이, 부지깽이 따위)
¶나는 막힌 변기를 막대기로 쑤셔 보았지만 뚫리지 않았다. ¶할아버지께서는 식사를 하시고 이쑤시개로 이를 쑤시고 계셨다. ¶아이는 코가 간지러워 손가락으로 콧구멍을 쑤셨다.
❷(사람들이 많은 곳에서) 좁은 틈을 벌리거나 만들다. Widen or create a small gap in a place occupied with many people.
㊀뚫다, 비집다
N0-가 N1-를 V (N0=[인간] N1=[인간])
¶나는 버스에 가득 찬 사람들을 쑤시고 겨우 올라탔다. ¶사람들이 비좁은 지하철을 어찌나 쑤시고 들어오는지 모르겠다.
❸(감추어진 사실을 알아내기 위하여) 이모저모로 조사하다. (of a person) Investigate around in order to ascertain a hidden fact.
㊀뒤지다
N0-가 N1-를 V (N0=[인간] N1=사건 따위)
¶김 기자는 몇 년간 감추어진 비리 사건을 쑤시고

돌아다녔다. ¶이곳저곳을 쑤시고 다니지 마라.
❹(일자리를 구하거나 관계를 맺을 목적으로) 회사나 기관, 단체 따위를 비집고 들어가다. Squeeze into a company, institution, or organization in order to obtain a job or form relationship.
N0-가 N1-를 V (N0=[인간] N1=[장소])
¶직장을 구하기 위해 여러 회사를 쑤셔 보았다. ¶아버지께서는 큰아들을 앞세워 여기저기를 쑤시고 다니셨다.
❺(다른 사람을) 부추기거나 꼬이다. Instigate or allure someone.
㊐부추기다, 꼬이다IV
N0-가 N1-를 V (N0=[인간] N1=[인간])
¶너는 왜 가만히 공부하는 친구를 쑤셔서 놀자고 하니? ¶친구는 독서를 하고 싶은 나를 자꾸 쑤셔댔다.

쓰다 I

활용 써, 쓰니, 쓰고, 썼다
타 ❶(연필, 볼펜 따위로) 글씨를 적다. Write with a pencil, a ball-point pen, etc.
㊐적다 ㊥지우다
N0-가 N1-를 N2-에 N3-로 V (N0=[인간] N1=[문자] N2=[구체물](종이, 공책, 봉투, 칠판 따위) N3=[도구](필기구, 붓, 연필 따위), [신체부위](손, 손가락, 엉덩이 따위))
피 쓰이다I 사 쓰이다IV
¶막내가 연필로 공책에 글씨를 쓰고 있다. ¶옛날 사람들은 글씨를 붓으로 화선지에 썼다. ¶나는 연습장에 알파벳 소문자들을 세 번씩 썼다.
❷생각이나 느낌을 글로 표현하다. Express one's thought or emotion with writing by utilizing the format of diary, letter, or literary work.
㊐작성하다, 기록하다
N0-가 N1-를 N2-에 V (N0=[인간] N1=[텍스트](일기, 소설, 편지, 시, 가사 따위) N2=[구체물](종이, 공책, 컴퓨터 따위))
피 쓰이다I 사 쓰이다IV
¶나는 매일 컴퓨터에 일기를 썼다. ¶나는 공책에 시를 쓰기 시작했다.
❸(특정한 서식의 서류를) 형식에 맞추어 작성하다. Write a specific form or document.
㊐작성하다, 기록하다
N0-가 N1-를 V (N0=[인간] N1=[텍스트](계약서, 원서, 가계부 따위))
¶나는 요즘 입학원서를 쓰고 있다. 어머니께서는 가계부를 쓰셨다.
❹ 【음악】 예술 작품으로 곡이나 노래를 창작하다. Create music or song.
㊐작곡하다, 창작하다
N0-가 N1-를 V (N0=[인간] N1=[텍스트](곡, 노래 따위))
피 쓰이다I 사 쓰이다IV
¶베토벤은 수많은 명곡을 썼다. ¶시인은 시를 쓰고 작곡가는 곡을 쓴다.

쓰다 II

활용 써, 쓰니, 쓰고, 썼다
타 ❶어떤 물건을 사용하다. Use some object.
㊐이용하다(利用)I 타, 사용하다 타
N0-가 N1-를 V (N0=[인간|단체] N1=[구체물])
피 쓰이다II
¶그 사람은 컴퓨터를 잘 쓴다. ¶이 물건 어떻게 쓰는 줄 아십니까? ¶네 전화기 좀 쓸게.
❷(사람을) 어떤 직책에 맞게 고용하다. Hire someone.
㊐뽑다, 채용하다, 고용하다
N0-가 N1-를 N2-로 V (N0=[인간|단체] N1=[인간] N2=[역할], [직책])
¶우리 부서는 그 사람을 수석연구원으로 쓸 계획입니다. ¶우리 회사 사장은 자기 딸을 비서로 쓸 생각인가 봐.
❸(신체 부위를) 본래의 기능대로 움직이다. Move body part to its original function.
㊐움직이다 타, 사용하다
N0-가 N1-를 V (N0=[인간] N1=[신체부위])
¶그 사람은 삼 년 전 사고로 다리를 못 쓰게 되었다. ¶어머니께서는 재활 치료로 어깨를 자유롭게 쓰시게 되었다.
❹이름이나 별명을 사용하다. Use name or nickname.
N0-가 N1-를 V (N0=[인간] N1=[이름](가명, 필명 따위))
¶그 작가는 필명을 쓰고 있습니다. ¶그녀는 예명을 써서 문단에서 활동한다. ¶너는 어떤 아이디를 쓰고 있니?
❺특정 언어를 사용하여 말을 하다. Have a command of specific type of language.
㊐구사하다, 사용하다, 말하다 타
N0-가 N1-를 V (N0=[인간|단체] N1=[언어])
피 쓰이다II
¶그 선생님은 수업 시간에 영어를 쓰신다. ¶저 친구는 사투리를 잘 쓴다.
❻(어떤 것을) 특정한 용도로 바꾸어서 활용하다. Apply something into specific use.
㊐활용하다, 이용하다
N0-가 N1-를 N2-로 V (N0=[인간|단체], [기계] N1=[구체물], [힘], [기술], [제도], [사조] N2=[도구], [방법], [장소])

피 쓰이다II

¶동생은 책가방을 옷가방으로 쓴다. ¶아버지께서는 작은 방을 서재로 쓰신다. ¶지식인들은 펜을 무기로 쓴다.

❼(게임의 말 따위를) 규칙에 따라 움직여 운용하다. Move game pieces according to a rule.

N0-가 N1-를 V (N0=[인간] N1=게임말 따위)

¶할아버지께서는 주로 차, 포를 써서 장기를 두신다. ¶윷놀이를 하면 동생이 말을 제일 잘 쓴다.

❽(어떤 수단이나 방법 따위를) 이용하거나 적용하다. Apply some means or method.

㊞이용하다, 적용하다

N0-가 N1-를 N2-에게 V (N0=[인간|단체] N1=[기술], 머리, 잔머리 따위, [방법] N2=[인간|단체])

¶심리학자는 환자에게 최면술을 썼다. ¶동생은 나에게 잔머리를 써서 속였다.

❾(다른 사람에게) 힘이나 무력 따위를 강제로 사용하다. Use power or force on someone.

㊞행사하다, 강제하다

N0-가 N2-에게 N1-를 V (N0=[인간|단체] N1=[힘](무력, 폭력, 권력 따위) N2=[인간|단체])

¶건달들이 우리들에게 폭력을 썼다. ¶선배들이 후배들에게 폭력을 썼다.

❿(어떤 목적을 위해) 노력이나 관심 따위를 크게 기울이거나 들이다. Invest effort or interest for some purpose.

㊞사용하다 ㊥아끼다

N0-가 N1-를 N2-(에|를 위해) V (N0=[인간|단체] N1=[화폐], [시간], [힘], 신경, 정신 따위 N2=[일], [사건], [행위])

피 쓰이다II

¶나는 투자 유치에 애를 썼다. ¶우리 회사는 이번 사업 성공을 위해 기를 쓰고 있다. ¶사장님은 계열사 확장에 모든 신경을 쓰고 계신다.

N0-가 N1-를 S려고 V (N0=[인간|단체] N1=[화폐], [시간], [힘])

피 쓰이다II

¶나는 투자를 유치하려고 애를 썼다. ¶우리는 사업을 다시 시작하려고 기를 썼다. ¶경찰은 연쇄 살인범을 검거하려고 모든 신경을 쓰고 있다.

⓫(다른 사람으로부터) 돈 따위를 빌려 사용하다. Use by borrowing money from someone.

N0-가 N1-를 N2-에서 V (N0=[인간|단체] N1=사채, 빚, 차관 따위 N2=[인간|단체])

¶그 친구는 대부업체에서 사채를 쓰고 있다. ¶우리 회사가 은행에서 융자를 쓴 줄은 몰랐다.

⓬(다른 사람에게) 돈이나 식사 따위를 베풀다. Give money or meal to someone.

㊞쏘다, 내다[1], 베풀다[1]

N0-가 N1-를 N2-에게 V (N0=[인간|단체] N1=턱 N2=[인간|단체])

¶과장님이 직원들에게 한턱을 쓰셨다. ¶부장님은 부서원들에게 승진 턱을 쓰기로 약속하였다.

⓭얼굴 표정이나 몸짓 따위를 이용해서 드러내 보이다. Show by revealing facial expression or gesture.

N0-가 N2-에게 N1-를 V (N0=[인간] N1=[동작] N2=[인간])

¶낯선 사람이 지나가다가 나에게 인상을 썼다. ¶청각장애인들은 몸짓을 써서 대화한다. ¶동생은 장난감을 사 달라고 어머니께 떼를 썼다.

◆ **그러면 쓰나?** 도리나 이치 따위에 맞지 않다. Be consistent with reason or logic.

V-면 Idm

¶학교를 안 가다니, 그러면 쓰나?

◆ **해서 쓰겠니?** 응당 되어야 할 일이 제대로 되지 못하다. (of a work that is supposed be done) Not carried out properly.

V-어서 Idm

¶그렇게 해서 쓰겠니? ¶맛이 이래서 쓰겠니?

◆ **해야 쓰겠다** 어떤 일을 하는 것이 좋거나 바람직하다. Be better or desirable to do something.

V-어야 Idm

¶네가 아무래도 따끔한 맛을 봐야 쓰겠구나. ¶아무래도 거기를 네가 가야 쓰겠는데.

쓰다III

활용 써, 쓰니, 쓰고, 썼다

타 ❶(모자 따위를) 머리에 얹거나 덮다. Put on a hat over the head.

㊞착용하다 ㊥벗다

N0-가 N2-에 N1-를 V (N0=[인간] N1=모자, 가발 따위 N2=머리)

피 쓰이다III(씌다) 사 씌우다

¶남자친구는 머리에 모자를 썼다. ¶옆집 아저씨는 가발을 쓰신다. ¶나는 헬멧을 쓰고 스케이트를 탔다.

❷(안경 따위를) 얼굴에 착용하다. Wear glasses on face.

㊞끼다I ㊥벗다

N0-가 N2-에 N1-를 V (N0=[인간] N1=안경, 가면, 마스크 따위 N2=얼굴)

피 쓰이다III(씌다) 사 씌우다

¶그는 얼굴에 이상한 선글라스를 쓰고 나타났다. ¶도둑은 얼굴에 가면을 쓰고 있었다.

❸(칼(나무형구), 굴레 따위를) 목 언저리에 걸어 고정시키다. Fix a bridle or pillory by hanging around a neck.

㊞차다III ㊥벗다

N0-가 N1-를 V (N0=[인간], [짐승](소 따위) N1=[기

구](칼, 굴레 따위))
피쓰이다III(씌다) 사씌우다
¶도적들이 칼을 쓰고 끌려 나왔다. ¶소가 굴레를 쓰고 밭일을 하고 있다.
❹(우산 따위를) 펼쳐서 들다. Hold an umbrella by unfurling.
N0-가 N1-를 V (N0=[인간] N1=우산 따위)
사씌우다
¶나는 우산을 쓰고 나갔다. ¶숙녀들이 양산을 쓰고 걷고 있었다.
❺몸이나 몸의 부위를 이불, 보자기 따위의 덮을 것으로 덮어 가리다. Conceal by covering.
유덮다
N0-가 N1-를 V (N0=[인간] N1=[천](보자기, 두건 따위), 이불 따위)
피쓰이다III(씌다) 사씌우다
¶동생은 이불을 쓰고 울고 있었다. ¶술래는 보자기를 쓰고 손으로 사방을 더듬었다.
❻(가루나 먼지 따위를) 몸에 덮이게 하다. Make body covered with dust or powder.
유뒤집어쓰다
N0-가 N1-를 V (N0=[인간], [동물], [기계](자동차 따위) N1=[구체물](먼지, 가루 따위))
사씌우다
¶동생은 먼지를 쓰고 방청소를 하고 있다. ¶동네 아이들이 밀가루를 쓰고 놀고 있었다.
❼누명이나 혐의 따위를 받다. Be suspected of false charge or charge.
반벗다
N0-가 N1-를 V (N0=[인간] N1=누명, 혐의 따위)
사씌우다
¶그 사람은 누명을 쓰고 있다. ¶용의자들은 절도 혐의를 쓰고 있다.
◆ **감투를 쓰다** 벼슬자리나 높은 지위에 오르다. Be appointed to a high government post.
N0-가 Idm (N0=[인간])
¶그는 이번 정권에서 큰 감투를 썼다. ¶그녀는 이번 승진 인사에서 부장이라는 감투를 썼다.
◆ **바가지를 쓰다** 어떤 사람이 적정한 비용보다 훨씬 많은 값을 치르다 Pay a much higher price than the appropriate level.
N0-가 Idm (N0=[인간])
¶그는 유원지에서 수영복을 샀는데, 바가지를 써 턱없이 비싸게 샀다. ¶유명한 관광지에서 물건을 사다 보면 바가지를 쓰기 쉽다.

쓰다IV

활용써, 쓰니, 쓰고, 썼다
타(일정한 곳에) 무덤을 만들어 모시다. Build grave.
N0-가 N2-에 N1-를 V (N0=[인간] N1=묘, 무덤 따위 N2=[장소])
¶가족들은 양지바른 산 중턱에 할아버지의 무덤을 쓰셨다. ¶조상들은 명당자리에 묘를 써야 한다고 생각했다.

쓰다듬다

활용쓰다듬어, 쓰다듬으니, 쓰다듬고
타❶(대상을) 손으로 어루만지며 살살 쓸다. Softly touch and rub the target.
유어루만지다
N0-가 N1-를 N2-로 V (N0=[인간] N1=[구체물] N2=[구체물](머리카락, 수염 따위))
¶어머니께서는 아들을 쓰다듬으며 약을 먹이셨다. ¶노인이 대로에서 긴 수염을 쓰다듬고 있었다.
❷(마음을) 부드럽게 달래다. Softly soothe one's mind.
유달래다, 위로하다
N0-가 N1-를 V (N0=[인간] N1=마음, 가슴 따위, [감정])
¶어머니께서는 딸의 상처받은 마음을 쓰다듬어 주셨다. ¶그녀의 슬픔을 쓰다듬어 주는 어머니밖에 없었다. ¶암에 걸린 환자의 맘을 잘 쓰다듬어 줘야 한다.

쓰러뜨리다

활용쓰러뜨리어(쓰러뜨려), 쓰러뜨리니, 쓰러뜨리고
타❶(사람이) 서 있는 사람이나 물체를 바닥에 눕거나 무너지게 하다. (of a person) Make another standing person or thing lie or fall down to the ground.
유넘어뜨리다, 넘어지게 하다
N0-가 N1-를 N2-에 V (N0=[인간] N1=[인간], [구체물] N2=[장소])
주쓰러지다
¶그는 창으로 적군을 바닥에 쓰러뜨렸다. ¶나무꾼이 아름드리나무를 몇 번의 도끼질로 쓰러뜨렸다.
❷(사람이) 다른 사람을 싸움이나 경기에서 지게 하다. (of a person) Defeat another person in a fight or a game.
유이기다, 꺼꾸러뜨리다, 꺾다
N0-가 N1-를 V (N0=[인간|단체] N1=[인간|단체])
주쓰러지다
¶대표팀은 완벽한 수비로 상대국들을 쓰러뜨렸다. ¶신생팀이 6연패 한 우승팀을 74 대 52로 쓰러뜨렸다.
❸(무엇이) 국가나 기업을 지속되지 못하고 망하게 하다. (of something) Obstruct and ruin a country or a company.
유패망시키다, 전복하다, 문닫게 하다, 폐업시키다
N0-가 N1-를 V (N0=[인간], [사건], [상황] N1=[국가],

[기업])
[주]쓰러지다
¶불공정 거래 관행이 튼튼하던 중소기업을 쓰러뜨렸다. ¶작게 보였던 실수 하나가 유명 기업 하나를 쓰러뜨리고 말았다.

쓰러지다
[활용]쓰러지어(쓰러져), 쓰러지니, 쓰러지고
[자](서 있는 사람이나 물체가) 바닥에 힘없이 눕거나 무너지다. (person or object) Drop down helplessly on the floor.
[유]넘어지다, 무너지다 [반]일어서다1
N0-가 N1-에 V (N0=[인간], [구체물] N1=[장소])
[사]쓰러뜨리다
¶나무가 지진으로 땅바닥에 쓰러졌다. ¶책장이 쓰러져서 사람이 다쳤다.
❷(사람이) 병을 얻어 앓아눕다. (person) Suffer from sickness.
N0-가 N1-로 V (N0=[인간] N1=[질병])
¶할아버지께서 노환으로 쓰러지셨다. ¶그가 쓰러진 지도 벌써 3년이 되었다. ¶그렇게 무리하다가는 갑자기 쓰러질지도 몰라.
❸(국가나 기업이) 지속되지 못하고 망하다. (country or company) Go under without being able to continue.
[유]몰락하다, 멸망하다, 쇠망하다, 망하다
N0-가 N1-에 V (N0=[국가], [기업] N1=[사건], [상태])
¶백성의 뜻을 거슬렀던 국가는 모두 쓰러졌다. ¶탄탄하던 기업이 한순간에 쓰러질 줄이야. ¶불경기에도 우리 회사는 쓰러지지 않았다.

쓰이다 I
[활용]쓰여, 쓰이니, 쓰이고 [준]씌다
[자](칠판, 벽, 책 따위에) 문자나 글 따위가 적히다. (of a character or writing) Be written on blackboard, wall, or book.
[유]적히다[자], 기록되다
N0-가 N1-에 V (N0=[문자], [명제](내용, 말 따위) N1=[텍스트], 칠판, 벽 따위)
[능]쓰다I
¶어제 강의에서 들은 내용이 바로 이 책에 쓰여 있다. ¶산이 무너질 것이라는 말이 그 예언서에 쓰여 있었다.
☞주로 '쓰여 있다' 형식으로 쓰인다.
❷(글이) 작성되어 내용이 이루어지다. Be consisted of contents by writing.
N0-가 N1-에 V (N0=[텍스트] N1=[텍스트])
[능]쓰다I
¶그의 편지에는 마지막 인사가 짤막하게 씌었다. ¶다양한 요리법이 이 책에 자세하게 씌어 있다. ¶할아버지의 유언장에 마지막 유지가 씌어 있을 것이다.

쓰이다 II
[활용]쓰여, 쓰이니, 쓰이고 [변이]씌다
[자]❶(무엇이) 특정한 일에 필요한 재료나 도구로 이용되다. (of some object) Be used as necessary material or tool for specific duty.
[유]이용되다
N0-가 N1-(로|에) V (N0=[구체물] N1=[구체물])
[능]쓰다II
¶이 나무는 약재에 쓰인다. ¶이 접시는 접대용으로 쓰인다.
❷(돈이나 에너지 따위가) 어떤 일을 하기 위한 용도로 사용되다. (of money or energy) Be used for a purpose to do some duty.
N0-가 N1-에 V (N0=[화폐], [힘], [구체물] N1=[행위], [일], [행사])
[능]쓰다II
¶모든 수익금은 청소년 가장 돕기에 쓰입니다. ¶국민이 낸 세금은 문화, 복지 등 다양한 분야에 쓰이고 있다. ¶가정에서 생산된 모든 전력은 개별 난방에 쓰이게 됩니다.
❸(특정 언어나 문자가) 특정 장소나 지역에서 말해지거나 사용되다. (of a specific type of language or character) Be used.
N0-가 N1-에서 V (N0=[언어] N1=[인간|단체], [지역], [국가])
[능]쓰다II
¶영어는 전세계에서 가장 많이 쓰이는 언어이다. ¶중국에서는 간체자가 쓰이고 일본에서는 약자가 쓰인다.
❹(어떤 일에) 관심이나 신경 따위가 크게 쏠리거나 기울여지다. (of an interest or care) Be inclined in some duty.
N1-(에|에게) N0-가 V (N0=신경, 마음 따위 N1=[인간], [이야기], [행위], [사건], [속성], [구체물])
[능]쓰다II
¶무의식적으로 그녀에게 마음이 쓰인다. ¶나는 어제부터 그 일에 자꾸 신경이 쓰인다. ¶나는 그 사람의 충고에 신경이 쓰였다.

쓰이다 III
[활용]쓰여, 쓰이니, 쓰이고 [변이]씌다
[자]❶(모자 따위를) 머리에 얹어 덮이다. (of a hat) Be put on over the head.
[유]착용되다 [반]벗어지다
N0-가 N1-에 V (N0=모자, 가발 따위 N1=머리)
[주]쓰다III
¶옆집 아저씨의 가발이 낡아 잘 안 쓰인다. ¶나는 머리에 헬멧이 쓰이지 않는다.
❷(무엇이) 앞을 못 보도록 덮이다. (of something)

Be covered over eyes and not be able to see front.
[유]덮이다, 가려지다
N0-가 N1-에 V (N0=[구체물] N1=[신체부위])
[주]쓰다III
¶고양이 눈에 무엇이 씌었나 비틀거리네. ¶눈에 헝겊이 씌니 앞이 안 보이나 봐.
❸(귀신에) 홀리어 정신을 빼앗기다. (of a person) Lose mind due to ghost possession.
[유]홀리다,
N0-가 N1-에 V (N0=[인간] N1=귀신 따위)
¶그 남자는 물귀신에 씌었는지 강으로 들어갔다. ¶기억이 안 나는 걸 보니 악령에 씐 것 같다.
◆ **콩깍지가 씌다** 사태나 사물의 진상을 제대로 파악하지 못하다. Be unable to understand a situation or the true state of something.
N0-에 Idm (N0=눈)
¶눈에 콩깍지가 씌여 아내와 결혼한 것이 아니라 아내의 고운 마음씨 때문이었다. ¶나는 눈에 콩깍지가 씌어 아내의 결점이 보이지 않았다.
※주로 준말 '씌다'로 많이 쓰인다.

[ㅅ]

쓰이다IV
[활용]쓰여, 쓰이니, 쓰이고 [변이]씌다
[타]다른 사람에게 글씨를 연필, 붓 따위로 획을 그어 글을 적게 하다. Make someone consist of character's form by drawing a stroke with a pencil or brush.
[유]쓰게 하다
N0-가 N1-를 N2-에게 N3-로 V (N0=[인간] N1=[문자] N2=[인간] N3=[도구])
[주]쓰다I
¶서예 선생님은 아이들에게 붓으로 한글을 씌었다. ¶선생님은 우리에게 펜으로 펜글씨를 씌었다.
❷다른 사람에게 글을 작성시켜 내용이 이루어지게 하다. Form a content by making someone to write a text.
[유]쓰게 하다
N0-가 N1-를 N2-에게 V (N0=[인간] N1=[텍스트] N2=[인간])
[주]쓰다I
¶선생님은 아이들에게 위문 편지를 씌었다. ¶수간호사는 간호사들에게 간병 일지를 씌었다. ¶부모님은 용돈을 주는 대신 나에게 가계부를 씌었다.

쓸다 I
[활용]쓸어, 쓰니, 쓸고, 쓰는
[타]❶어떤 장소에서 쓰레기나 먼지 따위를 비로 한데 모아 치우다. Clean up by gathering garbage with a broom.
[유]치우다
N0-가 N2-에서 N1-를 V ↔ N0-가 N2-를 V (N0=[인간] N1=[구체물](낙엽, 먼지 따위) N2=[장소])
[피]쓸리다I
¶미화원은 갓길에서 쓰레기를 쓸었다. ↔ 미화원은 갓길을 쓸었다. ¶나와 동생은 플라스틱 비로 마당을 쓸었다. ¶언니는 작은 비로 마루를 쓸고 걸레로 닦았다.
N0-가 N2-로 N1-를 V ↔ N0-가 N2-를 V (N0=[인간] N1=[구체물](낙엽, 먼지 따위) N2=도구[비, 빗자루 따위])
¶나와 동생은 플라스틱 비로 낙엽을 쓸었다. ↔ 나와 동생은 플라스틱 비를 쓸었다. ¶언니는 작은 비로 마루를 쓸었다.
❷신체 부위를 손 따위로 한 방향으로 가볍게 문지르다. Lightly rub body part in one direction with hand.
[유]문지르다, 쓰다듬다
N0-가 N2-로 N1-를 V (N0=[인간] N1=[신체부위](배 따위) N2=[신체부위](손 따위))
¶우리는 음식을 잔뜩 먹고 배를 쓸었다. ¶어머니께서는 아이의 머리를 쓸어 주셨다.
❸ 물건을 모조리 독차지하다. Completely monopolize object.
[유]휩쓸다, 독차지하다
N0-가 N1-를 V (N0=[인간] N1=[금전], [포상])
¶그는 나가는 대회마다 일등상을 쓸었다. ¶노름꾼이 그 자리의 판돈을 전부 쓸었다. ¶도둑이 서랍에 있던 패물을 몽땅 쓸어서 도망쳤다.
❹땅이나 바닥을 옷으로 닿게 하여 질질 끌리게 하다. Make a floor rub off with clothes by dragging.
[유]끌리게 하다
N0-가 N2-로 N1-를 V (N0=[인간] N1=[장소] N2=[옷], [의복])
[피]쓸리다I
¶아이가 배밀이를 하면서 옷으로 온 집안을 쓸었다. ¶그녀의 치맛자락이 땅에 끌려 마당을 다 쓸었다.
❺(어떤 세력이) 일정한 범위를 널리 퍼지거나 두루 미치다. (of some influence) Spread out or widely reach certain range.
[유]휩쓸다
N0-가 N1-를 V (N0=[사건](재해, 갈등 따위), [말](소문 따위) N1=[장소])
¶태풍이 한반도 전역을 쓸었다. ¶기온 상승으로 말라리아가 아프리카를 쓸었다.
❻어떤 세력을 죄다 없애다. Entirely destroy some force.
[유]소탕하다

N0-가 N1-를 V (N0=[인간] N1=[단체], [범죄])
¶경찰들은 단속을 나가 불법 유통업자들을 쓸었다. ¶필리핀은 테러와의 전쟁을 선포하고 테러 단체를 쓸어 없앴다. ¶이참에 사회의 부정부패를 모두 쓸어버리자.

쓸다Ⅱ
[활용]쓸어, 쓰니, 쓸고, 쓰는
[타](쇠붙이를) 도구로 문질러서 닳게 하다. (of a person) Make iron worn out by rubbing with a tool.
[유]마모시키다
N0-가 N2-로 N1-를 V (N0=[인간] N1=[구체물] N2=[도구](줄, 톱 따위))
¶소방관들이 줄로 동물이 묶여 있는 쇠사슬을 쓸었다. ¶수인들은 감방을 탈출하려 철창살을 쓸어 보았다.

쓸리다Ⅰ
[활용]쓸리어(쓸려), 쓸리니, 쓸리고
[자]❶(사물이) 비나 물, 바람 따위에 한데 밀려나 움직이거나 이동하다. (of an object) Be moved or pushed by rain, water or wind.
[하]휩쓸리다
N0-가 N1-에 V (N0=[구체물] N1=[재해], [기상])
[능]쓸다I
¶뒷산에 있던 나무와 토사가 태풍에 전부 쓸렸다. ¶장마철 비에 운동장 흙이 모두 쓸려 구덩이가 생겼다. ¶해변에 벗어 둔 신발이 파도에 쓸려 없어졌다.
❷(쓰레기나 오물이) 비, 물 등에 의해 치워져 깨끗해지다. (of a garbage or trash) Be cleaned up as rain push.
[유]치워지다
N0-가 N1-에 V (N0=[장소](바닥 따위) N1=[도구](비 따위))
[능]쓸다I
¶아버지의 비질에 마룻바닥이 깨끗하게 쓸렸다. ¶흙이 쌓인 마당과 길목이 단정하게 쓸렸다.
N0-가 N1-에 V (N0=[구체물](낙엽, 먼지 따위) N1=[도구](비 따위))
[능]쓸다I
¶마당의 눈이 전부 깨끗이 쓸렸다. ¶길가의 낙엽이 모두 빗자루에 쓸렸다.
❸(옷이) 바닥에 질질 끌려 문질러지다. Be rubbed off by dragging with clothes.
[유]끌리다
N0-가 N1-에 V (N0=[옷] N1=[장소](바닥 따위))
[능]쓸다I
¶기다란 한복 자락이 바닥에 쓸렸다. ¶늘어진 옷자락이 바닥에 쓸려 자칫하면 넘어질 것 같다.

쓸리다Ⅱ
[활용]쓸리어(쓸려), 쓸리니, 쓸리고
[자]균형을 잃고 한쪽 방향으로 기울다. Lose balance and tilt towards one side.
[유]기울다I
N0-가 N1-로 V (N0=[구체물] N1=[방향])
¶액자가 한쪽이 조금 높게 걸려서 반대편으로 쓸렸다. ¶파도가 거세게 치자 선체가 좌우로 기우뚱 쓸렸다.

쓸리다Ⅲ
[활용]쓸리어(쓸려), 쓸리니, 쓸리고
[자](빳빳한 옷이나 딱딱한 표면 따위에) 살갗이 문질려 벗겨져 상처가 나다. Be peeled off by rubbing with stiff clothes or hard surface.
[유]마찰되다
N0-가 N1-에 V (N0=[신체부위] N1=[옷], [구체물](표면 따위))
¶나는 넘어지면서 시멘트 바닥에 무릎이 쓸렸다. ¶그는 등산을 하다가 미끄러져 정강이가 바위에 쓸렸다.

쓸리다Ⅳ
[활용]쓸리어(쓸려), 쓸리니, 쓸리고
[자](쇠붙이가) 줄, 톱 따위에 문질리어 닳다. (of an iron) Worn out by rubbing with rope or saw.
[유]마모되다
N0-가 N1-에 V (N0=[금속재] N1=[도구])
[능]쓸다II
¶마법사가 든 줄톱에 그가 묶인 쇠사슬이 쓸렸다. ¶부엌에서 가져온 칼날이 아저씨가 든 줄에 쓸렸다. ¶강한 철근이라도 철물점에서 파는 줄톱에는 잘 쓸린다.

쓸리다Ⅴ
[활용]쓸리어(쓸려), 쓸리니, 쓸리고
[타]다른 사람에게 어떤 장소나 그 곳의 쓰레기를 비 등으로 한데 몰아 치우게 시키다. (of someone) Make someone else clean up some place or that area's garbage with a broom.
[유]치우게 하다
N0-가 N2-에게 N1-를 V (N0=[인간] N1=[구체물](낙엽, 먼지 따위) N2=[인간])
[주]쓸다I
¶삼촌은 조카들에게 비를 쥐어 주고 마당을 쓸렸다. ¶마님은 머슴에게 매일 집 구석구석을 쓸리곤 했다.

씌다
[활용]씌어, 씌니, 씌고 [본]쓰이다
[자]☞쓰이다I, 쓰이다II, 쓰이다III

씌우다

ㅅ

활용 씌워, 씌우니, 씌우고

타❶(비를 맞거나 햇빛에 타지 않도록) 다른 사람에게 우산, 양산 따위를 머리 위에 펴 주다. (of a person) Open an umbrella or parasol over someone's head.

N0-가 N1-를 N2-(에|에게) V (N0=[인간] N1=[도구](우산, 양산) N2=[인간])

주 쓰다III

¶그는 비를 맞지 않도록 아이들에게 큰 우산을 씌웠다. ¶해가 너무 강해 부모님께 양산을 씌워 드렸다.

❷다른 사람에게 모자 따위를 머리에 얹어 착용시키다. Put on or place a hat on someone's head.

N0-가 N1-를 N2-(에|에게) V (N0=[인간] N1=[착용물] N2=[인간], [신체부위])

주 쓰다III

¶나는 딸에게 털실로 짠 모자를 씌웠다. ¶주최자는 참가자들의 얼굴에 가면을 씌웠다. ¶연출가는 사극 출연자들의 머리에 갓을 씌웠다.

❸(다른 사람이나 물체의 표면에) 가루나 액체 따위를 덮게 하다. Cover up with powder or liquid over someone or object's surface.

N0-가 N1-를 N2-(에|에게) V (N0=[인간] N1=[구체물] N2=[인간], [신체부위], [구체물])

주 쓰다III

¶그는 치과에 가서 상한 이에 금을 씌웠다. ¶졸업식 날에 후배들은 선배 머리에 밀가루를 씌웠다.

❹(다른 사람이나 신체 부위에) 굴레, 칼(나무형구) 따위를 걸게 하다. Hang instruments of torture, bridle or knife over someone else's body parts.

N0-가 N1-를 N2-(에|에게) V (N0=[인간|단체] N1=[도구](형구, 굴레, 칼 따위) N2=[인간|단체])

주 쓰다III

¶그는 부패한 관리의 목에 형구를 씌웠다. ¶그들은 청년들을 결박하고 목에 커다란 칼을 씌웠다.

❺(다른 사람에게) 누명, 혐의 따위를 입게 하다. Accuse someone with a false charge or suspicion.

N0-가 N1-를 N2-에게 V (N0=[인간] N1=[상태](누명, 오명, 혐의 따위) N2=[인간])

주 쓰다III

¶그들은 열심히 일한 사람에게 오히려 누명을 씌웠다. ¶경찰은 무고한 사람에게 마약 운반책이라는 혐의를 씌웠다.

❻동물에게 굴레 따위를 매게 하다. Tie a bridle over an animal.

N0-가 N1-를 N2-에게 V (N0=[인간] N1=[도구](굴레, 멍에 따위) N2=[짐승])

주 쓰다III

¶농부가 누런 소에게 멍에를 씌웠다. ¶마부는 훈련을 시키기 위해 망아지에게 굴레를 씌웠다.

❼다른 사람에게 부담을 지게 하다. Make someone take a burden or burden someone.

N0-가 N1-를 N2-(에|에게|를) V (N0=[인간|단체] N1=[도구](굴레, 멍에 따위) N2=[인간|단체])

¶그는 강도짓을 하여 부모에게 죄인의 부모라는 멍에를 씌웠다. ¶나 하나 좋자고 다른 사람들에게 굴레를 씌울 것인가?

◆ **감투를 씌우다** 벼슬자리나 높은 지위에 오르게 하다. Appoint someone to a government post or high position.

N0-가 N1-(에게|를) Idm (N0=[인간] N1=[인간])

¶친구들은 나에게 총무라는 감투를 씌웠다. ¶회사에서는 그를 새 팀장이라며 감투를 씌웠다.

◆ **바가지를 씌우다** 어떤 사람에게 적정한 비용보다 훨씬 많은 값을 치르게 하다. Make someone pay a lot more than the appropriate price.

N0-가 N1-(에게|를) Idm (N0=[인간] N1=[인간])

¶술집에서 친구들은 나를 바가지를 씌웠다. ¶옷가게 주인은 옷이 싸다면서 외국인에게 바가지를 씌운다.

씨름하다

활용 씨름하여(씨름해), 씨름하니, 씨름하고 대응 씨름을 하다

자❶ 【운동】 사람이 다른 사람과 샅바를 잡고 힘과 재주를 부리어 먼저 넘어뜨리는 운동이나 시합을 하다. (of a person with someone, or two people) Play traditional Korean sports wherein the players contend for victory by holding a thigh band and making the opponent fall with one's power and skill.

N0-가 N1-와 V ↔ N1-가 N0-와 V ↔ N0-와 N1-가 V (N0=[인간] N1=[인간])

¶나는 동생과 씨름하며 놀았다. ¶참가자들은 편을 갈라 씨름했다. ¶3학년 학생들은 씨름하고, 1학년, 2학년 학생들은 응원했다.

❷힘든 일이나 문제 따위와 맞붙어 해결하거나 극복하려고 애쓰다. (of a person) Face a difficult task, problem, etc., and work hard to solve or overcome such.

N0-가 N1-와 V (N0=[인간|단체] N1=[인간|단체], [기계], [활동], [추상물](문제, 무더위 따위))

¶그는 밤새워 기계와 씨름했다. ¶그는 몇 주째 그 문제와 씨름하고 있다. ¶우리는 하루 종일 무더위와 씨름했다.

씹다 I

활용 씹어, 씹으니, 씹고

[타]❶(사람이나 동물이) 음식을 입에 넣고 이로 깨물어 잘게 자르거나 부드럽게 갈다. (of a person or animal) Put food in the mouth and chew with teeth to finely cut or softly grind.
No-가 N1-를 V (No=[인간] N1=[음식물])
[피]씹히다I [사]씹히다II
¶농부는 큰 쌈 하나를 입에 넣고 씹었다. ¶학생들은 수업 시간에도 껌을 씹었다. ¶소가 여물을 씹고 또 씹었다.
❷말이나 생각을 자꾸 돌이켜 곰곰이 생각하다. Carefully think about words or thoughts by looking back.
[유]되씹다
No-가 N1-를 V (No=[인간] N1=[말], [감정])
¶그는 말없이 고독을 씹었다. ¶선생님이 하신 말을 오래 씹은 뒤에야 의도를 이해할 수 있었다. ¶나는 그의 충고를 자꾸 씹어 보았다.
[자타]다른 사람을 헐뜯고 비난하여 말하다. Speak ill of someone by criticizing.
[유]비난하다[자타], 헐뜯다[자타]
No-가 N1-(를|에 대해) V (No=[인간] N1=[모두])
[피]씹히다I
¶부하들은 술자리에서 상사를 씹었다. ¶회사원들은 하나둘 저질 정치인들을 씹었다.
No-가 S것-(을|에 대해) V (No=[인간])
[피]씹히다I
¶시민들은 장관들이 위장 전입한 것을 씹었다. ¶선수들은 감독이 훈련시키는 방식을 씹었다.
No-가 S고 V (No=[인간] N1=[인간])
[피]씹히다I
¶김 선수는 상태편 선수가 변절자라고 씹었다. ¶실장은 여론을 들을 가치도 없다고 씹었다. ¶그는 친구들을 엉뚱한 자랑이나 한다고 씹었다.

씹다II
[활용]씹어, 씹으니, 씹고
[타](다른 사람을) 들은 말의 대답을 하지 않고 무시하다. (of a person) Ignore someone's words by not answering back.
No-가 N1-를 V (No=[인간] N1=[말])
[피]씹히다III
¶나는 기분이 상해 그의 말을 모조리 씹었다. ¶그는 남을 무시하고 인사조차 씹었다.

씹히다I
[활용]씹히어(씹혀), 씹히니, 씹히고
[자]❶(음식이나 물체가) 입에서 깨물리다. (of a food or object) Bite in mouth.
No-가 V (No=[음식물], [구체물](돌, 모래 따위))
[능]씹다I[타]
¶국에서 건더기가 조금 씹힌다. ¶빵 밑바닥에 딸린 쿠키 덩어리가 씹혔다.
❷(다른 사람에게) 헐뜯음과 비난을 당하다. Be slandered or criticized by someone.
[유]비난받다
No-가 N1-에게 V (No=[인간] N1=[인간])
[능]씹다I[타]
¶그는 태도가 불량하다고 하여 동료들에게 자주 씹혔다. ¶한 청년은 평소 행실이 바르지 않아 가족들에게도 씹힌다고 했다.

씹히다II
[활용]씹히어(씹혀), 씹히니, 씹히고
[타](다른 사람에게) 음식을 입에 넣고 이로 깨물어 잘게 자르거나 부드럽게 갈게 하다. (of a person) Make someone put food in the mouth and chew with teeth to finely cut or softly grind.
[유]씹게 하다
No-가 N1-를 N2-에게 V (No=[인간] N1=[음식물] N2=[인간])
[주]씹다I[타]
¶엄마는 이유식을 처음 먹는 아이에게 죽을 꼭꼭 씹혔다. ¶나는 아직 이가 덜 난 동생에게 주먹밥을 씹혔다. ¶그는 입이 심심하다는 친구에게 껌을 씹혔다.

씹히다III
[활용]씹히어(씹혀), 씹히니, 씹히고
[자](다른 사람에게) 자신이 한 말의 대답을 받지 못하고 무시당하다. Be ignored by not getting an answer back by someone.
No-가 N1-에게 V (No=[말] N1=[인간])
[능]씹다I[타]
¶부장이 보낸 문자메시지가 상사에게 씹혔다. ¶본부에게 제출한 건의서가 씹히는지 답장이 전혀 없다.

씻기다I
[활용]씻기어(씻겨), 씻기니, 씻기고
[자]❶(신체 부위나 물체 표면의) 어떤 물질이 닦여서 그 일부 혹은 전부가 사라지거나 흐려지다. Disappear or fade out entirely or partly by wiping some object from a surface or body part.
[유]지워지다, 깨끗해지다
No-가 N1-에 V (No=[구체물], [신체부위], 때, 먼지, 기름, 땀, 화장품, 글씨 따위 N1=[자연현상](비, 파도, 눈, 바람 따위))
[능]씻다
¶비를 맞았더니 자동차가 저절로 씻겼다. ¶먼지가 바람에 많이 씻겼지만 여전히 답답하다. ¶해변의 모래들이 파도에 씻겨 사라져 갔다.
❷(누명, 죄, 오해 따위가 풀려) 없었던 것으로

[ㅅ]

인정받다. (of a false accusation, crime, and misunderstanding) Be acknowledged to be false by solving.
㊌벗겨지다, 풀리다
N0-가 V (N0=누명, 의혹, 오해 따위)
능씻다
¶이번 경찰의 발표로 의혹이 씻겼지만 그러나 문제는 여전히 남아 있다. ¶억울한 누명이 씻기기 전에는 이 일을 그만 둘 수 없다.
❸(좋지 않던 상태가) 사라져 없어지다. (of a bad condition) Be removed.
㊌가시다, 없어지다
N0-가 V (N0=피로, 피곤, 걱정 따위)
능씻다
연어싹
¶찬물로 세수를 했더니 졸음이 싹 씻겼다. ¶한잠 푹 자고 났더니 피곤이 다 씻겼다.

씻기다II

활용씻기어(씻겨), 씻기니, 씻기고
타(사람이나 더러운 몸을) 닦아 주어 깨끗하게 하다. Make it clean by washing dirty substance from someone or someone's body.
㊌씻어주다, 깨끗하게 하다
N0-가 N1-를 N2-로 V (N0=[인간] N1=[구체물], [신체부위](몸, 얼굴, 팔, 손, 발 따위) N2=물, 휴지 따위)
주씻다타
¶나는 동생의 손발을 따뜻한 물로 조심스럽게 씻겼다. ¶동생이 강아지를 깨끗이 씻기고 있다. ¶아버지께서 아들 얼굴을 씻기는 모습은 참 보기에 좋다.

씻다

활용씻어, 씻으니, 씻고
타❶(물 등을 사용하여) 신체나 물체 따위의 더러운 물질을 없애서 깨끗이 만들다. Make it clean by removing body or object's dirty substances with the use of water or etc.
㊌닦다
N0-가 N1-를 N2-(에|로) V (N0=[인간] N1=[구체물], [신체부위](몸, 얼굴, 손, 발 따위), 때, 먼지, 기름, 땀 따위 N2=물, 비누, 세제, 수세미 따위)
피씻기다I 사씻기다II
¶어머니께서는 그릇의 묵은 때를 세제로 깨끗이 씻으셨다. ¶그는 팔을 수세미로 박박 씻었다. ¶그는 몸을 비누로 깨끗이 씻었다.
❷(표면의 물기를 없애기 위해) 손이나 천 등으로 닦아 내다. Mop up to get rid of surface dampness by using hand or cloth.
㊌닦다
N0-가 N1-를 N2-로 V (N0=[인간] N1=[물기](눈물, 땀, 콧물, 오물, 때 따위) N2=[구체물](수건, 손 따위))
피씻기다I 사씻기다II
¶그는 얼굴에 흐르는 땀을 손으로 씻었다. ¶영옥이는 흐르는 눈물을 씻고 방으로 들어갔다.
❸(누명, 죄, 오해 따위를) 해소하여 없었던 것으로 인정하게 하다. Acknowledge being false by solving false accusation, crime, and misunderstanding.
㊌벗다, 풀다
N0-가 N1-를 V (N0=[인간] N1=과오, 실수, 누명, 의혹, 의심, 오해 따위)
피씻기다I
¶이번 판결로 그의 오랜 누명을 씻을 수 있었다. ¶이번 조치는 사람들의 그에 대한 의심을 씻어 주었다.
❹(좋지 않은 상태를) 말끔히 없애거나 회복시켜 원래의 상태로 돌아가다. Return to original condition by completely removing or recovering from bad condition.
㊌극복하다, 물리치다
N0-가 N1-를 V (N0=[인간] N1=부진, 부상, 걱정, 피로 따위)
피씻기다I
¶그는 최근의 부진을 씻고 예전의 기량을 찾아가고 있었다. ¶피로를 씻기 위해서 충분한 휴식이 필요하다. ¶직원들은 연말 성과로 사장의 우려를 씻어 줄 것이다.
◆ **손을 씻다** 부정적인 일을 하던 것을 모두 청산하다. Wash one's hands of all negative or illegal works or acts.
㊌손을 털다, 발을 빼다 ㊥손대다
N0-가 N1-에서 Idm (N0=[인간] N1=[단체], [범죄])
¶도박에 빠져 있던 친구는 이제 손을 씻고 새롭게 출발하게 되었다. ¶그는 속세를 떠나면서 범죄 조직에서 손을 씻을 수 있었다.
◆ **씻은 듯이** 아주 깨끗하게 Completely.
V Idm
¶오랫동안 괴롭혔던 신경통이 씻은 듯이 나았다. ¶아들을 만나자 고민과 걱정이 씻은 듯이 사라졌다. ¶푹 쉬었더니 만성 피로가 씻은 듯이 풀렸다.

아끼다

활용 아끼어(아껴), 아끼니, 아끼고

타 ❶(돈, 시간 등을) 귀하게 여겨 절약하다. Cherish and save money, time, etc.

㊀ 절약하다

N0-가 N1-를 V (N0=[인간|단체] N1=[구체물], [금전], [시간])

¶그는 생활비를 아껴 저축을 많이 하였다. ¶수도 이용료가 많이 올라서 물을 좀 더 아껴 쓰기로 했다.

❷(사람이나 물건을) 소중히 여겨 보살피고 사랑하다. Cherish, care for and love people, article, etc.

N0-가 N1-를 V (N0=[인간|단체] N1=[구체물], [추상물])

¶철수는 평생 동안 아내를 아끼며 사랑했다. ¶영호는 자기가 가지고 있는 물건 중에서 책을 가장 아꼈다.

❸(대상을) 사용하지 않고 그대로 넘어가다. Leave an object without using it.

N0-가 N1-를 V (N0=[인간|단체] N1=[구체물], [추상물])

¶할 말은 많지만 여기서는 말씀을 아끼겠습니다. ¶매를 아끼면 아이를 망친다는 옛말이 있었다.

❹일이나 행위를 기꺼이 넘치게 하다.(주로 부정문) Overdo something willingly. (mostly used in negative statements)

N0-가 N1-를 V (N0=[인간|단체] N1=노고, 칭찬, 노력)

¶박 교수는 제자들에게 칭찬을 아끼지 않으신다. ¶교사들은 학교 재건에 노력을 아끼지 않았다.

아니하다

활용 아니하여(아니해), 아니하니, 아니하고 【문어】

보조 (동사나 형용사 뒤에서 ~지 아니하다의 꼴로 주로 문어체에서 쓰여) 부정의 의미를 나타내는 보조동사. Auxiliary verb with negative meaning in the form of "~지 아니하다" used after a verb or an adjective.

㊅ 않다

V-지 Vaux

¶아들이 언제부터인가 또래들과 어울리지 아니한다. ¶어제는 늦잠을 자서 학교에 가지 아니했다. ¶그가 단식을 선언하고 밥을 먹지 아니하자 부모님이 걱정하기 시작하였다.

아랑곳하다

활용 아랑곳하여(아랑곳해), 아랑곳하니, 아랑곳하고(주로 '아랑곳하지 않-'형식으로 쓰인다.)

자타 (어떤 일에) 관심을 가지고 신경을 쓰거나 참견하다. Be concerned about or to mind a work.

N0-가 N1-(를|에 대해) V (N0=[인간|단체] N1=[상태])

¶영호는 자신의 거취에 대한 소문에 대해 아랑곳하지 않았다. ¶병규는 남의 시선을 아랑곳하지 않고 자신의 방식을 고수했다. ¶그녀는 부모님의 잔소리에도 아랑곳하지 않고 놀러 나갔다.

아뢰다

활용 아뢰어, 아뢰니, 아뢰고

자타 (어떤 사실이나 일 따위를) 윗사람에게 말씀드려 알리다. Tell and notify one's superior of a certain fact or situation.

㊀ 고하다, 여쭙다 타

N0-가 N2-에게 N1-(를|에 대해) V (N0=[인간] N1=[일], [사건], [절차] N2=[인간](부모님, 임금, 조상님 따위))

ㅇ

¶나는 나갈 때마다 부모님께 행선지를 아뢴다. ¶아버지는 조상님께 그간의 일을 낱낱이 아뢰었다. ¶제가 어떻게 사또께 거짓을 아뢰겠습니까?
No-가 S것-을 N1-(에|에게) V (No=[인간] N1=[인간], [종교건물], [기관])
¶장군은 이번 전쟁에서 승리한 것을 왕께 아뢰었다. ¶나는 덕만과 함께 공부할 것을 스승께 아뢰었다.
No-가 S고 N1-(에|에게) V (No=[인간] N1=[인간], [종교건물], [기관])
¶신하들이 은나라를 쳐야 한다고 왕께 아뢰었다. ¶아들은 손님이 오셨다고 부모님께 아뢰고 나갔다.

아물다

활용 아물어, 아무니, 아물고, 아무는
자 ❶(종기나 상처 따위가) 나아 살이 맞붙다. (of an abscess or wound) Heal by skin regeneration.
㊌낫다
No-가 V (No=[신체부위], [상처])
사 아물리다
¶수술 부위가 좀처럼 아물지 않았다. ¶상처가 덧나지 않고 잘 아물고 있어요.
❷(마음의 상처 따위가) 기억에서 희미해지거나 없어지다. (of a wounded heart) Disappear or fade from one's memory.
㊌낫다, 치유되다
No-가 V (No=[상처])
사 아물리다
¶이별의 상처가 이제 거의 아물었다. ¶사랑으로 인한 상처가 아물어 가고 있다.

아부하다

어원 阿附~ 활용 아부하여(아부해), 아부하니, 아부하고 대응 아부를 하다
자 (다른 사람이나 단체에) 비위를 맞추며 마음에 들려고 꾸며서 말하거나 행동하다. Falsely speak to or behave toward another person or organization in order to gain favor.
㊌아첨하다
No-가 N1-(에|에게) V (No=[인간|단체] N1=[인간|단체])
¶그는 양심을 버리고 권력에 아부했다. ¶승진하기 위해서 상사에게 아부하는 것은 올바른 태도가 아니다.
No-가 N1-(에|에게) S고 V (No=[인간|단체] N1=[인간|단체])
¶나는 여자친구에게 세상에서 제일 예쁘다고 아부했다. ¶그는 부장에게 실력이 최고라고 아부했다.

아쉬워하다

활용 아쉬워하여(아쉬워해), 아쉬워하니, 아쉬워하고
타 (꼭 필요한 사람이나 물건이 없거나 모자람을) 안타깝게 여기다. Feel disappointed or sorry that one cannot do something as one likes.
㊌안타까워하다
No-가 N1-를 V (No=[인간] N1=돈, 사랑 따위)
¶그는 돈을 아쉬워하는 사람이 아니었었다. ¶아이는 아빠로부터의 따뜻한 사랑을 늘 아쉬워하였다.
No-가 S것-을 V (No=[인간])
¶그는 돈이 없는 것을 아쉬워하는 사람이 아니었었다. ¶아들은 아빠로부터 사랑을 받는 것을 늘 아쉬워하였다.
자타 (어떤 일을) 원하는 대로 하지 못해 서운해하거나 안타깝게 여기다. (of a person) Feel disappointed or sorry that one cannot do something as one likes.
㊌안타까워하다
No-가 N1-(를|에 대해) V (No=[인간] N1=[상태])
¶우리는 그의 탈락을 아쉬워하였다. ¶나는 그와의 이별을 아쉬워하며 공항으로 돌아갔다.
No-가 S것-(를|에 대해) V (No=[인간])
¶나는 그와 헤어지는 것을 아쉬워하며 공항으로 돌아갔다. ¶이번 경기에 진 것에 대해 너무 아쉬워하지 마라.

아우르다

활용 아울러, 아우르니, 아우르고, 아울렀다
타 여러 사람이나 사물을 모아서 한 덩어리나 모임이 되게 하다. Gather more than two things to become one mass or meeting.
㊌어우르다
No-가 N1-를 V (No=[모두] N1=[모두])
¶우리의 이념은 모든 사람의 경험을 아우른다. ¶요즘 각광받는 통섭이란 인문학과 과학을 아우르는 학문적 태도를 말한다.

아첨하다

어원 阿諂~ 활용 아첨하여(아첨해), 아첨하니, 아첨하고 대응 아첨을 하다
자 (다른 사람이나 단체에) 이익을 얻어 내기 위해 환심을 사거나 잘 보이려고 거짓으로 꾸며 말하거나 행동하다. Falsely speak to or behave toward another person or organization in order to gain favor and obtain profit.
㊌아부하다
No-가 N1-(에|에게) V (No=[인간|단체] N1=[인간|단체])
¶그는 권력에 아첨해서 큰 부자가 되었다. ¶상사에게 아첨해야 하는 것이 나는 너무 싫다.
No-가 N1-(에|에게) S고 V (No=[인간|단체] N1=[인간|단체])
¶중역들은 이번 사업의 성공이 모두 사장의 지도

력 덕분이라고 아첨했다. ¶박 일병은 임 병장에게 그가 최고 명사수라고 아첨했다.

아파하다

활용 아파하여(아파해), 아파하니, 아파하고

자 아픔을 느껴 그러한 기색을 보이다. Feel pain and wear such look.

㊐고통스러워하다

No-가 V (No=[인간], [동물])

¶현수가 병이 나서 몹시 아파하고 있다. ¶응급실은 갖가지 이유로 아파하는 사람들로 가득했다. ¶충신들은 나라가 기울어 가는 것을 가슴 아파했다.

악담하다

어원 惡談~ 활용 악담하여(악담해), 악담하니, 악담하고 대응 악담을 하다

자 (다른 사람에게) 저주하거나 비방하는 말을 하다. Throw curse or criticism at someone.

㊐비방하다

No-가 N1-(에|에게) V (No=[인간] N1=[인간], [사건], [상황], [일])

¶그는 종종 내게 악담하는 것을 나는 알고 있다. ¶그는 사람들에게 악담하지 말라며 조언했다.

No-가 N1-(에|에게) S고 V (No=[인간] N1=[인간], [사건], [상황], [일])

¶그들은 우리가 회사를 망하게 했다고 악담하였다. ¶민수는 철호에게 시험에 낙방하라고 악담했다.

악물다

활용 악물어, 악무니, 악물고, 악무는

타 (결심을 굳게 하거나 슬픔이나 분노, 고통 따위를 참기 위하여) 윗니와 아랫니를 마주 세게 부딪거나 물다. Press one's upper and lower teeth tightly together in order to show firm determination or suppress sorrow, anger, pain, etc.

㊐다물다

No-가 N1-를 V (No=[인간] N1=[신체부위](이, 입, 입술 따위))

연어 이를

¶명호는 하루빨리 재활하기 위해 이를 악물었다. ¶이를 악물고 뛰었지만 기록을 깨지는 못했다.

악수하다

어원 握手~ 활용 악수하여(악수해), 악수하니, 악수하고 대응 악수를 하다

자 (다른 사람과) 인사의 의미로 한 손을 맞잡다. Shake another person's hand to exchange greetings.

No-가 N1-와 V ↔ N1-가 No-와 V ↔ No-와 N1-가 V (No=[인간] N1=[인간])

¶민석이는 진호와 악수했다. ↔ 진호는 민석이와 악수했다. ↔ 민석이와 진호는 악수했다. ¶오랜만에 만난 친구와 악수하며 안부를 물었다. ¶그들은 계약서에 서명하고 악수했다.

악화되다

어원 惡化~ 활용 악화되어(악화돼), 악화되니, 악화되고

자 ❶(여론이나 현상, 관계 따위가) 더 나쁜 상태로 바뀌다. (of public opinion, phenomenon, relationship, etc.) Worsen.

㊐나빠지다

No-가 V (No=[여론], [현상], [상태])

사 악화시키다

¶정부의 지나친 개입으로 경제가 더욱 악화되었다. ¶정수 시설의 미비로 강의 수질이 상당히 악화된 것이 사실이다. ¶그 일로 인해서 둘 사이의 관계가 악화되고 말았다.

❷병의 증세가 더 나빠지다. (of symptoms of illness) Worsen, deteriorate.

㊐나빠지다

No-가 V (No=[질병])

사 악화시키다

¶최근 들어 그의 병세가 갑자기 악화되었다. ¶찬바람을 쐬면 감기는 더 악화되는 법이다.

악화하다

어원 惡化~ 활용 악화하여(악화해), 악화하니, 악화하고

자 ☞ 악화되다

안기다 I

활용 안기어(안겨), 안기니, 안기고

자 다른 사람이나 그 품에 들게 되다. (of a person) Be holed in someone or one's bosom.

No-가 N1-(에|에게) V (No=[인간], [동물] N1=[인간], [동물], [신체부위](팔, 가슴, 품 따위))

능 안다

¶아기가 엄마의 품에 안겨 젖을 먹었다. ¶환자가 구급대원에게 안겨 이송되었다.

◆ **자유의 품에 안기다** 민주주의로 전향하다. Convert to democracy.

No-가 Idm (No=[인간])

¶그는 독재 사회를 떠나 드디어 자유의 품에 안겼다. ¶반공 포로 이천여 명이 석방되어 자유의 품에 안겼다.

안기다 II

활용 안기어(안겨), 안기니, 안기고

타 ❶(사물이나 대상 따위를) 다른 사람의 품 안에 들게 하다. Make an object or target be holed in someone's bosom.

No-가 N2-(에|에게) N1-를 V (No=[인간|단체] N1=[구체물] N2=[인간|단체])

주 안다

¶할머니는 업고 있던 아기를 엄마의 품에 다시 안겼다. ¶선생님은 아이들에게 도시락을 하나씩

안겼다.
❷(사람에게) 어떤 생각, 감정, 이득, 피해 따위를 얻게 하다. (of a person) Make someone gain some thought, emotion, benefit or damage.
㊗가져다주다
N0-가 N2-에게 N1-를 V (N0=[인간|단체], [추상물] N1=[구체물](상 따위), [성공], [추상물](감정, 책임, 희망, 기쁨 따위) N2=[인간|단체])
주 안다
¶그가 찬 결승골이 우리 팀에 승리를 안겼다. ¶급히 들어온 뉴스는 우리에게 슬픔을 안겼다. ¶주최 측은 우승자에게 푸짐한 선물을 안겼다.

안내되다

어원 案內~ 활용 안내되어(안내돼), 안내되니, 안내되고 대응 안내가 되다
자❶(다른 사람에게나 장소로) 이끌려서 뒤따라 가다. (of a person) Be led by another and follow him or her into a place.
N0-가 N1-(에|로) V (N0=[인간|단체] N1=[장소], [방향])
능 안내하다
¶새로 들어온 환자가 병실에 안내되었다. ¶어머님께서는 예약된 방으로 안내되어 들어가셨다.
N0-가 N1-에게 V (N0=[인간|단체] N1=[인간])
능 안내하다
¶그는 비서를 따라 총장님께 안내될 예정이다. ¶요청을 하면 책임자에게 안내될지도 모르겠다.
❷(어떤 정보가) 다른 사람에게 설명되어 알려지다. (of information) Be told and explained to another person.
N0-가 N1-에게 V (N0=[모두] N1=[인간|단체])
능 안내하다
¶사용법이 음성으로 안내되니 잘 듣고 숙지해야 한다. ¶입학식에서 학교의 전통과 역사가 학생들과 학부모들에게 안내된 바 있다.

안내받다

어원 案內~ 활용 안내받아, 안내받으니, 안내받고 대응 안내를 받다
자(어떤 장소로) 다른 사람에게 이끌려서 가게 되다. Go to a place while being led by another person.
㊥안내하다
N0-가 N1-에게 N2-(에|로) V (N0=[인간|단체] N1=[인간] N2=[장소], [방향])
¶우리는 비서에게 사장실로 안내받았다. ¶그는 백화점에 가면 명품 매장으로 안내받는 고객이다.
타(어떤 정보를) 다른 사람에게 설명 받아 알다. Come to know information through an explanation that was given.
㊥안내하다
N0-가 N2-에게 N1-를 V (N0=[인간|단체] N1=[모두] N2=[인간|단체])
¶아이들은 공원 직원에게 관람 수칙을 안내받았다. ¶수험생 여러분은 정문에서 고사장을 안내받으십시오.

안내하다

어원 案內~ 활용 안내하여(안내해), 안내하니, 안내하고 대응 안내를 하다
타❶(다른 사람에게나 장소로) 어떤 사람을 데려다 주거나 이끌어 가다. Take or lead somebody to a place.
㊗데려다주다, 소개하다타 ㊥안내받다
N0-가 N1-를 N2-(에|로) V (N0=[인간] N1=[인간|단체] N2=[장소], [방향])
피 안내되다
¶너희들을 여기까지 안내해 준 사람이 누구냐? ¶서울은 처음이라서 친구에게 시청까지만 안내해 달라고 했다.
N0-가 N1-를 N2-에게 V (N0=[인간] N1=[인간|단체] N2=[인간])
피 안내되다
¶직원 한 명이 나를 사장님께 안내했다. ¶누군가 찾아오면 저에게 안내해 주세요.
❷(어떤 정보를) 다른 사람에게 설명하여 알게 하다. Explain information to another person and have him or her understand it.
㊗알려주다 ㊥안내받다
N0-가 N2-에게 N1-를 V (N0=[인간|단체], [표지판], [텍스트] N1=[모두] N2=[인간|단체])
피 안내되다
¶미현이는 외국인에게 길을 안내했다. ¶우리는 표지판이 안내해 주는 대로 길을 따라갔다.

안다

활용 안아, 안으니, 안고
타❶(어떤 대상을) 두 팔로 두르거나 당겨 품 안에 대다. Wrap with two arms or pull to put some object in the bosom.
㊦껴안다, 감싸다
N0-가 N2-에 N1-를 V (N0=[인간|동물] N1=[인간|동물], [구체물] N2=[신체](품, 가슴), [구체물])
피 안기다I 사 안기다II
¶그는 아이를 포대에 싸서 안았다. ¶그 사람은 은행을 나오면서 돈이 든 가방을 소중히 안았다.
❷(자신의 신체 일부를) 두 팔로 끌어 잡다. Pull to hold one's own body part with two arms.
㊤잡다I
N0-가 N1-를 V (N0=[인간] N1=[신체부위](배, 가슴, 무릎 따위))

¶식중독에 걸렸는지 사람들이 하나둘 배를 안고 굴렀다. ¶다리를 세게 걷어차인 그는 무릎을 안고 뒹굴었다.
❸(앞에서 다가오는 바람, 빛 따위를) 몸으로 직접 받다. Directly take approaching wind or light with body.
[유]마주하다 [반]등지다
N0-가 N1-를 V (N0=[인간], [구체물] N1=[바람], [빛])
¶배가 바람을 안고 출발했다. ¶바람을 안고 테니스를 하는 것은 힘이 많이 든다.
❹(손해, 빚, 책임 따위를) 입거나 맡다. Receive or sustain damage, debt or responsibility.
[유]맡다II [하]떠안다
N0-가 N1-를 V (N0=[인간|단체] N1=[추상물](손해, 빚, 책임 따위))
[사]안기다II
¶나는 빚을 안고 집을 샀다. ¶그는 처음부터 부담을 안고 사업을 시작했다.
❺생각이나 감정 따위를 마음속에 지니다. Keep thoughts or emotion in mind.
[유]간직하다
N0-가 N1-를 V (N0=[인간] N1=[감정](꿈, 절망, 고뇌 따위))
¶전쟁터의 주민들은 모두 절망을 안고 있었다. ¶이 시대의 예술가들은 사회적 고뇌를 안고 있다.
❻(사회나 단체가 문제점, 모순 따위를) 내부에 갖다. (of a society or organization) Hold a problem or contradiction inside.
[유]포함하다, 가지다
N0-가 N1-를 V (N0=[모두] N1=[추상물])
¶우리 경제는 수출 의존적 구조로 인해 적지 않은 구조적 문제를 안는다. ¶산업계는 요즘 남들이 모르는 고민을 안고 있다.
❼(담이나 산 따위를) 바로 앞에 마주 대다. (of a person) Face wall or mountain in front.
[유]마주하다 [반]등지다
N0-가 N1-를 V (N0=[인간], [구체물] N1=[구체물])
¶아버지는 명당자리라는 말에 산을 안고 묘를 썼다. ¶우리 일행은 절을 뒤로 하고 봉우리를 안은 채 걸었다.
❽(남자가) 여자를 상대하여 성관계를 맺다. (of a male) Have sexual intercourse by facing female.
[유]섹스하다
N0-가 N1-를 V (N0=[인간] N1=[인간])
¶양반집 자제들은 때때로 기생을 안곤 했다. ¶그는 술집에서 만난 사람을 돈을 주고 안았다.

안도하다

[어원]安堵~ [활용]안도하여(안도해), 안도하니, 안도하고 [대응]안도를 하다
[자]❶불안했던 상황이 지나가 마음을 놓다. Feel relieved because an unstable situation has passed.
[유]안심하다, 마음을 놓다
N0-가 V (N0=[인간])
¶모든 조난자가 구조되어서 본부는 안도하는 분위기였다. ¶현우는 급한 일을 처리한 후 안도하고 있었다.
❷(사는 곳에서) 평안하고 무탈한 생활을 하다. Live a peaceful, safe life in one's residential area.
N0-가 V (N0=[인간])
¶그는 고향으로 내려가 그곳에서 안도하였다. ¶그는 어디서도 안도하지 못하고 이리저리 이사를 다녔다.

안되다

[활용]안되어(안돼), 안되니, 안되고
[자]❶(일이나 현상 따위가) 잘 진행되지 않거나 성공적으로 이루어지지 않다. (of work or situation) Go bad or to be unsuccessful.
N0-가 V (N0=[행위], [현상])
[연어]제대로, 잘
¶ 나는 오늘은 왠지 공부가 잘 안 된다. ¶부모와 자식 간 대화가 안되는 가족이 많다. ¶혈액 순환이 잘 안되면 손발이 차다. ¶올해는 해충 때문에 사과 농사가 제대로 안되었다.
❷사람의 생활이나 삶이 바르게 되지 않거나 사람이 훌륭하게 살지 못하다. (of a person's life) Not to be led correctly or excellently.
N0-가 V (N0=[인간])
[연어]잘
¶자식이 잘 안되기 바라는 부모가 있을까? ¶그는 이번 채용에도 잘 안되고 말았다.
❸(무엇이) 일정 수준이나 정도에 못 미치다. (of something) Fail to reach a definite level or degree.
[반]넘다 [자]
N0-가 N1-가 V (N0=매출, 시급, 효율, 시간 따위 N1=[수])
¶우리 회사는 연간 매출이 1억 원도 안된다. ¶그 나라의 원자력발전소는 효율이 우리나라의 4분의 1밖에 안된다. ¶나에게 주어진 시간은 5분도 안된다.

안심되다

[어원]安心~ [활용]안심되어(안심돼), 안심되니, 안심되고 [대응]안심이 되다
[자](걱정이 없어져) 마음이 편해지다. (of one's mind) Get rid of worry and be comfortable.

[유]마음이 놓이다
N0-가 V (N0=[인간|단체])
¶엄마의 모습이 보이자 아이들이 안심된 듯 울음을 그쳤다. ¶엄마는 아들이 군대에서 잘 적응하는 것을 보고 다소 안심되었다.

안심하다

[어원]安心~ [활용]안심하여(안심해), 안심하니, 안심하고 [대응]안심을 하다
[자](걱정 없이) 마음을 편히 가지다. Maintain comfortable mind without worries.
[유]안도하다 [반]걱정하다, 불안해하다
N0-가 N1-(에|에 대해) V (N0=[인간|단체] N1=[구체물], [상황])
[사]안심시키다
¶불안의 근본 요인이 해결될 때까지는 안심할 수 없다. ¶사람들의 호의적인 반응에 제작진은 안심했다. ¶그들의 허위 보고에 대해 안심한 것이 문제였다.

안정되다

[어원]安定~ [활용]안정되어(안정돼), 안정되니, 안정되고 [대응]안정이 되다
[자]❶(마음 따위가) 평안하고 고요해지다. (of one's mind) Become peaceful and calm.
[유]진정되다 [반]들뜨다
N0-가 N1-(로|에) V (N0=[인간|단체] N1=[소통], [이야기], [행위])
¶철수는 어머니의 격려로 안정되었다. ¶어머니는 동생의 사과로 조금씩 안정되셨다.
❷(어떤 사태가) 혼란이 줄어들어서 안정을 찾아 고요해지다. (of a situation) Become quiet with reduced chaos.
[유]진정되다 [반]동요하다
N0-가 N1-로 V (N0=[상태] N1=[소통], [이야기], [행위], [상태])
¶이번 사태는 우리 측의 사과로 안정되었다. ¶대량 해고 위기가 노사의 합의로 안정되었다.

안정하다

[어원]安定~ [활용]안정하여(안정해), 안정하니, 안정하고 [대응]안정을 하다
[자](마음 따위가 평온해지도록 스스로가) 심리적인 균형을 찾아가다. Find one's psychological balance by oneself in order to calm the mind.
[유]안정을 찾다
N0-가 V (N0=[인간])
[사]안정시키다
¶그 순간 나는 안정할 수가 없었다. ¶보호자가 먼저 안정해야 환자도 안정하지요. ¶애들이 걱정되어서 내가 안정할 수가 없어요.

안주하다

[어원]安住~ [활용]안주하여(안주해), 안주하니, 안주하고 [대응]안주를 하다
[자]❶(특정한 장소에서) 자리를 잡고 편안하게 살다. Take one's place in a particular location and live comfortably.
[유]정착하다 [반]떠돌다[자], 이사하다, 이주하다
N0-가 N1-(에|에서) V (N0=[인간] N1=[장소])
[사]안주시키다
¶아버지는 시골에 안주하기로 결정하셨다.
❷현재 처한 상황에 만족하며 살다. Live and be satisfied of current situations.
[유]만족하다 [반]도피하다[자]
N0-가 N1-에 V (N0=[인간] N1=[상황], [단체](가정, 직장 따위))
¶그 동안 나는 현실에 안주했다. ¶그는 편안한 삶에 안주하는 동안 나태해졌다. ¶동생은 현재 직장에 안주하고 있다.

안타까워하다

[활용]안타까워하여(안타까워해), 안타까워하니, 안타까워하고
[자타](뜻대로 되지 않는 상황이나 가엾은 상황에 대해) 가슴이 아파 답답하게 여기다. Have pity (for a situation that's pitiful or which contradicts one's will), and feel pain and sorrow.
[유]아쉬워하다, 애가 타다
N0-가 N1-(를|에 대해) V (N0=[인간|단체] N1=[인간], [구체물], [상태], [상황])
¶마을이 수몰된 데에 대해 많은 사람들이 안타까워했다. ¶그는 국가의 외형의 발전에 못 미치는 과학의 후진성에 안타까워했다.
N0-가 S것-(을|에 대해) V (N0=[인간|단체])
¶그녀는 약물 중독으로 동생이 죽은 것을 못내 안타까워했다. ¶팬들은 주전 공격수가 부상으로 빠진 것을 매우 안타까워했다. ¶어머니는 시간이 없어 나랑 차근히 대화를 못 하는 것에 대해 안타까워했다. ¶그들은 경기가 급속도록 나빠지는 것에 대해 안타까워했다.
N0-가 S고 V (N0=[인간|단체])
¶그는 화재 때문에 여러 명이 목숨을 잃었다고 안타까워했다.

앉다

[활용]앉아, 앉으니, 앉고
[자]❶윗몸을 세우고 엉덩이를 바닥에 붙이는 자세를 취하다. Assume a position wherein the upper body is upright and supported by the bottom.
[반]서다[1]
N0-가 N1-에 V (N0=[인간] N1=[장소], [가구](의자, 소파 따위))

[사]앉히다
¶철수는 일어나려다 소파에 다시 앉았다. ¶범인이 의자에 앉자 형사는 조사를 시작하였다.
❷(새나 날개 달린 곤충, 비행기 따위가) 일정한 곳에 내려 머무르다. (of a bird, winged insect, plane, etc.) Descend somewhere and remain there for a while.
[유]착륙하다, 착지하다
N0-가 N1-에 V (N0=새, 곤충, 비행기 따위 N1=[장소](지붕 위, 나뭇가지, 풀잎 따위))
¶새들이 날아와 지붕 위에 앉았다. ¶잠자리가 풀잎에 앉은 모습을 카메라로 찍었다.
❸(집, 건물 따위가) 어떤 방향으로 자리 잡고 들어서다. (of a house or building) Be positioned or located in a certain direction.
[유]자리잡다
N0-가 N1-로 V (N0=[건축물] N1=[방향](동쪽, 남쪽 따위))
¶별채는 동남 방향으로 앉아 있었다. ¶새로 짓는 학교 건물은 남향으로 앉도록 배치하였다.
❹(먼지, 재, 서리 따위가) 어떤 물건 위나 어떤 장소에 내려 쌓이다. (of dust, ashes, frost, etc.) Fall and pile up on the surface of something or somewhere.
[유]쌓이다
N0-가 N1-에 V (N0=먼지, 재, 서리 따위 N1=[장소](물건 위, 바닥, 땅 따위))
¶창문을 열어 놓았더니 미세먼지가 책상 위에 뽀얗게 앉았다. ¶기온이 내려가니 지붕 위에 서리가 앉았구나.
❺(이끼나 녹, 때 따위가 생겨서) 물체 위를 덮거나 물체에 달라붙다. (of moss, rust, dirt, etc.) Cover or stick to an object.
[유]슬다I, 끼다I[자]
N0-가 N1-에 V (N0=이끼, 녹, 때 따위 N1=[물체])
¶뒤뜰 큰 돌 위에 이끼가 퍼렇게 앉았다. ¶쇠붙이에 벌겋게 앉은 녹을 화학약품으로 제거하였다.
❻어떤 직책이나 지위를 차지하다. Hold a certain post or position.
N0-가 N1-에 V (N0=[인간] N1=[직책], [지위])
[사]앉히다
¶이번 인사로 회장 아들은 부장 자리에 앉았다. ¶선거에 기여한 공로로 그는 정부 요직에 앉았다.
◆ **돈 방석에 앉다** 많은 돈을 가지게 되어 안락한 처지가 되다. Sit on a pile of money.
N0-가 Idm (N0=[인간])
¶세계대회에서 우승하면서 그는 돈방석에 앉았다.
◆ **바늘방석에 앉다** 앉아 있기에 몹시 거북하고 불안하다. Feel as if one is lying on a bed of thorns.
N0-가 Idm (N0=[인간])
¶그를 만났을 때, 숨이 막히고 바늘방석에 앉아 있는 듯은 기분이었다.

앉히다

[활용]앉히어(앉혀), 앉히니, 앉히고
[타]❶(사람을) 윗몸을 세우고 엉덩이를 바닥에 붙이는 자세를 취하게 하다. Make someone touch his/her hip to the ground by upholding the upper body. 세우다
N0-가 N1-를 N2-에 V (N0=[인간] N1=[인간] N2=[장소], [가구](의자, 소파 따위))
[주]앉다
¶철수는 일어나려는 영희를 소파에 다시 앉혔다. ¶형사는 범인을 의자에 앉히고 조사를 시작하였다.
❷(사람을) 일정한 장소에만 있게 하다. (Instead of actively assigning duty) Make someone not involved in any duty or work.
N0-가 N1-를 N2-에 V (N0=[인간] N1=[인간] N2=[장소](집, 자리 따위))
[연어]그냥
¶아들을 집에 앉혀 두고 늙은 부모가 힘들게 일을 나간다. ¶많은 남편이 자신의 부인을 그냥 집에 앉혀 놓는 것을 선호한다.
※ '-어 두다/놓다'의 형태로 주로 사용된다.
❸(사람에게) 어떤 직책이나 지위를 맡게 하다. Entrust someone with some duty or position.
[유]임명하다
N0-가 N1-를 N2-(에|로) V (N0=[인간] N1=[인간] N2=[직책], [지위])
[주]앉다
¶회장은 자신의 아들을 부장 자리에 바로 앉혔다. ¶사람들을 적재적소에 앉히는 것이 용인술의 기본이다.
◆ **벤치에 앉히다** (감독이) 선수를 경기에 참여시키지 않고 예비 선수로 대기시키다. (of a coach) Out a player(s) on standby, without using them in a game.
N0-가 N1-를 idm (N0=감독 N1=선수)
[주]벤치에 앉다
¶감독은 지난 경기에서 실책을 선수를 벤치에 앉혔다. ¶결승전에 주전 선수를 벤치에 앉히는 것은 매우 파격적인 결정이다.

않다

[활용]않아, 않으니, 않고 [본]아니하다
[보조]부정의 의미를 나타내는 보조동사. Auxiliary verb with negative meaning in the form of "~지 않다," used after a verb or an adjective.
V-지 Vaux
¶친구가 전화를 받지 않는다. ¶터널 안이 어두워

[ㅇ]

서 아무 것도 보이지 않았다.
※ 동사나 형용사 뒤에서 "~지 않다"의 형태로 쓰인다.

알다

활용 알아, 아니, 알고, 아는, 아오
자 (자신이 여기는 바대로) 어떠한 일에 대하여 믿거나 생각하다. Believe in or consider something (based on one's value).
㊀간주하다 자, 여기다
N0-가 S다고 V (R1) (N0=[인간|단체])
¶그는 미국의 수도가 뉴욕이라고 알았다. ¶어머니는 아들이 공부를 잘한다고 알고 계셨다. ¶때로는 사람들이 그 영화가 좋은 작품이라고 아는 경우가 있다.
N0-가 S(것|줄)-로 V (R1) (N0=[인간|단체])
¶우리는 그 계획(이|을) 성공할 것으로 알았다.(R1)
¶학생들은 이 책이 선생님 것인 줄 알았다.
타 ❶(어떤 일을) 할 수 있는 능력이나 기술 따위가 있다. Have the ability or skill to do (something).
N0-가 N1-를 V (N0=[인간|단체] N1=줄)
¶나는 바이올린을 켤 줄 안다. ¶만두 빚을 줄은 알아도, 만두피 만들 줄은 모른다.
❷(어떤 것을) 유달리 소중하고 중요하게 생각하다. Think of especially value or cherish (something).
N0-가 N1-를 V (N0=[인간|단체] N1=[모두])
¶나만 아는 사람은 그 남자뿐이야. ¶그는 자기 취미만 알고 다른 데는 문외한이다.
※N1 뒤의 조사로는 '만'이 주로 쓰인다.
❸(일찍이 잘 모르던 대상을) 경험함으로써 비로소 깨닫다. Be acquainted with (unfamiliar person or thing) by experience.
N0-가 N1-를 V (N0=[인간|단체] N1=[모두])
¶네가 벌써 술을 안단 말이야? ¶그는 어려서 아직 세상을 잘 알지 못한다.
❹ «상대방의 명령이나 요청에» 그대로 하겠다는 뜻으로 하는 말. Something you say as a positive response (to a command or request).
N0-가 N1-를 V (N0=[인간|단체] N1=[모두])
¶알겠습니다. 분부대로 하겠습니다. ¶알았다. 네 말대로 할게.
※주로 대답하는 상황에서 N1 없이 사용된다.
자타 ❶(어떤 소식, 정보, 내용을) 배우거나 경험하여 깨닫거나 습득하다. Acquire (news, information and content) or realize through learning or experience.
㊀지각하다I ㊁모르다 자타
N0-가 N1-(를|에 대해) V (N0=[인간|단체] N1=[모두])
사 알리다
¶그는 한국의 전통에 대해 잘 안다. ¶나는 러시아어를 알지만 잘하는 것은 아니다. ¶가장 가까운 편의점 위치를 알려 주세요.
N0-가 S(것|음|지)-(를|에 대해) V (N0=[인간|단체])
사 알리다
¶나는 이 문제를 어떻게 풀어야 할지 안다.
¶이거 어떻게 조립하는지 알아?
❷(어떤 사실이나 상태를) 의식이나 감각으로 깨닫다. Realize (truth or situation) through sense or consciousness.
㊀감지하다 ㊁모르다 타
N0-가 N1-(를|에 대해) V (N0=[인간|단체] N1=[모두])
¶나는 음식을 먹어 보고서야 그 맛을 알았다.
¶이 시끄러운 곳에서 네 목소리를 알 수 있을까?
N0-가 S(것|음|지)-(를|에 대해) V (N0=[인간|단체])
¶짐을 들어 보고서야 무거운 것을 알았다. ¶무대로 나와서야 관객이 많이 왔음을 알았다.
❸(다른 사람과) 교류가 있거나 낯이 익다. Be acquainted with or have exchange (with people).
㊁모르다 자타
N0-가 N1-와 서로 V ↔ N1-가 N0-와 서로 V ↔ N0-와 N1-가 서로 V (N0=[인간](의미상 복수) N1=[인간])
¶나는 그와 서로 안다. ↔ 그는 나와 서로 안다. ↔ 나와 그는 서로 안다. ¶우리는 알고 지낸 지 10년이 되었다.
N0-가 N1-(를|에 대해) V (N0=[인간] N1=[인간])
¶그 아이는 내가 아는 애야. ¶너 저 사람에 대해 잘 아니?
N0-가 S(것|음|지)-(를|에 대해) V (N0=[인간|단체])
¶선생님은 반장이 그동안 영호를 도와주었다는 것을 아신다. ¶저는 민수가 어제 왜 결석했는지를 압니다.
❹(어떤 일을) 상관하거나 관여하다. Be concerned or get involved (in matters).
㊁모르다 자타
N0-가 N1-(를|에 대해) V (N0=[인간|단체] N1=[일])
¶나도 이번 일에 대해서 좀 알아야겠다. ¶네가 그 일을 알아서 좋을 것이 없다.

알리다

활용 알리어(알려), 알리니, 알리고
자타 ❶(어떤 소식, 정보, 내용을) 다른 사람에게

전하여 알게 하다. Inform another person of news, information, or content.
㊐고지하다, 고하다, 통보하다, 통지하다, 전달하다
N0-가 N1-(를|에 대해) N2-(에|에게) V (N0=[인간|단체] N1=[추상물] N2=[인간|단체])
주알다타
¶그 기자는 평생 동안 진실을 알리는 일에 헌신했다. ¶정부는 새로운 정책에 대해 국민들에게 알렸다.
N0-가 N1-(에|에게) S것-을 V (N0=[인간|단체] N1=[인간|단체])
주알다타
¶외신 기자는 외국에서 분쟁이 발발한 것을 한국에 알렸다. ¶조국이 해방된 것을 알리는 사람들이 거리에 가득했다.
N0-가 N1-(에|에게) S고 V (N0=[인간|단체] N1=[인간|단체])
주알다자
¶실무자는 본사에 판매 물품의 재고가 떨어졌다고 알렸다. ¶나는 대학에 합격했다고 부모님께 알렸다.
❷어떤 사실이나 현상을 드러내다. Reveal a fact or a phenomenon.
N0-가 N1-를 V (N0=[구체물], [추상물] N1=[추상물])
¶뻐꾸기시계가 열두 시를 알렸다. ¶종소리가 수업 시작을 알린다.
N0-가 S것-을 V (N0=[구체물], [추상물])
¶황금빛 논이 가을이 온 것을 알리고 있다. ¶거리에서 떠드는 아이들이 방학이 시작된 것을 알리고 있었다.

알아내다

활용알아내어(알아내), 알아내니, 알아내고
타(어떤 정보를) 노력을 들여 새롭게 알 수 있게 되다. Make certain information known by exerting effort.
㊐찾아내다, 발견하다
N0-가 N1-를 V (N0=[인간|단체] N1=[구체물], [추상물])
연어결국, 마침내, 끝내, 겨우, 간신히, 철저히
¶경찰은 주변 사람들에게서 용의자의 거처를 알아냈다. ¶친구가 이사 간 집의 주소를 간신히 알아내어 소포를 보냈다.
N0-가 S것-을 V (N0=[인간|단체])
연어결국, 마침내, 끝내, 겨우, 간신히, 철저히
¶나는 친구가 주말마다 이 술집을 찾는다는 것을 알아낼 수 있었다. ¶경찰은 일련의 사건들이 동일범의 소행이라는 것을 알아냈다.
N0-가 S지 V (N0=[인간|단체])
연어결국, 마침내, 끝내, 겨우, 간신히, 철저히
¶고고학자들은 유적에서 출토된 고대 유물들이 누가 쓰던 것인지 알아내고 싶어 한다. ¶실종된 선박이 어디로 갔는지 알아낼 방법이 전혀 없다.

알아듣다

활용알아들어, 알아들으니, 알아듣고, 알아듣는
타❶말을 듣고 그 뜻을 이해하다. Hear speech and understand its meaning.
㊐이해하다타
N0-가 N1-를 V (N0=[인간|단체] N1=[소통])
¶그 사람은 도통 충고를 알아듣지 못한다. ¶지금까지 내가 한 이야기를 다 잘 알아들었느냐?
❷소리를 듣고 그 소리의 정체를 파악하다. Listen to a sound and grasp its identity.
N0-가 N1-를 V (N0=[인간|단체] N1=[소리])
¶어머니는 아들의 목소리를 곧바로 알아들었다. ¶나는 밖에서 들려오는 아버지의 발소리를 알아듣고 문을 열었다.
N0-가 S지 V (N0=[인간|단체])
¶나는 그 연주가 어떤 악기의 소리인지 알아들을 수 없었다. ¶밖에서 누가 말하는지 알아들을 수가 없어서 문을 열어 보았다.
❸외국어 등의 언어를 듣고 그 내용을 이해하다 Listen to foreign language and understand its contents.
㊐이해하다타
N0-가 N1-를 V (N0=[인간|단체] N1=[언어])
¶그는 프랑스어를 곧잘 알아듣는다. ¶민수는 영어를 알아듣기는 하지만 말하지는 못한다. ¶선생님은 정확히 알아듣는 외국어가 다섯 개가 넘는다.
❹목소리나 말을 다른 것으로 착각하거나 혼동하다. Confuse or muddle up voices or words.
N0-가 N1-를 N2-로 V (N0=[인간|단체] N1=[언어] N2=[언어])
¶그의 목소리를 동생의 목소리로 잘못 알아들었다. ¶선생님께서 지시하신 내용을 잘못 알아들었다.

알아맞히다

활용알아맞혀, 알아맞히니, 알아맞히고
타요구되는 답 따위를 추론하여 정확하게 말하다. Deduce and accurately say a required answer.
㊐적중하다 ㊥틀리다I타
N0-가 N1-를 V (N0=[인간] N1=[질문], [변화], 답 따위)
¶동생은 수수께끼를 알아맞혔다. ¶여자 친구는 내 행동을 정확하게 알아맞힌다. ¶어머니는 내가 할 말을 미리 알아맞히셨다.
N0-가 S지-를 V (N0=[인간])
¶동생은 내가 무슨 말을 할지를 알아맞혔다. ¶투자 분석가들이 증시가 하락할지를 알아맞혔다.

알아보다

ㅇ

[활용]알아보아(알아봐), 알아보니, 알아보고
[타]❶(어떤 대상에 대하여) 살펴보고 사실을 확인하다. Observe a certain target and confirm facts.
[유]조사하다I
N0-가 N1-(에|에게) N1-를 V (N0=[인간|단체] N1=[구체물], [추상물] N2=[인간|단체])
¶나는 여행 계획을 세우며 숙박 시설을 알아보았다. ¶이사 갈 집을 부동산에 알아보고 있는데 생각보다 시간과 노력이 많이 든다.
N0-가 S지 V (N0=[인간|단체])
¶철수는 의문의 편지를 보낸 사람이 누군지 알아보려고 했다. ¶투자를 결정하기 전에 이 회사가 건실한 기업인지 먼저 알아보는 게 좋겠다.
❷(대상을) 눈으로 보고 그 정체를 기억해 내다. See a target with one's eyes and recognize its identity.
[유]파악하다, 간파하다
N0-가 N1-를 V (N0=[인간|단체] N1=[구체물])
¶비슷한 분실물이 많아 내 가방을 알아볼 수 있을지 모르겠다. ¶마당에 풀어 놓았던 강아지가 멀리서 나를 알아보고 뛰어왔다.
N0-가 S지 V (N0=[인간|단체])
¶나는 어느 토끼가 우리 집 토끼인지 바로 알아보았다. ¶내가 누군지 알아보겠니?
❸(대상을) 관찰하여 그 속성이나 성격을 파악하다. Observe a target and understand its property or character.
[유]평가하다, 감식하다
N0-가 N1-를 V (N0=[인간|단체] N1=[구체물], [속성])
¶나는 그 회사의 가능성을 일찌감치 알아보고 투자를 결심하였다. ¶선배는 전문가가 아니면서도 뛰어난 예술품을 알아보는 안목이 있다.
N0-가 Q V (N0=[인간|단체])
¶전문가들은 이 보석이 얼마나 섬세하게 세공된 것인지 알아볼 것이다. ¶그는 고장난 기계를 척 보기만 해도 무엇이 원인인지 알아볼 정도의 전문가이다.

알아주다

[활용]알아주어(알아줘), 알아주니, 알아주고
[타]❶(사람이나 사물의) 어떤 특징을 인정하거나 장점을 좋게 평가하다. Recognize certain characteristics of a person or object or favorably evaluate its pros.
[유]인정하다
N0-가 N1-를 V (N0=[인간|단체] N1=[구체물], [추상물])
¶철수의 그림 실력만큼은 모든 사람이 알아준다. ¶선비는 자기를 알아주는 사람을 위해 목숨을 바친다.
❷(남의 사정이나 마음을) 호의적으로 이해하다. Understand someone's situation favorably.
[유]이해하다[타]
N0-가 N1-를 V (N0=[인간|단체] N1=[구체물], [추상물])
¶지금 당장 보상해 드릴 수 없는 제 경제 사정을 알아주셨으면 합니다. ¶그는 눈치가 빨라 내가 마음에 품고 있는 걱정을 잘 알아준다.
N0-가 S것-를 V (N0=[인간|단체] N1=[구체물], [추상물])
¶나만 그가 최고의 학자라는 것을 알아준다.

알아차리다

[활용]알아차리어(알아차려), 알아차리니, 알아차리고
[타](드러나지 않은 사실을) 낌새를 보고 알게 되다. Know a hidden truth by detecting the vibe.
[유]알아채다, 감지하다, 눈치(를) 채다
N0-가 N1-를 V (N0=[인간] N1=[추상물])
¶동호는 사무실에 감도는 냉랭한 분위기를 알아차렸다. ¶그는 복사본 그림에서 미묘한 색깔 차이까지 알아차릴 정도로 예민하다.
N0-가 S것-을 V (N0=[인간])
¶나는 주방에서 타는 냄새가 나는 것을 알아차렸다. ¶동수는 영호가 입학시험에서 떨어진 것을 알아차리고 위로해 주었다.
N0-가 Q-를 V (N0=[인간])
¶나는 주방에서 무엇이 타는지 알아차렸다.
¶동수는 영호가 입학시험에서 왜 떨어졌는지 알아차리지 못했다.

알아채다

[활용]알아채, 알아채니, 알아채고
[타](직접 드러나지 않은 사실이나 마음 따위를) 눈치나 짐작으로 짐작해 알다. Realize a hidden fact or intention by guessing.
[유]알아차리다, 간파하다, 감지하다
N0-가 N1-를 V (N0=[인간] N1=[앎], [감정])
¶형사는 증언을 듣고 범인의 정체를 알아챘다.
¶그는 기존이 과학자들이 무시했던 놀라운 사실을 알아챘다.
N0-가 Q-를 V (N0=[인간])
¶사람들은 직감적으로 눈앞에 있는 것이 무엇인지를 알아챘다. ¶나는 그녀의 몸 안에서 무슨 일이 일어나고 있는지를 알아챘다.

앓다

[활용]앓아, 앓으니, 앓고
[자]병으로 인해 고통을 겪다. Suffer from an illness.
N0-가 N1-로 V (N0=[인간] N1=[질병|증세])
¶ 그는 감기로 사흘 동안 끙끙 앓았다.

타❶(사람이나 동물이 질병을) 얻어 아파하거나 괴로워하다. Feel pain or suffer from an illness.
N0-가 N1-를 V (N0=[인간] N1=[질병|증세])
¶ 그는 심장병을 앓고 있었다.
❷(사람이 근심이나 괴로움을) 고통스럽게 여기다. Be in pain due to concerns or distress.
N0-가 N1-를 V (N0=[인간] N1=[추상물](가슴, 속 따위)
¶ 그는 동생을 도와주고 싶었지만 능력이 없어 속을 끙끙 앓고 있다.

암시되다

어원 暗示~ 활용 암시되어(암시돼), 암시되니, 암시되고 대응 암시가 되다
자(어떤 사실이) 미리 넌지시 알려지다. (of a fact) Be suggested in advance indirectly.
N0-가 V (N0=[앎])
능 암시하다
¶나를 향한 그의 마음은 행동이나 말을 통해 간접적으로 암시되었다. ¶소설의 결말은 이미 소설 제목에 암시되어 있었다. ¶연극의 전반부에 하녀의 입을 통해 주인공의 신분이 암시되었다.

암시받다

어원 暗示~ 활용 암시받아, 암시받으니, 암시받고 대응 암시를 받다
타(남에게 어떤 사실을) 넌지시 알도록 자극받다. Be stimulated to suggest a fact indirectly.
N0-가 N2-에게 N1-를 V (N0=[인간] N1=[앎] N2=[인간])
능 암시하다
¶그는 의사에게 자신의 병이 불치병이라는 사실을 암시받았다. ¶아프리카 대륙의 수장들은 미국 대통령에게 대폭적인 경제 지원을 암시받았다.

암시하다

어원 暗示~ 활용 암시하여(암시해), 암시하니, 암시하고 대응 암시를 하다
타(어떤 사실을) 미리 넌지시 알리다. Suggest a fact in advance indirectly.
N0-가 N1-를 N2-(에|에게) V (N0=[인간], [상태] N1=[앎] N2=[인간])
피 암시되다, 암시받다
¶이번 사건은 우리에게 두 국가의 분쟁이 쉽게 해결되지 않으리라는 사실을 암시했다. ¶나는 그가 곧 돌아올 수도 있다는 가능성을 가족들에게 암시했다. ¶혼란스러운 무대의 배경은 두 사람 사이의 갈등을 암시한다.

압도당하다

어원 壓倒~ 활용 압도당하여(압도당해), 압도당하니, 압도당하고 대응 압도를 당하다
자☞압도되다

압도되다

어원 壓倒~ 활용 압도되어(압도돼), 압도되니, 압도되고 대응 압도가 되다
자(다른 사람이나 상황에) 우월한 능력이나 재주, 기세 따위로 인하여 억눌리다. Be overwhelmed by another person's superior ability, skill, or vigor.
유 제압되다, 억눌리다
N0-가 N1-에 V (N0=[인간|단체] N1=[단체], [상황], [능력])
능 압도하다
¶이상하게도 나는 그의 기품에 압도되는 듯했다. ¶전에도 이렇게 창호의 기백에 압도된 적이 있었다.
N0-가 N1-에게 V (N0=[인간|단체] N1=[인간])
¶발표 내내 참석자들은 그에게 압도되었다. ¶상대방에게 실력으로 압도된 것은 자극이 되었다. ¶직접 공연을 보니 배우들에게 압도될 지경이다.

압도하다

어원 壓倒~ 활용 압도하여(압도해), 압도하니, 압도하고 대응 압도를 하다
타(다른 사람이나 상황을) 우월한 능력이나 재주, 기세 따위로 억누르다. Overwhelm another person or a situation by one's superior ability, skill, or vigor.
유 제압하다, 억누르다
N0-가 N1-를 V (N0=[인간|단체] N1=[인간|단체], [상황])
피 압도되다, 압도당하다
¶그 성악가는 성량으로 좌중을 압도했다. ¶그에게는 사람을 압도하는 분위기가 있다.

압박되다

어원 壓迫~ 활용 압박되어(압박돼), 압박되니, 압박되고 대응 압박이 되다
자(신체부위가) 힘이나 압력 따위로 강하게 눌리다. (of a body part) Be powerfully pressed by force or pressure.
유 눌리다, 졸리다
N0-가 V (N0=[신체부위])
능 압박하다
¶허벅지가 낡은 스타킹 고무줄 때문에 압박되고 있다. ¶이 신발을 신으면 발이 압박되어 불편하다.

압박하다

어원 壓迫~ 활용 압박하여(압박해), 압박하니, 압박하고 대응 압박을 하다
타❶(신체부위를) 힘이나 압력을 가하여 강하게 누르다. Press a body part powerfully by applying force or pressure.
유 누르다 타, 짓누르다
N0-가 N1-를 V (N0=[구체물](벽, 바위, 나무 따위)

N1=[인간], [신체부위])
피 압박되다
¶무너진 벽이 그를 강하게 압박해서 빠져나올 수 없었다. ¶굴러 내린 바위가 그의 몸을 심하게 압박해서 숨을 쉴 수 없었다.
N0-가 N1-를 N2-로 V (N0=[인간] N1=[신체부위] N2=[신체부위](손), 끈, 붕대 따위)
피 압박되다
¶의사는 환자의 가슴을 손으로 압박했다. ¶부상당한 다리의 동맥을 세게 압박해야 한다.
❷(기세를 펴거나 자유로이 행동하지 못하도록) 심리적으로 제한하거나 억누르다. Psychologically limit or suppress someone to weaken or prevent freedom of action.
㊎탄압하다, 억제하다, 억압하다, 짓누르다, 제압하다, 통제하다, 조이다 타
N0-가 N1-를 N2-로 V (N0=[인간|단체], [경제현상], [생각] N1=[인간|단체], [마음], [추상물](재정, 소비 따위) N2=[추상물], [행위])
피 압박되다
¶여당은 야당을 여론으로 압박하기 시작했다. ¶계속되는 물가 상승이 중소기업을 압박할 것으로 보인다.
❸(어떤 사실이 이루어지도록) 강하게 주장하거나 심리적으로 강제하다. Powerfully state or compel so that certain task can be accomplished.
㊎강제하다
N0-가 S고 V (N0=[인간|단체])
¶교수들은 총장에게 인사위원회를 구성하라고 압박했다.
N0-가 S도록 V (N0=[인간|단체])
¶미국 정부는 이라크에 대해서도 같은 조건을 따르도록 거세게 압박했다.
❹ 【운동】 상대방이 공격하지 못하도록 빈틈없이 철저히 막다. Thoroughly and closely block so that the opponent cannot perform offense.
㊎방어하다, 막다
N0-가 N1-를 V
¶우리 선수들이 대거 몰려들어 주전 선수를 압박했다. ¶우리 수비수들은 수비라인 전체가 물밀듯이 올라가며 상대를 압박한다. ¶공격수들은 계속 수비를 압박하여 한 골을 선취했다.

압수되다

어원 押收~ 활용 압수되어(압수돼), 압수되니, 압수되고 대응 압수가 되다
자 ❶(물품 따위가) 강제로 빼앗기다. (of an item) Be confiscated.
㊎빼앗기다
N0-가 N1-(에게|에|에 의해) V (N0=[구체물] N1=[인간])
능 압수하다
¶학생의 휴대전화가 선생님께 압수된 것은 이번이 처음이 아니다. ¶그는 부채 때문에 트랙터와 농기구들이 농협에 압수되었다. ¶그 사건의 증거품은 경찰에 의해 압수되었다.
❷ 【법률】 물건을 점유하는 강제 처분이 시행되다. (of a legal process) Be executed to possess an item.
㊎몰수당하다
N0-가 N1-(에게|에|에 의해) V (N0=[구체물] N1=[인간])
능 압수하다
¶회사에서 사용하고 있는 차량 전부가 경찰에 압수되었다. ¶그 책은 발간 일주일 만에 일본 경찰에 의해 압수되었다.

압수하다

어원 押收~ 활용 압수하여(압수해), 압수하니, 압수하고 대응 압수를 하다
타 ❶(남에게서 물품 따위를) 강제로 빼앗다. Forcefully steal an item from someone.
㊎빼앗다
N0-가 N2-(에게|에게서) N1-를 V (N0=[인간] N1=[구체물] N2=[인간])
피 압수되다
¶선배가 후배로부터 소지품을 압수하는 것은 잘못된 일이다. ¶선생님은 학생의 책가방에 있던 담배를 모두 압수했다.
❷(물품을) 소유자로부터 강제로 취득하여 보관하다. Forcefully obtain an item from the owner and possess.
N0-가 N2-에게서 N1-를 V (N0=[인간|단체] N1=[구체물] N2=[인간])
¶수업시간 동안 선생님은 학생들에게서 휴대전화를 압수하였다. ¶증거물은 따로 압수하고 있다.
❸ 【법률】 물건을 점유하는 강제 처분을 시행하다. Execute by legal process to possess an item.
㊎몰수하다
N0-가 N2-(에게|로부터) N1-를 V (N0=[인간|단체](검찰, 경찰 따위) N1=[구체물] N2=[인간|단체])
피 압수되다
¶검찰은 사기 관련 업체로부터 각종 서류와 유인물 등을 압수했다. ¶경찰은 불법으로 입장한 남자의 신분증을 압수했다.

압축되다

어원 壓縮~ 활용 압축되어(압축돼), 압축되니, 압축되고 대응 압축이 되다
자 ❶(어떤 물질이) 압력을 받아서 부피가 줄어들

다. (of a matter) Decrease in volume by being pressed.
N0-가 N1-에 의해 V (N0=[구체물] N1=[인간], [기기])
능압축하다
¶재활용 알루미늄 캔은 보통 압축되어 처리된다. ¶공기가 압축되면 온도가 올라간다.
❷글이나 문장, 내용 따위가 짧고 간결하게 줄여지다. (of writing, sentence, or content) Be reduced to a short, simple one.
㊐축약되다, 요약되다
N0-가 N1-(에게|에 의해) V (N0=[텍스트], [추상물] N1=[인간])
능압축하다
¶장황했던 글이 편집자에 의해 많이 압축되었다. ¶우리의 주장은 간단하게 압축될 수 있다.
❸범위나 대상 따위가 줄어들다. (of scope or object) Decrease.
㊐줄어들다, 좁아지다
N0-가 N1-로 V (N0=[범위], [정도], [범주] N1=[범위], [정도], [범주])
능압축하다
¶투기 지역은 수도권으로 많이 압축되었다. ¶수사망이 많이 압축되고 있다.
❹ 【컴퓨터】 컴퓨터에서 데이터나 파일이 특정 형식을 통해 그 부피가 줄다. (of data or file in the computer) Have a decrease in volume through a particular form.
N0-가 N1-(에 의해|을 통해) V (N0=프로그램, 데이터 파일, 사진 파일 따위 N1=[인간], [프로그램])
능압축하다
¶방대했던 데이터가 압축 프로그램을 통해 크게 압축됐다. ¶이 파일은 압축돼도 용량이 별로 줄지 않네. ¶해당 데이터는 모두 압축되어 저장된다.

압축시키다

어원壓縮~ 활용압축시키어(압축시켜), 압축시키니, 압축시키고 대응압축을 시키다
타☞'압축하다'의 오용

압축하다

어원壓縮~ 활용압축하여(압축해), 압축하니, 압축하고 대응압축을 하다
타❶(어떤 물질에) 압력을 가하여 부피를 줄이다. Reduce the volume of a matter by putting pressure on it.
㊐축소하다, 줄이다
N0-가 N1-를 V (N0=[인간], [기기] N1=[구체물])
피압축되다
¶쓰레기를 압축해서 부피를 줄여야 한다. ¶공기를 압축하면 큰 압력이 발생한다.
❷글이나 문장, 내용 따위를 줄여 짧고 간결하게 하다. Reduce writing, sentence, or content into a short, simple one.
㊐요약하다, 줄이다
N0-가 N1-를 V (N0=[인간] N1=[텍스트], [추상물])
피압축되다
¶그는 시간상 발표 내용을 압축해서 말했다. ¶나는 원래의 논문을 압축하여 요약본을 작성했다.
❸범위나 대상 따위를 줄이다. Reduce the scope or an object.
㊐좁히다, 줄이다
N0-가 N1-를 V (N0=[인간|단체] N1=[범위], [정도], [범주])
피압축되다
¶경찰은 포위망을 압축하기 시작했다. ¶우리는 최종 후보 명단을 압축하였다. ¶그들은 수사망을 압축하고 용의자 범위도 압축하였다.
❹ 【컴퓨터】 컴퓨터에서 데이터나 파일을 특정 형식을 이용하여 그 부피를 줄이다. Reduce the volume of data or file in a computer using a particular form.
N0-가 N1-를 V (N0=[인간], [프로그램] N1=프로그램, 데이터 파일, 사진 파일 따위)
피압축되다
¶하드디스크가 양이 부족해서 사진을 압축해야 할 것 같아. ¶이 데이터는 중요하지 않으니 모두 압축해서 저장해 놓자.

앞다투다

활용앞다투어(앞다퉈), 앞다투니, 앞다투고(주로 '앞다투어'의 형태로 쓰인다.)
자(사람이나 움직이는 물체가) 남보다 먼저 하거나 더 잘하려고 경쟁적으로 애쓰다. (of a person or object) Competitively make an effort to do first or better than someone.
㊐경합하다
N0-가 V (N0=[인간|단체], [교통기관])
¶사이렌이 울리자 관객들은 앞다투어 건물을 빠져나왔다. ¶할인 시간이 되자 손님들이 앞다투어 물건을 담았다.

앞당기다

활용앞당기어(앞당겨), 앞당기니, 앞당기고
타❶정한 시간을 이전보다 줄여 기록을 향상시키다. Improve record by decreasing the fixed hour.
㊐단축하다
N0-가 N1-를 V (N0=[인간] N1=기록)
¶박태환은 수영 세계 신기록을 앞당겼다. ¶앉은 자세로 출발한 선수는 달리기 기록을 0.2초나 앞당겼다.

❷이미 정한 시간을 더 이른 시간으로 옮기다. Move from appointed time to earlier time.
N0-가 N2-로 N1-를 V (N0=[인간] N1=[시간](일정, 날짜 따위), [행사] N2=[단위], [시간])
¶회사에서는 연휴와 겹치지 않도록 회의 날짜를 앞당겼다. ¶그날 다른 일정이 있다는 말을 듣고 우리는 화요일 일정을 월요일로 앞당겼다.
N0-가 S것-을 V (N0=[인간])
¶방영 일정이 바뀌는 바람에 제작진은 촬영을 하루 앞당겼다. ¶공장 부지를 인수하기로 약속한 것을 앞당기기로 했다.

앞두다

활용 앞두어(앞둬), 앞두니, 앞두고(주로 '앞두고'의 꼴로 쓰인다.)
타 (닥쳐올 때나 곳, 일 따위를) 일정한 시간이나 거리만큼 두다. Keep certain time or distance to approaching time, place, or duty.
N0-가 N1-를 V (N0=[인간|단체] N1=[상태], [시간])
¶백화점에서는 추석을 앞두고 대대적인 할인 판매를 시작했다. ¶투표를 며칠 앞두고 텔레비전 토론회가 시작되었다.

앞서다

활용 앞서, 앞서니, 앞서고
자 ❶(시간이나 위치에서) 남보다 앞에 서거나 나아가다. Stand in front or advance in time or position than someone.
N0-가 N1-보다 V (N0=[인간|단체] N1=[인간|단체])
사 앞세우다
¶그가 다른 사람보다 앞서 아이디어를 내었다. ¶우리 회사는 경쟁사보다 앞서 신상품을 출시했다.
❷(무엇이) 다른 것보다 먼저 이루어지거나 다른 것보다 더 중요하게 다루어지다. (of something) Achieve before something else or treat more importantly than something else.
N0-가 N1-보다 V (N0=[말], [감정], [행위] N1=[말], [감정], [행위])
사 앞세우다
¶회장으로 당선된 것은 기쁘지만 저는 걱정이 앞섭니다. ¶아직 수상이 확정된 것은 아니지만 기쁜 마음이 앞섰다.
자타 (무엇이 어떤 분야에서) 남보다 뛰어나거나 더 나은 수준에 있다. (of something) Excel or be in better standard in some field than someone.
N0-가 N1-에서 N2-(에|에게|를) V (N0=[인간|단체] N1=[방법|기술], [속성] N2=[인간|단체])
¶라디오 기술 분야에서 언젠가부터 아시아가 유럽에 앞섰다. ¶이번 주 여론 조사에서 우리 후보가 상대 후보를 앞섰다.

앞세우다

활용 앞세워, 앞세우니, 앞세우고
타 ❶(다른 사람이나 대상을 시간이나 위치에서) 남보다 앞에 서거나 나아가게 하다. (of a person) Make someone or object stand in front or advance in time or position than someone.
N0-가 N1-를 V (N0=[인간] N1=[인간], [동물], [구체물])
주 앞서다 자
¶아버지는 아들을 앞세우고 서울로 올라가셨다. ¶범인들이 인질을 앞세우고 나왔다.
❷(무엇을) 다른 것보다 먼저 다루거나 더 중요한 것으로 여기다. (of a person) Treat something before something else or regard as more importantly.
유 우선하다
N0-가 N1-를 V (N0=[인간] N1=[추상물])
주 앞서다 자
¶우리는 이윤보다는 생명을 앞세운다. ¶그들은 실리보다도 명분을 앞세웠다.
❸(무엇을) 남에게 보이기 위해 과시하다. (of a person) Show off to show something to someone.
유 내세우다 타, 과시하다
N0-가 N1-를 V (N0=[인간] N1=[능력], [행위], [구체물])
¶새로 온 젊은 사장은 재력을 앞세워 시장을 좌지우지하려 했다.
N0-가 S것-을 V (N0=[인간])
¶그는 자신이 이 회사의 사장이라는 것을 앞세우지 않았다.

앞장서다

활용 앞장서, 앞장서니, 앞장서고
자 ❶어떤 무리의 맨 앞에 서다. Stand in front among some group.
N0-가 V (N0=[인간])
¶이 축제 행렬에서는 늘 어린아이가 가장 앞장서서 걸었다. ¶선수 입장을 할 때는 작년 우승팀이 앞장선다.
❷(어떤 일에) 가장 먼저 나서서 하거나 적극적으로 참여하다. Actively participate or become the first to do some duty.
유 주도하다, 나서다
N0-가 N1-에 V (N0=[인간] N1=[의무], [행위])
¶그는 조금이라도 이득이 되는 일에 늘 앞장선다. ¶가장 적은 지지를 받은 사람들이 오히려 공약 이행에 앞장섰다.
N0-가 S(데|것)-에 V (N0=[인간])
¶헬렌 켈러는 여성이 정치에 참여하도록 독려하

는 것에 앞장섰다. ¶김 사장은 장애인이 일자리를 얻도록 하는 데에 누구보다 앞장선 사람이다.

앞지르다

활용 앞질러, 앞지르니, 앞지르고, 앞질렀다

타 ❶(사람이나 동물, 교통기관 따위가) 어떤 대상보다 빨리 나아가서 먼저 앞을 차지하다. (of a person, animal, or transportation facility) Take the front by moving forward faster than a target.

㊍추월하다

N0-가 N1-를 V (N0=[인간|단체], [동물], [교통기관] N1=[인간|단체], [동물], [교통기관])

¶날 뒤따르던 선수가 결승 지점이 다가오자 갑자기 날 앞질렀다. ¶토끼가 자는 동안 거북이는 토끼를 앞질러 나무 아래에 먼저 도착하였다.

❷(인구, 지지율, 능력 따위가) 상대방을 능가하다. (of population, popularity, or ability) Surpass the opponent.

㊍능가하다

N0-가 N1-를 V (N0=[인간|단체], [비율], 수요, 공급 따위 N1=[인간|단체], [비율], 수요, 공급 따위)

¶한국의 인터넷 인구는 미국과 일본을 훨씬 앞질렀다. ¶어느 사회든지 늘 시대를 앞질러 가는 사람은 있다.

❸예정한 시간보다 먼저 이르다. Arrive faster than expected time.

N0-가 N1-를 N2-에 V (N0=[인간|단체] N1=[행위] N2=[시간])

¶나는 논문 작성을 마감 날짜에 앞질러 끝내고 푹 쉬고 있었다. ¶그는 항상 약속한 시간보다 앞질러 나온 적이 없었다.

애원하다

어원 哀願~ 활용 애원하여(애원해), 애원하니, 애원하고 대응 애원을 하다

자타 (소원이나 요구 따위를 들어 달라고) 슬프고 간절하게 사정하다. Ask someone to answer one's wish or demand in a desperate, emotional way.

㊍간청하다, 사정하다

N0-가 N1-를 N2-(에|에게) V (N0=[인간] N1=[구체물], [추상물] N2=[인간|단체])

¶아이는 어머니에게 눈빛으로 용서를 애원하고 있었다. ¶법률 개정으로 피해를 입은 사람들이 국회에 재입법을 애원하고 있다.

N0-가 N1-(에|에게) S고 V (N0=[인간] N1=[인간|단체])

¶납치된 선원들은 해적들에게 제발 풀어 달라고 애원했다. ¶후송된 부상자들은 손을 뻗으며 물을 달라고 애원하였다.

N0-가 N1-(에|에게) S것-을 V (N0=[인간] N1=[인간|단체])

¶그는 판사에게 정상을 참작해 줄 것을 애원하였다. ¶환자는 가망이 없다고 말하는 의사에게 수술해 줄 것을 애원하였다.

애타다

활용 애타, 애타니, 애타고 대응 애가 타다

자 몹시 안타깝고 초조한 느낌을 받다. Feel very sorry and nervous.

N0-가 V (N0=[인간])

사 애태우다타

¶나는 사고 생존자 명단을 훑어보면서 애타는 마음을 느꼈다. ¶철수는 잃어버린 지갑을 애타게 찾아다녔지만 결국 발견되지 않았다.

※주로 관형사형 '애타는', 부사형 '애타게'의 형식으로 쓰인다.

애태우다

활용 애태워, 애태우니, 애태우고 대응 애를 태우다

자 몹시 안타깝고 초조하게 느끼다. Feel very sorry and nervous.

N0-가 V (N0=[인간])

¶그는 합격자 발표를 기다리며 애태우고 있었다. ¶그 부부는 집 나간 아들을 애태우며 기다렸다.

타 (누군가를) 안타깝고 초조하게 만들다. Make someone feel very sorry and nervous.

N0-가 N1-를 V (N0=[구체물], [추상물] N1=[인간])

주 애타다

¶정부의 거듭된 실정이 국민들을 애태우고 있다. ¶나는 어릴 때 부모님을 자주 애태우곤 했다.

야기되다

어원 惹起~ 활용 야기되어(야기돼), 야기되니, 야기되고 대응 야기가 되다

자 (어떤 사건이나 사태가) 다른 일의 결과로 유발되어 일어나다. (of event or state of affairs) Be brought out as a result of another work.

㊍일어나다I, 생각나다, 발생하다

N0-가 V (N0=[상태])

능 야기하다

¶이번 정기 국회에서는 개헌 문제로 의원들 사이에 큰 충돌이 야기되었다. ¶가난 때문에 가족의 불화가 야기되는 일이 적지 않다. ¶사소한 몇 가지 원인에 의해 위험하고 중대한 사태가 야기되는 일도 있습니다.

야기시키다

어원 惹起~ 활용 야기시키어(야기시켜), 야기시키니, 야기시키고 대응 야기를 시키다

타 ☞ '야기하다'의 오용

야기하다

어원 惹起~ 활용 야기하여(야기해), 야기하니, 야기하

ㅇ

고 대응야기를 하다
타(어떤 사건이나 사태를) 일어나게끔 유발하다. Trigger an incident or situation to occur.
유일으키다, 유발하다
No-가 N1-를 V (No=[인간|단체], [상태] N1=[상태])
피야기되다
¶김 장관의 부적절한 발언은 걷잡을 수 없는 사태를 야기하였다. ¶정부는 인사의 난맥상으로 여러 가지 문제를 야기했다. ¶경제 위기는 심각한 사회적 문제를 야기한다.

야단나다
어원惹端~ 활용야단나, 야단나니, 야단나고 대응야단이 나다
자❶시끄럽고 소란스러운 일이 벌어지다. Be in a noisy, disordered situation.
No-가 S고 V (No=[인간|단체], [구체물])
¶명절이라 오랜만에 모였는지 친척들이 웃고 떠드느라고 야단났네요. ¶사람들이 싸우는지 다들 울고불고 야단났네.
❷난처하거나 곤란한 일이 일어나다. Be in a difficult, embarrassing situation.
유큰일나다
S(니|서) No-가 V (No=[인간|단체], 이거)
¶아이가 실종되어서 온 집안이 야단났다. ¶아직 도착한 사람이 한 명도 없으니 이거 정말 야단났다.

야단맞다
활용야단맞아, 야단맞으니, 야단맞고 대응야단을 맞다
자(손윗사람이나 상사에게) 크게 꾸중을 듣다. Be criticized severely by one's elder or superior.
유꾸중(을) 듣다, 혼(이) 나다
No-가 N1-에게 S고 V (No=[인간] N1=[인간])
¶아이는 어머니에게 크게 야단맞고 엉엉 울었다. ¶그는 오타가 너무 많다고 호되게 야단맞았다. ¶민규는 수업 시간에 자주 존다고 선생님에게 많이 야단맞는다.

야단치다
활용야단치어(야단쳐), 야단치니, 야단치고 대응야단을 치다
재타(손아래 사람이나 부하를) 소리를 높여 심하게 꾸짖다. Criticize severely one's subordinate or junior.
유나무라다재타, 혼내다, 꾸중하다
No-가 N1-(에게|를) S고 V (No=[인간] N1=[인간])
¶선생님은 아이들에게 학생이 담배를 피우면 안 된다고 야단치셨다. ¶사장님은 담당자를 게으르다고 호되게 야단치고 다시 작업을 시키셨다. ¶잘못하면 야단쳐야 그 잘못을 고칠 수 있다.

야위다
활용야위어, 야위니, 야위고 센여위다
자(얼굴빛이나 살빛이 핏기가 없어 보일 정도로) 살이 빠져 몸이 마르다. Lose weight and become thin to the point that one's face and skin looks pale.
유마르다II, 빠지다I, 상하다자 반살찌다
No-가 N1-로 V (No=[인간], [신체부위](몸, 얼굴, 뺨 따위) N1=병, 근심, 고민 따위)
¶예전에는 통통하더니 왜 이렇게 야위었니? ¶현철이는 날이 갈수록 몸이 야위고 아픈 곳도 많아졌다. ¶딸은 어머니의 야윈 손을 보고 마음이 아팠다.

약속하다
어원約束~ 활용약속하여(약속해), 약속하니, 약속하고 대응약속을 하다
자(앞으로 어떤 일을 어기지 않고 지키겠다고) 다른 사람에게 미리 말하여 정해 두다. Assure by telling someone in advance that some duty will not be disobeyed.
유약조하다, 언약하다
No-가 N1-에게 S(고|기로) V (No=[인간|단체] N1=[인간|단체])
¶철수는 영희에게 올해는 꼭 결혼하기로 약속했다. ¶그들은 일 년 후에 같은 장소에서 다시 만나기로 약속했다.
No-가 N1-와 S(고|기로) (서로) V ↔ N1-가 No-와 S(고|기로) (서로) V ↔ No-와 N1-가 S(고|기로) (서로) V (No=[인간|단체] N1=[인간|단체])
¶영희가 민규와 결혼하기로 서로 약속했다. ↔ 철수가 영희와 결혼하기로 서로 약속했다. ↔ 영희와 철수가 결혼하기로 서로 약속했다. ¶엄마는 주말에 놀이공원에 놀러가자고 아들과 약속했다. ¶회사는 노조와 충분한 임금 인상을 추진하기로 약속했다.
타(앞으로 어떤 일을 어기지 않고 반드시 수행할 것을) 다른 사람에게 미리 말하여 정해 두다. Assure by telling someone in advance that some duty will not be disobeyed.
No-가 N2-에게 N1-를 V (No=[인간|단체] N1=[행위], [추상물] N2=[인간|단체])
¶선수들은 선생님에게 우승을 약속했다. ¶아이들은 부모님에게 대학 진학을 약속했다.
No-가 N2-와 N1-를 (서로) V ↔ N2-가 No-와 N1-를 (서로) V ↔ No-와 N2-가 N1-를 (서로) V (No=[인간|단체] N1=[행위], [추상물] N2=[인간|단체])
¶철수가 영희와 결혼을 서로 약속했다. ↔ 영희는 철수와 결혼을 서로 약속했다. ↔ 철수와 영희는

결혼을 서로 약속했다. ¶그는 친구들과 재회를 약속했다. ¶회사는 피해자와 충분한 보상을 약속했다.

N0-가 N1-에게 S것-을 V (N0=[인간|단체] N1=[인간|단체])

¶아이들은 부모님에게 몸 건강히 다녀올 것을 약속했다. ¶그는 친구들에게 이번 주에는 꼭 찾아갈 것을 약속했다.

N0-가 N1-와 S것-을 (서로) V ↔ N1-가 N0-와 S것-을 (서로) V ↔ N0-와 N1-가 S것-을 (서로) V (N0=[인간|단체] N1=[인간|단체])

¶민규가 숙희와 다시 만날 것을 서로 약속했다. ↔ 영희는 철수와 다시 만날 것을 서로 약속했다. ↔ 철수와 영희는 다시 만날 것을 서로 약속했다. ¶그는 친구들과 다시 돌아올 것을 약속했다.

약화되다

어원 弱化~ 활용 약화되어(약화돼), 약화되니, 약화되고 대응 약화가 되다

자 (힘이나 세력, 능력 따위가) 이전보다 더 약해지다. (of force, power, or ability) Become weak.

유 약해지다 반 강화되다, 강해지다

N0-가 V (N0=[인간|단체], [구체물], [속성])

능 약화시키다

¶태풍이 완전히 약화되었으니 안심해도 좋다. ¶몇 년 사이 제조업의 국제 경쟁력이 급속히 약화되었다. ¶정부 부처의 기능은 정부가 바뀜에 따라 약화되기도 하고 강화되기도 한다.

약화시키다

어원 弱化~ 활용 약화시키어(약화시켜), 약화시키니, 약화시키고 대응 약화를 시키다

타 (힘이나 세력, 능력 따위를) 이전보다 더욱 약하게 만들다. Make force, power, or ability become weak.

유 약하게 만들다 반 강화시키다, 강하게 만들다

N0-가 N1-를 V (N0=[인간|단체] N1=[인간|단체], [속성](능력))

피 약화되다

¶보호 경제 시책은 기업 체질을 약화시켰다. ¶부정부패는 장기적으로 국가의 경쟁력을 약화시킨다. ¶회사 측의 안이한 조치가 노동자들의 근로 의욕을 약화시켰다.

양념하다

활용 양념하여(양념해), 양념하니, 양념하고 대응 양념을 하다

자타 ❶(반찬 등에) 소금, 간장, 고춧가루, 조미료 따위를 넣어서 맛이 좋게 하다. Make it delicious by putting salt, soy sauce, red pepper, and condiment in side dish.

N0-가 N1-(를|에) N2-로 V (N0=[인간] N1=[음식] N2=[양념], [음식])

¶그들은 신선한 나물을 간단하게 간장으로만 양념해서 먹었다.

❷(이야기 따위에) 주변적인 이야기를 덧붙여 더 다채롭고 흥미롭게 만들다. Make it more exciting and diverse by adding more peripheral stories.

N0-가 N1-(를|에) V (N0=[인간] N1=[텍스트](이야기 따위))

¶그는 과거의 이야기를 다채롭게 양념해서 아이들이 지루하지 않게 만들었다. ¶그는 전해들은 이야기 몇 개를 양념해서 완전히 새로운 이야기로 바꾸었다.

양보하다

어원 讓步~ 활용 양보하여(양보해), 양보하니, 양보하고 대응 양보를 하다

타 ❶(길, 자리, 순서 따위에 대해) 다른 사람에게 우선권을 넘겨주다. Hand over the priority, regarding lane, space, and order, to someone else.

N0-가 N1-를 N2-(에|에게) V (N0=[인간|단체] N1=길, 자리, 차례, 순서 따위 N2=[인간|단체])

¶그 학생은 할아버지가 버스에 오르자마자 자리를 양보했다. ¶소방차나 응급차가 먼저 지나갈 수 있게 길을 양보해야 한다.

❷(자신의 이익이나 권리를) 타인을 위해 포기하다. Give up on one's benefit or right to others.

N0-가 N1-를 N2-(에|에게) V (N0=[인간|단체] N1=이익, 권리, 재산, 소유권, 승리, 직책 따위 N2=[인간|단체])

¶철수는 동생에게 자신의 유산을 양보했다. ¶그는 더 큰 목적을 가지고 후보 자리를 양보했다.

❸자신의 생각이나 주장을 버리고 다른 의견을 존중하여 따르다. Give up on one's thoughts or assertion and follow different opinions by respecting.

유 꺾다, 버리다

N0-가 N1-를 V (N0=[인간|단체] N1=생각, 개념, 이론, 주장, 계획 따위)

¶그는 결국 자신의 계획을 양보할 수밖에 없었다. ¶성희는 우선 자신의 생각을 양보하고 다수의 의견을 따랐다.

양산되다

어원 量産~ 활용 양산되어(양산돼), 양산되니, 양산되고 대응 양산이 되다

자 ❶(물건이나 제품이) 공장에서 값싸게 많이 만들어지다. (of many things or goods) Be manufactured at low cost in a factory.

N0-가 V (N0=[구체물], [상태], [추상물])

ㅇ

능양산하다
¶우리 회사에서는 올해 반도체가 양산될 예정이다. ¶오락성이 짙은 상업적 영화가 양산되고 있다.
❷(무엇이) 별 가치 없는 것이 되도록 엄청나게 많이 만들어지다. (of something) Be made in huge quantities so that it becomes worthless.
N0-가 V (N0=[구체물], [상태], [추상물])
능양산하다
¶아무런 대책도 없이 일회적인 정책들이 양산되었다. ¶대공황으로 인해 천만 명이 넘는 실업자가 양산되었다.

양산하다

어원量産~ 활용양산하여(양산해), 양산하니, 양산하고 대응양산을 하다
타❶(사람이나 회사, 공장이) 기계를 이용하여 많은 물건이나 제품을 값싸게 만들어내다. (of people, company, or factory) Manufacture a large amount of things or goods at low cost by means of machines.
N0-가 N1-를 V (N0=[인간|단체], [상태] N1=[구체물], [상태], [추상물])
피양산되다
¶우리 회사는 작년부터 전기자동차를 양산하였다. ¶영화 제작사는 오락성이 짙은 상업적 영화를 양산하고 있었다.
❷(사람이나 단체, 현상이) 무엇을 별 가치 없는 것이 되도록 엄청나게 많이 만들어내다. (of people, organization, or phenomenon) Make something in huge quantities so that it becomes worthless.
N0-가 N1-를 V (N0=[인간|단체], [상태] N1=[구체물], [상태], [추상물])
피양산되다
¶공무원들은 새로운 정책을 양산하였다. ¶대공황은 천만 명이 넘는 실업자를 양산하였다.

양육되다

어원養育~ 활용양육되어(양육돼), 양육되니, 양육되고 대응양육이 되다
자❶(아이가) 보살핌을 받고 키워지다. (of a child) Receive care and be raised.
유길러지다, 키워지다
N0-가 N1-(에|에서) V (N0=[인간|단체] N1=[인간])
능양육하다
¶어린이들은 세 살이 되면 부모 곁을 떠나 전문 교육자와 보모 밑에서 양육된다. ¶천재성을 지닌 그의 아들은 가정교사에게서 철저히 양육되었다.
❷특정한 자격을 가진 사람이나 혹은 더 나은 사람으로 키워지다. Be nurtured to be competent or a better person.
N0-가 N1-로 V (N0=[인간|단체] N1=[인간], [역할], [속성])
능양육하다
¶모세는 이집트의 왕자로 양육되었다. ¶그는 시골 농가에서 신분과 이름 없는 사람으로 양육되었다.

양육하다

어원養育~ 활용양육하여(양육해), 양육하니, 양육하고 대응양육을 하다
타❶(어린 아이를) 보살펴서 키우다. Provide care and raise a child.
유기르다I, 키우다
N0-가 N1-를 V (N0=[인간|단체] N1=[인간])
피양육되다
¶보육원에서는 아이를 잘 양육하고 적절한 수준의 교육을 시킨다. ¶우리 사회에서는 자녀를 양육하는 책임을 어머니에게만 내맡기고 있다.
❷특정한 자격을 가진 사람이나 혹은 더 나은 사람으로 키우다. Raise someone to possess a qualification or become a better person.
N0-가 N1-를 N2-로 V (N0=[인간|단체] N1=[인간] N2=[인간], [역할], [속성])
피양육되다
¶교회는 신자를 바른 기독교인으로 양육해야 한다. ¶사회는 청소년을 성숙한 인간으로 양육할 책임이 있다.

얕보다

활용얕보아, 얕보니, 얕보고
타(다른 사람이나 대상을) 낮추어 하찮게 여기다. (of a person) Belittle and think lowly of a person or subject.
유무시하다, 멸시하다
N0-가 N1-를 V (N0=[인간|단체] N1=[인간|단체], [동물])
피얕보이다
¶간신들은 어린 임금을 얕보고 반역을 도모하였다. ¶나는 그가 시골 사람을 대놓고 얕보는 태도가 영 마음에 들지 않았다. ¶사람들이 너를 얕보지 않게 어깨를 피고 다녀라. ¶벌의 독침을 얕보았다가는 위험할 수 있다.

어긋나다

활용어긋나, 어긋나니, 어긋나고
자❶(제대로 맞물려 있던 물체가) 틀어져서 더 이상 맞지 않다. (of an object that was properly interlocked) No longer fits after being twisted.
유틀어지다
N0-가 V (N0=[구체물](뼈, 톱니, 문, 뼈, 선 따위))
¶톱니가 어긋났는지 기계가 작동하지 않았다. ¶문이 어긋났는지 잘 닫히지 않았다.
❷(기대나 기준 따위에) 들어맞지 않고 빗나가다.

Fail by not meeting expectation, standard, etc.
㊇벗어나다, 빗나가다㉶
N0-가 N1-에 V (N0=[추상물] N1=[추상물](기대, 계획, 의도, 규칙 따위))
¶이번 작전의 시도는 우리의 의도에 어긋나는 것이다. ¶날씨 때문에 고향에 가려던 계획이 어긋났다.
N0-가 N1-와 (서로) V ↔ N1-가 N0-와 (서로) V ↔ N0-와 N1-가 (서로) V (N0=[추상물] N1=[추상물])
¶나의 예측은 실제 결과와 상당히 어긋났다. ↔ 실제 결과는 나의 예측과 상당히 어긋났다. ↔ 나의 예측과 실제 결과는 상당히 어긋났다.
¶피해자의 진술은 실제 상황과 어긋나는 내용을 많이 담고 있다.
❸(움직이는 두 물체나 이동 중인 두 사람이) 방향, 장소, 시간 따위가 맞지 않아서 서로 만나지 못하다. (of two moving objects or people) Not able to meet by not being in accord with regard to direction, place, time, etc.
N0-가 N1-와 N2-가 (서로) V ↔ N1-가 N0-와 N2-가 (서로) V ↔ N0-와 N1-가 N2-가 (서로) V (N0=[인간|단체], [교통기관] N1=[인간|단체], [교통기관] N2=[장소](장소, 길 따위), [추상물](방향, 시간 따위))
연어 중간에
¶철수는 친구들과 길이 어긋나서 만나지 못했다. ↔ 친구들은 철수와 길이 어긋나서 만나지 못했다. ↔ 철수와 친구들은 길이 어긋나서 만나지 못했다. ¶두 사람은 방향이 어긋나서 각자 다른 곳으로 도착했다.
❹(사람들 사이의 관계가) 서로 벌어져 틈이 생기다. (of a relation among people) Become estranged due to disharmony.
㊇벌어지다, 금이 가다
N0-가 V (N0=[추상물](마음, 사이, 관계 따위))
¶한번 어긋난 두 사람의 사이는 다시 복원되기 어려워 보인다. ¶잘 사귀던 두 사람의 마음이 어긋나기 시작한 것은 아주 사소한 일 때문이었다.
N0-가 N1-와 N2-가 (서로) V ↔ N1-가 N0-와 N2-가 (서로) V ↔ N0-와 N1-가 N2-가 (서로) V (N0=[인간|단체] N1=[인간|단체] N2=관계, 사이)
¶민수 때문에 철수가 영희와 사이가 어긋나기 시작했다. ↔ 민수 때문에 영희가 철수와 사이가 어긋나기 시작했다. ↔ 민수 때문에 철수와 영희가 사이가 어긋나기 시작했다. ¶당 대표가 대통령과 어긋나면서 일 처리가 매우 늦어지기 시작했다.

어기다

활용 어기어(어겨), 어기니, 어기고
타(약속이나 명령, 규칙, 정해진 시간 따위를) 지키지 않다. Dishonor promise, order, rule, or appointed time.
㊇위배하다, 위반하다, 깨뜨리다 ㊏지키다, 따르다I타
N0-가 N1-를 V (N0=[인간|집단] N1=시간, 의무, 규범, 관습, 제도, 명령 따위)
¶그는 언제나 마감 기일을 어긴다. ¶그 사람은 언제나 나와의 약속을 어기고 마음대로 일을 처리한다. ¶아이들은 늦게 돌아오면 안 된다는 규칙을 어기고 계속 놀았다.
N0-가 N2-에게 N1-를 V (N0=[인간|집단] N2=[인간] N1=시간, 의무, 규범, 관습, 제도, 명령, 약속 따위)
¶그녀는 아이들에게 약속을 어긴 적이 없다.

어루만지다

활용 어루만지어(어루만져), 어루만지니, 어루만지고
타❶(어떤 대상을) 손으로 가볍게 쓰다듬어 만지다. Touch an object by stroking it with the hand.
㊅만지다
N0-가 N1-를 V (N0=[인간], [신체부위](손, 손가락 따위) N1=[인간], [신체부위], [구체물])
¶그는 잠든 아이의 등과 배를 어루만졌다. ¶영희는 배를 어루만지면서 말했다.
❷(빛, 바람, 냄새 따위가 어떤 대상을) 쓰다듬는 것처럼 가볍게 스쳐지나가다. (of light, wind, or smell) Graze an object lightly as if stroking it.
N0-가 N1-를 V (N0=[기상](햇빛, 바람, 소리, 향기 따위) N1=[인간], [신체부위], [구체물])
¶밝은 햇살이 나의 몸을 어루만지는 듯 했다. ¶서늘한 바람이 그의 머리카락을 어루만지고 있었다. ¶감미로운 소리가 그의 귓가를 어루만지고 지나갔다.
❸다른 사람의 지친 마음이나 아픈 속을 달래다. Soothe another person's weary or anguished mind.
㊇위로하다, 달래다
N0-가 N1-를 V (N0=[추상물], [구체물] N1=[추상물](마음, 가슴, 속, 정신, 상처 따위))
¶그의 따뜻한 말 한마디가 그녀의 마음을 어루만져 주었다. ¶그 음악은 지친 나의 정신을 어루만져 주는 듯 했다.

어르다

활용 얼러, 어르니, 어르고, 얼렀다
타❶(아이를) 달래거나 기분 좋게 만들다. Make a kid calm down or be happy by tenderly swing or showing something funny.
㊇달래다

N_0-가 N_1-를 V (N_0=[인간] N_1=[인간](아기))
¶엄마가 우는 아기를 어르고 있다. ¶내가 아기를 얼러 보려고 했다가 더 울게 만들었다.
❷(자신보다 약한 사람이나 동물을) 성가시게 굴며 놀리고 장난치다. Tease and make fun of someone or an animal weaker than oneself by annoying.
N_0-가 N_1-를 V (N_0=[인간] N_1=[인간], [동물])
¶동네 형들이 어떤 꼬마를 어르고 있다. ¶아이들이 병아리를 어르다가 쪼였는지 울음을 터트렸다.
❸(사람을) 잘 달래서 설득하다. Persuade by appeasing someone who does not want to do some work.
[유]설득하다
N_0-가 S도록 V (R1) (N_0=[인간])
¶선생님은 학생들(이|을) 토론에 참여하도록 얼러도 보셨다.(R1) ¶어머니는 동생을 일찍 일어나서 학교에 가도록 어르고 나서야 아침을 차리셨다.

어리다

[활용]어리어(어려), 어리니, 어리고(주로 '어려 있다'의 형태로 사용된다.)
[자]❶눈물이 흐르지 않고 눈에 고이다. Tears fill the eyes without running down.
[유]고이다I, 괴다I
N_0-가 N_1-에 V (N_0=눈물, 물기 따위 N_1=눈)
¶이별을 말하는 그녀의 눈에 눈물이 어려 있었다. ¶불 타는 집을 바라보는 김 씨의 눈에 물기가 어렸다. ¶과거를 회상하는 아버지의 눈엔 어느덧 눈물이 어리기 시작했다.
❷연기나 안개, 구름 따위가 모여 사라지지 않고 남다. (of smoke, mist, or cloud) Remain in masses without being cleared.
[유]끼다I[자]
N_0-가 V (N_0=[연기](김, 안개), [기상](구름, 안개, 아지랑이 따위))
¶온도 차가 심할 때는 안경에 김이 어린다. ¶새벽 호수에는 뿌연 안개가 어려 있곤 했다.
❸(어떤 기운이나 현상, 추억 따위가) 없어지지 않고 무엇에 조금 배어서 남다. (of vigor, phenomenon, or memory) Remain and not to disappear, being slightly stuck to something.
[유]담기다, 스미다
N_0-가 N_1-에 V (N_0=[감정], [기운], 추억, 진심 따위 N_1=[구체물], [장소], [행위])
¶어릴 때는 누구나 치기 어린 행동을 할 수도 있다. ¶어머니의 편지에는 딸을 향한 따뜻한 애정이 어려 있었다. ¶아이들로부터 이렇게 정성 어린 선물을 받다니 참 기쁘다.

어림잡다

[활용]어림잡아, 어림잡으니, 어림잡고
[타](어떤 수나 양, 방향 따위를) 대충 느낌으로 짐작하다. Make a rough guess about a quantity or a direction.
[유]추정하다, 추측하다, 추산하다
N_0-가 N_1-를 N_2-로 V (N_0=[인간] N_1=[구체물], [추상물] N_2=[속성])
¶이 책을 다 읽는 데에는 어림잡아도 석 달은 걸릴 것이다. ¶100명으로 어림잡았던 행사 참석자가 200명을 넘었다.
N_0-가 S고 V (R1) (N_0=[인간|단체])
¶철수는 그 큰 가방의 무게(가|를) 20kg이 넘는다고 어림잡았다.(R1) ¶우리 상담소는 문의자의 평균 연령이 40세 이상이라고 어림잡고 있습니다.

어슬렁거리다

[활용]어슬렁거리어(어슬렁거려), 어슬렁거리니, 어슬렁거리고
[자타](덩치가 큰 사람이나 동물이) 몸을 조금씩 흔들며 목적 없이 천천히 걸어 다니다. (of a large-sized person or animal) Slowly walk around by shaking the body a little.
[유]배회하다, 돌아다니다[자타]
N_0-가 N_1-(를|에|에서) V (N_0=[인간], [동물] N_1=[장소](골목, 길 따위))
¶남자 몇이 담배를 피우며 골목에서 어슬렁거리고 있다. ¶쓰레기 봉지 사이에 살찐 고양이 몇 마리가 어슬렁거렸다.

어우러지다

[활용]어우러지어(어우러져), 어우러지니, 어우러지고
[자]둘 이상이 모여 조화롭게 하나의 덩어리나 한판을 이루게 되다. Two or more things go together and constitute one.
[유]조화되다
N_0-가 V (N_0=[구체물], [추상물])
[능]어우르다
¶찌개는 여럿이 어우러져 새로운 맛을 낸다. ¶역사 전시관에서는 100년 세월이 한데 어우러졌다.
N_0-가 N_1-와 V ↔ N_1-가 N_0-와 V ↔ N_0-와 N_1-가 V (N_0=[구체물], [추상물] N_1=[구체물], [추상물])
¶고추씨 육수가 능이와 어우러져 국물이 개운하다. ↔ 능이가 고추씨 육수와 어우러져 국물이 개운하다. ↔ 고 추씨 육수와 능이가 어우러져 국물이 개운하다. ¶마을과 자연이 어우러져 한 폭의 그림과도 같다.
N_0-가 N_1-에 V (N_0=[구체물], [추상물] N_1=[구체물], [추상물])
¶불경소리와 지역 노인들의 웃음소리가 경내에 어우러졌다. ¶베테랑 연기자들의 배역이 영화에 어우러져 있다.

어우르다

활용 어울러, 어우르니, 어우르고, 어울렀다

타 둘 이상을 모아 조화롭게 하나의 덩어리나 한판으로 이루다. (of a person) Gather two or more things together and constitute one.

유 아우르다, 합하다 타

N0-가 N1-를 V (N0=[인간] N1=[구체물], [추상물])

피 어우러지다

¶월드컵은 세계인이 마음을 어울러 즐기는 축구 축제이다. ¶여럿이 힘을 어울러 나라를 위해 힘쓰자.

어울리다

활용 어울리어(어울려), 어울리니, 어울리고

자 ❶지위나 색깔 따위에 맞게 자연스럽고 조화롭게 보이다. Naturally and harmoniously appear by suiting some position or color.

유 조화되다

N0-가 N1-(에 | 에게) V (N0=[모두] N1=[모두])

¶하얀 얼굴에는 빨간 입술이 어울린다. ¶그 사람의 지위는 명성에 어울렸다. ¶이 여자는 자네에게 잘 어울려.

N0-가 N1-와 V ↔ N1-가 N0-와 V ↔ N0-와 N1-가 V (N0=[인간], [구체물] N1=[인간], [구체물])

¶삼계탕을 할 때는 토종닭이 인삼과 잘 어울린다. ↔ 삼계탕을 할 때는 인삼이 토종닭과 잘 어울린다. ↔ 삼계탕을 할 때는 인삼과 토종닭이 잘 어울린다. ¶새로 산 기념품이 집안 장식과 어울렸다.

❷다른 사람과 함께 사귀어 잘 지내다. Get along with someone.

N0-가 N1-와 (서로) V (N0=[인간] N1=[인간])

¶나는 그 친구와 어린 시절부터 곧잘 어울렸다. ¶이번 영화의 아역 배우는 촬영장에서 사람들과도 잘 어울렸다.

어지럽히다

활용 어지럽히어(어지럽혀), 어지럽히니, 어지럽히고

타 ❶(물건을 늘어놓고 뒤섞어서) 너저분하게 하다. Make a mess by spreading and mixing items.

유 어지르다 반 치우다[1], 정리하다

N0-가 N1-를 V (N0=[인간|단체], [동물] N1=[장소])

¶철수는 방을 어지럽혔다. ¶고양이가 돌아다니면서 책상을 어지럽혔다.

N0-가 N1-를 V (N0=[인간|단체], [동물] N1=[구체물])

¶민희는 언제나 옷을 침대 위에 어지럽혀 놓아서 어머니에게 혼나곤 한다. ¶종규는 물건을 어지럽혔다.

N0-가 N1-를 N2-로 V ↔ N0-가 N2-를 N1-에 V (N0=[인간|단체], [동물] N1=[장소] N2=[구체물])

¶민희는 언제나 침대 위를 옷으로 어지럽혀 놓는다. ↔ 영희는 언제나 옷을 침대 위에 어지럽혀 놓는다. ¶병수는 책상 위를 다 쓴 메모지로 항상 어지럽힌다.

❷(머리나 정신 따위를) 흐리거나 혼란스럽게 하다. Make one's head or mind unclear.

유 혼란스럽게 하다

N0-가 N1-를 V (N0=[인간|단체], [행위], [상태] N1=[정신], [마음], [신체부위](머리 따위), 귓전)

¶너무 밝은 빛이 눈을 어지럽혀서 울렁거린다. ¶흔들리는 화면이 머리를 어지럽혀서 토할 것 같다. ¶강한 소음이 귓전을 어지럽혀서 머리가 너무 아프다.

❸(다 뒤섞이고 뒤얽히게 해서) 갈피를 못 잡게 하다. Make someone muddled by jumbling and entangling everything.

유 헝클다

N0-가 N1-를 V (N0=[인간|단체], [행위] N1=[추상물], [상태], [상황], [시선])

¶병수가 상황을 계속 어지럽혀서 결론이 나지 않는다. ¶겉으로 현란해 보이는 모습이 사람들의 시선을 어지럽혔다.

❹(질서나 규범 따위를) 혼란스럽게 하여 갈피를 못 잡게 하다. Make an order or regulation chaotic.

N0-가 N1-를 V (N0=[인간|단체], [행위], [상태] N1=[질서], [규범])

¶잘못된 법 개정은 오히려 사회의 질서를 어지럽히고 말았다. ¶무분별한 외국 문화의 수입이 풍기를 어지럽힌다는 주장이 제기되었다.

어지르다

활용 어질러, 어지르니, 어지르고, 어질렀다

타 (사람이나 동물이) 정돈되어 있는 장소를 물건을 함부로 흩어 놓아 너저분하게 하다. (of a person or an animal) Leave a tidy place in a mess by littering.

반 정리하다, 치우다

N0-가 N1-를 V (N0=[인간|동물] N1=[장소])

¶아직 어린 아기들은 방을 자주 어지른다. ¶강아지는 뛰어다니며 거실을 온통 어질렀다.

N0-가 N1-를 V (N0=[인간|동물] N1=[구체물])

¶아이는 바닥을 기면서 물건을 마구 어지르며 다녔다. ¶방에 들어온 조카들이 서류 뭉치를 어질렀다.

어쩌다

활용 어째, 어쩌니, 어쩌고, 어쨌다

자 어떠하게 하다. Do somehow.

N0-가 V (N0=[인간|단체])

¶그는 미안해서 어쩔 줄 몰랐다. ¶집에 불이 났으니, 이제 우리 어쩌면 좋으냐. ¶ 이번 시합에서도

졌으니, 그 팀 이제 어쩌지?
타(무엇인가를) 어떠하게 하다. Do somehow with something.
N0-가 N1-를 V (N0=[인간|동물] N1=[인간|집단],[기관], [동물], [일])
¶내가 그를 어쩌지 못하는 것은 그와의 의리 때문이다. ¶우리가 그 기관을 어쩌지 못하는 것은 그 기관이 아무런 비리도 없기 때문이다. ¶그 아이는 마구 짖는 강아지를 어쩌지 못하고 울어 버렸다. ¶이 일을 어쩌지?

어찌되다
활용 어찌되어(어찌돼), 어찌되니, 어찌되고
자(사람이나 일이) 명확한 결과 없이 진행되거나 처리되다. (of a person or duty) Become somehow.
N0-가 V (N0=[인간|단체], [기관], [행위], [사건], [일], [상황])
능 어찌하다
¶그녀와 함께 떠났다는 그가 그후 어찌되었는지 궁금하다. ¶어찌 된 사람이 말도 없이 결혼을 하나? ¶고향의 상황은 어찌되었소? ¶이유는 알았으니 자초지종이 어찌되었는지 말해.

어찌하다
활용 어찌하여(어찌해), 어찌하니, 어찌하고 ㊟어쩌다
자 어떠하게 하다. Do somehow.
N0-가 V (N0=[인간|단체], [기관])
¶그가 어찌하다가 이 지경이 되었는지 모르겠다. ¶지금 새 삶을 살 수 있다면 나는 어찌할까?
◆ **어찌할 바를 모르다** 침착하지 못하고 허둥지둥하다. Be restless and puzzled because of not knowing what to do.
N0-가 Idm (N0=[인간])
¶그는 갑작스런 상대방의 공격에 어찌할 바를 몰랐다. ¶그는 여행지에서 지갑을 잃어버려 어찌할 바를 몰랐다.
타(무엇인가를) 어떠하게 하다. Do somehow with something.
N0-가 N1-를 V (N0=[인간] N1=[일])
피 어찌되다
¶그는 이 문제를 어찌할지 모른다. ¶사람들은 그 일을 어찌하려는 것일까?

억누르다
활용 억눌러, 억누르니, 억누르고, 억눌렀다
타❶(감정 따위를) 겉으로 드러내지 않도록 참아 내다. Restrain a feeling in order not to express it.
㊐억압하다, 참다
N0-가 N1-를 V (N0=[인간|집단] N1=[감정])
피 억눌리다
¶민호는 차오르는 슬픔을 억눌렀다. ¶그는 애써 화를 억눌렀지만 분위기가 어두워졌다.
❷(다른 사람이나 그 행위, 생각 따위를) 자유롭지 아니하도록 억지로 막다. Restrain another person, behavior, or thought so that such cannot be free.
㊐억압하다
N0-가 N1-를 V (N0=[인간|집단] N1=[인간|집단], [행위], [생각], [권리])
피 억눌리다
¶국민의 자유를 억누른 국가에서는 혁명이 일어났다. ¶우리 학교에서는 선생님이 학생을 억누르지 않는다.

억눌리다
활용 억눌리어(억눌려), 억눌리니, 억눌리고
자❶(감정 따위가 다른 사람이나 사건에) 겉으로 드러나지 않도록 참기를 강요받다. (of emotion) Be restrained, not to be shown to another person or event.
㊐억압받다
N0-가 N1-(에|에게) V (N0=[감정] N1=[인간|집단], [상태])
능 억누르다
¶그동안 억눌려 있던 화가 폭발하고 말았다. ¶사람들에게 억눌린 울분을 풀 때가 왔다.
❷(사람이나 그 행위, 생각 따위가 다른 사람이나 사건에) 자유롭지 아니하도록 막히다. (of person, behavior, or thought) Be restrained by another person or event so that such cannot be free.
㊐억압되다, 억압받다
N0-가 N1-(에|에게) V (N0=[인간|집단], [행위], [생각], [권리] N1=[인간|집단], [상태])
능 억누르다
¶독재 정치에 자유가 억눌렸다. ¶바다에 오니 억눌렸던 기분이 풀리는 것 같다.

억압되다
어원 抑壓~ 활용 억압되어(억압돼), 억압되니, 억압되고 대응 억압이 되다
자❶(말이나 행동 따위가) 강제로 억눌리다. (of speech or action) Be forcefully suppressed.
㊐탄압되다, 억눌리다
N0-가 N1-(에|에게) V (N0=[인간], [집단], [권리](자유 따위) N1=[인간], [집단])
능 억압하다
¶사람들의 자유가 독재자에게 억압되고 있다. ¶신병들의 자유는 입소 첫날부터 선임병들에게 억압되었다.
❷(감정, 욕망 따위가) 드러나지 못하게 억눌리다. (of one's emotion or desire) Be suppressed so that it cannot become visible.

㊌억제되다, 억눌리다 ㊉터지다I, 표출되다
N0-의 N1-가 V ↔ N0-는 N1-가 V (N0=[인간] N1=[감정], 기억 따위)
능 억압하다
¶나의 기억이 억압되어 있다. ↔ 나는 기억이 억압되어 있다. ¶억압된 추억을 떠올리기가 쉽지 않다.

억압받다

어원 抑壓~ 활용 억압받아, 억압받으니, 억압받고 대응 억압을 받다
자 (말이나 행동 따위가) 강제로 억눌리다. (of speech or action) Be forcefully suppressed.
㊌탄압되다, 억눌리다
N0-가 N1-(에|에게|에 의해) V (N0=[인간], [집단], [권리](자유 따위) N1=[인간], [집단])
능 억압하다
¶독재자에게 사람들의 자유가 억압받았다. ¶신병들의 행동은 입소 첫날부터 선임병들에게 억압받았다.

억압하다

어원 抑壓~ 활용 억압하여(억압해), 억압하니, 억압하고 대응 억압을 하다
타 ❶(말이나 행동 따위를) 자유롭지 못하게 강제하다. Compel a speech or action to become not free.
㊌탄압하다, 억누르다
N0-가 N1-를 V (N0=[인간], [집단] N1=[인간], [집단], [행위], [소통], [권리](자유 따위))
피 억압되다, 억압받다
¶과거에는 여성의 사회 진출을 억압하였다. ¶중세 교회는 신앙의 자유를 억압하였다.
❷(감정, 욕망 따위를) 표출하지 않고 억누르다. Suppress one's emotion or desire without expressing it.
㊌억제하다, 억누르다 ㊉터트리다, 표출하다
N0-가 N1-를 V (N0=[인간], [동물] N1=[감정], [생각])
피 억압되다
¶인간이 본능을 억압할 수 있을까? ¶동물은 본능을 억압하지 않는다.

억제되다

어원 抑制~ 활용 억제되어(억제돼), 억제되니, 억제되고 대응 억제가 되다
자 ❶(감정이나 욕망, 충동적 행동 따위가) 억눌러져서 일어나지 못하게 되다. (of an emotion, desire, or impulsive behavior) Fail to occur due to suppression.
㊌억압되다, 통제되다
N0-가 V (N0=[속성](식욕, 충동 따위), [감정](슬픔, 화 따위))
능 억제하다
¶그 화면을 보는 순간 식욕이 억제되었다. ¶욕망이 지나치게 억제되면 정신 건강에 문제가 될 수 있다.
❷(정도나 한도를 넘어서 나아가려는 것이) 강제로 더 이상 진행되지 않다. (of something that attempts to exceed its extent or limit) Stop due to suppression.
N0-가 V (N0=인플레, 대출, 가격인상 따위)
능 억제하다
¶경기 회복을 해치지 않으면서 인플레가 억제되도록 해야 한다. ¶올해도 임금 인상이 한자리 수로 억제되었다.

억제하다

어원 抑制~ 활용 억제하여(억제해), 억제하니, 억제하고 대응 억제를 하다
타 ❶(자신의 감정이나 욕망, 충동적 행동 따위를) 억눌러서 일어나지 못하게 하다. Suppress one's emotion, desire, or impulsive action to stop it from occurring.
㊌억압하다, 억누르다, 통제하다
N0-가 N1-를 V (N0=[인간] N1=[속성](식욕, 충동 따위), [감정](슬픔, 화 따위))
피 억제되다
¶그는 스스로의 감정을 억제하느라 굳어진 표정을 감출 수 없었다. ¶나는 위로하는 친구의 손을 뿌리치며 터져 나오는 울음을 억제하였다.
❷(정도나 한도를 넘어서려는 것을) 억눌러 그만하게 하다. Suppress and stop something that attempts to exceed its extent and limit.
㊌규제하다타, 막다
N0-가 N1-를 V (N0=[인간|단체], [구체물] N1=인플레, 대출, 가격인상 따위)
피 억제되다
¶차가버섯은 암세포에 직접 작용하여 암 세포의 증식을 억제한다. ¶이 같은 상황에서 경기 활성화보다는 인플레를 억제하는 정책을 써야 한다.
❸ 【의학】 (흥분한 신경 세포의 활동을) 약이나 치료로 억누르거나 악화를 막다. (of another neuron) Suppress the activity of a neuron which is excited due to stimulation.
N0-가 N1-를 V (N0=약, 치료 따위 N1=활동, 번식 따위)
피 억제되다
¶지금의 치료는 암 세포의 활동을 억제하는 정도일 뿐이다. ¶페니실린은 폐렴균, 임균, 화농균 등의 번식을 억제한다.

언급되다

어원 言及~ 활용 언급되어(언급돼), 언급되니, 언급되

고 대응 언급이 되다
자 ❶(어떤 내용이나 존재 따위가) 글이나 말로 표현되다. (of some content or existence) Be spoken of.
N0-가 V (N0=[모두])
능 언급하다 타
¶한국의 뛰어난 시인을 논하는 자리에서는 언제나 김소월이 언급된다. ¶이 보고서에 궁금해 하시는 모든 내용이 언급되어 있습니다.
N0-가 S다고 V (N0=[구체물], [추상물])
능 언급하다 타
¶위약 효과는 플라시보 효과라고도 언급되는 현상이다. ¶삼국지 위지 동이전에는 부여와 고구려 사람들이 가무를 좋아한다고 언급되어 있다.
S것-(이|에 대해) V
능 언급하다 타
¶두 나라 대사가 몰래 회담한 것에 대해서는 어디서도 언급되지 않았다. ¶이 사업에 더 많은 예산이 필요하다는 것이 계속 언급되었다.
❷(어떤 사람이나 물건이) 특정한 신분이나 자격을 지닌 것으로 말해지다. (of a person or item) Be spoken of as a particular status or cause.
N0-가 N1-로 V (N0=[구체물], [추상물] N1=[구체물], [추상물])
능 언급하다 타
¶이재현 의원은 언론에서 연일 유력한 대선 후보로 언급되고 있다. ¶게르만족의 대이동은 로마제국 멸망의 주요 요인으로 언급되곤 한다.

언급하다

어원 言及~ 활용 언급하여(언급해), 언급하니, 언급하고 대응 언급을 하다
타 (신분이나 정체를) 명백하게 말하다. Speak one's status or identity.
상 말하다
N0-가 N1-를 N2-로 V (N0=[인간|단체] N1=[구체물], [추상물], [집단], [장소], [상태] N2=[구체물], [추상물], [집단], [장소], [상태])
피 언급되다
¶기업은 종종 피고용인을 '가족'으로 언급한다. ¶철학사가들은 입을 모아 소크라테스를 가장 위대한 철학자로 언급해 왔다.
자타 (어떤 내용이나 존재 따위를) 글이나 말로 표현하다. Speak of some contents or existence.
상 말하다 자
N0-가 N1-(를|에 대해) V (N0=[인간|단체] N1=[구체물], [추상물], [집단], [장소], [상태])
피 언급되다
¶경찰 당국자는 수사 과정에 대해 언급하지 않았다. ¶이전에 여러 차례 언급했듯이 한국학 연구는 관련 자료가 아주 부족하다.
N0-가 S다고 V (N0=[인간|단체])
¶담당자는 계획이 순조롭게 진행되고 있다고 언급했다. ¶장관은 장관직 사퇴의 이유를 밝히지 않겠다고 언급했다.
N0-가 S것-(을|에 대해) V (N0=[인간|단체])
피 언급되다
¶우리가 지금 만난 것에 대해서는 아무에게도 언급하지 말아 주세요. ¶김 의원은 부주의로 기밀문서가 유출된 것을 언급하며 담당 기관의 각성을 촉구했다.

얹다

활용 얹어, 얹으니, 얹고
타 ❶(무엇을) 어떤 장소에 올려놓다. Put something on a certain place.
유 올리다, 싣다, 이다 반 내리다
N0-가 N2-에 N1-를 V (N0=[인간|단체] N1=[구체물] N2=[구체물], [장소])
피 얹히다
¶아버지는 젖은 수건을 재영의 이마에 얹었습니다. ¶신부님은 천천히 다가와서 그의 머리에 가볍게 손을 얹었다.
❷(어떤 재료로) 지붕 따위를 만들다. Create a roof from certain material.
유 설치하다, 설비하다
N0-가 N2-로 N1-를 V ↔ N0-가 N1-로 N2-를 V (N0=[인간|단체] N1=지붕 따위 N2=[자재], [재료])
¶이 집의 헛간채는 시멘트 기와로 지붕을 얹었다. ↔ 이 집의 헛간채는 지붕으로 시멘트 기와를 얹었다. ¶아버지는 플라스틱판으로 닭장 지붕을 얹었다.
❸(기본적인 형식이나 양이나 값에) 약간 더 보태다. Add a little to the basic form, amount or value.
유 덧붙이다, 합하다 타
N0-가 N2-에 N1-를 V (N0=[인간|단체] N1=[구체물], [추상물], [수량], [값] N2=[구체물], [추상물], [수량], [값])
¶감독은 체력에 스피드와 전술을 얹었다. ¶공장가에 겨우 몇 푼 더 얹어 연탄을 팔다가는 이문을 남길 수 없다.

얹히다

활용 얹히어(얹혀), 얹히니, 얹히고
자 ❶(무엇이) 어떤 장소에 올려지거나, 올려져 있다. (of something) Be put on a certain place.
유 놓이다
N0-가 N1-(에|에게) V (N0=[구체물] N1=[구체물], [장소])
능 얹다

¶머리빗과 비녀가 머리에 얹힌 상태로 발견되었다. ¶곧 진짓상이 들어오고, 맛있는 요리가 가득히 넓은 상 위에 얹혔습니다.

❷(기본적인 형식이나 양, 값에) 약간 더 덧붙여지다. Be added a little to the basic form, amount or value.

㉮추가되다, 덧붙여지다

N0-가 N1-에 N2-에 의해 V (N0=[구체물], [추상물], [값], [수량] N1=[구체물], [추상물], [수량], [값] N2=[인간|단체])

능얹다

¶그 주식은 시가 대비 프리미엄이 얹혀서 팔렸다.

❸(남에게 기대어) 도움을 받다. Rely on someone and receive help.

㉮의지하다자

N0-가 N1-(에|에게) V (N0=[인간|단체] N1=[인간|단체], [장소])

¶그 친구는 약혼녀에게 얹혀 지낸다고 들었다. ¶그는 친구의 자취방에 3년이나 얹혀 지내고 있다.

❹먹은 음식이 소화되지 않아 답답한 상태로 있다. Stay stuffy due to indigestion of consumed food.

N0-가 N1-가 V (N0=[인간] N1=[신체부위], [음식])

¶먹은 것이 얹혔는지 속이 메스껍다. ¶나는 점심에 먹은 짜장면이 얹혔는지 속이 더부룩하였다.

얻다[1]

활용얻어, 얻으니, 얻고

타❶(어떤 사람이 다른 사람이나 단체에게서) 무엇을 받아 가지다. (of someone) Receive something from someone else or organization.

㉮구하다 ㉯잃다

N0-가 N1-를 N2-(에서|에게|에게서) V (N0=[인간|단체] N1=[구체물] N2=[인간|단체])

¶직업이 없는 그 남자는 옆집에서 겨우 쌀을 얻어 밥을 지었다. ¶아이는 어디에서 고양이 한 마리를 얻어 왔다.

❷(어떤 사람이 무엇에서) 돈이나 물건 따위를 다시 돌려주기 전까지 한동안 쓰다. (of someone) Use money or object for a while before returning.

㉮구하다

N0-가 N2-(에|에서) N1-를 V (N0=[인간|단체] N1=[건물], [구체물], [금전], 일손 따위 N2=[장소])

¶신혼부부는 대개 이 근방에서 전셋집을 얻는다. ¶그는 사업을 하기 위해 은행에서 빚을 얻었다.

❸전에는 없던 관계나 대상을 구하여 가지다. (of someone) Obtain relation or object that did not exist before.

㉯잃다

N0-가 N1-를 V (N0=[인간|단체] N1=[추상물], [인간])

¶운동을 열심히 하면 누구나 건강을 얻는다. ¶졸업한 뒤 그 아이는 삼촌 회사에 취직자리를 얻었다.

❹병을 앓게 되다. (of a person) Become sick.

㉮걸리다

N0-가 N1-를 V (N0=[인간] N1=[질병])

¶그는 영양실조와 과로로 인해 결핵을 얻었다. ¶아버지는 계속 흡연을 해 온 탓인지 얼마 전 암을 얻으셨다.

❺(사람이나 가족이) 새로운 가족 구성원을 결혼, 출산, 입양 따위를 통해 맞다. (of a person or family) Have new family member by marriage, childbirth, or adoption.

N0-가 N1-를 N2-로 V (N0=[인간|단체] N1=[인간|단체] N2=[인간](남편, 아내, 며느리, 사위 따위))

¶그는 어릴 때부터 점찍어 두었던 청년을 사위로 얻었다. ¶우리 부부는 마흔이 되어 늦둥이를 얻었다.

N0-가 N1-를 V (N0=[인간|단체] N1=[인간](남편, 아내, 며느리, 사위 따위))

¶우리 가족은 올해 아들을 둘이나 얻었다. ¶노모는 딸 같은 며느리를 얻었다.

❻(긍정적인 태도, 반응, 상태 따위를) 자신의 몫으로 가지거나 누리게 되다. (of a person) Take or enjoy positive attitude, response, or condition to oneself.

㉮받다 ㉯잃다

얻다[2]

활용얻어, 얻으니, 얻고

기능타 행위를 통해 주로 무언가 유리함을 갖는 것을 의미하는 기능동사. A support verb that indicates "to have something advantageous through an act."

N0-가 N1-를 N2-(에서|에게|에게서) Npr-를 V (N0=[인간|단체], [구체물] N1=[추상물](지지, 도움, 반응, 원조, 승인 따위) N2=[인간|단체])

¶환경오염에 반대하는 주장이 사람들에게 많은 지지를 얻었다. ¶나는 거래처와의 오랜 관계를 통해 신뢰를 얻었다. ¶신제품이 시장에서 큰 호응을 얻었다.

얻어맞다

활용얻어맞아, 얻어맞으니, 얻어맞고

자여론이나 언론에 비난을 듣다. Hear criticism from public opinion or press.

㉮비난받다

N0-가 N1-(에|에서) V (N0=[사람|단체] N1=[매체](언론, 신문, 방송, 뉴스 따위))

¶기업이 탈세 혐의로 신문에서 한번 크게 얻어맞은 후로 매출액이 급감했다. ¶박지성 선수는 국내

외를 막론하고 미디어에서 많이 얻어맞았다고 말하며 웃었다.
[타]❶(남에게 몽둥이, 주먹 따위로) 신체부위를 심하게 맞다. Be severely beaten on a body part by someone with a bat or fist.
[유]얻어터지다
N0-가 N1-를 N2-(에게|로부터) N3-로 V (N0=[인간|단체] N1=[신체부위](뺨 따위), 따귀 따위 N2=[인간|단체] N3=[도구], [신체부위])
¶그는 딴 생각을 하다가 뒤통수를 얻어맞고서야 정신을 차렸다. ¶흥부는 뺨을 형수에게 얻어맞고 빈손으로 쫓겨났다.
❷(주로 야구나 축구 따위의) 운동 경기에서 승패를 좌우하는 결정적인 점수를 내주다. Give a decisive score that determines the win or loss in a sports game (usually baseball or soccer).
N0-가 N1-에게 N2-를 V (N0=[인간|단체] N1=[인간] N2=골, 타점, 홈런 따위)
¶우리 팀 투수는 상대 팀 선수에게 1타점 적시타를 얻어맞고 첫 실점을 허용했다. ¶그 투수는 다음 타자에게 우월 투런 홈런을 얻어맞았다.

얻어먹다

[활용]얻어먹어, 얻어먹으니, 얻어먹고
[타]❶(남에게) 음식물, 식사 따위를 공짜로 받아먹다. Receive and eat food or meal for free from someone.
[유]빌어먹다
N0-가 N1-에게 N2-를 V (N0=[인간|단체] N1=[인간|단체] N2=[음식물], [식사])
¶나는 지갑을 잃어버려 친구에게 밥 한 끼를 얻어먹었다. ¶나는 과수원을 지나가면서 주인에게서 배 하나를 얻어먹었다.
❷(남에게) 욕 비난 따위의 좋지 않은 말을 듣다. Listen something bad such as criticism or insult from someone.
[유]받다, 듣다
N0-가 N1-에게 N2-를 V (N0=[인간|단체] N1=[인간|단체] N2=욕, 비난 따위)
¶그녀는 눈치 없이 굴다가 주변 사람들에게 욕을 많이 얻어먹었다. ¶남편이 아내에게 핀잔을 얻어먹고 멋쩍게 웃었다.

얼다

[활용]얼어, 어니, 얼고, 어는
[자]❶(물체나 액체가) 추위로 온도가 영하로 내려가 단단하게 굳어지다. (of matter or liquid) Become solid as the temperature falls below zero due to cold weather.
[반]녹다
N0-가 V (N0=[구체물])
[사]얼리다
¶강추위가 계속되어 강이 꽁꽁 얼었다. ¶날씨가 추워져서 땅도 얼었다.
❷(신체나 신체의 일부가) 추위로 인해 뻣뻣해질 정도로 차가워지다. (of the body or its part) Become so cold as to be stiff due to cold weather.
[반]녹다
N0-가 V (N0=[신체부위])
¶너무 추워서 손발이 꽁꽁 얼었다. ¶입이 얼어서 말이 제대로 나오지가 않는다.
❸(사람이) 매우 놀라서 몸이 굳어질 정도로 긴장하다. (of a person) Be so surprised as to become stiff due to tension.
[유]겁먹다, 기죽다
N0-가 V (N0=[인간])
¶그는 완전히 얼어서 아무 말도 하지 못했다. ¶나는 면접관의 갑작스런 질문에 바짝 얼었지만 미소를 잃지 않았다.

얼룩지다

[활용]얼룩져, 얼룩지니, 얼룩지고 [대응]얼룩이 지다
[자]❶(신체가) 옷 등이 땀, 때 따위로 물이 들다. Be stained with swear or grime.
N0-가 N1-(로|에) V (N0=[착용물], [신체부위], [구체물] N1=[분비물](때, 땀 따위), [색], 자국 따위)
¶옷소매가 땀으로 얼룩졌다. ¶어깨가 핏자국으로 얼룩졌다.
❷ 부정적인 특성 따위로 특징지어지다. Be categorized with negative characteristics.
[유]점철되다
N0-가 N1-(로|에) V (N0=[감정], [추상물] N1=[실패], [재해](고난 따위), 배신 따위)
¶할머니의 인생은 고난으로 얼룩졌다. ¶우리의 사랑이 그녀의 배신으로 얼룩졌다.
◆ **눈물로 얼룩지다** 눈물을 흘릴 정도의 고통을 많이 겪다. Be categorized with pain.
N0-가 Idm (N0=[감정], [추상물])
¶잦은 전쟁으로 우리 시대는 눈물로 얼룩졌다. ¶그녀의 배신 때문에 우리의 사랑이 눈물로 얼룩졌다.

얼버무리다

[활용]얼버무리어(얼버무려), 얼버무리니, 얼버무리고
[타]❶(대답이나 말 따위를) 분명하지 않게 대충 말하다. Answer or speak sloppily and unclearly.
[유]흐리다
N0-가 N1-를 V (N0=[인간] N1=[언어], [대답])
[연]적당히
¶수사관의 질문에 용의자가 대답을 얼버무렸다.

¶그녀의 추궁에 나는 말을 적당히 얼버무렸다.
❷(행동이나 일 따위를) 정확하게 하지 않고 대충 하는 시늉만 하다. Pretend to act or work without performing accurately.
[유]대충하다
N0-가 N1-를 V (N0=[인간] N1=[행위], [사고])
[연어]대충
¶그녀는 사고를 얼버무리고 넘어가려고 했다. ¶그 사람은 자기가 할 일을 대충 얼버무려 버렸다.
❸(여러 가지 재료들을) 적당히 대충 섞다. Sloppily mix many materials.
[유]비비다[타], 섞다
N0-가 N1-를 N2-와 N3-로 V (N0=[인간] N1=[재료] N2=[재료] N3=[재료])
¶어머니는 밥을 산나물과 고추장으로 얼버무려 비빔밥을 만들어 주셨다. ¶요리사는 토마토를 설탕과 케첩으로 얼버무려서 토마토소스를 만들었다.

얼어붙다
[활용]얼어붙어, 얼어붙으니, 얼어붙고
[자]❶(액체나 사물이) 온도가 매우 낮아져서 차갑고 단단하게 굳어지다. (of liquid or thing) Become cold and solid because of low temperature.
[상]얼다
N0-가 V (N0=[구체물])
[연어]꽁꽁
¶매서운 추위가 계속되면서 한강이 꽁꽁 얼어붙었다. ¶수도관이 얼어붙었는지 물이 안 나온다.
❷(신체부위가) 추위로 차갑고 단단하게 굳어져 거의 움직일 수 없게 되다. (of part of the body) Become cold and stiff due to low temperature so that it is nearly immovable.
[상]얼다
N1-의 N0-가 V ↔ N1-는 N0-가 V (N0=[인간], [동물])
[연어]꽁꽁
¶남편의 손발이 꽁꽁 얼어붙어 있었다. ↔ 남편은 손발이 꽁꽁 얼어붙어 있었다. ¶차가운 바람에 나는 온몸이 얼어붙을 것 같았다. ¶입이 얼어붙어서 도저히 말이 나오지 않습니다.
❸(온몸이) 긴장이나 두려움 따위로 굳어져 움직일 수 없게 되다. (of the whole body) Become stiff because of anxiety and fear so that it is nearly immovable.
[유]마비되다 [상]얼다
N0-가 V (N0=[인간], 온몸)
[연어]꽁꽁
¶나는 무서워서 온몸이 얼어붙고 말았다. ¶남자의 매서운 음성에 영희가 얼어붙었다.
❹(분위기나 마음 따위가) 차가워지다. (of atmosphere or heart) Become cold.
[유]싸늘해지다 [상]얼다
N0-가 V (N0=마음, 심리, 표정, 분위기 따위)
[연어]꽁꽁
¶이번 사건으로 외국 투자자들의 마음은 얼어붙었다. ¶홍 의원의 발언에 회의장 분위기가 순식간에 얼어붙었다.
❺(경기나 일의 흐름 따위가) 제자리걸음이거나 더 나빠지다. (of economy or progress of a work) Come to a standstill or worsen.
[유]냉각되다 [상]얼다
N0-가 V (N0=[추상물](시장, 경기, 관계 따위))
[연어]꽁꽁
¶서해 도발로 남북 관계는 다시 얼어붙었다. ¶상당 기간 부동산 시장은 꽁꽁 얼어붙을 것으로 예상된다.

얽다 I
[활용]얽어, 얽으니, 얽고
[자]❶(얼굴이) 마맛자국이 생기다. (of pockmark) Be made on a person's face.
N0-가 V (N0=[인간])
¶그는 얼굴이 얽어 아이들이 곰보라고 부른다. ¶그녀는 얼굴은 약간 얽었지만 이목구비가 매우 뚜렷하다.
❷(무엇이) 겉에 우묵우묵한 흠이 많이 나다. (of something) Be covered by hollow gaps on the surface.
N0-가 V (N0=[구체물](가구, 주전자 따위))
¶가구가 오래 되어 많이 얽었다. ¶주전자가 얽고 찌그러졌다.

얽다 II
[활용]얽어, 얽으니, 얽고
[타]❶무엇을 만들기 위해 끈이나 줄 따위로 이리저리 걸어 묶다. (of a person) Hang and tie string, rope, etc., in many directions in order to make something.
[유]묶다, 엮다
N0-가 N1-를 N2-로 V (N0=[인간] N1=[구체물] N2=[줄], [나무], [풀])
[피]얽히다
¶아버지는 울타리를 싸릿대로 얽었다. ¶나는 동아줄을 얽어 그물을 만들었다.
❷(다른 사람을) 어떤 일로 강제로 관련이 되게 하다. (of a person) Make someone forcibly related to some situation.
[유]엮다, 연루시키다
N0-가 N1-를 N2-로 V (N0=[인간] N1=[인간] N2=[추상물])

ㅇ

피얽히다
¶그는 죄 없는 사람을 얽어 감옥에 가두었다. ¶그는 나를 명예훼손으로 얽으려 하였으나 터무니없는 일이었다.

얽매다
활용얽매어(얽매), 얽매니, 얽매고
타❶(사람이 무엇을 끈이나 줄로, 또는 사람이 어디에 끈이나 줄을) 걸어서 동여 묶다. (of a person) Hang and tie something with string or rope to some place.
㊤묶다, 동여매다, 옭아매다, 엮다
No-가 N1-를 N2-로 V (No=[인간] N1=[인간], [구체물] N2=[줄](사슬, 노끈 따위))
피얽매이다
¶그는 죄인을 쇠사슬로 얽매었다. ¶나는 메주를 노끈으로 얽맸다.
No-가 N1-를 N2-에 V (No=[인간] N1=[줄] N2=[신체부위])
¶나는 밧줄을 죄인의 손목에 얽매고 그를 호송하였다. ¶그는 노끈을 염소의 앞다리에 얽맸다.
❷(무엇이 사람을) 자유롭게 행동할 수 없도록 구속하다. (of something) Bind someone to prevent free activity.
㊤옭아매다, 구속하다
No-가 N1-를 V (No=[일], [추상물] N1=[인간])
피얽매이다
¶갖가지 잡일이 나를 얽매고 있다. ¶현대 문명은 또 다른 방식으로 인간을 얽맨다.

얽매이다
활용얽매여, 얽매이니, 얽매이고
자❶(무엇에) 구속되어 자유롭지 못하다. (of a person) Bound to something to suppress freedom.
㊤구속되다
No-가 N1-에 V (No=[인간] N1=[일], [추상물])
능얽매다
¶너처럼 인정에 얽매이면 일을 망친다. ¶언니는 기존의 고루한 관습에 얽매이지 않는 사람이었다.
❷(끈이나 줄에) 얽혀 묶이다. (of something) Be bound and tied by string or rope.
㊤묶이다, 엮이다, 얽히다
No-가 N1-에 V (No=[인간], [동물], [구체물] N1=[줄](사슬, 노끈 따위))
능얽매다
¶죄인은 쇠사슬에 얽매여 움직일 수가 없었다. ¶내가 도착했을 때 소는 밧줄에 얽매여 있었다.

얽히다
활용얽히어(얽혀), 얽히니, 얽히고
자❶(끈이나 줄 따위에) 이리저리 걸려 묶이다. (of something) Be bound and tied in many directions by string or rope.
㊤묶이다, 매이다, 엮이다
No-가 N1-에 V (No=[인간], [동물] N1=[줄])
능얽다II
¶나는 밧줄에 얽혀 움직일 수 없었다. ¶물고기가 그물에 얽혔다.
❷(끈이나 줄 따위가) 다른 것과 이리저리 서로 걸려 엉클어지다. (of string, rope, etc.) Be entangled in many directions with something else.
㊤엉키다, 뒤엉키다, 섞이다, 헝클어지다
No-가 N1-와 V ↔ N1-가 No-와 V ↔ No-와 N1-가 V (No=[줄] N1=[줄])
능얽다II
¶빨간색 실이 파란색 실이 마구 얽혔다. ↔ 파란색 실이 빨간색 실과 마구 얽혔다. ↔ 빨간색 실과 파란색 실이 마구 얽혔다. ¶밧줄이 얽혀 있어서 푸는 데에 한참 걸렸다.
❸ 다른 것에 밀접하게 관련이 되다. (of something) Be related to something else.
㊤엮이다, 관련되다
No-가 N1-에 V (No=[인간], [상태], [추상물] N1=[인간], [상태], [추상물])
능얽다II
¶할머니는 아이에게 석가탑에 얽힌 오래된 전설을 들려주었다. ¶감독은 영화 제작에 얽힌 사연을 기자에게 털어놓았다.
No-가 N1-와 V ↔ N1-가 No-와 V ↔ No-와 N1-가 V (No=[인간], [상태], [추상물] N1=[인간], [상태], [추상물])
¶나는 민제와 이번에도 얽히게 되었다. ↔ 민제는 나와 이번에도 얽히게 되었다. ↔ 나와 민제는 이번에도 얽히게 되었다. ¶이 사건은 지난 번 사건과 얽혀 있다.

엄습하다
어원掩襲~ 활용엄습하여(엄습해), 엄습하니, 엄습하고
자(생각, 감정, 감각 따위가) 갑자기 강하게 밀려닥치다. (of thought, emotion, or sense) Surge strongly all of a sudden.
㊤몰려오다
No-가 V (No=[행위], [감정], [감각])
¶우리 팀이 예선에서 탈락해 버리자 허탈감이 엄습하였다. ¶그가 우리를 신고할지 모른다는 두려움이 엄습했다.
타❶(어떤 대상을) 갑자기 습격하다. (of a person) Make a surprise attack on an object.
㊤덮치다타
No-가 N1-를 V (No=[인간|단체] N1=[인간|단체])

¶적군이 휴일을 틈타 느닷없이 우리를 엄습했다. ¶그들은 병사의 등 뒤를 엄습해 진지로 들어왔다.
❷(어떠한 생각, 감정, 감각 따위가) 대상을 갑자기 찾아오다. (of thought, emotion, or sense) Occur suddenly.
㊌덮치다타, 몰려오다
N0-가 N1-를 V (N0=[행위], [감정], [감각] N1=[인간])
¶예선에서 탈락해 버리자 허탈감이 우리를 엄습하였다. ¶심한 고통이 나를 엄습해 와도 과연 나는 견딜 수 있을까?

엄호하다

어원掩護~ 활용엄호하여(엄호해), 엄호하니, 엄호하고 대응엄호를 하다
타❶(사람이나 차량 따위를) 철저히 가리어 보호하다. Hide and protect a person, a car, etc.
㊌보호하다, 지키다
N0-가 N1-를 V (N0=[인간|단체] N1=[인간|단체], [신체부위], [방향])
¶어머니는 아들이 다치지 않게 온 몸으로 아들을 엄호했다. ¶경호 차량 두 대가 유명 가수가 탄 차량을 엄호했다.
N0-가 N1-를 N2-로부터 V (N0=[인간|단체] N1=[인간|단체] N2=[인간|단체])
¶우리는 퇴각하는 군인들을 사람들로부터 엄호했다. ¶김 중사는 나를 엄호하다 전사했다.
❷(남의 잘못이나 허물 따위를) 덮어주고 편들어주다. Cover someone's fault or flaw and side with that person.
㊌덮어주다, 옹호하다
N0-가 N1-를 V (N0=[인간|단체] N1=[인간|단체], [갈등상황])
¶선생님은 끝까지 자기 반 학생을 엄호했다. ¶남편은 내가 수세에 몰리자 나를 적극적으로 엄호해 주었다.
❸ 【군사】 (아군을) 적의 저항이나 공격으로부터 보호하다. Protect an ally from the enemy's resistance or attack.
㊌보호하다, 방어하다
N0-가 N1-를 V (N0=[인간|단체] N1=[인간|단체])
¶우리는 퇴각하는 군인들을 엄호했다. ¶내가 앞으로 나갈 테니 엄호해.

업그레이드되다

어원영어, upgrade~ 활용업그레이드되어(업그레이드돼), 업그레이드되니, 업그레이드되고 대응업그레이드가 되다
자❶(어떤 물건의 품질 따위가) 보다 더 좋게 개선되다. (of some object's quality, etc.) Be nicely improved than before.
㊌개선되다
N0-가 V (N0=[구체물], [속성])
능업그레이드하다
¶컴퓨터 처리 속도가 업그레이드되었다. ¶냉장고 성능이 업그레이드되었습니다.
❷(능력, 자격 따위가) 더 향상되다. (of ability, qualification, etc.) Be improved.
㊌향상되다
N0-가 V (N0=[인간], [속성](능력, 자격 따위))
능업그레이드하다
¶특별 훈련을 통해 우리 팀 전력이 업그레이드되고 있습니다. ¶토익 점수가 업그레이드되었다.

업그레이드하다

어원영어, upgrade~ 활용업그레이드하여(업그레이드해), 업그레이드하니, 업그레이드하고 대응업그레이드를 하다
타❶(어떤 물건의 품질 따위를) 보다 더 좋아지게 개선시키다. Have some object's quality, etc., be nicely improved than before.
㊌개량하다, 개선하다
N0-가 N1-를 V (N0=[인간] N1=[구체물], [속성])
피업그레이드되다
¶동생이 노트북의 메모리를 업그레이드했다. ¶서비스 직원이 서비스로 내 컴퓨터의 처리 속도를 업그레이드해 주었다.
❷(능력, 자격 따위를) 더 향상시키다. Improve the ability, qualification, etc.
㊌향상시키다
N0-가 N1-를 V (N0=[인간] N1=[인간], [속성](능력, 자격 따위), 점수)
피업그레이드되다
¶나는 토익 점수를 업그레이드하려고 열심히 공부했다. ¶요즘 대학생들은 경력을 업그레이드하려고 노력한다.

업다

활용업어, 업으니, 업고
타❶다른 사람을 등에 오르게 하여 양손으로 잡아 받치다. (of a person) Support someone over the back by holding with two hands.
N0-가 N1-를 N2-에 V (N0=[인간], [동물] N1=[인간], [동물] N2=등)
피업히다I 사업히다II
¶엄마는 아이를 포대에 싸서 업었다. ¶감독은 쓰러진 선수를 업고 병원으로 달렸다. ¶병사는 부상자를 업고 막사로 돌아왔다.
❷(어떤 세력을) 기반으로 삼다. (of a person) Make some influence as a base.
㊌의지하다타, 기대다
N0-가 N1-를 N2-에 V (N0=[인간] N1=[모두] N2=등, 뒤)

ㅇ

피업히다I
¶그와 같은 사람들은 정치를 시작하기 위해 부친의 명성을 등에 업었다. ¶그 사람은 자기 아버지의 세력을 뒤에 업고서 그렇게 방만하게 행동한다.
❸(다른 사람을) 자기에게 유리하도록 어떤 일에 끌고 들어가다. (of someone) Take someone else to some duty for one's own benefit.
N0-가 N1-를 V (N0=[인간] N1=[인간])
¶그가 총회의 회장이 될 때 자기가 있던 단체를 전부 업고 들어갔다. ¶그 아이는 절대 혼자 혼나지 않고 제 친구들까지 업고 들어갔다.

업데이트되다
어원영어, update~ 활용업데이트되어(업데이트돼), 업데이트되니, 업데이트되고 대응업데이트가 되다
자(문서의 내용이나 기계의 설정이) 최신 상태로 바뀌다. (of a document's content or a machine's setting) Be changed to the most recent condition.
유갱신되다
N0-가 V (N0=[문서], [기기], 소프트웨어)
능업데이트하다
연어자동으로, 정기적으로
¶휴대전화 운영 체계가 자동으로 업데이트되었다. ¶통계청의 통계 자료가 업데이트되었다.

업데이트하다
어원영어, update~ 활용업데이트하여(업데이트해), 업데이트하니, 업데이트하고 대응업데이트를 하다
타(문서의 내용이나 정보, 기계의 설정 따위를) 최신 상태로 바꾸다. Change the document's content or machine's setting to the most recent condition.
유갱신하다
N0-가 N1-를 V (N0=[인간|단체] N1=[문서], [기기], 소프트웨어)
피업데이트되다
연어정기적으로, 자동으로
¶나는 휴대전화 운영 체제를 정기적으로 업데이트한다. ¶연구팀은 조사 자료를 업데이트할 계획을 세웠다.

업로드하다
어원영어, upload~ 활용업로드하여(업로드해), 업로드하니, 업로드하고 대응업로드를 하다
타(주로 인터넷과 같은 전산망을 통하여) 파일을 다른 컴퓨터나 서버로 보내다. Send a file to another computer or server through the Internet or computer network.
유보내다, 전송하다I, 올리다 반다운로드하다, 다운로드받다, 다운받다
N0-가 N1-를 N2-에 V (N0=[인간], [기계](컴퓨터, 스마트폰 따위), 프로그램 N1=파일, 동영상, 음악, 자료, 문서 따위 N2=인터넷, 홈 페이지, 자료실, 서버 따위)
¶아버지는 회사 서버에 작업 중이시던 문서를 업로드하셨다. ¶통계청은 홈페이지에 다양한 통계 자료를 업로드해 줍니다. ¶나는 오늘 찍은 사진을 블로그에 업로드했다.

업신여기다
활용업신여기어(업신여겨), 업신여기니, 업신여기고
타(다른 사람을) 보잘것없이 여기고 깔보다. Look down on or underestimate (people).
유경멸하다, 경시하다, 괄시하다, 무시하다
N0-가 N1-를 V (N0=[인간|단체] N1=[인간|단체])
¶그들은 성호가 어리다고 업신여겼다. ¶나를 업신여기는 자들에게 본때를 보여 주겠어!. ¶함부로 남을 업신여기지 마라.

업히다 I
활용업히어(업혀), 업히니, 업히고
자❶(어떤 사람이나 동물 따위가) 다른 사람이나 동물의 등에 올라타게 되다. (of someone or animal) Be adhered or mounted over someone else or animal's back.
N0-가 N1-(에|에게) V (N0=[인간] N1=[인간], [신체부위](등))
능업다
¶나는 못이기는 척 아들의 등에 업혔다. ¶그는 친구에게 업혀 병원에 실려갔다.
❷(어떤 세력이 누구에게) 기반이 되다. (of some influence) Become a base to someone.
유의지하다자, 기대다
N0-가 N1-(에|에게) V (N0=[인간|단체] N1=[권력], [금전])
능업다
¶그는 아주 강한 세력에 업혔다. ¶그 사람은 아버지의 권력에 업혀서야 재산을 되찾을 수 있었다.

업히다 II
활용업히어(업혀), 업히니, 업히고
타(다른 사람에게) 무엇을 등에 지게 하다. (of someone) Be adhered to the back with someone else or object.
N0-가 N2-(에|에게) N1-를 V (N0=[인간] N1=[인간] N2=[인간], [신체부위](등))
주업다
¶아이가 소꿉놀이를 하길래 등에 인형을 업혔다. ¶그는 동료에게 환자를 업혀 빨리 큰 병원으로 옮기라고 하였다.

없애다
활용없애어(없애), 없애니, 없애고 【구어】
타❶있던 건물이나 시설 따위를 없는 상태로 만들다. (of a person) Make a building, a facility,

etc., unusable.
[유]철거하다, 제거하다 [반]만들다[타], 세우다, 제작하다
No-가 N1-를 V (No=[인간|단체] N1=[건물], [장소], [장소])
¶삼촌은 마당에 있는 오래된 창고를 없애고 그 자리에 정원을 만들었다. ¶몽골 정부는 사막을 없애려고 그 자리에 나무를 심는 계획을 구상 중이다.
❷(물건을) 눈에 보이지 않도록 다른 곳으로 치우다. (of a person) Move an object someplace else to make it non-visible.
[유]치우다
No-가 N1-를 V (No=[인간|단체] N1=[구체물])
[피]없어지다
¶우리는 거실에 있는 텔레비전을 없앴다. ¶아버지는 내 책상 위에 있던 장난감들을 없애버렸다.
❸(제도나 관습 따위를) 폐지하다. (of a person) Abolish a system, a custom, etc.
[유]폐지하다 [반]만들다[타]
No-가 N1-를 V (No=[인간|단체] N1=[제도], [관습], [규범])
[피]없어지다
¶최근 들어 대부분의 학교에서 논술 시험을 없앴다. ¶정부는 장애인을 차별하는 법안을 없앴다.
❹(감정이나 생각 따위를) 생기지 않게 하다. (of a person) Make emotion, thought, etc., disappear.
No-가 N1-를 V (No=[인간|단체] N1=[감정])
[피]없어지다
¶나는 미래에 대한 불안감과 두려움을 없애고 싶다. ¶그는 중요한 발표 전에 긴장을 없애기 위해 심호흡을 하였다.
❺(증상, 욕구 따위를) 사라지게 하거나 멈추게 하다. (of a person) Make the symptom, desire, etc., disappear or stop.
[유]사라지게 하다
No-가 N1-를 V (No=[인간] N1=[신체상태], [질병])
[피]없어지다
¶의사는 두통을 없애는 몇 가지 방법을 알려주었다. ¶나는 변비를 없애기 위해 운동을 하기 시작하였다.
❻다른 사람이나 동물, 식물 따위를 죽이다. (of a person) Kill another person, animal, plant, etc.
[유]죽이다, 말살하다, 제거하다, 박멸하다
No-가 N1-를 V (No=[인간|단체] N1=[생물])
[피]없어지다
¶우리는 해충을 없애기 위해 집안 곳곳에 약을 뿌렸다. ¶마당의 잡초를 없애고 나니 속이 시원하다.
❼(사람이 글씨나 기록 따위를) 존재하지 않게 하다. (of a person) Make a writing, record, etc., nonexistent.
[유]지우다, 제거하다
No-가 N1-를 V (No=[인간|단체] N1=[문자], [책])
[피]없어지다
¶우리는 내부 고발자를 보호하기 위해 그의 이력서를 없앴다. ¶그는 수사를 피하기 위해 자신의 보고서를 없애버렸다.
❽(사람이나 물질 따위가) 어떤 성분을 사라지게 하다. (of person, matter, etc.) Make a certain component disappear.
[유]제거하다, 빼다I
No-가 N1-를 V (No=[인간], [물질], [음식] N1=휘발성, 때, 불순물 따위)
¶우리는 이 용액의 휘발성을 없애기 위해 밤낮으로 연구하였다. ¶이 음식은 혈액 내에 있는 불순물을 없애준다.

없어지다

[활용]없어지어(없어져), 없어지니, 없어지고
[자]❶(어떤 사물이나 현상, 생물 따위가) 존재하지 않게 되다. (of some object, phenomenon, organism, etc.) Become nonexistent.
[유]사라지다 [반]생기다, 나타나다, 발생하다
No-가 V (No=[모두])
[능]없애다
¶울창한 삼림이 점점 없어지고 있다. ¶그런 풍습이 없어진 지 오래 되었다.
❷(사람이나 물건 따위가) 어떤 곳에서 이동하여 눈에서 보이지 않게 되다. (of a person, an item, etc.) Become invisible to one's eyes.
[유]사라지다 [반]나타나다
No-가 N1-에서 V (No=[인간], [구체물] N1=[장소])
[능]없애다
¶텔레비전이 거실에서 갑자기 없어졌다. ¶당장 내 눈 앞에서 없어져라.
❸(증상, 욕구 따위가) 사라지거나 멈추다. (of a symptom or desire) Have disappeared or ceased.
[유]사라지다
No-가 V (No=[신체상태], [질병], [욕구])
[능]없애다
¶일주일간 약을 먹었더니 두통이 없어졌다. ¶채소를 많이 먹고 운동을 적당히 하면 변비가 없어진다.

엇갈리다

[활용]엇갈리어(엇갈려), 엇갈리니, 엇갈리고
[자]❶(마주 오는 사람이나 탈것 따위)가 어떤 한 곳에서 순간적으로 만났다가 서로 지나치다. (of

incoming persons or vehicles) Meet in a moment at a point and pass by each other.
[유]지나치다, 교차하다
N_0-가 N_1-와 V ↔ N_1-가 N_0-와 V ↔ N_0-와 N_1-가 V (N_0=[인간], [교통기관] N_1=[인간], [교통기관])
¶나와 그는 복도를 사이에 두고 엇갈렸다. ↔ 그와 나는 복도를 사이에 두고 엇갈렸다. ↔ 나는 그와 복도를 사이에 두고 엇갈렸다. ¶마주 부딪칠 것만 같던 두 사람이 종이 몇 쪽 정도의 간격을 두고 엇갈렸다.
❷다른 사람과 생각이나 주장 따위가 일치하지 않다. (of the thoughts or arguments of two persons) Not to coincide with each other.
[유]어긋나다, 차이나다
N_0-가 N_1-와 N_2-가 V ↔ N_1-가 N_0-와 N_2-가 V ↔ N_0-와 N_1-가 N_2-가 V (N_0=[인간] N_1=[인간] N_2=[의견])
¶무역 문제에 대해 한국과 미국은 의견이 엇갈렸다. ↔ 무역 문제에 대해 미국과 한국은 의견이 엇갈렸다. ↔ 무역 문제에 대해 한국은 미국과 의견이 엇갈렸다. ¶현재는 목격자와 운전자의 진술이 엇갈리는 상황이다.
❸성격이 다른 여러 가지 것이 서로 겹치거나 섞이다. (of many things of different features) Be overlapped or mixed.
[유]교차하다
N_0-가 V (N_0=[속성](반응, 희비, 명암 따위))
¶동료의 승진 소식을 들은 두 사람의 반응이 엇갈렸다. ¶합격 발표일이 되자 수험생들의 얼굴에 명암이 엇갈렸다.
◆ **길이 엇갈리다** (이동하는 두 사람이) 행로가 어긋나서 서로 만나지 못하다. (of two persons moving) to fail to meet because the courses miss each other.
N_0-가 N_1-와 Idm (N_0=[인간] N_1=[인간])
¶우리는 중간 지점에서 만나려고 했지만 길이 엇갈려 만나지 못했다. ¶그는 그녀와 길이 엇갈려서 놓치고 말았다.

엉겨붙다

[활용]엉겨붙어, 엉겨붙으니, 엉겨붙고
[타](사람이나 사물이) 다른 사람이나 사물에 뗄 수 없을 정도로 밀착되어 달라붙다. (of people or objects) Be close to, and cling to, each other to the extent that they cannot be separated.
N_0-가 N_1-(에|에게) V (N_0=[구체물], [인간], [동물] N_1=[신체부위], [구체물], [인간], [동물])
¶손가락에 얼음이 엉겨붙었다. ¶강아지 한 마리가 나에게 엉겨붙어 떨어질 생각을 안 한다.
N_0-가 N_1-와 V ↔ N_1-가 N_0-와 V ↔ N_0-와 N_1-가 V (N_0=[인간], [동물], [구체물] N_1=[인간], [동물], [구체물])
¶철수가 영수와 엉겨붙어 싸웠다. ↔ 영수가 철수와 엉겨붙어 싸웠다. ↔ 철수와 영수가 엉겨붙어 싸웠다. ¶고름이 피와 함께 엉겨붙었다.

엉기다 I

[활용]엉기어(엉겨), 엉기니, 엉기고
[자]❶(액체, 가루, 흙 따위가) 어디에 들어붙어 한데 뭉쳐 덩어리지다. (of liquid, power, or soil) Become a mass by attaching to something and coalescing.
[유]엉키다, 뭉치다[자], 굳어지다, 엉겨붙다
N_0-가 N_1-에 V (N_0=설탕 가루, 기름, 흙 따위, [분비물](피, 땀 따위) N_1=[구체물], [신체부위])
¶냉장고에 넣어 두었던 고기 반찬에 기름이 엉겨 있었다. ¶엄마는 아이의 얼굴 여기저기에 엉긴 진땀을 닦아주었다.
❷(머리카락이나 털 따위가) 어디에 들어붙어 한데 뭉쳐지다. (of hair) Attach on one point and clump.
[유]엉키다, 뒤엉키다, 얽히다, 엉겨붙다
N_0-가 N_1-에 V (N_0=[신체부위](머리카락, 털 따위) N_1=[신체부위], [장소])
¶땀에 젖은 머리카락이 그녀의 얼굴과 목덜미에 사납게 엉겨 있었다. ¶강아지의 털이 서로 엉기지 않도록 자주 빗어 줘야 한다.
N_0-가 N_1-로 V (N_0=[신체부위](머리카락, 털 따위) N_1=[분비물], 먼지 따위)
¶머리카락이 분비물로 엉겨서 떡이 되었다. ¶강아지의 털이 연고로 엉겨 빗질을 해 주기 힘들다.
❸(줄 따위가) 풀기 힘들 정도로 서로 한데 얽히다. (of string) Be entangled and become difficult to untie.
[유]엉키다, 뒤섞이다, 얽히다
N_0-가 V (N_0=거미줄, 덩굴 따위)
¶천장 네 모서리엔 거미줄이 엉겨 있었다. ¶소년은 칡덩굴이 엉긴 계곡 쪽으로 뛰어갔다.
❹(냄새나 연기, 소리 따위가) 서로 분리가 안 될 정도로 한데 섞이다. (of smell, smoke, or sound) Be mixed and become unable to distinguish one from another.
[유]엉키다, 섞이다, 뒤섞이다
N_0-가 V (N_0=냄새, 소리 따위)
¶온갖 냄새가 엉겨 구역질이 날 것 같았다. ¶여러 사람의 소리가 엉겨 하나도 알아들을 수 없었다.
N_0-가 N_1-와 V ↔ N_1-가 N_0-와 V ↔ N_0-와 N_1-가 V (N_0=냄새, 소리, 연기 따위 N_1=냄새, 소리, 연기 따위)

¶그의 목소리가 차 소리와 엉겨 무슨 말인지 알 수가 없었다. ↔ 차 소리가 그의 목소리와 엉겨 무슨 말인지 알 수가 없었다. ↔ 그의 목소리와 차 소리가 엉겨 무슨 말인지 알 수가 없었다. ¶선술집에서는 술 냄새와 담배 연기가 엉겨 숨쉬기가 어려울 정도였다.
N0-가 N1-에 V (N0=냄새, 연기 따위 N1=냄새, 연기 따위)
¶술 냄새에 담배 연기가 엉겨 정신을 차리기 어려웠다. ¶땀 냄새에 음식 냄새가 엉겨 있다.
❺(감정이나 기운 따위가) 한데 뒤섞이거나 서리다. (of emotion or energy) Be mixed or clouded.
㊌엉키다, 서리다I
N0-가 N1-에 V (N0=[상황], [신체상태], [감정] N1=[신체부위](입가, 얼굴 따위), [마음], [소리])
¶그녀의 입가에 미소가 살짝 엉겼다가 흩어졌다. ¶비통한 근심과 울분이 가슴에 엉겨 있어도 드러낼 방법이 없었다.
❻뭉치어 무리를 이루거나 달라붙다. Clump to form a group or attach.
㊌엉키다, 뭉치다[재], 뒤섞이다
N0-가 V (N0=[인간], [동물], [구체물])
¶어머니는 내 얼굴에 엉겨 붙은 파리 떼를 그냥 두지 못하신다. ¶밤에 기온이 매우 낮아져 수증기가 지표에서 엉겨 서리가 내린다.
N0-가 N1-와 V ↔ N1-가 N0-와 V ↔ N0-와 N1-가 V (N0=[인간], [동물] N1=[인간], [동물])
[연어]한데
¶명수가 정호와 한데 엉겨 싸우다 바닥으로 쓰러졌다. ↔ 명수가 정호와 한데 엉겨 싸우다 바닥으로 쓰러졌다. ↔ 명수와 정호가 한데 엉겨 싸우다 바닥으로 쓰러졌다. ¶강아지들이 엉겨서 장난을 친다.
※N0는 의미상 복수이다.
❼아랫사람이 윗사람을 얕보고 버릇없이 마구 대하다. (of a younger person) Look down on an older person and act rudely and carelessly.
㊌대들다, 달려들다
N0-가 N1-에게 V (N0=[인간] N1=[인간])
¶경민이는 선배에게 엉겼다가 혼났다. ¶미나는 신경이 날카로운 언니들에게 엉겼다가 혼쭐이 났다.

엉기다II

[활용]엉기어(엉겨), 엉기니, 엉기고
[자]❶일을 제대로 하지 못하고 굼뜨며 허둥대다. Act clumsy and sloppy without doing one's job properly.
㊌헤매다, 허둥대다, 허둥거리다
N0-가 V (N0=[인간])
¶미나는 경험이 없어 자꾸 엉기기만 하였다. ¶신입사원은 시킨 일도 제대로 하지 않고 자꾸 엉기고만 있다.
❷좁은 장소나 험악한 환경에서 간신히 기어가다. Barely crawl forward in a narrow or space or rugged environment.
㊌기어가다[자]
N0-가 V (N0=[인간])
¶그곳은 한 사람이 겨우 엉기어 갈 만한 좁은 곳이었다. ¶전쟁 중에 폭격 속을 엉기면서 이리저리 쫓겨 다녔다.

엉키다

[활용]엉키어(엉켜), 엉키니, 엉키고
[자]❶(실, 줄 따위가) 풀기 힘들 정도로 서로 한데 얽히다. (of string or rope) Be entangled and become difficult to untie.
㊌헝클어지다, 얽히다 ㊥풀리다I
N0-가 V (N0=실, 줄, 실타래, 새끼줄, [신체부위](머리카락) 따위)
¶엉킨 실타래를 풀려면 잡아당기거나 두들겨서는 안 된다. ¶연줄이 한번 엉키고 나니 잘 풀리지 않는다.
❷(문제 따위가) 풀리기 어렵게 얽히다. (of a problem) Be complicated and difficult to solve.
㊌뒤섞이다, 얽히다 ㊥풀리다I
N0-가 V (N0=[구체물], 문제 따위)
¶여러 복잡한 문제들이 엉켜 있어 해결하기 어렵다. ¶국제 사회와 풀어야 할 현안들이 실타래처럼 엉켜 있다.
❸(액체, 용해 따위가) 한데 섞여 뭉쳐지다. (of liquid or solvent) Mix and agglomerate.
㊌엉기다, 엉겨붙다
N0-가 V (N0=[구체물], [액체])
¶습기가 있는 먼지가 엉켜 공기 중을 떠다니면서 사람들의 호흡기를 위협한다. ¶살점이 터져 피가 엉킨 자국은 차마 눈 뜨고 볼 수 없을 지경이었다.
N0-가 N1-로 V (N0=[구체물] N1=습기 따위)
¶먼지가 습기로 엉켜서 진득하다.
❹(냄새나 연기, 소리 따위가) 한데 섞이다. (of smell, smoke, or sound) Be mixed in one place.
㊌엉기다, 섞이다, 뒤섞이다
N0-가 V (N0=냄새, 소리 따위(의미상 복수))
¶장마철에 들어서자 방 안의 온갖 냄새들이 하나로 엉켜서 퀴퀴한 냄새가 진동했다. ¶교실 안에는 아이들의 목소리가 엉켜 난장판을 이루었다.
N0-가 N1-와 V ↔ N1-가 N0-와 V ↔ N0-와 N1-가 V (N0=냄새, 소리 따위 N1=냄새, 소리 따위)
¶그의 입에서는 음식 냄새가 술 냄새와 엉킨 듯한 고약한 냄새가 났다. ↔ 그의 입에서는 술 냄새가

음식 냄새와 엉킨 듯한 고약한 냄새가 났다. ↔ 그의 입에서는 음식 냄새와 술 냄새가 엉킨 듯한 고약한 냄새가 났다. ¶그의 말소리가 길가의 자동차 소리와 엉켜서 잘 들리지가 않았다.
N0-가 N1-에 V (N0=냄새, 소리, 연기 따위 N1=냄새, 소리, 연기 따위)
¶ 도시에는 자동차 매연과 쓰레기 냄새가 엉켜서 진동하고 있었다.
❺(감정이나 생각 따위가) 혼란스럽게 뒤섞이다. (of emotion or thought) Be mixed chaotically.
㊐뒤섞이다, 뒤얽히다, 혼란스러워지다
N0-가 V (N0=[생각])
¶세속적 야심과 욕망 때문에 그의 감정은 결국 엉키게 되었다. ¶지난번 사고 이후로 그녀의 기억이 엉키고 말았다. ¶그녀에게로 향한 까닭 모를 분노와 그리움이 뒤범벅되어 한데 엉켰다.
❻여럿이 뭉치어 무리를 이루거나 달라붙다. (of many) Get together to form a group or attach.
㊐뒤엉키다, 달라붙다
N0-가 N1-와 (서로) V ↔ N1-가 N0-와 (서로) V ↔ N0-와 N1-가 (서로) V (N0=[인간], [동물], [식물] N1=[인간], [동물], [식물])
¶철수가 영수와 서로 엉켜 몸싸움을 하고 있었다. ↔ 영수가 철수와 서로 엉켜 몸싸움을 하고 있었다. ↔ 철수 와 영수가 서로 엉켜 몸싸움을 하고 있었다. ¶작은 공간에서 이삿짐 직원과 네 가족이 한데 엉키다 보니 명절의 시장판이나 다름없었다.
N0-가 V (N0=[인간], [동물], [식물], [교통기관](의미상 복수))
¶뱀 여러 마리가 서로 엉켜 있는 모습을 본 사람들이 소리를 질렀다. ¶나무 덩굴들이 엉켜 이룬 숲길을 따라 걸었다. ¶차량들이 원형교차로에 엉켜 있었다.
❼(몸, 다리, 팔 따위가) 서로 얽히거나 겹쳐지다. (of body, leg, or arm) Be entwined or overlapped.
㊐뒤엉키다, 뒤얽히다, 꼬이다
(N1-와 N2)-의 N0-가 V ↔ (N1-와 N2)-는 N0-가 V (N0=[신체부위] N1=[인간] N2=[인간])
¶철수와 영수의 몸뚱이가 한데 엉켰다. ↔ 철수와 영수는 몸뚱이가 한데 엉켰다. ¶그녀는 춤을 추다 다리가 엉켜 넘어지는 사고를 당했다.
❽(계획, 일 따위가) 예정이나 순서대로 되지 않고 뒤섞이다. (of a plan or task) Be jumbled and not performed according to plan or order.
㊐뒤죽박죽이되다, 뒤얽히다, 엉클어지다
N0-가 V (N0=[계획], 일 따위)
¶생각지도 못한 일로 우리 가족 주말 계획이 엉켜 버렸다. ¶그 일은 내 예상과 달리 엉키고 말았어.
❾(말이나 행동 따위가) 일정한 순서를 벗어나 뒤섞이다. (of speech or action) Be jumbled and not follow a certain order.
㊐꼬이다III
N0-가 V (N0=[동작], 발음, 말(言) 따위)
¶걸음이 엉킨 그는 잠시 절룩거리며 걸었다. ¶그 아나운서는 생방송 중에 말이 엉키다 보니 어찌할 바를 몰랐다.

엎다

활용엎어, 엎으니, 엎고
타❶(사물 따위를) 위와 아래가 반대가 되게 놓다. (of a person) Put a thing upside down.
㊐뒤집다
N0-가 N2-에 N1-를 V (N0=[인간] N1=[구체물] N2=[장소])
피엎어지다
¶나는 그릇에 먼지가 들어가지 않게 찬장에 사발을 하나씩 엎었다. ¶아이들이 손을 엎었다 뒤집었다 하며 편을 갈랐다.
❷(다른 사람이나 사물을) 위가 옆을 향하게 넘어뜨리다. (of a person) Throw down another person or a thing sideways.
N0-가 N1-를 V (N0=[인간] N1=[인간], [구체물])
피엎어지다
¶아이는 급하게 일어서다가 그만 테이블을 엎었다. ¶청팀 선수는 다리를 걸어 모래판에 백팀 선수를 엎었다.
❸(그릇 따위를) 실수로 넘어뜨려 속에 든 것이 쏟아지게 하다. (of a person) Knock a bowl by accident and spill its contents.
㊐쏟다, 엎지르다
N0-가 N2-에 N1-를 V (N0=[인간] N1=[구체물](내용물 따위), [그릇] N2=[장소])
피엎어지다
¶동생이 실수로 밥상에 뜨거운 라면을 엎었다. ¶나는 손톱을 칠하다가 매니큐어를 바닥에 엎었다.
❹(어떤 체제나 질서 따위를) 이전과 다르게 세우기 위하여 없애 버리다. (of a person or an organization) Abolish a system or an order to establish it in a new way.
㊐전복하다, 뒤엎다, 쿠데타를 하다
N0-가 N1-를 V (N0=[인간|단체] N1=[상태], [사조])
¶정도전은 새로운 나라를 세우며 기존의 체제를 엎었다. ¶외세의 침탈은 기존의 지배 체제를 엎으며 등장한다.
❺(기존의 견해나 주장 따위를) 새롭게 바꾸거나 무효가 되게 하다. (of a person) Amend or nullify an existing opinion or argument.
㊐무효화시키다, 기각하다
N0-가 N1-를 V (N0=[인간] N1=[의견], [사조])

¶과학자들은 역학 조사를 통해 이 병이 물을 매개로 전염된다는 기존의 학설을 엎었다. ¶재판장은 검찰 측의 주장을 엎고 피고의 무죄를 인정했다.
⑥(하던 일을) 마음에 맞지 않아 그만두다. (of a person) Quit what one was doing because it is no longer satisfactory.
[유]폐기하다, 그만두다, 폐업하다
N0-가 N1-를 V (N0=[인간] N1=[계획], [활동])
¶그는 완성도 높은 음반을 만들기 위해 몇 번이나 만들고 또 엎었다. ¶그는 하던 사업을 엎고 중소기업에 취직하기로 마음먹었다.

엎드리다

[활용]엎드리어(엎드려), 엎드리니, 엎드리고 [준]엎디다
[자]❶(사람이나 동물이) 바닥으로 배를 가까이 낮추고 팔다리를 위아래로 뻗다. (of a person or an animal) Lie with the stomach close to the ground and the limbs stretched.
N0-가 N1-에 V (N0=[인간|동물] N1=[장소])
¶폭죽이 터지자 우리 강아지가 바닥에 넙죽 엎드렸다. ¶아기가 부엌에 엎드려서 배를 밀며 기어갔다.
❷(사람이나 동물이) 어떤 장소에 윗몸을 구부리다. (of a person or an animal) Bend the upper body toward a place.
N0-가 N1-에 V (N0=[인간|동물] N1=[장소])
¶태도가 좋지 않은 학생들은 수업이 끝날 때까지 잠을 자느라 책상에 엎드렸다. ¶아들은 어머니 앞에 엎드려 용서를 빌었다.
❸(사람이나 어떤 장소에) 틀어박혀 머물다. (of a person) Shut oneself in a place.
[유]틀어박히다
N0-가 N1-에 V (N0=[인간] N1=[장소])
¶그는 고시 준비를 한다고 허구헌날 도서관에만 엎드려 있다. ¶그는 낮에는 집안에만 엎드려 있다가 밤이 되면 외출한다.
※ 주로 '엎드려 있다'로 쓰인다.

엎어지다

[활용]엎어져, 엎어지니, 엎어지고
[자]❶(사람이나 사물 따위가) 위와 아래가 반대가 되다. (of a person or a thing) Be turned upside down.
N0-가 N1-(에|로) V (N0=[인간], [구체물] N1=[장소])
[능]엎다
¶명량해협에서 왜선이 철쇄에 걸려 다리 밑으로 거꾸로 엎어졌다. ¶아들이 정리를 하나도 하지 않아 현관에 옷가지며 가방이 엎어져 있다.
❷(사람이나 사물 따위가) 윗부분이 옆을 향하게 넘어지다. (of a person or a thing) Be thrown down sideways.
[유]넘어지다, 고꾸라지다
N0-가 N1-(에|로) V (N0=[인간], [구체물] N1=[장소])
[능]엎다
¶그는 무릎이 깨질 정도로 길에 세게 엎어졌다. ¶아이가 달리다가 부딪쳐서 그만 밥상이 방바닥에 엎어졌다.
❸(그릇 따위가) 넘어져 속에 든 것이 쏟아지다. (of a bowl) Be knocked so that its contents are spilt.
N0-가 N1-(에|로) V (N0=[그릇] N1=[장소])
[능]엎다
¶그가 취해 넘어지는 바람에 탁자에 술잔이 엎어졌다. ¶바람이 너무 세게 불어 꽃병이 창틀에 엎어졌다.
❹(일이나 계획 따위가) 다시 회복될 가망 없이 망쳐지다. (of a work or a plan) Be ruined so completely that it cannot be recovered.
[유]망쳐지다, 실패하다, 망하다
N0-가 V (N0=[행사], [일])
¶내달 예정되었던 행사가 태풍으로 인해 그만 엎어졌다. ¶개발업자들은 원금은커녕 이자도 제때 못 내는 처지가 되어 무수한 사업이 엎어졌다.
❺(사람이) 꼼짝하지 않고 잠자코 있다. (of a person) Maintain silence without moving.
N0-가 V (N0=[인간])
¶소문이 잠잠해질 때까지 조용히 엎어져 있는 것이 좋을 것이다.

엎지르다

[활용]엎질러, 엎지르니, 엎지르고, 엎질렀다
[타](그릇에 담긴 액체 따위를) 어디에 뒤집거나 흔들거나 하여 쏟아지게 하다. (of a person) Have the liquid in a container poured out by overturning or shaking it.
[유]쏟다, 엎다
N0-가 N1-를 V (N0=[인간] N1=[액체])
¶아이가 바닥에 물을 엎질렀다. ¶지나가다가 커피를 엎질러 책에 얼룩이 졌다. ¶아이가 팔꿈치로 부딪쳐 컵라면 국물을 엎질렀다.

에워싸다

[활용]에워싸, 에워싸니, 에워싸고
[타]❶(긴 물체나 작은 물체 여럿이) 무언가의 둘레를 빙 둘러 빈틈없이 감싸다. (of a long object or many small objects) Enclose around something's circumference and wrap closely.
[유]둘러싸다, 감싸다 [상]싸다I
N0-가 N1-를 V (N0=[구체물] N1=[구체물])

피 에워싸이다
¶범행 용의자가 법원을 나오자 기자들이 구름처럼 용의자를 에워쌌다. ¶높은 담장이 그 집을 에워싸고 있다.
N0-가 N1-를 N2-로 V (N0=[인간] N1=[구체물], [장소] N2=[구체물])
피 에워싸이다
¶농장 주인은 울타리로 농장을 에워쌌다. ¶정부는 도시의 교외 지역을 그린벨트로 에워싸고 개발을 억제했다.
❷ (무언가를) 관심의 초점으로 하다. Make something the target of interest.
㊄둘러싸다
N0-가 N1-를 V (N0=[인간|단체] N1=[구체물|추상물])
¶정치권은 단일 후보 선정 문제를 에워싸고 연일 논전을 벌이고 있다. ¶고용주와 노동자 사이의 분쟁은 근로 조건, 대우 문제 등을 에워싸고 일어난다.
❸(무언가를) 여럿이 나서서 변호하고 보호하다. (of many) Defend and protect something.
㊄감싸다, 지키다, 보호하다
N0-가 N1-를 V (N0=[인간|단체] N1=[구체물|추상물])
피 에워싸이다
¶경찰이 범인을 철통같이 에워싸고 있다. ¶히틀러는 그를 에워싼 충성스러운 군부 세력 덕분에 절대 권력을 손에 넣을 수 있었다.

여기다

활용 여기어(여겨), 여기니, 여기고
자타 (어떤 대상을) 마음속으로 어떠어떠한 것으로 생각하거나 믿다. Think about some subject to be in a certain way or condition.
㊄간주하다 타, 생각하다
N0-가 N1-를 N2-로 V (N0=[인간] N1=[모두] N1=[모두])
¶영희는 이번 사태를 오히려 기회로 여겼다. ¶나는 희범이를 친동생으로 여겼다.
N0-가 N1-를 ADV V (N0=[인간] N1=[모두], ADV=Adj-게, Adj-이)
¶선생님은 덕순이를 늘 측은하게 여기셨다. ¶어머니는 오래 전에 드린 내 선물을 아직도 소중하게 여기신다.
N0-가 N1-(에 대해|를) S고 V (N0=[인간] N1=[모두])
¶사람들은 이번 선거를 야당이 이겼다고 여겼다. ¶옛날 사람들은 가뭄을 신의 저주라고 여겼다.
N0-가 S고 V (R1) (N0=[인간])
¶철호는 그녀(가|를) 옳았다고 여겼다.(R1) ¶아림이는 이번 일은 자기기 실수한 것이라고 여겼다.

여미다

활용 여미어(여며), 여미니, 여미고
타 ❶(옷매무새나 장막, 단추 따위를) 바로 잡아 단정하게 하다. Adjust one's dress, curtain or button to make it neat.
N0-가 N1-를 V (N0=[인간] N1=[의복](옷, 옷깃, 속옷 따위), [구체물](커튼, 장막 따위))
¶그는 저고리 단추를 여미며 일어났다. ¶그는 선생님이 들어오시는 소리를 듣자 자기도 모르게 옷깃을 여미었다.
❷(일이나 말 따위를) 매듭지어 끝내다. Wrap up and complete one's task or speech.
㊄끝내다, 마치다
N0-가 N1-를 V (N0=[인간] N1=[사건], [소통])
¶내가 채 말을 여미기도 전에 그는 밖으로 나가버렸다.

여위다

활용 여위어, 여위니, 여위고 ㊥야위다
자 (몸이나 얼굴이) 살이 빠져서 홀쭉해 보이거나 약해지다. (of the body or face) Look slim or to become weak because it has lost weight.
㊄마르다I, 상하다 자 ㊥살찌다
N0-가 V (N0=[신체부위](몸, 얼굴 따위))
¶그는 수술을 받고 나서 많이 여위어졌다. ¶고생을 했더니 얼굴이 많이 여위었구나. ¶날이 갈수록 그는 몸이 여위어 갔다.

여의다

활용 여의어, 여의니, 여의고
타 ❶(부모나 조부모, 양부모 등) 보살펴 주던 사람이 죽어서 그 사람과 헤어지게 되다. Be parted from a parent, a grandparent, or a stepparent due to his/her death.
㊄사별하다, 보내다, 잃다
N0-가 N1-를 V (N0=[인간] N1=[인간](부모 따위))
¶그는 아버지를 전쟁으로 인해 여의었다. ¶나는 세 살 때 당시 40세이던 부친을 여의었다.
❷(부모가) 자식을 다른 사람과 결혼시켜 내보내다. (of parents) Marry their child to another person.
㊄보내다, 출가시키다
N0-가 N1-를 V (N0=[인간] N1=[인간](자녀 따위))
¶노인은 자식들을 모두 도시로 여의었다. ¶자녀를 하나 둘 여의어 보내고 이제 부부 둘만 남았다.
❸(무엇을) 떠나보내 없이 하다. (of a person) Not to have something anymore.
㊄없애다, 잃다
N0-가 N1-를 V (N0=[인간] N1=[감정], [추상물])
¶도를 닦으면 모든 허물과 번뇌를 여읜다. ¶이

경전을 읽으면 마땅히 병을 여의고 수명이 길어질 것이다.

여쭙다

활용 여쭈어(여쭤), 여쭈니, 여쭙고, 여쭙는

타 웃어른께 인사를 드리다. Pay respect to a senior.

유 인사하다

N0-가 N1-를 N2-에게 V (N0=[인간|단체] N1=문안, 안부 N2=[인간])

¶며느리는 시부모님께 아침마다 문안을 여쭈었다. ¶나는 시골에 계신 부모님께 전화로 안부를 여쭙는다.

자타 웃어른께 어떤 사실을 알리는 말을 하거나 무엇을 묻는 말을 하다. Inform a senior of a fact or to ask something.

유 말씀드리다, 묻다

N0-가 N1-를 N2-에게 V (N0=[인간|단체] N1=[추상물], 말씀 N2=[인간])

¶나는 할아버지께 서울에 잘 다녀왔다는 말씀을 여쭈었다. ¶영호는 아버지께 그 일의 배경을 여쭙지 못했다.

N0-가 N1-에게 S다고|냐고 V (N0=[인간|단체] N1=[인간])

¶나는 할아버지께 서울에 잘 다녀왔다고 여쭈었다. ¶점원은 손님께 무엇을 드시겠냐고 여쭈었다. ¶할아버지께 잘 다녀왔다고 여쭙고 오너라.

N0-가 N2-에게 N1-(를|에 대해) V (N0=[인간|단체] N1=[구체물], [추상물] N2=[인간])

¶나는 할머니께 우리 집안의 내력에 대해 여쭈었다. ¶우리는 선생님께 들놀이 장소에 대한 의견을 여쭈었다.

N0-가 N1-에 S지-(를|에 대해) V (N0=[인간|단체] N1=[인간])

¶나는 아버지께 무엇을 드시고 싶으신 지를 여쭈었다. ¶나는 아버지께 무엇을 드시고 싶으신 지에 대해 여쭈었다.

여차하다

어원 如此~ 활용 여차하여(여차해), 여차하니, 여차하고, 여차하면

자 생각하거나 바라는 대로 일이 되지 않다. (of a work) Not to proceed as one intends or wishes.

N0-가 V (N0=[인간|단체])

¶나는 여차하면 은퇴할 생각이다. ¶강도는 여차하면 인질을 죽이겠다고 협박했다. ¶여차했다가는 인명 피해가 생길 수도 있는 상황이었다.

※ 주로 '여차하면'으로 쓰인다.

여행하다

활용 여행하여(여행해), 여행하니, 여행하고 대응 여행을 하다

타 외지를 돌아다니며 구경하고 즐기다. Enjoy looking around other areas.

N0-가 N1-를 V (N0=[인간|단체] N1=[장소])

¶나는 지난여름에 동해안과 설악산을 여행했다. ¶영호는 제주도를 해안선을 따라 여행했다.

역설하다

어원 力說~ 활용 역설하여(역설해), 역설하니, 역설하고 대응 역설을 하다

자타 (자신의 생각하는 바나 뜻을) 강조하여 말하다. Say emphatically what one thinks.

유 강조하다

N0-가 N2-(에|에게) N1-(를|에 대해) V (N0=[인간|단체] N1=[구체물], [추상물] N2=[인간|단체])

¶연사는 청중들에게 인권에 대해 강하게 역설할 것이다. ¶아버지는 우리에게 정직의 중요성을 역설하셨다.

N0-가 N1-(에|에게) S고 V (N0=[인간|단체] N1=[인간|단체])

¶그는 청중들에게 시민 정신이 정말 중요하다고 역설하였다. ¶그는 제자들에게 의사는 환자를 먼저 생각해야 한다고 역설하였다.

역임하다

어원 歷任~ 활용 역임하여(역임해), 역임하니, 역임하고 대응 역임을 하다

타 (주요 직위를 맡아) 책임지고 일한 이력을 지니다. Have a career taking charge of important position.

유 지내다 타

N0-가 N1-를 V (N0=[인간] N1=[직위], [직위])

연어 두루

¶그는 주요 요직을 두루 역임하고 최근 은퇴하였다. ¶김광수 사장은 지금까지 유명 호텔의 지배인을 역임한 바 있는 매우 유능한 분이다.

역행하다

어원 逆行~ 활용 역행하여(역행해), 역행하니, 역행하고

자타 ❶순서나 방향 따위가 반대로 거슬러 행해지다. (of an order or direction) Be opposite and against the trend.

유 거꾸로 가다

N0-가 N1-(에|를) V (N0=[인간|단체], [지역], [국가] N1=[추세], [진행방향], [시대])

¶가게 주인이 종업원에게 부당하게 명령하는 것은 시대에 역행하는 것이다. ¶회식 중에 여직원들에게 술 마시기를 강요하는 것은 시대에 역행하는 것이다.

❷ 【천문】 천체가 다른 천체의 공전 방향과 반대 방향으로 공전하다. (of a planet) Revolve in the opposite direction as the Earth when looked at from the Sun. (of a satellite) Revolve in

the opposite direction as the major planet.
N0-가 N1-에서 N2-로 V (N0=[행성] N1=[방향] N2=[방향])
¶수성·금성·화성·목성·토성 등의 움직임은 가끔 서쪽에서 동쪽으로 역행하는 것도 관찰되었다. ¶외행성이 동에서 서로 역행하는 것으로 관측됐다.

엮다

활용 엮어, 엮으니, 엮고
타 ❶여러 가닥의 끈, 실, 짚 따위를 서로 얽어매다. (of a person) Bind several strands of string, thread, and straw together.
유 얽다II, 매다I, 짜다I타, 묶다, 꼬다
N0-가 N1-를 V (N0=[인간] N1=[풀], [줄](실), 짚, 새끼 따위)
¶아이는 풀을 엮어서 반지를 만들었다. ¶어머니는 쓸모없는 실을 엮어 바느질함에 보관하였다.
N0-가 N2-와 N1-를 V (N0=[인간] N1=[구체물](새끼, 발 따위), [풀], [줄](실), 짚 따위 N2=[구체물](새끼, 발 따위), [풀], [줄](실), 짚 따위)
¶춘향이는 빨간 실과 파란 실을 엮어 노리개를 만들었다. ¶나는 짚과 풀을 엮어서 망태기를 만들었다.
❷가늘고 긴 끈, 실, 짚을 서로 묶거나 꼬아서 물건이나 제품을 만들다. (of a person) Tie up or twist thin and long strings, threads, and straws into a product.
유 얽다II, 매다I, 짜다I타, 묶다, 꼬다
N0-가 N2-로 N1-를 V (N0=[인간] N1=[구체물](새끼, 돗자리, 가마니 따위) N2=[줄](실), 짚, 새끼 따위)
¶할아버지는 밤새도록 짚으로 돗자리를 엮었다. ¶아버지는 새끼로 가마니를 엮어 그 안에 쌀을 보관하였다.
❸(끈이나 줄 따위로) 둘 이상의 물건을 줄지어 매거나 묶다. (of a person) Bind or tie two or more things in rows with string or rope.
유 얽다II, 묶다, 매다I 반 풀다I
N0-가 N1-와 N2-를 N3-로 V (N0=[인간] N1=[구체물] N2=[구체물] N3=[줄](새끼줄, 실 따위))
피 엮이다
¶나는 마른 곶감과 마르지 않은 곶감을 줄로 엮었다. ¶아무리 예쁜 구슬이라도 실로 엮어야 가치가 있다. ¶우리는 방금 사온 굴비를 새끼줄로 엮었다.
❹(어떤 사실을) 이야기가 되도록 만들다. (of a person) Organize a story out of a fact.
유 작성하다, 그리다, 제작하다
N0-가 N1-를 N2-로 V (N0=[인간] N1=[앎] N2=[텍스트], [작품], [방송물])
¶나는 여행지에서의 경험을 책으로 엮어서 출판하였다. ¶그는 일상의 작은 경험들을 만화로 엮었다. ¶제작자는 파란만장한 이 기업가의 성장 과정을 다큐멘터리로 엮었다.
❺(글이나 자료 따위를) 한데 체계적으로 모아 정리하다. (of a person) Collect and arrange writings or data in a system.
유 모으다, 편집하다, 편찬하다
N0-가 N1-를 V (N0=[인간] N1=[텍스트](편지, 글), [이야기], [작품])
¶그는 두 사람이 주고받은 편지를 엮어 문집을 만들었다. ¶나는 아이들이 쓴 글을 엮어 한 권의 책으로 만들었다.
❻(글이나 자료들로) 책을 만들고 편찬하거나 출판하다. (of a person) Make a book out of writings or data and publish it.
유 모으다, 편집하다, 편찬하다
N0-가 N1-를 N2-로 V (N0=[인간] N1=[책] N2=[텍스트](편지, 글 따위))
¶이번에 구한 귀한 자료들로 책을 엮었다. ¶나는 직접 찍은 사진들로 문집을 엮어 출판하였다.
❼(일을 도모하기 위해) 사람들을 서로 소개하거나 연결하여 조직하다. (of a person) Introduce or connect people and build an organization in order to do something.
유 맺어주다
N0-가 N1-와 N2-를 V ↔ N0-가 N2-와 N1-를 V ↔ N0-가 N1-를 N2-와 V (N0=[인간] N1=[인간] N2=[인간])
피 엮이다
¶나는 사촌 언니와 후배를 엮어 주려 하였다. ↔ 나는 후배와 사촌언니를 엮어 주려 하였다. ↔ 나는 사촌언니를 후배와 엮어 주려 하였다.

엮이다

활용 엮여, 엮이니, 엮이고
자 ❶(끈이나 줄 따위로) 둘 이상의 물건이 줄지어 매이거나 묶이다. (of two or more things) Be bound or tied in rows with string or rope.
유 얽히다I, 묶이다, 매이다I 반 풀리다I
N0-가 N1-로 V (N0=[구체물] N1=[줄](새끼줄, 실 따위))
능 엮다
¶남편이 방금 사온 굴비가 새끼줄로 엮였다. ¶마른 곶감과 마르지 않은 곶감이 함께 엮었다.
❷(좋지 않은 일로) 다른 사람과 깊이 관계되거나 관여되다. (of a person) Have strong connection with another person in something bad.
유 연루되다, 연계되다
N0-가 N1-와 V ↔ N1-가 N0-와 V ↔ N0-와 N1-가 V (N0=[인간] N1=[인간])
능 엮다

ㅇ

¶이번 사건으로 나는 그와 엮이게 되었다. ↔ 이번 사건으로 그는 나와 엮이게 되었다. ↔ 이번 사건으로 나와 그는 엮이게 되었다. ¶우리는 오래 전에 헤어졌지만 결국 또 엮이고 말았다.
❸(어떤 일이나 사건에) 깊이 관계되거나 관여되다. (of a person) Have strong connection with a work or an incident.
㊎연루되다, 관여되다
N0-가 N1-에 V (N0=[인간] N1=[상태])
¶그는 이번 뇌물 사건에 잘못 엮여서 빠져나올 수 없었다. ¶나는 그 사건에 엮이지 않도록 최대한 몸을 사렸다.

연결되다

어원連結~ 활용연결되어(연결돼), 연결되니, 연결되고 대응연결이 되다
자❶(선, 줄, 관 따위로) 불연속적인 두 사물이 서로 이어지다. (of two discontinuous objects) Be connected with line, rope or pipe.
㊎이어지다
N0-가 V (N0=[신체부위](의미상 복수))
능연결하다
¶사람의 신체기관은 유기적으로 연결되어 있다. ¶신경 세포 간에 정보 전달을 위해 연결된 시냅스 수는 약 1000조 개에 이른다.
N0-가 N1-(에|로) V (N0=[도구], [기구], [기계], [시설물](전화선, 전선, 케이블 따위) N1=[기구], [기계], [설치물](수도꼭지, 방어벽 (바리게이트) 따위))
능연결하다
¶플러그가 전기 콘센트에 연결되어 있었다. ¶철수는 노트북에 연결된 케이블을 뽑아 버렸다.
N0-가 N1-와 V ↔ N1-가 N0-와 V ↔ N0-와 N1-가 V (N0=[도구], [기구], [기계], [신체부위] N1=[도구], [기구], [기계], [신체부위], [설치물](방어벽 따위))
능연결하다
¶플러그가 전기 콘센트와 연결되어 있다. ↔ 전기 콘센트가 플러그와 연결되어 있다. ↔ 플러그와 전기 콘센트가 연결되어 있다. ¶컴퓨터와 연결된 스피커에서 감미로운 음악이 흘러 나왔다.
❷(전화, 인터넷, 장치를 매개로) 의사소통이 되도록 접촉되어 통하게 되다. Become contacted and connected to enable communication using phone, internet, or device as medium.
㊎접속되다
N0-가 N1-에 V (N0=[기계](컴퓨터 따위) N1=[시설망](인터넷 따위))
능연결하다
¶이제 전국 어디서나 빠른 속도로 인터넷이 연결된다.
N0-가 N1-(에|에게|로) V (N0=[기계](전화, 경보장치 따위), [시설망](전화망, 전신망 따위) N1=[인간|단체], [기관])
능연결하다
¶여러 번 시도 끝에 상담 직원에게 전화가 연결되었다. ¶도둑이 들었을 때 파출소에 연결된 경보 장치가 작동했다.
❸(길, 다리, 도로 따위로) 둘 이상의 물건이 이어지다. (of two points) Be connected through construction of a road, bridge, or highway.
㊎통하다자
N0-가 N2-에서 N1-로 V (N0=[다리], [길], [터널] N1=[지역], [장소] N2=[지역], [장소])
능연결하다
¶철수는 부산에서 순천으로 연결된 남해 고속도로를 달렸다. ¶이 엘리베이터는 지하주차장에서 현관으로 연결된다.
N0-가 N1-와 V ↔ N1-가 N0-와 V ↔ N0-와 N1-가 V (N0=[지역], [장소] N1=[지역], [장소])
능연결하다
¶인천대교가 송도 신도시와 직접 연결되었다. ↔ 송도 신도시가 인천대교와 직접 연결되었다. ↔ 인천대교와 송도 신도시가 직접 연결되었다. ¶지하철역과 연결된 건물에 유명한 음식점이 있다.
❹(사람, 개념, 현상 따위가) 서로 이어지거나 관계가 맺어지다. (of a person, concept, or phenomenon) Be connected, be formed of relationship, or be communicated.
㊎이어지다 ㊥끊어지다
N0-가 N1-로 V (N0=[현상], [변화], [행위], [사건] N1=[현상], [변화], [행위], [사건])
능연결하다
¶공공요금 인상이 물가 상승으로 연결되도록 방치해서는 안 된다. ¶직업 훈련이 반드시 재취업으로 연결될 수 있도록 해야 한다.
N0-가 N1-와 V ↔ N1-가 N0-와 V ↔ N0-와 N1-가 V (N0=[인간|단체], [기호], [개념] N1=[인간|단체], [기호], [개념])
능연결하다
¶전자상거래를 통해 소비자가 생산자와 직접 연결될 수 있다. ↔ 전자상거래를 통해 생산자가 소비자와 직접 연결될 수 있다. ↔ 전자상거래를 통해 소비자와 생산자가 직접 연결될 수 있다. ¶경찰은 그 조직과 연결된 사람들을 모조리 수사했다.
❺(두 사람이) 만나서 관계가 맺어지다. (of two people) Meet and be formed of relationship.
N0-가 N1-와 N2-로 V↔ N1-가 N0-와 N2-로 V ↔ N0-와 N1-가 N2-로V (N0=[인간] N1=[인간])
능연결하다

ㅇ

¶아람이가 철호와 연인으로 연결될 수 있었던 데에는 영수의 공이 크다. ↔ 철호가 아람이와 연인으로 연결될 수 있었던 데에는 영수의 공이 크다. ↔ 아람이와 철호가 연인으로 연결될 수 있었던 데에는 영수의 공이 크다.
❻공이 다른 선수에게 건네지다.(주로 운동 경기에서 쓰인다.) (of a ball) Be passed to another player.
N0-가 N1-에게 V (N0=공 따위 N1=[인간])
[능]연결하다
¶김철호가 찬 공이 이영수에게 연결되었다.
❼ 【운동】 공이나 기회가 득점으로 이어지다. (of a ball or chance) Be led to score.
N0-가 N1-로 V (N0=공, 슛 따위 N1=골, 득점 따위)
[능]연결하다
¶김철호가 찬 공은 어김없이 골로 연결됐다. ¶코너킥은 득점으로 연결될 확률이 높다.

연결시키다

[어원]連結~ [활용]연결시키어(연결시켜), 연결시키니, 연결시키고 [대응]연결을 시키다
[타]☞ '연결하다'의 오용

연결하다

[어원]連結~ [활용]연결하여(연결해), 연결하니, 연결하고 [대응]연결을 하다
[타]❶(선, 줄, 관 따위를 이용해) 불연속적인 두 사물을 서로 잇다. Connect two discontinuous objects using line, rope, or pipe.
[유]잇다[타]
N0-가 N2-에 N1-를 V (N0=[인간] N1=[도구], [기구], [기계], [시설물](전화선, 전선, 케이블 따위) N2=[기구], [기계], [설치물](수도꼭지, 방어벽(바리게이트) 따위))
[피]연결되다
¶철수는 재빨리 호스를 수도꼭지에 연결했다. ¶영수는 전기 콘센트에 플러그를 연결했다.
N0-가 N2-로 N1-를 V (N0=[인간] N1=[나무], [설치물](방어벽(바리게이트) 따위), 전지 따위 N2=[도구], [기구])
[피]연결되다
¶아람이는 두 전지의 극을 전선으로 연결했다. ¶영호는 노끈으로 나무와 나무 사이를 연결했다.
N0-가 N1-와 N2-를 V ↔ N0-가 N1-를 N2-와 V ↔ N0-가 N2-와 N1-를 (N0=[인간], [신체부위] N1=[도구], [기구], [기계], [신체부위] N2=[도구], [기구], [기계])
[피]연결되다
¶영수는 텔레비전과 노트북을 연결했다. ↔ 영수는 노트북을 텔레비전과 연결했다. ↔ 영수는 노트북과 텔레비전을 연결했다. ¶영희는 컴퓨터를 스피커와 연결하여 음악을 들었다.
❷(전화, 인터넷, 장치 따위를 매개로) 의사소통이 되게 접촉시켜 통하게 하다. Attach and let in something to enable communication using phone, internet, or device as medium.
[유]통하게 하다, 접속시키다
N0-가 N2-(에|에게) N1-를 V (N0=[인간] N1=[시설망](전화 따위) N2=[인간], [부서])
[피]연결되다
¶통화량이 많아 상담원에게 전화를 연결하기가 어려웠다.
N0-가 N2-로 N1-를 V (N0=[인간|단체] N1=[인간|단체] N2=[시설망](전화, 전신망, 통신망, 인터넷 따위))
[피]연결되다
¶아나운서는 모스크바 특파원을 전화로 연결했다. ¶학교장들은 전국의 학교를 인터넷으로 연결해 서로 교류하기로 했다.
N0-가 N2-(에|로) N1-를 V (N0=[인간] N1=[시설망](통신, 인터넷 따위), [기계](컴퓨터, 휴대전화 따위) N2=[기계](컴퓨터, 휴대전화 따 위), [시설망](통신망, 인터넷 따위))
[피]연결되다
¶철수는 그의 컴퓨터에 인터넷을 연결했다. ¶사람들은 이제 어디서나 자신의 휴대전화로 인터넷을 연결할 수 있다.
❸(길, 다리, 도로 따위를 만들어) 두 지점을 이어지게 하다. Connect two points by constructing a road, bridge, or highway.
[유]통하게 하다
N0-가 N1-와 N2-를 N3-로 V ↔ N0-가 N1-를 N2-와 N3-로 V (N0=[단체] N1=[건물], [장소], [지역] N2=[건물], [장소], [건물], [지역] N3=[다리], [길], [터널])
[피]연결되다
¶시공사는 지하철역과 백화점을 터널로 연결했다. ↔ 시공사는 지하철역을 백화점과 터널로 연결했다. ¶도로공사는 인천국제공항과 서울을 연결하는 공항고속도로를 개통했다.
❹(사람, 개념, 현상 따위를) 서로 이어 관계를 맺게 하다. Connect people, concepts, or phenomena to form relationship or allow communication.
[유]잇다[타] [반]끊다
N0-가 N1-와 N2-를 (서로) V↔ N0-가 N1-를 N2-와 (서로) V (N0=[인간], [기관], [책] N1=[인간|단체], [현상], [변화], [행위], [사건], [기호], [개념], [이야기], [시간] N2=[인간|단체], [현상], [변화], [행위], [사건], [기호], [개념], [이야기], [시간])
[피]연결되다

¶책은 작가와 독자를 서로 연결하는 역할을 한다. ↔ 책은 작가를 독자와 서로 연결하는 역할을 한다. ¶이 편지는 과거와 현재를 연결하는 중요한 자료이다.

❺두 사람을 만나게 하여 관계를 맺게 하다. Make two people meet and form communication.
N0-가 N1-와 N2-를 V ↔ N0-가 N1-를 N2-와 V↔ N0-가 N2-를 N1-와 V (N0=[인간] N1=[인간] N2=[인간])
피 연결되다
¶영수가 철수와 영순이를 연결해 주었다. ↔ 영수가 철수를 영순이와 연결해 주었다. ↔ 영수가 영순이를 철수와 연결해 주었다. ¶영수가 남들 몰래 두 사람을 연결해 주려고 애를 썼다.

❻【운동】 공을 차서 다른 선수에게 건네주다. Kick and pass the ball to another player.
N0-가 N2-에게 N1-를 V (N0=[인간] N1=공 따위 N2=[인간])
피 연결되다
¶철수가 영수에게 연결한 공이 결승골로 이어졌다. ¶철수가 영수에게 공을 연결해 득점의 기회를 잡았다.

❼(공이나 기회를) 득점으로 이어지게 하다.(주로 운동 경기에서 쓰인다.) Kick and pass the ball to another player. (N0=[인간] N1=공, 슛, (득점) 기회 따위 N2=골, 득점 따위)
피 연결되다
¶우리는 결정적인 기회를 골로 연결하지 못해 지고 말았다.

연계되다
어원 連繫~ 활용 연계되어(연계돼), 연계되니, 연계되고 대응 연계가 되다
자 (어떤 일이나 사건 따위에) 다른 일이나 사람이 서로 밀접하게 관계가 되다. (of a person or a work) Be related closely with another work or event.
㊌관련되다, 연관되다
N0-가 N1-(에|와) V (N0=[상태], [인간|집단], [추상물] N1=[상태], [인간|집단], [추상물])
¶수많은 고위 인사들이 이번 사건에 연계되었다. ¶나는 그 사람이 이 조직과 연계되어 있는 줄 몰랐다.

연계시키다
어원 連繫~ 활용 연계시키어(연계시켜), 연계시키니, 연계시키고 대응 연계를 시키다
타 ☞ '연계하다'의 오용

연계하다
어원 連繫~ 활용 연계하여(연계해), 연계하니, 연계하고 대응 연계를 하다
타 (어떤 사람이나 단체 혹은 일을) 다른 사람이나 단체 혹은 일과 서로 밀접하게 관계를 맺게 하거나 연결짓다. (of a person) Make two persons, organizations, or works enter into close relations with each other.
㊌관련시키다, 연관시키다
N0-가 N1-와 N2-를 V ↔ N0-가 N2-와 N1-를 V ↔ N0-가 N1-를 N2-와 V (N0=[인간] N1=[상태], [인간|집단], [추상물] N2=[상태], [인간|집단], [추상물])
¶그들은 이익 창출을 위해 무역과 금융을 연계했다. ↔ 그들은 이익 창출을 위해 금융과 무역을 연계했다. ↔ 그들은 이익 창출을 위해 무역을 금융과 연계했다. ¶그는 우리 지역 노조를 다른 지역 노조와 연계해 조직력을 높였다.
N0-가 N2-에 N1-를 V (N0=[인간] N1=[상태], [인간|집단], [추상물] N2=[상태], [인간|집단], [추상물])
¶프로그래머는 이 프로그램에 다른 소셜 네트워크를 연계했다. ¶그는 우리 지역 노조를 다른 지역 노조에 연계해 조직력을 높였다.

연관되다
어원 聯關~ 활용 연관되어(연관돼), 연관되니, 연관되고 대응 연관이 되다
자 (어떤 대상이) 다른 대상과 관계가 있다. (of a thing) Have something to do with another thing.
㊌관계되다, 관련되다, 개입되다
N0-가 N1-와 V ↔ N1-가 N0-와 V ↔ N0-와 N1-가 V (N0=[모두] N1=[모두])
¶이 사건은 네 친구와 연관되어 있다. ↔ 네 친구가 이 사건과 연관되어 있다. ↔ 이 사건과 네 친구가 연관되어 있다. ¶나는 그가 어떤 사건과 연관되었는지 궁금했다.

연관시키다
어원 聯關~ 활용 연관시키어(연관시켜), 연관시키니, 연관시키고 대응 연관을 시키다
타 (무엇과 무엇을) 서로 관계를 맺게 하다. (of a person) Connect something with something else.
㊌관계시키다
N0-가 N1-와 N2-를 V ↔ N0-가 N2-와 N1-를 V ↔ N0-가 N1-를 N2-와 V (N0=[인간] N1=[모두] N2=[모두])
¶그는 어제 사건과 오늘 사건을 연관시키려 하였다. ↔ 그는 오늘 사건과 어제 사건을 연관시키려 하였다. ↔ 그는 어제 사건을 오늘 사건과 연관시키려 하였다. ¶필자는 교육 기회의 평등을 교육 선발 과정과 연관시켜 논하였다.

연구되다

어원 硏究~ 활용 연구되어(연구돼), 연구되니, 연구되고 대응 연구가 되다

자 (대상, 현상, 사태나 진리를 규명하기 위해) 깊이 있게 조사되고 체계적으로 분석되다. Be profoundly examined and systematically analyzed in order to investigate a target, phenomenon, situation or truth.

㊌탐구되다

No-(가|에 대해) V (No=[구체물], [추상물])

능 연구하다 자타

¶한국에 유학이 본격적으로 수입되어 활발하게 연구된 것은 고려 말에 이르러서였다. ¶영양인자들이 식품 첨가물의 독성에 미치는 영향에 대하여 연구된 것은 많지 않다.

No-가 N1-에 의해 V (No=[구체물], [추상물] N1=[인간|단체], [분야])

능 연구하다 자타

¶독일의 한 고전학자에 의해 체계적인 의미론이 연구되기 시작했다. ¶언어와 문화의 관계가 인류학자들에 의해 집중적으로 연구되었다.

연구하다

어원 硏究~ 활용 연구하여(연구해), 연구하니, 연구하고 대응 연구를 하다

자 (대상, 현상, 사태나 진리를 규명하기 위해) 깊이 있게 조사하고 체계적으로 분석하다. Profoundly examine and systematically analyze in order to investigate a target, phenomenon, situation or truth.

㊌탐구하다, 궁리하다

No-가 V (No=[인간|단체])

¶과학자들은 자유롭게 연구할 수 있어야 한다. ¶모든 교수가 독자적으로 연구할 수 있는 자유로운 분위기가 보장되어야 한다.

자타 ❶(대상, 현상, 사태나 진리를 규명하기 위해) 깊이 있게 조사하고 체계적으로 분석하다. Profoundly examine and systematically analyze in order to investigate a target, phenomenon, situation or truth.

㊌탐구하다, 궁리하다

No-가 N1-(를|에 대해) V (No=[인간|단체] N1=[구체물], [추상물])

피 연구되다 사 연구시키다

¶대학병원의 조 박사는 갑상선 질환을 집중적으로 연구했다. ¶정인석 교수는 지난 40년간 중국사를 연구했다.

No-가 (S지|S가)-(를|에 대해) V (No=[인간|단체])

피 연구되다 사 연구시키다

¶여러 학자들이 은유가 어떻게 의사소통에서 사용되는지를 연구했다. ¶동물이 어떻게 행동하는지를 연구함으로써 생물의 세계를 올바르게 인식할 수 있다.

❷(어떠한 대상, 현상, 사태를 해결하기 위해) 시간을 가지고 깊이 생각하다. Think profoundly over an ample period of time to solve a certain task, phenomenon, or situation.

㊌생각하다, 숙고하다

No-가 N1-(를|에 대해) V (No=[인간|단체] N1=[구체물], [추상물])

피 연구되다

¶대출 가능성 여부는 연구해 보아야 됩니다. ¶학생들의 대학 진로는 시간을 두고 연구해 봐야겠어요.

No-가 (S지|S가)-(를|에 대해) V (No=[인간|단체])

피 연구되다

¶우리 논까지 물을 대려면 어디로 수로를 내야 할지를 연구해 보았다. ¶어디서 물고기가 더 많이 잡힐지에 대해 연구해 볼 필요는 있다.

연기되다

어원 延期~ 활용 연기되어(연기돼), 연기되니, 연기되고 대응 연기가 되다

자 정해진 기한이 늘려지거나 일의 진행이 뒤로 미뤄지다. Be extended of an established time period or delayed in the progress of a task.

㊌미뤄지다, 늦춰지다

No-가 N1-로 V (No=[일정], [행위](발표, 출시 따위) N1=[원인], [기간], [일시])

능 연기하다I

¶시상식이 폭우로 연기됐다. ¶화재 사고로 영화 상영이 연기되었다. ¶학교 사정으로 시험 일정이 한 달 뒤로 연기되었다.

연기시키다

어원 延期~ 활용 연기시키어(연기시켜), 연기시키니, 연기시키고 대응 연기를 시키다

타 ☞ '연기하다I'의 오용

연기하다 I

어원 延期~ 활용 연기하여(연기해), 연기하니, 연기하고 대응 연기를 하다

타 정해진 기한을 늘리거나 일의 진행을 뒤로 미루다. Extend an established time period or delay the progress of a task.

㊌미루다I, 늦추다

No-가 N1-를 V (No=[인간|단체] N1=[일정], [행위](발표, 출시 따위))

피 연기되다

¶기업이 신제품 발표를 연기했다. ¶그는 일기 상태가 나쁘다는 것을 들었기 때문에 여행을 연기했다.

No-가 N1-를 N2-로 V (No=[인간|단체] N1=[일정],

[행위](발표, 출시 따위) N2=[기간], [일시])
피 연기되다
¶그는 바쁜 일정 때문에 여름휴가를 8월 말로 연기했다. ¶의사는 환자의 수술을 다음 주로 연기했다.

연기하다Ⅱ

어원 演技~ 활용 연기하여(연기해), 연기하니, 연기하고 대응 연기를 하다
자 (배우가) 맡은 역할을 말과 몸동작으로 표현하다. (of an actor) Express virtual contents with one's speech and behavior.
N0-가 V (N0=[인간])
¶나는 마지막 순간까지 무대에서 연기하고 싶다. ¶윤계상은 유해진과 같이 연기하고 싶다고 했다.
타 (배우가) 맡은 인물의 행동이나 성격 따위를 관객을 대상으로 표현해 내다. (of an actor) Express the behavior, personality, etc., of the role that one undertook for the audience.
N0-가 N1-를 V (N0=[인간] N1=[역할])
¶그녀는 엄마 역할을 성공적으로 연기했다. ¶그는 악역을 연기해서 더 매력적이었다. ¶나는 치매 환자를 연기하느라 무척 힘들었다.

연달다

어원 連~ 활용 연달아
자 ❶(어떤 물체가) 다른 물체의 뒤를 이어서 따르다. (of something) Go one behind the other.
N0-가 V (N0=[구체물])
¶차들이 연달아 부딪쳐서 큰 사고가 났다. ¶길 위에 사람들이 연달아 달린다.
㊌이르다
❷(어떤 사건이나 행동 등이) 이어 발생하다. (accident or action) Occur one after another.
N0-가 V (N0=[사건], [행동])
¶쉬는 시간 없이 발표가 연달아 이어졌다. ¶최근 연달아 범죄가 발생했다. ¶올해는 선거가 연달아 있다.

연대하다

어원 連帶~ 활용 연대하여(연대해), 연대하니, 연대하고 대응 연대를 하다
자 ❶(다른 사람이나 단체와) 함께 힘을 합쳐 일하거나 뭉치다. Work or unite together with another person or organization.
㊌협력하다
N0-가 N1-와 V ↔ N1-가 N0-와 V ↔ N0-와 N1-가 V (N0=[인간|단체] N1=[인간|단체])
¶국어문화원은 시민 단체와 연대했다. ↔ 시민 단체는 국어문화원과 연대했다. ↔ 국어문화원과 시민 단체가 연대했다. ¶제3국과 연대하는 것만이 유일하게 살아남을 방법이다.
N0-가 V (N0=[인간|단체](의미상 복수))
¶두 정당은 서로 연대했다. ¶마을 주민들은 연대해서 위기를 극복하려고 했다. ¶우리가 연대하지 않으면 선거에서 패배한다.
❷(다른 사람이나 단체와) 공동의 목표를 위하여 긴밀하게 단결하다. Unite closely with another person or organization for a common purpose.
㊌협력하다
N0-가 N1-와 V ↔ N1-가 N0-와 V ↔ N0-와 N1-가 V (N0=[인간|단체] N1=[인간|단체])
¶나는 우승을 위하여 동료들과 연대했다. ↔ 동료들은 우승을 위하여 나와 연대했다. ↔ 나와 동료들은 우승을 위하여 연대했다. ¶여러 나라들과 연대하여 환경을 보전할 필요가 있다.
N0-가 V (N0=[인간|단체](의미상 복수))
¶주민들은 서로 연대하여 층간 소음을 없애려고 노력했다. ¶올림픽을 유치하려고 많은 사람들이 연대하여 활동하였다.

연락하다

어원 連絡~ 활용 연락하여(연락해), 연락하니, 연락하고 대응 연락을 하다
자 ❶(다른 사람과) 서로 소식 따위가 오가도록 관계를 유지하다. (of a person) Maintain the relationship to the extent that one exchanges his or her recent state with another person.
㊌소통하다 자, 접촉하다 자
N0-가 N1-와 V (N0=[인간|단체] N1=[인간|단체])
¶위급할 때는 비상연락망을 통해 다른 회원과 연락한다. ¶학생들은 전자우편을 통해 선생님과 연락한다.
❷(다른 사람에게) 어떤 일의 돌아가는 모양을 알리다. (of a person) Inform another of the current state of a work.
㊌보고하다, 신고하다, 고지하다
N0-가 N1-에게 V (N0=[인간|단체] N1=[인간|단체])
¶환자가 호흡 곤란을 호소하자 간호사는 의사에게 연락했다. ¶시민들은 한강에 수상한 물체를 발견하고는 바로 경찰에 연락했다.
타 (다른 사람에게) 어떤 일의 돌아가는 모양을 알리다. (of a person) to inform another of the current state of a work.
㊌보고하다, 신고하다, 고지하다
N0-가 N2-(에|에게) N1-를 V (N0=[인간] N1=[앎] N2=[인간|단체])
¶사고 후 우리 가족은 보험회사에 사고 여부를 연락했다. ¶해킹에 놀란 인터넷 공급자들은 국가기관에 사고 사실을 연락했다.
N0-가 N1-에게 S고 V (N0=[인간] N1=[인간])
¶그는 결국 참지 못하고 옛 애인에게 잘 지내냐고 연락했다. ¶신문사에서는 베이징 주재 특파원에게 즉시 톈진으로 가라고 연락했다.

연루되다

어원 連累~ 활용 연루되어(연루돼), 연루되니, 연루되고 대응 연루가 되다

자 (좋지 않은 사건이나 사태에) 얽히거나 연관되다. (of a person) Get entangled or involved in a bad incident or situation.

유 얽히다, 연계되다

N0-가 N1-(에|와) V (N0=[인간|단체] N1=[상태])

¶그는 부패 사건에 연루되어 정계를 떠났다. ¶이 사태에는 정계의 고위층 인사도 연루되어 있다. ¶신재호 장관은 자신이 이 사건과 연루되었다는 보도에 강력하게 항의했다.

연상되다

어원 聯想~ 활용 연상되어(연상돼), 연상되니, 연상되고 대응 연상이 되다

자 인지한 것과 관련이 있는 어떤 것이 머리에 떠오르다. (of something that's related to the object one recognizes) Enter one's mind.

유 회상되다

N1-에게 N0-가 V (N0=[구체물], [추상물] N1=[인간|단체])

능 연상하다

¶구름을 보면 나에게는 하얀 솜사탕이 연상된다. ¶예전에는 공항을 보면 신나는 외국 여행이 늘 연상되었다. ¶그녀를 보면 철민이에게는 고양이가 연상되었다.

연상하다

어원 聯想~ 활용 연상하여(연상해), 연상하니, 연상하고 대응 연상을 하다

타 인지한 것과 관련이 있는 어떤 것을 머리에 떠올리다. Think of something that's related to the object one recognizes.

유 회상하다

N0-가 N2-에서 N1-를 V (N0=[인간|단체] N1=[구체물], [추상물] N2=[구체물], [추상물])

피 연상되다 사 연상시키다

¶나는 박력있게 그려진 무늬에서 언제나 호랑이를 연상한다. ¶그 배우를 보면 사람들은 여우를 언제나 연상한다고 말한다. ¶꽃 하면 나비를 연상하게 되듯, '사랑' 하면 금세 '러브레터'를 연상했다.

연습하다

어원 練習~ 활용 연습하여(연습해), 연습하니, 연습하고 대응 연습을 하다

타 (기예나 학문을) 여러 번 해 보면서 배우고 익히다. Learn and practice a technique repeatedly or study.

유 훈련하다, 습득하다

N0-가 N1-를 V (N0=[인간|단체] N1=[구체물], [추상물])

사 연습시키다

¶그는 하루에 네 시간씩 피아노를 연습하고 있다. ¶운동장에서는 육상부 부원들이 오래달리기를 연습하고 있다. ¶그 가수는 무명 시절에 노래를 연습할 공간이 없어 고생했다고 한다.

연애하다

어원 戀愛~ 활용 연애하여(연애해), 연애하니, 연애하고 대응 연애를 하다

자 (사람이 다른 사람과) 서로 사랑하여 사귀다. (of a person) Love someone and form a romantic relationship.

유 사귀다 자

N0-가 N1-와 V ↔ N1-가 N0-와 V ↔ N0-와 N1-가 V (N0=[인간] N1=[인간])

¶나는 여자친구와 5년간 연애하였다. ↔ 여자친구는 나와 5년간 연애하였다. ↔ 나와 여자친구는 5년간 연애하였다. ¶나는 동아리 후배와 오랫동안 연애하였다.

연연하다

어원 戀戀~ 활용 연연하여(연연해), 연연하니, 연연하고

자 무엇을 버리거나 떠나거나 잊지 못하고 계속 미련을 가지고 집착하다. Stick to something, being unable to abandon or leave it.

유 미련을 가지다

N0-가 N1-에 V (N0=[인간] N1=[추상물])

¶그는 현재를 바라보지 못하고 과거에만 연연했다. ¶김 국장은 시청률에 연연하여 자극적인 소재만 찾았다. ¶그렇게 작은 일에는 연연하지 마라.

연유되다

어원 緣由~ 활용 연유되어(연유돼), 연유되니, 연유되고

자 ☞ '연유하다'의 오용

연유하다

어원 緣由~ 활용 연유하여(연유해), 연유하니, 연유하고

자 (무엇이) 어떤 이유나 까닭에서 생기거나 일어나다. (of something) Occur or arise because of a reason or a cause.

유 말미암다, 기인하다

N0-가 N1-(에|에서|로부터) V (N0=[추상물], [상태] N1=[추상물], [상태])

¶이 정책의 실패는 어디에서 연유한 것일까? ¶그의 내성적인 성격은 일직이 부모를 잃은 데에서 연유한다.

S것-이 S것-(에|에서|로부터) V

¶이 정책이 실패한 것은 집권당이 국민의 목소리를 잘 듣지 않는 것에 연유한다.

S것-이 S데-(에|에서|로부터) V

¶이 정책이 실패한 것은 집권당이 국민의 목소리를 잘 듣지 않는 데에 연유한다.

연장되다

어원 延長~ 활용 연장되어(연장돼), 연장되니, 연장되고 대응 연장이 되다

자 ❶(시간이나 길이 따위가) 기존보다 늘어 길어지다. (of period of time or length) Become longer than before.

유 늦춰지다 반 단축되다

N0-가 V (N0=[시간], [행사], [경로], [길])

능 연장하다

¶명절 밤에는 버스 막차 시간이 더 연장됩니다. ¶시간이 연장되었으면 이길 수 있었을 텐데.

❷(어떤 일이나 상황이) 계속되어 하나로 이어지다. (of a work or a situation) Be continued, being identical with before.

유 길어지다 반 단축되다

N0-가 V (N0=[일], [행위], [상황])

능 연장하다

¶일이 아직 덜 끝나서 부득이 퇴근 시간이 연장되었다.

연장하다

어원 延長~ 활용 연장하여(연장해), 연장하니, 연장하고 대응 연장을 하다

타 ❶(시간이나 길이 따위를) 기존보다 늘려 길어지게 하다. Make a period of time or a length longer than before.

유 늘리다, 확장하다 반 단축하다

N0-가 N1-를 V (N0=[인간|단체] N1=[시간], [행사], [경로], [길])

피 연장되다

¶주최 측에서는 행사를 다음 주 토요일까지로 연장했다. ¶예약 시간을 한 시간만 더 연장할 수 있나요? ¶서울시에서는 지하철 노선을 금천까지 연장하기로 했다.

❷어떤 일이나 상황을 계속하여 하나로 잇다. Continue a work or a situation.

유 잇다 타, 지속시키다 반 단축하다

N0-가 N1-를 V (N0=[인간|단체] N1=[일], [행위], [상황])

피 연장되다 사 연장시키다

¶이 분위기를 연장해서 더 즐겨 봅시다.

연재되다

어원 連載~ 활용 연재되어(연재돼), 연재되니, 연재되고 대응 연재가 되다

자 (소설이나 만화 따위가) 신문이나 잡지에 일정한 간격을 두고 계속해서 실리다. (of novel or comic) Be published on newspaper or magazine continuously in a certain interval.

N0-가 N1-에 V (N0=[텍스트], 만화, 만평, 웹툰 따위 N1=신문, 잡지 따위)

능 연재하다

¶몇 년의 기다림 끝에 그 만화작가의 신작이 신문에 연재되었다. ¶앞으로 이 잡지에 전문 분야를 다루는 칼럼이 연재되었으면 한다.

연재하다

어원 連載~ 활용 연재하여(연재해), 연재하니, 연재하고 대응 연재를 하다

타 (소설이나 만화 따위를) 신문이나 잡지에 일정한 간격을 두고 계속해서 싣다. Publish novel or comic continuously on a newspaper or magazine in a certain interval.

N0-가 N1-를 N2-에 V (N0=[인간] N1=[텍스트], 만화, 만평, 웹툰 따위 N2=신문, 잡지 따위)

피 연재되다

¶김 선생님은 경제 칼럼을 100회 이상 잡지에 연재하고 있다. ¶이 사이트에 만화를 연재하고 있는 작가는 모두 50명이다.

연주되다

어원 演奏~ 활용 연주되어(연주돼), 연주되니, 연주되고 대응 연주가 되다

자 악기가 다루어져 곡이 표현되거나 귀에 들리다. (of a musical instrument) Be handled so that a work can be expressed or heard.

N0-가 V (N0=[악기], [음악작품])

능 연주하다

¶재즈 바 안에서는 잔잔한 바이올린이 연주되었다. ¶현란한 곡이 끝나고 구슬픈 곡이 연주되었다.

연주하다

어원 演奏~ 활용 연주하여(연주해), 연주하니, 연주하고 대응 연주를 하다

타 악기를 다루어 곡을 표현하다. Handle an instrument and express a musical work.

N0-가 N1-를 V (N0=[인간] N1=[악기], [음악작품])

피 연주되다

¶소년은 생전 처음 보는 작품을 무난히 연주했다. ¶그녀는 바이올린으로 모차르트의 초기 소나타를 연주했다. ¶소녀는 악보를 보며 피아노를 연주했다.

연출되다

어원 演出~ 활용 연출되어(연출돼), 연출되니, 연출되고 대응 연출이 되다

자 ❶ 【연극, 영화】 공연, 영화, 텔레비전 따위에서 각본에 따라 연기자, 장치, 의상 따위의 여러 요소들이 구성되어 작품이 만들어지다. (of work on TV, film, or performance) Be produced through the arrangement of actors, settings, and costumes in accordance with a script.

N0-가 N1-에 의해 V (N0=[예술](영화, 연극 따위), [방송물], [행사] N1=[인간])

능연출하다
¶매우 파격적인 영화가 김 감독에 의해 연출되었다. ¶이번에 연출된 드라마는 중국인 시청자들에게 큰 인기를 끌었다.
❷(무엇을 이용하거나 구성하여) 상황이나 결과가 만들어지다. (of a situation or a result) Be made by people who utilize or arrange things.
㊚조성되다
No-가 N1-로 V (No=[상황] N1=[구체물])
능연출하다
¶따뜻한 집안 분위기는 다양한 소품으로 충분히 연출될 수 있다.
❸다소 극적인 상황이나 장면이 만들어지다. (of a dramatic situation or scene) Be produced.
No-가 V (No=[상황])
능연출하다
¶이 영화에서는 최초로 잠수함끼리 수중 대치하는 장면이 연출되었다.

연출하다

어원演出~ 활용연출하여(연출해), 연출하니, 연출하고 대응연출을 하다
타❶【연극, 영화】 공연, 영화, 텔레비전 따위에서 각본에 따라 연기자, 장치, 의상 따위의 여러 요소들을 잘 구성하여 작품을 만들다. (of a person) Produce any work on TV, film, or performance through the arrangement of actors, settings, and costumes in accordance with a script.
㊚감독하다
No-가 N1-를 V (No=[인간] N1=[예술](영화, 연극 따위), [방송물], [행사])
피연출되다
¶엄 감독은 '말모이'라는 영화를 처음으로 연출하였다. ¶윤 감독은 드라마 '가을동화'를 연출하여 인기를 끌었다. ¶민상기 교수는 이번 축제의 개막식을 연출하였다.
❷【연극, 영화】 무엇을 이용하거나 구성하여 상황이나 결과를 만들어내다. Make a situation or a result by utilizing or arranging things.
㊚조성하다
No-가 N2-로 N1-를 V (No=[인간] N1=[상황] N2=[구체물])
피연출되다
¶아버지는 다양한 소품으로 따뜻한 집안 분위기를 연출하였다. ¶박 감독은 새로운 작품을 순수함과 투명함으로 연출하였다.
❸어떤 상황이나 장면, 모습을 만들어 내거나 발생시키다. Make or generate a situation, a scene, or a view.
㊚만들다타
No-가 N1-를 V (No=[인간] N1=[상황])
피연출되다
¶감독은 이 영화를 통해 잔인한 영상보다 음산한 분위기를 연출하고자 하였다. ¶나는 자연 그대로의 모습을 연출하려 애썼다.

연합되다

어원聯合~ 활용연합되어(연합돼), 연합되니, 연합되고] 대응연합이 되다
자❶여러 단체가 합쳐져서 하나의 단체로 만들어지다. Many groups are united to create one group.
㊚통합되다
No-가 N1-와 N2-로 V ↔ N1-가 No-와 N2-로 V ↔ No-와 N1-가 N2-로 V (No=[인간|단체], [집단] N1=[인간|단체], [집단] N2=[인간|단체], [집단])
능연합하다타
¶서울지역 조합이 경기지역 조합과 수도권 조합으로 연합됐다. ↔ 경기지역 조합이 서울지역 조합과 수도권 조합으로 연합됐다. ↔ 서울지역 조합과 경기지역 조합이 수도권 조합으로 연합됐다. ¶공통의 적을 상대하기 위해 주변의 작은 세력들이 모두 연합되었다.
❷개념이나 상황이 서로 연결되다. Concepts or situations are connected with each other.
㊚연결되다
No-가 N1-와 V (No=[추상물], [개념] N1=[추상물], [개념])
¶분노는 특정 호르몬의 분비와 연합되어 있다.

연합하다

어원聯合~ 활용연합하여(연합해), 연합하니, 연합하고 대응연합을 하다
자여러 단체가 합쳐져서 하나의 단체가 되다. Many groups Coalesce and become one group.
㊚통합하다
No-가 N1-와 (서로) V ↔ N1-가 No-와 (서로) V ↔ No-와 N1-가 (서로) V (No=[인간|단체], [집단] N1=[인간|단체], [집단])
¶우리 교회 봉사단이 우리 마을 성당 봉사단과 연합하였다. ↔ 우리 마을 성당 봉사단이 우리 교회 봉사단과 연합하였다. ↔ 우리 교회 봉사단과 우리 마을 성당 봉사단이 연합하였다. ¶자원봉사를 위해서 전주 지역의 종교, 시민, 교육 단체가 함께 연합하였다.
타여러 세부 단체를 합쳐서 하나의 단체를 만들다. Unite many sub-groups to create one group.
㊚통합하다
No-가 N1-를 V (No=[인간|단체], [집단] N1=[인간|단체], [집단])

피 연합되다
¶영어영문학회는 영미소설학회를 비롯한 관련 학회 40여 개를 연합하기로 했다. ¶백범은 모든 독립운동 세력을 연합하였다.

연행되다

어원 連行~ 활용 연행되어(연행돼), 연행되니, 연행되고 대응 연행이 되다
자 (피의자, 범인 등이) 경찰에게 강제로 끌려가다. Be forcefully dragged by the police.
㊌끌려가다, 잡혀가다
N0-가 N1-(에|에게) V (N0=[인간] N1=[인간|단체])
능 연행하다
¶끈질긴 추격 끝에 범인이 경찰에게 연행되었다. ¶망명자들이 일제히 연행되어 본국으로 송환되었다.

연행하다

어원 連行~ 활용 연행하여(연행해), 연행하니, 연행하고 대응 연행을 하다
타 (경찰이) 피의자, 범인 등을 끌고 가다. (of a police) Haul a suspect or criminal.
㊌끌고 가다, 잡아가다
N0-가 N1-를 V (N0=[인간|단체](경찰, 당국 등) N1=[인간])
피 연행되다
¶경찰은 범인을 검거하여 인근 경찰서로 연행하였다. ¶수사 당국은 망명자들을 일제히 연행하여 본국으로 송환하였다.

열거되다

어원 列擧~ 활용 열거되어(열거돼), 열거되니, 열거되고 대응 열거가 되다
자 (여러 가지 예나 사실 따위가) 하나하나씩 일일이 들어서 제시되다. Many examples or facts are presented one by one in turn.
㊌나열되다
N0-가 V (N0=[추상물])
능 열거하다
¶이 보고서에는 필요한 서류의 목록이 열거되어 있다. ¶대학원 과정에서 반드시 읽어야 할 논저 목록이 모두 열거되어 있다.

열거하다

어원 列擧~ 활용 열거하여(열거해), 열거하니, 열거하고 대응 열거를 하다
타 (여러 가지 예나 사실 따위를) 하나하나 일일이 들어 제시하다. (of a person) Present many examples or facts one by one in turn.
㊌들다II, 나열하다 타
N0-가 N1-를 V (N0=[인간] N1=[추상물])
피 열거되다
¶김 형사는 자수를 한 수많은 사례들을 열거하며 나에게 자수를 권유하였다. ¶그는 필요한 서류 목록을 참석자들에게 모두 열거하였다.

열광하다

어원 熱狂~ 활용 열광하여(열광해), 열광하니, 열광하고 대응 열광을 하다
자 ❶(특정한 사건이나 행위로 인해) 매우 흥분하고 들뜨다. Be very aroused and excited due to a certain incident or action.
㊌흥분하다, 들뜨다 ㊤미치다II
N0-가 V (N0=[인간|단체])
사 열광시키다
¶극적인 역전에 관중들은 열광하며 경기장이 떠나가라 응원을 계속했다. ¶거리의 악사는 악기를 두드리며 사람들이 열광하게끔 유도했다.
❷(어떤 사람이나 사물, 사건이) 마음에 들어서 매우 좋아하다. Like a certain object, incident, or person very much.
㊤미치다II
N0-가 N1-(에|에게) V (N0=[인간|단체] N1=[구체물], [추상물])
사 열광시키다
¶젊은 관중들이 인기 가수의 노래에 열광하였다. ¶미식가들은 새롭고 맛있는 음식에 열광한다.
N0-가 S데에 V (N0=[인간|단체])
¶젊은이들은 주식을 하는 데에 열광해 있다.

열다 I

활용 열어, 여니, 열고, 여는
자 나무에 열매가 생겨 맺히다. Fruit Come into bearing on a tree.
㊌열리다I, 맺히다I ㊥지다I
N0-가 N1-에 V (N0=[열매] N1=[나무], [식물], [장소])
¶올해는 나무에 열매가 많이 열었다. ¶지붕에 큰 박이 열었다. ¶꽃이 지면 곧 열매가 연다.

열다 II

활용 열어, 여니, 열고, 여는
자 (가게나 학교 따위가 세워져서) 업무가 시작되다. (of work or business in a shop or school) Get started.
㊌개점하다 ㊥폐쇄되다I, 닫다II, 쉬다I 자
N0-가 N1-에 V (N0=[건물], [단체] N1=[시각단위], [시간])
¶백화점은 오전 10시에 엽니다. ¶병원 응급실은 24시간 연다. ¶오늘은 은행이 안 열었네?
타 ❶(닫혀 있는 문, 뚜껑 따위를 움직여서) 안과 밖, 또는 속과 겉이 통하게 만들다. Make a space that is open inside and outside by moving closed door or cover.
㊌따다, 개방하다 ㊥닫다II, 막다I
N0-가 N1-를 V (N0=[인간] N1=[구체물](문, 병, 마개,

뚜껑, 막 따위))
피 열리다II
¶그 사람은 대문을 열고 성큼성큼 들어왔다. ¶내가 냄비 뚜껑을 열었을 때는 물이 아직 안 끓었다. ¶나는 금고를 열어 돈을 꺼냈다.
❷(자물쇠, 단추 따위를) 끌러서 풀다. Unlock or undo a button.
㊞풀다I, 따다I ㉤잠그다I
N0-가 N1-를 V (N0=[인간] N1=자물쇠, 단추, 잠금장치 따위)
피 열리다II
¶도둑이 자물쇠를 열었다. ¶가스 잠금장치를 열어야 불이 켜지지.
❸(상업적 장소나 단체 따위를 차려) 운영을 시작하다. Start to manage by setting up commercial place or organization.
㊞차리다I, 개소하다 ㉤폐쇄하다, 닫다II
N0-가 N1-를 V (N0=[인간|단체] N1=[건물])
¶나는 옷 가게를 열었다. ¶시청에서 우리 마을에 복지센터를 열었다.
❹(운영하고 있는 상업적 장소나 단체 따위의) 하루 업무를 시작하다. Start a daily business on a managing commercial place or organization.
㉤닫다II
N0-가 N1-를 N2-에 V (N0=[인간] N1=[건물] N2=[시각단위], [시간])
피 열리다II
¶직원들은 오전에 가게를 열기 위해서 새벽부터 출근했다. ¶상인들은 돈을 더 벌기 위해서 밤에도 가게를 열었다.
N0-가 N1-를 N2-에 V (N0=[건물] N1=문, [장소](코너 따위) N2=[시각단위], [시간])
피 열리다II
¶은행은 주말에 문을 열지 않는다. ¶저희 영화관은 매표소를 9시에 엽니다.
❺모임이나 행사 따위를 개최하다. Hold a meeting or event.
㊞개최하다, 벌이다I, 갖다, 가지다 ㉤마치다, 끝내다
N0-가 N1-를 V (N0=[인간|단체] N1=[모임], [축제], [의례])
피 열리다II
¶마을 사람들은 축제를 열었다. ¶종교인들은 저마다 추모 행사를 열었다.
❻(다른 사람들에게) 어떤 토대나 기회, 가능성 따위를 새로이 제공해 주다. Newly offer a foundation, opportunity, or possibility to someone.
㊞제공하다, 제시하다
N0-가 N1-를 N2-(에|에게) V (N0=[인간|단체], [사건] N1=[수단], [방법](길 따위), 시대, 기회 따위 N2=[인간|단체])
피 열리다II
¶그 독지가는 가난한 학생들에게 배움의 길을 열어 주었다. ¶정부는 신용불량자들에게 구제의 길을 열어 줄 방안을 모색 중이다.
※ '열어 주다'의 형태로 자주 쓰인다.
❼(국가와 국가 사이에) 일정한 관계를 맺다. Establish a fixed relation between countries.
㊞맺다타
N0-가 N1-와 N2-를 V ↔ N1-가 N0-와 N2-를 V ↔ N0-와 N1-가 N2-를 V (N0=[국가] N1=[국가] N2=국교)
¶중국이 다른 나라들과 국교를 열었다. ¶주변국들이 그 나라와 국교를 열려고 하고 있다.
N0-가 N1-(에|에 대해) N2-를 V (N0=[국가] N1=[국가] N2=국교, 문호 따위)
¶공산권 국가들이 유럽 국가들에 문호를 열기 시작했다. ¶그 나라는 주변 국가들에 대해 문호를 열기 시작했다.
❽(다른 사람에게) 자신의 마음을 솔직히 터놓고 상대의 마음도 허심탄회하게 받아들이다. Open one's heart to someone and accept their opinion with an open mind.
㉤닫다
N0-가 N1-에|에게 N2-를 V (N0=[인간|단체] N1=[인간|단체], [의견](생각, 의견 따위) N2=마음, 마음의 문 따위)
피 열리다II
¶내가 먼저 그 친구에게 마음을 열었더니 그 친구가 나에게 다가오기 시작했다. ¶우리는 서로에게 마음의 문을 활짝 열고 지낸다. ¶그는 내 의견에 마음을 열고 이야기를 들어 주었다.
◆ **입을 열다** (알려지지 않은 어떤 일에 대하여) 이야기하여 털어놓다. Confide a secret to someone
㊞털어놓다 ㉤입을 닫다, 입을 다물다
N0-가 N1-에 대해 N2-에게 Idm (N0=[인간] N1=[사건], [일], [감정] N2=[인간](경찰, 형사, 검사 따위))
연어 마침내, 드디어
¶그 사람은 공범 사실에 대해 마침내 형사들에게 입을 열었다. ¶용의자는 검사에게 세금 횡령 혐의에 대해 입을 열었다.

열리다 I

활용 열리어(열려), 열리니, 열리고
자 (나무에) 열매가 생겨 달리다. (of fruit) Be hanged by bearing on a tree.
㊞열다I, 맺히다
N0-가 N1-에 V (N0=[열매] N1=[나무], [식물], [장소])

연어 주렁주렁
¶나무 꼭대기에 열매가 주렁주렁 열렸다. ¶햇볕과 양분이 충분해야 나무에 열매가 많이 열린다. ¶우리 농장에 예년보다 포도가 많이 열렸다.

열리다II

활용 열리어(열려), 열리니, 열리고
자 ❶(닫혀 있는 문, 뚜껑 따위가) 안과 밖 또는 속과 겉이 통하게 하거나 또는 그렇게 되도록 움직이다. (of a closed door or cover) Be moved to have or make a space that is open inside and outside.
㊥개방되다 ㉤닫히다
N0-가 V (N0=[구체물](문, 병, 마개, 뚜껑, 막 따위))
능 열다II 타
¶무대의 막이 열렸다. ¶잠기지도 않았는데 문이 잘 안 열리네요.
❷(자물쇠, 단추 따위가) 끌러져 풀려 있거나 그렇게 되다. (of a lock or button) Become open or be unlocked.
㊥풀리다I ㉤잠기다
N0-가 V (N0=자물쇠, 단추, 잠금장치 따위)
능 열다II 타
¶왜 자물쇠가 열려 있지? ¶옷에 단추가 열렸다. ¶잠금장치가 열려 있으면 가스가 샐 수 있다.
❸(상업적 장소나 단체 따위의) 하루 업무가 시작되다. (of a daily business) Be started on commercial place or organization.
㊥개점하다 ㉤닫히다
N0-가 N1-에 V (N1=[건물], 문 N2=[시각단위], [시간])
능 열다II 타
¶10시에는 약국이 열릴 것이다. ¶백화점은 10시에 열린다.
❹모임이나 행사 따위가 개최되다. (of a meeting or event) Be hosted.
㊥개최되다, 벌어지다II ㉤끝나다, 마치다
N0-가 N1-(에|에서) V (N0=[모임], [축제], [의례])
능 열다II 타
¶어제 이사회가 열렸다. ¶일주일 동안 마을에 축제가 열릴 예정이다. ¶대학가에서는 전시회가 열리고 있다.
❺(누군가에게) 어떤 토대나 기회, 가능성 따위가 새로이 제공되다. foundation, opportunity, or possibility are newly offered to someone.
㊥마련되다, 제공되다
N0-가 N1-(에|에게) V (N0=[수단], [방법](길), 시대, 기회 따위 N1=[인간], [집단], [단체])
능 열다II 타
¶새로운 시대가 우리에게 열렸다. ¶우리 회사에 재도약의 기회가 열렸다.
❻(인지 능력 따위가) 더 확대되거나 강해지다. (of a cognitive ability) Become stronger or expanded.
㊥트이다
N0-가 V (N0=[신체부위](눈, 귀, 입 따위), 정신)
¶아무리 영어 공부를 해도 입이 안 열린다. ¶사람들의 마음이 열리면 모든 갈등이 해소될 것이다.
❼(다른 사람에게) 자신의 마음을 솔직히 터놓고 상대의 마음도 허심탄회하게 받아들이게 되다. Open one's heart to someone and accept their opinions or thoughts open-mindedly.
㉤닫히다
N0-가 N1-에게 V (N0=마음, 마음의 문 따위 N1=[인간|단체])
능 열다II 타
¶내 마음이 그에게 쉽게 열리지 않는다. ¶마음의 문이 열려야 진정한 대화가 되는 법이다.

열중하다

어원 熱中~ 활용 열중하여(열중해), 열중하니, 열중하고 대응 열중을 하다
자 어떤 일에 몰두하여 정신을 쏟다. Occupy oneself with a work.
㊥전념하다, 몰입하다, 몰두하다, 골몰하다
N0-가 N1-에 V (N0=[인간] N1=[인간], [상태])
¶나는 대회를 앞두고 훈련에만 열중하였다. ¶나는 연구에 열중하고 싶지만 자꾸 집안일에 신경이 쓰인다.
N0-가 S(것|데)-에 V (N0=[인간])
¶나는 대회를 앞두고 훈련하는 것에만 열중하였다. ¶나는 친구의 사진을 찍는 데에 열중하였다.

염려하다

어원 念慮~ 활용 염려하여(염려해), 염려하니, 염려하고
자타 (관심 가진 일을) 불안한 마음으로 걱정하다. (of a person) Worry about one's matter of interest.
㊥걱정하다, 근심하다, 두려워하다
N0-가 N1-(를|에 대해) V (N0=[인간] N1=[상태])
¶임금은 아끼는 신하의 건강을 염려하였다. ¶그는 자신에게 가해질 불이익을 염려하였다.
N0-가 S것-을 V (N0=[인간])
¶그는 자신에게 불이익이 가해질 것을 염려하였다. ¶그는 자신의 인터뷰로 인해 가족들이 해를 받게 될 것을 염려하였다.
N0-가 S을까 V (N0=[인간])
¶그는 자신에게 불이익이 가해질까 염려하였다.

염색하다

ㅇ

어원 染色~ 활용 염색하여(염색해), 염색하니, 염색하고 대응 염색을 하다
타 (천이나 실, 머리카락 따위를) 염료를 써서 다른 색으로 물을 들이다. Change the color of cloth, thread, or hair by dye.
유 물들이다 반 탈색하다
N0-가 N1-를 V (N0=[인간] N1=[천], 실, 머리카락 따위)
¶미용사가 손님의 머리를 까맣게 염색했다. ¶빨갛게 염색한 옷감이 참 예쁘다. ¶염색하시면 더 젊어 보이실 것 같아요.

엿듣다
활용 엿들어, 엿들으니, 엿듣고, 엿듣는
타 몰래 듣다. Listen to something secretly.
N0-가 N1-를 V (N0=[인간|단체] N1=[소리], [소통])
¶나는 우연히 방에서 나오는 소리를 엿들었다. ¶우리 두 사람의 대화를 엿들은 사람이 있다고 한다. ¶그 직원은 회사의 기밀을 엿듣다가 산업 스파이로 오해받았다.

엿보다
활용 엿보아(엿봐), 엿보니, 엿보고
타 ❶(어떤 장소나 대상을) 좁은 틈 사이로 몰래 바라보다. Have a quick look at a place or an object through a narrow gap.
N0-가 N1-를 V (N0=[인간] N1=[장소], [인간], [구체물])
피 엿보이다
¶동네 사람들은 문풍지 틈으로 신혼부부의 방을 엿보았다. ¶공장장은 창문으로 엿보며 직원들이 일을 잘 하는지 감시하기도 했다.
❷(생각, 기분, 분위기 따위를) 짐작하여 알다. Get a sense of thought, feeling, or mood.
N0-가 N1-를 V (N0=[인간] N1=[상황], [생각], [감정])
피 엿보이다
¶나는 주인의 태도를 통해 이 집의 유구한 역사를 엿보았다. ¶그의 태도를 보니 우리에 대한 신뢰를 엿볼 수 있었다.
❸(어떤 기회를) 차지하기 위해 기다리다. Wait for an opportunity.
유 노리다
N0-가 N1-를 V (N0=[인간] N1=[시간](기회 따위))
¶정탐꾼들은 적지에 가서 적군의 틈을 엿보았다.
❹(어떤 대상을) 빼앗으려고 기다리다. Await an object in order to take it away.
유 노리다
N0-가 N1-를 V (N0=[인간|단체] N1=[구체물], [직위])
¶그들은 호시탐탐 우리 영토를 엿보았다. ¶모든 기업이 업계 정상의 자리를 엿보았다.
자타 (어떤 장소나 대상을) 몰래 살펴보다. Have a quiet look at a place or an object.
N0-가 N1-를 V (N0=[인간] N1=[장소], [인간], [구체물])
¶나는 관심 없는 척하면서 그의 표정을 엿보았다. ¶군인들은 적에게 들키지 않도록 벽에 몸을 숨기고 동태를 엿보았다.
N0-가 S지 V (N0=[인간])
¶그는 일기장을 통해 그녀의 어린 시절이 어땠는지 엿보았다.

엿보이다
활용 엿보이어(엿보여), 엿보이니, 엿보이고
자 ❶(어떤 장소나 대상이) 좁은 틈 사이로 보이다. (of a place or an object) Be seen through a narrow gap.
N0-가 V (N0=[장소], [인간], [구체물])
능 엿보다타
¶그가 움직일 때마다 소매 아래로 손목이 살짝 엿보였다. ¶반쯤 열린 방문 틈으로 방 안이 엿보였다.
❷(생각, 기분, 분위기 따위가) 짐작하여 알 수 있게 드러나다. (of thought, feeling, or mood) Be revealed so that they can be guessed.
N0-가 V (N0=[상황], [생각], [감정])
능 엿보다타
¶짧은 인터뷰이지만 그의 재치가 엿보였다. ¶프로그램의 구성에서 기본에 충실하려는 제작진들의 의도가 엿보였다.

영위하다
어원 營爲~ 활용 영위하여(영위해), 영위하니, 영위하고 대응 영위를 하다
타 일이나 상태 따위를 꾸려 이끌어 가다. Manage a work or a situation.
유 꾸려가다
N0-가 N1-를 V (N0=[인간] N1=[일], [신체상태](건강 따위), 삶, 생활)
¶그는 은퇴 이후 여유로운 삶을 영위하였다. ¶건강을 영위하기 위해서는 운동이 필요하다.

예감하다
어원 豫感~ 활용 예감하여(예감해), 예감하니, 예감하고 대응 예감을 하다
타 (어떤 일이나 감정을) 실제로 일어나리라 믿고 미리 느끼다. Believe that something or some feeling will be real and to feel it in advance.
유 예측하다
N0-가 N1-를 V (N0=[인간] N1=[상태], [운](운명 따위))
¶득점에 성공한 순간 우리는 승리를 예감했다. ¶그날 나는 이별을 추호도 예감하지 못했다.

No-가 S것-을 V (No=[인간])
¶모두들 인수와 민선이가 결혼할 것을 예감했다. ¶그는 자기가 죽을 것을 예감하기라도 한 듯했다.

예견되다

어원豫見~ 활용예견되어(예견돼), 예견되니, 예견되고 대응예견이 되다

자❶(앞으로 일어날 일이) 미리 알게 되거나 짐작되다. (of something that will happen in the future) Be known in advanced or assumed.
㊀예측되다
No-가 V (No=[추상물], [상태], [사건], [행위])
¶이번 최 위원장의 사의 표명은 이미 올해 초부터 예견되어 왔었다. ¶계속된 침체로 이번 분기에 실업률이 올라갈 것이 예견된다.

❷(어떤 일이) 어떻게 될 것이라고 미리 알게 되거나 짐작되다. (of some event's future course) Be known in advanced or assumed.
㊀생각되다, 짐작되다
No-가 S것-으로 V (No=[추상물], [상태], [사건], [행위])
능예견하다자타
¶국제 정치의 판도는 상호 공존을 바탕으로 재편이 불가피할 것으로 예견된다. ¶그의 프로 데뷔는 순위 싸움에 큰 영향을 줄 것으로 예견되어 왔다.
※'V-어 왔다 / V-고 있다'의 형태로 사용된다.

예견하다

어원豫見~ 활용예견하여(예견해), 예견하니, 예견하고 대응예견을 하다

자(앞으로 일어날 일을) 미리 알거나 짐작하다. Know in advance or assume something that will happen in the future.
㊀예측하다, 짐작하다, 내다보다
No-가 S것-으로 V (R1) (No=[인간|단체])
¶전문가들 모두가 이번 프로젝트가 잘될 것으로 예견했다. ¶모든 신문이 이번 협상이 잘 타결될 것으로 예견했다.

자타(어떤 일이) 어떻게 될 것이라고 미리 알거나 짐작하다. Know in advance or assume the outcome of certain event.
㊀내다보다자타, 예감하다
No-가 N1-(를|에 대해) V (No=[인간|단체] N1=[추상물], [상태], [사건], [행위])
피예견되다
¶모든 언론에서 한국의 승리를 예견했다. ¶적어도 교육은 아이들의 장래에 대해 예견할 수 있어야 한다.
No-가 S것-(을|에 대해) V (No=[인간|단체])
¶그 신문이 전부터 금융 전쟁이 시작될 것에 대해 예견했다. ¶전문가들은 몇 년 전부터 휴대전화 화면이 점점 커질 것을 예견해 왔다.
No-가 S고 V (No=[인간|단체])
¶전문가들은 모두 이번 사업이 잘될 것이라고 예견했다.

예고되다

어원豫告~ 활용예고되어(예고돼), 예고되니, 예고되고 대응예고가 되다

자(미래의 일이) 미리 알려지다. (of a future event) Be known beforehand.
㊀예보되다
No-가 N1-(에|에게) V (No=[추상물], [상태] N1=[인간|단체])
능예고하다
¶사원들에게 대규모 인사이동이 예고되었다. ¶이번 사고는 사실상 이미 예고된 것이었다.
No-가 N1-(에|에게) S고 V (No=[추상물], [상태] N1=[인간|단체])
능예고하다
¶내일 경기는 세기의 대결이 될 것이라고 시청자들에게 예고되었다. ¶내일 방송에서는 충격적인 무대가 펼쳐질 것이라고 예고되었다.
S것-(이|으로) N1-(에|에게) V (N1=[인간|단체])
능예고하다
¶그 학생은 학칙에 의해 징계될 것으로 이미 예고되었다.

예고하다

어원豫告~ 활용예고하여(예고해), 예고하니, 예고하고 대응예고를 하다

자타(미래에 일어날 일을) 미리 알리다. Let a future event be known beforehand.
㊀예보하다, 예언하다타
No-가 N1-(를|에 대해) N2-(에|에게) V (No=[인간|단체] N1=[추상물], [상태] N2=[인간|단체])
피예고되다
¶통찰력 있는 서방 언론들은 중동의 무력 충돌에 대해 예고했다. ¶신문은 새 대통령 취임 후의 거대한 변혁을 예고했다.
No-가 N1-(에|에게) S고 V (No=[인간|단체] N1=[인간|단체])
피예고되다
¶대통령은 기자들에게 앞으로 국제 관계의 판도가 바뀔 것이라고 예고했다. ¶선생님께서는 나머지 이야기는 내일 들려주겠다고 예고했다.
No-가 N1-(에|에게) S것-(을|으로) V (No=[인간|단체] N1=[인간|단체])
피예고되다
¶정부는 내년도 복지 예산을 크게 증액할 것으로 예고했다. ¶경제 전문가들은 하반기에 경기 회복 속도가 빨라질 것을 예고했다.

예방되다
어원 豫防~ 활용 예방되어(예방돼), 예방되니, 예방되고 대응 예방이 되다
자 (질병이나 사고, 재해, 피해 따위가) 미리 대비되어 일어나지 않게 되다. (of precautions) Be taken against disease, disaster, or damage.
㊌방지되다
No-가 V (No=[질병], [사고], [재해], [피해])
능 예방하다
¶미리 예방주사를 맞으면 독감이 예방될 수 있다. ¶식습관만 바뀌어도 암이 예방된다.

예방하다
어원 豫防~ 활용 예방하여(예방해), 예방하니, 예방하고 대응 예방을 하다
타 (병이나 사고, 재해, 피해 따위를) 미리 대비하여 일어나지 않게 하다. Take precautions against disease, disaster, or damage.
㊌막다I, 방지하다
No-가 N1-를 V (No=[인간|단체] N1=[질병], [사고], [재해], [피해])
피 예방되다
¶나는 독감을 예방하기 위해 주사를 맞았다. ¶정부는 홍수를 예방하기 위해 댐을 건설하였다.
No-가 S-(게|도록) V (No=[인간|단체])
¶독감에 걸리지 않게 사전에 예방하는 것이 중요하다. ¶겨울에는 산불이 나지 않도록 미리 잘 예방해야 한다.

예보되다
어원 豫報~ 활용 예보되어(예보돼), 예보되니, 예보되고 대응 예보가 되다
자 (미래의 일이) 앞서 알려지다. (of a future event) Be told in advance.
㊌예고되다
No-가 V (N1=[사건], [자연현상], [상황](위험, 위기 따위))
능 예보하다
¶올해 들어 처음으로 30도를 웃도는 날씨가 예보되었다. ¶제주 지역에는 많은 양의 비가 예보되어 있다.
S-다고 V
능 예보하다
¶내일 첫눈이 온다고 예보되었다. ¶올해 장마는 일찍 올 것이라고 예보되고 있다.
S것이 V
능 예보하다
¶이번 주말에 비가 오고 쌀쌀해질 것이 예보되고 있다. ¶올해 장마에는 비가 많이 오지 않을 것이 예보되었다.

예보하다
어원 豫報~ 활용 예보하여(예보해), 예보하니, 예보하고 대응 예보를 하다
자타 (사람이나 기관이) 미래의 일을 앞서 알리다. (of a person or an organization) Tell an event before it occurs.
㊌예고하다
No-가 S다고 V (No=[인간|단체])
피 예보되다
¶기상청에서는 밤새 비가 온다고 예보하였다. ¶내일은 기온이 올라갈 것이라고 예보하였다.
No-가 N1-를 V (No=[인간|단체] N1=[사건], [자연현상], [상황](위험, 위기 따위))
피 예보되다
¶미국의 금리 인상은 국내 경제의 위험을 예보한다. ¶기상청에서 중부 지방에는 비를 예보한 상태이다.
No-가 S것-을 V (No=[인간|단체])
피 예보되다
¶정부에서 금융 위기가 올 것을 예보하였으므로 외환 보유고를 늘려야 한다. ¶눈이 올 것을 미리 예보하였지만 대처가 잘 이루어지지 않았다.

예비되다
어원 豫備~ 활용 예비되어(예비돼), 예비되니, 예비되고 대응 예비가 되다
자 (어떤 상황에 대비하여) 필요한 것이 미리 갖추어지거나 준비되다. (of something) Be equipped or prepared for a necessary situation in advance.
㊌준비되다
No-가 V (No=[구체물], [방법], [미래](내일))
능 예비하다
¶준비한 자들에게는 밝은 미래가 예비되었다. ¶예비된 자금이 있으니 여행에 보태 써라.

예비하다
어원 豫備~ 활용 예비하여(예비해), 예비하니, 예비하고 대응 예비를 하다
타 (어떤 상황을 대비하여) 필요한 것을 미리 갖추거나 준비하다. Equip oneself with or prepare something necessary for a situation in advance.
㊌준비하다
No-가 N1-를 V (No=[인간|단체] N1=[미래](내일), [역할], [행위], [행사], [자연현상], [경제현상])
피 예비되다
¶내일을 예비하는 방법 중 하나는 저축을 하는 것이다. ¶정부에서는 금리를 낮춰 불황을 예비하려고 한다.

예상되다
어원 豫想~ 활용 예상되어(예상돼), 예상되니, 예상되고 대응 예상이 되다
자 (어떤 사건의 앞일이나 결과가) 미리 헤아려 생각되다. (of a consequence or a result of an

event) Be considered beforehand.
㊌예견되다, 예측되다, 전망되다
No-가 S라고 V (No=[모두])
능 예상하다
¶그는 내일쯤 돌아오리라고 예상된다. ¶날씨가 풀릴 것이라고 예상되었지만 실제로는 그 반대였다.
No-가 S것-으로 V (No=[모두])
능 예상하다
¶이번 주말에는 고속도로가 막힐 것으로 예상됩니다. ¶이 영화가 흥행할 것으로 예상된다는 기사는 없었다.
No-가 N1-로 V (No=[모두] N1=[모두])
능 예상하다
¶출구 조사 결과 그는 유력한 당선자로 예상된다. ¶내일 선발 투수로 예상되는 선수는 작년 다승왕이다.
No-가 V (No=[모두])
능 예상하다
¶날씨가 추워져서 동파가 예상됩니다. ¶공습이 예상되니 방어 태세를 잘 갖추어라.

예상하다

어원 豫想~ 활용 예상하여(예상해), 예상하니, 예상하고 대응 예상을 하다
자타 (어떤 사건의 앞일이나 결과를) 미리 헤아려 생각하다. Consider beforehand a consequence or a result of an event.
㊌예견하다 자타, 예측하다, 전망하다 자타
No-가 S다고 V (No=[인간|단체])
피 예상되다
¶우리는 그 선수가 두 달 안에 복귀할 것이라고 예상한다. ¶누구나 그가 당선된다고 예상했지만 결과는 뜻밖이었다.
No-가 S것-(으로|을) V (R1) (No=[인간|단체])
피 예상되다
¶그는 이번 시험 결과가 만점일 것(으로|을) 예상한다.(R1) ¶이번 경기는 우리가 승리할 것으로 예상합니다.
No-가 N1-를 N2-로 V (No=[인간|단체] N1=[모두] N2=[모두])
피 예상되다
¶당선자로 예상했던 사람이 그만 낙선하고 말았다. ¶선물로 핸드백을 예상했지만 빗나갔다.
No-가 N1-(를|에 대해) V (No=[인간|단체] N1=[모두])
피 예상되다
¶합격 여부에 대해 섣불리 예상할 수가 없다. ¶감히 누가 내일 일을 예상하겠느냐?
No-가 S것-(을|에 대해) V (No=[인간|단체])
피 예상되다
¶우리는 내일 일찍 끝날 것을 예상하고 약속을 했다. ¶경기가 침체될 것을 예상했다면 주식을 일찍 팔았을 텐데.

예속되다

어원 隷屬~ 활용 예속되어(예속돼), 예속되니, 예속되고 대응 예속이 되다
자 힘이 강한 대상에 얽매이다. Be bound under the command of something powerful.
㊌매이다I, 종속되다 ㊉독립하다
No-가 N1-(에|에게) V (No=[인간|단체] N1=[인간|단체], 권력, 자본 따위)
사 예속시키다
¶부인은 경제적으로 남편에게 완전히 예속되었다. ¶언론이 권력에 예속되어서는 안 될 것이다.

예속시키다

어원 隷屬~ 활용 예속시키어(예속시켜), 예속시키니, 예속시키고 대응 예속을 시키다
타 힘이 강한 대상에 얽매이게 하다. Make someone, organization, etc. be bound under the command of something powerful.
㊌얽매이게 하다, 종속시키다 ㊉독립시키다
No-가 N1-를 N2-(에|에게) V (No=[인간|단체], [추상물](문화, 권력 따위) N1=[인간|단체], [추상물] N2=[인간|단체], [추상물](권력, 자본 따 위))
피 예속되다
¶가부장권 문화는 여성을 남성에 예속시키는 것이다. ¶각 시대의 권력은 어떤 식으로든 개인을 통제하고 예속시켜 왔다.

예속하다

어원 隷屬~ 활용 예속하여(예속해), 예속하니, 예속하고 대응 예속을 하다
자 ☞ '예속되다'의 오용

예약되다

어원 豫約~ 활용 예약되어(예약돼), 예약되니, 예약되고 대응 예약이 되다
자 (어떤 물건, 장소, 서비스 따위가) 이용되기로 미리 정해지다. (of a thing, a place, or a service) Be booked for future use.
No-가 V (No=[구체물], [자리], [건물], [행위])
능 예약하다
¶오늘 묵을 호텔이 예약되었나요? ¶식당에 자리가 예약되어 있으니 그곳으로 가자.

예약하다

어원 豫約~ 활용 예약하여(예약해), 예약하니, 예약하고 대응 예약을 하다
타 (다른 사람이나 단체에 어떤 물건, 장소, 서비스 따위를) 이용하기 위하여 미리 정해 두다. Make an arrangement for a thing, a place, or a service

with another person or organization.
No-가 N2-(에|에게) N1-를 V (No=[인간|단체] N1=[구체물], [자리], [건물], [행위] N2=[인간|단체], [기관])
피 예약되다
¶나영이는 호텔에 방을 예약했다. ¶식당에 자리를 예약했으니 그곳으로 가자. ¶이 음식점은 예약하지 않으면 자리가 없다.

예언하다

어원 豫言~ 활용 예언하여(예언해), 예언하니, 예언하고 대응 예언을 하다
자 (미래의 일이나 사태가 어떻게 될 것이라고) 미리 알거나 추측하여 이야기하다. Tell by knowing in advance or guessing future events or situation.
㊐ 계시하다, 예고하다, 예측하다, 예견하다
No-가 S고 V (No=[인간])
¶그 점쟁이는 내가 3년 안에 결혼한다고 예언했다. ¶그는 지구가 곧 멸망한다고 예언했다.
No-가 N1-에게 S고 V (No=[인간] N1=[인간])
¶그 예언자는 백성들에게 곧 이스라엘이 멸망하게 된다고 예언했다. ¶이미 많은 예언자들이 사람들에게 지구가 곧 멸망하게 된다고 예언했었다.
타 (미래의 일이나 사태를) 미리 알거나 추측하여 이야기하다. Tell by knowing in advance or guessing future events or situation.
㊐ 계시하다, 예고하다, 예측하다, 예견하다
No-가 N2-에게 N1-를 V (No=[인간] N1=[상태], [사건] N2=[인간])
¶그 예언자는 사람들에게 구세주의 출현을 예언했다.

예정되다

어원 豫定~ 활용 예정되어(예정돼), 예정되니, 예정되고 대응 예정이 되다
자 (어떤 일이) 하기로 미리 정하여지다. (of something) Be prearranged to be done.
㊐ 계획되다
No-가 V (No=[행위], [계획])
능 예정하다
¶그들의 결혼은 내년 가을로 예정되었다. ¶예정되었던 저녁 약속이 갑자기 취소되었다.
S것-이 V
능 예정하다
¶모든 것이 예정되어 있는 세상은 없다. ¶커피점을 창업하는 것이 예정되어 있었는데 그만 물거품이 되고 말았다.
S기-로 V
능 예정하다
¶그들은 내년 가을에 결혼하기로 예정되어 있었다. ¶그는 내년에 외국 지사에 파견 근무를 나가기로 예정되었다.

예정하다

어원 豫定~ 활용 예정하여(예정해), 예정하니, 예정하고 대응 예정을 하다
타 (나중에 할 일을) 미리 정하다. Arrange something before the time comes when it actually happens.
㊐ 계획하다
No-가 N1-를 V (No=[인간] N1=[행위], [계획])
피 예정되다
¶우리는 내년 가을에 결혼을 예정하였다. ¶나는 내년쯤 커피점 창업을 예정하고 있다.
No-가 S것-을 V (No=[인간])
피 예정되다
¶우리는 내년 가을에 결혼할 것을 예정하였다. ¶그는 내후년 초에 새로운 사업을 시작할 것을 예정하고 계획을 세우고 있었다.
No-가 S기-로 V (No=[인간])
피 예정되다
¶우리는 내년 가을에 결혼하기로 예정하였다. ¶나는 내일까지 제출하기로 예정한 원고를 다 쓰지 못했다.

예측되다

어원 豫測~ 활용 예측되어(예측돼), 예측되니, 예측되고 대응 예측이 되다
자 (앞으로 일어날 사태나 모르는 일의 진상이) 어떻게 되리라고 짐작되다. (of a situation) Be assumed to occur or (of a truth of an unknown) be assumed to be something.
㊐ 예상되다, 예견되다, 추측되다, 전망되다
No-가 V (No=[상태])
능 예측하다
¶수자원공사에 따르면 십여 년 후 물 부족이 예측된다고 한다. ¶위험이 예측되는 수술이므로 보호자께서는 신중하게 결정하셔야 합니다.
No-가 N1-로 V (No=[구체물|추상물] N1=[구체물|추상물])
능 예측하다
¶운석의 낙하지점은 러시아 시베리아로 예측되었다. ¶이번 달 매출도 적자로 예측된다.
S것-이 V
능 예측하다
¶농산물시장 개방 이후 정부가 농업의 구조 조정을 서두를 것이 예측된다. ¶느티나무에 벌레가 없는 해는 콩에 진딧물이 적어 풍년이 들 것이 예측된다.
No-가 S것-으로 V (No=[모두])
능 예측하다
¶지역 축제가 적자를 거듭하고 있어 내년부터는

열리기 힘들 것으로 예측된다.
No-가 S다고 V (No=[모두])
¶인구 고령화는 앞으로도 당분간 지속되리라고 예측된다. ¶선거에서 지지 후보의 선택에는 유권자의 종교도 큰 요인으로 작용한다고 예측되고 있다.

예측하다

어원 豫測~ 활용 예측하여(예측해), 예측하니, 예측하고 대응 예측을 하다
자타 (앞으로 일어날 사태나 모르는 일의 진상이) 어떻게 되리라고 짐작하다. Assume the truth of an unknown or that some event will occur in the future.
유 예상하다, 예견하다 자타, 추측하다, 전망하다
No-가 S다고 V (No=[인간|단체])
¶각료들은 상대국이 회담에 우호적이지 않을 것이라고 예측했다. ¶기상청은 이번 여름은 가뭄이 심할 것이라고 예측했다.
No-가 S것-으로 V (No=[인간|단체])
¶그 보고서에서는 21세기 중반에 지구 평균온도가 3~4도 정도 높아질 것으로 예측하였다. ¶전문가들이 앞으로도 계속 성장할 것으로 예측하는 분야는 정보산업이다.
No-가 N1-를 N2-로 V (No=[인간|단체] N1=[구체물], [추상물], [집단], [장소], [상태] N2=[구체물], [추상물], [집단], [장소], [상태])
피 예측되다
¶이 희곡은 뒷부분이 전해지지 않지만 결말을 비극으로 예측하는 사람이 많다. ¶역사가들은 신라 시대 사찰의 위치를 궁궐 근처로 예측하였다.
No-가 N1-(를|에 대해) V (No=[인간|단체] N1=[구체물], [추상물], [집단], [장소], [상태])
피 예측되다
¶전문가들은 협상의 결과를 각기 다르게 예측했다. ¶기상청은 1주일 뒤의 날씨를 정확하게 예측했었다.
No-가 S것-(을|에 대해) V (No=[인간|단체])
피 예측되다
¶이 일을 우리 두 사람이 계획했다는 것을 아무도 예측하지 못하게 합시다.

예치하다

어원 預置~ 활용 예치하여(예치해), 예치하니, 예치하고 대응 예치를 하다
타 (돈, 물건 따위를) 금융 기관에 맡기다. (of money, object, etc.) Deposit into the financial institution.
유 맡기다, 예금하다 반 빼다I, 찾다
No-가 N1-를 N2-에 V (No=[인간|단체] N1=[돈](돈, 금전, 자금 따위) N2=[금융기관])
¶우리 회사는 투자 자금을 외국 계좌에 예치해 두었다. ¶어머니는 여윳돈을 은행에 예치하셨다.

오가다

활용 오가, 오가니, 오가고
자타 ❶(사람이나 차량이) 한 곳에 왔다가 다시 떠나기를 여러 번 하다. (of a person or a vehicle) Arrive at one place and leave again repeatedly.
유 왕래하다 자, 다니다 자, 드나들다 자
No-가 N1-(에|를) V (No=[인간|단체], [교통기관] N1=[장소])
¶작년부터 우리 가게에 자주 오가는 손님이 있다. ¶아침저녁으로 이 도로를 오가는 차가 있으니 주차하시면 안 됩니다.
❷(여러 사람이나 차량 등이) 어떤 장소에 지나다니다. (of a person or a vehicle) Pass by a place.
유 왕래하다 자, 다니다 자
No-가 N1-에 V (No=[인간|단체], [교통기관] N1=[장소])
¶광장에는 오늘도 여러 사람이 오가고 있다. ¶이 도로에는 밤에 차량이 드물게 오간다.
❸(어떤 대상이) 두 사람이나 단체 사이에 주고받아지다. (of an object) Be exchanged between two persons or organizations.
유 교환되다, 주거니 받거니 하다
No-가 N1-(에|에게|에서) V (No=[구체물], [추상물] N1=[공간](사이))
¶그 두 사이에는 편지가 자주 오갔다. ¶두 사람 사이에 말다툼이 오갔다.
❹(사람들이) 교분을 갖고 친하게 지내다. (of people) Have a friendly relationship.
유 교류하다 자, 교유하다
No-와 N1-가 V ↔ N1-와 No-가 V No-가 N1-와 V (No=[인간|단체] N1=[인간|단체])
연어 서로
¶우리 집과 이웃이 자주 오가며 산다. ↔ 이웃과 우리 집이 자주 오가며 산다. ↔ 우리 집이 이웃과 자주 오가며 산다.
❺(절기나 계절이) 시작되고 끝나다. (of seasonal divisions or season) Begin and end.
유 지나가다 자
No-가 V (No=[절기], [계절])
¶봄이 오가는 사이에 친구들이 결혼했다. ¶그는 겨울이 오가는 줄도 모르고 연구에 몰두했다.

◆ 오갈 데가 없다

❶살 곳이 없다. Have no place to live.
No-가 Idm (No=[인간|단체])
¶나는 오갈 데가 없다. ¶그는 오갈 데 없는 나를 거두어 살게 해 주었다.
❷의지하거나 소속될 곳이 없다. Have no place

to turn or belong to.
No-가 Idm (No=[인간|단체])
¶회사가 망한 뒤 철수는 오갈 데가 없게 되었다.
¶그 선수는 다음 시즌부터 오갈 데가 없게 되었다.

오그라들다

활용오그라들어, 오그라드니, 오그라들고, 오그라드는 센우그러들다

자❶(몸의 일부가) 안쪽으로 오목하게 들어가 크기나 부피가 줄어들다. (of part of the body) Become concave so that the size or volume decreases.
유수축하다
No-가 V (No=[신체부위])
¶너무 추워서 온몸이 오그라드는 것 같았다.
¶내가 만지니까 낙지가 오그라들었다.

❷(물체가) 안쪽으로 휘어져 들어가 크기나 부피가 줄어들다. (of matter) Bend inward so that the size or volume is reduced.
유수축하다, 쪼그라들다
No-가 V (No=[구체물])
¶뜨거운 물을 부었더니 페트병이 오그라들었다.
¶이 받침대는 아무리 뜨거운 냄비에도 오그라드는 법이 없습니다.

❸(천이) 주름이 잡히고 원래보다 작아지다. (of cloth) Be wrinkled and to become smaller than before.
유줄어들다
No-가 V (No=[천], [착용물])
¶빨래를 잘못해서 치마가 오그라들었다. ¶스웨터가 오그라들어서 입을 수 없게 되었다.

❹(식물의 표면이나 거죽이) 수분이 빠져 주름이 잡히면서 줄어들다. (of the surface of a plant) Be wrinkled and reduced as it loses moisture.
No-가 V (No=[식물])
¶가뭄 때문에 꽃잎이 오그라들었어요. ¶최근 대추나무의 잎이 오그라드는 병이 기승을 부리고 있다.

❺(상황이나 형편 따위가) 전보다 안 좋아지다. (of state or situation) Worsen.
유어려워지다, 빈곤해지다
No-가 V (No=[크기], [상황], [장소], [금전])
¶내수 시장은 빠르게 오그라들면서 경제 침체가 더 심해졌다. ¶나가는 돈이 많아져 점점 살림이 오그라든다.

◆ **심장이 오그라들다** 겁이 나거나 두려워지다. Become scared or afraid.
No-가 Idm (No=[인간])
¶상상만 해도 너무 끔찍해서 심장이 오그라든다.
¶나는 너무 깜짝 놀라서 심장이 오그라들었어.

◆ **손발이 오그라들다** 아주 민망해지거나 부끄러워지다. Become embarrassed or ashamed.
No-가 N1-에 Idm (No=[인간] N1=[행위], [말], [이야기], [동작])
¶관객들은 그의 연기에 손발이 오그라들었다.

오다[1]

활용와, 오니, 오고, 오너라/와라

자❶말하는 사람이나 기준이 되는 사람, 장소 따위에 가까워지도록 움직이다. Move to get closer to a speaker or person or place serving as a standard.
유이동하다자 반가다[1]
No-가 N1-(에|에게) V (No=[인간], [동물] N1=[인간], [건물], [장소])
¶유명 연예인이 우리 학교에 왔다. ¶사람들이 나에게 와서 질문을 퍼부었다.
No-가 N1-(에|로) V (No=[인간], [동물] N1=[건물], [장소])
¶친척들이 우리집으로 왔다. ¶멧돼지들이 마을로 와서 밭을 망쳤다.

❷(눈, 비 따위가) 하늘에서 내리다. (of snow or rain) Fall from the sky.
유내리다I 반그치다
No-가 V (No=[기상](눈, 비, 우박 따위))
¶내일부터 눈이 오겠습니다. ¶오후 내내 비가 오고 있다.

❸(길이, 깊이, 크기 따위가) 어떤 정도나 표시 따위에 이르다. (of a length, depth, or size) Reach some degree or sign.
유이르다I, 미치다I
No-가 N1-(에|까지) V (No=[크기], [길이], [높이], [옷] N1=[신체부위])
¶막내의 키가 어느새 아버지의 어깨까지 왔다.
¶치마가 무릎까지도 안 오면 어떡해?

❹특정한 시간이나 시기 따위가 되다. Come to a specific time or period.
유되다I, 도래하다
No-이 V (No=[절기], [기념일](그날, 결전의 날 따위))
¶봄이 왔다. ¶드디어 결전의 날이 왔다.
No-에 V (No=[시간])
¶오늘에 와서야 알았다. ¶이제 와서 후회해도 소용이 없었다.
※ 주로 '와서, 와서야' 형태로 쓰인다.

❺기회, 운, 호기 따위가 주어지다. (of an opportunity, luck or golden chance) Be given.
유생기다, 닥치다
N1-에 No-가 V (No=[시간] N1=[인간|단체])
¶나에게도 기회가 왔다. ¶경기 침체로 인하여 우리 회사에도 위기가 왔다.

ㅇ

※ 일반적으로 'N0'가 'N1'에 선행하지 않는다.
❻(특정한 일의 결과로서) 어떠한 상황이 되다. Come to some situation due to specific result.
㊌찾아오다㉶
N1-에 N0-가 V (N0=[상황] N1=[지역], [집단])
¶전쟁이 끝나면 우리나라에도 평화가 오겠지요. ¶이 위기만 넘기면 우리 경제에도 안정기가 올 것이다.
※ 일반적으로 'N0'가 'N1'에 선행하지 않는다.
❼(물건의 소유권이나 일에 대한 책임 따위가) 다른 사람에게 넘어오다. (of an object's ownership or job's responsibility) Be carried over to someone.
㊌넘어오다㉶, 양도되다
N0-가 N1-(에|로) V (N0=[구체물], [일] N1=[인간|단체])
¶아버지 소유의 집이 나에게 왔다. ¶별 볼일 없는 일들만 나에게 왔다.
❽(소식, 연락 또는 이를 알리는 물건 따위가) 다른 사람에게 전해지다. (of news, contact or object that report) Be conveyed to someone.
㊌전해오다 ㉯보내다
N1-(에|에게) N0-가 V (N0=[편지], 소식, 연락 따위 N1=[인간], [장소])
¶어머니께 아버지의 소식이 왔다. ¶나에게 이상한 메일이 한 통 왔다.
※ 일반적으로 'N1'이 N0'보다 앞에 온다.
N1-에서 N0-가 V (N0=[편지], 소식, 연락 따위 N1=[지역], [단체])
¶학교에서 성적표가 왔다. ¶군대에서 동생의 연락이 왔다.
※ 일반적으로 'N1'이 N0'보다 앞에 온다.
❾(특정한 지점이나 방향으로) 기울거나 치우쳐서 놓이다. Be placed on specific place or direction by inclining or leaning.
㉯가다[1], 위치하다, 이동하다㉶ ㊐치우치다, 기울다
N0-가 N1-로 V (N0=[구체물] N1=[공간], [방향])
¶창문이 너무 가운데로 온 것 같네요. ¶침대가 조금 왼쪽으로 왔네요.
❿목적지 따위에 다다르다. Arrive at destination.
㊌다다르다, 이르다I, 도착하다
N0-가 N1-에 V (N0=[인간], [교통기관] N1=[장소])
연어다, 거의 다
¶계획대로 우리는 산 정상에 다 왔다. ¶우리 버스는 목적지에 다 왔습니다.
⓫(어떤 대상이나 말 따위가) 다른 지역이나 문화로부터 유래하다. (of some object or words) Originate from different area or culture.
㊌유래하다
N0-가 N1-에서 V (N0=[구체물], [언어], [동작] N1=[지역], [국가], [인간])
¶'스시'라는 말은 일본어에서 왔다. ¶그 녀석의 말투는 틀림없이 자기 아버지에게서 왔다.
⓬(어떤 현상이) 어떤 원인으로부터 생기다. (of some phenomenon) Be occurred from some cause.
㊌기인하다
N0-가 N1-에서 V (N0=[상태], [현상], [사건] N1=[상태], [현상], [사건])
¶사망 사고는 대부분 졸음운전에서 온다. ¶승리는 최선의 노력에서 온다.
N0-가 S(것|데)-에서 V (N0=[상태], [현상], [사건])
¶승리는 적절하게 선수를 기용하는 것에서 오게 마련이다. ¶좋은 성적은 최선을 다해 노력하는 데에서 오는 것이다.
⓭(교통기관 등이 일정한 지역을 정기적으로 운항하는 가운데) 말하는 이가 있는 장소 쪽으로 이동하다. (of an object) Move towards a place where a speaker exists as regularly sailing between two certain places.
㉯가다[1] ㊐다니다㉶, 운행하다, 운항하다㉶
N0-가 N1-(에|로) V (N0=[교통기관] N1=[장소])
¶어떤 버스가 이 동네에 오나요? ¶이 섬에 오는 배가 있습니까?
⓮(말하는 이가 속해 있는 단체나 행사에) 참석하거나 구성원이 되다. (of someone) Attend or become a member of organization or event which is affiliated with a speaker.
㊌참석하다, 들어오다
N0-가 N1-(에|로) V (N0=[인간] N1=[단체], [부서], [기념일], [행사], [모임], [건물](병원 따위))
¶올해는 우수한 학생들이 우리 대학에 많이 왔습니다. ¶친구들이 내 결혼식에 왔다.
⓯생리적으로 생기다. Physiologically occur.
N1-에게 N0-가 V (N0=잠, 졸음, 감기, 사춘기 따위 N1=[인간])
¶저에게 감기가 와서 참석하기가 어려워요. ¶잠이 오면 자거라.
※ N1은 생략되는 경우가 많다.
⓰(느낌, 의도, 뜻 따위가) 전해져 느껴지다. (of a feeling, intention, or meaning) Be felt by delivering.
㊌들다I, 잡다I
N1-에게 N0-가 V (N0=[감정](감, 느낌 따위) N1=[인간], [행사])
¶이번 일에는 성공 예감이 왔다. ¶이번 도전에는 감이 온다.
⓱(신체적 또는 감정적 영향 따위가) 말하는 이에게 느껴질 정도로 생기다. (of physiological or emotional influence) Be formed to such an

extend that speaker can feel it.
㊐발생하다
N1-로 N2-에 N0-가 V (N0=[질병], [피해] N1=[행위], [사고] N2=[인간], [신체부위], [능력])
¶과도한 운동으로 관절에 무리가 왔다. ¶교통사고로 언어 능력에 장애가 왔다.
※ 'N1'은 생략되는 경우가 많다.
⑱(전기 따위가) 전하여 느껴지다. (of an electricity) Be felt by transmitting.
㊐흐르다, 통하다[자]
N1-에 N0-가 V (N0=[신체부위] N1=전기)
¶손에 전기가 왔다. ¶물이 묻으면 쉽게 전기가 올 수 있다.
[자타](어떤 경로를 통하여) 말하는 사람이나 기준이 되는 사람, 장소 따위에 가까워지도록 움직이다. Move to get closer to a speaker or person or place serving as a standard by going through some course.
㊥가다[1]
N0-가 N1-(로|를) V (N0=[인간] N1=[경로], [길])
¶나는 빙판길을 오다가 미끄러졌다. ¶동생은 밤길로 오기가 무서웠다.

오다[2]
[활용]와, 오니, 오고
[기능] [자] '행위'의 의미를 나타내는 기능동사 Support verb that designates "action".
N0-가 N1-에게 Npr-를 V (N0=[인간] N1=[인간], Npr=시집, 장가, 문상, 문병, 면회 따위)
¶우리 남편은 나에게 시집을 와서 호강이에요. ¶친구들이 나에게 문병을 왔다.
N0-가 N1-에 Npr-를 V (N0=[인간] N1=[집단](부잣집, 재벌가, 가문, 학교 따위), Npr=시집, 장가, 전학)
¶유명한 아나운서가 우리 가문에 시집을 왔다. ¶젊고 유능한 의사가 우리 가문에 장가를 왔다. ¶서울 학생이 우리 학교에 전학을 왔다.
N0-가 N1-에 Npr-를 V (N0=[인간] N1=[지역], [장소], Npr=농활, 여행, 유학, 도망, 조사, 탐방, 이민, 파병, 지원, 봉사활동 따위)
¶전 세계의 수많은 사람들이 아프리카에 자원봉사를 왔다. ¶외국인들이 한국에 유학을 오는 일이 많아졌다. ¶미국 사람들이 우리 동네에 여행을 왔다.

오다[3]
[활용]와, 오니, 오고
[보조](주로 동사 뒤에서 '-어 오다'의 형태로 쓰여) 앞의 본동사가 나타내는 행위나 사건이 말하는 시점에 가까워지면 서 계속되고 있음을 나타내는 보조동사 (Usually used behind a verb in the form of '-어 오다') Auxiliary verb that designates that the action or event designated by the main verb is continuously in progress while approaching the spoken point.
V-어 Vaux
¶날이 어두워 온다. ¶나는 쭉 서울에 살아 왔다.

오래가다
[활용]오래가, 오래가니, 오래가고
[자](어떤 상태, 현상, 관계 따위가) 길게 계속되다. (of a state, phenomenon, or relationship) Continue for a long time.
N0-가 V (N0=[상태], [현상], [구체물], [추상물], [관계])
¶여름철 감기가 의외로 오래간다. ¶건전지가 비쌀수록 오래간다. ¶고등학교 때 친구가 오래가더라.

오래되다
[활용]오래되어(오래돼), 오래되니, 오래되고
[자](사물이 생겨나거나 사태가 일어난 뒤로) 많은 시간이 흐르다. (of a long time) Pass since a thing was made or a situation arose.
N0-가 V (N0=[구체물], [추상물])
¶이 비석은 아주 오래되어서 글자가 모두 마모되어 버렸다. ¶고고학자들은 오래된 삶의 흔적에서 과거의 문화를 파악하고자 한다.

오르다
[활용]올라, 오르니, 오르고, 올랐다
[자]❶위쪽 방향으로 이동하다. Move upward in direction.
㊐상승하다, 솟다 ㊥내리다I
N0-가 V (N0=[구체물])
[사]올리다
[연어]높이
¶풍선이 하늘 높이 오르는 것을 보았다. ¶승강기가 오르는 속도는 국제 표준에 따라 정해진다.
N0-가 N1-(에|를) V (N0=[인간], [동물] N1=[장소], [구체물])
¶나는 어제 백두산에 오르는 꿈을 꾸었다. ¶원숭이는 나무를 잘 오른다.
❷교통 기관 따위의 탈것에 타다. Get on means of transportation.
㊥내리다I
N0-가 N1-에 V (N0=[인간|단체] N1=[동물], [교통기관])
¶관광객들이 유람선에 올랐다. ¶승객들이 버스에 오르자마자 기사는 시동을 걸고 출발했다.
❸길, 도로 따위에서 이동하는 상태가 되다. Be in a state in which one is moving on the road.
㊐나서다, 떠나다[자]
N0-가 N1-에 V (N0=[인간|단체] N1=[길])
¶김삿갓은 다시 방랑길에 올랐다. ¶교통 정체

없는 고속도로에 오르니 상쾌한 기분이 든다.
❹물에서 육지로 이동하여 위치를 옮기다. Change location from water to land.
(유)상륙하다
N0-가 N1-(에|로) V (N0=[인간|단체] N1=[장소], 뭍)
¶원양어선 선원들은 보통 1년에 한 번씩 육지에 올라 재계약을 한다. ¶바다거북은 뭍에 올라 모래를 파고 알을 낳는다.
❺(음식물이) 밥상이나 식탁 등에 놓여 차려지다. (of food) Be put on the table or cutting board.
(유)놓이다, 차려지다
N0-가 N1-에 V (N0=[음식] N1=상, 식탁, 도마 따위)
[사]올리다
¶술에 어울리는 좋은 안주가 상에 올랐다. ¶오랜만에 밥상에 소고기가 오르니 그렇게 반가울 수가 없었다.
❻(어떤 성질이나 기운이 뻗쳐) 표면에 보이게 되다. Make certain characteristics or energy visible on the surface.
N0-가 N1-에 V (N0=독, 옻, 살 등 N1=[신체부위])
¶한동안 잘 먹었더니 볼에 통통하게 살이 올랐다. ¶몸에 옻이 올라 살갗이 붓고 울긋불긋해졌다. ¶독이 잔뜩 오른 복어가 화를 내고 있다.
❼(김, 연기 따위가) 위쪽으로 움직이다. (of steam, smoke, etc.) Move upwards.
(유)솟다I, 뻗치다[자]
N0-가 V (N0=김, 연기 따위)
¶매일같이 공장 굴뚝에서 연기가 오르는 풍경을 본다. ¶밥솥을 열자 훅 하고 더운 김이 올라 왔다.
❽귀한 신분이나 지위를 얻다. Obtain a noble status or position.
(유)즉위하다, 앉다
N0-가 N1-에 V (N0=[인간] N1=[역할], 왕위, 관직 따위)
¶수양대군은 단종을 폐위하고 스스로 왕위에 올랐다. ¶그는 젊어서 높은 관직에 올랐다.
❾(일이) 진행하는 상태가 되다. (of a task) Be in the state of progress.
(유)놓이다, 번창하다
N0-가 N1-에 V (N0=[행위] N1=[길], 궤도 따위)
¶사업이 탄탄대로에 올랐다. ¶1년이 지나고 일이 궤도에 올랐다.
❿남의 이야깃거리가 되다. Become the target of someone's topic of conversation.
(유)언급되다, 회자되다
N0-가 N1-에 V (N0=[인간|단체] N1=입, 입방아, 구설수 따위)
[사]올리다
¶김 씨에 대한 안 좋은 소문이 자주 남의 입에 오른다. ¶구설수에 오른 연예인은 힘들어한다.
⓫기록이나 목록에 적히다. Be written on a record or list.
(유)기재되다
N0-가 N1-에 V (N0=[구체물], [추상물] N1=[책](명단, 목록 따위))
[사]올리다
¶그 선수는 국가대표 선수 명단에 오르지 못했다. ¶아주머니는 생활보호대상자 목록에 올라 있지 않네요.
⓬수나 값이 많아지거나 커지다. (of number or value) Increase or become bigger.
(유)상승하다, 증가하다
N0-가 V (N0=[수], [수량], [크기])
[사]올리다
¶주가지수가 연일 오르고 있다. ¶공부에 흥미를 느끼자 성적이 꾸준히 오르더라고요.
⓭(감정이나 기운이) 점차 강하거나 세지다. (of emotion or energy) Be felt strongly.
(유)거세지다
N0-가 V (N0=[감정], 기운, 부아 따위)
¶선생님은 치밀어 오르는 분노를 참지 못하셨다. ¶집에 돌아가는 길에 술기운이 점점 올라 걷기가 힘들었다.
⓮(기운이나 세력이) 점차 커지고 강해지다. (of energy or power) Become large and powerful.
(유)상승하다, 북돋워지다
N0-가 V (N0=[속성], 기세, 기운 따위)
[사]올리다
¶장군은 병사들의 사기가 오르도록 휴식 명령을 내렸다. ¶날씨가 더우니 업무에 영 능률이 오르지 않는다.
◆ **도마에 오르다** 검토와 비판의 대상이 되다. Become the target of review and criticism.
N0-가 Idm (N0=[구체물], [추상물])
[사]도마에 올리다
¶대통령의 국정 수행 능력이 언론의 도마에 오르기 시작했다. ¶경기 침체로 생필품 가격 문제가 도마에 올랐다.

오리다

[활용]오려, 오리니, 오리고
[타](종이나 판자 따위의) 얇은 물체를 칼이나 가위 따위를 써서 베어 내다. (of a person) Cut a thin thing, such as paper or plank, using knife or scissors.
(유)자르다
N0-가 N1-를 V (N0=[인간] N1=[종이], [재료](판자 따위))
¶어린이들이 밑그림에 맞게 색종이를 오린다.

¶학생들은 벽에 붙일 수 있도록 사진을 오렸다. ¶아이들은 그림책에서 스티커를 오려 붙였다.

오므리다

활용 오므려, 오므리니, 오므리고

타 (어떤 대상의) 끝부분을 구부려서 한군데로 가까이 모으다. Put the end parts of an object close together.

반 펴다

N0-가 N1-를 V (N0=[인간] N1=[신체부위], [구체물])

¶짓궂은 말을 하자 소년은 눈을 흘기며 입술을 오므렸다. ¶화면을 확대시키려면 손가락을 오므렸다가 펴십시오. ¶두부를 만들려면 초두부를 붓고 보자기를 오므려 잘 싼다.

※ '오무리다'는 비표준어이다.

오염되다

어원 汚染~ 활용 오염되어(오염돼), 오염되니, 오염되고 대응 오염이 되다

자 ❶더러워지거나 좋지 않은 상태가 되다. Become dirty or bad.

유 더러워지다 반 정화되다

N0-가 N1-(로|에|에 의해) V (N0=[구체물] N1=[폐기물], 폐수, 매연, 독성물질 따위)

¶강물이 각종 폐기물로 오염되었다. ¶우리 국토가 각종 공해에 계속 오염되고 있다.

❷(외부의 것과 섞여) 순수하지 않게 되다. Be no longer pure due to being mixed with something external.

유 물들다, 타락하다

N0-가 N1-(로|에|에 의해) V (N0=[추상물] N1=[추상물])

¶우리말이 외국어에 오염될까 우려한다. ¶지도자들의 정신은 부패에 오염되면 안 된다.

오염시키다

어원 汚染~ 활용 오염시키어(오염시켜), 오염시키니, 오염시키고 대응 오염을 시키다

타 ❶더러워지거나 좋지 않은 상태가 되게 하다. Make something dirty or bad.

유 더럽히다 반 정화시키다

N0-가 N1-를 N2-로 V ↔ N0-의 N2-가 N1-를 V (N0=[인간|단체] N1=[구체물] N2=[폐기물], 폐수, 매연, 독성물질 따위)

¶저 염색공장은 폐수로 개울물을 심각하게 오염시키고 있다. ↔ 저 염색공장의 폐수가 개울물을 심각하게 오염시키고 있다. ¶폐식용유는 수질을 오염시켜 어패류에 큰 피해를 준다.

❷(외부의 것과 섞여) 순수하지 않게 만들다. Make something become no longer pure by mixing with something external.

유 물들이다, 부패시키다

N0-가 N1-를 N2-로 V ↔ N0-의 N2-가 N1-를 V (N0=[인간|단체], [추상물] N1=[추상물] N2=[추상물])

¶위정자들은 권위주의적 선전으로 국민들의 사상을 오염시켰다. ↔ 위정자들의 권위주의적 선전이 국민들의 사상을 오염시켰다. ¶선거법 위반은 민주주의의 기틀을 무너뜨리고 국민 모두의 양심을 오염시킨다.

오해받다

어원 誤解~ 활용 오해받아, 오해받으니, 오해받고 대응 오해를 받다

자 사실과 다르게 잘못 이해되거나 알려지다. Be understood or known incorrectly contrary to the truth.

N0-가 N1-에게 N2-로 V (N0=[인간], [행위], [소통], [구체물] N1=[인간] N2=[인간], [행위], [결과], [구체물])

능 오해하다

¶내 대답은 선생님께 반항으로 오해받았다. ¶그 친구는 나에게 외국인으로 오해받았다.

N0-가 N1-에게 S고 V (N0=[인간] N1=[인간])

능 오해하다

¶그 사람은 형사들에게 흉악한 범인이라고 오해받았다. ¶나는 아버지께 늘 어린 시절과 똑같다고 오해받는다.

N0-가 N1-에게 S것-으로 V (N0=[인간] N1=[인간])

능 오해하다

¶그 사람은 형사들에게 흉악한 범인인 것으로 오해받았다. ¶나는 그 친구에게 자기 애인을 좋아하는 것으로 오해받고 있다.

오해하다

어원 誤解~ 활용 오해하여(오해해), 오해하니, 오해하고 대응 오해를 하다

타 사실과 다르게 잘못 이해하거나 알다. Incorrectly understand or know contrary to the truth.

유 곡해하다

N0-가 N1-를 N2-로 V (N0=[인간] N1=[인간], [행위], [소통], [구체물] N2=[인간], [행위], [결과], [구체물])

피 오해받다

¶선생님은 내 대답을 반항으로 오해하셨다. ¶나는 그 친구를 외국인으로 오해했다.

N0-가 N1-를 S고 V (R1) (N0=[인간] N1=[인간], [행위], [소통], [구체물])

피 오해받다

¶형사들은 그 사람(이|을) 흉악한 범인이라고 오해했다.(R1) ¶아버지는 나를 어린 시절의 나와 같다고 오해하셨다.

N0-가 N1-를 S것-으로 V (R1) (N0=[인간] N1=[인간], [행위], [소통], [구체물])

ㅇ

피 오해받다
¶형사들이 그 사람(이|을) 흉악한 범인인 것으로 오해했다.(R1) ¶그 친구는 나를 자기 애인을 좋아하는 것으로 오해하고 있다.

올라가다

활용 올라가, 올라가니, 올라가고, 올라가거라/올라가라

자 ❶(신체부위가) 위로 들리다. (of part of the body) Be raised.
N0-가 V (N0=[신체부위](손))
¶강연장 여기저기서 질문하려는 청중의 손이 올라갔다. ¶의결안에 찬성하는 사람들의 손이 올라갔다.

❷지방에서 서울이나 대도시로 이동하다. Move from the countryside to Seoul or a big city.
유 상경하다
N0-가 N1-(에|로) V (N0=[구체물] N1=[장소])
¶삼촌은 어린 나이에서 서울로 올라갔다. ¶집에서 보낸 택배가 서울로 잘 올라갔다.

❸(서류나 정보가) 명령계통상의 상위 단계로 전달되다. (of document or information) Be passed on to a higher level of command channel.
유 전달되다, 보고되다
N0-가 N1-(에|로) V (N0=[구체물], [추상물] N1=[장소])
¶내가 작성한 보고서가 사장실로 올라갔다. ¶어제 올린 서류가 아직도 담당 기관에 올라가지 않았다.
N0-가 N1-(에|에게) V (N0=[구체물], [추상물] N1=[직위](상사), 사장 등)
¶내가 작성한 서류가 사장님에게 올라갔다. ¶보고서가 담당관에게 올라가기까지는 시간이 걸린다.

❹어떤 측정값이 커지다. (of measured value) Increase.
유 상승하다
N0-가 V (N0=[크기])
¶온도가 급격히 올라갔다. ¶내연 기관 내부의 압력이 올라가고 있었다.

❺(어떤 등급이) 높은 쪽으로 변하다. (of grade) Move into a higher one.
유 상승하다
N0-가 N1-에서 N2-로 V (N0=[속성](성적, 등급, 직급, 등수, 계급) N1=[속성] N2=[속성])
¶김 중사는 중사에서 상사로 계급이 올라갔다. ¶이번 시험에서 나는 등수가 많이 올라갔다.

◆ **주가가 올라가다** 주목받거나 인기를 끌게 되다. Attract attention or gain popularity.
N0-가 Idm (N0=[구체물], [추상물])
사 주가를 올리다
¶선거 결과를 맞춘 것으로 그 역술인의 주가가 올라갔다. ¶이 성형외과 의사는 한창 주가가 올라가고 있다.

◆ **손(발)이 올라가다** 폭행하다. Attack.
N0-가 Idm (N0=[인간])
¶화가 치민 민수의 손이 올라갔다. ¶경수는 수가 틀리면 쉽게 손이 올라가는 나쁜 사람이다.

타 (사람이나 교통기관이) 아래쪽에서 높은 장소를 향하여 가다. Proceed upward by leaving a low place.
반 내려가다1타, 올라오다1타
N0-가 N1-를 V (N0=[인간], [동물], [교통기관] N1=[장소])
¶ 그는 짐을 지고 산을 올라갔다. ¶ 기차가 느릿느릿 언덕을 올라가는 모습이 보였다.

올라서다

활용 올라서, 올라서니, 올라서고

자 ❶높은 곳에 올라가 그 위에 서다. Mount a high place and stand on it.
반 내려서다자
N0-가 N1-에 V (N0=[인간], [동물] N1=[구체물], [장소])
¶철수는 산 정상에 힘들게 올라섰다. ¶전망대에 올라서자 아름다운 풍경이 펼쳐졌다.

❷어떤 것을 딛고 그 위에 서다. Step on something and stand.
반 내려서다자
N0-가 N1-에 V (N0=[인간], [동물] N1=[구체물], [신체부위])
¶그는 발판을 딛고 그 위에 올라섰다. ¶무대가 안 보이자 영희는 의자에 올라서서 감상하였다.

❸ 교통수단에 타다. Ride a means of transportation.
유 승차하다, 승선하다 반 내려서다자, 하차하다, 하선하다 상 올라타다
N0-가 N1-에 V (N0=[인간] N1=[대중교통기관](버스, 지하철, 기차 따위))
¶철수는 재빨리 버스에 올라섰다. ¶지하철에 올라서려는 순간 문이 닫히고 말았다.

❹(등급이나 지위가) 더 높은 단계로 올라가다. (of degree or position) Rise to a higher step.
N0-가 N1-(로|에) V (N0=[인간|단체], [직위], 노래 따위 N1=[직위], [순위], 반열, 상위권 따위)
¶우리 팀은 랭킹 2위로 올라섰다. ¶우리 학교는 명문대 반열에 올라섰다.

❺일정한 목표나 수준에 다다르다. Reach a definite aim or level.

[유]진입하다
N_0-가 N_1-에 V (N_0=[인간|단체], [행사] N_1=[속성](단계, 궤도, 수준 따위))
¶작업은 어느덧 일정한 수준에 올라선 것 같다. ¶사업이 본궤도에 올라서서 정말 다행이다.

올라오다
[활용]올라와, 올라오니, 올라오고, 올라오너라/올라와라
[자]❶(구역질이 나서) 음식이 토해지다. (of food) Be vomited out of nausea.
N_0-가 N_1-를 V (N_0=[음식])
¶갑자기 기분이 나빠지고 먹은 것이 올라왔다. ¶구역질이 나서 아까 먹은 음식이 올라오는 기분이었다.
❷(물이) 물체의 일정한 위치까지 잠기다. (of water) Reach a certain level of a thing.
N_0-가 N_1-로 V (N_0=[액체](물) N_1=[구체물], [신체부위])
¶그 강물은 물이 가슴까지 올라온다. ¶나는 허리까지 올라오는 물을 지나 뭍으로 갔다.
※N_1은 주로 보조사 '까지'와 함께 쓰인다.
❸지방에서 서울이나 대도시로 이동하다. Move from the countryside to Seoul or a big city.
[유]귀경하다
N_0-가 N_1-(에|로) V (N_0=[구체물] N_1=[장소])
¶영호는 20년 전에 서울로 올라왔다. ¶고향에서 보낸 물건이 서울로 올라왔다.
※화자가 있는 방향으로 이동할 때 쓰는 말이다.
❹(서류나 정보가) 명령계통상의 상위 단계로 전달되다. (of document or information) Be passed on to a higher level of command channel.
[유]전달되다, 보고되다
N_0-가 N_1-(에|로) V (N_0=[구체물], [추상물] N_1=[장소])
¶반려한 서류가 사장실에 다시 올라왔다.
※화자가 있는 방향으로 이동할 때 쓰는 말이다.
N_0-가 N_1-(에|에게) V (N_0=[구체물], [추상물] N_1=[직위](상사), 사장 등 ¶상급 기관에 올라온 공문이 반려되었다.)
◆ **손(발)이 올라오다** 폭행하다. Attack.
N_0-의 Idm (N_0=[인간])
¶어느 새 철수의 손이 올라왔다. ¶아무리 화가 나도 손이 올라오면 안 된다.
[타](사람이나 교통기관이) 아래쪽에서 높은 장소를 향하여 오다. Come upward by leaving a low place.
[반]내려오다[타], 올라가다[타], 내려가다[타]
N_0-가 N_1-에 V (N_0=[인간], [동물], [교통기관] N_1=[장소])
¶그는 짐을 지고 산을 올라왔다. ¶기차가 느릿느릿 언덕을 올라오는 모습이 보였다.

올라타다
[활용]올라타, 올라타니, 올라타고
[자]❶어떤 이동 수단에 몸을 올려놓다. Get on a means of transportation.
[유]승차하다, 승선하다 [상]타다III[자]
N_0-가 N_1-(에|로) V (N_0=[인간] N_1=[교통기관], [동물], [구체물](좌석, 안장 따위))
¶철수는 버스에 빠르게 올라탔다. ¶영희는 전철에 올라타자마자 바로 자리를 찾았다.
❷(다른 사람의 신체부위나 어떤 물체의 높은 부분으로) 몸을 움직여 올라가다. Move one's body to a higher place of another person's body or a thing.
N_0-가 N_1-(에|로) V (N_0=[인간], [동물] N_1=[장소], [구체물], [인간], [신체부위])
¶원숭이는 능숙하게 나뭇가지에 올라탔다. ¶나는 아버지의 어깨에 올라타는 것을 좋아했다.

올려놓다
[활용]올려놓아(올려놔), 올려놓으니, 올려놓고
[타]❶(어떤 물건을) 특정한 곳의 위에 옮겨서 두다. Move a thing to a particular place.
[반]내려놓다
N_0-가 N_1-를 N_2-(에|로) V (N_0=[인간] N_1=[구체물] N_2=[구체물], [장소])
¶아버지는 책을 선반에 올려놓으셨다. ¶책상 위에 필통을 올려놓아라.
❷(명단이나 목록 따위에) 이름이나 내용 따위의 정보를 추가하다. Add some information such as name or content to a list or an inventory.
[유]넣다I, 올리다I, 기재하다, 등록하다 [반]빼다I
N_0-가 N_1-를 N_2-에 V (N_0=[인간|단체] N_1=[모두] N_2=[책](명단, 사전 따위))
¶선생님이 참가자 명단에 네 이름을 올려놓으셨어. ¶이 단어는 사전에 충분히 올려놓을 만하다.
❸(등급이나 점수 따위를) 일정한 수준에 도달하도록 높이다. Raise a class or a point up to a certain level.
N_0-가 N_1-를 N_2-(에|로) V (N_0=[인간|단체] N_1=[인간|단체], [직급](직위, 직급, 등급 따위), [수량] N_2=[직급], [위계인간])
¶감독은 부임하자마자 우리 팀을 결승에 올려놓았다. ¶그 모임은 김 선생을 회장에 올려놓으려고 했다.
❹(상태나 조건을) 좋아지게 하다. Improve a state or a condition.
[유]제고하다 [반]떨어뜨리다, 떨어트리다

N_0-가 N_1-를 ADV V (N_0=[인간|단체], [제도], [사조], [행위] N_1=[모두], ADV=Adj-게, N-로)
¶사장님의 격려는 사원들의 사기를 최고조로 올려놓았다. ¶선거는 시민 의식을 한층 올려놓은 제도이다.
❺(값이나 가치를) 더 비싼 값으로 높아지게 하다. Raise a price or a value to a higher one.
[유]인상시키다 [반]하락시키다
N_0-가 N_1-를 V (N_0=[모두] N_1=[값], [속성](가치 따위))
¶상인들이 값을 올려놓아서 소비자들의 원성이 높다. ¶시장에서 한번 올려놓은 가치는 쉽게 떨어지지 않는다.

올려다보다

[활용]올려다보아(올려다봐), 올려다보니, 올려다보고
[타]❶(사람이나 동물 따위가) 무엇을 위로 향하여 보다. (of a person or an animal) Lift one's eyes toward something.
[유]쳐다보다 [반]내려다보다
N_0-가 N_1-를 V (N_0=[인간|동물] N_1=[구체물])
¶나는 침대에 누워 한동안 천장을 올려다보았다. ¶아이들은 새가 우는 소리를 듣고 나무를 올려다보았다.
❷다른 사람을 존경하고 받들다. Respect and honor another person.
[유]숭상하다
N_0-가 N_1-를 V (N_0=[인간] N_1=[인간])
¶늘 자신을 헌신하는 수녀님을 모두가 올려다보았다. ¶누구라도 그분의 말씀을 들으면 우러르고 올려다보게 된다.

올리다

[활용]올리어(올려), 올리니, 올리고
[타]❶(대상을) 윗 방향으로 이동시키다. Move a target upward.
[유]상승시키다 [반]내리다I
N_0-가 N_1-를 V (N_0=[인간|단체] N_1=[구체물])
[주]오르다
¶나는 잡동사니를 하나씩 선반 위로 올렸다. ¶이 안전 레버를 올린 다음에 사용하십시오.
❷(음식물 따위를) 식탁에 차리거나 도마에 놓다. Put food, etc., on the table or cutting board.
[유]차리다, 놓다 [반]내리다I
N_0-가 N_1-를 N_2-에 V (N_0=[인간|단체] N_1=[음식] N_2=상, 식탁, 도마 따위)
[주]오르다
¶그는 생선을 도마에 올리고 능숙한 솜씨로 다듬기 시작했다. ¶종업원들이 끝없이 음식을 식탁에 올렸다.
❸(봉화나 기 등의 신호 수단을) 윗 방향으로 이동시켜 멀리서 보이는 상태로 만들다. Make a signal such as signal fire, flag, etc., visible from far away.
[반]내리다I
N_0-가 N_1-를 V (N_0=[인간|단체] N_1=[기], 파켓, 봉화 따위)
¶병졸들은 멀리서 밀려드는 적군의 모습을 보고 봉화를 올렸다. ¶포위된 부대의 장수들은 항복의 뜻으로 백기를 올리기로 결정했다.
❹(기록이나 목록에) 빠지지 않게 적어두다. Write on a document or a list.
[유]기재하다, 등록하다[타] [반]빼다, 삭제하다
N_0-가 N_1-를 N_2-에 V (N_0=[인간|단체] N_1=[구체물], [추상물] N_2=[책])
[주]오르다
¶감독은 박 선수를 국가대표 선수 명단에 올렸다. ¶징계 대상자를 명단에 올리는 과정에 착오가 있었습니다.
❺(수나 양을) 늘리거나 키우다. Increase or raise the number or amount.
[유]인상하다, 가속하다[타] [반]깎다, 감속하다[타]
N_0-가 N_1-를 V (N_0=[인간|단체] N_1=[수], [수량], [크기])
[주]오르다
¶사장은 이번에 사원들의 임금을 많이 올렸다. ¶도심에서 갑자기 자동차의 속력을 올리면 위험하다.
❻(기운이나 세력을) 더욱 강하게 키우고 드높이다. Develop and raise energy or power.
[유]북돋우다 [반]내리다I, 꺽다
N_0-가 N_1-를 V (N_0=[인간|단체] N_1=[속성], 기세, 기운 따위)
[주]오르다
¶장군은 부하들에게 휴가를 주어 사기를 올렸다. ¶아군은 기세를 올려 적군을 추격하기 시작했다.
❼(옷의 끝자락을 수선하거나 걷어서) 팔이나 다리가 드러나게 짧게 줄이다. Reduce the end of the clothes by mending or rolling.
[반]내리다I
N_0-가 N_1-를 V (N_0=[인간|단체] N_1=[착용물])
¶꽤 큰 옷이 생겨서 바짓단을 올려 입기로 했다. ¶새로 산 바지 끝이 땅에 끌리니 바짓단을 좀 올려야겠다.
❽(장막 따위를 위로 걷어서) 빛이나 바람이 통하게 하다. Roll up curtain, etc., upward to allow light or wind to penetrate.
[유]걷다II [반]내리다I
N_0-가 N_1-를 V (N_0=[인간|단체] N_1=막, 장막, 커튼, 블라인드 따위)
¶커튼을 올리면 실내가 환해질 것 같다. ¶나는

장막을 올리고 밖을 내다보았다.
❾(보고서, 서류 따위를) 상급 부서나 상관에게 보내다. Send a document to be approved, etc., to the upper department or superior.
[유]전달하다, 상신하다 [반]내리다I
N_0-가 N_1-를 N_2-(에|에게) V (N_0=[인간|단체] N_1=[텍스트], [책] N_2=[인간|단체])
¶공공기관은 상급기관에 보고서를 올리는 일이 매우 많다. ¶초심을 통과한 작품들을 본심에 올렸다.
❿(존대의 대상이 되는 상대에게) 절, 인사 따위를 하거나 어떤 물건을 건네다. Bow, salute, etc., or hand a certain object to the person to be treated respectfully.
N_0-가 N_1-를 N_2-(에|에게) V (N_0=[인간|단체] N_1=[구체물] N_2=[인간|단체])
¶외국에서 돌아오신 작은아버지께 큰절을 올렸다. ¶할아버지께 술 한 잔을 올렸다.

옭아매다

[활용]옭아매어(옭아매), 옭아매니, 옭아매고
[타]❶(무엇을) 올가미 따위로 자유롭지 못하게 졸라매다. (of a person) Tie and bind something with rope, etc., to take away freedom.
[유]얽매다, 묶다, 매다I
N_0-가 N_1-를 N_2-로 V (N_0=[인간] N_1=[인간], [동물] N_1=올가미, 끈 따위)
¶도둑은 사람들을 몽땅 끈으로 옭아매었다. ¶나는 사나운 소들을 모두 옭아매어 두었다.
❷(사람을) 자유롭게 행동할 수 없도록 구속하다. (of something) Bind a person to take away freedom of activity.
[유]얽매다, 구속하다
N_0-가 N_1-를 V (N_0=[추상물] N_1=[인간])
¶내가 몸부림칠수록 절망감이 나를 옭아매었다. ¶그는 자신을 옭아매는 굴레에서 벗어나기로 하였다.
❸(다른 사람을) 어떤 죄에 강제로 관련이 되게 하다. (of a person) Forcefully make someone engage in some crime.
[유]엮다, 얽다II, 연루시키다
N_0-가 N_1-를 ADV V (N_0=[인간] N_1=[인간], ADV=N-로)
¶나는 그 사람을 살인죄로 옭아매려 했으나 실패하였다.

옮기다

[활용]옮기어(옮겨), 옮기니, 옮기어
[타]❶(사람이나 물건을) 어떤 곳에서 다른 곳으로 가져다 놓거나 이동시키다. Move or take a person or item from some place to another location.
[유]나르다
N_0-가 N_3-에서 N_2-(에|로) N_1-를 V (N_0=[인간] N_1=[인간], [식물], [동물], [사물] N_2=[장소] N_3=[장소])
[주]옮다[자]
¶사람들은 쓰러진 철수를 집에서 병원으로 옮겼다. ¶그녀는 가구를 옮겨서 집안 분위기를 바꿔 보았다.
❷(소속, 숙소, 자리 따위를) 다른 곳으로 바꾸어 정하다. Change and designate affiliation, accommodation, or position to another place.
[유]이전하다
N_0-가 N_3-에서 N_2-(에|로) N_1-를 V (N_0=[인간|단체] N_1=[소속], [속성], [장소](거처, 자리 따위) N_2=[지역], [장소] N_3=[지역], [장소])
¶이성계는 도읍을 개경에서 한양으로 옮겼다. ¶그들은 식당에서 근처 커피숍으로 자리를 옮겼다.
❸발을 한 걸음씩 떼어 움직이거나 다른 곳으로 이동하다. Move or take oneself to another place by lifting one's foot one by one.
N_0-가 N_2-로 N_1-를 V (N_0=[인간] N_1=발걸음, 발길 따위 N_2=[방향], [장소])
¶철수는 사무실로 천천히 발길을 옮겼다. ¶경기에 진 선수들은 대기실로 무거운 발걸음을 옮겨야 했다.
❹(시선, 눈길 따위를) 천천히 다른 곳으로 돌리다. Slowly turn one's eyes to someplace else.
[유]돌리다
N_0-가 N_2-로 N_1-를 V (N_0=[인간] N_1=눈길, 시선 따위 N_2=[방향], [장소])
¶그녀는 텔레비전을 보다 창밖으로 눈길을 옮겼다. ¶그는 멍하니 그녀가 나간 곳으로 시선을 옮겼다.
❺(감정, 사실 따위를 글, 그림 따위로) 바꾸어 달리 표현하다. Change and differently express emotion or fact to a writing or drawing.
N_0-가 N_1-를 N_2-로 V (N_0=[인간] N_1=[감정], [사실], 풍경 N_2=[사물](글, 그림 따위), [음악기호])
¶그는 유럽 곳곳의 풍경을 그림으로 옮겨 전시했다. ¶작곡가는 문득 떠오른 악상을 한 시간 만에 악보로 옮겼다.
❻한 나라의 말이나 글을 다른 나라의 말이나 글로 바꾸다. Change one country's speech or writing into another country's speech or writing.
[유]번역하다
N_0-가 N_1-를 N_2-로 V (N_0=[인간] N_1=[언어], [문학작품] N_2=[언어])
¶그는 한국어로 쓴 시를 프랑스어로 옮겼다.

¶그녀는 고대어를 현대어로 옮기는 작업을 하고 있다. ¶출판사는 박 작가의 소설을 영어로 옮겨 다른 나라에 소개했다.
❼(계획, 생각 따위를) 실제의 행동으로 나타내 보이다. Present a plan or thought through actual action.
㊌착수하다
N0-가 N1-를 N2-(에|로) V (N0=[인간] N1=[계획], [의견], [이론] N2=행동, 실천, 실행 따위)
¶그는 계획을 실천에 옮길 강한 의지가 있다. ¶이 대표는 자신의 구상을 실행에 옮겼다. ¶그녀는 자신의 이론을 몸소 실천에 옮긴 학자이다.
❽(말이나 소문 따위를) 다른 사람에게 그대로 전하거나 퍼뜨리다. Deliver or spread words or rumor to another person in verbatim.
㊌전하다, 퍼뜨리다
N0-가 N2-(에|에게) N1-를 V (N0=[인간|집단] N1=[말], [이야기], 소문 따위 N2=[인간|집단])
주옮다자
¶우리끼리 한 이야기를 다른 사람에게 옮기면 어떡하니? ¶떠도는 소문을 사실인 것처럼 함부로 이곳저곳에 옮기지 마라.
N0-가 N1-(에|에게) S것-을 V (N0=[인간|집단] N1=[인간|집단])
¶순규는 철수가 자신에게만 말해 주었던 것을 영수에게 그대로 옮겼다. ¶반장은 교무실에서 전학생에 대해 들었던 것을 반 전체에 그대로 옮겼다.
❾(병을) 다른 사람에게 전염시키다. Transmit a disease to another person.
㊌전염시키다, 퍼뜨리다
N0-가 N2-(에|에게|로) N1-를 V (N0=[인간|집단], [벌레], [동물] N1=[생물](바이러스, 세균 따위), [미생물](병균, 세균 따위), [질병] N2=[인간|집단])
주옮다자타
¶바퀴벌레는 더러운 세균을 이곳저곳으로 옮기는 주범이다. ¶모기는 사람에게 질병을 옮긴다.
❿(생각, 버릇 따위를) 다른 사람에게 전하거나 심어 주다. Transfer or inculcate a thought or habit in someone.
㊌전하다
N0-가 N2-(에|에게|로) N1-를 V (N0=[인간|집단] N1=[의견], [사조], 버릇, 습관 따위 N2=[인간|집단])
주옮다자타
¶그의 사상은 철학을 공부하는 학생들에게 대대로 옮겨 전해졌다. ¶아버지는 아들에게 자신의 안 좋은 습관들을 옮기지 않으려고 노력했다.

옮다

활용옮아, 옮으니, 옮고

자❶(어떤 곳에서 다른 곳으로 움직여 이동하거나 전해지다. Move from one place to another by using a certain measure.
㊉이동하다자
N0-가 N2-에서 N1-로 V (N0=[인간] N1=[장소], [공간], [자리] N2=[장소], [공간], [자리])
사옮기다
¶덕수는 혼자서도 이 말에서 저 말로 잘 옮아 탔다. ¶아이는 강아지를 따라 이리저리 옮아 다녔다.
❷(불이) 어떤 곳에서 다른 곳으로 번지다. (of fire) Spread from one place to another.
㊌번지다
N0-가 N2-에서 N1-(에|로) V (N0=[불](불꽃, 불길, 화염 따위) N1=[장소], [구체물] N2=[장소], [구체물])
¶쓰레기를 태우다 불이 창고로 옮았다. ¶화물차에서 난 불이 다른 차로 옮았다.
❸(말이나 소문 따위가) 어떤 곳에서 다른 곳으로 번지거나 퍼져 나가다. (of speech or rumor) Spread or disseminate from one place to another.
㊌번지다, 퍼지다
N0-가 N2-(에게서|에서) N1-(에게|로) V (N0=[말], 소문 따위 N1=[인간|집단] N2=[인간|집단])
사옮기다
¶말이 이 사람에게서 저 사람에게로 옮는 것은 순식간이다. ¶그녀에 대한 소문이 입에서 입으로 옮아 온 동네에 퍼지게 되었다.
❹(색, 물기 따위가) 접촉으로 인하여 다른 것에 스미거나 배다. (of color or moisture) Permeate or seep into something else through contact.
㊌물들다, 배다
N0-가 N2-에서 N1-에 V (N0=[액체], [속성](색, 색깔 따위) N1=[구체물] N2=[구체물])
¶소매에 딸기 물이 옮았다. ¶이 셔츠의 얼룩은 너에게서 옮은 물이다.
자타❶(병이) 접촉이나 매개를 통해서 어떤 장소나 다른 사람에게서 다른 장소나 사람에게 전염되다. (of an illness) Be transmitted from a place or person to another place or person through contact or medium.
㊌감염되다, 전염되다
N0-가 N1-(에게|에) V (N0=[생물](바이러스, 세균 따위), [미생물](병균, 세균 따위), [질병] N1=[인간|집단])
사옮기다
¶엄마는 감기가 아이에게 옮을까봐 신경이 쓰였다. ¶하루 사이에 윗마을의 전염병이 아랫마을에 옮아 있었다.
N0-가 N2-(에서|에게서) N1-가 V (N0=[인간] N1=[생물](바이러스, 세균 따위), [미생물](병균, 세균 따

위), [질병] N2=[인간])
¶언니는 동생에게서 눈병이 옮아 병원을 다니고 있다. ¶그는 병실의 다른 환자로부터 병이 옮았다고 말했다.
❷(어떤 사람의 생각, 버릇 따위가) 다른 사람에게 영향을 주다. (of someone's thought or habit) Affect someone else.
[유]물들다
N0-가 N1-(에|에게|로) V (N0=[의견], [사조], 버릇, 습관 따위 N1=[인간|집단])
[사]옮기다
¶그의 물질 만능주의 사상이 학생들에게 옮지 않을까 걱정이다. ¶소수의 극단적인 견해가 사회 전체에 옮지 않도록 경계해야 한다.
N0-가 N2-(에서|에게서) N1-를 V (N0=[인간] N1=[의견], [사조], 버릇, 습관 따위 N2=[인간], [책])
¶아들이 친구로부터 이상한 말투를 옮아 왔다. ¶철수는 책에서 염세주의적 사상을 옮아 세상을 비관적으로 보기 시작했다.

옮아가다

[활용]옮아가, 옮아가니, 옮아가고
[자]❶한곳에서 다른 곳으로 움직여 가다. Move from one place (to another).
[유]이동하다[자], 퍼지다 [반]옮아오다
N0-가 N1-로 V (N0=[구체물], [장소] N1=[장소])
¶방역을 제대로 하지 않아 해충이 옆 마을까지 옮아갔다. ¶많은 사람들이 옮아간 도시는 시설 확충을 위해 노력하고 있다.
❷(질병이나 불 따위가) 다른 곳으로 점점 퍼지다. (disease or fire) Gradually spread.
[유]번지다, 확산되다
N0-가 N1-로 V (N0=[불], [질병] N1=[장소], [신체부위], [인간])
¶산불이 순식간에 정상으로 옮아갔다. ¶요즘 유행하는 눈병이 반 전체로 옮아갔다.
❸(화제, 관심사, 유행 따위가) 바뀌어 가다. (topic, interest, fashion etc.) Gradually change.
[유]퍼지다, 확산되다
N0-가 N1-로 V (N0=[추상물] N1=[모두])
¶우리의 대화 주제는 이제 야구로 옮아갔다. ¶요즘 그의 관심사는 만화에서 영화로 옮아간 것 같다.

옹알거리다

[활용]옹알거리어(옹알거려), 옹알거리니, 옹알거리고
[자](아기가) 분명하거나 분절되지 않는 소리를 입으로 내다. (of a baby) Make meaningless sound through the mouth.
[유]옹알이하다
N0-가 V (N0=[연령](아기))
¶아기가 엄마 품에 안겨 하루종일 옹알거렸다. ¶아기는 기어다니며 장난감에 말을 걸듯이 옹알거렸다.
[자타]상대가 이해할 수 없게 무엇인가를 입 속으로 불분명하게 말하다. Speak softly and inaudibly as if mumbling to oneself.
[유]웅얼거리다[타], 중얼거리다[타]
N0-가 N1-를 V (N0=[인간] N1=[소통])
¶그는 알아들을 수 없는 말을 옹알거렸다. ¶그렇게 옹알거리지 말고 똑똑히 말을 해 봐라.
N0-가 S고 V (N0=[인간])
¶그는 위원장에게 기어들어가는 목소리로 예산이 부족하다고 옹알거렸다. ¶나는 영희가 뭐라고 옹알거리는지 알아들을 수가 없었다.

옹호하다

[어원]擁護~ [활용]옹호하여(옹호해), 옹호하니, 옹호하고 [대응]옹호를 하다
[타]어떤 사람의 편을 들어서 지지하고 두둔하다. Support someone by taking side.
[유]보호하다, 두둔하다, 방어하다
N0-가 N1-를 V (N0=[인간|단체] N1=[인간|단체], [추상물](입장, 가치 따위))
¶총장은 젊은 교수들의 입장을 옹호하였다. ¶정부가 특정 종교 단체를 옹호하는 것은 바람직하지 못하다.
N0-가 S것-을 V (N0=[인간|단체])
[피]옹호되다
¶나는 정부가 군인을 해외에 파병하려 하는 것을 절대로 옹호할 수 없다.

완결되다

[어원]完結~ [활용]완결되어(완결돼), 완결되니, 완결되고 [대응]완결이 되다
[자](어떤 일이나 의무 따위가) 끝나 마무리지어지다. (of work or duty) Be finished.
[유]완료되다, 완성되다
N0-가 V (N0=[행위], [의무], [일])
[능]완결하다
¶회사의 구조 조정이 완결됐다. ¶드디어 연작 소설이 완결되었다. ¶이번 사업이 완결되면 직접적인 예산 절감 효과도 얻을 수 있다.

완결하다

[어원]完結~ [활용]완결하여(완결해), 완결하니, 완결하고 [대응]완결을 하다
[타](사람이나 단체가) 어떤 일이나 의무 따위를 끝내어 마무리짓다. (of a person or an organization) Finish a work or a duty.
[유]완료하다, 완성하다
N0-가 N1-를 V (N0=[인간|단체] N1=[행위], [의무], [일])

피 완결되다 사 완결시키다

¶우리는 시간 안에 작업을 완결했다. ¶수사팀이 수사를 서둘러 완결하려고 한다. ¶김 작가가 아직 원고를 완결하지 못했습니다.

완공되다

어원 完工~ 활용 완공되어(완공돼), 완공되니, 완공되고

자 (다리나 건물 따위가) 완전하게 다 지어지다. (of bridge or building) Be constructed completely.

유 공사가 끝나다

N0-가 V (N0=[건물], [다리], [도로])

능 완공하다

¶최첨단 기술을 사용한 엔진 공장이 공업단지에 완공되었다. ¶부산과 서울을 잇는 고속도로가 완공되었다. ¶해안을 조망할 수 있는 출렁다리가 완공됐다.

완공하다

어원 完工~ 활용 완공하여(완공해), 완공하니, 완공하고 대응 완공을 하다

타 (다리나 건물 따위를) 완전하게 다 짓다. (of a person) Construct completely a bridge or a building.

유 공사를 끝내다

N0-가 N1-를 V (N0=[인간|단체] N1=[건물], [다리], [도로])

피 완공되다

¶환경 전문가들이 친환경적인 징검다리를 완공했다. ¶건설사는 에너지 회사와 협력하여 최단기간에 화력발전소를 완공했다.

완료되다

어원 完了~ 활용 완료되어(완료돼), 완료되니, 완료되고 대응 완료가 되다

자 (어떤 일이) 완전히 끝마쳐지다. (of a task) Be completely finished.

유 끝나다, 종료되다

N0-가 V (N0=[상태], [사건], [행위])

능 완료하다

¶경기장 보수 공사는 주경기장만 빼고 모두 완료되었다. ¶물건값의 입금이 완료되자마자 물건을 보내 주었다.

완료하다

어원 完了~ 활용 완료하여(완료해), 완료하니, 완료하고 대응 완료를 하다

타 (하던 일을) 완전히 끝내다. Completely finish something one was doing.

유 종결하다, 완결하다, 종료하다

N0-가 N1-를 V (N0=[인간|단체] N1=[상태], [사건], [행위])

피 완료되다

¶구단은 오늘 올해의 연봉 협상을 완료했다. ¶수도 사업 본부는 복구 작업을 4시간 만에 완료했다. ¶연구팀은 지난 3월에 특허를 출원하여 최근 등록을 완료했다.

완성되다

어원 完成~ 활용 완성되어(완성돼), 완성되니, 완성되고 대응 완성이 되다

자 (어떤 일이) 목적에 맞게 다 이루어지다. (of a work) Be achieved fully according to its purpose.

유 완결되다

N0-가 V (N0=[모두])

능 완성하다

¶10여 년의 공사 끝에 드디어 건물이 완성되었다. ¶그의 평생을 들인 저작이 말년에 완성되었다. ¶헤겔의 체계로 인해 근대 독일 철학이 완성되었다.

완성시키다

어원 完成~ 활용 완성시키어(완성시켜), 완성시키니, 완성시키고 대응 완성을 시키다

타 ☞ '완성하다'의 오용

완성하다

어원 完成~ 활용 완성하여(완성해), 완성하니, 완성하고 대응 완성을 하다

타 (사람이나 대상이) 일을 목적에 맞게 다 이루다. (of a person or an object) Achieve a work fully corresponding to its purpose.

N0-가 N1-를 V (N0=[모두] N1=[모두])

피 완성되다

¶작가는 혼신의 힘을 다해 장편소설을 완성했다. ¶목수가 몇 번 망치질을 하더니 오두막과 울타리를 완성했다.

완수되다

어원 完遂~ 활용 완수되어(완수돼), 완수되니, 완수되고 대응 완수가 되다

자 (주어진 일이나 의무 따위가) 목적한 바대로 다 이루어지다. (of a given work or duty) Be fulfilled as was intended.

유 달성되다

N0-가 V (N0=[의무], [행위], [일])

능 완수하다

¶그의 선거 운동 공약 하나가 완수되었다. ¶이 계획이 완수되면 재정 적자 문제도 해결된다. ¶해당 임무는 단시간 안에 완수된 듯 보였다.

완수하다

어원 完遂~ 활용 완수하여(완수해), 완수하니, 완수하고 대응 완수를 하다

타 (사람이나 단체가) 주어진 일이나 의무 따위를 목적한 바대로 다 이루거나 해내다. (of a person or an organization) Fulfill a given work or

duty as was intended.
㊌달성하다
No-가 N1-를 V (No=[인간|단체] N1=[의무], [행위], [일])
피완수되다
¶우리는 임무를 완수했다. ¶우리가 이 과업을 완수하려면 많은 장애 요소를 쓰러뜨려야 한다. ¶사법부가 사명을 완수하기 위해서는 국민의 신뢰가 뒷받침돼야 한다.

완화되다
어원 緩和~ 활용 완화되어(완화돼), 완화되니, 완화되고 대응 완화가 되다
자 ❶(긴장되거나 급박한 상황이) 더 느슨해지다. (of a tense or pressing situation) Become loose.
No-가 V (No=[추상물](기준, 조건, 제한, 규제, 부담 따위))
능 완화하다
¶수입차를 타고 다니는 사람에 대한 따가운 시선이 많이 완화됐다.
No-가 N1-로 V (No=[추상물](기준, 조건, 제한, 규제, 부담 따위) N1=[추상물](기준, 조건, 제한, 규제, 부담 따위))
¶그 일에 대한 징계 기한이 3일로 완화되었다. ¶이 법을 심각하게 위반한 경우도 경미한 벌금형으로 처벌이 완화된다.
❷병의 증상이 약해지다. (of symptom of disease) Become weak.
㊌약화되다, 줄어들다
No-가 V (No=[질병])
능 완화하다
¶어둡고 조용한 방에서 잠을 자면 편두통의 통증이 완화된다. ¶뜨거운 물수건으로 찜질하면 어깨 결림 등의 증상이 완화된다.

완화시키다
어원 緩和~ 활용 완화시키어(완화시켜), 완화하니, 완화하고 대응 완화를 시키다
타 ☞'완화하다'의 오용

완화하다
어원 緩和~ 활용 완화하여(완화해), 완화하니, 완화하고 대응 완화를 하다
타 ❶(긴장되거나 급박한 상황을) 느슨하게 하거나 다소 해소시키다. Loosen a tense or pressing situation.
㊌풀다I, 해소하다
No-가 N1-를 V (No=[인간|단체] N1=[추상물](기준, 조건, 제한, 규제, 부담 따위))
피 완화되다
¶미국은 지난해부터 이란에 대해 제재를 완화했다. ¶의무 교육은 국민들 사이의 불평등을 완화할 수 있는 중요한 수단이다.
❷병의 증상을 약해지게 하다. Weaken the symptom of disease.
㊌약화시키다, 줄이다
No-가 N1-를 V (No=[구체물] N1=[질병])
피 완화되다
¶기능성 건강식품은 불면증을 완화할 수 있다. ¶경혈점을 자극하는 지압은 스트레스를 완화할 수 있다.

왕래하다
어원 往來~ 활용 왕래하여(왕래해), 왕래하니, 왕래하고 대응 왕래를 하다
자 다른 사람과 서로 만나거나 교류하다. Meet and to be in touch with people.
㊌교류하다 자
No-가 N1-와 (서로) V ↔ N1-가 No-와 (서로) V ↔ No-와 N1-가 (서로) V (No=[인간|단체] N1=[인간|단체])
¶삼촌은 우리와 서로 왕래하지 않는다. ↔ 우리는 삼촌과 서로 왕래하지 않는다. ↔ 삼촌과 우리는 서로 왕래 하지 않는다. ¶아버지와 아들은 서신으로라도 계속 왕래하고 있다고 한다.
자타 (사람들이) 서로 오고 가고 하다. (of people) Come and go by each other.
㊌오가다, 들락날락하다
No-가 N1-(에|로|를) V (No=[인간|단체], [교통기관] N1=[장소])
¶다리가 새로 생겨 주민들이 두 마을을 왕래하는 것이 많이 쉬워졌다. ¶이 도시는 배가 많이 왕래하는 지역이다.

왕복하다
어원 往復~ 활용 왕복하여(왕복해), 왕복하니, 왕복하고 대응 왕복을 하다
자타 (사람이나 탈것이) 어디를 갔다가 돌아오다. (of a person or a vehicle) Go somewhere and return.
㊌오가다, 다니다 자
No-가 N1-(를|로) V (No=[인간], [교통기관] N1=[장소])
¶그는 출퇴근길에 몇 번이나 이 길을 왕복했다. ¶무역상들은 실크로드로 왕복했다.

외다
활용 외어, 외니, 외고 본디 외우다
타 ❶(말이나 글을) 원래의 문구를 기억하여 그대로 소리내어 말하다. Speak word or writing out loud as it is originally written.
㊌낭송하다
No-가 N1-를 V (No=[인간] N1=[말], [텍스트])
연어 줄줄

¶그는 좋아하는 시인의 시라면 남 앞에서 한두 편 곧잘 왼다. ¶내 친구는 기억력이 좋아 지하철역이나 나라 이름을 줄줄 외곤 했다.
❷(말이나 글을) 머릿속에 새겨서 잊지 아니하다. Not forget word or writing by storing in mind.
[유]기억하다
N0-가 N1-를 V (N0=[인간] N1=[말], [텍스트])
[연어]달달 ¶그는 선생의 일대기를 다 외고 있어서 평전을 쓸 수 있을 지경이었다.

외면당하다

[어원]外面~ [활용]외면당하여(외면당해), 외면당하니, 외면당하고 [대응]외면을 당하다
[자]❶(사람이나 사물이) 관심의 대상이 되지 않고 무시당하다. (of a person or a thing) Be ignored, not being paid attention.
[유]무시당하다
N0-가 N1-에게 V (N0=[구체물] N1=[인간|단체])
[능]외면하다
¶소비자에게 외면당하는 상품은 장수할 수 없다. ¶그 아이는 외면당하는 것이 두려워 사람에게 다가가지 않는다고 한다.
❷(사실이나 사태, 의견이) 인정받지 못하고 무시당하다. (of a fact, a state of affairs, or an opinion) to be ignored, not being recognized.
[유]무시당하다
N0-가 N1-에게 V (N0=[추상물], [상태] N1=[인간|단체])
[능]외면하다
¶남녀 차별 문제는 더 이상 외면당해서는 안 된다. ¶택시업계의 요금 인상 요구가 계속 외면당하고 있다.

외면받다

[어원]外面~ [활용]외면받아, 외면받으니, 외면받고 [대응]외면을 받다
[자]❶(사람이나 사물이) 관심의 대상이 되지 않고 무시되다. (of a person or a thing) Be ignored, not being paid attention.
[유]무시되다
N0-가 N1-에게 V (N0=[구체물] N1=[인간|단체])
[능]외면하다
¶나는 친한 사람에게 외면받는 것이 두렵다. ¶표지판은 행인에게 외면받은 채 낡아가며 방치되어 있었다.
❷(사실이나 사태, 의견이) 인정받지 못하고 무시되다. (of a fact, a state of affairs, or an opinion) Be ignored, not being recognized.
[유]무시되다
N0-가 N1-에게 V (N0=[추상물], [상태] N1=[인간|단체])
[능]외면하다
¶우수한 품질의 국산 제품이 소비자들로부터 외면받고 있다.

외면하다

[어원]外面~ [활용]외면하여(외면해), 외면하니, 외면하고 [대응]외면을 하다
[타]❶(상대를) 마주 보기를 피하며 고개를 돌리다. Turn one's back on another person.
[유]피하다
N0-가 N1-를 V (N0=[인간] N1=[인간], [신체부위](눈), 시선 따위)
[피]외면받다, 외면당하다
¶나는 길에서 마주친 전 남자친구를 외면했다. ¶그들은 한때 친했지만 지금은 서로 외면하는 사이이다.
❷(어떤 사태나 사실, 의견을) 인정하지 않고 무시하다. Not to recognize but to ignore a state of affairs, a fact, or an opinion.
[유]도외시하다, 무시하다
N0-가 N1-를 V (N0=[인간|단체] N1=[추상물], [상태])
[피]외면받다, 외면당하다
¶언론인은 진실을 외면해서는 안 된다.

외우다

[활용]외워, 외우니, 외우고 [준]외다
[타]❶(말이나 글을) 원래의 문구를 기억하여 그대로 소리 내어 말하다. Speak word or writing out loud as it is originally written.
[유]낭송하다
N0-가 N1-를 V (N0=[인간] N1=[말], [텍스트])
[연어]줄줄
¶아이들이 다 함께 입을 모아 구구단을 외운다. ¶배우들은 대사를 큰 소리로 줄줄 외웠다.
❷(말이나 글을) 머릿속에 새겨서 잊지 아니하다. Not forget word or writing by storing in mind.
[유]기억하다
N0-가 N1-를 V (N0=[인간] N1=[말], [텍스트])
[연어]달달
¶나는 이 노래의 가사를 달달 외웠다. ¶아이들이 어제 외운 단어를 공책에 썼다.

외출하다

[어원]外出~ [활용]외출하여(외출해), 외출하니, 외출하고 [대응]외출을 하다
[자]집 밖으로 나가다. Go outside one's home.
N0-가 V (N0=[인간])
¶아버지는 조금 전에 외출하셨다. ¶너무 바빠서 잠시 외출할 틈도 없다. ¶요즘은 날씨가 변덕스러워서 외출할 때 항상 우산을 챙겨야 한다.

외치다

활용 외치어(외쳐), 외치니, 외치고
자 (다른 사람의 주의를 끌거나 행동을 이끌어 내기 위해) 큰 소리로 말하거나 소리를 지르다. Yell or speak out loud to draw attention or lead an action from someone.
㊐소리치다
N0-가 N1-에게 S고 V (N0=[인간] N1=[인간])
¶사람들은 건물에서 나오면서 "불이야!" 하고 외쳤다. ¶나는 물에 빠져서 제발 도와 달라고 외쳤다.
타 (자기의 생각이나 주장, 요구를) 공개적으로 강하게 전달하다. Officially and strongly convey one's own thought, opinion, or demand.
㊐큰소리로 말하다
N0-가 N1-를 V (N0=[인간|단체] N1=[의견], [상황](평화 따위))
¶삼일 운동에 나선 사람들은 대한 독립을 외쳤다. ¶웅변대회에서 어린 연사가 애국을 외쳤다.

요구되다

어원 要求~ 활용 요구되어(요구돼), 요구되니, 요구되고
자 (어떤 것이) 필요한 것으로 누군가에게 부과되다. Be asked or spoken to by someone that something is needed.
㊐요청되다, 청구되다, 기대되다
N0-가 N1-(에|에게) V (N0=[구체물], [추상물] N1=[인간|단체])
능 요구하다
¶공직자에게는 언제나 책임 있는 자세가 요구된다. ¶이 문서는 아주 중요한 것이어서 철저한 보안이 요구됩니다.

요구받다

어원 要求~ 활용 요구받아, 요구받으니, 요구받고
대응 요구를 받다
자타 (어떤 것을) 해 달라는 청이나 지시를 듣다. Hear favor or instruction from someone to do something.
㊐요청받다 ㊥요구하다
N0-가 N1-를 N2-(에게|에게서) V (N0=[인간|단체] N1=[구체물], [추상물] N2=[인간|단체])
능 요구하다
¶당국은 재해 난민들에게 생존권 보장을 요구받고 있다. ¶정부는 이웃 나라로부터 망명자의 송환을 요구받고 있다.
N0-가 S것-을 N1-(에게|에게서) V (N0=[인간|단체] N1=[인간|단체])
¶현대인들은 다른 문화에 열린 마음을 가질 것을 지속적으로 요구받고 있다. ¶우리는 언제나 의무를 다할 것을 사회로부터 요구받으면서 산다.
N0-가 S라고 N1-(에게|에게서) V (N0=[인간|단체] N1=[인간|단체])
¶용의자들은 알리바이를 대라고 요구받았다.
N0-가 S-도록 N1-(에게|에게서) V (N0=[인간|단체] N1=[인간|단체])
¶소비자들은 통신 업체와 계약할 때 보증금을 맡기도록 요구받고 있다. ¶회사원들은 계속 변화하고 유행에 뒤처지지 말도록 요구받고 있다.

요구하다

어원 要求~ 활용 요구하여(요구해), 요구하니, 요구하고 대응 요구를 하다
자타 (필요한 것을) 해 달라고 누군가에게 청하다. Ask someone to do something that is needed.
㊐요청하다, 청구하다, 조르다II, 바라다I, 기대하다 ㊥요구받다
N0-가 N1-를 N2-(에|에게) V (N0=[인간|단체] N1=[구체물], [추상물] N2=[인간|단체])
피 요구되다
¶선생님은 학생들에게 과제 제출을 요구했다. ¶북한은 식량난에 빠져 국제 사회에 식량 원조를 요구하는 중이다.
N0-가 S라고 N1-(에|에게) V (N0=[인간|단체] N1=[인간|단체])
¶나는 부모님께 용돈을 올려 달라고 요구했다. ¶주민들은 골목에 CCTV를 설치해 달라고 구청에 요구했다.
N0-가 S것-을 N1-(에|에게) V (N0=[인간|단체] N1=[인간|단체])
¶사장은 직원들에게 업무 지침서를 숙지할 것을 요구했다.
N0-가 S-도록 N1-(에|에게) V (N0=[인간|단체] N1=[인간|단체])
¶어머니는 아들에서 더 높은 성적을 받도록 요구했다. ¶부서장은 직원들에게 보고서를 규격에 맞게 쓰도록 요구했다.

요리하다

어원 料理~ 활용 요리하여(요리해), 요리하니, 요리하고 대응 요리를 하다
타 ❶(재료와 도구를 가지고) 정해진 절차에 따라 음식을 만들다. Make food according to an established procedure using ingredients and tools.
㊐조리하다
N0-가 N1-를 V (N0=[인간] N1=[자연물], [음식])
¶감자를 요리하는 방법에는 여러 가지가 있다. ¶삼촌이 갈비찜을 요리하는 동안 조카들은 침을 삼키며 기다리고 있었다.
❷자기 마음대로 되게끔 수완을 부리다. Practice ability to make something go according to one's will.

㊙구워삶다, 처리하다
N0-가 N1-를 V (N0=[인간] N1=[인간|단체], [상태])
¶그녀는 남자를 마음대로 요리하는 재주가 있었다. ¶왕이라도 천하를 요리하지는 못한다.

요약되다

어원 要約~ 활용 요약되어(요약돼), 요약되니, 요약되고 대응 요약이 되다
자 (말이나 글의 중요한 점이) 간추려져 정리되다. (of important points of a speech or writing) Be summarized and organized.
㊙정리되다
N0-가 N1-로 V (N0=[추상물], [상태], [사건], [현상], [행위], [텍스트] N1=[내용], [텍스트])
능 요약하다
¶복잡한 내용이 표로 잘 요약되었다. ¶지금까지의 토론 내용은 한 장의 그림으로 요약될 수 있다.

요약하다

어원 要約~ 활용 요약하여(요약해), 요약하니, 요약하고 대응 요약을 하다
타 (말이나 글의 중요한 점을) 간추려 짧게 정리하다. Summarize and briefly organize important points of a speech or writing.
㊙간추리다, 추리다, 정리하다
N0-가 N1-를 N2-로 V (N0=[인간|단체] N1=[추상물], [상태], [사건], [현상], [행위], [텍스트] N2=[내용], [텍스트])
피 요약되다
연어 간단하게, 한마디로
¶선생님이 새로 쓴 논문을 세 장으로 간단하게 요약하셔서 우리에게 나누어 주셨다. ¶이 노래가 선풍적인 인기를 끈 이유를 한마디로 요약할 수 있다.
N0-가 N1-를 V (N0=[내용], [텍스트] N1=[추상물], [상태], [사건], [현상], [행위], [텍스트])
연어 잘
¶이 보고서가 그 문제를 가장 잘 요약했다. ¶간단한 그래프가 복잡한 현 상황을 쉽게 요약하고 있다.

요청되다

어원 要請~ 활용 요청되어(요청돼), 요청되니, 요청되고 대응 요청이 되다
자 (어떤 일이나 행동이) 사람이나 단체에게 어떤 목적을 이루기 위해 필요하게 되다. (of a work or an action) Become necessary to a person or an organization in order to achieve a purpose.
㊙요구되다
N0-가 N2-(에|에게) V (N0=[추상물](의무, 청렴, 도움 따위) N1=[인간], [국가], [단체])
능 요청하다
¶공직자들에게는 청렴과 정직이 요청된다. ¶민주주의 국가의 시민에게는 나라에 대한 의무가 요청된다.

요청받다

어원 要請~ 활용 요청받아, 요청받으니, 요청받고 대응 요청을 받다
자 (사람이나 단체가) 어떤 목적을 이루기 위해 어떤 일이나 행동을 해 달라고 부탁받다. (of a person or an organization) Be asked to carry out a job or an action in order to achieve a purpose.
㊙요구받다 ㊥요청하다
N0-가 N2-에게 N1-를 V (N0=[인간], [국가], [단체] N1=[추상물](도움, 지원, 협조, 제공 따위) N2=[인간], [국가], [단체])
¶그는 친구들에게서 일본 여행을 요청받았다. ¶선생님은 구청 문화센터로부터 특별 강연을 요청받았다.
N0-가 N1-에게 S(자고|라고) V (N0=[인간], [국가], [단체] N1=[인간], [국가], [단체])
¶그는 친구들에게서 함께 여행 하자고 요청받았다. ¶지난달 그는 담당자로부터 시청으로 직접 방문해 달라고 요청받았다.
N0-가 N1-에게 S도록 V (N0=[인간], [국가], [단체] N1=[인간], [국가], [단체])
¶한 목사가 교회에게서 전 국민 앞에서 설교를 하도록 요청받았다. ¶환자들은 자신이 선호하는 약물을 말하도록 요청받았다.
N0-가 N1-에게 S것-을 V (N0=[인간], [국가], [단체] N1=[인간], [국가], [단체])
¶한 카드회사는 수수료를 낮춰 줄 것을 요청받았다. ¶출입 인원을 통제하기 위해 손님들은 이름표를 부착할 것을 주최 측에게 요청받았다.

요청하다

어원 要請~ 활용 요청하여(요청해), 요청하니, 요청하고 대응 요청을 하다
타 (다른 사람이나 단체에) 자신이 필요한 일이나 행동을 해 달라고 부탁하다. Request someone or a group to do something one needs.
㊙요구하다, 청하다타, 청구하다 ㊥요청받다
N0-가 N2-(에|에게) N1-를 V (N0=[인간], [국가], [단체] N1=도움, 환불, 지원, 협조, 자료, 수사 따위 N2=[인간], [국가], [단체])
피 요청되다
¶그는 걸을 수가 없어서 주변 사람들에게 도움을 요청했다. ¶경찰은 수사를 위해 피해자 가족에게 협조를 요청했다.
N0-가 N1-(에|에게) S고 V (N0=[인간], [국가], [단체] N1=[인간], [국가], [단체])

ㅇ

¶그는 경찰에게 도와달라고 요청했다. ¶그녀는 신문사에 정정 보도 기사를 내 달라고 요청했다.
N0-가 N1-(에|에게) S도록 V (N0=[인간], [국가], [단체] N1=[인간], [국가], [단체])
¶정부는 품질관리원에 수산물에 대한 항생제 검사를 강화하도록 요청할 계획이다.
N0-가 N1-(에|에게) S것-을 V (N0=[인간], [국가], [단체] N1=[인간], [국가], [단체])
¶사장은 직원들에게 소명 의식을 가져줄 것을 요청했다. ¶그는 내가 올해 자기네 집에 방문해 줄 것을 요청했다.

요하다

[어원]要~ [활용]요하여(요해), 요하니, 요하고
[타](어떤 상황이나 사태를) 요구하거나 필요로 하다. Demand or need a situation or a state of affairs.
[유]필요로 하다
N0-가 N1-를 V (N0=[구체물], [추상물] N1=[추상물], [상태])
¶이 환자는 안정을 요한다. ¶이 시설은 고압의 전류가 사용되고 있으니 이용에 주의를 요합니다. ¶그 자료는 그 자체로는 읽을 수 없기 때문에 전문가의 해석을 요한다.

욕먹다

[어원]辱~ [활용]욕먹어, 욕먹으니, 욕먹고
[자]❶(다른 사람에게서) 감정이 상하거나 모욕을 느끼는 상스러운 말을 듣다. Hear vulgar words from someone that hurts or insults.
N0-가 N1-에게 V (N0=[인간] N1=[인간])
¶철수는 지나가다 실수로 어깨를 부딪힌 사람에게 심하게 욕먹었다. ¶아침부터 모르는 사람한테 욕먹은 택시 기사는 기분이 나빴다.
❷(다른 사람에게서) 잘못을 저질렀다고 도덕적 비난이나 안 좋은 소리를 듣다. Hear ethical criticism or negative words from someone for committing a fault.
[유]혼나다, 야단맞다, 비난받다
N0-가 N1-에게 V (N0=[인간] N1=[인간], [직위])
¶영수는 반 아이들을 괴롭혀 친구들에게 늘 욕먹고 다녔다. ¶욕먹어야 할 사람은 내가 아니라 바로 당신이야.
N0-가 N1-에게 S고 V (N0=[인간] N1=[인간])
¶그는 눈치가 없다고 친구들에게 욕먹었다. ¶그녀는 나한테 속물이라고 만날 때마다 욕먹는다.

욕하다

[어원]辱~ [활용]욕하여(욕해), 욕하니, 욕하고
[자](다른 사람에게) 감정을 상하게 하거나 모욕을 주는 상스러운 말을 하다. Say vulgar words to someone that hurts or insults.
[유]욕설하다
N0-가 N1-에게 V (N0=[인간] N1=[인간])
¶그는 술에 취하면 아무한테나 함부로 욕하고 시비를 건다. ¶옆집 여자가 남편에게 악을 쓰며 욕하는 소리가 들렸다.
N0-가 N1-에게 S고 V (N0=[인간] N1=[인간])
¶철수는 친구에게 돼지 같은 녀석이라고 욕했다. ¶야, 너 좀 전에 나한테 뭐라고 욕했어?
[타]❶(다른 사람을) 모욕하는 상스러운 말을 하다. Say vulgar words that irritate or insult someone's emotion.
[유]욕설하다
N0-가 N1-를 S고 V (N0=[인간] N1=[인간])
¶아이들은 그를 바보라고 욕하며 놀렸다. ¶철수는 윗집 여자를 미친 여자라고 욕했다.
❷안 좋은 점을 들어 나쁘게 말하다. Speak badly by using negative points.
[유]비난하다, 헐뜯다, 험담하다
N0-가 N2-에게 N1-를 V (N0=[인간] N1=[인간], 세상 N2=[인간])
¶영희가 지금쯤 사람들에게 나를 욕하고 있을 것이다. ¶영희는 친구들을 만나 직장 상사를 욕하느라 정신이 없었다.
N0-가 N1-를 S고 V (N0=[인간] N1=[인간])
¶그 남자가 분명히 나를 이상한 여자라고 욕했을 것이다. ¶회사 사람들이 철수를 무능력하다고 욕했다.

용납되다

[어원]容納~ [활용]용납되어(용납돼), 용납되니, 용납되고 [대응]용납이 되다
[자]❶(말이나 행동이) 거부당하지 않고 받아들여지다. (of words or behavior) Be accepted, not being rejected.
[유]허용되다, 수용되다II, 포용되다, 인정되다
N0-가 N1-(에|에게) V (N0=[인간|단체], [행위] N1=[인간|단체])
[능]용납하다
¶그의 일탈 행동이 절친한 친구들에게는 용납되었다. ¶그런 행동은 어떤 기준을 적용해도 용납되기 어렵다.
❷(어떤 상황이) 인정되고 받아들여지다. (of a situation) Be understood and accepted.
[유]수용되다, 인정되다
N0-가 N1-(에|에게) V (N0=[추상물], [상태] N1=[인간|단체])
[능]용납하다
¶그 전시는 파격적이었지만 의외로 쉽게 대중에게 용납되었다. ¶그 소설은 평론가들에게 용납되지 않았다.

용납받다

어원 容納~ 활용 용납받아, 용납받으니, 용납받고 대응 용납을 받다

타 (말이나 행동을) 상대방에게 거부당하지 않고 인정받다. (of words or behavior) Be accepted, not being rejected by another person.

유 인정받다타, 허용받다 반 용납하다

N0-가 N1-를 N2-(에|에게) V (N0=[인간|단체] N1=[행위] N2=[인간|단체])

¶그런 변명으로는 어떤 일도 용납받을 수 없다. ¶경직된 조직에서 일탈 행동을 용납받기란 쉬운 일이 아니다.

용납하다

어원 容納~ 활용 용납하여(용납해), 용납하니, 용납하고 대응 용납을 하다

타 ❶(남의 말이나 행동을) 벌하거나 거부하지 않고 받아들이다. Accept another person's words or behavior, neither rejecting them nor punishing the person for such.

유 허용하다, 수용하다II, 용인하다, 포용하다, 인정하다 반 용납받다

N0-가 N1-를 V (N0=[인간|단체] N1=[인간|단체], [행위])

피 용납되다

¶스승은 제자의 일탈 행동을 너그럽게 용납하였다. ¶우리는 그 단체의 협상 제안을 일단 용납하기로 했다.

❷(어떤 상황을) 인정하고 받아들이다. Understand and accept a situation.

유 수용하다II, 용인하다, 인정하다

N0-가 N1-를 V (N0=[인간|단체] N1=[추상물], [상태])

피 용납되다

¶나는 내가 처한 부당한 상황을 용납할 수 없었다. ¶철수는 그가 겪은 모든 노고를 마음속으로 용납하기로 했다.

용서받다

어원 容恕~ 활용 용서받아, 용서받으니, 용서받고 대응 용서를 받다

타 (상대방이나 심판자에게) 잘못한 일이나 행동을 벌받지 않고 묵인 받다. (of a fault) Not to be punished but to be condoned by another person or judge.

반 용서하다

N0-가 N1-를 N2-(에|에게) V (N0=[인간|단체] N1=[비행] N2=[인간|단체])

¶그는 피해자 가족에게 죄를 용서받았다. ¶너는 지금까지 도저히 용서받을 수 없는 악행을 저질렀다. ¶그 신하는 결국 임금에게 용서받지 못하고 멀리 유배되게 되었다.

용서하다

어원 容恕~ 활용 용서하여(용서해), 용서하니, 용서하고 대응 용서를 하다

타 잘못을 꾸짖거나 지은 죄를 벌하지 않고 덮어주다. Condone a fault or a crime instead of scolding or punishing the perpetrator for such.

반 용서받다

N0-가 N1-를 V (N0=[인간|단체] N1=[인간|단체], [비행])

¶김 씨는 결국 가해자를 용서했다. ¶우리 사회는 파렴치범을 용서해서는 안 된다. ¶그는 그동안 저지른 잘못을 용서해 달라고 아버지께 빌었다.

용인되다

어원 容認~ 활용 용인되어(용인돼), 용인되니, 용인되고 대응 용인이 되다

자 (어떤 일이나 태도 따위가) 너그러운 마음으로 받아들여지다. (of a certain event or attitude) Be generously accepted.

유 인정되다

N0-가 V (N0=[행위], [상태], [변화], [추상물], [속성])

능 용인하다

¶그의 행동은 더이상 용인되지 않을 것이다. ¶문화재 불법 거래는 결코 용인되지 않을 것이라고 문화재청은 밝혔다. ¶나는 그가 마음대로 규정을 바꾼 데에 대해 결코 용인할 수 없다.

용인하다

어원 容認~ 활용 용인하여(용인해), 용인하니, 용인하고 대응 용인을 하다

자타 (어떤 일이나 태도 따위를) 너그러운 마음으로 받아들여 인정하다. (of a person or an organization) Acknowledge a work or an attitude generously.

유 허락하다타, 인정하다

N0-가 N1-(를|에 대해) V (N0=[인간|단체] N1=[행위], [상태], [변화], [추상물], [속성])

피 용인되다

¶우리는 그의 행동을 더이상 용인하지 않을 것이다. ¶문화재청은 문화재 불법 거래에 대해 용인하지 않겠다는 입장을 밝혔다.

N0-가 S것-을 V (N0=[인간|단체])

피 용인되다

¶마을 주민들이 마을 한가운데에 송전탑이 들어서는 걸 용인했다. ¶나는 그가 마음대로 행동하는 것을 더 이상 용인하지 않을 것이다.

N0-가 S데-에 대해 V (N0=[인간|단체])

피 용인되다

¶나는 그가 마음대로 행동하는 데에 대해 더 이상 용인하지 않을 것이다. ¶나는 그가 마음대로 규정

을 바꾼 데에 대해 결코 용인할 수 없다.

우거지다

[활용]우거지어(우거져), 우거지니, 우거지고

[자](식물이) 무성히 자라다. (of plant) Grow thick.

N_0-가 N_1-에 V (N_0=[식물] N_1=[장소])

¶저 산에는 참나무가 우거졌다. ¶그곳은 각종 수목이 우거진 대 삼림이었다. ¶그 정원은 오랫동안 방치되어 잡초만 우거져 있었다.

우러나다

[활용]우러나, 우러나니, 우러나고

[자]❶(어떤 물질의 맛이나 성분이) 그 물질이 담겨 있는 액체 속으로 빠져 나오다. (of taste or component of some material that's immersed in liquid) Spread out to the liquid.

[유]빠져나오다

N_0-가 V (N_0=[색], [맛], [냄새], [재료])

[사]우려내다

¶물이 적당히 따뜻해야 녹차의 맛이 잘 우러난다. ¶콩나물국을 끓일 때는 국물이 먼저 우러난 다음 간을 해야 한다.

❷(어떤 감정이나 감정이 실린 행동이) 마음속에서 저절로 생기다. (of certain emotion or emotional action) Be generated automatically in one's mind.

[유]생겨나다

N_0-가 N_1-에서 V (N_0=[감정], [행위] N_1=마음, 속 따위)

[사]우려내다

¶그에 대한 연민이 마음 깊은 곳에서 우러났다. ¶봉사는 형식적인 것이 아니라 마음에서 우러나는 것이어야 한다.

❸(어떤 판단이나 행위 등이) 오랜 세월 축적된 경험이나 지식으로부터 자연스럽게 생겨나오다. Be generated naturally from experience or knowledge that was accumulated for a long time.

[유]나오다, 유래하다

N_0-가 N_1-에서 V (N_0=[상태] N_1=[상태], 경험, 연륜 따위)

[사]우려내다

¶연륜에서 우러난 안목은 종종 컴퓨터보다 정확할 때가 있다. ¶다 경험에서 우러나는 충고이니 흘려듣지 마라.

우러나오다

[활용]우러나와, 우러나오니, 우러나오고

☞우러나다

우려되다

[어원]憂慮~ [활용]우려되어(우려돼), 우려되니, 우려되고 [대응]우려가 되다

[자](어떤 일이) 걱정되거나 염려되다. (of a situation) Be worried about.

[유]걱정되다, 염려되다

N_0-가 V (N_0=[추상물], [상태])

[능]우려하다[타]

[연어]크게

¶물가 급등이 우려된다. ¶전쟁으로 인한 혼란이 크게 우려되는 상황이다.

N_0-가 S것-이 V (N_0=[인간])

[능]우려하다[타]

[연어]크게

¶나는 무엇보다 적군이 침공해 올 것이 크게 우려된다. ¶어린이들이 다치는 것이 가장 우려된다.

우려하다

[어원]憂慮~ [활용]우려하여(우려해), 우려하니, 우려하고 [대응]우려를 하다

[자](어떤 일에 대해) 걱정하고 염려하다. (of a person) Worry.

[유]걱정하다, 염려하다

N_0-가 N_1-에 대해 V (N_0=[인간|단체] N_1=[추상물], [상태])

[연어]크게

¶부모님들은 이번에 시장에서 발생한 사고에 대해서 크게 우려했다. ¶과학자들은 그 약의 부작용에 대해서 지나치게 우려하는 듯하다.

N_0-가 S(것|데)-에 대해 V (N_0=[인간|단체])

[연어]크게

¶아버지는 집값이 떨어지는 것에 대해서 크게 우려하셨다. ¶그는 결혼 후 인기가 떨어지는 데에 대해서 우려하고 있었다.

N_0-가 S다고 V (N_0=[인간|단체])

[연어]크게

¶감독은 그의 부상에 대한 대안이 없다고 크게 우려하고 있었다.

[타](어떤 일을) 걱정하고 염려하다. Worry about a situation.

[유]걱정하다, 염려하다

N_0-가 N_1-를 V (N_0=[인간|단체] N_1=[추상물], [상태])

[피]우려되다

[연어]크게

¶감독은 선수들의 컨디션을 우려하였다.

N_0-가 S것-을 V (N_0=[인간|단체])

[피]우려되다

[연어]크게

¶부모님은 철수가 나쁜 친구를 사귀는 것을 가장 크게 우려하셨다. ¶팬들은 그가 부상으로 기량이 떨어지는 것을 가장 우려하고 있었다.

우선되다

어원 優先~ 활용 우선되어(우선돼), 우선되니, 우선되고

자 다른 것에 앞서는 것으로 여겨지다. (of something) Be thought of as prior to another thing.

㊐선행되다

N0-가 N1-(에|보다) V (N0=[모두] N1=[모두])

능 우선하다

¶사람들에게는 발등에 떨어진 위기 해결이 장기적 계획보다 우선되었다. ¶도로에서는 보행자의 권리가 우선되어야 한다.

우선하다

어원 優先~ 활용 우선하여(우선해), 우선하니, 우선하고

타 (무엇을) 다른 것에 앞서는 것으로 여기다. (of a person) Regard something as prior to another thing.

㊐선행하다

N0-가 N1-를 N2-(에|보다) V (N0=[인간] N1=[모두] N2=[모두])

피 우선되다

¶사장은 늘 사원의 능력을 무엇보다 우선했다. ¶나는 타인의 의견을 내 생각보다 우선했다.

우승하다

어원 優勝~ 활용 우승하여(우승해), 우승하니, 우승하고 대응 우승을 하다

자 경기나 경주에서 이겨 여럿 중에 으뜸이 되다. (of a person or an organization) Win first place in a game or a race.

㊐승리하다, 이기다I

N0-가 N1-에서 V (N0=[인간|단체] N1=[운동경기], [경연대회])

¶최 선수는 골프 챔피언십에서 교포인 고 선수와 경쟁 끝에 우승했다. ¶독일이 월드컵에서 우승했다. ¶김연아 선수는 이번 대회에서도 우승했다.

우쭐대다

활용 우쭐대어(우쭐대), 우쭐대니, 우쭐대고

자 자신 있게 자꾸 뽐내다. Be puffed up with pride.

N0-가 V (N0=[인간])

¶1등을 하더니 아이가 우쭐대며 내게 자랑한다. ¶돈 좀 있다고 우쭐대는 꼴이 참 우습다.

타 (신체부위를) 가볍게 춤추듯이 자꾸 움직이다. Keep moving as if one is dancing lightly.

N0-가 N1-를 V (N0=[인간] N1=[신체부위])

¶그는 어깨를 우쭐대며 앞으로 나아갔다. ¶왜 이렇게 몸을 우쭐대는 거니?

운동하다

어원 運動~ 활용 운동하여(운동해), 운동하니, 운동하고 대응 운동을 하다

자 ❶ 【물리】 사물이 공간적 위치가 변화하다. (of a thing) Change its location in space.

㊐운행하다

N0-가 V (N0=[구체물])

¶지구는 태양 주위에서 운동하고 있다. ¶상대성 이론에 따르면 질량을 가진 물체는 빛보다 빨리 운동할 수 없다.

❷건강을 유지하기 위하여 체계적으로 몸을 움직이는 활동을 하다. (of a person) Do some systematic activity to maintain his or her health.

㊐체력 단련하다

N0-가 V (N0=[인간])

사 운동시키다

¶동생은 새벽에 운동하러 나갔다. ¶나는 매일 운동하는 습관을 들였다. ¶그는 운동하기를 게을리하여 몸이 쇠약해졌다.

❸몸을 사용하여 승부를 겨루는 활동을 하다. (of a person) Take part in a physical competition.

㊐스포츠를 하다

N0-가 V (N0=[인간])

사 운동시키다 ¶우리는 팀을 승리로 이끌기 위해 열심히 운동했다.

❹어떤 사회적인 목적을 이루기 위해 체계적이고 조직적인 활동을 하다. (of a person) Do a systematic, organized activity to achieve a social goal.

㊐활동하다

N0-가 V (N0=[인간|단체])

¶이 사람은 대학생 시절에 같이 운동했던 친구다. ¶그 기자는 환경 단체에서 운동하는 사람을 많이 만났다.

운반되다

어원 運搬~ 활용 운반되어(운반돼), 운반되니, 운반되고 대응 운반이 되다

자 (물건 따위가) 어떤 장소에 특정한 수단으로 옮겨지다. (of an object) Be moved to some location via certain method.

㊐이송되다, 옮겨지다

N0-가 N1-(에|로) N2-로 V (N0=[구체물] N1=[장소], [인간|단체] N2=[교통기관], [방법])

※ 'N1-로'와 'N2-로'는 동시에 나타날 수 없다.

능 운반하다

¶부상병들은 겨우 인근 병원으로 운반되었다. ¶해상에서의 승리 덕분에 보급품이 최전선에 배로 운반될 수 있었다. ¶명절을 맞아 각지에서 온 선물들이 집에 한꺼번에 운반되었다.

운반하다

어원 運搬~ 활용 운반하여(운반해), 운반하니, 운반하고 대응 운반을 하다

타 (물건 따위를) 어떤 장소에 특정한 수단으로

옮겨 나르다. Move an object to a certain location using certain method.
㊀나르다, 옮기다, 이송하다, 수송하다
N0-가 N1-를 N2-(에|에게|로) N3-로 V (N0=[인간|단체] N1=[구체물] N2=[장소], [인간|단체] N3=[교통기관], [방법])
※ 'N₂-로'와 'N₃-로'는 동시에 나타날 수 없다.
피운반되다 사운반시키다
¶우리 공장은 원료를 컨베이어 벨트로 운반한다. ¶나는 일요일이면 지게꾼이 되어 교통이 불편한 산길 고개로 기름통을 운반했다.

운영되다

어원運營~ 활용운영되어(운영돼), 운영되니, 운영되고 대응운영이 되다
자(조직이나 기구, 사업체, 일 따위가) 목적에 맞게 관리되다. (of organization, institution, company, work) Be led and controlled according to its purpose.
㊀경영되다, 관리되다
N0-가 N1-에 의해 V (N0=[집단], [장소], [일] N1=[인간|단체])
능운영하다
¶아버지의 옛 회사는 친척들에 의해 잘 운영되고 있었다. ¶이 노인 복지 시설은 훌륭히 운영되고 있다. ¶그의 사업은 순조롭게 잘 운영되고 있었다.

운영하다

어원運營~ 활용운영하여(운영해), 운영하니, 운영하고 대응운영을 하다
타(조직이나 기구, 사업체, 일 따위를) 목적에 맞게 관리하고 이끌어 나가다. Lead and control an organization, an institution, a company, or a work in accordance with its purpose.
㊀경영하다, 관리하다
N0-가 N1-를 V (N0=[인간|단체] N1=[집단], [장소], [일])
피운영되다
¶어머니는 시내에서 작은 가게를 운영하셨다. ¶국가는 공공 시설물을 잘 운영해야 한다. ¶아버지는 자신의 사업을 잘 운영하여 보람을 느낀다.

운용되다

어원運用~ 활용운용되어(운용돼), 운용되니, 운용되고 대응운용이 되다
자❶(제도, 시설, 인력 따위가) 목적 달성을 위해 일정한 방식으로 이용되다. (of a system, facility, or human resource) Be used according to certain procedure to achieve a goal.
㊀운영되다, 사용되다, 활용되다
N0-가 V (N0=[법률], [제도], [단체], [산업], 시설, 인력 따위)
능운용하다
¶법은 형평성 있게 운용되어야 한다. ¶항공회사들의 창구나 시설이 공동으로 운용되고 있다. ¶우수한 인력이 기업들에 의해 값싸게 운용될 수 있어야 한다.
❷(자금 따위가) 수익이 날 수 있도록 일정하게 사용되다. (of fund) Be used to generate profit.
㊀사용되다, 활용되다, 투자되다
N0-가 V (N0=[금전](기금, 자금 따위))
능운용하다
¶불경기라서 은행의 돈이 운용될 곳이 마땅치 않다. ¶조직이 잘 운영되어야 회원들이 늘어날 것이다.
❸(자금 따위가) 수익을 내기 위해 특정 용도로 사용되다. (of fund) Be used in specific manner to generate profit.
㊀활용되다, 투자되다
N0-가 N1-(에|로) V (N0=[금전](기금, 자금 따위) N1=[금전], 경비, 투자 따위)
능운용하다
¶금융권의 파생 상품 등에 운용된 금액 역시 10년 만에 최저로 감소했다.
❹(전투기, 군함 따위가) 군사 작전을 위해 운전되거나 가동되다. (of a combat plane or battleship) Be driven or operated for a strategy.
㊀운행되다
N0-가 V (N0=[교통기관](군함, 전투기, 조기경보기, 초계함, 공격기))
능운용하다
¶이번에 도입한 신형 전투기가 시험적으로 운용될 예정이다. ¶프로그램이 잘 운영되려면 계속해서 개선되어야 한다.
❺(컴퓨터의 운영체제가) 가동되어 작동되다. (of computer's operating system) Be run and operated.
㊀작동되다, 조종되다
N0-가 V (N0=소프트웨어(프로그램, 리눅스, 운영체제))
능운용하다
¶교육 부족으로 새로운 프로그램이 제대로 운용되지 못했다. ¶리눅스는 모든 사람들에 의해 쉽게 운용될 수 있다.

운용하다

어원運用~ 활용운용하여(운용해), 운용하니, 운용하고 대응운용을 하다
타❶(제도, 시설, 인력 따위를) 목적 달성을 위해 일정한 방식으로 이용하다. Use a system, facility, or human resource according to certain

procedure in order to achieve a goal.
㊊부리다I, 운영하다, 사용하다, 활용하다
N0-가 N1-를 V (N0=[인간|단체] N1=[법률], [제도], [단체], [산업], 시설, 인력 따위)
피 운용되다
¶국가의 기간산업을 잘 운용해야 한다. ¶항공회사들은 창구나 시설을 공동으로 운용하고 있다. ¶기업들이 우수한 인력을 값싸게 채용하고 운용할 수 있어야 한다.
❷(자금 따위를) 수익을 내기 위해 일정하게 사용하다. Use fund to generate profit.
㊊사용하다, 활용하다, 쓰다III
N0-가 N1-를 V (N0=[인간|단체] N1=[금전](기금, 자금 따위))
피 운용되다
¶은행이 돈을 운용할 곳이 마땅치 않다. ¶어머니는 여유 자금을 증권회사에 맡겨 운영했다.
❸(자금 따위를) 수익을 내기 위해 특정 용도로 사용하다. Use fund in specific manner to generate profit.
㊊활용하다, 투자하다
N0-가 N1-를 N2-(에|로) V (N0=[인간|단체] N1=[금전](기금, 자금 따위) N2=[금전], 경비, 투자 따위)
피 운용되다
¶금융권이 파생상품 등에 운용한 금액 역시 10년 만에 최저로 감소했다.
❹(전투기, 군함 따위를) 군사 작전을 위해 운전하거나 가동하다. Drive or operate a combat plane or battleship for a strategy.
㊊운전하다, 운행하다
N0-가 N1-를 V (N0=[인간|단체] N1=[교통기관](군함, 전투기, 조기경보기, 초계함, 공격기))
피 운용되다
¶공군은 이번에 도입한 신형 전투기를 시험적으로 운용할 것이다. ¶해군 전투병들은 서해안에서 초계함을 성공리에 운용했다.
❺(컴퓨터의 운영체제를) 가동하여 작동하게 하다. Run and operate the operating system of computer.
㊊쓰다III, 사용하다, 작동시키다, 조종하다
N0-가 N1-를 V (N0=[인간|단체] N1=소프트웨어(프로그램, 리눅스, 운영체제))
피 운용되다
¶학생들은 새로운 프로그램을 제대로 운용하지 못했다. ¶리눅스는 모든 사람들이 운용할 수 있다.

운운하다

어원 云云~ 활용 운운하여(운운해), 운운하니, 운운하고 대응 운운을 하다
자타 (어떤 주제를 대상으로) 말을 늘어놓다. Say such and such about a subject.
㊊말하다 자타, 나불대다
N0-가 S고 V (N0=[인간|단체])
¶모든 사람들이 경제가 활성화되어야 한다고 운운한다. ¶동생은 늘 공부할 것이라고 운운하지만 게임만 한다.
N0-가 N1-를 V (N0=[인간|단체] N1=[모두])
¶그는 명품 가방을 들고 다니면서 절약을 운운한다. ¶철학을 운운하던 그가 어느 날 갑자기 취업했다.

운전하다

어원 運轉~ 활용 운전하여(운전해), 운전하니, 운전하고 대응 운전을 하다
타 주로 교통수단 등을 다루어 움직이게 하다. Handle and make something, usually a transportation, move.
㊊운행하다, 조종하다
N0-가 N1-를 V (N0=[인간] N1=[교통수단], [기계])
¶아버지는 4시간 동안 승용차를 운전했다. ¶그는 대형 트럭을 운전할 줄 안다. ¶나는 기능사 자격증을 따서 지게차도 운전할 수 있게 되었다.

운항하다

어원 運航~ 활용 운항하여(운항해), 운항하니, 운항하고 대응 운항을 하다
자 (탈것이) 정해진 노선으로 오고가다. (of vehicle) Come and go by a definite course.
㊊다니다 자, 운행되다
N0-가 N1-로 V (N0=[교통기관] N1=[경로])
¶내년부터 공공 선박이 낙도 취약 노선으로 운항한다. ¶차세대 항공기가 인천과 파리 간 노선으로 매일 운항한다.
타 (탈것이) 정해진 노선을 따라 오고가다. (of vehicle) Come and go by a definite course.
㊊다니다 타, 운행하다
N0-가 N1-를 V (N0=[교통기관] N1=[경로])
¶우리 항공기는 제주와 중국을 잇는 노선을 가장 많이 운항한다. ¶이 회사에서 우리나라 해운업체 최초로 북극해 항로를 운항했다.

운행되다

어원 運行~ 활용 운행되어(운행돼), 운행되니, 운행되고 대응 운행이 되다
자 (탈것이) 운전되어 정해진 노선으로 나아가게 되다. (of vehicle) Be operated and run in a definite course.
㊊다니다 자
N0-가 V (N0=[교통기관])
능 운행하다
¶휴가철을 맞아 저렴한 심야버스가 운행될 예정이다. ¶이 지역의 지하철은 새벽 6시부터 다음날

1시까지 운행된다.

운행하다

[어원]運行~ [활용]운행하여(운행해), 운행하니, 운행하고 [대응]운행을 하다

[타](탈것을) 운전하여 정해진 노선으로 나아가게 하다. (of a person) Operate a vehicle and run a definite course.

[유]운용하다, 운항하다[타]

N0-가 N1-를 V (N0=[인간] N1=[교통기관])

[피]운행되다

¶전시회에 선보인 자기부상열차는 아직 상용화가 어려워 사람이 직접 운행했다. ¶우리 학생회는 이번 추석에 귀향버스를 운행한다. ¶경찰들은 수험생이 요청할 경우에는 학교까지 수송 차량을 운행한다.

울다 I

[활용]울어, 울고, 우니, 우는, 웁니다

[자]❶(사람이) 기쁘거나 슬프거나 아파서 눈물을 흘리며 목소리로 소리를 내다. (of a person) Make a sound or cry due to happiness, sadness or illness.

[반]웃다

N0-가 V (N0=[인간])

[사]울리다[타]

¶아이가 젖을 달라고 울었다. ¶그는 너무 서러워서 눈물을 흘리며 울었다.

❷(새, 들짐승, 곤충 따위가) 다리나 날개를 이용하여 소리를 내다. (of a bird, wild animal, or insect) Make a sound.

[유]지저귀다

N0-가 V (N0=[동물](새, 짐승, 벌레 따위))

¶여름이면 고목나무에서 매미가 운다. ¶소쩍새가 구슬프게 울었다. ¶동이 트고 닭이 울었다.

❸(종, 사이렌, 고동 따위가) 진동을 하며 소리를 내다. (of a bell or thunder) Make a sound.

N0-가 V (N0=[기계], [자연현상])

[사]울리다[타]

¶부두에 있으려니 멀리서 뱃고동이 울었다. ¶기찻길에 가까워서인지 기적이 우는 소리가 들린다.

❹(얇거나 가느다란 물체가) 진동하여 소리가 나다. (of a thin object) Make a sound by vibrating.

[유]떨다

N0-가 V (N0=[종이], [시설물](전선 따위))

[사]울리다[타]

¶스산하게 바람이 불자 문풍지가 울었다. ¶전깃줄이 바람에 울고 있다.

◆ **주먹이 울다** 화가 나서 때리고 싶지만 참다. Suppress the urge to hit someone out of anger. Idm

¶저런 녀석도 사람이라고 봐줘야 하다니 정말 내 주먹이 운다. ¶저런 억울한 일을 눈 뜨고 보고만 있어야 하다니 주먹이 운다.

[타]눈물을 흘리거나 흐느끼는 소리를 내다. (of a person) Make a sobbing sound or shed tears.

N0-가 N1-를 V (N0=[인간] N1=울음)

¶그는 온 세상이 무너질 것처럼 슬픈 울음을 울었다. ¶고양이가 내는 소리가 마치 사람이 울음을 우는 것 같다.

울다 II

[활용]울어, 울고, 우니, 우는, 웁니다

[자](평평한 곳에 발라 놓은 것이나 바느질한 것이) 반반하지 못하고 쭈그러들어 울퉁불퉁해지다. (of a covered or sewed thing over flat area) Become dented by not being even.

[유]쭈글쭈글해지다

N0-가 V (N0=[종이], [옷])

¶장마에 습기가 차서 장판이 운다. ¶벽에 붙인 벽지가 풀칠이 잘못되어 울었다. ¶다리미질을 안 했더니 양복이 다 울었다.

울렁거리다

[활용]울렁거리어(울렁거려), 울렁거리니, 울렁거리고

[자]❶상하로 계속 흔들리며 움직이다. (of a thin plate) Vibrate and move continuously in bending motion.

[유]흔들리다, 움직이다[자], 출렁거리다[자]

N0-가 V (N0=[구체물](철판, 바닥 따위), [교통기관](배, 차 따위))

¶파도가 심해서인지 배가 계속 울렁거렸다. ¶과속방지턱을 지날 때마다 차가 계속 울렁거렸다.

❷(물결, 파도 따위가) 계속 상하로 불규칙하게 흔들리다. (of water or wave) Oscillate continuously.

[유]출렁이다

N0-가 V (N0=[물결], [파도])

¶바람이 계속 심하게 불자 물결도 같이 울렁거렸다. ¶파도가 심하게 울렁거리자, 배가 난파될 듯이 흔들렸다.

❸(속이 메스꺼워) 자꾸 토할 것 같다. Have continuous urge to vomit due to uneasy stomach.

N0-가 N1-가 V (N0=[인간], [동물] N1=[신체부위](속 따위))

¶배를 타고 있으니, 속이 울렁거려서 죽겠다. ¶기름진 음식만 먹었더니 속이 울렁거려서 식사를 할 수가 없었다.

❹(놀라거나 두려워서) 가슴이 두근거리다. (of one's heart) Pound due to shock or fear.

[유]두근거리다[자]

N0-가 N1-가 V (N0=[인간], [동물] N1=[신체부위](가슴, 속 따위))
¶너무 긴장이 되어서 심장이 뛰고 속이 울렁거렸다. ¶발표 날이 다가올수록 너무 가슴이 울렁거려서 잠을 잘 수가 없었다.

울리다
활용 울리어(울려), 울리니, 울리고
자 ❶(종, 방울 따위가) 흔들리며 진동하면서 소리를 내다. (of a bell, a chime, etc.) Make a sound.
유 소리내다, 진동하다
N0-가 V (N0=[악기], 종, 방울 따위)
¶정오를 알리는 종이 울렸다. ¶문 잠긴 방 안에서 전화벨이 울리고 있었다. ¶멀리서 징과 꽹과리가 울리는 소리가 들려왔다.
❷(소리가) 공기를 타고 이리저리로 반향되다. (of sound) Reflect in many directions.
유 반향되다, 공명하다
N0-가 V (N0=[소리])
¶산에 오르니 어디선가 메아리가 울렸다. ¶전쟁터에서는 밤마다 총성이 울렸다.
❸(사물이) 진동이나 소리에 의해 떨리다. (of an object) vibrate due to oscillation or sound.
유 떨리다, 진동하다
N0-가 N1-에 V (N0=[구체물] N1=[현상](소리, 진동 따위))
¶열차가 지나갈 때마다 그 진동에 바닥이 울렸다. ¶스피커에서 나오는 소리가 하도 커서 몸이 울릴 정도였다.
타 ❶(종, 방울 따위를) 치거나 흔들어서 소리를 내다. Make a sound by striking or shaking a bell, a chime, etc.
유 소리를 내다, 진동시키다
N0-가 N1-를 V ↔ N1-가 V (N0=[인간] N1=[악기], 종, 방울 따위)
주 울다I
¶철수가 종을 울렸다. ↔ 종이 울렸다. ¶풍물패가 거리에서 징과 꽹과리를 울리며 돌아다녔다. ¶문 밖에서 낯선 사람이 초인종을 울렸다.
❷(진동이나 소리가) 사물을 떨게 만들다. (of oscillation or sound) Cause an object to vibrate.
유 진동시키다, 떨게 하다
N0-가 N1-를 V ↔ N1-가 N0-에 V (N0=[현상](소리, 진동 따위) N1=[구체물])
주 울다I
¶큰 소리가 유리창을 울렸다. ↔ 큰 소리에 유리창이 울렸다. ¶집을 울리는 원인 모를 큰 진동이 있었다. ¶바람이 심하게 불어 때때로 창을 울렸다.
❸(사람을) 울게 만들다. Reduce someone to tears.
N0-가 N1-를 V (N0=[인간] N1=[인간])
주 울다I
¶아들이 친구와 싸우다 친구를 울리고 들어왔다. ¶다 큰 어른이 어린이를 울리면 어떻게 합니까?
◆ **마음(심금)을 울리다** 마음이 흔들릴 정도로 감동을 주다. Strike a chord in a person's heart.
N0-가 Idm (N0=[구체물], [추상물])
¶그의 따뜻한 배려가 내 마음을 울렸다. ¶그 영화는 심금을 울리는 명작이었다.

울먹거리다
활용 울먹거리어(울먹거려), 울먹거리니, 울먹거리고
자 큰 울음이 나올 듯 말 듯이 흐느끼다. Sob at a point when one is almost about to cry loudly.
유 흐느끼다
N0-가 V (N0=[인간])
¶아이는 먹던 아이스크림을 떨어뜨리고는 울먹거리기 시작했다. ¶그는 장례식장에서 울먹거리며 간신히 울음을 참았다.

울먹이다
활용 울먹여, 울먹이니, 울먹이고
자 울상을 하고 곧 울음을 터뜨릴 것같이 하다. Make a long face, to be about to cry.
유 흐느끼다
N0-가 V (N0=[인간])
¶아들은 어머니에게 야단을 맞고 울먹이고 있었다. ¶나는 감정이 복받쳐 울먹이느라 말을 잇지 못했다. ¶그 정치인은 울먹이며 사과문을 읽어 내려가기 시작했다.

울부짖다
활용 울부짖어, 울부짖으니, 울부짖고
자 큰 소리를 내며 울며 소리치다. Cry loudly as if shouting.
유 포효하다, 통곡하다
N0-가 V (N0=[인간], [동물])
¶억울하게 죽은 젊은이의 주검 앞에서 그의 어머니는 큰 소리로 울부짖었다. ¶나는 야영 중에 늑대가 울부짖는 소리 때문에 겁이 나서 깼다. ¶그의 출마 연설은 감정이 격해질 대로 격해져 마치 울부짖는 것 같았다.

움직이다
활용 움직여, 움직이니, 움직이고
자 ❶(멈추어 있던 사람이나 동물이) 이동하거나 자세를 바꾸다. (of a halted person or animal) Move or change one's position.
N0-가 V (N0=[인간|동물])
¶누가 내 이름을 부르자 나도 모르게 몸이 움직였다. ¶마취가 깬 고양이의 다리가 움직였다.
❷(멈추어 있던 물체가) 위치를 바꾸다. (of a halted thing) Change its location.

㊥이동하다자
No-가 V (No=[구체물])
¶군사들이 힘을 모아 밀자 큰 바위가 조금씩 움직였다. ¶영국과 맞서기 위해 스페인 함대가 움직였다.
❸(기계나 공장 따위가) 작동되거나 운영되다. (of a machine or a factory) Be operated or managed.
㊥돌아가다I, 가동하다자
No-가 V (No=[기계], [건물](공장))
¶전원을 연결한 뒤 스위치를 누르면 모터가 움직였다. ¶톱니가 돌아가는 소리를 내며 기계가 움직인다.
❹(품고 있던 마음이나 생각이) 바뀌거나 흔들리다. (of an idea or a thought kept in mind) Be changed or to waver.
㊥흔들리다
No-가 V (No=[마음](생각 따위))
¶나는 더 있고 싶었지만 친구가 이만 가자고 하니 마음이 쉽게 움직였다. ¶그의 열정적인 발표를 보고 투자자들의 마음이 움직였다.
❺(사람이나 단체가) 어떤 목적을 이루기 위해 활동하다. (of a person or an organization) Carry out an activity in order to achieve a purpose.
㊥이동하다자, 작전하다
No-가 V (No=[인간|단체])
¶생필품 가격 조정으로 차액을 남길 수 있다는 사실을 알고 사재기 세력이 움직였다. ¶수도가 위태롭다는 말을 듣고 호시탐탐 기회를 노리고 있던 지방군이 움직였다.
❻(어떤 사실이나 현상이) 달라지거나 반대가 되다. (of fact or phenomenon) Change or to become the opposite.
㊥변하다
No-가 V (No=[추상물](사실), [상황](현상, 정세 따위))
¶복지가 축소되면 소비 활동이 위축되리라는 것은 움직일 수 없는 사실이다.
타❶물체를 위치를 바꾸다. Change the location of a thing.
㊥옮기다
No-가 N1-를 N2-로 V (No=[인간] N1=[구체물] N2=[장소], [방향])
¶많은 인부들이 피라미드를 쌓기 위해 돌을 작업장으로 움직였다. ¶운전기사는 앞 차를 추월하기 위해 핸들을 좌우로 움직였다.
❷(사람이나 동물이) 몸의 일부를 위치를 바꾸다. (of a person or an animal) Change the position of a part of the body.
No-가 N1-를 V (No=[인간|동물] N1=[신체부위])
¶나는 이에 낀 엿을 떼려고 혀를 이리저리 움직였다. ¶고양이가 균형을 잡으려고 꼬리를 움직였다.
❸(기계나 공장 따위를) 작동하거나 운영하다. Operate or manage a machine or a factory.
㊥돌리다II, 가동시키다
No-가 N1-를 V (No=[인간|단체] N1=[기계], [건물](공장))
¶노동자들은 페달을 밟아 기계를 움직였다. ¶우리 회사도 창립하고 삼 년 동안은 활발하게 공장을 움직였다.
❹(품고 있던 마음이나 생각을) 바꾸게 하다. Have an idea or a thought kept in mind changed.
㊥흔들다, 감동시키다
No-가 N1-를 V (No=[인간], [행위] N1=[마음])
¶정성스레 쓴 손 편지가 그녀의 마음을 움직였다. ¶감동적인 광고는 짧은 시간 안에 고객의 마음을 움직인다.
❺(사람이나 단체가) 다른 사람이나 단체를 어떤 목적을 이루기 위해 활동하게 하다. (of a person or an organization) Make another person or an organization.
㊥이동시키다
No-가 N1-를 V (No=[인간|단체] N1=[인간|단체])
¶몇몇 귀족들은 궁정을 지배하기 위해 자신의 세력을 움직였다. ¶그는 병사들을 움직여 전방을 지키게 했다.
❻(어떤 사실이나 현상이) 달라지거나 반대가 되게 하다. Make a fact or a phenomenon different or opposite.
㊥변경하다
No-가 N1-를 V (No=[인간] N1=[추상물](사실), [상황](현상, 정세 따위))
¶이미 회의를 통과했으므로 아무도 이 결정을 움직일 수 없다. ¶전쟁으로 혼란스러운 와중에 보이지 않는 세력이 국제적 상황을 움직였다.
❼(어떤 대상을) 자기 뜻대로 부리다. Manage an object at one's own will.
㊥부리다, 주무르다, 지배하다
No-가 N1-를 V (No=[인간|단체] N1=[인간|단체], [장소])
¶세도 정치에서는 특정 가문이 권력을 쥐고 나라를 마음대로 움직였다. ¶미국을 움직이는 것은 워싱턴이고, 워싱턴을 움직이는 것은 보스턴이다.

움츠러들다

활용움츠러들어, 움츠러드니, 움츠러들고, 움츠러드는 ㊐옴츠러들다
자❶(몸이나 몸의 일부가) 말려 웅크려지거나 작아지다. (of a body or a part of the body) Become smaller by being bent forward or downward.

[유]움츠리다[자] [반]펴지다
No-가 V (No=[신체부위], 몸)
¶현석이는 오한에 몸이 움츠러들었다. ¶그때 생각만 하면 식은땀이 나면서 어깨가 움츠러든다. ¶고양이 꼬리가 움츠러드는 모습이 신기하다.
❷위압이나 두려움으로 인하여 기세가 꺾이고 머뭇거리다. Shrink in awe or fear and lose vigor.
[유]움츠리다[자]
No-가 V (No=[인간])
¶그는 사업이 어려워져서 내심 움츠러들었다. ¶현상이는 의외의 악재에도 움츠러들지 않았다.

움츠리다

[활용]움츠리어(움츠려), 움츠리니, 움츠리고 [준]움치다 [여린]옴츠리다
[자]위협이나 부담으로 인하여 자신감을 잃고 기가 죽다. Lose vigor and confidence due to threat or burden.
[유]움츠러들다, 위축되다
No-가 V (No=[인간])
¶동생은 대입에 실패해서 요즘 잔뜩 움츠렸다. ¶너무 움츠리지 말고 당당하게 살아라. ¶실패했다고 움츠리고만 있으면 될 일도 안 된다.
[타](몸이나 몸의 일부를) 작게 말아 웅크리거나 안으로 들이다. Bend forward or downward a body or a part of the body.
[유]웅크리다[타], 위축시키다 [반]펴다I
No-가 N1-를 V (No=[인간], [동물] N1=[신체부위], 몸)
¶그는 갑자기 큰 소리가 나서 몸을 움츠렸다. ¶무당벌레가 딱지 안으로 날개를 움츠리는 것을 보았다.

움켜잡다

[활용]움켜잡아, 움켜잡으니, 움켜잡고 [여린]옴켜잡다
[타](신체 일부나 물건 따위를) 손가락을 오므려 꽉 잡다. Take a part of the body or something firmly, puckering one's fingers.
[유]움켜쥐다 [상]잡다I
No-가 N1-를 V (No=[인간] N1=[신체부위], [구체물])
[피]움켜잡히다
¶형이 내 손목을 움켜잡았다. ¶나는 허기진 배를 움켜잡고 냉장고를 쳐다보았다. ¶아주머니는 마른 풀을 한줌 움켜잡아 뜯었다.

움켜쥐다

[활용]움켜쥐어, 움켜쥐니, 움켜쥐고 [여린]옴켜쥐다
[타]❶(신체 일부나 물건 따위를) 손가락을 오므려 손안에 꽉 잡고 놓지 않다. Take a part of the body or something firmly, puckering one's fingers without releasing.
[유]움켜잡다 [상]쥐다I
No-가 N1-를 V (No=[인간] N1=[신체부위], [구체물])
¶철수는 내 팔을 움켜쥐고 힘껏 당겼다. ¶내 말에 수현은 배를 움켜쥐고 웃었다. ¶남편은 가슴을 움켜쥐며 쓰러졌다.
❷(사람이나 단체가) 어떤 힘이나 재산 따위를 손에 넣고 마음대로 다루다. (of a person or an organization) Take possession of power or property and manage it freely.
[유]소유하다, 독점하다 [상]쥐다I
No-가 N1-를 V (No=[인간|단체] N1=[모두])
¶나는 마지막 기회를 움켜쥐기 위해 사력을 다했다. ¶남편이 내 전 재산을 움켜쥐고 있다.

웃기다

[활용]웃기어(웃겨), 웃기니, 웃기고
[자](어떤 모양이나 사태가) 웃음이 나올 만큼 한심하고 기가 막히다. (of some shape or situation) Be so pathetic and woeful that it makes someone laugh a bitter laugh.
No-가 V (No=[구체물], [추상물])
¶그 두 사람은 그렇게 서로 싫어하면서도 헤어지지 못하고 있는 것이 웃긴다. ¶멀쩡히 다니던 회사에서 퇴직금 한 푼 없이 해고되다니 참으로 웃기는 상황이다.
[타](사람을) 웃게 만들다. Make someone laugh.
[반]울리다[타]
No-가 N1-를 V (No=[구체물], [추상물] N1=[인간|단체])
[주]웃다[1]
¶김 교수는 긴장된 상황에서 학생들을 웃겨 분위기를 부드럽게 하였다. ¶연사는 농담으로 청중을 한바탕 웃기고 나서 이야기를 시작했다.

웃다[1]

[활용]웃어, 웃으니, 웃고
[자] 《기분이 좋아서》 얼굴에 환한 표정을 짓거나, 그런 표정을 지으며 즐거운 목소리를 내다. (due to a pleasant feeling) Put on a pleasant facial expression or make a pleasant sound.
[반]울다I
No-가 V (No=[인간])
[사]웃기다[타]
¶아기가 방실방실 웃고 있다. ¶영이는 친구를 만나면 잘 웃는다. ¶한 친구가 이야기를 하도 재미있게 해서 모두들 배꼽이 빠지게 웃었다.

웃다[2]

[활용]웃어, 웃으니, 웃고
[기능][타]행위를 나타내는 기능동사 Support verb that indicates behavior.
No-가 Npr-를 V (No=[인간], Npr=웃음)

ㅇ

¶그는 차가운 웃음을 웃었다. ¶철수는 씁쓸한 웃음을 웃고는 돌아섰다. ¶아이는 만족한 웃음을 웃으며 집으로 갔다.

웃돌다

활용 웃돌아, 웃도니, 웃돌고, 웃도는

자타 기준치 따위를 조금 넘어서다. Exceed the standard.

㊐넘어서다타, 능가하다 ㉤밑돌다

N0-가 N1-(에|를) V (N0=[값], [단위], [미생물](대장균 따위) N1=[단위], [기준])

연어 조금, 훨씬

¶세금 인상폭이 물가 인상폭에 훨씬 웃돌았다. ¶올해 강수량은 평년값에 조금 웃돌고 있다. ¶대장균이 기준치를 웃돌았다.

N0-가 N1-보다 V (N0=[값], [단위], [의견](예상, 생각 따위) N1=[단위], [기준])

연어 조금, 훨씬

¶범인들이 제시한 몸값이 예상보다 훨씬 웃도는 수준이었다. ¶무엇보다도 횡령액이 수백억 원을 웃돈다는 사실이 충격적입니다.

※완전한 문장보다는 '수준, 정도' 따위를 수식하는 구성에서 자주 사용된다.

ㅇ

웅성거리다

활용 웅성거리어(웅성거려), 웅성거리니, 웅성거리고

자 어느 곳에 여러 사람이 모여 수군거리며 다소 시끄럽게 떠들어대다. (of many people) Make noise, talking in groups in a place.

㊐수군거리다

N0-가 V (N0=[집단])

¶그가 등장하자 사람들이 모두 웅성거렸다. ¶손님들은 뒤에서 웅성거리고 있었다. ¶가게 입구에 사람들이 웅성거리고 있었다.

웅성대다

활용 웅성대어(웅성대), 웅성대니, 웅성대고

☞웅성거리다

웅얼거리다

활용 웅얼거리어(웅얼거려), 웅얼거리니, 웅얼거리고 ㊇옹알거리다자

자 정확히 알아들을 수 없을 정도로 입 안에서 혼잣말을 계속하다. Continue to speak to oneself so quietly that other people cannot hear the speaker.

㊐중얼거리다자, 쫑알대다

N0-가 V (N0=[인간])

¶아이는 구석에 앉아 혼자 웅얼거리더니 어느새 사라졌다. ¶무슨 불만이 있어 웅얼거리고 있는 거야?

N0-가 S고 V (N0=[인간])

¶네가 그렇게 잘했다고 웅얼거릴 일이 아니다. ¶그는 매일 모든 일이 잘못되어 간다고 웅얼거리면서 불만을 토한다.

타 정확히 알아들을 수 없을 정도로 무엇인가를 입 안에서 혼잣말처럼 계속 말하다. Continue to speak something to oneself so quietly that other people cannot hear the speaker.

㊐중얼거리다타, 쫑알대다

N0-가 N1-를 V (N0=[인간] N1=말(言) 따위)

¶그는 풀밭을 거닐며 혼자 대사를 웅얼거렸다. ¶그녀는 아까부터 입속으로 뭔가를 웅얼거리며 창가에 혼자 앉아 있다.

웅크리다

활용 웅크리어(웅크려), 웅크리니, 웅크리고 ㊇옹그리다

자 몸을 우그려 작게 움츠리다. Curl one's body so that it has a small curved or round shape.

㊐움츠리다자

N0-가 V (N0=[인간], [동물])

¶나는 소파에 누워 웅크렸다. ¶강아지가 웅크리고 있다가 나를 보더니 달려왔다.

타 몸이나 신체 일부를 우그려 작게 움츠리다. Curl one's body or a part of the body so that it has a small curved or round shape.

N0-가 N1-를 V ↔ N0-가 V (N0=[인간], [동물] N1=[신체부위], 몸)

¶나는 소파에 누워 몸을 웅크렸다. ↔ 나는 소파에 누워 웅크렸다. ¶곰이 몸을 웅크려 겨울잠을 잔다. ¶날씨가 추워져서 사람들이 어깨를 웅크리고 다닌다.

원망하다

어원 怨望~ 활용 원망하여(원망해), 원망하니, 원망하고 대응 원망을 하다

자 (나쁜 상황이 일어났다고) 매우 안타까워하고 불평하다. Feel very sorry or complain that something bad happened.

㊐탓하다, 불평하다자

N0-가 S고 V (N0=[인간|단체])

¶민수는 자신이 키가 작다고 원망했다. ¶그는 불이 나 재산이 모두 타 버렸다고 원망했었다.

N0-가 S(것|음)-(를|에 대해) V (N0=[인간|단체])

¶그는 자기 집이 가난함을 원망했다. ¶그 여학생은 친구가 자신을 배신한 것에 대해 원망했다.

자타 다른 사람이나 상황을 나쁜 결과의 원인으로 보아 탓하고 미워하다. Attribute a bad result to another person or situation and feel angry with such.

㊐미워하다, 증오하다타

N0-가 S고 N1-를 V (N0=[인간|단체] N1=[모두])

¶그는 팀에 패배를 안긴 상대 선수를 원망하기도

했다. ¶나는 가난을 원망하며 자랐다.
No-가 S(것|음)-(를|에 대해) V (No=[인간|단체])
¶날씨가 추운 것에 대해 원망하지 말고 옷을 따뜻하게 입어라. ¶그는 몸이 불편함을 원망하기보다는 받아들이고 이겨 내고자 했다.

원하다

어원 願~ 활용 원하여(원해), 원하니, 원하고
타 어떤 일이 일어나거나 무언가가 주어지기를 간절히 바라다. Want something to happen or to be given.
㊇바라다I, 소망하다
No-가 N1-를 V (No=[인간|단체] N1=[추상물], [구체물])
¶폭우로 산 속에 고립된 사람들이 구조를 원하고 있다. ¶사람은 누구나 생활의 안정을 원한다.
No-가 S기-를 V (No=[인간|단체])
¶많은 사람들이 복지 정책이 확충되기를 원한다. ¶우리는 넓은 집이나 번듯한 차가 아니라 기본적인 생활수준이 보장되기를 원하는 것입니다.

위로되다

어원 慰勞~ 활용 위로되어(위로돼), 위로되니, 위로되고 대응 위로가 되다
자 (괴로움이나 슬픔 따위가) 다른 사람의 따뜻한 말이나 행동으로 달래지다. (of agony or sorrow) Be soothed by someone's kind words or action.
㊇달래지다, 위무되다
No-가 N1-(로|에 의해) V (No=[인간|단체], [감정] N1=[인간], [추상물], [행위])
능 위로하다
¶부모와 이별한 슬픔이 그의 따뜻한 말로 크게 위로되었다. ¶이토록 아픈 마음은 어떤 말로도 위로될 수 없을 것이다.
※No에는 부정적인 심리 상태만이 나올 수 있다.

위로받다

어원 慰勞~ 활용 위로받아, 위로받으니, 위로받고 대응 위로를 받다
자 (괴로움이나 슬픔에 빠진 사람이) 다른 사람의 따뜻한 말이나 행동 따위로 달래지다. (of a person who is in pain or sorrow) Be cheered up by someone's warm word, action, etc.
㊇위무받다 ㊉위로하다
No-가 N1-(에게|에 의해서) S고 V (No=[인간|단체] N1=[인간|단체])
¶철수는 선생님에게 더 좋은 대학에 갈 수 있다고 위로받았다. ¶그는 일이 생길 때마다 부모님에게 많이 위로받았다.

위로하다

어원 慰勞~ 활용 위로하여(위로해), 위로하니, 위로하고 대응 위로를 하다
재타 (따뜻한 말이나 행동 따위로) 괴로움이나 슬픔에 빠진 사람을 달래 주다. Soothe someone's agony or sorrow with kind words or action.
㊇달래다, 위무하다 ㊉위로받다
No-가 N1-를 V (No=[인간|단체], [행위] N1=[인간|단체], [감정])
피 위로되다
¶선생님이 대학 진학에 실패한 학생들을 위로했다. ¶그녀의 따뜻한 말 한마디가 아이들의 슬픔을 위로해 주었다. ¶아무리 힘들어도 그녀는 환한 미소를 지으면서 나를 위로해 주었다.
No-가 N1-에게 S고 V (No=[인간|단체] N1=[인간|단체])
¶철수가 영희에게 힘내라고 위로했다. ¶부모님은 그에게 다시 시작할 수 있다고 위로했다.

위반하다

어원 違反~ 활용 위반하여(위반해), 위반하니, 위반하고 대응 위반을 하다
타 약속이나 명령, 규칙 따위를 지키지 않다. Break an agreement, order, or regulation.
㊇어기다I, 위배하다 ㊉지키다I, 따르다I타
No-가 N1-를 V (No=[인간|단체] N1=약속, 명령, 법률, 제도 따위)
¶그는 자신이 지켜야 할 모든 명령을 위반했다. ¶그는 가끔 교통신호를 위반한다. ¶이렇게 나오면 애초의 약속을 위반하는 것이 아닙니까?

위배되다

어원 違背~ 활용 위배되어(위배돼), 위배되니, 위배되고 대응 위배가 되다
자 약속이나 명령, 규칙 따위에 어긋나서 맞지 않다. Be against an agreement, order, or regulation.
㊇위반되다, 어긋나다
No-가 N1-에 V (No=[추상물], [행위], [사건] N1=규범, 법률, 명령, 약속, 법칙, 목표 따위)
능 위배하다
¶그의 행위는 법률에 위배된다. ¶이런 결과는 우리가 만든 이론에 위배되는 것이다.
S것-이 No-에 V (No= 규범, 법률, 명령, 약속, 법칙, 목표 따위)
¶문제가 있는 물품을 팔아서 돈을 버는 것은 우리들의 목표에 위배되는 행동이다. ¶어제 뛴 선수를 또 출전시키는 것은 규정에 위배된다.

위배하다

어원 違背~ 활용 위배하여(위배해), 위배하니, 위배하고 대응 위배를 하다
타 약속이나 명령, 규칙 따위를 어기거나 지키지 않다. Violate or break an agreement, order, or regulation.

ㅇ

㊌어기다, 위반하다 ㉤지키다, 따르다I타
N0-가 N1-를 V (N0=[인간|단체] N1=규범, 관습, 법률, 명령, 약속 따위)
피 위배되다
¶그는 회사의 규정을 위배하였다. ¶그가 그렇게 행동했다는 것은 나와의 약속을 위배한 것으로 볼 수 있다.

위시하다

어원 爲始~ 활용 위시하여(위시해), 위시한
※ 주로 '위시하여(위시해), 위시한' 형으로 쓰인다.
타(어떤 것을) 무리의 대표 또는 우선으로 삼다. Taking something as a representative or a prior member of a group.
㊌비롯하다
N1-를 V (N1=[모두])
¶선욱이를 위시하여 많은 친구들이 글짓기 대회에 참가했다. ¶그는 앞으로 이번 대회를 위시하여 세 번의 대회에 더 출전할 것이다. ¶반장을 위시한 많은 학생들이 그 의견에 찬성했다.

위임받다

어원 委任~ 활용 위임받아, 위임받으니, 위임받고 대응 위임을 받다
타❶(권한이나 권리를) 남에게서 받아서 자기 것으로 하다. Receive and undertake a task from someone.
㊌수임받다, 위탁받다 ㉤위임하다
N0-가 N1-를 N2-에게 V (N0=[인간|단체] N1=[행위], [역할] N2=[인간|단체])
¶대통령의 권력은 주권자인 국민에게서 위임받은 것이다. ¶김현주 씨는 아직 정식으로 취임하지는 않았지만 관현악단 단장의 권한을 위임받았다. ¶광해군은 세자 시절에 이미 국사를 섭행하는 권한을 위임받았다.
❷ 【법률】 상대편의 법률 행위나 사무 처리를 자기 것으로 맡다. Undertake someone's legal activity or performance of affairs.
㉤위임하다
N0-가 N1-를 N2-에게 V (N0=[인간|단체] N1=[행위] N2=[인간|단체])
¶고용 경영자는 기업자의 대리인으로서 업무의 일부를 위임받은 사람이다. ¶변호사는 소송 대리를 위임받아 성실하게 변론하였다.

위임하다

어원 委任~ 활용 위임하여(위임해), 위임하니, 위임하고 대응 위임을 하다
타❶(다른 사람이나 기관에) 일을 맡기고 책임지게 하다. Entrust someone with a task and make that person responsible.
㊌위탁하다, 맡기다 ㉤위임받다
N0-가 N1-를 N2-(에|에게) V (N0=[인간|단체] N1=[행위], [역할] N2=[인간|단체])
¶태종은 세종에게 국정을 모두 위임하고 상왕이 되었다. ¶영세한 출판사는 서적의 유통을 전문배급업체에 위임한다.
❷ 【법률】 당사자 중 한쪽이 상대편에게 권리나 권한을 맡기다. (of one of the parties) Entrust the other with rights or authorities.
㉤위임받다
N0-가 N1-를 N2-에게 V (N0=[인간|단체] N1=[행위] N2=[인간|단체])
¶회의에 참석할 수 없어 회의의 의결권을 위원장에게 위임하였다.

위장되다

어원 僞裝~ 활용 위장되어(위장돼), 위장되니, 위장되고 대응 위장이 되다
자(자신의 신분이나 본 모습이 드러나지 않도록) 다른 모습으로 일시적으로 꾸며지다. Be decorated into a different appearance to hide one's status or true identity.
N0-가 V (N0=[구체물], [행위], [상황](표정))
능 위장하다
¶행동이나 표정은 위장된 것이 아니다. ¶내가 지금까지 보아 온 그의 모습은 위장된 것이었다.
N0-가 N1-로 V (N0=신분, 직업 따위, [구체물] N1=신분, 직업 따위, [구체물])
능 위장하다
¶그의 이론은 세련되고 교묘한 논리로 위장되어 있다. ¶우리 군의 모든 시설은 평범한 건물로 잘 위장되었다.
N0-가 S것-(으로|처럼) V (N0=[구체물], [사건])
능 위장하다
¶그 사건은 우연한 사고인 것처럼 위장되었다. ¶뇌물이 합법적인 정치자금인 것으로 위장되었다.

위장하다

어원 僞裝~ 활용 위장하여(위장해), 위장하니, 위장하고 대응 위장을 하다
타❶(신분이나 본 모습이 드러나지 않도록) 어떤 수단이나 도구를 이용해 일시적으로 다른 모습으로 꾸미다. Put on another appearance using tool to hide one's status or true identity.
㊌가장하다타
N0-가 N1-를 N2-로 V (N0=[인간] N1=[신체부위], [구체물] N2=[착용물], [구체물])
피 위장되다 사 위장시키다
¶사장은 커다란 안경과 턱수염으로 얼굴을 위장했다. ¶적기의 공습을 받지 않으려면 풀잎으로 참호를 위장해야 한다.

❷(신분이나 본 모습이 드러나지 않도록) 거짓으로 꾸미다. Deceptively decorate oneself to hide status or true identity.
㊥가장하다[타]
N0-가 N1-를 V (N0=[인간] N1=신분, 직업 따위)
[피]위장되다
¶그는 자신의 신분을 위장하고 그녀에게 의도적으로 접근했다. ¶사이버 세계에서는 자신의 직업을 얼마든지 위장할 수 있다.
N0-가 N1-로 V (N0=[인간] N1=신분, 직업 따위)
[사]위장시키다
¶기자는 병원 실태를 파악하기 위해 의사로 위장했다. ¶그녀가 맡은 역은 사진작가로 위장한 여성 정보원이다.
N0-가 N1-를 S것-(으로|처럼) V (N0=[인간] N1=[구체물], [사건])
¶그는 뇌물을 합법적인 정치 자금인 것으로 위장했다. ¶그는 자신이 저지른 범죄를 사고인 것처럼 위장했다.

위축되다

[어원]萎縮~ [활용]위축되어(위축돼), 위축되니, 위축되고 [대응]위축이 되다
[자]❶(신체 일부가) 작아지거나 쭈그러들다. (of part of the body) Become smaller or to shrink.
㊥줄어들다, 작아지다
N0-가 V (N0=[신체부위])
¶추운 날씨에 근육이 위축되었다. ¶그는 단식을 오래 하여 내장 기관이 위축되었다고 한다.
¶뇌혈관이 위축되면 생명이 위험할 수도 있다.
❷긴장하거나 어떤 힘에 눌려 졸아들고 기를 펴지 못하게 되다. Feel discouraged because one is nervous or overwhelmed.
㊥기가 죽다
N0-가 V (N0=[인간], [추상물])
[사]위축시키다
¶그는 공연히 위축되어 말을 제대로 하지 못하였다. ¶신인 가수는 커다란 공연장을 보자 긴장하여 마음이 위축되었다.

위축시키다

[어원]萎縮~ [활용]위축시키어(위축시켜), 위축시키니, 위축시키고 [대응]위축을 시키다
[타](어떤 상대에 대하여) 겁을 주거나 압도하여 자유롭게 행동하지 못하게 하다. Frighten and overwhelm someone so that he or she cannot behave freely.
㊥줄이다, 죽이다, 망가뜨리다
N0-가 N1-를 V (N0=[구체물], [추상물] N1=[인간], [추상물])
[주]위축되다
¶지나친 규제가 경제를 위축시키고 있습니다.
¶과중한 업무가 직원들의 창의성을 위축시킨다.

위치하다

[어원]位置~ [활용]위치하여(위치해), 위치하니, 위치하고 [대응]위치를 하다
[자](어떤 곳에) 자리를 잡고 존재하다. Be present somewhere.
㊥자리잡다
N0-가 N1-에 V (N0=[구체물] N1=[장소])
¶어느덧 해가 산 중턱에 위치했다. ¶사고 현장이 바다 한가운데에 위치해서 구조가 쉽지 않다.

위하다

[어원]爲~ [활용]위하여(위해), 위하니, 위하고
[타]❶(다른 사람이나 대상을) 돕는 행동을 하거나 혜택을 주다. Help another person or subject or provide a benefit.
N0-가 N1-를 V (N0=[인간|단체] N1=[인간|단체], [식물], [동물], [사조], [권리])
¶어머니는 늘 나를 위해 기도하신다. ¶감나무의 감은 까치를 위한 것이었다.
※주로 '~를 위하여', '~를 위한'의 형태로 쓰인다.
❷(누군가를) 소중하게 여기고 배려하다. Think of someone as important and be considerate to them.
㊥소중히 여기다
N0-가 N1-를 V (N0=[인간] N1=[인간])
[연어]끔찍이
¶김 선생님은 학생들을 위하는 마음이 크다.
¶친구끼리 서로를 위하는 배려가 돋보인다.
¶어머니는 늘 우리를 끔찍이 위하신다.
❸(윗사람을) 공경하거나 예의바르게 받들어 대하다. Respect an elderly person and behave towards them in the proper manner.
㊥받들어 모시다
N0-가 N1-를 V (N0=[인간] N1=[인간])
¶자식이 부모를 위하는 광경이 새삼 아름다웠다.
¶형을 위하는 동생의 모습이 대견하다.
❹(어떤 일을) 이루고자 하다. Intend to accomplish something.
㊥대비하다, 저지르다
N0-가 N1-를 V (N0=[인간|단체] N1=[행사], [행위], [성공], 작품 따위)
¶그는 이번 회의를 위해 철저하게 준비했다.
¶범인은 범행을 위해 도구를 구입했다. ¶나는 합격을 위해 열심히 노력하고 있다.
N0-가 S기 V (N0=[인간|단체])
¶현수는 새벽에 일어나기 위해 일찍 잠들었다.
¶인간은 살기 위해 먹는다.
※주로 '~를 위하여(위해)', '~를 위한'의 형태로

쓰인다.

위협당하다

어원 威脅~ 활용 위협당하여(위협해), 위협당하니, 위협당하고 대응 위협을 당하다

자타(사람 또는 안전, 평화, 경제 상황 따위가 타인이나 외부 상황에 의해) 큰 문제를 만나거나 위험에 처하게 되다. (of person, safety, peace, or economy) Be in great difficulty or danger due to another person or an external situation.

반 위협하다 자타

No-가 N1-에게 N2-로 V (No=[인간|단체] N1=[인간|단체] N2=[무기](칼, 총, 흉기 따위), [소통])

¶인질들은 범인에게 총으로 계속 위협당하고 있었다. ¶그는 상사에게 거친 말로 위협당했다.

No-가 N2-(에게|에 의해) N1-를 V (No=[인간|단체], [구체물], [장소] N1=[추상물](안전, 평화, 경제, 체제, 생명 따위) N2=[인간|단체], [상태], [추상물])

¶인질들은 강도들에게 안전을 위협당했다. ¶우리 경제는 주변 상황에 의해서 계속 위협당하고 있다.

No-가 N1-(에게|에 의해) S고 V (No=[인간|단체], [구체물], [장소] N1=[인간|단체])

¶이 건물은 지금 테러범들에게 폭탄을 터트린다고 위협당하고 있다. ¶나는 그들에게 딸을 납치한다고 위협당했다.

ㅇ

위협하다

어원 威脅~ 활용 위협하여(위협해), 위협하니, 위협하고 대응 위협을 하다

타(안전이나 평화, 경제 상황 따위에) 큰 문제나 위험이 일어나게 만들다. Put safety, peace, or economy in difficulty or danger.

반 위협당하다

No-가 N1-를 V (No=[인간|단체], [상태], [추상물] N1=[추상물](안전, 평화, 경제, 체제, 생명 따위))

¶그들의 사상은 현 체제를 크게 위협한다. ¶새로운 바이러스가 국민들의 건강을 위협하고 있다.

자타(무서운 말이나 행동 따위로) 상대방에게 두려움을 느끼도록 하다. Make another person feel scared by means of frightening words or action.

No-가 N1-(에게|를) S고 V (No=[인간|단체] N1=[인간|단체])

¶유괴범은 부모에게 아이를 죽이겠다고 위협했다. ¶강도는 돈을 내놓으라고 우리를 위협했다.

No-가 N1-(에게|를) N2-로 V (No=[인간|단체] N1=[인간|단체] N2=[무기](칼, 총, 흉기 따위), [소통])

¶범인들은 인질들을 총으로 계속 위협했다. ¶부장은 사원들에게 거친 말로 위협했다.

유념하다

어원 留念~ 활용 유념하여(유념해), 유념하니, 유념하고

자(무엇을) 소홀히 하지 않고 염두에 두다. Keep something in mind without neglecting it.

유 새기다, 염두에 두다, 주의하다

No-가 N1-에 V (No=[인간|단체] N1=[추상물](건강, 위치 따위))

¶운전자들은 겨울철에 빙판길 안전 운전에 유념해야 한다. ¶나이가 들면 특별히 건강에 유념해야 한다. ¶문장이 길어질 경우 문장부호의 위치에 유념해야 한다.

No-가 S도록 V (No=[인간])

¶선생님께서도 여름에 더위 먹지 않도록 유념하십시오. ¶지원자들은 아래 사항을 참고하시어 불이익이 없도록 유념하시기 바랍니다. ¶학술적인 글을 쓸 때에는 논문작성법에 맞추어 쓰도록 유념해야 한다.

타(무엇을) 소홀히 하지 않고 계속 생각하다. Keep thinking of something without neglecting it.

유 주의하다

No-가 N1-를 V (No=[인간|단체] N1=[추상물](조화, 차이 따위))

¶건축을 하는 사람들은 건축 양식을 정할 때 주변과의 조화를 유념해야 한다. ¶다음 그림의 흰색과 검은색의 차이를 유념하라.

유도되다

어원 誘導~ 활용 유도되어(유도돼), 유도되니, 유도되고 대응 유도가 되다

자❶(사람이나 사물이) 어떤 장소나 방향으로 이끌려 이동하다. (of a person or a thing) Be driven and moved to a place or in a certain direction.

유 이끌리다, 유인되다

No-가 N1-로 V (No=[구체물] N1=[장소], [방향])

능 유도하다

¶단순한 호객 행위로는 행인이 가게로 유도되지 않는다. ¶화려한 광고를 보고 유도된 사람들이 매장에 몰려들었다.

❷(어떤 일이) 누군가의 의도에 의해 이끌려 일어나다. (of something) Be aroused by someone's intention.

유 유발되다, 생겨나다

No-가 V (No=[추상물], [상태])

능 유도하다

¶관객의 호응이 잘 유도되자 사회자는 신이 났다. ¶억지로 유도된 관심은 오래 가지 않는다.

유도하다

어원 誘導~ 활용 유도하여(유도해), 유도하니, 유도하고 대응 유도를 하다

타❶(사람이나 사물을) 이끌거나 구슬려 이동시키다. Lead or persuade a person or a thing to move.

㊌이끌다, 유인하다
N0-가 N1-를 N2-로 V (N0=[인간|단체] N1=[구체물] N2=[장소], [방향])
피유도되다
¶여기에 안전 표지판을 세워서 차량을 왼쪽 길로 유도하세요. ¶행사장에는 행인을 유도하는 화살표가 여럿 그려져 있었다.
❷(사람이나 사물로 하여금) 어떤 일을 이끌거나 구슬려 하게 하다. Lead or persuade a person or a thing to act.
㊌이끌다, 끌어내다, 유인하다, 유혹하다
N0-가 N1-를 V (N0=[인간|단체] N1=[추상물], [상태])
피유도되다
¶그 마술사는 능숙한 솜씨로 관객의 참여를 유도했다. ¶사회자는 분위기를 부드럽게 하여 자유로운 발언을 유도하였다.
N0-가 S(게|도록) V (R1) (N0=[인간|단체])
¶부장은 직원들(이|을) 일찍 퇴근하도록 유도했다.(R1) ¶매장 점원은 손님들이 물건을 더 구매하도록 유도하고 있었다.

유래되다

어원由來~ 활용유래되어(유래돼), 유래되니, 유래되고 대응유래가 되다
☞유래하다

유래하다

어원由來~ 활용유래하여(유래해), 유래하니, 유래하고 대응유래를 하다
자(사물이나 현상이) 처음 생겨나거나 어떤 일이 처음 시작되다. (of an object) Be created for the first time or of a task begin for the first time.
㊌기원하다, 기인하다, 말미암다, 시작되다
N0-가 N1-에서 V (N0=[구체물], [추상물] N1=[구체물], [추상물], [장소|분야])
¶조선 시대의 탑돌이는 불교 의식에서 유래한다. ¶다보탑은 다보여래의 사리를 모셔 둔 탑 모양에서 유래한다. ¶구조주의라는 개념은 본래 언어학에서 유래한 것이다.

유리되다

어원遊離~ 활용유리되어(유리돼), 유리되니, 유리되고
자❶어떤 것과 분리되어 따로 떨어지다. (of something) Be separated from something else.
㊌분리되다
N0-가 N1-와 V (N0=[모두] N1=[모두])
¶그의 그림은 현실과 너무 유리되어 있다. ¶너의 이상은 우리의 실상과 유리되어 있다. ¶지식인들은 대중과 유리되어서는 안 된다.
❷어디에서 따로 떨어지게 되다. (of something) Be separated from somewhere.
㊌동떨어지다
N0-가 N1-에서 V (N0=[모두] N1=[모두])
¶그의 그림은 현실에서 너무 유리되어 있다. ¶그는 인간의 생활에서 유리된 문학은 문학이 아니라 주장하였다.

유발되다

어원誘發~ 활용유발되어(유발돼), 유발되니, 유발되고 대응유발이 되다
자(어떤 일이) 다른 일의 결과로 인하여 일어나다. (of some event) Occur due to some other event.
㊌유도되다, 생기다 ㊞일어나다I
N0-가 N1-(로|에서|에 의해) V (N0=[상태], [상황] N1=[상태], [상황])
능유발하다
¶척추 질환은 바르지 못한 자세에 의해 유발되는 경우가 많다. ¶유산소 운동이 부족하면 성인병이 유발된다.

유발시키다

어원誘發~ 활용유발시키어(유발시켜), 유발시키니, 유발시키고 대응유발을 시키다
☞'유발하다'의 오용

유발하다

어원誘發~ 활용유발하여(유발해), 유발하니, 유발하고 대응유발을 하다
타(어떤 일이 원인이 되어) 다른 일을 결과적으로 일으키다. (of an event) Induce some other event by becoming the cause.
㊌유도하다, 유인하다 ㊞일으키다
N0-가 N1-를 V (N0=[상태], [상황] N1=[상태], [상황])
피유발되다
¶저금리는 투자 붐을 일으켜 거품 경제를 유발한다. ¶이번 조치는 수도권의 경제력 집중을 유발할 것이다.

유보되다

어원留保~ 활용유보되어(유보돼), 유보되니, 유보되고 대응유보가 되다
자❶(어떤 판단이나 행위 따위가) 잠시 멈추어지거나 미루어지다. (of a progress) Be temporarily stopped or delayed.
㊌보류되다, 늦춰지다, 미뤄지다
N0-가 V (N0=[상황], [행위])
능유보하다
¶학생 수가 줄어든 시골 초등학교 폐교가 당분간 유보되었다. ¶지방도로 개선을 위한 700억 예산에 대한 집행이 유보되었다.
❷ 【법률】 일정한 권리나 의무가 미루어지거나 일시적으로 보존되다. (of a certain right or duty) Be delayed or preserved.

N0-가 V (N0=[권리], [의무])
능 유보하다
¶상법 제103 조에는 위탁자에게 소유권이 유보되는 것을 명시하고 있다. ¶불법 체류 외국인에 대한 강제퇴거 조치가 연말까지 유보되었다.

유보하다

어원 留保~ 활용 유보하여(유보해), 유보하니, 유보하고 대응 유보를 하다
타 ❶(판단이나 행위 따위를) 잠시 미루어 두다. Temporarily stop a progress.
유 미루다, 보류하다
N0-가 N1-를 V (N0=[인간|단체] N1=[행위], [상황])
피 유보되다
¶회장은 새로운 투자를 위한 결단을 유보하고 있다. ¶확실하게 정확한 사실이 확인될 때까지 판단을 유보해야 합니다.
N0-가 S것-을 V (N0=[인간|단체])
피 유보되다
¶의학계는 구체적으로 입장을 표명하는 것을 유보하였다. ¶정부는 출산 수당 지급을 실시하는 것을 유보하였다.
❷ 【법률】 일정한 권리나 의무를 미루어 두거나 일시적으로 보존하다. Delay or preserve a certain right or duty.
N0-가 N1-를 V (N0=[인간] N1=[권리], [의무])
피 유보되다
¶판사는 권리 신고자에 대한 권리만을 유보하고 판결을 선고할 수 있다.

유실되다

어원 流失~ 활용 유실되어(유실돼), 유실되니, 유실되고
자(집이나 논밭 따위가) 물에 흘러가서 없어지다. (of house or farmland) Be swept away by flood.
유 떠내려가다, 망실되다
N0-가 V (N0=[건물], [농경지])
¶큰 파도로 많은 민가와 배가 유실됐다. ¶하루 동안 내린 폭우로 이 강이 범람하여 수천 가구의 집이 유실됐다. ¶이 근처의 논밭은 큰 비로 거의 유실됐다.

유의하다

어원 留意~ 활용 유의하여(유의해), 유의하니, 유의하고 대응 유의를 하다
자(무엇을) 마음에 새겨 잊지 않고 지속적으로 관심을 가지다. Keep something in mind and pay constant attention to it.
유 주의하다, 유념하다 자
N0-가 S데-에 V (N0=[인간])
¶화재를 사전에 잘 예방하는 데에 유의하도록 하라. ¶사고를 예방하는 데에 늘 유의하여 작업을 진행하여라.
자타(무엇을) 마음에 새겨 잊지 않고 지속적으로 관심을 가지다. Keep something in mind and pay constant attention to it.
유 주의하다, 새기다
N0-가 N1-(에|를) V (N0=[인간] N1=[추상물], [상태])
¶보험에 가입할 때는 다음과 같은 점을 유의해야 한다. ¶추운 날씨 건강에 유의하시기 바랍니다. ¶너는 내 말을 꼭 유의하여라.
N0-가 S것-(에|을) V (N0=[인간])
¶지난겨울에는 화재를 제대로 예방하지 못했다는 것에 특히 유의하길 바란다. ¶탄광에서는 안전하게 작업할 것을 늘 유의하여라.

유인하다

어원 誘引~ 활용 유인하여(유인해), 유인하니, 유인하고 대응 유인을 하다
타 ❶(사람이나 동물을) 꾀어 다가오게 하다. Entice a person or an animal to approach.
유 이끌다, 유도하다
N0-가 N1-를 N2-로 V (N0=[인간|단체], [동물] N1=[구체물] N2=[장소], [방향])
¶사냥꾼은 사슴을 덫이 있는 곳으로 유인했다. ¶극장 앞의 홍보 요원이 능숙한 말솜씨로 사람들을 극장으로 유인했다.
❷(사람을) 꾀어 어떤 행동을 하게 하다. Entice a person to do some action.
유 이끌다, 유도하다, 유혹하다
N0-가 N1-를 N2-로 V (N0=[인간|단체] N1=[인간|단체] N2=[추상물], [행위])
¶그 금융사는 고객들을 단기 투자로 유인하고 있었다. ¶그는 달콤한 말로 사람들을 불공정 계약으로 유인했다.
N0-가 S(게|도록) V (R1) (N0=[인간|단체])
¶가게 주인은 아이들(이|을) 아이스크림을 사 먹게 유인했다.(R1) ¶옷가게 주인은 현란한 광고로 사람들이 옷을 사도록 유인하고 있었다.

유입되다

어원 流入~ 활용 유입되어(유입돼), 유입되니, 유입되고 대응 유입이 되다
자 ❶(물, 기체, 따위가) 어떤 곳으로 흘러 들어오다. (of water, gas) Flow into somewhere.
유 들어오다, 퍼지다 반 유출되다, 흘러나가다, 빠져나가다 자
N0-가 N1-(로|에) V (N0=[액체], [기체] N1=[장소])
¶공장 폐수가 강으로 몰래 유입되고 있다. ¶선박 사고로 대량의 석유가 바다에 유입되었다.
❷(사람이나 물건, 상품, 재화 따위가) 어떤 경로를 거쳐서 어떤 곳으로 들어오다. (of people, goods, things) Flow into somewhere by way

of somewhere else.
㊀들어오다, 수입되다, 입수되다
N0-가 N1-(로|에) V (N0=[인간], [사물], [금전], 문물 따위 N1=[장소])
¶인구가 수도권으로 끊임없이 유입되고 있다. ¶그들은 근대 문물이 국내에 유입되는 것을 반대하였다.
❸(병, 종교, 사상 따위가) 어느 곳으로 전파되거나 퍼져서 들어오다. (of disease, religion, thought) Be introduced into somewhere.
㊀들어오다, 퍼지다
N0-가 N1-(로|에) V (N0=[질병], [종교], [사조] N1=[장소])
¶구제역이 결국 우리 마을까지 유입되었다. ¶불교가 삼국에 유입된 과정을 살펴보자.

유지되다

어원 維持~ 활용 유지되어(유지돼), 유지되니, 유지되고 대응 유지가 되다
자(어떤 상태나 속성이) 변하지 않고 계속 이어지다. (of a certain state or property) Be continued without changing.
㊀지속되다
N0-가 V (N0=[상태], [방법], [속성], [규범], [관습], [권력], [제도], [상황])
능 유지하다
¶민족이나 종교 간의 대립과 적개심은 앞으로도 유지될 것인가? ¶교육 정책은 예나 지금이나 그대로 유지되고 있다.

유지하다

어원 維持~ 활용 유지하여(유지해), 유지하니, 유지하고 대응 유지를 하다
타(어떤 상태나 속성을) 변함이 없이 계속 그대로 지니다. (of a certain state or property) Remain as is without changing.
㊀지속하다, 간직하다
N0-가 N1-를 V (N0=[구체물] N1=[상태], [방법], [속성], [규범], [관습], [권력], [제도], [상황])
피 유지되다 사 유지시키다
¶우리는 현 제도의 안정을 유지하기만을 바라고 있다. ¶대형 주택 선호 경향을 다스려야 주택 시장의 안정을 유지할 수 있다.

유출되다

어원 流出~ 활용 유출되어(유출돼), 유출되니, 유출되고 대응 유출이 되다
자❶(안에 있었던 것이) 밖으로 흘러서 나가거나 빠지다. (of something contained inside) Flow out or escape.
㊀빠져나가다자 ㊁유입되다
N0-가 N1-(에|로) V (N0=[액체], [기체], [폐기물] N1=[장소])
능 유출하다
¶강으로 유출된 오염수를 지금이라도 정화해야 한다. ¶실험실 밖으로 독가스가 유출되지 않게 조심해라.
❷(비밀스럽거나 중요한 정보나 물건이) 밖으로 몰래 빠져나가다. (of secret or important information or thing) Leak out secretly.
㊀새나가다
N0-가 N1-(에|에게|로) V (N0=[구체물], [앎] N1=[인간|단체])
능 유출하다
¶고급 정보가 아무도 모르게 외부에 유출되었다. ¶신제품이 경쟁 회사에 유출되면 큰일이다.

유출시키다

어원 流出~ 활용 유출시키어(유출시켜), 유출시키니, 유출시키고 대응 유출을 시키다
☞'유출하다'의 오용

유출하다

어원 流出~ 활용 유출하여(유출해), 유출하니, 유출하고 대응 유출을 하다
타❶(안에 있었던 것을) 밖으로 흘려서 보내거나 빼내다. Discharge or take out something inside.
㊀흘려 보내다, 빼내다
N0-가 N1-를 N2-(에|로) V (N0=[인간|단체], [교통기관], [건물] N1=[액체], [기체], [폐기물] N2=[장소])
피 유출되다
¶그 공장은 폐수를 밤에 몰래 하천으로 유출했다. ¶침몰한 배에서 기름을 유출하여 바다가 오염되었다.
❷(비밀스럽거나 중요한 정보나 물건을) 밖으로 몰래 빼내다. Leak secretly a secret or an important information or thing.
N0-가 N1-를 N2-(에|에게|로) V (N0=[인간|단체] N1=[구체물], [앎] N2=[인간|단체])
피 유출되다
¶산업 스파이가 설계도를 타국에 유출하였다. ¶그는 적국에 정보를 유출하다가 덜미를 잡혔다.

유치하다

어원 誘致~ 활용 유치하여(유치해), 유치하니, 유치하고 대응 유치를 하다
타❶(어떤 행사나 대회, 건물 따위를) 노력하여 불러들이거나 끌어오다. Draw or win the right to host an event, a competition, or a landmark building by effort.
㊀존치시키다, 들여오다, 끌어오다
N0-가 N1-를 N2-에 V (N0=[인간|단체] N1=[행사], [건물] N2=[장소])
¶두 나라는 올림픽을 서로 자기 나라에 유치하기

위해 경쟁하였다. ¶그는 자기 고향에 공장을 유치하였다.
❷(다른 사람이나 돈 따위를) 좋은 조건으로 설득하여 끌어오다. (of a person) Draw another person or money to one's own side by suggesting a good condition.
(유)끌어오다, 유인하다
N0-가 N1-를 V (N0=[인간|단체] N1=[집단], [금전])
¶호텔은 작년에 1500명의 외국 관광객을 유치하였다. ¶학교는 외국인 유학생을 유치하기 위해 외국인 전용 기숙사를 지을 예정이다. ¶그들은 3천만 달러의 외국인 투자를 유치하였다고 홍보하였다.

유통되다

[어원]流通~ [활용]유통되어(유통돼), 유통되니, 유통되고 [대응]유통이 되다
[자]❶(화폐 따위가) 넓은 지역에서 널리 통하여 쓰이다. (of money) Gain currency in a large area.
(유)돌다I, 통용되다, 흘러다니다
N0-가 N1-(에|에서) V (N0=[돈] N1=[장소])
[능]유통하다[타]
¶고대 사회에서는 중국 화폐가 한반도에 적지 않게 유통되었다. ¶진짜 돈과 구별이 쉽지 않은 위조지폐가 시장에서 다량 유통되었다.
❷ 【경제】 상품 따위가 생산자로부터 소비자에게 도달하기까지 여러 단계에서 교환되고 분배되다. (of goods) Be exchanged and distributed in various stages on the way from producers to consumers.
N0-가 N1-(에|에서) V (N0=[구체물](상품 따위) N1=[장소](시장 따위))
[능]유통하다[타]
¶시장에서 중국산 마늘이 유통되고 있다. ¶부적격 판정을 받은 식품이 시중에 유통되었다.

유통하다

[어원]流通~ [활용]유통하여(유통해), 유통하니, 유통하고 [대응]유통을 하다
[자](생각이나 정보가) 자유롭게 흘러 통하다. (of thought or information) Be circulated widely.
(유)유포되다
N0-가 N1-에서 V (N0=[사조](이론 따위), [앎] N1=[장소])
[사]유통시키다
¶전후의 일본에서는 콤플렉스에 관한 아들러의 이론이 유통했다.
[타]❶(화폐를) 넓은 지역에서 널리 통하여 쓰다. (of people) Use money as a currency in a large area.
(유)통용하다
N0-가 N1-를 N2-에 V (N0=[인간|단체], [국가] N1=[돈] N2=[장소])
[피]유통되다
¶한국은행은 새로운 동전을 시중에 유통한다. ¶고려는 1101년에 은화인 은병을 만들어 유통했다.
❷(생각이나 정보를) 널리 통하게 하다. (of a person) Let thought or information circulate widely.
(유)유포시키다
N0-가 N1-를 N2-에 V (N0=[인간|단체] N1=[사조], [앎](정보 따위) N2=[장소])
¶지금까지 기업 및 기관들은 방화벽을 설치하고 모든 정보를 내부 망에서 유통했다. ¶매체의 발달로 현대 사회는 정보를 자유롭게 유통한다.
❸ 【경제】 사람이나 단체가 상품 따위를 생산자로부터 소비자에게 도달하기까지 여러 단계에서 교환하고 분배하다. (of a person or an organization) Exchange and distribute goods in various stages on the way from producers to consumers.
(유)매매하다
N0-가 N1-를 N2-(에|로) V (N0=[인간|단체] N1=[구체물](상품 따위) N2=[장소])
[피]유통되다
¶밀수사범들은 도매상을 통해 면세 담배를 전국으로 유통했다. ¶국내 기업은 중국에서 생산한 제품을 제3의 시장에 유통했다.

유포되다

[어원]流布~ [활용]유포되어(유포돼), 유포되니, 유포되고 [대응]유포가 되다
[자](어떤 사실이) 널리 알려지고 퍼지다. (of a fact) Be circulated and known widely.
(유)퍼지다
N0-가 V (N0=[앎], [이야기])
[능]유포하다
¶국가 기밀 정보가 유포되어 정보기관에서 조사에 나섰다. ¶여론이 불안해진 틈을 타 유언비어가 유포되고 있다.
※주로 부정적인 문맥에 쓰인다.

유포시키다

[어원]流布~ [활용]유포시키어(유포시켜), 유포시키니, 유포시키고 [대응]유포를 시키다
☞'유포하다'의 오용

유포하다

[어원]流布~ [활용]유포하여(유포해), 유포하니, 유포하고 [대응]유포를 하다
[타](어떤 사실을) 널리 알리고 퍼뜨리다. Inform and spread a fact widely.
(유)퍼뜨리다

N0-가 N1-를 V (N0=[인간|단체] N1=[앎], [이야기])
피 유포되다
¶그는 의도적으로 친구에 대한 허위 사실을 유포했다. ¶채윤빈 교수는 유언비어를 유포한다는 죄목으로 기소되었다. ¶신입 사원이 중요한 보안 정보를 유포하여 회사에 비상이 걸렸다.
※주로 부정적인 문맥에 쓰인다.

유행하다

어원 流行~ 활용 유행하여(유행해), 유행하니, 유행하고 대응 유행을 하다
자 ❶(전염병이) 널리 퍼지다. (of a contagious disease) Spread widely.
유 돌아다니다 자
N0-가 N1-에 V (N0=질병, 전염병, 증세 따위 N1=[장소], [단체])
¶최근 학교에 눈병이 유행하고 있다. ¶날씨가 추워지자 감기가 유행하고 있으니 조심해야 한다. ¶마을에 전염병이 유행하고 있으니 외출을 삼가도록 해라.
❷(어떤 현상이나 행동 양식 따위가) 사람들 사이에서 인기를 얻어 널리 퍼지다. (of some phenomenon or patterns of behavior among people) Spread widely by becoming popular.
유 널리 퍼지다
N0-가 N1-에 V (N0=[추상물](풍조, 경향, 양식 따위), [구체물](옷, 신발, 가전제품 따위) N1=[장소], [단체])
※ 'N0-에'는 '사이에'라는 표현이 흔히 쓰인다.
사 유행시키다
¶요즘 한국에는 옷을 작업복처럼 입는 스타일이 유행하고 있다. ¶학생들에게 쉽게 읽을 수 있는 장르소설이 유행하고 있다.
S것-이 N0-에 V (N0=[장소], [단체])
¶요즘 한국에는 남자들이 화려한 색의 넥타이를 매는 것이 유행하고 있다. ¶학생들 사이에서 자신이 부른 노래의 파일을 인터넷에 올리는 것이 유행하고 있다.

유혹하다

어원 誘惑~ 활용 유혹하여(유혹해), 유혹하니, 유혹하고 대응 유혹을 하다
자타 ❶사람을 꾀어 좋지 않은 길로 이끌다. Tempt and lead someone to a wrong direction.
유 꾀다, 유인하다
N0-가 N1-를 N2-로 V (N0=[구체물], [추상물] N1=[인간] N2=[구체물], [추상물])
¶그는 곧잘 돈으로 사람을 유혹하였다. ¶도박은 사람을 유혹하는 힘이 있다.
N0-가 S자고 N1-를 V (N0=[인간] N1=[인간])
¶그는 비밀 인사 자료를 열람하자고 나를 유혹했다. ¶나는 경비를 착복하자고 유혹하는 동료의 말을 뿌리쳤다.
❷(사람을) 성적인 방법으로 꾀어 홀리다. Allure someone in a sexual manner.
유 꼬시다, 꼬리치다
N0-가 N1-를 V (N0=[인간] N1=[인간])
¶그 남자는 젊은 여자들을 유혹하고 다닌다고 소문이 났다. ¶예쁘고 멋진 여자가 유혹하면 안 넘어 갈 남자가 없을 것이다.

육성되다

어원 育成~ 활용 육성되어(육성돼), 육성되니, 육성되고 대응 육성이 되다
자 ❶가르침과 보살핌을 통해 인재로 성장하다. Grow to be a talented man by virtue of care and teaching.
유 길러지다
N0-가 N1-로 V (N0=[인간], [직업], [속성] N1=[직업], [속성])
능 육성하다
¶우리 학교 출신들은 대부분 국가대표로 육성된다. ¶전문가 한 명이 육성되기 위해서는 엄청난 시간과 투자와 노력이 필요하다. ¶그는 협회의 전폭적인 도움을 통해 세계적인 선수로 육성되었다.
❷(특정 기업이나 분야 따위가) 투자와 노력을 통해 발전되다. (of a company or a particular field) Be developed by investment and endeavor.
유 키워지다, 성장하다, 발전하다
N0-가 N1-로 V (N0=[구체물], [추상물] N1=[구체물], [추상물])
능 육성하다
¶이 지역은 주민들의 노력으로 관광 도시로 육성되었다. ¶적절한 관심 없이는 이렇게 수준 높은 문화가 육성될 수 없다.

육성하다

어원 育成~ 활용 육성하여(육성해), 육성하니, 육성하고 대응 육성을 하다
타 ❶(어떤 사람을) 가르치고 보살펴서 인재로 성장하게 하다. Take care and teach a person so that he or she grows to be a talented person.
유 키우다, 기르다
N0-가 N1-를 V (N0=[인간|단체] N1=[인간], [직업], [속성])
피 육성되다
¶정부는 다양한 교육을 통해서 전문가를 육성했다. ¶참 인간을 육성하기 위해서는 인성 교육에 중점을 두어야 한다.
N0-가 N1-를 N2-로 V (N0=[인간|단체] N1=[인간], [직업], [속성] N2=[직업], [속성])
피 육성되다
¶그는 자기 제자들을 학자로 육성했다.

ㅇ

❷(특정 기업이나 분야 따위를) 투자와 노력을 통해 발전시키다. Develop a company or a particular field by investment and endeavor.
㊌키우다, 성장시키다, 발전시키다
N0-가 N1-를 N2-로 V (N0=[인간|단체] N1=[구체물], [추상물] N2=[구체물], [추상물])
피 육성되다
¶최근 정부는 한국 음악을 수출 산업으로 육성하려고 많은 지원을 했다. ¶새로운 기업을 세계적인 기업으로 육성하기 위해서는 많은 시간이 필요하다.

융합되다

어원 融合~ 활용 융합되어(융합돼), 융합되니, 융합되고 대응 융합이 되다
자 ❶(어떤 사물이 다른 사물에 또는 서로 다른 둘 이상의 사물이) 합치거나 섞이어 구별 없이 하나가 되다. (of two or more things) Be mixed or united into one.
㊌통합되다, 합쳐지다
N0-가 N1-에 V ↔ N0-가 N1-와 V (N0=[구체물] N1=[구체물])
능 융합하다
¶산소가 수소에 융합되면 물이 된다. ↔ 산소가 수소와 융합되면 물이 된다. ¶중수소원자 두 개가 융합되면 헬륨이 된다. ¶전기 충격을 가하면 두 세포가 융합된다.
❷(어떤 분야가 다른 분야에 또는 둘 이상의 다른 분야가) 합쳐져 새로운 분야나 가치가 만들어지다. (of two or more fields) Be fused into a new field or value.
㊌통합되다, 합쳐지다
N0-가 N1-에 V ↔ N0-가 N1-와 V (N0=[추상물] N1=[추상물])
능 융합하다
¶웃음이 시사에 적절히 잘 융합되었다. ↔ 웃음이 시사와 적절히 잘 융합되었다, ¶이곳은 자연경관이 문화자원과 융합되어 한국적인 미를 잘 나타내고 있다. ¶다양한 장르의 문화 예술이 융합되어 새로운 공연 장르를 창출해냈다.

융합하다

어원 融合~ 활용 융합하여(융합해), 융합하니, 융합하고 대응 융합을 하다
타 ❶(어떤 사물에 다른 사물을, 또는 서로 다른 둘 이상의 사물을) 합하거나 섞어 하나가 되게 하다. Form into one whole by adding one object to another or by mixing two or more different objects.
㊌통합하다, 합치다
N0-가 N1-에 N2-를 V ↔ N0-가 N1-와 N2-를 V (N0=[인간] N1=[구체물] N2=[구체물])
피 융합되다
¶선생은 산소에 수소를 융합하여 물을 만들었다. ↔ 선생은 산소와 수소를 융합하여 물을 만들었다. ¶중수소원자 두 개를 융합하면 헬륨이 된다.
❷(어떤 분야에 다른 분야를, 또는 둘 이상의 다른 분야를) 합쳐 새로운 분야나 가치를 만들다. Make a new domain or value by adding a field to another or by combining two or more fields together.
㊌통합하다, 합치다
N0-가 N1-에 N2-를 V ↔ N0-가 N1-와 N2-를 V (N0=[인간] N1=[추상물] N2=[추상물])
피 융합되다
¶그는 시사에 웃음을 적절히 잘 융합하였다. ↔ 그는 시사와 웃음을 적절히 잘 융합하였다. ¶그 연출가는 다양한 장르의 문화 예술을 융합하여 새로운 공연 장르를 창출해냈다.

으르렁거리다

활용 으르렁거리어(으르렁거려), 으르렁거리니, 으르렁거리고
자 ❶(큰 육식동물이) 위협하거나 하는 소리를 내다. (of a carnivorous animal) Make a fierce, rough sound.
㊌포효하다
N0-가 V (N0=[동물])
¶호랑이가 우리 안에서 으르렁거렸다. ¶숲에서 사자 떼가 으르렁거리는 소리가 들려왔다.
❷(사람이) 적대하는 태도를 드러내다. (of a person) Show a hostile attitude.
㊌적대시하다
N0-가 V (N0=[인간])
¶저 두 사람은 항상 서로 으르렁거린다. ¶그는 사람을 만날 때마다 으르렁거려서 문제다.

으쓱하다

활용 으쓱하여(으쓱해), 으쓱하니, 으쓱하고
자 ❶(어깨가) 슬쩍 한 번 올라갔다 내려오다. (of shoulders) Go up once and come down again.
N1-의 N0-가 V ↔ N1-는 N0-가 V (N0=[신체부위] (몸, 어깨 따위) N1=[인간])
¶내 질문에 그의 어깨가 으쓱할 뿐 별다른 대꾸를 하지 않았다. ↔ 내 질문에 그는 어깨가 으쓱할 뿐 별다른 대꾸를 하지 않았다. ¶그 광경이 너무 끔찍스러워 절로 몸이 으쓱하고 털끝이 쭈뼛해지는 것 같았다.
❷(어깨가) 들먹이며 우쭐해하다. Show one's pride by raising shoulders.
㊌우쭐해하다
N1-의 N0-가 V ↔ N1-는 N0-가 V (N0=[신체부위] (몸, 어깨 따위) N1=[인간])

¶나는 아들 생각을 할 때마다 자랑스러워 어깨가 으쓱한다. ↔ 아들 생각을 할 때마다 자랑스러워 나의 어깨 가 으쓱한다. ¶태극기가 올라가고 애국가가 흘러나오자 어깨가 절로 으쓱해졌다.

타❶(어깨를) 갑자기 한 번 올렸다 내리다. Raise one's shoulders once and drop.

N0-가 N1-를 V ↔ N0-가 N1-가 V (N0=[인간] N1=[신체부위](몸, 어깨 따위))

¶그녀는 어깨를 으쓱했을 뿐 아무런 말도 하지 않았다. ↔ 그녀는 어깨가 으쓱했을 뿐 아무런 말도 하지 않았 다. ¶그는 의심하는 눈빛으로 팔짱을 끼며 어깨를 한 번 으쓱했다.

❷(어깨를) 한 번 올렸다 내리며 뽐내다. Show off by raising and dropping one's shoulders once.

㈜우쭐대다

N0-가 N1-를 V ↔ N0-가 N1-가 V (N0=[인간] N1=[신체부위](몸, 어깨 따위))

¶똑똑하다는 칭찬에 철수는 어깨를 으쓱하며 웃었다. ↔ 똑똑하다는 칭찬에 철수는 어깨가 으쓱하며 웃었다. ¶유럽에 사는 동안 한국 이야기를 들을 때마다 나는 어깨가 으쓱했다.

윽박지르다

활용 윽박질러, 윽박지르니, 윽박지르고, 윽박질렀다

재타(다른 사람에게) 어떻게 하라고 무섭게 소리지르며 기를 꺾다. Discourage another person by yelling at him/her to do something.

㈜압박하다, 강제하다, 몰아세우다

N0-가 S(라고|다고) N1-(를|에게) V (N0=[인간] N1=[인간])

¶형사가 자백하라고 그를 윽박지르고 있었다. ¶김 부장이 직원에게 대책을 내놓으라고 윽박지르자 직원들이 난처해했다.

N0-가 N1-(를|에게) V (N0=[인간] N1=[인간])

¶우리는 그를 비판하고 윽박지르기만 했다. ¶나는 아이들에게 윽박지를 줄만 알았지 아이들을 이해할 생각은 하지 못했었다.

은퇴하다

어원 隱退~ 활용 은퇴하여(은퇴해), 은퇴하니, 은퇴하고 대응 은퇴를 하다

자(맡은 바 직책에서) 물러나 활동을 하지 않다. Step down from a position and stop working.

㈜물러나다 자

N0-가 N1-에서 V (N0=[인간] N1=[직책], [분야], [단체])

¶그 여자는 가요계에서 은퇴한 후 결혼하여 행복하게 살고 있다. ¶나는 금메달을 따고 대표팀에서 멋지게 은퇴하고 싶다. ¶나도 이제 문단에서 은퇴할 때가 된 것 같다.

은폐되다

어원 隱蔽~ 활용 은폐되어(은폐돼), 은폐되니, 은폐되고 대응 은폐가 되다

자❶(무엇이) 누군가에게 불리하지 않도록 의도적으로 감춰지거나 숨겨지다. (of something) Be concealed or hidden intentionally in order not to be a disadvantage to someone.

㈜감춰지다, 숨겨지다, 은닉되다

N0-가 V (N0=[추상물], [상태])

능 은폐하다

¶사실이 은폐되지 않도록 끊임없이 진상 조사를 요구하여야 한다. ¶역사적 사실이 절대로 왜곡되거나 은폐되어서는 안 된다. ¶그의 잠적으로 사건의 진상은 은폐되었다.

❷ 【군사】 (병력이나 장비 따위가) 적에게 노출되지 않도록 숨겨지다. (of troops or arms) Be hidden in order not to be exposed to the enemy.

N0-가 V (N0=[구체물])

능 은폐하다

¶이번 전쟁의 완벽한 승리를 위하여 장비가 모조리 은폐되었다. ¶병력이 여기저기 은폐되어 있을 가능성이 있으니 조심해야 한다.

은폐시키다

어원 隱蔽~ 활용 은폐시키어(은폐시켜), 은폐시키니, 은폐시키고 대응 은폐를 시키다

☞ '은폐하다'의 오용

은폐하다

어원 隱蔽~ 활용 은폐하여(은폐해), 은폐하니, 은폐하고 대응 은폐를 하다

타❶(사람이 자신에게 불리하지 않도록) 무엇을 감추거나 숨기다. (of a person) Conceal or hide something so that it does not confer a disadvantage on him or her.

㈜감추다, 숨기다, 은닉하다

N0-가 N1-를 V (N0=[인간], [집단] N1=[추상물], [상태])

피 은폐되다

¶그들은 처벌이 두려워 진실을 은폐하였다. ¶역사적 사실을 절대로 왜곡하거나 은폐해서는 안 된다.

❷ 【군사】 (사람이 병력이나 장비 따위를) 적에게 노출되지 않도록 숨기다. (of a person) Hide troops or arms in order not to expose them to the enemy.

㈜감추다, 숨기다

N0-가 N1-를 V (N0=[인간], [집단] N1=[구체물])

피 은폐되다

¶우리는 이번 전쟁의 승리를 위하여 장비를 모조리 은폐해 두었다. ¶적군은 병력을 은폐함으로써 우리를 감쪽같이 속였다.

읊다

활용 읊어, 읊으니, 읊고

타 ❶시를 짓다. Write a poem.

유 작시하다

N0-가 N1-를 V (N0=[인간] N1=시)

¶선비는 지방 관리 앞에서 시를 읊어 그의 횡포를 꾸짖었다. ¶그는 고독한 마음을 시를 읊으며 달랬다. ¶퇴계는 자연을 바라보며 시를 읊었다.

❷(대상이나 감정을) 시나 노래 따위로 짓다. Describe an object or a feeling in the form of poem or song.

유 짓다I, 작시하다

N0-가 N1-를 V (N0=[인간] N1=[상태])

¶이 시는 남편을 기다리는 아내의 외로움을 읊은 시이다. ¶서당개 삼 년이면 풍월을 읊는다는 속담이 있다.

❸(시나 글을) 차분한 감정을 넣어 소리내어 읽거나 외우다. Read aloud or recite a poem or a writing calmly.

유 외다, 읊조리다, 낭송하다

N0-가 N1-를 V (N0=[인간] N1=[텍스트](시, 시조, 대사 따위))

¶나는 윤동주의 시를 읊으며 별을 바라보았다. ¶우리는 정철의 시조를 읊으며 자연의 아름다움을 즐겼다.

읊조리다

활용 읊조리어(읊조려), 읊조리니, 읊조리고

타 (시나 글 따위를) 뜻을 새기면서 낮은 목소리로 조용히 읽거나 말하다. Read aloud or recite poem, writing, or words in a low voice, appreciating the meaning.

유 읊다

N0-가 N1-를 V (N0=[인간] N1=[텍스트], 이름 따위)

¶그는 창밖으로 하얀 눈을 보며 옛 시조를 읊조렸다. ¶승려는 끊임없이 반야심경을 읊조렸다. ¶그는 떠나는 그녀의 뒷모습을 보고 그녀의 이름을 나직이 읊조렸다.

음미되다

어원 吟味~ 활용 음미되어(음미돼), 음미되니, 음미되고 대응 음미가 되다

자 ❶(사람에게) 음식이 맛보여져 즐김의 대상이 되다. Some food is tasted and enjoyed.

N0-가 N1-에게 V (N0=[음식], 맛 N1=[인간])

능 음미하다

¶명인이 빚은 떡이 행사장에서 여러 사람에게 음미되었다. ¶여러 가지 창작 요리들이 심사위원에게 음미되고 있다.

❷(어떤 것이) 깊은 생각과 성찰의 대상이 되다. (of something) Be the object of contemplation and reflection.

유 성찰되다

N0-가 N1-에게 V (N0=[추상물], [상태] N1=[인간|단체])

능 음미하다

¶세월의 덧없음은 여러 시인들에게 음미되었다. ¶한 시대의 시대정신은 역사학자들에게 음미되기 마련이다.

음미하다

어원 吟味~ 활용 음미하여(음미해), 음미하니, 음미하고 대응 음미를 하다

타 ❶(음식을) 맛보며 즐기다. Taste and enjoy food.

유 맛보다

N0-가 N1-를 V (N0=[인간] N1=[음식], 맛)

피 음미되다

¶그는 새로 빚은 술을 음미했다. ¶나는 처음 먹어보는 요리의 맛을 음미해 보았다.

❷ (어떤 대상을) 깊이 생각하며 성찰하다. Contemplate and reflect an object.

유 성찰하다

N0-가 N1-를 V (N0=[인간] N1=[추상물], [상태])

피 음미되다

¶그는 선생님의 말씀을 여러 번 음미했다. ¶나는 방학 동안 고전을 읽으며 그 뜻을 음미해 보았다. ¶수도하는 종교인들은 세상 만물의 의미를 음미하고자 한다.

응답하다

어원 應答~ 활용 응답하여(응답해), 응답하니, 응답하고 대응 응답을 하다

자 다른 사람의 말, 물음, 부름, 요구 따위에) 언어적으로 상대하여 대꾸하다. Reply in words to another person's statement, question, invitation, and demand.

유 답하다, 대답하다, 답변하다, 응하다 반 묻다I, 질문하다, 질의하다

N0-가 N1-에 V (N0=[인간|단체] N1=[질문], 부름, 요구 따위)

¶그는 사고 당시 무엇을 하고 있었냐는 기자들의 질문에 응답하지 않았다. ¶나는 그의 부름에 일부러 응답하지 않았다.

N0-가 N1-에 S고 V (N0=[인간|단체] N1=[질문], 부름, 요구 따위)

¶나는 결혼 계획을 묻는 친구들의 질문에 아무런 계획도 없다고 응답하였다. ¶나는 그의 부름에 무어라고 응답하지 않았다.

응시하다 I

어원 凝視~ 활용 응시하여(응시해), 응시하니, 응시하고 대응 응시를 하다

ㅇ

자 상대방과 서로 똑바로 바라보다. (of a person with another person) Look straight at each other.
㊀주시하다, 바라보다
N0-가 N1-와 서로 V ↔ N1-가 N0-와 서로 V ↔ N0-와 N1-가 서로 V (N0=[인간] N1=[인간])
※ 'N0', 'N1'를 포괄하는 어휘적 표현이 사용되는 경우에는 '(N0+N1)-를 V' 형식도 자연스럽다.
연어 뚫어지게, 뚫어져라
¶남자 가수가 여자 가수와 서로 응시하며 노래하고 있다. ↔ 여자 가수가 남자 가수와 서로 응시하며 노래하고 있다. ↔ 남자 가수와 여자 가수가 서로 응시하며 노래하고 있다. ¶그들은 서로 뚫어져라 응시하며 아무 말이 없었다.
타 ❶(눈길을 모아) 한곳을 똑바로 바라보다. Collect one's vision and look straight at one point.
㊀주시하다, 바라보다
N0-가 N1-를 V (N0=[인간] N1=[인간], [구체물], [장소], [방향])
연어 뚫어지게, 뚫어져라
¶그는 영란이가 나간 방향을 뚫어지게 응시하였다. ¶청년은 허공을 응시하며 한숨을 쉬었다.
❷(상대방의 특정 신체 부위를) 서로 똑바로 바라보다. (of a person with another person) Look straight at each other's body part.
㊀주시하다, 바라보다
N0-가 N1-와 서로 N2-를 V ↔ N1-가 N0-와 서로 N2-를 V ↔ N0-와 N1-가 서로 N2-를 V (N0=[인간] N1=[인간] N2=[신체부위](얼굴, 눈 따위))
※ 'N0', 'N1'를 포괄하는 어휘적 표현이 사용되는 경우에는 '(N0+N1)-가 N2-를 V' 형식도 자연스럽다.
연어 뚫어지게, 뚫어져라
¶엄마는 아이와 서로 눈을 응시하며 교감하는 것 같았다. ↔ 아이는 엄마와 서로 눈을 응시하며 교감하는 것 같았다. ↔ 엄마와 아이는 서로 눈을 응시하며 교감하는 것 같았다. ¶그들은 서로 얼굴을 뚫어져라 응시하고 있었다.
❸(어떤 일이나 현상을) 깊이 살피다. Look into a work or a phenomenon.
㊀살피다
N0-가 N1-를 V (N0=[인간] N1=[추상물](현실, 진실, 내면, 일, 현상 따위))
¶여러분, 눈을 뜨고 진실을 응시하세요. ¶노인은 인간의 외적인 면을 보지 않고 내면을 응시했다.

응시하다II

어원 應試~ 활용 응시하여(응시해), 응시하니, 응시하고 대응 응시를 하다
자 (시험, 고시, 오디션 따위에) 지원하여 치르다. Participate in a test, exam or audition.
㊀지원하다II 자
N0-가 N1-에 V (N0=[인간] N1=[사건](시험, 고시, 오디션 따위))
¶최 씨는 매년 공무원 시험에 응시했으나 번번이 낙방했다. ¶요양보호사 국가 고시에 응시한 28명 전원이 합격하였다.
N0-가 S데-에 V (N0=[인간])
¶그녀는 오디션으로 가수를 뽑는 데에 응시했다. ¶기술직군은 185명을 뽑는 데에 15,318명이 응시하여 74.2 대 1의 경쟁률을 기록했다.

응용되다

어원 應用~ 활용 응용되어(응용돼), 응용되니, 응용되고 대응 응용이 되다
자 ❶(어떤 물건이나 재료가) 다른 물건 따위를 만드는 데 이용되다. (of thing or material) Be used in making something else.
㊀활용되다
N0-가 N1-에 V (N0=[구체물] N1=[구체물])
능 응용하다
¶이 로봇 팔은 수술용 기계에 응용돼 사용되고 있다. ¶각국 전통의상은 현대 의상에 맞게 응용돼 점차 세계로 뻗어나가고 있다.
N0-가 S(것|데)-에 V (N0=[구체물])
능 응용하다
¶이 물질이 쓰레기를 처리하는 데에 응용되고 있다. ¶이 부품이 수술용 기계를 만드는 데에 응용돼 비용 절감의 효과를 가져왔다.
❷(어떤 기술이나 지식 따위가) 다른 일이나 분야에 맞게 이용되다. (of skill or knowledge) Be applied to another work or area.
㊀적용되다
N0-가 N1-(에|에서) V (N0=[방법], [앎], [학문], [행위], [생각] N1=[방법], [앎], [학문], [행위], [생각])
능 응용하다
¶이 원리는 암호 해독과 무기 개발에 응용되었다. ¶생명과학은 여러 분야에서 응용되고 있다.
N0-가 S(것|데)-(에|에서) V (N0=[방법], [앎], [학문], [행위], [생각] N1=[방법], [앎], [학문], [행위], [생각])
능 응용하다
¶이 원리는 암호를 해독하는 데에 응용되어 사용되고 있다. ¶이 방법은 심장 질환을 치료하는 데에 널리 응용되고 있다.

응용하다

어원 應用~ 활용 응용하여(응용해), 응용하니, 응용하고 대응 응용을 하다

[타]❶(어떤 재료를) 다른 물건 따위를 만드는 데 적용하거나 이용하다. Apply or make use of a material to make something else.
[유]활용하다
N_0-가 N_1-를 V (N_0=[인간] N_1=[재료])
[피]응용되다
¶나는 간단한 재료를 응용하여 천연 화장품을 만들었다. ¶이번 추석에는 다른 재료를 응용하여 송편을 만들어 보겠습니다.
N_0-가 N_1-를 S(것|데)-에 V (N_0=[인간] N_1=[재료])
[피]응용되다
¶나는 수세미를 화장품을 만드는 데에 응용하였다. ¶엄마는 다양한 재료를 햄버거를 만드는 것에 응용하셨다.
❷(어떤 기술이나 지식 따위를) 다른 일이나 분야에 맞게 이용하다. Apply skill or knowledge to another work or area.
[유]적용하다
N_0-가 N_1-를 N_2-(에|에서) V (N_0=[인간] N_1=[방법], [앎], [학문], [행위], [생각] N_2=[방법], [앎], [학문], [행위], [생각])
[피]응용되다
¶그는 매듭 이론을 물리학에 응용하여 학계에서 크게 주목을 받고 있다. ¶많은 연구자들이 생명과학을 인류의 에너지 문제 해결에 응용할 수 있는 방법을 찾고 있다.
N_0-가 N_1-를 S(것|데)-(에|에서) V (N_0=[방법], [앎], [학문], [행위], [생각] N_1=[방법], [앎], [학문], [행위], [생각])
[피]응용되다
¶의사들이 이 방법을 암을 치료하는 데에 응용하였다. ¶나는 이 프로그램을 다량의 정보를 처리하는 것에 응용하면 좋겠다고 생각했다.

응징하다

[어원]膺懲~ [활용]응징하여(응징해), 응징하니, 응징하고 [대응]응징을 하다
[타]어떤 잘못된 행위에 상응하는 대가를 치르거나 벌을 받게 하다. Make someone pay back or have him/her punished for misbehavior.
[유]벌을 주다, 처벌하다, 복수하다
N_0-가 N_1-를 V (N_0=[인간|단체] N_1=[인간|단체], [비행])
¶의리를 강조하는 집단은 배신자를 응징하는 데에 철저하다. ¶군 당국은 적군이 도발할 경우 강력히 응징하겠다고 발표하였다.

응하다

[어원]應~ [활용]응하여(응해), 응하니, 응하고
[자]❶상대의 요구에 맞추어 행동하거나 따르다. Satisfy or follow another person's demand.
[유]따르다I[자], 순응하다 [반]불응하다
N_0-가 N_1-에 V (N_0=[인간|단체] N_1=요청, 요구, 초대, 협상 따위)
¶나는 검찰의 협조 요청에 기꺼이 응하였다. ¶나는 그의 요구에 단 한 번도 응하지 않은 적이 없다. ¶김 작가는 어떠한 취재 요청에도 응하지 않아 기자들의 원성을 샀다.
❷상대의 언어적 요청 따위에 대답하다. Answer another person's linguistic request.
[유]답하다, 대답하다
N_0-가 N_1-에 V (N_0=[인간] N_1=[질문], 인터뷰, 설문, 심문 따위)
¶가수는 새 앨범을 출시한 후 정식으로 인터뷰에 응했다. ¶설문에 응한 분들께는 추첨을 통해 선물을 드립니다.

의거하다

[어원]依據~ [활용]의거하여(의거해), 의거하니, 의거하고
[자]❶(무엇이) 사실이나 원리, 규범 따위에 근거를 두다. (of something) Be based on fact, principle, or norms.
[유]근거하다
N_0-가 N_1-에 V (N_0=[추상물] N_1=[앎], [텍스트], [책])
¶기념식 내용은 주최 측이 정한 식순에 의거했다. ¶다음 표기는 현행 한글맞춤법에 의거했다.
❷(사람이) 다른 사람의 힘에 의지하고 기대다. (of a person) Depend and lean on another person's power.
[유]의지하다[자], 기대다
N_0-가 N_1-(에|에게) V (N_0=[인간|단체] N_1=[인간|단체])
¶그의 생활은 서울에 사는 친구에게 전적으로 의거했다. ¶모든 대원들이 전적으로 대장을 믿고 그에게 의거했다.

의논하다

[어원]議論~ [활용]의논하여(의논해), 의논하니, 의논하고 [대응]의논을 하다
[자타](둘 이상의 사람이, 또는 어떤 사람이 다른 사람과) 어떤 문제나 일에 대해 서로 의견을 주고받다. (of two or more people) Exchange opinions about a problem or a work.
[유]논의하다, 상의하다
N_0-가 N_2-와 N_1-(를|에 대해) V ↔ N_2-가 N_0-와 N_1-(를|에 대해) V ↔ N_0-와 N_2-가 N_1-(를|에 대해) V (N_0=[인간|단체] N_1=[추상물](일, 계획, 문제, 상황, 해결책, 방향 따위) N_2=[인간|단체])
¶나는 동생과 여행 일정을 의논했다. ↔ 동생은 나와 여행 일정을 의논했다. ↔ 나와 동생은 여행 일정을 의논 했다. ¶나는 친구들과 이 일에 대해 의논해 봐야겠다.

N0-가 N1-와 Q-(를|에 대해) V ↔ N1-가 N0-와 Q-(를|에 대해) V ↔ N0-와 N1-가 Q-(를|에 대해) V (N0=[인간|단체] N1=[인간|단체])
¶나는 동생과 어디로 여행을 갈 것인가를 의논했다. ↔ 동생은 나와 어디로 여행을 갈 것인가를 의논했다. ↔ 나와 동생은 어디로 여행을 갈 것인가를 의논했다. ¶나는 친구들과 이 일을 어떻게 해결해 나갈지에 대해 의논해 봐야겠다.
※ Q는 'S은지', 'S은가' 형식으로 쓰인다.
N0-가 N2-(에|에게) N1-를 V (N0=[인간|단체] N1=[추상물](일, 계획, 문제, 상황, 해결책, 방향 따위) N2=[인간|단체])
¶나는 의사에게 치료 일정을 의논했다. ¶아버지는 둘째 아들에게 분가를 의논했다.
N0-가 N1-(에|에게) Q-(를|에 대해) V (N0=[인간|단체] N1=[인간|단체])
¶친구는 나에게 콩으로 무엇을 만들 것인가를 의논했다. ¶영희는 나에게 언제 결혼하는 것이 좋은지에 대해 의논했다.
※ Q는 'S은지', 'S은가' 형식으로 쓰인다.

의도되다

어원 意圖~ 활용 의도되어(의도돼), 의도되니, 의도되고 대응 의도가 되다
자 (어떤 일 따위가) 누군가에 의하여 꾀하여지거나 계획되다. (of a task) Be engineered and planned by someone.
㊞ 계획되다
N0-가 N1-에 의해 V (N0=[일], [계획], [행위], [소통] N1=[인간|단체], [텍스트], [예술])
능 의도하다
¶이번 일은 분명히 누군가에 의해 의도되었다. ¶이번 입찰은 담당 공무원에 의해 의도된 것이다.
N0-가 N1-에서 V (N0=[일], [계획], [행위], [소통] N1=[텍스트], [예술])
능 의도하다
¶이번 작품에서 우연적인 재미가 의도되었다. ¶출연자들끼리의 맞선이 오늘 행사에서 의도되었던 것은 아닙니다.

의도하다

어원 意圖~ 활용 의도하여(의도해), 의도하니, 의도하고 대응 의도를 하다
타 (누군가가) 어떤 일 따위를 하려고 자발적으로 생각하거나 꾀하다. Voluntarily think or plan to do something.
㊞ 꾀하다, 계획하다, 도모하다
N0-가 N1-를 V (N0=[인간|단체], [텍스트], [예술] N1=[일], [계획], [행위], [소통])
피 의도되다
¶그 사람은 분명히 어떤 일을 의도하고 있다. ¶우리는 협상 결렬을 결코 의도하지 않았다.

의뢰받다

어원 依賴~ 활용 의뢰받아, 의뢰받으니, 의뢰받고 대응 의뢰를 받다
타 (다른 사람으로부터) 어떤 일을 맡아서 해 달라고 부탁받다. Be asked to do something by another person.
㊞ 부탁받다 타 ㊥ 의뢰하다
N0-가 N2-에게 N1-를 V (N0=[인간|단체] N1=[행위], [추상물] N2=[인간|단체])
¶김 형사는 유명한 사람에게 이 일에 대한 은밀한 조사를 의뢰받았다. ¶그녀는 한 유명 잡지로부터 화보 촬영을 의뢰받았다. ¶그는 영화사로부터 감독직을 의뢰받았다.

의뢰하다

어원 依賴~ 활용 의뢰하여(의뢰해), 의뢰하니, 의뢰하고 대응 의뢰를 하다
타 (다른 사람에게) 어떤 일을 해 달라고 부탁하여 맡기다. Ask another person to do something.
㊞ 부탁하다, 맡기다 ㊥ 의뢰받다
N0-가 N2-(에|에게) N1-를 V (N0=[인간|단체] N1=[행위], [추상물] N2=[인간|단체])
¶문화제청은 전문가에게 문화재 감정을 의뢰했다. ¶그녀는 사설탐정에게 남편의 외도에 대한 증거 수집을 의뢰했다.
N0-가 N1-(에|에게) S라고 V (N0=[인간|단체] N1=[인간|단체])
¶문화재청은 전문가에게 문화재 감정을 해 달라고 의뢰했다. ¶한 시민단체가 우리 회사에 정부에 대한 소송을 맡아 달라고 의뢰했다.

의미하다

어원 意味~ 활용 의미하여(의미해), 의미하니, 의미하고
타 ❶(말이나 글 따위가) 어떤 내용을 지니고 있음을 나타내다. (of speech or writing) Indicate that it has some content.
㊞ 뜻하다 타
N0-가 N1-를 V (N0=[텍스트], [작품] N1=[추상물])
¶너의 말이 의미하는 바가 무엇이냐? ¶이 그림에서 난초는 군자의 곧은 정신을 의미한다.
❷(사태나 행위가) 어떤 뜻을 담고 있음을 내보이거나 표현하다. (of state of affairs or action) Indicate or express a certain meaning.
㊞ 뜻하다 타, 나타내다
N0-가 N1-를 V (N0=[상태], [추상물] N1=[추상물])
¶사교육비 감소는 무엇을 의미하는 것일까? ¶도시화란 새로운 삶의 방식의 출현을 의미한다.
N0-가 S것-을 V (N0=[상태], [추상물])
¶사교육비 감소는 사람들이 교육에 대한 인식이

ㅇ

바뀌고 있다는 것을 의미한다. ¶도시화란 새로운 삶의 방식이 출현했다는 것을 의미한다.

의식하다

어원 意識~ 활용 의식하여(의식해), 의식하니, 의식하고 대응 의식을 하다

타 ❶(어떤 대상을) 마음에 두고 생각하다. Think of an object, bearing it in one's mind.

No-가 N1-를 V (No=[인간] N1=[인간], [추상물])

¶친구가 암에 걸린 이후로 동창생들이 건강을 의식하기 시작했다. ¶학생들은 선생님의 시선을 의식한 나머지 시험을 제대로 치르지 못했다. ¶나는 늘 그녀를 의식하고 일부러 수영장에 나가곤 했다.

No-가 S것-을 V (No=[인간])

¶그는 직업을 고를 때 자신이 집의 가장 노릇을 해야 한다는 것을 의식했다. ¶나는 옆에 그 사람이 앉아 있다는 것을 의식한 나머지 영화를 제대로 볼 수 없었다.

❷(어떤 사실을) 깨달아 알게 되거나 느끼다. Feel or recognize a fact.

유 깨닫다, 느끼다

No-가 N1-를 V (No=[인간] N1=[상황], [개념])

¶점차 통장 잔고가 떨어지자 우리 가족은 위기를 의식했다. ¶그는 다른 나라에서 하지 말아야 할 무례를 의식하지 못했다.

No-가 S것-을 V (No=[인간])

¶그는 눈을 뜬 지 한참 뒤에야 자신이 낯선 곳에 누워 있다는 것을 의식했다. ¶아이들은 갑자기 불이 켜진 것을 의식하고 눈을 찌푸렸다.

의심나다

어원 疑心~ 활용 의심나, 의심나니, 의심나고 대응 의심이 나다

자 어떤 내용에 의심하는 마음이 생기다. Become suspicious of a content.

No-가 N1-(가|에 대해) V (No=[인간] N1=[인간], [행동], [말], [추상물])

¶나는 그의 진실성이 의심났다 . ¶친구와 나는 책의 내용에 대해 의심나는 부분을 함께 토론했다.

의심되다

어원 疑心~ 활용 의심되어(의심돼), 의심되니, 의심되고 대응 의심이 되다

자 (어떤 사람이나 일이) 믿을 수 없이 의아하게 여겨지다. (of a person or a work) Become so suspicious that one cannot be trusted. N1-의 No-가 V ↔ N1-가 No-가 V (No=[모두] N1=[모두])

능 의심하다 타

¶이 채점 방법의 공정성이 의심된다. ↔ 이 채점 방법은 공정성이 의심된다. ¶이 병은 유전 성향이 의심된다. ¶이 환자는 수막염이 의심된다.

No-가 N1-로 V (No=[추상물], [구체물], [장소], [인간] N1=[속성])

능 의심하다 타

¶이 증상은 골수염으로 의심된다. ¶그는 비리 정치인으로 의심된다.

의심받다

어원 疑心~ 활용 의심받아, 의심받으니, 의심받고 대응 의심을 받다

자 (어떤 사람이나 일이) 의심의 대상이 되다. (of a person or a work) Become suspicious.

No-가 V (No=[속성])

능 의심하다 타

¶도축업자들은 삼 주째 손을 놓고 있어 식당의 고기 품질이 의심받고 있다. ¶일부 교과서에는 팔 년 전의 통계가 실려 있어 교과서의 신뢰성이 크게 의심받고 있다.

No-가 N1-로 V (No=[구체물], [장소], [인간] N1=[속성])

능 의심하다 타

¶그 작품 또한 모작으로 의심받는다.

No-가 S것-으로 V (No=[구체물], [장소], [인간])

능 의심하다 타

¶이 자금은 최 회장이 개인 회사에 빼돌린 것으로 의심받고 있다. ¶이 지역은 핵무기 제조 시설이 있는 것으로 의심받고 있다.

타 (어떤 사람이나 일이) 특정한 속성을 가지고 있는지 의심의 대상이 되다. (of a person or a work) Become suspicious on the matter whether one has a certain characteristic or not.

No-가 N1-를 V (No=[구체물], [인간] N1=[속성])

¶이 과제에는 추상적인 구호가 많아 실현 가능성을 의심받고 있다. ¶만약 지금 포기하면 신뢰성을 의심받고 두고두고 비판받게 될 것이다.

의심하다

어원 疑心~ 활용 의심하여(의심해), 의심하니, 의심하고 대응 의심을 하다

자 (어떤 일에) 의심하는 마음이 생기다. Become suspicious of a work.

No-가 S지 V (No=[인간])

¶나는 그가 적진에서 살아서 나올 수 있을지 의심했다. ¶그의 행동이 너무 멀쩡해서 사람들은 그가 취한 것인지 의심했다.

No-가 Q V (No=[인간])

¶자신의 모습이 거울에서 보이지 않을 때마다 그는 자기 자신이 갑자기 사라진 건 아닐까 의심했다. ¶동기들은 그의 옷차림이 하도 낡아서 설마하니 회사 대표일까 의심했다.

No-가 S것-을 V (No=[인간])

¶그는 자신이 목격한 것을 의심했다. ¶그는 이

품목의 값이 오르지 않는 것을 의심했다.

타 ❶(사람이나 단체가) 다른 사람이나 다른 단체를 믿지 못하다. (of a person or an organization) Not to trust another person or organization.

N0-가 N1-를 V (N0=[인간|단체] N1=[인간|단체])

피 의심되다, 의심받다 자

¶공작 혐의가 드러나자 미국은 인도 정부를 의심했다. ¶또 실종자가 생기자 사람들은 그를 의심했다.

❷(자신이 본 것이나 들은 것을) 사실인지 믿지 못하다. (of a person) not to believe that what one has seen or heard is true.

N0-가 N1-를 V (N0=[인간] N1=[신체부위](눈, 귀))

¶의외의 승전 소식을 듣는 순간 나는 내 귀를 의심했다. ¶아버지는 아들이 살아 돌아온 것을 보고 자신의 두 눈을 의심했다. ¶자전거가 자동차처럼 빨리 달리는 것을 보고 나는 내 눈을 의심했다.

자타 (다른 사람의 말이나 행동에) 의심하는 마음이 생기다. (of a person) Become suspicious of another person's words or behavior.

N0-가 N1-(를|에 대해) V (N0=[인간] N1=[인간], [일], [속성])

피 의심되다, 의심받다 자

¶나는 그의 진실성에 대해 의심했다. ¶그는 안타깝게도 선생님의 사랑을 의심했다. ¶동아리 회원들은 회장의 능력에 대해 의심했다.

의존하다

어원 依存~ 활용 의존하여(의존해), 의존하니, 의존하고 대응 의존을 하다

자 무언가에 기대어 상태를 유지하다. Maintain a state by relying on something.

유 의지하다 자, 기대다

N0-가 N1-(에|에게) V (N0=[인간|단체] N1=[구체물])

¶식물은 태양에 의존하여 생장한다. ¶협동은 좋지만 동료에게 무작정 의존하려 하는 것은 곤란하다.

타 무언가에 기대어 필요한 것을 지원받아 상태를 유지하다. Maintain a state by receiving necessary supply from something.

유 의지하다 자타, 기대다, 의탁하다

N0-가 N1-를 N2-(에|에게) V (N0=[인간|단체] N1=[구체물], [추상물] N2=[인간|단체], [구체물])

¶어려서부터 나는 형에게 많은 것을 의존했다. ¶이건 너무 어려운 결정이어서 전문가에게 판단을 의존하고자 한다.

N0-가 N1-를 N2-에 V (N0=[인간|단체] N1=[구체물], [추상물] N2=[정적사태], [행위])

¶나는 정보를 대부분 인터넷에 의존하고 있다. ¶너는 공부를 강의에만 의존하지 말고 독서에도 더 힘써야 한다.

의지하다

어원 依支~ 활용 의지하여(의지해), 의지하니, 의지하고 대응 의지를 하다

자 남의 힘을 빌어 살거나 일을 처리하다. Live or process a work by using someone else's power.

유 기대다, 의존하다 자

N0-가 N1-(에|에게) V (N0=[인간|단체] N1=[인간|단체], [구체물])

¶나는 형에게 의지하여 산다. ¶자립심이 강한 사람은 다른 사람에게 잘 의지하려 하지 않는다.

N0-가 N1-에 V (N0=[인간|단체] N1=[정적사태], [행위])

¶비영리 기관이 국제 사회의 지원에 의지하는 것도 한계가 있다. ¶자선이나 호의에 의지하여 운영되는 사회단체는 재정 상태가 위험할 수 있다.

자타 (무엇에) 몸무게를 실어 비스듬히 서거나 앉다. Stand or sit in slanted position by applying weight.

유 기대다

N0-가 N1-를 N2-(에|에게) V ↔ N0-가 N2-(에|에게|를) V (N0=[인간], [동물] N1=[신체부위] N2=[구체물])

¶철수는 등을 벽에 의지하고 서 있다. ↔ 철수는 벽을 의지하고 서 있다. ¶그는 부상을 입어서 목발에 의지하여 걸어 다닌다.

의탁하다

어원 依託~, 依托~ 활용 의탁하여(의탁해), 의탁하니, 의탁하고 대응 의탁을 하다

타 (몸이나 마음 따위를) 어떤 대상에게 기대어 맡기다. Trust and leave one's body, mind, etc., to a certain target.

유 위탁하다, 맡기다

N0-가 N2-(에|에게) N1-를 V (N0=[인간] N1=심신, 마음, 몸 따위 N2=[인간|단체], [기관], [상상적인간], [장소])

¶나는 그에게 모든 것을 의탁하였다. ¶거동이 불편하신 어머니는 둘째 딸에게 몸을 의탁하였다. ¶나는 이제 의탁할 곳을 찾아 떠나야겠다.

의하다

어원 依~ 활용 의하여(의해), 의한, 의하면 (종결형으로는 잘 안 쓰이고 대부분 연결형으로만 쓰인다.)

자 (사람이나 사물이 어떤 사람, 행위, 이념 따위에) 바탕을 두거나 이유가 되다. (of a person or an object) Take a certain behavior, ideology, etc., as one's principle or reason.

N0-에 V (N0=[인간], [질병], [동물], [방식], [결과], [현상], [텍스트], [재해], [행위])

¶이것은 염증에 의한 통증입니다. ¶야생 동물에

의한 농작물 피해를 주의하십시오. ¶이번 조사 결과에 의하면 미혼 남성의 수가 갈수록 늘고 있다고 한다.

이기다 I

활용 이기어(이겨), 이기니, 이기고

자타 ❶(경기, 싸움, 내기 등에서) 승부나 우열을 겨루어 상대를 앞서거나 꺾다. Compete for victory or superiority in a game, fight, or bet and outrun or defeat the opponent.

㊊꺾다, 승리하다 ㊥지다IV

N0-가 N1-(에|에게|를) V (N0=[인간|단체] N1=[인간|단체])

¶우리 팀은 큰 점수 차이로 상대팀을 이겼다. ¶우리는 상대편에게 이겨 결승전에 올랐다.

N0-가 N1-(에|에서|를) V (N0=[인간|단체] N1=[운동경기], 전쟁, 선거, 재판, 소송, 내기 따위)

¶우리 팀은 두 경기에서 연속으로 이겼다. ¶철수는 형과의 내기를 이겨 기분이 좋았다.

❷(감정, 욕구 따위를) 다스리거나 억눌러 자제하다. Restrain by controlling or suppressing one's emotion or desire.

㊊억누르다, 극복하다

N0-가 N1-를 V (N0=[인간] N1=[속성], [감정], [태도])

¶그는 이별의 슬픔을 이겨 내려고 안간힘을 썼다. ¶영수는 졸음을 못 이기고 잠이 들고 말았다.

❸(협박, 성화 따위에) 계속 버티거나 물리치다. Endure continuously or defeat a threat or irritation.

N0-가 N1-(에|를) V (N0=[인간] N1=[추상물](협박, 강압, 성화 따위))

¶그는 친구의 강권에 못 이겨 그 모임에 참석했다. ¶그녀는 부모님의 성화를 못 이겨 선을 보았다.

※주로 '못', '못하다' 따위의 부정어와 함께 쓰인다.

❹(고통, 어려움 따위를) 참고 견디거나 극복하다. Endure, bear or overcome pain or difficulty.

㊊견디다자타, 극복하다

N0-가 N1-를 V (N0=[인간] N1=[장애물], [상황], [질병], [날씨](추위, 더위))

¶그녀는 수많은 역경을 이기고 마침내 꿈을 이뤘다. ¶영희는 휴대용 손난로로 추위를 이겨 보려고 했다.

❺몸을 바로 세우거나 가누다. Stand and support the body to be straight.

㊊가누다

N0-가 N1-를 V (N0=[인간] N1=[구체물](몸, 신체), [신체부위](고개, 목 따위))

¶그는 제 몸을 이기지 못할 정도로 술을 마셨다. ¶그녀는 자신의 몸을 제대로 이기지 못한 채 쓰러졌다.

※주로 '못', '못하다' 따위의 부정어와 함께 쓰인다.

❻(물체가 무게, 충격 따위를) 계속 견디어 본래의 상태를 유지하다. (of an object) Maintain its original state by continuously enduring weight or shock.

㊊견디다자타

N0-가 N1-를 V (N0=[설치물], [조형물], 지붕, 천장 따위 N1=[무게], 충격 따위)

¶계속 쌓이는 눈의 무게를 이기지 못하고 비닐하우스가 무너졌다. ¶400년의 세월을 버텨 왔던 탑이 강진의 충격을 이기지 못하고 무너져 내렸다.

※주로 '못', '못하다' 따위의 부정어와 함께 쓰인다.

이기다 II

활용 이기어(이겨), 이기니, 이기고

타 ❶(가루나 덩어리진 것을) 물 따위에 부어 반죽하거나 한데 섞이도록 계속해서 으깨다. Make paste or continue to mash in order to mix by applying water to powder or lump.

㊊개다III

N0-가 N2-에 N1-를 V (N0=[인간] N1=[구체물](흙, 진흙, 쌀가루, 밀가루 따위) N2=[액체])

¶그 도예가는 진흙을 물에 이겨 그릇을 만들었다. ¶그녀는 밀가루를 물에 이겨 국수 가락을 만들었다.

N0-가 N1-를 N2-와 V ↔ N0-가 N2-를 N1-와 V ↔ N0-가 N1-와 N2-를 V (N0=[인간] N1=[구체물](흙, 진흙, 쌀가루, 밀가루 따위) N2=[구체물](흙, 진흙, 쌀가루, 밀가루 따위), [액체])

¶그는 생선살을 밀가루와 이겨 어묵을 만들었다. ↔ 그는 밀가루를 생선살과 이겨 어묵을 만들었다. ↔ 그는 생선살과 밀가루를 이겨 어묵을 만들었다. ¶그 도예가는 진흙과 물을 이겨 도자기를 만들었다.

N0-가 N1-를 V (N0=[인간] N1=[구체물](흙, 진흙, 쌀가루, 밀가루 따위), [칠감](의미상 복수))

¶어머니는 쌀가루를 이겨서 떡을 만드셨다. ¶아버지는 돌담을 쌓으시려고 황토 흙을 이기셨다.

❷(고기, 채소, 양념감 따위를) 칼 따위로 계속 찧거나 다지다. Continue to smash or pound meat, vegetable, or condiment with a tool such as knife.

㊊다지다II

N0-가 N1-를 V (N0=[인간])

¶어머니는 고기를 잘게 이겨 장국을 끓이셨다. ¶마늘을 이겨 넣으면 고기의 누린내가 나지 않는다.

이끌다

활용 이끌어, 이끄니, 이끌고, 이끄는

타 ❶(다른 사람을) 설득하거나 인솔하여 목적지로 데리고 가다. Persuade or guide another person and take that person to a destination.

N0-가 N1-를 N2-로 V (N0=[인간] N1=[인간|단체] N2=[장소])
[피]이끌리다
¶어머니가 감기 걸린 아이를 이끌고 병원에 왔다. ¶소대장은 소대원을 이끌고 수색 작업에 나섰다.
※ 주로 '이끌고 (이동하다)'의 형태로 쓰인다.
❷ (조직이나 기관을) 통솔하고 운영하다. Command and manage an organization or an institution.
[유]통솔하다, 운영하다
N0-가 N1-를 V (N0=[인간] N1=[집단])
¶우리 아들은 조직을 이끄는 능력을 인정받아 빠르게 승진할 수 있었다. ¶박홍길 선수는 지금 국가 대표 축구팀의 주장으로 팀을 이끌고 있다.
❸(원하는 결과를 얻도록 대상을) 일정한 방향으로 유도하다. Guide a target to a certain direction in order to obtain the desired outcome.
[유]유도하다
N0-가 N1-를 N2-로 V (N0=[인간] N1=[구체물], [추상물] N2=[구체물], [추상물])
¶감독은 노련한 전술로 경기를 승리로 이끌었다. ¶우리에게는 위기를 기회로 이끌 수 있는 지도자가 필요하다.
❹(어떤 대상이 사람의 관심이나 흥미를) 생기게 하다. Make someone interested or attracted.
N0-가 N1-를 V (N0=[구체물], [추상물] N1=[인간], [신체부위](눈 따위), 시선 따위)
[피]이끌리다
¶그 상점은 시선을 이끄는 상품 진열로 행인들을 끌어모으고 있다. ¶그에게는 왠지 모르겠지만 사람을 이끄는 매력이 있다.
❺(몸을) 힘겹게 움직이다. Move one's body with difficulty.
N0-가 N1-를 V (N0=[인간] N1=[구체물], [신체부위])
※ 여기서 'V'는 주로 '이끌고'의 형식으로 쓰인다.
¶불편한 다리를 이끌고 여기까지 왔는데 내일 다시 오라구요? ¶아버지는 매일 늦게 지친 몸을 이끌고 퇴근하신다.

이끌리다
[활용]이끌리어(이끌려), 이끌리니, 이끌리고
[자]❶(다른 사람에게) 붙잡혀 이동하다. Move while being caught by someone.
[유]인도되다
N0-가 N1-(에|에게) V (N0=[인간] N1=[인간], [신체부위](손))
[능]이끌다
¶맹인 한 분이 다른 사람의 손에 이끌려 사무실로 들어왔다. ¶도망간 줄 알았던 범인이 다시 경찰의 손에 이끌려 왔다.
❷(누군가의) 설득이나 인솔에 따라가다. Follow someone's persuasion or guide.
[유]따르다I[타], 떠밀리다
N0-가 N1-(에|에게) V (N0=[인간] N1=[인간], [신체부위](손))
[능]이끌다
¶남에게 이끌려서 마지못해 하는 일이 즐거울 리가 있겠습니까? ¶친구에게 이끌려 피아노 학원을 등록하긴 했지만 사실 흥미가 나지 않았다.
❸(어떤 대상에) 관심이나 흥미가 생기다. (of attention or interest) Be generated on some target.
[유]끌리다, 유인되다
N0-가 N1-(에|에게) V (N0=[인간] N1=[구체물], [추상물], [장소])
[능]이끌다
¶흥미로운 광고에 이끌려 물건을 비싼 값에 샀다. ¶그녀를 볼 때마다 이끌리는 기분이 들었다.

이다 I
[활용]이어, 이니, 이고
[타]❶(짐 따위를) 머리에 얹다. Put load, etc., on one's head.
N0-가 N1-를 N2-에 V (N0=[인간] N1=[구체물] N2=머리)
¶예전에는 아낙들이 물동이를 머리에 이고 다녔다. ¶어머니는 짐 하나는 손에 들고 다른 하나는 머리에 이셨다.
❷(무언가를) 위쪽 방향에 있게 하다. Make something be on the top position.
N0-가 N1-를 V (N0=[구체물] N1=[구체물])
¶산봉우리가 안개를 이고 있다. ¶그 신전의 모습은 12개의 기둥이 지붕을 이고 있는 모습이었다.

이다 II
[활용]이어, 이니, 이고
[타]지붕을 어떤 재료로 덮다. Cover the roof with certain material.
[유]올리다
N0-가 N1-를 N2-로 V (N0=[인간|단체] N1=지붕 N2=[구체물](볏짚, 이엉, 기와 따위))
¶시골 마을을 지나며 보니 사람들이 지붕을 볏짚으로 이고 있었다. ¶한참을 걷자 지붕을 기와로 인 대궐 같은 집이 나타났다.

이동되다
[어원]移動~ [활용]이동되어(이동돼), 이동되니, 이동되고 [대응]이동이 되다
[자]❶(다른 장소로) 움직여져 위치가 바뀌다. Change a position by being moved to somewhere else.
[유]움직이다

N0-가 N1-로 V (N0=[구체물] N1=[장소], [방향])
능 이동하다 타
¶태풍이 한반도 동쪽으로 이동되어 다행이다. ¶대국 내내 장기판 위에서 말들이 분주하게 이동되었다.
❷(권리가) 다른 사람이나 단체에 넘어가다. (of a right) Be handed over to another person or organization.
㊌넘어가다 자
N0-가 N1-로 V (N0=[권리] N1=[단체])
¶선수 지명권이 각 구단으로 이동되었지만 선수협회에서는 반발하고 있다. ¶우리 회사 특허권이 다른 회사로 이동되는 것만은 막아야 한다.
N0-가 N1-에게 V (N0=[권리] N1=[인간])
¶소유권이 이동되면 더 이상 권리를 행사할 수 없습니다. ¶경기의 주도권이 상대에게 이동되기 전에 있는 힘을 다해야 한다.

이동하다

어원 移動~ 활용 이동하여(이동해), 이동하니, 이동하고 대응 이동을 하다
자 ❶다른 장소로 움직여 위치를 바꾸다. Change one's position by going somewhere else.
㊌움직이다 자
N0-가 N1-로 V (N0=[구체물] N1=[장소], [방향])
¶부대는 전선을 향하여 이동하기 시작했다. ¶동해안으로 이동하는 비구름이 영향을 끼칠 것이다.
❷(권리가) 다른 사람이나 단체에 넘어가다. (of a right) Be handed over to another person or organization.
㊌넘어가다 자, 양도되다
N0-가 N1-로 V (N0=[권리] N1=[단체])
¶나는 학생 선발권이 학교로 이동해야 한다고 본다. ¶옆 마을로 이동한 토지의 소유권을 되찾아야 한다.
N0-가 N1-에게 V (N0=[권리] N1=[인간])
¶화영이가 계약서에 도장을 찍는 순간 소유권이 화영이에게 이동하였다. ¶회의에 참가할 권한이 후임자에게 이동했으므로 나는 불참한다.
타 (어떤 것을) 다른 장소로 움직여 위치를 바꾸게 하다. Move something to somewhere so that it changes its position.
㊌옮기다, 움직이다 타
N0-가 N1-를 N2-로 V (N0=[인간|단체] N1=[모두] N2=[장소], [방향])
피 이동되다 사 이동시키다
¶그들은 조용한 곳으로 자리를 이동하였다. ¶도서관에서는 오래된 책들을 수장고로 이동할 예정이다.

이러다

활용 이래, 이러니, 이러고, 이랬다 본디 이리하다 여린 요러다 【구어】
자 ❶이렇게 하다. Do like this.
N0-가 V (N0=[인간|집단])
¶이러지 마시고 말로 하시죠. ¶이러다 시간만 낭비할 것 같다. ¶ 내가 이런다고 세상이 변할까?
※ 다른 동사를 대신하여 쓰이는 말이다.
❷이렇게 말하다. Say this way.
N0-가 S고 V (N0=[인간])
¶철수가 어제 나한테 이러더라, 네가 영희 애인이라고. ¶아들이 자꾸 이러는 거예요, "아빠, 우리 주말마다 교외로 놀러가요."
타 (무언가를) 이렇게 하다. Do like this with something.
N0-가 N1-를 V (N0=[인간] N1=[구체물], [추상물])
¶칠이 마르지 않았는데 물감을 이러면 색깔이 변하게 돼.
※ 다른 동사를 대신하여 쓰이는 말이다.

이루다

활용 이루어(이뤄), 이루니, 이루고
타 ❶일정한 상태나 결과를 만들다. Bring about a certain state or result.
㊌만들다 타, 자다
N0-가 N1-를 V (N0=[구체물], [추상물] N1=[추상물], [상태])
피 이루어지다
¶아저씨네 가게는 주말마다 문전성시를 이룬다. ¶나는 요즘 걱정이 많아 통 잠을 이루지 못하고 있다.
❷목표나 꿈 따위를 달성하다. Achieve one's goal.
㊌달성하다
N0-가 N1-를 V (N0=[인간|단체] N1=[추상물], [상태])
피 이루어지다
¶그 선수는 마침내 세계를 제패한다는 꿈을 이루었다. ¶원대한 목표를 이루기 위해서는 작은 것부터 준비해야 한다.
❸다른 것과 합쳐져 더 큰 것이 되게 하거나 어떤 것의 일부(분)를 차지하다. Combine with something to become bigger or to take a portion of something.
㊌만들다 타, 구성하다
N0-가 N1-를 V (N0=[구체물], [추상물] N1=[구체물], [추상물])
피 이루어지다
¶작은 시내가 모여 큰 강을 이룬다. ¶세포는 생물체를 이루는 기본 단위이다.

이루어지다

활용 이루어지어(이루어져), 이루어지니, 이루어지고

ㅇ

자❶(어떤 일정한 상태나 사태가) 결과적으로 만들어지다. (of a state or a situation) Be brought about.
㊅만들어지다
N0-가 V (N0=[추상물], [상태])
능이루다
¶두 나라 사이에 개발 협정이 이루어졌다. ¶이 지역에 평화가 이루어지기까지 많은 노력이 들었다.
❷목표나 꿈 따위가 달성되다. (of a goal or a dream) Be achieved.
㊅달성되다
N0-가 V (N0=[추상물], [상태])
능이루다
¶간절히 바라면 어떤 소원도 이루어진다고 한다. ¶그 목표가 이루어지려면 실력도 있어야 하지만 운도 좋아야 한다.
❸ 구성 요소들이 합쳐져 전체가 되다. (of components) Come together and become a whole.
㊅구성되다
N0-가 N1-로 V (N0=[구체물], [추상물] N1=[구체물], [추상물])
능이루다
¶공기는 여러 종류의 기체로 이루어져 있다. ¶지각을 이루는 광물 중 가장 흔한 것은 석영이다.

이룩되다

활용이룩되어(이룩돼), 이룩되니, 이룩되고 대응이룩이 되다
자❶(건물 따위가) 다 지어지거나, (나라, 도시 따위가) 새로 만들어지다. (of a building, etc.) Be constructed. (of a nation or a city) Be newly built.
㊅건립되다, 건설되다
N0-가 V (N0=[구체물], [장소])
능이룩하다
¶이 도시가 이룩된 지는 500년이 지났다. ¶베이징은 여러 나라를 거치며 수도로 이룩된 도시이다.
❷어떤 큰 일이 이루어져 실현되다. (of an important task) Be carried out and completed.
㊅성취되다, 달성되다
N0-가 V (N0=[추상물], [상태])
능이룩하다
¶정치 참여의 자유가 이룩된 것은 그리 오래 전이 아니다. ¶안전한 노동 환경이 이룩되기 위해 풀어야 할 과제가 많다.

이룩하다

활용이룩하여(이룩해), 이룩하니, 이룩하고 대응이룩을 하다
타❶건물이나 나라, 도시 따위를 다 짓거나 세우다. Complete construction of a building, etc., or establish a country, a city, etc.
㊅건립하다, 건설하다
N0-가 N1-를 V (N0=[인간|단체] N1=[구체물], [장소])
피이룩되다
¶임금은 국토의 한가운데에 새 도읍을 이룩했다. ¶이 유적은 우리 조상들이 오랜 세월에 걸쳐 이룩한 것이다.
❷어떤 큰일을 달성하여 실현하다. Complete a big task.
㊅성취하다, 달성하다
N0-가 N1-를 V (N0=[인간|단체] N1=[추상물], [상태])
피이룩되다
¶고려는 후삼국을 통일한 후 다채로운 불교문화를 이룩했다. ¶류한수 교수는 연구 분야를 넘나들며 많은 업적을 이룩했다.

이륙하다

어원離陸~ 활용이륙하여(이륙해), 이륙하니, 이륙하고 대응이륙을 하다
자타(비행기 따위가) 날거나 솟기 위해 지상에서 떠오르다. (of an airplane, etc.) Leave the ground in order to fly or soar.
㊅뜨다, 떠오르다 ㊉착륙하다
N0-가 N1-(에서|를) V (N0=[교통기관] N1=[건물] (활주로, 공항 따위), [장소])
¶여객기가 굉음을 내며 활주로에서 이륙했다. ¶전투기가 이륙하더니 눈 깜짝할 새에 시야를 벗어났다.

이르다 I

활용이르러, 이르니, 이르고, 이르렀다
자❶(무엇이) 어떤 정도나 범위에 걸치거나 다다르다. (of something) Cover or reach a degree or a scope.
㊅걸치다I, 다다르다
N0-가 N1-에 V (N0=[크기] N1=[수량], [범위])
¶새 법안에 찬성하는 사람들의 수가 과반수에 이르렀다. ¶방사능 수치가 위험한 지경에 이르렀다.
❷(사람이나 탈것이) 어떤 장소에 가 닿다. (of a person or a vehicle) Arrive at a place.
㊅도착하다, 도달하다
N0-가 N1-에 V (N0=[인간], [교통기관] N1=[장소])
¶기차는 두 시간 뒤 목적지에 이를 예정이다. ¶이야기를 나누며 걸으니 우리는 금세 그의 집 현관에 이르렀다.
❸(시간이) 어떤 때나 시기에 도달하여 미치다. (of time) Get to a certain moment or time.
㊅되다[1]

N0-가 N1-에 V (N0=[시간] N1=[시간])
¶시간 가는 줄도 모르고 운동을 하다 보니 다섯 시에 이르렀다. ¶술을 마시다 보니 시간이 벌써 자정에 이르렀다.
❹(무엇이) 어떤 상태나 정도에 도달하다. (of something) Come to a state or a degree.
㊥도달하다
N0-가 N1-에 V (N0=[구체물], [추상물] N1=[결과])
¶아이들의 재롱을 보면서 어른들은 배꼽이 빠지는 지경에 이르렀다. ¶우리 부부는 도시를 떠나 시골로 이사해야 한다는 결론에 이르렀다.
N0-가 S기-에 V (N0=[구체물], [추상물])
¶이 법안은 시대에 맞지 않는다고 하여 완전히 폐기되기에 이르렀다. ¶고려 시대가 되면 불교는 국가 종교로 수용되기에 이른다.

이르다Ⅱ

활용 일러, 이르니, 이르고, 일렀다
자 ❶(위대한 사람이나 옛 문헌이) 예로부터 말해 오다. (of a great man or an old book) Say something from the old times.
㊥말하다 자
N0-에 V (N0=[말](속담 따위), [책], [인간](성인 따위), 마음 따위)
¶속담에 이르기를 낫 놓고 기억 자도 모른다고 했다. ¶설문해자에 이르기를, 돌 가운데 아름다운 것이 옥이다.
※ 항상 '~에 이르기를' 형식으로 쓰인다.
N0-로 V (N0=마음, 속, 혼잣말 따위)
¶마음속으로 이르기를 '어처구니 없는 일이구나' 싶었다. ¶혼잣말로 이르기를 이 빚을 반드시 갚겠다고 생각했다.
❷(남에게 어떤 내용을) 이야기하거나 말하다. Tell something to someone.
㊥말하다 자
N0-가 N1-에게 S고 V (N0=[인간] N1=[인간])
¶어머니는 우리에게 형제끼리 사이좋게 지내는 것이 좋다고 이르셨다. ¶인솔자는 등산 전에 빠짐없이 준비물을 챙겼냐고 다시 한번 일렀다.
❸(윗사람이 아랫사람에게) 어찌하라고 잘 타일러 말하다. (of a superior) Tell a subordinate to do something in a persuasive way.
㊥타이르다 자
N0-가 N1-에게 S고 V (N0=[인간] N1=[인간])
¶나는 아파트에 사는 아이들에게 주차장은 위험하니까 공놀이를 하지 말라고 일렀다. ¶사장은 지진 때문에 위험하니 사원들에게 집으로 돌아가라고 일렀다.
N0-가 N1-에게 S도록 V (N0=[인간] N1=[인간])
¶엄마는 달려가는 아이에게 앞에 경사가 있으니 주의하도록 일렀다. ¶선생님은 학생들에게 책상 위를 늘 깨끗이 하도록 일렀다.
❹(사람이) 남의 잘못을 윗사람에게 말하여 알리다. (of a person) Say another person's fault to a superior.
㊥고자질하다
N0-가 N1-에게 S고 V (N0=[인간] N1=[인간])
¶반장은 선생님께 아이들이 떠들었다고 일렀다. ¶아이들은 집주인에게 창문을 깬 아이가 저쪽으로 도망갔다고 일러 바쳤다.
타 ❶남에게 어떤 내용을 이야기하거나 말하다. Say or tell a content to someone.
㊥얘기하다, 알려주다
N0-가 N2-에게 N1-를 V (N0=[인간] N1=[말] N2=[인간])
¶나는 아이들에게 기숙사에서의 주의 사항을 일렀다. ¶경찰은 시민들에게 사건에 대한 대처 방법을 일렀다.
❷(윗사람이 아랫사람에게) 어찌하라고 잘 타일러 말하다. Tell a subordinate to do something in a persuasive way.
㊥타이르다 타
N0-가 N1-를 V (N0=[인간] N1=[인간])
¶동생이 말을 안 듣더라도 잘 일러 보아라. ¶나는 이미 몇 번을 일렀으니 이제 실수를 하면 그 사람 잘못이다.
❸(남의 잘못을 윗사람에게) 말하여 알리다. Say another person's fault to a superior.
㊥고자질하다
N0-가 N2-에게 N1-를 V (N0=[인간] N1=[인간] N2=[비행])
¶다 잊은 줄 알았는데 남편이 장인에게 그 일을 일렀다. ¶그는 선배에게 별 것도 아닌 동료의 흠을 자꾸 이르는 것이다.
❹(어떤 대상을) 무엇이라고 달리 불러 말하다. Call an object by another name.
㊥일컫다
N0-가 N1-를 S고 V (N0=[인간] N1=[인간], [구체물], [추상물])
¶권력이 없는 상태를 지향하는 태도를 '무정부주의'라고 이른다. ¶간토 지방에 일어난 큰 지진을 간토 대지진이라고 이른다.

이바지하다

활용 이바지하여(이바지해), 이바지하니, 이바지하고 대응 이바지를 하다
자 단체가 발전하는 데에 기여하거나 도움이 되다. Contribute or be of help.
㊥기여하다
N0-가 N1-에 V (N0=[인간] N1=[집단], [일])

¶연구원들이 기업 발전에 크게 이바지했다. ¶박인택 교수님은 우리나라 물리학 발전에 크게 이바지하셨다.

이별하다

어원離別~ 활용이별하여(이별해), 이별하니, 이별하고 대응이별을 하다

자❶어떤 사람과 오랫동안 만나지 못하게 떨어져 있게 되다. Be separated from and unable to meet someone for a long time.

㊌헤어지다 ㉫만나다자

N0-가 N1-와 V ↔ N1-가 N0-와 V ↔ N0-와 N1-가 V (N0=[인간] N1=[인간])

사이별시키다

¶소녀는 소년과 아쉽게 이별하였다. ↔ 소년은 소녀와 아쉽게 이별하였다. ↔ 소녀와 소년은 아쉽게 이별하였다. ¶우리가 지금은 이별하더라도 언젠가 다시 만날 것을 알고 있다.

❷하고 있는 것을 그만 두거나 속해 있던 곳에서 나오다. Stop something one was doing or exit one's affiliation.

㊌떠나다타

N0-가 N1-와 V (N0=[인간|단체] N1=[추상물], [장소](고향, 세상, 속세 따위))

사이별시키다

¶이 절은 잠시 속세와 이별하기에 안성맞춤이다.

타(어떤 대상을) 오랫동안 혹은 영원히 보지 못하게 되다. Become unable to see something for a long time or forever.

㊌헤어지다

N0-가 N1-를 V (N0=[인간] N1=[인간], [추상물], [장소])

사이별시키다

¶친구들을 이별하며 눈물을 흘렸다. ¶그가 꽃다운 나이에 세상을 이별하고 말았다.

이사가다

어원移徙~ 활용이사가, 이사가니, 이사가고 대응이사를 가다

☞이사하다

이사하다

어원移徙~ 활용이사하여(이사해), 이사하니, 이사하고 대응이사를 하다

자다른 지역이나 건물로 사는 장소를 옮기다. Change one's dwelling into another area or building.

㊌이주하다, 이사가다

N0-가 N1-로 V (N0=[인간] N1=[주택], [장소])

¶우리 집은 내년에 군산으로 이사한다. ¶이사한 지 얼마 되지 않아 집 안이 난장판이다.

이야기되다

활용이야기되어(이야기돼), 이야기되니, 이야기되고 대응이야기가 되다

자❶대상이 어떻다고 논의되거나 평가되다. (of a target) Be labeled or evaluated as something.

㊌평가되다

N0-가 N1-(에서|에게서) N2-로 V (N0=[구체물], [추상물] N1=[인간|단체] N2=[구체물], [추상물])

능이야기하다자타

¶그 선수는 다음 세대의 국가 대표 유망주로 이야기되고 있다. ¶역사에서는 외침과 개혁 정책 실패가 고려 멸망의 원인으로 이야기된다.

N0-가 N1-(에서|에게서) S고 V (N0=[구체물], [추상물] N1=[인간|단체])

능이야기하다자타

¶이번 국제 회담은 아주 큰 역사적 의의가 있다고 언론에서 이야기되고 있다. ¶충효는 유교의 가장 중요한 덕목이라고 흔히 이야기된다.

❷(어떤 내용이) 선후 관계에 따라 전해지다. (of certain contents) Be delivered according to the order of incidence.

㊌떠돌다, 전해지다

N0-가 N1-(에|에게) N2-(에서|에게서) V (N0=[추상물], [상태] N1=[인간|단체] N2=[인간|단체])

능이야기하다자타

¶이 일과 관련해서는 항간에 이야기되는 소문을 믿지 말기 바란다. ¶그 소설의 충격적인 결말이 여러 사람 사이에 이야기되고 있다.

❸(마음속에 품은 생각이) 말로 표현되거나 전해지다. (of someone's inner thought) Be spoken.

㊌전해지다, 전달되다

N0-가 N1-(에|에서) V (N0=[추상물], [상태] N1=[인간|단체])

능이야기하다자타

¶이 불편한 진실이 바깥 세상에 이야기되면 크게 곤란해질 사람이 많다. ¶새로 생긴 식당의 음식 맛이 사람들 사이에서 자주 이야기되고 있다.

N0-가 S다고 N1-(에|에게) N2-(에게|에게서) V (N0=[추상물], [상태] N1=[인간|단체] N2=[인간|단체])

능이야기하다자타

¶전력 수요가 급격히 늘어나자 획기적인 전기 절약 정책이 필요하다고 언론에서 이야기되었다. ¶앞으로 복지 정책의 수혜 범위가 넓어져야 한다고 많은 사람들에게서 이야기되고 있다.

이야기하다

활용이야기하여(이야기해), 이야기하니, 이야기하고 대응이야기를 하다

자다른 사람과 말을 주고받다. Exchange speech with someone.

No-가 N1-와 V (No=[인간] N1=[인간])
¶나는 10년 만에 만난 친구와 밤새도록 이야기했다. ¶나는 지금 너와 이야기하고 싶지 않다. ¶먼 곳으로 이사를 왔더니 만나서 이야기할 사람이 없어 심심하다.

자타 ❶어떤 대상을 어떻다고 논의하거나 평가하다. Label or evaluate a target as something.
㊞평하다, 논하다
No-가 N1-를 N2-로 V (No=[인간|단체] N1=[구체물], [추상물] N2=[구체물], [추상물])
피 이야기되다
¶평론가들은 입을 모아 이 영화를 올해 최고의 작품으로 이야기했다.
No-가 S고 V (R1) (No=[인간|단체])
¶많은 서양 철학자들이 아리스토텔레스가 가장 위대한 철학자라고 이야기한다. ¶그는 여행에서 돌아와 여행지의 풍경이 무척 아름다웠다고 이야기해 주었다.

❷(어떤 내용을) 선후 관계를 갖추어 전하다. Deliver certain contents according to the order of incidence.
No-가 N1-(를|에 대해) N2-(에|에게) V (No=[인간|단체] N1=[추상물], [상태] N2=[인간|단체])
피 이야기되다
¶휴가에서 복귀하자 동료들이 나에게 그동안 있었던 일들을 이야기해 주었다. ¶그는 친구에게 신문에서 읽은 내용을 이야기하기 시작했다.
No-가 S고 N1-(에|에게) V (No=[인간|단체] N1=[인간|단체])
¶어머니는 아이에게 신데렐라가 결국 왕자와 결혼하게 되었다고 이야기해 주었다. ¶친구는 나에게 그 영화의 주인공은 결국 죽게 된다고 이야기했다.

❸(생각하고 있는 바를) 말로 표현하거나 전달하다. Speak one's thought.
㊞알리다, 말하다 자타
No-가 N1-(를|에 대해) N2-(에|에게) V (No=[인간|단체] N1=[추상물], [상태])
피 이야기되다
¶오늘 나는 너에게 내 진심을 이야기하겠다. ¶나는 회의에서 앞으로의 구상을 이야기했다.
No-가 S고 V (No=[인간|단체])
¶나는 오늘따라 입맛이 없다고 혼잣말로 이야기했다. ¶점원은 손님에게 찾는 상품의 재고가 다 떨어졌다고 이야기했다.

이양되다

어원 移讓~ 활용 이양되어(이양돼), 이양되니, 이양되고 대응 이양이 되다

자 ❶(어떤 물건이) 다른 사람이나 단체에 넘겨지다. (of a thing) Be handed over to another person or organization.
㊞넘어가다 자, 이관되다
No-가 N1-(에|에게|로) V (No=[구체물] N1=[인간|단체])
능 이양하다
¶대회기가 다음 개최국으로 이양되면 공식적으로 이번 대회는 모두 끝나게 된다. ¶최신 전투함이 내년에 해군에 이양될 예정이다.

❷(권리나 의무 따위가) 다른 사람이나 단체에 넘겨지다. (of rights or obligations) Be handed over to another person or organization.
㊞넘어가다 자, 이관되다
No-가 N1-(에|에게|로) V (No=[권리], [의무] N1=[인간|단체])
능 이양하다
¶공공기관 사업이 민간으로 이양되면 요금 인상으로 이어질 우려가 있다.

이양받다

어원 移讓~ 활용 이양받아, 이양받으니, 이양받고 대응 이양을 받다

타 ❶(어떤 사람이나 단체가) 다른 사람이나 단체로부터 어떤 물건을 넘겨받다. (of a person or an organization) Take over things from another person or organization.
㊞넘겨받다, 이관받다 ㊤이양하다
No-가 N2-(에서|에게서|로부터) N1-를 V (No=[인간|단체] N1=[구체물] N2=[인간|단체])
¶후배들이 선배들로부터 각각 대회기와 성화봉을 이양받았다. ¶해군은 제조사로부터 최신 전투함을 이양받았다.

❷(어떤 사람이나 단체가) 다른 사람이나 단체로부터 권리나 의무 따위를 넘겨받다. (of a person or an organization) Take over rights or obligations from another person or organization.
㊞넘겨받다, 이관받다 ㊤이양하다
No-가 N2-(에서|에게서|로부터) N1-를 V (No=[인간|단체] N1=[권리], [의무] N2=[인간|단체])
¶자치정부는 중앙정부로부터 권력을 이양받아 각 지방의 행정과 입법 기능을 담당키로 했다. ¶나는 김 박사로부터 제조 기술 권한을 이양받아 연구를 계속 진행해 왔다.

이양하다

어원 移讓~ 활용 이양하여(이양해), 이양하니, 이양하고 대응 이양을 하다

타 ❶(어떤 사람이나 단체가) 다른 사람이나 단체에 어떤 물건을 넘겨주다. (of a person or an organization) Hand over things to another person or organization.
㊞넘겨주다, 이관하다 ㊤이양받다

N0-가 N2-(에|에게|로) N1-를 V (N0=[인간|단체] N1=[구체물] N2=[인간|단체])
[피]이양되다
¶조직 위원장이 신임 회장에게 대회기를 이양하고 있다. ¶한국은 차기 대회 개최지인 인도네시아로 대회기를 이양할 예정이다.
❷(어떤 사람이나 단체가) 권리나 의무 따위를 다른 사람이나 단체에 넘겨주다. (of a person or an organization) Hand over rights or obligations to another person or organization.
[유]이전하다[타], 넘겨주다, 이관하다 [반]이양받다
N0-가 N2-(에|에게|로) N1-를 V (N0=[인간|단체] N1=[권리], [의무] N2=[인간|단체])
[피]이양되다
¶나는 아들에게 회사 경영권을 이양했다. ¶정부는 국고 보조 사업을 지방자치단체로 이양할 계획이다.

이어받다

[활용]이어받아, 이어받으니, 이어받고
[타](어떤 일을) 넘겨받아 계속하다. Succeed a work.
[유]물려받다, 계승하다
N0-가 N1-를 N2-에게 V (N0=[인간|단체] N1=[추상물], [상태] N2=[인간|단체])
¶그는 부모님의 가게를 이어받았다. ¶사마천은 가업을 이어받아 역사를 서술했다. ¶우리는 선대의 전통을 이어받아 현대적으로 되살려야 한다.

이어지다

[활용]이어지어(이어져), 이어지니, 이어지고, 이어지는
[자]❶(물체가) 서로 잇달아 붙다. (of matters) Touch in succession.
[유]연결되다
N0-가 N1-와 (서로) V (N0=[구체물] N1=[구체물])
¶이 길은 100번 국도와 이어진다. ¶도로를 달리다 보면 산맥이 끊임없이 이어진다.
❷(무엇이 다른 무엇과) 서로 계속해서 연결되다. (of something) Continue to be connected with something else.
[유]연결되다 [반]끊어지다
N0-가 N1-와 V ↔ N1-가 N0-와 V ↔ N0-와 N1-가 V (N0=[구체물] N1=[구체물])
¶다리가 건설되어 우리 동네가 섬과 이어졌다. ↔ 섬이 우리 동네와 이어졌다. ↔ 섬과 우리 동네가 이어졌다. ¶산과 산이 또 이어지고 있다.
※ 'N_0', 'N_1'를 포괄하는 어휘적 표현이 사용되는 경우에는 '(N_0+N_1)-가 V' 형식도 자연스럽다.
❸(어떤 사태가) 다른 사태 뒤에 맞물려 계속되다. (of a situation) Succeed to another situation.
[유]계속되다 [반]끝나다
N0-가 N1-로 V (N0=[상태] N1=[상태])
¶사소한 폭력이 살인으로 이어지기도 한다. ¶집 안에서의 버릇이 바깥으로도 이어지니 행동을 조심해라.
N0-가 N1-에 V (N0=[상태] N1=[상태])
¶가수들의 축하 공연이 이 행사에 이어진다. ¶발표가 끝난 후에 종합 토론이 이어질 예정이다.
❹(어떤 사태가) 끝나지 않고 연달아 발생하다. (of situations) Happen successively without cessation.
[유]계속되다
N0-가 V (N0=[상태], [추상물])
¶열대야로 인해 잠 못 이루는 밤이 계속 이어질 전망이다. ¶합동 분향소에는 밤새도록 조문이 이어졌다.
❺(지식이나 기술, 비법이) 계속 전달되거나 전수되다. (of knowledge, technique, know-how) Be handed down or taught.
[유]전수되다
N0-가 V (N0=[방법](비법, 기술 따위))
¶도자기를 굽는 비법이 집안 대대로 이어졌다. ¶각종 전통 음식을 만드는 기술이 자식들에게로 이어지고 있다.
❻(사건이나 상태가) 다른 사건이나 상태에 영향을 받아 관련되다. (of an event or a state) Be affected by another event or state and to get involved.
[유]유도되다, 이르다
N0-가 N1-로 V (N0=[추상물] N1=[추상물])
¶그가 노력한 결과는 합격으로 이어졌다. ¶적극적으로 노력한 결과 그 사업은 성공으로 이어졌다.

이용당하다

[어원]利用~ [활용]이용당하여(이용당해), 이용당하니, 이용당하고 [대응]이용을 당하다
[자](사람이나 대상이) 다른 사람에게 이익을 위한 수단으로 쓰이다. (of a person or an object) Be utilized by another person as a means of profit.
[유]악용되다 [반]이용하다
N0-가 N1-에게 V (N0=[인간], [속성] N1=[인간|단체])
¶그는 계속 친하다고 생각하던 친구에게 이용당했다. ¶내 신념은 오히려 그들에게 이용당했다.

이용되다

[어원]利用~ [활용]이용되어(이용돼), 이용되니, 이용되고 [대응]이용이 되다
[자]❶(무엇이) 사람의 필요에 맞게 쓰이다. (of something) Be used suitably for a person's

ㅇ

necessity.
N0-가 N1-로 V (N0=[구체물] N1=[구체물])
능이용하다
¶이 팩스는 전화기로도 이용된다. ¶저기 있던 공터는 이제 쓰레기장으로 이용되고 있다. ¶그의 논문은 정책 수립을 위한 기초 자료로 이용된다.
❷(사람이나 대상이) 다른 사람에게 이익을 위한 수단으로 쓰이다. (of a person or an object) Be utilized by another person as a means of profit.
㊥악용당하다
N0-가 N1-에게 V (N0=[인간], [속성] N1=[인간|단체])
능이용하다
¶그의 순진함은 늘 친구에게 이용됐다. ¶나는 범죄를 저지르려 한 적이 없으며 단지 그 남자에게 이용됐을 뿐이다.

이용하다

어원利用~ 활용이용하여(이용해), 이용하니, 이용하고 대응이용을 하다
타❶(무엇을) 필요에 맞게 쓰다. Use something suitably for one's necessity.
N0-가 N1-를 N2-로 V (N0=[인간] N1=[구체물] N2=[구체물])
피이용되다
¶많은 회사원들이 지하철을 통근 수단으로 이용한다. ¶그는 지열을 에너지원으로 이용한 발전을 고안했다.
❷(다른 사람이나 대상을) 자신의 이익을 위한 수단으로 쓰다. Utilize another person or an object for one's benefit.
㊥악용하다 ㊥이용당하다
N0-가 N1-를 N2-로 V (N0=[인간] N1=[인간], [속성] N2=[시간](기회 따위), [도구])
피이용되다
¶사기꾼은 친구나 동료도 수단으로 이용한다. ¶그 사람은 심오한 학문도 단지 입신양명의 수단으로 이용했다.

이웃하다

활용이웃하여(이웃해), 이웃하니, 이웃하고
자(어떤 대상이) 다른 대상과 서로 가까이 위치해 있다. (of an object) Be located close to another object.
㊥인접하다
N0-가 N1-와 (서로) V ↔ N1-가 N0-와 (서로) V ↔ N0-와 N1-가 (서로) V (N0=[구체물], [인간|집단], [장소] N1=[구체물], [인간|집단], [장소])
¶우리나라는 중국과 이웃해 있다. ↔ 중국은 우리나라와 이웃해 있다. ↔ 우리나라와 중국은 이웃해 있다. ¶저 극장과 이웃해 있는 호텔은 언제나 만원이다. ¶친구네 가족은 우리 아파트와 이웃한 동네에 살고 있다.

이전되다

어원移轉~ 활용이전되어(이전돼), 이전되니, 이전되고 대응이전이 되다
자❶(기관 따위의 근거지가) 원래 있던 곳에서 다른 곳으로 바뀌다. (of a base of an organization) Change into another place.
㊥옮겨지다
N0-가 N1-에서 N2-로 V (N0=[장소], [기관] N1=[장소] N2=[장소])
능이전하다타
¶정부 청사가 서울에서 세종시로 이전되었다. ¶회사가 시내 중심가에서 변두리로 이전되었다.
❷(장소가) 원래 있던 곳에서 다른 곳으로 옮겨지다. (of venue) Be moved to another place.
㊥옮겨지다
N0-가 N1-에서 N2-로 V (N0=[장소], [구체물] N1=[장소] N2=[장소])
능이전하다타
¶버스 정류장이 공사로 인해서 다른 곳으로 이전되어 차 타기가 불편하다. ¶여기 좋음 쉼터가 있었는데 다른 곳으로 이전되었나 보다.
❸(권리나 재산 따위가) 다른 사람에게 넘겨지다. (of rights or property) Be handed over to another person.
㊥넘어가다자, 양도되다
N0-가 N1-에게서 N2-로 V (N0=[추상물](명의, 소유권, 등기, 권리 따위) N1=[인간|단체] N2=[인간|단체])
능이전하다타
¶회사의 소유권이 할아버지에게서 형으로 이전되었다. ¶이 공장의 운영권이 다른 나라 회사로 이전되었다고 한다.

이전받다

어원移轉~ 활용이전받아, 이전받으니, 이전받고 대응이전을 받다
타(권리나 재산 따위를) 다른 사람에게서 넘겨받다. Take over rights or property from another person.
㊥양도받다, 넘겨받다 ㊥이전하다
N0-가 N1-를 N2-(에게|에게서) V (N0=[인간|단체] N1=[추상물](명의, 소유권, 등기, 권리 따위) N2=[인간|단체])
¶작가는 소송을 통해 작품에 대한 독점 권리를 회사에게서 이전받았다. ¶종현이는 부모님 재산에 대한 모든 소유권을 이전받았다고 한다.

이전하다

어원移轉~ 활용이전하여(이전해), 이전하니, 이전하

고 대응이전을 하다

자❶(기관 따위가) 근거지를 원래 있던 곳에서 다른 곳으로 옮기다. (of an institution) Move its base to another place.

유옮기다

N0-가 N1-에서 N2-로 V (N0=[기관], [장소] N1=[장소] N2=[장소])

사이전시키다

¶시청은 여기보다는 교통이 더 편리한 곳으로 이전해야 한다. ¶우리 회사의 아시아 지점이 한국에서 일본으로 이전했다.

❷이전 단계에서 다음 단계로 넘어가다. Go on to the next step.

유넘어가다자, 옮아가다

N0-가 N1-에서 N2-로 V (N0=[추상물](시간, 속성, 역사 따위) N1=[추상물](시간, 속성, 역사 따위) N2=[추상물](시간, 속성, 역사 따위))

¶현대 사회는 이미 산업화 사회에서 정보화 사회로 이전하였다. ¶그 나라는 중세 사회에서 근대 사회로 이전하는 단계에 생겼다.

타❶(근거지나 주소를) 다른 곳으로 옮기다. Change a base or an address into another place.

유옮기다

N0-가 N1-를 N2-에서 N3-로 V (N0=[인간|단체] N1=[장소], [건물], 주소 N2=[장소] N3=[장소])

피이전되다

¶그 회사는 정유 공장을 수도권에서 지방으로 이전하였다. ¶우리는 가게를 좀 더 시내 중심가로 이전하기로 했다.

❷(자신의 권리나 재산 따위를) 다른 사람에게 넘겨주다. Hand over one's own rights or property to another person.

유넘겨주다, 양도하다 반이전받다

N0-가 N1-를 N2-(에게|로) V (N0=[인간|단체] N1=[추상물](명의, 소유권, 등기, 권리 따위) N2=[인간|단체])

피이전되다 사이전시키다

¶나는 회사 운영권을 동생에게 이전했다. ¶할아버지는 재산 명의를 회사 앞으로 이전하셨다.

이주하다

어원移住~ 활용이주하여(이주해), 이주하니, 이주하고 대응이주를 하다

자❶(원래 살던 곳에서) 다른 곳으로 옮기다. Move from original place of residence to another place.

유이사하다

N0-가 N2-에서 N1-로 V (N0=[인간|단체] N1=[장소] N2=[장소])

¶할아버지가 돌아가시자 아버지는 가족을 이끌고 서울로 이주하셨다. ¶집값이 계속 올라서 우리 집은 도시 외곽으로 이주할 수밖에 없었다.

❷(개인 혹은 민족 등의 집단이) 원래 살던 지역을 떠나 다른 지역으로 이동해서 정착해 살다. (of an individual, group or ethnic group) Leave original place of residence, move to another location, and settle to live.

유이동하다자

N0-가 N2-에서 N1-로 V (N0=[인간|단체](민족, 종족, 나라 따위) N1=[장소] N2=[장소])

¶셈족은 흑해를 건너 알타이 쪽으로 이주했다고 전해진다. ¶이때부터 1905년까지 4년 동안 한국인 7천 명 정도가 하와이로 이주했다.

이탈되다

어원離脫~ 활용이탈되어(이탈돼), 이탈되니, 이탈되고 대응이탈이 되다

자(무엇이) 어떤 범위나 대열에서 벗어나게 되거나 따로 떨어져 나가게 되다. (of something) Get out of a range or a line.

유벗어나다

N0-가 N1-에서 V (N0=[교통기관] N1=[길](궤도, 항로, 활주로 따위))

능이탈하다

¶인공위성이 궤도에서 이탈되었다. ¶비행기가 갑자기 항로에서 이탈된 이유는 무엇인가?

N0-가 N1-에서 V (N0=[인간|단체] N1=[단체], [장소])

능이탈하다

¶그 사건으로 인해 많은 사람들이 조직에서 이탈되었다. ¶그는 갑작스런 부상으로 대열에서 이탈되었다.

N0-가 N1-에서 V (N0=[인간] N1=주제, 본론, 논점 따위)

능이탈하다

¶그는 자꾸 주제에서 이탈된 이야기를 한다. ¶너는 자꾸 논점에서 이탈되고 있어.

이탈하다

어원離脫~ 활용이탈하여(이탈해), 이탈하니, 이탈하고 대응이탈을 하다

자타(무엇이) 어떤 범위나 대열에서 따로 떨어져 벗어나다. (of something) Get out of a range or a line.

유벗어나다 반참여하다

N0-가 N1-(를|에서) V (N0=[교통기관] N1=[길](궤도, 항로, 활주로 따위))

피이탈되다

¶인공위성이 궤도를 이탈하였다. ¶비행기가 갑자기 항로에서 이탈한 이유는 무엇인가?

N0-가 N1-(를|에서) V (N0=[인간], [집단] N1=[단

체], [장소])
피 이탈되다
¶그 사건으로 인해 많은 사람들이 조직에서 이탈하였다. ¶근무지를 무단으로 이탈하지 말아 주십시오.
N0-가 N1-(를|에서) V (N0=[인간] N1=주제, 본론, 논점 따위)
피 이탈되다
¶그는 자꾸 주제를 이탈하는 이야기를 한다. ¶자기주장을 펼 때에는 본론에서 이탈하지 않도록 해라.

이해되다
어원 理解~ 활용 이해되어(이해돼) 이해되니, 이해되고 대응 이해가 되다
자 ❶(어떤 대상의 내용이나 성질이) 어떤 것인지 알고 받아들여지다. (of contents or identity of some target) Be well known and accepted.
유 파악되다
N0-가 V (N0=[추상물](내용, 뜻, 목적 따위), [텍스트])
능 이해하다 타
¶이 책이 이해되기 시작한 것은 스무 살이 넘어서였다. ¶그의 발표 내용은 도무지 이해되지 않았다.
N0-가 N1-로 V (N0=[구체물](그림, 물건 따위), [추상물](소비, 수술 따위) N1=[사건](현상, 변화 따위))
능 이해하다 타
¶소비란 단순히 개인들의 차원에서 이루어지는 현상으로 이해되고 있다. ¶오늘날의 성형은 거의 미용 시술로 이해되고 있다.
❷(남의 형편이) 헤아려져 받아들여지다. (of someone's situation) Be considered and accepted.
유 납득되다
N0-가 N1-가 V (N0=[인간] N1=[상황](심정, 어려움 따위))
능 이해하다 타
¶나는 이번 사건을 겪고 나서 조합원들의 안타까운 심정이 이해되었다. ¶밤바다를 가르는 뱃전에서 자살 충동을 느끼는 사람의 마음이 이해되었다.

이해받다
어원 理解~ 활용 이해받아, 이해받으니, 이해받고 대응 이해를 받다
자 (자신의 형편이) 남에게 헤아려져 받아들여지다. (of one's situation) Be considered and accepted by someone.
반 이해하다
N0-가 N1-에게 V (N0=[인간] N1=[인간], 형편, 처지 따위)
¶사람은 누구나 타인에게 이해받기 위해 살다가 결국은 누구에게도 이해받지 못하고 죽는다. ¶위로받기보다는 위로하고, 이해받기보다는 이해하며 살자.

이해하다
어원 理解~ 활용 이해하여(이해해), 이해하니, 이해하고 대응 이해를 하다
타 어떤 대상의 내용이나 성질이 어떤 것인지를 잘 알아 받아들이다. Know well and accept the contents or identity of some target.
유 알다 타, 파악하다
N0-가 N1-를 V (N0=[인간] N1=[추상물](내용, 뜻, 목적 따위))
피 이해되다 사 이해시키다
¶학생은 그 단어의 뜻을 쉽게 이해했다. ¶인간은 자신의 이성을 사용하여 모르는 것을 이해한다.
N0-가 (S것|S음|S지)-를 V (N0=[인간])
¶저렇게 훌륭한 선수가 선발되지 않은 것을 이해할 수가 없다. ¶선생님은 학생들이 말하고자 하는 바가 무엇인지를 금방 이해했다.
자타 (남의 형편을) 알고 받아들이다. Know and accept someone's situation.
유 납득하다
N0-가 (N1|S것|S음|S지)-(를|에 대해) V (N0=[인간] N1=[인간] N2=[상황](심정, 어려움 따위))
피 이해되다, 이해받다 사 이해시키다
¶우리는 그녀의 눈에 자꾸 눈물이 고이는 것에 대해 이해할 수가 있었다. ¶부부는 대화하는 과정에서 서로의 고충이 있었음을 이해했다.

이행되다 I
어원 移行~ 활용 이행되어(이행돼), 이행되니, 이행되고 대응 이행이 되다
자 ❶(어떤 대상이) 현재의 상태에서 다른 상태로 옮아가게 되다. (of an object) Change from the present state into another state.
유 옮아가다, 바뀌다
N0-가 N1-(에서|로부터) N2-로 V (N0=[단체], [추상물] N1=[추상물] N2=[추상물])
능 이행하다I
¶세계는 냉전 체제에서 데탕트 체제로 이행되고 있다. ¶우리 사회가 아날로그 시대에서 디지털 시대로 이행되면서 종이 책이 설 자리가 없어지고 있다.
❷(질병이) 현재의 상태보다 더 안 좋은 상태로 옮아가게 되다. (of disease) to change into another state that is worse than before.
유 옮아가다, 악화되다
N0-가 N1-로 V (N0=[질병] N1=[질병])
능 이행하다I
¶흔히 간염은 간암으로 이행될 수 있다고 말한다. ¶C형 간염이 간경변으로 이행되기 전에 빨리 치료를 하는 것이 중요하다.

이행되다II

어원 履行~ 활용 이행되어(이행돼), 이행되니, 이행되고 대응 이행이 되다

자 ❶실제로 행해지다. Be actually done.
㊥실행되다, 실천되다, 수행되다
N0-가 V (N0=[행위](계획, 공약, 계약 따위), [사건])
능 이행하다II
¶우리의 계획이 차질 없이 이행되었다. ¶정해진 계약상의 의무가 이행되지 않아 우리는 계약을 파기했다. ¶공약이 얼마나 잘 이행될 수 있을지 걱정입니다.

❷ 【법률】 채무자의 채무 내용이 실행되다. (of a debtor's debt contents) Be put into practice.
N0-가 V (N0=빚, 채무 따위)
능 이행하다II
¶그 회사의 은행들에 대한 채무가 어제 날짜로 완전히 이행되었다.

이행하다I

어원 移行~ 활용 이행하여(이행해), 이행하니, 이행하고 대응 이행을 하다

자 ❶(어떤 대상이) 현재의 상태에서 다른 상태로 옮아가다. (of an object) Change from the present state into another state.
㊥옮아가다, 넘어가다자
N0-가 N1-(에서|로부터) N2-로 V (N0=[단체], [추상물] N1=[추상물] N2=[추상물])
피 이행되다I
¶독재 국가로부터 민주 국가로 이행하기 위해 우리는 많은 희생을 치렀다. ¶유럽이 근대 사회로 이행하는 데 인쇄술이 큰 기여를 하였다.

❷(질병이) 현재의 상태보다 더 안 좋은 상태로 옮아가다. (of disease) to change into another state that is worse than before.
㊥옮아가다, 악화되다
N0-가 N1-로 V (N0=[질병] N1=[질병])
¶일반적으로 간염이 간암으로 이행한다고 믿고 있다. ¶간질환은 간경화로, 이는 다시 간암으로 이행한다.

이행하다II

어원 履行~ 활용 이행하여(이행해), 이행하니, 이행하고 대응 이행을 하다

타 ❶실제로 행하다. Carry out something.
㊥실행하다, 실천하다, 수행하다
N0-가 N1-를 V (N0=[인간|단체] N1=[행위], [사건])
피 이행되다II
¶한국은 경제적 지원을 약속대로 이행했다. ¶나는 구단과의 계약을 끝까지 이행할 생각이다.

❷ 【법률】 채무자가 채무의 내용을 실행하다. (of a debtor) Put the debt's implementation into practice.
N0-가 N1-를 V (N0=[인간|단체], 기관 N1=빚, 채무 따위)
피 이행되다II
¶그 회사는 은행들에 대한 채무를 성실하게 이행하였다.

이혼하다

어원 離婚~ 활용 이혼하여(이혼해), 이혼하니, 이혼하고 대응 이혼을 하다

자 결혼한 부부가 법적으로 혼인 관계를 끊고 헤어지다. (of a married couple) Sever a marital relationship and separate legally.
㊥헤어지다, 갈라서다 ㊥결혼하다, 재혼하다
N0-가 N1-와 V ↔ N1-가 N0-와 V ↔ N0-와 N1-가 V (N0=[인간] N1=[인간](부인, 아내, 남편 따위))
¶그는 부인과 이혼했다. ↔ 부인은 그와 이혼했다. ↔ 그와 부인은 이혼했다. ¶그녀는 임신 중에 이혼하여 홀로 아이를 낳았다. ¶영희의 부모님은 그가 아주 어렸을 때 이혼하셨다.

익다

활용 익어, 익으니, 익고

자 ❶(날음식이나 재료가) 가열되어 구워지거나 삶아지다. Boil or grill (raw food or ingredient) by the use of heat.
N0-가 V (N0=[음식물])
사 익히다I
¶다 익은 채소는 그릇에 따로 담아 두어라. ¶돼지고기는 다 익기 전에 먹지 마라.

❷(술이나 김치 따위의 발효 식품이) 충분히 발효되어 맛이 들다. (of fermented food such as kimchi or alcoholic beverage) Be fully fermented and gain flavor.
㊥맛이 들다, 숙성하다
N0-가 V (N0=[음식물](김치, 술 따위))
사 익히다I
¶겨우내 장독에 있던 김치가 푹 익었다. ¶매실주가 알맞게 익었으니 맛을 보아라.

❸(과일이나 곡식 따위가) 충분한 시간을 통해 먹기에 알맞은 상태가 되다. (of a fruit or a grain) Become suitable for eating, given enough time.
㊥숙성되다
N0-가 V (N0=[음식물](과일, 곡식 따위))
사 익히다I
¶마당에 있는 배나무의 배가 잘 익었다. ¶벼가 익어 들판이 황금빛으로 변했다.

❹(살갗이) 햇볕에 쬐거나 뜨거운 것에 데어 빨개지다. (of skin) Turn red, getting exposed to the sun or burned by something hot.
N0-가 N1-에 V (N0=[신체부위] N1=열, 햇볕, 땡볕,

ㅇ

뜨거운 물)
¶한낮에 일했더니 살갗이 햇볕에 익었다. ¶뜨거운 물에 들어가는 바람에 다리가 익고 말았다.

익히다 I

활용 익히어(익혀), 익히니, 익히고

타 ❶(날음식이나 재료를) 열을 가해서 굽거나 삶거나 찌다. Apply heat to raw stuff or material by burning, boiling, or steaming.
N0-가 N1-를 N2-에서 V (N0=[인간] N1=[음식물] N2=[도구](가스레인지, 전자레인지, 버너, 숯불 따위))
주 익다
¶어머니는 언제나 고기는 불판에서 익힌다.
¶우리집에서는 모든 음식을 익혀서 먹는다.

❷(술이나 김치 따위의 발효 식품을) 충분히 발효시켜서 맛이 들게 하다. Ferment fermented foods including liquor or kimchi sufficiently so that it develops flavor.
㊥숙성시키다
N0-가 N1-를 V (N0=[인간] N1=[음식](김치, 술 따위))
주 익다
¶어머니는 술을 오랜 시간 숙성시켜서 익히셨다.
¶이런 발효 음식은 충분히 익혀야 맛이 난다.

❸(과일이나 곡식 따위를) 충분한 시간을 통해 먹기에 알맞은 상태로 만들다. Make fruits or grains suitable to eat through sufficient time.
㊥숙성시키다
N0-가 N1-를 V (N0=[인간], [자연] N1=[음식](과일, 곡식 따위))
주 익다
¶따뜻한 햇살이 곡식들을 점점 익히고 있었다.
¶너무 익힌 과일은 오히려 쓴맛이 난다.

익히다 II

활용 익히어(익혀), 익히니, 익히고

타 ❶(어떤 일이나 기술을) 여러 차례 시도하고 노력해서 능숙해지다. Try and endeavor to do a work or a skill so many times that one becomes adept.
㊥배우다, 단련하다, 연습하다
N0-가 N1-를 N2-에 V (N0=[인간] N1=[추상물], [도구] N2=[신체부위](몸, 손 따위))
¶그는 다양한 무술을 몸에 완전히 익힌 달인이다.
¶민수는 바이올린을 정말 빨리 익혔다.

❷(어떤 사람이나 대상을) 여러 차례 경험하고 보아서 잘 알고 익숙해지다. Become accustomed to and adept with regard to a person or an object through many experiences.
㊥학습하다, 알다타
N0-가 N1-를 V (N0=[인간] N1=[장소], [신체부위](얼굴), 지형, 이름, 구조 따위)
¶건물주는 이제 그 건물의 구조를 완전히 익혔다.
¶선생님은 우리 반 학생들의 얼굴을 모두 익혔다.

인계하다

어원 引繼~ 활용 인계하여(인계해), 인계하고, 인계하니 대응 인계를 하다

타 (일이나 물건을) 다른 사람에게 넘겨주다. Turn over one's task or item to someone.
㊥넘겨주다 ㊥인계받다, 인수하다, 넘겨받다
N0-가 N1-를 N2-(에|에게|로) V (N0=[인간|단체] N1=[구체물], [추상물] N2=[인간|단체])
¶나는 퇴사하면서 후임자에게 모든 업무를 인계했다. ¶창고 물품 목록을 인계하기 전에 재고를 다시 한 번 확인해 보세요.

인내하다

어원 忍耐~ 활용 인내하여(인내해), 인내하니, 인내하고 대응 인내를 하다

타 (괴로움이나 어려움, 슬픔 따위를) 참고 견디다. Bear and endure suffering, difficulty, or sadness.
㊥참다, 감내하다, 견디다타
N0-가 N1-를 V (N0=[인간] N1=[감정](괴로움, 슬픔 따위), 현실, 일 따위)
¶나는 육체에 가해지는 고통을 인내했다. ¶그는 자신에게 닥친 고난을 기꺼이 감당하고 인내하려고 노력했다.

인도되다 I

어원 引渡~ 활용 인도되어(인도돼), 인도되니, 인도되고 대응 인도가 되다

자 (사람이나 물건 따위의 권리가) 다른 사람에게 넘겨지다. (of a right of a person or a thing) Be handed over to another person.
㊥넘겨지다, 배달되다
N0-가 N1-(에|에게) V (N0=[인간], [구체물] N1=[인간|단체])
능 인도하다I
¶사망자들의 시신이 유족들에게 인도되었다.
¶계약 물품이 무사히 고객에게 인도되었다.

인도되다 II

어원 引導~ 활용 인도되어(인도돼), 인도되니, 인도되고 대응 인도가 되다

자 다른 사람에게 어떤 방향으로 지도되어 이끌리다. Be led to a direction, being guided by another person.
㊥이끌리다 ㊥이끌다
N0-가 V (N0=[인간])
능 인도하다II
¶범죄자들이 선한 길로 인도되어 다시 악행을 저지르지 않았다. ¶몇몇의 가출 청소년들이 바른

길로 인도되었다.

인도받다

어원 引渡~ 활용 인도받아, 인도받으니, 인도받고 대응 인도를 받다

타 (사람이나 물건을) 다른 사람에게서 법적으로 넘겨받다. Receive legally another person or a thing from someone else.

유 넘겨받다, 인수받다 반 인도하다I, 넘겨주다

N0-가 N2-(에게|로부터) N1-를 V (N0=[인간|단체] N1=[인간], [구체물] N1=[인간|단체])

¶유족들은 사망자들의 시신을 인도받았다. ¶나는 계약 물품을 무사히 인도받았다.

인도하다 I

어원 引渡~ 활용 인도하여(인도해), 인도하니, 인도하고 대응 인도를 하다

타 (사람이나 물건 따위를) 다른 사람이나 단체에 법적으로 넘겨주다. (of a person) Hand over legally another person or a thing to someone else or to an organization.

유 넘기다, 인계하다 반 인도받다, 인수하다

N0-가 N1-를 V (N0=[인간|단체] N1=[인간], [구체물])

피 인도되다I

¶유족들은 시신을 가족들에게 인도해 달라고 요청하였다. ¶나는 계약 물품을 고객에게 인도하였다.

인도하다 II

어원 引導~ 활용 인도하여(인도해), 인도하니, 인도하고 대응 인도를 하다

타 (다른 사람을) 어떤 방향으로 지도하여 이끌다. (of a person) Guide and lead another person to a direction.

유 이끌다 반 따르다I 타

N0-가 N1-를 V (N0=[인간] N1=[인간])

피 인도되다II

¶안내견이 맹인을 인도하며 지나갔다. ¶그는 악한 사람들을 선한 길로 인도하기 위해 노력하였다. ¶어머니는 그간 몇몇의 가출 청소년을 바른길로 인도하였다.

인사하다

어원 人事~ 활용 인사하여(인사해), 인사하니, 인사하고 존대 인사드리다

자 ❶(사람에게) 만나거나 헤어질 때 반가움이나 아쉬움을 표하는 예를 말이나 행위로 하다. Show respectful gesture of delight or sorrow to someone when meeting or leaving.

N0-가 N1-에게 V (N0=[인간] N1=[인간])

¶철수는 학교에 도착하자 먼저 선생님께 인사했다. ¶그는 친구에게 손을 흔들어 인사하고 천천히 집으로 돌아왔다.

❷(사람에게) 은혜를 갚거나 감사를 표하는 예를 하다. Show respectful gesture to return a favor or offer appreciation to someone.

N0-가 N1-에게 V (N0=[인간] N1=[인간])

¶명절이라 제자들이 스승에게 인사하러 왔다. ¶그동안 후원해 주신 분께 인사하려고 선물을 샀다.

❸(사람과) 처음 만나 서로 자신을 소개하다. Meet and introduce oneself for the first time to someone.

N0-와 N1-가 V ↔ N1-와 N0-가 V ↔ N0-가 N1-와 V (N0=[인간] N1=[인간])

¶아버지와 영희가 오늘 처음 인사했다. ↔ 영희와 아버지가 처음 인사했다. ↔ 아버지가 영희와 처음 인사했다. ¶신임 지휘관은 간부들과 인사한 뒤 바로 근무를 시작했다.

인상되다

어원 引上~ 활용 인상되어(인상돼), 인상되니, 인상되고 대응 인상이 되다

자 값이나 가치가 오르다. (of price or value) Be made to go up.

유 올라가다I 반 인하되다, 내려가다

N0-가 V (N0=[가격], [가치])

능 인상하다

¶직원들의 보수가 대폭 인상되었다. ¶원유가가 오늘부터 인상되고 공공요금이 내년 초에 인상된다.

인상하다

어원 引上~ 활용 인상하여(인상해), 인상하니, 인상하고 대응 인상을 하다

타 값이나 가치를 올리다. Raise price or value.

유 올리다 반 인하하다, 내리다

N0-가 N1-를 N2-로 V (N0=[인간|단체] N1=[값], [가치] N2=[값], [가치])

피 인상되다

¶정부는 이번 달부터 버스 요금을 1350원으로 인상하기로 하였다. ¶항공사는 일제히 항공 요금을 7% 인상하였다.

인솔하다

어원 引率~ 활용 인솔하여(인솔해), 인솔하니, 인솔하고 대응 인솔을 하다

타 둘 이상의 사람들을 이끌고 가다. Lead two or more people.

유 안내하다

N0-가 N1-를 V (N0=[인간] N1=[인간|단체])

¶교사가 학생들을 직접 인솔했다. ¶여행사 직원이 관광객들을 경복궁으로 인솔해 갔다.

인쇄되다

어원 印刷~ 활용 인쇄되어(인쇄돼), 인쇄되니, 인쇄되고 대응 인쇄가 되다

자(글, 그림이나 사진이) 먹이나 잉크로 종이나 천의 표면에 찍혀서 보이게 되다. (of writing, drawing, or photograph) Be printed with ink and become visible on the surface or paper or cloth.
유찍히다II자
N0-가 N1-에 V (N0=[텍스트], [작품], [기호] N1=[종이], [천], [자재], [책])
능인쇄하다
¶상자 포장지에 상품 선전 문구가 인쇄되어 있다. ¶약 봉지를 열자 주의 사항이 빼곡히 인쇄된 안내서가 나왔다.
N0-가 V (N0=[종이], [천], [자재], [책])
능인쇄하다
¶책이 다 인쇄되었다고 인쇄소에서 전화가 왔다. ¶가격표가 인쇄된 종이가 제품마다 붙여 있었다.

인쇄하다
어원印刷~ 활용인쇄하여(인쇄해), 인쇄하니, 인쇄하고 대응인쇄를 하다
타(글, 그림이나 사진을) 먹이나 잉크로 종이나 천의 표면에 찍어서 보이게 하다. Print writing, drawing, or photograph with ink and make it visible on the surface or paper or cloth.
유찍다II
N0-가 N1-를 V (N0=[인간|단체] N1=[종이], [천], [자재], [책])
피인쇄되다
¶신문사는 석간을 인쇄하여 여기저기로 발송하였다. ¶출판사는 책을 재발매하면서 고가의 특별판을 따로 인쇄하였다.
N0-가 N1-를 N2-에 V (N0=[인간|단체] N1=[텍스트], [작품], [기호] N2=[종이], [천], [자재], [책])
피인쇄되다
¶출판사가 신간 표지에 글자를 올록볼록하게 강조하여 인쇄하였다. ¶기성복의 옷 안쪽에는 종이나 천에 세탁 정보를 인쇄한 라벨이 있다.

인수하다
어원引受~ 활용인수하여(인수해), 인수하니, 인수하고 대응인수를 하다
타(소유권이나 책임을) 누군가에게서 넘겨받다. Take over ownership or responsibility from someone.
유넘겨받다 반인계하다, 넘겨주다
N0-가 N1-를 N2-에게 V (N0=[인간|단체] N1=[추상물] N2=[인간|단체])
¶우리는 어제 운송업체로부터 화물을 인수했다. ¶회장은 전임 회장에게서 경영권을 인수하였다.

인식되다
어원認識~ 활용인식되어(인식돼), 인식되니, 인식되고 대응인식이 되다
자(어떤 사실이나 속성 따위가) 일정한 방식으로 분별되어 알려지거나 이해되다. (of fact or characteristic) Be identified in a certain way and known or understood.
유이해되다, 생각되다
N0-가 N1-로 V (N0=[구체물], [추상물](사실, 상황, 속성, 가치 따위) N1=[추상물](사실, 상황, 속성, 가치 따위))
능인식하다
¶이러한 국책 사업은 세수의 낭비로 인식되고 있다. ¶인공지능을 활용한 사업은 새로운 사업으로 인식되었다.
N0-가 N1-(에 의해|에서) V (N0=[기호](음성, 텍스트 따위) N1=[기계], [프로그램])
능인식하다
연어잘, 정확하게
¶집주인의 음성이 인식되는 경우에만 현관문이 열린다고 한다. ¶스캔된 문서도 이 프로그램에서는 정확하게 인식된다.
N0-가 S다고 V (N0=[인간|단체])
능인식하다
¶이 이론은 과학계의 혁신적인 발전이라고 인식되었다. ¶동료들 사이에서 그는 매우 부지런하다고 인식되고 있다.

인식하다
어원認識~ 활용인식하여(인식해), 인식하니, 인식하고 대응인식을 하다
자타(어떤 사실이나 속성 따위를) 일정한 방식으로 분별하여 알거나 이해하다. Identify in a certain way a fact or a characteristic and know or understand it.
유이해하다자타, 알다자타
N0-가 N1-를 V (N0=[기계], [프로그램] N1=[기호](음성, 텍스트 따위))
피인식되다 사인식시키다
연어잘, 정확하게
¶이 기계는 개개인의 음성을 정확하게 인식한다. ¶요즘 컴퓨터 프로그램들은 문자를 정확하게 인식하여 음성으로 변환하여 준다.
N0-가 N1-를 N2-로 V (N0=[인간|단체] N1=[구체물], [추상물](나라, 상황, 가치 따위) N1=[추상물](사실, 상황, 속성, 가치 따위))
피인식되다 사인식시키다
¶우리는 일본을 우리의 경쟁 상대로 인식하고 있다. ¶많은 기업이 유가 상승을 위기로 인식한다고 한다.
N0-가 S고 V (R1) (N0=[인간|단체])
피인식되다 사인식시키다

¶국민들은 정부의 예산 집행(이|을) 비교적 공정하다고 인식하고 있다.(R_1) ¶학계는 이 논문을 굉장히 훌륭한 업적이라고 인식하고 있다.

인용되다

[어원]引用~ [활용]인용되어(인용돼), 인용되니, 인용되고 [대응]인용이 되다

[자](어떤 사람의 말이나 글이) 다른 사람의 말이나 글에 끌어들여져 사용되다. (of someone's statement or sentence) Be utilized in another person's statement or sentence.

N0-가 N1-에 V (N0=[말], [텍스트] N1=[텍스트], [이야기])

[능]인용하다

¶이 소설에 인용된 시문은 17세기의 작품이다. ¶논문에 인용된 자료는 따로 보관하는 것이 좋겠다.

N0-가 N1-에서 V (N0= [말], [텍스트] N1=[텍스트], [이야기])

[능]인용하다

¶다른 기사에서 인용된 부분은 삭제해 주시기 바랍니다. ¶시집에서 인용된 몇 문장이 내 마음을 울렸다.

인용하다

[어원]引用~ [활용]인용하여(인용해), 인용하니, 인용하고 [대응]인용을 하다

[타](다른 사람의 말이나 글을) 자신의 말이나 글에 끌어들여 사용하다. Utilize another person's statement or sentence in one's own statement or sentence.

[유]끌어오다, 따오다

N0-가 N1-를 N2-에 V (N0=[인간|단체] N1=[말], [텍스트] N2=[텍스트], [이야기])

[피]인용되다

¶내가 논문에 인용한 자료는 작년에 발표된 것이다. ¶그는 시구를 인용해서 편지를 썼다.

N0-가 N2-에서 N1-를 V (N0=[인간|단체] N1=[말], [텍스트] N2=[텍스트], [이야기])

[피]인용되다

¶그는 숙제할 때 책에서 몇 문장을 인용했다. ¶다른 글에서 인용한 부분은 출처를 밝혀야 한다.

인접하다

[어원]隣接~ [활용]인접하여(인접해), 인접하니, 인접하고

[자](어떤 대상이 다른 대상과) 서로 가까이 위치해 있다. (of an object) Be located close to another object.

[유]이웃하다

N0-가 N1-와 (서로) V ↔ N1-가 N0-와 (서로) V ↔ N0-와 N1-가 (서로) V (N0=[구체물], [인간|집단], [장소] N1=[구체물], [인간|집단], [장소])

¶우리 아파트는 소방서와 인접해 있다.↔ 소방서는 우리 아파트와 인접해 있다. ↔ 우리 아파트와 소방서는 인접해있다. ¶그 건물은 지하철역과 인접해 있어서 언제나 시끄럽다.

N0-가 N1-에 V (N0=[건물], [장소] N1=[건물], [장소])

¶우리 집은 숲에 인접해 있다. ¶우리 학교는 도봉산에 인접해 있다.

인정되다

[어원]認定~ [활용]인정되어(인정돼), 인정되니, 인정되고

[자](어떤 대상이나 사실이) 확실하게 그러하다고 여겨지다. (of a target or a fact) Be certainly considered to be something.

[유]용납되다, 받아들여지다

N0-가 N1-(에게|에서) V (N0=[추상물], [상태], [구체물] N1=[인간|단체])

[능]인정하다

¶그녀의 능력은 모든 이들에게 인정되어 그녀는 팀장이 될 수 있었다. ¶한글의 우수성은 많은 학자들에게 인정되어 왔다.

N0-가 N1-(에게|에서) S고 V (N0=[추상물], [상태], [구체물] N1=[인간|단체])

[능]인정하다

¶한글은 다른 문자보다 과학적이라고 학계에서 인정되고 있다. ¶이 성분은 인체에 해롭다고 의학계에서 인정되었다.

인정받다

[어원]認定~ [활용]인정받아, 인정받으니, 인정받고 [대응]인정을 받다

[타](사람이나 대상이) 어떤 자격이나 능력을 가지고 있음을 다른 사람에게 확인받다. (of a person or target) Be confirmed by someone to possess a qualification or ability.

[유]받아들여지다, 승인되다 [반]인정하다

N0-가 N2-(에게|에서) N1-를 V (N0=[인간|단체], [구체물] N1=[속성], [기술], [권리] N2=[인간|단체])

¶나는 사람들에게 능력을 인정받아 빨리 승진할 수 있었다. ¶나는 오랜 노력 끝에 특허를 인정받았다.

인정하다

[어원]認定~ [활용]인정하여(인정해), 인정하니, 인정하고

[자타](어떤 사실이나 대상을) 확실하게 그러한 것으로 여기다. (of a person) Certainly appreciate a fact, target, or someone's authority as its value.

[유]시인하다[자.타], 용납하다, 받아들이다 [반]부인하다, 기각하다, 거절하다, 인정받다

N0-가 N1-(를|에 대해) V (N0=[인간|단체] N1=[추상물], [상태], [인간])

[피]인정되다

¶그는 자신의 잘못에 대해 끝까지 인정하지 않았

다. ¶어머니는 그 사람을 사위로 인정하지 않았다.
N_0-가 S것-(을|에 대해) V (N_0=[인간|단체])
¶직원들은 신입 사원의 공로가 꽤 컸다는 것을 인정하였다. ¶그는 자신이 잘못했다는 사실을 끝까지 인정하지 않았다.

인지되다

[어원]認知~ [활용]인지되어(인지돼), 인지되니, 인지되고 [대응]인지가 되다

[자](어떤 일이나 현상이) 분별되고 판단되어 알아지다. (of certain event or phenomenon) Be distinguished, judged, and known.

[유]분별되다, 알려지다

N_0-가 N_1-에게 V (N_0=[사건], [상태], [추상물] N_1=[인간|단체], [집단])

[능]인지하다

¶어둠 속에서 그의 귀에 작은 소리가 인지되었다. ¶우리 부서에서는 이번 신제품이 소비자들에게 제대로 인지되지 못했다고 판단하였다.

S것-이 V

[능]인지하다

¶오전 3시 53분 기체 내에서 화재 경보가 발생한 것이 인지되었다.

N_0-가 N_1-에 의해 V (N_0=[사건], [상태], [추상물] N_1=[추상물](신체부위, 행위, 방법))

[능]인지하다

¶냄새의 성분인 화학 물질은 코의 안쪽에 존재하는 후각 세포에 의해 인지된다. ¶정밀한 검사에 의해 질병이 인지되었다.

N_0-가 N_1-에게 N_2-로 V (N_0=[사건], [상태], [추상물] N_1=[인간|단체], [집단] N_2=[추상물])

[능]인지하다

¶개인 정보 유출은 모든 사람들에게 심각한 문제로 인지되고 있다. ¶이런 정보들이 대중들의 심리에 강하게 인지되어 있는 상황이다.

인지하다

[어원]認知~ [활용]인지하여(인지해), 인지하니, 인지하고 [대응]인지를 하다

[타](사람이나 단체가) 어떤 일이나 현상을 분별하고 판단하여 알다. Distinguish, judge, and know some event or phenomenon.

[유]알다, 깨닫다, 이해하다

N_0-가 N_1-를 V (N_0=[인간|단체], [집단], [신체부위], [기기] N_1=[사건], [현상], [구체물], [추상물])

[피]인지되다 [사]인지시키다

¶아이는 세 살쯤부터 구체적인 사물을 인지하기 시작한다. ¶인간의 뇌 속에 유머를 인지하는 특정 감각 부위가 존재한다는 주장이 제기되었다.

N_0-가 S것-을 V (N_0=[인간|단체], [집단])

[피]인지되다 [사]인지시키다

¶직원들이 스스로 회사의 구성원이라는 것을 인지하는 것이 중요하다. ¶까다로운 고객도 확실한 충성 고객이 될 수 있다는 것을 인지해야 한다.

N_0-가 N_1-를 N_2-로 V (N_0=[인간|단체], [집단] N_1=[사건], [상태], [추상물] N_2=[추상물])

[피]인지되다 [사]인지시키다

¶사람들은 그 사건을 문제로 인지하고 있었다. ¶1930년대 시인들은 지방어나 토속어를 생명이 있는 구체적 실체로 인지했다.

N_0-가 N_1-를 N_2-로 V (N_0=[인간], [인간|집단] N_1=[사건], [현상], [추상물] N_2=[방법])

[피]인지되다 [사]인지시키다

¶이제 디지털 기술로 세계를 인지할 수 있다. ¶우리가 오감으로 세상을 인지한다는 것은 잘 알려진 사실이다.

N_0-가 N_1-를 S고 V (N_0=[인간] N_1=[사건], [현상], [구체적대상])

[피]인지되다 [사]인지시키다

¶옛날 사람들은 무기력을 악마에 홀린 증상이라고 인지했다. ¶과거에는 한 동네 사람들을 모두 가까운 친척이라고 인지했다.

인하다

[어원]因~ [활용]인하여(인해), 인한

※ 주로 '인하여(인해), 인한' 형으로 쓰인다.

[자](무엇이) 원인이 되다. (of something) Become a cause.

N_0-가 N_1-로 V (N_0=[모두] N_1=[모두])

¶태풍이 오는 시기에는 기상 악화로 인한 항공 사고 위험이 있다. ¶이곳에는 신분증 분실로 인해 증명서를 받으러 온 시민이 많다.

인하되다

[어원]引下~ [활용]인하되어(인하돼), 인하되니, 인하되고 [대응]인하가 되다

[자](금액이나 금리 따위가) 이전보다 내려지다. (of an amount or an interest rate) Be cut down.

[유]내려가다 [반]인상되다, 올라가다

N_0-가 V (N_0=[금전], [수량])

[능]인하하다

¶호황이 이어지며 대출 금리가 인하되었다. ¶백화점 행사 중이라 상품 가격이 인하되어 있다.

인하하다

[어원]引下~ [활용]인하하여(인하해), 인하하니, 인하하고 [대응]인하를 하다

[타](금액이나 금리 따위를) 이전보다 내리다. Cut down an amount or an interest rate.

[유]내리다 [반]인상하다, 올리다

N_0-가 N_1-를 V (N_0=[인간], [집단] N_1=[금전], [수량])

[피]인하되다

¶정부에서는 세율을 인하하기로 하였다. ¶정유

회사들이 유가는 인하했지만 물가는 떨어지지 않고 있다.

일관되다

어원一貫~ 활용일관되어(일관돼), 일관되니, 일관되고

자(한 번 취한 태도나 방법이) 끝까지 변함없이 유지되다. (of attitude or manner once taken) Be maintained to the end without change.

유불변하다, 한결같다

N0-가 V (N0=[추상물](입장, 태도, 상태, 생각 따위))

¶그의 논리는 복잡했지만 그 논점은 일관되어서 매우 설득력이 있었다. ¶우리 형은 언제나 행동이 바르고 일관된 사람이다. ¶그의 사상은 언제나 일관되게 유지되어 오고 있다.

일관하다

어원一貫~ 활용일관하여(일관해), 일관하니, 일관하고

자(한 번 취한 태도나 방법으로) 끝까지 변함없는 입장을 보이다. Maintain one's attitude or manner to the end.

N0-가 N2-에 대해 N1-로 V (N0=[인간|단체] N1=[추상물](입장, 태도, 상태, 생각 따위) N2=[추상물], [구체물])

¶그는 그 일에 대해서 무관심으로 일관했다. ¶실망스럽게도 그는 끝까지 변명으로만 일관했다. ¶정부는 이 문제에 대해 무대응으로 일관해 왔다.

일구다

활용일구어(일궈), 일구니, 일구고

타❶논밭이 아닌 땅을 갈아엎어 논밭을 만들다. Plow non-farmland and change it into farmland.

유갈다II, 파다

N0-가 N1-를 V (N0=[인간|단체] N1=[농경지])

¶요즘 농촌에는 밭을 일굴 젊은이가 없다. ¶개척민들은 황무지 벌판을 밭으로 일구었다.

※ 논밭을 만들기 위해 하는 행동이다.

❷(어떤 일을) 성취하거나 만들어내다. Achieve or create something.

유성취하다, 달성하다

N0-가 N1-를 V (N0=[인간|단체] N1=[추상물], [상태])

¶감독은 체계적인 훈련으로 대표팀의 승리를 일구어 냈다. ¶그는 열심히 노력하여 많은 재산을 일구었다.

일그러뜨리다

활용일그러뜨리어(일그러뜨려), 일그러뜨리니, 일그러뜨리고

타(얼굴 따위를) 한쪽이 좀 비뚤어지거나 우글쭈글하게 만들다. Make part of one's face twisted or wrinkled.

유찡그리다

N0-가 N1-를 V (N0=[인간] N1=[신체부위](얼굴, 입술, 미간 따위))

주일그러지다

¶그는 화가 나서 얼굴을 일그러뜨렸다. ¶남자는 자신을 얕보는 것을 알아채고 미간을 일그러뜨렸다.

일그러지다

활용일그러지어(일그러져), 일그러지니, 일그러지고

자❶(얼굴 따위가) 한쪽이 좀 비뚤어지거나 주름지게 되다. (of a face) Have a twisted or wrinkled part.

유비뚤어지다

N0-가 V (N0=[신체부위])

사일그러뜨리다

¶내가 아무렇지 않게 대꾸하자 녀석의 표정이 일그러졌다. ¶더운 날씨에 운동장을 뛰는 선수들의 얼굴이 점차 심하게 일그러졌다.

❷(물체의 일부가) 한쪽이 좀 비뚤어지거나 우글쭈글해지다. (of part of matter) Be slightly twisted or wrinkled.

유찌그러들다

N0-가 V (N0=[구체물])

사일그러뜨리다

¶공장에서 사고를 당해 그의 손가락 세 개가 일그러졌다. ¶정면충돌 사고로 차량의 앞부분이 일그러졌다.

❸(일이) 잘못된 방향으로 비뚤어지다. (of a work) Proceed perversely.

유망가지다

N0-가 V (N0=[사건], [상태], [추상물])

사일그러뜨리다

¶세계적인 경제 공황에 많은 사람들의 꿈도 일그러졌다. ¶흥분한 사람들이 싸우는 바람에 잔칫집 분위기가 일그러졌다.

일깨우다 I

활용일깨워, 일깨우니, 일깨우고

타(사람이나 사태가) 어떤 사실이나 숨겨진 의도를 가르치거나 일러주어서 알게 하다. (of a person or situation) Make some fact or hidden intention known by teaching or informing.

유각성시키다

N0-가 N1-를 V (N0=[인간], [상태] N1=[앎], [추상물](경각심, 심각성, 소중함 따위))

¶그는 선생님으로서 학생들에게 해야 할 일을 일깨웠다. ¶이번 사고는 국민들에게 안전에 대한 경각심을 일깨워 주었다.

N0-가 N1-를 V (N0=[인간], [상태] N1=[인간])

¶선생님은 자기 반 학생들이 늘 자신을 일깨워 준다고 하셨다. ¶어려운 상황에서도 절망하지 않는 작은 아이가 그를 일깨워 준 것이다.

No-가 S고 V (No=[인간], [상태])
¶목사님은 사랑은 낮은 곳에서부터 시작한다고 일깨우셨다.
No-가 S것-을 V (No=[인간], [상태])
¶시원한 바람이 불어 곧 가을이 온다는 것을 일깨웠다. ¶묵념 시간은 이 세상에는 가끔 침묵이 필요하다는 것을 일깨웠다.

일깨우다Ⅱ
활용 일깨워, 일깨우니, 일깨우고
타 (자고 있는 다른 사람을) 일찍 일어나게 하다. (of a person) Make someone, who has been sleeping, wake up early.
No-가 N1-를 V (No=[인간] N1=[인간])
주 일깨다
¶오늘은 그렇게 일찍 일어나지 않아도 되는데 남편이 나를 일깨웠다. ¶어머니는 아침부터 밥 짓는 소리로 우리들을 일깨웠다.

일다
활용 일어, 이니, 일고, 이는
자 ❶어떤 물리적 현상이나 자연적 현상이 나타나거나 생기다. (of a physical or natural phenomenon) Appear or be brought about.
㊌일어나다, 생기다
No-가 V (No=[현상])
¶잔잔하던 바다에 갑자기 바람이 일더니 풍랑이 몰려왔다. ¶시간이 흐를수록 불길이 크게 일어 소방 작업이 어려워졌다.
❷어떤 사회 현상이 나타나거나 생기다. (of a social phenomenon) Appear or be created.
㊌발생하다
No-가 V (No=[상태])
¶신임 총리 지명자에 대한 비난이 거세게 일었다. ¶논란이 더 크게 일기 전에 이 문제를 덮어야 겠다.
❸어떤 심리 상태가 나타나거나 생기다. (of a psychological state) Appear or be created.
㊌솟다, 생기다
No-가 V (No=[감정])
¶내 마음 속에 선생님에 대한 미움이 일었다. ¶가끔씩 향수가 일어 일이 손에 잡히지 않는다. ¶영화의 마지막 장면을 봤을 때 나에게는 감동이 일었다.

일렁이다
활용 일렁여, 일렁이니, 일렁이고
자 ❶(긴 물건이) 물결이나 바람에 이리저리 크고 가볍게 흔들리다. (of something long) Be waved in various directions greatly and swiftly by wind or wave.
㊌흔들리다
No-가 N1-에 V (No=[구체물] N1=[기상](바람 따위), [자연현상](파도 따위))
¶노랗게 익어가는 벼가 바람에 일렁인다. ¶빨랫대에 널린 희고 얇은 옷들이 바람에 일렁였다.
❷(빛이) 이리저리 흔들리다. (of light) Flicker.
㊌흔들거리다
No-가 V (No=[빛], [불])
¶바람이 불자 출렁 촛불이 크게 한 번 일렁였다.
❸(물이나 오로라 따위가) 일정한 파동을 그리며 흔들리다. (of water or aurora) Sway, forming a definite wave.
㊌요동치다
No-가 V (No=[자연현상], [기상])
¶예나 지금이나 고향의 물결은 모든 것을 받아들일 것처럼 일렁인다. ¶출항한 지 얼마 지나지 않아 갑자기 바람이 거세지고 파도가 거칠게 일렁였다.
❹(사람이나 장소가) 마음이나 감정으로 가득 차 동요가 생기다. (of a person or a place) Be disturbed by a certain swelling emotion or feeling.
㊌동요하다, 움직이다 자
No-가 N1-로 V (No=[신체부위], [장소] N1=[감정])
¶그녀의 두 눈이 짙은 불신으로 크게 일렁였다. ¶후반 14분 한 선수가 골을 시도하자 장내가 순간 일렁였다.

일삼다
활용 일삼아, 일삼으니, 일삼고
타 ❶(마땅히 해야 할 일을 하는 대신) 좋지 않은 특정 행위만을 계속해서 반복하다. Continuously do a certain improper action instead of doing the right thing.
㊌거듭하다, 반복하다
No-가 N1-를 V (No=[인간|단체] N1=[비행], [행위](주먹질, 싸움 따위), [논쟁], [비난욕설])
¶그들은 더 나은 세계를 만든다면서 파괴만을 일삼았다. ¶그는 젊었을 때 싸움만을 일삼다가 새 사람이 되었다.
※N1에는 부정적인 의미의 행위명사가 주로 온다.
❷(어떤 일을) 자신의 직업인 것처럼 하다. Regard some duty as one's primary occupation or activity.
No-가 N1-를 V (No=[인간|단체] N1=[행위])
¶할머니는 요즘 화단 가꾸기를 일삼아 하고 계시다. ¶철수는 요즘 부모님의 가게를 일삼아 돕고 있다.
※ '일삼아 하다'의 형태로 주로 쓰인다.

일어나다[1]
활용 일어나, 일어나니, 일어나고

ㅇ

자 ❶(자리에서) 누웠다가 앉거나 앉았다가 서다. Sit up from a lying position or sit down and stand up from another position.
㊌일어서다, 서다 ㊞앉다, 눕다
N0-가 N1-에서 V (N0=[인간], [동물] N1=[가구](침대, 의자 따위), 자리 따위)
¶나는 그녀를 보기 위해 자리에서 일어났다. ¶그는 갑자기 자리에서 벌떡 일어났다.
❷(일정한 시간에) 잠에서 깨다. Wake up from sleep at the scheduled time.
㊌깨다, 기상하다 ㊞자다, 취침하다
N0-가 N1-에 V (N0=[인간], [동물] N1=[시간])
¶그는 매일 5시에 일어난다. ¶내일은 몇 시에 일어날 거니?
N0-가 ADV V (N0=[인간], [동물], ADV=일찍, 늦게, 벌써)
¶그는 일찍 자고 일찍 일어난다. ¶그는 일찍 일어나 마당을 쓸었다.
❸(병이나 고난 따위를) 이겨 내고 활동하다. Overcome illness, difficulty, etc.
㊌회복하다
N0-가 N1-에서 V (N0=[인간] N1=병상, 자리)
¶할머니는 끝내 병상에서 일어나지 못하시고 돌아가셨다. ¶그 사람은 6개월이 지나도록 병상에서 일어나지 못했다.
❹(움직임이나 기세 따위가) 크고 세지거나 흥하다. (of motion, energy, etc.) Become large and powerful.
㊌번성하다
N0-가 V (N0=집안, 가세, 운세, 회사 따위)
¶부디 저희 회사가 다시 일어날 수 있도록 도와주십시오. ¶그의 회사는 올해 크게 일어났다.
❺(사람들이) 어떤 일을 하기 위해 마음이나 기운 따위를 하나로 모아 나서다. (of a person) Gather the mind, energy, etc., as one and take the lead.
㊌합심하다
N0-가 V (N0=[인간])
¶이제는 우리 모두가 일어나야 합니다. ¶전 민족이 다 같이 일어나 독립 운동을 시작했다.

일어나다[2]

활용 일어나, 일어나니, 일어나고
기능자 ❶현상이나 사건 따위가 발생함을 나타내는 기능동사 Support verb depicting the occurrence of phenomenon, incident, etc.
㊌일다
Npr-가 V (Npr=[연기](연기, 아지랑이), 파도, 거품, 먼지, 물방울, 보푸라기 따위)
¶배가 지나가자 파도가 일어났다. ¶저만치서 먼지가 자욱하게 일어났다.
Npr-가 V (Npr=[사건], [사고], [충돌], [사회동요], [행위])
¶원하든 안 원하든 일어날 일은 일어난다. ¶실험을 하던 중에 폭발이 일어나 학생들이 다쳤다.
Npr-가 V (Npr=[추상물](문화, 변화, 종교, 학풍 위기 따위))
¶물가 상승이 일어나면 소비가 위축된다. ¶새로운 학풍이 일어나 큰 반향을 일으켰다.
Npr-가 V (Npr=[추상물](부패, 일 따위))
¶음식을 운반하는 과정에서 부패가 일어났다. ¶어떻게 계속 이런 일이 일어나는 겁니까?
N1-에서 Npr-가 V (Npr=[소리](함성, 환호성, 고함, 박수 소리 따위) N1=[장소], [자리])
¶그가 공연을 마치자 방청석에서 함성이 일어났다. ¶우리나라 선수가 첫 번째로 들어오자 여기저기서 환호성이 일어났다.
Npr-가 N1-에서 V (Npr=[자연재해], [기상], [현상] N1=[장소], [신체일부])
¶산사태가 일어나서 인근 주민들이 피해를 입었다. ¶피부가 건조하면 정전기가 잘 일어납니다.
Npr-가 N1-에서 V (Npr=[사건], [사고], N1=[장소])
¶곳곳에서 끔찍한 교통사고가 일어났다. ¶일부 지역에서 폭동이 일어나 교통이 차단됐다.
❷감정 따위가 생김을 나타내는 기능동사 Support verb depicting the generation of emotion, etc.
㊌일다, 생기다I
N0-가 Npr-가 V (N0=[인간] Npr=[감정])
¶나는 그를 때려 주고 싶은 충동이 일어났다. ¶나는 그 사람을 보기만 해도 짜증이 일어났다.

일어서다

활용 일어서, 일어서니, 일어서고
자 ❶앉은 상태에서 곧은 자세로 서다. Rise from sitting position to upright position.
㊌일어나다[1] ㊞앉다
N0-가 N1-에서 V (N0=[인간] N1=자리)
연어 벌떡
¶배가 너무 출렁거려서 나는 자리에서 벌떡 일어섰다. ¶모두 자리에서 일어서 주십시오.
❷누운 상태에서 곧은 자세로 일어나다. Rise from lying position to upright position.
㊌일어나다[1] ㊞앉다
N0-가 N1-에서 V (N0=[인간] N1=침대, 잠자리)
연어 벌떡
¶나는 재빨리 정신을 차리고 앉은 자리에서 벌떡 일어섰다. ¶철수는 놀란 듯이 누워있던 침대에서 벌떡 일어섰다.
❸(사람이나 단체가) 힘들고 어려운 상태에서 참고 견디어 좋아지다. (of a person or an

organization) Have a better situation after enduring hardship.
[유]일어나다[1], 재기하다
N0-가 V (N0=[인간|단체])
¶아무리 힘들어도 우리는 다시 일어설 수 있다. ¶저희 회사가 다시 일어설 수 있도록 도와주십시오.
❹(사람이나 단체가) 어떤 일이나 사건에 참지 못하고 처리하기 위해 나서다. (of a person or an organization) Take action to manage a work or an incident, not being able to withstand it.
[유]일어나다[1]
N0-가 V (N0=[인간|단체])
¶심판의 오심에 관중들이 들고 일어섰다. ¶불법 조직의 횡포에 시민들이 들고 일어섰다.

일으키다[1]
[활용]일으키어(일으켜), 일으키니, 일으키고
[타]❶(자신의 상반신이나 몸 전체 혹은 다른 사람을) 일어나게 하다. Make one's upper body, whole body, or someone rise.
[유]세우다 [반]눕히다, 넘어뜨리다
N0-가 N1-를 V (N0=[인간] N1=[인간], [신체부위](몸, 허리, 상반신 따위))
[연어]냉큼, 벌떡
¶그녀는 누워 있다가 상반신을 벌떡 일으켰다. ¶선생님은 앉아 있던 학생들을 모두 일으켰다.
❷(사람이나 대상을) 부흥시키거나 번성하게 하다. Have someone or some object be revived, flourish.
[유]재기시키다, 발전시키다
N0-가 N1-를 V (N0=[모두] N1=[추상물](산업, 학문 따위), [인간|단체](나라, 가문, 집안 따위))
¶아버지는 쓰러져 가던 집안을 다시 일으키셨다. ¶새로운 신제품이 우리 회사를 크게 일으켰다.
❸(군대나 군사력을) 새로 정비해서 만들다. Build power related to the army by newly organizing.
[유]조직하다
N0-가 N1-를 V (N0=[인간|단체] N1=[집단](군대, 의병, 조직 따위))
¶일제에 대항하여 많은 사람들이 의병을 일으켰다고 한다. ¶각지의 영웅들이 모여서 이번에 새로 군대를 일으켰다고 한다.

일으키다[2]
[활용]일으키어(일으켜), 일으키니, 일으키고
[기능][타]❶'행위'의 의미를 나타내는 기능동사 A support verb indicating an act.
N0-가 Npr-를 V (N0=[인간|단체], Npr=[행위](전쟁, 분쟁, 혁명, 반란, 착오, 말썽, 문제 따위))
¶새로운 왕은 주변국과 전쟁을 일으켰다. ¶제가 뭔가 착오를 일으켰나 봅니다.
❷'사건'의 의미를 나타내는 기능동사 A support verb indicating an incident.
N0-가 Npr-를 V (N0=[인간] Npr=[질병](발작, 설사, 경련 따위))
¶그는 갑자기 경련을 일으키며 쓰러졌다. ¶환자가 다시 복통을 일으키면 이 약을 먹이세요.
N0-가 Npr-를 V (N0=[기계], [설비], [교통기관] Npr=고장)
¶에어컨이 갑자기 고장을 일으켰다. ¶공장의 기계가 또 고장을 일으켰다.
❸사동의 의미를 나타내는 기능동사 A support verb indicating "to cause someone to act."
[유]야기하다I
N0-가 Npr-를 V (N0=[구체물], [상태] Npr=[사건](사고, 말썽 따위))
¶어제 산 중고차가 벌써 말썽을 일으켰다. ¶내가 몰던 자동차가 크게 사고를 일으켰다.
N0-가 Npr-를 V (N0=[구체물] Npr=[기상](파도, 바람, 물살, 불, 거품 따위), 전기, 먼지 따위)
¶트럭 한 대가 지나가면서 먼지를 일으켰다. ¶방에서 선풍기 한 대가 바람을 일으키고 있었다. ¶아이들이 비눗물을 휘저어서 거품을 일으키고 있었다.
N0-가 Npr-를 V (N0=[구체물], [음식], [사건], 세균, 병균 따위 Npr=[질병])
¶그 음식이 이번에 식중독을 일으킨 주범인 것 같다. ¶대장균이 복통과 설사를 일으킨다고 한다.
N0-가 N1-에게 Npr-를 V (N0=[구체물], [행위], [사건] Npr=[감정](분노, 공감 따위) N1=[인간])
¶이 오래된 사진은 나에게 묘한 감정을 일으켰다. ¶그들의 발전이 우리에게 경쟁심을 일으켰다.
◆ **파문을 일으키다** 큰 논란거리를 만들다. Cause a controversy.
N0-가 Idm (N0=[인간|단체], [행위], [사건], [구체물])
¶그의 폭로는 큰 파문을 일으켰다. ¶그의 책은 표절 시비로 상당한 파문을 일으켰다.
◆ **바람을 일으키다** 새로운 흐름을 만들다. Create a new trend.
N0-가 Idm (N0=[인간|단체], [행위], [사건], [구체물])
¶두 야당의 합당은 새로운 바람을 일으키고 있다. ¶그 회사의 신제품은 노트북 시장에 새로운 바람을 일으켰다.

일조하다
[어원]一助~ [활용]일조하여(일조해), 일조하니, 일조하고 [대응]일조를 하다
[자](어떤 일에) 어느 정도의 도움이 되다. (of a person) Be of help to a work to a certain degree.

㈜기여하다
N0-가 N1-에 V (N0=[인간|단체] N1=[사건], [상태])
¶경찰은 CCTV 확인을 통해 범인 검거에 일조했다. ¶유가 상승과 환율의 변동으로 인한 시민들의 우려도 증시 하락에 일조했다.

일축하다

어원 一蹴~ 활용 일축하여(일축해), 일축하니, 일축하고 대응 일축을 하다
타❶(제안이나 부탁 따위를) 한 번에 거절하여 들어주지 않다. Reject and not accept a suggestion or favor at once.
㈜거부하다, 거절하다
N0-가 N1-를 V (N0=[인간|단체] N1=[요구](제안, 부탁, 제의 따위))
¶그는 친구의 제안을 일축하고 자기가 원하는 대로 일을 추진해 나갔다.
N0-가 N1-를 S것-으로 V (N0=[인간|단체] N1=[요구](제안, 부탁, 제의 따위))
¶학계에서는 그의 제안을 실현 불가능한 것으로 일축해 버렸다.
N0-가 N1-를 S고 V (N0=[인간|단체] N1=[요구](제안, 부탁, 제의 따위))
¶회사 측은 우리의 제안을 수익성이 없다고 일축했다.
❷(소문이나 의혹, 주장 따위를) 강하게 부인하고 더 이상 말하지 않다. Strongly deny a rumor, suspicion, or statement and no longer speak.
㈜부인하다
N0-가 N1-를 S고 V (N0=[인간|단체] N1=[추상물](주장, 소문, 의혹 따위))
¶그녀는 자신의 성형 의혹을 사실이 아니라고 강하게 일축했다.
❸(운동 경기 등에서) 상대방을 손쉽게 제압하다. Easily suppress the opponent in a sports game.
㈜제압하다
N0-가 N1-를 N2-에서 V (N0=[인간|단체] N1=[인간|단체] N2=[경기], [경쟁])
¶그는 전 경기에서 한판승으로 상대 선수들을 일축하고 결승에 올라갔다. ¶스페인은 우승 후보답게 예선전에서 모든 상대국들을 가볍게 일축하고 결선에 올랐다.

일치되다

어원 一致~ 활용 일치되어(일치돼), 일치되니, 일치되고 대응 일치가 되다
자☞일치하다

일치하다

어원 一致~ 활용 일치하여(일치해), 일치하니, 일치하고 대응 일치를 하다
자(둘 이상의 대상이) 같거나 꼭 맞게 되다. (of two or more objects) Become identical or fit for each other.
㈜맞다I, 합치하다
N0-가 N1-와 (서로) V (N0=[구체물], [추상물] N1=[구체물], [추상물])
사 일치시키다
¶협박장에 쓰인 글씨와 범인의 필체가 일치했다. ¶새로 출시된 기계의 성능은 소문과 일치했다. ¶그 남자의 생김새는 목격자가 진술한 인상착의와 일치했다.

일컫다

활용 일컬어, 일컬으니, 일컫고, 일컫는
타❶(어떤 대상의 이름이나 호칭 혹은 사물의 속성을) 지어 부르거나 가리켜 말하다. Call by making some object's name or title up or speak by pointing at some object's attribute.
㈜칭하다, 부르다
N0-가 N1-를 N2-로 V (N0=[인간|단체] N1=[모두] N2=[명칭], [개념], [기호])
¶사자를 흔히 백수의 왕으로 일컫는다. ¶예로부터 바흐는 음악의 아버지, 헨델은 음악의 어머니로 일컬어 왔다.
N0-가 N1-를 S고 V (N0=[인간|단체] N1=[모두])
¶서양 사람들은 예전에 한국을 한강의 기적을 일으킨 나라라고 일컬었다. ¶그는 자신을 스스로 후계자라 일컬었다.
❷(어떤 대상을) 칭찬하거나 높여서 말하다. Describe some object by complimenting or praising.
N0-가 N1-를 V (N0=[인간|단체] N1=[인간|단체], [구체물], [행위])
¶많은 예술가들이 다양한 작품을 통해서 이 지역의 아름다움을 계속 일컬어 왔다. ¶지금까지도 사람들은 세종대왕의 업적을 계속 일컫고 있다.

일탈하다

어원 逸脫~ 활용 일탈하여(일탈해), 일탈하니, 일탈하고 대응 일탈을 하다
자(사회적으로 지켜야 할) 도리나 규범에서 벗어나다. Break away from a manner or a rule that should be obeyed in a community.
㈜벗어나다, 탈선하다
N0-가 V (N0=[인간])
¶가정이 화목해야 자녀가 일탈하지 않는다. ¶청소년들이 일탈하지 않도록 따뜻한 정과 관심을 가져 주십시오.
자타❶(사람이나 단체가) 어떤 체제나 목적 따위에서 어긋나게 벗어나다. (of a person or an organization) Deviate from a system or an aim.
㈜벗어나다, 탈선하다

ㅇ

N0-가 N1-(에서|로부터|를) V (N0=[인간|단체] N1=[경로], [생각], [속성])

¶나는 유교 사회에서 일탈하는 것으로 자기만족을 삼았다. ¶정국운영이 정상궤도를 일탈하고 있다.

❷현재의 상태나 생활에서 벗어나다. Deviate from the present state or life.

㊎탈출하다[자]

N0-가 N1-(에서|로부터|를) V (N0=[인간|단체] N1=일상, 현실)

¶나는 현실로부터 일탈하고 싶었다. ¶영희는 따분한 일상에서 일탈하고 싶어 했다.

❸정해진 길이나 장소에서 빠져나와 벗어나다. Deviate from a fixed way or place.

㊎벗어나다

N0-가 N1-(에서|로부터|를) V (N0=[인간] N1=[장소])

¶시위대 중 누구도 정해진 지역에서 일탈하지 않았다. ¶나는 잠시나마 답답한 도시로부터 일탈해서 여유를 즐길 수 있는 바닷가로 왔다. ¶여러분은 근무지를 절대로 일탈하지 마세요.

※ 이 의미로는 '이탈하다'가 더 많이 쓰임.

ㅇ

일하다

[활용]일하여(일해), 일하니, 일하고 [대응]일을 하다

[자] 대가나 성취를 위해 노력을 들이다. Exert effort for reward or accomplishment.

㊎근무하다

N0-가 V (N0=[인간|단체])

¶농촌 사람들은 여름에는 아침 일찍부터 일한다. ¶그는 작은 회사에서 일하고 있다. ¶어버지는 그 건설회사에서 현장 감독으로 일하셨다.

읽다

[활용]읽어, 읽으니, 읽고

[타]❶(글을 보고) 적힌 대로 소리 내어 말하다. See a writing and speak the contents out loud.

N0-가 N1-를 V (N0=[인간] N1=[기호], [언어], [수], [텍스트], [책])

[피]읽히다I [사]읽히다II

¶서당 문밖으로 학동들이 경전 읽는 소리가 들려왔다. ¶어디 한번 그 글자들을 큰 소리로 읽어보아라.

❷(글이나 기호의) 내용을 알다. See a writing or symbol and know its contents.

N0-가 N1-를 V (N0=[인간] N1=[기호], [언어], [수], [텍스트], [책])

[피]읽히다I [사]읽히다II

¶한밤중에 화장실에 가려고 잠에서 깨면 항상 아버지가 책을 읽고 계셨다. ¶그 남자는 매일 주식 시세표를 열심히 읽곤 했다.

❸(기호의 뜻이나 소리를) 특정한 방식으로 풀이하다. Interpret the meaning or sound of a symbol using a specific method.

㊎식별하다, 풀이하다

N0-가 N1-를 N2-(로|라고) V (N0=[인간] N1=[기호], [언어], [수] N2=[기호], [언어], [수])

[피]읽히다I

¶아이는 아직 시계판의 눈금 읽는 법을 몰랐다. ¶이두문자는 겉으로 보기에는 한문 같지만 한문식으로 읽어서는 뜻이 통하지 않는다.

N0-가 N1-를 S고 V (N0=[인간] N1=[기호], [언어], [수], [텍스트], [책])

[피]읽히다I [사]읽히다II

¶사람들은 그리스 문자 χ를 '엑스'가 아니라 '카이'라고 읽습니다. ¶나는 이 영어 단어를 뭐라고 읽는지 잘 모르겠다.

❹(사물에 내재한 뜻을) 헤아려 알다. Understand and know the meaning behind an object.

㊎이해하다[타], 통찰하다, 파악하다

N0-가 N1-를 V (N0=[인간|단체] N1=[기호체계], [텍스트], [책] [예술], [작품], 필법 따위)

[피]읽히다I

¶음악에 담긴 정서를 어떻게 읽을 것인가는 전적으로 청취자에게 달려 있다. ¶미술사를 공부하면 미술을 읽는 안목이 한층 깊어진다.

N0-가 N1-를 N2-로 V (N0=[인간|단체] N1=[기호체계], [텍스트], [책], [예술], [작품], 필법 따위 N2=의미, 가치 따위)

[피]읽히다I

¶피카소의 미술 작품은 20세기 시대상에 대한 비판으로도 읽을 수 있다. ¶문학을 현실 비판으로 읽는 사람과 탈현실적으로 읽는 사람이 있다.

❺(상황이나 분위기를 보고) 이면의 실상을 알아내다. See a situation or atmosphere and discover the hidden truth.

㊎이해하다[타], 통찰하다, 파악하다

N0-가 N1-를 V (N0=[인간|단체] N1=[상태], [상황] (정세, 분위기 따위))

[피]읽히다I

¶외신 뉴스를 보면 국제 정세의 변화를 읽을 수 있다. ¶그는 재계의 움직임을 열심히 읽고 주식 투자에 반영하고 있다.

❻(표정이나 행동을 보고) 사람의 마음이나 기분을 알아내다. Find out someone's mind or feeling by looking at facial expression or behavior.

㊎이해하다[타], 파악하다

N0-가 N1-를 V (N0=[인간] N1=[상황], [감정], [기색], [동작])

[피]읽히다I

¶그는 내 표정을 읽고 무얼 걱정하는지 알았다는 듯 웃었다. ¶할아버지는 그녀에게서 착잡한 마음을 읽을 수 있었다.

❼(게임이나 경기에서) 상대가 다음에 할 행동을 짐작하다. Assume the opponent's next move in a game or sports.

[유]이해하다[타], 파악하다, 예측하다

N0-가 N1-를 V (N0=[인간|단체] N1=[계획], 수)

[피]읽히다I

¶바둑의 고수들은 한 번에 열 수를 읽는다고도 한다. ¶게임에서 이기려면 상대의 계획을 읽어야지 무턱대고 덤벼들어선 안 된다.

❽(기계가 저장 매체에 담긴 정보를) 사용 가능하게끔 받아들이다. (of a machine) Accept information stored in a storage medium as a usable one.

N0-가 N1-를 V (N0=[기구], [기계] N1=소프트웨어, 정보, 데이터 따위)

[피]읽히다I [사]읽히다II

¶CD를 넣자 컴퓨터가 자동으로 프로그램을 읽어 들였다. ¶이 자료는 옛날 방식으로 저장되어 있어서 컴퓨터가 읽지 못해요.

읽히다 I

[활용]읽히어(읽혀), 읽히니, 읽히고

[자]❶(기호나 글이) 적힌 대로 소리 내어 말해지다. (of symbol or writing) Be spoken out loud as it's written.

N0-가 V (N0=[기호], [언어], [수], [텍스트], [책])

[능]읽다

¶서당 문밖으로 경전이 읽히는 소리가 들려왔다. ¶원태연의 시는 라디오 방송 곳곳에서 읽히고 있다.

❷기호나 글의 뜻이 이해되다. (of symbol or writing) Enter one's eyes and be understood of its meaning.

N0-가 V (N0=[기호], [언어], [수], [텍스트], [책])

[능]읽다

¶글이 많은 사람에게 읽히는 것은 모든 작가의 소망일 것이다. ¶우리 신문은 국내에서 가장 많이 읽히는 신문이어서 신문사 경영에는 어려움은 없습니다.

❸(글의 뜻이나 소리가) 특정한 방식으로 풀이되다. (of meaning or sound of a writing) Be interpreted using a specific method.

[유]식별되다, 풀이되다

N0-가 N1-로 V (N0=[기호], [언어], [수] N1=[기호], [언어], [수])

[능]읽다

¶'머무를 정' 자는 과거에는 '명'으로 읽혔다. ¶불교 용어에 쓰인 한자는 일반적인 한자와는 다르게 읽히기도 한다.

N0-가 S고 V (N0=[기호], [언어], [수], [텍스트], [책])

[능]읽다

¶이 어절은 '디귿이'라고 적혀 있지만 '디그시'라고 읽힌다. ¶실수로 글자를 잘못 써 버렸지만 뭐라고 읽히든 상관없다고 생각했다.

❹(사물에 내재한 뜻이) 헤아려져 파악되다. (of meaning behind an object) Be understood and grasped.

[유]이해되다, 파악되다

N0-가 N1-에게 V (N0=[기호체계], [텍스트], [책], [예술], [작품], 필법, 의미, 가치 따위 N1=[인간|단체])

[능]읽다

¶호메로스의 서사시는 시대가 바뀔 때마다 사람들에게 끊임없이 새롭게 읽혔다. ¶그는 자신의 발언이 적대 세력에게 잘못 읽힐 것을 걱정했다.

N0-가 N1-로 N2-에게 V (N0=[기호체계], [텍스트], [책], [예술], [작품], 필법 따위 N1=의미, 가치 따위 N2=[인간|단체])

[능]읽다

¶그의 말은 나에게는 우리 사회에 대한 예리한 경고로 읽혔다. ¶채만식 소설은 시대상에 대한 씁쓸한 풍자로 읽히는 것이 일반적이다.

❺(상황이나 분위기를 통하여) 이면의 실상이 알려지다. (of a hidden truth) Become known through a situation or atmosphere.

[유]이해되다, 파악되다

N0-가 N1-에게 V (N0=[상태], [상황](정세, 분위기 따위) N1=[인간|단체])

[능]읽다

¶사무실에 들어서자마자 무거운 분위기가 읽혔다. ¶외부에 우리의 사정이 읽혀 버리면 곤란하다.

❻(표정이나 행동을 통하여) 사람의 마음이나 기분이 알려지다. (of someone's mind or feeling) Become known through facial expression or behavior.

[유]이해되다, 파악되다

N0-가 N1-에게 V (N0=[상황], [감정], [기색], [동작] N1=[인간])

[능]읽다

¶오늘 만난 모든 사람에게 안 좋은 기분이 읽히고 말았다. ¶그의 표정은 아무리 뜯어봐도 감정이 읽히지 않는다.

❼(게임이나 경기에서) 자신이 다음에 할 행동이 상대방에게 짐작되다. (of one's next move) Be known in a game or sports.

[유]파악되다, 예측되다

N0-가 N1-에게 V (N0=[계획], 수 N1=[인간|단체])

[능]읽다

¶상대에게 수가 읽히면 진다. ¶경기 초반에 계획이 읽혀 버려서 급히 작전을 수정해야 했다.
❽저장 매체에 담긴 정보가 사용되도록 받아들여지다. (of information stored in a storage medium) Be accepted as usable.
N0-가 N1-에 V (N0=소프트웨어, 정보, 데이터 따위 N1=[기구], [기계])
[능]읽다
¶프로그램이 컴퓨터에 빠르게 읽혔다. ¶이 데이터는 읽히는 속도가 너무 느린 것이 아무래도 문제가 있는 모양이야.

읽히다Ⅱ

[활용]읽히어(읽혀), 읽히니, 읽히고
[타]❶(다른 사람에게) 글을 보이고 적힌 대로 소리 내어 말하게 하다. Make someone see a writing and speak out loud as it's written.
N0-가 N1-를 N2-에게 V (N0=[인간] N1=[기호], [언어], [수], [텍스트], [책] N2=[인간])
[주]읽다
¶할아버지는 손자에게 천자문을 읽혔다. ¶아이에게 숫자를 열심히 읽혔더니 그새 아이가 목이 쉬었다.
❷(글을 보고) 뜻을 이해하고 알게 하다. Make someone see a writing and understand the meaning.
N0-가 N1-를 N2-에게 V (N0=[인간] N1=[기호], [언어], [수], [텍스트], [책] N2=[인간])
[주]읽다
¶어머니는 아이에게 조용히 책을 읽히고 밖으로 나갔다. ¶이 학교는 학생들에게 고전을 많이 읽힌다는 정책이 있다.
❸저장 매체에 담긴 정보를 사용 가능하게끔 받아들이도록 작동시키다. Operate something so that it can accept information stored in a storage medium as usable.
N0-가 N1-를 N2-에 V (N0=[인간] N1=소프트웨어, 정보, 데이터 따위 N2=[기구], [기계])
[주]읽다
¶나는 프로그램을 컴퓨터에 읽혔다. ¶한 번만 더 기계에 카드를 읽혀 보고 또 실패하면 포기해야겠다.

잃다

[활용]잃어, 잃으니, 잃고
[타]❶(가지고 있던 사물을) 깨닫지 못하는 사이에 놓치거나 방치하여 가지지 아니하게 되다. Lose possessed object without knowing or no longer possess due to neglect.
[유]분실하다 [반]찾다, 얻다
N0-가 N1-를 V (N0=[인간] N1=[구체물])
¶그는 우물쭈물하는 사이 동전을 잃었다. ¶잃었던 편지를 서랍에서 발견했다.
❷(신체의 일부나 능력을) 다쳐서 아주 없어지거나 제 구실을 못하게 되다. Lose entirely or the function of part of body or ability due to injury.
[유]상실하다
N0-가 N1-를 V (N0=[인간] N1=[신체부위], [능력])
¶그는 사고로 시력을 잃었지만 학업을 계속하고 있다. ¶영상 매체의 발달로 아이들이 집중력을 잃었다는 분석이 많다.
❸(재물을) 빼앗기거나 경기나 도박 따위에 져서 날리다. Be robbed of treasure or lose it through a bet or gambling.
[유]날리다 [반]따다I
N0-가 N1-를 V (N0=[인간] N1=[구체물], [금전])
¶지금까지 잃은 돈만 해도 수천만 원은 될 것이다. ¶사기꾼에게 집을 잃지만 않았어도 이렇게 비참하진 않았을 텐데.
❹(자리, 자격, 지위 따위를) 빼앗기거나 더 이상 그 소유를 주장하지 못하다. (spot, qualification, status etc.) Be stripped of or no longer able to claim ownership.
[유]상실하다 [반]쌓다I, 얻다, 찾다
N0-가 N1-를 V (N0=[인간|단체] N1=[지위], 자격, 지위, 명예 따위)
¶그의 집안은 역모 죄로 인하여 양반 신분을 잃었다. ¶그는 과장직을 잃고 한직으로 밀려났다.
❺(같이 있던 사람을) 놓쳐서 어디로 갔는지 알지 못하다. Lose a person whom one was with, and not know where he or she is gone.
[유]헤어지다 [반]찾다
N0-가 N1-를 V (N0=[인간] N1=[인간])
¶수많은 인파 속에서 나는 순간적으로 친구를 잃었다. ¶동생을 잃지 않도록 손을 꼭 잡아라.
❻(가까운 사람을) 죽음으로 인하여 떠나보내다. Lose near one to death.
[유]사별하다
N0-가 N1-를 V (N0=[인간|단체] N1=[인간])
¶그는 어린 나이에 형을 잃었다. ¶친구를 잃는 슬픔이 어떤 것인지 우리는 짐작도 하지 못합니다.
❼(사람을) 관계가 끊어져 더 이상 상관하지 못하다. No longer be in touch with a person because the relationship is broken.
N0-가 N1-를 V (N0=[인간|단체] N1=[인간])
¶유학길에 오르면서 옛 친구들을 많이 잃고 말았다. ¶인터넷을 통하여 예전에 잃었던 사람들과 다시 연락하기 시작했다.
❽본래의 모양이나 상태를 보전하지 못하다. Not be able to maintain original shape or state.
[유]상실하다

N0-가 N1-를 V (N0=[모두] N1=[모두])
¶그는 예전의 순수한 매력을 잃고 평범한 사회인이 되었다. ¶지현이는 너무 치장을 한 나머지 앳된 모습을 잃은 듯했다.
❾(다른 사람이나 단체로부터) 신뢰나 좋은 평가를 유지하지 못하다. Not be able to maintain trust or good rating from other person or organization.
[반]쌓다I, 얻다
N0-가 N2-(에|에게) N1-를 V (N0=[인간|단체] N1=[의견](믿음 따위), 점수 따위 N2=[인간|단체])
¶이웃 국가로부터 믿음을 잃어서 좋을 것은 없습니다. ¶장인어른께 점수를 잃지 않도록 종종 찾아뵈어라.
❿(의식이나 감정 따위를) 발생시키거나 제대로 작동시키지 못하다. Not be able to function properly or evoke consciousness or feeling.
[반]차리다I
N0-가 N1-를 V (N0=[인간] N1=[감정], 이성, 의식 따위)
¶그는 이성을 잃고 울기 시작했다. ¶나는 정신을 잃은 지 사흘 만에 깨어났다.
⓫(기회나 시간을) 놓치거나 헛되이 쓰다. Lose opportunity or time or waste.
[유]놓치다, 허비하다 [반]얻다
N0-가 N1-를 V (N0=[인간] N1=[시간])
¶나는 면접 당일에 늦잠을 자서 기회를 잃었다. ¶쓸데없는 책을 읽느라 아까운 시간만 잃었구나.
⓬(길이나 방향을) 찾지 못하고 헤매다. Become lost in path or direction and wander.
[반]찾다
N0-가 N1-를 V (N0=[인간] N1=[길], [방향])
¶우리는 초행길에서 방향을 잃고 헤맸다. ¶산에서 길을 잃으면 우선 정상까지 올라가라.

임명되다

[어원]任命~ [활용]임명되어(임명돼), 임명되니, 임명되고 [대응]임명이 되다
[자]어떤 직책에 명받아 임무를 맡게 되다. Be ordered to assume duty for an office.
N0-가 N1-(에|로) V (N0=[인간] N1=[직책])
[능]임명하다
¶박민수 씨가 우리 호텔의 총지배인에 임명되었다. ¶김 후보가 무난하게 차기 위원장으로 임명될 것 같다. ¶김 이사는 지속적으로 회사를 성장시킨 성과를 인정받아 백화점 대표로 임명됐다.

임명받다

[어원]任命~ [활용]임명받아, 임명받으니, 임명받고 [대응]임명을 받다
☞임명되다

임명하다

[어원]任命~ [활용]임명하여(임명해), 임명하니, 임명하고 [대응]임명을 하다
[타](다른 사람을) 어떤 직책에 명하여 임무를 맡게 하다. Order another to assume duty for an office.
[반]임명받다
N0-가 N1-를 N2-(에|로) V (N0=[인간] N1=[인간] N2=[직책])
[피]임명되다
¶사장은 옛 친구를 비서로 임명하고 자신의 곁에 두고 말벗을 삼았다. ¶어떤 사람을 위원장에 임명하면 좋을까요?

임박하다

[어원]臨迫~ [활용]임박하여(임박해), 임박하니, 임박하고
[자]❶(계획되거나 정해진 때가) 매우 가까이 다가오다. Lose a person whom one was with, and not know where he or she is gone.
N0-가 V (N0=[시간], [행사])
¶퇴근 시간이 임박했다. ¶개학이 임박해서야 아들은 한 달 치 일기를 쓰려고 했다.
N0-가 N1-에 V (N0=[인간] N1=[시간], [행사])
¶그 사람은 마감 시점에 임박해서 나타났다. ¶그들은 선거에 임박해서야 새로운 당명을 발표했다.
❷(특별히 계획하지 않은 일이) 즉시 일어날 것 같은 상황에 처하다. (of a task that wasn't specifically planned) Become very likely to occur immediately.
N0-가 V (N0=[상태])
¶중동 지역에 전쟁이 임박한 것 같다. ¶합격자 발표가 임박하니 마음이 더 불안해 진다.
N0-가 N1-에 V (N0=[인간], [사건] N1=[시간], [죽음](죽음, 임종 따위))
¶그때는 2차 세계 대전이 종말에 임박할 시점이었다. ¶결혼에 임박해서야 살 집을 계약하였다.

임신하다

[어원]妊娠~ [활용]임신하여(임신해), 임신하니, 임신하고 [대응]임신을 하다
[자](여자가) 아기를 배다. (of a woman) Expect a baby.
[유]잉태하다, 아기 배다
N0-가 V (N0=[인간](여성))
[사]임신시키다
¶임신했을 때는 건강관리에 유념해야 한다. ¶임신한 사람도 노약자석에 앉을 수 있다.
[타](여자가 아기를) 배 안에 가지다. (of a woman) Conceive a baby.
[유]잉태하다, 아기 배다

No-가 N1-를 V (No=[인간](여성) N1=[인간](아이, 둘째 따위))
¶아내가 둘째를 임신했다. ¶어머니는 나를 임신하시고도 계속 일을 하셨다고 한다.

입각하다
어원 立脚~ 활용 입각하여(입각해), 입각하니, 입각하고
자 어떤 사실이나 주장 따위에 행동이나 판단의 근거를 두다. (of a person) Put the basis of one's behavior or judgment on a fact or an argument.
No-가 N1-에 V (No=[인간|단체] N1=[앎], [이론], [이유])
¶우리는 위의 모형에 입각해서 다음과 같은 결과를 이끌어 낼 수 있다. ¶우리 부모님들은 전통적 가치에 입각해 자녀들을 양육했다.

입국하다
어원 入國~ 활용 입국하여(입국해), 입국하니, 입국하고 대응 입국을 하다
자 (사람이) 어떤 나라에서 다른 나라로 들어가거나 들어오다. (of a person) Enter another country from a definite country.
㊊들어오다, 들어가다 ㊥출국하다
No-가 N1-에서 N2-로 V (No=[인간|단체] N1=[국가] N2=[국가])
¶그는 아무도 몰래 한국에서 미국으로 입국하였다. ¶나는 학회가 끝나서 모레 한국으로 입국할 예정이다.
No-가 N1-에 V (No=[인간|단체] N1=[국가] N2=[국가])
¶대표팀은 내일 두바이에 입국한다. ¶나는 학회가 끝나서 모레 한국에 입국할 예정이다.

입금되다
어원 入金~ 활용 입금되어(입금돼), 입금되니, 입금되고 대응 입금이 되다
자 (돈이나 수표 따위가) 은행의 계좌에 넣어지다. (of money or check) Be deposited to a bank account.
㊊들어오다I ㊥출금되다
No-가 N1-에 V (No=[금전] N1=[금융기관], 계좌, 통장 따위)
능 입금하다
¶하루 일당이 통째로 은행에 입금되었다. ¶두 달 치 월급이 오늘 내로 통장에 입금될 예정이다.

입금시키다
어원 入金~ 활용 입금시키어(입금시켜), 입금시키니, 입금시키고 대응 입금을 시키다
☞ '입금하다'의 오용

입금하다
어원 入金~ 활용 입금하여(입금해), 입금하니, 입금하고 대응 입금을 하다
타 (사람이나 단체가) 돈이나 수표를 은행의 계좌에 넣다. (of a person or an organization) Deposit money or check to a bank account.
㊊넣다I ㊥출금하다, 빼내다
No-가 N1-를 N2-에 V (No=[인간] N1=[금전] N2=[금융기관](계좌, 통장 따위))
피 입금되다
¶그는 하루 일당을 통째로 은행에 입금하였다. ¶나는 친구에게 빌린 돈을 친구의 계좌에 입금하였다.

입다[1]
활용 입어, 입으니, 입고
타 ❶옷을 몸에 얹거나 두르다. Put clothes on or around one's body.
㊊걸치다I, 착용하다
No-가 N1-를 V (No=[인간] N1=[옷])
사 입히다[1]
¶그녀는 외출하려고 옷을 입었다. ¶아이들은 명절에 꼬까옷을 입는다.
❷(사물이) 때 따위를 타서 더러워지다. (of a thing) Become dirty due to stains.
㊊먹다II
No-가 N1-를 V (No=[구체물] N1=손때)
¶나의 수학 문제집은 책의 앞부분만 손때를 입었다. ¶이 가방은 손잡이만 손때를 입어 반질반질하다.

입다[2]
활용 입어, 입으니, 입고
기능타 ❶'상처나 손해를 받거나 겪음'을 의미하는 기능동사. Support verb that means "suffering or undergoing pain or damage".
No-가 Npr-를 V (No=[인간|단체] Npr=[피해](손해, 해, 화 따위), [상처])
사 입히다[2]
¶환율 변동으로 수출업체는 피해를 입었다. ¶그는 스케이팅을 하다가 크게 넘어져 팔꿈치에 상처를 입었다.
❷도움이나 혜택을 남에게 얻음을 의미하는 기능동사 Support verb that means getting help or benefit from another person.
㊊받다
No-가 Npr-를 N1-(에|에게) V (No=[인간] Npr=[이익](도움, 은혜, 혜택 따위) N1=[인간], [제도])
¶나는 그동안 스승님께 과분한 은혜를 입었다. ¶시민들은 의료 체계에 많은 혜택을 입었다.

입단하다
어원 入團~ 활용 입단하여(입단해), 입단하니, 입단하고 대응 입단을 하다

[자]어떤 단체에 들어가 일원이 되다. Join an organization, become a member.
[유]가입하다
No-가 N1-에 V (No=[인간] N1=[단체])
[사]입단시키다
¶나는 학창 시절에 아무 동아리에도 입단하지 않았다. ¶경찰이 비밀 조직에 입단한 사람들을 찾아내려 하고 있다.

입당하다

[어원]入黨~ [활용]입당하여(입당해), 입당하니, 입당하고 [대응]입당을 하다
[자]정당에 가입하다. Join a party.
[반]탈당하다
No-가 N1-에 V (No=[인간] N1=[정당])
¶무소속이었던 김병규 의원은 오늘 여당에 입당했다. ¶의장은 젊고 유능한 인재들에게 자기 당에 입당하기를 권유하였다.

입대하다

[어원]入隊~ [활용]입대하여(입대해), 입대하니, 입대하고 [대응]입대를 하다
[자]군대에 들어가 군인으로 소속되게 되다. Join the army as a soldier.
[유]군대가다 [반]제대하다
No-가 N1-에 V (No=[인간] N1=[군대])
¶바다를 동경하던 동생은 해군에 입대했다. ¶영호는 휴학을 하고 해병대에 입대하였다.

입력되다

[어원]入力~ [활용]입력되어(입력돼), 입력되니, 입력되고 [대응]입력이 되다
[자](정보 및 신호가) 컴퓨터 등의 기계에 처리되도록 들어가다. (of information or signals) Be put into a machine such as a computer for processing.
[반]출력되다
No-가 N1-에 V (No=[기호], [텍스트], [앎] N1=[기계], 소프트웨어)
[능]입력하다
¶보고서 작성에 필요한 자료가 모두 컴퓨터에 입력되었다. ¶여기에 입력된 내용을 그대로 출력하려면 이 버튼을 누르시면 됩니다.

입력시키다

[어원]入力~ [활용]입력시키어(입력시켜), 입력시키니, 입력시키고 [대응]입력을 시키다
☞'입력하다'의 오용

입력하다

[어원]入力~ [활용]입력하여(입력해), 입력하니, 입력하고 [대응]입력을 하다
[재타]컴퓨터 등의 기계에 어떤 정보나 자료를 처리하도록 넣다. Enter information or data into a machine in order to process.
[반]출력하다
No-가 N1-를 N2-에 V (No=[인간] N1=[기호], [텍스트], [앎] N2=[기계], 소프트웨어)
[피]입력되다
¶나는 요약된 책 내용을 컴퓨터에 입력했다. ¶이 자료는 외국어로 되어 있어서 입력하는 데에 시간이 오래 걸렸다.
No-가 N1-에 S고 V (No=[인간] N1=[기계], 소프트웨어)
¶나는 전자우편에 따뜻한 격려의 말씀이 감사했다고 입력했다. ¶이렇게 축적된 자료를 분석하라고 입력하면 컴퓨터가 통계 분석을 수행합니다.

입문하다

[어원]入門~ [활용]입문하여(입문해), 입문하니, 입문하고 [대응]입문을 하다
[자]어떤 분야에 처음 들어가서 배우다. Enter a field for the first time.
No-가 N1-에 V (No=[인간] N1=[분야])
[사]입문시키다
¶철수는 작년에 바둑에 입문했다. ¶기영이는 뒤늦게 미술에 입문했지만 실력이 빠르게 늘었다.

입사하다

[어원]入社~ [활용]입사하여(입사해), 입사하니, 입사하고 [대응]입사를 하다
[자]회사에 취직하여 들어가다. Be employed by a company.
[유]취직하다 [반]퇴사하다[자]
No-가 N1-에 V (No=[인간] N1=[기업])
[사]입사시키다
¶민수의 꿈은 금융회사에 입사하는 것이었다. ¶지수는 대기업에 입사하기 위해 기를 쓰고 공부했다.

입수되다

[어원]入手~ [활용]입수되어(입수돼), 입수되니, 입수되고 [대응]입수가 되다
[자](필요한 정보나 물건 따위가) 수중에 들어오다. (of the necessary information or item) Come into one's hands.
[유]구입되다
No-가 V (No=[모두])
[능]입수하다
¶비리 정보가 입수되면 바로 감사실에서 감사를 시작한다. ¶서울지방경찰청은 동영상이 입수되자마자 기자회견을 열었다.

입수하다

[어원]入手~ [활용]입수하여(입수해), 입수하니, 입수하고 [대응]입수를 하다
[타](사람이나 기관이 다른 사람이나 기관으로부터) 필요한 정보나 물건 따위를 수중에 넣다. (of

ㅇ

a person or an organization) Lay one's hands on any necessary information or item from another person or organization.
[유]구하다I, 취득하다, 구입하다, 손에 넣다
N0-가 N2-(에서|에게서|로부터) N1-를 V (N0=[인간|단체] N1=[모두] N2=[인간|단체])
[피]입수되다
¶로이터 통신은 일본 정부 소식통으로부터 이 보고서를 입수했다. ¶전 씨는 학교에서 학생 명부를 입수해서 다른 브로커에게 이를 팔아 넘겼다.

입원하다
[어원]入院~ [활용]입원하여(입원해), 입원하니, 입원하고 [대응]입원을 하다
[자]병원에 머무르며 치료를 받다. Stay in a hospital to get treatment.
[반]퇴원하다
N0-가 N1-에 V (N0=[인간] N1=[병원])
[사]입원시키다
¶할머니께서는 건강이 나빠지셔서 병원에 입원하셨다. ¶영호는 큰 병원에 입원하여 맹장염 수술을 받았다.

입장하다
[어원]入場~ [활용]입장하여(입장해), 입장하니, 입장하고 [대응]입장을 하다
[타]행사장 등의 안에 들어가다. Enter a place such as event hall.
[유]들어가다 [반]퇴장하다
N0-가 N1-에 V (N0=[인간|단체] N1=[장소])
[사]입장시키다
¶많은 사람들이 영화관에 입장하려고 줄을 서 있었다. ¶몇몇 방문객들은 신분이 확인되지 않아 행사장에 입장할 수 없었다.

입주하다
[어원]入住~ [활용]입주하여(입주해), 입주하니, 입주하고 [대응]입주를 하다
[자]새로 마련한 집이나 건물, 땅 따위에 들어가 살다. (of a person) Move into the house, building, or land that one has purchased.
[유]들다I, 들어오다, 들어가다
N0-가 N1-에 V (N0=[인간|단체] N1=[장소], [건물])
¶우리는 올 하반기에 새 아파트에 입주할 예정이다. ¶새로 생긴 빌딩에 벤처 회사들이 속속들이 입주하였다.

입증되다
[어원]立證~ [활용]입증되어(입증돼), 입증되니, 입증되고 [대응]입증이 되다
[자](아직 사실 여부가 가려지지 않았던 일이) 증거를 통해 진실임이 밝혀지다. (of something that was not judged to be true or false) Turn out to be true by evidence.
[유]증명되다 [반]반증되다
N0-가 V (N0=[추상물](실력, 효능, 가치, 사실 따위))
[능]입증하다
¶이번 대회에서의 우승으로 그녀의 뛰어난 실력이 입증되었다. ¶이 약의 효능이 입증되어야 병을 고칠 수 있다.
N0-가 N1-로 V (N0=[추상물] N1=사실, 거짓, 조작 따위)
¶그녀의 천재성은 논문을 통해 사실로 입증되었다. ¶그가 논문에 제시한 자료는 모두 데이터 조작으로 입증되었다.
N0-가 S고 V (N0=[추상물], [구체물])
[능]입증하다
¶그의 연구가 조작이라고 입증되자 많은 사람들이 충격을 받았다. ¶이번 조사가 효과적이지 않다고 입증되고 말았다.
S(임|것)-이 N0-에게 V (N0=[인간|단체])
¶그의 실력은 거짓이 아님이 그를 의심하던 모든 사람들에게 입증되었다. ¶그가 가장 뛰어난 선수라는 것이 이번 경기를 통해서 입증되었다.

입증시키다
[어원]立證~ [활용]입증시키어(입증시켜), 입증시키니, 입증시키고 [대응]입증을 시키다
☞ '입증하다'의 오용

입증하다
[어원]立證~ [활용]입증하여(입증해), 입증하니, 입증하고 [대응]입증을 하다
[자타](아직 사실 여부가 가려지지 않은 일에 대해) 증거를 제시하여 그것이 진실임을 밝히다. Establish the truth of something that was not judged to be true or false by providing evidence.
[유]증명하다 [반]반증하다
N0-가 N2-에게 N1-를 V (N0=[인간|단체] N1=[추상물] N2=[인간|단체])
[피]입증되다
¶김 교수는 학계에 자신의 주장을 입증할 수 있었다. ¶변호사는 배심원들에게 피고인의 무죄를 입장하기 위해서 최선을 다했다.
N0-가 N1-에게 S고 V (N0=[인간|단체] N1=[인간|단체])
[피]입증되다
¶정부는 국민들에게 그 사건이 진실이 아니라고 입증할 수 있어야 한다. ¶연구원은 책임 연구자에게 자신의 가설이 타당하다고 입증하였다.
N0-가 N1-에게 S(임|것)-을 V (N0=[인간|단체], [상태] N1=[인간|단체])
[피]입증되다
¶정 교수는 이번 사건에 대해서 자신의 주장이

사실임을 입증했다. ¶그는 이번 경기를 통하여 여전히 자신이 세계 최강임을 입증했다.

입학하다

[어원]入學~ [활용]입학하여(입학해), 입학하니, 입학하고 [대응]입학을 하다

[자타](공부를 하기 위해) 학교에 들어가 학생이 되다. Begin to go to school.

[반]퇴학하다, 졸업하다

N0-가 N1-(에|를) V (N0=[인간] N1=[교육기관])

[사]입학시키다

¶보영이는 여덟 살이 되어 초등학교에 입학했다. ¶이렇게 좋은 학교에 입학하다니 꿈만 같다.

입히다[1]

[활용]입히어(입혀), 입히니, 입히고

[타]❶(옷 따위를) 다른 사람에게 몸에 얹거나 두르게 하다. Make another person put clothes on or around his or her body.

[유]입게 하다, 착용시키다 [반]벗게 하다, 벗기다

N0-가 N2-에게 N1-를 V (N0=[인간] N1=[옷] N2=[인간])

[주]입다[1]

¶날이 춥다기에 아빠는 아이에게 두꺼운 옷을 입혔다. ¶한복 디자이너는 자기 할머니께 고운 한복을 입혀 드렸다. ¶교도관은 죄인이 입고 온 옷을 벗기고 푸른 죄수복을 입혔다.

❷(물건의 겉에) 어떤 재료를 칠하거나 얇게 덮어씌우다. Paint or thinly apply a material to the surface of an object.

[유]덮어씌우다 [반]벗기다

N0-가 N1-를 N2-로 V ↔ N0-가 N1-에 N2-를 V (N0=[인간] N1=[구체물] N2=[재료])

¶보석상이 목걸이를 금박으로 입혔다. ↔ 보석상이 목걸이에 금박을 입혔다. ¶이 제품은 겉면에 알루미늄을 입혔다.

❸어떤 대상에 다른 대상을 어우러지게 하다. Make an object fit in with another object.

[유]접목하다

N0-가 N2-에 N1-를 V (N0=[인간|단체] N1=[모두] N2=[모두])

¶작곡가는 아름다운 가사에 감미로운 멜로디를 입혔다. ¶사람의 표정을 짓는 로봇은 첨단 기술에 문화를 입힌 결과이다.

입히다[2]

[활용]입히어(입혀), 입히니, 입히고

[기능타]다른 사람에게 '상처나 손해를 줌'을 의미하는 기능동사 Support verb that means "causing another person hurt or damage".

N0-가 N1-에게 Npr-를 V (N0=[인간] Npr=[피해](손해, 해, 화 따위), [상처] N1=[인간])

[주]입다[2]

¶사기꾼이 노인들에게 피해를 입혔다. ¶네게 상처를 입한 사람은 저주를 받을 것이다.

잇다

[활용]이어, 이으니, 잇고, 잇는, 잇습니다

[자](어떤 사태의 다음에) 새로운 일이 연속되다. (of something new) Occur as the next step of some phenomenon.

[유]연속되다 N1-에 V (N1=[추상물], [상태])

¶국민의례에 이어 개회사가 있겠습니다. ¶토론자의 질의에 이어 방청객 질문 시간이 마련되었다. ※ 주로 '이어', '이어서'의 형태로 쓰인다.

[타]❶물체들의 끝과 끝을 맞대거나 붙이다. Put together or attach the ends of materials.

[유]연결하다

N0-가 N1-와 N2-를 V ↔ N0-가 N2-와 N1-를 V ↔ N0-가 N1-를 N2-와 V (N0=[인간|단체], [동물] N1=[구체물] N2=[구체물])

¶나는 짧은 밧줄과 긴 밧줄을 이었다. ↔ 나는 긴 밧줄과 짧은 밧줄을 이었다. ↔ 나는 짧은 밧줄을 긴 밧줄과 이었다. ¶그들은 합판으로 된 판자를 이어서 가림막을 만들었다.

N0-가 N1-를 N2-에 V (N0=[인간|단체], [동물] N1=[구체물] N2=[구체물])

¶배관공은 파이프에 수도꼭지를 이었다. ¶나는 어릴 때 전선을 회로에 잇는 교구 세트를 가지고 놀았었다.

❷(어떤 매개체가) 떨어진 사물 사이를 교통이나 통신이 가능하도록 하다. (of some medium) Enable transportation or communication by being placed between separated items.

[유]통하게 하다

N0-가 N1-와 N2-를 V ↔ N0-가 N2-와 N1-를 V ↔ N0-가 N1-를 N2-와 V (N0=[구체물], [추상물] N1=[구체물], [장소] N2=[구체물], [장소])

¶이 다리는 육지와 섬을 잇는다. ↔ 이 다리는 섬과 육지를 잇는다. ↔ 이 다리는 육지를 섬과 잇는다. ¶춘천과 부산을 잇는 중앙고속도로가 건설되고 있다.

❸(사람이나 자동차가) 줄을 지어 서다. (of people or cars) Line up.

N0-가 N1-를 V (N0=[인간|단체], [교통기관] N1=줄, 꼬리)

¶고속도로에는 차들이 꼬리를 잇고 있었다. ¶신작 소프트웨어의 발표장에는 방문객들이 줄을 잇고 서 있었다.

❹(어떤 일을) 멈추지 않고 계속하다. Continue to do something without stopping.

[유]계속하다

No-가 N1-를 V (No=[인간|단체] N1=[추상물], [상태])
¶우리 가족은 생계를 잇느라 갖가지 일을 했다. ¶그는 눈물이 나서 더 이상 말을 잇지 못했다.

잇달다

활용 잇달아, 잇다니, 잇달은
자 ❶어떤 대상 여럿이 죽 이어지다. (of many objects) Stand in a row.
유 잇따르다, 연속하다
No-가 N1-에 V (No=[구체물] N1=[장소])
¶커피 전문점이 대로변에 잇달아 입점해 있다. ¶석가탄신일 등불 행렬이 잇달아 행진해 왔다.
※ 주로 '잇달아'의 형태로 쓰인다.
❷(어떤 사태가) 시간적으로 연속해서 일어나다. (of a situation) Happen successively.
유 잇따르다
No-가 V (No=[추상물], [상태])
¶대형 사고가 잇달아 발생했다. ¶잇달은 야근으로 직원들이 피로해져 있었다.
※ 주로 '잇달아', '잇달은'의 형태로 쓰인다.

잇따르다

활용 잇따라, 잇따르니, 잇따르고, 잇따랐다
자 ❶(무엇이) 다른 무엇의 뒤를 이어 따르다. (of something) Follow after something else successively.
유 잇달다, 연속되다
No-가 V (No=[단체], [교통수단])
¶교황의 퍼레이드에 여러 보도 차량이 잇따랐다. ¶그의 뒤에는 항상 경호원들이 잇따른다.
❷(어떠한 사태나 행위가) 연달아 이어 발생하다. (of a situation or an action) Happen one after another.
유 잇달다
No-가 V (No=[상태])
¶여러 기업이 몇몇 직원에게 퇴직금을 듬뿍 지급한 사례가 잇따랐다. ¶명절을 맞아 크고 작은 사고가 잇따르고 있다.
※ '잇따라'의 형태로 자주 쓰인다.

있다1

활용 있어, 있으니, 있고, 있는 존대 계시다
자 ❶(사람, 동물 따위가) 어떤 장소나 위치에서 다른 곳으로 이동하지 않고 그 자리에 머물다. (of a person or animal) Not moving to another place and staying over current position.
유 머물다, 남다I
No-가 N1-에 V (No=[인간], [동물] N1=[장소])
¶동생은 집에 있다. ¶그 친구는 아무데도 가지 않고 집에 있으면서 게임만 한다.
❷어떤 상태로 계속 유지하다. Continuously maintain at some condition.
No-가 ADV V (No=[인간], ADV=adj-(게|히|이))
¶너 제발 집에서는 조용히 있어라. ¶어른들 앞에서는 얌전하게 있어야지.
❸일정한 시간이 지나다. Pass on certain time.
유 지나다자
ADV V (ADV=조금, 잠깐, 잠시, adv-만, [시간])
¶잠시 있으면 엄마가 오실 거야. ¶일주일만 있으면 방학이다.
❹(직장 따위를) 그만두지 않고 계속 다니다. Continuously go to work by not quitting.
유 다니다자
No-가 N1-에 V (No=[인간] N1=[기관], [단체], [부서])
¶나는 이 회사에 계속 있을 생각이야. ¶내 친구는 자기 회사에 있기 싫어한다.

있다2

활용 있어, 있으니, 있고 존대 계시다
보조 ❶(주로 동사 뒤에 '-어 있다'의 형태로 쓰이어) 앞의 본동사가 가리키는 행동이 일어난 후 그 상태가 쭉 지속되고 있음을 나타내는 보조 동사 (usually used behind a verb in the form of "~어 있다") Auxiliary verb that designates that the action designated by the main verb occurred and that state is being continuously maintained.
V-어 Vaux
¶동생이 책상에 앉아 있다. ¶사태가 겉잡을 수 없이 커져 있었다.
❷(주로 동사 뒤에 '-고 있다'의 형태로 쓰이어) 앞의 본동사가 가리키는 행동이나 현상 따위가 계속 진행 중임을 나타내는 보조 동사 (Usually used behind a verb in the form of "~고 있다") Auxiliary verb that designates that the action designated by the main verb is continuously in progress.
V-고 Vaux
¶동생이 책상에 앉아서 공부를 하고 있다. ¶애기가 하루가 다르게 성장하고 있다. ¶사태가 겉잡을 수 없이 커지고 있었다.

잉태되다

어원 孕胎~ 활용 잉태되어(잉태돼), 잉태되니, 잉태되고 대응 잉태가 되다
자 ❶아기나 동물의 새끼가 어미의 뱃속에 생기다. (of a baby) Be conceived in a mother's womb.
유 임신되다
No-가 N1-에 V (No=[인간], [동물] N1=[신체부위] (배, 태반))
능 잉태하다
¶고양이 뱃속에 새끼들이 잉태되었다. ¶의사는

초음파 영상을 보고 쌍둥이가 잉태되었다는 것을 확인하였다.
❷(무언가에 의하여) 어떤 사건이나 상황이 일어날 가능성이 만들어지고 유지되다. (of the probability of an event or a situation) Be made and maintained by something.
㊐생기다
N0-가 N1-(에|에서) V (N0=[추상물], [상태] N1=[추상물], [상태])
능 잉태하다
¶사회에 부정부패가 만연하면 으레 불신이 잉태되기 마련이다. ¶의장의 임기가 끝나자 잉태되어 있던 불만이 터져 나오기 시작했다.

잉태하다

어원 孕胎~ 활용 잉태하여(잉태해), 잉태하니, 잉태하고 대응 잉태를 하다
타 ❶사람이 아기를 배거나 동물이 새끼를 배다. (of a woman or a female) Conceive a baby.
㊐임신하다
N0-가 N1-를 V (N0=[인간], [동물] N1=[인간], [동물])
피 잉태되다
¶작년에는 우리 마을의 몇몇 부인들이 아기를 잉태하였다. ¶중전이 왕자를 잉태했다는 소문이 돌았다.
❷(무언가가) 어떤 사건이나 상황이 일어날 가능성을 만들고 유지하다. (of something) Make the probability of an event or a situation happen and maintain it.
㊐만들다, 조성하다
N0-가 N1-를 V (N0=[추상물], [상태] N1=[추상물], [상태])
피 잉태되다
¶광복 직후의 혼란은 대규모 폭력 사태를 잉태하고 있었다. ¶외신들은 두 나라의 협정이 장기적인 평화를 잉태할 것이라고 보도하였다.

잊다

활용 잊어, 잊으니, 잊고
타 ❶(한번 알았던 것을) 도로 생각해 내지 못하다. Be unable to remember something that was once known.
㊐망각하다 ㊥기억하다
N0-가 N1-를 V (N0=[인간|단체] N1=[모두])
피 잊히다
¶수현이는 그 수학 공식을 잊어 버렸다. ¶오랫동안 한국을 떠나서 한국어도 잊을 지경이다. ¶아버지의 말씀만큼은 잊으면 안 된다.
❷(기억하고 있던 것을) 순간적으로 떠올리지 못하다. Not recall something that was remembered temporarily.
㊐망각하다 ㊥기억하다
N0-가 N1-를 V (N0=[인간|단체] N1=[모두])
피 잊히다
¶누나는 오늘 나와의 약속을 깜박 잊었다. ¶그 말을 듣고 보니 잊고 있었던 일이 기억이 난다.
❸(고통, 장애, 슬픔 따위를) 더 이상 마음에 두지 아니하다. No longer keep in mind of pain, disability, sorrow, etc..
㊐떨다II, 지우다I
N0-가 N1-를 V (N0=[인간|단체] N1=[감정](슬픔, 고통 따위), [장애])
피 잊히다
¶이제는 슬픔을 잊고 나아가야 할 때이다. ¶우리 선수들은 패배의 악몽을 잊고 다음 경기를 준비하고 있다.
❹(본분이나 도리 따위를) 새기지 아니하고 버리다. Not fulfill one's duty and forget.
㊐저버리다
N0-가 N1-를 V (N0=[인간|단체] N1=[발언](약속 따위), [의견](믿음 따위), 도리, 의리, 본분 따위)
¶나는 내 본분을 잠시 잊고 있었다. ¶신의를 잊은 사람과는 같이 일할 수 없습니다.
❺(해야 할 일을) 미처 깨닫지 못하고 놓치다. Miss things to do without realizing.
㊐망각하다 ㊥기억하다
N0-가 N1-를 V (N0=[인간|단체] N1=[행위], [구체물])
¶나는 끼니도 잊고 책을 읽었다. ¶그가 밥도 잊고 몰두할 정도이니 이 일이 적성에 맞는가 보다.
N0-가 S것-을 V (N0=[인간|단체])
피 잊히다
¶나는 영화를 보느라 자는 것도 잊었다. ¶동생이 먹는 것도 잊고 공부를 하고 있다.

잊히다

활용 잊히어(잊혀), 잊히니, 잊히고
자 ❶(기억하고 있던 것이) 생각나지 않게 되다. (of something in memory) Not be remembered anymore.
㊐망각되다 ㊥기억되다
N0-가 V (N0=[인간], 일, 사건, 추억)
능 잊다
¶우리가 겪는 대부분의 일들은 시간이 지나면 잊힌다. ¶나에게 충격을 주었던 그 사건은 지금도 잊히지를 않는다.
❷(고통, 장애, 슬픔 따위가) 마음에 남지 않게 되다. (of pains, obstacles, sorrows, etc.) No longer remain in one's mind.
N0-가 V (N0=[감정](슬픔, 고통 따위), [장애])
능 잊다

¶이제 나는 그때의 고통이 다 잊혔다네. ¶우리는 아무리 노력해도 그때의 슬픔이 잊히지를 않는다.

자각되다

어원 自覺~ 활용 자각되어(자각돼), 자각되니, 자각되고 대응 자각이 되다

자 (어떤 내용이 누군가에게) 스스로 알아차려지다. (of a content) Be known by someone.

N0-가 N1-에게 V (N0=[추상물], [상태] N1=[인간|단체])

능 자각하다

¶환경 대책의 필요성이 시민들에게 자각되었다. ¶나는 눈병 증세가 자각되어 바로 병원에 가 보았다.

S것-이 N1-(에|에게) V (N1=[인간|단체])

능 자각하다

¶그제야 친구를 모두 잃었다는 것이 그에게는 자각되기 시작했다. ¶철수에게는 한참 동안 지갑이 없어졌다는 것이 자각되지 않았다.

자각하다

어원 自覺~ 활용 자각하여(자각해), 자각하니, 자각하고 대응 자각을 하다

자타 (어떤 내용을) 스스로 알아차리다. Realize a content by oneself.

유 깨닫다, 느끼다

N0-가 N1-(를|에 대해) V (N0=[인간|단체] N1=[추상물], [상태])

피 자각되다 사 자각시키다

¶어머니께서는 교통 사고 하루 지나서야 통증을 자각했다. ¶우리는 환경 문제의 심각성을 자각할 필요가 있다.

N0-가 S것-을 V (N0=[인간|단체])

피 자각되다 사 자각시키다

¶사장은 더 이상의 사업 확장은 무리라는 것을 자각하였다. ¶민호는 마침내 능력이 부족하다는 것을 자각하기 시작했다.

자극되다

어원 刺戟~ 활용 자극되어(자극돼), 자극되니, 자극되고 대응 자극이 되다

자 (사람이나 마음, 욕구 따위가) 다른 대상이나 사람에 영향을 받아서 반응이 일어나게 되다. (of a person and his or her thought or desire) React or to be provoked, being affected by another person or thing.

유 영향을 입다

N0-가 N1-에 V (N0=[인간], [추상물](마음 따위) N1=[인간], [구체물], [추상물])

능 자극하다, 자극시키다

¶집에 들어서자 음식 냄새에 식욕이 자극되었다. ¶아이들은 어머니 말 한마디에 바로 자극되었다.

자극받다

어원 刺戟~ 활용 자극받아, 자극받으니, 자극받고 대응 자극을 받다

자 (사람이나 마음, 욕구 따위가) 다른 대상이나 사람에 영향을 받아서 반응이 일어나게 되다. (of a person and his or her thought or desire) React or to be provoked, being affected by another person or thing.

유 영향을 받다

N0-가 N1-(에|에게) V (N0=[인간], [추상물](마음 따위) N1=[인간], [구체물], [추상물])

능 자극하다, 자극시키다

¶그는 후배들이 열심히 훈련하는 모습에 크게 자극받았다. ¶학생들은 담임 선생님의 충고에 자극받았다.

자극하다

어원 刺戟~ 활용 자극하여(자극해), 자극하니, 자극하

고 대응자극을 하다
타❶(대상이나 사람이) 다른 사람이나 마음, 욕구 따위에 영향을 주어서 반응이 일어나게 하다. (of something or a person) Affect another person or his/her thought or desire into reacting.
㈜영향을 주다
N0-가 N1-를 V (N0=[인간], [구체물], [추상물] N1=[인간], [추상물](마음 따위))
피자극되다, 자극받다
¶영상 광고는 소비자들의 구매 욕구를 자극한다. ¶상대 선수들이 먼저 우리 선수들을 자극했다.
❷ 【생물】 무엇이 감각 기관을 작용시켜 흥분이나 반응이 일어나게 하다. (of something) Move a sense organ so that reaction or excitement occurs.
N0-가 N1-를 V (N0=[구체물] N1=[신체부위](신경 따위))
¶커피와 같은 카페인 음료는 교감신경을 자극한다.

자다

활용자, 자니, 자고 ㉶주무시다
자❶(사람이나 동물이) 눈을 감고 몸과 의식이 쉬는 상태가 되다. (of a person or an animal) Close the eyes and let one's body and mind be relaxed.
N0-가 V (N0=[인간], [동물])
사재우다
¶아빠가 업어줄 때 우리 아기가 가장 잘 잔다. ¶나는 책을 읽다가 책상에 엎드려 잤다.
❷(사람이) 다른 사람과 어울려 성적인 관계를 맺다. (of a person) Have heterosexual intercourse with one's partner.
㈜동침하다
N0-가 N1-와 V (N0=[인간] N1=[인간])
¶그는 술을 마시면 밖에서 다른 여자와 자곤 한다. ¶주인공의 아내는 이따금 외박하고 다른 남자와 잤다.
❸(바람이나 물결 따위가) 가라앉아 잠잠해지다. (of wind or wave) Calm down and to be still.
㈜가라앉다, 잠잠해지다
N0-가 V (N0=[기상](바람, 파도 따위))
¶한바탕 몰아치던 폭풍우가 끝나고 나서 오늘은 바람과 파도가 잔다. ¶밤이 깊자 달빛이 내리고 물결이 잔다.
❹(기계가) 작동을 멈추다. (of a machine) Stop working.
㈜멈추다, 죽다
N0-가 V (N0=[기계])
¶배터리가 방전되어 시계가 잔다. ¶파업 기간 동안 공장에 있는 모든 기계가 자고 있다.
❺(머리카락이나 솜 따위가) 부풀어 있던 부분이 눌리어 납작해지다. (of hairs or cotton) Have swollen parts flattened by pressure.
㈜죽다, 눌리다
N0-가 V (N0=솜, 머리카락 따위)
사재우다
¶겨울 동안 장롱에 넣어 두었던 이불에 솜이 다 잤다. ¶옆으로 누워 있었더니 머리카락이 잔다.
◆ **자나 깨나** 낮이나 밤이나 늘 night and day. Idm
¶누군가를 좋아하게 되면 자나 깨나 그 사람만 떠오른다. ¶운동선수는 자나 깨나 부상을 조심해야 한다.
타(사람이나 동물이) 잠이 들어 눈을 감고 몸과 의식이 쉬는 상태가 되다. (of a person or an animal) Fall asleep and let one's body and mind be relaxed.
㈜잠을 자다, 수면을 취하다 ㉵깨다, 일어나다
N0-가 N1-를 V (N0=[인간], [동물] N1=잠 따위)
사재우다
¶그는 오랜만에 단잠을 잤다. ¶나는 토요일에는 저녁에 영화를 보고 일요일 아침에 늦잠을 잔다.
◆ **잠을 자다** 물건이 본래의 목적에 맞게 쓰이지 못하고 묵혀 있다. (of a thing) Be left unused without fulfilling its original purpose.
N0-가 Idm (N0=[구체물])
¶그 집 장롱 안에는 수천만 원에 해당하는 보물이 잠을 자고 있다. ¶최근 전시회를 가지면서 잠을 자던 많은 그림이 세상에 나왔다.

자라다

활용자라, 자라니, 자라고
자❶(생물체나 몸의 부분이) 점점 커지다. (of a living thing or a part of the body) Become bigger.
㈜성장하다
N0-가 V (N0=[동물], [식물], [신체부위])
¶거름이 충분히 삭은 논이라야 벼가 잘 자란다. ¶강아지는 어미젖을 먹고 무럭무럭 자랐다.
❷ (사람이) 어떤 환경에서 성장하다. (of a person) Grow in a certain environment.
㈜성장하다
N0-가 N1-에서 V (N0=[인간] N1=[추상물](환경 따위))
¶그는 일찍 아버지를 여의고 어머니 밑에서 자랐다. ¶아버지는 어릴 때부터 농촌에서 자랐다.
❸(수준이나 역량이) 점점 높아지거나 커지다. (of level or capacity) Become higher or to increase.
㈜발전하다

ㅈ

No-가 V (No=[단체], [추상물])
¶그의 피아노 연주 실력은 수준급으로 자랐다. ¶경찰은 불법 조직이 자라지 않도록 철저히 단속하고 있다.

자랑하다

활용 자랑하여(자랑해), 자랑하니, 자랑하고 대응 자랑을 하다

자타 (자신이나 자신의 것을) 다른 사람에게 훌륭하다고 드러내거나 내세우다. Show or display oneself or one's belongings to another person on grounds that they are good enough.
㊀뽐내다 자타
No-가 N1-(에|에게) S다고 V (No=[인간] N1=[인간|단체])
¶동생은 키도 크고 몸도 우람하다고 자랑하고 다녔다. ¶그는 남들에게 부자라고 자랑하지 않고 어려운 사람들을 돕는다.
No-가 N2-(에|에게) N1-를 V (No=[인간] N1=[모두] N2=[인간|단체])
¶민희는 친구들에게 새로 산 운동화를 자랑했다.

자르다

활용 잘라, 자르니, 자르고, 잘랐다

타 ❶(무엇을) 어떤 도구로 완전히 끊어지게 동강을 내다. (of a person) Break something to render it completely severed.
㊀썰다
No-가 N2-로 N1-를 V (No=[인간] N1=[구체물] N2=[도구])
피 잘리다
¶아이들은 공작 시간에 가위로 종이를 잘랐다. ¶정육점 주인은 칼로 돼지고기를 잘랐다.

❷(다른 사람의 말을) 도중에 끊어 이어지지 못하게 하다. Stop someone's speech in the middle and render it discontinued.
㊀중단시키다
No-가 N1-를 V (No=[인간] N1=[말](발언, 이야기 따위))
피 잘리다
¶사회자가 토론자의 발언을 자르고 발언권을 넘겼다. ¶아이들은 서로 말꼬리를 자르며 싸웠다.

❸(다른 사람을) 어떤 위치나 직장에서 물러나게 하다. Make someone leave a certain position or job.
㊀해임하다, 해직하다
No-가 N1-를 N2-에서 V (No=[인간|단체], [기관] N1=[인간] N2=[기관](학교, 회사 따위))
피 잘리다
¶사장은 경영이 어려워지자 회사에서 신입 사원부터 잘랐다. ¶회사는 경비 절감을 위해 비정규직을 잘랐다.
※ 속되게 쓰인다.

❹(다른 사람의 부탁이나 요구를) 받아들이지 않고 단호하게 거절하다. Not accept but firmly reject someone's favor or request.
㊀거절하다, 거부하다
No-가 N1-를 V (No=[인간] N1=제안, 요청)
피 잘리다
¶그는 뇌물을 받을 수 없다고 청탁을 딱 잘랐다. ¶그는 변호사를 선임하라는 제안을 필요없다고 잘랐다.

자리잡다

활용 자리잡아, 자리잡으니, 자리잡고 대응 자리를 잡다

자 ❶(일정한 곳에) 자리를 차지하여 존재하다. Occupy a certain position.
㊀위치하다, 터를 잡다, 자리하다
No-가 N1-에 V (No=[지역] N1=[장소])
¶부산은 한반도의 남쪽에 자리잡은 도시이다. ¶언덕을 넘으니 산자락에 자리잡은 마을이 보인다.

❷(어떤 자격으로) 널리 인정받을 만큼 정착하다. Occupy a stable position by means of a widely recognized qualification.
㊀정착하다
No-가 N1-로 V (No=[모두] N1=[추상물], [인간])
¶컴퓨터 게임이 취미 활동으로 자리잡은 이후, 컴퓨터 오락실의 수가 급격히 늘어났다. ¶당구가 이제는 스포츠의 하나로 자리잡았다.

❸(생계를 유지하며 일정한 곳에) 머무르게 되다. Settle in a place while making a living.
㊀정착하다, 거주하다, 정주하다
No-가 N1-에 V (No=[인간] N1=[장소])
¶동생은 갖은 고생 끝에 서울에 자리잡았다. ¶시골에 자리잡은 나는 마을 사람들과 친해지기로 했다.

❹(머리나 마음에) 깊이 새겨지다. Be engraved in the mind or heart.
㊀새겨지다
No-가 N1-에 V (No=[모두] N1=[마음])
¶윤아의 웃는 얼굴이 어느새 내 마음속에 자리잡았다. ¶헤어짐을 겪은 뒤 동수의 마음에는 깊은 절망감이 자리잡고 있었다.

자리하다

활용 자리하여(자리해), 자리하니, 자리하고 대응 자리를 하다

자 ❶(어떤 곳에) 공간을 점유하다. Occupy a place somewhere.
㊀자리잡다, 위치하다
No-가 N1-에 V (No=[모두] N1=[장소], [마음])

¶윤아의 웃는 모습이 어느새 내 마음속에 자리하고 있었다. ¶얼마 전까지만 해도 이곳에 자리했던 건물은 사라지고 말았다.
❷(여러 사람이) 한데 모이다. (of many people) Join together.
㊐모이다, 참석하다
N0-가 N1-에 V (N0=[인간] N1=[장소], [상황])
¶많은 사람들이 그의 회갑 잔치에 자리했다. ¶바쁜 중에도 자리해 주신 분들께 감사합니다.
❸(기관이나 단체의) 직위에 앉아 있다. Hold office in an institution or an organization.
㊐재직하다, 재임하다
N0-가 N1-에 V (N0=[인간] N1=[직위])
¶고모부는 고위직에 자리한 후로 만나기 힘들다. ¶나는 간부직에 자리하고 있지만 보기보다 권한이 많지 않다.

자부하다

어원 自負~ 활용 자부하여(자부해), 자부하니, 자부하고 대응 자부를 하다
재타 (사람이 자기의 가치나 능력을) 높이 평가하여 마음을 당당하게 가지다. (of a person) Think highly of one's own worth or ability so that one is confident.
㊐자신하다, 확신하다, 자부심을 갖다
N0-가 N1-를 V (N0=[인간|단체] N1=성공, 성과, 역할 따위)
¶그는 자기 일에 있어서만은 최고를 자부했다. ¶정부는 토지 개혁의 성과를 자부했다.
N0-가 S고 V (N0=[인간|단체])
¶나는 언제나 바르게 살아왔다고 자부한다. ¶사장은 자기가 회사를 잘 운영해 왔다고 자부했다.

자빠지다[1]

활용 자빠지어(자빠져), 자빠지니, 자빠지고
자 ❶(사람이나 동물이) 서 있다가 뒤나 옆으로 넘어지다. (of a person or an animal) Fall backward or sideways.
㊐엎어지다, 미끄러지다 ㊥일어서다
N0-이 N1-(에|로) V (N0=[인간|동물] N1=[장소])
¶아이는 복도에서 뛰더니 그만 앞으로 자빠졌다. ¶급하게 가던 나는 돌부리에 걸려 바닥에 자빠졌다.
❷(물체가) 서 있다가 모로 기울어져 쓰러지다. (of a thing) Incline toward one side and fall to the ground.
㊐엎어지다, 넘어지다
N0-이 N1-(에|로) V (N0=[구체물] N1=[장소], [상황])
¶자전거가 자갈길에 자빠졌다. ¶폭풍에 나무가 뿌리째 뽑혀 자빠졌다.
❸(사람이) 수평으로 몸을 바닥 따위에 대다. (of a person) Lie flat on the ground.
㊐눕다
N0-이 N1-에 V (N0=[인간] N1=[장소](방, 침대 따위))
¶할 일 없으면 발 닦고 침대에 자빠져라. ¶나는 마룻바닥에 벌떡 자빠져서는 주말 내내 쉬었다.
※ 속되게 쓰인다.
❹(사람이) 힘에 부쳐 일을 감당하지 못하게 되다. (of a person) Be unable to manage a work because it is beyond one's ability.
㊐쓰러지다
N0-가 V (N0=[인간])
¶직원들은 가혹한 생활을 못 버티고 자빠지고야 말았다. ¶그는 이리저리 불려 다니며 이용만 당하다가 결국 과로로 자빠졌다.
❺(사람이나 동물이) 돌아다니지 않고 한곳에만 처박혀 있다. (of a person or an animal) Shut oneself up in one place without going around.
㊐처박히다
N0-가 N1-에 V (N0=[인간|동물] N1=[장소])
¶친구란 녀석이 불러도 나오지 않고 어디에 자빠졌는지 보이지도 않는다. ¶여름이 되자 동네 개들은 길에 돌아다니지 않고 온통 배수로에 자빠져 있다.
※ 속되게 쓰인다.
❻(사람이) 하던 일에 책임을 지지 않고 도중에 그만두다. (of a person) Quit a work midway without taking responsibility.
㊐그만두다, 포기하다
N0-가 V (N0=[인간])
¶많은 사람들이 돌멩이로 탑을 쌓는 일에 도전했다가 도중에 자빠졌다. ¶그는 먼저 일을 제안해 놓고 결국에는 마무리도 짓지 못하고 자빠졌다.

자빠지다[2]

활용 자빠지어(자빠져), 자빠지니, 자빠지고 【속어】
보조 (동사 뒤에서 '-고 자빠지다'의 형태로 쓰여) 앞말이 가리키는 행동이 계속 진행되고 있거나 그 행동의 결과가 지속됨을 나타내는 보조동사. Aauxiliary verb meaning that the aforementioned action or its effect continues (used in the form of "-고 자빠지다" after a verb).
V-고 Vaux
¶감히 나를 따라잡겠다니 웃기고 자빠졌네. ¶그 녀석은 건방지게 나한테 아직도 반말을 쓰고 자빠졌다.

자살하다

어원 自殺~ 활용 자살하여(자살해), 자살하니, 자살하고 대응 자살을 하다
자 사람이 스스로 자신의 목숨을 끊다. End one's

own life.
㊌자진하다
N0-가 V (N0=[인간])
¶그는 뇌물 받은 것이 탄로나자 자살했다. ¶아무리 힘들어도 자살하는 것은 세상에서 가장 큰 죄악이다.

자생하다

어원 自生~ 활용 자생하여(자생해), 자생하니, 자생하고 대응 자생을 하다
자 ❶(사람이) 자기의 힘으로 생활을 이어 가다. (of a person) Manage to live for oneself.
㊌자립하다
N0-가 V (N0=[인간])
¶동생은 자생할 수 있는 기반을 마련했다. ¶네 나이에 자생하는 것은 쉽지 않은 일이다.
❷(사조나 단체 따위가) 외부에서 들어오지 않고 어떤 집단 내에서 스스로 생겨나다. (of trend or organization) Arise in society without outside origin.
㊌생겨나다
N0-가 N1-에서 V (N0=[단체], [유파], [사조] N1=[인간])
¶현대 사회에서 개인주의가 자생하게 된 데는 문화적인 요인이 있다. ¶보수적인 분위기 속에서 급진파가 자생하기 시작했다.
❸(식물이) 어떤 곳에서 심기지 않고도 스스로 나서 자라다. (of plant) Grow in a place without being planted.
㊌성장하다, 자라다, 서식하다
N0-가 N1-(에|에서) V (N0=[식물] N1=[장소])
¶이곳에서 곰팡이가 자생하는 것을 보니 꽤 습한 곳인가 보다. ¶이 산에 자생한 나무들은 대부분 약용이다.

자신하다

어원 自信~ 활용 자신하여(자신해), 자신하니, 자신하고 대응 자신을 하다
자타 (사람이) 일을 해낼 수 있거나 그러한 능력이 있다고 스스로 굳게 믿다. (of a person) Believe firmly that one can achieve a work or one is proficient enough.
㊌자부하다, 확신하다
N0-가 N1-를 V (N0=[인간] N1=성공, 성취, 역할 따위)
¶대표팀은 국제 경기에서의 필승을 자신했다. ¶김 선수는 이적한 뒤에도 변함없는 활약을 자신했다.
N0-가 S고 V (N0=[인간])
¶박 선수는 선수권 대회를 준비하는 데에는 별다른 어려움이 없다고 자신했다. ¶감독은 충분히 우승할 수 있다고 자신했다. ¶여당 후보는 경제를 다시 활성화시킬 수 있다고 자신했다.

자제되다

어원 自制~ 활용 자제되어(자제돼), 자제되니, 자제되고 대응 자제가 되다
자 (감정이나 행동이) 스스로 다스려져 억눌리다. (of feeling or behavior) Be controlled and refrained.
㊌억제되다, 참다
N0-가 V (N0=[행위], [감정])
능 자제하다
¶조심스럽지 못한 행동은 자제되어야 한다. ¶자제되지 않는 감정 때문에 힘들 때가 있다.

자제하다

어원 自制~ 활용 자제하여(자제해), 자제하니, 자제하고 대응 자제를 하다
타 (감정이나 행동을) 스스로 다스려 억누르다. Control and suppress a feeling or a behavior.
㊌억제하다, 참다
N0-가 N1-를 V (N0=[인간] N1=[행위], [감정])
피 자제되다
¶요즘 용돈이 모자라서 쇼핑을 자제하는 중이에요. ¶아버지는 슬픔을 자제하시면서 상황을 수습하셨다.
N0-가 S것-을 V (N0=[인간])
피 자제되다
¶등산로가 아닌 곳으로 다니는 것을 자제해 주세요. ¶치료 때문에 먹는 것을 자제하니 삶의 낙이 없다.

자지러지다

활용 자지러져, 자지러지니, 자지러지고
자 ❶(웃음이나 울음 따위가) 짜릿한 느낌이 들 정도로 빠르게 격하고 날카로운 소리로 들리다. (of laughter or crying) Sound so quick, violent, and sharp that one feels thrilled.
N0-가 V (N0=[소리])
¶그는 내 말을 듣더니 자지러지게 웃었다. ¶어디선가 자지러지는 비명이 들렸다.
※ 주로 부사형이나 관형형으로 사용된다.
❷(사람이) 몸이 오그라들어 꼼짝 못할 정도로 무서워하며 놀라다. (of a person) Be so frightened that one cannot move at all, having shrunk back.
㊌경악하다
N0-가 V (N0=[인간])
¶그는 상처를 조금 건드리기만 해도 자지러진다. ¶동생은 책상 아래에 바퀴벌레를 발견하고 자지러지게 놀랐다.

자처하다

어원 自處~ 활용 자처하여(자처해), 자처하니, 자처하고
타 (사람이 자신을) 어떤 자격이 있거나 어떤 지위에 있는 것으로 스스로 여기어 내세우거나 행동하다. (of a person) Consider oneself as having a certain qualification or status, or behave as such.
유 내세우다 타
N0-가 N1-를 V (N0=[인간|단체] N1=[인간], [추상물])
¶나는 친구들의 연애 선생을 자처했다. ¶그는 낮은 지지율을 회복하기 위해 국민의 인기가 높던 전임자의 계승자를 자처했다. ¶근대 러시아 정교회는 강력한 오스만 제국에 대항해 그리스 정교회의 보호자를 자처했다.
N0-가 N1-를 N2-로 V (N0=[인간|단체] N1=[인간](자신) N2=[인간], [추상물])
¶그는 자신을 스스로 왕으로 자처했다. ¶나폴레옹은 자기 자신을 황제로 자처했다.
N0-가 N1-를 N2-라고 V (N0=[인간] N1=[인간](자신 따위) N2=[인간])
¶정 박사는 스스로를 '선생의 최후를 목격한 당사자'라고 자처했다. ¶그는 자신을 건설업계의 큰손이라고 자처했다.

자청하다

어원 自請~ 활용 자청하여(자청해), 자청하니, 자청하고 대응 자청을 하다
자타 (사람이) 일 따위를 하겠다고 자발적으로 청하다. (of a person) Offer to do a work voluntarily.
유 자원하다
N0-가 N1-를 V (N0=[인간] N1=[역할], [행위])
¶그는 모든 일에 책임을 지기로 하고 은퇴를 자청했다. ¶내가 고민을 말하면 누구나 해결사 역할을 자청했다.
N0-가 S고 V (N0=[인간])
¶그는 자신이 명나라에 사신으로 가겠다고 자청했다. ¶목사는 어려운 사람을 위한 일을 돕겠다고 자청했다.

자초하다

어원 自招~ 활용 자초하여(자초해), 자초하니, 자초하고
타 (사람이 스스로 저지른 일이나 행위로 인해) 부정적인 결과를 생기게 하다. (of a person) Happen to bring about a negative result due to what a person himself/herself did.
유 초래하다
N0-가 N1-를 V (N0=[인간], [행위] N1=실패, 죽음, 몰락, 비극 따위)
¶그는 끊임없이 향락을 추구하여 몰락을 자초하였다. ¶장군은 무모한 전략과 전술로 패전을 자초하였다. ¶안전 불감증이 결국 이런 비극을 자초하게 되었다.

자칫하다

활용 자칫하여(자칫해), 자칫하면, 자칫하다가
자 (일이나 무엇이) 어쩌다가 조금 어긋나 잘못되다. (of work or something) Go wrong slightly by some chance.
N0-가 V (N0=[인간], [행위])
¶내가 자칫하다가 실수를 하면 어쩌지? ¶이 사건은 자칫하면 미궁으로 빠질 수도 있다. ¶자칫하면 사고가 날 수 있으니 조심해라.
※ 주로 '자칫하다가', '자칫하면', '자칫하여' 등의 형태로 사용된다.

자포자기하다

어원 自暴自棄~ 활용 자포자기하여(자포자기해), 자포자기하니, 자포자기하고 대응 자포자기를 하다
자 (모든 것이 잘못되고 나아질 희망이 없다고 느끼어) 스스로 포기하고 돌보지 않다. Give up and cease to care, feeling as if everything is going wrong and there is no hope for improvement.
유 포기하다
N0-가 V (N0=[인간])
¶나도 한때는 자포자기해서 죽음 같은 삶을 산 적이 있었다. ¶암 환자들 중에는 아예 치료를 포기하고 자포자기하는 경우도 많았다.

자행되다

어원 恣行~ 활용 자행되어(자행돼), 자행되니, 자행되고 대응 자행이 되다
기능 자 행위가 이루어짐을 나타내는 기능동사. Support verb meaning that an act has been done.
N0-가 N1-에 의해 V (N0=[행위] N1=[인간|단체])
능 자행하다
¶이번 공격은 악의를 가진 집단에 의해 자행됐다. ¶나치 정권에 의해 수없는 인명 살상이 자행되었다.

자행하다

어원 恣行~ 활용 자행하여(자행해), 자행하니, 자행하고 대응 자행을 하다
기능 타 행동함을 나타내는 기능동사. Support verb meaning that an act has been done.
N0-가 N1-를 V (N0=[인간|단체] N1=[행위])
피 자행되다
¶적군들은 끊임없이 무력 도발을 자행해 왔다. ¶그 사람은 여러 차례 불법과 거짓을 자행한 바가 있다.
N0-가 N2-(에|에게) N1-를 V (N0=[인간|단체] N1=[행위] N2=[인간|단체])
피 자행되다
¶남자는 10년 동안 아내에게 폭언과 폭력을 자행해

왔다. ¶그 남자는 민수에게 온갖 고문을 자행했던 것으로 밝혀졌다. ¶과거에 그 나라가 주변국에 자행했던 만행들이 하나둘씩 밝혀지고 있다.

작곡되다

어원 作曲~ 활용 작곡되어(작곡돼), 작곡되니, 작곡되고 대응 작곡이 되다

자 새로운 음악 작품이 만들어지다. (of a new piece of music) Be created.

N0-가 V (N0=[작품](가곡, 가요, 교향악, 음악, 노래, 동요 따위))

능 작곡하다

¶이 교향곡이 작곡되는 데 무려 10년이 넘게 걸렸다고 한다. ¶이 곡은 작곡되자마자 유명한 영화 음악으로 삽입되었다.

작곡하다

어원 作曲~ 활용 작곡하여(작곡해), 작곡하니, 작곡하고 대응 작곡을 하다

타 새로운 음악 작품을 만들다. Make new music.

N0-가 N1-를 V (N0=[인간] N1=[작품](가곡, 가요, 교향악, 음악, 노래, 동요 따위))

피 작곡되다

¶베토벤은 수많은 교향곡을 작곡하였다. ¶그는 요즘 많은 히트곡을 작곡하여 성공하였다. ¶영희는 가요만을 작곡하다가 요즘 영화 음악으로 관심을 돌렸다.

작동되다

어원 作動~ 활용 작동되어(작동돼), 작동되니, 작동되고 대응 작동이 되다

자 ☞ 작동하다 자

작동하다

어원 作動~ 활용 작동하여(작동해), 작동하니, 작동하고 대응 작동을 하다

자 ❶(기계나 장치가) 제 기능에 맞게 움직이다. (of a machine or a device) Move and properly function.

유 돌아가다 자

N0-가 V (N0=[기계])

사 작동시키다

¶인공지능형 가습기는 최적의 습도로 스스로 알아서 작동한다. ¶공항 터미널의 에스컬레이터와 엘리베이터가 작동하지 못하고 있다.

❷(원리나 원칙 등이) 제 기능을 하다. (of a principle or a rule) Function properly.

N0-가 V (N0=[개념](관념 따위), [앎](원리, 가설 따위), [사조](민주주의, 자본주의 따위), [제도])

사 작동시키다

¶사회에서는 법과는 상관없는 인륜 질서라는 관념이 강하게 작동하고 있다. ¶우리나라의 경제 체제는 경쟁의 원리가 작동하는 제도이다.

N0-가 N1-로 V (N0=[방법](해결책, 전략 따위), [제도], [행위] N1=세계관, 배경, 기준 따위)

사 작동시키다

¶이 해결책은 사회의 주류가 되는 세계관으로 작동하기에는 난점이 많다. ¶그 제도야말로 인권 문제에 대한 판단 기준으로 작동하고 있다.

타 (기계나 장치 따위를) 제 기능에 맞게 돌아가게 하다. Make a machine or a device function properly.

N0-가 N1-를 V (N0=[인간] N1=[기계])

사 작동시키다

¶사진을 찍기 위해 사진사는 카메라의 스위치를 작동했다. ¶사고 여객기 조종사는 비상 장치를 작동해서 무사히 착륙할 수 있었다.

작성되다

어원 作成~ 활용 작성되어(작성돼), 작성되니, 작성되고 대응 작성이 되다

자 ❶(문서나 원고 따위가) 일정한 형식의 글로 만들어지다. (of a document or manuscript) Be created into a writing.

N0-가 N1-에 의해 V (N0=[텍스트](원고, 서류, 문건, 기사, 표 따위) N1=[인간|단체])

능 작성하다

¶이번 연설문은 대통령에 의해 직접 작성된 것으로 알려져 있다. ¶이 목록은 도서관 사서의 노력에 의해 작성되었다.

❷(운동 경기 따위에서) 새로운 기록이 세워지다. (of a new record) Be established in a sports game.

유 나오다, 수립되다

N0-가 V (N0=[기록])

능 작성하다

¶이번 올림픽에서는 많은 세계 신기록이 작성되었다. ¶만약 내일도 이긴다면 새로운 연승 기록이 작성될 것이다.

작성하다

어원 作成~ 활용 작성하여(작성해), 작성하니, 작성하고 대응 작성을 하다

타 ❶(문서나 원고 따위를) 일정한 형식의 글로 만들다. Turn a document or manuscript into a writing.

유 쓰다

N0-가 N1-를 V (N0=[인간|단체] N1=[텍스트](원고, 서류, 문건, 기사, 표 따위))

피 작성되다 사 작성시키다

¶그는 이번 원고를 작성하기 위해서 안 가 본 곳이 없었다. ¶나는 사명감을 가지고 나의 마지막 기사를 작성했다. ¶그들은 마지못해 새 계약서를 작성하기 시작했다.

❷(운동 경기 따위에서) 새로운 기록을 세우다. Establish a new record in a sports game.
㊞세우다, 내다, 수립하다
N0-가 N1-를 V (N0=[인간|단체] N1=[기록], [값])
피 작성되다
¶이번 올림픽 수영 경기에서 미국 선수가 세계 신기록을 작성했다. ¶10년 만에 신 악보를 발매한 그 가수는 역대 최고 판매고를 작성했다.

작업하다

어원 作業~ 활용 작업하여(작업해), 작업하니, 작업하고 대응 작업을 하다
자 ❶몸이나 머리를 써서 일하다. Work by using one's body or head.
㊞일하다
N0-가 V (N0=[인간|단체])
¶근로자들이 안정된 환경에서 작업하고 싶어 한다. ¶요즘은 컴퓨터의 발달로 예전보다 훨씬 쉽게 작업할 수 있다.
❷특정한 목적을 달성하기 위해 계획을 세워 일을 추진하다. Prosecute a task by devising a plan in order to accomplish a specific goal.
㊞일하다
N0-가 V (N0=[인간|단체])
¶그 작가는 5년을 작업한 끝에야 새로운 소설을 출판할 수 있었다. ¶그 가수는 최고의 제작자와 함께 작업해서 새로운 음반을 냈다.
타 (어떤 일을) 처리하다. Process a certain task.
㊞처리하다
N0-가 N1-를 V (N0=[인간|단체] N1=[일], [결과물])
¶그는 급한 회계 처리를 위해 엑셀 파일을 작업하였다. ¶그는 어렵다고 알려진 일을 새로운 방식으로 아주 쉽게 작업하였다.

작용되다

어원 作用~ 활용 작용되어(작용돼), 작용되니, 작용되고 대응 작용이 되다
자 ☞작용하다

작용하다

어원 作用~ 활용 작용하여(작용해), 작용하니, 작용하고 대응 작용을 하다
자 (어떤 대상이 다른 대상에게) 변화를 일으키거나 영향을 미치다. (of an object) Change or influence another object.
㊞영향을 미치다
N0-가 N1-(에|에게) V (N0=[모두] N1=[모두])
¶부모님의 인성 교육이 자녀들에게 작용해서 지금의 그들이 있게 한 것이다. ¶의사 결정 과정에 학연이나 지연이 작용해서는 안 된다.
N0-가 N1-(에|에게) N2-로 V (N0=[모두] N1=[모두] N2=[모두])
¶성적이 합격 여부에 결정적인 변수로 작용한다. ¶조사자의 국적과 민족 배경이 현지 조사에 중요한 요소로 작용했다.
N0-가 N1-(에|에게) ADV V (N0=[모두] N1=[모두], ADV=유리하게, 불리하게, 크게, 중요하게 따위)
¶이번 일을 성사시키는 데에는 경제적인 면뿐 아니라 정치적인 면도 크게 작용했다. ¶사회의 흐름이 그에게 유리하게 작용했다.

작정하다

어원 作定~ 활용 작정하여(작정해), 작정하니, 작정하고 대응 작정을 하다
자타 (어떤 행동을 어찌하기로) 마음속으로 생각하여 결정하다. Think of and decide within the mind how and what action to take.
㊞계획하다, 생각하다, 결정하다자, 타 결심하다, 마음먹다자, 타
N0-가 S다고 V (N0=[인간|단체])
¶아버지께서는 내년이 되면 이사하겠다고 작정하신 듯했다. ¶방학 동안 그 책을 읽겠다고 작정했지만 실패했다.
N0-가 S려고 V (N0=[인간|단체])
¶그는 죽으려고 작정한 사람처럼 덤벼들었다. ¶망하려고 작정한 것이 아니면 무리한 대출은 하지 마라.
N0-가 N1-를 V (N0=[인간|단체] N1=[행위])
¶민수는 이번 휴가 때 여행을 작정했다. ¶그는 취업을 작정하고 영어 공부를 시작했다.
N0-가 S기-(를|로) V (N0=[인간|단체])
¶아람이는 오늘 밤 영화 세 편을 보기로 작정했다. ¶오늘은 꼭 시험 공부하기로 작정했는데 좀처럼 집중이 안 된다.

잘나가다

활용 잘나가, 잘나가니, 잘나가고
자 ❶(자기가 속한 사회나 집단에서) 지속적으로 성공을 거두다. Enjoy continuous success within one's affiliated society or organization.
㊞성공하다
N0-가 V (N0=[인간|단체])
¶그가 요즘 연예계에서 가장 잘나가고 있다. ¶지주회사의 성장으로 계열사들도 요즘 잘나가고 있다.
❷(상품 등이) 큰 인기를 얻어 많이 팔리다. (of a product) Be sold in large quantity by becoming very popular.
㊞잘 팔리다
N0-가 V (N0=[구체물])
¶요즘 이 상품이 잘나가고 있다. ¶요즘은 고가 제품보다 실용적인 제품이 더 잘나간다.

잘되다

ㅈ

활용 잘되어(잘돼), 잘되니, 잘되고
자 ❶(어떤 일이나 현상이) 좋게 이루어지다. (thing or phenomenon) Be realized well.
반 안되다
N0-가 V (N0=[모두])
¶올해는 농사가 잘 됐다. ¶소화가 잘되는 음식을 드세요.
❷(물건, 시설, 음식 등이) 좋게 만들어지다. (object, installation, food, etc.) Be well done.
N0-가 V (N0=[구체물])
¶이번 작품은 잘됐다. ¶이 요리는 양념이 참 잘됐다.
❸(일이) 바람직한 방향으로 좋게 이루어지다. (Thing) Be realized the right way.
N0-가 V (N0=[사건])
¶그것은 내게 오히려 잘된 일이었다. ¶걱정했는데, 그거 참 잘됐군요. ¶어차피 사직할 회사에서 잘렸으니 차라리 잘된 셈이었다.

잘리다
활용 잘리어(잘려), 잘리니, 잘리고
자 ❶(몸의 일부나 사물이) 날카로운 연장 따위로 베여 동강이 나거나 끊어지다. (of part of the body or a thing) Be cut or broken in half by a sharp tool.
유 끊어지다
N0-가 N1-(에|에게) V (N0=[구체물] N1=[인간], [기기])
능 자르다
¶여우가 덫에 걸려 다리가 잘렸다. ¶나무가 태풍에 잘리고 뿌리째 뽑혀 나갔다.
❷(길이나 산의 규모나 경계가) 나뉘어 구별되다. (of size or boundary of road or mountain) Be discriminated by being divided.
N0-가 V (N0=길, 땅, 봉우리, 허리 따위)
능 자르다
¶새로 도로를 내느라 산허리가 잘렸다. ¶고속도로 때문에 기린봉의 허리가 잘려 미관을 해치고 있다.
❸(전체 가운데 일부분이) 떼이거나 삭제되다. (of parts of a whole) Be separated or deleted.
유 삭제되다
N0-가 V (N0=[자료])
능 자르다
¶폭력적인 장면은 잘려서 방송되었다. ¶사건의 자극적인 부분만 방송되고 뒷부분은 잘렸다.
❹일하던 기관에서 내쫓기다. Be dismissed from where one has worked.
유 해고되다, 쫓겨나다
N0-가 N1-에서 V (N0=[인간] N1=[기관])
능 자르다
¶김 씨는 회사에서 잘리고 부인에게 이혼도 당했다. ¶나는 오늘 회사에서 잘렸는데 왜 잘렸는지 이유를 모르겠다.
❺있던 자리나 지위에서 내쫓기다. Be kicked out from one's post or position.
유 해임되다, 쫓겨나다
N0-가 N1-에서 V (N0=[인간] N1=[직책])
능 자르다
¶민호가 부장 자리에서 잘렸다. ¶민호는 기획직에서 잘리고 영업직으로 가게 되었다.
❻(하던 말이 누구에 의해) 도중에 못하도록 끊기다. (of what one is saying) Be interrupted midway by someone.
유 중단되다
N0-가 N1-에 의해 V (N0=말 N1=[인간])
능 자르다
¶철수의 말이 영희에 의해 잘렸다. ¶영희는 민수의 말을 자르고, 말이 잘린 민수는 짜증을 냈다.
❼(부탁이나 요구, 기안 따위가) 다른 사람에게나 단체에서 받아들여지지 않다. (of request, demand, or proposal) Fail to be accepted by another person or organization.
유 거부되다, 거절되다
N0-가 N1-(에게|에서) V (N0=생각, 요구, 기안 따위 N1=[인간|단체])
능 자르다
¶준비한 기획안이 부장에게 잘릴까 봐 걱정이다. ¶우리의 요구는 회사에서 바로 잘렸다.

잘못되다
활용 잘못되어(잘못돼), 잘못되니, 잘못되고
자 ❶(어떤 일이) 실패하거나 좋지 않게 되다. (of some task) Fail, become bad.
유 실패하다, 그르치다
N0-가 V (N0=[모두])
¶그가 야심차게 준비했던 사업은 또 다시 잘못되었다. ¶윤리를 생각하지 않고 기술만 발전한다면 사회는 잘못된 방향으로 갈 것이다.
❷(사람이) 도덕적으로 그릇되다. (of a person) Be wrong ethically.
유 빗나가다 자
N0-가 V (N0=[인간])
¶네가 잘못되는 것을 묵과할 수는 없다. ¶사람이 한번 잘못되면 돌이키기는 데는 엄청난 노력이 필요하다.
❸ 《완곡한 표현으로》 (사람이) 질병이나 사고 따위로 다치거나 죽다. (as a euphemism, of a person) Get hurt or die due to illness, accident, etc.
유 다치다 자, 죽다
N0-가 V (N0=[인간])

ㅈ

¶그는 작년에 교통사고로 잘못되었다. ¶어머니는 병상에 있는 아들이 잘못되기라도 할까 봐 정성을 다해 간호하신다.

잘못하다

활용 잘못하여(잘못해), 잘못하니, 잘못하고

자 (다른 사람에게) 실수나 실례를 범하다. Make a mistake or act discourteously toward someone.

㊤실수하다

N0-가 N1-에게 V (N0=[인간] N1=[인간])

¶생각해 보니 내가 동생에게 잘못했다. ¶어렸을 적 부모님께 잘못했던 것이 지금도 후회가 된다. ¶누구나 잘못할 수는 있지만 문제는 그 다음이다.

◆ **잘못하다가는** 확실하게 행동하지 못하고 꾸물거리다가는 If one fails to act clearly, or hesitates.

Idm

¶자칫 잘못하다가는 선수를 빼앗길 것이다. ¶잘못하다가는 구조대까지도 위험해질 수 있었다.

◆ **잘못하면** 일이 틀어지면 If things go wrong.

Idm

¶자칫 잘못하면 더 큰 위험에 처할 것 같았다. ¶잘못하면 버스를 놓치게 생겼다.

◆ **잘못해서** 일이나 상황이 기대와 달리 나쁘게 진행돼서 As things or circumstances go wrong against one's expectations,

Idm

¶잘못해서 반지라도 잃어버린다면 큰일이다. ¶잘못해서 수업 중에 졸기라도 하면 어쩌려고?

타 ❶(일이나 행동을) 틀리게 하다. Perform a task or behave improperly.

㊤오류를 범하다

N0-가 N1-를 V (N0=[인간], [기계] N1=[일], [행위])

¶결과적으로 보면 그때 지휘관은 판단을 잘못했다. ¶신입 사원이 업무를 잘못해서 많은 사람들이 고생하고 있다.

❷(행동을) 올바르게 하지 않거나 경우에 어긋나게 행동하다. Act improperly and inappropriate to a certain situation.

㊤틀리다

N0-가 N1-를 V (N0=[인간] N1=[행위])

¶판단을 잘못해서 그를 비난하고 말았다. ¶선택을 잘못하더라도 만회할 기회는 얼마든지 있다.

잘살다

활용 잘살아, 잘사니, 잘살고, 잘사는

자 부유하게 살다. Be rich.

㊦못살다

N0-가 V (N0=[인간|단체])

¶그 나라는 우리나라보다 잘산다. ¶그 아이는 잘사는 집안과 결혼했다. ¶그는 처가가 잘산다.

잘하다

활용 잘하여(잘해), 잘하니, 잘하고

자 (다른 사람에게) 친절하고 성실하게 대하다. Act kindly and sincerely toward someone.

N0-가 N1-에게 V (N0=[인간] N1=[인간])

¶그는 홀로 남은 어머니께 잘했다. ¶너는 너에게 잘해 주는 사람을 만나라.

타 ❶(어떤 일을) 옳거나 훌륭하게 하다. Do something right or greatly.

N0-가 N1-를 V (N0=[인간|단체] N1=[행위])

¶그를 보니 부모님께서 가정 교육을 잘하신 것 같다. ¶성실한 사람을 일꾼으로 세우려면 투표를 잘해야 한다.

❷(어떤 것을) 능숙하게 하거나 다루다. Skillfully do or handle something.

㊦못하다

N0-가 N1-를 V (N0=[인간|단체], [동물] N1=[행위], [구체물])

¶그는 축구할 때 공격을 잘한다. ¶이 자리에 말을 잘하는 사람들이 모두 모였다. ¶그 사람은 노래를 참 잘해.

❸(어떤 일을) 습관처럼 종종 하다. Frequently do something as a habit.

N0-가 N1-를 V (N0=[인간|단체] N1=[행위])

¶그는 이간질을 잘하기로 소문이 나서 사람들 모두가 멀리한다. ¶지각을 잘하는 사람은 그 습관을 고치기 힘들어하더라.

N0-가 S기-를 V (N0=[인간|단체])

¶준석이는 친구들과 어울려 다니기를 잘한다. ¶잃어버리기 잘하는 나는 늘 가방을 손에 쥐고 다닌다.

❹(술을) 즐기거나 많이 마시다. Enjoy or drink a lot of alcohol.

㊦못하다

N0-가 N1-를 V (N0=[인간|단체] N1=[술])

¶경수는 대학 신입생 때부터 술을 잘했다. ¶자네는 소주를 잘하는 것을 보니 술이 센가 보구먼.

❺(어떤 일을 하기를) 다행스럽게 여기다. Think of doing something as fortunate.

N0-가 S기-를 V (N0=[인간|단체])

¶늦게라도 밥을 먹기를 잘했다고 생각했다. ¶설마 네가 올까 싶었는데, 준비해 두기를 잘했네.

❻ 《반어적으로》 (어떤 일을) 서투르게 처리하거나 실수하다. (Ironically) Clumsily do something or make a mistake.

N0-가 N1-를 V (N0=[인간|단체] N1=짓)

¶오랜만의 휴가인데 잠만 자다니 잘하는 짓이다. ¶할 수 있다며 큰소리치더니 거 참 잘하고 있구나.

◆ **잘하면** 운이 좋거나 상황이 들어맞으면 With luck, or if circumstances are favorable.
Idm
¶잘하면 우리가 본선에 올라갈지도 모르겠다. ¶잘하면 한 시간 안에 끝날 수도 있다.
◆ **잘해서** 넉넉하게 생각해도 At the maximum.
Idm
¶이 정도면 잘해서 만 원쯤 쳐 줄 수 있겠다. ¶스무 명 중 잘해서 대여섯 사람 정도 통과시킨대.
◆ **잘해야** 넉넉하게 생각해도 At the maximum.
Idm
¶잘해야 본전 정도밖에 안 될 것 같은데? ¶정문에서 여기까지 잘해야 5분도 안 걸릴 텐데.

잠그다 I
활용잠가, 잠그니, 잠그고, 잠갔다
타❶(어떤 물건이나 장소를) 열쇠나 비밀번호 따위를 사용하여 열지 못하도록 차단하다. Block an object or place using key or password so that it cannot be opened.
N0-가 N2-로 N1-를 V (N0=[인간|단체] N1=[구체물] N2=[구체물](자물쇠, 열쇠 따위), [추상물](암호, 비밀번호 따위))
피잠기다I
연어꼭, 꽉
¶아버지께서는 자동차 문을 리모컨으로 잠그셨다. ¶어머니께서는 장롱 서랍을 열쇠로 잠그셨다.
❷(용기나 통로의 뚜껑 또는 밸브 따위를) 그 안에 있는 액체나 기체가 흘러나오지 않도록 꼭 닫다. Securely close the lid or valve of a container or channel so that liquid or gas cannot leak out from the inside.
유닫다, 막다
N0-가 N1-를 V (N0=[인간] N1=[구체물](수도꼭지, 밸브, 뚜껑, 병 따위))
피잠기다I
연어꼭, 꽉
¶안전을 위해서 가스 사용 후에는 밸브를 꼭 잠가야 합니다. ¶장아찌를 만들 때 뚜껑을 너무 꽉 잠그면 발효되면서 생긴 가스로 병이 깨질 수 있다.
❸(옷의 단추나 지퍼 따위를) 끼우거나 맞물려 고정하다. Fix button or zipper on clothes by inserting or interlocking.
유채우다, 끼우다
N0-가 N1-를 V (N0=[인간] N1=[구체물](단추, 지퍼 따위))
피잠기다I
연어꼭, 꽉
¶그는 바람이 들어오지 않도록 코트 단추를 잠갔다. ¶청바지를 세탁할 때 앞단추와 지퍼를 잠그고 빠는 것이 좋다.

잠그다 II
활용잠가, 잠그니, 잠그고, 잠갔다
타(물체를 적실 만큼 충분한 깊이로) 물체를 액체 속에 넣다. Put an object inside liquid to adequate depth to make it wet.
유담그다
N0-가 N2-에 N1-를 V (N0=[인간] N1=[구체물], [신체부위](몸, 얼굴 따위) N2=[액체])
피잠기다II
¶어머니께서는 더러워진 옷을 비눗물에 잠가 두셨다. ¶더덕 껍질을 벗긴 후 소금물에 잠가 두면 쓴맛을 뺄 수 있다. ¶수영 초보자는 얼굴을 물에 잠그고 숨을 멈추는 동작에 대하여 두려워한다.

잠기다 I
활용잠기어(잠겨), 잠기니, 잠기고
자❶(어떤 물건이나 장소가) 열쇠나 비밀번호 따위에 의해 열리지 않도록 차단되다. (of an object or place) Be blocked and unopenable by a key or password.
N0-가 N1-로 V (N0=[구체물](문, 서랍, 빗장 따위) N1=[구체물](자물쇠, 열쇠 따위), [추상물](암호, 비밀번호 따위))
능잠그다I
연어꼭, 꽉, 굳게
¶나는 비밀번호보다는 자물쇠로 잠기는 여행용 가방이 더 좋다. ¶통신사에서는 휴대전화가 자동으로 화면이 잠기는 기능을 지원하고 있다.
❷(용기나 통로의 뚜껑 또는 밸브 따위가) 그 안에 있는 액체나 기체가 흘러나오지 않도록 꼭 닫히다. (of lid or valve) Be securely closed so that liquid or gas does not leak out from the container or channel.
유닫히다, 막히다
N0-가 V (N0=[구체물](수도꼭지, 밸브, 병, 뚜껑 따위))
능잠그다I
연어꼭, 꽉
¶물을 사용한 후에는 수도꼭지가 잘 잠겨 있는지 꼭 확인하도록 하자. ¶유리병은 꼭 잠겨 양념이 샐 염려는 없었다.
❸(옷의 단추나 지퍼 따위가) 끼워지거나 맞물려 고정되다. (of button or zipper on clothes) Be inserted or interlocked to become fixed.
유채워지다
N0-가 V (N0=[구체물](단추, 지퍼 따위))
능잠그다I
연어꼭, 꽉
¶셔츠의 단추가 목까지 꽉 잠겨 있으면 답답해

보인다. ¶주머니에 있는 소지품 때문에 지퍼가 잘 잠기지 않는다.
❹(목소리가) 목이 쉬거나 부어서 잘 나오지 않다. (of voice) Be poorly produced due to one's neck becoming hoarse or inflamed.
[유]막히다, 쉬다
N0-가 V (N0=목, 목소리 따위)
¶열띤 응원으로 우리 반 아이들 모두 목이 잠겼다. ¶영화를 보다가 작년에 세상을 떠난 친구가 떠올라서 목이 잠겼다.

잠기다Ⅱ
[활용]잠기어(잠겨), 잠기니, 잠기고
[자]❶(물체가) 적셔질 만큼 충분한 깊이로 액체 속에 들어가다. (of an object) Enter liquid to adequate depth to be wet.
[유]침수되다
N0-가 N1-에 V (N0=[구체물], [장소], [신체부위] N1=물)
[능]잠그다Ⅱ
¶집중 호우가 내린 어제 오후 한강공원이 물에 잠겼다. ¶물수세미는 몸 전체가 물에 잠겨 있는 식물이다.
N0-가 N1-로 N2-에 V (N0=[구체물], [장소] N1=[재해](폭우, 태풍, 폭설 따위) N2=물)
[능]잠그다Ⅱ
¶계속되는 집중 호우로 수도권과 강원 지역의 일부 도로가 물에 잠겼다. ¶그 마을은 댐 건설로 영원히 물속에 잠기고 말았다.
❷(무엇이) 눈이나 구름 따위의 속에 깊게 묻히다. Be deeply buried under snow or cloud.
[유]묻히다, 덮이다, 둘러싸이다
N0-가 N1-에 V (N0=[구체물], [장소] N1=[장소](속, 안 따위), [기상](눈, 구름, 안개 따위))
¶그 산은 항상 흰 구름 속에 잠겨 있다 하여 이름을 백운산이라 하였다. ¶도심의 아침은 짙은 안갯속에 잠겨 있다.
❸(어떤 생각이나 기분에) 깊이 빠지다. Deeply immersed in certain thought or feeling.
[유]침잠하다
N0-가 N1-에 V (N0=[인간|단체] N1=[추상물](생각, 추억, 사색, 상상 따위), [감정](기쁨, 슬픔, 절망, 시름 따위))
¶그는 생각에 잠겨서 잠시 말을 잃고 있었다. ¶수몰 사고 현장에서는 피해자 가족들이 슬픔에 잠겨 있다.
N0-가 N2-로 N1-에 V (N0=[인간|단체] N1=[감정](기쁨, 슬픔, 절망, 시름 따위), [행위] N2=[사건], [행위], [사실](뉴스, 소식 따위))
¶반도체 업계가 온갖 악재로 시름에 잠겼다. ¶군수는 태풍 피해로 절망에 잠긴 농민들을 찾아가 위로했다. ¶방송사의 출구 조사 발표로 선거 사무실은 일순간 침묵에 잠겼다.

잠들다
[활용]잠들어, 잠드니, 잠들고, 잠드는 [대응]잠이 들다
[자]❶(사람이나 동물이) 생리적으로 휴면하거나 잠자는 상태가 되다. (of a person or an animal) Be in physiological dormancy or sleeping state.
[유]잠자다, 수면을 취하다 [반]일어나다, 깨다
N0-가 V (N0=[인간], [동물])
¶나는 영화를 보다가 소파에 누워 잠들었다. ¶그는 잠든 아내의 얼굴을 물끄러미 바라보았다.
❷(바람, 파도 따위가) 멎어 조용한 상태가 되다. (of wind or wave) Calm down.
[유]가라앉다, 잠잠해지다
N0-가 V (N0=[자연현상])
¶아침이 되자 바람이 잠들고 고요가 찾아왔다. ¶고요히 잠든 바다가 갑자기 거세지기 시작했다.
❸(사람이나 동물이) 목숨을 잃고 죽다. (of a person or an animal) Lose one's life.
[유]쉬다
N0-가 V (N0=[인간])
¶많은 유명한 음악가들이 이 공원에 잠들어 있다. ¶왕이시여, 나라 걱정은 잊고 이제 편히 잠드소서.
※ '죽다'를 완곡하게 이르는 말.

잠수하다
[어원]潛水~ [활용]잠수하여(잠수해), 잠수하니, 잠수하고
[자](사람이) 물속에 들어가서 물 밖으로 보이지 않게 잠기다. (of a person) Enter the water and be immersed to become invisible from outside the water.
N0-가 V (N0=[인간], [동물], 잠수함)
¶해녀는 잠수한 지 10여 분 만에 수십 개의 전복을 따 왔다. ¶나는 특별한 장비 없이 잠수했다가 큰일날 뻔하였다. ¶이 잠수함은 해저 300미터까지 잠수할 수 있다.

잠입하다
[어원]潛入~ [활용]잠입하여(잠입해), 잠입하니, 잠입하고 [대응]잠입을 하다
[자]남몰래 숨어들다. Enter a place secretly.
[유]침입하다
N0-가 N1-(에|로) V (N0=[인간], [동물] N1=[장소])
¶그들은 소리 없이 적진에 잠입하였다. ¶도둑은 경비가 소홀한 틈을 타 건물 안으로 잠입하였다.

잠자다
[활용]잠자, 잠자니, 잠자고 [대응]잠을 자다
[자]❶육체적 필요에 의하여 눈을 감고 의식 활동을 쉬다. Close one's eyes and take a break in a conscious activity because of some physical

[ㅈ]

need.
㊌자다, 수면하다 ㊍일어나다, 깨어나다, 깨다
N0-가 V (N0=[인간], [동물])
사잠재우다
¶고양이가 하루 종일 잠잔다. ¶잠자는 아기 얼굴이 마치 천사와 같다.
❷(물건이) 원래의 쓰임새에 맞게 사용되지 않거나 방치되다. (of a thing) Be left unused or to be used unfittingly for its original use.
㊌놀다재
N0-가 V (N0=[구체물])
¶그동안 사 놓았던 운동 기구들이 잠자고 있다. ¶창고에서 잠자던 자전거를 다시 꺼냈다.
❸(어떤 의식이나 현상이) 아직 인식되어 활성화되지 아니하다. (of consciousness or phenomenon) Not to be perceived and activated yet.
N0-가 V (N0=[인지], [감정])
¶유럽에서 중세는 인간의 이성이 잠자던 시기였다. ¶이제는 잠자는 시민 의식을 깨울 필요가 있다.
❹(솜 따위가) 눌려서 내려앉거나 자리를 잡다. (of cotton) Be sunken or to settle down by being pressed.
N0-가 V (N0=솜 따위)
사잠재우다
¶할머니의 손길로 누비솜이 잠잤다. ¶솜이 서서히 잠자기 시작한다.

잡다

활용잡다, 잡으니, 잡고
타❶(놓치지 않도록) 손으로 움켜쥐다. Hold something firmly in the hand in order not to miss it.
㊌붙들다 ㊍놓다, 놓치다
N0-가 N1-를 V (N0=[인간], [동물] N1=[구체물])
피잡히다I 사잡히다II
¶철수는 슬그머니 영희의 손을 잡았다. ¶에스컬레이터에서는 손잡이를 꼭 잡아야 한다. ¶어머니는 나를 못 가게 하려고 내 옷깃을 잡았다.
❷도망치는 사람을 붙들다. Catch someone who runs away.
㊌붙들다, 체포하다, 붙잡다 ㊍놓치다
N0-가 N1-를 V (N0=[인간|단체] N1=[인간])
피잡히다I
¶경찰은 끈질긴 추적 끝에 마침내 범인을 잡았다. ¶살인 용의자를 잡는 데에 많은 시간과 비용이 들었다.
❸(물고기나 짐승을) 붙들거나 죽여 손에 넣다. Catch a beast alive or take it by killing.
㊏낚다
N0-가 N1-를 V (N0=[인간] N1=[동물])
피잡히다I
¶반나절 낚시를 해서 나는 큰 붕어를 세 마리 잡았다. ¶사냥꾼은 자기가 잡은 사슴을 사람들에게 자랑스럽게 보여 주었다.
❹(고기를 얻기 위해) 짐승을 죽이다. Kill a beast in order to get some meat.
㊌죽이다
N0-가 N1-를 V (N0=[인간] N1=[동물])
피잡히다I
¶큰 잔치가 있는 날이라 사람들은 소와 돼지를 잡았다. ¶사위가 온다고 장모는 아침부터 닭을 잡아 음식을 준비했다.
❺(택시나 버스 등을) 타기 위해 세우다. Stop a taxi or a bus in order to board it.
㊌세우다, 정지시키다 ㊍보내다
N0-가 N1-를 V (N0=[인간] N1=[교통기관])
피잡히다I
¶그는 택시를 잡아 아이들을 태워 보냈다. ¶떠나는 버스를 뛰어가서 간신히 잡았다.
❻(사람을) 떠나지 못하도록 말리다. Stop a person from leaving.
㊌붙잡다 ㊍보내다
N0-가 N1-를 V (N0=[인간|단체] N1=[인간|단체])
피잡히다I
¶상인은 물건값을 깎아 주겠다며 가려는 손님을 잡았다. ¶나는 일을 마치고 나가려는 그 남자를 잡아서 앉혔다.
❼볼모나 담보로 맡아 가지다. Take something as hostage or security.
㊌맡다, 보관하다
N0-가 N1-를 N2-로 V (N0=[인간|단체] N1=[구체물] N2=담보, 저당, 볼모 따위)
피잡히다I 사잡히다II
¶은행에서는 내 집을 담보로 잡고 나에게 돈을 빌려 주었다. ¶전근대에는 약소국의 왕족을 강대국에서 볼모로 잡는 일이 있었다.
N0-가 N1-를 V (N0=[인간|단체] N1=담보, 저당, 볼모 따위)
피잡히다I
¶은행에서는 담보를 잡고 나에게 돈을 빌려 주었다. ¶저당을 잡을 만한 자산이 없으니 계약이 성사되기는 어렵겠습니다.
❽(큰 불을) 끄거나 작게 만들다. Extinguish or control a big fire.
㊌진압하다, 끄다
N0-가 N1-를 V (N0=[인간] N1=불, 불길, 화재 따위)
피잡히다I
¶소방관들은 두 시간 만에 불길을 겨우 잡았다. ¶지난겨울에 났던 큰 산불은 최신 장비로도 잡기

가 어려웠다.
❾권력이나 권세를 차지하다. Take hold of power or authority.
㊊차지하다, 지배하다 ㉰놓다
N0-가 N1-를 V (N0=[인간|단체] N1=권력, 권리 따위)
피잡히다I
¶나이 어린 왕이 즉위하자 재상이 권세를 잡았다. ¶정보 산업의 주도권을 잡기 위한 각국의 경쟁이 치열하다.
❿(어떤 내용이나 실상을) 파악할 수단을 얻다. Acquire a way of understanding a content or a fact.
㊊얻다, 획득하다
N0-가 N1-를 V (N0=[인간|단체] N1=실마리, 단서, 가닥 따위)
피잡히다I
¶범인이 신출귀몰하여 형사는 단서를 잡는 데 애를 먹었다. ¶설명서를 통해서 문제 해결의 실마리를 잡았다.
⓫(기회나 운을) 놓치지 않고 얻다. Seize an opportunity or a chance without missing it.
㊊포착하다 ㉰놓치다
N0-가 N1-를 V (N0=[인간|단체] N1=[운], 기회 따위)
¶그는 마침내 소설가로 등단할 기회를 잡았다. ¶많은 사람들이 행운을 잡겠다는 꿈으로 복권을 산다.

⓬(어떤 정서적인 상태를) 만들고 유지하다. Cause an emotional state and maintain it.
㊊확립하다 ㉰무너뜨리다
N0-가 N1-를 V (N0=[인간|단체] N1=질서, 기강, 분위기 따위)
피잡히다I
¶그는 취임하자마자 조직의 기강을 잡는 데에 주력했다. ¶부모가 집에서 공부하는 분위기를 잡으면 자녀들도 열심히 공부하게 마련이다.
⓭계획을 짜면서 고르고 정하다. Choose and determine while planning.
㊊정하다타
N0-가 N1-를 N2-로 V (N0=[인간] N1=[장소], [방향], [시간], 일정, 프로그램 등 N2=[장소], [방향], [시간], [구체물])
피잡히다I
¶건물이 너무 낡았으니 날을 잡아 수리를 해야겠다. ¶우선 오늘 묵을 숙소를 잡았다.
⓮대략 추정하거나 가정하다. Make a rough guess or assumption.
㊊치다XII, 가정하다, 추정하다, 간주하다타
N0-가 N1-를 N2-로 V (N0=[인간|단체] N1=[구체물], [추상물] N2=[구체물], [추상물])
피잡히다I
¶이번 선거의 총 투표율을 일단 50%로 잡고 득표수를 계산해 보자. ¶형사들은 신원이 확인된 세 명을 유력한 용의자로 잡고 수사를 진행하기로 했다.
⓯(자신의 상태를) 일정한 수준에 맞추고 유지하다. Adjust one's own condition to a certain level and maintain it.
㊊취하다, 유지하다
N0-가 N1-를 V (N0=[인간] N1=자세, 균형, 중심 등)
피잡히다I
¶모델은 카메라 앞에서 능숙하게 포즈를 잡았다. ¶곡예사가 높이 걸린 줄에서 균형을 잡지 못하고 떨어지고 말았다.
⓰작업을 하기 전에 그 기본 골격을 구상하고 준비하다. Draw up and prepare a basic frame before starting a work.
㊦배치하다
N0-가 N1-를 V (N0=[인간|단체] N1=구도, 개요, 주제, 틀 따위)
피잡히다I
¶화가는 화폭 위에 구도를 잡더니 곧 스케치에 들어갔다. ¶개요를 잡지 않고 글을 쓰면 균형을 잃은 글이 되기 쉽다.
⓱일자리를 얻다. Get a job.
㊊얻다, 구하다
N0-가 N1-를 V (N0=[인간] N1=직장, 일자리, 직업 따위)
피잡히다I
¶요즘 일자리를 잡지 못하고 세월을 보내는 사람들이 많다. ¶그는 한때 방황했지만 지금은 일자리를 잡고 성실하게 지내고 있다.
⓲(의류 등에) 주름이나 무늬의 위치를 잡아 만들다. Make wrinkles or patterns on clothes.
㊊만들다타
N0-가 N2-에 N1-를 V (N0=[인간] N1=주름, 무늬 따위 N2=[옷], [천], [용기], [악기], [상자])
피잡히다I
¶나는 치마에 주름을 잘 잡고 다림질을 했다. ¶아코디언은 한 아름 크기의 바람통에 주름을 잡아서 만드는 악기이다.
⓳(시합이나 경기에서) 상대를 제압하거나 이기다. Dominate or defeat one's opponent in a competition or a game.
㊊제압하다, 이기다 ㉰지다, 패하다자
N0-가 N1-를 V (N0=[인간|단체] N1=[인간|단체])
피잡히다I
¶다음 경기에서 일본 팀을 잡지 못하면 본선은 가망이 없다. ¶저 팀을 상대할 때는 강타자 두 명만 잡으면 된다.

⑳잘못을 발견하여 지적하고 따지거나 괴롭히다. Point out, criticize, or harass after discovering a mistake.
㊌지적하다
No-가 N1-를 V (No=[인간|단체] N1=흠 따위)
피잡히다I
¶그는 책을 읽고서 여러 군데 흠을 잡았다.
㉑사람이나 단체를 제멋대로 행동하지 못하도록 통제하다. Take control of a person in order to prevent him or her from having his or her own way.
㊌통제하다, 단속하다
No-가 N1-를 V (No=[인간|단체] N1=[인간|단체])
피잡히다I
연어꽉, 단단히
¶그는 이 지역 유지들을 꽉 잡고 있다. ¶이 부근의 상인들은 내가 완전히 잡고 있다.
㉒어떤 모습을 순간적으로 포착하다. Catch a momentary image.
㊌포착하다, 발견하다 ㊉놓치다
No-가 N1-를 V (No=[인간|단체] N1=[장소], [행위], [사건], [현상], [변화])
피잡히다I
¶수사관은 녹화 테이프를 여러 번 돌려 보더니 이상한 점을 잡았다. ¶그 사진사는 인상적인 순간을 잘 잡는 실력자다.
No-가 S것-을 V (No=[인간|단체])
피잡히다I
¶기자가 정치인들이 뇌물을 수수하는 것을 잡았다. ¶감사팀은 영업팀의 서류 기록에 오류가 있는 것을 잡아내었다.
㉓전파 등으로 전송되는 정보를 수신하다. Receive information transmitted by electromagnetic wave.
㊌받다, 수신하다 ㊉보내다
No-가 N1-를 V (No=[인간|단체] N1=[파동], [방송물], [영상], 전파, 메시지 따위)
피잡히다I
¶해난구조대는 조난당한 배에서 보내온 전파를 마침내 잡았다. ¶아무리 애를 써도 이 깊은 산속에서는 통화 신호를 잡을 수 없다.
No-가 N1-를 V (No=[전기기구] N1=[파동], [방송물], [영상], 전파, 메시지 따위)
피잡히다I
¶한참 먹통이던 라디오가 갑자기 전파를 잡았다. ¶수신기가 고장나서 무전 메시지를 잡지 못하고 있다.
◆ **갈피를 잡다** (처한 상황과 그 대처 방안을) 대략적으로 파악하다. Grasp the outline of one's situation and means of coping.
피갈피가 잡히다
No-가 Idm (No=[인간|단체])
¶나는 이제야 일이 어떻게 진행되는지 갈피를 잡을 것 같다. ¶국가 정책을 정할 때에 그렇게 갈피를 못 잡고 갈팡질팡하면 안 됩니다.
◆ **감을 잡다** (어떤 것의 속성을) 대략적으로 파악하다. Grasp approximately the characteristic of something.
㊌파악하다, 인지하다
No-가 N1-에 Idm (No=[인간|단체] N1=[역할], [방법], [추상물])
피감이 잡히다
¶슬슬 업무에 감을 잡아가는 것 같다. ¶이제야 이 시의 속뜻이 뭔지 감을 잡겠다.
◆ **마음을 잡다** 마음을 가라앉히고 안정되게 하다. Calm down.
No-가 Idm (No=[인간])
피마음이 잡히다
연어단단히
¶나는 이제 단단히 마음을 잡고 공부하기로 했다. ¶형은 한참동안 방황하다고 결국 마음을 잡았다.
◆ **말꼬리를 잡다** 상대의 말에서 사소한 것을 들어 시비하다. Pick a fight over trivial things in what another person says.
No-가 Idm (No=[인간])
피말꼬리가 잡히다
¶그는 내가 무슨 말을 하건 항상 말꼬리를 잡는다. ¶말꼬리 좀 잡지 말고 내 말을 끝까지 들어 봐.
◆ **붓(펜)을 잡다** 글을 쓰다. Write.
No-가 Idm (No=[인간])
¶그는 불합리한 현실에 비분강개하여 붓을 잡았다. ¶편지를 쓰고 싶었지만 좀처럼 펜을 잡을 수가 없었다.
◆ **사람을 잡다** (사람을) 곤경에 몰아넣다. Put a person in trouble.
No-가 Idm (No=[인간|단체], [추상물])
¶과도한 업무량이 사람을 잡는다. ¶이 시험 문제는 사람을 잡을 정도로 어렵네.
◆ **생사람을 잡다** (사람을) 이유 없이 곤경에 몰아넣다. Put a person in trouble for no reason.
No-가 (No=[인간|단체])
연어공연히, 괜히
¶상사는 마음에 불만이 있으면 공연히 생사람을 잡곤 했다. ¶왜 갑자기 생사람을 잡고 그러십니까?
◆ **손을 잡다** (사람이나 단체가) 뜻을 맞추고 협력하다. Reach an agreement and cooperate.
㊌협력하다
No-가 N1-와 서로 Idm ↔ N1-가 No-와 서로 Idm ↔ No-와 N1-가 서로 Idm (No=[인간|단체], N1=[인간|단체])

¶여당이 야당과 서로 손을 잡았다. ↔ 야당이 여당과 서로 손을 잡았다. ↔ 여당과 야당이 서로 손을 잡았다. ¶이번 사업은 함께 손을 잡고 성공시켜 봅시다.

◆ **트집을 잡다** 사소한 흠을 찾아내어 나무라다. Scold over a trivial error.
N0-가 Idm (N0=[인간])
¶누나는 내 옷차림을 보고 트집을 잡기 시작했다. ¶그는 항상 내 글씨가 깨끗하지 못하다고 트집을 잡곤 했다.

◆ **한몫(한밑천)을 잡다** 꽤 많은 돈을 벌거나 재물을 얻다. Win money or property.
N0-가 Idm (N0=[인간])
연어 크게
¶작은아버지는 젊은 시절에 장사로 크게 한몫 잡았다고 한다. ¶이 사업만 계획대로 되면 한밑천 잡을 수 있을 거야.

잡수다

활용 잡수어(잡숴), 잡수니, 잡수고
타 ❶(사람이) 음식을 입으로 씹어 삼키다. Chew and swallow a food item.
㈜ 드시다
N0-가 N1-를 V (N0=[인간](어르신, 아버지 따위) N1=[음식], [식사])
¶할아버지께서는 점심을 혼자 잡순다. ¶식기 전에 진지를 잡수세요. ¶아버지께서 며칠 동안 죽 말고는 아무것도 못 잡쉈다.
❷(사람이 제사, 장례, 염 따위를) 모시어 올리다. (of a person) Serve one's ancestor by performing memorial service, funeral, or yeom(염).
N0-가 N1-를 V (N0=[인간] N1=[식](제사, 장례 따위))
¶무슨 상주가 건도 쓰지 않고 염을 잡수었습니까? ¶우리 가족은 상을 정성스레 차려 제사를 잡수었다.

잡숫다

활용 잡숫니, 잡숫고 본말 잡수시다
※'잡수시다'의 준말로 자음으로 시작되는 어미와만 결합한다.
타 ☞잡수다

잡수시다

활용 잡수시어(잡수셔), 잡수시니, 잡수시고 준 잡숫다
타 ☞잡수다

잡아가다

활용 잡아가, 잡아가니, 잡아가고
타 ❶(사람이나 동물을) 붙들어 데려가거나 죽여서 가져가다. Capture or kill humans or animals, and take them away.
㈜ 포획하다
N0-가 N1-를 V (N0=[인간], [동물] N1=[인간], [동물])
피 잡혀가다
¶독수리가 물가의 작은 새를 채어 잡아갔다. ¶풀어놓은 개를 잡아가던 도둑을 잡았다.
❷범죄 행위를 하거나 범죄 혐의가 있는 사람을 체포하여 데리고 가다. Arrest criminals or suspects, and take them away.
㈜ 체포하다
N0-가 N1-를 V (N0=[인간|단체] N1=[인간|단체])
피 잡혀가다
¶경찰이 도둑을 잡아갔다. ¶비밀 수사관이 삼촌을 잡아간 뒤로 아무 소식이 없다. ¶이 사람이 열차 안에서 소란을 피웠으니 얼른 잡아 가세요.

잡아끌다

활용 잡아끌어, 잡아끄니, 잡아끌고, 잡아끄는
타 (다른 사람이나 물건을) 손으로 잡고 자기 쪽으로 당기다. Grab and pull someone or an object towards one using one's hand.
㈜ 잡아당기다
N0-가 N1-를 V (N0=[인간], [동물] N1=[인간], [신체부위](팔, 머리 따위), [구체물](옷, 이불 따위))
¶그는 추운지 이불을 자기 쪽으로 잡아끌었다. ¶아이들은 집에 가고 싶은지 엄마의 옷을 계속 잡아끌었다.

잡아내다

활용 잡아내어(잡아내), 잡아내니, 잡아내고
타 ❶(동물이나 벌레 따위를) 찾아내어 죽이거나 붙잡다. Find and kill or capture.
N0-가 N1-를 V (N0=[인간|단체] N1=[생물])
¶나는 화분에서 벌레를 잡아내느라 오후 시간을 다 보냈다. ¶해충이 창궐하기 시작하면 잡아내도 잡아내도 끝이 없다.
❷(범인이나 범죄 혐의자 따위를) 찾아내거나 식별하여 체포하다. Find or distinguish and arrest.
N0-가 N1-를 V (N0=[인간|단체] N1=[인간|단체])
¶형사는 도주하여 숨어 있던 범행 용의자를 잡아냈다. ¶목격자의 기억이 분명치 않았기 때문에 누가 소매치기인지 잡아내지 못했다.
❸(속성, 방법, 사실 따위를) 주의 깊게 살펴 발견하거나 알아내다. Discover or reveal through careful observation.
㈜ 찾아내다, 발견하다
N0-가 N1-를 V (N0=[인간|단체] N1=[구체물], [추상물], [방법], [경로], [이유], [원인], [요점], [사건])
¶편집장은 출간될 책의 원고에서 오자를 많이 잡아냈다. ¶탐정은 범행 현장을 조사해 보고 사건의 단서를 잡아냈다.

잡아넣다

활용 잡아넣어, 잡아넣으니, 잡아넣고

타 (사람이) 다른 사람이나 동물을 어디에 붙잡아 가두다. (of a person) Capture and lock another person or animal in some place.

N0-가 N1-를 N2-에 V (N0=[인간|단체] N1=[인간], [동물] N2=[장소](병, 감옥, 감방 따위))

¶나는 개울에서 잡은 미꾸라지 몇 마리를 입구가 넓은 병 안에 잡아넣었다. ¶경찰은 수차례 탈주한 탈주범을 간신히 감옥에 잡아넣었다.

잡아당기다

활용 잡아당기어(잡아당겨), 잡아당기니, 잡아당기고

타 (다른 사람이나 사물을) 손으로 움켜쥐고 자기 쪽으로 당기다. Grab (someone or something) and pull toward oneself.

㊌잡아끌다

N0-가 N1-를 V (N0=[인간] N1=[인간], [구체물])

¶그는 내 손목을 확 잡아당겼다. ¶회장님이 천을 잡아당기자 가려져 있던 그림이 나타났다.

잡아들이다

활용 잡아들여, 잡아들이니, 잡아들이고

타 (사람이) 다른 사람이나 동물을 어디에 붙잡아 가두다. (of a person) Capture and lock another person or animal in some place.

㊌포획하다, 체포하다 ㊍잡다

N0-가 N1-를 V (N0=[인간|단체] N1=[인간|단체], [동물])

¶경찰이 조직폭력배를 잡아들이기 위한 대대적인 계획을 세웠다. ¶불법 선박들이 고래를 마구 잡아들여 고래가 멸종 위기에 처하게 되었다.

잡아떼다

활용 잡아떼어(잡아떼), 잡아떼니, 잡아떼고

타 ❶(어디에 붙어 있는 것을) 잡아당겨 떼다. Pull and detach something that's attached.

㊌뜯다

N0-가 N1-를 N2-에서 V (N0=[인간] N1=[구체물] N2=[장소])

¶나는 지저분한 판촉용 스티커를 벽에서 잡아뗐다. ¶상처에 생긴 딱지가 신경 쓰여 자꾸 잡아떼게 된다.

❷사실이 아니라고 거짓으로 우기다. Maintain one's position that something is not true by lying.

㊌부인하다, 뻗대다타, 우기다

N0-가 S고 V (N0=[인간])

¶용의자는 사건에 대해서 전혀 모른다고 잡아뗐다. ¶철수가 끝까지 자기가 하지 않았다고 잡아떼니 더 추궁할 수가 없다.

잡아매다

활용 잡아매어(잡아매), 잡아매니, 잡아매고

타 ❶(사물을) 흩어지거나 움직이지 않도록 잡아서 매다. Catch and tie up objects so that they don't scatter or move.

㊌동여매다, 옭아매다 ㊍매다, 묶다

N0-가 N1-를 V (N0=[인간|단체] N1=[구체물])

연어 단단히

¶나는 머리카락을 손으로 모아 잡아맸다. ¶자료 뭉치를 단단히 잡아매지 않으면 옮기다가 쏟아져 버릴 것이다.

❷(사람이나 동물을) 도망가지 못하도록 어디에 잡아서 매다. Catch and tie up a person or animal so that the person/it cannot run away.

㊌옭아매다 ㊍매다, 묶다

N0-가 N1-를 N2-에 V (N0=[인간|단체] N1=[동물], [인간] N2=[장소])

¶나는 나무에 소를 잡아매고 풀을 뜯어 먹게 했다. ¶납치범은 피해자를 의자에 잡아매 놓고 경찰과 협상하고 있다.

❸(사람이나 동물을) 떠나지 못하게 한 곳에 머물러 있게 하다. Make a person or animal unable to leave.

N0-가 N1-를 V (N0=[인간|단체], [추상물], [상태] N1=[인간|단체])

¶어머니는 오랜만에 집에 온 아들을 잡아매 두고 싶어하셨다. ¶여러 가지 해 보고 싶은 사업이 많지만 돈이 날 잡아매고 있다.

◆ **걱정을 잡아매다** 걱정을 그만두고 안심하다. Quit worrying and be at ease.

㊌안심하다

N0-가 Idm (N0=[인간|단체])

¶너는 이제 걱정일랑 잡아매고 좋은 소식을 기다려라.

잡아먹다

활용 잡아먹어, 잡아먹으니, 잡아먹고

타 ❶(사람이나 동물이) 다른 동물을 죽여서 먹다. (of a person or animal) Kill and eat another animal.

㊍먹다

N0-가 N1-를 V (N0=[동물], [인간] N1=[동물], [생선], [육류])

피 잡아먹히다

¶여우가 닭을 잡아먹었다. ¶사마귀는 짝짓기가 끝나면 암컷이 수컷을 잡아먹는다고 한다.

❷(사람이) 자원이나 시간을 너무 많이 소모하거나 낭비하다. (of a person) Excessively consume or waste resource or time.

㊌소모하다

N0-가 N1-를 V (N0=[인간|단체] N1=[구체물], [금

전], [시간], [개체상황])
¶내 동업자는 사업 자금을 다 잡아먹고 도망가 버렸다. ¶김 부장은 월급만 잡아먹고 제대로 일은 안 하는 무능한 상사의 전형이다.
❸(무엇이) 자원이나 시간을 너무 많이 소모하거나 낭비하다. (of a certain cause)Excessively consume or waste resource or time.
[유]소모하다, 소비하다, 낭비하다
N0-가 N1-를 V (N0=[구체물], [상황], [추상물], [행위], [사건] N1=[구체물], [금전], [시간], 개체상황])
[피]잡아먹히다
¶숙제가 시간을 많이 잡아먹어서 친구를 만날 여유가 없다. ¶내 차는 연비가 나빠 기름을 너무 많이 잡아먹는다.
❹사람을 미워하여 해를 끼치거나 죽게 하다. Inflict harm and cause death due to hatred.
[유]해하다, 핍박하다, 들볶다, 괴롭히다, 죽이다
N0-가 N1-를 V (N0=[인간|단체] N1=[인간|단체])
¶저 형제는 만났다 하면 서로 잡아먹지 못해 안달이다. ¶옛날에는 과부를 남편 잡아먹은 여자라고 비난하였다.

잡아먹히다

[활용]잡아먹히어(잡아먹혀), 잡아먹히니, 잡아먹히고
[자]❶(사람이나 동물이) 죽임당하여 먹히다. (of a person or animal) Be killed and eaten.
[상]먹히다
N0-가 N1-에게 V (N0=[인간], [동물] N1=[인간], [동물])
[능]잡아먹다
¶닭들이 매일 밤 여우에게 잡아먹혔다. ¶옛날에는 사람이 야생동물에게 잡아먹히는 일이 더러 있었다.
❷(자원이나 시간이) 너무 많이 소모되거나 낭비되다. (of a person or animal) Be killed and eaten.
[유]소모되다, 낭비되다, 빼앗기다
N0-가 N1-에 V (N0=[구체물], [금전], [시간], [개체상황] N1=[구체물], [추상물], [행위], [사건], [상황])
[능]잡아먹다
¶시간이 쓸데없는 일에 너무 많이 잡아먹히고 있다. ¶이 사업에 잡아먹힌 돈이 얼만데 다 잊고 포기하란 말이냐?

잡아오다

[활용]잡아와, 잡아오니, 잡아오고, 잡아오너라/잡아와라
[타]❶(동물을) 붙들어 데려오거나 죽여서 가져오다. Catch and bring alive or dead.
N0-가 N1-를 V (N0=[인간], [동물] N1=[동물])
¶낚시하러 갔던 아버지가 큰 고기를 잡아오셨다. ¶사자는 새끼들을 위해 노루를 잡아왔다.
❷(사람을) 붙잡거나 체포하여 데리고 오다. Arrest and bring in.
[유]체포하다
N0-가 N1-를 V (N0=[인간|단체] N1=[인간|단체])
¶경찰이 도둑을 잡아왔다. ¶잡아온 용의자를 유치장에 가두어 두었습니다.

잡아채다

[활용]잡아채어(잡아채), 잡아채니, 잡아채고
[타]❶재빠르게 잡아서 당기다. Grab and pull quickly.
[유]낚아채다 [상]채다
N0-가 N1-를 V (N0=[인간], [동물] N1=[구체물])
[연어]확
¶철수는 베개를 잡아채 끌어안았다. ¶어떤 무술에는 상대의 옷을 잡아채서 제압하는 기술도 있다.
❷손으로 재빠르게 빼앗다. Steal quickly using one's hands.
[유]낚아채다, 가로채다 [상]채다
N0-가 N1-를 V (N0=[인간], [동물] N1=[구체물])
[연어]확
¶소매치기가 행인의 주머니에서 지갑을 잡아챘다. ¶경찰은 강도의 손에 든 칼을 잡아채며 능숙하게 제압했다.

잡히다 I

[활용]잡히어(잡혀), 잡히니, 잡히고
[자]❶누군가의 손에 붙들리다. Be grabbed by someone's hand.
[유]붙들리다, 포획되다
N0-가 N1-에게 V (N0=[구체물] N1=[인간], [동물])
[능]잡다
¶다람쥐는 꼬리가 사람들에게 잡히자 벗어나려고 버둥거렸다. ¶너무 어두웠지만 계단 손잡이가 잡히자 그래도 안심이 되었다.
❷(도망치거나 숨어 있다가) 쫓아온 사람에게 붙들리다. Be detained by the chaser while one is running away or hiding.
[유]붙들리다, 체포되다 [반]도망가다, 탈출하다[자]
N0-가 N1-에게 V (N0=[인간] N1=[인간|단체])
[능]잡다
¶신출귀몰하던 도둑이 마침내 잠복 경찰에게 잡혔다. ¶술래잡기는 술래에게서 도망가다 잡힌 사람이 새로운 술래가 되는 놀이다.
❸(짐승이) 사냥당해 붙들리거나 죽다. (of an animal) Be hunted and captured or killed.
[유]포획되다 [하]낚이다
N0-가 N1-에게 V (N0=[동물] N1=[인간])
[능]잡다
¶노루가 사냥꾼에게 잡혔다. ¶오랜만에 낚시를

하러 왔는데 고기가 한 마리도 잡히지 않는다.
❹(짐승이) 사람 손에 죽임을 당하여 고기가 되다. (of an animal) Be killed by human and become meat.
㊌도살되다, 도축되다
N0-가 N1-에게 V (N0=[동물] N1=[인간])
능잡다
¶축사의 소들은 결국 잡혀 고기가 될 운명이다. ¶요즘은 기계를 사용하는 도축장이 있어서 동물이 사람에게 직접 잡히지 않는다.
❺(교통수단이) 사람이 탈 수 있게 세워지다. (of public transportation) Be stopped so that people can get on it.
㊌정차하다자
N0-가 N1-에게 V (N0=[교통기관] N1=[인간])
능잡다
¶밤늦은 시간이라 그런지 택시가 잘 잡히지 않는다. ¶아무 버스나 잡히는 대로 타고 오너라.
❻(떠나려던 사람이) 떠나지 못하고 머무르게 되거나 어떤 일에 얽매이다. (of a person who was trying to leave) Be forced to stay or be bound by some situation, thus failing to leave.
N0-가 N1-(에|에게) V (N0=[인간] N1=[인간|단체], [장소], [상태])
능잡다
¶나는 친구에게 잡혀서 그 자리에 오래도록 남아 있었다. ¶밤늦은 시간까지 학원에 잡혀 있는 아이들이 안쓰럽다.
❼(무엇이) 볼모나 담보로 사람이나 금융기관에 맡겨지다. Be left as hostage or collateral.
㊌위탁되다, 보관되다
N0-가 N1-(에|에게) N2-로 V (N0=[구체물] N1=[인간|단체] N2=담보, 저당, 볼모 따위)
능잡다
¶귀중한 유품이 은행에 담보로 잡혔다. ¶빚이 불어나 집까지 채권자에게 잡힌 상황이다.
N0-가 N1-(에|에게) V (N0=담보, 저당, 볼모 따위 N1=[인간|단체])
능잡다
¶저축은행에 내 담보가 잡혔다. ¶저당이 잡힌 물건에는 함부로 손대지 마라.
❽(큰 불이) 사람의 힘으로 꺼지거나 작아지다. (of a large fire) Be extinguished or reduced by manpower.
㊌꺼지다, 소화되다, 진화되다
N0-가 N1-(에게|에|에 의해) V (N0=불, 불길, 화재 따위 N1=[인간|단체])
능잡다
¶주택가를 집어삼킨 불길이 가까스로 잡혔다. ¶치솟은 불길은 어떻게 해도 잡힐 기미가 보이지 않았다.
❾(권세나 권력이) 누군가의 차지가 되다. (of power or authority) Become someone's possession.
N0-가 N1-에게 V (N0=[권력], [권리] N1=[인간|단체])
능잡다
¶이제 토론의 주도권은 완전히 우리에게 잡혔다. ¶중앙집권국가는 권력이 누구에게 잡히느냐에 따라 국정의 향방이 달라지곤 한다.
❿어떤 내용이나 실상을 파악할 수단이 생기다. (of a measure to grasp certain contents or fact) Be formed.
㊌찾아지다, 발견되다
N0-가 N1-에게 V (N0=실마리, 단서, 가닥 따위 N1=[인간|단체])
능잡다
¶슬슬 이 사건의 단서가 잡히고 있다. ¶이 문제를 어떻게 해결해야 할지 가닥이 잡히면 다시 연락해 주세요.
⓫(어떤 정서적인 상태가) 만들어지고 유지되다. (of a certain emotional state) Be formed and maintained.
N0-가 V (N0=질서, 기강, 분위기 따위)
능잡다
¶기강이 잘 잡혀 있어야 조직의 운영 효율성도 높아진다. ¶신뢰가 깊게 뿌리내린 사회는 잠시 혼란스럽더라도 다시 질서가 잡히기 쉽다.

⓬(여러 가지 계획이) 골라지고 정해지다. (of many plans) Be chosen and determined.
㊌정해지다, 결정되다
N0-가 N1-로 V (N0=[장소], [방향], [시간], 일정, 프로그램 따위 N1=[장소], [방향], [시간], [구체물])
능잡다
¶이번에 여행 갈 곳은 제주도로 잡혔다. ¶계획이 오류 없이 제대로 잡혔는지 확인해 보아라.
⓭대략 추정되거나 가정되다. Be estimated or presumed approximately.
㊌가정되다, 추정되다, 간주되다
N0-가 N1-로 V (N0=[구체물], [추상물] N1=[구체물], [추상물], [속성값])
능잡다
¶이번 폭우의 실종자 수가 대략 10명 이상으로 잡히고 있다. ¶이 공연의 예상 관객 수가 잡히는 대로 나에게 보고해 주게.
⓮(어떤 상태가) 일정한 수준에 맞추어져 유지되다. (of a certain status) Be maintained at a certain level.
N0-가 V (N0=자세, 균형, 중심 따위)
능잡다
¶철수는 무술 수련을 오래 해서 그런지 동작에

균형이 잘 잡혀 있다. ¶자세만 바르게 잡혀 있어도 오랫동안 피로감 없이 앉아 있을 수 있다.
⑮(어떤 작업의 기본 골격이) 구상되고 준비되다. (of some task's basic frame) Be planned and prepared.
㊌배치되다, 설계되다
No-가 V (No=구도, 개요, 주제, 틀 따위)
능잡다
¶나는 개요만 잡히고 나면 글이 술술 써진다. ¶이 사진은 구도가 명확히 잡히지 않아서 작품으로서 가치가 떨어진다.
⑯일자리가 얻어지다. (of job) Be attained.
㊌구해지다
No-가 V (No=직장, 일자리, 직업 따위)
능잡다
¶먼 지방에 직장이 잡혀서 근처에 살 곳을 알아보고 있다. ¶이리저리 수소문해 봤지만 일자리가 잡히지 않아 집에서 놀고 있다.
⑰(의류 등에) 주름이나 무늬가 일정한 위치에 만들어지다. (of wrinkle or pattern on clothes, etc.) Be made in a specific location.
㊤생기다
No-가 N1-에 V (No=주름, 무늬 따위 N1=[옷], [천], [용기], [악기], [상자])
능잡다
¶뜨고 있는 목도리에 점차 근사하게 무늬가 잡히고 있다. ¶나는 오늘 주름이 가지런히 잡힌 치마를 입었다.
⑱(시합이나 경기에서) 상대에게 제압당하거나 지다. Be suppressed by, or lose to, the opponent in a match or a game.
㊌지다, 패하다자 ㊙제압하다, 이기다
No-가 N1-에게 V (No=[인간|단체] N1=[인간|단체])
능잡다
¶이 경기에서 우리 팀이 잡히면 본선 진출은 불가능해진다. ¶바둑의 세계에서는 스승이 제자에게 잡히는 일이 좋은 드라마가 된다.
⑲(잘못이나 결점이) 발각되어 비판받다. (of fault or flaw) Be detected and criticized.
㊌지적되다
No-가 N1-에게 V (N2=흠, 책, 결점 따위 N1=[인간|단체])
능잡다
¶이 정도로 잘 정리된 보고서라면 웬만해선 흠을 잡힐 일이 없을 것이다. ¶상사에게 책을 잡힐 일이 없도록 조심해서 행동해라.
⑳(어떤 모습이) 사람이나 카메라 따위에 순간적으로 포착되다. (of a certain appearance) Be caught momentarily.
㊌포착되다, 발견되다, 적발되다
No-가 N1-(에|에게) V (No=[장소], [행위], [사건], [현상], [변화] N1=[인간|단체], [기계](카메라))
능잡다
¶수상한 사람이 감시 매복조에 잡혔다. ¶희귀 야생동물이 다큐멘터리 팀의 카메라에 잡혔다.
No-(에|에게) S것-이 V (No=[인간|단체], [기계](카메라))
능잡다
¶새가 물을 차고 날아오르는 것이 사진작가에게 잡혔다. ¶범행 현장이 감시 카메라에 극적으로 잡혀서 사건의 실마리를 구할 수 있었다.
㉑전파 등으로 전송되는 정보가 수신되다. (of information transmitted via radio wave, etc.) Be received.
㊌수신되다
No-가 N1-에게 V (No=[파동], [방송물], [영상], 전파, 메시지 따위 N1=[인간|단체])
능잡다
¶이런 깊은 산 속에서는 라디오도 잘 잡히지 않는다. ¶파견대가 보내는 무전이 잡히지 않아 통신에 어려움을 겪고 있습니다.
No-가 N1-에 V (No=[파동], [방송물], [영상], 전파, 메시지 따위 N1=[전기장치])
능잡다
¶새로운 전파가 라디오에 잡혔다. ¶미세한 파동이 기계에 잡혔다.
◆ **갈피가 잡히다** (처한 상황이나 그 대처 방안이) 대략적으로 파악되다. (of a situation or its countermeasure) Be understood or grasped broadly.
No-에게 Idm (No=[인간|단체])
능갈피를 잡다
¶이제야 나에게 모든 사태의 갈피가 잡히는구나. ¶그는 마침내 문제 해결의 갈피가 잡혔다는 듯 밝게 웃었다.
◆ **감이 잡히다** (어떤 것의 속성이) 대략적으로 파악되다. (of the nature of something) Be understood or grasped broadly.
㊌파악되다, 인지되다
No-에게 N1-가 Idm (No=[인간|단체] N1=[역할], [방법], [상태])
능감을 잡다
¶나에게는 비로소 신형 세탁기 사용법이 감이 잡혔다. ¶이 문제는 해설을 읽어봐도 영 감이 잡히지 않는다.
◆ **마음이 잡히다** 마음이 가라앉고 안정되다. (of one's heart) Become calm and stable.
Idm
능마음을 잡다
¶마음이 잡히지 않아도 일단 책상 앞에 앉아서

공부를 시작해라. ¶이리저리 애를 써 봐도 마음이 잡히지 않아 꽃구경을 나왔다.

◆ **말꼬리(가|를) 잡히다** 사소한 말 때문에 시비의 대상이 되다. Become a subject of a quarrel due to a trivial remark.
N0-에게 Idm (N0=[인간])
능말꼬리를 잡다
¶그는 말꼬리가 잡히지 않는 교묘한 화법을 구사하는 사람이다. ¶그 연사는 원고대로 발표하지 않고 군소리를 덧붙였다가 청중에게 말꼬리가 잡혔다.

◆ **손에 잡히다** 어떤 일을 마음이 내켜서 하게 되다. Feel inclined to do something.
N0-가 Idm (N0=[행위](일, 공부 따위))
¶나는 멀리 여행을 떠난 아들 걱정에 일이 손에 잡히지 않았다. ¶오늘따라 공부가 손에 잘 잡힌다.

잡히다Ⅱ

활용잡히어(잡혀), 잡히니, 잡히고
타❶(대상을) 사람에게 잡을 수 있도록 쥐어 주다. Make someone hold and grab the target.
㊥잡게 하다
N0-가 N1-를 N2-에게 V (N0=[인간|단체] N1=[구체물] N2=[인간], [동물])
주잡다
¶선비는 하인에게 말고삐를 잡혔다. ¶감독은 처음 온 일꾼에게 대뜸 삽부터 잡히고 흙을 뜨게 했다.
❷(대상을) 볼모나 담보로 사람이나 금융기관에 맡기다. Make someone take the target as hostage or collateral.
㊥위탁시키다, 맡기게 하다
N0-가 N1-를 N2-(에|에게) N3-로 V (N0=[인간|단체] N1=[구체물] N2=[인간|단체] N3=담보, 저당, 볼모 따위)
주잡다
¶나는 부동산을 은행에 담보로 잡히고 돈을 빌렸다. ¶고려 왕실은 왕자를 원나라에 볼모로 잡힌 부마국 신세였다.

장난치다

활용장난치어(장난쳐), 장난치니, 장난치고 대응장난을 치다
자❶(주로 아이들이) 다소 강하게 장난을 하다. (Mainly of children) Play rather violently.
N0-가 V (N0=[인간], [동물])
¶교실에서 철수가 한참 장난치고 있는데 선생님께서 들어오셨다. ¶고양이가 상자 안에서 장난치고 놀고 있었다.
N0-가 N1-와 V ↔ N1-가 N0-와 V ↔ N0-와 N1-가 V (N0=[인간], [동물] N1=[인간], [동물])
¶아기가 고양이와 장난치고 있었다. ↔ 아기가 철수와 장난치고 있었다. ↔ 아기와 고양이가 장난치고 있었다. ¶학생들이 도서관에서 장난치다가 쫓겨났다.
❷(골탕 먹일 작정으로) 남에게 짓궂거나 좋지 않은 행동을 하다. Do something mischievous or bad to someone in order put someone through trouble.
N0-가 N1-에게 V (N0=[인간|단체] N1=[인간|단체], [동물])
연어짓궂게, 심하게
¶남자 아이들은 좋아하는 여자 아이들에게 오히려 짓궂게 장난친다. ¶회사가 실적 가지고 장난치면 일하기가 정말 싫어진다.

장난하다

활용장난하여(장난해), 장난하니, 장난하고 대응장난을 하다
자❶(주로 아이들이) 재미나 심심풀이 삼아 어떤 행동을 놀이처럼 하다. (Mainly of children) Perform certain behavior in playful manner for entertainment or time killing.
㊥놀다자
N0-가 V (N0=[인간], [동물])
¶강아지가 공을 가지고 장난하고 있었다. ¶말썽꾸러기 영희가 장난하는 소리가 밖에까지 들렸다.
N0-가 N1-와 V ↔ N1-가 N0-와 V ↔ N0-와 N1-가 V (N0=[인간], [동물] N1=[인간], [동물])
¶집에 와 보니 아들이 친구들과 장난한 흔적이 남아 있었다. ↔ 집에 와 보니 친구들이 아들과 장난한 흔적이 남아 있었다. ↔ 집에 와 보니 아들과 친구들이 장난한 흔적이 남아 있었다. ¶우리 반 학생들이 너무 장난하기만 해서 큰일이다.
❷(골탕 먹일 작정으로) 남에게 짓궂거나 좋지 않은 행동을 하다. Do something mischievous or bad to someone to put that person in trouble.
N0-가 N1-에게 V (N0=[인간|단체] N1=[인간|단체], [동물])
연어짓궂게, 심하게
¶우리 반 학생들이 새로 전학 온 학생에게 심하게 장난하다 걸렸다. ¶선배들은 후배들에게 곤란한 과제를 주는 등 짓궂게 장난하고 있었다.

장담하다

어원壯談~ 활용장담하여(장담해), 장담하니, 장담하고
자타(어떤 일을) 확신을 가지고 자신 있게 말하다. Say something with assurance and confidence.
㊥큰소리치다
N0-가 N1-를 V (N0=[인간|단체] N1=성공, 우승, 당선 따위)

ㅈ

¶후보자들은 저마다 당선을 장담했다. ¶손님들이 불안해했지만 점원은 안전을 확실히 장담했다.
N0-가 S고 V (N0=[인간|단체])
¶신임 대표는 취임하면 두 마리 토끼를 반드시 잡을 것이라고 장담했다. ¶모두들 신입 사원이 일 년도 버티지 못할 것이라고 장담했다.

장려하다
어원 奬勵~ 활용 장려하여(장려해), 장려하니, 장려하고 대응 장려를 하다
타 (사람이나 단체에) 좋은 일을 하라고 북돋우며 권하다. Encourage a person or an organization to do something good.
유 독려하다, 권하다 타, 권장하다 타, 북돋우다
반 말리다, 만류하다
N0-가 N2-에게 N1-를 V (N0=[인간|단체] N1=[행위] N2=[인간|단체])
¶정부는 국민들에게 출산을 장려하는 정책을 펼쳤다. ¶교사는 학생의 호기심을 일깨우고 과학적 탐구를 장려해야 한다. ¶삼국 시대에 신라와 백제는 쌀 생산을 국가적 차원에서 장려했다.

장만하다
활용 장만하여(장만해), 장만하니, 장만하고 대응 장만을 하다
타 ❶(필요한 어떤 것을) 사전에 미리 사거나 구해서 마련해 놓다. Prepare some necessary things by obtaining or buying in advance.
유 마련하다, 사다[1], 갖추다, 준비하다
N0-가 N1-를 V (N0=[인간] N1=[구체물])
¶외삼촌은 드디어 아파트 한 채를 장만했다. ¶요즘 영희는 신혼집에서 쓸 살림살이를 장만하느라 바쁘다. ¶나는 면접시험을 위해 정장 한 벌을 장만했다.
❷(음식 따위를) 미리 만들어 먹을 수 있도록 준비하다. Make food ready by cooking in advance.
유 준비하다
N0-가 N1-를 V (N0=[인간] N1=[음식])
¶어머니께서는 손님들에게 대접할 음식을 장만해 놓으셨다. ¶병희는 내일 아침상에 내놓을 반찬을 미리 장만했다.

장수하다
어원 長壽~ 활용 장수하여(장수해), 장수하니, 장수하고 대응 장수를 하다
자 ❶(사람이) 평균 나이보다 더 오래 살다. Live longer than the average life span.
유 오래 살다 반 단명하다, 요절하다
N0-가 V (N0=[인간], [동물])
¶우리 집안 어른들은 꽤 장수하는 편이다. ¶그 마을은 장수하는 사람이 많다고 소문이 났다.
❷(무언가가 일반적인 임기, 기한, 한계를 지나서도) 그 상태나 지위를 유지하다. (of something) Maintain its state or status beyond the average term or limit.
유 오래 가다
N0-가 V (N0=[구체물], [추상물])
¶그 정치인은 몇 번의 위기를 넘기면서도 정계에서 장수했다. ¶이 과자는 지난 40년 동안 소비자의 사랑을 받으며 장수한 제품이다. ¶그 승용차는 야심차게 기획되었으나 장수하지 못하고 단종되고 말았다.

장식되다
어원 裝飾~ 활용 장식되어(장식돼), 장식되니, 장식되고 대응 장식이 되다
자 ❶(어떤 대상에) 치장물이 덧붙어 보기 좋게 되다. (of an object) Look better with an ornament.
유 꾸며지다, 치장되다
N0-가 N1-로 V ↔ N1-가 N0-에 V (N01=[구체물] N1=[구체물])
능 장식하다
¶크리스마스트리가 각종 소품으로 장식되었다. ↔ 각종 소품이 크리스마스트리에 장식되었다. ¶이 꽃병의 표면은 나비 무늬로 장식되어 있다.
❷(어떤 대상이) 무언가로 가치 있어지거나 인상이 깊어지다. (of an object) Become worthy or impressive by virtue of something.
N0-가 N1-로 V (N0=[구체물], [추상물] N1=[구체물], [추상물])
능 장식하다
¶스포츠 뉴스가 연일 금메달 소식으로 장식되었다. ¶경기의 마무리가 화려한 역전 홈런으로 장식되었다.

장식하다
어원 裝飾~ 활용 장식하여(장식해), 장식하니, 장식하고 대응 장식을 하다
타 ❶(어떤 대상에) 치장물을 덧붙여 보기 좋게 만들다. Make something look better by adding an ornament.
유 꾸미다, 치장하다
N0-가 N1-를 N2-에 V ↔ N0-가 N1-로 N2-를 V (N0=[인간|단체] N1=[구체물] N2=[구체물])
피 장식되다
¶나는 꽃을 현관에 장식했다. ↔ 나는 현관을 꽃으로 장식했다. ¶구청에서는 다양한 종류의 가로수로 거리를 장식했다.
❷(어떤 대상을) 무언가로 가치 있거나 인상을 깊게 하다. Make an object worthy or impressive by means of something.
N0-가 N1-로 N2-를 V (N0=[인간|단체] N1=[구체

물], [추상물] N2=[구체물], [추상물])
피 장식되다
¶박찬호 선수는 거듭된 신기록으로 날마다 신문 지면을 장식했다. ¶강감찬 장군은 영웅적인 행동으로 역사의 한 장을 장식했다.

장악되다

어원 掌握~ 활용 장악되어(장악돼), 장악되니, 장악되고 대응 장악이 되다
자 (어떤 것이) 완전히 누군가의 손아귀에 들어가 그 사람의 마음대로 할 수 있는 상태가 되다. (of something) to be put in someone's hand so that it is controlled at his or her disposal.
유 지배되다
N0-가 N1-(에|에게|에 의해) V (N0=[장소], [추상물](세력, 분야 따위), [인간|단체] N1=[인간|단체], [추상물])
능 장악하다
¶우리 회사는 결국 외부 세력에게 장악되고 말았다. ¶국내 닭고기 시장이 외국 자본에 의해 장악되기 전에 미리 대비해야 한다.

장악하다

어원 掌握~ 활용 장악하여(장악해), 장악하니, 장악하고 대응 장악을 하다
타 (어떤 것을) 자기 마음대로 할 수 있도록 완전히 손아귀에 넣어 휘어잡다. Take perfect control of something so that it is at one's disposal.
유 지배하다
N0-가 N1-를 V (N0=[인간|단체], [추상물] N1=[장소], [추상물](세력, 분야 따위), [인간|단체])
피 장악되다
¶반란군은 드디어 수도를 장악하였다. ¶그녀의 연기는 무대와 관객을 완전히 장악할 정도로 완벽하였다.

잦아들다

활용 잦아들어, 잦아드니, 잦아들고, 잦아드는
자 ❶(한곳에 고여 있던 액체가) 점점 증발하여 없어질 정도로 그 양이 많이 줄어들다. (of liquid that was filled in one place) Evaporate gradually and become significantly reduced in quantity as if it will disappear.
유 잦아지다II
N0-가 V (N0=[액체])
¶가뭄이 들어 개울에 물이 다 잦아들어서 물고기들이 떼죽음을 당했다. ¶큰비로 불어났던 강물이 많이 잦아들었다.
❷(거센 불길이나 기상 현상이) 가라앉아 잠잠해지다. (of violent fire or weather phenomenon) Be subdued and quiet.
유 잦아지다II, 가라앉다, 약해지다
N0-가 V (N0=[자연현상](바람, 눈보라, 비, 불 따위))
¶산불이 잠시 잦아드는가 싶더니 강풍을 타고 다시 번지고 있다. ¶호우주의보가 내려졌던 남부 지방의 장맛비가 오후 들어 잦아들었다.
❸(소리가) 들리지 않을 정도로 점점 약해지다. (of sound) Gradually die down to become almost inaudible.
유 약해지다
N0-가 V (N0=[소리])
¶박수 소리가 잦아들고 연주가 시작되었다. ¶불이 꺼지자 관객들의 웅성거림이 언제 그랬냐는 듯 잦아들었다.
❹(증세나 상태 따위가) 잠잠해지며 거의 없어지다. (of symptom or state) Subside and become almost non-existent.
유 사라지다
N0-가 V (N0=[상태], [감정], [질병])
¶약을 바르고 나니 가려움이 바로 잦아들었다. ¶정부가 강력한 대책을 내놓았지만 물가 오름세가 잦아들 기미를 보이지 않았다.
❺(어떤 느낌이) 몸속으로 깊숙이 스며들다. (of a certain feeling) Deeply enter one's body.
유 잦아지다II, 스며들다
N0-가 N1-(에|로) V (N0=[감정], [기운] N1=[신체부위], [부분](속 따위))
¶맹추위에 한기가 뼛속까지 잦아들었다. ¶실패 가능성을 생각할수록 그의 온몸에는 조바심이 잦아들었다.

잦아지다 I

활용 잦아지어(잦아져), 잦아지니, 잦아지고
자 (어떤 행동이나 사건 따위가) 점점 더 자주 일어나다. (of certain action or incident) Gradually occur more frequently.
유 빈번해지다, 빈발하다
N0-가 V (N0=[행위], [사건], [현상])
¶올해 들어 일감이 밀려 잔업이 잦아졌다. ¶서울 극단들의 지방 공연이 부쩍 잦아지고 장기 공연은 줄어들고 있다. ¶요즘 비가 오는 일이 더 잦아졌다.

잦아지다 II

활용 잦아지어(잦아져), 잦아지니, 잦아지고
자 ❶(한 곳에 고여 있던 액체가) 점점 증발하여 없어질 정도로 그 양이 많이 줄어들다. (of liquid that was filled in one place) Evaporate gradually and become significantly reduced in quantity as if it will disappear.
유 잦아들다, 줄어들다
N0-가 V (N0=[액체])
¶가뭄으로 비가 한 번도 내리지 않아 호수의 물이 다 잦아졌다. ¶가스 불을 켜 놓고 잊어버리고

있었더니 국물이 다 잦아졌다.
❷(거센 불길이나 기상현상이) 가라앉아 잠잠해지다. (of violent fire or climate phenomenon) Be subdued and quiet.
[유]잦아들다, 가라앉다, 진정되다
N0-가 V (N0=[불], [기상], [자연현상])
¶아침부터 바람이 약해지면서 불길이 잦아지고 있다. ¶바다 물결이 잦아지면 배를 타고 나가 볼 참이다.
❸(어떤 느낌이) 몸속으로 깊숙이 스며들다. (of a certain feeling) Deeply enter one's body.
[유]잦아들다, 스며들다, 배어들다
N0-가 N1-(에|로) V (N0=[감정](절망감, 피로감 따위), 기운, 바람 따위 N1=[신체부위], [마음])
¶술기운이 온몸으로 잦아지더니 이내 참을 수 없는 잠이 몰려왔다. ¶피로감이 몸뿐 아니라 마음에도 잦아져 나도 모르게 눈물이 흘렀다.

재개되다
[어원]再開~ [활용]재개되어(재개돼), 재개되니, 재개되고 [대응]재개가 되다
[자](중단되었던 일이) 이어서 다시 시작되다. (of an interrupted work) Start again, succeeding to the previous part.
N0-가 V (N0=[추상물], [상태])
[능]재개하다
¶중단되었던 버스 노선이 재개되었다. ¶두 나라의 휴전 협정은 중단되었다 재개되기를 반복하였다. ¶오랫동안 중단된 양국의 대화가 조속히 재개되길 바랍니다.

재개하다
[어원]再開~ [활용]재개하여(재개해), 재개하니, 재개하고 [대응]재개를 하다
[타](중단되었던 일을) 이어서 다시 시작하다. Start an interrupted work again, succeeding to the previous part.
N0-가 N1-를 V (N0=[인간|단체] N1=[추상물], [상태])
[피]재개되다
¶촬영팀은 다음날에 촬영을 재개하기로 했다. ¶지금부터 10분간 쉰 뒤에 회의를 재개하겠습니다. ¶안성시는 장마철 동안 중단되었던 공사를 오늘부터 재개했다.

재다 I
[활용]재어(재), 재니, 재고
[자](남에게) 자랑하며 으스대다. Show off to another person pretentiously.
[유]자랑하다, 뽐내다[자]
N0-가 N1-에게 V (N0=[인간] N1=[인간])
¶그 녀석 몇 번 상을 받더니 친구들에게 너무 잰다. ¶너무 오냐오냐 했더니 그 아이는 자기만 알고 재고 다닌다. ¶그는 알량한 재산 조금 있다고 온 동네 사람들에게 잰다.

재다 II
[활용]재어(재), 재니, 재고
[타]❶(자나 저울 따위로) 길이나 너비 따위의 수치를 측정하여 알아보다. (of a person) Assess and investigate value, such as length or width, using a ruler, a scale, etc.
[유]측정하다
N0-가 N2-로 N1-를 V (N0=[인간] N1=[정도값], [도구] N2=[크기](너비, 키, 무게, 깊이 따위))
¶남편은 자로 장롱이 들어갈 방의 너비를 쟀다. ¶아내는 줄자로 아이들의 키를 재어 주었다. ¶간호사는 체온계로 환자의 열을 쟀다.
N0-가 S지-를 V (N0=[인간])
¶해저 탐사대는 해구가 얼마나 깊은지를 재었다. ¶선수들은 경기에 나가기 위해 체중이 얼마나 늘었는지 재야 했다.
❷(어떤 대상을) 여러 방면으로 따지고 헤아리다. (of a person) Calculate and fathom a task or situation.
[유]따져보다
N0-가 N1-를 V (N0=[인간] N1=[인간], [일])
¶깊이 사귀려면 사람을 잘 재어 보고 사귀어야 한다. ¶그는 일을 이리저리 재어 보다가 그만 기회를 놓쳤다.
N0-가 S지-를 V (N0=[인간])
¶그는 그녀와 사귈지 말지 재기만 했다. ¶김인규 선수는 이적 제의를 받아들이면 어떤 이득이 있을지 재어 보았다.

재다 III
[활용]재어(재), 재니, 재고
[타]❶(음식을) 양념하여 맛이 들도록 담아 두다. Put food in sauce to give it flavor.
N0-가 N1-를 N2-에 V (N0=[인간] N1=[음식물] N2=[양념])
[사]재우다II
¶장모님은 돼지고기를 양념에 재셨다. ¶선물로 받은 귀한 인삼을 꿀에 재어 놓았다. ¶김장철이 되어서 마을 사람들은 제각기 배추를 소금물에 재었다.
❷(물건을) 차곡차곡 포개다. (of a person) Fold objects in an orderly, overlapping manner.
N0-가 N1-를 N2-에 V (N0=[인간], [N1=구체물] N2=[장소])
[사]재우다II
¶그는 창고에 쌀부대를 재어 놓고 가난한 사람들에게 나누어 주지 않았다. ¶전쟁이 나자 아버지는

금고에 돈을 재어 놓으셨다.

재다Ⅳ

활용 재어(재), 재니, 재고

타 ❶(총, 대포 따위에) 화약이나 탄환을 쏠 수 있도록 넣어 끼우다. (of a person) Insert gunpowder or bullet into a gun or a canon to render it dischargeable.

N0-가 N1-를 N2-에 V (N0=[인간] N1=탄, 탄환, 실탄, 포탄 따위 N2=총, 소총, 포, 총포 따위)

¶사냥꾼들은 맹수를 죽이기 위해 총에 실탄을 쟀다. ¶포병들이 포에 포탄을 쟀다. ¶병사들은 소총에 탄을 재고 나갈 준비를 했다.

❷(담뱃대에) 연초 따위를 눌러 넣다. (of a person) Push in tobacco or other materials into a tobacco pipe.

N0-가 N1-를 N2-에 V (N0=[인간] N1=[담배](연초, 담배 따위) N2=[도구](담뱃대, 곰방대 따위))

¶할머니는 긴 곰방대에 담배를 재셨다. ¶중절모자를 쓴 신사는 파이프에 담배를 쟀다.

재발되다

어원 再發~ 활용 재발되어(재발돼), 재발되니, 재발되고 대응 재발이 되다

자 ☞재발하다

재발하다

어원 再發~ 활용 재발하여(재발해), 재발하니, 재발하고 대응 재발을 하다

자 ❶(일이) 다시 일어나다. (of an incident) Happen again.

N0-가 V (N0=[행위], [사건])

¶한쪽이 협정을 거부하는 바람에 전쟁이 재발했다. ¶지난번 유혈 시위로 많은 사망자를 낸 지 이틀 만에 시위가 재발했다.

❷(없어졌던 증상이) 다시 생기다. (of a symptom that disappeared) Appear again.

유 재발되다

N0-가 V (N0=[질병])

¶우울증은 의사의 진단 없이 임의로 약을 끊을 경우 쉽게 재발한다. ¶너무 많이 진행된 암은 수술을 해도 몇 년 뒤 재발한다.

재배되다

어원 栽培~ 활용 재배되어(재배돼), 재배되니, 재배되고 대응 재배가 되다

자 (식물이) 사람에 의해 심어 길러지다. (of plant) Be planted and grown by a person.

N0-가 V (N0=[식물])

능 재배하다

¶이곳은 토양이 척박해서 작물이 잘 재배되지 않는다. ¶대관령에서는 고랭지 채소가 많이 재배된다.

재배하다

어원 栽培~ 활용 재배하여(재배해), 재배하니, 재배하고 대응 재배를 하다

타 (식물을) 심고 기르다. Plant and grow a plant.

유 기르다

N0-가 N1-를 V (N0=[인간|단체] N1=[식물])

피 재배되다

¶할아버지는 소일거리로 꽃을 재배하신다. ¶우리 연구실에서는 몇 가지 연구용 식물들을 재배하고 있다. ¶정부는 약용 작물을 재배하는 농가에 지원금을 주기로 했다.

재수하다

어원 再修~ 활용 재수하여(재수해), 재수하니, 재수하고 대응 재수를 하다

자 입학과 같은 시험에 떨어지고 나서 다음 시험에 대비해 다시 공부하다. Study again for the next examination after failing an entrance examination.

N0-가 V (N0=[인간])

¶어머니, 저 이번에 시험을 못 치면 재수할 거예요. ¶나는 재수해서 원하는 대학에 들어갔다. ¶나는 재수했지만 대학 입학시험에서 또 떨어지고 말았다.

재우다Ⅰ

활용 재워, 재우니, 재우고

타 ❶(주로 아이를) 자게 하다. Make someone (usually a child) go to sleep.

N0-가 N1-를 V (N0=[인간] N1=[인간])

주 자다

¶엄마가 아기를 업고 재웠다. ¶할머니는 손녀를 재우고 조용히 방에서 나오셨다.

❷(다른 사람을) 자기 집에서 자게 해주다. Allow someone to sleep in one's house.

유 숙박시키다, 재워 주다

N0-가 N1-를 V (N0=[인간|단체] N1=[인간])

¶우리 교회는 갈 곳 없는 사람들을 재워 주기도 한다. ¶어디 가서 하룻밤만 재워 달라고 부탁할 데도 없다.

❸(흥분되고 들뜬 상황을) 잠잠하게 하다. Calm down an excited and stimulated situation.

N0-가 N1-를 V (N0=[인간|단체], [현상] N1=돌풍, 열풍, 인기 따위)

¶스페인은 사우디의 검은 돌풍을 재우고 승리를 거두었다. ¶외국 영화가 사극 영화의 열풍을 재우고 흥행 조짐을 보이고 있다.

재우다Ⅱ

활용 재워, 재우니, 재우고 준 재다

타 ❶(재료를) 양념 따위에 무치거나 담가 맛이 배도록 하다. Season or steep ingredient in sauce to give flavor or etc.

ㅈ

㊐맛이 스며들게 하다
No-가 N2-에 N1-를 V (No=[인간] N1=[음식물] N2=[양념], [음식물](꿀 따위))
주 재다III
¶저녁 때 먹을 고기를 미리 양념에 재웠다. ¶인삼차를 만들려고 꿀에 인삼을 재워 두었다. ¶내일 야유회에 불고기를 좀 재워 가야겠다.
❷(어떤 물건을) 특정 장소에 잘 쌓아서 모아 두다. Stack neatly and collect certain item in a specific place.
㊐쌓다
No-가 N2-에 N1-를 V (No=[인간] N1=[구체물] N2=[장소])
주 재다III
연어 차곡차곡, 가득
¶내년에 쓸 땔감용 나무를 헛간에 차곡차곡 재워 두었다. ¶만석꾼인 그는 금은보화를 창고에 가득 재워 놓았다.

재직하다

어원 在職~ 활용 재직하여(재직해), 재직하니, 재직하고 대응 재직을 하다
자 직장에 정식으로 소속되어 일하다. Work by being officially affiliated to one job.
㊐다니다 자
No-가 N1-에 V (No=[인간] N1=[인간|단체], [직책])

¶그는 언론사에 재직하고 있다. ¶오랫동안 한 직장에 재직하고 싶어도 그러기가 쉽지 않다. ¶공직에 재직하는 사람에게는 한층 더 엄격한 도덕성이 요구된다.
No-가 N1-로 V (No=[인간] N1=[인간])
¶지석영은 경성의학교 교장으로 8년간 재직했다. ¶아버지는 오랫동안 공무원으로 재직하시며 여러 지방에서 근무하셨다.

재촉하다

활용 재촉하여(재촉해), 재촉하니, 재촉하고 대응 재촉을 하다
자 (사람이나 단체가) 다른 사람에게나 단체에 빨리 어찌하라고 다그치다. (of a person or an organization) Press another person or organization to hurry.
㊐다그치다
No-가 N1-(에|에게) S(라고|자고) V (No=[인간|단체] N1=[인간|단체])
¶나는 형에게 빨리 나오라고 재촉했다. ¶아주머니는 우리들에게 빨리 나가라고 재촉하지 않으셨다.
No-가 N1-(에|에게) S도록 V (No=[인간|단체] N1=[인간|단체])
¶친구가 내게 그 버스를 빨리 타도록 재촉한다. ¶아내는 남편에게 어서 가도록 재촉했지만 남편은 갈 생각을 하지 않았다.
◆ **발걸음을 재촉하다**
❶빠르게 걷거나 서둘러 가다. Walk quickly, or hurry away.
㊐걸음을 재촉하다, 길을 재촉하다
No-가 Idm (No=[인간])
¶날이 어두워지자 등산객들이 발걸음을 재촉했다. ¶발걸음을 재촉해도 제시간에 도착하기 쉽지 않을 것 같다.
❷(사람이나 단체가) 무엇을 이루기 위해 준비를 서두르다. (of a person or an organization) Hurry up his/her/their preparation for achieving something.
㊐서두르다, 걸음을 재촉하다
No-가 Idm (No=[인간|단체])
¶우리 회사는 사업 정상화를 위해 발걸음을 재촉하고 있다. ¶우리는 우승을 향해 발걸음을 재촉했다.
타 ❶(다른 사람에게나 단체에) 어떤 일이나 행동 따위를 빨리 하도록 다그치다. Press another person or organization to hurry up a work or an action.
㊐다그치다
No-가 N2-(에|에게) N1-를 V (No=[인간|단체] N1=[행위], [일] N2=[인간|단체])
¶나는 형에게 대답을 재촉했다. ¶회사가 박 과장에게 성과물을 재촉해서 그는 몹시 부담스러워했다. ¶가족들은 내게 더 이상 결혼을 재촉하지 않았다.
No-가 N1-(에|에게) S기-를 V (No=[인간|단체] N1=[인간|단체])
¶나는 형에게 빨리 나오기를 재촉했다. ¶아내는 남편에게 어서 가기를 재촉했지만 남편은 갈 생각을 하지 않았다.
No-가 N1-를 V (No=[인간] N1=[인간])
¶시민들이 발걸음을 재촉하고 있다. ¶기사가 소리치며 남자를 재촉한다.
❷(사람이나 혹은 어떤 사건이) 다른 사건을 빨리 발생하게 만들다. (of a person or an event) Make another event happen quickly.
No-가 N1-를 V (No=[인간], [사건] N1=[사건])
¶그 과오를 통해 그는 스스로의 죽음을 재촉하였다. ¶이 사건은 조선 왕조의 운명을 재촉하는 계기가 되었다.

재현되다

어원 再現~ 활용 재현되어(재현돼), 재현되고, 재현되니 대응 재현이 되다
자 (한번 나타났던 사물이나 사태가) 원래 모습대로 다시 나타나다. (of an object or a state of affairs that has been witnessed before) Reemerge.

N0-가 V (N0=[구체물], [추상물])
능 재현하다
¶잊혔던 도자기 제조법이 연구 끝에 재현되었다. ¶그 박물관에는 중세인들의 삶의 모습이 재현되어 있다. ¶우리는 요리 연구가들에 의해 재현된 궁중 요리를 맛보았다.

재현하다

어원 再現~ 활용 재현하여(재현해), 재현하니, 재현하고 대응 재현을 하다
타 (한 번 나타났던 사물이나 사태를) 원래 모습대로 다시 나타내다. Recreate an object or a state of affairs that has been witnessed before.
N0-가 N1-를 V (N0=[인간|단체] N1=[구체물], [추상물])
피 재현되다
¶연구자들은 전문가들의 입회 아래 실험을 재현하기로 했다. ¶그 무용단은 마지막 공연에서 초연의 감동을 재현하였다. ¶그 드라마는 역사를 충실히 재현한 사극으로 유명하다.

재혼하다

어원 再婚~ 활용 재혼하여(재혼해), 재혼하니, 재혼하고 대응 재혼을 하다
자 (이혼하거나 배우자와 사별한 후에) 다시 결혼하다. Marry again after divorce or bereavement.
N0-가 N1-와 V (N0=[인간] N1=[인간])
¶아버지가 돌아가시고 난 뒤 3년 후 어머니는 지금의 아버지와 재혼하셨다. ¶우리 형은 재혼해서 행복하게 잘 살고 있다.

재확인되다

어원 再確認~ 활용 재확인되어(재확인돼), 재확인되니, 재확인되고 대응 재확인이 되다
자 (어떤 일이) 정확하거나 사실임이 다시 확인되다. (of certain event) Be confirmed again that it is accurate or true.
N0-가 N1-(에 의해|을 통해) V (N0=[추상물] N1=[추상물](증거, 단서, 수단 따위), [구체물])
능 재확인하다
¶그 일의 문제점이 새로 일어난 사건을 통해 재확인됐다. ¶그의 범죄가 새로운 증거에 의해 재확인됐다.
N0-가 N1-(에게|에 의해) V (N0=[추상물] N1=[인간|단체](조사원, 권위자 따위))
능 재확인하다
¶나의 성적이 선생님에 의해 재확인됐다. ¶새로운 약의 안전성이 연구원들에게 재확인됐다.
S것-이 N0-(에 의해|를 통해) V (N0=[인간|단체])
능 재확인하다
¶선박에 문제가 있었다는 것이 통신 기록을 통해 재확인되었다. ¶그 유물이 삼국시대에 만들어졌다는 것이 새로운 학설에 의해 재확인됐다.
S것-이 N0-에 의해 V (N0=[인간|단체](조사원, 권위자 따위))
능 재확인하다
¶문제의 땅 소유권이 우리에게 있다는 것이 감정평가에 의해 재확인됐다. ¶현관에 묻은 지문이 범인의 지문이라는 것이 감식반에 의해 재확인됐다.

재확인하다

어원 再確認~ 활용 재확인하여(재확인해), 재확인하니, 재확인하고 대응 재확인을 하다
타 (어떤 일을) 사실인지 다시 알아보다. Investigate again to see if something is a fact.
N0-가 N1-를 V (N0=[인간|단체] N1=[구체물], [추상물])
피 재확인되다 사 재확인시키다
¶철수는 답안지를 재확인하고 제출했다. ¶이번 일로 안전의 중요성을 재확인했다.
N0-가 S것-을 V (N0=[인간|단체])
피 재확인되다 사 재확인시키다
¶정부는 테러 위험을 통보한 것을 재확인했다. ¶여당은 야당에 대해 대화의 문을 열어 두었다는 것을 재확인했다.
N0-가 N1-를 N2-(에게|에게서) V (N0=[인간|단체] N1=[구체물], [추상물] N2=[인간|단체])
피 재확인되다 사 재확인시키다
¶부장은 담당자에게 사실 관계를 재확인했다. ¶경찰은 범인에게서 자백 내용을 재확인했다.
N0-가 S것-을 N1-(에게|에게서) V (N0=[인간|단체] N1=[인간|단체])
피 재확인되다 사 재확인시키다
¶회사는 연구원들에게 새로운 약이 안전하다는 것을 재확인했다. ¶그들은 동생에게서 내가 서울에 있다는 것을 재확인해 갔다.
N0-가 S지-를 N1-(에게|에게서) V (N0=[인간|단체] N1=[인간|단체])
피 재확인되다 사 재확인시키다
¶회사는 새로운 약이 안전한지를 연구원들에게 재확인했다. ¶그들은 내가 서울에 있는지 재확인했다.

저러다

활용 저래, 저러니, 저러고, 저랬다 본디 저리하다 여린 조러다 【구어】
자 저렇게 하다. Do like that.
N0-가 V (N0=[인간|집단], [동물])
¶학생이 저러면 안 되는데. ¶저 사람 왜 저러니? ¶ 저 고양이가 왜 저러지?
N0-가 S고 V (N0=[인간|집단])
¶동생이 지금은 먹기 싫다고 저러고 있지만 결국은 먹을 거야. ¶막내가 학교를 안 가겠다고 저러니

ㅈ

까 속상해 죽겠다.
※ 다른 동사를 대신하여 쓰이는 말이다.
타(무엇인가를) 저렇게 하다. Do like that with something.
No-가 N1-를 V (No=[인간|집단] N1=[행위], [일], [인간])
¶저 학생 행동을 또 저러네. ¶저 사람 매사를 저러면 일을 마무리 짓기 어려울 거야. ¶저 사람들 애를 저러다가 그 애 울리겠네.
※ 다른 동사를 대신하여 쓰이는 말이다.

저물다

활용 저물어, 저무니, 저물고, 저무는
자 ❶(해가 져서) 날이 어두워지다. (of day) Become dark because the sun has set.
유어두워지다 반밝아지다, 동이 트다
No-가 V (No=해, 날 따위)
¶해가 저물어서 어두워진다. ¶날이 저물었으니 빨리 돌아가야 한다.
❷(계절이나 한 해가) 거의 지나다. (of year or seasons) Be almost past.
유지나다자, 끝나다
No-가 V (No=[수량시간](해, 계절 따위))
¶이 여름이 저물어 가면서 더위도 점차 수그러지고 있다. ¶한 해가 저물어 갈 때는 언제나 아쉽다.
❸(인생이) 노년기에 이르다. (of life) Arrive at senescence.
No-가 V (No=젊음, 인생 따위)
¶그녀의 젊음이 저물어 가는 것을 보니 마음이 아프다. ¶내 인생도 이제 거의 저물었다.

저버리다

활용 저버리어(저버려), 저버리니, 저버리고
타 ❶(도리나 신의 따위를) 잊거나 버리다. Forget or break (duty or faith).
유잊다 반지키다
No-가 N1-를 V (No=[인간|단체] N1=약속, 의견, 믿음, 도리, 의리 따위)
¶그는 나와의 약속을 저버렸다. ¶부모님의 은혜를 어찌 저버릴 수 있을까? ¶의리를 저버리는 사람과는 상종하지 말라.
❷(다른 사람이나 단체를) 배반하고 돌아서다. Betray and turn away from a person or an organization.
유배신하다 반지키다, 충성하다
No-가 N1-를 V (No=[인간|단체] N1=[인간|단체])
¶그는 결정적인 순간에 조국을 저버렸다. ¶어떤 상황에서도 너를 저버리지 않을 것이다.
❸(다른 사람의 기대를) 무시하거나 거절하다. Reject or ignore (other's expectation).
유거절하다
No-가 N1-를 V (No=[인간|단체] N1=계획, 기대, 호의 따위)
¶안타깝게도 나는 사람들의 기대를 저버렸다.
¶나는 그의 호의를 저버릴 수 없었다.

저술되다

어원 著述~ 활용 저술되어(저술돼), 저술되니, 저술되고 대응 저술이 되다
자(주로 학술 관련 분야의 논문이나 책 따위가) 일정한 방식으로 쓰이다. (mainly of scholarly writing or book) Be written.
상쓰이다
No-가 N1-에 의해 V (No=[텍스트](책, 글 따위) N1=[인간|단체])
능 저술하다
¶이 책은 유명한 역사학자에 의해 저술되었다.
¶그의 책은 일반 독자들도 쉽게 다가갈 수 있게 저술되었다. ¶70년대에 저술된 책들이 독자들에게 다시 사랑을 받고 있다.

저술하다

어원 著述~ 활용 저술하여(저술해), 저술하니, 저술하고 대응 저술을 하다
타(주로 학술 관련 분야의 논문이나 책 따위를) 일정한 방식으로 쓰다. Write a writing or book that's mainly in the scholarly field.
상쓰다
No-가 N1-를 V (No=[인간|단체] N1=[텍스트](책, 글 따위))
피 저술되다
¶그는 지금까지 학술서를 무려 20편을 저술했다.
¶이 책은 두 학자가 공동으로 저술하였다. ¶선생님은 일반 독자들이 쉽게 다가갈 수 있는 책을 많이 저술하였다.

저장되다

어원 貯藏~ 활용 저장되어(저장돼), 저장되니, 저장되고 대응 저장이 되다
자 ❶(물건 따위가) 일정한 장소에 후에 다시 사용할 목적으로 모아져 보관되다. (of items) Be collected and stored in a specific place.
유보관되다
No-이 N1-에 V (No=[구체물] N1=[장소])
능 저장하다
¶여러 가지 비상 물품이 창고에 저장되어 있다.
¶잊어버리지 않도록 냉동실에 저장된 물품의 목록을 만들었다.
❷(정보나 자료 따위가) 일정한 저장 장치나 기기에 기록되어 보관되다. (of information or data) Be recorded and stored in a specific space.
반지워지다, 삭제되다
No-이 N1-에 V (No=정보, 파일, 자료, 메일 따위

N1=[기계](컴퓨터, 서버, USB, 외장하드 따위))
[능]저장하다
¶중요한 파일은 반드시 외부저장장치에도 따로 저장해 두세요. ¶자료가 도중에 날아가지 않도록 임시로 저장되는 기능이 있다. ¶컴퓨터에 저장된 동영상만 해도 엄청난 공간을 차지한다.

저장하다

[어원]貯藏~ [활용]저장하여(저장해), 저장하니, 저장하고 [대응]저장을 하다
[타]❶(물건 따위를) 일정한 장소에 후에 다시 사용할 목적으로 모아 보관하다. Collect and store items in a specific place.
[유]보관하다 [반]버리다
N0-가 N1-를 N2-에 V (N0=[인간|단체] N1=[구체물] N2=[장소])
[피]저장되다
¶옛날 사람들은 음식을 땅속에 많이 저장했다. ¶여름철에는 반드시 음식을 냉장고에 저장하세요.
❷(정보나 자료 따위를) 일정한 저장 장치나 기기에 기록하여 보관하다. Record and store information or data in a specific place.
[유]보관하다 [반]지우다, 삭제하다
N0-가 N1-를 N2-에 V (N0=[인간|단체] N1=정보, 자료, 파일, 메일 따위 N2=[기계](컴퓨터, 서버, USB, 외장하드 따위))
[피]저장되다
¶나는 공용인증서를 컴퓨터에 저장하고 사용한다. ¶중요한 자료는 외부저장장치에 저장해서 들고 다닌다. ¶다 못 쓴 전자편지를 임시 보관함에 저장해 두었다.

저주받다

[어원]詛呪~/咀呪~ [활용]저주받아, 저주받으니, 저주받고 [대응]저주를 받다
[자](사람이나 운명 따위가) 다른 사람에게 증오를 받아 불행한 일이나 재앙이 일어나기를 바라는 대상이 되다. (of person or life) Be an object of hatred of another person so that he or she prays for misfortune or disaster to strike that person.
[반]축복받다
N0-가 N1-에게 V (N0=[인간|단체], 운명, 인생, 세상 따위 N1=[인간])
[능]저주하다
¶그는 마녀로 몰려 마을 사람들에게 저주받았다. ¶공주는 마녀에게 저주받아 목소리를 잃었다. ¶그는 불행한 나머지 자신의 삶을 저주받은 인생이라고 생각했다.

저주하다

[어원]詛呪~/咀呪~ [활용]저주하여(저주해), 저주하니, 저주하고 [대응]저주를 하다
[타](다른 사람이나 운명 따위를) 증오하며 불행한 일이 일어나도록 빌다. to hate another person and pray that misfortune or disaster strikes that person.
[유]악담하다 [반]축복하다
N0-가 N1-를 V (N0=[인간] N1=[인간|단체], 운명, 인생, 세상 따위)
[피]저주받다
¶마녀는 왕자가 불행해지도록 그를 저주했다. ¶그는 자신의 운명을 저주하며 슬픔에 잠겼다. ¶그녀는 우울증으로 인하여 세상을 저주하며 살아간다.

저지당하다

[어원]沮止~ [활용]저지당하여(저지당해), 저지당하니, 저지당하고 [대응]저지를 당하다
[자](어떤 행위가) 다른 사람의 개입이나 방해로 이루어지지 못하게 되다. (of an act) Be interrupted by another person.
[유]저지되다, 방해받다
N0-가 N1-(로|로 인해|에 의해) V (N0=[행위], [추상물] N1=[인간|단체], [추상물](법, 규율 따위), [행위](반대, 방어 따위))
[능]저지하다
¶상대 팀의 재빠른 방어로 우리 팀의 공격이 저지당했다. ¶대표팀의 월드컵 진출은 아쉽게도 브라질에 의해 저지당했다.
[타](어떤 행위를) 다른 사람의 개입이나 방해로 하지 못하게 되다. Be interrupted in an act by another person.
[유]방해받다, 차단당하다
N0-가 N2-(에게|에 의해) N1-를 V (N0=[인간|단체], [동물] N1=[행위], [추상물] N2=[인간|단체], [추상물](법, 규율 따위))
¶시위대가 경찰에게 광장 진입을 저지당했다. ¶그는 현병에 의해 모든 활동을 저지당했다.

저지되다

[어원]沮止~ [활용]저지되어(저지돼), 저지되니, 저지되고 [대응]저지가 되다
[자](어떤 행위가) 다른 사람의 개입이나 방해로 이루어지지 못하게 되다. (of an act) Be interrupted by another person.
[유]저지당하다
N0-가 N1-(로|로 인해|에 의해) V (N0=[행위], [추상물] N1=[인간|단체], [추상물](법, 규율 따위), [행위](반대, 방어 따위))
[능]저지하다
¶상대 팀의 재빠른 방어로 우리 팀의 공격이 저지

되었다. ¶그러한 무모한 행동은 법으로 저지되고 말 것이다.

저지하다

[어원]沮止~ [활용]저지하여(저지해), 저지하니, 저지하고 [대응]저지를 하다

[타](어떤 행위를) 막아서 못하게 하다. Prevent some act.

[유]만류하다, 막다, 방해하다, 차단하다

N0-가 N1-를 V (N0=[인간|단체], [추상물](법, 규율 따위) N1=[행위], [추상물])

[피]저지되다, 저지당하다[자]

¶우리 팀의 수비수들은 적의 공격을 잘 저지하고 있었다. ¶우리 군은 적의 공습을 저지하기 위해서 최선을 다했다. ¶이 법은 민간단체의 자유로운 활동을 저지할 것이다.

저축하다

[어원]貯蓄~ [활용]저축하여(저축해), 저축하니, 저축하고 [대응]저축을 하다

[타]돈을 나중에 쓰기 위해 일정 기간 은행에 맡기다. (of a person) Deposit in a bank money that one has saved for a certain period of time in order to spend it later.

[유]저금하다, 모으다, 축적하다, 적립하다 [반]소비하다

N0-가 N1-를 V (N0=[인간] N1=[돈])

¶돈을 저축하는 습관을 들여야 한다. ¶그는 나에게 저축한 돈이 한 푼도 없다고 하였다.

저하되다

[어원]低下~ [활용]저하되어(저하돼), 저하되니, 저하되고 [대응]저하가 되다

[자](능력이나 수준, 수치 따위가) 낮아지다. (of ability, level, or value) Become low.

[유]떨어지다, 저하하다, 감퇴하다, 감퇴되다

N0-가 N1-로 V (N0=[능력](시력, 청력, 기억력, 순발력, 면역력, 아이큐 따위), [크기](수준, 정도, 속도 따위), [수량](수치, 금리 등), 품질, 사기, 출산율 따위 N1=[값], [수량])

[능]저하시키다

¶감기로 면역력이 저하되었다. ¶양육에 대한 경제적 부담으로 한국의 출산율이 크게 저하되었다.

저하시키다

[어원]低下~ [활용]저하시키어(저하시켜), 저하시키니, 저하시키고

[타](능력이나 수준, 수치 따위를) 낮아지게 하다. Make ability, level, or value low.

[유]떨어뜨리다, 감퇴시키다, 감소시키다

N0-가 N1-를 V (N0=[능력](시력, 청력, 기억력, 순발력, 면역력, 아이큐 따위), [크기](수준, 정도, 속도 따위), [수량](수치, 금리 등), 품질, 사기, 출산율 따위 N1=[값], [수량])

[피]저하되다

¶불포화지방산은 혈중 콜레스테롤 수치를 저하시키는 효능이 있다. ¶경제 불황은 소비 지출을 저하시킨다. ¶성과급 제도는 잘못 설계하면 오히려 구성원들의 사기를 저하시킨다.

저항하다

[어원]抵抗~ [활용]저항하여(저항해), 저항하니, 저항하고 [대응]저항을 하다

[자](어떤 상황이나 강한 세력에 대하여) 맞서서 대들다. Face up to and fight against a situation or a strong power.

[유]반항하다, 대항하다, 항거하다, 대들다, 기어오르다[자], 맞서다

N0-가 N1-(에|에게) V (N0=[인간|단체] N1=[구체물], [추상물])

¶원주민들은 힘을 합쳐 식민 통치에 강력히 저항했다. ¶산적들이 관군에게 끝까지 저항했다. ¶비밀경찰들이 저항하는 세력의 독립운동가들을 색출하였다.

저해하다

[어원]沮害~ [활용]저해하여(저해해), 저해하니, 저해하고 [대응]저해를 하다

[타](어떤 현상이나 행위 따위를) 하지 못하도록 막아서 해를 끼치다. Cause harm to a phenomenon or an act by obstructing it.

[유]방해하다

N0-가 N1-를 V (N0=[모두] N1=[추상물], [행위])

¶지나친 운동은 오히려 근육 성장을 저해할 수 있다. ¶이번 정책은 수출을 저해하는 결과만 가져올 것이다. ¶학벌주의는 정상적인 경쟁을 저해하는 주요 요인이다.

적다

[활용]적어, 적으니, 적고

[자타](종이나 어떤 물체에) 어떤 내용을 글자나 기호로 쓰다. Put some content in paper as letter or symbol.

[유]쓰다, 기입하다, 기재하다, 기록하다, 필기하다, 메모하다

N0-가 N2-에 N1-를 V (N0=[인간] N1=[글자] N2=[구체물](글자, 숫자, 기호 따위로 된))

[피]적히다[자]

¶그는 예전에 그녀의 연락처를 수첩에 적어 두었다. ¶수험생들은 답안지에 답을 또박또박 적어 냈다.

N0-가 N1-에 S고 V (N0=[인간] N1=[구체물](글자, 숫자, 기호 따위로 된))

¶철수는 일기장에 오늘 동물원에 갔었다고 적었다. ¶남편은 편지에 아내를 처음처럼 사랑한다고

적었다.
No-가 N1-에 S것-을 V (No=[인간] N1=[구체물](글자, 숫자, 기호 따위로 된))
피 적히다 재
¶철수는 오늘 학교에서 친구들과 놀았던 것을 일기에 적었다. ¶어머니께서는 가계부에 오늘 시장에서 장본 것을 적으셨다.
No-가 N1-에 S지-를 V (No=[인간] N1=[구체물](글자, 숫자, 기호 따위로 된))
피 적히다 재
¶철수는 일기장에 오늘 하루가 얼마나 즐거웠는지를 적었다. ¶어머니께서는 편지에 자신이 아이를 얼마나 사랑하는지를 적으셨다.
타 (일지나 장부 따위의 문서에) 어떠한 사실이나 내용을 형식에 맞추어 기록하다. Put in documents such as journal or books by having some truth or content conform to forms.
㊌기입하다, 기재하다, 기록하다
No-가 N1-를 V (No=[인간] N1=[구체물](글자, 숫자, 기호 따위로 된))
피 적히다 재
¶어머니께서는 장을 보고 오시면 빠짐없이 가계부를 적으신다. ¶그는 회의 때마다 회의록을 꼼꼼히 적었다.

적시다

활용 적시어(적셔), 적시니, 적시고
타 ❶(물 등의 액체가) 대상을 젖게 만들다. (of liquid such as water, etc.) Make the target wet.
No-가 N1-를 V (No=[액체] N1=[구체물])
주 젖다
¶파도가 밀려와 바닷물이 그의 발 끝을 적셨다. ¶오랜 가뭄이 끝나고 마침내 빗물이 땅을 적셨다.
❷(대상을) 물 등의 액체에 대거나 담가 젖게 하다. Make the target wet by touching with or dipping in liquid such as water, etc.
No-가 N1-를 N2-에 V ↔ No-가 N1-에 N2-를 V ↔ No-가 N1-를 N2-로 V (No=[인간|단체], [동물] N1=[구체물] N2=[액체])
주 젖다
연어 흥건히, 푹
¶나는 붓을 물에 적셨다. ↔ 나는 붓에 물을 적셨다. ↔ 나는 붓을 물로 적셨다. ¶그는 행주를 물에 살짝 적셔서 밥상 위를 닦았다. ¶그 화가는 종이에 물을 적시고 그림을 그리는 특이한 기법을 사용한다.

적용되다

어원 適用~ 활용 적용되어(적용돼), 적용되니, 적용되고 대응 적용이 되다
자 (어떤 기술이나 원칙 따위가) 해당 대상의 성질이나 용도에 적절하게 맞추어 사용되다. (of certain technology or principle) Be used in manner that's appropriate with an object's characteristics or use.
㊌응용되다, 활용되다
No-가 N1-에 V (No=[추상물](법칙, 이론, 원리, 제도, 방법, 기술 따위) N1=[인간|단체], [추상물], [구체물])
능 적용하다
¶그 기술은 실생활에도 바로 적용될 수 있다. ¶새로 제정된 경제 정책이 제대로 시장에 적용되지 못하고 있다. ¶면접을 볼 때 신분을 밝히지 않는다는 원칙은 모든 지원자에게 적용된다.

적용받다

어원 適用~ 활용 적용받아, 적용받으니, 적용받고 대응 적용을 받다
타 (어떤 기술이나 원칙 따위의 시행 대상이 되어) 그 영향을 받다. Become the target of certain technology or principle and receive that effect.
No-가 N1-를 V (No=[인간|단체] N1=[추상물](죄, 규제, 제도, 규칙 따위), [비용](요금, 운임 따위), [수량](지수, 수치 따위))
¶여행사를 통해 예약한 여행자들은 할인 요금을 적용받았다. ¶자동차 보험을 가입할 때 무사고 5년이면 할인율 50%를 적용받는다.

적용시키다

어원 適用~ 활용 적용시키어(적용시켜), 적용시키니, 적용시키고 대응 적용을 시키다
타 ☞ '적용하다'의 오용

적용하다

어원 適用~ 활용 적용하여(적용해), 적용하니, 적용하고 대응 적용을 하다
타 ❶(어떤 기술이나 원칙 따위를) 해당 대상의 성질이나 용도에 적절하게 맞추어 사용하다. Use certain technology or principle in manner that's appropriate with an object's characteristics or use.
㊌응용하다, 활용하다
No-가 N1-를 N2-에 V (No=[인간|단체] N1=[추상물](법칙, 이론, 원리, 제도, 방법 따위) N2=[인간|단체], [추상물], [구체물])
피 적용되다
¶철수는 그림에 다양한 기법을 적용하였다. ¶그는 자신의 이론을 현실에 적용하지 못했다.
No-가 N1-를 S데-에 V (No=[인간|단체] N1=[추상물](법칙, 이론, 원리, 제도, 방법 따위))
피 적용되다
¶성규는 새로운 기법을 그림을 그리는 데에 적용하였다. ¶우리 회사는 최신 기술을 제품을 만드는 데에 적용하여 기능을 향상시키고자 하였다.
❷(어떤 잘못을 저지른 사람에게) 그 잘못에 해당

하는 죄명을 붙이다. Add the name of crime to someone that corresponds with that person's wrongdoing.
N0-가 N1-를 N2-에 V (N0=[인간|단체] N1=[죄명] 따위 N2=[인간|단체])
¶검찰은 김 씨에게 뇌물 수수 혐의를 적용하였다. ¶재판부는 피고에게 알선수뢰죄를 적용할 것으로 예상된다.

적응되다
어원 適應~ 활용 적응되어(적응돼), 적응되니, 적응되고 대응 적응이 되다
자 ☞ 적응하다

적응하다
어원 適應~ 활용 적응하여(적응해), 적응하니, 적응하고 대응 적응을 하다
자(사람이나 동식물 따위가) 일정한 조건이나 환경 따위에 맞추어 잘 어울리거나 알맞게 변화하다. Become fit or suitable for a definite condition or environment.
㊌순응하다
N0-가 N1-에 V (N0=[생물] N1=[모두])
사 적응시키다
¶그는 신인임에도 불구하고 대표팀에 잘 적응하였다. ¶한국에 유학 온 학생이 여러 낯선 환경에서도 곧 적응했다. ¶많은 생물들이 주변의 환경에 적응하면서 진화해 왔다는 증거가 있다.

적중하다
어원 的中~ 활용 적중하여(적중해), 적중하니, 적중하고 대응 적중을 하다
자 ❶(화살 등의 투사체가) 과녁에 맞다. (of trajectory like arrow) Hit the target.
㊌들어맞다
N0-가 N1-에 V (N0=[구체물](화살, 총알) N1=[구체물])
사 적중시키다
¶화살이 과녁에 적중했다. ¶군인들은 총알이 목표에 적중할 때까지 사격 연습을 했다.
❷(예상, 추측, 예언이) 사실에 들어맞다. (of expectation, guess, prediction) Come true.
㊌들어맞다
N0-가 V (N0=예상, 추측, 예언 따위)
¶비가 온다던 일기예보가 적중했다. ¶민진당이 승리하리라던 선거 결과 예측이 적중하였다.

적히다
활용 적히어(적혀), 적히니, 적히고
자 (어떤 내용이) 글자나 기호로 쓰이다. (of content) Be written with letters or signs.
㊌기재되다, 기록되다, 필기되다, 메모되다, 기입되다
N0-가 N1-에 V (N0=[글자](글자, 숫자, 기호 따위) N1=[구체물](글자, 숫자, 기호 따위로 된))
능 적다 자타
¶그 노트에는 많은 숫자들이 무질서하게 적혀 있었다. ¶그녀의 답안지에는 문제와 답이 빽빽이 적혀 있었다.
N0-에 S-(지|고) V (N0=[구체물](글자, 숫자, 기호 따위로 된))
능 적다 자타
¶교수님이 들고 계시는 심사지에는 내가 학위를 받을 수 있는지 없는지 적혀 있을 것이다. ¶그녀의 학창 시절 성적표에 그녀가 성실한 학생이라고 적힌 것을 보았다.
타(사람이) 잘못이나 규칙 위반을 해서 그 사항이 다른 사람에 의해 기록이 되다. (of a person) Be recorded by another person because he or she commits a fault or breaks a rule.
N0-가 N1-를 N2-에게 V (N0=[인간|단체] N1=[글자](글자, 숫자, 기호 따위)[추상물](이름, 명단, 번호 따위) N2=[인간])
능 적다 자타
¶그는 지각을 해서 선도부장에게 이름을 적히고 말았다. ¶철수는 주차 금지 위반으로 경찰관에게 차번호를 적혀서 나중에 범칙금을 냈다.

전가되다
어원 轉嫁~ 활용 전가되어(전가돼), 전가되니, 전가되고 대응 전가가 되다
자 ❶(어떤 사람의 책임이) 다른 사람에게 떠넘겨지다. (of someone's responsibility) Be dumped onto another person.
㊌넘겨지다, 떠넘겨지다, 미뤄지다
N0-가 N1-에게 V (N0=[의무](책임, 부담 따위) N1=[인간|단체])
능 전가하다
¶점주와의 불완전한 의사소통에 대한 책임이 종업원에게만 전가되었다. ¶설계 오류에도 불구하고 모든 배상 책임은 시공자에게 전가되었다.
❷(어떤 부정적인 사태의 결과가) 당사자가 아닌 다른 사람의 부담으로 떠넘겨지다. (of the result of some negative situation) Be dumped onto someone else and not the person responsible.
㊌넘겨지다, 떠넘겨지다, 미뤄지다
N0-가 N1-로 V (N0=[상태] N1=[의무](책임, 부담 따위))
¶시장에 대한 실망감은 투자자들에게 고스란히 부담으로 전가되었다. ¶대학생들의 미취업은 대학의 부담으로 전가된다.
❸ 【경제】 세금 부담이 시장의 유통 과정을 통해 납세자로부터 다른 사람에게 넘겨지다. (of a tax

burden) Be transferred from the taxpayer to another person through the market's process of distribution.
㊎떠넘겨지다, 넘겨지다
N0-가 N1-에게 V (N0=[세금] N1=[인간])
능전가하다
¶국제 행사로 세금 부담이 국민에게 전가되었다. ¶기업이 내야 할 세금이 소비자에게 전가되었다.
❹ 【심리】 어떤 사람의 감정이 다른 사람에게 전해지거나 옮겨지다. (of someone's emotion) Be moved to another person.
N0-가 N1-에게 V (N0=[감정](감정, 고통 따위) N1=[인간])
능전가하다
¶부모의 감정이 화풀이 식으로 자녀에게 전가되는 일은 없어야 한다. ¶자신의 부정적 감정이 타인에게 전가된다고 상황이 더 나아지는 것은 아니다.

전가시키다

어원轉嫁~ 활용전가시키어(전가시켜), 전가시키니, 전가시키고 대응전가를 시키다
타☞'전가하다'의 오용

전가하다

어원轉嫁~ 활용전가하여(전가해), 전가하니, 전가하고 대응전가를 하다
타❶(자신의 책임을) 다른 사람에게 떠넘기다. Dump one's responsibility onto someone else.
㊎넘기다, 떠넘기다, 덮어씌우다, 미루다
N0-가 N1-에게 N2-를 V (N0=[인간|단체] N1=[인간|단체] N2=[의무](책임, 과제 따위))
피전가되다
¶그들은 설계 오류에도 불구하고 모든 배상 책임을 시공자에게 전가했다. ¶건물주는 자신의 책임을 건축업자에게 전가하려 하고 있다.
❷ 【경제】 세금 부담을 시장의 유통 과정을 통해 납세자로부터 다른 사람에게 넘기다. Transfer a tax burden from the taxpayer to someone else through the market's process of distribution.
㊎떠넘기다, 넘기다
N0-가 N1-에게 N2-를 V (N0=[인간|단체], [추상물] N1=[인간|단체] N2=[세금])
피전가되다
¶과다한 복지는 재정 건전성을 훼손하고 미래 세대에 세금을 전가한다는 의견이 있다. ¶생산자의 세금을 소비자에게 전가하는 구조는 용납할 수 없다.
❸ 【심리】 자신의 감정을 다른 사람에게 전하거나 옮기다. Transmit one's emotion to someone else.
N0-가 N1-에게 N2-를 V (N0=[인간] N1=[인간] N2=[감정](분노, 고통 따위))
피전가되다
¶그는 자기 죄는 보지 않고 남에게 분노를 전가하고 있다. ¶이 환자는 자신의 슬픔을 다른 사람에게 전가하고 싶지 않아 속으로 삭히고 있다.

전개하다

어원展開~ 활용전개하여(전개해), 전개하니, 전개하고 대응전개를 하다
타❶(어떤 사태나 일을) 펼쳐 진전되게 하다. Unfold and develop a situation or a work.
㊎펼치다
N0-가 N1-를 V (N0=[인간|단체] N1=[추상물], [상태])
¶우리 회사는 새로운 광고 전략을 전개했다. ¶환경 운동을 전개하고 있는 단체는 그 수가 많다.
❷(어떤 이야기나 내용을) 진전시켜 풀어 나가다. Unfold and develop story or content.
㊎펼치다
N0-가 N1-를 V (N0=[인간|단체] N1=[말], [소통])
¶연사는 조리 있게 자신의 이야기를 전개했다. ¶전하고 싶은 내용은 있는데 이를 효과적으로 전개할 방법을 모르겠다.

전공하다

어원專攻~ 활용전공하여(전공해), 전공하니, 전공하고
타(어느 한 분야를) 전문적으로 공부하고 연구하다. Specialize in a field.
N0-가 N1-를 V (N0=[인간] N1=[학문])
¶그는 대학에서 물리학을 전공했다. ¶그녀는 순수예술에서 전향해 디자인학과에서 산업디자인을 전공했다. ¶저는 체육학을 전공하고 현재 코치로 일하고 있습니다.

전념하다

어원專念~ 활용전념하여(전념해), 전념하니, 전념하고
자(한 가지의 일에만 매달려) 오로지 거기에 마음을 쓰다. (of a person) Pay all of one's attention to a work, clinging to nothing else but that work.
㊎몰두하다, 골몰하다, 열중하다
N0-가 N1-에 V (N0=[인간|단체] N1=[상태], [추상물])
¶너는 다른 것은 신경 쓰지 말고 훈련에만 전념하여라. ¶그는 책 저술에 전념하며 고향에서 남은 생애를 보냈다.
N0-가 S데-에 V (N0=[인간|단체])
¶그는 새로운 연구를 하는 데에 전념하기 위해 어떠한 다른 일도 맡지 않았다. ¶대표팀은 남은 경기를 이기는 데에 전념하겠다고 하였다.

전달되다

어원傳達~ 활용전달되어(전달돼), 전달되니, 전달되

ㅈ

고 대응 전달이 되다
자 ❶(사물이) 다른 사람에게나 단체에 전해져 받게 되다. (of a thing) Be passed to another person or organization.
㊞송달되다, 전해지다
N0-가 N1-(에|에게|로) V (N0=[구체물] N1=[인간|단체])
능 전달하다
¶각종 생필품과 성금이 사회단체를 통해 이재민들에게 전달되었다. ¶이 편지가 그녀에게 잘 전달되었으면 좋겠다.
❷(어떤 소식이나 생각 따위가) 어떤 사람이나 단체에 의해 다른 사람에게나 단체에 전해져 알려지다. (of information or thought) Be known after being passed to another person or organization by someone or an organization.
N0-가 N1-(에|에게|로) V (N0=[추상물](메시지, 입장, 요구사항, 의사 따위) N1=[인간|단체])
능 전달하다
¶학부모들의 요구 사항이 학부모 대표에 의해 학교에 전달되었다. ¶회사 측의 입장이 직원들에게 제대로 전달되지 않았다.
❸(지식이나 정보 따위가) 어떤 사람이나 단체에 의해 다른 사람에게나 단체에 전해져 이해되다. (of knowledge or information) Be understood after being passed to another person or organization by someone or an organization.
㊞전파되다, 전수되다
N0-가 N1-(에|에게|로) V (N0=[추상물](법규, 경험, 지식, 방법 따위) N1=[인간|단체])
능 전달하다
¶새로운 기술이 다른 여러 기업에 전달되고 있다. ¶우리의 아이디어가 투자자들에게 잘 전달된다면 좋은 결과가 나올 것이다.
❹(어떤 자극이나 신호, 전기 따위가) 기계에 의해 다른 장소나 기관에 전해져 이르다. (of stimulus, signal, or electricity) Be passed to another place or organ by a machine.
㊞송전되다, 송신되다
N0-가 N1-를 통해 N2-(에|에게|로) V (N0=전기, 전력, 동력, 음성 따위 N1=[구체물](기계, 도구 따위), 서비스 따위 N2=[인간|단체], [집단], [장소])
능 전달하다
¶교장 선생님의 음성이 마이크를 통해 교실에 전달된다. ¶전기가 변압기를 통해 각 가정으로 전달되고 있다.
❺ 【의학】 (신경 섬유의 흥분이나 자극이) 시냅스에 의해 뉴런이나 근세포에 전해지다. (of stimulation or stimulus of a nerve fiber) Be passed to neuron or myocyte by synapse.
N0-가 N1-(에 의해|를 통해) N2-(에|로) V (N0=자극, 흥분 N1=[신체부위](세포 따위) N2=[신체부위](세포 따위), [신체부위])
능 전달하다
¶자극이 축색돌기에 의해 각 세포로 전달된다. ¶자극이 신경세포를 통해 뇌로 전달된다.

전달받다

어원 傳達~ 활용 전달받아, 전달받으니, 전달받고
대응 전달을 받다
타 ❶(사람이나 단체가) 어떤 사물을 다른 단체에서 혹은 다른 사람에게서 전해 받다. (of a person or an organization) Receive something from another person or organization.
㊞전해받다 ㊥전달하다
N0-가 N1-를 N2-(에게서|로부터) V (N0=[인간|단체] N1=[구체물] N2=[인간|단체])
¶청소년보호단체는 1억 원의 기부금을 강 회장으로부터 전달받았다. ¶소녀는 소년에게서 편지를 전달받고 당황해했다.
❷(사람이나 단체가) 어떤 소식이나 생각을 다른 단체에서 혹은 다른 사람에게서 전해 듣다. (of a person or an organization) Learn some news or thought by hearsay from another person or organization.
㊥전달하다
N0-가 N1-를 N2-(에게서|로부터) V (N0=[인간|단체] N1=[추상물](메시지, 입장, 요구사항, 의사 따위) N2=[인간|단체])
¶우리는 그의 회원 가입 의사를 영희로부터 전달받았다. ¶학생들은 선생님으로부터 이별 소식을 전달받고 슬퍼했다.
N0-가 S다는 N1-를 N2-(에게서|로부터) V (N0=[인간|단체] N1=[추상물](편지, 입장, 요구사항, 의사 따위) N2=[인간|단체])
¶최 감독은 영수에게서 앞으로 열심히 연습에 전념하겠다는 의사를 전달받았다. ¶나는 회사 측으로부터 이제 그만 나오라는 편지를 전달받고 당황했다.
❸(사람이나 단체가) 어떤 지식이나 정보 따위를 다른 단체에서 혹은 다른 사람에게서 전해 듣고 이해되다. (of a person or an organization) Receive and understand knowledge or information that has been passed from another person or organization.
㊞전수받다 ㊥전달하다
N0-가 N1-를 N2-(에게서|로부터) V (N0=[인간|단체] N1=[추상물](법규, 경험, 지식, 방법 따위) N2=[인간|단체])
¶수강생들이 최신 경영 기법을 강사로부터 전달

받고 있다. ¶나는 담당자로부터 꼭 알아야 할 내용을 전달받았다.
❹(어떤 장소나 기관이) 신호나 전기 따위를 특정 기계나 도구를 통해 전해 받다. (of a place or an organ) Receive signal or electricity from a particular machine or instrument.
㊥수신하다, 전송받다 ㊥전달하다
N0-가 N1-를 N2-(로|를 통해) V (N0=[인간|단체], [장소] N1=전기, 전력, 동력, 음성 따위 N2=[구체물](기계, 도구 따위), 서비스 따위)
¶우리는 외부 신호를 이 감지기로 전달받는다. ¶각 가정에서는 생산된 전기를 변압기를 통해 전달받는다.
❺ 【의학】 (뉴런이나 근세포가) 신경 섬유의 흥분이나 자극을 시냅스에 의해 전해 받다. (of neuron or myocyte) Receive the stimulation or stimulus from synapse.
㊥전달하다
N0-가 N1-를 N2-(로부터|에 의해) V (N0=[신체부위](세포 따위) N1=자극, 흥분 따위 N2=[신체부위](세포 따위))
¶뇌는 신경세포에 의해 자극을 전달받는다. ¶수상돌기는 다른 신경세포로부터 신호를 전달받는다.

전달하다

어원 傳達~ 활용 전달하여(전달해), 전달하니, 전달하고 대응 전달을 하다
타❶(사물을) 다른 사람에게나 단체에 전하여 받게 하다. Send something to another person or organization.
㊥보내다, 송달하다, 송부하다 ㊥전달받다
N0-가 N1-를 N2-(에|에게) V (N0=[인간|단체] N1=[구체물] N2=[인간|단체])
피 전달되다 사 전달시키다
¶제가 이 편지를 영희에게 전달할게요. ¶시청 직원들이 직접 담은 김장김치를 경로당에 전달했다.
❷(어떤 소식이나 생각 따위를) 다른 사람에게나 단체에 전하여 알리다. Send news or thought to another person or organization.
㊥전하다타, 보내다 ㊥전달받다
N0-가 N1-를 N2-(에|에게) V (N0=[인간|단체] N1=[추상물](편지, 입장, 요구, 의견 따위) N2=[인간|단체])
피 전달되다 사 전달시키다
¶회사원들이 회사 측에 요구 사항을 전달했으나 회사 측은 아무런 반응이 없었다. ¶나는 젊은이들에게 화해와 희망의 메시지를 전달할 예정이다.
N0-가 S다는 N1-를 N2-(에|에게) V (N0=[인간|단체] N1=[추상물](편지, 입장, 요구, 의견 따위) N2=[인간|단체])
피 전달되다
¶영수는 앞으로 열심히 연습에 전념하겠다는 뜻을 코치에게 전달했다. ¶아기들이 보이는 행동은 다 부모님께 도와 달라는 뜻을 전달하는 것입니다.
❸(지식이나 정보 따위를) 다른 사람에게나 단체에 전하여 이해하게 하다. Send knowledge or information to another person or organization.
㊥전수하다 ㊥전달받다
N0-가 N1-를 N2-에게 V (N0=[인간] N1=[추상물](법규, 경험, 지식, 방법 따위) N2=[인간])
피 전달되다
¶나는 나의 경험과 삶에서 얻은 지식을 후배들에게 전달했다. ¶강사는 수강생들에게 새로운 회사 경영 기법을 전달하였다.
❹(기계가 자극이나 신호, 전기 따위를) 다른 장소나 기관에 전하여 이르게 하다. (of machine) Send stimulus, signal, or electricity to another place or organ.
㊥보내다, 송전하다, 송신하다 ㊥전달받다
N0-가 N1-를 N2-(에|에게|로) V (N0=[구체물](기계, 도구 따위), 서비스 따위 N1=전기, 전력, 동력, 음성 따위 N2=[인간|단체], [장소])
피 전달되다
¶변압기는 발전소에서 생산한 전력을 각 가정으로 전달하기 위해서 필요하다. ¶이 서비스는 고객들에게 문자를 음성으로 변환해 전달해 준다.
❺ 【의학】 시냅스가 신경 섬유의 흥분이나 자극을 뉴런이나 근세포에 전하다. (of synapse) Send stimulation or stimulus of a nerve fiber to neuron or myocyte.
㊥전달받다
N0-가 N1-를 N2-(에|로) V (N0=[신체부위](세포 따위) N1=자극, 흥분 N2=[신체부위](세포 따위))
피 전달되다
¶축색돌기는 각 세포에 자극을 전달한다. ¶신경세포는 자극을 뇌로 전달한다.

전담하다

어원 專擔~ 활용 전담하여(전담해), 전담하니, 전담하고 대응 전담을 하다
타(어떤 일이나 사람을) 전적으로 맡아서 처리하거나 대하다. Take full charge of a job or a person.
㊥도맡다, 전당하다
N0-가 N1-를 V (N0=[인간|단체] N1=[행위], [사건], [인간])
사 전담시키다
¶서현이는 우리 회사 홍보 업무를 전담한다. ¶할아버지께 우리 가족의 소식을 전해 드리는 일은 내가 전담하고 있다. ¶우리 부서는 관내

ㅈ

어르신 돌보는 일을 전담하고 있다.

전락되다

어원 轉落~ 활용 전락되어(전락돼), 전락되니, 전락되고

자 ☞ 전락하다

전락하다

어원 轉落~ 활용 전락하여(전락해), 전락하니, 전락하고

자 (무엇이나 사람이) 더 나쁘거나 좋지 않은 상태로 빠지거나 변화되다. (of a person or a thing) Fall or change into a worse state.

유 타락하다, 망하다

N0-가 N1-로 V (N0=[인간], [집단], [장소], [상황] N1=[인간], [집단], [장소], [상황])

사 전락시키다

¶잘못된 정책으로 많은 농민이 소작농으로 전락하였다. ¶고풍스러웠던 옛 집이 동네 아이들의 놀이터로 전락하고 말았다. ¶민족 분열로 그 나라는 프랑스의 식민지로 전락하고 말았다.

전래되다

어원 傳來~ 활용 전래되어(전래돼), 전래되니, 전래되고 대응 전래가 되다

자 ❶(오래된 풍습이나 물건 따위가) 예부터 이어져 내려오다. (of old custom or stuff) Be handed down since the early times.

유 전승되다

N0-가 N1-에 N2-로 V (N0=[구체물], [추상물] N1=[지역] N2=[추상물])

¶느티나무에 대한 이야기가 이 마을에 전설로 전래되었다. ¶전통 형식으로 전래되는 민속 축제는 요즘 찾기 어렵다.

❷(한 나라로 외국의 문화나 물건이) 전해져 들어오다. (of foreign culture or stuff) Be brought into a country.

유 수입되다, 전해지다

N0-가 N1-(에|로) V (N0=[구체물], [추상물] N1=[장소](나라 따위))

¶담배는 조선에 17세기에 전래되었다. ¶실학사상이 조선으로 전래되면서 실증적 연구가 활발해졌다.

전망되다

어원 展望~ 활용 전망되어(전망돼), 전망되니, 전망되고 대응 전망이 되다

자 ❶(먼 곳이) 한눈에 넓게 내다보이다. (of a distant place) Be seen in one wide view.

N0-가 V (N0=[장소], 풍경, 경치 따위)

능 전망하다 타

¶옥상에 나오니 시가지가 한눈에 전망되었다. ¶시야에 전망되는 풍경을 모두 눈에 담고 싶다.

❷(앞으로의 일이) 미루어 짐작하거나 예측되다. (of future things) Be guessed or predicted.

유 내다보이다, 예상되다

N0-가 S다고 V (N0=[모두])

능 전망하다 타

¶올 여름에는 검정색 양산이 유행할 것이라고 전망된다. ¶태풍이 올 것이라고 전망되어 여행을 취소했다.

N0-가 N1-로 V (N0=[모두] N1=[모두])

능 전망하다 타

¶유망한 분야로 전망되는 사업에는 많은 젊은이가 뛰어든다. ¶몇십 년 전에는 컴퓨터가 필수품으로 전망되지 않았을 것이다.

N0-가 ADV V (N0=[모두], ADV=Adj-게, N-로)

능 전망하다 타

¶오늘 증시는 낙관적으로 전망된다. ¶신도시 분양은 밝게 전망되고 있다.

N0-가 S것-으로 V (N0=[모두])

능 전망하다 타

¶이번 수능은 어려울 것으로 전망된다. ¶올해 황사는 예년보다 심할 것으로 전망됩니다.

전망하다

어원 展望~ 활용 전망하여(전망해), 전망하니, 전망하고 대응 전망을 하다

타 (먼 곳을) 한눈에 넓게 내다보다. See a distant place in one wide view.

유 조망하다

N0-가 N1-를 V (N0=[인간] N1=[장소], 풍경, 경치)

피 전망되다

¶남산에서 전망한 서울의 야경은 아름다웠다. ¶요즘은 날이 흐려서 멀리 전망하기가 쉽지 않다.

자타 (앞으로의 일을) 미루어 짐작하거나 예측하다. Guess or predict future things.

유 내다보다 자타, 예상하다

N0-가 S다고 V (N0=[인간|단체])

¶사람들은 집값이 오를 것이라고 전망한다. ¶기상청에서는 이달 말에 장마가 시작된다고 전망하였다.

N0-가 N1-를 N2-로 V (N0=[인간|단체] N1=[모두] N2=[모두])

피 전망되다

¶국가에서는 유전자 연구를 유망한 분야로 전망하고 지원한다. ¶언론에서는 서울을 다음 대회 개최지로 전망하고 있다.

N0-가 N1-를 ADV V (N0=[인간|단체] N1=[미래], [상태], [상황], ADV=Adj-게, N-로)

피 전망되다

¶미래를 밝게 전망할 수 있는 이유에는 여러 가지가 있다. ¶입찰을 비관적으로 전망하는 시각도 없지 않다.

N0-가 S것-으로 V (N0=[인간|단체])

¶그는 커피 수요가 많아질 것으로 전망하였다. ¶과학이 날로 발전할 것으로 전망하는 사람이 많다.

전문화되다

어원 專門化~ 활용 전문화되어(전문화돼), 전문화되니, 전문화되고 대응 전문화가 되다

자 ❶(한 가지 분야에) 특히 집중하여 뛰어나게 잘하게 되다. Concentrate particularly in one field and become skillful.

N0-가 V (N0=[구체물], [인간|단체])

능 전문화하다

¶요즘 인터넷 쇼핑 사이트들은 모두 고도로 전문화되어 있다. ¶과거 경찰은 정보 통신 분야의 수사 인력이 전문화되지 못했었다.

❷(어떤 분야와 관련된 지식이나 내용이) 매우 깊이 있고 상세해지다. (of knowledge or contents related to certain field) Become very deep and detailed.

N0-가 V (N0=[추상물](영역, 과학, 지식 따위))

능 전문화하다

¶요즘은 생활의 모든 영역이 세분화되면서 전문화되는 추세이다. ¶현대 과학은 너무나도 방대하고 전문화되어 있다.

전문화하다

어원 專門化~ 활용 전문화하여(전문화해), 전문화하니, 전문화하고

타 ❶(어떤 사람이나 사물을) 한 가지 분야에 특히 집중하여 뛰어나게 잘하게 하다. Make (someone or something) especially exceptional in (one field).

N0-가 N1-를 V (N0=[인간|단체] N1=[구체물], [인간|단체])

피 전문화되다

¶우리 학교는 한 건물 전체를 연구소로 전문화하여 운영한다. ¶효율적인 조직이라면 인력을 전문화하여 배치해야 한다.

❷(어떤 분야와 관련된 지식이나 내용을) 매우 깊이 있고 상세하게 하다. Make (knowledge or information of certain field) deep and detailed.

N0-가 N1-를 V (N0=모두 N1=[추상물](영역, 과학, 지식 따위))

피 전문화되다

¶과학 발전은 기술을 전문화하였다. ¶전문화한 지식 때문에 오히려 지식에 접근하기 어렵다.

전사하다

어원 戰死~ 활용 전사하여(전사해), 전사하니, 전사하고 대응 전사를 하다

자 군인이 전쟁 중에 적과 싸우다가 사망하다. Die in a war.

유 전망하다자타, 전몰하다, 진망하다, 진몰하다

N0-가 V (N0=[인간])

¶병사들은 용맹하게 싸우다가 전사하였습니다. ¶전사한 군인들의 유족들은 눈물을 흘렸다. ¶더 치밀한 작전을 짜서 한 명도 전사하지 않도록 하라.

전송되다

어원 電送~ 활용 전송되어(전송돼), 전송되니, 전송되고 대응 전송이 되다

자 (소식, 자료 따위가) 전자 통신 수단을 통하여 다른 사람에게 보내지다. (of message or data) Be sent to another person through electronic communication method.

유 전달되다

N0-가 N1-로 V (N0=[문서], [명제], [미술], [음악], 사진, 소식 따위 N1=[인간|단체], 편지, 전보, 팩스, 문자메시지 따위)

능 전송하다

¶수상자의 사진이 각 신문사로 전송되었다. ¶추가 자료가 이메일로 전송되었다.

전송받다

어원 電送~ 활용 전송받아, 전송받으니, 전송받고 대응 전송을 받다

타 (전자 통신 수단을 통하여) 다른 사람에게서 소식, 자료 따위를 받다. Receive message or data from another person via electronic communication method.

유 수신하다 상 받다 반 전송하다

N0-가 N1-를 N2-(에게|에게서|에서) N3-로 V (N0=[인간|단체] N1=[문서], [명제], [미술], [음악], 사진, 소식, 따위 N2=[인간|단체] N3=편지, 전보, 팩스 문자메시지 따위)

¶나는 친구에게 사진 자료를 메일로 전송받았다. ¶회사에서 전송받은 데이터는 잘 보관해 두세요.

전송하다

어원 電送~ 활용 전송하여(전송해), 전송하니, 전송하고 대응 전송을 하다

자타 (전자 통신 수단을 통하여) 소식, 자료 따위를 다른 사람에게 보내다. Send message or data to another person through electronic communication method.

상 보내다 반 전송받다

N0-가 N1-를 N2-(에|에게) N3-로 V (N0=[인간|단체] N1=[문서], [명제], [미술], [음악], 자료, 사진, 데이터 따위 N2=[인간|단체] N3=편지, 전보, 팩스 문자메시지 따위)

피 전송되다

¶담당자께서는 추가 자료를 저에게 이메일로 전송해 주십시오. ¶데이터를 전송하는 기술은 나날

이 발전하고 있다.
No-가 N1-(에|에게) S고 N2-로 V (No=[인간|단체] N1=[인간|단체] N2=편지, 전보, 팩스, 문자메시지 따위)
피 전송되다
¶내일 회의가 취소되었다고 회원들에게 팩스로 전송했다. ¶나는 귀가 시간이 늦어진다고 아내에게 문자 메시지로 전송했다.

전승되다
어원 傳承~ 활용 전승되어(전승돼), 전승되니, 전승되고 대응 전승이 되다
자 (전통이나 문화 따위가) 물려받아 계승되다. (of tradition or culture) Be handed down and succeeded.
유 전래하다
No-가 N1-에게 V (No=[관습], [방법], [기술], [제도], [사조], [예술], [축제] N1=[인간|단체])
능 전승하다
¶제사는 지금까지도 우리들에게 고유 문화로서 전승된다. ¶이 마을에는 특이한 풍습이 여전히 전승되고 있다. ¶전통이 전승되지 않는다면 민족의 특징을 잃어버릴 것이다.

전승하다
어원 傳承~ 활용 전승하여(전승해), 전승하니, 전승하고 대응 전승을 하다

타 ❶(전통이나 문화 따위를) 물려받아 계승하다. Succeed and hand down a tradition or a culture.
유 전승받다, 물려받다
No-가 N1-를 V (No=[인간|단체] N1=[관습], [방법], [기술], [제도], [사조], [예술], [축제])
피 전승되다
¶우리는 생활 속에서 알게 모르게 풍습을 전승한다. ¶탈춤은 계속 전승하여야 할 민속 유산이다.
❷(전통이나 문화 따위를) 다른 사람에게 물려주어 계승하게 하다. Hand down a tradition or a culture to another person and make him or her follow it.
유 전승시키다, 물려주다, 계승시키다
No-가 N2-에게 N1-를 V (No=[인간|단체] N1=[관습], [방법], [기술], [제도], [사조], [예술], [축제] N2=[인간])
피 전승되다
¶그는 더 늙기 전에 판소리를 제자들에게 전승하겠다고 했다. ¶선조들은 오랜 시간에 걸쳐 삶의 지혜를 후손들에게 전승해 주었다.

전시되다
어원 展示~ 활용 전시되어(전시돼), 전시되니, 전시되고 대응 전시가 되다
자 (여러 가지 물건이) 사람들에게 보여줄 목적으로 어딘가에 펼쳐지다. (of many objects) Be laid some place to be shown to people.
유 진열되다
No-가 N1-에서 V (No=[구체물](보물, 골동품 따위, 작품), 인물)
능 전시하다
¶한복과 도자기 작품이 민속박물관에 전시되었다. ¶우리는 박물관에 전시되어 있는 천마총 출토품을 보았다. ¶외국 수도원에 겸재 정선의 화첩이 전시되어 있다.

전시하다
어원 展示~ 활용 전시하여(전시해), 전시하니, 전시하고 대응 전시를 하다
타 (여러 사람들에게 알리려는 목적으로) 여러 가지 물건을 어디에 벌여 놓고 보게 하다. Lay many objects some place to show them to people.
유 진열하다
No-가 N1-를 N2-에서 V (No=[인간|단체] N1=[구체물](보물, 골동품 따위), [미술작품] N2=[문화관련건물], [장소])
피 전시되다
¶그는 시립미술관에서 인상파 화가의 그림을 전시했다. ¶역사박물관에서는 개인 소장품과 골동품을 전시했다.
No-가 N1-를 V (No=[문화관련건물], [기관] N1=[구체물](보물, 골동품 따위, 작품))
피 전시되다
¶국립중앙박물관은 오는 이십 일부터 남미에서 온 황금 보물을 전시한다. ¶스포츠박물관은 유명 선수들의 유니폼을 전시하고 있다.

전염되다
어원 傳染~ 활용 전염되어(전염돼), 전염되니, 전염되고 대응 전염이 되다
자 ❶(질병이나 세균 따위가) 다른 생물로 옮겨져 발병되거나 증식되다. (disease or bacteria) Transferred or spread (to other plants).
유 감염되다, 옮다 자
No-가 N1-(에|에게|로) V (No=[질병], [미생물](세균 따위) N1=[생물])
사 전염시키다
¶눈병이 가족들에게 전염되었다. ¶전염병이 우리 학교에 전염되지 않도록 조심해라.
❷(사상, 행동, 상황 따위가) 다른 사람이나 단체에 전달되어 닮게 되다. Deliver (idea, action situation, etc.) to (person or organization) and make them become similar.
유 물들다, 퍼지다, 옮아가다
No-가 N1-(에|에게|로) V (No=[행위], [감정], [생

각], [상황] N1=[인간|단체])
사 전염시키다
¶우울한 기분이 나에게도 전염되는 것 같다. ¶선수단에도 어두운 분위기가 전염된 듯했다.

전염시키다

어원 傳染~ 활용 전염시키어(전염시켜), 전염시키니, 전염시키고 대응 전염을 시키다
타 ❶(질병이나 세균 따위를) 다른 생물로 옮겨 발병하거나 증식하게 하다. Transfer and spread diseases or bacteria to other living things.
㈜감염시키다, 옮기다
N0-가 N1-를 N2-(에|에게|로) V (N0=[생물], [장소] N1=[질병], [미생물](세균 따위) N2=[생물])
주 전염되다
¶외부와 접촉한 사람들은 자기도 모르게 병을 가족들에게 전염시켰다. ¶실험 대상에 바이러스를 전염시켜 항체의 기능을 살펴보겠다.
❷(사상, 행동, 상황 따위를) 다른 사람이나 단체에 전달하여 닮게 하다. Deliver (idea, action situation, etc.) to (person or organization) and make them become similar.
㈜퍼뜨리다
N0-가 N1-를 N2-(에|에게|로) V (N0=[인간|단체] N1=[행위], [감정], [생각, [상황] N2=[인간|단체])
주 전염되다
¶우리 반에까지 이상한 분위기를 전염시키지 마라. ¶아무래도 그가 아이들에게 나쁜 습관을 전염시킨 것 같다.

전전긍긍하다

어원 戰戰兢兢~ 활용 전전긍긍하여, 전전긍긍하니, 전전긍긍하고
자 어떤 일로 두려워서 걱정하며 안절부절하다. (of a person) Be nervous about a work, having fear and anxiety.
㈜두려워하다, 조심하다자, 안절부절하다, 조바심이 나다
N0-가 N1-(에|에 대해) V (N0=[인간] N1=[상태], [추상물])
¶나는 시험 결과 때문에 하루종일 전전긍긍하였다. ¶너는 내가 그 일에 대해 얼마나 전전긍긍하고 있는지 모를 것이다.
N0-가 S-을까 V (N0=[인간])
¶그는 3월에 있을 승진 심사에 탈락할까 전정긍긍하였다. ¶나는 시험에 떨어질까 전전긍긍하였다.

전전하다

어원 輾轉~ 활용 전전하여(전전해), 전전하니, 전전하고
자 ❶(한 곳에 정착해서 머무르지 않고) 이리저리로 자꾸만 옮겨 다니다. Move from one place to another without settling in one place.
㈜돌아다니다자, 떠돌아다니다자
N0-가 N1-에서 N2-로 V (N0=[인간] N1=[장소] N2=[장소])
¶우리는 몇 년 간 이 집에서 저 집으로 전전하다가 드디어 집을 장만하였다. ¶그는 한 곳에서 살지 못하고 계속 이 마을에서 저 마을로 전전하였다.
❷(한 직업이나 직장에 꾸준히 종사하지 않고) 자꾸만 옮겨 다니다. Move from one job to another.
㈜전직하다, 이직하다
N0-가 N1-에서 N2-로 V (N0=[인간] N1=[인간] N2=[인간])
¶나는 건축 현장의 인부에서 음식점 배달원으로 전전하며 생계를 이어나가고 있었다. ¶그는 이 카페에서 저 카페로 전전하다가 방송사 제작자 눈에 들어 대스타가 되었다.
타 ❶(장소를 한 곳으로 정하지 않고) 이리저리로 자꾸만 옮겨 다니다. (of a person) Move from one place to another without being fixed on one place.
㈜돌아다니다자타, 떠돌아다니다타
N0-가 N1-를 V (N0=[인간] N1=[장소])
¶우리는 몇 년간 전셋집을 전전하다가 드디어 집을 장만하였다. ¶그는 가족들과 연락을 끊고 지방을 전전하며 도피 생활을 하였다.
❷(직업을 하나로 정하지 않고) 이리저리로 자꾸만 옮겨 다니다. (of a person) Move from one job to another.
㈜옮겨다니다
N0-가 N1-를 V (N0=[인간] N1=[직업인간])
¶나는 수많은 직업을 전전한 뒤에 드디어 방송인으로 정착하였다. ¶그는 죽을 때까지 거리의 악사를 전전하다가 생을 마쳤다.

전제되다

어원 前提~ 활용 전제되어(전제돼), 전제되니, 전제되고
자 ❶(어떤 조건이) 특정한 사물이나 현상을 이루기 위하여 앞서 내세워지다. (of a condition) Be given in advance to form a particular thing or phenomenon.
N0-가 V (N0=[앎], [상태])
능 전제하다
¶유물의 보존에는 엄격한 온도와 습도 관리가 전제된다. ¶신분제 사회에서는 벼슬을 하기 위해 좋은 가문 출신이라는 조건이 전제되었다.
❷ 【논리】 명제나 판단이 추리에서 결론의 기초나 근거가 되다. (of proposition or judgment) Become the foundation or ground for reasoning.
N0-가 V (N0=[앎])

ㅈ

¶삼단논법에서는 소개념과 대개념이 전제된다.

전제하다

[어원]前提~ [활용]전제하여(전제해), 전제하니, 전제하고

[타](어떤 조건을) 특정한 사물이나 현상을 이루기 위하여 앞서 내세우다. Give a condition in advance to form a particular thing or phenomenon.

N0-가 N1-를 V (N0=[인간|단체] N1=[앎], [상태])

[피]전제되다

¶용서는 반드시 그 대상인 잘못을 전제한다. ¶사회적 합의는 대화와 타협을 전제하지 않으면 성립하지 않는다.

N0-가 S고 V (N0=[인간|단체])

¶전문가들은 전염병은 철저히 대비할 때에만 안전할 수 있다고 전제한다. ¶지도부는 투표로 사안을 결정할 때는 모든 구성원이 투표 결과에 따라야 한다고 전제했다.

전진하다

[어원]前進~ [활용]전진하여(전진해), 전진하니, 전진하고 [대응]전진을 하다

[자]❶(사람이나 단체, 교통기관 따위가) 일정한 곳을 향해 흐트러짐 없이 움직이며 나아가다. (of a person, an organization, or a transportation) Move forward to a certain place in an upright, tidy way.

[유]나아가다, 나가다, 진행하다[자] [반]후진하다

N0-가 N1-로 V (N0=[인간|단체], [교통기관] N1=[장소], [방향])

[사]전진시키다

¶군사들은 적진을 향해 끊임없이 전진하였다. ¶배는 물살을 시원하게 가르며 앞으로 전진했다.

❷(사람이) 바라는 것이나 보다 나은 상태를 지향하여 가다. (of a person) Move toward a better state or what one wants.

[유]나아가다, 나가다 [반]후퇴하다

N0-가 N1-(로|를 위해) V (N0=[인간|단체] N1=[추상물])

[사]전진시키다

¶우리 모두 밝은 미래를 향해 전진합시다. ¶사장은 회사 발전을 위해 더욱 전진하자고 호소하였다.

전파되다

[어원]傳播~ [활용]전파되어(전파돼), 전파되니, 전파되고 [대응]전파가 되다

[자]❶(문화나 지식 따위가) 다른 곳으로 널리 퍼져 전해지다. (of culture or knowledge) Be widely spread and delivered to another place.

[유]유포되다, 전해지다 [상]퍼지다

N0-가 N1-(에|로) V (N0=[구체물], [추상물] N1=[단체], [지역])

[능]전파하다

[연어]널리

¶불교는 남북조 시대 이후 동아시아에 널리 전파되었다. ¶테러 예고가 날아들었다는 소식이 급속히 도시로 전파되었다.

N0-가 N1-에서 N2-로 V (N0=[구체물], [추상물] N1=[단체], [지역] N2=[단체], [지역])

[능]전파하다

[연어]널리

¶비단은 실크로드를 통해 아시아에서 유럽으로 전파되었다. ¶여러 뜬소문이 인근 지역으로 급속하게 전파되고 있다.

❷ 【물리】 파동 따위가 매질 속에서 퍼져 나가다. (of wave) Spread out within a medium.

N0-가 N1-로 V (N0=[물리대상](음파, 전자기파, 빛 따위) N1=[구체물](매질, 물, 공기 따위))

[능]전파하다

¶그는 빛이 진공으로도 전파된다는 사실을 밝혀낸 사람이다. ¶전기장과 자기장은 함께 발생하여 전자기파로 같이 전파된다.

N0-가 N1-에서 V (N0=[물리대상](음파, 전자기파, 빛 따위) N1=[장소](속, 중 따위) 공간 따위)

[능]전파하다

¶스피커의 떨림판이 떨면 음파가 공기 중에서 전파된다. ¶그는 빛이 진공 중에서 전파된다는 사실을 밝혀낸 사람이다.

전파하다

[어원]傳播~ [활용]전파하여(전파해), 전파하니, 전파하고 [대응]전파를 하다

[타]❶(문화나 지식 따위를) 다른 곳으로 널리 퍼뜨려 전하다. Spread widely and deliver culture or knowledge to another place.

[유]유포하다, 전하다[타], 전달하다 [상]퍼뜨리다

N0-가 N1-를 N2-(에|로) V (N0=[인간|단체] N1=[구체물], [추상물] N2=[단체], [지역])

[피]전파되다

[연어]널리

¶선교사들은 서양 문물을 중국으로 전파하였다. ¶새로운 농법을 각지에 널리 전파하는 데에도 시간이 많이 걸렸다.

N0-가 N1-를 N2-에서 N3-로 V (N0=[인간|단체] N1=[구체물], [추상물] N2=[단체], [지역] N3=[단체], [지역])

[피]전파되다

[연어]널리

¶사회주의자들은 혁명 소식을 러시아에서 유럽으로 급속히 전파했다. ¶대통령 대변인은 대통령의 정책을 청와대에서 전국으로 전파하는 역할을 하고 있다.

❷ 【물리】 파동 따위가 매질 속을 퍼져 나가다.

(of wave) Spread out within a medium.
N0-가 N1-를 V (N0=[물리대상](음파, 전자기파, 빛 따위) N1=[구체물](매질, 물, 공기 따위), [장소](속, 중 따위) 공간 따위)
피 전파되다
¶음속이란 음파가 매질 속을 전파하는 속도를 말한다. ¶전자기파가 공간을 전파하는 동안 신호의 수신 세력은 시시각각 변한다.

전하다

어원 傳~ 활용 전하여(전해), 전하니, 전하고
자 (유물이나 작품 따위가) 후대에 이어져 남겨지다. (of a relic or an artwork) Be continued and passed on to the next generation.
㊐ 전수되다, 전달되다, 전해지다
N0-가 N1-에 V (N0=[구체물](책 따위), [이야기], [텍스트] N1=[집단], [장소], [텍스트])
¶이 책은 목판본이 없어지고 필사본만 이씨 가문에 전한다. ¶약밥의 전통적인 조리법이 이 문헌에 전한다.
S고 N0-에 V (N0=[집단], [장소], [텍스트])
¶뒷산 아래에 있는 연못에는 선녀가 살았다고 이 마을에 전한다. ¶선화 공주가 서동과 사귀었다고 삼국유사에 전한다.
타 ❶(어떤 사람이나 단체가) 다른 사람이나 단체에 물건을 옮기어 건네다. (of a person or an organization) Move and transfer an object to another person or organization.
㊐ 전달하다, 보내다
N0-가 N2-에게 N1-를 V (N0=[인간|단체] N1=[구체물] N2=[인간|단체])
¶집배원이 아버지께 편지를 전했다. ¶선교사들이 주민들에게 성경책을 전했다.
❷(사람이) 다른 사람에게 소식이나 안부를 알리다. (of a person) Inform someone of news or regards.
㊐ 전달하다
N0-가 N2-에게 N1-를 V (N0=[인간|단체] N1=[생각], [앎](소식 따위), [말](말 따위) N2=[인간|단체])
¶스승의 날에 찾아온 학생들은 모교의 선생님께 안부를 전했다. ¶아들이 목사님께 어머니의 소식을 전했다.
N0-가 N1-에게 S고 V (N0=[인간|단체] N1=[인간|단체], [장소])
¶엄마는 아들에게 집에 오면 냉장고에 있는 음식을 먹으라고 전했다. ¶국외 지사로 나간 임원들은 현지 적응이 어렵다고 전했다.

전해오다

어원 傳~ 활용 전해와, 전해오니, 전해오고
타 ❶(유물이나 작품 따위가) 후대에 계속 이어져 남아 있다. (of a relic or an artwork) Continue on to the next generation and remain in existence.
㊐ 전래하다
N0-가 N1-(에|에게) V (N0=[구체물](재산 따위), [방법](조리법 따위), [이야기](전설 따위) N1=[인간|단체], [장소](마을 따위), [텍스트](책 따위))
¶호수에 얽힌 전설이 이 마을에 전해온다. ¶이 집의 재산은 장손에게 대대로 전해온다.
❷(어떤 사람이나 단체가) 다른 사람이나 단체에 물건을 옮기어 건네 오다. (of a person or an organization) Move and carry in an object to another person or organization.
㊐ 보내다, 송달하다
N0-가 N1-를 N2-(에|에게로) V (N0=[인간|단체] N1=[구체물], [추상물] N2=[인간|단체], [장소])
¶세계 각국에서 사고 현장에 구호 물품을 전해왔다. ¶선수협회가 이 선수에게 사과문을 전해왔다.
❸(어떤 사람이나 단체가) 다른 사람이나 단체에 소식을 알려 오다. (of a person or an organization) Carry news to another person or organization.
N0-가 S고 N1-(에|에게) V (N0=[인간|단체] N1=[인간|단체], [장소])
¶통신원은 이번 작전이 사기 진작을 위한 것이라고 언론사에 전해왔다. ¶친구가 뒷마당에 복사꽃이 절정이라고 나에게 직접 전해왔다.

ㅈ

전해주다

어원 傳~ 활용 전해주어(전해줘), 전해주니, 전해주고
타 (어떤 사람이나 단체가) 다른 사람이나 단체에 물건이나 소식을 옮기어 건네주다. (of a person or an organization) Move and carry object or news to another person or organization.
㊐ 전달하다
N0-가 N1-(에|에게) N2-를 V (N0=[인간|단체] N1=[구체물], [추상물] N2=[인간|단체])
¶어머니는 우리 형제에게 한없는 사랑을 전해주셨다. ¶친구가 찾아와 내가 곧 승진하리라는 기쁜 소식을 전해주었다.
N0-가 S고 N1-(에|에게) V (N0=[인간|단체] N1=[인간|단체], [장소])
¶천사는 마리아에게 하나님의 아들을 낳을 것이라고 전해주었다. ¶그는 훈련이 순조롭게 되어가고 있다고 가족들에게 전해주었다.

전향하다

어원 轉向~ 활용 전향하여(전향해), 전향하니, 전향하고 대응 전향을 하다
자 ❶이전에 했거나 앞으로 하기로 예정되었던 일과는 다른 분야로 방향을 바꾸다. Change the

direction into a field that's different from ongoing or planned task.
N0-가 N1-로 V (N0=[인간|단체] N1=[역할인간], [분야])
사 전향시키다
¶그는 그룹이 해산되자 기타를 버리고 발라드 가수로 전향했다. ¶그는 결국 기자 생활을 청산하고 사업가로 전향했다.
❷기존에 갖고 있던 신념, 사상 또는 신앙과 배치되는 신념, 사상, 신앙으로 이념을 바꾸다. Change one's ideology into belief, thought, or faith that's contrary to that person's pre-existing belief, thought, or faith.
N0-가 N1-로 V (N0=[인간|단체] N1=[유파], [종교], [사조](보수주의, 무신론 등))
사 전향시키다
¶급진적 진보주의자였던 그가 보수 진영으로 전향하자 모두들 놀랐다. ¶그가 갑자기 기독교로 전향하자 그를 알던 많은 사람들이 충격에 빠졌다.

전화드리다

어원 電話~ 활용 전화드리어(전화드려), 전화드리니, 전화드리고 대응 전화를 드리다
자 (윗사람이나 어떤 장소로) 전화를 걸어 말을 주고받다. An honorific for "making a phone call to one's superior."

N0-가 N1-(에|에게|로) V (N0=[인간] N1=[인간|단체], [장소])
¶제가 얼마전 계약서에 대해 문의하기 위해 귀하의 사무실에 전화드렸습니다. ¶내가 경황이 없어 아버지 생신을 지나칠 뻔했는데 아내가 이미 아버지께 전화드렸다고 한다.
N0-가 N1-에게 S고 V (N0=[인간] N1=[인간|단체], [장소])
¶올해는 휴가가 너무 짧아 추석때 내려가지 못한다고 부모님께 전화드렸다. ¶주문하신 물량은 전부 발송되었다고 이미 손님께 전화드렸습니다.

전화받다

어원 電話~ 활용 전화받아, 전화받으니, 전화받고 대응 전화를 받다
자 (사람이나 단체로부터) 전화가 와서 말을 주고받다. Answer a phone call and have a conversation.
N0-가 N1-(에게|에서) V (N0=[인간] N1=[인간|단체], [장소])
¶오늘 처음으로 입사한 회사에서 전화받았다. ¶그가 얼마 전 범인에게 전화받았다는 사실이 밝혀져 공범으로 몰렸다.

전화하다

어원 電話~ 활용 전화하여(전화해), 전화하니, 전화하고 대응 전화를 하다 존대 전화드리다
자 ❶(사람이나 단체에) 전화를 걸어 말을 주고받다. Make a phone call and have a conversation.
N0-가 N1-(에|에게|로) V (N0=[인간] N1=[인간|단체], [장소])
¶직원은 곧바로 전에 거래했던 농장으로 전화했다. ¶나는 사고 뉴스를 듣고 걱정이 되어 출장간 직원에게 전화했다.
N0-가 N1-에게 S고 V (N0=[인간] N1=[인간|단체], [장소])
¶그는 어제 처음 만난 여성에게 주말에 다시 만나자고 전화했다. ¶구청 직원이 이들 단체에 불법 현수막을 걸지 말라고 전화했다.
❷(다른 사람과) 전화기를 통해 말을 주고받다. Have a talk with another person on the phone.
유 통화하다
N0-가 N1-와 V ↔ N1-가 N0-와 V ↔ N0-와 N1-가 V (N0=[인간] N1=[인간])
¶나는 계약 기간을 두고 몇 차례나 거래처 사장과 전화했다. ↔ 거래처 사장은 계약 기간을 두고 몇 차례나 나와 전화했다. ↔ 나와 거래처 사장이 계약 기간을 두고 몇 차례나 전화했다. ¶기자들은 취재를 위해 관계자들과 직접 전화했다. ¶군인들이 부대 면회소에서 가족과 전화했다.

전환되다

어원 轉換~ 활용 전환되어(전환돼), 전환되니, 전환되고 대응 전환이 되다
자 (생각이나 기분, 분위기 따위가) 이전과 다른 방향이나 상태로 바뀌다. (of thought, feeling or atmosphere) Be changed into a different direction or state.
상 바뀌다
N0-가 V (N0=기분, 분위기 따위)
능 전환하다
¶노래를 부르고 나서 기분이 전환되었다. ¶맑은 공기를 쐬니까 기분이 전환되네요.
N0-가 N1-로 V (N0=[추상물], [구체물], [행위] N1=[추상물], [구체물], [행위])
능 전환하다
¶그 사람의 경우 취미 생활이 아예 직업으로 전환된 경우다. ¶수비가 공격으로 빠르게 전환되면서 손쉽게 한 골을 뽑아냈다.

전환하다

어원 轉換~ 활용 전환하여(전환해), 전환하니, 전환하고 대응 전환을 하다
타 ❶(생각이나 기분, 분위기 따위를) 이전과 다른 방향이나 상태로 바꾸다. Change thought, feeling, or atmosphere into a different direction or state.
N0-가 N1-를 V (N0=[인간] N1=기분, 생각, 분위기

따위)
피 전환되다
¶우리는 기분을 전환하기 위해서 영화를 보기로 했다. ¶생각을 전환하면 불가능도 가능하게 됩니다.
❷(사람이나 단체가) 체재나 방법 따위를 이전과 다른 방향이나 상태로 바꾸다. (of a person or an organization) Change a system or a method into a different direction or state.
N0-가 N1-를 N2-로 V (N0=[인간|단체] N1=[기업], [행위], [직책] N2=[기업], [행위], [직책])
피 전환되다
¶대기업은 비정규직을 정규직으로 전환할 방안을 검토 중이다. ¶일부 지방자체단체는 민간 위탁을 직영으로 전환한 후 예산 절감의 효과를 보았다.

절감되다 I
어원 切感~ 활용 절감되어(절감돼), 절감되니, 절감되고 대응 절감이 되다
자 (어떤 내용이) 마음 깊이 느껴지다. (of a content) Be felt deeply.
㈜절실히 느껴지다
N0-가 N1-에게 V (N0=[추상물], [상태] N1=[인간|단체])
능 절감하다I
¶비가 내리자 여행 중인 철수에게는 더더욱 외로움이 절감되었다. ¶후배들을 가르치면서 나에게는 전문적인 교육을 받지 않은 사람의 한계가 절감되었다.
S것-이 N1-에게 V (N1=[인간|단체])
능 절감하다I
¶그에게는 문득 아버지가 돌아가셨다는 것이 크게 절감되었다. ¶기업 상담자의 설명을 아무리 들어도 나에게는 사업 확장이 필요하다는 것이 절감되지 않는다.

절감되다 II
어원 節減~ 활용 절감되어(절감돼), 절감되니, 절감되고 대응 절감이 되다
자 (비용이 줄어) 돈이나 물건이 아껴지다. (of money or things) Be saved because of the reduction of expense.
㈜절약되다, 감소된다
N0-가 V (N0=[비용])
능 절감하다II
¶내복을 입으면 겨울 난방 비용이 크게 절감된다. ¶생산 공정의 단순화로 생산 비용이 절감되었다. ¶업무를 체계적으로 분담하는 것만으로도 시간과 비용이 절감된다.

절감하다 I
어원 切感~ 활용 절감하여(절감해), 절감하니, 절감하고 대응 절감을 하다
타 (어떤 내용을) 마음 깊이 느끼다. Feel a content deep in one's heart.
㈜절실히 느끼다
N0-가 N1-를 V (N0=[인간|단체] N1=[추상물], [상태])
피 절감되다I
¶나는 환경 문제의 심각성을 절감했다. ¶나는 봉사 활동을 하면서 복지 정책의 필요성을 절감했다.
N0-가 S것-을 V (N0=[인간|단체])
피 절감되다I
¶가게 주인은 손님이 뚝 떨어지자 불황이 왔다는 것을 절감하였다. ¶나는 장례식에 참석하고서 인생이 덧없다는 것을 절감하였다.

절감하다 II
어원 節減~ 활용 절감하여(절감해), 절감하니, 절감하고 대응 절감을 하다
타 돈이나 물건을 아껴 비용을 줄이다. Reduce the expense by sparing money and things.
㈜절약하다, 줄이다
N0-가 N1-를 V (N0=[인간|단체] N1=[비용])
피 절감되다II
¶우리 회사는 작년에 비해 투자 비용을 훨씬 많이 절감했다. ¶좋은 건축 자재를 사용하면 장기적으로 난방비를 절감할 수 있다. ¶우리는 회계를 철저히 하여 자투리 비용을 절감했다.

절다 I
활용 절어, 저니, 절고, 저는
자 ❶(무엇이 땀이나 때, 기름 따위에) 오랫동안 완전히 스며들어 쉽사리 씻을 수 없을 정도로 배다. (of something) Be permeated with sweat, stain, or oil for such a long time and so completely that it cannot be washed out.
㈜배다, 스며들다
N0-가 N1-(에|로) V (N0=[신체부위], [의류] N1=땀, 때, 기름 따위)
¶날씨가 더워서 온 몸이 땀으로 절었다. ¶그의 작업복은 기름에 절어 있었다.
❷(생선이나 야채에) 소금이나 식초, 설탕 따위가 다소 긴 시간 동안 완전히 배어들어 부드럽게 되면서 간이 되다. (of salt, vinegar, or sugar) Penetrate fish or vegetable completely for a long time that it becomes soft and well-seasoned.
㈜간이 들다
N0-가 N1-에 V (N0=[음식물] N1=[양념](소금, 식초, 설탕 따위))
사 절이다
¶배추가 소금에 절어서 숨이 죽었다. ¶고등어가 소금에 절어 있었다.

ㅈ

❸(사람이 술이나 일 따위에) 오랫동안 시달려 기력이 소진되고 완전히 지치다. (of a person) Be exhausted completely because one has been harassed with alcohol or work for a long time.
[유]찌들다
N0-가 N1-에 V (N0=[인간] N1=술, 피로, 일 따위)
¶그는 요즘 술에 절어 지낸다. ¶나는 피로에 절어서 아무것도 할 수 없었다.

절다Ⅱ
[활용]저니, 절고, 저는
[타](사람이나 동물이) 다리나 발을 절뚝거리며 걷다. (of a person) Walk with a limp.
[유]절뚝대다, 절뚝거리다
N0-가 N1-를 V (N0=[인간] N1=[신체부위](다리, 발 따위))
¶동생은 넘어져 발을 절면서 나에게 달려왔다. ¶나는 소아마비를 앓아 한쪽 다리를 전다. ¶소가 다쳤는지 왼쪽 다리를 절었다.

절망하다
[어원]絶望~ [활용]절망하여(절망해), 절망하니, 절망하고 [대응]절망을 하다
[자](어떤 사람이나 대상에 대해) 기대할 것이 없어져 모든 희망을 잃다. Lose all hope by losing of a person or object that one can rely on.
N0-가 N1-(에게|에|에 대해) V (N0=[인간|단체] N1=[인간|단체], [추상물], [구체물])
¶그는 미래가 없는 자신의 삶에 대해 절망했다. ¶그는 계속되는 실패에 절망했다. ¶그는 믿었던 친구의 배신에 절망했다.
N0-가 S(것|음)-(에|에 대해) V (N0=[인간|단체])
¶그는 시험에 떨어진 것에 대해 몹시 절망했다. ¶아버지께서는 아들이 재기하지 못하고 계속 좌절해 있는 것에 대해 절망하셨다.

절약되다
[어원]節約~ [활용]절약되어(절약돼), 절약되니, 절약되고 [대응]절약이 되다
[자](자원이) 헛되이 쓰이지 않고 아껴지다. (of resources) Be saved and not to be wasted.
[유]절감되다, 긴축되다 [반]낭비되다, 허비되다
N0-가 V (N0=[추상물](시간, 금전, 노력, 열정, 인력 따위), [구체물])
[능]절약하다
¶지난겨울은 춥지 않아서 난방비가 많이 절약되었다. ¶항상 일정하게 쓰이는 돈이 있어서 여간해서는 생활비가 절약되지 않는다. ¶과제가 취소되어 절약된 시간과 노력을 다른 데 쏟을 수 있게 되었다.

절약하다
[어원]節約~ [활용]절약하여(절약해), 절약하니, 절약하고 [대응]절약을 하다
[타](자원을) 헛되이 쓰지 않고 필요한 데만 써서 아끼다. Spend resources only on a necessary purpose without wasting.
[유]아끼다, 절감하다, 긴축하다 [반]낭비하다, 허비하다
N0-가 N1-를 V (N0=[인간|단체] N1=[추상물](시간, 금전, 노력, 열정, 인력 따위), [구체물])
[피]절약되다
¶우리는 생활 습관을 바꾸어 전기와 수도 요금을 절약했다. ¶미리 효율적인 작업 계획을 세우면 노력을 많이 절약할 수 있다. ¶우리 회사는 지난해에 불필요한 비용을 많이 절약했다.

절이다
[활용]절여, 절이니, 절이고
[타](채소나 생선 따위를) 소금이나 간장, 설탕 따위의 간이 배어들게 하다. Have vegetable or fish deeply flavored with salt, soy sauce, or sugar.
[유]배어들게 하다
N0-가 N1-를 N2-에 V (N0=[인간] N1=[양념](소금 따위) N2=[자연음식물])
[주]절다I
¶나는 생선을 소금에 절였다. ¶어머니는 배추를 반으로 잘라 소금에 절이셨다. ¶철수는 식초에 절인 콩을 매일 한 숟가락씩 먹는다.

절하다
[활용]절하여(절해), 절하니, 절하고 [대응]절을 하다
[자]허리를 굽히거나 바닥에 엎드려 인사하거나 예의를 표하다. Greet by bending one's waist or laying face down on the floor.
N0-가 N1-(에|에게) V (N0=[인간] N1=[인간], [구체물])
¶그는 아버지 묘소에 절하고 술을 올렸다. ¶청년은 고향의 노인들께 엎드려 절하고 안부를 여쭈었다. ¶선거철에는 모든 사람에게 절하고 다니면서 당선 후에는 아는 척도 하지 않는다.

점검받다
[어원]點檢~ [활용]점검받아, 점검받으니, 점검받고 [대응]점검을 받다
[타](사람이나 대상이) 특정 부분을 낱낱이 검사받다. (of person or thing) Be checked thoroughly on a specific part.
[유]검사받다
N0-가 N1-를 V (N0=[인간], [구체물], [기기], [추상물])
[능]점검하다
¶항해를 마친 일부 선박은 조선소로 이동해 내부를 점검받았다. ¶장애인의 날을 맞아 장애인 근로자들이 차를 무상으로 점검받았다. ¶규정에 따라

[ㅈ]

모든 건축물은 안전성을 점검받는다.

점검하다

어원 點檢~ 활용 점검하여(점검해), 점검하니, 점검하고 대응 점검을 하다

타 (사람이나 대상을) 낱낱이 검사하다. (of a person) Check thoroughly another person or thing.

㊐검사하다

N0-가 N1-를 V (N0=[인간] N1=[인간], [구체물], [추상물])

피 점검받다

¶기사는 고장난 기계를 보더니 모든 부품을 점검했다. ¶임원들이 상황실의 모든 운영 절차를 점검했다. ¶점검 인원은 누수가 발생한다는 신고를 받고 배수 설비 현황을 점검했다.

N0-가 Q V (N0=[인간])

피 점검받다

¶검사관은 문고리가 잘 작동하는지 점검했다. ¶인권 운동가들은 장애인들이 새로 지은 청사를 불편 없이 이용할 수 있을지 점검했다.

점령당하다

어원 占領~ 활용 점령당하여(점령당해), 점령당하니, 점령당하고 대응 점령을 당하다

자타 (어떤 장소나 기관이) 군대 등의 조직된 집단에 의해 차지당하다. (of a place or an institution) Be occupied by an organization such as an army.

㊐점유당하다, 빼앗기다

N0-가 N1-(에게|에 의해) V (N0=[장소] N1=[단체])

능 점령하다

¶부대의 주둔지가 적에 의해 점령당했다. ¶게임 서버가 새벽에 몰려든 이용자들에게 점령당했다.

N0-가 N1-를 N2-(에게|에 의해) V (N0=[인간|단체] N1=[장소] N2=[단체])

능 점령하다

¶관군은 이민족들에게 황궁을 점령당했다. ¶나라의 주요 도시가 점령당했지만 굴하지 않고 싸웠다.

점령되다

어원 占領~ 활용 점령되어(점령돼), 점령되니, 점령되고

자 (어떤 장소나 기관이) 군대 등의 조직된 집단에 의해 차지되다. (of a place) Be occupied by an organization such as an army.

㊐점유되다, 빼앗기다

N0-가 N1-(에게|에 의해) V (N0=[장소] N1=[단체])

능 점령하다

¶은행이 무장 강도들에게 점령되었다. ¶보급로가 적에게 점령되어 우리 부대는 전장에 고립되었다.

점령하다

어원 占領~ 활용 점령하여(점령해), 점령하니, 점령하고 대응 점령을 하다

타 (군대 등의 조직된 집단이) 어떤 장소나 기관을 차지하고 물러나지 않다. (of an organization such as an army) Occupy a place, not withdrawing.

㊐점유하다, 빼앗다, 차지하다

N0-가 N1-를 V (N0=[단체] N1=[장소])

피 점령되다, 점령당하다

¶우리 군대가 적의 요충지를 점령했다. ¶적이 육지를 점령하자 조정은 급히 강화도로 피하였다. ¶무장 괴한들이 건물을 점령하고 시민들을 인질로 잡고 있다.

점유되다

어원 占有~ 활용 점유되어(점유돼), 점유되니, 점유되고 대응 점유가 되다

자 ❶(토지나 건물 따위의 일정 부분이) 다른 사람 소유의 토지나 건물 따위에 속하다. (of a portion of land or building) Belong to another person's land or building.

㊐귀속되다

N0-가 N1-에 V (N0=건물, 땅 따위 N1=건물, 땅 따위)

¶옆 건물이 우리 토지에 일부 점유되어 있다는 사실을 알았어요. ¶남의 담장 안에 내 땅 30 제곱미터가 점유되어 있어요.

N0-가 N1-와 V ↔ N1-가 N0-와 V ↔ N0-와 N1-가 V (N0=건물, 땅 따위 N1=건물, 땅 따위)

¶ 우리 밭 일부가 옆집 마당 일부와 점유되어 있었다. ↔ 옆집 마당 일부가 우리 밭 일부와 점유되어 있었다. ↔ 우리 밭 일부와 옆집 마당 일부가 점유되어 있었다.

❷(공간이나 장소 따위가) 특정인 또는 특정 단체에게 지배를 받거나 소유되다. (of a space or place) Be controlled by a specific person or group.

㊐점령되다, 지배받다, 빼앗기다

N0-가 N1-(에게|에 의해) V (N0=[공간], [장소] N1=[인간|단체])

능 점유하다

¶일부 지역이 특정 세력에게 점유되었다. ¶그 초원은 원주민들에게 점유되었다.

❸(어떤 분야나 업계 등의 일정 부분이) 다른 사람에게 장악되다. (of a portion of certain field or industry) Be dominated by another person.

㊐장악되다, 빼앗기다

N0-가 N1-(에|에 의해) V (N0=[추상물](분야, 학문 따위), [속성기능장소](시장) N1=[인간|단체], [추상물])

능 점유하다

¶농구 선수단이 일부 대학에 의해 거의 점유되어

ㅈ

있더군요. ¶우리 영화 시장이 수입 영화에 상당 부분 점유되었다.
❹(어떤 장소가) 특정 지형으로 이루어지다. (of a place) Be composed of certain topography.
N0-가 N1-로 V (N0=[장소](국토, 도시 따위) N1=[장소](산, 바다, 건물 따위))
¶우리나라는 거의 70%가 험한 산악으로 점유되어 있다. ¶지구의 2/3가 바다로 점유되어 있다.

점유하다

어원 占有~ 활용 점유하여(점유해), 점유하고, 점유하니 대응 점유를 하다
타 ❶공간이나 장소를 차지하다. Occupy a space or place.
㊤차지하다, 점령하다
N0-가 N1-를 V (N0=[인간|단체] N1=[공간], [장소])
피 점유되다
¶세입자들이 건물 한 쪽을 점유하고 있었다. ¶월전면 농토의 거의 30%를 사과 밭이 점유하고 있다.
❷영토를 자기 것으로 차지하다. Have territory as one's possession.
㊤차지하다, 지배하다, 점령하다, 빼앗다
N0-가 N1-를 V (N0=[인간|단체] N1=영토)
¶요나라가 종래 점유했던 고려의 영토를 다시 되찾았다. ¶독도는 우리가 실효적으로 점유하고 있는 우리의 영토이다.
❸건물이나 재산 따위를 소유하다. Possess a building or asset.
㊤소유하다, 차지하다
N0-가 N1-를 V (N0=[인간|단체] N1=[사물](건물, 물건 따위), 재산)
¶공유 재산을 무단으로 점유하거나 사용하면 처벌을 받는다. ¶리스 이용자는 리스 물건을 점유하여 사용·수익할 권리를 갖는다.
❹(거래가 이루어지는 추상적 기능의 장소를) 지배하거나 차지하다. Occupy an abstract place where trade is conducted in.
㊤차지하다, 지배하다, 장악하다
N0-가 N1-를 V (N0=[인간|단체] N1=[속성기능장소](시장))
피 점유되다
¶전 세계 휴대전화 시장을 점유하려는 한국의 노력이 계속되고 있다. ¶모든 나라에서 세계 시장을 먼저 점유하기 위해서 첨단 산업을 육성하고 있다.
❺(일정한 지위나 권리 따위를) 자기 것으로 만들다. Make certain position of right one's possession.
㊤차지하다, 빼앗다
N0-가 N1-를 V (N0=[인간|단체] N1=지위, 위치, 권리 따위)
¶각국은 유리한 위치를 점유하기 위해서 노력하고 있다. ¶그는 도덕적 우위성을 점유하려고 노력하였다.
❻(일정한 비중이나 비율을) 지배하여 차지하다. Occupy certain proportion or rate.
㊤차지하다, 장악하다
N0-가 N1-를 V (N0=[인간|단체] N1=[추상물](판매량, 생산량, 수익), [수량])
¶워너 뮤직은 현재 세계 음반 판매량의 15%를 점유하고 있다. ¶아시아는 세계 신발 시장의 4분의 3을 점유하고 있다.
❼(생각이나 감정 따위가) 온통 가득하게 차다. (of a thought or emotion) Occupy a certain proportion.
㊤차지하다, 지배하다
N0-가 N1-를 V (N0=생각, 감정 따위 N1=[마음](머리, 가슴 따위), 생각, 감정 따위)
¶그녀에 대한 생각이 내 머리 속을 점유하였다. ¶결혼에 대한 불안감이 내 마음을 점유하고 있었다.

점철되다

어원 點綴~ 활용 점철되어(점철돼), 점철되니, 점철되고 대응 점철이 되다
자 (한 나라의 역사나 개인의 삶 따위가) 서로 관련이 있는 사실들로 계속 이어지거나 반복해서 되풀이되다. (of a country's history or an individual's life) Be continuously connected with relevant facts.
㊤구성되다, 반복되다
N0-가 N1-로 V (N0=[추상물](역사, 인생, 이야기 따위), [구체물] N1=[추상물], [구체물])
¶한국의 역사는 줄곧 외침에 대한 응전의 역사로 점철되었다. ¶부모님이 돌아가신 후 그의 일생은 고난과 불행으로 점철되어 왔다. ¶불행했던 그 시기에 청년들의 삶은 처절한 자기희생으로 점철되어 있었다.

점치다

어원 占~ 활용 점치어(점쳐), 점치니, 점치고 대응 점을 치다
타 ❶(앞날의 일을) 점괘 등을 이용하여 알아보다. See into a future event by means of divination sign.
㊤예언하다 타
N0-가 N1-를 V (N0=[인간|단체] N1=[추상물], [상태])
¶그는 재미 삼아 하루의 운세를 점쳐 보았다. ¶새해가 되면 많은 사람들이 그 해의 길흉을 점친다.
N0-가 Q지(를|에 대해) V (N0=[인간|단체])
¶점쟁이는 손님의 사업이 앞으로 어떻게 될지

점쳐 주었다. ¶젊은이는 언제 결혼하는 것이 좋은 지에 대해 점치고 싶어 했다.
No-가 S고 V (No=[인간|단체])
¶그는 손님에게 뜻밖의 행운이 있을 것이라고 거짓으로 점쳐 주었다. ¶점집에 물어 보니 14일이 길하다고 점치기에 그 날로 이사 날짜를 정했다.
❷(앞날의 일을) 미루어 짐작하다. Conjecture a future event.
㊌예측하다, 예상하다, 추측하다
No-가 N1-를 V (No=[인간|단체] N1=[추상물], [상태])
¶정치 평론가들은 제각각 정권의 향방을 점치고 있다. ¶그 연구소는 철저한 조사를 거쳐 올해의 경제 성장률을 점쳤다.
No-가 Q지(를|에 대해) V (No=[인간|단체])
¶기자들은 유명 감독의 신작 영화가 얼마나 흥행할지를 앞다투어 점쳤다. ¶가게 주인은 손님의 표정을 보며 무엇을 사갈지 가만히 점쳐 보았다.
No-가 S고 V (No=[인간|단체])
¶전문가들은 그 기업이 한국 시장을 포기할 가능성은 매우 낮다고 점쳤다. ¶야구팬들은 이번 시즌에는 확실한 우승 후보가 없어 복잡한 각축이 벌어질 것이라고 점쳤다.

점하다

어원 占~ 활용 점하여(점해), 점하니, 점하고
타❶(사람이나 단체, 물체, 지역 따위가) 일정한 공간을 차지하다. (of a person, an organization, a thing, or a region) Occupy a certain space.
㊌점유하다, 차지하다
No-가 N1-를 V (No=[인간|단체] N1=[구체물], [지역], [장소])
¶이곳은 산지 면적이 땅의 대부분을 점하고 있다. ¶세계 삼림 면적은 육지 면적의 30%를 점하고 있다.
※주로 '점하고 있다'의 형태로 쓰인다.
❷(특성, 값 따위가) 일정한 영역을 차지하다. (of characteristic or price) Take a definite area.
㊌차지하다
No-가 N1-를 V (No=[인간|단체], [추상물](산업, 작품, 제도 따위) N1=[추상물](지위 따위), [특성])
¶우리 회사는 가격 면에서 경쟁사에 비해 유리한 고지를 점하고 있다. ¶여론조사 결과 규제를 완화해야 한다는 주장이 다수를 점하고 있다.
※주로 '점하고 있다'의 형태로 쓰인다.

접근하다

어원 接近~ 활용 접근하여(접근해), 접근하니, 접근하고 대응 접근을 하다
자❶(다른 대상이나 장소 따위에) 가까이 다가가다. Closely come near another target, location, etc.
㊌근접하다, 다가오다, 다가가다
No-가 N1-(에|에게|로) V (No=[인간|단체], [동물], [교통기관] N1=[인간|단체], [동물], [교통기관], [장소])
¶남자는 술 취한 사람에게 접근해서 지갑을 몰래 훔쳤다. ¶폭우로 수해 현장에 접근하기가 어려웠다.
❷(어떠한 진실, 수준, 문제 따위에) 거의 가까이 다가가거나 비슷해지다. Closely come near a certain truth, level, problem, etc.
㊌근접하다, 다가가다, 다가오다
No-가 N1-에 V (No=[인간|단체], [특성], [상태], [추상물] N1=[추상물], [앎], [마음], [추상물] (문제 따위))
¶주가가 연중 최저 수준에 접근했다. ¶주택 문제는 매우 심각하므로 신중하게 접근해야 한다.
❸(다른 사람에게) 의도적으로 친밀하게 다가가거나 사귀다. Intimately come near another person on purpose.
㊌다가가다, 다가오다
No-가 N1-에게 V (No=[인간|단체] N1=[인간|단체])
¶그녀는 신분을 속이고 그에게 의도적으로 접근했다. ¶이웃집 여자가 친한 척하며 우리 가족에게 접근해 왔다.

접다

활용 접어, 접고, 접으니
타❶(무엇을) 꺾어서 겹치다. Snap and stack something.
㊌포개다, 개다 ㊇펴다
No-가 N1-를 V (No=[인간] N1=[종이], [천], [신체부위])
피 접히다
¶아이는 종이를 접으며 놀고 있었다. ¶나는 마음에 드는 시구가 나올 때마다 책의 한 귀퉁이를 접어 두었다.
No-가 N1-를 V (No=[인간] N1=[신체부위])
피 접히다
¶이 자세는 다리를 잘 접어야 한다. ¶나는 누운 자세에서 무릎을 접었다.
❷(종이 따위를) 일정한 방식으로 여러 번 꺾어 어떤 모양을 만들다. Snap paper, etc., many times in uniform pattern to create some shape.
㊌만들다타
No-가 N1-를 V (No=[인간] N1=[종이])
¶동생은 색종이로 학을 접어 나에게 주었다. ¶나는 친구와 종이배를 접으며 놀곤 하였다.
❸(사람이나 동물이) 펴진 것을) 본래 모양으로 가지런히 되게 하다. (of a person or an animal) Return something that has been unfolded to its original shape.
㊇펴다, 펼치다

ㅈ

No-가 N1-를 V (No=[인간], [동물] N1=날개, 우산, 책 따위)
피 접히다
¶나비가 날개를 접고 꽃에 앉아 있다. ¶비가 그쳐서 우산을 접었다. ¶나는 집중이 안되어 읽던 책을 접었다.
❹(의견이나 주장, 일 따위를) 잠시 미루어 두다. Temporarily push back opinion, statement, task, etc.
㊊유보하다
No-가 N1-를 V (No=[인간] N1=[의견], [일], [앎], [감정])
¶나는 내 생각을 접고, 그의 의견을 들어보기로 하였다. ¶아버지는 그 일을 일단 접어 두기로 하였다.
❺(자신보다 못한 상대에게) 유리한 조건을 가지게 하다. (of a person) Make someone inferior have an advantageous condition.
㊊양보하다
No-가 N2-에게 N1-를 V (No=[인간] N1=수, 점수 따위 N2=[인간])
¶내가 너에게 한 수 접어 줄테니 한번 이겨 보렴. ¶아버지는 나에게 넉 점을 접어주었지만 나는 또 지고 말았다.

❻(하던 일을) 일시적으로 완전히 멈추거나 그만두다. (of a person) Stop or quit an ongoing task.
㊊그만두다
No-가 N1-를 V (No=[인간] N1=[행위])
¶폭우가 와서 우리는 오늘 촬영을 접기로 하였다. ¶우리는 마지막 경기에서 패함으로써 결승 진출의 꿈을 접었다.

접대하다

어원 接待~ 활용 접대하여(접대해), 접대하니, 접대하고 대응 접대를 하다
타 (손님을) 맞이하여 시중을 들다. Welcome one's guest and offer or serve food.
㊊대접하다
No-가 N2-로 N1-를 V (No=[인간] N1=[인간](손님 따위) N2=[음식] 따위)
¶그들은 멀리서 오신 손님을 극진한 음식으로 접대했다. ¶우리는 사돈댁 식구들을 한정식으로 접대하였다. ¶우리 가족은 돌잔치에 온 손님을 한 분 한 분 접대했다.

접목되다

어원 接木~ 활용 접목되어(접목돼), 접목되니, 접목되고 대응 접목이 되다
자 (두 가지 서로 다른 대상이) 결합하여 새로운 것이 되다. (of two different objects) Combine and become something new.
㊊결합되다
No-와 N1-가 V ↔ N1-와 No-가 V ↔ No-가 N1-와 V (No=[구체물], [추상물] N1=[구체물], [추상물])
능 접목하다
¶그 출판사의 특별 기획으로 이번에 시와 만화가 접목되었다. ↔ 그 출판사의 특별 기획으로 이번에 만화와 시가 접목되었다. ↔ 그 출판사의 특별 기획으로 시가 만화와 접목되었다. ¶저희 기업은 쇼핑과 스포츠가 접목된 새로운 경험을 제공해 드립니다.
No-가 N1-에 V (No=[구체물], [추상물] N1=[구체물], [추상물])
능 접목하다
¶이 전통 건축물에는 여러 가지 현대적인 기술이 접목되어 있다. ¶예술의 표현 양식에는 끊임없이 새로운 기법이 접목되어 왔다.

접목하다

어원 接木~ 활용 접목하여(접목해), 접목하니, 접목하고 대응 접목을 하다
타 ❶(두 가지 서로 다른 대상을) 결합하여 새로운 것으로 만들다. Combine two different objects to make something new.
㊊합성하다, 결합하다 타
No-가 N1-와 N2-를 V ↔ No-가 N2-와 N1-를 V ↔ No-가 N1-를 N2-와 V (No=[인간|단체] N1=[구체물], [추상물] N2=[구체물], [추상물])
피 접목되다
¶그는 전통 음악과 서양 현대 음악을 접목하였다. ↔ 그는 서양 현대 음악과 전통 음악을 접목하였다. ↔ 그는 전통 음악을 서양 현대 음악과 접목하였다. ¶여러 사무용 전자기기를 접목한 복합기가 세상에 나온 지도 오래되었다.
No-가 N1-를 N2-에 V (No=[인간|단체] N1=[구체물], [추상물] N2=[구체물], [추상물])
피 접목되다
¶풍차의 원리를 전력 생산에 접목한 기술이 바로 풍력 발전이다. ¶저희 냉장고는 기존 제품에 신기술을 접목하여 전력 소비를 획기적으로 줄였습니다.
❷ 【농업】 어떤 묘목에 다른 나무의 가지나 눈을 접붙이다. Attach or insert a branch or bud of another tree into a different tree or seedling.
No-가 N1-와 N2-를 V ↔ No-가 N2-와 N1-를 V ↔ No-가 N1-를 N2-와 V (No=[인간|단체] N1=[식물] N2=[식물])
¶아버지는 찔레와 장미를 접목하였다. ↔ 아버지는 장미와 찔레를 접목하였다. ↔ 아버지는 찔레를 장미와 접목하였다. ¶연구원들은 고추와 오이

를 접목하여 새로운 품종을 얻었다.

접속되다

어원 接續~ 활용 접속되어(접속돼), 접속되니, 접속되고 대응 접속이 되다

자 ❶(두 대상이) 맞붙어 이어지다. (of two objects) Be attached and joined.

N0-와 N1-가 V ↔ N1-와 N0-가 V ↔ N0-가 N1-와 V (N0=[구체물], [추상물] N1=[구체물], [추상물])

능 접속하다 타

¶여기가 기존 도로와 신설 도로가 접속되는 곳이다. ↔ 여기가 신설 도로와 기존 도로가 접속되는 곳이다. ↔ 여기가 기존 도로가 신설 도로와 접속되는 곳이다. ¶이 역은 경부선과 충북선이 접속되는 역이다.

N0-가 N1-에 V (N0=[구체물], [추상물] N1=[구체물], [추상물])

능 접속하다 타

¶이렇게 많은 객차가 접속된 열차는 처음 본다. ¶이 기계는 부품들이 정밀하게 접속되어 있어서 뜯어보는 것만으로도 손상을 입을 수 있다.

❷(두 전기 장비가) 연결되어 전기가 통하다. (of two electric devices) Be joined to allow conduction of electricity.

N0-와 N1-가 V ↔ N1-와 N0-가 V ↔ N0-가 N1-와 V (N0=[전기전자기구] N1=[전기전자기구])

능 접속하다 타

¶이 컴퓨터와 외부 스피커가 접속되어 있다. ↔ 외부 스피커와 이 컴퓨터가 접속되어 있다. ↔ 이 컴퓨터가 외부 스피커와 접속되어 있다. ¶이 것은 여러 장치가 복잡하게 접속된 회로이니 조심해서 다루세요.

N0-가 N1-에 V (N0=[전기전자기구] N1=[전기전자기구])

능 접속하다 타

¶전구에 직렬로 접속된 전지가 많을수록 전구의 밝기가 밝아진다. ¶충전이 완료된 휴대폰이 충전기에 접속되어 있으면 전력이 낭비된다.

❸(서버나 인터넷 사이트 등에) 정보기기를 이용해 들어가다. Access a server or an Internet website using IT device.

N0-가 N1-에 V (N0=[인간|단체], [전자기구] N1=누리집, 인터넷, 서버, 홈페이지, 사이트 따위)

능 접속하다 타

¶컴퓨터가 점검이 끝나자 학회 누리집에 제대로 접속되었다. ¶오늘따라 컴퓨터가 인터넷에 접속되지 않는다.

접속하다

어원 接續~ 활용 접속하여(접속해), 접속하니, 접속하고 대응 접속을 하다

자 (서버나 인터넷 사이트 등에) 정보기기를 이용해 들어가다. Enter a server or an Internet website using IT device.

N0-가 N1-에 V (N0=[인간|단체] N1=누리집, 인터넷, 서버, 홈페이지, 사이트 따위)

¶나는 학회 누리집에 접속하여 관련 논문을 검색했다. ¶제품 포장에 적힌 대로 회사 홈페이지에 접속해 보았지만 아무 화면도 뜨지 않았다.

타 ❶(두 대상을) 맞붙여 이어지게 하다. Attach and join two objects.

유 잇다 타, 연결하다

N0-가 N1-와 N2-를 V ↔ N0-가 N2-와 N1-를 V ↔ N0-가 N1-를 N2-와 V (N0=[인간|단체] N1=[구체물], [추상물] N2=[구체물], [추상물])

피 접속되다

¶이 핀과 저 고리를 접속해야 한다. ↔ 저 고리와 이 핀을 접속해야 한다. 이 핀을 저 고리와 접속해야 한다. ¶이 글은 문장과 문장이 잘 접속되지 않고 호응도 여러 군데 잘못되어 있다.

N0-가 N1-를 N2-에 V (N0=[인간|단체] N1=[구체물], [추상물] N2=[구체물], [추상물])

피 접속되다

¶철도기술사가 화물차를 기관차에 접속하고 있었다. ¶조립 부품들을 튼튼하게 접속하지 않으면 금세 떨어져 나갈 것이다.

❷(두 전기 장비를) 연결하여 전기가 통하게 하다. Join two electric devices and allow the conduction of electricity.

N0-가 N1-와 N2-를 V ↔ N0-가 N2-와 N1-를 V ↔ N0-가 N1-를 N2-와 V (N0=[인간|단체] N1=[전기전자기구] N2=[전기전자기구])

피 접속되다

¶마지막으로 이 전선과 저 전선을 접속해야 한다. ↔ 마지막으로 저 전선과 이 전선을 접속해야 한다. ↔ 마지막으로 이 전선을 저 전선과 접속해야 한다. ¶컴퓨터와 프린터를 접속했는데 무슨 문제가 있는지 제대로 작동하지 않는다.

N0-가 N1-를 N2-에 V (N0=[인간|단체] N1=[전기전자기구] N2=[전기전자기구])

피 접속되다

¶여러 대의 기기를 한꺼번에 콘센트에 접속해서 사용하면 화재가 날 위험이 있다. ¶오래된 전자제품을 전원에 접속할 때는 누전 등의 사고가 없도록 주의하셔야 합니다.

접수되다 I

어원 接受~ 활용 접수되어(접수돼), 접수되니, 접수되고 대응 접수가 되다

자 ❶(구두나 문서로 행해진 신청이나 신고 따위가) 단체나 기관에 받아들여지다. (of an

ㅈ

application conducted via spoken words or documents) Be accepted.
N0-가 N1-에 V (N0=[문서](신청서, 서류, 원서 따위), [소통] N1=[단체], [장소])
능 접수하다
¶학생들의 수강 신청서가 무사히 학교에 접수되었다. ¶주민들의 민원이 해당 부서에 접수되었다.
❷(특정 목적을 위해 돈이나 물품 따위가) 공식적으로 받아들여지다. (of a money or commodity) Be formally accepted for specific purpose.
N0-가 V (N0=[구체물], [금전], [구체물](상품, 명품, 특산물 따위))
능 접수하다
¶연말을 맞이하여 많은 성금이 접수되었다. ¶이번 경진대회를 위해서 많은 발명품들이 접수되었다.

접수되다Ⅱ

어원 接收~ 활용 접수되어(접수돼), 접수되니, 접수되고 대응 접수가 되다
자 (권력이나 힘에 의해 타인의 물건이나 소유권이) 기관이나 단체에 강제로 거두어지다. (of someone's object or proprietary rights) Be forcibly gathered by authority and power.
유 점유되다, 정령되다
N0-가 N1-(에|에게) V (N0=[구체물], [권리](소유권 따위)) (N0=[인간|단체])
¶이 지역의 상권은 벌써 외국인들에게 다 접수되었다. ¶강 이남 지역은 모두 적군에게 접수되었다고 한다. ¶고대 유물은 발굴되면 모두 국가에 접수된다.

접수받다

어원 接受~, 활용 접목받아, 접수받으니, 접수받고 대응 접수를 받다
타 ☞ 접수하다

접수하다

어원 接受~ 활용 접수하여(접수해), 접수하니, 접수하고 대응 접수를 하다
타 ❶(기관이나 공공단체에서) 구두나 문서로 행해진 신청이나 신고 따위를 받다. Accept an application or report conducted via spoken words or documents.
유 받다
N0-가 N2-에서 N1-를 V (N0=[인간|단체] N1=[문서](신청서, 서류, 원서 따위), [소통])
피 접수되다I
¶정부에서는 이번 한 달 동안 각 지방 사무소에서 신청서를 접수한다고 발표했다. ¶중앙우체국은 휴일에도 국제 우편물을 접수한다.
❷(기관이나 공공단체에서 특정 목적을 위해) 돈이나 물품 따위를 공식적으로 받다. Formally accept money or commodity for specific purpose.
유 받다
N0-가 N1-를 V (N0=[인간|단체] N1=[구체물], [금전], [구체물](상품, 명품, 특산물 따위))
피 접수되다I
¶정부는 이번에도 수재민을 위해서 대대적으로 성금을 접수했다. ¶선배는 나에게 결혼식에서 축의금을 접수하는 일을 부탁했다.

접어들다

활용 접어들어, 접어드니, 접어들고, 접어드는
자 ❶(어떤 장소에) 갓 들어서게 되다. Get into a place.
유 진입하다, 도달하다, 들다, 들어서다
N0-가 N1-(에|로) V (N0=[구체물] N1=[장소])
¶자동차가 고속도로에 접어들었다. ¶수상한 사람이 우리가 있는 건물로 접어드는 것이 보였다.
❷(시간이) 어떤 지점에 도달하다. (of time) Reach a certain point.
유 도달하다, 들다, 들어서다
N0-가 N1-(에|로) V (N0=[시간], [상태] N1=[시간])
¶올해도 벌써 가을로 접어들었구나. ¶경기가 종반으로 접어들며 진행이 더욱 치열해졌다.
❸(사람이) 어떤 나이나 시기에 도달하다. (of a person) Reach an age or a period.
유 도달하다, 들다, 들어서다
N0-가 N1-에 V (N0=[인간] N1=[시간], [특성])
¶갓 중년으로 접어든 듯한 남자가 가게에 들어왔다. ¶노년에 접어들자 그는 자서전을 쓰고 싶다는 생각이 들었다.

접촉하다

어원 接觸~ 활용 접촉하여(접촉해), 접촉하니, 접촉하고 대응 접촉을 하다
자 ❶(둘 이상의 사람 또는 집단이) 서로 만나 교류하다. Interact with one another among more than two people or a group.
유 교류하다자, 만나다자
N0-가 N1-와 (서로) V ↔ N1-가 N0-와 (서로) V ↔ N0-와 N1-가 (서로) V (N0=[인간|단체] N1=[인간|단체])
¶한국은 중국과 오래 전부터 서로 접촉해 왔다. ↔ 중국은 한국과 오래 전부터 서로 접촉해 왔다. ↔ 한국과 중국은 오래 전부터 서로 접촉해 왔다. ¶그는 지금까지 외국인과 접촉한 적이 한 번도 없다고 한다.
❷(둘 이상의 문물 또는 문화가) 서로 만나 영향을 주고받다. (of more than two cultures) Influence or be influenced by carrying out cultural

exchange.
㊤만나다[자]
N0-가 N1-와 (서로) V ↔ N1-가 N0-와 (서로) V ↔ N0-와 N1-가 (서로) V (N0=[추상물] N1=[추상물])
¶이 지역은 기독교와 토속 신앙이 접촉해서 특이한 모습의 종교 활동이 일어나고 있다. ¶다양한 언어가 접촉하면 서로의 언어에 많은 영향을 주게 된다.
[자타]❶(둘 이상의 신체 부위나 사물이) 서로 맞닿다. (of more than two people or objects) Touch each other.
㊤맞닿다, 맞붙다, 접하다[자타]
N0-가 N1-와 (서로) V ↔ N1-가 N0-와 (서로) V ↔ N0-와 N1-가 (서로) V (N0=[구체물], [인간] N1=[구체물], [인간])
¶그의 팔이 나의 팔과 접촉했다. ↔ 나의 팔이 그의 팔과 접촉했다. ↔ 그의 팔과 나의 팔이 접촉했다. ¶눈병 환자와 살짝 접촉했을 뿐인데 병이 옮았다.
N0-가 N1-(에|를) V (N0=[구체물], [인간] N1=[구체물], [인간])
¶비눗방울은 다른 물체에 접촉하자마자 산산이 부서진다. ¶나는 앞에서 오는 사람을 피하려다가 옆 여자의 팔을 접촉하고 말았다.
❷(둘 이상의 사람이나 집단이) 서로 만나거나 교섭하다. Conduct negotiation by meeting among more than two people or a group.
㊤연락하다[타], 만나다[타]
N0-가 N1-와 (서로) V ↔ N1-가 N0-와 (서로) V ↔ N0-와 N1-가 (서로) V (N0=[인간|단체] N1=[인간|단체])
¶우리 측 인사가 상대 측 핵심 인사와 접촉했다. ↔ 상대 측 핵심 인사가 우리 측 인사와 접촉했다. ↔ 우리 측 인사와 상대측 핵심 인사가 접촉했다. ¶담당자들이 수없이 접촉한 후에야 겨우 일이 성사되었다.
N0-가 N1-를 V (N0=[인간|단체] N1=[인간|단체])
¶그는 최근 정계 인사를 차례로 접촉하고 있다. ¶보험설계사는 직업상 많은 사람을 접촉해야 한다.

접하다

[어원]接~ [활용]접하여(접해), 접하니, 접하고
[자]❶(어떤 장소가 다른 장소와) 서로 이웃하거나 붙어 있다. (of some place) Be neighbor, adjoined with a different place.
㊤닿다I, 인접하다
N0-가 N1-와 (서로) V ↔ N1-가 N0-와 (서로) V ↔ N0-와 N1-가 (서로) V (N0=[장소], [지역] N1=[장소], [지역])
¶우리나라는 일본과 서로 접하고 있다. ↔ 일본은 우리나라와 서로 접하고 있다. ↔ 우리나라와 일본은 서로 접하고 있다. ¶이탈리아는 지중해와 접해 있다.
❷(다른 사람과) 만나거나 교류하다. Meet or interact with someone.
N0-가 N1-와 (서로) V ↔ N1-가 N0-와 (서로) V ↔ N0-와 N1-가 (서로) V (N0=[인간|단체] N1=[인간|단체])
¶우리 동네 사람들은 옆 동네 사람들과 서로 많이 접하고 살았다. ↔ 옆 동네 사람들은 우리 동네 사람들과 서로 많이 접하고 살았다. ↔ 우리 동네 사람들과 옆 동네 사람들은 서로 많이 접하고 살았다. ¶보람이는 순수한 아이들과 매일 접하고 싶어서 유치원 교사가 되었다.
[타]❶(다른 사람을) 만나거나 교류하다. Meet or interact with someone.
㊤만나다[타], 교류하다[타], 접촉하다[자타]
N0-가 N1-를 V (N0=[인간|단체] N1=[인간|단체])
¶성승철 박사는 원주민들을 접하기 위해서 오지로 들어갔다. ¶그는 한국어를 가르치면서 정말 많은 외국인을 접하고 이해하게 되었다.
❷(소식이나 정보를) 듣거나 받아서 알게 되다. Get to know by receiving or hearing news or information.
㊤보다[1], 알다[타]
N0-가 N1-를 V (N0=[인간|단체] N1=[추상물](정보, 소식, 보도 따위))
¶나는 작은아버지의 사고 소식을 접하고 깜짝 놀랐다. ¶여행 지역에서 총격 사건이 있었다는 보도를 접하고 우리는 매우 불안했다.
❸(귀신이나 신을) 받아들여 신통력을 지니게 되다. Obtain supernatural power by accepting a spirit or a god.
N0-가 N1-를 V (N0=[인간] N1=[상상적인간](신, 귀신 따위), 조상)
¶그 아이는 귀신을 접하고 무당이 되었다. ¶신을 접하였다는 사람은 많지만 모두 사실인지는 모르겠다.
[자타]❶(어떤 장소가 다른 장소에) 인접해 있다. (of some place) Be adjacent to a different place.
㊤닿다I, 인접하다
N0-가 N1-(에|를) V (N0=[장소], [지역] N1=[장소], [지역])
¶바다에 접하고 있는 나라들은 예전부터 해군이 발달했다. ¶이 건물은 바로 고층 빌딩에 접해 있어서 전망이 좋지 않다.
❷(무엇을) 가까이 경험하여 잘 알게 되다. Get to know well by closely experiencing something.

㊊경험하다
N0-가 N1-(와|를) V (N0=[인간|단체] N1=[추상물](문화, 역사, 언어, 전통 따위), [지역], [인간|단체], [자연](산, 바다, 호수 따위))
¶그녀는 한국의 문화를 접한 후 본격적으로 한국어를 배우기 시작했다. ¶세호는 인턴으로 대기업을 접해 보고 나서 자신에게는 잘 맞지 않는 곳이라고 판단했다.

접히다

활용 접히어(접혀), 접히니, 접히고
자 ❶(종이나 천 따위가) 꺾이거나 겹쳐지다. (of paper, cloth, etc.) Be snapped or overlapped.
㊊포개지다 ㊎펴지다
N0-가 V (N0=[종이], [천], [음식], [신체부위])
능 접다
¶나는 이 책의 접힌 부분만 읽었다. ¶그는 힘이 풀린듯 무릎이 접히면서 바닥으로 엎어졌다.
❷(펴진 것이) 본래 모양으로 가지런하게 되다. (of something that has been spread) Return to its original shape.
㊎펴지다, 펼쳐지다
N0-가 V (N0=날개, 우산 따위)
능 접다
¶나비는 접힌 날개를 펴고 다시 날아갔다. ¶이 도구는 우산이 접히지 않게 도와준다.

ㅈ

젓다

활용 저어, 저으니, 젓고, 젓는
타 ❶(고개나 팔을) 거부나 거절의 표시로 좌우로 흔들다. Move one's head or arm in the left and right directions.
㊊흔들다
N0-가 N1-를 V (N0=[인간] N1=[신체부위](고개, 머리, 팔 따위))
¶그는 아내를 만류하는 뜻으로 빠르게 손을 저었다. ¶오 씨는 박 씨의 이야기가 한심하다는 듯이 고개를 저었다.
❷(막대 따위를) 액체나 가루에 넣어 둥글게 서서히 돌리다. Insert a stick, etc., into liquid or powder and move it in a circular motion.
㊊돌리다
N0-가 N1-를 N2-로 V (N0=[인간] N1=[구체물](액체 따위) N2=[구체물])
¶나는 각설탕을 넣은 커피를 티스푼으로 저었다. ¶그는 죽을 국자로 저어 가면서 약한 불에 데우고 있다.
❸(노 따위를) 물에 넣어 배가 나아가게 일정한 방식으로 움직이다. Insert paddle, etc., into the water and move it so that the boat can move forward.
N0-가 N1-를 V (N0=[인간|단체] N1=노, 손잡이 따위)
¶카누 선수들이 노를 젓자 배가 천천히 앞으로 나아갔다. ¶그는 뱃사공의 아들이라 어릴 때부터 노 젓는 법을 배웠다.
❹(사람이나 동물이) 손, 팔, 꼬리 따위를 흔들다. (of a person or an animal) Move the hand, arm, tail, etc.
㊊흔들다
N0-가 N1-를 V (N0=[인간], [동물] N1=[신체부위](손, 팔, 꼬리 따위))
¶그 사람은 손을 휘휘 저으면서 골목을 돌아다닌다. ¶소는 꼬리를 저으며 들에서 풀을 뜯고 있었다.

정당화되다

어원 正當化~ 활용 정당화되어(정당화돼), 정당화되니, 정당화되고 대응 정당화가 되다
자 (사람이나 무엇이) 이해되지 않거나 비합리적이라고 생각하는 것에 근거를 제시하여 이해되게 해명되다. (of a person or a thing) Be explained clearly enough to be understood by virtue of the suggested grounds for the uncomprehended or unreasonable aspect.
N0-가 N1-로 V (N0=[상태], [추상물] N1=[추상물](근거, 이유 따위))
능 정당화하다
¶골프장을 짓기 위한 자연 파괴는 어떤 명분으로도 정당화되기 어렵다. ¶전쟁은 어떠한 이유로도 정당화될 수 없다.
S것-이 N1-로 V (N1=[추상물](근거, 이유 따위))
능 정당화하다
¶골프장을 짓기 위해 자연을 파괴하는 것은 어떤 명분으로도 정당화되기 어렵다. ¶그 책에서는 강대국이 식민 지배를 하는 것이 정당화되어 있다.

정당화하다

어원 正當化~ 활용 정당화하여(정당화해), 정당화하니, 정당화하고 대응 정당화를 하다
타 (사람이나 이념이 이해되지 않거나 비합리적이라고 생각하는 것을) 근거를 제시하여 이해가 닿게 해명하다. (of person or ideology) Explain something uncomprehended or unreasonable by suggesting grounds that are persuasive enough to make it understood.
N0-가 N1-를 N2-로 V (N0=[인간], [사조] N1=[상태], [추상물] N2=[추상물](근거, 이유 따위))
피 정당화되다
¶그는 자신이 돈을 받게 된 경위를 이상한 근거로 정당화하였다. ¶한두 번의 실험 결과로 이 가설을 정당화할 수는 없다.
N0-가 S것-을 N1-로 V (N0=[인간], [사조] N1=[추상물](근거, 이유 따위))

피 정당화되다
¶그는 자신이 돈을 받게 된 것을 이상한 근거로 정당화하였다. ¶현대 과학 문명은 자연을 파괴하는 것을 그럴듯한 명분으로 정당화해 왔다.

정돈되다

어원 整頓~ 활용 정돈되어(정돈돼), 정돈되니, 정돈되고 대응 정돈이 되다
자 ❶(흐트러진 물건이나 어지럽혀진 장소가) 원래 상태로 가지런히 정리되다. (of untidy objects or disorderly place) Be neatly organized into the original state.
유 정리되다 반 어질러지다
N0-가 V (N0=[구체물], [장소](방, 교실 따위))
능 정돈하다
¶책들은 책꽂이에 가지런히 꽂혀 있고 방안은 깨끗이 정돈되어 있다. ¶아무렇게나 흐트러져 있던 침대는 단정하게 정돈되어 있었다.
❷(마음이나 생각 따위가) 평온하게 안정되다. (of one's mind or thought) Be calm peacefully.
반 헝클어지다
N0-가 V (N0=[마음](생각, 머리 따위))
능 정돈하다
¶그 일로 혼란스러웠던 마음이 이제 경우 정돈되었다. ¶미처 그의 생각이 정돈되기도 전에 또 다른 사건이 생겼다.

정돈하다

어원 整頓~ 활용 정돈하여(정돈해), 정돈하니, 정돈하고 대응 정돈을 하다
타 ❶(흐트러진 물건이나 어지럽혀진 장소를) 원래 상태로 가지런히 정리하다. Neatly organize untidy objects or disorderly place into the original state.
유 정리하다 반 어지르다, 어지럽히다
N0-가 N1-를 V (N0=[인간] N1=[구체물], [장소](방, 교실 따위))
피 정돈되다 사 정돈시키다
¶나는 아침에 일어나면 먼저 침대를 정돈하고 나서 세수를 한다. ¶그 책방은 책꽂이를 정돈하지 않아서 책 찾기가 어렵다.
❷(마음이나 생각 따위를) 평온하게 안정시키다. Calm one's mind or thought down peacefully.
유 정돈시키다 반 어지럽히다
N0-가 N1-를 V (N0=[인간] N1=[마음](생각, 머리 따위))
피 정돈되다
¶대청소를 했더니 마음을 정돈하는 데에 큰 도움이 되었다. ¶어지러운 머리를 정돈하기 위해서 산책을 했다.

정들다

어원 情~ 활용 정들어, 정드니, 정들고, 정드는
대응 정이 들다
자 (사람이나 물건에 대해) 마음 속 깊이 친근하고 아끼는 느낌이 생기다. Start feeling close to a person or item and desire to provide care from the bottom of one's heart.
유 친해지다 반 정떨어지다, 질리다
N0-가 N1-(에|에게) V (N0=[인간] N1=[인간|단체], [동물], [구체물], [추상물], [장소], [집단], [상태])
¶학생들에게 정들었던 학교를 떠나고 싶지 않았다. ¶정들었던 고향을 떠나 도회지로 이사를 갔다.
N0-가 N1-와 V ↔ N1-가 N0-와 V ↔ N0-와 N1-가 V (N0=[인간|동물] N1=[인간|동물])
¶아들이 강아지와 정들었다. ↔ 강아지가 아들과 정들었다. ↔ 아들과 강아지가 정들었다.

정떨어지다

어원 情~~ 활용 정떨어지어(정떨어져), 정떨어지니, 정떨어지고 대응 정이 떨어지다
자 (사람이나 물건에 대해) 친근하고 아끼던 느낌이 사라져 싫은 마음이 생기다. Start to dislike a person or item after losing the feeling of intimacy and care.
유 질리다 반 정들다
N0-가 N1-(에|에게) V (N0=[인간|동물] N1=[인간|단체], [동물], [구체물], [추상물], [장소], [집단], [상태])
¶친구의 그런 추악한 모습을 보고 나서 나는 그만 그 친구에게 정떨어지고 말았다. ¶한번 작가에게 정떨어지고 나니 그 사람이 쓴 책은 펴 보기도 싫다.

정리되다

어원 整理~ 활용 정리되어(정리돼), 정리되니, 정리되고 대응 정리가 되다
자 ❶(지저분하거나 어수선한 것이) 치워지고 제자리로 돌아가 가지런하게 되다. (of something that's dirty or messy) Be cleaned and returned to original position neatly.
유 정돈되다
N0-가 V (N0=[구체물])
능 정리하다
연어 말끔히, 차곡차곡
¶창고에 있던 잡동사니들이 말끔히 정리되었다. ¶정리되어야 할 물건들이 너무 많아 어디서부터 손대야 할지 모르겠다.
❷ 알아보기 쉽게 분류되고 요약되다. Be categorized and summarized to become easily recognizable.
유 요약되다

No-가 V (No=[추상물], [텍스트])
능정리하다
¶그의 발언은 잘 정리되지 않는다. ¶공부해야 할 내용이 잘 정리된 참고서가 있으면 좋다.
❸(용도가 다하거나 불편을 끼치는 존재가) 거의 줄어들거나 완전히 사라지다. (of something that's exhausted of use or causes discomfort) Be reduced or disappeared.
유청산되다, 없어지다
No-가 V (No=[구체물], [추상물])
능정리하다
¶빚이 모두 정리되고 나니 홀가분하구나. ¶노점상만 정리되면 거리가 깨끗해질 거라는 생각은 착각이다.
❹인간관계가 끝나다. (of human relationship) End.
유끊어지다, 단절되다
No-가 V (No=[관계])
능정리하다
¶나와 그녀와의 관계는 이제 완전히 정리되었다. ¶두 사람 사이의 관계는 아직 복잡하게 얽힌 문제 때문에 정리되지 못하고 있다.

정리하다

어원整理~ 활용정리하여(정리해), 정리하니, 정리하고 대응정리를 하다
타❶(지저분하거나 어수선한 것을) 치우고 제자리로 놓아 가지런하게 하다. Clean up dirty or messy things and return them to original position neatly.
유정돈하다
No-가 N1-를 V (No=[인간|단체] N1=[구체물])
피정리되다 사정리시키다
연어말끔히, 차곡차곡
¶나는 창고에서 잡동사니들을 정리했다. ¶방에 쌓인 책들만 정리해도 상쾌하고 탁 트인 기분이 될 것이다.
No-가 N1-를 N2-에 V (No=[인간|단체] N1=[구체물] N2=[용기], [상자], [가구], [건물])
피정리되다 사정리시키다
연어말끔히, 차곡차곡
¶나는 옷들을 옷장에 차곡차곡 정리했다. ¶잃어버리기 쉬운 작은 물건은 이 서랍에 정리하여라.
❷(사실이나 내용을) 알아보기 쉽게 분류하고 요약하다. Categorize and summarize to make something easily recognizable.
유요약하다
No-가 N1-를 V (No=[인간|단체] N1=[추상물], [텍스트])
피정리되다 사정리시키다
연어체계적으로
¶이 책은 세계사의 핵심적인 흐름을 체계적으로 정리한 명저이다. ¶배운 것은 그때그때 잘 정리해 두면 잊어버릴 일이 없다.
❸(불필요하거나 불편한 것을) 줄이거나 없애다. Reduce or eliminate something that's unnecessary or uncomfortable.
유처분하다, 없애다
No-가 N1-를 V (No=[인간|단체] N1=[구체물], [추상물])
피정리되다 사정리시키다
¶나는 남은 빚을 이번 달에 모두 정리하기로 했다. ¶회사에서는 구조 조정을 위해 직원을 정리하겠다는 발표를 했다.
❹인간관계를 끊다. Sever human relationship.
유끝내다, 단절하다
No-가 N1-를 V (No=[인간|단체] N1=[관계])
피정리되다
¶결국 그는 여자친구와의 관계를 정리했다. ¶여러 사람과의 오랜 유대를 단번에 정리하기란 쉬운 일이 아니다.

정립되다 I

어원定立~ 활용정립되어(정립돼), 정립되니, 정립되고 대응정립이 되다
자(이론이나 목표, 이념 따위가) 확실히 세워지다. (of theory, goal, or thought) Be decided and established.
유확립되다
No-가 N1-에 의해 V (No=[추상물](이론, 사조, 시스템, 제도 따위) N1=[인간|단체])
능정립하다I
¶상대성 이론은 아인슈타인에 의해 정립되었다. ¶이 시스템은 이사회와 운영진에 의해 정립된 것이다. ¶헌법재판소에 의해 많은 헌법 이론이 정립되었다.

정립되다 II

어원正立~ 활용정리되어(정립돼), 정립되니, 정립되고 대응정립이 되다
자(개념, 관계, 윤리 따위가) 올바로 세워지다. (of concept, relationship, ethics, etc.) Be put right.
No-가 V (No=[추상물](전통, 문화, 제도, 가치관, 생각, 위상, 관계 따위))
능정립하다II
¶무엇보다 건전한 역사의식이 정립되어야 한다. ¶회사 내에 확고한 윤리가 정립되어 있으면 비리가 적어진다. ¶불법 다운로드가 나쁘다는 의식이 하루빨리 정립되어야 한다.

정립하다 I

어원 定立~ 활용 정립하여(정립해), 정립하니, 정립하고 대응 정립을 하다
타 (이론이나 목표, 이념 따위를) 정하여 세우다. Decide and establish a theory, goal, or thought.
유 확립하다
N0-가 N1-를 V (N0=[인간|단체] N1=[추상물](이론, 목표, 이념 따위))
피 정립되다I
¶구혁서 회장은 새로운 경영 이론을 정립하였다. ¶탁월한 의사결정을 위해서는 명확한 목표를 정립하는 것이 필요하다.
N0-가 N1-를 N2-로 V (N0=[인간|단체] N1=[추상물] N2=[추상물])
피 정립되다I
¶조선은 건국 당시 유교 이념을 국시로 정립하였다. ¶현장에서 도출된 경험을 학문으로 정립하는 것이 필요하다.

정립하다 II

어원 正立~ 활용 정리하여(정립해), 정립하니, 정립하고 대응 정립을 하다
타 (개념, 관계, 위상 따위를) 올바로 세우다. Put concept, relationship, and ethics right.
N0-가 N1-를 V (N0=[인간|단체] N1=[추상물](전통, 문화, 제도, 가치관, 생각, 위상, 관계 따위))
피 정립되다II
¶그들은 오랜 노력을 통해 깨끗한 기업 문화와 전통을 정립할 수 있었다. ¶사랑과 존경, 배려를 통해서 학생과 교사 사이의 관계를 정립해야 한다. ¶자신의 위상을 정립하기 위해서는 스스로의 피나는 노력이 필요하다.

정복당하다

어원 征服~ 활용 정복당하여(정복당해), 정복당하니, 정복당하고 대응 정복을 당하다
자 ☞ 정복되다

정복되다

어원 征服~ 활용 정복되어(정복돼), 정복되니, 정복되고 대응 정복이 되다
자 ❶(어떤 나라나 민족이) 다른 나라나 민족에게 무력으로 공격당하여 복종하게 되다. (of country or people) Be attacked and forced to obey another country or other people.
유 지배당하다
N0-가 N1-(에|에게|에 의해) V (N0=[국가], [장소], [종족] N1=[인간|단체])
능 정복하다
¶모든 민족들이 칭기즈 칸에게 정복될 것이다. ¶아메리카 대륙은 유럽인에 의해서 정복되었다.
❷(매우 가기 힘들거나 어려운 곳이) 어떤 사람이나 단체에 의해 어려움이 극복되어 목적한 곳에 이르게 되다. (of a place that is very difficult to reach) Be reached by a person or a team who/that succeeds in reaching it.
유 지배하다
N0-가 N1-(에|에게|에 의해) V (N0=[장소] N1=[인간|단체])
능 정복하다
¶남극은 곧 우리 원정대에게 정복될 것이다. ¶이 산은 지금까지 단 한 번도 인간에 의해 정복된 적이 없는 험준한 설산이다.
❸(어려운 일 따위가) 어떤 대상에 의해 이루어져 목적한 바가 이루어지다. (of a difficult work) Be achieved by an object.
유 점유되다, 잘 구사되다
N0-가 N1-(에|에게|에 의해) V (N0=[추상물] N1=[모두])
능 정복하다
¶세계 시장이 한국산 휴대전화기에 정복되고 있다. ¶영어가 정복되면 취업의 기회도 넓어진다.
❹(치료하기 힘들거나 어려운 질병이) 어떤 사람이나 단체에 의해 완치될 수 있게 되다. (of a disease that is difficult to treat) Be treated completely by a person or a team.
N0-가 N1-(에|에게|에 의해) V (N0=[질병] N1=[인간|단체])
능 정복하다
¶난치 암은 인간에게 쉽게 정복되지 않고 있다. ¶아직도 많은 질환들이 정복되지 못한 상태다.

정복하다

어원 征服~ 활용 정복하여(정복해), 정복하니, 정복하고 대응 정복을 하다
타 ❶(어떤 나라나 민족이) 다른 나라나 민족 따위를 무력으로 복종시키다. (of country or people) Force another country or people to obey.
유 지배하다, 점령하다
N0-가 N1-를 V (N0=[인간|단체] N1=[국가], [장소], [종족])
피 정복되다
¶로마가 그리스를 정복하고 그리스 문화를 계승했다. ¶광개토대왕이 20여 년 동안 주변 민족을 정복해 나갔다.
❷(가기 매우 힘들거나 어려운 곳을) 어려움을 이겨내고 가다. Succeed in reaching a place that is very difficult to reach.
유 이룩하다, 달성하다
N0-가 N1-를 V (N0=[인간|단체] N1=[장소])
피 정복되다
¶나는 내년에 히말라야 최고봉을 정복하고 싶다. ¶누가 세계 최초로 에베레스트 산을 정복했는지

ㅈ

아세요?
❸(어떤 대상이 하기 힘들거나 어려운 일 따위를) 해내어 목적을 이루다. (of an object) Achieve an aim by overcoming difficulties.
㊴점유하다
N0-가 N1-를 V (N0=[모두] N1=[추상물])
피정복되다
¶한국 영화가 세계를 정복할 날을 손꼽아 기다려 본다. ¶한국산 자동차가 세계 시장을 정복하고 있다.
❹(치료하기 힘들거나 어려운 질병을) 완치할 수 있게 되다. Be able to treat a difficult disease completely.
㊴치료하다, 완치하다
N0-가 N1-를 V (N0=[인간|단체] N1=[질병])
피정복되다
¶정부가 암을 정복하기 위해 막대한 예산을 투입했다. ¶나는 알츠하이머병을 정복하기 위해서 치료제 개발 연구를 계속 할 것이다.

정비되다

어원整備~ 활용정비되어(정비돼), 정비되니, 정비되고 대응정비가 되다
자❶(기계나 설비 따위가) 제대로 작동하고 유지되도록 보수되거나 손질되다. (of a machine or facility) Be repaired or mended to properly operate and sustain.
㊴고쳐지다
N0-가 V (N0=[시설물], [교통기관], 장비, 무기, 기계, 기기 따위)
능정비하다
¶언제 사용될지 모르기 때문에 모든 기기들은 늘 정비되어 있다. ¶집안의 난방 시설이 잘 정비되어 있었다.
❷(도로나 기간 시설 따위가) 제대로 작동하도록 개수 또는 보수 등을 통해 잘 갖추어지다. (of a road or infrastructure) Be prepared by mending and improving to properly operate.
㊴갖춰지다
N0-가 V (N0=[구체물](길, 저수지, 배수로 따위), [교통기관])
능정비하다
¶요즘 대형 건물에는 지하 주차장이 잘 정비되어 있다. ¶최근에는 산간벽지에도 하수도 시설이 제대로 정비되어 있다.
❸(불완전했던 체계나 규칙 따위가) 잘 정리되어 일관되고 효율성 있게 바로잡히다. (of an incomplete system or regulation) Be amended by organizing to make it consistent and efficient.

㊴정리되다
N0-가 V (N0=[단체], 조직, 체제, 규범, 규칙, 제도, 이론, 주장, 계획 따위)
능정비하다
¶엉망이었던 도로 체계가 잘 정비되어 이제는 교통 체증이 거의 없다. ¶건설과 관련된 잡다한 규정들이 이번 기회에 잘 정비되었다.

정비하다

어원整備~ 활용정비하여(정비해), 정비하니, 정비하고 대응정비를 하다
타❶(기계나 설비 따위를) 제대로 작동하고 유지되도록 손보아 두다. Repair (a machine or facility) to properly operate and sustain.
㊴고치다, 유지보수하다
N0-가 N1-를 V (N0=[인간|단체] N1=[시설물], [교통기관], 장비, 무기, 기계, 기기 따위)
피정비되다
¶어머니는 겨울이 되기 전에 보일러와 수도관을 모두 정비하셨다. ¶날이 추우니 엔진을 잘 정비해 놓아야 한다.
❷(도로나 기간 시설 따위를) 제대로 작동하도록 손보고 잘 정리해 갖추어 두다. (of a road or infrastructure) Prepare by mending and arranging to properly operate.
㊴손질하다
N0-가 N1-를 V (N0=[인간|단체] N1=[구체물](길, 저수지, 배수로 따위), [교통기관])
피정비되다
¶그들은 내년에 가뭄이 온다는 예보를 듣고 저수지를 정비하기 시작했다. ¶오랜 기간 동안 하천을 잘 정비한 결과 이번 홍수에 큰 피해는 없었다.
❸(불완전한 체계나 규칙 따위를) 정리하여 일관되고 효율성 있게 바로잡다. Amend incomplete system or regulation by organizing to make it consistent and efficient.
㊴정리하다, 체계화하다
N0-가 N1-를 V (N0=[인간|단체] N1=[단체], 조직, 체제, 규범, 규칙, 제도, 이론, 주장, 계획 따위)
피정비되다
¶집값이 폭등하자 정부는 전세 체계를 다시 정비하려고 많이 노력했다. ¶그들은 처음 계획을 정확하게 다시 정비하고 나서야 제대로 일을 할 수 있었다.

정의되다

어원定義~ 활용정의되어(정의돼), 정의되니, 정의되고 대응정의가 되다
자(어떤 대상이나 용어의 의미가) 다른 말로 명확하게 밝혀 간결히 설명되다. (of the meaning of certain target or term) Be clearly established

and determined.
N0-가 N1-로 V (N0=[구체물], [추상물] N1=[개념], [상태])
능 정의하다
¶석궁은 한때 총으로 쏘는 화살로 정의되었다. ¶웃음은 두려움을 감추는 기술로 정의된다고 한다.
N0-가 S-다고 V (N0=[구체물], [추상물])
능 정의하다
¶문학은 사상이나 감정을 언어로 표현한 예술이라고 정의될 수 있다. ¶그 작품은 대중성을 완전히 무시한 결과물이라고 정의되었다.

정의하다

어원 定義~ 활용 정의하여(정의해), 정의하니, 정의하고 대응 정의를 하다
타 (어떤 대상이나 용어의 의미를) 다른 말로 간결하게 설명하다. Clearly establish and determine the meaning of certain object or term.
N0-가 N1-를 N2-로 V (N0=[인간|단체] N1=[구체물], [추상물] N2=[개념], [상태])
피 정의되다
¶사회학자들은 현재를 '고통, 부패'의 시기로 정의하였다. ¶이 단어의 뜻을 정의해 보아라.
N0-가 S-다고 V (N0=[인간|단체])
피 정의되다
¶그는 근대의 인간을 노력형 인간이라고 정의했다. ¶시학에서 아리스토텔레스는 '끝' 앞에는 반드시 무엇인가 있고 그 뒤에는 아무것도 없다고 정의했다.

정주하다

어원 定住~ 활용 정주하여(정주해), 정주하니, 정주하고 대응 정주를 하다
자 일정한 곳에 자리를 잡고 살다. Settle down in a certain place.
유 정착하다, 머물다 반 이동하다, 떠돌다
N0-가 N1-에 V (N0=[인간|단체] N1=[장소])
¶그 민족은 한곳에 오래 정주하지 아니하고 늘 새로운 개척지를 따라 이동하였다. ¶사막은 한곳에 오랫동안 정주하기에는 물이 너무 부족하다.

정지되다

어원 停止~ 활용 정지되어(정지돼), 정지되니, 정지되고 대응 정지가 되다
자 ☞ 정지하다 자

정지하다

어원 停止~ 활용 정지하여(정지해), 정지하니, 정지하고 대응 정지를 하다
자 ❶(움직이던 사람이나 기계, 물체 등이) 움직임을 멈추다. (of a moving person, machine, or matter) Stop its movement.
유 정지되다, 서다[1], 그치다[1]
N0-가 V (N0=[구체물])
¶자동차 엔진이 갑자기 정지했다. ¶철도 건널목에서는 모든 차량과 보행자가 일단 정지해야 한다.
❷(진행되던 일이) 계속되지 않고 멈추다. (of a proceeding work) Be stopped.
유 정지되다, 중단하다, 중단되다, 중지하다
N0-가 V (N0=[추상물], [상태])
¶사상 초유의 정전으로 모든 금융 거래가 정지했다. ¶재정 악화로 회사 운영이 완전히 정지했다.
타 ❶(움직이던 기계나 물체를) 멈추게 하다. Stop an operating machine or a moving matter.
유 정지시키다, 세우다
N0-가 N1-를 V ↔ N1-가 V (N0=[구체물] N1=[구체물])
¶택시 기사가 택시를 정지했다. ↔ 택시가 정지했다. ¶공장장이 컨베이어 벨트를 정지했다.
❷(진행되던 일을) 멈추게 하다. to make a proceeding work stop.
유 정지시키다, 중단하다, 중지하다
N0-가 N1-를 V ↔ N1-가 V (N0=[인간|단체] N1=[추상물], [상태])
¶의장이 진행되던 회의를 정지하였다. ↔ 회의가 정지하였다. ¶의사는 지금까지 해 오던 약물 치료를 정지하였다.

정진하다

어원 精進~ 활용 정진하여(정진해), 정진하니, 정진하고 대응 정진을 하다
자 (어떤 분야에) 노력하여 집중하다. Concentrate (on certain field) and make effort.
유 매진하다 반 게으름피우다
N0-가 V (N0=[추상물])
¶그는 밤낮으로 연구에 정진했다. ¶열심히 정진하여 깨달음을 얻었다. ¶영수는 본격적으로 학업에 정진하기로 하였다.

정차하다

어원 停車~ 활용 정차하여(정차해), 정차하니, 정차하고 대응 정차를 하다
자 (자동차나 기차가) 어떤 곳에 잠시 멈추다. (of car or train) Stop at a place just for a short time.
유 서다[1], 멈추다[1] 자
N0-가 N1-에 V (N0=[교통기관] N1=[장소])
¶이 열차는 잠시 후 영등포역에 정차합니다. ¶그 트럭은 한 번도 정차하지 않고 고속도로를 달렸다.
타 (자동차를) 어떤 장소에 잠시 세우다. Stop a car at a place for a short time.
유 멈추다[1] 자, 세우다

ㅈ

No-가 N1-를 N2-에 V (No=[인간] N1=[교통기관] N2=[장소])
¶나는 친구를 태우기 위해 승용차를 길가에 정차했다. ¶이곳에 차를 정차하는 것은 괜찮지만 주차는 안 됩니다.

정착되다
[어원]定着~ [활용]정착되어(정착돼), 정착되니, 정착되고 [대응]정착이 되다
[자]☞정착하다

정착하다
[어원]定着~ [활용]정착하여(정착해), 정착하니, 정착하고 [대응]정착을 하다
[자]❶(어떤 물건이) 다른 물건에 단단하게 들러붙어 그대로 있다. (of a thing) Stick firmly to another thing and remain in such state.
[유]달라붙다
No-가 N1-에 V (No=[구체물] N1=[구체물])
[피]정착되다
¶접착제가 살짝 마른 다음에 병따개를 우유팩에 붙이면 더 잘 정착한다.
❷(사람이) 어떤 곳에 자리를 잡고 거주하다. (of a person) Settle at a place and live there.
[유]정주하다
No-가 N1-에 V (No=[인간|단체] N1=[장소])
[피]정착되다 [사]정착시키다
¶그는 이제 완전히 서울에 정착해서 살고 있다. ¶이곳에 정착한 이들은 모두 갈 곳 없는 사람들이다.
❸(새로운 사상이나 현상 따위가) 사회에 들어와 널리 받아들여지다. (of new thought or phenomenon) Enter a society and to be widely accepted.
[유]뿌리내리다
No-가 N1-에 V (No=[추상물], [행위] N1=[집단])
[피]정착되다 [사]정착시키다
¶지금은 대부분의 나라에 민주주의가 정착하였다. ¶남녀평등 사상이 정착한 것은 현대에 들어와서이다.

정체하다
[어원]停滯~ [활용]정체하여(정체해), 정체하니, 정체하고
[자]사물이 발전하거나 나아가지 못하고 한자리에 머물러 그치다. (of something) Stay in one place without developing or advancing.
[유]침체하다, 막히다
No-가 V (No=[인간], [추상물])
¶우리의 삶은 정체해서는 안 된다. ¶그 조직은 반대 견해를 허용하지 않아 정체하고 있다.

정통하다
[어원]精通~ [활용]정통하여(정통해), 정통하니, 정통하고
[자]어떤 사물에 대하여 깊고 정확하며 자세히 알다. Have a profound and precise knowledge of something.
No-가 N1-에 V (No=[인간|단체] N1=[구체물, 추상물])
¶김 박사는 자신의 연구 분야에 누구보다도 정통하여 모르는 것이 없었다. ¶컴퓨터에 정통한 친구가 내 일을 많이 도와주었다. ¶지수는 수학에 정통하여 못 푸는 문제가 없다.

정하다
[어원]定~ [활용]정하여(정해), 정하니, 정하고
[타]❶(규정이나 법 따위를) 만들어 여러 사람이 지키게 하다. Create (regulation or law) and make people follow.
No-가 N1-를 V (No=[인간|단체] N1=[규범])
¶우리 반은 지각하면 벌금을 내도록 규칙을 정했다. ¶시청에서는 조례를 정하여 길거리 흡연을 단속하고 있다.
❷(어떤 뜻을) 마음먹고 굳히다. Make up one's mind (on something).
[유]결정하다[타]
No-가 N1-를 V (No=[인간] N1=마음, 뜻)
¶나는 내년에 이 도시를 떠나기로 마음을 정했다. ¶그는 마음을 정할 때까지 한적한 곳에서 쉬기로 했다.
[자타](어떤 것을) 여러 선택지 중에서 골라 확실하게 하다. Choose and confirm (something) from several options.
[유]결정하다[타]
No-가 S기-로 V (No=[인간|단체])
¶부모님께서는 시골에 내려가기로 정하셨다. ¶우리는 돈을 모아 선물을 사기로 정했다.
No-가 N1-를 N2-로 V (No=[인간|단체] N1=[모두] N2=[모두])
¶교육청에서는 우리 학교를 과학 기술 시범학교로 정했다. ¶발표할 사람을 정해야 하니 누가 추천해 보렴.

젖다
[활용]젖어, 젖으니, 젖고
[자]❶(물 등의 액체에) 닿아서 축축하게 되다. Become wet by touching liquid such as water.
No-가 N1-에 V (No=[구체물] N1=[액체])
[사]적시다
[연어]흥건히, 푹
¶갑자기 쏟아진 소나기에 옷이 흥건히 젖었다. ¶젖은 옷을 갈아입지 않으면 감기에 걸리기 쉽다.
❷(어떤 생각이나 대상에) 몰입하여 빠져 있다. Concentrate on and obsess oneself over a certain thought or target.
[유]몰입하다, 빠지다

N0-가 N1-에 V (N0=[구체물] N1=[추상물])
¶그는 봄의 정취에 젖어 시를 읊었다. ¶책을 읽고 나니 그 문체에 젖어서 나도 모르게 비슷한 글을 쓰게 되었다.

젖히다

활용 젖히어(젖혀), 젖히니, 젖히고
타 ❶(목이나 장치 따위를) 뒤 혹은 아래로 기울이다. Throw back the target.
유 꺾다
N0-가 N1-을 V (N0=[인간] N1=[신체부위](목 따위), [구체물])
¶나는 고개를 뒤로 젖혀 의자 등받이에 기댔다. ¶이 기계는 이 비상 레버를 젖히면 모든 작동이 멈춥니다.
❷(사물을) 안팎을 뒤집어 안쪽이 겉으로 보이게 하다. Turn over the target inside out to make the inside visible outwardly.
N0-가 N1-을 V (N0=[인간] N1=[구체물])
¶그는 담요를 이리저리 젖히며 잃어버린 돈을 찾았다. ¶이 물병은 뚜껑을 젖혀 여는 방식으로 만들어졌습니다.

제거되다

어원 除去~ 활용 제거되어(제거돼), 제거되니, 제거되고 대응 제거가 되다
자 (사람 또는 사물이) 그 대상을 필요로 하지 않거나 방해가 된다고 생각하는 사람에 의해 죽임을 당하거나 없애지다. (of a person or item) Be removed by someone who thinks of the person or object as unnecessary or interrupting.
N0-가 N1-(에게|에 의해) V (N0=[인간|단체], [구체물], [추상물] N1=[인간|단체])
능 제거하다
¶수백 개의 지뢰가 전문 인력에 의해 제거되었다. ¶저급한 외래문화의 잔재가 우리 사회에서 제거되어 가고 있다. ¶두 회사 간의 합병 가능성이 제거되지 않는 한 두 회사 주식이 떨어지는 것을 막기 힘들 것이다.

제거하다

어원 除去~ 활용 제거하여(제거해), 제거하니, 제거하고 대응 제거를 하다
타 (필요가 없거나 방해가 되는 사람 또는 사물을) 죽이거나 없애 버리다. Remove a person or object which is unnecessary or interrupting.
유 제거시키다, 없애다, 제하다
N0-가 N1-를 V (N0=[인간|단체] N1=[구체물], [추상물])
피 제거되다
¶녹차 찌꺼기를 옷장에 넣어두면 습기를 제거한다. ¶통일로 나가기 위해서는 남아 있는 장애물을 하루 빨리 제거해야 한다. ¶경제 불안 요인부터 제거해야 경기가 활성화될 것이다.

제고되다

어원 提高~ 활용 제고되어(제고돼), 제고되니, 제고되고 대응 제고가 되다
자 (무언가의) 가치나 위상, 수준이 높아지다. (of value, status, or level of something) Be improved.
유 높아지다, 상승하다
N0-가 V (N0=[추상물])
능 제고하다
¶경제가 안정되어 우리나라의 신용 등급이 제고되었다. ¶기업의 신뢰성이 제고되어야 경쟁력을 더 강화할 수 있다. ¶브라질은 올림픽의 성공적인 개최로 이미지가 제고되었다고 평가받았다.

제고하다

어원 提高~ 활용 제고하여(제고해), 제고하니, 제고하고 대응 제고를 하다
타 (무언가의) 가치나 위상, 수준을 힘써 높이다. Try to improve the value, status, or level of something.
유 높이다, 상승시키다
N0-가 N1-를 V (N0=[인간|단체] N1=[추상물])
피 제고되다
¶우리 회사는 누적된 부실 요인을 쳐내고 경쟁력을 제고해야 한다. ¶정부는 국제 사회에서 우리나라의 이미지를 제고하기 위해 정책을 논의했다. ¶체육협회는 장기적으로 국가대표 선수들의 수준을 제고하는 데에 총력을 기울였다.

제곱하다

활용 제곱하여(제곱해), 제곱하니, 제곱하고 대응 제곱을 하다
타 【수학】(어떤 수를) 자신과 같은 수에 곱하다. Multiply a number by the same number.
유 두제곱하다, 이승하다, 자승하다
N0-가 N1-를 V (N0=[인간], [기계](컴퓨터, 계산기 따위) N1=[수], [값])
¶승호는 3을 제곱했다. ¶14를 제곱한 값은 196이다. ¶음수를 제곱하면 양수가 된다.

제공되다

어원 提供~ 활용 제공되어(제공돼), 제공되니, 제공되고 대응 제공이 되다
자 ❶(무엇이) 사람이나 단체에 주어져 도움이 되다. (of something) Be given or supported to offer help.
유 주어지다
N0-가 N1-(에|에게) V (N0=[인간|인간집단] N1=[구체물], [추상물] N2=[인간|인간집단])
능 제공하다

ㅈ

¶비회원에게 제공되는 서비스는 회원에게 제공되는 것과 큰 차이가 있다. ¶신규 가입자에게는 2개월 무료 이용권이 제공됩니다.
No-가 N1-(에서|에게서) V (No=[인간|인간집단] N1=[구체물], [추상물], [장소])
[능]제공하다
¶이곳에서는 케이크를 주문하면 커피가 무료로 제공된다. ¶이것은 저희 회사에서 제공되는 부가 서비스입니다.
❷(무엇이) 일정한 방식이나 종류로 주어지다. (of something) Be given in a certain way or in kind.
No-가 N1-로 V (No=[구체물], [추상물] N1=[구체물], [추상물])
[능]제공하다
¶전자책은 대부분 피디에프(PDF) 파일 형태로 제공된다. ¶저녁 식사는 갈비탕으로 제공되었습니다.

제공받다

[어원]提供~ [활용]제공받아, 제공받으니, 제공받고
[대응]제공을 받다
[타](어떤 사람이나 단체가) 보내거나 준 것을 가지거나 누리다. Obtain something that has been sent or given by a certain person or organization.
㊤받다 ㊥제공하다
No-가 N2-(에서|에게서|로부터) N1-를 V (No=[인간|단체] N1=[구체물], [추상물], [장소], [인간] N2=[인간|단체])
¶나는 믿을 만한 소식통으로부터 이 정보를 제공받았다. ¶인터넷에서 민원 사무에 대한 서식을 무료로 제공받을 수 있다.
No-가 N2-로 N1-를 V (No=[인간|단체] N1=[구체물], [추상물] N2=[구체물], [추상물])
¶그는 컴퓨터로 각종 정보를 제공받았다. ¶인터넷 이용자들은 각국의 언어로 정보를 제공받을 수 있다.
No-가 N2-로 N1-를 N3-(에서|에게서|로부터) V (No=[인간|단체] N1=[구체물], [추상물], [인간] N2=[추상물], [구체물](서비스, 뇌물 따위) N3=[인간|단체])
¶그는 탈세를 눈감아 주는 대가로 이 씨에게서 금품을 제공받았다. ¶그는 특별 서비스로 식당 주인에게서 무료 식사권을 제공받았다.

제공하다

[어원]提供~ [활용]제공하여(제공해), 제공하니, 제공하고 [대응]제공을 하다
[타]❶(무엇을) 다른 사람이나 단체에 주어 도움이 되게 하다. Give to or support another person or organization to offer help.
㊤주다 ㊥제공받다
No-가 N2-(에|에게) N1-를 V (No=[인간|인간집단] N1=[구체물], [추상물] N2=[인간|인간집단])
[피]제공되다
¶성적 우수자에게는 장학금과 숙식을 제공할 계획입니다. ¶그의 자백은 경찰 수사에 결정적인 증거를 제공하였다. ¶모든 국민들에게 양질의 교육 기회를 제공하고자 열심히 노력하겠습니다.
❷(무엇을) 일정한 방식이나 종류로 주다.
No-가 N1-를 N2-로 V (No=[인간] N1=[구체물], [추상물] N2=[구체물], [추상물])
[피]제공되다
¶우리는 발표 자료를 영어로 제공하였다. ¶그는 피디에프(PDF) 파일로 논문을 제공하였다.

제기되다

[어원]提起~ [활용]제기되어(제기돼), 제기되니, 제기되고
[자]❶(어떤 문제나 의견, 의문 따위가) 공개적으로 제출되다. (of a problem, an opinion, or a question) Be presented in public.
No-가 N1-(에|에 대해) V (No=[의견], 문제, 의문 따위 N1=[모두])
¶학생들에 의해 학교 축제의 개선 방안에 대한 다양한 의견이 제기되었다. ¶그의 주장에 대해 반론이 제기되었다. ¶선생님의 이해할 수 없는 결정에 의문이 제기되었다.
❷(재판이나 소가) 공식적으로 의뢰되거나 요청되다. (of lawsuit or case) Be requested or filed officially.
㊤제소되다
No-가 V (No=[행위](소송, 공소 따위))
[능]제기하다
¶개인 정보가 무단으로 대량 유출되어 집단 소송이 제기되었다. ¶언론사를 상대로 소송이 제기되었지만 언론사는 눈도 깜짝 하지 않았다. ¶이미 공소가 제기된 사건에 대해서는 다시 이중으로 공소를 제기할 수 없다.

제기하다

[어원]提起~ [활용]제기하여(제기해), 제기하니, 제기하고 [대응]제기를 하다
[타]❶(사람이나 단체가) 무엇에 대해 문제나 의견, 의문 따위를 공개적으로 내어놓다. (of a person or an organization) Present a problem, an opinion, or a question about something in public.
㊤던지다, 제의하다
No-가 N2-(에|에 대해) N1-를 V (No=[인간|단체] N1=[의견], 문제, 의문 따위 N2=[모두])
[피]제기되다

¶학생들은 학교 축제의 개선 방안에 대해 다양한 의견을 제기하였다. ¶나는 그의 주장에 반론을 제기했지만 소용없었다. ¶철수는 사회자에게 이의를 제기하고 나섰다.
❷(사람이나 단체가) 재판이나 소송을 공식적으로 의뢰하거나 요구하다. (of a person or an organization) Request or file a lawsuit or a case officially.
N0-가 N2-에 N1-를 V (N0=[인간|단체] N1=[행위](소송, 공소 따위) N2=[기관])
피 제기되다
¶기업이 언론사에 소송을 제기하자 시민들의 비판이 쏟아졌다. ¶나는 가능한 한 소송을 제기하지 않고 문제를 해결하고 싶었다. ¶이미 공소가 제기된 사건에 대해서는 다시 이중으로 공소를 제기할 수 없다.

제끼다 I
활용 제끼어(제껴), 제끼니, 제끼고
타 ☞ 제치다I

제끼다 II
활용 제끼어(제껴), 제끼니, 제끼고
타 ☞ 젖히다

제대하다
어원 除隊~ 활용 제대하여(제대해), 제대하니, 제대하고 대응 제대를 하다
자타 군 복무를 기한이 다 차거나 일신상의 사정으로 마치다. Complete one's military service or end the service for personal reasons.
반 입대하다
N0-가 N1-(에서|를) V (N0=[인간] N1=[군대])
¶동생은 지난달 군대에서 제대했다. ¶해병대를 갓 제대한 그는 목소리부터 우렁찼다. ¶성호는 군에서 제대하자마자 학교에 복학했다.

제도화되다
어원 制度化~ 활용 제도화되어(제도화돼), 제도화되니, 제도화되고 대응 제도화가 되다
자 (어떤 일, 과정, 형식 따위가) 규범이나 체계로서 일정한 절차와 형식을 갖추게 되다. (of something) Become a system.
N0-가 V (N0=[추상물], [상태])
능 제도화하다 타
¶우리 회사는 정시 퇴근이 제도화되었다. ¶서양에서는 오랜 진통을 거쳐 민주주의가 제도화되었다. ¶우리는 제도화된 절차를 통해 시청에 요구사항을 전달하였다.

제도화하다
어원 制度化~ 활용 제도화하여(제도화해), 제도화하니, 제도화하고 대응 제도화를 하다
자 (어떤 일, 과정, 형식 따위가) 규범이나 체계로서 일정한 절차와 형식을 갖추다. (of work, process, or form) Be equipped with a definite process or form as a norm or a system.
N0-가 V (N0=[방법], [기술], [규범], [제도], [행위], [행사])
¶마침내 아동 보호 방안이 국가 차원에서 제도화했다. ¶앞으로는 더 나은 진료 체계가 제도화할 것이다.
타 (어떤 일, 과정, 형식 따위를) 규범이나 체계로서 일정한 절차와 형식을 갖추도록 하다. Make a work, a process, or a form be equipped with a definite process or form as a norm or a system.
N0-가 N1-를 V (N0=[인간|단체] N1=[방법], [기술], [규범], [제도], [행위], [사건])
피 제도화되다
¶정부는 연말 정산 간소화 방안을 연내 제도화한다. ¶체육대회를 우리 회사의 전통으로 제도화했으면 좋겠다. ¶우리 학교는 학생과의 면담을 제도화하여 모든 교수가 면담에 참여하도록 하겠습니다.

제시되다
어원 提示~ 활용 제시되어(제시돼), 제시되니, 제시되고 대응 제시가 되다
자 ❶(물건이) 어떤 목적을 위해 내어져 보이다. (of a thing) Be shown for a purpose.
유 제출되다
N0-가 N1-(에|에게) V (N0=[구체물] N1=[인간|단체])
능 제시하다
¶판사 앞에 증거물로 그 휴대전화기가 제시되었다. ¶범행에 쓰인 도구가 제시되자 그가 범인임을 자백했다.
❷(어떤 생각이) 말이나 글로 나타내어져 보이거나 가리켜지다. (of a thought) Be expressed or referred to in speech or writing.
N0-가 N1-(에|에게) V (N0=[추상물](해결책 따위) N1=[인간|단체])
능 제시하다
¶글의 목적은 처음부터 명확하게 독자들에게 제시되었다. ¶이 문제에는 이미 해결 방안이 제시되어 있다.

제시하다
활용 제시하여(제시해), 제시하니, 제시하고 대응 제시를 하다
타 ❶(물건을) 어떤 목적을 위해 내보이다. Show a thing for a purpose.
유 내보이다, 제출하다
N0-가 N1-를 N2-에 N3-로 V (N0=[인간], [구체물] N1=[장소], [구체물])
피 제시되다

¶나는 이 손수건을 법정에 증거물로 제시한다. ¶그는 신분을 증명하기 위해 공항에서 경찰에게 여권을 제시했다. ¶음악당에 간 사람들은 순서대로 안내원에게 입장권을 제시했다.

❷(생각을) 말이나 글로 나타내거나 가리키다. (of a person) Express or refer to a thought in speech or writing.

No-가 N1-를 V (No=[인간] N1=[추상물](해결책 따위))

피 제시되다

¶나는 모임에서 적극적으로 의견을 제시했다. ¶자문단은 시청에 환경 보호를 위한 여러 방법을 제시했다.

제안하다

어원 提案~ 활용 제안하여(제안해), 제안하니, 제안하고 대응 제안을 하다

타 (의견을) 안으로 내놓다. Give an opinion as a suggestion.

㊌ 제의하다

No-가 N2-(에|에게) N1-를 V (No=[인간|단체] N1=[제안], [행위] N2=[인간|단체])

¶사장이 직원들에게 두 가지 선택안을 제안했다. ¶김 대표는 여야 대표 회동을 제안했다.

No-가 N1-(에|에게) S고 V (No=[인간|단체] N1=[인간|단체])

¶김 교수는 젊은 학자들에게 함께 연구하자고 제안했다. ¶그는 이번 일요일에 남산 둘레길로 산책가자고 제안했다.

제압되다

어원 制壓~ 활용 제압되어(제압돼), 제압되니, 제압되고

자 (수단이나 상대의 힘, 기세 따위에) 억눌려 그 통제 아래 놓이다. Be oppressed by the opponent's force or power and be positioned under the control.

㊌ 압도되다

No-가 N1-(에|에게|에 의해) V (No=[인간|단체], [장소], 기선 따위 N1=[인간|단체])

능 제압하다

¶그는 상대방에게 완전히 제압되어 힘 한 번 써보지 못했다. ¶항공기를 납치하려던 범인들이 승객과 승무원에 의해 제압되었다. ¶경기 초반부터 기선이 제압되었다.

No-가 N1-(에|로) V (No=[인간|단체] N1=[구체물](총, 칼 따위), [신체부위](손, 손가락, 발 따위), [능력](실력, 학력, 영향력 따위), 힘, 눈빛, 분위기, 상황 따위)

능 제압하다

¶나는 선생님의 눈빛에 완전히 제압되고 말았다. ¶총칼로 제압된다고 영원히 침묵할 국민이 아니다.

제압하다

어원 制壓~ 활용 제압하여(제압해), 제압하니, 제압하고

타 (어떤 수단을 이용하거나 힘이나 기세 따위로) 상대를 억눌러 자신의 통제 아래 넣다. Oppress the opponent with force or power and place under one's control.

㊌ 압도하다, 굴복시키다

No-가 N1-를 V (No=[인간|단체] N1=[인간|단체], 기선 따위)

피 제압되다

¶손흥민의 슈퍼 골이 8만 관중을 제압하였다. ¶한국 해군이 소말리아 해적을 제압하였다. ¶그는 초반부터 상대방의 기선을 제압했다.

No-가 N1-를 N2-로 V (No=[인간|단체] N1=[인간|단체] N2=[구체물](총, 칼 따위), [신체부위](손, 손가락, 발 따위), [능력](실력, 학력, 영향력 따위), 눈빛 따위)

피 제압되다

¶그 선생님은 아이들을 눈빛만으로 제압하였다. ¶우리 팀은 상대편을 실력으로 제압하였다. ¶인터넷 뉴스가 막강한 영향력으로 종이 신문을 제압하고 있다.

제약되다

어원 制約~ 활용 제약되어(제약돼), 제약되니, 제약되고 대응 제약이 되다

자 (어떤 행위가) 일정한 조건이나 한계가 생겨 자유롭지 못하게 되다. (of behavior) Be restricted by a definite condition or limit.

㊌ 통제되다

No-가 N1-(에|에게|에 의해) V (No=[추상물], [행위] N1=[인간|단체], [추상물])

능 제약하다

¶외부인의 사무실 방문은 업체 내부 규정에 의해 제약되고 있다. ¶이 유적지에서는 흡연과 음주가 제약되니 숙지하시기 바랍니다. ¶9월부터 야간 야외 활동이 기숙사 방침에 의해 제약된다.

제약받다

어원 制約~ 활용 제약받아, 제약받으니, 제약받고 대응 제약을 받다

타 (어떤 행위를) 주어진 조건이나 한계 때문에 자유롭게 하지 못하다. Restrict a behavior by a given condition or limit.

㊌ 구속되다

No-가 N1-를 N2-(에|에게|에 의해) V (No=[인간|단체] N1=[추상물], [행위] N2=[인간|단체], [추상물])

¶식민지 국민들은 언론의 자유를 행정 기관에 의해 제약받고 있다. ¶점령지 주민들은 점령군들에게 기본권을 크게 제약받고 있었다.

제약하다

어원 制約~ 활용 제약하여(제약해), 제약하니, 제약하

고 [대응]제약을 하다
[타](행위에 대하여) 일정한 조건이나 한계를 두어 자유롭지 못하게 하다. Restrict a behavior by a definite condition or limit.
[유]통제하다
N0-가 N1-를 V (N0=[인간|단체], [추상물] N1=[추상물], [행위])
[피]제약되다
¶이전 시대에 만들어진 법률이 지역 발전을 제약하고 있다. ¶교통 당국은 지하철 안에서의 상행위를 제약하기로 하였다. ¶신분제 사회의 제도는 신분이 낮은 사람의 정계 진출을 제약했다.

제어하다
[어원]制御~ [활용]제어하여(제어해), 제어하니, 제어하고 [대응]제어를 하다
[타]❶(상대방을) 억제하여 자신이 원하는 대로 다루다. Suppress the opponent and control as one wishes.
[유]통제하다
N0-가 N1-를 V (N0=[인간|단체] N1=[인간], [동물])
¶이이제이라는 말은 오랑캐로써 오랑캐를 제어한다는 말이다. ¶업계와 정부가 힘을 합쳐 이 신종 식중독 병원균을 제어해야 한다.
N0-가 N1-를 V (N0=[인간|단체])
¶장군은 혼란에 빠진 병사들의 행동을 제어할 수 없었다. ¶마약의 유행은 한번 확산되면 제어하기 어렵습니다.
❷(자신의 감정을) 흔들림 없이 원하는 상태로 평온하게 다스리다. Control one's emotion to be calm as one wishes without being interfered by other factors.
[유]통제하다, 다스리다, 조절하다
N0-가 N1-를 V (N0=[인간] N1=표정, 상황, 조건 따위, [감정], 자신 따위)
¶큰 뜻을 품은 사람은 자신을 제어하는 법을 익혀야 한다. ¶그는 자신의 감정을 제어하려고 애쓰고 있다.
❸ 【공업】 (기계, 설비, 물질 따위를) 목적에 맞게 적절히 조절하다. Adjust a machine, facility, or material according to its purpose.
N0-가 N1-를 V (N0=[인간|단체], 프로그램, 시스템 따위 N1=[구체물], [행위], 시스템 따위)
¶자동화 공장이라도 사람이 올바르게 제어하지 않으면 큰 사고를 부를 수 있다. ¶이 프로그램은 프로그램의 입출력을 제어하여 프로그램 구현을 편리하게 해 준다.

제외되다
[어원]除外~ [활용]제외되어(제외돼), 제외되니, 제외되고 [대응]제외가 되다
[자](어떤 대상이나 행위 따위에) 끼지 못하고 빠지다. Fail to be included in an object or a deed, to be dropped out.
[유]배제되다
N0-가 N1-에서 V (N0=[추상물], [구체물] N1=[추상물], [구체물])
[능]제외하다
¶철수는 이번 선발에서 제외되었다. ¶그녀는 새로 만든 조직에서 제외되었다. ¶김 의원은 다음 선거의 공천 대상에서 제외되었다.

제외하다
[어원]除外~ [활용]제외하여(제외해), 제외하니, 제외하고 [대응]제외를 하다
[타](어떤 대상을) 따로 떼어내어 다른 대상과 함께 다루거나 고려하지 않다. Exclude an object from other objects and pay no attention to it.
[유]제외시키다, 배제하다, 제치다, 버리다
N0-가 N2-(에서|로부터) N1-를 V (N0=[인간|단체] N1=[구체물], [추상물] N2=[구체물], [추상물])
[피]제외되다
¶과학자들은 명왕성을 태양계에서 제외해야 한다고 주장하였다. ¶국회는 정부가 제시한 특별법을 논의에서 제외하였다. ¶나는 힙합을 제외하고 모든 음악을 다 듣는다.

제의하다
[어원]提議~ [활용]제의하여(제의해), 제의하니, 제의하고 [대응]제의를 하다
[자타](어떤 일을 하자고) 다른 사람에게 의견을 내다. Present an opinion to do something.
[유]제안하다
N0-가 N1-를 N2-에게 V (N0=[인간|단체] N1=[추상물], [행위] N2=[인간|단체])
¶일본 정부는 북한에 정상회담을 제의했다. ¶다른 회사에서 나에게 좋은 조건으로 이직을 제의해 왔다. ¶수세에 몰린 저항군은 국제 사회의 힘을 빌어 휴전을 제의했다.
N0-가 S자고 N1-에게 V (N0=[인간|단체] N1=[인간|단체])
¶사장은 직원들에게 봄철 체육대회를 열자고 제의했다. ¶선거에 나온 후보들은 정책 선거를 지향하자고 제의했다.

제작되다
[어원]製作~ [활용]제작되어(제작돼), 제작되니, 제작되고 [대응]제작이 되다
[자](상품이나 작품이) 구상되어 만들어지다. (of goods or works) Be conceived and made.
[유]제조되다, 만들어지다
N0-가 V (N0=[구체물])
[능]제작하다

¶이 청동 유물들은 모두 기원전에 제작된 것입니다. ¶우리나라에서 가장 큰 불상이 제작되고 있다고 한다. ¶엄청난 예산을 들여 제작된 기계가 드디어 공개되었다.

제작하다

어원 製作~ 활용 제작하여(제작해), 제작하니, 제작하고 대응 제작을 하다

타 (상품이나 작품을) 구상하여 만들어내다. Conceive and make goods or works.

유 제조하다, 만들다 타

No-가 N1-를 V (No=[인간|단체] N1=[구체물])

피 제작되다

¶우리 회사 연구팀이 차세대 반도체의 시제품을 제작하였다. ¶요즘은 간단한 장비로 영상물을 스스로 제작하는 아마추어들이 많다. ¶그는 각종 장비의 설계도는 제작했지만 실물을 만들지는 않았다.

제재하다

어원 制裁~ 활용 제재하여(제재해), 제재하니, 제재하고 대응 제재를 하다

재타 (규범을 어긴 사람이나 어기는 행위를) 더 이상 못하게 강압적 수단을 이용하여 금지하고 제동을 가하다. Stop and restrict the person who violated the rule or committed an act of defiance.

유 벌하다

No-가 N1-(를|에 대해) V (No=[인간|단체] N1=[인간|단체], [행위])

¶경비원은 건물로 들어오려 하는 수상한 사람을 제재하였다. ¶경찰은 범법 행위를 강력히 제재하겠다고 선포하였다. ¶공동체의 질서를 무너뜨리는 행동은 엄격한 규정을 만들어서라도 제재해야 한다.

제정되다

어원 制定~ 활용 제정되어(제정돼), 제정되니, 제정되고 대응 제정이 되다

자 (제도나 법률 따위가) 새로 만들어져 정하여지다. (of system or law) Be created and established.

No-가 V (No=[법률], [제도])

능 제정하다

¶1948년에 대한민국 헌법이 제정되었다. ¶공교육 정상화를 위해 선행 학습 금지 법안이 제정되었다. ¶올해 3개 언어에 대한 외래어 표기법이 새로 제정되었다.

제정하다

어원 制定~ 활용 제정하여(제정해), 제정하니, 제정하고 대응 제정을 하다

타 (국가나 기관이) 제도나 법률 따위를 새로 만들어 정하다. (of a country or an institution) Create and establish a system or a law.

No-가 N1-를 V (No=[국가기관], [국가] N1=[법률], [제도])

피 제정되다

¶정부는 2005년에 국어기본법을 제정하였다. ¶프랑스 의회는 보통선거제로 선출되는 대통령을 규정한 헌법을 제정했다. ¶경기도는 공공기관에서 쉽고 정확한 언어를 사용해야 한다는 조례를 제정했다.

제조되다

어원 製造~ 활용 제조되어(제조돼), 제조되니, 제조되고 대응 제조가 되다

자 (어떤 제품이) 원료를 가공하여 만들어지다. (of a product) Be made out of processed material.

유 개발되다, 제작되다

No-가 V (No=[구체물])

능 제조하다

¶계란의 등급을 매기는 기계가 제조되어 폭발적 인기를 끌고 있다. ¶등급이 높은 포도주가 이탈리아 남부 지방에서 제조되어 왔다. ¶오직 우리의 기술과 인력으로 유조선이 제조되었다.

제조하다

어원 製造~ 활용 제조하여(제조해), 제조하니, 제조하고 대응 제조를 하다

타 (원료를 가공하여) 어떤 제품을 만들어내다. Make a product by processing materials.

유 만들다 타, 개발하다, 제작하다

No-가 N2-로 N1-를 V (No=[인간], [집단] N1=[구체물] N2=[재료])

피 제조되다

¶그들은 썩은 달걀로 비료를 제조하였다. ¶이탈리아 남부 지방에서는 그곳 포도로 고급 포도주를 제조해 왔다. ¶그들은 비밀리에 핵무기를 제조하였다.

제지당하다

어원 制止~ 활용 제지당하여(제지당해), 제지당하니, 제지당하고 대응 제지를 당하다

재자 (하고자 하는 행위가) 다른 사람이나 규칙 따위에 막혀 행해지지 못하게 되다. (of an intended act) Be held back by another person or rule.

유 금지당하다, 방해받다

No-가 N2-(에 의해|에게|로부터) N1-를 V (No=[인간|단체] N1=[행위] N2=[인간|단체], [추상물](법, 규범 따위))

능 제지하다

¶불법 시위대는 경찰들에 의해서 집회를 제지당했다. ¶몇몇 아이들은 학교의 용모 규정에 의해서 등교를 제지당했다.

No-가 N1-(에 의해|에게|로부터) V (No=[행위]

N1=[인간|단체], [추상물](법, 규범 따위))
능 제지하다
¶불법 집회는 결국 경찰들에게 제지당하고 말았다. ¶반군들의 진격은 사전에 정부군에게 제지당했다.
N0-가 N1-(에 의해|에게|로부터) S것-을 V (N0=[인간|단체]) (N0=[인간|단체], [추상물](법, 규범 따위))
능 제지하다
¶여당은 예산안을 단독으로 처리하려던 것을 야당에 의해 제지당했다. ¶사회를 개혁해 보려던 그들의 이상은 현실적인 법률에 의해서 제지당하고 말았다.

제지되다
어원 制止~ 활용 제지되어(제지돼), 제지되니, 제지되고 대응 제지가 되다
자 (하고자 하는 행위가) 다른 사람이나 규칙 따위에 막혀 행해지지 못하게 되다. (of an intended act) Be held back by another person or rule.
유 방해받다, 금지되다
N0-가 N1-(에 의해|로) V (N0=[행위] N1=[인간|단체], [추상물](법, 규범 따위))
능 제지하다
¶철수의 노력은 이번 사고로 제지되고 말았다. ¶대규모 집회가 안전상의 이유로 제지되었다.
S것-이 N0-(에 의해|로) V (N0=[인간|단체], [추상물](법, 규범 따위))
능 제지하다
¶범인이 해외로 도피하려던 것이 경찰에 의해 제지되었다. ¶면세품을 몰래 빼돌리는 것은 법으로 제지당할 일이다.
S-도록 N0-(에 의해|로) V (N0=[인간|단체], [추상물](법, 규범 따위))
능 제지하다
¶그 어떤 용의자도 가족을 만나지 못하도록 제지되었다. ¶어떤 나라에서 여자들은 맨 얼굴을 드러내고 밖에 나가지 못하도록 법으로 제지된다고 한다.

제지하다
어원 制止~ 활용 제지하여(제지해), 제지하니, 제지하고 대응 제지를 하다
자타 (다른 사람이 어떤 행위를 하려는 것을) 말려서 못하게 하다. Keep another person from doing something.
유 금지하다, 막다, 방해하다
N0-가 N1-를 V (N0=[인간|단체] N1=[인간|단체], [행위])
피 제지되다, 제지당하다
¶경찰은 범인의 도주를 제지했다. ¶의장은 반대파의 발언을 사전에 제지하였다.
N0-가 S것-을 V (N0=[인간|단체])
피 제지되다, 제지당하다
¶그는 굳이 그녀가 우는 것을 제지하려고 하지는 않았다. ¶사장은 그들이 회사를 나가려는 것을 제지하지 않았다.
N0-가 S-도록 V (N0=[인간|단체])
피 제지되다, 제지당하다
¶경찰은 노동자들이 시위에 참여하지 못하도록 제지했다. ¶경찰은 사람들이 범행 현장을 훼손하지 못하도록 제지하고 있었다.

제창되다 I
어원 齊唱~ 활용 제창되어(제창돼), 제창되니, 제창되고 대응 제창이 되다
자 ❶(구호나 선서 따위가) 여러 사람에 의해 큰 소리로 동시에 외쳐지다. (of a slogan or oath) Be shouted loudly by many people at once.
N1-에 의해 N0-가 V (N0=[말](구호 따위), 선서, 선언, 경례 따위 N1=[인간](의미상 복수))
능 제창하다I
¶방송인 스스로 윤리 의식과 사회적 책임을 다하기 위해 방송인의 선언이 제창되었다. ¶남녀 대표 선수가 운동장 앞으로 나가고 선수선언이 제창되었다.
❷(노래가) 여러 사람에 의해 동시에 불리어지다. (of a song) Be sang by many people at once.
N0-가 V (N0=[음악](노래, 곡 따위))
능 제창하다I
¶광복절 경축식의 마지막 순서로 광복절 노래가 제창되었다. ¶태극기가 위로 올라가고 애국가가 제창되었다.

제창되다 II
어원 提唱~ 활용 제창되어(제창돼), 제창되니, 제창되고 대응 제창이 되다
자 (행동의 필요성이나 제도, 이론의 정당성 따위가) 처음으로 주장되거나 제안되다. (of the necessity of an action or the legitimacy of system or theory) Be argued for the first time.
유 창안되다
N0-가 N1-에 의해 V (N0=[행위], [앎](이론, 가설, 개념 따위), [의견], [규범], [권리], [의무], [제도] N1=[인간|단체])
능 제창하다II
¶그 이론은 1980년대 후반 미국의 한 과학자에 의해 제창되었다. ¶구석기 시대와 신석기 시대 사이인 중석기 시대라는 개념은 한 영국 교수에 의해 제창되었다.
N0-가 N1-에서 V (N0=[행위], [앎](이론, 가설, 개념 따위), [의견], [규범], [권리], [의무], [제도] N1=[모임], [장소])
능 제창하다II

¶이 의견은 제3차 세계 한인 상공인 대회에서 제창되었다. ¶이 용어는 최근 미국 물리학계에서 제창되었다.

제창하다 I

어원 齊唱~ 활용 제창하여(제창해), 제창하니, 제창하고 대응 제창을 하다

타 ❶(여러 사람이) 구호나 선서 따위를 큰 소리로 함께 외치다. (of many people) Loudly shout a slogan or oath together.

㊈외치다 타

N0-가 N1-를 V (N0=[인간] N1=[말](구호 따위), 선서, 경례 따위)

피 제창되다I

¶손뼉을 치거나 노래를 부르고 구호를 제창하는 일은 송년회에서 자주 볼 수 있다. ¶학교를 대표하는 학생들이 앞에 나와 선서를 제창하였다.

❷(여러 사람이) 같은 노래를 함께 부르다. (of many people) Sing the same song together.

㊈부르다

N0-가 N1-를 V (N0=[인간] N1=[음악](노래, 곡, 교가, 군가 따위))

피 제창되다I

¶친구들과 함께 성악곡을 제창했다. ¶군인들은 아침에 일어나 하루를 시작하기 전에 군가를 제창한다.

제창하다 II

어원 提唱~ 활용 제창하여(제창해), 제창하니, 제창하고 대응 제창을 하다

타(행동의 필요성이나 제도, 이론의 정당성 따위를) 남 앞에 처음 주장하거나 제안하다. Argue the necessity of an action or legitimacy of a system or theory for the first time in front of others.

㊌창안하다

N0-가 N1-를 V (N0=[인간|단체] N1=[행위], [앎](이론, 가설, 개념 따위), [의견], [규범], [권리], [의무], [제도])

피 제창되다II

¶독립협회는 한국 최초로 근대 의회민주주의 제도 도입을 제창했다. ¶그 단체는 민주주의 체제를 굳히도록 협력을 제창했다.

N0-가 S고 V (N0=[인간|단체])

피 제창되다II

¶교육청은 신교육은 구교육으로 인한 폐해를 극복하기 위한 것이라고 제창했다. ¶그 시대에는 드물게 그는 서방의 선진 과학 기술을 배우자고 제창했다.

제출되다

어원 提出~ 활용 제출되어(제출돼), 제출되니, 제출되고 대응 제출이 되다

자(문서나 자료, 의견 따위가) 관련 업무를 맡은 사람에게 주어지다. (of a document, data, or opinion) Be handed to the person in charge of related duty.

㊌제안되다

N0-가 N2-(에서|에게서) N1-(에|에게|로) V (N0=[텍스트](논문, 기획서, 지원서, 법안 따위), [의견], [작품] N1=[인간|단체] N2=[인간|단체])

능 제출하다

¶환경 문제에 대한 탄원서가 속속 시민 단체로부터 정부로 제출되고 있었다. ¶개교 이래로 가장 많은 입학 지원서가 제출되었다. ¶이미 제출된 작품은 반환되지 않으니 유의하시기 바랍니다.

제출받다

어원 提出~ 활용 제출받아, 제출받으니, 제출받고 대응 제출을 받다

타(다른 사람에게서) 문서나 자료, 의견 따위를 받다. Receive a document, data, or opinion from another person.

㊉제출하다

N0-가 N2-(에게|에게서) N1-를 V (N0=[인간|단체] N1=[텍스트](논문, 기획서, 지원서, 법안 따위), [의견], [작품] N2=[인간|단체])

¶산업자원부는 각 기업으로부터 신규 사업 계획안을 제출받았다. ¶위원회가 이미 문제점에 대한 보고서를 담당자에게서 제출받고도 숨긴 사실이 드러났다. ¶국세청은 문제가 있는 회사들로부터 회계 자료를 제출받아 조사에 나섰다.

제출하다

어원 提出~ 활용 제출하여(제출해), 제출하니, 제출하고 대응 제출을 하다

타(문서나 자료, 의견 따위를) 관련 업무를 맡은 사람에게 주거나 내다. Hand a document, data, or opinion to the person in charge of related duty.

㊌내다 ㊉제출받다

N0-가 N2-(에|에게) N1-를 V (N0=[인간|단체] N1=[텍스트](논문, 기획서, 지원서, 법안 따위), [의견], [작품] N2=[인간|단체], [장소])

피 제출되다

¶그는 더 이상 참지 못하고 회사에 사표를 제출했다. ¶정부가 국회에 예산안을 제출하였다. ¶병호는 드디어 학교에 졸업 작품을 제출하고 여행을 떠났다.

제치다 I

활용 제치어(제쳐), 제치니, 제치고

타 ❶(사물을) 방해가 되지 않게 살짝 다른 곳으로 옮기거나 치우다. Gently move or remove an

object to prevent interference.
N0-가 N1-를 V (N0=[인간|단체] N1=[구체물])
¶나는 책상 위의 잡동사니들을 이리저리 제치고 책을 폈다. ¶아침에 일어나 방의 커튼을 제치니 햇빛이 쏟아져 들어왔다. ¶나는 무성한 갈대를 손으로 제치며 갈대밭을 지나갔다.
❷(앞을 막고 있는 대상을) 요령 있게 피하면서 전진하다. Skillfully avoid interferences and move forward.
㊌피하다
N0-가 N1-를 V (N0=[인간|단체] N1=[구체물])
¶마라톤 경기 중 한 선수가 속도를 내며 다른 선수들을 제치기 시작했다. ¶고속도로에서 다른 차량을 무리하게 제치려고 하면 위험하다.
❸ 《시험이나 시합에서》 (다른 사람을) 역전하고 더 높은 순위가 되다. (On a test or a game) Beat someone and garner the higher score.
N0-가 N1-를 N2-에서 V (N0=[인간|단체] N1=[인간|단체] N2=[추상물], [상태])
¶국가 대표 탁구 팀이 다른 나라들을 하나씩 제치고 우승을 차지했다. ¶우리 회사 제품이 다른 모든 경쟁 회사들을 제치고 판매량 1위에 올랐습니다.
❹(어떤 대상을) 고려의 범위에 넣지 않다. Not include a certain target in the range of consideration.
㊌제외하다
N0-가 N1-를 V (N0=[인간|단체] N1=[구체물], [추상물])
¶그는 내가 입원했다는 소식을 듣자 모든 일을 제치고 달려왔다. ¶일단 급하지 않은 일은 제쳐 두고 생각해 보자.

제치다Ⅱ

활용 제치어(제쳐), 제치니, 제치고
타 ☞ 젖히다

제하다

어원 除~ 활용 제하여(제해), 제하니, 제하고
타 ❶(원래의 분량에서 일부를) 덜어 내거나 빼내다. Take out or subtract a portion from the original amount.
㊌빼다
N0-가 N2-에서 N1-를 V (N0=[인간|단체] N1=[구체물], [추상물] N2=[구체물], [추상물])
¶사장은 월급에서 식비를 제했다. ¶쌀 한 가마를 제하고 나니 손에 쥐는 것이 없었다.
❷(어떤 수를 다른 수로) 나누어 값을 얻다. Divide a number by another number to obtain a value.
㊌나누다 N1-를 N2-로 V (N1=[수] N2=[수])
¶30을 5로 제하면 몫은 6이다. ¶원둘레를 지름으로 제하면 나누어떨어지지 않는다.

제한되다

어원 制限~ 활용 제한되어(제한돼), 제한되니, 제한되고 대응 제한이 되다
자 ❶(행위에 대하여 일정한 한계가 정해져) 넘지 못하게 되다. Be unable to cross the limit set on the behavior.
㊌규제되다
N0-가 N1-로 V (N0=[추상물], [행위] N1=[구체물], [추상물])
능 제한하다
¶이 도로에서 자동차의 속도는 시속 60km로 제한되어 있다. ¶소매 담배 구매량이 한 번에 한 갑으로 제한되자 애연가들이 반발하였다.
❷(어떤 행위가) 못 하게 되거나 엄격한 조건을 통과해야 하게 되다. (of a behavior) Be unavailable or available only under strict condition.
N0-가 V (N0=[추상물], [행위])
능 제한하다
¶도로 공사가 실시되어 주변 지역의 보행이 제한되었다. ¶이 책은 희귀본이어서 열람이 제한되고 있습니다.

제한받다

어원 制限~ 활용 제한받아, 제한받으니, 제한받고 대응 제한을 받다
타 ❶(어떤 행위에 대하여 다른 사람에게) 일정한 한계가 정해져 넘지 못하게 되다. (of a behavior) Have a definite limit set for another person so that he or she cannot cross over the limit to carry out the behavior.
㊌규제받다
N0-가 N1-를 N2-로 N3-(에|에게|에 의해) V (N0=[인간|단체] N1=[추상물], [행위] N2=[구체물], [추상물] N3=[인간|단체])
능 제한하다
¶그 환자는 방문자의 면회를 하루 한 번으로 병원 측에 의해 제한받았다. ¶이 배는 교통 당국에 의해 운항 구역을 강 상류로 제한받고 있다.
❷(어떤 행위에 대하여 다른 사람에게) 금지당하거나 엄격한 조건을 통과해야 하게 되다. (of a behavior) Be prohibited for another person or allowed only under strict condition.
N0-가 N1-를 N2-(에|에게|에 의해) V (N0=[인간|단체] N1=[추상물], [행위] N2=[인간|단체])
능 제한하다
¶그는 지난번 밀수 사건 이후 국경 출입을 정부에 의해 제한받고 있다. ¶심각한 병을 앓은 경력이 있는 사람은 암보험 가입을 보험사에 의해 제한받는다.

제한하다

어원 制限~ 활용 제한하여, 제한하니, 제한하고 대응 제한을 하다

타 ❶(행위에 대하여 일정한 한계를 정해 두고) 넘지 못하게 하다. Set a certain limit to a behavior and forbid exceeding it.

㊌규제하다타

N0-가 N1-를 N2-로 V (N0=[인간|단체] N1=[추상물], [행위] N2=[구체물], [추상물])

피 제한되다, 제한받다

¶당국은 서점의 책 할인율을 15%까지로 제한하였다. ¶그 시설은 민간인의 출입을 바깥쪽 출입구까지로 제한하였다. ¶그 박물관은 귀중한 유물의 관람 기간을 매년 한 달간으로 제한하고 있다.

❷(행위를) 못 하게 막거나 엄격한 조건으로 허가하다. Stop a behavior or permit such under strict condition.

N0-가 N1-를 V (N0=[인간|단체] N1=[추상물], [행위])

피 제한되다, 제한받다

¶이 도로는 지금 경찰에서 차량 통행을 제한하고 있습니다. ¶지금부터 사회자는 발언 시간을 정해진 시간으로 제한하겠습니다.

제휴하다

어원 提携~ 활용 제휴하여(제휴해), 제휴하니, 제휴하고 대응 제휴를 하다

자 (여러 사람이나 다른 단체가) 목표를 같이하여 손잡고 서로 도와주다. (of many people or different organizations) Set the same goal and help each other.

㊌협력하다, 돕다자, 손잡다

N0-와 N1-가 V ↔ N1-와 N0-가 V ↔ N0-가 N1-와 V (N0=[인간|단체] N1=[인간|단체])

¶제과업체와 낙농업체가 제휴하여 신제품 아이스크림을 내놓았다. ↔ 낙농업체와 제과업체가 제휴하여 신제품 아이스크림을 내놓았다. ↔ 제과업체가 낙농업체와 제휴하여 신제품 아이스크림을 내놓았다. ¶우리 회사는 선진 기술을 가진 외국 기업과 제휴하려고 한다. ¶각기 장단점이 다른 조직이 제휴하면 서로의 장점을 최대한으로 발휘할 수 있다.

조각되다

어원 彫刻~, 雕刻~ 활용 조각되어(조각돼), 조각되니, 조각되고 대응 조각이 되다

자 (재료가) 깎이거나 파내어져 입체적인 모양이 만들어지거나 새겨지다. (of material) Be shaped or carved by being sharpened or engraved.

N0-가 N1-로 V (N0=[구체물], [조소], [신체부위] N1=[성분], [구체물](돌, 나무, 금속 따위))

능 조각하다

¶다양한 동물상들이 대리석으로 조각되어 있다. ¶그 절에는 많은 석상이 정교하게 조각되어 있다.

N0가 N1-에 V (N0=[조소](문향, 무늬 따위), [신체부위] N1=[성분], [무생물](돌, 나무, 금속 따위))

능 조각하다

¶아름다운 문양이 산 곳곳에 조각되어 있다. ¶이런 복잡한 문향이 바위에 정교하게 조각되어 있다니 정말 놀랍다. ¶저 산에 과거 대통령들의 얼굴이 조각되어 있다고 한다.

조각하다

어원 彫刻~, 雕刻~ 활용 조각하여(조각해), 조각하니, 조각하고 대응 조각을 하다

타 (재료를) 깎거나 파내어 입체적인 모양을 만들거나 새기다. Shape or carve a material by sharpening or engraving.

㊌새기다, 깎다

N0가 N2-로 N1-를 V (N0=[인간] N1=[인간], [구체물], [조소], [신체부위] N2=[성분], [무생물](돌, 나무, 금속 따위))

피 조각되다

¶철수는 나무로 어머니의 얼굴을 조각했다. ¶아이들은 모두 자신들이 좋아하는 동물을 조각하느라 여념이 없었다. ¶영희는 석고로 손을 조각하였다.

N0가 N2-에 N1-를 V (N0=[인간] N1=[조소](문향, 무늬 따위), [신체부위] N2=[성분], [구체물](돌, 나무, 금속, 벽 따위))

피 조각되다

¶이렇게 복잡한 문양을 돌에 조각하는 것은 매우 어렵다. ¶그는 혼신의 힘을 다해 가문의 문장을 대리석에 조각하였다.

조달되다

어원 調達~ 활용 조달되어(조달돼), 조달되니, 조달되고 대응 조달이 되다

자 (필요한 자금이나 물자 따위가) 어디에서 마련해서 주어지다. (of necessary fund or goods) Be given from somewhere.

㊌보급되다II, 공급되다

N0-가 N1-(에서|에게서|로부터) V (N0=[구체물] N1=[장소], [인간|단체])

능 조달하다

¶이 식당의 식재료는 생산지에서 직접 조달된다. ¶이 제품의 모든 부품은 세계 각국으로부터 조달되고 있다.

N0-가 N1-로 V (N0=[금전] N1=[금전], [행위])

능 조달하다

¶직업훈련교육원의 운영비는 국비로 조달된다.

¶이 사업의 모든 재원은 세금으로 조달되고 있다.

조달하다

어원 調達~ 활용 조달하여(조달해), 조달하니, 조달하고 대응 조달을 하다

타 (사람이나 단체가) 필요한 자금이나 물자 따위를 마련해서 주다. (of a person or an organization) Give the necessary fund or goods.

유 공급하다, 보급하다II

N0-가 N1-를 V (N0=[인간|단체] N1=[구체물])

피 조달되다

¶우리는 순조롭게 자금을 조달할 수 있었다. ¶나는 학비를 조달하기 위해 안 해 본 일이 없다. ¶학부모들이 이번 행사를 위하여 음식 재료와 취사도구를 모두 조달했다.

조롱당하다

어원 嘲弄~ 활용 조롱당하여(조롱당해), 조롱당하니, 조롱당하고 대응 조롱을 당하다

자 (다른 사람에게) 얕잡아 보여 비웃음을 당하거나 놀림을 받다. Be looked down by someone and be sneered or ridiculed.

유 깔보이다, 멸시받다, 야유당하다

N0-가 N1-에게 S다고 V (N0=[인간|단체], [추상물](정책, 생각, 사고 따위) N1=[인간|단체])

능 조롱하다

¶그는 옷차림이 허름하다고 조롱당하기가 일쑤다. ¶그 가수는 평론가와 팬들에게 심하게 조롱당했다. ¶그는 정적에게 조롱당한 후 비참하게 숙청되었다.

조롱받다

어원 嘲弄~ 활용 조롱받아, 조롱받으니, 조롱받고

자 ☞ 조롱당하다

조롱하다

어원 嘲弄~ 활용 조롱하여(조롱해), 조롱하니, 조롱하고 대응 조롱을 하다

자타 (다른 사람이나 대상을) 얕잡아 보고 비웃거나 놀리다. Look down on someone or something and mock or ridicule.

유 우롱하다, 깔보다

N0-가 N1-를 V (N0=[인간|단체] N1=[인간|단체], [추상물](정책, 생각, 사고 따위), [모양](행색, 옷차림 따위))

피 조롱당하다

¶범인은 공개적으로 도전장을 보내면서 경찰을 조롱했다. ¶모두 내 초라한 행색을 조롱하고 비웃었지만 그만은 예외였다.

N0-가 S다고 V (R1) (N0=[인간|단체])

피 조롱당하다

¶선배들이 나의 생각이 바보 같다고 조롱했지만 선생님만은 끈기 있게 들어 주셨다. ¶많은 팬들이 실수한 신예 선수를 애송이라고 조롱했다.

조르다 I

활용 졸라, 조르니, 조르고, 졸랐다

타 ❶(감거나 둘러 묶은 끈, 띠 따위를) 풀리지 않게 단단하게 조이다. Firmly tighten string or band that's been wrapped and tied so that it does not untie.

유 조이다타, 죄다타, 동여매다, 졸라매다

N0-가 N1-를 V (N0=[인간] N1=[줄], [착용물](허리띠, 넥타이 따위))

연어 힘껏, 꽉

¶집에 돌아오자 그는 꽉 졸랐던 허리띠부터 풀었다. ¶아이는 운동화가 자꾸 벗겨지자 다시 끈을 조르고 신었다.

❷(손, 도구 따위로 목이나 허리를) 숨을 쉴 수 없을 정도로 압박하여 세게 조이다. Strongly tighten neck or waist to not be able to breathe by using hand or tool.

유 조이다타, 죄다타

N0-가 N1-를 N2-로 V (N0=[인간] N1=[신체부위](목, 허리) N2=[줄], [착용물](허리띠, 넥타이 따위))

¶공포 영화 속에서 살인범이 여자 주인공 뒤를 밟다가 노끈으로 목을 졸랐다. ¶그녀는 모임에 가려고 허리를 벨트로 한껏 졸라 입었다.

◆ **허리띠를 조르다** (어떤 목적을 위해) 필요 이상의 돈을 쓰지 않고 검소한 생활을 하다. Lead a modest living without spending more money than one has or than one can afford to spend (for a specific purpose).

유 허리띠를 졸라매다

N0-가 Idm (N0=[인간])

¶내 집을 장만하기 위해 앞으로 5년간은 허리띠를 조르고 살아야 한다. ¶자식 공부 시키겠다고 내가 얼마나 허리띠를 조르고 살았는데.

조르다 II

활용 졸라, 조르니, 조르고, 졸랐다

자타 (다른 사람에게) 무엇을 해달라고 그칠 기미가 없이 계속해서 끈질기게 요구하다. Persistently require something to someone with no indication of stopping.

유 간청하다, 독촉하다, 재촉하다, 투정하다, 보채다, 떼쓰다, 졸라대다 상 요구하다

N0-가 N1-에게 S고 V (N0=[인간] N1=[인간])

¶아이들은 엄마에게 떡볶이를 만들어 달라고 졸랐다. ¶철수는 아빠에게 장난감을 사달라고 마구 졸랐다.

N0-가 S고 N1-를 V (N0=[인간] N1=[인간])

¶그는 빨리 결혼하자고 여자친구를 조르기 시작했다. ¶영희는 북유럽으로 여행 가자고 남편을 졸랐다.

ㅈ

조리다

활용 조리어(조려), 조리니, 조리고

타(육류나 생선, 야채 따위를) 양념한 국물에 넣어 국물이 거의 없어질 때까지 바짝 끓이다. Put meat, fish, vegetable, etc., in seasoned soup and cook until the soup has evaporated.

㊌달이다

N0-가 N1-를 N2-에 V (N0=[인간] N1=[육류], [생선], [곡식], [자연음식물] N2=간장, 양념장 따위)

¶나는 감자를 간장에 조렸다. ¶그녀는 부엌에서 한참 동안 채소와 고기를 삶고, 조리고, 볶았다. ¶갈치에 무를 넣고 같이 조리면 맛있습니다.

조리하다

어원 調理~ 활용 조리하여(조리해), 조리하니, 조리하고

타❶(일정한 곳에서 건강이 회복되도록) 몸을 잘 보살피거나 병을 낫게 하다. Take care of one's body or cure illness in order to recover one's health.

㊌조섭하다, 조양하다, 조장하다, 조치하다

N0-가 N2-에서 N1-를 V (N0=[인간] N1=몸 N2=[장소])

¶나는 수술 후 2주 동안 집에서 몸을 조리했다. ¶그녀는 산후조리원에서 며칠 더 몸을 조리하기로 했다.

❷(음식을) 일정한 방식으로 만들다. Make food.

㊌요리하다

N0-가 N1-를 V (N0=[인간] N1=[음식])

¶그녀는 화덕을 이용해서 음식을 조리했다. ¶학생들은 직접 사온 음식 재료를 가지고 음식을 조리했다.

조립하다

어원 組立~ 활용 조립하여(조립해), 조립하니, 조립하고 대응 조립을 하다

타(사람이나 로봇 따위의 기계가) 여러 부품을 짜 맞추어 완성된 물건으로 만들다. (of a person or machine such as robot) Make a complete object by assorting various parts.

㊌제작하다

N0-가 N1-를 V (N0=[인간], [기계](로봇 따위) N1=[구체물](컴퓨터, 기계, 장난감, 자동차, 비행기 따위))

¶그곳에서는 전문가가 직접 컴퓨터를 조립해서 판다. ¶아이는 블록으로 자동차를 조립해 가지고 놀았다. ¶요즘 자동차 공장에서는 로봇이 차량을 조립한다.

조망하다

어원 眺望~ 활용 조망하여(조망해), 조망하니, 조망하고 대응 조망을 하다

타 ❶ (무언가를) 멀리서 바라보다. Look at something at a distance.

㊌관망하다

N0-가 N1-를 V (N0=[인간|단체] N1=[구체물])

¶나는 바위에 앉아 산 아래의 풍경을 조망하고 있었다. ¶저 아파트는 창밖으로 강변을 조망할 수 있다.

❷(무언가를) 폭넓은 시야를 가지고 고려하다. Consider something in a broad outlook.

㊌폭넓게 고려하다

N0-가 N1-를 V (N0=[인간] N1=[추상물])

¶전문가들은 내년 경제의 향방을 여러 가지 지표를 통해 조망했다. ¶이 여행은 지금까지의 인생을 조망할 좋은 기회가 될 것이다. ¶우리에겐 업무의 여러 사항을 한 눈으로 조망할 수 있는 경영자가 필요하다.

조명되다

어원 照明~ 활용 조명되어(조명돼), 조명되니, 조명되고 대응 조명이 되다

자❶(사물이나 공간이) 빛으로 밝게 비추어지다. (of thing or space) Be lit brightly.

N0-가 V (N0=[구체물], [집단], [장소])

능 조명하다

¶방이 너무 어둡게 조명되어 있다. ¶여기는 좀 더 밝게 조명되어야 전시품들을 볼 수 있을 것 같다.

❷(어떤 대상이) 일정한 관점에서 자세히 검토되다. (of an object) Be examined in detail from a certain aspect.

㊌검토되다, 평가되다

N0-가 V (N0=[추상물], [상태])

능 조명하다

연어 새롭게, 다시

¶과거 사건이 새로운 증거에 의해서 다시 조명되고 있다. ¶그녀의 예술 인생이 새롭게 조명되었다.

조명받다

어원 照明~ 활용 조명받아, 조명받으니, 조명받고 대응 조명을 받다

자(어떤 대상이) 일정한 관점에서 자세히 검토되다. (of an object) Be examined in detail from a certain aspect.

㊌검토받다, 평가받다

N0-가 V (N0=[추상물], [상태])

능 조명하다

연어 다시, 새롭게

¶그 화가의 그림은 평론가들에 의해서 다시 조명받고 있다. ¶우리 역사는 제대로 된 관점을 통해서 새롭게 조명받아야 한다. ¶여성의 권리가 이번 사건을 계기로 다각도로 조명받고 있다.

조명하다

어원 照明~ 활용 조명하여(조명해), 조명하니, 조명하

고 [대응]조명을 하다
[타]❶(다른 사물이나 공간을) 빛을 비추어 밝게 하다. Light brightly another thing or space.
N0-가 N1-를 V (N0=[구체물](조명기구), [인간] N1=[구체물], [집단], [장소])
[피]조명되다
¶감독은 극적 효과를 높이기 위해서 무대를 어둡게 조명하라고 지시했다. ¶사진작가는 현란한 색의 빛으로 피사체를 조명하고 사진을 찍었다.
❷(어떤 대상을) 일정한 관점에서 자세히 살펴보고 검토하다. Examine an object in detail from a certain aspect.
[유]검토하다, 평가하다
N0-가 N1-를 V (N0=[인간], [텍스트] N1=[추상물], [상태])
[피]조명되다, 조명받다
¶저자는 고인의 업적을 새로운 관점에서 조명하고 있다. ¶최근 서양 학자들이 한국 문화를 다시 조명하고 있다. ¶이번 방송은 예술가로서 그녀의 삶을 새롭게 조명하는 계기가 되었다.

조사되다

[어원]調査~ [활용]조사되어(조사돼), 조사되니, 조사되고 [대응]조사가 되다
[자](사건이나 사물의 내용 등이) 자세히 살펴지거나 찾아지다. (of a content of an event or a thing) Be looked into carefully or searched.
[유]검사되다, 연구되다, 관찰되다
N0-가 N1-(에게|에 의해) V (N0=[구체물], [추상물] N1=[인간|단체])
[능]조사하다I
¶사망자의 신원이 수사 당국에 의해 조사되었다. ¶사건의 진상이 형사에게 꼼꼼히 조사되었다. ¶탈세 용의자의 납세 내역이 한꺼번에 조사되었다.

조사받다

[어원]調査~ [활용]조사받아, 조사받으니, 조사받고 [대응]조사를 받다
[타](행적이나 신분, 어떤 사건의 경위 따위에 대하여) 사람이나 단체에 캐물음을 받다. Be inquired on one's whereabouts, identity, or details of a certain case.
[유]심문받다, 취조받다 [반]조사하다I
N0-가 N1-를 N2-(에|에게) V (N0=[인간|단체] N1=[추상물] N2=[인간|단체](경찰, 검찰))
¶그는 경찰관에게 신분을 조사받았다. ¶김 씨는 벌써 스물네 시간 가까이 조사받고 있지만 혐의가 입증되지 않고 있다. ¶거동이 수상하다는 이유로 체포된 사람들은 돌아가며 취조실에 들어가 조사받고 나왔다.

조사하다 I

[어원]調査~ [활용]조사하여(조사해), 조사하니, 조사하고 [대응]조사를 하다
[타](사람이나 사실을) 이리저리 자세히 알아보다. Check in detail.
[유]살피다, 검사하다, 연구하다[자타], 관찰하다, 캐묻다
N0-가 N1-를 V (N0=[인간|단체])
[피]조사되다
[연어]자세히, 철저히, 면밀히
¶경찰은 체포된 용의자들의 신원을 면밀히 조사하였다. ¶당국에서는 사고의 원인을 다각도로 조사하고 있습니다. ¶지금으로서는 문제의 답을 알기 어려우니 자료를 조사해 보고 결론을 내려야겠다.

조사하다 II

[어원]照射~ [활용]조사하여(조사해), 조사하니, 조사하고 [대응]조사를 하다
[자] (빛이) 어디에 내리쬐다. Direct light to somewhere.
N0-가 V (N0=[빛])
¶흐린 날씨로 태양빛이 조사하는 양이 줄어들면 사람에게 우울증이 생기기 쉽다.
[타](빛을) 어디에 쏘아 비추다. Direct and reflect light on some place.
N0-가 N1-를 N2-에 V (N0=[인간], [기계] N1=[빛] N2=[구체물], [장소])
¶과학자들은 쥐에게 자외선을 오랫동안 조사하여 피부병이 생기는지 실험하였다. ¶환자의 몸에 방사선을 조사하는 치료 방법은 여러 분야에서 폭넓게 쓰이고 있다.

조성되다

[어원]造成~ [활용]조성되어(조성돼), 조성되니, 조성되고 [대응]조성이 되다
[자] ❶ (시설물이) 지어지거나 구축되다. (of installation) Be built or constructed.
[유]건설되다
N0-가 V (N0=[장소], [건물])
[능]조성하다
¶마을 뒷산에 공원묘지가 조성된다는 소문에 주민들이 반대하였다. ¶새로 발견된 유적 근처에 새로운 관광지가 조성되었다.
❷(자금이) 모이거나 마련되다. (of fund) Be set up or gathered.
[유]마련되다
N0-가 V (N0=[금전])
[능]조성하다
¶에이즈를 퇴치하기 위한 기금이 조성되었다고 한다. ¶국민들의 성원에 힘입어 필요한 자금이 순식간에 조성되었다.
❸(어떤 분위기나 흐름 따위가) 만들어지다. (of

ㅈ

circumstance or trend) Be made.
[유]생겨나다
N0-가 V (N0=[상태](여론, 감정, 분위기 따위))
[능]조성하다
¶소득의 양극화 때문에 국민들 사이에 위화감이 조성되고 있다. ¶주전 선수의 부상 때문에 대표팀에는 불안감이 조성되었다.

조성하다

[어원]造成~ [활용]조성하여(조성해), 조성하니, 조성하고 [대응]조성을 하다
[타]❶(시설을) 짓거나 구축하다. Build or construct an installation.
[유]짓다, 건설하다
N0-가 N1-를 V (N0=[인간|단체] N1=[장소], [건물])
[피]조성되다
¶모든 정치인들은 자기의 지역에 기간 시설을 조성하겠다고 공약하였다. ¶우리는 이 지역에 대규모 연구 단지를 조성하기로 했다.
❷(자금을) 모으거나 마련하다. Set up or gather funds.
[유]마련하다
N0-가 N1-를 V (N0=[인간|단체] N1=[금전])
[피]조성되다
¶그는 대규모의 비자금을 조성하였다는 혐의를 받고 있다. ¶무엇보다 연구 자금을 조성하는 것이 시급하다.
❸(어떤 분위기나 흐름 따위를) 만들다. Make circumstances or trend.
[유]조장하다, 만들다[타]
N0-가 N1-를 V (N0=[구체물], [추상물] N1=[상태](여론, 감정, 분위기 따위))
[피]조성되다
¶대규모 홍수는 다리가 무너질 수 있다는 공포심을 조성하였다. ¶학교는 학생들의 자유로운 면학 분위기를 조성하기 위해 힘썼다.

조심하다

[어원]操心~ [활용]조심하여(조심해), 조심하니, 조심하고 [대응]조심을 하다
[자](사고나 잘못이 일어나지 않도록) 주의를 기울이고 집중하다. Take care and pay attention not to let an incident or a mistake happen.
[유]주의하다
N0-가 V (N0=[인간|단체])
¶그는 교통사고를 내지 않으려고 운전할 때 늘 조심한다. ¶날이 어두우니 돌아갈 때 조심해라. ¶이 공정은 보기보다 위험한 작업이니 다치지 않게 조심하시기 바랍니다.
N0-가 N1-에 V (N0=[인간|단체] N1=[구체물], [추상물])
¶나는 액자를 걸기 위해 간격에 조심하며 벽에 못을 박았다. ¶사회생활을 하는 동안에는 매사에 조심해야 한다.
[타](위험하거나 민감한 대상에 대하여) 주의를 기울이거나 사고를 방비하다. Take notice of or precautions on any dangerous or sensitive object.
[유]주의하다
N0-가 N1-를 V (N0=[인간|단체] N1=[구체물], [추상물])
¶여행자는 풍토병을 조심해야 한다. ¶저는 몸을 쓰는 직업을 가졌기 때문에 항상 부상을 조심하는 편입니다.

조우하다

[어원]遭遇~ [활용]조우하여(조우해), 조우하니, 조우하고 [대응]조우를 하다
[자타]우연히 서로 만나다. Meet by coincidence.
[유]마주치다[자], 직면하다 [상]만나다
N0-가 N1-(를|과) V (N0=[인간|단체] N1=[인간|단체])
¶어제 서울에 갔다가 나는 옛 친구를 조우했다. ¶두 사람은 한 번도 조우해 본 적이 없다.
※N1이 나타나지 않을 때는 단체 주어로 온다.

조이다

[활용]조여, 조이니, 조이고 [준]죄다[자] [센]쪼이다III
[자]❶(신체부위가) 압박을 받아 짓눌리다. (of a body part) Be pressed down by pressure.
[유]압박되다
N0-가 V (N0=[신체부위])
¶그녀는 허리가 꽉 조이는 무용복을 입고 있었다. ¶철수는 가슴이 조이고 숨이 차서 견딜 수가 없었다.
❷(일정한 수용 범위를 벗어난 밀도로) 자리나 공간이 불편할 정도로 좁아지다. (of a seat or space) Become uncomfortably narrow beyond certain capacity range.
N0-가 V (N0=[자리](좌석, 자리 따위), [공간](안, 속 따위))
¶공연장이 좁아서 좌석이 너무 조인다. ¶출근 때라서 지하철 안이 점점 조여든다.
❸(마음이) 몹시 긴장되거나 초조해지다. (of one's mind) Become very nervous or anxious.
[유]긴장되다 N1-의 N0-가 V ↔ N1-는 N0-가 V (N0=[인간] N1=[마음])
¶합격자 발표일이 다가오자 내 마음이 너무 조였다. ↔ 합격자 발표일이 다가오자 나는 마음이 너무 조였다. ¶나는 그녀의 입원 소식에 마음이 조여 일이 손에 안 잡혔다.
[타]❶(손이나 팔 또는 어떤 도구를 이용하여) 신체 부위를 세게 압박하여 짓누르다. Powerfully

pressure a body part using one's hand, arm, or certain tool.
[유]압박하다
N0-가 N2-로 N1-를V (N0=[인간] N1=[신체부위] N2=[착용물], [신체부위], [도구])
¶그는 목을 조이고 있던 넥타이를 풀었다. ¶형사는 수갑으로 범인의 양손을 더 세게 조였다.
❷(몸의 특정 부위에 힘을 주어) 근육을 수축시키다. Contract muscle by applying force in a specific body part.
[유]수축하다
N0-가 N1-를 V (N0=[인간] N1=[신체부위](골반, 항문, 질, 괄약근))
¶애기를 낳고 나서는 골반을 조이는 운동을 해야 한다. ¶항문 근육을 반복해서 조여야 건강에 좋습니다.
❸(자리나 공간을) 불편할 정도로 아주 좁히다. Narrow a seat or space extremely to become uncomfortable.
[유]좁히다
N0-가 N1-를 V (N0=[인간] N1=[자리](좌석, 자리 따위), [장소](안, 속, 입구 따위))
¶공연장에 사람들이 너무 많아서 자리를 조여 앉을 수밖에 없었다. ¶몰려드는 사람들이 입구를 조여서 차가 못 들어간다.
❹(묶거나 착용한 것을) 풀리거나 빠지지 않도록 세게 잡아당겨 고정시키다. Pull hard and fix so that something one tied or equipped does not become untied or slipped.
[유]매다
N0-가 N1-를 V (N0=[인간] N1=[구체물](신발 끈, 말고삐 따위) 따위)
¶그 남자는 그날 아침에도 운동화 끈을 조이고 있었다. ¶마부는 말고삐를 더욱 세게 조여 잡았다.
❺(나사 따위를) 끝까지 돌려 박아 넣어 빠지지 않게 고정시키다. Turn and insert screw until the end to make it fixed and unable to fall out.
[반]풀다
N0-가 N1-를 V (N0=[인간] N1=[구체물](나사, 너트, 볼트 따위))
¶그는 헐겁게 풀어 두었던 다른 나사들도 모두 단단히 틀어 조였다. ¶공장 사람들은 하루 종일 나사를 풀고 조이고를 반복했다.
❻(렌즈의 조리개를) 상이 명확하게 잡힐 때까지 돌려서 조정하다. Adjust lens by turning the aperture until the object is clearly captured.
N0-가 N1-를 V (N0=[인간] N1=[구체물](조리개))
¶사진을 잘 찍는 사람을 조리개를 잘 조이는 사람이다. ¶조리개를 제대로 조이지 못해 사진이 흐리다.
❼(마음을) 조마조마하며 태우다. Make one's mind uneasy.
[유]졸이다
N0-가 N1-를 V (N0=[인간] N1=[마음](가슴 따위))
¶그녀는 발자국 소리나 문풍지의 떨림에도 마음을 조였다. ¶연출가는 무대 저편 어딘가에서 가슴을 조이고 있을 것이다.
❽(다른 사람의 활동을) 심하게 구속하거나 심리적으로 압박하다. Severely restrict or psychologically pressure someone's activity.
[유]압박하다
N0-가 N1-를 V (N0=[인간|단체], [추상물] N1=[인간|단체], [추상물], 목)
¶분쟁 때마다 노동계가 경제의 목을 조이고 있다. ¶은행들은 기업의 자금줄을 조이고 있다.
※흔히 '~의 목을 조이다'라는 형태로 사용된다.
❾(마음이나 자세를) 차분히 하고 바짝 정신을 차리다. Calm down one's mind or attitude and gather oneself up.
[유]긴장시키다
N0-가 N1-를 V (N0=[인간] N1=마음, 자세 따위)
¶그는 마음을 다시 다부지게 조였다. ¶정신 자세를 굳게 조이고 앉아서 선을 수행해야 한다.
❿(노름, 내기 따위에서 마음을 졸이며) 화투 패를 젖혀서 살짝 보다. Turn over one's cards and take a peek nervously in a gamble or bet.
N0-가 N1-를 V (N0=[인간] N1=화투, 패 따위)
¶화투 패를 조여 보더니 미소를 지었다. ¶다시 판돈을 걸고 여느 때보다 신중하게 카드를 조여 갔다.
◆ **고삐를 조이다** 긴장을 늦추지 않고 몰아 부치다. Push without relaxing like as a rider spurs his horse by shortening the rein.
N0-가 Idm (N0=[인간|단체])
[연어]바싹, 바짝
¶우리는 적군에 대한 공세의 고삐를 조였다. ¶수사팀은 김 씨에 대한 수사 고삐를 바짝 조이고 있다.
◆ **숨통을 조이다** 일, 활동을 못하게 강력하게 압박하다. Powerfully suppress to prevent work or activity like as one gives so much pressure on somebody that he or she cannot even take a breath.
N0-가 N1-의 Idm (N0=[인간|단체], [추상물] N1=[인간|단체])
¶숨통을 더 조여야 정신을 차릴 것인가? ¶고유가가 기업의 숨통을 더욱 조이고 있다.

조작되다 I
[어원]造作~ [활용]조작되어(조작돼), 조작되니, 조작되고 [대응]조작이 되다

[자]❶(어떤 일이) 거짓으로 꾸며져 바뀌거나 만들어지다. (of an event) Be invented or fabricated as a fake.
[유]위조되다
N0-가 V (N0=[구체물], [추상물], [상태])
[능]조작하다I
¶검증이 시작되기 전에 증거가 이미 조작되었다. ¶조작된 기사로는 신뢰를 얻지 못합니다.
❷(어떤 것이) 실제를 본따서 거짓으로 만들어지다. (of a thing) Be made as a fake, imitating the original one.
N0-가 V (N0=[구체물])
[능]조작하다I
¶이번에 발각된 위폐는 해외에서 조작되었습니다. ¶그 물건들은 조작된 것이었지만 인기가 높다.

조작되다II
[어원]操作~ [활용]조작되어(조작돼), 조작되니, 조작되고 [대응]조작이 되다
[자](기계나 도구 따위가) 일정한 방식으로 다루어져 사용되다. (of machine or instrument) Be handled and used in a definite way.
[유]작동되다
N0-가 V (N0=[기기])
[능]조작하다II
¶이 장치를 사용하면 컴퓨터가 눈짓만으로 조작된다. ¶그 기계는 민감해서 섬세하게 조작되어야 한다. ¶좀 더 쉽게 조작되는 제품은 없나요?

조작하다 I
[어원]造作~ [활용]조작하여(조작해), 조작하니, 조작하고 [대응]조작을 하다
[타]❶(어떤 일을) 거짓으로 꾸며서 바꾸거나 만들어 내다. Change an event to a fake one or invent one.
[유]위조하다
N0-가 N1-를 V (N0=[인간|단체] N1=[구체물], [추상물], [상태])
[피]조작되다I
¶그 신문사는 불리한 여론 조사 결과를 조작했다. ¶공문서를 조작하는 것은 중대한 범죄다. ¶그는 논문을 조작한 혐의로 조사를 받고 있다.
❷(어떤 것을) 실제를 본따서 거짓으로 만들다. Make a fake version of something, imitating the original one.
N0-가 N1-를 V (N0=[인간|단체] N1=[구체물])
[피]조작되다I
¶불법으로 조작한 상품들이 버젓이 팔리고 있다. ¶가짜 영양제를 조작해 판매한 일당이 붙잡혔습니다.

조작하다II
[어원]操作~ [활용]조작하여(조작해), 조작하니, 조작하고 [대응]조작을 하다
[타](기계나 도구 따위를) 일정한 방식으로 다루어 사용하다. to handle and use a machine or an instrument in a definite way.
[유]다루다, 작동시키다
N0-가 N1-를 V (N0=[인간|단체] N1=[기기])
[피]조작되다II
¶현우는 새로 나온 휴대전화를 능숙하게 조작했다. ¶그가 음향 기기를 조작했더니 음질이 깨끗해졌다. ¶수동 기어 조작하는 법을 아는 운전자가 매우 드물다.

조장되다
[어원]助長~ [활용]조장되어(조장돼), 조장되니, 조장되고 [대응]조장이 되다
[자](나쁜 사태가) 더 악화되거나 심해지다. (of a bad situation) Become worse.
N0-가 V (N0=[상태])
[능]조장하다
¶규제가 약해서 주민들 사이에 도박이 조장되었다. ¶구성원들 사이의 거짓말로 불화가 조장되고 있다. ¶정부의 뒤늦은 대처로 시장의 혼란이 조장된 측면이 있다.

조장하다
[어원]助長~ [활용]조장하여(조장해), 조장하니, 조장하고 [대응]조장을 하다
[타](나쁜 사태를) 더 악화되거나 심해지도록 만들다. Make a bad situation worse.
N0-가 N1-를 V (N0=[인간|단체], [추상물], [상태] N1=[상태])
[피]조장되다
¶그 영화는 청소년의 흡연을 조장한다. ¶정부가 오히려 부동산 투기를 조장하는 것 같다. ¶차별을 조장하는 기업 분위기는 사라져야 합니다.

조절되다
[어원]調節~ [활용]조절되어(조절돼), 조절되니, 조절되고 [대응]조절이 되다
[자](어떤 대상의 상태가) 적절하게 바뀌어 정돈되다. (of the state of an object) Be controlled properly and arranged.
[유]정돈되다, 조정되다
N0-가 V (N0=[추상물](크기, 수량, 정도 따위))
[능]조절하다
¶이 약품만 있으면 환자의 혈압이 안전하게 조절된다. ¶버튼 하나만 누르면 마이크의 음량이 조절된다. ¶사람의 몸에서는 땀과 소변 등을 통해 수시로 체액의 양이 조절된다.

조절하다
[어원]調節~ [활용]조절하여(조절해), 조절하니, 조절하

고 대응조절을 하다
타(어떤 대상의 상태를) 바꾸어 적절하게 정돈하다. Control the state of an object properly and arrange it.
유맞추다타, 가다듬다, 정돈하다, 조정하다
N0-가 N1-를 V (N0=[인간] N1=[추상물](크기, 수량, 정도 따위))
피조절되다
¶적군은 우리의 움직임에 맞추어 비행 고도를 조절했다. ¶달리기 선수들은 호흡을 조절하며 달려 나갈 준비를 했다. ¶선생님은 아이들의 시력이 나빠지지 않도록 조명의 밝기를 조절하였다.

조정되다

어원調整~ 활용조정되어(조정돼), 조정되니, 조정되고 대응조정이 되다
자(어떤 대상이) 어떤 기준이나 상황에 알맞게 조절되다. (of an object) Be controlled properly according to a criterion or a situation.
유조절되다
N0-가 V (N0=[추상물](크기, 수량 따위))
능조정하다
¶계속 비가 내려 결국 경기 일정이 조정되었다. ¶추가 경정 예산에서 약 9억 원의 예산이 조정되었다. ¶인쇄소의 사정이 좋지 않아 잡지의 간행 시기가 조정되었다.

조정하다

어원調整~ 활용조정하여(조정해), 조정하니, 조정하고 대응조정을 하다
타(어떤 대상을) 어떤 기준이나 상황에 알맞게 조절하다. (of a person) Control an object properly according to a criterion or a situation.
유조절하다
N0-가 N1-를 V (N0=[인간] N1=[추상물](크기, 수량 따위))
피조정되다
¶사회자는 나이든 사람들도 잘 볼 수 있도록 화면의 글자 크기를 조정했다. ¶관리자는 사람들이 다 모일 수 있는 시간을 찾기 위해 날짜를 조정해야 했다. ¶법이 바뀌게 되면서 모든 대학이 입학 정원을 조정했다.

조종되다

어원操縱~ 활용조종되어(조종돼), 조종되니, 조종되고 대응조종이 되다
자❶(운송수단을 비롯한 기계가) 사람에게 다루어져 움직이다. (of machine including transportation) Be handled and moved.
유조작되다II, 운용되다
N0-가 N1-(에게|에 의해) V (N0=[교통기관], [기계] N1=[인간])
능조종하다
¶항공기가 항공 납치범들에 의해 조종되고 있다. ¶그 자동차는 너무 낡아서 잘 조종되지 않았다.
❷(사람이나 단체가) 누군가에게 협상, 암시, 사주를 받아 행동하다. (of a person or an organization) Do something by being controlled by someone's negotiation, hint, or incitement.
유다루어지다, 부려지다
N0-가 N1-(에게|에 의해) V (N0=[인간|단체] N1=[인간|단체])
능조종하다
¶우리 동아리는 완전히 부회장에게 조종되고 있다. ¶우리는 절대 그런 음흉한 사람에게 조종되지 말아야 한다.

조종하다

어원操縱~ 활용조종하여(조종해), 조종하니, 조종하고 대응조종을 하다
타❶(운송수단을 비롯한 기계를) 다루어 움직이게 하다. Handle and move machines including transportation.
유조작하다II, 운용하다, 운전하다
N0-가 N1-를 V (N0=[인간] N1=[교통기관], [기계])
피조종되다
¶기장은 항공기를 능숙하게 조종했다. ¶그 항해사는 여러 종류의 선박을 30년 넘게 조종해 왔다.
❷(사람이나 단체를) 협상, 암시 등을 이용하여 뜻대로 행동하게 하다. Control a person or an organization by means of negotiation, hint, etc.
유다루다, 부리다
N0-가 N1-를 V (N0=[인간|단체] N1=[인간|단체])
피조종되다
¶예전의 달변가들은 말로써 사람을 손쉽게 조종했다. ¶누군가 막후에서 이 문서 위조범들을 조종한 것이 틀림없다.

조직되다

어원組織~ 활용조직되어(조직돼), 조직되니, 조직되고 대응조직이 되다
자여럿이 모여 체계 있는 집단이 이루어지다. (of a systematic group) Be organized, with many people joining.
유결성되다, 구성되다, 짜이다
N0-가 V (N0=[모임])
능조직하다
¶마을 발전을 도모하기 위해 협동조합이 조직되었다. ¶1학년 학생들을 중심으로 봉사 활동 동아리가 조직되었다. ¶그들은 매우 잘 조직된 팀이라서 결속력이 뛰어났다.

조직하다

어원 組織~ 활용 조직하여(조직해), 조직하니, 조직하고 대응 조직을 하다

타 ❶(사람이나 단체가) 특정한 목표를 가지고 여럿이 모여 체계 있는 집단을 이루다. (of a person or an organization) Get together for a particular purpose and constitute a systematic body.

유 설립하다, 결성하다, 짜다I, 만들다타, 구성하다

N0-가 N1-를 V (N0=[인간|단체] N1=[모임])

피 조직되다

¶일부 선생님들이 장학회를 조직하여 학생들에게 장학금을 주고 있다. ¶주민들이 자율방범대를 조직하여 아이들의 안전을 지키고 있다.

❷(생각이나 시간 따위를) 짜서 이루거나 얽어서 만들다. Weave or make up thought or time.

유 구성하다, 짜다I

N0-가 N1-를 V (N0=[인간] N1=[생각], [시간], [행위], [추상물], [앎])

¶여러분의 생각을 잘 조직하여 글로 써 보세요. ¶인간은 분업과 협동을 조직하는 생활 공동체로 발전하였다.

조직화되다

어원 組織化~ 활용 조직화되어(조직화돼), 조직화되니, 조직화되고 대응 조직화가 되다

자 (어떤 집단이나 제도가) 질서가 잡히고 유기적인 운영이 이루어지다. (of organization or system) Be well-ordered and run organically.

N0-가 V (N0=[집단], [추상물])

¶우리나라는 의료 제도가 잘 조직화되어 있다. ¶국방 개혁으로 우리 군 제도가 좀더 합리적으로 조직화되었다. ¶우리 모임은 규모가 커졌기 때문에 합리적이고 조직화된 운영이 필요하다.

조치하다

어원 措置~ 활용 조치하여(조치해), 조치하니, 조치하고 대응 조치를 하다

자타 (어떤 상황에 대하여) 적절한 대책을 세워 실행하게 하다. Have an appropriate measure prepared and carried out for a situation.

유 처리하다, 대처하다

N0-가 N1-(에|를) ADV V (N0=[인간|단체] N1=[추상물], [상태] ADV=잘, 용케 따위, Adj-게)

¶상담원은 고객의 항의에 적절히 조치했다. ¶그는 갑작스런 사태가 발생해도 기민하게 조치하는 능력이 출중하다.

N0-가 N1-(에|를) S-(게|도록) V (N0=[인간|단체] N1=[추상물], [상태])

¶사장은 실무진을 감독하여 같은 종류의 사고가 재발하지 않도록 조치했다. ¶화재 사건 이후 관리 당국은 공원에서 취사하지 말도록 조치하였다.

조화되다

어원 調和~ 활용 조화되어(조화돼), 조화되니, 조화되고

자 (둘 이상의 대상이) 어긋나지 않고 서로 잘 어울리다. (of two or more objects) Coordinate well without contradicting.

유 어울리다

N0-가 N1-와 V ↔ N1-가 N0-와 V ↔ N0-와 N1-가 V (N0=[구체물], [추상물], [집단], [장소], [상태] N1=[구체물], [추상물], [집단], [장소], [상태])

능 조화시키다

¶부분이 전체와 조화되어 통일된 예술미를 갖는다. ↔ 전체가 부분과 조화되어 통일된 예술미를 갖는다. ↔ 부분과 전체가 조화되어 통일된 예술미를 갖는다. ¶경영 통제와 경영 판단의 존중이 조화되어야 한다.

N0-가 N1-에 V (N0=[구체물], [추상물], [집단], [장소], [상태] N1=[구체물], [추상물], [집단], [장소], [상태])

¶아름다운 자연의 모습에 흐르는 물소리가 잘 조화된다. ¶에스프레소의 깊고 진한 맛에 우유 거품의 부드러운 맛이 조화된 커피가 만들어졌다.

조화시키다

어원 調和~ 활용 조화시키어(조화시켜), 조화시키니, 조화시키고

타 (둘 이상의 대상을) 어긋남이 없이 서로 잘 어울리게 하다. Make two or more objects coordinate well without contradicting.

유 어울리게 하다

N0-가 N1-를 N2-와 V ↔ N0-가 N2-를 N1-와 V ↔ N0-가 N1-와 N2-를 V (N0=[인간|단체], [행위] N1=[구체물], [추상물], [집단], [장소], [상태] N2=[구체물], [추상물], [집단], [장소], [상태])

피 조화되다

¶그의 연기는 절제를 분출과 조화시켰다. ↔ 그의 연기는 분출을 절제와 조화시켰다. ↔ 그의 연기는 절제와 분출을 조화시켰다. ¶경제 성장과 환경 보존을 조화시키는 노력이 필요하다.

존경받다

어원 尊敬~ 활용 존경받아, 존경받으니, 존경받고 대응 존경을 받다

자 (사람이) 다른 사람의 공경을 받다. (of a person) Be respected by another person.

N0-가 V (N0=[인간])

능 존경하다

¶그는 아래로부터도 위로부터도 존경받았다. ¶기사들은 전투를 통해 명예를 얻고 존경받았다. ¶노련하고 폭넓은 경험을 지닌 이들은 존경받았다.

존경하다

어원 尊敬~ 활용 존경하여(존경해), 존경하니, 존경하고 대응 존경을 하다
타 (다른 사람을) 우러르고 공경하다. (of a person) Admire and respect another person.
유 공경하다, 숭앙하다
N0-가 N1-를 V (N0=[인간] N1=[인간])
피 존경받다
¶나는 후배이지만 김 선생을 존경했다. ¶그는 아버지를 존경해서 늘 닮고자 했다. ¶많은 소수자들이 흑인 해방을 위해 싸운 마틴 루터 킹을 존경한다.

존대받다

어원 尊待~ 활용 존대하여(존대해), 존대하니, 존대하고 대응 존대를 하다
타 ❶(사람이) 받들어 대접받거나 깍듯하게 대해지다. (of a person) Be treated respectfully and politely.
N0-가 V (N0=[인간])
능 존대하다 타
¶왕전은 진시황에 의해 스승으로 존대받았다. ¶세종대왕은 역사상 가장 존대받는 임금이다.
❷(사람이) 존경하는 말투로 대해지다. (of a person) Be treated in a respectful manner of speaking.
N0-가 N1-에게 V (N0=[인간] N1=[인간])
능 존대하다 타
¶그는 신입생 중 가장 나이가 많아서 늘 동기들에게 존대받았다. ¶존대받는데 싫어하는 사람은 없으므로 나는 반말을 쓰는 사이에도 가끔 존댓말을 쓰곤 한다.

존대하다

어원 尊待~ 활용 존대하여(존대해), 존대하니, 존대하고 대응 존대를 하다
타 (다른 사람을) 받들어 대접하거나 깍듯하게 대하다. (of a person) Treat another person respectfully and politely.
N0-가 N1-를 V (N0=[인간] N1=[인간])
피 존대받다
¶종교개혁자들과 청교도들은 이전과 달리 여성을 존대했다. ¶우리가 존댓말을 쓰는 만큼 우리는 서로를 존대하고 있을까?
자타 (다른 사람을) 존경하는 말투로 대하다. (of a person) Treat another person in a respectful manner of speaking.
N0-가 N1-에게 V (N0=[인간] N1=[인간])
피 존대받다
¶사십대인 듯한 남자가 이십대 정도의 여자에게 존대했다. ¶그 사람은 남에게 반말을 하다가 존대하기도 하며 사람을 헷갈리게 했다. ¶약속 장소에 나온 사람은 처음 만나는 사람이라서 일단 깍듯하게 존대했다.
N0-가 N1-를 V (N0=[인간] N1=[인간])
피 존대받다
¶그 남자는 오빠의 친구였으므로 나는 그도 존대했다. ¶주인집 부부는 서로를 존대했다.

존재하다

어원 存在~ 활용 존재하여(존재해), 존재하니, 존재하고
자 (사람이나 사물이) 어떤 시간이나 공간에 실제로 있다. (of a person or a thing) Be actually present in a certain time or space.
유 있다, 현존하다
N0-가 N1-에 V (N0=[구체물], [추상물] N1=[장소])
¶이런 현상은 지구상 여기저기에 존재한다. ¶섬유는 인체 곳곳에 존재한다. ¶우주에는 수많은 블랙홀이 존재한다. ¶그에게도 많은 결점이 존재한다.

존중되다

어원 尊重~ 활용 존중되어(존중돼), 존중되니, 존중되고
자 (어떤 대상이) 간과되지 않고 귀하게 여겨지다. (of a person) Be regarded highly and not be neglected.
N0-가 V (N0=[인간], [구체물], [추상물])
능 존중하다
¶이 회의실에서는 아무리 나이 어린 사람의 이야기라도 존중되었다. ¶이 시대 관객들의 기호와 취향은 어느 때보다 존중되었다. ¶참정권을 얻게 되면서 여성도 시민으로서 존중되었다.

존중받다

어원 尊重~ 활용 존중받아, 존중받으니, 존중받고 대응 존중을 받다
자타 (어떤 대상이) 간과되지 않고 귀하게 여겨지다. (of a person) Be regarded highly and not be neglected.
N0-가 N2-(에게|에게서) N1-(로|에서) V (N0=[인간] N1=[기준] N2=[인간|단체])
능 존중하다
¶그들의 군사 교육은 로마군 규율의 가장 완벽한 모델로 존중받았다. ¶오스만 제국의 지배하에서 발칸 반도의 기독교 신앙은 일정하게 존중받았다.
N0-가 N1-를 V (N0=[인간] N1=[인간], [구체물], [추상물](권리, 의견 따위))
능 존중하다
¶시청자들은 사건 보도를 통해 알 권리를 존중받았다고 느낀다. ¶이 지역에서 개발 반대주의자가 비록 소수였지만 의견을 존중받았다.

존중하다

어원 尊重~ 활용 존중하여(존중해), 존중하니, 존중하고 대응 존중을 하다
타 (어떤 대상을) 간과하지 않고 귀하게 여기다.

ㅈ

(of a person) Not to neglect but to regard an object highly.
N0-가 N1-를 V (N0=[인간] N1=[인간], [구체물], [추상물])
피 존중되다, 존중받다
¶그는 부하들을 옥죄지 않고 개인의 자유를 존중하였다. ¶영국은 이집트나 인도 등에서 군사적, 경제적 이익을 챙겼지만 이들의 전통 문화나 관습을 존중하였다. ¶남편은 언제나 부인을 존중해 주었다.

졸다Ⅰ
활용 졸아, 조니, 졸고, 조는
자 (완전히 잠들지는 않은 상태에서) 눈이 감기며 반복적으로 살짝 잠이 들었다가 깨다. (of eyes) Be closed and repeatedly fall asleep and wake up while one isn't completely asleep.
N0-가 V (N0=[인간], [동물])
연어 꾸벅꾸벅
¶학생이 수업 시간에 꾸벅꾸벅 졸고 있다. ¶그는 영화를 보면서 계속 졸았다.

졸다Ⅱ
활용 졸아, 조니, 졸고, 조는 ㊀쫄다
자 (액체가) 가열에 의해 증발하여 양이 바짝 줄어들다. (of liquid) Become significantly reduced in quantity due to evaporation by heat.
N0-가 V (N0=[액체], [음식물])
사 졸이다
¶장조림 국물이 너무 졸아서 짜다. ¶불이 세면 물이 졸아서 다 탄다.

졸라매다
활용 졸라매어(졸라매), 졸라매고, 졸라매니
타 (무엇을) 흘러내리거나 헐겁지 않도록 단단히 동여매다. Firmly tie up something to prevent it from falling or getting loose.
㊌묶다, 동여매다, 죄다타
㊗풀다 ㊂매다
N0-가 N1-를 V (N0=[인간] N1=[패용물](허리띠, 머리끈 따위))
¶나는 허리띠를 졸라매고 다시 일어났다. ¶그는 시동을 걸기 전에 안전띠를 꽉 졸라맸다. ¶나는 세수를 하기 위해 머리끈을 졸라매었다.
N0-가 N1-를 N2-로 V (N0=[인간] N1=[신체부위] N2=[패용물](허리띠, 머리끈 따위), [줄])
¶나는 허리를 허리띠로 졸라매고 다시 일어났다. ¶나는 헝클어진 머리를 머리끈으로 졸라매고 세수를 하였다.
◆ **허리띠를 졸라매다**
❶(사람이) 근검절약하다. (of a person) Be thrifty and frugal.
N0-가 Idm (N0=[인간|단체])
¶우리는 빚을 갚기 위하여 허리띠를 졸라매고 열심히 살기로 하였다. ¶나는 집을 사기 위해 지출을 줄이고 허리띠를 졸라맸다.
❷(사람이) 무엇을 이루기 위해 굳센 각오로 일을 하다. (of a person) Work with firm determination to achieve something.
N0-가 Idm (N0=[인간|단체])
¶정부는 새해를 맞아 허리띠를 졸라매고 혁신 정치를 하기로 하였다. ¶우리 팀은 결승 진출을 위해 앞으로 허리띠를 졸라매어야 할 것이다.

졸리다Ⅰ
활용 졸리어(졸려), 졸리니, 졸리고
자 자고 싶은 느낌이 신체적으로 느껴지다. Feel the want to sleep.
㊌잠이 오다
N0-가 V (N0=[인간], [동물])
¶그는 밤에 충분히 잤지만 여전히 졸렸다. ¶아이가 졸려서 칭얼댄다. ¶햇살 아래서 고양이가 졸린지 눈을 끔뻑거리고 있다.

졸리다Ⅱ
활용 졸리어(졸려), 졸리니, 졸리고 ㊀쫄리다
자 (부담이 되는 사람이나 상황에 의해) 끊임없이 압박을 느끼다. Feel constant pressure by uncomfortable person or situation.
㊌시달리다
N0-가 N1-(에|에게) V (N0=[인간] N1=빚쟁이, 빚 따위)
능 조르다II
¶그는 빚쟁이에게 졸리고 있다. ¶그는 빚에 졸려 괴로운 나날을 보내고 있었다.

졸리다Ⅲ
활용 졸리어(졸려), 졸리니, 졸리고
자타 (다른 사람이나 힘이 센 동물에게) 목 따위를 눌리거나 압박을 당하다. Be pressed on the neck or be pressured by another person or a strong animal.
㊌압박되다
N0-가 N2-에게 N1-(가|를) V (N0=[인간] N1=목 따위 N2=[인간], [동물])
능 조르다I
¶나는 강도에게 목을 졸려 움직일 수가 없었다. ¶아이가 뱀에게 목이 졸려 큰일날 뻔했다.

졸업하다
어원 卒業~ 활용 졸업하여(졸업해), 졸업하니, 졸업하고 대응 졸업을 하다
타 ❶(학생이) 학교 따위의 교육기관에서 정해진 학업 과정을 모두 이수하고 마치다. (of a student) Complete all the definite courses in an

educational institution such as school.
㉤입학하다
N0-가 N1-를 V (N0=[인간](학생) N1=[교육기관])
사졸업시키다
¶오늘은 아이가 유치원을 졸업하는 날이다. ¶나는 대학원을 졸업하고 연구소에 취직하였다.
❷(사람이 어떤 일에) 많은 경험이나 훈련을 통해 과정이나 단계를 마치다. (of a person) Finish a course or the steps by means of many experiences or training.
㊚떼다, 마치다
N0-가 N1-를 V (N0=[인간] N1=기저귀, 구구단, 바이엘 따위)
¶어린 동생은 아직도 기저귀를 졸업하지 못했다. ¶우리 애는 구구단은 이미 졸업했지요. ¶친구 녀석은 바이엘 교본은 작년에 이미 졸업하고, 지금은 더 어려운 곡을 연습해요.

졸이다

활용졸여, 졸이니, 졸이고
타❶(간장, 한약, 찌개 따위를) 끓여 물의 양을 적어지게 하다. Apply fire to soy sauce, medicinal herb, soup, etc., to reduce the amount of water.
N0-가 N1-를 V (N0=[인간] N1=국물, 한약, 간장, 찌개, 물 따위)
주졸다II
¶여기에 대추를 넣고 물이 반 정도 될 때까지 졸이면 됩니다. ¶나는 된장찌개에 밥을 넣고 졸였다.
❷(가슴, 마음, 애간장 따위를) 태우듯 걱정하며 조마조마해 하다. Be nervous and anxious in one's mind, heart, etc.
㊚태우다, 긴장하다
N0-가 N1-를 V (N0=[인간] N1=가슴, 마음, 애간장, 속 따위)
¶나는 가슴을 졸이며 경기를 지켜봤다. ¶부모님은 항상 자식 걱정에 마음을 졸이셨다. ¶나는 애간장을 졸이며 그녀의 대답을 기다렸다.

좁히다

활용좁히어(좁혀), 좁히니, 좁히고
타❶(간격, 거리, 폭 따위를) 기존보다 짧게 하다. Make the existing interval, distance, or width shorter.
㊚줄이다 ㉤넓히다
N0-가 N1-를 V (N0=[인간|단체] N1=[길이](간격, 거리, 폭, 너비 따위))
¶마지막 주자가 1등과의 거리를 좁혔다. ¶여기서 폭을 더 좁히면 너무 답답할 것 같다.
❷(넓이를) 기존보다 작게 하다. Make the existing area smaller.
㊚줄이다 ㉤넓히다
N0-가 N1-를 V (N0=[인간|단체] N1=[넓이], [장소])
¶사장님은 매장 면적을 더 좁혔다. ¶주차장을 좁히면 주차하기가 더 어려워진다.
❸(범위나 의미를) 특정하기 위하여 줄이다. Lessen the scope or meaning in order to specify it.
㊚줄이다 ㉤넓히다
N0-가 N1-를 V (N0=[인간|단체] N1=[범위], [지역])
¶경찰은 수사망을 좁히자 범인은 더욱 불안해하였다. ¶그의 의도를 파악하려면 말뜻을 좁혀서 생각해야 한다.

종결되다

어원終結~ 활용종결되어(종결돼), 종결되니, 종결되고 대응종결이 되다
자 (하던 일이나 행위가) 완전히 끝나다. (of something one was doing) Be completely finished.
㊚끝나다, 종료되다
N0-가 V (N0=[사건](회의 따위), [행위](수사, 소송, 토론 따위, [충돌](전쟁, 전투 따위))
능종결하다
¶10년이 지나서야 전쟁이 종결되었다. ¶사건이 종결되는 것은 그의 손에 달렸다.

종결하다

어원終結~ 활용종결하여(종료해), 종결하니, 종결하고 대응종결을 하다
타 (하던 일이나 행위를) 완전히 끝마치다. Completely finish something one was doing.
㊚끝내다, 종료하다
N0-가 N1-를 V (N0=[인간|단체] N1=[사건](사건, 회의 따위), [행위](수사, 소송, 토론 따위), [충돌](전쟁, 전투 따위))
피종결되다
¶검찰은 10일 만에 죄수의 집단 탈옥 사건에 대한 수사를 종결했다. ¶나머지 직원들에 대해서는 주의 조치하는 선에서 사건을 종결했다.

종료되다

어원終了~ 활용종료되어(종료돼), 종료되니, 종료되고 대응종료가 되다
자(하던 일이나 행위가) 끝나다. (of something one was doing) Be completely finished.
㊚마치다, 끝나다, 끝마치다, 종결되다 ㉤개시되다, 시작되다, 착수되다
N0-가 V (N0=[사건](회의 따위), [행위](수사, 소송, 토론 따위), [충돌](전쟁, 경기 따위))
능종료하다
¶그 일이 종료되기에는 많은 시간이 걸릴 것 같다. ¶앞서거니 뒤서거니 하던 경기가 마침내 종료되었다.

종료하다

어원終了~ 활용종료하여(종료해), 종료하니, 종료하고 대응종료를 하다

타(하던 일이나 행위를) 완전히 끝마치다. Completely finish something one was doing.

유마치다, 끝내다, 끝마치다, 종결하다 반개시하다, 시작하다, 착수하다

N0-가 N1-를 V (N0=[인간|단체] N1=[사건](사건, 회의 따위), [행위](수사, 소송, 토론 따위), [충돌](전쟁, 전투, 경기 따위))

피종료되다

¶경찰은 범죄 소탕 작전을 종료하였다. ¶선수들이 경기를 종료하고 나니 갑자기 피로감이 몰려왔다.

종사하다

어원從事~ 활용종사하여(종사해), 종사하니, 종사하고 대응종사를 하다

자❶(어떤 일이나 활동에) 참여하여 마음과 힘을 다하다. Participate in a work or an activity and devote oneself to it.

N0-가 N1-에 V (N0=[인간] N1=[추상물], [분야], [활동], [일])

¶나는 오랫동안 공익 활동에 종사해 왔다. ¶우리는 감염병 퇴치 운동에 종사할 의사를 찾고 있습니다.

❷(어떤 일이나 회사에) 생계나 벌이를 위해 일하다. Work in a company in order to make a living.

유근무하다, 일하다

N0-가 N1-에 V (N0=[인간] N1=[추상물], [분야], [활동], [직책], [일], [기관])

¶주민들이 안심하고 생업에 종사할 수 있도록 우리들이 자율 방범대를 조직했다. ¶나는 금융기관에 종사한 지 20년이 되었다.

종속되다

어원從屬~ 활용종속되어(종속돼), 종속되니, 종속되고

자❶(어떤 대상이 다른 대상에) 딸려 붙거나 좌우되는 관계에 놓이다. (of an object) Be attached to or subordinate to another object.

유딸리다, 의존하다자

N0-가 N1-(에|로) V (N0=[모두] N1=[모두])

능종속시키다

¶고려 시대는 국가 체제의 정비로 인해 많은 농민들이 귀족에 종속되었다. ¶부동산은 이제 금융 산업의 한 부문으로 종속되었다.

❷ 【언어】 문장의 구성 성분이 다른 부분에 결합하여 주술, 수식, 조건적 접속 따위의 관계를 가지게 되다. (of a component of a sentence) Be combined with another component and have subject-predicate, modifying, or conditional subjunctive relations with it.

N0-가 N1-에 V (N0=[말](낱말, 문장 따위) N1=[말](낱말, 문장 따위))

¶종속적 연결어미로 연결된 문장은 주절에 종속된다.

종속시키다

어원從屬~ 활용종속시키어(종속시켜), 종속시키니, 종속시키고

타(사람 따위가) 어떤 대상을 다른 대상에 딸려 붙게 하거나 좌우되는 관계에 놓이게 하다. (of a person) Make an object attached or subordinate to another object.

N0-가 N1-를 N2-(에|로) V (N0=[모두] N1=[모두] N2=[모두])

피종속되다

¶기독교는 로마의 박해에서 살아남아 유럽을 기독교 문화권으로 종속시켰다. ¶나는 과거에 너무 얽매인 나머지 스스로를 과거에 종속시켰다. ¶혈액형 성격 분류는 사람의 부류를 몇 개의 성격으로 한정하고 거기에 종속시킨다.

종합되다

어원綜合~ 활용종합되어(종합돼), 종합되니, 종합되고 대응종합이 되다

자(여러 가지 것이) 함께 모여 합쳐져 하나로 만들어지다. (of many things) Be combined into one thing.

유총괄되다

N0-가 N1-로 V (N0=[상태], [추상물] N1=[추상물])

능종합하다

¶그의 한마디로 여러 사람들이 제시한 수많은 의견이 종합되었다. ¶분석한 결과들이 하나로 종합되는 데에는 시간이 걸릴 듯하다.

종합하다

어원綜合~ 활용종합하여(종합해), 종합하니, 종합하고 대응종합을 하다

타(여러 가지 것을) 함께 모아서 한데 합쳐 하나로 만들다. (of a person) Combine many things into one thing.

유총괄하다

N0-가 N1-를 V (N0=[인간] N1=[상태], [추상물])

피종합되다

¶지금까지 나온 다양한 의견을 종합하겠습니다. ¶나는 각종 자료를 종합하여 해당 부서에 제출하였다.

N0-가 N1-를 N2-로 V (N0=[인간] N1=[상태], [추상물] N2=[텍스트])

피종합되다

¶나는 각종 자료를 보고서 한 장으로 종합하였다. ¶그는 지금까지 분석한 결과들을 책 한 권으로

종합하여 출판하였다.

좇다

활용 좇아, 좇으니, 좇고

타 ❶(다른 사람의 뒤를) 잡거나 놓치지 않기 위해 그대로 따라가다. Follow someone's back.

유 뒤쫓다, 추적하다

N0-가 N1-를 V (N0=[인간], [동물], [교통기관] N1=[인간], [동물], [교통기관], [추상물](뒤, 행적, 발자취 따위))

¶탐정은 범인의 행적을 포기하지 않고 좇았다. ¶개는 냄새를 통해서 표적을 좇고 있었다.

❷(사람이나 사태를) 계속 주시하여 살피다. Look over by continuously keeping one's eyes on something.

유 주시하다, 살피다

N0-가 N1-를 N2-로 V (N0=[인간], [동물] N1=[구체물] N2=눈)

¶심판은 매서운 눈으로 선수 하나 하나를 좇고 있었다. ¶독수리는 매서운 눈으로 먹이를 좇았다.

❸(목표나 꿈, 행복 따위를) 얻으려고 계속 추구하다. Pursue goal, dream, happiness, etc., by regarding as a valuable thing.

유 추구하다

N0-가 N1-를 V (N0=[인간] N1=[추상물](목표, 꿈, 행복, 명예, 금전 따위))

¶현실을 무시하고 이상만 좇으면 안 된다. ¶이곳에는 도시의 화려한 삶을 좇아 온 젊은이들이 많다.

❹남의 말이나 생각 또는 대세를 따르다. Follow other's word, thought, or trend.

유 따르다, 추종하다

N0-가 N1-를 V (N0=[인간] N1=[추상물](말, 생각, 견해, 이론, 주장, 세태, 대세 따위))

¶그는 언제나 선생님의 말을 좇아서 행동했다. ¶그녀는 부모님의 뜻을 좇아서 결혼을 하기로 했다.

❺(규칙이나 관습, 전통 따위를) 그대로 따라 하다. Follow rule, custom, tradition, etc., as it is.

유 지키다, 따르다

N0-가 N1-를 V (N0=[인간] N1=[추상물](관습, 풍습, 관례, 전통 따위))

¶이 마을 사람들은 아직도 이전 관습을 그대로 좇아서 살고 있다. ¶그들은 조상의 풍습을 좇아서 부모의 장례식을 치루었다.

❻(생각이나 기억, 지나간 일 등을) 하나하나 되짚어 더듬어 가다. Trace thought, memory, past incident, etc., by looking back one by one.

N0-가 N1-를 V (N0=[인간] N1=[추상물](기억, 꿈, 생각, 영상, 장면 따위))

¶철수는 그림을 그리기 위해서 예전에 보았던 장면을 하나하나 좇았다. ¶나는 마음을 차분히 가라앉히고 지나간 장면을 하나하나 다시 좇아 보았다.

좋아하다

활용 좋아하여(좋아해), 좋아하니, 좋아하고

자 ❶만족스럽거나 즐거운 감정을 밖으로 드러내다. Outwardly express satisfaction or happy feeling.

유 기뻐하다 반 싫어하다 자

N0-가 V (N0=[인간|단체], [동물])

¶국민들은 국가 대표팀이 우승하자 너무 좋아하였다. ¶강아지는 밥을 주자 좋아하며 꼬리를 흔들었다. ¶영희는 남자친구한테서 청혼을 받자 무척 좋아했다.

❷(다른 사람과 서로) 친하게 여기거나 애틋한 감정으로 아끼고 위하다. Value and care for someone with intimate feelings.

반 싫어하다 자

N0-가 N1-와 (서로) V ↔ N1-가 N0-와 (서로) V ↔ N0-와 N1-가 (서로) V (N0=[인간] N1=[인간])

¶철수가 영희와 서로 좋아했다. ↔ 영희가 철수와 서로 좋아했다. ↔ 철수와 영희가 서로 좋아했다.

타 ❶(다른 사람을) 친하게 여기거나 애틋한 감정으로 아끼고 위하다. Value and care for someone with feelings of affection by considering him/her to be dear.

반 싫어하다 타

N0-가 N1-를 V (N0=[인간|단체] N1=[인간|단체])

¶정희가 후배를 좋아하는 것을 다른 사람도 다 알고 있다. ¶선생님께서는 우리 반 학생들을 정말 좋아하신다.

❷(어떤 대상을) 마음에 들어하거나 호의를 가지다. Like or feel goodwill toward some object.

반 싫어하다 타

N0-가 N1-를 V (N0=[인간|단체] N1=[모두])

¶아이들은 인형이나 장난감을 좋아한다. ¶어머니께서는 꽃을 좋아해서 집안을 화분으로 채우셨다.

N0-가 S것-을 V (N0=[인간])

¶엄마는 아들이 운동을 열심히 하는 것을 좋아했다.

❸(특정 음식을) 특별히 즐겨 먹거나 마시다. Particularly eat or drink specific food with joy.

반 싫어하다 타

N0-가 N1-를 V (N0=[인간], [동물] N1=[음식])

¶우리 아이는 고기만 좋아해서 밥 먹이기가 힘들다. ¶영호는 과일을 너무 좋아해서 밥보다 더 많이 먹었다.

❹(특정 운동이나 행위 따위를) 즐겨 하거나 하고 싶어하다. Enjoy or want to do a specific sport,

action, etc.
[반]싫어하다[타]
N0-가 N1-를 V (N0=[인간] N1=[행위](운동, 수영, 게임, 요리, 공부 따위))
¶그는 수영을 좋아해서 일주일에 서너 번 수영장에 간다. ¶아빠는 요리를 좋아해서 식사 준비를 엄마보다 더 자주 하신다.
◆ **좋아하네** 남의 행위나 말 따위를 비웃거나 빈정거릴 때 사용하는 반어적 표현 Ironic expression that is used when laughing at or mocking someone's behavior or words.
N0 Idm (N0=[모두])
¶다이어트 좋아하네, 지금 그러면서 과자를 먹는 거야? ¶사랑 좋아하네, 네가 지금 그럴 시간이 어디 있어? ¶개성 좋아하네, 그건 넝마처럼 입은 것이지 개성이 아니야.
※ N0 에 조사가 결합되지 않는다.

좌우하다
[어원]左右~ [활용]좌우하여(좌우해), 좌우하고, 좌우하니 [대응]좌우를 하다
[타](어떤 사태에) 압도적인 영향을 끼치다. Exert absolute influence on a certain situation.
[유]좌지우지하다, 판가름하다
N0-가 N1-를 V (N0=[구체물], [추상물] N1=[추상물], [상태])
¶생활 밀착형 공약이 지방선거의 성패를 좌우한다. ¶옛 사상가들은 지배자의 도덕성이 국가의 흥망을 좌우한다고 생각했다. ¶권력기관이 여론을 좌우하는 힘을 가지는 것은 민주주의에 위협이 된다.

좌절되다
[어원]挫折~ [활용]좌절되어(좌절돼), 좌절되니, 좌절되고 [대응]좌절이 되다
[자]❶의지나 기운이 꺾이게 되다. (of will or vigor) Be diminished.
N0-가 V (N0=[추상물](생각, 의지, 마음, 희망 따위))
¶그의 출중한 재능마저도 좌절되자 많은 사람들이 안타까워했다. ¶그는 교통사고로 시험을 치지 못해서 대학 진학의 꿈이 좌절되고 말았다.
❷(어떤 계획이나 일이) 도중에 실패로 돌아가다. (of plan or work) Fail along the way.
[유]실패하다, 꺾이다
N0-가 V (N0=[추상물], [상태])
¶그들은 자신들의 새로운 시도마저 좌절되자 크게 상심했다. ¶그의 승진 노력은 이번에도 또 다시 좌절되고 말았다.

좌절하다
[어원]挫折~ [활용]좌절하여(좌절해), 좌절하니, 좌절하고 [대응]좌절을 하다
[자](난관이나 실패로 인해) 의지나 기운이 꺾이다. (of will or vigor) Be diminished by difficulty or failure.
[유]꺾이다, 낙담하다
N0-가 N1-에 V (N0=[인간|단체] N1=[추상물](생각, 의지, 희망 따위), [상태])
[사]좌절시키다
¶그는 이번 실패에 크게 좌절했다. ¶그녀는 많은 실패에도 불구하고 좌절하지 않고 다시 일어났다. ¶많은 국민들이 대표팀의 패배에 좌절하고 말았다.

좌초되다
[어원]坐礁~ [활용]좌초되어(좌초돼), 좌초되니, 좌초되고 [대응]좌초가 되다
[자]☞좌초하다

좌초하다
[어원]坐礁~ [활용]좌초하여(좌초해), 좌초하니, 좌초하고 [대응]좌초를 하다
[자]❶(배가) 암초에 걸리거나 부딪쳐 못 움직이게 부서지다. (of a ship) Become damaged and immobile by being struck or smashed on a rock.
N0-가 V (N0=[교통기관])
¶남해에서 여객선이 좌초해 구조 신호를 보내고 있다. ¶임무 수행 중이던 고속정이 좌초하자 해군은 구출 작업에 나섰다.
❷(일이) 큰 곤란을 겪고 도중에 중단되어 실패하다. (of a task) Stop or fail after experiencing big trouble.
[유]실패하다
N0-가 V (N0=[사건])
¶기대를 모았던 선수가 결승전에서 상대편에게 패해 좌초하고 말았다. ¶대대적으로 계획했던 행사가 좌초해서 투자자들은 큰 손해를 보았다.

죄다
[활용]죄어(좨), 죄니, 죄고 [본]조이다[자]
[자]❶(신체부위가) 세게 짓눌려 압박받다. (of a body part) Be strongly pressed.
[유]압박받다
N0-가 V (N0=[신체부위])
¶발이 너무 죄어 이 신발은 더 이상 신기 힘들다. ¶그는 목이 죄는 것 같아 더 이상 넥타이를 하고 있을 수 없었다.
❷(자리나 공간이) 일정한 수용 범위를 벗어난 밀도로 촘촘하게 좁아지다. (of a seat or space) Become densely narrow beyond a certain capacity range.
N0-가 V (N0=[장소], [공간])
¶사람이 너무 많아 공연장 좌석이 너무 죄었다.

¶출근 때라서 지하철 안이 점점 죄어 왔다.
❸(마음이) 어떤 사태로 인해 몹시 긴장하거나 초조해하다. (of one's mind) Become very nervous or anxious due to certain situation.
㊌긴장되다
N0-가 N1-(에|로) V (N0=[마음] N1=[사건], [앎])
¶그는 그녀의 입원 소식으로 마음이 죄어 오는 것을 느꼈다. ¶아들이 밤늦도록 돌아오지 않자 엄마는 마음이 죄기 시작했다.
타❶(도구나 장치로 신체 부위를) 세게 짓눌러 움직이지 못할 정도로 압박받다. (of a body part) Be powerfully pressured with a tool or device and become immobile.
㊌압박받다
N0-가 N2-로 N1-를 V (N0=[인간] N1=[신체부위] N2=[착용물](허리띠, 넥타이 따위), [도구], [신체부위])
피 죄이다
¶그는 목을 죄고 있던 넥타이를 풀었다. ¶형사는 수갑으로 범인의 양손을 더욱 세게 죄었다.
❷(몸의 일부를) 힘을 세게 주어 근육을 수축시키다. Apply force to a body part and constrict muscle.
㊌수축시키다
N0-가 N1-를 V (N0=[인간] N1=[신체부위](골반, 항문, 괄약근 따위))
피 죄이다
¶그녀는 출산 후에 골반을 죄는 운동을 꾸준히 했따.
❸(자리나 공간을) 일정한 수용 범위를 벗어난 밀도로 촘촘히 좁히다. Densely narrow a seat or space beyond a certain capacity range.
㊌좁히다
N0-가 N1-를 V (N0=[인간] N1=[장소], [공간])
¶공연장에 사람들이 너무 많아서 자리를 죄어 앉았다. ¶군사들은 성을 겹겹이 둘러싼 후 죄어 오기 시작했다.
❹(묶거나 착용한 것을) 풀리거나 빠지지 않게 세게 잡아당겨 고정시키다. Pull hard and fix something one tied or wore so that it doesn't untie or fall out.
㊌매다
N0-가 N1-를 V (N0=[인간] N1=[도구](줄, 수갑, 말고삐 따위))
피 죄이다
¶아이는 운동화가 자꾸 벗겨지자 다시 끈을 죄어 신었다. ¶그는 교통사고가 난 뒤 안전띠를 단단히 죄는 버릇이 생겼다.
❺(나사, 수도꼭지 따위를) 풀려 느슨하거나 흔들리지 않게 고정시키다. Fix a screw or faucet so that it doesn't become loose or shake.
㊌고정시키다
N0-가 N1-를 V (N0=[인간] N1=[구체물](나사, 수도꼭지 따위))
피 죄이다
¶공장 사람들은 하루 종일 나사를 죄었다 풀었다를 반복했다. ¶물이 새지 않도록 수도꼭지를 꽉 죄어라.
❻(렌즈의 조리개를) 돌려서 상이 명확하게 고정될 때까지 조정하다. Adjust by turning lenses' aperture until image becomes clearly fixed.
㊌조정하다
N0-가 N1-를 V (N0=[인간] N1=조리개 따위)
¶그는 조리개를 바싹 죄어 사진을 찍었다. ¶사진을 찍을 때 조리개를 죄일수록 빛의 양이 반씩 줄어든다.
❼(어떤 일, 사태로 인해) 마음이 몹시 긴장하거나 초조해하다. Be very nervous or anxious in one's mind due to certain event or situation.
㊌졸이다
N0-가 N2-에 N1-를 V (N0=[인간] N1=[마음] N2=[상태])
피 죄이다
¶그녀는 발자국 소리나 문풍지의 떨림에도 마음을 죄었다. ¶예솔이는 가슴을 죄며 합격자 발표를 기다리고 있었다.
❽(사람이나 사태를) 심하게 구속하거나 심리적으로 압박하다. Severely restrain or psychologically oppress something.
㊌압박하다
N0-가 N1-를 V (N0=[인간|단체], [추상물] N1=[인간|단체], [추상물])
피 죄이다
¶지나친 사교육이 학생들을 죄고 있다. ¶은행들은 기업의 자금줄을 죄고 있다.
❾(마음을) 가라앉혀 바짝 정신을 차리다. Gather by calming oneself down.
N0-가 N1-를 V (N0=[인간] N1=[추상물](마음, 정신 따위))
¶그는 마음을 다시 다부지게 죄었다. ¶정신 자세를 굳게 죄고 앉아서 참선을 수행해야 한다.
❿(노름, 내기 따위에서 마음을 졸이며) 화투 패를 젖혀서 살짝 보다. Take a peek at one's cards nervously in a gamble or bet.
N0-가 N1-를 V (N0=[인간] N1=화투, 패)
¶그는 화투 패를 죄어 보더니 미소를 지었다. ¶너는 패를 죄는 기분이 어떤지 모를 거야.
◆ **목을 죄다** 활동이 자유롭지 못하도록 심하게 구속하거나 심리적으로 매우 압박하다. Severely constrain a person from doing things freely,

ㅈ

or put emotional pressure.
N0-가 Idm (N0=[추상물])
¶환율 하락이 수출 회사의 목을 죄고 있다. ¶높은 인플레이션이 시민 경제의 목을 죄고 있다.

죄이다

활용 죄이어(죄여), 죄이니, 죄이고

자 ❶(도구나 장치로) 신체부위가 세게 눌려 움직이지 못할 정도로 압박받다. (of one's body part) Be powerfully pressed to become immobile by a tool or device.
㊥압박되다
N0-가 N1-(에|로) V (N0=[신체부위] N1=[착용물](허리띠, 넥타이 따위), [도구], [신체부위])
능 죄다 타
¶그는 넥타이에 목이 너무 죄여 당장 풀어버렸다. ¶범인의 손은 수갑으로 더 세게 죄였다.

❷(묶거나 착용한 것이) 풀리거나 빠지지 않게 세게 잡아당겨져 고정되다. (of something that one tied or wore) Be pulled hard so that it doesn't untie or be loose.
N0-가 V (N0=[줄], [도구](말고삐, 수갑 따위))
능 죄다 타
¶손에 수갑이 세게 죄이자 범인이 거세게 반항했다. ¶말은 말고삐가 죄이자 달리기 시작했다.

❸(나사, 수도꼭지 따위가) 풀려 느슨하거나 흔들리지 않게 돌려 고정되다. (of a screw or faucet) Be turned and fixed so that it doesn't become loose or shake.
㊥고정되다
N0-가 V (N0=[구체물](나사, 수도꼭지 따위))
능 죄다 타
¶나사가 꽉 죄여 이제 풀리지 않는다. ¶수도꼭지가 제대로 죄였는지 확인해 보아라.

❹(어떤 일, 사태로 인해) 마음이 몹시 긴장되거나 초조해지다. (of one's mind) Become very nervous or anxious due to certain situation.
㊥긴장되다
N0-가 N1-에 V (N0=[마음] N1=[상태])
능 죄다 타
¶그녀는 발자국 소리나 문풍지의 떨림에도 마음이 죄였다. ¶예솔이는 가슴이 너무 죄여 합격자 발표를 바로 확인할 수 없었다.

❺심하게 구속을 받거나 심리적으로 압박을 받다. Be severely retrained or psychologically oppressed.
㊥압박받다
N0-가 N1-(에|에 의해) V (N0=[인간|단체], [추상물] N1=[인간|단체], [추상물])
능 죄다 타
¶지나친 사교육에 학생들이 죄이고 있다. ¶각박한 현실에 그의 목이 죄이는 것만 같았다.

죄짓다

어원 罪~ 활용 죄지어, 죄지으니, 죄짓고, 죄짓는
대응 죄를 짓다

자 ❶(다른 사람에게) 죄가 되는 일을 하다. Do something sinful to someone.
N0-가 N1-에게 V (N0=[인간|단체] N1=[인간|단체])
¶국민에게 죄짓고도 어찌 저렇게 당당할 수가 있다는 말인가. ¶그는 죄지은 사람처럼 얼굴이 빨개지고 가슴이 두근거렸다.

❷ 진리나 양심에 어긋나는 짓을 하다. Do something sinful to someone.
N0-가 N1-에 V (N0=[인간|단체] N1=하늘, 역사 따위)
¶할머니는 항상 하늘에 죄짓고 살지 말라고 말씀하셨다. ¶그들은 지금 역사에 죄짓고 있는 것이다.

❸(무엇에) 해가 되거나 나쁜 짓을 하다. Do something sinful to someone.
N0-가 N1-에 V (N0=[인간|단체] N1=자연 따위)
¶산더미 같은 쓰레기를 보면 우리 인간이 자연에 죄짓고 있는 것 같다.

주고받다

어원 I 활용 주고받아, 주고받으니, 주고받고

타 ❶(서로 어떤 물체를) 상대에게 주기도 하고 받기도 하다. Give something to each other at times and take the same at other times.
㊥교환하다
N0-와 N1-가 N2-를 V ↔ N1-와 N0-가 N2-를 V ↔ N0-가 N1-와 N2-를 V (N0=[인간|단체] N1=[인간|단체] N2=[구체물])
¶기영이와 기철이가 공을 주고받았다. ↔ 기철이와 기영이가 공을 주고받았다. ↔ 기영이가 기철이와 공을 주고받았다. ¶그들은 오랫동안 편지를 주고받았다.

❷(서로 어떤 행위를) 상대에게 가하기도 하고 당하기도 하다. Do an act against each other at times and suffer the same at other times.
㊥교환하다
N0-와 N1-가 N2-를 V ↔ N1-와 N0-가 N2-를 V ↔ N0-가 N1-와 N2-를 V (N0=[인간|단체] N1=[인간|단체] N2=[추상물], [행위])
¶기영이와 기철이가 욕설을 주고받았다. ↔ 기철이와 기영이가 욕설을 주고받았다. ↔ 기영이가 기철이와 욕설을 주고받았다. ¶농구 결승전에서 두 팀은 치열하게 공격을 주고받았다.

주관하다

어원 主管~ 활용 주관하여(주관해), 주관하니, 주관하고 대응 주관을 하다

타 (어떤 일을) 도맡아 담당하고 관리하다. Take

charge of a work and manage it.
[유]관장하다, 주재하다
N0-가 N1-를 V (N0=[인간], [인간|단체] N1=[행사], [일])
¶지방자치단체가 이 축제를 주관한다. ¶이번 체육대회는 주관하는 기관들을 보면 큰 대회임을 알 수 있다. ¶국제축구연맹이 주관하는 대회에서 처음으로 한국이 우승하였다.

주다[1]

[활용]주어(줘), 주니, 주고 [존대]드리다
[타]❶(다른 사람에게) 대가 없이 소유권을 넘기다. Transfer ownership to someone.
[반]받다[1]
N0-가 N2-에게 N1-를 V (N0=[인간|단체] N1=[구체물], [돈](용돈 따위), [비용], [소득] N2=[인간|단체])
¶나는 친구에게 책 한 권을 주었다. ¶오빠는 매달 나에게 용돈을 준다.
N0-가 N1-를 N2-(에게|에) N3-로 V (N0=[인간|단체] N1=[구체물], [돈] N2=[인간|단체] N3=[소득], [비용])
¶나는 친구에게 생일 선물로 꽃바구니를 주었다. ¶그는 참가자들에게 기념품으로 수건을 주었다.
❷(다른 사람에게) 일시적으로 처분할 수 있는 권리를 넘기다. Transfer the right to process temporarily to someone.
[유]넘기다, 양도하다 [반]받다[1]
N0-가 N1-를 N2-에게 V (N0=[인간] N1=[구체물] N2=[인간])
¶나는 사회자에게 마이크를 주었다. ¶직원은 내게 서류를 주며 서명해 달라고 했다.
❸(먹을 것이나 물 따위를) 동물이나 식물이 먹거나 흡수할 수 있게 필요한 것을 공급하다. Place food, water, etc., in the range wherein an animal or plant can eat or absorb such.
[유]공급하다
N0-가 N1-를 N2-(에게|에) V (N0=[인간] N1=[음식물], [구체물], [액체] N2=[식물], [동물], [인간], [장소])
¶그녀는 일주일에 한 번씩 꽃에 물을 주었다. ¶아이는 닭에게 모이를 주고 있다.
❹(상이나 훈장 따위를) 노력한 대가로 가지게 하다. Make someone possess an award, a medal, etc.
[유]수여하다 [반]타다IV, 받다[1]
N0-가 N1-를 N2-(에게|에) V (N0=[인간|단체] N1=상 N2=[인간|단체])
¶선생님께서는 아이들에게 골고루 상을 주고 싶어 하셨다. ¶심사위원들은 만장일치로 그에게 최우수상을 주기로 결정했다.
❺(다른 사람에게) 일정한 자격이나 권리 또는 점수 따위를 베풀어 받게 하다. Give certain qualification, right, score, etc., for someone to possess.
[반]받다[1], 따다
N0-가 N1-를 N2-(에게|에) V (N0=[인간|단체] N1=[수량], [학위], [권리] N2=[인간|단체])
¶선생님께서는 그에게 최고 점수를 주셨다. ¶시장이 친척이 경영하는 건설회사에 이권을 주려다 들통이 났다.
❻(다른 사람에게) 여유 시간을 쓸 수 있게 베풀다. Give certain time for someone to use.
[유]허락하다[타] [반]얻다
N0-가 N1-를 N2-(에게|에) V (N0=[인간|단체] N1=[기간](휴가, 틈, 말미 따위) N2=[인간|단체])
¶회사는 출산한 근로자에게 출산 휴가를 주어야 한다. ¶저에게 이틀만 더 주시면 이 일을 다 끝내겠습니다.
❼(몸이나 몸의 일부에) 힘이나 압력을 가하다. Apply power or pressure on one's body or body part.
N0-가 N1-를 N2-에 V (N0=[인간|단체] N1=힘 N2=[신체부위](눈, 배, 손, 다리 따위))
¶나는 눈에 힘을 잔뜩 주고 그를 쳐다보았다. ¶여자는 배에 힘을 주고 노래를 불렀다.
❽(다른 사람에게) 할 일이나 임무 따위를 수행하도록 하다. Make someone perform a certain task or duty.
[유]부과하다, 맡기다 [반]받다[1]
N0-가 N1-를 N2-에게 V (N0=[인간|단체] N1=[의무](과제, 숙제, 임무 따위), 일 따위 N2=[인간])
¶소대장은 부대원들에게 새로운 임무를 주었다. ¶너를 믿고 너에게 중요한 임무를 주겠다.
❾(다른 사람이나 단체에) 권리나 지위를 베풀어 갖거나 누리게 하다. Give a right or a position for another person or organization to have.
[반]받다[1]
N0-가 N1-를 N2-(에게|에) V (N0=[인간|단체] N1=[권리], [역할] N2=[인간|단체])
¶영국 왕실은 그에게 기사 작위를 주었다. ¶그는 모든 결정권을 동생에게 주고 회사에서 물러났다.
❿(시선이나 관심을) 다른 대상에게 향하게 하다. Direct attention or interest to another target.
[반]받다[1]
N0-가 N1-를 N2-(에게|에) V (N0=[인간|단체] N1=시선, 눈길 따위 N2=[인간|단체], [방향], [구체물], [장소])
¶그녀는 내게 조금도 시선을 주지 않았다. ¶남자는 남쪽 창에 눈길을 준 채 멍하니 앉아 있었다.
⓫(자식이나 혈연관계에 있는 사람을) 새로운 관계를 맺게 하여 보내다. Send one's child or

[ㅈ]

kin to someplace else to assume a new relationship.
N0-가 N1-를 N2-(에게|에) N3-로 V (N0=[인간] N1=[친족] N2=[인간] N3=[친족](며느리, 사위, 양자 따위))
¶그 부부는 형님 댁에 아들을 양자로 주었다. ¶여자는 친구에게 아들을 사위로 주고 후회했다.
⑫(주사나 침 따위를) 다른 사람에게 놓다. Inject needle or acupuncture on someone.
[유]놓다[1] [반]맞다III[타]
N0-가 N1-를 N2-에게 V (N0=[인간|단체] N1=주사, 침, 알밤, 꿀밤 따위 N2=[인간|단체], [신체부위])
¶그녀는 떼를 쓰는 아이에게 알밤을 한 대 주었다. ¶엄마가 꿀밤을 주자 아이는 울기 시작했다.
⑬(못 따위를) 어떤 물체에 박다. Have a nail, etc., embedded in a certain object.
N0-가 N1-를 N2-에 V (N0=[인간|단체] N1=못 N2=[구체물])
¶흔들리는 책상 다리에 못을 주어 다리를 고정시켰다. ¶벽에 못을 주어 옷을 걸었다.
⑭(실이나 줄을) 풀거나 느슨하게 하다. Untie or loosen a string or a rope to make something head out more toward the direction of its outgoing motion.
N0-가 N1-를 V (N0=[인간|단체] N1=실, 줄, 끈 따위)
¶아버지는 연이 높이 올라갈 수 있도록 연줄을 더 주었다. ¶나는 끈을 좀 더 주어 포장을 마쳤다.

[ㅈ]

주다[2]
[활용]주어(줘), 주니, 주고
[기능] [타] ❶ 사동의 의미를 나타내는 기능동사. Support verb that signifies the definition of causative verb.
N0-가 Npr-를 N1-에게 V (N0=[인간|단체], [행위], [추상물] N1=[인간|단체], Npr=[감정])
¶그의 성공이 국민들에게 희망을 주었다. ¶음악은 나에게 위안을 준다. ¶이 책은 우리에게 감동을 준다.
❷행위를 나타내는 술어명사와 함께 쓰이는 기능동사. Support verb used with bare predicative noun that signifies activity.
N0-가 N1-에게 S고 Npr-를 V (N0=[인간|단체] N1=[인간|단체], Npr=핀잔, 주의, 경고 따위)
¶선생님은 영수에게 다시는 늦지 말라고 주의를 주었다. ¶나는 떠드는 동생에게 시끄럽다고 핀잔을 주었다.

주다[3]
[활용]주어(줘), 주니, 주고
[보조]❶다른 사람을 위해서 앞의 말이 나타내는 행동을 함을 나타내는 보조 동사. Auxiliary verb that signifies the doing of activity for someone that has been presented by the preceding word.
V-어 Vaux
¶엄마는 휴지로 아이의 입을 닦아 주었다. ¶남자는 우리에게 대문을 열어 주었다. ¶그는 그녀를 집 앞까지 데려다 주었다.
❷앞의 말이 나타내는 행동이 화자의 기대를 충족함을 나타내는 보조 동사. Auxiliary verb signifying that the activity presented by the preceding word satisfies the speaker's expectation.
V-어 Vaux
¶동생이 나를 잘 따라 준다. ¶그는 늦지 않게 와 주었다.
❸앞의 말이 나타내는 행동을 강조하는 보조 동사. Auxiliary verb that stresses the activity presented by the preceding word.
V-어 Vaux
¶우리는 그를 곯려 주었다. ¶나는 동생을 꼬집어 주었다.
◆ **눈총을 주다** 상대방을 쏘아보면서 미워하는 마음을 전하다. Convey one's dislike by staring at somebody.
N0-가 N1-에게 Idm (N0=[인간] N1=[인간])
¶친구들이 잘난 척하는 영수에게 눈총을 줬다. ¶사람들이 눈총을 주는데도 그 남자는 계속 큰 소리로 통화를 했다.
◆ **눈치를 주다** 상대방에게 무언의 압력을 가하다. Give someone silent pressure.
N0-가 S고 N1-에게 Idm (N0=[인간] N1=[인간])
¶친구가 나에게 모르는 척 하라고 눈치를 주었다. ¶그에게 그만 일어나자고 눈치를 줬지만 그는 못 본 체 했어요.
◆ **마음을 주다** 다른 사람을 믿고 마음을 터놓는 상태가 되다. Trust someone to lay bare one's thought.
[유]속을 주다
N0-가 N1-에게 Idm (N0=[인간] N1=[인간])
¶그녀는 도통 내게 마음을 주지 않는다. ¶나는 나도 모르는 사이에 그에게 마음을 주었다.
◆ **목에 힘을 주다** 잘난 체하며 건방지게 행동하거나 남을 깔보는 듯한 태도를 취하다. Behave arrogantly with an air of importance, or looking down on others.
[유]어깨에 힘을 주다
N0-가 Idm (N0=[인간|단체])
¶이웃 아주머니가 목에 힘을 주며 아들 자랑을 하신다. ¶그가 돈을 벌더니 목에 힘을 주고 다닌다.
◆ **몸을 주다** 어떤 사람이 다른 사람에게 몸을 허락하여 육체적인 관계를 맺다. Allow another

person to have a physical relationship.
㊎몸을 허락하다
N0-가 N1-에게 Idm (N0=[인간] N1=[인간])
¶여자는 그에게 몸을 주지 않으려고 안간힘을 썼다. ¶그녀는 결국 그에게 몸을 주고 말았다.
◆ **정을 주다** 다른 사람에게 따뜻한 마음을 베풀다. Extend warmth and affection to another person.
N0-가 N1-에게 Idm (N0=[인간] N1=[인간])
¶그녀는 한 번 정을 주면 한이 없다. ¶너는 너무 쉽게 정을 주는 게 문제야.

주도하다

어원 主導~ 활용 주도하여(주도해), 주도하니, 주도하고 대응 주도를 하다
타 (어떤 모임이나 사건을) 다른 사람이나 사건보다 앞서서 이끌다. Go ahead and show the way with regard to a meeting or an event in front of another person or event.
N0-가 N1-를 V (N0=[인간|단체], [행위], [사건] N1=[단체], [행위], [사건])
¶젊은이들이 패션을 주도한다. ¶출산율 저하는 고령화 사회를 주도하는 원인이다. ¶현호가 동창회장이 되면서 그의 친구들이 동창회를 주도하기 시작했다.

주동하다

어원 主動~ 활용 주동하여(주동해), 주동하니, 주동하고 대응 주동을 하다
타 (규칙이나 기존의 체제, 관습에 반대되는 일을) 주도적으로 나서서 이끌다. Go ahead and drive something against existing rules, system, or custom.
N0-가 N1-를 V (N0=[인간|단체] N1=[행위])
¶그는 17세의 어린 나이로 만세 운동을 주동했다. ¶불법적인 폭동을 주동한 세력은 모두 처벌을 받았다. ¶아이들의 등교 거부를 주동한 것은 어른들이다.

주되다

어원 主~ 활용 주된
자 (무엇이) 중심이나 기본이 되다. (of something) Become the center of an argument.
㊎중심이 되다
N0-가 V (N0=[모두])
¶가정 폭력의 주된 이유는 현실에 대한 불만이다. ¶새로 부임한 부장이 우리 회사의 주된 업무를 담당하고 있다. ¶밀가루는 빵의 주된 재료이다.
※ 주로 '주된'의 형태로 쓰인다.

주력하다

어원 注力~ 활용 주력하여(주력해), 주력하니, 주력하고 대응 주력을 하다
자 (특정한 사물이나 사건 따위에) 집중하여 힘을 쏟다. Devote oneself to a particular thing or event.
㊎매진하다, 노력하다
N0-가 N1-에 V (N0=[인간|단체] N1=[구체물], [추상물], [집단], [행위], [사건])
¶김 선생님은 요즘 저서 집필에 주력하신다. ¶우리 회사는 신상품 개발에 주력하고 있다. ¶그는 일선에서 물러나 후학 양성에 주력하기로 했다.
N0-가 S데-에 V (N0=[인간|단체])
¶은퇴한 후에 꾸준히 독서하는 데에 주력한다.

주름잡다

활용 주름잡아, 주름잡으니, 주름잡고 대응 주름을 잡다
타 (어떤 지역 또는 영역에서)모든 일을 장악하여 자기 마음대로 처리하다. Take control of all issues and manage them at one's disposal in a region or a field.
N0-가 N1-를 V (N0=[인간|단체] N1=[구체물], [추상물])
¶한때는 범죄 집단이 이 골목을 주름잡았었다. ¶그는 당대의 가요계를 주름잡는 유명 방송인이다. ¶이제는 우리 기업이 기술력으로 세계를 주름잡고 있다.

주리다

활용 주리어(주려), 주리니, 주리고
자 자기가 바라는 어떤 것이 부족하여 그것을 받기를 몹시 바라다. Be eager to have something because it is not enough.
㊎굶주리다
N0-가 N1-에 V (N0=[인간|단체], [동물] N1=[구체물], [추상물])
¶그 시절의 철수는 사랑에 주려 있었다. ¶그는 정에 오랫동안 주린 사람이라 오히려 사람 대하는 것이 서투르다.
타 먹지 못해서 뱃속이 텅 비다. Have an empty stomach because one has not eaten.
㊎굶주리다, 갈망하다
N0-가 N1-를 V (N0=[인간], [동물] N1=[신체부위](배))
¶나는 오전부터 아무 것도 먹지 못해서 배를 주리고 있었다. ¶그 시절엔 주린 배를 채우는 일이 너무 어려웠다.
※ 주로 '주린'의 형태로 쓰인다.

주목되다

어원 注目~ 활용 주목되어(주목돼), 주목되니, 주목되고 대응 주목이 되다
자 (사람이나 대상이) 다른 사람들에게 관심이

ㅈ

집중되어 꼼꼼히 관찰되다. (of a person or an object) Receive concentrated attention and to be observed carefully by other persons.
㊋관심이 집중되다
N0-가 N1-에게 V (N0=[모두] N1=[인간|단체])
능주목하다자타
¶이 나라의 독특한 문화적 배경은 여러 인류학자들에게 주목되어 왔다. ¶길거리에서 행위 예술을 하던 사람들에게 사람들의 시선이 주목되었다.
S것-이 N0-에게 V (N0=[인간|단체])
능주목하다자타
¶그가 수상쩍은 행동을 보이는 것이 사람들에게 주목되었다. ¶용의자가 출국 비행기를 예약했다는 것은 안타깝게도 경찰들에게 주목되지 않았다.
S(는지|을지|은지) V
능주목하다자타
¶그가 자신에게 주어진 과제를 잘 풀어나갈지 주목되었다. ¶정부의 독도 영유권 주장에 대해 일본이 어떤 반응을 보일지가 주목된다.

주목받다

어원注目~ 활용주목받아, 주목받고, 주목받으니
대응주목을 받다
자(사람이나 대상이) 다른 사람들에게 관심을 끌다. (of a person or an object) Attract the attention of other persons.
㊋관심을 끌다
N0-가 N1-에게 V (N0=[모두] N1=[인간|단체])
능주목하다자타
¶그의 선구자적인 행동이 최근 들어 사람들에게 주목받고 있다. ¶그는 소설가로서보다 비평가로 더 주목받았다.
S것-이 N0-에게 V (N0=[인간|단체])
능주목하다자타
¶그가 선구자적인 행동을 보인 것이 최근에 들어서야 사람들에게 주목받고 있다. ¶한민족이 선사시대에 일본으로 일부 건너갔는지가 학계에서 주목받고 있다. ¶그가 고위층의 최측근인 것이 주목받고 있다.
S(는지|을지|은지) V
능주목하다자타
¶그가 왜 그런 행동을 하는지가 경찰들에게 주목받고 있다. ¶그가 자신에게 주어진 과제를 잘 풀어나갈지 주목받고 있다.

주목하다

어원注目~ 활용주목하여(주목해), 주목하니, 주목하고 대응주목을 하다
자(어떤 대상이나 일에 대해) 관심을 집중하여 꼼꼼히 살펴보다. (of a person) Concentrate attention on an object or a work and observe it carefully.
㊋살피다, 눈여겨보다, 관심을 집중하다
N0-가 N1-(에|에게) V (N0=[인간|단체] N1=[모두])
¶나는 이 논문에서 다음과 같은 점들에 주목하려 한다. ¶여기에 잠시 주목해 주십시오.
N0-가 S데-(에|에 대해) V (N0=[인간|단체])
¶나는 그가 수상쩍은 행동을 보이는 데에 주목하였다. ¶우리는 그 사람이 독신이라는 데에 주목해야 한다.
N0-가 S(는지|을지|은지) V (N0=[인간|단체])
¶우리는 그가 자신에게 주어진 과제를 잘 풀어나갈지 주목하였다. ¶우리는 그가 과연 돌아갈 것인지 주목하였다.
자타❶(어떤 대상이나 일을) 관심을 집중하여 꼼꼼히 살펴보다. (of a person) Concentrate attention on an object or a work and observe it carefully.
㊋살피다, 눈여겨보다, 집중하다타
N0-가 N1-(를|에 대해) V (N0=[인간|단체] N1=[모두])
피주목되다, 주목받다
¶나는 그의 수상쩍은 행동에 대해 주목하고 있었다. ¶사람들은 대변인의 발표만을 내내 주목할 따름이었다.
N0-가 S것-(를|에 대해) V (N0=[인간|단체])
피주목되다, 주목받다
¶나는 그가 수상쩍은 행동을 보이는 것을 주목하였다. ¶경찰은 용의자가 출국 비행기를 예약했다는 것을 안타깝게도 주목하지 않았다.
❷(어떤 사람에게) 관심을 집중해서 보다. (of a person) Give attention to another person.
㊋살피다, 눈여겨보다, 집중하다타
N0-가 N1-(를|에게) V (N0=[인간|단체] N1=[인간])
피주목되다, 주목받다
¶모두 이 분을 주목해 주세요. ¶국민들은 조류독감 전파의 주범으로 철새들을 주목하고 있다.

주무르다

활용주물러, 주무르니, 주무르고, 주물렀다
타❶(몸의 일부나 물건 따위를) 손으로 쥐었다 놓았다 하며 계속 만지다. Continue to feel a part of the body or a thing by repeatedly holding and letting it go.
㊋만지다
N0-가 N1-를 V (N0=[인간] N1=[구체물])
¶나는 어머니의 다리와 발을 주물러 드렸다. ¶나는 온 힘을 다해 찰흙 덩어리를 주무르고 매만졌다. ¶할머니가 내 얹힌 배를 주무르니까 배가 다 나았다.
❷(다른 사람이나 돈, 일 따위를) 자기 뜻대로 다루거나 부리다. Manage or control another

person, money, or work at one's will.
㊐마음대로 처리하다
N0-가 N1-를 V (N0=[인간|단체] N1=[인간|단체], [추상물](돈, 산업, 경제, 시장, 경기, 대회, 분야 따위))
¶강대국들이 세계 경제를 주무르고 있다. ¶김 사장은 회사 자금을 자기 마음대로 주물렀다.

주무시다
활용 주무시어(주무셔), 주무시니, 주무시고
☞'자다'의 존대어.
자 (윗사람이나 어른이) 생리적으로 휴면하거나 잠자는 상태가 되다. (of a senior or a superior) Be in physiologically dormant or sleeping state.
㊐자다, 취침하다 ㊉일어나다, 깨어나다
N0-가 V (N0=[인간])
¶오늘은 이곳에서 주무시면 됩니다. ¶할아버지께서는 하루에 6시간만 주무신다. ¶선생님께서는 꿈자리가 사나워 제대로 못 주무셨다고 한다.

주문되다
어원 注文~ 활용 주문되어(주문돼), 주문되니, 주문되고 대응 주문이 되다
자 ❶(다른 사람이나 단체에) 물건이나 서비스의 제공이 요청되거나 부탁되다. (of goods or service) Be asked or requested of another person or organization.
N0-가 N1-에 V (N0=[구체물], [행위] N1=[단체])
능 주문하다
¶주문된 상품은 모두 포장을 마쳤습니다. ¶식당에 주문되는 것은 늘 간단한 음식들뿐이었다.
N0-가 N1-에게 V (N0=[구체물], [행위] N1=[인간])
능 주문하다
¶단역인 나에게는 튀지 않고 자연스러운 연기가 주문되었다. ¶우리 회사에 주문되는 것만큼 반품도 되니 이익이 많지 않아.
❷(다른 사람이나 단체에) 어떤 행동이 이루어지도록 요청되다. (of an action) Be asked of another person or organization.
㊐요청되다
N0-가 N1-에 V (N0=[행위] N1=[단체])
능 주문하다
¶이번 훈련에서 우리 부대에는 민첩한 침투가 주문되었다. ¶국제 대회를 개최하는 우리 시에는 보다 치밀한 준비가 주문되고 있다.
N0-가 N1-에게 V (N0=[행위] N1=[인간])
능 주문하다
¶현규에게는 특히 성실한 학교생활이 주문된다. ¶선수들에게 주문되는 감독의 요구를 잘 숙지해야 한다.

주문받다
어원 注文~ 활용 주문받아, 주문받으니, 주문받고
대응 주문을 받다
타 ❶(다른 사람이나 단체로부터) 물건이나 서비스의 제공을 요청받거나 부탁받다. Be asked by another person or organization to provide goods or service.
㊐요청받다 ㊉주문하다
N0-가 N1-(에서|에게서) S라고 V (N0=[인간|단체] N1=[인간|단체])
¶수리공은 청소기를 고쳐 달라고 공장에서 주문받았다. ¶점원은 홍차를 달라고 손님들에게서 주문받고 물을 끓이기 시작했다.
N0-가 N2-(에서|에게서) N1-를 V (N0=[인간|단체] N1=[구체물], [행위] N2=[인간|단체])
¶손님께 음식을 주문받고 나서 조리를 시작합니다. ¶주문받은 상품을 오늘 아침에 빠짐없이 출하했다.
❷(다른 사람이나 단체로부터) 어떤 행동을 하도록 요청받다. Be asked by another person or organization to do something.
㊐요청받다 ㊉주문하다
N0-가 N1-(에서|에게서) S라고 V (N0=[인간|단체] N1=[인간|단체])
¶그는 동료에게서 보고를 대신 해 달라고 주문받았다.
N0-가 N2-(에서|에게서) N1-를 V (N0=[인간|단체] N1=[행위] N2=[인간|단체])
¶우리 회사는 고객들에게서 부품 조립을 주문받은 대로 마쳤다. ¶그 회사는 시계 납품을 주문받고 제작을 시작했다.
N0-가 N1-(에서|에게서) S것-을 V (N0=[인간|단체] N1=[인간|단체])
¶그는 축제에서 노래할 것을 주문받고 연습에 돌입했다. ¶사원들은 단정한 옷차림으로 출근할 것을 주문받았다.

주문하다
어원 注文~ 활용 주문하여(주문해), 주문하니, 주문하고 대응 주문을 하다
자타 ❶(다른 사람이나 단체에) 물건이나 서비스의 제공을 요청하거나 부탁하다. Ask or request another person or organization to provide goods or service.
㊐요청하다 ㊉주문받다
N0-가 N1-에 S라고 V (N0=[인간|단체] N1=[단체])
¶사장님은 공장에 물건을 더 많이 생산해 달라고 주문했다. ¶단골 식당에 도시락 100개를 만들어 달라고 주문해 두었다.
N0-가 N1-에게 S라고 V (N0=[인간|단체] N1=[인간])
¶나는 종업원에게 녹차를 한 잔 달라고 주문하였다.

¶내일 아침까지 물건을 보내 달라고 주문하였다.
No-가 N2-에 N1-를 V (No=[인간|단체] N1=[구체물], [행위] N2=[단체])
피 주문되다
¶점장님은 거래처에 신제품을 대량으로 주문했다. ¶심부름 대행업체에 역할 대행을 주문하는 경우가 늘고 있다.
No-가 N2-에게 N1-를 V (No=[인간|단체] N1=[구체물], [행위] N2=[인간])
피 주문되다
¶민호는 요리사에게 볶음밥을 주문하였다. ¶요리를 주문할 때 콜라도 같이 주문해 주세요.
❷(다른 사람이나 단체에) 어떤 행동을 하도록 요청하다. Ask another person or organization to do something.
㊙요청하다 ㉤주문받다
No-가 N1-(에|에게) S라고 V (No=[인간|단체] N1=[단체])
¶시민 단체는 기업에 회계를 철저히 하라고 주문하였다. ¶협회는 미술관에 작품을 교체해 달라고 주문한 바 있다.
No-가 N1-에게 S라고 V (No=[인간|단체] N1=[인간])
¶관람객들에게 조용히 해 달라고 주문하였으나 소용이 없었다. ¶기자는 작가에게 새로운 작품을 보여 달라고 주문할 것이다.
No-가 N2-에 N1-를 V (No=[인간|단체] N1=[행위] N2=[단체])
피 주문되다
¶본사에서는 각 지점에 매출 증대를 늘 주문한다. ¶교내 신문사가 우리 동아리에 취재를 주문한 것은 어제였다.
No-가 N2-에게 N1-를 V (No=[인간|단체] N1=[행위] N2=[인간])
피 주문되다
¶나는 병호에게 신기록 작성을 주문하였다. ¶너에게 두 작품의 비교를 주문할 테니 정확히 판단해 줘.
No-가 N1-에 S것-을 V (No=[인간|단체] N1=[단체])
피 주문되다
¶우리는 옆집에 소음을 줄여 줄 것을 주문하였다. ¶학생회에서는 매년 학교에 등록금을 낮춰 줄 것을 주문하곤 했다.
No-가 N1-에게 S것-을 V (No=[인간|단체] N1=[인간])
피 주문되다
¶학부모들은 선생님에게 학생들을 수시로 확인할 것을 주문한다. ¶감독은 투수에게 실점하지 않을 것을 주문하고 등판시켰다.

주사하다
어원 注射~ 활용 주사하여(주사해), 주사하니, 주사하고 대응 주사를 하다
타 【의학】 다른 사람이나 동물에게 액체로 된 약을 조직이나 혈관 속에 주사기로 주입하다. Put liquid medicine into an organ or a vein of another person or an animal using a needle.
㊙주사를 놓다
No-가 N2-에게 N1-를 V (No=[인간](의사, 간호사, 연구자 따위) N1=[약] N2=[인간|동물])
¶연구자들은 쥐를 두 집단으로 나누어 한쪽은 약물을, 다른 한쪽에는 생리식염수를 주사했다. ¶간호사가 할머니께 독감 예방약을 주사했다. ¶선수촌 의사가 운동선수에게 경기 전에 약물을 주사한 혐의를 받고 있다.

주선하다
어원 周旋~ 활용 주선하여(주선해), 주선하니, 주선하고 대응 주선을 하다
자타 (다른 사람의 일이) 잘 이루어지도록 중간에 나서서 여러모로 힘쓰다. Try to help in various ways with another person's work so that it goes well.
㊙마련하다, 주관하다
No-가 N1-를 V (No=[인간|단체] N1=[상태])
¶철수는 요즘 후배의 취직을 주선하느라 바빴다. ¶회사에서 교통편을 직접 주선해 주었다.
No-가 S-(게|도록) V (No=[인간|단체])
¶정 대사가 이번 교섭이 잘 이루어지도록 주선했다고 한다. ¶그는 이번 일이 막판에 잘못되지 않게 끝까지 잘 주선하였다. ¶선생님께서는 자신의 제자를 회사에 취업할 수 있게 주선하셨다.

주시하다
어원 注視~ 활용 주시하여(주시해), 주시하니, 주시하고 대응 주시를 하다
자타 (사람이나 무엇을) 관심을 가지고 주의를 집중하여 자세히 지속적으로 지켜보다. Observe another person or thing closely, consistently, and in detail.
㊙관찰하다, 응시하다, 눈여겨보다
No-가 N1-(를|에 대해) V (No=[인간|단체] N1=[모두])
¶그는 팔짱을 낀 채 나를 주시하고 있었다. ¶운전을 할 때에는 전방을 주의 깊게 주시해야 한다. ¶교사는 아이들의 행동을 늘 주시해야 한다.
No-가 S(것|지)-를 V (No=[인간|단체])
¶기업들은 올해 경제 성장률이 떨어지는지를 예의 주시하고 있다. ¶담임 선생님은 몇몇 학생들이 탈선하는 것을 주시하지 못했다.

주어지다

[활용]주어지어(주어져), 주어지니, 주어지고
[자](어떤 조건이나 기회, 일, 환경, 성과물 따위가) 갖추어지거나 제시되다. (of condition, chance, work, environment, or achievements) Be prepared or provided.
N0-가 N1-(에|에게) V (N0=[추상물], [장소], [구체물] N1=[인간|단체])
¶적당한 햇빛만 주어지면 화초들이 잘 자랄 것이다. ¶시간만 주어지면 이 문제는 얼마든지 풀 수 있다. ¶주어진 현실에 순응하며 사는 것은 원치 않는다.

주의하다

[어원]注意~ [활용]주의하여(주의해), 주의하니, 주의하고 [대응]주의를 하다
[자타]❶(어떤 대상에 대하여) 관심과 신경을 집중하다. Concentrate one's entire attention and nerves on an object.
[유]조심하다[타]
N0-가 N1-(에|를) V (N0=[인간|단체] N1=[구체물], [추상물])
¶환절기에는 늘 건강에 주의해야 한다. ¶그는 보고서를 꼼꼼히 주의하며 읽었다.
❷(어떤 일에 대하여) 잘못되지 않도록 신경을 쓰다. Take care of a work so that it does not go wrong.
[유]조심하다[타]
N0-가 N1-(에|를) V (N0=[인간|단체] N1=[추상물], [상태])
¶작업을 시작하면 무엇보다 사고에 주의해야 한다. ¶환자는 병원의 처방을 지키고 약물 오남용에 주의할 필요가 있다.
S지-를 V
¶돈이 제대로 입금되었는지를 주의해서 본다.
S도록 V
¶길바닥 공사를 튼튼히 하도록 주의해.

주입되다

[어원]注入~ [활용]주입되어(주입돼), 주입되니, 주입되고 [대응]주입이 되다
[자]❶(액체나 공기 따위가) 어떤 대상의 속으로 흘러 넣어지다. (of liquid or air) Be put into an object.
N0-가 N1-(에|에게) V (N0=[액체], [기체], [고체] N1=[인간|동물], [신체부위], [용기])
[능]주입하다
¶줄기세포가 환자의 목 척추신경에 주입되었다. ¶상황이 급박하여 미처 실험도 마치지 못한 백신이 환자들에게 주입되었다.
❷(사실이나 태도 따위가) 사람에게 일방적으로 심어지거나 기계적으로 외워지다. (of fact or position) Be implanted unilaterally into a person or learned by route.
N0-가 N1-에게 V (N0=[사조], [생각](의견 따위), [감정](태도 따위) N1=[인간])
[능]주입하다
¶사장의 경영 철학이 사원들에게 그대로 주입되었다. ¶언론의 왜곡된 보도가 독자들에게 무비판적으로 주입되고 있다.

주입받다

[어원]注入~ [활용]주입받아, 주입받으니, 주입받고 [대응]주입을 받다
[자]❶(액체나 공기 따위를) 몸속으로 흘러 들어가도록 넣어지다. Put liquid or air into a body.
N0-가 N1-를 N2-에 V (N0=[인간] N1=[구체물] N2=[신체부위])
[능]주입하다
¶희귀병에 걸린 소년은 뇌와 척수에 기증받은 신경 줄기세포를 주입받았다. ¶무릎 손상으로 은퇴한 선수는 무릎 관절에 약물을 주입받았다.
❷(사실이나 태도 따위를) 일방적으로 받아들이거나 기계적으로 외우다. (of a person) Receive a fact or a position unconditionally or to learn it by route.
N0-가 N1-를 V (N0=[인간] N1=[사조], [생각](의견 따위), [감정](태도 따위))
[능]주입하다
¶그들은 실무에 투입되기 전 업무 내용을 주입받았다. ¶현대인들은 사랑에 관해 아주 낭만적인 관념을 주입받았다.

주입시키다

[어원]注入~ [활용]주입시키어(주입시켜), 주입시키니, 주입시키고 [대응]주입을 시키다
[타]☞ '주입하다'의 오용

주입하다

[어원]注入~ [활용]주입하여(주입해), 주입하니, 주입하고 [대응]주입을 하다
[타]❶(어떤 대상에게) 액체나 공기 따위를 속으로 흘려 집어넣다. (of a person) Put liquid or air into an object.
[유]주입시키다, 집어넣다
N0-가 N1-를 N2-(에|에게) V (N0=[인간|단체] N1=[액체], [기체], [고체] N2=[용기], [인간|동물], [신체부위])
[피]주입되다, 주입받다
¶연구자들은 골수 제공자에게서 추출한 세포를 3주 동안 매일 환자에게 주입했다. ¶포장 업체는 신선함을 유지하기 위해 딸기를 밀폐 용기에 넣은 뒤 이산화탄소 가스를 주입했다.
❷(다른 사람에게) 사실이나 태도 따위를 일방적

[ㅈ]

으로 불어넣거나 기계적으로 외우게 하다. (of a person) Implant another person unilaterally with a fact or a position or make him or her learn it by route.
㊊불어넣다
N0-가 N1-를 N2-에게 V (N0=[인간|단체] N1=[사조], [생각](의견 따위), [감정](태도 따위) N2=[인간|단체])
피주입되다, 주입받다
¶감독은 선수들에게 꼭 이길 수 있다는 자신감을 주입했다. ¶과거의 부모들은 자녀들에게 자라서 의사가 되어야 한다는 생각을 주입했다.

주장하다

어원主張~ 활용주장하여(주장해), 주장하니, 주장하고 대응주장을 하다
타(자신의 생각이나 권리를) 굽히지 않고 굳게 내세우다. Firmly assert one's thought or right without backing down.
N0-가 N1-를 V (N0=[인간|단체] N1=[사조], [의견], [권리])
¶여성 운동가들은 남녀평등을 주장했다. ¶그는 태양계에 대한 완전히 새로운 이론을 주장했다.
N0-가 S고 V (N0=[인간|단체])
¶두 학자는 각기 자신의 이론이 맞다고 주장했다. ¶그는 도망치는 것이 아니라 자신만의 길을 가는 것이라고 주장했다. ¶회사는 노조 측에 잘못이 있다고 주장했다.

주재하다 I

어원主宰~ 활용주재하여(주재해), 주재하니, 주재하고 대응주재를 하다
타(사건이나 행사를) 중심이 되어서 담당하고 처리하다. Be in charge of and manage an incident or an event.
㊊관장하다, 주관하다
N0-가 N1-를 V (N0=[인간|단체] N1=[행사])
¶선생님께서 회의를 주재하셨다. ¶이번 보고회는 우리 부서에서 주재하기로 하였다. ¶자네가 대회를 주재해서 치르도록 하게.

주재하다 II

어원駐在~ 활용주재하여(주재해), 주재하니, 주재하고 대응주재를 하다
자❶(한곳에) 계속 머무르다. Stay where one is and not leave.
㊊체재하다, 체류하다
N0-가 N1-에 V (N0=[인간] N1=[장소])
¶경비원이 늘 경비실에 주재하고 있습니다. ¶사무실에 가 보시면 주재하는 직원이 있을 것입니다.
❷(어떤 지역에) 업무상의 이유로 머물러 거주하다. Be assigned to a region and to reside there.
㊊체재하다, 체류하다
N0-가 N1-에 V (N0=[인간] N1=[지역])
¶외국에 주재하는 사원들이 백여 명에 달한다. ¶회사 사정으로 일본에 주재하던 직원들을 모두 귀국하게 하였다.

주저앉다

활용주저앉아, 주저앉으니, 주저앉고
자❶(서 있던 자리에) 힘이 풀려 그대로 앉다. Sit down in a tired, lifeless way where one was standing.
㊋앉다
N0-가 N1-에 V (N0=[인간], [동물] N1=[장소])
사주저앉히다
¶미정이는 너무 놀라 그 자리에 풀썩 주저앉았다. ¶나는 그의 사망 소식을 듣자 방바닥에 그만 주저앉아 버렸다.
❷(수직으로 지탱되던 사물이) 무너져 아래로 꺼지다. (of a thing that was supported vertically) Fall down and sink.
㊊꺼지다, 내려앉다
N0-가 V (N0=[구체물])
사주저앉히다
¶눈이 너무 많이 와서 창고 지붕이 주저앉았다. ¶전쟁 때문에 주저앉은 건물들이 부지기수였다.
❸(어떤 장소에) 눌러앉아 살기로 하다. Settle down in a place and decide to live there.
㊊정착하다, 눌러앉다
N0-가 N1-에 V (N0=[인간] N1=[장소], [국가])
사주저앉히다
¶그는 유학을 떠난 곳에 그냥 주저앉았다. ¶고향에 돌아가느니 차라리 여기에 주저앉아 살련다.
❹(하던 일을) 견뎌 내지 못하고 중도에 그만두다. Stop what one was doing, not being able to withstand it.
㊊포기하다, 그만두다
N0-가 V (N0=[인간|단체])
사주저앉히다
¶우리 팀은 열심히 싸웠지만 준결승전에서 주저앉았다. ¶여기까지 와서 주저앉을 수는 없다.
❺(등급이나 가치가) 순식간에 내려가다. (of class or value) Decrease in an instant.
㊊폭락하다, 급락하다
N0-가 V (N0=[수량], [추상물](등급, 가치 따위))
¶안보 위협으로 종합 주가 지수가 큰 폭으로 주저앉았다. ¶세계적 불황으로 경기 지표가 다시 주저앉고 있다.

주저앉히다

활용주저앉히어(주저앉혀), 주저앉히니, 주저앉히고

타❶(다른 사람이나 자신의 몸을) 서 있던 자리에 그대로 앉게 하다. Make another person's or one's own body sit down at a spot where one was standing.
㊤앉히다
N0-가 N1-를 N2-에 V (N0=[인간] N1=[인간], [동물] N2=[가구](의자, 소파 따위), [장소])
주 주저앉다
¶아저씨는 소를 들판에 주저앉힌 뒤 쉬게 하셨다. ¶나는 아이를 의자에 주저앉힐 수가 없었다.
❷(수직으로 지탱되던 사물을) 무너져 아래로 꺼지게 하다. Make a thing that was supported vertically collapse and sink.
㊤꺼지게 하다, 내려앉게 하다
N0-가 N1-를 V (N0=[인간|단체], [행위](폭격, 전쟁 따위) N1=[구체물])
주 주저앉다
¶적군의 폭격은 육중한 건물을 순식간에 주저앉혔다. ¶저 고양이들이 비닐하우스 지붕을 주저앉힌 범인이다.
❸(다른 사람을) 어떤 장소에 눌러앉아 살게 하다. Make another person settle down in a place and live there.
㊤정착시키다
N0-가 N1-를 N2-에 V (N0=[인간|단체], [상태], [상황] N1=[인간] N2=[장소], [국가])
주 주저앉다
¶고국의 불황은 지훈이를 타국에 주저앉혔다. ¶그는 사실 너를 여기에 주저앉혀 살게 하려고 한다.
❹(다른 사람을) 하던 일을 견뎌 내지 못하고 중도에 그만두게 하다. Render another person unable to withstand what he or she was doing and stop it.
㊤포기시키다, 그만두게 하다
N0-가 N1-를 V (N0=[인간|단체], [실패], [상황], [상태] N1=[인간|단체])
주 주저앉다
¶수백 번의 실패도 우리를 주저앉히지는 못했다. ¶부모님은 무모한 나를 설득하셔서 주저앉히려고 하셨다.
❺(흥분되었던 감정을) 누그러뜨리거나 가라앉히다. Soften or calm one's excited feeling.
N0-가 N1-를 V (N0=[인간] N1=[감정], [마음])
¶분노를 주저앉히고 차분하게 말씀해 보세요. ¶흥분했을 때는 마음을 주저앉히고 숨을 크게 들이쉬어라.

주저하다

어원 躊躇~ 활용 주저하여(주저해), 주저하니, 주저하고 대응 주저를 하다
자 확신이 없거나 걱정이 되어서 선뜻 결정하지 못하고 망설이다. Be unwilling to decide because of fear or lack of confidence.
㊤머뭇거리다, 머뭇머뭇하다, 미적거리다, 망설이다
N0-가 V (N0=[인간])
¶남자는 잠깐 주저하다가 회의장 안으로 들어갔다. ¶학생은 주저하는 걸음으로 교실 안으로 들어갔다.
N0-가 S데 V (N0=[인간])
¶사람들은 그를 이 시대의 명의로 꼽는 데 주저하지 않았다. ¶민규는 부족한 점이 많기에 상을 받는 데 주저했다.
타 (말이나 행동 따위를) 확신이 없거나 걱정이 되어서 선뜻 결정하지 못하고 망설이다. Waver over words or behavior because of fear or lack of confidence.
㊤머뭇거리다, 머뭇머뭇하다, 미적거리다, 망설이다
N0-가 N1-를 V (N0=[인간] N1=[행위], 말 따위)
¶대기업들이 투자를 주저하면 그 피해는 중소기업에 돌아간다. ¶장애물이 나타나면 주저하지 말고 뛰어넘어라.
N0-가 S기-를 V (N0=[인간])
¶많은 사람들이 그 제안을 받아들이기를 주저했다. ¶의사도 사실대로 말하기를 주저한다.
N0-가 S것-을 V (N0=[인간])
¶아이들은 손에 흙 묻히는 것을 주저하지 않았다. ¶아버지는 아들을 영국으로 유학 보내는 것을 주저했다.
N0-가 Q-를 V (N0=[인간])
¶아림이는 남자친구에게 그 말을 할지 말지를 주저하다가 기회를 놓쳤다. ¶지금 그 책을 살까 말까 주저하고 있어요.

주지하다

어원 周知~ 활용 주지하여(주지해), 주지하니, 주지하고 대응 주지를 하다
재타 (여러 사람이) 어떤 것을 충분히 알다. (of many people) Know about something sufficiently.
㊤알다 자타
N0-가 N1-(를|에 대해) V (N0=[인간|단체] N1=[모두])
¶사람들은 최근의 전세난에 대해 주지하고 있다. ¶여러분께서 주지하시는 대로 많은 사람들이 구직을 희망하고 있습니다. ¶주지하다시피 해마다 황사가 심해지는 추세이다.

주차되다

어원 駐車~ 활용 주차되어(주차돼), 주차되니, 주차되

고 대응주차가 되다
자(자동차가) 어떤 장소에 세워져 머물러 있게 되다. (of a car) Be stopped at a place to stay there.
No-가 N1-에 V (No=[교통기관] N1=[장소])
능주차하다타
¶방문 차량들이 지하 주차장에 주차되었다.
¶이 근처에는 주차된 차가 너무 많아서 정신이 없다. ¶이 주차장에는 이렇게 큰 산업용 차량도 주차되나요?

주차하다

어원駐車~ 활용주차하여(주차해), 주차하니, 주차하고 대응주차를 하다
자(어떤 장소에) 자동차를 세워 놓다. Drive a car into a position where it can stay for a time.
No-가 N1-에 V (No=[인간] N1=[장소])
¶나는 지하 주차장에 주차하고 지상으로 올라왔다. ¶여기는 개인 땅이라서 외부인이 주차하시면 안 됩니다.
타(어떤 장소에) 자동차를 세워 놓다. Drive a car into a position where it can stay for a time.
No-가 N1-를 N2-에 V (No=[인간] N1=[교통기관] N2=[장소])
피주차되다 사주차시키다
¶저는 길 건너편에 자동차를 주차해 놓고 왔습니다. ¶이 근처에 큰 트럭을 주차하고 싶은데 공간이 부족하다. ¶여기에 무단으로 차를 주차하는 사람은 처벌을 받습니다.

주창되다

어원主唱~ 활용주창되어(주창돼), 주창되니, 주창되고 대응주창이 되다
자(어떤 이론이나 사상이) 앞에 내세워져 주장되다. (of theory or thought) Be suggested and asserted.
No-가 V (No=[학문사조](이론, 사상 따위))
능주창하다
¶대공황 이후 미국에서는 수요 창출을 위한 케인즈주의가 주창되었다. ¶1948년 세계 인권 선언에는 시민권, 여성권, 아동권, 동물의 권리 등이 주창되었다. ¶시오니즘은 오스트리아에 살던 유대인 기자에 의해 주창되었다.

주창하다

어원主唱~ 활용주창하여(주창해), 주창하니, 주창하고 대응주창을 하다
타(어떤 이론이나 사상을) 앞에 내세워 주장하다. (of a person) Suggest and assert a theory or a thought.
유주장하다
No-가 N1-를 V (No=[인간|단체] N1=[학문사조](이론, 사상 따위))
피주창되다
¶총재에 오른 쑨원은 민족, 민권, 민생의 삼민주의를 강령으로 주창했다. ¶교황은 생명의 존엄을 강조하며 생명 수호를 강력히 주창했다. ¶프랑스는 유럽연합에 대해 참여국의 역사적 상황에 부합하는 통합을 주창했다.

주체하다

활용주체하여(주체해), 주체하니, 주체하고 대응주체를 하다
타(귀찮거나 부담스러운 것을) 견디어 내거나 제어하다. Endure or control something troublesome or burdensome.
유제어하다, 참다
No-가 N1-를 V (No=[인간|단체] N1=[구체물], [금전], [시간], [권력], [힘], [감정], [신체상태], [생각])
¶할머니는 쏟아져 나오는 눈물을 주체하지 못하셨다. ¶매장이 좁아서 우리는 밀려드는 사람들을 주체할 수 없었다. ¶권력을 주체하기 힘들 정도로 쥐고 있으면 언젠가 탈이 나기 마련이다.
※주로 부정을 나타내는 표현과 함께 쓰인다.

주최하다

어원主催~ 활용주최하여(주최해), 주최하니, 주최하고 대응주최를 하다
타(행사나 회합 따위를) 책임지고 맡아 기획하여 열다. Take charge of an event or a meeting, developing a project and managing it.
유개최하다, 주관하다
No-가 N1-를 V (No=[인간|단체] N1=[행사])
¶교육부와 여성가족부가 이번 행사를 공동으로 주최했다. ¶기업들이 청년 일자리 박람회를 주최하여, 청년들에게 다양한 직업 체험의 기회를 제공한다. ¶음식점 측에서 자주 연회를 주최하기 때문에 별다른 준비 없이 연회를 즐길 수 있어요.

주춤거리다

활용주춤거리어(주춤거려), 주춤거리니, 주춤거리고
자❶멈칫멈칫하며 망설이다. Waver and hesitate.
No-가 V (No=[인간], [동물])
¶철수는 주춤거리면서 영희를 꽉 껴안았다.
¶갯벌에 처음 들어갈 때는 주춤거리던 강아지가 얼마 지나지 않아 신나게 뛰기 시작했다.
❷활동이나 계획에 있어 원하는 대로 나아가지 못하다. Become unable to proceed with an activity or plan as one wished.
유주춤하다자
No-가 V (No=[인간|단체])
¶계속해서 주춤거리던 회사가 이번 신제품에 사활을 걸었다. ¶그 팀은 구단 내부의 문제로 주춤거리다가 다른 팀들과의 경쟁에서 뒤처지고 있다.

❸사건이나 행동의 기세가 멈칫하다. (of the momentum of a case or action) Stop suddenly.
[유]주춤하다[자]
N0-가 V (N0=[사건], [행위], [상태], [산업](경제, 농업, 제조업 따위), 시장, 지수, 수익 따위)
¶어제는 약간 비가 주춤거리더니 다시 또 내리기 시작한다. ¶미국 경제가 다시 주춤거리자 각 후보들의 희비가 엇갈리고 있다.
[타](하기로 한 행동을) 즉각 실행하지 않고 소극적으로 임하다. Act passively with an action one decided to do without performing it immediately.
N0-가 N1-를 V (N0=[인간|단체] N1=[행위])
¶정부는 몇 달째 보상금 지급을 주춤거리고 있다. ¶일부 지역에서는 주민들을 위한 행사 개최를 주춤거리거나 최소한의 규모로만 열고 있는 실정이다.

주춤하다

[활용]주춤하여(주춤해), 주춤하니, 주춤하고
[자] ❶멈칫하며 몸을 움츠리다. Hesitate and withdraw one's body.
[유]멈칫하다
N0-가 V (N0=[인간], [동물])
¶그는 말을 하다가 갑자기 큰 소리가 나자 놀라서 주춤했다. ¶먹잇감을 향해 살금살금 다가가던 사자가 한 순간 주춤했다.
❷활동이나 계획이 원활하게 나아가지 못하다. Become unable to proceed with an activity or plan as one wished.
[유]주춤거리다[자]
N0-가 V (N0=[인간|단체])
¶대회 이틀째 선두를 달리던 그가 주춤하는 모습을 보였다. ¶우리 회사가 작년에는 좀 주춤했지만 올해는 크게 나아질 것이다.
❸사건이나 행동의 기세가 멈칫하다. (of force of a case or action) Stop suddenly.
[유]주춤거리다[자], 멈칫하다
N0-가 V (N0=[사건], [행위], [상태], 시장, 지수, 수익 따위)
¶장마가 잠시 주춤했다가 밤부터 다시 비가 내릴 것으로 예상된다. ¶최근 활발한 움직임을 보였던 부동산 시장이 주춤하고 있다.
[타](하고 있던 행동을) 멈칫하며 망설이다. Suddenly stop something one was doing and hesitate.
[유]망설이다
N0-가 N1-를 V (N0=[인간] N1=[행위](걸음, 동작, 움직임 따위))
¶그는 전화벨이 울리자 잠시 걸음을 주춤했다. ¶공장 직원들이 작업을 주춤하는 사이에 사고가 발생했다.

죽다 I

[활용]죽어, 죽으니, 죽고
[자]❶(생물이) 생명력을 잃다. (of a living thing) Lose vitality.
[유]사망하다, 숨지다, 운명하다 [반]살다[자], 태어나다
N0-가 V (N0=[생물], [단체])
[사]죽이다I
¶물을 주지 않아 나무가 죽었다. ¶강 위에 죽은 물고기가 떠올랐다. ¶내가 죽으면 양지바른 곳에 묻어 다오.
❷(기계나 물체 따위가) 작동이나 운동을 그치다. (of machine or matter) Stop operating or moving.
[유]멈추다 [반]살다[자]
N0-가 V (N0=[구체물])
[사]죽이다I
¶건전지가 닳아서 시계가 죽었다. ¶한 번 떨어뜨렸다고 카메라가 죽을 줄은 몰랐다. ¶팽이가 먼저 죽는 사람이 지는 거야.
❸(불이나 빛이) 꺼지거나 사라지다. (of fire or light) Go out or disappear.
[반]살다[자]
N0-가 V (N0=[불], [빛])
[사]죽이다I
¶아궁이에 붙여 놓았던 불이 죽었다. ¶그는 행여 빛이 죽을까 봐 노심초사했다. ¶모닥불이 죽지 않도록 땔감을 더 넣어라.
❹(경기나 놀이 중에 선수나 말이) 상대에게 잡혀 경기장이나 놀이판에서 내몰리다. (of player or horse in a game or a competition) Be caught and driven out of the arena or game board by opponents.
[반]살다[자]
N0-가 V (N0=[운동선수], 말, 패 따위)
[사]죽이다I
¶마가 잡히더니 포도 죽겠구나. ¶천원(天元)의 대마가 죽은 뒤 판도가 뒤집혔다. ¶주자가 투수의 견제구에 죽고 말았다.
❺(머리카락이) 눌리어 가라앉다. (of hairs) Be sunken by being pressed.
N0-가 V (N0=[신체부위](머리, 머리카락 따위))
[사]죽이다I
¶그는 자다 일어났는지 머리가 죽어서 나타났다. ¶머리카락이 죽어서 눌린 꼴이 우스웠다.
❻(채소나 그 생기가) 시들거나 절여져 가라앉다. (of vegetable or vitality) Wither or lose its crispness by being salted.
[유]가라앉다, 시들시들해지다

No-가 V (No=[채소], 숨)
사 죽이다I
¶배추를 절였더니 숨이 죽었다. ¶상추가 오래돼서 다 죽었구나.
❼(어떤 장소가) 더러워지거나 거칠어져 생물이 생존하기 어려워지다. (of a place) Become so dirty or rugged that living things cannot survive.
No-가 V (No=[장소], [지역])
¶하늘이 마치 죽은 것처럼 검은 구름으로 뒤덮였다. ¶물과 공기가 오염되어 도시가 죽어 가고 있다.
❽(사물이) 본래의 색, 특징, 기능 따위를 잃어버리다. (of a thing) Lose its original color, feature, or function.
반 살다 자
No-가 V (No=[구체물], [추상물])
사 죽이다I
¶이 사진은 색깔이 왜 이리 죽었니? ¶방향제가 죽어서 냄새가 안 나네.
❾(기운이나 성질 따위가) 사그라들거나 꺾이다. (of energy or characteristic) Blow over or to become weakened.
반 살다 자
No-가 V (No=[인성])
사 죽이다I
¶그는 취직에 실패한 후 풀이 죽었다. ¶혜림이는 이 정도 문제로 기가 죽을 사람이 아니다. ¶성격이 많이 죽은 것을 보니 너도 나이가 들었구나.
❿(기억이나 사상 따위가) 머릿속에 남지 않고 잊히다. (of memory or thought) Be forgotten, not being left in mind.
반 살다 자
No-가 V (No=[의견](추억, 기억, 생각 따위), 사상, 정신, 이념 따위)
사 죽이다I
¶사장이 바뀌면서 우리 회사의 이념은 죽었다. ¶이미 그날의 정신은 다 죽고 없어진 지 오래다.
⓫(텍스트나 제도 따위가) 현실감이 떨어져 효력을 잃다. (of text or system) Become ineffective because it has lost a sense of reality.
반 살다 자
No-가 V (No=[텍스트], [규범], [관습], [제도])
사 죽이다I
¶그런 것은 다 구시대의 죽은 관습이지요. ¶실제로 적용되지 않는 죽은 규정은 개정할 필요가 있지 않을까?
◆ **죽고 못 살다** (어떤 것에) 아주 흡족한 마음으로 빠지다. Be absorbed in something to one's satisfaction.
No-가 N1-에 Idm (No=[인간] N1=[모두])
¶어머니는 아들이라면 죽고 못 사신다. ¶여자친구라면 죽고 못 사는 동생이 신기하기도 하다.
◆ **죽기 살기로** 아주 열심히 Very hard.
유 죽도록, 죽어라, 죽자고
Idm
¶영수는 죽기 살기로 공부했다. ¶목표가 있으면 죽기 살기로 도전해 보는 거야.
◆ **죽도록** 아주 열심히 Very hard.
유 죽기 살기로, 죽어라, 죽자고
Idm
¶나는 죽도록 노력해도 그를 따라잡을 수 없었다. ¶죽도록 일하다 보면 길이 보이지 않을까?
◆ **죽어라** 아주 열심히 Very hard.
유 죽기 살기로, 죽도록, 죽자고
Idm
¶내가 죽어라 얘기해도 그는 듣지 않았다. ¶죽어라 걸었지만 아직 목적지에 닿지 못했다.
◆ **죽자고** 아주 열심히 Very hard.
유 죽기 살기로, 죽도록, 죽어라
Idm
¶네가 죽자고 달려들면 그쪽에서도 별 수 있겠어? ¶죽자고 하면 못 할 일이 없다고 한다.
◆ **죽지 못해** 달리 도리가 없기에 어쩔 수 없이 Having no other choice.
Idm
¶비록 지금 죽지 못해 여기 있지만 언젠가는 떠날 것이다. ¶이렇게 죽지 못해 연명하는 삶이 의미가 있을까?

죽다II

활용 죽어, 죽으니, 죽고
자 (물체의 곧고 단단하거나 날카롭던 부분이) 누그러지거나 무디어지다. (of a straight, firm, and sharp part of a thing) Become blunt or softened.
No-가 V (No=[구체물])
사 죽이다II
¶옷을 구겨 놓았더니 깃이 다 죽었다. ¶칼날이 죽어서 다시 갈아야겠어요. ¶그는 예전보다 왠지 콧날이 죽은 것 같았다.

죽이다 I

활용 죽여, 죽이니, 죽이고
타 ❶(생물을) 생명력을 잃게 하다. Make living things lose their vitality.
유 살해하다 반 살리다
No-가 N1-를 V (No=[인간|단체], [동물] N1=[생물], [단체])
주 죽다I
¶곰이 사냥꾼을 죽였다. ¶그 부대는 적군을 죽이고 귀환했다.
❷(기계나 물체 따위를) 작동이나 운동을 그치게

하다. (of machine or matter) Make something stop operating or moving.
[반]살리다
N0-가 N1-를 V (N0=[인간] N1=[구체물])
[주]죽다I
¶비행기가 이륙하기 전에 핸드폰을 죽여야 한다.
❸ (불이나 빛을) 꺼지거나 사라지게 하다. Extinguish fire or make a light disappear.
[반]살리다
N0-가 N1-를 V (N0=[인간] N1=[불], [빛])
[주]죽다I
¶불씨를 확실히 죽여야 사고를 예방할 수 있다.
❹(발소리나 숨소리 따위를) 작게 하거나 그치다. Make the sound of step or breath be small or have it stop.
N0-가 N1-를 V (N0=[인간] N1=[소리](발소리, 숨소리 따위))
¶할아버지가 주무셔서 나는 발소리를 죽였다. ¶도서관에서는 소리를 조금만 죽여 주세요. ¶그는 숨소리도 죽인 채 옆방의 대화를 엿들었다.
❺(하품이나 졸음 따위를) 생기지 않게 참다. Endure one's yawn or sleepiness.
N0-가 N1-를 V (N0=[인간] N1=하품, 졸음)
¶그는 터져 나오려던 하품을 겨우 죽였다. ¶동수는 졸음을 죽이고 공부했다.
❻(시간이나 물건 따위를) 헛되이 사용하다. Use time or articles in vain.
N0-가 N1-를 V (N0=[인간|단체] N1=[구체물], [시간])
¶혜진이는 커피숍에서 시간을 죽였다. ¶시간 죽이기로는 영화만 한 것이 없지.
❼(경기나 놀이 중에 선수나 말을) 잡아서 경기장이나 놀이판에서 내몰다. Catch a player or a horse and drive such out of the arena or game board.
[반]살리다
N0-가 N1-를 V (N0=[인간] N1=[인간](역할을 맡은 선수), 말, 패 따위)
[주]죽다I
¶포수가 도루하는 주자를 죽였다. ¶그는 윷으로 상대방의 말을 죽일 수 있었다.
❽(머리카락을) 눌러 가라앉게 하다. Press down.
[유]누르다
N0-가 N1-를 V (N0=[인간] N1=[신체부위](머리, 머리카락 따위))
[주]죽다I
¶영수는 무스로 머리를 죽였다. ¶머리카락을 죽이려고 스프레이를 뿌렸다.
❾(채소나 그 생기를) 가라앉게 하다. Make a vegetable or its vitality sink.
[유]가라앉히다, 부드럽게 하다
N0-가 N1-를 V (N0=[인간] N1=[채소], 숨)
[주]죽다I
¶어머니는 배추를 절여 숨을 죽이셨다. ¶상추를 좀 죽인 다음 냉장고에 넣어라.
❿(속도를) 느려지게 하다. Make a speed lower.
[유]줄이다
N0-가 N1-를 V (N0=[인간] N1=[속도])
¶삼촌은 자동차의 속도를 죽였다. ¶정거장에 진입하기 전에 속력을 죽여야 합니다.
⓫(어떤 것을) 본래의 색, 특징, 기능 따위를 잃어버리게 하다. Make something lose its original color, characteristic, or function.
[반]살리다
N0-가 N1-를 V (N0=[인간], [구체물] N1=[구체물], [추상물], [작품], [텍스트])
[주]죽다I
¶그는 옷을 돋보이게 하려고 화장 톤을 죽였다. ¶너무 밝은 조명이 도리어 그림을 죽이는 것 같다.
⓬(기운이나 성질 따위를) 사그라들거나 꺾이게 하다. Make energy or characteristic blow over and abate.
[반]살리다
N0-가 N1-를 V (N0=[인간] N1=[인성])
[주]죽다I
¶그는 아이의 기를 죽였다. ¶성질 죽이고 내 말부터 들어 봐라. ¶때로는 사람이 고집도 죽일 줄 알아야지.
⓭(기억이나 사상 따위를) 머릿속에 남기지 않고 잊다. Forget a memory or a thought, leaving nothing in mind.
[반]살리다
N0-가 N1-를 V (N0=[인간|단체] N1=[의견](추억, 기억, 생각 따위), 사상, 정신, 이념 따위)
[주]죽다I
¶외세가 민족의 정신을 죽인 날을 잊지 못할 것이다. ¶준희는 불길한 생각을 죽이려고 애썼다.
⓮(텍스트의 내용이나 제도 따위를) 효력을 잃게 하다. Make the content of a text or a system become ineffective.
[반]살리다
N0-가 N1-를 V (N0=[인간|단체] N1=[텍스트], [규범], [관습], [제도])
[주]죽다I
¶낡은 전통은 죽이고 새로운 전통을 세울 필요가 있지 않겠습니까? ¶의회에서 그 법을 죽였기 때문에 처벌할 방법이 없다.

죽이다Ⅱ
[활용]죽여, 죽이니, 죽이고

[타](물체의 곧고 단단하거나 날카롭던 부분을) 누그러지거나 무디어지게 하다. Make the straight, firm, or sharp part become softened or blunt.
[유]무디게 하다
No-가 N1-를 V (No=[인간] N1=[구체물])
[주]죽다II
¶그는 수술을 해서 콧날을 죽였다. ¶아영이는 손톱 끝을 죽이려고 줄을 꺼냈다. ¶칼날을 죽여서 잘 들지 않게 해라.

준비되다
[어원]準備~ [활용]준비되어(준비되니), 준비되니, 준비되고 [대응]준비가 되다
[자]❶(어떤 일이) 무사히 치러지기 위해 대비가 되다. (of a work) Be provided for in order to be carried out without failure.
[유]대비되다
No-가 V (No=[행위])
[능]준비하다
¶평창 동계 올림픽이 완벽히 준비되었다. ¶우리의 첫 전시회가 드디어 준비되었다.
❷(어떤 일에 필요한 물건이) 미리 마련되다. (of something necessary for a work) Be secured in advance.
[유]마련되다
No-가 V (No=[구체물])
[능]준비하다
¶안에 우산이 준비되어 있으니 비가 오면 가지고 가세요. ¶딸의 생일상이 멋지게 준비되었다. ¶커피를 마시지 않는 사람들을 위해 녹차가 준비되어 있습니다.

준비하다
[활용]준비하여(준비해), 준비하니, 준비하고
[타]❶(어떤 행위를) 무사히 치르기 위해 미리 대비를 하다. Prepare for some activity in order to complete it safely.
[유]대비하다, 채비하다
No-가 N1-를 V (No=[인간] N1=[행위])
[피]준비되다 [사]준비시키다
¶우리는 전시회를 준비하느라 밤을 꼴딱 샜다. ¶친구는 결혼식을 준비하는 것이 마냥 즐겁다고 했다.
❷(어떤 일에 필요한 물건을) 미리 마련하다. Prepare an item that is needed for some task in advance.
[유]마련하다, 갖추다, 상비하다
No-가 N1-를 V (No=[인간] N1=[구체물])
[피]준비되다 [사]준비시키다
¶내일 비가 올 수도 있으니 우산을 준비해라. ¶아버지께서는 딸의 생일상을 준비하기 위해 시장에 갔다. ¶나는 커피를 마시지 않는 친구를 위해 녹차를 준비하였다.

준수되다
[어원]遵守~ [활용]준수되어(준수돼), 준수되니, 준수되고
[자](규칙, 명령 따위가) 그대로 따라져 지켜지다. (of rule or command) Be followed strictly.
[유]지켜지다
No-가 V (No=[규범], [법률])
[능]준수하다
¶회의실의 온도는 정부 권장 온도인 26도가 준수되었다. ¶단속 첫날 정지선 지키기와 신호등 지키기 등 대부분 도로에서 교통질서가 준수되었다. ¶새로 지은 놀이터는 안전 기준이 엄격히 준수되었다.

준수하다
[어원]遵守~ [활용]준수하여(준수해), 준수하니, 준수하고
[타](규칙, 명령 따위를) 그대로 따라 지키다. (of a person) Follow a rule or a command strictly.
[유]지키다, 따르다
No-가 N1-를 V (No=[인간|단체] N1=[규범], [법률])
[피]준수되다
¶부장은 아무리 억지를 부리는 손님이라도 최대한 예의를 지켜야 한다는 가게의 영업 방침을 준수했다. ¶우리 학교는 교육의 질 향상을 위해 학급당 학생 수 24명 미만이라는 기준을 준수한다. ¶유럽의 수도원은 1100년까지 베네딕트의 규율을 준수했다.

줄다
[활용]줄어, 주니, 줄고, 주는
[자]❶(수량이나 규모가) 적어지거나 작아지다. (quantity or size) Become decreased or reduced.
[유]감소되다, 감소하다, 깎이다 [반]가중되다, 늘다, 늘어나다, 증가되다, 증가하다, 증대되다 [하]급감하다[자]
No-가 V (No=[수량], [크기], [시간], [구체물])
[사]줄이다
¶날씨가 건조하니 꽃병 속의 물이 준다. ¶예산이 줄어도 인건비를 줄일 수는 없다.
❷(경제적인 사정이) 이전보다 어려워져 나빠지다. (financial situation) Worsen than before.
[반]늘다, 늘어나다
No-가 V (No=살림, 살림살이 따위)
[사]줄이다
¶집안에 빚이 많아져 살림살이가 줄었다. ¶어머니는 살림살이가 주는 중에도 패물은 지니고 계셨다.
❸(능력이나 재주가) 전보다 못하여져 나빠지다. (ability or talent) Diminish than before.

N0-가 V (N0=[능력])
¶진영이는 연습을 안 해서 피아노 실력이 줄었다. ¶나이가 드니 바느질 솜씨가 전보다 줄더구나.

줄어들다

활용 줄어들어, 줄어드니, 줄어들고, 줄어드는
자 ❶(크기나 부피 따위가) 원래보다 작아지다. (of size or volume) Become smaller.
반 늘어나다
N0-가 V (N0=[구체물], [추상물](키, 크기, 덩치 따위))
¶세탁을 잘못해서 옷이 줄어들어 버렸다. ¶철수는 체중 감량으로 덩치가 엄청나게 줄어들었다.
❷(수량, 정도 따위가) 원래보다 점점 적어지다. (of quantity or degree) Become less.
유 감소하다 반 늘어나다
N0-가 V (N0=[추상물](수, 키, 양, 부피, 무게 따위), [감정](고통, 기쁨 따위))
¶아버지의 식사량이 갈수록 줄어들어서 걱정이다. ¶진통제를 먹으면 당장은 고통이 줄어든다. ¶가족 수는 늘어나는데 살림은 계속 줄어들어서 걱정이다.

줄이다

활용 줄여, 줄이니, 줄이고
타 ❶(수량이나 규모를) 적게 하거나 작게 하다. Decrease or reduce a quantity or a scale.
유 감소시키다, 당기다 타 반 가중시키다, 늘리다, 늘이다, 증가시키다, 증대시키다 하 급감하다 자, 죽이다
N0-가 N1-를 V (N0=[인간|단체] N1=[수량], [크기], [시간], [구체물])
주 줄다
¶어머니는 내 몸에 맞추어 바지를 줄이셨다. ¶그는 연봉을 줄여서라도 지금 회사에 남기를 원했다. ¶회사 규모를 줄이지 않으면 유지비를 감당할 수 없다.
❷(살림의 규모를) 경제적인 사정이 어려워져 이전보다 작게 하다. Downsize household due to financial situation.
N0-가 N1-를 V (N0=[인간|단체] N1=살림, 살림살이 따위)
주 줄다
¶어머니는 빚 때문에 살림을 줄이셨다. ¶지금 우리 형편에는 살림살이를 줄이는 것 외에 도리가 없다.
❸ 《글이나 말의 끝에서》 더 할 말이 있으나 하지 아니하고 마치다. Wrap up (at the end of the article or conversation) despite having more to say.
N0-가 N1-를 V (N0=[인간] N1=[텍스트], [이야기])
연어 이만
¶그럼 선생님의 건강을 기원하며 이만 줄이겠습니다. ¶다음에 또 뵙기를 빌며 이만 줄일까 합니다.
※ 일반적으로 'N1-를'은 생략되는 경우가 많다.

줍다

활용 주워, 주우니, 줍고, 줍는
타 ❶(바닥에 있는 사물을) 손으로 집어 들다. Grab and hold up an item from the floor.
유 집다, 채집하다
N0-가 N1-를 V (N0=[인간] N1=[구체물])
¶봉사자들은 공원에서 쓰레기를 주웠다. ¶사진이 바닥에 떨어져 있어서 내가 주워 왔다.
❷(다른 사람이 잃어버린 것을) 취하여 제 것으로 하다. Obtain something that someone else lost and make it one's possession.
N0-가 N1-를 V (N0=[인간] N1=[구체물])
¶인수는 오는 길에 동전을 주웠다. ¶나는 어렸을 때 주운 지갑을 경찰서에 맡겼다.
❸(버려진 아이를) 키우기 위하여 데려오다. Accompany an abandoned child in order to raise him/her.
N0-가 N1-를 V (N0=[인간] N1=[인간](아기, 아이 따위))
¶할머니가 아기를 다리 밑에서 주어 왔다고 놀리셨다.
※ 주로 '주어 오다' 형태로 쓰인다.
❹이것저것 가리지 않고 아무렇게나 취하다. Take thoughtlessly without discriminating anything.
N0-가 N1-를 V (N0=[인간] N1=[모두])
¶민희는 시간이 날 때마다 아무 책이나 주워 읽었다. ¶동생은 되는 대로 옷을 주워 입고 급히 나섰다. ¶그는 사라져 가는 추억들을 애써 주워 모았다.
※ 주로 '주워'의 형태로 쓰인다.

중단되다

어원 中斷~ 활용 중단되어(중단돼), 중단되니, 중단되고 대응 중단이 되다
자 (어떤 일이) 중간에 멈추어지다. (of a work) Be stopped along the way.
유 그치다
N0-가 V (N0=[행위](일, 생각, 동작, 작업 따위))
능 중단하다
¶이번 행사가 비 때문에 중단되었다. ¶갑자기 온 전화 때문에 대화가 중단되었다. ¶이 상품은 생산이 중단되어서 더 이상 살 수가 없다.
S것-이 V
능 중단하다
¶아무리 어려운 상황이라도 국가가 노인 복지를 지원하는 것이 중단되어서는 안 된다. ¶야구가 올림픽 종목으로 채택되던 것이 중단되었다고

ㅈ

한다.

중단하다

어원 中斷~ 활용 중단하여(중단해), 중단하니, 중단하고 대응 중단을 하다

타 (어떤 일을) 중간에 멈추거나 그만두다. Stop a work along the way or give it up.

유 그만두다, 중지하다

No-가 N1-를 V (No=[인간|단체] N1=[행위](일, 생각, 동작, 작업 따위))

피 중단되다 사 중단시키다

¶그는 아이들의 방해 때문에 명상을 중단할 수밖에 없었다. ¶사고 때문에 철도 당국은 모든 열차의 운행을 중단했다.

No-가 S것-을 V (No=[인간|단체])

피 중단되다 사 중단시키다

¶자선 단체는 기금이 부족하여 아이들을 돕는 것을 중단할 수밖에 없었다. ¶철수는 다달이 그 단체를 후원하던 것을 중단했다.

중복되다

어원 重複~ 활용 중복되어(중복돼), 중복되니, 중복되고

자 (같거나 비슷한 것이) 거듭되거나 겹치다. (of the same or similar things) Be overlapped or repeated.

유 반복되다, 겹치다

No-가 V (No=[텍스트], [범주], [추상물], [행위])

능 중복하다

¶현재 표절 의혹을 받는 논문의 그림이 일부 중복되었다. ¶한국의 대표 수출 품목들이 대부분 일본과 중복되었다. ¶나는 책을 쓰기 위해 기존 서적들을 다수 읽었으나 대부분 내용이 중복되어 있다.

중복하다

타 (사람이) 같거나 비슷한 것을 거듭하다. (of a person) Repeat the same or similar things.

유 반복하다

No-가 N1-를 V (No=[인간], [텍스트], [범주], [추상물], [행위])

피 중복되다

¶우리는 실수로 음식 주문을 중복했다. ¶관계 기관에서 의사소통에 혼선을 빚어 집계를 중복했다. ¶경찰서로 달려온 남자는 계속 같은 이야기를 중복했다.

중시되다

어원 重視~ 활용 중시되어(중시돼), 중시되니, 중시되고

자 중요하게 여겨지다. Be considered important.

유 중요시되다 반 경시되다, 무시되다

No-가 V (No=[모두])

능 중시하다

¶현대 민주 국가에서는 표현의 자유가 중시된다. ¶고려는 연등회와 팔관회가 국가 행사로 중시된 불교 국가였다. ¶외모만이 중시되는 사회 분위기는 심각한 사회적 비용을 초래한다.

중시하다

어원 重視~ 활용 중시하여, 중시하니, 중시하고 대응 중시를 하다

타 중요하게 여기다. Consider something important.

유 중요시하다 반 경시하다, 무시하다

No-가 N1-를 V (No=[인간|단체] N1=[모두])

피 중시되다

¶현대 사회는 개인의 자유를 중시한다. ¶역사를 중시하지 않는 문명은 오래 유지되지 못했다. ¶어떤 산업을 중시할 것인지는 그때그때의 정책 판단에 따라 달라진다.

중얼거리다

활용 중얼거리어(중얼거려), 중얼거리니, 중얼거리고 센 쭝얼거리다 여린 종알거리다

자 남이 잘 알아들을 수 없는 작고 낮은 목소리로 계속 혼잣말을 하다. Talk to oneself in a low and quiet voice, so that others may not understand.

유 중얼대다, 중얼중얼하다

No-가 V (No=[인간])

¶김 부장은 중얼거리며 시계를 쳐다보았다. ¶혼자 중얼거리지 말고 크게 말해라.

No-가 S고 V (No=[인간])

¶민수는 뭔가 잘못됐다고 시종일관 중얼거렸다. ¶아버지께서는 여기다 집을 짓고 살았으면 좋겠다고 중얼거리곤 하셨다.

타 (어떤 말을) 남이 잘 알아들을 수 없는 작고 낮은 목소리로 계속 혼잣말을 하다. Keep on saying something very quietly so that many cannot understand it.

유 중얼대다, 중얼중얼하다

No-가 N-를 V (No=[인간] N1=이야기, 말, 노래, 단어, 욕설 따위)

¶민지는 계속해서 혼잣말을 중얼거렸다. ¶아이는 똑같은 말을 중얼거리며 자기 자리로 돌아갔다.

중얼대다

활용 중얼대어(중얼대), 중얼대니, 중얼대고 센 쭝얼대다 여린 종알대다

자 ☞중얼거리다 자

중요시되다

어원 重要視~ 활용 중요시되어(중요시돼), 중요시되니, 중요시되고

자 (무엇이) 다른 것보다 더욱 귀중한 것으로 생각되거나 평가되다. (of something) Be thought of or regarded as more valuable than other things.

㊌중시되다
No-가 V (No=[모두])
능중요시하다
¶이 계통의 일은 학벌보다는 경력이 훨씬 중요시된다. ¶나는 나의 개인 의견도 중요시되었으면 한다. ¶현대 사회는 인간이 중요시되어야 한다.
S것-이 V
능중요시하다
¶인간을 존중하는 마음이 중요시되어야 한다. ¶이 수업은 학생들이 적극적으로 참여하는 것이 중요시된다.

중요시하다

어원重要視~ 활용중요시하여(중요시해), 중요시하니, 중요시하고
타(무엇을) 다른 것보다 더욱 관심을 가지고 귀중한 것으로 생각하거나 평가하다. Think of or regard something as more valuable than other things, paying more attention to it.
㊌중시하다 ㊎등한시하다
No-가 N1-를 V (No=[인간], [집단] N1=[모두])
피중요시되다
¶현대 사회는 무엇보다 인간을 중요시해야 한다. ¶전통 사회에서는 제사를 중요시하였지만 현대에는 풍습이 많이 달라졌다. ¶사장은 직원들의 자기 개발을 중요시하지 않았다.
No-가 S것-을 V (No=[인간], [집단])
피중요시되다
¶나는 돈보다는 나의 개인 시간을 쓰는 것을 중요시한다. ¶저는 학생들이 적극적으로 참여하는 것을 중요시합니다.

중지되다

어원中止~ 활용중지되어(중지돼), 중지되니, 중지되고 대응중지가 되다
자❶(하던 일이) 중간에 멈추어지다. (of something someone was doing) Be stopped in the middle.
㊌중단되다 ㊎지속되다, 유지되다, 계속되다
No-가 N1-에 의해 V (No=[행위] N1=[인간|단체])
능중지하다
¶엘리베이터 작동이 잠시 중지되기도 했다.
¶비 때문에 작업이 중지되었다.
S것-이 No-에 의해 V (No=[인간|단체])
능중지하다
¶갑자기 심하게 내린 비에 의해 묘목 심는 것이 중지되었다. ¶잉크가 부족해서 책을 인쇄하는 것이 중지되었다.
❷(효력이나 기능 따위가) 누군가에 의해 무효화되다. (of an effect or function) Be negated by someone.
㊌중단되다 ㊎유지되다, 지속되다
No-가 N1-에 의해 V (No=효력, 기능 따위 N1=[인간|단체])
능중지하다, 중지시키다
¶헌법 효력이 군부에 의해 중지되었다. ¶컴퓨터 용량 때문에 전자편지 임시 저장 기능이 중지되었다.

중지하다

어원中止~ 활용중지하여(중지해), 중지하니, 중지하고 대응중지를 하다
타❶(하던 일을) 도중에 멈추거나 그만두다. Stop or end something one was doing in the middle.
㊌그만두다, 멈추다, 중단하다 ㊎지속하다, 유지하다, 계속하다
No-가 N1-를 V (No=[인간|단체] N1=[행위])
피중지되다 사중지시키다
¶두 사람은 싸움을 중지하고 화해했다. ¶심판이 경기를 중지하고 선수를 퇴장시켰다.
No-가 S것-을 V (No=[인간|단체], 프로그램 따위)
피중지되다 사중지시키다
¶회사는 노조 활동에 개입하는 것을 중지해야 한다. ¶제어 프로그램이 프로그램이 실행되는 것을 중지하였다.
No-가 S기-를 V (No=[인간|단체])
피중지되다
¶웹페이지 내용 전송받기를 중지하려면 이 버튼을 누르면 된다. ¶당신이 노력하기를 중지하지 않는 한 결코 어떤 것도 끝난 것이 아니다.
❷효력이나 기능 따위를 무효화하다. Negate an effect or function.
㊌중단시키다 ㊎유지시키다, 지속시키다
No-가 N1-를 V (No=[인간|단체] N1=효력, 기능 따위)
피중지되다
¶재판부는 불심검문 관행에 대해 내린 개선 명령의 효력을 중지했다. ¶나에게는 별로 쓸모가 없어서 자동 저장 기능을 중지해 버렸다.

쥐다

활용쥐어, 쥐니, 쥐고
타❶(손가락을 모두 완전히 오므려) 힘을 주어 손을 뭉쳐지게 하다. Conglomerate by overlapping the thumb and four other fingers.
㊌움켜쥐다
No-가 N1-를 V (No=[인간] N1=주먹)
연어불끈, 꽉
¶너무나 큰 분노에 사람들은 주먹을 불끈 쥐었다. ¶첫 골을 넣은 후 주먹을 꽉 쥐고 달려 나갔다.
❷(물건을) 손가락으로 손에 움켜잡다. Hold an object with palm and fingers.
No-가 N1-를 N2-(에|로) V (No=[인간] N1=[구체물] N2=[신체부위](손, 왼손, 오른손, 양손))
연어꼭, 꽉

ㅈ

¶아이들은 자면서도 한 손에 과자를 꼭 쥐고 있었다. ¶그는 속도를 내기 위해서 말고삐를 꽉 쥐었다.
❸(큰 재물 따위를) 벌거나 취득하다. Earn or own a great fortune.
㊌벌다
N0-가 N1-를 V (N0=[인간] N1=[돈](재물, 밑천, 목돈 따위))
¶그는 목돈을 쥐고 있어서 그런지 한층 여유로워 보였다. ¶장사꾼들은 목돈을 쥐기 위해서 외국으로 나갔다.
❹(중요한 증거나 단서를) 가지거나 확연히 알다. Own or know an important evidence or clue.
㊌가지다, 지니다
N0-가 N1-를 V (N0=[인간] N1=증거, 단서, 정보 따위)
¶우리 편이 결정적인 증거를 쥐고 있었기 때문에 아무런 걱정이 없었다. ¶그들은 겨우 새로운 단서를 하나 쥐었지만 그것으로 대세를 뒤집기는 어려워 보였다.
❺(자신의 뜻대로 할 수 있는 힘이나 방법을 가지고) 통제하거나 지배하다. Have a power or method to make it one's own way.
N0-가 N1-를 V (N0=[인간] N1=[권력], [방법](수단, 밥줄, 돈줄 따위))
¶집에서는 재산권을 쥐고 있는 사람의 목소리가 더 클 수밖에 없다. ¶그가 내 밥줄을 쥐고 있는 한 그의 명령을 따를 수밖에 없다.
◆ **쥐고 흔들다** (어떤 일이나 사람을) 마음대로 조종하다. Control someone or something at will.
㊌쥐었다 폈다 하다
N0-가 N1-를 Idm (N0=[인간] N1=[인간], [일])
¶간신들이 나라를 쥐고 흔드니 백성들이 매우 고달팠다. ¶할머니가 삼촌을 쥐고 흔드는 모습이 그리 좋아 보이지는 않았다.
◆ **쥐었다 폈다 하다** (어떤 일이나 사람을) 마음대로 조종하다. Control someone or something as one likes.
㊌쥐고 흔들다
N0-가 N1-를 Idm (N0=[인간] N1=[인간])
¶그가 나를 쥐었다 폈다 하니 이길 수가 없었다. ¶그는 회사의 돈과 권력을 쥐었다 폈다 하며 자기 마음대로 경영했다.

즈음하다
[활용]즈음하여(즈음해), 즈음한
[자타](무엇이 어느 때에) 맞게 되거나 다다르게 되다. (of something) Become suitable for a certain time or reach it.
㊌임하다, 당하다
N0-가 N1-(에|를) V (N0=[인간|단체], [사건], [상태] N1=[사건], [상태], [시간])
¶특집호 발간에 즈음해서 각계 인사들의 축하 원고가 이어졌다. ¶지방 선거에 즈음하여 특정 후보를 지지하는 광고가 많아지고 있다. ¶어버이날을 즈음해 집으로 선물을 보내는 택배량이 늘어나고 있다.
※ 주로 '즈음하여, 즈음한'의 형태로 쓴다.

즉위하다
[어원]卽位~ [활용]즉위하여(즉위해), 즉위하니, 즉위하고
[자]임금이나 왕의 지위에 오르다. Become the new monarch or king.
N0-가 N1-에 V (N0=[인간] N1=왕위)
¶올해는 세종대왕이 왕위에 즉위한 지 육백 돌이 되는 해였다. ¶현종은 즉위한 후 내정에 힘쓰고 변방 지역에 절도사를 설치하여 국위를 폈다. ¶니콜라이 2세는 러시아 제국의 마지막 황제로 1894년에 즉위하였다.

증가되다
[어원]增加~ [활용]증가되어(증가돼), 증가되니, 증가되고 [대응]증가가 되다
[자]☞증가하다

증가하다
[어원]增加~ [활용]증가하여(증가해), 증가하니, 증가하고 [대응]증가를 하다
[자](수나 양이) 늘거나 많아지다. (of number or amount) Increase or become large in quantity.
㊌늘다, 늘어나다, 증가되다 ㊏줄다, 감소하다
N0-가 V 수, 양 따위
[능]증가시키다
¶수출은 증가하는 반면 수입은 감소했다. ¶자동차 대수가 급격히 증가했다. ¶노년층이 증가하면 사회복지비가 더 들어간다.

증대되다
[어원]增大~ [활용]증대되어(증대돼), 증대되니, 증대되고 [대응]증대가 되다
[자](양이나 규모 따위가) 늘어나거나 커지다. (of amount or size) Increase or become large.
㊌증가하다, 늘다, 늘어나다, 커지다 ㊏줄다, 축소되다
N0-가 V (N0=[수량], [값], [크기], [부피], [특성])
[사]증대시키다
¶휴대전화 수요가 날로 증대되고 있다. ¶정보량이 증대될수록 처리할 시간도 더 늘어난다. ¶갈수록 짐의 중량과 부피가 증대되어 이동이 쉽지 않다.
N0-가 N1-(로|에 의해) V (N0=[행위], [사건], [특성] N1=[인간|단체], [상태])
[사]증대시키다

¶품질 개선은 소비자의 요구에 의해 증대되고 있다. ¶각종 암 발생은 환경 요인으로 증대되는 면도 있다. ¶시민 단체 역할의 중요성이 사회적 동의에 의해 증대되고 있다.

증대시키다

어원 增大~ 활용 증대시키어(증대시켜), 증대시키니, 증대시키고 대응 증대를 시키다

타 (양이나 규모 따위를) 늘이거나 늘게 하다. Make amount or size increase or become larger.

유 증가시키다, 늘이다, 키우다 반 줄이다, 축소시키다

N0-가 N1-를 V (N0=[인간|단체], [상태] N1=[수량], [값], [크기], [부피], [특성])

주 증대되다

¶우리 회사는 매년 매출을 증대시키고 있다. ¶통신 기술의 발달이 휴대전화 수요를 증대시켰다. ¶정부는 국민 소득을 증대시키려고 노력하고 있다.

증대하다

어원 增大~ 활용 증대하여(증대해), 증대하니, 증대하고

자 ☞ 증대되다

증명되다

어원 證明~ 활용 증명되어(증명돼), 증명되니, 증명되고 대응 증명이 되다

자 ❶(이론이나 사건, 속성 등이) 증거를 통해 그 사실 여부가 밝혀지다. (of a certain theory, case, or property) Be discovered of the truth through evidence.

유 입증되다, 검증되다

N0-가 N1-에 의해 V (N0=[상태], [앎], [능력], [이론], [추상물](효과, 효력, 이유 따위) N1=[인간|단체], [이론], [학문])

능 증명하다

¶상대성 이론은 아인슈타인에 의해 증명되었다. ¶언론사의 추적으로 그의 무죄가 증명되었다. ¶이번 사태를 겪으며 친구의 인간성이 증명되었다.

(S것|S지|S음)-(이|가) N1-에 의해 V (N1=[인간|단체], [이론])

능 증명하다

¶빛이 휘어질 수 있다는 것이 증명되었다. ¶지구가 왜 둥근지가 바로 이 이론에 의해 증명될 수 있다.

❷ 【논리, 수학】 어떤 명제가 논리적 추론을 통해서 참과 거짓이 밝혀지다. (of a thesis) Be discovered of truth or lie through logical deduction.

유 논증되다

N0-가 N1-에 의해 V (N0=[이론], [앎] N1=[인간])

능 증명하다

¶근의 공식이 누구에 의해 증명되었는지 아니? ¶그 명제가 어떤 수학자에 의해 증명되었는지 잊어 버렸다.

(S것|S지|S음)-가 N1-에 의해 V (N1=[인간])

능 증명하다

¶이 문제에 대해서는 두 가지 해법이 있음이 그 수학자에 의해 증명된 바 있다. ¶이 공식이 참인지 거짓인지 증명될 수 있을까?

증명하다

어원 證明~ 활용 증명하여(증명해), 증명하니, 증명하고 대응 증명을 하다

타 ❶(어떤 이론이나 사건, 속성 등에 대하여) 증거를 들어서 그 사실 여부를 밝히다. Find out if a certain theory, case, or property is true through evidence.

유 입증하다, 검증하다

N0-가 N1-를 V (N0=[인간|단체], [이론] N1=[상태], [앎], [능력], [이론], [추상물](효과, 효력, 이유 따위))

피 증명되다

¶그 배우는 이번 영화에서 자신의 연기력을 증명했다. ¶경찰은 폐쇄회로 영상 자료로 그 사람의 범죄 사실을 증명했다.

N0-가 (S것|S지|S음)-를 V (N0=[인간], [이론], [학문](과학 따위))

피 증명되다

¶나는 우리의 노력이 가치가 있다는 것은 증명하고 싶었다. ¶그 이론은 앞으로 10년간 해수면이 정확히 얼마나 높아질지는 증명할 수 없다.

❷ 【논리, 수학】 어떤 명제에 대해 논리적 추론을 통해서 참과 거짓을 밝히다. Find out if a certain thesis is true or false through logical deduction.

유 논증하다

N0-가 N1-를 V (N0=[인간] N1=[이론], [앎])

피 증명되다

¶선생님께서는 근의 공식을 증명해 보이셨다. ¶그는 페르마의 마지막 정리를 증명했다.

N0-가 (S것|S지|S음)-를 V (N0=[인간])

피 증명되다

¶수학자는 이 문제에 대해 두 가지 해법이 있음을 증명하였다. ¶선생님께서는 어떻게 해서 이런 공식이 나오는지를 증명해 보였다.

증발되다

어원 蒸發~ 활용 증발되어(증발돼), 증발되니, 증발되고 대응 증발이 되다

자 ☞ 증발하다

증발하다

어원 蒸發~ 활용 증발하여(증발해), 증발하니, 증발하고 대응 증발을 하다

ㅈ

자 ❶(물질이) 액체 상태에서 기체 상태로 변하다. (of a substance) Change from liquid to gas.
㊌마르다
N0-가 V (N0=[액체])
사 증발시키다
¶그릇에 담아두었던 물이 모두 증발했다. ¶증발한 액체는 기체가 되어 공기 중에 섞인다. ¶끓는점에 도달하지 않은 물도 서서히 증발할 수 있다.
❷(사람이) 행적을 감추고 사라지다. (of a person) Hide one's whereabouts and disappear.
㊌사라지다
N0-가 V (N0=[인간|단체])
¶그는 어느 날 모든 연락을 끊고 증발했다. ¶돈을 들고 증발한 사람들을 전부 찾아내야 합니다. ¶모임의 주요 인사들이 증발했다는 말에 우리는 아연실색했다.
※ 속되게 쓰인다.

증액되다

어원 增額~ 활용 증액되어(증액돼), 증액되니, 증액되고 대응 증액이 되다
자 돈의 액수가 늘다. (Amount of money) Be increased.
㊥감액되다
N0-가 V (N0=[금전])
능 증액하다
¶새해 교육비 예산은 증액되어야 한다. ¶운임은 화물의 무게와 거리에 비례하여 증액된다. ¶우리 학교는 해마다 도서 구입비가 증액되고 있다.

증액하다

어원 增額~ 활용 증액하여(증액해), 증액하니, 증액하고 대응 증액을 하다
타 돈의 액수를 늘리다. Increase amount of money.
㊌늘리다 ㊥감액하다
N0-가 N1-를 V (N0=[인간|단체] N1=[금전])
피 증액되다
¶정부는 연구 개발비를 증액하기로 했다. ¶대통령은 교육 예산을 5% 증액하겠다고 다짐했다. ¶국회는 정부 각 부처가 예산을 증액하려는 것에 제동을 걸었다.

증언하다

어원 證言~ 활용 증언하여(증언해), 증언하니, 증언하고 대응 증언을 하다
타 (어떤 사물이나 사태에 대하여) 증거가 될 수 있게 말하다. Say something that can pass as evidence for a thing or a situation.
N0-가 N1-(를|에 대해) N2-(에|에게) V (N0=[인간] N1=[구체물], [추상물] N2=[인간|단체])
사 증언시키다
¶퇴역 군인들은 기록 작가에게 전쟁의 참화를 증언하였다. ¶100세 노인이 다큐멘터리에 출연하여 과거의 시대상을 증언하였다.
N0-가 N1-(에|에게) S고 V (N0=[인간] N1=[인간|단체])
사 증언시키다
¶경비원은 찾아온 경찰관에게 수상한 사람은 아무도 없었다고 증언하였다. ¶증인은 피고가 현장에서 목격한 범인과 동일 인물이라고 증언하였다.
N0-가 N1-(에|에게) S것-을 V (N0=[인간] N1=[인간|단체])
사 증언시키다
¶이웃들은 그 집에 거주자가 없다는 것을 구청 직원에게 증언하였다. ¶문서 관리자는 그 기밀문서를 적어도 두 사람은 읽었다는 것을 증언하였다.

증오하다

어원 憎惡~ 활용 증오하여(증오해), 증오하니, 증오하고 대응 증오를 하다
자 (어떤 사람을) 끔찍이 미워하다. Terribly hate someone.
㊌미워하다, 싫어하다자, 혐오하다자 ㊥사랑하다, 좋아하다
N0-가 N1-와 서로 V ↔ N1-가 N0-와 서로 V ↔ N0-와 N1-가 서로 V (N0=[인간|단체] N1=[인간|단체])
¶우리가 그들과 서로 증오하며 산 지 어언 20년이다. ↔ 그들이 우리와 서로 증오하며 산 지 어언 20년이다. ↔ 우리와 그들이 서로 증오하며 산 지 어언 20년이다. ¶그들은 원수가 되어 서로 증오하며 살았다.
타 (어떤 사람이나 대상을) 끔찍이 미워하거나 싫어하다. Terribly hate or dislike someone or something.
㊌미워하다, 싫어하다타, 혐오하다 ㊥사랑하다, 좋아하다타
N0-가 N1-를 V (N0=[인간|단체] N1=[인간|단체])
¶이웃 마을 사람들은 우리를 증오하고 미워한다. ¶나는 그들을 증오하지 않을 수 없었다.
N0-가 N1-를 V (N0=[인간|단체] N1=[추상물](행위, 공간, 태도, 소리 따위))
¶어느 누구도 우리만큼 테러를 증오하지 않을 것입니다.
N0-가 S것-을 V (N0=[인간|단체])
¶나는 그가 여기에 사는 것을 증오한다. ¶나는 어릴 때부터 아버지가 어머니에게 폭언을 일삼는 것을 증오해 왔다.

증진시키다

어원 增進~ 활용 증진시키어(증진시켜), 증진시키니, 증진시키고

타☞'증진하다'의 오용

증진하다

어원增進~ 활용증진하여(증진해), 증진하니, 증진하고

타(무엇이) 어떤 상태를 더 좋아지게 만들거나 더 낫게 하다. (of something) Make a situation better.

㊔향상시키다

N0-가 N1-를 V (N0=[인간|단체], [구체물] N1=[추상물](기억력, 신뢰, 평화, 건강, 행복, 관계 따위))

¶이 제품은 기억력을 증진하는 데에 효과가 있다. ¶이번 회의는 두 나라 사이의 신뢰를 증진하는 데에 공헌을 하게 될 것이다. ¶유엔은 인류의 행복을 증진하고 세계의 평화를 지키기 위하여 조직되었다.

증폭되다

어원增幅~ 활용증폭되어(증폭돼), 증폭되니, 증폭되고 대응증폭이 되다

자❶(빛, 전류, 소리 따위가) 장치에 의해 진폭이 늘어나다. (of light, electricity, or sound) Increase in amplitude by a device.

N0-가 N1-에 의해 V (N0=[물리현상](소리, 빛, 전류 따위) N1=[기기](보청기, 앰프 따위))

능증폭하다타

¶마이크는 음파를 전기 신호로 바꾸고, 이 전기 신호가 앰프에 의해 증폭되어 스피커로 음파가 나오게 된다. ¶이는 아주 적은 양의 전류를 흘려주면 빛이 증폭되어 발생하는 원리다.

❷(심리적 상태의 강도가) 높아지거나 거세지다. (of the magnitude of psychological state) Be enlarged or intensified

㊔커지다, 거세지다

N0-가 V (N0=[감정](불만, 불안, 걱정, 관심, 호감 따위), [생각](의혹 따위))

능증폭하다타

¶시간이 지나면 지날수록 나의 불안감은 증폭되어 가기만 했다. ¶이 자금의 출처에 대한 의혹이 증폭되고 있다.

❸(소문 따위가) 널리 확대되어 크게 퍼지다. (of a rumor) Be widely spread.

N0-가 V (N0=[소문](소문, 유언비어 따위))

능증폭하다타

¶최근 그 배우에 대한 이상한 소문이 증폭되고 있다. ¶그는 자신에 대한 갖은 소문이 증폭하자 결백을 주장하고 나섰다.

증폭하다

어원增幅~ 활용증폭하여(증폭해), 증폭하니, 증폭하고 대응증폭을 하다

자❶(심리적 상태의 강도가) 높아지거나 거세지다. (of the magnitude of psychological state) Enlarge or intensify

㊔증대되다, 증가하다

N0-가 V (N0=[감정](불만, 불안, 걱정, 관심, 호감 따위))

사증폭시키다

¶한국 가수의 유럽 진출로 인해 한국 문화에 대한 외국인들의 관심이 증폭하였다. ¶가스 폭발 사고로 국민들의 불안이 증폭했다.

❷(소문 따위가) 널리 확대되어 크게 퍼지다. (of a rumor) Be widely spread.

㊔퍼지다

N0-가 V (N0=[소문])

사증폭시키다

¶최근 그 배우에 대한 이상한 소문이 증폭하고 있다. ¶갖가지 유언비어가 증폭하는 것은 좋은 징조가 아니다.

타❶(빛, 전류, 소리 등의 진폭을) 장치나 기기를 이용하여 늘이다. Increase the amplitude of light, electricity, or sound.

N0-가 N1-를 V (N0=[인간], [기기](보청기, 앰프 따위) N1=[소리], [빛], [물리현상](전류 따위))

피증폭되다

¶그들은 장치를 이용하여 빛을 증폭했다. ¶이 보청기는 인간의 달팽이관처럼 작은 소리는 크게 큰 소리는 크지 않게 증폭합니다.

❷(심리적 상태의 강도를) 높이거나 세게 하다. Increase the magnitude of psychological state.

㊔확대시키다

N0-가 N1-를 V (N0=[앎](사실, 소식 따위) N1=[감정](불만, 불안, 걱정, 관심, 호감 따위))

피증폭되다

¶그 사실이 지역 주민들의 불만을 증폭하고 있다. ¶그 소식은 작품에 대한 국민들의 관심을 크게 증폭하였다.

❸(소문 따위를) 널리 확대하여 크게 퍼뜨리다. Widely spread a rumor.

㊔확대시키다, 퍼뜨리다

N0-가 N1-를 V (N0=[앎](사실, 소식 따위) N1=[소문])

피증폭되다

¶그런 사실은 사장에 대한 이상한 소문을 증폭하기만 할 뿐이다. ¶증권가에서 나온 연예가 정보는 통신망을 통하여 소문을 증폭하고 있다.

지각되다

어원知覺~ 활용지각되어(지각돼), 지각되니, 지각되고 대응지각이 되다

자❶(어떤 대상이나 현상 따위가) 눈, 코, 귀 등 감각기관을 통하여 인식되다. (of a target or phenomenon) Be recognized by a sensory organ such as eyes, nose, or ears.

㊌인식되다, 인지되다, 감지되다
N0-가 N1-(로|에 의해|를 통해) V (N0=[구체물], [냄새], [소리] N1=[신체부위](감각기관, 눈, 귀 따위), [감각](감각, 시각, 촉각 따위))
능 지각하다I
¶미립자와 같이 직접 눈으로 지각될 수 없는 것도 존재한다. ¶육안을 통해 지각될 수 없는 무수한 미생물들이 존재한다.
S것-이 N1-로 V (N1=[신체부위](감각기관, 눈, 귀 따위), [감각](감각, 시각, 촉각, 냄새 따위))
능 지각하다I
¶철새들이 그 공간을 다 차지하고 있다는 것은 멀리 육안으로도 지각되었다. ¶쓰레기가 썩고 있는 것이 냄새로 바로 지각될 수 있었다.
❷(어떤 대상이) 감각기관을 통하여 그것이 아닌 다른 것으로 감지되다. (of a target) Be recognized by a sensory organ as something different.
N0-가 N1-를 N2-로 V (N0=[구체물] N1=[구체물] N2=[구체물])
능 지각하다I
연어 잘못
¶생김새가 하도 비슷해서 그 새는 참새로 잘못 지각되기 일쑤였다. ¶이 지형은 상공에서 보면 바위산으로 잘못 지각될 때가 많다.
S것-으로 V
¶한 물체의 움직임 때문에 다른 물체가 움직이는 것으로 지각될 때 이러한 종류의 착시가 일어난다. ¶동물의 눈에는 두 색이 서로 같은 것으로 지각될 것이다.
❸(감각이나 감정, 현상 따위가) 느낌으로 알아차려지다. (of a sensation, emotion, or phenomenon) Be perceived with one's feeling.
㊌이해되다, 감지되다
N0-가 V (N0=[추상물], [상태])
능 지각하다I
¶관심을 가진 분야는 그렇지 않은 분야보다 효과적으로 지각될 수 있다. ¶존재하지 않는 허구는 지각될 수 없다.
S것-이 V
능 지각하다I
¶그의 태도가 비합리적이라는 것이 쉽게 지각될 수 있다면 태도 변화는 기대하는 대로 고쳐질 수 있다. ¶어떤 감각을 경험했지만 결국 아무것도 존재하지 않는다는 것이 지각될 경우, 이를 환각이라 한다.
❹(어떤 사실이) 잘못 이해되다. (of a fact) Be understood incorrectly.
㊌오해되다
S것-으로 V
능 지각하다I
¶유아들은 자아에 대한 의식이 없는 것으로 잘못 지각된 적도 있었다. ¶주민들에게 강물의 오염이 농장 때문인 것으로 지각되었다.

지각하다 I

어원 知覺~ 활용 지각하여(지각해), 지각하니, 지각하고 대응 지각을 하다
타 ❶(어떤 대상이나 현상 따위를) 눈, 코, 귀 등 감각기관을 통하여 인식하다. Recognize certain target or phenomenon through a sensory organ such as eyes, nose, or ears.
㊌인식하다, 인지하다, 감지하다
N0-가 N1-를 N2-(로|를 통해) V (N0=[인간|단체] N1=[구체물], [냄새], [소리] N2=[신체부위](감각기관, 눈, 귀 따위), [감각](감각, 시각, 촉각 따위))
피 지각되다
¶인간은 사물을 감각기관으로 지각한다. ¶사람들은 자기 주변 환경을 감각기관을 통해 지각한다. ¶우리는 사물을 지각할 때 눈에만 의존하지 않는다.
N0-가 N1-를 V (N0=[추상물](의식, 정신, 영혼 따위) N1=[추상물])
피 지각되다
¶명료한 의식만이 개체를 제대로 지각할 수 있다. ¶인간이 지각할 수 없는 현상이 있다면 그것은 신이다.
N0-가 S것-을 N1-로 V (N0=[인간|단체] N1=[신체부위](감각기관, 눈, 귀 따위), [감각](감각, 시각, 촉각, 냄새 따위))
피 지각되다
¶날이 어두워 우리는 취객이 강가에 떨어지는 것을 육안으로 지각할 수 없었다. ¶어디선가 불이 난 것을 연기로 지각할 수 있었다.
N0-가 S것-을 V (N0=[추상물](의식, 정신, 영혼 따위))
피 지각되다
¶의식은 사물이 변화하는 것을 지각할 수 있다. ¶그의 신체는 꼼짝도 할 수 없었지만 정신만은 사람들이 오가고 있는 것을 모두 지각하고 있었다.
❷(감각기관을 통하여 어떤 대상을) 그것이 아닌 다른 것으로 감지하다. Perceive a target through a sensory organ as something different.
㊌착각하다
N0-가 N1-를 N2-로 V (N0=[인간|단체] N1=[구체물] N2=[구체물])
피 지각되다
연어 잘못
¶그는 멀리서 날아오는 공을 새로 잘못 지각했다. ¶물속에 있는 돌을 멍게로 잘못 지각하기도 한다.
N0-가 S것-을 S것-로 V (N0=[인간|단체])
피 지각되다

¶그는 공이 날아오는 것을 새가 날아오는 것으로 잘못 지각했다. ¶노인들은 비가 오는 것을 눈이 오는 것으로 잘못 지각하기도 한다.
❸(감각이나 감정, 현상 따위를) 느낌으로 알아차리다. Perceive a sensation, emotion, or phenomenon with one's feeling.
㊌이해하다타, 감지하다, 깨닫다, 알아채다
N0-가 N1-를 V (N0=[인간|단체] N1=[추상물], [상태])
피 지각되다
¶인간은 기쁨과 슬픔을 지각할 수 있다.
N0-가 S것-을 V (N0=[인간|단체])
피 지각되다
¶나는 정신이 다른 데 팔려 그가 나를 쳐다보는 것을 지각하지 못했다. ¶뒤에 누가 따라오고 있다는 것을 미처 지각하지 못했다.
❹(어떤 사실을) 잘못 이해하다. Understand something incorrectly.
㊌알다타
N0-가 N1-를 S것-로 V (N0=[인간|단체] N1=[구체물], [추상물])
피 지각되다
¶어떤 사람들은 고래를 어류인 것으로 잘못 지각하고 있다. ¶옛날 양반들은 한글을 평민이나 아녀자가 쓰는 것으로 지각해 왔다.

지각하다Ⅱ

어원 遲刻~ 활용 지각하여(지각해), 지각하니, 지각하고 대응 지각을 하다
자 (학교나 직장, 또는 행사에) 시작 예정 시간보다 늦게 도착하다. Arrive at school, company, job, or scheduled event later than the start time.
㊤늦다
N0-가 N1-에 V (N0=[인간] N1=[사건], [행위], [교육기관], [기업])
¶학생들이 주로 첫째 수업에 지각했다. ¶어느 직장에든 자주 지각을 하는 사원이 있다.
N0-가 S데-에 V (N0=[인간])
¶그 친구는 탐사 발굴하는 데에 지각하여 책임자로부터 질책을 받았다. ¶철수는 면접 보는 날 지각해서 불합격할 뻔 했다.

지급되다

어원 支給~ 활용 지급되어, 지급되니, 지급되고
대응 지급이 되다
자 ❶(돈이나 물품 따위가) 공공기관이나 단체 따위에 의해 주어지다. (of money or item) Be distributed by a government office or organization.
㊌제공되다
N0-가 N2-(에게서|에서|에 의해) N1-에게 V (N0=[구체물](돈, 물품 따위) N1=[인간|단체] N2=[인간|단체])
능 지급하다
¶출장비는 경리과에서 각 직원에게 따로 지급된다. ¶유족들에게는 회사에서 위로금이 따로 지급된 것으로 알고 있다.
N0-가 N2-(에게서|에서|에 의해) N1-에게 N3-로 V (N0=[구체물](돈, 물품 따위) N1=[인간|단체] N2=[인간|단체] N3=[구체물], [추상물])
능 지급하다
¶자동차와 주방용품이 당첨자들에게 상품으로 지급되었다. ¶보상금은 보험사로부터 현금으로 지급되었다.
❷ 【법률】 채무 변제 목적으로 돈이나 어음 따위가 채권자에게 주어지다. (of money or promissory note) Be given to creditor to repay debt.
N0-가 N1-에게 V (N0=[구체물](금전, 대금, 어음 따위) N1=[인간|단체])
능 지급하다
¶지급지 내에 지급인의 주소지가 없으면 어디에서 어음이 지급될 것인가가 불분명하다. ¶그러한 경우에는 상대방의 어음이 지급될 때까지 자신의 어음금을 지급할 수 없다는 항변을 할 수 있다.

지급받다

어원 支給~ 활용 지급받아, 지급받으니, 지급받고
대응 지급을 받다
타 (공공기관이나 단체 따위에서 할당해 준) 돈이나 물품 따위를 받다. Receive money or items assigned by a government office or organization.
㊌제공받다 ㊥지급하다
N0-가 N2-(에게서|에서) N1-를 V (N0=[인간|단체] N1=[구체물] N2=[인간|단체])
¶수재민들은 여러 구호 단체에서 쌀, 밀가루, 라면 등을 지급받았다. ¶건설회사는 발주자로부터 준공금을 지급받았다.
N0-가 N2-(에게서|에서|로부터) N1-를 N3-로 V (N0=[인간|단체] N1=[구체물](돈, 물품 따위) N2=[인간|단체] N3=[구체물])
¶나는 운영자로부터 착수금으로 꽤 많은 금액을 지급받았다. ¶우승자는 주최측으로부터 3억원을 상금으로 지급받았다. ¶철수는 그 금액을 일시불로 지급받았다.

지급하다

어원 支給~ 활용 지급하여(지급해), 지급하니, 지급하고 대응 지급을 하다
타 ❶(주로 공공기관이나 단체에서) 돈이나 물품 따위를 할당해 내주다. (Usually of a government office or organization) Assign and give out

ㅈ

money or item.
[유]공급하다 [반]지급받다
N0-가 N2-에게 N1-를 V (N0=[인간|단체] N1=[구체물](돈, 물품 따위) N2=[인간|단체])
[피]지급되다
¶회사는 직원들에게 상여금을 지급하였다. ¶학교에서는 가정 형편이 어려운 학생들에게 장학금을 지급하고 있다.
N0-가 N2-에게 N1-를 N3-로 V (N0=[인간|단체] N1=[구체물](돈, 물품 따위) N2=[인간|단체] N3=[구체물])
[피]지급되다
¶주최 측은 대회의 우승자에게 1억원을 상금으로 지급한다. ¶전쟁 이후에 우리나라는 학교에 옥수수빵을 급식으로 지급했다.
❷ 【법률】 채무 변제 목적으로 돈이나 어음 따위를 채권자에게 내주다. Give out money or promissory note to the creditor to repay a debt.
N0-가 N1-를 V (N0=[인간|단체] N1=[구체물](금전, 대금, 어음 따위))
[피]지급되다
¶지급 보증이란 제시 기간 내에 지급인이 수표의 문언(文言)에 따라 어음을 지급할 것을 약속하는 것이다. ¶지불 능력이 없을 때는 개설 은행을 대리하여 지급 은행이 어음의 대금을 지급해야 한다.

지껄이다
[활용]지껄여, 지껄이니, 지껄이고
[자타]❶큰 소리로 계속 시끄럽게 말하다. Continue to speak loudly.
N0-가 S고 V (N0=[인간])
¶그 아저씨는 식당에서 손님이 왕이라고 지껄였다. ¶그는 오랜만에 만난 친구가 반가워 신이 나서 지껄여 댔다.
N0-가 N1-를 V (N0=[인간] N1=[비난], [이야기])
¶그 친구는 나를 붙잡고 길에서 한 시간이나 자기 얘기를 지껄여 댔다. ¶말 같지도 않은 소리를 지껄여 댈 생각이면 돌아가라.
❷조심성 없이 말하다. Speak carelessly.
N0-가 S고 V (N0=[인간])
¶성호가 은혜도 모르고 음식이 맛없다고 지껄였다.
N0-가 N1-를 V (N0=[인간] N1=[비난], [이야기](말, 소리, 소문 따위))
¶정호가 욕설을 지껄였지만 나는 꿈쩍도 하지 않았다. ¶그 친구는 쓸데없는 말을 지껄일 사람이 아니야.

지나가다
[활용]지나가, 지나가니, 지나가고
[자]❶(사람이나 차량 따위가) 어떤 길이나 방향으로 거쳐 이동하다. (of a car, a vehicle, etc.) Move through a certain road or direction.
[유]통과하다[자타]
N0-가 N1-로 V (N0=[인간], [동물], [교통기관] N1=[방향], 길 따위)
¶나는 남학생을 피해서 다른 길로 지나갔다. ¶소방차가 이쪽으로 지나갈 수 있도록 우리는 길을 비켜 주었다.
❷(시간이) 흘러가다. (of time) Flow.
[유]지나다[자], 경과하다[자]
N0-가 V (N0=[시간])
¶그와 사귄 지 어느덧 1년이 지나갔다. ¶오늘도 하루가 정신없이 지나갔다.
❸어떤 시기나 기간 따위가 끝나다. (of a certain time or period) End.
[유]지나다[자], 끝나다
N0-가 V (N0=[시간])
¶입추도 훌쩍 지나가 버리고 점점 가을이 다가오고 있습니다. ¶사춘기가 지나가면 괜찮아지겠지.
❹(어떤 일이나 행위 따위가) 시간이 흘러 과거가 되다. (of a certain task, activity, etc.) Become the past over time.
[유]지나다[자]
N0-가 V (N0=[일], [시간])
¶지나간 일을 후회하지 않습니다. ¶지나간 사랑의 추억은 씁쓸하고도 달콤하다.
❺(기회가) 왔다가 사라지다. (of opportunity) Come and then disappear.
N0-가 V (N0=기회 따위)
¶잠시 머뭇하는 사이에 기회가 지나가버렸다. ¶일생일대의 기회가 지나가기 전에 꼭 고백하십시오.
❻문제삼지 않고 넘기다. Go on without making an issue.
[유]넘어가다
N0-가 V (N0=[인간])
¶이번엔 그냥 지나가지만 다시는 이런 일이 일어나면 안 된다. ¶처음엔 너무 놀라서 그냥 지나갔지만 시간이 지나면 지날수록 화가 났다.
❼중요하지 않은 듯이, 또는 별 뜻이 없는 듯이 말하다. Speak as if the contents are not important or meaningful.
N0-가 V (N0=말)
¶그 말이 나에게는 지나가는 말이 아니었습니다. ¶남자는 지나가는 말처럼 무심하게 대답했다.
※ 주로 '지나가는'의 형태로 쓰인다.
❽(어떤 표정이) 얼굴에 잠시 나타났다가 사라지다. (of a certain expression) Appear momentarily on one's face, and then disappear.
N1-에 N0-가 V (N0=표정 N1=얼굴)

¶남자의 얼굴에 곤혹스런 표정이 지나갔다. ¶누나의 얼굴에 염려하는 표정이 지나갔다.

타 ❶(사람이나 차량 따위가) 일정한 곳에 들르거나 멈추지 않고 그대로 가다. (of a person, a vehicle, etc.) Continue to move without stopping by or halting.

㊌통과하다[타], 지나치다

N0-가 N1-를 V (N0=[인간], [동물], [교통기관] N1=[장소])

¶열차들은 이 역을 종종 무정차로 지나갔다. ¶그는 정거장을 그냥 지나가는 버스를 세웠다.

❷(사람이나 차량 따위가) 어떤 장소를 거쳐 움직여 가다. (of a person, a vehicle, etc.) Move along and go by a certain place.

㊌지나다[타], 통과하다[타]

N0-가 N1-를 V (N0=[인간], [동물], [교통기관] N1=[장소])

¶올림픽 대표 선수단이 시청 앞을 지나가자 사람들이 환호했다. ¶저는 이 길을 지나갈 때마다 기분이 좋아집니다.

❸(재해나 자연현상 따위가) 어떤 지역을 영향을 끼치며 거쳐 가다. (of a disaster, a natural phenomenon, etc.) Go through a certain region while exerting its influence.

㊌통과하다[타]

N0-가 N1-를 V (N0=N0=[기상](태풍, 폭풍, 황사 따위), [대기](저기압, 고기압 따위), 산불 따위 N1=[장소])

¶태풍이 이곳을 지나갈 때마다 이곳은 큰 피해를 보게 된다. ¶장마전선이 한반도를 지나가고 있다.

❹(어떤 생각이) 머리를 스치듯 잠시 떠올랐다가 사라지다. (of a certain thought) Temporarily pop up in one's head, and then disappear.

N0-가 N1-를 V (N0=생각, 기억 따위 N1=머리)

[연어]스치고

¶좋은 생각이 머리를 스치고 지나갔다. ¶어린 시절의 추억들이 머릿속을 스치고 지나간다.

지나다

[활용]지나, 지나니, 지나고

자 ❶시간이 흐르다. (of time) Flow.

㊌경과하다[자], 지나가다[자]

N0-가 V (N0=[시간])

¶그는 며칠이 지나도록 마음의 안정을 찾지 못했다. ¶시간이 지나면 좀 괜찮아질 거야.

❷(예정된 시간이나 특정한 시기나 기한 따위가) 넘어가다. (of a scheduled time or a specific period or deadline) Pass.

㊌경과하다[자]

N0-가 V (N0=[시간])

¶유통 기한이 지난 제품은 모두 버려야 합니까? ¶변성기가 지나면 목소리가 멋있어질 거야. ¶출산 예정일이 지났는데도 아직 진통이 없다.

❸(일이나 시간 따위가) 과거가 되다. (of task, time, etc.) Become the past.

㊌지나가다

N0-가 V (N0=[일], [시간])

¶지난 일을 생각하면 아득하구나. ¶지난 번 일은 제가 사과드리겠습니다.

※주로 '지난'의 형태로 쓰인다.

❹(사람이나 일, 상황 따위가) 달리 해명되지 않다. (of a person, a task, a situation, etc.) Be mere in terms of importance.

N0-가 N1-에 V (N0=[모두] N1=[모두])

¶나는 평범한 사람에 지나지 않는다. ¶내 걱정은 기우에 지나지 않았다.

※주로 '-에 지나지 않다'의 형태로 쓰인다.

❺(말이나 행동 따위가) 상식이나 정도 따위에 벗어나다. (of speech, behavior, etc.) Break the bounds of common sense or right path.

㊌벗어나다

N0-가 N1-에 V (N0=말, 행동 따위 N1=상식, 정도 따위)

¶상식에 지나는 말과 행동은 삼가 주십시오. ¶정도에 지나는 말로 다른 사람에게 상처 주지 마십시오.

타 ❶(사람이나 차량 따위가) 어떤 장소를 거쳐서 가거나 오거나 하다. (of a person, a vehicle, etc.) Go or come while going by a certain place.

㊌통과하다[자타], 지나가다[타]

N0-가 N1-를 V (N0=[인간], [동물], [교통기관] N1=[장소])

¶나는 고가도로를 지나다가 끔찍한 장면을 목격했다. ¶우리는 오르막과 내리막을 지나며 봉우리를 하나씩 넘어 갔다.

❷(사람이) 어떤 시기나 단계를 거쳐 넘어가다. (of a person) Pass a certain period or stage and move on.

㊌거치다

N0-가 N1-를 V (N0=[인간] N1=[시간], 단계, 고비 따위)

¶우리는 이 고비를 지나면 편안해질 것입니다. ¶고난의 단계를 지나면 새로운 세계를 만나게 될 것이다.

❸(어떤 대상의 상태나 상황 따위가) 어떠한 정도나 상태, 한계를 넘다. (of the status or situation of a certain target) Break the bounds of a certain level, state, or limit.

㊌넘다[타]

N0-가 N1-를 V (N0=[행위](부상 따위), [바람], 마음

따위 N1=정도, 상태 따위)
¶마음이 불편한 정도를 지나 괴롭다. ¶그의 부상은 위험한 정도를 지나 선수 생활에 치명적일 수 있다. ¶바람이 더운 정도를 지나 뜨거워지고 있다.
※주로 '지나'의 형태로 쓰인다.

지나다니다

활용 지나다니어(지나다녀), 지나다니니, 지나다니고
자타 (사람이나 동물이) 어떤 곳으로 거쳐서 오가다. (of people or animals) Come and go through somewhere.
N0-가 N1-(를|로) V (N0=[인간|동물], [교통기관] N1=[길], [경계])
¶공사장 인부들이 복도로 신발을 신고 지나다녔다. ↔ 공사장 인부들이 복도를 신발을 신고 지나다녔다. ¶최근 공사 때문에 인도로 보행자가 지나다니기 불편하다. ¶고양이들이 창틀 위를 지나다닌다.

지나오다

활용 지나와, 지나오니, 지나오고
자 ❶(사람이나 차량 따위가) 어떤 길이나 방향으로 거쳐 이동하다. (of a person or a vehicle) Move through a way or a direction.
㉯지나가다자
통과하다N0-가 N1-로 V (N0=[인간], [동물], [교통기관] N1=[방향], [길])
¶나는 운동을 하려고 일부러 먼 길로 지나왔다. ¶저 통로로 지나왔다면 더 빨리 왔을 것이다.
❷(어떤 일이나 행위 따위가) 시간이 흘러 과거가 되다. (of a work or an act) Become past over time.
㊤거쳐 오다
N0-가 V (N0=[일], [시간])
¶시간이 이만큼 지나와서 보니 모든 일이 잘 풀렸다. ¶오랜만에 친구들을 만나니 지나온 날들이 그립다.
타 ❶(사람이나 차량 따위가) 어떤 장소를 들르지 않고 곧바로 오다. (of a person or a vehicle) Go straight without stopping by a place.
㉯지나가다타
N0-가 N1-를 V (N0=[인간|동물], [교통기관] N1=[장소])
¶진열된 옷이 비싸 보여서 옷 가게를 그냥 지나왔다. ¶나는 줄이 긴 것을 보고 행사장을 지나왔다.
❷(사람이나 차량 따위가) 어떤 장소를 거쳐 움직여 오다. (of a person or a vehicle) Move on after stopping by a place.
㉯지나가다타
N0-가 N1-를 V (N0=[인간|동물], [교통기관] N1=[장소])
¶버스는 목적지에 도착할 때까지 많은 갈림길을 지나왔다. ¶그는 사람이 그리워서 일부러 많은 사람들이 북적거리는 전통 시장을 지나왔다.
❸(어떤 일이나 행위 따위가) 시간이 흘러 과거가 되다. (of a work or an act) Become past over time.
N0-가 N1-를 V (N0=[사람|단체] N1=[시간], [일])
¶월드컵 대회도 벌써 절반을 지나왔다. ¶올해도 겨우 무더운 여름을 지나왔다.

지나치다

활용 지나치어(지나쳐), 지나치니, 지나치고
타 ❶(사람이나 탈것 따위가) 어떤 곳을 머무르거나 들르지 않고 지나다. (of a person or a vehicle) Pass by somewhere without stopping or dropping in.
㊤통과하다타
N0-가 N1-를 V (N0=[인간|동물] N1=[장소])
¶수없이 많은 사람들이 10년 동안 이 건물 옆을 지나쳤다. ¶그는 지하철에서 졸다가 내릴 역을 지나쳤다.
❷(어떤 일이나 현상을) 관심을 가지지 아니하고 대수롭지 않게 넘기다. Pay little attention to a work or a phenomenon and take it for granted.
N0-가 N1-를 V (N0=[인간] N1=[일])
¶심지어 그들은 마지막 기회를 그냥 지나쳤다. ¶그는 아는 문제만 풀고 모르는 문제는 그냥 지나쳐 버렸다.

지내다

활용 지내어(지내), 지내니, 지내고
자 ❶어떠한 상태나 방식으로 생활하거나 살아가다. Live in certain condition or method.
㊤생활하다, 살다자
N0-가 ADV V (N0=[인간], ADV=잘, 편안히 따위)
¶요즘 어떻게 지내고 계십니까? ¶그녀는 요즘 정신없이 바쁘게 지낸다. ¶그는 다른 어느 때보다 편안히 지내고 있다.
N0-가 N1-에서 V (N0=[인간] N1=[지역], [건물])
¶그는 나에게 서울에서 지낼 만한지 물었다. ¶시골에서 올라 온 친척들은 한동안 우리 집에서 지냈다.
N0-가 N1-(로|처럼) V (N0=[인간] N1=[속성인간])
¶그녀는 평생 독신으로 지냈다. ¶철수는 홀로 지내는 동안 많이 외로웠다.
❷(다른 사람과) 일정한 관계를 유지하며 살아가다. Live by maintaining certain relationship with another person. (N0=[인간] N1=[인간], ADV=Adj-게, N-같이, N-없이, N-처럼, N-로 따위)
¶철수는 영수와 친하게 지낸다. ↔ 영수는 철수와

친하게 지낸다. ↔ 철수와 영수는 친하게 지낸다. ¶우리는 지금도 형제처럼 가깝게 지내는 사이이다.
타 ❶ (제사 따위의) 행사나 의식을 치르다. Perform an event or ritual such as memorial service.
㊐치르다
N0-가 N1-를 V (N0=[인간] N1=[의식](차례, 제사, 고사 따위), 환갑 따위)
¶추석날에는 햇과일과 햇곡식으로 만든 음식을 차려 놓고 정성껏 차례를 지낸다. ¶우리나라에서는 삼국 시대 이래 가뭄에는 기우제를 지냈다.
❷특정한 시간이나 기간을 보내다. Spend a certain time or period.
㊐나다, 보내다
N0-가 N1-를 V (N0=[인간], [동물] N1=[시간])
¶우리는 한옥 마을에서 하룻밤을 지내기로 했다. ¶아이들은 외갓집에서 여름 방학을 지내고 싶어 했다.
❸어떠한 지위나 직책을 맡아 일하다. Undertake certain position or duty and work.
㊐맡다
N0-가 N1-를 V (N0=[인간] N1=[직위])
¶오랜 기간 동안 대기업 사장을 지낸 그가 올해 퇴임한다. ¶그는 그간 대학교 총장을 지내면서 교육 혁신을 강조해 왔다. ¶그의 아버지는 전 축구 국가 대표 선수이자 감독을 지낸 사람이다.

지니다

활용지니어(지녀), 지니니, 지니고
타❶(어떤 물건을) 몸에 착용하거나 간직하다. Wear or keep (something on oneself).
㊐간직하다
N0-가 N2-에 N1-를 V (N0=[인간] N1=[구체물] N2=[신체부위])
¶나는 아버지의 편지를 지니고 집으로 돌아왔다. ¶형민이는 늘 동생의 유품을 몸에 지니고 다닌다.
❷(어떤 내용이나 상황, 감각 따위를) 마음에 잊지 않고 기억하다. Not forget (information or circumstances, sense etc.) and remember.
㊐기억하다
N0-가 N2-에 N1-를 V (N0=[인간] N1=[추상물] N2=[마음])
¶우리는 마음에 높은 기상을 지녔다. ¶나는 그때의 황홀했던 느낌을 가슴에 지닌 채로 살아갈 것이다.
❸(어떤 성질이나 상태 따위를) 기본적으로 가지다. Fundamentally possess (certain nature or status).
㊐가지다
N0-가 N1-를 V (N0=[모두] N1=[추상물])
¶아직 세상에는 선한 마음씨를 지닌 사람이 많습니다. ¶이곳에서는 프랑스가 지닌 매력을 느낄 수 있다.
❹(어떤 모양, 성격, 풍경 따위를) 예전과 다름없이 유지하다. Maintain (certain shape, nature, scenery etc.) as before.
㊐유지하다
N0-가 N1-를 V (N0=[모두] N1=[추상물])
¶한나는 아직 예전의 미모를 그대로 지니고 있었다. ¶우리들은 시간이 지나도 지금의 모습을 그대로 지녔으면 좋겠다.
❺(어떠한 일이나 사명을) 맡거나 받들다. Undertake or serve (something or mission).
㊐맡다
N0-가 N1-를 V (N0=[인간] N1=[일], [의무](임무, 책임 사명 따위))
¶그는 막중한 임무를 지니고 적진에 뛰어들었다. ¶우리가 지닌 책임은 결코 가벼운 것이 아니다.

지다 I

활용지어(져), 지니, 지고
자❶(해, 달, 별 따위가) 서쪽으로 넘어가 사라지다. (of sun, moon, or star) Disappear by setting toward the west.
㊐저물다, 넘어가다재 ㊥뜨다, 떠오르다
N0-가 N1-(에|로) V (N0=[천체](해, 달, 별), 땅거미 따위 N1=[방향], [장소])
¶해가 서쪽 너머로 지고 있다. ¶어느덧 사방에 땅거미가 지고 저녁 안개가 내려앉았다.
❷(불이나 빛이) 희미하게 사그라져 없어지다. (of fire or light) Disappear by dimly waning.
㊐사그라지다
N0-가 V (N0=[불], [빛])
¶타오르던 모닥불이 지면서 추워지기 시작했다. ¶달빛마저 지니 사방이 깜깜하다.
❸(꽃, 잎 따위가) 시들거나 말라서 떨어지다. (of flower or leaf) Wither or fall off due to dryness.
㊐시들다, 떨어지다 ㊥피다
N0-가 V (N0=[구체물](꽃, 나뭇잎, 낙엽 따위))
사지우다II
¶벚꽃이 지고 아카시아 꽃이 피었다. ¶가로수의 잎들이 다 지고 앙상한 가지만 남았다.
❹(이슬이) 말라서 없어지다. (of dew) Disappear due to dryness.
㊐증발하다 ㊥맺히다
N0-가 V (N0=이슬)
¶해가 뜨자 풀잎 위에 이슬이 진다. ¶그는 아침 이슬이 지기도 전에 일어나 출근을 했다.
❺(얼룩, 때 따위의 더러운 것이) 닦기거나 씻겨 없어지다. (of a dirty thing such as stain or

ㅈ

dirt) Be cleaned or washed.
㊌빠지다 ㉶배다, 들다, 묻다
N0-가 V (N0=때, 얼룩, 기름, 과일물(즙), 곰팡이 따위)
사 지우다II
연어 말끔히, 잘, 쉽게, 깨끗하게
¶옷소매 부분의 얼룩이 쉽게 지지 않았다. ¶이 세제로 화장실 청소를 했더니 곰팡이가 말끔히 졌다.
❻(사람이나 동물의 목숨이) 끊어져 죽다. (of a person or an animal's life) Pass away.
㊌끊어지다
N0-가 V (N0=숨, 목숨)
사 지우다II
¶병아리의 숨이 금세 지고 말았다. ¶아이는 숨이 진 채로 강가에서 발견되었다.
❼(태아가) 어미의 배 속에서 죽다. (of a fetus) Die inside the mother's stomach.
㊌죽다 ㉶서다
N0-가 V (N0=[인간](태아, 아기))
사 지우다II
¶그 여자는 아이가 생겼다가 쉽게 지곤 하였다. ¶그녀는 아이가 자꾸 지는 이유를 알고 싶었다.
❽(한 가문이) 자손이나 대가 끊겨 소멸되다. (of one's family) Disappear by no longer having descendants.
N0-가 V (N0=가문, 집안 따위)

¶독자인 아들에게 자식이 없어 우리 가문이 지게 생겼다. ¶가업을 이을 자손이 없어 이 씨 집안은 지고 말았다.
◆ **큰 별이 지다** 특정 분야에서 위대한 업적을 남긴 사람이 죽다. (of a person who has made a great achievement in certain area) Die or pass away.
㊌타계하다
N0-의 Idm (N0=[분야])
¶문학계의 큰 별이 졌다. ¶그의 죽음으로 인해 영화계의 큰 별이 진 셈이다.

지다II

활용 지어(져), 지니, 지고
자 ❶(표면에 무늬나 특정한 상태가) 나타나거나 형성되다. (of a pattern or a specific condition) Be formed or shown over the surface.
㊌생기다 ㉶사라지다
N1-에 N0-가 V (N0=그늘, 그림자, 얼룩, 주름, 균열 따위 N1=[장소](담, 제방 따위), [착용물], [텍스트])
¶느티나무 아래에 그늘이 져 시원하다. ¶높은 건물 때문에 그림자가 져서 일조량이 충분하지 않다.
N0-가 N1-로 N2-가 V (N0=[구체물] N1=[구체물](눈물, 피, 물감 따위) N2=얼룩)
¶그의 셔츠는 물감으로 붉은 얼룩이 져 있었다. ¶그녀의 책들은 눈물로 얼룩이 졌다.
❷(신체 부위에) 주름, 흉터, 멍 따위의 형태가 생기다. (of a wrinkle, a scar, or a bruise's shape) Appear on the body part.
㊌생기다 ㉶사라지다
N1-에 N0-가 V (N0=주름(살), 흉터, 멍, 멍울, 쌍꺼풀 따위 N1=[신체부위])
¶할머니의 얼굴에 잔주름이 많이 져 있다. ¶그녀는 쌍꺼풀이 깊게 진 큰 눈을 가졌다.
❸(물 따위가) 한데 모여 떨어지거나 흐르다. (of water) Pass by or fall by coming together.
㊌떨어지다
N0-가 V (N0=낙숫물, 물방울, 빗물 따위)
¶처마 끝에서 물방울이 지는 소리가 들려온다. ¶빗물이 지는 소리가 듣기 좋다.
❹(자연 현상이) 생겨 일어나다. (of a natural phenomenon) Take place.
N1-에 N0-가 V (N0=[자연현상](노을, 땅거미, 장마, 홍수, 밀물, 썰물 따위) N1=[장소])
¶금강 하류 지역에 홍수가 져 강을 건널 수 없다. ¶땅거미가 질 무렵 집으로 돌아왔다. ¶썰물이 져 바닷물이 갯벌 아래로 멀리 내려가 있다.
◆ **그늘이 지다** (얼굴이나 표정이) 걱정이나 고민으로 인해 밝지 못하다. (of a person's facial expression) Be dark due to worries or concerns.
N0-가 N1-에 Idm (N0=[인간] N1=[신체부위](얼굴, 눈밑), [상황](표정))
¶영희의 표정에는 늘 그늘이 져 있다. ¶피곤한 듯 그녀는 눈 밑에 그늘이 져 있었다. ¶사내 얼굴에 짙은 그늘이 졌다.

지다III

활용 지어(져), 지니, 지고
타 ❶(물건을) 어깨, 등 따위에 걸쳐 얹다. Put an object over the shoulder or back.
㊌메다, 짊어지다 ㉶내려놓다
N0-가 N2-에 N1-를 V (N0=[인간] N1=[화물], [주머니], [가방], [기구](지게 따위) N2=[신체부위](어깨, 등 따위))
사 지우다III
¶농부는 등에 지게를 지고 있었다. ¶일꾼들은 시멘트 포대를 지고 5층까지 걸어 올라갔다.
N0-가 N2-(에|로) N1-를 V (N0=[인간] N1=[화물] N2=[주머니], [가방])
사 지우다III
¶영수는 지게에 쌀가마니를 져 날랐다. ¶철수는 끈으로 함을 지고 신부 집으로 갔다.
❷빚을 떠안다. Owe someone or an entity money.

[유]메다, 짊어지다 [반]내려놓다
N_0-가 N_1-(에게|로부터) N_2-를 V (N_0=[인간] N_1=[인간], [금융기관] N_2=[금전](빚, 채무, 부채 따위))
¶이 회사는 거래 은행으로부터 185억 달러의 부채를 지고 있다. ¶그는 분수에 맞지 않게 많은 빚을 지고 도망을 왔다.
❸(무엇을) 자신의 등 뒤쪽에 두거나 위치하다. Put or locate something behind one's shoulder.
N_0-가 N_2-(에|를) N_1-를 V (N_0=[인간] N_1=[구체물](벽, 문 따위), [바람], 햇살, 황혼 따위 N_2=[신체부위])
¶농부들이 황혼을 지고 집으로 돌아오고 있다. ¶우리 팀은 바람을 등에 지고 싸워 이번 경기에 유리했다.
❹두 손을 등 뒤로 젖혀 마주 잡다. Place two hands together by leaning backward.
N_0-가 N_1-를 V (N_0=[인간] N_1=뒷짐)
¶철수는 뒷짐을 지고 산책을 했다. ¶아이는 뒷짐을 진 채 서 있었다.
❺(팔이나 몸에) 줄, 포승 따위를 감아서 묶다. Strap the arm or body with rope by coiling.
N_0-가 N_1-를 V (N_0=[인간] N_1=[줄](포승, 오라 따위))
[사]지우다III
¶조신은 포승을 지고 잡혀가서 옥에 갇혔다.
◆ **구들장을 지다** 《하는 일 없이 빈둥거리며》 바닥에 등을 대고 눕다. Lie on one's back, fiddling around doing nothing.
N_0-가 Idm (N_0=[인간])
¶벌써 몇 년 동안을 구들장을 지고 누워 있는 아버지를 보면 눈물이 난다. ¶어디 쩔쩔 끓는 구들장이라도 지고 잠이나 늘어지게 자봤으면.
※하는 일 없이 빈둥거리고 있음을 속되게 이르는 말.
◆ **뒷짐을 지다** 어떤 일에 전혀 상관없는 것처럼 뒤로 물러나 있거나 구경만 하다. (of a person) Stand back from or just watch something as if one has nothing to do with it.
N_0-가 N_1-에 대해 Idm (N_0=[인간|단체] N_1=[상황], 현안, 사안 따위)
¶협회에서는 그 사안이 자신들의 소관 사항이 아니라면서 뒷짐을 지고 있다. ¶정부는 환경 보존 정책에 대해서는 늘 뒷짐만 지고 있다.

지다Ⅳ
[활용]지어(져), 지니, 지고
[자타](경기, 싸움, 내기 등에서) 승부나 우열을 겨루어 상대에게 패하다. Lose in a game, a fight, or a bet to the opponent by contending for victory or superiority.
[유]패하다[자] [반]이기다, 승리하다, 꺾다
N_0-가 N_1-(에|에게) V (N_0=[인간], [집단] N_1=[인간], [집단])
¶우리 팀은 결승전에서 최선을 다 했지만 상대편에 지고 말았다. ¶상대 팀은 준결승전에서 우리 팀에게 100 대 105로 져 탈락했다.
N_0-가 N_1-(에|에서|를) V (N_0=[인간|단체] N_1=[운동경기], 전쟁, 선거, 재판, 소송, 내기 따위)
¶철수는 불충분한 증거 때문에 재판을 지고 말았다. ¶철수는 영수와의 내기에서 지는 바람에 밥값을 냈다.

지다Ⅴ
[활용]지어(져), 지니, 지고
[기능자타]상태를 나타내는 기능동사 Support verb that depicts condition.
N_0-가 Npr-를 V (N_0=[인간], Npr=[신체상태](허기))
¶철수는 속이 텅 비어버린 듯 허기가 져 있었다. ¶영희는 몹시 허기가 져 손에 잡히는 대로 먹었다.
N_0-의 N_1-에 Npr-가 V ↔ N_0-는 N_1-에 Npr-가 V (N_0=[인간] N_1=[신체부위], Npr=각, 층 따위)
¶철수의 얼굴에 각이 져 인상이 강해 보인다. ↔ 철수는 얼굴에 각이 져 인상이 강해 보인다. ¶영희의 층이 진 머리가 지저분해 보였다.
N_1-에 Npr-가 V (Npr=[자연현상](노을, 땅거미, 장마, 홍수, 밀물, 썰물 따위) N_1=[장소])
¶금강 하류 지역에 홍수가 져 강을 건널 수 없다. ¶땅거미가 질 무렵 집으로 돌아왔다. ¶썰물이 져 바닷물이 갯벌 아래로 멀리 내려가 있다.
N_0-가 N_1-(에|에 대해) Npr-를 V (N_0=[인간|단체] N_1=[상황], [사건], [행위])
¶자기의 언행에 책임을 지는 사람이 되어야 한다. ¶청년들은 국방의 의무를 지고 있다.
N_0-가 N_1-에게 Npr-를 V (N_0=[인간] N_1=[인간|단체])
¶영희는 남에게 신세를 지는 것을 싫어한다. ¶그는 처갓집에 신세를 지고 있었다.
N_0-가 N_1-와 (서로) Npr-(가|를) V ↔ N_1-가 N_0-와 (서로) Npr-(가|를) V ↔ N_0-와 N_1-가 (서로) Npr-(가|를) V (N_0=[인간|단체] N_1=[인간|단체], Npr=원수, 척)
¶철수가 영수와 서로 원수를 지게 되었다. ↔ 영수가 철수와 서로 원수를 지게 되었다. ↔ 철수와 영수가 서로 원수를 지게 되었다. ¶철수가 영수와 오래 전부터 척이 졌다. ↔ 영수가 철수와 오래 전부터 척이 졌다. ↔ 철수와 영수가 오래 전부터 척이 졌다. ¶저 사람은 나랑 무슨 원수가 졌다고 사사건건 시비야.
◆ **감옥신세를 지다** 감옥에 갇히어 지내다. Be imprisoned.

㈜철창신세를 지다
N0-가 Idm (N0=[인간])
¶박 씨는 살인 혐의로 구속돼 감옥신세를 지고 있다. ¶신사 참배 결의를 했던 사람들은 감옥신세를 지게 되었다.
◆ **철창신세를 지다** 감옥에 갇히어 지내다. Be imprisoned
㈜감옥신세를 지다
N0-가 Idm (N0=[인간])
¶박 씨는 살인 혐의로 구속돼 철창신세를 지고 있다. ¶부당 대출을 모의했던 사람들은 철창신세를 지게 되었다.

지다VI
활용 지어(져), 지니, 지고
보조 ❶앞말이 뜻하는 행위가 다른 사람이나 대상에 의해 이루어짐을 나타내는 보조동사. (Used after a verb as "-be done") Auxiliary verb showing that the behavior described in the verb is accomplished (by another person or target).
V-어 Vaux
¶이 책은 잘 만들어졌다. ¶옷이 못에 걸려 찢어졌다. ¶글씨가 잘 안 지워진다.
※ 동사 뒤에서 '-어지다'의 구성으로 쓰인다.
❷앞말이 뜻하는 말대로 행하거나 이루어지게 됨을 나타내는 보조동사. (Used after a verb as "-be done") Auxiliary verb showing that the behavior described in the verb is conducted or accomplished as stated.
V-어 Vaux
¶그의 말이 더 이상 믿어지지가 않아. ¶오늘 따라 그가 낯설게 느껴진다.
※ 동사 뒤에서 '-어지다'의 구성으로 쓰인다.
❸앞말이 뜻하는 상태로 변화가 됨을 나타내는 보조동사. (Used after an adverb as "-be") Auxiliary verb showing that the situation is changed as described by the adverb.
Adj-어 Vaux
¶날씨가 갑자기 추워졌다. ¶한국어를 배우는 사람들이 많아졌다. ¶피노키오 코가 길어졌어요.
※ 형용사 뒤에서 '-어지다'의 구성으로 쓰인다.

지도하다
어원 指導~ 활용 지도하여(지도해), 지도하니, 지도하고 대응 지도를 하다
타 ❶(다른 사람을) 지속적으로 가르치고 이끌다. Teach and lead another person consistently.
㈜가르치다, 이끌다
N0-가 N1-를 V (N0=[인간] N1=[인간])
¶이 책은 학생들을 지도하는 교사들이 참고하면 좋은 책이다. ¶그는 직접 가정을 방문해 어려운 아이들을 지도하였다.
❷(다른 사람에게) 무엇을 지속적으로 가르치고 교육하다. Teach and educate another person on something.
㈜가르치다, 이끌다
N0-가 N2-에게 N1-를 V (N0=[인간] N1=[학문] N2=[인간])
¶나는 대학 졸업 후에 동안 학생들에게 윤리 과목을 지도하였다. ¶내 실력으론 도무지 고등학생들에게 수학을 지도할 수 없다. ¶그는 어린이들에게 그림을 지도하면서 생업을 이어나갔다.

지르다I
활용 질러, 지르니, 지르고, 질렀다
타 ❶가까운 경로를 택하여 우회하지 않고 곧장 가다. Select the closest path and go straight without taking a detour.
N0-가 N1-를 V (N0=[인간|단체] N1=[길])
¶나는 마음이 조급해져서 길을 질러가기로 했다. ¶여기서는 길을 질러 봐야 그리 빨리 도착하지 않는다.
❷식물의 가지나 순을 자르다. Cut the stem or shoot of a plant.
N0-가 N1-를 V (N0=[인간] N1=[식물])
¶이렇게 웃자란 작물은 순을 지를 필요가 있다. ¶나무의 곁가지를 지르는 작업도 원예 활동에 포함된다.
❸사람의 말이나 행동을 간섭하여 끊다. Interfere and stop someone's speech or behavior.
N0-가 N1-를 V (N0=[인간] N1=[행위])
¶너는 남의 말을 지르는 습관을 고쳐야 한다. ¶나는 그가 내 물건을 만지기 전에 냉큼 질러 막았다.

지르다II
활용 질러, 지르니, 지르고, 질렀다
타 ❶(물체나 신체부위를) 곧게 뻗어 대상을 힘껏 치다. Powerfully hit a target by stretching out an item or a body part straight.
㈜찌르다, 치다
N0-가 N1-를 N2-로 V ↔ N0-가 N2-를 N1-에 V (N0=[인간] N1=[구체물] N2=[구체물])
¶김 선수가 상대의 배를 주먹으로 질렀다. ↔ 김 선수가 상대의 배에 주먹을 질렀다. ¶영희가 졸고 있는 딸의 옆구리를 쿡쿡 질렀다.
❷(막대 등의 곧은 물체를) 어딘가에 옆으로 끼워 넣다. Insert a straight item such as stick, etc., into some place.
N0-가 N1-를 N2-에 V (N0=[인간|단체] N1=[구체물] N2=[구체물])
¶그는 문에 빗장을 질렀다. ¶할머니는 머리에

비녀를 지르셨다.

❸(강한 냄새가) 코를 자극하다. (of strong odor) Stimulate one's nose.

㊌찌르다

N0-가 N1-를 V (N0=[냄새] N1=코)

¶어디선가 코를 지르는 냄새가 난다. ¶이 요리는 만드는 과정에 냄새가 코를 지르는 일이 많다.

❹(장소나 건물을) 태우려고 불을 붙이다. Set fire on a wide region.

N0-가 N1-를 N2-에 V (N0=[인간|단체] N1=불 N2=[장소])

¶화전민들이 숲에 불을 질렀다. ¶주기적으로 건물에 불을 지르고 다닌 방화범이 붙잡혔다. ¶점령군은 증거를 인멸하기 위해 마을에 불을 지르기까지 했다.

◆ **불을 지르다** (어떤 일이) 아주 크게 일어나도록 유발하다. Make something worse, or exacerbate an already difficult situation.

N0-가 N1-에 Idm (N0=[구체물], [추상물] N1=[추상물], [상태])

¶그의 발언은 달아오른 여론에 불을 지르는 셈이 되었다.

지르다Ⅲ

[활용]질러, 지르니, 지르고, 질렀다

[타](목소리를) 크게 내어 외치다. Loudly let out one's voice.

N0-가 N1-를 V (N0=[인간], [동물] N1=소리, 괴성, 함성 따위)

¶철수가 갑자기 소리를 질렀다. ¶자기 구역을 침범당한 멧돼지가 괴성을 지르고 사람을 덮쳤다. ¶후반전이 시작되어 우리 팀은 함성을 지르며 경기장으로 나갔다.

지명되다

[어원]指名~ [활용]지명되어(지명돼), 지명되니, 지명되고 [대응]지명이 되다

[자](특정한 사람이) 어떤 지위나 직책으로 적당하다고 여겨져 공식적으로 추천되다. (of a particular person) Be recommended officially as an appropriate candidate for a position or a status.

㊌지목되다

N0-가 N1-로 V ↔ N0-가 N1-에 V (N0=[인간] N1=[직책])

[능]지명하다

¶나는 이 회사의 차기 회장으로 지명되었다. ¶나는 이 회사의 차기 회장에 지명되었다. ¶내일쯤 현지에서 후임자가 지명될 예정이다.

지명하다

[어원]指名~ [활용]지명하여(지명해), 지명하니, 지명하고 [대응]지명을 하다

[타](사람이나 단체가) 특정한 사람을 지위나 직책을 맡기기 위해 공식적으로 추천하다. (of a person or an organization) Recommend a particular person officially for a position or a status.

㊌지목하다

N0-가 N1-를 N2-로 V ↔ N0-가 N1-를 N2-에 V (N0=[인간] N1=[인간] N2=[직책])

[피]지명되다

¶김 회장은 나를 차기 회장으로 지명하였다. ¶김 회장은 나를 차기 회장에 지명하였다. ¶대통령은 내일쯤 후임 장관을 지명할 예정이다.

지목되다

[어원]指目~ [활용]지목되어(지목돼), 지목되니, 지목되고

[자]❶(어떤 사람이나 대상이) 특정하여 가리켜지다. (of a person or target) Be specified and pointed.

㊌지명되다

N0-가 V (N0=[인간], [구체물])

[능]지목하다

¶이 게임은 한 사람을 지목해서 그 지목된 사람이 생각한 대상을 맞히는 게임이다. ¶선생님이 예를 들기 위해 학생 한 명을 가리키자 지목된 학생은 얼굴이 빨개졌다.

❷(어떤 사람이나 대상의 정체나 성질이) 구체적인 속성을 통해 특정되어 주목되다. (of the identity or characteristics of a certain person or target) Be specified and observed due to a specific property.

N0-가 N1-로 V (N0=[인간|단체], [구체물], [추상물] N1=[인간|단체], [구체물], [추상물])

[능]지목하다

¶류현진 선수가 올해 최고의 야구선수로 지목되었다. ¶한때 이동통신 사업은 황금알을 낳는 사업으로 지목되었다. ¶핵폐기물 처리의 후보 예정지로 지목된 지역들에서 거센 반발이 일고 있다.

S다고 V

[능]지목하다

¶현장에 떨어진 물건의 주인이 범인이라고 지목되었다. ¶해산물에 있는 중금속이 어린이 질환의 원인이라고 지목되었다.

지목하다

[어원]指目~ [활용]지목하여(지목해), 지목하니, 지목하고

[타]❶(어떤 사람이나 대상을) 특정하여 가리키다. Specify and point at a person or target.

㊌지명하다

N0-가 N1-를 V (N0=[인간], [구체물] N1=[구체물], [인간])

[피]지목되다

ㅈ

¶선생님은 수업 도중 갑자기 나를 지목하셨다. ¶회장은 후계자를 지목했다.
❷(어떤 사람이나 대상의 정체나 성질을) 구체적인 속성으로 특정하여 주목하다. Specify and observe the identity or characteristics of a person or target as a specific property.
N0-가 N1-를 N2-로 V (N0=[인간|단체] N1=[인간|단체], [구체물], [추상물] N2=[인간|단체], [구체물], [추상물])
피 지목되다
¶팬들은 류현진 선수를 올해 최고의 야구선수로 지목했다. ¶형사는 용의자 중 한 남자를 범인으로 지목했다.
N0-가 S다고 V (R1) (N0=[인간|단체], [구체물], [추상물])
피 지목되다
¶형사는 현장에 떨어진 물건의 주인(이|을) 범인이라고 지목하였다.(R1) ¶형사는 현장에 떨어진 물건의 주인을 범인이라고 지목하였다. ¶목격자는 용의자 중 키가 가장 큰 사람이 범인이라고 지목했으나 그는 대답을 거부했다.

지배당하다
어원 支配~ 활용 지배당하여(지배당해), 지배당하니, 지배당하고 대응 지배를 당하다
자 ☞ 지배되다

지배되다
어원 支配~ 활용 지배되어(지배돼), 지배되니, 지배되고 대응 지배가 되다
자 ❶(어떤 사람이나 단체, 동물 따위가) 다른 사람이나 집단, 조직 따위에 의해 복종되어 다스려지다. (of a person, an animal, or an organization) Be controlled and governed by another person, organization, or group.
㊌통치되다
N0-가 N1-(에|에게|에 의해) V (N0=[인간|단체], [동물], [지역] N1=[인간|단체], [동물])
능 지배하다
¶가난한 사람들은 돈과 권력을 가진 사람들에게 지배되어 왔다. ¶발트해 지역은 지난 50년 동안 아주 다른 세력에 의해 지배되었다.
❷(사람 또는 집단의 생각이나 행동이) 어떤 요인이나 요소 따위에 의해 다스려질 만큼 크게 영향을 받다. (of thoughts and acts of a person or an organization) Be influenced by an element or a factor so great as to be ruled by it.
㊌의존하다 자
N0-가 N1-(에|에 의해) V (N0=[추상물], [인간|단체] N1=[인간|단체], [추상물], [구체물](휴대전화, 컴퓨터 따위))
능 지배하다
¶학교의 교육과정은 평가에 지배되어 왔다. ¶영수는 망상에 지배되어 다른 사람들에게 공격적으로 행동했다.
❸【언어】 구나 문장 안에서, 어떤 단어가 관계하는 다른 단어에 의해 특정한 형태나 구조적인 관계를 갖추도록 요구되다. (of a word in a phrase or a sentence) Be asked by another related word to have particular form or syntactical relation.
N0-가 N1-(에|에 의해) V (N0=[말](낱말, 문장 따위) N1=[말](낱말, 문장 따위))
능 지배하다
¶영어에서는 동사에 의해서 목적어가 지배된다.

지배받다
어원 支配~ 활용 지배받아, 지배받으니, 지배받고 대응 지배를 받다
자 ☞ 지배되다

지배하다
어원 支配~ 활용 지배하여(지배해), 지배하니, 지배하고 대응 지배를 하다
타 ❶(사람이나 단체, 동물 따위가) 어떤 사람이나 집단, 조직 따위를 자기의 뜻대로 복종하게 하여 다스리거나 차지하다. (of a person, a group, or an animal) Occupy and govern another person, group, or organization so as to manipulate them at one's will.
㊌통치하다
N0-가 N1-를 V (N0=[인간|단체], [동물] N1=[인간|단체], [동물], [지역])
피 지배되다
¶그녀는 나를 마음대로 지배하고 원격 조정했다. ¶대마도는 우리가 지배했던 땅이었다.
❷(어떤 요인이나 요소 따위가) 사람이나 집단의 생각이나 행동을 다스릴 만큼 크게 영향을 미치다. (of an element or a factor) Influence the thoughts and acts of a person or an organization so as to rule them.
N0-가 N1-를 V (N0=[추상물], [구체물](휴대전화, 컴퓨터 따위) N1=[인간|단체])
피 지배되다
¶지식과 교육에 대한 비상한 열정이 사람들을 지배하고 있다. ¶앞으로 영상 매체가 사람들을 지배할 거야.
❸【언어】 구나 문장 안에서, 어떤 단어가 관계하는 다른 단어를 특정한 형태나 구조적인 관계를 갖추도록 요구하다. (of a word in a phrase or a sentence) Ask another related word to have particular form or syntactical relation.

N0-가 N1-를 V (N0=[말](낱말, 문장 따위) N1=[말](낱말, 문장 따위))
피 지배되다
¶어떤 동사는 전치사와 결합하여 합성어가 되면서 여격 목적어를 지배한다. ¶대개 시간을 뜻하는 부사어가 전체 문장의 시제를 지배한다. ¶목적어를 지배하는 동사의 기능은 다양하다.

지불되다
어원 支拂~ 활용 지불되어(지불돼), 지불되니, 지불되고 대응 지불이 되다
자 ❶(무엇에 대한 대가로) 값이 치러지거나 돈이 건네지다. (of price or money) Be paid or given as the price for something.
유 지급되다
N0-가 N1-(에|에게) V (N0=[돈], [비용], [소득], 이자, 지원금, 보상금 따위 N1=[인간], [집단], [기관])
능 지불하다
¶작업이 끝나는 대로 노동자들에게 임금이 지불된다. ¶매달 은행에 지불되는 금액이 만만치 않다. ¶난민촌 주민들에게 지원금이 지불되었다.
N0-가 N2-로 N1-(에|에게) V (N0=[돈], [비용] N1=[인간], [집단], [기관] N2=[돈], [카드], 대가)
능 지불하다
¶이번 달 월급은 현금으로 직원들에게 지불될 것이다. ¶유명 선수가 자사의 제품을 착용하는 대가로 거액의 돈이 지불되었다.
❷(어떠한 행위나 그 결과를 대가로) 노력, 희생 따위가 치러지다. (of one's effort or sacrifice) Be performed as the price for certain action or its result.
N0-가 V (N0=희생, 노력, 대가 따위)
능 지불하다
¶노력하면 노력한 만큼의 대가가 반드시 지불된다. ¶그것은 수많은 이들의 희생이 지불된 결과물이다.

지불하다
어원 支拂~ 활용 지불하여(지불해), 지불하니, 지불하고 대응 지불을 하다
타 ❶(무엇에 대한 대가로) 값을 치르거나 돈을 건네주다. Pay price or give money as the price for something.
유 지급하다, 치르다, 내다, 갚다 반 지불받다
N0-가 N2-(에|에게) N1-를 V (N0=[인간|단체] N1=[돈], [비용], [소득], 이자, 지원금, 보상금 따위 N2=[인간], [집단], [기관])
피 지불되다
¶회사는 매월 25일에 직원들에게 급여를 지불한다. ¶그녀는 친구들을 만나 음식 값을 지불했다. ¶철수는 매달 대출금에 대한 이자를 은행에 지불하고 있다.
N0-가 N3-로 N2-(에|에게) N1-를 V (N0=[인간|단체] N1=[돈], [비용] N2=[인간], [집단], [기관] N3=[돈], [비용], [카드], 대가)
피 지불되다
¶그는 카메라 수리비로 십만 원을 지불했다. ¶현금으로 냈던 통행료를 다음 달부터 교통카드로 지불할 수 있게 된다. ¶상인은 남의 집 앞을 사용하는 대가로 집주인에게 약간의 돈을 지불한다.
❷(어떠한 행위나 그 결과에 대한 대가로) 노력, 희생 따위를 치르다. Give efforts or sacrifice as the price of certain action or its result.
유 치르다
N0-가 N1-를 V (N0=[인간|단체] N1=희생, 노력, 대가 따위)
피 지불되다
¶악행을 저지르는 사람은 그만한 대가를 지불하게 될 것이다.

지새다 I
활용 지새어(지새), 지새고, 지새니
자 (달이나 밤이) 서편으로 지거나 달빛이 사라지면서 날이 밝다. (of the moon or night) Set in the west or to lose its light and give way to day.
N0-가 V (N0=[시간](밤), [천체](달))
¶우리는 밤이 지새도록 추억을 나누었다. ¶길고 긴 밤이 지새어 가고 곧 동이 틀 것이다. ¶하현달이 지새도록 어머니는 아이의 곁을 지켰다.
※주로 '지새고, 지새도록, 지새어'의 형태로 쓰인다.

지새다 II
활용 지새어(지새), 지새고, 지새니
타 ☞ 지새우다

지새우다
활용 지새워, 지새우니, 지새우고
타 (사람이 밤을) 깨어 있는 채 고스란히 보내다. (of a person) Stay awake all night.
N0-가 N1-를 V (N0=[인간] N1=[시간](밤))
¶표류한 사람들은 해변가의 동굴에서 밤을 지새웠다. ¶우리 부부는 이사한 다음날 자는 둥 마는 둥 밤을 지새웠다. ¶그는 시험에 탈락할까 걱정되어 뜬 눈으로 밤을 지새웠다.

지속되다
어원 持續~ 활용 지속되어(지속돼), 지속되니, 지속되고 대응 지속이 되다
자 (어떤 속성이나 상황이) 변하지 않고 계속 유지되다. (of a property or situation) Be maintained without changing.
유 유지되다, 계속되다 반 멈추다, 중지되다, 중단되다, 그치다
N0-가 V (N0=[추상물])

능지속하다
¶조선 왕조는 청렴한 사회 분위기로 500년 동안 지속될 수 있었다. ¶이 약의 효과는 12시간가량 지속된다. ¶여성의 종속적인 지위는 매우 오랜 기간 지속되었다.

지속시키다
어원持續~ 활용지속시키어(지속시켜), 지속시키니, 지속시키고 대응지속을 시키다
타☞'지속하다'의 오용

지속하다
어원持續~ 활용지속하여(지속해), 지속하니, 지속하고 대응지속을 하다
타(어떤 속성이나 상황 따위를) 변함없이 계속 유지하다. Maintain a property or situation without a change.
㊤유지하다, 계속하다 ㊥멈추다, 그만두다, 중지하다, 중단하다, 그치다
N0-가 N1-를 V (N0=[인간|단체] N1=[추상물])
피지속되다
¶고려는 백성을 위한 정치로 오랜 세월 동안 왕조를 지속할 수 있었다. ¶집안 형편이 나빠졌지만 그는 학업을 지속하였다. ¶우리나라는 여러 어려움 속에서도 경제 성장을 지속해 왔다.

지시받다
어원指示~ 활용지시받아, 지시받고, 지시받으니 대응지시를 받다
타(사람이 다른 사람에게 무엇을) 하라고 명령을 받다. (of a person) Receive a command to do something to another person.
㊥지시하다
N0-가 N1-를 V (N0=[인간] N1=[명령])
¶그녀는 마왕에게 오빠들을 탈출시키는 임무를 지시받았다. ¶일요일 아침마다 동물들은 열 시에 커다란 헛간에 모여 그 주에 할 일을 지시받았다.
N0-가 S것-을 V (N0=[인간])
¶로봇은 동굴에서 배터리를 꺼내올 것을 지시받았다. ¶그는 준비위원에게 최대한 협조를 아끼지 말 것을 지시받았다.
N0-가 S도록 V (N0=[인간])
¶그는 본인의 능력으로 해 낼 수 있는 일보다 훨씬 낮은 일을 하도록 지시받았다. ¶피험자들은 마음에 드는 새로운 제품을 고르도록 지시받았다.
N0-가 S고 V (N0=[인간])
¶사람들은 빨리 대피하라고 지시받았다. ¶그는 감독에게 무릎을 굽히고 투구하라고 지시받았다.

지시하다
어원指示~ 활용지시하여(지시해), 지시하니, 지시하고 대응지시를 하다
타(어떤 것을) 가리켜 나타내다. Show something by pointing.
㊤가리키다
N0-가 N1-를 V (N0=[구체물], [행위] N1=[구체물], [장소])
¶그는 눈짓으로 우리가 가야할 장소를 지시했다. ¶이 지도는 우리가 가야 할 곳을 정확하게 지시하고 있다. ¶선생님께서는 손가락으로 우리가 가야 할 길을 지시해 주셨다.
자타(상대방에게) 어떤 행위를 하라고 명령하다. Order another person to do something.
㊤명령하다 ㊥지시받다
N0-가 N1-에게 S고 V (N0=[인간|단체] N1=[인간|단체])
¶반장은 아이들에게 교실로 들어가라고 지시했다. ¶장군은 대대장에게 적진으로 진격하라고 지시했다. ¶부장님은 나에게 신입 사원을 잘 챙기라고 지시하셨다.
N0-가 N1-에게 S것-을 V (N0=[인간|단체] N1=[인간|단체])
¶김 부장은 부하 사원에게 빨리 이번 일을 마무리할 것을 지시했다. ¶사단장은 지휘관들에게 서둘러 주둔지를 정리하고 정렬할 것을 지시했다.
N0-가 N1-에게 S도록 V (N0=[인간|단체] N1=[인간|단체])
¶회장님은 사원들에게 모두 퇴근하도록 지시했다. ¶우리는 아이들에게 모두 조용히 하도록 지시했다.

지양되다
어원止揚~ 활용지양되어(지양돼), 지양되니, 지양되고 대응지양이 되다
자(어떤 일이) 목표를 이루기 위하여 멈추어지거나 꺼려지다. (of a work) Be stopped or avoided in order to achieve an aim.
㊤멈추어지다 ㊥추구되다
N0-가 V (N0=[추상물])
능지양하다
¶지금과 같은 입시 중심의 교육은 지양되어야 한다. ¶강화 조약을 계기로 근대적 지배 관계가 점차 확립되었으며 봉건 사회의 지배 관계는 지양되었다. ¶따뜻한 느낌을 주어야 하는 실내 인테리어에서는 철의 사용이 지양된다.

지양하다
어원止揚~ 활용지양하여(지양해), 지양하니, 지양하고 대응지양을 하다
타(어떤 일을) 목표를 이루기 위하여 멈추거나 꺼리다. Stop or avoid a work in order to achieve an aim.
㊤멈추다 ㊥추구하다
N0-가 N1-를 V (N0=[인간|단체] N1=[추상물])

피지양되다
¶그는 어머니의 병간호를 위해 되도록이면 시간이 많이 드는 일을 지양했다. ¶우리 학교는 아이들의 감성 발달을 저해하는 조기 교육을 지양한다. ¶일본은 패전 이후 평화를 중시하며 헌법 개정이나 군비 확장 등을 지양했다.

지연되다
어원 遲延~ 활용 지연되어(지연돼), 지연되니, 지연되고 대응 지연이 되다
자 ❶(일이) 예정보다 더 오래 걸리거나 더디게 진행되다. (of a task) Take longer than planned or proceed slowly.
㊌늦춰지다, 미뤄지다, 지체되다, 연기되다
㊊당겨지다, 앞당겨지다
N0-가 V (N0=[행위], [사건], [상황])
능지연하다
¶올여름 날씨가 너무 더워 아파트 완공이 지연되었다. ¶기업 투자가 살아나지 못하면 경기 회복이 지연될 수밖에 없다.
❷(시간, 일정 따위가) 뒤로 미뤄지거나 늦춰지다. (of time or schedule) Be pushed or moved back.
㊌늦춰지다, 미뤄지다, 지체되다, 연기되다
㊊당겨지다, 앞당겨지다
N0-가 V (N0=[시간], 기한, 일정 따위)
능지연하다
¶참석자들이 늦게 도착해 회의 시간이 지연되었다. ¶회사 사정으로 신입 사원 면접 날짜가 약간 지연될 것 같습니다.
❸ 【생물, 의학】 병이나 증상이 예상되는 시기보다 늦게 나타나게 되다. (of illness or symptom) Appear later than expected.
N0-가 V (N0=[질병], 성장, 회복 따위)
능지연하다
¶영양 부족으로 성장이 지연된 아동에게 단백질 급여량을 높이면, 비타민 A 저장량은 줄어든다. ¶지방이 당질 대신 섭취되면 티아민 요구가 줄어들어 다발성 신경 장해 발생이 지연된다.

지연시키다
어원 遲延~ 활용 지연시키어(지연시켜), 지연시키니, 지연시키고 대응 지연을 시키다
타 ☞ '지연하다'의 오용

지연하다
어원 遲延~ 활용 지연하여(지연해), 지연하니, 지연하고
타 ❶(일을) 예정보다 오래 걸리게 하거나 더디게 진행하다. Make a task take longer than planned or proceed slowly.
㊌늦추다, 끌다, 미루다, 지체하다, 연기하다 ㊊당기다, 앞당기다
N0-가 N1-를 V (N0=[인간|단체], [교통기관] N1=[행위], [사건], [상황])
피지연되다
¶국회가 부동산 관련 법안 처리 통과를 지연하고 있다. ¶그는 비정상적인 거래를 신고하지 않거나 지연한 혐의를 받았다. ¶지하철이 앞차와의 간격을 위해 출발을 지연하고 있다.
❷(시간, 일정 따위를) 뒤로 미루거나 늦추다. Push or move back time or schedule.
㊌지연시키다, 늦추다, 끌다, 미루다, 지체하다, 연기하다 ㊊당기다, 앞당기다
N0-가 N1-를 V (N0=[인간|단체] N1=[시간], 기한, 일정 따위)
피지연되다
¶시간을 지연한다고 해결될 문제가 아니다. ¶대출 상환 기한을 지연하면 이자를 더 내야 한다.
❸ 【생물, 의학】 병이나 증상 따위를 일시적으로 멈추게 하거나 늦게 나타나게 하다. Temporarily stop an illness or symptom or make it appear later.
N0-가 N1-를 V (N0=[방법], 약품, 영양소, 물질 따위 N1=[질병], 성장, 회복 따위)
피지연되다
¶이 제초제는 식물의 성장을 지연할 수 있다. ¶새로운 치료법을 통해 암세포가 다른 곳으로 전이되는 것을 지연할 수 있습니다.

지우다 I
활용 지워, 지우니, 지우고
타 ❶(글, 그림, 화장 따위의 흔적을) 도구로 보이지 않게 아거나 남지 않게 없애다. Eliminate remnants of writing, drawing, or make up to make it invisible using a tool.
㊌없애다, 제거하다
N0-가 N1-를 N2-로 V (N0=[인간] N1=[구체물](낙서, 글자, 칠판, 화장, 분장 따위) N2=[구체물](지우개, 휴지 따위))
¶영희는 벽에 있는 낙서를 지우개로 지웠다. ¶배우는 분장을 지우고 옷을 갈아입었다.
❷(머릿속에서 생각, 기억 따위를) 의식적으로 없애거나 잊다. Consciously eliminate or forget thoughts or memories from one's head.
㊌없애다, 잊다
N0-가 N1-를 V (N0=[인간] N1=[추상물](생각, 기억, 추억, 이미지, 영상 따위))
¶영희는 순간 괜히 왔다는 생각을 도저히 지워 버릴 수가 없었다. ¶철수는 영희와의 추억을 말끔히 지워 버리고 싶었다. ¶영희는 철수의 얼굴을 밤새 그렸다 지웠다를 반복했다.
❸(느낌, 감정 따위를) 없애거나 사라지게 하다.

Eliminate or make disappear one's feeling or emotion.
㊌없애다, 잊다, 떨치다
N0-가 N1-를 V (N0=[인간] N1=[감정], [생각])
¶철수는 자신이 손해 보는 것 같은 느낌을 지워 버릴 수가 없었다. ¶그녀는 그가 범인이라는 의심을 지울 수 없었다. ¶그의 말은 우리의 공포심을 말끔히 지워 주었다.
❹(얼굴에서 표정이나 눈물 따위를) 그치거나 사라지게 하다. Stop or make facial expressions or tears from one's face disappear.
㊌없애다, 거두다 ㊥짓다
N0-가 N1-를 V (N0=[인간] N1=[개체상황](표정, 웃음, 미소 따위), [분비물](눈물))
¶철수가 갑자기 웃음을 지우고 냉정해졌다. ¶영희는 애써 짓던 거짓 미소를 지우고 울고 있었다. ¶남편은 아내의 얼굴에서 눈물을 지우고 웃음을 짓게 하고 싶었다.
❺ 【컴퓨터】 인터넷으로 보내거나 받은 메시지를 삭제하거나 파일에 저장된 프로그램이나 기록을 제거하다 Delete a message that's been sent or received via Internet or eliminate program or record that's been stored in a file.
㊌없애다, 삭제하다, 제거하다
N0-가 N1-를 V (N0=[인간] N1=[소프트웨어], [텍스트](메일, 메시지 따위))
¶영희는 틈나는 대로 스팸메일을 지웠다. ¶컴퓨터에서 불법 복사본이 발견되면 바로 지워야 한다. ¶윈도우를 가진 사람은 리눅스를 지우고 다시 윈도우를 깔 수도 있다.

지우다Ⅱ
활용 지워, 지우니, 지우고
타 ❶일정한 기간이 지나도록 시간을 보내다. Spend time so that certain period will pass.
㊌지새우다, 새우다
N0-가 N1-를 V (N0=[인간] N1=밤, 날 따위)
¶아내는 남편을 기다리며 뜬 눈으로 밤을 지웠다. ¶그는 친구와 이야기를 나누다가 날을 하얗게 지웠다.
❷(꽃, 잎 따위를) 시들거나 말라서 떨어지게 하다. Make a flower or leaf fall due to withering or drying.
㊌떨어뜨리다
N0-가 N1-를 V (N0=햇볕, 바람, 나무 따위 N1=[구체물](꽃, 나뭇잎, 낙엽 따위))
주 지다I
¶나무들이 잎을 지우고 겨울을 준비한다. ¶바람이 나뭇가지에 걸린 꽃을 지우고 말았다.
❸(얼룩, 때 따위의 더러운 것을) 도구나 약품을 이용하여 닦거나 씻어 없어지게 하다. Wipe, wash or remove something dirty such as stain or grime using a tool or product.
㊌빼다, 닦다 ㊥묻히다, 들이다
N0-가 N2-로 N1-를 V (N0=[인간] N1=때, 얼룩, 기름, 과일물(즙) 따위 N2=[구체물](걸레, 세제 따위))
주 지다I
연어 말끔히, 잘, 쉽게, 깨끗이
¶그녀는 바닥에 묻은 얼룩을 걸레로 깨끗이 지웠다. ¶그는 와이셔츠 소매 부분의 때를 지우려고 애썼다. ¶엄마는 아기 옷에 든 과일물을 지우려고 옷을 세게 비벼 빨았다.
❹(사람, 동물의 목숨을) 끊어지게 하다. Take away a person or animal's life.
㊌죽이다 ㊥살리다
N0-가 N1-를 V (N0=[인간] N1=숨, 목숨, 생명 따위)
주 지다I
¶아무리 작은 생물체일지라도 인간이 함부로 그 숨을 지워서는 안 된다. ¶철수는 자신의 실수로 다른 사람의 생명을 지웠다는 죄책감에 시달렸다.
❺(태아를) 어미의 배 속에서 죽여 없애다. Kill a fetus in the mother's belly.
㊌떼다 ㊥갖다
N0-가 N1-를 V (N0=[인간] N1=[인간](태아))
주 지다I
¶그녀는 아이를 지운 적이 있다. ¶배 속의 아기를 지우는 것은 불법 행위이다.

지우다Ⅲ
활용 지워, 지우니, 지우고
타 ❶(물건을) 어깨, 등 따위에 걸쳐서 얹다. Drape on an item on one's shoulder or back.
N0-가 N2-(에|에게) N1-를 V (N0=[인간] N1=[화물], [주머니], [가방] N2=[인간], [동물], [신체부위](어깨, 등 따위), [기구](지게 따위))
주 지다III
¶아버지는 나의 어깨 위에 큰 짐을 지워 주셨다. ¶농부는 소에게 쟁기와 써레를 지우고 밭을 갈았다.
❷(줄, 포승 따위를) 몸이나 팔에 감아서 꽁꽁 묶다. Wrap and tightly tie a string or rope around one's arm or body.
N0-가 N2-에게 N1-를 V (N0=[인간] N1=[줄](포승, 오라 따위) N2=[인간])
주 지다III
¶옥졸들은 죄인에게 오라를 지웠다. ¶그들은 조신에게 포승을 지우고 옥에 가뒀다.
❸(다른 사람에게) 책임이나 의무를 맡기다. Entrust someone with responsibility or duty.
㊌맡기다, 넘기다, 떠넘기다, 과하다, 매기다
N0-가 N2-(에|에게) N1-를 V (N0=[인간|단체] N1=

ㅈ

[의무](책임, 책무 따위) N2=[인간|단체])
주 지다III
¶여성에게만 양육의 책임을 지우는 것은 불공평하다. ¶회사가 직원들에게 과도한 업무 부담을 지워 불만을 사고 있다.
❹(돈이나 신세 따위를) 다른 사람에게 갚아야 할 처지로 만들다. Put someone in situation where that person needs to repay money or favor to someone else.
N0-가 N2-(에|에게) N1-를 V (N0=[인간], [행위], [사건] N1=빚, 채무, 부채 따위 N2=[인간])
주 지다III
¶과도한 학자금 대출이 학생들에게 빚만 잔뜩 지워 주고 있다. ¶아버지의 갑작스러운 죽음이 가족들에게 큰 빚을 지웠다.

지원되다
어원 支援~ 활용 지원되어(지원돼), 지원되니, 지원되고 대응 지원이 되다
자 (인력 또는 물품 따위가) 그것을 필요로 하는 사람에게 도움이 되게 주거나 보내지다. (of human resource or item) Be sent to someone in need of that exact supply as a part of help.
㊌ 지급되다, 후원되다
N0-가 N1-(에|에게) V (N0=[구체물](돈, 물품, 건물 따위), [방법], [기술] N1=[인간|단체], [행위], [사건])
능 지원하다I
¶전쟁 고아, 피난민, 부상자, 실업자에게 식량, 의복, 숙소, 의약품이 지원되었다. ¶학교 축구부 지원 사업을 통해 유소년 축구 모임에 훈련 용품이 지원되었다. ¶지방에서 근무하게 된 현장 직원들에게는 숙소와 식사 모두가 지원될 것이다.

지원받다
어원 支援~ 활용 지원받아, 지원받으니, 지원받고 대응 지원을 받다
타 (어떤 사람이나 단체로부터) 도움이 되게 보내진 인력이나 물품 따위를 받다. Receive human resource or item which has been sent as a part of help from a person or group.
㊌ 지급받다, 후원받다 ㊎ 지원하다I
N0-가 N2-(에게|에게서|에서) N1-를 V (N0=[인간|단체], [구체물](저서, 논문, 발명품 따위) N1=[구체물](돈, 물품, 건물 따위), [방법], [기술] N2=[인간|단체], [행위])
¶박 교수는 정부로부터 약 5000만원의 연구비를 지원받았다. ¶이제까지 출간된 그 작가의 모든 저서들은 재단에서 출판비를 지원받았다. ¶다문화가족 자녀는 신청을 통해 각 기관에서 언어 교육을 지원받을 수 있다.

지원하다I
어원 支援~ 활용 지원하여(지원해), 지원하니, 지원하고 대응 지원을 하다
타 (다른 사람이나 그 사람이 하는 일을) 물질이나 행동으로 돕다. Help someone or that person's work with material or action.
㊌ 후원하다, 지급하다 ㊎ 지원받다
N0-가 N1-를 V (N0=[인간|단체] N1=[인간|단체], [행위], [행사](연극제, 가요제 따위))
피 지원되다
¶우리 회사에서는 태풍 수해복구 자원 봉사 활동을 지원한다. ¶김 이사장은 모교에서 열리는 연극제를 지원하기로 했다.
N0-가 N2-에게 N1-를 V (N0=[인간|단체] N1=[구체물](물품, 식량 따위) N2=[인간|단체])
피 지원되다
¶정부는 10개 업체에 64억 원을 지원하겠다고 보고했다. ¶지역으로 이전하는 업체와 종업원들에게 올해 모두 백억 원의 자금을 지원하기로 했다.
N0-가 N2-에 N1-를 V (N0=[인간|단체] N1=[구체물](물품, 식량 따위) N2=[행위], [행사](연극제, 가요제 따위))
피 지원되다
¶정부는 수해 복구에 2조 원을 지원하겠다고 발표했다. ¶그는 모교에 이번 학기 장학금으로 3000만 원을 지원해 주었다.

지원하다II
어원 志願~ 활용 지원하여(지원해), 지원하니, 지원하고 대응 지원을 하다
자 (어떤 조직에 들어가) 그 구성원이 되려고 신청하다. Enter an organization and request to become a member.
N0-가 N1-에 V (N0=[인간] N1=[단체], [직책](영업직, 생산직, 판매직, 관리직 따위), 모집 따위)
¶저는 적성을 살려 대기업 영업직에 지원하기로 굳게 결심했습니다. ¶재수를 기피하는 수험생들이 일단 붙고 보자는 심리로 대학에 지원하는 사례가 많다.
타 (어떤 일을) 하겠다고 신청하다. Apply for a certain position to do something.
㊌ 신청하다
N0-가 N1-를 V (N0=[인간] N1=[행위](파견, 업무 따위))
¶경험을 쌓기 위해 건축 시공 업무를 지원했다. ¶특파원 파견을 지원하는 사람이 많아 경쟁이 높아졌다.

지저귀다
활용 지저귀어, 지저귀니, 지저귀고
자 ❶(새가) 계속하여 소리를 내어 울다. (of a

ㅈ

bird) Continue to chirp.
N0-가 V (N0=[새])
¶아침에 눈을 뜨자 창밖으로 햇빛이 들어오고 새들이 지저귄다. ¶풀숲에서 작은 참새들이 짹짹 지저귄다. ¶종달새들이 하늘을 날며 지지배배 지저귀었다.
❷(사람이) 별 볼 일 없는 말을 계속하여 지껄이다. (of a person) Continue to talk of trifle.
N0-가 V (N0=[인간])
¶작은 꼬마 아이들이 상황도 모른 채 까르르 웃으며 지저귀었다. ¶나는 골목에서 뛰놀며 지저귀는 아이들의 웃음소리를 들었다.

지정되다

어원 指定~ 활용 지정되어(지정돼), 지정되니, 지정되고 대응 지정이 되다
자 ❶(무엇이) 가리켜져 결정되다. (of something) Be chosen by being indicated.
N0-가 N1-로 V (N0=[추상물] N1=[기준점])
능 지정하다
¶약속 시간이 오후 다섯 시로 지정되었다. ¶달리기 경주는 지정된 장소에 먼저 도착한 사람이 이긴다. ¶올해 원서 제출 날짜는 예년보다 일주일 이른 날짜로 지정되었다.
❷(무엇이 관공서나 단체, 사람으로부터) 특정한 자격으로 결정되다. (of something) Be chosen as a definite qualification by the government office, organization, or people.
N0-가 N1-로 V (N0=[구체물] N1=[추상물], [추상물])
능 지정하다
¶그의 작품은 회화로서는 드물게 국보로 지정되었다. ¶올해 추가로 80개 노선이 국도로 지정되었다.

지정하다

어원 指定~ 활용 지정하여(지정해), 지정하니, 지정하고 대응 지정을 하다
타 ❶(무엇을) 가리켜 결정하다. Choose something by indicating it.
N0-가 N1-를 N2-로 V (N0=[인간] N1=[추상물] N2=[기준점])
피 지정되다
¶범인은 합의금을 가져 올 장소로 놀이터 옆 의자를 지정했다. ¶많은 손님들이 수리 기사가 갈 시간을 다섯 시로 지정했다.
❷(관공서나 단체, 사람이) 무엇을 특정한 자격으로 결정하다. (of government office, organization, or people) Choose something as a definite qualification.
N0-가 N1-를 N2-로 V (N0=[인간|단체], [국가] N1=[구체물], [추상물] N2=[자격])
피 지정되다
¶전북 익산 소방서가 한 마을을 화재 없는 안전한 마을로 지정했다. ¶국립 유적지 보호 재단은 최근 화석 국립공원의 주거 단지를 보호 구역으로 지정했다.

지지다

활용 지지어(지져), 지지니, 지지고
타 ❶(전기나 아주 뜨거운 것으로 신체나 물건을) 조금씩 태우거나 눋게 하다. Burn or scorch a body or a thing slightly with electricity or something very hot.
유 태우다
N0-가 N1-를 N2-(로|에) V (N0=[인간] N1=[신체부위], [구체물] N2=레이저, 인두, 담뱃불 따위)
¶나는 병원에 가서 사마귀를 레이저로 지졌다. ¶그렇게 담뱃불로 천을 지지지 마라.
❷(전 따위를) 기름 판에 부쳐 익히다. Cook jeon in a pan containing hot fat or oil.
유 부치다
N0-가 N1-를 V (N0=[인간] N1=[음식](빈대떡, 김치전, 두부 따위))
¶그는 매일 아침마다 빈대떡을 지진다. ¶비도 오는데 배추전을 지져서 먹자. ¶나는 바삭한 식감을 좋아해서 두부를 살짝 지졌다.
❸(음식을) 국물을 조금 부어 끓여 익히다. Boil ingredients with not much broth.
유 익히다, 끓이다
N0-가 N1-를 V (N0=[인간] N1=[생선], 찌개 따위)
¶어머니는 저녁상을 차리기 위해 조기를 지졌다. ¶김치가 남아서 돼지고기를 넣고 살짝 지졌다.
❹(몸을) 뜨거운 곳에 대어 따뜻하게 찜질을 하다. (of a person) Warm oneself by touching the body with a hot thing.
N0-가 N1-를 N2-에 V (N0=[인간] N1=[신체부위] N2=[장소])
¶나는 허리가 아파 아랫목에 허리를 지졌다. ¶찜질방에서 몸을 지지면 몸이 개운할 것이다. ¶나는 따뜻한 방에 등을 지지며 누워있었다.

지지되다

어원 支持~ 활용 지지되어(지지돼), 지지되니, 지지되고 대응 지지가 되다
자 ❶(사람이나 사물이) 다른 사람이나 사물로 쓰러지거나 기울어지지 않도록 받쳐지다. (of a person or a thing) Be supported by another person or thing so as not to fall down or lean.
N0-가 N1-로 V (N0=[구체물], [신체부위] N1=[구체물], [신체부위])
능 지지하다
¶어깨 관절은 근육과 인대로 지지되어 있어 손상을 입기 쉽다. ¶코끝은 연골 및 연조직으로만 지지되어 있어지지 구조가 약하다. ¶신전은 네

개의 기둥으로 지지되어 있었다.
❷(사람이나 단체 및 그의 사상이나 정책 따위가) 다른 사람이나 단체에 의해 찬성이나 도움을 받아 버텨지다. (of a person or an organization or their thought or policy) Be helped or encouraged by the approval of another person or organization.
[유]지원되다
N0-가 N1-(에게|에 의해) V (N0=[인간|단체], [추상물](제안, 제도, 입장, 행동, 의견 따위) N1=[인간|단체])
[능]지지하다
¶그의 이론은 다른 연구자들에 의해 오늘날까지 지지되어 왔다. ¶그것은 다수에 의해 지지된 고귀한 이념이었다.

지지받다
[어원]支持~ [활용]지지받아, 지지받으니, 지지받고 [대응]지지를 받다
[자](사람이나 단체 및 그의 사상이나 정책 따위가) 다른 사람이나 단체에게 찬성을 얻어 도움이나 응원을 받다. (of a person or an organization or their thought or policy) Be helped or encouraged by the approval of another person or organization.
[유]지원받다
N0-가 N1-(에게|로부터) V (N0=[인간|단체], [추상물](제안, 제도, 입장, 행동, 의견 따위) N1=[인간|단체])
[능]지지하다
¶그의 이론은 다른 학자들에게 지지받지 못했다. ¶국민들로부터 지지받을 수 있도록 열심히 노력하겠습니다. ¶자신의 꿈을 지지받으려면 먼저 남의 꿈을 지지해 주어야 한다.

지지하다
[어원]支持~ [활용]지지하여(지지해), 지지하니, 지지하고 [대응]지지를 하다
[타]❶(사람이나 사물을) 다른 사람이나 사물로 쓰러지거나 기울어지지 않게 받치다. Have a person or a thing supported by another person or thing so that they do not fall down or lean.
[유]지탱하다, 받치다
N0-가 N1-를 N2-로 V (N0=[인간|단체] N1=[구체물] N2=[도구], [신체부위])
[피]지지되다, 지지받다
¶사내는 여자의 머리를 어깨로 지지해 주었다. ¶나는 나뭇가지로 텐트를 지지했다.
❷(사람이나 단체가) 다른 사람이나 단체 및 그의 사상이나 정책 따위를 찬성하여 도와서 힘을 쓰다. (of a person or an organization) Help and encourage another person or organization by approving their thoughts or policies.
[유]지원하다
N0-가 N1-를 V (N0=[인간|단체] N1=[인간|단체], [추상물](제안, 제도, 입장, 행동, 의견 따위))
[피]지지되다, 지지받다
¶국민 대다수가 이번 법안을 지지하고 있다. ¶우리가 그를 지지하는 진짜 이유는 따로 있다. ¶나는 무슨 일이 있어도 너를 지지할 거다.
N0-가 S것-을 V (N0=[인간|단체])
¶우리는 정부가 규제를 철폐하는 것을 적극 지지한다.

지출되다
[어원]支出~ [활용]지출되어(지출돼), 지출되니, 지출되고 [대응]지출이 되다
[자](일정한 목적을 위해서) 돈이 쓰이다. (of money) Be used for a particular purpose.
N0-가 N1-에 V (N0=[소득], [세금] N1=[행위](구입, 보상, 사업 따위))
[능]지출하다
¶많은 세금이 의미 없는 사업에 지출되었다. ¶지원금의 대부분이 다시 줄기세포 연구에 지출되었다. ¶병원 수입의 상당 부분은 새로운 의료기기 구입에 지출된다.
N0-가 N1-로 V (N0=[소득], [세금] N1=[비용](생활비, 여가비, 보상비 따위))
[능]지출하다
¶많은 세금이 생존자들에 대한 보상비로 지출되었다. ¶수입의 대부분이 다시 인건비로 지출되었다.

지출하다
[어원]支出~ [활용]지출하여(지출해), 지출하니, 지출하고 [대응]지출을 하다
[타](일정한 목적을 위해서) 돈을 대가로 치르다. Pay some money for a particular purpose.
N0-가 N1-를 N2-에 V (N0=[인간|단체] N1=[소득], [세금] N2=[행위](구입, 보상, 사업 따위))
[피]지출되다
¶서울시는 문화재 보존에 더 많은 돈을 지출해야 한다. ¶나는 월급의 대부분을 여가 활동에 지출한다.
N0-가 N1-를 N2-로 V (N0=[인간|단체] N1=[소득], [세금] N2=[비용](생활비, 여가비, 보상비 따위))
[피]지출되다
¶정부는 많은 세금을 복지 자금으로 지출했다. ¶회사는 보상비로 막대한 비용을 지출할 수밖에 없었다. ¶월급의 대부분을 생활비로 지출해야 해서 저축을 할 수가 없다.
N0-가 N1-를 S데-에 V (N0=[인간|단체] N1=[비용])
¶가정들은 월급의 반을 아이들의 학원비를 내는 데에 지출했다.

지치다 I
[활용]지치어(지쳐), 지치니, 지치고

[ㅈ]

[자]❶(몸이나 정신이 피로하여) 기운이 떨어지다. Drop in strength from (body or mind) being worn out.
[유]탈진하다I
N0-가 V (N0=[인간])
¶민환이는 너무 오래 달려서 지쳤다. ¶그는 지친 몸을 이끌고 집으로 돌아왔다.
❷(어떤 것에 시달리거나 질려) 그로부터 벗어나고 싶어하다. Be sick and tired and wish to get away from (something).
N0-가 N1-(에|에게) V (N0=[인간|단체] N1=[모두])
¶우리는 계속 이어지는 우울한 음악에 지쳤다. ¶아이들은 추위에 지쳤는지 이내 집으로 돌아왔다. ¶남편은 울며 보채는 아기에게 지쳐 있었다.

지치다II
[활용]지치어(지쳐), 지치니, 지치고
[타](얼음을) 도구를 사용하여 찍고 미끄러져 나아가다. Slide and move forward by picking (ice) with a tool.
N0-가 N1-를 V (N0=[인간] N1=얼음)
¶사람들이 꽁꽁 언 강 위에서 얼음을 지쳤다. ¶나는 얼음을 지치며 달렸다. ¶어렸을 적에는 빙판에서 얼음을 지치며 놀기도 했다.

지칭되다
[어원]指稱~ [활용]지칭되어(지칭돼), 지칭되니, 지칭되고 [대응]지칭이 되다
[자](사람이나 대상이) 다른 사람이나 대상으로 불리거나 말해지다. (of a person or an object) Be called as another person or object.
[유]불리다
N0-가 N1-로 V (N0=[모두] N1=[모두])
[능]지칭하다
¶소설의 주인공은 시종일관 '그 여자'로 지칭된다. ¶그 나라의 지도자는 황제로 지칭되고 있었다. ¶콩은 흔히 육지의 고기로 지칭된다.
N0-가 N1-라고 V (N0=[모두] N1=[모두])
[능]지칭하다
¶방각본의 형식으로 출판된 소설은 방각소설이라고 지칭된다. ¶태백산맥 서쪽은 영서 지방이라고 지칭된다.

지칭하다
[어원]指稱~ [활용]지칭하여(지칭해), 지칭하니, 지칭하고 [대응]지칭을 하다
[타]❶(사람이나 대상을) 가리켜 이르다. Point at and mention a person or an object.
[유]일컫다, 부르다, 가리키다
N0-가 N1-를 V (N0=[모두] N1=[모두])
¶지라시는 흔히 증권가의 정보지를 지칭한다. ¶당상관은 정삼품 이상의 벼슬을 지칭한다. ¶이모는 어머니의 자매를 지칭하는 단어이다.
❷(어떤 사람이나 대상을) 다른 사람이나 대상으로 가리키다. Call a person or an object as another person or object.
[유]일컫다, 부르다, 가리키다
N0-가 N1-를 N2-로 V (N0=[인간] N1=[모두] N2=[모두])
[피]지칭되다
¶학자들은 방각본의 형식으로 출판된 소설을 방각소설로 지칭하였다. ¶태백산맥 서쪽을 영서 지방으로 지칭한다.
N0-가 N1-를 N2-라고 V (N0=[인간] N1=[모두] N2=[모두])
[피]지칭되다
¶작가는 자신의 소설에서 주인공을 시종일관 '그 여자'라고 지칭하였다. ¶그는 자신을 황제라고 지칭하였다.

지키다
[활용]지키어(지켜), 지키니, 지키고
[타]❶(재산, 안전 따위를) 잃거나 침범을 당하지 않도록 보호하거나 감시하여 막다. Protect, monitor, or block one's asset or safety to avoid loss or intrusion.
[유]방어하다, 보호하다
N0-가 N1-를 N2-로부터 V (N0=[인간|단체], [동물] N1=[구체물], [추상물](생명, 재산, 안전 따위) [건물], [장소] N2=[구체물], [추상물])
¶목숨을 걸고 나라를 지키는 군인들이 있어 안심이다. ¶국민의 생명과 재산을 지키기 위해 전국의 소방관들이 열심히 일하고 있다. ¶개는 집을 잘 지키는 동물로 알려져 있다.
❷(길목이나 어떤 지점을) 마음대로 통과하지 못하도록 주의하여 감시하다. Carefully monitor a street corner or certain point so that people cannot freely pass.
[유]감시하다
N0-가 N1-를 V (N0=[인간|단체], N1=[장소])
¶경찰들이 골목마다 지키고 있어 범인이 다른 곳으로 도망가기 힘들 것이다. ¶사냥꾼은 노루가 다니는 길목을 지키고 있었다.
N0-가 S도록 N1-를 V (N0=[인간|단체], [동물] N1=[구체물], [추상물](생명, 재산, 안전 따위) [건물], [장소])
¶경찰은 범인이 도망치지 못하도록 길목을 잘 지키고 있었다.
❸(어떤 곳을) 떠나지 않고 오랫동안 머물러 있다. Stay in one place for long without leaving.
[유]머무르다
N0-가 N1-를 V (N0=[인간] N1=[장소])

ㅈ

¶철수와 동료들은 함께 장례식장을 지켰다. ¶그는 밤늦게까지 퇴근하지 않고 자리를 지키고 있었다.

❹(사람의 곁을) 떠나지 않고 보살피다. Provide care for someone without leaving.
㊌보살피다
No-가 N1-를 V (No=[인간] N1=[장소](곁, 옆 따위), 임종 따위)
¶병실에서 내 곁을 지킨 것은 엄마뿐이었다. ¶그는 밤새 그녀의 옆을 지켰다.

❺(약속, 규정 따위를) 어기지 않고 지정된 대로 잘 행하다. Appropriately fulfill a promise or regulation as designated without violation.
㊌엄수하다, 이행하다, 준수하다 ㊉어기다
No-가 N1-를 V (No=[인간] N1=약속, 언약, 규칙, 질서 따위)
¶여러 사람들이 어울려 살아가려면 규칙을 잘 지켜야 한다. ¶그들은 깍듯이 예의를 지키는 청년들이다.

❻(어떠한 상태나 태도 따위를) 그대로 계속해서 유지하다. Continuously maintain certain state or attitude.
No-가 N1-를 V (No=[인간|단체] N1=[상태], [태도])
¶아버지가 건강을 지키시는 비결은 바로 운동이다. ¶사람은 자신의 분수를 지킬 줄 알아야 한다.

❼(사물이나 현상이) 원래의 모습이나 어떤 상태를 잃거나 손상되지 않도록 애써 보호하다. Desperately protect an item or phenomenon so that it doesn't lose or damage the original appearance or certain state.
㊌보호하다
No-가 N1-를 V (No=[인간|단체] N1=[추상물], [구체물])
¶정부는 먹거리에 대한 소비자 권리를 지키기 위해 더 철저히 단속할 것이다. ¶깨끗한 환경을 지키기 위해서는 에너지 절약을 실천해야 한다. ¶그녀는 가정의 평화를 지키기 위해 모든 것을 자신이 감당하기로 했다.

❽(비밀 따위를) 새어나가지 않게 하다. Keep a secret from leaking out.
㊉누설하다
No-가 N1-를 V (No=[인간] N1=[추상물](비밀, 기밀 따위))
¶그녀는 비밀을 지키겠다고 약속했다. ¶그는 국가 기밀을 지키기 위해 목숨까지 내놓았다.

❾(지조, 절개 따위를) 압력이나 위협에도 굽히지 아니하고 굳게 지니다. Firmly possess one's chastity or fidelity without succumbing to pressure or threat.
No-가 N1-를 V (No=[인간] N1=[추상물](지조, 정조, 절개, 신념, 소신 따위))
¶그 사람은 갖은 회유에도 지조를 지켰다. ¶그는 자신의 소신을 지키기 위해서 누구보다 노력했다.

❿(득점을 못하거나 골을 넣지 못하도록) 상대방의 공격을 막아내다. Block opponent's offence so that the opponent cannot score.
㊌막다, 막아내다
No-가 N1-를 V (No=[운동선수] N1=골문, 골대 따위)
¶골키퍼는 골문을 굳게 지켰다. ¶그는 온몸을 날리는 수비로 골문을 지켜 냈다.
※주로 운동 경기에서 쓰인다.

지탱되다

어원 支撐~ 활용 지탱되어(지탱돼), 지탱되니, 지탱되고 대응 지탱이 되다

자 (물리적으로나 정신적으로) 오랫동안 버텨지거나 떠받쳐지다. (physically or mentally) Be maintained for a long time.
㊌지지되다, 유지되다
No-가 N1-(로|에 의해) V (No=[모두] N1=[모두])
능 지탱하다
¶사실 그의 유학 생활은 어머니의 희생으로 지탱되었다. ¶기둥에 의해 지탱된 들보가 불안해 보였다. ¶그 단체는 한 독지가의 후원으로 겨우 지탱되고 있는 형편이다.

지탱하다

어원 支撐~ 활용 지탱하여(지탱해), 지탱하니, 지탱하고 대응 지탱을 하다

타 (어떤 것을) 물리적으로나 정신적으로 오랫동안 버티거나 떠받치다. Support or maintain something physically or mentally.
㊌지지하다, 떠받치다
No-가 N1-를 V (No=[모두] N1=[모두])
피 지탱되다
¶기둥이 나뭇가지의 무게를 지탱한다. ¶그녀의 삶을 지탱하는 것은 아버지의 조언이었다. ¶지금은 음악만이 나를 지탱해 줄 뿐이다.

지피다

활용 지피어(지펴), 지피니, 지피고

타 (주로 난방이나 조리 목적으로) 아궁이나 난로 따위에 땔감을 넣고 불을 붙이다. Light a fire by putting firewood into a furnace or stove mainly for heating or cooking.
㊌때다
No-가 N1-를 N2-에 V (No=[인간] N1=[불], 장작 N2=아궁이, 화덕 따위)
¶나는 아궁이에 불쏘시개를 넣어 불을 지폈다. ¶벽난로에 장작을 지피자 마른 나무 타는 냄새가 올라왔다.
◆ **불을 지피다** (사태의 규모가 커질 만한) 중요한

ㅈ

계기를 제공하다. Provide an important opportunity for a situation to become larger.
No-가 N1-에 Idm (No=[인간|단체] N1=[상태](논쟁, 논란 따위))
피 불이 지펴지다
¶당국은 비밀 문건을 공개함으로써 논란에 새롭게 불을 지폈다. ¶국악인들은 모처럼 형성된 국악 열기에 확실하게 불을 지피겠다는 각오가 대단하다.

지향되다

어원 指向~ 활용 지향되어(지향돼), 지향되니, 지향되고
자 (정해진) 방향이나 목표가 추구되다. (of a definite direction or goal) Be sought.
No-가 V (No=[추상물](권리, 형식, 사조 따위))
능 지향하다II
¶민주주의 국가에서는 국민의 자유와 기본권이 지향된다. ¶현대 사회에서는 환경과 인간이 공존하는 삶이 지향된다. ¶예를 중시하는 순자의 정치관에서는 혈연이 배격되고 현인 정치가 지향되었다.

지향하다 I

어원 志向~ 활용 지향하여(지향해), 지향하니, 지향하고
타 (어떤 목표를 향해) 의지가 쏠리어 나아가다. (of a person) Concentrate one's will toward a goal.
유 추구하다
No-가 N1-를 V (No=[인간|단체] N1=[추상물])
¶우리는 서로 신뢰가 쌓인 관계를 지향한다. ¶열린사회의 시민은 열린 민족주의를 지향한다. ¶박람회에 참석한 기업은 모두 세계 최고를 지향한다.

지향하다 II

어원 指向~ 활용 지향하여(지향해), 지향하니, 지향하고
타 (사람이나 단체가) 정해진 방향이나 목표를 향해 나아가다. (of a person or an organization) Proceed toward a definite direction or goal.
No-가 N1-를 V (No=[인간|단체] N1=[추상물])
피 지향되다
¶우리는 민주적이며 정의롭고 평등한 사회를 지향한다. ¶우리 사회는 21세기의 문턱에서 국제화를 지향하고 있다. ¶대통령은 새해 인사를 통해 깨끗한 정치를 지향하겠다고 선언했다.

지휘하다

어원 指揮~ 활용 지휘하여(지휘해), 지휘하니, 지휘하고 대응 지휘를 하다
타 ❶(다른 사람을) 공동의 목표를 이루기 위하여 통솔하다. Lead other people in order to achieve a common goal.
유 통솔하다
No-가 N1-를 V (No=[인간|단체] N1=[인간|단체], [추상물])
¶지금부터는 내가 우리 부대 전체를 지휘한다. ¶담당자는 안전 보안 등을 포함한 주요 조치를 지휘한다.
❷(악곡이나 연주단을) 주로 손을 휘둘러 노래가 연주되도록 이끌다. Lead a piece of music or a concert party in order to perform music, usually by moving one's arms.
No-가 N1-를 V (No=[인간] N1=[작품], [단체](오케스트라, 합창단 따위))
¶그는 동양인 최초로 러시아 오케스트라를 지휘한다. ¶지휘자는 공연의 모든 하모니를 지휘한다. ¶나는 이번 공연에서 슈트라우스가 남긴 명곡 '알프스 교향곡'을 지휘한다.

직감하다

어원 直感~ 활용 직감하여(직감해), 직감하니, 직감하고 대응 직감을 하다
자타 (이면 또는 미래의 상황이나 사태를) 어떤 일을 접하자마자 바로 느끼어 깨닫다. Realize the other side or future situation or state of affairs as soon as one faces such.
No-가 S다고 V (No=[인간|단체])
¶민수는 경보음을 듣자마자 큰일이 일어났다고 직감했다. ¶범인이 근방에 있다고 직감한 형사는 뛰기 시작했다.
No-가 N1-를 V (No=[인간|단체] N1=[상태], [상황])
¶방에 들어갔을 때 나는 이상한 분위기를 직감했다. ¶그는 그때 앞으로 일어날 사태를 직감했을지도 모른다. ¶다가올 위기를 직감한 것은 나뿐만이 아니었다.
No-가 S(것|음)-을 V (No=[인간|단체])
¶그는 곧 세계적 불황이 닥칠 것임을 직감했다. ¶할머니는 아침에 일어나자마자 비가 올 것을 직감하셨다.

직결되다

어원 直結~ 활용 직결되어(직결돼), 직결되니, 직결되고 대응 직결이 되다
자 (무엇이 다른 무엇과) 직접적으로 연관되어 효과가 미쳐지다. (of something) Be connected directly to something else and to be influenced by it.
No-가 N1-(와|에) V (No=[추상물], [상태] N1=[추상물], [상태])
사 직결시키다
¶물가 안정은 시민들의 복지에 직결된다. ¶지구의 환경은 인간의 삶과 직결되어 있다. ¶공공시설 확충은 시민들의 삶의 질 향상과 직결된다.

직결시키다

어원 直結~ 활용 직결시키어(직결시켜), 직결시키니, 직결시키고 대응 직결을 시키다

타(무엇을 다른 무엇과) 직접적으로 연결시키다. (of a person) Connect something directly with something else.
N0-가 N1-를 N2-(와|에) V (N0=[인간] N1=[추상물], [상태] N2=[추상물], [상태])
주 직결되다
¶그는 학문을 백성의 일생 생활에 직결시켰다. ¶군수는 농업을 강조하며 국가의 생존을 농업과 직결시켰다. ¶그는 시민들의 복지와 직결시킨 정책을 폈다.

직면하다

어원 直面~ 활용 직면하여(직면해), 직면하니, 직면하고 대응 직면을 하다
자(사람이나 단체가) 뜻밖의 상황이나 어려운 일에 정면으로 맞닥뜨리다. (of a person or an organization) Encounter an unexpected situation or a difficult job.
유 맞닥뜨리다자, 부닥치다, 부딪치다자, 부딪히다
N0-가 N1-에 V (N0=[인간] N1=[행위], [상황], [일])
¶일본과 중국은 어려운 선택에 직면했다. ¶우리는 매우 잔인한 현실에 직면해 있다. ¶미국은 엄청난 테러 폭력의 위협에 직면할 것이다.
타(사람이나 단체가) 뜻밖의 상황이나 어려운 일을 정면으로 맞닥뜨리다. (of a person or an organization) Encounter an unexpected situation or a difficult job.
유 맞닥뜨리다타, 부닥치다, 부딪치다타, 부딪히다
N0-가 N1-를 V (N0=[인간] N1=[행위], [상황], [일])
¶그는 현실의 모순을 직면하고 괴로워했다. ¶너희는 언제나 진실을 직면해라.

진격하다

어원 進擊~ 활용 진격하여(진격해), 진격하니, 진격하고
자(군대가 적을 무찌르기 위해) 일정한 방향으로 거세게 나아가다. (of an army) Advance violently in a definite direction in order to beat the enemy.
유 공격하다자, 진공하다 반 후퇴하다, 물러나다자
N0-가 N1-로 V (N0=[군대] N1=[장소])
¶반군은 수도로 계속 진격하였다. ¶1793년에 프랑스 혁명군은 네덜란드로 진격하였다. ¶우리는 적진으로 당당히 진격해 갔다.

진단하다

어원 診斷~ 활용 진단하여(진단해), 진단하니, 진단하고 대응 진단을 하다
자(의사가) 환자나 환자의 건강상태가 어떠하다고 살피어 판단하다. (of a doctor) Look at a patient and make a judgment about his or her health.
N0-가 S다고 V (N0=[인간](의사))
¶의사는 동생의 병이 불면증이라고 진단했다. ¶의사들은 그가 1년을 넘기기 어렵다고 진단했다.
타(의사가) 환자나 환자의 건강상태를 어떤 질병이나 증상으로 살피어 판단하다. (of a doctor) Look at a patient and judge his or her physical condition to be a disease or its symptom.
N0-가 N1-를 N2-로 V (N0=[인간](의사) N1=병 N2=[질병])
¶의사는 동생의 병을 불면증으로 진단했다. ¶의사는 그 환자의 병을 암으로 진단하고 수술을 하기로 했다. ¶의사는 남자의 병을 진단한 후 빠르게 조치를 취했다.

진료하다

어원 診療~ 활용 진료하여(진료해), 진료하니, 진료하고 대응 진료를 하다
타(의사가) 환자를 병에 걸린 상태를 진단하고 치료하다. (of a doctor) Diagnoses the disease and treat (patient).
유 보다I, 진찰하다I
N0-가 N1-를 V (N0=[인간](의사) N1=[인간])
¶의사 선생님이 감기 환자를 진료하신다. ¶그는 꼼꼼하게 진료하기로 소문이 났다. ¶병원에 한번 오시면 진료해 드리겠습니다.

진술되다

어원 陳述~ 활용 진술되어(진술돼), 진술되니, 진술되고 대응 진술이 되다
자(어떤 내용이) 상대에게 자세히 풀어 말해지다. (of a content) Be told to another person in great detail.
N0-가 N1-(에|에게) N2-(에게서|에 의해) V (N0=[구체물], [추상물] N1=[인간|단체] N2=[인간])
능 진술하다
¶그가 망명 기간 동안 겪은 일은 모두 이 책에 진술되어 있다. ¶그 사건의 전말은 여러 증인에 의해 배심원들에게 자세히 진술되었다.
S것-이 N0-(에|에게) N1-(에게서|에 의해) V (N0=[인간|단체] N1=[인간])
능 진술하다
¶재무 담당자가 공금을 횡령한 것이 부하 직원에 의해 감사관에게 진술되었다. ¶김 씨가 범인이라는 것이 여러 사람에 의해 진술되었다.

진술하다

어원 陳述~ 활용 진술하여(진술해), 진술하니, 진술하고 대응 진술을 하다
자타(어떤 내용을) 상대에게 자세히 풀어 말하다. Tell another person a content in great detail.
N0-가 N1-(를|에 대해) N2-(에|에게) V (N0=[인간] N1=[구체물], [추상물] N2=[인간|단체])
피 진술되다

ㅈ

¶그는 자신이 느낀 감정을 상담원에게 차근차근 진술하였다. ¶철수는 퇴근길에 목격한 사건의 정황을 경찰에 진술하였다.
N0-가 N1-(에|에게) S고 V (N0=[인간] N1=[인간|단체])
피 진술되다
¶그는 법정에서 더 이상 아는 것이 없다고 진술하였다. ¶철수는 담 너머에서 소곤대는 소리를 엿들었다고 진술하고 있다.
N0-가 N1-(에|에게) S것-을 V (N0=[인간] N1=[인간|단체])
피 진술되다
¶그는 경찰에게 누군가 사무실에 침입한 흔적이 있다는 것을 진술하였다. ¶나는 사고 당시에 자신은 다른 장소에 있었던 것을 진술하였다.

진압당하다
어원 鎭壓~ 활용 진압당하여(진압당해), 진압당하니, 진압당하고 대응 진압을 당하다
자 (어떤 행위나 사태의 기세가) 물리력에 의해 억눌려 가라앉혀지다. (of spirit or vigor of an act or a situation) Be prevented and subdued by a physical force.
N0-가 V (N0=[갈등](파업, 시위 따위), [인간|단체], [비행] N1=[인간|단체], 총칼, 무력 따위)
능 진압하다
¶그 나라의 독립 운동이 너무 쉽게 진압당해서 몹시 안타까웠다. ¶평화로운 시위가 총과 칼에 의해 진압당하는 것은 문제가 있다. ¶반란군은 무력에 의해서 바로 진압당했다.
타 (자신이 하던 행위를) 다른 사람의 물리력으로 인해 방해를 받아 못하게 되다. Be interrupted by another person's physical force into stopping one's work along the way.
N0-가 N2-(에게|에 의해) N1-를 V (N0=[인간|단체] N1=[갈등](파업, 시위 따위), [비행] N2=[인간|단체])
¶반란군은 정부군에게 모든 무력 활동을 진압당하고 말았다. ¶시위대가 경찰에 의해서 진압당하자 여론이 바뀌었다.

진압되다
어원 鎭壓~ 활용 진압되어(진압돼), 진압되니, 진압되고 대응 진압이 되다
자 (어떤 행위나 사태의 기세가) 물리력에 의해 억눌려 가라앉혀지다. (of spirit or vigor of an act or a situation) to be prevented and subdued by a physical force.
N0-가 N1-(에게|에 의해) V (N0=[갈등](파업, 시위 따위), [사고](화재 따위), [인간|단체](시위자 따위), [비행] N1=[인간|단체], 총칼, 무력 따위)
능 진압하다
¶대규모 폭동은 경찰에 의해 바로 진압되었다. ¶어제 일어난 시위는 무력에 의해 바로 진압당했다고 한다.

진압하다
어원 鎭壓~ 활용 진압하여(진압해), 진압하니, 진압하고 대응 진압을 하다
타 (어떤 행위나 사태의 기세를) 물리력을 동원해 억눌러 가라앉히다. Prevent and subdue the spirit or vigor of an act or a situation by means of a physical force.
N0-가 N1-를 V (N0=[인간|단체] N1=[갈등](파업, 시위 따위), [사고](화재 따위), [인간|단체], [비행])
피 진압되다, 진압당하다 자
¶정부는 군대를 투입하여 불법 시위를 진압했다. ¶소방 당국은 빠른 대처로 산불을 조기에 진압했다. ¶경찰이 폭력으로 시위대를 진압하는 모습이 방송에 나왔다.

진열되다
어원 陳列~ 활용 진열되어(진열돼), 진열되니, 진열되고 대응 진열이 되다
자 (물건이) 어떤 장소에 잘 보이도록 가지런히 늘어놓다. Be neatly spread out (objects in certain place) to be clearly visible.
유 전시되다
N0-가 N1-에 V (N0=[구체물] N1=[장소])
능 진열하다
¶온갖 과일들이 매대에 진열되어 있다. ¶진열된 상품들이 신선해 보입니다.

진열하다
어원 陳列~ 활용 진열하여(진열해), 진열하니, 진열하고 대응 진열을 하다
타 (물건을) 어떤 장소에 잘 보이도록 가지런히 늘어놓다. Neatly spread out (objects in certain place) to be clearly visible.
유 전시하다, 벌이다
N0-가 N1-를 N2-에 V (N0=[인간] N1=[구체물] N2=[장소])
피 진열되다
¶점원은 과일을 매대에 진열하였다. ¶화분은 창가 쪽에 진열해 주세요. ¶진열하신 상품들이 신선해 보입니다.

진입하다
어원 進入~ 활용 진입하여(진입해), 진입하니, 진입하고 대응 진입을 하다
자 ❶(어떤 장소나 시설 안으로) 이동하여 들어가다. Move into a place or a facility.
N0-가 N1-(에|로) V (N0=[인간|단체], [교통기관] N1=[장소])
¶차는 나들목을 지나 고속도로에 진입했다.

ㅈ

¶급기야 적군 부대가 마을로 진입해 왔다. ¶기체가 궤도에 진입해서 자동 운항을 시작했다.
❷(어떤 기준이나 목표에) 이르러 도달하다. Reach a standard or a goal.
N0-가 N1-(에|로) V (N0=[인간|단체] N1=[국가], [경기])
¶지난 경기 승리로 우리 팀은 4강에 진입했다. ¶우리나라는 삼면이 바다로 둘러싸여 무역국 대열에 진입할 수 있었다. ¶금융 강국으로 진입하려면 정세가 안정되어야 한다.

진전되다
어원 進展~ 활용 진전되어(진전돼), 진전되니, 진전되고 대응 진전이 되다
자 (일 따위가) 잘 진행되어 발전을 보이다. (of a job) Show development through good progress.
유 진척되다 반 후퇴하다
N0-가 V (N0=[일], [관계], [소통], [모임](회의, 회담 따위))
능 진전시키다
¶양측이 서로 양보해서 협상이 크게 진전되었다. ¶이번 사태가 어떤 방향으로 진전될지는 아무도 모른다. ¶회의가 의도대로 진전되면 세제 개편도 가능해진다.

진전시키다
어원 進展~ 활용 진전시키어(진전시켜), 진전시키니, 진전시키고 대응 진전을 시키다
타 (일 따위를) 잘 진행하여 발전시키다. Make something develop by proceeding well with a job.
유 진척시키다 반 후퇴시키다
N0-가 N1-를 V (N0=[인간|단체] N1=[일], [관계], [소통], [모임](회의, 회담 따위))
피 진전되다
¶새로 부임한 사장은 노사 협력 관계를 많이 진전시켰다. ¶이번 사태는 협상을 진전시키는 결정적인 계기가 되었다. ¶대학생들이 이번 행사를 어떻게 진전시킬까?

진정되다
어원 鎭靜~ 활용 진정되어(진정돼), 진정되니, 진정되고
자 ❶소란스럽고 혼란스러운 사태가 잠잠해지다. (of a loud and chaotic situation) Be quiet.
유 가라앉다
N0-가 V (N0=[행위], [사건], [상태], [장소](시장))
능 진정하다
¶그 정치인의 발언에 대한 파장이 좀처럼 진정되지 않는다. ¶부동산 투기가 이제야 좀 진정되고 있다. ¶주식 시장이 이제 어느 정도 진정되는 국면이다.
❷격해진 감정이나 고통 따위가 잠잠하게 가라앉다. (of a violent emotion or pain) Be subdued quietly.
유 가라앉다, 안정되다
N1-의 N0-가 V ↔ N1-는 N0-가 V (N0=[감정](마음, 감정, 기분, 흥분 따위), [신체부위](환부 따위) N1=[인간])
능 진정하다, 진정시키다
¶그의 마음이 진정되었다. ↔ 그는 마음이 진정되었다. ¶경기가 끝난 후에도 흥분이 쉽게 진정되지 않았다. ¶응급 처치로 환부가 어느 정도 진정되자마자 응급실로 향했다.

진정하다
어원 鎭靜~ 활용 진정하여(진정해), 진정하니, 진정하고
타 ❶(소란스럽고 혼란스러운 사태를) 잠잠하게 가라앉히다. Quietly calm down a loud and chaotic situation.
유 가라앉히다
N0-가 N1-를 V (N0=[인간|단체], [상황] N1=[상태], [사건])
피 진정되다
¶정부는 과열된 여론을 진정하기 위해서 특단의 조치를 내렸다. ¶그의 등장은 사태를 진정하는 데 큰 도움을 주었다.
❷(자신의 격해진 감정이나 고통 따위를) 잠잠하게 가라앉히다. Calm down one's violent emotion or pain quietly.
유 안정시키다
N0-가 N1-를 V (N0=[인간] N1=[감정](마음, 기분, 감정, 슬픔, 흥분 따위))
피 진정되다
¶그는 차분한 음악을 들으며 마음을 진정하려고 노력했다. ¶유족들은 겨우 슬픔을 진정하고 장례 절차를 준비하고 있다.

진찰하다
어원 診察~ 활용 진찰하여(진찰해), 진찰하니, 진찰하고 대응 진찰을 하다
타 (의사가) 환자를 여러모로 살피어 병을 진단하다. (of a doctor) Diagnose the disease after examining (patient) in various ways.
유 검진하다, 보다, 진료하다
N0-가 N1-를 V (N0=[인간] N1=[인간])
¶젊은 의사가 마을회관에 와서 동네 어른들을 진찰했다. ¶그가 진찰하는 환자만 해도 하루에 수십 명에 이른다. ¶원장님께서 정성껏 진찰해 주셔서 마음이 놓입니다.
N0-가 S지-를 V (N0=[인간])
¶의사는 환자의 암이 심각한지를 진찰하고 수술할 것이다.

진척되다

어원 進陟~ 활용 진척되어(진척돼), 진척되니, 진척되고 대응 진척이 되다

자 (일이나 행위 따위가) 바람직한 방향으로 발전하여 나아가다. (thing or act) Develop and advance in the right direction.

유 진전되다

N0-가 V (N0=[일], [관계], [행위], [모임](회의, 회담 따위))

능 진척시키다

¶우리 연구소의 인공지능 연구는 순조롭게 진척되었다. ¶일이 잘 진척되는 것을 보니 걱정하지 않아도 되겠다. ¶협상이 진척되는 정도에 따라 우리 회상의 개입 여부를 결정하겠다.

진척시키다

어원 進陟~ 활용 진척시키어(진척시켜), 진척시키니, 진척시키고 대응 진척을 시키다

타 (일이나 행위 따위를) 바람직한 방향으로 발전하여 나아가게 하다. Develop (thing or act) and make it advance in the right direction.

유 진전시키다

N0-가 N1-를 V (N0=[인간|단체] N1=[일], [관계], [행위], [모임](회의, 회담 따위))

피 진척되다

¶회장님은 뛰어난 언변으로 협상을 진척시키셨다. ¶이번 주에 일을 더 진척시켜야 그 다음 작업도 잘 할 수 있다. ¶그의 마음이 풀리지 않아 관계를 조금도 진척시킬 수 없었다.

진척하다

어원 進陟~ 활용 진척하여(진척해), 진척하니, 진척하고 대응 진척을 하다

타 ☞ 진척시키다

진출하다

어원 進出~ 활용 진출하여(진출해), 진출하니, 진출하고 대응 진출을 하다

자 ❶(어떤 분야나 영역에) 나아가 활동하다. Advance into an area or a field and carry out activities.

N0-가 N1-(에|로) V (N0=[인간|단체] N1=[분야])

사 진출시키다

¶한국의 반도체 산업이 국제무대에 진출했다. ¶올해 몇몇 대기업이 자동차 산업에 진출했다. ¶금융업계에 진출하고자 하는 졸업생들이 많지만 일자리가 충분치 않다.

❷ 【운동】 대회나 경기에서 어떤 단계에 도달하다. Reach a stage in a game or a competition.

N0-가 N1-(에|로) V (N0=[인간|단체] N1=[범위], [경로], 본선, 결선 따위)

사 진출시키다

¶우리나라 축구팀이 월드컵 본선에 진출했다. ¶이번 양궁 대회에서는 무명의 선수가 파란을 일으키며 결승전에 진출했다.

진학하다

어원 進學~ 활용 진학하여(진학해), 진학하니, 진학하고 대응 진학을 하다

자 (상급 학교에) 더 공부하기 위하여 가다. Proceed to a school of the next grade.

N0-가 N1-(에|로) V (N0=[인간] N1=[교육기관])

사 진학시키다

¶언니는 울산에 있는 대학교에 진학했다. ¶도내 명문 고등학교로 진학한 친구에게 편지가 왔다. ¶동생은 컴퓨터공학과에 진학하기로 마음먹었다.

진행되다

어원 進行~ 활용 진행되어(진행돼), 진행되니, 진행되고 대응 진행이 되다

자 ❶앞 방향으로 움직이다. Move forward.

유 전진하다, 진행하다 자 반 정지되다 자

N0-가 V (N0=[구체물])

¶차가 앞으로 가야 하는데 뒤로 진행되어 사고가 날 뻔했다. ¶시동이 걸리고 차는 서서히 앞으로 진행되었다.

❷(일이나 행사가) 중단되지 않고 쭉 행해지다. (of a job or event) Be performed without a stop.

반 중지되다, 중단되다

N0-가 V (N0=[행위], [행사], [변화])

능 진행하다 타

¶모든 일이 순조롭게 진행되고 있다. ¶어느 나라에서도 개혁이 진행되는 과정에서 장애가 없을 수 없다. ¶수교 협상은 조인 때까지 비밀리에 진행되어야 합니다.

진행하다

어원 進行~ 활용 진행하여(진행해), 진행하니, 진행하고 대응 진행을 하다

자 앞 방향으로 움직이다. Move forward.

유 전진하다, 진행되다 반 정지하다 자

N0-가 V (N0=[인간], [구체물])

¶신호를 무시하고 막무가내로 진행하던 차량이 사고를 냈다. ¶제가 괜찮다고 말하기 전까지는 진행하지 마세요.

타 ❶(자동차나 무리 따위를) 앞 방향으로 움직이다. Move a car or group forward.

반 정지하다 타

N0-가 N1-를 V (N0=[인간] N1=[구체물], 진행 따위)

피 진행되다 사 진행시키다

¶조심스럽게 자동차를 진행했다. ¶적군이 공격을 진행하는 속도가 심상치 않았다.

❷(일이나 행사를) 주관해서 쭉 해 나가다. Supervise

and continue the performance of a job or event.
㉤중지하다, 중단하다
N0-가 N1-를 V (N0=[인간|단체] N1=[행위], [행사])
피 진행되다 사 진행시키다
¶제가 직접 회의를 진행하겠습니다. ¶담당자는 기자회견을 진행하는 동안 연신 땀을 흘렸다. ¶자세한 사항은 행사를 진행하는 주최 측에 문의하시기 바랍니다.

진화되다 I
어원 鎭火~ 활용 진화되어(진화돼), 진화되니, 진화되고 대응 진화가 되다
자 ☞ '진화하다I'의 오용

진화되다 II
어원 鎭火~ 활용 진화되어(진화돼), 진화되니, 진화되고 대응 진화가 되다
자 ❶(화재로 난 불이) 진압되어 꺼지다. (of fire generated from conflagration) Be repressed and put out.
㉮소화되다, 진압되다 ㉯꺼지다
N0-가 V (N0=[사고](화재, 불 따위))
능 진화하다II
¶정유공장의 화재는 급파된 소방관들의 도움으로 금세 진화되었다. ¶시민들이 불이 진화될 때까지 엘리베이터 안에 갇혀 있었다.
❷(화제, 추문, 파문, 갈등, 사태 따위가) 가라앉아 없어지다. (of an issue, scandal, ripple, conflict, or situation) Subside and disappear.
N0-가 V (N0=[사건], [상태], [추상물](소문, 화제, 추문, 파문, 갈등 따위))
능 진화하다II
¶김 전무의 사퇴를 둘러싼 잡음이 아직 완전히 진화되지 않았다. ¶이 대표는 파문이 진화된 뒤에 회사에 나타났다.

진화하다 I
어원 進化~ 활용 진화하여(진화해), 진화하니, 진화하고 대응 진화를 하다
자 ❶더 낫고 정교한 체계로 계속해서 발전해 가다. Develop continuously into better and more elaborate system.
㉮발달하다, 진보하다, 발전하다 ㉤퇴보하다, 뒤떨어지다 ㉯변화하다, 변하다
N0-가 V (N0=[구체물], [추상물])
¶휴대전화가 급격하게 진화하고 있다. ¶해킹 수법이 날이 갈수록 진화하고 있다. ¶정보 통신 발달로 네트워크 사회는 더욱 더 진화할 것이다.
N0-가 N2-에서 N1-로 V (N0=[단체], [구체물], [추상물] N1=[단체], [구체물], [추상물] N2=[단체], [구체물], [추상물])
¶그 모임은 이웃사촌 모임에서 이제는 생활 공동체로 진화하고 있다. ¶커피숍이 새로운 문화 요람으로 진화할 것이다.
❷ 【생물】 생물이 기원 이후부터 점진적인 발달을 하면서 적자생존에 적응하도록 변화해 나가다. (of an organism) Change in order to adapt to survival of the fittest since the origin through gradual development.
㉤퇴화하다
N0-가 V (N0=[생물])
¶지구상의 도태되지 않은 모든 생물은 쭉 진화해 왔다. ¶자연계의 수컷이 암컷보다 훨씬 화려하게 진화했다.
N0-가 N1-에서 V (N0=[생물], [신체부위] N1=[생물], [신체부위])
¶곤충의 눈은 무엇에서 진화한 것일까? ¶다윈은 인간이 침팬지와 흡사한 영장류 조상에서 진화했다고 주장했다.
N0-가 N1-로 V (N0=[생물], [신체부위] N1=[생물], [신체부위], [추상물](방향, 모습 따위))
¶퇴화된 날개가 팔로 진화했다는 학설도 있다. ¶언어 담당을 결정하는 유전자가 어느 방향으로 진화할 것인지가 문제이다.

진화하다 II
어원 鎭火~ 활용 진화하여(진화해), 진화하니, 진화하고 대응 진화를 하다
타 ❶(화재로 난 불을) 진압하여 끄다. Repress and put out fire caused by conflagration.
㉮소화하다, 진압하다 ㉯끄다
N0-가 N1-를 V (N0=[인간|단체] N1=[사고](화재, 불, 산불 따위))
피 진화되다II
¶소방대원들이 건물 화재를 진화하려고 출동하였다. ¶뒷산의 불을 진화하려고 동네 주민들이 모두 나섰다.
❷(화제, 추문, 파문, 갈등, 사태 따위를) 가라앉혀 없애다. Suppress and eliminate an issue, scandal, ripple, conflict, or situation.
㉮해소하다
N0-가 N1-를 V (N0=[인간|단체] N1=[사건], [상태], [추상물](소문, 화제, 추문, 파문, 갈등 따위))
피 진화되다II
¶이 대표는 회사에 대한 안 좋은 소문을 진화하기 위해 나섰다. ¶단체의 임원들이 소장파의 갈등을 진화하려고 나섰다.

질리다 I
활용 질리어(질려), 질리니, 질리고
자 ❶(어떤 대상에 대하여) 두렵거나 놀라 기운이 꺾이다. Flame out due to fear or shock (toward certain target).

N0-가 N1-(에|에게|에 대해) V (N0=[인간] N1=[모두])

¶그들은 겁에 질려 비명을 질렀다. ¶수정이는 귀신에 질린 듯 눈을 동그랗게 떴다.

❷두렵거나 놀라 낯빛에서 핏기가 가시다. Turn pale with fear or shock.

N0-가 ADV V (N0=[인간], [신체부위](얼굴 따위), ADV=Adj-게)

¶영희는 공포 영화를 보고 얼굴이 하얗게 질렸다. ¶그는 뜻밖의 불호령에 창백하게 질린 표정이었다.

❸(어떤 일이나 사물에) 한동안 반복되어 지겨워지다. Grow tired of (something or object) due to repetition over time.

N0-가 N1-에 V (N0=[인간] N1=[행위], [일], [구체물])

¶그는 너무 오래 학원을 다녀서 그런지 수학에 질린 모양이다. ¶그 음악은 워낙 자주 들어서 이제는 질렸어요.

❹(어떤 일에) 비용이 들다. (of something) Be paid for.

N0-가 N1-에 V (N0=[값] N1=[행위])

¶그 낡은 차를 사는 데 자그마치 9백만 원이나 질렸다. ¶여행 한 번에 질린 돈만 무려 200만 원이다.

질리다Ⅱ

활용 질리어(질려), 질리니, 질리고

자 ❶(어떤 대상이) 다른 사람이 물체나 신체 부위를 곧게 뻗는 바람에 세게 맞다. (of someone) Get hit hard by an extended body part or object.

N0-가 V (N0=[구체물])

능 지르다Ⅱ

¶어제 질린 다리가 낫지를 않는다. ¶세게 질린 공이 멀리까지 날아갔다.

❷(막대 등의 곧은 물체가) 어딘가에 옆으로 끼워 넣어지다. (of straight object like a stick etc.) Be inserted sideways.

N0-가 N1-에 V (N0=[구체물] N1=[구체물])

능 지르다Ⅱ

¶연필이 작은 주머니에 질렸다. ¶비녀가 질린 머리가 단아해 보였다. ¶오랜만에 찾아간 집에는 빗장이 질려 있었다.

질문하다

어원 質問~ 활용 질문하여(질문해), 질문하니, 질문하고 대응 질문을 하다

자타 (궁금한 점에 대하여) 대답을 구하고자 물어보다. Ask a question about some curious point.

유 묻다, 질의하다 반 대답하다, 응답하다

N0-가 N2-(에|에게) N1-(를|에 대해) V (N0=[인간|단체] N1=[모두] N2=[인간|단체])

¶그는 선생님께 수업 내용에 대해서 질문했다. ¶그 선배에게 질문하면 대답을 들을 수 있을 것이다.

N0-가 N1-(에|에게) S지-(를|에 대해) V (N0=[인간|단체] N1=[인간|단체])

¶의회에서는 각 부처에 예산이 제대로 집행되는지에 대해 질문했다. ¶이 단어가 무슨 뜻인지 글쓴이에게 질문해야겠다.

N0-가 N1-(에|에게) S냐고 V (N0=[인간|단체] N1=[인간|단체])

¶투자자가 많으냐고 질문해도 그 회사에서는 묵묵부답이었다. ¶형사는 목격자들에게 범인의 인상착의가 어떠했느냐고 질문하고 다녔다.

질식하다

어원 窒息~ 활용 질식하여(질식해), 질식하니, 질식하고 대응 질식을 하다

자 호흡기관이 막히거나 산소가 부족하여 숨을 쉬지 못하다. Fail to breathe because the organ is blocked or due to lack of oxygen.

N0-가 V (N0=[인간])

사 질식시키다

¶희생자는 유해 가스를 너무 많이 마시고 질식했다. ¶갱도에는 광부가 질식할 위험 때문에 산소가 계속 공급된다. ¶인원에 비해 공간이 너무 좁아 질식할 지경이다.

질의하다

어원 質疑~ 활용 질의하여(질의해), 질의하니, 질의하고 대응 질의를 하다

자타 (의심스럽거나 궁금한 점에 대하여) 명확하게 알기 위해 물어보다. Ask a question in order to know clearly about something doubtful or curious.

유 묻다, 질문하다 반 대답하다, 응답하다

N0-가 N2-(에|에게) N1-(를|에 대해) V (N0=[인간|단체] N1=[모두] N2=[인간|단체])

¶한 참석자가 발표자에게 글의 내용에 대해 질의했다. ¶제품에 대해 궁금하신 점이 있으면 질의해 주시기 바랍니다.

N0-가 N1-(에|에게) S지-(를|에 대해) V (N0=[인간|단체] N1=[인간|단체])

¶지하철이 어디에 건설될지에 대해 질의하고 싶습니다. ¶기자들은 장관에게 의혹이 사실인지 질의하였다.

N0-가 N1-(에|에게) S냐고 V (N0=[인간|단체] N1=[인간|단체])

¶주민들은 소장에게 관리비 인상 이유가 무엇이냐고 질의했다. ¶피해자들은 책임자가 누구냐고 질의했지만 답변을 들을 수는 없었다.

질주하다

어원 疾走~ 활용 질주하여(질주해), 질주하니, 질주하고 대응 질주를 하다

자타(길 따위를) 마구 빨리 달리다. Run very fast on the way.
N0-가 N1-(로|를) V (N0=[인간], [동물], [교통기관] N1=[도로], [철로])
¶총성이 들리자 경주마들이 트랙을 질주했다. ¶자동차들이 자유로를 질주하다가 사고가 났다. ¶선로 위로 질주하는 열차가 굉음을 내며 지나간다.

질투하다

어원嫉妬~ 활용질투하여(질투해), 질투하니, 질투하고 대응질투를 하다
타❶(다른 사람을) 자신이 좋아하는 사람을 좋아한다는 이유로 지나치게 미워하고 싫어하다. Dislike and hate another person too much on the grounds that he or she likes the very person whom one likes.
㊍투기하다
N0-가 N1-를 V (N0=[인간] N1=[인간], 사이)
¶남편은 나와 직장 동료 사이를 질투했다. ¶그는 내가 다른 남자와 있을 때 질투하는 것 같았다.
N0-가 S것-을 V (N0=[인간|단체])
¶영희는 수지와 민지가 잘 지내는 것을 질투했다. ¶나는 후배가 먼저 승진한 것을 질투해서 화를 냈다.
❷(남이 잘되거나 앞서서 좋은 위치에 있는 것을) 미워하고 싫어하다. Dislike and hate another person's success or rise.
㊍샘내다, 시샘하다, 시기하다
N0-가 N1-를 V (N0=[인간|단체] N1=[인간|단체], [행위], [추상물])
¶나는 당신을 질투하는 것이 아니에요. ¶나를 욕하는 사람은 나의 성공을 질투해서 그런 것이다.
N0-가 S것-을 V (N0=[인간|단체])
¶영희는 수지와 민지가 잘 지내는 것을 질투했다. ¶누군가가 너와 내가 합격한 것을 질투했던 모양이다.

짐작되다

어원甚斟酌~ 활용짐작되어(짐작돼), 짐작되니, 짐작되고 대응짐작이 되다
자(일의 사정이나 정황, 형편 따위가) 대강 추측되어 헤아려지다. (of a situation or a state of work) Be considered by rough conjecture.
㊍추측되다, 추리되다, 추정되다
N0-가 V (N0=[상태], [추상물])
능짐작하다
¶검찰이 수사를 더 이상 진행하지 않는 데서 문제의 심각성이 짐작된다. ¶환자의 상태를 보고 나니 환자의 수명이 짐작되었다.
S것-으로 V
능짐작하다
¶사고로 인한 재산 피해가 엄청날 것으로 짐작되었다. ¶그가 다시 회사로 돌아온 데에는 분명히 어떤 이유가 있을 것으로 짐작되었다.
S것-다고 V
능짐작하다
¶사고로 인한 재산 피해가 엄청날 것이라고 짐작되었다. ¶이 아이는 장차 큰 인물이 될 것이라고 짐작되었다.
(S을까|S을지|S는지) V
능짐작하다
¶밤하늘을 보니 내일 날씨가 얼마나 좋을지 짐작되었다. ¶나는 동생이 왜 이러한 행동을 했는지 짐작되지가 않았다.

짐작하다

어원甚斟酌~ 활용짐작하여(짐작해), 짐작하니, 짐작하고 대응짐작을 하다
자타 ❶(일의 사정이나 정황, 형편 따위를) 대강 추측하여 헤아리다. Consider by rough conjecture a situation or a state of work.
㊍추측하다, 헤아리다, 어림짐작하다, 알아차리다, 추리하다, 추정하다
N0-가 N1-를 V (N0=[인간] N1=[상태], [추상물])
피짐작되다
¶우리는 이 작품을 통해 일제 시대를 살았던 사람들의 고통을 짐작할 수 있다. ¶의사는 환자의 상태를 보고 환자의 수명을 짐작하였다.
N0-가 S것-을 V (N0=[인간])
피짐작되다
¶나는 그가 보통 사람보다 훨씬 영리하다는 것을 대번 짐작하였다. ¶범인은 경찰들이 곧 들이닥칠 것을 이미 짐작하고 있었다.
N0-가 S것-으로 V (N0=[인간])
¶전문가들은 사고로 인한 재산 피해가 엄청날 것으로 짐작하였다. ¶역사가들은 이 탑이 5세기에 만들어진 것으로 짐작하였다.
N0-가 S다고 V (N0=[인간])
¶전문가들은 사고로 인한 재산 피해가 엄청날 것이라고 짐작하였다. ¶그는 이 아이가 장차 큰 인물이 될 것이라고 짐작하였다.
N0-가 (S을까|S을지|S는지) V (N0=[인간])
피짐작되다
¶나는 밤하늘을 보고 내일 날씨가 얼마나 좋을지 짐작하였다. ¶형은 동생이 왜 이러한 행동을 했는지 짐작할 수가 없었다.
❷(다른 사람을 무엇으로) 대강 추측하여 판단하거나 생각하다. (of a person) Judge or think of another person to be something by rough conjecture.
㊍추측하다, 헤아리다, 추리하다, 추정하다

No-가 N1-를 N2-로 V (No=[인간] N1=[인간] N2=[인간])
¶동네 사람들 모두 그 노인을 범인으로 짐작하고 있다. ¶형사는 이 남자를 범인으로 일찌감치 짐작하였다.

집계되다

활용 집계되어(집계돼), 집계되니, 집계되고 대응 집계가 되다
자 ❶(무엇의 수가) 계산되고 합해져 전체 수가 계산되다. (of a number of things) Be counted and added into a total.
유 계산되다
No-가 V (No=[구체물], [수량], [금전], [결과])
능 집계하다
¶선거가 끝나자 지역별 투표자 수가 집계되었다. ¶이번 사고의 인명 피해가 아직도 집계되지 못했다. ¶모두 300개 학교의 학생을 대상으로 한 체력검사 결과가 집계되었다.
❷(전체 합한 수가) 얼마로 계산되다. (of a total number) Be counted.
유 계산되다
No-가 N1-로 V (No=[구체물], [수량], [금전], [결과] N1=수 관련 표현)
능 집계하다
¶이 사고의 인명 피해는 3백 명 정도로 집계되었다. ¶올해의 매출액은 약 20억으로 집계되었다.

집계하다

활용 집계하여(집계해), 집계하니, 집계하고 대응 집계를 하다
타 수를 계산하여 전체를 더하여 합하다. Combine all and calculate the number.
유 계산하다
No-가 N1-를 V (No=[인간|단체] N1=[구체물], [수량], [금전], [결과])
피 집계되다
¶선거가 끝나자 개표원들은 투표자 수를 집계하였다. ¶경찰은 이번 사고의 인명 피해를 아직도 집계하지 못했다.
No-가 N1-를 N2-로 V (No=[인간|단체] N1=[구체물], [수량], [금전], [결과] N2=수 관련 표현)
피 집계되다
¶당국은 이 사고의 인명 피해를 3백 명 정도로 집계했다. ¶회사는 올해의 매출액을 약 20억 원으로 집계하였다.

집권하다

어원 執權~ 활용 집권하여(집권해), 집권하니, 집권하고 대응 집권을 하다
자 (어떤 사람이나 집단이) 국가 권력이나 정권을 잡다. (of a person or a group of people) Gain control of a country or of political power.
No-가 V (No=[인간|단체])
¶여당의 높은 지지율로 다시 집권하였다. ¶야당이 집권하면 조세 정책이 많이 바뀔 것으로 본다. ¶독재자들이 집권한 나라에서 국민의 기본권이 잘 지켜졌을 리가 없다.

집다

활용 집어, 집으니, 집고
타 ❶(물건을) 손가락이나 발가락으로 잡아서 올리다. Grab and raise an item using one's fingers or toes.
유 줍다
No-가 N1-를 V (No=[인간] N1=[구체물])
피 집히다
¶아들은 옷을 집어 세탁기에 넣었다. ¶그 곤충을 함부로 집었다간 도리어 물릴 수도 있다.
❷(물건을) 집게 따위의 가늘고 긴 도구로 들다. Hold up an item using a thin and long tool such as forceps.
No-가 N1-를 N2-로 V (No=[인간] N1=[구체물] N2=집게, 젓가락, 핀셋 따위)
피 집히다
¶아저씨는 집게로 고구마를 집으셨다. ¶빨래집게로 옷을 집어서 널었다.
❸(여럿 중에서 하나를) 눈에 띄도록 지적하여 가리키다. Point out and indicate one from many to make it stand out.
유 가리키다
No-가 N1-를 N2-로 V (No=[인간] N1=[모두] N2=[모두])
¶형사는 용의자들 중에서 손에 상처가 난 사람을 범인으로 집었다. ¶여러 문제들 중 여기서 무엇을 집어서 얘기하기는 좀 곤란하다.
No-가 S다고 V (No=[인간])
¶나는 돌아올 날이 언제라고 콕 집어 말한 적이 없다. ¶누가 가장 뛰어나다고 집어서 얘기할 수는 없다.
No-가 S은지-를 V (No=[인간])
¶나는 그때 왜 그랬는지 콕 집어서 말할 수가 없었다. ¶무엇이 더 좋은지 딱 집어서 결정해라.

집약되다

어원 集約~ 활용 집약되어(집약돼), 집약되니, 집약되고 대응 집약이 되다
자 ❶(여러 대상이나 내용이) 한 곳에 집중되어 모이다. (of many objects or contents) Be gathered into one.
No-가 N1-에 V (No=[추상물](생각, 자연법칙, 규범, 제도 따위) N1=[장소], [문서물])
능 집약하다

¶우리가 살펴본 많은 방법이 이 보고서에 집약되어 있다. ¶우리나라의 과거, 현재, 미래가 모두 이 공간에 집약되어 있는 듯했다. ¶이 책에는 100년 넘게 연구된 결과와 내용이 모두 집약되어 있다.

❷(여러 가지 내용이) 한데 모여 요약되다. (of many contents) Be gathered into a summary.

N0-가 N1-로 V (N0=[추상물](방법, 생각, 자연법칙, 규범, 제도 따위) N1=[기호], [언어], [명제])

능 집약하다

¶그의 작품 세계는 상실이라는 단어로 집약된다. ¶그들의 요구는 결국 임금 인상으로 집약될 것이다.

집약시키다

어원 集約~ 활용 집약시키어(집약시켜), 집약시키니, 집약시키고 대응 집약을 시키다

타 ☞ '집약하다'의 오용

집약하다

어원 集約~ 활용 집약하여(집약해), 집약하니, 집약하고 대응 집약을 하다

타 ❶(여러 대상이나 내용을) 한 곳에 집중하여 모으다. Gather many objects or contents into one.

N0-가 N1-를 N2-에 V (N0=[인간|단체] N1=[추상물](생각, 자연법칙, 규범, 제도 따위) N2=[장소], [텍스트])

피 집약되다

¶그는 지금까지 연구한 모든 결과를 이 책에 집약했다고 말했다. ¶그녀는 지금까지 모은 모든 자료를 여기에 집약하여 놓았다.

❷(여러 가지 내용을) 한데 모아서 요약하다. Gather many contents into a summary.

N0-가 N1-를 N2-로 V (N0=[인간|단체] N1=[추상물](방법, 생각, 자연법칙, 규범, 제도 따위) N2=[기호], [언어], [명제])

피 집약되다

¶그들은 자신들의 모든 요구를 노동권 보장이라는 한마디로 집약해서 제시했다. ¶현대 사회에서 주요한 가치 중 많은 부분은 자유와 평등으로 집약할 수 있다. ¶이번 사건은 지금까지 일어난 모든 문제를 집약해서 보여 주고 있다.

집어넣다

활용 집어넣어, 집어넣으니, 집어넣고

타 ❶(다른 사람을) 특정한 장소 안에 일정기간 동안 강제로 들어가게 하다. (of a person) Make some person, animal, or object enter a specific space.

유 처넣다 상 넣다

N0-가 N1-를 N2-에 V (N0=[인간] N1=[인간] N2=[장소])

¶김 형사는 용의자들을 유치장에 집어넣고 하루종일 심문하였다. ¶그들은 포로들을 철창에 집어넣었다.

※ 낮잡아 이르는 말임.

❷(동물, 사물 따위를) 특정한 장소 안에 들어가게 하다. (of a person) Make some person, animal, or object enter a specific space.

상 넣다

N0-가 N1-를 N2-에 V (N0=[인간] N1=[구체물] N2=[장소])

¶아버지는 닭들을 닭장 속에 집어넣고 닭장 밖을 청소하셨다. ¶나는 열쇠를 옷 안주머니에 집어넣은 것을 까맣게 잊고 있었다.

❸(다른 사람을) 어떤 단체의 구성원이 되게 하다. (of a person) Make someone become a member of certain group.

상 넣다

N0-가 N1-를 N2-에 V (N0=[인간] N1=[인간] N2=[단체], [조직])

¶부모들이 자식을 국제중학교에 집어넣으려고 야단이다. ¶어머니는 동생을 억지로 영어학원에 집어넣었다.

집어치우다

활용 집어치워, 집어치우니, 집어치우고

타 하고 있었거나 시작하려던 일 또는 행동을 그만두다. Stop a work or action one was doing or planned to start.

유 때려치우다, 그만두다 반 계속하다

N0-가 N1-를 V (N0=[인간] N1=[행위], [추상물], [생각])

¶그는 이번 기회에 직장을 집어치웠다. ¶나를 속일 생각은 애초에 집어치워라.

N0-가 S것-을 V (N0=[인간])

¶구질구질하게 변명하는 것은 집어치워라. ¶되지도 않을 사업을 계속하는 것은 집어치우는 것이 다 낫다.

집중되다

어원 集中~ 활용 집중되어(집중돼), 집중되니, 집중되고 대응 집중이 되다

자 ❶(무엇이) 한 곳에 대량으로 빽빽하게 모이다. (of things) Gather closely in a large number in one place.

유 모이다, 쏠리다, 밀집되다 반 분산되다

N0-가 N1-에 V (N0=인구, 시선, 건물 따위 N1=[지역], [구체물])

¶대부분의 회사가 서울에 집중되어 있어서 지방에서는 일자리를 구하기가 힘들다. ¶고급 휴양 시설이 경관이 좋은 해변가에 집중되어 있다.

N0-가 N1-로 V (N0=인구, 시선 따위 N1=[지역], [구체물])

ㅈ

¶세계대전 이후 노동 인구가 도시로 집중되었다. ¶수도권으로 인구가 집중되면서 집값이 엄청나게 비싸졌다.

❷(정신이나 관심, 주의 따위가) 어떤 일에 몰두되어 모두 쏟아지다. (of mind, interest, attention, etc.) Be exerted exhaustively on a work.

㊐모이다, 쏠리다, 몰두되다 ㊙분산되다

N0-가 N1-에 V (N0=정신, 관심, 주의, 역량 따위 N1=[추상물], [상태])

능 집중하다 타

¶올해에는 전기 자동차 개발에 우리 회사의 모든 역량이 집중될 것이다. ¶그가 과연 인기상에 오를 것인지 관심이 집중되고 있다. ¶사람이 학습을 할 때는 주의가 집중되어야 한다.

집중하다

어원 集中~ 활용 집중하여(집중해), 집중하니, 집중하고 대응 집중을 하다

자 (무엇이) 한곳에 합쳐 모이다. (of things) Gather and join in one place.

㊐모이다, 밀집하다 ㊙분산하다

N0-가 N1-에 V (N0=[추상물], [구체물] N1=[지역], [구체물])

¶수도권에 인구가 집중하면서 집값이 엄청나게 비싸졌다. ¶대부분의 회사가 서울에 집중해 있어서 지방에서는 일자리를 구하기가 힘들다.

N0-가 N1-로 V (N0=[추상물], [구체물] N1=[지역], [구체물])

¶세계대전 이후 노동 인구가 도시로 집중했다. ¶수도권으로 인구가 집중하면서 집값이 엄청나게 비싸졌다.

타(정신이나 관심, 주의 따위를) 한 곳에 모아 몰두하다. Gather one's mind, interest, attention, etc., around one object and occupy oneself with that.

㊐모으다, 몰두하다, 쏟다 ㊙분산하다

N0-가 N2-에 N1-를 V (N0=[인간] N1=정신, 관심, 주의, 역량 따위 N2=[모두])

피 집중되다 사 집중시키다

¶우리 회사는 전기 자동차 개발에 역량을 집중하여 수익성을 높이고자 한다. ¶나는 내 신경을 온몸의 근육에 집중하였다.

집착하다

어원 執着~ 활용 집착하여(집착해), 집착하니, 집착하고 대응 집착을 하다

자(일이나 사건에) 마음이 쏠려 떠나지 못하고 매달리게 되다. (of a person) Be so absorbed in a work or an event that one clings to it without being able to escape from it.

㊐몰두하다, 몰입하다, 매달리다

N0-가 N1-(에|에게) V (N0=[인간] N1=[구체물], [추상물])

¶그는 다른 사람들에게는 공동체의 목표를 강조했으면서 자신은 개인적인 목표에만 집착하였다. ¶왕은 백성은 돌보지 않고 사사로운 일에만 집착했다. ¶나는 좌선을 하면서도 온통 사업 걱정, 돈 걱정에 집착하였다.

집필하다

어원 執筆~ 활용 집필하여(집필해), 집필하니, 집필하고 대응 집필을 하다

타 책이나 원고 따위를 쓰다. Write a book or manuscript.

㊐쓰다I, 작성하다

N0-가 N1-를 V (N0=[인간|단체] N1=[텍스트](소설, 작품 따위))

¶그는 소설을 집필하여 신문에 연재하였다. ¶두 작가는 드라마를 번갈아가며 집필한다. ¶1952년에 그는 자신의 첫 작품을 집필하였다.

집행되다

어원 執行~ 활용 집행되어(집행돼), 집행되니, 집행되고 대응 집행이 되다

자❶(계획되거나 준비된 일이) 실행에 옮겨지다. (of a planned or prepared task) Be put into motion.

㊐시행되다, 실시되다, 실행되다

N0-가 V (N0=[행위], [추상물](정책 따위))

능 집행하다

¶올해 산림 관련 사업이 조기에 집행될 예정이다. ¶각종 지원 정책이 얼마나 효율적으로 집행되는지를 점검해야 한다.

❷(돈 따위가) 계획된 용도로 실제적으로 쓰이다. (of money) Be actually used as planned.

㊤쓰이다, 사용되다

N0-가 V (N0=[금전](돈, 복구비, 기부금, 예산, 국고 따위))

능 집행하다

¶기부금은 효율적이고 투명하게 집행될 수 있도록 해야 한다. ¶모든 경비는 예산 운영 지침에 의하여 투명하게 집행되고 있습니다.

❸ 【법률】 법률, 명령, 재판, 처분 따위가 법과 절차에 따라 실행되다. (of an act, order, trial, or disposition) Be executed according to the law and procedure.

N0-가 V (N0=[법률], [제도], [처벌], 예산 따위)

능 집행하다

¶이번 국회의원 선거에서 모든 선거 관계법은 엄정히 집행될 것이다. ¶과거에는 법이 공평하게 집행되고 있지 않은 것 같다.

집행하다

어원 執行~ 활용 집행하여(집행해), 집행하니, 집행하고 대응 집행을 하다
타 ❶(계획되거나 준비된 일을) 실행에 옮기다. Put a planned or prepared task in motion.
유 시행하다, 실시하다, 실행하다
N0-가 N1-를 V (N0=[인간|단체] N1=[행위], [추상물](정책 따위))
피 집행되다
¶회장이 구속되자 이사회는 재정 지출을 집행할 수 없었다. ¶지방자치단체는 정책을 결정하고 집행할 수 있다.
❷(돈 따위를) 계획된 용도로 실제적으로 쓰다. Actually use money as planned.
상 쓰다, 사용하다
N0-가 N1-를 V (N0=[인간|단체] N1=[금전](돈, 복구비, 기부금, 예산, 국고 따위))
피 집행되다
¶복지 단체들이 정부에서 지원받은 보조금을 마구 집행한 것으로 드러났다. ¶각 부처에서 국고를 규정에 따라 철저히 집행하시길 바랍니다.
❸ 【법률】 법률, 명령, 재판, 처분 따위를 법과 절차에 따라 실행하다. Execute an act, order, trial, or disposition according to the law and procedure.
N0-가 N1-를 V (N0=[인간|단체] N1=[법률], [제도], [처벌], [행위](공무 따위))
피 집행되다
¶규정된 양식대로 공증을 집행하시기를 바랍니다. ¶지방직 공무원은 중앙으로부터 권한을 위임받아 공무를 집행하였다.

집히다

활용 집히어(집혀), 집히니, 집히고
자 ❶(물건이) 손가락이나 발가락에 잡혀서 올라가다. (of an item) Go up while being grabbed by the fingers or toes.
유 잡히다
N0-가 N1-에게 V (N0=[구체물] N1=[인간])
능 집다
¶배가 고파서 아무 거나 집히는 대로 먹었다. ¶검열관에게 집힌 것은 책상 위에 있던 편지였다.
❷(물건이) 집게 따위의 가늘고 긴 도구로 들리다. (of an item) Be raised by a thin and long tool such as forceps.
N0-가 N1-에 V (N0=[구체물] N1=집게, 젓가락, 핀셋 따위)
능 집다
¶고깃조각이 집게에 잘 안 잡힌다. ¶여러 번의 시도 끝에 쌀알이 젓가락에 집혔다. ¶조직이 핀셋에 집혔으면 얼른 알코올에 담가라.

짓누르다

활용 짓눌러, 짓누르니, 짓누르고, 짓눌렀다
타 ❶(사람이나 동물의 몸, 또는 어떤 물체를) 도구나 신체부위로 마구 내리누르거나 밟다. Mercilessly press down or step on an item or the body of a person or animal with a tool or one's body part.
상 누르다 타
N0-가 N2-로 N1-를 V (N0=[인간] N1=[인간], [동물], [신체부위], [구체물] N2=[도구](막대기 따위), [신체부위](손, 발 따위))
피 짓눌리다
¶강도가 길가는 사람을 발로 짓누르고 지갑을 빼앗았다. ¶그는 담배를 다 피우고 나서 꽁초를 마구 짓눌러서 끄는 버릇이 있다.
❷(무거운 물체 따위가) 신체부위를 자유롭지 못하게 내리누르다. (of a heavy object) Press down a body part to take away its freedom.
유 억누르다 상 누르다 타
N0-가 N1-를 V (N0=[구체물] N1=[인간], [신체부위])
피 짓눌리다
¶꿈에서 큰 바위가 내 몸을 짓누르고 있었다. ¶사랑니가 잇몸 신경을 짓누르고 있어서 통증이 심하였다.
❸(사태나 속성, 문제 따위가) 그에 직면한 집단이나 상황을 무겁게 압박하며 큰 부담을 주다. (of a situation, characteristics, or problem) Heavily pressure and present a big burden on a group or situation that faces corresponding issue.
유 압박하다 상 누르다 타
N0-가 N1-를 V (N0=[상태] N1=[추상물], [집단])
피 짓눌리다
¶미국에서는 어느 때보다 재정 절벽의 위기감이 경제 전반을 짓눌렀다. ¶노인 부양 문제가 한국 사회를 무겁게 짓누르고 있다.
❹(부정적인 감정이) 사람의 마음을 심하게 억누르다. (of a negative emotion) Severely oppress one's mind.
유 억누르다
N0-가 N1-를 V (N0=[감정](부담, 실망, 중압감 따위) N1=[인간], [마음](가슴, 머리 따위))
피 짓눌리다
¶우승에 대한 심리적 부담이 선수들을 짓눌렀다. ¶진학에 대한 부담과 성적에 대한 고민이 학생들을 짓누르고 있습니다.

짓눌리다

활용 짓눌리어(짓눌려), 짓눌리니, 짓눌리고
자 ❶(사람이나 동물에게) 마구 내리눌리거나 밟히다. Be mercilessly pressed down or stepped

ㅈ

on by a person or animal.
㊌짓밟히다
N0-가 N1-(에|에게) V (N0=[인간], [동물], [신체부위], [구체물] N1=[인간], [동물])
능 짓누르다
¶그는 엄청난 덩치의 강도에게 마구 짓눌려 졸도하고 말았다. ¶재떨이에는 마구 짓눌린 꽁초들이 수북했다.
N0-가 N2-(에|에게) N1-를 V (N0=[인간], [동물] N1=[신체부위] N2=[인간], [동물], [구체물])
능 짓누르다
¶나는 자전거 바퀴에 발등을 짓눌렸다. ¶강도는 잡히자 바로 경찰의 무릎에 목을 짓눌렸다.
❷(무거운 물체 따위에) 움직임이 자유롭지 못하게 내리눌리다. Be pressed down and taken away the freedom of motion by a heavy object.
㊌억눌리다 ㊤눌리다
N0-가 N1-에 V (N0=[인간], [동물], [신체부위] N1=[구체물], 무게 따위)
능 짓누르다
¶그녀의 어깨는 늘 무거운 가방에 짓눌려 축 처져 있었다. ¶방대한 구조물은 자체의 무게에 짓눌려 무너질 수밖에 없었다.
N0-가 N2-에 N1-를 V (N0=[인간], [동물] N1=[신체부위] N2=[구체물], 무게 따위)
능 짓누르다
¶그는 온몸을 콘크리트 더미에 짓눌린 채 신음하고 있었다. ¶사슴 한 마리가 뒷다리를 바윗덩어리에 짓눌려 빠져 나오지 못하고 있다.
❸(집단이나 상황이) 어떤 사태, 속성, 문제 따위에 무겁게 압박당해 큰 부담을 느끼다. (of a group or situation) Carry a huge burden under great strain due to a situation, nature, problem, etc.
㊌압박을 받다
N0-가 N1-에 V (N0=[추상물], [인간|단체] N1=[상태])
능 짓누르다
¶요즘 대학생들은 취업난에 짓눌려 있다. ¶그동안 외국 기업에 짓눌려온 국내 기업들이 반격을 준비하고 있다.
❹(부정적인 감정에 의해) 심하게 억눌리다. Be severely oppressed by a negative emotion.
㊌억눌리다
N0-가 N1-에 V (N0=[인간], [마음](가슴, 머리 따위) N1=[감정](부담, 실망, 중압감 따위))
능 짓누르다
¶선수들은 우승에 대한 심리적 압박에 짓눌려 있었다. ¶그는 곧 외국으로 파견 나가야 한다는 부담감에 짓눌려 있었다.

ㅈ

짓다[1]

활용 지어, 지으니, 짓고, 짓는
타 ❶(재료를 이용하여) 밥, 약, 의복 따위를 만들다. Prepare rice, medicine, or clothes by using ingredients.
㊤만들다 타
N0-가 N1-를 V (N0=[인간] N1=[음식], [약], [옷])
¶어머니는 밥을 짓고 반찬을 만드셨다. ¶철수는 부모님께 한약을 지어다 드렸다.
❷집, 건물 따위를 만들거나 세우다. Construct or make a house or a building.
㊌세우다 ㊥부수다, 허물다 ㊤만들다
N0-가 N1-를 V (N0=[인간], [동물] N1=[건물], 둥지 따위)
¶누에들이 누에섶 사이사이로 기어 들어가 고치를 짓기 시작했다. ¶제비가 처마 밑에 집을 지어 놓았다.
❸시, 소설, 노래 가사 등의 글을 쓰다. Compose text such as poem, novel, or lyrics of a song.
㊌쓰다, 창작하다 ㊤만들다
N0-가 N1-를 V (N0=[인간])
¶옛날 뛰어난 문필가들은 앉은자리에서 즉흥적으로 글을 짓곤 했다. ¶그가 지은 한글 소설은 훗날 우리 문학에 큰 영향을 주었다.
❹노래의 곡조를 만들다. Create the song's melody.
㊌작곡하다, 창작하다
N0-가 N1-를 V (N0=[인간] N1=[작품])
¶그가 지은 노래들은 민요를 바탕으로 한 것이 많다. ¶슈베르트는 600여 곡의 훌륭한 가곡을 지어 가곡의 왕이라 불린다.
❺이름, 명칭, 제목 따위를 정하여 부여하다. Give a name or a title.
㊌명명하다
N0-가 N1-를 N2-로 V (N0=[인간|단체] N1=[모두] N2=[모두])
¶그는 딸이 봄에 태어났다고 이름을 '봄이'로 짓기로 했다. ¶주인은 가게 이름을 '대박'으로 짓고 나서 장사가 더 잘 된다고 했다.
N0-가 N2-에게 N3-(라고|라는) N1-를 V (N0=[인간|단체] N1=[이름] N2=[인간], [동물] N3=[모두])
¶나는 못 하는 게 없는 내 동생에게 '만물박사'라는 별명을 지어 주었다. ¶작가는 드라마의 제목을 '즐거운 세상'이라고 지었다.
※N1이 N3보다 앞에 올 경우 N3은 'N3-라는'의 형태로만 쓰인다.
❻(말이나 이야기 따위를) 거짓으로 가장하고 꾸미다. Make up a word or a story falsely.
N0-가 N1-를 V (N0=[인간] N1=[말], [이야기], 소문

따위)
¶아이는 언제부터인가 자꾸 말을 지어서 한다. ¶철수는 있지도 않은 말을 지어 퍼뜨린다.
※ 주로 '지어(서)'의 형태로 쓰인다.
❼실, 끈 따위를 묶거나 돌리거나 엮어 매듭을 만들다. Tie a knot by knotting, turning, or weaving thread or string.
㊀엮다
N0-가 N1-를 V (N0=[인간] N1=매듭)
¶영희는 오색실에 구슬들을 꿰고 끝에 매듭을 지었다. ¶어머니는 한복에 여러 문양으로 수를 놓고 풀리지 않게 매듭을 지었다.
❽한데 모여 줄이나 무리를 만들다. Create a line or a group by gathering in one place.
㊀구성하다
N0-가 N1-를 V (N0=[인간], [동물] N1=[집단], 줄, 대열, 짝 따위)
¶극장 앞에 표를 구하려는 사람들이 계속 줄을 지어 서 있었다. ¶철새들이 떼를 지어 날아가고 있다.
◆ **짝을 짓다** (동물의 암수가) 교미하다. (of a male and a female of animal) Mate.
N0-가 N1-와 Idm ↔ N1-가 N0-와 Idm ↔ N0-와 N1-가 Idm (N0=[동물] N1=[동물])
¶수컷이 암컷과 짝을 지어 새끼를 낳았다. ↔ 암컷이 수컷과 짝을 지어 새끼를 낳았다. ↔ 수컷과 암컷이 짝을 지어 새끼를 낳았다. ¶동물들은 종족을 보존하기 위해 짝을 짓고 번식을 한다.

짓다2

활용 지어, 지으니, 짓고, 짓는
기능타 '행위'의 의미를 나타내는 기능동사 Support verb that shows the meaning of "action".
N0-가 Npr-를 V (N0=[인간], Npr=농사, 죄)
¶노부부는 농사를 지어 자식들을 대학까지 보냈다. ¶제가 죽을죄를 지었습니다.
N0-가 N1-에게 Npr-를 V (N0=[인간] N1=[인간], [말], Npr=미소, 표정, 한숨, 눈물 따위)
¶영수는 나에게 미소를 지으며 악수를 청했다. ¶영희는 며칠째 거울을 보며 깊은 한숨을 짓고 있다.
N0-가 N1-를 Npr-를 V (N0=[인간|단체] N1=[일], [사건], [대화], Npr=마무리, 매듭, 일단락 따위)
¶사장은 노사 갈등을 일단락을 짓고 경영 정상화에 나섰다. ¶논쟁은 이쯤에서 일단락을 짓고 대책을 세워 봅시다.
N0-가 N2-와 N1-(를|에 대해) Npr-를 V ↔ N2-가 N0-와 N1-(를|에 대해) Npr-를 V ↔ N0-와 N2-와 N1-(를|에 대해) Npr-를 V (N0=[인간|단체] N1=[일], [사건], Npr=결판, 담판 따위)
¶노조 위원장은 사장과 임금 인상에 대해 결판을 지었다. ↔ 사장은 노조 위원장과 임금 인상에 대해 결판을 지었다. ↔ 노조 위원장과 사장은 임금 인상에 대해 결판을 지었다. ¶그는 최고 경영자와 담판을 지어 투자를 유치하는 데 성공했다.
N0-가 N1-(를|에 대해) S(고|기로) Npr-를 V (N0=[인간|단체] N1=[일], [사건], [행위], Npr=결론, 결정, 결말 따위)
¶국회는 취득세를 단계적으로 인하하기로 결론을 지었다. ¶배우는 새로운 드라마에 출연하기로 결정을 짓고 제작사와 계약을 했다.
N0-가 N1-를 N2-와 Npr-를 V ↔ N0-가 N2-를 N1-와 Npr-를 V ↔ N0-가 N1-와 N2-를 Npr-를 V (N0=[인간] N1=[인간], [추상물] N2=[인간], [추상물], Npr=관계, 관련, 연관, 연결, 구분 따위)
¶선생님은 철수를 영수와 짝을 지어 주셨다. ↔ 선생님은 영수를 철수와 짝을 지어 주셨다. ↔ 선생님은 철수와 영수를 짝을 지어 주셨다. ¶철수가 영수와 짝을 지어 대회에 출전했다. ¶영수는 작품을 작가의 삶과 관련을 지어 보려고 했다.

짓밟다

활용 짓밟아, 짓밟으니, 짓밟고
타❶(사람이나 동물이) 무엇을 발로 마구 짓이기면서 밟다. (of a person or an animal) Step heavily on something.
㊀뭉개다, 짓뭉개다 ㊁밟다
N0-가 N1-를 V (N0=[인간], [동물] N1=[구체물])
피 짓밟히다
¶그는 버스를 타기 위해 피우던 담배를 짓밟아 껐다. ¶그들은 상대 팀 선수를 걷어차고 짓밟아 징계를 받게 되었다.
❷(사람이나 단체가) 다른 사람의 인격이나 권리를 함부로 침범하거나 피해를 입히다. (of a person or an organization) violate or render damage carelessly to another person's personality or right.
㊀뭉개다, 짓뭉개다, 빼앗다, 훼손하다
N0-가 N1-를 V (N0=[인간] N1=[권리], 자존심, 평화, 도덕, 윤리 따위)
피 짓밟히다
¶그는 나의 마지막 남은 자존심마저 짓밟아 놓았다. ¶그들은 우리 마을의 평화를 무참히 짓밟았다.

짓밟히다

활용 짓밟히어(짓밟혀), 짓밟히니, 짓밟히고
자❶(어떤 사람이나 물체 따위가) 다른 사람이나 동물에 의해) 함부로 세게 밟히다. (of a person

or a thing) Be stepped on strongly by another person or transportation.
㊤짓눌리다 ㊦밟히다[자]
N0-가 N1-(에|에게|에 의해) V (N0=[구체물] N1=[인간], [동물])
[능]짓밟다
¶전국의 자연이 사람의 발길에 짓밟혀 시들어가고 있다. ¶내가 정성껏 가꾼 꽃들이 동물들에게 짓밟히는 것이 속상했다.
❷(인격이나 권리 따위가) 다른 사람이나 단체에 의해 함부로 무시되고 해를 입다. (of personality or right) to be ignored and harmed by another person or organization.
㊤훼손되다, 망가지다, 상하다[자] ㊦밟히다[자]
N0-가 N1-(로|에|에게|에 의해) V (N0=[추상물] N1=[인간|단체], [행위])
[능]짓밟다
¶한 남자의 인생이 탐욕스런 지배자에게 무참히 짓밟혔다. ¶일부 직원들의 부실 관리로 예금자들의 꿈이 짓밟히고 있다.
❸(원하지 않는 상대에게) 강제로 성관계를 당하다. Be forced to have a sexual relationship with an unwanted partner.
㊤능욕을 당하다, 성폭행을 당하다
N0-가 N1-에게 V (N0=[인간] N1=[인간])
¶이 여성은 여러 명의 마을 남성들에게 짓밟혔다.

징벌하다
[어원]懲罰~ [활용]징벌하여(징벌해), 징벌하니, 징벌하고 [대응]징벌을 하다
[타](다른 사람이나 단체를) 저지른 잘못에 대하여 벌을 내리다. Punish (someone or organization) for a committed wrongdoing.
㊤벌하다, 처벌하다
N0-가 N1-를 V (N0=[인간|단체] N1=[인간|단체])
¶왕은 반란을 일으킨 자들을 모두 징벌했다. ¶범죄자들은 징벌해야 한다는 것이 너무 당연하다. ¶탈세를 저지른 회사를 마땅히 징벌해야 한다.

짖다
[활용]짖어, 짖으니, 짖고
[자]❶(개 따위 짐승이) 크게 목청소리를 내다. (of an animal such as a dog) Loudly let out its voice.
N0-가 V (N0=[동물](개 따위))
¶옆집에서 밤마다 개가 짖는다. ¶우리집 개가 낯선 사람을 보고 짖었다.
※주로 개과의 짐승에 쓰인다.
❷(새가) 우는 소리를 내다. (of a bird) Make a crying sound.
㊤지저귀다
N0-가 V (N0=[새](까마귀, 까치 따위))
¶아침에 집 밖에 나와 보니 떼 지어 앉은 까치가 짖고 있다. ¶까마귀들이 떼 지어 짖으며 날아갔다.

짚다
[활용]짚어, 짚으니, 짚고
[타]❶(땅바닥이나 사물의 표면을) 손, 지팡이, 목발, 칼 따위로 대어 몸을 의지하다. Support one's body by touching the ground or an object's surface with one's hand, cane, crutches, knife, etc.
㊤기대다
N0-가 N1-를 N2-로 V ↔ N0-가 N2-를 V (N0=[인간] N1=[구체물] N2=손, 지팡이, 목발, 칼 따위)
¶현희는 손으로 벽을 짚었다. ↔ 현희는 손을 짚었다. ¶할아버지는 지팡이를 짚으셨다. ¶주영이는 목발을 짚고 재활 중이다.
❷(신체 일부를) 손으로 가볍게 누르거나 건드리다. Lightly press or touch a body part with one's hand.
N0-가 N1-를 V (N0=[인간] N1=[신체부위])
¶의사 선생님은 살며시 나의 맥을 짚었다. ¶이마를 짚어 봤지만 열은 나지 않았다. ¶그는 나의 어깨를 짚으며 격려해 주었다.
❸(중요한 부분을) 도드라지게 가리키다. Point out an important part to make it stand out.
㊤지적하다
N0-가 N1-를 V (N0=[인간] N1=[모두])
¶우리는 이제까지 드러난 문제점을 짚어 보았다. ¶김 과장은 도표의 수치를 짚어 가며 차근차근 설명하였다.
❹(사실을) 미루어 짐작하다. Guess and assume a fact.
㊤짐작하다, 추측하다
N0-가 N1-를 V (N0=[인간] N1=[추상물], [계획], [미래], 날짜, 점괘 따위)
[피]짚이다
¶나는 그의 속을 도무지 짚을 수가 없었다. ¶그의 의도를 짚어 보자면, 아마 우리에 대한 배려일 것이다.

짚이다
[활용]짚여, 짚이니, 짚이고
[자](사실이) 미루어 짐작되다. (of a fact) Be guessed and assumed.
㊤짐작되다, 추측되다
N0-가 V (N0=[추상물], [계획], [미래], 날짜, 점괘 따위)
[능]짚다
¶그러고 보니 의심 가는 데가 몇몇 짚였다. ¶아무리 생각해 봐도 그의 의도가 짚이지 않는다.

¶그가 당황하는 것을 보니 짚이는 데가 있다.

짜내다

활용 짜내어(짜내), 짜내니, 짜내고

타 ❶(어떤 물체의 속에 있는 물질을) 비틀거나 눌러서 밖으로 빼내다. Pick out an object inside some object by twisting and pushing.

유 추출하다

N0-가 N2-에서 N1-를 V (N0=[인간] N1=[구체물] N2=[구체물], [신체부위])

¶공장 직원들은 바쁘게 콩에서 기름을 짜내고 있었다. ¶누나는 얼굴에서 여드름을 짜내고 있다.

❷(세금, 돈 따위를) 억지로 과도하게 징수하다. Excessively collect tax, money, etc., against someone's will.

유 쥐어짜다, 짜다, 착취하다 상 걷다

N0-가 N1-를 N2-(에서|에게서) V (N0=[국가기관], [인간](기관장 따위) N1=[세금] N2=[인간|단체])

¶정부가 국민들에게 세금을 지독하게 짜내고 있다고 비판받았다. ¶지방자치단체가 지역 기업체들에서 지방세를 과도하게 짜낸다는 비판을 받고 있다.

❸(생각, 계획 따위를) 궁리하여 어렵게 만들어 내다. Contrive a plan or idea by pondering over it.

유 떠올리다, 궁리하다

N0-가 N1-를 V (N0=[인간|단체] N1=[의견](생각, 묘안 따위))

¶우리는 선생님을 감동시킬 묘안을 짜냈다. ¶기업들은 경기 불황 극복 대책을 짜낸다고 고심하고 있습니다.

❹(거의 남지 않은 힘을) 억지로 발휘하다. Exert energy that is barely left.

유 다하다 타

N0-가 N1-를 V (N0=[인간] N1=[힘])

¶최후의 순간까지 선수들이 힘을 짜내야 합니다. ¶나는 젖 먹던 힘을 짜내서 결승점을 통과했다.

짜다 I

활용 짜, 짜니, 짜고

자 (다른 사람과) 미리 의논하여 계획하다. Plan by discussing with someone in advance.

유 의논하다, 결탁하다

N0-가 N1-와 V (N0=[인간] N1=[인간])

¶나는 누나와 짜고 동생을 약 올렸다. ¶그 사람이 관련 공무원들과 짠 것이 틀림이 없다. ¶노조원들이 다른 조합원들과 짜고 파업을 계획하고 있다.

타 ❶(천, 옷감 따위를 만들 때) 실, 끈, 줄 따위를 씨와 날로 엮어서 만들다. Make thread, string, cord, etc., by weaving seed and raw material when making cloth, fabric, etc.

유 엮다

N0-가 N2-로 N1-를 V (N0=[인간] N1=[천], [옷], 돗자리, 가마니 따위 N2=[줄](끈 따위), [재료](면, 나일론 따위))

피 짜이다

¶예전에는 어른들이 삼으로 가마니를 짜셨다. ¶할머니는 털실로 조끼를 짜 주셨다.

❷(어떤 일에 대한 계획을) 체계적으로 세우다. Systematically form a plan about some work.

유 세우다, 수립하다, 마련하다

N0-가 N1-를 V (N0=[인간|단체] N1=[의견], [계획])

피 짜이다

¶경쟁사들이 우리를 공략할 계획을 짠 것 같다. ¶학생들이 여름 방학 계획표를 짜고 있다.

❸(물건이나 부품 따위를) 서로 맞추고 조립하여 새 물건을 만들다. Make a new object by assembling and tuning object, component, etc.

유 만들다 타, 조립하다

N0-가 N2-로 N1-를 V (N0=[인간] N1=[구체물] N2=[재료])

피 짜이다

¶목수들이 나무로 다양한 가구를 짰다. ¶나는 널빤지로 책상을 짜 보았다.

❹모임이나 단체를 조직하다. Organize a group or an association.

유 만들다 타, 결성하다, 구성하다, 조직하다, 꾸리다 반 해체하다, 해산하다

N0-가 N1-를 V (N0=[인간] N1=[단체](모임, 동아리, 조 따위))

피 짜이다

¶학생들이 조를 짜서 학습 활동을 수행했다. ¶사람들이 팀을 짜서 경기를 시작했다.

❺ 컴퓨터에서 작동하는 프로그램을 만들다. Create a program that works in the computer.

유 개발하다 상 만들다 타

N0-가 N1-를 V (N0=[인간] N1=[소프트웨어])

¶해커들이 해킹 프로그램을 짰다. ¶다양한 개발자들이 모여서 새로운 회계 관리 프로그램을 짜겠다고 시도하였다.

짜다 II

활용 짜, 짜니, 짜고

타 ❶(어떤 물체나 신체 부위를) 비틀거나 압착해서 그 안에 있는 물기나 기름기 따위의 물질을 밖으로 빼내다. Take out an object inside such as moisture, oil, etc., by twisting and applying pressure to some object or body part.

유 짜내다, 추출하다

N0-가 N1-를 V (N0=[인간] N1=[구체물](빨래, 걸레 따위), 여드름, 젖, 치약 따위)

¶어머니는 걸레를 짜서 청소를 하셨다. ¶주인아주머니는 잘 볶은 참깨를 짜서 기름을 받으셨다. ¶우리 애는 치약을 너무 많이 짜서 쓴다.
❷(세금, 돈 따위를) 억지로 과도하게 징수하다. Excessively collect tax, money, etc., against someone's will.
㊌쥐어짜다, 짜내다, 착취하다 ㊤걷다
N0-가 N1-를 N2-(에서|에게서) V (N0=[국가기관], [직위](기관장 따위) N1=[세금] N2=[인간|단체])
¶정부가 국민들에게 세금을 지독하게 짜려는 것 같다. ¶지방자치단체가 지역 기업체들에서 지방세를 과도하게 짜간다는 비판을 받고 있다.
❸생각, 계획 따위를 궁리하다. Ponder over thought, plan, etc.
㊌궁리하다, 고안하다
N0-가 N1-를 V (N0=[인간|단체] N1=[의견](생각, 묘안 따위), 머리)
¶직원들이 새 사업에 대한 생각을 짜느라고 밤늦게까지 일하고 있다. ¶정부 공무원들이 경기 불황 극복 대책을 위해 머리를 짜고 있습니다.

짜다Ⅲ
활용 짜, 짜니, 짜고
자 (사람이) 울먹거리거나 울다. (of a person) Be on the verge of tears or crying.
㊌울먹거리다, 울다
N0-가 V (N0=[인간])
연어 질질
¶동생이 질질 짜고 있다. ¶사내 녀석이 질질 짜면 못 써.
타 눈물을 흘리다. Make tears flow.
N0-가 N1-를 V (N0=[인간] N1=눈물)
연어 질질
¶사내 녀석이 눈물을 질질 짜고 다니면 못 쓴다. ¶동생이 또 눈물을 짜기 시작했다.

짜르다
활용 짤라, 짜르니, 짜르고, 짤랐다
타 ☞'자르다'의 속된 표현.

짜이다
활용 짜여, 짜이니, 짜이고
자 ❶(천, 옷감 따위가) 실, 끈, 줄 따위를 씨와 날로 엮여서 만들어지다. (of clothes or fabric) Be made with longitude and latitude, made of thread, string, or line.
㊌엮이다
N0-가 N1-로 V (N0=[천], [옷], 돗자리, 가마니 따위 N1=[줄](끈 따위), [성분](면, 나일론 따위))
능 짜다I 타
¶이 옷은 비단으로 짜였다. ¶이 원단은 양털로 곱게 짜여 있다.
❷(어떤 일에 대한 계획이) 체계적으로 세워지다. (of plan for a work) Be made in a systematic way.
㊌세워지다, 구성되다
N0-가 V (N0=[상태](계획, 일정, 예산 따위))
능 짜다I 타
¶겨울 방학 여행 일정이 이제 다 짜였다. ¶일을 실행하기 전에 계획이 먼저 짜여야 한다.
❸(가구 따위가) 각 부품이 맞추어져 만들어지다. (of furniture) Be completed with each component assembled.
㊌조립되다
N0-가 N1-로 V (N0=[구체물](가구 따위) N1=[재료])
능 짜다I 타
¶이 가구는 삼나무로 짜였다. ¶이 옷장은 최고급 원목으로 짜였다.
❹(모임이나 단체 따위가) 구성원들로 조직되다. (of a meeting or an organization) Consist of members.
㊌조직되다
N0-가 N1-로 V (N0=[집단] N1=[인간])
능 짜다I 타
¶새 축구팀은 신입생 위주로 짜였다. ¶이 팀은 좋은 선수들로 참 잘 짜여 있다.
❺(내용 따위가) 조화롭게 구성되다. (of content) Consist of something harmoniously.
㊌구성되다
N0-가 V (N0=[추상물](곡조, 문서, 구성 따위))
¶이 곡의 멜로디는 정말 아름답게 짜여 있다. ¶줄거리가 짜이자 그는 바로 글을 써 나가기 시작했다.

짝사랑하다
활용 짝사랑하여(짝사랑해), 짝사랑하니, 짝사랑하고
타 (상대의 의사와 관계없이) 그 사람을 혼자서만 열렬히 좋아하다. Passionately like a person by oneself regardless of that person's will.
N0-가 N1-를 V (N0=[인간] N1=[인간|단체])
¶소녀는 유명 배우를 짝사랑했다. ¶그들이 한국을 짝사랑하고 있는지도 모른다.

짤리다
활용 짤리어(짤려), 짤리니, 짤리고
자 ☞'잘리다'의 속된 표현.

짧아지다
활용 짧아지어(짧아져), 짧아지니, 짧아지고
자 ❶길이가 줄어들다. (of length) Be reduced.
㊌단축되다 ㊥길어지다
N0-가 V (N0=[구체물], [길이])
¶태양이 하늘 높이 뜨면 그림자의 길이는 짧아진다. ¶긴 머리칼이 갑자기 짧아지니 사람들이 못

알아본다.
❷어떤 일을 하는 데 걸리는 시간이 줄어들다. (of time that takes to do something) Be reduced.
[유]단축되다 [반]길어지다, 늘어나다
N_0-가 V (N_0=[시간])
¶고속도로가 생겨서 왕래하는 데 드는 시간이 많이 짧아졌다. ¶가을꽃은 햇빛을 쬐는 시간이 짧아진 계절에 핀다.
◆ **해가 짧아지다** 낮의 길이가 짧아지다. (of duration of the day) Become short.
[반]해가 길어지다
Idm
¶겨울이라 해가 짧아졌다. ¶요즘은 해가 많이 짧아져서 5시만 되어도 어둑어둑하다.

째려보다

[활용]째려보아(째려봐), 째려보니, 째려보고
[타](어떤 사람을) 못마땅한 눈빛으로 강하게 흘겨보다. Powerfully glance at someone with displeased look.
[유]노려보다, 주시하다 [상]보다
N_0-가 N_1-를 V (N_0=[인간] N_1=[인간], [구체물], [방향])
¶철수가 그 모습을 보고는 화가 나서 그들을 째려보았다. ¶그는 몸을 일으켜 사방을 째려보았다.

쩔쩔매다

[활용]쩔쩔매어(쩔쩔매), 쩔쩔매니, 쩔쩔매고 [여린]절절매다
[자]❶어려움을 느끼고 혼란스러워하며 헤매다. Experience difficulty, confusion, and embarrassment.
[유]허덕대다
N_0-가 V (N_0=[인간])
¶그는 읽고 있는 책이 어려워서 쩔쩔매고 있었다. ¶경수는 무거운 철제 의자를 나르느라 쩔쩔맸다.
❷(어떤 대상에 대하여) 능숙하게 대하지 못하고 어려워하다. Feel frightened and lack confidence about an object.
[유]허덕대다
N_0-가 N_1-(에|에게) V (N_0=[인간] N_1=[구체물], [추상물])
¶그는 항상 부인에게 쩔쩔맨다. ¶그 발표자는 예상치 못한 질문에 할 말을 찾지 못하고 쩔쩔맸다. ¶나는 이 게임에서 항상 마지막 보스에 쩔쩔매는 징크스가 있다.

쪼개다

[활용]쪼개어(쪼개), 쪼개니, 쪼개고
[자](사람이) 소리 없이 입을 벌린 채 웃다. (of a person) Laugh with one's mouth open and without making a noise.
N_0-가 V (N_0=[인간])
[연어]실실
¶얼마 전부터 손님들이 나만 보면 실없이 쪼갠다. ¶친구는 며칠 뒤 있을 콘서트에 갈 생각으로 혼자서 실실 쪼갰다.
※주로 속된 말로 쓰인다.
[타]❶(어떤 물체를) 더 작은 부분으로 나누다. Divide something into smaller pieces.
[유]가르다, 분할하다, 자르다
N_0-가 N_1-를 V (N_0=[인간|동물], [사건], [사고], [자연현상] N_1=[구체물])
¶나는 후식으로 나온 행운의 과자를 반으로 쪼갰다. ¶큰 해일이 빙하마저 조각조각 쪼갰다.
❷(돈, 시간, 공간 따위를) 잘게 나누어 아껴 쓰다. Divide money, time, and space into small pieces and save them.
[유]아끼다, 절약하다
N_0-가 N_1-를 V (N_0=[인간] N_1=[소득], [시간], [공간])
¶나는 고마운 사람들에게 인사를 하기 위해 시간을 쪼갰다. ¶건축가는 거실을 쪼개 다용도실을 만들었다. ¶그는 월급을 쪼개 아내를 위한 선물을 샀다.

쪼그라들다

[활용]쪼그라들어, 쪼그라드니, 쪼그라들고 [센]쭈그러들다
[자]❶(물건이) 쭈그러져 작아지다 (of a thing) Be pressed and become small.
N_0-가 V (N_0=[구체물])
¶풍선이 바람이 빠져 쪼그라들었다.
❷(얼굴의 근육이나 눈살 따위가) 주름이 잡히다. Loose flesh and be wrinkled.
N_0-가 V (N_0=[신체부위])
¶나이가 들어 피부가 쪼그라들었다.
❸규모가 줄어들다. Be reduced in size.
N_0-가 V (N_0=[상황], [가정])
¶최근에 수입이 줄어 살림이 많이 쪼그라들었다.

쪼다

[활용]쪼아(쫘), 쪼니, 쪼고
[타]❶(딱딱한 물건에 뾰족한 부리를) 반복하여 부딪치다. Hit a hard object repeatedly using pointy beak.
[유]찍다
N_0-가 N_2-에 N_1-를 V (N_0=[동물](닭, 새 따위) N_1=부리 N_2=[구체물])
[피]쪼이다II
[연어]콕콕, 톡톡
¶솔개 한 마리가 계속해서 바위를 부리로 톡톡 쪼고 있었다.

No-가 N1-를 N2-로 V (No=[동물](닭, 새 따위) N1=[구체물](모이, 풀, 나무, 벌레, 깃털, 새끼 따위) N2=부리)
[피]쪼이다II
¶비둘기가 뾰족한 부리로 떨어진 곡식을 톡톡 쪼아 먹는다. ¶딱따구리는 1초에 15-16회의 속도로 부리로 나무를 쫀다. ¶수탉은 암탉들 사이에 섞여 모이를 쪼았다.
❷(뾰족한 연장으로) 돌을 두드려 쳐서 다듬다. Strike stone with sharp tool in order to polish.
[유]치다, 찍다
No-가 N1-를 V (No=[인간] N1=정)
[피]쪼이다I[자]
¶석공이 정을 수만 번 쪼아야 비로소 불상이 조각된다. ¶이렇게 정을 쪼다가는 제대로 된 석상 하나 만들기 어렵다.
No-가 N1-를 N2-로 V (No=[인간] N1=[구체물](돌, 조각, 석상, 따위) N2=[도구](정, 망치 따위))
[피]쪼이다II
¶새벽부터 석공들이 바위를 정으로 쪼는 소리가 시끄럽게 들린다. ¶그것은 버려진 돌을 정성스레 정으로 쪼아 만든 조각상이다. ¶그는 돌을 쫄 때면 매번 정을 내리칠 때마다 눈을 감았다 떴다.
❸(말이나 행동으로) 사람의 마음을 짜증나게 자극해서 괴롭히다. Harass someone's mind with irritating and stimulating through words or action.
[유]괴롭히다
No-가 N1-를 V (No=[인간] N1=[인간])
[피]쪼이다II
[연어]엄청
¶우리 사장님은 나를 엄청 쪼아 댄다. ¶선배가 나를 왜 이렇게 쪼는지 모르겠어.
※ 속되게 쓰인다.

쪼이다 I
[활용]쪼여, 쪼이니, 쪼이고 [준]쬐다[자]
[자](햇볕이) 직접 내리비치다. (of sunlight) Shine down directly.
[유]내리비치다
No-가 N1-에 V (No=[빛](햇볕 따위) N1=[장소], [구체물])
¶이 꽃은 햇볕이 쪼일 때에만 피어난다. ¶구름이 걷히자 아침 햇볕이 뜨겁게 쪼였다.
[타]❶(햇볕, 빛, 불, 열에 몸이나 물건을 노출시켜) 그 볕이나 열을 받다. Receive light or heat by exposing body or item to sunlight, light, fire, or heat.
[유]쬐다, 쏘이다
No-가 N2-에 N1-를 V ↔ No-가 N2-를 N1-에 V (No=[인간] N1=[빛](햇볕 따위), [불] N2=[구체물], [신체부위](몸, 눈, 팔, 다리 따위))
¶얼른 와서 발에 장작불 좀 쪼이세요. ↔ 얼른 와서 장작불에 발 좀 쪼이세요. ¶곰팡이가 슨 빨래에 오랫동안 햇볕을 쪼였다. ↔ 곰팡이가 슨 빨래를 오랫동안 햇볕에 쪼였다. ¶불을 쪼이고 나니 몸이 좀 녹는 것 같다.
❷(방사선, 전자파 따위를) 비추어 쐬게 하다. Direct radiation or electromagnetic waves to a person to be exposed.
[유]쐬다, 쏘이다
No-가 N2-에 N1-를 V (No=[인간], [기계] N1=[빛], 방사선, 전자파 따위 N2=[인간], [신체부위], [구체물])
¶방사선을 머리에 쪼이면 자주 멍하고 혼란을 느끼게 됩니다. ¶몸에 전자파를 자주 쪼이면 건강에 좋지 않다.

쪼이다 II
[활용]쪼여, 쪼이니, 쪼이고 [준]쬐다[타]
[자타]❶(뾰족한 부리로) 반복적으로 찍히다. Be hit repeatedly by a sharp beak.
[상]찍히다
No-가 N1-(에|로) V (No=[인간], [동물](닭, 새 따위), [신체부위] N1=부리)
[능]쪼다
¶매 새끼들이 어미 부리에 쪼여 피가 난다.
¶나는 닭 부리에 쪼여 무릎에 피가 많이 났다.
No-가 N2-에게 N1-를 V ↔ No-가 N2-에게 N1-가 V (No=[인간], [동물] N1=[신체부위] N2=[동물](닭, 새 따위))
[능]쪼다
¶인호가 장닭에게 장딴지를 쪼였다. ↔ 인호는 장닭에게 장딴지가 쪼였다. ¶암탉 한 마리가 부엉이에게 목을 쪼였다.
❷뾰족한 연장에 찍히다. Be stabbed by a sharp tool.
[상]찍히다
No-가 N1-(에|로) V (No=[인간], [신체부위], [구체물](돌, 조각, 바위 따위) N1=[도구](정, 망치 따위))
[능]쪼다
¶조각을 하다가 왼손이 정에 쪼였다. ↔ 조각을 하다가 왼손을 정에 쪼였다. ¶작은 돌이 정으로 수천 번 쪼이고 나자 자그마한 석상이 완성되었다.
❸(다른 사람의 말이나 행동으로) 마음이 짜증나게 괴롭힘을 당하다. (of one's mind) Be harassed and irritated by someone's words or action.
[유]괴롭힘을 당하다
No-가 N1-에게 V (No=[인간] N1=[인간])
[능]쪼다
¶과장에게 얼마나 쪼였던지 생각만 해도 끔찍해.

¶오늘도 부장님에게 엄청 쪼였어.
※속되게 쓰인다.

쪼이다Ⅲ
활용 쪼여, 쪼이니, 쪼이고 여린 조이다 자
자 ❶(신체부위가) 압박을 받아 짓눌리다. (of a body part) Be pressed down by pressure.
유 죄이다, 눌리다
N1-의 N0-가 V ↔ N1-는 N0-가 V (N0=[신체부위] N1=[옷], [착용물])
¶이 옷의 허리가 너무 쪼인다. ↔ 이 옷은 허리가 너무 쪼인다. ¶작년에 산 바지가 허리가 쪼여 불편하다. ¶이 신발은 발이 좀 쪼여서 잘 안 신어진다.
❷(일정한 수용 범위를 벗어난 밀도로) 자리나 공간이 불편할 정도로 좁아지다. (of a seat or space) Become uncomfortably narrow beyond a certain capacity range.
유 좁혀지다
N0-가 V (N0=[자리|좌석](좌석, 자리 따위), [공간](안, 속 따위))
¶수많은 사람들로 지하철 실내가 매우 쪼였다. ¶공연장이 넘쳐나는 관객들로 너무 쪼인다.

쫓겨나다
활용 쫓겨나, 쫓겨나니, 쫓겨나고
자 ❶(어떤 장소에서) 강제로 내보내지다. Be forcefully sent out from a place.
유 추방당하다 반 쫓아내다
N0-가 N1-에서 N2-로 V (N0=[인간], [동물] N1=[장소] N2=[장소])
¶수업 시간에 쉴 새 없이 떠들던 학생들이 교실에서 복도로 쫓겨났다. ¶그 기자는 행사장에서 세 번이나 쫓겨났지만 취재를 포기하지 않았다.
N0-가 N1-(에게|에 의해) V (N0=[인간|단체] N1=[인간|단체])
¶그 배우는 선배 연기자에게 쫓겨났던 일을 고백하며 눈물을 흘렸다. ¶버스에서 난동을 부리던 청년은 결국 경찰에 의해 쫓겨났다.
❷(직장이나 직책에서) 강제로 내몰리다. Be forcefully driven out from one's job or position.
유 해고당하다, 퇴출되다 반 쫓아내다
N0-가 N1-에서 V (N0=[인간] N1=[단체], [장소](학교, 직장 따위), [직책])
¶추문에 휩싸인 대변인은 결국 정당에서 쫓겨났다. ¶그는 회사의 내부 비리를 고발했다가 십여 년 동안 근무했던 회사에서 쫓겨났다.
N0-가 N1-(에게|에 의해) V (N0=[인간] N1=[인간|단체])
¶그는 말썽만 피우다 결국 사장에게 쫓겨났다. ¶그 내부 고발자는 이사회에 의해 쫓겨나는 아픔을 겪었다.

쫓기다
활용 쫓기어(쫓겨), 쫓기니, 쫓기고
자 ❶(어떤 대상으로부터) 뒤를 밟히거나 따라감을 당하다. Followed or chased (by someone).
유 추적받다, 몰리다
N0-가 N1-(에|에게) V (N0=[인간|단체], [동물] N1=[인간|단체], [동물])
능 쫓다
¶사냥감이 사냥꾼들에게 쫓긴다. ¶범인은 경찰에 쫓기는 시간 동안 밥도 제대로 먹지 못했다.
❷(일이나 시간에) 압도되어 부담을 느끼다. Be overwhelmed (by work or time constraint) and feel pressured.
유 압박받다
N0-가 N1-에 V (N0=[인간|단체] N1=[일], [시간])
¶그동안 과중한 회사 일에 쫓겨 주변 사람들을 돌보지 못했다. ¶학기말에는 과제에 쫓겨서 밤을 새기 일쑤였다.
❸두려운 일이나 생각에 불안해하다. Be anxious (of frightening situation or thought).
N0-가 N1-에 V (N0=[인간|단체] N1=[일], [행위], [감정])
¶불안감에 쫓기지 말고 마음을 편하게 먹어라. ¶완벽하게 해야 한다는 생각에 쫓기면 일을 그르치게 된다.

쫓다
활용 쫓아, 쫓으니, 쫓고
타 ❶(어떤 대상을 잡거나 만나기 위해) 뒤를 따르거나 자취를 따라가다. Follow the trace to seize or meet some object.
유 추적하다, 따라가다
N0-가 N1-를 V (N0=[인간](경찰, 사냥꾼, 기자 따위), [동물] N1=[인간](범인, 수배자 따위), [동물])
피 쫓기다
¶경찰이 달아나는 도둑을 잡으려고 쫓아 달렸다. ¶그녀는 어머니를 쫓아서 집에 들어갔다.
❷(어떤 대상을 다른 자리로 떠나도록) 강제로 몰아내다. Forcibly drive out some object to different location.
유 추방하다 유 내몰다
N0-가 N1-를 V (N0=[인간|단체] N1=[인간], [동물])
¶어머니는 모기향을 계속 바꿔가며 새벽까지 모기들을 쫓았다. ¶농부들은 허수아비와 깡통을 설치하여 새를 쫓았다.
❸졸음이나 좋지 않은 생각을 물리치다. Repel drowsiness and improper thoughts.
유 떨치다
N0-가 N1-를 V (N0=[인간] N1=[감정](생각, 걱정,

근심, 잡념 따위), 잠, 졸음 따위)
¶선수들은 실패할 것 같다는 부정적인 생각을 쫓기 위해 온갖 노력을 다 한다. ¶그는 계속 커피를 마시면서 몰려드는 잠을 쫓았다.
◆ **두 마리 토끼를 쫓다** 욕심을 부려 한꺼번에 여러 가지 일을 하려 하다. (of a person) Be greedy and try to do many different things at once.
N0-가 Idm (N0=[인간|단체])
¶철수는 승진 시험 준비에 연애까지 하며 두 마리 토끼를 쫓고 있다. ¶그렇게 욕심을 부려 두 마리 토끼를 쫓다가는 아무 일도 제대로 못할 것이다.

쫓아가다
[활용]쫓아가, 쫓아가니, 쫓아가고
[자](사람이) 어디에 무엇을 하기 위하여 급히 가다. (of a person) Hurry somewhere to do something.
[반]쫓아오다[자] [상]가다
N0-가 N1-(에|로) V (N0=[인간] N1=[장소])
¶나는 회사로 쫓아가 사정을 했지만 소용이 없었다. ¶새로 생긴 병원이 좋다는 소문을 듣고 나는 당장 그 병원에 쫓아가 치료를 받았다.
[타]❶(앞서가는 사람이나 짐승, 차량 따위를) 놓치지 않기 위해 바싹 붙어 뒤를 따라가다. (of a person) Follow closely a preceding person, animal, or vehicle in order not to miss it.
[유]따라가다, 쫓다, 뒤따라가다, 뒤쫓다, 추적하다
[반]쫓아오다[타] [상]가다
N0-가 N1-를 V (N0=[인간] N1=[인간], [동물], [교통기관], 내용 따위)
¶사냥꾼들은 고라니를 쫓아가다가 결국 포기하였다. ¶경찰은 음주 운전 차량을 쫓아가고 있었다.
❷(무엇을) 없어지게 하다. (of a person) Make something disappear.
[유]쫓다, 물리치다
N0-가 N1-를 V (N0=[인간] N1=잠, 졸음, 추위 따위)
¶그는 잠을 쫓아가며 소설을 썼다. ¶나는 졸음과 추위를 쫓아가며 밤새 근무를 했다.

쫓아내다
[활용]쫓아내어(쫓아내), 쫓아내니, 쫓아내고
[타]❶(어떤 장소에 있던 사람이나 동물을) 강제로 내보내다. Forcefully drive out a person or animal that was in some place.
[반]쫓겨나다
N0-가 N1-를 N2-로 V (N0=[인간|단체] N1=[인간], [동물] N2=[외부])
¶공익 요원들이 잡상인을 밖으로 쫓아냈다. ¶왕은 막내딸을 궁궐 밖으로 쫓아냈다.
N0-가 N1-를 N2-에서 V (N0=[인간|단체] N1=[인간|단체] N2=[장소])
¶방송국 경영진은 파업에 참가했던 노조원들을 제작 현장에서 쫓아냈다. ¶해양 감시선이 불법 조업을 하던 일본 선박을 우리 해역에서 쫓아냈다.
❷(직장이나 직책에 있던 사람을) 강제로 내몰다. Forcefully drive out a person from job or position.
[유]해임하다, 해고하다 [반]쫓겨나다
N0-가 N1-를 N2-에서 V (N0=[인간|단체] N1=[인간|단체] N2=[단체], [장소](학교, 직장 따위), [직책])
¶당 지도부는 성추문에 관련된 의원을 당에서 쫓아냈다. ¶재단 이사장은 결국 김 이사를 이사직에서 쫓아냈다.
❸졸음이나 밀려드는 생각 따위를 떨쳐내다. Shake off sleepiness or flooding thought.
[유]떨쳐내다, 물리치다
N0-가 N1-를 V (N0=[인간] N1=졸음, 생각, 잡념 따위)
¶그는 고개를 흔들며 잡생각을 쫓아냈다. ¶요즘 중고등학교 학생들이 졸음을 쫓아내기 위해 각성 효과가 있는 에너지 음료를 마신다.

쫓아다니다
[활용]쫓아다니어(쫓아다녀), 쫓아다니니, 쫓아다니고
[타]❶(앞서가는 대상을) 잡으려고 이리저리로 뒤를 계속 따라가다. Go on to follow a preceding object in order to catch it.
[유]따라다니다[타]
N0-가 N1-를 V (N0=[인간], [동물] N1=[인간], [동물])
¶나는 양떼를 쫓아다니며 놀고 있었다. ¶아기 고양이들은 엄마 고양이를 쫓아다니고 있었다.
❷(다른 사람을) 가까이하기 위해 계속 따라다니다. Continue to follow another person in order to get close to him or her.
[유]따라다니다[타]
N0-가 N1-를 V (N0=[인간] N1=[인간])
¶그는 영희의 마음을 얻기 위해 영희를 끈질기게 쫓아다녔다. ¶먼저 나를 쫓아다닌 건 너였는데 왜 헤어지자고 하는 거야?
[자타](여기저기를) 열성적으로 바쁘게 돌아다니다. Be in a passionate hurry to get around here and there.
[유]돌아다니다[타]
N0-가 N1-(에|를) V (N0=[인간] N1=[장소])
¶그는 일자리를 구하기 위해 공사장을 쫓아다녔다. ¶식견을 넓히기 위해 그는 주말마다 교양강좌에 쫓아다녔다.

쫓아오다
[활용]쫓아와, 쫓아오니, 쫓아오고
[자](어디에) 무엇을 하기 위하여 급히 오다. (of a person) Hurry somewhere to do something.

[유]따라오다[자] [반]쫓아가다[자] [상]오다
N0-가 N1-(에|로) V (N0=[인간] N1=[장소])
¶우리 병원이 좋다는 소문을 듣고 내 친구는 당장 병원에 쫓아와 치료를 받았다. ¶그가 날 잡으러 저승까지 쫓아오겠어?
[타](앞서가는 사람이나 짐승, 차량 따위를) 놓치지 않기 위해 바싹 붙어 뒤를 따라오다. (of a person) Follow closely a preceding person, animal, or vehicle in order not to miss it.
[유]따라오다[자], 뒤따라오다 [반]쫓아가다[타] [상]오다
N0-가 N1-를 V (N0=[인간] N1=[인간], [동물], [교통기관], 내용 따위)
¶고라니는 사냥꾼들이 쫓아올 수 없는 곳으로 숨었다. ¶너처럼 자주 결석하면 수업 내용을 쫓아올 수가 없다.

쬐다

[활용]쬐어(쫴), 쬐니, 쬐고 [본딧]쪼이다
[자](햇볕이) 어디에 직접 내리비치다. (of sunlight) Be shed directly on a place.
[유]내리비치다
N0-가 N1-에 V (N0=[빛](햇볕 따위) N1=[장소], [구체물])
¶햇볕이 백사장에 쨍쨍 쬔다. ¶이 꽃은 햇볕이 잘 쬘 때에만 피어난다.
[타]❶(햇볕이나 빛, 불, 열 따위에) 몸이나 물건을 노출시켜 볕이나 열을 받다. Expose one's body or stuff to the sun, light, fire, or heat so that it gets sunshine or heat.
[유]쐬다, 쏘이다, 노출시키다
N0-가 N2-에 N1-를 V ↔ N0-가 N2-를 N1-에 V (N0=[인간] N1=[빛](햇볕 따위), [불] N2=[구체물], [신체부위](몸, 눈, 팔, 다리 따위))
[사]쬐이다
¶곰팡이가 슨 빨래에 오랫동안 햇볕을 쬐었다. ↔ 곰팡이가 슨 빨래를 오랫동안 햇볕에 쬐었다. ¶엄마는 우유병을 햇볕에 쬐어 소독했다.
❷(방사선, 전자파 따위를) 비추어 쐬게 하다. Apply radiation or electromagnetic waves.
[유]쐬다, 쏘이다
N0-가 N2-에 N1-를 V (N0=[인간], [기계] N1=[빛], 방사선, 전자파 따위 N2=[인간], [신체부위], [구체물])
¶방사선을 자주 머리에 쬐면 머리가 멍함을 느끼게 됩니다. ¶몸에 전자파를 자주 쬐면 건강에 좋지 않다.

쬐이다

[활용]쬐이어(쬐여), 쬐이니, 쬐이고
[타](사람이나 사물을 햇볕, 빛, 열 따위에 노출시켜) 빛이나 열을 직접 받게 하다. (of a person) Expose another person or thing to the sun, light, fire, or heat so that it gets sunshine or heat directly.
N0-가 N2-에 N1-를 V ↔ N0-가 N2-를 N1-에 V (N0=[인간] N1=[빛](햇볕 따위), [불] N2=[구체물], [신체부위](몸, 눈, 팔, 다리 따위))
[주]쬐다[타]
¶그는 꽁꽁 언 아이의 발에 장작불을 쬐였다. ↔ 그는 꽁꽁 언 아이의 발을 장작불에 쬐였다. ¶낚시꾼은 물고기에 햇볕을 골고루 쬐였다.

쭈그러들다

[활용]쭈그러들어, 쭈그러드니, 쭈그러들고 [여린]쪼그라들다
[자]☞ 쪼그라들다

찌그러뜨리다

[활용]찌그러뜨리어(찌그러뜨려), 찌그러뜨리니, 찌그러뜨리고
[타]☞ 찌그리다

찌그러지다

[활용]찌그러지어(찌그러져), 찌그러지니, 찌그러지고
[자]❶(물건이) 눌려서 울퉁불퉁하게 우그러지다. (of a thing) Be pressed and dented unevenly.
[유]구겨지다, 우그러지다
N0-가 V (N0=[구체물])
[능]찌그리다
¶상자가 배송되는 과정에서 옆면이 찌그러졌다. ¶공기가 빠지면서 페트병이 홀쭉하게 찌그러졌다.
❷(얼굴의 근육이나 눈살 따위가) 주름이 잡히다. (of the muscle or eyebrows of a face) Be wrinkled.
N0-가 V (N0=[신체부위])
[능]찌그리다
¶처음으로 레몬을 입에 넣은 아이의 얼굴이 찌그러졌다. ¶상대의 음흉한 미소를 보고 그는 입가가 찌그러졌다.
❸(형편이) 나아지지 않고 점점 어려워지다. (of a situation) Become worse without getting better.
[유]궁핍해지다, 망하다
N0-가 V (N0=[상황], [가정])
¶아버지께서 실업자가 된 뒤 우리 집은 살림이 찌그러졌다. ¶내가 어릴 때 우리 집안이 점차 찌그러져 지금까지 가난하게 살고 있다.

찌그리다

[활용]찌그리어(찌그려), 찌그리니, 찌그리고
[타]❶(물건을) 눌러서 울퉁불퉁하게 우그러트리다. (of a person) Press and dent something unevenly.
[유]구기다[타], 우그러트리다

ㅈ

N0-가 N1-를 V (N0=[인간] N1=[구체물])
피 찌그러지다
¶우리 가족은 재활용 쓰레기를 버리기 위해 음료수 병은 찌그렸다. ¶손님들은 신발장이 작아서 구두며 운동화를 찌그려서 넣었다.
❷(얼굴의 근육이나 눈살 따위를) 힘주어 주름이 잡히게 하다. (of a person) Stain to wrinkle the muscle or eyebrows of a face.
N0-가 N1-를 V (N0=[인간] N1=[신체부위])
피 찌그러지다
¶그녀는 무슨 말을 해도 들은 체 하지 않는 남자를 보며 빈정거리듯 입매를 찌그렸다. ¶김 형사는 시체를 확인하면서 이마를 찌그렸다.

찌다 I
활용 찌어(쪄), 찌니, 찌고
자 몸에 살이 붙다. Put on weight.
㊌붙다 ㊙빠지다
N0-가 V (N0=살)
¶그는 뚱뚱하게 살이 찌고 대머리가 벗겨졌다. ¶내 동생은 옛날엔 정말 말랐었는데 요즘은 그래도 살이 좀 쪘다.

찌다 II
활용 찌어(쪄), 찌니, 찌고
자 (날씨가) 한증막 속에 있는 것처럼 몹시 더운 상태가 되다. (of weather) Become very hot as if it's a sauna.
㊌더워지다, 뜨거워지다
N0-가 V (N0=날, 날씨 따위)
연어 푹푹
¶그날은 찌는 듯이 더웠다. ¶여름에는 한증막처럼 푹푹 찌는 더위에 사람들이 숨을 헐떡인다.
타 (음식물을) 뜨거운 김을 쐬어 익히다. Expose food to hot steam to cook.
㊌익히다
N0-가 N1-를 V (N0=[인간] N1=[음식물])
¶할머니께서는 시루에 떡을 찌셨다. ¶어머니는 감잎을 찜통에 넣고 쪄서 물기를 빼고 말렸다.

찌다 III
활용 찌어(쪄), 찌니, 찌고
타 머리카락을 틀어 올려 비녀를 꽂아 고정하다. Put one's hair up and insert binyeo to fix it.
㊌꽂다, 찌르다
N0-가 N1-를 V (N0=[인간] N1=쪽)
¶할머니는 곱게 머리를 빗어 쪽을 찌셨다. ¶조선시대에 처녀들은 혼인 전날 쪽을 찌었다.

찌들다
활용 찌들어, 찌드니, 찌들고, 찌드는 ㊎짜들다
자 ❶(사물이) 더러운 물질에 뒤덮이거나 물들어 몹시 더러워지다. (of a thing) Be covered or dyed with dirt so that it becomes very dirty.
㊌오염되다, 더러워지다
N0-가 N1-(에|로) V (N0=[구체물] N1=[구체물], [현상])
¶대도시의 공기는 미세먼지로 찌들었다. ¶때에 찌든 장롱도 아버지께는 소중한 보물이었다.
❷(부정적인 상황에) 일상적으로 놓여 고생하다. Undergo hardship every day.
㊌시달리다
N0-가 N1-에 V (N0=[인간|단체] N1=[감정], [인간], [시간], [상황])
¶요즘 많은 직장인들은 스트레스에 찌들었다. ¶그는 가난에 찌들었으나 한편으로는 희망을 잃지 않았다.
❸(기호품이나 어떤 일에) 중독되어 몸을 망치다. Be addicted to a personal preference or a work so that one loses one's health.
㊌중독되다
N0-가 N1-에 V (N0=[인간] N1=[담배], [음료], [마약], [행위])
¶마지막으로 그를 보았을 때 그는 도박에 찌든 상태였다. ¶술에 찌들어 불콰해진 그의 얼굴이 가관이었다.

찌들리다
활용 찌들리어(찌들려), 찌들리니, 찌들리고
자 ☞ 찌들다

찌르다
활용 찔러, 찌르니, 찌르고, 찔렀다
타 ❶(표면을 날카로운 것으로) 틈을 벌리거나 꿰뚫을 정도로 들이밀다. Spread the gap or push enough to pierce (using sharp object).
㊌꽂다
N0-가 N1-를 N2-로 V ↔ N0-가 N1-에 N2-를 V (N0=[인간] N1=[구체물] N2=[도구](칼, 바늘 따위), [무기](창 따위))
피 찔리다
¶한의사가 발목을 침으로 찔렀다. ↔ 한의사가 발목에 침을 찔렀다. ¶암살자가 적장의 가슴을 찌르고 달아났다. ¶체했을 때는 바늘로 손가락을 찌르곤 한다.
❷(물건을) 좁은 공간에 밀어서 넣다. Push in (object to small space).
N0-가 N1-를 N2-에 V (N0=[인간] N1=[구체물] N2=[주머니], [장소])
¶그는 지갑을 안주머니에 찔렀다. ¶문틈으로 전단지를 찔러 넣었다.
❸(어떤 일에 재물을) 더 큰 몫을 얻기 위하여 들이다. Invest (money) in order to gain a larger profit.

[유]투입하다
N0-가 N1-를 N2-에 V (N0=[인간] N1=[금전] N2=[행위], [장소])
¶내가 여기 찌른 돈이 얼마인지 알아? ¶그는 닥치는 대로 찌르고도 돈을 벌지 못했다.
❹(감정을) 심하게 자극하다. Stir (person's emotion) badly.
[유]자극하다
N0-가 N1-를 V (N0=[모두] N1=[마음])
¶폐부를 찌르는 그의 비판에 정신을 차릴 수 없었다. ¶한 장의 사진이 세계인의 마음을 이렇게 찔렀던 적이 있는가.
◆ **코를 찌르다** (냄새가) 후각을 심하게 자극하다. (of an odor) Stimulate the sense of smell unpleasantly.
N0-가 Idm (N0=[냄새])
¶하수구로 들어서자 악취가 코를 찔렀다. ¶옆 사람의 향수 냄새가 코를 찌른다.
◆ **허를 찌르다** 약하거나 허술한 곳을 공격하다. Attack or strike other's weak point.
N0-가 N1-(의|를) Idm (N0=[인간] N1=[모두])
¶우리는 세가 부족하기 때문에 상대편의 허를 찔러야 한다.
[재타](다른 사람이나 단체에) 남의 잘못을 고자질하다. Tell on (someone's fault to other person or organization).
[유]고자질하다
N0-가 N1-(에|에게) S고 V (N0=[인간|단체] N1=[인간|단체])
¶그는 언론에 내가 뇌물을 받았다고 찌르겠다며 협박했다. ¶폭로 방송 이후 진실을 알리겠다고 찌르는 전화가 걸려 왔다.
N0-가 N2-(에|에게) N1-를 V (N0=[인간|단체] N1=[행위], [모양], 비밀 N2=[인간|단체])
¶너의 진정한 모습을 너희 회사에 찌른다면 모두 놀랄 것이다. ¶그는 내가 그의 비위 사실을 찌를까 봐 전전긍긍했다.

찌푸리다

[활용]찌푸리어(찌푸려), 찌푸리니, 찌푸리고
[자](날씨가) 아주 음산하게 흐려지다. (of weather) Grow bleak.
[유]흐리다
N0-가 V (N0=[날씨], [공중](하늘 따위))
¶바깥 날씨를 보니 춥고 잔뜩 찌푸렸다. ¶오늘 하늘은 비가 올 것처럼 잔뜩 찌푸려 있다.
[타](얼굴의 일부나 눈살을) 불쾌한 표정으로 몹시 찌그러트리다. (of part of the face or eyebrows) Be very distorted with a displeased look.
N0-가 N1-를 V (N0=[인간] N1=[신체부위](얼굴, 눈 따위))
¶그는 눈이 부셔서 눈을 찌푸리며 걸어왔다. ¶이리저리 난장판이 된 아들 방을 보더니 어머니가 눈을 찌푸리셨다.

찍다 I

[활용]찍어, 찍으니, 찍고
[타]❶(끝이 날카로운 연장이나 돌 따위로) 세게 내리치다. Powerfully strike down with a tool or rock that contains sharp end.
[유]내리치다, 박다
N0-가 N2-로 N1-를 V (N0=[인간] N1=[신체부위], [동물], [구체물](나무, 줄 따위) N2=도끼, 돌 따위)
[피]찍히다I[자]
¶그는 밧줄을 도끼로 찍어 끊었다. ¶그가 돌덩이로 장석을 찍어 부쉈다.
❷(끝이 뾰족한 물건으로) 찌르거나 세차게 들이밀다. Stab or powerfully stick with an object that contains sharp end.
[유]찌르다
N0-가 N2-로 N1-를 V (N0=[인간], [동물] N1=[구체물], [신체부위] N2=[도구](포크, 젓가락 따위), [신체부위])
[피]찍히다I[자]
[연어]콕, 꾹, 쿡, 푹
¶그는 젓가락으로 가래떡을 콕 찍어서 먹었다. ¶손가락으로 이마를 꾹 찍어서 뒤로 넘긴다.
❸(표나 종이에 도구로) 구멍을 내다. Make hole on a ticket or paper using a tool.
[유]뚫다
N0-가 N2-로 N1-를 V (N0=[인간] N1=[문서](표, 종이, 서류 따위) N2=[도구], [기계])
¶나는 펀치로 서류를 찍은 후 끈으로 묶었다. ¶과장님은 종이를 구멍 뚫는 기계로 찍고 있었다.

찍다 II

[활용]찍어, 찍으니, 찍고
[타]❶(도장 등 흔적을 남길 수 있는 것을) 표면에 대고 눌러서 자국을 만들다. Touch the surface with an item (that can leave mark such as a stamp) and press in order to create a mark.
N0-가 N2-에 N1-를 V (N0=[인간] N1=도장, 지문, 지장, 발자국 따위 N2=[구체물], [장소], [위치], [신체부위])
[피]찍히다II[자]
[연어]꾹
¶이제 서류에 도장만 찍으면 돼요. ¶어린이들이 눈 위에 발자국을 찍으며 뛰어다녔다.
❷(어떤 물체를) 액체나 가루에 묻히다. Dip something into liquid or powder.
[유]바르다 [상]묻히다

[ㅈ]

N_0-가 N_1-를 N_2-에 V (N_0=[인간] N_1=[음식물] N_2=[음식물], [양념](된장, 고추장, 소스, 소금 따위))
¶그는 오징어를 초고추장에 찍어 먹었다. ¶나는 가래떡을 꿀에 찍어 맛있게 먹었다.
N_0-가 N_1-를 N_2-(에|로) V (N_0=[인간] N_1=[액체], [화장품], [성분], [약] N_2=[신체부위], [도구])
¶붓에 물감을 듬뿍 찍어 색을 칠했다. ¶각 용액을 유리 막대로 찍어 종이에 묻혀 보자.
❸(화장품을) 얼굴 등에 바르려고 묻히다. Smear with cosmetics in order to apply it to one's face.
[유]바르다 [상]묻히다
N_0-가 N_1-를 V (N_0=[인간] N_1=[화장품])
¶그녀는 화장품을 이마에 찍어 발랐다. ¶나는 향수를 한 방울 손목에 찍어 발랐다. ¶신부는 얼굴에 연지곤지를 찍어 발랐다.
※주로 '찍어 바르다'의 형태로 쓰인다.
❹(점이나 마침표 등의) 문장 부호를 써넣다. Insert a punctuation mark such as a dot or period.
N_0-가 N_1-를 N_2-에 V (N_0=[인간] N_1=점, 문장 부호 따위 N_2=[종이])
[피]찍히다II[자]
¶나는 노트에 느낌표만 수백 개를 찍었다. ¶문장의 맨 끝에는 마침표를 찍어야 한다.
❺(메시지를 보내기 위해) 글자를 휴대전화의 자판을 눌러 쓰다. Write letters by pressing the keys on one's cell phone in order to send message.
[유]쓰다
N_0-가 N_1-를 V (N_0=[인간|단체] N_1=문자메시지 따위)
¶문자 메시지를 찍는 도중에 새 메시지가 도착했다. ¶친구에게 문자 메시지를 찍다 말고 지웠다.
❻(글을 쓰기 위하여) 타이프의 글쇠를 누르다. Press the type key in order to write letters.
[유]누르다[타]
N_0-가 N_1-를 V (N_0=[인간] N_1=타자기 글쇠, 컴퓨터 자판 따위)
¶그녀는 타자기 글쇠를 찍느라 정신이 없었다. ¶나는 온 종일 컴퓨터 자판을 찍으며 시간을 보냈다.
❼(글이나 그림 따위를 인쇄한 종이를) 만들어 내다. Produced papers in which a writing or drawing was printed on.
[유]인쇄하다, 박다
N_0-가 N_1-를 V (N_0=[인간|단체] N_1=[문서](명함, 신문, 책, 초청장, 청첩장 따위))
[피]찍히다II[자]
¶이 책을 몇 부나 찍으려고 하세요? ¶우리는 청첩장까지 찍었지만 결혼식은 올리지 못했다.

[ㅈ]

❽(어떤 대상을) 사진기나 촬영기로 비추어 그 모양을 영상으로 만들다. Reflect a target with a camera or camcorder to produce an image of that shape.
[유]촬영하다
N_0-가 N_1-를 V (N_0=[인간] N_1=사진, 광고, 비디오, 영화 따위)
[피]찍히다II[자]
¶우리는 기념사진을 찍었다. ¶나는 엑스레이를 찍으러 병원에 갔다.
N_0-가 N_1-를 N_2-로 V (N_0=[인간] N_1=[구체물], [모양](모양, 모습, 풍경, 경치 따위) N_2=[기계](사진기, 비디오, 스마트폰 따위))
[피]찍히다II[자]
¶나는 야생화를 사진기로 찍었다. ¶엄마는 아기의 모습을 비디오로 찍어 두었다.
N_0-가 N_1-를 N_2-로 V (N_0=[인간|단체] N_1=[이야기], [사건] N_2=영화, 다큐멘터리 따위)
[피]찍히다II[자]
¶나는 그녀의 이야기를 영화로 찍으려고 한다. ¶감독은 아픈 사람들의 일상을 다큐멘터리로 찍었다.
❾(일정한 틀을 사용하여) 똑같은 규격의 물건을 만들다. Create items of same standard using a specific frame.
[유]박다, 박아내다 [상]만들다[타]
N_0-가 N_1-를 V (N_0=[인간|단체], [기계] N_1=[사물])
[피]찍히다II[자]
¶기계 4대가 자동차 부품을 쉴 새 없이 찍어 내고 있었다. ¶이것은 공장에서 찍어 낸 것이 아니라 직접 만든 것이다.
※주로 '찍어 내다'의 형태로 쓰인다.
❿(잘 모르는 문제에 대해) 대충 어림짐작으로 답이나 문제를 임의로 고르다. Randomly choose the answer to a problem one doesn't know by guessing roughly.
[상]고르다, 선택하다
N_0-가 N_1-를 V (N_0=[인간] N_1=답, 문제 따위)
¶나는 시간이 부족하여 읽지도 못하고 답을 찍었다. ¶학원 선생님이 시험 문제를 찍어 주셨다.
⓫(투표할 대상에게 표를 던져) 그 사람을 선택하다. Select someone by casting one's vote to that candidate.
[상]선택하다
N_0-가 N_1-를 V (N_0=[인간|단체] N_1=[인간|단체])
¶어느 당을 찍어야 할지 아직 정하지 못했다. ¶꼭 저를 찍어 주세요.
⓬(특정한 사람이나 대상을) 마음속에 눈여겨 두다. Keep a specific person or target carefully in one's mind.

[유]선택하다, 고르다
N0-가 N1-를 N2-로 V (N0=[인간|단체] N1=[인간|단체], [장소], [구체물] N2=[긍정적속성인간], [부정적속성인간], [긍정적속성구체물])
[피]찍히다II[자]
¶그는 평소 찍어 두었던 그녀에게 같이 일하자고 제안했다. ¶나는 이미 마음에 찍어 둔 사람이 있다.
◆ **낙인을 찍다** (어떤 존재나 대상을) 불명예스럽게 인식하거나 평가하다. Recognize or evaluate certain being or target as dishonorable.
N0-가 N1-를 N2-로 Idm (N0=[인간|단체] N1=[인간|단체] N2=[인간])
¶의심이 간다고 함부로 그를 죄인으로 낙인을 찍어서는 안 된다. ¶사람들은 그를 기회주의자로 낙인을 찍었다.
◆ **눈도장을 찍다** (자신이 그 자리에 있음을 증명하기 위해) 다른 사람들에게 자신의 모습을 보이다. Make oneself visible to others in order to prove later that one is at that place.
N0-가 N1-에게 Idm (N0=[인간|단체] N1=[인간|단체])
¶신부 대기실에 가서 눈도장을 찍고 와야겠다. ¶그는 사진을 찍으며 간부들에게 눈도장을 찍었다.
◆ **정점을 찍다** (일이나 상황이) 최고 수준에 이르다. (of a task or situation) Reach the best level.
N0-가 N1-로 N2-의 Idm (N0=[인간|단체] N1=[기술], [행위], [추상물] N2=[기술], [행위], [추상물], [시간])
¶한국은 세계 최고의 기술로 경쟁의 정점을 찍었다. ¶그녀는 성악으로 예술계의 정점을 찍었다.
◆ **마침표를 찍다** 어떤 일을 끝내다. Finish a job.
[유]종지부를 찍다
N0-가 N1-에 Idm (N0=[인간|단체] N1=[행위], [사건], [상황])
¶우리는 10년간의 연애에 마침표를 찍었다. ¶반드시 이번 사태에 마침표를 찍어야 한다.
◆ **종지부를 찍다** 어떤 일을 끝내다. Finish a job.
[유]마침표를 찍다
N0-가 N1-에 Idm (N0=[인간|단체] N1=[행위], [사건], [상황])
¶나는 오늘로서 군인 생활에 종지부를 찍었다. ¶우리들의 다툼에 종지부를 찍은 것은 선거가 끝난 뒤였다.

찍히다 I

[활용]찍히어(찍혀), 찍으니, 찍고
[자]❶(끝이 날카로운 연장이나 돌 따위로) 세게 내려쳐지다. Be struck down hard with a tool or rock that contains sharp end.
N0-가 N1-에 V (N0=[신체부위], [동물], [구체물](나무, 줄 따위) N1=[도구](도끼, 돌 따위))
[능]찍다I
¶나무들이 도끼에 찍혀 쓰러져 있다. ¶정강이가 돌에 찍혀 너무 아팠다.
❷끝이 뾰족한 물건에 찔리다. Be stabbed by an object with sharp end.
N0-가 N1-에 V (N0=[구체물], [신체부위] N1=[도구](포크, 젓가락 따위), [신체부위])
[능]찍다I
[연어]콕, 꾹, 쿡, 푹
¶사과가 포크에 잘 찍히지 않았다. ¶생선들이 갈고리에 찍혀 갑판대 위로 올려졌다.
[자타](끝이 날카로운 연장이나 돌 따위로) 신체부위를 내려침을 당하다. (of a body part) Be struck down with a tool or rock that contains sharp end.
[상]쪼이다
N0-가 N2-에 N1-를 V ↔ N0-가 N2-에 N1-가 V (N0=[인간] N1=[신체부위] N2=[도구](도끼, 돌 따위))
[능]찍다I
¶나는 일하다가 도끼에 발등을 찍혔다. ↔ 나는 일하다가 도끼에 발등이 찍혔다. ¶새에게 모이를 주다가 날카로운 부리에 손가락이 찍혔다.
◆ **믿는 도끼에 발등 찍힌다** 믿었던 사람에게 배신을 당하다. Be betrayed by someone a person trusted.
N0-가 Idm (N0=[인간])
¶그 사람 정말 믿는 도끼에 발등 찍혔다. ¶믿는 도끼에 발등 찍힌다더니 네가 어떻게 나한테 이럴 수 있지?

찍히다 II

[활용]찍히어(찍혀), 찍히니, 찍히고
[자]❶(도장 등 자국을 남길 수 있는 것이) 표면에 눌려 자국이 만들어지다. (of a mark) Be made by pressing an item (that can leave mark such as a stamp) on the surface.
N0-가 N1-에 V (N0=도장, 지문, 지장, 발자국 따위 N1=[구체물], [장소], [신체부위])
[능]찍다II
[연어]꾹
¶서류에 도장이 잘 찍혀 있는지 확인해야 한다. ¶눈밭에 염소 발자국이 찍혀 있었다.
❷(화장품 따위가) 얼굴 등에 발라지다. (of cosmetics) Be smeared on one's face.
[상]발리다 [상]묻히다

[ㅈ]

N0-가 N1-에 V (N0=[화장품] N1=[신체부위])
¶그의 볼에 립스틱 자국이 찍혀 있었다. ¶연지곤지가 찍힌 신부의 얼굴이 정말 아름다웠다.
❸(점이나 마침표 등의) 문장 부호가 써넣어지다. (of a punctuation mark such as a dot or period) Be inserted.
N0-가 N1-에 V (N0=[종이] N1=점, 문장 부호 따위)
[능]찍다II
¶문장의 맨 끝에 마침표가 찍혔다. ¶노트에 붉은 점이 찍혀 있었다.
❹(글이나 그림 따위가) 종이 위에 인쇄되다. (of a writing or drawing) Be printed on a paper.
[유]인쇄되다
N0-가 N1-에 V (N0=[문서], [추상물] N1=[문서](명함, 신문, 책, 초청장, 청첩장 따위))
[능]찍다II
¶의약품에는 경고문이 찍혀 있다. ¶엄마는 소포의 겉봉에 찍힌 발신지를 살펴보았다. ¶사랑나눔 통장에 찍힌 봉사 시간이 점점 늘어갔다.
❺(어떤 대상이) 사진기나 촬영기에 비추어져 그 모양이 영상으로 만들어지다. (of a target's appearance) Be made into an image by being reflected to a camera or camcorder.
[유]촬영되다
N0-가 N1-에 V (N0=[인간|단체], [구체물], [모양](모양, 모습, 풍경, 경치 따위) N1=[기계](사진기, 카메라, 비디오, 스마트폰 따위), 사진, 광고, 비디오, 영화 따위)
[능]찍다II
¶감시 카메라에 범인의 모습이 찍혔다. ¶그 곳 경치는 광고에도 이미 여러 번 찍혔다.
N0-가 V (N0=사진, 광고, 엑스레이 따위)
[능]찍다II ¶사진이 잘 찍혀서 기분이 좋다.
N0-가 N1-로 V (N0=[이야기], [사건] N1=영화, 다큐멘터리 따위)
[능]찍다II
¶북극 동물들의 생활이 다큐멘터리로 찍혔다. ¶이번 사건이 영화로 찍혀 상영되었다.
❻(일정한 틀을 사용하여) 똑같은 규격의 물건이 만들어지다. (of items with same standards) Be produced using a specific frame.
N0-가 N1-에서 V (N0=[사물] N1=[기업], [기계])
[능]찍다II
¶이 공장에서는 하루에 수만 개의 벽돌이 찍혀 나온다. ¶이 기계 넉 대에서 모든 부품이 찍혀 나오고 있다는 것이 놀랍다.
※주로 '찍혀 나오다'의 형태로 쓰인다.
❼(다른 사람들에게) 특정한 대상으로 여겨지다. Be branded as a specific object by others.
[유]선택되다
N0-가 N1-에게 N2-로 V (N0=[인간|단체], [장소], [구체물] N1=[인간|단체] N2=[인간], [구체물])
[능]찍다II
¶그 사람은 동료들에게 책임감 없는 사람으로 찍혔다. ¶애교 넘치는 영아는 일찌감치 우리 아버지에게 며느릿감으로 찍힌 상태다.
[재](다른 사람에 의해) 자기 모습이 사진기에 담기다. (of one's appearance) Be contained in a camera by someone else.
N0-가 N1-에게 N2-(가|를) V (N0=[인간|단체] N1=[인간] N2=[신체부위], 모습, 장면 따위)
[능]찍다II
¶범인은 현장에 있던 관광객에게 우연히 얼굴을 찍혔다. ¶그는 이미 사진 기자에게 여러 번 얼굴이 찍혀본 지라 자연스럽게 행동했다.
◆ **낙인이 찍히다** (어떤 존재나 대상이) 불명예스럽게 인식되거나 평가되다. (of a being or target) Be recognized or evaluated dishonorably.
N0-가 N1-에게 N2-로 Idm (N0=[인간|단체] N1=[인간|단체] N2=[인간])
¶그는 사람들에게 밉상으로 낙인이 찍혔다. ¶나는 사람들에게 반역자로 낙인이 찍힐 뻔하였다.

찔리다 I

[활용]찔리어(찔려), 찔리니, 찔리고
[타](뾰족한 것에 의해) 피부가 꿰뚫어져 상처 따위가 생기다. (of skin) Be punctured and injured by a sharp object.
N0-가 N2-에 N1-를 V ↔ N0-가 N1-에 N2-를 V (N0=[인간] N1=[신체부위], [구체물] N2=[도구])
[능]찌르다I
¶피살자는 칼에 배를 찔렸다. ↔ 피살자는 배에 칼을 찔렸다. ¶동생은 못에 엉덩이를 찔렸다. ¶아군이 적군의 창에 허벅지를 찔렸다.
◆ **허를 찔리다** (사람이) 방심한 사이에 혹은 약한 곳에 공격을 당하다. Be attacked at one's weak point or be attacked while off one's guard.
N0-가 N1-(에게|에) Idm (N0=[인간] N1=[모두])
¶우리 부대는 방심한 사이에 적에게 허를 찔렸다.

찔리다 II

[활용]찔리어(찔려), 찔리니, 찔리고
[자](도덕적 기준이나 양심에 거슬려) 마음에 불편함이나 죄의식이 느껴지다. Feel discomfort or guilt in one's mind due to contrast with one's moral standard or conscience.
[유]걸리다
N0-가 N1-에 V (N0=[행위], [범죄], [비난] N1=[정신](마음, 양심 따위))
¶오늘 내가 한 불친절한 행동이 온종일 양심에 찔린다. ¶그 남자는 자신의 언행이 마음에 찔려서 이내 사과하려는 생각이 들었다.

S것-이 N0-에 V (N0=[정신](마음, 양심 따위))

¶그 사람에게 불친절하게 행동한 것이 마음에 찔렸다. ¶그 남자는 욕설을 퍼부었던 것이 양심에 찔려서 이내 사과해야겠다는 생각이 들었다.

찡그리다

활용 찡그리어(찡그려), 찡그리니, 찡그리고

타 (얼굴의 일부나 눈살을) 살짝 찌그러트리다. Distort slightly part of the face or eyebrows.

N0-가 N1-를 V (N0=[인간] N1=[신체부위](얼굴, 눈 따위))

¶그는 상대방의 발언이 기분이 나빴는지 살짝 미간을 찡그렸다. ¶의사 선생님은 아이를 웃기려고 얼굴을 찡그렸다 웃었다 하셨다.

찡하다

활용 찡하여(찡해), 찡하니, 찡하고

자 ❶(얼음 등 굳은 물질에서) 갑자기 갈라지거나 터지는 소리가 나다. Appear to be cracking and bursting suddenly in stiff matter like ice.

N0-가 V (N0=[구체물](얼음, 유리 따위))

¶힘을 가하자 얼음이 찡하고 갈라졌다. ¶유리가 찡하더니 조각나 버렸다.

❷(가슴이나 마음이) 감동을 받아 뻐근하고 벅찬 느낌이 들다. (of mind or heart) Feel stiff and overwhelmed by being impressed.

유 감동받다

N0-가 V (N0=[추상물](가슴, 마음 따위))

¶남편이 고생하는 모습을 보니 마음이 너무 찡했다. ¶이런 일에도 가슴이 찡한 것이 나도 마음이 많이 약해졌나 보다.

찢기다

활용 찢기어(찢겨), 찢기니, 찢기고

자 ❶(종이, 천 따위의 얇은 물체, 또는 피부 따위가) 잡아당겨지거나 힘을 받아 갈라지다. (of a thin object such as paper or cloth, or of one's skin) Be split due to being pulled or by receiving force.

유 찢어지다

N0-가 N1-(에|에 의해) V (N0=[구체물] N1=[구체물])

능 찢다

연어 갈기갈기

¶그녀의 긴 옷자락이 철조망에 의해 갈기갈기 찢겼다. ¶쓰레기봉투가 바람에 날다가 나뭇가지에 찢겼다.

❷(매우 날카롭고 큰 소리에) 귀가 심하게 자극되어 울리다. (of one's ear) Be severely stimulated and rung by a very sharp, loud noise.

N0-가 N1-(에|로) V (N0=[신체부위](귀, 귀청, 고막) N1=[소리])

능 찢다

¶멀리서 들려오는 포성 소리로 귀청이 찢길 것 같았다. ¶고함 소리에 귀가 찢기는 듯했다.

❸(다른 사람이나 문제 따위로 인해) 마음이 큰 상처를 입어 비통해지다. (of one's mind) Become very hurt and sad due to another person or a problem.

유 상하다자, 미어지다

N0-가 N1-(로|에|에 의해) V (N0=[마음] N1=[정신], [장애])

능 찢다

연어 갈가리

¶망국의 슬픔으로 백성들의 마음은 갈가리 찢겼다. ¶끊이지 않는 전쟁에 의해 어린이의 동심은 찢겼다.

찢다

활용 찢어, 찢으니, 찢고

타 ❶(종이, 천 따위의 얇은 물체, 또는 피부 따위를) 잡아당기거나 파고들어 갈라지게 하다. Split a thin object such as paper or cloth or one's skin by pulling or penetrating.

N0-가 N1-를 V (N0=[인간], [동물] N1=[구체물])

피 찢기다, 찢어지다

연어 갈기갈기

¶소설가는 거의 집필이 끝난 창작 노트를 갈기갈기 찢었다. ¶어머니께서는 집배원에게 받은 편지를 확인하려고 봉투를 찢으셨다.

❷(매우 날카롭고 큰 소리가) 귀를 심하게 자극하여 울리다. (of very sharp and loud noise) Severely stimulate and ring one's ear.

N0-가 N1-를 V (N0=[소리] N1=[신체부위](귀, 귀청, 고막))

피 찢기다

¶멀리서 들려오는 포성 소리가 귀청을 찢었다. ¶어디선가 고막을 찢는 굉음이 들렸다.

❸(다른 사람이나 문제 따위가) 마음에 큰 상처를 입혀 비통하게 만들다. (of another person or a problem) Inflict severe pain and make someone sad.

유 상하게 하다, 비통하게 하다

N0-가 N1-를 V (N0=[인간], [감정], [장애] N1=[마음])

피 찢기다

연어 갈가리

¶그가 던진 표독스러운 말이 내 마음을 갈가리 찢었다. ¶먼저 돌아가신 부모님은 자식들의 마음을 찢어 놓았다.

찢어발기다

활용 찢어발기어(찢어발겨), 찢어발기니, 찢어발기고

타 (어떤 물체를) 갈기갈기 찢어 사정없이 흐트러

뜨려 놓다. Tear an object into pieces and scatter them without mercy.
N0-가 N1-를 V (N0=[인간], [동물] N1=[구체물])
¶야생동물들이 미처 수습하지 못한 전사자의 시체를 찢어발겨 놓았다. ¶반대 세력들은 우리의 깃발을 찢어발겼다.

찢어지다
[활용]찢어지어(찢어져), 찢어지니, 찢어지고
[자]❶(종이, 천 따위의 얇은 물체, 또는 피부 따위가) 잡아당겨지거나 파고들어져 갈라지다. (thin objects such as paper, fabric, or skin) Be split from being pulled or dug into.
[유]찢기다
N0-가 V (N0=[구체물])
[능]찢다
¶바람에 현수막이 찢어졌다. ¶그는 못에 긁혀 찢어진 손등을 내보였다.
❷괴롭거나 고통스러운 일을 당하여 몹시 슬퍼지다. Experience pain or become extremely sad due to a painful or traumatic incidence.
[유]미어지다, 상하다[자], 비통해지다
N0-가 V (N0=[마음])
¶아기가 아파하는 것을 보니 가슴이 찢어진다. ¶이산가족이 다시 헤어지는 장면 때문에 마음이 찢어집니다. ¶아무리 울어도 찢어진 가슴이 낫지를 않는다.

ㅈ

찧다
[활용]찧어, 찧으니, 찧고
[타]❶(곡식이나 열매 따위를) 공이나 방아로 내리쳐 으깨거나 가루로 만들다. Make grain, fruit, etc., into powder form by mashing with sphere or mill.
[유]빻다
N0-가 N1-를 N2-로 V (N0=[인간] N1=[음식물], [재료] N2=공이, 방아, 방망이 따위)
¶마을 사람들이 물레방아로 보리를 찧고 있었다. ¶어머니는 방망이로 마늘을 찧어서 양념을 만드셨다. ¶나는 절구공이로 계란 껍데기를 찧어서 가루로 만들었다.
N0-가 N1-를 V (N0=[인간] N2=방아, 물레방아 따위)
¶사람들이 물레방아를 찧었다. ¶마을 잔치에 쓸 떡을 만들기 위해서 사람들이 방아를 찧고 있다.
❷(바닥이나 아래 있는 물체를) 무거운 물건으로 내리치다. Smash an object that is on the floor or which is placed below with a heavy object.
[유]내리치다
N0-가 N2-로 N1-를 V (N0=[인간] N1=[장소](바닥, 땅 따위), [구체물] N2=[구체물](방망이, 몽둥이, 지팡이 따위))
[연어]쿵쿵
¶나는 큰 지팡이로 바닥을 쿵쿵 찧었다. ¶그는 무엇이 못마땅한지 커다란 몽둥이로 바닥의 풀들을 쿵쿵 찧어 댔다.
❸(신체의 일부분을) 어딘가에 부딪치다. Bump a body part against something.
[유]부딪치다[타], 박다
N0-가 N2-에 N1-를 V (N0=[인간] N1=[신체부위], 엉덩방아 N2=[장소](바닥, 얼음판 따위), [구체물](벽, 문틈, 선반 따위))
¶바닥이 미끄러워서 사람들이 종종 엉덩방아를 찧었다. ¶화를 못 이기자 그 사람은 벽에 머리를 찧으면서 난동을 부렸다.
◆ **입방아를 찧다** (어떤 대상에 대해) 이러쿵저러쿵 말을 해대다. Gossip about someone or something in all sorts of ways.
N0-가 N1-에 대해 Idm (N0=[인간] N1=[모두])
[연어]이러쿵저러쿵
¶남들이 나에 대해 입방아를 찧고 다니건 말건 나는 상관하지 않는다. ¶동네 사람들은 만날 때마다 우리 둘의 관계에 대해 이러쿵저러쿵 입방아를 찧었다.

차가워지다

활용 차가워지어(차가워져), 차가워지니, 차가워지고

자 ❶ (물체의) 온도가 매우 낮아지다. (of something) Fall in temperature.

No-가 V (No=[구체물], [신체부위], [날씨])

¶눈길을 걸었더니 발이 차가워졌다. ¶갑자기 날씨가 차가워졌다.

❷ 인정이 없이 매정하거나 쌀쌀맞게 되다. Become cold-hearted, unfriendly, or pitiless.

No-가 V (No=시선, 태도, 마음 따위 ¶나를 보는 그의 시선이 차가워졌다.)

차다 I

활용 차, 차니, 차고

자 ❶(용기 따위에) 내용물이 가득해지다. (of contents) Become full in a container.

N1-에 No-가 V ↔ N1-가 No-로 V (No=[용기] N1=[구체물], [액체](물, 비 따위))

사 채우다I

연어 가득, 꽉

¶독에 물이 찼다 ↔ 독이 물로 찼다. ¶항아리는 쌀로 가득 차 있었다. ¶샴페인으로 잔이 차자 다함께 건배를 했다.

❷(한 장소에) 어떤 대상들이 가득해져서 더 이상 들어갈 여유가 없다. (of a target) Become full in a place.

N1-에 No-가 V ↔ N1-가 No-로 V (No=[장소], [용기] N1=[인간], [현상](냄새, 연기 따위))

사 채우다I

연어 가득, 꽉

¶거리는 옷을 잘 입고 다니는 여자들로 찼다. ¶모락모락 피어오른 김과 함께 맛난 냄새가 방안에 가득 찼다. ¶객석이 꽉 차자 무대의 막이 올라갔다.

❸(음식물 따위로) 배가 부르거나 배고픔이 달래지다. (of one's stomach) Be full or appeased of hunger with food.

No-가 N1-로 V ↔ N1-가 No-에 V (No=배, 위 따위 N1=[음식])

사 채우다I

연어 가득, 꽉, 잔뜩

¶배가 아직도 저녁 때 먹은 음식으로 가득 차 있다. ↔ 저녁 때 먹은 음식이 아직도 배에 가득 차 있다. ¶아이는 감자로 배가 꽉 찼는데도 계속 먹을 것을 찾는다. ¶떡국 한 그릇에 허기진 배가 좀 찼다.

❹(일정한 공간이) 특정한 기운이나 소식 따위로 가득해지다. (of a certain place) Be filled with specific energy or news.

No-가 N1-로 V ↔ N1-가 No-에 V (No=[장소], [구체물], [방송물](뉴스 따위) N1=기운, 열기, 소식 따위)

사 채우다I

¶무대는 배우들의 카리스마로 가득 차 있었다. ↔ 배우들의 카리스마가 무대에 가득 차 있었다. ¶공연장은 팬들의 열기로 가득 찼다. ¶모든 신문들이 온통 한류 소식으로 가득 차 있었다. ¶연예가 뉴스는 한류 열풍으로 가득 찼다.

❺(사람의 마음이) 특정한 감정이나 느낌 따위로 가득해지다. (of a person's mind) Be filled with specific emotion or feeling.

No-가 N1-(에|로) V (No=[인간] N1=[심리상태](호기심, 슬픔 따위))

사 채우다I

연어 가득

ㅊ

¶그 소식으로 사람들은 희망에 가득 찼다. ¶장례식에 참석한 여배우가 슬픔에 차 있다. ¶그는 자신의 능력에 대해서는 자신감에 차 있다.
❻(달이) 둥근 모양으로 커지다. (of the moon) Become large and round.
No-가 V (No=달)
연어 꽉
¶오늘은 일 년 중 가장 달이 차는 날이다. ¶달이 꽉 차는 보름달 즈음엔 저 산 위로 달이 뜬다.
❼(어떤 사람이나 대상이) 마음에 흡족스럽게 들어오다. (of a person or target) Enter one's mind pleasingly.
No-가 N1-에 V (No=[인간], [구체물], [추상물] N1=마음, 눈, 성 따위)
¶오늘 본 집 중 마음에 차는 집이 없다. ¶연기 시작한 지 5년째이지만 딱히 성에 차는 역할을 얻진 못했다. ¶엄마 눈에 차는 학원은 학습 분량이 눈에 띄게 많은 곳들이다.
❽(액체가) 일정한 높이나 한계에 이르다. (of liquid) Reach a certain height or limit.
No-가 V (No=[액체](물, 비 따위))
¶간조 시간에 물이 차 그 사람들이 고립된 것으로 보인다. ¶한강 둔치에 강물이 꽉 차서 통행이 금지되었다.
No-가 N1-에 V (No=[액체](물, 비 따위) N1=[신체부위])
¶빗물이 발목에 찼다. ¶간조 시간에 물이 들어와 허리까지 물이 찼다.
❾(숨이 가빠서) 정상적으로 호흡할 있는 한계에 이르다. Reach the limit of one's normal respiration due to shortness of breath.
No-가 V (No=숨)
¶개 한 마리가 숨이 차서 헐떡거리고 있다. ¶너무 급히 뛰어왔더니 숨이 찼다.
No-가 N1-에 V (No=숨 N1=턱)
¶숨이 턱에 차서 주저앉을 때까지 달렸다. ¶숨이 턱까지 찬다.
❿(일정한 정원의 수나 빈자리가) 메워지다. (of certain capacity or empty seat) Be filled.
No-가 V (No=인원, 정원, 빈자리 따위)
사 채우다I
연어 꽉, 다
¶선착순 모집을 했더니 순식간에 인원이 다 찼다. ¶자국 선수들이 떠난 자리는 용병 선수들로 대신 찼다. ¶정원이 이미 다 차서 더 이상 수강생을 받을 수가 없다.
⓫(나이가 많아지거나 시간이 흘러서) 정해진 수치에 다다르다. Reach a designated value by becoming old or due to time elapsed.
No-가 V (No=나이, 시간 따위)
사 채우다I
연어 꽉
◆ **기가 차다** 어이가 없어 말이 안 나오다. Be left dumbfounded and speechless.
Idm
¶정말 기가 찹니다.

차다II
활용 차, 차니, 차고
타 ❶(물체를) 발로 내질러 위, 앞, 뒤 등의 방향으로 보내다. Strike an object with one's foot to send it up, forward, back, etc.
No-가 N1-를 N2-로 V (No=[인간] N1=[구체물](공, 돌, 제기 따위) N2=발, 발길질 따위)
피 차이다
¶그는 발길질로 깡통을 멀리 찼다. ¶소년은 가방을 발로 높이 찼다. ¶그는 공을 힘껏 찼다. ¶요즘은 아이들이 제기를 차고 노는 일이 별로 없다.
❷(사람이나 동물을) 발을 뻗어 치다. Strike a person or animal by stretching one's foot.
No-가 N1-를 N2-로 V (No=[인간], [동물] N1=[인간], [동물], [신체부위](배, 허리, 정강이 따위) N2=발, 발굽, 발길)
피 차이다
¶그는 상대를 발로 마구 찼다. ¶민수가 철수의 무릎을 발로 찼다. ¶말이 말발굽으로 구경꾼의 허리를 찼다. ¶화가 난 사장은 부하의 옆구리를 발길로 찼다.
❸(발로 바닥을 힘차게) 밀어내다. Powerfully push the floor with one's feet.
No-가 N1-를 V (No=[인간], [동물] N1=바닥, 수면, 출발선 따위)
¶수많은 철새들이 잔잔한 수면을 차며 날아오른다. ¶폭죽이 터지자 참가자들은 출발선을 차고 뛰어나갔다.
❹(혀를) 입천장에 붙였다가 떼는 행위를 반복적으로 하여 소리를 내다. Produce sound by repeating the behavior of attaching and letting go one's tongue on the palate.
No-가 N1-를 V (No=[인간] N1=[신체부위](혀, 혀끝))
연어 끌끌, 쯧쯧
¶판사 알기를 우습게 여기고 있다며 혀를 찼다. ¶그는 내가 못마땅한지 혀를 끌끌 찼다.
❺사귀던 연인과의 관계를 일방적으로 끊다. Abandon the lover one was seeing.
No-가 N1-를 V (No=[인간] N1=[인간])
피 차이다
¶그녀는 남자가 자신을 차기 전에 먼저 찼다. ¶그는 10년 된 애인을 차고 바로 다른 여자와

ㅊ

결혼했다.
❻(자기에게 온 좋은 기회를) 받아들이지 않고 내치다. Reject and not accept a good change that came to one.
N0-가 N1-를 V (N0=[인간] N1=기회, 복 따위)
¶그 여자가 욕심이 많아 굴러온 복을 찼다.
¶부족한 영어 실력 때문에 그 좋은 기회를 차 버린 게 몇 번인지 모른다.
◆ **공을 차다** 발로 공놀이를 하거나 축구를 하다. Play with ball using one's feet or play soccer.
N0-가 Idm (N0=[인간])
¶남학생들은 점심시간이면 어울려 공을 찼다.
¶우리 오늘 오후에 공이나 찰까?

차다III

활용 차, 차니, 차고
❶(물건을) 허리나 손목, 발목 등에 매어 달거나 걸거나 끼우다. Tie, hang, secure, or insert an item to one's waist, wrist, or ankle.
N0-가 N2-에 N1-를 V (N0=[인간] N1=수갑, 칼, 시계 따위 N2=[신체부위])
사 채우다II
¶범인은 반항 없이 손목에 수갑을 찼다. ¶발견 당시 박 씨는 전자발찌를 차고 있었다. ¶무사들은 허리에 칼을 차고 다녔다.
❷(애인을) 데리고 다니다. Take a lover and go around.
N0-가 N1-를 V (N0=[인간] N1=[인간])
¶집 나간 아버지는 어린 여자를 차고 돌아왔다.
¶그 여자는 늘 돈 많은 남자들만 차고 다닌다.
※ 속되게 쓰인다.
◆ **딴주머니를 차다** 자기 몫이 아닌 돈을 따로 빼내어 갖다. Set aside and keep the money that is not one's share.
N0-가 Idm (N0=[인간])
¶그 친구는 같이 일을 하면 늘 딴주머니를 차는 버릇이 있어.
◆ **쪽박을 차다** 돈이 한푼도 남김없이 망하다. Go broke without a penny left.
N0-가 Idm (N0=[인간])
¶젊은이들은 비트코인을 하다가 쪽박을 차기 십상이다.

차단되다

어원 遮斷~ 활용 차단되어(차단돼), 차단되니, 차단되고 대응 차단이 되다
❶(액체, 기체, 빛 따위가) 막혀서 통하지 못하게 되다. (of liquid, gas, or light) Be obstructed and become unable to flow through.
유 막히다
N0-가 N1-에 의해 V (N0=[현상](빛, 열, 소음 따위) [기체], [액체] N1=[인간|단체], [동물])
능 차단하다
¶방안은 햇빛이 차단되어서 매우 어두웠다.
¶역한 냄새와 심한 소음이 차단되니 이제 좀 살 것 같다.
❷(어떤 장소가) 다른 것과의 접촉이 불가능하도록 막히다. (of a certain place) Be blocked so that it cannot contact other things.
유 막히다
N0-가 N1-에 의해 V (N0=[장소](길, 건물, 지역, 틈, 통로 따위) N1=[인간|단체], [동물], [사물])
능 차단하다
¶수도관이 쓰레기에 의해 차단되었는지 물이 나오지 않았다. ¶전염병 발생 지역이 바리케이드에 의해 차단되었다.
N0-가 N2-(에게|에 의해) N1-와 V ↔ N1-가 N2-(에게|에 의해) N0-와 V ↔ N0-와 N1-가 N2-(에게|에 의해) V (N0=[인간|단체], [장소](길, 건물, 지역) N1=[인간|단체], [장소](길, 건물, 지역) N2=[인간|단체])
능 차단하다
¶광화문은 경찰에 의해 주변지역과 차단됐다.
↔ 주변지역은 경찰에 의해 광화문과 차단됐다.
↔ 광화문과 주변지역은 경찰에 의해 차단됐다.
¶산불 발생 지역이 빠르게 등산객들과 차단되어서 다행이다.
N0-가 N1-에게 N2-(에게|에 의해) V (N0=[인간|단체], [장소](길, 건물, 지역) N1=[인간|단체], [장소](길, 건물, 지역) N2=[인간|단체])
능 차단하다
¶범죄 현장은 경찰에 의해 바로 차단되었다.
¶범죄 현장은 외부인에게 차단되었다.
N0-가 N1-에 의해 V (N0=[행위](연락, 교류, 접촉, 교통 따위) N1=[인간|단체], [동물])
능 차단하다
¶강대국에 의해 외부와의 교류가 모두 차단되자 그 나라는 점점 쇠락해 갔다. ¶아들과의 연락이 완전히 차단되자 어머니는 뜬 눈으로 밤을 새웠다.
❸(기회나 시도가) 막혀 좌절되다. (of change or attempt) Be blocked and fall apart.
유 방해받다
N0-가 N1-에 의해 V (N0=[행위](시도, 노력 따위), [기회] N1=[인간|단체], [상태], [상황])
능 차단하다
¶그들의 시도는 시작도 하기 전에 반대파에 의해 차단되었다. ¶그는 자신의 노력이 성과를 보이기도 전에 차단되자 좌절하고 말았다.

차단시키다

어원 遮斷~ 활용 차단시키어(차단시켜), 차단시키니,

ㅊ

차단시키고 대응차단을 시키다
☞'차단하다'의 오용

차단하다

어원 遮斷~ 활용 차단하여(차단해), 차단하니, 차단하고 대응차단을 하다

타 ❶(액체, 기체, 빛 따위를) 막아서 흐르거나 통하지 못하게 하다. Block liquid, gas, or light so that it cannot flow or pass through.
㊌막다
N0-가 N1-를 V (N0=[인간|단체], [동물] N1=[현상] (햇빛, 열, 소음 따위) [기체], [액체])
피 차단되다
¶그녀는 햇빛이 너무 강해서 커튼으로 햇빛을 차단했다. ¶그들은 연주 활동을 하기 위해서 우선 연습실의 소음을 차단하기 위한 공사를 했다.

❷(어떤 장소를) 다른 것과의 접촉을 못하게 막다. Block a certain place so that it cannot contact other things.
㊌막다
N0-가 N1-를 V (N0=[인간|단체], [동물] N1=[장소] (길, 건물, 지역, 틈, 통로 따위), [지역](주변, 안, 밖 따위))
피 차단되다
¶그들은 오염수가 더 이상 침투하지 못하게 수로를 차단했다. ¶당국은 전염병 발생 의심 지역을 차단했다. ¶대규모 거리 공연이 열리는 관계로 경찰이 이 부근의 모든 도로를 차단했다.
N0-가 N1-를 N2-와 V ↔ N0-가 N2-를 N1-와 V ↔ N0-가 N1-와 N2-를 V (N0=[인간|단체], [장소] (길, 건물, 지역) N1=[인간|단체], [장소](길, 건물, 지역) N2=[인간|단체], [장소](길, 건 물, 지역), [지역](주변, 안, 밖 따위))
피 차단되다
¶경찰들은 광화문을 주변지역과 차단했다. ↔ 경찰들은 주변지역을 광화문과 차단했다. ↔ 경찰들은 광화문과 주변지역을 차단했다. ¶정부는 산불 발생 지역을 등산객들과 차단하기 위해 대책을 마련하기에 바빴다.
N0-가 N1-를 N2-(에서|에게서) V (N0=[인간|단체] N1=[인간|단체], [장소](길, 건물, 지역) N2=[인간|단체], [장소](길, 건물, 지역), [지역](주변, 안, 밖 따위))
피 차단되다
¶군부대는 이 지역을 적에게서 차단하기 위해 대책을 마련했다. ¶정부는 여행객들을 폭동이 일어난 지역으로부터 차단했다.
N0-가 N1-를 V (N0=[인간|단체], [동물] N1=[행위] (연락, 교류, 접촉, 교통 따위))
피 차단되다
¶훈련 기간에 사단장은 외부와의 연락을 모두 차단했다. ¶현대 사회에서는 외부와의 교류를 차단하고 살아가기 어렵다.

❸기회를 살리거나 시도를 하지 못하게 막다. Block someone so that the person cannot cherish opportunity or attempt action.
N0-가 N1-를 V (N0=[인간|단체], [상태], [상황] N1=[행위](시도, 노력 따위), [기회])
피 차단되다
¶사회가 자라나는 학생들의 참신한 노력 자체를 차단해서는 안 된다. ¶일부 위원들이 그들의 새로운 시도를 아예 차단해 버렸다.

차려입다

활용 차려입어, 차려입으니, 차려입고

타 (옷을) 신경 써서 제대로 잘 갖추어 입다. Properly and carefully put on clothes well.
㊌빼입다 ㊋입다[1]
N0-가 N1-를 V (N0=[인간] N1=[옷](양복, 한복 따위))
연어 잘, 제대로, 예쁘게, 멋지게
¶그는 항상 양복을 잘 차려입고 다닌다. ¶수미가 드레스를 예쁘게 차려입고 공손하게 큰 절을 했다.

차리다 I

활용 차리어(차려), 차리니, 차리고 【구어】

타 ❶(음식 따위를) 먹을 수 있게 장만하여 갖추다. Prepare and secure food to eat.
㊌마련하다, 내놓다
N0-가 N1-를 V (N0=[인간] N1=[음식], 잔칫상 따위)
피 차려지다
¶그는 아내를 위해 저녁을 차렸다. ¶나는 몸살 기운이 있어 남편이 차려다 주는 밥을 먹었다. ¶잔칫상을 차리는 것이 여간 힘든 일이 아니다.

❷(음식 따위를) 상에 장만하여 갖추다. Prepare and secure food on a table.
㊌마련하다, 내놓다
N0-가 N1-를 N2-에 V (N0=[인간] N1=[음식] N2=밥상, 잔칫상 따위)
¶나는 햇나물을 밥상에 차려 내었다. ¶우리는 새로 수확한 과일을 잔칫상에 차렸다.
N0-가 N1-를 V (N0=[인간] N1=[음식], 잔칫상 따위)
¶그는 아내를 위해 저녁을 차렸다. ¶우리는 손님을 위해 맛있는 음식을 가득 차렸다. ¶나는 몸살 기운이 있어 남편이 차려다 주는 밥을 먹었다.
N0-가 N1-를 V (N0=[인간] N1=[음식], 잔칫상 따위)
¶그는 아내를 위해 저녁을 차렸다. ¶우리는 손님을 위해 맛있는 음식을 가득 차렸다. ¶나는 몸살 기운이 있어 남편이 차려다 주는 밥을 먹었다.

❸(상을) 어떤 음식으로 거의 대부분을 준비하다. Prepare most of the table with some food.
㊌마련하다, 준비하다

ㅊ

No-가 N1-를 N2-로 V (No=[인간] N1=밥상 따위 N2=[음식])
¶나는 채식주의자를 위해 밥상을 나물 반찬으로 차렸다. ¶그는 고기 요리로 상을 차렸다.
No-가 N1-를 V (No=[인간] N1=[음식], 잔칫상 따위)
¶그는 아내를 위해 저녁을 차렸다. ¶우리는 손님을 위해 맛있는 음식을 가득 차렸다.
No-가 N1-를 V (No=[인간] N1=[음식], 잔칫상 따위)
¶우리는 손님을 위해 맛있는 음식을 가득 차렸다. ¶나는 몸살 기운이 있어 남편이 차려다 주는 밥을 먹었다.
❹(가게나 살림 따위를) 갖추어 벌이다. Secure and earn for family budget, housekeeping, etc.
[유]내다II, 열다II, 개업하다, 마련하다
No-가 N1-를 V (No=[인간] N1=[상업건물], 살림, 신방)
¶많은 사람들이 회사를 그만 두고 치킨집을 차렸다고 한다. ¶그가 새 살림을 차렸다는 소문이 돌고 있다. ¶우리는 학교 근처에 신방을 차렸다.

차리다II

[활용]차리어(차려), 차리니, 차리고
[타]❶(기운이나 정신을) 가다듬어 본래의 상태를 되찾다. Gather one's energy, spirit, etc., to regain the original state.
[유]회복하다 [반]잃다
No-가 N1-를 V (No=[인간] N1=기운, 기력, 정신 따위)
¶나는 기력을 차려기 위해 보양식을 먹었다. ¶나는 이틀을 꼬박 앓은 다음 정신을 차렸다.
❷예의나 격식을 갖추다. Secure respect, manner, etc.
No-가 N1-를 V (No=[인간] N1=예의, 격식, 체면 따위)
¶우리는 예의를 차려 그를 대접하였다. ¶그들은 필요 이상으로 격식을 차렸다. ¶나는 체면을 차리기 위해 음식 값을 계산하였다.
❸(이익이나 욕심을) 따져 채우려 하다. Calculate and try to fulfill profit or greed.
[유]채우다I
No-가 N1-를 V (No=[인간] N1=[이익], 욕심 따위)
¶그는 자신의 이익만 차리는 사람이었다. ¶너처럼 실속만 차리면 사람들이 떠난다.
❹(낌새나 눈치를) 짐작하여 알다. Assume and know vibe or look.
[상]느끼다 [유]감지하다, 눈치를 채다
No-가 N1-를 V (No=[인간] N1=낌새, 눈치 따위)
¶그는 수상한 낌새를 차리고 벌써 이곳을 떠났다. ¶내가 진작 눈치를 차렸어야 했는데.
❺해야 할 일을 준비하거나 그 일의 방법을 찾다. Prepare for a thing that needs to be done or find a way to do it.
No-가 N1-를 V (No=[인간] N1=준비, 채비)
¶나는 결혼식 갈 준비를 차리고 있었다. ¶우리는 식사할 준비를 차려 로비에서 만나기로 하였다.

차별되다

[어원]差別~ [활용]차별되어(차별돼), 차별되니, 차별되고 [대응]차별이 되다
[자](어떤 것이) 비교 대상이 되는 것과 다른 점이 완연히 나타나다. (of something) Show clear difference from another thing being compared.
[유]차별화되다, 구별되다
No-와 N1-가 N2-에서 V ↔ N1-와 No-가 N2-에서 V ↔ No-가 N1-와 N2-에서 V (No=[사물], [추상물] N1=[사물], [추상물] N2=[속성], [분야])
¶이 화가와 저 화가는 채색 스타일에서 뚜렷이 차별된다. ↔ 저 화가와 이 화가는 채색 스타일에서 뚜렷이 차별된다. ↔ 이 화가는 저 화가와 채색 스타일에서 뚜렷이 차별된다. ¶눈으로 보아서는 두 사람의 필적이 차별되지 않는다. ¶이 두 컴퓨터는 성능은 비슷하나 가격에서 차별된다.

차별받다

[어원]差別~ [활용]차별받아, 차별받으니, 차별받고 [대응]차별을 받다
[자](어떤 기준에 따라) 누군가에게 남과 다른 대우를 받다. Be treated differently from others by someone in accordance with a criterion.
[반]우대받다
No-가 N1-(에|에게) V (No=[인간|단체] N1=[인간|단체])
[능]차별하다
¶한국에 온 이주 노동자들이 기업주들에게 차별받고 있다. ¶직장 생활에서 여성들은 알게 모르게 차별받는다고 한다.
※일반적으로 부당한 대우를 말할 때 많이 쓰인다.

차별하다

[어원]差別~ [활용]차별하여(차별해), 차별하니, 차별하고 [대응]차별을 하다
[타](대상을) 어떤 기준에 따라 구분하여 다르게 대우하다. Handle objects in different ways after classifying them according to a criterion.
[반]우대하다
No-가 N1-를 V (No=[인간|단체] N1=[사물], [추상물])
[피]차별받다
¶한 세기 전만 해도 모든 나라에서 인종에 따라 인간을 차별하는 것이 일상적이었다. ¶남자와 여자를 차별하려는 생각을 가진 사람이 아직 우리 사회에는 적지 않다.

※일반적으로 부당한 대우를 말할 때 많이 쓰인다.

차용하다

어원 借用~ 활용 차용하여(차용해), 차용하니, 차용하고 대응 차용을 하다

❶(물건이나 재화 따위를) 다른 곳에서 갚을 것을 생각하고 우선 빌리어 쓰다. Borrow (goods or money from somewhere) first with the intention to pay it back later.

유 빌리다I, 대출하다

N0-가 N2-(에서|에게서) N1-을 V (N0=[인간|단체] N1=[사물], [금전] N2=[인간|단체])

¶네가 차용한 경비가 자그마치 100만 원이다. ¶빚이 많아서 금융권에서 더 차용할 수 있을지 모르겠다.

❷(내용이나 형식 따위를) 다른 곳에서 받아들여 사용하다. Derive (content or form) from somewhere and use.

유 빌리다II, 가져오다

N0-가 N1-를 V (N0=[인간|단체] N1=[추상물])

피 차용되다I

¶이번 드라마에는 영화 촬영 기법을 차용해 보았다. ¶영어에는 다른 언어에서 차용한 단어가 많이 쓰인다.

차이다

활용 차여, 차이니, 차이고 준 채다

자 ❶(물체가) 사람의 발에 힘껏 맞다. (of an object) Be powerfully struck by a person's foot.

N0-가 N1-(에|에게) V (N0=[사물](공, 깡통, 돌 따위) N1=[인간], [신체부위](발, 발길질 따위))

능 차다II

¶공은 골키퍼의 발에 힘껏 차여 상대편 진영으로 날아갔다. ¶그의 강한 발길질에 차인 깡통이 저 멀리 날아갔다.

❷(사람이나 동물이) 다른 사람이나 동물의 발에 강하게 접촉되어 맞다. (of a person or animal) Be struck by another person or animal.

유 까이다

N0-가 N2-(에|에게) N1-를 V (N0=[인간], [동물] N1=[신체부위](배, 허리, 정강이 따위) N2=[인간], [동물], 발, 발굽, 발길)

능 차다II

¶고양이는 주인에게 배를 차이자 요란한 울음소리를 냈다. ¶말을 구경하러 갔다가 말발굽에 허리를 차였다.

❸(발이나 장애물에) 걸려 부딪히다. Slam into a foot or obstacle due to hindrance.

유 부딪히다, 걸리다

N0-가 N1-에 V (N0=[인간], [사물] N1=[사물](돌부리 따위))

¶낯선 산에 가는 등산객은 돌부리에 차여 넘어지지 않도록 조심해야 한다. ¶앞을 제대로 보지 않고 걷다가 돌에 차여 넘어질 뻔했다.

N0-가 N1-에 V (N0=[사물](돌부리, 쓰레기 따위) N1=[신체부위](발), 발길 따위)

¶먼지가 휘날리고 온갖 쓰레기가 발길에 차였다. ¶돌부리가 너무 많이 발에 차여 제대로 걸을 수가 없다.

❹(사귀던 연인에게) 일방적으로 버림받다. Be abandoned by the lover.

유 버림받다, 실연당하다, 헤어지다

N0-가 N1-에게 V (N0=[인간] N1=[인간])

능 차다II

¶그 가수는 잘난 척 하다가 보기 좋게 여자친구에게 차였다. ¶애인에게 차인 느낌은 직접 겪어봐야 알 수 있다.

※속되게 쓰인다.

차지하다

활용 차지하여(차지해), 차지하니, 차지하고 대응 차지를 하다

타 ❶(사람이나 단체가) 어떤 물건이나 건물 따위를 자기 소유 또는 권리로 만들다. (of a person or an organization) Make a thing or a building his or its possession or right.

유 점유하다, 소유하다, 빼앗다

N0-가 N1-를 V (N0=[인간|단체] N1=[사물])

¶철수는 그 회사를 차지하기 위해 수단과 방법을 가리지 않았다. ¶건설사들이 이곳 땅을 차지하기 위해 많은 투자를 하고 있다.

❷(사람이나 단체가) 어떤 힘이나 권력 따위를 자기 것으로 만들다. (of a person or an organization) Make power or influence his or its own.

유 장악하다

N0-가 N1-를 V (N0=[인간|단체] N1=[권력])

¶이방원이 조선의 실권을 차지했다. ¶그 남자는 절대 권력을 차지하고 사람들을 괴롭혔다.

❸(사람이나 물건 따위가) 어떤 공간의 일부를 이루다. (of a person or a thing) Be a part of a space.

유 점유하다

N0-가 N1-를 V (N0=[인간], [사물] N1=공간, 자리 따위)

¶중학생들이 자리를 모두 차지하고 앉아 있다. ¶이 제품은 공간을 많이 차지하지 않아서 좋다.

❹(어떤 대상이) 일정한 비중이나 비율을 이루다. (of an object) Constitute a definite importance or ratio.

N0-가 N1-를 V (N0=[모두] N1=[수량], [크기], [부분])

¶참고서 시장이 국내 도서 시장의 절반을 차지하고 있다. ¶40대 이상 여성이 우울증 환자의 절반 이상을 차지하는 것으로 나타났다. ¶전체 생활비 가운데 교육비가 적지 않은 비중을 차지하고 있다. ¶지난해 신규 취업자 가운데 중장년층이 과반수를 차지했다.

❺(사람이나 단체가) 어떤 경기나 대회에서 경쟁하여 어떤 결과를 얻다. (of a person or an organization) Achieve a result in a game or a competition.

[유]획득하다

N0-가 N1-를 V (N0=[인간|단체] N1=우승, 정상, 타이틀 따위)

¶우리 팀이 전국대회 우승을 차지했다. ¶한국이 중국을 2위로 밀어내고 1위를 차지했다. ¶강동훈 선수가 천하장사 타이틀을 차지했다.

❻(사람이나 단체가) 어떤 기관이나 조직 따위에서 일정한 직책이나 역할을 얻어 가지다. (of a person or an organization) Take on a definite position or role in an organization or a system.

N0-가 N1-를 V (N0=[인간|단체] N1=[직책])

¶그 남자가 회장직을 차지하지 못하도록 우리가 견제해야 한다. ¶현장 경험이 풍부한 직원들이 정작 인사에선 주요 요직을 차지하지 못했다.

차치하다

[어원]且置~ [활용]차치하여(차치해), 차치하니, 차치하고 [대응]차치를 하다

[타](무언가를) 관심에서 제외하고 문제시하지 않다. Exclude something from one's interests and take it for granted.

[유]제외하다, 배제하다

N0-가 N1-를 V (N0=[인간|단체] N1=[추상물], [상태])

¶여러 가지를 한꺼번에 고려하기는 어려우니 복잡한 문제는 차치해 둡시다. ¶우리는 지나간 실수는 차치하고 앞으로의 대책에 대해 논의하기로 했다.

※ 주로 '차치하고'의 형태로 쓰인다.

착각하다

[어원]錯覺~ [활용]착각하여(착각해), 착각하니, 착각하고 [대응]착각을 하다

[자타](어떤 대상을) 다른 것으로 잘못 느끼거나 알다. Make a mistake or cause misunderstanding about an object.

N0-가 N1-를 N2-(와|로) V (N0=[인간|단체] N1=[사물], [추상물] N2=[사물], [추상물])

¶나는 오늘을 수요일로 착각했다. ¶그는 모르는 사람을 친구와 착각하여 말을 걸었다.

N0-가 S고 V (R1) (N0=[인간|단체])

¶그는 집착이 사랑이라고 착각하고 있었다. ¶나는 잠시 풀린 날씨에 봄이 왔다고 착각했다.

착공되다

[어원]着工~ [활용]착공되어(착공돼), 착공되니, 착공되고 [대응]착공이 되다

[타](다리나 건물 따위가) 짓기 시작되다. (of the construction of a bridge or a building) Get started.

[유]기공되다, 공사가 시작되다 [반]완공되다

N0-가 N1-를 V (N0=[인간|단체] N1=[건물], [다리], [도로], [행위])

[능]착공하다

¶기념관 건립이 착공되었다. ¶아파트 세 동이 새로이 착공되었다.

착공하다

[어원]着工~ [활용]착공하여(착공해), 착공하니, 착공하고 [대응]착공을 하다

[타](다리나 건물 따위를) 짓기 시작하다. Start the construction of a bridge or building.

[유]기공하다, 공사를 시작하다 [반]완공하다

N0-가 N1-를 V (N0=[인간|단체] N1=[건물], [다리], [도로], [행위])

[피]착공되다

¶복지관을 착공한 기념으로 축하 행사를 마련했다. ¶건설사가 오늘 수력발전소를 착공했다.

착근되다

[어원]着根~ [활용]착근되어(착근돼), 착근되니, 착근되고 [대응]착근이 되다

[자]☞ 착근하다

착근하다

[어원]着根~ [활용]착근하여(착근해), 착근하니, 착근하고 [대응]착근을 하다

[자](옮겨 심거나 새로 심은 식물이) 뿌리를 내리다. (of a plant that has been transplanted or newly planted) Put down roots.

[유]뿌리를 내리다

N0-가 V (N0=[식물])

¶새로 심은 모가 잘 착근했다.

착륙하다

[어원]着陸~ [활용]착륙하여(착륙해), 착륙하니, 착륙하고 [대응]착륙을 하다

[자](비행기 따위가) 지상에 내려앉다. (of an airplane) Come down to the ground.

[반]이륙하다

N0-가 N1-에 V (N0=[비행기] N1=[장소](활주로, 공항 따위))

[사]착륙시키다

¶비행기가 활주로에 안전하게 착륙했다. ¶탐사선이 달 표면에 착륙하자 사람들은 환호성을 질렀다.

착수하다
어원 着手~ 활용 착수하여(착수해), 착수하니, 착수하고 대응 착수를 하다
자타 (어떤 일을) 갓 시작하다. Start a work.
㊥시작하다
No-가 N1-(에|를) V (N0=[인간|단체] N1=[추상물], [상태])
¶신임 시장은 공약대로 환경 보전 사업에 착수하였다. ¶예정한 기일이 지났는데도 시공사가 아직 공사에 착수하지 않았다.

착안하다
어원 着眼~ 활용 착안하여(착안해), 착안하니, 착안하고 대응 착안을 하다
자 (어떤 점에) 주의하여 실마리로 삼다. Take something as a clue, paying attention to its certain feature.
㊥착상하다
No-가 N1-에 V (N0=[인간|단체] N1=[모두])
¶그는 수학 문제를 풀기 위해 공식의 원리에 착안했다. ¶아저씨는 학교 앞이라는 점에 착안해서 문방구를 개업하셨다.
No-가 S(것|데)-에 V (N0=[인간|단체])
¶노인이 많아진다는 데 착안해서 관련 사업을 준비하고 있다. ¶휴식을 원하는 직장인들이 있다는 데 착안하여 수면실을 만들었다.

착용되다
어원 着用~ 활용 착용되어(착용돼), 착용되니, 착용되고 대응 착용이 되다
자 (옷이나 장신구 따위가) 몸에 맞도록 꿰이거나 얹히다. (of clothes or ornament) Be put on by fitting to the body.
㊥패용되다, 달리다
No-가 V (N0=[착용물])
능 착용하다
¶오늘은 파란색 브로치가 총리의 옷에 착용되었다. ¶교복이 제대로 착용되었는지 네가 한번 봐 주어라.

착용하다
어원 着用~ 활용 착용하여(착용해), 착용하니, 착용하고 대응 착용을 하다
타 (옷이나 장신구 따위를) 몸에 맞도록 꿰거나 얹다. Put on clothes or ornament.
㊥패용하다, 달다 ㊥벗다 ㊥걸다, 끼다, 신다, 쓰다, 입다, 차다
No-가 N1-를 V (N0=[인간] N1=[착용물])
피 착용되다 사 착용시키다
¶다들 규정에 맞게 제복을 착용하길 바란다. ¶그 선수는 새로 산 신발을 착용하고 경기에 나섰다.

착지하다
어원 着地~ 활용 착지하여(착지해), 착지하니, 착지하고 대응 착지를 하다
자 ❶공중에서 땅으로 내리다. Fall to the ground from the air.
No-가 N1-에 V (N0=[비행기], 낙하산 따위 N1=[장소](바닥, 땅 따위), [구체물])
¶낙하산들이 목표 지점에 착지했다. ¶비행기가 활주로에 안전하게 착지했다.
❷공중에서 땅으로 내리다. Fall to the ground from the air.
No-가 N1-에 V (N0=[인간] N1=[장소](마루 따위))
¶그 체조 선수는 안정적으로 착지하여 박수를 받았다. ¶그는 고난도 동작 후에 마루에 잘 착지하였다.

찬동하다
어원 贊同~ 활용 찬동하여(찬동해), 찬동하니, 찬동하고 대응 찬동을 하다
자타 (어떤 생각, 주장, 제안이나 제도 따위에) 뜻을 같이하다. Share intention with a certain thought, statement, suggestion or system.
㊥찬성하다, 동의하다, 동조하다 ㊥반대하다, 불찬성하다
No-가 N1-(에|를) V (N0=[인간|단체] N1=[앎], [제도], [법률], [연설], [회의], [행사])
연어 적극
¶그 사람들은 우리 의견에 적극 찬동하였다.

찬성하다
어원 贊成~ 활용 찬성하여(찬성해), 찬성하니, 찬성하고 대응 찬성을 하다
자타 (어떤 생각, 주장, 제안이나 제도 따위에) 뜻을 같이하다. Share intention with a certain thought, statement, suggestion or system.
㊥동의하다, 동조하다 ㊥반대하다, 불찬성하다
No-가 N1-(에|를) V (N0=[인간|단체] N1=[앎], [제도], [법률], [연설], [회의], [행사])
연어 적극
¶주민들은 재개발 사업에 찬성하는 분위기다. ¶과반수의 주민들이 재개발 사업을 찬성하고 있다.
No-가 (S데-에|S것-을) V (N0=[인간|단체])
¶너는 원전을 건설하는 데에 찬성하니?
¶아파트 주민들은 자신이 사는 아파트를 리모델링하는 것을 찬성하였다.

찬양하다
어원 讚揚~ 활용 찬양하여(찬양해), 찬양하니, 찬양하고 대응 찬양을 하다
타 ❶(어떤 사람이나 대상의 훌륭한 면, 또는 아름다운 면을) 크게 드높여 칭찬하다. Compliment a person or target by regarding excellence or beauty very highly.

㊀기리다, 예찬하다, 칭송하다, 칭찬하다 ㊁비난하다, 비방하다
No-가 N1-를 V (No=[인간|단체] N1=[인간|집단])
¶사람들은 모두 지도자를 찬양했다.
No-가 N1-를 V (No=[인간|단체] N1=[행위], [속성](인품, 천재성 따위))
¶제자들은 스승의 학덕과 인품을 찬양했다.
¶세종은 선조들의 공덕을 찬양하고 이를 보급시키려고 했다.
❷(신적인 존재나 그의 행위 따위를) 기리어 칭송하다. Praise and compliment a divine figure or its activity.
㊀찬송하다, 찬미하다
No-가 N1-를 V (No=[인간|단체] N1=[영적존재])
¶그는 하느님을 찬양하며 살고자 하였다. ¶주님을 찬양하고 주님께 기도하라.
No-가 N1-를 V (No=[인간|단체] N1=[행위], [추상물])
¶그는 설교를 통해 예수의 사랑을 찬양했다.
¶밤이 되면 스님들이 부처의 공덕을 찬양하는 노래를 읊었다.

참가하다

어원參加~ 활용참가하여(참가해), 참가하니, 참가하고 대응참가를 하다
자❶(사람이나 단체가) 모임이나 단체 또는 일 따위에 관계하여 함께하다. Get involved in a gathering, an organization, or a task.
㊀참여하다, 참석하다 ㊁기권하다, 빠지다
No-가 N1-에 V (No=[인간|단체] N1=[추상물](일, 모임, 대회, 행사, 토론, 시위, 전투, 반란 따위))
¶학생들이 모두 축제에 참가하였다. ¶강 일병은 이번에 처음으로 전투에 참가하게 되었다. ¶영수는 댄스경연대회에 참가하려고 열심히 연습하고 있다.
No-가 N1-에 N2-로 V (No=[인간|단체] N1=[추상물](일, 축제, 모임, 수업, 대회, 행사, 토론 따위) N2=[인간])
¶그는 월드시리즈에 한국 대표로 참가하였다.
¶나는 사회자로 토론에 참가하게 되었다.
❷ 【법률】 어떤 법률관계에 당사자 이외의 제삼자가 관여하다. (of a third party) Be involved in a certain legal relationship in addition to the parties involved.
No-가 N1-에 V (No=[인간|단체] N1=소송)
¶소송 고지서를 받은 경우 반드시 소송에 참가해야 합니까? ¶회원정보 유출 사건에 14만 6000명이 소송에 참가했다.

참견하다

어원參見~ 활용참견하여(참견해), 참견하니, 참견하고 대응참견을 하다
자(자기와 관계가 없는 남의 일에) 끼어들어 이래라저래라 간섭하거나 잘 아는 체를 하다. Interfere by telling what to do or pretend to know by interrupting someone's business that has nothing to do with oneself.
㊀끼어들다, 간섭하다, 개입하다 ㊁방관하다, 오불관하다
No-가 N1-에 V (No=[인간|단체] N1=[일], [행위], [행사], [방법])
¶왜 당신이 우리 집안일에 참견하세요? ¶의회가 시장의 업무 처리 방식에 참견하는 것은 문제가 있다고 봅니다. ¶정부가 사립 학교 경영에 참견하면 학교의 자율권이 손상됩니다.
No-가 (S데|S것)-에 V (No=[인간|단체])
¶남녀가 만나고 헤어지는 데에 타인이 나서서 참견할 일은 아니다.

참고되다

어원參考~ 활용참고되어(참고돼), 참고되니, 참고되고 대응참고가 되다
자(어떤 자료가) 논리를 전개하거나 일을 결정하는 데에 근거로 이용되다. (of data) Become grounds and considered.
㊀감안되다
No-가 N1-(에|에게) V (No=[모두] N1=[모두])
능참고하다
¶당시 자료는 학자들에게 귀중하게 참고된다.
¶참고된 문서의 목록은 마지막에 밝혀져 있다.
¶애석하게도 그의 의견은 참고되지 않았다.

참고하다

어원參考~ 활용참고하여(참고해), 참고하니, 참고하고 대응참고를 하다
타(어떤 자료를) 논리를 전개하거나 일을 결정하는 데에 근거로 이용하다. Think (about something) with grounds (of data).
㊀감안하다
No-가 N2-에 N1-를 V (No=[인간|단체] N1=[모두] N2=[모두])
피참고되다
¶이번 투자 건에 내 말을 참고해서 결정을 내려라.
¶꿀벌의 행동을 참고하면 정보를 얻을 수 있다.
No-가 S데-에 N1-를 V (No=[인간|단체] N1=[구체물], [추상물])
¶유실수를 재배하는 데에 이 책을 참고하면 좋다.

참다

활용참아, 참으니, 참고
타❶(감정이나 생리적 욕구 및 그 발산을) 힘써 버티어 억누르다. Withstand and suppress emotion, physiological desire, and its release

with effort.
[유]인내하다, 억누르다
N0-가 N1-를 V (N0=[인간] N1=[감정], [동작](웃음, 울음 따위), [생리현상])
¶지현이는 아이들 앞에서 화를 참았다. ¶아무리 졸음을 참아도 결국 버티지 못한다. ¶하품을 참는 데도 한계가 있다.
N0-가 S것-을 V (N0=[인간])
¶숙영이는 슬퍼지려 하는 것을 꾹 참았다. ¶지금은 우울한 것을 참고 일해야 할 때이다.
❷(신체적·정신적·상황적인 고통을) 견디어 이기다. Withstand and overcome physical, emotional, and situational pain.
[유]인내하다, 견디다
N0-가 N1-를 V (N0=[인간] N1=고통, 아픔, 통증, 배고픔, 굶주림 따위)
¶그는 탈락의 아픔도 참고 다시 도전하기로 했다. ¶배고픔을 참는 나날이 있었기에 성장할 수 있었다. ¶어린아이는 굶주림을 참기 힘들어했다.
N0-가 S것-을 V (N0=[인간])
¶그는 추운 것도 참고 일했다. ¶동생은 졸린 것은 참아도 배고픈 것은 못 참는다.
❸(일정한 기간을) 버티며 기회나 시기를 기다리다. Withstand a certain period and wait for an opportunity or time.
[유]버티다, 시간을 보내다
N0-가 N1-를 V (N0=[인간] N1=[시간])
¶현준이는 적금이 만기될 때까지 3년을 참았다. ¶몇 달만 더 참으면 여기서 나갈 수 있다. ¶일주일은 겨우 참았지만 이제는 안 되겠다.

참석하다
[어원]參席~ [활용]참석하여(참석해), 참석하니, 참석하고 [대응]참석을 하다
[자](행사나 모임, 회의 등의 자리에) 가서 함께하다. Be present at an event, a meeting, or a conference.
[유]참여하다, 임석하다, 출석하다 [반]불참하다, 빠지다
N0-가 N1-에 V (N0=[인간] N1=[행사], [회의])
[사]참석시키다
¶많은 하객들이 동생 결혼식에 참석했다. ¶일부 수상자들이 시상식에 참석하지 못했다. ¶나는 갑자기 일이 생겨서 회의에 참석할 수 없었다.

참여하다
[어원]參與~ [활용]참여하여(참여해), 참여하니, 참여하고 [대응]참여를 하다
[자](함께 할 수 있는 모임이나 행사에) 들어가 관계하다. Enter a group or event and form relationship with people who one can work with.
[유]참가하다, 참석하다, 관여하다 [반]불참하다
N0-가 N1-에 V (N0=[인간|단체], [추상물](자본 따위) N1=[행위], [단체])
[사]참여시키다
¶주민들은 환경 운동에 적극적으로 참여했다. ¶아이들이 자신이 속한 놀이 공동체에 참여해 신나게 놀았다. ¶새마을 운동에 주민들이 자발적으로 참여한 것이 성공의 비결이다.
N0-가 S데에 V (N0=[인간|단체])
[사]참여시키다
¶주민들이 지역 이기주의를 내세우는 데만 참여해서는 안 되지요. ¶학생들이 환경을 보존하는 데에 대거 참여했다.

참작되다
[어원]參酌~ [활용]참작되어(참작돼), 참작되니, 참작되고 [대응]참작이 되다
[자](어떤 일을 결정하거나 판단할 때) 어떤 사실이 알맞게 고려되다. Be carefully considered about when deciding on something or performing.
[유]배려되다, 숙고되다, 고려되다
N0-가 V (N0=[추상물](문제, 가능성, 시간, 권리 따위))
[능]참작하다
¶여러 사정이 참작되어 결론이 날 것이다. ¶일기 상황이 참작되어 일정이 연기되었다.
(S것|S음)-이 N0-에서 V (N0=[행위](판결, 심사, 판단 따위))
[능]참작하다
¶고의성이 없었다는 것이 판결에서 참작되었다. ¶부상을 입고 있었음이 참작되었다.

참작하다
[어원]參酌~ [활용]참작하여(참작해), 참작하니, 참작하고 [대응]참작을 하다
[타](어떤 일을 결정하거나 판단할 때) 어떤 사실을 알맞게 고려하다. Consider carefully something (when making a decision or judgment).
[유]배려하다, 숙고하다, 고려하다
N0-가 N1-를 V (N0=[인간|단체] N1=[추상물](입장, 사건, 여건, 날짜 따위), [행위](청, 파병, 사퇴, 개발 따위))
[피]참작되다
¶판사는 피고의 딱한 사정을 참작했다. ¶우리는 네 견해를 참작해서 결론을 내렸다.
N0-가 (S것|S음)-을 V (N0=[인간|단체])
[피]참작되다
¶그가 해외에 있다는 것을 참작하면 대단한 선전이다. ¶그가 와병중임을 참작하고 있다.

창간되다
[어원]創刊~ [활용]창간되어(창간돼), 창간되니, 창간되

고 [대응]창간이 되다
[자](정기간행물이) 간행되기로 결정되어 첫 호가 나오다. (of periodical) Be published as the first issue.
㉯폐간되다
N0-가 V (N0=[책](신문, 잡지 등))
[능]창간하다
¶이 월간 잡지는 1990년 1월에 창간되었다. ¶이것이 올해 창간된 잡지의 목록이다.

창간하다

[어원]創刊~ [활용]창간하여(창간해), 창간하니, 창간하고 [대응]창간을 하다
[타](정기간행물을) 내기로 결정하고 첫 호를 펴내다. Publish the first issue of a periodical.
㉯폐간하다
N0-가 N1-를 V (N0=[인간|단체] N1=[책](신문, 잡지 등))
[피]창간되다
¶우리 회사는 올해 4월1일자로 신문을 창간했다. ¶그 부호는 사람들의 취미를 다룰 잡지를 창간하기로 했다. ¶그 기업은 올해 여러 종류의 간행물을 창간했다.

창립되다

[어원]創立~ [활용]창립되어(창립돼), 창립되니, 창립되고 [대응]창립이 되다
[자]☞창설되다

창립하다

[어원]創立~ [활용]창립하여(창립해), 창립하니, 창립하고 [대응]창립을 하다
[타]☞창설하다

창설되다

[어원]創設~ [활용]창설되어(창설돼), 창설되니, 창설되고 [대응]창설이 되다
[자](기관이나 단체 등이) 처음으로 만들어지거나 세워지다. (of an institution or organization) Be created or built for the first time.
㊀창립되다, 창건되다
N0-가 N1-에 의해 V (N0=[단체](기관 따위) N1=[인간|단체])
[능]창설하다
¶이 기관은 사회사업에 관심을 갖고 있던 한 한국인에 의해 창설되었다. ¶육군훈련소는 전쟁이 한참이었던 1951년 11월 1일에 창설되었다. ¶이 기관은 소비자, 소매업자, 농민 사이의 대화를 용이하게 하게 하기 위해 창설되었다.

창설하다

[어원]創設~ [활용]창설하여(창설해), 창설하니, 창설하고 [대응]창설을 하다
[타](기관이나 단체 등을) 처음으로 만들거나 세우다. Create or build an institution or organization for the first time.
㊀창립하다, 신설하다
N0-가 N1-를 V (N0=[인간|단체] N1=[단체](기관 따위))
[피]창설되다, [사]창설시키다
¶교장선생님은 학생들의 성취감을 돋우기 위해 축구부를 창설했다. ¶학교는 후원금으로 교육지원실을 창설했다.

창안되다

[어원]創案~ [활용]창안되어(창안돼), 창안되니, 창안되고 [대응]창안이 되다
[자](어떤 사물이나 방안 따위가) 처음으로 떠올려지다. (certain object or measure) Be recalled for the first time.
㊀고안되다, 창출되다
N0-가 V (N0=[사물], [방법], [의견], [계획])
[능]창안하다
¶나라별 기준을 통일하기 위해 국제 표준이 창안되었다. ¶이번에 창안된 계획이야말로 유용할 것이다.

창안하다

[어원]創案~ [활용]창안하여(창안해), 창안하니, 창안하고 [대응]창안을 하다
[타](어떤 사물이나 방안 따위를) 처음으로 떠올려내다. Come up with an object or an idea for the first time.
㊀고안하다, 창출하다, 제안하다
N0-가 N1-를 V (N0=[인간|단체] N1=[사물], [방법], [의견], [계획])
[피]창안되다
¶최근에는 그가 창안한 방식이 널리 사용되고 있다. ¶신제품의 기능은 어느 한 사람이 창안한 것이 아니다.

창작되다

[어원]創作~ [활용]창작되어(창작돼), 창작되니, 창작되고 [대응]창작이 되다
[자] ❶(새로운 것이) 최초로 만들어지다. (of something new) Be created for the first time.
N0-가 V (N0=[사물], [추상물])
[능]창작하다
¶이 만화는 아동 교육을 위해 창작된 것이다. ¶예산만 풍부하면 다양한 프로그램들이 창작될 수 있다.
❷(문학, 음악, 미술 따위 영역의 작품이) 창의적으로 새로 만들어지다. (of a work of literature, music, or art) Be newly produced creatively.
㊀창조되다, 창제되다
N0-가 N1-에 의해 V (N0=[문학작품](소설, 작품,

ㅊ

시가 따위), [작품](디자인, 뮤지컬 따위) N1=[인간])
능 창작하다
¶신선바위 설화가 뮤지컬로 창작되었다. ¶방송채널이 많아지면서 다양한 드라마가 창작되고 있다.
❸(이야기, 말 따위가) 거짓으로 꾸며지다. (of a story or speech) Be fabricated falsely.
㊌지어지다, 꾸며지다
N0-가 N1-에 의해 V (N0=[텍스트](이야기, 기사 따위), 말(言) 따위 N1=[인간])
능 창작하다
¶그 이야기는 누군가에 의해 철저히 창작되었다. ¶그 말들은 허구로 창작된 것이다.

창작하다

어원 創作~ 활용 창작하여(창작해), 창작하니, 창작하고 대응 창작을 하다
타 ❶ (새로운 것을) 최초로 만들다. Make something new for the first time.
㊗짓다, 제작하다, 만들다타 ㊌창제하다
N0-가 N1-를 V (N0=[인간] N1=[사물], [추상물])
피 창작되다
¶프로그램 저작자는 프로그램을 실제로 창작한 자를 말한다. ¶이 배의 모형을 창작한 사람은 대단한 사람이다.
❷(문학, 음악, 미술 따위 영역의 작품을) 창의적으로 새로 만들어 내다. Creatively and newly produce a work of literature, music, or art.
㊌창조하다
N0-가 N1-를 V (N0=[인간] N1=[문학작품](소설, 작품, 시가 따위), [작품](디자인, 뮤지컬 따위))
피 창작되다
¶작가는 역사소설을 창작할 때 역사적 사실을 바탕으로 한다. ¶옛 성현들은 모두 시가를 창작할 줄 알았다.
❸(이야기, 말 따위를) 거짓으로 꾸며내다. Falsely fabricate a story or speech.
㊌지어내다, 꾸며내다, 조작하다
N0-가 N1-를 V (N0=[인간] N1=[텍스트](이야기, 기사 따위), 말(言) 따위)
피 창작되다
¶그 따위 허구적인 말이나 창작해 내고 있는 사람하고 상종해 봐야 뭐 하겠어요. ¶그 이야기는 이 학생이 전부 창작한 거짓말이었다.

창조되다

어원 創造~ 활용 창조되어(창조돼), 창조되니, 창조되고 대응 창조가 되다
자 ❶(전에 없던 것이) 사람이나 단체의 고유한 생각으로 처음으로 만들어지거나 새롭게 이룩되다. (of something that did not exist before) Be created for the first time or newly achieved by distinguished idea of a person or group.
㊌생기다, 만들어지다, 창작되다, 창제되다
N0-가 N1-에 의해 V (N0=[사물], [추상물] N1=[인간|단체], [방법])
능 창조하다
¶연예인들에 의해 유행이 창조되고 퍼지기도 한다. ¶태극전사들에 의해 월드컵의 새로운 역사가 창조되었다.
❷(신에 의해) 우주 만물이 처음으로 만들어지다. (of everything of the universe) Be created for the first time by God.
㊌창조되다
N0-가 N1-에 의해 V (N0=[사물], [추상물] N1=[신])
능 창조하다
¶모든 인간은 신에 의해 평등하게 창조되었다. ¶성경에는 천지만물들이 모두 창조된 후에 인간이 창조되었다고 나와 있다.

창조하다

어원 創造~ 활용 창조하여(창조해), 창조하니, 창조하고 대응 창조를 하다
타 ❶(전에 없던 것을) 사람이나 단체의 고유한 생각으로) 처음으로 만들거나 새롭게 이룩하다. Create for the first time or newly achieve something that did not exist before with distinguished idea of a person or group.
㊌만들다타, 짓다, 창작하다, 창출하다 ㊍모방하다
N0-가 N1-를 N2-로 V (N0=[인간|단체] N1=[사물], [추상물] N2=[방법])
피 창조되다
¶국민들은 대표팀이 이번 월드컵에서 새 역사를 창조할 수 있기를 바랐다. ¶백남준은 비디오 아트를 통해 텔레비전에 대한 새로운 이미지를 창조했다.
❷(신이) 우주 만물을 처음으로 만들다. (of God) Create everything of the universe for the first time.
㊌창조하다
N0-가 N1-를 V (N0=[신] N1=[사물], [추상물])
피 창조되다
¶신이 세상을 창조했다. ¶조물주가 인간을 창조했다.

창출되다

어원 創出~ 활용 창출되어(창출돼), 창출되니, 창출되고 대응 창출이 되다
자 (전에 없던 것이) 새로이 만들어지거나 이루어지다. (of something that did not exist before) Be newly created or achieved.
㊌창조되다, 생기다
N0-가 N1-에 의해 V (N0=[추상물](기술, 가치, 기회,

문화, 아이디어 따위) N1=[행위], [방법])
능 창출하다
¶선거에 의해 정당하게 새로운 정권이 창출되었다. ¶기업에서는 이윤이 창출되지 않는 사업에 투자하지 않는다. ¶건전한 대중문화가 창출되도록 방송이 앞장서야 한다.

창출하다

어원 創出~ 활용 창출하여(창출해), 창출하니, 창출하고 대응 창출을 하다
타 (전에 없던 것을) 새로이 만들어 내거나 이루어 내다. Newly create or achieve something that did not exist before.
㊌창조하다, 창안하다
N0-가 N1-를 V (N0=[인간|단체], [상황], [행위], [방법] N1=[추상물](기술, 가치, 기회, 문화, 아이디어 따위))
피 창출되다
¶기업들이 신기술을 창출하기 위해 기술 연구에 투자하고 있다. ¶사업은 자본을 투자한 만큼 이윤을 창출할 수 있어야 한다.

찾다

활용 찾아, 찾으니, 찾고
타 ❶(사람이나 사물을) 발견하거나 얻기 위해 이리저리 살피고 알아보다. Look and observe here and there to obtain a person or item.
㊌구하다, 발견하다 ㊉잃다
N0-가 N1-를 V (N0=[인간|단체] N1=[사물], [장소])
피 찾아지다
¶길 잃은 아이가 어머니를 찾는다. ¶한 시간째 편의점을 찾고 있는데 도무지 눈에 띄지 않는다.
❷(어떤 대상을) 이리저리 살펴서 발견하다. Look around and discover.
㊌구하다, 발견하다 ㊉잃다
N0-가 N1-를 N2-에서 V (N0=[인간|단체] N1=[사물], [장소] N2=[사물], [장소])
¶나는 서랍에서 잃어버렸던 열쇠를 찾았다. ¶고서점에서 찾은 귀한 책을 조심스레 집으로 들고 왔다.
❸(모르는 것을) 알고자 하다. Intend to know something one doesn't know.
N0-가 N1-를 V (N0=[인간|단체] N1=[추상물])
¶두 나라는 협상의 실마리를 찾는 중이다. ¶이 수학 문제의 해답을 찾고 있는데 잘 떠오르지 않는다.
❹(모르는 것을) 알아내다. Discover something one doesn't know.
N0-가 N1-를 V (N0=[인간|단체] N1=[추상물])
피 찾아지다
¶나는 신문에 난 퍼즐의 정답을 전부 찾았다. ¶해답은 의외로 간단한 곳에서 찾을 수 있을지도 모른다.
❺(모르는 것을 알기 위해) 책이나 컴퓨터를 뒤져서 살펴보다. Look and dig through a book or computer to know something one doesn't know.
㊊검색하다
N0-가 N1-를 V (N0=[인간|단체] N1=[책], 컴퓨터)
피 찾아지다
¶인터넷을 찾으면 각종 정보를 쉽게 얻을 수 있다. ¶회사에 대한 정보를 얻기 위해 회사 공식 사이트를 찾아보았다.
❻남의 손에 들어간 것을 다시 가지게 되다. Come to possess again something that became another person's possession.
㊌되찾다 ㊊인출하다
N0-가 N1-를 N2-(에서|에게|에게서) V (N0=[인간|단체] N1=[사물], [추상물] N2=[인간|단체], [장소])
¶나는 예금해 두었던 돈을 은행에서 찾았다. ¶편집장은 인쇄소에 넘겼던 책을 찾아 최종 검토를 하였다.
❼먹을 것 따위를 원하고 요구하다. Want and request a certain product.
㊌요구하다
N0-가 N1-를 V (N0=[인간|단체] N1=[사물], [추상물])
¶여름이 되니 아이스크림을 찾는 소비자가 많다. ¶저희 가게 빵은 한번 맛보시면 누구나 다시 찾습니다.
❽특정한 목적을 가지고 사람이나 기관을 방문하다. Visit a person or institution with a specific purpose.
㊌찾아가다, 방문하다
N0-가 N1-를 V (N0=[인간|단체] N1=[인간], [장소])
¶나는 눈병에 걸려서 병원을 찾았다. ¶십 년 만에 고향을 찾으니 많은 것이 변해 있었다. ¶피서철이 되면 사람들은 제각각 산과 바다를 찾는다.
❾흐트러진 몸이나 마음의 상태를 원래 상태로 되돌리다. Return one's disordered body or mind into its original state.
㊌회복하다, 되찾다
N0-가 N1-를 V (N0=[인간|단체] N1=[상태])
¶그는 두 시간 만에 의식을 찾았다. ¶건강을 완전히 찾기 전까지는 무리하지 말고 휴식하도록 해라.
◆ **번지수를 잘못 찾다** 생각을 틀리게 하여 생각이 엉뚱한 곳으로 향하다. Think in a wrong direction or get off the point.
N0-가 Idm (N0=[인간])
¶그 정책은 우리나라에 맞는 것이 아닌데 번지수를 잘못 찾은 것 같다.

ㅊ

◆ **본전도 못 찾다** 일한 성과가 전혀 없어서 아니한 것만 못 하다. Not get any result out of one's efforts.
No-가 Idm (No=[인간])
¶괜히 먼저 말을 꺼냈다가 본전도 못 찾았다.
◆ **쥐구멍을 찾다** 부끄럽고 민망하여 그 자리에 있지 못하고 어디에 숨고 싶어 하다. Wish to hide oneself anywhere, being too ashamed and too embarrassed.
No-가 Idm (No=[인간])
¶그는 거짓말이 탄로나자 쥐구멍을 찾고 싶은 심정이었다.

찾아가다
[활용]찾아가, 찾아가니, 찾아가고
[자타]❶(특정 장소에) 어떤 목적을 가지고 그 목적을 달성하기 위해 가다. Go to a certain place with a specific purpose in order to achieve that goal.
[유]방문하다
No-가 N1-(에|로) V (No=[인간] N1=[장소])
¶그는 선생님 댁에 찾아가서 문안 인사를 드렸다. ¶그녀는 졸업한 지 10년 만에 모교를 찾아갔다. ¶두 사람이 찾아간 곳은 할머니의 무덤이었다.
❷어떤 목적을 가지고 그 목적을 이루기 위해 특정한 사람을 만나러 가다. Go with a certain purpose to meet a specific person in order to achieve that goal.
[유]방문하다, 만나러 가다
No-가 N1-(에게|를) V (No=[인간] N1=[인간])
¶영희는 경찰에게 찾아가 수사를 의뢰했다. ¶그는 돈을 빌리러 가까운 친척을 찾아갔다. ¶그녀는 평소 친분이 있던 변호사에게 찾아가 도움을 청했다.
❸잃어버리거나 맡기거나 빌려 주었던 것을 되돌려 받아서 가지고 가다. Get back something one lost, left, or loaned and take it away.
[유]되찾다
No-가 N1-를 N2-에서 V (No=[인간] N1=[사물] N2=[인간|단체], [장소], [상업건물])
¶영희는 은행에서 돈을 모두 찾아갔다. ¶세탁소에서 옷을 직접 찾아가라는 전화가 왔다.
❹정보 따위를 얻기 위해 글, 책 따위를 지속적으로 들추거나 살펴 보다. Consistently look into a book, text, etc. in order to obtain required information.
[유]찾다, 뒤지다
No-가 N1-를 V (No=[인간] N1=[텍스트], [책])
¶아이는 책을 찾아가며 숙제를 하고 있다. ¶그는 신문에서 부동산에 관련된 기사를 찾아가며 읽었다.

찾아내다
[활용]찾아내어(찾아내), 찾아내니, 찾아내고
[타]❶숨거나 감추어진 것을 찾아서 드러내다. Find and reveal something that was hiding or was hidden.
[유]발견하다
No-가 N1-를 V (No=[인간|단체] N1=[인간|단체], [구체물], [장소])
¶경찰이 살인 사건의 범인을 찾아내는 데 일 년이 걸렸다. ¶영희는 절판되어 볼 수 없었던 책을 헌책방에서 찾아내 기뻐했다. ¶영수는 회식하기 좋은 장소를 찾아냈다.
❷알려지지 않았거나 모르던 것을 오랜 기간 탐구하여 밝혀내다. Discover something that was unknown through long investigation.
[유]발견하다, 알아내다, 밝혀내다
No-가 N1-를 V (No=[인간|단체] N1=[추상물](원인, 단서, 근거 따위))
¶질병의 원인을 찾아내야 치료법을 찾을 수 있다. ¶경찰은 그가 범인이라는 단서를 전혀 찾아낼 수 없었다. ¶이 박사는 자신의 주장을 뒷받침할 근거를 여러 개 찾아냈다.

찾아뵈다
[활용]찾아뵈어(찾아봬), 찾아뵈니, 찾아뵈고
[타]☞찾아뵙다

찾아뵙다
[활용]찾아뵈어(찾아봬), 찾아뵈니, 찾아뵙고
[타]웃어른을 찾아가서 만나 뵙다. Visit and meet an older person.
[유]찾아뵈다, 방문하시다, 인사드리다
No-가 N1-를 V (No=[인간] N1=[인간](웃어른, 스승 따위))
¶그는 선생님을 찾아뵙고 앞으로의 계획을 상의 드렸다. ¶그녀는 할머니를 반년이나 찾아뵙지 못했다.

찾아오다
[활용]찾아와, 찾아오니, 찾아오고
[자]❶(어떤 시점이) 다가오다. (of a time) Come close.
[유]되다
No-가 N1-에 V (No=[자연현상], [시점] N1=[장소])
¶드디어 봄이 찾아왔다. ¶긴 밤이 지나고 아침이 찾아왔다.
❷(어떤 감정 따위가) 생기다. (of a feeling) Arise.
[유]생겨나다
No-가 N1-(에게|에) V (No=[감정] N1=[인간], [신체부위])
¶그에게도 드디어 사랑이 찾아왔다. ¶보통 배신 후에는 큰 분노가 찾아온다.
[타]어떤 것을 특정 장소로부터 원래의 위치로 다시

가지고 오다. Bring something back to its original position from a particular position.
[유]되찾다
N0-가 N1-를 N2-(에서|로부터) V (N0=[인간|단체] N1=[사물] N2=[장소])
¶경비실에서 빨리 택배를 찾아오너라. ¶윤희는 집에 오는 길에 세탁소에서 옷을 찾아왔다.
[자타]어떤 일을 하거나 다른 사람을 만나기 위해서 특정 장소나 사람을 방문해 오다. Visit a particular place in order to do something or meet people.
[유]방문하다, 만나러 오다 [반]찾아가다
N0-가 N1-(에|에게|로|ㅣ|를) V (N0=[인간] N1=[장소], [인간])
¶영희가 내 사무실로 찾아왔다. ¶그녀는 옷을 여러 벌 가지고 수선실에 찾아왔다. ¶경찰들은 진술을 듣기 위해서 직접 나를 찾아왔다.

채다 I
[활용]채어(채), 채니, 채고
[타]❶(다른 사람이나 물건을) 자기 쪽으로 확 잡아당기다. Suddenly pull someone or some object toward one's side.
[유]잡아채다, 낚아채다
N0-가 N1-를 V (N0=[인간] N1=[사물], [신체부위](손, 다리, 머리카락 따위))
¶친구가 갑자기 팔을 채는 바람에 나는 들고 있던 전화기를 떨어뜨렸다. ¶그는 친구의 멱살을 채고 소리쳤다. ¶찌가 움직이자 그는 기뻐하며 낚싯대를 채어 올렸다.
❷(다른 사람의 물건을) 재빠르게 빼앗거나 훔치다. Quickly steal or rob someone's object.
[유]낚아채다
N0-가 N1-를 V (N0=[인간], [동물] N1=[사물])
¶오토바이에 탄 사람이 은행에서 나오는 할머니의 핸드백을 채어서 달아났다. ¶강도가 내 손에 있는 지갑을 채려고 했지만 나는 필사적으로 저지했다. ¶매가 빠르게 날아와서 아기 새를 채어 날아가 버렸다.

채다 II
[활용]채어(채), 채니, 채고
[타](상황이나 분위기를) 재빠르게 헤아려 깨닫다. Realize by quickly understanding the situation or atmosphere.
N0-가 N2-에 대해 N1-를 V (N0=[인간|단체] N1=눈치, 낌새 N2=[추상물], [사건], [행위])
¶이 계획에 대해 상대방이 눈치를 채면 안 된다. ¶범인은 이상한 낌새를 챘는지 이미 도망가 버렸다. ¶그녀는 우리 사이에 대해 전혀 낌새를 못 채고 있었다.
N0-가 (S지|S것)-에 대해 N1-를 V (N0=[인간|단체] N1=눈치, 낌새)
¶어머니는 내가 학교에 왜 안 가고 있는지에 대해서 눈치를 채셨다. ¶상대편은 우리 선수가 부상을 입었는지 안 입었는지에 대해서 눈치를 채지 못한 듯했다.

채다 III
[활용]채어(채), 채니, 채고
[자]☞차이다

채용되다
[어원]採用~ [활용]채용되어(채용돼), 채용되니, 채용되고 [대응]채용이 되다
[자]❶(사람이) 어떤 조직에 어떤 직책으로 뽑혀서 쓰이다. (of a person) Be employed in an organization.
[유]고용되다, 취직되다, 뽑히다 [반]해고되다, 쫓겨나다
N0-가 N1-에 N2-로 V (N0=[인간] N1=[단체], [장소] N2=[직업], [직위])
[능]채용하다
¶그는 이 아파트에 경비로 채용되었다. ¶선희는 아버지의 회사에 임시직으로 채용되었다.
N0-가 N1-에 V (N0=[인간] N1=[단체], [장소])
[능]채용하다
¶열 명의 신입 사원이 회사에 새로 채용되었다고 한다. ¶올해도 비정규직만 채용되었다.
❷(어떤 의견, 방안 따위가) 어떤 일에 채택되어 사용되다. (of an opinion or a plan) Be chosen and used.
[유]도입되다, 채택되다, 뽑히다
N0-가 N1-에 V (N0=[추상물](의견, 방안, 개념 따위) N1=[추상물])
[능]채용하다
¶새로운 이론이 이번 연구에 많이 채용되었다. ¶그의 의견은 새로웠지만 이번에는 채용되지 못했다.

채용하다
[어원]採用~ [활용]채용하여(채용해), 채용하니, 채용하고 [대응]채용을 하다
[타]❶(어떤 조직이) 어떤 일을 시키기 위하여, 혹은 어떤 직책을 맡기기 위하여 사람을 뽑다. (of an organization) Hire a person.
[유]고용하다, 취직하다, 뽑다 [반]해고하다, 쫓아내다
N0-가 N1-를 N2-(에|로) V (N0=[인간|단체] N1=[인간] N2=[직업], [직위])
[피]채용되다
¶사장은 자기 딸을 비서로 채용했다. ¶우리 아파트는 주로 퇴직자들을 경비로 채용한다.
N0-가 N1-를 V (N0=[인간|단체] N1=[인간](사원, 경비 따위))

피 채용되다
¶올해는 약 120명의 신입 사원을 채용한다고 한다. ¶우리 아파트는 경비를 추가 채용하기로 했다.
❷(어떤 의견, 방안 따위를) 골라 받아들여 사용하다. Choose an opinion or a plan and make use of it.
㊥도입하다, 채택하다, 뽑다, 선발하다
N0-가 N1-를 V (N0=[인간|단체], [추상물] N1=[추상물](의견, 방안, 개념 따위))
피 채용되다
¶이 가요는 국악적인 요소를 채용하여 매우 신선하다. ¶이번 광고는 새로운 디자인을 채용하여 완전히 쇄신되었다.

채우다 I
활용 채워, 채우니, 채우고
타 ❶(용기 따위에) 내용물을 가득 넣다. Insert contents into a container until full.
㊙비우다, 빼다 ㊡넣다, 차게 하다
N0-가 N2-에 N1-를 V ↔ N0-가 N2-를 N1-로 V (N0=[인간] N1=[사물] N2=[용기], [사물])
주 차다I
연어 가득, 잔뜩, 빼곡하게, 빼곡히, 꽉
¶그는 생수병에 물을 가득 채웠다. ↔ 그는 생수병을 물로 가득 채웠다. ¶빈 잔에 술을 가득 채운 주희는 넙죽 마셨다. ¶나는 자동차에 휘발유를 꽉 채웠다.
❷(장소나 자리를) 빈 곳이 없게 메우다. Fill a place or seat with no empty spot left.
㊥메우다, 차게 하다 ㊙비우다
N0-가 N1-를 V (N0=[인간|단체], [동물], [사물] N1=[장소], [자리])
주 차다I
연어 가득, 빼곡하게, 빼곡히, 꽉
¶청중들이 강의실을 빼곡하게 채우고 있다. ¶소떼가 들판을 가득 채우면서 풀을 뜯어 먹고 있다. ¶자동차들이 광화문 네거리를 가득 채우고 있었다.
❸(음식물 따위를 먹어) 배고픔을 달래거나 배를 부르게 하다. Appease one's hunger or make one's stomach full by eating food.
㊥포만하게 하다
N0-가 N2-로 N1-를 V (N0=[인간] N1=[신체부위](배), [신체상태](허기, 굶주림 따위) N2=[사물](음식물 따위))
주 차다I
¶당시 소작농들은 감자로 배를 채웠다. ¶그는 허기진 배를 떡국 한 그릇으로 채웠다.
❹(일정한 공간을) 특정한 기운이나 소식 따위로 가득 메우다. Pack a certain space with specific energy or news.
㊥메우다, 차게 하다
N0-가 N1-를 V (N0=[인간], 기운, 열기, 소식 따위 N1=[장소], [사물], [방송물](뉴스 따위))
주 차다I
¶등장인물 각자가 무대를 가득 채울 능력 있는 배우들이다. ¶한류 열풍이 뉴스를 가득 채웠다.
❺무언가를 바라는 마음을 만족시키다. Satisfy the feeling of wanting something.
㊥충족시키다, 만족시키다
N0-가 N2-로 N1-를 V (N0=[인간|단체] N1=[상태](욕구, 가슴, 마음, 열정 따위) N2=[사물], [추상물])
주 차다I
¶그녀의 따스한 마음으로 빈 마음을 채울 수 있었다. ¶별처럼 아름다운 것으로 가슴을 채울 수만 있다면 더 바랄 게 없다.
❻일정한 정원의 수나 빈자리를 메우다. Fill certain number of capacity or empty spots.
㊥충원하다, 메우다
N0-가 N2-로 N1-를 V (N0=[인간|단체] N1=팀, 인원수, 빈자리 따위 N2=[인간|단체])
주 차다I
¶특별전형이 미달되면 일반전형으로 미충원 인원을 채울 수 있다. ¶홍 감독은 국내 선수들이 떠난 빈자리를 외국 선수들로 채웠다.
❼(일정한 목표량이 되도록) 모자라는 부분을 보충하여 메우다. Supplement and fill up insufficiency to reach a certain goal.
㊥보충하다, 보완하다, 메꾸다
N0-가 N2-로 N1-를 V (N0=[인간|단체] N1=[추상물] N2=[추상물])
¶제가 열심히 일을 해서 부족분을 채울 겁니다. ¶그는 쉬는 시간 동안에 수면 시간을 채우려고 한다.
❽(정해진 기한이나 기간을) 끝까지 마치거나 기다리다. Complete or wait a determined deadline or period.
㊥지나다 타
N0-가 N1-를 V (N0=[인간|단체] N1=[시간](연한, 임기, 기간, 형기 따위), 나이 따위)
주 차다I
¶선수들이 일정 계약 연한을 채우면 원하는 팀을 선택할 수 있다. ¶나는 법정 기한을 꽉 채워 8년 만에 겨우 대학을 졸업했다. ¶우리 형은 나이를 꽉 채워서 군대를 갔다.
❾(정해진 양의 일을) 남김없이 수행하다. Perform determined amount of work with no void.
N0-가 N1-를 V (N0=[인간|단체] N1=[추상물](할당량, 의무량 따위))

¶중소기업은 인력 부족으로 인해 할당량을 채울 수 없는 실정이었다. ¶처음엔 요령이 없어 하루 종일 해도 의무량을 채울 수 없었다.

◆ **배를 채우다** 마땅히 해야 할 일을 하는 대신 개인적 욕심이나 이해관계만 만족시키다. Satisfy personal greed or interest rather than doing something one rightfully has to do.

N0-가 Idm (N0=[인간|단체])

¶타락한 공직자들은 자기들 배만 채우고 있었다.

◆ **혼기를 채우다** 결혼할 나이에 이르다. Reach the age to be married.

N0-가 Idm (N0=[인간])

주 혼기가 차다

연어 꽉

¶요즈음 젊은 여성들이 혼기를 꽉 채운 후에 결혼한다.

채우다 II

활용 채워, 채우니, 채우고

타 ❶(서랍이나 문을) 열쇠나 자물쇠 따위로 열리지 않게 폐쇄하다. Close a drawer or door with a key or lock so that it doesn't open.

유 걸다, 잠그다 반 열다, 따다

N0-가 N2-에 N1-를 V ↔ N0-가 N2-를 N1-로 V (N0=[인간] N1=[도구](열쇠, 자물쇠 따위) N2=[사물](문, 서랍, 금고, 캐비닛 따위), [장소](방, 사무실, 건물 따 위))

¶그는 책상 서랍에 열쇠를 채웠다. ↔ 그는 책상 서랍을 열쇠로 채웠다. ¶건물 주인은 사무실마다 자물쇠를 채웠는지 꼭 확인한다. ¶집 앞에 바퀴에 자물쇠를 채운 차량이 한 대 있었다.

❷(나사 따위를) 돌리거나 조여서 움직이지 않게 고정시키다. Turn or tighten a screw to fix it and make it immovable.

유 조이다 타 반 풀다

N0-가 N1-를 N2-로 V (N0=[인간] N1=[사물](나사 따위) N2=[사물](드라이버 따위))

¶아버지는 아들의 장난감에 풀린 나사를 드라이버로 채웠다. ¶나사를 제대로 채우지 않아 문이 삐걱거린다.

❸(수도꼭지 따위를) 돌려서 잠그다. Turn and close a faucet.

유 잠그다 반 틀다, 열다II

N0-가 N1-를 V (N0=[인간] N1=[사물](수도꼭지 따위))

¶그는 양치질을 할 때 수도꼭지를 채우지 않는다. ¶설거지를 끝낸 후에는 수도꼭지를 꼭 채워야 한다.

❹(차량에) 브레이크를 걸어 움직이거나 작동하지 않게 하다. Apply break in a car to make it not move or operate.

유 걸다 반 풀다

N0-가 N2-에 N1-를 V (N0=[인간] N1=엔진, 브레이크 따위 N2=자동차)

¶ 여진 씨는 라디오를 끄고 난 뒤에 자동차에 엔진을 껐다.

❺(단추나 지퍼 등을) 구멍에 끼우거나 맞물리게 하여 잠그다. Insert or interlock a button or zipper to close.

유 잠그다, 끼우다 반 풀다

N0-가 N1-를 V (N0=[인간] N1=[사물](단추, 지퍼 따위))

¶그 아가씨는 목까지 단추를 바짝 채운 블라우스를 입고 있었다. ¶그는 차가운 바람에 점퍼의 지퍼를 채워 올렸다.

❻(수갑이나 족쇄 따위를) 걸어 끼우다. Put on handcuffs or shackles.

반 풀다, 빼다

N0-가 N2-(에|에게) N1-를 V (N0=[인간] N1=[사물](수갑, 족쇄 따위) N2=[인간], [신체부위], [사물])

주 차다III

¶이 형사가 범인에게 수갑을 채웠다. ¶오랜만에 마라톤에 참가한 영호의 다리는 족쇄를 채운 듯 무거웠다.

❼(시계나 기저귀 따위를) 신체 부위에 걸거나 매어 지니게 하다. Make someone hang or tie a watch or diaper around a body part to carry it around.

반 풀다, 빼다

N0-가 N2-(에|에게) N1-를 V (N0=[인간] N1=[사물](시계, 기저귀 따위) N2=[신체부위])

주 차다III

¶아버지는 먼 길 떠나는 아들의 손목에 시계를 채워 주었다. ¶엄마는 잠든 아기에게 조심스럽게 기저귀를 채웠다.

채우다 III

활용 채워, 채우니, 채우고

타 (시원한 상태로 유지하기 위해) 음료수나 과일 따위를 차가운 물 또는 얼음 속에 담그다. Put beverage or fruit in cold water or ice (usually in order to maintain the coldness).

유 담그다

N0-가 N2-에 N1-를 V (N0=[인간] N1=[음식] N2=얼음, 찬물 따위)

¶그는 얼음에 잘 채운 생맥주를 단숨에 들이켰다. ¶아버지는 차가운 계곡물에 수박을 채워 두셨다.

채집하다

어원 採集~ 활용 채집하여(채집해), 채집하니, 채집하고 대응 채집을 하다

타(무엇을) 찾아서 얻어 모으다. Find and collect something.
N0-가 N1-를 V (N0=[인간|단체] N1=[사물], [추상물])
¶그림 형제는 민담을 채집한 것으로 유명하다. ¶그는 희귀한 약초를 채집하느라 고생을 많이 했다.

채취되다

어원 採取~ 활용 채취되어(채취돼), 채취되니, 채취되고 대응 채취가 되다
자 ❶(자연에서 나는 식물이나 광물이) 꺾거나 베거나 캐어서 얻어지다. (of a plant or mineral that's found in the nature) Be obtained by picking, cutting, or digging.
㊌수집되다, 채집되다
N0-가 N2-에 의해 N1-에서 V (N0=[식물], [광물], [음식물] N1=[장소] N2=[인간|단체])
능 채취하다
¶다양한 한약재가 국내에서 채취되고 있다. ¶너무 많은 골재를 한꺼번에 채취하면 자연이 파괴될 수 있다.
❷(연구나 조사를 위해 필요한 것이) 찾아져 얻어지다. (of something that's needed for research or investigation) Be found and obtained.
㊌수집되다
N0-가 N1-에서 N2-에 의해 V (N0=[사물], [신체부위](지문, 골수, 혈액, 세포 따위) N1=[장소] N2=[인간|단체])
능 채취하다
¶용의자의 지문이 사건 현장에서 곧바로 채취되었다. ¶화재가 난 방에서 인화성 물질이 채취된 것으로 보아 방화일 가능성이 높다.

채취하다

어원 採取~ 활용 채취하여(채취해), 채취하니, 채취하고 대응 채취를 하다
타 ❶(자연에서 나는 식물이나 광물을) 꺾거나 베거나 캐어서 얻다. Obtain plant or mineral that's found in the nature by picking, cutting, or digging.
㊌채집하다
N0-가 N2-에서 N1-를 V (N0=[인간|단체] N1=[식물], [광물], [음식물] N2=[장소])
피 채취되다
¶나는 운이 좋게 다양한 약초를 채취하였다. ¶그 휴양지에서는 직접 미역 등의 해산물을 채취해 먹을 수 있었다.
❷(연구나 조사를 위해) 필요한 것을 찾아 얻어내다. Find and obtain something that's needed for research or investigation.
㊌수집하다
N0-가 N2-에서 N1-를 V (N0=[인간|단체] N1=[사물], [신체부위](지문, 골수, 혈액, 세포 따위) N2=[장소])
피 채취되다
¶경찰은 음주 운전 여부를 알기 위해 그의 혈액을 채취하였다. ¶신약의 효용성을 증명하기 위해 다양한 견본을 채취하여 분석하였다.

채택되다

어원 採擇~ 활용 채택되어(채택돼), 채택되니, 채택되고 대응 채택이 되다
자 (특정한 자격으로) 골라 선택되다. Be selected as a certain qualification.
㊌선택되다, 선발되다, 뽑히다
N0-가 N1-로 V (N0=[모두] N1=[추상물], [인간])
능 채택하다
¶내가 공모전에 보낸 작품이 수상작으로 채택되었다. ¶채택된 원고는 돌려 드리지 않습니다. ¶그는 증인으로 채택되자 긴장한 모습이었다.

채택하다

어원 採擇~ 활용 채택하여(채택해), 채택하니, 채택하고 대응 채택을 하다
타 (어떤 것을) 특정한 자격으로 골라서 취하다. Select something as a certain qualification.
㊌선택하다, 선발하다, 뽑다
N0-가 N1-를 V (N0=[인간|단체] N1=[작품], [의견], [제도])
피 채택되다
¶우리는 회의를 통해 소연이의 의견을 채택했다. ¶그 회사는 우리 동아리의 작품을 채택하여 시판하기로 했다.
N0-가 N1-를 N2-로 V (N0=[인간|단체] N1=[모두] N2=[추상물], [인간])
피 채택되다
¶경찰은 그 손수건을 증거물로 채택하였다. ¶위원회에서는 예진이의 작품을 대상 수상작으로 채택하기로 하였다.

책임지다

어원 責任~ 활용 책임지어(책임져), 책임지니, 책임지고 대응 책임을 지다
자타 ❶(어떤 일이나 임무를) 꼭 맡아 하다. Take control of a work or a duty.
㊌담당하다, 책임 맡다
N0-가 N1-(를|에 대해) V (N0=[인간|단체] N1=[추상물](건강, 생계, 수리, 홍보, 돈, 일 따위))
¶내가 우리 학생들의 건강을 책임지고 있다. ¶저희들이 이 제품의 수리에 대해 책임지겠습니다. ¶누가 이 제품의 홍보를 책임지고 맡아 하시겠습니까?

❷(어떤 바람직하지 않은 사태나 결과에 대하여) 의무나 부담을 지다. Bear duty or burden for any undesirable state of affairs or result.
N0-가 N1-(를|에 대해) V (N0=[인간|단체] N1=[일], [상태], [사고], [행위])
¶제가 이번 사태에 대해 책임지고 물러나겠습니다. ¶감독이 성적 부진에 대해 책임지고 사퇴했다.

책정되다
어원 策定~ 활용 책정되어(책정돼), 책정되니, 책정되고 대응 책정이 되다
자 (비용이나 돈이) 특정한 목적이나 용도로 사용하기 위해 정해지거나 할당되다. (of cost or money) Be designated or assigned for a certain purpose or use.
유 산정되다, 할당되다, 배당되다
N0-가 V (N0=[금전])
능 책정하다
¶소는 그 부위에 따라 따로 가격이 책정된다. ¶이 제품의 가격은 최대한 합리적으로 책정되었다. ¶도서관 건립에 올해 예산의 일부가 책정되었다.

책정하다
어원 策定~ 활용 책정하여(책정해), 책정하니, 책정하고 대응 책정을 하다
타 (비용이나 돈을) 특정한 목적이나 용도로 사용하기 위해 정하거나 할당하다. Designate or assign cost or money for a certain purpose or use.
유 산정하다, 할당하다, 배당하다
N0-가 N2-로 N1-를 V (N0=[인간|단체] N1=[금전] N2=[추상물])
피 책정되다
¶우리는 이 제품의 가격을 최대한 합리적으로 책정하였다. ¶정부는 건강보험의 의료 수가를 적절한 가격으로 책정할 것을 추진 중이다.
N0-가 S데-에 N1-를 V (N0=[인간|단체] N1=[금전])
¶정부는 홍수 피해를 막는데 500억 원을 책정했다.

챙기다
활용 챙기어(챙겨), 챙기니, 챙기고
타 ❶(물건을) 사용하기 위해 미리 잘 갖추어 놓다. Prepare well to use a thing.
유 준비하다, 갖추다
N0-가 N1-를 V (N0=[인간] N1=[사물])
¶그녀는 등산을 위해 등산 도구와 배낭을 챙겼다. ¶학교 갈 때 도시락과 준비물을 잘 챙겨서 가야 한다.
❷(어떤 일을 하는 것을) 잊어버리거나 거르지 않고 꼭 신경을 써서 하다. Take care of something, not forgetting or missing it.
N0-가 N1-를 V (N0=[인간|단체] N1=[행위](식사, 생일 따위), 끼니, 선물 따위)
¶너무 간식만 챙기면 밥을 못 먹을 수 있다. ¶여행 가면 내 선물을 꼭 챙겨 오길 바라.
❸주위 사람을 돌보거나 어떤 일 따위를 제대로 이루어지도록 보살피다. Take care of people or work around oneself.
유 돌보다 반 방치하다
N0-가 N1-를 V (N0=[인간|단체] N1=[인간|단체], [행사])
¶그는 적어도 자기 사람은 챙기기 때문에 평판이 좋았다. ¶그는 장남으로 제사를 꼭 챙겨야 한다는 것이 매우 부담스러웠다.
❹(어떤 것을) 자기의 몫으로 가지다. Keep something as one's own share.
N0-가 N1-를 V (N0=[인간|단체] N1=[금전], [사물])
¶그 사람은 회사의 공공 물품도 자기의 것인 양 챙긴다고 한다. ¶군수가 업자에게 편의를 봐 주고 부당 이득을 챙긴 혐의로 구속되었다.
❺ 어떤 정도의 성과를 달성하다. Make a particular achievement.
유 얻다, 획득하다
N0-가 N1-를 V (N0=[인간|단체] N1=[행위](승리 따위), [사물])
¶우리 팀은 수적 열세에도 불구하고 값진 승리를 챙겼다. ¶그녀는 올림픽에 출전할 때마다 금메달을 챙겼다.

처넣다
활용 처넣어, 처넣으니, 처넣고
타 함부로 마구 집어넣다. To put something away roughly and carelessly.
N0-가 N2-에 N1-를 V (N0=[인간] N1=[구체물] N2=[구체물])
¶자질구레한 물건들을 지하 창고에 처넣었다. ¶너무 신경 쓰지 말고 되는 대로 통에 처넣고 나중에 정리하자.

처리되다
어원 處理~ 활용 처리되어(처리돼), 처리되니, 처리되고 대응 처리가 되다
자 ❶(어떤 일이) 절차에 따라 끝나거나 마무리가 지어지다. (of a work) Be completed or ended according to a process.
유 처치되다, 관리되다, 수습되다
N0-가 V (N0=[사건](일, 문제, 업무 따위))
능 처리하다
¶그 일은 적법한 절차에 따라 처리되었다. ¶몇 년 동안 해결하지 못했던 문제가 드디어 처리되었다.
❷(무엇이) 화학적 또는 물리학적 방법으로 없애지거나 손질되다. (of something) Cause chemical

ㅊ

or physical reaction.
㊤처치되다, 관리되다, 해결되다
N0-가 V (N0=[폐기물], 시신 따위)
능 처리하다
¶우리 공장에서는 쓰레기가 소각장에서 처리된다. ¶이곳에는 폐기물이 처리되는 시설이 들어설 예정이다.

처리하다

어원 處理~ 활용 처리하여(처리해), 처리하니, 처리하고 대응 처리를 하다
타 ❶(사람이나 기계가) 어떤 일을 절차에 따라 끝내거나 마무리를 짓다. (of a person or a machine) Finish or complete a certain task according to the procedure.
㊤다루다, 처치하다, 관리하다, 수습하다
N0-가 N1-를 V (N0=[인간|단체], [기계] N1=[사건](일, 문제, 업무 따위))
피 처리되다
¶우리는 몇 년 동안 해결하지 못했던 문제를 드디어 처리하였다. ¶아내는 아무리 바빠도 모든 일을 침착하게 처리한다. ¶컴퓨터는 인간이 하는 일을 효율적으로 처리할 수 있다.
❷(사람이) 어떤 대상을 화학적 또는 물리학적 방법으로 없애거나 손질하다. (of a person) Make something the target and stimulate chemical or physical action.
㊤다루다, 처치하다, 관리하다, 없애다, 해결하다
N0-가 N1-를 V (N0=[인간|단체] N1=[폐기물], 시신 따위)
피 처리되다
¶정부는 환경을 오염시키지 않고 산업 폐수를 처리하는 방법을 개발했다. ¶그들은 시신의 부패를 막기 위해 시신을 알코올로 처리한다.

처먹다 I

활용 처먹어, 처먹으니, 처먹고 【비어】
타 '먹다'를 경멸적으로 이르는 말. Pejorative use of '먹다'.
㊅먹다
N0-가 N1-를 V (N0=[인간] N1=[음식])
¶그는 그렇게나 밥을 처먹고도 배가 고프다고 했다. ¶대낮부터 술을 처먹고 돌아다니면 누가 좋아하겠느냐?
N0-가 N1-를 V (N0=[인간] N1=나이, 욕 따위)
¶나이를 처먹었으면 나잇값을 해라. ¶그렇게 약아빠진 행동을 하니까 욕을 처먹는 것 아니냐.

처먹다 II

활용 처먹어, 처먹으니, 처먹고 【속어】
보조 '먹다'를 경멸적으로 이르는 보조동사. Auxiliary verb that is a pejorative form of 'to eat'.
㊤먹다
V-어 Vaux
¶그는 비자금을 엄청 받아 처먹었지만 벌을 받지 않았다. ¶나는 있는 놈들이 다 해 처먹는 세상에 진절머리가 난다.

처박다

활용 처박아, 처박으니, 처박고 ㊇박다
타 ❶(길쭉한 물건을) 세게 두들기거나 돌려 속으로 들어가게 하다. (of a person) Put something long into by pounding or turning.
㊅박다 ㊥빼다, 뽑다
N0-가 N1-를 N2-에 V (N0=[인간] N1=[사물](못, 핀, 나사, 기둥, 철근 따위) N2=[장소], [사물])
¶건설사는 기초 공사를 끝내고 철근을 땅에 처박고 있었다. ¶철수는 벽에 달력을 걸기 위해서 나사를 처박았다.
❷(어떤 곳에) 물건을 함부로 마구 쑤셔 넣거나 넣어 두다. (of a person) Thrust or put a thing into a place.
㊅박다 ㊤쑤셔 박다
N0-가 N1-를 N2-에 V (N0=[인간] N1=[사물] N2=[사물])
피 처박히다
¶언니는 그 많은 옷을 장농에 처박아 두고 항상 새 옷을 또 산다. ¶그렇게 물건을 아무데나 처박아 놓으니 필요할 때 못 찾지.
※주로 '처박아 놓다', '처박아 두다'의 형태로 쓰인다.
❸(사람이나 동물이) 어떤 장소나 물체에 무엇을 세게 부딪히다. (of a person or an animal) Strike something strongly against a place or something else.
㊅박다 ㊤부딪히다
N0-가 N2-에 N1-를 V ↔ N0-가 N2-를 N1-로 V (N0=[인간] N1=[신체부위](머리, 이마, 얼굴 따위), [사물] N2=[장소], [사물])
¶그는 자책하며 문에 머리를 처박았다. ↔ 그는 자책하며 머리로 문을 처박았다. ¶나는 주차를 하다가 실수로 벽에 차를 처박고 말았다.
❹(머리나 얼굴 따위를) 어떤 곳에 세게 대거나 누르다. (of a person) Press or stick one's head or face firmly to a place.
㊅박다 ㊤쑤셔 박다
N0-가 N2-에 N1-를 V (N0=[인간] N1=[신체부위](머리, 이마, 얼굴, 고개 따위) N2=[장소], [사물])
¶그는 고개를 아래로 처박고 가만히 있었다. ¶영희는 피곤한지 베개에 얼굴을 깊숙이 처박고 있었다.
❺(다른 사람을) 폐쇄되거나 좁은 곳에 가두거나

집어넣다. (of a person) Confine or put another person into a narrow or closed place.
㊤박다 ㊥처넣다
N0-가 N1-를 N2-에 V (N0=[인간] N1=[인간] N2=[장소])
피 처박히다
¶아이들을 학원에만 처박아 두면 교육이 잘 될 리가 없다. ¶나를 집에 처박아 놓고 당신은 어딜 그렇게 돌아다녀요?
※주로 '처박아 두다', '처박아 놓다'의 형태로 쓰인다.

처박히다
활용 처박히어(처박혀), 처박히니, 처박히고
자 ❶(어떤 장소에) 함부로 꽂히거나 던져지다. Be stuck or thrown to a place haphazardly.
㊤박히다
N0-가 N1-에 V (N0=[사물] N1=[장소])
¶글라이더가 균형을 잃고 강물 속에 처박혀 버렸다. ¶소년은 자전거를 타고 가다 실수하여 웅덩이에 처박혔다.
❷(어떤 장소에) 보이지 않게 오랫동안 방치되다. Be deserted at a place for a long time without being noticed.
㊥쑤셔 박히다
N0-가 N1-에 V (N0=[사물] N1=[장소])
능 처박다
¶자전거는 창고에 처박혀 먼지를 뒤집어쓰고 있었다. ¶나는 방에 처박힌 잡동사니들을 치우기로 결심했다.
❸(어떤 장소에 들어가) 오랫동안 나오지 않다. Come to a place and shut oneself up.
㊤박히다
N0-가 N1-에 V (N0=[인간|단체] N1=[장소])
¶오빠는 하루 종일 방에 처박혀 있었다. ¶누나는 늘 도서관에만 처박혀 있다.

처방되다
어원 處方~ 활용 처방되어(처방돼), 처방되니, 처방되고 대응 처방이 되다
자 ❶(어떤 병이나 증상을 치료할) 약을 짓는 방법이 제시되다. (of a method of preparing medicine to heal an illness or a symptom) Be presented.
N0-가 N1-에 V (N0=[약], [치료법] N1=[질병])
능 처방하다
¶그 의사는 환자가 처방된 치료법을 믿지 않아서 곤욕을 치렀다. ¶한의학에서는 병이 같아도 체질에 따라 다른 약이 처방되어야 한다고 한다.
❷(어떤 문제 상황에 대한) 해결책이 제시되다. (of the solution for a difficulty) Be suggested.
N0-가 N1-에 V (N0=[추상물], [상태] N1=[추상물], [상태])
능 처방하다
¶회사의 경영 위기에 처방된 방법은 다 써 봤지만 소용이 없었다. ¶복잡하게 얽힌 문제는 어설프게 처방된 해결책으로는 소용없을 것이다.

처방하다
어원 處方~ 활용 처방하여(처방해), 처방하니, 처방하고 대응 처방을 하다
타 ❶(어떤 병이나 증상을 치료할) 약을 짓는 방법을 제시하다. Present a method of preparing medicine to heal an illness or a symptom.
N0-가 N1-를 N2-에 V (N0=[인간] N1=[약], [치료법] N2=[질병])
피 처방되다
¶의사가 진찰한 다음 약을 처방하였다. ¶약국에서는 의사가 처방한 대로 약을 지어 주었다.
❷(어떤 문제 상황에 대한) 해결책을 제시하다. Suggest the solution for a difficulty.
N0-가 N1-를 N2-에 V (N0=[인간] N1=[추상물], [상태] N2=[추상물], [상태])
피 처방되다
¶경제학자 케인스는 미국의 대공황에 뉴딜 정책을 처방하였다. ¶복잡한 기계의 결함을 진단하고 처방하는 일은 쉬운 일이 아니다.

처벌되다
어원 處罰~ 활용 처벌되어(처벌돼), 처벌되니, 처벌되고 대응 처벌이 되다
자 (어떤 이유로 누군가에게) 벌을 받는 대상이 되다. Become a person to be punished by someone for a reason.
㊥처벌받다, 벌 받다, 징벌되다 ㊦상받다, 칭찬받다
N0-가 N1-에게 N2-로 V (N0=[인간|단체] N1=[인간|단체] N2=[비행])
능 처벌하다
¶영내 반란을 시도한 포로들이 모두 불복죄로 감시관에게 처벌되었다. ¶탈주범은 체포된 뒤 곧 처벌되었다.

처벌받다
어원 處罰~ 활용 처벌받아, 처벌받으니, 처벌받고 대응 처벌을 받다
자 (어떤 이유로 누군가에게) 벌을 받는 대상이 되다. Become a person to be punished by someone for a reason.
㊥처벌되다, 벌받다, 징벌되다 ㊦상받다, 칭찬받다
N0-가 N1-(에게|에 의해) N2-로 V (N0=[인간|단체] N1=[인간|단체] N2=[비행])
능 처벌하다
¶자신이 사법기관에 의해 부당하게 절도죄로 처벌받았나고 생각하면 신고하기 바랍니다. ¶변경

ㅊ

된 법령 내용을 몰라서 죄를 짓고 처벌받는 사람들의 수가 늘고 있다.

처벌하다

[어원]處罰~ [활용]처벌하여(처벌해), 처벌하니, 처벌하고 [대응]처벌을 하다

[타](누군가를 어떤 이유로) 벌을 받게 하다. Have someone punished for a reason.

[유]벌하다, 징벌하다, 벌주다, 처형하다 [반]상 주다, 칭찬하다

N_0-가 N_1-를 N_2-로 V (N_0=[인간|단체] N_1=[인간|단체] N_2=[비행])

[피]처벌되다, 처벌받다

¶당국은 문제가 된 국책 연구의 책임자를 횡령죄로 처벌했다. ¶시민을 일관성 없이 처벌하면 사람들은 법치를 불신하게 됩니다.

처분되다

[어원]處分~ [활용]처분되어(처분돼), 처분되니, 처분되고 [대응]처분이 되다

[자]❶(부동산, 주식, 물건 따위가) 일정한 가격이나 거래 방식으로 남에게 팔리다. (of property, stock, goods, etc.) Be sold to another person at a definite price or in a definite way of dealing.

[유]처리되다, 처치되다

N_0-가 N_1-로 V (N_0=[사물], 부동산, 땅, 주식, 재산 따위 N_1=[추상물])

[능]처분하다

¶그가 가지고 있던 부동산은 모두 경매로 처분되었다. ¶재판부의 판결로 그의 재산은 모두 처분되었다. ¶벼룩시장을 열었음에도 회사의 재고는 완전히 처분되지 않았다.

❷(사람이) 법규로 정해진 어떤 방식으로 처리되다. (of a person) Be treated according to the regulations of a public organization.

[유]처리되다

N_0-가 N_1-로 V (N_0=[인간|단체] N_1=불구속, 면제, 정지, 유예 따위)

[능]처분하다

¶흉악 범죄를 저지른 사람이 불구속으로 처분되자 여론이 들끓고 있다. ¶불법 판매를 일삼아 온 장사꾼들이 영업 정지 처분되었다.

처분하다

[어원]處分~ [활용]처분하여(처분해), 처분하니, 처분하고 [대응]처분을 하다

[타]❶(사람이나 단체가 부동산, 주식, 물건 따위를) 일정한 가격이나 거래 방식으로 팔다. (of a person or an organization) Sell property, stock, or goods at a definite price or in a definite way of dealing.

[유]처리하다, 처치하다, 팔다

N_0-가 N_1-를 N_2-로 V (N_0=[인간|단체] N_1=[사물], 부동산, 땅, 주식, 재산 따위 N_2=[추상물])

[피]처분되다

¶그는 가족과 상의하지 않고 택지를 불법으로 처분하였다. ¶회사가 어려워지자 투자자들이 보유 주식을 처분하고 있다.

❷(공적 조직이 어떤 사람을) 법규로 정해진 어떤 방식으로 처리하다. (of a public organization) Treat a person in a way by applying the regulations of a public organization.

[유]처리하다

N_0-가 N_1-를 N_2-로 V (N_0=[국가기관] N_1=[인간|단체] N_2=불구속, 면제, 정지, 유예 따위)

[피]처분되다

¶재판부가 그를 불구속으로 처분하자 여론이 들끓고 있다. ¶관청에서는 불법 판매를 일삼아 온 장사꾼들을 영업 정지 처분하였다. ¶검찰은 몇몇 사람들을 기소 유예로 처분할 것을 검토하고 있다.

처지다

[활용]처지어(처져), 처지니, 처지고

[자]❶(어떤 물체 또는 신체부위가) 팽팽함을 유지하지 못하고 한쪽으로 축 늘어지다. (of a thing or a part of the body) Fail to maintain tautness, becoming loose on one side.

[유]늘어지다, 기울다

N_0-가 N_1-로 V (N_0=[사물](줄, 천, 가방 따위), [신체부위], (볼, 가슴, 배, 엉덩이, 살, 눈 따위) N_1=[방향], [장소])

¶요즘 살이 쪘는지 그의 뱃살이 처져 있는 듯했다. ¶그는 눈이 양 옆으로 축 처져 있어서 참 순해 보였다.

❷감정, 기분 따위가 가라앉다. (of emotion or feeling) Sink.

[유]가라앉다, 침울해지다

N_0-가 V (N_1=[기분], [감정])

¶이런 어두운 음악은 듣는 이의 감정도 처지게 만든다. ¶암울한 상황에 기운이 축 처지는 느낌이 었다.

❸(일행이나 다른 사람보다) 뒤쪽에 떨어지다. Fall behind one's company or ranks.

[유]뒤떨어지다, 낙오하다

N_0-가 N_1-(에서|보다) N_2-로 V (N_0=[인간] N_1=[인간], [장소] N_2=[방향])

¶그는 일행에서 한참 뒤로 처져서 걸었다. ¶나는 정수보다 열 걸음 정도 처진 상태였다.

❹(다른 대상보다) 수준이나 실력이 못하다. Be inferior to another object in level or ability.

[유]떨어지다

N_0-가 N_1-(에|에게|보다) V (N_0=[인간|단체], [추상

물](수준, 정도 따위) N1=[사물], [추상물])
¶우리 반의 성적은 옆 반에 많이 처진다. ¶철호는 영어가 다른 과목에 비해 많이 처진다.

처하다

어원 處~ 활용 처하여(처해), 처하니, 처하고
자 어떤 처지에 놓이다. Be in a certain situation.
㊌들다, 당면하다, 봉착하다
N0-가 N1-에 V (N0=[인간|단체] N1=[상황], [상태])
¶이 새는 멸종 위기에 처해 있는 종이다. ¶나는 어려움에 처한 사람을 돕는 일을 하고 싶었다.
타 (누군가를 어떤 형벌에) 당하도록 명하다. Impose punishment on someone.
㊌내리다, 언도하다, 선고하다, 판결하다
N0-가 N1-를 N2-에 V (N0=[인간|단체] N1=[인간|단체] N2=[벌])
¶판사는 죄인을 어떤 벌에 처할 것인지를 고심하였다. ¶파렴치범을 사형에 처하라고 주장하는 여론이 들끓고 있다.

처형당하다

어원 處刑~ 활용 처형당하여(처형당해), 처형당하니, 처형당하고 대응 처형을 당하다
자 ☞ 처형되다

처형되다

어원 處刑~ 활용 처형되어(처형돼), 처형되니, 처형되고 대응 처형이 되다
자 (법적으로나 공개적으로) 사형 선고를 받은 사람이 죽임을 당하다. (of a person who has been sentenced to death) Die legally or openly.
㊌처형당하다, 사형되다, 죽다, 처벌되다
N0-가 V (N0=[인간])
능 처형하다
¶수많은 가톨릭 선교사들이 그 시기에 처형되었다. ¶충신은 끝내 처형되고 말았다. ¶장군의 명을 어기는 자들이 모두 처형되었다.

처형하다

어원 處刑~ 활용 처형하여(처형해), 처형하니, 처형하고 대응 처형을 하다
타 (사람이 법적으로나 공개적으로) 사형 선고를 받은 사람을 죽이다. (of people) Kill legally or openly a person who has been sentenced to death.
㊌사형하다, 죽이다, 처벌하다
N0-가 N1-를 V (N0=[인간] N1=[인간])
피 처형되다
¶왕은 가톨릭 선교사들을 닥치는 대로 처형하였다. ¶그는 간신들의 꾐에 빠져 충신을 처형하였다. ¶장군은 자신의 명을 어기는 자들을 모두 처형하였다.

천거되다

어원 薦擧~ 활용 천거되어(천거돼), 천거되니, 천거되고 대응 천거가 되다
자 (어떤 사람이) 특정한 직위의 적임자로 추천되거나 소개되다. (of a person) Be introduced as a competent person for a particular position.
㊌거천되다, 추천되다
N0-가 N1-로 V (N0=[인간|단체] N1=[직책], [직위])
능 천거하다
¶우리 단체가 이번 행사의 주관 기관으로 천거되었다. ¶몇 명의 후보가 감독으로 천거되었으나 모두 부적합했다. ¶천거된 사람들이 다들 뛰어나서 고민을 덜었다.

천거받다

어원 薦擧~ 활용 천거받아, 천거받으니, 천거받고 대응 천거를 받다
타 (어떤 사람이 다른 사람을) 특정한 직위의 적임자로 추천받거나 소개받다. Get a recommendation as someone who is a competent person for a particular position.
㊌거천받다, 추천받다
N0-가 N3-(에서|에게서) N1-를 N2-로 V (N0=[인간|단체] N1=[인간|단체] N2=[직책], [직위] N3=[인간|집단])
능 천거하다
¶그는 동생에게서 김 씨를 조력자로 천거받았다. ¶앞으로 네게서 천거받은 인물은 중용할 것이다. ¶새로 시작하는 일은 유능한 인물을 천거받아 함께하고자 한다.

천거하다

어원 薦擧~ 활용 천거하여(천거해), 천거하니, 천거하고 대응 천거를 하다
타 (어떤 사람을 다른 사람이나 단체에) 특정한 직위의 적임자로 추천하거나 소개하다. Introduce someone as a competent person for a particular position to another person or organization.
㊌거천하다, 추천하다
N0-가 N3-(에|에게) N1-를 N2-로 V (N0=[인간|단체] N1=[인간|단체] N2=[직책], [직위] N3=[인간|집단])
피 천거되다, 천거받다
¶고문으로 몇 분을 저희에게 천거해 주시기 바랍니다. ¶자네가 천거했던 친구는 과연 유능하더군.

천명되다

어원 闡明~ 활용 천명되어(천명돼), 천명되니, 천명되고 대응 천명이 되다
자 (의견, 계획, 진리 따위가) 분명히 밝혀져 알려지다. (of opinion, plan, or truth) Be clarified and known.
㊌선포되다, 공포되다

No-가 V (No=[마음], [앎](사실 따위))
능 천명하다
¶경찰의 범죄 척결 의지가 천명되었다. ¶지구는 둥글다는 사실이 천명되자 세상은 술렁였다. ¶대회 시작 전에는 참가 선수들의 남다른 각오가 천명되었다.

천명하다
어원 闡明~ 활용 천명하여(천명해), 천명하니, 천명하고 대응 천명을 하다
자타(의견, 계획, 진리 따위를) 분명히 밝혀 알리다. Clarify opinion, plan, or truth and let it be known.
㊞선포하다, 공포하다
No-가 S다고 V (No=[인간|단체])
피 천명되다
¶경찰은 범죄를 뿌리 뽑겠다고 천명하였다. ¶교장 선생님께서는 올해 진학률을 높이겠다고 천명하셨다.
No-가 N1-를 V (No=[인간|단체] N1=[마음], [앎](사실 따위))
피 천명되다
¶선수단은 우승을 향한 결의를 천명하고 출국했다. ¶김 후보는 정 후보에 대한 지지를 천명한 뒤 사퇴했다.
No-가 S것-을 V (No=[인간|단체])
피 천명되다
¶회사에서는 야근 시간을 줄여 나갈 것을 천명하였다. ¶각국에서는 전쟁 도발에 엄격하게 대응할 것을 천명했다.

천시당하다
어원 賤視~ 활용 천시당하여(천시당해), 천시당하니, 천시당하고 대응 천시를 당하다
자 ☞ 천시받다

천시받다
어원 賤視~ 활용 천시받아, 천시받으니, 천시받고 대응 천시를 받다
자(다른 사람에게) 업신여김을 받거나 무시당하다. Be belittled or ignored by someone.
㊞무시당하다, 경멸받다, 멸시받다
No-가 N1-에게 V (No=[인간|단체] N1=[인간|단체])
능 천시하다
¶나는 가난하게 자랐다는 이유로 그들에게 천시받았다. ¶나는 아무런 이유 없이 그에게 천시받는 것이 무척 싫었다.

천시하다
어원 賤視~ 활용 천시하여(천시해), 천시하니, 천시하고 대응 천시를 하다
타(다른 사람을) 업신여기거나 무시하다. Belittle or ignore someone.
㊞깔보다, 무시하다, 경멸하다, 멸시하다
No-가 N1-를 V (No=[인간|단체] N1=[인간|단체], 직업)
피 천시받다
¶그녀는 나를 천시하는 눈으로 쳐다보며 말했다. ¶다른 사람의 직업을 천시하는 일은 없어야 한다. 버릇을 반드시 고쳐야 한다.

철거되다
어원 撤去~ 활용 철거되어(철거돼), 철거되니, 철거되고 대응 철거가 되다
자(건물이나 설치물이) 해체되어 없어지다. (of building or installation) Be deconstructed, disappear.
No-가 N1-(에|에 의해) V (No=[건물], [설치물] N1=[인간|단체])
능 철거하다
¶유서 깊은 건물이 정부에 의해 철거되었다. ¶산동네의 주거지가 개발을 명분으로 여럿 철거되었다. ¶잔디밭을 둘러싼 울타리가 철거되었다.

철거하다
어원 撤去~ 활용 철거하여(철거해), 철거하니, 철거하고 대응 철거를 하다
타(건물이나 설치물을) 해체하여 없애다. Destroy a building or an installation completely.
No-가 N1-를 V (No=[인간|단체] N1=[건물], [설치물])
피 철거되다
¶인부들이 가건물을 철거했다. ¶공무원들은 노점상을 철거하는 과정에서 상인들과 충돌했다. ¶행사 기간이 끝났으니 홍보 설비들을 모두 철거해야겠다.

철수하다
어원 撤收~ 활용 철수하여(철수해), 철수하니, 철수하고 대응 철수를 하다
자❶(군대가) 있던 곳에서 장비나 시설을 거두어 물러나다. (of a troop) Remove equipment and facilities and leave the place where they were stationed.
No-가 N1-에서 V (No=[단체](군대) N1=[장소])
사 철수시키다
¶부대가 주둔지에서 철수했다.
❷진출하였던 곳에서 시설이나 장비 따위를 거두어 가지고 물러나다. (of a troop) Remove equipment and facilities and leave the place where they were stationed.
No-가 N1-에서 V (No=[인간|단체] N1=[장소])
사 철수시키다
¶시위대가 광장에서 내일 철수한다. ¶비가 오는 바람에 우리는 야영지에서 철수했다.

타❶(주둔하던 곳에서 군대를) 장비나 시설을 거두고 물러나게 하다. Make a troop remove equipment and facilities and leave the place where they were stationed.

N0-가 N2-에서 N1-를 V (N0=[인간|단체] N1=[단체](군대), [구체물] N2=[장소])

사 철수시키다

¶부대장은 주둔지에서 부대를 철수하기로 했다. ¶국방부장관은 파병 병력을 즉시 철수하기로 했다.

❷(사람이 무엇을) 거두어들이거나 걷어치우다. (of a person) Clear away something.

N0-가 N2-에서 N1-를 V (N0=[인간|단체] N1=[인간|단체], [구체물], [돈] N2=[장소])

사 철수시키다

¶이사회는 영업이 부진한 해외 지사를 철수하기로 했다.

철회되다

어원 撤回~ 활용 철회되어(철회돼), 철회되니, 철회되고

자(이미 제출하였던 것이나 주장하였던 것 따위가) 번복되거나 취소되다. (of something that's been submitted or argued) Be reversed or cancelled.

유 취소되다

N0-가 V (N0=주장, 사표, 파업, 영장 따위)

능 철회하다

¶오랫동안 받아들여져 온 나의 주장이 철회되고 말았다. ¶노사의 파업이 철회되어 시민들이 기뻐하고 있다. ¶불합리하게 발부되었던 체포 영장이 철회되었다.

철회하다

어원 撤回~ 활용 철회하여(철회해), 철회하니, 철회하고

타(사람이 이미 제출하였던 것이나 주장하였던 것 따위를) 번복하거나 취소하다. (of a person) Reverse or cancel something one already submitted or argued.

유 취소하다

N0-가 N1-를 V (N0=[인간|단체] N1=주장, 사표, 파업, 영장 따위)

피 철회되다

¶나는 지난번에 내세웠던 주장을 철회하였다. ¶사장은 김 부장이 낸 사표를 철회하고 그에게 대신 유급 휴가를 주었다. ¶그들은 체포 영장을 철회하지 않으면 파업을 하겠다고 주장하였다.

첨가되다

어원 添加~ 활용 첨가되어(첨가돼), 첨가되니, 첨가되고 대응 첨가가 되다

자(재료나 비용, 성질이) 더하여 보태지다. (of material, cost, or characteristics) Be added and supplemented.

유 추가되다, 섞이다 반 제외되다

N0-가 N1-에 V (N0=[사물], [추상물] N1=[사물], [추상물])

능 첨가하다

¶유아용 간식에는 영양소가 더 많이 첨가된다. ¶최종 비용에는 인건비와 여비도 모두 첨가되어야 한다. ¶이 디자인에는 실용성에 예술성까지 첨가되어 있다.

첨가하다

어원 添加~ 활용 첨가하여(첨가해), 첨가하니, 첨가하고 대응 첨가를 하다

타(재료나 비용, 성질을) 더하여 보태다. Add and supplement material, cost, or characteristics.

유 추가하다, 섞다 반 제외하다, 빼다

N0-가 N2-에 N1-를 V (N0=[인간|단체] N1=[사물], [추상물] N2=[사물], [추상물])

피 첨가되다

¶그 식품회사는 제품에 유해 성분을 첨가한 것으로 논란을 빚고 있다. ¶국물에 볶음 참깨를 첨가해 맛이 고소하다. ¶원가에 부대 비용까지 첨가해야 정확한 계산이 나온다. ¶실용성에 예술성까지 첨가할 수만 있다면 금상첨화지요.

첨부되다

어원 添附~ 활용 첨부되어(첨부돼), 첨부되니, 첨부되고 대응 첨부가 되다

자 안건이나 문서 따위를 덧붙여지다. (of an agenda or document) Be attached (to).

유 동봉되다

N0-가 N1-에 V (N0=[사물](서류, 파일 따위) N1=[사물](서류, 파일 따위))

능 첨부하다

¶신청서에 이력서와 사진이 첨부되어 있습니다. ¶파일이 첨부되지 않았으니 다시 보내주세요.

첨부하다

어원 添附~ 활용 첨부하여(첨부해), 첨부하니, 첨부하고 대응 첨부를 하다

타 안건이나 문서 따위를 덧붙이다. Attach an agenda or document (to).

유 동봉하다

N0-가 N2-에 N1-를 V (N0=[인간|단체] N1=[사물](서류, 파일 따위) N2=[사물](서류, 파일 따위))

피 첨부되다

¶이메일에 그 파일을 첨부해서 보내주세요. ¶서류에 우리의 탄원서를 첨부합시다. ¶이력서에 사진을 첨부하시기 바랍니다.

청구되다

어원 請求~ 활용 청구되어(청구돼), 청구되니, 청구되고 대응 청구가 되다

자❶(재화, 물건, 행위 따위가 다른 사람이나 단체

ㅊ

에) 지급되거나 실행되도록 요구되다. (of goods, things, behavior, etc.) Be sought or asked to be given or carried out for another person or organization.
㊌요청되다, 요구되다
N0-가 N1-(에|에게) V (N0=[비용], [금액], [사물], [행위] N1=[인간|단체])
능 청구하다
¶경범죄를 저지른 사람에게는 과태료가 청구된다. ¶청구된 액수를 다 납부하기는 어려울 것 같다.
❷ 【법률】 사법적 행위가 다른 사람이나 법원에 이루어지도록 요구되다. (of judicial action) Be sought or asked to be taken to another person or court.
N0-가 N1-(에|에게) V (N0=[소송], [권리], 배상 N1=[인간|단체])
능 청구하다
¶남에게 해를 끼친 그에게 손해 배상이 청구되었다. ¶피고에 의하여 법원에 재심이 청구되었습니다.

청구하다

어원 請求~ 활용 청구하여(청구해), 청구하니, 청구하고 대응 청구를 하다
타 ❶(다른 사람이나 단체에 재화, 물건, 행위 따위를) 지급하거나 실행해 달라고 요구하다. Seek or ask another person or organization to give or carry out goods, things, or behavior.
㊌요청하다, 요구하다
N0-가 N2-(에|에게) N1-를 V (N0=[인간|단체] N1=[비용], [금액], [사물], [행위] N2=[인간|단체])
피 청구되다
¶필요한 물자를 청구하려면 서류를 준비해야 한다. ¶은행은 대출 기간이 끝나면 상환을 청구할 수 있습니다.
❷ 【법률】 다른 사람이나 법원에 사법적 행위를 이루어 달라고 요구하다. Seek or ask another person or court to take judicial action.
N0-가 N2-(에|에게) N1-를 V (N0=[인간|단체] N1=[소송], [권리], 배상 N2=[인간|단체])
피 청구되다
¶나는 상대에게 손해 배상을 청구했다. ¶이 경우에는 구상권을 청구하셔도 될 듯합니다. ¶그는 판결에 불복하여 법원에 재심을 청구하기로 했다.

청산되다

어원 清算~ 활용 청산되어(청산돼), 청산되니, 청산되고 대응 청산이 되다
자 ❶(빚이나 채무가) 다 갚아지거나 정리되어 금전 문제가 해결되다. (of debt or liabilities) Be discharged or settled completely so that all money problems are solved.
㊌정리되다, 해결되다, 상환되다
N0-가 V (N0=채무, 빚 따위)
능 청산하다
¶드디어 채무 관계가 다 청산되었다. ¶파산 신청을 한다고 해서 빚이 청산되는 것은 아니다.
❷(재산이) 깨끗이 정리되거나 없어지다. (of property) Be liquidated or disposed of neatly.
㊌정리되다, 처분되다
N0-가 V (N0=[금전])
능 청산하다
¶이리저리 널려 있던 사업체가 청산되었다. ¶그의 재산은 사후에 모두 청산되었다.
❸(늘 하던 생활 따위가) 완전히 끝나다. (of something that used to be done) Be ended.
㊌끝나다
N0-가 V (N0=[상태], 생활 따위)
능 청산하다
¶그의 노숙 생활이 청산되자 모두가 기뻐하였다. ¶그의 광부 생활이 이제 청산되었다.
❹(잘못이나 비리 따위가) 깨끗이 정리되다. (of faults or corruption) Be eliminated completely.
㊌정리되다, 해결되다
N0-가 V (N0=잔재, 비리, 과거 따위)
능 청산하다
¶그들의 비리가 모두 청산될 수 있을까? ¶과거가 깨끗이 청산되지 못하면 나라의 미래가 위태롭다.

청산하다

어원 清算~ 활용 청산하여(청산해), 청산하니, 청산하고 대응 청산을 하다
타 ❶(개인이나 사업체가) 빚이나 채무를 다 갚아 금전 문제를 해결하다. (of a person or a company) Settle all money problems by discharging debt or liabilities.
㊌갚다, 해결하다, 상환하다
N0-가 N1-를 V (N0=[인간] N1=빚, 채무 따위)
피 청산되다
¶나는 드디어 모든 빚을 다 청산하였다. ¶가능한 한 빨리 빚을 청산하는 것이 좋다.
❷(사람이) 재산을 깨끗이 정리하거나 없애다. (of a person) Liquidate neatly and dispose of property.
㊌정리하다, 처분하다
N0-가 N1-를 V (N0=[인간] N1=[금전])
피 청산되다
¶그는 이리저리 널려 있던 사업체를 청산하였다. ¶나는 죽기 전에 재산을 모두 청산할 것이다.
❸(사람이 늘 하던 생활 따위를) 완전히 끝내다. (of a person) Quit something that one used

to do.
㉮끝내다, 정리하다, 그만두다
N0-가 N1-를 V (N0=[인간|단체] N1=[상태], 생활 따위)
피 청산되다
¶그는 그간의 노숙 생활을 청산하고 집으로 돌아왔다. ¶아버지는 광부 생활을 청산하고 집으로 왔다.
❹(사람이 잘못이나 비리 따위를) 뉘우치고 깨끗이 정리하다. (of a person) Regret and eliminate completely one's faults or corruption.
㉮정리하다, 끝내다
N0-가 N1-를 V (N0=[인간|단체] N1=[행위], 잔재, 비리, 과거 따위)
피 청산되다
¶우리는 일재 잔재를 청산하기 위해 노력하였다. ¶우리가 그들의 비리를 청산하지 못하면 구시대와 결별할 수 없다.

청소하다

어원 淸掃~ 활용 청소하여(청소해), 청소하니, 청소하고 대응 청소를 하다
타 (더럽거나 지저분한 장소나 사물 따위를) 깨끗하게 하다. Tidy up any dirty and messy place or object.
㉮소제하다, 치우다
N0-가 N1-를 V (N0=[인간] N1=[장소], [사물])
¶동네 주민들이 학교 주변을 청소하기 시작했다. ¶나는 화장실을 청소할 테니까 너는 빨래를 해라. ¶일주일에 2번 정도는 꼭 물탱크를 청소해야 한다.

청탁받다

어원 請託~ 활용 청탁받아, 청탁받으니, 청탁받고 대응 청탁을 받다
재타 (다른 사람에게) 어떤 일이나 행동을 해 달라고 부탁받다. Be asked to do (something or certain act from someone).
㉮요구받다, 부탁받다, 요청받다
N0-가 N1-를 N2-(에게|에게서|로부터) V (N0=[인간|단체] N1=[일], [행위], [사건] N2=[인간|단체])
¶나는 출판사로부터 원고 집필을 청탁받았다. ¶그 언론인은 정치인으로부터 유리한 기사를 청탁받았다.
N0-가 N1-(에게|에게서|로부터) S것-을 V (N0=[인간|단체] N1=[인간|단체])
¶그는 기업으로부터 기업가 정신에 대해 강연할 것을 청탁받았다. ¶그 판사는 고위층으로부터 부정한 판결을 해 줄 것을 청탁받고 고민에 빠졌다.
N0-가 N1-에게 S(라고|자고) V (N0=[인간|단체] N1=[인간|단체])
¶그 기관은 익명의 인물에게 자료를 제공해 달라고 청탁받았다. ¶그 작가는 편집자로부터 여행기를 써 달라고 청탁받았다.
N0-가 N1-(에게|에게서|로부터) S도록 V (N0=[인간|단체] N1=[인간|단체])
¶인사 담당자는 고위 임원으로부터 친인척을 뽑도록 청탁받았다. ¶그는 소설을 읽고 평론을 집필하도록 청탁받았다.

청탁하다

어원 請託~ 활용 청탁하여(청탁해), 청탁하니, 청탁하고 대응 청탁을 하다
재타 (다른 사람에게) 어떤 일이나 행동을 해 달라고 부탁하다. Ask someone, do something or certain act.
㉮부탁하다, 요청하다, 요구하다
N0-가 N2-에게 N1-를 V (N0=[인간|단체] N1=[일], [행위], [사건] N2=[인간|단체])
¶그 직원은 담당 부서에 빠른 업무 처리를 청탁했다. ¶부적절한 경로로 취업을 청탁하는 것은 불법이다.
N0-가 N1-(에|에게) S것-을 V (N0=[인간|단체] N1=[인간|단체])
¶그 청원자는 담당 기관에 자료를 재검토해 줄 것을 청탁했다. ¶편집자는 작가에게 글을 써 달라고 청탁했다.
N0-가 N1-에게 S(라고|자고) V (N0=[인간|단체] N1=[인간|단체])
¶그는 보안 담당자에게 기밀 자료를 넘겨 달라고 청탁했다. ¶그 언론사는 우리 기자에게 취재 정보를 공유하자고 청탁했다.
N0-가 N1-에게 S도록 V (N0=[인간|단체] N1=[인간|단체])
¶그 정치인은 언론사에 자기에게 유리한 기사를 쓰도록 청탁했다. ¶그 재력가는 인맥을 동원하여 자기 아들이 집행유예를 받도록 청탁했다.

청하다

어원 請~ 활용 청하여(청해), 청하니, 청하고 대응 청을 하다
자 (바라는 바가 이루어지게 해 달라고) 다른 사람에게 부탁하다. Ask for a favor to someone for making a wish come true.
㉮부탁하다, 요청하다 ㉯응하다 ㉱간청하다, 청원하다, 애원하다
N0-가 N1-(에|에게) S고 V (N0=[인간|단체] N1=[인간|단체])
¶동생이 나에게 돈을 좀 빌려달라고 청했다. ¶그 가족은 주민 센터에 생활 보조금을 받게 해 달라고 청해 보았다.
타 ❶(다른 사람에게) 물질적 도움이나 어떤 행동을 해 줄 것을 부탁하다. Ask for a favor to

ㅊ

someone for material help or some action.
[유]부탁하다, 요청하다, 신청하다 [반]응하다
[하]간청하다, 청원하다, 애원하다
N0-가 N2-(에|에게) N1-를 V (N0=[인간|단체] N1=[사물], [행위] N2=[인간|단체])
¶어떤 사람이 가게 주인에게 빈 상자를 청해서 얻어 갔다. ¶신입 사원이 과장님께 노래를 청했다. ¶하청 업체들이 대기업에게 대금 결제를 청하는 일도 쉽지 않은 현실입니다.
❷(다른 사람에게) 어떤 장소나 행사 따위에 와 달라고 부탁하다. Ask for a favor to someone for coming to some place or event.
[유]부르다, 초대하다, 초청하다
N0-가 N2-(에|로) N1-를 V (N0=[인간|단체] N1=[인간] N2=[장소], [모임], [행사])
¶아버지는 집으로 손님을 청해서 크게 한턱을 내셨다. ¶요즘 학생들은 학교 축제에 연예인을 청하는 일이 많다.
❸(잠을) 자려고 시도하다. Attempt to get some sleep.
N0-가 N1-를 V (N0=[인간], [동물] N1=잠, 낮잠 따위)
¶지친 병사들이 하나 둘 잠을 청했다. ¶날이 더워지자 초원의 맹수들이 낮잠을 청합니다.

체결되다

[어원]締結~ [활용]체결되어(체결돼), 체결되니, 체결되고 [대응]체결이 되다
[자](계약 따위가) 공식적으로 맺어지다. (of a contract) Be officially signed.
[유]맺어지다, 서명되다
N0-가 V (N0=[협약](계약, 조약, 동맹, 협정 따위))
[능]체결하다
¶두 회사 간에 계약이 체결되었다. ¶2004년 한국과 칠레 사이의 자유무역협정이 체결되었다.
N0-가 N1-에 의해 V (N0=[협약](계약, 조약, 동맹, 협정 따위) N1=[행위], [추상물], [인간|단체])
[능]체결하다
¶을사조약은 일본의 강압에 의해 체결되었다. ¶법은 쌍방의 자유의사에 의해 체결된 계약을 존중한다.

체결하다

[어원]締結~ [활용]체결하여(체결해), 체결하니, 체결하고 [대응]체결을 하다
[타](계약 따위를) 공식적으로 맺다. Officially enter a contract.
[유]맺다[타], 서명하다
N0-가 N1-와 N2-를 V ↔ N1-가 N0-와 N2-를 V ↔ N0-와 N1-가 N2-를 V (N0=[인간|단체], [집단] N1=[인간|단체], [집단] N2=[협약](계약, 조약, 동맹, 협정 따위))
[피]체결되다
¶그는 대기업과 계약을 체결하였다. ↔ 대기업이 그와 계약을 체결하였다. ↔ 대기업과 그가 계약을 체결하였다. ¶교육부는 교복 가격 안정화를 위해 교복 회사들과 업무 협약을 체결했다.
N0-가 N1-를 V (N0=[인간|단체], [집단](의미상 복수) N1=[협약](계약, 조약, 동맹, 협정 따위))
[피]체결되다
¶양국은 마침내 평화협정을 체결하였다. ¶두 회사는 한 달 이내에 계약을 체결하기로 했다.
N0-가 N1-를 N2-로 V (N0=[인간|단체], [집단] N1=[협약](계약, 조약, 동맹, 협정 따위) N2=[방법](구두, 서면))
[피]체결되다
¶근로 계약은 반드시 서면으로 체결해야 한다. ¶두 사람은 정식 회담에 앞서 협약을 구두로 체결하였다.

체계화하다

[어원]體系化~ [활용]체계화하여(체계화해), 체계화하니, 체계화하고 [대응]체계화를 하다
[타](어떤 것을) 짜임새가 갖추어지도록 만들다. Make something well-structured.
N0-가 N1-를 V (N0=[인간|단체] N1=[사물], [추상물])
¶그 학자는 열심히 자신의 철학 이론을 체계화하였다. ¶그 학교는 교육 과정을 체계화하여 큰 성공을 거두었다.

체념하다

[어원]諦念~ [활용]체념하여(체념해), 체념하니, 체념하고 [대응]체념을 하다
[자타](가졌던 생각이나 희망 따위를) 버리고 더이상 기대하지 않다. Give up thought or hope, not expecting anymore.
[유]포기하다, 단념하다
N0-가 N1-(를|에 대해) V (N0=[인간|단체] N1=[상태], [추상물])
¶선생님은 학생들에게 합격을 체념하기는 아직 이르다고 말씀하셨다. ¶그는 일을 쉽게 체념하는 나쁜 버릇이 있다.
N0-가 S고 V (N0=[인간|단체])
¶철수는 이내 취직이 불가능하다고 체념하고 말았다. ¶상인들은 경기가 좋아지지 않는다고 체념하고 문을 닫았다.

체득하다

[어원]體得~ [활용]체득하여(체득해), 체득하니, 체득하고 [대응]체득을 하다
[타](사람이나 단체가) 어떤 일이나 기술 따위를 직접 경험하여 알게 되다. (of a person or an organization) Learn about a work or a

[ㅊ]

technology by experience.
㊌익히다, 체험하다
N0-가 N1-를 V (N0=[인간|단체] N1=[행위], [방법], [기술])
¶학생들이 심폐소생술을 체득하고 있다. ¶나는 경찰관의 업무를 현장에서 생생하게 체득했다.
N0-가 Q-를 V (N0=[인간|단체])
¶나는 낯선 환경에서 어떻게 살아남아야 하는지를 몸으로 체득했다. ¶수많은 손님을 대하면서 선우는 어떻게 하면 고객이 감동하는지를 체득했다.

체류하다
어원 滯留~ 활용 체류하여(체류해), 체류하니, 체류하고 대응 체류를 하다
자 객지에 가서 머물다. Stay in a place away from home.
㊌체재하다
N0-가 N1-(에|에서) V (N0=[인간|단체] N1=[장소])
¶그는 워싱턴에 잠시 체류한 뒤 파리로 갔다. ¶해외에서 한 달간 체류할 예정이다.

체불되다
어원 滯佛~ 활용 체불되어(체불돼), 체불되니, 체불되고 대응 체불이 되다
타 마땅히 내주어야 할 것이 내주어지지 못하고 미루어지다. (of a payment) Fail to be paid when it is due.
N0-가 V (N0=[돈], [비용], [소득], 이자, 지원금, 보상금 따위)
능 체불하다
¶임금이 두 달이나 체불되어 직원들이 불만이 많다.

체불하다
어원 滯佛~ 활용 체불하여(체불해), 체불하니, 체불하고 대응 체불을 하다
타 마땅히 내주어야 할 것을 내주지 못하고 미루다. Fail to make a payment when it is due.
N0-가 N2-(에|에게) N1-를 V (N0=[인간|단체] N1=[돈], [비용], [소득], 이자, 지원금, 보상금 따위 N2=[인간], [집단], [기관])
피 체불되다
¶회사가 직원들에게 급여를 수개월째 체불하고 있다. ¶전기 요금을 석 달 동안 체불했더니 오늘 집에 전기가 끊겼다.

체재하다
어원 滯在~ 활용 체재하여(체재해), 체재하니, 체재하고 대응 체재를 하다
타 ☞체류하다

체크하다
어원 check~ 활용 체크하여(체크해), 체크하니, 체크하고 대응 체크를 하다
타 (어떤 것을) 확인하거나 검토하다. Identify or examine something.
㊌확인하다, 점검하다
N0-가 N1-를 V (N0=[인간|단체] N1=[사물], [추상물])
¶간호사가 환자의 건강 상태를 체크했다. ¶물건이 언제 분실되었는지 모든 가능성을 체크해 봐야 한다.

체포되다
어원 逮捕~ 활용 체포되어(체포돼), 체포되니, 체포되고 대응 체포가 되다
자 【법률】 용의자나 범인이 경찰에 붙잡혀 가다. (of a suspect or a criminal) Be caught by the police.
㊌붙잡혀 가다, 잡혀가다
N0-가 N1-(에|에게) V (N0=[인간|단체] N1=[인간](경찰관))
능 체포하다
¶방화 사건의 범인이 결국 경찰에 체포되었다. ¶지나가던 사람을 살해한 범인이 현장에서 바로 체포되었다.

체포하다
어원 逮捕~ 활용 체포하여(체포해), 체포하고, 체포하니 대응 체포를 하다
타 【법률】 경찰이 용의자나 범인을 데려가기 위해 붙잡다. (of the police) Catch a suspect or a criminal.
㊌잡아가다, 붙잡다, 붙잡아 가다
N0-가 N1-를 V (N0=[인간](경찰관) N1=[인간|단체])
피 체포되다
¶경찰에서는 살인 용의자를 몇 차례 체포하려 했으나 번번이 실패하였다. ¶무장 경관들이 인질범을 체포하려고 오랫동안 대치하고 있습니다.

체험하다
어원 體驗~ 활용 체험하여(체험해), 체험하니, 체험하고 대응 체험을 하다
타 (어떤 일을) 실제로 직접 보고 듣고 겪다. Undergo something by seeing and hearing directly.
㊌겪다, 경험하다, 맛보다, 증험하다, 체득하다
N0-가 N1-를 V (N0=[인간] N1=[행위], [변화], [장소](세상 따위), [감정], [질병], [사건], [사고], [현상], [활동])
¶학생들은 옛 선비의 공부법을 체험해 보았다. ¶외국인들이 손쉽게 한식을 체험할 수 있도록 컵밥을 만들었다. ¶우리는 온갖 종류의 두려움을 체험하면서 이 세상을 살아가고 있습니다.
N0-가 N1-를 통해 S것-을 V (N0=[인간] N1=[행위](실험, 여행 따위), [사건], [사고], [현상], [활동])
¶우리는 음식 조절을 통해 몸이 건강해지는 것을

ㅊ

체험하였다. ¶남자는 이번 수업을 통해 임신부의 고통을 체험했다.

쳐다보다

활용 쳐다보아(쳐다봐), 쳐다보니, 쳐다보고

타 ❶(사람이나 짐승이) 어떤 대상을 바로 향하여 보다. (of a person or an animal) Look straight at an object.

유 바라보다, 응시하다 상 보다

N0-가 N1-를 V (N0=[인간|동물] N1=[사물], [위치](위, 앞, 아래 따위))

¶선원들은 방향을 잡기 위해 하늘의 별을 쳐다보았다. ¶개가 지붕 위에 올라간 닭을 쳐다본다. ¶문 여는 소리가 들리자 사람들이 일제히 문을 쳐다보았다.

❷(사람이나 단체가) 다른 사람이나 단체를 믿고 의지하며 바라보다. (of a person or an organization) Trust and depend on another person or organization.

N0-가 N1-를 V (N0=[인간] N1=[인간], [사물])

¶할아버지는 아들들이 독립한 뒤로 수중에 있는 부동산만 쳐다보고 살았다. ¶나는 결혼 후 전업주부가 되어 남편만 쳐다보고 살림을 해야 했다.

쳐들다

활용 쳐들어, 쳐드니, 쳐들고, 쳐드는

타 (사물을) 들거나 젖혀서 위로 올리다. Lift or bend something back to raise it.

상 들다

N0-가 N1-를 V (N0=[인간] N1=[사물])

¶그는 만세를 부르며 양팔을 쳐들었다. ¶나는 고개를 쳐들고 위를 올려다보았다.

쳐들어가다

활용 쳐들어가, 쳐들어가니, 쳐들어가고

자 ❶(적의를 가지고 있는 상대방이 머무는 곳에) 완력이나 무력을 사용하여 침입하여 들어가다. Attack a place where a hostile man stays using force or strength.

유 침입하다, 침략하다II

N0-가 N1-(에|로) V (N0=[인간|단체] N1=[인간|단체], [장소])

¶늦기 전에 우리는 빨리 적의 진지로 쳐들어가야 한다. ¶빚쟁이들이 그의 집에 쳐들어가서 행패를 부렸다.

❷(방문할 장소에 살거나 일하는 사람에게) 미리 알리지 않고 갑자기 들이닥치다. Visit a place or a person suddenly without giving him or her prior notice.

유 급습하다, 깜짝 방문하다

N0-가 N1-(에|로) V (N0=[인간|단체] N1=[인간|단체], [장소])

¶우리는 그 사람 집에 예고없이 쳐들어가기로 했다. ¶어머니는 아들의 집안 살림이 궁금해서 그냥 한 번 쳐들어가야겠다고 생각했다.

쳐들어오다

활용 쳐들어와, 쳐들어오니, 쳐들어오고

자 ❶(적대적 세력 따위가) 무력을 통해 침입하여 들어오다. (of hostile group or force) Carry out a raid into a place using force.

유 침입하다, 침략하다II

N0-가 N1-(에|로) V (N0=[인간|집단] N1=[인간|집단], [장소])

¶그들은 왜 우리 구역에 쳐들어와서 행패를 부리고 있니? ¶임진왜란은 1592년에 일본이 조선을 쳐들어오면서 시작되었다.

❷(어떤 곳에) 미리 알리지 않고 갑자기 방문해 오다. Visit a place without giving prior notice.

유 급습하다, 깜짝 방문하다

N0-가 N1-에 V (N0=[인간|집단] N1=[인간|집단], [장소])

¶그 친구는 알리지도 않고 우리 집에 자주 쳐들어온다. ¶감찰단이 예고 없이 쳐들어오자 회사 사람들이 모두 긴장했다. ¶신혼집에 쳐들어오는 것은 정말 예의가 아니다.

쳐부수다

활용 쳐부수어(쳐부숴), 쳐부수니, 쳐부수고

타 ❶공격하여 무찌르다. Attack someone and win a victory.

유 분쇄하다

N0-가 N1-를 V (N0=[인간|단체] N1=[인간|단체], [행위](침략, 공격 따위))

¶강감찬장군은 요나라의 침입을 쳐부수었다. ¶적을 쳐부수고 고향으로 돌아가자.

❷(물체나 건물 따위를) 세게 때려 부수다. Smash an object or a building.

유 때려 부수다

N0-가 N1-를 V (N0=[인간] N1=[구체물])

¶그는 망치로 문을 쳐부수고 들어갔다.

초과되다

어원 超過~ 활용 초과되어(초과돼), 초과되니, 초과되고 대응 초과가 되다

자 (수가 많거나 정도가 지나쳐) 일정한 한도나 기준 따위가 넘어서다. (of certain limit or standard) Be surpassed due to large number or excessive degree.

유 넘어서다 자 반 미달되다

N0-가 V (N0=인원, 금액 따위)

능 초과하다

¶여행 경비가 예상했던 것보다 초과되었다. ¶수강 인원이 초과되어 더 이상 학생을 받을 수

없다.

초과하다

어원 超過~ 활용 초과하여(초과해), 초과하니, 초과하고 대응 초과를 하다

재타 ❶(수가 많거나 정도가 지나쳐) 일정한 한도나 기준 따위를 넘다. Surpass a certain limit or standard due to large number or excessive degree.

㊞넘다, 넘어서다, 뛰어넘다 ㉯미달하다, 모자라다

N0-가 V (N0=수치, 정원 따위)

피 초과되다

¶엘리베이터에 이미 정원이 초과해 경보음이 울린다.

N0-가 N1-를 V (N0=수치, 인원, 금액 따위 N1=기준치, 정원, 예산, 목표액 따위)

피 초과되다

¶지난달에는 지출이 예산을 초과해 적자가 났다. ¶수강 신청 인원이 정원을 초과해 더 이상 신청할 수 없다. ¶그는 혈압 수치가 기준치를 초과해 정밀 검사를 받기로 했다.

❷(수가 많거나 정도가 지나쳐) 일정한 한도나 기준 따위를 넘기다. Surpass a certain limit or standard due to large number or excessive degree.

㊞넘기다, 넘어서다 ㉯미달하다, 모자라다

N0-가 N1-를 V (N0=[인간], [구체물], N1=시간, 기준치 따위)

피 초과되다

¶그는 퀴즈 대회 결선에서 제한 시간을 초과해 탈락했다. ¶지난여름에 비해 방사능 기준치를 초과하는 수산물이 줄어들었다.

초대되다

어원 招待~ 활용 초대되어(초대돼), 초대되니, 초대되고 대응 초대가 되다

자 ☞초대받다

초대받다

어원 招待~ 활용 초대받아, 초대받으니, 초대받고 대응 초대를 받다

자 (다른 사람이나 단체가) 어떤 장소나 행사에 불려 참석하도록 청함을 받다. (of another person or organization) Be asked to visit a place or to participate in an event.

㊞초청받다

N0-가 N1-(에|로) V (N0=[인간|단체] N1=[장소], [행사])

능 초대하다

¶그는 회장님의 칠순 잔치에 초대받았다. ¶연회에 초대받은 것은 공주만이 아니었다. ¶우리 집으로 초대받고도 오지 않을 사람은 없겠지.

N0-가 S데-에 V (N0=[인간|단체])

¶그는 10주년 기념행사를 하는 데 초대를 받았다.

초대하다

어원 招待~ 활용 초대하여(초대해), 초대하니, 초대하고 대응 초대를 하다

타 (다른 사람이나 단체를) 어떤 장소나 행사에 불러 참석하도록 청하다. Ask another person or organization to visit a place or to participate in an event.

㊞초청하다

N0-가 N1-를 N2-(에|로) V (N0=[인간|단체] N1=[인간|단체] N2=[장소], [행사])

피 초대받다

¶혜숙이는 생일을 맞아 친구들을 집에 초대했다. ¶입찰을 축하하며 사장님은 우리 부서를 식당으로 초대하셨다. ¶그가 나를 초대할 것이라고는 생각도 못 했어.

초래되다

어원 招來~ 활용 초래되어(초래돼), 초래되니, 초래되고 대응 초래가 되다

자 무엇에 부정적 영향을 미칠 수 있는 사태나 사건이 유발되다. (of a situation or incident that can have negative effect on something) Be caused.

㊞일어나다, 생기다, 나타나다, 발생되다, 빚어지다

N1-로 N0-가 V (N0=[결과], [사건], [상태] N1=[추상물])

능 초래하다

¶이 사태로 모든 기밀을 공개하는 결과가 초래될 것이다. ¶기후 변화로 물 부족 사태가 초래될 수밖에 없다.

N0-가 S데-에 V (N0=[결과], [영향], [장애])

능 초래하다

¶남북문제로 외국 기업들이 국내에 투자하는 데 장애가 초래될 것이다. ¶만인 복지 제도가 정착하는 데 막대한 역효과가 초래될 것이다.

초래하다

어원 招來~ 활용 초래하여(초래해), 초래하니, 초래하고 대응 초래를 하다

타 무엇에 부정적 영향을 미칠 수 있는 사태나 사건을 유발시키다. Cause a situation or incident that can have negative effect on something.

㊞불러오다, 가져오다, 빚다 ㉯막다

N0-가 N2-에 N1-를 V (N0=[사건], [현상], [행위] N1=[결과], [사건], [상태], [영향], [장애] N2=[인간|단체], [추상물], [현상])

피 초래되다

¶농업의 몰락은 국민 경제에 엄청난 손실을 초래할 수 있다. ¶정보 사회는 우리 생활에 커다란 변화를 초래할 것이다. ¶과도한 음주는 간 기능에

손상을 초래한다.
N0-가 S데-에 N1-를 V (N0=[사건], [행위] N1=[결과], [영향], [장애])
피 초래되다
¶남북문제는 외국 기업들이 국내에 투자하는 데 장애를 초래할 것이다. ¶새 법안은 만인 복지제도가 정착하는 데 막대한 역효과를 초래할 것이다.

초빙받다
어원 招聘~ 활용 초빙받아, 초빙받으니, 초빙받고
대응 초빙을 받다
자 ☞ 초빙되다

초빙되다
어원 招聘~ 활용 초빙되어(초빙돼), 초빙되니, 초빙되고 대응 초빙이 되다
자 예가 갖추어져 불려 맞아들여지다. (of a person) Be asked with courtesy to be present at an event.
유 초대되다
N0-가 N1-(에|로) V (N0=[인간|단체] N1=[장소], [행사])
능 초빙하다
¶그는 이번 학기에 강사로 초빙되었다. ¶우리는 이번 행사에 특별히 초빙되어 참가할 것이다.

초빙하다
어원 招聘~ 활용 초빙하여(초빙해), 초빙하니, 초빙하고 대응 초빙을 하다
타 예를 갖추어 불러 맞아들이다. Ask someone with courtesy to be present at an event.
유 초청하다, 모시다
N0-가 N1-를 N2-(에|로) V (N0=[인간|단체] N1=[인간|단체] N2=[장소], [행사], [지위])
피 초빙되다
¶대학 본부에서 그를 교수로 초빙하였다. ¶이 행사에 주요 인사들을 많이 초빙할 예정이다.

초월하다
어원 超越~ 활용 초월하여(초월해), 초월하니, 초월하고
타 (무엇이) 일정한 한계나 범위를 뛰어넘다. (of something) Exceed a definite limit or scope.
N0-가 N1-를 V (N0=[추상물] N1=[기준점], [범위])
¶우주선의 스피드는 상상을 초월했다. ¶뛰어난 문학 작품은 시대를 초월한다.

초청되다
어원 招請~ 활용 초청되어(초청돼), 초청되니, 초청되고 대응 초청이 되다
자 ☞ 초청받다

초청받다
어원 招請~ 활용 초청받아, 초청받으니, 초청받고
대응 초청을 받다
자 (다른 사람이나 단체가) 어떤 장소나 행사에 오도록 부름을 받다. (of another person or organization) Be asked to visit a place or to participate in an event.
유 초대받다
N0-가 N2-(에게|로부터) N1-(에|로) V (N0=[인간|단체] N1=[장소], [행사] N2=[인간|단체])
능 초청하다
¶그에게 별장으로 초청받은 사람들은 나까지 모두 네 명이었다. ¶우리들은 주최 측으로부터 대회에 초청받았다.

초청하다
어원 招請~ 활용 초청하여(초청해), 초청하니, 초청하고 대응 초청을 하다
타 (다른 사람이나 단체를) 어떤 장소나 행사에 오도록 부르다. Ask another person or organization to visit a place or to participate in an event.
유 초대하다
N0-가 N1-를 N2-(에|로) V (N0=[인간|단체] N1=[인간|단체] N2=[장소], [행사])
피 초청받다
¶교회에서는 바자회에 주민들을 초청하였다. ¶오늘 공연에 여러 가수들을 초청하였다. ¶외국 선수들을 초청하였으니 더 철저히 준비해야 한다.

초토화되다
어원 焦土化~ 활용 초토화되어(초토화돼), 초토화되니, 초토화되고 대응 초토화가 되다
자 불에 태워져 잿더미로 덮인 땅으로 변하게 되다. Be burned to the ground or ashes.
N0-가 V (N0=[장소], [구체물](시설물))
능 초토화하다 ¶우리의 기지가 적의 포탄 투하로 초토화되었다.

초토화하다
어원 焦土化~ 활용 초토화하여(초토화해), 초토화하니, 초토화하고 대응 초토화를 하다
타 불에 태워 잿더미로 덮인 땅으로 변하게 하다. Burn the land to the ground or ashes.
N0-가 N1-를 V (N0=[인간|단체], 전쟁 따위 N1=[장소])
피 초토화되다
¶아군은 적의 기지를 초토화했다. ¶오랜 기간의 전쟁은 우리의 국토를 초토화했다.

촉구하다
어원 促求~ 활용 촉구하여(촉구해), 촉구하니, 촉구하고 대응 촉구를 하다
자타 (다른 사람이나 단체에) 무엇을 시급하게 요청하다. Make a strong and urgent request to another person or organization.
유 요청하다, 요구하다
N0-가 S다고 V (R2) (N0=[인간|단체])

¶농민들은 정부(가|에게) 쌀 시장 개방을 막아야 한다고 촉구했다.(R2) ¶연금 수령 절차를 개정해야 한다고 촉구했지만 달라진 건 없었다. ¶관광객은 상인들이 바가지를 씌우지 않아야 한다고 촉구하였다.

N0-가 S도록 V (R2) (N0=[인간|단체])

¶정부는 기업들(이|에) 구조를 조정하도록 촉구하였다.(R2) ¶김 의원은 경찰에 수사 기록을 공개하도록 촉구한 바 있다.

N0-가 N1-에 S라고 V (N0=[인간|단체] N1=[단체])

¶주민들은 시공 업체에 층간 소음을 해결해 달라고 촉구했다. ¶선수단은 협회에 유니폼을 더 보내 달라고 촉구할 예정이다.

N0-가 N1-에게 S라고 V (N0=[인간|단체] N1=[인간])

¶안내 요원들은 관람객들에게 질서를 지켜 달라고 촉구했다. ¶주민들은 경비원에게 주차 단속을 해 달라고 촉구한 적이 있다.

N0-가 N1-에 N2-를 V (N0=[인간|단체] N1=[단체] N2=[행위])

¶시민 단체는 국회에 민생 법안 통과를 촉구하기로 하였다. ¶학생회는 대학 당국에 등록금 동결을 촉구했다.

N0-가 N1-에게 N2-를 V (N0=[인간|단체] N1=[인간] N2=[행위])

¶사장님은 사원들에게 기획안 마감을 촉구하셨다. ¶판사는 변호사에게 증거 제출을 촉구했다.

N0-가 S것-을 V (R2) (N0=[인간|단체])

¶국민들은 정부(가|에게) 진상을 밝혀 줄 것을 촉구하였다.(R2) ¶관리자는 사람들에게 계약을 지킬 것을 촉구한다.

N0-가 S기-를 V (R2) (N0=[인간|단체])

¶우리는 상대(가|에게) 협상 테이블에 나오기를 촉구하고 있다.(R2) ¶주민들은 구청에 신호등을 설치해 주기를 촉구한 바 있다.

촉진되다

어원 促進~ 활용 촉진되어(촉진돼), 촉진되니, 촉진되고 대응 촉진이 되다

자 (일이나 활동이) 빠르게 진행되도록 재촉받거나 격려받다. Be urged to conduct one's work or action quickly.

N0-가 N1-로 V (N0=[사물], [행위] N1=[방법] (방식, 전략 따위))

능 촉진하다

¶조별 학습은 인간관계 향상으로 촉진되었다. ¶본 헌장의 채택으로 신 국제 경제 질서의 수립이 촉진될 것이다.

S것-이 N0-로 V (N0=[방법](방식, 전략 따위))

능 촉진하다

¶여성의 경제 활동 참여로 여성이 사회에 진출하는 것이 촉진되어야 할 것이다. ¶사회가 발전하는 것이 비약적으로 촉진되었다.

촉진시키다

어원 促進~ 활용 촉진시키어(촉진시켜), 촉진시키니, 촉진시키고 대응 촉진을 시키다

타 ☞ '촉진하다'의 오용

촉진하다

어원 促進~ 활용 촉진하여(촉진해), 촉진하니, 촉진하고 대응 촉진을 하다

타 (일이나 활동을) 빨리 진행시키기 위해 재촉하고 격려하다. Urge and encourage for fast progress of a work or action.

유 재촉하다, 다그치다 반 억제하다, 규제하다 타, 방해하다, 막다

N0-가 N1-를 V (N0=[인간|단체], [사건] N1=[사건], [현상](개방화, 개발 따위))

피 촉진되다

¶정부는 규제 완화로 신제품의 개발을 촉진해야 한다. ¶장애아동의 학급 참여를 촉진하려면 가정 연계 활동이 필요하다.

N0-가 S것-을 V (N0=[인간|단체], [사건], [규범](제도, 권력 따위))

피 촉진되다

¶거가대교 건설은 사람과 물자가 쉽게 이동하는 것을 촉진하는 기능을 가질 것이다. ¶이 약은 성장 발육하는 것을 촉진한다.

N0-가 S도록 V (N0=[인간|단체], [사건], [규범](제도, 권력 따위))

피 촉진되다

¶정보기기는 인간 고유의 능력을 발휘하도록 촉진하는 환경을 제공한다. ¶아프리카의 부족어가 민족어로 통합되고 표준화되도록 촉진하고 있다.

총괄되다

어원 總括~ 활용 총괄되어(총괄돼), 총괄되니, 총괄되고 대응 총괄이 되다

자 ❶(일이나 업무와 관련한) 모든 것이 일괄적으로 맡겨져 처리되다. (of everything related to work or duty) Be entrusted and processed in a lump.

유 장악되다

N0-가 N1-에 의해 V (N0=[행위](일, 업무 따위), [분야] N1=[인간])

능 총괄하다

¶프로그램의 전체 진행이 한 사람에 의해 총괄되었다. ¶회사 내 인사가 한 사람에게 총괄된다는 것은 문제다.

❷개별적으로 흩어진 것들이 모여 하나로 일관되

게 대표되다. (of objects that are individually scattered) Come together and be represented uniformly.
㊌포괄되다, 포함되다, 묶이다, 모이다 ㊉나누어지다, 구분되다
N0-가 N1-(에|로) V (N0=[추상물], [사물] N1=[추상물], 부서)
능총괄하다
¶근대의 사회사상 전반이 그의 사상에 총괄되고 있다. ¶문학 전체가 총괄될 수 있는 용어를 정하지 못했다.
❸ [논리] 낱낱의 개념을 통틀어서 외연이 큰 하나의 개념으로 포괄되다. Unite separate concepts and include them in one big concept with large extension.
N0-가 N1-(에|로) V (N0=[개념] N1=[개념])
능총괄하다
¶인간, 문화, 환경의 개념은 생태란 개념으로 총괄될 수 있다.

총괄하다

어원總括~ 활용총괄하여(총괄해), 총괄하니, 총괄하고 대응총괄을 하다
타❶(일이나 업무와 관련한) 모든 것을 일괄적으로 맡아 처리하다. Undertake and process everything related to a work or duty in a lump.
㊌장악하다
N0-가 N1-를 V (N0=[인간|단체] N1=[행위](일, 업무 따위), [분야])
피총괄되다
¶이 연출가는 프로그램의 전체 진행을 총괄하였다. ¶부장은 그룹 내 인사를 총괄할 예정이다.
❷개별적으로 흩어진 것들을 모아 하나로 일관되게 대표하다. Collect individually scattered objects and represent them uniformly as one.
㊌괄하다, 포함하다, 종합하다, 묶다, 모으다 ㊉나누다, 구분하다
N0-가 N1-를 V (N0=[추상물], [사물] N1=[추상물], [사물])
피총괄되다
¶그의 사상은 근대의 사회사상 전반을 총괄한 것이다. ¶그 당시 사람들은 문학 전체를 총괄할 용어를 정하지 못했다.
N0-가 N1-를 N2-(에|로) V (N0=[인간] N1=[추상물] N2=[추상물])
피총괄되다
¶박 교수는 유럽의 여러 사상들을 관념론으로 총괄하려고 한다.
❸낱낱의 개념을 통틀어서 외연이 큰 하나의 개념으로 포괄하다. Include separate concepts and unite them into one concept with large extension.
㊌포괄하다
N0-가 N1-를 V (N0=[인간] N1=[추상물])
피총괄되다
¶생태는 인간, 문화, 환경을 총괄하는 개념이 되었다.

총애받다

어원寵愛~ 활용총애받아, 총애받으니, 총애받고
대응총애를 받다
자(어떤 사람이) 남다른 귀여움과 사랑을 받다. Win someone's exceptional love and affection.
N0-가 N1-에게서 V (N0=[인간] N1=[인간])
능총애하다
¶그는 제자들 중 특별히 총애받았다.

총애하다

어원寵愛~ 활용총애하여(총애해), 총애하니, 총애하고 대응총애를 하다
타(어떤 사람을) 남달리 귀여워하고 사랑하다. Love and cherish someone especially.
㊌예뻐하다
N0-가 N1-를 V (N0=[인간] N1=[인간])
피총애받다
¶국왕은 신하들 중 특히 우의정을 총애했다.

촬영되다

어원撮影~ 활용촬영되어(촬영돼), 촬영되니, 촬영되고 대응촬영이 되다
자(어떤 광경, 동작, 영상물 따위가) 사진기나 녹화기로 찍어 기록되다. (of view, action, or film) Be taken and recorded by camera or VCR.
N0-가 V (N0=[사물], [단체], [장소], [상태], [방송물], [영화], [작품])
능촬영하다
¶범죄 현장이 감시 카메라에 고스란히 촬영되었다. ¶민속촌은 텔레비전 드라마가 자주 촬영되는 곳이다. ¶그 배우는 영화가 촬영되기 시작하면 다른 사람이 된다.

촬영하다

어원撮影~ 활용촬영하여(촬영해), 촬영하니, 촬영하고 대응촬영을 하다
타(어떤 광경이나 동작을) 사진기나 녹화기로 찍어 기록하다. Take and record a view or an action by camera or VCR.
㊌찍다
N0-가 N1-를 V (N0=[인간|단체] N1=[사물], [단체], [장소], [상태], [방송물], [영화], [작품])
피촬영되다
¶언니는 노을이 지는 가을 들녘을 촬영했다.
¶아버지는 오늘 촬영하러 바다에 가셨어요.

¶이분이 우리 결혼식을 촬영해 주실 분이야.

최대화하다

어원 最大化~ 활용 최대화하여(최대화해), 최대화하니, 최대화하고 대응 최대화를 하다

타 (어떤 것을) 가장 크게 하다. Make something the biggest.

유 극대화하다 반 최소화하다

N0-가 N1-를 V (N0=[모두] N1=[추상물])

¶이 일의 효과를 최대화하기 위해서는 몇 가지 규제 철폐가 필요하다. ¶기업은 최소한의 자본으로 이윤을 최대화해야 한다. ¶이 시점에서 굳이 사업 규모를 최대화할 필요는 없어 보인다.

최소화되다

어원 最小化~ 활용 최소화되어(최소화돼), 최소화되니, 최소화되고 대응 최소화가 되다

자 (어떤 것이) 가장 작게 되다. (of something) Be made the smallest.

유 극소화되다 반 최대화되다

N0-가 V (N0=[추상물])

능 최소화하다

¶피해가 최소화되어서 정말 다행이다. ¶왕실의 영향이 최소화되니 권위적인 관행도 많이 사라졌다. ¶다행히도 그의 실수로 인한 문제가 최소화되어 큰 무리 없이 일을 마칠 수 있었다.

최소화시키다

어원 最小化~ 활용 최소화시키어(최소화시켜), 최소화시키니, 최소화시키고 대응 최소화를 시키다

타 ☞ '최소화하다'의 오용

최소화하다

어원 最小化~ 활용 최소화하여(최소화해), 최소화하니, 최소화하고 대응 최소화를 하다

타 (어떤 것을) 가장 작게 하다. Make something the smallest.

유 극소화시키다 반 최대화하다

N0-가 N1-를 V (N0=[모두] N1=[추상물])

피 최소화되다

¶회사는 이번 파업으로 인한 손해를 최소화하기 위해서 노력했다. ¶요즘 휴대전화 사업은 기계의 크기를 최소화하는 것에 중점을 두고 있다. ¶갑작스런 폭우가 산불로 인한 피해 면적을 최소화하는 데 도움이 되었다.

추가되다

어원 追加~ 활용 추가되어(추가돼), 추가되니, 추가되고 대응 추가가 되다

자 (이미 있는 것에) 다른 것이 더하여지다. (of something different) Be added to something that exists already.

유 첨가되다, 부가되다

N0-가 N1-에 V (N0=[사물], [추상물] N1=[사물], [추상물])

능 추가하다

¶이 책의 개정판에는 초판에 없던 내용이 추가되어 있다. ¶문서 끝에 추가된 내용을 다시 잘 읽어보시기 바랍니다. ¶이전의 업무에 새로운 임무가 추가되어 대원들의 피로가 심해지고 있다.

추가하다

어원 追加~ 활용 추가하여(추가해), 추가하니, 추가하고 대응 추가를 하다

타 (이미 있는 것에) 다른 것을 더하다. Add something different to one that exists already.

유 덧붙이다, 첨가하다, 부가하다

N0-가 N1-를 N2-에 V (N0=[인간|단체] N1=[사물], [추상물] N2=[사물], [추상물])

피 추가되다

¶그는 보고서에 새로운 내용을 추가했다. ¶우리는 이 프로그램에 여러 기능을 추가하기로 했다. ¶지금까지 하신 말씀에 추가할 사항이 있으십니까?

추구되다

어원 追求~ 활용 추구되어(추구돼), 추구되니, 추구되고 대응 추구가 되다

자 (어떤 일이) 이루어질 때까지 좇아 구하여지다. (of a work) Be pursued until it is accomplished.

N0-가 V (N0=[계획](목표, 목적 따위) N1=[공훈], [성공])

능 추구하다

¶개인의 이익은 다수의 이익을 해치지 않는 범위 내에서 추구되어야 한다. ¶문명사회는 생존의 욕구가 아니라 문화적 욕구가 추구되는 사회이다. ¶운동 경기에서는 오로지 승리가 추구된다.

추구하다

어원 追求~ 활용 추구하여(추구해), 추구하니, 추구하고 대응 추구를 하다

타 ❶(사람이 목적을) 이룰 때까지 좇아 구하다. (of a person) Pursue an aim until one accomplishes it.

N0-가 N1-를 V (N0=[인간] N1=[계획](목표, 목적 따위), [공훈], [성공])

피 추구되다

¶그는 비록 현실이 어두워도 끝까지 이상을 추구했다. ¶시장에서는 모든 사람이 각자 자신의 이익을 추구한다. ¶우리나라 사람들은 옛날에는 생존을 추구했지만 이제는 행복을 추구한다. ¶그는 돈보다도 사랑을 추구했다.

❷(사람이 어떤 이치나 원리 따위를) 근본까지 파고들어 가면서 연구하다. (of a person) Study a logic or a principle deep into its fundamentals.

N0-가 N1-를 V (N0=[인간] N1=[이론], [앎])

¶철학자들은 세계의 근본적인 원리를 추구한다.

¶법관들은 이 사건의 위법 여부를 추구했다.

추궁되다

어원 追窮~ 활용 추궁되어(추궁돼), 추궁되니, 추궁되고 대응 추궁이 되다

자 (사실 관계나 책임 관계 따위가) 엄격하게 캐어묻거나 따져서 밝혀지다. (of factuality or responsibility relation) Be revealed though rough questioning or interrogation.

㊐심문받다

N0-가 V (N0=[인간|집단], [행사], [이유])

능 추궁하다

¶돈이 없어진 이유가 추궁되었다. ¶검찰은 밀수 사건 개입 여부는 반드시 추궁되어야 한다.

추궁하다

어원 追窮~ 활용 추궁하여(추궁해), 추궁하니, 추궁하고 대응 추궁을 하다

타 (어떤 내용의 사실 관계나 책임 관계 따위를) 엄격하게 캐어묻거나 따져서 밝히다. Reveal the factuality or responsibility relation of some contents by questioning or interrogating strictly.

㊐조사하다, 추적하다, 심문하다

N0-가 N1-를 N2-에게 V (N0=[인간|집단] N1=[행사], [이유] N2=[인간])

피 추궁되다

연어 끝까지

¶아버지께서 돈이 없어진 이유를 동생에게 추궁하셨다. ¶위원회는 이번 사건의 배경을 관련자들에게 추궁했다.

N0-가 N1-를 N2-에 대해 V (N0=[인간|집단] N1=[인간] N2=[행사], [이유])

피 추궁되다

¶아버지께서 돈이 없어진 이유에 대해 동생을 추궁하셨다. ¶ 검찰은 비리 관련 여부에 대해 혐의자들을 추궁했다.

추근거리다

활용 끈적거리어(끈적거려), 끈적거리니, 끈적거리고

자 조금 성가실 정도로 자꾸 귀찮게 굴다. Ask repeatedly someone out or show interest, making him/her annoyed.

N0-가 N2-에게 N1-를 V (N0=[인간] N1=[인간])

¶취객이 승무원에게 추근거린다. ¶저 사람이 자꾸 제게 추근거렸어요.

추근대다

활용 추근대어(추근대), 추근대니, 추근대고

☞추근거리다

추다

활용 추어(춰), 추니, 추고

타 (몸을) 리듬감 있게 움직여 춤동작을 만들다. Make dance motions by moving one's body rhythmically.

N0-가 N1-를 V (N0=[인간] N1=[무용](춤, 부채춤, 검무 따위))

¶탈을 쓴 사람들은 덩실덩실 춤을 추며 무대로 올라왔다. ¶할머니들은 노래가 흥겨우신지 어깨춤을 추셨다. ¶아이들이 동그랗게 원을 그려 부채춤을 춘다.

추락하다

어원 墜落~ 활용 추락하여(추락해), 추락하니, 추락하고 대응 추락을 하다

자 ❶(사람이나 동물, 사물이) 높은 곳에서 낮은 곳으로 떨어지다. (of a person, an animal, or a thing) Plunge from a height.

㊐떨어지다 ㊥올라가다

N0-가 N1-에서 N2-로 V (N0=[인간], [짐승] N1=[장소] N2=[장소])

¶그는 발을 헛디뎌 다리에서 벼랑으로 추락하였다. ¶사슴은 호랑이를 피하려다 낭떠러지로 추락하였다.

❷(교통기관이) 높은 곳에서 낮은 곳으로 떨어져 부딪히거나 충돌하여 사고가 나다. (of transportation) Fall from a height and collide.

㊐떨어지다 ㊥올라가다

N0-가 N1-에서 N2-로 V (N0=[교통기관], [비행기] N1=[장소] N2=[장소])

¶버스가 빗길에 미끄러져 다리에서 언덕으로 추락하였다. ¶기상 악화로 인해 비행기가 추락하였지만 다행히 사망자는 없었다.

❸(값, 가치, 등수 따위가) 일정한 수준에서 떨어지다. (of price, value, grade) Fall from a certain level.

㊐떨어지다, 내려가다 ㊥올라가다

N0-가 N1-로 V (N0=[수량], 등수, 신뢰, 권위 따위 N1=[속성])

¶환율이 1100원대로 추락하였다. ¶연패를 당해 우리 조는 선두에서 5위로 추락하고 말았다.

❹(신용, 신뢰 따위가) 없어지거나 낮아지다. (of credit or trust) Decrease or to be lost.

㊐떨어지다 ㊥올라가다

N0-가 V (N0=신뢰, 위신, 권위 따위)

¶이웃 나라의 대외 신용도가 바닥으로 추락한다. ¶십자군 전쟁의 패배로 교황의 권위가 추락하였다.

추론하다

어원 推論~ 활용 추론하여(추론해), 추론하니, 추론하고 대응 추론을 하다

타 (사람이) 일정한 근거에 의거해서 사실을 옳은 것으로 생각하고 판단하다. (of a person) Think of and judge a fact to be right on the basis

of a definite reason.
㊚유추하다, 추리하다
N0-가 N1-를 N2-에서 V (N0=[인간] N1=[추상물] N2=[사물], [추상물])
¶현재 남아있는 유적에서 당시 사람들의 생활 방식을 추론할 수 있다. ¶그는 이 증거에서 결론을 추론하는 데에는 실패했다.
N0-가 S것-을 V (N0=[인간] N1=[추상물])
¶학자들은 이 기록을 통해 당시의 인구가 많지 않았다는 것을 추론하였다.
N0-가 S것-으로 V (N0=[인간])
¶현재 남아있는 유적을 이용하여 당시 사람들이 육식을 즐겨한 것으로 추론할 수 있다.
N0-가 S고 V (N0=[인간])
¶경찰은 지금 남아있는 증거를 활용하여 사건이 새벽에 일어났다고 추론하였다.

추리다

활용추리어(추려), 추리니, 추리고
타❶(사람이) 여럿 가운데서 어떤 것을 가려내어 뽑다. (of a person) Pick something out of many things.
㊚고르다, 뽑다, 골라내다
N0-가 N1-를 N2-에서 V (N0=[인간] N1=[사물] N2=[사물])
¶우리는 회사의 여러 제품 중에서 가장 잘 팔리는 제품을 추렸다. ¶나는 신문에서 회사와 관련 있는 기사를 추려 부장에게 제출하였다. ¶발굴자들은 무덤에서 뼈를 추려 한 곳에 모아 두었다.
❷(사람이 내용 가운데에서) 중요한 것을 가려내다. (of a person) Sort important ones from contents.
㊚요약하다, 정리하다, 간추리다
N0-가 N1-를 V (N0=[인간] N1=[텍스트])
¶나는 기사의 요지를 추려 사원들에게 알려주었다. ¶간단하게 요점만 추려서 이야기해라.

추리하다

어원推理~ 활용추리하여(추리해), 추리하니, 추리하고
타(사람이 무엇을) 알고 있는 정보나 사실로부터 짐작하여 판단하다. (of a person) Make a judgment about something, assuming based on already known information or fact.
㊚유추하다, 추론하다
N0-가 N1-를 V (N0=[인간] N1=[모두])
¶그는 내 옷을 보고 나의 지난 행적을 추리하였다. ¶김 형사는 현장의 증거를 제대로 추리하여 사건을 해결하였다.
N0-가 N1-를 N2-로 V (N0=[인간] N1=[모두] N2=[모두])
¶그는 이 사건을 살인 사건으로 추리하였다. ¶경찰은 이 물품을 범인의 소유물로 추리하였다.
N0-가 S것-을 V (N0=[인간])
¶그는 내 옷을 보고 내가 먹은 것을 추리하였다. ¶형사는 범인이 현장을 떠났다는 것을 추리하지 못했다.
N0-가 N1-를 S것-으로 V (N0=[인간] N1=[모두])
¶그는 이 사건이 원한에 의해 일어났을 것으로 추리하였다.
N0-가 S(는지|을지) V (N0=[인간])
¶그는 내 옷을 보고서 내가 어디서 왔는지 추리하였다. ¶나는 현장의 증거를 통해 그가 과연 지금쯤 어디에 있을지 추리하였다.
N0-가 S고 V (N0=[인간])
¶그는 내가 현재 불안할 것이라고 멋대로 추리하였다. ¶나는 그가 내일 아침에는 떠날 것이라고 추리하였다.

추방당하다

어원追放~ 활용추방당하여(추방당해), 추방당하니, 추방당하고 대응추방을 당하다
☞추방되다

추방되다

어원追放~ 활용추방되어(추방돼), 추방되니, 추방되고 대응추방이 되다
자❶(다른 사람에 의해) 일정한 지역이나 조직 밖으로 쫓겨나다. Be thrown out of an organization or a region by another person.
㊚퇴출되다
N0-가 N1-에서 N2-로 V (N0=[인간|단체] N1=[장소], [직위] N2=[장소])
능추방하다
¶신호경 사장은 자신이 세운 회사에서 추방되고 말았다. ¶부패 관리들은 바로 공직에서 추방되어야 한다. ¶범죄를 저지른 외국인은 우리나라에서 자기 나라로 추방되어야 한다.
❷ 바람직하지 않은 현상이 없어지다. (of undesirable phenomenon) Disappear.
㊚사라지다, 말살되다
N0-가 N1-에서 V (N0=[추상물] N1=[장소])
피추방되다
¶범죄와 마약은 결단코 우리 사회에서 추방되어야 한다. ¶학교 폭력은 하루 빨리 추방되어야 한다.

추방시키다

어원追放~ 활용추방시키어(추방시켜), 추방시키니, 추방시키고 대응추방을 시키다
타☞'추방하다'의 오용

추방하다

어원追放~ 활용추방하여(추방해), 추방하니, 추방하고 대응추방을 하다

ㅊ

타❶(다른 사람을) 일정한 지역이나 조직 밖으로 쫓아내다. Throw another person out of an organization or a region.
㊲쫓아내다, 축출하다, 퇴출시키다
N0-가 N1-를 N2-로 V (N0=[인간|단체] N1=[인간|단체] N2=[장소])
피추방되다
¶국왕은 자신의 동생을 타국으로 추방했다. ¶경찰은 외국인 범죄자를 모두 자국으로 추방하려 했다.
❷바람직하지 않은 현상을 없애다. Do away with an undesirable phenomenon.
㊲말살하다, 뿌리뽑다, 근절하다
N0-가 N1-를 V (N0=[인간|단체] N1=[추상물])
피추방되다
¶직장 내 성추행을 꼭 추방해야 한다. ¶그는 공직사회의 부정부패를 추방하자고 주장했다.

추산되다

어원推算~ 활용추산되어(추산돼), 추산되니, 추산되고 대응추산이 되다
자(크기, 속도, 값 따위가) 정확한 계산 없이 짐작으로 미루어 계산되다. (of size, speed, or price) Be calculated not accurately but by guess.
㊲추측되다
N0-가 N1-로 V (N1=[인간], [비용], 경쟁률 따위 N2=[수량], [비용])
능추산하다
¶피해 복구에 드는 비용은 350억 정도로 추산되었다. ¶올해 대입 경쟁률이 약 4:1로 추산되었다.
N0-가 S것-으로 V (N0=[수량], [비용])
능추산하다
¶이번 집회의 참가자가 15만 명을 넘어선 것으로 추산된다. ¶비만과 관련한 사망자는 점점 늘어날 것으로 추산된다.
N0-가 S-고 V (N0=[수량], [비용])
피추산되다
¶재해대책본부는 350억 원 정도가 피해 복구에 소요된다고 추산된다. ¶올해 대입 경쟁률은 약 4:1이라고 추산되었다.

추산하다

어원推算~ 활용추산하여(추산해), 추산하니, 추산하고 대응추산을 하다
타(사람이 무엇의 크기, 속도, 값 따위를) 정확히 계산하지 않고 짐작으로 미루어 계산하다. (of a person) Calculate the size, speed, or price of something not accurately but by guess.
㊲추측하다, 어림잡다
N0-가 N1-를 N2-로 V (N0=[인간|단체] N1=[인간], [비용], 경쟁률 따위 N2=[수량], [비용])
피추산되다
¶경찰 측은 이번 집회의 참가자를 약 15만 명으로 추산하였다. ¶입시 관계자들은 올해 대입 경쟁률을 약 4:1로 추산하였다.
N0-가 S것-으로 V (N0=[인간|단체])
피추산되다
¶경찰 측은 이번 집회의 참가자가 15만 명을 넘어선 것으로 추산하였다. ¶전문가들은 350억 원 정도가 피해 복구에 소요될 것으로 추산하였다.
N0-가 S라고 V (R1) (N0=[인간|단체])
피추산되다
¶경찰 측은 이번 집회의 참가자(가|를) 15만 명이라고 추산하였다.(R1) ¶입시 관계자들은 올해 대입 경쟁률이 약 4:1이라고 추산하였다.

추수하다

어원秋收~ 활용추수하여(추수해), 추수하니, 추수하고 대응추수를 하다
타가을에 익은 곡식을 거두어들이다. Gather crops in autumn.
N0-가 N1-를 V (N0=[인간] N1=[식물](곡식, 벼 따위))
㊲가을걷이를 하다
¶농부들이 땀을 흘리며 벼를 추수하고 있다. ¶곡식을 추수할 때는 온 마을 사람들이 함께한다.

추적하다

어원追跡~ 활용추적하여(추적해), 추적하니, 추적하고 대응추적을 하다
타❶(다른 사람이나 동물의) 뒤를 밟아 지속적으로 쫓다. Chase another person or an animal.
㊲뒤쫓다, 쫓다, 쫓아가다타
N0-가 N1-를 V (N0=[인간] N1=[범죄인], [동물])
¶소방대원들은 도심에 출몰하는 멧돼지를 추적하기로 했다. ¶형사들은 용의자를 긴급 체포하고 공범을 추적하고 있다.
❷(사람이나 사물의) 행적, 자취를 따라서 지속적으로 찾아가다. Try to find out marks or traces of another person or something.
N0-가 N1-를 V (N0=[사물] N1=[사물], [추상물])
¶이 소설은 향수 수집가의 삶을 추적하고 있다. ¶보건 당국은 전염병의 감염 경로를 추적하였다.
❸(사람이나 사물, 사건의 진행이나 발달과정을) 지속적으로 찾아가면서 기술하다. (of a person) Try to find out and describe the progress or development of a thing or an event.
N0-가 N1-를 V (N0=[사물] N1=[사물], [추상물])
¶이 책은 충무공의 거북선 제작 과정을 추적하고 있다. ¶학자들은 몇 만 년에 걸쳐 인류의 진화 과정을 추적하였다.

추정되다

어원推定~ 활용추정되어(추정돼), 추정되니, 추정되고 대응추정이 되다

자(어떤 내용이) 미루어 짐작되다. (of a content) Be guessed.

유예상되다, 추측되다, 짐작되다, 상정되다

N0-가 N1-(에|에게|에 의해) V (N0=[사물], [추상물] N1=[인간|단체])

능추정하다

¶범행 장소가 경찰에 의해 추정되었다. ¶금전 출납 기록이 복잡하여 지출 액수가 추정되지 않는다.

N0-가 N1-로 N2-(에|에게|에 의해) V (N0=[사물], [추상물] N1=[사물], [추상물])

능추정하다

¶이 유물의 연대는 청동기 시대로 고고학자들에 의해 추정되었다. ¶그 두 사람이 만난 장소는 서울 어딘가로 추정되고 있다.

N0-가 N1-(에|에게|에 의해) S고 V (N0=[사물], [추상물] N1=[인간|단체])

능추정하다

¶이번 집단 식중독의 발병 원인은 급식에 있다고 보건 당국에 의해 추정되었다. ¶이 화석의 주인공은 약 5백만 년 전에 한반도에 살았을 것이라고 추정된다.

N0-가 N1-(에|에게|에 의해) S것-으로 V (N0=[사물], [추상물] N1=[인간|단체])

능추정하다

¶피해자는 자정 무렵에 숨진 것으로 추정된다. ¶실종된 항공기는 해저에 가라앉았을 것으로 추정된다.

추정하다

어원推定~ 활용추정하여(추정해), 추정하니, 추정하고 대응추정을 하다

자타(어떤 내용을) 미루어 짐작하다. Guess a content.

유상정하다, 추측하다, 짐작하다, 어림하다, 어림짐작하다

N0-가 N1-를 V (N0=[인간|단체] N1=[사물], [추상물])

피추정되다

¶형사는 다각도로 범인을 추정하고 있다. ¶정부 당국은 이번 붕괴 사고의 원인을 추정하여 조사하고 있다.

N0-가 N1-를 N2-로 V (N0=[인간|단체] N1=[사물], [추상물] N2=[사물], [추상물])

피추정되다

¶그들은 규정을 위반한 과적을 사고의 원인으로 추정했다. ¶영희는 자기를 계속 따라다니는 그 사람을 탐정으로 추정했다.

N0-가 S고 V (R1) (N0=[인간|단체])

피추정되다

¶우리는 그 자동차(가|를) 디젤 자동차일 것이라고 추정했다.(R1) ¶그들은 아버지께서 어제 이곳에 오셨을 것이라고 추정했다.

N0-가 S것-으로 V (R1) (N0=[인간|단체])

피추정되다

¶고고학자들은 이 유물(이|을) 약 700년 된 것으로 추정한다.

추종하다

어원追從~ 활용추종하여(추종해), 추종하니, 추종하고 대응추종을 하다

타(다른 사람이나 어떤 주장, 학설을) 믿고 좇아 따르다. Believe in and follow another person, argument, or doctrine.

유뒤따르다타, 따르다 반이끌다, 인도하다, 선도하다

N0-가 N1-를 V (N0=[인간] N1=[인간], [추상물](이론, 유행, 죽음 따위))

¶테러를 자행하는 무장 집단은 죽음을 추종하는 광신적 집단이다. ¶갈레노스는 서양 의학의 중심 역할을 한 히포크라테스를 추종했다.

추진되다

어원推進~ 활용추진되어(추진돼), 추진되니, 추진되고 대응추진이 되다

자(일이 어떤 사람이나 단체에 의해) 정해진 방향으로 계속 되어가다. (of a work) Proceed in a direction determined by a person or an organization.

유진행되다

N0-가 N1-에 의해 V (N0=[행위], [사건] N1=[인간|단체])

능추진하다

¶여러 가지 복지 정책이 정부에 의해 추진되고 있다. ¶나머지는 사업 계획서대로 추진될 것 같다. ¶사업이 차질 없이 추진될 수 있도록 노력해 주십시오.

추진하다

어원推進~ 활용추진하여(추진해), 추진하니, 추진하고 대응추진을 하다

타(사람이나 단체가) 어떤 일을 정해진 방향으로 계속 밀고 나가다. (of a person or an organization) Push ahead with a work for a purpose.

유진행하다타

N0-가 N1-를 V (N0=[인간|단체] N1=[행위], [사건])

피추진되다

¶산림청은 나무 심기 행사를 추진했다. ¶정부가 고속화도로 건설 사업을 추진하고 있다. ¶동 주민센터가 추진하는 이번 행사에 많은 참여 바랍니다.

추천되다

어원推薦~ 활용추천되어(추천돼), 추천되니, 추천되

ㅊ

고 대응추천이 되다
자(어떤 사람이나 사건, 사물이) 지위나 용도에 알맞다고 판단되어 권해지다. (person, event or thing) Be deemed right for status or use and recommended.
N0-가 N1-에게 N2-로 (N0=[사물], [추상물] N1=[인간|단체] N2=[인간], [역할])
능추천하다
¶이 약은 신경통을 앓는 사람들에게 자주 추천되곤 한다. ¶그 소설가의 신작이 여러 문학상 수상작으로 추천되었다.

추천받다
어원推薦~ 활용추천받아, 추천받으니, 추천받고 대응추천을 받다
타(어떤 사람이나 사건, 사물을) 지위나 용도에 알맞다고 판단하여 권함을 받다. Get a recommendation of something or somebody from a person.
N0-가 N1-를 N2-에게(서) N3-로 (N0=[인간] N1=[모두] N2=[인간|단체] N3=[인간], [역할])
능추천하다
¶우리는 추천위원회로부터 최종 후보로 김 교수를 추천받았다.

추천하다
어원推薦~ 활용추천하여(추천해), 추천하니, 추천하고 대응추천을 하다
타(어떤 사람이나 사건, 사물을) 지위나 용도에 알맞다고 판단하여 권하다. Advise on the use of a person, incident or object after determining his/her/its adequacy for a position or utility.
㊞천거하다, 권하다
N0-가 N1-를 N2-에게 N3-로 (N0=[인간] N1=[모두] N2=[인간|단체] N3=[인간], [역할])
피추천되다, 추천받다
¶오늘 저녁 모임에 부를 노래로 너에게 '동무생각'을 추천해 줄게. ¶출품작으로는 김 군의 작품을 추천하겠다. ¶나는 친구에게 방학에 읽을 소설로 '토지'를 추천해 주었다.

추출되다
어원抽出~ 활용추출되어(추출돼), 추출되니, 추출되고 대응추출이 되다
자❶(전체에서 일부가) 뚜렷한 목적에 따라 뽑히다. (of part) Be chosen from a whole for some clear purpose.
N0-가 N1-에서 V (N0=[소리], [앎](정보 따위), [의견], [요점] N1=[소리], [음악], [텍스트], [방송물], [사건])
능추출하다
¶녹음 파일에서 추출된 소리를 들어 보아라. ¶이 자료에서는 도무지 요점이 추출되지 않는다.
❷ 【수학】 모집단에서 표본이 통계에 활용되기 위하여 뽑히다. (of specimen) Be picked out from a population in order to be used for statistics.
N0-가 N1-에서 V (N0=표본 N1=[집단])
능추출하다
¶통계의 목적에 맞게 집단에서 적절한 표본이 추출되었다. ¶추출된 표본을 대상으로 설문을 실시할 것이다.
❸ 【화학】 고체나 액체의 혼합물에서 특정한 성분이 용매가 첨가됨으로써 녹아서 구분되어 뽑히다. (of a specific ingredient) Be discriminated and picked out from any solid or liquid mixture through the addition of a solvent that melts it.
N0-가 N1-에서 V (N0=[액체], [광물] N1=[자연물])
능추출하다
¶원두에서 커피가 추출되었다. ¶실험 설계가 잘못되어 용액에서 알코올이 추출되지 않는다.

추출하다
어원抽出~ 활용추출하여(추출해), 추출하니, 추출하고 대응추출을 하다
타❶(전체에서 일부를) 뚜렷한 목적을 가지고 뽑아내다. Choose a part from a whole for some clear purpose.
㊞뽑아내다
N0-가 N2-에서 N1-를 V (N0=[인간|단체] N1=[소리], [앎](정보 따위), [의견], [요점] N2=[소리], [음악], [텍스트], [방송물], [사건])
피추출되다
¶이 음악에서 반주만 추출하세요. ¶네 글에서는 독창적인 의견을 추출할 수 없다.
❷ 【수학】 모집단에서 표본을 통계에 활용하기 위하여 뽑아내다. Pick out a specimen from a population for statistics.
N0-가 N2-에서 N1-를 V (N0=[인간|집단] N1=표본 N2=[집단])
피추출되다
¶모든 사람을 조사할 수 없으니 표본을 추출하여 조사한다. ¶추출한 표본은 어느 한쪽으로 치우치지 않아야 한다.
❸ 【화학】 고체나 액체의 혼합물에서 특정한 성분을 용매를 첨가하여 녹여서 구분하여 뽑아내다. Discriminate and pick out a specific ingredient from any solid or liquid mixture by adding a solvent and melting the ingredient.
㊞뽑아내다, 짜내다
N0-가 N2-에서 N1-를 V (N0=[인간|집단] N1=[액체], [광물] N2=[자연물])

피 추출되다
¶원두에서 갓 추출한 커피 원액이라 맛이 다르다. ¶우리는 오늘 과일 껍질에서 무기질을 추출하는 실험을 했다.

추측되다

어원 推測~ 활용 추측되어(추측돼), 추측되니, 추측되고 대응 추측이 되다

자 (정확히 알지 못하는 상황에서) 어떤 사실이나 내용 따위가 미루어 짐작되다. (of facts or contents) Be assumed to exist or be true in an uncertain or unknown situation.
유 추정되다, 예측되다
N0-가 V (N0=[모두])
능 추측하다
¶이런 상황에서 결과가 추측되기란 쉽지 않다. ¶그의 의도가 쉽게 추측되었다.
N0-가 N1-로 V (N0=[모두] N1=[모두])
능 추측하다
¶이번 화재의 원인은 방화로 추측된다. ¶이번 사건의 책임자는 피해자의 남편으로 추측되고 있습니다.
S(은지|을지)-(가) V
능 추측하다
¶그가 왜 이런 일을 했는지는 쉽게 추측된다. ¶언제쯤 일이 해결될지가 쉽게 추측되지 않는다.
S것-으로 V
능 추측하다
¶4월에는 황사가 잦을 것으로 추측된다. ¶이번 수능은 어려울 것으로 추측됩니다.
S다고 V
능 추측하다
¶범인은 어젯밤 기차를 타고 도주했다고 추측됩니다. ¶눈길에 나 있는 발자국은 노루의 흔적이라고 추측되었다.

추측하다

어원 推測~ 활용 추측하여(추측해), 추측하니, 추측하고 대응 추측을 하다

자타 (정확히 알지 못하는 상황에서) 어떤 사실이나 내용 따위를 미루어 짐작하다. Assume the existence of a fact or content in an uncertain or unknown situation.
유 추정하다, 예측하다, 짐작하다
N0-가 N1-(를|에 대해) V (N0=[인간|단체] N1=[추상물])
피 추측되다
¶나는 그의 의도를 추측해 보았다. ¶옷차림만으로 그의 직업을 추측하기는 쉽지 않았다.
N0-가 N1-(를|에 대해) N2-로 V (N0=[인간|단체] N1=[모두] N2=[모두])
피 추측되다
¶초병은 힐끔 쳐다보는 주민을 수상한 사람으로 추측했다. ¶당국은 화재 원인에 대해 실화로 추측한다.
N0-가 S(은지|을지)-(를|에 대해) V (N0=[인간|단체])
피 추측되다
¶희호는 친구의 사정이 어떤지 추측해 보았다. ¶그가 언제 전화를 할지에 대해 추측해 보았다.
N0-가 S것-으로 V (R1) (N0=[인간|단체])
피 추측되다
¶경찰은 그(가|를) 이 사건의 범인일 것으로 추측했다.(R1) ¶소년들은 토끼가 달에 살고 있을 것으로 추측하곤 했다.
N0-가 S다고 V (R1) (N0=[인간|단체])
피 추측되다
¶아주머니는 이 장난(이|을) 아이들의 소행이라고 추측했다.(R1) ¶이렇게 하면 더 쉽게 등반할 수 있으리라고 추측했을 뿐이다.

축복받다

어원 祝福~ 활용 축복받아, 축복받으니, 축복받고 대응 축복을 받다

자 ❶(사람이나 일이) 잘되고 행복하도록 빌어지다. (of a person or a work) Be asked of God happiness or success.
유 축하받다 반 저주받다
N0-가 N1-에게 V (N0=[인간], [행위], [행사], [시간] N1=[인간])
능 축복하다
¶민정이의 결혼은 많은 사람들에게 축복받았다. ¶인수는 많은 사람들에게 축복받으며 연회장에 들어왔다.
❷하나님이 베푸는 복을 받다. Obtain a blessing from God.
유 복을 받다 반 저주받다
N0-가 V (N0=[인간], [행위], [행사], [시간])
능 축복하다
¶축복받은 이스라엘 백성들은 가나안에 도착했다. ¶하나님께 축복받는 삶을 살도록 하자.

축복하다

어원 祝福~ 활용 축복하여(축복해), 축복하니, 축복하고 대응 축복을 하다

타 ❶(다른 사람이나 다른 사람의 일을) 잘되고 행복하도록 빌다. Ask God for the happiness or success of another person or work.
유 축하하다, 복을 빌다 반 저주하다
N0-가 N1-를 V (N0=[인간] N1=[인간], [행위], [행사], [시간])
피 축복받다

¶우리는 선호의 결혼을 축복했다. ¶나는 졸업식에 참석해 딸의 미래를 축복할 생각이다. ¶할아버지께서 손녀의 탄생을 축복해 주셨다.
❷ 【기독교】 하나님이 어떤 대상에게 복을 베풀다. (of God) Give an object a blessing.
㊐강복하다 ㉯저주하다
N0-가 N1-를 V (N0=하나님, 예수님 N1=[인간], [행위], [행사], [시간])
피축복받다
¶하나님이 당신을 축복하십니다. ¶믿고 순종하면 하나님께서 너를 축복해 주신다.

축소당하다
어원縮小~ 활용축소당하여(축소당해), 축소당하니, 축소당하고 대응축소를 당하다
타(어떤 주체가 자금이나 일 따위의 규모를) 줄이는 조처를 받아들이도록 강제되다. (of an agent) Be forced by an exterior factor to accept a measure of cutting down the size of work or amount of money against one's will.
㊐감축당하다
N0-가 N1-를 N2-로 V (N0=[인간|단체] N1=[사물], [추상물] N2=[수], [단위])
능축소하다
¶우리 부서는 이번에 예산을 반으로 축소당했다. ¶축구단은 올해 선수단의 규모를 80%로 축소당했다.

축소되다
어원縮小~ 활용축소되어(축소돼), 축소되니, 축소되고 대응축소가 되다
자(어떤 것의 수량, 부피, 규모, 모양 따위가) 줄어서 작아지다. (of quantity, volume, size, or shape) Be reduced.
㊐감축되다 ㉯확대되다
N0-가 N1-로 V (N0=[사물], [추상물] N1=[수], [단위])
능축소하다
¶이번에 예산이 반으로 축소되었다. ¶학생들이 장학금을 받을 수 있는 기회가 점점 축소되고 있다. ¶인구 노령화로 인해 30년 후에는 연금 수령액이 많이 축소될 것 같다.

축소시키다
어원縮小~ 활용축소시키어(축소시켜), 축소시키니, 축소시키고 대응축소를 시키다
타☞'축소하다'의 오용

축소하다
어원縮小~ 활용축소하여(축소해), 축소하니, 축소하고 대응축소를 하다
타(어떤 것의 수량, 부피, 규모, 모양 따위를) 줄여서 작게 하다. Reduce the quantity, volume, size, or shape.
㊐줄이다 ㉯확대하다, 늘이다
N0-가 N1-를 N2-로 V (N0=[인간|단체] N1=[사물], [추상물] N2=[수], [단위])
피축소되다, 축소당하다
¶정부는 기획 예산을 반으로 축소했다. ¶이사회는 선수들의 전지훈련의 기회를 대폭 축소하였다. ¶건축 당국은 고층 건물의 규모를 축소하지 않으면 승인을 취소하겠다고 압박했다.

축이다
활용축여, 축이니, 축이고
타(마른 대상을) 물에 적셔 촉촉하게 하다. Immerse a dry object in water.
㊐적시다
N0-가 N1-를 N2-에 V ↔ N0-가 N1-로 N2-를 V (N0=[인간|단체] N1=[액체](물) N2=[사물])
¶나는 수건에 물을 축였다. ↔ 나는 수건을 물로 축였다. ¶그는 독한 술로 입술을 축이며 맛을 보았다. ¶조금 남아 있던 물로 간신히 목을 축였다.

축적되다
어원蓄積~ 활용축적되어(축적돼), 축적되니, 축적되고 대응축적이 되다
자(돈, 지식, 경험 따위가) 모여서 쌓이다. (of money, knowledge, or experience) Be collected and pile up.
㊐쌓이다, 모이다, 집약되다
N0-가 N1-(에|에게) V (N0=[돈], [개념](지식 따위), [능력], [기술] N1=[인간|집단], [시설])
능축적하다
¶우리 회사에 오랜 기간 동안 기술력이 축적되었다. ¶다양한 경험을 통한 업무 능력이 과장님에게 축적되어 있다. ¶방대한 지식이 인터넷에 축적되어 있다.

축적시키다
어원蓄積~ 활용축적시키어(축적시켜), 축적시키니, 축적시키고
타☞'축적하다'의 오용

축적하다
어원蓄積~ 활용축적하여(축적해), 축적하니, 축적하고 대응축적을 하다
타(돈, 지식, 경험 따위를) 모아서 쌓아 두다. Collect and pile up money, knowledge, or experience.
㊐쌓다, 모으다, 집약하다, 적립하다
N0-가 N1-를 V (N0=[인간|집단] N1=[돈], [개념](지식 따위), [능력], [기술])
피축적되다
¶연구실장은 오랜 기간 동안 기술력을 축적하셨다. ¶과장님은 다양한 경험을 통해 업무 능력을 축적하셨다. ¶과학자들은 방대한 지식을 축적해 두었다.

축하드리다

어원 祝賀~ 활용 축하드리어(축하드려), 축하드리니, 축하드리고 대응 축하를 드리다

타 (손윗사람의 긍정적인 상황이나 행위를) 기쁘게 받아들이고 기꺼움을 드러내다. Feel glad and express one's pleasure about a senior's positive situation or behavior.

유 경하 드리다.

No-가 N1-를 V (No=[인간|단체] N1=[기념일], [상황], [행위])

¶나는 아버지의 승진을 축하드렸다. ¶선생님의 정년을 축하드립니다. ¶생신을 축하드리며 축시를 낭독하겠습니다.

※ 높일 필요가 있는 대상에 대해서 쓴다.

축하하다

어원 祝賀~ 활용 축하하여(축하해), 축하하니, 축하하고 대응 축하를 하다 존대 축하드리다

재타 (다른 사람의 긍정적인 상황이나 행위를) 기쁘게 받아들이고 기꺼움을 드러내다. Feel glad and express one's pleasure about another person's positive situation or behavior.

유 경하하다

No-가 N1-를 V (No=[인간|단체] N1=[기념일], [상황], [행위])

¶나는 아내의 생일을 축하했다. ¶부모님께서 우리의 출산을 축하해 주셨다. ¶수많은 사람들이 우승을 축하하며 손뼉을 쳤다.

S것(를|에 대해) V (No=[인간|단체])

¶국민들은 우리나라 축구팀이 세계대회에서 우승한 것을 축하했다. ¶수많은 사람들이 우리나라 선수가 우승한 것에 대해 축하하고 격려했다.

※ 높일 필요가 있는 대상에 대해서는 '축하드리다'를 쓴다.

출가하다 I

어원 出嫁~ 활용 출가하여(출가해), 출가하니, 출가하고 대응 출가를 하다

자 처녀가 자기 부모를 떠나 다른 집으로 시집가다. (of a single woman) Leave her parents and be married to another family.

유 결혼하다, 혼인하다

No-가 N1-(에|에게|로) V (No=[인간](여자) N1=[지역], [단체](가문, 집안 따위), [인간])

사 출가시키다(出嫁)

¶김 씨는 인천으로 출가한 큰딸 집에 갔다. ¶그녀는 김 서방에게 어렵게 출가했다. ¶막내딸은 전주로 출가해서 잘 살고 있소.

출가하다 II

어원 出家~ 활용 출가하여(출가해), 출가하니, 출가하고 대응 출가를 하다

자 ❶세상과의 연을 끊고 승려나 신부, 수녀 등이 되다. Sever relationship with the world and become a monk, priest or nun.

No-가 N1-로 V (No=[인간] N1=[장소](절, 수도원 따위))

¶스님은 열여섯 살에 온갖 세속적인 것을 박차고 출가하였다. ¶큰스님이 출가한 뒤 불필 스님은 유복녀로 태어났다. ¶그녀는 수녀가 되려고 수도원으로 출가하였다.

❷어떤 목적을 달성하려고 집을 떠나다. Leave house in order to accomplish a certain goal.

유 가출하다

No-가 V (No=[인간])

¶그는 고향을 떠나 출가하여 몇 년 뒤 성공해 돌아왔다. ¶왜 출가했는지 얘기나 좀 들어봅시다.

출간되다

어원 出刊~ 활용 출간되어(출간돼), 출간되니, 출간되고 대응 출간이 되다

자 (저작물이) 책으로 만들어져 나오다. (of a literary work) Be produced and released as a book.

유 출판되다, 나오다, 간행되다

No-가 V (No=[책](책, 사전 따위))

능 출간하다

¶소비자 문제를 다룬 저서들이 단행본으로 출간되었다. ¶요즘은 시집도 꽤 두툼한 양으로 출간되고 있다.

출간하다

어원 出刊~ 활용 출간하여(출간해), 출간하니, 출간하고 대응 출간을 하다

타 어떤 내용을 책으로 만들어 내놓다. Produce and release a text as a book.

유 출판하다, 펴내다, 내놓다, 간행하다

No-가 N1-를 V (No=[인간|단체] N1=[책](책, 사전 따위))

피 출간되다

¶그녀는 유학을 다녀와 이탈리아 요리와 관련된 책을 출간하였다. ¶그는 지난 2015년 자신의 회고록을 출간하였다. ¶편찬위원회가 출간한 이 자료집은 역사에 길이 남을 것이다.

출국하다

어원 出國~ 활용 출국하여(출국해), 출국하니, 출국하고 대응 출국을 하다

자 (사람이) 어떤 나라에서 다른 나라로 나가거나 나오다. (of a person) Leave a certain country for another country.

반 입국하다, 귀국하다

No-가 N1-에서 N2-로 V (No=[인간|단체] N1=[국가]

N2=[국가])
사 출국시키다
¶대표팀은 내일 한국에서 두바이로 출국한다. ¶그는 아무도 몰래 미국으로 출국하였다. ¶나는 학회 참석을 위해 모레 출국할 예정이다.

출근하다
어원 出勤~ 활용 출근하여(출근해), 출근하니, 출근하고 대응 출근을 하다
자(직장이나 일터에) 일하러 가다. Go to the office.
㉵결근하다
N0-가 N1-(에|로) V (N0=[인간|단체] N1=[장소])
사 출근시키다
¶그는 평소보다 일찍 회사로 출근했다. ¶주민들이 모두 출근했는지 아파트는 거의 텅 비어 있었다. ¶국어 선생님은 하루도 빠짐없이 학교에 출근하신다.

출동하다
어원 出動~ 활용 출동하여(출동해), 출동하니, 출동하고 대응 출동을 하다
자(사람이나 교통수단이) 어떤 장소로 특별한 목적을 수행하기 위해 떠나다. (of person or transportation) Move out to a place for a particular purpose.
㊌파견되다
N0-가 N1-(에|로) V (N0=[인간|단체], [교통기관] N1=[장소])
사 출동시키다
¶소방관들이 사고 현장으로 출동했다. ¶경찰이 현장에 출동했지만 범인은 이미 달아난 상태였다. ¶구조대원들이 현장에 출동해 차 안에 갇혀 있던 운전자를 구조했다.

출렁거리다
활용 출렁거리어(출렁거려), 출렁거리니, 출렁거리고 ㉶출렁출렁하다 ㉷줄렁거리다
자❶(액체 따위가) 큰 물결을 만들며 자꾸 흔들리다. (of liquid) Continue to slop while making large waves.
㊌출렁이다, 물결치다, 넘실대다
N0-가 V (N0=[액체](물, 물결, 바다, 강 따위))
¶파도가 출렁거리자 배가 세차게 흔들렸다. ¶한강의 잔물결이 바람과 함께 출렁거리고 있다. ¶땅이 흔들리자 컵에 있던 물이 쉴 새 없이 출렁거렸다.
❷(사물이) 크게 흔들리다. (of an object) Wobble severely.
㊌출렁이다, 흔들거리다
N0-가 V (N0=[사물](배, 깃발 따위))
¶산에 올라가자 우거진 갈대숲이 바람에 출렁거리고 있었다. ¶깃발이 출렁거리는 것을 보자 마음이 울컥했다.
❸(사람의 마음이) 몹시 설레다. (of a person's heart) Flutter significantly.
㊌출렁이다, 설레다, 두근거리다자, 요동치다, 동요하다
N0-가 N1-에 V (N0=가슴, 마음 따위 N1=[추상물](고백, 소식 따위))
¶나는 그의 고백에 가슴이 출렁거렸다. ¶어머니는 자식이 귀국한다는 소식에 가슴이 출렁거렸다. ¶그를 다시 만난다는 생각만으로 가슴이 출렁거린다.
❹(주가나 시장 따위가) 불안정하게 흔들리다. (of stock price or market) Wobble unstably.
㊌출렁이다자
N0-가 N1-에 V (N0=주가, 증시 따위 N1=투자, 매매, 소식 따위)
¶외국인 투자에 주가가 출렁거리고 있다. ¶미국 증시의 급락 소식에 한국 증시가 출렁거렸다.
❺(사람이나 사물이) 아주 넘쳐나다. Overflow with people or objects.
㊌출렁이다, 넘실대다
N0-가 N1로 V ↔ N1-가 N0-에 V (N0=[인간], [사물] N1=[장소])
¶큰길이 인파로 출렁거렸다. ↔ 인파가 큰길에 출렁거렸다. ¶시험 기간이라 도서관은 학생들로 출렁거렸다.
타큰 물결을 이루듯이 액체나 줄, 배 따위를 흔들다. Shake liquid, rope or ship as to form a large wave.
㊌출렁이다타, 흔들거리다
N0-가 N1-를 V (N0=[인간], [동물], [교통기관] N1=[신체부위], [구체물])
¶아이가 아랫배를 출렁거리면서 웃어댔다. ¶멍멍이가 목줄을 출렁거리며 집으로 뛰어 들어갔다.

출렁대다
활용 출렁대어(출렁대), 출렁대니, 출렁대고
자☞출렁거리다

출렁이다
활용 출렁여, 출렁이니, 출렁이고 ㉷줄렁이다
자☞출렁거리다

출력되다
어원 出力~ 활용 출력되어(출력돼), 출력되니, 출력되고 대응 출력이 되다
자(화면이나 문서가 컴퓨터 등의 기계에서) 사람이 볼 수 있는 형태로 인쇄되어 나오다. (of an image or a document) Come out of an equipment such as a computer in a recognizable form.
㉵입력되다
N0-가 N1-에서 V (N0=[기호], [텍스트|책], [앎] N1=

[기계], [소프트웨어])
능출력하다
¶프린터에서 문서가 출력되었다. ¶자료가 보기 힘들게 출력되어서 다시 인쇄소에 주문을 넣었다. ¶컴퓨터에 정보를 입력하자 곧 계산 결과가 출력되었다.

출력시키다
어원出力~ 활용출력시키어(출력시켜), 출력시키니, 출력시키고 대응출력을 시키다
타☞'출력하다'의 오용

출력하다
어원出力~ 활용출력하여(출력해), 출력하고, 출력하니 대응출력을 하다
타(컴퓨터 등의 기계에 저장되어 있는 정보나 자료를) 불러내거나 불러내어 인쇄하다. Call information or data stored in the computer and copy it.
㊌프린트 하다, 인쇄하다 ㊎입력하다
N0-가 N1-를 N2-에서 V (N0=[인간] N1=[기호], [텍스트|책], [앎] N2=[기계], [소프트웨어])
피출력되다
¶계산원은 손님에게 영수증을 출력해 주었다. ¶여기 저장된 영상 자료를 출력하기 위해서는 별도의 장치가 필요하다.
N0-가 N1-를 V (N0=[기계], [소프트웨어] N1=[기호], [텍스트|책], [앎])
피출력되다
¶기계가 먹통이 되어서 아무 신호도 출력하지 않는다. ¶잠시 후 컴퓨터가 오류 메시지를 출력했다.

출마하다
어원出馬~ 활용출마하여(출마해), 출마하니, 출마하고 대응출마를 하다
자 사람이 선거에 후보로 나서다. Run as a candidate in an election.
㊌입후보하다 ㊎불출마하다
N0-가 N1-에 N2-로 V (N0=[인간] N1=선거, 총선, 대선 따위 N2=후보)
사출마시키다
¶그는 이번 지방 선거에 구청장 후보로 출마했다. ¶희영이는 반장 선거에 출마했지만 떨어졌다. ¶이 지역에서는 이번 총선에 누가 출마하든 당선이 쉽지 않다.

출몰하다
어원出沒~ 활용출몰하여(출몰해), 출몰하니, 출몰하고 대응출몰을 하다
자어떤 장소에 나타났다가 없어졌다가 하다. (of something or someone) Appear and disappear in a place.
N0-가 N1-에 V (N0=[인간] N1=[장소])
사출몰시키다
¶이 지역에 게릴라가 출몰하고 있다. ¶서울에 의병들이 출몰했다.

출발하다
어원出發~ 활용출발하여(출발해), 출발하니, 출발하고 대응출발을 하다
자❶(사람이나 교통기관 따위가) 목적지로 향하여 나아가다. (of person or transportation) Set out for a destination.
㊌떠나다자 ㊎도착하다, 당도하다, 도달하다, 다다르다, 이르다I
N0-가 N1-로 V (N0=[인간], [교통수단] N1=[장소])
사출발시키다
¶비행기는 런던으로 출발했다. ¶나는 제주도로 출발하는 비행기를 타기 위해 서둘러서 집을 나섰다.
❷(사람이나 교통기관 따위가) 원래 있던 장소에서 벗어나 다른 곳으로 향하여 나아가다. (of person or transportation) Start from where they used to be for another place.
㊌떠나다자 ㊎도착하다, 당도하다, 도달하다, 다다르다, 이르다I
N0-가 N1-(에서|로부터) V (N0=[인간] N1=[장소])
사출발시키다
¶이 열차는 부산에서 출발한다. ¶나는 집에서 일찍 출발했지만 길이 막혀서 늦었다.
❸(일이나 현상, 사건 따위가) 어떤 일이나 지역 따위에서 새로이 시작되다. (of a work, a phenomenon, or an event) Start anew in another work or place.
㊌시작되다 ㊎끝나다
N0-가 N1-(에서|에서부터) V (N0=[일], [규범], [의지], [행위], [현상], [사건] N1=[추상물], [지역])
¶우리의 고민은 여기에서부터 출발한다. ¶이 관습은 일본에서 출발하여 널리 퍼졌다.
N0-가 N1-(에서|로부터) V (N0=[예술], [사조], [생각] N1=[상황], [말], [속성])
¶문학은 현실로부터 출발한다. ¶모든 예술은 언어에서 출발한다고 할 수 있다.
N0-가 S것-(에서|에서부터) V (N0=[행위], [의견], [상황], [감정])
¶성공은 명확한 목표를 세우는 것에서 출발한다. ¶갈등의 대부분은 자신의 잘못을 인정하지 않는 것에서 출발한다.
❹어떤 직위나 지위에서 시작하다. Start at an office or a position.
㊌시작하다, 입사하다 ㊎끝나다
N0-가 N1-(에서|로|로부터) V (N0=[인간] N1=[직

위], [직업])
¶민수는 신입사원에서 출발해 최고경영자에 올랐다. ¶나는 신문사 기자로 출발해서 20여 년 동안 언론계 생활을 했다.
타 ❶(사람이나 교통기관 따위가) 원래 있던 곳을 벗어나 다른 곳으로 향하여 나아가다. (of person or transportation) Start from where they used to be for another place.
㊙떠나다 ㊍도착하다, 당도하다, 도달하다, 다다르다, 이르다
N0-가 N1-를 V (N0=[인간], [교통수단] N1=[장소])
¶민지는 어제 서울을 출발했다. ¶나는 제주도를 출발하기 전에 한라산을 구경했다. ¶영수는 호텔을 출발하기 전부터 화가 나 있었다.
❷(어떤 일이나 인생 따위를) 새로이 시작하다. Start a new work or life.
㊙시작하다 ㊍끝나다
N0-가 N1-를 V (N0=[인간] N1=[일], 인생, 삶 따위)
¶나는 좋은 사람을 만나 새 삶을 출발하게 되었다. ¶새로운 인생을 출발하는 데 나이는 문제가 되지 않는다.

출범되다
어원 出帆~ 활용 출범되어(출범돼), 출범되니, 출범되고 대응 출범이 되다
자 ☞ 출범하다

출범하다
어원 出帆~ 활용 출범하여(출범해), 출범하니, 출범하고 대응 출범을 하다
자 ❶(배가) 항구에서 출발하다. (of a ship) Start from a port.
㊙출항하다 ㊍귀항하다, 입항하다
N0-가 V (N0=[선박])
사 출범시키다
¶새로운 해군함이 드디어 출범했다. ¶배가 곧 출범하니 선원들은 제자리로 가라.
❷(새로운 단체가) 조직되어 기능을 시작하다. (of a new organization) Be set up to start its particular task.
㊙출발하다 자, 가동되다
N0-가 V (N0=[단체])
사 출범시키다
¶그는 새로 출범하는 위원회의 위원장으로 내정되었다. ¶두 협회는 통합 후 하나의 협회로서 출범하는 데 합의했다.

출산하다
어원 出産~ 활용 출산하여(출산해), 출산하니, 출산하고 대응 출산을 하다
타 (산모가) 아이를 낳다. (of a mother) Deliver a baby.
㊙낳다
N0-가 N1-를 V (N0=[여성인간] N1=아이, 아기)
¶아내가 무사히 아기를 출산하는 순간 남편은 눈물을 흘렸다. ¶많은 산모들이 출산한 후 '산후 우울증'을 겪는다.

출생하다
어원 出生~ 활용 출생하여(출생해), 출생하니, 출생하고 대응 출생을 하다
자 사람이 태어나다. (of a person) Be born.
㊙태어나다, 나오다[1] 자, 탄생하다 ㊍죽다, 사망하다
N0-가 V (N0=[인간])
¶할아버지께서는 1949년에 출생했다. ¶막내가 출생한 뒤로 우리 집은 웃음이 끊이는 일이 없다.

출석하다
어원 出席~ 활용 출석하여(출석해), 출석하니, 출석하고 대응 출석을 하다
자 (주로 특수한 목적을 가진 사람들이나 단체가) 어떤 모임이나 수업, 행사 따위에 참석하다. (usually of people or organizations having a particular purpose) Be present at a meeting, a class, or an event.
㊙참석하다 ㊍결석하다
N0-가 N1-에 V (N0=[인간|단체] N1=[회의], [국가기관])
사 출석시키다
¶저는 오늘 회의에 출석할 수 없습니다. ¶부장님은 회사에 급한 일이 있어서 간담회에 출석하지 못한다고 하십니다.

출세하다
어원 出世~ 활용 출세하여(출세해), 출세하니, 출세하고 대응 출세를 하다
자 사회적으로 높은 지위에 오르거나 부와 명예를 얻거나 유명하게 되다. Occupy a high position and acquire wealth, honor, or fame.
㊙성공하다
N0-가 V (N0=[인간])
사 출세시키다
¶남의 아들이 아무리 잘나고 출세했어도 부러워한 적이 없었어요. ¶예로부터 부지런한 사람이 출세한다.

출시되다
어원 出市~ 활용 출시되어(출시돼), 출시되니, 출시되고 대응 출시가 되다
자 새로운 상품이 시장에 선보여지다. (of a new product) Be introduced to the market.
㊙출하되다
N0-가 V (N0=[상품])
능 출시하다
¶새로운 제품들이 출시되어 성황리에 판매 중이

다. ¶복리적금 신상품들이 끊임없이 출시되고 있습니다.

출시하다

어원 出市~ 활용 출시하여(출시해), 출시하니, 출시하고 대응 출시를 하다

타 새로운 상품을 시장에 선보이다. Introduce a new product to the market.

㊌출하하다

N0-가 N2-에 N1-를 V (N0=[인간|단체] N1=[상품] N2=시장, 전시장)

피 출시되다

¶그녀는 새 음반을 출시하고 활동을 재개했다. ¶마이크로소프트사는 새로운 운영 체제를 출시했다.

출연하다 I

어원 出演~ 활용 출연하여(출연해), 출연하니, 출연하고 대응 출연을 하다

자 (공연 따위를 하기 위하여) 방송이나 무대에 어떤 역할로 나타나다. Act in a role in a performance on TV or on stage.

㊌등장하다, 나오다[1] 자

N0-가 N1-에 V (N0=[인간|단체] N1=[공연], [방송물], [영화], [연극], [작품], 무대 따위)

사 출연시키다

¶성희는 한중 합작 드라마에 주연으로 출연했다. ¶그는 영화 한 편에 출연하고 스타가 되었다. ¶무대에 출연 한 번 못하고 은퇴하는 배우들도 많다고 한다.

출연하다 II

어원 出捐~ 활용 출연하여(출연해), 출연하니, 출연하고 대응 출연을 하다

타 (다른 사람이나 단체에) 금품을 내어 물질적으로 도와주다. Help another person or organization financially by giving a donation.

㊌출자하다

N0-가 N2-에 N1-를 V (N0=[인간|단체] N1=[금전], [사물] N2=[단체])

¶최병준 회장은 장학 재단에 사재를 출연하였다. ¶그는 고아원에 재산의 일부를 출연하여 사람들의 칭찬을 받았다.

N0-가 N2-에게 N1-를 V (N0=[인간|단체] N1=[금전], [비율], [사물] N2=[인간])

¶그는 가난한 사람들에게 재산을 출연하였다. ¶저는 소득의 일정 비율을 출연하는 식으로 기부하고 있습니다.

출입하다

어원 出入~ 활용 출입하여(출입해), 출입하니, 출입하고

자타 (일정한 곳에) 자주 드나들다. Visit a certain place frequently.

㊌드나들다 자타, 다니다

N0-가 N1-(에|를) V (N0=[인간] N1=[장소])

¶민간인은 이 지역에 출입할 수 없습니다. ¶그는 왕족들과 친분을 쌓기 위해 수시로 궁중에 출입하였다. ¶이곳을 출입하는 모든 사람들은 신분증을 제시해야 한다.

출자하다

어원 出資~ 활용 출자하여(출자해), 출자하니, 출자하고 대응 출자를 하다

타 (사업 따위에) 필요한 돈을 대다. Provide an amount of money needed for business.

㊌출연하다II

N0-가 N2-에 N1-를 V (N0=[인간|단체] N1=[금전] N2=[사업], [기업])

¶회장님은 새로운 사업에 자금을 출자하기로 약속하였다. ¶몇몇 자본가들이 모여서 자선 사업을 위해 큰돈을 출자하였다.

출토되다

어원 出土~ 활용 출토되어(출토돼), 출토되니, 출토되고

자 (땅속에 묻혀 있던 유물이) 드러나거나 파내어져 밖으로 나오게 되다. (of buried relics) Be revealed or dug out.

㊌발굴되다

N0-가 N1-에서 V (N0=[사물](유물 따위) N1=[장소])

능 출토하다

¶바다에 가라앉은 배에서 다량의 고려청자가 출토되었다. ¶이곳 발굴 터에서는 대략 1천여 구의 불상이 출토되었다. ¶패총에서 출토된 다량의 탄화미는 기원후에 쌀농사를 지었다는 증거이다.

출토하다

어원 出土~ 활용 출토하여(출토해), 출토하니, 출토하고

자 ☞ 출토되다

출판되다

어원 出版~ 활용 출판되어(출판돼), 출판되니, 출판되고 대응 출판이 되다

자 (책이나 그림 따위의 저작물이) 인쇄되어 나오다. (of a work such as a book or painting) Be printed and released.

㊌나오다[1] 자, 간행되다, 발간되다, 발행되다, 출간되다 ㊏절판되다

N0-가 V (N0=[책])

능 출판하다

¶그 시인의 첫 시집이 출판되었다. ¶현지 조사 보고서가 대학 출판부에서 출판되었다.

N0-가 N1-로 V (N0=[텍스트] N1=[책])

능 출판하다

¶그 시인의 시가 시집으로 출판되었다. ¶현지 조사 보고서가 대학 출판부에서 단행본으로 출판되었다.

출판하다
어원 出版~ 활용 출판하여(출판해), 출판하니, 출판하고 대응 출판을 하다
타 (책이나 그림 따위의 저작물을) 인쇄하여 내놓다. Print and release a work such as a book or painting.
유 간행하다, 내다[1], 발간하다, 발행하다, 출간하다
N0-가 N1-를 V (N0=[인간|집단] N1=[책])
피 출판되다
¶시인이 첫 시집을 출판했다. ¶연구단은 현지 조사 보고서를 대학 출판부에서 출판하였다.
N0-가 N1-를 N2-로 V (N0=[인간|집단] N1=[텍스트] N2=[책])
피 출판되다
¶선생님께서는 그동안 쓰신 시를 모아서 시집으로 출판하셨다. ¶연구단은 현지 조사 보고서를 대학 출판부에서 단행본으로 출판하였다.

출품되다
어원 出品~ 활용 출품되어(출품돼), 출품되니, 출품되고 대응 출품이 되다
자 (작품이나 물품이) 전시회나 대회 따위에 선보이기 위해 내놓아지다. (of work or item) Be sent to the exhibition or contest.
N0-가 N1-에 V (N0=[사물] N1=[사건](전시회, 공연, 경연대회, 영화제 따위))
능 출품하다
¶다양한 수준 높은 작품이 이번 전시회에 출품되었다. ¶오랫동안 소문으로만 알려진 그림이 이번에 출품되었다고 한다. ¶이 작품은 이미 출품되어서 상도 받은 것이다.

출품하다
어원 出品~ 활용 출품하여(출품해), 출품하니, 출품하고 대응 출품을 하다
타 (작품이나 물품을) 전시회나 대회 따위에 선보이기 위해 내놓다. Send a work or an item to the exhibition or contest.
유 내놓다
N0-가 N1-를 N2-에 V (N0=[인간|단체] N1=[사물] N2=[사건](전시회, 공연, 경연대회, 영화제 따위))
피 출품되다
¶그는 한국 감독 중 처음으로 칸 영화제에 자신의 작품을 출품했다. ¶경희는 이번 전시회에 새로 그린 그림을 출품했다. ¶선생님께서는 처음으로 당신의 글과 그림을 대회에 출품하셨다.

출현하다
어원 出現~ 활용 출현하여(출현해), 출현하니, 출현하고 대응 출현을 하다
자 ❶(없었거나 숨겨졌던 것이) 드러나서 보이게 되다. (of something that did not exist or which was hidden) Come out, become visible.
유 나타나다 반 사라지다, 없어지다
N0-가 V (N0=[자연물], [사물])
¶범인은 아무도 없는 틈을 타 현장에 몰래 출현한 것으로 보인다. ¶라이터가 출현하면서 성냥은 자취를 감추었다.
❷(사조나 종교 따위가) 새로이 등장하다. (of trend, religion, etc.) Appear newly.
유 나타나다, 등장하다 반 사라지다, 소멸하다 자
N0-가 V (N0=[사조], [종교])
¶시민 의식의 성장으로 민주주의가 출현하였다. ¶신흥 종교가 출현하여 백성들을 미혹하고 있다.
❸ **【천문】** 천체가 행성이나 위성에 가려져 있다가 다시 드러나 보이다. (of a celestial body) Become visible again after being hidden by a planet or a satellite.
유 나타나다, 드러나다, 드러내다 반 사라지다
N0-가 V (N0=[천체])
¶달에 가린 태양이 서서히 출현했다. ¶항성은 잠깐 출현했다가 태양빛에 의해 서서히 사라졌다.

충고하다
어원 忠告~ 활용 충고하여(충고해), 충고하니, 충고하고 대응 충고를 하다
자타 남의 행동 따위를 바로잡아 주거나 개선하기 위해 타이르다. Persuade someone in order to correct or improve that person's behavior.
유 조언하다, 권고하다
N0-가 N2-에게 N1-(을|에 대해) V (N0=[인간|단체] N1=[추상물] N2=[인간|단체])
¶친구는 나의 잘못된 점을 따끔하게 충고했다. ¶상담자는 그에게 직업에 대해 충고하기 전에 먼저 적성 검사를 시행했다.
N0-가 N1-에게 S것-을|S고 V (N0=[인간|단체] N1=[인간|단체])
¶사장은 사원들에게 기존의 틀을 깨고 발상을 전환할 것을 충고했다. ¶신부님은 그에게 분노와 복수심을 버릴 것을 충고했다.

충당되다
어원 充當~ 활용 충당되어, 충당되니, 충당되고 대응 충당이 되다
자 모자라는 것이 대신하여 메워지다. (of something insufficient) Be substituted and filled.
유 보충되다, 보완되다
N0-가 N1-(에|로) V (N0=[비용], [물질] N1=[비용], [물질], [행위|수단])
¶비자금의 일부는 선물 구입에 충당되었던 것으로 밝혀졌다. ¶원유, 철광석 원목은 거의 수입으로 충당되고 있다.

충당하다

어원 充當~ 활용 충당하여(충당해), 충당하니, 충당하고 대응 충당을 하다

타 모자라는 것을 대신하여 메우다. Substitute and fill something insufficient.

㊌보충하다, 보완하다

N0-가 N1-를 N2-(에|로) V (N0=[인간|단체] N1=[비용], [물질] N2=[비용], [물질], [행위|수단])

¶정부는 기초연금의 일부를 국민연금 보험료로 충당했다. ¶그가 회사의 자금을 예산 책정되지 않은 일에 충당하였을 것으로 보고 있다.

N0-가 N1-를 N2-에서 V (N0=[인간|단체] N1=[비용], [물질] N2=[비용], [물질])

¶대부분의 학교는 식당 운영비와 인건비 일부를 학생들이 내는 급식비에서 충당하고 있다. ¶사립 대학교 운영비 가운데 대부분은 학생들이 낸 등록금에서 충당하는 것으로 나타났다.

충돌하다

어원 衝突~ 활용 충돌하여(충돌해), 충돌하니, 충돌하고 대응 충돌을 하다

자 ❶(둘 이상의 사람이나 물건 따위가) 서로 세게 맞부딪치다. (of more than two people or objects) Crash violently against each other.

㊌맞부딪치다, 격돌하다

N0-가 N1-와 서로 V ↔ N1-가 N0-와 서로 V ↔ N0-와 N1-가 서로 V (N0=[사물], [인간] N1=[사물], [인간])

¶승용차가 기차와 서로 충돌했다. ↔ 기차가 승용차와 서로 충돌했다. ↔ 승용차와 기차가 서로 충돌했다. ¶승용차가 옆 차선에 있던 버스와 충돌했다.

❷(둘 이상의 사람이나 세력의 의견이나 사상, 입장 따위가 달라) 서로 맞서거나 맞서 싸우다. (of two or more groups or persons) Argue with or confront each other due to differences of opinion, idea or position.

㊌맞서다, 부딪히다

N0-가 N1-와 V (N1=[추상물], [인간|단체] N2=[추상물], [인간|단체])

¶인접한 여러 나라들이 영토 문제로 충돌하였다. ¶사익과 공익이 충돌할 때 너는 무엇을 선택할 것인지 말해 보렴.

충성하다

어원 忠誠~ 활용 충성하여(충성해), 충성하니, 충성하고 대응 충성을 하다

타 진정에서 우러나오는 정성을 바치다. Be devoted to something or someone truly and sincerely.

㊌충성을 바치다 ㊉배반하다

N0-가 N1-에게 V (N0=[인간|단체] N1=[인간|단체])

¶우리 장병들은 조국에 충성할 것입니다. ¶그들은 국가와 민족에 충성했다.

충족되다

어원 充足~ 활용 충족되어(충족돼), 충족되니, 충족되고 대응 충족이 되다

자 일정한 분량이 채워져 충분하게 되다. Become ample by filling a certain amount.

㊌만족되다

N0-가 V (N0=[감정](호기심, 욕심 따위), 조건, 전제, 이익 따위)

능 충족하다

¶먹고 입고 사는 생리적 기본 욕구가 충족되어야 한다. ¶근로자들 각자의 이익이 충족되도록 원만하게 처리했다.

N0-가 N1-에 V (N0=[모두](길이, 인간 따위) N1=조건, 요건, 기준, 원칙 따위)

능 충족하다

¶귀하가 해당 자격 조건에 충족되면 무료로 관선 변호사의 선임을 받을 수 있습니다. ¶올해는 신인왕 요건에 충족되는 선수가 정말 많다.

S면 N0-가 V (N0=조건, 요건, 기준, 원칙 따위)

능 충족하다

¶140학점을 이수하면 졸업 요건이 충족된다.

S면 N0-가 N1-에 V (N0=[모두](학점, 수입 따위) N1=조건, 요건, 기준, 원칙 따위)

능 충족하다

¶정해진 대로만 수업을 들으면 학점이 졸업 요건에 충족된다. ¶최근 3년간 예술 활동 수입이 전체 직업 활동 수입의 50%를 넘으면 누구든지 예술인 요건에 충족된다.

충족시키다

어원 充足~ 활용 충족시키어(충족시켜), 충족시키니, 충족시키고 대응 충족을 시키다

타 ☞ '충족하다'의 오용

충족하다

어원 充足~ 활용 충족하여(해), 충족하니, 충족하고 대응 충족을 하다

타 ❶(자신의 욕구 따위를) 채워 충분하게 하다. Fill one's desire to make it sufficient.

㊌만족시키다

N0-가 N1-를 V (N0=[인간|단체] N1=[감정](호기심, 욕구 따위))

피 충족되다

¶그녀는 자신의 기본 욕구를 충족하는 법부터 배워야 한다. ¶인간은 충족하고 싶은 많은 욕구를 지녔다.

❷일정한 기준에 이르러 요건을 갖추다. Reach a certain standard and become qualified.

㊌갖추다, 구비하다

No-가 N1-를 V (No=[인간|단체], 프로그램, 서류 따위 N1=조건, 기준 따위)
¶그 프로그램은 독창성 요건을 충족하고 있다. ¶지원자는 선발 요건을 충족했다.

충혈되다
어원 充血~ 활용 충혈되어(충혈돼), 충혈되니, 충혈되고 대응 충혈이 되다
자 (눈이나 눈 주위에) 피가 몰려 그 부분이 붉게 보이다. (of blood) Be driven to a part of the body and make that part appear red.
No-가 V (No=[신체부위](눈 따위))
¶아버지의 눈이 붉게 충혈됐다. ¶결막이 충혈되고 눈곱이 낀다. ¶아내의 눈가는 붉게 충혈되어 있었다.

취급당하다
어원 取扱~ 활용 취급당하여(취급당해), 취급당하니, 취급당하고 대응 취급을 당하다
자 (사람이나 사건이) 부정적인 태도나 방식으로 다루어지다. (of a person or case) Be treated with negative attitude or method.
㊐취급되다, 취급당하다
No-가 N2-에게 N1-(로|처럼) V (No=[인간], [사건] N1=[인간], [사건] N2=[인간])
능 취급하다
¶컴퓨터의 '컴'자도 모르는 사람은 '컴맹'으로 취급당한다. ¶여성과 동격으로 취급당하는 것이 싫어서 헤어지는 남성도 있다.
No-가 N1-에게 S것-(로|처럼) V (No=[인간], [사건] N1=[인간])
능 취급하다
¶그들은 일본인들에게 토지에 아무 권리가 없는 것으로 취급당했다. ¶그의 순수함이 어리석은 것으로 취급당하는 것이 싫었다.
No-가 N1-에게 ADV V (No=[인간], [사건] N1=[인간], ADV=가혹하게, 우습게 따위)
능 취급하다
¶그 용의자는 경찰에게 유달리 가혹하게 취급당했다. ¶그는 잦은 실수로 사람들에게 우습게 취급당했다.

취급되다
어원 取扱~ 활용 취급되어(돼), 취급되니, 취급되고 대응 취급이 되다
자 ❶(사람이나 사건이) 어떤 태도나 방식으로 다루어지다. (of a person or case) Be treated with certain attitude or method.
㊐취급당하다, 취급받다
No-가 N1-(로|처럼) V (No=[인간], [사건] N1=[인간], [동물], [사건])
능 취급하다
¶그녀는 정신병자로 취급되어 병실에 갇혔다. ¶종교 문제를 논의하는 자체가 불법 행위처럼 취급되었다. ¶징용당한 한국인들은 노예처럼 취급되었다.
No-가 ADV V (No=[인간], [사건], ADV=소홀히, 웃기게 따위)
능 취급하다
¶유적지에서 출토된 토기 자료들이 소홀히 취급되었다. ¶내가 하는 일들은 모두 웃기게 취급되었다.
❷(물건이나 일이) 판매의 대상으로 팔리다. (of an item or work) Be sold as sale product.
㊐팔리다
No-가 N1-에 V (No=[인간|단체] N1=[사물](물건, 소품 따위))
능 취급하다
¶그 가게에서는 공예품이나 아기자기한 소품들이 취급되고 있다. ¶이 전시회에는 음식뿐만 아니라 술도 취급된다.

취급받다
어원 取扱~ 활용 취급받아, 취급받으니, 취급받고 대응 취급을 받다
자 (사람이나 사건이) 어떤 태도나 방식으로 다루어지다. (of a person or case) Be treated with certain attitude or method.
㊐취급당하다, 취급되다
No-가 N1-에게 N2-(로|처럼) V (No=[인간|단체] N1=[인간] N2=[인간](성인, 사람 따위))
능 취급하다
¶노인은 사람들에게 폐품을 요구하다가 이상한 사람처럼 취급받았다. ¶자칫 잘못하면 너는 옛날 사람으로 취급받는다.
No-가 N1-에게 S것-(로|처럼) V (No=[인간|단체] N1=[인간])
능 취급하다
¶그들을 도운 행동이 그를 무시하는 것으로 취급받았다. ¶그가 보여 준 희생은 사람들에게 관심을 받으려는 것으로 취급받았다.
No-가 N1-에게 ADV V (No=[인간|단체] N1=[인간], ADV=우습게, 겨우)
능 취급하다
¶교사들은 학생들에게 우습게 취급받는 것을 두려워한다. ¶그 가수는 노래가 아니라 춤추는 것으로 겨우 취급받고 있다.

취급하다
어원 取扱~ 활용 취급하여(취급해), 취급하니, 취급하고 대응 취급을 하다
타 ❶(사람이나 사건을) 어떤 태도나 방식으로 다루다. Treat a person or case with certain attitude or method.

㊥다루다
N0-가 N1-를 N2-(로|처럼) V (N0=[인간|단체] N1=[인간], [사물] N2=[인간](바보, 범죄자 따위), [사물](색, 폐품 따위))
피취급되다, 취급당하다, 취급받다
¶이 지역에서는 자주색과 붉은색을 가장 귀한 색으로 취급하고 있다. ¶그 나라에서는 술 마시는 사람을 범죄자처럼 취급한다. ¶만화책 대여업소를 일반 유흥업소로 취급해서는 안 된다.
N0-가 N1-를 S것-(로|처럼) V (N0=[인간|단체] N1=[인간|단체])
능취급되다, 취급당하다, 취급받다
¶선생님은 그 학생을 어리지 않은 것으로 취급했다.
N0-가 N1-를 ADV V (N0=[인간|단체] N1=[인간|단체], [사물](옷감, 물건 따위), ADV=다르게, 우습게 따위)
피취급되다, 취급당하다, 취급받다
¶그녀는 귀하고 질감이 부드러운 옷감을 가장 가치 있게 취급하였다. ¶모든 사람의 의견을 평등하게 취급하기 때문에 매우 민주적이다.
❷(물건이나 일을) 판매의 대상으로 삼아 팔다. Consider and sell an item or work as a sale product.
㊥처리하다, 다루다, 팔다
N0-가 N1-를 V (N0=[인간|단체] N1=[사물](소품, 보험 따위))
피취급되다
¶현재 모든 보험 회사는 자동차 보험을 취급한다. ¶그 가게는 공예품이나 아기자기한 소품들을 취급하고 있다.

취득하다

어원取得~ 활용취득하여(취득해), 취득하니, 취득하고 대응취득을 하다
타(권리나 자격 따위를) 일정한 절차를 거쳐 얻다. Obtain a right or a certification through a definite process.
㊥따다, 획득하다 ㊥상실하다 ㊥얻다
N0-가 N1-를 V (N0=[인간] N1=[권리증], [권리], 자격, 학위, 면허 따위)
¶동석이는 오랜 수험 생활 끝에 1급 기사 자격증을 취득했다. ¶운전면허는 취득했지만 아직은 운전에 자신이 없다. ¶간호사 자격을 취득하신 분만 모집하고 있습니다.

취소되다

어원取消~ 활용취소되어(취소돼), 취소되니, 취소되고 대응취소가 되다
자발표된 사안이 거두어들여지거나 예정된 일이 없어지다. (of a presented matter) Be taken back or (of a scheduled event) disappear.
N0-가 V (N0=[행사](시험, 공연 따위))
능취소하다
¶서울발 부산행 항공 143편의 운항이 모두 취소됐다. ¶서울시청에서 마련된 야외 공연은 폭설로 취소되었다.

취소시키다

어원取消~ 활용취소시키어(취소시켜), 취소시키니, 취소시키고 대응취소를 시키다
타☞'취소하다'의 오용

취소하다

어원取消~ 활용취소하여(취소해), 취소하니, 취소하고 대응취소를 하다
타발표한 사안을 거두어들이거나 예정된 일을 없애다. Take back a presented matter or remove a scheduled event.
N0-가 N1-를 V (N0=[인간|단체] N1=[행사](시험, 공연 따위), 말, 약속, 계약, 주문 따위)
피취소되다
¶그 성악가는 조금이라도 컨디션이 안 좋으면 망설이지 않고 연주회를 취소한다. ¶시청은 당초 예정돼 있던 거리 행진을 날씨 관계로 취소했다.

취업하다

어원就業~ 활용취업하여(취업해), 취업하니, 취업하고 대응취업을 하다
자(회사나 직장에) 일자리를 얻어 나가다. Get a job in a company.
㊥취직하다, 들어가다 ㊥퇴직하다, 실직하다
N0-가 N1-에 V (N0=[인간] N1=[기업], [기관], [상업 건물])
¶민수는 전자 제품 제조 회사에 취업했다. ¶동생이 은행에 취업해서 잘 다니고 있다. ¶현규가 면접까지 통과해 곧 취업한다고 좋아했다.

취임하다

어원就任~ 활용취임하여(취임해), 취임하니, 취임하고 대응취임을 하다
자(특정 관직이나 주요 지위에) 새로 오르다. Assume a particular government office or position.
㊥물러나다자타, 사퇴하다, 퇴임하다
N0-가 N1-에 V (N0=[인간] N1=[직위])
¶김철수 교수는 오늘 인문대학 학장에 취임했다. ¶영희가 새로운 주임 직에 취임한 지 벌써 2년이 되었다.
N0-가 N1-로 V (N0=[인간] N1=[직위])
¶김 대령이 어제 새 연대장으로 취임했다. ¶회장 아들이 상무이사로 취임한다는 소문이 회사 안팎에서 돈다.

취재되다

어원取材~ 활용취재되어(취재돼), 취재되니, 취재되

고 대응 취재가 되다
자 (기사나 글을 쓰는 데에 필요한 자료가) 조사되어 얻어지다. (of materials for news articles or other writings) Be investigated and collected.
N0-가 V (N0=[사물], [추상물])
¶많은 사람들의 의견이 취재 되었다. ¶더 좋은 기삿거리가 취재되면 좋겠다.

취재하다

어원 取材~ 활용 취재하여(취재해), 취재하니, 취재하고 대응 취재를 하다
자타 (기자, 작가 등이) 기사나 글을 쓰는 데에 필요한 자료를 조사하여 얻다. (of a reporter or a writer) Investigate and acquire the necessary data for composing a report or a writing.
N0-가 N1-(를|에 대해) V (N0=[인간|단체] N1=[사물], [추상물])
¶기자들이 대학생들의 농촌 봉사 활동을 취재했다. ¶지역 신문 기자가 주민들의 의견을 취재해 갔다. ¶그 작가는 전국 방방곡곡을 돌아다니며 소설의 소재를 취재했다.

취조받다

어원 取調~ 활용 취조받아, 취조받으니, 취조받고 대응 취조를 받다
자 (혐의자가) 수사관에 의해 범죄 사실을 밝히기 위한 조사를 받다. (of a suspect) Be interrogated by a police detective to verify the fact of a criminal conduct.
N0-가 N1-에게 N2-에 대해 V (N0=[인간|단체] N1=[인간] N2=[추상물])
능 취조하다
¶그는 이틀간 검사에게 취조받았다.

취조하다

어원 取調~ 활용 취조하여(취조해), 취조하니, 취조하고 대응 취조를 하다
타 (수사관이 혐의자를) 범죄 사실을 밝히기 위하여 조사하다. (of an investigator) Interrogate a suspect to verify the fact of a criminal conduct.
N0-가 N2-에 대해 N1-를 V (N0=[인간|단체] N1=[인간] N2=[추상물])
피 취조받다
¶형사들이 용의자를 취조한다.

취직되다

어원 就職~ 활용 취직되어(취직돼), 취직되니, 취직되고 대응 취직이 되다
자 ☞ 취직하다

취직하다

어원 就職~ 활용 취직하여(취직해), 취직하니, 취직하고 대응 취직을 하다
자 직업을 얻어 직장에 나가다. Obtain a job and go to work.
유 취업하다, 고용되다 반 퇴직하다, 실직하다
N0-가 N1-에 N2-로 V (N0=[인간|단체] N1=[집단](조직, 회사 따위) N2=[직위](비서, 교정원 따위))
사 취직시키다
¶동생은 제약회사에 영업직으로 취직하였다. ¶그는 무역회사에 취직하고자 여러 번 시도했지만 실패했다. ¶그는 취직하기 위해 10년 간 길러 온 수염을 깎았다.

취하다 I

취하다[1]

어원 取~ 활용 취하여(취해), 취하니, 취하고
타 ❶(조건에 맞거나 마음에 드는 것을) 선택해서 가지다. Keep by choosing the thing that is favored or whose condition one is satisfied with.
유 가지다, 소유하다
N0-가 N1-를 V (N0=[인간] N1=[사물], [추상물])
¶그는 많은 방법 중에서 그녀가 추천한 방법을 취했다. ¶선생님은 남의 행동 중 장점을 잘 취해야 성공한다고 말씀하셨다.
❷(남에게서) 물건이나 돈 따위를 빌리다. Borrow object or money from another.
유 빌리다I, 차용하다
N0-가 N2-에게서 N1-를 V (N0=[인간|단체] N1=[사물], [돈] N2=[인간|단체])
¶과거에는 자기의 자식을 담보로 돈을 취하는 경우도 있었다. ¶그 회사는 모자라는 인원과 돈을 다른 회사에서 취해서 우선 위기를 넘겼다.
❸어떤 자세를 잡다. Pose some stance.
N0-가 N1-를 V (N0=[인간] N1=자세, 포즈)
¶그녀는 사진사가 원하는 포즈를 재빨리 취했다. ¶그렇게 구부정한 자세를 취하고 있으면 허리가 나빠진다.
❹(어떤 일에 대해) 특정한 태도나 입장을 보이다. Show a specific attitude or position about something.
유 보이다II[1], 나타내다
N0-가 N2-에 대해 N1-를 V (N0=[인간] N1=[감정](입장, 자세, 태도 따위) N2=[추상물], [사물])
¶철수는 이번 일에 대해 냉정한 태도를 취했다. ¶엄마는 누나의 일에 대해서는 항상 소극적인 입장을 취한다.

취하다[2]

어원 取~ 활용 취하여(취해), 취하니, 취하고
기능 행위를 나타내는 기능동사 Support verb that shows action.
N0-가 Npr-를 V (N0=[인간|단체], Npr=수면, 휴식, 연락, 조처, 조치)

¶나는 넓은 공원에서 편안하게 휴식을 취하고 있었다. ¶경찰은 일이 터지자마자 책임자에게 빨리 연락을 취했다.

취하다Ⅱ

어원 醉~ 활용 취하여(취해), 취하니, 취하고

자 ❶(술이나 약 따위의 기운으로 인해) 정신이 흐려지고 몸을 제대로 가누기가 어려워지다. Be befuddled, unable to handle the body due to the effect of alcohol, medicine, etc.

㊐도취하다

N0-가 N1-에 V (N0=[인간] N1=[술], [마약], [기체])

¶내가 도착했을 때 영희는 이미 술에 취해 있었다. ¶원호는 감기약에 취해서 늦잠을 잤다.

❷(어떤 대상에) 마음이 쏠려 깊이 빠지다. Be deeply attracted to some object.

㊐반하다, 도취하다, 심취하다

N0-가 N1-에 V (N0=[인간] N1=[사물], [추상물])

¶나는 요즘 고전소설에 취해 있었다. ¶그는 요즘 등산에 취해서 매일 산에 간다.

취하다Ⅲ

어원 娶~ 활용 취하여(취해), 취하니, 취하고

타 (남자가 어떤 여자를) 자신의 부인으로 맞아들이다. (of a male) Marry some female as wife.

㊐맞다II, 맞아들이다

N0-가 N1-를 N2-로 V (N0=[인간](남성) N1=[인간](여성) N2=아내, 부인 따위)

¶과거에는 전혀 모르는 여자를 자신의 부인으로 취하는 경우가 많았다. ¶그는 오랫동안 자신을 돌봐 주던 부인을 아내로 취하였다.

측정되다

어원 測定~ 활용 측정되어(측정돼), 측정되니, 측정되고 대응 측정이 되다

자 ❶(온도, 속도, 농도, 길이, 시간 따위의) 사물의 물리적 양이 기계장치나 도구를 이용하여 재어지다. (of physical value or an object such as temperature, speed, concentration, length, or time) Be measured using a machinery device or tool.

㊐계측되다, 측량되다

N0-가 N1-로 V (N0=[속성](온도, 속도, 농도, 길이 따위), [추상물](시간 따위) N1=[기기])

능 측정하다

¶태양의 고도는 고도계로 측정된다. ¶강수량이 측정된 이래 가장 많은 비가 왔다.

❷(혈압, 체온, 시력 따위의) 신체 상태나 속성이 기기로 재어지다. (of a physical state or property such as blood pressure, body temperature, or vision) Be measured by a device.

N0-가 N1-로 V (N0=[속성](혈압, 체온, 시력 따위) N1=[기기])

능 측정하다

¶요즘은 컴퓨터 모니터를 통해 손쉽게 시력이 측정될 수 있다. ¶부정맥 혈압은 혈압계로 잘 측정되지 않는다.

❸(능력, 수준, 효과, 결과 따위가) 명료하게 알 수 있도록 평가도구를 이용하여 평가되다. (of ability, level, effect, or result) Be evaluated using an evaluation tool in order to become clearly known.

N0-가 N1-로 V (N0=[추상물](경제 수준, 능력 따위), [결과], [영향] N1=평가도구)

능 측정하다

¶정보화 정도는 컴퓨터 보급 대수로 측정될 수도 있다. ¶사회적 투명 지수는 다양한 지수로 측정될 수 있다.

❹(난이도 따위의) 정도나 빈도가 헤아려지다. (of level or frequency such as difficulty level) Be fathomed.

㊐세다II

N0-가 V (N0=[속성](난이도, 빈도 따위))

능 측정하다

¶언어 영역의 문항 난이도가 즉각 측정되었다. ¶단어의 사용 빈도는 쉽게 측정될 수 있다.

측정하다

어원 測定~ 활용 측정하여(측정해), 측정하니, 측정하고 대응 측정을 하다

타 ❶(온도, 속도, 농도, 길이, 시간 따위의) 사물의 물리적 양을 기계장치나 도구를 이용하여 재다. Measure an object's physical amount such as temperature, speed, concentration, length, or time using a machinery device or tool.

㊐계측하다, 측량하다, 재다II

N0-가 N1-를 N2-로 V (N0=[인간] N1=[속성](온도, 속도, 농도, 길이 따위), [시간] N2=[기기](온도계, 습도계, 측우기 따위))

피 측정되다

¶도로교통공사는 서울의 주요 도로에서 자동차 속도를 측정한다. ¶서울시는 한강에서 조류 농도를 측정하였다. ¶강수량을 측정한 이래 가장 많은 비가 왔다.

❷(혈압, 체온, 시력 따위의) 신체 상태나 속성을 기계로 재다. Measure physical state or property such as blood pressure, body temperature, or vision with a machinery device.

㊐재다II

N0-가 N1-를 N2-로 V (N0=[인간] N1=[속성](혈압, 체온, 시력 따위) N2=[기기](체온계, 혈압계 따위))

피 측정되다

¶안경을 맞추려면 시력을 정확히 측정해야 한다. ¶최신 체온계로 신생아의 체온을 정확하게 측정해 봐라.
❸(능력, 수준, 효과, 결과 따위를) 명료하게 알 수 있도록 평가도구를 이용하여 평가하다. Evaluate ability, level, effect, or result using an evaluation tool to make it clearly known.
N0-가 N1-를 N2-로 V (N0=[인간] N1=[추상물](경제 수준, 능력, 지식 따위), [결과], [영향] N2=[평가도구])
피 측정되다
¶논술고사는 논리적 사고를 측정할 수 있다. ¶국민 총생산으로 한 나라의 경제 수준을 측정할 수 있다.
❹난이도 따위의 정도나 빈도를 헤아리다. Fathom the level or frequency such as difficulty level.
㊥세다II
N0-가 N1-를 V (N0=[인간] N1=[속성](난이도, 빈도, 추이 따위))
피 측정되다
¶교사들은 언어 영역의 문항 난이도를 측정하였다. ¶단어의 사용 빈도는 쉽게 측정할 수 있다.

치다 I

치다[1]

활용 치어(쳐), 치니, 치고
타 ❶ 손이나 다른 물건으로 힘차게 부딪다. Smash powerfully with one's hand or another item.

㊥때리다
N0-가 N1-를 N2-로 V (N0=[인간] N1=[사물] N2=[도구], 손, 주먹 따위)
¶그는 배구공을 손으로 힘차게 쳤다. ¶이 과장은 화가 나서 주먹으로 책상을 쳤다.
❷(사물을) 어떤 곳에 부딪거나 두드리다. Smash or tap an object against some place.
㊥박다, 두드리다
N0-가 N1-를 N2-에 V (N0=[인간] N1=[사물](못 따위) N2=[사물])
¶진영이가 못을 벽에 쳤다. ¶조카는 숟가락을 밥상에 치며 노래를 불렀다.
❸공을 가지고 하는 어떤 운동을 하다. Play a game or a sport wherein objects bump into one another.
N0-가 N1-를 V (N0=[인간] N1=[운동](테니스, 탁구 따위))
¶김 선생님은 주말마다 테니스를 치신다.
❹(사물을) 부딪는 오락을 하다. Play a game or a sport wherein objects bump into one another.
㊥게임하다
N0-가 N1-를 V (N0=[인간] N1=[사물](구슬, 딱지 따위))
¶윤식이는 어릴 적에 딱지를 치고 놀았다. ¶우리 동네에서 구슬은 보영이가 제일 잘 쳤다.
❺(화투나 카드의 패 따위를) 고루 섞거나 가지고 놀다. Shuffle or play with hwatu, cards, etc.
㊥(카드•화투)놀이하다
N0-가 N1-를 V (N0=[인간] N1=화투, 카드, 트럼프 따위)
¶그들은 휴식 시간에 화투를 쳤다. ¶오랜만에 카드를 치려니 규칙을 다 잊어 버렸네.
❻(악기를) 소리가 나도록 두드리거나 부딪다. Tap or bump an instrument, the palm, etc., in order to produce sound.
㊥연주하다
N0-가 N1-를 V (N0=[인간] N1=[악기](타악기, 건반악기, 기타 따위))
¶나는 어렸을 때 피아노를 쳤다. ¶기타와 드럼을 능숙하게 치는 그의 모습에 반하고 말았다.
❼(손바닥이나 손뼉을) 소리가 나도록 부딪다. Tap or bump an instrument, the palm, etc., in order to produce sound.
N0-가 N1-를 V (N0=[인간] N1=[신체부위](손바닥, 손뼉 따위))
¶그는 손바닥을 쳐서 사람들의 이목을 끌었다. ¶아이들이 손뼉을 치며 노래를 불렀다.
❽(반죽을) 찰기가 돌도록 짓두들기거나 때리다. Pound or beat paste to make it glutinous.
㊥두들기다, 만들다타
N0-가 N1-를 V (N0=[인간] N1=[떡], [흙], 반죽)
¶예전에는 떡메로 떡을 치는 광경을 볼 수 있었다. ¶그는 손바닥을 쳐서 사람들의 이목을 끌었다.
❾(연장을 만들기 위하여) 쇠붙이 따위를 달구어 두들기다. Heat up and strike iron, etc., in order to make a tool.
㊥두들기다, 제작하다, 만들다
N0-가 N1-를 V (N0=[인간] N1=[도구](칼, 망치 따위))
¶망치를 치는 대장장이는 연신 땀을 흘렸다. ¶칼을 치면 날이 더 예리해질 것이다.
❿(무전이나 전보 따위를) 정보를 전달하기 위하여 보내다. Send a radio message, a telegram, etc., in order to deliver information.
㊥보내다, 발신하다, 통신하다
N0-가 N1-를 V (N0=[인간] N1=[편지](전보, 급전 따위), 무전)
¶김 하사는 산 중턱에 있는 본부에 무전을 쳤다. ¶어서 전보를 쳐서 소식을 알려라.
⓫(도장 따위를) 눌러 찍다. Press and print a

stamp.
㊍찍다, 사인하다
N0-가 N1-를 V (N0=[인간] N1=도장, 인, 직인 따위)
¶그는 문서에 도장을 쳤다. ¶대표가 직인을 쳐야 비로소 효력이 발휘된다.
⑫(시계 따위가) 소리 내어 특정한 시간을 알리다. (of a clock) Announce a certain time by producing a sound.
㊍알려주다
N0-가 N1-를 V (N0=[기기](시계 따위) N1=[시간], 종 따위)
¶시간이 되자 시계가 세 시를 쳤다. ¶종을 쳐서 나는 점심시간인 줄 알았다.
⑬(식물이나 신체의 일부를) 날로 잘라내다. Cut off a portion of the plant or body with blade.
㊍잘라내다, 전지하다
N0-가 N1-를 V (N0=[인간] N1=[식물](가지 따위), [신체부위])
¶진호는 정원수의 가지를 쳤다. ¶현정이는 머리를 짧게 쳐서 더 발랄해 보인다. ¶우람이는 강아지의 털을 쳐 주었다.
⑭(밤의 껍질을) 칼질을 하여 벗겨 내다. Peel off the skin of chestnut by using a knife with its blade facing outward.
㊍껍질을 벗기다, 껍질을 까다
N0-가 N1-를 V (N0=[인간] N1=[견과류](밤 따위))
¶우리는 내다 팔 밤을 밤새 쳤다. ¶나는 아직 날밤을 치는 것이 익숙하지 않다.
⑮(음식 재료를) 채가 되도록 가늘게 썰거나 저미다. Thinly cut or slice a food ingredient into many pieces.
㊍잘게 썰다
N0-가 N1-를 V (N0=[인간] N1=[음식물], [음식](햄, 소시지 따위))
¶아내는 음식에 쓰려고 당근을 잘게 쳤다. ¶가늘게 친 오이에 양념을 뿌려라.
⑯(점을) 운수를 알기 위하여 보다. Avail oneself of psychic service to see one's fortune.
㊍점을 보다
N0-가 N1-를 V (N0=[인간] N1=점)
¶그는 미래를 알아보려고 점을 쳤다. ¶낙원동에 가면 카드점 잘 치는 집이 많다. ¶점을 칠 때마다 무슨 얘기를 들을지 불안하다.
⑰(윷놀이에서) 일정한 끗수를 얻게 되다. Obtain a certain pip in the game of yut(윷).
㊍놓다, 놀이하다
N0-가 N1-를 V (N0=[인간] N1=도, 개, 걸, 윷, 모 따위)
¶아버지는 처음부터 윷을 치셨다. ¶동생이 개를 쳐서 내 말을 잡았다.
⑱(동물이) 날개나 꼬리 따위를 세차게 움직이다. (of an animal) Energetically move its wing, tail, etc.
㊍흔들다
N0-가 N1-를 V (N0=[동물] N1=[신체부위](날개, 꼬리 따위))
¶주인을 본 강아지가 꼬리를 쳤다. ¶독수리가 날개를 치며 날아오른다.
⑲상대를 공격하다. Attack the opponent.
㊍공격하다[타], 격파하다
N0-가 N1-를 V (N0=[인간|집단] N1=[인간|집단])
¶우리는 내일 새벽 적군을 친다. ¶적을 치기 전에 먼저 나를 알아야 한다.
◆ **꼬리를 치다** 여자가 남자에게 아양을 부리다. (of a woman) Coquet with a man.
N0-가 N1-에게 Idm (N0=[인간] N1=[인간])
¶그 여자가 먼저 우리 사장님에게 꼬리를 치더라. ¶정 마담이 꼬리를 치면 넘어가지 않을 남자가 없다.
※ 속되게 쓰는 표현임.
◆ **초를 치다** 잘되고 있는 일에 훼방을 놓아 김이 빠지게 하다. Disturb somebody in his/her work to ruin it.
N0-가 N1-에 Idm (N0=[인간] N1=[행사], [행위], 일)
¶심술이 난 동수는 그들의 잔치에 초를 쳤다. ¶조건이 불리하다며 계약에 초를 치면 안 되지요.

치다[2]

[활용] 치어(쳐), 치니, 치고
[기능자] '사건', '현상'의 의미를 나타내는 기능동사 Support verb that shows the meaning of "event" or "phenomena".
Npr-가 V (Npr=[기상관련 재해], [비](눈, 눈보라, 폭풍우 따위), [기상](천둥, 번개, 벼락, 우레 따위), 파도 따위)
¶폭풍우가 쳐서 오늘은 배가 뜨지 못한다. ¶파도는 끊임없이 치고 또 친다.
[타] 강한 동작을 나타내는 기능 동사. Support verb depicting strong motion.
N0-가 Npr-를 V (N0=[인간], [동물], Npr=[동작](물장구, 헤엄, 몸부림, 달음박질, 종종걸음 따위), 요동)
¶나는 친구들과 개울에서 물장구를 치며 놀았다. ¶미순이는 종종걸음을 치며 사라졌다. ¶배가 파도에 밀려 요동을 친다.
N0-가 Npr-를 V (N0=[인간], Npr=[소리])
¶재호가 건너편에서 소리를 쳤다. ¶피난길은 아우성을 치는 사람들로 아비규환이었다. ¶고래고래 소리를 쳤지만 아무도 듣지 못한 것 같다.
N0-가 Npr-를 V (N0=[인간], Npr=눈웃음, 코웃음

따위)
¶은혜는 동수에게 눈웃음을 쳤다. ¶그는 코웃음을 치고 돌아섰다. ¶나에게 눈웃음을 치던 그녀의 표정이 잊히지 않는다.
No-가 Npr-를 V (No=[인간], Npr=[비행](시기, 공갈), 거짓말, 사고 따위)
¶그는 노인을 상대로 사기를 쳤다. ¶이번에도 거짓말 치면 나도 가만히 있지 않겠다.

치다Ⅱ
활용 치어(쳐), 치니, 치고
타 (무거운 물건이) 사람을 들이받고 지나가다. (of a heavy object) Smash into a person in the course of movement.
㊐박다, 들이받다
No-가 N1-를 V (No=[교통기관], 수레, 카트 따위 N1=[인간])
피 치이다Ⅱ 자
¶차가 길을 건너던 사람을 살짝 쳤다. ¶수레가 아이를 칠 뻔했다.

치다Ⅲ
활용 치어(쳐), 치니, 치고
타 (점이나 선, 그림 따위를) 찍거나 그리다. Mark or draw a dot, a line, a picture, etc.
㊐긋다, 그리다
No-가 N1-를 V (No=[인간] N1=[도형](점, 선, 동그라미 따위), [사물])
¶나는 책에 밑줄을 쳤다. ¶선비는 화선지에 난을 치고 있었다. ¶그는 잊어버리지 않으려고 동그라미를 쳐 가며 책을 읽었다.

치다Ⅳ
활용 치어(쳐), 치니, 치고
타 ❶(줄, 막, 그물, 구조물 따위를) 넓게 펴거나 배치하다. Widely spread or position rope, curtain, net, structure, etc.
㊐설치하다
No-가 N1-를 N2-에 V (No=[인간] N1=줄, 막, 그물, 천막, 바리케이드 따위 N2=[장소])
¶그들은 행사가 시작되기 전에 천막을 쳤다. ¶그물을 쳐 놓았더니 고기가 걸려든다. ¶지금은 막을 치고 무대를 가려 놓았다. ¶경찰은 바리케이드를 쳐서 시위대의 진입을 막았다.
❷(벽이나 가림막 따위를) 둘러서 쌓거나 세우다. Build or stand a wall, a screen, etc. around an object.
㊐설치하다
No-가 N1-를 N2-에 V (No=[인간|집단] N1=[담], 칸막이 따위 N2=[장소])
¶그들은 산짐승이 들어오지 못하게 집 둘레에 담을 쳤다. ¶우리 집에는 울타리를 낮게 쳤어요. ¶도서관에서는 칸막이를 친 책상이 더 좋다.
❸(붕대나 댕기, 대님 따위를) 둘러매다. Tie round bandage, ribbon, daenim(대님), etc.
㊐매다, 감다
No-가 N1-를 N2-에 V (No=[인간] N1=붕대, 댕기, 대님, 각반, 행전 따위 N2=[신체부위])
¶그는 다친 부위에 붕대를 쳤다. ¶젊은 사람이 대님 치는 솜씨가 예사롭지 않구나.

치다Ⅴ
활용 치어(쳐), 치니, 치고
타 (돗자리, 멍석, 멱서리 따위를) 틀로 짜거나 손으로 엮어 만들다. Make mat, straw mat, straw bag, etc., by molding or weaving with one's hand.
㊐엮다, 짜다
No-가 N1-를 V (No=[인간] N1=돗자리, 멍석, 멱서리, 가마니 따위)
¶그는 생계를 위하여 돗자리를 쳤다. ¶다 같이 가마니를 쳐도 어째 내 솜씨만 이상할까? ¶멱서리를 치고 보니 이번 것은 잘되었다.

치다Ⅵ
활용 치어(쳐), 치니, 치고
타 ❶(불필요하게 쌓여 있는 것을) 파내거나 옮겨 깨끗하게 하다. Clean up something that's unnecessarily piled up by digging up or moving.
㊐치우다, 청소하다
No-가 N1-를 V (No=[인간] N1=[장소], [사물])
사 치이다Ⅲ
¶보영이는 주말을 이용해 화장실을 쳤다. ¶겨울에 입대한 나는 매일 눈을 친 기억밖에 없다.
❷(논이나 도랑 따위를) 물길을 만들기 위하여 파내거나 고르다. Dig or level a rice paddy, a ditch, etc., to make a waterway.
No-가 N1-를 V (No=[인간] N1=논, 도랑 따위)
사 치이다Ⅲ
¶아이들은 물고기를 잡느라 도랑을 쳤다. ¶옛말에 도랑 치고 가재 잡는다는 말이 있지. ¶논을 쳤으면 물을 대야지.
◆ **송장을 치다** 죽은 사람을 땅에 묻거나 불에 태우는 장례 의식을 치르다. Hold a funeral for the dead by burying or burning the body.
㊐장사를 치르다
No-가 Idm (No=[인간])
¶태풍이 온다는데 계곡에서 야영을 하다니, 송장 칠 일 있니?
※ 속되게 쓰인다.

치다Ⅶ
활용 치어(쳐), 치니, 치고
타 ❶(음식에) 적은 양의 양념을 더하거나 넣다.

ㅊ

Add or put a small amount of sauce into food.
㊌넣다, 가미하다, 조미하다
N0-가 N2-에 N1-를 V (N0=[인간] N1=[양념] N2=[음식])
¶아내는 찌개에 간장을 쳤다. ¶수박에 소금을 조금 쳐서 먹으면 더 달다. ¶나는 계란말이에 케첩을 쳐서 먹는 것을 좋아한다.
❷(기계나 식물에) 기름이나 약품 따위를 바르거나 뿌리다. Apply or spray oil, chemical, etc., on a machine or a plant.
㊌뿌리다[타], 바르다
N0-가 N2-에 N1-를 V (N0=[인간] N1=[액체](기름, 알코올 따위), [약] N2=[기계], [식물])
¶수리공들은 기계에 기름을 약간 쳤다. ¶나무에 농약은 적당히 쳐야 한다.
❸(음식을 만들기 전에) 기름을 넓게 두르다. Widely spread oil on a pan before making food.
㊌두르다, 바르다
N0-가 N2-에 N1-를 V (N0=[인간] N1=[액체](기름, 식용유 따위) N2=[도구](프라이팬 따위))
¶나는 부침개를 부치려고 프라이팬에 기름을 쳤다. ¶식용유를 넓게 친 뒤 반죽을 올려서 부쳐라.
❹(잔에 술을) 따라서 넣다. Pour and fill liquor into a glass.
㊌술을 붓다, 술을 따르다
N0-가 N2-에 N1-를 V (N0=[인간] N1=[술] N2=[그릇](잔 따위))
¶류 부장은 부사장님 술잔에 술을 쳤다. ¶그 남자는 사발에 막걸리를 쳐서 쭉 들이켰다.

치다Ⅷ
[활용]치어(쳐), 치니, 치고
[타](가루를) 체로 걸러 고와지게 하다. Make powder fine by filtering with sieve.
㊌거르다, 고르다
N0-가 N2-(에|로) N1-를 V (N0=[인간] N1=[음식물](밀가루, 전분 따위), [흙](모래 따위) N2=체)
¶어머니가 체에 밀가루를 치셨다. ¶체로 친 전분을 양념과 함께 섞어 주세요. ¶아이들은 모래를 쳐서 곱게 만들었다.

치다Ⅸ
[활용]치어(쳐), 치니, 치고
[타]❶(가축이나 가금 따위를) 재산으로서 기르다. Raise stock, poultry, etc., as one's asset.
㊌기르다, 사육하다, 키우다
N0-가 N1-를 V (N0=[인간] N1=[짐승], [새], [벌레])
¶효숙이네는 수백 마리의 새를 친다. ¶이 동네는 예전부터 누에를 쳐서 먹고살던 곳이다. ¶우리 집은 대대로 돼지를 쳤던 집이다.
❷(돈을 벌 목적으로) 다른 사람을 머물게 하다. Make a living by providing accommodations.
㊌숙박시키다, 홈스테이하다
N0-가 N1-를 V (N0=[인간] N1=하숙, 하숙생, 손님 따위)
¶아주머니는 이 대학 근처에서 오랫동안 하숙을 치셨다. ¶인적이 드문 마을이라 손님을 치는 것도 오랜만이다.
❸(동물이) 새끼를 까거나 낳다. (of an animal) Hatch or deliver young.
㊌새끼를 낳다
N0-가 N1-를 V (N0=[동물] N1=새끼)
¶내가 기르던 돼지가 새끼를 쳤다. ¶우리 집 개가 새끼를 치면 네게도 한 마리 줄게. ¶비둘기가 새끼를 쳤는지 더 많아졌다.
❹(식물이) 가지나 뿌리 따위를 밖으로 뻗게 하다. (of a plant) Make roots, etc., stretch outwardly.
㊌가지를 뻗다, 뿌리를 내리다
N0-가 N1-를 V (N0=[식물] N1=[식물](가지, 뿌리 따위))
¶마을 중심의 나무는 가지를 무성하게 쳤다. ¶어떻게 이 나무는 뿌리를 여기까지 쳤을까?

치다Ⅹ
[활용]치어(쳐), 치니, 치고
[타](힘든 일을) 치르거나 겪다. Go through or experience difficulty.
㊌시험을 치르다
N0-가 N1-를 V (N0=[인간] N1=[시험], [잔치])
¶너 오늘 시험은 잘 쳤니? ¶시험을 치는데 아무 생각도 나지 않았다. ¶할머니 칠순 잔치를 치느라 그동안 좀 바빴다.

치다Ⅺ
[활용]치어(쳐), 치니, 치고
[타]❶(어떤 것을) 일정한 값으로 평가하여 매기다. Evaluate and set a specific price for something.
㊌값을 매기다
N0-가 N1-를 N2-에 V ↔ N0-가 N1-를 N2-에 V (N0=[인간|단체] N1=[모두] N2=[값], [등급](고기, 저가 따위))
[피]치이다Ⅳ
¶상인은 계란 한 판을 오천 원에 쳐서 팔았다.↔ 상인은 계란 한 판에 오천 원을 쳤다. ¶안 입은 옷을 고가에 쳐서 드립니다.
※ 주로 '쳐서', '치고' 따위의 형태로 쓰인다.
N0-가 N1-를 ADV V (N0=[인간|단체] N1=[모두], ADV=후하게, 비싸게, 헐하게 따위)
[피]치이다Ⅳ
¶그는 어시장에서 낙지를 비싸게 쳤다. ¶아버지는 복채를 후하게 치고 오셨다. ¶손님들이 값을

너무 헐하게 치는 거 아니야?
※주로 '쳐서', '치고' 따위의 형태로 쓰인다.
❷(어떤 것을) 고려하여 계산하다. Consider and calculate something.
[유]합치다[타]
N0-가 N2-에 N1-를 V (N0=[인간] N1=[모두] N2=[모두])
¶그는 시급에 식비까지 쳐서 보수를 주었다.
¶여기에 저 물건까지 치면 전부 삼만 원에 드릴게요.
※주로 '쳐서', '치고' 따위의 형태로 쓰인다.
[자타](어떤 것을 어찌하다고) 일단 인정하거나 수용하다. Recognize or acknowledge something for the moment.
[유]여기다, 간주하다, 가정하다
N0-가 S다고 V (N0=[인간|집단])
¶그는 우리가 결혼을 할 수 있다고 쳤다. ¶일단 밥은 해결됐다고 치고 그 다음 일을 논의하자.
¶상대를 잡는다손 치더라도 다음 경기 결과를 기다려야 한다.
※'S다고' 대신 'S다손', 'Sㄴ다손', 'S라손' 따위가 사용될 수 있다.
N0-가 N1-를 N2-로 V (N0=[인간|집단] N1=[모두] N2=[모두])
¶우리는 조커를 에이스로 쳤다. ¶이 정도는 합격으로 쳐 주자.
N0-가 N1-를 S다고 V (N0=[인간|집단] N1=[모두])
¶회식을 업무라고 치는 문화는 이제 구태의연하다. ¶나를 적이라고 치고 대련해 보자.
N0-가 N1-를 ADV V (N0=[인간|집단] N1=[모두], ADV='-게'형 부사(낮게, 높게 따위))
¶상부에서는 정호의 노력을 높게 쳤다. ¶결과를 보면 네 실력을 낮게 치더라도 할 말이 없다.
¶사람들은 그간의 고생을 너무 낮게 치는 것 같다.
◆ **-로 치면, -로 친다면** 어떠한 것으로 기준을 삼는다면 In terms of ~, in the case of ~
N0-Idm (N0=[모두])
¶이 주식은 금액으로 치면 일억이 넘는다.
¶이 운하의 물줄기는 사람으로 치면 혈관에 해당된다.
S것-Idm
¶귀여운 것으로 치면 강아지가 최고지. ¶피곤한 것으로 치면 내가 그보다 더할 것이다.

치닫다

[활용]치달아, 치달으니, 치닫고, 치닫는
[자]❶(사람이나 짐승, 불 따위가) 어디로 빠르고 거세게 움직이거나 이동하다. (of person, animal, or fire) Move or go somewhere quickly and violently.
[유]치달리다[자]
N0-가 N1-로 V (N0=[인간], [짐승] N1=[장소])
¶고라니는 사람들을 피해 산등성이로 치달았다.
¶마른 산에 불길이 거세게 치닫고 있다.
❷(일이 점차 어떤 방향이나 상태로) 급박하게 전개되거나 진행되다. (of a work) Develop or proceed suddenly or urgently toward a certain direction or situation.
[유]급진전되다
N0-가 N1-로 V (N0=[상태], [상황] N1=[상태], [상황])
¶전쟁이 점점 막바지로 치닫고 있었다. ¶그들 사이의 갈등은 점점 심각한 국면으로 치달았다.
❸(분노 따위가) 치밀어 오르다. (of anger) Rush violently.
[유]끓어오르다
N0-가 V (N0=[감정](분노 따위))
¶나는 그의 비상식적인 행태에 머리끝까지 분노가 치달았다. ¶그는 치닫는 분노를 가라앉히고 평정을 찾기 위해 노력했다.

치달리다

[활용]치달리어(치달려), 치달리니, 치달리고
[자](사람이나 동물이) 어떤 곳으로 날쌔게 달려가다. (of a person or an animal) Run somewhere quickly.
[유]치닫다
N0-가 N1-로 V (N0=[인간], [짐승] N1=[장소])
¶그는 소식을 듣자마자 곧바로 언덕길로 치달렸다. ¶고라니는 사냥꾼들의 기척을 느끼고 산등성이로 치달렸다.
[타](사람이나 동물이) 어떤 곳을 날쌔게 달려가다. (of a person or an animal) Run somewhere quickly.
N0-가 N1-를 V (N0=[인간], [짐승] N1=[장소], [길이])
¶그는 소식을 듣자마자 곧바로 언덕길을 치달렸다. ¶고라니는 사냥꾼들의 기척을 느끼고 산등성이를 치달렸다.

치료되다

[어원]治療~ [활용]치료되어(돼), 치료되니, 치료되고
[대응]치료가 되다
[자](병이나 상처, 혹은 병이나 상처가 난 사람이) 고쳐져 낫다. (of an illness or injury or someone who has injury or disease) Be healed.
[유]치유되다, 낫다, 회복하다
N0-가 V (N0=[인간], [동물], [신체부위], [질병], [상처])
[능]치료하다
¶새로 개발된 약 덕분에 많은 환자가 치료되었다.
¶가족들의 헌신과 노력 끝에 철수의 몸과 마음은 치료되었다. ¶요즘에는 암과 같은 난치병도 치료되곤 한다.

치료받다

[어원]治療~ [활용]치료받아, 치료받으니, 치료받고 [대응]치료를 받다

[자](의학적으로 문제가 있는 부위에) 조치나 처방을 받다. Receive prescription or action about a medically dysfunctional area.

[유]진료받다

N0-가 V (N0=[인간](환자 따위), [동물], [신체부위])

[능]치료하다

¶그는 치료를 받기 위해서 안 해 본 것이 없다. ¶주인을 잃은 많은 애완견들이 치료받지 못하고 있다.

[타](병이 나거나 상처가 난 어떤 부위에 대해) 의약적 조치나 처방을 받다. Receive prescription or pharmaceutical action about some injured area.

[유]진료받다

N0-가 N1-를 V (N0=[인간](환자 따위), [동물] N1=[신체부위])

[능]치료하다

¶누나는 다친 어깨를 치료받았다. ¶그는 귀를 치료받으려고 이비인후과 병원에 갔다.

치료하다

[어원]治療~ [활용]치료하여(치료해), 치료하니, 치료하고 [대응]치료를 하다

[타](사람이나 사람의 어떤 부위를) 상처나 질병으로부터 낫게 하다. Heal injury or disease or someone who has injury or disease.

[유]고치다, 진료하다

N0-가 N1-를 V (N0=[인간](의사 따위) N1=[인간], [동물], [신체부위], [질병], [상처])

[피]치료되다, 치료받다[자]

¶그는 어려운 수술 끝에 환자의 어깨를 치료했다. ¶현대 의학으로도 암을 치료하는 것은 쉬운 일이 아니다. ¶부상을 완전히 치료하기 위해서는 오랫동안 쉬는 것이 중요하다.

치르다1

[활용]치러, 치르니, 치르고, 치렀다

[타]❶(어떤 일에 대해서) 대가를 지불하다. Pay for a work.

[유]지불하다

N0-가 N1-를 N2-(에|에게) V (N0=[인간|단체] N1=[금전](돈, 값, 계약금 따위) N2=[인간|단체])

¶나는 드디어 집주인에게 잔금을 다 치르고 새 집에 이사했다. ¶이런 일을 할 때는 돈을 꼭 제때 치러야 한다. ¶철수는 그 일에 대한 대가를 우리에게 꼭 치를 것이다.

❷(어떤 안 좋은 일을) 당하여 겪어 내다. Go through something bad.

[유]겪다

N0-가 N1-를 V (N0=[인간|단체] N1=[상태], [추상물], [질병])

¶그 일로 정말 많은 사람이 희생을 치렀다. ¶그 아이는 어렸을 때 심하게 홍역을 치렀었다.

치르다2

[활용]치러, 치르니, 치르고, 치렀다

[기능타]'행위'를 나타내는 기능동사 Support verb meaning action.

N0-가 Npr-를 V (N0=[인간|단체], Npr=결혼, 장례, 제사, 잔치, 시험 따위)

¶우리 집은 아주 성대하게 잔치를 치렀다. ¶영희는 중간고사를 치르자마자 여행을 떠났다. ¶요즘은 제사를 제대로 치르는 집이 적다.

치밀다

[활용]치밀어, 치미니, 치밀고, 치미는

[자]❶(어떤 대상이) 위쪽으로 힘차게 뻗어 오르다. (of an object) Fly up powerfully.

[유]치솟다, 솟구치다

N0-가 N1-로 V (N0=[사물] N1=[공간](위 따위))

¶폭탄이 터졌는지 작은 폭발과 함께 연기가 하늘로 치밀었다. ¶싹이 움트고 봄의 기운이 땅에서 치밀어 올랐다.

❷(감정, 생각, 힘 따위가) 세차게 복받쳐 오르다. (of feeling, thought, and power) Increase greatly and suddenly.

[유]치솟다, 솟구치다

N0-가 V (N0=[감정], [인지](생각 따위))

¶왕은 화가 치밀어 신하들에게 죄인을 처형하라고 명령했다. ¶머뭇거리는 그의 얼굴을 보자니 온갖 불길한 걱정들이 치밀었다.

❸(뱃속의 음식물이) 목으로 넘어오려는 증상이 거세게 나다. (of vomit or nausea) Be about to throw up.

N0-가 N1-에서 V (N0=[생리현상](구토 따위) N1=[신체부위](가슴, 목 따위))

¶그 더러운 꼴을 생각만 해도 구역질이 치민다. ¶나는 목구멍에서 치미는 구토를 그대로 토해냈다.

[타](물체를) 아래에서 위로 세게 밀어 올리다. Push something upward forcibly.

N0-가 N1-를 V (N0=[인간] N1=[사물])

¶인부들이 큰 돌을 언덕 위로 올리기 위해 구령에 맞춰 치밀었다. ¶밖에서 큰 소리가 들리자 언니는 창을 치밀고 내다보았다.

치부되다

[어원]置簿~ [활용]치부되어(치부돼), 치부되니, 치부되고 [대응]치부가 되다

[자](마음속으로) 어떠하다고 생각되거나 여겨지다. Be thought of or considered in one's mind.

[유]여겨지다, 간주되다, 생각되다

N0-가 N1-로 V (N0=[사물], [추상물] N1=[사물], [추

[ㅊ]

상물], [개념], [상태])
능치부하다
¶직장에서 술을 못 마시는 사람은 잘 놀지 못하는 사람으로 치부된 적도 있다. ¶가전제품 제조는 한때 전형적인 사양 산업으로 치부되었다.
N0-가 S것-으로 V (N0=[사물], [추상물])
능치부하다
¶그 주장은 현실성이 없는 것으로 치부되어 왔었다. ¶철학은 어렵고 따분한 것으로 치부되는 경향이 있다.
N0-가 S고 V (N0=[사물], [추상물])
능치부하다
¶많은 비인기 종목들이 그들만의 리그라고 치부되고 있다.

치부하다
어원置簿~ 활용치부하여(치부해), 치부하니, 치부하고 대응치부를 하다
타(마음속으로) 어떠하다고 생각하거나 여기다. Think or consider as something (deep in one's mind).
유여기다, 간주하다타, 생각하다
N0-가 N1-를 N2-로 V (N0=[인간|단체] N1=[사물], [추상물] N2=[사물], [추상물], [개념], [상태])
피치부되다
¶그 일을 하지 않았다고 해서 그를 겁쟁이로 치부해서는 안 된다. ¶벤처 창업 등의 다양한 시도를 단순한 유행으로 치부해서는 안 된다.
※N1과 N2의 어순은 바뀔 수 없다.
N0-가 N1-를 S것-으로 V (N0=[인간|단체])
피치부되다
¶그 당시 의사들은 그 병을 치료할 수 없는 것으로 치부하고 치료를 포기했다. ¶백인들은 원시 부족의 다양한 문화를 미개한 것으로 치부하는 실수를 저질렀다.
N0-가 N1-를 S고 V (N0=[인간|단체])
피치부되다
¶그들은 다양한 징조를 별것이 아니라고 치부했던 것을 후회했다. ¶영화 속에 나오는 신제품들을 단순히 공상적인 이야기라고 치부할 수 없어 보인다.

치솟다
활용치솟아, 치솟으니, 치솟고
자❶(무엇이) 거세게 위로 솟아오르다. (of something) Rise suddenly and violently.
유솟다, 솟구치다
N0-가 V (N0=[불], [연기], [자연현상], [식물])
¶갑자기 굉음과 함께 불길이 치솟았다. ¶거대한 물기둥이 하늘로 치솟아 배를 덮쳤다.
❷(감정이나 생각 따위가) 갑자기 격하게 북받쳐 오르다. (of feeling or thought) Well up suddenly and violently.
유솟다, 솟구치다, 치밀다자, 끓어오르다
N0-가 V (N0=[감정], 화, 눈물 따위)
¶나는 화가 머리끝까지 치솟았다. ¶그가 떠나자 서운한 감정이 치솟았다. ¶나는 눈물이 왈칵 치솟아 견딜 수가 없었다. ¶그는 김 부장의 말을 듣자 분노가 치솟았다.
❸(값이나 온도가) 급격히 많이 오르다. (of price or temperature) Increase quickly by a great deal.
유솟다, 상승하다, 오르다, 급등하다, 폭등하다 반내리다[1]자, 급락하다, 폭락하다
N0-가 V (N0=[값], [비율], [온도], 인기 따위)
¶연일 이어지는 가뭄으로 채소 가격이 치솟았다. ¶중국에서 한국 화장품의 인기가 치솟고 있다. ¶서울 지역의 낮 최고 기온이 37도까지 치솟았다.
❹(수치가) 급격히 크게 오르다. (of numerical value) Rise greatly and suddenly.
유솟구치다, 급등하다, 급상승하다 반내리다, 급락하다, 폭락하다
N0-가 V (N0=[수량], [값])
¶대부분 대학의 경쟁률이 크게 치솟았다. ¶원자재 수입가격이 사상 최고치로 치솟았다.

치우다[1]
활용치워, 치우니, 치우고
타❶(물건을) 다른 곳으로 옮기다. Move an object to someplace else.
유제거하다, 청소하다
N0-가 N1-를 N2-로 V (N0=[인간] N1=[사물] N2=[장소], [방향])
¶제설차가 도로의 눈을 길가 쪽으로 치웠다. ¶이 소파를 저쪽으로 좀 치워 주세요. ¶할머니께서는 손님이 오신다고 요강을 치워 버리셨다.
❷(장소나 물건을) 청소하거나 정리하다. Clean or organize a place or an object.
유청소하다, 정리하다
N0-가 N1-를 V (N0=[인간] N1=[장소], 밥상, 책상 따위)
사치이다III
¶어머니께서는 집안을 치우고 음식을 준비하셨다. ¶우리는 학교 주변을 말끔히 치울 계획이다. ¶나는 아침상을 치우고 출근 준비를 서둘렀다.
❸(방을) 정리하여 말끔히 비우다. Organize and completely empty a room.
유비우다
N0-가 N1-를 V (N0=[인간] N1=방)
¶주인아주머니가 전세를 놓는다고 방을 치워 달라고 했다. ¶나는 이사 날짜에 맞춰 방을 치워

주기로 했다.
❹(일이나 이야기를) 하다가 중도에 그만 두거나 마무리하다. Stop or complete a task or a story midway.
㊋그만두다, 접다
N0-가 N1-를 V (N0=[인간] N1=장사, 일, 가게, 이야기 따위)
¶나는 그녀와 더 얘기하고 싶어서 장사를 치우고 그녀를 따라 갔다. ¶쓸데없는 이야기는 치우고 본론으로 들어가지요.
❺(밥이나 술 따위를) 먹거나 마셔 없애다. Eliminate food, alcohol, etc., by eating or drinking.
㊋먹어치우다
N0-가 N1-를 V (N0=[인간] N1=[음식])
¶그는 설렁탕 한 그릇을 깨끗하게 치웠다. ¶남자는 소주 한 병을 치우고는 곯아 떨어졌다.
❻(부모가) 딸을 시집보내다. (of parents) Give the daughter away in marriage.
㊋결혼시키다, 혼인시키다
N0-가 N1-를 V (N0=[인간] N1=딸)
¶딸을 치우고 나니까 너무 서운하네요. ¶딸을 올해 안에 치워 버렸으면 좋겠군.

치우다2

활용 치워, 치우니, 치우고
보조 앞말이 뜻하는 행동을 결단성 있게 해내거나 다 하여 마침을 의미하는 보조동사. Auxiliary verb depicting the decisive completion of behavior that is meant by the preceding word.
V-어 Vaux
¶그는 음식들을 게 눈 감추듯 먹어 치웠다. ¶그는 서둘러 부동산을 팔아 치웠다. ¶마음 같아선 그들 모두를 갈아 치우고 싶었다.

치우치다

활용 치우치어(치우쳐), 치우치니, 치우치고
자 ❶(사람이나 사물이) 균형이 맞지 않아 어느 한쪽으로 기울거나 쏠리다. (of a person or an object) Lean or tilt toward one side due to disproportion.
㊋쏠리다, 기울다
N0-가 N1-로 V (N0=[사물], [신체부위] N1=[방향])
¶내 어깨는 한쪽으로 치우쳤다. ¶액자가 너무 오른쪽으로 치우쳐 있다.
❷(의견이나 견해, 심리 상태 따위가) 어느 한쪽에 편향되다. (of an opinion, a view, a mental state, etc.) Be biased toward one side.
㊋기울어지다, 경도되다
N0-가 N1-(에|로) V (N0=[인간], [의견], [추상물](이론, 연구, 학문 따위) N1=[방향], [감정], [추상물](이론, 분야 따위))
¶그 사람의 논의는 지나치게 한 가지 이론에 치우쳐 있다. ¶나는 감정에 치우쳐서 사태를 냉정하게 바라볼 수가 없었다.

치유되다

어원 治癒~ 활용 치유되어(치유돼), 치유되니, 치유되고 대응 치유가 되다
자 ❶(병, 상처, 병적 상태가) 잘 다스려져 낫다. (of an illness, injury, diseased state or bruised psychology) Be treated well and cured.
㊋치료되다, 회복되다, 낫다 ㊌병들다
N0-가 N1-로 V (N0=[인간], [질병] N1=[행위](치료, 간호 따위), [추상물](사랑, 법 따위))
능 치유하다
¶조기 치료로 상당히 많은 암 환자들이 치유될 수 있었다. ¶그의 아내는 오직 남편의 극진한 간호로 치유될 수 있었다.
❷(상처 입은 심리가) 잘 다스려져 낫다. (of an illness, injury, diseased state or bruised psychology) Be treated well and cured.
㊋치료되다, 회복되다, 낫다 ㊌병들다
N0-가 N1-로 V (N0=[인간], [감정], 세상, 사회, 생태계 따위 N1=[행위](치료, 간호 따위), [추상물](사랑, 법 따위))
능 치유하다
¶사랑으로 모든 마음의 상처가 치유될 수 있다. ¶젊음이 겪는 아픔과 고통은 무엇으로 치유될 수 있을까?

치유하다

어원 治癒~ 활용 치유하여(치유해), 치유하니, 치유하고 대응 치유를 하다
타 ❶(병, 상처, 병적 상태를) 잘 다스려 낫게 하다. Treat well and cure an illness, injury, diseased state or bruised psychology.
㊋치료하다 ㊌병들다
N0-가 N1-를 V (N0=[인간], [음식물] N1=[인간], [질병])
피 치유되다
¶의사가 모든 질병을 치유할 수는 없다. ¶아이들의 도벽은 사랑으로 치유할 수 있다.
❷(상처 입은 심리를) 잘 다스려 낫게 하다. Treat well and cure an illness, injury, diseased state or bruised psychology.
㊋치료하다, 낫게 하다, 고치다 ㊌병들다
N0-가 N1-를 V (N0=[인간], [음식물] N1=[감정], 세상, 사회, 생태계 따위)
피 치유되다
¶사랑은 모든 마음의 상처를 치유할 수 있다. ¶부조리한 시대를 치유할 수 있는 방편은 무엇인가?

치이다 I

활용 치여, 치이니, 치이고

자 (피륙의 올이나 이불의 솜 따위가) 한쪽으로 뭉치거나 쏠리다. (of drapery's strand, quilt's cotton, etc.) Clump or lean toward one direction.

유 쏠리다

N0-가 V (N0=올, 솜 따위)

¶이 이불은 낡아서 솜이 이쪽으로만 치였다. ¶올이 치인 천이 있으면 바꾸어 드리겠습니다. ¶옷의 올이 자꾸 치여서 맵시가 나지 않는다.

치이다 II

활용 치여, 치이니, 치이고

자 ❶(사람이나 짐승이 무거운 물건에) 눌리거나 들이받히다. (of a person or an animal) Be pressed or smashed by a heavy object.

유 받히다

N0-가 N1-에 V (N0=[인간], [짐승] N1=[교통기관], [광물](돌 따위), 수레, 카트 따위)

능 치다II

¶그는 모퉁이에서 갑자기 튀어나온 자전거에 치였다. ¶공사장에서 벽돌에 치인 인부는 잠시 정신을 잃었다. ¶차도에서 사슴이 차에 치이는 사고가 자주 발생하고 있습니다.

❷덫 따위에 걸려 끼이다. Be caught and jammed in a snare, etc.

유 잡히다

N0-가 N1-에 V (N0=[인간], [짐승] N1=덫)

¶설치해 놓은 덫에 쥐가 치였다. ¶참새를 잡으려고 놓은 덫에 엉뚱하게도 닭이 치였다.

❸(다른 일이나 사람에게) 방해를 받거나 시달리다. Be interrupted or harassed by another task or person.

유 시달리다

N0-가 N1-에 V (N0=[인간] N1=[모두])

¶김 대리는 요즘 하루 종일 일에 치인다. ¶이리 치이고 저리 치여서 일할 맛이 나지 않는다.

N0-가 N1-에게 V (N0=[인간] N1=[인간])

¶박 과장이 후배들에게 치이다 보니 자신감을 잃은 모양이다. ¶그는 빚쟁이들에게 치이면서도 투자를 계속했다.

타 (사람이나 짐승이)무거운 물건에 신체 일부를 눌리거나 들이받히다. (of a person or an animal's body part) Be pressed or smashed by a heavy object.

유 받히다

N0-가 N2-에 N1-를 V (N0=[인간], [짐승] N1=[신체부위] N1=[교통기관], [광물](돌 따위), 수레, 카트 따위)

¶노루가 도로면에 다리를 치여서 쓰러져 있었다. ¶어제 그 남자는 오토바이에 다리를 치였다.

치이다 III

활용 치여, 치이니, 치이고

타 ❶(불필요하게 쌓여 있는 것을) 다른 사람에게 파내거나 옮기도록 하여 깨끗하게 하다. Make someone dig up or move something that is unnecessarily piled up to make it clean.

유 치우게 하다, 청소시키다

N0-가 N2-에게 N1-를 V (N0=[인간] N1=[장소], [사물] N2=[인간])

주 치다VI

¶형은 동생에게 화장실을 치였다. ¶그는 인부들에게 공사장을 치이고 사무소에 들어갔다. ¶집사에게 정원의 낙엽을 치이게 해야겠다.

❷(다른 사람에게) 어떤 사물이나 장소를 청소하거나 정리하게 하다. Make someone clean or organize a certain item or place.

유 청소시키다, 정리시키다

N0-가 N2-에게 N1-를 V (N0=[인간] N1=[사물], [장소] N2=[인간])

주 치우다[1]

¶정아에게 부엌을 치일 테니 너는 빨래를 하여라. ¶자녀에게 방을 치이는 것도 교육의 일환이다.

치이다 IV

활용 치여, 치이니, 치이고

자 (어떤 것이) 일정한 값으로 평가되어 매겨지다. (of something) Be evaluated and paid for.

유 값이 매겨지다, 평가되다

N0-가 N1-로 V (N0=[모두] N1=[값], [등급](고가, 저가 따위))

능 치다XI

¶식사비는 한 사람당 삼만 원으로 치인다. ¶사과가 개당 오백 원으로 치인 셈이다. ¶제품이 저가로 치였지만 잘 판매되지는 않았다.

치장되다

어원 治粧~ 활용 치장되어(치장돼), 치장되니, 치장되고 대응 치장이 되다

자 곱게 꾸며지다. Be decorated beautifully.

유 장식되다

N0-가 N1-로 V (N0=[인간|단체], [식물], [사물] N1=[사물])

능 치장하다

¶그 여배우는 루비, 터키석, 다이아몬드, 진주 등 화려한 보석으로 치장되었다. ¶피노키오가 꽃으로 치장되었다.

N0-가 ADV V (N0=[인간|단체], [식물], [사물], [장소], ADV=예쁘게, 화려하게 따위)

능 치장하다

¶크리스마스트리가 예쁘게 치장되었다. ¶그곳은

ㅊ

훨씬 더 멋스럽게 치장되었다.

치장하다

어원 治粧~ 활용 치장하여(치장해), 치장하니, 치장하고 대응 치장을 하다

타 곱게 꾸미다. Decorate beautifully.

유 장식하다, 꾸미다

N0-가 N2-로 N1-를 V (N0=[인간|단체], [식물] N1=[사물], [신체부위], [장소] N2=[도구](장식물 따위))

피 치장되다

¶그는 고급스러운 슈트와 값비싼 시계로 외모를 한껏 치장했다. ¶고대 중국에선 왕족들이 고무나무 수액을 섞어 만든 염료로 손톱을 치장했다. ¶그녀는 나이에 어울리지 않은 명품으로 온 몸을 치장하고 다녔다.

치중하다

어원 置重~ 활용 치중하여(치중해), 치중하니, 치중하고

자 (무엇이) 어떤 것을 특히 중요시하여 거기에 몰두하다. Put special stress on something.

유 몰두하다, 열중하다, 중요시되다

N0-가 N1-에 V (N0=[인간], [상태] N1=[추상물], [상태], [행위])

¶당시의 화가들은 정적인 정물 묘사에 치중하였다. ¶정치인들은 민생 문제 해결에 치중하였다.

N0-가 S(것|데)-에 V (N0=[인간], [상태])

¶우리는 남은 병력 모두를 성벽을 방어하는 것에 치중하기로 하였다. ¶우리는 아름다운 풍경 사진을 찍는 데에 치중할 것이다.

치키다

활용 치키어(치켜), 치키니, 치키고

타 (무언가를) 잡아서 위로 끌어 올리다. Grasp something and pull it upward.

유 끌어올리다

N0-가 N1-를 V (N0=[인간] N1=[사물])

¶나는 흘러내린 바지를 치켰다. ¶병사들이 사격을 중단하고 총구를 치켰다.

친교하다

어원 親交~ 활용 친교하여(친교해), 친교하니, 친교하고 대응 친교를 하다

자 (어떤 사람이) 다른 사람과 친밀하게 서로 사귀다. (of a person) Associate with another person intimately.

유 사귀다, 가까이하다, 교류하다, 교제하다

N0-가 N1-와 V ↔ N1-가 N0-와 V ↔ N0-와 N1-가 V (N0=[인간|국가] N1=[인간|국가])

¶한국이 우방국과 친교한다. ↔ 우방국이 한국과 친교한다. ↔ 한국과 우방국이 친교한다. ¶그는 많은 친구들과 친교하고 있다.

N0-가 V (N0=[인간])

¶젊은 사람들이 서로 친교하는 것은 좋은 일이다.

※ N0는 의미상 복수이다.

칠하다

어원 漆~ 활용 칠하여(칠해), 칠하니, 칠하고 대응 칠을 하다

타 (평평한 곳에) 기름이나 액체, 색칠 도구 따위를 고르게 펴 바르다. Cover a flat surface evenly with oil, liquid, or painting material.

유 바르다

N0-가 N1-를 N2-로 V ↔ N0-가 N1-에 N2-를 V (N0=[인간] N1=[사물](벽, 차 따위), [신체부위](손톱, 발톱, 입, 입술 따위) N2=[속성](색), [칠감](페인트, 크레 용, 색연필, 따위), [액체], [화장품](매니큐어, 립스틱 따위))

¶아이들이 도화지를 크레용으로 칠했다. ↔ 아이들이 도화지에 크레용을 칠했다. ¶자원봉사자들이 벽에 페인트를 칠했다. ¶아저씨는 경첩에 기름을 칠하셨다. ¶화장품 가게 점원들은 손톱에 매니큐어를 칠했다.

침략당하다 I

어원 侵掠~ 활용 침략당하여(침략당해), 침략당하니, 침략당하고 대응 침략을 당하다

자 (나라가 다른 나라나 세력에 의해) 침입당해 약탈당하다. (of a country) Be invaded and plundered by another country or power.

유 약탈당하다, 침탈당하다

N0-가 N1-(에|에게) V (N0=[국가] N1=[국가], [단체])

능 침략하다I

¶그 나라는 지속적으로 외적에게 침략당했다. ¶조선은 왜구에게 자주 침략당하여 대비책을 세우고자 했다.

침략당하다 II

어원 侵略~ 활용 침략당하여(침략당해), 침략당하니, 침략당하고 대응 침략을 당하다

자 (어떤 나라가 다른 나라에게) 군사적 공격을 당하다. (certain country) Suffer military attack by another country.

유 침공당하다, 침공받다, 공격당하다, 공격받다

N0-가 N1-(에|에게) V (N0=[국가] N1=[국가])

능 침략하다II

¶소국은 주변의 강국에 침략당했다. ¶우리나라는 역사적으로 여러 번 침략당한 기록이 있다.

침략받다

어원 侵略~ 활용 침략받아, 침략받으니, 침략받고 대응 침략을 받다

자 ☞ 침략당하다

침략하다 I

어원 侵掠~ 활용 침략하여(침략해), 침략하니, 침략하고 대응 침략을 하다

타(다른 나라를) 무단으로 침입하여 그 나라의 재산 따위를 약탈하다. Plunder other country's property by trespassing.
유약탈하다, 침탈하다
N0-가 N1-를 V (N0=[인간|단체] N1=[집단](국가, 종족 따위))
피침략당하다I
¶북방 민족은 언제나 남쪽 나라를 침략해서 양식을 마련했다. ¶조선 시대에는 왜구가 자주 침략했다. ¶과거 열강들은 다른 나라를 침략해서 부유해졌다고 할 수 있다.

침략하다II
어원侵略~ 활용침략하여(침략해), 침략하니, 침략하고 대응침략을 하다
타(다른 나라를) 무단으로 쳐들어가다. Attack other country without notice.
유침공하다, 공격하다타
N0-가 N1-를 V (N0=[인간|단체] N1=[집단](국가, 종족 따위))
피침략당하다II
¶그 나라는 근대화된 군사력을 바탕으로 이웃 나라를 침략했다. ¶그들은 우리 민족을 수없이 침략해서 약탈을 일삼았다. ¶선전 포고도 없이 이웃 나라를 침략하는 것은 국제법을 어기는 행위이다.

침몰되다
어원沈沒~ 활용침몰되어(침몰돼), 침몰되니, 침몰되고 대응침몰이 되다
자☞침몰하다

침몰하다
어원沈沒~ 활용침몰하여(침몰해), 침몰하니, 침몰하고 대응침몰을 하다
자❶(배가) 물속으로 가라앉다. (of a ship) Go underwater.
유침몰되다, 잠기다II, 가라앉다 반올라오다, 떠오르다, 부상하다
N0-가 N1-(에|로) V (N0=[선박] N1=[장소](강, 바다, 호수 따위))
사침몰시키다
¶사고 선박은 순식간에 바닷속으로 침몰했다. ¶에스토니아호는 갑자기 90도로 기울어져 발트해에 침몰했다. ¶타이타닉호는 영국을 떠나 미국 뉴욕으로 향하던 중 빙산에 좌초돼 침몰했다.
❷(단체, 제도 따위가) 힘을 잃고 무너지다. (of an organization or a system) Lose influence and collapse.
유붕괴하다, 망하다, 사라지다
N0-가 V (N0=[인간|단체], [분야](경제계 따위), [국가])
사침몰시키다
¶무수한 전란이 계속되는 동안 진 왕조는 서서히 침몰했다. ¶안전 의식이 미숙하고 원칙이 무너진 사회는 결국 침몰한다.

침묵하다
어원沈默~ 활용침묵하여(침묵해), 침묵하니, 침묵하고 대응침묵을 하다
자❶말을 하지 않고 조용히 있다. Stay silent.
N0-가 V (N0=[인간|단체])
사침묵시키다
¶그는 법정에서 내내 침묵하였다. ¶철수는 주변에서 말을 걸어도 침묵하고 책만 읽었다. ¶추모의 뜻으로 광장에 모인 사람들은 일제히 침묵하고 있었다.
❷(어떤 일에) 아무런 사실이나 의견을 밝히지 않다. Be unwilling to say a fact or an opinion about a work.
유묵인하다, 입을 다물다
N0-가 N1-에 V (N0=[인간|단체] N1=[추상물], [상태])
사침묵시키다
¶부하 직원들은 그의 횡령을 알면서도 침묵하고 있었다. ¶나는 불의에 침묵하는 사람이 되지 말자고 다짐했다.

침범당하다
어원侵犯~ 활용침범당하여(침범당해), 침범하니, 침범하고 대응침범을 당하다
자❶(어떤 대상이) 다른 대상에게 쳐들어옴을 당하여 해를 입다. (of an object) Invade without permission and damage another person's territory or district.
유침략당하다I
N0-가 N1-(에게|에 의해) V (N0=[장소] N1=[인간|단체], [동물], [식물], [설치물], [교통기관])
능침범하다
¶목장이 멧돼지들에게 침범당했다. ¶우리 영토가 이민족들에게 침범당하지 않도록 힘을 길러야 한다.
❷(몸이나 몸의 일부가) 세포나 바이러스에 의해 뚫려 손상을 입다. (of a body or its part) Be damaged, being broken into by a cell or a virus.
유침입받다, 침투당하다
N0-가 N1-(에|에 의해) V (N0=[신체부위] N1=[미생물])
능침범하다
¶모든 장기가 암세포에 침범당했다. ¶코와 목이 독감바이러스에 침범당하여 고열이 났다.
타(어떤 대상이) 다른 사람이나 단체의 권리나

영역 따위를 쳐들어가 손해를 입히다. (of an object) Invade and damage another person's right or territory.
㊌침략하다II
N0-가 N2-(에|에게|에 의해) N1-를 V ↔ N0-의 N1-가 N2-(에|에게|에 의해) V (N0=[인간|단체], [추상물] N1=[권리], [속성], [금전])
능 침범하다
¶커피업계의 상권이 제과업계에 침범당했다. ↔ 커피업계는 제과업계에 상권을 침범당했다. ¶남자는 동료 가수에게 자신의 영역을 침범당해서 불안해했다.

침범되다
어원 侵犯~ 활용 침범되어(침범돼), 침범되니, 침범되고 대응 침범이 되다
자 (영토나 구역이) 누군가에 의해 쳐들어옴을 당하여 해를 입다. (of a territory or an area) Be invaded and sustain damages.
㊌침입받다, 침략되다I
N0-가 N1-(에|에게) V (N0=[장소] N1=[인간|단체], [동물], [식물], [설치물], [교통기관])
¶우리 영해가 외국 어선에 침범되었다. ¶국경이 침범되는 일이 없도록 경계를 철저히 해야 한다.

침범하다
어원 侵犯~ 활용 침범하여(침범해), 침범하니, 침범하고 대응 침범을 하다
타 ❶(어떤 대상이) 남의 영토나 구역 따위를 쳐들어가 해롭게 하다. (of an object) Invade without permission and damage another person's territory or district.
㊌침입하다, 침략하다I
N0-가 N1-를 V (N0=[인간|단체], [동물], [식물], [설치물], [교통기관] N1=[장소])
피 침범당하다 자
¶맹수들이 우리 목장을 자주 침범하곤 한다. ¶국적 불명의 배 두 척이 우리 영해를 침범하였다. ¶우리 민족은 남의 영토를 침범한 적이 없다. ¶트럭이 중앙선을 침범해 사고가 일어났다.
❷(세포나 바이러스 따위가)몸이나 몸의 일부를 뚫고 들어가 손상을 입히다. (of a cell or a virus) Break into a body or its part and damage it.
㊌침입하다, 침투하다
N0-가 N1-를 V (N0=[미생물] N1=[신체부위])
피 침범당하다 자
¶암세포가 신경조직을 침범했다. ¶독감바이러스가 코와 목을 침범하여 고열이 났다. ¶세균이 신장을 침범하여 감염을 일으켰다.
❸(어떤 대상이) 다른 사람이나 단체의 권리나 영역 따위를 쳐들어가 손해를 입히다. (of an object) Invade and damage another person's right or territory.
㊌침략하다I
N0-가 N1-를 V (N0=[인간|단체], [기계], [추상물] N1=[권리], [속성], [금전])
피 침범당하다 자
¶국가기관이 개인의 사생활을 과도하게 침범해서는 안 된다. ¶김 씨는 이 씨의 사유재산을 침범한 혐의로 유죄 판결을 받았다.

침수되다
어원 浸水~ 활용 침수되어(침수돼), 침수되니, 침수되고 대응 침수가 되다
자 (어떤 지역이나 건물 따위가) 물에 잠기다. (of an area or a building) Be submerged underwater.
㊌침수하다
N0-가 V (N0=[사물], [지역], [땅])
¶지난해에 이어 또다시 농경지가 침수됐다. ¶공장의 일부 생산 시설이 침수됨으로써 수급 차질이 예상된다.

침수하다
어원 浸水~ 활용 침수하여(침수해), 침수하니, 침수하고 대응 침수가 되다
자 ☞ 침수되다

침입하다
어원 侵入~ 활용 침입하여(침입해), 침입하니, 침입하고 대응 침입을 하다
자타 ❶(다른 사람의 영역에) 침범하여 들어가다. Break into another person's area.
㊌쳐들어가다, 쳐들어오다
N0-가 N1-(를|에|로) V (N0=[인간|단체] N1=[장소])
¶외적이 우리나라의 수도를 무단으로 침입해 왔다. ¶우리 군은 적의 요충지로 빠르게 침입해 들어갔다.
❷(세균 따위가) 생물체의 몸 안으로 들어가다. (of germs, bacteria, etc.) Enter into the body of a living thing.
㊌침투하다
N0-가 N1-(를|에|로) V (N0=[미생물](병균, 세균 따위) N1=[인간], [신체부위])
¶바이러스가 몸에 침입했다. ¶세균이 몸으로 침입해도 면역력이 있으면 별 문제 없다.

침잠하다
어원 沈潛~ 활용 침잠하여(침잠해), 침잠하니, 침잠하고
자 ❶(사람이) 마음을 가라앉혀서 깊이 사색하거나 몰입하여 잠잠하다. (of a person) Become quiet by calming down one's mind, thinking deeply, and concentrating.

㈲묵상하다, 명상하다
No-가 V (No=[인간])
¶나는 공원 벤치에 앉아서 나만의 생각에 침잠하고 있었다. ¶당신은 조용히 당신 자신 속에 침잠하여 보세요.
❷(어떤 대상이) 물속에 깊이 가라앉아서 물 밖으로 드러나지 않다. (of a target) Be deeply immersed in water and be invisible from outside the water.
㈲침몰되다
No-가 V (No=[사물](배, 바위 따위))
¶좌초된 배는 바다 속에 침잠해 있어서 오랜 시간 동안 아무도 발견하지 못하였다. ¶그 바다 아래에는 많은 바위들이 침잠해 있다.

침체되다

어원沈滯~ 활용침체되어(침체돼), 침체되니, 침체되고 대응침체가 되다
자❶(산업이나 경기, 경제, 현상 따위가) 더 발전하지 못하고 제자리에 머무르거나 더 나빠지다. (of industry, business, economy, or phenomenon) Not to develop but to become stagnant or worse.
㈲정체되다
No-가 V (No=[산업], [경제현상](경기, 경제 따위))
능침체시키다
¶출판 산업이 점점 침체되고 있다. ¶올해 상반기 휴대전화 시장은 상당히 침체되었다.
❷(감정이나 분위기 따위가) 밝지 않고 무겁게 되다. (of feeling or atmosphere) Become shadowy rather than bright.
㈲가라앉다
No-가 V (No=[감정], [상황], 사기 따위)
능침체시키다
¶그는 요새 기분이 침체되어 있다. ¶예선에 탈락하게 되자 대표팀의 분위기는 극도로 침체되었다. ¶임원들의 비리로 직원들의 사기가 매우 침체되었다.

침체시키다

어원沈滯~ 활용침체시키어(침체시켜), 침체시키니, 침체시키고 대응침체를 시키다
타 ❶ (무엇이 산업이나 경기, 경제 현상 따위를) 더 발전시키지 못하고 제자리에 머무르거나 나쁘게 만들게 하다. Stagnate or worsen an industry or an economy, not able to improve it.
No-가 N1-를 V (No=[추상적대상], [사태] N1=[산업], [경제현상](경기, 경제 따위))
피침체되다
¶전자책의 발달은 출판 산업을 크게 침체시켰다. ¶전쟁은 나라의 경기를 침체시킨다. ¶세계화는 지역 경제를 침체시킨 하나의 요인이다.
❷(무엇이 감정이나 분위기 따위를) 무겁게 하다. Make a feeling or an atmosphere heavy.
㈲가라앉히다
No-가 N1-를 V (No=[추상적대상], [사태], N1=[심리상태], [상황], 사기 따위)
피침체되다
¶그의 소식은 내 기분을 침체시켰다. ¶예선 탈락은 대표팀의 분위기를 극도로 침체시켰다.

침투되다

어원浸透~ 활용침투되어(침투돼), 침투되니, 침투되고 대응침투가 되다
자❶(어떤 장소가) 누군가에 의해 몰래 안쪽으로 들어오게 되다. (certain place) Be secretly led inside (by someone).
No-가 N1-(에게|에 의해) V (No=[장소] N1=[인간|단체], [교통수단])
¶그 건물은 스파이에게 침투되었다. ¶우리 영해가 정체불명의 함정에 의해 침투되고 있다.
❷(약품, 세균 등 물질에 의해) 내부를 침범당하다. Be invaded internally (by substances such as drugs, bacteria, etc.).
No-가 N1-(에|에 의해) V (No=[인간], [신체부위], 컴퓨터 따위 N1=약품, 세균, 바이러스, 방사능, 빛 따위)
¶이 환자의 기관지가 세균에 침투되었다. ¶컴퓨터가 바이러스에 침투되어 복구해야 한다.

침투하다

어원浸透~ 활용침투하여(침투해), 침투하니, 침투하고 대응침투를 하다
자❶(어떤 곳에) 몰래 숨어서 들어가다. Sneak into somewhere.
㈲침입하다, 잠입하다
No-가 N1-(에|로) V (No=[인간|단체], [교통수단] N1=[장소])
사침투시키다
¶우리 군은 적진으로 은밀하게 침투했다. ¶스파이가 우리 화사로 침투한 것 같다. ¶잠수함 한 정이 동해안에 침투했다가 나포되었다.
❷(습기나 기체 따위가) 어떤 곳에 스며들어와 배다. (of moisture or gas) Permeate somewhere.
No-가 N1-(에|로) V (No=[액체](물, 기름 따위), [기체] N1=[장소])
사침투시키다
¶지하수가 건물에 침투해서 무너질 가능성이 있다. ¶표면의 기름이 물이 침투하는 것을 막아주었다.
❸(약품 세균 따위가) 몸속까지 들어오다. (of drug or germs) Enter the body.
No-가 N1-(에|로) V (No=약품, 세균, 바이러스, 방사능, 빛 따위 N1=[인간], [신체부위], 컴퓨터 따위)

사 침투시키다
¶치명적인 병균과 바이러스가 환자의 뇌에 침투했다. ¶바이러스가 컴퓨터에 침투해서 모든 자료가 지워졌다. ¶강한 적외선이 피부에 침투하면 좋지 않다.
❹(어떤 현상이나 사상 따위가) 스며들어 퍼지다. (of phenomenon or thought) Permeate and spread.
N0-가 N1-(에|로) V (N0=[추상물](제도, 언어, 규범, 종교, 학문, 예술, 산업 따위) N1=[장소])
사 침투시키다
¶그 시대에는 종말론이 사회에 깊이 침투해 있었다고 한다. ¶안타깝게도 사이비 종교가 마을 전체에 침투해 있었다. ¶외국 문화와 문물이 무분별하게 침투하면 안 된다.

침해당하다
어원 侵害~ 활용 침해당하여(침해당해), 침해당하니, 침해당하고 대응 침해를 당하다
타 (사람이나 단체가) 다른 사람이나 단체에 의해 어떤 권리나 재산, 기술 따위를 해를 입다. (of a person or an organization) Be harmed by another person or organization in terms of right, property, or skill.
유 침범당하다 타
N0-가 N2-(에게|에 의해) N1-를 V ↔ N0-의 N1-가 N2-(에게|에 의해) V (N0=[인간|단체] N1=[권리], [속성], [금전] N2=[인간|단체])
능 침해하다
¶인디밴드가 유명 밴드에게 저작권을 침해당했다. ↔ 인디밴드의 저작권이 유명 밴드에게 침해당했다. ¶국내 중소기업이 글로벌 회사에 의해 특허 기술을 침해당한 일이 있다.

침해되다
어원 侵害~ 활용 침해되어(침해돼), 침해되니, 침해되고 대응 침해가 되다
자 (권리나 재산 따위가) 다른 사람이나 단체, 제도 따위에 의해 해침을 당하여 해를 입다. (of right or property) Be damaged by another person, team, or system.
유 해를 입다
N0-가 N1-(에게|에 의해) V (N0=[권리], [속성], [금전] N1=[인간|단체], [사물], [추상물])
능 침해하다
¶주민들의 조망권이 방음벽에 의해 침해되었다. ¶인도에 세워진 차량에 인해 시민의 보행권이 침해되고 있었다. ¶언론에 의해 사생활 보장권이 침해되어서는 안 된다.

침해받다
어원 侵害~ 활용 침해받아, 침해받으니, 침해받고 대응 침해를 받다
타 ☞ 침해당하다

침해하다
어원 侵害~ 활용 침해하여(침해해), 침해하니, 침해하고 대응 침해를 하다
타 (사람이나 단체, 제도 따위가) 다른 사람의 권리나 재산 따위를 범하여 해를 끼치다. (of person, team, or system) Do harm to another person's right or property.
유 침범하다
N0-가 N1-를 V (N0=[인간|단체], [추상물] N1=[권리], [속성], [금전])
피 침해되다, 침해당하다
¶이 법은 직업 선택의 자유권을 침해한다. ¶이 정책은 영화관의 자율적인 작품 선정 권한을 침해할 수 있다. ¶정권이 언론의 자율성을 침해해서는 안 된다. ¶정부가 공익을 앞세워 사유재산을 침해해서는 안 된다.

칭송받다
어원 稱誦~ 활용 칭송받아, 칭송받으니, 칭송받고 대응 칭송을 받다 【문어】
자 ☞ '칭찬받다'의 문어적 표현

칭송하다
어원 稱誦~ 활용 칭송하여(칭송해), 칭송하니, 칭송하고 대응 칭송을 하다 【문어】
자타 ☞ '칭찬하다'의 문어적 표현

칭찬받다
어원 稱讚~ 활용 칭찬받아, 칭찬받으니, 칭찬받고 대응 칭찬을 받다
자 (어떤 사람의 특성이나 그 사람이 한 일 따위가) 훌륭하다고 말을 듣다. (of someone's characteristic or legacy) Be highly appraised.
하 격찬받다, 극찬받다, 찬양받다 유 칭송받다
반 칭찬하다, 벌주다, 꾸중하다
N0-가 N1-에게 S고 V (N0=[인간], [인성], [일], [행위] N1=[인간])
능 칭찬하다
¶나는 항상 부모님께 착한 아이라고 칭찬받으며 자랐다. ¶그 친구는 선생님께 다른 사람을 도와주는 훌륭한 사람이라고 칭찬받았다. ¶그의 도전은 모두에게 칭찬받았지만 아쉽게 실패로 끝났다.

칭찬하다
어원 稱讚~ 활용 칭찬하여(칭찬해), 칭찬하니, 칭찬하고 대응 칭찬을 하다
자타 (어떤 사람의 특성이나 그 사람이 한 일 따위를) 높이 평가한다고 말이나 글로 표현하다. (of someone's characteristic or legacy) Highly appraise.
하 격찬하다, 극찬하다, 찬양하다 유 칭송하다

㉯꾸중을 받다, 벌받다
N0-가 N1-(를|에 대해) V (N0=[인간] N1=[인간], [인성](능력 따위), [일], [행위])
피 칭찬받다
¶교수님은 나의 이번 연구를 상당히 칭찬하셨다. ¶선생님은 학생들을 칭찬하셨다. ¶사람들은 사회 개혁에 대해 크게 칭찬할 것입니다.
N0-가 S고 V (R1) (N0=[인간])
피 칭찬받다
¶사람들은 동생(이|을) 귀엽다고 칭찬한다.(R1) ¶선생님은 학생들이 공부를 잘 하고 있다고 칭찬하셨다. ¶사람들이 나의 노력은 본받을 만하다고 칭찬해 주었다.

칭하다

어원 稱~ 활용 칭하여(칭해), 칭하니, 칭하고
타 (어떤 것을) 이름 지어 부르다. Call something by name.
㉤일컫다, 부르다, 명명하다
N0-가 N1-를 N2-로 V (N0=[인간|단체] N1=[모두] N2=[모두])
¶사람들은 그를 영웅으로 칭했다. ¶옛날이야기에서는 그 곳을 지상 낙원으로 칭하곤 한다.
N0-가 N1-를 S다고 V (N0=[인간|단체] N1=[모두])
¶백성들은 모두 그를 성군이라고 칭했다. ¶그는 자신을 군자라고 생각했지만, 대부분의 사람들은 그를 여우라고 칭했다. ¶언론은 역전 골을 넣은 선수를 기적의 주인공이라고 칭했다.

캐내다

[활용] 캐내어(캐내), 캐내니, 캐내고

[타] ❶땅속에 묻혀 있는 것을 파서 밖으로 끄집어내다. (of a person) Dig and pull something out that was buried under the ground.

㊌발굴하다

N0-가 N1-에서 N2-를 V (N0=[인간] N1=[장소] N2=[식물], [광물])

¶그는 황토 땅에서 칡을 캐내고 있다. ¶청년은 갯벌에서 끈질기게 조개를 캐내고 또 캐냈다.

❷ 감춰진 사실 따위를 알아내다. Discover hidden truth.

㊌탐지하다

N0-가 N1-를 V (N0=[인간] N1=[비밀], [숨겨진 사실])

¶학자들은 언어의 탄생에 관계된 비밀을 캐내고 싶어 했다. ¶김 교수는 조기 영어 교육의 숨은 진실을 캐내고 대책을 제시하려 한다.

캐다

[활용] 캐어(캐), 캐니, 캐고

[타] ❶(땅속에 묻혀 있는 것을) 파서 꺼내다. (of a person) Dig and take out something that was buried under the ground.

N0-가 N1-에서 N2-를 V (N0=[인간] N1=[장소] N2=[식물], [광물])

¶우리는 따듯한 봄날 밭에서 냉이를 캐고, 쑥도 캔다. ¶한 아마추어 금 탐사자가 그 지역에서 금덩어리를 캐내 화제이다.

❷감춰진 사실 따위를 밝히다. Reveal a hidden truth.

㊌조사하다

N0-가 N1-를 V (N0=[인간] N1=[비밀], [숨겨진 사실], [능력])

¶남의 뒤를 꼬치꼬치 캐고 다니는 것은 자칫 범죄가 될 수 있다. ¶검찰이 기업의 비리 혐의를 캐고 있다.

캐묻다

[활용] 캐물어, 캐물으니, 캐묻고, 캐묻는

[자] 끈질기게 자세히 묻다. Persistently ask questions in detail.

㊤묻다

N0-가 N1-(에|에게) S(냐고|지) V (N0=[인간] N1=[인간|단체])

[연어] 자꾸, 꼬치꼬치, 집요하게

¶그들은 내게 내가 그 사람과 어떤 관계냐고 집요하게 캐물었다.

N0-가 N1-(에 대해|를) N2-(에|에게) V (N0=[인간] N1=[이유], 주소, 전화번호 따위 N2=[인간|단체])

[연어] 자꾸, 꼬치꼬치, 집요하게

¶그녀는 내게 그의 전화번호를 캐물었다. ¶형사는 그에게 그 시간에 그 장소로 간 이유를 캐물었다. 어깨에 힘주고 다닌다. ¶요새 그 사람 보니까 부장으로 승진했다고 목에 힘주고 돌아다니더라.

커지다

[활용] 커지어(커져), 커지니, 커지고

[자] (어떤 정도, 규모 따위가) 더 크게 되다. (of degree, size, etc.) Become greater.

㊌증대되다, 성장하다, 자라다

N0-가 V (N0=[구체물], [크기], [수량])

[연어] 더, 많이

¶예람이의 키가 더 커졌다. ¶조직의 규모가 커지니 비효율적이 되어 버렸다. ¶휴대전화 크기가 더 커지면 한 손으로 조작할 수 없을 것이다.

켜다 I

활용켜, 켜니, 켜고

타❶등잔이나 초에 불을 붙이다. Light up a lamp or a candle.

㊞붙이다[1] ㊥끄다

No-가 N1-를 V (No=[인간] N1=등잔불, 촛불)

¶사람들이 촛불을 켜고 희생자들을 추모하였다. ¶저는 어릴 적에 등잔불을 켜고 책을 읽곤 했어요.

❷성냥이나 라이터로 불을 일으키다. Make a fire with a match or a lighter.

㊥끄다

No-가 N1-를 V (No=[인간] N1=성냥, 라이터)

¶남편이 라이터를 켜서 담배에 불을 붙였다. ¶마술사가 성냥을 켜니까 꽃이 나왔다.

❸(기계나 장치 따위를) 전기를 흐르게 하여 작동시키다. Operate a machine or a device by making electricity flow.

㊞틀다 ㊥끄다

No-가 N1-를 V (No=[인간] N1=N1=[구체물](라디오, 텔레비전, 에어컨, 선풍기, 보일러 따위))

¶나는 라디오를 켜고 음악을 들었다. ¶에어컨을 계속 켜 두니까 머리가 아프다.

켜다Ⅱ

활용켜, 켜니, 켜고

타❶(나무나 박 따위를) 세로로 톱질하여 쪼개다. Saw longways and split a wood or a gourd.

㊞자르다, 쪼개다

No-가 N1-를 V (No=[인간] N1=나무, 박 따위)

¶나는 나무를 베어다 켜고 찍고 파내었다. ¶소나무를 켜니까 신선한 솔 향이 났다. ¶아내는 박을 켜서 속을 파낸 뒤 삶았다.

❷현악기의 줄을 활 따위로 문질러 소리 나게 하다. Make a sound by rubbing strings with a bow.

㊞연주하다

No-가 N1-를 V (No=[인간] N1=[현악기](첼로, 비올라, 바이올린, 해금 따위))

¶수지는 바이올린을 켜며 눈시울을 붉혔다. ¶여자는 해금을 켜는 시늉을 했다.

❸(누에고치를) 다루어 실을 뽑아내다. Process cocoons and draw threads out of them.

㊞뽑아내다, 잣다

No-가 N1-를 V (No=[인간] N1=누에고치, 실)

¶여자는 누에를 치고 고치를 켜서 옷을 만들었다. ¶지금 저 안에서 누가 실을 켜고 있는가?

❹(엿을) 잡아당겨 늘이어 희게 만들다. Elongate taffy, making it white.

No-가 N1-를 V (No=[인간] N1=엿)

¶남자는 엿을 켜서 하얗게 만들었다. ¶엿장수가 엿을 켜는 모습을 우리는 신기하게 바라보았다.

켜다Ⅲ

활용켜, 켜니, 켜고

타(물이나 술 따위를) 한꺼번에 많이 마시다. Drink a lot of water or alcohol at one go.

㊞들이켜다, 들이마시다

No-가 N1-를 V (No=[인간] N1=[음료](술, 물, 콜라 따위))

¶누나는 목이 말랐는지 물 한 병을 단숨에 켰다. ¶아버지께서는 기분 좋게 막걸리 한 사발을 켜시고 주무셨다.

◆ **헛물을 켜다** (사람이나 단체가) 보람이 없거나 이루어지지 않는 일을 두고 헛되이 힘쓰다. (of a person or organization) Make an effort in vain for something unproductive or unattainable.

No-가 Idm (No=[인간|단체])

¶그들은 원하지 않는데 나 혼자 헛물을 켜고 있었다. ¶검찰과 경찰은 각자 헛물을 켜다가 서로를 탓하고 있습니다.

켜다Ⅳ

활용켜, 켜니, 켜고

타(사람이나 동물이) 팔다리 따위를 쭉 뻗으며 몸을 펴다. (of a person or an animal) Spread and unfold the arms and legs.

No-가 N1-를 V (No=[인간], [동물] N1=기지개)

¶민철은 기지개를 켜며 하품 섞인 목소리로 말했다.

◆ **기지개를 켜다**

❶(어떤 일이나 현상 따위가) 활발하게 일어나기 시작하다. (of a thing or a phenomenon) Begin to arise actively.

No-가 Idm (No=[일], [현상])

¶봄철을 맞아 부동산 시장이 기지개를 켜고 있다. ¶국내 30대 재벌그룹의 동반 성장이 기지개를 켜고 있다. ¶내수 경기가 기지개를 켜면서 부동산 시장이 살아났다.

❷(사람이나 단체가) 서서히 활동을 시작하다. (of an organization) Start working slowly.

No-가 Idm (No=[인간|단체])

¶그녀는 화장품 광고 모델을 시작으로 기지개를 켜기 시작했다. ¶한동안 부상으로 주춤했던 지우가 다시 기지개를 켰다.

크다

활용커, 크니, 크고, 컸다

자사람, 동물, 식물이 자라다. (of person, animal, plant) Grow.

㊞자라다, 성장하다

No-가 V (No=[생물])

사키우다

¶해바라기가 많이 컸다. ¶아이들은 해마다 몰라보게 큰다.

※ 형용사 '크다'도 있다.

큰소리치다

활용 큰소리치어(큰소리쳐), 큰소리치니, 큰소리치고 대응 큰소리를 치다

자 ❶목소리를 크게 하여 야단을 치다. Raise voice and scold someone.

㊌야단치다, 호통하다

N0-가 N1-에게 V (N0=[인간] N1=[인간])

¶화난 엄마가 아이에게 큰소리치니 사람들이 다 쳐다보았다. ¶선배가 일을 그르친 후배에게 큰소리쳤다.

❷(남한테) 고분고분하지 않고 당당하게 말하다. Speak confidently without being submissive.

N0-가 N1-에게 V (N0=[인간] N1=[인간|단체])

¶부하 직원이 상사에게 큰소리치기란 쉽지 않다. ¶그 사람은 가족한테만 큰소리치지 밖에서는 아무 소리도 못한다.

❸(남 앞에서) 잘난 척하며 과장하다. Exaggerate and show off in front of others

㊌허풍떨다, 떠들다

N0-가 N1-에게 S다고 V (N0=[인간|단체] N1=[인간|단체])

¶언니는 우리에게 공주 대접 받는다고 큰소리쳤지만 아무도 믿지 않았다. ¶회사는 경쟁 회사를 신경 쓰지 않는다고 큰소리쳤지만 다 거짓말이다.

클릭하다

어원 영어, click~ 활용 클릭하여(클릭해), 클릭하니, 클릭하고 대응 클릭을 하다

타 【컴퓨터】 프로그램을 작동시키기 위하여 마우스의 단추를 누르다. Press a button of the mouse in order to operate a program.

N0-가 N1-를 V (N0=[인간] N1=[기호], [기계](마우스 따위))

¶혜진이는 빠른 속도로 마우스를 클릭했다. ¶아이콘을 클릭하면 새 창이 뜰 거야. ¶아무리 클릭해도 다음 화면으로 넘어가지 않는다.

키우다

활용 키워, 키우니, 키우고

타 ❶(아이, 동물 또는 식물을) 잘 자라거나 건강하도록 직접 보살피거나 가꾸다. Raise and look after a child, an animal, or a plant so that such grows well in good condition.

㊌기르다, 양육하다

N0-가 N1-를 V (N0=[인간|단체] N1=[생물])

주 크다

¶영희는 현재 두 아이를 키우고 있다. ¶민수는 강아지를 여섯 마리나 키운다. ¶그녀는 아파트에서 난초를 키운다.

❷(크기, 부피, 길이, 규모 따위를) 더 커지게 만들다. Increase the size, volume, length, or scale.

㊌높이다, 늘리다

N0-가 N1-를 V (N0=[인간|단체] N1=[신체일부], [속성](소리, 부피, 길이, 크기 따위), 글자)

¶이 행사장에 어울리게 케이크의 크기를 키워 보자. ¶모두들 잘 볼 수 있게 글자를 좀 키워 보아라.

N0-가 N1-를 N2-로 V (N0=[인간|단체] N1=[속성](규모 따위), [구체물], [집단] N2=[속성], [구체물], [집단])

¶그는 중소기업을 대기업으로 키웠다. ¶우리는 사업 규모를 백억 원 정도로 키우기로 했다. ¶국민 모두는 우리나라의 경제를 선진국 수준으로 키우기 위해서 노력했다.

❸희망이나 꿈을 기르다. Build hopes or dreams.

N0-가 N1-를 V (N0=[인간|단체] N1=[추상물](꿈, 희망 따위))

¶그녀는 어렸을 때부터 가수의 꿈을 키웠다. ¶영희는 아버지를 다시 만날 수 있다는 소망을 키웠다.

❹(다른 사람을) 꾸준히 가르치고 지도하여 훌륭한 능력을 갖춘 사람이 되도록 하다. Teach and lead steadily, raising those with excellent capabilities.

㊌육성하다

N0-가 N1-를 N2-로 V (N0=[인간|단체] N1=[인간] N2=[인간](역할))

¶선생님께서는 학생들을 훌륭한 교육자로 키우셨다. ¶영희는 아들을 피아니스트로 키우려고 했다.

N0-가 N1-를 V (N0=[인간|단체] N1=[인간](역할))

¶학교 측은 예술가를 키우기 위해서 많은 투자를 하였다. ¶나는 세계 제일의 피아니스트를 키우는 것이 소원이다.

❺(병이나 감정 등을) 더 위중해지거나 강해지게 하다. Drive a disease into critical condition or make a feeling grow stronger.

㊌악화시키다, 강화시키다, 증폭시키다

N0-가 N1-를 V (N0=[인간], [사태], [추상물] N1=[질병], [감정], [행위])

¶어머니께서는 병원에 가지 않아 병을 키우고 말았다. ¶그 일은 사람들의 의혹을 더 크게 키웠다. ¶성공하기 위해서는 우선 인내심을 키워야 한다.

ㅌ

타개되다

[어원]打開~ [활용]타개되어(타개돼), 타개되니, 타개되고 [대응]타개가 되다

[자] (사건, 사태 따위의) 어려움이 극복되어 해결되다. (of the difficulty of a case or situation) Be overcome and solved.

[유]처리되다, 해결되다, 풀리다

N0-가 N1-로 V (N0=[사건], [현상] N1=[행위], [방법], [계획])

[능]타개하다

¶중장기 사업 계획으로 원화 약세가 타개되었다. ¶새로운 기술 개발로 장기적 불황이 타개되었다. ¶판매 확대와 자금 확보로 위기가 타개되었다.

타개하다

[어원]打開~ [활용]타개하여(타개해), 타개하니, 타개하고 [대응]타개를 하다

[타](사건, 사태 따위의) 어려움을 극복하고 해결하다. Overcome and solve the difficulty of a case or situation.

[유]처리하다, 해결하다, 풀다

N0-가 N1-를 N2-로 V (N0=[인간|단체], [분야] N1=[사건], [현상] N2=[행위], [방법], [계획])

[피]타개되다

¶정부는 대규모 투자로 현재의 경제 위기를 타개하려고 노력한다. ¶출판가는 적극적인 홍보로 불황을 타개하려고 안간힘을 쓴다. ¶한의학은 새로운 치료법으로 서양의학의 한계를 타개할 수 있을 것이다.

타결되다

[어원]妥結~ [활용]타결되어(타결돼), 타결되니, 타결되고 [대응]타결이 되다

[자] (당사자 사이의 의견이 대립되었던 어떤 일이) 서로 간의 타협과 절충을 통해 끝맺음되다. (of a matter on which those related had conflicting opinions) Be settled through negotiation and compromise between the parties concerned.

N0-가 V (N0=[추상물](일, 안건, 협상 따위))

[능]타결하다

[연어]극적으로

¶오래 시간을 끌었던 임금 인상 문제가 드디어 극적으로 타결되었다. ¶이 일이 타결되기 위해서는 서로의 양보가 필요하다.

타결하다

[어원]妥結~ [활용]타결하여(타결해), 타결하니, 타결하고 [대응]타결을 하다

[타](의견이 대립된 사람들이) 어떤 일을 서로 타협하고 절충하여 끝맺음하다. (of those who had conflicting opinions) Settle the matter through negotiation and compromise.

N0-가 N1-를 V (N0=[인간|단체] N1=[추상물](일, 안건, 협상 따위))

[피]타결되다

[연어]극적으로

¶노사가 노력해서 임금 협상을 잘 타결할 수 있었다. ¶두 회사 간의 합병을 타결하려면 많은 문제점을 극복해야 한다. ¶쟁점이 되었던 사회 보장 제도 개정안을 드디어 원만하게 타결하다.

타고나다

[활용]타고나, 타고나니, 타고나고

[타](성격, 운명, 재주 따위를) 날 때부터 가지고 태어나다. Be born with certain characters, good luck, or a particular talent.

N0-가 N1-를 V (N0=[인간] N1=[모양], [크기], [능력],

ㅌ

[운], [속성])
¶동현이는 멋진 외모를 타고났다. ¶타고난 운명이 다른 것은 어쩔 수 없는 것일까? ¶좋은 성품을 타고나기란 여간 어렵지 않구나.

타다 I
활용 타, 타니, 타고
자 ❶불이 붙어 재가 되어가다. Be in the process of becoming ash by being lit by fire.
유 연소되다
No-가 N1-에 V (No=[구체물] N1=[불])
사 태우다I
연어 활활
¶건조기라 나무들이 불에 잘 타니 산불을 조심해야 한다. ¶장작이 아궁이에서 활활 잘 타고 있다. ¶큰 화재로 집이 완전히 탔다.
❷열을 받아 색깔이 짙은 색으로, 또는 새카맣게 변하다. Change into dark color by receiving heat.
No-가 N1-에 V (No=[구체물] N1=[불], [온도])
사 태우다I
¶다른데 신경 쓰는 바람에 굽던 생선이 그만 새카맣게 타 버렸다. ¶난방을 강하게 했더니 바닥 장판이 누렇게 탔다.
❸(피부가 햇볕에) 심하게 그을다. (of skin) Be severely tanned by the sunlight.
유 그을다
No-가 N1-에 V (No=[인간], [신체부위] N1=[빛](햇볕 따위))
사 태우다I
¶여름에 외출을 자주 해서 얼굴이 탔다. ¶피부가 타지 않도록 양산을 쓰세요.
❹물기 없이 바짝 마르다. Become very dry with no moisture.
유 마르다, 건조하다
No-가 V (No=[구체물])
연어 바짝, 바짝바짝
¶가물어서 논바닥이 바짝 타 온다. ¶대답할 말이 없어 입술이 바짝바짝 탔다.
◆ **속이 타다** 몹시 걱정되고 괴롭다. Worry and suffer very much.
유 애가 타다, 애간장이 타다
No-가 Idm (No=[인간])
사 속을 태우다
¶공부가 뜻대로 되지 않아 속이 탔다. ¶부모는 아들 걱정에 속이 탄다.
◆ **애가 타다** 몹시 걱정되고 괴롭다. Worry and suffer very much.
유 애간장이 타다, 속이 타다
No-가 Idm (No=[인간])
사 애를 태우다
¶나는 공부가 뜻대로 되지 않아 애가 탔다. ¶부모는 아들 걱정에 애가 탄다.
◆ **애간장이 타다**
☞애가 타다

타다 II
활용 타, 타고, 타니
타 액체와 액체, 또는 액체와 고체 가루를 섞다. Mix liquid with liquid or liquid with solid powder.
유 풀다
No-가 N1-를 N2-에 V (No=[인간] N1=[액체], 설탕, 소금 따위 N2=[액체])
¶아들을 주려고 어머니는 따뜻한 물에 꿀을 탔다. ¶커피에 설탕을 조금 타 주세요. ¶매실즙이 그냥 먹기에는 진하니 물을 조금 타야겠다.
No-가 N1-를 V (No=[인간] N1=[액체](약, 커피 따위))
¶동생이 커피를 탔다. ¶엄마는 분유를 타서 아기에게 먹였다.

타다 III
활용 타, 타니, 타고
자 이동수단에 몸을 싣다. Get on means of transportation.
유 오르다, 승차하다 반 내리다, 하차하다
No-가 N1-에 V (No=[인간|단체] N1=[짐승], [교통기관], [신체부위], [공간](앞, 뒤 따위))
사 태우다II
¶네가 앞자리에 타라. 나는 뒷자리에 탈게. ¶버스에 타기 위해 사람들이 줄을 섰다. ¶아기가 아빠의 어깨에 타고 즐거워했다.
타 ❶어떤 곳에 가기 위해 이동수단에 몸을 싣다. Get on means of transportation.
유 오르다, 승차하다 반 내리다, 하차하다
No-가 N1-를 V (No=[인간|단체] N1=[짐승], [교통기관], [공간](앞, 뒤 따위))
사 태우다II
¶몽고 사람들은 초원에서 말을 탄다. ¶나는 집에 가려고 버스를 탔다. ¶지하철을 타고 학교에 갔다.
❷놀이기구에 몸을 싣다. Get on a playing equipment.
No-가 N1-를 V (No=[인간|단체] N1=시소, 썰매, 롤러코스터 따위)
사 태우다II
¶어린이들이 학교 놀이터에서 시소를 타고 놀았다. ¶겨울이 오면 스케이트도 타고, 썰매도 타고, 스키도 탈 수 있다. ¶나는 아주 빠른 놀이기구를 타면 스트레스가 확 풀린다.
❸(도로, 줄, 산, 나무, 바위 따위를) 밟고 오르거나

그것을 따라 지나가다. Step on a road, line, mountain, tree, or rock to raise oneself up or to follow it along.
N0-가 N1-를 V (N0=[인간|동물] N1=[장소], [길], [다리], 줄, 나무, 산 따위)
¶안면도에 가려고 서해안 고속도로를 탔다. ¶우리는 치악산 능선을 타고 산길을 올랐다. ¶아버지는 주말만 되면 암벽을 타러 도봉산에 가셨다.
❹어떤 물리적인 힘에 실려 이동하다. Move by being carried on some physical force.
N0-가 N1-를 V (N0=[구체물] N1=바람, 물결 따위)
¶연이 바람을 타고 하늘 높이 떠올랐다. ¶여름의 바닷가는 파도를 타는 젊은이들로 가득하다.
❺어떤 매체나 경로를 통하여 널리 알려지다. Be widely known through certain medium or path.
㊐통하다[타]
N0-가 N1-를 V (N0=[구체물], [추상물] N1=[방송물], 입소문, 인터넷 따위)
¶그의 기구한 사연이 방송을 타자 각처에서 후원 의사를 밝혀 왔다. ¶신곡이 방송을 많이 타야 음원 매출이 늘어난다.
❻기회나 조건을 이용하다. (of a person or organization) Take advantage of a chance or change in situation.
㊐이용하다
N0-가 N1-를 V (N0=[인간|단체] N1=[사태], 밤, 틈 따위)
¶도둑은 경비가 소홀한 틈을 타 잠입했다. ¶이 유행을 타고 크게 한 몫 벌어야겠다.

타다IV

[활용]타, 타니, 타고
[타]❶일을 한 대가나 잘한 행위에 대해 주어지는 것을 받다. Receive something that one was scheduled to receive.
㊐받다, 지급받다, 수상하다I
N0-가 N1-를 V (N0=[인간|단체] N1=[금전], [상], 월급, 상금 따위)
¶꼬박꼬박 월급을 탈 수 있는 직장이 좋은 직장이다. ¶정인규 선생은 예술문화상을 탔다.
❷선천적으로 가지다. Possess innately.
N0-가 N1-를 V (N0=[인간] N1=복, 재주 따위)
¶모차르트는 음악적 재능을 타고 태어난 사람이었다. ¶지금까지 한 번도 일이 안 풀린 적이 없으니 그가 복을 타고 태어난 모양이다.
※주로 '타고'의 형식으로 쓰인다.

타다V

[활용]타, 타니, 타고
[타]❶박 따위를 톱이나 칼 같은 기구를 써서 갈라지게 하다. Split an object like a gourd with a tool such as a saw or a knife.
N0-가 N2-로 N1-를 V (N0=[인간] N1=박 따위, N2=[기구](톱, 칼 따위))
¶아빠와 엄마는 지붕에서 따 온 큰 박을 톱으로 타셨다. ¶할아버지는 조롱박을 칼로 타시곤 했다.
❷줄이나 골을 내어 두 쪽으로 나누다. Divide an object into two by putting a furrow or drawing a line.
N0-가 N1-를 V (N0=[인간] N1=골, 가르마 따위)
¶농부는 밭에 골을 타고 씨를 뿌렸다. ¶데이트를 하려는지 형은 머리를 양 옆으로 가르마를 타고 기름을 발라 멋을 냈다.

타다VI

[활용]타, 타니, 타고
[타]❶현악기의 줄을 한 손으로는 누르고 다른 한 손으로는 퉁기면서 소리를 내다. Produce a sound by pressing a string with one hand and plucking at it with another.
N0-가 N1-를 V (N0=[인간] N1=[악기](가야금, 거문고 따위))
¶그는 요즈음도 하루에 몇 시간씩 가야금을 탄다. ¶백결 선생은 거문고를 기가 막히게 잘 타는 신라시대 명인이었다고 전해진다.

타다VII

[활용]타, 타니, 타고
[타]❶먼지나 때 따위가 쉽게 달라붙다. (of dust, stain, etc.) Stick easily.
N0-가 N1-를 V (N0=[옷], [가구] N1=때, 먼지 따위))
¶흰색 옷은 때를 잘 탄다.
❷부끄럼이나 노여움 따위의 감정이나 간지럼 따위의 느낌을 쉽게 느끼다. Feel shy, angry, ticklish, etc. rather easily.
N0-가 N1-를 V (N0=[인간] N1=[감정](부끄럼, 노염 따위), 간지럼)
¶그녀는 지금은 여장부 같지만, 어려서는 부끄럼을 많이 타는 소녀였었다. ¶사람이 늙으면 노염을 많이 타는 경향이 있다고 한다. ¶내 동생은 유난히 간지럼을 잘 탄다.
❸ 계절이나 기후의 영향을 많이 받다. Be influenced a great deal by a season or a weather.
N0-가 N1-를 V (N0=[인간] N1=계절, 봄, 여름, 가을, 겨울)
¶그는 가을을 타는 사람이라서, 가을만 되면 신경이 예민해진다. ¶나는 비교적 계절을 잘 타지 않는 편이다.

타다VIII

[활용]타, 타니, 타고

ㅌ

태 ❶동물이나 물건이 많은 사람의 손길을 받아서 약하여지거나 나빠지다. (of an animal or an object) Get weaker or in bad shape, being touched by too many people.
N0-가 N1-를 V (N0=[동물], [사물] N1=손)
¶우리 강아지는 동네 아이들의 손을 타서 자라지를 못한다. ¶종이상자는 사람들 손을 많이 타서 그런지 귀퉁이가 너덜너덜하였다.
❷(누군가 몰래 가져가는 사람이 있어) 물건 따위가 없어지다. (of things) Keep disappearing, because people secretly help themselves to them.
N0-가 N1-를 V (N0= N1=)
¶길가에 널어놓은 고추가 손을 탔는지 조금 줄어들었다. ¶밤사이에 수박이 몇 통 없어진 것을 보니 우리 수박밭이 손을 탄 듯하다.

타들다

활용 타들어, 타드니, 타들고
자 ❶ (무엇이) 속으로 들어가면서 타다. (of something) Be burnt inwardly.
N0-가 V (N0=[구체물](담배, 페인트 따위))
연어 시커멓게
¶담배가 절반쯤 타들어갔을 때 갑자기 생각이 났다. ¶페인트가 유독성 가스를 내며 타들어간다.
❷불에 타듯이 건조해지다. Become so dry as to burn in fire.
N0-가 V (N0=[구체물](논바닥, 땅 따위))
¶논바닥이 가뭄에 바싹바싹 타들어간다. ¶땅이 타들고 곡식은 줄고 사람들은 죽어나갔다.
❸(입술이나 목 따위가) 바짝 말라 들다. (of lips or throat) Become very dry.
N0-가 V (N0=[신체부위](입술, 목 따위))
¶낮 동안 땀을 많이 흘렸기 때문에 목이 타들었다. ¶입술이 바짝바짝 타들어 가고 있었다. ¶나는 바짝 타들어오는 입술을 침으로 축이고 나서 계속 했다.

타들어가다

활용 타들어가, 타들어가니, 타들어가고
자 ❶(무엇이) 속으로 들어가면서 타다. (of something) Be burnt inwardly.
유 타다I
N0-가 V (N0=[구체물](담배, 페인트 따위))
연어 시커멓게
¶담배가 절반쯤 타들어갔을 때 갑자기 생각이 났다. ¶페인트가 유독성 가스를 내며 타들어간다.
❷불에 타듯이 건조해지다. Become so dry as to burn in fire.
유 마르다I, 건조해지다
N0-가 V (N0=[구체물](논바닥, 땅 따위))
¶논바닥이 가뭄에 바싹바싹 타들어간다. ¶땅이 타들어가니 곡식은 줄고 사람들은 죽어나갔다.
❸(입술이나 목 따위가) 바짝 말라 들다. (of lips or throat) Become very dry.
유 말라들다
N0-가 V (N0=[신체부위](입술, 목 따위))
¶입술이 바짝바짝 타들어 가고 있었다. ¶나는 바싹 타들어가는 입술을 침으로 축이고 나서 계속 했다.

타락되다

어원 墮落~ 활용 타락되어(타락돼), 타락되니, 타락되고
자 ☞ 타락하다

타락하다

어원 墮落~ 활용 타락하여(타락해), 타락하니, 타락하고
자 (사람이나 어떤 사조가) 올바른 길에서 벗어나 도덕적으로나 정신적으로 더 나쁘게 되다. (of a person or a trend) Deviate from the right way and go worse both morally and mentally.
유 부패하다, 나빠지다, 전락하다
N0-가 V (N0=[인간], [집단], [예술], [사조])
사 타락시키다
¶그는 갑자기 생긴 목돈으로 점점 도덕적으로 타락하였다. ¶지나친 상업주의로 대중 문화가 타락하기 시작했다. ¶이번 사건은 체육계가 얼마나 타락하였는지를 잘 보여준다.

타오르다

활용 타올라, 타오르니, 타오르고, 타올랐다
자 ❶(불이 크게 붙어) 불길이 일렁이며 올라가다. (of fire) Burst into flame and sway.
유 타다, 연소하다
N0-가 V (N0=[불])
¶불꽃이 빨갛게 타올랐다. ¶모닥불이 탁탁 소리를 내며 타오르고 있었다. ¶소방 당국이 진화 작업을 했지만 산불은 거세게 타오를 뿐이었다.
❷(어떤 감정이) 강하게 생겨나다. (of a feeling) Arise intensely.
N0-가 V (N0=[감정])
¶기영이의 마음속에서 질투심이 타올랐다.
¶젊은이의 마음속에는 영화감독이 되고 싶은 열정이 타오르고 있다.
N0-가 N1-로 V (N0=[마음] N1=[감정])
¶내 마음은 그에 대한 분노로 타올랐다. ¶선수들의 마음은 축구에 대한 열정으로 타오르고 있었다.

타이르다

활용 타일러, 타이르니, 타이르고, 타일렀다
자 (아랫사람에게) 어떤 일을 하거나 하지 말라고 잘 알아듣도록 기분 나쁘지 않게 말해 주다. Tell a subordinate to do or not do some work by bringing to reason and without offending

him/her.
[유]설득하다, 훈계하다
N0-가 N1-에게 S고 V (N0=[인간] N1=[인간])
[연어]부드럽게, 잘, 좋게
¶아버지께서 나에게 밤늦게까지 놀다 오지 말라고 타이르셨다. ¶선생님은 학생들에게 복도에서 뛰어다니지 말라고 타이르셨다.
[타]❶(아랫사람을) 어떤 일을 하거나 하지 말라고 기분 나쁘지 않게 잘 설득하다. Persuade a subordinate to do or not to do some work without offending him/her.
[유]설득하다
N0-가 S고 N1-를 V (N0=[인간] N1=[인간])
[연어]부드럽게, 잘, 좋게
¶선생님은 복도에서 뛰어다니지 말라고 학생들을 타이르셨다. ¶나는 조금만 조용히 하자고 학생들을 좋게 타일렀다.
❷(아랫사람이 잘못한 일을) 좋지 않은 일이며 앞으로 다시 반복하지 말라고 잘 알아듣도록 기분 나쁘지 않게 말해 주다. Tell a subordinate not to repeat the mistake by bringing to reason without offending him/her.
[유]훈계하다, 나무라다
N0-가 N2-에게 N1-를 V (N0=[인간] N1=실수, 싸움, 잘못 따위 N2=[인간])
[연어]부드럽게, 잘, 좋게
¶부장님은 부하 직원에게 실수한 것들을 부드럽게 타이르셨다. ¶부모는 자녀들에게 싸움을 타이르는 법을 잘 알아두어야 한다.
N0-가 N1-를 V (N0=[인간] N1=[인간])
[연어]부드럽게, 잘, 좋게
¶부장님은 아직 업무가 미숙한 신입사원을 잘 타일렀다. ¶매일 싸우는 자녀를 잘 타이르는 법 좀 알려 주세요.

[ㅌ]

탄생되다

[어원]誕生~ [활용]탄생되어(탄생돼), 탄생되니, 탄생되고 [대응]탄생이 되다
[자]☞탄생하다

탄생하다

[어원]誕生~ [활용]탄생하여(탄생해), 탄생하니, 탄생하고 [대응]탄생을 하다
[자]❶(귀한 사람이나 훌륭한 사람이) 세상에 태어나다. (of a noble or great person) Be born.
[유]태어나다I
N0-가 V (N0=[인간])
¶부처님은 음력 사월 초파일(초팔일)에 탄생하셨다. ¶어려운 상황에 나라를 구할 영웅이 탄생했다.
❷(조직, 제도, 작품 따위가) 새로 생기다. (of an organization, a system, a work, and an article) Be created.
[유]창설되다, 생기다
N0-가 V (N0=[구체물], [추상물])
[사]탄생시키다
¶새로운 제도가 탄생하기까지는 많은 시간이 걸린다. ¶이렇게 좋은 교향곡이 탄생했다는 것에 나는 크게 감탄했다.

탄식하다

[어원]歎息~/嘆息~ [활용]탄식하여(탄식해), 탄식하니, 탄식하고 [대응]탄식을 하다
[자](사람이) 근심하거나 원망하여 숨을 내쉬다. (of a person) to breathe out in anxiety or resentment.
[유]한숨 쉬다
N0-가 V (N0=[인간])
¶그는 아버지의 용태가 걱정이 되어 길게 탄식했다. ¶유비는 어지러운 천하를 생각하며 자신도 모르게 탄식했다.
[자타](사람이 무엇을) 근심하거나 원망하여 숨을 내쉬다. (of a person) Breathe out in anxiety or resentment about something.
[유]원망하다, 한탄하다
N0-가 N1-를 V (N0=[인간], [변화](타락, 추락, 멸망 따위) N1=[추상물](세월, 이름 따위))
¶시인은 번화했던 옛 수도에 보리와 기장만이 무성함을 보고 조국의 멸망을 탄식했다. ¶벤저민 프랭클린은 말년에야 덧없는 세월을 탄식했다. ¶그는 자신의 소설에서 인류의 타락을 탄식했다.
N0-가 S고 V (N0=[인간])
¶그는 소득이 너무 적기 때문에 결혼은 생각도 못한다고 탄식했다. ¶내전 지역 생존자들은 가족이 뿔뿔이 흩어졌다고 탄식했다.
N0-가 S것-을 V (N0=[인간])
¶그는 부모님께서 살아 계실 때 잘 모시지 못한 것을 탄식했다. ¶선지자는 백성들이 죄를 짓는 것을 탄식했다.

탄압받다

[어원]彈壓~ [활용]탄압받아, 탄압받으니, 탄압받고 [대응]탄압을 받다
[자](누군가에게) 권리를 빼앗기고 자유롭지 못하게 되다. Lose freedom and right (by someone).
[유]억압받다
N0-가 N1-(에|에게|에 의해) V (N0=[인간|단체], [추상물](권리, 자유 따위), [행위](모임, 집회 따위) N1=[인간|단체])
[능]탄압하다
¶식민지의 백성들은 침략국에 의해 탄압받고 있었다. ¶그들은 탄압받는 것을 견디지 못해 혁명을

일으켰다.

탄압하다

어원 彈壓~ 활용 탄압하여(탄압해), 탄압하니, 탄압하고 대응 탄압을 하다

타 (다른 사람의 권리 따위를) 무력이나 권력으로 박탈하여 자유롭지 못하게 억누르다. Suppress another person's freedom by depriving the person of rights using force or authority.

유 억압하다, 억누르다

N0-가 N1-를 V (N0=[인간|단체] N1=[인간|단체], [추상물](권리, 자유 따위), [행위](모임, 집회 따위))

피 탄압받다

¶그들은 총과 칼로 시민들의 자유와 권리를 탄압하였다. ¶반대 세력을 탄압하려 하는 지도자는 물러나야 한다.

탄원하다

어원 歎願~/嘆願~ 활용 탄원하여(탄원해), 탄원하니, 탄원하고 대응 탄원을 하다

자타 (다른 사람에게) 어떤 일을 간절히 바라며 청하다. Sincerely hope and ask (something to someone).

유 간청하다I

N0-가 N2-(에게|에) N1-를 V (N0=[인간|단체] N1=[행위], [구체물] N2=[인간|단체])

¶내전국의 난민들은 중립국에 망명 허가를 탄원하고 있습니다. ¶우리는 건축 허가 담당자에게 선처를 탄원했다.

N0-가 S라고 N1-(에게|에) V ↔ N0-가 S것-을 N1-에게 V (N0=[인간|단체] N1=[인간|단체])

¶상인들은 무거운 세금을 감면하라고 정부에 탄원했다. ↔ 상인들은 무거운 세금을 감면할 것을 정부에 탄원했다. ¶민원인들은 교차로의 신호 체계를 개선하라고 당국에 탄원하고 있다.

탈당하다

어원 脫黨~ 활용 탈당하여(탈당해), 탈당하니, 탈당하고 대응 탈당을 하다

자타 정당에서 탈퇴하다. Leave the party.

반 가입하다, 입당하다 상 탈퇴하다

N0-가 N1-(를|에서) V (N0=[인간] N1=[정당])

¶그 정치인은 30년간 몸담아 온 정당을 탈당한다고 선언하였다. ¶불명예스럽게 여당에서 탈당한 그 의원은 무소속으로 정치 생활을 계속하겠다고 말했다.

탈락되다

어원 脫落~ 활용 탈락되어(탈락돼), 탈락되니, 탈락되고 대응 탈락이 되다

자 ☞ 탈락하다

탈락하다

어원 脫落~ 활용 탈락하여(탈락해), 탈락하니, 탈락하고 대응 탈락을 하다

자 ❶(사람이나 단체가) 경합, 경기, 시합 따위에서 져서 더 이상 참여하지 못하다. (of a person or a team) Be defeated in a game or a competition so that they cannot participate in the event.

유 떨어지다, 낙방하다, 낙제하다 반 합격하다, 붙다

N0-가 N1-에서 V (N0=[인간|단체] N1=[경기], [대회])

사 탈락시키다

¶우리 팀은 예선전에서 탈락해서 주위의 안타까움을 샀다. ¶언니는 가요제 결승전에서 탈락하셨다.

❷(사람이) 직책이나 지위에 선발되지 못하고 떨어지다. (of a person) Fail to be chosen for an office or a position.

유 떨어지다, 낙방하다, 낙제하다 반 합격하다, 붙다

N0-가 N1-에서 V (N0=[인간|단체] N1=[시험], 심사 따위)

사 탈락시키다

¶수많은 사람들이 필기시험에서 탈락하였다. ¶그는 승진 심사에서 탈락하고 말았다. ¶소광호 의원은 공천에서 탈락하였다.

❸ 【언어】 형태소나 음절이 서로 만날 때 음운이나 음절이 없어지다. (of phoneme or syllable) Disappear as a morphcme and a syllable meet.

N0-가 V (N0=[말])

¶'솔'과 '나무'가 결합하면 '솔'의 'ㄹ'이 탈락하여 '소나무'가 된다. ¶동사 '가-'와 어미 '-아서'가 만나면 어미의 '아'가 탈락한다.

탈바꿈되다

어원 脫~ 활용 탈바꿈되어(탈바꿈돼), 탈바꿈되니, 탈바꿈되고 대응 탈바꿈이 되다

자 ☞ 탈바꿈하다

탈바꿈하다

어원 脫~ 활용 탈바꿈하여(탈바꿈해), 탈바꿈하니, 탈바꿈하고 대응 탈바꿈을 하다

자 (어떤 것의 형태나 모습이) 완전히 다른 것으로 바뀌거나 상태가 변하다. (of the form or shape of something) Be changed to a completely different one or to have only a different state.

유 변하다, 변모하다, 바뀌다

N0-가 N1-로 V (N0=[구체물], [추상물], [장소] N1=[구체물], [추상물], [장소])

¶오염되었던 강이 주민들의 노력으로 생태하천으로 탈바꿈하였다. ¶쓰레기 처리장이 많은 주민들에게 사랑받는 공원으로 탈바꿈하였다. ¶철거 예정지였던 마을이 벽화를 그림으로써 관광명소로 탈바꿈하였다.

탈진되다

[어원]脫盡~ [활용]탈진되어(탈진돼), 탈진되니, 탈진되고 [대응]탈진이 되다

[자]☞탈진하다

탈진하다

[어원]脫盡~ [활용]탈진하여(탈진해), 탈진하니, 탈진하고 [대응]탈진을 하다

[자](격한 일이나 운동 따위로 인해) 힘이나 기운이 다 빠져 없어지다. Become powerless or cheerless due to harsh duty or exercise.

[유]지치다, 기진맥진하다

N0-가 N1-로 V (N0=[인간], [동물] N1=[상태](피로, 피곤 따위), [행위])

[사]탈진시키다

¶기획부장은 축적된 피로로 탈진해 병원에 입원했다. ¶선수들이 치열한 몸싸움으로 부상을 당하거나 탈진한 상태이다. ¶경주마가 결승선에 들어서자 탈진해 쓰러졌다.

탈출하다

[어원]脫出~ [활용]탈출하여(탈출해), 탈출하니, 탈출하고 [대응]탈출을 하다

[자](사람이나 동물 따위가) 있던 장소에서 다른 장소로 빠져나오거나 벗어나다. (of a person or an animal) Get out of or to be set free from where such used to be.

[유]도망치다, 빠져나오다

N0-가 N1-로 V (N0=[인간], [동물] N1=[장소])

[사]탈출시키다

¶동물원에서 호랑이가 인근 야산으로 탈출했다. ¶나는 하루 빨리 국외로 탈출해야 한다.

N0-가 N1-(에게|에게서) V (N0=[인간], [동물] N1=[인간])

[사]탈출시키다

¶아이가 유괴범에게서 극적으로 탈출했다. ¶우리는 그들로부터 탈출하기 위해 2층에서 뛰어내렸다. ¶나는 그때 아버지로부터 탈출하고 싶은 열망밖에 없었어.

[자타]❶(사람이나 동물 따위가) 구속된 장소나 사람으로부터 빠져나오거나 벗어나다. (of a person or an animal) Get out of or to be set free from a person or a place detaining such?

[유]도망치다

N0-가 N1-(에서|를) V (N0=[인간], [동물] N1=[장소])

[사]탈출시키다

¶선원들이 사고 선박에서 무사히 탈출하였다. ¶고릴라가 동물원을 탈출하여 인근에 있는 야산으로 사라졌다.

❷(사람이나 단체 따위가) 어떤 상황이나 상태에서 빠져나오거나 벗어나다. (of a person or an animal) Get out of or to be set free from a situation or a state.

[유]빠져나오다, 벗어나다

N0-가 N1-(에서|를) V (N0=[인간], [현상] N1=[상태])

[사]탈출시키다

¶저도 이 지겨운 권태로부터 빨리 탈출하고 싶어요. ¶현재의 경기는 바닥을 탈출한 이후 상승세를 지속하고 있다. ¶나는 일상으로부터 탈출하고자 여행을 떠나기로 했다.

탈취당하다

[어원]奪取~ [활용]탈취당하여(탈취당해), 탈취당하니, 탈취당하고 [대응]탈취를 당하다

[타]❶(재산이나 소유물 따위를) 타인에게 강제로 빼앗기다. (of one's possession) Be forcefully transferred to someone.

[상]빼앗기다 [유]강탈당하다

N0-가 N2-(에서|에게|에게서|로부터) N1-를 V (N0=[인간|단체] N1=[구체물](소유물, 재산 따위) N2=[인간|단체])

[능]탈취하다

¶나는 강도에게 나의 시계를 탈취당했다. ¶철수는 사기꾼에게 그의 모든 재산을 탈취당했다.

❷(일이나 자격, 권리 따위를) 타인에게 강제로 빼앗기다. (of a job, qualification, right, etc.) Be forcibly taken away by another person.

[상]빼앗기다 [유]강탈당하다

N0-가 N2-(에서|에게|에게서|로부터) N1-를 V (N0=[인간|단체] N1=[권리] N2=[인간|단체])

[능]탈취하다

¶1905년 우리는 일제에게 외교권을 탈취당했다. ¶대통령은 군부로부터 정권을 탈취당했다.

탈취하다

[어원]奪取~ [활용]탈취하여(탈취해), 탈취하니, 탈취하고 [대응]탈취를 하다

[타]❶(재산이나 소유물 따위를) 강제로 자신의 것으로 만들다. Make a property or possession one's own by force.

[유]뺏다, 가로채다, 강탈하다

N0-가 N2-(에서|에게|에게서|로부터) N1-를 V (N0=[인간|단체] N1=[구체물] N2=[인간|단체])

[피]탈취당하다

¶강도가 행인의 금품을 탈취했다. ¶폭도가 차량을 탈취하고 불을 지르고 있다.

❷(일이나 자격, 권리 따위를) 강제로 자신의 것으로 만들다. Make a job, qualification, or right one's own by force.

[유]뺏다, 가로채다, 강탈하다, 찬탈하다

ㅌ

N0-가 N2-(에서|에게|에게서|로부터) N1-를 V (N0=[인간|단체] N1=[권리] N2=[인간|단체])
피 탈취당하다
¶그들은 왕에게서 정권을 탈취했다. ¶쿠데타 세력이 무력으로 권력을 탈취했다.

탈퇴하다

어원 脫退~ 활용 탈퇴하여(탈퇴해), 탈퇴하니, 탈퇴하고 대응 탈퇴를 하다
재타 (속해 있던) 조직이나 단체로부터 관계를 끊고 나오다. Break off a relation with and drop out of an organization or group to which a person belonged.
반 가입하다
N0-가 N1-(를|에서) V (N0=[인간] N1=[단체])
¶그는 오늘부로 협회에서 탈퇴했다.

탈피하다

어원 脫皮~ 활용 탈피하여(탈피해), 탈피하니, 탈피하고 대응 탈피를 하다
자 【동물】 갑각류, 파충류, 곤충류 따위가 자라면서 허물이나 껍질을 벗다. (of crustacean, reptile, or insect) Cast off the shell or skin by growing.
유 껍질을 벗다, 허물을 벗다
N0-가 V (N0=[동물](갑각류, 파충류, 곤충류 따위))
¶매미가 탈피한 후에 나무 기둥에서 날개를 말리고 있다. ¶소라게는 탈피를 하고 나서 영양 보충을 위해 외피를 먹는다. ¶뱀은 살아남기 위해 정기적으로 탈피한다.
재타 ❶(어렵거나 힘든 처지 또는 시기에서) 완전히 헤어나거나 빠져나오다. Completely escape or get out of any difficult position or time.
유 면하다(免), 벗어나다, 빠져나오다
N0-가 N1-(를|에서) V (N0=[인간|단체] N1=[상황], [등급], [시간](시대))
¶개발도상국들은 빈곤에서 탈피하기 위해 노력하고 있다. ¶우리는 냉전 시대에서 탈피해 평화와 공존의 시대를 준비하고 있다. ¶경쟁사의 주가가 하한가를 탈피하며 폭발적인 거래량을 기록하고 있다.
❷(새로운 것을 시도하기 위해) 기존에 고착된 바람직하지 않은 관습이나 방식 따위를 확실하게 떨치고 나오다. Definitely get rid of previously stalled and undesirable custom or method to try a new thing.
유 벗어나다
N0-가 N1-(를|에서) V (N0=[인간] N1=[관습], [사조], [추상물](고정 관념, 이미지 따위), [방식])
연어 과감히
¶우리는 기존의 주입식 교육 방식에서 과감히 탈피해야 한다. ¶사장은 권위주의에서 탈피해 직원들에게 먼저 다가가겠다고 밝혔다. ¶그 배우는 고정된 이미지를 탈피하고자 파격적인 변신을 시도했다.

탐구되다

어원 探究~ 활용 탐구되어(탐구돼), 탐구되니, 탐구되고 대응 탐구가 되다
자 (어떤 대상의 본질이나 문제의 해결책이) 누군가에 의해 깊이 연구되다. (nature of something or solution of problem) Be deeply studied (by someone).
유 연구되다
N0-가 N1-(에게|에 의해) V (N0=[학문](역사, 문학 따위), [추상물](학문, 진리, 원리, 이유, 근원, 기원, 가능성, 사실 따위) N1=[인간|단체])
능 탐구하다II
¶지금도 여러 물리학자에 의해 우주의 비밀이 탐구되고 있다. ¶역사적 사건에 대해서 여러 학자들에 의해 다각도로 탐구되었지만, 아직 묻혀 있는 부분이 많다.

탐구하다 I

어원 探求~ 활용 탐구하여(탐구해), 탐구하니, 탐구하고 대응 탐구를 하다
타 (필요한 재료나 자원을) 열심히 조사하여 찾아 얻어내다. Research diligently for necessary material or resource.
유 탐색하다, 조사하다
N0-가 N1-를 V (N0=[인간|단체] N1=[구체물](재료, 자원 따위))
¶그들은 오랜 노력 끝에 천연 재료를 탐구해 내어 자연산 초파리 퇴치제를 만들었다. ¶우리 연구소는 각종 지하자원 및 해양 자원을 탐구하고 개발, 공급하는 방법에 대해 모색하고 있다.

탐구하다 II

어원 探究~ 활용 탐구하여(탐구해), 탐구하니, 탐구하고 대응 탐구를 하다
타 (어떤 대상의 본질이나 어떤 문제에 대한 해결책 따위를) 깊이 파고들어 연구하다. Research by digging deep into some object's essence or some problem's solution.
유 연구하다, 조사하다
N0-가 N1-(를|에 대해) V (N0=[인간|단체] N1=[학문](역사, 문학 따위), [추상물](학문, 진리, 원리, 이유, 근원, 기원, 가능성, 사실 따위))
피 탐구되다
¶우주의 기원을 탐구하는 것은 매우 어려운 일이다. ¶학자는 진리를 탐구하기 위해서 노력하는 사람이다. ¶학자들은 대기 오염 문제를 해결하기 위해서 모든 가능성을 열어 두고 해결 방안을

탐구하였다.

탐나다

어원 貪~ 활용 탐나, 탐나니, 탐나고 대응 탐이 나다

자 (무언가에 대하여) 가지고 싶거나 바라는 마음이 생기다. Come to have a desire for something.

No-가 N1-가 V (N0=[인간] N1=[구체물], [추상물])

사 탐내다

¶준희는 새로 나온 휴대전화기가 무척이나 탐났다. ¶명호는 탐나는 물건은 꼭 가져야 하는 성미를 지녔다. ¶그는 위원장 자리가 탐났지만 욕심을 버리기로 했다.

탐내다

어원 貪~ 활용 탐내어(탐내), 탐내니, 탐내고 대응 탐을 내다

타 (무언가를) 가지고 싶거나 바라는 마음을 가지다. Want to have something.

유 탐하다, 넘보다, 부러워하다

No-가 N1-를 V (N0=[인간] N1=[구체물], [추상물])

주 탐나다

¶그는 가구점을 둘러보더니 근사한 탁자를 탐냈다. ¶권력을 탐내는 자들이 우리 당에 모여들면 곤란하다. ¶동서고금의 모든 성현들은 남의 물건을 탐내지 말라고 가르쳐 왔다.

탐닉하다

어원 耽溺~ 활용 탐닉하여(탐닉해), 탐닉하니, 탐닉하고 대응 탐닉을 하다

자타 무언가를 너무 좋아하여 거기에 깊이 빠져 헤어나지 못하다. Be immersed in something, failing to escape from it.

유 골몰하다, 몰두하다, 몰입하다, 빠지다

No-가 N1-(에|를) V (N0=[인간] N1=[구체물], [추상물])

¶그는 마약에 탐닉한 것을 후회했다. ¶그는 젊은 시절에 주색에 탐닉하여 몸을 망쳤다. ¶영민이는 맛있는 음식을 열광적으로 탐닉하는 미식가이다.

탐독하다

어원 耽讀~ 활용 탐독하여(탐독해), 탐독하니, 탐독하고 대응 탐독을 하다

타 책이나 글에 빠져들어 열심히 읽다. Read a book or a writing avidly.

No-가 N1-를 V (N0=[인간] N1=[텍스트], [책])

¶그는 좋아하는 작가의 소설을 탐독하고 있다. ¶나는 만화책을 탐독하느라 시간 가는 줄을 몰랐다. ¶도서관 곳곳에 학술 서적을 탐독하는 학생들이 있었다.

탐문하다

어원 探問~ 활용 탐문하여(탐문해), 탐문하니, 탐문하고 대응 탐문을 하다

타 알려지지 않은 사실이나 소식 따위를 알아내기 위하여 더듬어 찾아 묻다. Search out unknown facts or news to find out.

No-가 N1-를 V (N0=[인간] N1=소식, 행방 따위)

¶그는 친구의 소식을 탐문하고 다녔다. ¶형사들은 주변 사람들을 통해 범인의 행방을 탐문했다.

탐사되다

어원 探査~ 활용 탐사되어(탐사돼), 탐사되니, 탐사되고 대응 탐사가 되다

자 (알려지지 않았던 유물이나 장소 따위가) 사람에 의해 방문되고 조사되다. (unknown relic or place) Be visited and investigated (by someone).

유 조사되다, 탐색되다

No-가 N1-(에게|에 의해) V (N0=[구체물](유물, 유적 따위), [천체](달, 화성, 행성 따위), [장소](유적지, 바다, 남극, 오지 따위) N1=[인간|단체])

능 탐사하다

¶오지의 동굴이 탐사대에 의해 탐사되었다. ¶화성은 아직 탐사되지 않은 부분이 많은 미지의 행성이다.

탐사하다

어원 探査~ 활용 탐사하여(탐사해), 탐사하니, 탐사하고 대응 탐사를 하다

타 (사람들에게 아직 알려지지 않은 유물이나 장소 따위를) 찾아가 조사하다. Investigate by visiting uninformed relic or place.

유 탐색하다, 조사하다

No-가 N1-를 V (N0=[인간|단체] N1=[구체물](유물, 유적 따위), [천체](달, 화성, 행성 따위), [장소](유적지, 바다, 남극 따위))

피 탐사되다

¶미국은 1970년대에 이미 달을 탐사하였다. ¶그들은 새로운 유적지를 꼼꼼히 탐사하고 돌아왔다.

탐색하다

어원 探索~ 활용 탐색하여(탐색해), 탐색하니, 탐색하고 대응 탐색을 하다

타 (어떤 사물이나 장소를) 샅샅이 찾아 살피다. Thoroughly check some object or place.

유 탐사하다

No-가 N1-를 V (N0=[인간|단체] N1=[구체물](자원 따위), [장소], 지형)

¶우리 정부는 새로운 대체 자원을 계속 탐색하고 있다. ¶추락한 비행기 파편을 찾아 잠수함이 바닷속을 계속 탐색하고 있었다.

재타 (다른 사람에 대해 모르고 있는 사실이나 앞으로 나아가야 할 방향 따위를) 알아내기 위해 신중하게 살피어 찾다. Cautiously look for someone's unknown fact or future direction.

[유]모색하다
N0-가 N1-(를|에 대해) V (N0=[인간|단체] N1=[추상물](의중, 기량, 행방, 진로 따위))
¶그들은 아무래도 내 의중을 탐색하고 있는 것 같다. ¶학생들은 앞으로 자신의 진로에 대해 탐색하는 기간을 반드시 가져야 한다.

탐지하다

[어원]探知~ [활용]탐지하여(탐지해), 탐지하니, 탐지하고 [대응]탐지를 하다
[타](드러나지 않은 것을) 찾아내어 알게 되다. Find out and come to know about an exposed thing.
N0-가 N1-를 V (N0=[인간|단체] N1=[구체물], [추상물])
¶어선이 전자장치를 이용하여 바닷속의 어군을 탐지했다. ¶경비병이 적군의 수상쩍은 움직임을 탐지했다. ¶정보기관은 늘 외국의 군사 및 외교 동향을 탐지하고 있다.

탐하다

[어원]貪~ [활용]탐하여(탐해), 탐하고, 탐하니
[타]☞탐내다

탐험하다

[어원]探險~ [활용]탐험하여(탐험해), 탐험하니, 탐험하고 [대응]탐험을 하다
[타](잘 알려지지 않거나 모르는 일 따위를) 찾아가서 살펴보고 조사하다. Seek and look into any little-known or unknown work.
[유]탐사하다, 모험하다, 탐색하다
N0-가 N1-를 V (N0=[인간] N1=[장소])
¶우리는 아프리카 정글을 탐험했다. ¶우주 비행사들은 우주를 탐험하기 위해 목숨을 건다. ¶아이들이 동굴을 탐험하던 중에 귀한 보석을 발견했다.

탓하다

[활용]탓하여(탓해), 탓하니, 탓하고 [대응]탓을 하다
[타]❶(좋지 못한 일에 대한 책임으로) 다른 사람을 핑계삼아 그 사람을 나무라다. Scold and use someone as an excuse to dump responsibility for something bad that occurred.
[유]나무라다, 야단치다, 호통치다
N0-가 N2-에 대해 N1-를 V (N0=[인간|단체] N1=[인간|단체] N2=[추상물](잘못, 실수, 무능 따위), [상황](실패 따위))
¶사장은 이번 사업 실패에 대해서 직원들만 탓했다. ¶반에 안 좋은 일이 생겨도 선생님은 우리를 탓하시는 대신 늘 따뜻하게 타일러 주셨다.
※ N2에는 부정적 상황이 어울린다.
N0-가 S고 N1-를 V (N0=[인간|단체] N1=[인간|단체])
¶감독은 팀의 패배가 방심 때문이라고 선수들을 탓했다. ¶그들은 차량 사고가 부주의 때문이라고 지휘관을 탓하였다.
❷좋지 못한 일에 대한 책임으로 다른 사람이나 어떤 이유를 핑계 삼아 원망하다. Blame and use someone or some reason as an excuse to dump responsibility for something bad that occurred.
[유]원망하다
N0-가 N2-에 대해 N1-를 V (N0=[인간|단체] N1=[인간|단체], [구체물], [추상물] N2=[추상물](잘못, 실수, 무능 따위), [상황](실패 따위))
¶그는 잘못은 인정하지 않고 주변 사람들의 소심한 자세만을 탓했다. ¶그는 법을 탓하며 자신의 죄를 뉘우치지 않았다.
※ N2에는 부정적 상황만이 어울린다.
N0-가 S고 N1-를 V (N0=[인간|단체] N1=[인간|단체], [구체물], [추상물])
¶대부분의 사람은 자신보다는 남이 잘못했다고 탓한다. ¶이런 일이 벌어졌다고 누구를 탓하겠어요.

태어나다

[활용]태어나, 태어나니, 태어나고
[자]❶(사람이나 동물이) 태(胎)나 알에서 처음 세상에 나오다. (of a person or an animal) Come into the world out of the womb or an egg.
[유]출생하다, 탄생하다 [반]죽다I, 사망하다
N0-가 V (N0=[인간], [동물])
¶나는 서울에서 태어났다. ¶어젯밤에 강아지 여러 마리가 태어났다. ¶그 설문 조사서에는 태어난 연도와 날짜를 적는 칸이 있었다.
❷(어떤 존재나 현상이) 처음 세상에 나타나거나 출현하다. (of a being or a phenomenon) Appear in the world for the first time.
[유]생기다, 생겨나다, 발생하다, 출현하다
N0-가 V (N0=[구체물], [추상물])
¶생계가 막막해지자 사람들 사이에 미움과 불신이 태어났다. ¶명작이 태어나는 데에는 여러 가지 조건과 노력이 필요하다.

태우다 I

[활용]태워, 태우니, 태우고
[타]❶(어떤 물건이나 대상을) 불에 타게 하다. (of a person) Have an object or a target charred in fire.
[유]소각하다
N0-가 N1-를 N2-에 V (N0=[인간] N1=[구체물] N2=불)
[주]타다I
[연어]활활
¶철수는 편지를 모두 모닥불에 태웠다. ¶남자는 말린 쑥을 화롯불에 활활 태워 모기를 쫓아냈다.

ㅌ

¶내 일기를 읽은 다음 불에 태워서 없애주기 바란다.
❷(음식을) 까맣게 될 정도로 너무 오래 익히다. Cook food for too long until it is burnt.
㊐그을리다, 굽다
N0-가 N1-를 V (N0=[인간] N1=[음식])
주 타다I
¶우리는 웃고 떠들다가 고기를 다 태웠다. ¶나는 불을 너무 세게 때는 바람에 그만 밥을 태우고 말았다.
❸(담배 따위에 불을 붙여) 연기를 입으로 빨아들인 뒤 밖으로 내뿜다. Smoke a cigarette.
㊐피우다[1]
N0-가 N1-를 V (N0=[인간] N1=담배)
¶남자는 담배를 태워 물며 말을 이었다. ¶그들은 사이좋게 담배를 나누어 태웠다.
❹(몸이나 몸의 일부분을) 햇볕에 쬐어 검어지게 하다. Expose one's body or body part to the sun to make it dark.
㊐그을리다
N0-가 N2-에 N1-를 V (N0=[인간] N1=[신체부위] N2=햇볕)
주 타다I
¶여자들이 햇볕에 몸을 태우고 있었다. ¶피부를 태우면 피부암이 발생할 위험성이 증가한다.
◆ **속을 태우다** (다른 사람의 마음을) 몹시 안타깝고 초조하게 하다. Make someone very sad and anxious.
㊐애를 태우다, 애간장을 태우다
N0-가 Idm (N0=[인간])
주 속이 타다
¶어른들은 아이들의 속을 너무 태웁니다. ¶창호는 종종 가족들의 속을 태우기도 했다.
◆ **애를 태우다** 몹시 안타깝고 초조해 하다. Make one very sad and anxious.
㊐애간장을 태우다, 속을 태우다
N0-가 Idm (N0=[인간])
주 애가 타다
¶투자자들이 손해를 볼까 봐 애를 태우고 있다. ¶나는 낙방할까봐 애를 태웠어요.
◆ **애간장을 태우다**
☞애를 태우다

태우다II
활용 태워, 태우니, 태우고
타 ❶이동수단에 몸을 싣게 하다.
N0-가 N1-를 N2-에 V (N0=[인간|단체] N1=[인간|단체] N2=[짐승], [교통기관], [신체부위])
주 타다III
¶엄마는 영수를 택시에 태워서 학교로 보냈다. ¶아빠가 아이를 어깨에 태우고 걸어 갔다.
❷놀이기구에 몸을 싣다.
N0-가 N1-를 N2-에 V (N0=[인간|단체] N1=[인간|단체] N2=시소, 썰매, 롤러코스터 따위)
주 타다III
¶엄마는 아이를 시소에 태우고 놀았다. ¶스트레스를 풀라고 그는 나를 아주 빠른 놀이기구에 태웠다.

택하다
어원 擇~ 활용 택하여(택해), 택하니, 택하고
타 (여러 가지 대상이나 가능성 중) 하나를 고르다. Choose one from various objects or possibilities.
㊐선택하다, 고르다I, 선정하다, 선별하다, 선발하다
N0-가 N1-를 N2-로 V (N0=[인간|집단] N1=[구체물], [추상물] N2=[구체물], [추상물])
¶철수는 생명공학을 자신의 전공으로 택했다. ¶영화감독은 여러 지역 중에서 한 시골의 야산을 촬영지로 택하였다. ¶세자가 평민 여성을 자신의 세자비로 택해서 많은 논란을 일으켰다.

터득하다
어원 攄得~ 활용 터득하여(터득해), 터득하니, 터득하고 대응 터득을 하다
자타 (곰곰이 생각하거나 노력하여) 방법이나 이치 따위를 스스로 깨달아 알아내다. Realize and figure out a method or reason by oneself by thinking carefully or giving efforts.
㊐깨닫다, 배우다, 익히다II
N0-가 N1-를 V (N0=[인간|단체] N1=[추상물](방법, 요령, 기술, 뜻, 진리, 의미, 이치 따위))
피 터득되다
¶그는 오랜 시행착오 끝에 그 일의 요령을 터득했다. ¶그는 드디어 기계가 작동하는 원리를 터득했다.
N0-가 S것-을 V (N0=[인간|단체])
¶경수는 일을 빨리 처리하는 것을 겨우 터득했다. ¶아이들은 부모를 만족시킬 수 있는 것을 본능적으로 터득한다.
N0-가 S고 V (N0=[인간|단체])
¶창호는 욕망의 끝은 파멸이라고 이제서야 터득했다. ¶그들은 성공을 위해 참고 견뎌야 한다고 드디어 터득하였다.

터뜨리다[1]
활용 터뜨리어(터뜨려), 터뜨리니, 터뜨리고
타 ❶(손이나 도구로) 어떤 대상을 찢어지거나 부서지게 하다. Have a certain target be ripped or broken with one's hand or tool.
㊐찢다, 부수다
N0-가 N2-로 N1-를 V (N0=[인간] N1=[구체물](풍

선, 물집, 타이어, 봉지 따위), 입술 따위 N2=[구체물](바늘, 칼, 총 따위), [신체부위](손, 발 따위))
¶창호가 손으로 풍선을 터뜨린다. ¶나는 칼로 발에 잡힌 물집을 터뜨렸다.
❷(폭발물이나 폭죽 따위를) 폭발하게 하다. Make explosives or fireworks explode.
㊎폭발시키다
N0-가 N1-를 V (N0=[인간] N1=[탄환](수류탄, 폭탄, 연막탄 따위), 폭죽)
¶소대장이 수류탄을 터뜨려 적군을 몰살시켰다. ¶경찰들이 연막탄 5발을 터뜨리며 연회장으로 진입했다.
❸(플래시를 통해) 순간적으로 강한 빛이 밖으로 나오게 하다. Make a powerful light appear outwardly in an instant using a flash.
N0-가 N1-를 V (N0=[인간] N1=플래시)
¶기자들은 카메라를 들이대고 플래시를 터뜨렸다. ¶나는 플래시를 터뜨리며 사진을 찍었다.
❹(식물이) 꽃봉오리나 꽃망울을 벌려 꽃을 피우려고 하다. (of a plant) Try to bloom a flower by opening up a bud.
㊎개화하다
N0-가 N1-를 V (N0=[식물](매화, 목련, 장미, 개나리 따위) N1=꽃봉오리, 꽃망울)
¶목련꽃들이 꽃봉오리를 터뜨리기 시작했다. ¶온갖 식물들이 꽃망울을 터뜨리며 사람들을 유혹했다.
❺골을 넣어 점수를 내다. Make a point by putting in a goal.
㊎득점하다 ㊥먹다[1]
N0-가 N1-를 V (N0=[인간|단체] N1=골)
¶한국 선수가 후반 5분 만에 첫 골을 터뜨렸다. ¶한국이 연속골을 터뜨리며 경기의 흐름을 뒤집었다.
※ 주로 스포츠 경기에서 사용한다.
❻(사람이나 언론 기관 따위가) 어떤 사건이나 기사를 갑자기 드러내 알리다. (of person, press, etc.) Suddenly expose and announce a certain incident or report.
㊎폭로하다, 알리다
N0-가 N1-를 V (N0=[인간|단체] N1=기사)
¶이번에도 이 신문사에서 그녀의 열애 기사를 단독으로 터뜨렸다. ¶오병수 기자가 드디어 특종을 터뜨렸다.

터뜨리다[2]

기능 ❶행위를 세차게 하는 것을 의미하는 기능동사 Support verb meaning the intensity of action.
N0-가 Npr-를 V (N0=[인간], Npr=웃음, 울음, 함성, 박수, 분통 따위)
¶사람들이 배꼽을 잡고 폭소를 터뜨렸다. ¶창호가 울음을 터뜨리자 초희가 위로해 주었다.
❷감정을 세게 드러내는 것을 의미하는 기능동사 Support verb meaning the intensity of emotion.
N0-가 N1-(에|에게|에 대해) Npr-를 V (N0=[인간] N1=[인간], [추상물](사건, 행동 따위) Npr=[감정](불만, 불평, 분통, 화, 울분 따위))
¶선수들이 심판 판정에 불만을 터뜨렸다. ¶승객들이 운전기사에게 불평을 터뜨렸다.
◆ **샴페인을 터뜨리다** 승리나 어떤 일의 좋은 결과를 축하하다. Celebrate a victory or good result of something.
N0-가 Idm (N0=[인간])
¶한국은 너무 빨리 샴페인을 터뜨린 것 같다. ¶아직 샴페인을 터뜨릴 때가 아니다.
◆ **대박을 터뜨리다** 어떤 일이 매우 잘 되어 큰 성과를 내다. Do something very well and achieve great results.
㊎대박을 내다 ㊥쪽박을 차다
N0-가 Idm (N0=[인간], [구체물], [추상물])
¶유머를 담은 광고들이 대박을 터뜨리고 있다. ¶정수는 토속 음식점을 차려 대박을 터뜨렸다.
N0-가 N1-로 Idm (N0=[인간] N1=[구체물], [추상물])
¶그는 비빔밥으로 대박을 터뜨렸다. ¶가수 싸이가 '강남스타일'로 대박을 터뜨릴 줄은 아무도 몰랐다.

터지다[1]

활용 터지어(터져), 터지니, 터지고
자 ❶(관이나 막 따위가) 구멍이 나거나 찢어지다. (of a pipe or a curtain) Be punctured or torn.
㊎뚫어지다, 찢어지다
N0-가 V (N0=[구체물](풍선, 공, 관, 막 따위))
능 터뜨리다
연어 툭
¶수도 파이프가 얼어서 터졌다. ¶풍선이 툭 터지고 말았다.
❷어떤 것을 감싸고 있던 구조물이 무너지다. (of a structure enveloping something) Collapse.
㊎무너지다, 뚫리다
N0-가 V (N0=[구체물](둑, 제방 따위))
능 터뜨리다
¶제방이 터지면서 우리 마을은 순식간에 물바다가 되었다. ¶둑이 터지는 바람에 우리는 한 해 농사를 모두 망치게 되었다.
❸(손이나 피부 따위의) 표면이 갈라져 벌어지다. (of a surface) Be split and to have a gap.
㊎갈라지다, 벌어지다
N0-가 V (N0=[신체부위], 논바닥 따위)

¶꼬마의 손등이 터졌다. ¶겨울철 찬물에 손을 담그고 나면 손이 쩍쩍 갈라지고 터진다. ¶터진 입술에 이것을 좀 발라 보세요.
❹(옷, 이불, 가방 따위의) 솔기나 단이 뜯어지거나 풀리다. (of seam or hem of clothes, bedding, or bag) Be torn or pulled out.
㊌뜯어지다, 풀리다
No-가 V (No=[구체물](옷, 솔기, 단 따위))
연어 툭
¶무대 위에서 춤을 추던 도중 바짓가랑이가 툭 터졌다. ¶어제 민수의 교복 바지가 터져서 세탁소에서 수선해서 왔다.
❺(폭탄이나 폭죽, 지뢰 따위가) 불이 붙어 세차게 튀다. (of a bomb, a firecracker, or a mine) Go off by catching fire.
㊌폭발하다
No-가 V (No=[탄환], 폭죽 따위)
능 터뜨리다
¶승리를 알리는 신호음과 함께 축포가 터졌다. ¶수송대가 국경으로 향하던 길에 지뢰가 터졌다.
❻(눈물이나 피 따위가) 몸 밖으로 쏟아져 나오다. (of tears or blood) Pour out of a body.
㊌쏟아지다
No-가 N1-가 V (No=[인간] N1=[액체](눈물, 코피 따위))
능 터뜨리다
¶참고 참았던 눈물이 터지고 말았다. ¶친구들과 싸우다가 코피가 터지면 싸움이 끝난다.
❼(꽃망울이) 활짝 벌어지다. (of a bud) Open widely.
㊌개화하다
No-가 V (No=[꽃], 꽃망울)
능 터뜨리다
¶담벼락에 있는 목련이 터지기 직전이네요. ¶몇 년 전에 심은 매실나무마다 매화가 터졌다.
❽(장소나 공간이) 막히거나 가려진 것이 없이 시원하게 트이다. (of place or space) Open widely with nothing obstructed or hidden.
㊌펼쳐지다, 열리다II, 트이다[1]
No-가 V (No=시야, [장소])
연어 탁
¶산 정상까지 올라가면 시야가 터지고 가슴도 열린다. ¶마을 안쪽에는 탁 터진 들판이 있다.
❾(마음이) 근심이나 걱정으로 괴롭거나 아프다. (of heart) Suffer from worry or anxiety.
㊌화나다, 울화통이 나다
No-가 V (No=속, 가슴, 복장 따위)
¶그는 화도 나고 수치스럽기도 하여 가슴이 터질 것 같았다. ¶내 딸이 그렇게 사는 것을 복장이 터져서 볼 수가 없다.
❿(다른 사람에게) 얻어맞거나 매를 맞다. Beaten or flogged by another person.
㊌두들겨 맞다, 얻어맞다
No-가 N1-에게 V (No=[인간] N1=[인간])
¶민수가 형한테 대들다가 터져서 울고 있다. ¶형한테 그렇게 터지고도 아직 정신을 못 차리다니?
※ 속되게 쓰인다.

터지다[2]

활용 터지어(터져), 터지니, 터지고
기능자 사건이나 현상의 발생을 의미하는 기능동사. Support verb meaning the occurrence of an event or a phenomenon.
Npr-가 V (Npr=[현상], [행위])
¶그 사건은 오전 1시 30분에 터졌다. ¶전쟁이 터질 당시 나는 한국에 없었다.
No-(에서|에게서) Npr-가 V (No=[장소], [인간], Npr=주장, 요구 따위)
¶여기저기서 시민들의 다양한 요구가 터져 나왔다. ¶고객들의 요구가 여기저기서 터져 나왔다.
No-가 Npr-가 V (No=[인간], Npr=[동작](울음, 웃음 따위))
¶영희는 한번 웃음이 터지면 참지를 못한다. ¶나는 너무 슬퍼서 울음이 터질 것 같았다.
No-가 Npr-가 V (No=[인간], Npr=[감정](분통, 울화통))
¶나는 분통이 터져서 보고 있을 수가 없다. ¶울화통이 터져서 얘기 안 하고는 못살겠네요.
Npr-가 V (Npr=골, 홈런, 안타, 슛 따위)
¶기대했던 역전골은 끝내 터지지 않았다. ¶선제골은 전반 시작 17분 만에 터졌다.
No-(에서|에게서) Npr-가 V (No=[장소], [인간], Npr=소리, 야유, 함성, 환호성, 박수 따위)
¶인기 가수들이 한 사람씩 차례로 말을 할 때마다 청중들에게서 환호성이 터졌다. ¶다른 한쪽 방에서 비명이 터져 나오다가 끊겼다.
No-가 Npr-가 V (No=[인간|단체], Npr=복, 운수 따위)
¶이 꽃을 보면 운수가 터진다고 한다. ¶나는 요즘 먹을 복이 터진 것 같아요.
No-(에서|에게서) S다는 Npr-가 V (No=[인간|단체], [장소], Npr=주장, 요구, 의견 따위)
¶규칙을 정하면 따라야 한다는 주장이 터져 나왔다. ¶여성 차별을 없애 달라는 요구가 곳곳에서 터져 나왔다.

터지다[3]

활용 터지어(터져), 터지니, 터지고
보조 (어떤 성질이나 현상의 정도가) 참기 어려울 정도로 몹시 심함을 나타내는 보조 형용사. Auxiliary verb meaning that the degree of a

character or a phenomenon is so severe as to be intolerable.
V-어 Vaux
¶라면이 불어 터져서 못 먹겠다. ¶느려 터진 내가 서두르게 되면 후회할 일이 생기곤 한다.

터트리다
활용 터트리어(터트려), 터트리니, 터트리고
타 ☞ 터뜨리다[1], 터뜨리다[2]

털다
활용 털어, 터니, 털고, 터는
타(어떤 대상에 달려 있거나 붙어있는 것을) 떨어져 나가게 하려고 두들기거나 흔들다. Tap or shake to detach something that is hanging down from or which is attached to a certain target.
유 흔들어 떼다, 분리하다
N0-가 N2-에서 N1-를 V (N0=[인간] N1=[구체물](먼지, 물기, 씨, 눈, 흙 따위), [신체부위] N2=[구체물])
피 털리다
연어 툭툭, 탁탁, 탈탈, 훌훌
¶할머니께서는 고추나무에서 씨를 털어낸 후에 고추를 썰었다. ¶승민이는 어깨에 쌓인 눈을 툭툭 털기 시작했다.
❷(재산이나 돈 따위를) 모조리 내놓다. Give one's every asset, money, etc.
N0-가 N1-를 V (N0=[인간] N1=[금전], 호주머니, 지갑, 통장 따위)
연어 탈탈
¶할아버지께서는 회갑 축의금을 털어 어려운 이웃들에게 나누어 주었다. ¶우리는 각자 호주머니를 탈탈 털어 응원복을 구입했다.
❸(남의 재산이나 물건 따위를) 빼앗거나 훔치다. Take or steal someone's asset or item.
유 훔치다, 빼앗다
N0-가 N1-를 V (N0=[인간] N1=[금융기관], [건물], [구체물])
피 털리다
¶겁 없는 10대가 슈퍼마켓을 털다가 경찰에게 붙잡혔다. ¶남자는 1억 원어치의 금품을 털어 달아났다.
❹(어떤 감정이나 기억 따위를) 모두 깨끗하게 잊고 극복하다. Overcome and completely get over a certain emotion or memory.
유 잊다, 없애다
N0-가 N1-를 V (N0=[인간] N1=[감정], 추억, 기억, 근심, 걱정 따위)
연어 훌훌
¶김 씨는 이별의 아픔을 훌훌 털어내고 새 출발을 하였다. ¶그는 그리움을 털어내기 위해 노래를 불렀다.
❺병으로부터 회복하여 건강을 되찾다. Overcome an illness.
유 이기다, 회복하다
N0-가 N1-를 V (N0=[인간] N1=병)
¶빨리 병을 털고 일어나세요. ¶젊은 사람이니까 금방 병을 털고 일어날 거야.
◆ **손을 털다**
❶부정적인 일에서 깨끗하게 관계를 끊고 그만두다. Sever relationship with bad stuff and put an end to it.
N0-가 N1-에서 Idm (N0=[인간] N1=[비행], 일 따위)
¶저는 그 일에서 이제 손을 털었습니다. ¶그는 그 일에서 손을 털고 새 사람이 되었다.
❷노름판에서 가진 돈을 전부 잃다. Lose all the money from gambling.
N0-가 N1-에서 Idm (N0=[인간] N1=노름판)
¶순진한 사람들이 노름판에서 모두 손을 털었다. ¶사람들이 노름판에서 손을 털고 나서야 후회했다.

털리다
활용 털리어(털려), 털리니, 털리고
자❶(어떤 대상에 달려 있거나 붙어있는 것이) 두들김이나 흔들림으로 인해서 떨어져 나가다. (of something that is hanging down from or which is attached to some target) Be detached due to tapping or shaking.
유 떨어지다, 분리되다
N0-가 V (N0=[구체물](먼지, 물기, 씨, 눈, 흙 따위))
능 털다
¶스펀지를 이용하면 먼지가 잘 털린다. ¶마늘에 붙은 흙이 잘 털리지 않았다. ¶발을 몇 번 구르자 신발의 모래들이 모두 털려 나갔다.
❷(재산이나 물건 따위가) 빼앗김을 당하거나 도난을 당하다. (of asset, item, etc.) Be taken or stolen.
유 도난당하다, 빼앗기다
N0-가 N1-(에게|에 의해) V (N0=[금융기관], [건물], [구체물] N1=[인간])
능 털다
¶은행 금고가 전문 절도단에 의해 털렸다고 한다. ¶수도권 관공서 8곳이 어젯밤 누군가에 의해 털리는 사건이 발생했다.
타(누군가에게) 재산이나 물건 따위를 전부 빼앗기거나 도난당하다. Have one's assets or items stolen or taken completely by someone.
유 빼앗기다, 탈취당하다
N0-가 N2-에게 N1-를V (N0=[인간] N1=[금전], [구체물] N2=[인간])
능 털다

ㅌ

¶우리 아들이 동네 폭력배들에게 돈을 모두 털렸다. ¶여자는 남자에게 속아 전 재산을 털렸지만 믿지 못하는 눈치였다.

털어놓다

활용 털어놓아(털어놔), 털어놓으니, 털어놓고

자타 ❶(물건이나 돈 따위를) 어떤 곳에 전부 꺼내어 놓다. Put out one's every item or money at some place.

㊀꺼내 놓다

N0-가 N1-를 N2-에 V (N0=[인간] N1=[구체물] N2=[장소], 손바닥 따위)

연어 탈탈

¶오해 받기 싫으면 가방 속에 있는 물건을 여기에다 털어놔 봐. ¶그는 주머니 속에 있는 물건까지 손바닥에 다 털어놓았다.

❷(다른 사람에게 어떤 사실이나 비밀, 생각 따위를) 감추는 것 없이 솔직하게 말하다. Speak honestly of some fact, secret, thought, etc., to someone without hiding anything.

㊀고백하다, 실토하다, 토로하다 ㊤말하다

N0-가 N2-에게 N1-(를|에 대해) V (N0=[인간] N1=[추상물](고충, 마음, 동기, 사실, 일, 불만, 비밀, 고민 따위) N2=[인간])

¶그는 나에게 자신의 고충을 털어놨다. ¶여자는 친구에게 자신의 속내를 털어놓았다.

N0-가 N1-에게 S다고 V (N0=[인간] N1=[인간])

¶그는 나에게 어린 시절이 불행했었다고 털어놓았다. ¶영희는 그 남자를 잊지 못한다고 민수에게 털어놓았다.

N0-가 N1-에게 S음-을 V (N0=[인간] N1=[인간])

¶그는 나에게 어린 시절이 불행했음을 털어놓았다. ¶영희는 그 남자를 잊지 못했음을 민수에게 털어놓았다.

ㅌ

토로하다

어원 吐露~ 활용 토로하여(토로해), 토로하니, 토로하고 대응 토로를 하다

자타 (마음에 있는 생각, 불만 따위를) 모두 드러내어 말하다. Reveal and speak all of one's inner thoughts or complaints on something.

㊀털어놓다, 실토하다, 피력하다

N0-가 N2-에게 N1-(를|에 대해) V (N0=[인간|단체] N1=[추상물](생각, 불만, 문제점 따위) N2=[인간|단체])

¶그는 상사에게 불만을 모두 토로했다. ¶그는 나에게 이 실험의 문제점에 대해 모두 토로했다.

N0-가 N1-에 대해 S고 V (N0=[인간|단체] N1=[구체물], [추상물])

¶그는 결혼 생활에 대해 고민의 연속일 뿐이라고 토로했다. ¶그는 논문에 대해 통계를 조작했다고 토로했다.

토론하다

어원 討論~ 활용 토론하여(토론해), 토론하니, 토론하고 대응 토론을 하다

자타 (문제나 일 따위에 대해) 다른 사람들과 의견을 말하며 논의하다. (of people) Debate with other person(s) about a problem or duty by expressing one's opinion.

㊀토의하다, 논의하다

N0-가 N2-와 서로 N1-(를|에 대해) V ↔ N2-가 N0-와 서로 N1-(를|에 대해) V ↔ N0-와 N2-가 서로 N1-(를|에 대해) V (N0=[인간] N1=[인간] N2=[모두])

¶나는 승호와 사형제도 폐지를 토론했다. ↔ 승호는 나와 사형제도 폐지를 토론했다. ↔ 나와 승호는 사형제도 폐지를 토론했다. ¶우리는 공교육의 문제점에 대해 토론하기로 했다.

N0-가 N1-와 S(은지|은가)-(를|에 대해) V ↔ N1-가 N0-와 S(은지|은가)-(를|에 대해) V ↔ N0와 N1-가 S(은지|은가)-(를|에 대해) V (N0=[인간] N1=[인간])

¶나는 안방에 텔레비전을 설치해야 할지를 남편과 토론했다. ↔ 남편은 안방에 텔레비전을 설치해야 할지를 나와 토론했다. ↔ 나와 남편은 안방에 텔레비전을 설치해야 할지를 토론했다. ¶우리는 이 문제를 어떻게 해결해야 할지에 대해 토론했다.

토의하다

어원 討議~ 활용 토의하여(토의해), 토의하니, 토의하고 대응 토의를 하다

자타 (여러 사람이) 어떤 문제에 대해서 검토하고 의견을 나누다. (of many people) Examine and share opinion on certain issue.

㊀의논하다, 상의하다, 협의하다, 논의하다

N0-가 N1-(를|에 대해) V (N0=[인간|단체] N1=[추상물](문제, 사태, 현안 따위))

¶오늘은 문화재의 중요성에 대해 토의합시다. ¶지역 대표들이 모여 교육 현안을 토의했습니다.

N0-가 Q-(를|에 대해) V (N0=[인간|단체])

¶앞으로 우리가 해야 할 일은 무엇인지에 대해 토의하여 보자. ¶환경 보존을 위해서 어떻게 해야 하는지를 토의하여 보자.

N0-가 N1-와 서로 N2-(를|에 대해) V ↔ N1-가 N0-와 서로 N2-(를|에 대해) V ↔ N0-와 N1-가 서로 N2-(를|에 대해) V (N0=[인간|단체] N1=[인간|단체] N2=[추상물](문제, 사태, 현안 따위)

¶나는 친구들과 식사 예절에 대하여 서로 토의했다. ↔ 친구들과 나는 식사 예절에 대하여 서로 토의했다. ↔ 나와)친구들은 식사 예절에 대하여

서로 토의했다.
No-가 N1-와 서로 Q-(를|에 대해) V ↔ N1-가 No-와 서로 Q-(를|에 대해) V ↔ No-와 N1-가 서로 Q-(를|에 대해) V (No=[인간|단체] N1=[인간|단체] N2=[추상물](문제, 사태, 현안 따위))
¶교육부는 교사들과 대학 입시를 어떻게 개선할 것인지에 대하여 토의했다. ↔ 교사들과 교육부는 대학 입시를 어떻게 개선할 것인지에 대하여 토의했다. ↔ 교육부와 교사들이 대학 입시를 어떻게 개선할 것인지에 대하여 토의했다.
※ 'N1-와'가 없으면 'No'에 복수를 나타내는 말이 온다.

토하다

어원吐~ 활용토하여(토해), 토하니, 토하고 대응토를 하다
타❶(먹어서 삼켰던 것이나 피 따위를) 입 밖으로 거꾸로 쏟아내다. Spill out of mouth blood or something that was swallowed.
No가 N1-를 V (No=[인간], [동물] N1=[음식], [약], 피 따위)
¶그녀는 속이 안 좋은지 먹은 음식을 모두 토했다. ¶창호는 약이 독했는지 먹자마자 토하고 괴로워했다.
❷(기체성의 물질을) 구멍으로 내뿜다. Emit gaseous substance out of a hole.
㊌마구 내뿜다
No가 N1-를 V (No=[구체물](굴뚝, 총구 따위) N1=[기체](연기 따위), [불])
¶우리를 향한 적군의 총구가 계속 불꽃을 토하고 있었다. ¶판타지 소설에는 불을 토해 내는 괴물이 많이 등장한다.
❸(자신의 느낌이나 생각을) 소리나 말로 강하게 나타내다. Strongly express one's own feeling or thought in words.
㊌지르다III, 토로하다, 표현하다
No가 N1-를 V (No=[인간|단체] N1=[소통](열변, 생각 따위), [소리](비명 따위), [감정](분노, 느낌 따위))
¶그녀는 다친 창호를 보자마자 비명을 토했다. ¶그는 마음을 먹었는지 그동안 느꼈던 자신의 불만을 모두 토해 내고 있었다.
◆ **기염을 토하다** 기세가 높다. Give full vent to one's feeling.
No-가 Idm (No=[행위](언쟁, 토론 따위))
¶그들은 올해의 목표를 꼭 달성하겠다고 기염을 토했다.
◆ **불을 토하다** 아주 격렬하다. Do something vehemently.
No-가 Idm (No=[행위](언쟁, 토론 따위))
¶그들의 토론은 시작부터 불을 토했다. ¶부모님의 언쟁이 계속 불을 토하더니 밤새도록 지속되었다.

통곡하다

어원痛哭~ 활용통곡하여(통곡해), 통곡하니, 통곡하고 대응통곡을 하다
자큰 소리로 매우 서럽고 슬프게 울다. Cry loudly, deeply, and very sadly.
㊅울다I, 대성통곡하다
No-가 N1-에 V (No=[인간] N1=[추상물], [행위])
¶집을 잃은 수재민들이 모두 통곡하고 있었다. ¶창호는 길 위에 쓰려져 통곡하고 있었다.

통과되다

어원通過~ 활용통과되어(통과돼), 통과되니, 통과되고 대응통과가 되다
자❶(어떤 안건이나 청원 따위가) 담당 기관이나 담당 기관의 회의에서 승인되다. (of some matter or request) Be approved by the appropriate agency or at the agency's meeting.
㊌승인되다, 인준되다, 합의되다
No-가 N1-에서 V (No=법안, 계획안, 개정안, 논문, 노래 따위 N1=[기관](국회, 위원회 따위), 심의, 심사 따위)
능통과하다
¶그의 논문이 학위심사위원회에서 통과되면 바로 책으로 발간될 것이다. ¶이번 노래는 방송사 심의위원회에서 통과되었다.
❷(사람이나 단체, 제품 따위가) 시험이나 오디션 따위에 합격하게 되다. (of a person, an organization, a product, etc.) Pass a test, an audition, etc.
㊌합격되다
No-가 N1-(에|에서) V (No=[인간|단체], [구체물] N1=시험, 오디션, 테스트 따위)
능통과하다
¶내가 최종 면접에 통과되면 이 회사 직원이 된다. ¶1차와 2차 시험에서 통과되면, 3차 시험은 면접으로 이루어집니다.

통과시키다

어원通過~ 활용통과시키어(통과시켜), 통과시키니, 통과시키고 대응통과를 시키다
타❶(사람이) 다른 사람이나 차량 따위를 지나가게 하다. (of a person) Make someone, a vehicle, etc., go through.
㊌지나가게 하다 ㊥막다, 통제하다
No-가 N1-를 V (No=[인간] N1=[인간], [교통기관](비행기, 버스, 기차 따위))
주통과하다
¶교통경찰이 군용 트럭들을 먼저 통과시켰다. ¶직원들은 단 한 사람도 통과시키지 않으려고 팔을 뻗었다.

ㅌ

❷(사람이) 물건 따위를 어떤 장치나 구멍 따위에 거쳐 지나가게 하다. (of a person) Make an object go through a certain device, hole, etc.
[유]관통시키다
N_0-가 N_1-를 N_2-에 V (N_0=[인간] N_1= [구체물](신분증 따위), 햇빛, 공기, 물 따위 N_2=[기기], 구멍, 프리즘 따위)
[주]통과하다
¶우리는 공을 차서 구멍에 통과시키는 게임을 했다. ¶햇빛을 프리즘에 통과시키면 여러 가지 색깔의 빛으로 나누어진다.
❸(사람이) 차량 따위를 멈춰 서지 않고 지나가게 하다. (of a person) Make a vehicle, etc., go through without stopping.
[유]지나가게 하다 [반]막다, 정차시키다
N_0-가 N_1-를 V (N_0=[인간] N_1=[교통기관])
[주]통과하다
¶경찰들이 열차를 무정차 통과시킬 계획이다. ¶운전기사가 버스를 무정차 통과시켜 시민들의 원성을 샀다.
❹(사람이나 기관 따위가) 제출된 안건이나 논문 따위를 회의를 거쳐 승인하다. (of a person, an agency, etc.) Approve a submitted matter, scholarly paper, etc., after a meeting.
[유]승인하다, 인준하다, 합의하다 [반]부결시키다
N_0-가 N_1-를 V (N_0=[기관](국회, 의원회 따위) N_1=법안, 계획안, 개정안, 논문, 노래 따위)
[주]통과하다
¶의회는 압도적인 찬성으로 이 법안을 통과시켰다. ¶국회 운영위에서 내일 국회법 개정안을 통과시키기로 했다.
❺(사람이나 단체가) 다른 사람이나 제품 따위를 시험에 합격시키다. (of a person or an organization) Have someone, a product, etc., go through a test.
[유]합격시키다 [반]낙방시키다, 떨어지게 하다, 탈락시키다
N_0-가 N_1-를 N_2-(에|에서) V (N_0=[인간|단체] N_1=[인간|단체], [구체물] N_2=시험, 오디션, 테스트 따위)
[주]통과하다
¶우리는 6명을 1차 시험에서 통과시켰다. ¶심사위원들이 수험번호 203번을 만장일치로 통과시켰다.

ㅌ

통과하다

[어원]通過~ [활용]통과하여(통과해), 통과하니, 통과하고 [대응]통과를 하다
[타](사람이나 자동차 따위가) 어떤 곳을 거쳐서 지나가다. (of a person, a vehicle, etc.) Go through a certain place.
[유]지나가다, 지나다
N_0-가 N_1-를 V (N_0=[인간], [교통기관](비행기, 버스, 기차 따위) N_1=[장소])
[피]통과되다 [사]통과시키다
¶우리가 탄 버스는 수원을 통과해서 서울에 도착했다. ¶고속버스가 톨게이트를 통과하자마자 갑자기 고장이 났다.
❷(사람이나 차량 따위가) 어떤 장소를 들르거나 멈추지 않고 지나가다. (of a person, a vehicle, etc.) Go through a certain place without stopping.
[유]지나가다 [반]정차하다
N_0-가 N_1-를 V (N_0=[인간], [교통기관](버스, 지하철, 비행기 따위) N_1=[장소])
[피]통과되다 [사]통과시키다
¶버스는 승객을 보지 못한 채 그대로 버스정류장을 통과했다. ¶우리는 표지판을 보지 못하고 행선지를 통과해 버렸다.
❸(재해나 자연현상 따위가) 어떤 지역을 영향을 끼치며 지나가다. (of a disaster, a natural phenomenon, etc.) Go through a certain region while exerting its influence.
[유]지나가다, 관통하다 [반]비켜가다, 우회하다
N_0-가 N_1-를 V (N_0=[기상](태풍, 폭풍, 황사 따위), [대기](저기압, 고기압 따위), 산불 따위 N_1=[장소])
¶태풍이 우리나라를 통과하면서 점점 약해졌다. ¶산불은 남방한계선을 통과한 지 1시간 만에 진화됐다.
❹(사람이나 비행기 따위가) 장애물이나 어려움 따위를 견디거나 뚫고 지나가다. (of a person, an airplane, etc.) Overcome or go through an obstacle, a difficulty, etc.
[유]뚫고 지나가다, 극복하다
N_0-가 N_1-를 V (N_0=[인간], [교통기관] N_1=[구체물], [기상](태풍, 폭풍, 황사 따위))
¶일부 군인들은 장애물을 통과하지 못한데다가 상처까지 입었다. ¶비행기가 난기류를 통과하면서 많이 흔들렸다.
❺(사람이나 집단 따위가) 어떤 시간이나 때를 거쳐 지나가다. (of a person, an organization, etc.) Go through certain time or occasion.
[유]지내다[타], 겪다
N_0-가 N_1-를 V (N_0=[인간|단체] N_1=[시간])
¶터키는 한국만큼이나 굴곡 많은 역사를 통과해 왔다. ¶세계 경제는 지금 어려운 시기를 통과하고 있다.
❻(제출된 어떤 안건이나 논문 따위가) 담당 기관이나 담당 기관의 회의를 거쳐 승인받다. (of a submitted matter, scholarly paper, etc.) Be approved by the corresponding agency or the

agency's meeting.
㊎승인받다, 인준받다
N0-가 N1-를 V (N0=법안, 계획안, 개정안, 논문, 노래 따위 N1=[기관](국회, 위원회 따위), 심의, 심사 따위)
피 통과되다 사 통과시키다
¶우리 회사의 계획안이 건축위원회 심의를 통과했다. ¶이 개정안이 국회를 통과하면 내년부터 제도가 시행된다.
자타(사람이나 단체, 제품 따위가) 시험을 치러 합격하다. (of a person, an organization, a product, etc.) Take and go through a test.
㊎합격하다 ㊥떨어지다, 탈락하다, 불합격하다
N0-가 N1-(를|에) V (N0=[인간|단체], [구체물] N1=시험, 오디션, 테스트 따위)
피 통과되다 사 통과시키다
¶영희는 실기 시험을 통과하기 위해서 최선을 다 했다. ¶새로 개발된 자동차가 안전 테스트를 무난히 통과했다.

통보되다

어원 通報~ 활용 통보되어(통보돼), 통보되니, 통보되고 대응 통보가 되다
자(명령이나 소식 따위가 다른 사람에게) 말이나 글로 전해지다. (of a command or news) Be delivered to others verbally or in writing.
㊎통지되다, 알려지다, 전달되다
N0-가 N1-(에|에게|로) V (N0=[사건], 사실, 소식, 명령 따위 N1=[인간|단체])
능 통보하다
¶그 병사의 전사 소식이 가족들에게 통보되었다. ¶대입 합격 소식이 수험생에게 통보되었다.

통보하다

어원 通報~ 활용 통보하여(통보해), 통보하니, 통보하고 대응 통보를 하다
자타(명령이나 소식 따위를) 다른 사람에게 말이나 글로 알리다. Inform others of a command or news verbally or in writing.
㊎통지하다, 연락하다, 알리다
N0-가 N2-(에|에게|로) N1-를 V (N0=[인간|단체] N1=[사건], 사실, 소식, 명령 따위 N2=[인간|단체])
피 통보되다
¶회사는 철수에게 면접 합격을 통보했다. ¶사장은 창호에게 그가 해고되었다는 사실을 통보했다.
N0-가 N1-(에|에게|로) S고 V (N0=[인간|단체] N1=[인간|단체])
피 통보되다
¶훈련소에서 철호에게 훈련에 참가하라고 통보했다. ¶회장은 사원들에게 휴일에 근무해야 한다고 일방적으로 통보했다.

통솔하다

어원 統率~ 활용 통솔하여(통솔해), 통솔하니, 통솔하고 대응 통솔을 하다
타(여러 사람을) 거느리고 이끌다. Have and lead many people.
㊎지휘하다, 이끌다, 거느리다
N0-가 N1-를 V (N0=[인간] N1=[집단])
¶소대장은 소대원들을 통솔하여 격전지로 이끌었다. ¶방문객들은 통솔하는 사람 없이도 질서를 잘 지키고 있었다.

통역되다

어원 通譯~ 활용 통역되어(통역돼), 통역되니, 통역되고 대응 통역이 되다
자(서로 다른 언어를 사용하는 사람들이 대화할 때) 서로 이해할 수 있도록 말이 옮겨지다. (of a language) Be changed into another language for better communication between people speaking different languages.
㊎번역되다, 옮겨지다
N0-가 N1-로 V (N0=[텍스트], [기호], [언어], [소통] N1=[텍스트], [언어])
능 통역하다
¶그의 연설은 세계 각국 언어로 통역되어 송출되었다. ¶희귀 언어가 자연스럽게 통역되는 기회는 흔치 않다.

통역하다

어원 通譯~ 활용 통역하여(통역해), 통역하니, 통역하고 대응 통역을 하다
자타(서로 다른 언어를 사용하는 사람들이 대화할 때) 서로 이해할 수 있도록 말을 옮겨주다. Change one language into another for better communication between people speaking different languages.
㊎번역하다, 옮기다
N0-가 N1-를 N2-로 V (N0=[인간] N1=[텍스트], [기호], [언어], [소통] N2=[텍스트], [언어])
피 통역되다
¶그는 회의에서 영어를 한국어로 통역했다. ¶영준이는 다양한 전문 용어를 한국어로 통역하기 위해서 노력했다. ¶그는 한국에서 아프리카어를 통역할 수 있는 사람들 중 최고의 실력을 가지고 있다.
N0-가 N1-에게 S고 V (N0=[인간] N1=[인간])
¶그는 사장에게 상대방은 오늘 계약하자는 것이라고 통역했다. ¶통역사는 우리들에게 지금 가장 중요한 것은 평화를 유지하는 것이라고 통역했다.

통용되다

어원 通用~ 활용 통용되어(통용돼), 통용되니, 통용되고 대응 통용이 되다

자❶일반적으로 널리 쓰이다. Be widely and commonly used.
㊌상용되다
N0-가 N1-에서 V (N0=[구체물], [추상물], [화폐], [언어], [개념](사상, 생각 따위) N1=[인간|단체], [장소])
¶달러화는 전 세계에서 통용된다. ¶영어는 어디에서든 잘 통용되는 언어 중 하나이다. ¶미터법은 미국에서는 잘 통용되지 않는다.
❷(어떤 사물이) 어떤 수단으로 사용되다. (of an item) Be used for certain function.
㊌쓰이다II, 유통되다
N0-가 N1로 V (N0=[구체물], [화폐] N1=[구체물], [화폐])
¶백화점에서는 상품권이 화폐로 통용되고 있다. ¶이번에 발표된 기술이 곧 새로운 기준으로 통용될 것이다.
❸(어떤 말이나 생각 등이) 어떤 뜻으로 쓰이다. (of a speech or thought) Be used for certain meaning.
㊌사용되다, 쓰이다II
N0-가 N1로 V (N0=[추상물], [언어], [개념](사상, 생각 사조 따위), [앎] N1=[추상물], [언어], [개념](사상, 생각 사조 따위), [앎])
¶어떤 어휘는 인터넷상에서 본래 의미와 다르게 통용된다. ¶우리 사회에서는 민주주의가 왜곡되어 통용되고 있다.
N0-가 S것-으로 V (N0=[추상물], [언어], [개념](사상, 생각 사조 따위), [앎])
¶감정적이라는 말은 반이성적이라는 것으로 통용되어 왔다.
N0-가 S고 V (N0=[추상물], [언어], [개념](사상, 생각 사조 따위), [앎])
¶글자 이름인 한글이 언어 이름인 한국어라고 잘못 통용되기도 한다.
❹서로 넘나들면서 두루 쓰이다. Be widely used across a number of fields.
N0-가 N1-와 V ↔ N1-가 N0-와 V ↔ N0-와 N1-가 V (N0=[구체물], [화폐], [추상물], [언어], [개념](사상, 생각 사조 따위), [앎] N1=[구체물], [화폐], [추상물], [언어], [개념](사상, 생각 사조 따위), [앎])
¶백화점에서 상품권은 현금과 완전히 통용된다. ↔ 백화점에서 현금은 상품권과 완전히 통용된다. ↔ 백화점에서 상품권과 현금은 완전히 통용된다. ¶스위스는 여러 언어들이 쉽게 통용되고 잘 교육된 모습을 보인다.

통일되다

어원 統一~ 활용 통일되어(통일돼), 통일되니, 통일되고 대응 통일이 되다
자❶(나누어지거나 갈라진 것이) 하나로 합쳐지다. (of divided or separate things) Be brought together to form one entity.
㊌합쳐지다, 통합되다 ㊥분리되다, 나눠지다, 갈라지다
N0-가 V (N0=[집단], [장소])
능 통일하다
¶동독과 서독이 1989년에 통일되었다. ¶한반도가 통일되는 날이 오기를 기다린다.
❷(둘 이상의 요소들이) 모두 같아지게 맞추어지다. (of two or more elements) Have the same feature.
N0-가 N1-로 V (N0=[구체물], [추상물] N1=[구체물], [추상물])
능 통일하다
¶이번 상품은 하나의 색으로 통일되어 출시되었다. ¶주문이 짜장면으로 통일되니 매우 편했다.
N0-가 N1-와 V ↔ N1-가 N0-와 V ↔ N0-와 N1-가 V (N0=[구체물], [추상물] N1=[구체물], [추상물])
능 통일하다
¶우리 의견이 그들의 의견과 겨우 통일되었다. ↔ 그들의 의견이 우리 의견과 겨우 통일되었다. ↔ 우리 의견과 그들의 의견이 겨우 통일되었다. ¶위기 상황에서는 국론이 쉽게 통일되기도 한다.

통일시키다

어원 統一~ 활용 통일시키어(통일시켜), 통일시키니, 통일시키고 대응 통일을 시키다
타☞ '통일하다'의 오용

통일하다

어원 統一~ 활용 통일하여(통일해), 통일하니, 통일하고 대응 통일을 하다
타❶(나누어지거나 갈라진 것들을) 하나로 합치다. Combine things divided or separated into one.
연어 완전히
㊌합치다, 통합하다 ㊥분리하다, 나누다
N0-가 N1-를 V (N0=[인간|단체] N1=[집단], [장소])
피 통일되다
¶신라는 분열된 삼국을 통일하여 통일 신라를 이룩하였다. ¶진시황은 넓은 중국을 처음으로 통일하였다.
❷(둘 이상의 요소들을) 모두 같아지게 맞추다. Integrate two or more elements.
N0-가 N1-를 N2-로 V (N0=[인간|단체] N1=[구체물], [추상물] N2=[구체물], [추상물])
피 통일되다
¶어머니는 삼형제의 옷을 같은 색으로 통일시켜 입혔다. ¶각 상품의 크기를 통일해야 보기에도 좋다.

No-가 N1-를 N2-와 V ↔ No-가 N2-를 N1-와 V ↔ No-가 N1-와 N2-를 V (No=[인간|단체] N1=[구체물], [추상물] N2=[구체물], [추상물])
[피]통일되다
¶선생님은 남학생의 의견을 여학생의 의견과 통일하셨다. ↔ 선생님은 여학생의 의견을 남학생의 의견과 통일하셨다. ↔ 선생님은 남학생의 의견과 여학생의 의견을 통일하셨다. ¶사람들의 요구를 모두 통일하는 것은 정말 쉽지 않다.
◆ **정신을 통일하다** (혼란스러운 정신이나 마음을 버리고) 하나로 집중하다. Have a distracted mind or spirit concentrate.
[유]집중하다
No-가 Idm (No=[인간])
¶훈련 시에는 부상을 당하지 않기 위해서 정신을 통일해야 한다. ¶그는 혼란스러운 마음을 가라앉히기 위해서 정신을 통일하려 했다.

통제되다
[어원]統制~ [활용]통제되어(통제돼), 통제되니, 통제되고 [대응]통제가 되다
[자]❶(특정 행위가) 어떤 목적이나 원칙에 따라 이루어지지 못하게 막히다. (of a specific action) Be stopped from occurring by a certain purpose or principle.
[유]제한되다, 억제되다 [반]방치되다, 통과되다
No-가 V (No=[행위], [교통기관])
[능]통제하다
[연어]전면, 전면적으로, 완전히, 엄격히
¶전쟁이 발발하자 출국이 완전히 통제되었다. ¶지금 현재 광화문 일대에는 차량이 전면 통제되고 있습니다.
S것-이 V
[능]통제하다
[연어]전면, 전면적으로, 완전히, 엄격히
¶그 시절에는 국외로 이민 가는 것이 전면 통제되던 때였다.
❷(어떤 대상이나 상황 따위가) 권력이나 힘에 의해 억지로 억눌림을 당하다. (of a target or situation) Be forcefully suppressed by authority or power.
[유]관리되다, 감시되다 [반]방임되다
No-가 V (No=[인간|단체], [상황], [추상물](물가, 환율 따위))
[능]통제하다
[연어]엄격히
¶환율이 정부의 개입으로 통제되었지만, 그 효과가 오래가지는 못했다. ¶그 시절 기업은 국가에 의해 엄격히 통제되고 있었다.

통제하다
[어원]統制~ [활용]통제하여(통제해), 통제하니, 통제하고 [대응]통제를 하다
[타]❶(어떤 목적이나 원칙에 따라) 다른 사람이 특정 행위를 하지 못하게 막다. (of another person) Stop someone from performing a specific action in accordance with a certain purpose or principle.
[유]막다, 제한하다, 억제하다 [반]풀어주다, 방치하다, 통과시키다
No-가 N1-를 V (No=[인간|단체] N1=[행위])
[피]통제되다
[연어]전면, 전면적으로, 완전히, 엄격히
¶선생님들은 학생들의 오락실 출입을 통제했다. ¶경찰들은 차량 통행을 통제했다.
No-가 N1-를 V (No=[인간|단체] N1=[인간], [교통기관])
[피]통제되다
[연어]전면, 전면적으로, 완전히, 엄격히
¶민방위 대원들은 훈련 시간 동안 차량과 행인을 통제했다. ¶교통경찰들이 호루라기를 불며 자동차들을 통제하고 있다. ¶그들은 들어오려는 잡상인들을 계속 통제하였다.
No-가 S것-을 V (No=[인간|단체])
[피]통제되다
[연어]전면, 전면적으로, 완전히, 엄격히
¶정부는 사람들이 국외로 이민 가는 것을 통제했다. ¶선생님은 아이들이 휴대전화를 수업 시간에 사용하는 것을 통제했다.
❷(권력이나 힘을 사용해서) 다른 대상이나 상황 따위를 억지로 억누르다. Forcefully suppress some target or situation using authority or power.
[유]제어하다, 관리하다, 감시하다 [반]방임하다, 내버려 두다
No-가 N1-를 V (No=[인간|단체] N1=[인간|단체], [상황], [추상물](물가, 환율 따위))
[피]통제되다
[연어]엄격히, 전면, 완전히
¶전쟁이 일어나자 정부는 언론을 통제했다. ¶문제가 심각해지자 정부가 나서 물가를 통제하기 시작했다.

통지되다
[어원]通知~ [활용]통지되어(통지돼), 통지되니, 통지되고 [대응]통지가 되다
[자](어떤 공적인 사실이) 당사자에게 서신 등으로 알려지다. (of official statements) Be announced to the person concerned.
[유]고지되다, 알려지다, 통보되다
No-가 N1-(에|에게) V (No=[추상물], [현상] N1=[인

간|단체])
능통지하다
¶행사 취소가 아무 예고 없이 사람들에게 통지되었다. ¶사장실로부터 지시가 사원들에게 통지되었다.

통지하다

어원 通知~ 활용 통지하여(통지해), 통지하니, 통지하고 대응 통지를 하다
자타 (어떤 공적인 사실을) 당사자에게 서신 등으로 알리다. Deliver official statements to the person concerned.
㈜통보하다, 고지하다, 알리다
N0-가 N1-(를|에 대해) N2-(에|에게) V (N0=[인간|단체] N1=[추상물], [현상] N2=[인간|단체])
피통지되다
¶회장 비서는 회의 날짜를 임원들에게 통지했다. ¶버스 회사는 인상된 요금을 시민들에게 통지하고 있다.
N0-가 N1-에게 S고 V (N0=[인간|단체] N1=[인간|단체])
피통지되다
¶건물주가 세입자들에게 건물 리모델링이 시작된다고 통지하였다. ¶경찰이 시위대에게 퇴거하라고 통지했다.
N0-가 N1-에게 S것-을 V (N0=[인간|단체] N1=[인간|단체])
피통지되다
¶법원에서 그에게 출두할 것을 통지했다. ¶그들은 건물에 감청 장치를 설치한 것을 통지하지 않았다.

통찰하다

어원 洞察~ 활용 통찰하여(통찰해), 통찰하니, 통찰하고 대응 통찰을 하다
타 (내용이나 사정, 이유 따위를) 예리하게 꿰뚫어 정확하게 이해하다. See through, and accurately understand, contents, circumstances, reasons, etc.
㈜꿰뚫어보다, 관찰하다
N0-가 N1-를 V (N0=[인간|단체] N1=[추상물](사실, 이유, 내용, 문제 따위))
¶박 교수는 현사회의 문제점을 정확하게 통찰하고 있었다. ¶사물의 본질을 통찰하는 것이 철학에서 가장 중요하다.
N0-가 S것-을 V (N0=[인간|단체])
¶그는 성공 비결이 위기관리 능력이라는 것을 재빨리 통찰해 냈다. ¶그는 회사 분위기가 심상치 않은 것을 금세 통찰해 냈다.

통치되다

어원 統治~ 활용 통치되어(통치돼), 통치되니, 통치되고 대응 통치가 되다
자 (영토, 나라 따위가) 누군가에게 관리와 통제를 받다. (of a territory, a country, etc.) Be managed and controlled by someone.
㈜지배되다, 운영되다, 다스려지다
N0-가 N1-(에|에게|에 의해) V (N0=[지역], [집단] N1=[인간|단체])
능통치하다
¶20세기에는 많은 나라들이 열강에 의해 통치되었다. ¶왕에 의해 통치되는 국가 형태를 군주정이라고 한다. ¶그 나라는 의회에 의해 안정적으로 통치되고 있다.

통치하다

어원 統治~ 활용 통치하여(통치해), 통치하니, 통치하고 대응 통치를 하다
타 (영토, 나라 따위의 질서를 유지하기 위해) 관리하고 통제하다. Rule and control a territory or a country in order to maintain order.
㈜지배하다, 다스리다, 운영하다
N0-가 N1-를 V (N0=[인간|단체] N1=[지역], [집단])
피통치되다 사통치시키다
¶군주정에서는 왕이 국가를 통치한다. ¶19세기에 열강은 약소국을 식민지로 만들어 무단으로 통치했다. ¶개인의 변덕이 통치하는 나라는 독재이다.

통하다

어원 通~ 활용 통하여(통해), 통하니, 통하고
자 ❶(길이나 장소 따위가) 다른 곳과 서로 이어지다. (of way or place) Be connected with another place.
㈜이어지다, 관통하다 ㉤막히다, 차단되다
N0-가 N1-와 (서로) V ↔ N1-가 N0-와 (서로) V ↔ N0-와 N1-가 (서로) V (N0=[장소], [건물] N1=[장소], [건물])
¶이 길은 저 길과 (서로) 통한다. ↔ 저 길은 이 길과 (서로) 통한다. ↔ 이 길과 저 길은 (서로) 통한다. ¶이 복도는 거실과 바로 통한다.
N0-가 N1-로 V (N0=[장소], [건물] N1=[장소], [건물])
¶이 길은 시내 중심으로 통한다. ¶저 계단은 바로 옥상으로 통한다.
❷(전류나 공기, 물 따위가) 어떤 곳을 지나 다른 곳으로 흘러 옮겨가다. (of electric current, air, water) Flow through a place into another place.
㈜흐르다 ㉤차단되다, 막히다
N1-에 N0-가 V (N0=[추상물](기체, 액체, 전기 따위) N1=[장소], [구체물])
¶다친 부위에 잠시 동안 피가 통하지 않게 해야 한다. ¶여기에 전기가 통하니 조심해라.
❸(말, 문장, 생각 따위가) 논리에 맞고 일관성이

ㅌ

있게 잘 이어지다. (of words, sentence, thought) Be logically valid and consistent.
[유]연결되다, 이해되다, 부합하다 [반]막히다
N0-가 N1-와 (서로) V ↔ N1-가 N0-와 (서로) V ↔ N0-와 N1-가 (서로) V (N0=[추상물](논리, 문맥, 뜻, 내용 따위) N1=[추상물](논리, 문맥, 뜻, 내용 따위))
¶이 논리는 그 논리와 잘 통한다. ↔ 그 논리는 이 논리와 잘 통한다. ↔ 이 논리와 그 논리는 잘 통한다. ¶그의 답안은 내용이 잘 통하지 않아서 읽기 어려웠다. ¶뭔가 앞뒤의 뜻이 전혀 통하지 않는 것 같다.
❹서로 관련성이 있거나 공통점이 존재하다. Have relevance to and something in common with each other.
[유]부합하다, 조화되다, 어울리다
N0-가 N1-와 (서로) V ↔ N1-가 N0-와 (서로) V ↔ N0-와 N1-가 (서로) V (N0=[구체물], [추상물] N1=[구체물], [추상물])
¶미술은 음악과 잘 통한다. ↔ 음악은 미술과 잘 통한다. ↔ 미술과 음악은 잘 통한다. ¶대부분의 종교는 토속 신앙과도 어느 정도 통한다.
❺(생각이나 의사가) 다른 사람에게 잘 전달되고 이해되다. (of thought or intention) Be well-communicated and understood by another person.
[유]이해되다, 소통되다
N0-가 N2-와 N1-가 (서로) V ↔ N2-가 N0-와 N1-가 (서로) V ↔ N0-와 N2-가 N1-가 (서로) V (N0=[인간|단체] N1=[추상물](말, 생각, 마음, 사상 따위) N2=[인간|단체])
¶김 선생님은 학생들과 말이 서로 잘 통한다. ↔ 학생들은 김 선생님과 말이 서로 잘 통한다. ↔김 선생님과 학생들은 말이 잘 통한다. ¶그 부부는 생각이 잘 통하는 것 같다.
❻(어떤 언어가 특정 장소에서) 상호 의사소통의 목적으로 사용되다. (of language) Be available for communicating with each other in a specific place.
[유]소통되다, 이해되다, 사용되다
N0-가 N1-에서 V (N0=[언어] N1=[장소])
¶이 지역에서 한국어가 잘 통한다. ¶영어가 모든 지역에서 다 통하는 것은 아니다.
❼(어떤 일에 대해서) 효력을 가지다. Have an effect on a work.
[유]효력이 미치다
N0-가 N1-(에|에게|에서) V (N0=[구체물], [추상물] N1=[장소], [인간|단체], [현상])
¶요즘은 정치권에 돈이 잘 통하지 않는다고 한다. ¶거짓말이 엄마에게 잘 통하는 것 같지만 다 알고 계신다.
❽(다른 사람에게) 어떤 존재로 알려지다. Be known as a certain being to another person.
[유]알려지다, 간주되다
N0-가 N2-(에게|에서) N1-로 V (N0=[구체물], [추상물] N1=[구체물], [추상물] N2=[인간|단체], [장소])
¶그녀는 친구들에게 마당발로 통하고 있다. ¶창호는 사람들에게 막후 실세로 통한다.
[타]❶(어떤 공간을) 통과하여 이동하다. Move through a certain space.
[유]통과하다, 지나가다
N0-가 N1-를 V (N0=[인간], [구체물], [교통기관] N1=[장소], [구체물])
¶이 버스는 수중 도로를 통해서 이동한다. ¶그 곳은 이런 좁은 길을 통해서만 도착할 수 있다.
※'통해(서) V'와 같은 형태로 많이 사용된다.
❷(어떤 일이) 특정한 사람을 중재나 매개로 이루어지다. (of a work) Be done through the mediation of a particular person.
N0-가 N1-를 V (N0=[현상], [기획사건] N1=[인간|단체])
¶서류 작업은 보통 실무진을 통해 이루어진다. ¶한미 정상 회담은 외교부 장관을 통해 진행되었다.
※'통해(서) V'와 같은 형태로 많이 사용된다.
❸일정한 기간에 걸치다. Span a certain period of time.
[유]지내다[타], 겪다, 경험하다
N0-가 N1-를 V (N0=[인간] N1=[시간], 기간)
¶아이들은 사춘기를 통해 크게 성장한다. ¶우리는 인생을 통해서 많은 실패와 좌절도 느끼기도 한다.
※'통해(서) V'와 같은 형태로 많이 사용된다.
❹어떤 과정이나 경험을 거치다. Go through a certain process or experience.
[유]겪다, 경험하다
N0-가 N1-를 V (N0=[인간] N1=[과정], 경험)
¶학생들은 현장 실습을 통해 기술을 익힌다. ¶사람들은 경험을 통해 많은 것을 배운다.
※'통해(서) V'와 같은 형태로 많이 사용된다.

통합되다
[어원]統合~ [활용]통합되어(통합돼), 통합되니, 통합되고 [대응]통합이 되다
[자](둘 이상의 대상이) 합쳐져 하나가 되다. (of more than two objects) Become one by combining.
[유]연합되다, 통일되다, 합쳐지다 [반]나뉘다, 갈라지다, 분리되다
N0-가 N1-(에|로) V (N0=[집단], [추상물](제도, 정

ㅌ

서, 이론, 내용 따위) N1=[집단], [추상물](제도, 정서, 이론, 내용 따위))
능 통합하다
¶우리 회사는 내년부터 모회사로 통합된다.
¶시민 단체가 정당에 통합되면 변질된다.
N0-가 N1-와 N2-로 V ↔ N1-가 N0-와 N2-로 V ↔ N0-와 N1-가 N2-로 V (N0=[집단], [추상물](제도, 정서, 이론, 내용 따위) N1=[집단], [추상물](제도, 정서, 이론, 내용 따위) N2=[집단], [추상물](제도, 정서, 이론, 내용 따위), 하나)
능 통합하다
¶게임사가 기획사와 한 회사로 통합되었다. ↔ 게임사가 기획사와 한 회사로 통합되었다. ↔ 게임사와 기획사가 한 회사로 통합되었다. ¶유렵의 다양한 화폐가 유로화로 통합되었다.

통합시키다
어원 統合~ 활용 통합시키어(통합시켜), 통합시키니, 통합시키고 대응 통합을 시키다
타 ☞'통합하다'의 오용

통합하다
어원 統合~ 활용 통합하여(통합해), 통합하니, 통합하고 대응 통합을 하다
타 (둘 이상의 대상을) 합쳐서 하나로 만들다. Integrate two or more objects into one.
유 통일하다, 연합하다, 합하다, 합치다 반 나누다, 가르다, 분리하다
N0-가 N1-를 N2-(에|로) V (N0=[인간|단체] N1=[집단], [추상물](제도, 정서, 이론, 내용 따위) N2=[집단], [추상물](제도, 정서, 이론, 내용 따위))
피 통합되다
¶학교는 일본어과를 아시아어문학과에 통합해 버렸다. ¶회사는 몇 개의 부서를 하나로 통합하기 위한 작업에 착수했다.
N0-가 N1-를 N2-와 N3-로 V ↔ N0-가 N2-를 N1-와 N3-로 V ↔ N0-가 N1-와 N2-를 N3-로 V (N0=[인간|단체] N1=[집단], [추상물](제도, 정서, 이론, 내용 따위) N2=[집단], [추상물](제도, 정서, 이론, 내용 따위) N3=[집단], [추상물](제도, 정서, 이론, 내용 따위), 하나)
피 통합되다
¶이사회는 홍보부를 마케팅부와 한 부서로 통합하였다. ↔ 이사회는 마케팅부를 홍보부와 한 부서로 통합하였다. ↔ 이사회는 홍보부와 마케팅부를 한 부서로 통합하였다. ¶정부는 두 종류의 범칙금을 하나로 통합하였다.

통화되다
어원 通話~ 활용 통화되어(통화돼), 통화되니, 통화되고 대응 통화가 되다
자 (어떤 사람이) 다른 사람과 전화기를 통해 말을 주고받을 수 있게 되다. (of a person) Come have a talk with another on the phone.
유 전화되다, 연락되다
N0-가 N1-와 V (N0=[인간] N1=[인간])
¶전화를 건 지 오 분 뒤 고객센터와 통화되었다.
¶아침이 되어서야 담당 직원과 통화되었다.
※ N0는 주로 생략된다.

통화하다
어원 通話~ 활용 통화하여(통화해), 통화하니, 통화하고 대응 통화를 하다
자 (어떤 사람이) 다른 사람과 전화기를 통해 말을 주고받다. (of a person) Have a talk with another on the phone.
유 전화하다, 연락하다
N0-가 N1-와 V ↔ N1-가 N0-와 V ↔ N0-와 N1-가 V (N0=[인간] N1=[인간])
¶어머니는 아들과 하루에 한 번 통화했다. ↔ 아들은 어머니와 하루에 한 번 통화했다. ↔ 어머니와 아들은 하루에 한 번 통화했다. ¶퇴원 소식을 알리기 위해 나는 오후에 아내와 통화했다.

퇴근하다
어원 退勤~ 활용 퇴근하여(퇴근해), 퇴근하니, 퇴근하고 대응 퇴근을 하다
자 (일터에서) 일을 마치고 나오다. Get off work.
유 일을 마치다, 퇴사하다 반 출근하다
N0-가 N1-에서 V (N0=[인간|단체] N1=[장소])
¶아버지는 회사에서 오후 6시에 퇴근하신다.
¶이 시간에는 퇴근하는 회사원이 많아 지하철이 붐빈다.

퇴사하다
어원 退社~ 활용 퇴사하여(퇴사해), 퇴사하니, 퇴사하고 대응 퇴사를 하다
자 (사원이) 일이 끝나 회사에서 나가다. (of an employee)Leave the office after finishing one's work.
유 퇴근하다, 일을 마치다 반 출근하다
N0-가 V (N0=[인간])
¶나는 퇴사한 후 친구를 만나러 명동에 갔다.
¶동료들이 퇴사한 후에도 영호는 혼자 남아서 일을 했다.
자타 (사원이) 다니던 직장을 그만두다. (of an employee) Quit one's job.
유 퇴직하다, 그만두다, 퇴임하다 반 입사하다
N0-가 N1-(에서|를) V (N0=[인간] N1=[기업])
¶내가 알 만한 직원들의 대부분이 회사를 퇴사했다. ¶내가 회사를 퇴사할 당시 나는 임신 중이었다.

퇴색되다
어원 退色~ 활용 퇴색되어(퇴색돼), 퇴색되니, 퇴색되고 대응 퇴색이 되다

ㅌ

자 ☞퇴색하다

퇴색시키다

어원 退色~, 활용 활용 색시키어(퇴색시켜), 퇴색시키니, 퇴색시키고 대응 퇴색을 시키다

타 ❶(빛이나 습기 등이) 사물의 빛이나 색을 바래어 희미해지게 만들다. (of light or moisture) Make the brightness or color of a thing faint and fade.

유 바래게 하다

N0-가 N1-를 V (N0=[빛], [기운](습기 따위), [약] N1=[속성](색깔 따위))

주 퇴색하다

¶직사광선이 차 앞유리에 붙여 둔 작은 인형을 퇴색시켰다. ¶창고의 습기가 널빤지의 색을 퇴색시켰다.

❷(무엇이) 어떤 일을 이전보다 볼품없어지거나 희미해지게 만들다. (of something) Make a work fainter and less attractive than before.

유 약화시키다

N0-가 N1-를 V (N0=[인간], [추상물] N1=[추상물])

주 퇴색하다

¶그가 솔직히 대답하지 않아 국정감사의 의미를 퇴색시켰다. ¶아무리 허름한 옷도 그녀의 미모를 퇴색시키지 못했다.

퇴색하다

어원 退色~ 활용 퇴색하여(퇴색해), 퇴색하니, 퇴색하고 대응 퇴색을 하다

자 ❶(사물의 빛이나 색이) 바래어 희미해지다. (of the brightness or color of a thing) Become faint and faded.

유 바래다, 낡아지다, 희미해지다

N0-가 V (N0=[속성](색깔 따위))

사 퇴색시키다

¶단풍나무들은 겨울이 다가오면서 그 색이 퇴색했다. ¶가구와 벽지들은 낡아 퇴색했지만 깨끗한 집이었다.

❷(어떤 일이) 이전보다 볼품없어지거나 희미해지다. (of a work) Become fainter and less attractive than before.

유 약화되다, 희미해지다

N0-가 V (N0=[추상물])

사 퇴색시키다

¶세월이 흘러 칭기즈칸 친위대의 기상은 퇴색했다. ¶그들은 차례를 지내지 않으면 전통이 퇴색한다고 믿는다.

퇴원시키다

어원 退院~ 활용 퇴원시키어(퇴원시켜), 퇴원시키니, 퇴원시키고 대응 퇴원을 시키다

타 (치료를 받기 위해 병원에 머물던 환자를) 병원에서 나오게 하다. Make a patient who was staying in the hospital exit the hospital.

반 입원시키다

N0-가 N1-를 N2-에 V (N0=[인간], [병원] N1=[인간] N2=[병원])

주 퇴원하다

¶병원비 3천만 원을 낼 길이 막막해 부부는 세 쌍둥이를 퇴원시켰다. ¶가족들은 환자를 마음대로 퇴원시킬 수 없었다.

퇴원하다

어원 退院~ 활용 퇴원하여(퇴원해), 퇴원하니, 퇴원하고 대응 퇴원을 하다

자타 (환자가) 병원에 일정 기간 치료를 받기 위해 머물다 나오다. (of a patient) Exit the hospital after staying there for a certain period.

반 입원하다

N0-가 N1-(를|에서) V (N0=[인간] N1=[병원])

사 퇴원시키다

¶병원에서 퇴원하고 난 후 나는 집에서 요양한다. ¶어머니가 병원을 퇴원하시면 집으로 모실 예정이다.

퇴임하다

어원 退任~ 활용 퇴임하여(퇴임해), 퇴임하니, 퇴임하고 대응 퇴임을 하다

자 (비교적 높은 직책이나 임무 따위에서) 일을 그만 두고 물러나다. Step down from a high office or duty.

유 퇴직하다, 퇴사하다, 물러나다 반 취임하다, 취직하다

N0-가 N1-에서 V (N0=[인간] N1=[인간], [직위])

¶그는 대법원의 대법관으로 10년을 지내다 올해 퇴임했다. ¶송 총장이 결국 비리로 총장직에서 퇴임하고 말았다.

퇴장당하다

어원 退場~ 활용 퇴장당하여(퇴장당해), 퇴장당하니, 퇴장당하고 대응 퇴장을 당하다

자 ❶(다른 사람에 의하여) 어떤 시설이나 장소에서 물러나거나 떠나게 되다. Be forced by another person to leave a place or a facility.

유 내쫓기다, 쫓겨나다

N0-가 N2-에 의해 N1-에서 V (N0=[인간|단체] N1=[장소] N2=[인간|단체])

능 퇴장하다

¶그들은 경비원에 의해 정원에서 퇴장당했다. ¶노숙인 시설에서도 퇴장당한 사람들은 갈 곳이 없다.

❷(선수가 경기 중에) 부상이나 반칙으로 인하여 경기장을 떠나게 되다. (of a player) Leave the arena due to injury or foul during the game.

ㅌ

㉲쫓겨나다
N0-가 N1-에서 V (N0=[인간], 선수 N1=[장소](경기장, 그라운드 따위))
능 퇴장하다
¶퇴장당한 선수는 다음 경기에 출전할 수 없다. ¶핸드볼에서는 잠깐씩 퇴장당하는 선수가 적지 않다.

퇴장시키다
어원 退場~ 활용 퇴장시키어(퇴장시켜), 퇴장시키니, 퇴장시키고 대응 퇴장을 시키다
타 ❶(다른 사람을) 어떤 시설이나 장소에서 물러나거나 떠나게 하다. Force another person to step down from or leave a position.
㉲내쫓다, 물러나게 하다 ㉯입장시키다, 취임시키다
N0-가 N1-를 N2-에서 V (N0=[인간|단체] N1=[인간|단체] N2=[장소])
주 퇴장하다
¶관리원은 소란스러운 아이들을 박물관에서 퇴장시켰다. ¶경찰은 구경하는 사람들을 현장에서 퇴장시키려고 했다.
❷(선수를 경기 중에) 부상이나 반칙으로 인하여 경기장을 떠나게 하다. Make a player leave the arena due to foul or injury during the game.
N0-가 N1-를 N2-에서 V (N0=[인간](심판 따위), 선수 N1=[인간], 선수 N2=[장소](경기장, 그라운드 따위))
주 퇴장하다
¶심판은 반칙을 범한 선수를 경기장에서 퇴장시켰다. ¶그는 위험한 태클로 상대 선수를 다치게 해 퇴장시킨 적이 있다.

퇴장하다
어원 退場~ 활용 퇴장하여(퇴장해), 퇴장하니, 퇴장하고 대응 퇴장을 하다
자 ❶(어떤 시설이나 장소에서) 물러나거나 떠나다. Step down from or leave a position.
㉯등장하다, 입장하다
N0-가 N1-에서 V (N0=[인간|단체] N1=[장소])
피 퇴장당하다 사 퇴장시키다
¶경기가 끝나자 사람들이 한꺼번에 관중석에서 퇴장했다. ¶공연장에서 관객들이 퇴장하자 그는 고독을 느꼈다.
❷회의가 끝나기 전에 회의 장소에서 떠나다. Leave a meeting room before the meeting ends.
㉲퇴석하다 ㉯입장하다, 입실하다
N0-가 N1-에서 V (N0=[인간|단체] N1=[장소](회의장, 회담장 따위))
¶일부 의원들은 표결 결과에 불만을 품고 회의장에서 퇴장했다. ¶아무리 그래도 회의 중간에 퇴장하는 경우가 어디 있나?
❸(무대에서) 배우가 무대 밖으로 물러나다. (of actor or actress) Leave a stage.
㉲물러나다, 나가다 ㉯등장하다
N0-가 N1-에서 V (N0=[인간] N1=[장소](무대, 스테이지 따위))
¶연극이 끝나고 배우들이 무대에서 퇴장했다. ¶소년이 퇴장하자마자 무용수들이 무대에 등장했다.
❹(선수가 경기 중에) 부상이나 반칙으로 인하여 경기장을 떠나다. (of a player)Leave the arena due to injury or foul during the game.
㉯등장하다, 참가하다
N0-가 N1-에서 V (N0=[인간], 선수 N1=[장소](경기장, 그라운드 따위))
피 퇴장당하다 사 퇴장시키다
¶경고 누적으로 퇴장한 선수는 대기석에 앉을 수 없다. ¶중심 타자가 부상으로 퇴장해서 팀이 어려움을 겪고 있다.
❺(유력했던 세력이나 인물이) 힘을 잃고 사라지거나 물러나다. (of a once influential force or person) Resign or disappear after losing influence.
㉲그만두다, 떠나다 ㉯등장하다
N0-가 V (N0=[인간|단체], [사조])
¶회장님은 이제 사업 일선에서 퇴장하셨다. ¶어떤 세력이든지 등장할 때가 있으면 언젠가 퇴장하는 법이다.

퇴직하다
어원 退職~ 활용 퇴직하여(퇴직해), 퇴직하니, 퇴직하고 대응 퇴직을 하다
자타 (기관이나 회사에서) 어떤 직위에 있다가 물러나다. Leave one's post at an organization or a firm.
㉲퇴임하다, 퇴사하다 ㉯취직하다, 취임하다
N0-가 N1-(에서|를) N2-로 V (N0=[인간] N1=[기업], [기관] N2=[직위])
¶남편은 20년 동안 다니던 직장에서 부장으로 퇴직했다. ¶민수는 중앙부처에서 과장으로 퇴직하고 새로운 사업을 시작했다. ¶윤 차장은 은행에서 퇴직한 후 사업을 시작했다.

퇴출당하다
어원 退出~ 활용 퇴출당하여(퇴출당해), 퇴출당하니, 퇴출당하고 대응 퇴출을 당하다
자 ☞ 퇴출되다

퇴출되다
어원 退出~ 활용 퇴출되어(퇴출돼), 퇴출되니, 퇴출되고 대응 퇴출이 되다
자 (사람이) 직장이나 단체에서 강제로 내보내지

다. Be forced out of his or her work or organization.
㊌해고되다, 해임되다, 해직되다, 쫓겨나다
N0-가 N1-에서 V (N0=[인간] N1=[단체], [장소](회사, 직장 따위), 직책 따위)
능 퇴출하다
¶비리에 휩싸인 검사는 검찰에서 퇴출되었다. ¶불성실한 근무로 그는 회사에서 곧 퇴출될 것이다. ¶봉사자들이 비영리단체에서 퇴출된 사례는 아직 없다.

퇴출시키다
어원 退出~ 활용 퇴출시켜, 퇴출시키니, 퇴출시키고
대응 퇴출을 시키다
타 ☞ '퇴출하다'의 오용

퇴출하다
어원 退出~ 활용 퇴출하여(퇴출해), 퇴출하니, 퇴출하고 대응 퇴출을 하다
타 (사람이) 다른 사람을 직장이나 단체에서 강제로 내보내다. Force a person out of his or her work or organization.
㊌해임하다, 해고하다, 해직시키다, 쫓아내다
N0-가 N1-를 N2-에서 V (N0=[인간|단체] N1=[인간|단체] N2=[단체], [장소](회사, 직장 따위), [직책])
피 퇴출되다
¶사장은 여자 직원에게 성희롱을 한 박 과장을 회사에서 퇴출했다. ¶이사장은 총무이사를 이사직에서 퇴출할 예정이다. ¶무능한 정치인을 정당에서 퇴출하는 작업이 한창이다.

투덜거리다
활용 투덜거리어(투덜거려), 투덜거리니, 투덜거리고
자 (기대에 미치지 못하거나 못마땅하여) 중얼거리듯이 불평하다. (of a person) Mumble complaints because something didn't meet one's expectation or satisfaction.
㊌불평하다 ㊇말하다
N0-가 N1-에 대해 S고 V (N0=[인간] N1=[현상], [행위], [언어], [인간])
¶그 사람은 회사가 마음에 들지 않는다고 나에게 투덜거렸다. ¶나는 축구 중계가 편파적이라고 주위 사람들에게 투덜거렸다. ¶사람들은 그가 연기력이 좋지 않다고 투덜거렸다.

투덜대다
활용 투덜대어(투덜대), 투덜대니, 투덜대고
자 ☞ 투덜거리다

투사되다 I
어원 投射~ 활용 투사하여(투사해), 투사하니, 투사하고 대응 투사를 하다
자 ❶빛이 물체에 비치다. (of a beam of light) Be thrown on to an object.
㊌빛이 비치다
N0-가 N1-에 V (N0=빛, 광선 따위 N1=[구체물], [장소])
능 투사하다I
¶물에 빛이 투사되면 빛이 꺾여 보인다. ¶어두운 지하실에 불빛이 투사되면 잘 보일 것이다. ¶프로젝터를 통해 어두운 공간에 뿌연 빛이 투사되기 시작한다.
❷ 【심리】 자신의 감정이나 생각이 다른 사람에게 전가되거나 전이되다. (of one's own feeling or thought) Be shifted on to, or passed on to, someone else.
㊌전이되다, 전가되다
N0-가 N1-에 V (N0=[감정](불안, 열등감 따위) N1=[인간])
¶미디어의 영향으로 타인들에게 흔히 불안감이 투사되고 있다. ¶요즘 분노가 불특정 다수에 투사되고 있어 갈등이 심해진다.

투사되다 II
어원 透射~ 활용 투사되어(투사돼), 투사되니, 투사되고 대응 투사가 되다
자 빛이 물체에 비치어 그것을 뚫고 지나가다. (of a beam of light) Be shone on to an object, penetrating it.
㊌투과하다
N0-가 N1-에 V (N0=빛, 광선 따위 N1=[구체물], [장소])
능 투사하다II
¶다친 다리에 엑스 광선이 투사되면 금간 부분이 찍힌다. ¶어두운 벙커에 불빛이 뿌옇게 투사되고 있었다.

투사되다 III
어원 透寫~ 활용 투사되어(투사돼), 투사되니, 투사되고 대응 투사가 되다
자 물체에 빛이 비춰 그림자나 영상이 비치다. Create a shadow or an image, with the light shining on an object.
㊌투영되다, 비치다
N0-가 N1-에 V (N0=[구체물] N1=[구체물], [장소])
능 투사하다III
¶프로젝트를 통해 스크린에 발표 자료가 투사될 것이다. ¶이 필름이 벽면에 투사되면 그들의 비밀 활동을 볼 수 있다. ¶이 영사기기를 사용하면, 다큐필름이 스크린에 잘 투사될 것이다.

투사하다 I
어원 投射~ 활용 투사하여(투사해), 투사하니, 투사하고 대응 투사를 하다
타 ❶(사람이나 기기가) 빛을 물체에 비추다. (of a person or an equipment) Shine the light on

an object.
㈜빛을 비추다
N0-가 N1-를 N2-에 V (N0=[인간], [기기](프로젝터, 전등 따위) N1=빛, 광선 따위 N2=[구체물], [장소])
피 투사되다I
¶물에 빛을 투사하면 빛이 꺾여 보인다. ¶어두운 지하실에 불빛을 투사해서 잘 조사해라. ¶프로젝터가 어두운 공간에 뿌연 빛을 투사하기 시작한다.
❷【심리】(사람이) 다른 사람도 자신의 감정이나 생각을 갖는 것으로 상상하여 다른 사람에게 이를 전가시키다. Shift one's own feeling or thought on to others, imagining that they share it.
㈜전이하다, 전가시키다
N0-가 N1-를 N2-에 V (N0=[인간] N1=[감정](불안, 열등감 따위) N2=[인간])
피 투사되다I
¶현대인들은 미디어를 보고서 타인들에게 흔히 불안감을 투사한다. ¶분노를 불특정 다수에 투사하는 것이 정치인들의 노림수이다.

투사하다II

어원 透射~ 활용 투사하여(투사해), 투사하니, 투사하고 대응 투사를 하다
타 빛이 물체에 빛을 비춰 그것을 뚫고 지나가게 하다. Make a beam of light penetrate an object by shining it thereon.
㈜투과시키다
N0-가 N1-를 N2-에 V (N0=[인간] N1=빛, 광선 따위 N2=[구체물], [장소])
피 투사되다II
¶다친 다리에 엑스 광선을 투사하면 금간 부분이 찍힌다. ¶어두운 벙커에 불빛을 투사해서 잘 조사해라.

투사하다III

어원 透寫~ 활용 투사하여(투사해), 투사하니, 투사하고 대응 투사를 하다
타 물체에 빛을 비춰 그림자나 영상이 비치게 하다. Shine light on an object, creating a shadow or an image.
㈜투영하다, 비치게 하다, 비추다II
N0-가 N1-를 N2-에 V (N0=[인간], [기기](프로젝터 따위) N1=[구체물] N2=[구체물], [장소])
피 투사되다III
¶발표자가 프로젝트로 스크린에 발표 자료를 투사해 본다. ¶이 필름을 벽면에 투사하면 그들의 비밀활동을 볼 수 있을 것이다. ¶이 프로젝터는 사진자료를 스크린에 잘 투사할 것이다.

투숙하다

활용 투숙하여(투숙해), 투숙하니, 투숙하고 대응 투숙을 하다
자 여관이나 호텔 따위의 숙박 시설에 들어서 머무르다. Enter an accommodation such as a hotel and stay.
㈜숙박하다, 잠자다
N0-가 N1-에 V (N0=[인간] N1=[건물](여관 따위))
¶공연을 하러 온 여자들은 이 호텔에 투숙했다. ¶우리 일행은 터미널 부근에 있는 여관에 투숙했다. ¶학생들은 마을 인근의 한 펜션에 투숙했다.

투신하다

어원 投身~ 활용 투신하여(투신해), 투신하니, 투신하고 대응 투신을 하다
자 ❶(어떤 직업, 분야, 일 따위에) 몸을 바쳐 열심히 일하다. Dedicate oneself to a job, an area, or a work.
㈜헌신하다, 종사하다
N0-가 N1-에 V (N0=[인간] N1=[분야], [단체])
¶그는 나라를 사랑하는 마음으로 교육계에 투신했다. ¶박 대표는 국산 의료기기 발전을 깨닫고 의료 산업에 투신했다.
❷(사람이) 목숨을 끊기 위하여 몸을 위에서 아래로 던지다. (of a person) Throw oneself in order to kill oneself.
㈜뛰어내리다, 몸을 던지다, 자살하다
N0-가 N1-에 V (N0=[인간] N1=[장소])
¶수사를 받던 기업 대표가 영장 실질 심사를 앞두고 바다에 투신했다. ¶노숙자들이 지하철에 투신하는 사고가 발생했다.

투약하다

어원 投藥~ 활용 투약하여(투약해), 투약하니, 투약하고 대응 투약을 하다
타 (환자에게) 약을 처방에 따라 만들어서 주거나 쓰다. (of a person) Write a patient a prescription or dispense medicine according to the prescription.
㈜약을 주다, 투여하다
N0-가 N1-를 N2-(에|에게) V (N0=[인간] N1=[약] N2=[인간|동물])
¶범인은 정량보다 네 배나 많은 약을 자신에게 투약했다. ¶의료진은 백신을 전염병 환자들에게 투약했다. ¶간호사는 시약을 환자들에게 투약했다.

투여되다

어원 投與~ 활용 투여되어(투여돼), 투여되니, 투여되고 대응 투여가 되다
자 ❶(약이나 주사제 따위가) 사람에게 주사되거나 복용되다. (of a medicine or an injection) Be injected or administered.
㈜투약되다, 복용되다
N0-가 N1-에게 V (N0=[약](치료제, 마취제, 영양제

ㅌ

따위) N1=[인간], [동물], [식물])
[능]투여하다
¶환자에게 정해진 분량의 약이 투여되었다. ¶진정제가 투여되자 그의 발작이 조금 줄어들었다. ¶영양제가 투여된 식물들이 조금씩 회생하고 있다.
❷(인력이나 자금, 노력 따위가) 어떤 일에 투입되어 사용되다. (of manpower, money, effort, etc.) Be put into something and used.
[유]투입되다
N0-가 N1-에 V (N0=[금전], [추상물](노력, 인력 따위) N1=[작업], [행위], [작품])
[능]투여하다
¶경기 부양책에 막대한 자금이 투여되고 있다. ¶이 한 권의 책은 여러 사람의 노력과 경험이 투여된 것이다.

투여하다

[어원]投與~ [활용]투여하여(투여해), 투여하니, 투여하고 [대응]투여를 하다
[타]❶(어떤 사람에게) 약이나 주사제 따위를 주사하거나 복용시키다. Inject or make someone consume medicine or drug injections.
[유]투약하다, 복용시키다
N0-가 N2-에게 N1-를 V (N0=[인간] N1=[약](치료제, 마취제, 영양제 따위) N2=[인간], [동물], [식물])
[피]투여되다
¶의사는 환자에게 새로운 약을 투여했다. ¶간호사는 심한 통증을 호소하는 나에게 바로 진정제를 투여했다. ¶그들은 포로들에게 강제로 미약을 투여해서 감금했다.
❷(어떤 일에) 인력이나 자금, 노력 따위를 들여 사용하다. Incorporate and use human resource, fund, or efforts for some task.
[유]투입하다, 들이다[1], 사용하다
N0-가 N2-에 N1-를 V (N0=[인간] N1=[금전], [추상물](노력, 인력 따위) N2=[작업], [행위], [작품])
[피]투여되다
¶정부는 세수 확보에 온 인력을 투여했다. ¶창호는 새로운 작품에 자신의 모든 역량을 투여했다고 말했다.

투영되다

[어원]投影~ [활용]투영되어(투영돼), 투영되니, 투영되고 [대응]투영이 되다
[자]❶(그림자나 영상이) 어떤 물체에 닿아 보이게 되다. (of shadow or image)Become visible by touching something.
[유]비치다I
N0-가 N1-에 V (N0=[구체물] N1=[구체물])
[능]투영하다
¶물체의 그림자가 벽면에 투영되었다. ¶구름의 모습이 연못에 투영되고 있었다.
❷(어떤 현상이나 원리가) 다른 것에 비추어 짐작할 수 있도록 나타나다. (of phenomenon or principle) Appear to be conjecturable in light of something else.
[유]비치다I, 반영되다
N0-가 N1-에 V (N0=[추상물], [현상] N1=[추상물], [현상])
[능]투영하다
¶소설에는 당대의 분위기가 잘 투영되어 있다. ¶조각가는 내면의 의식이 투영된 작품을 만든다.

투영시키다

[어원]投影~[활용]투영시키어(투영시켜), 투영시키니, 투영시키고 [대응]투영을 시키다
[타]☞'투영하다'의 오용

투영하다

[어원]投影~[활용]투영되어(투영돼), 투영되고, 투영되니 [대응]투영이 되다
[타]❶(그림자나 영상을) 어떤 물체에 닿아 보이게 하다. Touch (something) and make (shadow or image) visible.
[유]비치게 하다, 비추다II
N0-가 N1-를 N2-에 V (N0=[인간] N1=[구체물] N2=[구체물])
[피]투영되다
¶영사 기사가 스크린에 영상을 투영하였다. ¶그림자를 벽면에 투영하여 인형극을 만들 수 있다. ¶그 행위예술가는 방안 곳곳에 갖가지 모양의 영상을 투영하였다.
❷(어떤 현상이나 원리를) 짐작할 수 있도록 나타내다. Show (certain phenomena or principle) so it can be understood.
[유]반영하다
N0-가 N1-를 V (N0=[구체물], [현상] N1=[추상물], [현상])
[피]투영되다
¶높은 자살률은 우리 사회의 불안을 투영한다. ¶교통 사고율은 운전자들의 안전 불감증을 투영한 것이다.

투입되다

[어원]投入~[활용]투입되어(투입돼), 투입되니, 투입되고 [대응]투입이 되다
[자]❶(사람이나 물건, 돈 따위가) 필요한 곳에 쓰이도록 제공되다. (of person, object, money, etc.) Be used on a necessary thing.
[유]투여되다, 사용되다
N0-가 N1-에 V (N0=[인간|단체], [자본], [구체물] N1=[장소], [사건])

[ㅌ]

능투입하다
¶새로 개발된 무기가 이번 전쟁에 투입된다고 한다. ¶많은 지원금과 물자가 재해 지역에 투입되었다.
❷(기계 안에) 돈 따위가 넣어지다. (of money, etc.) Be put inside the machine.
㊌들어가다I자
N0-가 N1-에 V (N0=돈, 동전 따위 N1=[기계](자판기 따위), 투입구)
능투입하다
¶자판기에 돈이 투입되자 곧 커피가 나왔다.
¶자판기에 찌그러진 동전은 투입되지 않는다.

투입하다
어원投入~활용투입하여(투입해), 투입하니, 투입하고 대응투입을 하다
타❶(사람이나 물건, 돈 따위를) 필요한 곳에 쓰이게 제공하다. Use someone, object, money, etc., on a necessary thing.
㊌투여하다, 보내다[1], 파견하다
N0-가 N2-에 N1-를 V (N0=[인간] N1=[인간|단체], [자본], [구체물] N2=[장소], [사건])
피투입되다
¶군은 접전 지대에 추가 병력을 투입했다. ¶그들은 수색이 어려운 지대에 정찰 헬리콥터를 투입하였다.
❷(기계 안에) 돈 따위를 넣다. Put money, etc., inside the machine.
㊌넣다[1], 집어넣다
N0-가 N2-에 N1-를 V (N0=[인간] N1=돈, 동전 따위 N2=[기계](자판기 따위), 투입구)
피투입되다
¶영희는 겨우 찾은 투입구에 동전을 투입했다.
¶성규는 자판기에 가짜 돈을 투입하려 했다.

ㅌ

투자되다
어원投資~활용투자되어(투자돼), 투자되니, 투자되고 대응투자가 되다
자(어떤 일을 이루는 데에) 돈이나 노력이 들어가다. (of effort or money) Be spent on achieving a work.
㊌투입되다
N0-가 N1-에 V (N0=[금전], [시간], [행위], 노력 등 N1=[추상물], [현상])
능투자하다
¶사업이 큰 적자가 나서 사업에 투자된 비용을 회수할 수 없게 되었다. ¶공부는 노력이 투자된 만큼 성과를 얻을 수 있다.

투자하다
어원投資~활용투자하여(투자해), 투자하니, 투자하고 대응투자를 하다
타(이익을 얻기 위한 목적으로 어떤 일이나 사업에) 돈을 대거나 시간이나 정성을 들이다. Provide money or exert one's time or energy to do work or business in order to profit.
㊌투입하다, 들이다, 사용하다, 퍼붓다
N0-가 N1-를 N2-에 V (N0=[인간|단체] N1=[추상물](돈, 시간, 정성 따위) N2=[사건](사업, 교육 따위), [추상물](증권, 부동산 따위))
피투자되다
¶정부는 고속도로 건설에 막대한 예산을 투자했다. ¶철호는 이번 작업에 많은 시간을 투자했다.
¶이렇게 많은 정성과 시간을 투자해도 실패할 수 있다.

투쟁하다
어원鬪爭~활용투쟁하여(투쟁해), 투쟁하니, 투쟁하고 대응투쟁을 하다
자(어떤 것을 쟁취하기 위해) 그것을 방해하는 세력에 대항하여 결연히 싸우다. Fight.
㊌싸우다, 맞서다
N0-가 N1-와 V (N0=[인간|단체] N1=[인간|단체], [구체물], [추상물])
¶언론은 자유와 정의의 편에서 독재와 투쟁한다.
¶인류는 포식자에 대한 공포와 투쟁하며 살아왔다.
N0-가 V (N0=[인간|단체])
¶간디는 영국의 인도인 차별 정책에 맞서 투쟁하였다.
※'~에 맞서 투쟁하다'의 형식으로 많이 쓰인다.

투정하다
어원妬情~활용투정하여(투정해), 투정하니, 투정하고 대응투정을 하다
자(다른 사람에게) 무엇이 모자라거나 마음에 들지 않는다고 불평하거나 떼쓰다. Complain to or nag another person on the grounds that something is lacking or unsatisfactory.
㊌떼를 쓰다, 불평하다, 투덜거리다
N0-가 S고 N1-에게 V (N0=[인간] N1=[인간])
¶동생은 가요를 틀어달라고 오빠에게 투정했다.
¶아내는 내가 늦게 들어온다고 투정하는 법이 없었다.
타(어떤 물건이나 상황 따위를) 마음에 들어하지 않고 불평하거나 떼쓰다. Complain or nag, disliking a thing or a situation.
㊌불평하다, 떼를 쓰다
N0-가 N1-를 N2-에게 V (N0=[인간] N1=[모두] N2=[인간])
¶외로운 사람들은 다른 사람들에게 외로움을 투정하지 않는다. ¶종희 언니는 어려운 환경을 투정하지 않고 남을 배려할 줄 안다.

투항하다

어원 投降~ 활용 투항하여(투항해), 투항하니, 투항하고 대응 투항을 하다
자 (전시 상황에서) 적에게 항복하다. Yield to the enemy in a war.
㊌항복하다, 굴복하다 ㊉저항하다, 싸우다
N0-가 N1-(에|에게|로) V (N0=[인간|단체] N1=[인간|단체], [장소])
¶그는 포위되자 바로 총을 버리고 적군에게 투항하였다. ¶후백제는 고려에 결국 투항하고 말았다.

퉁기다

활용 퉁기어(퉁겨), 퉁기니, 퉁기고
자타 ❶(탄성을 가진 물체가) 외부의 힘에 의해 튀며 움직이다. (of elastic matter) Bounce due to an external force.
㊌튀다
N0-가 V (N0=[구체물])
¶버스가 급정거하는 바람에 서 있던 사람들이 앞으로 퉁겼다. ¶기타의 현이 퉁기는 소리가 났다. ¶전축에서 바늘이 퉁기는 소리가 났다.
❷(탄성을 가진 물체를) 힘을 주어 튀며 움직이게 하다. Make an elastic matter bounce using force.
㊌튕기다타, 튀기다I타, 튀게 하다
N0-가 N1-를 V ↔ N1-가 V (N0=[인간] N1=[구체물])
¶철수는 바닥에 공을 퉁겼다. ↔ 바닥에 공이 퉁겼다. ¶나는 엄지와 검지를 퉁겨 소리를 냈다.

튀기다 I

활용 튀기어(튀겨), 튀기니, 튀기고
자 (공 따위가) 땅이나 벽 따위에 세게 맞아 그 탄력으로 되돌아오다. (of a ball) Slam powerfully into the ground or wall and return to one using that elasticity.
㊌튀어나오다, 튕기다자
N0-가 N1-에 V (N0=[구체물](공 따위) N1=[공간](땅, 벽 따위))
¶테니스공이 라켓에 빗맞아 튀겨 나갔다. ¶투수가 던진 공이 땅에 튀기자 포수는 그것을 잡았다.
타 ❶(공 따위를) 땅이나 벽 따위에 세게 쳐서 탄력으로 다시 되돌아오게 만들다. Slam a ball hard into the ground or wall and make the ball return using that elasticity.
㊌튀게 하다, 튕기다타
N0-가 N2-에 N1-를 V ↔ N1-가 N2-에 V (N0=[인간] N1=[구체물](공 따위) N2=[공간](땅, 벽 따위))
주 튀다
¶아름이가 벽에 고무공을 튀겼다. ↔ 고무공이 벽에 튀겼다. ¶예솔이는 농구공을 튀기며 골대를 향해 갔다.
❷(액체나 불꽃 따위를) 세게 자극하여 갑자기 흩어지게 하다. Powerfully stimulate liquid or fire to make it scatter suddenly.
㊌튀게 하다
N0-가 N2-(에게|로) N1-를 V (N0=[인간], 모닥불 따위 N1=[구체물](물, 침, 불꽃 따위) N2=[구체물], [공간])
주 튀다
¶버스가 사람들에게 진흙탕 물을 튀기며 지나갔다. ¶솔희는 내 얼굴에 침을 튀기며 지난 일을 이야기했다.
◆ **불꽃을 튀기다** (둘 이상의 대상들 사이에) 경쟁이 치열하고 심해지다. (of competition) Become fierce and severe between two or more objects.
N0-의 N1-가 Idm (N0=[인간|단체] N1=[행위](싸움), [논쟁] 따위)
¶파라과이와 스페인의 2위 쟁탈전은 불꽃을 튀길 전망이다. ¶존엄사 논쟁이 불꽃을 튀길 것으로 본다.
◆ **눈에 불꽃을 튀기다** 치열하게 정신을 집중하다. Fiercely concentrate one's mind.
N0-가 Idm (N0=[인간|단체])
¶선수들은 눈에 불꽃을 튀기며 경기에 임했다. ¶학생들은 정답을 맞히려고 눈에 불꽃을 튀겼다.

튀기다 II

활용 튀기어(튀겨), 튀기니, 튀기고
타 ❶(사람, 물건 따위를) 손가락으로 세게 치다. Powerfully hit a person or object with one's finger.
㊌튕기다타, 퉁기다
N0-가 N1-를 V (N0=[인간] N1=[구체물])
¶이 부장은 명함을 손가락으로 튀기며 초조하게 앉아 있었다. ¶소년은 고무줄을 튀겨서 공중으로 날렸다.
❷(현악기를) 손가락으로 쳐서 소리를 내다. Produce sound by flicking a string instrument with one's fingers.
㊌뜯다I, 연주하다, 튕기다타, 퉁기다
N0-가 N1-를 V (N0=[인간] N1=[현악기])
¶소녀들이 가야금을 튀기면서 연주하는 모습이 아름답다.
❸(주판알 따위를) 손가락으로 밀어 올리고 내리면서 계산하다. Calculate by flicking beads on the abacus up and down with one's finger.
㊌튕기다타, 굴리다
N0-가 N1-를 V (N0=[인간] N1=[구체물](주판알 따위))
¶60년대에 사람들은 주판알을 튀기면서 셈을 했다. ¶가게 주인은 열심히 주판알을 튀기며 계산

을 하고 있었다.

튀기다Ⅲ

활용 튀기어(튀겨), 튀기니, 튀기고

타 ❶(음식 재료 따위를) 끓는 기름에 넣어 익히다. Cook food by putting it in boiling oil.

㊤기름에 익히다 ㊦조리하다

N0-가 N2-에 N1-를 V (N0=[인간] N1=[음식물] N2=기름, 식용유 따위)

¶아주머니는 방금 기름에 바삭 튀긴 춘권요리를 내왔다. ¶그는 기름에 튀긴 닭고기를 먹기만 하면 속이 안 좋다.

❷(음식 재료 따위를) 기름을 두른 프라이팬 위에서 익히다. Cook food on an oiled frying pan.

㊤익히다 ㊦조리하다

N0-가 N1-를 V (N0=[인간] N1=[음식물])

¶어머니는 프라이팬에 생선을 튀겨 딸에게 주었다.

❸(쌀, 옥수수 따위에) 열이나 압력을 가해 부풀려 익히다. Cook and puff rice or corn by applying heat or pressure.

㊤익히다 ㊦조리하다

N0-가 N1-를 V (N0=[인간] N1=[음식물](쌀, 옥수수 따위))

¶우리는 쌀을 튀겨서 강정을 만든다. ¶팝콘은 옥수수를 튀긴 것이다.

❹(쌀, 옥수수 따위의 재료에) 열이나 압력을 가해 부풀려 요리하다. Cook by puffing ingredients such as rice or corn through application of heat or pressure.

㊤굽다, 익히다, 뻥튀기하다 ㊦조리하다, 요리하다

N0-가 N1-를 V (N0=[인간] N1=[음식](박상, 강정, 팝콘 따위))

¶옥수수에 구멍을 내어 전자레인지에 팝콘을 튀긴다. ¶명절에 아낙네들이 큰 무쇠 솥에 강정을 튀기곤 했다.

N0-가 N2-로 N1-를 V (N0=[인간] N1=[음식](박상, 강정, 팝콘 따위) N2=[음식물](쌀, 옥수수 따위의 재료))

¶쌀로 강정을 튀긴다. ¶옥수수로 팝콘을 튀긴다.

튀다

활용 튀어, 튀니, 튀고

자 (공이) 튕겨져 솟아오르다. (of a ball) Bounce and rise.

㊤튀어 오르다

N0-가 V (N0=공)

사 튀기다Ⅰ

¶잔디 위에서는 공이 잘 튀지 않는다. ¶축구공이 통통 튀어서 연못 속에 풍덩 빠졌다.

❷(액체나 작은 물체 따위가) 어떤 힘을 받아 어디로 세차게 튕겨지거나 흩어지다. (of liquid, small matter, etc.) Powerfully bounce or scatter to somewhere after receiving a certain force.

㊤튕기다자

N0-가 N1-(로|에게로) V (N0=[액체], 돌, 파편, 불씨, 불꽃 따위 N1=[인간], [방향], [구체물])

사 튀기다Ⅰ

¶파편이 사방으로 튀었다. ¶금방 불티가 사방으로 튈 듯이 보였다. ¶돌이 아이에게로 튀어 아이가 다칠 뻔 했다.

N0-가 N1-(에|에게) V (N0=[인간], [구체물], [신체부위] N1=[액체], 돌, 불꽃 따위)

¶김 씨 얼굴에 빗물이 튀었다. ¶원피스 자락에 흙탕물이 튀어 있었다.

❸(레코드판이나 CD 따위가) 튕겨지면서 소리가 끊기다. (of record, CD, etc.) Slip and stop sound.

N0-가 V (N0=레코드판, 콤팩트디스크 따위)

¶내가 가장 좋아하는 부분에서 레코드판이 튀었다.

❹(사람이나 사물의 모양이나 색, 태도 따위가) 다른 대상들에 비해 훨씬 더 두드러지다. (of a person or an object's shape, color, attitude, etc.) Stand out.

㊤두드러지다, 부각되다, 눈에 띄다

N0-가 V (N0=[인간], [구체물], [추상물](색, 성격 따위), [행위](행동))

¶그 넥타이 색은 튈 수밖에 없었다. ¶너무 두드러지게 튀어서 좋을 게 뭐 있대요.

❺붙잡히지 않을 곳으로 도망치듯 달아나다. Run away to some place.

㊤달아나다, 도망치다, 도주하다

N0-가 N1-로 V (N0=[인간]N1=[장소], [방향])

¶주인이 부도를 내고 외국으로 튀었다. ¶사기꾼을 잡으러 갔더니 벌써 어디로 튀었더라.

※ 속되게 쓰인다.

◆ **불꽃(이) 튀다**

❶겨루는 모습이나 경쟁이 치열하다. (of competition or scuffle) Be extremely fierce.

N0-가 Idm (N0=[인간|단체])

¶두 팀의 경기는 경기 초반부터 불꽃이 튀었다. ¶두 사람은 이어진 자유 토론에서는 불꽃이 튀었다.

❷(눈에서) 격한 감정이 드러나 보이다. (of an intense feeling) Reveal itself in one's eyes.

N0-가 N1-에서 Idm (N0=[인간] N1=눈, 눈빛)

¶우리의 눈이 마주친 순간 눈에서 불꽃이 튀었다. ¶그를 지켜보던 철수의 눈빛에서 불꽃이 튀었다.

◆ **불똥이 튀다** (안 좋은 사건이나 일의 결과가) 엉뚱한 사람에게 영향을 미치어 화를 입히다. (of results from an unfortunate accident or a task) Influence and cause damages to someone totally unrelated.

No-(에 | 에게) Idm (No=[인간|단체], [분야])
¶그는 자신에게 불똥이 튈까봐 전전긍긍했다. ¶문화계에도 금융 실명제의 불똥이 튀고 있다.

튀어나오다[1]

활용 튀어나와, 튀어나오니, 튀어나오고

자 ❶(사람이나 동물이) 보이지 않는 곳에서 보이는 곳으로 갑자기 나타나다. (of a person or an animal) Appear suddenly from a blind area.
㊴출현하다, 출몰하다
No-가 N1-에서 N2-로 V (No=[인간|동물] N1=[장소] N2=[장소])
¶아이가 골목에서 갑자기 차도로 튀어나왔다. ¶겨울에는 숲에서 야생동물이 많이 튀어나온다.

❷(물체가) 좁은 공간에서 바깥으로 갑자기 나타나다. (of a matter) Emerge suddenly from a tiny space.
㊴나타나다 ㊷나오다[1]
No-가 N1-에서 N2-로 V (No=[구체물] N1=[장소], [구체물](상자 따위) N2=[장소])
¶손잡이를 돌리자 인형이 상자에서 튀어나왔다. ¶막혀 있던 수도를 뚫으니 호스에서 물이 튀어나왔다.

❸(물체의 일부가) 겉으로 불거져 나오다. (of part of matter) Bulge.
㊴솟아오르다, 불거지다
No-가 N1-에서 V (No=[구체물] N1=[구체물])
¶그는 사춘기가 되었는지 얼굴에 여드름이 튀어나왔다. ¶손수건이 주머니에서 튀어나와 있었다.

튀어나오다[2]

활용 튀어나와, 튀어나오니, 튀어나오고

기능 어떤 행위가 갑자기 겉으로 나타나는 것을 의미하는 기능동사 A support verb indicating that an act suddenly comes to light.
㊴나오다[2]
Npr-가 No-에서 V (Npr=[비난], [욕설], No=입)
¶너무 화가 나서 입에서 욕이 튀어나왔다. ¶사람들의 입에서 저마다 퉁명스러운 목소리가 튀어나왔다.

튕기다 I

활용 튕기어(튕겨), 튕기니, 튕기고

자 ❶(탄력 있는 물체가) 다른 물체에 세게 부딪거나 강한 힘을 받아 튀어 나오다. (of elastic matter) Bounce after striking another matter strongly or getting a strong force in a moment.
㊴튀다, 튀어오르다
No-가 V (No=[구체물])
¶지호가 떨어뜨린 지우개가 바닥에 튕겼다. ¶그가 던진 돌이 벽에 맞고 튕겨 나왔다.

❷(외부 힘으로 변형된 물체가) 순간적으로 본래의 모양이나 방향으로 돌아가다. (of matter modified by external force)Get back its original shape or direction in a moment as the external force disappears.
㊴튀다
No-가 V (No=[구체물])
¶누르고 있던 용수철이 튕겼다. ¶한껏 늘였던 고무줄이 멀리까지 튕겨 나갔다.

❸(액체가) 순간적으로 힘을 받고 방울지어 퍼지다. (of liquid) Spread in drops after getting force in a moment.
㊴튀어오르다, 퍼지다
No-가 V (No=[액체], [분비물])
¶폭포 근처에 가니 물이 튕겼다. ¶그는 핏방울이 튕기는 전쟁터에 있었다. ¶빗길에 흙탕물이 튕겨 옷을 버렸다.

❹(단단한 물체가 서로 부딪쳐 생기는 불꽃 따위가) 여기저기 튀다. (of spark caused by the collision of solid matter) Fly here and there.
No-가 V (No=[빛](불빛 따위), 불꽃, 불똥 따위)
¶여기 서 있으면 불꽃이 튕긴다. ¶불똥이 튕길지 모르니 조심해라. ¶아저씨는 불빛이 튕기는 작업장에서 하루 종일 일했다.

타 ❶(탄력 있는 물체를) 다른 물체에 부딪거나 강한 힘을 주어 빠르게 튀어 나가게 하다. Make an elastic matter bounce quickly by having it collide with another matter or applying strong force momentarily.
㊴튀게 하다
No-가 N1-를 V ↔ N1-가 V (No=[인간] N1=[구체물])
¶아이가 공을 튕겼다. ↔ 공이 튕겼다. ¶나는 새총으로 돌을 튕겨서 열매를 맞추었다. ¶장군은 방패로 화살을 튕겨 냈다.

❷(외부 힘으로 변형된 물체를) 순간적으로 본래의 모양이나 방향으로 돌아가게 하다. Have a matter modified by external force to get back its original shape or direction in a moment by removing the external force.
㊴튀기다I 타
No-가 N1-를 V ↔ N1-가 V (No=[인간] N1=[구체물])
¶현수는 손가락에 걸었던 고무줄을 튕겼다. ¶그는 대화하는 내내 빨대를 튕기고 있었다. ¶예솔이는 용수철을 눌렀다가 튕기면서 시간을 보냈다.

❸(액체를) 순간적으로 힘을 주고 방울지어 퍼지게 하다. Make liquid spread in drops by applying force momentarily.
㊴튀기다I 타, 튀어오르게 하다

ㅌ

N0-가 N1-를 V ↔ N1-가 V (N0=[인간], [짐승] N1=[액체], [분비물])
¶친구들이 나에게 물을 튕겼다. ↔ 나에게 물이 튕겼다. ¶강아지가 빗물을 튕기면서 집에 들어왔다. ¶쫓기는 사냥감이 피를 튕기며 도망친다.
❹(단단한 물체가 서로 부딪쳐 생기는 불꽃 따위를) 여기저기 튀게 하다. Make sparks caused by the collision of solid matters fly here and there.
㊌튀게 하다
N0-가 N1-를 V ↔ N1-가 V (N0=[인간] N1=[빛](불빛 따위), 불꽃, 불똥 따위)
¶용접공이 불꽃을 튕겼다. ↔ 불꽃이 튕겼다. ¶그는 불빛을 튕기며 망치질을 했다.
❺(다른 사람의 부탁이나 제안을) 물리치거나 사양하다. Deny or decline another person's request or suggestion.
㊌물리치다, 거부하다
N0-가 N1-를 V (N0=[인간] N1=[의견], 부탁 따위)
¶수현이는 내 말을 듣지도 않고 튕기기만 한다. ¶그는 우리가 내놓는 제안마다 튕기니 의욕이 생기지 않는다.

튕기다Ⅱ

타❶(한 손가락을) 엄지손가락과 마주하여 눌렀다가 강하게 튀어 나가게 하다. Press a finger against the thumb and make it bounce off strongly.
㊌튀기다Ⅰ타
N0-가 N1-를 V (N0=[인간] N1=[신체부위](손가락 따위))
¶형은 소리 내어 손가락을 튕겼다. ¶그는 중지를 튕겨 구슬을 때렸다.
❷(수판알을) 셈을 하기 위하여 손가락으로 올리거나 내리다. Slide beads up and down using the hands in order to calculate.
㊌튀기다Ⅱ
N0-가 N1-를 V (N0=[인간] N1=수판, 수판알 따위)
¶재호는 수판알을 빠르게 튕겼다. ¶아저씨가 주판을 튕기는 솜씨가 예사롭지 않았다.
❸(현악기나 그 현을) 연주하여 소리를 내다. Make a sound by playing a string instrument or its string.
㊌퉁기다, 울리다, 튀기다Ⅱ
N0-가 N1-를 V (N0=[인간] N1=[현악기])
¶나혜는 거문고를 튕겼다. ¶그는 연주하면서 바이올린 줄을 튕기기도 했다. ¶기타를 튕기는 손놀림이 아름다웠다.

트다Ⅰ

활용 터, 트니, 트고, 텄다

자❶너무 춥거나 말라 틈이 생기고 갈라지다. Crack and split due to severe coldness or dryness.
㊌갈라지다
N0-가 V (N0=[신체부위](손, 입술, 얼굴, 살 따위), [목재])
¶차가운 바닷바람 맞으니 입술이 터고 얼굴은 마비되는 듯했다. ¶나뭇가지들은 뒤틀리고 껍질이 터 있었다.
❷(식물의 싹, 움, 눈, 순 등이) 벌어지거나 나오다. (of plant's shoot, bud, or sprout) Be widened or pushed out.
㊌돋아나다, 벌어져 나오다
N0-가 V (N0=[식물](싹, 움, 눈, 순 따위))
사 틔우다Ⅱ
¶봄에는 새싹이 트고, 여름에는 꽃이 피며, 가을에는 열매를 맺는다. ¶좋은 땅에 봄을 만나야 움이 틀 수 있다.
❸날이 밝아 오면서 아침이 가까워지다. (of morning) Come close with rising sun.
㊌밝아지다
N0-가 V (N0=동, 먼동 따위)
¶우는 아기를 달래다보니 먼동이 트고 있었다. ¶동이 트자마자 백두산으로 올라갔다.
❹(사람이나 일이) 원활하게 진행할 수 없는 상태가 되다. Be in a situation where a person or work cannot progress smoothly.
㊌끝장나다
N0-가 S기-가 V (N0=[인간|단체])
¶돈 벌기가 다 텄다고 하는 말은 사실이 아니에요. ¶연기하는 것을 보니 이 배우가 출연하기는 다 텄다.
※종결형에서는 주로 '~기는 텄다'와 같은 형태로 쓰인다.
◆ **싹이 트다** 새로이 생기다. Begin something new.
㊌시작되다, 개시되다
N0-가 Idm (N0=[행위])
¶둘 사이의 우정은 초등학교 때부터 싹이 트기 시작했다. ¶미래학의 국제 교류는 60년대 말부터 이미 싹 트고 있었다.

트다Ⅱ

트다[1]

활용 터, 트니, 트고

자 막힘없이 잘 풀리는 상태가 되다. Be in a situation where something works out well and unimpeded.
N0-가 V (N0=[운](재수, 운수 따위), 도 따위)
¶그녀는 옷을 하루에 3백 벌 이상 팔다 보니 판매

에 도가 텄다. ¶그 노부부는 공부할 운이 터졌는지 노인대학을 다 다닌다.

타 ❶중간에 막혀 있던 것을 치워 통하게 하다. Get rid of something that was clogged in the middle to make something flow.
㊌틔우다, 치우다 ㊥막다
N0-가 N1-를 V (N0=[인간] N1=[건물](거실, 화장실 따위), [길](인도, 거리 따위), 담, 제방 따위)
피 트이다[1] 사 틔우다I[1]
¶나는 베란다를 터서 거실을 넓혔다. ¶어민들이 제방을 터 달라고 요구했다.

❷마음을 열어 친숙하게 사귀는 관계가 되다. Open mind and be in a close relationship.
㊌열다
N0-가 N2-와 N1-를 V ↔ N2-가 N0-와 N1-를 V ↔ N0-와 N2-가 N1-를 V (N0=[인간] N1=마음, 가슴 따위 N2=[인간])
¶순호는 예리와 마음을 트고 지내는 사이이다. ↔ 예리는 순호와 마음을 트고 지내는 사이이다. ↔ 순호와 예리는 마음을 트고 지내는 사이이다. ¶친구가 되기 위해서는 대화로 마음을 트고 지내야 한다.

❸모르는 사이에서 아는 관계가 되다. (of two who didn't know each other) Come to know each other.
㊌알다, 사귀다
N0-가 N2-와 N1-를 V ↔ N2-가 N0-와 N1-를 V ↔ N0-와 N2-가 N1-를 V (N0=[인간] N1=얼굴, 안면, 친분 따위 N2=[인간])
¶민호는 창호와 안면을 텄다. ↔ 창호는 민호와 안면을 텄다. ↔ 민호와 창호는 안면을 텄다. ¶나는 그림 수집가들과 안면을 텄다.

❹어떤 사람과 반말을 하는 관계가 되다. Be in a relationship in which one speaks plainly to someone.
N0-가 N2-와 N1-를 V ↔ N2-가 N0-와 N1-를 V ↔ N0-와 N2-가 N1-를 V (N0=[인간] N1=말 N2=[인간])
¶철수는 영희와 말을 트고 지낸다. ↔ 영희는 철수와 말을 트고 지낸다. ↔ 철수와 영희는 말을 트고 지낸다. ¶나는 후배와 서로 말을 트기로 했다.

❺금융기관에 거래 계좌를 열거나 개설하다.
㊌개설하다, 열다
N0-가 N2-에 N1-를 V (N0=[인간|단체] N1=계좌, 구좌 N2=[금융기관])
¶나는 서울은행에 계좌를 트고 있다. ¶계좌를 트고 나면 그 은행과 계속 거래하는 경우가 많다.

❻손님을 맞이하기 위해 시장을 열다. Open a market.
N0-가 N1-를 V ↔ N1-가 트다 (N0=[인간|단체] N1=난장, 장)
피 트이다[1]
¶장꾼들이 몰려와 난장을 텄다. ↔ 난장이 텄다. ¶상인들이 난장을 트면 거기엔 연주와 장보기, 술이 자리한다.

◆ **길을 트다** 중간에 막혀 있던 것을 치워 통하게 하다. Get rid of something that was clogged in the middle to make something flow.
N0-가 N1-의 Idm (N0=[인간|단체] N1=[행위])
¶한국 의사 8명이 베트남에서 의사 면허를 따서 의사 수출의 길을 텄다. ¶우리 농업기술원이 수입에 의존하던 블루베리 생산의 길을 텄다.

◆ **물꼬를 트다** (사람이나 단체가) 어떤 일을 시도하여 더 나아갈 수 있는 발판을 만들다. (of a person or an organization) Try something and pave the way for further development.
N0-가 N1-의 Idm (N0=[인간|단체] N1=[행위](교류, 득점, 수출 따위), 대화 따위)
¶그는 첫 득점의 물꼬를 텄다. ¶이번 일을 계기로 두 나라가 교류의 물꼬를 틀 것이다.

트다[2]
활용 터, 트니, 트고
기능타 '행위'의 시작을 의미하는 기능동사 Support verb meaning the beginning of "action".
N0-가 N1-와 Npr-를 V ↔ N1-가 N0-와 Npr-를 V ↔ N0-와 N1-가 Npr-를 V (N0=[인간|단체], Npr=거래 따위 N1=[인간|단체])
피 트이다[2]
¶우리 회사는 최근에 대동은행과 거래를 텄다. ↔ 대동은행은 최근에 우리 회사와 거래를 텄다. ↔ 우리 회사와 대동은행은 최근에 거래를 텄다. ¶법인회사가 거래를 틀 때는 문제가 생기지 않도록 해야 한다.
N0-가 Npr-를 V (Npr=말문)
피 트이다[2]
¶그는 어렵게 말문을 텄다. ¶영자는 말문을 트자 거침없이 지껄여 댔다.

트이다[1]
활용 트여, 트이니, 트이고
자 ❶(막고 있거나 막혀 있는 것이) 뚫리거나 치워져 통하게 되다. (of something that was clogging or which was clogged) Be penetrated or removed to become flowing.
N0-가 V (N0=[건물](화장실, 거실 따위), 장소)
능 트다II[1]
¶이 화장실은 칸막이 아랫부분이 트여 있다. ¶공간은 나뉘어 있지만 천장은 트여 있는 셈이었다.
N1-에 N0-가 V (N0=[건물], 담, 제방, 물꼬, 길 따위

N1=[장소])
능 트다II[1]
¶못자리에 물꼬가 트여 물이 쏟아져 들어갔다.
¶마을 한 가운데에 넓은 길이 트였다.
❷(시야나 전망이) 막힌 것이 없어 시원하게 보이다. (of sight or scenery) Become clearly visible with no hindrance.
㊅뚫리다, 펼쳐지다, 터지다[1]
N0-가 V (N0=시야, 전망)
사 틔우다I[1]
연어 탁
¶30분쯤 올라가자 비로소 시야가 탁 트였다.
¶전망대에 오르면 시내 전경과 탁 트인 바다가 한눈에 들어온다.
❸(운이나 생활 따위가) 잘 풀리어 좋아지다. (of luck, life, etc.) Go well, be good.
㊅운세가 좋아지다
N1-의 N0-가 V ↔ N1-는 N0-가 V (N0=[인간] N1=운, 길, 생활)
¶저는 결혼과 동시에 운이 트이려나 봐요. ¶시골에서 그의 생활은 확 트였다.
❹(마음이) 답답함이나 압박감에서 벗어나 시원해지다. (of one's mind) Become easy by escaping oppression or pressure.
㊅뚫리다
N1-의 N0-가 V ↔ N1-는 N0-가 V (N0=[인간] N1=숨통, 가슴, 속)
사 틔우다I[1]
연어 탁
¶그의 속이 조금은 트인 것 같았다. ↔ 그는 속이 조금은 트인 것 같았다. ¶시원한 강물을 보니 가슴이 탁 트이는 느낌이었다. ¶월급이 조금만 올라도 숨통이 트일 것 같았다.
❺(수준이 낮던 것이) 수준이 높아지거나 잘 못하던 것을 잘 하는 상태가 되다. (of something that was low in level) Become high in level, or become good in something that one was originally poor at.
㊅유창해지다, 들리다
N1-의 N0-가 V ↔ N1-는 N0-가 V (N0=입, 귀, 소리, 목청 따위 N1=[인간])
사 틔우다I[1]
¶매일 영어를 듣더니 이제서야 귀가 트이는 모양이다.
❻(생각이 열려) 한쪽으로 치우치지 않고 포용성이나 융통성이 있게 되다. (of a thought) Be open, become embracing or reasonable without leaning toward one side.
㊅열리다, 개방되다
N0-가 N1-가 V (N0=[인간] N1=생각, 사고)
사 틔우다I[1]
¶요즘 젊은 사람들은 생각이 트여서 다행입니다.
¶슬웅이는 생각이 트인 남자였다.
❼손님을 맞이하기 위해 시장이 열리다. (of a market) Open.
㊅열리다
N0-가 V (N0=난장, 장)
능 트다II[1]
¶수백이 넘는 사람이 모여 난장이 트이는 경우도 허다하였다. ¶인사동에는 축제 끝에 난장이 트였다.
◆ **길이 트이다** (어떤 일의) 발판이 만들어지다. (of a foothold or a stepping stone) Be established or gained for a certain work.
N0-의 Idm (N0=[행위](교류, 득점, 수출 따위))
¶자금난을 해소하자 회생의 길이 트였다. ¶노사 사이에 대화의 길이 트였다.
◆ **물꼬가 트이다** (어떤 일의) 발판이 만들어지다. (of a foothold or a stepping stone) Be established or gained for a certain work.
N0-의 Idm (N0=[행위](교류, 득점, 수출 따위))
¶노사 대화의 물꼬가 트였다. ¶중국 진출의 물꼬가 트였다.
N0-의 N1-에 Idm (N0=[단체] N1=[행위](교류, 득점, 수출 따위))
¶건설업계의 이란 진출에 물꼬가 트이고 있다.
¶시각장애인들의 공직 진출에 물꼬가 트였다.

트이다[2]

활용 트여, 트이니, 트이고
기능 자 행위가 시작되는 것을 의미하는 기능동사 Support verb meaning the beginning of action.
N0-가 N1-와 Npr-가 V ↔ N1-가 N0-와 Npr-가 V ↔ N0-와 N1-가 Npr-가 V (N0=[인간|단체], Npr=거래 따위 N1=[인간|단체])
¶우리 회사는 최근에 대동은행과 거래가 트였다. ↔ 대동은행은 최근에 우리 회사와 거래가 트었다. ↔ 우리 회사와 대동은행은 최근에 거래가 서로 트였다. ¶상장회사와 거래가 트이면 투자를 쉽게 받을 수 있다.
N0-가 Npr-가 V (N0=[인간|단체], Npr=말문)
능 트다II[2]
¶아기가 말문이 트였다. ¶그녀가 한 번 말문이 트이니까 얘기가 끝이 없어요.

특징짓다

어원 特徵~ 활용 특징지어, 특징지으니, 특징짓고
대응 특징을 짓다
타 특별한 차이를 밝혀 정하다. Reveal and determine a specific difference.
N0-가 N1-를 V (N0=[구체물], [추상물], [집단], [장

소], [현상] N1=[구체물], [추상물], [집단], [장소], [현상])
¶높은 산들이 동부 지형을 특징짓고 있다. ¶고령화가 우리 사회를 특징짓는다. ¶가격 하락과 전세 상승이 주택 시장을 특징짓고 있다.

틀다

[활용]틀어, 틀으니, 틀고, 트는

[타]**(몸이나 신체의 일부분을) 다른 방향으로 돌리다.** Turn the body or body part toward a different direction.
[유]돌리다II, 꼬다
N0-가 N1-를 V (N0=[인간], [동물] N1=[신체부위](손, 허리, 고개 따위))
[피]틀리다II
[연어]비비
¶아람이는 가만히 있지 못하고 몸을 비비 틀었다. ¶그녀는 그를 보자마자 고개를 틀어서 시선을 회피했다.

❷**(일정한 방향으로 움직이던 물체를) 다른 방향으로 움직이게 돌리다.** Turn an object that has been moving in a steady direction to a different direction.
[유]회전시키다, 선회하다
N0-가 N1-를 N2-로 V (N0=[인간] N1=[교통기관] N2=[방향])
¶다솜이는 급하게 자전거를 옆으로 틀었다. ¶운전사는 지름길로 가기 위해서 차를 위로 틀었다. ¶기장은 난기류를 피하려고 비행기를 급히 아래로 틀었다.
N0-가 N1-를 N2-로 V (N0=[인간], [교통기관], [기상](태풍, 구름 따위) N1=진로, 방향, 커브 N2=[방향])
¶버스가 오른쪽으로 진로를 트는 바람에 승객들이 넘어졌다. ¶이번 태풍은 진로를 좌측으로 틀어서 중국으로 향했다.

❸**어떤 동작을 실행하기 위해서 물체나 도구의 손잡이를 돌리다.** Spin an object or a tool to operate some motion.
N0-가 N1-를 V (N0=[인간] N1=[구체물](손잡이, 나사, 열쇠, 핸들, 수도 꼭지 따위))
[피]틀리다II
¶그는 모터를 교체하기 위해서 나사를 틀었다. ¶솔희는 문을 열기 위해서 열쇠를 틀었다.

❹**수도를 작동시켜 물이 나오게 하다.** Make water run by operating the water pipe.
N0-가 N1-를 V (N0=[인간] N1=물, 온수 따위)
¶정원사는 청소를 위해서 물을 틀었다. ¶어머니께서는 설거지를 위해서 온수를 적당히 트셨다.

❺**(기계나 장치 따위를) 전원을 넣어서 작동시키다.** Make machine, equipment, etc., operate by turning on power supply.
[유]켜다I, 작동시키다 [반]끄다
N0-가 N1-를 V (N0=[인간] N1=[구체물](라디오, 텔레비전, 에어컨, 선풍기, 보일러 따위))
¶아이들은 집에 오자마자 텔레비전을 틀었다. ¶할아버지는 무료하실 때 라디오를 틀고 음악을 들으셨다. ¶올해는 너무 더워서 에어컨을 일찍 틀었다.

❻**(음악이나 영상을) 기기를 작동시켜서 나오게 하다.** Make music or image come out by operating the machine.
[유]켜다I, 작동시키다 [반]끄다
N0-가 N1-를 V (N0=[인간] N1=[추상물](음악, 영상, 영화, 방송 따위))
¶철수는 즐겨 듣는 음악을 늘 틀어 놓고 있다. ¶오빠는 집에 오더니 어제 다 보지 못한 영화를 틀었다.

❼**(머리카락을) 상투나 쪽 따위로 뭉쳐서 올리다.** Lift the hair by holding together as topknot, chignon, etc.
[유]꼬다 [반]풀다
N0-가 N1-를 V (N0=[인간] N1=머리, 상투, 쪽)
¶영희는 한복을 입을 때는 언제나 머리를 틀어 올린다. ¶과거에는 13살이면 상투를 틀고 장가를 갈 나이이다.

❽**몸을 움직여서 특정 자세를 만들다.** Assume a specific stance by moving the body.
[유]자세를 취하다
N0-가 N1-를 V (N0=[인간] N1=가부좌, 책상다리)
¶스님은 가부좌를 틀고 앉아 계셨다. ¶서양 사람들은 처음에 책상다리를 틀 때 매우 힘들어 한다.

❾**(뱀 따위가) 몸을 둥글게 말다.** (of a snake, etc.) Curl up the body.
[유]꼬다
N0-가 N1-를 V (N0=[동물](뱀 따위) N1=똬리)
¶뱀이 똬리를 틀고 있었다. ¶구렁이가 바위 밑에 똬리를 틀고 있어서 다가갈 수 없었다.

❿**솜틀로 솜을 퍼지게 하다.** Have cotton be spread with cotton gin.
N0-가 N1-를 V (N0=[인간] N1=솜)
¶어머니께서는 솜을 틀어서 새 이불을 만드셨다. ¶이번에 새로 솜을 틀었더니 이불이 푹신하고 따뜻했다.

⓫**(보금자리, 둥지, 바구니 따위를) 짚이나 대를 엮어서 만들다.** Make a home, a nest, a basket, etc., by weaving straw.
N0-가 N1-를 V (N0=[인간], [새], [동물] N1=[구체물](둥지, 바구니, 보금자리, 멍석 따위))
¶새들이 둥지를 틀었다. ¶마을 사람들이 멍석을 틀고 있었다.

⓬(진행되던 일이나 관계를) 잘못되거나 어렵게 하다. Make progressing work or relation difficult or go wrong.
[유]방해하다
No-가 N1-를V (No=[인간], [현상], [행위] N1=[행위](계획, 생각 따위), [관계])
[피]틀리다I
¶갑자기 오른 환율이 우리의 계획을 틀었다. ¶철수가 우리의 사이를 트는 바람에 우리는 멀어지고 말았다. ¶작은 일 때문에 큰 계약을 틀어버리는 사람들도 존재한다.

틀리다 I
[활용]틀리어(틀려), 틀리니, 틀리고
[자](계산이나 답, 예측, 사실 따위가) 옳지 않다. (of calculation, answer, prediction, truth, etc.) Be incorrect.
[유]잘못되다 [반]맞히다
No-가 V (No=[추상물](문제, 낱말, 답, 맞춤법 따위), [인간], [행위](계산, 교정, 예측, 주장, 견해, 의견 따위))
¶철수는 열심히 풀었지만 답은 다 틀리고 말았다. ¶이 책은 맞춤법이 틀린 곳이 너무 많다.
❷(바라거나 하려던 일이) 잘되지 못하고 실패로 돌아가다. (of a wanted or a planned thing) Fail by going amiss.
[유]실패하다
No-가 V (No=[행위](계획, 작전, 사업 따위))
¶반응을 보니 우리의 계획은 이제 틀린 것 같다. ¶이번 작전은 다 틀렸으니 빨리 대응책을 마련해야 한다.
❸(성품이나 태도, 행동 따위가) 올바르지 못하고 비뚤어지다. (of nature, attitude, behavior, etc.) Be crooked and incorrect.
[유]잘못되다
No-가 V (No=태도, 행동, 자세, 인간 따위)
¶선생님은 우리에게 시험을 치는 자세가 틀렸다고 지적하셨다. ¶어머니께서는 그런 태도가 틀린 것이라고 말씀하셨다.
[타](셈이나 풀이 따위를) 정답과 다른 답을 제시하여 맞추지 못하다. (of calculation, explanation, etc.) Be incorrect by proposing an answer that is different from the correct one.
[반]맞히다
No-가 N1-를 V (No=[인간] N1=[추상물](문제, 답, 맞춤법 따위), [행위](계산, 풀이, 교정 따위))
¶철수가 마지막 문제를 틀렸다. ¶영희는 언제나 맞춤법을 많이 틀린다.

틀리다 II
[활용]틀리어(틀려), 틀리니, 틀리고
[자]❶(몸이나 신체의 한 부분이) 방향이 꼬이게 돌려지다. (of a body or one body part) Be twisted to mess up the direction.
[유]꼬이다II [반]펴지다
No-가 V (No=[신체부위](손, 허리, 어깨, 손목 따위))
[능]틀다
[연어]비비
¶범인은 두 손이 틀린 채 형사에게 끌려갔다. ¶계속 앉아 있으려니 허리가 비비 틀렸다. ¶넘어지면서 어깨가 틀렸는지 아파서 움직일 수가 없다.
❷(나사나 꼭지, 손잡이 따위가) 돌려지다. (of screw, knob, handle, etc.) Be twisted.
[유]돌려지다, 회전되다, 열리다
No-가 V (No= [구체물](수도꼭지, 나사, 스위치, 열쇠, 손잡이, 핸들 따위))
[능]틀다
¶고장인지 수도꼭지가 틀리지 않았다. ¶나사가 녹이 슬었는지 틀리지가 않는다. ¶강한 압력 때문이 핸들이 자동으로 틀렸다.
❸(기분이나 감정 상태가) 부정적으로 꼬이다. (of feeling, emotional situation) Be negatively twisted.
[유]상하다
No-가 V (No=[심리](심사, 감정, 배알, 비위 따위))
¶그는 심사가 틀렸는지 한마디도 하지 않았다. ¶자기가 원한 대로 되지 않자 배알이 틀리는지 형님은 그냥 나가 버렸다. ¶선배의 고압적인 자세 때문에 비위가 틀렸지만 나는 참을 수밖에 없었다.
❹(사람들 사이의 관계가) 어긋나서 나빠지다. (of a relation among people) Become worse due to disturbance.
[유]나빠지다, 악화되다 [반]좋아지다, 개선되다
No-가 N1-와 N2-가 V ↔ N1-가 No-와 N2-가 V ↔ No-와 N1-가 N2-가 V (No=[인간] N1=[인간] N2=사이, 관계)
[능]틀다
¶슬웅이는 현수와 사소한 일로 사이가 틀렸다. ↔ 현수는 슬웅이와 사소한 일로 사이가 틀렸다. ↔ 슬웅이와 현수는 사소한 일로 사이가 틀렸다. ¶현주와 나는 관계가 틀린 지 오래다.
N1-와 N2-의 No-가 V ↔ N1-와 N2-는 No-가 V (No=사이, 관계 N1=[인간] N2=[인간])
[능]틀다
¶옆집 아주머니와 아내의 관계가 틀리었는지 만나지 않는다. ↔ 옆집 아주머니와 아내는 관계가 틀리었는지 만나지 않는다. ¶두 연인은 사이가 틀리었는지 서로 연락을 안 한다.

틀어막다
[활용]틀어막아, 틀어막으니, 틀어막고
[타]❶(흐르는 곳을 막아서) 더 이상 흐름이 이어지

지 못하게 하다.Make leaking unable to flow any more by blocking.
[유]메우다, 막다
N0-가 N1-를 N2-로 V ↔ N0가 N1-에 N2-를 V (N0=[인간] N1=[장소](하수도, 구멍 따위), [신체부위](귀, 코, 입 따위) N2=[구체물], [추상물])
¶나는 구멍을 수건으로 틀어막았다. ↔ 나는 구멍에 수건을 틀어막았다. ¶오빠는 코피가 나자 솜으로 코를 틀어막았다.
N0-가 N1-를 V (N0=[구체물] N1=[장소](하수도, 구멍 따위), [신체부위](귀, 코, 입 따위))
¶귀마개가 귀를 틀어막고 있어서 그는 자동차 소리를 듣지 못했다. ¶아주 단단한 문이 저수지의 입구를 틀어막고 있었다.
❷(자금 따위의 유통 과정을 차단해서) 더 이상 흐름이 이어지지 못하게 하다. Stop the flow by blocking the process of distribution such as funds, etc.
[유]막다, 차단하다
N0-가 N1-를 V (N0=[인간] N1=[금전](자금, 자금줄, 돈줄 따위))
¶재무이사는 이리저리 흘러나가는 자금을 틀어막지 못했다. ¶그가 내 자금줄을 틀어막아서 사업을 못하고 있다.
❸다른 사람과의 소통이 일어나지 못하게 막다. Block so as not to be able to communicate with someone.
[유]막다, 방해하다, 차단하다
N0-가 N1-를 V (N0=[구체물], [추상물], [인간] N1=입, 귀, 말문)
¶어머니의 고집이 그녀의 귀를 틀어막고 있었다. ¶그들은 강제로 우리의 입과 귀를 틀어막았다.

틀어쥐다

[활용]틀어쥐어, 틀어쥐니, 틀어쥐고
[타]❶(남의 옷이나 멱살 따위를) 힘을 주어 단단히 잡다. Grab firmly another person's clothes or neck.
[유]틀어잡다 [상]쥐다, 잡다
N0-가 N1-를 V (N0=[인간] N1=[신체부위], [구체물])
¶경희는 효주의 멱살을 틀어쥐었다. ¶동생은 배를 틀어쥔 채 깔깔거리며 웃었다.
❷(인간이나 단체가) 어떤 일이나 힘 따위를 완전히 자기 마음대로 하다. (of a person or a group of people) Take absolute control over work or power.
[유]장악하다, 지배하다
N0-가 N1-를 V (N0=[인간|단체] N1=[추상물])
¶민수는 병희의 약점을 틀어쥐고 그녀를 협박했다. ¶그는 모든 권력을 틀어쥐고 사람들을 좌지우지 하였다.

틈타다

[활용]틈타, 틈타서
[타]어떤 일을 할 수 있는 때나 기회를 이용하다. Take advantage when it is possible to do something.
[유]이용하다, 노리다
N0-가 N1-를 V (N0=[인간|단체] N1=[시간], 기회)
¶보람이는 사람들이 시선을 빼앗긴 순간을 틈타서 들어갔다. ¶우리는 상대 수비진의 방심을 틈타서 만회골을 넣었다.
※주로 '틈타, 틈타서'의 형식으로 쓰인다.

틔다

[활용]틔어, 틔니, 틔고 [본]트이다
[자]☞트이다

틔우다 I

틔우다[1]

[활용]틔워, 틔우니, 틔우고
[타]❶(막혀 있던 것을) 치우고 통하게 하다. Make able to go through by removing obstructed thing.
[유]개방하다 [반]막다
N0-가 N1-를 V (N0=[인간], [자연현상] N1=[길], [범위](시야, 앞 따위))
[주]트이다[1]
¶시야를 틔우기 위해 창문을 닦았지만 잘 보이지 않았다. ¶이번에 내린 비는 썩은 오물을 퍼내어 물길을 틔워주었다.
❷(막혔던 목청을 가다듬어) 제대로 나오지 않던 목소리가 다시 나오게 하다. Make able to speak again, which has not been properly coming out, by clearing obstructed vocal cords.
N0-가 N1-를 V (N0=[인간] N1=[신체부위](목, 목청 따위))
[주]트이다[1]
¶가성을 자꾸 쓰기 보다는 목을 틔워야 한다. ¶억지로 목청을 틔우며 두 팔에 불끈 힘을 주었다.
❸(마음이나 가슴을) 답답한 상태에서 벗어나게 하다. (of a mind or heart) Make able to get out of stifling situation.
[유]활짝 열어주다
N0-가 N1-를 V (N0=공기, 음악 따위 N1=마음, 가슴, 숨통 따위)
[주]트이다[1]
¶마음을 틔우기 위한 많은 방법이 있지만 휴식이 최고이다. ¶쏟아지는 경쾌한 선율이 그녀의 가슴을 틔워주고 있었다.
❹(생각이나 지적 능력, 언어 능력을) 일정한 수준에 이르게 하다. Make able to reach certain

standard of thought, intellectual capacity, and language ability.
㊥길러주다
N0-가 N1-를 V (N0=[인간] N1=안목, 생각 따위)
주트이다[1]
¶세계사 공부는 아이들의 안목을 틔워주는 것 같다. ¶정치가들의 생각을 틔워 주는 것이 시급한 일이다.

틔우다[2]
활용 틔우어(틔워), 틔우니, 틔우고
기능타 행위의 시작을 의미하는 기능동사 Support verb meaning the beginning of action.
㊥트다II ㊥끊다
N0-가 N1-와 Npr-를 V ↔ N1-가 N0-와 Npr-를 V ↔ N0-와 N1-가 Npr-를 V (N0=[인간|, 단체] N1=[인간|단체], Npr=거래 따위)
주트다[2]
¶우리 회사는 삼정물산과 거래를 틔웠다. ↔ 삼정물산은 우리 회사와 거래를 틔웠다. ↔ 우리 회사와 삼정물산은 거래를 틔웠다. ¶이 회사는 규정을 무시하고 외국 업체들과 부동산 거래를 틔우기로 했다.
N0-가 Npr-를 V (N0=[인간|, Npr=말문 따위)
주트다[2]
¶송희가 말문을 틔운 것은 한참이 지나서였다.

틔우다II
활용 틔워, 틔우니, 틔우고
타(싹이나 움 등을) 트게 하다. Make able to bud out sprout.
㊥트게 하다
N0-가 N1-를 V (N0=[식물] N1=[식물](싹, 잎, 움 따위))
주트다I
¶나뭇가지도 봄이 오면 어김없이 잎눈을 틔우는 법이다. ¶조금만 열기를 뿜어주면 금방이라도 뾰족뾰족 예쁘게 새싹을 틔워낼 것만 같다.

파견되다

어원 派遣~ 활용 파견되어(파견돼), 파견되니, 파견되고 대응 파견이 되다

자 (사람이나 단체 따위가) 어떤 장소에 특별한 목적을 위해 보내지다. (of a person or organization) Be sent to a location with a special purpose.

유 파송되다

N0-가 N1-(에|로) V (N0=[인간|단체], [교통기관] N1=[장소], [방향], [대회])

능 파견하다

¶평화봉사단은 세계 54개국에 파견되었다. ¶사고 현장으로 즉각 정찰기가 파견되었다.

파견하다

어원 派遣~ 활용 파견하여(파견해), 파견하니, 파견하고 대응 파견을 하다

타 (사람이나 단체 따위를) 어떤 장소에 특별한 목적을 위해 임무를 주어 보내다. Send a person or group to another place to carry out a special duty or purpose.

유 파송하다 상 보내다

N0-가 N1-를 N2-(에|로) V (N0=[인간|단체] N1=[인간|단체], [교통기관] N2=[장소], [방향], [대회])

피 파견되다

¶우리는 조사단을 즉각 현지에 파견했다. ¶한국은 이번 올림픽에 대규모 선수단을 파견했다. ¶유엔은 분쟁 지역에 평화 유지군을 파견할 예정이다.

파고들다

활용 파고들어, 파고드니, 파고들고, 파고드는

자 ❶(사람이나 동물 따위가) 사람이나 물건의 안으로 뚫고 깊숙이 들어가다. (of a person, an animal, etc.) Penetrate and enter deep into the inside of a person or an item.

N0-가 N1-로 V (N0=[인간], [동물], [신체부위](발톱, 손톱 따위) N1=속, 안 따위)

¶동생이 할아버지의 품속으로 파고들었어요. ¶지렁이는 온몸을 뒤틀며 땅 속으로 파고들었다.

❷(사람이나 동물 따위가) 좁은 틈으로 억지로 들어가다. (of a person, an animal, etc.) Force entry into a small gap.

N0-가 N1-로 V (N0=[인간], [동물] N1=[공간](틈, 사이 따위))

¶나는 두 사람 가운데로 파고들어 가 싸움을 말렸다. ¶민지는 그들 사이를 파고들어 가 앉았다.

❸(좋지 않은 냄새나 소리 따위가) 코나 귀 속으로 깊이 들어오다. (of unpleasant odor, sound, etc.) Deeply enter one's nose or ears.

N0-가 N1-로 V (N0=[냄새], [소리] N1=[신체부위])

¶역한 지린내가 콧속으로 파고들었다. ¶날카로운 비명 소리가 귓속으로 파고들어 소름이 끼쳤다.

타 (사람이나 동물 따위가) 사람이나 물건의 안을 뚫고 깊숙이 들어가다. (of a person, an animal, etc.) Penetrate and enter deep into the inside of a person or an item.

N0-가 N1-를 V

¶민지가 할머니의 품속을 파고들기 시작했다. ¶발톱이 너무 자라서 살을 파고들었어요.

파괴당하다

어원 破壞~ 활용 파괴당하여(파괴당해), 파괴당하니, 파괴당하고 대응 파괴를 당하다

자 ☞ 파괴되다

ㅍ

파괴되다

어원 破壞~ 활용 파괴되어(파괴돼), 파괴되니, 파괴되고 대응 파괴가 되다

자 ❶(시설이나 도시, 건물 따위가) 충격을 받거나 하여 무너지다. (of facility, city, building etc.) Shatter or collapse.

㊌부서지다

N0-가 V (N0=[구체물](시설, 건물 따위) 지역, 나라 따위)

능 파괴하다

¶전쟁이 끝나고 도시는 완전히 파괴되었다.

¶폭격에 유적이 여럿 파괴되었다.

❷(조직, 질서, 관계 따위가) 무너지다. (of organization, rule, relationship, etc.) Break down.

㊌해체되다, 무너지다

N0-가 V (N0=[추상물](속성, 단체, 규범 따위))

능 파괴하다

¶그 민족의 전통은 외세의 침탈 과정에 파괴되었다. ¶그 나라는 사회 질서가 파괴되어 정치적 안정이 유지되기 어려웠다.

파괴시키다

어원 破壞~ 활용 파괴시키어(파괴시켜), 파괴시키니, 파괴시키고 대응 파괴를 시키다

타 ☞ '파괴하다'의 오용

파괴하다

어원 破壞~ 활용 파괴하여(파괴해), 파괴하니, 파괴하고 대응 파괴를 하다

타 ❶(시설이나 도시, 건물 따위를) 때려 부수거나 깨뜨려 무너뜨리다. Destroy or tear down a facility, city or building.

㊌부수다 ㊍건설하다, 세우다[1], 짓다[1]

N0-가 N1-를 V (N0=[인간|단체] N1=[구체물](시설, 건물 따위) 지역, 나라 따위)

피 파괴되다, 파괴당하다

¶적군은 폭탄을 투하하여 그 마을을 파괴했다.

¶그들은 대형 빌딩을 파괴할 계획을 세웠다.

❷(주로 조직, 질서, 관계 따위를) 깨뜨려 무너뜨리다. Break down an organization, order or relationship.

㊌무너뜨리다, 깨뜨리다, 해체하다

N0-가 N1-를 V (N0=[인간|단체], [행위], [사물], [속성], [현상] N1=[추상물](속성, 단체, 규범 따위))

피 파괴되다, 파괴당하다

¶지나친 경쟁심은 조직 문화를 파괴할 수 있다.

¶농약이 땅속 미생물의 생태계를 파괴하고 있다.

파내다

활용 파내어(파내), 파내니, 파내고

타 ❶(묻혀 있는 사물을) 파서 꺼내다. Take out by digging a buried object.

㊌캐다, 꺼내다, 발굴하다

N0-가 N2-에서 N1-를 V (N0=[인간|단체], 포크레인 N1=[구체물](석탄, 금속, 보물, 흙 따위) N2=[장소])

¶경수는 오래된 절의 앞마당에서 보물을 파냈다.

¶그의 아버지께서는 탄광에서 석탄을 파내는 일을 하신다.

❷(구멍이나 출입구 또는 빈 공간을) 파서 만들다. Make a hole, an entrance, or an empty place by digging.

N0-가 N1-를 V (N0=[인간|단체], 포크레인 N1=구멍, 구덩이, 입구 따위)

¶그들은 무너진 갱도의 입구를 다시 파냈다.

¶다자이너는 그녀의 체형에 따라 목 부분을 좀 더 파내었다.

◆ **족보에서 파내다** 가문에서 내쫓다. Throw someone out of the family.

N0-가 N1-를 Idm (N0=[인간|단체] N1=[인간])

¶할아버지는 규호를 족보에서 파내겠다고 으름장을 놓으셨다. ¶우리 가문은 조상 중 한 분을 족보에서 파내고 절연했다고 한다.

파다

활용 파, 파니, 파고

타 ❶(주로 땅이나 벽 같은 평평한 곳을) 후비거나 긁어 헤쳐 움푹하게 만들다. Make a dent on a ground or wall that is flat by digging or scratching.

N0-가 N1-를 V (N0=[인간], [동물] N1=[구체물](땅, 바닥, 흙 따위), [공간])

피 파이다

¶김칫독을 묻기 위해서 형이 오전 내내 마당을 팠다. ¶고양이는 흙을 파서 배설물을 감추는 습성이 있습니다.

❷(땅이나 벽 같은 평평한 곳을) 후비거나 긁어 헤쳐 움푹 팬 공간을 만들다. Make a dented area on a ground or wall that is flat by digging or scratching.

N0-가 N1-를 V (N0=[인간], [동물] N1=[구체물](굴, 구덩이, 함정, 우물 따위))

피 파이다

¶어떤 사람이 산중턱에 굴을 파고 삽니다. ¶옛날 이 동네 사람들은 구덩이를 파고 빗물을 모아 사용했다는군요.

❸(땅 속에 묻혀 있는 어떤 것을) 밖으로 끄집어내다. Take something out that is buried on a ground.

㊌뽑다, 파내다, 캐다 ㊍묻다II, 덮다

N0-가 N1-를 V (N0=[인간], [기계] N1=[구체물])

¶멀리 수평선에는 시추선이 석유를 파고 있었다.

ㅍ

¶어머니는 김칫독을 파고 나무를 심으셨다.
❹(콧구멍이나 귀구멍에) 손가락이나 도구 따위를 넣어 속에 있는 이물을 빼내다. Take a foreign body out from a nostril or earhole by using a tool or finger.
[유]후비다
N0-가 N1-를 V (N0=[인간] N1=[신체부위](콧구멍, 귓구멍, 이 따위), 코딱지, 귀지 따위)
¶동생이 어머니의 귀지를 파고 있다. ¶동생은 습관적으로 코딱지를 판다.
❺(뾰족하고 날카로운 도구를 이용해) 평평한 사물에 글씨나 그림을 새기다. Carve letter or drawing on a flat object by using pointy and sharp object.
[유]새기다I [반]지우다
N0-가 N2-에 N1-를 V (N0=[인간] N1=[기호], [모양], 도장, 문신 따위 N2=[구체물])
¶옛날 사람들이 바위에 글자를 파 놓았다. ¶요즘 젊은 사람들은 몸에 문신을 파는 게 유행인가 봅니다.
❻(옷감 따위를) 도려내어 우묵한 모양으로 만들다. Make a hollow shape by cutting fabric out.
N0-가 N1-를 V (N0=[인간] N1=[신체부위](목, 등 따위), 부분, 둘레, 트임 따위)
[피]파이다
¶그 디자이너는 드레스의 목을 많이 파서 옷을 만든다. ¶나는 등 부분을 많이 파서 과감한 느낌의 옷을 만들어 보았다.
❼(한 대상에 골몰하여 그것을) 집중적으로 연구하거나 따져 생각하다. Intensively research or contemplate by immersing over an object.
[유]조사하다I, 연구하다[타], 궁리하다, 따지다, 공부하다, 익히다II
N0-가 N1-를 V (N0=[인간|단체] N1=[모두])
[연어]평생, 집요하게, 꾸준히
¶교수님께서는 이 문제를 3년 동안 파셨다. ¶파브르는 평생 동안 곤충만 파서 유명해진 학자이다.
❽(서류나 문서에서) 일부 내용을 지우다. Erase certain content from a document or paper.
[유]지우다, 삭제하다, 빼다
N0-가 N2-에서 N1-를 V (N0=[인간] N1=[이름] N2=[문서](호적, 족보 따위))
[피]파이다
¶할아버지는 호적에서 삼촌의 이름을 파 버리셨다. ¶아버지께서는 족보에서 내 이름을 파겠다며 노발대발하셨다.
◆ **자기 무덤을 파다** 자기에게 유리한 일, 또는 남에게 해가 되는 일을 꾸미다가 의도와 달리 오히려 자기 손해를 자초하다. Unintentionally bring damage or misfortune upon oneself while doing something for one's own interest or against somebody else's interest.
N0-가 Idm (N0=[인간])
¶그는 친구에게 누명을 씌우려다가 오히려 자기 무덤을 판 꼴이 되어버렸다. ¶일을 도모하려다가 자칫하면 자기 무덤을 파게 될 수도 있다.
◆ **한 우물을 파다** 한 번 시작한 일을 다른 일에 한눈 팔지 않고 끝까지 하다. Devote oneself to what one has started, without being distracted by something else.
N0-가 Idm (N0=[인간])
[연어]끝까지
¶그는 끝까지 한 우물을 파서 성공한 사례다. ¶이 일 저 일 기웃대지 말고 한 우물을 팔 생각을 해라.

파생되다

[어원]派生~ [활용]파생되어(파생돼), 파생되니, 파생되고 [대응]파생이 되다
[자]☞ 파생하다[자]

파생하다

[어원]派生~ [활용]파생하여(파생해), 파생하니, 파생하고 [대응]파생을 하다
[자](어떤 사물이나 현상, 말 따위가) 근본이 되는 사물이나 현상, 말 따위에서 갈려 나와 따로 생기다. (of a thing, a phenomenon, or a word) Be formed anew, coming from the original thing, phenomenon, or word.
[유]갈려 나오다
N0-가 N1-(에서|로부터) V (N0=[모두] N1=[모두])
[사]파생시키다
¶서울그룹은 한국 산업에서 파생했다. ¶19억 원의 이익이 이번 거래에서 파생할 것이다. ¶정오는 9를 의미하는 라틴어의 논노(nono)에서 파생한 말이다.
N0-가 S(것|데)-에서 V (N0=[모두])
[사]파생시키다
¶이번 사건은 그 회사를 배제한 것에서 파생했다. ¶경비 절감은 업무를 단순화하는 데서 파생했다.
[타](어떤 사물이나 현상, 말 따위가) 다른 사물이나 현상, 말 따위를 생기게 하다. (of a thing, a phenomenon, or a word) Generate another thing, phenomenon, or word.
N0-가 N1-를 V ↔ N1-가 N0-(에서|로부터) V (N0=[모두] N1=[모두])
¶물길을 가로막은 둑은 많은 문제를 파생한다. ↔ 많은 문제가 물길을 막은 둑에서 파생한다. ¶힘의 변화는 여러 가지 문제를 파생하고 있다.

파손되다

[어원]破損~ [활용]파손되어(파손돼), 파손되니, 파손되고 [대응]파손이 되다

[자](물건이나 시설 따위가) 깨지거나 상하여 못 쓰게 되다. (of an object or facility) Become useless due to willful damage.

[유]훼손되다, 부서지다

N0-가 N1-(에|로) V (N0=[교통기관], [건물], [시설물], [기계], [앎], [텍스트], [구체물] N1=[재해], [물리화학현상], [사고])

[능]파손하다

¶사고로 차량 앞부분이 크게 파손되었다. ¶운송 중에 물건이 파손될 수도 있습니다.

파손시키다

[어원]破損~ [활용]파손시키어(파손시켜), 파손시키니, 파손시키고 [대응]파손을 시키다

[타]☞'파손하다'의 오용

파손하다

[어원]破損~ [활용]파손하여(파손해), 파손하니, 파손하고 [대응]파손을 하다

[타](물건이나 시설 따위를) 깨뜨리거나 상하게 하여 못 쓰게 만들다. Render an object or facility useless by breaking or damaging it.

[유]훼손하다, 망가뜨리다, 파손시키다, 부수다

N0-가 N1-를 V (N0=[인간|단체], [동물] N1=[교통기관], [건물], [시설물], [기계], [앎], [텍스트], [인공물])

[피]파손되다

¶남자는 각종 시설물을 파손했다. ¶트럭이 신호기를 건드려 신호기를 파손했다.

파악되다

[어원]把握~ [활용]파악되어(파악돼), 파악되니, 파악되고 [대응]파악이 되다

[자](어떤 대상의 내용이나 성질 따위가) 명확히 이해되어 인지되다. (of some object's content, properties, etc.) Be recognized after completely understanding.

[유]이해되다, 인지되다

N0-가 V (N0=[모두])

[능]파악하다

¶상대방의 의도가 잘 파악되지 않아서 대응하기 힘들었다. ¶범인의 위치가 파악되자 나는 바로 출발했다.

N0-가 N1-로 V (N0=[추상물], [행위], [사건] N1=[추상물], [행위], [사건])

[능]파악하다

¶이번 일은 그의 잘못으로 파악되었다. ¶일정 차질은 김 비서의 책임으로 파악된다.

N0-가 S것-(으로|이라고) V (N0=[모두])

[능]파악하다

¶이번 일정은 미루어질 것으로 파악된다. ¶이전의 선택이 잘못된 것으로 파악되었다.

파악하다

[어원]把握~ [활용]파악하여(파악해), 파악하니, 파악하고 [대응]파악을 하다

[자타](어떤 대상의 내용이나 성질 따위를) 명확히 이해해서 인지하다. Recognize by completely understanding some object's content, properties, etc.

[유]이해하다[자타], 알다[자타], 인지하다

N0-가 N1-(에 대해|를) V (N0=[인간|단체] N1=[모두])

[피]파악되다

¶선생님께서는 이번 사건에 대해서 이미 파악하고 계셨다. ¶경찰은 범인의 소재를 파악하고 잠복 수사를 진행했다.

N0-가 N1-를 N2-로 V (N0=[인간|단체] N1=[추상물], [행위], [사건] N2=[추상물], [행위], [사건])

[피]파악되다

¶그는 이번 골을 수비진의 실수로 파악했다. ¶당국은 그 가수의 신곡을 표절로 파악했다.

N0-가 S고 V (N0=[인간|단체])

[피]파악되다

¶선생님께서는 춘희의 성격이 겉보기와 다르게 선량하다고 파악하셨다. ¶사람들은 공장 일이 은서에게 맞지 않는다고 파악했다.

N0-가 Q V (N0=[인간|단체])

[피]파악되다

¶마케팅을 하기 위해서는 대상이 누구인지 잘 파악해야 한다. ¶주최 측은 현재 대회가 잘 되어가는지 파악하지도 못하고 있었다.

파이다

[활용]파여, 파이니, 파이고 [준]패다IV

[자]❶바닥이나 벽에 깊은 구덩이나 구멍이 생기다. (of a deep hole or depression) Be formed on a floor or wall.

[유]뚫리다 [반]덮이다, 막히다

N0-가 N1-에 V (N0=구덩이, 구멍, 홈 따위 N1=[장소], [공간])

[능]파다

¶심한 파도 때문에 바위 아래쪽에 구멍이 파였다. ¶빗물이 모여서 흐르면서 바닥에 골이 파이기 시작했다.

❷(신체의 일부에) 작은 주름 따위가 생기다. (of a small wrinkle) Be formed on parts of the body.

[유]잡히다, 생기다

N0-가 N1-에 V (N0=주름, 보조개 따위 N1=[신체부위](이마, 목 따위))

ㅍ

연어 깊이, 깊게, 선명하게
¶일생을 밭을 일구신 아버지의 이마에는 주름이 깊고 선명하게 파였다. ¶살이 찌니까 목에도 주름이 파인 것처럼 보였다.
❸(옷 따위의) 모양이 일반적인 모양보다 더 깊이 늘어지거나 들어가 있다. (of a clothes shape) Be deeply drooped or sagged compared to common shape.
N0-가 N1-가 V ↔ N0-의 N1-가 V (N0=[의류] N1=(목, 목둘레선, 트임 따위))
능 파다
¶이 옷은 목이 덜 파였으면 좋겠네요. ↔ 이 옷의 목이 덜 파였으면 좋겠네요. ¶이 치마는 옆트임이 깊게 파여서 계단 올라갈 때 조심해야 되겠다.
❹(단단한 물체의 표면에 문자 따위가) 새겨져 있다. (of letters, etc.) Be engraved on solid object's surface.
㊐새겨지다, 각인되다
N0-가 N1-에 V (N0=[기호], 이름, 홈 따위 N1=[조형물], [장소], [공간])
능 파다
¶고대의 문자들이 동굴 벽에 드문드문 파여 있다. ¶발견된 유물 표면에는 말 모양의 도형이 파여 있다.
❺지워지거나 없어져 소멸되다. Become extinct by erasing or eliminating.
㊐삭제되다
N0-가 N1-에서 V (N0=[인간](이름 따위) N1=[문서], [증명서](호적 따위))
능 파다
연어 완전히
¶입양된 동생의 이름은 호적에서도 완전히 파이고 없었다. ¶심사자가 알 수 없도록 제출된 모든 논문에서 저자의 이름이 파였다.

파헤치다

활용 파헤치어(파헤쳐), 파헤치니, 파헤치고
타 ❶(막혀있는 땅이나 흙더미 따위를) 안이 드러나도록 파서 젖히다. Expose closed land, heap of earth, etc., by digging to show the inside.
N0-가 N1-를 V (N0=[인간|단체], 포크레인 N1=땅, 흙, 도로, 무덤)
¶아이가 흙을 손으로 파헤치고 놀다가 다쳤다. ¶공사 때문에 도로를 군데군데 파헤쳐 놓았다. ¶그들은 15세기의 무덤을 파헤쳐서 보물을 찾으려고 했다.
❷아직 알려지지 않은 현상이나 사실의 본질을 밝히어 드러내다. Show by revealing an undisclosed phenomenon or truth's essence.
㊐들추다, 폭로하다
N0-가 N1-를 V (N0=[인간|단체] N1=[추상물](문제, 본질, 내용), [사건])
¶우주의 본질을 파헤치기 위해서는 아직도 많은 과제가 남아 있다. ¶정수는 상관의 지시를 어기고 혼자 그 사건을 파헤치기 시작했다.

판결하다

어원 判決~ 활용 판결하여(판결해), 판결하니, 판결하고 대응 판결을 하다
자타 ❶(어떤 일에 대해서) 옳고 그름이나 좋고 나쁨을 판단하여 결정하다. Decide on something by judging right and wrong or good and bad.
㊐판단하다, 판정하다 자.타, 판별하다
N0-가 N1-(에 대해|를) S고 V (N0=[인간|단체] N1=[추상물](논란, 생각, 의견, 내용 따위))
¶선생님은 이번 논란에 대해서 철수가 틀렸다고 판결했다. ¶부모는 자녀들의 잘잘못을 공정하게 판결해야 한다.
❷ 【법률】 법원이 소송 사건에 대해서 재판을 통해 유무죄 및 형기에 대한 판단을 내리고 결정하다. (of a court) Decide and judge a lawsuit regarding the guilt or innocence and prison term through trial.
N0-가 N2-에게 N1-를 V (N0=[인간|단체](법원, 판사, 배심원 따위) N1=[벌](사형, 무기징역 따위), 유죄, 무죄 N2=[인간](피고인, 범인 따위))
¶법원은 피고에게 무기징역을 판결했다. ¶판사는 그 일에 관련된 사람들에게 모두 무죄를 판결했다.
N0-가 N1-(에 대해|를) N2-로 V (N0=[인간|단체](법원, 판사, 배심원 따위) N1=[인간](피고, 범인 따위) N2=무죄, 유죄)
¶판사는 피고에 대해 무죄로 판결했다. ¶배심원은 기소자를 성급하게 유죄로 판결한 것에 문제가 있다는 입장을 보였다.
N0-가 N1-에게 S고 V (N0=[인간|단체](법원, 판사, 배심원 따위) N1=[인간](피고인, 범인 따위))
¶판사는 절도범들에게 모두 실형을 받아야 한다고 판결했다. ¶배심원은 피고가 원고에 배상해야 한다고 판결했다.
N0-가 N1-(에 대해|를) S고 V (N0=[인간|단체](법원, 판사, 배심원 따위) N1=[사건])
¶법원은 이 사건에 대해 무죄라고 판결했다. ¶배심원은 이 사건을 기각되어야 한다고 판결했다.

판단되다

어원 判斷~ 활용 판단되어(판단돼), 판단되니, 판단되고 대응 판단이 되다
자 (어떤 대상에 대해서) 논리나 기준 등에 따라 자신의 생각이 정해지다. (of one's thought) Be decided by some object's logic, standard, etc.
㊐판별되다, 판정되다, 생각되다

ㅍ

No-가 N1-로 V (No=[모두] N1=[모두])
능판단하다
¶이 논문은 표절로 판단됩니다. ¶그의 행위는 배신으로 판단되었다.
No-가 S고 V (N1=[모두])
능판단하다
¶그의 주장은 타당성이 있다고 판단되었다.
¶그 사람은 문제가 많은 사람이라고 판단되었다.

판단하다

어원 判斷~ 활용 판단하여(판단해), 판단하니, 판단하고 대응 판단을 하다
자타 (어떤 대상에 대해서) 논리나 기준 등에 따라 자신의 생각을 정하다. Decide one's thought by following some object's logic, standard, etc.
㊀판별하다, 판정하다 자,타, 생각하다
No-가 N1-를 N2-로 V (No=[인간] N1=[모두] N2=[모두])
피 판단되다
¶회사는 이번 사태를 오히려 기회로 판단했다.
¶그는 철수를 범인으로 판단했다.
No-가 N1-(에 대해|를) S고 V (No=[인간] N1=[모두])
피 판단되다
¶그들은 이 사건에 대해서 남편이 아내를 협박했다고 판단했다. ¶연구진은 그의 이론을 증거가 불충분한 주장이라고 판단했다.
No-가 S고 V (R1) (No=[인간])
¶배심원들은 철수(가|를) 위험한 인물이라고 판단했다.(R1) ¶그들은 그녀의 주장이 잘못되었다고 판단했다.
No-가 S지 V (No=[인간])
¶이 결론이 정말 맞는지 판단하기 어렵다.

판매되다

ㅍ

어원 販賣~ 활용 판매되어(판매돼), 판매되니, 판매되고 대응 판매가 되다
자 (물건의 소유권이 돈을) 지불한 사람에게 일정한 값에 넘어가다. (of an item's ownership) Be transferred to a person for a certain price.
㊀팔리다, 매도되다 ㊥구매되다, 구입되다, 매입되다 ㊦매매되다, 거래되다
No-가 N1-(에|에게) N2-(에|로) V (No=[구체물] N1=[인간|단체] N2=[값], [정도속성값](고가, 저가 따위))
능 판매하다
¶이 상품은 싼값으로 소비자들에게 판매되고 있다. ¶추운 날씨 때문에 장갑이 많이 판매되었다.

판매하다

어원 販賣~ 활용 판매하여(판매해), 판매하니, 판매하고 대응 판매를 하다
타 (물건의 소유권을) 다른 사람에게 일정한 값에 넘기다. Transfer an item's ownership to another person at a certain price.
㊀팔다, 매도하다 ㊥구매하다, 구입하다, 매입하다, 사다 ㊦매매하다, 거래하다
No-가 N1-를 N2-(에|에게) N3-(에|로) V (No=[인간|단체] N1=[구체물] N2=[인간|단체] N3=[값], [정도속성값](고가, 저가 따위))
피 판매되다
¶요즘은 음반을 판매하는 매장이 보이지 않는다.
¶저희는 문구류와 사무용품을 주로 기업체에 도매가로 판매하고 있습니다.

판명되다

어원 判明~ 활용 판명되어(판명돼), 판명되니, 판명되고 대응 판명이 되다
자 (어떤 대상의 속성이나 사태에 대한) 사실 관계가 명확히 판단되어 밝혀지다. (of fact relevance about some object's properties or situation) Unfold by clearly judging.
㊀드러나다, 판단되다
No-가 N1-로 V (No=[모두] N1=[앎], [추상물])
능 판명하다
¶그의 작품은 결국 표절로 판명되었다. ¶그의 주장은 결국 사실로 판명되었다.
No-가 S다고 V (No=[모두])
능 판명하다
¶그가 저지른 일은 단순한 실수였다고 판명되었다. ¶철수의 병이 암이 아니라고 판명되었다.

판명하다

어원 判明~ 활용 판명하여(판명해), 판명하니, 판명하고 대응 판명을 하다
타 (어떤 대상의 속성이나 사태에 대한) 사실 관계를 명확히 판단하여 밝히다. Determine clearly and reveal facts (about property or situation of certain subject).
㊦밝히다 타, 판단하다
No-가 N1-를 N2-로 V (N1=[인간|단체], No=[구체물], [추상물] N2=[앎], [추상물])
피 판명되다
¶감정사는 그 보석을 진품으로 판명하였다.
¶형사는 놀라운 추리로 그의 범행을 사실로 판명하였다.
No-가 S다고 V (No=[인간|단체])
피 판명되다
¶물리학회에서는 9번 문제의 정답이 두 개라고 판명하였다. ¶판사는 그가 아버지를 죽인 것이 사실이라고 판명하였다.

판별되다

어원 判別~ 활용 판별되어(판별돼), 판별되니, 판별되고 대응 판별이 되다

자 (어떤 것에 대한 옳고 그름이나 좋고 나쁨 따위가) 판단되어 구별되다. (about something) Be judged and discerned between right and wrong and between good and bad.

㊌판단되다

N0-가 N1-(에 의해|에게) V (N0=진위, 여부, 시시비비 따위 N1=[인간|단체], [사태])

능 판별하다

¶이번 사건의 시시비비는 그 누구에 의해서도 판별될 수 없을 것이다. ¶이 일의 사실 여부는 신중히 판별되어야 한다.

N0-가 S다고 N1-(에 의해|에게) V (N0=[구체물], [추상물], [앎] N1=[인간|단체], [사태])

능 판별하다

¶이 책의 내용은 거짓이라고 충분한 검토에 의해 판별되었다. ¶그 그림은 피카소의 그림이 아니라고 판별되었다.

N0-가 S지 V (N0=[추상물])

¶그의 죽음이 자살인지 아닌지 판별되지 않는다.

N0-가 N2-(에 의해|에게) N1-로 V (N0=[구체물], [추상물], [앎] N1=[추상물](사실, 거짓, 모조품 따위) N2=[인간|단체], [사태])

능 판별하다

¶이 작품은 전문가에게 모조품으로 판별되었다. ¶그 증언은 거짓으로 판별되었다.

S지-가 N0-(에 의해|에게) V (N0=[인간|단체], [사태])

¶이 진술이 사실임이 전문가에게 판별되어야만 범죄 사실을 입증할 수 있다. ¶옳은지 그른지 쉽게 판별되기 어려운 일들이 많이 있다.

판별하다

어원 判別~ 활용 판별하여(판별해), 판별하니, 판별하고 대응 판별을 하다

자타 (어떤 것이 대해서) 옳고 그름이나 좋고 나쁨 따위를 판단하여 구별하다. Judge and discern between right and wrong and between good and bad with regard to something.

㊌판단하다

N0-가 N2-로 N1-를 V (N0=[인간|단체] N1=[구체물], [추상물], [앎] N2=[구체물], [추상물], [앎])

피 판별되다

¶사람의 외모만으로 국적을 판별하기는 어렵다. ¶유권자들은 정치가의 진심을 잘 판별해야 한다.

N0-가 N1-(를|에 대해) S다고 V (N0=[인간|단체] N1=[구체물], [추상물], [앎])

피 판별되다

¶검찰은 그의 진술을 사실이라고 판별했다. ¶그는 이 그림을 위작이라고 판별했다.

N0-가 N1-(를|에 대해) N2-로 V (N0=[인간|단체] N1=[구체물], [추상물], [앎] N2=[추상물](사실, 거짓, 진실, 가짜 따위))

피 판별되다

¶전문가들은 그 그림을 모조품으로 판별했다. ¶변호인단은 그의 진술을 거짓말로 판별하였다.

N0-가 S지-(를|에 대해) V (N0=[인간|단체])

¶학자는 자신의 이론이 옳은지 그른지에 대해 아주 면밀하게 판별해야 한다. ¶그의 마음이 진실인지 판별하는 것은 어렵다.

판정하다

어원 判定~ 활용 판정하여(판정해), 판정하니, 판정하고 대응 판정을 하다

자 옳고 그름이나 좋고 나쁨 따위에 대해 논리적 기준에 따라 생각하여 결정하다. Decide by logically thinking about right or wrong.

㊌판단하다, 판명하다, 분간하다, 분별하다

N0-가 S다고 V (N0=[인간|단체])

¶병원에서는 그가 뇌사 상태에 빠졌다고 판정했다. ¶무역위원회는 국내 농가들이 큰 피해를 입고 있다고 판정했다.

타 옳고 그름이나 좋고 나쁨 따위를 논리적 기준에 따라 생각하여 결정하다. Decide by logically thinking about right or wrong.

N0-가 N1-를 V (N0=[인간|단체] N1=[앎], [사건], [현상], [행위])

¶우리가 그 진위를 판정하려 한다. ¶심판은 반칙이나 승패를 판정한다.

N0-가 Q-를 V (N0=[인간|단체])

¶어느 쪽 의견이 더 설득력이 있는지를 판정하여 보자. ¶우리는 누가 더 원어민 발음과 같은지 판정하려고 귀를 기울였다.

N0-가 N1-를 N2-로 V (N0=[인간|단체] N1=[인간|단체], [질병], [행위] N2=[앎], [사건], [현상], [행위], [질병], [상태인간])

¶여성가족부는 일부 노래를 청소년들에게 유해 매체물로 판정했다. ¶의사는 어머니의 병을 위암으로 판정했다.

N0-가 N1-를 S것-으로 V (N0=[인간|단체] N1=[구체물], [앎], [사건], [현상], [행위])

¶전문가들은 그 그림을 조선 시대의 작품인 것으로 판정하였다.

팔다

활용 팔아, 파니, 팔고, 파는

타 ❶(다른 사람이나 단체에 물건, 권리, 노동력 따위를) 일정한 값에 넘기거나 내주다. Turn over to another person or organization things, right, or labor at a definite price.

ㅍ

[유]매각하다, 판매하다 [반]사다, 구매하다, 구입하다 [상]매매하다, 거래하다
N0-가 N1-를 N2-(에|에게) N3-에 V (N0=[인간|단체] N1=[구체물], [권리], [장소], [능력] N2=[인간|단체] N3=[가격](헐값, 고가, 저가 따위))
[피]팔리다
¶그는 자신의 특허권을 한 기업에 고가에 팔았다. ¶단골손님에게 파는 상품은 따로 챙겨 두었다. ¶부동산 경기가 좋지 않아 건물을 헐값에 팔 수밖에 없었다.
❷(다른 사람이나 단체에 사람을) 돈을 받고 넘겨주다. Turn over to another person or organization a person for a certain amount of money.
[유]매매하다, 거래하다 [반]사다
N0-가 N1-를 N2-(에|에게) V (N0=[인간|단체] N1=[인간] N2=[인간|단체])
[피]팔리다
¶불과 수백 년 전에도 사람을 노예로 파는 일이 빈번하였다. ¶테러 집단이 포로들을 강제 사역장에 팔아 자금을 마련한다고 한다.
❸(다른 사람에게 몸이나 웃음 따위의 성적인 매력을) 돈을 받고 보이거나 다루게 하다. Show another person or let him satisfy some sexual need such as one's body or smile for a certain amount of money.
N0-가 N1-를 N2-(에|에게) V (N0=[인간] N1=몸, 웃음, 미소 따위 N2=[인간])
¶그 사람은 손님들에게 웃음을 파는 생활에 지쳐 가고 있었다. ¶비록 여기서 미소를 팔지만 자존심이 없는 것은 아니다.
❹(다른 대상에 눈이나 정신 따위를) 빼앗겨 주의를 잃다. Lose one's attention, being distracted by another object.
N0-가 N1-를 N2-(에|에게) V (N0=[인간] N1=[마음](정신 따위), [신체부위](눈 따위) N2=[모두])
[피]팔리다
¶영석이는 신형 컴퓨터에 정신을 팔았다. ¶지금 어디에 한눈을 파는 거야? ¶나 말고 다른 사람에게 마음을 판다면 용서하지 않겠어.
❺(어떤 사람이나 그 직위 따위를) 자기의 이익을 얻으려고 핑계로 삼다. Use another person or position as an excuse in order to gain one's own benefit.
[유]빙자하다
N0-가 N1-를 V (N0=[인간|단체] N1=[인간|단체], [직위], 이름 따위)
¶누나는 놀러 가려고 친구를 팔았다. ¶나를 팔아서라도 계약을 성사시키도록 해라.
❻(지켜야 하는 가치나 존재를) 부당한 이익을 위하여 배신하거나 저버리다. Betray or give up a value or an existence to be protected for unjust profit.
[유]배신하다
N0-가 N1-를 V (N0=[인간|단체] N1=[의견], [국가], 명예 따위)
¶그는 자신의 이익 앞에 조국을 팔았다. ¶신념을 팔아서 부지한 목숨이 부끄럽지 않은가? ¶당장의 이득 때문에 명예를 파는 것은 당당하지 못한 일이다.
❼(다른 사람이나 단체에서 곡식을) 일정한 값에 사다. Buy grains from another person or organization at a definite price.
N0-가 N1-를 N2-(에서|에게서) N3-에 V (N0=[인간|단체] N1=[곡식] N2=[인간|단체] N3=[가격](싼값, 고가, 저가 따위))
¶아버지는 단골 가게에서 쌀을 싼값에 파셨다. ¶가게에 가면 보리뿐 아니라 조나 수수도 좀 팔도록 해라.
◆ **몸을 팔다** 돈을 받고 매매춘을 하다. Prostitute oneself.
N0-가 Idm (N0=[인간])
¶그녀는 몸을 팔아서라도 생계를 꾸려야 했다.
◆ **약을 팔다** 말을 솜씨 있게 이리저리 늘어놓다. Talk skillfully about one subject after another.
N0-가 Idm (N0=[인간])
¶노점상이 약을 팔면서 지나가는 사람들을 홀린다. ¶네 녀석이 약을 파는 통에 돈만 잔뜩 날렸다.
※ 속되게 쓰인다.
◆ **이름을 팔다** 이득을 얻으려고 무엇이든 끌어다가 핑계를 대다. Use an excuse, dragging everything in for profit.
N0-가 Idm (N0=[인간])
¶정치인은 이름을 팔아서라도 사익을 추구한다.
◆ **품을 팔다** 돈을 받고 일하다. Work for wages.
N0-가 Idm (N0=[인간])
¶실직자들은 하루 품을 팔아서라도 생계를 이어야 한다.

팔리다
[활용]팔리어(팔려), 팔리니, 팔리고
[자]❶(물건, 권리, 노동력 따위가 다른 사람이나 단체에 일정한 값에) 넘어가거나 내어지다. (of things, right, or labor) Be given over to another person or organization at a definite price.
[유]매각되다, 판매되다 [반]구매되다, 매입되다 [상]매매되다, 거래되다
N0-가 N1-(에|에게) N2-에 V (N0=[구체물], [권리], [장소], [능력] N1=[인간|단체] N2=[가격](값, 고가, 저가 따위))
[능]팔다

¶입장권이 사람들에게 비싼 가격에 팔렸다. ¶집이 높은 값에 팔려 어머니가 만족하신 것 같다. ¶불황이라 콘도 회원권이 예전만큼 팔리지 않는다.

❷(어떤 사람이 다른 사람이나 단체에) 돈의 대가로 넘겨지다. (of someone) Be given over to another person or organization at a certain amount of money.

N0-가 N1-(에|에게) V (N0=[인간] N1=[인간|단체])

능팔다

¶포로는 귀족들에게 노예로 팔렸다. ¶고국에서 납치돼 여기까지 팔려 온 사람들도 있다.

❸(눈이나 정신 따위가 다른 대상에) 빼앗겨 주의를 잃다. (of eyes or mind) Lose attention, being distracted by another object.

N0-가 N1-(에|에게) V (N0=[마음](정신 따위), [신체부위](눈 따위) N1=[모두])

능팔다

¶다른 생각에 잠깐 정신이 팔렸다. ¶처음 보는 여자에게 눈이 팔려서 내가 오는 것도 모르다니.

❹(얼굴이나 이름 따위가 대중에) 두루 알려지다. (of face or name) Be known widely among the public.

N0-가 N1-(에|에게) V (N0=얼굴, 이름 N1=[인간|단체])

¶방송에 출연하면서 사람들에게 얼굴이 팔렸다. ¶그는 이름이 팔린 유명 인사라 선거철마다 후보들에게 인기가 많았다.

팔아넘기다

활용팔아넘기어(팔아넘겨), 팔아넘기니, 팔아넘기고

타❶(물건의 소유권을) 값을 받고 양도하다. Transfer an item's ownership after receiving payment.

㊐양도하다, 넘겨주다

N0-가 N2-에 N1-를 V (N0=[인간|집단] N1=[구체물], [문서], 기밀 따위 N2=[집단])

¶삼촌은 할아버지의 유품을 골동품점에 팔아넘겼다. ¶그는 땅문서를 기업에 팔아넘기고 말았다.

N0-가 N2-에게 N1-를 V (N0=[인간|집단] N1=[구체물], [문서], 기밀 따위 N2=[인간])

¶그는 사업이 망하자 하릴없이 집문서를 채권자에게 팔아넘겼다. ¶기밀을 팔아넘긴 그는 처벌을 면치 못할 것이다.

❷(자녀를) 돈을 받을 목적으로 적당하지 않은 곳에서 일하게 하다. Make one's child work in inappropriate condition to receive money.

N0-가 N2-에 N1-를 V (N0=[인간|집단] N1=[친족](아들, 딸, 자식 따위) N2=[집단], [지역])

¶그는 가난에 못 이겨 공장에 아들딸을 팔아넘겼다. ¶사지에 아들을 팔아넘기는 마음이 편할 리가 없었다.

❸(주로 여성을) 돈을 받고 성매매 장소 또는 그 업자에게 보내다. Send someone (usually a woman) to a prostitution place or a trader after receiving money.

㊐인신매매하다

N0-가 N2-에 N1-를 V (N0=[인간|집단] N1=[여성] N2=[단체], 윤락가, 사창가 따위)

¶그는 납치한 여성을 인신매매단에 팔아넘겼다. ¶그런 곳에 여자를 팔아넘기고도 양심의 가책이 없단 말이냐?

N0-가 N2-에게 N1-를 V (N0=[인간|집단] N1=[여성] N2=[인간])

¶그는 여성들을 김 사장에게 팔아넘긴 대가로 돈을 받았다.

❹(양심이나 신념 따위를) 이익을 위하여 부정하다. Deny one's conscience, belief, etc. for profit.

㊐꺾다, 부정하다, 배신하다

N0-가 N1-를 V (N0=[인간|집단] N1=양심, 지조, 신념, 자존심 따위)

¶그는 자신의 이익을 위하여 양심을 팔아넘겼다. ¶육체가 고통을 받는다고 신념을 팔아넘길 수는 없다.

팔아먹다

활용팔아먹어, 팔아먹으니, 팔아먹고 【비어】

타❶(다른 사람이나 단체에 물건이나 권리 따위를) 돈을 받고 넘기거나 내주어 없애 버리다. Hand goods or right over to another person or organization for a certain amount of money.

㊐팔아치우다 ㊥팔다

N0-가 N1-를 N2-(에|에게) V (N0=[인간|단체] N1=[구체물], [권리], [장소] N2=[인간 | 단체])

¶그는 사업을 한다고 가보를 팔아먹었다. ¶그 사람은 노름 때문에 집도 팔아먹었다.

❷(다른 사람이나 단체에 사람을) 돈을 받고 넘겨주다. Hand a person over to another person or organization for a certain amount of money.

㊥팔다

N0-가 N1-를 N2-(에|에게) V (N0=[인간|단체] N1=[인간] N2=[인간|단체])

¶그들은 여자를 업자들에게 팔아먹었다. ¶사람을 팔아먹는 것이 인간으로서 할 짓인가?

❸(다른 사람에게 몸을) 돈을 받고 다루게 하다. Let another person handle one's own body.

㊐성매매하다 ㊥팔다

N0-가 N1-를 N2-에게 V (N0=[인간] N1=몸, 몸뚱이 따위 N2=[인간])

¶그녀는 사내에게 몸이나 팔아먹고 사는 기구한

인생이었다.

❹(마땅하지 않은 사람이나 장소에 자식을) 돈을 얻기 위하여 보내다. Send one's child to an inappropriate person or place in order to make money.
No-가 N1-를 N2-(에|에게) V (No=[인간] N1=[친족](아들, 딸 따위) N2=[인간|단체], [장소])
¶그는 생활고에 시달리다가 아들을 공장에 팔아먹었다. ¶자식을 팔아먹고 목숨을 연명하는 것이 무슨 의미가 있으랴?

❺(다른 사람이나 단체에 자식을) 돈을 얻기 위하여 혼례 전에 시댁이나 처가에 보내어 살게 하다. Make one's child live at his/her parents-in-law before the wedding in order to win money.
No-가 N1-를 N2-(에|에게) V (No=[인간] N1=[친족](아들, 딸 따위) N2=[인간], [친족])
¶그는 막내딸을 고을 유지에게 민며느리로 팔아먹었다. ¶김 첨지는 데릴사위로 아들을 팔아먹은 것이 너무나 분했다.

❻(다른 사람이나 단체에 지식이나 수고를) 돈을 받고 제공하다. Provide another person or organization with knowledge or labor at a certain amount of money.
No-가 N1-를 N2-(에|에게) V (No=[인간] N1=[능력], 지식 N2=[인간|단체])
¶그는 대학에서 배운 지식을 충분히 팔아먹었다. ¶보다시피 하루하루 품이나 팔아먹고 사는 인생이올시다.

❼(다른 대상에 시선이나 정신 따위를) 빼앗겨 주의를 잃다. Lose one's attention, being distracted by another object.
No-가 N1-를 N2-(에|에게) V (No=[인간] N1=[마음](정신 따위), [시각적행위](시선 따위) N2=[모두])
¶도대체 어디에 정신을 팔아먹고 다니는 거냐? ¶송현이는 멋진 남자에게 시선을 팔아먹은 것이 들통 나고 말았다.

❽(어떤 사람이나 그 직위 따위를) 자기의 이익을 얻으려고 핑계로 삼다. Use another person or position as an excuse in order to gain one's own benefit.
㊌빙자하다, 사칭하다
No-가 N1-를 V (No=[인간|단체] N1=[인간|단체], [직위], 이름 따위)
¶동생은 놀러 가려고 내 이름을 팔아먹었다. ¶선배 팔아먹고 여기까지 들어왔는데 의심 안 하던걸요?

❾(지켜야 하는 가치나 존재를) 부당한 이익을 위하여 배신하거나 저버리다. Betray or give up a value or an existence to be protected for unjust profit.
㊌배신하다
No-가 N1-를 V (No=[인간|단체] N1=[의견], [국가], 명예 따위)
¶그는 자신을 위해서라면 나라도 팔아먹을 사람이다. ¶우리 가문 사람이라면 죽을지언정 명예를 팔아먹어서는 안 된다.

❿(곡식을) 값을 치르고 넘겨받다. Take over grains by paying the price.
No-가 N1-를 V (No=[인간|단체] N1=[곡식])
¶그나마 쌀 몇 가마라도 팔아먹을 돈이 있어서 다행이다. ¶잡곡도 팔아먹어 보려는데 좀 둘러보겠소.

패다 I

활용 패어(패), 패니, 패고
자 벼나 보리 따위의 줄기 가운데가 쪼개지면서 이삭이 나오다. (of a ear) Emerge by splitting grain's zest.
No-가 V (No=[곡식](벼, 보리 따위))
¶중부 지방에서는 8월 중순이면 벼가 패기 시작한다. ¶보리가 작년보다 조금 일찍 팼다.

패다 II

활용 패어, 패니, 패고
타 (목소리 따위가) 변하여 깊고 굵어지다. (of a voice) Become thick and deep due to change.
No-가 V (No=목소리)
¶큰 녀석 목소리가 팬걸 보니 변성기가 왔나 보네요. ¶선우가 중학생이 되더니 목소리가 팼구나.

패다 III

활용 패어(패), 패니, 패고 【구어】
타 (머리 따위가) 쑤시고 아프다. (of a head) Ache and feel sick.
㊌쑤시다
No-가 V (No=머리, 골 따위)
¶어제 너무 과음을 했더니 골이 패서 죽을 지경이다. ¶목 자세가 나빠도 머리가 팰 수 있습니다.

패다 IV

활용 패어(패), 패니, 패고 ㊔파이다
자 (바닥이나 구멍 따위에) 움푹 들어간 부분이 생기다. (of a dent) Be formed on floor or hole.
No-가 N1-(에|로) V (No=[장소], [공간], 구덩이, 웅덩이 따위 N1=[자연물], [사물], [현상], [행위])
¶강바닥이 물살에 움푹 팼다. ¶낙숫물에 돌멩이가 팼다. ¶몇 번의 삽질에 쉽게 웅덩이가 팼다.

패다 V

활용 패어(패), 패니, 패고 【구어】
타 마구 때리다. Recklessly beat.
㊌때리다, 치다 ㊎얻어터지다, 맞다III 자
No-가 N1-를 V (No=[인간] N1=[인간], [동물])
연어 죽도록, 흠씬, 심하게
¶형사님, 시비가 붙으니까 동생들이 그 양반을

좀 팬 모양입니다. ¶아들이라고 하나 있는 것이 툭하면 사람을 패고 다니니 내가 속이 안 타겠소?

패다Ⅵ

활용 패어(패), 패니, 패고

타 장작 따위를 쪼개다. Cleave firewood.

유 쪼개다타

N0-가 N1-를 N2-로 V (N0=[인간] N1=장작 N2=도끼 따위)

피 패이다

¶집주인은 손님을 위해 군불을 때려고 장작을 팼다. ¶아버지는 도끼로 장작을 패는 일에 익숙해 보였다.

패배시키다

어원 敗北~ 활용 패배시키어(패배시켜), 패배시키니, 패배시키고 대응 패배를 시키다

타 ❶(사람이나 단체가 상대방이나 상대팀을 주로 싸움이나 경쟁 따위에서) 지게 하다. (of a person or a team) Make an opponent lose in a fight or a competition.

유 굴복시키다

N0-가 N2-에서 N1-를 V (N0=[인간|단체] N1=[인간|단체] N2=[경기], [행위], [충돌], [싸움], [장소])

주 패배하다

¶진나라는 이번 전쟁에서 초나라를 패배시켰다. ¶이번 경기에서 상대팀을 패배시키고야 말겠다.

❷(어떤 상태나 상황 따위가 사람이나 단체를) 굴복하게 하다. (of a state or a situation) Make a person or a team submissive.

유 굴복시키다, 지배하다

N0-가 N1-를 V (N0=[상태], [상황] N1=[인간|단체])

¶고통이 당신을 패배시키고 파괴할 수도 있다. ¶자연이 인간을 패배시키고 지배했다.

패배하다

어원 敗北~ 활용 패배하여(패배해), 패배하니, 패배하고 대응 패배를 하다

자 (주로 싸움이나 경쟁 따위에서) 지다. Be beaten in a fight or a competition.

유 지다Ⅳ, 굴복하다 반 이기다, 승리하다

N0-가 N1-에서 V (N0=[인간|단체] N1=[경기], [행위], [충돌], [싸움], [장소])

사 패배시키다

¶우리 팀이 이번 대회에서 집중력 부족으로 패배하고 말았다. ¶남자는 전쟁에서 패배하여 결국 지휘관의 직위에서 물러났다.

N0-가 N1-(에|에게) V (N0=[인간|단체] N1=[인간|단체])

¶이번 경기에서는 A팀이 B팀에 패배하고 말았다. ¶우리가 저들에게 패배하면 4강은 물거품이 된다. ¶남자 대표팀은 중국에 패배하여 결승 진출에 실패하였다.

패이다

활용 패여, 패이니, 패이고

자 장작 따위가 두 쪽으로 쪼개지다. (of firewood) Be cleaved into two parts.

유 쪼개지다

N0-가 V (N0=장작 따위)

능 패다자

¶장작들이 패여서 마당 한 쪽에 쌓여 있었다. ¶장작은 도끼로 패인다.

패하다

어원 敗~ 활용 패하여(패해), 패하니, 패하고

자 (내기나 시합, 싸움 따위에서) 상대방에게 지다. Lose to an opponent on a bet, a game, a fight, etc.

유 지다Ⅳ, 패배하다 반 이기다Ⅰ, 승리하다

N0-가 N1-에서 N2-(에|에게) V (N0=[인간|단체], [동물] N1=운동경기, 경연대회, [행위](싸움, 경쟁 따위) N2=[인간|단체], [동물])

¶축구 대회에서 우리 팀이 상대 팀에 2대 3으로 패했다. ¶영호는 기대한 것과 다르게 민수에게 패했다. ¶연준이는 대회 1차전에서 아깝게 패하고 말았다.

N0-가 N1-에 V (N0=[인간|단체] N1=[행위](싸움))

¶우리는 그만 싸움에 패하고 말았다. ¶싸움에 패한 자가 무슨 말을 하겠는가.

타 내기나 시합, 싸움을 지다. Lose in a bet, a game, a fight, etc.

유 지다Ⅳ 반 이기다Ⅰ

N0-가 N2-에서 N3-(에|에게) N1-를 V (N0=[인간|단체], [동물] N1=판, 세트 따위 N2=운동경기, 시합, 게임 따위 N3=[인간|단체], [동물])

연어 내리

¶나는 팔씨름에서 경수에게 내리 세 판을 패했다. ¶상대팀은 우리팀에 연속 두 세트를 패했다. ¶투견 경기에서 우리 개는 상대 개에게 내리 두 판을 패했다.

팽개치다

활용 팽개치어(팽개쳐), 팽개치니, 팽개치고

타 ❶(짜증이나 화가 났을 때, 또는 가지고 있던 물건에 전혀 관심이 없을 때) 들고 있던 물건을 내던져 버리다. Throw away an item that one was holding when one is aggravated, angry, or completely uninterested in the item.

유 내동댕이치다, 내팽개치다

N0-가 N1-를 V (N0=[인간] N1=[구체물])

¶그는 화가 나서 들고 있던 수화기를 팽개쳤다. ¶동생은 들어오자마자 가방을 팽개치고 텔레비전을 켰다. ¶그녀는 입었던 옷을 아무 데나 팽개쳐

놓고 전혀 정리를 하지 않는다.
❷(자신의 본분으로 하던 일을) 중간에 그만두어 버리거나 돌보던 대상에 대한 책임을 다하지 않고 버리다. Stop one's ongoing duty in the middle or abandon a target that one was taking care of without fulfilling one's responsibility.
[유]중단하다, 포기하다, 그만두다
N0-가 N1-를 V (N0=[인간] N1=[행위], [친족](가족 따위), [구체물])
¶달호는 농사일을 팽개치고 도시로 떠나 버렸다. ¶그는 자식들도 팽개치고 술만 먹고 다녔다.

팽배하다
[어원]澎湃~, 彭湃~ [활용]팽배하여(팽배해), 팽배하니, 팽배하고
[자](어떤 장소에 어떤 사상의 흐름이나 기운, 기세 따위가) 거세게 일어나다. (of trend, vigor, or influence of a thought) Surge in a region.
[유]가득차다
N0-가 N1-에 V (N0=[사조], [앎], [사태] N1=[장소], [집단])
¶금융 위기로 인해 현재 사회에 위기감이 팽배해졌다. ¶그때는 직장 내에 의심과 불신 풍조가 팽배했다고 한다.

팽창되다
[어원]膨脹~ [활용]팽창되어(팽창돼), 팽창되니, 팽창되고 [대응]팽창이 되다
[자]☞팽창하다

팽창하다
[어원]膨脹~ [활용]팽창하여(팽창해), 팽창하니, 팽창하고 [대응]팽창을 하다
[자]❶(길이, 부피 따위가) 늘어나거나 커지다. (of a length or volume) Become larger or stretched.
[유]커지다, 늘어나다 [반]수축하다
N0-가 V (N0=[크기], [부피], [구체물])
[사]팽창시키다
¶기타 줄이 팽창할수록 고음이 난다. ¶공기를 주입하자 풍선의 부피가 팽창했다.
❷(영향력, 범위 따위가) 늘어나거나 커지다. (of an influence and range) Become larger or stretched.
[유]증대되다, 커지다, 늘어나다
N0-가 V (N0=[범위], [힘](세력, 영향력 따위), [분야], [값](인구수 따위))
[사]팽창시키다
¶최근에는 금융 산업의 규모가 급격히 팽창했다. ¶최근 들어 도시 인구가 급격하게 팽창하고 있습니다. ¶국제 사회에서의 우리 경쟁력이 지속적으로 팽창하고 있습니다.

퍼뜨리다
[활용]퍼뜨리어(퍼뜨려), 퍼뜨리니, 퍼뜨리고
[타]❶(여러 물체를) 모여 있지 않고 넓게 흩어져 있게 하다. Widely scatter various objects without gathering.
[유]퍼트리다, 확산시키다, 흐트리다
N0-가 N1-를 V (N0=[인간|단체] N1=[구체물])
¶나는 바닥의 구슬들을 이리저리 퍼뜨렸다.
N0-가 N1-를 N2-에 V (N0=[인간|단체] N1=[구체물] N2=[장소])
¶나는 콩을 바닥에 잔뜩 퍼뜨려 놓았다. ¶음식물을 잔뜩 밥상에 퍼뜨리며 먹는 식습관은 좋지 않다.
❷(어떤 문물이나 문화를) 널리 많은 사람에게 보급하다. Widely propagate some culture to many people.
[유]퍼트리다, 확산시키다, 유포하다, 배포하다, 전파하다
N0-가 N1-를 V (N0=[인간|단체] N1=[구체물], [추상물])
[주]퍼지다II
[연어]널리
¶삼국 시대에는 왕들이 앞서서 불교를 퍼뜨렸다. ¶조선의 천주교는 선교사들이 퍼뜨린 것이 아니라 스스로 받아들인 것이다. ¶명동은 유행을 선도하는 사람들이 새로운 문화를 퍼뜨리는 문화의 중심지이다.
N0-가 N1-를 N2-에 V (N0=[인간|단체] N1=[구체물], [추상물] N2=[지역], [집단])
[주]퍼지다II
[연어]널리
¶윤복희는 미니스커트의 유행을 한국에 퍼뜨렸다.
❸(전염병을) 많은 사람들에게 걸리게 하다. Be prevalent in contagious disease.
[유]퍼트리다, 확산시키다, 전파시키다
N0-가 N1-를 V (N0=[인간|단체], [동물] N1=[질병])
[주]퍼지다II
¶쥐가 흑사병을 퍼뜨렸다. ¶탄저균을 퍼뜨리는 테러 방식의 등장으로 전 세계가 공포에 떨었다.
❹(정보를) 많은 사람에게 알리다. Announce information to many people.
[유]퍼트리다, 전파하다, 유포하다
N0-가 N1-를 V (N0=[인간|단체] N1=정보, 소문, 소식 따위)
[주]퍼지다II
¶내가 죽었다는 거짓말을 누군가가 고향에 퍼뜨렸다. ¶헛소문을 퍼뜨리는 자를 당장 잡아 오너라.
❺(자손을 많이 낳거나 씨앗을 많이 만들어) 여러 곳으로 보내 살게 하다. Make able to settle down in various places by bearing many descendants.
[유]퍼트리다, 산포하다

[ㅍ]

No-가 N1-를 V (No=[생물] N1=[친족](자손, 자식 따위) 종, 종자, 씨앗 따위)
[주]퍼지다II
¶민들레는 씨앗을 바람에 실어 퍼뜨린다. ¶살아 남아 종을 퍼뜨리는 것이 생물 진화의 근본이다.

퍼붓다[1]
[활용]퍼부어, 퍼부으니, 퍼붓고
[자]❶(비 따위가) 억세게 마구 쏟아지다. (of rain, etc.) Pour down.
No-가 V (No=[기상](비, 폭우 따위))
¶여름이 되자 비가 억수로 퍼붓는다.
❷(잠, 졸음이) 심하게 밀려오다. (of sleep or drowsiness) Flood in.
No-가 V (No=잠, 졸음)
¶작업으로 밤샘을 했더니 잠이 퍼붓는다.
[타]❶(액체나 가루 따위를 다른 곳에) 마구 쏟아붓다. Violently pour liquid, powder, etc., over a different place.
[유]쏟아붓다 [상]붓다
No-가 N2-(에|로) N1-를 V (No=[인간], [동물], [기계], [교통기관] N1=[액체], [구체물](흙, 모래, 시멘트, 가루 따위) N2=[용기], [신체부위], [장소])
¶철수는 화가 나서 아들에게 바가지에 든 물을 퍼부었다. ¶그 트럭은 엄청난 양의 모래를 운동장에 퍼부었다.
❷(총이나 대포 따위를) 한곳에 집중적으로 대량으로 마구 쏘다. Intensively and violently shoot gun, cannon, etc., in large quantities.
[유]발사하다
No-가 N2-(에|로) N1-를 V (No=[인간], [무기] N1=[무기], 포탄, 총알, 미사일 따위 N2=[구체물], [장소])
¶우리는 적군에 모든 총알을 다 퍼부었다. ¶새로운 장거리포가 적의 성벽에 포탄을 퍼붓고 있었다.
❸(어떤 일에) 돈을 엄청나게 많이 들이다. Put a lot of money into something.
No-가 N2-에 N1-를 V (No=[인간|단체] N1=돈, 자금 따위) N2=[추상물])
¶S회사는 반도체 사업에 엄청난 자금을 퍼부었다.
No-가 S데-에 N1-를 V (No=[인간|단체] N1=돈, 자금 따위))
¶사장은 새로운 자동화 공장을 건설하는 데 돈을 퍼부었다.
◆ **술을 퍼붓다** 술을 한꺼번에 많이 마시다. Drink excessively at one go.
No-가 Idm (No=[인간])
¶봉수는 아침부터 술을 퍼붓더니 결국 일찌감치 나가떨어졌다. ¶그는 실연의 아픔을 견디지 못하고 술을 퍼붓고 있다.

퍼붓다[2]
[활용]퍼부어, 퍼부으니, 퍼붓고
[기능자]'사건'이나 '현상'이 발생함을 나타내는 기능동사 A support verb indicating that "an event" or "a phenomenon" happens.
[유]쏟아지다
No-가 V (No=[기상](비, 소나기, 폭우, 눈, 우박 따위), [현상](잠, 졸음 따위))
¶곳곳에서 폭우가 퍼붓는 바람에 교통이 혼잡하다. ¶밤새 눈이 퍼붓더니 차가 다닐 수가 없을 정도이다.
[타]❶'행위'를 거세게 함을 나타내는 기능동사 A support verb indicating that one performs a certain "act" violently.
No-가 N1-에게 Npr-를 V (No=[인간|단체] N1=[인간|단체], Npr=불평, 불만, 저주, 욕설, 비난, 질문, 공격)
¶그 사람들은 나에게 욕설을 퍼부었다. ¶기자들은 나에게 계속 질문을 퍼부었다.
❷'감정'을 격하게 전달하는 의미를 나타내는 기능동사 A support verb indicating that one conveys a certain "emotion" violently.
No-가 N1-에 Npr-를 V (No=[인간|단체] N1=[모두], Npr=[감정](정성, 노력, 관심, 애정, 열정 따위))
¶어머니께서는 무남독녀인 나에게 엄청난 애정을 퍼부어 키우셨다. ¶그는 새 여자친구에게 온갖 정성을 퍼붓고 있다. ¶회사는 새로운 사업에 모든 노력과 관심을 퍼부었다.

퍼지다 I
[활용]퍼지어(퍼져), 퍼지니, 퍼지고
[자]❶한 곳에 모여 있지 않고 넓게 흩어지다. Widely spread by not gathering in one place.
[유]흩어지다, 확산되다
No-가 V (No=[구체물])
¶기체는 공간 안에서 퍼지는 성질이 있다. ¶한데 모여 있지 말고 넓게 퍼져 있어라.
No-가 N1-에 V (No=[구체물] N1=[장소])
[사]퍼뜨리다
¶향냄새가 사당에 퍼졌다. ¶창문으로 들어온 햇살의 따스함이 방 안에 가득 퍼졌다.
❷끝자락으로 갈수록 넓어지다. Become wider as it gets to the end.
No-가 V (No=[구체물])
[연어]점점
¶강물은 하류로 갈수록 점점 퍼진다. ¶이 치마는 아래로 갈수록 퍼지는 디자인이다.

퍼지다 II
[활용]퍼지어(퍼져), 퍼지니, 퍼지고
[자] ❶음식물이 불어서 늘어지다. (of food, especially noodle) Become sodden and

unelastic due to over exposure to liquid.
㊌불어터지다
N0-가 V (N0=[음식](국수, 라면 따위))
연어 푹
¶라면을 너무 오래 끓으니 퍼져서 맛이 없다. ¶국수 요리는 온도와 시간을 조절하지 않으면 퍼지고 만다.
❷ 힘이 없어 몸이 처지고 늘어지다. Be exhausted and languished due to lack of vitality.
㊌처지다, 늘어지다
N0-가 V (N0=[신체부위], 몸)
¶귀찮다고 퍼져 있지 말고 일어나서 일을 해라. ¶날씨가 더우니 힘이 없고 몸도 저절로 퍼진다.
❸(어떤 문물이나 문화가) 널리 많은 사람에게 알려지고 보급되다. (of some culture) Be widely propagated and informed to many people.
㊌확산되다, 유포되다, 배포되다, 전파되다
N0-가 V (N0=[구체물], [추상물])
사 퍼뜨리다
연어 널리
¶척사파들은 서양 문화가 널리 퍼지는 것을 걱정하였다. ¶창작물의 불법 복제는 이제 퍼질 대로 퍼져서 막을 수가 없게 되었다.
N0-가 N1-에 V (N0=[구체물], [추상물] N1=[지역], [집단])
사 퍼뜨리다
연어 널리
¶황해도식 김치는 경기도 북부에도 퍼져 있다. ¶중남미 전 지역에 태권도 도장이 퍼지고 있다.
❹ 전염병이 유행하다. (of contagious disease) Prevail.
㊌확산되다, 전염되다
N0-가 V (N0=[질병])
사 퍼뜨리다
¶눈병이 빠른 속도로 퍼지고 있으니 휴교령을 내려야 합니다. ¶식중독이 더 퍼지지 않도록 당국에서 철저히 신경 쓰기 바란다.
❺(정보가) 많은 사람에게 알려지다. (of information) Be announced to many people.
㊌전파되다, 유포되다
N0-가 V (N0=정보, 소문, 소식 따위)
사 퍼뜨리다
¶옛날부터 소문이 퍼지는 속도가 제일 빠르다고 했다. ¶두 사람이 결혼한다는 이야기가 어느새 퍼져서 내 귀에도 들어왔다.
❻자손이나 씨앗이 많이 생겨 여러 곳으로 옮겨지다. Be transferred to various places due to bearing many descendants.
㊌분산되다, 산포되다
N0-가 V (N0=[친족](자손, 자식 따위) 종, 종자, 씨앗 따위)
사 퍼뜨리다
¶그의 자손들은 온 나라에 널리 퍼져 살았다. ¶균류는 포자 형태로 퍼져서 번식한다.

퍼트리다

활용 퍼트리어(퍼트려), 퍼트리니, 퍼트리고
타 ☞ 퍼뜨리다

펄럭이다

활용 펄럭여, 펄럭이니, 펄럭이고
자 (깃발이나 옷 따위가) 바람에 빠르게 흔들리다. (of a flag or clothes) Rapidly shake due to wind.
㊌흔들리다, 휘날리다
N0-가 N1-에 V (N0=[구체물](깃발, 옷 따위) N1=바람 따위)
¶현수막이 여기저기서 4월의 바닷바람에 펄럭이었다. ¶하얀 면사포가 아름답게 펄럭였다.
타 (깃발이나 옷 따위를) 바람에 빠르게 흔들리게 하다. Make a flag or clothes wave fast in the wind.
㊌흔들다, 휘날리다
N0-가 N1-를 V (N0=[인간], [동물] N1=[구체물](깃발, 옷 따위))
¶무희들은 치맛자락을 펄럭이며 신나게 춤을 췄다. ¶새는 날개를 펄럭이며 꽃 사이를 즐겁게 날아다녔다.

펴내다

활용 펴내어(펴내), 펴내니, 펴내고
타 (책자를) 완성된 형식으로 내놓다. Present a book in complete form.
㊌출간하다, 출판하다
N0-가 N1-를 V (N0=[인간|집단] N1=[책])
¶그는 전국의 방언을 조사하여 한 권의 방언자도를 펴냈다. ¶경주시청은 경주 관광 안내서 개정판을 펴냈다. ¶방정환 선생은 어린이들을 위한 잡지를 펴냈다.

펴다[1]

활용 펴, 펴니, 펴고
자 (순조롭지 못한 일이) 잘 풀리고 나아지다. (of an unfavorable duty) Work out and become better.
㊌나아지다, 윤택해지다
N0-가 V (N0=형편, 팔자, 살림, 신수 따위)
¶자식이라도 출세하니 덩달아 형편이 편다. ¶언제쯤 우리도 살림이 좀 펼까?
타 ❶(접힌 것을) 벌려서 펼치다. Spread and open something folded.
㊌펼치다 ㊙접다, 덮다
N0-가 N1-를 V (N0=[인간], [동물] N1=[구체물](우

ㅍ

산, 부채 따위))
피 펴지다
¶나는 그 위에 걸터앉아 책을 폈다. ¶비가 오자 그는 얼른 우산을 펴서 내 옆으로 왔다. ¶독수리가 날개를 활짝 펴고 날아간다.
❷(구김, 주름을) 반반하고 평평하게 펼치다. Spread wrinkles or creases flatly and evenly.
반 구기다 타
N0-가 N1-를 V (N0=[인간] N1=[구체물](구김, 주름 따위))
피 펴지다
¶구겨진 셔츠를 다리미로 펴고 나니 새 옷이 되었다. ¶손수건의 구김을 펴기 위해 물뿌리개를 뿌렸다. ¶일이 해결되자 그는 미간의 주름을 펴고 미소를 지었다.
❸(말리거나 접힌 것을) 헤쳐서 평평하게 깔거나 펼치다. Flatly lay or spread by dispersing folded or rolled object.
유 펼치다, 깔다
N0-가 N2-에 N1-를 V (N0=[인간] N1=[구체물](상, 자리, 도시락 따위) N2=[공간](바닥, 복판 따위))
¶할머니께서는 마루 위에 밥상을 폈다. ¶가족들은 잔디 위에 돗자리를 폈다. ¶상을 바닥에 펴고 준비한 음식들을 올렸다.
❹(원래의 똑바른 형태에서 변형된 것을) 원래 상태로 똑바로 펼치다. Spread something that has been modified back into the original state.
유 벌리다 반 구부리다, 굽히다, 오므리다
N0-가 N1-를 V (N0=[인간] N1=[신체부위](허리, 팔, 다리, 어깨, 손가락), 기지개)
피 펴지다
¶허리 좀 펴고 걸어라. ¶그는 자신의 손가락들을 폈다가 오므렸다가 하였다. ¶누운 자세에서 무릎을 곧게 펴고 힘을 빼자.
❺(마음, 기세를) 자유롭고 편하게 펼치다. Open up one's mind or spirit freely and comfortably.
N0-가 N1-를 V (N0=[인간] N1=[기운](기 따위))
¶며느리는 시댁에서 기를 펴지 못한다. ¶자녀의 기를 펴게 하는 것은 부모의 칭찬이다.
❻(순조롭지 못한 일이) 잘 풀리다. (of an unfavorable duty) Work out well.
유 나아지다, 윤택해지다, 풀리다
N0-가 V (N0=형편, 팔자, 살림, 신수 따위)
¶자식이라도 출세하니 덩달아 형편이 펴졌다. ¶언제쯤 우리 살림이 좀 펴질는지.
◆ **얼굴을 펴다** 근심 걱정을 하지 않아 마음이 편해지다. Become relieved by not worrying and concerning.
Idm
¶얼굴을 좀 펴야 일도 잘 풀릴 것이다. ¶영혜를 보며 환하게 얼굴을 펴며 손짓했다. ¶아름다운 경치를 보고 있으니 얼굴이 좀 펴는 것 같다.
◆ **오금을 못 펴다** 마음이 졸아서 불안해하다. Feel anxious due to agitating mind.
N0-가 N1-에 Idm (N0=[인간] N1=왕따, 더위 따위)
¶영희는 따돌림 때문에 늘 오금을 못 펴고 학교에 다닌다. ¶우리 가족들은 여름만 되면 더위에 오금을 못 편다. ¶겨울이라고 추위에 오금을 못 펴다보면 우울해진다.
◆ **자리를 펴다** 잠자려고 준비하다. Prepare to sleep.
N0-가 N1-에 Idm (N0=[인간] N1=[장소](안방, 바깥채, 사랑방 따위))
¶어머님께서는 밤늦게 안방에 자리를 펴고 계셨다. ¶이번 여름은 너무 더워서 거실에 자리를 펴고 잤다. ¶할머니께서는 사랑방에 자리를 펴고 불을 껐다.

펴다[2]
활용 펴, 펴니, 펴고
기능타 ❶행위의 '실행'이나 '전개'를 가리키는 기능동사 Support verb indicating "performance" or "launch" of an act.
유 펼치다
N0-가 Npr-를 V (N0=[인간] Npr=[행위](행동, 작전, 총력전 따위), 주장, 소신 따위)
¶그는 신비적인 우주관을 펴다가 처형되었다. ¶그들은 방사능이 누출되기 시작했다는 주장을 폈다.
❷인지행위의 '실현'을 가리키는 기능동사 Support verb indicating "realization" of a cognitive behavior.
N0-가 Npr-를 V (N0=[인간] Npr=뜻, 경륜 따위)
¶나그네는 세상에 대한 경륜을 폈다는 이야기를 이어갔다.

펴지다
활용 펴지어(펴져), 펴지니, 펴지고
자 ❶(접힌 것이) 젖혀서 벌려 펼쳐지다. (of a folded object) Be unfolded and spread.
유 펼쳐지다 반 접히다
N0-가 V (N0=[구체물](우산, 부채 따위))
능 펴다[1] 타
¶우산이 펴지지 않아서 다시 구입했다. ¶군인은 낙하산이 펴지지 않는 바람에 떨어져 사망했다. ¶독수리의 날개가 활짝 펴지자 날아간다.
❷(구김이나 주름이) 반반하게 되다. (of a wrinkle) Become smooth.
반 구겨지다
N0-가 V (N0=[구체물](구김, 주름 따위))
능 펴다[1] 타

¶구겨진 옷만 펴져도 사람이 괜찮아 보인다. ¶손수건에 물을 뿌리면 주름이 펴진다.
❸(굽거나 오목한 것이) 곧게 되거나 펼쳐지다. (of a dented or curved object) Become straight and be stretched out.
N0-가 V (N0=[구체물], [신체부위](손가락, 다리 따위))
능 펴다[1] 타
¶손가락이 펴지지 않으니 어쩔 수 없었다. ¶다리에 쥐가 나서 잘 펴지지 않는다. ¶오래 쪼그리고 일했더니 허리가 안 펴진다.
❹(순조롭지 못한 일이) 잘 풀리고 나아지다. (of an unfavorable duty) Work out and become better.
㊐나아지다, 개선되다, 윤택해지다, 펴다
N0-가 V (N0=형편, 팔자, 살림, 신수 따위)
¶자식이라도 출세하니 덩달아 형편이 펴졌다. ¶언제쯤 우리 살림이 좀 펴질는지.
◆ **얼굴이 펴지다** (사람이 얼굴이) 밝아지다. Become brighter in one's face.
Idm
¶아버지가 앓아 눕자 어머니의 얼굴이 좀처럼 펴지지 않았다. ¶나는 밝은 모습으로 돌아온 영혜를 보자 얼굴이 환하게 펴졌다.

편곡되다

어원 編曲~ 활용 편곡되어(편곡돼), 편곡되니, 편곡되고 대응 편곡이 되다
자 원래 있는 곡이 형태가 조금 바뀌거나 새로운 악기 사용을 통해 다른 연주법으로 재구성되다. (of a previous music) Be recomposed in a different technique by using new instrument or slightly changing the form.
N0-가 N1-로 V (N0=[음악] N1=[음악])
능 편곡하다
¶최근 들어 과거의 발라드가 힙합 음악으로 편곡되는 경우가 많다. ¶외국의 음악도 충분히 전통적인 형식의 음악으로 편곡될 수 있다. ¶과거에 인기를 끌지 못한 음악이 새롭게 편곡되어서 엄청나게 성공했다.
N0-가 N1-로 V (N0=[음악] N1=[악기])
능 편곡하다
¶전통 민요가 피아노 하나로 새롭게 편곡되었다. ¶최신 음악이 전통 악기로 편곡되어서 공연되었다.

편곡하다

어원 編曲~ 활용 편곡하여(편곡해), 편곡하니, 편곡하고 대응 편곡을 하다
타 원래 있는 곡을 형태를 조금 바꾸거나 새로운 악기를 사용하여 다른 연주법으로 재구성하다. Restructure an existing music, changing its form, using new set of instruments, or in a new rendition.
N0-가 N1-를 N2-로 V (N0=[인간|단체] N1=[음악] N2=[음악])
피 편곡되다
¶그는 과거의 민요를 대중음악으로 편곡하여 많은 극찬을 받았다. ¶요즘은 댄스 음악을 발라드로 편곡하여 부르기도 한다. ¶그녀는 다양한 장르의 음악을 피아노 연주곡으로 편곡하였다.
N0-가 N1-를 N2-로 V (N0=[인간|단체] N1=[음악] N2=[악기])
피 편곡되다
¶그녀는 교향곡을 피아노 하나로 색다르게 편곡하였다. ¶전통악기로 연주된 곡을 기타로 편곡하는 것은 재미있는 일이다.

편성되다

어원 編成~ 활용 편성되어(편성돼), 편성되니, 편성되고 대응 편성이 되다
자 ❶조직 따위가 짜여 이루어지다. (of an organization) Be formed by assembling.
㊐조직되다, 짜여지다
N0-가 N1-와 N2-에 V (N0=[인간|단체] N1=[인간|단체] N2=[조직](조, 팀 따위))
능 편성하다
¶한국은 미국·콜롬비아·호주·이탈리아와 함께 B조에 편성됐다.
N0-가 N1-로 V (N0=[인간|단체], [구체물] N1=[조직], [단위])
능 편성하다
¶구조대원 8명은 2명씩 4개조로 편성되어 구조작업에 들어갔다.
❷방송 프로그램 따위의 계획이 짜이다. (of a broadcasting program's plan) Be composed.
㊐구성되다, 짜이다
N0-가 V (N0=[방송물])
능 편성하다
¶그 오락프로그램은 인기에 힘입어 확대 편성되었다. ¶특별 강연 프로그램이 주말 저녁에 새롭게 편성됐다.
N0-가 N1-에 V (N0=[방송물] N1=[일시])
능 편성하다
¶이 시간대에 월요일부터 목요일까지 '생생정보통'이 편성되었다. ¶새로운 프로그램은 10시 뉴스가 방송되는 시간대에 편성될 예정이다.
❸예산 따위가 짜이다. (of budget) Be formed.
㊐짜이다, 구성되다
N0-가 N1-로 V (N0=[예산] N1=[항목])
능 편성하다
¶가장 많은 예산이 '누리과정, 무상급식 등의

교육복지 예산'으로 편성됐다. ¶예산 11조 원 중 절반 이상인 6조 원 가량이 '인적자원 운용 예산'으로 편성됐다.

편성하다

어원 編成~ 활용 편성하여(편성해), 편성하니, 편성하고 대응 편성을 하다

타 ❶조직 따위를 짜서 이루다. Form by assembling organization.

유 조직하다, 짜다

N0-가 N1-를 V (N0=[인간|단체] N1=[조직])

피 편성되다

¶경찰, 소방당국, 국립과학수사연구원은 합동조사반을 편성했다. ¶유엔 측은 28개국의 지원을 받아 다국적군을 편성하였다.

N0-가 N2-로 N1-를 V (N0=[인간|단체] N1=[인간|단체] N2=[조직])

피 편성되다

¶대회 조직위원회는 우즈와 맥도웰, 루이 우스트히즌을 한 조로 묶어 '흥행조'로 편성했다. ¶경찰청은 경찰기동대 5000여 명을 네 개 분야 전문팀으로 편성했다.

❷방송 프로그램 따위의 계획을 짜다. Schedule or plan broadcasting programs, etc.

유 구성하다, 짜다

N0-가 N1-를 N2-에 V (N0=[기관](방송국 따위) N1=[방송물] N2=[일시])

피 편성되다

¶방송사는 8일 밤 11시에 추석 특선 영화를 편성했다. ¶방송사는 토요일 오전 9시 30분에 세계여행 프로그램을 편성했다.

❸예산 따위를 짜다. Draw up a budget, etc.

유 짜다

N0-가 N1-를 V (N0=[인간|단체] N1=[예산], [금액])

피 편성되다

¶정부는 도로 정비 예산으로 작년보다 215억 원이 많은 550억 원을 편성하였다. ¶무안군은 총 517억 원이 늘어난 3573억 원의 추가 경정 예산을 편성했다.

편승하다

어원 便乘~ 활용 편승하여(편승해), 편승하니, 편승하고 대응 편승을 하다

자 (어떤 세력이나 흐름에) 붙어서 따라가며 이익을 얻다. Hang out with a power group or a trend, seeking profits.

유 붙다, 추종하다

N0-가 N1-에 V (N0=[인간|단체], N=[상황](세력, 권력, 시류, 분위기 따위))

¶그는 회사 내 어떤 세력에 편승하여 출세하려고 한다. ¶이런 분위기에 잘못 편승하면 후회할 수도 있다.

재 (남이 타고 가는 교통 기관 따위를) 함께 얻어 타고 가다. Ride together in another person's vehicle, etc.

유 얻어 타다

N0-가 N1-(를|에) V (N0=[인간] N1=[교통기관])

¶우리는 마침 지나가는 승용차에 편승할 수 있었다. ¶나는 친구의 자가용을 편승해서 출퇴근하고 있다.

편애하다

어원 偏愛~ 활용 편애하여(편애해), 편애하니, 편애하고 대응 편애를 하다

타 (둘 이상의 사람 중 한 명 또는 한쪽 편만을) 유달리 치우쳐서 사랑하거나 아끼다. Particularly love or cherish one or one side among more than two people.

N0-가 N1-를 V (N0=[인간] N1=[인간])

¶그녀는 언제나 막내만을 편애한다. ¶사장은 직원들 중 몇 명을 편애해서 일을 몰아주었다.

편입되다

어원 編入~ 활용 편입되어(편입돼), 편입되니, 편입되고 대응 편입이 되다

자 중간에 끼어 들어가게 되다. Get assigned or enlisted halfway through.

N0-가 N1-(에|로) V (N0=[인간|단체], [지역] N1=[단체], [지역])

능 편입하다

¶나는 대학을 마치고 다시 수학과 3학년에 편입되었다. ¶그곳이 광역시로 편입되면서 집값이 크게 올랐다.

편입하다

어원 編入~ 활용 편입하여(편입해), 편입하니, 편입하고 대응 편입을 하다

자 ❶중간에 끼어 들어가다. Join by entering in between.

N0-가 N1-(에|로) V (N0=[인간|단체] N1=[단체])

사 편입시키다

¶청소년들은 기성 사회에 편입하지 못하고 방황하였다. ¶구태여 주류에 편입하지 않아도 돼요.

❷다니던 대학을 그만두고 다른 대학의 어떤 학년에 입학하다. Quit one's college and transfer to a grade at another.

N0-가 N1-(에|로) V (N0=[인간|단체] N1=[단체])

사 편입시키다

¶그는 조형대학 시간디자인과에 편입하였다. ¶나는 다른 대학으로 편입하려고 준비하고 있다. ¶다른 대학으로 편입하려면 2학년을 마쳐야 한다.

편집하다

어원 編輯~ 활용 편집하여(편집해), 편집하니, 편집하

고 대응 편집을 하다
타 (출판 또는 출간할 목적으로) 책이나 음성 및 영상 자료를 체계를 짜서 만들다. Organize manuscripts or audio/video materials, with a view to publishing them.
유 엮다, 편찬하다
N0-가 N1-를 V (N0=[인간] N1=[텍스트], [작품], [방송물])
¶나는 작년에 고등부 국어 교재를 편집하였다. ¶편집부장은 사건의 중요도에 따라서 신문 기사를 편집하였다. ¶영화를 재미있게 편집한다는 것은 쉬운 일이 아니다.

편찬되다

어원 編纂~ 활용 편찬되어(편찬돼), 편찬되니, 편찬되고 대응 편찬이 되다
자 (책이) 어떤 사람이나 단체에 의해 여러 자료가 모여 일정한 체계에 따라 만들어지다. (of a book) Be made with many data being gathered according to a system by a person or an organization.
유 엮어지다
N0-가 N1-에 의해 V (N0=[책] N1=[인간|단체])
능 편찬하다
¶'삼국유사'는 고려 때 일연에 의해 편찬되었다. ¶이 책은 어느 시대 누구에 의해 편찬된 것인지 현재로서는 알 수가 없다.

편찬하다

어원 編纂~ 활용 편찬하여(편찬해), 편찬하니, 편찬하고 대응 편찬을 하다
타 (사람이나 단체가) 책을 다양한 종류의 자료를 모아 일정한 체계에 따라 만들다. (of a person or an organization) Make a book by gathering various data according to a system.
유 엮다, 펴내다
N0-가 N1-를 V (N0=[인간|단체] N1=[책])
피 편찬되다
¶김부식이 '삼국사기'를 편찬하였다. ¶고종 때 일본 육군이 조선전도를 편찬하면서 울릉도와 독도를 조선 영토로 표시하였다. ¶교육부는 문과와 이과를 통합한 교과서를 편찬할 예정이다.

펼쳐지다

활용 펼쳐지어(펼쳐져), 펼쳐지니, 펼쳐지고
자 ❶(책이나 두루마리가) 젖혀져 내용이 보이게 되다. (of a book or roll) Be unfolded and become visible of its contents.
유 열리다, 젖혀지다
N0-가 V (N0=[책])
능 펼치다
연어 활짝
¶아버지께서 보내신 편지가 펼쳐지자 가족들은 모두 놀랐다. ¶박물관의 고서는 내용을 볼 수 있도록 펼쳐진 채 전시되어 있다.
❷(얇은 물체가) 넓게 펴져 사용할 수 있게 되다. (of a thin object) Be widely spread and become usable.
유 펴지다
N0-가 V (N0=[구체물])
능 펼치다
연어 활짝
¶우산이 고장났는지 펼쳐지지 않는다. ¶화려한 깃털을 가진 새는 날개가 펼쳐진 채로 박제가 되었다.
N0-가 N1-에 V (N0=[구체물] N1=[장소])
능 펼치다
연어 활짝
¶선물을 가득 담은 보자기가 탁자 위에 펼쳐졌다. ¶금으로 수놓은 비단이 전시대에 펼쳐져 있다.
❸(풍경이나 장소가) 넓은 공간을 차지하고 존재하다. (of scenery or place) Exist and take up wide space.
N0-가 N1-에 V (N0=[구체물], [장소] N1=[구체물], [장소])
¶이곳은 팔차선 도로가 펼쳐진 도심으로 유동 인구가 많다. ¶로마제국의 도시는 한가운데에 광장이 펼쳐져 있는 것이 대부분이었다.
❹ (준비된 일이) 실현되어 드러나다. (of a prepared task) Be realized and appear.
유 실시되다, 실현되다
N0-가 V (N0=[방법], [기술], [속성], [예술], [행위])
¶홍수가 발생하여 전국적인 구호 작업이 펼쳐졌다. ¶오택호 작가의 작품 세계가 제대로 펼쳐진 것은 마흔이 넘어서였다.
❺(준비된 것이) 실현되다. (of a prepared task) Realized.
유 발휘되다
N0-가 N1-에서 V (N0=[방법], [기술], [속성], [예술], [행위] N1=[행사])
능 펼치다
¶다채로운 문화 공연들이 신라 문화제 행사에서 펼쳐지고 있습니다. ¶이번 개막식에서는 각국의 전통 춤 공연들도 펼쳐질 예정입니다.

펼치다

활용 펼치어(펼쳐), 펼치니, 펼치고
타 ❶(책이나 두루마리를 젖혀) 내용이 드러나게 하다. Unfold a book or roll and make its contents visible.
유 펴다[1] 타

ㅍ

No-가 N1-를 V (No=[인간|단체] N1=[책])
[피]펼쳐지다
[연어]활짝
¶남의 일기장을 그렇게 함부로 펼치면 안 된다. ¶고고학자가 낡아 보이는 두루마리를 펼쳐 읽어 보았다.
❷(얇은 물체를) 사용할 수 있도록 넓게 펴다. Widely spread a thin object to make it usable.
[유]펴다[1][타]
No-가 N1-를 V (No=[인간|단체] N1=[구체물])
[피]펼쳐지다
[연어]활짝
¶독수리가 날개를 펼쳐 날아올랐다. ¶노인은 부채를 펼치고 천천히 부치기 시작했다.
No-가 N1-를 N2-에 V (No=[인간|단체] N1=[구체물] N2=[장소])
[피]펼쳐지다
[연어]활짝
¶선비는 바닥에 화선지를 활짝 펼치고 그림을 그리기 시작했다. ¶오랜만에 소풍을 나온 우리는 풀밭에 돗자리를 펼치고 그 위에 누웠다.
❸(준비된 것을) 실현하여 드러내 보이다. Realize and present a prepared task.
[유]실시하다, 실현하다
No-가 N1-를 V (No=[인간|단체] N1=[방법], [기술], [속성], [예술], [행위])
[피]펼쳐지다
[연어]마음껏
¶저희 회사는 10년 전부터 환경 보호 사업을 꾸준히 펼쳐 왔습니다. ¶우리 극단이 오랫동안 준비한 공연을 드디어 펼칠 때가 되었다.
❹품은 꿈이나 생각을 실천하다. Fulfill one's dream or thought.
[유]실현하다
No-가 N1-를 V (No=[인간|단체] N1=[능력], [마음])
[피]펼쳐지다
[연어]마음껏
¶이제 자네의 포부를 마음껏 펼치도록 하게. ¶내 꿈을 펼치기 위해서는 먼저 공부를 해야 했다.

평가되다

[어원]評價~ [활용]평가되어(평가돼), 평가되니, 평가되고 [대응]평가가 되다
[자]❶(사람이나 사물의 가치나 수준이) 일정한 기준에 의해 판단되다. (of the value or level of a person or an object) Be judged by certain standards.
No-가 ADV V (No=[인간|단체], [결과], [의견], [작품], ADV=Adj-게, Adj-이, N-로)
[능]평가하다
¶그의 리더십은 매우 좋게 평가되었다. ¶한 사원의 참신한 아이디어가 높이 평가되어 새로운 모델에 반영되었다. ¶이 작품은 20세기를 통틀어 희대의 걸작으로 평가된다.
No-가 S고 V (No=[인간|단체], [결과], [의견], [작품])
[능]평가하다
¶그의 리더십은 비교적 훌륭하다고 평가되었다. ¶이번 사업의 결과는 아쉽게도 참신하다고 평가되지 않았다. ¶이 작품은 20세기를 통틀어 희대의 걸작이라고 평가된다.
No-가 S것-으로 V (No=[인간|단체], [결과], [의견], [작품])
[능]평가하다
¶그의 리더십은 비교적 훌륭한 것으로 평가되었다. ¶이번 사업의 결과는 아쉽게도 참신한 것으로 평가되지 않았다. ¶이 작품은 20세기를 통틀어 희대의 걸작인 것으로 평가된다.
❷(사물의 값이) 가치에 따라 매겨지다. (of the price of an object) Be determined on the basis of its value.
[유]평가받다
No-가 ADV V (No=[금전], [구체물], ADV=Adj-게, Adj-이, N-로)
[능]평가하다
¶그 책의 가격은 우리 생각보다 더 높게 평가되었다. ¶우리 회사의 자산은 약 300억 정도로 평가되었다. ¶나의 중고차는 5백만 원 이상으로 평가되었다.
No-가 S고 V (No=[금전], [구체물])
[능]평가하다
¶우리 회사의 자산은 약 300억 정도라고 평가되었다. ¶나의 중고차는 5백만 원 이상 나간다고 평가되었다. ¶내가 가지고 있는 책이 국보만큼의 가치가 있다고 평가되어 모두가 놀랐다.
No-가 S것-으로 V (No=[금전], [구체물])
[능]평가하다
¶우리 회사의 자산은 약 300억 정도인 것으로 평가되었다. ¶나의 중고차는 5백만 원 이상 나가는 것으로 평가되었다. ¶내가 가지고 있는 책이 국보만큼의 가치가 있는 것으로 평가되어 모두가 놀랐다.

평가받다

[어원]評價~ [활용]평가받아, 평가받으니, 평가받고
[자]☞평가되다

평가하다

[어원]評價~ [활용]평가하여(평가해), 평가하니, 평가하고 [대응]평가를 하다
[타]❶(다른 사람이나 사물을) 일정한 기준을 적용하여 그것의 가치나 수준을 판단하다. Determine the value or level of a person or an object

by applying certain criteria.
[유]인정하다, 판단하다
No-가 N1-를 ADV V (No=[인간|단체], No=[인간|단체], [결과], [의견], [작품], ADV=Adj-게, Adj-이, N-로)
[피]평가되다
¶김 부장은 부하 직원의 참신한 아이디어를 높이 평가하였다. ¶나의 의견을 훌륭하게 평가해 주는 사람은 너뿐이다.
No-가 S고 V (R1) (No=[인간|단체])
[피]평가되다
¶우리는 고위 공직자로서 그의 리더십이 비교적 훌륭하다고 평가하였다. ¶누군가가 지혜롭다고 평가하기 위해서는 그 사람의 전반적인 특성을 고려해야 한다.
No-가 S것-으로 V (No=[인간|단체])
[피]평가되다
¶김 부장은 부하 직원의 아이디어를 참신한 것으로 평가하였다. ¶전문가들은 그 나라가 문화적으로는 낙후된 것으로 평가하였다.
❷(사물을) 가치를 따져 일정한 값을 매기다. Set the price of an object on the basis of its value.
[유]감정하다, 값을 매기다
No-가 N1-를 ADV V (No=[인간|단체] N1=[금전], [구체물], ADV=Adj-게, Adj-이, N-로)
[피]평가되다
¶감정인은 고문헌의 가격을 우리 생각보다 더 높게 평가하였다. ¶그는 나의 중고차를 5백만 원 이상으로 평가하였다.
No-가 S고 V (R1) (No=[인간|집단])
[피]평가되다
¶감정인은 내가 가지고 있는 책(이|을) 국보만큼의 가치가 있다고 평가하여 모두가 놀랐다.(R1)
No-가 S것-으로 V (No=[인간|단체])
[피]평가되다
¶그는 나의 중고차를 5백만 원이 넘을 것으로 평가하였다. ¶감정인은 내가 가지고 있는 책을 국보만큼의 가치가 있는 것으로 평가하였다.

평정되다
[어원]平定~ [활용]평정되어(평정돼), 평정되니, 평정되고 [대응]평정이 되다
[자]❶(어떤 싸움이나 난리가) 사람이나 단체에게 억눌려 조용하고 평안한 상태가 되다. (of fight or uproar) Become still by being suppressed by people or organization.
[유]진압되다
No-가 N1-(에게|에 의해) V (No=[사회동요] N1=[인간|단체])
[능]평정하다
¶폭동이 경찰에 의해 평정되는 과정에서 부상자가 나타났다. ¶중국 역사에서 한나라는 주아부에 의해 난이 평정되어서 안정을 되찾았다.
❷(어떤 나라나 민족이) 다른 사람이나 단체에 공격을 당하여 그의 지배 아래 놓이게 되다. (of country or people)Be attacked and ruled by other people or organization.
[유]지배되다
No-가 N1-(에게|에 의해) V (No=[인간|단체] N1=[인간|단체])
[능]평정하다
¶중국 역사에서 제나라는 한신에게 완전히 평정됐다. ¶이미 적군들은 장군의 군사에 의해 평정된 상태입니다.
❸(어떤 경기나 대회가) 개인 선수나 단체에 의해 상이나 메달이 모두 소유되다. (of a game or a contest) Be dominated by a player or a team that won all the prizes or medals.
[유]제압되다, 장악되다
No-가 N1-(에게|에 의해) V (No=[분야], [범주], [경기], [대회] N1=[인간|단체])
[능]평정하다
¶배드민턴 개인 복식이 우리나라 선수에 의해 평정됐다. ¶이번 태권도 대회가 한국 팀 선수에 의해 평정되면 3연승이다.
❹(어떤 영역이나 분야가) 어떤 대상에 의해 세력이 빼앗겨 지배당하다. (of a field or an area) Be dominated by an object that has taken all the power.
[유]지배되다
No-가 N1-(에게|에 의해) V (No=[분야], [장소], [산업] N1=[인간|단체], [구체물], [예술], [작품])
[능]평정하다
¶수입 과일 시장이 망고에 의해 평정되었다. ¶가요계가 10대 걸그룹들에게 평정되고 있다.

평정하다
[어원]平定~ [활용]평정하여(평정해), 평정하니, 평정하고 [대응]평정을 하다
[타]❶(사람이나 단체가) 싸움이나 난리를 억눌러 조용하게 평안한 상태로 만들다. (of a person or an organization) Suppress a fight or an uproar into a still, peaceful state.
[유]진압하다
No-가 N1-를 V (No=[인간|단체] N1=[사회동요])
[피]평정되다
¶장왕은 군사를 이끌고 가서 반란을 평정하고 돌아왔다. ¶경찰들이 폭동을 평정하는 과정에서 부상을 많이 입었다.
❷(사람이나 단체가) 다른 나라나 민족을 쳐서

[ㅍ]

자신의 지배 아래 놓이게 하다. (of people or group of people) Defeat and dominate other people or another country.
[유]지배하다
N0-가 N1-를 V (N0=[인간|단체] N1=[인간|단체], [국가])
[피]평정되다
¶한신은 마침내 제나라를 완전히 평정했다.
¶장군의 군사가 이미 적군을 평정하였습니다.
❸(사람이나 단체가) 어떤 경기나 대회를 다른 팀을 누르고 우승하다. (of a person or a team) Win the championship in a contest or a competition by beating other teams.
[유]우승하다, 제압하다
N0-가 N1-를 V (N0=[인간|단체] N1=[분야], [범주], [경기], [대회])
[피]평정되다
¶한국 양궁이 세계를 평정했다. ¶우리 학교 배드민턴 여고부가 개인 복식에서 전국을 평정했다.
❹(어떤 대상이) 어떤 분야나 영역을 세력을 넓혀 최고의 자리를 차지하다. (of an object) Finish first place in a field or an area by expanding its influence.
[유]지배하다
N0-가 N1-를 V (N0=[인간|단체], [구체물], [예술], [작품] N1=[분야], [장소], [산업])
[피]평정되다
¶한국 영화가 곧 세계 시장을 평정할 날이 올 것이다. ¶어렵고 무거운 소재의 드라마가 안방극장을 평정했다.

평하다
[어원]評~ [활용]평하여(평해), 평하니, 평하고 [대응]평을 하다
[타]가치를 따져 어떻다고 말하다. Express how one values someone or something.
[유]평가하다
N0-가 N1-(를|에 대해) N2-로 V (R) (N0=[인간|단체] N1=[구체물], [추상물], [장소], [집단], [행위], [현상], [사건] N2=[구체물], [추상물], [장소], [집단], [행위], [현상], [사건])
¶그를 아는 사람들은 모두 그를 성실하고 착한 사람으로 평한다.
N0-가 S고 V (N0=[인간|단체])
¶그를 아는 사람들은 모두 그를 성실하고 착한 사람이라고 평한다.

폐교되다
[어원]廢校~ [활용]폐교되어(돼), 폐교되니, 폐교되고 [대응]폐교가 되다
[자](학교가) 운영이 폐지되다. (Of a school) Be closed down
[반]개교되다
N0-가 V (N0=[교육기관])
[능]폐교하다
¶그 학교는 학생 수 부족으로 결국 폐교되었다.

폐교하다
[어원]廢校~ [활용]폐교하여(해), 폐교하니, 폐교하고 [대응]폐교를 하다
[자]학교의 운영을 폐지하다. Close down a school
[반]개교하다[자]
N0-가 V (N0=[교육기관] N1=[지역])
[피]폐교되다 [사]폐교시키다
¶그 학교의 분교가 운영난으로 올해 폐교한다.
[타]학교의 운영을 폐지하다. Close down a school
[반]개교하다[타]
N0-가 N1-를 V (N0=[인간|단체] N1=[교육기관])
[피]폐교되다 [사]폐교시키다
¶학생이 거의 없어 교육청이 산골에 있는 그 중학교를 폐교할 예정이다.

폐기되다
[어원]廢棄~ [활용]폐기되어(폐기돼), 폐기되니, 폐기되고 [대응]폐기가 되다
[자]❶(물건이나 정보 따위가) 못 쓰게 되거나 쓸모가 없어져 버려지다. (of thing or information) Be thrown away because it had become worn or useless.
[반]보관하다, 보존하다
N0-가 V (N0=[구체물], 기록, 정보 따위)
[능]폐기하다
¶발암물질이 들어있는 세척제가 모두 수거되어 폐기되었다. ¶개인 정보가 제대로 폐기되지 않으면 정보 유출의 위험이 있다.
❷(조약, 법안, 제도 따위가) 무효가 되어 효력이 없어지다. (of treaty, law, or system) Become invalidated and ineffective.
[유]폐지되다
N0-가 V (N0=[제도], [법률], 안건 따위)
¶오랜 토론 끝에 이 법안은 폐기되지 않았다.
¶유럽에서 결혼지참금 제도가 폐기되면서 여성의 인권이 신장되었다.

폐기하다
[어원]廢棄~ [활용]폐기하여(폐기해), 폐기하니, 폐기하고 [대응]폐기를 하다
[타]❶(사람이) 못 쓰게 되거나 쓸모없는 것을 버리거나 없애다. (of a person) Throw away or discard something worn or useless.
[유]버리다, 없애다 [반]보관하다, 보존하다
N0-가 N1-를 V (N0=[인간], [집단] N1=[구체물], 기록, 정보 따위)

피 폐기되다
¶나는 오래되어 고장난 냉장고를 폐기하였다. ¶그 회사는 회원 정보를 제대로 폐기하지 않아 시민 단체에 소송을 당했다.
❷(국가가) 조약, 법안, 제도 따위를 무효로 하거나 없애다. (of a country) Invalidate or destroy a treaty, a law, or a system.
㊌없애다, 폐지하다
N0-가 N1-를 V (N0=[인간], [집단] N1=[제도], [법률], 안건 따위)
¶국회는 농산물 수입 규제 법안을 폐기하지 않기로 결정하였다. ¶이번 사건을 계기로 사람들은 그 제도를 폐기하기로 하였다.

폐쇄되다
어원 閉鎖~ 활용 폐쇄되어(폐쇄돼), 폐쇄되니, 폐쇄되고 대응 폐쇄가 되다
자 ❶(통로나 문 따위가) 통하지 못하도록 닫히거나 막히다. (of a passage or door) Be closed or blocked to not be able to connect.
㊌막히다, 봉쇄되다 ㊚열리다II, 개방되다
N0-가 V (N0=[장소](항구, 공항, 정류장 따위), [건물](출입구 따위), 교량, 터널, 도로, 철조망 따위)
능 폐쇄하다
¶폐쇄되었던 국경 철조망이 제거되었다. ¶마포대교가 폐쇄되면서 교통이 매우 혼잡해졌다.
N0-가 N1-로 V (N0=[장소](항구, 공항, 정류장 따위), [건물](출입구 따위), 교량, 터널, 도로, 철조망 따위 N1=[무생물](낙석, 흙더미, 얼음 따위), [행위])
능 폐쇄하다
¶낙석과 흙더미로 길이 종종 폐쇄되기도 한다. ¶지하철 공사로 정류장 하나가 폐쇄되었다.
❷외부와 문화적, 정신적 교류가 이어지지 않거나 막히다. (of a cultural and mental interchange) Be unconnected or blocked with outside.
㊚열리다II, 개방되다
N0-가 V (N0=[인간|단체], 문화 따위)
능 폐쇄하다
¶북한은 가장 폐쇄되고 낙후된 지역이다. ¶폐쇄된 사회는 발전이 더디다.
❸(기관이나 시설 따위가) 없어지거나 제 역할을 할 수 없게 되다. (of an institution or facility) Be vanished or unable to do one's role.
㊌닫히다, 봉쇄되다 ㊚열리다II, 개설되다
N0-가 V (N0=[기업](직장, 회사 따위), [기관], [건물](호텔, 주차장, 기지 따위), 사이트 따위)
능 폐쇄하다
¶인터넷 도박 사이트가 폐쇄되었다. ¶폐쇄되었던 호텔이 다시 개관을 준비 중이다.
N0-가 N1-(에 의해|로 인해) V (N0=[기관], [장소] N1=[방법], [사조])
능 폐쇄하다
¶국가 정책으로 인하여 거의 모든 광산이 폐쇄되었다. ¶신문사와 출판사가 일제에 의하여 폐쇄되었다.

폐쇄하다
어원 閉鎖~ 활용 폐쇄하여(폐쇄해), 폐쇄하니, 폐쇄하고 대응 폐쇄를 하다
타 ❶통로나 문 따위가 통하지 못하도록 닫거나 막아버리다. (of a passage or door) Close or block to not be able to connect.
㊌봉쇄하다, 막다 ㊚열다II타, 개방하다
N0-가 N1-를 V (N0=[인간|단체] N1=[장소](항구, 공항, 정류장 따위), [건물](출입구 따위), 교량, 터널, 도로, 철조망 따위)
피 폐쇄되다
¶서쪽으로 나있던 현관을 폐쇄하고 새로 남쪽으로 현관을 만들었다. ¶소방대원들은 학생들을 대피시키고 현장을 폐쇄했다.
❷외부와 문화적, 정신적 교류가 이어지지 않게 막아버리다. (of a cultural and mental interchange) Block by not connecting with outside.
㊚열다II타, 개방하다
N0-가 N1-를 V (N0=[인간|단체] N1=문호, 교류 따위)
피 폐쇄되다
¶대원군은 다른 나라와의 모든 관계를 폐쇄하였다. ¶당시 일본은 서방 세계와의 교류를 폐쇄하고 있었다.
❸기관이나 시설 따위를 없애거나 제 역할을 할 수 없게 만들다. Eliminate an institution or facility or make unable to do one's role.
㊌닫다II ㊚열다II타
N0-가 N1-를 V (N0=[인간|단체] N1=[기업](직장, 회사 따위), [기관], [건물](호텔, 주차장, 기지 따위), 계정, 사이트, 홈페이지 따위)
피 폐쇄되다
¶회사 측은 공식 블로그를 임시 폐쇄했다. ¶검찰 수사가 시작되자 회사 간부들이 사이트를 폐쇄하고 잠적했다.

폐지되다
어원 廢止~ 활용 폐지되어(폐지돼), 폐지되니, 폐지되고 대응 폐지가 되다
자 (제도나 규범, 시험, 관습 따위가) 더 이상 실시되지 못하게 완전히 없어지다. (of system, norm, exam, or custom) Be done away with completely so that it cannot be carried out anymore.
㊌없어지다
N0-가 V (N0=[제도], [규범], [법률], [관습], [행사],

ㅍ

[방송물])
능 폐지하다
¶루마니아는 사형 제도가 폐지된 나라 중 하나이다. ¶시청률이 낮은 몇 개의 프로그램이 갑자기 폐지되었다.

폐지하다

어원 廢止~ 활용 폐지하여(폐지해), 폐지하니, 폐지하고 대응 폐지를 하다
타 (사람이 제도나 규범, 시험, 관습 따위를) 더 이상 실시되지 못하게 완전히 없애다. (of a person) Do away completely with a system, a norm, an exam, or a custom so that it cannot be carried out anymore.
㊤ 없애다, 제거하다
N0-가 N1-를 V (N0=[인간], [집단] N1=[제도], [규범], [법률], [관습], [행사], [방송물])
피 폐지되다
¶시민 단체들은 호주제를 폐지할 것을 강력히 주장하였다. ¶인도 정부는 남편이 죽으면 아내를 같이 화장하는 악습을 폐지하였다.

폐하다

어원 廢~ 활용 폐하여(폐해), 폐하니, 폐하고
타 ❶(기존의 제도, 풍습, 기관 따위를) 더 이상 존재하지 않도록 하다. Eliminate an existing system, custom, institution, etc.
㊤ 없애다
N0-가 N1-를 V (N0=[인간|단체] N1=[기관], [추상물(제도, 풍습, 관습, 법 따위), [구체물(절, 사당, 교회 따위))
¶정부는 몇 가지 관습을 폐하면서 새로운 변화를 모색했다. ¶새로운 사회로 나아가기 위해서는 과거의 악습을 폐하는 것부터 시작해야 한다.
❷(사람을) 그 사람이 있던 직책이나 지위에서 몰아내다. Remove someone from his/her own position.
㊤ 쫓아내다
N0-가 N1-를 N2-에서 V (N0=[인간|단체] N1=[인간] N2=[직위])
¶새 황후는 기존의 황태자를 폐하고 자신의 아이를 황태자로 옹립하려 했다. ¶전통문화관리위원회는 현재의 회장을 폐하기로 결정했다.
❸(쭉 해 오던 일을) 더 계속하지 못하고 중도에 그만두다. Quit halfway through by not doing the conducted work.
㊤ 그만두다
N0-가 N1-를 V (N0=[인간|단체] N1=[행위])
¶그녀는 큰 충격을 받았는지 식음을 폐하고 눈물만 흘렸다. ¶학교 측은 매주 해오던 동아리 활동을 폐하겠다고 했다.

포개다

활용 포개어(포개), 포개니, 포개고
타 ❶(어떤 물건 위에 다른 물건을) 겹쳐 올려놓다. Put an object over some object by overlapping.
N0-가 N1-를 N2-에 V (N0=[인간] N1=[구체물] N2=[구체물])
피 포개지다
¶그녀는 내 손 위에 자기의 손을 포개었다. ¶어머니는 이불에 담요를 잘 포개어 놓으셨다.
❷(여러 개의 물건을 한 곳에) 겹겹이 쌓아 놓다. Stack various objects into one place in layers.
㊤ 쌓다
N0-가 N3-에 N1-를 N2-와 V ↔ N0-가 N3-에 N2-를 N1-와 V ↔ N0-가 N3-에 N1-와 N2-를 V (N0=[인간] N1=[구체물] N2=[구체물] N3=[장소])
피 포개지다
¶그는 방바닥에 이불을 담요와 포개어 놓았다. ↔ 그는 방바닥에 담요를 이불과 포개어 놓았다. ↔ 그는 방바닥에 이불과 담요를 포개어 놓았다. ¶아버지께서는 새로 산 책들을 언제나 책장 가장 위에 포개어 놓으신다.
❸(평평한 물건을) 여러 겹으로 접다. Make a flat object into many layers.
㊤ 접다
N0-가 N1-를 N2-로 V (N0=[인간] N1=[구체물] N2=겹)
피 포개지다
¶영희는 얇은 옷을 두 겹으로 포개었다. ¶얇은 종이라도 여러 번 포개면 두꺼워진다.

포개지다

활용 포개지어(포개져), 포개지니, 포개지고
자 ❶(어떤 물건 위에 다른 물건이) 겹쳐 올려지다. (of another object) Be put over some object by overlapping.
N0-가 N1-에 V (N0=[구체물] N1=[구체물])
능 포개다
¶이불 위에 두꺼운 담요가 포개졌다. ¶그의 손에 내 손이 포개졌다.
❷(여러 개의 물건이) 한 곳에 겹겹이 쌓이다. (of various objects) Be stacked into one place in layers.
㊤ 쌓이다
N0-가 N1-와 N2-에 V ↔ N1-가 N0-와 N2-에 V ↔ N0-와 N1-가 N2-에 V (N0=[구체물] N1=[구체물] N2=[장소])
능 포개다
¶그의 손수건이 그녀의 옷과 바닥에 포개져 있었다. ↔ 그녀의 옷이 그의 손수건과 바닥에 포개져

ㅍ

있었다. ↔ 그의 손수건과 그녀의 옷이 바닥에 포개져 있었다. ¶색색가지의 천이 테이블 위에 포개져 있었다.

❸(평평한 물건이) 여러 겹으로 접히다. (of a flat object) Be made into many layers.

[유]접히다

No-가 N1-로 V (No=[구체물] N1=겹)

[능]포개다

¶이불이 여러 겹으로 포개지니 두께가 상당해졌다. ¶그의 옷이 꾸깃꾸깃하게 포개져 있었다.

포기하다

[어원]抛棄~ [활용]포기하여(포기해), 포기하니, 포기하고 [대응]포기를 하다

[타]❶(어떤 계획이나 일 따위를) 난관을 만나 계속하지 못하고 중도에 멈추다. Stop a plan or a job halfway, not able to continue due to difficulties.

[유]그만두다, 때려치우다(속어), 관두다, 단념하다 [반]성공하다, 도전하다, 시도하다

No-가 N1-를 V (No=[인간|단체] N1=[행위], [일])

[사]포기시키다

¶경기 불황으로 우리 회사는 국외 진출을 포기했다. ¶제 날짜에 마무리하지 못하여 나는 과제 지원서 제출을 포기했다.

No-가 S(것|기)-를 V (No=[인간|단체])

¶우리 회사는 국외로 진출하는 것을 포기했다. ¶우리 회사는 국외로 진출하기를 포기했다.

❷(자신이 누리고 있거나 누릴 수 있는 직책이나 권리 따위를) 행사하지 않고 단념하다. Give up and not practice a position or a right that one enjoys or is entitled to.

[유]버리다[1], 단념하다 [반]유지하다

No-가 N1-를 V (No=[인간] N1=[권리], [직위])

¶엄마들이 양육권을 포기하려는 일은 거의 없다. ¶지금 이 순간부터 나는 나의 재산권 일체를 포기하고 이를 아내에게 양도합니다.

❸(문제가 있는 사람을) 개선시키려는 노력이나 나아지리라는 기대 따위를 더 이상 하지 않다. Stop making efforts to improve someone with problems and stop expecting any such improvement.

No-가 N1-를 V (No=[인간|단체] N1=[인간])

¶친구들도 그 사람은 포기해 버렸다. ¶학교가 포기한 문제아들 학생이라고 해서 사회에서도 포기해도 되는 것은 아니다.

포맷되다

[어원]영어, format~ [활용]포맷되어(포맷돼), 포맷되니, 포맷되고 [대응]포맷이 되다

[자](컴퓨터의 저장 장치가) 처음 상태에서 사용 가능하게 초기화되다. (Storage device of computer) Initialize so it can be used in its original state.

[유]초기화되다

No-가 V (No=[장치](하드디스크, 플로피디스크, 플래시메모리 따위))

[능]포맷하다

¶하드디스크가 완전히 포맷되었다. ¶포맷된 저장 장치를 지참해 주세요.

포맷하다

[어원]영어, format~ [활용]포맷하여(포맷해), 포맷하니, 포맷하고 [대응]포맷을 하다

[타]❶(컴퓨터의 저장 장치를) 처음 상태에서 사용 가능하게 초기화시키다. Initialize a storage device of a computer so that one can use it in its original state.

[유]초기화시키다

No-가 N1-를 V (No=[인간] N1=[장치](하드디스크, 플로피디스크, 플래시메모리 따위))

[피]포맷되다

¶그는 새로 산 하드디스크를 사용하기 위해서 포맷하였다. ¶디스크를 잘못 포맷하면 모든 자료가 사라지므로 조심해야 한다.

❷(복잡한 내용이나 상황을) 그것이 존재하지 않던 최초 상태로 되돌리다. Bring a complex situation back to the original state where it didn't exist.

No-가 N1-를 V (No=[인간] N1=[추상물], [구체물])

¶그는 지금의 복잡한 상황을 포맷해 버리고 싶었다. ¶그는 자신의 기억을 포맷한 것처럼 이전의 상황을 기억하지 못했다.

포섭되다

[어원]包攝~ [활용]포섭되어(포섭돼), 포섭되고, 포섭되니 [대응]포섭이 되다

[자](적이나 상대방에게) 설득되어 그쪽 편이 되다. Be persuaded by enemies or opponents and get on their side.

[유]회유되다

No-가 N1-에게 V (No=[인간|단체] N1=[인간|단체])

[능]포섭하다

¶그분이 반란 세력에 포섭되었다는 것은 충격이었다. ¶많은 포로들이 살기 위해서 적군에 포섭되었다. ¶전철영 부장은 외국 기업에 포섭되어 회사 기밀을 누출한 혐의를 받고 있다.

포섭하다

[어원]包攝~ [활용]포섭하여(포섭해), 포섭하고, 포섭하니 [대응]포섭을 하다

[타](적이나 상대방을) 설득하여 자기편으로 끌어들이다. Persuade one's enemies or opponents

and get them on one's side.
㊞회유하다
N0-가 N1-를 V (N0=[인간|단체] N1=[인간|단체])
피 포섭되다
¶우리 군은 적군의 일부를 포섭하여 쉽게 승리할 수 있었다. ¶신당은 기존의 다양한 정치 세력의 인물들을 포섭하기 시작했다.

포용되다

어원 包容~ 활용 포용되어(포용돼), 포용되니, 포용되고 대응 포용이 되다
자 (어떤 상황이나 사람이) 너그러운 마음으로 받아들여지다. (of certain situation or someone) Be accepted with generous mind.
㊞수용되다II
N0-가 V (N0=[인간|단체], [추상물])
¶우리들의 요구가 이번 회의에서 모두 포용됐다. ¶역사학은 거짓말이 절대 포용될 수 없는 학문이다.

포용하다

어원 包容~ 활용 포용하여(포용해), 포용하니, 포용하고 대응 포용을 하다
타 (어떤 상황이나 사람을) 너그러운 마음으로 받아들이다. Accept certain situation or someone with generous mind.
㊞받아들이다, 수용하다II
N0-가 N1-를 V (N0=[인간|단체] N1=[인간|단체], [추상물])
¶학교는 돌봄 교실을 운영해 보살핌이 부족한 학생들을 포용할 계획이다. ¶그는 부하 직원들의 실수나 잘못을 너그럽게 포용하는 지도자이다.

포장되다

어원 包裝~ 활용 포장되어(포장돼), 포장되니, 포장되고 대응 포장이 되다
자 ❶(선물 따위의 물건이) 보기에 좋도록 얇은 재료로 싸이다. (of a present) Be wrapped in thin material to look good.
N0-가 N1-(에|로) V (N0=[구체물](선물 따위) N1=[상자], [천], [종이](포장지, 리본 따위))
능 포장하다
¶값비싼 선물들이 고급 한지로 포장된 채로 진열되어 있었다. ¶정성스레 포장된 선물을 받으면 누구나 기쁜 마음이 생기기 마련이다.
❷(겉으로 드러나는 행동이나 표정 따위가) 본래 의도와 다른 방식으로 드러나다. (of an outwardly expressed behavior or expression) Be exposed differently from original intention.
㊞위장되다
N0-가 N1-로 V (N0=[행위], 얼굴, 표정 따위 N1=[감정], [행위], 웃음, 미소 따위)
능 포장하다
¶그들의 불륜은 사랑으로 포장되어 사람들에게 알려졌다. ¶그의 표정은 알 수 없는 웃음으로 포장되어 있었다.
❸(말이나 속마음 따위가) 진실하지 않고 겉으로만 그럴듯하게 꾸며지다. (of words or one's inmost heart) Be plausibly fabricated by not being sincere.
㊞가장되다
N0-가 N1-로 V (N0=[마음], [연설], [이야기], [의견], [인지], [책] N1=[말], [이론], [의견](거짓말, 속임수 따위))
능 포장하다
연어 교묘하게
¶우리에게 반대하는 사람들의 논리는 속임수로 교묘하게 포장되어 있다. ¶최근 삼 일 동안의 신문기사는 정부를 옹호하는 논리로 포장되어 있었다.
❹(신분이나 자격 따위가) 거짓으로 꾸며지다. (of a status or qualification) Be fabricated.
N0-가 N1-로 V (N0=[인간], [능력] N1=[신분], [직책], [속성])
능 포장하다
¶능력 위주의 사회가 되면서 명문대학 출신으로 과대 포장된 사람들에 대한 환상이 사라지고 있다. ¶우리의 실력이 전문가의 수준으로 과대 포장되어 있었다.

포장하다

어원 包裝~ 활용 포장하여(포장해), 포장하니, 포장하고 대응 포장을 하다
타 ❶(선물 따위의 물건을) 보기에 좋도록 얇은 재료로 싸다. Wrap an object like a gift with thin material to make it look nice.
㊞싸다
N0-가 N1-를 N2-(에|로) V (N0=[인간|단체] N1=[구체물](선물 따위) N2=[상자], [천], [종이](포장지, 리본 따위))
피 포장되다
¶나는 친구에게 줄 선물을 정성스레 종이로 포장했다. ¶동생은 자기가 직접 포장한 선물을 가족들에게 전달하였다.
❷(겉으로 드러나는 행동이나 표정 따위를) 본래 의도와 다른 방식으로 드러내다. Show (expression or behavior) in a different way than one's original intent.
㊞가장하다
N0-가 N1-를 N2-로 V (N0=[인간|단체] N1=[행위], 얼굴, 표정 따위 N2=[감정], [행위], 웃음, 미소 따위)
피 포장되다
¶그는 자신의 격한 감정을 잘 포장하여 평온한

ㅍ

척을 했다. ¶그는 파렴치한 범죄를 그럴듯한 사연으로 포장한 기사를 읽고 분노했다.
❸(말이나 속마음 따위를) 진실하지 않게 겉으로만 그럴듯하게 꾸미다. Make (words or one's heart etc.) plausibly.
㊥위장하다
No-가 N1-를 N2-로 V (No=[인간|단체] N1=[마음], [연설], [이야기], [의견], [인지], [책] N2=[말], [이론], [의견](거짓말, 속임수 따위))
피 포장되다
¶그는 비난을 칭찬으로 포장했다. ¶그는 알려야 할 내용을 거짓으로 포장하여 보고했다.
❹(신분이나 자격 따위를) 거짓으로 꾸미다. Make up false identity or qualification.
㊥위장하다
No-가 N1-를 N2-로 V (No=[인간|단체] N1=[인간], [능력] N2=[신분], [직책], [속성])
피 포장되다
¶석봉두 씨는 자신의 신분을 고위 공무원으로 포장했다. ¶그는 이력을 명문대학 출신으로 포장했다가 들통이 났다.

포착되다

어원 捕捉~ 활용 포착되어(포착돼), 포착되니, 포착되고 대응 포착이 되다
자 ❶(변화하는 대상의 한 순간이) 사진이나 기록으로 남겨지다. (of a moment out of an object's changes) Be stored as a photograph or a record.
㊥잡히다I, 찍히다II
No-가 N1-(에|에게) V (No=[구체물], [사건], [변화] N1=No=[인간], [기기], 카메라)
능 포착하다
¶수상한 사람이 감시 카메라에 포착되었다. ¶범인은 체포당하기 직전의 마지막 모습이 카메라에 포착되었다.
S것-이 N1-(에|에게) V (N1=[인간], [기기], 카메라)
능 포착하다
¶감독이 부인과 함께 시상식 장소에 입장하는 것이 사진에 포착되었다. ¶고슴도치가 새끼를 낳는 것이 우연히 카메라에 포착되었다. ¶행인들이 무단횡단을 하는 것이 경찰관에게 포착되었다.
❷(사건이 일어나는 현장이나 사건의 증거가) 사람에게 발견되다. (of the scene of incident or its evidence) Be discovered by a person.
㊥잡히다I
No-가 N1-(에|에게) V (No=[구체물], [사건], [변화] N1=[인간])
능 포착하다
¶사건의 단서가 우연히 경찰에 포착되었다. ¶충격적인 사건 현장이 기자에게 포착되었다.
❸(어떤 사실이) 궁리나 관찰의 결과로 인식되다. (of a fact) Be recognized as a result of consideration or observation.
㊥파악되다, 지적되다
No-가 N1-(에|에게) V (No=[추상물], [행위], [현상], [사건] N1=[인간|단체])
능 포착하다
¶작가가 작품 속에 남긴 수많은 암시는 아직 전부 포착되지 않았다. ¶학자들이 펼친 이론의 맹점은 후세의 학자들에게 여러 차례 포착되었다.

포착하다

어원 捕捉~ 활용 포착하여(포착해), 포착하니, 포착하고 대응 포착을 하다
타 ❶(변화하는 대상의 한 순간을) 사진이나 기록으로 잡아내다. Capture a moment out of an object's changes as a photograph or a record.
㊥잡아내다, 찍다II
No-가 N1-를 V (No=[인간], [기기], 카메라 N1=[구체물], [사건], [변화])
피 포착되다
¶아마추어 사진가가 이동하는 철새들을 포착했다. ¶우리는 저속 카메라를 이용하여 꽃망울이 터지는 순간을 포착했다.
No-가 S것-을 V (No=[인간], [기기], 카메라)
피 포착되다
¶그는 부엉이가 쥐를 사냥하는 것을 포착했다. ¶과속 카메라가 운전자가 과속하는 것을 포착했다.
❷사건이 일어나는 현장이나 사건의 증거를 발견하다. Discover the scene of an incident or its evidence.
㊥찾다, 잡다
No-가 N1-를 V (No=[인간] N1=[구체물], [사건], [변화])
피 포착되다
¶형사는 사건 자료를 열람하다 결정적인 증거를 포착했다. ¶심판은 선수의 교묘한 반칙을 예리하게 포착했다.
No-가 S것-을 V (No=[인간])
피 포착되다
¶고려일보 기자가 한 고위급 인사가 뇌물을 수수하는 것을 포착했다. ¶나는 드라마를 보다가 촬영 기사가 실수로 화면에 잡힌 것을 포착했다.
❸(어떤 사실을) 궁리하거나 관찰하여 알아내다. Find out a fact by means of consideration or observation.
㊥파악하다
No-가 N1-를 V (No=[인간|단체] N1=[추상물], [행위], [현상], [사건])
피 포착되다

¶나는 그의 말에 감추어진 의도를 포착했다. ¶고려일보는 국제 정세의 변화를 비교적 정확하게 포착하는 편이다.

포함되다

[어원]包含~ [활용]포함되어(포함돼), 포함되니, 포함되고 [대응]포함이 되다

[자](어떤 대상이) 주어진 어떤 범주와 동일한 부류에 들어가다. (of one object) Enter into a given category or an identical class.

[유]속하다

N_0-가 N_1-에 V (N_0=[모두] N_1=[모두])

[능]포함하다

¶이 일은 당연히 회사 업무에 포함된다. ¶이 작품은 그의 이력서에 포함되어 있다. ¶담배에 발암 물질이 포함되어 있다는 것을 알고도 피우는 사람이 많다.

포함하다

[어원]包含~ [활용]포함하여(포함해), 포함하니, 포함하고 [대응]포함을 하다

[자](어떤 대상이) 주어진 어떤 범주와 동일한 부류에 들어가다. (of one object) Enter into a given category or an identical class.

[유]속하다

N_0-가 N_1-에 V (N_0=[모두] N_1=[모두])

[능]포함하다

¶이 일은 당연히 회사 업무에 포함된다. ¶이 채소는 식이섬유를 많이 포함하고 있다고 한다. ¶이 제품은 이전의 장점과 단점을 모두 포함하고 있다.

포획되다

[어원]捕獲~ [활용]포획되어(포획돼), 포획되니, 포획되고 [대응]포획이 되다

[자](적병, 동물, 물고기 등 어떤 대상이) 사로잡히다. (of an enemy, animal, fish, etc.) Be captured.

[유]잡히다, 체포되다

N_0-가 N_1-(에|에게) V (N_0=[인간], [동물] N_1=[인간], [동물])

[능]포획하다

¶돌고래가 그물망에 포획되었다. ¶포수에게 사슴이 포획되었다.

포획하다

[어원]捕獲~ [활용]포획하여(포획해), 포획하니, 포획하고 [대응]포획을 하다

[타](어떤 대상을) 사로잡다. Capture or catch someone or something.

[유]잡다, 체포하다

N_0-가 N_1-를 V (N_0=[인간], [동물] N_1=[인간], [동물])

[피]포획되다

¶사냥꾼은 멧돼지를 산 채로 포획하였다. ¶이번 전투에서 우리 군은 적군을 포획하였다.

폭등하다

[어원]捕獲~ [활용]폭등하여(폭등해), 폭등하니, 폭등하고 [대응]폭등을 하다

[자](가격이) 갑자기 크게 오르다. (of price) Suddenly increase significantly.

[유]급등하다 [반]폭락하다, 급락하다 [상]오르다

N_0-가 N_1-에서 N_2-로 V (N_0=[구체물], [추상물], [단위], [비용] N_1=[단위], [비용], [속성] N_2=[단위], [비용], [속성])

[연어]크게, 연일

¶주변이 재개발 되면서 땅값이 전국 최저가에서 두 배로 폭등했다. ¶경기 호황으로 주가가 연일 폭등하고 있다.

폭락하다

[어원]暴落~ [활용]폭락하여(폭락해), 폭락하니, 폭락하고 [대응]폭락을 하다

[자]❶(가격이) 갑자기 크게 떨어지다. (of price) Suddenly decrease significantly.

[유]급락하다 [반]폭등하다, 급등하다

N_0-가 N_1-에서 N_2-로 V (N_0=[구체물], [추상물], [단위], [비용] N_1=[단위], [비용], [속성] N_2=[단위], [비용], [속성])

[연어]크게, 연일

¶그 회사의 주가는 이틀 만에 최고가에서 반으로 폭락했다. ¶세계적인 경기 침체로 원화의 환율이 폭락했다. ¶현재 상황으로는 생활 물가가 폭락하는 일은 없을 것이다.

❷(인기나 지지율 따위가) 갑자기 크게 떨어지다. (of popularity or approval rating) Suddenly decrease significantly.

[유]떨어지다, 추락하다

N_0-가 V (N_0=[추상물](인기, 위신, 지지율 따위))

¶계속된 스캔들로 그의 인기가 폭락했다. ¶불법 비자금이 드러나자 회사의 신인도가 크게 폭락했다.

폭로되다

[어원]暴露~ [활용]폭로되어(폭로돼), 폭로되니, 폭로되고 [대응]폭로가 되다

[자](알려지지 않았던 부정적인 사실이나 음모 따위가) 일시에 널리 공개되다. (of negative fact, plot, etc., that was unknown) Be widely announced at once.

[유]널리 알려지다, 공개되다

N_0-가 N_1-에 V (N_0=[계획], [상황], 비밀, 음모 따위 N_1=[집단], 천하, 세상 따위)

[능]폭로하다

¶반란을 일으키려던 그들의 계획이 세상에 폭로되었다. ¶언론에 폭로된 그들의 만행은 상상 이상이었다.

N_0-가 N_1-에게 V (N_0=[계획], [상황], 비밀, 음모

따위 N1=[인간])
능 폭로하다
¶기밀이 폭로되어 우리 회사는 비상 상태에 빠졌다. ¶실제로 우리에게 폭로된 계획은 이전에 생각했던 것과는 달랐다.

폭로하다

어원 暴露~ 활용 폭로하여(폭로해), 폭로하니, 폭로하고 대응 폭로를 하다
자타 (알려지지 않았던 부정적인 사실이나 음모 따위를) 일시에 널리 공개하다. Widely announce any negative fact, plot, etc., that was unknown at once.
유 널리 알리다, 공개하다
N0-가 N1-(에|에게) S다고 V (N0=[인간|집단] N1=[인간|집단], 천하, 세상 따위)
피 폭로되다
¶용수는 언론에 김 사장이 공금을 횡령했다고 폭로했다. ¶온 세상에 네가 사건의 범인이라고 폭로해 버리겠다. ¶영수는 나에게 병주가 일을 저질렀다고 폭로했다. ¶포로는 우리에게 매복이 있다고 폭로했다.
N0-가 N1-를 N2-(에|에게) V (N0=[인간|집단] N1=[계획], [상황], 비밀, 음모 따위 N2=[인간|집단], 천하, 세상 따위)
피 폭로되다
¶첩보원은 국가 기밀을 적국에 폭로했다. ¶그는 동료들의 음모를 외부에 폭로하고 말았다. ¶국가 기밀을 민간인에게 폭로하는 것은 엄격하게 금지되어 있다. ¶우리에게 폭로하지 못할 비밀이라는 게 뭐야?
N0-가 N1-(에|에게) S(것|음)-을 V (N0=[인간|집단] N1=[인간|집단], 천하, 세상 따위)
피 폭로되다
¶직원들은 세상에 사장의 부당함을 폭로하겠다고 선언했다. ¶그가 억울하게 일해 왔음을 만천하에 폭로할 것이다. ¶그가 아파트 주민들에게 관리비가 유용된 것을 폭로한 것은 지난 주였다. ¶피해자들에게 사장 일가가 모두 잠적했음을 폭로한 사람도 잠적하고 말았다.

폭발하다 I

어원 爆發~ 활용 폭발하여(폭발해), 폭발하니, 폭발하고 대응 폭발을 하다
자 (사물 또는 건물 따위의 장소가) 갑자기 불이 일어나며 크게 터지다. (of a place of some object, a building, etc.) Loudly explode by suddenly catching fire.
유 터지다
N0-가 V (N0=[구체물](폭발물, 가스, 연료, 화산, 폭탄, 지뢰 따위), [장소], [건물])
¶정유회사가 기계 고장으로 폭발하여 많은 피해가 있었다. ¶휴화산으로 알았던 화산이 어제 갑자기 폭발하였다. ¶다행스럽게도 지뢰가 폭발하지 않아서 많은 인명이 살아남았다.

폭발하다 II

어원 暴發~ 활용 폭발하여(폭발해), 폭발하니, 폭발하고 대응 폭발을 하다
자 ❶(마음속에 쌓여 있던 부정적인 감정이) 어느 순간 밖으로 강하게 터져 나오다. (of negative emotion that has built up in the mind) Strongly burst out at some point.
유 터지다
N0-가 V (N0=[인간], [감정](화, 울화, 분노 따위))
연어 마침내, 크게, 일시에
¶그동안 참아왔던 그의 분노와 불만이 마침내 폭발했다. ¶나는 지금까지의 울분이 폭발해서 말을 잊지 못하였다.
❷(어떤 사태나 상황의 추세가) 일순간에 갑자기 강하게 증가하다. (of some situation or condition's tendency) Strongly and suddenly increase in a moment.
유 폭증하다, 급증하다자
N0-가 V (N0=[행위], [현상], [사건], 인구, 인기, 힘 따위)
연어 갑자기
¶그동안 정체 현상을 보였던 매출이 어느 순간 갑자기 폭발하였다. ¶선생님 우리 반에서 인기가 폭발하고 있다는 것 알고 계세요? ¶70년대 수도권에서는 인구가 폭발하기 시작했다.
❸(어떤 사건이) 한 순간 갑자기 일어나다. (of some incident) Suddenly occur in a moment.
유 터지다
N0-가 V (N0=[사건], [행위])
¶계속되던 갈등 때문에 두 협회 간의 싸움이 폭발하였다. ¶적국은 내분이 폭발하여 스스로 무너졌다.

폭증하다

어원 暴增~ 활용 폭증하여(급증해), 폭증하니, 폭증하고
자 (수량이나 규모 따위가) 폭발적으로 늘거나 커지다. (of amount or size) Strongly and suddenly increase or grow.
유 급증하다 반 급감하다자, 급락하다, 폭락하다
N0-가 V (N0=[행위], [현상], [사건], 인구, 인기, 힘 따위)
¶최근 반도체의 수요가 폭증했다. ¶사치품의 수입이 폭증하고 있다.

폭행당하다

어원 暴行~ 활용 폭행당하여(폭행당해), 폭행당하니, 폭행당하고 대응 폭행을 당하다

자(다른 사람에게) 난폭하게 맞아서 신체적인 피해를 입다. Sustain a physical damage by being hit violently by someone.
㊤얻어맞다자, 두들겨 맞다
N0-가 N1-(에게|에게서) V (N0=[인간] N1=[인간](의미상 복수))
능폭행하다
¶내 친구가 폭력배들에게 폭행당했다. ¶학생들이 친구들에게 폭행당하는 사건이 빈번하게 발생하고 있습니다.

폭행하다

어원暴行~ 활용폭행하여(폭행해), 폭행하니, 폭행하고 대응폭행을 하다
타난폭하게 때려서 다른 사람에게 신체적인 피해를 입히다. Physically assault by violently hitting someone.
㊤때리다, 두들겨패다
N0-가 N1-를 V (N0=[인간](의미상 복수) N1=[인간])
피폭행당하다
¶폭력배들이 내 친구를 폭행했다. ¶조직 폭력배들이 경찰관을 폭행하는 사건이 일어났다. ¶학생들이 친구를 폭행하는 사건이 빈번하게 발생하고 있습니다.

표류되다

어원漂流~ 활용표류되어(표류돼), 표류되니, 표류되고 대응표류가 되다
자☞ 표류하다자

표류하다

어원漂流~ 활용표류하여(표류해), 표류하니, 표류하고 대응표류를 하다
자타❶(사람, 배 따위가) 물 위에 떠서 정처 없이 흘러가다. (of a person, a boat, etc.) Float on the water and wander aimlessly.
㊤떠돌아다니다자 ㊥정착하다
N0-가 N1-(에|에서|를) V (N0=[인간] N1=[장소](바다, 무인도 따위))
¶그는 고무 구명선에 몸을 의지한 채 대서양에 표류하게 되었다. ¶그는 망망대해를 표류하다 무인도에 닿았다.
❷(사람이) 정해 둔 곳이 없이 이리저리 돌아다니다. (of a person) Move around here and there without a particular destination.
㊤떠돌다자타, 돌아다니다자타 ㊥정착하다
N0-가 N1-(에서|를) V (N0=[인간|단체] N1=[장소])
¶방송 제작자는 출연진들이 무인도에서 표류하는 모습을 카메라에 담았다. ¶그들은 정글 속을 이리저리 표류하고 다녔다.
자❶(사람, 배 따위가) 물 위에 떠서 정처 없이 흘러 다니다 의도하지 않은 곳에 닿다. (of a person, a boat, etc.) Float on the water and wander aimlessly, reaching an unintended spot.
㊥정착하다
N0-가 N1-에 V (N0=[인간], [교통기관] N1=[장소](바다, 무인도 따위))
¶배가 난파되어 한 달 이상 떠다니다 무인도에 표류했다. ¶그는 무인도에 표류한 로빈슨 크루소와 다름이 없었다.
❷(의도, 목적, 방향 없이) 확정되지 않고 미결정 상태에 처하다. Be undecided and unsettled (with no intention, purpose, direction).
㊤미결되다
N0-가 V (N0=[단체], [행위], [현상], [사건], [추상물])
¶올해 하반기에도 여야 대치로 국정이 표류할 가능성이 높다. ¶지도층의 자기희생 없이는 그 사회는 표류할 수밖에 없다.

표명되다

어원表明~ 활용표명되어(표명돼), 표명되니, 표명되고 대응표명이 되다
자(생각이나 태도가) 드러나 분명하게 밝혀지다. (of a thought or attitude) Be clearly identified by exposing.
N0-가 V (N0=[의견](태도, 입장 따위))
능표명하다
¶국회의원들은 현실에 바탕을 둔 정책이 표명되어야 할 것이라고 말했다. ¶우리의 의견이 분명하게 표명되어야 상대방이 오해하지 않을 것이다.

표명하다

어원表明~ 활용표명하여(표명해), 표명하니, 표명하고 대응표명을 하다
타(생각이나 태도를) 드러내어 분명하게 밝히다. Clearly identify by exposing thought or attitude.
㊤밝히다타
N0-가 N2-(에|에게) N1-를 V (N0=[인간] N1=[의견](태도, 입장 따위) N2=[인간|집단])
피표명되다
¶주민들은 토지 소유자에게 강력한 반대 입장을 표명했다. ¶미국 측은 아직까지 거절 의사를 우리 정부에 표명하지 않고 있다.

표방되다

어원標榜~ 활용표방되어(표방돼), 표방되니, 표방되고 대응표방이 되다
자(무엇이) 공식적 주장이나 의견 따위로 발표되거나 천명되다. (of something) Be announced or clarified as an official position or opinion.
㊤천명되다
N0-가 N1-로 V (N0=[사조], [의견] N1=[추상물])
능표방하다

¶국가가 건설되면서 민주주의가 새 이념으로 표방되었다. ¶음성학회의 목표는 말소리의 연구와 그 응용으로 표방되었다.

표방하다

어원 標榜~ 활용 표방하여(표방해), 표방하니, 표방하고 대응 표방을 하다

타 ❶(사람이나 단체가) 주장이나 의견 따위를 사실과 상관없이 옳거나 진실한 것으로 내세우다. (of a person or an organization) Insist on an argument or an opinion regardless of whether it is true or not.

유 내세우다 타, 내걸다, 천명하다

N0-가 N1-를 V (N0=[인간|단체], [구체물] N1=[사조], [의견])

¶시중의 많은 제품들이 유기농이 아닌데도 유기농을 표방하고 있다. ¶음성학자들은 음성학의 목표는 말소리의 연구와 그 응용에 있음을 표방하였다.

❷(사람이나 단체가) 무엇을 공식적인 주장이나 의견으로 내세우다. (of a person or an organization) Announce something as an official position or opinion.

유 내세우다 타, 내걸다

N0-가 N1-를 N2-로 V (N0=[인간|단체], [구체물] N1=[사조], [의견] N2=[추상물])

피 표방되다

¶정부는 외교 방향으로 세계화를 표방하였다. ¶그는 경험주의를 절대적으로 표방하는 사람이다.

표시되다 I

어원 標示~ 활용 표시되어(표시돼), 표시되니, 표시되고 대응 표시가 되다

자 (어떤 사항을 알리는 내용이나 신호 따위가) 문자나 기호로 표현되어 나타나다. (of content, signal, etc., indicating some data) Appear by being expressed as letter or symbol.

유 표현되다

N0-가 N1-에 V (N0=상표, 번호, 글자, 기호 따위 N1=[구체물])

능 표시하다I

¶이 유제품에는 유통기한이 표시되어 있지 않다. ¶세탁할 때는 옷에 표시되어 있는 주의 사항을 잘 읽어 보아야 한다.

N0-에 S고 V (N0=[구체물])

능 표시하다I

¶이 안내판에는 공사 주체가 우리 회사라고 표시되어 있다. ¶이 생선에는 원산지가 노르웨이라고 표시되어 있다.

표시되다 II

어원 表示~ 활용 표시되어(표시돼), 표시되니, 표시되고 대응 표시가 되다

자 (생각이나 감정 따위가) 겉으로 드러나 보이다. (of thought, emotion, etc.) Be outwardly exposed.

유 드러나다, 나타나다

N0-가 N1-에 V (N0=[행위](의견, 의사, 승낙 따위), [태도](친밀감, 불만, 존경심 따위) N1=[텍스트])

능 표시하다II

¶어머니에 대한 고마움이 이 편지에 잘 표시되어 있었다. ¶그의 의견이 이 글에는 정확하게 표시되어 있지 않다.

N0-가 N1-로 V (N0=[행위](의견, 의사, 승낙 따위), [태도](친밀감, 불만, 존경심 따위) N1=[행위], [구체물], 글, 표정)

능 표시하다II

¶그는 자신의 고마움이 선물로 표시되기를 원했다. ¶그의 의견이 글로 잘 표시되어 있었다.

표시하다 I

어원 標示~ 활용 표시하여(표시해), 표시하니, 표시하고 대응 표시를 하다

자타 (어떤 사항을 알리는 내용이나 신호 따위를) 문자나 기호로 표현하여 나타내다. (of content, signal, etc., indicating some data) Appear by being expressed as letter or symbol.

유 표현하다

N0-가 N2-에 N1-를 V (N0=[인간] N1=상표, 번호, 글자, 기호 따위 N2=[구체물])

피 표시되다I

¶신병은 자신의 물건에 이름을 모두 표시해 놓았다. ¶모든 음식 재료에는 원산지를 표시해야 한다.

N0-가 S고 V (R1) (N0=[인간])

피 표시되다I

¶그는 원산지(이|를) 브라질이라고 속여서 표시했다.(R1) ¶그는 내일이 자신의 생일이라고 달력에 표시했다.

표시하다 II

어원 表示~ 활용 표시하여(표시해), 표시하니, 표시하고 대응 표시를 하다

타 (생각이나 감정 따위를) 겉으로 드러내 보이다. Expose one's thought, emotion, etc.

유 표현하다, 드러내다, 나타내다

N0-가 N2-에게 N1-를 V (N0=[인간] N1=[행위](의견, 의사, 승낙 따위), [태도](친밀감, 불만, 존경심 따위) N2=[인간|단체])

피 표시되다II

¶사람은 모두 타인에게 자신의 의사를 자유롭게 표시할 수 있는 권리를 가지고 있다. ¶그녀는 고개를 끄덕여 찬성을 표시하였다. ¶아이들은 나에게 안기면서 친근감을 표시하였다.

N0-가 N1-를 N2-로 V (N0=[인간] N1=[행위](의견,

ㅍ

의사, 승낙 따위), [태도](친밀감, 불만, 존경심 따위) N2=[행위], [구체물], 표정, 글)
피 표시되다II
¶그는 자신의 생각을 행동으로 표시했다. ¶그녀는 자신의 분노를 짧은 문구로 잘 표시했다.

표절하다

어원 剽竊~ 활용 표절하여(표절해), 표절하니, 표절하고 대응 표절을 하다
타 (다른 사람이 창작한 글, 음악 따위를) 자신이 창작한 것인 양 출처를 밝히지 않고 몰래 베껴다 쓰다. Secretly copy someone else's writing, music, etc. without revealing the source, as if it were one's own creation.
유 베끼다, 모방하다
N0-가 N1-를 V (N0=[인간] N1=[예술], [텍스트], [책])
¶그의 대표작은 모두 남의 작품을 표절한 것이다. ¶학자는 남의 논문을 한 구절이라도 표절해서는 안 된다. ¶그는 아주 놀라운 영상을 만들어 냈지만 기존 작품을 표절한 흔적이 있었다.

표출되다

어원 表出~ 활용 표출되어(표출돼), 표출되니, 표출되고 대응 표출이 되다
자 (속에 있던 생각이나 감정이) 겉으로 드러나다. (of thought or feeling stored deep in one's heart) Be displayed.
유 겉으로 드러나다, 표현되다
N0-가 N1-(에게|에|로) V (N0=[감정](감정, 불만 따위), [생각](의견 따위) N1=[인간|단체], [장소])
능 표출하다
¶그들의 갈등이 드디어 밖으로 표출되었다. ¶이번 토론에서는 사람들의 의견이 충분히 표출되지 못했다. ¶억눌린 감정이 어디에도 표출되지 못하고 있었으니 그 갈등이 어떠했겠는가.

표출하다

어원 表出~ 활용 표출하여(표출해), 표출하니, 표출하고 대응 표출을 하다
타 (속에 있던 생각이나 감정을) 겉으로 드러내다. Expose one's thought or emotion kept within.
유 겉으로 드러내다, 표현하다
N0-가 N1-를 N2-(에게|에|로) V (N0=[인간], [동물] N1=[감정](감정, 불만 따위), [생각](의견 따위) N2=[인간|단체], [장소])
피 표출되다
¶영희는 자신의 감정을 타인에게 좀처럼 표출하지 않는다. ¶그는 소심해서 자신의 분노를 밖으로 표출하지 못했다. ¶진정한 소통을 위해서는 속마음을 표출할 수 있어야 한다.

표하다

어원 表~ 활용 표하여(표해), 표하니, 표하고
타 (생각이나 의견, 태도 등을) 겉으로 드러내어 상대방이 그것을 알게 하다. Reveal and let others know one's thought, opinion, attitude, etc.
유 드러내다, 표현하다
N0-가 N2-(에게|에|에 대해) N1-를 V (N0=[인간|단체] N1=[의견](사의, 뜻, 경의, 난색, 고마움 따위) N2=[인간|단체])
¶그는 이번 일에 대해서 책임을 지고 회장에게 사의를 표했다. ¶관중들은 세계 신기록을 세운 그에게 경의를 표했다. ¶선생님께서는 그의 요청에 대해서 난색을 표하셨다. ¶아이들은 경찰 아저씨에게 고마움을 표했다.

표현되다

어원 表現~ 활용 표현되어(표현돼), 표현되니, 표현되고 대응 표현이 되다
자 (생각이나 감정 따위가) 말이나 글, 작품 따위를 통해 구체적으로 겉으로 나타내 보여지다. (of thought, emotion, etc.) Be concretely and outwardly exposed through word, writing, work, etc.
유 드러내 보이다
N0-가 N1-에게 V (N0=[감정], [의견] N1=[인간])
능 표현하다
¶그는 자신의 감정이 다른 사람에게 표현되는 것이 싫었다. ¶연출자의 의도가 관객들에게 잘 표현된 것 같다.
N0-가 N1-(에|로) V (N0=[추상물] N1=[작품], [텍스트], [언어](말 따위))
능 표현하다
¶이 글에는 민족 분단의 아픔이 잘 표현되어 있다. ¶당시 서민들의 생활은 다양한 글과 그림으로 표현되었다. ¶지금 내가 느끼는 감정은 말로 표현될 수 있는 것이 아니다.
N0-가 N1-로 V (N0=[모두] N1=[모두])
능 표현하다
¶그의 우화집에서 왕은 대개 호랑이로 표현되었다. ¶대도시의 사람들은 고독한 군중으로 표현되곤 한다. ¶덧없는 인생은 흘러가는 구름으로 표현될 수 있을 것이다.
N0-가 S고 V (N0=[모두])
능 표현하다
¶흔히 우리 인생은 끊이지 않는 고난이라고 표현된다. ¶이 글에서 우리 국민은 의지의 한국인이라고 표현되었다.

표현하다

어원 表現~ 활용 표현하여(표현해), 표현하니, 표현하고 대응 표현을 하다
자타 (생각이나 감정 따위를) 말이나 글, 작품 따위를 통해 구체적으로 겉으로 나타내 보이다.

Expose in detail one's thought or emotion verbally, in writing, or through other forms of work.
[유]표하다, 나타내다, 드러내 보이다
N0-가 N2-에게 N1-를 V (N0=[인간] N1=[감정], [의견] N2=[인간])
[피]표현되다
¶철수는 남에게 자신의 감정을 표현하는 방법을 잘 모른다. ¶그는 관객에게 자신의 의도를 잘 표현하였다.
N0-가 N1-를 N2-로 (N0=[인간] N1=[추상물] N2=[작품], [텍스트], [언어](말 따위))
[피]표현되다
¶그는 자신의 심리 상태를 난해한 시로 표현하였다. ¶지금 내가 느끼는 감정을 어떻게 말로 표현할 수가 없다.
N0-가 N1-를 N2-로 (N0=[인간] N1=[모두] N2=[모두])
[피]표현되다
¶시인들은 인생을 흘러가는 구름으로 표현하곤 한다. ¶그는 대도시의 사람들을 고독한 군중으로 표현했다.
N0-가 N1-를 V (N0=[작품], [텍스트] N1=[추상물])
[피]표현되다
¶이 그림은 그의 생각을 잘 표현했다는 평을 듣는다. ¶그의 작품은 늘 여백의 미를 표현하는 것에 중점을 둔다.
N0-가 N1-에게 S고 V (N0=[인간] N1=[인간])
¶사상가는 인간을 생각하는 동물이라고 표현했었다. ¶사령관은 장군에게 그 작전을 쉽지 않은 시도라고 직설적으로 표현했다.

푸다

[활용]퍼, 푸니, 푸고, 펐다
[타](안에 들어 있는 액체, 가루, 곡식 따위를) 떠서 밖으로 꺼내다. Scoop liquid, powder, grains, etc. out of a container.
[유]긷다, 꺼내다, 퍼내다 [반]담다, 넣다
N0-가 N1-를 N2-에서 V (N0=[인간] N1=[액체](술, 물 따위), [곡식](쌀, 보리 따위), [음식](밥, 국 따위), [구체물](흙, 모래 따위) N2=[장소], [용기])
¶어머니는 밥솥에서 밥을 넉넉히 푸셨다. ¶할머니께서 우물에서 물을 푸고 계셨다. ¶형은 어머니를 도와서 쌀독에서 쌀을 퍼서 날랐다.

풀다

[활용]풀어, 푸니, 풀고, 푸는
[타]❶(묶여 있거나 매듭이 지어진 물건을) 매여 있지 않은 상태로 되돌리다. Return an object that is tied, knotted, etc., to untied state.
[반]감다III, 매다, 묶다, 엮다
N0-가 N1-를 V (N0=[인간] N1=[천], [구체물](실, 끈, 줄, 매듭, 허리띠, 옷고름 따위))
[피]풀리다, 풀어지다
¶범인은 자신을 묶은 끈을 풀고 달아났다. ¶그는 허리띠를 풀고 바지를 벗었다. ¶너무 꽉 묶여 있어서 매듭을 풀기가 힘들다.
❷(어떤 것이 열리지 않도록 잠가 놓은 장치를) 해제하여 열리게 하다. (of something) Unlock by removing a locking device that is not suppose to open.
[유]열다II[타], 따다 [반]채우다II
N0-가 N1-를 V (N0=[인간] N1=[구체물](자물쇠, 수갑, 빗장, 금고, 단추 따위))
[피]풀리다, 풀어지다
¶범인은 자물쇠를 풀고 탈옥했다. ¶하인은 빗장을 풀고 문을 열었다.
❸(감겨 있는 나사 따위를) 돌려서 느슨하게 하거나 잠겨있지 않게 하다. Loosen or unlock by turning the coiled screw, etc.
[반]조이다[타]
N0-가 N1-를 V (N0=[인간] N1=나사)
[피]풀리다
¶너무 세게 조여 놓았는지 나사를 잘 풀 수가 없었다. ¶그는 우선 모든 나사를 돌려서 풀어 놓았다.
❹(이전에 싸 놓은 물건을) 열어서 펼치다. Spread by opening a previously packed object.
[유]펼치다, 열다II[타] [반]싸다I
N0-가 N1-를 V (N0=[인간] N1=[구체물](가방, 짐, 보자기, 선물, 상자, 꾸러미 따위))
¶그가 가져온 가방을 풀어 보니 선물이 한가득 들어 있었다. ¶소포를 풀어 보니 책이 들어 있었다.
❺(갇혀 있는 사람이나 동물을) 자유롭게 놓아주다. Release a person or an animal under confinement.
[유]놓아주다, 방류하다, 석방하다 [반]가두다
N0-가 N1-를 V (N0=[인간|단체] N1=[인간], [동물])
[피]풀리다
¶나는 잡은 물고기를 다 풀어 주었다. ¶최근에 닭을 마당에 풀어 기르는 방식이 선호되고 있다.
※ '풀어 주다'의 형태로 주로 쓰인다.
❻(한 곳에 모여 있던 돈이나 물건을) 밖으로 퍼뜨리다. Outwardly spread the collected money or object.
[유]유포시키다, 배급하다, 공급하다
N0-가 N2-(에|에게|로) N1-를 V (N0=[인간|단체] N1=[구체물], [금전] N2=[인간|단체], [장소])
[피]풀리다
¶나라에서는 가뭄으로 고통받는 국민을 위해서 구호금과 쌀을 풀기 시작했다. ¶우리 회사는 판매

[ㅍ]

로를 확보하기 위해서 많은 돈을 풀었다.
❼(어떤 목적을 위해) 여러 사람을 동원하다. Mobilize many people for a purpose.
㊌동원하다
N0-가 N1-를 V (N0=[인간|단체] N1=[인간])
¶그는 사람을 풀어서 내 행방을 쫓기 시작했다. ¶부대는 군인들을 풀어서 탈영병을 찾고 있다.
❽(콧속에 있는 콧물을) 힘을 주어 공기와 함께 밖으로 밀어내다. Push nasal discharge out hard together with air.
N0-가 N1-를 V (N0=[인간] N1=코, 콧물)
연어 팽, 핑
¶계속 울던 영희는 결국 코를 팽 풀었다. ¶예의 없게 밥상에서 아무 말 없이 코를 풀면 안 된다.
❾(액체 속에 어떤 것을 넣어) 골고루 섞이거나 녹게 하다. Put something in the liquid and have it mixed evenly or melted.
㊌녹이다, 녹게 하다
N0-가 N2-에 N1-를 V (N0=[인간] N1=[구체물](가루, 커피, 양념, 고추장, 된장, 세제 따위), [재료](물감, 시멘트 따위) N2=[액체], [음식])
피 풀리다, 풀어지다
¶어머니께서는 찌개에 고추장을 많이 풀어 넣으셨다. ¶화가는 그림을 그리려고 물감을 풀었다. ¶빨래할 때 세제를 너무 많이 풀 필요는 없다.
❿(특정한 자세로 있던 팔과 다리를) 이전의 상태로 되돌리다. Return one's limbs in a specific pose back to the original state.
㊌펴다[1] 타
N0-가 N1-를 V (N0=[인간] N1=[신체부위](팔, 다리 따위), [추상물](가부좌, 팔베게 따위))
¶영수는 정희를 잡은 손을 풀지 않고 계속 이야기했다. ¶아이들은 아버지께서 오시자 꼬고 있던 다리를 풀고 자세를 바로 했다.
⓫(어떤 목적을 위해 취했던 자세나 행세를) 원래의 상태로 되돌리다. Restore a pose or a posture taken for a purpose to the original state.
㊌해제하다
N0-가 N1-를 V (N0=[인간] N1=[추상물](공격, 태세, 자세 따위))
¶경기 중 종이 울리자 선수들은 공격 자세를 풀고 중립 지역으로 돌아갔다. ¶경찰들은 인질이 풀려나자 공격 태세를 우선 풀었다.
⓬(이해하기 어렵거나 복잡한 것을) 알기 쉽게 바꾸어 표현하다. Change something difficult or complex to make it easier to understand.
㊌설명하다
N0-가 N2-로 N1-를 V (N0=[인간] N1=[추상물](이론, 내용, 용어, 단어 따위), [마음] N2=말, 글, 용어, 표현 따위)
연어 쉽게, 간단히, 잘
¶이 이론은 너무 어려우니 쉽게 풀어서 설명해야 한다. ¶선생님께서는 복잡한 수학 공식을 쉬운 말로 잘 풀어서 설명해 주셨다.
⓭(마음속에 맺힌 부정적인 감정이나 생각을) 누그러뜨리거나 해소하다. Alleviate, or get rid of, negative feelings or thoughts in the heart.
㊌없애다, 해소하다
N0-가 N1-를 V (N0=[인간] N1=[감정], [의견])
피 풀리다, 풀어지다
¶영호는 경호의 배신에 대한 오해를 풀고 다시 화해하려 하였다. ¶그녀는 어떻게든 우울한 기분을 풀기 위해서 노력했다.
⓮(금지되거나 제한되어 있던 것을) 없애서 자유롭게 만들다. Free up something that has been prohibited or restricted.
㊌해제하다
N0-가 N1-를 V (N0=[인간|단체] N1=[추상물](규제, 제한, 단속 따위))
피 풀리다
¶주민들은 불합리한 규제를 풀어달라고 당국에 요청했다. ¶정부는 서울 동북부 지역의 재개발에 대한 제한을 풀었다.
⓯(피로 따위를) 누그러뜨려 없애다. Alleviate, or get rid of, tiredness, etc.
㊌해소하다
N0-가 N1-를 V (N0=[인간] N1=[신체상태](피로, 여독, 스트레스 따위))
피 풀리다
¶역시 푹 자고 나면 피로를 풀 수 있다. ¶잘 놀다 왔으니 이제 여독을 풀어야 한다.
⓰(긴장이나 경계 상태를) 누그러뜨리거나 완화하다. Alleviate a state of tension or alertness.
㊌완화하다, 누그러뜨리다
N0-가 N1-를 V (N0=[인간|단체] N1=[심리상태](긴장감, 경계 따위), [신체부위](얼굴, 몸 따위))
피 풀리다
¶일이 잘 해결되자 준호는 긴장된 얼굴과 근육을 풀었다. ¶선수들은 음료수를 마시면서 몸의 긴장을 풀려고 했다.
⓱(희망이나 소망하던 바를) 노력 끝에 이루다. Achieve, with much effort, something one hoped for.
㊌이루다, 성취하다, 달성하다
N0-가 N1-를 V (N0=[인간] N1=[감정](소망, 소원, 숙원 따위))
피 풀리다
¶우리는 드디어 집을 장만해서 오랜 소원을 풀었다. ¶가족과 해후한 그는 드디어 평생의 숙원을 풀었다.

⑱(오랫동안 풀리지 않고 있던 문제나 고민 따위를) 노력 끝에 해결하다. Resolve, with much effort, long-standing problems or troubles.
㊌해결하다
No-가 N1-를 V (No=[인간] N1=[감정](궁금증, 갈등, 고민 따위))
피풀리다
¶나는 궁금증을 풀려고 여기저기 물어보고 다녔다. ¶우리는 드디어 오래된 갈등을 풀고 화해했다.
⑲(어떤 문제를) 궁리하여 답을 찾아내다. Find, after much pondering, a solution to a problem.
㊌맞히다
No-가 N1-를 V (No=[인간] N1=[추상물](문제, 방정식, 난제, 수수께끼, 암호 따위))
피풀리다
¶다윤이는 시험 문제를 쉽게 다 풀었다. ¶사람들은 스핑크스가 낸 수수께끼를 풀어야 죽지 않고 지나갈 수 있다.

풀리다

활용풀리어(풀려), 풀리니, 풀리고
자❶(묶여 있거나 매듭 따위가 지어진 물건이) 매여 있지 않은 본디의 상태로 돌아가다. (of an object that is tied, knotted, etc.) Return to untied state.
㊌풀어지다
No-가 V (No=[천], [구체물](실, 끈, 줄, 매듭, 허리띠, 옷고름 따위))
능풀다
¶붕대가 풀려서 상처가 드러났다. ¶강한 바람에 밧줄이 모두 풀려서 텐트가 쓰러졌다.
❷(어떤 것이 열리지 않도록 잠가 놓은 장치가) 해제되어 열리게 되다. (of something) Be unlocked by removing a locking device that is not suppose to open.
㊌열리다II, 해제되다
No-가 V (No=[구체물](자물쇠, 수갑, 빗장, 금고, 단추 따위))
능풀다
¶수갑이 너무 쉽게 풀렸다. ¶단추가 다 풀렸다.
❸(감겨 있던 나사 따위가) 돌려져서 느슨하게 되거나 잠겨 있지 않게 되다. (of coiled screw, etc.) Be loosened or unlocked by turning.
No-가 V (No=나사)
능풀다
¶나사 하나가 잘 풀리지 않았다. ¶나사가 스스로 풀려서 상자가 열려 버렸다.
❹(갇혀 있던 사람이나 동물이) 자유로운 상태가 되다. (of a locked up person or animal) Be in a free state.
㊌석방되다, 놓이다
No-가 V (No=[인간], [동물])
능풀다
¶넓은 산에 양떼가 자유로이 풀려서 풀을 먹고 있었다. ¶새장에 갇혀 있던 새가 풀려 나와서 온 집안을 날아 다녔다.
❺(한 곳에 모여 있던 돈이나 물건이) 여기저기로 퍼뜨려지다. (of collected money or object) Be spread here and there.
㊌유포되다, 공급되다
No-가 N1-(에|에게|로) V (No=[구체물], [금전] N1=[인간|단체], [장소])
능풀다
¶새로운 개발 지역으로 막대한 자금이 풀려 나갔다. ¶은행에서 잠자던 금이 한꺼번에 풀려서 시세가 폭락했다.
❻(액체 속에 어떤 것이) 골고루 섞이거나 녹다. (of something inside the liquid) Evenly mix or melt.
㊌녹다
No-가 N1-에 V (No=[구체물](가루, 커피, 양념, 고추장, 된장, 세제 따위), [재료](물감, 시멘트 따위) N1=[액체], [음식])
능풀다
¶찬 물에서는 커피가 잘 풀리지 않는다. ¶물에 된장이 풀리자 구수한 냄새가 방안에 퍼졌다.
❼(마음속에 맺힌 부정적인 감정이나 생각이) 누그러져 해소되다. (of negative feelings or thoughts embedded deep inside the heart) Be softened or resolved.
㊌해소되다, 완화되다
No-가 V (No=[감정], [의견])
능풀다
¶두 나라 사이의 오해는 풀리고 평화가 시작되었다. ¶춤을 추니 우울한 기분이 조금 풀렸다.
❽(금지되거나 제한되어 있던 것이) 없어져서 자유롭게 되다. (of a prohibited or a limited thing) Become free due to elimination.
㊌해제되다
No-가 V (No=[추상물](규제, 제한, 단속 따위))
능풀다
¶통행금지가 풀리자 많은 사람들이 밖으로 나왔다. ¶복장 단속이 풀리자 학생들은 신이 났다.
❾(피로 따위가) 누그러져 없어지다. (of fatigue, etc.) Be eliminated by soothing.
㊌해소되다 ㊙쌓이다
No-가 V (No=[신체상태](피로, 여독, 스트레스 따위))
능풀다
¶규칙적인 운동을 통해서 몸의 피로가 풀렸다. ¶장거리 비행 후에 여독이 풀리려면 꽤 오랜 시간

이 걸린다.
⑩(긴장이나 경계 상태가) 누그러지거나 완화되다. (of a tense situation) Be relaxed or calmed.
[유]완화되다, 누그러지다
N0-가 V (N0=[심리상태](긴장감, 경계 따위), 표정)
[능]풀다
¶계약서를 마무리하자 모든 긴장이 풀려서 쓰러질 것 같았다. ¶이제야 굳었던 사람들의 표정이 풀리는 듯 했다.
⑪(긴장되거나 경직되었던 몸 상태가) 누그러지며 긴장이나 힘이 사라지다. (of tension or strength) Vanish by soothing tense or stiff body condition.
[유]유연하게 되다
N0-가 V (N0=[신체부위](얼굴, 몸, 근육, 눈 따위), 힘)
¶오랜만에 운동을 했더니 뭉친 근육이 풀리지 않았다. ¶경기 초에 굳어 있던 선수들이 중반이 지나면서 벌써 힘이 풀리는지 비틀대기 시작했다.
⑫(얼음이 녹는 등 추운 날씨가) 누그러져 따뜻해지다. (of cold weather, melting ice) Become warm by softening.
[유]따뜻해지다, 온화해지다
N0-가 V (N0=날씨, 추위, 얼음, 겨울)
¶겨우내 추웠던 날씨가 풀리고 있다. ¶올해는 봄이 되어도 추위가 풀리지 않고 있다. ¶강에 얼음이 풀리자 봄이 오는 듯했다.
⑬(희망이나 소망하던 바가) 노력 끝에 이루어지다. (of a thing wished or hoped for) Be achieved.
[유]이뤄지다, 달성되다
N0-가 V (N0=[감정](소망, 소원, 숙원 따위))
[능]풀다
¶드디어 집을 장만하니 평생의 소원이 풀렸다. ¶오래 못 보았던 가족과도 이제 다 만났으니 이제 내 숙원은 다 풀렸다.
⑭(오랫동안 풀리지 않고 있던 문제나 고민 따위가) 노력 끝에 해결되다. (of a problem, worry, etc., that was not solved for a long time) Be resolved.
[유]해결되다
N0-가 V (N0=[감정](궁금증, 갈등, 고민 따위))
[능]풀다
¶평소의 궁금증이 드디어 풀렸다. ¶갈등은 다 풀리고 해결되었다. ¶마음속 응어리가 풀리니 모든 것이 아름다워 보였다.
⑮(어떤 문제가) 해결되거나 밝혀지다. (of some problem) Be solved or unfolded.
[유]해결되다, 밝혀지다[자]
N0-가 V (N0=[추상물](문제, 방정식, 난제, 수수께끼, 암호 따위))
[능]풀다
¶한 달을 고생하던 문제가 드디어 풀렸다. ¶이 수수께끼 하나가 풀리지 않아서 일에 진척이 없다.

풀어주다

[활용]풀어주어(풀어줘), 풀어주니, 풀어주고
[타]❶(동물을) 갇혀 있거나 묶여 있는 상태에서 벗어나게 해 주다. Let an animal out of confinement or imprisonment.
[유]놓아주다 [반]잡다, 붙잡다
N0-가 N3-에서 N2-에 N1-를 V (N0=[인간] N1=[동물], [줄] N2=[장소] N3=동물의 집 따위)
¶보람이는 어항에 있던 금붕어를 연못에 풀어주었다. ¶동생은 토끼를 풀밭에 풀어주었다.
❷(사람을) 잡혀 있는 상태나 갇혀 있는 장소에서 벗어나 자유롭게 해 주다. (of a person) Make someone escape and be free from confinement or a place of confinement.
[유]석방하다, 해방하다 [반]붙잡다, 체포하다, 구속하다
N0-가 N2-에서 N1-를 V (N0=[인간] N1=[범죄인], 용의자, 수감자, 인질 따위 N2=[교도소])
¶죄수의 건강이 급속도로 나빠지자 임시로 풀어주었다. ¶납치범은 일주일 동안 끌고 다녔던 인질을 풀어주었다.

풀어지다

[활용]풀어지어(풀어져), 풀어지니, 풀어지고
[자]❶(매듭지어져 있던 끈 등이) 느슨해져서 묶여 있지 않게 되다. (of a string that was tied) Become loose.
[유]풀리다
N0-가 V (N0=[천], 줄, 끈, 선, 덩굴 따위)
[능]풀다
¶매듭의 한쪽 끝을 잡아당기자 끈이 힘없이 풀어졌다. ¶상자는 단단히 매어 놓았으니 어지간해선 줄이 풀어지지 않을 겁니다.
❷(단단히 얽히거나 잠겨 있던 것이) 느슨해져서 잠겨 있지 않게 되다. (of something that was firmly locked or tangled) Become loose.
[유]해제되다
N0-가 V (N0=[용기], [상자], 자물쇠 따위)
[능]풀다
¶자물쇠가 채워지지 않고 풀어져 있었다. ¶문의 걸쇠를 풀어지자마자 무장한 경관들이 들이닥쳤다.
❸(물질이) 액체에 녹거나 섞이며 퍼지다. (of a material) Be melted, mixed, and spread in liquid.
[유]녹다
N0-가 N1-에 V (N0=[구체물] N1=[액체])

ㅍ

능풀다
¶뜨거운 물에 녹차가 잘 풀어졌다. ¶소금물에는 비누가 잘 풀어지지 않는다.
❹(불편한 심리상태가) 누그러지거나 사라지다. (of a psychological state) Be subdued and disappear.
㊀누그러지다
No-가 V (No=[감정], [상황])
능풀다
¶진심어린 사과를 듣고 나자 마음이 풀어졌다. ¶그의 굳은 결심은 영원히 풀어지지 않을 듯했다.

풀이되다

활용풀이되어(풀이돼), 풀이되니, 풀이되고 대응풀이가 되다
자더 쉽거나 상세하게 설명되다. Be expressed by disclosing real intention.
㊀설명되다, 해설되다
No-가 N1-로 V (No=[구체물], [추상물], [행위], [현상], [사건] N1=[구체물], [추상물], [행위], [현상], [사건])
능풀이하다
¶이번에 임원진이 대거 교체된 것은 매우 놀라운 일로 풀이된다.
No-가 S고 V (No=[구체물], [추상물], [행위], [현상], [사건])
능풀이하다
¶동아시아에 움푹한 그릇이 많은 것은 국물 음식이 많기 때문이라고 풀이된다.
No-가 S것-으로 V (No=[구체물], [추상물], [행위], [현상], [사건])
능풀이하다 ¶불경기에 대한 정의는 경제학자들에 의해 제각기 다르게 풀이된다.

풀이하다

활용풀이하여(풀이해), 풀이하니, 풀이하고 대응풀이를 하다
타더 쉽거나 상세하게 설명하다. Express by disclosing real intention.
㊀설명하다, 해설하다
No-가 N1-를 N2-로 V (No=[인간|단체] N1=[구체물], [추상물], [행위], [현상], [사건] N2=[구체물], [추상물], [행위], [현상], [사건])
피풀이되다
¶우리 조상들은 '쌀 미(米)'자를 '팔십팔(八十八)'을 합친 글씨로 풀이했다. ¶경제학자들은 불경기의 정의를 제각기 다르게 풀이한다.
No-가 S고 V (R) (No=[인간|단체])
피풀이되다
¶국어사전에서는 '구성지다'가 '천연스럽고 구수하며 멋지다'는 뜻이라고 풀이한다. ¶일대 쇄신을 하겠다는 정부의 의지가 이번 인사에 깔려 있다고 풀이할 수 있다.
No-가 S것-으로 V (No=[인간|단체])
피풀이되다
¶그는 모든 삶의 문제가 인간의 마음에서 기인하는 것으로 풀이한다. ¶관상학에서는 사람의 얼굴 모양을 그 사람의 기질이 반영된 것으로 풀이한다.

품다

활용품어, 품으니, 품고
타❶(다른 사람, 동물, 물체 따위를) 품속이나 가슴에 넣어 안다. Put another person, animal, or object in one's chest and hug.
㊀넣다[1]
No-가 N2-에 N1-를 V (No=[인간] N1=[구체물] N2=[신체부위](가슴, 품 따위))
¶피난민들은 보따리를 가슴에 품었다. ¶도주한 범인은 품에 권총을 품고 있었다.
No-가 N2-에 N1-를 V (No=[인간] N1=[인간] N2=[신체부위](가슴))
¶엄마가 아기를 가슴에 꼭 품었다. ¶나는 아름다운 사람을 이 가슴에 품어 보고 싶다.
No-가 N1-를 V (No=[동물] N1=[동물](새끼 따위), 알 따위)
¶펭귄은 한 달 동안 알을 품는다. ¶아무리 미개한 동물이라도 자기 새끼는 끝까지 품는다.
❷(물건을) 품속이나 가슴에 보이지 않게 숨기다. Hide an object in one's chest to make it invisible.
㊀넣다[1], 숨기다
No-가 N2-에 N1-를 V (No=[인간], [구체물], [신체부위](가슴, 품 따위), [공간](속, 안 따위))
¶한 여인은 저고리 속에 몰래 잔치 음식을 품고 나왔다. ¶한 학생은 교무실에서 시험 답안지를 훔쳐 품고 나오다가 들켰다.
❸(특별한 생각, 느낌 따위를) 마음속에 지니다. Possess particular thought or feeling in one's mind.
㊀간직하다
No-가 N2-에게 N1-를 V (No=[인간] N1=[감정](흑심, 의심, 미움, 앙심, 불만, 한 따위) N2=[인간])
¶그는 만년필이 없어지자 친구에게 의심을 품었다. ¶이유도 없이 소박맞은 여인은 남편에게 한을 품었다.
No-가 N2-에 N1-를 V (No=[인간], No=[계획](생각, 뜻, 야망 따위), 독, 칼 따위, No=[마음](가슴, 속 따위))
¶동생이 건달들에게 괴롭힘을 당했다는 소리를 듣고 그는 속에 앙심을 품었다. ¶그는 등치는 작지만 가슴에 큰 뜻을 품었다. ¶나폴레옹은 어릴 때부터 마음에 야망을 품었다.

❹(대상이) 어떤 기운을 자신의 내부에 지니다. Possess certain energy.
㊌머금다, 지니다
N0-가 N1-를 V (N0=[구체물], [장소] N1=[기운])
¶관악산은 불의 기운을 품고 있다. ¶우리 땅에서 자란 식물은 생생한 땅의 기운을 품고 있다.

풍기다

활용 풍기어(풍겨), 풍기니, 풍기고
자 ❶(어떤 대상의 내부로부터) 냄새나 향이 퍼져 나오다. (of smell or scent) Spread.
㊌퍼져나가다, 나다[1]
N1-에서 N0-가 V (N0=냄새, 향기, 향 N1=[장소], [구체물])
¶영희의 머리에서 좋은 향기가 풍긴다. ¶이 동네에서는 항상 이상한 하수구 냄새가 풍긴다.
❷(어떤 대상의 내부로부터) 어떤 느낌이나 분위기 따위가 나다. (of some feeling, atmosphere, etc.) Occur.
N1-에서 N0-가 V (N0=[추상물](분위기, 인상, 멋, 느낌, 맛, 풍미 따위) N1=[모두])
¶그에게서는 지적인 분위기가 풍긴다. ¶그의 작품에서는 아주 고상한 느낌이 풍긴다. ¶이 음식에서는 인도의 풍미가 풍기는 듯하다.
❸(어떤 대상의 내부로부터) 먼지, 가루 따위의 작은 부스러기가 날리다. (of a small fragment such as dust, powder, etc.) Blow.
㊌날리다I
N1-에서 N0-가 V (N0=[구체물](가루, 겨, 검불, 먼지 따위) N1=[구체물])
¶버스가 지나가자 길에서 먼지가 풍겼다. ¶바람 때문에 검불이 풍기고 있었다.
◆ **젖비린내가 풍기다** 매우 어리거나 유치한 수준이다. Be very young or childish.
㊌젖내가 풍기다, 젖비린내가 나다
N0-(에게|에게서|에서) (N0=[인간], [행위])
연어 풀풀
¶이번 신인에게서는 젖비린내가 풀풀 풍긴다. ¶그 애에게는 아직도 젖비린내가 풍긴다. ¶그의 동작 하나하나에서 젖비린내가 풍기는 듯했다.
◆ **젖내가 풍기다** 매우 어리거나 유치한 수준이다. Be very young or childish.
㊌젖비린내가 풍기다, 젖비린내가 나다
N0-(에게|에게서|에서) (N0=[인간], [행위])
연어 풀풀
¶이번 신입생들에게서 아직도 젖내가 풀풀 풍긴다. ¶그의 행동 하나하나에서 젖내가 풍기는 듯했다.
타 ❶(어떤 대상이) 냄새나 향을 퍼뜨리다. Spread the smell or scent.
㊌퍼드리다, 발산하다, 뿜다
N0-가 N1-를 V ↔ N1-가 V (N0=[장소], [구체물] N1=냄새, 향기, 향)
¶그 음식은 정말 좋은 향기를 풍겼다. ↔ 정말 좋은 향기가 풍겼다. ¶그 집 화장실은 정말 안 좋은 냄새를 풍겼다.
❷(어떤 대상이) 어떤 느낌이나 분위기 따위를 내다. Give off some feeling, atmosphere, etc.
㊌드러내다, 나타내다
N0-가 N1-를 V ↔ N1-가 V (N0=[모두] N1=[추상물](분위기, 인상, 멋, 느낌, 맛, 풍미 따위))
¶그 노래는 정말 우아한 느낌을 풍긴다. ↔ 정말 우아한 느낌이 풍긴다. ¶그의 새로운 영화는 지금까지와 다르게 매우 고상한 느낌을 풍긴다. ¶이 음식은 마치 우리나라 음식과 비슷한 풍미를 풍긴다.
❸(어떤 대상이) 먼지, 가루 따위의 작은 부스러기가 날리다. (of a small fragment such as dust, powder, etc.) Blow.
㊌날리다II, 날게 하다
N0-가 N1-를 V ↔ N1-가 V (N0=[구체물] N1=[구체물](가루, 겨, 검불, 먼지 따위))
¶지나가는 차들이 먼지를 풍겼다. ↔ 먼지가 풍겼다. ¶할머니는 키로 검불을 풍기셨다. ¶풍구로 겨를 풍겼다.

풍미하다

어원 風靡~ 활용 풍미하여(풍미해), 풍미하니, 풍미하고 대응 풍미를 하다
재타 (어떤 현상이나 사상 따위가) 한 시대나 사회를 두루 휩쓸어 장악하다. (of phenomenon or thought) Sweep and dominate the whole period or society.
㊌휩쓸다, 지배하다
N0-가 N1-(에|를) V (N0=[인간|집단], [추상물], [행위] N1=[시간], [집단](사회, 세상 따위))
¶그 가수의 노래는 한 시대를 풍미했다. ¶최근 우리 사회를 풍미한 현상은 디지털 기기의 보급이다.

풍자되다

어원 諷刺~ 활용 풍자되어(풍자돼), 풍자되니, 풍자되고 대응 풍자가 되다
자 ❶(어떤 사람의 결점이) 특정 대상에 비유되어 놀림조로 비판받다. (of someone's flaw) Be wryly criticized by comparing to a specific object.
N0-가 N1-로 V (N0=[인간|단체] N1=[구체물])
능 풍자하다
¶그는 자신이 비열한 인간으로 풍자되었다는 것을 깨닫지 못했다. ¶자신이 탐욕스러운 이리로 풍자되는 것을 강 회장은 매우 슬퍼하였다.

❷(문학 작품에서 부정적 현실이나 모순 따위가) 조롱조로 비판받다. (of negative reality, contradiction, etc.) Be wittingly criticized in literature.
N_0-가 N_1-(로|에서) V (N_0=[인간|단체], [추상물], [사건], [현상], [행위] N_1=[문학작품], [텍스트])
[능]풍자하다
¶그 시기의 부패한 사회상은 많은 소설로 풍자되었다. ¶그의 글에서는 요즘 강대국의 패권주의가 신랄하게 풍자되고 있다.

풍자하다
[어원]諷刺+~ [활용]풍자하여(풍자해), 풍자하니, 풍자하고 [대응]풍자를 하다
[타]❶(어떤 사람의 결점을) 특정 대상에 비유하여 놀림조로 비판하다. Wryly criticize someone's flaw by comparing to a specific object.
N_0-가 N_1-(를|에 대해) N_2-로 V (N_0=[인간], [텍스트], [작품] N_1=[인간|단체] N_2=[구체물])
[피]풍자되다
¶그는 선생님을 우유부단한 곰으로 풍자했다. ¶그는 자신의 친구를 동물로 풍자했다.
❷(문학 작품에서 부정적 현실이나 모순 따위를) 조롱조로 비판하다. Wittingly criticize negative reality, contradiction, etc., in literature.
N_0-가 N_1-(를|에 대해) V (N_0=[인간], [텍스트], [작품] N_1=[인간|단체], [추상물], [사건], [현상], [행위])
[피]풍자되다
[연어]신랄히
¶그는 새 작품에서 인종 차별 문제를 강하게 풍자했다. ¶최근에는 대중가요가 현실 사회를 풍자하는 경우가 많다.

피다 I
[활용]피어(펴), 피니, 피고
[자]❶(꽃봉오리나 잎이) 벌어지거나 생겨나다. (of bud or leaf) Emerge or open.
[유]벌어지다 [반]지다I
N_0-가 V (N_0=[꽃], [잎])
[사]피우다[1]
[연어]활짝
¶여름이 되니 나무에서 잎이 푸르게 피었다. ¶개나리가 완전히 핀 것을 보니 이제는 봄이다.
❷(연탄이나 숯, 나무 따위에) 불이 일어나 타다. Briquette, charcoal, wood, etc., burn by catching fire.
[유]불붙다
N_0-가 V (N_0=불)
[사]피우다[1]
¶숯불은 조용이 피기 때문에 잘 보아야 한다. ¶영희는 연탄불이 피지 않자 어쩔 줄 몰랐다.
❸(구름이나 연기 따위가) 크게 일어나다. (of cloud, smoke, etc.) Occur in large amounts.
[유]커지다
N_0-가 V (N_0=연기, 구름)
¶하늘에 뭉게구름이 활짝 피어 있었다. ¶먹구름이 피더니 소나기가 내리기 시작했다.
❹(먼지나 냄새 따위가) 날려 퍼지다. (of dust, smell, etc.) Spread by flying.
[유]퍼지다
N_0-가 V (N_0=먼지, 냄새, 향기)
[사]피우다[1]
¶불당에 짙은 향냄새가 피고 있었다. ¶큰 트럭이 지나가자 먼지가 심하게 피어서 앞을 볼 수가 없었다.
❺(옷이나 천에 잔털이나 털 뭉치가) 생겨 일어나다. (of fine hairs or hair tufts) Be formed in clothes or fabric.
[유]일어나다
N_1-에 N_0-가 V (N_0=털, 잔털, 털뭉치, 보풀 N_1=[옷], [천], 이불)
¶오래된 옷에 보푸라기가 잔뜩 피었다. ¶양모 스웨터는 따뜻하지만 잔털이 너무 잘 핀다.
❻(웃음이나 미소가) 얼굴에 드러나다. (of smile or laugh) Show in the face.
[유]생기다
N_1-에 N_0-가 V (N_0=웃음, 미소 N_1=[신체부위](얼굴, 입))
[연어]활짝
¶예전의 사진을 보더니 그녀도 모르게 얼굴에 미소가 활짝 폈다. ¶그의 입 주위에 야릇한 미소가 핀 것을 보니 갑자기 두려워졌다.
❼(곰팡이나 버짐, 검버섯 따위가) 어떤 대상의 표면에 생기다. (of mold, age spot, etc.) Form.
[유]생기다
N_1-에 N_0-가 V (N_0=곰팡이, 버짐, 검버섯 N_1=[장소], [신체부위])
¶벽에 곰팡이가 검게 피어 있었다. ¶겨울이 되니 얼굴에 버짐이 자주 핀다.
❽ (살림살이 따위가) 형편이 좋아지다. (of household, etc.) Become better in terms of circumstances.
[유]윤택해지다, 나아지다
N_0-가 V (N_0=[상태](사정, 형편, 살림 따위))
¶동생이 취직하자 집안 사정이 조금씩 피기 시작했다. ¶집안 형편이 피면 동생을 더 공부시킬 수 있다.
◆ **얼굴이 피다** 얼굴에 살이 오르고 혈색이 좋아지다. (of one's face) Become plump and look healthy.

ㅍ

N0-가 Idm (N0=[인간])
¶삼촌이 무사히 돌아오자 할아버지께서 얼굴이 피시더니 건강도 좋아지셨다. ¶요즘 칭찬을 많이 받더니 한규 얼굴이 활짝 피었다.

피다 II
[활용]피어(펴), 피니, 피고 [본디]피우다
[타]☞ 피우다[1]

피력되다
[어원]披瀝~ [활용]피력되어(피력돼), 피력되니, 피력되고 [대응]피력이 되다
[자](생각이나 감정이) 낱낱이 드러나다. (of a thought or emotion) Be exposed in detail.
㊐드러나다, 표현되다, 개진되다
N0-가 V (N0=[마음], [인지])
[능]피력하다
¶요즘의 인지과학 서적에는 주로 뇌과학자들의 견해가 피력되곤 한다. ¶여러 가지 의견이 피력되었지만 그 중 탁월해 보이는 것은 하나도 없다.

피력하다
[어원]披瀝~ [활용]피력하여(피력해), 피력하니, 피력하고 [대응]피력을 하다
[타](생각이나 의견을) 낱낱이 드러내다. Expose thought or opinion in detail.
㊐개진하다, 표현하다
N0-가 N1-를 V (N0=[인간|단체] N1=[마음], [인지])
[피]피력되다
¶그는 기자들에게 불편한 심경을 피력했다.
¶이번 사건에 대한 솔직한 견해를 피력해 주십시오.

피우다[1]
[활용]피워, 피우니, 피우고
[타]❶(식물이) 꽃봉오리나 잎을 벌어지게 하거나 새로 나게 하다. Make flower buds or leaves open up or come out.
N0-가 N1-를 V (N0=[식물](나무, 꽃 따위) N1=[구체물](꽃, 꽃봉오리 따위))
[주]피다I
¶집 앞의 장미가 꽃을 활짝 피웠다. ¶화단의 꽃들이 새로이 꽃봉오리를 피우고 있었다.
❷(나무나 숯 따위에) 불을 지펴 스스로 타게 하다. Make a fire on log or charcoal and let it burn by itself.
㊐붙이다 ㊥끄다
N0-가 N1-를 N2-에 V (N0=[인간|단체] N1=불 N2=[구체물], [장소])
[주]피다I
¶어머니는 숯불을 피워 고기를 구우셨다. ¶장작을 모아서 겨우 불을 피웠다.
❸(담배 따위에) 불을 붙여 그 연기를 흡입했다가 내뱉다. Light up a cigarette and breathe in and out its smoke.
N0-가 N1-를 V (N0=[인간] N1=담배, 아편, 대마초 따위)
¶그는 젊어서 담배를 피웠지만 마흔이 되던 해에 완전히 끊었다. ¶우리나라에서 대마초를 피우는 것은 불법이다.
❹(연기나 먼지 따위를) 크게 일어나게 하다. Raise a cloud of dust or smoke.
㊐일으키다
N0-가 N1-를 V (N0=[인간], [구체물], [교통기관] N1=연기, 먼지 따위)
[주]피다I
¶아이들은 뛰어다니면서 많은 먼지를 피웠다. ¶그는 어떻게 해서든 연기를 피워서 자신의 위치를 알리고자 했다.
❺(냄새 따위를) 크게 일으켜 퍼지게 하다. Cause much smell and let it spread.
㊐풍기다
N0-가 N1-를 V (N0=[인간], [구체물], [음식] N1=냄새, 향기 따위)
[주]피다I
[연어]풀풀
¶향초가 타면서 독특한 향을 피우고 있었다. ¶상 위의 음식이 좋은 냄새를 피우고 있었다.
❻(얼굴에) 웃음이나 미소 따위를 내보이다. Show laughter or smile on one's face.
㊐웃다
N0-가 N2-에 N1-를 V (N0=[인간] N1=웃음꽃, 미소 따위 N2=[신체부위](얼굴 따위))
[주]피다I
¶그들은 뭐가 그리 재미있는지 웃음꽃을 피우고 있었다. ¶마을 사람들은 서로 웃음꽃을 피우며 이야기를 나누고 있었다.
◆ **바람을 피우다** 자신의 아내나 남편 몰래 다른 이성과 관계를 갖다. Have an affair with someone.
N0-가 N1-와 Idm (N0=[인간] N1=[인간])
¶남편은 윗집 처녀와 바람을 3년간 피웠다.

피우다[2]
[활용]피워, 피우니, 피우고
[기능][타]❶'행위'를 나타내는 기능동사 Support verb meaning act.
㊐부리다II
N0-가 Npr-를 V (N0=[인간], Npr=[행위](소란, 난리, 난동) 따위)
¶사람들이 소란을 피우고 있었다. ¶항의하러 온 사람들이 난리를 피우고 있다.
N0-가 Npr-를 V (N0=[인간], Npr=[행위](재주, 요령 따위))

¶마술사가 신기한 재주를 많이 피운다. ¶함께 일하면서 너무 요령을 피우면 좋지 않다.
❷'태도'를 나타내는 기능동사 Support verb meaning attitude.
N0-가 Npr-를 V (N0=[인간], Npr=[태도](게으름, 거드름, 진상 따위))
¶준호는 오후만 되면 게으름을 피우고 있다. ¶너무 그렇게 거드름을 피우고 다니는 것은 좋지 않다.
N0-가 S고 Npr-를 V (N0=[인간], Npr=[태도](고집, 딴전 따위))
¶그녀는 집에 가야 한다고 계속 고집을 피웠다. ¶그렇게 고집만 피우면 일이 해결되지 않는다.

피하다

어원 避~ 활용 피하여(피해), 피하니, 피하고
타 ❶(사람이나 동물이) 몸을 보이지 않게 숨기거나 다른 곳으로 몰래 옮기다. (of a person or an animal) Hide so as not to show the body or secretly move to a different place.
㊐숨기다
N0-가 N2-로 N1-를 V (N0=[인간], [동물] N1=몸 N2=[장소])
¶비가 오자 병수는 나무 밑으로 몸을 피했다. ¶사람들은 사이렌이 울리자 대피소로 피했다.
❷어떤 대상에 부딪치거나 맞지 않도록 자세를 바꾸거나 몸을 옮기다. Change position or move the body so as not to crash or get hit by some object.
N0-가 N1-를 V (N0=[인간], [동물] N1=[구체물])
¶내 쪽으로 날아오는 공을 피해 나는 몸을 움츠렸다. ¶고양이 한 마리가 달려오는 차를 피해 길을 건넜다.
❸(사람이나 시선 따위를) 마주치지 않으려고 의도적으로 애쓰다. Make efforts intentionally not to encounter someone or make eye contact.
㊥마주치다타
N0-가 N1-를 V (N0=[인간] N1=[인간], 시선, 눈 따위, 만남 따위)
¶아이는 잘못한 게 있는지 자꾸 엄마의 눈을 피했다. ¶그는 이리저리 핑계를 대며 여자친구와의 만남을 피했다.
❹(해결하기 어려운 상황이나 일을) 당하지 않기 위해 마주치지 않으려고 애쓰다. Make efforts not to encounter something so as not to suffer from a difficult situation or duty.
㊐면하다I
N0-가 N1-를 V (N0=[인간] N1=[충돌], [싸움], [처벌], 검문, 단속, 감시 따위)
¶우리는 교통 혼잡을 피하려고 다른 길로 돌아갔다. ¶경수는 경찰관의 음주 운전 단속을 피해 달아났다.
N0-가 S것-을 V (N0=[인간])
¶영수는 경찰의 검문을 받는 것을 피하려고 도망다녔다. ¶아이는 부모님께 감시받는 것을 피하고 싶었다.
❺(어떤 상황이나 행위 따위를) 싫어하여 꺼리다. Dislike and avoid a situation or an act.
㊐꺼리다, 회피하다 ㊥맞서다
N0-가 N1-를 V (N0=[인간] N1=[일], [상황](현실 따위), [소통])
¶그는 오랫동안 언론과의 접촉을 피하다 드디어 말문을 열었다. ¶남편은 계속 아내와의 대화를 피하고 있다.
N0-가 S것-을 V (N0=[인간])
¶철수는 여러 사람들 앞에 나서는 것을 피하고 싶었다. ¶나는 낯선 사람과 이야기하는 것을 피하는 편이다.
❻(어떤 대상이나 행위 따위로 인한) 피해를 입지 않기 위해 삼가다. Refrain oneself in order not to get damaged by someone or an act.
㊐멀리하다, 삼가다
N0-가 N1-를 V (N0=[인간] N1=[행위](과식, 과음, 과로 따위), [음식물], [추상물])
¶건강을 위해서 가급적이면 과로를 피해야 한다. ¶알레르기를 쉽게 일으킬 수 있는 음식을 피하는 것이 좋다.
N0-가 S것-을 V (N0=[인간])
¶어린 아이들은 장시간 인터넷을 하는 것을 피해야 한다. ¶여름철에 외출할 때는 직접 자외선을 쬐는 것을 피하는 것이 좋다.
❼(비, 눈, 더위, 추위 따위의 기상 현상으로 인해) 직접적인 영향을 받지 않도록 유의하다. Be careful not to be influenced by meteorological phenomena such as rain, snow, heat, or coldness.
㊥맞다II
N0-가 N1-를 V (N0=[인간] N1=[비], [눈], [날씨](더위, 추위 따위))
¶나는 처마 밑에서 비를 피했다. ¶우리는 갑자기 쏟아지는 소나기를 피해 커피숍으로 뛰어 들어갔다.
❽특정한 날이나 시간대를 택하지 않다. Not choose a specific day or time.
㊐제외하다
N0-가 N1-를 V (N0=[인간] N1=[시간])
¶이사나 결혼은 보통 손 있는 날을 피해서 한다. ¶점심시간을 피해서 전화해 주십시오.
N0-가 N2-(에|에게) N1-를 V (N0=[인간] N1=몸 N2=[구체물])
¶빚쟁이 때문에 아내는 친척집에 몸을 피했다.

◆ **눈을 피하다** 다른 사람의 관심이나 주의 따위에서 벗어나다. Escape the attention or interest of others.
No-가 Idm (No=[인간])
¶혜경이는 사람들의 눈을 피해 숨어 지냈다. ¶민호는 경찰의 눈을 피해 지방으로 도주했다.
◆ **자리를 피하다** 원하지 않는 사람을 마주치거나 나쁜 일을 당하지 않도록 어떤 장소나 자리 따위를 떠나다. Leave a place to avoid an unwanted encounter or a bad situation.
No-가 Idm (No=[인간])
¶나는 광수와 여자친구가 함께 있는 것을 보고 자리를 피했다. ¶폭음 소리가 나자 인도로 걷고 있던 사람들이 자리를 피해 달아났다.

필사하다
어원 筆寫~ 활용 필사하여(필사해), 필사하니, 필사하고 대응 필사를 하다
타 (어떤 텍스트를) 베껴서 적다. Copy and write certain text.
㊌베껴 쓰다
No-가 N1-를 V (No=[인간] N1=[텍스트])
¶중세 수도사들은 평생 동안 경전을 필사했다. ¶그는 심란할 때면 시를 필사한다. ¶문학 지망생들은 소설을 필사하며 문장 공부를 한다고 한다.

하강하다

어원 下降~ 활용 하강하여(하강해), 하강하니, 하강하고

대응 하강을 하다

자 (무언가가) 아래 방향으로 내려가다. (of something) Go downward.

유 내리다[1] 자, 내려가다[1] 자 반 상승하다, 올라가다

No-가 V (No=[구체물], 고도)

사 하강시키다

¶승강기가 천천히 하강하고 있었다. ¶하늘에서 낙하산들이 지상으로 안전하게 하강했다. ¶연구자들은 해수면이 하강하고 있는지 조사하였다.

하다[1]

활용 하여(해), 하여라(해라), 하고, 하니

자 ❶(앞으로 어떻게 하기로) 결심하거나 결정하다. Make up one's mind or determine what one will do.

유 결심하다 자, 결정하다 자

No-가 S기-로 V (No=[인간|단체])

¶우리는 주말에 영화를 보기로 했다. ¶학교 당국은 부정행위를 용납하지 않기로 했다.

❷(무어라고) 말하거나 생각하다. Say or think of something.

유 말하다 자, 생각하다

No-가 S고 V (R1) (No=[인간|단체])

¶철수는 기영이(가|를) 범인이라고 했다.(R1) ¶그 손님은 마음에 드는 물건이 없다고 했다.

타 ❶(사람, 동물, 물체 따위가) 육체적, 정신적 활동을 행하거나 작용을 이루다. (of a person, an animal, an object, etc.) Perform a physical or a psychological act, or create an effect.

No-가 N1-를 V (No=[인간|단체], [동물], [구체물] N1=[행동], [작용])

¶사람들은 주로 낮에 일을 한다. ¶사자는 배가 고플 때만 사냥을 한다. ¶생각을 많이 한 후에 결정을 내렸다.

❷(음식물이나 기호품을) 맛보거나 섭취하다. Taste or eat food or personal preference.

유 먹다[1] 타, 마시다, 피우다[1]

No-가 N1-를 V (No=[인간|단체] N1=[음식])

¶벌써 점심 하셨어요? ¶우리는 일을 끝낸 뒤에 모여 술을 했다. ¶선생님은 담배 하십니까?

❸(어떤 것을) 만들거나 장만하다. Make or procure something.

유 장만하다

No-가 N1-를 V (No=[인간|단체] N1=[구체물])

¶철수는 뜻밖에 생긴 돈으로 옷을 해 입었다. ¶아버지는 금은방에서 반지를 해 오셨다.

❹ (옷이나 장신구를) 입거나 착용하다. Wear clothes or ornaments.

유 착용하다

No-가 N1-를 V (No=[인간|단체] N1=[착용물])

¶기주는 이상한 목걸이에 이상한 복장을 했다. ¶화려한 장신구를 한 여인이 사무실에 들어왔다.

❺(어떤 표정이나 태도를) 지어 보이다. Put on a look or take an attitude.

No-가 N1-를 V (No=[인간|단체] N1=[상황])

¶순우는 빙긋 웃는 얼굴을 했다. ¶나는 짐짓 놀란 얼굴을 했다.

❻(기업체나 단체를) 경영하거나 거기에 종사하다. Run or serve a company or an organization.
㊌경영하다
N0-가 N1-를 V (N0=[인간|단체] N1=[단체])
¶삼촌은 골목 안쪽에서 식당을 한다. ¶그 재벌 가문은 벌써 계열사를 여럿 하고 있다.

❼(어떤 지위나 역할을) 맡아 수행하다. Take charge of a position or a role.
㊌수행하다
N0-가 N1-를 V (N0=[인간|단체] N1=[역할])
¶그는 젊은 시절에 참기름 장수를 했다. ¶나는 연극에서 주인공을 많이 했다.

❽(물건이) 어떤 값을 제 값으로 가지다. (of goods) Have a proper price.
㊌값나가다
N0-가 N1-를 N2-에 V (N0=[인간|단체] N1=[속성] N2=[단위])
¶이 수박은 한 통에 만 원을 한다. ¶그 모자는 한 개에 십만 원 하는 비싼 모자다.

❾(대상을) 어떤 자격으로 삼아 대하다. Treat an object as a qualification.
㊌대상으로 삼다
N0-가 N1-를 N2-로 V (N0=[인간|단체] N1=[구체물], [추상물] N2=[구체물], [추상물])
¶우리는 오징어를 안주로 하여 술을 먹었다. ¶그는 경로를 남양주 쪽으로 하여 자동차를 몰았다.

하다[2]

활용 하여(해), 하니, 하고

기능타 '행위'를 나타내는 기능동사. A support verb indicating an 'act.'
N0-가 Npr-를 V (N0=[구체물], [추상물], Npr=손짓, 이동, 비판, 선취, 기만, 사랑, 선호, 노동, 이용 따위)
¶그는 앞으로 아무도 사랑을 하지 않겠다고 말했다. ¶밖이 시끄러웠지만 기영이는 미동도 하지 않았다.
※ 거의 모든 술어명사와 결합할 수 있다.

◆ **값을 하다** 기대되는 능력이나 가치를 충분히 보여주다. Show expected ability or value fully.
㊌제 값을 하다
N0-가 Idm (N0=[구체물], [추상물])
¶올해의 신입사원은 힘들게 선발한 값을 하는 인재였다. ¶이 공구 세트는 비싸지만 제대로 비싼 값을 한다.

하다[3]

활용 하여(해), 하니, 하고

보조 ❶'사동'을 나타내는 보조동사. Auxiliary verb meaning "causation".
V-게 Vaux
¶의사는 간호사를 기다리게 했다. ¶어머니는 아이에게 옷을 입게 했다. ¶선생님은 학생들을 공부하게 했다.

❷'바람'을 나타내는 보조동사. Auxiliary verb meaning "wish".
V-었으면 Vaux
¶내일은 좀 날씨가 포근했으면 한다. ¶철수는 시험에 합격했으면 했다. ¶내가 직접 서류를 좀 보았으면 한다.

❸'당위'를 나타내는 보조동사. Auxiliary verb meaning "obligation".
V-어야 Vaux
¶나는 9시까지 집에 가야 한다. ¶그는 오늘 선생님을 만나야 한다.

❹'의도'를 나타내는 보조동사. Auxiliary verb meaning "intention".
V-으려 Vaux
¶호랑이가 사슴을 잡아먹으려 한다. ¶난 오늘은 일찍 귀가해서 공부를 하려 했다. ¶금자는 거기서 10시까지 친구를 기다리려 했다.
※ '-으려고'의 형태로도 쓰인다.

❺'의도'나 '목적'을 나타내는 보조동사. Auxiliary verb meaning "intention" or "purpose".
V-고자 Vaux
¶나는 값싸게 장을 보고자 했다. ¶영희는 오랜만에 외국에 나가 보고자 했다.

❻'이유'를 나타내는 보조동사. Auxiliary verb meaning "reason".
V-고 Vaux
¶비가 오고 해서 오늘은 외출하지 않았다. ¶돈도 없고 하여 친구들 모임에 나가지 않았다.
※ 주로 '하여', '해서'의 형식으로 쓰인다.

❼'습관'이나 '반복'을 나타내는 보조동사. Auxiliary verb meaning "habit" or "repetition".
V-고는 Vaux
¶그는 긴장하면 손톱을 물고는 했다. ¶나는 아침이면 커피를 한 잔씩 마시곤 한다.
※ 'V-곤 하다'의 형식으로도 쓰인다.

하락하다

어원 下落~ 활용 하락하여(하락해), 하락하니, 하락하고

자 (값이나 가치 따위가) 낮아지거나 떨어지다. (of a price or a value) Lower or drop.
㊌떨어지다, 내리다[1]자 ㊎오르다, 올라가다, 상승

ㅎ

하다 N1-의 N0-가 V ↔ N1-는 N0-가 V (N0=[수량], [속성](가치) N1=[구체물], [추상물])
[사]하락시키다
¶우리 회사의 주가가 대폭 하락하였다. ↔ 우리 회사는 주가가 대폭 하락하였다. ¶원 달러 환율이 계속 하락하고 있다. ¶지난 달 집값이 큰 폭으로 하락하였다.

하사되다
[어원]下賜~ [활용]하사되어(하사돼), 하사되니, 하사되고 [대응]하사가 되다
[자](어떤 물건이) 윗사람으로부터 아랫사람에게 베풀어 내려지다. (something) Be given (from elder to junior).
N0-가 N1-(에|에게) V (N0=[구체물], [장소], [문서] N1=[인간|단체])
[능]하사하다
¶공신들에게 많은 토지가 하사되었다. ¶격무에 지친 사원들에게 위로금이 하사되었다.

하사하다
[어원]下賜~ [활용]하사하여(하사해), 하사하니, 하사하고 [대응]하사를 하다
[타]윗사람이 아랫사람에게 물건을 베풀어 내리다. (of superior) Do subordinates a favor with things.
[상]주다[1]
N0-가 N2-(에|에게) N1-를 V (N0=[인간|단체] N1=[구체물], [장소], [문서] N2=[인간|단체])
[피]하사되다
¶임금님께서 신하들에게 말 한 필씩을 하사하셨다. ¶이 전답은 태조께서 하사해 주신 이래 우리 가문이 소유하고 있다. ¶사단장님께서 우리 연대에 상장과 상품을 하사하셨다.

하소연하다
[활용]하소연하여(하소연해), 하소연하니, 하소연하고 [대응]하소연을 하다
[자타](다른 사람에게) 자신의 억울한 일이나 딱한 사정 따위를 들어 주거나 봐 달라고 간절한 마음으로 설명하다. Anxiously explain to others unfair or adverse circumstances in which one finds oneself.
[유]호소하다
N0-가 N2-(에게|에) N1-(를|에 대해) V (N0=[인간|단체] N1=[추상물], [구체물] N2=[인간|단체])
¶최근에 억울한 일을 하소연하러 오는 사람이 많아지고 있다. ¶철수는 자신의 괴로움에 대해서 부모님께 하소연한 것을 후회했다.
N0-가 N1-(에게|에) S것-(을|에 대해) V (N0=[인간|단체] N1=[인간|단체])
¶그녀는 헤어진 애인에게 다시 돌아올 것을 하소연했다. ¶그들은 빨리 의료 물자를 보내줄 것을 국제 사회에 하소연하였다.
N0-가 N1-(에게|에) S라고 V (N0=[인간|단체] N1=[인간|단체])
¶영희는 친구에게 제발 도와달라고 하소연했다. ¶그들은 봉급을 인상해 달라고 회사 측에 하소연했다. ¶철수는 나에게 떠나지 말라고 하소연했다.

학대받다
[어원]虐待~ [활용]학대받아, 학대받으니, 학대받고 [대응]학대를 받다
[자](다른 사람에게) 육체적 또는 정신적으로 가혹한 대우를 받으며 몹시 괴롭힘을 당하다. Suffer extreme harassment with harsh physical and mental torment from someone.
[유]괴롭힘을 당하다
N0-가 N1-에게 V (N0=[인간], [동물] N1=[인간|단체])
[능]학대하다
¶길에 버려진 개들의 대부분은 주인에게 학대받은 경험이 있다. ¶아직도 부모에게 학대받는 아이들이 존재한다. ¶어렸을 때 학대받은 기억이 있는 사람들 중 상당수가 정신적으로 어려움이 있다.

학대하다
[어원]虐待~ [활용]학대하여(학대해), 학대하니, 학대하고 [대응]학대를 하다
[타](사람이나 동물을) 육체적 또는 정신적으로 가혹하게 대하며 몹시 괴롭히다. Extremely harass a person or an animal by inflicting harm body or mind.
[유]괴롭히다
N0-가 N1-를 V (N0=[인간|단체] N1=[인간], [동물])
[피]학대받다
¶그는 상습적으로 고아들을 학대해 왔다. ¶아이들에게 애완동물을 학대해서는 안 된다고 교육해야 한다. ¶요즘 들어 자신의 부모를 학대하는 패륜적인 범죄가 증가하고 있다.

학습하다
[어원]學習~ [활용]학습하여(학습해), 학습하니, 학습하고
[타](지식이나 기술 따위를) 배워 익히다. (of a person) Learn and master knowledge, technology, etc.
[유]공부하다, 익히다II, 배우다, 닦다 [반]가르치다
N0-가 N1-를 V (N0=[인간|단체] N1=[지식], [기술])
¶학문을 하기 위해서는 기본 개념부터 충분히

ㅎ

학습하여야 한다. ¶아이가 어릴 때 외국어를 학습하는 것이 과연 좋을 일일까? ¶노인정에는 컴퓨터 사용 방법을 학습하는 어르신들로 가득하다.

한몫하다

활용 한몫하여(한몫해), 한몫하니, 한몫하고

자 (사람이나 사물이) 어떤 일에 맡은 역할을 해 기여하다. (of a person or a thing) Make a contribution to a work by playing one's role.

N0-가 N1-에 V (N0=[인간], [구체물], [행위], [사건] N1=[공로], [성공])

연어 톡톡히, 크게

¶스타의 출연이 시청률 상승에 톡톡히 한몫했다. ¶합성비료가 농산물 생산 증대에 한몫했다. ¶그녀는 자기의 이름을 딴 정리를 만들어 수학계의 발전에 크게 한몫했다.

한물가다

활용 한물가, 한물가니, 한물가고

자 ❶(채소, 과일, 생선 따위가) 한창인 철이 지나다. (of vegetable, fruit, fish, etc.) Pass the season.

N0-가 V (N0=[음식](생선, 과일, 채소 따위))

¶봄철 과일은 이제 한물갔으니 여름 과일을 먹어야 한다. ¶지금은 딸기가 한물가서 사기가 힘들다. ¶최근에 기후 이상으로 시기상 한물간 생선이 여전히 잡힌다.

❷(채소, 과일, 생선 따위의) 신선도가 떨어지다. Lose the freshness of vegetable, fruit, fish, etc.

N0-가 V (N0=[음식](생선, 과일, 채소 따위))

¶날씨가 더워서 그런지 생선이 벌써 한물간 것처럼 보인다. ¶한물간 음식을 잘못 먹으면 탈이 난다.

❸(전성기가 지나) 실력이나 인기 따위가 떨어지다. Lose skill, popularity, etc., by passing one's prime.

N0-가 V (N0=[역할](운동선수, 예술가 따위), [사조], [예술])

¶저런 식의 노래는 이제 한물가서 더 이상 유행하지 못한다. ¶작년에 산 이 옷은 유행이 한물간 지 오래다.

한잔하다

어원 -盞~ 활용 한잔하여(한잔해), 한잔하니, 한잔하고

타 많지 않은 양의 술이나 차 따위를 가볍게 마시다. Lightly drink a moderate amount of alcohol, tea, etc.

㈜마시다

N0-가 N1-를 V (N0=[인간] N1=[음료](차 따위), [술])

연어 가볍게

¶그들은 이겨서 기분이 좋은지 술을 한잔하고 들어갔다. ¶포도주를 가볍게 한잔하는 것은 건강에 좋다고 한다. ¶우리 저녁에 한잔할까?

※목적어가 없이 쓰일 때는 주로 '술을 한잔하다'는 뜻을 나타낸다.

한정되다

어원 限定~ 활용 한정되어(한정돼), 한정하니, 한정하고 대응 한정이 되다

자 (어떤 일이나 현상 따위의 수량이나 범위 따위가) 제한되어 정해지다. (of some duty or phenomenon's amount or range) Be limitedly fixed.

㈜제한되다

N0-가 V (N0=[인간|단체], [추상물](대답, 물량, 음역, 치료법 따위))

능 한정하다

¶이 옷은 공급 물량이 한정되어 있다. ¶이 병은 치료법이 매우 한정되어 있다.

N0-가 N1-(로|에) V (N0=[인간|단체], [추상물](범위, 대상, 폭 따위))

능 한정하다

¶연구 대상이 신문과 방송에만 한정되지 않는다. ¶입사자는 나이 18세 이상으로 한정되었다.

한정시키다

어원 限定~ 활용 한정시키어(한정시켜), 한정시키니, 한정시키고 대응 한정을 시키다

타 ☞ '한정하다'의 오용

한정하다

어원 限定~ 활용 한정하여(한정해), 한정하니, 한정하고 대응 한정을 하다

타 (어떤 일이나 현상 따위를) 일정한 수량이나 범위 등으로 제한하여 정하다. Decide by limiting some duty or phenomenon into a fixed amount or range.

㈜제한하다

N0-가 N1-를 N2-(로|에) V (N0=[인간|단체], [제도], [규범] N1=[인간|단체], [추상물](범위, 대상, 폭 따위) N2=[인간|단체], [추상물](숫자, 단위, 자격 따위))

피 한정되다

¶이 요금제는 영상통화를 200분으로 한정하고 있다. ¶기업 내에서도 수혜 대상을 정규직으로 한정하는 경우가 많다. ¶검진 대상자를 40세 이상 흡연자로 한정하게 됐다.

한탄하다

ㅎ

어원 恨歎~ 활용 한탄하여(한탄해), 한탄하니, 한탄하고 대응 한탄을 하다
자타 (분하고 억울하거나 후회하는 일에 대해) 한숨을 쉬며 탄식하다. Groan over furious, unfair, and regretful duty by sighing.
No-가 N2-에게 N1-(를|에 대해) V (No=[인간|단체] N1=[인지내용](불만, 문제점, 신세, 처지, 과거 따위) N2=[인간|단체])
¶그는 자신의 신세를 한탄했다. ¶우리는 자신의 불운한 운명에 대해 한탄하기만 해서는 안 된다.
No-가 N1-에게 S(음|것|데)-(를|에 대해) V (No=[인간|단체] N1=[인간|단체])
¶그는 나에게 삶이 무척이나 힘든 것을 한탄하다가 돌아갔다. ¶그들은 쓸 만한 자원이 없음을 한탄했다.
No-가 S고 V (No=[인간|단체])
¶그는 자신의 불행을 더 이상 견딜 수 없다고 한탄했다. ¶모두 다 자신이 운이 없었다고 한탄하고 있었다.
No-가 N1-에 대해 S고 V (No=[인간|단체] N1=[구체물], [추상물])
¶그는 자신의 신세에 대해 언제나 불행했다고 한탄했다. ¶그녀는 그들의 운명에 대해 단지 시대를 잘못 만난 것이라고 한탄했다.

한하다

어원 限~ 활용 한하여(한해), 한하니, 한하고
자 정해진 조건이나 범위에 제한되다. Be limited to a fixed condition or range.
㈜제한되다
No-가 N1-(에|로) V (No=[모두] N1=[모두])
¶특별 세일은 월드컵 기간으로 한하여 실시한다. ¶이 제약은 아주 특별한 경우에 한하여 무시할 수 있다. ¶우편 접수는 마감일에 발송된 것까지로 한한다.

할애되다

어원 割愛~ 활용 할애되어(할애돼), 할애되니, 할애되고 대응 할애가 되다
자 (귀중한 시간, 돈, 공간 따위가) 어떤 사람에게나 어떤 일에 내놓아지거나 대어지다. (of valuable time, money, or place) Be spared or given to a person or a work.
㈜할당되다, 주어지다
No-가 N1-(에|에게) V (No=[시간], [공간], [책], [돈] N1=[인간|단체], [행위], [비용])
능 할애하다
¶이곳의 일부가 우리에게 할애된다면 여기에 텃밭을 만들고 싶다. ¶우리에게 할애된 시간은 단 5분이었다.
No-가 S(것|데)-에 V (No=[시간], [공간], [책], [돈])
능 할애하다
¶일정 중 2일은 공장을 견학하는 데에 할애되었다. ¶지금 이 시간은 경제 활성화 가능성을 논의하는 것에 할애될 예정이다. ¶회담의 대부분 시간이 중장기 발전을 모색하는 데에 할애될 것으로 보인다.

할애하다

어원 割愛~ 활용 할애하여(할애해), 할애하니, 할애하고 대응 할애를 하다
타 (사람이나 조직 따위가) 귀중한 시간, 돈, 공간 따위를 다른 사람에게나 어떤 일에 선뜻 내어주다. (of a person or an organization) Give another person or work valuable time, money, or place voluntarily.
㈜할당하다, 주다[1]
No-가 N1-를 N2-(에|에게|로) V (No=[인간|단체] N1=[시간], [공간], [책], [돈] N2=[인간|단체], [행위], [비용])
피 할애되다
¶나는 요즘 상당한 시간을 영어 공부에 할애하고 있다. ¶김 선생님은 숙제 검사에 엄청난 시간을 할애하셨다. ¶신문사들은 월드컵 보도에 많은 지면을 할애했다.
No-가 N1-를 S(것|데)-에 V (No=[인간|단체] N1=[시간], [공간], [책], [돈])
피 할애되다
¶마리아는 한국어와 한국 문화를 배우는 데에 많은 시간을 할애했다. ¶우리는 여행 중 하루를 제주도를 구경하는 데에 할애할 계획이다.

할퀴다

활용 할퀴어, 할퀴니, 할퀴고
타 ❶(손톱이나 날카로운 것으로) 세차게 긁어 상처를 내다. Make wound with nail or sharp object by furiously scratching.
No-가 N2-로 N1-를 V (No=[인간|동물] N1=[구체물] N2=[신체부위](손톱, 발), [구체물])
¶고양이가 소파를 할퀴었다. ¶아이가 손톱으로 동생의 얼굴을 할퀴었다.
❷(자연현상이) 세차게 덮쳐 피해를 입히다. (of natural phenomenon) Sustain damage by furiously attacking.
No-가 N1-를 V (No=[재해], [기상] N1=[구체물], [장소])

¶수마가 할퀴고 간 자리는 폐허가 되었다. ¶바람이 얼굴을 할퀴어 살을 에는 듯한 아픔이 느껴졌다. ¶대문을 나서니 매서운 추위가 온몸을 할퀸다.

핥다

활용 핥아, 핥으니, 핥고

타 ❶물체의 겉면을 혀로 가볍게 문지르다. Lightly rub an object's surface with the tongue.

N0-가 N1-를 N2-로 V (N0=[인간], [동물] N1=[구체물] N2=혀)

¶강아지는 다친 상처를 혀로 연신 핥았다. ¶고양이가 자신의 털을 하나하나 핥았다.

❷(햇빛, 바람, 시선 따위가) 물체의 표면을 살짝 스치고 지나가다. (of sunshine, wind, attention, etc.) Pass by brushing against an object's surface.

N0-가 N1-를 V (N0=[기상](햇빛, 바람, 연기 따위), [소리], 시선, 향기 N1=[구체물])

¶좋은 향기가 코끝을 핥고 지나갔다. ¶파도가 해안가를 부드럽게 핥고 있었다. ¶따뜻한 바람이 온몸을 핥는 것 같았다.

함께하다

활용 함께하여(함께해), 함께하니, 함께하고

타 ❶(어떤 행위나 상태, 경험을) 다른 사람과 더불어 동시에 겪다. Undergo an act, a situation, or an experience together with another person at the same time.

유 같이하다

N0-가 N1-를 N2-와 V (N0=[인간|단체] N1=[상황], [사태] N2=[인간|단체])

¶그는 나와 오랫동안 생사고락을 함께했다. ¶철수는 동생과 하숙집에서 생활을 함께하고 있다. ¶김 선생은 오랜만에 옛 친구들과 식사를 함께했다.

❷(어떤 생각, 사상, 의견을) 다른 사람과 동일하게 갖다. Share an idea, a thought, or an opinion with another person.

유 같이하다, 공유하다

N0-가 N1-를 N2-와 V (N0=[인간|단체] N1=[추상물] N2=[인간|단체])

¶우리 단체는 정부와 뜻을 함께하고 있다. ¶저도 선생님과 의견을 함께하겠습니다. ¶뜻을 함께하는 사람들을 더 모아서 사업을 도모하자.

함유되다

어원 含有~ 활용 함유되어(함유돼), 함유되니, 함유되고 대응 함유가 되다

자 (어떤 물질에) 특정한 성분이 포함되다. (of certain elements) Be contained in a matter.

유 포함되다

N1-에 N0-가 V (N0=[재료] N1=[물질], [구체물])

능 함유하다

¶이 과일에 많은 영양소가 함유되어 있다는 것은 널리 알려진 사실이다. ¶어떤 재료에 불순물이 함유되어 있는지를 우선 찾아내야 한다. ¶커피에는 카페인이 많이 함유되어 있다.

함유하다

어원 含有~ 활용 함유하여(함유해), 함유하니, 함유하고 대응 함유를 하다

타 (어떤 물질이) 특정한 성분을 포함하다. (of a matter) Contain a certain element.

유 포함하다

N0-가 N1-를 V (N0=[물질], [구체물] N1=[재료])

피 함유되다

¶이 철판은 납 성분을 많이 함유하고 있다. ¶이 채소는 많은 섬유소를 함유하고 있어서 건강에 좋다. ¶이 음식은 많은 단백질을 함유하고 있다.

합격하다

어원 合格~ 활용 합격하여(합격해), 합격하니, 합격하고 대응 합격을 하다

자 ❶(시험이나 검사, 심사 따위에서) 일정한 기준을 만족시켜 통과하다. Pass in examination, inspection, evaluation, etc., by satisfying a certain standard.

유 붙다, 통과하다자 반 불합격하다, 떨어지다, 탈락하다

N0-가 N1-에 V (N0=[인간], [구체물] N1=[추상물](시험, 고시, 검사 따위), [단체](대학, 직장 따위))

¶그들은 모두 대학 입학시험에 합격했다. ¶그는 자신이 원하는 직장에 합격하자마자 여행을 떠났다.

❷일정한 조건이나 기준에 부합하다. Correspond with a certain condition or standard.

유 부합하다, 일치하다

N0-가 N1-에 V (N0=[인간], [구체물] N1=[추상물](기준, 자격, 격식 따위))

¶그의 정직함은 까다로운 기준에 모두 합격했다. ¶외국인이었지만 그녀는 새로운 왕비로서의 조건에 합격했다. ¶철수가 주최한 파티는 모든 격식에 합격하였다.

합류되다

어원 合流~ 활용 합류되어(합류돼), 합류되니, 합류되고
자 ☞ 합류하다

합류하다

어원 合流~ 활용 합류하여(합류해), 합류하니, 합류하고
자 ❶물줄기와 다른 물줄기가 합하여 하나가 되어 흐르다. (of a stream) Combine with another stream into one.
유 만나다 자, 합쳐지다 반 나뉘다, 나눠지다
N0-가 N1-와 V ↔ N1-가 N0-와 V ↔ N0-와 N1-가 V (N0=[장소] N1=[장소])
¶소양강은 북한강과 춘천시 인근에서 합류한다. ↔ 북한강은 소양강과 춘천시 인근에서 합류한다. ↔ 소양강과 북한강은 춘천시 인근에서 합류한다. ¶이곳에서 서강과 북한강이 합류하여 한강으로 흐른다. ¶두 강이 합류하는 지점에 우리 마을이 있다.
N0-가 N1-에 V (N0=[장소] N1=[장소])
¶소양강은 춘천시 인근에서 북한강에 합류한다. ¶이 하천은 얼마 안 가서 곧 낙동강에 합류한다.
❷(사람과 사람이, 또는 단체와 단체가) 일정한 목적을 위해 하나로 합쳐 함께 행동하다. (of a person or an organization) Combine and go along with another person or organization for a particular purpose.
유 합해지다, 합병되다
N0-가 N1-와 V ↔ N1-가 N0-와 V ↔ N0-와 N1-가 V (N0=[인간|단체] N1=[인간|단체])
사 합류시키다
¶우리 부대가 다른 부대와 합류하였다. ↔ 다른 부대가 우리 부대와 합류하였다. ↔ 우리 부대와 다른 부대가 합류하였다. ¶예산이 넉넉하지 않아 두 부서가 합류하게 되었다. ¶나는 일정이 겹쳐 다른 팀과 합류하기로 하였다.
N0-가 N1-에 V (N0=[인간|단체] N1=[인간|단체])
¶우리 부대가 다른 부대에 합류하였다. ¶나는 책 한 권을 얼른 구입하고 밖에서 기다리던 일행에 합류하였다.
❸(어느 수준에 이르러서) 자격을 갖춘 구성원이 되다. Reach a certain level and to become a qualified member.
N0-가 N1-에 V (N0=[집단] N1=[집단])
사 합류시키다
¶우리나라는 이제 선진국 대열에 합류했다. ¶노력하면 나도 언젠가는 대표팀에 합류할 수 있겠지?

합리화되다

어원 合理化~ 활용 합리화되어(합리화돼), 합리화되니, 합리화되고 대응 합리화가 되다
자 ❶(조직이나 관리 체계가) 더 합리적으로 되다. (of organization or management system) Become more reasonable.
유 효율화되다
N0-가 V (N0=[추상물](경영, 절차, 과정, 체계, 방법 따위))
능 합리화하다
¶우리 조직은 합리화된 운영 시스템을 가지고 있어 노력과 시간의 낭비가 없다. ¶생산성 향상을 위해서는 생산 과정이 합리화될 필요가 있다.
❷(잘못된 행위를) 그럴듯한 이유로 마치 옳은 것처럼 둘러대지다. (of a wrongful act) Be argued as reasonable for a plausible reason.
유 정당화되다
N0-가 V (N0=[사태](전쟁, 침략, 실패, 독재, 살인 따위))
능 합리화하다
¶침략행위는 어떤 이유로도 합리화될 수 없다. ¶목적이 수단을 합리화한다고 생각하는 사람이 많다.

합리화시키다

어원 合理化~ 활용 합리화시키어(합리화시켜), 합리화시키니, 합리화시키고 대응 합리화를 시키다
타 ☞ '합리화하다'의 오용

합리화하다

어원 合理化~ 활용 합리화하여(합리화해), 합리화하니, 합리화하고
타 ❶(조직이나 관리 체계를) 더 합리적으로 만들다. Render a group or management system to become more reasonable.
유 효율화하다
N0-가 N1-를 V (N0=[인간|단체] N1=[추상물](경영, 절차, 과정, 체계, 방법 따위))
피 합리화되다
¶임원진들은 경영을 합리화하기 위해서 다양한 개선안을 내놓았다. ¶현재의 체계를 더 합리화시키지 않으면 효율성이 떨어질 것이다. ¶생산 과정을 좀 더 합리화시키기만 해도 많은 비용이 절약될 것이다.
❷(잘못된 행위를) 그럴듯한 이유를 들어 마치 옳은 것처럼 내세우다. Assert wrong behavior as proper by giving a plausible reason.
유 정당화하다
N0-가 N1-를 S다고 V (N0=[인간|단체] N1=[사태]

(전쟁, 침략, 실패, 독재, 살인 따위))
피 합리화되다
¶어떠한 논리로도 강대국의 침략 행위를 합리화할 수는 없다. ¶그는 자신의 능력과 실적을 통해서 독재를 합리화하려 했다. ¶영희는 자신의 실수를 어쩔 수 없었다고 합리화하려 했다.
❸(생각이나 논리 따위를) 이치에 맞도록 다듬다. Elaborate thought, logic, etc., to be reasonable.
N0-가 N1-를 V (N0=[인간|단체] N1=[추상물](사고, 생각, 이론, 주장, 의견 따위))
¶병수는 자신의 주장을 합리화하려고 노력했지만 근거가 부족했다. ¶영호는 논문에서 자신의 의견을 합리화할 수 있는 논거를 충분히 제시했다. ¶그는 사고를 좀 더 합리화할 필요가 있다.

합병되다
어원 合倂~ 활용 합병되어(합병돼), 합병되니, 합병되고 대응 합병이 되다
자 (어떤 조직이) 다른 조직에 합쳐져서 하나의 조직이 되다. (of an organization) Be integrated into another, becoming one.
유 합쳐지다, 병합되다
N0-가 N1-에 V (N0=[집단] N1=[집단])
능 합병하다
¶조선이 일본에 합병되었다. ¶중소기업이 대기업에 합병되었다. ¶경쟁사들이 대형 게임업체에 합병되어 버렸다.

합병시키다
어원 合倂~ 활용 합병시키어(합병시켜), 합병시키니, 합병시키고 대응 합병을 시키다
타 ☞ '합병하다'의 오용

합병하다
어원 合倂~ 활용 합병하여(합병해), 합병하니, 합병하고 대응 합병을 하다
타 다른 조직을 원래의 조직에 합하여 하나의 조직으로 만들다. Combine (another organization) with the original organization to make one organization.
유 병합하다, 흡수하다
N0-가 N1-를 V (N0=[집단] N1=[집단])
피 합병되다
¶일본은 조선을 합병했다. ¶대기업이 관련 중소기업들을 합병했다. ¶대형 게임업체가 경쟁 관계의 소형 게임업체를 합병했다.
N0-가 N1-를 N2-(에|로) V (N0=[인간] N1=[집단] N2=[집단])
피 합병되다
¶1650년 올리버 크롬웰은 아일랜드를 영국에 합병했다. ¶1580년에 펠리페 2세는 포르투갈을 스페인에 합병했다.

합성되다
어원 合成~ 활용 합성되어(합성돼), 합성되니, 합성되고 대응 합성이 되다
자 (어떤 것이) 다른 것과 합쳐져 하나가 되다. (of something) Be united with another thing as one.
반 분해되다
N0-가 N1-(에|와) V ↔ N1-가 N0-(에|와) V ↔ N0-와 N1-가 V (N0=[모두] N1=[모두])
능 합성하다
¶사진이 영상과 합성되었다. ↔ 영상이 사진과 합성되었다. ↔ 사진과 영상이 합성되었다. ¶연료가 다른 물질과 합성되어 폭발력이 강해졌다.
N0-가 V (N0=[모두](의미상 복수))
능 합성하다
¶서로 다른 동물의 유전자가 합성되었다. ¶이 사진은 두 장의 사진이 합성된 것이다.

합성하다
어원 合成~ 활용 합성하여(합성해), 합성하니, 합성하고 대응 합성을 하다
타 어떤 것을 다른 것과 합쳐 하나가 되게 만들다. Unite something with another thing into one.
반 분해하다
N0-가 N1-를 N2-와 V ↔ N0-가 N1-를 N2-에 V ↔ N0-가 N1-와 N2-를 V ↔ N0-가 N1-에 N2-를 V (N0=[인간|단체], [기계] N1=[모두] N2=[모두])
피 합성되다
¶민호는 사진을 그림과 합성했다. ↔ 민호는 사진을 그림에 합성했다. ↔ 민호는 사진과 그림을 합성했다. ↔ 민호는 사진에 그림을 합성했다. ¶그는 문서 파일과 그림 파일을 하나로 합성할 줄 안다.
N0-가 N1-를 V (N0=[인간|단체], [기계] N1=[모두](의미상 복수))
피 합성되다
¶최근에는 음성을 합성하여 안내 방송을 한다. ¶공장에서 여러 가지 원료를 합성해서 물감을 만들었다.

합세하다
어원 合勢~ 활용 합세하여(합세해), 합세하니, 합세하고 대응 합세를 하다
자 (흩어져 있는 세력이나 무리가) 어떤 일을 함께 하기 위해 힘을 한데 모으다. (of a scattered force or group) Gather forces to do something

together.
㊌가세하다, 거들다
No-가 N1-에 V (No=[인간|단체] N1=[집단], [행위], 일)
¶철수는 봉사단에 합세했다. ¶그 나라의 독립군도 UN 군에 합세하여 작전에 참여하였다.
No-가 N1-와 (서로) V ↔ N1-가 No-와 (서로) V ↔ No-와 N1-가 (서로) V (No=[인간|단체] N1=[인간|단체])
¶시민들이 경찰과 서로 합세하여 범인을 잡았다. ↔ 경찰이 시민들과 서로 합세하여 범인을 잡았다. ↔ 경찰과 시민들이 서로 합세하여 범인을 잡았다. ¶두 정당이 합세하여 지지층을 결집하려 했다.

합의되다

어원 合意~ 활용 합의되어(합의돼), 합의되니, 합의되고 대응 합의가 되다
자 (어떤 일이나 문제에 대해) 사람들의 의견이 일치되다. (of people's opinion) Agree on something or some problem.
㊌동의되다, 합치되다
No-가 N1-로 V (No=[추상물](문제, 일 따위), [소통] N1=[추상물](방안, 쪽 따위))
능 합의하다I
¶임금 문제는 내년에 인상하는 쪽으로 합의되었다. ¶양육권 분쟁은 결국 엄마가 맡는 쪽으로 합의되었다.
No-가 S기-로 V (No=[추상물](문제, 일 따위), [소통])
능 합의하다I
¶그 일은 내년에 다시 고려하기로 합의되었다. ¶그들의 토론은 김 교수의 의견을 따르기로 합의되었다. ¶중국이 제시한 조건을 일부 수용하기로 합의되었다.
No-가 S것-으로 V (No=[추상물](문제, 일 따위), [소통])
능 합의하다I
¶그 나라의 인권 문제는 UN이 개입하는 것으로 합의되었다. ¶이 안건은 결국 상정하지 않는 것으로 합의되었다.

합의하다 I

어원 合意~ 활용 합의하여(합의해), 합의하니, 합의하고 대응 합의를 하다
자타 (둘 이상의 사람이) 어떤 일이나 문제에 대해 서로의 의견을 일치시키다. (of more than two people) Coincide in opinion about something or some problem.
㊌동의하다
No-가 N2-와 N1-(를|에|에 대해) V ↔ N2-가 No-와 N1-(를|에|에 대해) V ↔ No-와 N2-가 N1-(를|에|에 대해) V (No=[인간|단체] N1=[행위] N2=[인간|단체])
피 합의되다
¶회사가 노조와 인금 인상을 합의했다. ↔ 노조가 회사와 인금 인상을 합의했다. ↔ 회사와 노조가 인금 인상을 합의했다. ¶여당과 야당은 국정 감사를 합의했다. ¶두 나라는 휴전에 합의하고 전쟁을 멈추었다.
No-가 N1-와 S것-(을|에|에 대해) V ↔ N1-가 No-와 S것-(을|에|에 대해) V ↔ No-와 N1-가 S것-(을|에|에 대해) V (No=[인간|단체] N1=[인간|단체])
피 합의되다
¶철수는 아내와 이혼하는 것에 대해 합의했다. ↔ 아내는 철수와 이혼하는 것에 대해 합의했다. ↔ 철수와 아내는 이혼하는 것에 대해 합의했다. ¶그들은 이 일을 공동으로 추진할 것을 합의했다. ¶미국과 중국은 무역회담을 가능한 빨리 재개할 것에 합의했다.
No-가 N1-와 S기-로 V ↔ N1-가 No-와 S기-로 V ↔ No-와 N1-가 S기-로 V (No=[인간|단체] N1=[인간|단체])
피 합의되다
¶중국은 일본과 테러에 공동 대응하기로 합의했다. ↔ 일본은 중국과 테러에 공동 대응하기로 합의했다. ↔ 중국과 일본은 테러에 공동 대응하기로 합의했다. ¶정부는 피해자에게 최대한 빨리 보상하기로 합의했다. ¶기업들은 올해 신입 사원을 최대한 많이 뽑기로 합의했다.
No-가 N1-와 S자고 V ↔ N1-가 No-와 S자고 V ↔ No-와 N1-가 S자고 V (No=[인간|단체] N1=[인간|단체])
피 합의되다
¶영희는 남편과 집안일을 반반씩 하자고 합의했다. ↔ 남편은 영희와 집안일을 반반씩 하자고 합의했다. ↔ 영희와 남편은 집안일을 반반씩 하자고 합의했다. ¶두 회사는 같이 새로운 사업을 출자하자고 합의했다.
No-가 S데-에 V (No=[인간|단체])
¶우리는 미국과 북아프리카에 진출하는 데에 합의했다.

합의하다 II

어원 合議~ 활용 합의하여(합의해), 합의하니, 합의하

ㅎ

고 대응합의를 하다

자 두 사람 이상이 모여서 서로 의논하다. (of more than two people) Discuss by gathering.

유 협의하다

N0-가 N1-와 N2-에 대하여 V ↔ N1-가 N0-와 N2-에 대해여 V ↔ N0-와 N1-가 N2-에 대해여 V (N0=[인간|단체] N1=[인간|단체] N2=[구체물], [추상물])

¶여당이 야당과 국정 현안에 대해 합의하였다. ↔ 야당이 여당과 국정 현안에 대해 합의하였다. ↔ 여당과야 당이 국정 현안에)대해 합의하였다.

합치다

어원 合~ 활용 합치어(합쳐), 합치니, 합치고

자 · 타 ☞ 합하다 자타

합하다

어원 合~ 활용 합하여(합해), 합하니, 합하고

자 (어떤 것이 다른 것과) 한데 모여 하나가 되다. (of something and something else) Gather together and become one.

유 합치다, 모이다, 결합하다 자 반 나뉘다, 갈리다

N0-가 N1-와 V ↔ N1-와 N0-가 V (N0=[구체물] N1=[구체물])

¶기러기 아빠로 지내던 그는 미국에 있던 가족과 다시 합했다. ↔ 미국에 있던 가족과 기러기 아빠로 지내던 그가 다시 합했다. ¶이제 흩어졌던 우리 가족들이 함께 합해서 지내게 되었다.

¶이 물질과 저 물질이 합하면 새로운 물질이 된다.

타 ❶(어떤 것과 다른 것을) 함께 한데 모으다. Assemble something and another thing in one place.

유 합치다, 모으다, 결합하다 타, 합병하다 반 나누다, 가르다

N0-가 N1-와 N2-를 V ↔ N0-가 N2-와 N1-를 V ↔ N0-가 N1-를 N2-와 V (N0=[인간] N1=[구체물], [장소], [기호] N2=[구체물], [장소], [기호])

¶나는 차를 사기 위해 내 돈과 남편 돈을 합했다. ↔ 나는 차를 사기 위해 남편 돈과 내 돈을 합했다. ↔ 나는 차를 사기 위해 내 돈을 남편 돈과 합했다. ¶엄마는 거실과 주방을 합하여 응접실을 꾸몄다.

❷(다른 사람과 무엇을) 한데 모아 더하다. Gather another person and something in one place.

유 합치다다 타, 모으다 반 나누다, 가르다

N0-가 N1-를 N2-와 V (N0=[인간] N1=[구체물], [추상물] N2=[인간])

¶그는 그녀와 다시 살림을 합하기로 하였다. ¶우리는 돈을 합하여 집을 구하였다.

❸(무엇을) 같이 더하여 계산하다. Add things together.

유 합치다다 타, 더하다 타

(N0-가) N1-를 N2-에 V (N0=[인간] N1=[구체물], [추상물] N2=[구체물], [추상물])

¶지금 가진 돈에 빌린 돈을 합하면 얼마나 되냐? ¶2에 3을 합하면 5가 된다.

항거하다

어원 抗拒~ 활용 항거하여(항거해), 항거하니, 항거하고 대응 항거를 하다

자 (부당한 강제력 따위에) 순순히 따르지 않고 반대하거나 맞서다. Oppose and stand against unreasonable force by not complying.

유 저항하다, 반항하다 반 순종하다 자, 복종하다

N0-가 N1-(에|에 대해) (N0=[인간], [집단] N1=[행위](독재, 억압 따위))

¶불의에 항거하는 사람들이 많을수록 정의로운 사회이다. ¶독립투사들은 죽음으로 일본의 탄압에 대하여 항거하였다.

항복하다

어원 降伏~ 활용 항복하여(항복해), 항복하니, 항복하고 대응 항복을 하다

자 (적이나 상대편의 힘에 눌리어) 복종하거나 굴복하다. Obey or surrender to an enemy or an opponent being suppressed by their force.

유 굴복하다, 투항하다 I

N0-가 N1-에 V (N0=[인간|단체] N1=[인간|단체])

사 항복시키다

¶아군은 적의 강력한 무기에 밀려서 개전 두 시간 만에 적군에 항복하였다. ¶노조 측은 회사 측의 강압에 항복하고 말았다. ¶다른 사람은 몰라도 그가 적에게 항복한 것은 믿을 수 없다.

항의하다

어원 抗議~ 활용 항의하여(항의해), 항의하니, 항의하고 대응 항의를 하다

자타 (무언가에 대해) 상대방에게 불만의 뜻을 드러내고 따지다. Express a complaint about something to another person and criticize such.

N0-가 N1-(에|를|에 대해) N2-(에|에게) S고 V (N0=[인간|단체] N1=[추상물], [사태] N2=[인간|단체])

¶상인들이 경찰들에게 노점상의 강제 철거를 부당하다고 항의하고 있다. ¶유색인종 단체가 인종 차별 정책에 대해 정부에 시정하라고 항의했다. ¶몇몇 경제학자들이 정부가 발표한 재정 정책에 허점이 많다고 항의하였다.

항해하다

어원 航海~ 활용 항해하여(항해해), 항해하니, 항해하고 대응 항해를 하다

자 (배가) 바다 위를 떠서 다니다. (of a boat) Float on ocean.

N_0-가 V (N_0=[인간|단체], [교통기관] N_1=[장소])

¶배가 안전하게 항해하도록 해군이 도왔다. ¶비바람이 몰아쳐 항해하기 어려운 상태였다. ¶섬 주위에 산호초가 많아 항해하기가 어렵다.

타 ❶(배를 타고) 바다 위를 떠서 다니다. Float on ocean by boarding on boat.

N_0-가 N_1-를 V (N_0=[인간|단체], [교통기관] N_1=[장소])

¶그는 배를 타고 세계 곳곳을 항해하였다. ¶그린피스호는 5대양 6대주를 항해하며 지구 환경을 감시하고 있다.

❷(비유적으로) 인터넷 사이트 따위를 구경하며 다니다. (Metaphorically) Look around internet site.

유 돌아다니다 타

N_0-가 N_1-를 V (N_0=[인간|단체])

¶나는 여러 사이트를 항해하다가 우연히 그곳을 발견했다. ¶그녀는 쇼핑 사이트를 항해하며 시간을 보낸다.

❸ 《비유적으로》 어떤 목표 따위를 향해 앞으로 나아가다. 《Metaphorically》 Advance forward towards some goal.

N_0-가 N_1-를 V (N_0=[인간|단체] N_1=인생, 길, 여정 따위)

¶나는 시행착오를 겪으며 인생을 항해하고 있다. ¶그는 꿈을 좇아 험난한 길을 항해하고 있다.

해결되다

어원 解決~ 활용 해결되어(해결돼), 해결되니, 해결되고 대응 해결이 되다

자 문제, 과제, 난관 따위가 잘 풀리다. (of a problem, an assignment, a difficulty, etc.) Be solved well.

유 풀리다

N_0-가 V (N_0=[추상물], [사태])

능 해결하다

¶미궁에 빠져 있었던 수학의 난제가 마침내 해결되었다. ¶집을 구하는 문제가 해결되어서 다음 주에 이사하기로 했다. ¶다른 문제를 먼저 처리하면 풀리지 않던 과제가 자연스레 해결되기도 한다.

해결하다

어원 解決~ 활용 해결하여(해결해), 해결하니, 해결하고 대응 해결을 하다

타 문제, 과제, 난관 따위를 잘 풀다. Solve a problem, an assignment, a difficulty, etc., well.

유 풀다, 해소하다

N_0-가 N_1-를 V (N_0=[인간|단체] N_1=[추상물], [사태])

피 해결되다

¶그는 부장이 되자마자 산적한 문제들을 하나씩 해결하였다. ¶이 행사를 마음에 들게끔 진행하려면 먼저 접근성 문제를 해결해야 한다. ¶정부가 노사 문제에 개입한 지 오래됐지만 아직 대립을 해결하지 못하고 있다.

해당되다

어원 該當~ 활용 해당되어(해당돼), 해당되니, 해당되고 대응 해당이 되다

자 ☞ 해당하다

해당하다

어원 該當~ 활용 해당하여(해당해), 해당하니, 해당하고 대응 해당을 하다

자 ❶(행위나 사건, 규정 따위가) 일정 범주나 조건 따위에 속하다. (of act, event, rule, etc.) Fall under a category or a condition.

유 상응하다 상 속하다

N_0-가 N_1-(에|에게) V (N_0=[행위], [사건], [상황], [시간], [크기], [규범] N_1=[범주], [조건])

¶혈중 알코올 농도 0.1% 이상은 면허 취소에 해당한다. ¶그 규정은 우리에게는 해당되지 않는다.

❷(돈이나 수량 따위가) 일정 금액이나 비율에 달하다. (of money or quantity) Reach a definite amount or rate.

유 일치하다, 달하다 자

N_0-가 N_1-에 V (N_0=[돈], [수량] N_1=[금액], [비율])

¶그 돈은 우리 세 사람 일 년 치 연봉에 해당한다. ¶남성 육아 휴직자 수는 전체 육아 휴직자의 4.4%에 해당했다. ¶회사는 연봉의 10%에 해당하는 상여금을 지급하였다.

해명되다

어원 解明~ 활용 해명되어(해명돼), 해명되니, 해명되고 대응 해명이 되다

자 (잘못 알려지거나 잘 알려지지 않은 것 따위가) 정확하고 바르게 설명되다. (of something misunderstood or not known) Be explained accurately and properly.

유 설명되다

N_0-가 V (N_0=[사태], [행위])

[능]해명하다
¶드디어 사고의 원인이 해명되었다. ¶노화 유전자는 아직도 해명되지 않고 있다. ¶이 글을 보면 모든 일이 해명되어 있습니다.
N0-가 N1-에 의해 V (N0=[사태], [행위] N1=[인간], [집단])
[능]해명하다
¶이번 사건의 진실성이 검찰 조사 결과에 의해 해명되었다. ¶정부는 국민들에게 이번 뇌물 수수 사건은 사실이 아니라고 해명했다.

해명하다
[어원]解明~ [활용]해명하여(해명해), 해명하니, 해명하고 [대응]해명을 하다
[재타](잘못 알려지거나 잘 알려지지 않은 것 따위를) 정확하고 바르게 설명하다. Accurately and correctly describe something that has been mistakenly known or unknown.
[유]설명하다
N0-가 N1-(를|에 대해) N2-(에|에게) V (N0=[인간], [집단] N1=[사태], [행위] N2=[인간], [집단])
[피]해명되다
¶청와대 대변인이 이번 사태에 대해 국민들에게 해명했다. ¶학교 측은 언론 보도 내용을 학생회에 해명했다.
N0-가 S고 N1-(에|에게) V (N0=[인간], [집단] N1=[인간], [집단])
[피]해명되다
¶청와대 대변인이 이번 사태에 적극적으로 대처하겠다고 국민들에게 해명했다. ¶변호인은 검찰의 조사 결과가 사실과 다르다고 언론에 해명했다.

해묵다
[활용]해묵어, 해묵으니, 해묵은
※ 주로 '해묵은' 형태로 쓴다.
[자]❶(어떤 물건이) 해를 넘겨 오래된 상태로 남아 있다. (of some object) Remain in old condition by passing the old year.
[유]오래되다
N0-가 V (N0=[구체물])
¶잡목들이 해묵은 채로 숲을 이루고 있었다. ¶해묵은 나무껍질은 갈라져 드디어 떨어지고 만다.
❷(어떤 감정이나 문제 따위가) 해결되지 않은 상태로 오랜 시간이 지나다. (of some emotion or problem) Pass by a long time as unsolved condition.
N0-가 V (N0=[인간|단체])
¶아버지의 해묵은 난치병을 쉽게 고칠 가망은 없었다. ¶왜 해묵은 이야기를 다시 꺼내느냐? ¶항시 빠지지 않는 해묵은 안건이 하나 있었다.

해방되다
[어원]解放~ [활용]해방되어(해방돼), 해방되니, 해방되고 [대응]해방이 되다
[자]구속되거나 억압되어 있는 상황에서 벗어나다. Be set free from a state of being restrained or oppressed.
[유]자유롭게 되다, 독립하다, 벗어나다
N0-가 N1-(에서|로부터) V (N0=[인간|단체] N1=[인간|단체], [추상물](일, 부담, 속박, 제약, 점령 따위))
[능]해방시키다
¶우리나라는 1945년에 일본에서 해방되었다. ¶그의 노력으로 회사는 자금 압박에서 해방되었다. ¶나는 그제야 부담감에서 해방되었다.

해방시키다
[어원]解放~ [활용]해방시키어(해방시켜), 해방시키니, 해방시키고 [대응]해방을 시키다
[타](구속 혹은 억압되어 있는 상황에서) 벗어나게 하다. Set free from a state of being restrained or oppressed.
[유]자유롭게 하다, 벗어나게 하다, 독립시키다
N0-가 N1-를 N2-에서 V (N0=[인간|단체] N1=[인간|단체] N2=[인간|단체], [추상물](일, 부담, 속박, 제약, 점령 따위))
[피]해방되다
¶그들은 역사상 처음으로 노예를 해방시켰다. ¶우리는 아이들을 공부의 압박에서 해방시켜 주어야 한다. ¶사장님은 휴가를 주시며 나를 일에서 며칠이라도 해방시켜 주셨다.

해방하다
[어원]解放~ [활용]해방하여(해방해), 해방하니, 해방하고 [대응]해방을 하다
[타]☞ 해방시키다

해석되다 I
[어원]解析~ [활용]해석되어(해석돼), 해석되니, 해석되고 [대응]해석이 되다
[자](대상이) 논리적으로 분석되어 자세히 밝혀지다. Be logically analyzed and revealed in detail.
[유]풀이되다, 분석되다
N0-가 N1-로 V (N0=[구체물], [추상물] N1=[구체물], [추상물])
[능]해석하다I
¶이 고대 문서는 고고학자들에 의해 회계 자료로 해석되었다. ¶나는 난해한 한문 구절 옆에 적힌

ㅎ

해석된 설명을 읽어 보았다.
No-가 N1-에게 S고 V (No=[구체물], [추상물] N1=[인간|단체])
능 해석하다I
¶그 편지는 후대의 분석자들에게 상대방을 조롱하는 것이었다고 해석되었다. ¶진심을 담은 말도 때로는 진심이 아니라고 해석되곤 한다.
No-가 N1-에게 S것-으로 V (No=[구체물], [추상물] N1=[인간|단체])
능 해석하다I
¶북한의 도발은 국제 협상에서 유리한 위치를 점하기 위한 것으로 해석되었다. ¶경제 지표가 호전된 것은 건설 경기가 호황을 맞이했기 때문인 것으로 해석되었다.

해석되다 II

어원 解釋~ 활용 해석되어(해석돼), 해석되니, 해석되고 대응 해석이 되다
자 (대상의 속뜻이 어떤 것으로) 이해되어 밝혀지다. (of the real meaning of an object) Be understood and illuminated.
㊲풀이되다, 설명되다
No-가 N1-로 V (No=[구체물], [추상물] N1=[구체물], [추상물])
능 해석하다II
¶이 고대 문서는 고고학자들에 의해 회계 자료로 해석되었다. ¶그가 남긴 마지막 글은 지금까지 문학적 창작으로 해석되어 왔다.
No-가 N1-에게 S고 V (No=[구체물], [추상물] N1=[인간|단체])
능 해석하다II
¶그 편지는 후대의 분석자들에게 상대방을 조롱하는 것이라고 해석되었다. ¶진심을 담은 말도 때로는 진심이 아니라고 해석되곤 한다.
No-가 N1-에게 S것-으로 V (No=[구체물], [추상물] N1=[인간|단체])
능 해석하다II
¶그 나라의 도발적 행위는 국제 협상에서 유리한 위치를 점하기 위한 것으로 해석되었다. ¶경제 지표가 호전된 것은 건설 경기가 호황을 맞이했기 때문인 것으로 해석되었다.

해석하다 I

어원 解析~ 활용 해석하여(해석해), 해석하니, 해석하고 대응 해석을 하다
타 (대상을) 논리적으로 분석하여 자세히 밝히다. Logically analyze (object) and reveal in detail.
㊲풀이하다, 분석하다
No-가 N1-를 V (No=[인간|단체] N1=[구체물], [추상물])
피 해석되다I
¶과학자들은 현상 속에 숨어 있는 의미를 해석하고자 한다. ¶역사적 사건을 해석할 때에는 종합적인 안목이 필요하다.

해석하다 II

어원 解釋~ 활용 해석하여(해석해), 해석하니, 해석하고 대응 해석을 하다
자타 (대상의 속뜻을 어떤 것으로) 이해하고 밝혀 설명하다. Understand and say (the real intention of object of something).
㊲풀다, 풀이하다
No-가 N1-를 N2-로 V (No=[인간|단체] N1=[구체물], [추상물] N2=[구체물], [추상물])
피 해석되다II
¶그 문헌학자는 난해한 고전시가를 연애시로 해석하였다. ¶이 고대 문서는 아직까지 누구도 해석하지 못하고 있다.
No-가 S고 V (R1) (No=[인간|단체])
피 해석되다II
¶장군은 적진의 깃발(이|을) 항복의 표시라고 해석했다.(R1) ¶그의 말을 열등감의 표출이라고 해석하는 것은 너무 과한 억측이다.
No-가 S것-으로 V (R1) (No=[인간|단체])
피 해석되다II
¶나는 그 그림(이|을) 기쁨을 표현한 것으로 해석했다.(R1) ¶평론가는 그 소설의 결말을 정부를 비판한 것으로 해석하려 했다.

해설되다

어원 解說~ 활용 해설되어(해설돼), 해설되니, 해설되고 대응 해설이 되다
자 (어려운 내용, 문제 혹은 사건 따위가) 알기 쉽게 풀려서 설명되다. (of difficult content, problems or incidents) Be explained in a way that they are easy to understand.
㊲풀이되다, 설명되다
N2-(에|에서) No-가 N1-에 의해 V (No=[추상물], [사건], [현상], [상태] N1=[인간|단체] N2=[책], [장소], [추상물])
능 해설하다
¶이 책에는 그 문제가 쉽게 해설되어 있다. ¶지금 방송에서 그 사태의 원인이 간략하게 해설되고 있다. ¶이 수학 문제는 해설되어 있는 참고서를 봐도 이해하기 어렵다.

해설하다

ㅎ

어원 解說~ 활용 해설하여(해설해), 해설하니, 해설하고 대응 해설을 하다
자타 (어려운 내용, 문제 혹은 사건 따위를) 알기 쉽게 풀어서 설명하다. Explain difficult content, problems or incidents in a way that they are easy to understand.
㊌풀이하다, 설명하다
N0-가 N1-(를 | 에 대해) S고 V (N0=[인간|단체] N1=[추상물], [사건], [현상], [사태])
피 해설되다
¶국방부는 이 정책에 대해서 혁신적인 시도라고 장황하게 해설하였다. ¶그는 자신의 작품에 대해서 자세하게 해설하였다. ¶그 참고서는 어려운 수학 문제를 알기 쉽게 해설했다.

해소되다

어원 解消~ 활용 해소되어(해소돼), 해소되니, 해소되고 대응 해소가 되다
자 ❶(좋지 않은 상태 등이) 더 나은 상태로 개선되어 해결되다. (of a bad situation) Be resolved by being improved.
㊌풀리다, 해결되다
N0-가 V (N0=교통난, 식량난, 주택난, 주차난 따위)
능 해소하다
¶아파트가 신축됨으로써 주택난이 다소 해소되었다. ¶주차장이 신설되었지만 주차난은 해소되지 못하였다.
❷좋지 않은 관계가 조화되다. (of a bad relation) Be harmonized.
㊌풀리다, 해결되다
N0-가 V (N0=[갈등])
능 해소하다
¶그와의 갈등은 끝끝내 해소되지 않았다. ¶지금 상황에서 직장 내 파벌이 해소되기는 어렵다.
❸(다소 비정상적이거나 과잉된 정서적, 신체적 상태가) 해결되거나 없어지다. (of rather abnormal and excessive mental or physical condition) Be resolved or to disappear.
㊌풀리다, 해결되다
N0-가 V (N0=[감정](스트레스, 불안, 불만 따위), 편견, 갈증 따위)
능 해소하다
¶이 정도 조치로는 국민들의 불안이 해소될 수 없다. ¶아직도 소비자들의 불만이 해소되지 못했다. ¶더울 때 물을 마시면 갈증이 해소된다.
❹(법적, 제도적 규약이) 취소되거나 무효화되다. (of legal or institutional regulations) Be canceled or nullified.
㊌취소되다, 폐지되다
N0-가 V (N0=계약, 보증 따위)
능 해소하다
¶마침내 불평등한 계약이 해소되었다. ¶이 보증은 해소되어야만 한다.

해소하다

어원 解消~ 활용 해소하여(해소해), 해소하니, 해소하고 대응 해소를 하다
타 ❶(좋지 않은 상태 등을) 더 나은 상태로 개선하여 해결하다. Resolve a bad situation by improving it.
㊌없애다, 풀다, 해결하다
N0-가 N1-를 V (N0=[인간|단체] N1= 교통난, 식량난, 주택난, 주차난 따위)
피 해소되다
¶그 나라는 식량난을 해소하기 위해 옥수수를 대량으로 재배하고 있다. ¶아파트에서는 주차난을 해소하기 위해 주차장을 신설하였다.
❷(좋지 않은 관계를) 조화시켜 잘 지내도록 만들다. Make a bad relationship harmonious.
㊌없애다, 풀다, 해결하다
N0-가 N1-를 V (N0=[인간|단체] N1=[갈등])
피 해소되다
¶나는 그와의 갈등을 해소하기 위해 노력하였다. ¶김 부장은 직장 내 파벌을 해소하려 하였다.
❸다소 비정상적이거나 과잉된 정서적, 신체적 상태를 벗어나다. Escape from a rather abnormal and excessive mental or physical condition.
㊌없애다, 풀다, 해결하다
N0-가 N1-를 V (N0=[인간|단체] N1=[감정](스트레스, 불안, 불만 따위), 편견, 갈증 따위)
피 해소되다
¶나는 스트레스를 해소하기 위해 매주 산길을 걷는다. ¶이 음료는 갈증을 해소하는 데에 좋다.
❹(법적, 제도적 규약을) 취소하거나 무효화시키다. Cancel or nullify a legal or an institutional regulation.
㊌취소하다, 없애다, 폐지하다
N0-가 N1-를 V (N0=[인간|단체] N1=계약, 보증 따위)
피 해소되다
¶나는 마침내 불평등한 계약을 해소하였다. ¶너는 이 보증을 해소해야 한다.

해제되다

어원 解除~ 활용 해제되어(해제돼), 해제되니, 해제되고 대응 해제가 되다

ㅎ

자❶(규제나 법령 따위가) 풀려 적용되지 않다. (of restriction or law) Not to be applied because it is removed.
㊐풀리다, 제외되다
No-가 N1-에서 V (No=[규범], [제약], 기업, 토지 따위)
능해제하다
¶이 지역은 지난 2002년 12월 그린벨트에서 해제됐다. ¶경기도에 있는 수원비행장 비상활주로가 비행 안전구역에서 해제됐다.
No-가 V (No=[규범], [제약])
능해제하다
¶1966년에 섬 지방의 야간 통금이 해제됐다. ¶눈 폭풍으로 인해 뉴욕에 내려졌던 통행금지 조치가 해제됐다.
❷(설치되거나 부착된 것 따위가) 풀려 떼어 내지다. (of something installed or attached) Separate after getting loose.
㊐풀리다
No-가 V (No=[설치물], [소프트웨어])
능해제하다
¶비밀번호를 누르자 잠금 장치가 해제됐다. ¶이 차에 유아 전용 시트가 설치되었다. ¶행사가 끝난 뒤 방의 전원을 내리면서 스피커 연결이 해제되었다.
❸직위나 직책 따위에서 물러나다. Be forced to step down from one's position or office.
㊐퇴출되다, 해임되다, 해직되다
No-가 N1-에서 V (No=[인간], [직책])
능해제하다
¶고객의 충성도를 잃었다는 이유로 그는 대부분의 직책에서 해제됐다. ¶부편집장은 단 한 편의 기고문 때문에 직위에서 해제됐다.
No-가 V (No=[직책])
능해제하다
¶내가 솔직한 생각을 말하면 아마 곧 직책이 해제될 것 같다. ¶공무원은 형사사건으로 기소되거나 중징계 의결 요구를 받을 때에 한해 직위가 해제된다.

해제시키다

어원解除~ 활용해제시키어(해제시켜), 해제시키니, 해제시키고 대응해제를 시키다
타☞'해제하다'의 오용

해제하다

어원解除~ 활용해제하여(해제해), 해제하니, 해제하고 대응해제를 하다
타❶(규제나 법령 따위를) 풀어서 적용되지 않게 하다. Remove a restriction or a law so that it is no longer available.
㊐풀다
No-가 N1-를 N2-에서 V (No=[인간|단체] N1=(국가, 토지 따위) N2=[규범], [제약])
피해제되다
¶기획재정부는 한국정책금융공사 등 여섯 곳을 공공기관 지정에서 해제했다. ¶국토부는 해당 부지를 그린벨트에서 해제했다.
No-가 N1-를 V (No=[인간|단체] N1=[규범](법률 따위), [제약])
피해제되다
¶아산시는 산림청에 신청해 보존 산지를 해제했다. ¶터키 총리는 공공장소에서의 무슬림 두건 착용 금지를 해제했다.
❷(설치하거나 부착한 것 따위를) 풀어서 떼어내다. Disengage something installed or attached and separate them.
㊐제거하다
No-가 N1-를 V (No=[인간] N1=[설치물], [소프트웨어])
피해제되다
¶군인들은 전쟁터에서 돌아와 전투 장비를 해제했다. ¶전문가들은 인질을 구출하고 입구에 설치되어 있던 폭탄을 해제했다. ¶정비 기사는 잠시 컴퓨터의 방화벽을 해제했다.
❸(다른 사람을) 직위나 직책 따위에서 물러나게 하다. Make another person resign from his or her position or office.
㊐해직시키다, 해임하다
No-가 N1-(를|에서) V (No=[인간] N1=[직책])
피해제되다
¶회사 측은 단 하루 동안 파업 참가 노동자 4천여 명에 대해 직위를 해제했다. ¶시청 관계자는 범죄에 직접 연루된 직원의 직위를 해제했다고 밝혔다.

해체되다

어원解體~ 활용해체되어(해체돼), 해체되니, 해체되고 대응해체가 되다
자❶(여러 가지 부품으로 이루어진 기계, 배, 자동차 따위가) 각 부분으로 나뉘어 분리되다. (of machine, ship, or vehicle consisting of many components) Be disassembled into each part.
㊐분해되다
No-가 V (No=[기계])
능해체하다
¶작동 오류를 알아내기 위해 자동차가 다시 해체

되었다. ¶우리가 만든 로봇이 해체되지 않는 것으로 결정되었다.
❷(건물이) 헐려 무너지다. (of a building) Collapse by being demolished.
㊌헐리다
N0-가 V (N0=[건물])
능해체하다
¶오래되어 무너질 것 같은 건물이 결국 해체되었다. ¶재건축을 위해 낡은 상가가 해체되었다.
❸(단체나 조직, 제도, 체제 따위가) 근거가 없어져 더 이상 존립하지 못하다. (of an organization or a system) Stop existing because its basis no longer exists.
㊌없어지다, 폐지되다
N0-가 V (N0=[단체], [제도], 체제 따위)
능해체하다
¶조직 개편으로 인해 우리 부서는 해체되었다. ¶내가 소속되어 있던 그룹은 결국 해체되고 말았다. ¶전통적인 4인 가족 구조는 점점 해체되고 있다.

해체시키다
어원解體~ 활용해체시키어(해체시켜), 해체시키니, 해체시키고 대응해체를 시키다
타☞'해체하다'의 오용

해체하다
어원解體~ 활용해체하여(해체해), 해체하니, 해체하고 대응해체를 하다
타❶(여러 가지 부품으로 이루어진 기계, 배, 자동차 따위를) 각 부분으로 나누어 분리하다. Disassemble into each part a machine, a ship, or a vehicle consisting of many components.
㊌분해하다
N0-가 N1-를 V (N0=[인간] N1=[기계])
피해체되다
¶우리는 작동 오류를 알아내기 위해 자동차를 다시 해체하였다. ¶그는 로봇을 해체하지 않기로 결정하였다.
❷(건물을) 헐어서 무너뜨리다. Make a building collapse by demolishing it.
㊌없애다, 무너뜨리다, 헐다II
N0-가 N1-를 V (N0=[인간] N1=[건물])
피해체되다
¶인부들은 폭약을 사용해 오래된 건물을 해체하였다. ¶우리는 재건축을 위해 낡은 상가를 해체하였다.
❸(사람이나 단체가) 단체나 조직, 제도, 체제 따위를 근거를 없애서 더 이상 존립하지 못하게 만들다. (of a person or an organization) Destroy the basis of another organization or a system so that it can no longer exist.
㊌없애다, 폐지하다
N0-가 N1-를 V (N0=[인간|단체] N1=[단체], [제도], 체제 따위)
피해체되다
¶부장은 우리 부서를 해체하고 새로운 부서를 만들었다. ¶그는 내가 소속되어 있던 그룹을 멋대로 해체하였다.

해치다
어원害~ 활용해치어(해쳐), 해치니, 해치고
타❶(사람이나 단체 또는 어떤 행위가) 어떤 대상을 손상을 입혀 망가지게 하다. (of a person, an organization, or an act) Injure and ruin an object.
㊌훼손하다, 파손하다, 손상시키다
N0-가 N1-를 V (N0=[인간|단체], [동물], [행위] N1=[구체물](자연, 숲, 환경 따위))
¶무분별한 벌목이 아마존의 숲을 해치고 있다. ¶우리는 자연을 해치면서 동시에 생활의 자연스러움도 잃어 버렸다.
❷(사람이나 단체 또는 어떤 행위가) 어떤 상태를 손상을 입혀 망가지게 하다. (of a person, an organization, or an act) Injure and ruin a situation.
㊌망치다
N0-가 N1-를 V (N0=[구체물], [행위], [인간|단체] N1=[추상물](관계, 분위기, 미관 따위))
¶폭력적인 게임이 아이들의 정서를 해친다. ¶영수가 학습 분위기를 해쳐서 선생님께 주의를 받았다.
❸(어떤 행위나 음식 따위가) 사람의 마음이나 몸을 망가지게 하거나 해롭게 하다. (of act or food) Spoil or do harm to a person's mind or body.
㊌망치다
N0-가 N1-를 V (N0=[행위], [음식] N1=[신체부위], 건강)
¶유해 불량 식품이 국민들의 건강을 해치고 있다. ¶과음과 폭음은 건강을 해치고 귀한 시간을 허비하게 만든다.
❹(사람이나 동물이) 다른 사람이나 동물 따위를 다치게 하거나 죽이다. (of a person or an animal) Injure or kill another person or animal.

㊞살해하다, 죽이다I
No-가 N1-를 V (No=[인간], [동물] N1=[인간], [동물])
¶야생 동물이 사람들을 해치려 한다. ¶그들이 나를 해칠 이유는 전혀 없다. ¶호랑이들이 걸핏하면 인가에 내려와 사람과 가축을 해치기 시작했다.

해치우다
활용 해치워, 해치우니, 해치우고
타 ❶(사람이나 동물이) 음식 따위를 빠르고 시원스럽게 먹어치우다. (of a person or an animal) Devour in an instant.
㊞먹어치우다
No-가 N1-를 V (No=[인간], [동물] N1=[음식])
¶우리가 먹다 남은 빵을 모두 해치웠어요. ¶나 혼자서도 꽃게 열 마리 정도는 거뜬히 해치우지.
❷(어떤 일을) 빠르고 시원스럽게 끝내버리다. End a work clearly and fast.
㊞끝내다, 마치다
No-가 N1-를 V (No=[인간] N1=[일], [행사], [행위])
¶영수는 밀린 방학 숙제를 해치우고 놀러 나갔다. ¶나도 이 일을 빨리 해치우고 싶어.
❸(방해가 되는 대상을) 없애 버리다. Kill a disturbing thing.
No-가 N1-를 V (No=[인간] N1=[인간])
¶남자는 마을의 악당들을 해치우고 언제나 마지막엔 마을을 떠났다. ¶어떻게든 그 나쁜 놈들을 빨리 해치우자.

행동하다
어원 行動~ 활용 행동하여(행동해), 행동하니, 행동하고 대응 행동을 하다
자 (특정한 방식으로) 몸을 움직여 어떤 일을 하거나 동작을 하다. Move one's body to do something or motion in a specific method.
㊞처신하다
No-가 ADV V (No=[인간], ADV=Adj-게, N 같이, N 없이, N-처럼, N-대로, S-듯이, S것처럼)
¶그는 자기 멋대로 행동한다. ¶남자는 아이처럼 행동하고 말했다. ¶이 마을 사람들은 자주 무례하게 행동했다.

행사되다
어원 行使~ 활용 행사되어(행사돼), 행사되니, 행사되고 대응 행사가 되다
자 (힘이) 부리어 쓰여 지다. (of power) Be used.
㊞사용되다
No-가 (No=[권리], [능력])
능 행사하다
¶국가에 법치가 제대로 작동하지 않으면 사적인 폭력이 행사된다. ¶합리적인 의사결정 과정을 통해 리더십이 행사된다. ¶검찰권은 법무부장관의 지휘 감독 하에서 행사된다.

행사하다
어원 行使~ 활용 행사하여(행사해), 행사하니, 행사하고 대응 행사를 하다
타 (힘을) 부리어 쓰다. (of a person) Use power.
㊞사용하다
No-가 N1-를 V (No=[인간|단체] N1=[권리], [능력])
피 행사되다
¶그들은 정보력에서 막강한 실력을 행사했다. ¶은퇴한 관료들은 자기 분야에서 상당한 힘을 행사했다.
❷ 【법률】 사람이 어떤 권리를 실현하다. (of a person) Carry out a right.
No-가 N1-를 V (No=[인간|단체] N1=[권력](영향력, 권력, 폭력 따위))
¶국민연금이 주식 매수 청구권을 행사했다. ¶그들은 학교에 막강한 영향력을 행사했다. ¶각 지방정부는 중앙과는 분리되어 자치권을 행사했다.

행하다
어원 行~ 활용 행하여(행해), 행하니, 행하고
기능 타 '행위'를 나타내는 기능동사 A support verb indicating an 'act.'
㊞실행하다, 시행하다, 거행하다, 행사하다
No-가 Npr-를 V (No=[인간|단체], Npr=[행위])
¶남자는 예의를 갖추어 의식을 행했다. ¶철수는 팀의 리더로서의 역할을 충실히 행하고 있다.
No-가 N2-(에|에게) Npr-를 V (No=[인간|단체], Npr=[행위] N2=[인간|단체])
¶그는 사람들에게 무차별적인 폭력을 행했다. ¶남자는 여자에게 기습 키스를 행하고 부끄러워했다. ¶의사는 아이에게 심폐소생술을 행했다.

향상되다
어원 向上~ 활용 향상되어(향상돼), 향상되니, 향상되고 대응 향상이 되다
자 ☞ 향상하다 자

향상시키다
어원 向上~ 활용 향상시키어(향상시켜), 향상시키니, 향상시키고 대응 향상을 시키다
타 ☞ '향상하다 타'의 오용

향상하다
어원 向上~ 활용 향상하여(향상해), 향상하니, 향상하고 대응 향상을 하다

자(역량, 수준 등이) 전보다 더 나아지다. (of ability, level, etc.) Be improved.
㊌발전하다, 올라가다
N0-가 V (N0=[기술], [속성], [권리])
¶그의 바둑 실력은 몰라보게 향상했다. ¶소득 수준이 향상한 국민들은 문화적인 욕구가 올라가게 마련이다. ¶국제기구에서는 각국의 인권이 향상한 정도를 파악하고자 한다.
타(역량, 수준 등을) 전보다 더 나아지게 하다. (of ability, level, etc.) Make improved.
㊌올리다, 높이다, 강화시키다
N0-가 V (N0=[기술], [속성], [권리])
¶정부에서는 노후화된 국방력을 향상하고자 한다. ¶피아노 실력을 획기적으로 향상할 방법이 있을까요? ¶자신의 지식수준을 향상하려는 마음이 있어야 공부를 제대로 할 수 있다.

향유하다

어원享有~ 활용향유하여(향유해), 향유하니, 향유하고 대응향유를 하다
타(좋은 것을) 마음껏 즐기다. Find pleasure in and satisfaction with good things.
㊌누리다
N0-가 N1-를 V (N0=[인간|단체] N1=[금전], [시간], [권력], [권리], [예술])
¶로마인들은 높은 수준의 문화를 향유했다. ¶인간으로서 자유를 향유한다는 것은 가장 큰 행복이다. ¶일부 특권층만이 권력을 향유하고 있어 대중의 불만이 폭발했다.

향하다

어원向~ 활용향하여(향해), 향하니, 향하고
자어떤 장소나 방향에 다다르기 위해서 나아가다. Go forward in order to reach a place or a direction.
㊌향해 가다
N0-가 N1-(에|로) V (N0=[인간], [교통기관] N1=[장소], [방향])
¶아이들은 모두 학교로 향했다. ¶부모님을 만나기 위해 고향으로 향하는 발걸음은 정말 가벼웠다.
타(어떤 상태를) 실현하는 것을 목표로 하다. Aim at accomplishing a certain state.
㊌쟁취하다, 실현하다
N0-가 N1-를 V (N0=[인간|단체], [사태] N1=[추상물](목표, 꿈, 희망, 미래 따위))
¶그의 모든 노력은 자유와 독립을 향해 있었다. ¶철수는 자신의 꿈을 향해 할 수 있는 모든 것을 했다.

자타❶(어떤 장소나 방향을) 정면이 되게 하다. Make a place or a direction one's front.
㊌마주하다
N0-가 N1-(로|에|에게|를) V (N0=[인간], [건물], [구체물] N1=[장소], [인간], [구체물])
¶나의 몸이 나가는 문의 정면을 향하고 있었다. ¶이 동네의 집들은 모두 산 쪽을 향해 지어져 있다.
❷(신체의 일부분이나 시선을) 어떤 장소나 위치에 정면으로 마주하게 하다. Make a part of the body or the eyes face a place or a direction.
N0-가 N1-(로|에|에게|를) V (N0=[인간], [시선], [신체부위](얼굴, 눈 따위), [동물] N1=[장소], [인간], [구체물])
¶나의 시선이 정면을 향하고 있었다. ¶그녀의 눈이 철수에게 향해 있었다.
❸(길이나 움직임의 흐름이) 어느 한 방향으로 뻗어 나가다. (of direction of way or movement) Spread out in a certain direction.
N0-가 N1-(로|를) V (N0=길, 도로, 이동 방향 N1=[장소], [인간], [구체물])
¶북쪽으로 향하는 도로는 모두 정체를 겪고 있다. ¶바다로 향하는 강이 모두 얼었다.
❹(어떤 감정이) 특정한 대상에 초점이 맞추어지다. (of a feeling) Be focused on a specific object.
N0-가 N1-(에|에게|로|를) V (N0=[감정], [마음] N1=[장소], [인간], [구체물])
¶철수의 감사의 마음은 바로 부모님에게 향해 있었다. ¶영희의 근심과 걱정은 모두 철수를 향하고 있다.
❺(어떤 행위가) 특정한 대상에 초점이 맞추어지다. (of an act) Be focused on a specific object.
N0-가 N1-(에|에게|로|를) V (N0=[사태] N1=[장소], [인간], [구체물])
¶그녀의 복수는 바로 철수에게 향해 있었다. ¶그의 감사의 인사는 다른 사람이 아닌 나를 향해 있었다. ¶나의 모든 관심과 질문은 바로 철수에게 향해 있다.

허가되다

어원許可~ 활용허가되어(허가돼), 허가되니, 허가되고
자(어떤 행동이나 일 따위가) 책임자나 윗사람에 의해 할 수 있게 되다. (of an action or task) Become available to be performed by a superior or person responsible.
㊌허락되다, 허용되다, 통과되다 ㊍금지되다

No-가 V (No=[행위](휴가, 건설, 판매, 퇴원, 출입 따위))
능허가하다
¶나의 출산 휴가는 결국 허가되지 않아서 나는 직장을 그만둘 수밖에 없었다. ¶새로운 놀이공원의 건설이 결국 허가되었다. ¶일반 의약품의 슈퍼 판매가 허가됨으로써 의약계의 반발이 빗발치고 있다.

허가받다
어원 許可~ 활용 허가받아, 허가받으니, 허가받고
타 (책임자나 윗사람, 또는 어떤 기관에게) 하고자 하는 행동이나 일을 해도 된다는 승낙을 받다. (of a person) Receive permission from one's superior or person responsible in order to do some action or task.
유 허락받다, 허용받다
No-가 N2-(에|에게) N1-를 V (No=[인간|단체] N1=[행위](휴가, 건설, 판매, 퇴원, 출입 따위) N2=[인간|단체])
¶나는 부장님에게 3달의 출산 휴가를 허가받았다. ¶건설회사는 정부에 새로운 놀이공원의 건설을 허가받았다. ¶그들은 보건복지부에게 일반 의약품의 슈퍼 판매를 허가받았다.
No-가 N1-(에|에게) S것-을 V (No=[인간|단체] N1=[인간|단체])
¶나는 상사에게 3달의 출산 휴가를 가는 것을 허가받았다. ¶건설회사는 정부에 새로운 놀이공원을 건설하는 것을 허가받았다. ¶그들은 보건복지부에게 일반 의약품을 슈퍼에서 파는 것을 허가받았다.

허가하다
어원 許可~ 활용 허가하여(허가해), 허가하니, 허가하고
타 (하고자 하는 행동이나 일을) 해도 된다고 승낙하다. Allow someone to perform certain action or task.
유 허락하다타, 허용하다, 통과하다타, 반 금지하다타, 불허하다
No-가 N2-(에|에게) N1-를 V (No=[인간|단체] N1=휴가, 건설, 판매, 퇴원, 출입 따위 N2=[인간|단체])
피 허가되다
¶나는 부하 직원에게 출산 휴가를 허가하였다. ¶정부는 수많은 반대에도 불구하고 새로운 놀이공원의 건설을 허가하였다. ¶보건복지부가 일반 의약품의 슈퍼 판매를 허가함으로써 의약계에 반발이 거세다.
No-가 N1-(에|에게) S것-을 V (No=[인간|단체] N1=[인간|단체])
피 허가되다
¶나는 부하 직원에게 출산 휴가를 가는 것을 허가하였다. ¶정부는 수많은 반대에도 불구하고 새로운 놀이 공원을 건설하는 것을 허가하였다. ¶보건복지부가 일반 의약품을 슈퍼에서 판매하는 것을 허가함으로써 의약계에 반발이 거세다.

허덕거리다
활용 허덕거리어(허덕거려), 허덕거리니, 허덕거리고
자 타 ☞ 허덕이다

허덕대다
활용 허덕대어(허덕대), 허덕대니, 허덕대고
자 타 ☞ 허덕이다

허덕이다
활용 허덕여, 허덕이니, 허덕이고
자 (어떤 일 따위가 참기 힘들 정도로 힘들게 느껴져서) 괴로워하며 애쓰다. Endeavor and be tormented due to (some duty) that has been strenuous and barely tolerable.
유 어려워하다, 힘들어 하다
No-가 N1-(에|로) V (No=[인간], [집단], [동물] N1=[사태](가난, 질병, 적자, 굶주림, 식량부족, 생활고, 더위 따위))
¶기초수급자들은 생활고로 허덕이고 있다. ¶중소기업들은 자금난으로 허덕이고 있다. ¶사람이나 짐승이나 무더위에 허덕이기는 마찬가지다.
타 (숨이나 호흡 따위를) 가쁘고 급하게 하다. Rush in respiration and become out of breath.
유 헐떡거리다
No-가 N1-를 V (No=[인간], [동물] N1=숨, 호흡 따위)
¶나는 숨을 허덕이고 있었다. ¶너무 힘든 나머지 개들도 숨을 허덕였다.

허둥거리다
활용 허둥거리어(허둥거려), 허둥거리니, 허둥거리고 여린 하동거리다
자 (어찌할 바를 모르고) 부산스럽게 이리저리 헤매며 서두르다. Be confused and in a hurry, not knowing what to do.
유 허둥대다, 서두르다
No-가 V (No=[인간])
¶경수는 마음이 급해 허둥거렸다. ¶허둥거리며 집을 나섰더니 빠뜨린 물건이 있었다. ¶나는 허둥거리다가 자료도 잊고 회의실로 들어갔다.

허둥대다

ㅎ

활용 허둥대어(허둥대), 허둥대니, 허둥대고 여형 허둥대다
자 ☞ 허둥거리다

허락되다

어원 許諾~ 활용 허락되어(허락돼), 허락되니, 허락되고
자 ❶(요청한 어떤 일이) 윗사람이나 기관 등에 의해 받아들여지다. (of a certain task requested by a person) Be accepted by a superior person, an agency, etc.
유 허용되다, 용인되다
N0-가 V (N0=[사건](결혼, 요청, 방문, 인터뷰, 재개발 따위))
능 허락하다 타
¶나의 요청이 허락되어 뛸 듯이 기뻤다. ¶기자들의 방문은 끝내 허락되지 않았다.
S것-이 V
능 허락하다 타
¶우리가 결혼하는 것이 드디어 허락되었다. ¶기자들이 방문하는 것은 끝내 허락되지 않았다.
❷(시간이나 조건이) 알맞게 갖추어지다. (of time or condition) Be secured properly.
유 나다, 갖춰지다, 가능해지다
N0-가 V (N0=시간, 능력, 사정 따위)
능 허락하다 타
¶시간이 허락된다면 이곳에 좀 더 있고 싶다. ¶나의 능력이 허락되는 데까지 노력하고 싶다. ¶나도 친구를 따라 여행을 가고 싶었지만 나의 경제적 사정이 허락되지 않았다.
S것-이 V
능 허락하다 타
¶인력 지원을 요청하는 것이 허락되어 나는 뛸 듯이 기뻤다. ¶기자들이 방문하는 것은 끝내 허락되지 않았다.

허락받다

어원 許諾~ 활용 허락받아, 허락받으니, 허락받고
대응 허락을 받다
타 (윗사람이나 기관에게) 하고자 하는 일을 할 수 있게 해 달라는 요청이 받아들여지다. (of a person or an agency) Request another person or agency so that one can do a certain task.
유 허가받다
N0-가 N2-(에게|에게서|로부터) N1-를 V (N0=[인간|단체] N1=[사건](결혼, 여행, 자유, 취재, 구입 따위) N2=[인간|단체])
¶나는 부모님에게서 혼자 가는 배낭여행을 허락받았다. ¶우리는 사제들에게 바티칸 취재를 드디어 허락받았다.
N0-가 N1-(에게|에게서|로부터) S것-을 V (N0=[인간|단체] N1=[인간|단체])
¶우리는 양가 부모님에게 우리가 결혼하는 것을 허락받았다. ¶국민들은 시위 끝에 정부로부터 자유롭게 종교를 믿는 것을 허락받았다.

허락하다

어원 許諾~ 활용 허락하여(허락해), 허락하니, 허락하고
자 ❶(사람이나 기관이) 다른 사람이 하고자 하는 일을 할 수 있게 해주다. (of a person or institution) Allow someone to do something that the person requested.
유 허가하다, 허용하다 반 금지하다 자, 거절하다, 허락받다
N0-가 S고 V (R2) (N0=[인간|단체])
¶나는 딸(에게|이) 과자를 먹으라고 허락한 적이 없다.(R2) ¶부모님은 내가 혼자 여행을 가도 좋다고 허락하셨다. ¶학교 측은 우리가 운동장을 써도 좋다고 허락하였다.
N0-가 S-(게|도록) V (R2) (N0=[인간|단체])
¶나는 딸(에게|이) 과자를 먹게 허락한 적이 없다.(R2) ¶부모님은 나에게 혼자 여행을 가도록 허락하였다. ¶학교 측은 우리가 운동장을 쓸 수 있도록 허락하였다.
❷(시간이나 조건이) 알맞게 갖추어지다. (of time or condition) Be prepared appropriately.
유 나다[1], 가능해지다, 갖춰지다
N0-가 V (N0=시간, 능력, 사정 따위)
¶시간이 허락한다면 이곳에 좀 더 있고 싶다. ¶나의 능력이 허락하는 데까지 노력하고 싶다. ¶나도 친구를 따라 여행을 가고 싶었지만 나의 경제적 사정이 허락하지 않았다.
타 (사람이나 기관이) 다른 사람이 요청하는 일을 할 수 있게 해주다. (of a person or institution) Allow someone to do something that the person requested.
유 허가하다, 허용하다, 받아들이다 반 금지하다 타, 거절하다
N0-가 N1-를 V (N0=[인간|단체] N1=[사건](결혼, 요청, 방문, 인터뷰, 재개발 따위))
피 허락되다
¶부모님은 우리의 결혼을 허락하셨다. ¶정부는 기자들의 방문을 허락하지 않았다.
N0-가 S것-을 V (N0=[인간|단체])
피 허락되다
¶부모님은 우리가 결혼하는 것을 허락하셨다.

¶그는 내가 요청하는 것을 흔쾌히 허락하였다. ¶그녀는 내가 인터뷰하는 것을 끝끝내 허락하지 않았다.

허물다 I

활용 허물어, 허무니, 허물고, 허무는

자 (피부가) 헐어서 상하다. (of skin) Get sore and damaged.

㊐헐다I, 상하다자

N0-가 V (N0=[신체부위], [상처])

¶벌레 물린 자리가 너무 허물었다. ¶상처와 상처 주위가 다 허물어서 너무 아프다. ¶너무 오래 걸어서 발바닥이 모두 허물었다.

허물다 II

활용 허물어, 허무니, 허물고, 허무는

타 ❶(쌓여 있거나 지어져 있는 것을) 헐어서 무너뜨리다. Tear down something that was stacked or built.

㊐허물어뜨리다, 무너뜨리다, 헐다II

N0-가 N1-를 N2-로 V (N0=[인간|단체] N1=[건물](탑, 집 따위), 벽, 담 따위 N2=[도구](곡괭이, 삽 따위), [교통기관](불도저, 포크레 인 따위))

피 허물어지다

¶그 사람들은 곡괭이로 담장을 모두 허물었다. ¶아이들은 힘들게 쌓은 모래성을 모두 허물었다. ¶주차 공간을 확보하기 위해서 우리는 벽을 허물었다.

N0-가 N1-를 V (N0=[교통기관](불도저, 포크레인 따위) N1=[건물](탑, 집 따위), 벽, 담 따위)

피 허물어지다

¶불도저가 주위의 언덕을 모두 허물었다. ¶중장비가 순식간에 담벼락을 다 허물어 버렸다.

❷(꼿꼿했던 표정, 자세, 태도 따위를) 누그러뜨리거나 풀다. Soften or resolve a firm and upright expression, posture, or attitude.

㊐허물어뜨리다, 풀다, 흐트리다

N0-가 N1-를 V (N0=[인간] N1=[추상물](자세, 태도, 자태 따위))

피 허물어지다

¶절대 자신의 굳은 태도와 자세를 허물면 안 된다. ¶그는 곧게 앉은 모습을 허물지 않고 버텼다.

❸사회적 규율이나 관습 따위를 없애다. Demolish a social discipline or custom.

㊐허물어뜨리다, 타파하다, 없애다

N0-가 N1-를 V (N0=[인간|단체], [추상물] N1=[추상물](관습, 제도, 체제, 규율 따위))

피 허물어지다

¶자본주의의 전파는 그 나라의 많은 경제 장벽과 규제를 쉽게 허물었다. ¶정부는 많은 악습을 허물고 투명한 정책을 실현했다.

❹(가지고 있는 생각이나 믿음, 감정 따위를) 없애다. Do away with a thought, a belief, or a feeling that one has held on to.

㊐허물어뜨리다, 버리다, 없애다, 꺾다

N0-가 N1-를 V (N0=[구체물], [추상물] N1=[추상물](우정, 사랑, 관계, 정, 믿음, 의지 따위))

피 허물어지다

¶우리는 스스로가 가지고 있는 고정관념을 허물어야 한다. ¶그 어떤 것도 나의 의지를 허물지 못할 것이다.

❺기존의 사회적 관습이나 제도, 경계 따위를 깨 없애다. Break and remove existing social custom, system, boundary, etc.

㊐헐다II, 없애다, 무너뜨리다

N0-가 N1-를 V (N0=[인간], [추상물] N1=[규범](관습 따위), [제도](체제 따위), 경계(국경 따위))

¶디지털 기술의 발전은 국경을 허물었다. ¶그의 리더십은 기존의 관습을 허물었다. ¶과학의 발전은 학문 간의 경계를 급속히 허물어가고 있다.

허물어뜨리다

활용 허물어뜨리어(허물어뜨려), 허물어뜨리니, 허물어뜨리고

타 ❶쌓여 있거나 지어져 있는 것을 헐어서 완전히 무너뜨리다. Tear down completely something that was stacked or built.

㊐허물다II, 무너뜨리다

N0-가 N1-를 N2-로 V (N0=[인간|단체] N1=[건물](탑, 집 따위), 벽, 담 따위 N2=[도구](곡괭이, 삽 따위), [교통기관](불도저, 포크레 인 따위))

¶인부들은 굴착기로 담장을 모두 허물어뜨렸다. ¶집주인은 창고를 모두 허물어뜨리고 새로운 건물을 지었다.

N0-가 N1-를 V (N0=[교통기관](불도저, 포크레인 따위) N1=[건물](탑, 집 따위), 벽, 담 따위)

¶음주운전 차량이 우리집 담벼락을 들이받아 허물어뜨려 버렸다. ¶불도저가 주위의 언덕을 모두 허물어뜨렸다.

❷꼿꼿했던 표정, 자세, 태도 따위를 누그러뜨리거나 풀다. Soften or resolve a firm and upright expression, posture, or attitude.

㊐허물다II, 풀다, 흐트리다

N0-가 N1-를 V (N0=[인간] N1=[추상물](자세, 태도, 자태 따위))

ㅎ

¶사람들은 피곤에 지쳐서 모두 자세를 허물어뜨리고 그냥 누워버렸다. ¶그는 유려한 말솜씨로 상대방의 경계감을 쉽게 허물어뜨린다.

❸ 사회적 규율이나 관습 따위를 없애다. Demolish a social discipline or custom.

㊌허물다II, 폐지하다, 없애다

N0-가 N1-를 V (N0=[인간|단체], [추상물] N1=[추상물](관습, 제도, 체제, 규율 따위))

¶그들은 기존의 경제 장벽과 규제를 모두 허물어뜨렸다. ¶과거의 악습을 빨리 허물어뜨려야 한다.

❹가지고 있는 생각이나 믿음, 감정 따위를 없애다. Do away with a thought, a belief, or a feeling that one has held on to.

㊌허물다II, 없애다

N0-가 N1-를 V (N0=[구체물], [추상물] N1=[추상물](우정, 사랑, 관계, 정, 믿음, 의지 따위))

¶그 일은 우리 사랑을 완전히 허물어뜨리고 말았다. ¶철수는 그나마 남아 있던 우리의 신뢰를 허물어뜨리고 말았다.

❺건강했던 마음이나 몸 상태를 해치다. Ruin one's mind or body, which used to be in good condition.

㊌망가뜨리다, 상하게 하다

N0-가 N1-를 V (N0=[구체물], [추상물] N1=[추상물](건강, 마음 따위), [인간], [신체일부])

¶잦은 야근의 그의 건강을 완전히 허물어뜨렸다. ¶잦은 부상이 그의 육신을 허물어뜨렸다.

❻사회적인 지위, 명성, 부 따위를 해치다. Damage social dignity, honor, or wealth.

㊌허물다II, 무너뜨리다

N0-가 N1-를 V (N0=[구체물], [추상물] N1=[추상물](명성, 지위, 재물 따위))

¶불미스런 소문이 그의 지위를 허물어뜨려 버렸다. ¶단 한 번의 실수가 그동안의 부와 명예를 허물어뜨렸다.

❼균형 잡히고 정적이었던 상태를 깨다. Break a balanced, static state.

㊌깨트리다

N0-가 N1-를 V (N0=[구체물], [추상물] N1=[추상물](균형, 질서, 평균, 경계 따위))

¶이번 신제품 개발은 두 회사 간의 균형을 완전히 허물어뜨릴 수 있다. ¶우리 사회의 평화와 질서를 허물어뜨리면 안 된다. ¶최근의 패션계는 남녀 경계를 허물어뜨리고 있다.

허물어지다

활용허물어지어(허물어져), 허물어지니, 허물어지고

자❶쌓여 있거나 지어져 있던 것이 헐려서 무너지다. (of what is stacked or built) Be torn down.

㊌헐리다, 무너지다

N0-가 N1-에 의해서 V (N0=[건물](탑, 집 따위), 벽, 담 따위 N1=[도구](곡괭이, 삽 따위), [교통기관](불도저, 포크레인 따위))

능허물다

¶우리 집 창고가 밤새 내린 비에 의해서 완전히 허물어졌다. ¶아이들이 만든 모래성이 파도에 의해 허물어졌다.

❷(꼿꼿했던 표정, 자세, 태도 따위가) 누그러지거나 풀리다. (of firm and upright expression, posture, or attitude) Be softened or resolved.

㊌풀리다, 흩어지다

N0-가 V (N0=[추상물](자세, 태도, 자태 따위))

능허물다

¶그의 자신만만하던 태도도 결국 허물어질 수밖에 없다. ¶팀이 패하자 그의 표정도 같이 허물어져 버렸다.

❸(사회적 규율이나 관습 따위가) 없어지다. (of social discipline or custom) Be demolished.

㊌폐지되다, 없어지다

N0-가 V (N0=[추상물](관습, 제도, 체제, 규율 따위))

능허물다

¶최근에 많은 좋은 전통이 허물어지고 말았다. ¶사회의 질서가 이렇게 쉽게 허물어지면 안 된다.

❹(가지고 있는 생각이나 믿음, 감정 따위가) 없어지다. (of thought, belief, or feeling that was held on to) Be done away with.

㊌사라지다, 없어지다

N0-가 V (N0=[추상물](우정, 사랑, 관계, 정, 믿음, 의지 따위))

능허물다

¶도시화와 함께 이웃 간의 정도 허물어지고 있다. ¶아무리 힘들어도 서로의 믿음이 허물어져서는 안 된다.

❺건강했던 마음이나 몸 상태가 유지되지 못하고 상하다. (of mind or body that used to be in good condition) Be ruined, losing its health.

㊌상하다자, 망가지다

N0-가 V (N0=[추상물](건강, 마음 따위), [인간], [신체일부])

¶그는 건강이 완전히 허물어졌다. ¶정신이 허물어지면 모든 것이 같이 허물어진다.

❻(사회적인 지위, 명성, 부 따위가) 없어지다. (of social dignity, honor, or wealth) Be gone.

[유]날아가다[자], 무너지다
N0-가 V (N0=[추상물](명성, 지위, 재물 따위))
¶이번 선거의 실패로 그의 명성이 허물어졌다. ¶부와 명예도 일순간에 허물어질 수 있다.
❼(균형 잡히고 정적이었던 상태가) 깨지다. (of balanced and static state) Be broken.
[유]깨지다
N0-가 V (N0=[추상물](균형, 질서, 평균, 경계 따위))
¶두 나라의 균형이 허물어지면 전쟁이 일어날 수 있다. ¶생태계의 질서가 허물어지고 있다. ¶외국인과 내국인 사이의 경계가 점차로 허물어져 가고 있다.

허물어트리다
[활용]허물어트리어(허물어트려), 허물어트리니, 허물어트리고
[타]☞ 허물어뜨리다

허비하다
[어원]虛費~ [활용]허비하여(허비해), 허비하니, 허비하고 [대응]허비를 하다
[타](사람이나 기관이) 어떤 일이나 행위로 재물이나 시간 따위를 헛되게 써 버리다. (of a person or an agency) Meaninglessly use up asset, time, etc., through a certain task or activity.
[유]낭비하다 [상]쓰다III
N0-가 N1-를 V (N0=[인간|단체] N1=[추상물](시간, 금전, 노력, 열정, 청춘, 인력 따위), [구체물])
¶형은 그동안 번 돈을 병원비로 허비했다. ¶인간은 싸움으로 많은 노력과 시간을 허비한다.
N0-가 S(것|데)-에 N1-를 V (N0=[인간|단체] N1=[추상물](시간, 금전, 노력, 열정, 청춘, 인력 따위), [구체물])
¶남자는 그녀를 찾는 데에 그의 청춘을 다 허비했다. ¶민수는 넥타이를 매는 데 시간을 너무 많이 허비했다. ¶그는 친구들과 어울려 노는 것에 시간을 허비했다.
N0-가 S것-으로 N1-를 V ↔ N0-가 S느라 N1-를 V (N0=[인간|단체] N1=[추상물](시간, 금전, 노력, 열정, 청춘, 인력 따위), [구체물])
¶그는 낮잠을 자는 것으로 시간을 허비했다. ↔ 그는 낮잠을 자느라 시간을 허비했다. ¶아들은 친구들과 노는 것으로 시간을 허비했다.

허용되다
[어원]許容~ [활용]허용되어(허용돼), 허용되니, 허용되고 [대응]허용이 되다
[자]어떤 일이나 행동 따위를 행하는 것이 받아들여지다. (of a certain task, behavior, etc.) Be permitted and accepted.
[유]허가되다, 허락되다 [반]금지되다, 거절되다
N0-가 V (N0=휴직, 재개발, 복직 따위)
[능]허용하다
¶남성에게도 육아 휴직이 허용되었다. ¶이 지역의 재개발이 허용되자 논란이 일고 있다. ¶그 나라에서는 국민들의 인터넷 접속이 허용되지 않는다.

허용하다
[어원]許容~ [활용]허용하여(허용해), 허용하니, 허용하고 [대응]허용을 하다
[타]❶(사람이나 단체가) 어떤 일이나 행동 따위를 해도 된다고 하다. (of a person or an organization) Permit the execution of a certain task, behavior, etc.
[유]허가하다, 허락하다[타], 받아들이다 [반]금지하다[타], 거절하다
N0-가 N1-를 V (N0=[인간|단체] N1=휴직, 재개발, 복직, 스타일, 접속 따위)
[피]허용되다
¶정부는 남성에게도 육아 휴직을 허용하였다. ¶회사는 노조 조합원들의 복직을 허용하기로 하였다. ¶그 나라는 국민들의 인터넷 접속을 허용하지 않는다.
❷【운동】 사람이나 팀이 막아야 할 상대의 공격이나 골을 막아내지 못하다. (of a person or a team) Fail to block the opponent's attack or goal.
N0-가 N1-를 V (N0=[인간|단체] N1=홈런, 역전골, 공격 따위)
¶우리 팀은 안타깝게도 9회 말에 홈런을 허용하고 말았다. ¶그들은 경기 종료 3분 전에 역전골을 허용하였다. ¶나는 신출내기 선수에게 공격을 허용하고 말았다.
※주로 운동 경기와 관련된 상황에서 사용된다.

허우적거리다
[활용]허우적거리어(허우적거려), 허우적거리니, 허우적거리고
[자]❶손발 따위를 이리저리 마구 내두르다. (of someone) Violently wave hands and feet.
[유]허우적대다, 내두르다, 내젓다
N0-가 V (N0=[인간])
¶그는 계속 혼수상태에서 허우적거리면서도 누군가의 이름을 불러댔다. ¶해안경비대는 거친 파도에 허우적거리던 한국인 선원을 구조했다.
❷어려운 상황에서 헤어나려고 마구 노력하다.

(of someone) Endeavor to get out of hard situation.
㊌허우적대다, 애쓰다
N0-가 V (N0=[인간])
¶그는 사업 실패 후 끝없는 회의와 절망의 늪에서 허우적거렸다. ¶애정에 빠져 허우적거리지는 말고 참되게 사랑하자.
타(손발 따위를) 이리저리 마구 내두르다. (of someone) Violently wave hands and feet.
㊌허우적대다, 내두르다, 내젓다
N0-가 N1-를 V (N0=[인간] N1=[신체부위](손, 발 따위))
¶아기들은 젖을 먹을 때 팔을 허우적거리기도 한다. ¶그는 잠꼬대를 하면서 사지를 허우적거렸다.

허우적대다
활용 허우적대어(허우적대), 허우적대니, 허우적대고
자☞ 허우적거리다

헌신하다
어원 獻身~ 활용 헌신하여(헌신해), 헌신하니, 헌신하고 대응 헌신을 하다
자 몸과 마음을 아끼지 않고 힘을 다하다. Make every effort by sparing no mind and body.
㊌희생하다, 바치다
N0-가 N1-(에|에게) V (N0=[인간] N1=[인간|단체])
¶그는 독립을 위해 나라에 헌신했다. ¶많은 엄마들이 아이에게 헌신하면서도 미안해한다.
N0-가 N1-(에|를 위해) V (N0=[인간] N1=[취지], [명분])
¶그 원로 배우는 영화계 발전에 헌신하고 싶다고 했다. ¶선생님께서는 여성 인권 증진을 위해 헌신하셨다.
N0-가 S데-에 V (N0=[인간])
¶영호는 국가 경제를 발전시키는 데에 헌신하고 싶다고 한다.

헐다 I
활용 헐어, 허니, 헐고, 허는
자❶(피부가) 병이나 상처로 인하여 짓무르다. (of skin) Become ulcerated due to skin disease or injury.
㊌허물다I, 짓무르다
N0-가 V (N0=[신체부위](피부, 입안 따위))
¶그는 많이 피곤한지 입이 헐어서 괴로워했다. ¶전에 다쳤던 상처 때문에 피부가 헐어서 진물이 났다. ¶얼굴을 보니 코밑이 다 헐어서 피가 나고 있었다.
❷(물건 따위가) 오래되어서 많이 낡아지다. (of object, etc.) Be extremely worn due to age.
㊌닳다, 낡아지다
N0-가 V (N0=[구체물])
¶시간이 지나자 책 표지가 다 헐어 버렸다. ¶예전에 산 옷이 헐어서 구멍이 났다.

헐다 II
활용 헐어, 허니, 헐고, 허는
타❶(지어놓은 건물이나 축조물을) 부수어 무너뜨리다. Destroy a constructed building or structure.
㊌철거하다, 무너뜨리다, 허물다II, 부수다 ㊇짓다[1], 세우다[1]
N0-가 N1-를 V (N0=[인간|단체] N1=[건물], [장소])
피 헐리다
¶시에서는 낡은 창고를 헐고 주자창을 만들기로 했다. ¶철수는 벽면 하나를 헐어서 방을 더 크게 쓰기로 했다.
❷모아 두었던 물건이나 돈을 꺼내 쓰다. Use by pulling out any saved object or money.
㊌부수다, 깨다II
N0-가 N1-를 V (N0=[인간|단체] N1=[구체물](장독, 저금통, 적금 따위))
¶철수는 저금통을 헐어서 어머니를 위해 선물을 샀다. ¶어머니는 겨울동안 저장해 놓았던 독을 헐어서 김치를 꺼냈다. ¶영희는 자신의 적금을 헐어서 그를 도와주었다.
❸(잔돈이 없어서) 작은 액수를 지불하는 데에 큰 액수의 지폐나 수표를 사용하다. Use a bigger amount of money or check by not having the necessary amount of change.
N0-가 N1-를 V (N0=[인간] N1=[돈](지폐, 수표 따위))
¶철수는 어쩔 수 없이 수표를 헐어서 지불하였다. ¶아이들은 만 원짜리를 헐지 않으려고 먹고 싶은 과자를 사지 않았다.

헐뜯다
활용 헐뜯어, 헐뜯으니, 헐뜯고
자타(다른 사람을) 깎아내리거나 비방하여 나쁘게 말하다. Badly speak of someone by condescending or criticizing.
㊌흉보다, 험담하다, 비난하다
N0-가 N2-에게 N1-(를|에 대해) V (N0=[인간|단체] N1=[인간], [행위] N2=[인간|단체])
¶그녀는 지인들에게 나를 헐뜯는 말을 하고 다닌다. ¶철호는 늘 자신의 친구들을 헐뜯었다. ¶선거가 과열되면서 그는 상대 후보를 계속 헐뜯었다.

N0-가 N1-에게 S고 V (R1) (N0=[인간|단체] N1=[인간|단체])

¶경수는 나에게 민희(가|를) 형편없는 사람이라고 헐뜯었다.(R1) ¶달수는 자신의 친구들을 모두 게으르다고 헐뜯었다.

헐리다

활용 헐리어(헐려), 헐리니, 헐리고

자 (지어놓은 건물이나 축조물이) 부수어져 허물어지다. (of a constructed building or structure) Be destroyed.

유 부서지다

N0-가 V (N0=[건물], [장소])

능 헐다II

¶동네에 있던 초가집들이 모두 강제로 헐렸다. ¶무허가 건물이 오늘 시에 의해서 헐렸다. ¶요즘은 기술이 발달해서 큰 건물이 헐리는 데 오랜 시간이 걸리지 않는다.

헐벗다

활용 헐벗어, 헐벗으니, 헐벗고

자 ❶(가난하여) 옷이 해지고 낡아 거의 벗은 듯하다. Be so poor as to appear almost naked.

N0-가 V (N0=[인간|단체])

¶오랜 가뭄으로 백성들은 굶주리고 헐벗었다. ¶아이들은 헐벗은 채로 쓰레기통을 뒤지고 있었다. ¶그 때는 모두가 가난하고 헐벗고 굶주리던 시절이었다.

❷(산이나 들판 따위가) 나무나 풀이 없어서 맨바닥이 거의 드러나다. (of mountains or fields) Show the bare ground without trees or grass.

N0-가 V (N0=산, 들판 따위)

¶나무가 잘려나가 산이 반쯤 헐벗었다. ¶헐벗은 민둥산이 울창한 숲으로 바뀌었다.

험담하다

어원 險談~ 활용 험담하여(험담해), 험담하니, 험담하고 대응 험담을 하다

자타 다른 사람의 흠이나 잘못 따위를 들추어 나쁘게 말하다. Speak ill of a person, citing the person's flaws, faults, or errors.

유 헐뜯다, 비난하다, 악담하다 반 칭찬하다 자타

N0-가 N1-(를|에 대해) V (N0=[인간] N1=[인간])

¶그는 회식 자리에서 직장 상사를 험담했다. ¶너는 왜 남을 험담하고 다니니?

N0-가 N1-(를|에 대해) S고 V (N0=[인간] N1=[인간])

¶이웃들은 그를 버릇이 없다며 험담했다. ¶후배들이 그 선배에 대해 속이 좁다고 험담했다.

헛돌다

활용 헛돌아, 헛도니, 헛돌고, 헛도는

자 ❶(바퀴나 뚜껑, 나사 따위가) 축의 둘레를 제 기능을 하지 못한 채 쓸데없이 돌다. (of wheel, cover, screw, etc.) Uselessly spin around the surface of revolution by not doing its function.

유 공전하다I(空轉)

N0-가 V (N0=바퀴, 나사, 테이프, 뚜껑 따위)

¶바퀴가 헛돌기만 하고 차가 앞으로 나가지 않았다. ¶나사가 마모되었는지 헛돌아서 잠기지가 않았다.

❷(어떤 장소에서) 목표하는 곳으로 나아가지 못한 채 실속 없이 배회하다. Wander someplace by not moving forward to the desired place.

N0-가 N1-에서 V (N0=[인간] N1=[장소])

¶그들은 미로 안에서 좀처럼 출구를 찾지 못하고 헛돌기만 했다. ¶거대한 정글 속에서 그들은 길을 찾지 못하고 헛돌고 있었다.

❸(토론이나 관계 따위가) 실속이나 의미 없이 진행되다. (of discussion, relation, etc.) Meaninglessly proceed.

유 공전하다I, 맴돌다 자

N0-가 V (N0=토론, 진행, 자금, 관계 따위)

¶토론은 주제에서 벗어나 헛돌기만 했다. ¶막대한 돈이 투입되었지만 자금이 헛도는지 경기가 나아지지 않는다.

타 (어떤 장소를) 실속 없이 배회하기만 할 뿐 목표한 곳으로 나아가지 못하다. Not being able to move forward toward the desired place by wandering someplace.

N0-가 N1-를 V (N0=[인간] N1=[장소])

¶철수는 길을 못 찾아서 제자리를 헛돌았다. ¶많은 사람들이 미로 속을 헛돌기만 하고 쉽게 빠져나오지 못했다. ¶그는 하루 종일 동네를 헛돌기만 하고 결국 그녀의 집을 찾지 못했다.

헝클다

활용 헝클어, 헝크니, 헝클고, 헝크는

타 ❶(가늘고 긴 실, 머리카락 따위를) 뒤섞어 풀기 힘들 정도로 얽히게 하다. Entangle thin and long thread and hair to make it hard to untangle.

N0-가 N1-를 V (N0=[인간], [동물], [자연현상] N1=실, 머리카락, 끈 따위)

피 헝클어지다

¶아이가 어머니의 곱게 빗은 머리카락을 마구 헝클었다. ¶바람이 바닥에 있던 실타래를 헝클었다.

❷(물건 따위를) 뒤섞어서 어지럽게 하다. Make

it dizzy by mixing objects.
N0-가 N1-를 V (N0=[인간], [동물], [자연현상] N1=[구체물](의미적 복수))
피 헝클어지다
¶꼬마들이 신나서 장난감을 헝클어 놓은 채 놀고 있었다. ¶고양이가 돌아다니면서 방안의 원고 뭉치를 헝클어 놓았다.
❸(조직, 사회 등 집단의 안정성과 규율을) 무너뜨리거나 혼잡하게 하다. (of an organization, society, and group's stability and regulation) Demolish and congest.
㊌혼잡하게 만들다
N0-가 N1-를 V (N0=[상태], [상황], [원인] N1=[집단], [단체](사회, 조직, 국가 따위))
피 헝클어지다
¶많은 비리가 오랫동안 유지되어온 그 조직을 간단하게 헝클어 놓았다. ¶부분별한 외래문화의 수입이 우리 사회를 많이 헝클어 놓았다.
※ 'V어 놓다'의 형태로 많이 쓰인다.
❹(일을 뒤섞어) 혼란스럽게 하다. Make it chaotic by mixing duty.
㊌망치다
N0-가 N1-를 N2-로 V (N0=[인간|단체], [상태], [상황], [원인] N1=[추상물](일, 과정, 삶, 생활 따위) N2=[결과], [상태], [상황])
피 헝클어지다
¶그의 게으름이 작업의 흐름을 완전히 헝클었다. ¶과거의 실수가 그의 꿈과 계획을 완전히 헝클었다.
❺자세나 매무새 따위를 흐트러뜨리다. Distract one's posture or dress.
㊌흐트러뜨리다
N0-가 N1-를 V (N0=[원인], [상태], [상황] N1=자세, 태도, 표정, 옷차림, 옷매무새 따위)
피 헝클어지다
¶강한 바람이 그의 옷매무새를 헝클었다. ¶강한 햇빛과 더위가 그들의 자세를 계속 헝클었다.
❻(분위기, 질서 등의 상태를) 어지럽히거나 악화시키다. (of an atmosphere and order) Disarrange and aggravate.
㊌망가뜨리다, 혼란스럽게 하다
N0-가 N1-를 V (N0=[원인], [상태], [상황] N1=[상태](분위기 따위), [순위])
피 헝클어지다
¶그 사건이 조용히 흘러가던 선거 구도를 크게 헝클었다. ¶그들의 시위가 봉합되어 가던 상황을 크게 헝클었다.
❼(감정이나 생각 따위를) 어수선하게 하거나 착잡하게 하다. Make it perplex and disordered in thought and emotion.
㊌흔들다
N0-가 N1-를 V (N0=[원인], [상태], [상황] N1=[감정], [생각])
피 헝클어지다
¶그들의 실수가 지지하는 많은 사람들의 평정심을 헝클었다. ¶그의 차가운 태도가 그녀의 마음을 헝클어 버렸다.

헝클어뜨리다

활용 헝클어뜨리어(헝클어뜨려), 헝클어뜨리니, 헝클어뜨리고
타 ☞ 헝클다

헝클어지다

활용 헝클어지어(헝클어져), 헝클어지니, 헝클어지고
자 ❶(가늘고 긴 실, 머리카락 따위가) 뒤섞여 풀기 힘들 정도로 얽히다. Become entangled in thin and long thread and hair to make it hard to untangle.
㊌엉키다, 흐트러지다
N0-가 V 실, 머리카락, 끈 따위
능 헝클다
¶머리카락이 바람에 헝클어졌다. ¶아이들의 장난으로 실타래가 헝클어졌다.
❷(물건 따위가) 뒤섞여서 어지러워지다. Become disordered due to mixing of objects.
㊌흐트러지다 ㊥정돈되다
N0-가 V (N0=[구체물](의미적 복수))
능 헝클다
¶서재로 가서 필요한 책을 찾으니 온통 책더미가 헝클어져 있었다. ¶바닥에 떨어진 원고 뭉치가 헝클어졌다.
❸(조직, 사회 등 집단의 안정성과 규율이) 무너지거나 혼잡해지다. (of an organization, society, and group's stability and regulation) Be demolished and congested.
㊌흐트러지다, 혼잡해지다
N0-가 N1-에 의해 V (N0=[집단], [단체](사회, 조직, 국가 따위) N1=[상태], [상황], [원인])
능 헝클다
¶그 조직이 헝클어지지 않게 하는 데에는 도덕의 위력이 있다. ¶소유와 지배욕으로 우리 사회가 헝클어져 있다.
❹일이 뒤섞여 혼란스러워지다. Become chaotic due to mixing of duty.

㊞꼬이다, 잘못되다
N0-가 N1-(로|에 의해) N2-로 V (N0=[추상물](일, 과정, 삶, 생활 따위) N1=[상태], [상황], [원인] N2=[결과], [상태], [상황])
능 헝클다
¶계속 미루기만 하다가 일이 아주 엉망으로 헝클어져 버렸다. ¶한 번의 실수로 그의 꿈과 계획이 엉망으로 헝클어졌다.
❺(자세나 매무새 따위가) 단정하지 않게 되다. (of one's posture or dress) Become untidy.
㊞흐트러지다
N0-가 N1-(로|에 의해) V (N0=자세, 태도, 표정, 옷차림, 옷매무새 따위 N1=[원인], [상태], [상황])
능 헝클다
¶수업도 중요하지만 자세가 헝클어져 있으면 그것부터 바로 잡고 수업에 임했다. ¶머리 모양이 흐트러지고 옷매무새가 헝클어질 때 나의 자존심 또한 손상을 입습니다.
❻(분위기, 질서 등의 상태가) 어지러워지거나 악화되다. (of an atmosphere and order) Become disarranged and aggravated.
㊞흐트러지다, 어지러워지다
N0-가 N1-(로|에 의해) V (N0=[상태](분위기 따위), [순위] N1=[원인], [상태], [상황])
능 헝클다
¶아들의 사업 부도로 집안 분위기가 헝클어졌다. ¶그 사건으로 낙관했던 선거 구도가 크게 헝클어졌다.
❼(감정이나 생각 따위가) 어수선해지거나 착잡해지다. (of a thought or emotion) Become perplexed and disordered.
㊞동요되다, 착잡해지다
N0-가 V (N0=[감정], [생각])
능 헝클다
¶회사의 급박한 상황처럼 그녀의 마음도 헝클어져 있었다. ¶동료의 빈정거림에 나는 기분이 묘하게 헝클어졌다.

ㅎ

헤매다

활용 헤매어(헤매), 헤매니, 헤매고
자 ❶어떤 상황에서 어떻게 해야 할지 갈피를 잡지 못하다. Fail to grasp the appropriate action in a certain situation.
N0-가 V (N0=[인간])
¶나는 이 문제를 어떻게 풀어야 할지 몰라서 한 시간 동안 헤매었다. ¶그는 수업 내용을 이해하지 못하여 수업 시간 내내 계속 헤매고 있다.
❷어떤 상태에서 벗어나지 못하고 허덕이다. Fail to escape a certain situation and struggle.
㊞허덕이다 자
N0-가 N1-(에|에서) V (N0=[인간|단체] N1=굶주림, 상태, 도탄 따위)
¶아이들은 불행히도 오랜 시간 동안 굶주림에 헤매었다. ¶우리 회사는 적자 상태에서 몇 년째 헤매고 있다.
자타 어떤 장소에서 무엇을 찾기 위해서, 또는 찾지 못해서 여기저기 돌아다니다. Roam around a place in order to find something.
N0-가 N1-(에서|를) V (N0=[인간] N1=[장소], [지역](동네, 마을 따위), [장소](시장), [길](골목, 거리 따위))
¶아버지는 술에 취해서 한 시간 동안 동네를 헤매셨다. ¶아이는 잃어버린 부모님을 찾느라고 시장에서 헤매고 있었다. ¶동호가 늦는 걸 보니 식당을 못 찾고 거리에서 헤매는 모양이다.
N0-가 N1-를 V (N0=성적, 주가 따위 N1=바닥, 사경 따위)
¶주가가 바닥을 헤매는 동안 투자가들은 넋 놓고 있을 수밖에 없었다. ¶아버지는 아들이 사경을 헤매는 것을 보고 매우 괴로워하였다.

헤아리다

활용 헤아리어(헤아려), 헤아리니, 헤아리고
타 ❶(물건이나 사람의 수효를) 하나씩 세다. Count the number of objects or people one by one.
㊞세다II, 계산하다
N0-가 N1-를 V (N0=[인간|단체] N1=[돈], [기호], [인간], [구체물])
¶저금통의 동전을 모두 헤아려 보니 5만 원이 넘었다. ¶지금 여기에 몇 명이 있는지 헤아려 보아라. ¶그는 밤하늘의 별을 헤아리며 고향을 그리워하는 마음을 달래었다.
❷(다른 사람의 마음이나 속뜻을) 짐작하거나 가늠하여 살피다. Study another persons' mind or intention by guessing or assuming.
㊞생각하다, 추측하다, 읽다
N0-가 N1-를 V (N0=[인간|단체] N1=[마음], [감정])
¶나는 자식을 낳기 전까지는 부모님의 마음을 헤아릴 수 없었다. ¶나는 그의 심중을 도무지 헤아릴 수가 없었다.
N0-가 S은지 V (N0=[인간|단체])
¶나는 자식을 낳기 전까지는 부모님의 마음이 어떤지를 헤아릴 수 없었다. ¶선생님의 참뜻이

무엇인지 헤아리려 노력해 봤지만, 나는 추측조차 하기 어려웠다.

헤어나다

활용 헤어나, 헤어나니, 헤어나고

자 (부정적인 심적 상태에서) 빠져나오거나 벗어나다. Get out of or escape from a negative mental state.

㊙벗어나다

N0-가 N1-에서 V (N0=[인간] N1=[감정], [영향])

¶우리는 오랫동안 슬픔에서 헤어나지 못했다. ¶나는 이제부터 부모님의 그늘 속에서 헤어나고 싶었다.

자타 (무엇이) 부정적인 상태를 빠져나오거나 벗어나다. (of something) Get out of or escape from a negative state.

㊙벗어나다, 빠져나오다, 탈출하다 자타

N0-가 N1-(에서|를) V (N0=[인간], [구체물] N1=[기상], 악몽, 늪, 시련 따위)

¶배가 폭풍우 속을 헤어나지 못하고 있다. ¶배가 폭풍우 속에서 헤어나지 못하고 있다. ¶우리 회사는 적자의 늪에서 헤어나지 못하고 있다.

헤어지다

활용 헤어지어(헤어져), 헤어지니, 헤어지고 ㊟헤지다

자 ❶(함께 있던 사람들이) 각자 흩어지다. (of people who were together) Scatter individually.

㊥만나다 자

N0-가 N1-와 V ↔ N1-가 N0-와 V ↔ N0-와 N1-가 V (N0=[인간] N1=[인간])

¶나는 정류장에서 친구들과 헤어졌다. ↔ 친구들은 정류장에서 나와 헤어졌다. ↔ 나와 친구들은 정류장에서 헤어졌다. ¶그는 영희와 인사를 하고 헤어지려는 참이었다. ¶정수는 동생과 헤어지기 싫은 듯 울먹거렸다.

N0-가 V (N0=[인간] (N0는 복수))

¶우리들은 갈림길에서 헤어졌다. ¶학생들은 삼삼오오 헤어져 집으로 갔다. ¶인사하고 헤어진 뒤 다시 만나면 참 민망하더라.

❷(친하게 지냈던 사람들이) 인연을 끊고 따로 되다. (of people who were close) Sever the relationship, be apart.

㊙갈라서다, 떨어지다, 이별하다 ㊥만나다 자

N0-가 N1-와 V ↔ N1-가 N0-와 V ↔ N0-와 N1-가 V (N0=[인간] N1=[인간])

¶선미는 동주와 싸우고 헤어졌다. ↔ 동주는 선미와 싸우고 헤어졌다. ↔ 선미와 동주는 싸우고 헤어졌다. ¶나는 그와 헤어진 뒤 밥도 잘 먹지 않았다. ¶내가 주희랑 헤어지는 건 상상도 할 수 없는 일이야.

N0-가 V (N0=[인간] (의미상 복수))

¶오래된 연인인 그들은 자연스럽게 헤어졌다. ¶두 사람이 헤어진 데는 여러 가지 이유가 있다.

❸(살갗이) 터져 갈라지다. (of skin) Be chapped and split.

㊙트다

N0-가 V (N0=[신체부위])

¶겨울이라 로션을 바르지 않으면 손등이 헤어진다. ¶무엇을 했기에 손가락이 이렇게 헤어졌단 말이냐?

❹(뭉치거나 모여 있던 사물이) 따로따로 떨어지거나 분산되다. (of objects that were clumped or gathered) Be separated or scattered individually.

㊙흩어지다 ㊥엉기다

N0-가 V (N0=[구체물])

¶나는 밥알이 쉽게 헤어지는 쌀을 먹어 본 적이 없다. ¶폭포 주변의 물방울이 공중에서 헤어지고 사라졌다.

헤엄치다

활용 헤엄치어(헤엄쳐), 헤엄치니, 헤엄치고 대응 헤엄을 치다

자타 (사람이나 동물이) 물속에서 팔다리나 지느러미를 움직여 이동하다. (of people or animals) to move in water by moving the arms, legs, or fins.

㊙수영하다

N0-가 N1-(를|에서) V (N0=[인간], [동물] N1=[장소])

¶아이들은 물속을 헤엄치면서 놀고 있었다. ¶물고기가 헤엄치는 모습을 보니 참 신기하다. ¶나는 어렸을 적 개울에서 헤엄치며 놀곤 했다.

헤집다

활용 헤집어, 헤집으니, 헤집고

타 ❶이리저리 찌르고 젖히고 뒤적이다. Rummage, turn over, and poke from place to place.

N0-가 N1-를 V (N0=[인간] N1=[구체물])

¶나는 하릴없이 아궁이를 헤집어 보았다. ¶삽으로 땅을 헤집어 보았지만 나오는 것은 없었다.

❷(여러 사람이 모여 있는 곳을) 비집고 들어가다. Enter by squeezing in where people gathered.

㊙헤치다, 비집다

N0-가 N1-를 V (N0=[인간] N1=인파, 사람들 따위)

ㅎ

¶나는 인파를 헤집고 걸었다. ¶모르는 사람이 허둥대며 우리들 사이로 헤집고 들어왔다.

헤치다

활용 헤치어(헤쳐), 헤치니, 헤치고

자 ❶이리저리 벌리고 젖히고 풀다. Untie, turn over, and open up from place to place.

㊲뒤지다

No-가 N1-를 V (No=[인간] N1=[구체물])

¶나는 종이들을 이리저리 헤치며 그 문서를 찾았다. ¶오랫동안 기른 머리카락을 헤쳐 놓으니 귀신이 따로 없다.

❷(여러 사람이 모여 있는 곳을) 비집고 들어가다. Enter by squeezing in where people gathered.

㊲헤집다

No-가 N1-를 V (No=[인간] N1=인파, 사람들 따위)

¶나는 인파를 헤치고 걸었다. ¶강남 거리는 헤치고도 걷기 어려울 만큼 사람들이 많았다.

❸빽빽한 나무와 풀을 좌우로 물리치다. Push out dense trees or grasses.

No-가 N1-를 V (No=[인간] N1=숲, 밀림)

¶어제 나는 빽빽하게 우거진 숲을 헤치고 등산을 했다.

❹힘든 일을 이겨 나가다. Overcome adversities.

No-가 N1-를 V (No=[인간] N1=역경, 고난)

¶역경을 헤치고 끝까지 가는 사람들이 부럽다.

❺ 덮인 것을 젖혀 드러나게 하다. Reveal something by removing the cover.

No-가 N1-를 V (No=[인간] N1=역경, 고난)

¶그는 옷자락을 헤치고 돈주머니를 나에게 보여주었다.

헷갈리다

활용 헷갈리어(헷갈려), 헷갈리니, 헷갈리고

자 ❶(둘 이상의 대상이) 잘 구별되지 않다. (of two or more objects) Be distinguished barely.

㊲혼동되다

No-와 N1-가 V ↔ N1-와 No-가 V ↔ No-가 N1-와 V (No=[구체물], [추상물] N1=[구체물], [추상물])

¶그 형제는 많이 닮아서 항상 형과 아우가 헷갈린다. ¶처음 보는 모양의 건전지여서 양극과 음극이 헷갈렸다. ¶USB 플러그를 꽂을 때는 위와 아래가 헷갈리는 일이 많다.

No-가 V (No=[구체물], [추상물])

¶이 소설은 전개가 복잡한 작품이어서 사건 순서가 헷갈린다. ¶지리가 많이 변해서 고향 가는 길이 헷갈린다.

❷(정신이) 복잡하고 혼미해지다. (of mind) Be complicated and confused.

No-가 V (No=[마음], 머리, 정신)

¶나는 집안 일로 심란하여 마음이 헷갈렸다. ¶그는 정신이 헷갈려서 자신이 무엇을 하고 있는지도 몰랐다. ¶종규는 여러 가지를 한꺼번에 생각하느라 머리가 헷갈렸다.

헹구다

활용 헹구어(헹궈), 헹구니, 헹구고

타 ❶(어떤 물체를) 물에 넣어 비눗기나 더러운 때가 없어지도록 흔들어 씻다. Wash an object by putting in the water and shaking until soap or dirty grime is removed.

㊲씻다

No-가 N1-를 N2-(에|로) V (No=[인간] N1=[구체물](빨래, 그릇, 채소 따위) N2=[액체](물, 세척액 따위))

¶그는 마지막에 그릇을 모두 흐르는 물로 한번 더 헹구었다. ¶어머니는 상추를 물로 잘 헹구셨다. ¶머리를 잘 헹구지 않았는지 냄새가 났다.

❷(물이나 구강청결제 등을 머금어) 입 안을 가시다. Rinse one's inner mouth by holding water or mouthwash in the mouth.

㊲물로 가시다

No-가 N2-로 N1-를 V (No=[인간] N1=입 N2=[액체](물, 세척액 따위))

¶철수는 답답한지 입 안을 구강청결제로 잘 헹구었다. ¶찬물로 입을 헹구었더니 이가 시리다.

현실화되다

어원 現實化~ 활용 현실화되어(현실화돼), 현실화되니, 현실화되고 대응 현실화가 되다

자 ❶생각하거나 계획했던 것이 실제로 이루어지거나 어떠한 사태가 실제로 일어나다. (of a thought or planned stuff) Become true or (some situation) actually occur.

㊲실현되다, 일어나다

No-가 V (No=[생각](꿈, 계획, 의견 따위), [상태])

능 현실화하다

¶'전화가 무료가 되는 세상'이 점점 현실화될 전망이다. ¶지금의 상태를 제대로 극복하지 못하면 위기가 현실화될 수도 있다.

❷(무엇이) 실제의 사정이나 정세에 맞게 바뀌다. Be changed to actual situation or circumstance.

㊲바뀌다

No-가 V (No=[구체물], [추상물])

능 현실화하다

¶이 제도의 도입으로 직원들의 임금이 상당 수준 현실화될 것이다. ¶풍수해 피해 보상 금액이 현실

화될 전망이다.

현실화시키다

어원 現實化~ 활용 현실화를 시키다

타 ☞'현실화하다'의 오용

현실화하다

어원 現實化~ 활용 현실화하여(현실화해), 현실화하니, 현실화하고 대응 현실화를 하다

타 ❶(원하거나 생각하거나 계획했던 것을) 현실에서 실제로 이루지게 하다. Accomplish a thought or planned stuff in reality.

㊥실현하다, 현실화시키다, 구현하다, 성취하다, 달성하다

N0-가 N1-를 V (N0=[인간|단체] N1=[생각](꿈, 계획, 의견 따위))

피 현실화되다

¶많은 가수들이 꿈을 현실화하지 못하고 사라진다. ¶'페타이어 화분'은 우리 회사 개발과장의 아이디어를 현실화한 것이다. ¶사업본부가 올해 사업 계획을 얼마나 현실화할 수 있을지 의문이다.

❷(무엇을) 현실에 통용되는 실제적 사정이나 여건에 맞게 조정하다. Adjust to be in a right condition or practical circumstance that is in common use.

㊥바꾸다

N0-가 N1-를 V (N0=[인간|단체] N1=[구체물], [추상물])

피 현실화되다

¶현재의 공제 제도를 과감히 개편하여 필요 경비를 대폭 현실화할 필요가 있다. ¶카드사들이 각종 수수료를 현실화하려고 한다.

현존하다

어원 現存~ 활용 현존하여(현존해), 현존하니, 현존하고 대응 현존을 하다

자 현재 살아 있거나 남아 있다. Currently remain or stay alive.

㊥존재하다

N0-가 V (N0=[인간], [집단], 문화재, 문화유산 따위)

¶그 작가는 현존해 있다. ¶그 작가는 현존하는 인물이다. ¶현존하는 문화유산.

※ 주로 '현존하는 N' 형식으로 쓰인다.

혐오하다

어원 嫌惡~ 활용 혐오하여(혐오해), 혐오하니, 혐오하고 대응 혐오를 하다

타 아주 싫어하여 미워할 정도의 감정을 느끼다. Feel animosity due to extreme hatred.

㊥싫어하다타, 미워하다, 증오하다타 ㊦사랑하다, 좋아하다타

N0-가 N1-(를|에 대해) V (N0=[인간|단체] N1=[구체물], [추상물])

¶많은 사람들이 전쟁에 대해 혐오한다. ¶우리는 무능한 정치가들을 혐오하기까지 한다.

N0-가 S것-(을|에 대해) V (N0=[인간|단체])

¶그는 교수들이 골프 치는 것을 혐오한다.

¶서양 사람들은 한국 사람들이 개고기 먹는 것을 혐오한다.

협동하다

어원 協同~ 활용 협동하여(협동해), 협동하니, 협동하고 대응 협동을 하다

자 (둘 이상의 사람이나 단체 따위가) 서로 마음과 힘을 합하다. Collaborate or work together with another person or organization by pooling one's respective strengths.

㊥협력하다, 협조하다자

N0-가 N1-와 서로 V ↔ N1-가 N0-와 V ↔ N0-와 N1-가 서로 V (N0=[인간|단체] N1=[인간|단체])

¶나는 친구는 서로 협동하여 과제를 해결했다. ↔ 친구는 나와 서로 협동하여 과제를 해결했다. ↔ 나와 친구 는 서로 협동하여 과제를 해결했다.

¶마을 주민들이 모두 협동해서 농사를 지었다.

¶우리 서로 협동해서 일하는 것이 어떨까?

협력하다

어원 協力~ 활용 협력하여(협력해), 협력하니, 협력하고 대응 협력을 하다

자 (둘 이상의 사람이나 단체 따위가) 특정한 목적을 이루기 위해 서로 돕다. (of two or more people or organizations) Help one another in order to accomplish a certain goal.

㊥협동하다, 협조하다자 ㊤돕다자

N0-가 N1-와 (서로) N2-에 V ↔ N1-가 N0-와 (서로) N2-에 V ↔ N0-와 N1-가 (서로) N2-에 V (N0=[인간|단체] N1=[인간|단체] N2=[추상물])

¶정부가 기업과 서로 질병 방역에 협력했다. ↔ 기업이 정부와 서로 질병 방역에 협력했다. ↔ 정부와 기업이 서로 질병 방역에 협력했다.

¶서울시가 경찰청과 협력하여 이번 행사를 성공적으로 개최하였다. ¶남북이 좀 더 화해하고 협력하면 통일이 빨리 오지 않을까?

N0-가 N1-와 S데-에 V ↔ N1-가 N0-와 S데-에 V ↔ N0-와 N1-가 S데-에 V (N0=[인간|단체] N1=[인간|단체] N2=[추상물])

¶창원시가 김해시와 이 다리를 놓는 데에 협력했

ㅎ

다. ↔ 김해시가 창원시와 이 다리를 놓는 데에 협력했다. ↔ 창원시와 김해시가 이 다리를 놓는 데에 협력했다.

협박하다

어원 脅迫~ 활용 협박하여(협박해), 협박하니, 협박하고 대응 협박을 하다

타 (다른 사람을) 무서운 말이나 행동으로 겁을 주어 억지로 어떤 일을 하게 하다. Make someone do something against his/her will by intimidating him/her with frightening speech or behavior.

유 위협하다 타

N0-가 N1-를 V (N0=[인간|단체] N1=[인간|단체])

¶그는 운전기사를 협박하여 돈을 빼앗았다. ¶여자는 약점을 잡아 그를 협박하기 시작했다.

N0-가 S다고 N1-를 V (N0=[인간|단체] N1=[인간|단체])

¶그는 유괴한 아이를 죽이겠다고 아이의 가족들을 협박했다. ¶그는 나를 고소하겠다고 협박했다. ¶테러범들은 돈을 주지 않으면 인질들을 죽이겠다고 경찰을 협박했다.

협상하다

어원 協商~ 활용 협상하여(협상해), 협상하니, 협상하고 대응 협상을 하다

자타 (둘 이상의 사람이나 단체 따위가) 어떤 문제를 해결하고 결정하기 위해 의논하다. (of two or more people or organizations) Discuss something in order to solve and decide.

유 교섭하다, 협의하다

N0-가 N2-와 서로 N1-(를|에 대해|를 놓고) V ↔ N2-가 N0-와 서로 N1-(를|에 대해|를 놓고) V ↔ N0-와 N2-가 서로 N1-(를|에 대해|를 놓고) V (N0=[인간|단체] N1=[인간|단체] N2=[금액], [추상물](문제, 일, 계약, 권리 따위), [행위], [상태], [범주])

¶구단이 선수들과 연봉을 협상했다. ↔ 선수들이 구단과 연봉을 협상했다. ↔ 구단과 선수들이 연봉을 협상했다. ¶정부가 인질들의 석방 문제를 테러범들과 협상하고 있다.

N0-가 N1-와 서로 S고 V ↔ N1-가 N0-와 서로 S고 V ↔ N0-와 N1-가 서로 S고 V (N0=[인간|단체] N1=[인간|단체])

¶회사는 직원들과 임금 인상을 3%로 하자고 협상했다. ↔ 직원들은 회사와 금 인상을 3%로 하자고 협상했다. ↔ 회사와 직원들은 금 인상을 3%로 하자고 협상했다. ¶그들은 버스비를 얼마나 올릴지에 대해 협상했다.

협의되다

어원 協議~ 활용 협의되어(협의돼), 협의되니, 협의되고 대응 협의가 되다

자 (둘 이상의 사람이나 단체 따위에 의해서) 어떤 문제가 서로 의논되다. Be discussed by more than two people or groups.

유 협상되다, 논의되다

N0-가 N1-에서 V (N0=[금액], [추상물](문제, 일, 사항, 계약, 권리 따위), [행위], [상태], [범주] N1=[장소], [단체](모임, 회의, 이 사회 따위))

능 협의하다

¶보상 문제가 이사회에서 협의되었다. ¶지금 외교문서의 담을 세부 사항이 협의되고 있다. ¶도박을 한 선수들의 징계 문제가 구단 차원에서 협의되었다.

협의하다

어원 協議~ 활용 협의하여(협의해), 협의하니, 협의하고 대응 협의를 하다

자타 (둘 이상의 사람이나 단체 따위가) 어떤 문제를 서로 의논하다. Discuss (with more than two people or groups).

유 교섭하다, 협상하다

N0-가 N2-와 서로 N1-(를|에 대해) V ↔ N2-가 N0-와 서로 N1-(를|에 대해) V ↔ N0-와 N2-가 서로 N1-(를|에 대해) V (N0=[인간|단체] N1=[인간|단체] N2=[금액], [추상물](문제, 일, 사항, 계약, 권리 따위), [행위], [상태])

피 협의되다

¶이장은 주민들과 대책을 협의했다. ↔ 주민들은 이장과 대책을 협의했다. ↔ 이장과 주민들은 대책을 협의했다. ¶배심원들은 한 시간 동안 사건에 대해 협의했다.

N0-가 N1-와 서로 S기로 V ↔ N1-가 N0-와 서로 S기로 V ↔ N0-와 N1-가 서로 S기로 V (N0=[인간|단체] N1=[인간|단체])

¶수원시는 경주시와 문화 교류 사업을 추진키로 협의했다. ↔ 경주시는 수원시와 문화 교류 사업을 추진키로 협의했다. ↔ 수원시와 경주시는 문화 교류 사업을 추진키로 협의했다. ¶한국과 일본은 정책 공조를 강화하기로 협의했다. ¶우리는 국제 교류 음악 행사를 함께 진행하기로 협의했다.

협조하다

어원 協助~ 활용 협조하여(협조해), 협조하니, 협조하고 대응 협조를 하다

자 (사람이나 단체가) 어떤 일에 힘을 보태어 돕다. (of a person or an organization) Help with

ㅎ

some task by adding force.
㊌협력하다, 돕다[자]
N0-가 N1-(에|에게) V (N0=[인간|단체] N1=[인간|단체], [사건], [현상], [행위])
¶의사들이 수사에 적극 협조했다. ¶우리 일에 협조해 주셔서 감사합니다.
N0-가 (S것|S데)-에 V (N0=[인간|단체])
¶여러분 모두가 쓰레기를 줄이는 데 협조해 주십시오. ¶이 사업을 추진하는 데 적극 협조해 주시기 바랍니다.
[타](사람이나 단체가) 어떤 일에 필요한 것을 제공하여 돕다. (of a person or an organization) Help with some task by adding force.
㊌지원하다
N0-가 N2-(에|에게) N1-를 V (N0=[인간|단체] N1=[구체물], [추상물], [행위] N2=[인간|단체], [사건], [현상], [행위])
¶나는 수재민들에게 필요한 식량을 적극 협조하겠노라고 약속했다. ¶이번 마라톤 대회에 경찰 인력을 협조해 주십시오. ¶우리 회사에서 병원에 검사용 장비를 협조해 줄 것이다.
N0-가 (S것|S데)-에 N1-를 V (N0=[인간|단체] N1=[구체물], [추상물], [행위])
¶나는 수해 현장을 복구하는 데에 필요한 장비를 적극 협조하겠노라고 약속했다. ¶이번 사업을 추진하는 데에 필요한 기술과 인력을 협조해 주셔서 감사합니다.
N0-가 N1-와 (서로) V ↔ N1-가 N0-와 (서로) V ↔ N0-와 N1-가 (서로) V (N0=[인간|단체] N1=[인간|단체])
¶우리 정부는 중국 정부와 협조하기로 했다. ↔ 중국 정부는 우리 정부와 협조하기로 했다. ↔ 우리 정부와 중국 정부는 협조하기로 했다.
¶검찰과 경찰이 서로 협조하여 사건을 해결해야 한다. ¶한국과 일본이 협조하여 2002 월드컵 대회를 훌륭하게 치렀다.

협찬받다

[어원]協贊~ [활용]협찬받아, 협찬받으니, 협찬받고 [대응]협찬을 받다
[타](운동팀이나 행사, 영화, 공연 따위가) 광고나 홍보에 대한 대가로 그 광고나 홍보의 혜택을 받는 개인이나 단 체, 기업에게 돈이나 상품, 장소 따위를 제공받다. (person or company, event, etc.) Be offered money, good, venue, etc. from another person or company (in exchange for advertising or publicity).
㊌후원받다 ㊇협찬하다
N0-가 N1-를 N2-(에게|에게서|에서) V (N0=[인간|단체], [행사], 영화, 드라마 따위[N1=[구체물], [장소], [비용] N2=[인간|단체])
¶국가 대표팀은 우리 회사에서 축구화를 협찬받고 있다. ¶이 행사는 체육회에게 장소를 협찬받았다. ¶이번 공연은 여러 회사로부터 각종 소품을 협찬받았다.
N0-가 N1-(에게|에게서) V (N0=[행사], 영화, 드라마 따위 N1=[인간|단체])
¶이 행사는 여러 회사에게 협찬받고 있다. ¶이번 행사는 대기업에게서 협찬받는다.

협찬하다

[어원]協贊~ [활용]협찬하여(협찬해), 협찬하니, 협찬하고 [대응]협찬을 하다
[타](개인, 단체, 기업이) 운동팀이나 행사, 영화, 공연 따위에 광고 또는 홍보의 대가로 돈이나 상품, 장소 따위를 제공하다. (of an individual, an organization, or a firm) Offer money, prizes, venues, etc. in return for advertisement or promotion.
㊌후원하다 ㊇협찬받다
N0-가 N1-를 N2-(에게|에) V (N0=[인간|단체] N1=[구체물], [장소], [비용] N2=[인간|단체], [행사], 영화, 드라마 따위)
¶나는 행사 때마다 학교에 스카프와 손수건을 협찬했다. ¶우리 회사가 이번 대회에 필요한 장소를 협찬하기로 했다. ¶의류 기업들이 이 행사에 참여하는 배우들의 의상을 협찬한다고 한다.
N0-가 N1-를 V (N0=[인간|단체] N1=[행사], 영화, 드라마 따위)
¶여러 회사가 한국의 밤 행사를 협찬하고 있다. ¶이번 행사는 교육부가 주최하고 대기업들이 협찬한다.

형상화되다

[어원]形象化~ [활용]형상화되어(형상화돼), 형상화되니, 형상화되고 [대응]형상화가 되다
[자](추상적이던 것이) 어떤 방법이나 매체를 통해 뚜렷한 형상으로 나타나게 되다. (of something abstract) Be given a clear form by a method or a medium.
N0-가 N1-로 V (N0=[추상물] N1=[구체물])
[능]형상화하다
¶그의 회화에서 사랑의 이미지는 선과 색깔을 통하여 형상화된다. ¶왜곡된 여성의 이미지는 서양 회화 속에서 관능적인 모습으로 형상화됐

ㅎ

다. ¶다윗을 통한 신앙의 회복은 솔로몬을 통해 성전으로 형상화됐다.

형상화시키다

어원 形象化~ 활용 형상화시켜, 형상화시키니, 형상화시키고 대응 형상화를 시키다
☞'형상화하다'의 오용

형상화하다

어원 形象化~ 활용 형상화하여(형상화해), 형상화하니, 형상화하고 대응 형상화를 하다
타 (사람이 추상적이던 것을) 어떤 방법이나 매체를 통해 뚜렷한 형상으로 나타나게 하다. (of a person) Give something abstract a clear form by means of a method or a medium.
유 이미지화시키다
N0-가 N1-를 N2-로 V (N0=[인간] N1=[추상물], [구체물] N2=[추상물])
피 형상화되다
¶화가는 작가의 초상을 감수성 많은 청년의 이미지로 형상화했다. ¶한 조각가는 현대인들의 모습을 사람과 동물이 뒤섞인 반인반수의 모양으로 형상화했다. ¶작가는 유럽인과 비유럽인 간의 여러 갈등과 사건을 소설로 형상화했다.

호도되다

어원 糊塗~ 활용 호도되어(호도돼), 호도되니, 호도되고 대응 호도가 되다
자 (사실이나 본질 따위가) 감추어지거나 덮여서 흐지부지되거나 불분명해지다. (of truth or essence of the matters) Be hidden or concealed, becoming unclear or fizzling out.
유 왜곡되다
N0-가 N1-에 의해 V (N0=[사건], [역사], 본질 따위 N1=[인간|단체])
능 호도하다
¶이번 사건은 언론에 의해서 호도되고 있다. ¶그 일의 진정성이 몇몇 사람에 의해서 호도되었다. ¶우리의 의도가 회사에 의해 호도되고 있어서 걱정이다.
N0-가 S다고 V (N0=[사건], [역사], 본질 따위)
능 호도하다
¶이번 사건이 정치적 의도가 있다고 호도되고 있다. ¶그들의 자발적인 참여가 특정 집단에 의해서 야기되었다고 호도되었다.

호도하다

어원 糊塗~ 활용 호도하여(호도해), 호도하니, 호도하고 대응 호도를 하다
타 (사실이나 본질 따위를) 감추거나 덮어서 흐지부지하거나 불분명하게 만들다. Hide or conceal (truth or essentials) to make it unclear and fizzled out.
유 은폐하다
N0-가 N1-를 V (N0=[인간|단체] N1=[사건], [역사], 본질 따위)
피 호도되다, 왜곡하다
¶용의자는 사건의 진상을 호도하고 있다. ¶언론들이 현실을 호도하는 사회는 생각하기도 싫습니다.
N0-가 S다고 V (R1) (N0=[인간|단체])
피 호도되다
¶여당은 이번 사건(이|을) 야당의 꼼수라고 호도하고 있다.(R1) ¶여당은 이번 사건을 야당의 꼼수라고 호도하고 있다.

호소하다 I

어원 呼訴~ 활용 호소하여(호소해), 호소하니, 호소하고 대응 호소를 하다
자 (일을 수행하기 위해) 어떤 수단이나 방법을 이용하거나 사용하다. Make use of a method or a way in order to carry out a work.
유 이용하다, 사용하다
N0-가 N1-에 V (N0=[인간], [집단] N1=무력, 폭력 따위)
¶이슬람 과격파는 자신의 뜻을 알리기 위해 무력에 호소했다. ¶바라는 바를 이루기 위해 폭력에 호소하는 것은 옳지 않다.
재타 ❶(도움을 받기 위해) 억울하고 어려운 사정을 다른 사람에게 강하게 하소연하다. Make a strong appeal to another person about an unfair, difficult situation in order to get some help.
유 하소연하다
N0-가 N2-(에|에게) N1-를 V (N0=[인간], [집단] N1=선처, 슬픔, 사정 따위 N2=[인간], [집단])
¶그는 자신의 억울함을 강조하며 판사에게 선처를 호소하였다. ¶유가족들은 불의의 사고로 가족을 잃은 슬픔을 시민들에게 호소하였다. ¶힘없는 백성들은 자신들의 사정을 호소할 곳도 없었다.
N0-가 N1-(에|에게) S고 V (N0=[인간], [집단] N1=[인간], [집단])
¶그는 자신의 억울함을 강조하며 판사에게 선처해 달라고 호소하였다. ¶지도자는 올해까지만 국민들에게 어려움을 참아달라고 호소했었다.
❷(도움을 받기 위해) 억울하고 어려운 사정을 공공 기관에 공식적으로 하소연하다. Make an official appeal to the public office about an unfair, difficult situation in order to get some

help.
㊎하소연하다
N0-가 N2-에 N1-를 V (N0=[인간], [집단] N1=[단체] N2=[인간], [집단])
¶유가족들은 불의의 사고로 가족을 잃은 슬픔을 정부에 호소하였다. ¶이 사건을 관련 정부기관에 호소하는 수밖에 없다.
N0-가 N1-(에|에게) S고 V (N0=[인간], [집단] N1=[인간], [집단])
¶노점 운영자들은 최근 하루 매상이 절반으로 떨어졌다고 시청에 호소했다. ¶시민들은 넘치는 오염 물질을 치워달라고 구청에 호소하다.
❸(다른 사람에게) 고통에서 벗어나게 도와줄 것을 강하게 설득하다. (of a person) Persuade strongly another person to help him or her get out of his or her dilemma.
㊎하소연하다
N0-가 N2-(에|에게) N1-를 V (N0=[인간] N1=두통, 갈증, 통증 따위 N2=[인간])
¶나는 의사에게 끊임없는 두통을 호소했다. ¶환자들은 의식을 잃기 전 허리 통증을 의사에게 호소하였다.
N0-가 N1-(에|에게) S고 V (N0=[인간] N1=[인간])
¶나그네는 지나가는 아낙네에게 목이 너무 마르다고 호소하였다. ¶환자들은 의식을 잃기 전 머리가 아팠다고 의사에게 호소하였다.

호소하다 II

어원 號召~ 활용 호소하여(호소해), 호소하니, 호소하고 대응 호소를 하다
타 (다른 사람에게) 어떤 일을 말하여 다른 사람의 마음을 움직이다. (of a person) Tell another person an incident so that his or her heart is moved.
㊎설득하다
N0-가 N1-를 N2-에게 V (N0=[인간|단체] N1=지지, 관심, 사용 따위 N2=[인간|단체])
¶그는 시민들에게 자기가 속해 있는 정당에 대한 지지를 호소했다. ¶정부는 나라 경제를 위해 국민들에게 국산품 사용을 호소했지만 효력이 없었다. ¶그 나라는 독립을 요구하며 국제 사회의 관심을 호소하고 있다.
N0-가 S것-을 N1-에게 V (N0=[인간|단체] N1=[인간|단체])
¶정부는 국민들에게 국산품을 사용할 것을 호소했지만 효력이 없었다. ¶선거관리위원회는 국외 거주 한국인들에게 투표에 참여해 줄 것을 호소했다.

호응하다

어원 呼應~ 활용 호응하여(호응해), 호응하니, 호응하고 대응 호응을 하다
자 ❶(다른 사람의 말이나 어떤 일에) 적극적 반응을 보이다. Show an active response to another's words or work.
㊎따르다I 자, 반응하다
N0-가 N1-에 V (N0=[인간|단체] N1=[구체물], [추상물])
¶국가의 지도자들은 국민들의 요구에 호응해야 한다. ¶점차 더 많은 시민들이 정부의 환경 정책에 호응하고 있다.
❷(사람이나 단체가) 서로 적극 어울려 협조하다. (of people or organizations) Cooperate actively with each other.
㊎협조하다 자, 협력하다
N0-가 N1-와 V ↔ N1-가 N0-와 V ↔ N0-와 N1-가 V (N0=[인간|단체] N1=[인간|단체])
¶미국은 한국 정부와 호응하여 서울 수복전에 참가하였다. ↔ 한국 정부는 미국과 호응하여 서울 수복전에 참가하였다. ↔ 미국과 한국 정보는 호응하여 서울 수복전에 참가하였다. ¶각 지역의 환경운동가들이 서로 호응하여 일회용 컵 사용 줄이기에 앞장섰다.
❸ 【언어】 어떤 말이 다른 말과 문법적으로 어울려 쓰이다. (of a word) Have grammatical concord with another word.
N0-가 N1-와 V ↔ N1-가 N0-와 V ↔ N0-와 N1-가 V (N0=[말] N1=[말])
¶'결코'는 부정 표현과 호응하여 쓰인다. ↔ 부정 표현은 '결코'와 호응하여 쓰인다. ↔ '결코'와 부정 표현은 호응하여 쓰인다. ¶주어와 서술어가 호응하지 않으면 문장이 어색하다.

호전되다

어원 好轉~ 활용 호전되어(호전돼), 호전되니, 호전되고 대응 호전이 되다

자 상황이나 상태가 좋게 되다. (of a situation or condition) Become better.
㊎낫다, 양호해지다, 나아지다
N0-가 V (N0=[상태], [상황])
사 호전시키다
¶그의 병세가 점차 호전되어 갔다. ¶경제 사정이 호전되면 국민의 불안이 해소될 것이다. ¶투자 심리가 호전되어 주식시장 분위기가 좋아졌다.

호전시키다

어원好轉~ 활용호전시켜, 호전시키니, 호전시키고 대응호전을 시키다
타상황이나 상태를 좋게 하다. Make a situation or condition better.
㊥낫게 하다, 양호하게 하다
N0-가 N1-를 V (N0=[인간|단체], [행위], [방법] N1=[상황], [상태])
주호전되다
¶여성호르몬요법은 폐경기 여성의 삶의 질을 호전시킨다. ¶그리스는 불경기로 타격을 받은 경제를 호전시키려고 노력 중이다. ¶그러한 인사치레는 좌중의 분위기를 호전시키기도 한다.

호출하다
어원呼出~ 활용호출하여(호출해), 호출하니, 호출하고 대응호출을 하다
타❶(사람을) 어떤 장소로 오도록 불러내다. Call a person to come to some place.
㊥부르다, 불러내다
N0-가 N1-를 N2-(에|로) V (N0=[인간] N1=[인간] N2=[장소])
¶환자가 간호사를 병실에 호출했다. ¶사장님은 주말에도 직원들을 회사로 호출해 같이 운동하자고 했다. ¶오 반장은 박 형사를 경찰서로 호출했다.
❷ 【법률】 법원이나 검찰, 경찰이 사건의 혐의자나 참고인 따위를 지정한 장소로 조사하기 위하여 불러들이다. (of court, prosecutor, or police) Call in a suspect, a witness, etc., to the designated place for investigation.
㊥소환하다
N0-가 N1-를 N2-로 V (N0=[기상](법원, 검찰, 경찰 따위) N1=[인간](참고인, 피고인, 실무자, 관계자 따위) N2=[장소])
¶검찰은 사건 관계인을 서울서부지검으로 호출했다. ¶검찰이 회계 담당 실무자들을 사무실로 호출했다.

호흡하다
어원呼吸~ 활용호흡하여(호흡해), 호흡하니, 호흡하고 대응호흡을 하다
자다른 사람과 함께 일을 하는 중에 조화를 이루다. Harmonize with another person while working together.
㊥함께하다
N0-가 N1-와 V (N0=[인간] N1=[인간])
¶촬영 현장에 있던 출연자들은 광장에 나와 시청자와 함께 호흡했다. ¶유럽에서 공연한 가수들은 현지의 젊은 주민들과도 호흡했다. ¶그는 돌출된 무대에 서서 관객들과 보다 가까이 호흡했다.
타(사람이나 동물이) 숨이나 공기를 들이쉬고 내쉬다. (of a person or an animal) Inhale and exhale air.
㊥숨쉬다
N0-가 N1-를 V (N0=[인간|동물] N1=[기체](공기, 산소 따위))
¶지상으로 나온 그들은 제일 먼저 신선한 공기를 호흡했다. ¶고래는 폐로 공기 속에 있는 산소를 호흡한다.

혼나다
어원魂~ 활용혼나, 혼나니, 혼나고 대응혼이 나다
자❶(매우 놀라거나 힘들어서) 정신이 나갈 것 같은 상태가 되다. (of a person) Come to a state of madness due to extreme surprise or difficulty.
N0-가 S-(어서|느라고) V (N0=[인간|단체])
¶늦은 밤에 무서워서 혼났다. ¶배고파서 혼났네.
※평서문으로 사용될 때 대체로 주어(N0)는 1인칭 (화자)으로 한정된다.
❷호된 꾸지람을 듣거나 벌을 받다. Be severely scolded or be punished.
㊥야단맞다
N0-가 N1-에게 V (N0=[인간], [동물] N1=[인간|단체])
사혼내다
¶철수가 선생님에게 심하게 혼났다. ¶그는 아버지에게 혼나서 울고 있는 동생을 달래 주었다.

혼내다
어원魂~ 활용혼내어(혼내), 혼내니, 혼내고 대응혼을 내다
자타호된 꾸지람을 하거나 벌을 주다. Severely scold or punish.
㊥꾸짖다자타, 야단치다
N0-가 N1-(에게|를) S고 V (N0=[인간|단체] N1=[인간])
주혼나다
¶선생님은 학생에게 다시는 그런 일이 하지 말라고 혼냈다. ¶어머니는 아이에게 왜 그런 일을 했느냐고 혼냈다.
N0-가 N1-를 V (N0=[인간|단체] N1=[인간], [동물])
주혼나다
¶선생님이 장난을 친 학생들을 불러서 혼냈다. ¶부모가 아이를 혼내지 않고 키운다면 버릇이

ㅎ

없어질 수 있다. ¶동생을 심하게 혼냈더니 크게 울어서 부모님에게 오히려 내가 혼이 났다.

혼동되다

어원 混同~ 활용 혼동되어(혼동돼), 혼동되니, 혼동되고 대응 혼동이 되다

자 (둘 이상의 대상이) 구별되지 않고 뒤섞여 인식되다. (of two or more objects) Be mistaken in a jumble, not being distinguished from each other.

유 헷갈리다 반 분간되다, 구별되다

N0-와 N1-가 V ↔ N1-와 N0-가 V ↔ N0-가 N1-와 V (N0=[구체물], [추상물] N1=[구체물], [추상물])

능 혼동하다

¶일반인들에게는 두꺼비와 참개구리가 혼동되었다. ↔ 일반인들에게는 참개구리와 두꺼비가 혼동되었다. ↔ 일반인들에게는 두꺼비가 참개구리와 혼동되었다. ¶이 전시장은 입구와 출구가 혼동되어 관객이 불편해 한다.

N0-가 N1-로 N2-에게 V (N0=[구체물], [추상물] N1=[구체물], [추상물] N2=[인간|단체])

능 혼동하다

¶학생들에게 교과서가 참고서로 혼동되지 않게 표지 디자인을 분명히 해야 한다. ¶아무리 전화 음질이 나쁘다 한들 남자 목소리가 여자 목소리로 혼동될 리가 있겠느냐? ¶지하철 승객들에게 신촌역이 신천역으로 혼동되는 경우가 흔히 있다.

N0-가 N1-에게 V (N0=[구체물], [추상물] N1=[인간|단체])

능 혼동하다

¶나에게는 이 표지판의 안내하는 방향이 혼동된다. ¶길이 혼동되지 않게 지도를 잘 확인하고 출발합시다.

혼동하다

어원 混同~ 활용 혼동하여(혼동해), 혼동하니, 혼동하고 대응 혼동을 하다

타 (둘 이상의 대상을) 잘못 알아 뒤섞어 생각하다. Get mixed up about two or more objects, unable to recognize them.

유 헷갈리게 하다 반 구별하다, 분간하다

N0-가 N1-와 N2-를 V ↔ N0-가 N2-와 N1-를 V ↔ N0-가 N1-를 N2-와 V (N0=[인간|단체] N1=[구체물], [추상물] N2=[구체물], [추상물])

피 혼동되다

¶우리는 쌍둥이 형과 아우를 항상 혼동한다. ↔ 우리는 쌍둥이 아우와 형을 항상 혼동한다. ↔ 우리는 쌍둥이 형을 아우와 항상 혼동한다. ¶나는 찹쌀과 멥쌀을 혼동하는 바람에 그만 떡을 망쳤다. ¶그 피의자는 드라마와 현실을 혼동하여 범죄를 저지른 것으로 분석되었다.

N0-가 N1-를 N2-로 V (N0=[인간|단체] N1=[구체물], [추상물] N2=[구체물], [추상물])

피 혼동되다

¶나는 자동차의 작은 고장을 큰 고장으로 혼동하여 불필요하게 수리 비용을 많이 들였다. ¶영수는 스페인어를 포르투갈어로 혼동한 적이 있다고 하였다.

N0-가 N1-를 V (N0=[인간|단체] N1=[구체물], [추상물])

피 혼동되다

¶나는 사람 얼굴을 혼동하는 일이 많다. ¶음식 맛을 일정하게 유지하려면 재료의 비율을 혼동해서는 안 된다.

혼인하다

어원 婚姻~ 활용 혼인하여(혼인해), 혼인하니, 혼인하고 대응 혼인을 하다

자 남자와 여자가 부부가 되어 가정을 이루다. Start a family by becoming husband and wife.

유 결혼하다

N0-가 N1-와 V ↔ N1-가 N0-와 V ↔ N0-와 N1-가 V (N0=[인간] N1=[인간])

사 혼인시키다

¶그녀는 교수와 혼인했다. ↔ 교수는 그녀와 혼인했다. ↔ 그녀와 교수는 혼인했다. ¶외국인이 시민권자와 혼인하고 영주권을 신청해 왔다.

혼합되다

어원 混合~ 활용 혼합되어(혼합돼), 혼합되니, 혼합되고 대응 혼합이 되다

자 ❶(어떤 것이 다른 것과) 한곳에 섞여 합쳐지다. (of something) Be mixed with another thing.

유 뒤섞이다, 섞이다, 합성되다, 합쳐지다

N0-가 N1-(에|와) V ↔ N1-가 N0-(에|와) V ↔ N0-와 N1-가 V (N0=[모두] N1=[모두])

능 혼합하다

¶쌀이 보리와 혼합되었다. ↔ 보리가 쌀과 혼합되었다. ↔ 쌀과 보리가 혼합되었다. ¶이 아이스크림은 초콜릿 맛과 바닐라 맛이 혼합되어 있다.

N0-가 V (N0=[모두])

능 혼합하다

¶이 영화에는 여러 가지 장르가 혼합되어 있다. ¶비빔밥은 여러 가지 음식 재료가 혼합된 음식이다.

❷ [화학] 어떤 물질이 다른 물질과 화학적인 결합이 없이 섞이다. (of some matter) Be mixed

with another matter without chemical combination.
N0-가 N1-와 V ↔ N1-가 N0-와 V ↔ N0-와 N1-가 V (N0=[구체물] N1=[구체물])
[능]혼합하다
¶물이 기름과 혼합되었다. ↔ 기름이 물과 혼합되었다. ↔ 물과 기름이 혼합되었다. ¶이 차에는 경유와 휘발유가 혼합된 연료가 필요하다. ¶공기는 산소와 질소 등이 혼합된 것이다.
N0-가 V (N0=[구체물])
[능]혼합하다
¶이 병 안에는 두 가지 액체가 혼합되어 있어 있다. ¶혼합된 기체는 위험할 수 있으니 조심해야 한다.

혼합하다

[어원]混合~ [활용]혼합하여(혼합해), 혼합하니, 혼합하고 [대응]혼합을 하다
[타]❶(어떤 것을 다른 것과) 한곳에 섞어서 합치다. Mix something with another thing.
[유]뒤섞다, 섞다, 합성하다, 합치다
N0-가 N1-를 N2-와 V ↔ N0-가 N1-를 N2-에 V ↔ N0-가 N1-와 N2-를 V ↔ N0-가 N1-에 N2-를 V (N0=[인간|단체], [기계] 따위 N1=[모두] N2=[모두])
[피]혼합되다
¶경수가 빨간색을 노란색과 혼합했다. ↔ 경수가 빨간색을 노란색에 혼합했다. ↔ 경수가 빨간색과 노란색을 혼합했다. ↔ 경수가 빨간색에 노란색을 혼합했다. ¶콘크리트는 모래와 자갈을 시멘트와 혼합하여 만든다.
N0-가 N1-를 V (N0=[인간|단체], [기계] 따위 N1=[모두])
[피]혼합되다
¶두 사람의 아이디어를 혼합하면 더 좋은 안이 나올 텐데요. ¶손질한 재료를 큰 그릇에 담아 혼합해 주세요.
❷ [화학] 어떤 물질을 다른 물질과 화학적인 결합이 없이 섞다. Mix some matter with another matter without chemical combination.
N0-가 N1-를 N2-와 V ↔ N0-가 N1-를 N2-에 V ↔ N0-가 N1-와 N2-를 V ↔ N0-가 N1-에 N2-를 V (N0=[인간|단체], [기계] 따위 N1=[구체물] N2=[구체물])
[피]혼합되다
¶기영이는 물을 알코올과 혼합했다. ↔ 기영이는 물을 알코올에 혼합했다. ↔ 기영이는 물과 알코올을 혼합했다. ↔ 기영이는 물에 알코올을 혼합했다. ¶철과 구리를 혼합해서 합금을 얻을 수 있다. ¶천연섬유와 화학섬유를 혼합하면 더 가볍고 질긴 섬유가 된다.
N0-가 N1-를 V (N0=[인간|단체], [기계] 따위 N1=[구체물])
[피]혼합되다
¶그는 몇 가지 물질을 그릇에 담아 혼합했다. ¶실험실에서 기체를 혼합할 때는 반드시 안전하게 해야 한다.

홀리다 I

[활용]홀리어(홀려), 홀리니, 홀리고
[자](유혹 따위에) 마음을 빼앗겨 정신이 흐려지다. Be clouded in mind by falling into temptation.
[유]반하다, 빠지다II, 매료되다, 매혹되다, 미치다
N0-가 N1-(에|에게) V (N0=[인간] N1=[인간], [행위], [텍스트] 따위)
[능]홀리다II
¶동네 총각들이 처녀귀신에게 홀려 버렸다. ¶사람들이 그 소설에 모두 홀려 버린 것 같았다. ¶관객들은 그녀의 연기에 완전히 홀렸다.

홀리다 II

[활용]홀리어(홀려), 홀리니, 홀리고
[타](유혹 따위로) 정신을 차리지 못하게 하다. Inhibit from recovering consciousness by tempting.
[유]유혹하다, 정신을 빼앗다, 매료시키다, 매혹하다, 미치게 하다
N0-가 N1-를 V (N0=[귀신], [인간], [행위] N1=[인간])
[피]홀리다I
¶지하철 반대편 의자에 앉아 있는 소녀가 나를 홀렸다. ¶발레 무용수의 춤동작이 모든 청중들을 홀렸다.

홍보되다

[어원]弘報~ [활용]홍보되어(홍보돼), 홍보되니, 홍보되고 [대응]홍보가 되다
[자](남들이 알아주었으면 하는 것이) 여러 수단을 통해 널리 알려지다. (of things that one wants others to know about) Be widely known by various means.
[유]광고되다, 알려지다
N0-가 N1-(에|에게) V (N0=[구체물], [추상물] N1=[인간|단체])
[능]홍보하다
¶우리 회사의 신제품이 소비자들에게 소문을 통해 홍보되고 있다. ¶그들은 자신들의 영화가 방송을 통해 국민들에게 홍보되기를 원했다.
N0-가 S고 N1-(에|에게) V (N0=[구체물], [추상물]

ㅎ

N1=[인간|단체])
능 홍보하다
¶이번 조세 제도 개혁은 세금을 줄이기 위한 것이라고 국민들에게 홍보되었다. ¶이번 신제품은 기존 제품보다 무려 두 배나 빠르다고 소비자들에게 홍보되고 있다.

홍보하다

어원 弘報~ 활용 홍보하여(홍보해), 홍보하니, 홍보하고 대응 홍보를 하다
자타 (남들이 알아주었으면 하는 것을) 여러 수단을 통해 널리 알리다. Make things that one wants to promote widely known by various means.
유 광고하다, 알리다
N0-가 N1-(를|에 대해) N2-(에|에게) V (N0=[인간|단체] N1=[구체물], [추상물] N2=[인간|단체])
피 홍보되다
¶우리 회사는 구인 광고를 내면서 구직자들에게 회사의 특징을 홍보했다. ¶거리에서 시민들에게 연기자들이 새 연극을 홍보하고 있었다. ¶홍보실 직원들은 올해 신제품에 대해 소비자들에게 열심히 홍보했다.
N0-가 S고 N1-(에|에게) V (N0=[인간|단체] N1=[인간|단체])
피 홍보되다
¶정부는 국민들에게 국산품을 애용하자고 홍보했다. ¶거리의 약장수들이 구경꾼들에게 자기가 파는 약이 모든 병을 낫게 한다고 홍보하였다.
N0-가 S것-을 N1-(에|에게) V (N0=[인간|단체] N1=[인간|단체])
피 홍보되다
¶기획사는 외국 유명 가수가 한국을 방문한다는 것을 음악 애호가들에게 홍보하고 있었다. ¶정부는 경제 지표가 나아지고 있다는 것을 국민들에게 홍보하였다.

화나다

어원 火~ 활용 화나, 화나니, 화나고 대응 화가 나다
자 (어떤 대상이나 일이 몹시 언짢거나 못마땅하여) 불쾌한 감정이 일어나다. Feel unpleasant, because one is displeased and unhappy with an object or a situation.
유 성나다, 분노하다
N0-가 N1-에 V (N0=[인간] N1=[행위])
¶그녀는 점원의 불친절한 태도에 화났다. ¶친구에게 화난 얼굴로 그는 친구의 말을 가로막고 나섰다.
N0-가 N1-에게 V (N0=[인간] N1=[인간])
¶명수가 나에게 화난 이유를 모르겠다. ¶나에게 화난 여자는 마구 소리를 질렀다.
N0-가 S것-에 V (N0=[인간])
¶아이가 거짓말하는 것에 화난 엄마는 큰소리를 쳤다. ¶그녀는 남자친구가 약속을 미룬 것에 화난 것을 애써 숨기려 했다.

화내다

어원 火~ 활용 화내어(화내), 화내니, 화내고 대응 화를 내다
자 (어떤 대상이나 일이 몹시 언짢거나 못마땅하여) 불쾌한 감정을 드러내다. Demonstrate unpleasant feeling, because one is displeased and unhappy with an object or a situation
유 성내다, 격노하다, 분노하다
N0-가 N1-에|로 V (N0=[인간] N1=[사건](일, 잘못, 실수, 거짓말 따위))
¶그는 작은 실수에도 쉽게 화내는 사람이다. ¶엄마는 아들의 거짓말에 크게 화내며 혼을 냈다.
N0-가 N1-에게 V (N0=[인간] N1=[인간])
¶명수는 나에게 화낸 것을 뉘우치며 사과했다. ¶엄마는 아들에게 소리치며 화낸 것을 후회했다.
N0-가 S것-에 V (N0=[인간])
¶영희는 병수가 짓궂은 농담을 하는 것에 화내며 나가 버렸다. ¶엄마는 아들이 거짓말을 하는 것에 화내며 혼을 냈다.

화장하다 I

어원 化粧~ 활용 화장하여(화장해), 화장하니, 화장하고 대응 화장을 하다
자 얼굴에 화장품을 바르거나 문질러 아름답게 꾸미다. Apply or rub cosmetics onto one's face to make it beautiful.
유 꾸미다
N0-가 V (N0=[인간])
¶요즘엔 아이들이 어린 나이일 때부터 어른스럽게 꾸미고 화장한다. ¶그녀는 햇빛에 타고 거칠어진 피부가 하얗게 보이도록 화장했다. ¶많은 사람들이 자신 없는 민얼굴을 보이기 싫어 습관적으로 화장한다.

화장하다 II

어원 火葬~ 활용 화장하여(화장해), 화장하니, 화장하고 대응 화장을 하다
타 (시체를) 불에 태워 장사를 지내다. Have a funeral by burning a dead body.
N0-가 N1-를 V (N0=[인간] N1=시체, 시신 따위)
¶유족들은 아버지의 시신을 화장했다. ¶화장터에서 화장하는 동안 우리는 조용히 기다렸다.

화합하다 I

[어원]和合~ [활용]화합하여(화합해), 화합하니, 화합하고 [대응]화합을 하다

[자](사람이나 단체가) 서로 뜻을 모아 화목하게 어울리다. (of people or organizations) Get along amicably, understanding each other.

[유]어울리다, 화해하다, 합쳐지다

N0-가 N1-와 (서로) V (N0=[인간|단체] N1=[인간|단체])

¶전회 우승자와 금회 우승자는 각각 바이올린과 기타를 연주하며 화합했다. ¶그는 친구의 말에 감동을 받고 다시 친구와 화합했다. ¶서울올림픽을 통해 미국과 소련은 올림픽기 아래에서 화합했다.

화합하다 II

[어원]化合~ [활용]화합하여(화합해), 화합하니, 화합하고

[자] 【화학】 (둘 또는 그 이상의 화학물이) 서로 결합하여 본래의 성질을 잃어버리고 새로운 성질을 가진 화학물이 되다. (of two or more chemical species) Combine together to make up a new chemical species, losing their original characteristics.

N0-가 N1-와 (서로) V (N0=[무생물](원소 따위) N1=[무생물](원소 따위))

¶두 가지 이상의 물질이 화합하여 생성된 성질이 전혀 다른 순수한 물질을 화합물이라고 한다. ¶수소와 산소가 화합하여 물이 만들어진다.

화해되다

[어원]和解~ [활용]화해되어(돼), 화해되니, 화해되고 [대응]화해가 되다

[자]☞ 화해하다

화해하다

[어원]和解~ [활용]화해하여(화해해), 화해하니, 화해하고 [대응]화해를 하다

[자]다툼이나 분쟁을 끝내고, 좋지 않던 감정을 서로 풀고 이해하다. End arguments or disputes, resolving bad feelings and understanding each other.

[유]화합하다 [반]반목하다

N0-가 N1-와 V ↔ N1-가 N0-와 V ↔ N0와 N1가 V (N0=[인간|단체], [추상물], [개념](신념 따위) N1=[인간|단체], [추상물], [개념](신념 따위))

[사]화해시키다

¶정부의 노력으로 회사 측이 노조 측과 화해했다. ↔ 정부의 노력으로 결국 노조 측이 회사 측과 화해했다. ↔ 정부의 노력으로 회사 측과 노조 측이 화해했다. ¶자연과학과 신앙은 화해할 수 없는 대립점 속에 있지 않다. ¶자신들이 지은 잘못을 뉘우치고 사과할 때라야 모두가 화해할 수 있습니다.

확대되다

[어원]擴大~ [활용]확대되어(확대돼), 확대되니, 확대되고 [대응]확대가 되다

[자]❶(미세하거나 작은 물체 따위가) 늘어나서 크게 보이다. (of a minute or small object) Look bigger due to zoom-in.

[유]확장되다, 커지다 [반]축소되다, 작아지다

N0-가 N1-로 V (N0=미생물, 세포, 원자, 분자, 결정 따위 N1=[기기](현미경, 돋보기 따위))

[능]확대하다

¶세포는 이 정도 현미경으로 확대된다. ¶글자가 돋보기 기능으로 확대되면 읽기가 편하다.

❷(모양, 규모, 범위 따위가) 늘어나서 커지다. (of a shape, size, and range) Become bigger due to stretching or extension.

[유]확장되다, 커지다 [반]축소되다, 줄어들다, 감소하다

N0-가 V (N0=[상태], [사건], [크기], [범위], [힘](영향력 따위))

[능]확대하다

¶검찰의 수사가 확대되었다. ¶증가하는 수요에 맞추어 우리 회사의 생산 물량이 확대되었다. ¶대형 상점의 매장 규모가 경쟁적으로 확대되고 있다.

확대하다

[어원]擴大~ [활용]확대하여(확대해), 확대하니, 확대하고 [대응]확대를 하다

[타]❶(미세하거나 작은 물체를 늘여서) 크게 보이도록 만들다. Make it look bigger by zooming in minute or small object.

[유]확장하다, 크게 하다 [반]축소하다, 작게 하다

N0-가 N2-로 N1-를 V (N0=[인간] N1=미생물, 세포, 원자, 분자, 결정 따위 N2=[기기](현미경, 돋보기 따위))

[피]확대되다

¶학생들이 현미경으로 세포를 확대하여 관찰했다. ¶아버지께서는 돋보기안경으로 신문을 확대하여 보신다.

N0-가 N1-를 N2-로 V (N0=[기기](현미경, 돋보기 따위) N1=[크기] N2=[상태])

[피]확대되다 ¶이 현미경은 사물의 크기를 2만 배로 확대할 수 있다.

❷(모양, 규모, 범위 따위를 늘여서) 크게 만들다. Make it bigger by stretching shape, size, and range.

[유]넓히다, 늘이다, 확장하다 [반]축소하다, 줄이다, 감소시키다, 작게 하다
N0-가 N1-를 V (N0=[인간] N1=[사건], [크기], [범위], [힘](영향력 따위))
[피]확대되다
¶검찰이 수사를 확대하기로 했다. ¶우리 회사는 증가하는 수요에 맞추어 공급 물량을 확대하기로 했다. ¶국방부는 전투 수행 가능 지역을 확대하기 위해서 노력하고 있다.

확립되다
[어원]確立~ [활용]확립되어(확립돼), 확립되니, 확립되고 [대응]확립이 되다
[자](체계나 견해, 조직 따위가) 흔들리거나 변형되지 않도록 굳게 세워지다. (of system, opinion, or organization) Be constructed so firmly as not to be shaken or altered.
N0-가 V (N0=[추상물](명제, 규범, 제도, 종교, 개념, 기준 따위))
[능]확립하다
¶새마을 운동을 통해서 새로운 시민 의식이 확립되었다. ¶경영진의 피나는 노력으로 회사의 재정 안정이 확립되었다. ¶조직이 발전하기 위해서는 우선 신뢰가 확립되어야 한다.

확립하다
[어원]確立~ [활용]확립하여(확립해), 확립하니, 확립하고 [대응]확립을 하다
[타](체계나 견해, 조직 따위를) 흔들리거나 변형되지 않도록 굳게 세우다. Construct the system, opinion, or organization so firmly as not to be shaken or altered.
N0-가 N1-를 V (N0=[인간|단체] N1=[추상물](명제, 규범, 제도, 종교, 개념, 기준 따위))
[피]확립되다
¶우리는 아이들을 위해 건전한 가치관을 확립해야 한다. ¶사회는 질서를 확립하고 공공의 안녕을 꾀하여야 한다. ¶그는 근대 철학의 근간과 체계를 확립한 철학자이다.

확보되다
[어원]確保~ [활용]확보되어(확보돼), 확보되니, 확보되고 [대응]확보가 되다
[자]❶(물건이나 돈, 자원 따위가) 확실하게 준비되다. (of articles, money, or resources) Be prepared definitely.
N0-가 V (N0=[구체물])
[능]확보하다
¶그가 범인이라는 증거가 확보되자 경찰들이 바로 검거하였다. ¶새로운 사업을 위한 내년도 예산이 확보되었다. ¶식량과 연료가 확보된다면 여기에서 사는 것도 괜찮겠다.
❷(어떤 권리나 세력, 기술 따위가) 확실하게 갖추어지다. (of right, power, or skill) Be equipped with surely.
N0-가 V (N0=[추상물])
[능]확보하다
¶어느 정도 경제력만 확보된다면 은퇴 후 사회를 위해 봉사하면서 살고 싶다. ¶안전이 확보되자 구급대가 본격적으로 승객들을 구하기 시작했다. ¶새로운 기술만 확보된다면 얼마든지 투자자를 찾을 수 있다.

확보하다
[어원]確保~ [활용]확보하여(확보해), 확보하니, 확보하고 [대응]확보를 하다
[타]❶(사람이나 단체가) 어떤 물건이나 돈, 자원 따위를 확실하게 가지고 있다. (of a person or an organization) Hold article, money, or resources definitely.
[유]갖다, 갖추다, 차지하다
N0-가 N1-를 V (N0=[인간|단체] N1=[구체물])
[피]확보되다
¶우리는 아직 핵심 기술을 확보하지 못했다. ¶우리나라는 석유와 가스를 충분히 확보하는 것이 필요하다. ¶좋은 좌석을 확보하려면 일찍 예매해야 한다.
❷(사람이나 단체가) 어떤 권리나 세력, 기술 따위를 확실하게 갖추고 있다. (of a person or an organization) Hold rights, power, or skill definitely.
[유]갖다, 획득하다, 차지하다
N0-가 N1-를 V (N0=[인간|단체] N1=[추상물])
[피]확보되다
¶한국은 본선 진출권을 확보했다. ¶그 작가는 두터운 독자층을 확보하고 있다.

확산되다
[어원]擴散~ [활용]확산되어(확산돼), 확산되니, 확산되고 [대응]확산이 되다
[자]☞확산하다

확산하다
[어원]擴散~ [활용]확산하여(확산해), 확산하니, 확산하고 [대응]확산을 하다
[자]❶(현상 따위가) 더 넓은 범위로 퍼져 나아가다. (usually of a phenomenon) Reach a larger area.

㊌퍼지다, 유포되다
No-가 N1-(에|로) V (No=[추상물], [상태] N1=[장소], [집단])
사 확산시키다
¶소문은 며칠 만에 온 마을로 확산하였다. ¶젊은이들 사이에서 개인주의가 확산하고 있다. ¶개화기에는 외국 문물이 항구를 통하여 전국에 확산하였다.
❷ 【물리】 서로 농도가 다른 물질이 섞여 시간이 지나면서 점점 농도가 같아지다. (of materials of different concentration) Blend together and have the same concentration.
No-가 N1-(에|로) V (No=[액체], [기체] N1=[물질], [공간])
사 확산시키다
¶빨간 물감이 물에 확산하는 것이 보였다. ¶잉크가 확산하면서 색이 옅어지더니 마침내 투명해졌다.

확신하다
어원 確信~ 활용 확신하여(확신해), 확신하니, 확신하고 대응 확신을 하다
자타 사실, 결과, 상태 따위를 매우 굳게 믿다. Firmly believe a fact, a result, a state, etc.
㊌신뢰하다, 신용하다 ㊤믿다타
No-가 N1-를 V (No=[인간] N1=[상태], [행위])
사 확신시키다
¶그는 우리 팀의 승리를 확신하고 있다. ¶나는 그들의 안전을 확신할 수 없었다.
No-가 S것-(을|으로|이라고) V (No=[인간])
사 확신시키다
¶나는 우리 대표팀이 우승할 것으로 확신한다. ¶남편은 아내가 이 의견에 동의할 것을 확신하고 있었다.
No-가 S다고 V (No=[인간])
사 확신시키다
¶나는 선생님 말씀이 전적으로 옳다고 확신한다. ¶사장님은 이 길만이 회사를 살릴 수 있다고 확신하고 있다. ¶우리는 그가 무죄라고 확신한다.

확실시되다
어원 確實視~ 활용 확실시되어(확실시돼), 확실시되니, 확실시되고 대응 확실시가 되다
자 틀림없는 사실로 여겨지다. Be considered as an absolute fact.
㊥의심되다
No-가 V (No=[상태](생각, 판단, 상황 따위))
능 확실시하다
¶그의 당선이 거의 확실시된다. ¶이번 아시안게임에서도 중국의 종합 1위가 확실시된다. ¶2분기에는 흑자 전환이 확실시된다.
S것-이 V
능 확실시하다
¶세계 정상회담을 서울에서 개최함으로써 국격이 올라갈 것이 확실시된다. ¶여러 선수들의 부상으로 초반에 고전할 것이 확실시된다.

확실시하다
어원 確實視~ 활용 확실시하여(해), 확실시하니, 확실시하고
타 틀림없는 사실로 여기다. Consider as an absolute fact.
㊥의심하다타
No-가 N1-를 V (No=[인간|단체] N1=[상태](생각, 판단, 상황 따위))
피 확실시되다
¶외국 언론들은 한결같이 무역 협정에 대한 두 나라의 합의를 확실시했다. ¶야구 전문가들은 박달호 선수의 제1군 진입을 확실시했다. ¶한국이 2위와의 승점을 5점차로 벌리자 모든 신문들이 한국의 4강 진출을 확실시했다.
No-가 S것-을 V (No=[인간|단체])
피 확실시되다
¶미국 중앙은행마저 내년까지 세계 경제가 침체에 빠질 것을 확실시했다. ¶전문가들은 전력의 손실이 없는 브라질이 우승할 것을 확실시했다.

확인되다
어원 確認~ 활용 확인되어(확인돼), 확인되니, 확인되고 대응 확인이 되다
자 틀림없이 그러하다고 인정되다. Be investigated throughly and recognized as truth.
㊌검증되다, 증명되다, 드러나다
No-가 N1-로 V (No=[구체물], [추상물] N1=[앎])
능 확인하다
¶그들 일당의 비리가 사실로 확인되었다. ¶과거에 증명된 많은 사실이 후대에 와서 오류로 확인되는 경우도 있다.
No-가 S것-으로 V (No=[인간|단체], [구체물], [추상물])
능 확인하다
¶그의 주장이 오류가 있는 것으로 확인되었다. ¶황무지로 알려진 곳이 자원이 있는 것으로 확인되었다.
No-가 S고 V (No=[인간|단체], [구체물], [추상물])
능 확인하다
¶그가 가진 돈이 비리로 얻어진 것이라고 확인되

ㅎ

었다. ¶잘못된 조사 방법으로 인해 여론 조사는 민의를 반영하지 못하는 것이라고 확인되었다.

확인받다

[어원]確認~ [활용]확인받아, 확인받으니, 확인받고 [대응]확인을 받다

[자]어떤 것의 사실 여부를 상대로부터 인정을 받다. Get confirmation of something from somebody.

[유]검증받다

N0-가 N2-(에게|로 부터|에게서) N1-(를|에 대해) V (N0=[인간|단체] N1=[명제] N2=[인간|단체])

¶그 기자는 경찰관에게서 그 사람의 사기행위를 확인받았다. ¶그는 주최 측으로부터 서류의 진위 여부를 확인받았다.

N0-가 N1-(에게|로 부터|에게서) S(음|것|데)-(를|에 대해) V (N0=[인간|단체] N1=[인간|단체])

¶그들은 경찰로부터 그 소문이 사실임을 확인받았다.

확인하다

[어원]確認~ [활용]확인하여(확인해), 확인하니, 확인하고 [대응]확인을 하다

[자타] 틀림없이 그러한지 알아보거나 인정하다. Investigate and admit certainty.

[유]검증하다, 증명하다

N0-가 N2-(에게|로 부터|에서) N1-(를|에 대해) V (N0=[인간|단체] N1=[명제] N2=[인간|단체])

[피]확인되다 [사]확인시키다

¶시민단체는 검찰로부터 국회의원의 비리를 확인하였다. ¶달호는 자신의 합격 여부를 입학본부로부터 확인했다. ¶드디어 그 사건의 진상을 확인할 수 있었다.

N0-가 N1-(에게|로 부터|에서) S(음|것|데)-(를|에 대해) V (N0=[인간|단체] N1=[인간|단체])

[피]확인되다 [사]확인시키다

¶그는 부인으로부터 딸이 돌어온 것을 확인하고 나서야 안도했다. ¶경찰은 그들로부터 교통사고가 사실임을 확인했다고 발표했다.

N0-가 N1-(에게|로 부터|에서) S고 V (N0=[인간|단체] N1=[구체물], [추상물])

[피]확인되다 [사]확인시키다

¶그는 믿을 만한 소식통으로부터 신문의 발표가 틀렸다고 확인했다. ¶검사는 아이의 말이 사실이라고 부모에게 확인했다.

N0-가 N1-(에게|로 부터|에서) Q-를 V (N0=[인간|단체] N1=[구체물], [추상물])

¶경찰은 사기꾼들이 무슨 짓을 했는지를 확인하고 소환하기 시작했다.

확장되다

[어원]擴張~ [활용]확장되어(확장돼), 확장되니, 확장되고 [대응]확장이 되다

[자]❶(공간이) 이전보다 넓어지다. (of space) Become wider.

[유]확대되다, 커지다, 넓어지다 [반]축소되다, 줄어들다, 작아지다

N0-가 V (N0=[구체물], [장소])

[능]확장하다

¶그린벨트가 해제되어 개발 가능한 토지가 확장되었다. ¶광개토대왕에 의해 고구려의 영토는 크게 확장되었다. ¶행정구역 개편으로 우리 경찰서의 관할 범위가 확장되었습니다.

❷(생각이나 고려의 범위가) 이전보다 넓어져 더 많은 것이 포함되다. (of the range of thought or consideration) Become wider, include more items.

[유]확대되다, 커지다, 넓어지다 [반]축소되다, 줄어들다, 작아지다

N0-가 V (N0=[추상물], [상태])

[능]확장하다

¶이 논리학 교재의 개정판은 이전보다 다루는 범위가 확장된 것입니다. ¶인류학의 연구 대상은 시간이 지나면서 점점 확장되어 왔다.

확장하다

[어원]擴張~ [활용]확장하여(확장해), 확장하고, 확장하니 [대응]확장을 하다

[타]❶(공간을) 이전보다 넓히다. Widen space.

[유]넓히다, 펴다 [반]축소시키다, 감소시키다, 줄이다

N0-가 N1-를 V (N0=[인간|단체] N1=[구체물], [장소])

[피]확장되다

¶가게 주인은 내부 공간을 확장해서 가게를 새로 열었다. ¶우리 도서관은 장서 수가 점점 늘어나고 있기 때문에 서고를 확장할 필요가 있다.

❷(생각이나 고려의 범위를) 이전보다 넓혀 더 많은 것을 포함시키다. Widen the range of thought or consideration to include more items.

[유]넓히다, 펴다[1], 확대하다, 확대시키다 [반]축소시키다, 감소시키다, 줄이다

N0-가 N1-를 V (N0=[인간|단체] N1=[추상물], [상태])

[피]확장되다

¶정부는 내년부터 복지 정책의 수혜 대상을 더욱 확장할 예정이다. ¶이 논문은 지난번 연구의 문제

ㅎ

의식을 더욱 확장하였다.

확정되다

어원 確定~ 활용 확정되어(확정돼), 확정되니, 확정되고 대응 확정이 되다

자 (어떤 일이) 확실하게 결정되다. (of a work) Be decided definitely.

유 결정되다, 정해지다

N0-가 V (N0=[상황], [상태])

능 확정하다 사 확정시키다

¶이번 경기까지 이기면 우리 팀의 승리가 확정된다. ¶오늘 재판에서 그의 형량이 확정된다. ¶주민 투표를 통해 마을 이름 변경이 확정되었다.

N0-가 N1-로 V (N0=[상황], [상태] N1=[구체물], [추상물])

능 확정하다 사 확정시키다

¶투표 결과 김병삼 의원이 차기 원내대표로 확정되었다. ¶심사위원 2인 이상이 '게재 불가'일 경우 '게재 불가'로 확정된다. ¶그 동안 논란이 되어 왔던 의약 분업이 보건 정책으로 확정되었다.

확정하다

어원 確定~ 활용 확정하여(확정해), 확정하니, 확정하고 대응 확정을 하다

타 (사람이나 단체가) 어떤 일을 확실하게 결정하다. (of a person or an organization) Decide on a work definitely.

유 확정짓다, 결정하다 타, 정하다 타

N0-가 N1-를 V (N0=[인간|단체] N1=[상황], [상태])

피 확정되다

¶마지막 경기 결과 한국은 대회 종합 2위를 확정했다. ¶심판단은 부정을 저지른 선수의 징계를 확정했다.

N0-가 N1-를 N2-로 V (N0=[인간|단체] N1=[상황], [상태] N2=[구체물], [추상물])

피 확정되다

¶본회는 회장 선거에서 최다 득표자를 당선자로 확정한다.

확충되다

어원 擴充~ 활용 확충되어(확충돼), 확충되니, 확충되고 대응 확충이 되다

자 (어떤 범위나 양이) 넓어지거나 늘어나서 좀더 충실하게 되다. (of scope or quantity) Be extended or to increase so that it become more substantial.

유 늘어나다, 보충되다, 충원되다

N0-가 V (N0=[추상물], [범위])

능 확충하다

¶올해는 정부의 복지 정책이 눈에 띌 정도로 확충되었다. ¶이 대형 건물은 전보다 경비 인력이 확충되어 사고의 우려가 줄어들었다. ¶편의 시설이 확충되면 그만큼 유지 비용이 많이 든다.

확충하다

어원 擴充~ 활용 확충하여(확충해), 확충하니, 확충하고 대응 확충을 하다

타 어떤 범위나 양을 넓히거나 늘려서 좀 더 충실하게 하다. Expand or increase a scope or a quantity so that it becomes more substantial.

유 늘리다, 보충하다, 충원하다

N0-가 N1-를 V (N0=[인간|단체] N1=[추상물], [범위])

피 확충되다

¶담당 과장이 다음 달부터 작업 인원을 확충하기로 했다고 말했다. ¶우리 가게는 취급하는 물건의 종류를 확충할 예정입니다. ¶예상 못한 지출을 감당하기 위해 재정을 확충할 필요가 있다.

환기되다

어원 喚起~ 활용 환기되어(환기돼), 환기되니, 환기되고

자 (주의나 감정, 생각 따위가) 자극을 받아 일어나다. (of attention, feeling, or thought) Arise due to a stimulus.

유 회상되다, 각성되다

N0-가 V (N0=[감정], [생각])

능 환기하다

¶눈이 내리는 모습을 보자 예전에 본 영화의 어느 장면이 환기되었다. ¶밖에서 자신의 이름을 부르는 목소리에 철수의 주의가 환기되었다.

환기하다 I

어원 喚起~ 활용 환기하여(환기해), 환기하니, 환기하고

타 (다른 사람의 주의나 감정, 생각 따위를) 일어나게 하다. (of a person) Cause another person's attention, feeling, or thought to arise.

유 각성시키다, 불러일으키다

N0-가 N1-를 V (N0=[인간|단체] N1=[감정], [생각])

피 환기되다 사 환기시키다

¶사회자는 자기 말을 들어 달라며 주의를 환기했다. ¶시상식 참가자들은 수상자에게 축하 인사를 전하며 학술상 제정의 의미를 환기했다. ¶음반사는 옛 음반을 재발매하여 과거 한국 악단들에 대한 향수를 환기했다.

환기하다 II

어원 換氣~ 활용 환기하여(환기해), 환기하니, 환기하고

타 (어떤 장소를) 탁한 공기를 내보내고 맑은 공기

ㅎ

를 들이다. (of a person) Let out foul air and allow fresh air into a place.
㊚공기를 교체하다, 공기를 바꾸다
N0-가 N1-를 V (N0=[인간] N1=[장소])
¶선생님께서는 창문을 활짝 열어 교실을 환기하였다. ¶겨울철에도 자주 창문을 열어 방 안 공기를 환기하는 것이 좋다.

환불되다

어원 還拂~ 활용 환불되어(환불돼), 환불되니, 환불되고 대응 환불이 되다
자 (이미 지불한 대가나 돈이) 되돌려 주어지다. (of costs or money paid already) Be given back.
N0-가 N1-에게 V (N0=[돈] N1=[인간|단체])
능 환불하다
¶취소된 음악회 입장료는 공연사로부터 모든 예약자에게 환불되었다. ¶이 경우 고객님께는 신청료의 반액만 환불됩니다.

환불받다

어원 還拂~ 활용 환불받아, 환불받으니, 환불받고 대응 환불을 받다
타 (이미 지불한 대가나 돈을) 되돌려 받다. Get back (already paid price or money).
㊚되돌려 받다 ㊥환불하다
N0-가 N2-(에게|에게서|에서) N1-를 V (N0=[인간|단체] N1=[돈] N2=[인간|단체])
¶우리는 공연사에서 취소된 음악회 입장료를 환불받았다. ¶나는 피아노학원에서 수강료의 반액만 환불받았다. ¶우리는 다행히 회사로부터 상품값 전액을 환불받았다.

환불하다

어원 還拂~ 활용 환불하여(환불해), 환불하니, 환불하고 대응 환불을 하다
타 (이미 지불한 대가나 돈을) 되돌려 주다. Give back (already paid price or money).
㊚되돌려 주다 ㊥환불받다
N0-가 N2-에게 N1-를 V (N0=[인간|단체] N1=[돈] N2=[인간|단체])
피 환불되다
¶공연사는 취소된 음악회 입장료를 모든 예약자에게 환불하였다. ¶이미 신청한 시험을 취소하면 수험자들에게 신청료의 반액만 환불합니다. ¶회사는 제품의 효과가 없는 경우 구입자들에게 바로 전액을 환불한다고 광고했다.

환산되다

어원 換算~ 활용 환산되어(환산돼), 환산되니, 환산되고 대응 환산이 되다
자 (무엇의 형태나 방식, 값이) 다른 목적이나 용도로 사용하기 위해 다른 것으로 바뀌다. (of the form, way, or price of something) Be changed in order to be used for a different purpose or usage.
㊚계산되다, 산정되다, 바꾸어 계산되다
N0-가 N1-로 V (N0=[추상물], [구체물] N1=[단위], [수량], [시간], [돈])
능 환산하다
¶300달러가 원화로 환산되면 얼마일까? ¶이 시계는 모든 시간이 초로 환산되어 나타난다. ¶여성의 가사 노동은 돈으로 환산될 수 없을 만큼 그 가치가 높다.

환산하다

어원 換算~ 활용 환산하여(환산해), 환산하니, 환산하고 대응 환산을 하다
타 (무엇의 형태나 방식, 값을) 다른 목적이나 용도로 사용하기 위해 다른 것으로 바꾸다. (of a person) Change the form, way, or price of something into a different one in order to use such for a different purpose or usage.
㊚계산하다, 산정하다, 바꾸어 계산하다
N0-가 N1-를 N2-로 V (N0=[인간] N1=[추상물], [구체물] N2=[단위], [수량], [시간], [돈])
피 환산되다
¶50만 원을 달러화로 환산해 보아라. ¶여성이 가정 경제에 기여하는 부분을 화폐로 환산하면 얼마나 될까? ¶그가 소장했던 그림을 시가로 환산하면 1억 원이 넘는다.

환수되다

어원 還收~ 활용 환수되어(환수돼), 환산수니, 환수되고 대응 환수가 되다
자 (무엇이) 도로 거두어지다. (of something) Be retaken.
㊚회수되다
N0-가 V (N0=[구체물], [추상물])
능 환수하다
¶친구에게 빌려준 돈이 잘 환수되지 않는다.

환수하다

어원 還收~ 활용 환수하여(환수해), 환수하니, 환수하고 대응 환수를 하다
타 (무엇을) 도로 거두어들이다. Collect or take something back.
㊚돌려받다, 회수하다

N0-가 N1-를 V (N0=[인간] N1=[추상물], [구체물])
피환수되다
¶건설업자는 부당 지출된 공사비를 환수했다. ¶은행장은 대출금을 환수할 작정으로 독촉하기 시작했다.

환영받다
어원 歡迎~ 활용 환영받아, 환영받으니, 환영받고 대응 환영을 받다
자 ❶(사람이나 단체가) 다른 사람이나 단체로부터 반갑게 맞이함을 당하다. (of a person or an organization) Be happily greeted by another person or organization.
㊀환대받다 ㊥환영하다
N0-가 N1-(에게|에서|로부터) V (N0=[인간|단체] N1=[인간|단체])
¶그는 주민들 모두에게 환영받을 정도로 친절하였다. ¶제가 이렇게 사람들에게 환영받을 줄 몰랐어요.
❷(어떤 물건이나 일, 행위 따위가) 다른 사람이나 단체에게 기꺼이 받아들여지다. (of a certain item, task, activity, etc.) Be happily accepted by another person or organization.
㊀인정받다자, 수용되다 ㊥환영하다
N0-가 N1-(에게|에서|로부터) V (N0=[모두] N1=[인간|단체])
¶전후 독일의 사과는 국제 사회로부터 환영받았다. ¶감자는 유럽에서 처음에는 환영받지 못했다. ¶불성실한 사람은 조직에서 환영받기 어렵다.

환영하다
어원 歡迎~ 활용 환영하여(환영해), 환영하니, 환영하고 대응 환영을 하다
타 ❶(오는 사람을) 기뻐하며 반갑게 맞이하다. Happily and gladly greet someone who is coming.
㊀맞이하다, 환대하다 ㊥환송하다, 환영받다
N0-가 N1-를 V (N0=[인간] N1=[인간])
¶그들은 우리를 기쁜 마음으로 환영해 주었다. ¶올림픽 대표 선수들이 나오자 시민들이 손을 흔들며 환영했다.
❷(사람이나 단체가) 어떤 제도나 행위 따위를 기뻐하며 받아들이다. (of a person or an organization) Happily accept a certain system, activity, etc.
㊀맞아들이다, 수용하다 ㊥거부하다, 환영받다
N0-가 N1-를 V (N0=[인간|단체] N1=[행위], [제도])
¶영화인들은 이번 판결을 두 손 들어 환영하고 있다. ¶영국은 중국과 일본 국교 정상화를 환영한다. ¶우리는 이와 같은 결정을 적극 환영한다.
N0-가 S것-을 V (N0=[인간|단체])
¶나는 그가 우리의 품으로 돌아온 것을 진심으로 환영한다. ¶이곳에 오신 것을 환영합니다.

환원되다
어원 還元~ 활용 환원되어(환원돼), 환원되니, 환원되고 대응 환원이 되다
자 ☞ 환원하다자

환원하다
어원 還元~ 활용 환원하여(환원해), 환원하니, 환원하고 대응 환원을 하다
자 ❶바뀌기 이전 본래의 상태로 되돌아가다. Return to original condition.
㊀되돌아가다자
N0-가 N1-에서 N2-로 V (N0=[구체물] N1=[행위], [상태], [특성] N2=[결과])
사환원시키다
¶피부가 거무스름한 상태에서 뽀얀 피부로 환원했다. ¶신라의 국호는 서기 307년에 계림에서 신라로 환원했다.
❷ 【화학】 산화된 물질이 본래의 상태로 되돌아가다. (of an oxidized material) Return to original condition.
N0-가 N1-로 V (N0=[재료] N1=[구체물])
사환원시키다
¶알데히드는 1차 알코올로 환원한다.
타 ❶다시 돌려주다. Give it back again.
N0-가 N1-를 V (N0=[인간], [집단] N1=[금전](재산 따위))
피환원되다
¶아버지는 재산을 사회에 환원하셨다. ¶우리 시는 시장 관사를 사회에 환원할 계획입니다.
❷ 【철학】 어떤 이론이나 법칙 따위를 보다 근원적인 다른 이론이나 법칙으로 바꾸다. (of some theory or law) Change into different theory or law, which is more original.
㊀바꾸다
N0-가 N1-를 N2-로 V (N0=[이론], [인간] N1=[재료 성분] N2=[상태])
피환원되다
¶현대 문법 이론은 모든 문장을 단순한 원리들로 환원한다. ¶물리주의는 인간의 정신 활동을 두뇌의 화학 작용으로 환원한다.
❸ 【화학】 산화된 물질을 본래의 상태로 되돌리다. Restore an oxidized material to original

condition.
N0-가 N1-를 N2-로 V (N0=[현상] N1=[재료] N2=[구체물])
피 환원되다
¶수소 반응은 알데히드를 1차 알코올로 환원했다.

환호하다
어원 歡呼~ 활용 환호하여(환호해), 환호하니, 환호하고 대응 환호를 하다
자 기뻐서 소리를 치다. Shout with joy.
유 소리치다, 탄성을 지르다
N0-가 V (N0=[인간])
¶장군이 개선하자 군중은 모두 환호했다. ¶우승이 확정되자 너 나 할 것 없이 모두 거리로 나와 환호하기 시작했다. ¶올림픽 유치에 환호하는 사람들 중에는 걱정하는 사람들도 있었다.

활동하다
어원 活動~ 활용 활동하여(활동해), 활동하니, 활동하고 대응 활동을 하다
자 ❶(어떤 단체나 분야에서) 일정한 지위나 자격으로 힘차게 일하다. Work hard in a certain status and capacity within an organization or a field.
유 활약하다
N0-가 N2-에서 N1-로 V (N0=[인간] N1=[인간] N2=[장소], [집단|단체], [분야])
¶그분의 딸은 파리에서 모델로 활동하고 있다. ¶영희는 현재 통역 봉사단에서 통역사로 활동하고 있다.
❷(사람의 몸이나 뇌 따위가) 힘차게 움직이다. (of a person's body, brain, etc.) Move energetically.
유 움직이다 자, 행동하다
N0-가 V (N0=[인간], [신체부위](뇌, 세포 따위))
¶우리가 활동하는 데 필요한 주된 에너지원은 탄수화물이다. ¶나는 하루 종일 옷에 신경을 쓰느라고 마음껏 활동할 수가 없었다.
❸화산이 계속해서 용암을 뿜어내며 움직이다. (of volcano) Be active while continuously spouting lava.
N0-가 V (N0=화산)
¶그 화산은 아직도 활발하게 활동하고 있다. ¶아직도 활동하는 화산들이 많다.

활성화되다
어원 活性化~ 활용 활성화되어(활성화돼), 활성화되니, 활성화되고 대응 활성화가 되다
자 ❶(활동이나 기능 따위가) 활발하게 일어나게 되다. (of action or function) Become active.
유 활발해지다
N0-가 V (N0=[추상물], [상태])
능 활성화하다
¶체험 교육이 강조되면서 동아리 활동이 활성화되었다. ¶큰 공장이 세워지면서 지역 경제가 활성화되었다. ¶새로운 시대를 맞아 융합 연구가 활성화되고 있다.
❷ 【화학】 분자, 원자, 이온 따위가 에너지가 높아져 반응성이 큰 상태가 되다. (of molecule, atom, or ion) Become more reactive as it gets more energy.
N0-가 V (N0=[물질](분자, 원자 따위))
¶온도가 높아지면 물 분자가 활성화된다. ¶촉매를 넣으면 원소들이 빠르게 활성화된다.

활성화하다
어원 活性化~ 활용 활성화하여(활성화해), 활성화하니, 활성화하고 대응 활성화를 하다
타 (사회나 조직, 단체 따위의 기능을) 활발하게 수행하도록 하다. Carry out actively the function of society, organization, or group.
유 활발하게 하다
N0-가 N1-를 V (N0=[모두] N1=[산업], [행위], 기능 따위)
피 활성화되다
¶정부 정책이 부동산 시장을 활성화하였다. ¶지역 간 교류를 활성화하려면 협력과 이해 분위기가 조성되어야 한다. ¶연구소의 기능을 활성화하기 위해 인력을 더 충원하기로 했다.

활약하다
어원 活躍~ 활용 활약하여(활약해), 활약하니, 활약하고 대응 활약을 하다
자 (어떤 단체나 분야에서) 일정한 지위나 자격으로 활발하게 또는 뛰어나게 활동하다. Become a prominent figure with a certain status or capacity in an organization or a field.
유 활동하다
N0-가 N2-에서 N1-로 V (N0=[인간] N1=[인간] N2=[장소], [집단|단체], [분야])
¶그는 러시아 대표팀에서 수비수로 활약하고 있다. ¶예람이는 지금까지 해외에서 통역가로 활약했었다. ¶성호는 증권가에서 투자 분석가로 활약하면서 큰 성공을 거두었다.

활용되다
어원 活用~ 활용 활용되어(활용돼), 활용되니, 활용되

고 대응 활용이 되다

자 ❶(어떤 물건이나 대상이) 필요한 곳에 잘 쓰이다. (of a thing or an object) Be well-used where it is needed.

유 쓰이다II, 소용되다, 이용되다, 응용되다

No-가 N1-에 V (No=[모두] N1=[모두])

능 활용하다

¶로봇이 다양한 인명 구조 활동에 활용되고 있다. ¶내가 만든 양념장이 제육볶음, 오징어볶음 등에 활용된다.

No-가 N1-로 V (No=[모두] N1=[장소], [기준], [텍스트], [도구])

능 활용하다

¶학교의 각종 시설물들이 지역 생활의 중심 공간으로 활용되고 있다. ¶공인 외국어 성적은 자격 사항으로만 활용됩니다. ¶우리 출판사에서 만든 책이 일부 학교에서 교재로 활용될 예정이다.

No-가 S(것|데)-에 V (No=[모두])

능 활용하다

¶이 기계는 황사와 미세먼지 예보 정확도를 높이는 데에 활용된다. ¶이 가게의 판매 수익금은 모두 어려운 이웃을 돕는 것에 활용되고 있다.

활용하다

어원 活用~ 활용 활용하여(활용해), 활용하니, 활용하고 대응 활용을 하다

자 【언어】 (용언의 어미가) 각기 다른 문법적 관계를 나타내기 위하여 여러 가지로 형태로 바꾸다. (of a predicate's ending) Change its form into many types in order to show different grammatical relationships.

No-가 N1-로 V (No=[말](낱말, 문장 따위) N1=[말](낱말, 문장 따위))

¶동사 '먹다'는 '먹어, 먹는, 먹으면' 따위로 활용한다. ¶형용사도 동사와 마찬가지로 활용한다. ¶이것은 동사가 활용하는 모양을 간단하게 정리한 도표입니다.

타 (사람이나 단체가) 어떤 물건이나 대상을 필요한 곳에 잘 이용하다. (of a person or an organization) Make good use of a certain item or target to where it is necessary.

유 쓰다II, 이용하다, 응용하다

No-가 N1-를 N2-에 V (No=[인간|단체] N1=[모두] N2=[행위])

피 활용되다

¶소방 당국은 로봇을 인명 구조 활동에 활용하였다. ¶우리는 지열을 난방에 활용하고 있다.

No-가 N1-를 S(것|데)-에 V (No=[인간|단체] N1=[모두])

피 활용되다

¶소방 당국은 로봇을 인명을 구조하는 데에 활용하였다. ¶그는 이번 조사 결과를 논문을 쓰는 데에 적극 활용할 생각이다.

No-가 N1-를 N2-로 V (No=[인간|단체] N1=[모두] N2=[모두])

피 활용되다

¶아버지께서는 집 앞 공터를 텃밭으로 활용하셨다. ¶나는 남은 음식을 가축 사료로 활용할 생각이다.

회개하다

어원 悔改~ 활용 회개하여(회개해), 회개하니, 회개하고

타 (잘못을) 뉘우치고 반성하고 고치다. Repent of, reflect on, and correct one's fault.

유 뉘우치다

No-가 N1-를 V (No=[인간] N1=[비행])

¶그는 그동안 저지른 잘못을 모두 회개했다. ¶진심으로 자기 잘못을 회개하지 않으면 용서받을 수 없다. ¶죄인이 스스로 회개하지 않는다면 처벌이 있어도 소용없다.

회고하다

어원 回顧~ 활용 회고하여(회고해), 회고하니, 회고하고 대응 회고를 하다

타 (지나간 일을) 돌이켜 생각하다. Look back on the past.

유 뒤돌아보다타, 돌아다보다, 되돌아보다, 회상하다

No-가 N1-를 V (No=[인간] N1=[상태], [시간])

¶할아버지께서는 사진첩을 보면서 어렸을 때의 추억을 회고하셨다. ¶백영희 선수는 지난날의 영광을 회고하였다. ¶국무총리를 역임한 바 있는 그는 자신의 일생을 회고하며 책을 쓰고 있다.

회복되다

어원 回復~ 활용 회복되어(회복돼), 회복되니, 회복되고 대응 회복이 되다

자 ❶(아프거나 약해졌던 몸 상태가) 다시 원 상태로 돌아오다. (of a sick or weakened body condition) Be recovered to original condition.

유 낫다, 치유되다

No-가 V (No=[신체부위], [신체상태](건강, 젊음, 피로 따위), [질병])

능 회복하다

¶몇 년 동안 나를 괴롭혔던 허리가 회복했다. ¶그는 수술을 하더라도 의식이 회복될 가능성이

그리 크지 않다.
❷(잃었거나 나빠졌던 상태가) 다시 원 상태로 되다. (of a lost or bad condition) Be recovered to original condition.
N0-가 V (N0=[추상물](믿음, 사랑, 신뢰, 명예 따위), [가치], [구체물](국가, 지역, 따위))
능 회복하다
¶잃어버렸던 신뢰 관계가 겨우 원상태로 회복되었다. ¶서로 이해하려고 노력한 끝에 겨우 두 사람의 관계가 회복되었다. ¶그는 죽은 뒤에야 겨우 명예가 회복되었다.

회복하다

어원 回復~ 활용 회복하여(회복해), 회복하니, 회복하고 대응 회복을 하다
타 ❶(자신의 아프거나 약해졌던 몸 상태를) 다시 원 상태로 돌아가게 하다. (of a sick or weakened body condition) Recover to original condition.
유 낫게 하다, 치유하다
N0-가 N1-를 V (N0=[인간], [동물] N1=[신체부위], [신체상태](건강, 젊음, 피로 따위), [질병])
피 회복되다
¶누적된 피로에서 건강을 회복하는 것은 쉽지 않다. ¶그는 5년 만에 기적적으로 의식을 회복했다.
❷(자신의 잃었거나 나빠졌던 상태를) 다시 원 상태로 되게 하다. (of a lost or bad condition) Recover to original condition.
유 되찾다, 바로잡다
N0-가 N1-를 V (N0=[인간|단체], [사회], [국가] N1=[추상물](믿음, 사랑, 신뢰, 명예 따위), [가치], [구체물](국가, 지역, 따위))
피 회복되다
¶긴 기간 동안 투쟁을 통해 국권을 회복할 수 있었다. ¶한번 무너진 신뢰 관계를 회복하는 것은 쉽지 않다. ¶시차를 적응하여 일상생활의 리듬을 회복하는 데에는 많은 시간이 걸린다.

회상하다

어원 回想~ 활용 회상하여(회상해), 회상하니, 회상하고 대응 회상을 하다
자타 (지난 일을) 돌이켜서 생각하다. Think back to the past.
유 떠올리다, 회고하다
N0-가 N1-를 V (N0=[인간] N1=[구체물], [장소], [과거], [상태])
¶선생님께서는 옛날 사진을 보면서 과거를 회상하셨다. ¶그는 대학에 합격했던 날을 회상하면서 눈물을 흘렸다.
N0-가 S것-을 V (N0=[인간])
¶선생님께서는 아이들과 소풍 갔던 때를 회상하며 웃으셨다. ¶숙희는 그녀가 예전에 결심했던 것을 회상하며 다짐했다.
N0-가 S고 V (N0=[인간])
¶그녀는 할머니께서 매우 아름다우셨다고 회상했다. ¶그는 나와 달리 학창 시절이 매우 힘들었다고 회상했다.

회생하다

어원 回生~ 활용 회생하여(회생해), 회생하니, 회생하고 대응 회생을 하다
자 ❶(죽어 가던 사람이) 다시 건강을 회복하고 살아나다. (of a dying person) Recover one's health and come back to life.
유 되살아나다
N0-가 V (N0=[인간])
사 회생시키다
¶큰 사고를 입은 학생이 기적적으로 회생했다. ¶그 환자는 병이 너무 깊어져서 도저히 회생할 수 없었다.
❷(망해가던 회사나 개인이) 다시 회복하여 안정적인 상태가 되다. (failing company or individual) Recover and enter a stable state.
반 파산하다
N0-가 V (N0=[인간|단체])
사 회생시키다
¶그는 어리석게도 부모님의 도움으로 빚을 갚으면 자기가 바로 회생할 수 있다고 생각했다. ¶아무리 큰 회사라 하더라도 이러한 상황에서는 회생할 수 없다.

회수되다

어원 回收~ 활용 회수되어(회수돼), 회수되니, 회수되고 대응 회수가 되다
자 (받았던 것이) 원래의 소유권자에게 돌아가게 되다. (of something taken) Be returned to its original owner.
유 환수되다
N0-가 V (N0=[구체물], [권리])
능 회수하다
¶승객들에게 빌려주었던 우산이 모두 회수되었다. ¶회수된 시험지는 상자 안에 넣어 두어라. ¶그에게 주었던 회사 운영권이 절차에 따라 회수되었다.

회수하다

어원 回收~ 활용 회수하여(회수해), 회수하니, 회수하

고 대응회수를 하다
타(내어 주었던 것을) 되가져 가다. Take back something that one gave.
㊀환수하다, 돌려받다
N0-가 N1-를 V (N0=[인간|단체] N1=[추상물], [권리])
피회수되다
¶영수는 친구에게 빌려주었던 책을 회수했다. ¶상인회에서는 영업주들에게서 임대권을 회수하기로 했다. ¶요즘 경제 사정이 좋지 않으니 자금을 서둘러 회수해야 한다.

회유되다
어원懷柔~ 활용회유되어(회유돼), 회유되니, 회유되고 대응회유가 되다
자 잘 달래어져 시키는 말을 듣게 되다. Be conciliated and listen to what others say.
㊀포섭되다, 회유당하다, 매수되다
N0-가 V (N0=[인간])
능회유하다
¶회장의 설득으로 나는 회유되기 시작했다. ¶나는 그들의 끈질긴 설득과 협박으로 결국 회유되었다.

회유하다
어원懷柔~ 활용회유하여(회수해), 회유하니, 회유하고 대응회유를 하다
타잘 달래어 시키는 말을 듣도록 하다. Conciliate someone to listen to a person.
㊀포섭하다, 매수하다, 구워삶다
N0-가 N1-를 V (N0=[인간|단체] N1=[인간|단체])
피회유되다
¶영수는 상대편을 잘 회유하여 자기편으로 만들었다. ¶그는 부하들의 입을 막기 위해 온갖 방법으로 부하들을 회유하였다.

회자되다
어원膾炙~ 활용회자되어(회자돼), 회자되니, 회자되고 대응회자가 되다
자(사람들 사이에) 긍정적으로 화제가 되고 자주 입에 오르내리다. Be circulated positively among people.
㊀얘기되다, 입에 오르내리다
N0-가 N1-(에|에게) V (N0=[구체물], [추상물] N1=[인간], 인구(人口))
연어널리
¶지난 올림픽 마라톤 결승전의 역전극은 오랫동안 인구에 회자되었다. ¶내장산의 가을 풍경의 아름다움이 여행자들에게 널리 회자되고 있다. ¶요즘 사람들 사이에 회자되는 소문에는 무엇이 있습니까?

회전하다
어원回轉~, 迴轉~ 활용회전하여(회전해), 회전하니, 회전하고 대응회전을 하다
자❶(사람이나 물건 자체가) 빙빙 돌다. (of a person or an item itself) Turn round and round.
㊀돌다[1] 자
N0-가 V (N0=[구체물](바퀴, 문, 손잡이 따위), [인간], [동물])
사회전시키다
¶선풍기 날개가 회전하며 바람을 일으켰다. ¶그는 공중에서 두 바퀴 회전했다.
❷(어떤 대상이) 일정한 방향으로 바꾸어 나가다. (of a certain target) Change into a certain direction.
㊀돌다[1] 자, 돌아가다 자
N0-가 N1-로 V (N0=[교통기관], [기상](태풍), [바람], [인간] N1=[방향])
사회전시키다
¶버스가 다른 차와 부딪치지 않기 위해 급히 오른쪽으로 회전하였다. ¶저기 사거리에서 왼쪽으로 회전해 주세요.
❸(돈이나 물건 따위가) 활발하게 유통되다. (of money, item, etc.) Be distributed actively.
㊀돌다[1] 자, 유통되다
N0-가 V (N0=[구체물], [금전])
사회전시키다
¶최근에 상품이 회전하는 속도가 빨라졌다. ¶자금이 제대로 회전하지 않으면 자칫 부도나 파산으로 이어질 수 있다.
❹(머리나 두뇌 따위가) 활발하게 돌아가다. (of one's head, brain, etc.) Function actively.
㊀돌다[1] 자, 운용되다
N0-가 V (N0=머리, 두뇌)
사회전시키다
¶인간의 두뇌가 활발하게 회전하는 시간은 오전이라 한다. ¶아침밥을 먹어야 두뇌가 활발하게 회전한다는 속설이 있다.
타(어떤 대상이) 무엇의 둘레를 원을 그리며 돌다. (of a certain target) Turn while drawing a circle around the circumference of something.
N0-가 N1-를 V (N0=[구체물](원소, 전자), [천체], [교통기관](비행선, 우주선) N1=[장소])
㊀돌다[1] 타
¶인공위성이 지구 주위를 주기적으로 회전한다.

ㅎ

¶지구는 초속 32km의 속도로 태양 주위를 회전하고 있다.

회피되다

어원 回避~ 활용 회피되어(회피돼), 회피되니, 회피되고 대응 회피가 되다

자 ❶(마땅히 지켜져야 할 책임이나 의무 따위가) 그것을 떠맡지 않으려고 꾀를 부리는 사람들에 의해 외면당하다. (of responsibility or duty that should be adequately fulfilled) Be avoided by people who keep shirking from the responsibility.

㊐기피되다

N0-가 N1-에서 V (N0=[의무](의무, 책임, 병역 따위) N1=[집단])

능 회피하다

¶공직자들 사이에서 그 사건에 대한 책임이 회피되고 있다. ¶특정 집단에서 갖은 편법으로 납세의 의무가 회피되고 있다. ¶젊은이들 사이에서 병역의 의무가 회피되는 경향이 점점 줄고 있다.

❷(어떤 일이나 분야가) 선뜻 나서지 않으려는 사람들에 의해 의도적으로 외면당하다. (of some duty or field) Be intentionally neglected by people who do not willingly participate.

㊐기피되다

N0-가 N1-에서 V (N0=[분야], [활동] N1=[집단])

능 회피하다

¶직원들 사이에서 지방 파견 근무가 회피되고 있는 상황이다. ¶고된 육체노동이라는 이유로 특정 업종이 젊은 층에서 회피되고 있다.

회피하다

어원 回避~ 활용 회피하여(회피해), 회피하니, 회피하고 대응 회피를 하다

타 ❶(사람이나 시선 따위를) 마주치지 않으려고 의도적으로 피하다. Intentionally avoid people or their attention.

㊐피하다, 기피하다

N0-가 N1-를 V (N0=[인간] N1=[인간], 시선, 눈 따위, 만남 따위)

¶영호는 철희를 회피하며 만나 주지 않았다. ¶철희는 영수의 시선을 회피했다.

❷(마땅히 져야 할 책임이나 의무 따위를) 꾀를 부려 일부러 떠맡지 아니하다. Intentionally refuse to undertake the responsibility or duty one should take.

㊐기피하다, 모면하다

N0-가 N1-를 V (N0=[인간] N1=[의무](의무, 책임, 병역 따위))

피 회피되다

¶철수는 회사 부도에 대한 자신의 책임을 회피했다. ¶김 회장은 편법을 써서 납세 의무를 회피했다.

N0-가 S것-을 V (N0=[인간])

피 회피되다

¶경수는 그 일에 대해 책임지는 것을 회피했다. ¶창호는 병역의 의무를 지는 것을 회피했다.

❸(어떤 행위를) 선뜻 나서서 하기를 꺼리며 의도적으로 피하다. Intentionally avoid doing something, reluctant to take the lead.

㊐피하다

N0-가 N1-를 V (N0=[인간] N1=[소통], [행위], [이동])

피 회피되다

¶그들은 그 사건에 대한 구체적인 언급을 회피했다. ¶회사 내의 최고 결정권자가 중대한 결정을 회피하고 있다.

N0-가 S것-을 V (N0=[인간])

피 회피되다

¶창호는 그 일에 대해 구체적으로 언급하는 것을 회피했다. ¶과장이 그 사안에 대한 결정을 내리는 것을 회피해서 일이 늦어지고 있다.

❹(일이나 상황을) 직접 부딪치기를 꺼리어 외면하고 피하다. Avoid and turn away from a situation, reluctant to confront it.

㊐도피하다 타, 피하다

N0-가 N1-를 V (N0=[인간] N1=[일], [상황](현실 따위))

¶경수는 조금만 어려운 일이 생겨도 현실을 회피하려고 한다. ¶병호는 힘든 일이라면 무조건 회피하려고 한다.

획득하다

어원 獲得~ 활용 획득하여(획득해), 획득하니, 획득하고 대응 획득을 하다

타 ❶(사람이나 단체가) 어떤 물건이나 재산을 얻거나 받거나 사서 소유하다. (of a person or an organization) Possess goods or property by acquiring, receiving, or buying such.

㊐얻다, 차지하다

N0-가 N1-를 V (N0=[인간|단체] N1=[구체물])

¶건설업자가 부정한 방법으로 재산을 획득하였다. ¶내기를 해서 이긴 사람이 원하는 요리 재료를 획득할 수 있다.

❷(사람이나 단체가) 어떤 권리를 노력하여 얻어서 자기 것으로 만들어 가지다. (of a person or an organization) Acquire a right by effort

and make it his or its own.
㊌얻다, 따다, 취득하다
N0-가 N2-(에게서|에서|로부터) N1-를 V (N0=[인간|단체] N2=[인간|단체] N1=[권리])
¶우리 회사가 이번에 사업권을 획득하게 되었다. ¶결혼이주자는 국적을 취득하면 참정권을 획득할 수 있다.
❸(사람이나 단체가) 어떤 자격이나 점수를 노력하여 얻거나 받아서 자기 것으로 만들어 가지다. (of a person or an organization) Receive or acquire by effort qualification or points and make them his or its own.
㊌얻다, 따다, 취득하다
N0-가 N1-를 V (N0=[인간|단체] N1=[권리])
¶영희가 얼마 전에 운전면허증을 획득하고 좋아했다. ¶우리 기업 제품이 여러 나라에서 친환경 제품 인증을 획득하였다.
❹(사람이나 단체가) 어떤 정보나 기술 따위를 얻어내 자기 것으로 만들다. (of a person or an organization) Acquire information or technology and make it his or its own.
㊌얻다, 습득하다
N0-가 N2-(에게서|에서|로부터) N1-를 V (N0=[인간|단체] N2=[인간|단체] N1=정보, 지식, 기술 따위)
¶그녀는 로봇에 관한 새로운 정보를 획득했다. ¶기업이 생산 기술을 획득하려면 교육과 투자가 필요하다.

횡단하다

어원 橫斷~ 활용 횡단하여(횡단해), 횡단하니, 횡단하고 대응 횡단을 하다
타 (사람이나 동식물, 탈것 등이) 어떤 공간을 다른 위치로 가기 위해 가로질러 가다. (of a person, a living thing, or a vehicle) Get across a space in order to reach another location.
㊌건너다, 가로지르다
N0-가 N1-를 V (N0=[인간], [교통기관](배, 차 따위), [동물] N1=[장소])
¶청년들은 직접 만든 작은 배로 한강을 횡단했다. ¶한국에서 만든 사륜차가 사막을 횡단했다. ¶철새는 계절의 변화에 따라 바다를 횡단한다.

횡령하다

어원 橫領~ 활용 횡령하여(횡령해), 횡령하니, 횡령하고 대응 횡령을 하다
타 (주로 다른 사람이나 기관의 재물이나 공금 따위를) 불법으로 차지하여 가지다. Illegally take and possess the asset, public money, etc., of another person or agency.
㊌빼돌리다, 빼내다
N0-가 N2-에서 N1-를 V (N0=[인간] N2=[단체] N1=[금전] 따위)
¶친목회 회계가 공금을 횡령하면 회장도 함께 책임져야 한다, . ¶그는 회사 돈 400억 원을 횡령해서 외국으로 도주했다. ¶은행원이 고객 예금을 횡령하다가 경찰에게 붙잡혔다.

효도하다

어원 孝道~ 활용 효도하여(효도해), 효도하니, 효도하고 대응 효도를 하다
자 자식이 부모를 정성껏 받들어 모시다. (of a child) Take good care of parents.
N0-가 N1-에게 V (N0=[인간]) (N1=부모님, 아버지, 어머니 따위)
¶자식은 당연히 키워 주신 부모님께 효도해야 한다. ¶제가 열심히 공부해서 어머니께 효도할게요. ¶이제 우리가 부모님께 효도할 차례인 것 같다.

후비다

활용 후비어(후벼), 후비니, 후비고
타 ❶(틈이나 구멍 속을) 긁거나 돌려서 파내다. Scratch the inside of a hole or a gap.
㊌파다, 파내다
N0-가 N1-를 N2-로 V (N0=[인간] N1=[구체물] N2=[도구], [신체부위](손가락 따위))
¶그는 새끼손가락으로 코를 후비고 있었다. ¶민수는 성냥개비로 귀를 계속 후비고 있었다.
❷(어떤 것의 표면을 좁고 깊게 긁어내어) 구멍이나 홈 따위를 파다. (of a person) Dig a hole or a groove on the surface by scraping out narrowly and deeply.
㊌파다
N0-가 N1-를 N2-로 V (N0=[인간] N1=[장소], [구체물](표면, 틈 따위) N2=[도구])
¶그들은 씨를 뿌리기 위해 한 시간 동안 호미로 땅의 표면을 후볐다. ¶성수는 칼로 책상을 후벼서 큰 흠집을 냈다.
❸(감정이나 마음을) 몹시 괴롭고 아프게 하다. Cause great distress to the heart or mind.
㊌쓰라리게 하다
N0-가 N1-를 V (N0=[인간], [상태] N1=[마음], [감정])
¶그의 차가운 말 한마디가 그녀의 가슴을 후비고 지나갔다. ¶아이의 슬픈 울음소리가 나의 심장과 마음을 깊게 후비고 있었다. ¶그녀는 자신의 마음을 후비고 떠난 그를 아직도 잊지 못하고 있다.

후원하다

[어원]後援~ [활용]후원하여(후원해), 후원하니, 후원하고 [대응]후원을 하다

[타]❶(다른 사람이나 단체, 모임 따위를) 드러나지 않게 도와주다. (of a person) Assist another person, organization, or meeting quietly.

[유]지지하다, 지원하다

N0-가 N1-를 V (N0=[인간|단체] N1=[인간|단체], [전시회], [사건](모임, 회의, 대회 따위))

¶많은 교사들이 시골 학교 어린이 도서관을 후원한다. ¶우리는 학생들의 졸업 전시회를 정기적으로 후원한다.

❷(사람이) 다른 사람이나 단체, 모임 따위를 돕기 위하여 돈을 내다. (of a person) Give money to another person, organization, or meeting in order to help.

[유]지지하다, 지원하다

N0-가 N1-를 V (N0=[인간|단체] N1=[돈])

¶이름을 숨긴 어느 자선가가 고아원에 1억 원을 후원했다. ¶안정환 선수가 백혈병 아동을 위해 의료비를 후원했다.

후퇴하다

[어원]後退~ [활용]후퇴하여(후퇴해), 후퇴하니, 후퇴하고 [대응]후퇴를 하다

[자]❶있던 곳보다 뒤로 물러나다. Move backward from the original position.

[유]물러서다, 물러나다[재] [반]전진하다, 진격하다

N0-가 N1-(에서|로) V (N0=[인간], [집단] N1=[장소])

[사]후퇴시키다

¶적군이 기지에서 후퇴하기 시작했다. ¶상황이 불리해지면서 우리는 기지에서 후퇴했다.

❷(기운, 분위기, 심리상태 따위가) 약화되어 졸아들다. (of energy, atmosphere, or psychological state) Become weak gradually.

[유]위축되다, 꺾이다, 약화되다, 감소하다

N0-가 V (N0=[상황](경기 따위), [사건], [상황])

[사]후퇴시키다

¶최근 들어 주택 정책 변화로 건설 사업 경기가 후퇴하고 있다. ¶사장의 비리로 우리 회사의 개혁 의지가 후퇴해 버렸다.

N0-가 N1-에서 V (N0=[인간] N1=[상황], [의견](입장, 주장 따위))

[사]후퇴시키다

¶여당과 야당은 기존 주장에서 후퇴하는 모습을 보였다. ¶협상 대표들이 서로의 주장에서 조금씩 후퇴하여 타협점을 모색하고 있다.

후회되다

[어원]後悔~ [활용]후회되어(후회돼), 후회되니, 후회되고 [대응]후회가 되다

[자](전에 한 잘못된 행동이나 그러한 행동을 한 기간이) 뉘우쳐지거나 안타깝게 생각되다. (of a past wrongdoing or a period of involvement in wrongful behavior) Be repented and felt remorsefully.

N0-가 V (N0=[행위], [기간](과거 따위))

[능]후회하다

¶나는 살면서 그녀와의 이별이 가장 후회된다. ¶나는 아무것도 하지 않았던 젊은 시절이 너무 후회된다.

S것-이 V

¶내가 그런 부끄러운 일을 했다는 것이 두고두고 후회되었다. ¶내가 젊은 시절 아무것도 하지 않았던 것이 너무 후회된다.

후회하다

[어원]後悔~ [활용]후회하여(후회해), 후회하니, 후회하고 [대응]후회를 하다

[자타](전에 한 잘못된 행동이나 그러한 행동을 한 기간에 대해) 깨닫고 뉘우치며 안타까워하다. Repent and feel remorseful after realizing a past wrongdoing or a period of involvement or engagement in such behavior.

[유]뉘우치다

N0-가 N1-(를|에 대해) V (N0=[인간] N1=[행위], [기간](과거 따위))

[피]후회되다

¶민수는 백화점에서 온 고지서를 보고서야 충동구매를 후회했다. ¶나는 목적 없이 살았던 지난날을 후회한다.

N0-가 S것-(을|에 대해) V (N0=[인간])

[피]후회되다

¶정호는 친구의 꾐에 넘어간 것을 후회했다. ¶그는 좀 더 젊었을 때 도전하지 않은 것을 후회했다.

N0-가 S다고 V (N0=[인간])

¶병호는 되돌아가기에는 너무 멀리 와 버렸다고 후회했다. ¶민수는 친구에게 바람을 맞고서 괜히 기다렸다고 후회했다.

훈련되다

[어원]訓鍊~, 訓練~ [활용]훈련되어(훈련돼), 훈련되니, 훈련되고 [대응]훈련이 되다

[자]❶(어떤 동작이나 과정 따위를) 계속 반복함으로써 익히게 되다. Become proficient at a movement

or a process by repeating.
㊥단련되다
N0-가 V (N0=[인간|단체])
능훈련하다
¶우리 축구 선수들은 이번 대회를 위해 완벽하게 훈련되어 있습니다. ¶실습을 시작하게 전에 훈련된 조교의 시범을 보시겠습니다. ¶훈련되지 않은 대원들을 현장에 투입하면 큰 사고가 일어날 수 있다.
❷(어떤 과정이) 사람에게 반복되어 익혀지다. (of a certain procedure) Be taught to a person through continuous repetition.
㊥연습되다
N0-가 N1-(에|에게) V (N0=[추상물], [행위] N1=[인간|단체])
능훈련하다
¶심폐소생술이 모든 사람에게 훈련되어 있으면 위급할 때에 큰 도움이 된다. ¶책으로 배운 지식은 훈련되지 않으면 실전에서 쓰기 어렵다.

훈련받다
어원訓鍊~, 訓練~ 활용훈련받아, 훈련받으니, 훈련받고 대응훈련을 받다
타(어떤 과정을) 다른 사람에게 배우고 반복하여 몸에 배게 하다. Let a process be ingrained in one's body by learning from others and repeating.
㊥단련 받다
N0-가 N1-를 N2-(에게|로부터) V (N0=[인간|단체] N1=[추상물], [행위] N2=[인간|단체])
¶나는 전문가로부터 고산 지대에서 생존하는 법을 훈련받았다. ¶격투기 선수는 여러 도장에서 훈련받은 동작을 자유자재로 사용한다. ¶유도의 낙법을 훈련받으면 운동할 때 부상을 어느 정도 예방할 수 있다.

훈련하다
어원訓鍊~, 訓練~ 활용훈련하여(훈련해), 훈련하니, 훈련하고 대응훈련을 하다
타❶(어떤 과정을) 반복하여 몸에 배게 하다. Repeat a certain procedure to be accustomed to it.
㊥단련하다
N0-가 N1-를 V (N0=[인간|단체] N1=[추상물], [행위])
피훈련되다
¶보건소에서 주민들이 구급법을 훈련하고 있다. ¶글쓰기를 훈련하는 것은 대학 공부의 기초 중 하나이다. ¶전방 지역에 가니 이곳저곳에서 훈련하는 군인들이 보였다.
❷(다른 사람을 가르치고 반복시켜) 배운 것을 몸에 배게 하다. Teach someone a learning material and make that person repeat and accustom himself/herself to the material.
㊥연습시키다
N0-가 N1-를 N2-(에 | 에게) V ↔ N0-가 N2-를 V (N0=[인간|단체] N1=[추상물], [행위] N2=[인간|단체])
피훈련되다
¶강사가 안전 설비 사용법을 교육생들에게 훈련하였다. ↔ 강사가 교육생들을 훈련하였다. ¶감독은 열과 성을 다하여 선수들을 훈련했다.

훈육받다
어원訓育~ 활용훈육받아, 훈육받으니, 훈육받고
대응훈육을 받다
자 Learn a certain procedure from someone and repeat to familiarize oneself.
㊥교육받다 ㊥훈육하다
N0-가 N1-(에게|로부터) V (N0=[인간|단체] N1=[인간|단체])
¶나는 어려서부터 외할아버지에게 엄격하게 훈육받았다.

훈육하다
어원訓育~ 활용훈육하여(훈육해), 훈육하니, 훈육하고 대응훈육을 하다
타(어떤 사람이 다른 사람을) 품성이나 도덕 따위를 가르쳐 기르다.
㊥가르치다I타,, 교육하다 ㊥훈육받다
N0-가 N1-를 V (N0=[인간|단체] N1=[추상물], [행위])
¶할아버지는 손자들을 훈육하기를 즐긴다. ¶자녀를 훈육하는 것처럼 어려운 것은 없다.

훑다
활용훑어, 훑으니, 훑고
타❶(곡식 알갱이나 잎 따위를) 손이나 도구 사이에 꼭 끼워 죽 잡아당겨 떼어 내다. Remove grains or leaves by pulling them with a hand or a tool.
㊥떼어내다
N0-가 N2-에서 N1-를 V (N0=[인간] N2=[식물] N1=[식물])
¶나는 나뭇가지를 꺾어 나뭇잎을 쭉 훑었다. ¶할머니는 밭에 가서 남은 콩을 훑어 오셨다.
❷(겉이나 표면에 붙어 있는 것을) 힘주어 남김

ㅎ

없이 긁어내다. Rub away some materials stuck on the surface completely and forcibly.
㊌긁어내다
N0-가 N1-를 V (N0=[인간], 술, 약 N1=[신체부위], [음식])
¶술이 내 식도를 타고 내려가 위벽을 훑는 것 같아 속이 쓰렸다. ¶동생은 요구르트 뚜껑에 붙어 있는 요구르트를 훑어 먹었다.
❸(재해나 전쟁 따위가) 어떤 지역에 큰 피해를 입히며 휩쓸고 지나가다. (of disaster or war) Pass a region, leaving great damage.
㊌휩쓸다, 휩쓸어가다, 지나가다[타]
N0-가 N1-를 V (N0=[재해], [전쟁] N1=[지역])
¶전염병이 유럽 전 지역을 훑고 지나갔다. ¶올해도 어김없이 태풍이 우리나라를 훑고 갔다.
❹(무엇을 찾으려고) 전체적으로 주의깊게 죽 살피다. Look all around carefully to find something.
㊌훑어보다, 개관하다, 둘러보다
N0-가 N1-를 V (N0=[인간] N1=[구체물], [장소], [텍스트])
¶그는 떨어진 렌즈를 찾기 위해 손으로 방바닥을 훑었다. ¶경찰은 범인을 잡으려고 거리를 샅샅이 훑었다.

훑어보다
[활용]훑어보아(훑어봐), 훑어보니, 훑어보고
[타]❶(사람이나 장소를) 무엇을 찾거나 알려고 전체적으로 주의깊게 죽 살피다. Carefully watch a person or look all around a place to find something.
㊌살피다, 주시하다
N0-가 N1-를 V (N0=[인간] N1=[구체물], [장소])
¶그는 놀란 얼굴로 나를 위아래로 훑어보았다. ¶경찰은 용의자의 얼굴을 찬찬히 훑어보았다. ¶나는 부동산 업자가 소개해 준 집을 구석구석 훑어보았다.
❷(어떤 장소나 글 따위를) 전체적으로 대강 살피다. Look over a place or a writing.
㊌훑다, 개관하다, 둘러보다
N0-가 N1-를 V (N0=[인간] N1=[구체물], [장소], [텍스트], [역사])
¶나는 서울의 여러 박물관과 미술관을 시간이 되는 대로 훑어보고 싶다. ¶이 책은 인도 미술사를 훑어보는 데에 큰 도움이 된다.

훔치다 I
[활용]훔치어(훔쳐), 훔치니, 훔치고
[타](남의 것을) 허락 없이 몰래 가져가서 가지다. Secretly take and possess someone else's things without permission.
㊌도둑질하다
N0-가 N2-(에서|에게서) N1-를 V (N0=[인간|단체] N2=[인간|단체] N1=[구체물])
¶그 소매치기는 교묘한 재주로 길 가는 사람의 지갑을 훔쳤다. ¶이제 석방된 뒤에는 남의 물건을 훔치지 말고 바르게 사시오. ¶좀도둑이 훔친 물건을 암시장에서 팔다가 발각되다.

훔치다 II
[활용]훔치어(훔쳐), 훔치니, 훔치고
[타]❶사물의 표면을 문질러 이물질을 닦아내다. Scrub the surface of an object to remove foreign substance.
㊌닦다, 닦아내다, 청소하다
N0-가 N1-를 N2-로 V (N0=[인간] N1=[구체물] N2=[구체물])
¶종업원이 손님이 일어서자 식탁을 행주로 훔쳤다. ¶벽에 묻은 얼룩을 걸레로 좀 훔쳐라. ¶나는 묵묵히 걸레로 방바닥을 훔치며 딸아이의 말을 들었다.
❷몸에 솟아난 땀을 닦다. Wipe the sweat off one's body.
N0-가 N1-를 V (N0=[인간] N1=땀, 눈물)
¶나는 나무 그늘로 들어가 이마의 땀을 훔쳤다.

훼손당하다
[어원]毁損~ [활용]훼손당하여(훼손당해), 훼손당하니, 훼손당하고 [대응]훼손을 당하다
[자]☞ 훼손되다
[타](가치, 명예, 체면 따위를) 상하게 되는 처지에 놓이다. (of value, honor, or decency) Be damaged.
N0-가 N1-를 N2-(에게|에 의해|로) V (N0=[인간|단체] N1=[추상물](명예, 가치 따위) N2=[원인], [상태], [상황])
¶전시 작품이 관리자의 실수로 가치를 훼손당했다. ¶엉뚱한 사람의 개입에 의해 우리는 중재 단체로서의 체면을 크게 훼손당했다.

훼손되다
[어원]毁損~ [활용]훼손되어(훼손돼), 훼손되니, 훼손되고 [대응]훼손이 되다
[자]❶헐리거나 거칠게 다루어져 상하게 되다. Be pulled down or handled roughly, sustaining damages.
㊌손상되다

No-가 N1-로|에 의해 V (No=[구체물], [자연], [환경] N1=[원인], [상태], [상황])
능 훼손하다
¶등산객들이 버린 쓰레기로 능선 주위의 경관이 크게 훼손되었다. ¶아파트 건설로 부지 내 매장 문화재가 훼손될 우려 가 있다. ¶이번 태풍에 의해 수많은 건축물이 훼손되었다.
❷(가치, 이념, 체면 따위가) 상하게 되다. (of value, honor, or decency) Be damaged.
유 손상되다, 더렵혀지다, 상하다 재
No-가 N1-(로|에 의해) V (No=[추상물](이름, 명예, 이념, 가치 따위) N1=[원인], [상태], [상황])
능 훼손하다
¶그 회사는 이번 사태로 그동안 쌓아온 명성이 심각하게 훼손되었다. ¶전쟁에 의해 그들의 전통적인 풍속과 문화가 훼손되었다.

훼손하다
어원 毁損~ 활용 훼손하여(훼손해), 훼손하니, 훼손하고 대응 훼손을 하다
타 ❶(무엇을) 무너뜨리거나 함부로 다루어 상하게 하다. Pull something down or handle roughly, inflicting damages.
유 손상시키다, 파손하다 반 보존하다
No-가 N1-를 V (No=[인간|단체], [상태] N1=[구체물](자연, 환경 따위))
피 훼손되다
¶문화재 당국의 무분별한 보수 공사로 유적 원형을 훼손한다는 우려가 높다. ¶그들은 고의로 운송물을 훼손하였기 때문에 손해 배상 책임을 면할 수 없었다.
❷(가치, 이념, 체면 따위를) 손상하게 하다. Do damage to one's value, ideology, or dignity.
유 손상시키다, 더럽히다
No-가 N1-를 V (No=[인간|단체], [상태] N1=[추상물](이름, 명예, 이념, 가치 따위))
피 훼손되다
¶우리 회사는 지난달 경쟁사가 비방 광고를 통해 자사의 명예를 훼손했다고 손해 배상 소송을 법원에 냈다. ¶계속된 약물 복용이 올림픽의 가치를 높여 주었던 깨끗함과 순수함의 이미지를 훼손하였다.

휘감기다
활용 휘감기어(휘감겨), 휘감기니, 휘감기고
자 ❶(얇고 긴 물체가) 다른 물체에 의해 여러 번 친친 둘러지다. (of a thin and long object) Be wrapped around multiple times by another object.
유 감기다III
No-가 N1-(에|로) V ↔ N1-가 No-(에|로) V (No=[착용물], 천, 실, 줄, 붕대 따위 N1=[사물], [신체부위])
능 휘감다
연어 친친, 돌돌, 꽁꽁
¶치마가 다리에 휘감겨서 제대로 걸을 수 없었다. ↔ 다리가 치마에 휘감겨서 제대로 걸을 수 없었다. ¶언제 다쳤는지 그의 팔에 붕대가 휘감겨 있었다.
❷(어떤 물체가) 덩굴이나 뱀 따위에 의해 강하게 둘리어지다. (of an object) Be wrapped around by vine or snake.
유 감기다III, 동여매이다
No-가 N1-(에|로) V (No=[구체물](담, 건물 따위), [인간], [신체부위], [동물] N1=덩굴, 뱀 따위)
능 휘감다
¶작은 동물이 뱀에 휘감겨서 덜덜 떨고 있었다. ¶학교의 담장이 덩굴로 휘감겨 있어 매우 고풍스러워 보였다.
❸(어떤 공간이) 긴 물의 줄기에 의해 폭넓게 둘리어져 있다. (of a space) Be surrounded by long water flow.
유 둘러싸이다
No-가 N1-(에|로) V (No=[공간], [지역], [건물] N1=[하천](강, 계곡물, 개울 따위))
능 휘감다
¶이 마을은 긴 강으로 휘감겨 있어서 장마철에는 늘 불안하다. ¶산 중턱은 구불구불 흐르는 계곡물에 휘감겨 있었다.
❹(얇고 긴 물건이) 둘둘 말리어지다. (of a thin and long item) Be wrapped around multiple times.
유 꼬이다II
No-가 V (No=꼬리, 머리채 따위)
능 휘감다
¶그녀는 어지럽게 휘감겨 있는 머리가 불편했는지 계속 머리를 손으로 만졌다. ¶동그랗게 휘감겨 있던 강아지의 꼬리가 주인을 보자마자 풀렸다.
❺(사람이나 대상이) 감정이나 기운으로 가득 채워지다. (of something) Be filled with emotion or energy.
유 휩싸이다
No-가 N1-(에|로) V (No=[인간|단체], [공간] N1=[감정], [상황](분위기 따위))

ㅎ

[능]휘감다
¶회의실이 걱정과 침묵으로 휘감겨 있었다. ¶평가를 앞둔 학생들의 얼굴이 긴장으로 휘감겨 있었다.

휘감다

[활용]휘감아, 휘감으니, 휘감고
[타]❶(길거나 넓은 물체를) 다른 물체에 두르거나 덮어서 싸다. Envelop or cover an object with something long or wide.
㊌감다III, 둘러싸다
N0-가 N1-를 N2-에 V ↔ N0-가 N2-를 N1-로 V (N0=[인간] N1=[줄], [천], [신체부위](팔 따위), [시설물] N2=[구체물])
[피]휘감기다
¶지혁이는 밧줄로 말뚝을 휘감았다. ↔ 지혁이는 말뚝을 밧줄로 휘감았다. ¶나는 추워서 이불을 온 몸에 휘감고 있었다.
❷(덩굴이나 뿌리, 뱀 따위가) 다른 물체를 제 몸으로 두르다. (of vine, root, or snake, etc.) Coil another thing around.
N0-가 N1-를 V (N0=[식물](덩굴, 뿌리 따위), [동물](뱀 따위) N1=[구체물])
¶덩굴이 건물을 온통 휘감았다. ¶뿌리가 땅속 바위를 휘감아 뻗었다.
❸(꼬리나 머리카락 따위를) 빙빙 돌려서 말거나 감다. Roll or coil up tail or hair.
㊌꼬다
N0-가 N1-를 V (N0=[인간], [동물] N1=[신체부위](머리카락, 머리채 따위), [동물](꼬리 따위))
[피]휘감기다
¶강아지가 꼬리를 휘감은 채 엎드렸다. ¶주희는 누가 머리채를 휘감는 것을 싫어한다.
❹(하천 따위가) 어떤 장소를 그 둘레를 돌아 흐르다. (of river) Flow round a place.
㊌둘러싸다, 우회하다
N0-가 N1-를 V (N0=[하천] N1=[장소], [지역])
[피]휘감기다
¶산을 휘감아 흐르는 강의 풍경이 장엄하다. ¶강이 휘감은 도시에서는 수상 교통이 발달하였다.
❺(분위기나 감정 따위가) 어떤 사람이나 장소를 사로잡듯 휩싸다. (of circumstances or feeling) Sweep around a person or a place attractively.
㊌휩쓸다
N0-가 N1-를 V (N0=[감정], [상황] N1=[인간|단체], [장소])
[피]휘감기다
¶묘한 분위기가 우리들을 휘감았다. ¶짜릿한 희열이 온몸을 휘감는 기분을 처음 느껴 보았다.
❻(옷이나 장신구 따위를) 지나칠 정도로 잔뜩 걸치다. Put on too many clothes or accessories.
㊌걸치다[타]
N0-가 N1-를 V (N0=[인간] N1=[착용물], [천](비단 따위))
¶비싼 옷과 장신구를 온몸에 휘감는다고 존경받을 수 있는 것은 아니다. ¶아무리 비단을 휘감아도 사람이 달라지지는 않는다.

휘날리다

[활용]휘날리어(휘날려), 휘날리니, 휘날리고
[자]❶(깃발이나 연 따위가) 바람에 거세게 날리어 흔들리다. (of flag or kite) Fly violently in the wind.
㊌날리다I, 펄럭이다[자]
N0-가 N1-에 V (N0=[구체물] N1=바람)
¶태극기가 바람에 휘날렸다. ¶영화제를 홍보하는 현수막이 바람에 휘날린다. ¶영희는 바람에 휘날리는 치맛자락을 손으로 붙잡았다.
❷(가볍고 아주 작은 물체들이) 공중에 흩어져 날리다. (of very small, light things) Be blown off and dispersed in the air.
㊌날아다니다[자]
N0-가 V (N0=[구체물](눈, 꽃잎, 먼지, 꽃가루, 낙엽 따위))
¶매화꽃이 눈꽃처럼 휘날린다. ¶선수들이 등장할 때마다 꽃가루가 휘날리고 나팔소리가 울려 퍼졌다.
[타]❶(사람이나 단체가) 깃발이나 머리카락 따위를 빨리 움직여 이리저리 흔들리게 하다. (of a person or a group of people) Move quickly flags or hairs so that they swing backward and forward or from side to side.
N0-가 N1-를 V (N0=[인간|단체] N1=[구체물])
¶우리는 무대에 올라 태극기를 휘날렸다. ¶모델들이 코트 자락을 휘날리며 무대 위를 걷고 있다.
❷(사람이나 교통수단 따위가) 가볍고 작은 물체를 거세게 이리저리 흩어져 날게 하다. (of a person or a means of transportation) Disperse small and light things violently and make them fly.
㊌날게 하다, 날리게 하다
N0-가 N1-를 V (N0=[인간|단체], [교통수단] N1=[구체물](꽃가루, 먼지 따위))
¶아이들이 흙먼지를 휘날리며 운동장을 달리고 있다. ¶대형 트럭들이 먼지를 휘날리며 비포장도

로를 질주한다.

❸(사람이나 단체 따위가) 이름이나 명성 따위를 널리 알리다. (of a person or an organization) to become renowned widely.

㊌널리 알리다

N0-가 N1-를 V (N0=[인간|단체], [구체물] N1=이름, 명성 따위)

¶요즘 이 차가 경차의 대명사로 이름을 휘날리고 있다. ¶만수는 세계적인 야구 선수로 명성을 휘날렸다.

휘다

활용 휘어, 휘니, 휘고

자(곧은 물체가) 외부로부터 힘을 받아서 구부러지다. (of a straight object) Be bent due to outside force.

㊌굽다I, 구부러지다

N0-가 V (N0=[구체물], [신체부위], 자세, 모양 따위)

¶자세가 나쁘면 허리가 휜다. ¶강풍에 간판이 휘어 버렸다. ¶책이 무거운지 책장 선반 모양이 휘었다.

타(곧은 물체를) 힘을 주어 구부러지게 하다. Make a straight object be bent.

㊌굽히다 ㊍펴다[1]타

N0-가 N1-를 V (N0=[인간], [힘], [자연현상] N1=[구체물], [신체부위], 자세, 모양 따위)

¶학생들이 철사를 휘어서 뼈대를 만들었다. ¶서커스 단원들이 허리를 뒤로 휘어서 묘기를 부린다.

휘두르다 I

활용 휘둘러, 휘두르니, 휘두르고, 휘둘렀다

타❶(무엇을) 이리저리 마구 돌리다. Swing something recklessly.

㊌날리다II

N0-가 N1-를 V (N0=[인간] N1=[구체물], [신체부위] (주먹 따위))

피 휘둘리다

¶강도가 사람들을 향해 흉기를 휘둘렀다. ¶운동장에서 한 사람은 공을 던지고 한 사람은 방망이를 휘둘렀다.

❷(다른 사람을) 마음대로 대해 정신을 차릴 수 없도록 만들다. Treat recklessly and put a person out of senses.

㊌좌지우지하다

N0-가 N1-를 V (N0=[인간] N1=[인간])

피 휘둘리다

¶그는 너무나 쉽게 동료들을 휘두른다. ¶정보를 조작하는 사람들은 쉽게 대중을 휘두른다.

❸(다른 사람을) 제 마음대로 다루거나 부리다. Treat others or have them at one's disposal.

㊌다루다

N0-가 N1-를 V (N0=[인간] N1=[인간])

피 휘둘리다

연어 마음대로

¶부모들은 자녀들을 마음대로 휘두르려고 한다. ¶더 이상 친구들을 휘두르려고 하지 마라.

❹(힘이나 권력을) 마구 사용하다. (of a person) Use power or authority recklessly.

㊌남용하다

N0-가 N1-를 V (N0=[인간|단체] N1=[권력], [행위] (폭력 따위))

피 휘둘리다

¶그는 술만 마시면 폭력을 휘둘렀다. ¶시민 단체는 검찰이 수사권을 휘두른다고 지적했다.

❺(말을) 거칠게 마구 하다. (of a person) Speak harshly and recklessly.

㊌퍼붓다[1]

N0-가 N1-를 V (N0=[인간] N1=[언어])

¶손님이 가게 직원에게 과격한 말을 휘둘렀다. ¶그는 상냥하던 인상은 없어지고 날카로운 말을 휘둘렀다.

휘두르다 II

활용 휘둘러, 휘두르니, 휘두르고, 휘둘렀다

타(옷이나 장신구 따위를) 사치스럽게 입거나 걸치다. (of a person) Wear clothes or ornaments extravagantly.

㊌휘감다

N0-가 N1-를 N2-에 V (N0=[인간] N1=[옷], [패용물] N2=[신체부위])

¶모델들은 하늘거리는 옷에 번쩍이는 보석을 휘둘렀다. ¶배우들은 명품 귀걸이와 반지를 몸에 휘두르고 나왔다.

휘둘리다

활용 휘둘리어(휘둘려), 휘둘리니, 휘둘리고

자❶(어떤 물체가) 사람에게 이리저리 마구 돌려지다. (of an object) Be swung by a person recklessly.

N0-가 N1-에게 V (N0=[구체물] N1=[인간])

능 휘두르다I

¶주인의 손에 들린 부엌칼이 강도에게 휘둘렸다. ¶단도 두 자루가 소매 안에서 튀어나와 은행 직원들에게 휘둘렸다.

❷(사람이 다른 사람에게) 마구 부려져 정신을

차리지 못하게 되다. (of a person) Be shoved by another person so recklessly as to fail to keep oneself steady.
㊌좌지우지되다
N0-가 N1-에게 V (N0=[인간] N1=[인간])
능휘두르다I
¶그는 어린 시절부터 부모에게 휘둘렸다. ¶화가 나서 통제력을 잃으면 오히려 남에게 휘둘리기 쉽다.
❸(사람이 힘이나 권력에) 마구 부려지다. (of a person) Be shoved by power or authority.
㊌끌려가다
N0-가 N1-(에|에게) V (N0=[인간|단체] N1=[인간|단체], [권력])
능휘두르다I
¶누군가에게 거저 권력을 받으면 결국 그 힘에 휘둘리게 된다. ¶심의기관이 표적 심사를 하면서 권력에 휘둘렸다.
❹(사람이 상황이나 감정에) 큰 영향을 받다. (of a person) Be affected greatly by a situation or an emotion.
㊌휩싸이다
N0-가 N1-에 V (N0=[인간] N1=[상황], [감정])
¶그 시절 나는 정체를 알 수 없는 고독에 휘둘려 아파했다. ¶원정 경기라 초반에는 팀원들이 현지의 분위기에 휘둘렸다.
❺(사람의 몸이) 충격을 받거나 병이 들어 똑바로 가누어지지 못하다. (of a person's body) Fail to keep steady because of shock or illness.
㊌휘청거리다
N0-가 V (N0=[신체부위])
¶나는 어지러움을 느껴 허공에서 몸이 휘둘렸다. ¶흥분해서인지 호흡이 거칠어지고 다리가 휘둘렸다.

휘둥그레지다

활용휘둥그레져, 휘둥그레지니, 휘둥그레지고
자놀라거나 당황스러운 상황에 눈이 동그랗게 커지다. (of eyes) Become wide and round due to shock or embarrassing situation.
N0-가 N1-에 V (N0=[인간], 눈 따위)
¶그들은 평범한 이웃이 살인자였다는 사실에 휘둥그레졌다. ¶위엄 있는 교회 건축물에 눈이 휘둥그레지고는 했다.

휘말리다 I

활용휘말리어(휘말려), 휘말리니, 휘말리고
자(넓적하고 얇은 물건이) 둥글게 감겨지다. (of something wide and thin) Be rolled.
㊌말리다I
N0-가 N1-에 V (N0=[구체물](종이, 옷, 깃발 따위), [신체부위](혀, 혀끝 따위) N1=[구체물])
¶나는 치마가 다리에 휘말려서 넘어졌다. ¶종이가 너무 얇은지 계속 휘말리고 있다. ¶태극기가 깃대에 휘말렸다.

휘말리다 II

활용휘말리어(휘말려), 휘말리니, 휘말리고
자❶(어떤 것이) 매우 강한 물살이나 바람에 휩쓸려 들어가다. (of something) Be swept by a very strong current or wind.
㊌휩쓸리다
N0-가 N1-에 V (N0=[구체물] N1=[물](급류, 물살, 소용돌이, 파도 따위), [기상](태풍, 바람 따위))
¶휴가 중이던 가족 세 명이 급류에 휘말려서 실종되었다. ¶자동차가 태풍에 휘말려 날아갔다.
❷(어떤 사건이나 감정에) 의도치 않게 휩쓸려 들어가다. Inadvertently get swept into an incident or a feeling.
㊌연루되다, 말리다II
N0-가 N1-에 V (N0=[인간|단체] N1=[상태], [행위])
¶그녀는 알 수 없는 감정에 휘말려 힘들어 했다. ¶민수는 괜한 소문에 휘말려서 곤혹스럽게 되었다.
❸(다른 사람의) 꼬임이나 술수에 빠지다. Fall into a person's trick or enticement.
㊌꼬이다
N0-가 N1-(에|에게) V (N0=[인간|단체] N1=[행위], [인간])
¶아버지께서는 언제나 남의 의도에 휘말려 크게 손해를 보곤 하셨다. ¶그는 사기 도박꾼에게 휘말려서 재산을 탕진했다.

휘어잡다

활용휘어잡아, 휘어잡으니, 휘어잡고
타❶(물체를) 손으로 움켜쥐어 잡다. Catch an object in one's hand.
㊌거머쥐다
N0-가 N1-를 V (N0=[인간] N1=[구체물])
¶격렬하게 싸우던 두 사람은 급기야 서로의 머리채를 휘어잡았다. ¶봄이 오자 선비들은 버들가지를 휘어잡고 풍류를 즐겼다.
❷(다른 사람이나 대상을) 무엇으로 장악하여 자유자재로 다루다. Dominate people or objects and have them at one's beck and call.
㊌장악하다
N0-가 N2-로 N1-를 V (N0=[인간] N1=[권력], [능력]

N2=[인간|단체], [권력])
¶창업자인 그는 강력한 카리스마로 직원들을 휘어잡았다. ¶혁명군은 군사력으로 권력을 휘어잡았다.
❸(생각이나 마음 따위를) 좋은 것으로 한곳으로 몰리게 하다. Drive thought or mind to a good thing.
㊌사로잡다
N0-가 N2-로 N1-를 V (N0=[인간] N2=[능력], [특성](매력 따위), [구체물] N1=[인간|단체], [마음], 입맛 따위)
¶아내는 정성스런 요리로 남편의 입맛을 휘어잡았다. ¶그녀는 청순한 매력으로 대중의 마음을 휘어잡았다.

휘젓다

활용 휘저어, 휘저으니, 휘젓고, 휘젓는
타❶액체나 기체를 섞이도록 막대 등을 넣어 마구 돌리다. Put a stick in a liquid or a gas and stir vigorously to mix it up.
㊌젓다
N0-가 N1-를 V (N0=[인간] N1=[액체], [기체], [용기])
¶아저씨는 술이 익어가는 술독을 휘저었다. ¶순이는 개울물을 손끝으로 휘저으며 송사리떼를 구경했다.
❷신체 일부나 긴 물체를 마구 휘두르다. Move a part of the body or something long violently and wildly.
㊌휘두르다I
N0-가 N1-를 V (N0=[인간] N1=[구체물])
¶할아버지는 지팡이를 허공에 휘저었다. ¶규호는 멀리서 나타난 지수에게 팔을 크게 휘저으며 인사했다.
❸(어떤 대상에 대하여) 마구 움직이거나 소란을 피워 혼란스럽게 하다. Create confusion by moving recklessly and causing disturbance.
N0-가 N1-를 V (N0=[인간] N1=[구체물])
¶어제부터 웬 청년들이 마을을 휘젓고 다녔다. ¶말 탄 병정들이 성 안을 휘젓고 다니자 사람들이 모두 피하였다.
◆ **마음을 휘젓다** (어떤 원인이) 마음에 동요를 일으키다. (of a cause) Stir a person's heart and make that person worry.
N0-가 Idm (N0=[구체물], [추상물])
¶그녀의 편지가 내 마음을 마구 휘저었다. ¶아버지의 죽음은 병수의 마음을 크게 휘저었다. ¶올해 일어난 여러 사건들은 평온하던 내 마음을 휘저어 놓았다.

휘청거리다

활용 휘청거리어(휘청거려), 휘청거리니, 휘청거리고
자❶휘어져서 탄력으로 흔들리다. Be bent and wobble due to elasticity.
㊌흔들거리다
N0-가 N1-(에|로) V (N0=[식물](가지), [나무], [금속](철사 따위), [구체물] N1=[힘])
¶나뭇가지가 바람에 휘청거린다. ¶고층 건물들이 지진으로 휘청거렸다. ¶강력한 태풍으로 철탑이 휘청거렸다.
❷균형이 무너져 불안정하게 움직이다. Move unstably due to fallen balance.
㊌흔들거리다
N0-가 N1-(에|로) V (N0=[교통기관] N1=[힘])
¶자동차가 강풍에 휘청거렸다. ¶비행기가 돌풍으로 휘청거렸다.
❸균형이 무너져 불안정한 상태가 되다. Become unstable due to fallen balance.
N0-가 N1-로 V (N0=[값] N1=[상황], [상태])
¶주가가 환율 변동으로 사흘 째 휘청거린다.
❹(방해나 장애 따위로 인하여 일 따위가) 의도하거나 계획한 것과 다르게 되어 가다. (of a task) Proceed in a different direction than one's intention or plan due to interruption or hindrance.
㊌흔들리다, 위험해지다
N0-가 N1-에|로 V (N0=[인간], [사건], [제도] N1=[행위], [상태])
¶아버지의 죽음으로 집안이 휘청거렸다. ¶정부의 경제 정책 변화에 건설사들이 휘청거린다.
타(몸이나 신체 부위를) 제대로 가누지 못하다. Be unable to control one's body.
㊌비틀거리다타
N0-가 N1-를 V (N0=[인간], [동물] N1=[신체부위])
¶형님은 취해서 다리를 휘청거렸다. ¶너무 피곤한 나머지 온몸을 휘청거렸다.

휩싸다

활용 휩싸, 휩싸니, 휩싸고
타❶(사람이나 사물이) 다른 사람이나 사물을 둘러 감다. (of person or thing) Surround another person or thing.
㊌휘감다
N0-가 N1-를 N2-로 V (N0=[인간], [구체물] N1=[인간], [구체물] N2=[구체물])
피 휩싸이다

¶바람에 날린 커튼이 빨래 대를 온통 휩쌌다. ¶나는 그의 몸통을 휩싸 안았다.
❷(사물이) 다른 사물을 온통 뒤덮다. (of a thing) Cover another object completely.
㊌감싸다, 덮다
N0-가 N1-를 V (N0=[기상] N1=[인간], [구체물])
피휩싸이다
¶짙은 암흑이 마을을 휩싸고 내려앉았다. ¶해군 호위함이 시야에 나타나면서 검은 구름이 기체를 휩쌌다.
❸(감각이) 몸을 온통 차지하다. (of a sense) Cover the entire body.
㊌감싸다, 덮다
N0-가 N1-를 V (N0=[감각] N1=[인간], [신체부위])
피휩싸이다
¶허리가 끊어지는 고통이 온몸을 휩쌌다. ¶상처에 물이 닿자 쓰라린 감각이 얼굴을 휩쌌다. ¶음악이 절정에 다다르자 전율이 그의 몸을 휩쌌다.
❹(감정이) 마음을 온통 차지하다. (of a feeling) Sweep the mind fully.
㊌감싸다, 덮다
N0-가 N1-를 V (N0=[감정] N1=[인간], [신체부위])
피휩싸이다
¶죄책감이 그의 마음을 휩쌌다. ¶무사히 도착했다는 안도감이 그녀를 휩쌌다.
❺(분위기 따위가) 주위를 채우다. (of mood) Sweep the entire surroundings.
㊌감돌다, 감싸다, 덮다
N0-가 N1-를 V (N0=[상황](분위기 따위), [기운] N1=[인간], [장소])
피휩싸이다
¶날이 어두워지고 기괴한 분위기가 사방을 휩쌌다. ¶불이 밝자 몽환적인 분위기가 그들을 휩쌌다.

휩싸이다

활용휩싸여, 휩싸이니, 휩싸이고
자❶(사물이나 사람이) 다른 사물이나 사람 따위에 둘러 감기거나 가려져 있다. (of an object or a person) Be wrapped and covered by another object or person.
㊌휘감기다
N0-가 N1-에 V (N0=[인간|단체], [장소], [구체물] N1=[구체물], [인간])
능휩싸다
¶아기는 담요에 휩싸인 채 울고 있었다. ¶그 집은 꽃과 나무에 휩싸여 있었다. ¶배가 거친 파도에 휩싸여 길을 잃고 헤매었다.
❷(사람이나 어떤 곳이) 연기나 불꽃 따위에 온통 뒤덮이다. (of a person or some place) Be fully covered by smoke, fire, etc.
㊌뒤덮이다
N0-가 N1-에 V (N0=[인간], [장소] N1=연기, 안개, 불길, 냄새 따위)
능휩싸다
¶우리는 안개에 휩싸여 아무 것도 볼 수 없었다. ¶승객들이 화염에 휩싸인 채 고통스러워했다.
❸(주위가) 어떤 분위기나 침묵 따위에 가득 차 있다. (of the surroundings) Be filled with certain atmosphere, silence, etc.
㊌가득차다
N0-가 N1-에 V (N0=[인간|단체], [장소] N1=[추상물](열기, 분위기, 정적, 침묵 따위))
능휩싸다
¶온 나라가 월드컵 응원 열기에 휩싸여 있었다. ¶두 사람은 달콤한 분위기에 휩싸여 입맞춤을 했다.
❹(몸이) 감각에 온통 뒤덮이다. (of a body) Be covered all over by a sense.
㊌느껴지다
N0-가 N1-에 V (N0=[인간], [신체부위] N1=[감각])
능휩싸다
¶나는 술을 잔뜩 마신 다음날 머리가 깨질 것 같은 고통에 휩싸였다. ¶생전 처음 듣는 강렬한 음악으로 나의 몸은 전율에 휩싸였다.
❺(사람이나 단체가) 어떤 논란이나 소문 따위의 대상이 되다. (of a person or an organization) Become the target of some dispute, rumor, etc.
㊌연루되다
N0-가 N1-에 V (N0=[인간|단체] N1=[추상물](논란, 이야기, 시비, 의혹 따위))
¶두 사람은 열애설과 결별설에 휩싸여 화제가 된 바 있다. ¶장관 임명 때부터 그는 도덕성 시비에 휩싸여 왔다.
❻어떤 감정에 사로잡히다. Be swayed by a certain emotion.

휩쓸다

㊌사로잡히다
N0-가 N1-에 V (N0=[인간] N1=[감정])
능휩싸다
¶영희는 억울함과 미안함과 분노에 휩싸여 오열했다. ¶그는 진실을 알고 나서 충격과 억울함에 휩싸였다.

휩쓸다

활용 휩쓸어, 휩쓰니, 휩쓸고, 휩쓰는

타❶(물, 바람, 불 따위가) 일정한 장소를 남김없이 쓸다. (of water, wind, or fire) Devastate a place entirely.

유 쓸어가다

N0-가 N1-를 V (N0=[자연], [기상] N1=[장소])

피 휩쓸리다

¶거친 눈보라가 길바닥을 휩쓸었다. ¶올해 19호 태풍이 온 나라를 휩쓸고 지나갔다. ¶이 일대는 겨울에 산불이 휩쓸었다.

❷(질병, 사태 따위가) 어디를 두루 영향을 끼치다. (of a disease or a situation) Influence a place considerably.

유 창궐하다, 만연하다

N0-가 N1-를 V (N0=[상태](질병 따위), [사건](전쟁 따위), [사조] N1=[인간|단체], [장소])

¶곳곳이 수해를 입으면서 수인성 전염병이 전국을 휩쓸었다. ¶패권주의는 저물고 공리주의가 사회를 휩쓸었다.

❸(사람이) 어디를 다니며 제멋대로 행동하며 위세를 부리다. Go around, behave as one pleases, and wield one's power.

유 휘젓다

N0-가 N1-를 V (N0=[인간|단체] N1=[장소])

¶경찰들이 우왕좌왕하는 사이 건달들은 주먹만 믿고 골목을 휩쓸었다. ¶아무것도 무서울 것이 없던 나와 내 친구는 시장통을 휩쓸고 다녔다.

❹(사람이나 단체가) 상, 대회 따위를 남김없이 차지하다. (of a person or an organization) Win all prizes or competitions.

유 독차지하다

N0-가 N1-를 V (N0=[인간|단체] N1=[운동경기], [대회], [구체물](상, 상장 따위))

¶어린 시절부터 두각을 보이던 김인길 선수는 고등학생이 되면서 세계대회를 휩쓸었다. ¶이번 영화는 최우수 작품상을 비롯하여 주요 부문 상을 모두 휩쓸었다.

ㅎ

휩쓸리다

활용 휩쓸리어(휩쓸려), 휩쓸리니, 휩쓸리고

자❶(사물이) 물, 바람, 불 따위에 모조리 쓸려 치워지다. (of things) Be swept completely by water, wind, or fire.

유 쓸리다

N0-가 N1-에 V (N0=[인간], [장소] N1=[자연현상])

능 휩쓸다

¶폭탄이 터지면서 생긴 열풍에 많은 삼림이 휩쓸렸다. ¶많은 사람이 물에 휩쓸려 실종되었다.

❷(사람이 다른 사람이나 분위기에 얽혀) 자신도 모르게 행동하거나 영향받게 되다. (of a person) Act unwittingly or to be influenced by another person or atmosphere.

유 연루되다, 사로잡히다

N0-가 N1-에 V (N0=[인간|단체] N1=[인간|단체], [상황](분위기 따위), [사건])

¶사람은 순간의 감정에 휩쓸려 중요한 판단을 하지 않아야 한다. ¶몇 명이 먼저 뛰어나가자 곧 뒤에 있던 무리도 분위기에 휩쓸려 달려나갔다.

휴강하다

어원 休講~ 활용 휴강하여(휴강해), 휴강하니, 휴강하고 대응 휴강을 하다

자(학교나 학원이) 어떤 이유로 예정되어 있던 강의를 취소하다. (of a school or a private educational institute) Cancel a lecture and go on a break for certain reason.

N0-가 N1-로 V (N0=[교육기관] N1=[사건], [재해])

¶모든 학교가 폭설로 임시 휴강했다. ¶이 대학은 신종 전염병 집단 발병으로 휴강한다고 했다. ¶학사 차질로 건축학과와 원예학과 등 모두 11개 과가 휴강한다.

타(교수나 강사가) 예정되어 있던 강의를 하지 않다. (of a professor or a lecturer) Cancel a lecture and take a break.

N0-가 N1-를 V (N0=교수, 강사 N1=강의, 수업, 과목 따위)

¶김 교수는 개인 사정을 이유로 오늘 수업을 휴강했다. ¶나는 학생들이 축제를 즐길 수 있도록 6시 이후 강의를 모두 휴강했다.

휴직하다

어원 休職~ 활용 휴직하여(휴직해), 휴직하니, 휴직하고 대응 휴직을 하다

재(직장인이 그 신분과 직위를 유지한 채) 기업이나 기관의 허락을 얻어 일정 기간 동안 직장을 가지 않고 쉬다. (of a salaried employee) Not go to one's job and take a break while maintaining the original status and position.

반 복직하다

N0-가 V (N0=[인간])

사 휴직시키다

¶민희 씨는 몸이 아파서 석 달 동안 휴직했다. ¶나는 휴직하고 집안 일을 돌보기로 했다. ¶오랫동안 휴직한 후 다시 돌아오시니 정말 반갑습니다.

N0-가 N1-를 V (N0=[인간] N1=[기관], [단체])
¶민희 씨는 몸이 아파서 석 달 동안 회사를 휴직했다. ¶나는 직장을 1년간 휴직하고 어머니를 간병했다.

휴학하다

어원 休學~ 활용 휴학하여(휴학해), 휴학하니, 휴학하고 대응 휴학을 하다
자 (학생이 그 신분과 자격을 유지한 채) 학교의 허락을 얻어 일정 기간 동안 학교를 가지 않고 쉬다. (of a student) Not go to school, take a break for a certain period of time while maintaining the status and qualification of a student.
N0-가 V (N0=[인간])
¶그는 휴학하고 지난 3월에 해군에 입대했다. ¶둘째는 휴학하고 지금 부업을 하고 있어요. ¶민지는 병이 심하여 결국 휴학하고 말았다.

흉내내다

활용 흉내내, 흉내내니, 흉내내고 대응 흉내를 내다
타 (사람이나 동물 따위가) 다른 사람이나 동물 따위의 행동이나 말투, 자세 따위를 하는 대로 같이 하다. (of a person, an animal, etc.) Perform act, speech, posture, etc., similar to that of another person, animal, etc.
N0-가 N1-를 V (N0=[인간], [동물] N1=[행위], 소리, 말 따위)
¶아기가 기차 소리를 재미있게 흉내낸다. ¶그는 친구의 걸음걸이를 똑같이 흉내냈다. ¶동생이 오빠 말을 흉내내며 맞장구를 쳤다.

흉보다

활용 흉봐, 흉보니, 흉보고 대응 흉을 보다
자타 다른 사람이 어떠어떠한 단점이 있다고 흠잡아 말하다. (of someone) Speak by pointing out some flaw.
유 흠잡다, 비난하다, 욕하다 자타, 비꼬다 반 칭찬하다 타
N0-가 S고 V (N0=[인간])
¶여자들은 남편이 아기처럼 행동한다고 흉보는 일이 많다. ¶사람들이 내가 문제가 많다고 흉보는 것만 같다. ¶나는 남들이 어떻다고 흉보지 않는다.
N0-가 N1-를 V (N0=[인간] N1=[인간], [추상물])
¶너는 친구를 흉보지 말고 좋은 말을 해라. ¶사람들이 내 약점을 흉보는 것 같았다.

흐느끼다

활용 흐느끼어(흐느껴), 흐느끼니, 흐느끼고
자 (사람이) 감정에 북받쳐 흑흑 소리를 내며 울다. (of a person) Cry in a noisy way, overwhelmed by a feeling.
유 울다I
연어 흑흑
N0-가 V (N0=[인간])
¶그녀는 슬픔을 참지 못하고 어깨를 들썩이며 흑흑 흐느꼈다. ¶그는 소리를 지르다가 마침내 흐느끼기 시작했다. ¶어머니는 한참을 흐느끼다가 말을 꺼냈다.

흐르다

활용 흘러, 흐르니, 흐르고, 흘렀다
자 ❶(액체가) 높은 곳에서 낮은 곳으로 움직여 이동하거나 넘치거나 떨어지다. (of liquid) Flow downward, overflow, or fall.
유 지나가다 자, 흘러가다, 흘러오다
N0-가 V (N0=[액체])
¶맑은 시냇물이 계곡 사이로 흐른다. ¶강물이 흐르는 곳은 생명력이 넘친다.
❷(구름이나 공기 따위가) 미끄러지듯 움직이거나 이동하다. (of clouds or air) Move as if gliding.
유 지나가다 자, 움직이다 자
N0-가 V (N0=[구름], [기체])
¶하늘에 구름이 바쁜 듯이 어디론가 흘러 가고 있었다. ¶공기는 기압이 높은 곳에서 낮은 곳으로 흐른다.
❸(선이나 관 따위의 매체에) 전기나 전류, 가스가 통하여 다른 곳으로 전해지다. (of electricity, current, or gas) Move somewhere through a medium such as line or pipe.
유 지나가다 자, 통하다 자
N0-가 N1-(에|로) V (N0=[물리](전기, 전류 따위), [연료](가스 따위) N1=전선, 관 따위)
¶이 전선에는 고압 전류가 흐르고 있다. ¶이 아래로 가스가 흐르고 있으니 조심하여라.
❹(시간이나 세월이) 일정 기간 지나가다. (of time) Pass by for a certain period.
유 지나다 자, 지나가다 자, 경과하다 자
N0-가 V (N0=[시간])
¶시간이 흐르더라도 우리 우정은 변하지 말자. ¶오랜 세월이 흘렀지만 소나무는 옛 모습 그대로였다.
❺(몸에 지닌 것이) 무게로 인해 아래로 내려가거나 처지다. (of something that is put on) Hang downward or droop because of its weight.

㊎흘러내리다
N0-가 V (N0=[착용물])
¶통이 커서 바지가 자꾸 흘러 내려간다. ¶고무줄이 헐거워서 양말이 아래로 흘렀다.
❻(땀이나 눈물, 피 따위가) 몸에서 빠져나와 넘쳐 떨어지다. (of sweat, tears, or blood) Come out of a body and drop.
㊎흘러내리다, 나오다
N1-에서 N0-가 V (N0=[분비물](땀, 피, 눈물 따위) N1=[신체부위])
사흘리다
¶날씨가 너무 더워 이마에서 땀이 줄줄 흘렀다. ¶나는 흐르는 눈물을 멈출 수가 없었다.
❼(액체나 고체, 가루 따위가) 용기에서 밖으로 새어나와 떨어지다. (of liquid, solid, or powder) Escape a container and fall.
㊎새다
N0-가 V (N0=[구체물](물, 쌀, 가루 따위))
사흘리다
¶쌀 포대에서 쌀이 줄줄 흐른다. ¶밀가루가 다 흘러 버렸다.
❽(빛이나 소리 따위가) 일정한 장소에 부드럽게 퍼지다. (of light or sound) Spread softly somewhere.
㊎퍼지다
N0-가 N1-에 (N0=[빛], [소리] N1=[장소])
¶달빛이 밤하늘에 잔잔히 흐르고 있었다. ¶라디오에서 감미로운 음악이 흘러나오고 있다.
❾(소문이나 이야기 따위가) 밖으로 새어나가 퍼지다. (of rumor or tale) Be leaked and spread.
㊎퍼지다
N0-가 V (N0=소문, 이야기)
사흘리다
¶회사를 나간 그가 복직했다는 소문이 흘렀다. ¶그의 사생활에 대해서는 예전부터 이미 회사에 이야기가 흐르고 있었다.
❿(어떤 곳에 윤기나 광택 따위가) 반짝거리며 비치다. (of shine or gloss) Glitter and to be reflected somewhere.
N1-에 N0-가 V (N0=윤기, 광택, 기름기 따위 N1=[구체물])
¶피부 관리를 했더니 얼굴에 윤기가 흐른다. ¶햅쌀로 밥을 했더니 밥에 기름기가 흘렀다.
⓫(신체나 몸의 상태에) 어떤 기운이 가득 차서 겉으로 드러나다. (of energy) Fill up a body so that it shows itself.
㊎가득 차다, 넘치다
N1-에 N0-가 V (N0=촌티, 기쁨 따위 N1=[신체부위], 목소리 따위)
¶그는 촌티가 줄줄 흐르는 사람이었다. ¶그의 얼굴에는 연신 기쁨이 흐르고 있었다.
⓬(어떤 분위기나 생각이) 드러나거나 이어지다. (of atmosphere or thought) Be shown or succeeded.
N0-가 V (N0=정적, 침묵, 구절 따위)
¶그가 그 말을 하는 순간 갑자기 정적이 흘렀다. ¶그들 사이에 잠시 어색한 침묵이 흘렀다.
⓭(이야기나 세태 따위가) 어떤 방향으로 치우치거나 쏠리어 진행되다. (of a tale or a social condition) Proceed, being inclined to one side.
N0-가 V (N0=[이야기], 세태 따위)
¶사회자는 이야기가 자꾸 엉뚱한 쪽으로 흐르고 있다고 지적했다. ¶우리 사회의 세태가 자꾸 물질 만능주의로 흐르고 있다.
타 (무엇이) 어디를 통과하여 지나가다. (of something) Pass through a place.
㊎지나가다타
N0-가 N1-를 V (N0=[액체] N1=[장소])
¶맑은 시냇물이 계곡 사이를 흐른다. ¶한강은 서울 중심부를 흐르고 있다. ¶공장에서 나온 폐수가 도랑을 흘러 강으로 유입되고 있었다.

흐리다

활용흐리어(흐려), 흐리니, 흐리고
타❶(어떤 대상이) 액체나 기체 따위를 더럽혀 맑지 않게 하다. (of a certain target) Make liquid, gas, etc., dirty and no longer clean.
㊎더럽히다, 오염시키다
N0-가 N1-를 V (N0=[동물], [인간], [무생물] N1=[액체], [기체])
¶물고기 한 마리가 물을 흐린다. ¶담배 냄새가 사무실 공기를 흐렸다. ¶자동차 매연이 공기를 흐리고 있다.
❷(낯빛이나 얼굴 따위를) 기분이 나쁘거나 걱정스러운 표정으로 바꾸다. Change one's facial expression into an unpleasant or worried one.
N0-가 N1-를 V (N0=[인간] N1=얼굴, 낯빛 따위)
¶반장은 낯빛을 흐리면서 아이들을 바라보았다. ¶남자의 말에 여자는 얼굴을 흐렸다.
❸(말이나 태도 따위를) 정확하지 않게 하다. Not accurate with one's speech, attitude, etc.
㊎자르다, 얼버무리다
N0-가 N1-를 V (N0=[인간] N1=말끝, 말꼬리)

¶결국 의사는 말끝을 흐리고 말았다. ¶그는 말을 끝내지 못한 채 말꼬리를 흐리면서 눈물을 흘렸다.
❹(어떤 대상이) 사람의 생각이나 문제의 본질 따위를 분명하지 않게 만들다. (of a certain target) Render unclear a person's thoughts, the principle of a problem, etc.
[유]혼란시키다
N0-가 N1-를 V (N0=[감정], [권력], [소통], [금전] N1=[추상물], [행위])
¶지나친 욕심은 정상적인 판단력을 흐린다.
¶흑색선전은 유권자들의 판단을 흐리게 한다.
N0-가 N1-를 N2-로 V (N0=[인간] N1=[감정], [권력], [소통], [금전] N2=[추상물], [행위])
¶그는 엉뚱한 이야기로 문제의 초점을 흐렸다.
¶토론자는 이상한 논리로 문제의 본질을 흐리고 있다.
❺(분위기나 이미지 따위를) 나빠지게 하거나 망치다. Ruin or make an atmosphere, an image, etc. bad.
[유]망치다
N0-가 N1-를 V (N0=[인간] N1=분위기, 이미지 따위)
¶일부 몰지각한 사업자들이 현장 분위기를 흐린다. ¶새로 이사 온 박 씨가 마을 분위기를 흐린다고 주민들이 불평했다.

흔들거리다

[활용]흔들거리어(흔들거려), 흔들거리니, 흔들거리고 [여린]한들거리다
[자]❶(사람이나 동물 몸의 일부가) 좌우 또는 앞뒤로 계속 움직이다. (of a person or an animal's body part) Continuously move in the left and right or front and back directions, be in that state.
[유]흔들리다, 움직이다[자]
N0-가 V (N0=[신체부위](이, 다리 따위))
¶어금니가 두 개나 흔들거린다. ¶힘이 없어서 그런지 다리가 흔들거렸다.
❷(물체가) 바람이나 파도 따위에 좌우 또는 앞뒤로 계속 움직이다. (of a material) Continuously move in the left and right or front and back directions due to wind, wave, etc., be in that state.
[유]흔들리다, 움직이다[자]
N0-가 N1-에 V (N0=[구체물], [건물] N1=바람, 파도, 지진 따위)
¶나무들이 바람에 흔들거리고 있었다. ¶거친 파도에 배가 흔들거렸다.
❸(불빛이) 불안정하게 자꾸 떨리다. (of light) Continue to shake in an unstable manner.
[유]떨리다I, 움직이다[자]
N0-가 V (N0=불빛)
¶램프의 불빛이 흔들거렸다. ¶저녁만 되면 전구 불빛이 자꾸 흔들거린다.
❹(사람의 마음이나 생각 따위가) 어떤 물체나 일 때문에 약해져 자꾸 움직이다. (of a person's mind, thoughts, etc.) Waiver after being weakened by a certain material or situation.
[유]흔들리다I, 움직이다[자], 변하다
N1-에 N0-가 V (N0=[마음], [생각] N1=말, 책, 눈물, 돈 따위)
¶그녀의 설득에 나의 결심이 흔들거렸다. ¶여자의 눈물에 남자의 마음이 흔들거렸다.
❺(어떤 일이나 결과로) 제도나 규범, 조직 따위가 약해지거나 불안정하게 자꾸 움직이다. (of a system, a rule, an organization, etc.) Become weak, change in an unstable manner as a result of something.
[유]동요하다, 불안해지다
N1-로 N0-가 V (N0=[추상물](제도, 규범, 시장, 조직, 권력, 존립 따위) N1=[실패](패배, 탈락, 좌절 따위), [일], [상태])
¶주가 하락으로 금융 시장이 흔들거렸다. ¶계약 실패로 회사의 존립이 흔들거렸다.
[타](사람이나 동물이) 몸의 일부를 좌우 또는 앞뒤로 계속 움직이다. (of a person or an animal) Continuously move one's body part in the left and right or front and back directions.
N0-가 N1-를 V (N0=[인간], [동물] N1=[신체부위](다리, 고개, 어깨, 꼬리 따위))
¶강아지가 나를 보고 꼬리를 흔들거린다. ¶영희가 음악에 맞춰 고개를 흔들거렸다.

흔들다

[활용]흔들어, 흔드니, 흔들고, 흔드는
[타]❶(사람이나 동물이) 몸의 일부나 전체를 좌우 또는 앞뒤로 자꾸 움직이다. (of a person or an animal) Continuously move one's body or body part in the left and right or front and back directions.
[유]움직이다[타]
N0-가 N1-를 V (N0=[인간], [동물] N1=[신체부위])
[피]흔들리다
¶소녀들이 음악에 맞춰 몸을 흔들었다. ¶강아지

ㅎ

가 꼬리를 흔들며 내게 달려왔다. ¶내가 손을 흔드니까 그도 맞은편에서 손을 흔들었다.
❷(다른 사람이나 물건 따위를) 좌우 또는 앞뒤로 자꾸 움직이게 하다. Make another person, item, etc., continue to move left and right or front and back.
㊙움직이다[타]
No-가 N1-를 V (No=[인간] N1=[구체물], [인간], [신체부위])
[피]흔들리다
¶우리는 태극기를 흔들며 응원전을 펼쳤다. ¶여자는 상대방의 멱살을 잡고 흔들어 댔다.
❸(매우 큰 소리가) 주위를 떨려 울리게 하다. (of a very loud sound) Make the surroundings vibrate and ring.
㊙울리다[타], 움직이다[타]
No-가 N1-를 V (No=[소리] N1=[장소], 귀청)
[피]흔들리다
¶관중들의 함성 소리가 경기장을 흔든다. ¶갑자기 지축을 흔드는 소리가 들려왔다.
❹(사람이나 일, 감정 따위가) 사람의 마음을 움직이게 하거나 약하게 하다. (of person, task, emotion, etc.) Move or weaken a person's mind.
㊙움직이다[타], 약하게 하다
No-가 N1-를 V (No=[인간], [감정], 말, 책, 눈물, 돈 따위 N1=[마음], [생각])
[피]흔들리다
¶그녀는 숱한 남자들의 마음을 흔들어 놓았다. ¶불안감이 그의 마음을 흔들고 있었다.
❺(사람이나 일, 행위 따위가) 기존의 질서나 상태 따위를 크게 동요하게 하다. (of person, task, emotion, etc.) Significantly disturb the existing order, state, etc.
㊙동요하게 하다, 불안하게 하다
No-가 N1-를 V (No=[사건], [인간], [상황], [일] N1=[산업], [장소], [분야], 수비진 따위)
[피]흔들리다
¶이번 사건은 인도 전역을 흔들어 놓았다. ¶미국에서 시작된 금융 위기가 세계 경제를 흔들었다.
❻(어떤 대상을) 자기가 원하는 대로 움직이게 하다. Make a certain target move as one wishes.
㊙지배하다
No-가 N1-를 V (No=[인간] N1=[인간|단체], [추상물](권력, 정계, 세계, 운명 따위))
[피]흔들리다
¶정치가는 권력을 쥐고 흔들고 싶어 했다. ¶그는 다른 이들의 운명을 마음대로 흔들었다.
❼(권력 따위로) 어떤 대상을 자기 마음대로 부리다. (of a person) to have an object wrapped around one's little finger, using one's authority.
㊙지배하다, 좌지우지하다
No-가 N1-를 V (No=[인간|단체], [국가], [단체] N1=[상황])
¶경제 상황이 그 나라의 정치를 흔들 수 있다. ¶그는 실력이 어찌나 뛰어난지 게임판을 자유자재로 흔들었다.
◆ **고개를 흔들다** 어떤 사실을 부정하거나 말하는 사람의 행위를 이해하지 못하다. Deny a fact, or refuse to understand a person's act.
No-가 Idm (No=[인간])
¶함께 놀러가자는 그의 말에 모두가 고개를 흔들었다.

흔들리다

[활용]흔들리어(흔들려), 흔들리니, 흔들리고
[자]❶(사람이나 동물이) 몸의 일부나 전체가 좌우 또는 앞뒤로 움직이다. (of a person or an animal) Move one's body or body part in left and right or front and back motion.
㊙움직이다[자]
No-가 V (No=[신체부위])
[능]흔들다
¶아내의 손길이 가늘게 흔들리고 있었다. ¶의자를 밟고 탁자 위로 올라설 때 약간 몸이 흔들렸다.
❷(사람의 눈빛이나 낯빛 따위가) 다른 사람의 말이나 눈물 따위에 떨리다. (of a person's eyes or facial expression) Shake in response to someone's speech, tears, etc.
㊙떨리다I
N1-에 No-가 V (No=눈빛, 낯빛 N1=말, 눈물, 돈 따위)
¶사내의 말에도 그녀의 낯빛은 전혀 흔들리지 않았다. ¶여자의 눈물에 철수의 눈빛이 흔들렸다.
❸(어떤 사물이) 바람이나 파도 따위에 좌우 또는 앞뒤로 움직이다. (of a certain object) Move in the left and right or front and back directions in response to wind, wave, etc.
No-가 N1-에 V (No=[구체물] N1=바람, 파도 따위)
¶배가 파도에 흔들렸다. ¶치맛자락이 바람에 흔들리고 있었다.
❹매우 큰 소리에 주위가 떨려 울리다. (of surroundings) Shake and ring due to a very

loud sound.
㊐울리다[자]
N1-에 N0-가 V (N0=[장소], 귀청 N1=[소리])
[능]흔들다
¶관중들의 함성 소리에 경기장이 흔들린다. ¶아기의 울음소리에 귀청이 흔들렸다.
❺(사람의 마음이) 사람이나 일, 감정 따위에 움직이거나 약해지다. (of a person's mind) Be wavered by a person, a task, an emotion, etc.
㊐움직이다[자], 약해지다
N1-에 N0-가 V (N0=[마음], [생각] N1= 말, 눈물, 돈 따위)
[능]흔들다
¶그녀의 눈물에 나의 결심이 흔들렸습니다. ¶그 노랫말에 그녀의 마음이 흔들리는 것 같았다.
N0-가 V (N0=[마음], [생각])
[능]흔들다
¶그는 흔들리는 마음을 서둘러 다잡았다. ¶그녀는 결혼을 앞두고 내가 흔들리고 있다고 생각한 모양이었다.
❻(기존의 질서나 상태 따위가) 사람이나 일, 행위 따위에 크게 동요되다. (of existing order, status, etc.) Be significantly disturbed by a person, a task, an activity, etc.
㊐동요하다, 불안해지다 N1-(에|로) N0-가 V (N0=[산업], [장소], [분야] N1=[사건], [인간], [상황], [일])
[능]흔들다
¶이번 사건으로 세계 경제가 흔들리고 있다. ¶경제가 흔들리면 민심도 흔들리게 마련이다.

흘기다

[활용]흘기어(흘겨), 흘기니, 흘기고
[타](눈동자를 굴려) 사람을 못마땅하게 쳐다보다. Look at a person, displeased with the person, rolling eyes.
N0-가 N2-에게 N1-를 V (N0=[인간] N1=눈 N2=[인간])
¶아내가 나에게 눈을 흘겼다. ¶장모는 못마땅한 듯 사위에게 눈을 흘겼다. ¶토론자는 나에게 눈을 흘기며 질문에 대답했다.

흘러가다

[활용]흘러가, 흘러가니, 흘러가고
[자]❶(액체나 하천 따위가) 낮은 곳으로 막힘없이 내려가다. (of liquid or river) Flow freely downward.
㊐이동하다[자]
N0-가 N1-로 V (N0=[액체], [하천] N1=[장소])
¶강은 말없이 바다로 흘러간다. ¶냇물이 흘러가는 소리가 경쾌하구나.
❷(스스로 움직이지 못하는 가벼운 사물이) 어떤 곳으로 액체 위나 공기 중에 떠서 옮겨지다. (of a light thing that cannot move by itself) Be moved to a place, floating on liquid or air.
㊐이동하다[자], 움직이다[자]
N0-가 N1-(로|에) V (N0=[구체물], [구름] N1=[장소])
¶하늘에 흘러가는 구름이 여유로워 보인다. ¶강물 위에 종이배 한 척이 흘러가고 있는 것이 보였다.
❸어떤 곳에 떠돌다가 닿다. Arrive somewhere after drifting.
㊐이주하다
N0-가 N1-(에|로) V (N0=[인간] N1=[장소])
¶전쟁 통에 그 마을로 흘러간 사람은 한둘이 아니었다. ¶발길 닿는 대로 흘러가다 보니 그곳까지 갔다는데요.
❹(정보나 자금 따위가) 다른 사람이나 단체에 전달되다. (of information or fund) Be delivered to another person or organization.
㊐유출되다, 새나가다
N0-가 N1-(에|에게|로) V (N0=[사실], [이야기], [금전] N1=[인간|단체])
¶이 얘기가 그에게 흘러가지 않게 조심하여라. ¶경쟁사로 정보가 흘러가기라도 하면 큰일이다.
❺(일이나 내용 따위가) 어떤 방향으로 진행되거나 되어 가다. (of work or its content) Proceed or progress in a direction.
㊐진행되다
N0-가 N1-로 V (N0=[사건], [상황], [이야기] N1=[방향])
¶분위기는 예측할 수 없는 방향으로 흘러갔다. ¶나는 일이 흘러가는 대로 적응할 생각이다.
❻(시간이) 유유히 지나가다. (of time) Go by leisurely.
㊐지나가다[자]
N0-가 V (N0=[시간])
¶시간은 하염없이 잘도 흘러간다. ¶흘러가는 세월을 누가 막을 수 있으랴?
◆ **흘러간** 시간이 오래되어 이미 구식이 된 Become outdated after a long time.
Idm
¶이 노래는 이미 흘러간 옛 노래예요. ¶종이 편지

는 이제 흘러간 시대의 산물이 되어 간다.

흘러나오다

활용흘러나와, 흘러나오니, 흘러나오고

자❶(액체나 기체, 빛 따위가) 어떤 공간에서 바깥으로 새어 나오다. (of liquid, gas, or light) Leak out of a space.

㊉새다, 유출되다

N0-가 N1-에서 V (N0=[액체], [기체], [빛] N1=[장소], [구체물])

¶방 안에서 흘러나온 빛이 눈부셨다. ¶발화 지점에서 유독 가스가 흘러나오고 있다.

❷(소리나 냄새 따위가) 어떤 공간이나 물건에서 바깥으로 퍼져서 나다. (of sound or smell) Spread from a space or a thing.

N0-가 N1-에서 V (N0=[음악], [소리], [냄새] N1=[장소], [구체물])

¶축음기에서 옛날 노래가 흘러나온다. ¶분식집에서는 학생들의 목소리가 흘러나오고 있었다.

❸(분위기, 감정, 의견 따위가) 어떤 사람이나 장소로부터 겉으로 은근히 나타나다. (of circumstances, feeling, or opinion) Give off quietly.

N0-가 N1-(에서|에게서) V (N0=[상황](분위기 따위), [감정], [의견] N1=[인간|단체], [신체부위])

¶사규 개정에 대해 사원들에게서 불만이 흘러나왔다. ¶아주머니의 눈에서는 따뜻한 애정이 흘러나오는 듯했다.

❹(소문이나 소식 따위가) 정보의 근원지로부터 서서히 전하여지다. (of rumor or news) Be circulated from its source.

㊉유출되다, 퍼지다

N0-가 N1-(에서|에게서) V (N0=[사실], [이야기] N1=[인간|단체])

¶학생들에게서 흘러나온 말에 따르면 준희와 명수가 다퉜다고 한다. ¶그린벨트가 해제된다는 정보가 흘러나오자 투자자들은 바쁘게 움직였다.

흘러내리다

활용흘러내리어(흘러내려), 흘러내리니, 흘러내리고

자(고정되어 있던 것이 풀리거나 느슨해져) 힘없이 아래로 미끄러지다. (of a thing that used to be fixed but becomes loose or slack) Slip down weakly.

㊉떨어지다

N0-가 V (N0=[착용물], 머리카락 따위)

¶그녀의 자연스럽게 흘러내린 앞머리가 인상적이었다. ¶안경이 흘러내릴까 봐 자꾸 신경이 쓰인다.

N0-가 N1-에서 V (N0=[액체] N1=[구체물])

¶깜짝 놀라서 등에서 식은땀이 흘러내렸다. ¶눈물이 흘러내렸지만 나는 그를 원망하지 않았다. ¶빗줄기가 창밖에 흘러내리고 있었다.

흘러넘치다

활용흘러넘치어(흘러넘쳐), 흘러넘치니, 흘러넘치고

자❶(힘, 기운, 감정 따위가) 가득차서 주체하기 어려운 것처럼 보이다. Appear filled and overflown with power, energy, or emotion.

㊉넘치다, 쏟아지다

N0-가 N1-(에|에게|에서) V (N0=[힘], [감정], [인간] N1=[마음](가슴), [신체부위], [장소](사이 따위))

¶어머니의 얼굴에 사랑이 흘러넘쳤다. ¶훈련병들에게 자신감이 흘러넘친다.

❷어떤 장소에 모여들어서 가득 들어차다. Gather around a certain place and be completely filled.

㊉넘치다, 가득차다

N0-가 N1-(에|에게|에서) V (N0=[인간] N1=[장소], [건물](전시장, 행사장, 경기장 따위))

¶사람들이 월드컵경기장에 흘러넘친다. ¶사람들이 촬영 현장 근처에 흘러넘쳤다.

자타(액체 따위가) 가득 차고도 남아서 밖으로 넘어 나오다. (of liquid) Overflow and leak to the outside.

㊉넘치다, 넘어오다타

N0-가 N1-(에|를) V (N0=[액체] N1=[용기], [장소])

¶빗물이 바닥에 흘러넘쳤다. ¶홍수가 나서 강물이 제방을 흘러넘쳤다.

흘러들다

활용흘러들어, 흘러드니, 흘러들고, 흘러드는

자❶(액체, 기체 따위가) 흘러서 들어오거나 들어가다. (of liquid or gas) Flow in or out.

㊉유입되다

N0-가 N1-(에|로) V (N0=[액체], [기체] N1=[장소])

¶이 지역으로 오물이 흘러드는지 악취가 심하다. ¶폐수가 강으로 흘러들어서 수질오염을 일으키고 있다.

❷(물건 따위가) 어떤 곳으로 전해져 들어오거나 몰래 새어 들어오다. (of goods) Be handed or brought secretly into somewhere.

㊉잠입하다

N0-가 N1-(에|로) V (N0=[구체물], [금전] N1=[장소], [인간|단체])

¶최근에 마약이 이 지역에 흘러든다는 소문이 돌고 있다. ¶폭력성 짙은 게임이 청소년들에게까지 점점 흘러들어가고 있다.

❸(좋지 않은 사상이나 생활 양식 따위가) 사람들에게 스며들다. (of unsound thought or lifestyle) Be permeated among people.
[유]전파되다, 퍼지다
N0-가 N1-(에|로) V (N0=[추상물] N1=[장소], [인간|단체])
¶최근 저질 외국 문화가 청소년들에게 흘러들고 있다. ¶그런 사상이 어떻게 여기까지 흘러들었는지 알 수가 없다.
❹(사람이) 정처 없이 떠돌아다니다가 자기도 모르게 어떤 곳에 들어오다. (of a person) Enter somewhere in spite of oneself after wandering around.
N0-가 N1-(에|로) V (N0=[인간] N1=[장소], [인간|단체])
¶그는 완전히 거지꼴로 우리 마을에 흘러들어 왔다. ¶네가 여기로 흘러들어 오게 된 것은 정말 천운인 줄 알아라.

흘리다

[활용]흘리어(흘러), 흘리니, 흘리고
[타]❶(땀이나 눈물 따위를) 몸 밖으로 내보내어 몸에 번지거나 떨어지게 하다. Let sweat or tears go out of a body and drop.
[유]쏟다
N0-가 N1-를 V (N0=[인간], [동물] N1=[분비물](땀, 눈물, 침, 피 따위))
[주]흐르다
¶날씨가 너무 더워 나는 땀을 흘렸다. ¶아버지께서는 아들 소식을 듣고 눈물을 흘리셨다. ¶강아지는 어디가 아픈지 계속 침을 흘렸다.
❷(물건을) 실수로 혹은 무의식적으로 어디에 떨어뜨리다. Drop something somewhere by mistake or unconsciously.
[유]떨어뜨리다, 빠뜨리다
N0-가 N1-를 N2-에 V (N0=[인간] N1=[구체물] N2=[장소])
[주]흐르다
¶집 열쇠를 어디다가 흘렸는지 모르겠다. ¶너처럼 물건을 잘 흘리는 애는 처음 본다.
❸(액체나 가루 따위를) 밖으로 새게 하여 어디에 떨어지게 하다. (of a person) Leak liquid or powder and let it fall.
[유]떨어뜨리다
N0-가 N1-를 N2-(에|로) V (N0=[인간] N1=[구체물](물, 가루 따위) N2=[장소])
[주]흐르다
¶나는 컵에 든 물을 조금도 밖에 흘리지 않았다. ¶그는 밀가루를 종이에 가득 흘렸다.
❹(웃음이나 미소 따위를) 누구에게 잠깐 겉으로 드러내 보이다. (of a person) Show someone laughter or smile for a moment.
[유]짓다2
N0-가 N1-를 N2-에게 V (N0=[인간] N1=웃음, 미소 따위 N2=[인간])
¶그는 야근을 하는 나에게 피식 웃음을 흘렸다. ¶가수는 환호성을 지르는 팬들에게 황홀한 미소를 흘렸다.
❺(비밀이나 정보, 소문 따위를) 남이 알도록 일부러 밖으로나 누구에게 퍼뜨리다. (of a person) Spread secret, information, or rumor to the outside world or anybody so that other people know.
[유]퍼뜨리다, 알리다, 유포하다, 유출하다
N0-가 N1-를 N2-(에|에게|로) V (N0=[인간|단체] N1=비밀, 정보, 소문 따위 N2=[인간|단체], [장소])
[주]흐르다
¶누군가가 회사의 기밀을 외부로 흘리고 있다. ¶그는 은근슬쩍 사람들에게 내가 결혼한다는 소문을 사람들에게 흘렸다.
❻(다른 사람의 말 따위를) 귀담아 주의 깊게 듣지 않다. (of a person) Pay little attention to another person's words.
[유]지나치다, 놓치다
N0-가 N1-를 V (N0=[인간] N1=[소통])
¶나는 상사의 잔소리를 한 귀로 듣고 다른 귀로 흘렸다. ¶선생님 말씀을 한마디도 흘리지 말고 잘 들어라.
❼(글씨를) 명확히 또박또박 끊어 쓰지 않고 잇대어 갈겨쓰다. (of a person) Write quickly and roughly rather than neatly.
[유]갈겨쓰다
N0-가 N1-를 V (N0=[인간] N1=[문자])
¶그렇게 글씨를 흘려 쓰면 어떻게 알아보겠는가? ¶고문서를 읽을 때 흘려 쓴 글씨는 판독하기가 어렵다.

흠잡다

[어원]欠~ [활용]흠잡아, 흠잡으니, 흠잡고
[타]외모나 성격, 일 따위의 결점이나 잘못된 점 따위를 들추어내다. Expose defect, flaw, etc., in appearance, personality, task, etc.
N0-가 N1-를 V (N0=[인간] N1=[인간], 외모, 성격, 말, 일 따위)

ㅎ

피 흠잡히다
¶종호는 민수의 글을 흠잡았다. ¶그들은 서로를 흠잡으려 들었다. ¶다른 사람의 말을 흠잡으려 들지 말아라.

흠칫하다

활용 흠칫하여(흠칫해), 흠칫하니, 흠칫하고
자 겁을 먹거나 놀라서 몸을 움츠리다. Shrink one's body with fear or fright.
유 움찔하다 자, 멈칫하다 자
N0-가 V (N0=[인간])
¶그는 의외의 내용이 담긴 보고서를 읽고서 흠칫했다. ¶나는 골목에 서 있는 키 큰 남자를 보고 흠칫하며 놀랐다.
타 (신체 일부를) 겁을 먹거나 놀라서 움츠리다. Withdraw a part of the body out of fear or surprise.
유 움찔하다 타, 멈칫하다 자타
N0-가 N1-를 V (N0=[인간] N1=[신체부위](몸, 목, 어깨))
¶철수는 열차의 급정거에 놀라서 몸을 흠칫했다. ¶책상 앞에서 졸고 있던 그는 갑자기 어깨를 흠칫하고 깨어났다.

흡수되다

어원 吸收~ 활용 흡수되어(흡수돼), 흡수되니, 흡수되고 대응 흡수가 되다
자 ❶(외부의 물질이) 안으로 빨려 들어가다. (of external matter) Be soaked up.
유 배어들다
N0-가 N1-(로|에) V (N0=[구체물](액체, 빛, 냄새 따위) N1=[구체물])
주 흡수하다
¶이 지역은 농약이 모두 땅으로 흡수되어서 오염이 심각하다. ¶잉크가 옷에 흡수되면 빨기가 힘들다.
❷(원래 소속이 아니었던 다른 집단이나 장소의 내부로 들어가) 그 집단이나 장소에 속하게 되다. Become a member of the organization or place where one did not belong before.
유 합병되다
N0-가 N1-(로|에) V (N0=[구체물], [인간|단체], [장소] N1=[장소], [단체])
능 흡수하다
¶많은 인력이 우리 회사로 흡수되었다. ¶우리 회사는 대기업에 흡수된다고 한다.
❸(어떤 지식이나 문화가) 다른 곳에 받아들여지다. (of knowledge or culture) Be accepted into another place.
유 전파되다, 수용되다, 동화되다
N0-가 N1-(로|에) V (N0=[추상물](지식, 문화 따위) N1=[인간|단체])
능 흡수하다
¶영미권 문화는 많은 나라에 흡수되었다. ¶요즘은 완전히 새로운 것이라 해도 기존의 문화에 아주 쉽게 흡수된다.
❹(외부의 충격 따위가) 어떤 완화 장치에 의해 받아들여져 효과가 완화되거나 없어지다. (of external shock) Be taken in by a device so that its effect is reduced or eliminated.
유 완화되다
N0-가 N1-(에|로) V (N0=[추상물](충격, 효과 따위) N1=[구체물])
능 흡수하다
¶충격이 에어백에 모두 흡수되어 운전자는 다행히 살아남았다. ¶두 가지 약을 같이 먹으면 한 쪽 효과가 다른 쪽에 흡수되어 버린다.

흡수하다

어원 吸收~ 활용 흡수하여(흡수해), 흡수하니, 흡수하고 대응 흡수를 하다
타 ❶(외부의 물질을) 안으로 빨아들이다. Take in an external matter.
유 빨아들이다, 흡입하다
N0-가 N1-를 V (N0=[구체물] N1=[구체물](액체, 빛, 냄새 따위))
피 흡수되다
¶이 물건은 빛을 잘 흡수한다. ¶이 제품은 냉장고의 냄새와 습기를 모두 흡수한다. ¶나무는 이산화탄소를 흡수하고 산소를 배출한다. ¶솜은 물을 잘 흡수한다.
❷(어떤 집단이나 장소 바깥에 있는 대상을) 내부로 모아들이다. Bring together external objects into the group or a place.
유 합병하다
N0-가 N1-를 V (N0=[인간|단체] N1=[구체물])
피 흡수되다
¶우리가 사퇴해도 우리 표를 그들이 모두 흡수하는 것은 아니다. ¶그 회사는 우리의 생산 라인을 흡수하려고 한다.
❸(외부의 지식이나 문화를) 자기의 것으로 만들다. Assimilate external knowledge or culture as one's own.
유 수용하다, 동화시키다
N0-가 N1-를 V (N0=[인간|단체] N1=[추상물](지식, 문화 따위))

[피]흡수되다
¶인터넷의 발달로 다른 나라의 문화를 정말 쉽게 흡수할 수 있다. ¶남의 기술을 무조건적으로 흡수하는 것은 좋지 않다.
❹(외부의 충격 따위를) 받아들여서 완화시키거나 없애다. Take in external shock and reduce or eliminate its effect.
[유]받아들이다, 빨아들이다
N0-가 N1-를 V (N0=[구체물] N1=[추상물](충격, 효과 따위))
[피]흡수되다
¶이 강화유리는 충격을 모두 흡수하여 액정을 보호한다. ¶이 갑옷은 충격 효과를 모두 흡수하는 기능을 가지고 있다.

흡입하다

[어원]吸入~ [활용]흡입하여(흡입해), 흡입하니, 흡입하고 [대응]흡입을 하다
[타](주로 기체나 액체 따위를) 코나 입으로 빨아들이거나 들이마시다. Suck or breathe in mainly gas, liquid, etc., through one's nose or mouth.
[유]빨아들이다
N0-가 N1-를 V (N0=[인간] N1=[기체], [액체] N2=[신체부위](코, 입 따위))
¶나는 공기를 코로 흡입했다가 입으로 내뱉었다. ¶영수는 화상을 입었고, 민철이는 연기를 과다하게 흡입했다.

흥분되다

[어원]興奮~ [활용]흥분되어(흥분돼), 흥분되니, 흥분되고 [대응]흥분이 되다
[자]☞흥분하다

흥분하다

[어원]興奮~ [활용]흥분하여(흥분해), 흥분하니, 흥분하고 [대응]흥분을 하다
[자](감정이나 신경 따위가) 격해지거나 날카로워진 상태를 보이거나 드러내다. (of emotion, nerve, etc.) Become agitated, show or present a frayed status.
[유]기분이 고조되다, 들뜨다
N0-가 V (N0=[인간], [동물])
[사]흥분시키다
¶우리는 우승 소식을 듣고 모두 흥분했다. ¶모두들 흥분했지만 그녀는 아주 태연했다.
N0-가 N1-(에 | 때문에) V (N0=[인간], [동물] N1=[추상물], [구체물])
[사]흥분시키다
¶어머니는 그 사람의 불손한 태도 때문에 매우 흥분했다. ¶나는 1등을 할지도 모른다는 생각에 흥분해 있었다.
N0-가 S(것 | 데)-에 V (N0=[인간])
[사]흥분시키다
¶친구는 그 현장에서 뛸 수 있다는 것에 흥분했다. ¶축구 팬들은 각국 스타들을 한 자리에서 볼 수 있다는 것에 흥분했다.

흥얼거리다

[활용]흥얼거리어(흥얼거려), 흥얼거리니, 흥얼거리고
[자](무엇이라고) 분명하지 않은 말이나 소리를 입으로 자꾸 내다. Continue to utter unclear words or sound.
[유]중얼거리다
N0-가 S고 V (N0=[인간])
¶그는 어두운 길을 걸으면서 무섭다고 흥얼거렸다. ¶누군가 무심결에 회사를 그만두고 싶다고 흥얼거렸다.
[타](노래나 가락을) 흥에 겨워서 입으로 자꾸 소리 내어 부르다. (of a person) Continue to sing a song or hum a rhythm in joy.
[유]중얼거리다
N0-가 N1-를 V (N0=[인간] N1=[소리], [음악])
¶아이들은 음악 시간에 배운 노래를 체육 시간에도 자꾸 흥얼거렸다. ¶그는 아이를 재우며 어머니에게 배운 자장가를 흥얼거린다.

흥얼대다

[활용]흥얼대어(흥얼대), 흥얼대니, 흥얼대고
[타]☞흥얼거리다[타]

흥하다

[어원]興~ [활용]흥하여(흥해), 흥하니, 흥하고
[자](나라, 기업, 사업, 개인 따위가) 잘 되어 세력이 커지다. (of a country, company or business) Successfully prosper and expand one's range of influence.
[유]발전하다, 부흥하다 [반]망하다
N0-가 V (N0=[인간|단체], [일])
¶국민들이 애국심을 발휘할 때 나라가 흥했다. ¶기업이 흥하면 국가도 흥한다. ¶빨리 흥하면 빨리 망하는 법이다.
N0-가 N1-로 V (N0=[인간|단체], [장소] N1=[구체물], [장소], [산업])
¶이 지역은 콩 농사로 흥했다. ¶칼로 흥한 자는 칼로 망한다.

흩날리다

[활용]흩날리어(흩날려), 흩날리니, 흩날리고

[자](꽃잎이나 먼지 따위가) 바람에 퍼져 날아가다. (of floral leaf, dirt, etc.) Scatter and fly away in the wind.
[유]휘날리다[자], 날아가다[자]
N0-가 N1-에 V (N0=[구체물](눈, 비, 꽃잎, 먼지 따위) N1=바람)
¶벚꽃이 바람에 흩날리고 있었다. ¶거센 바람에 흙먼지가 흩날렸다. ¶새까만 머리카락이 바람에 흩날린다.
[타](사람이) 꽃잎이나 머리카락 따위를 공중에서 흔들어 날게 하다. (of a person) Shake floral leaf, hair, etc., in the air to make it fly.
[유]휘날리다[타]
N0-가 N1-를 V (N0=[인간] N1=[구체물](머리카락, 오리털, 수염, 치맛자락 따위), 연기 따위)
¶어린이들은 꽃가루를 흩날리며 등장했다. ¶그녀는 긴 머리카락을 흩날리며 뛰어갔다.

흩다

[활용]흩어, 흩으니, 흩고
[타]❶(사람이나 동물 따위가) 한 곳에 모여 있던 것을 따로따로 떨어지게 하다. (of person, animal, etc.) Make things that were gathered in one place separate from one another.
[유]분산시키다 [반]모으다
N0-가 N1-를 V (N0=[인간], [동물] N1=[인간|단체], [구체물], [재산])
[피]흩어지다
¶아이들이 장난감들을 흩어 놓았다. ¶영희는 빨대로 후후 불어 밀가루를 흩어 버렸다.
❷(사람이) 어떤 생각이나 능력 따위를 분산시키다. (of a person) Scatter certain thought, ability, etc.
[유]분산시키다
N0-가 N1-를 V (N0=[인간] N1=[추상물](생각, 정신력, 능력, 단결심 따위))
¶그는 고개를 저으며 잡생각을 흩어 버렸다. ¶그는 우리의 단결심을 흩어 놓으려고 안간힘을 썼다.

흩뜨리다

[활용]흩뜨리어(흩뜨려), 흩뜨리니, 흩뜨리고
[타]❶(사람이나 동물, 바람 따위가) 어떤 물건이나 사람을 따로따로 떨어지게 하다. (of person, animal, wind, etc.) Make certain items or people separate from one another.
[유]흩트리다
N0-가 N1-를 V (N0=[인간], [동물], 바람 따위 N1=[구체물](씨, 두부, 머리카락, 동전 따위))
[피]흩어지다
¶봄이 되자 농부가 밭에 씨를 흩뜨렸다. ¶아기는 화장대 위에 있는 화장품을 흩뜨리고 있었다. ¶바람이 구름을 흩뜨려 버렸다.
❷(태도, 마음, 자세 따위를) 바르게 유지하지 못하다. Fail to maintain proper attitude, mind, posture, etc.
[유]흩트리다, 흐리게 하다, 분산시키다
N0-가 N1-를 V (N0=[인간] N1=[추상물](자세, 집중력, 마음가짐, 초점, 주의 따위))
[피]흩어지다
¶그는 자세를 조금도 흩뜨리지 않았다. ¶그의 이야기가 사건의 초점을 흩뜨렸다. ¶그는 자리를 이동하면서 관객의 주의를 흩뜨렸다.

흩어지다

[활용]흩어지어(흩어져), 흩어지니, 흩어지고
[자]❶(한 곳에 모여 있던 사람들이) 따로따로 떨어져 여러 장소로 퍼져 가다. (of people who have gathered in one place) Segregate from one another and spread over various places.
[유]분산되다, 헤어지다 [반]모이다
N0-가 N1-로 V (N0=[인간|단체], [구체물] N1=[장소])
[능]흩다, 흩뜨리다
[연어]뿔뿔이, 제각기
¶학생들이 사방으로 뿔뿔이 흩어진다. ¶우리들 졸업과 함께 전국 각지로 뿔뿔이 흩어졌다. ¶사람들은 모였다 흩어지고 흩어졌다 모이기를 반복했다.
❷(한 곳에 모여 있던 물건들이) 제 각각 따로따로 떨어져 여러 장소로 퍼지다. (of things that are gathered in one place) Be separated from one another and dispersed over various places.
[유]분산되다 [반]모이다
N0-가 N1-(에|로) V (N0=[구체물] N1=[장소])
[능]흩다, 흩뜨리다
¶꽃잎들이 바람에 날려 사방으로 흩어진다. ¶구슬이 사방으로 흩어지면서 요란한 소리가 났다.
❸(깨지거나 부서져 생긴 조각이) 따로따로 떨어져 여러 곳으로 퍼지다. (of broken pieces) Be separated from one another and dispersed over various places.
[유]퍼지다 [반]모이다
N0-가 N1-(에|로) V (N0=파편, 조각 N1=[장소])

[ㅎ]

¶유리 파편들이 사방으로 흩어졌다. ¶항아리가 깨지면서 조각들이 마룻바닥에 흩어졌다.
❹(한 곳에 모여 있던 권리나 생각 따위가) 따로따로 떨어져 여럿으로 퍼지다. (of rights or thoughts gathered in one place) Be separated from one another and dispersed over various places.
㊥분산되다, 산만해지다 ㊥모이다
N0-가 N1-로 V (N0=[추상물](권한, 법령, 민심, 정보 따위))
연어 뿔뿔이, 제각기
¶관련 법령이 부처별로 제각기 흩어져 있어서 융합에 걸림돌이 된다. ¶잇달아 터진 사건과 사고로 민심이 흩어졌다.

흩트리다

활용 흩트리어(흩트려), 흩트리니, 흩트리고
타 ☞흩뜨리다

희망하다

어원 希望~ 활용 희망하여(희망해), 희망하니, 희망하고 대응 희망을 하다
타 (어떤 일에 대하여) 앞으로 이루어지기를 바라다. Hope that a work would be achieved.
㊥원하다, 소망하다, 기대하다
N0-가 N1-를 V (N0=[인간|단체] N1=[추상물], [상태])
¶그는 이번 여름에 아프리카 여행을 희망했다. ¶아버지께서는 아들의 성공을 희망하셨다.
N0-가 S기-를 V (N0=[인간|단체])
¶독자들은 연재소설이 완결되기를 희망하였다. ¶투자자들은 주가가 오르기를 희망하였다. ¶동생은 새 집으로 이사하기를 희망하였다.

희생당하다

어원 犧牲~ 활용 희생당하여(희생당해), 희생당하니, 희생당하고 대응 희생을 당하다
자 ☞희생되다

희생되다

어원 犧牲~ 활용 희생하여(희생해), 희생하니, 희생하고 대응 희생이 되다
자 ❶다른 사람이나 어떤 목표를 위해 목숨이 바쳐지거나 빼앗기게 되다. Lose one's life for someone or a certain goal.
㊥목숨을 빼앗기다
N0-가 V (N0=[인간|단체])
능 희생하다
¶환자들이 제때 진료를 받지 못해 억울하게 희생되었다. ¶각종 대형 사고가 잇달아 발생해 수많은 사람들이 희생되었다.
N0-가 N1-에게 V (N0=[인간|단체], [동물] N1=[인간|단체])
¶아메리카 토착인들이 유럽 침략자들에게 무참히 희생되었다. ¶그 미치광이에게 많은 사람들이 희생되었다.
N0-가 N1-(로|에 의해) V (N0=[상태], [행위] N1=[인간|단체], [계획], [행위], [추상물])
¶화재로 많은 청소년들이 희생되는 참사가 있었다. ¶나치 정권에 의해 많은 유대인이 희생되었다.
❷다른 사람이나 어떤 목표를 위해 명예나 물건 따위가 바쳐지거나 빼앗기다. (of one's honor or materials) Be given or stolen to someone or some goal.
㊥말살되다, 사라지다
N0-가 N1-(에|로|에 의해) V (N0=[기업], [상태], 권리, 권력 따위 N1=[인간|단체], [계획], [행위], [추상물])
능 희생하다
¶기업들이 정치적 목적에 의해 희생되었다. ¶질서 유지를 이유로 개인의 자유가 희생되어서는 안 된다.

희생하다

어원 犧牲~ 활용 생하여(희생해), 희생하니, 희생하고 대응 희생을 하다
타 ❶(다른 사람이나 어떤 목표를 위해) 자신의 목숨을 바치거나 포기하다. Give one's life for someone or a certain goal.
㊥목숨을 바치다
N0-가 N1-를 V (N0=[인간|단체], [동물] N1=목숨 따위)
피 희생되다, 희생당하다 사 희생시키다
¶저는 나라를 위해 이 한 목숨 기꺼이 희생하겠습니다. ¶조국을 위해 희생하신 분들의 넋을 기립니다.
❷(자신이나 어떤 목표를 위해) 명예나 물건 따위를 바치다. Give one's honor or materials for oneself or some goal.
㊥포기하다
N0-가 N1-를 V (N0=[인간|단체], [동물] N1=[인간|단체], [계획], [행위], [추상물])
피 희생되다, 희생당하다 사 희생시키다
¶어머니께서는 당신의 모든 것을 희생하면서 아이들을 키워오셨다. ¶경수는 우정을 희생하면서까지 경쟁을 일삼지 않을 것이다.
N0-가 N2-를 위해 N1-를 V (N0=[인간|단체], [동물]

N1=[인간|단체], [계획], [행위], [추상물])
[피]희생되다, 희생당하다 [사]희생시키다
¶남을 위해 자신을 희생하는 일에 특별히 보람을 느끼는 사람들이 있다. ¶전체를 위하여 하나를 희생하는 일은 결코 전체를 의롭게 하는 일은 아니다.

힘들다

[활용]힘들어, 힘드니, 힘들고, 힘드는 [대응]힘이 들다
[자](어떤 일이) 힘이 많이 소모되다. (of work) Consume a lot of energy.
N0-가 V (N0=[추상물], [상태])
¶택배 유통업은 아주 힘드는 일이다. ¶여름에 행군하기는 정말 힘드는구나.
※ 형용사 '힘들다'와 구분된다. 주로 '힘드는'의 형태로 쓰인다.

힘들이다

[활용]힘들여, 힘들이니, 힘들이고 [대응]힘을 들이다
[자]❶기력을 다해 일하다. (of people or animals) Work to death.
[유]힘쓰다, 수고하다
N0-가 V (N0=[인간], [동물])
¶나는 이삿짐을 나르느라 내내 힘들였다. ¶병수는 힘들이지도 않고 계단을 뛰어올랐다. ¶학생들이 책상과 걸상을 옮기느라 힘들이고 있었다.
❷(어떤 일에) 수고롭게 마음이나 기력을 다해 임하다. Face a task or a work with all one's might.
[유]힘쓰다, 수고하다
N0-가 N1-에 V (N0=[인간|단체] N1=[일])
¶그는 친구를 찾는 일에 힘들였다. ¶나는 손님맞이 음식 장만에 힘들였다.

힘쓰다

[활용]힘써, 힘쓰니, 힘쓰고, 힘썼다
[자]❶(무언가를 하려고) 힘을 담아 몸을 움직이다. Move one's body laboriously in order to do something.
[유]노력하다
N0-가 S(려고|도록) V (N0=[인간])
¶그는 자신의 허리를 굽히려고 힘썼지만 잘 되지 않았다. ¶철수는 커다란 돌을 움직이려고 몇 십 분 째 힘쓰고 있다.
❷(어떤 일을 이루기 위해) 어려움을 참아가며 노력하다. Make an effort to achieve something, enduring difficulties.
[유]노력하다
N0-가 N1-에 V (N0=[인간|단체] N1=[행위])
¶그는 이번 사업에 정말로 힘쓰고 있다. ¶우리는 신제품 개발에 계속 힘쓰고 있다.
N0-가 S(려고|도록) V (N0=[인간|단체])
¶그는 이번 사업을 성공시키려고 정말 힘쓴다. ¶많은 사람이 자신들의 건강을 유지하려고 힘쓰고 있다.
❸(어떤 일이 실현되도록) 정성을 다해서 노력하다. Try one's best in order to realize something.
N0-가 N1-에 V (N0=[인간|단체] N1=[상태](성과, 성공, 발전 따위))
¶여러 연구원이 신약 발견에 힘쓰고 있다. ¶그는 교육 기회의 증대에 힘써 왔다.
N0-가 S(게|도록) V (N0=[인간|단체])
¶정부는 어린이들이 더 안전한 환경에서 살 수 있게 힘써야 한다. ¶그는 모든 평가가 공정하게 진행될 수 있도록 힘썼다.

힘주다

[활용]힘주어(힘줘), 힘주니, 힘주고
[자]❶힘을 강하게 들이다. (of a person) Exert a force strongly.
N0-가 V (N0=[인간])
¶나는 문을 힘주어 밀었다. ¶그는 내 손을 힘주어 잡았다. ¶긴장을 해서 브레이크를 힘주어 밟았더니 발목이 다 아프다.
※ 주로 '힘주어'의 형태로 쓰인다.
❷힘을 들여 말하고자 하는 바를 강조하다. (of a person) Emphasize with great effort what one wants to say.
[유]강조하다
N0-가 V (N0=[인간])
¶그는 젊은 세대가 반드시 투표를 해야 한다고 힘주어 말했다. ¶그는 사람들이 환경에 대한 인식을 새롭게 해야 한다고 힘주어 주장했다.
※ 주로 '힘주어'의 형태로 쓰이며, 발화동사가 뒤따른다.
❸남에게 자신의 힘이나 능력을 과시하다. (of a person) Show off one's own influence or ability to other people.
[유]과시하다
N0-가 N1-에 V (N0=[인간] N1=[신체부위](어깨, 목 따위))
¶병수가 마을 이장을 맡았다고 어깨에 힘주고 다닌다. ¶요새 그 사람 보니까 부장으로 승진했다고 목에 힘주고 돌아다니더라.

알뜰꼼꼼 뜻풀이 **한국어 동사 사전**
Vega's All-In-One Dictionary of Korean Verbs

2021년 11월 22일 초판 1쇄 인쇄
2021년 12월 23일 초판 1쇄 발행

지은이 김현권, 송철의, 박만규, 권재일
펴낸이 권기대 **펴낸 곳** 주식회사 베가북스
주소 (07269) 서울특별시 영등포구 양산로3길 9, 2층
주문·문의 전화 (02)322-7241 **팩스** (02)322-7242
ISBN 979-11-6821-008-0

* 잘못된 책은 구매하신 서점에서 바꾸어 드립니다.